TANGSHANZHENGQUGAILAN

唐山政区概览

唐山市民政局 ◎ 编
崔敬东 ◎ 主编

中国社会出版社
国家一级出版社 · 全国百佳图书出版单位

图书在版编目（CIP）数据

唐山政区概览／唐山市民政局编；崔敬东主编．
—北京：中国社会出版社，2014．3
ISBN 978－7－5087－4672－2

Ⅰ．①唐… Ⅱ．①唐… ②崔… Ⅲ．①行政区划—
概况—唐山市 Ⅳ．①K928．2

中国版本图书馆CIP数据核字（2014）第041028号

书　　名：唐山政区概览
编　　者：唐山市民政局
主　　编：崔敬东
责任编辑：毛健生

出版发行：中国社会出版社　**邮政编码：**100032
通联方法：北京市西城区二龙路甲33号新龙大厦
编辑部：（010）66082078　（010）66082098
邮购部：（010）66081078
销售部：（010）66080300　（010）66085300
（010）66083600　（010）66080880
传　真：（010）66051713　（010）66080880
网　　址：www.shcbs.com.cn
经　　销：各地新华书店

印刷装订：中国电影出版社印刷厂
开　　本：210mm×297mm　1／16
印　　张：57．75
插　　页：2
字　　数：2150千字
版　　次：2014年5月第1版
印　　次：2014年5月第1次印刷
定　　价：278．00元

《唐山政区概览》

编纂委员会

主任委员：曹全民

副主任委员：邢京林　崔敬东

委　　员：杨建明　曹献军　孙晓辉　温　爽　李瑞敏
张丽香　李　伟　付春增　张孟山　陈立波
陈志今　张连友　李世久　王　瀛　王福东
郭立明　李爱民　鲍立平　陈金生　佟春梅

主　　编：崔敬东

执行主编：姚淑芹　赵志华　安玉雪　张继春

编辑部

主　　任：杨建明

副 主 任：曹献军　孙晓辉

成　　员：杨丽华　蔡小健　田　媛　郑　钰　李伟明
关德福　王明星　明海波　伦　岩　李志群
杨敬忠　徐向华　毕伯海　张岸然　张惠君
高建东　刘宗信　李永波　张春凤　周建军
郑素云　李明军　崔朝平　薄宇健　田雨生
曹　静

唐山市

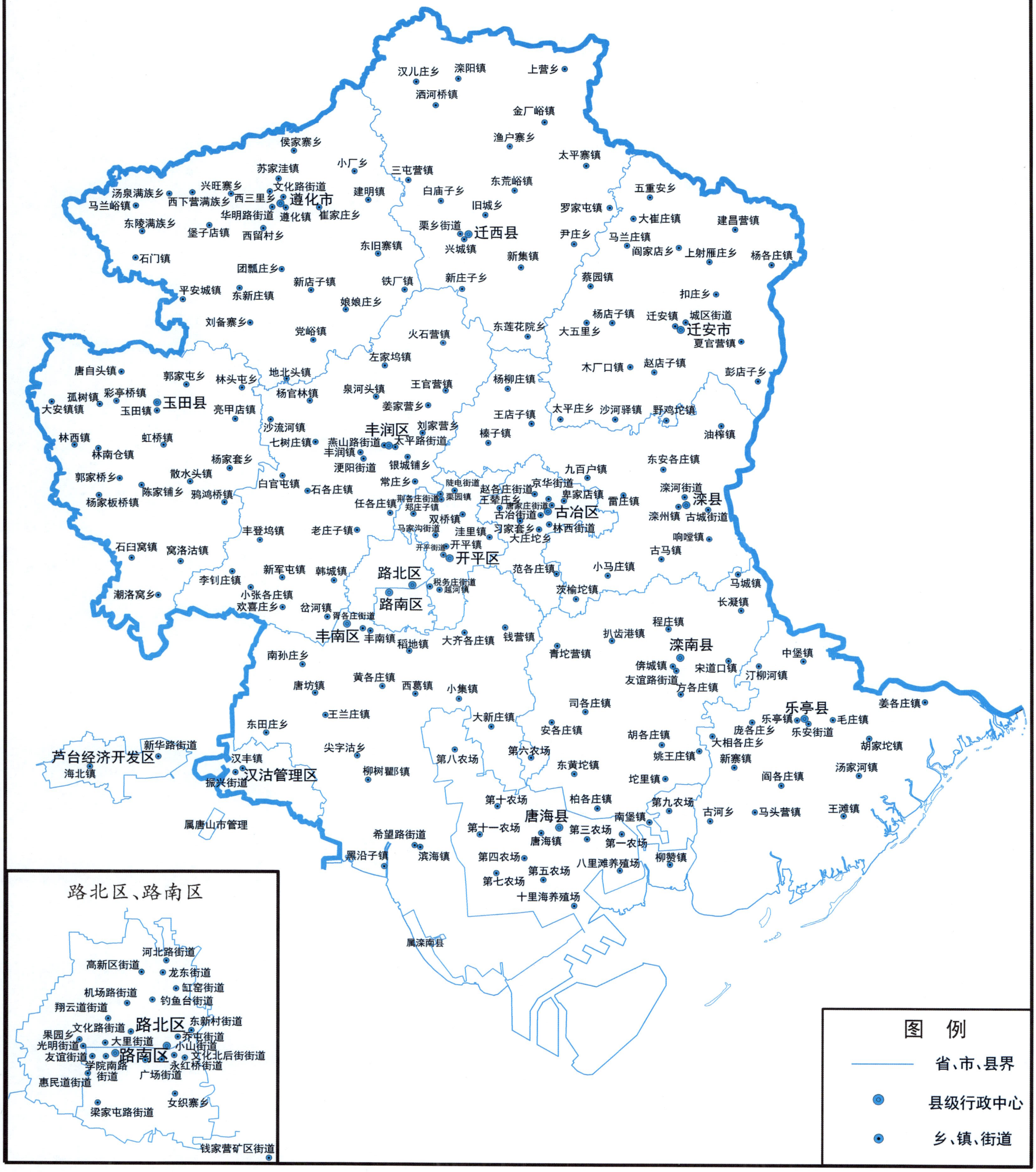
迁安市
迁西县
遵化市
玉田县
丰润区
古冶区
滦县
开平区
路北区
路南区
丰南区
滦南县
乐亭县
唐海县
芦台经济开发区
汉沽管理区
属唐山市管理
属滦南县
路北区、路南区
图例
省、市、县界
县级行政中心
乡、镇、街道

目　录

唐山市

(Tangshan Shi)

北方瓷都，国家钢铁材料产业化基地，国家计划陶瓷材料产业基地，全国文明城市、国家园林城市、国家卫生城市、全国“双拥”模范城，全国绿化模范城市。

政区概况

名称来历 市区中部有座大城山，唐朝时，李世民东征曾屯兵此山，山赐唐姓，唐山由此得名。简称唐，别名凤凰城。

地理位置 位于东经117°30′47″~119°18′25″，北纬38°54′03″~40°28′04″。地处河北省东部，东与秦皇岛市隔（滦）河相望，南临渤海，西与北京、天津毗邻，北依燕山隔长城与承德地区接壤。人民政府驻路北区西山道3号，电话区号0315，邮政编码063000，距石家庄市人民政府366千米。

政区沿革 战国时为燕国地。秦、汉、三国时为右北平郡、辽西郡。西晋、北朝时期，今境一部属北平郡、辽西郡，一部属渔阳郡。隋大业三年（607年），改州为郡，今境属北平郡、渔阳郡。唐贞观元年（627年），属河北道平州和幽州。辽金时期，属南京道、中都路、北京路。元时期属中书省、大都路、永平路。明洪武二年（1369年），始设北平行中书省（简称行省），治顺天府，今境分属顺天府蓟州、永平府滦州。清康熙十五年（1676年），因建清东陵，遵化县升为州，属顺天府；乾隆八年（1743年），又升为直隶州，属直隶布政司，今境分属直隶省永平府和遵化直隶州。光绪三年（1877年），建乔屯镇，1898年更名为唐山镇，隶属滦州。1912年政区建制均袭清制。1928年唐山镇改称唐山市，仍属滦县八区管辖。1938年1月，伪冀东防共自治政府曾设伪“唐山市政府”，后改称伪“唐山市公署”。1946年4月，中共河北省委员会第132次会议通过唐山设市；同年5月5日，唐山市政府成立。1948年12月12日，唐山解放，分属冀东区第十二、十三、十五地区。1949年8月1日，河北省人民政府成立，唐山市和唐山专区属河北省。

中华人民共和国成立后，为省辖市，下辖12个区，依次为第一区至第十二区；唐山区行政监督专员公署（简称唐山专区）辖临榆县、抚宁县、卢龙县、迁安县、迁西县、遵化县、丰润县、丰南县、玉田县、滦县、滦南县、昌黎县、乐亭县共13个县。1950年5月，将12个区合并为7个区，依次为第一区至第七区。1951年12月，将丰润、丰南、滦县所属的185个村划归唐山市领导，新设第八、第九、第十区。1954年7月，唐山专区所辖滦南县并入滦县，丰南县并入丰润县。1954年，唐山市10个区中，除第一区、第二区、第四区、第六区4个城区外，在郊区和矿区农村划分了52个乡。1955年4月，将10个区合并为路北、路南、缸窑、东矿、碑子院和洼里6个区。1956年10月，又合并为3个区，路南区、路北区和缸窑区的城市部分合并，称市区；碑子院区、洼里区和缸窑区农村部分合并，称郊区；东矿区原建制不变，改称矿区。1956年，唐山市下辖31个办事处、19个乡。

1958年4月，唐山市改为地辖市，划归唐山专区领导。唐山专区专署驻地由昌黎县迁至唐山市。专区所辖各县市进行了一系列调整。1958年11月，撤销滦县、丰润县，改为滦州区、丰润区，并入唐山市；撤销迁西县，并入迁安县。同年，河北省全面调整行政区划，曾将平谷、三河、大厂、香河、蓟县、宁河、宝坻等县划归唐山专区领导，之后又进行了调整、撤销、合并，到1958年底，唐山专区辖唐山、秦皇岛2个市和蓟县、玉田、乐亭、遵化、迁安、昌黎、宝坻7个县；唐山市辖市区、郊区、矿区、滦州区和丰润区5个区，下辖42个人民公社。

1959年6月，唐山地、市合并，专区所辖的秦皇岛市及各县划归唐山市领导，滦州、丰润两区恢复县建制。1959年10月，柏各庄农场改为柏各庄区，划归唐山市。1960年3月，天津市汉沽区划归唐山市，改称汉沽市；蓟县、宝坻两县划归天津市。1960年4月，撤销唐山专区，唐山市改为省辖市。1960年5月，唐山市撤销郊区建制，将郊区的行政区域划分为市区、东矿区。至此，唐山市辖2个市、3个区、7个县，即秦皇岛市、汉沽市，市区、东矿区、柏各庄区，滦县、丰润县、昌黎县、乐亭县、迁安县、遵化县、玉田县，下辖124个人民公社。

1961年4月，恢复唐山专区、唐山市建制，唐山市为地辖市。唐山专区相应进行调整，丰润县划分为丰润、丰南两县；迁西与迁安分开，恢复迁西县建制；同时恢复了抚宁、卢龙、宁河等县；柏各庄区恢复国营柏各庄农场，受唐山专署和丰南县双重领导。至1961年底，唐山专区的区划调整为3市、12县，即唐山市、秦皇岛市、汉沽市，昌黎县、滦县、乐亭县、卢龙县、抚宁县、迁安县、迁西县、丰润县、丰南县、玉田县、遵化县、宁河县。1962年1月，唐山市将市区、东矿区分为路南、河滨、西山、开平、东矿区5个区，下辖18个人民公社、16个街道。1962年8月，宁河县划归天津专员公署，汉沽市划归天津市；同年12月，恢复滦南县。1963年4月，将唐山市河滨区、西山区合并为路北区。1965年7月，唐山市撤销开平区，改建郊区，原开平、东矿区两区的人民公社和果园公社的农村部分划归郊区。1965年9月，唐山市辖路南、路北、东矿、郊区4个区，下辖19个人民公社、25个街道。

1978年3月，唐山市改为省辖市。1979年3月，芦台、汉沽两个国营农场划归唐山市。1980年1月，新区正式组建，位于丰润县城关东；4月，果园人民公社改为果园管理委员会，由郊区划归市直接领导。1980年底，唐山市辖路南、路北、东矿、郊区、新区、果园管理委员会、汉沽农场、芦台农场。1982年3月，唐山市郊区恢复原名开平区。1982年9月，柏各庄农场改建唐海县。

1983年3月3日，撤销唐山地区，将其所辖丰润、丰南、滦县、滦南、玉田、遵化、迁安、迁西、唐海和乐亭

10个县划归唐山市领导；秦皇岛市改为省辖市，昌黎、卢龙、抚宁3县划归秦皇岛市。5月13日，实行市管县体制，辖路南、路北、东矿、开平、新区5个区，丰润、丰南、滦县、滦南、乐亭、迁安、迁西、遵化、玉田、唐海10个县，另辖芦台、汉沽2个农场，下辖8个镇、348个人民公社、30个街道，共386个乡级政区。1984年下半年，改人民公社为乡；12月，将果园管理委员会改为果园乡。1986年底，辖路南、路北、东矿、开平、新区5个区，丰润、丰南、滦县、滦南、乐亭、迁安、迁西、遵化、玉田、唐海10个县，另辖芦台、汉沽2个农场，下设60个镇、298个乡、30个街道，共388个乡级政区。1992年2月，遵化县改市。1994年4月，丰南县改市。1995年，东矿区改名为古冶区。1995年底，辖路南、路北、古冶、开平、新区5个区，丰润、滦县、滦南、乐亭、迁安、迁西、玉田、唐海8个县，代管丰南、遵化2个县级市，另辖芦台、汉沽2个农场，下设31个街道、115个镇、128个乡，共274个乡级政区。

1996年10月，迁安县改市。2000年底，辖路南、路北、古冶、开平、新区5个区，丰润、滦县、滦南、乐亭、迁西、玉田、唐海7个县，代管丰南、迁安、遵化3个县级市，另辖芦台、汉沽2个农场，下设31个街道、116个镇、75个乡，共222个乡级政区。2002年2月1日，撤销丰南市，设立丰南区；撤销丰润县和新区，设立丰润区。2003年7月，芦台农场建立芦台经济技术开发区，汉沽农场建立汉沽管理区。2005年底，辖路南、路北、开平、古冶、丰润、丰南6个区，玉田、迁西、滦县、滦南、乐亭、唐海6个县，代管迁安、遵化2个县级市，另辖芦台经济技术开发区、汉沽管理区，下设41个街道、119个镇、58个乡，共218个乡级政区。

政区划分 2011年末，辖路南、路北、开平、古冶、丰润、丰南6个市辖区，玉田、迁西、滦县、滦南、乐亭、唐海6个县，代管迁安、遵化2个县级市，共14个县级政区，另辖芦台经济技术开发区和汉沽管理区；下设48个街道、128个镇、49个乡，共225个乡级行政区；领导577个居民委员会、9个家委会、5000个村民委员会。

人口面积 2011年末，辖区户籍总人口737.07万人。总人口中，男性373.78万人，占50.7%；女性363.29万人，占49.3%。辖区常住人口758.24万人，城镇常住人口385.57万人，城镇化率50.85%。

根据2010年第六次人口普查数据，全市常住人口757.73万人，14岁以下110.82万人，占14.6%；15～64岁577.27万人，占76.2%；65岁以上69.64万人，占9.2%。常住人口中，以汉族为主，达732.67万人，占96.7%；少数民族达25.06万人，占3.3%；超过5000人的有满、回、蒙古、壮4个少数民族，其中满族19.93万人，占79.6%；回族2.69万人，占10.7%；蒙古族0.88万人，占3.5%；壮族0.67万人，占2.7%。2011年，人口出生率10.8‰，人口死亡率7.6‰，人口自然增长率3.2‰。

辖区东西最大距离130千米，南北最大距离150千米，总面积13472平方千米。其中陆地11511.9平方千米，占85.5%；水域及水利资源设施1960.1平方千米，占14.5%；海域3568平方千米（其中潮间带829平方千米）。人口密度为每平方千米547人。

自然条件

地形地貌 地处燕山南麓，地势北高南低，自西、西北向东及东南趋向平缓，直至沿海。地形分为三个部分，北部和东北部多山，海拔300～600米之间；中部为平原，海拔50米以下，地势平坦；南部和西部为滨海盐碱地和洼地草泊，海拔在15米至10米以下。境内最高峰八面峰，海拔842米。

气候 属暖温带半湿润季风型大陆性气候，其特点是冬干夏湿，降水集中，季风显著，四季分明。风随季节变化显著，冬季受西伯利亚冷气团控制，盛吹西北风；夏季受海洋暖湿气团影响，盛吹偏南风；春秋两季是冬季风和夏季风的过渡季节，风向多变。多年平均气温11.5℃，1月平均气温-5.1℃，极端最低气温-25.2℃（2010年1月5日）；7月平均气温25.7℃，极端最高气温40.1℃（2002年7月14日）。最低月均气温-8℃（1977年1月），最高月均气温28.8℃（2000年7月）。平均气温年较差31℃。无霜期年平均193天，最长达227天，最短为165天。年平均日照时数2580.5小时。年平均降水量606.9毫米，年平均降雨日数为72天，最多达117天（1964年），最少为47天（1997年）。极端年最大雨量1005.2毫米（1964年），极端年最少雨量318.1毫米（2002年）。降雨集中在每年6月至8月，7月最多。

水文 境内河道属滦河、海河两大流域以及冀东沿海水系，其中滦河流域4504.4平方千米，占22.6%；海河流域9010.78平方千米，占45.3%；冀东沿海水系流域6398.37平方千米，占32.1%。主要河道有二级河滦河、蓟运河2条，总长267.4千米；三级河有还乡河、陡河、洒河、青龙河4条，总长297.5千米，四级河有管河、泉水河、长河、石榴河、横河、大清河等33条，总长1496.3千米；五级河有31条，总长530.75千米。河流总长度2591.95千米，河网密度0.033千米/平方千米，径流总量2.87亿立方米，年排涝量1.72亿立方米。境内最大的河流为滦河，从迁西县至乐亭县流经境内迁西、迁安、滦县、滦南、乐亭5个县（市），长207千米，流域面积2764.1平方千米，年均流量46.94亿立方米/秒，主要支流有闪电河、小滦河、兴洲河、伊逊河、武烈河、老牛河、柳河、瀑河、洒河和青龙河10条。

矿藏及其他自然资源 境内已探明地下矿藏有煤、铁、锰、金、石油、天然气、石灰石、冶金白云岩等49种，有近30种被开发利用，钼、硫铁矿、石墨、柘榴石、蛭石、云母、石膏、锰、铷等矿种储量不明。被纳入矿产储量平衡表的矿产有20种，主要位于中部低山丘陵及北部山区，矿区面积430平方千米。其中，主要矿产有铁矿，保有储量62.7亿吨，2011年开采量1579万吨；煤炭，保有储量55.6亿吨，2011年开采量1456万吨；水泥石灰岩，保有储量6.0亿吨，2011年开采量1072万吨；冶金用白云岩，保有储量5.2亿吨，2011年开采量57万吨；熔剂用灰岩，保有储量4.1亿吨，2011年开采量24万吨；制碱用灰岩，保有储量1.4亿吨；金矿，保有储量16115千克，2011年开采量374千克。其他自然资源有沿海滩涂、湿地、野生动植物等。全市海岸线长229.7千米，滩涂面积8.33万公顷，大小岛屿70个，20米等深线以内浅海面积26.67万公顷。湿地类型较多，主要包括采煤塌陷区、沿海湿地、水库周边、滦河故道等，面积16万公顷。全市野生动植物资源丰富，野生植物共有204科、568属、1524种；陆生野生动物共有17目、52科、347种，其中包含了很多珍稀的野生动植物品种。

自然灾害 主要自然灾害有暴雨、雷电、冰雹、大风、海啸、地震等。最严重的一次自然灾害是发生在1976年7月28日3点42分的唐山大地震，震中位于北纬39.6°，东经118.2°，震级7.8级，震源深度12千米，震中烈度达11度，有感范围广达14个省、市、自治区，其中北京市和天津市受到严重波及。大地震造成直接经济损失人民币100亿元，死亡24.2万人，重伤16.4万人。

经济概况

农业 耕地面积855.8万亩，人均1.2亩；可利用草地面积112.4万亩，林地面积171.2万亩。盛产粮食、果品、蔬菜等，有“冀东粮仓”的美誉，是国家重要的蔬菜、果品生产基地。农业总产值从1949年的1.8亿元增加到1978年的11.1亿元，2011年，达到757.5亿元，比上年增长5%。实现农业增加值48.65亿元，占国内生产总值的8.9%。

粮食作物以玉米、小麦、水稻为主。2011年，粮食种植面积733.5万亩，生产粮食317.8万吨，单产433.3千克，人均431千克，其中玉米189.7万吨，小麦62.7万吨，水稻47.8万吨。主要经济作物有棉花、花生等，2011年，棉花种植面积42.6万亩，产量3.1万吨；花生种植面积115.5万亩，产量28.4万吨；蔬菜种植面积273.3万亩，产量1360.6万吨，其中设施蔬菜130.6万亩，产量448.2万吨。

畜牧业以猪、牛、羊、鸡等为主。2011年末，生猪存栏415.2万头；奶牛存栏47.2万头，奶业位居全国地级市第二位，被授予“全国牛奶生产强市”称号；家禽存栏3731.4万羽，规模养殖比例达到78%。2011年，生产肉类70万吨；禽蛋33.8万吨，鲜奶176万吨。畜牧业总产值235.4亿元，占农业总产值的31.1%。

截至2011年末，累计造林627.4万亩，其中，北部油松为主的生态公益林118万亩，杨树为主的生态和速生丰产林289.4万亩，林木覆盖率31.4%，2011年，果树种植面积225.9万亩，产量239.6万吨，主要品种有板栗、核桃等干果和苹果、桃、梨、葡萄等水果，其中板栗种植面积104.8万亩，产量6.3万吨；核桃种植面积19.6万亩，产量1.1万吨；苹果种植面积37.7万亩，产量48.9万吨；桃种植面积23.4万亩，产量44万吨；梨种植面积16.3万亩，产量18.8万吨；葡萄种植面积10.6万亩，产量20.5万吨。

渔业以淡水和海水养殖为主。2011年，淡水养殖面积121.7万亩，产量23.7万吨；海水养殖面积93.8万亩，产量26.4万吨。其中，黄海1号中国对虾养殖面积6万多亩，海参养殖规模5.5万亩。2011年，渔业总产量50.1万吨，渔业总产值70.2亿元，占农业总产值的9.3%。

2011年末，拥有大型农业机械2.42万台（辆）。名优特农产品有滦县的“东路花生”、玉田的大白菜、遵化和迁西的板栗、乐亭的鲜桃。截至2011年末，精洁牌大米、尚禾源牌蔬菜、栗源牌栗仁及蔬菜等18家企业的77个品种通过绿色食品认证。农民人均纯收入9460元，比上年增长13.8%。

工业 是国家重要的能源、原材料基地，形成了以钢铁、装备、化工、能源、建材等优势支柱产业为主的工业体系，先后被国家命名为钢铁材料产业化基地、国家“火炬计划”陶瓷材料产业基地和“北方瓷都”，重点规划了钢铁、装备、陶瓷等大型产业集群。工业总产值从1949年的1.1亿元，增加到1978年的31.6亿元，2011年，达到9493.6亿元，比上年增长29.5%，实现工业增加值3057.9亿元，占国内生产总值的60.1%。

2011年，规模以上工业企业1288家，职工66.95万人，实现工业增加值2797.4亿元，比上年增长15.6%。其中大中型工业企业206家，职工49.9万人，实现工业增加值1816.8亿元，比上年增长9.9%。销售收入达到亿元以上的企业692家，其中100亿元以上的15家，50亿元以上的32家，10亿元以上的150家。开滦（集团）有限责任公司、庞大汽贸集团股份有限公司、河北津西钢铁集团股份有限公司等5家企业入围2011年中国企业500强；唐山国丰钢铁有限公司、唐山瑞丰钢铁（集团）有限公司、河北天柱钢铁集团有限公司等6家企业入选2011年中国民营企业500强。唐山冀东水泥股份有限公司、唐山钢铁股份有限公司等9家企业先后上市，拥有“盾石”水泥、“惠达”卫生洁具、“仙龙”轧辊、“蓝贝”啤酒、“隆达”骨质瓷、“道诚”管业、“燕南”制锹、“国亮”耐火材料、“腾飞”五金、“胜利”印刷机械、“大通”散热器共11个中国驰名商标。经济技术开发区11个，其中国家级1个，即唐山国家高新技术产业开发区；省级10个，分别是海港经济开发区、南堡经济开发区、芦台经济开发区、空港城临空经济开发区、丰南经济开发区、滦县经济开发区、玉田经济开发区、丰润经济开发区、滦南经济开发区、唐海临港工业园区。

其中，唐山高新技术产业开发区在1992年经河北省人民政府批准建立；2010年经国务院批准升级为国家高新技术产业开发区；现初步形成了以松下为代表的焊接，以爱信为代表的汽车零部件，以NGK、海螺型材为代表的新材料及新型建材，以赛诺菲为代表的生物医药，以开元、开诚为代表的机器人，以汇中仪表、理工智能为代表的智能仪器仪表等6大特色产业；2011年，国内生产总值90亿元，比上年增长25%；实现工业增加值58.28亿元，比上年增长12.5%；财政总收入21.9亿元，比上年增长78.4%。

商业外贸 2011年末，亿元以上商品交易市场23个，摊位17124个，成交金额313.1亿元，比上年增长4.8%。已形成遵化燕山果菜批发市场、乐亭县冀东果菜批发市场等专业交易市场和商品集散地。连锁超市、便利店、专卖店、品牌折扣店、购物中心等新型商业业态发展迅速，家乐福、沃尔玛、大润发、万千百货等已相继落户境内。

2011年，社会消费品零售总额达1334.8亿元，比上年增长17.7%。

2011年，进出口总额108.6亿美元，比上年增长43.8%；其中进口69.7亿美元，比上年增长50.4%；出口38.9亿美元，比上年增长33.2%，主要产品有钢材、机电、陶瓷、农产品等五大类781个，销往176个国家和地区。按贸易方式划分，一般贸易出口35亿美元，加工贸易出口2.4亿美元。

财政金融 2011年，财政总收入555.5亿元，比上年增长26.6%。其中地方财政收入255.6亿元，比上年增长30.5%。从主要税种看，完成营业税81.03亿元，增值税221.8亿元，企业所得税89.7亿元，个人所得税30.5亿元，分别比上年增长27.9%、17.8%、40.8%、22.7%。人均财政收入7537元，比上年增长26.2%。

2011年，金融产业实现增加值113.3亿元，比上年增长9.8%，占国内生产总值的2.1%。年末有银行和金融机构21家，比上年末增加3家，其中商业银行17家，比上年末增加2家；各类存款余额4775亿元，比上年增长13.2%，是1978年的704.2倍；人均储蓄38602元；各项贷款余额3123.0亿元，比上年增长13.3%，是1978年的317倍。保险业共有42家保险公司市级主体机构，其中产险21家，寿险21家。保险业实现保费收入126.6亿元，比上年增长4.9%；其中财产险保费收入41.8亿元，比上年增长9.8%；人身险保费收入84.8亿元，比上年增长2.6%。

社会发展

文化艺术 2011年末，文化艺术团体272个，其中，专业艺术表演团体11个，演职人员582人，剧院7座，座位2058个，每万人拥有2.7个，年演出80场次，观众达40000人次；电影公司10个，电影院14座，座位9147个；文化馆235个，建筑面积156085平方米；公共图书馆13个，建筑面积37183平方米，藏书198.8万册；档案馆17个，建筑面积46846平方米；博物馆8个，建筑面积51744平方米。文化行业从业人员2540人，其中事业单位从业人员1445人，实现增加值4.8亿元，比上年增长11%，占国内生产总值的0.1%。主要文化艺术团体唐山演艺集团公司，于2009年7月由原唐山市京剧团、评剧团、皮影团、唐剧团、歌舞团、民乐团、舞美团等演出团体整合而成。集团公司的艺术门类齐全，拥有数支专业的艺术表演队伍，曾出访过新加坡、比利时、日本、台湾等多个国家和地区，进行广泛的文化交流，深受国内外观众的好评。

地方特色民间艺术有皮影、评剧、乐亭大鼓、唐剧、唐山花吹、玉田泥塑、乐亭地秧歌等，其中皮影、评剧、乐亭大鼓被称为“冀东文艺三枝花”。1993年12月，玉田县被文化部正式命名为“中国民间艺术之乡（民间泥塑）”。举办的文化节主要有中国评剧艺术节、唐山市旅游文化节、群众文化艺术节、老年人艺术节等，其中中国评剧艺术节创办于2000年，每两年举办一届，目前已经举办七届。省级非物质文化遗产14项：其中民间文学有迁安市“仁义胡同”故事、“老马识途”传说，民间舞蹈有丰南区篓子秧歌；传统戏剧有滦南县滦州驴皮影、乐亭县乐亭皮影；曲艺有滦南县靳派乐亭大鼓艺术；民间美术有遵化市铁画；传统手工艺有乐亭县刘美烧鸡、玉田县玉田老酒、迁安市迁安手工造纸、古冶区松纹剑锻造技艺、唐山市蜂蜜麻糖制作工艺；丰润区“广盛号”麻糖制作工艺，消费习俗有唐山市鸿宴饭庄。

教育 2011年末，幼儿园658所，在园幼儿199938人，专任教师5276人；小学1233所，在校生466062人，专任教师28821人，小学适龄儿童入学率100%；初中281所，在校生207560人，专任教师17346人，初中适龄人口入学率、小升初升学率、九年义务教育覆盖率均达100%；普通高中63所，在校生127091人，专任教师10786人；高职（专科）院校5所，在校生28758人；中等职业学校57所，在校生125000人；普通高等院校3所（其中省属高校1所，市属高校2所），在校生79223人（其中硕士生2904人，本科生61121人），专任教师3360人。拥有硕士点122个，省级重点学科7个。普通高等学校举办的成人教育机构8所，招生10317人，在校生28574人；各级各类民办学校和教育机构714所。

主城区主要学校有河北联合大学、唐山师范学院、唐山学院3所普通高校；河北能源职业技术学院、唐山工业职业技术学院、唐山职业技术学院、唐山科技职业技术学院、河北科技大学唐山分院5所高职（专科）院校；唐山市第一中学、河北唐山外国语学校、唐山市开滦一中等7所省属示范高中。其中，河北联合大学2010年5月由原河北理工大学和原华北煤炭医学院合并组建，下辖6个校区，全日制在校生4.5万人，专任教师1892人；唐山师范学院是以培养师资力量为主的本科院校，在校生17468人，专任教师743人；唐山学院是综合性普通高等学校，在校生13417人，专任教师725人；唐山市第一中学是河北省首批重点中学，全国200所重点中学之一，迄今已有百余年的历史，在校生3667人，专任教师236人；河北唐山外国语学校为河北省首家外国语学校，专任教师246人，在校生2818人。

2011年教育经费达78.3亿元，比上年增长30.1%。其中用于普通教育支出58.8亿元，职业教育支出4.8亿元，教育管理支出1.4亿元，成人教育支出3843万元，广播电视教育支出2807万元，特殊教育支出3827万元，教师进修及干部继续教育支出7401万元，教育费附加安排的支出8.7亿元，其他教育支出2.8亿元。

科技 2011年末，独立科研与技术开发机构7个，市级以上重点实验室21个。企业工程技术研究中心60家，其中省级工程技术研究中心12家。农业产业研发中心26家。拥有专业技术人才11.55万人，经营管理人才2.29万人，农村实用人才1.01万人。全年共组织实施重点科技计划项目18项，其中国家和省级科技计划项目11项。共取得科学技术奖励113项，其中省级奖励35项，市级奖励78项。完成科技成果鉴定（验收）666项，其中达到国际先进水平47项，国内领先水平541项，国内先进水平61项，有2项新产品被认定为国家级重点新产品。全年专利申请量2356件，专利授权量1522件。主要科研机构有农科院、科技情报研究所、陶瓷研究所、唐山市气象台等。2011年被评为全国科技进步先进市。

医疗卫生 2011年末，各级各类医疗卫生机构1767个，医院156所，其中三级甲等医院6所（综合医院4所、妇幼保健院1所、中医院1所），疾病控制中心17个，乡镇卫生院179所，社区卫生服务中心（站）127个，村卫生室7193个；病床35001张，其中公立卫生机构床位31553张，每千人拥有医疗床位4.8张，固定资产总值85.2亿元。专业卫生人员38680人，其中执业医师13709人，执业助理医师2397人，注册护士15343人，平均每千人拥有卫生技术人员5.1人，平均每千人拥有执业（助理）医师2.2人，平均每千人拥有注册护士2人。2011年，医疗机构（门诊部以上）完成诊疗1676.3万人次，住院手术20.9万台次，出院病人75.1万人次。重点医院有唐山市工人医院，建于1953年，位于唐山市路北区文化路27号，现有职工2201人，编制床位1618张；唐山市人民（肿瘤）医院建于1943年，位于唐山市路南区胜利路65号，现有职工1221人，编制床位974张；唐山市第二医院（骨科）建于1957年，位于唐山市路北区建设北路21号，现有职工1018人，编制床位740张；唐山市妇幼保健院建于1983年，位于唐山市路南区建设南路14号，编制床位700张；唐山市中医医院建于1972年，位于唐山市路北区康庄道6号，编制床位600张；河北联合大学附属医院建于1966年，位于唐山市路北区建设北路，编制床位732张；开滦医院建于1892年，位于唐山市路北区新华东道57号，编制床位820张。

2011年，法定报告传染病发病率为463.6/10万，农村安全饮用水普及率77.2%，农村卫生厕所普及率76%，新型农村合作医疗参保人数473.3万人，参保率98.4%；孕产妇死亡率5.3/10万，5岁以下儿童死亡率、婴儿死亡率、新生儿死亡率分别为3.9‰、3.2‰、2‰。

体育 2011年末，体育场地4407处，共有各级各类体校8所，唐山市体校被国家体育总局命名为“国家高水平体育后备人才基地”和排球、举重、田径3个项目“国家单项高水平后备人才基地”。体育社团158个，各级社会体育指导员6767人。每年定期举办的体育活动有元旦长跑、迎新春全民健身优秀健身项目展演、8月8日全民健身日、庆“十一”全民健身活动等。举办的省级以上体育赛事有：1987年全国残疾人运动会、1991年第二届全国城市运动会、1995年全国中学生运动会、第三届中日韩青少年体育运动会、2000年首届亚洲卡丁车锦标赛、第二届世界乒乓球俱乐部锦标赛、2001年中国国际摩托车越野暨全国摩托车场地锦标赛、2002年中美篮球对抗赛、2003年全国排球联赛、2004年全国游泳锦标赛、2007年河北省第十二届运动会、2011年第二十六届亚洲斯诺克锦标赛、中国女子职业高尔夫挑战赛、中国男子职业高尔夫巡回赛。100%的城市社区和81.8%的村安装了健身器材，经常参加体育活动的人员占常住人口的35.4%。

本地体育健儿累计取得亚运会金牌7枚、银牌3枚、铜牌3枚，全运会金牌1枚。“十一五”时期，唐山本地健儿共获得世界冠军9个，洲际冠军21个，全国冠军37个。

广播电视 1948年12月开通唐山人民广播电台，1966年开通调频转播台，1978年开通调频台，1993年10月开通电台第二套节目。2011年末，唐山广播电台有新闻综合、经济、交通3套调频立体声广播节目，与中央人民广播电台合作转播《新闻和报纸摘要》节目，与河北人民广播电台合作转播《全省新闻联播》节目，广播综合覆盖率100%，全年公共广播节目播出时间45312.5小时。

1984年12月建唐山电视台，发射（转播）塔高170米，覆盖半径50千米，1994年1月开通唐山有线电视。2011年末，唐山电视台开通新闻综合、生活、影视、公共频道，另有中央电视台、河北及大部分省级卫视等140个电视频道在本地落户。有线电视用户115.7万户，其中数字电视用户69.6万户，电视综合覆盖率100%。全年公共电视节目播出时间20000个小时。电影《唐山大地震》获河北省文化发展“五个一”工程奖、第十四届中国广播影视电影华表奖。唐山广播电视台获行业最具竞争力、影响力传媒品牌和河北省广播电视安全优质播出竞赛一等奖2个。

新闻出版 2011年末，报社2家，出版物发行机构（网点）724个，其中集体、个体网点711个，其他网点13个，从业人员共2442人；各类印刷复制企业1184家，其中出版物印刷企业13家，包装装潢印刷企业146家，从业人员共1.8万人；复制单位665家，从业人员共3104人。全年出版报纸、期刊19种。

唐山劳动日报社创办于1940年1月，2011年每周出版6期48版，从业人员403人，全年总印数2880万份，定价总金额1767万元，总收入1亿元，其中广告收入7000万元。唐山广播电视报社创办于1987年7月，2011年每周出版52期64版，从业人员207人，全年总印数647.2万份，定价总金额647.2万元，总收入6978万元，其中广告收入6572万元。

社会保障 2011年，城镇最低生活保障户数26118户，人数49477人，支出15512.7万元，比上年增长18.8%；月人均261.3元，比上年增长18.8%；城市医疗救助2141人次，民政部门资助参加合作医疗14277人次，共支出1141.4万元，比上年增长18.1%；城市生活无着人员救助8701人次，支出421万元，比上年增长66%。

农村最低生活保障户数81701户，人数143309人，支出18356.2万元，比上年增长43%；月人均106.7元，比上年增长30.9%；农村五保集中供养14829人，支出5404.6万元，比上年增长8.2%；农村五保分散供养6787人，支出2653.4万元，比上年下降1%；农村医疗救助7164人次，民政部门资助参加合作医疗8866人次，共支出3021.7万元，比上年增长32.9%；农村临时救济13223人次。

自然灾害受灾人口1303344人，紧急转移安置641人，农作物受灾面积19.3万亩，倒塌房屋345间，直接经济损失105467.7万元，救灾支出2041万元，比上年增长39.6%。

国家抚恤、补助各类优抚对象68966人，安置义务兵、士官等1774人，接收军队离退休干部62人，接收无军籍职工25人，军休所13个，军供站床位100张，抚恤事业费支出31456.3万元，比上年增长19.5%。

社会福利费8409万元，比上年增长15.6%；社会福利单位275个，床位21873张，其中收养机构床位17847张，生活无着人员救助床位1757张，社区服务床位2269张，收养1.5万人。

社区服务设施8053个，其中社区服务中心550个，社区服务站550个，老年公寓168所，居家养老服务中心（含村、居办养老服务站）1577个。

经常性社会救助工作站、点和慈善超市66个，全年接受社会各界捐款捐物折合803万元，使5586人（次）困难群众受益；销售福利彩票5.1亿元，筹集公益金1.8亿元；福利企业142个，安置残疾职工2428人，福利企业产值33.3亿元。

新增就业人员10.2万人，有3.67万名下岗失业人员实现了再就业，就业困难人员再就业1.53万人，年末城镇登记失业人数5.95万人，城镇登记失业率为4%，全年共帮助41户零就业家庭实现每户至少一人就业，组织333名高校毕业生到农村基层从事“三支一扶”的工作。

2011年末参加城镇基本养老保险171.8万人，比上年末增加9.9万人，其中参保职工123万人，参保离退休人员48.8万人。参加城镇基本医疗保险215.8万人，比上年末增加9.1万人，其中参加城镇职工基本医疗保险141.4万人，比上年末增加5.2万人；参加城镇居民基本医疗保险74.4万人，比上年末增加4万人；参加医疗保险的农民工14.5万人，比上年末减少0.1万人。参加失业保险76.8万人，比上年末增加5.5万人。2005年至2011年末累计领取失业保险金2.4万人。参加工伤保险91万人，比上年末增加5.5万人。全年认定（视同）工伤1.1万人，比上年增加618人，全年评定伤残等级3537人，比上年增加626人。参加生育保险113.7万人，比上年末增加3.4万人。全年共有79.7万人次享受了生育保险待遇，比上年增加0.6万人次。

2011年末规模以上企业劳动合同签订率达到99%。各级劳动人事争议调解组织和仲裁机构共受理劳动人事争议案件2445件，结案2323件，其中通过调解方式结案813件，占35%，仲裁机构立案受理劳动人事争议567件，结案率95%，调解组织受理（含仲裁机构案外调解）1878件，结案率为95%。各级仲裁机构立案受理劳动争议1878件，比上年减少20.6%，涉及劳动者2347人，比上年减少17.4%，无集体劳动争议事件，当期共审结劳动争议案件2323件，比上年减少2%。

环境保护 2011年本级财政用于环境保护的资金4亿元，占本级公共财政支出的0.9%；空气质量一级天数68天，二级天数263天，三级天数33天，四级天数1天，达到二级和好于二级的天数占全年天数的90.68%；空气中二氧化硫、二氧化氮年均浓度值分别为0.055毫克/立方米、0.029毫克/立方米，达到（超过）国家二级标准；可吸入颗粒物年均浓度值为0.081毫克/立方米，达到（超过）国家二级标准；污水处理能力达到79.9万立方米/日，城市生活污水处理率达到94.6%，再生水利用量达到30万立方米/日，生活垃圾无害化处理率达到91.3%；城市建成区人均公园绿地面积14.8平方米，城市建成区绿化覆盖率达到40.1%，城市建成区绿地率达到37.3%。

基础设施

交通运输 已形成由铁路、公路、水路、航空4种运输方式构成的交通运输网络，2011年客运总量14341.4万人次，货运总量86965.2万吨。

铁路京哈线、津山线、七滦线、卑水线、唐遵线、迁曹铁路、大秦线过境，其中京哈线过境自螺山站至滦县东站，境内长112千米，为双线电气化铁路，设螺山、玉田县、富庄子、唐山北、银城铺、狼窝铺、石郎庄、福山寺、马柳、杨各庄、滦县、滦县东站12个车站，通往北京、秦皇岛；津山线过境，境内长83千米，为双线电气化铁路，设田庄、七道桥、丰南、唐山、杨家口、唐山东、狼窝铺、沙子河、马铺营站9个车站，通往天津、山海关；七滦线过境，境内长62.6千米，设胥各庄、唐山南、开平、洼里、古冶、卑家店、雷庄7个车站；卑水线过境，境内长15.6千米，设永兴庄、郝庄线路所、沙河驿镇3个车站（线路所）；唐遵线过境，境内长72千米，设唐山东、贾庵子、崔马庄、丰润南、豆各庄、洪家屯、党峪、遵化南、遵化、石人沟10个车站；迁曹铁路过境，境内长232千米，为60千克轨一级全自动闭塞双线电气化铁路，设迁曹线（迁安北—曹妃甸西站）、滦菱线（滦县站—菱角山站）、京唐港线（设滦南站、乐亭站、京唐港站）、曹南线（曹妃甸北站—曹妃甸南站）、东港线（聂庄站—东港站）及闫侯联络线六条支线，设菱角山站、柏庄村站、滦南站、乐亭站、聂庄站、东港站、京唐港站、曹妃甸南站、曹妃甸北站、曹妃甸西站、曹妃甸站11个车站。大秦线过境，境内长118千米，为双线电气化铁路，设玉田北、遵化北、迁西、迁安北站4个站。唐山站下辖3个一等站（唐山站、唐山南站、唐山东站），1个三等站（贾庵子站）、1个四等站（崔马庄站），车站管辖营业线路总里程13.97千米。唐山站为一等客运中间站，日均有63对客车停靠，其中动车有D157/8次、D163/4次、D175/6次、D177/8次；特快列车有T121/2次、T133/4次等16次；快车有K27/8次、K39/40次等54次；普通快车有1051/2次、1229/30次等46次；临时客车有K2021/2次、K2081/2次、L23/24次。日客运量23036人次，年货运吞吐量1727万吨。

京哈高速、长深高速、唐港高速、唐曹高速、沿海高速、唐山绕城高速、京秦高速迁西支线7条高速公路过境，其中京哈高速公路境内长114.3千米，双向六车道，有石臼窝、鸦鸿桥、唐山北、榛子镇、迁安5个出口，通往天津、秦皇岛；长深高速公路境内长112.4千米，双向四（六）车道，有侯家寨、遵化东、遵化南、党峪、丰润西、丰润、机场、唐山西、南湖、丰南10个出口，通往天津、承德；唐港高速公路境内长80.2千米，双向六车道，有唐山、青坨营、滦南、乐亭、独幽城、港口6个出口，通往唐山市区、海港开发区；唐曹高速公路境内长62.3千米，双向六车道，有丰南工业区、南堡开发区、唐海、曹妃甸北、曹妃甸5个出口，通往唐山市区、丰南、曹妃甸；沿海高速公路境内长95.2千米，双向四车道，有乐亭东、乐亭南、滦南南、唐海北、南堡、丰南南6个出口，通往天津、秦皇岛；唐山绕城高速公路境内长43.1千米，双向四车道，有唐山东、唐港、唐山南、田庄等4个出口，通往秦皇岛、天津；京秦高速迁西支线高速公路境内长38.5千米，双向四车道，有张庄子、新庄子、迁西3个出口，通往迁西。G102京哈线、G112京环线、G205山深线国道过境，其中

G102京哈线国道境内长125.3千米，双向四（六）车道，通往天津市、秦皇岛市；G112京环线国道境内长112.7千米，双向四（六）车道，通往承德市、天津市；G205山深线国道境内长74.1千米（扣除重复112线部分），双向二（四）车道，通往秦皇岛市、天津市。玉新线、玉石线、开平连接线、乐亭连接线、滦南连接线、平青乐线、承栗线、青乐线、迁曹线、唐海线、遵宝线、疏港公路、京建线、邦宽线、唐通线、唐港线、三抚线、沿海路、乐北连接线、大碱连接线、古柳连接线、西曾连接线、丰润出口连接线、丰碱连接线、唐曹高速滦南连接线省道过境，其中玉新线省道境内长35.9千米，双向二（四）车道，通往玉田、新军屯；玉石线省道境内长24.8千米，双向二车道，通往玉田、石臼窝；开平连接线省道境内长7.2千米，双向四车道，通往唐山市区、开平、唐港高速；乐亭连接线省道境内长4.0千米，双向四车道，连接唐港高速乐亭出口、乐亭三丁庄；滦南连接线省道境内长4.5千米，双向四车道，连接唐港高速滦南出口、滦南张官寨；平青乐线省道境内长101.9千米，双向二、四（六）车道，通往青龙、乐亭、平泉；承栗线省道境内长5.8千米，双向二车道，通往承德市、唐山栗树湾；青乐线省道境内长24.3千米，双向二车道，通往乐亭、青龙；迁曹线省道境内长146千米，双向二（四）车道，通往迁西、古冶、唐海、曹妃甸；唐海线省道境内长47.5千米，双向二（四）车道，通往唐山市、唐海；遵宝线省道境内长57千米，双向二（四）车道，通往遵化、玉田、宝坻；疏港公路省道境内长5.6千米，双向四车道，连接唐港高速乐亭出口、港口区；京建线省道境内长36.7千米，双向二车道，通往北京市、承德市；邦宽线省道境内长64.9千米，双向二（四）车道，通往蓟县、宽城；唐通线省道境内长41.1千米，双向二、四（六）车道，通往北京通县；唐港线省道境内长82.5千米，双向二（四）车道，通往滦南、乐亭、京唐港；三抚线省道境内长67.8千米，双向二（四）车道，通往遵化、迁西、迁安、秦皇岛市；沿海路省道境内长116.5千米，双向二（四）车道，通往秦皇岛市、京唐港、曹妃甸、唐海、南堡开发区、天津市；乐北连接线省道境内长32.6千米，双向二车道，连接乐亭、乐亭三岛；大碱连接线省道境内长27.8千米，双向二车道，通往丰南、南堡开发区；古柳连接线省道境内长28千米，双向二车道，通往滦南、滨海新城、曹妃甸；西曾连接线省道境内长4.3千米，双向二车道，通往滦南柏各庄；丰润出口连接线省道境内长1.6千米，双向四车道，通往长深高速、丰润；丰碱连接线省道境内长37千米，双向四车道，连接丰南、南堡开发区；唐曹高速滦南连接线省道境内长1.2千米，双向四车道，通往曹妃甸工业区。有县乡（镇）级公路883条，总长6368.6千米。唐山西客运站为一级站，日均发送460辆客车，日客运量7000人次；唐山东客运站为一级站，日均发送380辆客车，日客运量5000人次。2011年运输企业拥有货运汽车119841辆，942255吨位；客运汽车2388辆，69611座位；货运量33005万吨，货运周转量7439117万吨·千米，客运量12939万人次，客运周转量498493万人·千米。

唐山港为国家级重要港口，包括曹妃甸港区和京唐港区，运输航线涵盖国内沿海和长江中下游港口，通达亚洲、欧洲、非洲、北美洲、南美洲、大洋洲50多个国家（地区）。2011年客运量19.5万人次，客运周转量97万人·千米，货运量1327.2万吨，货运周转量1927701.4万吨·千米。运输企业拥有货运船舶41艘，716000吨位；客运船舶94艘，1544座位；货运量1327.2万吨，货运周转量1927701.4万吨·千米，客运量19.5万人次，客运周转量97万人·千米。

唐山三女河机场位于唐山市丰润区境内，开通客运航线有石家庄、上海、广州、昆明、三亚、宜昌、西安，每周起降42架次。2011客运量15.1万人次，客运周转量2.5亿人·千米；货邮吞吐运量0.1万吨，货运周转量167万吨·千米。

邮政电信 2011年末，邮政网点164个，投递路线单程总长度24681千米，投递点113个，乡村通邮率100%；全年投递国内函件718万件，国内汇票业务完成80万笔，国内异地特快专递信件完成327万件，征订报纸9175万份、期刊486万册，业务收入51278万元。

电信企业3家，服务网点6984个；电话交换机总容量933.7万门，固定电话用户173.4万户，比上年增加11.9万户，电话用户普及率达到19%，比上年提高0.6个百分点；移动电话用户844.0万户，比上年增加141.9万户，移动电话普及率为114.5%，比上年提高4.7个百分点；光缆线路总长达41889千米，主干电缆达2264451对千米，互联网端口总数1141.6万个，其中已占用端口总数600.9万个，宽带接入用户110.4万户，比上年增加24.2万户。全年电信业务收入545049万元。

能源 煤炭企业29家，2011年产煤量5112万吨，其中开滦（集团）有限责任公司产煤2713.8万吨。

6000千伏以上发电企业43家，2011年发电482.7亿度。其中35千伏及以上输电线路631条，总长度8225.7千米，整点最大负荷1005万千瓦。年售电量累计完成693.8亿千瓦时，综合电压合格率99.8%，供电可靠率99.9%。

天然气管线1949.6千米，供（加）气站5个，天然气用户534143户，其中居民用户527027户，其他用户7116户，月天然气平均用量2153.3万立方米。煤气管线880.7千米，煤气用户40924户，其中居民用户40751户，其他用户173户，月煤气平均用量4226.5万立方米。液化石油气用户237355户，其中居民用户198509户，其他用户38846户，月液化石油气平均用量2372.8吨。城市燃气普及率为96.4%。

2011年，原油产量165万吨，天然气产量45752万立方米。其中，荣获“全国五一劳动奖状”的中国石油冀东油田公司2011年生产油气当量202.5万吨。

名胜旅游

旅游业概况 境内有世界文化遗产2处（长城和清东陵），全国重点文物保护单位10处；国家级地质公园1处；国家级红色旅游经典景区2处；国家、省级工农业旅游示范点19家、旅游景区点36家（其中4A级景区10家）。国际国内旅行社154家（其中国际旅行社6家），星级饭店58家（其中五星级3家）。2007年唐山跻身中国优秀旅游城市行列，已形成生态城市体验游、长城文化游、海滨海岛游、历史文化游、工业文明游、地震科普游、田园风光游、民俗风情游八大产品系列。

2011年，共接待海外游客6.5万人次，收入3388.2万美元，分别比上年增长12.3%和12.3%；接待国内游客2001.0万人次，收入128.5亿元，分别比上年增长30.6%和39.2%；旅游总收入130.8亿元，比上年增长39%，占国内生产总值的2.4%。

主要风景区 景忠山 国家4A级旅游景区。位于迁西县三屯营镇，省级文物保护单位。景忠山海拔610米，景区面积15万平方千米，有四帅殿、三道茶棚、碧霞元君庙、东佛阁等大小景点30余处。景忠山因自然风光秀美，被誉为“京东第一名岫”。寺庙建筑始于宋代，兴于明清。清初，顺治、康熙皇帝对景忠山格外垂青，先后六次朝山进香，礼佛问卜，围猎游山，题匾留诗，赐予重十六斤四两的金娘娘一尊及4500多卷的《大藏经》一堂作为镇山之宝，并拨国库帑银、物资田产，修建山上庙宇建筑。由于皇室偏爱，信众尊崇，使景忠山于清初达到鼎盛时期，形成了“庙宇七十二，金面百六尊”的寺庙建筑体系。碧霞元君殿是景忠山的中心景区，殿内供奉的是道教神仙碧霞元君，传说她能福善诛恶，送生保育，祛病消灾，有求必应，自宋代始即被载入国家礼典，地位逐渐提高，备受民间敬仰，成为一位全职全能的神仙，素有“南供妈祖，北奉碧霞”之说。每年农历四月十八和十月十五，景忠山都要举行规模盛大的祭祀庙会，万千信众，朝山进香。清康熙帝敕封景忠山元君庙为碧霞元君行宫，由此景忠山香火日盛，名扬天下，绵延至今。2011年，接待游客20.2万人次，比上年增长60.6%，旅游收入748.1万元，比上年增长248.6%。

菩提岛、月坨岛 国家4A级旅游景区。菩提岛，位于乐亭县西南部渤海湾中，距乐亭县城35千米。是集海岛风光、佛教文化、原始生态、休闲度假为一体的自然风景区。菩提岛原名石臼坨岛，因岛上生长着大量的菩提树，且佛事活动曾经盛极一时，故名菩提岛。1990年被确定为省级风景名胜区，2001年，坐落在岛上的潮音寺被确定为省级文物保护单位。菩提岛总面积2.1平方千米，为华北第一大岛，也是距北京最近的生态海岛。岛势四周隆起，中间低洼，状似过去舂米的石臼，故名“石臼坨”。菩提岛气候宜人，特产丰富，风光旖旎。具有荒岛、海岛、沙岛、大岛、绿岛、鸟岛、日月岛、佛家岛的“八岛”特性，现为国际观鸟基地，河北省生态旅游开发示范区，有“孤悬于海上的天然动植物园”之称，是回归自然，寻找野趣的世外桃源。每年4~5月为国际观鸟节，来自十几个国家的观鸟爱好者云集于此；9~10月为赏秋渔猎节。主要景观有“三日同辉”“岛霭蜃气”“密林探幽”等十大胜景和潮音寺、朝阳庵、福和井遗址等文化古迹。

月坨岛，位于乐亭县西南部渤海湾中，距陆地4.8千米，与菩提岛东西相望，是以欧洲荷兰风情为特色的海岛自然风景区。月坨岛面积0.4平方千米，因该岛呈弯月状而得名，由月坨、腰坨、西坨等7个岛屿断续组成。月坨岛的海水清碧洁净，沙质细腻，潮宽滩平，是天然的海岛浴场和生态旅游度假区。建筑仿荷兰风情而设计，主要景观有红顶小木屋、百瓜园、垂钓场、同根情侣柳等几十处。这里植异国情调于海岛，集西方文明之精粹。

南湖中央生态公园 国家4A级旅游景区。位于唐山市区建设南路，距市中心仅670米，面积350公顷。先后获得河北省第一届“人居环境奖”、2002年度“中国人居环境范例奖”、2004年度“迪拜国际改善居住环境最佳范例奖”，2005年被建设部批准设立国家城市湿地公园。2011年，接待游客295万人次。

开滦国家矿山公园 国家4A级旅游景区。规划占地面积近115万平方米，由坐落于中国第一佳矿唐山矿A区的“中国北方近代工业博览园”和“老唐山风情小镇”两大景区组成。目前一期工程“中国北方近代工业博览园”建设完成，分“矿业文化博览区”和“矿业遗迹展示区”两大部分，包括博物馆、主碑、副碑、三大工业遗迹等景观。2011年，接待游客8.4万人次，旅游收入1.62万元。

唐山地震遗址纪念公园 世界首个以“纪念”为主题的地震遗址纪念公园，位于南湖公园的东北部，占地面积40万平方米。公园以机车车辆厂原有的铁轨为纵轴，以纪念大道为横轴，划分为地震遗址区、纪念水区、纪念林区、纪念广场等区域。公园内纪念广场占地面积3万平方米，地面由黑白相间的大理石铺成，可供上万人举行重大集会活动，是公园内供人们纪念亲人、凭吊逝者的一个重要场所。唐山大地震罹难者纪念墙由5组13面墙体组成，镌刻着在1976年唐山大地震中罹难的24万名同胞的姓名。纪念墙每面高7.28米，代表7月28日，墙体距水面19.76米，代表1976年，预示着逝者与生者的时间和空间的距离，让人永远铭记1976年7月28日这个令唐山人悲恸的日子。在纪念墙的北侧正后方，是占地面积14万平方米的纪念林，栽植各类苗木3万余株，表达生命和纪念的意义。地震博物馆于2009年10月落成，由纪念展厅和科普展厅两部分组成，是国家级地震专题展馆，通过400多幅历史图片、600多件珍贵实物和7个大型景观，复原了唐山大地震原貌和抗震救灾场景。游客可参与震动台、4D影院等互动项目，身临其境地体验高科技带来的强大“震撼”。2011年，共接待游客161.2万人次，比上年增长159.2%。

重点名胜古迹 长城 位于遵化、迁西、迁安境内，省级文物保护单位。万里长城在境内蜿蜒220千米，有名关险隘29处。遵化鹫峰山长城、迁西潘家口水下长城、迁安大理石长城、青山关、喜峰口、冷口关、监狱楼、七十二券楼、水门、长城砖窑、养马圈等，皆为长城独秀。鹫峰山长城高不足一丈，宽不过三尺；青山关长城高一丈四尺，周六十六丈九尺，保有的72券楼由大小72拱组成，造型奇美；水门由青砖砌成拱形，经数百年风雨山洪冲刷仍保存完整。被誉为长城第一窑的“左三窑”位于迁西大岭寨，是迄今发现的长城沿线最大、最完整的砖料基地，解开了长城砖的来源之谜。大理石长城长约1.5千米，高10米，宽5米，城底、敌楼基础多为大理石，在万里长城中十分罕见。

李大钊纪念馆及故居 国家4A级旅游景区。位于乐亭县新城区，距唐山市区60千米，是全国百个爱国主义教育示范基地、全国百个红色旅游经典景区。纪念馆真实而生动地展现了李大钊的光辉形象和他的丰功伟绩，反映了中国早期革命运动的发展历程。纪念馆主楼由灰、白、黑三大色系组成，在纪念馆主楼西侧建有李大钊纪念碑林，主要展示了党和国家领导人为李大钊的题词，李大钊手迹，全国著名书法艺术家的题字、题词及复制碑刻等内容。

李大钊故居为全国重点文物保护单位，位于乐亭县大黑坨村，距李大钊纪念馆约18千米，是冀东农村一座典型的穿堂院形式的砖木结构建筑，是李大钊诞生和幼年成长的地方，现在已按原貌进行了复原陈列。2011年，接待游客180万人次，比上年增长15%。

净觉寺　国家3A级景区。位于玉田县蛮子营村东，全国重点文物保护单位。净觉寺始建于唐代，重修于清，清道光年间极为鼎盛。净觉寺是唐山地区唯一保存完整的大型寺庙群体建筑，素有“京东第一寺”之美誉。寺内共有门殿、正殿、后殿、钟楼、鼓楼、碑楼、配殿、碑亭等建筑81间，有石狮、大钟、“净觉寺”匾额、建筑图纸等珍贵文物。这里碑文书法具有很高的历史价值和艺术价值。净觉寺的建筑艺术具备明清两代风格，融入宫廷与民间两种特色。每年正月十八迎春庙会香客如潮，民间文化活动丰富多彩。

爪村遗址　全国重点文物保护单位，位于迁安市城南约7.5千米的爪村西南。为旧石器时代遗址，距今4.5万年。1958年，当地群众在西沙沟挖黑泥时，发现了许多完整的动物化石。后经中国社会科学院古脊椎动物与古人类研究所、河北省文物研究所、唐山文物管理处等单位多次调查和发掘，获得大量哺乳动物化石以及人工打制的石制品、骨制品，其中有披毛犀、野猪、赤鹿、转角羊、原始牛、猛犸象等动物化石，人工打制石制品包括砍砸器、刮削器、石核、石片等，骨制品包括骨针、骨锥、骨片等。

天宫寺塔　全国重点文物保护单位，位于丰润区丰润镇赵庄村北，始建于辽代，已有近千年历史。塔高13层24.2米，为八角形叠涩密檐、红铜鎏金加嵌金顶宝塔。一层塔身8棱系砖雕龙盘柱，东南西北四面饰砖雕假门；各层塔檐八角及一层檐椽，悬一铁铸风铎，微风拂荡，叮咚悦耳，数百年来为丰润标志性建筑。1976年唐山大地震中严重受损，1986年修复。

唐山大地震遗迹　1976年7月28日3时42分唐山市发生强烈地震，震后保留多处建筑物残迹，其中唐山机车车辆厂地震遗迹、原唐山十中俱乐部地震遗迹、原河北矿冶学院图书馆楼地震遗迹被确定为全国文物保护单位。唐山机车车辆厂地震遗迹位于唐山市路南区，为南北走向的三跨厂房，建筑面积9072平方米，分西、中、东三跨，是承担铸造生产工序的联合厂房。该遗址为大型厂房车间建筑物震害典例，可供建筑学、土木工程学、材料力学、地震地质学等学科教学、科研、考察，同时也是人类遭受自然灾害的见证。震后该三跨厂房保持原貌，现存整体状况完好。原唐山十中俱乐部地震遗迹位于唐山市路南区原唐山十中学校院内，保存有唐山地震对地表建、构筑物造成破坏及位移的构造运动形迹共三处。地震发生后，在唐山“断裂束”两侧极震区地表发现有大量构造裂隙。一系列雁行状排列的羽状裂隙构成了一条长约8千米的构造带，震后对此三处构造运动形迹加以保护，使之成为地质学、构造地质学、新构造学、地震学的教学基地，同时也为地震监测预报、地形变化观测提供了场地。原河北矿冶学院图书馆楼地震遗迹位于唐山市新华西道46号河北理工大学院内，1976年7月建成，建筑面积4049平方米，尚未使用即被震毁。该楼在唐山大地震中遭到严重破坏，阅览室西部倒塌，东部震裂但未倒。书库朝北东方向位移约1米，底层震毁破碎，二层至四层为一整体落于一层底板。该遗址为公用建筑震灾典例，可供建筑学、土木工程学、材料力学、地震地质学等学科教学、科研、考察之用，其震毁特点，可为城市公用建筑抗震设防研究提供现场资料。

大城山遗址　省级文物保护单位，位于路北区陡河西岸的大城山东坡上，遗址总面积约9000平方米。1955年发现该遗址，文化遗迹除有白灰面、土沟、人工铺石、墓葬、灰坑外，其文化遗物颇为丰富，玉器有圭、铲、琼等；石器有斧、石锛、穿孔石铲、石矛、刮削器、石片等；骨器有骨锥、骨针、骨镞、骨匕、骨鱼钩等；陶器种类繁多，陶质分泥质灰陶、泥质红陶、细泥黑陶、细泥白陶、夹砂灰陶、夹砂红陶等；器形有罐、鬲、鼎、碗、杯、盂等，纹饰除磨光素面外，以常见的绳纹、蓝纹、附加堆纹为多，薄如蛋壳的黑陶和白陶反映出陶器生产的技术已有很大进步。该遗址为新石器时代文化遗存，与山东、河南两地的龙山文化有很多共同之处，与内蒙古一带旧石器文化遗存类似，为研究新石器时代晚期中原与北方文化交融情况提供了重要实物资料。

喜峰口长城抗战旧址　省级文物保护单位，位于迁西县城北部与宽城县交界处，是明代长城的重要关隘。“九·一八”事变后，日军占领东三省，又于1933年春占领热河，并南下平泉攻占喜峰口。3月9日，喜峰口被日军占领。奉命接防喜峰口的国民党第二十九军爱国将士在军长宋哲元的带领下，手持大刀，白刃肉搏，浴血奋战，鏖战数日，杀敌数千，赢得了长城抗战的唯一胜利。著名的《大刀进行曲》就是以此为背景创作产生的。

风土人情　唐山评剧　是在冀东民间流行的地秧歌和莲花落的基础上，不断吸收其他剧种的艺术优点而发展起来的。评剧创始人成兆才等先是把说唱艺术的“莲花落”改造成“拆出”小戏，进一步完善唱、念、表演和伴奏，形成艺术完备的“评腔梆子戏”，宣告“评剧”这一新剧种的诞生。20世纪二三十年代，评剧成为全国性的大剧种之一。中华人民共和国成立后，评剧不断推陈出新，异彩纷呈。《秦香莲》《杜十娘》《花为媒》《杨三姐告状》等一些传统剧目，经过加工整理后大放异彩；新创作的现代剧目《小女婿》《刘巧儿》《祥林嫂》《小二黑结婚》等更发挥出评剧的优势，备受社会的欢迎。唐山被誉为“评剧的故乡”。

唐山皮影　是唐山境内最早的文化品种。早在北宋末年，金兵攻克汴京（今开封），掳掠大批艺人北上，中原皮影戏传入唐山辖区，后经冀东人特别是乐亭人的长期消化改造，注入乐亭语言和民歌的特色，形成了韵味十足的乐亭乡土艺术，称之为“乐亭皮影”或“滦州皮影”，今称“唐山皮影”。中华人民共和国成立后，皮影艺术从内容到形式都有了长足发展。唐山皮影剧团不仅在国内享有盛名，还多次去欧美演出，对中外文化交流作出贡献。

乐亭大鼓　是北方较有代表性的曲艺鼓书暨鼓曲形式，

旋律优美、韵味独特，融入地方化，趋于戏剧化，素有“九腔十八调”之称。演出时由一人自击鼓板站立说唱，另有人分持三弦等乐器伴奏。清代初期，乐亭城内凡自娱好乐之人爱唱“清平歌”，后来以三弦配奏“清平歌”，遂悦耳动听，于是齐呼之为“乐亭腔”。之后，在伴奏上增添了鼓、板，在演唱形式上，改“唱而不说”为“唱而兼说”。约在清嘉庆五年前后，乐亭腔进而形成“乐亭大鼓”。道光三十年，大鼓艺人温荣将木板改为两片铁制简板，称“梨花板”（犁铧板之谐音），梨花板形如半月，夹于指缝间，敲起来丁丁零零，加花变奏，意境轻快。艺人皆效而用之，故流行开来。相传大鼓艺人到恭亲王府献艺，深得恭亲王的欢欣，确定了“乐亭大鼓”之名。20世纪以来，乐亭大鼓盛行于京、津、华北与东北各地，成为北方颇受欢迎的主要曲种之一。2006年，乐亭大鼓被列入首批国家非物质文化遗产名录。

唐剧　又名影调剧，是20世纪60年代初诞生在河北省唐山市的新剧种，公演于1960年6月。它的音乐唱腔源于唐山皮影，表演艺术继承了我国戏曲的优秀传统，并吸收借鉴了唐山民间舞蹈和影人动作。其唱腔为板腔体，从板式上分头性板、二性板、三性板、导板、回龙、宽板等。从腔调上分为五大腔调，有可塑性最强、用途最广的“平调”，有表现喜悦、欢快、活泼、诙谐感情见长的“花调”，有表现有泪无声感情为主的“河东调”，有表现声泪俱下悲恸之情的“悲调”，有表现委婉抒情和高亢激越之情的“吟腔”，还有以词格命名的“三赶七”（三三、四四、五五、六六、七七）、以辙韵命名的“硬辙”（上平下仄）等。主奏乐器为四胡，其他伴奏乐器以拉、弹、吹民间乐器为主，配以个别西洋乐器。提倡伴奏员一专多能，依照不同剧目运用不同乐器组合，打击乐与京剧基本相同。代表剧目有《断桥》《血涤鸳鸯剑》《红云崖》《迎风飞燕》《乡里乡亲》。

土特产品　境内土特产品有迁安的宣纸，遵化的磨盘柿，唐海的柏各庄大米、河蟹，乐亭的刘美烧鸡，迁西的板栗，玉田的孤树金丝小枣等。

唐山陶瓷　始于明朝永乐年间。产品有日用瓷、建筑瓷、卫生瓷等500多个品种。日用瓷以骨质瓷、白玉瓷及玉兰瓷三者品质最佳。其中骨质瓷具有洁白、细腻、通透、轻巧之特点。拥有“红玫瑰”“隆达”“惠达”卫生瓷等多个国内知名品牌。2005年，由唐山骨质瓷生产厂启动的无铅骨质瓷的研制项目，获得国家科技进步二等奖。

蜂蜜麻糖　又名蜜饯麻糖。创制于清代。以精面粉、白砂糖、蜂蜜、香油、花生油等为主要原料，经配料、和面、擀片、清面、放片、剁片、炸制、浇浆等工艺制作而成，具有片层均匀、片薄如纸、色泽淡黄、美似玉雕、清香甜脆等特点，是营养丰富、风味独特的糕点。

唐山酥糖　与唐山麻糖齐名。拥有上百年历史。用大米、麦子等粮食作物，以纯手工的办法熬成糖稀，再掺入纯花生粉精制而成。色泽金黄，大小像10厘米长的金条，入口甘美酥脆，余香沁人心脾，营养丰富，特别受老人和小孩的喜爱，曾为宫廷御用之佳品。

棋子烧饼　创制于清光绪年间。因形状、大小都酷似中国象棋的棋子而得名，棋子烧饼使用大油和香油合酥，包肉、糖、什锦、腊肠、火腿等多种馅心，里外烤制酥透，色泽金黄，肉馅鲜香，酥脆适口不腻，便于保存。

万里香烧鸡　创始于1944年。万里香烧鸡以老字号传统风味为基础，取全国“十大”名鸡之优点，经多次调整配料，改进工艺，终于研制成功。其特点是“形似琵琶、色泽棕红、香烂适口、香醇甜嫩、味道纯正”。

重大事件

本辖区发生的重大事件有1878年7月24日成立开平矿务局；1911年发生在滦县的辛亥滦州兵谏和滦州起义；1922年发生的开滦五矿同盟大罢工；1927年发生的玉田农民武装暴动；1938年发生的冀东人民武装抗日大暴动；1941年1月25日发生在丰润的潘家峪惨案；1976年7月28日发生的唐山大地震等。

开平矿务局成立　1878年7月24日，开平矿务局成立。1878年开始凿井，1881年投产。1912年与滦州煤矿合并，成立开滦矿务局。开滦煤矿的开发，托起了唐山、秦皇岛两座城市，“中国第一佳矿”“中国第一条标准轨铁路”“中国第一台蒸汽机车”“中国最早的铁路公路立交桥”“中国最早的股份制”均诞生在这里。洋务运动代表人物李鸿章、中国近代煤矿之父唐廷枢、北方工业巨子周学熙、党的创始人之一李大钊、民族英雄节振国等众多历史人物，曾在这里留下重要历史遗踪。开滦首开中国最早的机器采矿业和铁路运输业，引进了西方先进的工业文明和生产技术，是中国早期工业化的起点、中国近代工业文明的摇篮。

辛亥滦州兵谏和滦州起义　滦州兵谏与滦州起义是武昌起义后以新军第二十镇等革命官兵为主体在滦州发动的重大革命事件，1911年，清政府决定农历八月在直隶永平府举行秋操（军事演习）。革命党人获此消息，决定策动新军，利用秋操在滦州起义。10月10日，武昌起义爆发，清政府下令立即取消演习。但此时许多省份宣布脱离清政府独立，动摇“清室统治根本”。于是，革命党人白雅雨等人来到滦州，策动以王金铭为代表的新军中下层官兵起义。1912年1月4日，王金铭等率队誓师并向清廷发出声讨檄文，宣布起义。“辛亥滦州起义”是辛亥革命的重要组成部分，是对武昌起义的有力配合。该事件对资产阶级革命的发展和清王朝的瓦解产生了巨大影响。孙中山给予“滦州大计，石庄联军，将犁虏廷，建不世勋”的崇高评价；滦州起义爆发后第43天，清朝宣统皇帝宣告退位；1936年《国民政府令》称：“辛亥光复，发轫于武昌，而滦州一役，实促其成。”

开滦五矿同盟大罢工　1922年10月16日，开滦煤矿工人向英帝国主义控制的矿方提出要求增加工资、改善待遇，矿局无理拒绝并扣压工人代表，矿区工人极其愤慨。10月23日，在李大钊领导的北京区委发动和领导下，罗章龙、王烬美、邓培等工运领袖组成了罢工领导核心，开滦五矿同盟大罢工爆发。随后，唐山启新洋灰公司工人举行同情罢工，罢工人数增至5万人，共持续了25天。这次罢工虽在矿局、军阀政府及英帝国主义军队的武力镇压下罢工失败，但它是继香港海员罢工之后，又一次规模很大的直接反对帝国主义的斗争，在国内外产生了重大影响。

唐山大地震 1976年7月28日凌晨3点42分53.8秒，唐山发生里氏7.8级地震，百年工业重镇瞬间变成一片废墟。地震破坏范围3万平方千米，有感波及范围达14个省、市、自治区。地震累计死亡24.2万人，重伤16.4万人；7200多个家庭全家震亡，上万家庭解体，4204人成为孤儿；97%的地面建筑、55%的生产设备毁坏；交通、供水、供电、通信全部中断；直接经济损失达100多亿元人民币。

著名人物

本辖区内的无产阶级革命家有乐亭县的李大钊，革命人物有迁安市的杨秀峰，丰南区的吴德；中共领导干部有乐亭县的李运昌、李葆华，丰南区的李润五等；著名的抗日英雄和革命英烈有郭友三、王麟书，遵化市的洪麟阁，迁安市的杨十三，滦南县的陈宇寰，迁西县的魏春波、王平陆等，丰润区的苏林彦、安体诚、卢召亭等；考古学家有丰南区的裴文中，玉田县的贾兰坡；医学家有张坚，玉田的王清任，滦县的岳美中；经济学家有乐亭县的王思华；作家有丰润区的管桦、宋之的；书画艺术家有玉田县的蒋雨浓，遵化市的秦仲文，滦县的孙竹篱；表演艺术家有滦南县的成兆才、张绳武、靳文然，丰润区的白玉霜，滦县的小白玉霜、洪影，玉田的娄树华，丰南区的闫怀礼等；电影艺术家有玉田县的沙蒙；全国农业劳动模范有遵化市的王国藩、张贵顺，丰润区的韩振国；音乐家有杨煜；著名运动员有李景光等。

郭友三（1893～1919年） 名蛟，字文会，号友三，唐山镇（今唐山市）郭大里人，革命烈士，唐山“五四”运动的著名群众领袖。10岁入小学读书，后就学于直隶永平府中学堂。1911年受到滦州起义的鼓舞，在同学中倡导投笔从戎，推翻清朝专制统治，被开除学籍。1917年考入天津成美中学，中途辍学返里，协助其父经营聚兴药店。1919年“五四”运动爆发，6月12日郭友三被推举为全镇公民大会主席。7月6日当选为唐山各界联合会评议部长。8月28日，在赴京声讨马良的请愿斗争中，为保护战友马俊被军警打伤致残，入同仁医院调治，屡药无效，9月8日被接回唐山，延至9月10日中午12时与世长辞，时年26岁。

王麟书（1895～1930年） 字宝珍，唐山市宋谢庄人。唐山工人运动的先驱。1922年加入中国共产党，领导过唐山铁路工人罢工、开滦煤矿工人罢工。担任京奉铁路职工总会秘书长、青年团唐山地委委员长和北满地委委员等职。1927年初，不幸被反动当局逮捕。1930年牺牲于哈尔滨，年仅35岁。

张坚（1930～1985年） 唐山人。九三学社唐山分社委员，著名中医学者。新中国成立前考入北京华北国医学院（时为中国中医学最高学府）。1949年参加中国人民解放军某骑兵师，在内蒙古西北部剿匪，之后就地转业，在内蒙古巴彦淖尔盟从事中医学教学工作。直到1979年调回唐山中医院，主要从事教学、编写中医学教材等工作。1983年被国家民委、劳动人事部、中国科协授予“少数民族地区长期从事科技工作者”荣誉称号。1985年4月25日在单位突发心肌梗病故。

杨煜（1944～2005年） 著名作曲家。唐山人。1963年毕业于天津音乐学院附中作曲专业，后当采煤工人17年。1983～1985年，在中央乐团、中国音乐学院主攻作曲，从师施万春教授。曾任中国音乐家协会会员、中国合唱协会常务理事、中国民族管乐研究会常务理事、唐山音协常务副主席、唐山合唱学会会长、唐山音协合唱团团长兼指挥等职。创作发表几百首（部）音乐作品，其中大型声乐、交响乐、影视舞蹈音乐作品31部。几十部作品在省内外及国际获奖，50多部（首）作品录制成唱片或在电台、电视台播出。主要代表作品有《C大调第二钢琴协奏曲》《唐山，烈火中再生的凤凰》《京唐大港颂》等。

李景光（1947～2000年） 优秀乒乓球运动员，“体育运动荣誉奖章”获得者。河北省唐山市人。自幼在唐山市业余体校受训。1960年被选调到河北省乒乓球队。1965年进入国家乒乓球队。1971年春，他作为中国乒乓球队的主力队员，参加了在日本名古屋举行的第31届世界乒乓球锦标赛。在男子团体决赛中，他接连战胜日本名将长谷川信彦、伊藤繁雄、河野满，以独拿3分的显赫战绩，为中国男队夺得团体冠军立下了汗马功劳。1973年，他又赴南斯拉夫参加了第32届世界乒乓球锦标赛，为中国男队夺得团体亚军贡献了力量。1978年被国家体委授予“体育运动荣誉奖章”。同年出任国家乒乓球队教练。

城区市政建设

道路 2011年末，城区道路总长度158.7万千米，人均拥有道路长度805.7米；道路铺装面积3010.8万平方米，人均拥有道路面积15.3平方米；桥梁136座。

公共交通 2011年末，城区开通公交汽车线路130条，运营总里程达8823.3万千米，公交运营车辆1772辆，万人拥有量为15台，年客运量27261万人次；出租车2507辆，万人拥有量21台，年客运量7020万人次。

给排水 2011年末，城区自来水厂17座，敷设干线水管1968.4千米，生产能力129.91吨/日，年工业用水6556.0万吨、生活用水6092.5万吨，居民自来水普及率100%，年人均生活用水30.92万吨；排水管道2251千米，污水治理工程1项，污水处理厂10座，日污水处理能力79.9万吨，污水处理率94.6%。

供电 2011年末，城区500千伏变电站5座，主变压器12台，变电容量1080万千伏安；220千伏变电站32座，主变压器80台，变电容量1476万千伏安；110千伏变电站82座，变电容量782.35万千伏安；35千伏变电站3座，总容量4.75万千伏安。35千伏及以上输电线路394条（不含县公司），总长度6249千米。

供热 2011年末，城区蒸汽供热管道总长度162千米，热水供热管道总长度1403千米，供热总面积4910万平方米，其中居民供热面积4040万平方米，供热普及率为82%。

燃气 2011年末，城区天然气管线1529千米，加气站5个，天然气用户441669户，其中居民用户439465户，其他用户2204户，天然气月平均用量1980.9万立方米。人工煤气管线861.9千米，人工煤气用户40923户，其中居民用户40751户，其他用户172户，人工煤气月平均用量4121.5万立方米。液化石油气用户36089户，其中居民用户33578户，其他用户2511户，液化石油气月平均用量916.7万立方米。燃气普及率为100%。

园林绿化 2011年末，城区公园56个，公园面积1779公顷，绿化覆盖面积9374公顷，其中建成区绿地面积8736公顷（包括公园绿地面积2920公顷），绿化覆盖率40.1%，人均公园绿地面积14.8平方米。

（撰稿：张继春、安玉雪、姚淑芹，初审：崔敬东、杨建明）

路北区

(Lubei Qu)

政区概况

名称来历 因所辖区域位于京山铁路以北而得名。

地理位置 位于东经118°04′16″～118°14′02″，北纬39°34′48″～39°42′56″。地处唐山市中部偏北，东与开平区交错相邻，南与路南区接壤，西南与丰南区交错相连，西北与丰润区为邻，东北与开平区毗邻。人民政府驻新华东道55号，电话区号0315，邮政编码063000，距唐山市人民政府1.7千米。

政区沿革 清光绪二十四年（1898年），设唐山镇，属滦州。1913年，降州为县，属滦县。1925年，属唐山市。1947年，属唐山市第一区、第四区、第五区。1948年，唐山解放，今境分属唐山市第一、四、五、十二区。1950年，今境分属第一、四、五区。1955年2月，第一、四区合并，组建路北区，第五区改为缸窑区。1956年10月，路北区与路南区、缸窑区（城区部分）合并组建唐山市区。1958年9月，撤路南区，在今境内建红旗、电厂两个人民公社；1961年，改名为西山人民公社、钢铁人民公社。1961年，撤人民公社，恢复区级建制，今境属西山区、河滨区。1963年4月，西山区、河滨区合并，复建路北区，辖7个街道。1984年7月，调整行政区划，将新华道以南的原永红桥、西新村、学院路3个街道及乔建街道南部，划归路南区。1992年1月，在路北区北部设立唐山高新技术开发区；同年11月，将开平区的果园、傅家屯两个乡划归路北区，将路北区的荆各庄、二十二冶两个街道划归开平区。1994年4月，将傅家屯乡的新城子、许鄄子、马家屯、富家庄、龙王庙、傅家屯6个村划归唐山高新技术开发区管理。1996年7月，撤傅家屯乡，设立果园乡傅家屯管理区。2002年2月，撤傅家屯管理区，并入果园乡。2002年4月，析大里街道、文化路街道、机场路街道，设立光明街道。2006年3月，将王鄄子、瓦官庄2个村划入唐山高新技术开发区管理。2008年6月，以凤凰新城和大里、机场路两个街道的部分地区为基础，设立翔云道街道。

政区划分 2011年末，辖乔屯、文化路、钓鱼台、东新村、缸窑、机场路、河北路、龙东、大里、光明、翔云道、高新区12个街道，果园1个乡，共13个乡级政区（高新技术开发区1个）；下设140个社区居民委员会（其中高新街道13个），56个村民委员会（其中高新街道20个）。

人口面积 2011年末，辖区总人口78.63万人，其中城镇常住人口58.61万人，城镇化率86.03%。另有流动人口20万人。总人口中，男性29.32万人，占50.03%；女性29.28万人，占49.97%；14岁以下6.65万人，占11.35%；15～64岁45.75万人，占78.06%；65岁以上6.21万人，占10.59%。总人口中，以汉族为主，达57.01万人，占97.27%；有回、满、朝鲜、蒙古等39个少数民族，共1.6万人，占2.73%；超过1000人的有回、满2个少数民族，其中满族8145人，占少数民族人口的50.9%，回族3825人，占23.9%。2011年，人口出生率8.88‰，人口死亡率3.88‰，人口自然增长率5‰。

辖区东西最大距离10千米，南北最大距离12千米，总面积104.75平方千米。其中陆地面积104.02平方千米，占99.3%；水域面积0.73平方千米，占0.7%。人口密度为每平方千米7506人。

自然条件

地形地貌 地处燕山沉降带南部，山麓冲积平原中部，地势东南高，西北低，平均海拔21.5米。主要山脉有大城山、凤凰山、弯道山、贾家山，境内最高峰大城山海拔122米，最低点西北井大坑海拔21.5米。

气候 属暖温带亚湿润气候。其特点是季风显著，四季分明，具有冬季干冷，春季干燥，夏季湿热，秋季清爽的气候特点。多年平均气温11.5℃，1月平均气温－5.1℃；7月平均气温25.7℃。平均气温年较差31℃。无霜期年平均193天。年平均日照时数2580.5小时。年平均降水量606.9毫米。降雨集中在每年6月至8月，7月最多。

水文 境内最大的河流为陡河，属滦河流域，为季节性河流，流域面积0.67平方千米。河流总长度9.48千米，河网密度0.05千米/平方千米，径流总量0.55亿立方米。从陡河水库经开平区前屈庄村由路北区东北方向入境，经河北路、龙东、缸窑、钓鱼台、乔屯、东新村街道，由东南方向流入路南区境内。青龙河，源于丰润区瓦房庄南，由马驹桥西入境，流经刘火新庄、光明西里、光明南里、龙福里，在南新西道青龙河桥南流入路南区，白寺口河，位于区境北部，为陡河支流。其水流自白寺口村南汇运粮河汇于永庆道李各庄桥入境，在河北四号小区南流入陡河，长3.29千米，河宽6米，流域面积0.02平方千米。

矿藏及其他自然资源 境内已探明地下矿藏有煤炭、耐火黏土、沙土、泥炭等5种。其中煤炭储量4232.7万吨，占保有储量的63%；耐火黏土，探明储量98.1万吨，保有储量98.1万吨，矿床规模为小型；陈家屯沙土矿，主矿层长900米，宽600米，厚4.87米，探明储量536万吨，保有储量517万吨，年生产能力2.6万吨。傅家屯西北泥炭矿，探明储量11.6万吨。由于地质工作程度低，矿石质量不清，尚未开发利用。野生动物有32种。野生种子植物300种。

自然灾害 主要有震灾、水灾、旱灾、风灾、雪灾，雹灾。其中震灾最严重的一次发生在1976年7月28日3时42分54秒；风灾最严重的一次发生在2006年9月9日，直接经济损失135万元；雪灾最严重的一次发生在2007年3月3日，直接经济损失1200万元；旱灾最严重的一次发生在2008年4月，直接经济损失292万元；雹灾最严重的一次发生在2009年4月23日，直接经济损失143万元；水灾最严重的一次发生在2011年7月24日夜，直接经济损失270万元。

经济概况

农业 耕地面积2.46万亩，人均耕地0.03亩。2011年，农业总产值2.1亿元，占国内生产总值的1.8%。

粮食作物以玉米为主。2011年，生产粮食2694吨，人均3.4千克；油料作物以花生为主，产量387吨；蔬菜以黄瓜、西红柿为主，产量8.5万吨。水果以苹果、桃、草莓为主，产量4418吨。

畜牧业以猪、羊、家禽为主。2011年末，猪存栏0.97万头；羊存栏0.32万只；家禽存栏2.4万羽。2011年，生产禽蛋287吨。畜牧业总产值2249万元，占农业总产值的10.9%。

2011年，农民人均纯收入10032元。

工业 2011年，工业总产值达到14.85亿元，占国内生产总值的16.4%。

2011年，规模以上工业企业19家，职工16575人，实现工业增加值5.34亿元，均为中型企业。销售收入达到亿元以上的企业2家。

商业外贸 2011年末，商业网点9361个，职工48324人；现代金融业、物流业、总部经济、电子科技产业等新兴商业业态发展迅速，台湾大润发、英国乐购、美国沃尔玛、英荷壳牌石油、韩国乐天、法国家乐福相继落户境内。2011年，社会消费品零售总额达268.82亿元，比上年增长22.2%；城乡集市贸易成交额9.56亿元，比上年增长5%。

2011年，进出口总额7.65亿美元，比上年增长14.8%；其中进口5.05亿美元，比上年增长13.8%，主要产品有煤炭、铁矿砂、机电产品3个；出口2.6亿美元，比上年增长16.8%，主要产品有陶瓷、钢材、机电产品、农产品等4类14个产品，销往5个国家和地区。按贸易方式划分，一般贸易出口2.6亿美元。

财政金融 2011年，财政总收入81.9亿元，比上年增长12.8%。其中地方财政收入12.5亿元，比上年增长24.7%。从主要税种看，完成营业税17.7亿元，增值税34.4亿元，企业所得税8.7亿元，个人所得税5.3亿元，分别比上年增长15.4%、3.1%、10.3%、10.4%。人均财政收入12795元，比上年增长8.4%。

社会发展

文化艺术 2011年末，各类艺术表演团体60个，演职人员3600人；文化专业户430个；文化馆（站）13个，建筑面积2600平方米；公共图书室163个，建筑面积4890平方米，藏书16.15万余册；文化行业从业人员2338人，实现增加值2460.98万元，比上年增加11%。主要文化艺术团体有12个。其中有路北区龙东街道群星文化艺术团、路北区群乐艺术团等。

地方特色民间艺术团体有路北区红星娃娃评剧团。被列入市级非物质文化遗产名录的有“田家窑手拉坯技艺（田景儒）”“剪纸（艾俊波）”“卢氏皮影雕刻技艺（卢福增）”，其中“田家窑手拉坯技艺（田景儒）”“卢氏皮影雕刻技艺（卢福增）”两个项目被上报待批省级非物质文化遗产项目。2011年末创作完成的文化艺术作品有评剧表演唱《闹花灯》、男女声二重唱《咱路北的人》、表演唱《未来畅想曲》、配乐诗朗诵《放歌路北》、音乐快板舞《明天更辉煌》、舞蹈综合节目《和谐大家园》等10余个作品。

教育 2011年末，幼儿园42所，在园幼儿3099人，专任教师124人；小学附属幼儿园18所，在园幼儿13351人，专任教师77人；小学54所，在校生31939人，专任教师1518人，小学适龄儿童入学率100%；普通中学16所，在校生15063人，专任教师1340人，初中适龄人口入学率、小升初升学率、九年义务教育覆盖率达100%；中等职业学校7所，在校生1829人。成人中等学校1所，招生90人，在校生186人；各级各类民办学校和教育机构115所。光明实验小学坐落在光明西里小区，始建于1993年9月，是一所教育理念超前化、教学管理规范化、教育设施现代化、教师队伍年轻化的新型学校；占地面积16374.5平方米，总建筑面积11461.19平方米；现有39个教学班，正式教师95人，其中本科学历37人，专科学历55人，中专学历3人。目前，该校拥有全自动录播教室等20多个专用教室，并全部装备了多媒体设备。图书馆在2001年被河北省教育厅命名为河北省一级图书馆。2001年被河北省教育厅首批命名为现代教育技术实验学校，2008年被河北省教育厅首批命名为现代教育技术示范学校。先后获得“全国教育系统先进集体”“河北省心理健康教育先进示范校”“唐山市精神文明先进集体”等30项国家级、省级、市级、区级荣誉称号。

2011年教育经费达5.67亿元，国家财政性教育经费5.04亿元，财政预算内教育经费4.55亿元，预算内教育事业费4.53亿元，分别比上年增长16.9%、16.13%、17.5%、17.36%。

科技 2011年末，独立科研与技术开发机构15个，在装备制造、软件开发、陶瓷制造等方面的研究居全国领先地位，有的已经达到国际先进水平。主要科研机构有唐山冶金锯片工程技术开发中心、唐山长虹涂料研究所、唐山翔云自动化研究所、JME特种材料研发中心、唐山市水泥包装设备工程技术研究中心（唐山忠义机械制造有限公司）。其中唐山冶金锯片工程技术开发中心深化与北京科技大学、山东大学、唐山学院等高等院校的技术合作关系，不断地进行新产品的研究、开发，对现有工艺设备实施技术改造、技术创新，现已成为山东大学和唐山学院的教学科研试验基地。积极寻求与国外先进人才的合作。

医疗卫生 2011年末，各级各类医疗卫生机构431个，其中，医院1所，疾病控制中心1个，卫生院1所；妇幼保健院1所，社区卫生服务中心61个，诊所、卫生所、医务室367个；病床2733张，每千人拥有医疗床位3.15张。专业卫生人员8616人，其中执业医师4097人，执业助理医师4519人，平均每千人拥有执业（助理）医师10.77人，平均每千人拥有注册护士7.12人。2011年医疗机构（门诊部以上）完成诊疗2.3万人次。

2011年法定报告传染病发病率为813/10万，农村安全饮用水普及率85%，新型农村合作医疗参合人数4.4万人，参合率97.6%；5岁以下儿童死亡率、婴儿死亡率、新生儿死亡率分别为0.04%、0.04%、0.02%。

体育 2011年末，体育场地300处，文化广场35个。体育社团2个，各级社会体育指导员853人。每年定期举办的体育活动有路北区元旦健身长跑、路北区家庭健身节暨趣味运动会、路北区8月8日全民健身日大型健身项目展演。100%的城市社区和村安装了健身器材，经常参加体育活动的人员占常住人口的19%。本地体育健儿累计取得亚洲青年锦标赛金牌1枚。

社会保障 2011年，城镇最低生活保障户数2305户，人数4211人，支出1386.1万元，比上年增长15%，月人均274.3元，比上年增长21%；城市医疗救助544人次，民政部门资助参加合作医疗297人次，共支出8910元。

农村最低生活保障户数355户，人数817人，支出820749元，月人均83.7元；农村医疗救助7人次；农村五保集中供养30人，支出19.98万元，比上年增长25%；农村五保分散供养3人，支出1.98万元，比上年增长25%。

自然灾害受灾人口480人，紧急转移安置83人，农作物受灾面积133亩，倒塌房屋314间，直接经济损失465万元，救灾支出20万元。

国家抚恤、补助各类优抚对象1017人，安置义务兵、士官436人，抚恤事业费支出1717.3万元，比上年增长15%。

社会福利费87.51万元，比上年增长0.8%；社会福利单位8个，床位2347张，其中收养机构床位1217张，社会服务床位1130张。

社区服务站60个，街道市民中心8个；社区日间照料床位数100张，社区留宿照料床位数1030张。

经常性社会救助工作站、点和慈善超市1个；福利企业12个，安置残疾职工212人，福利企业产值12101万元。

新增就业人员8641人，有6002名下岗失业人员实现了再就业，就业困难人员再就业3155人，年末城镇登记失业人数5346人，城镇登记失业率为2.4%，组织9名高校毕业生到农村基层从事“三支一扶”的工作。

五项社会保险（不含新型农村社会养老保险）基金收入合计5.18亿元，比上年增长58%；基金支出合计2.97亿元，比上年增长8%。年末参加城镇基本养老保险5.91万人，比上年末增加0.37万人，其中参保职工4.26万人，参保离退休人员1.65万人，分别比上年末增加0.36万人和0.1万人。参加基本养老保险的农民工0.02万人，与上年持平。参加企业基本养老保险4.72万人，比上年末增加0.35万人。参加城镇居民基本医疗保险12.03万人，比上年末减少325人（2010年参加城镇居民基本医疗保险12.06万人，减少原因为居民搬迁或死亡）。参加失业保险1.88万人，比上年末增加500人，其中参加失业保险的农民工212人，与上年持平，年末领取失业保险金252人，比上年末减少2260人。参加工伤保险3.04万人，比上年末增加0.1万人，其中参加工伤保险的农民工0.36万人，比上年末增加0.03万人，全年认定（视同）工伤137人，比上年减少24人（2010年认定工伤161人），全年享受工伤保险待遇135人，比上年减少23人。

路北区人社局劳动人事争议调解组织和仲裁机构共受理劳动人事争议案件143件，结案143件。

基础设施

交通运输 已形成由铁路、公路2种运输方式构成的交通运输网络。

铁路津秦线、唐遵线过境，其中津秦线境内长14.43千米，设唐山站、杨家口货运站；唐遵线境内长3.93千米；专用铁路，用于运输石料、煤矿等铁路专用线12条，除钢厂、开滦2条专用铁路外，其他专用线有10条，长26.4千米。

长深高速公路（境内称唐山西外环高速）过境，境内长4.55千米，双向四车道，有机场、唐山西2个出口。

长途车站有唐山长途汽车西站，共98条班线、436部车辆，班线分别发往北京、天津、济南、石家庄、张家口、承德、廊坊、围场、河南、山东、安徽等方向。

境内共有主干道10条，呈网格式分布，总长49.41千米。

邮政电信 2011年末，邮政网点11个，电信服务网点37个。

（撰稿：温爽、明海波，初审：陈春昶、于建华）

乔屯街道

(Qiaotun Jiedao)

国家级充分就业示范社区、国家残疾人组织建设先进单位、国家民族团结进步典型、市级精神文明单位。

政区概况

名称来历 因1877年清政府在乔屯（今开滦集团有限责任公司）开矿采煤，始建乔屯镇，得名。

地理位置 地处路北区东南，东至唐河西岸，隔河与东新村街道相望，南至新华东道与路南区文化北后街、小山、广场3个街道相连，西至文化路与文化路街道相邻，北至体育馆道向东延伸至大城山公园北墙以南、与钓鱼台街接壤。办事处驻乔屯楼社区龙泽南路8号，电话区号0315，邮政编码063000，距路北区人民政府0.38千米。

政区沿革 1877年，建乔屯镇，属滦州。1956年，建乔屯街道，属唐山市路北区，下辖12个居民委员会。1981年，乔屯、建国路两个街道合并，称乔建街道，下辖39个居民委员会。1984年，复为乔屯街道。

政区划分 2011年末，辖乔屯楼、保泰楼、城子庄、草场街、乔西、培仁里、凤凰道、西山楼、西北新楼、西北井一、西北井二 11 个社区居民委员会。

人口面积 2011 年末，辖区总人口 43586 人，其中城镇常住人口 41287 人，城镇化率 100%。另有流动人口 2299 人。总人口中，男性 20587 人，占 47.2%；女性 20700 人，占 52.8%；14 岁以下 4314 人，占 9.9%；15～64 岁 33117 人，占 76%；65 岁以上 6155 人，占 14.1%。总人口中，以汉族为主，达 46553 人，占 95.32%；有回族 405 人，占 0.83%。2011 年，人口出生率 5.15‰，人口死亡率 5.2‰，人口自然增长率 -0.05‰。

辖区东西最大距离 2.8 千米，南北最大距离 2.7 千米，总面积 4.73 平方千米。其中陆地面积 4.72 平方千米，占 99.78%；水域面积 0.1 平方千米，占 0.22%。人口密度为每平方千米 9215 人。

经济概况

工业 以印刷、金属编织、篷布、轧钢、建筑为主。2002 年以前街道企业全部实行改制。国有企业中，启新水泥厂和全国著名的唐山陶瓷厂等 5 家工业生产企业，随着大城山公园的周边改造及唐河环城水系建设，于 2011 年正式停产拆除。原唐山粮库和唐山市第一面粉厂已经建成“唐山城市展览馆”和城中花园绿地；唐山市第二食品厂已经建成高级花园住宅小区。

商业外贸 2011 年末，商业网点 326 个，职工 2400 人；城乡集贸市场 2 个。2011 年，社会消费品零售总额达 0.63 亿元，比上年增长 9.16%；城乡集市贸易成交额 0.17 亿元。2011 年，出口总额 1064 万美元，比上年减少 16.2%，主要产品有“远威”牌陶瓷制品，销往美国、加拿大、捷克、波兰等地。

社会发展

文化艺术 2011 年末，文化艺术团体 5 个；街道文化站 1 个，站内设立公益性电子阅览室和 1 个多功能综合活动室；社区文化活动中心（室）9 个。各类文化专业户 25 户；图书室 9 个，藏书 2.5 万册。音乐、美术、书法、摄影及文学业余创作人员 20 人。

教育 2011 年末，幼儿园 1 所，小学 3 所，小学适龄儿童入学率 100%；初中 2 所，在校生 6300 人，专任教师 509 人，初中适龄人口入学率、小升初升学率、九年义务教育覆盖率均达 100%。

科技 2011 年末，市级科技馆 1 座，即唐山市科技馆。

医疗卫生 2011 年末，各级医疗卫生机构 8 个，门诊部（所）20 个；社区卫生服务中心 2 个，社区卫生服务站 1 个。

体育 2011 年末，学校体育场地 2 处、篮球场地 8 处、排球场地 1 处、足球场地 2 处。100% 的城市社区修建了体育健身路径。各类体育健身活动组织 11 个，队伍 35 支。经常参加体育活动的人员占常住人口的 13.36%。为弘扬中华传统体育健身项目，街道于 2005—2011 年举办了 4 届区、市级大型“太极系列比赛及展演”活动。

广播电视 2011 年末，有线电视全部改为有线数字电视，入户率 100%。

社会保障 2011 年，城镇最低生活保障户数 266 户，人数 470 人，支出 152.25 万元，比上年增长 6%，月均人 270 元，比上年增长 6%；城市医疗救助 23 人次，支出 6.1 万元；城市临时救济 35 人，支出 10.2 万元，比上年增长 5%。

社区服务设施 16 个，其中街道社区服务中心 1 个，社区服务站 9 个，社区卫生服务中心（站）3 个，居家养老服务站 3 个。

草场街社区
（Caochangjie Shequ）

名称来历 早先是一片空地，遍地是草，后变成跑马场所，得名草场街社区。

地理位置 地处乔屯街道办事处中东部，东至启新水泥厂，南至五家庄大街，西至唐山陶瓷厂，北至北新东道。

主要指标 2011 年末，辖区总人口 4024 人，总面积 0.11 平方千米，城镇居民人均可支配收入 21785 元。

培仁里社区
（Peirenli Shequ）

名称来历 因辖境内有培仁里得名。

地理位置 地处乔屯街道办事处中部，东至大城路，南至龙泽南路，西至龙泽南路，北至北新东道。

主要指标 2011 年末，辖区总人口 3770 人，总面积 0.22 平方千米，城镇居民人均可支配收入 21785 元。

西北井一社区
（Xibeijingyi Shequ）

名称来历 因开平矿务公司在唐山矿西北建井采煤，面积较大，分为两社区，得名西北井一社区。

地理位置 地处乔屯街道办事处西北部，东至大成山，南至北新东道，西至龙泽南路，北至中大酒店。

主要指标 2011 年末，辖区总人口 2965 人，总面积 0.13 平方千米，城镇居民人均可支配收入 21785 元。

西北井二社区
（Xibeijing’er Shequ）

名称来历 因开平矿务公司在唐山矿西北建井采煤，面积较大，分为两个社区，得名西北井二社区。

地理位置 地处乔屯街道办事处西北部，东至龙泽南路，南至煤医道，西至文化路，北至体育馆道。

主要指标 2011 年末，辖区总人口 4895 人，总面积 0.16 平方千米，城镇居民人均可支配收入 21785 元。

凤凰道社区
（Fenghuangdao Shequ）

名称来历 因辖境有凤凰道得名。

地理位置 地处乔屯街道办事处中南部，东至车站路，南至新华东道，西至展览馆路，北至培仁里社区。

主要指标 2011年末，辖区总人口3982人，总面积0.11平方千米，城镇居民人均可支配收入21785元。

乔屯楼社区

(Qiaotunlou Shequ)

名称来历 震后在乔屯原址建设乔屯楼得名乔屯楼社区。

地理位置 地处乔屯街道办事处中南部，东至启新立交桥，南至新华东道，西至路北工商局，北至龙泽南路。

主要指标 2011年末，辖区总人口3147人，总面积0.09平方千米，城镇居民人均可支配收入21785元。

乔西社区

(Qiaoxi Shequ)

名称来历 因辖区在乔屯楼西侧得名。

地理位置 地处乔屯街道办事处中南部，东至原启新水泥厂铁路线，南至粮库、机场铁路线，西至车站路，北至北新东道。

主要指标 2011年末，辖区总人口3974人，总面积0.12平方千米，城镇居民人均可支配收入21785元。

西山楼社区

(Xishanlou Shequ)

名称来历 因凤凰山别称西山，辖境内又有西山楼得名。

地理位置 地处乔屯街道办事处西南部，东至展览路，南至新华东道，西至文化路，北至凤凰道。

主要指标 2011年末，辖区总人口5616人，总面积0.13平方千米，城镇居民人均可支配收入21785元。

西北新楼社区

(Xibeixinlou Shequ)

名称来历 在西北井西侧建西北新楼得名。

地理位置 地处乔屯街道办事处中西部，东至龙泽南路，南至北新东道，西至文化路，北至煤医道市场。

主要指标 2011年末，辖区总人口3174人，总面积0.45平方千米，城镇居民人均可支配收入21785元。

保泰楼社区

(Baotailou Shequ)

名称来历 因辖有保泰楼得名。

地理位置 地处乔屯街道办事处东南部，东至滨河路，南至启新立交桥，西至启新铁路，北至北新东道。

主要指标 2011年末，辖区总人口2052人，总面积0.05平方千米，城镇居民人均可支配收入21785元。

城子庄社区

(Chengzizhuang Shequ)

名称来历 原为城子庄后建社区得名。

地理位置 地处乔屯街道办事处东北部，东至河西路，南至北新东道，西、北至大城山。

主要指标 2011年末，辖区总人口3323人，总面积1.6平方千米，城镇居民人均可支配收入21785元。

（撰稿：吕晓君、王宝印，初审人：彭利兴）

文化路街道

(Wenhualu Jiedao)

全国百家示范乡镇（街道）总工会、全国“六好”乡镇（街道）工会、“市级和谐乡街”。

政 区 概 况

名称来历 因街道办事处原驻地位于文化路而得名。

地理位置 地处路北区中部偏南，东与乔屯街道相邻，南与路南区广场街道接壤，西与大里街道相连，北与钓鱼台、机场路街道为邻。办事处驻富强楼社区华岩路50号，电话区号0315，邮编063000，距路北区人民政府3.5千米。

政区沿革 1956年，今境属凤凰路、西北井两个街道。1969年，凤凰路、西北井两个街道合并，称文化路街道革命委员会，下辖18个居民委员会。1981年5月，撤销革命委员会，复设文化路街道，下辖27个居民委员会。1987年，街道办事处迁址华岩路50号。

政区划分 2011年末，辖健康楼、富强楼、华岩路联合、山西南里、山西北里、曙光楼、馨秀园、华岩南里、文化楼、北新里、机场路南楼、华岩东里、新华里、煤医道、煤研分院15个社区居民委员会。

人口面积 2011年末，辖区总人口6.45万人，其中城镇常住人口6.03万人，城镇化率100%。另有流动人口4153人。总人口中，男性29175人，占45.2%；女性31159人，占54.8%；14岁以下8547人，占13.3%；15～64岁34980人，占54.2%；65岁以上20973人，占32.5%。总人口中，以汉族为主，达65286人，占99.3%；有回、满等7个少数民族，共460人，占0.7%。2011年，人口出生率5.1‰，人口死亡率3.64‰，人口自然增长率1.46‰。

辖区东西最大距离2.8千米，南北最大距离3千米，总面积5.6平方千米。人口密度为每平方千米11518人。

经 济 概 况

工业 2011年，工业总产值0.34亿元，比上年增长1%。

商业外贸 2011年末，商业网点123个，职工2314

人。2011年，社会消费品零售总额达6.5亿元，比上年增长7.8%；城乡集市贸易成交额5亿元，比上年增长40%。

社会发展

文化艺术 2011年末，文化站1个，文化活动中心15个，会员1300多人；各类图书室15个，藏书3万册；音乐、美术、书法、摄影及文学业余创作人员300余人。

教育 2011年末，幼儿园8所，在园幼儿600名，专任教师106人；小学6所，在校生2800人，专任教师1200名，小学适龄儿童入学率100%；初中2所，在校生3000人，专任教师600人，初中适龄儿童入学率100%，小升初升学率99.8%，九年义务教育覆盖率达100%；高职院校2所，在校生3000人；普通高等院校2所，在校生2000人。

医疗卫生 2011年末，各级各类医疗卫生机构15个，其中三级甲等医院1所，卫生院12所；病床800张，其中公立卫生机构床位400张，每千人拥有医疗床位18张，固定资产总值7600万元。专业卫生人员582人，其中执业医师123人，执业助理医师136人，注册护士189人。

体育 2011年末，学校体育场地10个、篮球场地6个、排球场地3个、足球场地5个。100%城市社区修建了健身路径，经常参加体育活动的人员占常住人口的13.36%。自2005以来每年举办一次社区运动会。

社会保障 2011年，城镇最低生活保障户数163户，人数271人，支出95.98万元，比上年增长6%。国家抚恤、补助各类优抚对象163人，抚恤事业费支出250万元，比上年增长14%。社会福利单位45个，床位500张，其中收养机构床位320张，社区服务床位50张，军休床位160张，收养450人。社区服务设施45个，其中社区服务中心9个，社区服务站30个。经常性社会救助工作站1个，慈善超市1个，全年接受社会捐款13万元，使356人（次）困难群众受益；福利企业1个，安置残疾职工63人，福利企业产值10万元。

五项社会保险（不含新型农村社会养老保险）基金收入合计153万元，比上年增长23%，基金支出合计138万元，比上年增加23%。年末参加城镇基本养老保险2万人，比上年末增加1300人，其中参保职工1.5万人，参保离退休人员4.3万人，分别比去年末增长0.5万人和0.3万人。参加企业基本养老保险4.9万人，比上年末增加1.2万人。参加城镇基本医疗保险2.6万人，比上年末增加1万人，其中参加城镇职工基本医疗保险3.6万人，比上年末增加1万人。参加失业保险4万人，比上年末增加0.6万人。参加工伤保险3.5万人，比上年末增加1万人，全年认定（视同）工伤90人，比上年增加23人，全年评定伤残等级1600人，比上年增加63人，全年享受工伤保险待遇400人，比上年增加30人。参加生育保险1.3万人，比上年末增加1000人，全年共有5000人享受了生育保险待遇，比上年增加200人。

城镇非私营单位在岗职工年平均工资为2500元，比上年增加200元；城镇私营单位就业人员平均工资2900元，比上年增加230元。年末规模以上企业劳动合同签订率达到96%。

华岩东里社区

（Huayandongli Shequ）

名称来历 因地处华岩新庄旧址东侧得名。

地理位置 地处文化路街道办事处中部，东至河北联合大学煤炭医学院西校区，南至北新西道，西至华岩路，北至煤医道。

主要指标 2011年末，辖区总人口2862人，总面积0.08平方千米，城镇居民人均可支配收入21785元。

华岩南里社区

（Huayannanli Shequ）

名称来历 因地处华岩新庄旧址南侧得名。

地理位置 地处文化路街道办事处中部，东至建设南路，南至西山道，西至华岩路，北至北新西道。

主要指标 2011年末，辖区总人口3371人，总面积0.06平方千米，城镇居民人均可支配收入21785元。

山西北里社区

（Shanxibeili Shequ）

名称来历 因地处凤凰山西，原山西刘庄北部得名。

地理位置 地处文化路街道办事处中东部，东至文化路，南至西山道，西至建设北路，北至北新东道。

主要指标 2011年末，辖区总人口3898人，总面积0.08平方千米，城镇居民人均可支配收入21785元。

山西南里社区

（Shanxinanli Shequ）

名称来历 因地处凤凰山西，原山西刘庄南部而得名。

地理位置 地处文化路街道办事处东南部，东至文化路，南至广达街，西至建设南路，北至西山道。

主要指标 2011年末，辖区总人口4384人，总面积0.08平方千米，城镇居民人均可支配收入21785元。

曙光楼社区

（Shuguanglou Shequ）

名称来历 因震后建设曙光楼，取美好前景之意得名。

地理位置 地处文化路街道办事处中西部，东至华岩路，南至西山道，西至卫国路，北至北新西道。

主要指标 2011年末，辖区总人口3336人，总面积0.04平方千米，城镇居民人均可支配收入21785元。

富强楼社区

（Fuqianglou Shequ）

名称来历 因震后建设富强楼，取繁荣富强之意得名。

地理位置 地处文化路街道办事处中西部，东至华岩路，南至北新西道，西至卫国北路，北至煤医道。

主要指标 2011年末，辖区总人口3720人，总面积

0.2 平方千米，城镇居民人均可支配收入 21785 元。

新华里社区

(Xinhuali Shequ)

名称来历 因位于新华西道以北得名。

地理位置 地处文化路街道办事处东南部，东至建设南路，南至新华西道，西至华岩路，北至西山道。

主要指标 2011 年末，辖区总人口 2660 人，总面积 0.69 平方千米，城镇居民人均可支配收入 21785 元。

文化楼社区

(Wenhualou Shequ)

名称来历 因地处文化路得名。

地理位置 地处文化路街道办事处东北部，东至龙泽南路，南至煤医道，西至建设南路，北至建华东道。

主要指标 2011 年末，辖区总人口 4922 人，总面积 0.12 平方千米，城镇居民人均可支配收入 21785 元。

北新里社区

(Beixinli Shequ)

名称来历 因位于北新东道得名。

地理位置 地处文化路街道办事处中东部，东至文化路，南至北新东道，西至建设南路，北至煤医道。

主要指标 2011 年末，辖区总人口 4109 人，总面积 0.1 平方千米，城镇居民人均可支配收入 21785 元。

华岩路联合社区

(Huayanlulianhe Shequ)

名称来历 由 3 个家委会、2 个社区、1 个城中村和健康楼划拨过来的一片楼组成而得名。

地理位置 地处文化路街道办事处西北部，东至建华西道，南至富康道，西至卫国北路，北至翔云道。

主要指标 2011 年末，辖区总人口 4428 人，总面积 2.3 平方千米，城镇居民人均可支配收入 21785 元。

健康楼社区

(Jiankanglou Shequ)

名称来历 因震后境内有人民健康医院而得名。

地理位置 地处文化路街道办事处中西部，东至华岩路，南至建华西道，西至卫国北路，北至富康道。

主要指标 2011 年末，辖区总人口 5800 人，总面积 0.17 平方千米，城镇居民人均可支配收入 21785 元。

机场路南楼社区

(Jichanglunanlou Shequ)

名称来历 因位于原机场路南侧而得名。

地理位置 地处文化路街道办事处中西部，东至华岩路，南至翔云道，西至卫国北路，北至馨秀园小区。

主要指标 2011 年末，辖区总人口 7760 人，总面积 0.17 平方千米，城镇居民人均可支配收入 21785 元。

馨秀园社区

(Xinxiuyuan Shequ)

名称来历 因辖境内有馨秀园得名。

地理位置 地处文化路街道办事处西北部，东至华岩路，南至机场路南楼，西至卫国北路，北至机场路。

主要指标 2011 年末，辖区总人口 3783 人，总面积 0.06 平方千米，城镇居民人均可支配收入 21785 元。

煤医道社区

(Meiyidao Shequ)

名称来历 因邻近煤医道得名。

地理位置 地处文化路街道办事处中部，东至文化楼，南至煤医道，西至建设南路，北至体育馆道。

主要指标 2011 年末，辖区总人口 4165 人，总面积 0.12 平方千米，城镇居民人均可支配收入 21785 元。

煤研分院社区

(Meiyanfenyuan Shequ)

名称来历 因辖境内有煤炭科学研究院唐山分院得名。

地理位置 地处文化路街道办事处西南部，东至华岩路，南至新华西道，西至卫国路，北至西山道。

主要指标 2011 年末，辖区总人口 2952 人，总面积 0.18 平方千米，城镇居民人均可支配收入 21785 元。

（撰稿：董哲、刘振娟，初审：李志锋）

钓鱼台街道

(Diaoyutai Jiedao)

河北省百家示范街道工会、省优模范窗口、省基层组织建设街道、市和谐乡街。

政 区 概 况

名称来历 因境内有钓鱼台而得名。

地理位置 地处路北区中部偏东，东隔唐河与缸窑街道相望，南至大城山南麓与乔屯街道接壤，西至建设北路与机场路街道为邻，北至长宁道与龙东街道相连。办事处驻河西里社区朝阳东道 1 号，电话区号 0315，邮政编码 063000，距路北区人民政府 3.9 千米。

政区沿革 1956 年 9 月，始建雷庄子街道，下辖 4 个居民委员会。1968 年 4 月，城子庄街道、雷庄子街道合并，改建城雷街道革命委员会，下辖 14 个居民委员会。1976 年，设立城雷街道，下辖 19 个居民委员会。1984 年，更名钓鱼台街道，下辖 35 个居民委员会。

政区划分 2011年末，辖河西里、部西里、钓鱼台北楼第一（家委会）、钓鱼台北楼第二、钓鱼台南楼第一、钓鱼台南楼第二、电厂（家委会）、西山、燕山、沁园春、长宁、部东里、凤祥园、绿锦园14个社区居民委员会。

人口面积 2011年末，辖区总人口5.66万人，其中城镇常住人口5.44万人，城镇化率100%。另有流动人口2133人。总人口中，男性占27271人，占48.2%。女性27158人，占51.8%；14岁以下5715人，占10.1%，15~64岁41142人，占72.7%；65岁以上9743人，占17.2%。总人口中，以汉族为主，达53449人，占98.2%；有回族1100人，占1.95%；满族950人，占1.68%，2011年，人口出生率3.3‰，人口死亡率3.3‰，人口自然增长率为0。

辖区东西最大距离1.3千米，南北最大距离2.8千米，总面积5.75平方千米。其中陆地面积5.68平方千米，占98.7%；水域面积0.08平方千米，占1.3%。人口密度为每平方千米9833人。

经济概况

工业 2011年，工业总产值1.07亿元，比上年增长10.7%，实现工业增加值0.63亿元。2011年，规模以上工业企业2家，职工433人，实现工业增加值0.63亿元，比上年增长27.1%。大型企业有大唐国际发电股份有限公司、华北电网有限公司唐山供电公司、河北大唐国际唐山热电有限责任公司、创元方大电气有限责任公司等。

商业外贸 2011年末，商业网点367个，职工4896人。大型商贸公司有博雄商贸、海湾医药、瑞莎实业集团、大唐凤凰园餐饮娱乐有限公司等。2011年，社会消费品零售总额达1.74亿元，比上年增长13%。2011年，固定资产投资完成10.4亿元，占年计划104%，出口创汇完成0.22亿美元，进出口总额0.22亿美元，引进市外资金0.68亿元。限额以上批发零售业销售额3.38亿元，限额以上批发零售业零售额0.35亿元，限额以上住宿餐饮业营业额0.2亿元，零售额0.2亿元。

社会发展

文化艺术 2011年末，街道文化站1个；社区文化活动站（室）12个；各类文化专业户10余个；图书室12个；音乐、美术、书法、摄影及文学爱好者50余人。

教育 2011年末，幼儿园3所，在园幼儿1010人，专任教师103人；小学3所，在校生2101人，专任教师145人，小学适龄儿童入学率100%；初中1所，在校生5189人，专任教师412人，初中适龄人口入学率、小升初升学率、九年义务教育覆盖率均达100%。

科技 2011年末，非独立性科研单位1家，即唐山市骨科研究中心，成立于1985年7月，隶属于唐山市第二医院，任务是组织全市骨科技术研究和临床实践研究，承担骨科病人的抢救治疗和科研成果的鉴定评审及申报工作，研究中药麻醉在各专科手术中的应用。

医疗卫生 2011年末，各级各类医疗卫生机构1个，卫生院3所，重点医院有唐山市第二医院和唐山市按摩医院。卫生服务中心4个。

体育 2011年末，学校体育场地4处、篮球场地2处、足球场地1处。12个城市社区（不含拆迁社区）安装了健身器材，组建各类体育健身活动组织队伍20支。经常参加体育活动的人员占常住人口的9.2%。

广播电视 2011年，有线电视全部改为有线数字电视，入户率100%。

社会保障 2011年，城镇最低生活保障户数247户，人数474人，支出161.72万元；城市医疗救助46人次，支出9.8万元；城市临时救济33人次，支出10.6万元。为5名贫困大学生申请慈善助学金1万元。国家抚恤、补助各类优抚人员60人，抚恤事业费支出51.3万元。

社区服务设施19个，其中街道社区服务中心1个，社区服务站12个，社区卫生服务中心（站）6个；居家养老服务站3个。

电厂社区

(Dianchang Shequ)

名称来历 因筹建唐山发电所得名。

地理位置 地处钓鱼台街道办事处东南部，东至滨河路，南至大城山，西至电厂西山工房，北至建华东道。

主要指标 2011年末，辖区总人口6503人，总面积0.27平方千米，城镇居民人均可支配收入21785元。

西山社区

(Xishan Shequ)

名称来历 因地处电厂西北部、大城山北坡得名。

地理位置 地处钓鱼台街道办事处中南部，东至河西路，南至大城山，西至龙泽南路，北至建华东道。

主要指标 2011年末，辖区总人口2347人，总面积0.28平方千米，城镇居民人均可支配收入21785元。

燕山社区

(Yanshan Shequ)

名称来历 因辖有燕山楼得名。

地理位置 地处钓鱼台街道办事处中西部，东至龙泽北路，南至长虹道，西至建设北路，北至裕华道。

主要指标 2011年末，辖区总人口6120人，总面积0.32平方千米，城镇居民人均可支配收入21785元。

钓鱼台南楼第一社区

(Diaoyutainanloudiyi Shequ)

名称来历 因辖境内钓鱼台南楼区域较大，分为两个社区，按序得名。

地理位置 地处钓鱼台街道办事处中南部，东至钓鱼台南楼第二社区，南至建华东道，西至龙泽北路，北至长虹道。

主要指标 2011年末，辖区总人口4191人，总面积0.09平方千米，城镇居民人均可支配收入21785元。

钓鱼台南楼第二社区

(Diaoyutainanloudi'er Shequ)

名称来历 因辖钓鱼台南楼区域较大，分为两个社区，按序得名。

地理位置 地处钓鱼台街道办事处中南部，东至河西路，南至建华东道，西至钓鱼台南楼第一社区，北至长虹道。

主要指标 2011年末，辖区总人口2546人，总面积0.08平方千米，城镇居民人均可支配收入21785元。

钓鱼台北楼第一社区

(Diaoyutaibeiloudiyi Shequ)

名称来历 因辖境内钓鱼台北楼区域较大，分为两个社区，按序得名。

地理位置 地处钓鱼台街道办事处中东部，东至钓鱼台北楼第二社区，南至长虹东道，西至龙泽北路，北至朝阳道。

主要指标 2011年末，辖区总人口3562人，总面积0.05平方千米，城镇居民人均可支配收入21785元。

钓鱼台北楼第二社区

(Diaoyutaibeiloudi'er Shequ)

名称来历 因辖钓鱼台北楼部分居民，按序得名。

地理位置 地处钓鱼台街道办事处中东部，东至河西路，南至长虹道，西至钓鱼台北楼第一社区，北至朝阳道。

主要指标 2011年末，辖区总人口5813人，总面积0.06平方千米，城镇居民人均可支配收入21785元。

沁园春社区

(Qinyuanchun Shequ)

名称来历 因辖境沁园楼和迎春楼得名。

地理位置 地处钓鱼台街道办事处西南部，东至龙泽北路，南至建华东道，西至建设北路，北至长虹道。

主要指标 2011年末，辖区总人口1601人，总面积0.19平方千米，城镇居民人均可支配收入21785元。

长宁社区

(Changning Shequ)

名称来历 因毗邻长宁道得名。

地理位置 地处钓鱼台街道办事处中北部，东至龙泽北路，南至建丰商场和凤祥园社区，西至唐丰路，北至长宁东道。

主要指标 2011年末，辖区总人口2500人，总面积0.03平方千米，城镇居民人均可支配收入21785元。

部东里社区

(Budongli Shequ)

名称来历 因辖境在部家庄东得名。

地理位置 地处钓鱼台街道办事处东北部，东至河西路，南至裕华道，西至龙泽北路，北至长宁东道。

主要指标 2011年末，辖区总人口4371人，总面积0.13平方千米，城镇居民人均可支配收入21785元。

凤祥园社区

(Fengxiangyuan Shequ)

名称来历 因辖境内凤祥园得名。

地理位置 地处钓鱼台街道办事处中北部，东至龙泽北路，南至裕华道，西至唐丰路，北至长宁社区。

主要指标 2011年末，辖区总人口5174人，总面积0.18平方千米，城镇居民人均可支配收入21785元。

绿锦园社区

(Lüjinyuan Shequ)

名称来历 因辖境内绿锦园得名。

地理位置 地处钓鱼台街道办事处中部，东至钓鱼台北楼第一社区，南至朝阳道，西至龙泽北路，北至裕华道。

主要指标 2011年末，辖区总人口2390人，总面积0.05平方千米，城镇居民人均可支配收入21785元。

河西里社区

(Hexili Shequ)

名称来历 因位于陡河西侧得名。

地理位置 地处钓鱼台街道办事处中东部，东至河西路，南至朝阳道，西至龙泽北路，北至裕华道。

主要指标 2011年末，辖区总人口6000人，总面积0.2平方千米，城镇居民人均可支配收入21785元。

部西里社区

(Buxili Shequ)

名称来历 因在原部家庄村西得名。

地理位置 地处钓鱼台街道办事处西北部，东至唐丰路，南至裕华东道，西至龙泽北路，北至长宁道。

主要指标 2011年末，辖区总人口1837人，总面积0.19平方千米，城镇居民人均可支配收入21785元。

(撰稿：马益敏、刘卫国，初审：赵洪东)

东新村街道

(Dongxincun Jiedao)

政区概况

名称来历 因新中国成立初期新建东工人新村住宅区而得名。

地理位置 地处路北区东部，东至唐古路与开平区接壤，南至新华东道与路南区文化北后街街道相邻，西至滨河路隔陡河与乔屯街道相望，北至建华东道与缸窑街道为邻，东北与开平区开平镇相连。办事处驻新立庄社区钢厂道41－1号，电话区号0315，邮政编码063002，距路北区人民政府1.9千米。

政区沿革 1956年，新建工人住宅区，设立东工人新村办事处，下辖11个居民委员会。1969年，与红旗街道合并，改称红旗街道革命委员会，下辖26个居民委员会。1975年，改名东新村街道革命委员会，下辖26个居民委员会。1981年，撤销革命委员会，恢复东新村街道，下辖32个居民委员会。

政区划分 2011年末，辖东工房第一、东工房第二、启新老工房第一、启新老工房第二、新立庄、国矿楼、钢建工房7个社区居民委员会。

人口面积 2011年末，辖区总人口15053人，其中城镇常住人口13850人，城镇化率88.57%。另有流动人口1203人。总人口中，男性8520人，占56.6%；女性5330人，占43.4%；14岁以下1440人，占9.6%；15～64岁11954人，占79.4%；65岁以上1659人，占11%。总人口中，以汉族为主，达10311人，占68.5%；有回、满2个少数民族，共151人，占1%。2011年，人口出生率0.44‰，人口死亡率1.69‰，人口自然增长率－1.25‰。

辖区东西最大距离2千米，南北最大距离4千米，总面积8.5平方千米。人口密度为每平方千米1771人。

经济概况

工业 2011年，工业总产值2.5亿元，比上年增长24.41%，实现工业增加值0.85亿元。2011年，规模以上工业企业2家，职工355人，实现工业增加值0.61亿元，比上年增长4.8%。销售收入达到亿元以上的企业1家。

社会发展

文化艺术 2011年末，街道文化站1个，建筑面积20平方米，藏书68册；社区级文化活动中心7个。

教育 2011年末，小学1所，在校生190人，专任教师27人，小学适龄儿童入学率100%；初中适龄人口入学率、小升初升学率、九年义务教育覆盖率达100%。

科技 2011年末，承担路北区级“东部新兴产业园区”建设项目，为路北区新型高科技工业基地。占地面积3000亩，计划总投资50亿元。

医疗卫生 2011年末，各级各类医疗卫生机构2个，卫生院5所；病床112张，每千人拥有病床9.4张。专业卫生人员65名，其中执业医师26人，执业助理医师6人，注册护士29人。2011年医疗机构（门诊部以上）完成诊疗4.7万人次。城镇居民医疗保险，参合率100%。

体育 2011年末，学校体育场地4处。100%的城市社区安装了健身器材，经常参加体育活动的人员占常住人口的40%。

广播电视 2011年，有线电视全部改为有线数字电视，年末入户率100%。

社会保障 2011年，城镇最低生活保障户数197户，人数379人，支出129.9万元，比上年增加4.1%；月人均279.3元，比上年增长0.4%；城市医疗救助43人次。国家抚恤、补助各类优抚对象17人，抚恤事业费支出3.7万元，比上年增加3.5%。敬老院1家，床位30张，供养26人。社区服务设施35个，其中社区服务中心3个，社区服务站7个。慈善分会7个。

东工房第一社区

(Donggongfangdiyi Shequ)

名称来历 新中国成立初期大型企业建筑工人住宅区，因位于路北区最东部，分两个社区，按序得名。

地理位置 地处东新村街道办事处中东部，东至京山铁路，南至新立庄社区，西至华北路，北至东新南街。

主要指标 2011年末，辖区总人口1210人，总面积0.15平方千米，城镇居民人均可支配收入21785元。

东工房第二社区

(Donggongfangdi’er Shequ)

名称来历 辖境东工房居住区，按序得名。

地理位置 地处东新村街道办事处中东部，东至东工房第一社区，南至东新南街，西至国矿路，北至国矿楼社区。

主要指标 2011年末，辖区总人口1426人，总面积0.15平方千米，城镇居民人均可支配收入21785元。

钢建工房社区

(Gangjiangongfang Shequ)

名称来历 因唐钢建筑工程公司职工家属住宅区得名。

地理位置 地处东新村街道办事处东北部，东至开平区国各庄，南、西至唐钢设备处，北至喳子山。

主要指标 2011年末，辖区总人口434人，总面积0.04平方千米，城镇居民人均可支配收入21785元。

国矿楼社区

(Guokuanglou Shequ)

名称来历 因国各庄矾土矿职工家属楼得名。

地理位置 地处东新村街道办事处中北部，东至唐古路，南至东工房第二社区，西至唐钢厂区，北至开平区国各庄。

主要指标 2011年末，辖区总人口2026人，总面积0.22平方千米，城镇居民人均可支配收入21785元。

启新老工房第一社区

(Qixinlaogongfangdiyi Shequ)

名称来历 因辖启新水泥厂工人住宅区，分两个社区，按序得名。

地理位置 地处东新村街道办事处中部，东至国矿路，南至钢厂道，西至启新老工房第二社区，北至唐钢区。

主要指标 2011年末，辖区总人口423人，总面积2.59平方千米，城镇居民人均可支配收入21785元。

启新老工房第二社区

(Qixinlaogongfangdi'er Shequ)

名称来历 因辖启新水泥厂工人部分工房，按序得名。

地理位置 地处东新村街道办事处中部，东至启新老工房第一社区，南至钢厂道，西、北至唐钢区。

主要指标 2011年末，辖区总人口1140人，总面积1.18平方千米，城镇居民人均可支配收入21785元。

新立庄社区

(Xinlizhuang Shequ)

名称来历 相传洪水淹没现路南区大洪桥附近的村庄，全庄村民迁到此处建庄，得名新立庄社区。

地理位置 地处东新村街道办事处东南部，东至矾土矿铁路和京山铁路，南至新华东道，西至棉纺路，北至东工房第一社区。

主要指标 2011年末，辖区总人口2730人，总面积1.1平方千米，城镇居民人均可支配收入21785元。

（撰稿：樊娜、韩文娟，初审：贾兴利）

缸窑街道

(Gangyao Jiedao)

唐山陶瓷的发祥地，市级文明单位。

政区概况

名称来历 因明永乐二年（1404年）山东、山西移民来此定居，建窑烧制粗瓷缸、盆等陶器而得名。

地理位置 地处路北区东部，东与开平区交错相连，南至建华东道与钓鱼台、东新村街道为邻，西至河东路隔唐河与龙东街道相望，北隔唐河与河北路街道接壤。办事处驻前后村第一社区西窑道26号，电话区号0315，邮政编码063020，距路北区人民政府3.5千米。

政区沿革 1956年，分设东缸窑、西缸窑两个街道，下辖11个居民委员会；1957年，两街道合并，设缸窑街道，下辖11个居民委员会。1969年，改称缸窑街道革命委员会，下辖17个居民委员会。1981年5月，撤销革命委员会，恢复缸窑街道，下辖22个居民委员会。

政区划分 2011年末，辖三益楼第一、三益楼第二、前后村楼第一、前后村楼第二、高各庄、明华楼、秦华楼、荣华楼、三益新村、钢北楼、缸窑热电厂楼11个社区居委会。

人口面积 2011年末，辖区总人口43133人，其中城镇常住人口39577人，城镇化率91.22%。另有流动人口3556人。总人口中，男性20279人，占47%；女性19298人，占53%；14岁以下2542人，占5.9%；15~64岁38248人，占88.7%；65岁以上2343人，占5.4%。总人口中，以汉族为主，达36095人，占89.07%；有少数民族4429人，占10.93%。2011年，人口出生率6.28‰，人口死亡率4.58‰，人口自然增长率1.7‰。

辖区东西最大距离约2千米，南北最大距离约3千米，总面积9.6平方千米。人口密度为每平方千米4493人。

经济概况

工业 以陶瓷、冶金为主。境内主要企业有高压电瓷厂、唐山冶金矿山机械厂、唐山市陶瓷集团、嘉恒实业有限公司、华天成陶瓷有限公司、华信成陶瓷有限公司等。

2011年，工业总产值3.29亿元，比上年增长2.5%，实现工业增加值0.93亿元。2011年，规模以上工业企业3家，职工1389万人，实现工业增加值0.93亿元，比上年增长1.8%。

商业外贸 2011年末，商业网点140个，职工562人。2011年，社会消费品零售总额达2.1亿元，比上年增长0.2%。

社会发展

文化艺术 2011年末，街道文体站1个，社区级文化活动中心6个；图书室6个，藏书3600余册；文化活动队伍18支，固定活动场所27个。

教育 2011年末，幼儿园2所，在园幼儿230人，专任教师22人；小学4所，在校生1246人，专任教师93人，初中适龄人口入学率、小升初升学率、九年义务教育覆盖率均达100%。

科技 2011年末，陶瓷研究院1家，该院先后完成重大科研课题127项，获省部级以上奖励20余项；中国陶瓷艺术大师2名，河北省陶瓷艺术大师9名，高中级工程师40名。

医疗卫生 2011年末，医院2所，社区卫生服务中心6个。

体育 2011年末，学校体育场地2处，社区健身场所10处，健身器材95件。80%的城市社区安装了健身器材。

社会保障 2011年末，城镇最低生活保障户数323户，人数589人，支出188.22万元，月人均269.6元；城市医疗救助90人次，支出116415元。国家抚恤、补助各类优抚对象10人，抚恤事业费支出5.64万元。新增就业人员827人，有610名下岗失业人员实现了再就业，就业困难人员再就业449人。养老公寓2个，床位400张。

社区服务设施13个，其中街道社区服务中心1个，社区服务站6个，居家养老服务站6个。

钢北楼社区

(Gangbeilou Shequ)

名称来历 因在钢铁公司北建职工家属楼得名。

地理位置 地处缸窑街道办事处中西部，东至缸窑路，南至弯道山公园，西至荣华社区沿河楼，北至荣华道。

主要指标 2011年末，辖区总人口3949人，总面积0.92平方千米，城镇居民人均可支配收入21785元。

高各庄社区

(Gaogezhuang Shequ)

名称来历 因高氏在此定居建庄得名。

地理位置 地处缸窑街道办事处东南部，东至高各庄小学，南至建华东道，西至缸窑路，北至消防中队。

主要指标 2011年末，辖区总人口1468人，总面积1.7平方千米，城镇居民人均可支配收入21785元。

明华楼社区

(Minghualou Shequ)

名称来历 因明华工房得名。

地理位置 地处缸窑街道办事处中部，东至龙源瓷业，南至缸窑里和顺园，西至缸窑路，北至秦庄。

主要指标 2011年末，辖区总人口4223人，总面积0.08平方千米，城镇居民人均可支配收入21785元。

前后村楼第一社区

(Qianhoucunloudiyi Shequ)

名称来历 震后在前后村建成居民楼，分两个社区，按序得名。

地理位置 地处缸窑街道办事处中南部，东至十瓷厂，南至西窑道，西至西窑派出所，北至陶瓷道。

主要指标 2011年末，辖区总人口4604人，总面积0.9平方千米，城镇居民人均可支配收入21785元。

前后村楼第二社区

(Qianhoucunloudi'er Shequ)

名称来历 震后在前后村建成居民楼，分两个社区，按序得名。

地理位置 地处缸窑街道办事处中南部，东至西窑派出所，南至西窑道，西至河东路，北至陶瓷道。

主要指标 2011年末，辖区总人口2131人，总面积0.4平方千米，城镇居民人均可支配收入21785元。

缸窑热电厂楼社区

(Gangyaoredianchanglou Shequ)

名称来历 因辖缸窑热电厂楼得名。

地理位置 地处缸窑街道办事处东北部，东至开平区上村，南、西至热电厂区，北至煤气厂。

主要指标 2011年末，辖区总人口550人，总面积0.25平方千米，城镇居民人均可支配收入21785元。

荣华楼社区

(Ronghualou Shequ)

名称来历 因毗邻荣华道得名。

地理位置 地处缸窑街道办事处西北部，东至缸窑路，南至弯道山公园，西至河东路，北至荣华道。

主要指标 2011年末，辖区总人口3429人，总面积0.01平方千米，城镇居民人均可支配收入21785元。

三益楼第一社区

(Sanyiloudiyi Shequ)

名称来历 因何家庄、王家庄、张各庄三村合并取有益三村之意，分两个社区，按序得名。

地理位置 地处缸窑街道办事处中南部，东至缸窑路南段，南至冶金矿山机械厂，西至三益楼第二社区，北至高压电瓷厂。

主要指标 2011年末，辖区总人口4818人，总面积0.02平方千米，城镇居民人均可支配收入21785元。

三益楼第二社区

(Sanyiloudi'er Shequ)

名称来历 因何家庄、王家庄、张各庄三村合并取有益三村之意，分两个社区，按序得名。

地理位置 地处缸窑街道办事处中南部，东至三益楼第一社区，南至冶金矿山机械厂，西至河东路，北至高压电瓷厂。

主要指标 2011年末，辖区总人口5154人，总面积0.03平方千米，城镇居民人均可支配收入21785元。

三益新村社区

(Sanyixincun Shequ)

名称来历 因2000年在三益村原址建住宅小区得名。

地理位置 地处缸窑街道办事处西南部，东至冶金矿山机械厂西墙，南至建华东道，西至河东路，北至三益村第二社区。

主要指标 2011年末，辖区总人口2672人，总面积0.09平方千米，城镇居民人均可支配收入21785元。

秦华楼社区

(Qinhualou Shequ)

名称来历 因在原秦华楼生产队建设楼房得名。

地理位置 地处缸窑街道办事处东北部，东至开平区上村，南至唐钢材料库，西至缸窑路，北至荣华道。

主要指标 2011年末，辖区总人口3689人，总面积0.40平方千米，城镇居民人均可支配收入21785元。

（撰稿：肖国春、宋巍，初审：张建光）

机场路街道

(Jichanglu Jiedao)

河北省文明单位。

政区概况

名称来历 因境内有机场路，且以机场命名的小区较多而得名。

地理位置 地处路北区中部偏北，东与钓鱼台街道相连，南与文化路街道相邻，西与翔云道街道毗邻，北与高新区傅家屯村交错接壤。办事处驻机场路北楼社区卫国北路153号，电话区号0315，邮政编码063000，距路北区人民政府5千米。

政区沿革 1979年10月，以团结里、和平里、红星里、机场路南里、机场路平房等居民区为基础设立机场路街道革命委员会，下辖32个居民委员会。1981年，撤销革命委员会，设立机场路街道，下辖32个居民委员会。2006年12月，街道办事处驻地从朝阳道31号迁至卫国北路153号，下辖17个居民委员会。

政区划分 2011年末，辖团结里、供电楼、机场路北楼、和平里、祥和里第一、祥和里第二、红星里第一、红星里第二、祥富里第一、祥富里第二、裕丰楼、鹤祥园、时代景苑、林南仓矿14个社区居民委员会。

人口面积 2011年末，辖区总人口6.82万人，其中城镇常住人口6.55万人，城镇化率96%。另有流动人口2645人。总人口中，男性33376人，占48.9%；女性32171人，占51.1%；14岁以下11730人，占17.2%；15～64岁42421人，占62.2%；65岁以上14049人，占20.6%。总人口中，以汉族为主，达55924人，占82%；有少数民族12276人，占18%。2011年，人口出生率5‰，人口死亡率0.9‰，人口自然增长率4.1‰。

辖区东西最大距离2.5千米，南北最大距离3.2千米，总面积2.75平方千米。人口密度为每平方千米24800人。

经济概况

工业 2011年，工业总产值561.9万元，实现工业增加值1628.9万元。2011年，规模以上工业企业1家，职工189人，实现工业增加值1630亿元，比上年增长19.9%。

商业外贸 2011年末，商业网点1260个，职工约6000人。

社会发展

文化艺术 2011年末，街道文化站1个；社区文化活动室11个；各类图书室11个，藏书2万余册；音乐、美术、书法、摄影、舞蹈、合唱等文艺团体36个。

教育 2011年末，幼儿园2所，在园幼儿600人，专任教师40人；小学6所，在校生2432人，专任教师130人；初中4所，在校生4170人，专任教师404人；初中适龄人口入学率、小升初升学率、九年义务教育覆盖率达100%。

医疗卫生 2011年末，社区卫生服务站7个；病床72张。专业卫生人员40名，其中执业医师13人，执业助理医师8人，注册护士26人。2011年医疗机构完成诊疗7.2万人次。

体育 2011年末，学校体育场地10处。100%的城市社区安装了健身器材，每个社区设立了体育健身器材安全监管员。组建各类体育健身活动组织15个，队伍67支。经常参加体育活动的人员占常住人口的19%。

广播电视 2011年末，有线电视全部改为有线数字电视，入户率100%。

社会保障 2011年，城镇最低生活保障户数225户，人数416人，支出138.64万元，月人均277.7元。国家抚恤、补助各类优抚对象205人，抚恤事业费支出134.51万元。

社区服务设施12个，其中街道社区服务中心1个，社区服务站11个，居家养老服务中心（站）4个。

供电楼社区

(Gongdianlou Shequ)

名称来历 因辖境内供电公司家属楼得名。

地理位置 地处机场路街道办事处中东部，东至建设北路，南至团结里团结楼，西至华岩北路，北至朝阳道。

主要指标 2011年末，辖区总人口6713人，总面积0.20平方千米，城镇居民人均可支配收入21785元。

和平里社区

(Hepingli Shequ)

名称来历 因辖境有和平里小区得名。

地理位置 地处机场路街道办事处南部，东至建设北路，南至机场路，西至华岩北路，北至长虹道。

主要指标 2011年末，辖区总人口6820人，总面积0.3平方千米，城镇居民人均可支配收入21785元。

鹤祥园社区

(Hexiangyuan Shequ)

名称来历 因辖境有鹤祥园得名。

地理位置 地处机场路街道办事处东北部，东至建设北路，南至裕丰街，西至华岩北路，北至长宁道。

主要指标 2011年末，辖区总人口5834人，总面积0.13平方千米，城镇居民人均可支配收入21785元。

红星里第一社区

(Hongxinglidiyi Shequ)

名称来历 震后以红星象征光明、胜利之意建红星里小区，后分为两个社区，按序得名。

地理位置 地处机场路街道办事处中东部，东至建设北路，南至朝阳道，西至红星里第二社区，北至裕华道。

主要指标 2011年末，辖区总人口3873人，总面积0.15平方千米，城镇居民人均可支配收入21785元。

红星里第二社区

(Hongxinglidi' er Shequ)

名称来历 震后以红星象征光明、胜利之意建红星里小区，后分为两个社区，按序得名。

地理位置 地处机场路街道办事处中东部，东至红星里第一社区，南至朝阳道，西至华岩北路，北至裕华道。

主要指标 2011年末，辖区总人口4910人，总面积0.15平方千米，城镇居民人均可支配收入21785元。

机场路北楼社区

(Jichanglubeilou Shequ)

名称来历 因位于机场路北侧得名。

地理位置 地处机场路街道办事处西南部，东至华岩北路，南至机场路，西至卫国北路，北至祥和里小区。

主要指标 2011年末，辖区总人口6100人，总面积0.2平方千米，城镇居民人均可支配收入21785元。

时代景苑社区

(Shidaijingyuan Shequ)

名称来历 因辖境内时代景苑得名。

地理位置 地处机场路街道办事处中北部，东至华宁景苑，南至长宁道，西至祥丰里小区，北至丰源道。

主要指标 2011年末，辖区总人口5559人，总面积0.24平方千米，城镇居民人均可支配收入21785元。

团结里社区

(Tuanjieli Shequ)

名称来历 因震后以团结的精神力量得名。

地理位置 地处机场路街道办事处东南部，东至建设北路，南至长虹道，西至华岩北路，北至供电楼社区。

主要指标 2011年末，辖区总人口4420人，总面积0.23平方千米，城镇居民人均可支配收入21785元。

祥富里第一社区

(Xiangfulidiyi Shequ)

名称来历 因辖境有祥富里小区，分两个社区，按序得名。

地理位置 地处机场路街道办事处中西部，东至华岩北路，南至祥和里小区，西至祥荣里小区，北至祥丰里小区。

主要指标 2011年末，辖区总人口5150人，总面积1.34平方千米，城镇居民人均可支配收入21785元。

祥富里第二社区

(Xiangfulidi' er Shequ)

名称来历 因辖境有祥富里小区，分两个社区，按序得名。

地理位置 地处机场路街道办事处，东至鹤祥园社区，南至祥和里小区，西至祥荣里小区，北至祥丰里小区。

主要指标 2011年末，辖区总人口5850人，总面积1.34平方千米，城镇居民人均可支配收入21785元。

祥和里第一社区

(Xianghelidiyi Shequ)

名称来历 因辖境有祥和里小区，分两个社区，按序得名。

地理位置 地处机场路街道办事处，东至华岩北路，南至机场路北楼社区，西至卫国北路，北至祥和里第二社区。

主要指标 2011年末，辖区总人口6100人，总面积0.13平方千米，城镇居民人均可支配收入21785元。

祥和里第二社区

(Xianghelidi' er Shequ)

名称来历 因辖境有祥和里小区，分两个社区，按序得名。

地理位置 地处机场路街道办事处，东至唐山学院，南至祥和里第一社区，西至金港怡园，北至裕华道。

主要指标 2011年末，辖区总人口3468人，总面积0.06平方千米，城镇居民人均可支配收入21785元。

裕丰楼社区

(Yufenglou Shequ)

名称来历 因辖境有裕丰楼而得名。

地理位置 地处机场路街道办事处，东至建设北路，南至裕华道，西至华岩北路，北至裕丰街。

主要指标 2011年末，辖区总人口3950人，总面积0.12平方千米，城镇居民人均可支配收入21785元。

林南仓矿社区

(Linnancangkuang Shequ)

名称来历 因京东玉田古镇林南仓建矿而得名。

地理位置 属于机场路街道办事处，位于玉田县城西南部，南至玉田县白庄子镇，西至玉田县林西镇，北至玉田县八里庄。

主要指标 2011 年末，辖区总人口 3749 人，总面积 0.07 平方千米，城镇居民人均可支配收入 21785 元。

（撰稿：刘慧霞、王海森，初审人：张涛）

河北路街道

(Hebeilu Jiedao)

唐山市敬老先进集体、和谐示范街道、就业先进单位。

政区概况

名称来历 因 1980 年在陡河北修建主干道河北路而得名。

地理位置 地处路北区东北，东与开平区交错相邻，南与龙东、缸窑街道相连，西与高新技术开发区交错接壤，北至唐山市第二瓷厂和汽车制造厂与开平区郑各庄乡为邻。办事处驻河南里第一社区荣华道 58 号，电话区号 0315，邮政编码 063020，距路北区人民政府 10 千米。

政区沿革 1976 年，唐山大地震后在陡河北岸新建大型居住区，下辖 28 个居民委员会。1980 年成立河北路街道，下辖 28 个居民委员会，1992 年办事处迁至水机路东侧，下辖 32 个居民委员会。1998 年，街道办事处迁至 4 号小区西侧，下辖 32 个居民委员会。

政区划分 2011 年末，辖河北里、河南里第一、河南里第二、永庆里，水机厂西 5 个社区居民委员会。

人口面积 2011 年末，辖区总人口 38830 人，其中城镇常住人口 36171 人，城镇化率 93.2%。另有流动人口 2659 人。总人口中，男性 18093 人，占 46.6%；女性 18078 人，占 53.4%，14 岁以下 4105 人，占 10.6%，16～64 岁 27060 人，占 69.7%，；65 岁以上 7665 人，占 19.7%。总人口中，以汉族为主，达 37055 人，占 99%；有回族 191 人，占 0.5%；满族 363 人，占 0.9%。2011 年，人口出生率 3.55‰，人口死亡率 2.77‰，人口自然增长率 -0.78‰。

辖区东西最大距离 2.5 千米，南北最大距离 1 千米，总面积 6.9 平方千米。人口密度为每平方千米 5628 人。

经济概况

工业 2011 年，工业总产值 1.1 亿元，比上年增长 14.5%，实现工业增加值 0.66 亿元。2011 年，规模以上工业企业 1 家，职工 170 人，实现工业增加值 0.28 亿元。

商业外贸 2011 年末，商业网点 69 个，职工 1257 人；城镇集贸市场 2 个。2011 年，社会消费品零售总额达 1.3 亿元，比上年增长 5.2%；城乡集市贸易成交额 10 万元。

社会发展

文化艺术 2011 年末，文化活动中心 6 个，文体队 40 支，文体队员 817 人；有图书室 6 个，藏书 6980 册。

教育 2011 年末，幼儿园 3 所，在园幼儿 823 人，专任教师 74 人；小学 4 所，在校生 2160 人，专任教师 123 人，小学适龄儿童入学率 100%；初中 2 所，在校生 1336 人，专任教师 154 人，初中适龄人口入学率、小升初升学率、九年义务教育覆盖率均达 100%。

医疗卫生 2011 年末，卫生服务机构 5 个，社区卫生服务中心 1 个，社区卫生服务站 4 个，门诊部（所）9 个；病床 125 张。专业卫生人员 105 人，其中执业医师 38 人，执业助理医师 7 人，注册护士 50 人。

体育 2011 年末，体育场地 8 处。社区共安装室外健身器材 94 件，覆盖率 100%。经常参加体育活动的人员占常住人口的 21%。

广播电视 2011 年末，有线电视全部改为有线数字电视，入户率 100%。

社会保障 2011 年，城镇最低生活保障户数 279 户，人数 515 人，支出 165.91 万元，比上年减少 0.08%，月人均 268.5 元。社区服务设施 88 个，其中社区服务中心 1 个，社区服务站 5 个。慈善捐助站 6 个。全年累计救助 2117 人次，发放现金 14.4 万元、价值 28.4 万元物品。发放大病救助金 12 万元，83 人次。国家抚恤、补助各类优抚对象 194 人，抚恤事业费支出 49.3 万元。参加城镇居民基本医疗保险 5186 人，个人缴费 122.5 万元；参保率 100%，比上年增加 5%。新增就业人员 871 人，有 620 名下岗失业人员实现了再就业。就业困难人员再就业 311 人，年末城镇登记失业率为 2.1%。协助办理小额贷款 65 万元，推荐创业培训 21 人，组织开展就业服务活动 6 次。

社区服务设施 5 个，其中街道社区服务中心 1 个，社区服务站 5 个，居家养老服务站 4 个。

水机厂西社区

(Shuijichangxi Shequ)

名称来历 因位于原水泥机械厂西部得名。

地理位置 地处河北路街道办事处西北部，东至唐山盾石机械制造有限责任公司（原唐山水泥机械厂），南至大庆道，西、北至高新区李各庄。

主要指标 2011 年末，辖区总人口 1710 人，总面积 0.08 平方千米，城镇居民人均可支配收入 21785 元。

河北里社区

(Hebeili Shequ)

名称来历 因位于原陡河弯道北侧，得名河北里社区。

地理位置 地处河北路街道办事处中部，东至河北路，南至庆南道，西至水机路，北至大庆道。

主要指标 2011年末，辖区总人口13465人，总面积0.28平方千米，城镇居民人均可支配收入21785元。

河南里第一社区

(Henanlidiyi Shequ)

名称来历 因位于河北里南侧，分两个社区，按序得名。

地理位置 地处河北路街道办事处南部，东至河西路，南至河茵桥，西至河茵路，北至荣华道。

主要指标 2011年末，辖区总人口6300人，总面积0.26平方千米，城镇居民人均可支配收入21785元。

河南里第二社区

(Henanlidi'er Shequ)

名称来历 因位于河北里南侧，分两个社区，按序得名。

地理位置 地处河北路街道办事处中南部，东至河北路，南至荣华道，西至河茵路，北至庆南道。

主要指标 2011年末，辖区总人口10205人，总面积0.31平方千米，城镇居民人均可支配收入21785元。

永庆里社区

(Yongqingli Shequ)

名称来历 因境内原永庆道（今大庆道）得名永庆里社区。

地理位置 地处河北路街道办事处西部，东至龙泽北路，南、西至高新区马家屯，北至环城北路。

主要指标 2011年末，辖区总人口4800人，总面积1.03平方千米，城镇居民人均可支配收入21785元。

（撰稿：卑海英、王向东，初审：韩万江）

龙东街道

(Longdong Jiedao)

全国妇联基层组织建设示范乡、全国妇女健身示范站、河北省级文明单位、河北省城市体育先进社区。

政区概况

名称来历 因地处龙王庙村东而得名。

地理位置 地处路北区中部偏北，东与缸窑街道相连，南与钓鱼台街道相邻，西与机场路街道接壤，北与开平区李各庄村毗邻（现划归高新技术开发区管理）。办事处驻龙泉北里第三社区龙华路6号，电话区号0315，邮政编码063000，距路北区人民政府15千米。

政区沿革 1981年，设立东缸窑街道，下辖20个居民委员会。1984年12月，改龙东街道，下辖20个居民委员会。

政区划分 2011年末，辖龙泉北楼第一、龙泉北楼第二、龙泉北楼第三、龙泉南楼第一、龙泉南楼第二、龙泉南楼第三、龙华第一、龙华第二、河茵第一、河茵第二、河茵第三11个社区居民委员会。

人口面积 2011年末，辖区总人口44430人，其中城镇常住人口41801人，城镇率94.1%。另有流动人口2629人。总人口中，男性22397人，占50.4%；女性19404人，占49.6%；14岁以下4140人，占9.3%；15～64岁36018人，占81.1%；65岁以上4272人，占9.6%。总人口中，以汉族为主，达43132人，占99.31%；有回族212人，占0.48%；满族81人，占0.19%。2011年，人口出生率3.21‰，人口死亡率0.1‰，人口自然增长率3.11‰。

辖区东西最大距离3千米，南北最大距离3千米，总面积1.64平方千米。人口密度为每平方千米27091人。

经济概况

工业 2011年，工业总产值0.26亿元，比上年增长1.3%实现工业增加值2938万元，占国内生产总值的6.5%。2011年，工业企业3家，职工210人，工业总产值2637.5万元，实现利润120.1万元。其中唐山市恒瑞瓷业有限公司产品出口欧美、东南亚等二十几个国家和地区。

商业外贸 2011年末，商业网点136个，职工272人；2011年，社会消费品零售总额达3.8亿元，比上年增长15%。

社会发展

文化艺术 2011年末，文化站1个，社区文化活动中心8个；各类艺术表演团体11个，演职人员310人；各类图书馆8个，藏书2万册；音乐、美术、书法及摄影业余创作人员32人。

教育 2011年末，幼儿园3所，在园幼儿575人，专任教师42人；小学5所，在校生2247人，专任教师170人，小学适龄儿童入学率100%；初中1所，在校生1100人，专任教师75人，初中适龄人口入学率、小升初升学率、九年义务教育覆盖率达100%；高中1所，在校生1751人，专任教师133人。

医疗卫生 2011年末，各级各类医疗卫生机构5个，门诊部4个；病床111张，每千人拥有医疗床位26.5张，固定资产总值124.8元。专业卫生人员62名，其中执业医师26人，执业助理医师5人，注册护士31人。2011年医疗机构（门诊部以上）完成诊疗1.4万人次。

体育 2011年末，学校体育场地7处，健身活动场地11个，并安装了健身器材，经常参加体育活动的人员占常住人口的95%。

广播电视 2011年末，有线电视全部改为有线数字电视，入户率100%。

社会保障 2011年，城镇最低生活保障户数261户，人数477人，支出148.02万元，比上年增长18.4%，月人均258.6元，比上年增长17.1%；城市医疗救助65人次，支出6.1万元。国家抚恤、补助各类优抚对象138人，抚恤补助费支出69.7万元，比上年增长36.9%。敬老院1家，床位150张，供养85人。城市社区服务设施26个（其中乐龄为老服务中心是全国文化信息资源共享工程龙东服务点，被市民政局指定为参观学习的窗口，并被市民政局确定为全市唯一观摩点）。2011年为582人办理社保补贴，支出239.5万元，比上年减少36.2%。

社区服务设施26个，其中街道社区服务中心1个，社区服务站6个，居家养老服务站2个。

龙华第一社区

（Longhuadiyi Shequ）

名称来历 位于龙东小区，取振兴中华之意，因区域面积大，分两个社区，得名龙华第一社区。

地理位置 地处龙东街道办事处中东部，东至河茵路，南至龙泉北里社区第三社区，西至规划中的工农路，北至龙华第二社区。

主要指标 2011年末，辖区总人口4370人，总面积0.16平方千米，城镇居民人均可支配收入21785元。

龙华第二社区

（Longhuadi'er Shequ）

名称来历 位于龙东小区，取振兴中华之意，因区域面积大，分为两个社区，得名龙华第二社区。

地理位置 地处龙东街道办事处中东部，东至河茵路，南至龙华第一社区，西至规划的工农路，北至龙华路。

主要指标 2011年末，辖区总人口4995人，总面积0.14平方千米，城镇居民人均可支配收入21785元。

河茵第一社区

（Heyindiyi Shequ）

名称来历 紧邻河茵路，因区域面积大，分三个社区，得名河茵第一社区。

地理位置 地处龙东街道办事处东北部，东至河茵路，南至龙华道，西至规划中的工农路，北至河茵第二社区。

主要指标 2011年末，辖区总人口4269人，总面积0.1平方千米，城镇居民人均可支配收入21785元。

河茵第二社区

（Heyindi'er Shequ）

名称来历 紧邻河茵路，因区域面积大，分三个社区，得名河茵第二社区。

地理位置 地处龙东街道办事处东北部，东至河茵路，南至河茵第一社区，西至规划中的工农路，北至河茵第三社区。

主要指标 2011年末，辖区总人口3765人，总面积0.1平方千米，城镇居民人均可支配收入21785元。

河茵第三社区

（Heyindisan Shequ）

名称来历 紧邻河茵路，因区域面积大，分三个社区，得名河茵第三社区。

地理位置 地处龙东街道办事处东北部，东至河茵路，南至河茵第二社区，西至规划中的工农路，北至李各庄。

主要指标 2011年末，辖区总人口4895人，总面积0.19平方千米，城镇居民人均可支配收入21785元。

龙泉南楼第一社区

（Longquannanloudiyi Shequ）

名称来历 因龙王庙村有一处龙泉水眼，古称“龙泉”，震后在南部建龙泉南楼，因区域面积大，分三个社区，按序得名。

地理位置 地处龙东街道办事处东南部，东至河西路，南至长宁道，西至尚品社区，北至龙泉南楼第二社区。

主要指标 2011年末，辖区总人口4057人，总面积0.28平方千米，城镇居民人均可支配收入21785元。

龙泉南楼第二社区

（Longquannanloudi'er Shequ）

名称来历 境内辖龙泉南楼部分居民，依序得名。

地理位置 地处龙东街道办事处东南部，东至龙泉南里第三社区，南至龙泉南楼第一社区，西至龙泉西里小区，北至龙富南道。

主要指标 2011年末，辖区总人口2909人，总面积0.05平方千米，城镇居民人均可支配收入21785元。

龙泉南楼第三社区

（Longquannanloudisan Shequ）

名称来历 境内辖龙泉南楼部分居民，依序得名。

地理位置 地处龙东街道办事处东南部，东至河西路，南至龙泉南楼第一社区，西至龙泉南楼第二社区，北至龙富南道。

主要指标 2011年末，辖区总人口1998人，总面积0.02平方千米，城镇居民人均可支配收入21785元。

龙泉北楼第一社区

（Longquanbeiloudiyi Shequ）

名称来历 因龙王庙村有一处龙泉水眼，古称“龙泉”，震后在北部建龙泉北楼，因区域面积大，分三个社区，按序得名。

地理位置 地处龙东街道办事处中东部，东至河西路，南至龙富南道，西至龙王庙市场，北至龙泉北楼第二社区。

主要指标 2011年末，辖区总人口3058人，总面积0.21平方千米，城镇居民人均可支配收入21785元。

龙泉北楼第二社区

(Longquanbeiloudi' er Shequ)

名称来历 境内辖龙泉北楼部分居民，依序得名。

地理位置 地处龙东街道办事处中东部，东至河西路，南至龙泉北楼第一社区，西至龙王庙市场，北至龙泉北楼第三社区。

主要指标 2011年末，辖区总人口3326人，总面积0.1平方千米，城镇居民人均可支配收入21785元。

龙泉北楼第三社区

(Longquanbeiloudisan Shequ)

名称来历 境内辖龙泉北楼部分居民，依序得名。

地理位置 地处龙东街道办事处中东部，东至河西路，南至龙泉北楼第二社区，西至益民园，北至龙华第一社区。

主要指标 2011年末，辖区总人口2998人，总面积0.1平方千米，城镇居民人均可支配收入21785元。

(撰稿：高辉、王小健，初审人：蔡劲松)

大里街道

(Dali Jiedao)

唐山市、路北区就业再就业单位先进单位、路北区级文明单位、区卫生健康工作先进单位、区文体工作先进单位。

政区概况

名称来历 因办事处驻大里路而得名。

地理位置 地处路北区西南，东与文化路街道相连，南与路南区学院路街道接壤，西与光明街道相邻，北与翔云道街道为邻。办事处驻华育楼社区大里路15号，电话区号0315，邮政编码063000，距路北区人民政府2.5千米。

政区沿革 1981年，设立赵庄街道，下辖26个居民委员会。1984年11月，更名为大里街道，下辖26个居民委员会。2002年，将友谊路以西区域14个社区划归光明街道，文化路街道的翔云西里、昌乐2个社区划入，下辖12个居民委员会。2010年，将天元花园、翔云西里、凤凰园部分（北园）、天源骏景4个社区划归翔云道街道。

政区划分 2011年末，辖昌乐、幸福花园、军安里、军鑫里、东大里、建科楼、银安楼、华育楼、凤凰园、丽景琴园、金色家园、畅春园、尚座花园、勤源里银行楼（家委会）、赵庄铁路楼（家委会）15个社区居民委员会。

人口面积 2011年末，辖区总人口6.6万人，其中城镇常住人口6.38万人，城镇化率96.7%。另有流动人口2165人。总人口中，男性31354人，占47.5%；女性32435人，占52.5%；14岁以下14718人，占22.1%；15~64岁36677人，占55.8%；65岁以上14605人，占22.1%。总人口中，以汉族为主，达85640人，占98.9%；有回族383人，占0.44%。2011年，人口出生率5.85‰，人口死亡率0.57‰，人口自然增长率5.28‰。

辖区东西最大距离5千米，南北最大距离4千米，总面积3.49平方千米。人口密度为每平方千米18911人。

经济概况

工业 2011年，规模以下工业企业完成产值1260万元，固定资产投资完成10亿元，引进省外资金1.7亿元，引进市外资金2.7亿元，引进省外技术项目一个，即2兆瓦蒸汽冷却永磁风力发电机项目。

商业外贸 2011年末，商业网点1320个，职工约6000人。世界500强企业沃尔玛超市、世界三大零售巨头之一英国乐购相继签约入驻。

社会发展

文化艺术 2011年末，街道文化站1个，社区文化站15个；各类图书室16个，藏书2万余册；音乐、美术、书法、摄影、舞蹈、合唱等文艺团体20个。

教育 2011年末，幼儿园3所，在园幼儿625人，专任教师67人；小学3所，在校生2006人，专任教师96人，小学适龄儿童入学率100%。

医疗卫生 2011年末，社区卫生服务站3个；病床55张。专业卫生人员47名，其中执业医师1人，执业助理医师15人，注册护士4人。2011年医疗机构完成诊疗3.5万人。

体育 2011年末，学校体育场地2个、篮球场地6个、排球场地1个、足球场地2个。100%的城市社区修建了健身路径，设立了体育健身器材安全监管员。组建各类体育健身活动组织15个，队伍45支。经常参加体育活动的人员占常住人口的15.4%。

广播电视 2011年末，有线电视全部改为有线数字电视，入户率100%。

社会保障 2011年，城镇最低生活保障户数66户，人数125人，支出37.6万元，比上年增加36.5%，月人均250.7元；大病救助、临时特困救助支出15000元。国家抚恤、补助各类优抚对象110人，抚恤事业费支出82.7万元。两节期间为263户低保家庭和低保边缘家庭发放米、面、油，支出10万余元。截至2011年11月，累计审核上报廉租住房户65户，其中24户家庭享受到实物配租住房。

社区服务设施16个，其中街道社区服务中心1个，社区服务站9个，居家养老服务站6个。

幸福花园社区

(Xingfuhuayuan Shequ)

名称来历 因辖境内幸福花园得名。

地理位置 地处大里街道办事处中北部，东至勤源里小区，南至北新西道，西至大里路，北至兴源道。

主要指标 2011年末，辖区总人口6503人，总面积

0.27 平方千米，城镇居民人均可支配收入 21785 元。

建科楼社区

(Jiankelou Shequ)

名称来历 因辖境内郭大里建科楼得名。

地理位置 地处大里街道办事处中南部，东至学院路，南至新华园，西至华育楼社区，北至西山道。

主要指标 2011 年末，辖区总人口 4831 人，总面积 0.11 平方千米，城镇居民人均可支配收入 21785 元。

华育楼社区

(Huayulou Shequ)

名称来历 因辖境内华育楼得名。

地理位置 地处大里街道办事处中南部，东至建科楼社区，南至原一运汽车修理厂，西至大里路，北至西山道。

主要指标 2011 年末，辖区总人口 3802 人，总面积 0.1 平方千米，城镇居民人均可支配收入 21785 元。

东大里社区

(Dongdali Shequ)

名称来历 因地处张大里、冯大里、范大里东部得名。

地理位置 地处大里街道办事处中部，东至学院路，南至西山道，西至大里路，北至北新西道。

主要指标 2011 年末，辖区总人口 4039 人，总面积 0.08 平方千米，城镇居民人均可支配收入 21785 元。

军鑫里社区

(Junxinli Shequ)

名称来历 因辖境内有部队干休所、部队医院得名。

地理位置 地处大里街道办事处中东部，东至卫国路，南至西山道，西至学院路，北至北新西道。

主要指标 2011 年末，辖区总人口 3373 人，总面积 0.3 平方千米，城镇居民人均可支配收入 21785 元。

军安里社区

(Jun'anli Shequ)

名称来历 因辖境内以部队和家属院为主，取军民和谐平安之意得名。

地理位置 地处大里街道办事处东南部，东至卫国路，南至新华西道，西至学院路，北至西山道。

主要指标 2011 年末，辖区总人口 5235 人，总面积 0.1 平方千米，城镇居民人均可支配收入 21785 元。

昌乐社区

(Changle Shequ)

名称来历 因辖境内昌乐花园得名。

地理位置 地处大里街道办事处东北部，东至卫国北路，南至北新西道，西至学院路，北至凤凰园公寓。

主要指标 2011 年末，辖区总人口 5630 人，总面积 0.12 平方千米，城镇居民人均可支配收入 21785 元。

银安楼社区

(Yin'anlou Shequ)

名称来历 因辖境内银安花园得名。

地理位置 地处大里街道办事处中部，东至华育楼社区，南至铁路楼，西至人才市场，北至丽景琴园社区。

主要指标 2011 年末，辖区总人口 4057 人，总面积 0.1 平方千米，城镇居民人均可支配收入 21785 元。

勤源里银行楼社区

(Qinyuanliyinhanglou Shequ)

名称来历 因辖境内勤源里银行楼得名。

地理位置 地处大里街道办事处中北部，东至学院路，南至明星饭店，西、北至幸福花园。

主要指标 2011 年末，辖区总人口 2596 人，总面积 0.1 平方千米，城镇居民人均可支配收入 21785 元。

赵庄铁路楼社区

(Zhaozhuangtielulou Shequ)

名称来历 因辖境内赵庄铁路楼得名。

地理位置 地处大里街道办事处西南部，东至大里路，南至新华西道，西至友谊路，北至西山道。

主要指标 2011 年末，辖区总人口 8630 人，总面积 0.19 平方千米，城镇居民人均可支配收入 21785 元。

凤凰园社区

(Fenghuangyuan Shequ)

名称来历 因辖境内凤凰园公寓得名。

地理位置 地处大里街道办事处东北部，东至卫国北路，南至三兴街、唐山师范学院，西至学院路，北至兴源道。

主要指标 2011 年末，辖区总人口 3445 人，总面积 0.1 平方千米，城镇居民人均可支配收入 21785 元。

丽景琴园社区

(Lijingqinyuan Shequ)

名称来历 因辖境内丽景琴园得名。

地理位置 地处大里街道办事处中部，东至东大里社区，南至银安社区，西至金色家园社区，北至北新西道。

主要指标 2011 年末，辖区总人口 3921 人，总面积 0.11 平方千米，城镇居民人均可支配收入 21785 元。

畅春园社区

(Changchunyuan Shequ)

名称来历 因辖境内畅春园得名。

地理位置 地处大里街道办事处西北部，东至大里路，南至北新西道，西至友谊路，北至兴源道。

主要指标 2011年末，辖区总人口3541人，总面积0.2平方千米，城镇居民人均可支配收入21785元。

金色家园社区

(Jinsejiayuan Shequ)

名称来历 因辖境内金色家园得名。

地理位置 地处大里街道办事处中西部，东至丽景琴园社区，南至西山道，西至友谊路，北至北新道。

主要指标 2011年末，辖区总人口3558人，总面积0.14平方千米，城镇居民人均可支配收入21785元。

尚座花园社区

(Shangzuohuayuan Shequ)

名称来历 因辖境内尚座花园得名。

地理位置 地处大里街道办事处东南部，东至72师家属院，南至新华西道，西至军安里社区，北至银安社区。

主要指标 2011年末，辖区总人口2626人，总面积0.15平方千米，城镇居民人均可支配收入21785元。

（撰稿：徐广信、沙闻，初审：高永）

光明街道

(Guangming Jiedao)

省级文明单位、唐山市和谐乡（街）。

政区概况

名称来历 因辖境内有光明路而得名。

地理位置 地处路北区西南，东与大里路街道相连，南与路南区友谊街道和路北区果园乡谢家庄村、常各庄村交错接壤，西与果园乡赖王庄、刘火新庄村相邻，北与果园乡陈家屯村、丁家屯村毗邻。办事处驻光明西里丙区社区果园街18号，电话区号0315，邮政编码063000，距路北区人民政府6.1千米。

政区沿革 2002年4月，从大里街道析出14个社区设光明街道。

政区划分 2011年末，辖友谊西、友谊东、德源里第一、德源里第二、德源里第三、南园公寓、新河嘉园、繁荣花园、光明西里乙区、光明西里丙区、西站铁路楼（企管社区）、光明南里第一（企管社区）、光明南里第二（企管社区）、许庄南里（企管社区）、冀油唐海（企管社区）、光明西里甲区（企管社区）16个社区居民委员会。

人口面积 2011年末，辖区总人口7.81万人，其中城镇常住人口7.41万人，城镇化率95%。另有流动人口3958人。总人口中，男性37407人，占47.9%；女性36726人，占52.1%；14岁以下9724人，占12.5%；15~64岁63226人，占81%；65岁以上5150人，占6.5%。总人口中，以汉族为主，达88290人，占99.12%；有满族468人，占0.53%；回族315人，占0.35%。2011年，人口出生率0.32‰，人口死亡率0.16‰，人口自然增长率0.16‰。

辖区东西最大距离1.8千米，南北最大距离2.4千米，总面积8.52平方千米。人口密度为每平方千米32542人。

经济概况

工业 2011年，工业总产值5800万元，比上年增长2.1%，实现工业增加值120万元，2011年，规模以下工业企业8家，主要以工业自动控制系统装置、交通管理用金属标志及设施制造、金属门窗制造、汽车修理等行业为主。

商业外贸 2011年，计划引进市外资金4000万元，完成4700万元，完成年计划的118%。有锦江国际饭店、鸿宴饭庄、华润万家超市等企业。

社会发展

文化艺术 2011年末，街道文体站1个，站内设立了公益性电子阅览室、健身房和1个多功能综合活动室；新建成街道文化活动中心，面积400平米；社区文化活动站（室）8个，藏书6000册；文化活动队伍20支，文化广场7座，艺术团体1个（光明西里丙区“群悦艺术团”，有声乐、舞蹈、模特、秧歌、器乐、腰鼓队等共200余人）。全国文化信息资源共享全覆盖。

教育 2011年末，幼儿园5所，在园幼儿1823人，专任教师193人；小学4所，在校生4279人，专任教师231人，小学适龄儿童入学率100%；初中1所，在校生2950人，专任教师198人，初中适龄人口入学率、小升初升学率、九年义务教育覆盖率均达100%。大学2所，在校生18718人，专任教师1255人。

医疗卫生 2011年末，各级各类医疗卫生机构3个，卫生院2所；病床168张。专业卫生人员50名，其中执业医师22人，执业助理医师6人，注册护士35人。城镇居民医疗保险参保率100%。

体育 2011年末，学校体育场地2处、篮球场地8处、排球场地1处、足球场地2处。100%的城市社区安装了健身器材，设立了体育健身器材安全监管员。组建各类体育健身活动组织5个，队伍35支。经常参加体育活动的人员占常住人口的13.4%。2005—2011年举办了4届区、市级大型“太极系列比赛及展演”活动。

广播电视 2011年末，有线电视全部改为有线数字电视，入户率100%。

社会保障 2011年，城镇最低生活保障户数182户，人数322人，支出107.23万元，比上年增加18%，人均270元，比上年增加20%；城市医疗救助38人次，支出6.9万元，比上年增加31%。国家抚恤、补助各类优抚对象109人，抚恤事业费支出73.5万元。

社区服务设施12个，其中街道社区服务中心1个，社区服务站4个，居家养老服务站3个。

友谊东社区

(Youyidong Shequ)

名称来历 因紧邻友谊路，按社区方位，得名友谊东社区。

地理位置 地处光明街道办事处东南部，东至友谊路，南至新华西道，西至友谊西社区，北至北新西道。

主要指标 2011年末，辖区总人口7873人，总面积0.5平方千米，城镇居民人均可支配收入21785元。

友谊西社区

(Youyixi Shequ)

名称来历 因紧邻友谊路，按社区方位得名。

地理位置 地处光明街道办事处东南部，东至友谊东社区，南至新华西道，西至光明路，北至北新西道。

主要指标 2011年末，辖区总人口7326人，总面积0.56平方千米，城镇居民人均可支配收入21785元。

德源里第一社区

(Deyuanlidiyi Shequ)

名称来历 因辖境内有德源里小区，因区域较大，分三个社区，按序得名。

地理位置 地处光明街道办事处东北部，东至友谊路，南至小区道路，西至德源里第三社区，北至德源里第二社区。

主要指标 2011年末，辖区总人口3882人，总面积0.08平方千米，城镇居民人均可支配收入21785元。

德源里第二社区

(Deyuanlidi'er Shequ)

名称来历 因辖境内有德源里小区部分居民，按序得名。

地理位置 地处光明街道办事处东北部，东至友谊路，南至德源里第一社区，西至小区道路，北至兴源道。

主要指标 2011年末，辖区总人口3910人，总面积0.06平方千米，城镇居民人均可支配收入21785元。

德源里第三社区

(Deyuanlidisan Shequ)

名称来历 因辖境内德源里小区部分居民，按序得名。

地理位置 地处光明街道办事处东北部，东至德源里第一社区，南至小区道路，西至西郊水厂，北至德源里第二社区。

主要指标 2011年末，辖区总人口3365人，总面积0.08平方千米，城镇居民人均可支配收入21785元。

光明西里甲区社区

(Guangmingxilijiaqu Shequ)

名称来历 因辖境内光明西里小区，因区域较大，分为三个社区得名。

地理位置 地处光明街道办事处中南部，东至光明路，南至新华西道，西至果园街，北至西山道。

主要指标 2011年末，辖区总人口2746人，总面积0.09平方千米，城镇居民人均可支配收入21785元。

光明西里乙区社区

(Guangmingxiliyiqu Shequ)

名称来历 因辖光明西里小区部分居民，按序得名。

地理位置 地处光明街道办事处中南部，东至果园街，南至光明实验小学，西至小区道路，北至西山道。

主要指标 2011年末，辖区总人口5538人，总面积0.11平方千米，城镇居民人均可支配收入21785元。

光明西里丙区社区

(Guangmingxilibingqu Shequ)

名称来历 因辖光明西里小区部分居民，按序得名。

地理位置 地处光明街道办事处中西部，东至小区道路，南至新华西道，西至站前路，北至西山道。

主要指标 2011年末，辖区总人口4988人，总面积0.1平方千米，城镇居民人均可支配收入21785元。

南园公寓社区

(Nanyuangongyu Shequ)

名称来历 因借唐朝诗人李贺《南园十三首》得名。

地理位置 地处光明街道办事处西南部，东至福乐园，南至谢家庄村，西至常各庄村，北至南新西道。

主要指标 2011年末，辖区总人口9620人，总面积0.22平方千米，城镇居民人均可支配收入21785元。

新河嘉园社区

(Xinhejiayuan Shequ)

名称来历 因辖境内有新河嘉园得名。

地理位置 地处光明街道办事处中南部，东至光明路，南至南新西道，西至博雅园，北至国防道。

主要指标 2011年末，辖区总人口5342人，总面积0.21平方千米，城镇居民人均可支配收入21785元。

繁荣花园社区

(Fanronghuayuan Shequ)

名称来历 因辖境内繁荣花园得名。

地理位置 地处光明街道办事处中部，东至冯大里楼，南至西山道，西至许庄南里房建楼，北至北新西道。

主要指标 2011年末，辖区总人口6158人，总面积

0.24 平方千米，城镇居民人均可支配收入 21785 元。

西站铁路楼社区

（Xizhantielulou Shequ）

名称来历 因唐山西站建设职工的住宅区得名。

地理位置 地处光明街道办事处西南部，东至开滦工房，南至南新西道，西至站前路，北至新华西道。

主要指标 2011 年末，辖区总人口 7135 人，总面积 0.22 平方千米，城镇居民人均可支配收入 21785 元。

许庄南里社区

（Xuzhuangnanli Shequ）

名称来历 因辖境内许庄南里小区得名。

地理位置 地处光明街道办事处中部，东至光明路，南至西山道，西至河北能源学院，北至北新西道。

主要指标 2011 年末，辖区总人口 3327 人，总面积 0.02 平方千米，城镇居民人均可支配收入 21785 元。

光明南里第一社区

（Guangmingnanlidiyi Shequ）

名称来历 因辖有光明南里小区，区域较大，分两个社区，按序得名。

地理位置 地处光明街道办事处中南部，东至鹏大家具厂，南至国防道，西至青龙河，北至新华西道。

主要指标 2011 年末，辖区总人口 4511 人，总面积 0.04 平方千米，城镇居民人均可支配收入 21785 元。

光明南里第二社区

（Guangmingnanlidi' er Shequ）

名称来历 因辖有光明南里小区部分居民，按序得名。

地理位置 地处光明街道办事处中南部，东至青龙河，南至国防道，西至西站铁路楼，北至新华西道。

主要指标 2011 年末，辖区总人口 7743 人，总面积 0.12 平方千米，城镇居民人均可支配收入 21785 元。

冀油唐海社区

（Jiyoutanghai Shequ）

名称来历 因在唐海县为冀东油田工区建设的居民区得名。

地理位置 属于光明街道办事处，位于唐海县城东南部，东至迎宾路，南至建设大街，西至唐海路迁曹线，北至兴海大街。

主要指标 2011 年末，辖区总人口 5800 人，总面积 8.54 平方千米，城镇居民人均可支配收入 21785 元。

（撰稿：陈英杰、杨欣，初审：王延）

翔云道街道

（Xiangyundao Jiedao）

政区概况

名称来历 因辖域在翔云道旁而得名。

地理位置 地处路北区中部，东与机场路、文化路街道相连，南与大里路街道相邻，西与果园乡许家庄、陈家庄、曹家口村接壤，北与果园乡张思庄、大官庄村为邻。办事处临时驻文化路街道健康楼社区兴源道 2 号，电话区号 0315，邮政编码 063000，距路北区人民政府 4.7 千米。

政区沿革 2010 年 3 月，析大里街道的天元社区、翔云西里社区、凤凰园社区部分（北园）、天源骏景小区和机场路街道的祥瑞里社区、祥荣里社区、祥明里社区设翔云道街道，下辖 6 个社区居民委员会。

政区划分 2011 年末，辖翔云西里、祥荣里、祥明里、祥瑞里、天元骏景、天元 6 个社区居民委员会。

人口面积 2011 年末，辖区总人口 14463 人，其中，城镇常住总人口 12650 人，城镇化率 87.5%。另有流动人口 1813 人。常住人口中，男性 6215 人，占 43%；女性 6435 人，占 57%；14 岁以下 1885 人，占 13%；15～60 岁 11231 人，占 77.7%；60 岁以上 1347 人，占 9.3%。总人口中，以汉族为主，达 14253 人，占 98.55%；有回、满、蒙古等 14 个少数民族，共 210 人，占 1.45%。2011 年，人口出生率 5.58‰，人口死亡率 1.5‰，人口自然增长率 4.08‰。

辖区东西最大距离 2.1 千米，南北最大距离 3.4 千米，总面积 6.97 平方千米。人口密度为每平方千米 2075 人。

经济概况

商业外贸 2011 年末，商业网点 525 个，职工 2925 人。

社会发展

文化艺术 2011 年末，文化站 1 个，建筑面积 300 平方米。文体队 13 支，成员 105 人。

教育 2011 年末，幼儿园 5 所，在园幼儿 1143 人，专任教师 289 人；小学 3 所，在校生 2115 人，专任教师 142 人，小学适龄儿童入学率 100%。

医疗卫生 2011 年末，社区卫生服务站 3 个；床位 21 张，每千人拥有床位 0.69 张。专业卫生人员 15 名，其中医生 8 人，护士 7 人。城镇居民基本医疗保险参保人数 1876 人，参保率 98.1%。

体育 2011 年末，学校体育场地 3 个。100% 的城市社区修建了体育健身路径，设立了体育健身器材安全监管员。经常参加体育活动的人员占常住人口的 80%。

广播电视 2011 年，有线电视全部改为有线数字电视，入户率100%。

社会保障　2011年，城镇最低生活保障户数8户，人数14人，支出5.58万元，比上年增长68.1%，月人均332元，比上年增长44.13%。国家抚恤、补助各类优抚对象68人，优抚事业费支出79.1万元，比上年增长177.5%。

社区服务设施9个，其中街道社区服务中心1个，社区服务站6个，居家养老服务站2个。

天元社区

（Tianyuan Shequ）

名称来历　因辖境内天元花园住宅楼而得名。

地理位置　地处翔云道街道办事处西南部，东至大里路，南至兴源道，西至友谊路，北至翔云道。

主要指标　2011年末，辖区总人口7722人，总面积0.25平方千米，城镇居民人均可支配收入21785元。

天元骏景社区

（Tianyuanjunjing Shequ）

名称来历　因辖境内天源骏景商住楼而得名。

地理位置　地处翔云道街道办事处中南部，东至卑子院村，南至兴源道，西至大里路，北至翔云道。

主要指标　2011年末，辖区总人口4634人，总面积0.16平方千米，城镇居民人均可支配收入21785元。

翔云西里社区

（Xiangyunxili Shequ）

名称来历　因辖境内翔云里西而得名。

地理位置　地处翔云道街道办事处东南部，东至卫国北路，南至兴源道，西至卑子院村，北至翔云道。

主要指标　2011年末，辖区总人口6255人，总面积0.16平方千米，城镇居民人均可支配收入21785元。

祥荣里社区

（Xiangrongli Shequ）

名称来历　因辖境内祥荣里小区而得名。

地理位置　地处翔云道街道办事处中东部，东至卫国北路，南至裕华道，西至学院路，北至长宁道。

主要指标　2011年末，辖区总人口7600人，总面积1.32平方千米，城镇居民人均可支配收入21785元。

祥明里社区

（Xiangmingli Shequ）

名称来历　因辖境内祥明里小区而得名。

地理位置　地处翔云道街道办事处中东部，东至卫国路，南至长虹道，西至学院路，北至裕华道。

主要指标　2011年末，辖区总人口7100人，总面积1.25平方千米，城镇居民人均可支配收入21785元。

祥瑞里社区

（Xiangruili Shequ）

名称来历　因辖境内祥瑞里小区得名。

地理位置　地处翔云道街道办事处东北部，东至张思庄村，南至长宁道，西至学院路，北至丰源道。

主要指标　2011年末，辖区总人口1801人，总面积0.06平方千米，城镇居民人均可支配收入21785元。

（撰稿：张丽萍、陈静，初审：李建辉）

唐山高新技术产业开发区街道

（Tangshan gaoxinjishuchanyekaifaqu Jiedao）

政区概况

名称来历　因地处高新技术产业开发区而得名。

地理位置　地处路北区北部，东与龙东街道、河北路街道、开平区郑庄子乡交错相连，南与龙东街道、机场路街道相邻，西与果园乡张思庄、宋学新庄接壤，北与丰润区任各庄镇、开平区郑庄子镇为邻。办事处驻唐山市建设路99号，电话区号0315，邮政编码063020。

政区沿革　1994年，以新城子、许郢子、马家屯、富家庄、龙王庙、付家屯6个村为基础设立唐山市高新技术开发区街道。2006年3月，路北区的王郢子、瓦官庄和丰润区的孙家庄3个村划入；同年4月，更名为河北唐山高新技术产业园区街道，下设8个居民委员会、9个村民委员会。2010年，丰润区的詹官屯村、宋各庄村，开平区的前白寺口村、中白寺口村、北白寺口村、郑庄子村、田庄村、三益庄村、刘家洼村、李各庄村、梁各庄村共11个村民委员会，河北楼社区、园丁楼社区、迎新楼社区共3个居民委员会，划入河北唐山高新技术产业园区街道。2010年11月，更名为唐山高新技术产业开发区街道，下辖13个居民委员会、20个村民委员会。

政区划分　2011年末，辖富庄、龙王庙、王郢子、许郢子、孙家庄、新城子、马家屯、付家屯、瓦官庄、詹官屯、宋各庄、前白寺口、中白寺口、北白寺口、田庄、郑庄子、三益庄、刘家洼、李各庄、梁各庄20个村民委员会，东方花苑、银隆、惠安楼、益民园、吉庆里、龙泽源、龙泉西里、都市花园、龙悦新居、新景楼、迎新楼、河北楼、园丁楼13个社区居民委员会。

人口面积　2011年末，总人口10.34万人，其中城镇常住人口9.1万人，城镇化率88.08%。另有流动人口2.42万人。总人口中，男性5.17万人，占50.01%；女性5.17万人，占49.99%；14岁以下1.04万人，占10.01%；15～64岁8.77万人，占84.85%；65岁以上5309人，占5.14%。2011年，人口出生率7.6‰，人口死亡率2.56‰，人口自然增长率5.04‰。

辖区东西最大距离5.06千米，南北最大距离8千米，总面积31平方千米。人口密度为每平方千米3335人。

社会发展

文化艺术 2011年末，社区文化活动中心10个，图书阅览室18个，藏书3.1万余册。音乐、舞蹈、美术、书法、摄影及文学业余创作人员800人。

教育 2011年末，幼儿园（所）7所，在园幼儿362人，专任教师23人；小学10所，在校生2516人，专任教师215人，小学适龄儿童入学率100%；初中1所，在校生510人，专任教师64人，初中适龄人口入学率、小升初升学率、九年义务教育覆盖率达100%。2011年教育经费达0.4亿元，国家财政性教育经费0.4亿元。

科技 2011年末，高新区创业中心1个，拥有6万平方米的孵化场地，累计孵化中小科技企业近300家，毕业企业86家。2011年末有500多个项目列入各级各类科技计划，其中国家级项目52个，省级项目103个，80%达到国内领先或国际先进水平。

医疗卫生 2011年末，社区卫生服务中心（站）30个，村卫生室；病床178张。2011年医疗机构（门诊部以上）完成诊疗6.7万人次。农村安全饮用水普及率100%，新型农村合作医疗参合人数6427人，参合率99.37%；5岁以下儿童死亡率、婴儿死亡率、新生儿死亡率分别为1.97‰、3.63‰、1.81‰。

体育 2011年末，学校体育场地11个，企业乒乓球馆1个，机关篮球场地1个。国家三级社会体育指导员135人。100的城市社区和村安装了健身器材，经常参加体育活动的人员占常住人口的25.2%。

社会保障 2011年，城镇最低生活保障户数291户，人数562人，支出165.9万元，比上年增长105.4%，月人均246元，比上年增长34.6%；城市医疗救助41人次，支出18.6万元，比上年增长5.7%。

农村最低生活保障户数204户，人数390人，支出54.9万元，比上年增长119.2%，月人均117.3元，比上年增长55.6%；农村五保集中供养8人，支出8.8万元；农村五保分散供养6人，支出1.5万元；农村医疗救助6人次，民政部门资助参加合作医疗95人次，共支出3.7万元，比上年增长2.2%。

国家抚恤、补助各类优抚对象66人，安置义务兵、士官等21人，抚恤事业费支出53万元，比上年增长35.3%。

慈善超市1个，全年接受社会捐款12.4万元。

年末参加城镇基本医疗保险24533人，比上年末增加2438人，其中参加城镇职工基本医疗保险2413人，比上年末增加413人，参加城镇居民基本医疗保险22120人，比上年末增加2025人。在所辖村中推行了新型农村社会养老保险、城镇居民社会养老保险和城镇职工养老保险，2011年城镇职工养老保险覆盖25800人，比上年增加4327人。

新增就业人员1235人，有72名下岗失业人员实现了再就业，就业困难人员再就业28人，年末城镇登记失业人数733人，城镇登记失业率为3.7%。

富庄村

(Fuzhuang Cun)

名称来历 原名黄庄子，二百年前由山东枣林庄迁至此村，当时村民太穷，更名富庄。

地理位置 地处唐山高新技术产业开发区街道办事处东南部，东至龙泽北路，南至龙富南道，西至银隆花苑，北至大学道。

主要指标 2011年末，辖区总人口1486人，总面积0.76平方千米，城镇居民人均可支配收入21785元。

马家屯村

(Majiatun Cun)

名称来历 因马姓由山东移民至此，以姓氏得名。

地理位置 地处唐山高新技术产业开发区街道办事处东北部，东至一号小区，南至龙王庙，西至火炬路，北至大庆道。

主要指标 2011年末，辖区总人口2300人，总面积1.19平方千米，城镇居民人均可支配收入21785元。

付家屯村

(Fujiatun Cun)

名称来历 明朝燕王驾前付姓参将在此定居得名。

地理位置 地处唐山高新技术产业开发区街道办事处西南部，东至华岩北路，南至丰源道，西至卫国路，北至大学道。

主要指标 2011年末，辖区总人口2600人，总面积1.47平方千米，城镇居民人均可支配收入21785元。

新城子村

(Xinchengzi Cun)

名称来历 原名康黄庄，由原村址迁至现村址，该地原为于姓京城为官的家园，用城墙围建，得名新城子。

地理位置 地处唐山高新技术产业开发区街道办事处北部，东至三益庄，南至许鄄子，西至孙家庄，北至刘家洼。

主要指标 2011年末，辖区总人口3840人，总面积1.13平方千米，城镇居民人均可支配收入21785元。

王鄄子村

(Wangjuanzi Cun)

名称来历 王氏由山东鄄城县迁入，以姓氏得名王鄄子。

地理位置 地处唐山高新技术产业开发区街道办事处西北部，东至建设路，南至荣华道，西至华岩路，北至庆南道。

主要指标 2011年末，辖区总人口1512人，总面积0.03平方千米，农民人均纯收入9460元。

瓦官庄村

(Waguanzhuang Cun)

名称来历 由马半庄和西刘庄合并称瓦罐庄，新中国成立后更名为瓦官庄。

地理位置 地处唐山高新技术产业开发区街道办事处西北部，东至王鄄子村，南至付家屯村、宋学新庄村，西至娘娘庙，北至孙家庄村。

主要指标 2011年末，辖区总人口2047人，总面积0.57平方千米，农民人均纯收入9460元。

孙家庄村

(Sunjiazhuang Cun)

名称来历 因村西南曾有孙氏墓地，故称孙家庄。

地理位置 地处唐山高新技术产业开发区街道办事处西北部，东至新城子边界，南至北外环路，西至詹官屯，北至宋各庄。

主要指标 2011年末，辖区总人口2200人，总面积1.6平方千米，农民人均纯收入9460元。

龙王庙村

(Longwangmiao Cun)

名称来历 因村内有一座供奉龙王爷的庙，得名龙王庙。

地理位置 地处唐山高新技术产业开发区街道办事处东部，东至龙东小区，南至龙富南道，西至建设路，北至龙华道。

主要指标 2011年末，辖区总人口3205人，总面积0.05平方千米，城镇居民人均可支配收入21785元。

许鄄子村

(Xujuanzi Cun)

名称来历 由先迁入者许彦良取名小陈庄，后称许鄄子。

地理位置 地处唐山高新技术产业开发区街道办事处西北部，东至马家屯，南至部家庄，西至王鄄子，北至新城子。

主要指标 2011年末，辖区总人口2890人，总面积0.3平方千米，城镇居民人均可支配收入21785元。

宋各庄村

(Songgezhuang Cun)

名称来历 因村南有宋氏坟地，得名宋各庄。

地理位置 地处唐山高新技术产业开发区街道办事处西北部，东至刘家洼，南至孙家庄村，西至魏庄子村，北至任各庄村。

主要指标 2011年末，辖区总人口1950人，总面积2.25平方千米，农民人均纯收入9460元。

詹官屯村

(Zhanguantun Cun)

名称来历 村里有位詹姓大官，得名詹官屯。

地理位置 地处唐山高新技术产业开发区街道办事处西北部，东至孙家庄村，南至娘娘庙，西至新村，北至魏庄子村。

主要指标 2011年末，辖区总人口2317人，总面积3.14平方千米，农民人均纯收入9460元。

李各庄村

(Ligezhuang Cun)

名称来历 因李姓是老住户，得名李各庄。

地理位置 地处唐山高新技术产业开发区街道办事处东北部，东至贾庵子村，南至9号小区，西至8号小区，北至三益庄村。

主要指标 2011年末，辖区总人口1900人，总面积1.8平方千米，农民人均纯收入9460元。

三益庄村

(Sanyizhuang Cun)

名称来历 原名朱庄子，因村南有秦家坟墓，“秦朱”谐音“擒猪”，后称三益庄。

地理位置 地处唐山高新技术产业开发区街道办事处北部，东至贾庵子村，南至马家屯村，西至新城子村，北至郑庄子村。

主要指标 2011年末，辖区总人口1222人，总面积1.50平方千米，农民人均纯收入9460元。

郑庄子村

(Zhengzhuangzi Cun)

名称来历 因村东有郑氏坟地，得名郑庄子。

地理位置 地处唐山高新技术产业开发区街道办事处东北部，东至王官庄村，南至李各庄村，西至刘家洼村，北至梁各庄村。

主要指标 2011年末，辖区总人口1288人，总面积2平方千米，农民人均纯收入9460元。

梁各庄村

(Lianggezhuang Cun)

名称来历 因村南有一条运粮河，得名梁各庄。

地理位置 地处唐山高新技术产业开发区街道办事处东北部，东至王官庄村，南至郑庄子村，西至中白寺口村，北至周赵庄村。

主要指标 2011年末，辖区总人口850人，总面积1.25平方千米，农民人均纯收入9460元。

前白寺口村

(Qianbaisikou Cun)

名称来历 村内原有3座寺庙，庙主姓白，得名白寺口，后分三个村，因位置靠南故名前白寺口。

地理位置 地处唐山高新技术产业开发区街道办事处北部，东至梁各庄村，南至刘家洼村，西至唐丰路，北至中白寺口村。

主要指标 2011年末，辖区总人口621人，总面积1.69平方千米，农民人均纯收入9460元。

中白寺口村

(Zhongbaisikou Cun)

名称来历 村内原有3座寺庙，庙主姓白，得名白寺口，后分为三个村，因位置居中故名中白寺口。

地理位置 地处唐山高新技术产业开发区街道办事处北部，东至梁各庄村，南至前白寺口村，西至唐丰路，北至北白寺口村。

主要指标 2011年末，辖区总人口587人，总面积0.75平方千米，农民人均纯收入9460元。

北白寺口村

(Beibaisikou Cun)

名称来历 村内原有3座寺庙，庙主姓白，得名白寺口，后分为三个村，因位置靠北故名北白寺口。

地理位置 地处唐山高新技术产业开发区街道办事处北部，东至梁各庄村，南至中白寺口村，西至唐丰路，北至田庄村。

主要指标 2011年末，辖区总人口263人，总面积0.5平方千米，农民人均纯收入9460元。

田庄村

(Tianzhuang Cun)

名称来历 村里有田姓高官家族得名。

地理位置 地处唐山高新技术产业开发区街道办事处北部，东至周赵庄，南至北白寺口村，西至梁各庄村，北至任各庄村。

主要指标 2011年末，辖区总人口762人，总面积1.5平方千米，农民人均纯收入9460元。

刘家洼村

(Liujiawa Cun)

名称来历 山东刘氏兄弟定居于此，由于地势低洼，得名刘家洼。

地理位置 地处唐山高新技术产业开发区街道办事处北部，东至郑庄子村，南至新城子村，西至宋各庄村，北至前白寺口村。

主要指标 2011年末，辖区总人口1000人，总面积1.05平方千米，农民人均纯收入9460元。

迎新楼社区

(Yingxinlou Shequ)

名称来历 因辖境内有迎新楼得名。

地理位置 地处唐山高新技术产业开发区街道办事处东北部，东至李各庄村，南至园丁楼，西至河茵路，北至李各庄村。

主要指标 2011年末，辖区总人口1100人，总面积0.02平方千米，城镇居民人均可支配收入21785元。

河北楼社区

(Hebeilou Shequ)

名称来历 因辖境内有河北楼得名。

地理位置 地处唐山高新技术产业开发区街道办事处东北部，东至职业技术学校，南至河嘉园小区，西至河北路，北至信鑫楼。

主要指标 2011年末，辖区总人口1100人，总面积0.01平方千米，城镇居民人均可支配收入21785元。

园丁楼社区

(Yuandinglou Shequ)

名称来历 为开平教师建设的居民楼，成立社区，得名园丁楼社区。

地理位置 地处唐山高新技术产业开发区街道办事处东北部，东、南至李各庄村，西至河茵路，北至迎新楼。

主要指标 2011年末，辖区总人口320人，总面积0.01平方千米，城镇居民人均可支配收入21785元。

吉庆里社区

(Jiqingli Shequ)

名称来历 因辖境内有吉庆里社区得名。

地理位置 地处唐山高新技术产业开发区街道办事处东北部，东至李各庄村，南至龙泽国际，西至龙北泽路，北至大庆道。

主要指标 2011年末，辖区总人口7947人，总面积0.22平方千米，城镇居民人均可支配收入21785元。

都市花园社区

(Dushihuayuan Shequ)

名称来历 因辖境有都市花园小区得名。

地理位置 地处唐山高新技术产业开发区街道办事处东北部，东至龙泽北路，南至协和道，西至火炬路，北至龙华道。

主要指标 2011年末，辖区总人口3113人，总面积0.1平方千米，城镇居民人均可支配收入21785元。

龙泽源社区

(Longzeyuan Shequ)

名称来历 因辖境内有龙泽园公寓、龙源新居得名。

地理位置 地处唐山高新技术产业开发区街道办事处南部，东至龙泽路，南至长宁道，西至火炬路，北至现代花苑小区。

主要指标 2011年末，辖区总人口3061人，总面积0.11平方千米，城镇居民人均可支配收入21785元。

龙悦新居社区
(Longyuexinju Shequ)

名称来历 因辖境有龙悦新居得名。

地理位置 地处唐山高新技术产业开发区街道办事处南部，东至龙泽北路，南至长宁东道，西至国际会展中心，北至龙富南道。

主要指标 2011年末，辖区总人口3028人，总面积0.08平方千米，城镇居民人均可支配收入21785元。

益民园社区
(Yiminyuan Shequ)

名称来历 因辖境内有益民园，寓意使广大平房区居民受益得名。

地理位置 地处唐山高新技术产业开发区街道办事处东部，东至工农路，南至世纪龙庭，西至龙泽北路，北至龙华东道。

主要指标 2011年末，辖区总人口11196人，总面积0.31平方千米，城镇居民人均可支配收入21785元。

银隆社区
(Yinlong Shequ)

名称来历 因辖境有银隆花苑得名。

地理位置 地处唐山高新技术产业开发区街道办事处东南部，东至富庄村，南至龙富南道，西至国际会展中心，北至大学道。

主要指标 2011年末，辖区总人口3260人，总面积0.89平方千米，城镇居民人均可支配收入21785元。

惠安楼社区
(Hui'anlou Shequ)

名称来历 因辖境内有惠安楼得名。

地理位置 地处唐山高新技术产业开发区街道办事处东北部，东至龙泽路，南至大学道，西至建设路，北至龙华道。

主要指标 2011年末，辖区总人口7018人，总面积0.38平方千米，城镇居民人均可支配收入21785元。

新景楼社区
(Xinjinglou Shequ)

名称来历 因辖境有新景楼得名。

地理位置 地处唐山高新技术产业开发区街道办事处东南部，东至龙王庙，南至龙富南道，西至天香百合饭店，北至世纪龙庭。

主要指标 2011年末，辖区总人口1821人，总面积0.094平方千米，城镇居民人均可支配收入21785元。

东方花苑社区
(Dongfanghuayuan Shequ)

名称来历 因辖境内有东方花苑小区得名。

地理位置 地处唐山高新技术产业开发区街道办事处东西南部，东至建设北路，南至长宁道，西至华北岩路，北至师范学院。

主要指标 2011年末，辖区总人口4117人，总面积0.19平方千米，城镇居民人均可支配收入21785元。

龙泉西里社区
(Longquanxili Shequ)

名称来历 因在龙泉南里小区西侧，得名龙泉西里社区。

地理位置 地处唐山高新技术产业开发区街道办事处东南部，东至龙泉南里社区，南至尚品社区，西至龙泽北路，北至龙富南道。

主要指标 2011年末，辖区总人口6072人，总面积0.24平方千米，城镇居民人均可支配收入21785元。

(撰稿：李明军，初审：鲍立平)

果园乡
(Guoyuan Xiang)

政区概况

名称来历 因1950年开始分片栽果树，1959年命名为唐山市西郊万亩果园，后称“唐山果园”而得名。

地理位置 地处路北区西部，东与光明街道、翔云道街道、路南区女织寨乡、高新技术开发区高新街道交错相连，南与丰南区胥各庄镇相邻，西南与丰润区岔河镇接壤，西与丰润区韩城镇为邻，北与丰润区老庄子镇毗邻，人民政府驻唐山市路北区西山道119号，电话区号0315，邮政编码063000，距路北区人民政府7千米。

政区沿革 中华人民共和国成立之初，属丰润县九区。1952年，陆续划归唐山市，为常各庄、马驹桥、河沿庄、碑子院4乡。1956年，撤区并乡后，属冯大里乡和刘家过道乡一部分。1958年，改属常各庄人民公社。1959年，命名为“唐山市西郊万亩果园”。1960年，命名为“唐山市果园”，后改称“唐山果园”，直属市领导。1968年，划归郊区，成立果园人民公社。1980年，改为“唐山市果园管理委员会”，为市属单位。1984年，建果园乡，属开平区。1992年11月，属路北区。2002年2月，果园乡傅家屯管理区并入。2006年3月，将2个村划入唐山高新技术开发区管理。

政区划分 2011年末，辖常各庄、八神庄、丁家屯、张大里、寿王庄、郭家庄、陈家屯、碑子院、卫家庄、袁家庄、曹家口、兴隆庄、大官庄、许各寨、赖旺庄、马驹桥、吴家庄、娘娘庙、李官屯、周官屯、张思庄、甄家庄、杨家口、李家庄、马家涯、冯大里、河沿庄、张各庄、边各寨一、边各寨二、边各寨三、边各寨四、许家庄、谢家庄、刘火新庄、宋学新庄36个村委会；下设36个村民小组。

人口面积 2011年末，辖区总人口25.34万人，其中城镇常住人口8.25万人，城镇化率30.6%。另有流动人口17.08万人。总人口中，男性38603人，占15.2%；女性43886人，占84.8%；14岁以下20779人，占8.2%；15~64岁139370人，占55%；65岁以上93251人，占36.8%。总人口中，以汉族为主，达253375人，占99.99%；有满族103人，占0.01%，2011年，人口出生率9.54‰，人口死亡率3.99‰，人口自然增长率5.55‰。

辖区东西最大距离25.65千米，南北最大距离23.1千米，总面积40.3平方千米。其中陆地面积37.4平方千米，占92.8%；水域面积2.9平方千米，占7.2%。人口密度为每平方千米6288人。

经济概况

农业 耕地面积2.5万亩，人均0.3亩；全部为水浇地。以种植蔬菜、果树为主。2011年，实现农业增加值1.6亿元，占国内生产总值的比重11%。

2011年，粮食作物播种面积6734亩，生产粮食2694吨。主要经济作物有蔬菜。2011年，蔬菜种植面积2.5万亩，产量8.5万吨，主要品种有芹菜、油菜、圆白菜、大白菜，其中芹菜4648吨，油菜439吨，圆白菜8225吨，大白菜1923吨。

畜牧业以猪、羊、家禽为主。2011年，生猪饲养量9733头，年末存栏6723头；羊饲养量3242只，年末存栏3140只；家禽饲养量2.4万羽。

工业 以化工、铸造、机械加工为主。2011年，工业总产值达到3.9万元。2011年，规模以上工业企业286家，职工0.32万人，实现工业增加值10万元。

商业外贸 2011年末，商业网点2126个，职工6064人。2011年，社会消费品零售总额达24.02亿元，比上年增长10.3%。

社会发展

文化艺术 2011年末，乡文化站1个，村级文化活动中心36个；各类文化专业人员300余人；各类图书室37个，藏书10万余册。

教育 2011年末，幼儿园11所，在园幼儿920人，专任教师39人；小学15所，在校生2968人，专任教师214人，小学适龄儿童入学率100%；中学2所，在校生692人，专任教师118人，初中适龄人口入学率、小升初升学率、九年义务教育覆盖率达100%。

医疗卫生 2011年末，各级各类医疗卫生机构36个，卫生院1所。

广播电视 2011年末，有线电视全部改为有线数字电视，入户率100%。

社会保障 2011年，城镇最低生活保障户数72户，人数143人，支出4.83万元，比上年增长7.7%，月人均28.1元，比上年增长20%；城市医疗救助41人次，支出9.1万元，比上年增长61%；农村最低生活保障户数355户，人数817人，支出95.2万元，比上年增长25.2%，月人均97.1元，比上年增长13.5%；农村五保集中供养33人。国家抚恤、补助各类优抚对象212人，抚恤事业费支出248万元，比上年增长13%。敬老院1家，床位86张，农村五保供养33人。新型农村社会养老保险参保人数3.3万人，参保率57%。

陈家屯村

(Chenjiatun Cun)

名称来历 因陈姓由山东迁入，以姓氏得名。

地理位置 地处果园乡中部，东至碑子院，南至唐山站，西至丁家屯村，北至曹家口村。

主要指标 2011年末，辖区总人口1980人，总面积0.54平方千米，农民人均纯收入10032元。

谢家庄村

(Xiejiazhuang Cun)

名称来历 因谢氏建村得名。

地理位置 地处果园乡东南部，东至西郊污水处理厂，南至西郊热电厂，西邻常各庄村，北至南园公寓。

主要指标 2011年末，辖区总人口1740人，总面积0.34平方千米，农民人均纯收入10032元。

曹家口村

(Caojiakou Cun)

名称来历 因曹氏建村于青龙河口得名。

地理位置 地处果园乡中部，东至碑子院，南至陈家屯村，西至韩城镇宋禾麻庄村，北至吴家庄村。

主要指标 2011年末，辖区总人口4800人，总面积3.83平方千米，农民人均纯收入10032元。

冯大里村

(Fengdali Cun)

名称来历 因冯氏从山东枣林庄迁入，原名冯家大里庄，后称冯大里。

地理位置 地处果园乡中东部，东至友谊路，南至西山道，西至五二二地质队，北至北新西道。

主要指标 2011年末，辖区总人口3600人，总面积0.8平方千米，农民人均纯收入10032元。

马家涯村

(Majiaya Cun)

名称来历 因马氏建村于河边，祖上为骠骑将军，以

"马"字为庄名,"涯"字是指海内存知己、天涯若比邻得名。1959年修建于桥水库从天津蓟县移民到唐山果园乡沿用村名。本地读音 majia ai。

地理位置 地处果园乡中部,东至周官屯,南至北新道,西至津秦铁路,北至丁家屯村。

主要指标 2011年末,辖区总人口1187人,总面积0.3平方千米,农民人均纯收入10032元。

娘娘庙村

(Niangniangmiao Cun)

名称来历 原名后屯,清朝顺治年间由山东迁此,建了座庙,供养三宵娘娘、送子娘娘、眼宫娘娘等,得名。

地理位置 地处果园乡西北部,东至詹官屯村,南至大官庄村,西至杨家口村,北至丰润区新村。

主要指标 2011年末,辖区总人口1830人,总面积1.16平方千米,农民人均纯收入10032元。

边各寨一村

(Biangezhaiyi Cun)

名称来历 因四姓从山东枣林庄迁此,各占一边建村寨,得名边各寨一村。

地理位置 地处果园乡南部,东至西电路,南至南外环,西至边各寨二村,北至寿王庄村。

主要指标 2011年末,辖区总人口1159人,总面积0.53平方千米,农民人均纯收入10032元。

边各寨二村

(Biangezhai'er Cun)

名称来历 因四姓从山东枣林庄迁此,各占一边建村寨,得名边各寨二村。

地理位置 地处果园乡南部,东至边各寨一村,南至南湖大道,西至边各寨三村,北至卫家庄村。

主要指标 2011年末,辖区总人口619人,总面积0.43平方千米,农民人均纯收入10032元。

边各寨三村

(Biangezhaisan Cun)

名称来历 因四姓从山东枣林庄迁此,各占一边建村寨,得名边各寨三村。

地理位置 地处果园乡南部,东至边各寨二村,南至丰南区胥各庄镇,西至边各寨四村,北至卫家庄村、常各庄村。

主要指标 2011年末,辖区总人口615人,总面积0.37平方千米,农民人均纯收入10032元。

边各寨四村

(Biangezhaisi Cun)

名称来历 因四姓从山东枣林庄迁此,各占一边建村寨,得名边各寨四村。

地理位置 地处果园乡南部,东至周官屯村,南至北新道,西至津泰铁路,北至丁家屯村。

主要指标 2011年末,辖区总人口1187人,总面积1.25平方千米,农民人均纯收入10032元。

马驹桥村

(Majuqiao Cun)

名称来历 相传一将军骑马路过该村,行至桥上,产下一马驹,得名。

地理位置 地处果园乡中西部,东至刘火新庄、马家涯、曹家口,南至唐韩路,西至郭家庄,北至丰润区韩城镇宋河麻庄。

主要指标 2011年末,辖区总人口4100人,总面积3平方千米,农民人均纯收入10032元。

丁家屯村

(Dingjiatun Cun)

名称来历 因山东丁姓单户迁入定居,以姓氏得名。

地理位置 地处果园乡中部,东至龙源路,南至兴源道,西至站前路,北至曹家口村。

主要指标 2011年末,辖区总人口1250人,总面积0.44平方千米,农民人均纯收入10032元。

张各庄村

(Zhanggezhuang Cun)

名称来历 因张氏移民到此建村,以姓氏得名。

地理位置 地处果园乡中东部,东至裕华嘉苑,南至朝阳道,西至建设北路,北至市委党校。

主要指标 2011年末,辖区总人口3141人,总面积0.58平方千米,农民人均纯收入10032元。

张大里村

(Zhangdali Cun)

名称来历 因山东枣庄移民张士源三子到此建村得名。

地理位置 地处果园乡中部,东至大里路,南至北新道,西至畅春园,北至兴源道。

主要指标 2011年末,辖区总人口3657人,总面积0.41平方千米,农民人均纯收入10032元。

郭家庄村

(Guojiazhuang Cun)

名称来历 因老祖宗郭斌由中山定州迁移至此,以姓氏得名。

地理位置 地处果园乡中西部,东至刘火新庄村、马驹桥村,南至李官屯村、赖旺庄村,西至八神庄村,北至宋河麻庄村。

主要指标 2011年末,辖区总人口2616人,总面积1.67平方千米,农民人均纯收入10032元。

许家庄村

(Xujiazhuang Cun)

名称来历 因许氏兄弟四人率家族从山东枣庄逃难至此，以姓氏得名。

地理位置 地处果园乡中部，东至德源里，南至许庄南里，西至周官屯村，北至陈家屯村。

主要指标 2011年末，辖区总人口2100人，总面积0.34平方千米，农民人均纯收入10032元。

甄家庄村

(Zhenjiazhuang Cun)

名称来历 因以甄氏为主的一群人移民到此建村得名。

地理位置 地处果园乡中西部，东至吴家庄村，南至曹家口村，西至外环路，北至夏屋。

主要指标 2011年末，辖区总人口1794人，总面积1.77平方千米，农民人均纯收入10032元。

李官屯村

(Liguantun Cun)

名称来历 因李姓哥儿俩从山东逃荒至此建村，得名。

地理位置 地处果园乡南中部，东至赖王庄村，南至许各寨村，西至丰润区韩城镇前辛庄子村，北至八神庄村。

主要指标 2011年末，辖区总人口1997人，总面积1.55平方千米，农民人均纯收入10032元。

袁家庄村

(Yuanjiazhuang Cun)

名称来历 因山东袁氏最早建村，得名。

地理位置 地处果园乡中西部，东至八神庄村，南至李家庄村，西至韩城镇，北至丰润区韩城镇宋河麻庄。

主要指标 2011年末，辖区总人口2048人，总面积0.98平方千米，农民人均纯收入10032元。

李家庄村

(Lijiazhuang Cun)

名称来历 因李氏最早建村，得名。

地理位置 地处果园乡西南部，东至李官屯村，南至许各寨村，西至丰润区韩城镇中门庄村、新庄子村，北至李官屯村。

主要指标 2011年末，辖区总人口1491人，总面积1.4平方千米，农民人均纯收入10032元。

张思庄村

(Zhangsizhuang Cun)

名称来历 因山东枣庄移民到此定居，以姓氏得名。

地理位置 地处果园乡东北部，东至祥丰里，南至祥荣里，西至祥瑞里，北至经贸学院。

主要指标 2011年末，辖区总人口1548人，总面积0.29平方千米，农民人均纯收入10032元。

许各寨村

(Xugezhai Cun)

名称来历 因许氏在此建村寨得名。

地理位置 地处果园乡西南部，东至卫家庄村，南至南湖大道，西至丰润区韩城镇中门庄三村和岔河镇沙窝新村，北至李官屯村。

主要指标 2011年末，辖区总人口2526人，总面积2.52平方千米，农民人均纯收入10032元。

八神庄村

(Bashenzhuang Cun)

名称来历 因该村始祖单传，第八代有兄弟八人，立八个门户，取名“八门庄”。至清代，认为“八门庄”犯上作乱，改名“把门庄”，后称“把神庄”。1940年，韩城镇长李清真笔误，将“把”写成“八”，即“八神庄”。

地理位置 地处果园乡西中部，东至郭家庄村，南至李官屯村，西至袁家庄村，北至郭家庄村。

主要指标 2011年末，辖区总人口1360人，总面积0.63平方千米，农民人均纯收入10032元。

杨家口村

(Yangjiakou Cun)

名称来历 因杨氏建村于路口旁得名。

地理位置 地处果园乡西北部，东至娘娘庙村，南至吴家庄村，西至丰润区老庄子镇党家庄村，北至丰润区老庄子镇新村。

主要指标 2011年末，辖区总人口947人，总面积1.97平方千米，农民人均纯收入10032元。

寿王庄村

(Shouwangzhuang Cun)

名称来历 因该村曾有一位两百多岁寿星王得名。

地理位置 地处果园乡东南部，东至将军坨村，南至边各寨村，西至卫家庄村，北至常各庄村。

主要指标 2011年末，辖区总人口910人，总面积0.67平方千米，农民人均纯收入10032元。

大官庄村

(Daguanzhuang Cun)

名称来历 相传山东枣林庄村李姓家族移居到此，后有人做官得名。

地理位置 地处果园乡中北部，东至宋学新庄村，南至长宁道，西至吴家庄村，北至龙华道。

主要指标 2011年末，辖区总人口2206人，总面积0.84平方千米，农民人均纯收入10032元。

赖旺庄村

（Laiwangzhuang Cun）

名称来历 该村先辈赖旺途经此地定居落户得名。

地理位置 地处果园乡中部，东至站前路东侧，南至常各庄村，西至李官屯村，北至西郭庄村。

主要指标 2011年末，辖区总人口5000人，总面积1.73平方千米，农民人均纯收入10032元。

碑子院村

（Beiziyuan Cun）

名称来历 因村古刹洪门寺遗址有四通石碑得名。

地理位置 地处果园乡中东部，东至卫国北路，南至兴源道，西至大里路，北至朝阳道。

主要指标 2011年末，辖区总人口4566人，总面积1.17平方千米，农民人均纯收入10032元。

常各庄村

（Changgezhuang Cun）

名称来历 因由明代刘伯温为开国元勋常遇春将军选址安度晚年的地方得名。

地理位置 地处果园乡南中部，东至谢家庄村，南至寿王庄村，西至许各寨村，北至河沿庄村。

主要指标 2011年末，辖区总人口7300人，总面积1.59平方千米，农民人均纯收入10032元。

河沿庄村

（Heyanzhuang Cun）

名称来历 因青龙河横贯村中心得名。

地理位置 地处果园乡东南部，东至光明路，南至国防道，西至光明南里社区，北至新华西道。

主要指标 2011年末，辖区总人口1800人，总面积1.09平方千米，农民人均纯收入10032元。

刘火新庄村

（Liuhuoxinzhuang Cun）

名称来历 原名刘烧火新庄，相传清朝末年皇帝带大臣出京巡视至此，将该村更名为刘火新庄。

地理位置 地处果园乡中部，东至站前路，南至唐山站，西至马驹桥，北至惠民小区。

主要指标 2011年末，辖区总人口2713人，总面积0.72平方千米，农民人均纯收入10032元。

宋学新庄村

（Songxuexinzhuang Cun）

名称来历 因明朝山东移民至此，以宋、学姓为主得名。

地理位置 地处果园乡中北部，东至高新区付家屯村，南至长宁道，西至大官庄村，北至环城北路。

主要指标 2011年末，辖区总人口2261人，总面积1.97平方千米，农民人均纯收入10032元。

卫家庄村

（Weijiazhuang Cun）

名称来历 因明代山东枣林庄卫氏兄弟迁此建村得名。

地理位置 地处果园乡中南部，东至寿王庄村，南至边各寨村，西至许各寨村，北至常各庄村。

主要指标 2011年末，辖区总人口800人，总面积0.5平方千米，农民人均纯收入10032元。

吴家庄村

（Wujiazhuang Cun）

名称来历 因吴万伍带儿子来此定居得名。

地理位置 地处果园乡北部，东至大官庄村，南至曹家口村，西至甄家庄村，北至娘娘庙村。

主要指标 2011年末，辖区总人口2400人，总面积2.32平方千米，农民人均纯收入10032元。

兴隆庄村

（Xinglongzhuang Cun）

名称来历 原名小贾庄，后因生活条件困难，村民改名兴隆庄。

地理位置 地处果园乡中东部，东至卫国北路，南至兴隆楼，西至燕兴楼，北至福翼公司。

主要指标 2011年末，辖区总人口360人，总面积0.18平方千米，农民人均纯收入10032元。

周官屯村

（Zhouguantun Cun）

名称来历 因唐朝一周姓官员在此建村得名。

地理位置 地处果园乡中部，东至许家庄村，南至唐山外国语学校，西至马家涯村，北至丁家屯村。

主要指标 2011年末，辖区总人口678人，总面积0.22平方千米，农民人均纯收入10032元。

（撰稿：田国明、何玉婧，初审：刘志英）

路南区

（Lunan Qu）

“全国社区服务示范城区”，是唐山市经济、文化的发祥地。19世纪后期，相继诞生了中国近代化工业史上“三个第一”：第一座采煤矿井——“开平煤矿”，第一条标准轨距铁路——“唐胥铁路”，第一台蒸汽机车——“龙”号机车。

政区概况

名称来历 因原辖区在京山（哈）铁路南侧而得名。

地理位置 位于东经118°7′16″~118°15′7″，北纬39°33′28″~39°38′2″。东临开平区，南临丰南区，西临路北区，北临路北区。人民政府驻唐山市新华西道68号，电话区号0315，邮政编码063000，距唐山市人民政府2.5千米。

政区沿革 清光绪年间，设唐山镇，属滦州。1913年，属滦县。1950年，分属唐山市第二、三、六区；1952年，将第三区并入第二、六两区；1955年3月，第二区、第六区合并，设立路南区。1961年5月，唐山市、区建制撤销；同年10月，恢复区级建制。1984年7月，路北区永红桥、西新村、赵庄3个街道和乔建街道南半部划入，下辖10个街道。1992年11月，开平区梁家屯、女织寨等2个乡共38个村划入；路北区的商业街和复兴路立交桥东段、京山铁路以北及新华东道以南的三角区域4个居民委员会划入；将税务庄街道划归开平区，下辖2个乡、6个街道。1993年2月，设立钱家营矿区街道。1996年6月，梁家屯乡并入女织寨乡。

政区划分 2011年末，辖友谊、学院南路、广场、永红桥、小山、文化北后街、钱家营矿区、惠民道、梁家屯路9个街道，女织寨1个乡，共10个乡级政区；领导63个居民委员会、19个村民委员会。

人口面积 2011年末，辖区总人口23.3万人，其中城镇常住人口20.9万人，城镇化率92.6%。另有流动人口6754人。总人口中，男性11.8万人人，占50.7%；女性11.5万人，占49.3%；18岁以下30811人，占13.2%；18~34岁61569人，占26.4%；35~59岁97193人，占41.7%；60岁以上43336人，占18.6%。总人口中，以汉族为主，达22.8万人，占97.81%；有满、回等12个少数民族，共4919人，占2.19%；超过1000人的有满、回2个少数民族，其中满族2964人，占少数民族人口的60.2%；回族1681人，占34.2%。2011年，人口出生率5.58‰，人口死亡率4.89‰，人口自然增长率0.69‰。

辖区东西最大距离8.9千米，南北最大距离6.5千米，总面积67.33平方千米。其中陆地面积55.33平方千米，占82%；水域面积12平方千米，占18%。人口密度为每平方千米3461人。

自然条件

地形地貌 地处华北大平原冀东冲积平原区，位于燕山余脉大城山、凤凰山南麓，地势东北高，西南低，中部略显隆起，平均海拔300~600米。

气候 属暖温带半湿润季风型大陆性气候，其特点是冬干、夏湿、降水集中、季风显著、四季分明。多年平均气温11.5℃，年平均降水量606.9毫米。

水文 唐河由北从大红桥流入，至胜利桥南500米进入开平区，境内长2.1千米。

青龙河自南新道青龙河桥入境后流经青龙桥，境内长10千米。

矿藏及其他自然资源 境内已探明地下矿藏有煤、煤成气。其中煤矿位于开平煤矿西北翼西南端，占开滦唐山矿面积的66%左右。煤系地层主要由砂岩、黏土层、薄层石灰岩构成，含可采煤层8层，除少数薄煤层外，大部分为中厚煤层，平均厚度15米左右，含煤系数5.43%~10.22%。

煤成气地下煤的生气强度为26.86立方亿米/立方千米，暗色泥岩生气强度为3.76立方亿米/立方千米，生聚系数0.004。区内中等（二级）煤成气资源储量为73.49亿立方米；一级资源量为3.67亿立方米。

经济概况

农业 2011年，生产粮食3338吨，油料99吨，蔬菜17307吨。农民人均纯收入9368元，比上年增长13.5%。

工业 2011年，工业总产值21.4亿元，比上年增长11.8%。2011年，规模以上工业企业24家，实现工业增加值5.81亿元，比上年增长10.2%。

商业外贸 2011年，社会消费品零售总额达73.5亿元，比上年增长20.3%。

进出口总额2.7亿美元，比上年增长23.9%。

财政金融 2011年，财政总收入43亿元，比上年增长22.9%。其中地方财政收入5亿元，比上年增长32.4%。从主要税种看，完成营业税1.3亿元，增值税0.3亿元，企业所得税0.2亿元，个人所得税0.3亿元，分别比上年增长82.7%、-32.6%、98.4%、11.8%。人均财政收入21785元，比上年增长11.4%。

社会发展

文化艺术 2011年末，艺术团队57个，演职人员1296人。电影年放映456场次。

教育 2011年末，幼儿园5所，在园幼儿1124人，专任教师80人；小学22所，在校生12370人，专任教师897人，小学适龄儿童入学率100%；初中6所，在校生7247人，专任教师815人，初中适龄人口入学率、小升初升学率、九年义务教育覆盖率均达100%；普通高中1所，在校生1140人，专任教师114人；中等职业学校2所，在校生1291人。

2011年教育经费达2.69亿元，国家财政性教育经费2.48亿元，财政预算内教育经费2.36亿元，预算内教育事业费1.28亿元，分别比上年增加28.7%、46.74%、47.5%、6.66%。

科技 2011年末，市级企业工程技术研究中心、民营特色研发基地、农业技术研修基地等研发机构共9家，区级研发机构23家，驻区科研机构30家。

医疗卫生 2011年末，市属医院9所，个体医院19所，个体诊所265所，个体行医人员269人。区属医疗机构302个，病床2468张，医疗设备1095台（套），卫生人员4298人。

2011年法定报告传染病发病率为426.02/10万，农村安全饮用水普及率94.8%，农村卫生厕所普及率82.08%，新型农村合作医疗参保人数45.74万人，参保率93%；居民人口平均期望寿命71.1岁，其中男性69.2岁，女性71.8岁；孕产妇死亡率0.7/10万，5岁以下儿童死亡率、婴儿死亡率、新生儿死亡率分别为0.6‰、0.3‰、0.1‰。

体育 2011年末，体育社团1个，即路南区老年体协。各级社会体育指导员320人。每年定期举办8月8日全民健身日系列活动、路南区乒乓球比赛。其中8月8日全民健身日系列活动有健身秧歌、健身腰鼓、气功、柔力球、武术、健身操等20余项，时间长达几个月，参加人员近万人。100%的城市社区和村安装了健身器材，经常参加体育活动的人员占常住人口的29%。

社会保障 2011年，城镇最低生活保障户数1505户，人数2760人，支出851.66万元，月人均257元；城市医疗救助228人次，支出39.74万元。

农村最低生活保障户数167户，人数310人，支出44.51万元，月人均120元；农村五保集中供养42人，农村五保分散供养13人，农村医疗救助50人次，共支出5.39万元。

国家抚恤、补助各类优抚对象358人，安置义务兵、士官等161人。抚恤事业费支出430万元，比上年增加15%。社会福利单位11个，床位1027张。社区服务中心8个，社区服务站66个。经常性社会救助工作站、点和慈善超市139个，全年接受社会捐款24万元，使509人（次）困难群众受益；福利企业17家，安置残疾职工445人，福利企业产值3.4亿元。

新增就业人员7560人，有3080名下岗失业人员实现了再就业，就业困难人员再就业1275人，城镇登记失业率控制在40%以内，零就业家庭实现动态清零。

2011年末参加城镇职工基本养老保险24985人，比上年末增加2854人，参保离退休人员10262人。参加基本养老保险的农民工1024人。参加城镇居民基本医疗保险73988人，比上年末增加1698人。参加城镇职工灵活就业人员基本医疗保险5099人，比上年末增加572人。参加失业保险11699人，比上年末增加268人，年末领取失业保险金119人。参加工伤保险16767人，比上年末增加878人，其中参加工伤保险的农民工3845人，比上年末增加218人。全年评定伤残等级26人，全年享受工伤保险待遇97人。

年末规模以上企业劳动合同签订1203个。各级劳动人事争议调解组织和仲裁机构共受理劳动人事争议案件33件，结案33件，其中通过调解方式结案6件，占18%。

基础设施

交通运输 2011年末，境内火车站1座，汽车站1座，乡级道路桥梁2座。

火车站唐山南站位于京哈线264千米处，原为唐山站一等货运站。1976年唐山大地震，车站建筑和铁路设施几近摧毁。1983年重建。同年6月，站货场改造工程竣工，货场总面积7.56万平方米，其中货物仓库6座，建筑面积5080平方米。1994年11月，京山线压煤改线工程竣工。在唐山站以西10千米处新建成唐山站，新线开通后，原唐山站更名为“唐山南站”，所在线路更名为“七滦线”。1996年6月26日，客车全部转到新线运行。唐山南站成为只办理货运业务的一等货运站。2011年发送货物437万吨。

汽车长途客运东站为唐山市大型客运站，由唐山客运南站和唐山市小山运输市场合并组建。进站车辆377部，客运班线246条，日发班车373车次，日均发送客流量5000余人次。

邮政电信 2011年末，邮政局所6家。境内有中国电信唐山分公司传输线路（明线、通信电缆、光缆），长度共400千米。通信基站27座，机房建筑面积1000平方米，通信设备总容量5万门。联通、电信、移动三大电信公司电信设施及业务覆盖全区境。

能源 2011年末，锅炉房3座，供热率达到100%。境内主干道两侧10千伏架空线改为地下电缆。电缆线路的干线段均采用截面为240平方毫米铜芯三相电缆。

（撰稿：伦岩，初审：李瑞敏）

学院南路街道

(Xueyuannanlu Jiedao)

政区概况

名称来历 因辖区位于学院南路西侧而得名。

地理位置 地处路南区中部，东临广场街道，南临惠民道街道，西临友谊街道，北临路北区大理街道。办事处驻41号小区立新东楼社区，电话区号0315，邮政编码063004，距路南区人民政府0.3千米。

政区沿革 1980年，析西新村街道置学院南路街道，属路北区。1984年，划归路南区，更名为赵庄街道。1986年5月，更名为学院南路街道。

政区划分 2011年末，辖国防楼、立新西里、西新楼、双新二、双新四、双新东里、偏坡联合、立新东楼、赵开等9个社区居民委员会。

人口面积 2011年末，辖区总人口34622人，其中城镇常住人口34099人，城镇化率100%。另有流动人口332人。总人口中，男性17238人，占49.8%；女性17384人，占50.2%；18岁以下4173人，占12.1%；18~34岁8258人，占23.9%；35~59岁14661人，占42.3%；60岁以上7530人，占21.7%。总人口中，以汉族为主，达34171人，占84%。2011年，人口出生率5.48‰，人口死亡率3.34‰，人口自然增长率2.14‰。

辖区东西最大距离1.3千米，南北最大距离2.2千米，总面积1.25平方千米。人口密度为每平方千米27698人。

经济概况

商业外贸 2011年末，商业网点4个，职工900人。2011年，社会消费品零售总额达1.2亿元，比上年增长20.3%。

财政金融 2011年，财政总收入8005.5万元。从主要税种看，完成营业税0.2亿元，增值税0.3亿元，企业所得税0.2亿元，个人所得税360.5万元，分别比上年增长90.3%、-8.7%、77.9%、8.5%。

社会发展

教育 2011年末，幼儿园3所，在园幼儿1800人，专任教师158人；小学2所，在校生1100人，专任教师120人，小学适龄儿童入学率100%；初中2所，在校生2100人，专任教师150人。初中适龄人口入学率、小升初升学率、九年义务教育覆盖率达100%。

医疗卫生 2011年末，各级各类医疗卫生机构2个，门诊部（所）17个；病床1300张，每千人拥有医疗床位31.7张。专业卫生人员800名，其中执业医师256人，执业助理医师158人，注册护士338人。2011年医疗机构（门诊部以上）完成诊疗8万人次。

体育 2011年末，89%的城市社区安装了健身器材，经常参加体育活动的人员占常住人口的70%。

社会保障 2011年，城镇最低生活保障户数257户，人数441人，支出138.8万元，比上年增长17%；月人均262.3元，比上年增长29%；大病救助37户，救助金额约20万元。就业困难人员再就业1460人；补贴金额约225万元。

立新西里社区
(Lixinxili Shequ)

名称来历 因位于立新西楼小区而得名。

地理位置 地处学院南路街道办事处北部，东至大里路，南至国防道，西至西新楼，北至新华道。

主要指标 2011年末，辖区总人口2643人，总面积0.03平方千米，城镇居民人均可支配收入20000元。

立新东楼社区
(Lixindonglou Shequ)

名称来历 因辖立新东楼小区而得名。

地理位置 地处学院南路街道办事处东北部，东至赵庄偏坡楼，南至国防道，西至立新东街，北至新华西道。

主要指标 2011年末，辖区总人口6672人，总面积0.12平方千米，城镇居民人均可支配收入20000元。

双新东里社区
(Shuangxindongli Shequ)

名称来历 因位于双新楼的东侧而得名。

地理位置 地处学院南路街道办事处中部，东至学院路，南至南新道，西至双新楼，北至国防道。

主要指标 2011年末，辖区总人口5189人，总面积0.11平方千米，城镇居民人均可支配收入20000元。

双新四社区
(Shuangxinsi Shequ)

名称来历 因辖双新楼部分居民楼，按序得名。

地理位置 地处学院南路街道办事处中部。东、南至双新二社区，西至大里路，北至国防道。

主要指标 2011年末，辖区总人口1895人，总面积0.04平方千米，城镇居民人均可支配收入20000元。

西新楼社区
(Xixinlou Shequ)

名称来历 因辖西新东楼小区而得名。

地理位置 地处学院南路街道办事处西北部，东至渤海北街，南至渤海东西街，西至友谊路，北至新华西道。

主要指标 2011年末，辖区总人口3565人，总面积0.08平方千米，城镇居民人均可支配收入20000元。

国防楼社区
(Guofanglou Shequ)

名称来历 因唐山市老警卫区曾坐落于此，故名。

地理位置 地处学院南路街道办事处西北部，东至大里路，南至国防道，西至友谊路，北至渤海东西街。

主要指标 2011年末，辖区总人口5168人，总面积0.12平方千米，城镇居民人均可支配收入20000元。

偏坡联合社区
(Pianpolianhe Shequ)

名称来历 因由偏坡、新石庄、九联工房合并而成，故得名。

地理位置 地处学院南路街道办事处南部，东至二五五社区、南新西里社区，南至梁家屯派出所，西至岳各庄，北至国防道。

主要指标 2011年末，辖区总人口2911人，总面积0.29平方千米，城镇居民人均可支配收入20000元。

双新二社区
(Shuangxin'er Shequ)

名称来历 因辖双新楼部分居民楼，后与双一、双三合并，沿用双新二社区。

地理位置 地处学院南路街道办事处中部，东至运输楼，南至南新道，西至大里路，北至双新四社区。

主要指标 2011年末，辖区总人口4059人，总面积0.09平方千米，城镇居民人均可支配收入20000元。

赵开社区
(Zhaokai Shequ)

名称来历 因赵庄与开滦小区并庄，故名。

地理位置 地处学院南路街道办事处北部，东至学院南路，南至国防道，西至新东街，北至新华西道。

主要指标　2011年末，辖区总人口1673人，总面积0.02平方千米，城镇居民人均可支配收入20000元。

（撰稿：吴凡，初审：徐宇琨）

友谊街道

(Youyi Jiedao)

政区概况

名称来历　因辖区位于友谊路西侧而得名。

地理位置　东邻学院南路街道，南邻惠民道街道，西邻路北区光明街道，北邻路北区光明街道。办事处驻国防道55－6号，电话区号0315，邮政编码063004，距路南区人民政府驻地4千米。

政区沿革　1956年，设立西新村街道，属路北区。1980年11月，更名为学院南路街道。1984年7月，划归路南区，更名为赵庄街道。1986年5月，分赵庄街道置友谊街道，下辖23个社区居民委员会。

政区划分　2011年末，辖燕京东里、燕京西里、友谊里、友谊南里、福乐园、开源、定福里、永乐园、福兴园9个社区居民委员会。

人口面积　2011年末，辖区总人口41487人，其中城镇常住人口38343人，城镇化率100%。另有流动人口345人。总人口中，男性21170人，占51%；女性20317人，占49%。总人口中，18岁以下6108人，占14.7%；18～34岁10128人，占24.4%；35～59岁17271人，占41.6%；60岁以上7980人，占19.2%。总人口中，以汉族为主，达42976人，占99.34%；有回族212人，占0.17%。2011年，人口出生率6.55‰，人口死亡率4.99‰，人口自然增长率1.56‰。

辖区东西最大距离1.3千米，南北最大距离1.7千米，总面积2.8平方千米。人口密度为每平方千米14816.8人。

经济概况

商业外贸　2011年末，商业网点570个；城乡集贸市场2个。2011年，城乡集市贸易成交额1117万元。

财政金融　2011年，财政总收入8468.2万元，比上年增长7.9%。其中地方财政收入2367.4万元，比上年增长27.96%。从主要税种看，完成营业税0.2亿元，增值税0.3亿元，企业所得税0.3亿元，个人所得税175.5万元，分别比上年增长75.3%、10.6%、62.5%、4.2%。

社会发展

文化艺术　2011年末，社区文化站9个，社区文化活动中心20个；各类文化专业户35个；各类图书室9个，藏书10万余册；音乐、美术、书法、摄影及文学业余创作人员120人。

教育　2011年末，幼儿园3所，在园幼儿420人，专任教师75人；小学3所，在校生2843人，专任教师140人，小学适龄儿童入学率100%；初中1所，在校生1349人，专任教师171人，初中适龄人口入学率、小升初升学率、九年义务教育覆盖率均达100%。

体育　2011年末，学校体育场地2处。100%的城市社区安装了健身器材，经常参加体育活动的人员占常住人口的50%。

社会保障　2011年，城镇最低生活保障户数146户，人数263人，支出78.4万元，比上年增长12%，月人均248元，比上年增长34%；城市医疗救助12人次。国家抚恤、补助各类优抚对象14人。敬老院4家，床位186张。社区服务中心9个。慈善分会1个，全年接收社会捐款2290元。

永乐园社区

(Yongleyuan Shequ)

名称来历　因辖永乐园小区而得名。

地理位置　地处友谊街道办事处南部，东至燕新路，南至郑各庄，西至西电路，北至新岳道。

主要指标　2011年末，辖区总人口3836人，总面积0.24平方千米，城镇居民人均可支配收入22000元。

燕京东里社区

(Yanjingdongli Shequ)

名称来历　因原燕京里社区划分，位于东侧，故名。

地理位置　地处友谊街道办事处东部，东至大里路，南至南新道，西至二十六中，北至国防道。

主要指标　2011年末，辖区总人口4076人，总面积0.2平方千米，城镇居民人均可支配收入22000元。

燕京西里社区

(Yanjingxili Shequ)

名称来历　因原燕京里社区划分，位于西侧，故名。

地理位置　地处友谊街道办事处中部，东至燕京小学门前路，南至二十六中，西至友谊路，北至国防道。

主要指标　2011年末，辖区总人口3696人，总面积0.3平方千米，城镇居民人均可支配收入22000元。

福兴园社区

(Fuxingyuan Shequ)

名称来历　因辖正泰里福兴园小区而得名。

地理位置　地处友谊街道办事处东南部，东至燕新路，南至新岳道，西至西电路，北至南新道。

主要指标　2011年末，辖区总人口2299人，总面积0.2平方千米，城镇居民人均可支配收入22000元。

定福里社区

(Dingfuli Shequ)

名称来历 因辖定福庄得名。

地理位置 地处友谊街道办事处西北部，东至唐山一中，南至南新道，西至中国人民解放军武装警察部队唐山市支队，北至国防西道。

主要指标 2011 年末，辖区总人口 2641 人，总面积 0.4 平方千米，城镇居民人均可支配收入 22000 元。

友谊南里社区

(Youyinanli Shequ)

名称来历 因位于友谊里社区南部而得名。

地理位置 地处友谊街道办事处北部，东至友谊里，南至国防道，西至光明路，北至新华道。

主要指标 2011 年末，辖区总人口 3300 人，总面积 0.25 平方千米，城镇居民人均可支配收入 22000 元。

福乐园社区

(Fuleyuan Shequ)

名称来历 因辖福乐园小区而得名。

地理位置 地处友谊街道办事处中部，东至西电路，南至西电路，西至青龙河，北至南新西道。

主要指标 2011 年末，辖区总人口 1.5 万人，总面积 0.34 平方千米，城镇居民人均可支配收入 22000 元。

友谊里社区

(Youyili Shequ)

名称来历 因辖友谊里小区而得名。

地理位置 地处友谊街道办事处北部，东至友谊路，南至友谊中街，西至光明南路，北至新华西道。

主要指标 2011 年末，辖区总人口 5274 人，总面积 0.25 平方千米，城镇居民人均可支配收入 22000 元。

开源社区

(Kaiyuan Shequ)

名称来历 因地处开滦小区而得名。

地理位置 地处友谊街道办事处东南部，东至岳新路，南至新岳路，西至燕新路，北至南新西道。

主要指标 2011 年末，辖区总人口 2259 人，总面积 0.5 平方千米，城镇居民人均可支配收入 22000 元。

（撰稿：赵苗，初审：刘志杨）

广场街道

(Guangchang Jiedao)

政区概况

名称来历 因街道办事处驻地位于唐山纪念碑广场南侧而得名。

地理位置 地处路南区东部，东临永红桥街道，南邻惠民道街道，西临学院南路街道，北接路北区文化路街道、大里街道。办事处驻国防道 6 号，电话区号 0315，邮政编码 063000，距路南区人民政府 2.3 千米。

政区沿革 1956 年，置西工人新村街道，属路北区。1984 年，划归路南区。1994 年，更名为广场街道。

政区划分 2011 年末，辖南新西里、南新东里、南湖、新华里、新华南里、二五五医院、燕南、建工楼、卫国楼、万达长青、万达广场第一、万达广场第二 12 个社区居民委员会。

人口面积 2011 年末，辖区总人口 42771 人，其中城镇常住人口 36068 人，城镇化率 61.9%。另有流动人口 21943 人。总人口中，男性 21653 人，占 50.6%；女性 21118 人，占 49.4%。总人口中，18 岁以下 5188 人，占 12.1%；18～34 岁 13223 人，占 30.9%；35～59 岁 16767 人，占 39.2%；60 岁以上 7593 人，占 17.8%。总人口中，以汉族为主，达 57319 人，占 98.64%；有回族 303 人，占 0.52%。2011 年，人口出生率 3.29‰，人口死亡率 3.22‰，人口自然增长率 0.07‰。

辖区东西最大距离 3 千米，南北最大距离 2.8 千米，总面积 8.4 平方千米。人口密度为每平方千米 5092 人。

经济概况

工业 2011 年，工业总产值 6000 万元，比上年增长 20%，实现工业增加值 800 万元。规模以上工业企业 2 家。

商业外贸 2011 年末，商业网点 9 个，职工 6130 人。2011 年，社会消费品零售总额达 40.1 亿元，比上年增长 30.2%。

财政金融 2011 年，财政总收入 3.9 亿元，比上年增长 107.9%。从主要税种看，完成营业税 1.2 亿元，增值税 0.4 亿元，企业所得税 1.2 亿元，个人所得税 0.1 亿元，分别比上年增长 85.3%、-12.9%、56.7%、7.8%。完成本级财政收入 12139.67 万元，比上年增长 111.79%。

社会发展

文化艺术 2011 年末，文化站 1 个，文化活动中心 7 个；各类图书室 7 个，藏书 1 万余册；音乐、美术、书法、摄影及文学业余创作人员 400 人。

教育 2011 年末，幼儿园 1 所，在园幼儿 230 人，专任教师35人；小学2所，在校生1849人，专任教师124人，小学适龄儿童入学率100%；初中1所，在校生1710人，专任教师170人，初中适龄人口入学率、小升初升学率、九年义务教育覆盖率达100%；大学1所，在校生11914人，教职工1500人，其中专任教师867人，教授、副教授400人，研究生导师110人。

医疗卫生 2011年末，各级各类医疗卫生机构3个，门诊部（所）10个；病床1000张，每千人拥有医疗床位171.2张。专业卫生人员66名，其中执业医师25人，执业助理医师13人，注册护士12人。

体育 2011年末，学校体育场地1处，座位500张。90%的城市社区安装了健身器材，经常参加体育活动的人员占常住人口的20%。

社会保障 2011年，城镇最低生活保障户数219户，人数406人，支出132.9万元，比上年增长25%，月人均272.8元，比上年增长40%；城市医疗救助19人次，支出2.8万元。新增就业人员1250人，有566名下岗失业人员实现了再就业。

南新东里社区

(Nanxindongli Shequ)

名称来历 因在南新道市场以东而得名。

地理位置 地处广场街道办事处南部，东至开滦工街，南至南湖公园，西至南新道市场，北至南新道。

主要指标 2011年末，辖区总人口3898人，总面积0.61平方千米，城镇居民人均可支配收入19500元。

南新西里社区

(Nanxinxili Shequ)

名称来历 因临近南新道南侧，位于广场街道最西端而得名。

地理位置 地处广场街道办事处南部，东至南新东里社区，南至南湖公园，西至学院南路办事处偏联社区，北至南新西道。

主要指标 2011年末，辖区总人口3595人，总面积1.21平方千米，城镇居民人均可支配收入19500元。

南湖社区

(Nanhu Shequ)

名称来历 因临南湖公园而得名。

地理位置 地处广场街道办事处南部，东至建设路，南至南湖公园北门，西至陵园路，北至南新道。

主要指标 2011年末，辖区总人口2184人，总面积1.72平方千米，城镇居民人均可支配收入19500元。

燕南社区

(Yannan Shequ)

名称来历 因辖燕承楼和苑南楼而得名。

地理位置 地处广场街道办事处东部，东至新天地购物乐园，南至南新道，西至建设路，北至新华道。

主要指标 2011年末，辖区总人口1960人，总面积1.1平方千米，城镇居民人均可支配收入19500元。

二五五医院社区

(Erwuwuyiyuan Shequ)

名称来历 因坐落在二五五医院内而得名。

地理位置 地处广场街道办事处西部，东至卫国路，南至南新西道，西至学院路，北至新华道。

主要指标 2011年末，辖区总人口4992人。总面积0.78平方千米，城镇居民人均可支配收入19500元。

新华里社区

(Xinhuali Shequ)

名称来历 因辖新华楼小区而得名。

地理位置 地处广场街道办事处中部，东至建设路，南至国防道，西至新街，北至新华道。

主要指标 2011年末，辖区总人口7150人，总面积0.52平方千米，城镇居民人均可支配收入19500元。

新华南里社区

(Xinhuananli Shequ)

名称来历 因位于新华楼小区南侧而得名。

地理位置 地处广场街道办事处北部，东至建设南路，南至南新道，西至华岩路，北至国防道。

主要指标 2011年末，辖区总人口2206人，总面积0.51平方千米，城镇居民人均可支配收入19500元。

建工楼社区

(Jiangonglou Shequ)

名称来历 因辖建工楼小区而得名。

地理位置 地处广场街道办事处北部，东至华岩路，南至南新道，西至卫国路，北至农贸南街市场。

主要指标 2011年末，辖区总人口4061人，总面积0.71平方千米，城镇居民人均可支配收入19500元。

卫国楼社区

(Weiguolou Shequ)

名称来历 因辖卫国楼而得名。

地理位置 地处广场街道办事处北部，东至新街，南至农贸南街市场，西至卫国路，北至新华道。

主要指标 2011年末，辖区总人口4525人，总面积0.26平方千米，城镇居民人均可支配收入19500元。

万达长青社区

(Wandachangqing Shequ)

名称来历 因辖长青里万达广场小区而得名。

地理位置 地处广场街道办事处北部，东至增盛路，南至国防道，西至文化路，北至新华副道。

主要指标 2011年末，辖区总人口4525人，总面积0.3平方千米，城镇居民人均可支配收入19500元。

万达广场第一社区

(Wandaguangchangdiyi Shequ)

名称来历 因辖万达广场小区，按序命名。

地理位置 地处广场街道办事处北部，东至万达街，南至万达长青社区，西至文化路，北至新华副道。

主要指标 2011年末，辖区总人口632人，总面积0.33平方千米，城镇居民人均可支配收入19500元。

万达广场第二社区

(Wandaguangchangdi' er Shequ)

名称来历 因辖万达广场小区，按序命名。

地理位置 地处广场街道办事处北部，东至增盛路，南至增胜西街，西至万达街，北至新华副道。

主要指标 2011年末，辖区总人口3200人，总面积0.3平方千米，城镇居民人均可支配收入19500元。

（撰稿：左美玲，初审：王贵满）

永红桥街道

(Yonghongqiao Jiedao)

政区概况

名称来历 因境内铁路立交桥名为永红桥而得名。

地理位置 地处路南区东南，东邻小山街道，南邻女织寨乡，西邻广场街道，北邻路北区乔屯街道、文化路街道。电话区号0315，邮政编码063000。

政区沿革 1956年，设立王谢庄前街街道。1969年，与王谢庄大街街道合并。1981年，更名为永红桥街道，下辖25个社区居民委员会。

政区划分 2011年末，辖建国里、建国楼、富庄东里、南富庄、车站街、石庄、交大铁路、南操场、增盛楼、富民楼10个社区居民委员会。

人口面积 2011年末，辖区总人口21314人，其中城镇常住人口20460人，城镇化率100%。另有流动人口854人。总人口中，男性12075人，占55.4%；女性9239人，占44.6%；18岁以下2067人，占9.7%；18~34岁5491人，占25.8%；35~59岁9561人，占44.8%；60岁以上4195人，占19.7%。总人口中，以汉族为主，达20942人，占98.39%；有回族211人，占0.99%。2011年，人口出生率3.52‰，人口死亡率4.79‰，人口自然增长率-1.27‰。

辖区东西最大距离1.8千米，南北最大距离2.2千米，总面积5.4平方千米。人口密度为每平方千米3947人。

经济概况

工业 以铸造、机械加工为主。2011年，工业生产总值1.1亿元。2011年，工业企业4家，职工300人。

财政金融 2011年，财政总收入14602.7万元，比上年增长25.18%。从主要税种看，完成营业税0.2亿元，增值税0.6亿元，企业所得税0.4亿元，个人所得税612万元，分别比上年增长82.6%、15.7%、50.1%、8.3%。

社会发展

社会保障 2011年，城镇最低生活保障户数137户，人数240人，支出73.7万元，比上年增长11%，月人均255.9元，比上年增长22%；城市医疗救助23人次，民政部门资助参加合作医疗240人次，共支出6.22万元，比上年减少8.69%。国家抚恤、补助各类优抚对象21人，抚恤事业费支出5.85万元，比上年减少15.96%。社区服务设施35个，其中社区服务中心1个，社区服务站10个。慈善分会10个，全年接收社会捐款1600元。

建国里社区

(Jianguoli Shequ)

名称来历 因境内建国路而得名。

地理位置 地处永红桥街道办事处东北部，东至复兴路，南至京唐铁路线，西至金匙路，北至新华东道。

主要指标 2011年末，辖区总人口1636人，总面积0.6平方千米，城镇居民人均可支配收入21000元。

车站街社区

(Chezhanjie Shequ)

名称来历 因车站街过境而得名。

地理位置 地处永红桥街道办事处中部，东至京山铁路，南至余庆里大街，西至开滦铁路，北至南新东道。

主要指标 2011年末，辖区总人口1004人，总面积0.65平方千米，城镇居民人均可支配收入21000元。

增盛楼社区

(Zengshenglou Shequ)

名称来历 因邻近增盛里路而得名。

地理位置 地处永红桥街道办事处北部，东至车站路，南至增盛中街，西至增盛路，北至新华东道。

主要指标 2011年末，辖区总人口1078人，总面积0.8平方千米，城镇居民人均可支配收入21000元。

交大铁路社区

(Jiaodatielu Shequ)

名称来历 因原西南交大旧址而得名。

地理位置 地处永红桥街道办事处中南部，东至大学路，南至南操场社区，西至建设路，北至石庄社区。

主要指标 2011年末，辖区总人口1710人，总面积0.55平方千米，城镇居民人均可支配收入21000元。

富民楼社区

（Fuminlou Shequ）

名称来历 因辖富民楼小区而得名。

地理位置 地处永红桥街道办事处北部，东至开泰楼，南至人民道，西至增盛路，北至增盛东街。

主要指标 2011年末，辖区总人口2920人，总面积0.25平方千米，城镇居民人均可支配收入21000元。

富庄东里社区

（Fuzhuangdongli Shequ）

名称来历 因位于南富庄而得名。

地理位置 地处永红桥街道办事处北部，东至唐山矿铁路，南至南新东道，西至车站路，北至唐山矿铁路。

主要指标 2011年末，辖区总人口1878人，总面积0.35平方千米，城镇居民人均可支配收入21000元。

南操场社区

（Nancaochang Shequ）

名称来历 因位于唐山铁道学院南操场而得名。

地理位置 地处永红桥街道办事处南部，东至交大铁路道口，南至大学路，西至建设南路，北至南华道。

主要指标 2011年末，辖区总人口1410人，总面积0.55平方千米，城镇居民人均可支配收入21000元。

南富庄社区

（Nanfuzhuang Shequ）

名称来历 因辖南富庄平房小区而得名。

地理位置 地处永红桥街道办事处北部，东至车站路，南至南新东道，西至增盛路，北至人民道。

主要指标 2011年末，辖区总人口2100人，总面积0.35平方千米，城镇居民人均可支配收入21000元。

石庄社区

（Shizhuang Shequ）

名称来历 因辖区内石庄村而得名。

地理位置 地处永红桥街道办事处中部，东至车站路，南至铁路工房，西至增盛路，北至余庆里路。

主要指标 2011年末，辖区总人口2100人，总面积0.9平方千米，城镇居民人均可支配收入21000元。

建国楼社区

（Jianguolou Shequ）

名称来历 因辖建国里小区得名。

地理位置 地处永红桥街道办事处北部，东至建国路市场西路，南至三十九中，西至唐山矿铁路，北至新华东道。

主要指标 2011年末，辖区总人口3100人，总面积0.4平方千米，城镇居民人均可支配收入21000元。

（撰稿：于森，初审：李静）

小山街道

（Xiaoshan Jiedao）

现代评剧的发源地之一。

政区概况

名称来历 地处唐山大城山南麓的一面丘坡，地势北低南高，南坡陡然下跌，形成一面高坎，望之形似小山，因而得名。

地理位置 地处路南区东南，东临文化北后街街道，南邻女织寨乡，西邻永红桥街道，北临文化北后街街道。办事处驻小山北路5号，电话区号0315，邮政编码063001，距路南区人民政府4.7千米。

政区沿革 1956年，设小山街道。1959年，改为小山人民公社。1981年，撤销人民公社，复为小山街道。

政区划分 2011年末，辖隆义里、花园里、联合里、宋南里、双桥里、南厂东里、南厂西里、吉祥里8个社区居民委员会。

人口面积 2011年末，辖区总人口17289人，其中城镇常住人口14158人。总人口中，男性8702人，占50.3%；女性8587人，占49.7%。总人口中，18岁以下2094人，占12.1%；18~34岁4274人，占24.7%；35~59岁7361人，占42.6%；60岁以上3560人，占20.6%。总人口中，以汉族为主，占98%；有满、回、蒙古等少数民族，共240人，占2%。

辖区东西最大距离1.4千米，南北最大距离1.8千米，总面积4.7平方千米。人口密度为每平方千米3679人。

经济概况

工业 2011年，工业总产值5.4亿元，比上年增长20%。2011年，规模以上工业企业8家，职工2500人。

商业外贸 2011年末，商铺1125家。2011年，市场交易额64亿元，比上年增长10.78%。

财政金融 2011年，财政总收入1.77亿元，比上年增长27.37%。从主要税种看，完成营业税0.3亿元，增值税0.6亿元，企业所得税0.6亿元，个人所得税0.1亿元，分别比上年增长76.2%、-23.6%、92.3%、2.5%。

社会发展

文化艺术 2011年末，业余文化团体9个，分别是隆义里阳光舞蹈队、联合里秧歌队、宋南里蓝孔雀舞蹈队、双桥里老年模特队、抖空竹社团、东里朝阳舞蹈队、西里夕阳红合唱队、腰鼓队、吉祥里老年太极剑队。起源于冀东大地的评剧最初名叫“蹦蹦戏”，后叫“落子”，最后定名为“评剧”。在小山刚刚兴起的清末民初，就有不少民间戏班在小山露天表演“蹦蹦戏”。到20世纪20年代中期，著名演员月明珠在“蹦蹦戏”的基础上改进了韵调和扮相，在小山登台演出，轰动一时。

教育 2011年末，幼儿园（所）2所。

体育 2011年末，99%的城市社区安装了健身器材，并有小山健身队、花园里乒乓球队等民间体育社团。

社会保障 2011年末，城镇最低生活保障户数170户，人数291人，支出91万元，比上年增长16%；月人均260.6人，比上年增长28%。国家抚恤、救助各类优抚对象27人。爱心超市1个。新增就业人员1263人，有541名下岗失业人员实现了再就业，就业困难人员再就业205人，年末城镇登记失业率为1.3%以下。城镇居民医保参保率99.4%。

隆义里社区

(Longyili Shequ)

名称来历 因境内老字号商号“隆义栈”而得名。

地理位置 地处小山街道办事处北部，东至复兴路，南至胜利路，西至京山铁路，北至京山铁路。

主要指标 2011年末，辖区总人口1980人，总面积0.4平方千米，城镇居民人均可支配收入18000元。

宋南里社区

(Songnanli Shequ)

名称来历 因位于境内宋谢庄大街（今南新东道）以南而得名。

地理位置 地处小山街道办事处南部，东至复兴路，南至南厂路，西至解放路，北至南新东道。

主要指标 2011年末，辖区总人口1322人，总面积0.8平方千米，城镇居民人均可支配收入18000元。

双桥里社区

(Shuangqiaoli Shequ)

名称来历 因境内有两座地道桥而得名。

地理位置 地处小山街道办事处西部，东至复兴路，南至南新东道，西至京山铁路，北至京山铁路。

主要指标 2011年末，辖区总人口1370人，总面积2.4平方千米，城镇居民人均可支配收入18000元。

花园里社区

(Huayuanli Shequ)

名称来历 因境内花园街而得名。

地理位置 地处小山街道办事处中东部，东至橡胶厂西侧，南至联合村北街，西至复兴路，北至花园街。

主要指标 2011年末，辖区总人口2100人，总面积0.04平方千米。城镇居民人均可支配收入18000元。

联合里社区

(Lianheli Shequ)

名称来历 因辖联合村而得名。

地理位置 地处小山街道办事处中东部，东至橡胶厂西侧，南至联合村南街，西至复兴路，北至花园里社区。

主要指标 2011年末，辖区总人口2409人，总面积0.1平方千米，城镇居民人均可支配收入18000元。

南厂东里社区

(Nanchangdongli Shequ)

名称来历 因辖原唐山机车车辆厂（俗称南厂）家属区，且位于其东侧，故名。

地理位置 地处小山街道办事处南部。东至刘屯村，南至女织寨乡，西至南厂西里社区，北至联合村韩后街。

主要指标 2011年末，辖区总人口2298人，总面积0.06平方千米。城镇居民人均可支配收入18000元。

南厂西里社区

(Nanchangxili Shequ)

名称来历 因辖原唐山机车车辆厂（俗称南厂）家属区，且位于其西侧，故名。

地理位置 地处小山街道办事处南部。东至南厂东里社区，南至吉祥里，西至复兴路，北至小山桥路。

主要指标 2011年末，辖区总人口2683人，总面积0.06平方千米，城镇居民人均可支配收入18000元。

吉祥里社区

(Jixiangli Shequ)

名称来历 因境内吉祥路而得名。

地理位置 地处小山街道办事处南部，东至复兴路，南至岳各庄建材市场，西至交大道口，北至工业园区。

主要指标 2011年末，辖区总人口832人，总面积0.85平方千米，城镇居民人均可支配收入18000元。

（撰稿：王秀兵，初审：张志远）

文化北后街街道

(Wenhuabeihoujie Jiedao)

政区概况

名称来历 因街道办事处驻地位于文化北后街而得名。

地理位置 地处路南区东部，东临开平区税务庄街道，南临女织寨乡，西临小山街道，北临路北区东新村街道、乔屯街道。办事处驻文化北后街5号，电话区号0315，邮政编码063001，距路南区人民政府5.1千米。

政区沿革 1949年初，建立街公所。1960年，辖境属路南人民公社文化北后街分社、市场街分社。1961年10月，改名为胜利路人民公社；同年，设立胜利路街道。1968年，改为文化北后街街道革命委员会。1981年4月，撤销革命委员会，复建文化北后街街道。1987年6月，达谢庄并入，共辖22个居民委员会。

政区划分 2011年末，辖爱国里、文化北后街、花园街、文北西楼、马家屯、大洪桥第一、大洪桥第二、南北街8个社区居民委员会。

人口面积 2011年末，辖区总人口26100人，其中城镇常住人口27567人。另有流动人口1042人。总人口中，其中男性12928人，约占49.5%；女性13172人，约占50.5%；18岁以下3544人，占13.6%；18~34岁6778人，占26%；35~59岁11328人，占43.4%；60岁以上4450人，占17%。总人口中，以汉族为主，达25993人，占94.3%；有满、回2个少数民族，共107人，占5.7%。2011年，人口出生率1.27‰，人口死亡率3.39‰，人口增长率-2.12‰。

辖区东西最大距离1.57千米，南北最大距离3.01千米，总面积4.72平方千米。人口密度为每平方千米5530人。

经济概况

商业外贸 2011年末，商业网点6个，职工7820人。2011年，社会消费品零售总额达8.1亿元，比上年增长10.6%。

财政金融 2011年，财政总收入1.3亿元，比上年增长10.1%。从主要税种看，完成营业税0.2亿元，增值税0.7亿元，企业所得税0.2亿元，个人所得税514.5万元，分别比上年增长54.1%、2.3%、97.7%、14.8%。

社会发展

社会保障 2011年，城镇最低生活保障户数458户，人数891人，支出273.7万元，比上年增长16%，月人均256元，比上年增长25%。

爱国里社区

(Aiguoli Shequ)

名称来历 因辖爱国里小区得名。

地理位置 地处文化北后街街道办事处东部，东至胜利桥，南至荷花坑市场，西至河北省科技大学分校，北至爱国楼。

主要指标 2011年末，辖区总人口4271人，总面积1.00平方千米，城镇居民人均可支配收入18000元。

花园街社区

(Huayuanjie Shequ)

名称来历 因临花园街市场得名。

地理位置 地处文化北后街街道办事处南部，东至吉祥路，南至花园街市场，西至花园南北街，北至南新东道。

主要指标 2011年末，辖区总人口3058人，总面积1.50平方千米，城镇居民人均可支配收入18000元。

南北街社区

(Nanbeijie Shequ)

名称来历 因邻文化南北街得名。

地理位置 地处文化北后街街道办事处北部，东至唐古路，南至文南楼，西至文化南北街，北至新华东道。

主要指标 2011年末，辖区总人口4553人，总面积0.75平方千米，城镇居民人均可支配收入18000元。

文北西楼社区

(Wenbeixilou Shequ)

名称来历 因位于文北西楼得名。

地理位置 地处文化北后街街道办事处西部，东至文北社区，南至胜利路，西至复兴路，北至沟东北街。

主要指标 2011年末，辖区总人口3060人，总面积0.90平方千米，城镇居民人均可支配收入18000元。

大洪桥第一社区

(Dahongqiaodiyi Shequ)

名称来历 因地处大洪桥得名。

地理位置 地处文化北后街街道办事西北部，东至文北市场西北处，南至文北西楼小区，西至复兴路，北至启新立交桥。

主要指标 2011年末，辖区总人口5018人，总面积1.20平方千米。城镇居民人均可支配收入18000元。

大洪桥第二社区

(Dahongqiaodi'er Shequ)

名称来历 因地处大洪桥得名。

地理位置 地处文化北后街街道办事西北部，东至陡河，南至文明楼，西至盛泰花苑一期，北至盛泰花苑。

主要指标 2011年末，辖区总人口4500人，总面积0.07平方千米。城镇居民人均可支配收入18000元。

马家屯社区

(Majiatun Shequ)

名称来历 因由马家屯与达谢庄东街、达谢庄前街、达谢庄后街、达北楼合并得名。

地理位置 地处文化北后街街道办事处中西部，东至205国道，南至南新东道，西至复兴路，北至胜利路。

主要指标 2011年末，辖区总人口7636人，总面积2.10平方千米，城镇居民人均可支配收入18000元。

文化北后街社区
(Wenhuabeihoujie Shequ)

名称来历 因地处文化北后街得名。

地理位置 地处文化北后街街道办事处中部，东至南北街市场，南至胜利路，西至文北西楼，北至沟东大街。

主要指标 2012年末，辖区总人口4283人，总面积0.90平方公里，城镇居民人均可支配收入18000元。

（撰稿：张玥，初审：王克龙）

钱家营矿区街道
(Qianjiayingkuangqu Jiedao)

政区概况

名称来历 因街道办事处驻地位于丰南区钱家营镇而得名。

地理位置 所辖范围为生活区及生活区东北方向3.5千米的钱家营矿业分公司。办事处驻钱家营矿生活区院内，电话区号0315，邮政编码063600，距路南区人民政府19.5千米。

政区沿革 1992年12月29日，以开滦钱家营矿居民区为基础，设立钱家营矿区街道。

政区划分 2011年末，辖第一社区、第二社区、第三社区3个社区居民委员会。

人口面积 2011年末，辖区总人口6796人，其中城镇常住人口6086人，城镇化率90%。另有流动人口710人。总人口中，男性4133人，占60.8%；女性2663人，占39.2%；18岁以下742人，占10.9%；18～34岁1591人，占23.4%；35～59岁3354人，占49.4%；60岁以上1109人，占16.3%。总人口中，以汉族为主，达6751人，占99.34%；有满1个少数民族，共45人，占0.66%。2011年，人口出生率4.23‰，人口死亡率2.34‰，人口自然增长率1.89‰。

辖区东西最大距离0.82千米，南北最大距离0.56千米，总面积0.42平方千米。人口密度为每平方千米16181人。

社会发展

文化艺术 2011年末，室内文化活动场2个。

教育 2011年末，幼儿园1所，在园幼儿100人，专任教师20名；小学1所，在校生530人，专任教师55名；初中1所，在校生400人，专任教师60人；老年大学1所，教师5人，学员80人。

医疗卫生 2011年末，各级各类医疗卫生机构15个，其中医院1所，门诊部14个；病床120张，固定资产总值1000万元。专业卫生人员65名，其中执业助理医师23人，注册护士42人。

社会保障 2011年，城镇最低生活保障户数24户，人数46人，支出11万元，比上年增长19%，月人均199.3元，比上年增长11%。

第一社区
(Diyi Shequ)

名称来历 按成立时间顺序，排序得名。

地理位置 地处钱家营矿区街道办事处北部，东至东西主干道，南至南北主干道，西至钱营镇开阔地，北至沙河大坝。

主要指标 2011年末，辖区总人口2239人，总面积0.1平方千米。

第二社区
(Di'er Shequ)

名称来历 按成立时间顺序，排序得名。

地理位置 地处钱家营矿区街道办事处西南部，东至南北主干道，南至钱营镇小屯村，西至钱营镇开阔地，北至第一社区。

主要指标 2011年末，辖区总人口2136人，总面积0.1平方千米。

第三社区
(Disan Shequ)

名称来历 按成立时间顺序，排序得名。

地理位置 地处钱家营矿区街道办事处东南部，东至南北主干道，南至影镇政府东，西至第二社区，北至唐乐路。

主要指标 2011年末，辖区总人口2787人，总面积0.21平方千米。

（撰稿：马建梅，初审：闫宗信）

惠民道街道
(Huimindao Jiedao)

政区概况

名称来历 因街道办事处驻地位于惠民道而得名。

地理位置 地处路南区西部，东临永红桥街道，南临梁家屯路街道，西临路北区果园乡，北邻友谊街道。办事处驻惠民道85号，电话区号0315，邮政编码063000，距路南区人民政府2.9千米。

政区沿革 2012年1月，以原女织寨乡岳各庄、石庄、铁匠庄、铁艾庄、南陈庄、赵各庄、新艾庄、东小艾、西小艾等9个村为基础，设立惠民道街道。

政区划分 2011年末，辖惠民园第一、惠民园第二、惠民园第三、惠民园第四和金岸世铭、龙湖泓庭6个社区居民委员会。

人口面积 总人口约70392人，总面积5平方千米。

惠民园第一社区

(Huiminyuandiyi Shequ)

名称来历 按顺序命名。

地理位置 地处惠民道街道办事处中部，东至青龙河，南至电厂北道，西至光明东辅路，北至第三社区。

主要指标 2011年末，辖区总人口5206人，总面积0.2平方千米。

惠民园第二社区

(Huiminyuandi'er Shequ)

名称来历 按顺序命名。

地理位置 地处惠民道街道办事处西部，东至光明东辅路，南至电厂北道，西至光明西辅路，北至第四社区。

主要指标 2011年末，辖区总人口6029人，总面积0.2平方千米。

惠民园第三社区

(Huiminyuandisan Shequ)

名称来历 按顺序命名。

地理位置 地处惠民道街道办事处北部，东至光明西辅路，南至电厂北道，西至西电路，北至惠民道。

主要指标 2011年末，辖区总人口4156人，总面积0.2平方千米。

惠民园第四社区

(Huiminyuandisi Shequ)

名称来历 按顺序命名。

地理位置 地处惠民道街道办事处西北部，东至光明西辅路，南至惠民道，西至西电路，北至友谊南路。

主要指标 2011年末，辖区总人口4848人，总面积0.2平方千米。

金岸世铭社区

(Jin'anshiming Shequ)

名称来历 因辖金岸世铭小区而得名。

地理位置 地处惠民道街道办事处北部，东至光明南路，南至惠民园小区，西至青龙河，北至西电路。

主要指标 2011年末，辖区总人口18000人，总面积0.07平方千米。

龙湖泓庭社区

(Longhuhongting Shequ)

名称来历 因辖龙湖泓庭小区而得名。

地理位置 地处惠民道街道办事处西北部，东至青龙河，南至规划道，西至规划路，北至南新道。

主要指标 2011年末，辖区总人口395人，总面积0.07平方千米。

（撰稿：熊丹，初审：姜丽）

梁家屯路街道

(Liangjiatunlu Jiedao)

政区概况

名称来历 因办事处驻地位于梁家屯路而得名。

地理位置 地处路南区西南，东临女织寨乡，南临丰南区稻地镇，西临路北区果园乡，北临惠民道街道。办事处驻梁家屯路101号，电话区号0315，邮政编码063000。

政区沿革 2012年1月，以原女织寨乡郑各庄、新袁庄、将军坨、梁家屯、刘家过道、季家屯、木匠庄、马庄、程各庄、王禾庄10个村为基础，设立梁家屯路街道。

政区划分 2011年末，辖新郑、梁家屯、将军坨、刘家过道、木匠庄、马庄、程各庄、王禾庄、南湖金地、水岸名都、万科红郡、南湖香郡、瑞宫13个社区居民委员会。

人口面积 全部入住后预计辖区总户数将达22826户，总人口约62690人，总面积6平方千米。

（撰稿：云淑君，初审：季成）

女织寨乡

(Nüzhizhai Xiang)

全国亿万农民健身活动先进乡镇、省乡镇“百颗星”。

政区概况

名称来历 因乡人民政府驻地位于女织寨村而得名。

地理位置 地处路南区南部，东隔陡河与开平区相望，南接丰南区稻地镇，西接惠民道、梁家屯路街道，北与文北、小山、永红桥、广场、学南、友谊街道接壤。人民政府驻吉祥路21号，电话区号0315，邮政编码063001，距路南区人民政府12.5千米。

政区沿革 1960年，设女织寨人民公社，属开平区。1984年，撤人民公社，设女织寨乡。1992年11月，由开平区划归路南区，下辖17个村民委员会。1996年，梁家屯乡并入，共38个村民委员会。

政区划分 2011年末，辖大洪桥、南刘屯、和平街、荷花坑、老谢庄、西越河、女织寨、刘营庄、西礼尚庄、东礼尚庄、檀庄、侯边庄、张丁庄、曹家庄、赵田庄、定福庄、郑家庄、太平庄、王前街19个村民委员会。

人口面积 2011年末，辖区总人口42530人，其中城镇常住人口20966人，城镇化率49%。另有流动人口2346人。总人口中，男性20199人，占47.5%；女性22331人，占52.5%；18岁以下6895人，占16.2%；18~35岁11826人，占27.8%；35~59岁16890人，占39.7%；60岁以上6919人，占16.3%。总人口中，以汉族为主，达42458人，占99.83%；有满1个少数民族，共72人，占0.17%。2011年，人口出生率7.39‰，人口死亡率5.99‰，人口自然增长率1.4‰。

辖区东西最大距离8.5千米，南北最大距离6.2千米，总面积43.6平方千米。人口密度为每平方千米975人。

经济概况

农业 2011年末，耕地面积1.5万亩，人均耕地0.4亩。2011年，农业总产值9581万元，比上年减少9.4%，占国内生产总值的4.2%。

粮食作物以玉米、小麦为主。2011年，生产粮食3338吨，人均78千克，其中水稻41吨，小麦271吨，玉米2898吨。2011年，油料作物种植面积360亩，产量99吨，其中花生99吨；蔬菜种植面积6090亩，产量17307吨，主要品种有白菜、芹菜、黄瓜、番茄等，其中白菜3888吨，芹菜1921吨、黄瓜1282吨，番茄2044吨。

畜牧业以生猪、家禽为主。2011年，生猪出栏15000头，2011年末，存栏1.26万头；家禽饲养量28.53万羽，上市家禽14.53万羽，2011年，生产肉类1344吨，其中猪肉1125吨；禽蛋920吨，鲜奶502吨。畜牧业总产值3779万元，占农业总产值的39.4%。农民人均纯收入9368元。

工业 2011年，工业总产值达到11亿元，比上年增长33.3%。2011年，规模以上工业企业5家，职工1184人，实现工业增加值10.4亿元，比上年增长30.8%。

商业外贸 2011年末，商业企业24个，职工1513人；实现销售收入63.9亿元，比上年增长30.6%。2011年末，市场13个，总成交额55.7亿元，比上年增长35.9%。其中消费品市场9个，成交额32.5亿元；生产资料市场4个，成交额23.2亿元。

财政金融 2011年，财政总收入3.4亿元，比上年增长12.7%；其中地方财政收入1.6亿元，比上年增长14.7%。从主要税种看，完成营业税0.84亿元，增值税1.4亿元，企业所得税0.6亿元，个人所得税0.2亿元，分别比上年增长144%、8%、29.7%、61.9%。人均财政收入6020元，比上年增长13.5%。年末有农村信用社2家；各类存款余额10.9亿元。

社会发展

文化艺术 2011年末，乡文化站1个，村级文化活动中心6个；各类图书室39个，藏书近6万余册；音乐、美术、书法、摄影及文学业余创作人员207人。全年组织文艺活动40余场次，参加人数700余人。

教育 2011年末，幼儿园7所，在园幼儿780人，专任教师21人；小学9所，在校生1638人，专任教师234人，小学适龄儿童入学率100%；初中适龄人口入学率、小升初升学率、九年义务教育覆盖率达100%。2011年财政预算内教育经费1607万元，比上年增长4.35%。

医疗卫生 2011年末，各级各类医疗卫生机构1个，门诊部（所）36个；病床199张，每千人拥有医疗床位3.52张，固定资产总值954.92万元。专业卫生人员66名，其中执业医师16人，执业助理医师21人，注册护士9人。2011年医疗机构（门诊部以上）完成诊疗8.1万人次。新型农村合作医疗参合人数1.4万人，参合率37.34%。

体育 2011年末，15.79%的村安装了健身器材，经常参加体育活动的人员占常住人口的23%。

社会保障 2011年，城镇最低生活保障户数94户，人数182人，支出52.7万元，比上年减少1.7%，月人均241.3元，比上年增长17%。民政部门资助参加合作医疗减少70人次，支出11.74万元，比上年增长58.11%。农村最低生活保障户数167户，人数310人，支出44.5万元，比上年增长36.1%，月人均119元，比上年增长30.8%。国家抚恤、补助各类优抚对象51人，抚恤事业费支出27.4万元，比上年增长9.2%。慈善联络站38个，全年接受社会捐款9.2万元。社区日间照料床位数50张。年末参加城镇居民基本医疗保险2.8万人，比上年末增加3000人；参加新型农村社会养老保险1.2万人。新增就业人员107人，有249名下岗失业人员实现了再就业，就业困难人员再就业67人，年末城镇登记失业人数9500人，城镇登记失业率为4.2%，无零就业家庭。

曹家庄村

(Caojiazhuang Cun)

名称来历 有曹姓人落户建庄而得名。

地理位置 地处女织寨乡东南部，东至开平区大丰谷，南至开平区大史马，西至陡河，北至环城路。

主要指标 2011年末，辖区总人口1300人，总面积1.07平方千米，农民人均纯收入9368元。

定福庄村

(Dingfuzhuang Cun)

名称来历 明永乐元年，董、李、石、部、王五个姓氏随开平中屯卫由真定府迁来定居建庄，据“定府”谐音取名“定福庄”。

地理位置 地处女织寨乡西部，东、南至福乐园社区，西至五中，北至南新西道。

主要指标 2011年末，辖区总人口1600人，总面积0.08平方千米，农民人均纯收入9368元。

和平街村

(Hepingjie Cun)

名称来历 因境内和平街而得名。

地理位置 地处女织寨乡东北部，东至西越河，南至南刘屯，西至复兴路，北至南新东道。

主要指标 2011年末，辖区总人口1050人，总面积0.2平方千米，农民人均纯收入9368元。

侯边庄村

(Houbianzhuang Cun)

名称来历 有几户葛姓人从山东迁来打鱼落户建庄，取名侯边庄。

地理位置 地处女织寨乡东南部，东至开平区大史马，南至女织寨乡赵田庄，西至女织寨乡檀庄，北至高速公路。

主要指标 2011年末，辖区总人口2200人，总面积1.3平方千米，农民人均纯收入9368元。

刘营庄村

(Liuyingzhuang Cun)

名称来历 因有几户刘姓人由定州迁来建庄得名。

地理位置 地处女织寨乡中部，东至唐山第四医院，南至唐山南外环，西至女织寨乡政府，北至吉祥路。

主要指标 2011年末，辖区总人口870人，总面积0.11平方千米，农民人均纯收入9368元。

女织寨村

(Nüzhizhai Cun)

名称来历 相传当地居民以纺线织布为生，得名女织寨。

地理位置 地处女织寨乡东部，东至唐河，南至赵田庄，西至春兴，北至老谢庄。

主要指标 2011年末，辖区总人口2614人，总面积1.16平方千米，农民人均纯收入9368元。

檀庄村

(Tanzhuang Cun)

名称来历 因檀氏族人明朝从定州迁来建庄而得名。

地理位置 地处女织寨乡南部，东至新205国道，南至丰南区，西至唐柏路，北至西礼尚庄村。

主要指标 2011年末，辖区总人口1840人，总面积1.8平方千米，农民人均纯收入9368元。

西越河村

(Xiyuehe Cun)

名称来历 位于陡河以西，相传明太祖朱元璋的四儿子燕王朱棣挂帅扫北时，骑“乌龙驹”越过陡河，故名。

地理位置 地处女织寨乡东北部，东至陡河，南至老谢庄，西至和平街，北至荷花坑市场。

主要指标 2011年末，辖区总人口4000人，总面积0.12平方千米，农民人均纯收入9368元。

赵田庄村

(Zhaotianzhuang Cun)

名称来历 因赵姓与田姓在此定居得名。

地理位置 地处女织寨乡南部，东至唐河，南至丰南区，西至檀庄，北至侯边庄。

主要指标 2011年末，辖区总人口2184人，总面积约2.3平方千米，农民人均纯收入9368元。

大洪桥村

(Dahongqiao Cun)

名称来历 因大洪桥生产队而得名。

地理位置 地处女织寨乡东北部，东至爱国里，南至胜利路，西至爱国里，北至陡河。

主要指标 2011年末，辖区总人口1092人，总面积0.18平方千米，农民人均纯收入9368元。

西礼尚庄村

(Xilishangzhuang Cun)

名称来历 明朝年间，朱棣皇帝私访遇病，兴国寺和尚精心护理，病愈还朝后，下旨扩修庙宇，但因官差马虎，将庙宇修错，扩建了兴唐寺。此地为纪念这位讲礼仪的老和尚而名村名为礼尚庄。此村西部有西礼尚庄大队，而称为西礼尚庄。

地理位置 地处女织寨乡中部，东至唐津高速，南至东里尚庄，西至南湖，北至环城南路。

主要指标 2011年末，辖区总人口2015人，总面积1.5平方千米，农民人均纯收入9368元。

东礼尚庄村

(Donglishangzhuang Cun)

名称来历 朱棣皇帝私访遇病，兴国寺和尚精心护理，病愈还朝。为纪念这位讲礼仪的老和尚得名礼尚庄。此村东部有礼尚庄大队，现称东礼尚庄。

地理位置 地处女织寨乡中部，东至唐柏路，南至郑家庄老庄，西至采煤沉降区，北至大众汽贸。

主要指标 2011年末，辖区总人口2186人，总面积1平方千米，农民人均纯收入9368元。

荷花坑村

(Hehuakeng Cun)

名称来历 因原村委会位于荷花坑而得名。

地理位置 地处女织寨乡北部，东至西越河村，南至老谢庄村，西至复兴路，北至胜利路。

主要指标 2011年末，辖区总人口1045人，总面积0.43平方千米，农民人均纯收入9368元。

老谢庄村

(Laoxiezhuang Cun)

名称来历 山东枣林庄移民谢氏到此地定居得名。

地理位置 地处女织寨乡东部，东至西越河村，南至女织寨村，西至和平街、刘营庄村，北至荷花坑村。

主要指标 2011年末，辖区总人口2546人，总面积1.67平方千米，农民人均纯收入9368元。

南刘屯村

(Nanliutun Cun)

名称来历 有山东移民迁此定居，因刘姓居多及村建在土岗之上，故名刘屯。后称南刘屯。

地理位置 地处女织寨乡中部，东至学警路，南至吉祥路，西至复兴路，北至新后街。

主要指标 2011年末，辖区总人口3747人，总面积1.2平方千米，农民人均纯收入9368元。

太平庄村

(Taipingzhuang Cun)

名称来历 因老刘庄一带开滦采矿塌陷，部分村民迁到小李庄子，后取安全太平之意，改名太平庄。

地理位置 地处女织寨乡中部，东至燕新路，南至郑各庄，西至西电路，北至新岳路。

主要指标 2011年末，辖区总人口689人，总面积0.02平方千米，农民人均纯收入9368元。

王前街村

(Wangqianjie Cun)

名称来历 因位于王前街而得名。

地理位置 地处女织寨乡北部，东至永红桥社区，南至风井路南湖地段，西至建设路，北至南新道。

主要指标 2011年末，辖区总人口265人，总面积0.02平方千米，农民人均纯收入9368元。

张丁庄村

(Zhangdingzhuang Cun)

名称来历 因国家修建于桥水库，天津市蓟县张丁庄村民搬迁至此，沿用原名。

地理位置 地处女织寨乡东北部，东至曹家庄，南至侯边庄，西至女织寨，北至王盼庄。

主要指标 2011年末，辖区总人口365人，总面积0.24平方千米，农民人均纯收入9368元。

郑家庄村

(Zhengjiazhuang Cun)

名称来历 郑姓山东移民从枣林庄迁来，故名。

地理位置 地处女织寨乡中部，东至唐柏路，南至丰南孙家楼村，西至农田，北至东礼尚庄村。

主要指标 2011年末，辖区总人口1986人，总面积0.3平方千米，农民人均纯收入9368元。

（撰稿：王侠，初审：孙洁）

古冶区

(Guye Qu)

国家重要煤炭基地，有“南部能源综合利用与循环经济工业园区”和“资源枯竭城区转型接续产业聚集区”两个省级工业园区。

政区概况

名称来历 原名东矿区。1995年更名为古冶区。因辖区历史上有古冶镇，人们常以古冶指代区境。

地理位置 位于东经118°14′40″~118°34′10″，北纬39°35′12″~39°49′10″。地处唐山市东部，东与滦县相邻，南与滦南县、丰南区毗邻，西接开平区，北与滦县境接壤。人民政府驻京华街道永盛路东侧，电话区号0315，邮政编码063100，距唐山市人民政府25千米。

政区沿革 商代属孤竹国。春秋为山戎地。战国时属燕国。秦为辽西郡地。西汉属幽州辽西郡；东汉末年为军阀公孙度所据。三国时属曹魏辽西郡海阳县。西晋时仍为海阳县属地。北齐时并入肥如县。隋朝属北平郡卢龙县。唐时属河北道平州。宋时为契丹辖地，俗称北国；契丹置滦州后一直属滦州。辽代为滦州石城县所辖；辽保大三年（1123年），滦州属北宋，改石城为临关。金至宁元年（1213年），滦州属蒙古。元代属义丰县。明初，义丰并入滦州；明永乐二年（1404年），滦州土民编社，迁民编屯，区境村庄多属孩古社和广益屯。清沿明制，仍属滦州。清光绪三十四年（1908年），废社（屯）建警区，区境大多属第十区，少数在第一、二区。1913年，滦州改为滦县，属滦县。1948年12月，“东三矿”一带划归唐山市管辖。1949年1月，林西、古冶设为第七区，赵各庄设为第八区，唐家庄设为第九区。同年6月，古冶从第七区析出，设为第十区。

1950年6月，第七、八、九、十区合并为新的唐山市第七区。中华人民共和国成立之初至1952年，滦县大庄坨、黑鸭子、杜军庄、毛山、七百户、海子沿、白云山、任庄子、大水峪等39个自然村分别划入唐山市第七区。1955年3月，第七区更名为唐山市东矿区。1959年10月，郊区所属杨家套、任家套、于家套、习家套、西营套、谢家套、李家套7个村划归东矿区。1960年3月，郊区洼里人民公社与王辇庄、太古庄、习家套3个管理区并入东矿区。1961年5月，唐山市取消区级建制，撤销东矿区，设立市人委东矿办事处。1961年7月，滦县殷各庄人民公社并入。1961年10月，撤销市人委东矿办事处，11月恢复东矿区。1963年4月，洼里人民公社划归唐山市开平区。1964年7月，滦县的范各庄、汀上、周庄子等8个大队并入东矿区；同年12月，建立范各庄人民公社。1965年7月，东矿区所属的农村7个人民公社全部划归唐山市郊区。1967年12月，区人民委员会改为革命委员会。1970年2月，设立南范街道。1979年7月，设立吕家坨街道。1979年12月，原划出的7个农村人民公社重新划回，同时，滦县15个村并入。1984年5月，撤销人民公社，恢复乡镇建制。1995年5月，东矿区更名为古冶区。1996年4月，水峪乡并入王辇庄乡；殷各庄乡并入范各庄乡，吕家坨街道靠挂范各庄乡。2009年12月，合并范各庄乡、南范各庄街道和吕家坨街道设范各庄镇。2010年10月，设京华街道；同年12月，卑家店乡改镇。

政区划分 2011年末，辖林西、唐家庄、古冶、赵各庄、京华5个街道，范各庄、卑家店2个镇，王辇庄、习家套、大庄坨3个乡，共10个乡级政区；下辖74个居民委员会、122个村民委员会。

人口面积 2011年末，辖区总人口358461人，其中城镇常住人口287342人，城镇化率80.2%。另有流动人口18967人。总人口中，男性179907人，占50.2%；女性178554人，占49.8%；14岁以下42077人，占11.7%；15~64岁273855人，占76.4%；65岁以上42529人，占11.9%。总人口中，以汉族为主，达353752人，占98.7%；有回、满、蒙古、朝鲜等22个少数民族，共4709人，占1.3%；超过1000人的有回、满2个少数民族，其中回族2896人，占少数民族人口的61.5%；满族1465人，占31.1%。2011年，人口出生率5.6‰，人口死亡率6.8‰，人口自然增长率-1.2‰。

辖区东西最大距离22.3千米，南北最大距离27千米，总面积253.4平方千米。其中陆地面积233.13平方千米，占92%；水域面积20.27平方千米，占8%。人口密度为每平方千米1415人。

自然条件

地形地貌 地处燕山沉降带东南部，滦河洪积扇上。地势北高南低，由东向西倾斜。北部为丘陵、低山区，平均海拔200米，面积57.16平方千米，占全区总面积的23%。海拔在200米以上的山峰共有14座，均为燕山余脉。最高山峰为城山，海拔288.8米。中部为洪积平原区。内有几条东西走向的低矮山丘，平均海拔70米。洪积平原区面积92.95平方千米，占全区总面积的37.4%。南部为冲积平原区，平均海拔40米，面积98.42平方千米，占全区总面积的39.6%。

气候 属暖温带半湿润季风型大陆性气候。其特点是春季干旱多风，夏季炎热多雨，秋季天高气爽，冬季严寒少雪；降水集中，雨热同期，季风显著，四季分明。1月平均气温-5.3℃，极端最低气温-25.6℃（1978年12月29日）；7月平均气温25.5℃，极端最高气温39.6℃（1972年6月10日）。最低月均气温-7.1℃（1990年1月），最高月均气温25.6℃（1992年7月）。平均气温年较差31.6℃，最大日较差25.5℃（1964年4月16日）。生长期年平均260天，无霜期年平均192天，最长达211天，最短为170天。年平均日照时数2684.5小时，年总辐射122.52千卡/平方厘米。0℃以上持续期275天（一般为2月中旬至11月中旬）。年平均降水量648.1毫米，年平均降雨日数为32天，最多达45天（1963年），最少为22天（1984年）。极端年最大雨量1007.2毫米（1960年），极端年最少雨量385.2毫米（1989年）。降雨集中在每年6~8月，7、8月最多。

水文 境内河道属滦河流域。主要河流有三级河沙河，总长27.5千米，流域面积76平方千米；四级河2条，其一为石榴河，发源于区内北部，在区境分成3条支流，交汇后出境，汇入越河、陡河，境内河道总长32千米，流域面积82平方千米；其二为岳家河，由茨榆坨入境，向西南由王喜庄村出境，境内长6千米，流域面积15平方千米。以上3条河流均为季节河。河流总长65.5千米，总流域面积173平方千米，河网密度0.38千米/平方千米。境内最大的河流为沙河，在境内无支流。

矿藏及其他自然资源 境内已探明地下矿藏有煤炭、石灰岩、黏土和矾土等15种。2010年，累计开采煤90390万吨，剩余可采储量45514.5万吨，累计探明储量176511.5万吨，资源剩余可采储量占累计探明储量的比重为25.8%。历史开采高峰期产量为1400万吨/年（1985年）。已经开发的有林西矿、赵各庄矿、吕家坨矿、范各庄矿，井田面积152.6平方千米，平均总厚度15米。2011年末，地质储量8.6亿吨，可采储量4.3亿吨，生产能力1000万吨。

自然灾害 主要有地震、旱灾，其次为风灾、虫灾等。

旱灾年均发生0.4次，主要发生在4~6月。1989年、1992年、1997年、1999年、2002年和2006年年降雨量均不足420毫米，相继造成多种农作物不同程度的减产。

风灾多发生在夏、秋两季。最严重的一次发生在1990年4月25日，风力6~8级，大庄坨乡580亩蔬菜大棚被毁，造成直接经济损失77.1万元。

虫灾常年受灾面积20万亩，每年减产粮食80万千克、蔬菜100万千克、果品10万千克、花卉90万枝。1995年9月，境内发生国家检疫对象美洲斑潜蝇侵入，疫情很快被控制，仅造成蔬菜轻微减产。

经济概况

农业 耕地面积15.5万亩，人均面积0.4亩；可利用草地面积0.14万亩，林地面积7.9万亩。2011年，农业总产值16.46亿元，比上年增长7%，实现农业增长值10.9亿元，占国内生产总值的6.3%，比上年增长7.6%。

粮食作物以小麦、玉米为主。2011年，生产粮食3.2万吨，人均89.3千克，其中水稻2762吨，玉米21972吨，小麦5407吨。主要经济作物有花生、棉花等。2011年，棉花种植面积90亩，产量16吨；油料作物花生种植面积2.6万亩，产量5398吨。蔬菜种植面积5.75万亩，产量34.6万吨，主要品种有白菜、黄瓜、豆角、西红柿、甘蓝、辣椒等，其中白菜8.8万吨，黄瓜10.4万吨。2011年，水果种植面积2.2万亩，产量2.8吨，主要品种有苹果、桃，其中苹果5652吨，桃11842吨。花卉种植面积0.2万亩，年产鲜切花5000万枝，名优品种有非洲菊等40余种，多销往京、津地区，年产值1500万元。

畜牧业以猪、牛、羊、鸡、鸭为主。2011年，生猪饲养量16.4万头，年末存栏6.9万头；羊饲养量4.3万只，年末存栏1.8万只；牛饲养量2万头，年末存栏1.5万头；家禽饲养量320.1万羽。2011年，生产肉类12954吨，其中猪肉7124吨，牛肉1304吨，羊肉334吨；禽蛋15191吨，鲜奶54743吨。畜牧业总产值6.1亿元，占农业总产值的37.1%。

渔业以内陆养殖为主。淡水水面729公顷；鱼塘养殖面积448公顷。2011年，水产品总产量5627吨；渔业总产值1.3亿元，占农业总产值的7.9%。

截至2011年，累计造林5000亩，其中防护林5000亩，农民住宅四旁树木44.8万株，林木覆盖率30.6%。

2011年，拥有大型农业机械9950台（辆）。名优特农产品有"新秋"牌黄瓜，"冀白菜4号"牌大白菜，"报喜""中甘11号"牌甘蓝等；农民人均纯收入9117元。

工业 以采煤、炼焦制气、建材、钢铁、电力和生物制药为主导产业，是华北地区煤炭、钢铁、水泥的重要生产基地。钢铁年产能已达1000万吨。2011年，工业总产值362.98亿元，比上年增长28.3%，实现工业增加值114.39亿元，比上年增长18.5%，占国内生产总值的比重69.1%。

2011年，规模以上工业企业38家，职工2.2万人，实现工业增加值109.8亿元，比上年增长19.5%。其中大型工业企业11家，职工1.3万人，实现工业增加值79.6亿元，比上年减少1.7%。销售收入达到亿元以上的企业22家。

商业外贸 2011年末，商业网点2928个，职工40419人；城乡集贸市场33个。2011年，社会消费品零售总额达68.66亿元，比上年增长17.4%。成交额9.57亿元。

2011年，进出口总额9851万美元，比上年增长52.5%；其中进口2638万美元，比上年增长183.7%，主要产品有邻苯二甲酸二异壬酯；出口7213万美元，比上年增长30.4%，主要产品有焦炭、轧辊、卫生陶瓷、硫酸软骨素、包装机械及配件、一次性PVC手套、速冻糯玉米、速冻桃片等，销往美国、欧洲、俄罗斯、新西兰、韩国等国家和地区。按贸易方式划分，一般贸易出口6238.6万美元，加工贸易出口974.4万美元。

物流业发展迅速。其中，华夏董氏集团配煤中心、开滦通达物流等企业2011年，营业收入363亿元，上缴税金4.88亿元，分别增长21%和22%。

财政金融 2011年，财政总收入21.38亿元，比上年增长32.1%。其中地方财政收入5.86亿元，比上年增长40.1%。从主要税种看，完成营业税2.4亿元，增值税11.4亿元，企业所得税1.4亿元，个人所得税1.1万元，分别比上年增长41.7%、23.7%、81.9%和14.5%。人均财政收入5936.1元，比上年增长54.3%，是2006年的3.7倍。

2011年，金融产业实现增加值3.28亿元，比上年增长5.3%，占国内生产总值的1.9%；各类存款余额142.1亿元，比上年增长11.5%；人均储蓄24564元；各项贷款余额48.98亿元，比上年增长13.4%。证券公司营业部1家，开户股民总数12589个，A股和基金交易额31.7亿元，比上年减少17.6亿元。保险业实现保费收入2.33亿元，比上年增长1.3%；其中财产险保费收入6731.6万元，比上年增长8.74%；人身险保费收入1.66亿元，比上年增长5%。

社会发展

文化艺术 2011年末，文化站10个，建筑面积3000平方米；文化馆1个，建筑面积2500平方米；公共图书馆1个，建筑面积2000平方米，藏书8万册；博物馆1个，建筑面积1333平方米。文化行业从业人员650人，占全区社会从业人员的1%，其中事业单位从业人员34人。地方特色民间艺术有铸剑、剪纸。民间艺人李海峰的铸剑术被列入省级非物质文化遗产，所铸松纹剑被北京奥组委收藏；刘江剪纸被列入市级非物质文化遗产；毛武"双钩妙笔"在首届中国"西湖杯"国际书画邀请赛及"艺海杯"全国书画大赛上，一举摘得两项金奖。

教育 2011年末，幼儿园28所，在园幼儿6766人，专任教师88人；小学34所，在校生14438人，专任教师1361人，小学适龄儿童入学100%；初中9所，在校生6535人，专任教师1264人，初中适龄人口入学率99.63%，小升初升学率100%，九年义务教育覆盖率达100%；普通高中1所，在校生1040人，专任教师87人；中等职业学校1所，在校生1844人；成人中等专业学校1所，在校生2212人；各级各类民办学校和教育机构11所。主要学校有市属河北唐山开滦二中（东校区），为河北省重点中学，分别设初中部和高中部，其中，初中部在校生385人，专任教师13人；高中部在校生2249人，专任教师141人。

2011年教育经费达3.81亿元，国家财政性教育经费3.77亿元，财政预算内教育经费3.59亿元，预算内教育事业费3.52亿元，分别比上年增长10.76%、11.9%、14.3%和18.92%。预算内教育经费（包括城市教育费附加）占财政总支出的比例为26.71%。

科技 2011年末，科普示范基地6个；市级以上科普带头人13名，其中国家科普带头人1名，省级科普带头人1名，专业技术人才7193人，经营管理人才268人，技能人才1082人，农村实用人才57人。"古冶区采煤塌陷区景观再造与生物多样性保护技术研究"项目达到国际先进水平。应急救援（科技防范）指挥中心为国家地震局所属防灾科技学院应急管理教学科研基地。

医疗卫生 2011年末，各级各类医疗卫生机构18个，其中二级甲等医院7所，二级乙等医院1所，疾病控制中心1个，妇幼保健站1个，城市卫生院3所，乡镇卫生院5所；病床2251张，均为公立卫生机构床位，每千人拥有医疗床位6.3张，固定资产总值3亿元。专业卫生人员1929人，其中，执业医师731人，执业助理医师151人，注册护士1047人，平均每千人拥有卫生技术人员5.4人，平均每千人拥有执业（助理）医师0.4人，平均每千人拥有注册护士2.9人。2011年医疗机构（门诊部以上）完成诊疗63.8万人次，住院手术8525台次。重点医院有唐山市第三医院，为市属医院，有床位400张，医生119名；开滦林西医院，有床位410张，医生121名；古冶区医院，有床位100张，医生54名；古冶区中医院，有床位120张，医生

65名。

2011年法定报告传染病发病率为168.17人次/10万；农村安全饮用水普及率100%，农村卫生厕所普及率70%，新型农村合作医疗参合人数7.5万人，参合率99.65%；居民人口平均期望寿命75岁，其中男性72岁，女性78岁；孕产妇死亡率为零，5岁以下儿童死亡率、婴儿死亡率、新生儿死亡率均为0.47‰。

体育 2011年末，体育场地628处。体育社团7个，各级社会体育指导员328人。每年定期举办“元旦”“春节”体育活动。100%的城市社区和村安装了健身器材，经常参加体育活动的人员占常住人口的36%。

广播电视 1984年10月开通东矿区有线广播站，到乡镇40杆千米，乡镇到村52杆千米，村以下6杆千米；有广播喇叭122只，入户率100%。1988年2月建东矿区转播台，发射（转播）塔高85米，覆盖半径25千米。1993年10月开通东矿区有线电视；1995年6月，古冶电视转播台开通20频道，并开始自办《古冶新闻》节目；2000年1月经省、市广播电视局验收，改呼号为“古冶广播电视中心”。2011年末有线电视用户5万户，其中数字电视用户3.5万户，电视综合覆盖率100%。全年公共电视节目播出时间8760小时。

社会保障 2011年，城镇最低生活保障户数3129户，人数5517人，支出193.34万元，比上年增长29.6%，比上年增长27.1%；城市医疗救助141人次，支出91.11万元，比上年增长37.5%；城市生活无着人员救助584人次，支出3万元，比上年增长50%。

农村最低生活保障户数1381户，人数2858人，支出434.9万元，比上年增长51.8%，月人均126.8元，比上年增长32.1%；农村五保集中供养217人，支出97.65万元，比上年增长15.42%；农村五保分散供养21人，比上年减少20人，支出9.9万元，比上年减少46.34%；农村医疗救助150人次，支出121.29万元，比上年增长47%；农村临时救济42户，比上年减少4户，支出6.74万元，比上年减少。

国家抚恤、补助各类优抚对象662人，安置义务兵、士官等109人，抚恤事业费支出366万元，比上年增长5.2%。

全年接收社会捐款5722.21万元，使1200多人（次）困难群众受益；福利企业15个，安置残疾职工403人，福利企业产值1.7亿元。

社区服务中心7个，社区服务站75个，市民中心37个。

新增就业人员7052人，比上年增长67.9%，年末城镇登记失业人数1078人，比上年减少33.86%，城镇登记失业率为1.02%，比上年减少0.61%，全年无城镇零就业家庭。组织14名高校毕业生到农村基层从事“三支一扶”的工作。

四项社会保险（不含新型农村社会养老保险）基金收入合计4.52亿元，比上年增长52.7%；基金支出合计4.13亿元，比上年增长14.4%。年末参加城镇基本养老保险5.2万人，比上年末增加1.19万人，其中参保职工4.33万人，参保离退休人员2.54万人，分别比上年末增加0.22万人和0.13万人。参加城镇基本医疗保险14.05万人，比上年末增加0.61万人，其中，参加城镇职工基本医疗保险5.84万人，比上年末增加0.41万人；参加城镇居民基本医疗保险8.21万人，比上年末增加0.2万人。参加失业保险1.45万人，比上年末减少129人，年末领取失业保险金600人，比上年末减少204人。参加工伤保险2.1万人，比上年末减少1.2万人，全年认定（视同）工伤169人，比上年增加13人，全年享受工伤保险待遇360人，比上年增加107人。

城镇非私营单位在岗职工年平均工资为40915元，比上年增加19.34%；城镇私营单位就业人员年平均工资18090元，比上年增加193元。年末规模以上企业劳动合同备案3799人。调解仲裁机构共调处劳动争议案件50件，涉及劳动者62人，为劳动者裁定赔偿147.1万元。其中立案处理21件，案外调解16件，因地域管辖范围及仲裁时效等因素未予受理9件，正在审理中4件。立案处理的21件中，裁决9件，撤诉处理3件，调解处理1件，中止审理4件，正在审理中4件，按期结案率100%。当期调处劳动争议案件50件，比上年增长32%。

环境保护 2011年本级财政用于环境保护的资金4371万元，占财政支出的3.38%；空气质量一级天数23天，二级天数269天，三级天数73天。达到和好于二级的天数占全年天数的80%；空气中二氧化硫、二氧化氮年均浓度值分别为0.039毫克/立方米、0.042毫克/立方米，达到国家二级标准；可吸入颗粒物年均浓度值为0.094毫克/立方米，达到国家二级标准。

基础设施

交通运输 已形成由铁路、公路2种运输方式构成的交通运输网络。铁路七滦线（原京山线）过境，境内长18.1千米，为双轨无缝铁路，设古冶、卑家店2个站，通往天津、北京以及东北地区，年货运吞吐量1884.6万吨。

205国道过境，境内长18.1千米；省道迁曹线（迁西至曹妃甸）过境，境内长25.5千米；县级公路141.83千米，乡村道路72.6千米。区县间公路有古榛路、古范路境内段与迁曹线重合，北与京沈高速公路连接。2011年6月建成古冶城区外环路，总长40.54千米，与205国道东西交叉，与迁曹线南北交叉。

2011年，运输业拥有货运汽车2038辆，6120吨位；客运汽车101辆，2653个座位；货运量210.7万吨，货运周转量18647.9万吨·千米，客运量48.3万人次，客运周转量75600万人·千米。

邮政电信 2011年末，邮政网点7个，投递路线单程总长度867千米，投递点3028个，乡村通邮率100%；全年投递国内函件333.72万件，国内汇票业务完成5.66万笔，国内异地特快专递信件完成14.4万件，征订报纸291.87万份、期刊13.93万册，业务收入2484.88万元。

电信企业3家，服务网点68个；电话交换机总容量80000门，固定电话用户69000户，比上年增加3000户，电话用户普及率达到55.64%，比上年提高4.34个百分点；移动电话用户37.9万户，比上年增加45000户，移动电话普及率为105%，比上年提高13.47个百分点；光缆线路总长达1323.96千米，主干电缆达34900对千米，互联网端口总数5.6万个，其中已占用端口总数1.6万个，宽带接入用户6.2万户，比上年增加1.2万户。全年电信业务收入24300万元。

能源 煤炭企业5家，2011年产煤1000万吨。其中林西矿120万吨，赵各庄矿130万吨，范各庄矿450万吨，吕家坨矿300万吨。

发电企业3家，装机容量11.1万千瓦时，2011年发电1.7亿千瓦时，比上年增长25%。年售电量累计完成1.4亿千瓦时，比上年增长17%。

炼焦制气企业8家，年产焦炭326.84万吨，燃气47391.8万立方米。

名胜旅游

重点名胜古迹 多宝佛塔 省级文物保护单位。位于王辇庄乡甜井峪白云山内。始建于金代，为八角七层、坐北朝南的仿木构密檐实心砖石塔，通高13米。明万历二十二年（1594年）重建。塔身佛饰配八层八角共六十四个风铃。相传，此塔为镇河妖而建。

石佛寺 区级文物保护单位。位于王辇庄乡西白道子村旧址。始建于唐贞观元年（627年）。清康熙四十八年（1709年）重修。“文革”中遭破坏。1976年大地震时被震毁。2009年重修。

福山寺 区级文物保护单位。位于北寺公园西北。据史料记载，始建于唐代，原名大觉寺，后以山命名福山寺。元、明、清屡有重建，毁于清末。又一说，明崇祯年间，有一财主晚年衣锦还乡，修建了此寺庙，取名为福山寺。后毁于战火。2002年重建。寺庙有山门、钟鼓楼、天王殿、大雄宝殿、藏经阁等建筑。

重大事件

本辖区内发生的重大事件有1946年发生的开滦“东三矿”工人同盟大罢工。

著名人物

本辖区内的著名人物有历史名将鲜卑仲吉、中国近代教育家李蒸、著名中医学家岳美中、政治人物李守善、著名数学家张广厚等。

城区市政建设

道路 2011年末，道路总长度98.15千米，人均拥有道路长度0.27米；道路铺装面积0.64平方千米；桥梁25座，总长度1.29千米。

公共交通 2011年末，城乡公交汽车线路36条，运营总里程达345.4千米。其中农村短途客运班线7条，长途客运线路7条，旅游线路1条，公交线路21条，公交运营车辆250辆，万人拥有量为7.1辆，年客运量4000万人次；出租车234辆，万人拥有量16台，年客运量162万人次。

给排水 2011年末，城区自来水厂4座，铺设配水管线247千米，生产能力13万吨/日，年工业用水329.44万吨、生活用水937.54万吨，城镇居民自来水普及率100%，全区居民自来水普及率66.7%，年人均生活用水55.1吨。有加压泵站1座，污水处理厂1座，年处理污水能力4万吨。

供电 2011年末，城区110千伏及以上变电站（所）5座，主变压器13台，总容量100兆伏安，高压输电线路16条，总长度87.39千米，用电负荷39万千瓦。年售电量累计完成7.82亿千瓦时，综合电压合格率99.85%，供电可靠率99.96%。

供热 2011年末，一次管网总长48千米，供热面积620万平方米；蒸汽供热管道总长度1.2千米，供热面积6.2万平方米；有换热站62所，供热用户25000户，其中工业用户4户，居民用户24996户，供热普及率为95%。

燃气 2011年末，城区煤气管线184.7千米，煤气用户30056户，其中工业户13户，居民用户30043户，燃气普及率35%，月煤气平均用量750万立方米。

园林绿化 2011年末，城区公园40个，公园面积5.17公顷，园林绿地面积532.03公顷，其中公共绿地面积146.88公顷，绿化覆盖率42.14%。

（撰稿：李维德、吕耀东、张国春、吕翠花，初审：李新华、龚艳玲）

林西街道

(Linxi Jiedao)

政区概况

名称来历 因办事处辖林西片区而得名。

地理位置 地处古冶区中部偏南，东、南、西与大庄坨乡相连，西北与古冶街道毗邻，北与京华街道、唐家庄街道相接。办事处驻电厂楼社区林西道中段南侧，电话区号0315，邮政编码063103，距古冶区人民政府2千米。

政区沿革 明永乐二年（1404年），林西庄属滦州孩古社，东林东、西林东属滦州广益屯。清光绪十五年（1889年），林西矿建成后，林西庄、东林东、西林东连接成片，统称林西。1948年，建大联乡，辖6个保，属滦县十区；同年12月，划归唐山市。1949年1月，属唐山市第七区，下设6个保。1949年7月，改保为街，辖8个街。1950年6月，属合并后的第七区。1955年3月，属东矿区。1956年8月，建林东、林西、新立街3个街道。1958年10月，3个街道合并为林西人民公社。1959年10月，郊区的杨家套、任家套2个村并入。1960年4月，以开滦林西矿为主设林西城市人民公社。1961年5~12月，大庄坨管理区、林西矿等大厂矿及学校划出，改为林西街道人民公社。1968年4月，成立林西街道革命委员会。1980年12月，撤销街道革委会，恢复林西街道。1986年，辖93个居民委员会。1997年，辖98个居民委员会。2001年，辖32个社区居民委员会。2002年，合并后辖22个社区居民委员会。2012年，辖24个社区居民委员会。

政区划分 2011年末，辖南新区一、南新区二、西小楼一、西小楼二、东工房一、东工房二区、电厂楼、南工房一、南工房二、北新、白马山、二工房、西工房、机北、东南楼一、三工房、西前、河西工房、新林楼、机东、绿野一、华瑞一、华瑞二、繁兴24个社区居民委员会。

人口面积 2011年末，辖区总人口78874人，其中城镇常住人口71476人，城镇化率90.62%。另有流动人口7372人。总人口中，男性39279人，占49.8%；女性39595人，占50.2%；14岁以下5852人，占7.42%；15~64岁58535人，占74.21%；65岁以上14486人，占18.37%。总人口中，以汉族为主，达77990人，占98.9%；有回、满、蒙古、朝鲜、壮、苗、藏、佤、土家9个少数民族，共882人，占1.1%；其中回族537人，占少数民族人口的60.9%；满族296人，占33.6%；蒙古族26人，占2.9%。2011年，人口出生率2.37‰，人口死亡率3.26‰，人口自然增长率-0.89‰。

辖区东西最大距离4.9千米，南北最大距离2.5千米，总面积12.01平方千米。全部为陆地。人口密度为每平方千米6567人。

经济概况

工业 以煤炭、电力、机械、制药为主。2011年，工业总产值25.4亿元，比上年增长11.7%，实现工业增加值9.2亿元，比上年增长19.1%。2011年，工业企业18家，职工9841人。其中规模以上工业企业6家，职工7825人，实现工业增加值11.9亿元，比上年增长97%；大中型工业企业6家，销售收入达到亿元以上的企业3家，10亿元以上的企业1家。其中，唐山集川药业利康制药有限公司生产的“利康液”获“河北省中小企业名牌产品”称号。

商业外贸 2011年末，商业网点950个，职工8000人；城乡集贸市场4个。2011年，社会消费品零售总额达41.5亿元，比上年增长21.4%；城乡集市贸易成交额2.81亿元。

财政金融 2011年，财政总收入5530万元，比上年增长46.8%。其中地方财政收入1411元，比上年增长66%。从主要税种看，完成营业税328万元，增值税101万元，企业所得税83万元。人均财政收入4369.5元，比上年增长31.9%。2011年，银行和金融机构各类存款余额109.1亿元，比上年增长48.5%；各项贷款余额29.2亿元，比上年增长73.9%。

社会发展

文化艺术 2011年末，街道文化站1个，企业职工文化馆1个，社区文化活动中心24个；各类图书室30个，藏书1万册；各类艺术表演团体32个，音乐、美术、书法、摄影及文学业余创作人员800人。

教育 2011年末，幼儿园6所，在园幼儿1686人，专任教师183人；小学7所，在校生3017人，专任教师358人，小学适龄儿童入学率100%；初中2所，在校生2563人，专任教师442人，初中适龄人口入学率、小升初升学率、九年义务教育覆盖率均达100%。教师专修学校1所，专任教师58人；成人教育学校1所，学生2212人，专任教师70人。主要学校有唐山市第十六中学、唐山市第十九中学。2011年财政预算内教育经费13644.8万元，比上年增长26.5%。

医疗卫生 2011年末，各级各类医疗卫生机构3个，其中二级甲等医院1所，二级乙等综合医院1所，卫生院1所；床位668张，每千人拥有床位8.5张，固定资产总值12638.8万元。专业卫生人员587人，其中执业医师240人，执业助理医师21人，注册护士326人，平均每千人拥有卫生技术人员7.5人，平均每千人拥有执业（助理）医师3.3人，平均每千人拥有注册护士4.2人。2011年，医疗机构（门诊部以上）完成诊疗15.9万人次，住院手术2860台次，出院病人1.6万人次。重点医院有开滦林西医院。

体育 2011年末，学校体育场地2个；体育馆1座，座位3000个；健身文化广场1处。100%的城市社区安装了健身器材，经常参加体育活动的人员占常住人口的40%。本地体育健儿累计取得残疾人奥运会金牌1枚。

广播电视 2011年末，有线电视用户18408户，入户率70%，其中数字电视用户17000户，入户率92.35%；模拟有线电视用户1408户。

社会保障 2011年，城镇最低生活保障户数589户，人数1023人，支出290.4万元，比上年增长24.9%，月人均236.6元，比上年增长0.22%；城市医疗救助50人次。国家抚恤、补助各类优抚对象30人，抚恤事业费支出23万元，比上年增长1.48%。区级国办敬老院1家，床位420张，城镇低保供养85人。养老互助站7家。社区服务设施25个，其中社区服务中心1个，社区服务站24个。慈善分会1个，慈善联络站1个，下设慈善超市1个和慈善联络点24个。全年接受社会捐款2.3万元，使60人（次）困难群众受益。参加城镇居民养老保险4658人，参加城镇居民医疗保险70987人。

（撰稿：吕耀东）

南新区一社区

(Nanxinquyi Shequ)

名称来历 因地处南新区，并按社区排序，得名。

地理位置 地处林西街道办事处南部，东至唐林南路，南至南外环，西至新光路，北至群英道。

主要指标 2011年末，辖区总人口5601人，总面积0.45平方千米，城镇居民人均可支配收入18998元。

南新区二社区

(Nanxinqu’er Shequ)

名称来历 因地处南新区，按社区排序，得名。

地理位置 地处林西街道办事处南部，东至新光路，南至农田，西至机厂七九楼，北至群英道。

主要指标 2011年末，辖区总人口2858人，总面积

0.25平方千米，城镇居民人均可支配收入18998元。

西小楼一社区

(Xixiaolouyi Shequ)

名称来历 因地处西小楼，并按社区排序，得名。

地理位置 地处林西街道办事处西部，东至新光路，南至林西道，西至古范路，北至合作工房。

主要指标 2011年末，辖区总人口2994人，总面积0.5平方千米，城镇居民人均可支配收入18998元。

西小楼二社区

(Xixiaolou'er Shequ)

名称来历 因地处西小楼，并按社区排序，得名。

地理位置 地处林西街道办事处西部，东至新光路，南至龙江路，西至古范路，北至林西道。

主要指标 2011年末，辖区总人口2084人，总面积0.25平方千米，城镇居民人均可支配收入18998元。

东工房一社区

(Donggongfangyi Shequ)

名称来历 因地处东工房，并按社区排序，得名。

地理位置 地处林西街道办事处东部，东至北兴社区，南至新林道东段，西至繁兴花苑C座，北至林西道东段。

主要指标 2011年末，辖区总人口4690人，总面积0.32平方千米，城镇居民人均可支配收入18998元。

东工房二社区

(Donggongfang'er Shequ)

名称来历 因地处东工房，并按社区排序，得名。

地理位置 地处林西街道办事处东部，东至教育局，南至林西道东段，西至繁兴花苑D座，北至红林道。

主要指标 2011年末，辖区总人口5699人，总面积0.6平方千米，城镇居民人均可支配收入18998元。

电厂楼社区

(Dianchanglou Shequ)

名称来历 因社区居民住宅以电厂楼房为主，得名。

地理位置 地处林西街道办事处中部，东至文化广场，南至新林道，西至育英路，北至林西道中段。

主要指标 2011年末，辖区总人口2784人，总面积0.25平方千米，城镇居民人均可支配收入18998元。

南工房一社区

(Nangongfangyi Shequ)

名称来历 因地处南工房，并按社区排序，得名。

地理位置 地处林西街道办事处中部偏南，东至永兴路，南至群英道，西至育英路，北至新林道。

主要指标 2011年末，辖区总人口4786人，总面积0.3平方千米，城镇居民人均可支配收入18998元。

南工房二社区

(Nangongfang'er Shequ)

名称来历 因地处南工房，并按社区排序，得名。

地理位置 地处林西街道办事处中部偏南，东至育英路，南至群英道，西至南市场一条街，北至新林道。

主要指标 2011年末，辖区总人口4968人，总面积0.45平方千米，城镇居民人均可支配收入18998元。

北新社区

(Beixin Shequ)

名称来历 因社区是在北新工房基础上组建，得名。

地理位置 地处林西街道办事处西部，东至开滦林西矿业公司和新光路，南至西小楼一居委会，西至开滦林范铁路支线，北至开滦林范铁路支线。

主要指标 2011年末，辖区总人口4634人，总面积0.6平方千米，城镇居民人均可支配收入18998元。

白马山社区

(Baimashan Shequ)

名称来历 因社区建于白马山居民小区，依地理位置得名。

地理位置 地处林西街道办事处东部偏北，东至农田，南至红林道，西至唐林南路，北至红北道。

主要指标 2011年末，辖区总人口3094人，总面积0.5平方千米，城镇居民人均可支配收入18998元。

二工房社区

(Ergongfang Shequ)

名称来历 因社区辖境以二工房为主，得名。

地理位置 地处林西街道办事处中部偏东，东至唐林南路，南至东南楼一社区，西至开滦林西医院和永兴路，北至开滦林西矿。

主要指标 2011年末，辖区总人口2340人，总面积0.55平方千米，城镇居民人均可支配收入18998元。

西工房社区

(Xigongfang Shequ)

名称来历 因地处西工房，依社区地理位置得名。

地理位置 地处林西街道办事处中部偏西，东至龙江路，南至机厂道，西至机厂北楼工房，北至林西商贸城。

主要指标 2011年末，辖区总人口3876人，总面积0.28平方千米，城镇居民人均可支配收入18998元。

机北社区

(Jibei Shequ)

名称来历 因社区是在原开滦机厂北楼基础上建立，

故名。

地理位置 地处林西街道办事处中部偏西，东临西工房，南临机厂道，西临古范路，北临西小楼二社区居民点。

主要指标 2011年末，辖区总人口3894人，总面积0.32平方千米，城镇居民人均可支配收入18998元。

东南楼一社区

(Dongnanlouyi Shequ)

名称来历 因地处东南楼小区，并按社区排序得名。

地理位置 地处林西街道办事处东南部，东至东兴村，南至群英道，西至唐林南路，北至新林道。

主要指标 2011年末，辖区总人口4024人，总面积0.6平方千米，城镇居民人均可支配收入18998元。

三工房社区

(Sangongfang Shequ)

名称来历 因所辖居民区为三工房居民区，故名。

地理位置 地处林西街道办事处中部偏北，东至二工房，南至林西道，西至林古路，北至开滦林西矿。

主要指标 2011年末，辖区总人口4140人，总面积1.54平方千米，城镇居民人均可支配收入18998元。

西前社区

(Xiqian Shequ)

名称来历 因社区位于西南里，驻地西前街，得名。

地理位置 地处林西街道办事处西南部，东至新光路，南至群英道，西至龙江路、北至机厂道。

主要指标 2011年末，辖区总人口7371人，总面积0.5平方千米，城镇居民人均可支配收入18998元。

河西工房社区

(Hexigongfang Shequ)

名称来历 因地处河西工房居民区，得名。

地理位置 地处林西街道办事处西北部，东至石榴河，南至农田，西至集川药业公司，北至古冶南马路。

主要指标 2011年末，辖区总人口3866人，总面积0.32平方千米，城镇居民人均可支配收入18998元。

新林楼社区

(Xinlinlou Shequ)

名称来历 因社区辖境在新林道北侧附近，故名。

地理位置 地处林西街道办事处中部，东至育英路，南至新林道，西至新光路，北至林西道。

主要指标 2011年末，辖区总人口3219人，总面积0.67平方千米，城镇居民人均可支配收入18998元。

机东社区

(Jidong Shequ)

名称来历 因社区初建时以开滦机厂东楼为主，得名。

地理位置 地处林西街道办事处西南部，东至基建楼，南至大庄坨，西至胡庄，北至华瑞小区。

主要指标 2011年末，辖区总人口6307人，总面积1.7平方千米，城镇居民人均可支配收入18998元。

绿野一社区

(Lüyeyi Shequ)

名称来历 因地处绿野花苑居民小区，得名。

地理位置 地处林西街道办事处西部，东至古范路，南至华瑞社区，西至河西社区，北至古冶街道西北工房。

主要指标 2011年末，辖区总人口8880人，总面积0.1平方千米，城镇居民人均可支配收入18998元。

华瑞一社区

(Huaruiyi Shequ)

名称来历 社区初建时名为华瑞社区，后因在其南侧建华瑞新城，更为现名。

地理位置 地处林西街道办事处西部，东至古范路，南至林西道西段，西至十六中，北至绿野花苑。

主要指标 2011年末，辖区总人3635口人，总面积0.21平方千米，城镇居民人均可支配收入18998元。

华瑞二社区

(Huarui'er Shequ)

名称来历 因社区为华瑞新城，排序在华瑞一社区之后，故名。

地理位置 地处林西街道办事处西部，东至古范路，南至新庄子，西至石榴河，北至绿野一居委会。

主要指标 2011年末，辖区总人口2418人，总面积0.21平方千米，城镇居民人均可支配收入18998元。

繁兴社区

(Fanxing Shequ)

名称来历 因社区辖繁兴花苑C座、D座居民小区，故名。

地理位置 地处林西街道办事处东部，东至东工房一、二社区，南至新林道东段，西至唐林南路，北至红林道。

主要指标 2011年末，辖区总人口2661人，总面积0.6平方千米，城镇居民人均可支配收入18998元。

（撰稿人：吕耀东、刘冰冰，初审：朱慧仙、宋志海）

唐家庄街道

(Tangjiazhuang Jiedao)

政区概况

名称来历 因办事处辖唐家庄片区而得名。

地理位置 地处古冶区中部偏东，东邻卑家店镇，南与林西街道相连，西接京华街道，北靠北外环线。办事处驻新华楼社区东侧，电话区号0315，邮政编码063104，距古冶区人民政府1.6千米。

政区沿革 明永乐二年（1404年），属滦州广益屯。清光绪三十四年（1908年），废社、屯，建警区，属滦州第十区。民国时属滦县。1948年，划归唐山市。1949年1月，建第九区。1950年6月，属合并后的第七区。1955年3月，属东矿区。1956年8月，建莺春街、永安街2个街道；1959年4月，合并为唐家庄街道。1960年4月，撤销街道，以开滦唐家庄矿为主成立唐家庄城市人民公社。1961年5~12月，卑家店管理区、唐家庄矿等大厂企及学校划出，建立唐家庄街道人民公社。1968年4月，成立唐家庄街道革命委员会。1980年12月，撤销革委会，恢复唐家庄街道。1986年，辖68个居民委员会。1997年，辖72个居（家）委会，其中家委会9个。2001年，辖31个社区居民委员会。2002年，辖17个社区居民委员会。2010年10月，矾土、永安楼、石山、京山4个社区居民委员会划归京华街道。2010年12月，东联、桥北社区居民委员会划归卑家店镇。

政区划分 2011年末，辖京华东里、京华西里、西北楼、新安楼、新工村、模范楼、东工房、新华楼、西兴、铁路、东兴11个社区居民委员会。

人口面积 2011年末，辖区总人口45639人，其中城镇常住人口45431人，城镇化率97.29%。另有流动人口208人。总人口中，男性22023人，占48.3%；女性23616人，占51.7%；14岁以下4883人，占10.7%；15~64岁31674人，占69.4%；65岁以上9082人，占19.9%。总人口中，以汉族为主，达45305人，占99.27%；有回、满2个少数民族，其中回族256人，占0.56%；满族78人，占0.17%。2011年，人口出生率4.67‰，人口死亡率6.95‰，人口自然增长率-2.28‰。

辖区东西最大距离4.7千米，南北最大距离2.74千米。总面积10平方千米。全部为陆地。人口密度为每平方千米4564人。

经济概况

工业 以钢铁、煤炭、电力、水泥、蓄电池、机械加工为主。2011年，工业总产值160亿元，比上年增长12%，实现工业增加值56亿元，占国内生产总值的85%，比上年增长13%。2011年，工业企业87家，职工1.8万人。其中大型工业企业7家，职工5286人。销售收入达到亿元以上的企业3家，其中唐山不锈钢有限公司具有年产生铁280万吨、钢300万吨、钢材300万吨（其中不锈钢产能60万吨）的配套生产能力，是河北省第一家不锈钢生产企业。

商业外贸 2011年末，商业网点200个，职工8000人；城乡集贸市场2个。2011年，社会消费品零售总额达11.73亿元，比上年增长33%；城乡集市贸易成交额1100万元。

财政金融 2011年，财政总收入9422.05万元，比上年增长42.4%。其中地方财政收入2216.09万元，比上年增长51.79%。从主要税种看，完成营业税2477.3万元，增值税3918.6万元，企业所得税1386.9万元。人均财政收入2066元，比上年增长42.4%。2011年，银行金融机构各类存款余额0.55亿元，比上年增长19%；各类贷款余额5.57亿元，比上年增长0.18%。

社会发展

文化艺术 2011年末，街道文化站1个，社区文化活动中心11个；各类图书室11个，藏书2150册。各类艺术表演团体85个，音乐、美术、书法、摄影及文学业余创作人员85人。各类文化专业户32户。

教育 2011年末，幼儿园3所，在园幼儿576人，专任教师34人；小学3所，在校生2509人，专任教师248人，小学适龄儿童入学率100%；初中1所，在校生681人，专任教师163人，初中适龄人口入学率、小升初升学率、九年义务教育覆盖率均达100%；普通高中1所，在校生1020人，专任教师87人。主要学校有唐山市第三十三中学、唐山市宏文中学。

2011年，财政预算内教育经费4045.28万元，比上年增长9.41%。预算内教育经费（包括附加费）占财政总支出的比例为27.34%，比上年提高了1个百分点。

医疗卫生 2011年末，各级各类医疗卫生机构3所，其中综合性医院2所，卫生院1所；病床1035张，每千人拥有医疗床位22.7张，固定资产总值8876万元。专业卫生人员660人，其中执业医师230人，执业助理医师27人，注册护士403人，平均每千人拥有卫生技术人员14.46人，平均每千人拥有执业（助理）医师5.64人，平均每千人拥有注册护士8.83人。2011年医疗机构（门诊部以上）完成诊疗12.1万人次，住院手术2588台次，出院病人13532人次。重点医院有唐山市第三医院。

体育 2011年末，学校体育场地2处，体育馆1座，健身文化广场1处。100%的社区都安装了健身器材。经常参加体育活动的人员占常住人口的40%。

广播电视 2011年末有线数字电视用户8360户，入户率43%。

社会保障 2011年，城镇最低生活保障户数495户，人数903人，支出222.2万元，比上年增长2%，月人均205元，比上年增长1.2；城市医疗救助15人次，支出8.9万元。国家抚恤、补助各类优抚对象15人，抚恤事业费支出9.9万元，比上年增长15%。敬老院3家，床位213张。社区服务设施12个，其中社区服务中心1个，社区服务站

11个。慈善分会1个，慈善联络站1个，下设慈善联络点11个。参加城镇居民养老保险2343人，参加城镇居民医疗保险9303人。

（撰稿：吕耀东，初审：李新华、龚艳玲）

京华东里社区

（Jinghuadongli Shequ）

名称来历 因社区由京华中里、京华东里社区合并而成，沿用原称京华东里为社区名称。

地理位置 地处唐家庄街道办事处东北部，东至唐家庄第三小学，南至北兴平房，西至西北楼社区，北至京华道。

主要指标 2011年末，辖区总人口4323人，总面积1.5平方千米，城镇居民人均可支配收入18998元。

京华西里社区

（Jinghuaxili Shequ）

名称来历 因位于京华道旁，在小区最西边，故名。

地理位置 地处唐家庄街道办事处北部，东至西北楼，南至振兴道，西至第三医院，北至京华道。

主要指标 2011年末，辖区总人口2230人，总面积0.65平方千米，城镇居民人均可支配收入18998元。

西北楼社区

（Xibeilou Shequ）

名称来历 因社区位于西北楼居民小区，故名。

地理位置 地处唐家庄街道办事处中部偏西，东至爱民路，南至古冶区社保局，西至京华西里，北至卑家店镇政府。

主要指标 2011年末，辖区总人口3681人，总面积0.17平方千米，城镇居民人均可支配收入18998元。

新安楼社区

（Xin'anlou Shequ）

名称来历 因位于新安楼居民小区，故名。

地理位置 地处唐家庄街道办事处中部偏南，东至拥军路，南至205国道，西至唐家庄街道办事处，北至东兴街。

主要指标 2011年末，辖区总人口3165人，总面积0.01平方千米，城镇居民人均可支配收入18998元。

新工村社区

（Xin'gongcun Shequ）

名称来历 当时取新建之意，命名为新工村。

地理位置 地处唐家庄街道办事处东南部，东至卑家店镇三街，南至宏文冷轧公司，西至开滦广信公司，北至铁路七滦线。

主要指标 2011年末，辖区总人口2900人，总面积0.2平方千米，城镇居民人均可支配收入18998元。

模范楼社区

（Mofanlou Shequ）

名称来历 因社区是为开滦唐家庄矿市级劳动模范和先进工作者所建，故名。

地理位置 地处唐家庄街道办事处东部，东至卑家店镇，南至胜利道，西至东兴街，北至振兴道。

主要指标 2011年末，辖区总人口4516人，总面积0.07平方千米，城镇居民人均可支配收入18998元。

东工房社区

（Donggongfang Shequ）

名称来历 原属老工房，后改称东工房。

地理位置 地处唐家庄街道办事处东部，东至胜利道，南至205国道，西至拥军路，北至胜利道。

主要指标 2011年末，辖区总人口3940人，总面积0.18平方千米，城镇居民人均可支配收入18998元。

新华楼社区

（Xinhualou Shequ）

名称来历 因为开滦唐家庄矿职工建设的住宅区而命名。

地理位置 地处唐家庄街道办事处西部偏南，东至唐家庄街道办事处，南至太阳石花苑，西至唐林北路，北至古冶区医药公司。

主要指标 2011年末，辖区总人口3850人，总面积0.12平方千米，城镇居民人均可支配收入18998元。

西兴社区

（Xixing Shequ）

名称来历 因位于西兴街附近而得名。

地理位置 地处唐家庄街道办事处西部偏南，东至爱民路，南至新华楼，西至西开楼，北至振兴道。

主要指标 2011年末，辖区总人口3059人，总面积0.75平方千米，城镇居民人均可支配收入18998元。

铁路社区

（Tielu Shequ）

名称来历 因为铁路工房改建而得名。

地理位置 地处唐家庄街道办事处西北部，东至启新工房，南至京华道，西至矾土工房，北至北外环。

主要指标 2011年末，辖区总人口6326人，总面积0.28平方千米，城镇居民人均可支配收入18998元。

东兴社区

（Dongxing Shequ）

名称来历 因位于东兴街附近而得名。

地理位置 地处唐家庄街道办事处中部，东至模范楼，南至老工房，西至爱民花苑，北至4号小区。

主要指标 2011年末，辖区总人口3047人，总面积0.34平方千米，城镇居民人均可支配收入18998元。

（撰稿：吕耀东、王娟，初审：李新华、龚艳玲，复审：张小梅、范智静）

古冶街道

(Guye Jiedao)

政区概况

名称来历 古称千金冶，冶铁业发达，因此得名。

地理位置 地处古冶区中部，东隔古榛路与京华街道为邻，东南、南分别至烟子池道口和古冶南马路与林西街道及大庄坨乡相连，西、北与习家套乡接壤。办事处驻古林副路与车站南路交叉口西侧，电话区号0315，邮政编码063100，距古冶区人民政府0.5千米。

政区沿革 明永乐二年（1404年），属滦州孩古社，清沿明制，仍属滦州。民国建古冶镇，属滦县。1948年12月，划归唐山市。1949年1月，属唐山市第七区，6月划出，设第十区。1950年6月，属合并后的唐山市第七区。1955年3月，属东矿区。1956年8月，建古冶铁路南、古冶铁路北2个街道；1959年4月，合并为古冶街道。1959年10月，郊区习家套、于家套、解家套、李家套、西营套5个村并入。1960年4月，以古冶铁路地区为主，划入辖区工厂、小学、街道，成立古冶城市人民公社。1961年12月，古冶铁路地区、学校等划出，改建古冶街道人民公社。1968年4月，成立古冶街道革命委员会。1980年12月，撤销革委会，恢复古冶街道。1986年，辖41个居委会。1997年，辖48个居（家）委会，其中家委会16个。2001年，合并为24个居（家）委会。2002年，合并为9个社区居委会。2011年5月，北范、新北、新站、供电4个社区居委会划归京华街道。同时，增建绿野二社区居民委员会，铁路工房社区居民委员会更名民安佳园社区居民委员会。

政区划分 2011年末，辖西新楼第一、西新楼第二、西耐、新园、绿野二、民安佳园6个社区居民委员会。

人口面积 2011年末，辖区总人口18313人，其中城镇常住人口17266人，城镇化率94.28%。另有流动人口1047人。总人口中，男性9345人，占51.03%；女性8968人，占48.97%；14岁以下1257人，占6.86%；15~64岁14570人，占79.56%；65岁以上2486人，占13.58%。总人口中，以汉族为主，达17477人，占95.43%；有回、满、蒙古、鄂伦春、瑶、哈尼等9个少数民族，共836人，占4.57%，其中回族779人，占少数民族人口的93.18%；满族44人，占5.26%。2011年，人口出生率4.7‰，人口死亡率6.1‰，人口自然增长率-1.4‰。

辖区东西最大距离2.85千米，南北最大距离1.1千米，总面积2.08平方千米。全部为陆地。人口密度为每平方千米8804人。

经济概况

工业 以铁路配件、轧辊、玻璃球及玻璃纤维为主导产业。2011年，工业总产值11592万元，比上年减少10.6%。实现工业增加值8907万元，占国内生产总值的比重16.8%，比上年减少2.45%。2011年，工业企业20家，职工1000人。其中规模以上工业企业3家，职工405人，实现工业增加值2900万元。销售收入在亿元以上的企业3家（唐山市瑞益通工贸有限公司、唐山市强海贸易有限公司、唐山市得利恒工贸有限公司）。

商业外贸 2011年末，商业网点170个，职工1300人；城乡集贸市场4个。2011年，社会消费品零售总额达1.93亿元，比上年增长8%；城乡集市贸易成交额3.8亿元，比上年增长8%。

财政金融 2011年，财政总收入6019万元，比上年增长13.2%。其中地方财政收入1437万元，比上年增长11%。从主要税种看，完成营业税638.1万元，增值税93.5万元，企业所得税92.2万元。人均财政收入1333.3元，比上年增长13%，是1949年的120倍，比1978年增长68倍。

2011年，银行和金融机构各类存款余额24亿元，比上年增长15%；各项贷款余额10亿元，比上年增长12%。

社会发展

文化艺术 2011年末，街道文化站1个，社区文化活动中心6个。各类图书室7个，藏书8500册。各类艺术表演团体6个，180余人；音乐、美术、书法、摄影及文学业余创作队伍6支，150余人。

教育 2011年末，幼儿园1所，在园幼儿150人，专任教师10人；小学1所，在校生620人，专任教师61人，小学适龄儿童入学率100%；初中1所，在校生410人，专任教师52人，初中适龄人口入学率、小升初升学率、九年义务教育覆盖率均达100%。主要学校有唐山市第二十八中学。

2011年，财政预算内教育经费1337.2万元，比上年增长8.98%。预算内教育经费（包括城市教育费附加）占财政总支出的比例为3.5%，比上年提高了2.1%。

医疗卫生 2011年末，专业医疗机构1个，门诊部（所）8个；床位58张，每千人拥有床位3.17张，固定资产总值69万元。专业卫生人员38人，其中执业医师18人，执业助理医师5人，注册护士15人，平均每千人拥有卫生技术人员2.08人，平均每千人拥有执业（助理）医师1.26人，平均每千人拥有注册护士0.8人。2011年医疗机构（门诊部以上）完成诊疗20962人次。主要医疗机构有古冶卫生院。

体育 2011年末，学校体育场地1处。100%的城市社区安装了健身器材，经常参加体育活动的人员占常住人口的35%。

广播电视 2011年末，有线数字电视用户6304户，入户率85%。

社会保障 2011年，城镇最低生活保障户数222户，人数396人，支出107.6万元，月人均226元，比上年增长22%；城市医疗救助3人次。国家抚恤、补助各类优抚对象3人，抚恤事业费支出11280元，比上年增长21%。社区服务设施7个，其中社区服务中心1个，社区服务站6个。慈善分会1个，慈善联络站6个。全年接受社会捐款13480元，使4人（次）困难群众受益。参加城镇居民养老保险1479人，参加城镇居民医疗保险3547人。

（撰稿：吕耀东，初审：李新华、龚艳玲）

西新楼第一社区

（Xixinloudiyi Shequ）

名称来历 因位于古冶西端又是新楼，故命名古冶西新楼。社区由此排序得名。

地理位置 地处古冶街道办事处西部，东至西新楼二社区，南至唐古路，西至习家套乡黄坨村，北至古冶西街村农田。

主要指标 2011年末，辖区总人口2300人，总面积0.08平方千米，城镇居民人均可支配收入18998元。

西新楼第二社区

（Xixinloudi'er Shequ）

名称来历 因位于古冶西端又是新楼，故命名古冶新西楼，并按社区排序得名。

地理位置 地处古冶街道办事处西部，东至西工房，南至唐古路，西至习家套乡黄坨村，北至古冶西街村农田。

主要指标 2011年末，辖区总人口4040人，总面积0.08平方千米，城镇居民人均可支配收入18998元。

西耐社区

（Xi'nai Shequ）

名称来历 因社区辖原古冶西工房和耐火楼，故名。

地理位置 地处古冶街道办事处西南部，东至古冶第一玻璃厂，南至铁路七滦线，西至申氏集团，北至唐古路。

主要指标 2011年末，辖区总人口1338人，总面积0.95平方千米，城镇居民人均可支配收入18998元。

新园社区

（Xinyuan Shequ）

名称来历 因社区由新华街和花园工房合并而成，故名。

地理位置 地处街道办事处中北部，东至古赵路，南至唐古路，西至赵古铁路支线，北至古冶北寺道口。

主要指标 2011年末，辖区总人口2534人，总面积2.71平方千米，城镇居民人均可支配收入18998元。

绿野二社区

（Lüye'er Shequ）

名称来历 因已有绿野一社区，故后建的绿野新城，按数字排序而命名。

地理位置 地处古冶街道办事处南部，东至石榴河，南至南马路，西至铁路红卫工房，北至铁路七滦线。

主要指标 2011年末，辖区总人口4792人，总面积0.15平方千米，城镇居民人均可支配收入18998元。

民安佳园社区

（Min'anjiayuan Shequ）

名称来历 因位于民安佳园小区得名。

地理位置 地处古街道办事处南部，东至古林路，南至古冶南马路，西至绿野新城，北至铁路七滦线。

主要指标 2011年末，辖区总人口2316人，总面积0.62平方千米，城镇居民人均可支配收入18998元。

（撰稿：吕耀东，初审：李新华、龚艳玲、王丽茹，复审：陈宗波、任海霞）

赵各庄街道

（Zhaogezhuang Jiedao）

政区概况

名称来历 因辖赵各庄片区而得名。

地理位置 地处古冶区北部，东临王辇庄乡、卑家镇，东南隔北外环线与京华街道相望，南至横河与习家套乡毗邻，西、北与王辇庄乡接壤。办事处驻南工房社区古赵路北端西侧，电话区号0315，邮政编码063100，距古冶区人民政府3.75千米。

政区沿革 明永乐二年（1404年），属滦州孩古社、广益屯。清光绪三十四年（1908年），滦州矿务局赵各庄矿建成。民国时属滦县。日伪统治期间，建赵各庄镇。1948年12月，划归唐山市。1949年1月，建唐山市第八区。1950年6月，属合并后的唐山市第七区。1955年3月，属东矿区。1956年8月，建东北工房、解放路、西赵各庄3个街道；1959年4月，合并为赵各庄街道。1960年4月，以开滦赵各庄矿为主，成立赵各庄城市人民公社。将厂企、小学和水峪管理区就近并入。1961年5月，水峪管理区析出；同年12月，赵各庄等大厂企和学校析出，改建为赵各庄街道人民公社。1968年4月，成立赵各庄街道革命委员会。1980年12月，撤销革委会，恢复赵各庄街道。1986年，辖64个居民委员会；1997年，辖65个居民委员会和2个家委会。2001年，合并为31个社区居民委员会。2002年，合并为14个社区居民委员会。

政区划分 2011年末，辖东北区第一、东北区第二、东北区第三、东北区第四、东兴、东山、东工房、南工房、西工房、新工房、融园、南兴、南场、三友矿山14个社区居民委员会。

人口面积 2011年末，辖区总人口59917人，其中城镇常住人口26843人，城镇化率44.8%。另有流动人口

3300人。总人口中，男性29311人，占48.92%；女性30636人，占51.08%；14岁以下9587人，占16%；15～64岁33038人，占55.14%；65岁以上17292人，占28.86%。总人口中，以汉族为主，达65649人，占99.83%；有回族112人，占0.17%。2011年，人口出生率7.12‰，人口死亡率8.35‰，人口自然增长率-1.23‰。

辖区东西最大距离4.5千米，南北最大距离3.4千米，总面积8.34平方千米。全部为陆地。人口密度为每平方千米7184人。

经济概况

工业 以煤炭、建材、水泥、化工、冶金、加工制造业为主。2011年，工业总产值13.9亿元，比上年减少14%，实现工业增加值8.7亿元，占国内生产总值的78.6%，比上年增长5.1%。2011年，工业企业15家，职工8354人。其中规模以上工业企业2家，职工113人，实现工业增加值5195万元。

商业外贸 2011年末，商业网点547个，职工3251人；城乡集贸市场2个。2011年，社会消费品零售总额达15亿元，比上年增长10%；城乡集市贸易成交额2亿元，比上年增长8%。

财政金融 2011年，财政总收入4027万元，比上年增长29.2%。其中地方财政收入785万元，比上年增长25.7%。从主要税种看，完成营业税273.8万元，增值税103万元，企业所得税16.4万元。人均财政收入119.3元，比上年增长25.7%。

2011年，银行和金融机构各类存款金额10.9亿元，比上年增长60%；各项贷款余额800万元，比上年增长20%。

社会发展

文化艺术 2011年末，街道文化站1个，社区文化活动中心14个；各类图书室14个，藏书1万册。各类艺术表演团体18个。音乐、美术、书法、摄影及文学业余创作人员54人。

教育 2011年末，幼儿园4所，在园幼儿800人，专任教师83人；小学5所，在校生2626人，专任教师194人，小学适龄儿童入学率100%；初中1所，在校生1177人，专任教师180人，初中适龄人口入学率、小升初升学率、九年义务教育覆盖率均达100%；中等职业学校1所，在校生1812人，专任教师315人。主要学校有唐山市第十七中学、古冶区职业教育中心。其中，古冶区职业教育中心是国家级重点职业学校和国家级重点技工学校，在校生1900人，专任教师142人，开设专业10种。

2011年，财政预算内教育经费8324.3万元，比上年增长36.7%。

医疗卫生 2011年末，各级各类医疗卫生机构3个，其中综合医院1所、中医院1所、卫生院1所；有床位604张，其中公立卫生机构床位344张，每千人拥有医疗床位9.18张，固定资产总值9000万元。专业卫生人员369人，其中执业医师142人，执业助理医师37人，注册护士190人，平均每千人拥有卫生技术人员5.6人，平均每千人拥有执业（助理）医师21.6人，平均每千人拥有注册护士28.9人。2011年医疗机构（门诊部以上）完成诊疗155762人次，住院手术7121台次，出院病人11638人次。重点医院有开滦赵各庄医院、古冶区中医院。

体育 2011年末，体育馆1个，可容纳观众1500人。学校体育场地2处，健身文化广场16个。100%的城市社区安装了健身器材。经常参加体育活动的人员占常住人口的60%。

广播电视 2011年末，有线电视用户1.98万户，入户率90.2%。

社会保障 2011年，城镇最低生活保障户数547户，人数977人，支出332.1万元，比上年增长27%，月人均283元；城市医疗救助69人次，支出25.1万元，比上年增长150%。国家抚恤、补助各类优抚对象21人，抚恤事业费支出11.3万元，比上年增长9%。社会福利费332.1万元，比上年增长49%。敬老院1家，床位80张。社区服务设施15个，其中社区服务中心1个，社区服务站14个。慈善分会1个，慈善联络站1个，下设慈善超市1个和慈善联络点14个，全年接受社会捐款2万元，使10人（次）困难群众受益。参加城镇居民养老保险4639人，参加城镇居民医疗保险12843人。

（撰稿：吕耀东，初审：李新华、龚艳玲）

东北区第一社区

(Dongbeiqudiyi Shequ)

名称来历 因位于赵各庄矿东北方向，并按社区排序得名。

地理位置 地处赵各庄街道办事处东部，东至无水庄村，南至无水庄，西至水峪路，北至南场工房。

主要指标 2011年末，辖区总人口5041人，总面积0.4平方千米，城镇居民人均可支配收入18998元。

东北区第二社区

(Dongbeiqudi' er Shequ)

名称来历 因位于赵各庄矿东北方向，并按社区排序得名。

地理位置 地处赵各庄街道办事处中部偏北，东至水峪路，南至中山道，西至白云山路，北至东北区第四社区。

主要指标 2011年末，辖区总人口6101人，总面积0.71平方千米，城镇居民人均可支配收入18998元。

东北区第三社区

(Dongbeiqudisan Shequ)

名称来历 因位于赵各庄矿东北方向，并按社区排序得名。

地理位置 地处赵各庄街道办事处中部，东至白云山路，南至中山道，西至石榴河，北至白云山村。

主要指标 2011年末，辖区总人口5434人，总面积0.11平方千米，城镇居民人均可支配收入18998元。

东北区第四社区

（Dongbeiqudisi Shequ）

名称来历　因位于赵各庄矿东北方向，并按社区排序得名。

地理位置　地处赵各庄街道办事处西北部，东至南场兵营，南至沟北楼，西至石榴河，北至开滦化工公司。

主要指标　2011年末，辖区总人口6018人，总面积0.17平方千米，城镇居民人均可支配收入18998元。

东兴社区

（Dongxing Shequ）

名称来历　因社区辖东兴工房，故名。

地理位置　地处赵各庄街道办事处东南部，东至无水庄村，南至北外环，西至古赵路，北至新源道。

主要指标　2011年末，辖区人口3780人，总面积0.2平方千米，城镇居民人均可支配收入18998元。

东山社区

（Dongshan Shequ）

名称来历　因位于东方楼居民小区，东山在其南侧，故名。

地理位置　地处赵各庄街道办事处东南部，东至东无水庄村，南至新源道，西至古冶职教中心，北至东无水庄。

主要指标　2011年末，辖区总人口3250人，总面积0.63平方千米，城镇居民人均可支配收入18998元。

东工房社区

（Donggongfang Shequ）

名称来历　因社区辖东工房居民小区，故名。

地理位置　地处赵各庄街道办事处中部偏南，东至新兴路，南至长春道，西至大马路，北至唐山市第十七中学。

主要指标　2011年末，辖区总人口4228人，总面积0.08平方千米，城镇居民人均可支配收入18998元。

南工房社区

（Nan'gongfang Shequ）

名称来历　因社区在南工房居民区，故名。

地理位置　地处赵各庄街道办事处南部，东至古赵路，南至开滦赵各庄矿，西至赵各庄矿铁路支线，北至长春道。

主要指标　2011年末，辖区总人口5210人，总面积0.07平方千米，城镇居民人均可支配收入18998元。

西工房社区

（Xigongfang Shequ）

名称来历　因位于西工房居民小区，故名。

地理位置　地处赵各庄街道办事处西部，东至新黄各庄，南至西赵各庄村，西至宝鑫耐火材料厂，北至西北道。

主要指标　2011年末，辖区总人口2895人，总面积0.14平方千米，城镇居民人均可支配收入18998元。

新工房社区

（Xingongfang Shequ）

名称来历　因赵各庄矿兴建的职工住宅样式新颖，屋顶上有天窗，得名。

地理位置　地处赵各庄街道办事处中部偏东，东至无水庄村，南至无水庄村，西至赵各庄第四小学，北至中山道。

主要指标　2011年末，辖区总人口6997人，总面积0.2613平方千米，城镇居民人均可支配收入18998元。

融园社区

（Rongyuan Shequ）

名称来历　融园之名取自“融合一起的游艺场所”之意。当年为英国、比利时籍员工和特级员工的住宅区，内设篮球场、游泳池、舞池。

地理位置　地处赵各庄街道办事处西部，东至赵矿铁路支线，南至长春道，西至西赵各庄，北至西北道。

主要指标　2011年末，辖区总人口6849人，总面积0.05平方千米，城镇居民人均可支配收入18998元。

南兴社区

（Nanxing Shequ）

名称来历　因南兴街、自忠路社区合并而成，定名南兴社区。

地理位置　地处赵各庄街道办事处西南部，东至开滦赵各庄矿，南至北外环，西至西赵各庄村田地，北至平安道。

主要指标　2011年末，辖区总人口4338人，总面积0.11平方千米，城镇居民人均可支配收入18998元。

南场社区

（Nanchang Shequ）

名称来历　因建于南场村附近，得名。

地理位置　地处赵各庄街道办事处东北部，东至古榛路，南至空地，西至东北里，北至兵营。

主要指标　2011年末，辖区总人口3098人，总面积0.08平方千米，城镇居民人均可支配收入18998元。

三友矿山社区

（Sanyoukuangshan Shequ）

名称来历　因在三友矿山有限公司的职工家属住宅区建立的社区，故名。

地理位置　地处赵各庄街道办事处西北部，东至宝鑫耐火材料厂，南至荒地，西至三友矿山厂部，北至西北道。

主要指标　2011年末，辖区总人口1153人，总面积0.08平方千米，城镇居民人均可支配收入18998元。

（撰稿：吕耀东，初审：李新华、龚艳玲、高宇，复审：侯春秀、何利忠）

京华街道

(Jinghua Jiedao)

政区概况

名称来历 因驻京华道且辖区分布于京华西道两侧而得名。

地理位置 地处古冶区中部金山新城。东临唐家庄街道，东南隔开滦唐家庄矿至古冶站专用线、南隔七滦线（老京山线）及开滦林西矿与林西街道毗邻，西临古榛路与古冶街道、习家套乡相连，西北隔北外环线与赵各庄街道相望，北与王辇庄乡接壤。办事处驻北范社区京华西道1号，电话区号0315，邮政编码063100，距古冶区人民政府1.95千米。

政区沿革 2010年10月，以唐家庄街道石山、京山、矾土、永安楼4个社区居委会为基础成立京华街道。2011年5月，古冶街道新北、新站、供电、北范4个社区居委会并入。2011年8月，将新站、京山、石山社区分别更名为兴盛一、晟冶一、晟冶二社区居委会；同时，新建开滦安居、水韵花苑、明尚一、明尚二、东华一、东华二6个社区居民委员会。

政区划分 2011年末，辖新北、兴盛一、供电、北范、晟冶馨城一、晟冶馨城二、矾土、永安楼8个社区居民委员会。

人口面积 2011年末，辖区总人口17733人，其中城镇常住人口17112人，城镇化率96.5%。另有流动人口120人。总人口中，男性8666人，占48.9%；女性9067人，占51.1%；14岁以下1321人，占7.5%；15~64岁13211人，占74.5%；65岁以上3201人，占18%。总人口中，以汉族为主，达17572人，占99.09%；有回族161人，占0.91%。2011年，人口出生率4.42‰，人口死亡率6.27‰，人口自然增长率-1.85‰。

辖区东西最大距离2.3千米，南北最大距离2.9千米，总面积6平方千米。其中陆地面积4.9平方千米，占81.7%；水域面积1.1平方千米，占18.3%。人口密度为每平方千米2956人。

社会发展

文化艺术 2011年末，街道文化站1个，社区活动中心8个；各类图书室8个，藏书2.2万册。各类艺术表演团体5个；音乐、美术、书法、摄影和文学业余创作人员39人。

教育 2011年末，幼儿园1所，在园幼儿260人，专任教师25人；小学2所，在校生1441人，专任教师142人，小学适龄儿童入学率100%；初中适龄人口入学率、小升初升学率、九年义务教育覆盖率均达100%；高中在校生2249人，专任教师141人；中学1所，为河北唐山开滦二中（东校区）。

2011年，财政预算内教育经费（不含开滦二中）1751.7万元，比上年减少21.1%。

医疗卫生 2011年末，卫生服务站1个，床位10张，固定资产总值30万元。专业卫生人员12人，其中执业医师3人，注册护士9人。2011年，医疗机构完成诊疗5500人次。

体育 2011年末，学校体育场地2处；体育馆1座，座位350个；健身文化广场9个。100%的城市社区安装了健身器材，经常参加体育活动的人员占常住人口的42.5%。

广播电视 2011年末，有线数字电视用户6414户，入户率90%。

社会保障 2011年，城镇最低生活保障户数398户，人数755人，支出16.9万元；城市医疗救助9人次。国家抚恤、补助各类优抚对象8人，抚恤事业费支出2.1万元。社会福利费2万元。社区服务设施9个，其中社区服务中心1个，社区服务站8个。慈善分会1个，慈善联络站1个，下设慈善超市3个和慈善联络点8个。参加城镇居民养老保险1521人，参加城镇居民医疗保险5217人。

（撰稿：吕耀东，初审：李新华、龚艳玲）

新北社区

(Xinbei Shequ)

名称来历 因由原北范新建街、北寺社区合并而成，故名。

地理位置 地处京华街道办事处西北部，东至北范社区，南至兴盛一社区，西至古赵路，北至世新金属拆解回收公司。

主要指标 2011年末，辖区总人口1942人，总面积0.31平方千米，城镇居民人均可支配收入18998元。

兴盛一社区

(Xingshengyi Shequ)

名称来历 原为古冶车站工房、银行楼、粮食平房合并的新站兴盛社区，故名。

地理位置 地处京华街道办事处西南部，东至永盛路，南至铁路七滦线，西至古赵路，北至永安道。

主要指标 2011年末，辖区总人口3940人，总面积0.9平方千米，城镇居民人均可支配收入18998元。

北范社区

(Beifan Shequ)

名称来历 因由原范一、范二、北范矾土社区合并而成，故名。

地理位置 地处京华街道办事处中北部，东至唐林北路，南至京华道，西至北范二街，北至北外环。

主要指标 2011年末，辖区总人口4040人，总面积1平方千米，城镇居民人均可支配收入18998元。

供电社区

(Gongdian Shequ)

名称来历 因位于供电楼居民小区，故名。

地理位置 地处京华街道办事处中部偏南，东至唐林北路，南至振兴道，西至东山楼，北至京华道。

主要指标 2011 年末，辖区总人口 1895 人，总面积 0.19 平方千米，城镇居民人均可支配收入 18998 元。

晟冶馨城一社区

(Shengyexinchengyi Shequ)

名称来历 为京山楼和京山平房拆迁重建，按序命名。

地理位置 地处京华街道办事处东南部，东至唐林北路，南至 205 国道，西至晟冶路，北至永安道。

主要指标 2011 年末，辖区总人口 9755 人，总面积 0.29 平方千米，城镇居民人均可支配收入 18998 元。

晟冶馨城二社区

(Shengyexincheng' er Shequ)

名称来历 原为古冶新村和唐家庄部分居民区拆迁重建，按序命名。

地理位置 地处京华街道办事处中部，东至唐林北路，南至永安道东段，西至森林公园，北至胜利道。

主要指标 2011 年末，辖区总人口 2600 人，总面积 0.09 平方千米，城镇居民人均可支配收入 18998 元。

矾土社区

(Fantu Shequ)

名称来历 因位于北范矾土矿工房小区，故名。

地理位置 地处京华街道办事处东北部，东至铁路工房，南至新华道，西至开滦二中，北至东华小区。

主要指标 2011 年末，辖区总人口 3105 人，总面积 0.13 平方千米，城镇居民人均可支配收入 18998 元。

永安楼社区

(Yong' anlou Shequ)

名称来历 因社区由唐林楼、胜利楼、永安楼社区合并而成，故名。

地理位置 地处京华街道办事处中部，东至唐林北路，南至胜利道，西至唐范路西段，北至震兴道。

主要指标 2011 年末，辖区总人口 1980 人，总面积 0.06 平方千米，城镇居民人均可支配收入 18998 元。

（撰稿：吕耀东、张敬东，初审：李新华、龚艳玲，复审：吴志勇）

范各庄镇

(Fangezhuang Zhen)

政区概况

名称来历 因镇政府驻范各庄村而得名。

地理位置 地处古冶区南部，东邻滦县，南邻滦南县和丰南区，西邻开平区，北接大庄坨乡。人民政府驻范各庄村，电话区号 0315，邮政编码 063108，距古冶区人民政府 11.2 千米。

政区沿革 明、清属滦州。1913 年，滦州改滦县后，属滦县。1953 年 3 月，设立范各庄乡。1956 年 3 月，并入张塔坨乡。1959 年，属塔坨人民公社。

1964 年 12 月，建立范各庄人民公社。1965 年 7 月，改属唐山市郊区。1979 年 12 月，复归东矿区。滦县的排各庄、小西庄、小岳庄、小李庄、小郝庄、后岳各庄、大李庄、前岳各庄、王喜庄等 10 个大队划入。1984 年 5 月，改公社为乡。1996 年 4 月，殷各庄乡并入。2009 年 12 月，合并范各庄乡、南范各庄街道、吕家坨街道为范各庄镇。

政区划分 2011 年末，辖广场、七七楼、七七工房、东工房、南小区 5 个社区，范各庄、周庄子、汀上、前仁里、后仁里、张庄窠、大赤口、排各庄、小刘庄、甘义庄、小李庄、大李庄、小岳各庄、前岳各庄、后岳各庄、小西庄、小郝庄、王喜庄、小寨、卜大寨、佃大寨、孟大寨、小殷各庄、前殷各庄、后殷各庄、董各庄、小赤口、尖角、南安各庄、北安各庄、大安各庄、吕家坨 32 个村。

人口面积 2011 年末，辖区总人口 56339 人，其中城镇常住人口 25347 人，城镇化率 45%。另有流动人口 1050 人。总人口中，男性 29067 人，占 51.6%；女性 27272 人，占 48.4%。14 岁以下 4733 人，占 8.4%；15～64 岁 44959 人，占 79.8%；65 岁以上 6648 人，占 11.8%。总人口中，以汉族为主，达 55753 人，占 98.96%；有回、蒙、壮、维吾尔、撒拉等少数民族，占 1.04%。2011 年，人口出生率 1.16‰，人口死亡率 2.28‰，人口自然增长率 -1.12‰。

辖区东西最大距离 12.1 千米，南北最大距离 10.5 千米，总面积 66.07 平方千米。其中陆地面积 62.07 平方千米，占 93.9%；水域面积 4 平方千米，占 6.1%。人口密度为每平方千米 853 人。

自然条件

矿藏及其他自然资源 境内已探明地下矿藏有煤炭。2011 年，保有地质储量 6.3 亿吨，其中可采储量 4.1 亿吨。

经济概况

农业 耕地面积 37150 亩，人均 0.65 亩；75% 为水浇地，25% 为旱田。2011 年，农业总产值 5 亿元，实现农业增加值3.1亿，比上年增长8%，占国内生产总值的6.7%。

以种植小麦、玉米、花生、蔬菜为主。2011年，粮食种植面积32864亩，生产粮食1.39万吨，人均247千克。油料作物以花生为主，种植面积9700亩，产量2250吨。蔬菜种植面积9106亩，产量5.5万吨，主要品种有大白菜、黄瓜、西红柿。

畜牧业以猪、牛、羊、家禽为主。2011年，生猪饲养量3.9万头，年末存栏2.9万头；牛饲养量0.56万头，年末存栏0.5万头；羊饲养量0.36万只，2011年末，存栏0.28万只；家禽饲养量12万羽。

截至2011年末，植树10万棵，实有林地22498亩，林木覆盖率22.7%。

1995年在国家和省立项进行采煤塌陷地土地复垦，截至2011年末，共复垦（新增）耕地795亩。

工业 以钢铁、焦化、洗煤、建材为主导产业。2011年，工业总产值118.7亿元，占全区工业总产值的比重32.7%，实现工业增加值39.8亿元，占国内生产总值的85.8%，比上年增长107%。2011年，工业企业40家，职工10031人。其中规模以上工业企业6家，职工8357人。

商业外贸 2011年末，商业网点740个，职工17031人；城乡集贸市场6个。2011年，社会消费品零售总额达5亿元，比上年增长25%；城乡集市贸易成交额0.7亿元，比上年增长21%。

财政金融 2011年，财政总收入4.27亿元，比上年增长35.3%。其中地方财政收入6400万元，比上年增长18.5%。从主要税种看，完成营业税1438.4万元，印花税712.08万元，增值税35448万元，企业所得税973万元，城建税2599万元，个人所得税960万元。人均财政收入7529元，比上年增长20%。

2011年末，居民储蓄存款余额7.6亿元，比上年增长12%。

社会发展

文化艺术 2011年末，文化站1个，基层（村、社区）文化活动中心37个；各类图书室37个，藏书2.5万册。各类文化专业户32个；音乐、美术、书法、摄影和文学业余创作人员98人。

教育 2011年末，幼儿园7所，在园幼儿972人，专任教师87人；小学7所，在校生2772人，专任教师252人；初中2所，在校生1017人，专任教师171人，初中适龄人口入学率、小升初升学率、九年义务教育覆盖率均达100%。主要学校有唐山市第三中学、唐山市第三十二中学。

科技 2011年末，农业技术推广服务机构3个，农业技术推广服务人员37人；农业专业合作经济组织3个，成员200户。

医疗卫生 2011年末，各级各类医疗卫生机构3个，门诊部53个；病床220张，每千人拥有病床3.88张。2011年医疗机构完成，固定资产总值298万元。专业卫生人员171名，诊疗10万人次。新型农村合作医疗参合人数2.4万人，参合率99.54%。重点医院有开滦范各庄医院。

体育 2011年末，100%的城市社区和村安装了健身器材，经常参加体育活动的人员占常住人口的28%。

广播电视 2011年末，有线电视用户2万户，入户率100%。

社会保障 2011年，城镇最低生活保障户数386户，人数700人，支出209.5万元，比上年增长16.2%，月人均249.4元，比上年增长24.9%；城市医疗救助15人次，支出18万元。农村最低生活保障户数333户，人数717人，支出91.8万元，比上年增长33%，月人均106.7元，比上年增长30%。国家抚恤、补助各类优抚对象69人，抚恤事业费支出28万元，比上年增长19%。社区服务设施25个，其中社区服务中心1个，社区服务站5个。新型农村社会养老保险参保人数1.4万人，参保率98%；城镇居民基本养老保险参保人数1784人，参保率93%。

基础设施

邮政电信 2011年末，邮政局2所，代办所5处，报刊、期刊累计期发行2万份（册）。固定电话用户1万户，移动电话用户2.5万户，宽带接入用户0.8万户。全年电信业务收入2000万元。

镇区市政建设

公共交通 2011年末，公交203路、208路、219路过境，古冶通往滦南县、乐亭县的长途客运班车过境。

给排水 2011年末，镇区自来水厂2座及成套净化设备，年供水量16万立方米。农村有深水井32眼。

供电 2011年末，镇区220千伏变电站1座。

园林绿化 2011年末，镇区花园37个，绿化面积1360公顷。

（撰稿：李维德，初审：李新华、龚艳玲）

广场社区
(Guangchang Shequ)

名称来历 因位于开滦范各庄矿绿地文化广场，故名。

地理位置 地处范各庄镇东部，东至七七楼社区，南至后仁里村，西至范各庄矿，北至范各庄村。

主要指标 2011年末，辖区总人口8516人，总面积0.07平方千米，城镇居民人均可支配收入18998元。

七七楼社区
(Qiqilou Shequ)

名称来历 因社区位于开滦范各庄矿七七楼居民小区，故名。

地理位置 地处范各庄镇北部，东至滦县前吴家坨村，南至后仁里村，西至绿地广场，北至范各庄村。

主要指标 2011年末，辖区总人口8326人，总面积0.8平方千米，城镇居民人均可支配收入18998元。

七七工房社区

(Qiqigongfang Shequ)

名称来历 因社区位于开滦吕家坨矿七七工房居民区，故名。

地理位置 地处范各庄镇北部，东至吕家坨村，南至前殷各庄村，西至吕家坨矿厂区，北至吕家坨铁路支线。

主要指标 2011年末，辖区总人口2819人，总面积0.07平方千米，城镇居民人均可支配收入18998元。

东工房社区

(Donggongfang Shequ)

名称来历 因社区位于开滦吕家坨矿东工房居民小区，故名。

地理位置 地处范各庄镇北部，东至古范路，南至大安各庄养殖实验区，西至吕家坨村，北至吕钱路。

主要指标 2011年末，辖区总人口3882人，总面积0.16平方千米，城镇居民人均可支配收入18998元。

南小区社区

(Nanxiaoqu Shequ)

名称来历 因在开滦吕家坨矿南建设的南小区居民楼，故名。

地理位置 地处范各庄镇西部，东至后殷各庄村，南至丰南区王各庄，西至丰南区王各庄，北至孟大寨。

主要指标 2011年末，辖区总人口2906人，总面积0.03平方千米，城镇居民人均可支配收入18998元。

范各庄村

(Fan'gezhuang Cun)

名称来历 因范姓农民首先到此落户，取名范各庄。

地理位置 地处范各庄镇东部，东至滦县谢各庄，南与南范七七楼社区相连，西至沙河，北至汀上。

主要指标 2011年末，辖区总人口1820人，总面积1.4平方千米，农民人均纯收入11494元。

周庄子村

(Zhouzhuangzi Cun)

名称来历 因周姓弟兄五人迁至此定居，取名周家庄，后称周庄子。

地理位置 地处范各庄镇东部，东至滦县谢各庄村，南至汀上，西至范塔路，北至滦县彭塔坨村。

主要指标 2011年末，辖区总人口200人，总面积0.45平方千米，农民人均纯收入9138元。

汀上村

(Tingshang Cun)

名称来历 村东北高岗上曾建有一座亭子，得名亭儿上庄，后演变成汀上。

地理位置 地处范各庄镇东部，东至滦县谢各庄，南至范各庄村，西至范塔路，北至周庄子村。

主要指标 2011年末，辖区内总人口532人，总面积0.49平方千米，农民人均纯收入10324元。

后仁里村

(Hourenli Cun)

名称来历 由于仁里庄人口增多，分为南北两个庄，本村为在，北为后而得名。

地理位置 地处范各庄镇东部，东至滦县前吴坨村，南至前仁里，西至张庄窠，北至苑南花苑。

主要指标 2011年末，辖区总人口705人，总面积0.73平方千米，农民人均纯收入10112元。

前仁里村

(Qianrenli Cun)

名称来历 与后仁里原为同一个村。分为两个村后，本村在南，南为前而得名。

地理位置 地处范各庄镇东部，东至迁曹公路，南至排各庄，西至大赤口村，北至后仁里。

主要指标 2011年末，辖区总人口590人，总面积0.76平方千米，农民人均纯收入10140元。

张庄窠村

(Zhangzhuangke Cun)

名称来历 由柳州拨来移民到此落户，取名张家庄窠，俗称张庄窠。

地理位置 地处范各庄镇东部，东至后仁里村，南至大赤口，西至荣义炼焦制气厂，北至迁曹公路。

主要指标 2011年末，辖区总人口968人，总面积0.11平方千米，农民人均纯收入11407元。

大赤口村

(Dachikou Cun)

名称来历 因广延寺寺内建筑四梁八柱皆用朱红漆成，又称大赤睺，故村名大赤睺，后演变成大赤口。

地理位置 地处范各庄镇东部，东至前仁里，南至小刘庄，西至沙河，北至张庄窠。

主要指标 2011年末，辖区总人口700人，总面积1.6平方千米，农民人均纯收入9988元。

排各庄村

(Paigezhuang Cun)

名称来历 因有罗、马、曹三姓相排而得名。

地理位置 地处范各庄镇中南部偏东，东至滦县西长坨村，南至后岳各庄，西至小刘庄，北至大赤口。

主要指标 2011年末，辖区内总人口1260人，总面积2.67平方千米，农民人均纯收入9024元。

小刘庄村
(Xiaoliuzhuang Cun)

名称来历 因柳州搬来刘姓移民在此建村，故名。

地理位置 地处范各庄镇中南部，东至排各庄，南至甘义庄，西至范毕路，北至大赤口。

主要指标 2011年末，辖区总人口400人，总面积1.2平方千米，农村人均纯收入10257元。

甘义庄村
(Ganyizhuang Cun)

名称来历 因甘姓移民在此定居，得名甘家庄，后改名甘义庄。

地理位置 地处范各庄镇中南部，东至排各庄，南至小岳各庄，西至沙河，北至小刘庄。

主要指标 2011年末，辖区总人口864人，总面积1.33平方千米，农民人均纯收入10138元。

大李庄村
(Dalizhuang Cun)

名称来历 因李姓移民在此定居，得名。

地理位置 地处范各庄镇中南部，东至前岳各庄，南至小郝庄，西至丰南区毕各庄村，北至后岳各庄。

主要指标 2011年末，辖区总人口570人，总面积0.68平方千米，农民人均纯收入9481元。

小李庄村
(Xiaolizhuang Cun)

名称来历 因大李庄村民增多，部分村民迁出另建新村，为区别于原村，取名小李庄。

地理位置 地处范各庄镇中南部，东至范排路，南至后岳各庄，西至范毕路，北至小岳各庄。

主要指标 2011年末，辖区总人口701人，总面积0.9平方千米，农民人均纯收入9971元。

后岳各庄村
(Houyuegezhuang Cun)

名称来历 因岳姓移民迁入定居，命名大岳各庄。民国年间，分为南北两个村，此村在北，北为后，定名后岳各庄。

地理位置 地处范各庄镇中南部，东至岳家河，南至大李庄，西至毕各庄矿，北至小李庄。

主要指标 2011年末，辖区总人口1220人，总面积2.1平方千米，农民人均纯收入10294元。

前岳各庄村
(Qianyuegezhuang Cun)

名称来历 民国年间，大岳各庄按南北分为两个村，该村在南，南为前，故定名前岳各庄。

地理位置 地处范各庄镇中南部偏东，东至滦县茨榆坨，南至王喜庄，西至小西庄，北至后岳各庄。

主要指标 2011年末，辖区总人口1060人，总面积1.7平方千米，农民人均纯收入9967元。

小岳各庄村
(Xiaoyuegezhuang Cun)

名称来历 因大岳各庄人口繁衍，部分村民搬出，建立新庄称为小岳各庄。

地理位置 地处范各庄镇中南部，东至岳家河，南至小李庄，西至毕各庄矿，北至甘义庄。

主要指标 2011年末，辖区总人口235人，总面积0.43平方千米，农民人均纯收入9433元。

小西庄村
(Xiaoxizhuang Cun)

名称来历 部分村民迁至村西建立新庄，取名小西庄。

地理位置 地处范各庄镇中南部，东至前岳各庄，南至市兴义工贸有限公司，西至范毕路，北至小郝庄。

主要指标 2011年末辖区总人口507人，总面积1.2平方千米，农民人均纯收入9946元。

小郝庄村
(Xiaohaozhuang Cun)

名称来历 因几户郝姓村民迁此建村，得名。

地理位置 地处范各庄镇中南部偏东，东至前岳各庄，南至小西庄，西至范毕路，北至大李庄。

主要指标 2011年末辖区总人口238人，总面积0.39平方千米。农民人均纯收入11171元。

王喜庄村
(Wangxizhuang Cun)

名称来历 相传唐太宗李世民东征时路经此地，皇妃在该村产一子，李世民大喜，故得村名王喜庄。

地理位置 地处范各庄镇中南部，东至岳家河，南至滦南小水坡村，西至丰南毕各庄，北至小西庄。

主要指标 2011年末辖区总人口810人，总面积1.85平方千米，农民人均纯收入9813元。

小寨村
(Xiaozhai Cun)

名称来历 因距孟大寨、佃大寨、卜大寨较近，村落较小，故取村名小寨。

地理位置 地处范各庄镇西北部，东至古冶区南外环路，南至开滦吕家坨矿业公司，西至开平区孩儿屯村，北至习家套乡杨家套村。

主要指标 2011年末，辖区总人口1750人，总面积3平方千米，农民人均纯收入11747元。

卜大寨村

(Budazhai Cun)

名称来历 卜姓移民来此定居建村，初名卜子大寨，以后逐渐演变成卜大寨。

地理位置 地处范各庄镇西北部，东至佃大寨老庄址，南至丰南区新庄子村，西至开平区马大寨村，北至开平区孩儿屯。

主要指标 2011年末，辖区总人口730人，总面积0.25平方千米，农民人均纯收入9135元。

佃大寨村

(Diandazhai Cun)

名称来历 因山东枣林庄移民来此垫地建寨，古称垫子大寨，后演变成佃家大寨，定名佃大寨。

地理位置 地处范各庄中北部偏西，东至前殷各庄村，南至孟大寨村，西距卜大寨村，北至开滦吕家坨矿业公司。

主要指标 2011年末，辖区总人口1010人，总面积1.64平方千米，农民人均纯收入10290元。

孟大寨村

(Mengdazhai Cun)

名称来历 因山东枣林庄孟姓移民来此定居，建村孟家大寨。后称孟大寨。

地理位置 地处范各庄镇中北部偏西，东至后殷各庄村，南至丰南区王各庄村，西至佃大寨，北至小寨村。

主要指标 2011年末，辖区总人口967人，总面积1.81平方千米，农民人均纯收入10280元。

前殷各庄村

(Qianyingezhuang Cun)

名称来历 据传，唐太宗李世民东征时路经此地，马脚受伤，仁姓村民治好了马脚，该村因此受封为殷各庄。后来，部分村民迁出，另建两个庄。该庄相对北迁的庄在南面，南为前，得名。

地理位置 地处范各庄镇北部，东至尖角村，南至国义特钢，西至小殷各庄，北至吕家坨七七工房社区。

主要指标 2011年末，辖区总人口900人，总面积1.05平方千米，农民人均纯收入9878元。

小殷各庄村

(Xiaoyingezhuang Cun)

名称来历 因前殷各庄村大户人家弟兄分家，其兄搬出庄外另建村庄，定名小殷各庄。

地理位置 地处范各庄镇中西部，东至前殷各庄的旧村址，南至董各庄村，西至后殷各庄村，北至前殷各庄村。

主要指标 2011年末，辖区总人口452人，总面积0.33平方千米，农民人均纯收入11007元。

后殷各庄村

(Houyingezhuang Cun)

名称来历 前殷各庄部分村民迁出到原村北建庄，北为后，得名。

地理位置 地处范各庄镇中西部，东至小殷各庄，南至丰南区王各庄，西至吕家坨南小区，北至开滦吕家坨矿业公司。

主要指标 2011年末，辖区总人口1649人，总面积2平方千米，农民人均纯收入10837元。

董各庄村

(Donggezhuang Cun)

名称来历 因董姓移民来此定居，得名。

地理位置 地处范各庄镇中西部，东至小赤口村，南至丰南区岭上村，西至丰南区王各庄，北至小殷各庄。

主要指标 2011年末，辖区总人口860人，总面积1.49平方千米，农民人均纯收入9838元。

小赤口村

(Xiaochikou Cun)

名称来历 因该村与大赤口村只有一水之隔，规模较小，取名小赤口。

地理位置 地处范各庄镇中西部，东至张庄窠，南至董各庄，西至前殷各庄，北至尖角村。

主要指标 2011年末，辖区总人口1508人，总面积3.33平方千米，农民人均纯收入10344元。

尖角村

(Jianjiao Cun)

名称来历 柳州移民尚姓兄弟三人落户时，建造的房顶是尖角屋脊，故名。

地理位置 地处范各庄镇北部，东至国义钢厂，南至金港建材，西至前殷各庄，北至开滦吕家坨矿业公司七七社区和吕家坨村农田。

主要指标 2011年末，辖区总人口900人，总面积1.3平方千米，农民人均纯收入10133元。

大安各庄村

(Da'angezhuang Cun)

名称来历 民国初年，安各庄部分村民为防水淹，分别迁至村南和村北建两个新庄。原安各庄改称大安各庄。

地理位置 地处范各庄镇北部，东至滦县彭塔坨村，南至开滦范各庄矿业公司，西至古范路，北至南安各庄。

主要指标 2011年末，辖区总人口1580人，总面积0.5平方千米，农民人均纯收入11564元。

北安各庄村

(Bei'angezhuang Cun)

名称来历 原与大安各庄同属一村。民国初年，村民为防水淹，往北迁移的新庄始称北小安各庄，后定名北安各庄。

地理位置 地处范各庄镇北部，东至滦县彭塔坨村，南至南安各庄，西至古范路，北至大庄坨乡黑鸭子村。

主要指标 2011年末，辖区总人口525人，总面积0.48平方千米，农民人均纯收入10688元。

南安各庄村

(Nan'angezhuang Cun)

名称来历 原与大安各庄同属一村。民国年间，为防水淹，往南迁移建新庄，取名南安各庄。

地理位置 地处范各庄镇北部，东至沙河，南至大安各庄，西至古范路，北至北安各庄。

主要指标 2011年末，辖区总人口818人，总面积0.23平方千米，农民人均纯收入10784元。

吕家坨村

(Lüjiatuo Cun)

名称来历 因吕氏三兄弟迁此定居。当时，此地遍地沙丘、七岗八坨，故名。

地理位置 地处范各庄镇北部，东至开滦吕家坨矿业公司东工房，南至大安各庄村，西至开滦吕家坨矿业公司七七工房，北至汇丰焦化厂。

主要指标 2011年末，辖区总人口1410人，总面积2.2平方千米，农民人均纯收入11719元。

（撰稿：李维德，初审：李新华、龚艳玲、王小玲，复审：冯绍勇、吕耀连）

卑家店镇

(Beijiadian Zhen)

政区概况

名称来历 因1958年建立公社时，社址在卑家店村，故名。

地理位置 地处古冶区东北，东与滦县、南与大庄坨乡、西与唐家庄街道、西北与王辇庄乡毗邻，北部与滦县接壤。人民政府驻唐家庄境内爱民路副6号，电话区号0315，邮政编码063100，距古冶区人民政府1千米。

政区沿革 明、清属滦州。1913年，滦州改县，属滦县。1948年12月，卑家店等自然村划归唐山市第九区；1950年6月，属唐山市第七区。1953年6月，建立卑家店、刘庄、巍峰山、王庄子4个乡。1955年3月，改属东矿区。1956年8月，卑家店、刘庄、巍峰山、王庄子4个乡合并为卑家店、徐家楼2个乡。1958年8月，改乡为公社。1959年11月，徐家楼人民公社并入卑家店人民公社，唐家庄街道永安街村划入。1960年4月，卑家店人民公社改为管理区，属唐家庄城市人民公社。1961年5月，析出，复设卑家店人民公社。1965年7月，划归唐山市郊区。1979年12月，复归东矿区，滦县的河南庄、小辛庄、龚庄、李庄子、艾家圈5个大队划入。1984年5月，复为卑家店乡。2010年12月，撤乡，建立卑家店镇，唐家庄街道的东联、桥北2个社区居民委员会划入。

政区划分 2011年末，辖东联、桥北2个社区居民委员会，卑家店一街、卑家店二街、卑家店三街，北范各庄一街、北范各庄二街、北范各庄三街，前巍峰山、后巍峰山、毛山、平台子、徐家楼、横河、海子沿、刘庄、枣园、七百户、王庄子、徐庄子、北寺、艾家圈、李庄子、龚庄、小辛庄、河南庄24个村。

人口面积 2011年末，辖区总人口28366人，其中城镇常住人口7860人，城镇化率27.7%。另有流动人口2197人。总人口中，男性14301人，占50.4%；女性14065人，占49.6%；14岁以下5931人，占21%；15～64岁21402人，占75.5%；65岁以上2999人，占10.5%。总人口中，以汉族为主；有回、满、朝鲜、黎、壮等少数民族，占6.6‰。2011年，人口出生率6.56‰，人口死亡率6.17‰，人口自然增长率0.39‰。

辖区东西最大距离12.6千米，南北最大距离8.9千米，总面积53.14平方千米。其中陆地面积41.34平方千米，占77.8%；水域面积11.8平方千米，占22.2%。人口密度为每平方千米534人。

经济概况

农业 耕地面积30071亩，人均面积1.06亩。2011年，农业增加值1.48亿元，占国内生产总值的9.23%。

粮食作物以小麦、玉米为主。2011年，种植面积14081亩，生产粮食6591吨，人均232千克，其中小麦584吨，玉米5545吨，其他杂粮462吨。油料作物以花生为主，2011年，种植面积12051亩，产量2434吨。果品种植面积4200亩，生产果品8420吨。蔬菜种植面积5575亩，产量28732吨。

畜牧业以猪、羊、家禽为主。2011年，生猪饲养量14401头，年末存栏10140头；羊饲养量0.58万只，年末存栏0.47万只；家禽饲养量44.7万羽。

工业 以钢铁、水泥、焦化为支柱产业。2011年，工业总产值33亿元，实现工业增加值10亿元，占国内生产总值的比重62.5%。2011年，工业企业72家，职工5518人。其中规模以上工业企业9家，职工2960人。中型企业有唐山先隆轧辊实业有限公司，“仙龙”为全国驰名商标。

商业外贸 2011年末，商业网点270家，职工950人；城乡集贸市场9个。2011年，社会消费品零售总额达5.5亿元，比上年增长21%；城市集市贸易成交额1100万元。

财政金融 2011年，财政总收入1.4亿元，比上年增长18.8%。其中地方财政收入0.27亿元，比上年增长

18.4%。从主要税种看，完成营业税494.7万元，增值税422.6万元，企业所得税157.9万元，个人所得税201.8万元。人均财政收入4414元，比上年增长18.5%。2011年，城乡居民储蓄存款总额3.7亿元，比上年增长2.2%。

社会发展

文化艺术 2011年末，文化站1个，村级文化活动中心26个；各类图书室24个，藏书30000册。音乐、美术、书法、摄影和文学业余创作人员35人。

教育 2011年末，幼儿园1所，在园幼儿55人，专任教师10人；小学4所，在校生1155人，专任教师149人，小学适龄儿童入学率100%；初中1所，在校生335人，专任教师60人，初中适龄人口入学率、小升初升学率、九年义务教育覆盖率达100%。主要学校有唐山市第七中学。

医疗卫生 2011年末，各类医疗卫生机构51个，其中卫生院1所；病床40张，每千人拥有医疗床位1.22张，固定资产总值171万元。专业卫生人员20名，其中执业医师6人，执业助理医师2人，注册护士2人。2011年医疗机构（门诊部以上）完成诊疗1.5万人次。新型农村合作医疗参合人数1.6万人，参合率99.4%。

体育 2011年末，100%的村安装了健身器材，经常参加体育活动的人员占常住人口的36%。

广播电视 2011年末，有线电视用户1.1万户，入户率98%。

社会保障 2011年，城镇最低生活保障户数196户，人数330人，支出95.6万元，比上年增长16.2%，月人均241元，比上年增长14.9%。农村最低生活保障户数380户，人数706人，支出93.6万元，比上年增长46.2%，月人均110元，比上年增长45.5%；农村医疗救助36人次。国家抚恤、补助各类优抚对象30人，抚恤事业费支出13.1万元。敬老院1家，床位100张，农村五保供养9人。社区服务中心2个，社区服务站2个。慈善分会1个，全年接受社会捐款200万元。新型农村社会养老保险参保人数1.6万人，参保率98%。

镇区市政建设

公共交通 2011年末，镇区公交汽车线路3条，有通往滦县、秦皇岛等地的长途客运线路。

给排水 2011年末，境内10个村、2个社区享受城区自来水供水，其余14个村依靠各自水源井供水。

供电 2011年末，镇区110千伏变电站2座（卑家店、古东）。

供热 2011年末，镇区供热用户798户，供热面积39990平方米。

燃气 2011年末，镇区居民用户930户。

园林绿化 2011年末，镇政府驻地花坛7个，园林绿地0.51公顷。

（撰稿：李维德，初审：李新华）

东联社区

（Donglian Shequ）

名称来历 因由东联合工房与七零零七工房两个社区合并而成，又位于唐家庄街道的东部，故而定名东联社区。

地理位置 地处卑家店镇西部，东至卑家店一街，南至震兴道，西至友爱路，北至京华东道。

主要指标 2011年末，辖区总人口2690人，总面积0.58平方千米。城镇居民人均可支配收入18998元。

桥北社区

（Qiaobei Shequ）

名称来历 因由桥北、东建、毛化三个社区合并而成，且在七滦铁路地道桥以北，故名。

地理位置 地处卑家店镇西部偏北，东至枣园村农田，南至卑家店三街村，西至唐家庄联合工房，北至燕南水泥厂。

主要指标 2011年末，辖区总人口3913人，总面积0.1平方千米，城镇居民人均可支配收入18998元。

卑家店一街村

（Beijiadianyijie Cun）

名称来历 朝廷为表彰功臣鲜卑仲吉在其家乡修墓，墓前立有神道碑，故名碑（卑）家店。后分为三个村，按序得名。

地理位置 地处卑家店镇中部偏西，东至卑家店二街，南至卑家店三街，西至唐家庄，北至京华东道。

主要指标 2011年末，辖区总人口1955人，总面积1.15平方千米，农民人均纯收入8784元。

卑家店二街村

（Beijiadian'erjie Cun）

名称来历 朝廷为表彰功臣鲜卑仲吉在其家乡修墓，墓前立有神道碑，故名碑（卑）家店。后分为三个村，按序得名。

地理位置 地处卑家店镇中部，东至枣园村，南至七滦铁路，西至卑家店一街，北至万山。

主要指标 2011年末，辖区总人口1573人，总面积4.8平方千米，农民人均纯收入9190元。

卑家店三街村

（Beijiadiansanjie Cun）

名称来历 朝廷为表彰功臣鲜卑仲吉在其家乡修墓，墓前立有神道碑，故名碑（卑）家店。后分为三个村，按序得名。

地理位置 地处卑家店镇中部，东至刘庄村，南至七百户村，西至唐家庄大城镇，北至七滦铁路。

主要指标 2011年末，辖区总人口1500人，总面积2.4平方千米，农民人均纯收入8900元。

北范各庄一街村

(Beifangezhuangyijie Cun)

名称来历 相传，在明代以前有范、葛二姓逃荒到此落户，得名范葛庄，后逐渐演变成范各庄。按排序而得名。

地理位置 地处卑家店镇西部，东至开滦二中，南至京华西道，西至刁家套乡张庄，北至北范各庄二街。

主要指标 2011 年末，辖区总人口 234 人，总面积 0.06 平方千米，农民人均纯收入 8723 元。

北范各庄二街村

(Beifangezhuang'erjie Cun)

名称来历 相传，在明代以前有范、葛二姓逃荒到此落户，得名范葛庄，后逐渐演变成范各庄。按排序而得名。

地理位置 地处卑家店镇西部，东至开滦二中，南至北范各庄一街，西至横河村，北至范各庄三街。

主要指标 2011 年末，辖区总人口 431 人，总面积 0.24 平方千米，农民人均纯收入 9190 元。

北范各庄三街村

(Beifangezhuangsanjie Cun)

名称来历 因是从北范各庄自然村中分出的村，按数字排序为北范各庄三街。

地理位置 地处卑家店镇西部，东至开滦二中，南至北范各庄二街，西至北范各庄二街村，北至京华街道东华小区。

主要指标 2011 年末，辖区总人口 388 人，总面积 0.1 平方千米，农民人均纯收入 8750 元。

前巍峰山村

(Qianweifengshan Cun)

名称来历 因在巍峰山前得名。

地理位置 东至滦县石佛口村，南至 205 国道，西至徐家楼村，北至后巍峰山村。

主要指标 2011 年末，辖区总人口 742 人，总面积 10 平方千米，农民人均纯收入 8898 元。

后巍峰山村

(Houweifengshan Cun)

名称来历 因与前巍峰山村接壤，在其北边，得名。

地理位置 地处卑家店镇东北部，东至滦县雷庄镇石佛口村，南至前巍峰山村，西至徐家楼村，北至巍峰山。

主要指标 2011 年末，辖区总人口 1134 人，总面积 1.3 平方千米，农民人均纯收入 8707 元。

毛山村

(Maoshan Cun)

名称来历 因毛姓迁民来此定居，北部靠域山，故取名毛家山。俗称毛山村。

地理位置 地处卑家店镇北部，东至焦化厂，南至万山，西至王庄子，北至滦县九百户镇李庄村。

主要指标 2011 年末，辖区总人口 1517 人，总面积 1.28 平方千米，农民人均纯收入 8787 元。

平台子村

(Pingtaizi Cun)

名称来历 因迁民在山北坡盖房，坡上有 8 米高的土岗，土岗上约有 5 亩地的平台，故取名平台子。

地理位置 地处卑家店镇北部偏西，东至王庄子，南至卑家店，西至徐庄子，北至王辇庄乡磨石板村。

主要指标 2011 年末，辖区总人口 716 人，总面积 1.8 平方千米，农民人均纯收入 8786 元。

徐家楼村

(Xujialou Cun)

名称来历 因徐姓大户在此建了一座两层楼，而得名。

地理位置 地处卑家店镇北部偏东，东至后巍峰山村，南至七滦铁路，西至汇源焦化厂，北至巍峰山。

主要指标 2011 年末，辖区总人口 2022 人，总面积 0.29 平方千米，农民人均纯收入 8091 元。

横河村

(Henghe Cun)

名称来历 因村南有一东西横贯的河而得名。

地理位置 地处卑家店镇西部，东至北范各庄三街，南至刁家套乡刘庄，西至赵各庄，北至王辇庄乡无水庄村。

主要指标 2011 年末，辖区总人口 436 人，总面积 0.58 平方千米，农民人均纯收放 8784 元。

海子沿村

(Haiziyan Cun)

名称来历 因建于沿子河旁边，故称海子沿。

地理位置 地处卑家店镇南部，东至艾家圈，南到河南庄，西至七百户，北至刘庄村。

主要指标 2011 年末，辖区总人口 1145 人，总面积 0.22 平方千米，农民人均纯收入 8899 元。

刘庄村

(Liuzhuang Cun)

名称来历 因明初永乐年间，有刘姓迁民来此定居，得名刘庄。

地理位置 地处卑家店镇中部，东至卑家店驾校，南至海子沿村，西至王辇庄三街，北至七滦铁路。

主要指标 2011 年末，辖区总人口 1302 人，总面积 0.83 平方千米，农民人均纯收入 8785 元。

枣园村
(Zaoyuan Cun)

名称来历　因明初建村时，村东有枣林，故得名枣园。

地理位置　地处卑家店镇中部偏北，东至徐家楼，南至205国道，西至卑家店二街，北至卑杨公路。

主要指标　2011年末，辖区总人口1480人，总面积1.91平方千米，农民人均纯收入8902元。

七百户村
(Qibaihu Cun)

名称来历　因当年该村人口众多，号称七百户，故名。

地理位置　地处卑家店镇南部，东至海子沿村1.5千米，南至古冶区南外环路，西至林西东工房，北至卑家店三街。

主要指标　2011年末，辖区总人口2020人，总面积1.74平方千米，农民人均纯收入8786元。

王庄子村
(Wangzhuangzi Cun)

名称来历　因王姓移民来此落户，取名王家店，后演变成王庄子。

地理位置　地处卑家店镇北部偏西，东至毛山村，南至万山，西至平台子，北至域山。

主要指标　2011年末，辖区总人口378人，总面积0.42平方千米，农民人均纯收入8486元。

徐庄子村
(Xuzhuangzi Cun)

名称来历　因徐姓移民来此定居，得名。

地理位置　地处卑家镇北部偏西东至平台子，南至古冶区北外环路，西至王辇庄乡杏山沟村，北至王辇庄乡磨石板村。

主要指标　2011年末，辖区总人口1060人，总面积1.16平方千米，农民人均纯收入8792元。

北寺村
(Beisi Cun)

名称来历　因村庄改建在寺庙之北，故演变为北寺。

地理位置　地处卑家店镇北部偏西，东至唐范路，南至胜利道，西至京华花苑小区，北至京华西道。

主要指标　2011年末，辖区总人口193人，总面积0.17平方千米，农民人均纯收入8895元。

艾家圈村
(Aijiaquan Cun)

名称来历　因艾姓大户在此定居，得名。

地理位置　地处卑家店镇东部，东至李庄子村，南至龚庄村，西至唐家庄矿老井，北至滦县张亭子村。

主要指标　2011年末，辖区总人口703人，总面积1.13平方千米，农民人均纯收入8775元。

李庄子村
(Lizhuangzi Cun)

名称来历　因李姓移民来此定居，建村为李家庄，后演变成李庄子。

地理位置　地处卑家店镇北部，东至滦县土山村，南至龚庄，西至海子沿，北至滦县张亭子村。

主要指标　2011年末，辖区总人口1810人，总面积3.73平方千米，农民人均纯收入8790元。

龚庄村
(Gongzhuang Cun)

名称来历　因龚姓兄弟三人来此定居，取名龚家庄，以后演变成龚庄。

地理位置　地处卑家店镇北部，东至滦县杨庄子村，南至滦县小东庄村，西至小辛庄村，北至李庄子村。

主要指标　2011年末，辖区总人口1047人，总面积2.2平方千米，农民人均纯收入8165元。

小辛庄村
(Xiaoxinzhuang Cun)

名称来历　因开滦唐家庄矿采煤塌陷，小散庄南迁2千米建新庄，得名。

地理位置　地处卑家店镇东南部，东至滦县小东庄，南至滦县西晒甲坨，西至河南庄，北至海子湖。

主要指标　2011年末，辖区总人口476人，总面积0.89平方千米，农民人均纯收入8571元。

河南庄村
(Henanzhuang Cun)

名称来历　因村庄在沙河之南，故得名河南庄。

地理位置　地处卑家店镇东南部，东至小辛庄，南至滦县刘各庄，西至滦县小石佛庄，北至海子沿村。

主要指标　2011年末，辖区总人口830人，总面积1.6平方千米，农民人均纯收入8774元。

（撰稿：李维德，初审：李新华、王世佳，复审：金辉、张淑玲）

王辇庄乡
(Wangnianzhuang Xiang)

政区概况

名称来历　因乡人民政府驻地位于王辇庄村而得名。

地理位置 地处古冶区北部和西部，东邻卑家店镇，南与习家套乡、赵各庄街道相连，西邻开平区，北与滦县接壤。人民政府驻前金庄村东，电话区号0315，邮政编码063100，距古冶区人民政府10千米。

政区沿革 明、清属滦州。1913年，滦州改滦县后，属滦县。1952年3月，西部的王辇庄等由滦县第六区划归唐山市第九区。1953年7月，组建王辇庄、大菜园、石匠营3个乡。1955年3月，第九区与第十区合并为唐山市洼里区。1956年8月，大菜园、石匠营两个乡并入王辇庄乡。1956年10月，洼里区并入唐山市郊区。1958年8月，为洼里人民公社王辇庄、太古庄两个管理区。1960年3月，撤销郊区，划归唐山市东矿区。同年6月，并入赵各庄城市人民公社。1961年5月，析城市人民公社王辇庄、太古庄管理区建王辇庄农村人民公社。1965年7月，划归唐山市郊区。1979年12月，复归东矿区。1984年5月，复为王辇庄乡。1996年6月，水峪乡并入。

政区划分 2011年末，辖王辇庄二街、王辇庄三街、王辇庄四街，前金庄、北金庄、崔尹庄、芦庄、马庄子、太古庄、车庄子、石匠营、刘家洼、大笪庄、小笪庄、大菜园、小菜园、小古庄、东白道子、西白道子、新白道子、西赵各庄、无水庄、塔山营、杏山沟、白云山、前水峪、后水峪、抹轴峪、大水峪、磨石板、长山沟、任庄子、甘雨沟、南场35个村。

人口面积 2011年末，辖区总人口28991人，其中城镇常住人口653人，城镇化率2.3%。另有流动人口500人。总人口中，男性14619人，占50.4%；女性14372人，占49.6%；14岁以下3683人，占12.7%；15~64岁21997人，占75.9%；65岁以下3311人，占11.4%。总人口中，以汉族为主，占94.8%；有满、朝鲜、回、布衣、土家、蒙、彝、壮、土、苗、哈尼、羌12个少数民族，占4.2%。2011年，人口出生率5.53‰，人口死亡率8.38‰，人口自然增长率-2.85‰。

辖区东西最大距离12.5千米，南北最大距离11.2千米，总面积59.11平方千米。其中陆地面积58.81平方千米，占99.5%；水域面积0.3平方千米，占0.5%。人口密度为每平方千米490人。

经济概况

农业 耕地面积24173亩，人均0.8亩；以旱田为主。粮食作物以玉米为主，2011年，玉米种植面积21860亩，产量6930吨，人均239千克。水果种植面积0.37万亩，产量10220吨。蔬菜种植面积0.2万亩，产量77860吨。

2011年末，畜禽存栏量为鸡5.1万只，奶牛1370头，羊492只，猪2.3万头。2011年，实现农业增加值19012万元，比上年增长7%，占国内生产总值的17.6%。农民人均纯收入8078元。

截至2011年末，累计绿化面积9700亩，森林覆盖率28%。

工业 以采煤、采石、化工、机械加工、陶瓷、水泥、耐火材料为主。2011年，实现工业增加值5.6亿元，比上年增长34.1%，占国内生产总值的比重52.1%。2011年，工业企业5家，职工1564人。

商业外贸 2011年末，集贸市场4个。2011年，城乡集市贸易成交额520万元。

财政金融 2011年，财政总收入5325.03万元，比上年增长58%。其中地方财政收入1059.18万元，比上年增长46%。从主要税种看，完成营业税275.11万元，增值税148.17万元，企业所得税12.47万元。人均财政收入1769元。

社会发展

文化艺术 2011年末，镇文化站1个，村级文化活动中心31个；各类图书室35个，藏书3万册；有30人的文化活动队伍，各类文化专业户4个；音乐、美术、书法、摄影及文学业余创作人员5人；市级文物保护单位1处。

教育 2011年末，幼儿园2所，在园幼儿110人，专任教师29人；小学4所，在校生845人，专任教师80人，小学适龄儿童入学率100%；初中1所，在校生421人，专任教师68人，初中适龄人口入学率、小升初升学率、九年义务教育覆盖率均在达100%。主要学校有唐山市第六十四中学。2011年教育经费达200万元。

医疗卫生 2011年末，乡级卫生院1个，职工46人；病床40张。专业卫生人员40名。35个村建有卫生室，村医33人，病床91张。每千人拥有床位4.5张。2011年医疗机构完成诊疗9473人次。新型农村合作医疗参合率100%。

体育 2011年末，学校体育场地5处。80%的村安装了健身器材，经常参加体育活动的人员占常住人口的33%。

广播电视 2011年末有线电视用户9750户，电视入户率75%。

社会保障 2011年，城镇最低生活保障户数81户，人数140人，支出3.7万元，比上年增长28%，比上年增长23%；城市医疗救助267人次，民政部门资助参加合作医疗1300人次，共支出98.4万元，比上年增长42%。农村最低生活保障户数354户，人数773人，支出102万元，比上年增长24%，月人均110元，比上年增长27%；农村五保分散供养。国家抚恤、补助各类优抚对象32人。社会福利费180万元，比上年增长15%。慈善协会1个，全年接受社会捐款16万元。新型农村社会养老保险参保人数1.9万人，参保率98.5%。

基础设施

交通运输 企业铁路赵古支线、赵巍支线和赵矿支线过境。乡道有赵陡线、李白线、后卑线和毛无线。

（撰稿：李维德，初审：李新华、龚艳玲）

王辇庄一街村

（Wangnianzhuangyijie Cun）

名称来历 相传，唐太宗李世民途经此地，车辇轮陷入胶泥之中。由附近村庄八姓农人帮其抬出。故此，唐太宗封停辇之村为王辇庄。后按数字排序得名。

地理位置 地处王辇庄乡西部偏南，东至王辇庄四街，南至刁家套乡西李家套村，西至古冶区西外环，北至二街村。

主要指标 2011年末，辖区总人口897人，总面积0.77平方千米，农民人均纯收入8111元。

王辇庄二街村

(Wangnianzhuang'erjie Cun)

名称来历 因从王辇庄自然村分出，按数字排序为二街。

地理位置 地处王辇庄乡西部偏南，东至王辇庄三街，南至王辇庄一街，西至太古庄，北至前金庄。

主要指标 2011年末，辖区总人口1010人，总面积0.87平方千米，农民人均纯收入8102元。

王辇庄三街村

(Wangnianzhuangsanjie Cun)

名称来历 因从王辇庄自然村分出，按数字排序为三街。

地理位置 地处王辇庄乡西部偏南，东至芦庄村，南至王辇庄一街村，西至王辇庄二街村，北至西白道子村。

主要指标 2011年末，辖区总人口1289人，总面积1.34平方千米，农民人均纯收入8316元。

王辇庄四街村

(Wangnianzhuangsijie Cun)

名称来历 因从王辇庄自然村分出，按数字排序四街。

地理位置 地处王辇庄乡西部偏南，东至刁家套乡黄坨村，南至刁家套乡东李家套村，西至王辇庄一街村，北至芦庄村。

主要指标 2011年末，辖区总人口593人，总面积0.52平方千米，农民人均纯收入8057元。

前金庄村

(Qianjinzhuang Cun)

名称来历 金姓迁民来此定居后，取名金家庄。因开滦赵各庄矿采煤塌陷，有部分村民往北迁1千米建新庄，称北金庄。故将金家庄改称前金庄。

地理位置 地处王辇庄乡西部，东至小古庄，南至王辇庄二街，西至石匠营，北至北金庄老庄址。

主要指标 2011年末，辖区总人口302人，总面积0.44平方千米，农民人均纯收入8175元。

北金庄村

(Beijinzhuang Cun)

名称来历 原属金家庄，1952年61户村民北迁1千米建新庄，定名北金庄。

地理位置 地处王辇庄乡西部偏南，东至芦庄村，南至王辇庄四街村，西至王辇庄三街村，北至乡公路。

主要指标 2011年末，辖区总人口231人，总面积0.34平方千米，农民人均纯收入8088元。

崔尹庄村

(Cuiyinzhuang Cun)

名称来历 将崔家庄和尹家庄两庄合并，始称崔尹庄。

地理位置 地处王辇庄乡西部，东至古冶区北外环路收费站，南至车庄子村，西至大笪庄，北至燕山山脉。

主要指标 2011年末，辖区总人口417人，总面积0.4平方千米，农民人均纯收入8141元。

芦庄村

(Luzhuang Cun)

名称来历 有卢姓居民迁此建窑烧制砂锅，因姓而得名卢家庄，后称芦庄。

地理位置 地处王辇庄乡西部偏南，东至大菜园村，南至王辇庄四街，西至王辇庄三街，北至新白道子村。

主要指标 2011年末，辖区总人口385人，总面积0.35平方千米，农民人均纯收入8021元。

马庄子村

(Mazhuangzi Cun)

名称来历 因马姓居民来此定居，得名马家庄，后逐渐演变成马庄子。

地理位置 地处王辇庄乡西南部，东至太古庄，南至开平区洼里镇狮子湾，西至开平区洼里镇杨庄村，北至刘家洼。

主要指标 2011年末，辖区总人口301人，总面积0.48平方千米，农民人均纯收入8226元。

太古庄村

(Taiguzhuang Cun)

名称来历 因该村曾有姑娘被选入宫，位至太妃，故名太妃庄。后改称太古庄。

地理位置 地处王辇庄乡西南部，东至古冶区西外环路，南至开平区洼里镇狮子湾，西至刘家湾村。北至石匠营。

主要指标 2011年末，辖区总人口1286人，总面积0.7平方千米，农民人均纯收入7836元。

车庄子村

(Chezhuangzi Cun)

名称来历 因车姓移民迁此建庄，时称车家庄。后逐渐演变成车庄子。

地理位置 地处王辇庄乡西部，东至古冶区西外环路，南至石匠营，西至大笪庄，北至崔尹庄。

主要指标 2011年末，辖区总人口630人，总面积0.62平方千米，农民人均纯收入8195元。

石匠营村

（Shijiangying Cun）

名称来历 因有杜、刘两名石匠来此定居，以打石为生，故称石匠营。

地理位置 地处王辇庄乡西部，东至前金庄，南至太古庄，西至刘家洼，北至大笸庄。

主要指标 2011 年末，辖区总人口 888 人，总面积 1.41 平方千米，农民人均纯收入 7741 元。

刘家洼村

（Liujiawa Cun）

名称来历 唐代有刘姓大户来此定居，因地势低洼得名刘家洼。

地理位置 地处王辇庄乡西南部，东至太古庄，南至马庄子，西至开平区洼里镇鞠家岭村，北至巍山。

主要指标 2011 年末，辖区总人口 734 人，总面积 0.84 平方千米，农民人均纯收入 7867 元。

大笸庄村

（Dadazhuang Cun）

名称来历 笸姓移民来此定居，因人多，分两地建庄。居长者称大笸家庄，逐渐演变成大笸庄。

地理位置 地处王辇庄乡西部，东至车庄子村，南至石匠营村，西至巍山，北至燕山山脉。

主要指标 2011 年末，辖区总人口 528 人，总面积 0.3 平方千米，农民人均纯收入 8132 元。

小笸庄村

（Xiaodazhuang Cun）

名称来历 笸姓移民来此定居，因人多，分两地居住，居次者称小笸家庄，后演变成小笸庄。

地理位置 地处王辇庄乡西部，东至古冶区西外环路，南至迁西煤矿旧址，西至巍山，北至崔尹庄。

主要指标 2011 年末，辖区总人口 346 人，总面积 0.4 平方千米，农民人均纯收入 8142 元。

大菜园村

（Dacaiyuan Cun）

名称来历 因该村种菜历史悠久，被称为“小菜园”。民国初年该村分为两个，即大、小菜园。该村改称大菜园至今。

地理位置 地处王辇庄乡中部偏南，东至小菜园村，南至黄坨村，西至新白道子，北至小古庄。

主要指标 2011 年末，辖区总人口 945 人，总面积 0.53 平方千米，农民人均纯收入 7778 元。

小菜园村

（Xiaocaiyuan Cun）

名称来历 原与大菜园为一个村，民国初年分为大小菜园后此村称小菜园。

地理位置 地处王辇庄乡中部偏南，东至古冶西街村，南至黄坨村，西至大菜园，北至小古庄。

主要指标 2011 年末，辖区总人口 903 人，总面积 2.5 平方千米，农民人均纯收入 8248 元。

小古庄村

（Xiaoguzhuang Cun）

名称来历 因该村古老，庄小人少，故称小古庄村。

地理位置 地处王辇庄乡中部偏西，东至黄各庄，南至大菜园，西至新白道子，北至东白道子。

主要指标 2011 年末，辖区总人口 1626 人，总面积 0.912 平方千米，农民人均纯收入 8255 元。

西白道子村

（Xibaidaozi Cun）

名称来历 因白道子山得名为白道子村。1920 年开滦赵各庄矿采煤塌陷，按方位搬迁分为两个村，此村在西，故称西白道子。

地理位置 地处王辇庄乡西部偏南，东至李白路，南至 205 国道，西至古冶区西外环路，北至王辇庄一街。

主要指标 2011 年末，辖区总人口 1310 人，总面积 0.735 平方千米，农民人均纯收入 8543 元。

东白道子村

（Dongbaidaozi Cun）

名称来历 原与西白道子同为一村。因 1920 年开滦赵各庄矿采煤塌陷，分两地搬迁，此村在东，故名东白道子。

地理位置 地处王辇庄乡中部偏西，东至小古庄村，南至大菜园村，西至西白道子村，北至北外环路。

主要指标 2011 年末，辖区总人口 1800 人，总面积 0.42 平方千米，农民人均纯收入 8806 元。

新白道子村

（Xinbaidaozi Cun）

名称来历 原与东白道子同为一村。1952 年东白道子部分塌陷，迁出部分居民在此建新庄，得名新白道子。

地理位置 地处王辇庄乡中部偏西，东至大菜园村，南至芦庄，西至李白路，北至东白道子村。

主要指标 2011 年末，辖区总人口 353 人，总面积 0.4 平方千米，农民人均纯收入 7511 元。

西赵各庄村

(Xizhaogezhuang Cun)

名称来历 赵各庄矿建成后，西赵各庄人口逐渐增多，煤矿东部形成新的街巷，称为东赵各庄，矿西部则改称为西赵各庄。

地理位置 地处王辇庄乡中部，东至赵各庄，南至小菜园村，西至小古庄村，北至长山。

主要指标 2011年末，辖区总人口2350人，总面积2.6平方千米，农民人均纯收入8576元。

无水庄村

(Wushuizhuang Cun)

名称来历 清末，开办滦州矿务局赵各庄矿后，密水庄地下水下泄，再没有过去水如泉涌的现象了，于是村名改成无水庄。

地理位置 地处王辇庄乡南部，东至启新水泥厂矿山车间，南至北外环路、横河村，西至古榛公路，北至中山道。

主要指标 2011年末，辖区总人口2405人，总面积4.5平方千米，农民人均纯收入8532元。

塔山营村

(Tashanying Cun)

名称来历 因村北有山，形状似塔，得名。

地理位置 地处王辇庄乡东南部，东至杏山沟，南至南山，西至奶牛场，北到北山。

主要指标 2011年末，辖区总人口574人，总面积0.8平方千米，农民人均纯收入7534元。

杏山沟村

(Xingshangou Cun)

名称来历 因村北有一条山沟，沟内杏树颇多，故名。

地理位置 地处王辇庄乡东北部，东至卑家店镇徐庄子村，南至架子山，西至塔山营村，北至北山、距磨石板村。

主要指标 2011年末，辖区总人口198人，总面积3.33平方千米，农民人均纯收入6580元。

白云山村

(Baiyunshan Cun)

名称来历 因村东有山，俗称白云山，村庄因山得名。

地理位置 地处王辇庄乡中部偏北，东至水峪，南至赵各庄东北区工房，西至甘雨沟，北至王家岭。

主要指标 2011年末，辖区总人口1449人，总面积9平方千米，农民人均纯收入7287元。

前水峪村

(Qianshuiyu Cun)

名称来历 因四面环山，山下泉水不断，得名水峪。后来村落扩大，分为南北两部分，称前街、后街。后改称前水峪。

地理位置 地处王辇庄乡中部偏东，东至塔山营村，南至赵各庄，西至开滦化工有限公司，北至后水峪村。

主要指标 2011年末，辖区总人口584人，总面积3.25平方千米，农民人均纯收入7439元。

后水峪村

(Houshuiyu Cun)

名称来历 与前水峪原为同一个自然村。为便于管理，将后街改为后水峪。

地理位置 地处王辇庄乡中部偏东，东至大水峪，南至前水峪，西至白云山村，北至抹轴峪村。

主要指标 2011年末，辖区总人口1346人，总面积3平方千米，农民人均纯收入8601元。

大水峪村

(Dashuiyu Cun)

名称来历 与前水峪、后水峪原为同一个自然村。因村民增多，部分村民迁至东北方向2千米处建新村，取名大水峪。

地理位置 地处王辇庄乡东北部，东至磨石板，南至杏山沟，西至后水峪，北至滦县赵百户营。

主要指标 2011年末，辖区总人口152人，总面积1平方千米，农民人均纯收入6753元。

抹轴峪村

(Mozhouyu Cun)

名称来历 相传，皇帝之女乘辇从此路过时，将车轴抹断，故名。

地理位置 地处王辇庄乡北部，东至滦县赵百户营，南至后水峪，西至白云山，北至滦县洼里。

主要指标 2011年末，辖区总人口1052人，总面积2.5平方千米，农民人均纯收入7206元。

磨石板村

(Moshiban Cun)

名称来历 因北山出石头板，很像磨石，故名。

地理位置 地处王辇庄乡东北部，东至滦县大井峪，南至杏山沟，西至大水峪，北至滦县赵百户营。

主要指标 2011年末，辖区总人口523人，总面积5平方千米，农民人均纯收入7091元。

长山沟村

(Changshangou Cun)

名称来历 建村于长山北部山脚下，因所在地形得名。

地理位置 地处王荤庄乡西北部，东至任庄子，南至南山，西至开平区双桥镇大马家峪村，北至北山。

主要指标 2011年末，辖区总人口673人，总面积8平方千米，农民人均纯收入7789元。

任庄子村

(Renzhuangzi Cun)

名称来历 因当时任姓首先到此定居，故名。

地理位置 地处王荤庄乡中部，东至新白云山村，南至开滦俊诚金属管业有限公司，西至长山沟，北至白云山。

主要指标 2011年末，辖区总人口1123人，总面积1.5平方千米，农民人均纯收入7747元。

甘雨沟村

(Ganyugou Cun)

名称来历 因甘姓和于姓两家到此落户，取名甘于沟。后因当地缺水，村民盼雨心切，改村名为甘雨沟。

地理位置 地处王荤庄乡西北部，东至甜井峪，南至南山，西至开平区双桥镇李家峪，北至北山。

主要指标 2011年末，辖区总人口273人，总面积13.33平方千米，农民人均纯收入7518元。

南场村

(Nanchang Cun)

名称来历 清嘉庆十八年建村时，此地原是一大户人家的场地，故名南场。

地理位置 地处王荤庄乡中部偏东，东至塔山营，南至赵各庄，西邻赵各庄东北区，北至前水峪。

主要指标 2011年末，辖区总人口196人，总面积0.1平方千米，农民人均纯收入7691元。

（撰稿：李维德、费秀伟，初审：李新华、龚艳玲，复审：纪江、殷生元）

习家套乡

(Xijiatao Xiang)

唐山市“科普示范乡”。

政区概况

名称来历 因政府原驻地位于习家套村而得名。

地理位置 地处古冶区中部偏西，东邻京华街道，东南与大庄坨乡接壤，南与范各庄镇相连，西南与开平区洼里镇交界，西北与王荤庄乡相邻，北靠赵各庄街道，东北毗邻卑家店镇。人民政府驻黄坨村，电话区号0315，邮政编码063100，距古冶区人民政府5千米。

政区沿革 明、清属滦州。1913年，改属滦县。1946年，分属滦西县和滦县。1949年3月，滦西县并入滦县，属滦县六区。1952年3月，划归唐山市第九区。1953年5~7月，组建习家套、杨家套2个乡，属第九区。1955年3月，第九区与第十区合并为唐山市洼里区。1956年1月，杨家套乡并入。1956年10月，洼里区并入唐山市郊区，属郊区。1958年8月，为洼里人民公社习家套管理区。1960年3月，撤销郊区，改属东矿区，所管辖的杨家套、任家套村划入林西街道人民公社，其他5村划入古冶街道。1960年6月，与古冶街道一同并入古冶城市人民公社。1961年5月，析出，建习家套人民公社。1965年7月，划归唐山市郊区。1979年12月，复归东矿区。1984年5月，复为习家套乡。

政区划分 2011年末，辖张庄、刘庄、古冶东街、古冶西街、新立村、胜利村、黄坨村、东李家套、西李家套、习家套、于家套、西营套、解家套、杨家套、任家套15个村。

人口面积 2011年末，辖区总人口11912人，其中城镇常住人口2353人，城镇化率19.75%。总人口中，男性5977人，占50.2%；女性5935人，占49.8%。14岁以下1446人，占12.1%；15~64岁9102人，占76.4%；65岁以上1364人，占11.5%。总人口中，以汉族为主，达11674人，占98%；有回、满、朝鲜、达斡尔、壮、鄂温克等少数民族，占2%。2011年，人口出生率6.38‰，人口死亡率7.17‰，人口自然增长率-0.79‰。

辖区东西最大距离8千米，南北最大距离7.2千米，总面积18.2平方千米。其中陆地面积16.9平方千米，占93%；水域面积1.3平方千米，占7%。人口密度为每平方千米655人。

经济概况

农业 耕地面积14846亩，人均耕地1.2亩；其中水浇地9273亩。2011年，农业总产值16428万元，实现农业增加值9693万元，比上年增长6%，占国内生产总值的29.1%。

粮食作物以小麦、玉米为主。2011年，生产粮食2444吨，人均205千克。蔬菜种植以黄瓜、西红柿、芹菜、韭菜和甘蓝等为主，种植面积2331亩，产量37279吨。水果种植面积1411亩，产量1562吨，主要品种有苹果、梨、桃、葡萄、红果、柿子、杏。从事鲜切花生产的温室20座，产量160万枝。

2011年末，畜禽存栏量为鸡57253羽、牛1001头、羊292只、猪12220头。

淡水养殖户45户，用于水产养殖的淡水水面4170亩，产量930吨，主要品种为鲫鱼、鲤鱼、鲢鱼、鳙鱼、草鱼；养殖观赏鱼500万尾；河蟹养殖面积30亩，产量15吨。农民人均纯收入7769元，比上年增长14%。

工业 以生物制药、塑胶制品、建筑材料、食品为主导产业。2011年，工业总产值3.7亿元。2011年，中小型工业企业52家，职工930人，实现工业增加值1亿元，比上年增长15.9%，占国内生产总值的30.2%。区级生物制药产业园区1个。

商业外贸 2011年末，商业网点19家，职工190人；集贸市场1个。2011年，社会消费品零售总额6.87亿元，比上年增长17.5%；城乡集市贸易成交额240万元。

财政金融 2011年，财政总收入3300万元，比上年增长85%。其中地方财政收入978万元，比上年增长100.6%。从主要税种看，完成营业税317.35万元，增值税38.75万元，企业所得税13.2万元，个人所得税624.2万元。人均财政收入2258.7元。居民储蓄1200万元。

社会发展

文化艺术 2011年末，文化站1个，村文化活动中心14个；各类图书室13个，藏书3万册；村级文化活动队伍8支，人员380人。

教育 2011年末，小学2所，在校生390人，专任教师71人，小学适龄儿童入学率100%。

医疗卫生 2011年末，卫生院1所，村级卫生室15个；病床70张，每千人拥有床位4.8张，固定资产总值30万元。专业卫生人员45名，其中执业医师43人，注册护士2人。2011年医疗机构完成诊疗3万人次。新型农村合作医疗参合率99.4%。

体育 2011年末，学校体育场地2处。100%的村安装了健身器材，经常参加体育活动的人员占总人口的34%。

广播电视 2011年末，广播电视用户3972户，入户率85%。

社会保障 2011年，城镇最低生活保障户数40户，人数82人，支出22万元，比上年增长58%，月人均224元，比上年增长27%；城市医疗救助48人次，支出19.2万元，比上年增长31%。农村最低生活保障户数113户，人数239人，支出32万元，比上年增长47.1%，月人均111.6元，比上年增长31.8%。国家抚恤、补助各类优抚对象11人，抚恤事业费支出8.5万元，比上年增长13.9%。社会福利费3600元。慈善分会1个，全年接受社会捐款9560元。新型农村社会养老保险参保人数8314人，参保率99%。

基础设施

交通运输 铁路七滦线和国道205公路过境。

邮政电信 2011年末，固定电话用户4372户，电话用户普及率达到95%；移动电话用户4684户，移动电话普及率为32.06%；宽带接入用户2810户。

（撰稿：李维德，初审：李新华、龚艳玲）

张庄村

(Zhangzhuang Cun)

名称来历 因张姓移民迁此建庄，故名。

地理位置 地处习家套乡东北部，东至锦丰方便面厂，南至京华西道，西至古榛路，北至刘庄村。

主要指标 2011年末，辖区总人口772人，总面积0.68平方千米，农民人均纯收入7604元。

刘庄村

(Liuzhuang Cun)

名称来历 因刘姓移民来此定居，故名。

地理位置 地处习家套乡东北部，东至京华街道新北社区，南至张庄，西至古榛路，北至卑家店镇横河村。

主要指标 2011年末，辖区总人口401人，总面积0.5平方千米，农民人均纯收入7634元。

古冶西街村

(Guyexijie Cun)

名称来历 因村民散居在古冶新华街西侧的街巷中，得名。

地理位置 地处习家套乡中东部，东至古榛路，南至205国道，西至古冶西工房小区，北至花园工房。

主要指标 2011年末，辖区总人口1110人，总面积1.08平方千米，农民人均纯收入7124元。

古冶东街村

(Guyedongjie Cun)

名称来历 因村民散居在古冶新华街东段的街巷中，得名。

地理位置 地处习家套乡东部，东至晟冶路，南至205国道，西至古冶区政府，北至金山胜景小区。

主要指标 2011年末，辖区总人口1075人，总面积0.1平方千米，农民人均纯收入8170元。

新立村

(Xinlicun Cun)

名称来历 开滦唐家庄矿采煤塌陷，西迁2.4千米至今址，相对老庄而言属新建立的，故名新立村。

地理位置 地处习家套乡中东部，东至时创耐火材料有限公司古冶分公司，南至古冶铁路西货场，西至胜利村，北至205国道。

主要指标 2011年末，辖区总人口485人，总面积0.52平方千米，农民人均纯收入7905元。

胜利村

(Shengli Cun)

名称来历 因开滦赵各庄矿采煤塌陷，李、董、范三庄一起向西南迁3.2千米合并为一个庄，根据当时的大好形势，取名胜利村。

地理位置 地处习家套乡中部偏西，东至古冶旧货市场，南至古冶耐火楼小区，西至申氏集团，北至205国道。

主要指标 2011年末，辖区总人口230人，总面积0.4平方千米，农民人均纯收入5696元。

黄坨村

(Huangtuo Cun)

名称来历 该村依地势建在一个黄土岗子上，故名。

地理位置 地处刁家套乡中部偏北，东至古冶街道西新楼社区，南至205国道，西至东李家套村，北至宝泰水泥厂。

主要指标 2011年末，辖区总人口1498人，总面积1.84平方千米，农民人均纯收入7625元。

刁家套村

(Xijiatao Cun)

名称来历 相传，唐太宗李世民乘辇经过这一带时，车辇轮陷入胶泥之中，近侍在附近农田中找来八位农人用马具八套将辇拉出。皇帝按农人的姓氏封其所在村庄为“X”（某）家套。该村为刁姓，得名刁家套。

地理位置 地处刁家套乡中西部偏南，东至任家套村，南至老205国道，西至于家套村，北至205国道。

主要指标 2011年末，辖区总人口1246人，总面积1.16平方千米，农民人均纯收入7681元。

西李家套村

(Xilijiatao Cun)

名称来历 因该村李姓，故名李家套。1961年因石榴河水闸截水，将村庄一分为二，该村在石榴河以西，故称西李家套。

地理位置 地处刁家套乡西北部，东至东李家套村，南至205国道，西至古冶区外环路，北至王辇庄一街。

主要指标 2011年末，辖区总人口1009人，总面积1.87平方千米，农民人均纯收入7359元。

东李家套村

(Donglijiatao Cun)

名称来历 因该村李姓，故名李家套。1961年因石榴河水闸截水，将李家套村一分为二，该村在石榴河以东，故名东李家套。

地理位置 地处刁家套乡西部偏北，东至黄坨村，南至205国道，西至石榴河，北至王辇庄乡四街。

主要指标 2011年末，辖区总人口566人，总面积1.06平方千米，农民人均纯收入7359元。

于家套村

(Yujiatao Cun)

名称来历 因该村于姓，故名于家套，沿用至今。

地理位置 地处刁家套乡西部，东至刁家套村，南至解家套村，西至西营套村，北至石榴河。

主要指标 2011年末，辖区总人口372人，总面积0.56平方千米，农民人均纯收入7429元。

解家套村

(Xiejiatao Cun)

名称来历 因该村解姓，故名解家套。

地理位置 地处刁家套乡西南部，东至刁家套村，南至古冶区南外环路，西到杨家套村，北至西营套村。

主要指标 2011年末，辖区总人口1406人，总面积2.14平方千米，农民人均纯收入6671元。

杨家套村

(Yangjiatao Cun)

名称来历 因该村杨姓，故名杨家套。

地理位置 地处刁家套乡西南部，东至解家套村，南至开平区孩儿屯，西至开平区娄子庄，北至七滦铁路。

主要指标 2011年末，辖区总人口1530人，总面积2.1平方千米，农民人均纯收入6623元。

任家套村

(Renjiatao Cun)

名称来历 因该村任姓，故名任家套。

地理位置 地处刁家套乡中部偏西，东至胜利村，南至老205国道，西至刁家套乡水渠，北至205国道。

主要指标 2011年末辖区总人口2243人，总面积2.48平方千米，农民人均纯收入7495元。

西营套村

(Xiyingtao Cun)

名称来历 因建村地在“燕王（朱棣）扫北”时所扎营盘之西，故名西营套村。

地理位置 地处刁家套乡西部，东至刁家套村，南至老205国道，西至古冶区西外环路，北至205国道。

主要指标 2011年末，辖区总人口644人，总面积1.14平方千米，农民人均纯收入7120元。

（撰稿：李维德，初审：李新华、龚艳玲、赵志成，复审：柴艳华、王彩云）

大庄坨乡

(Dazhuangtuo Xiang)

唐山市“科普示范乡”。

政区概况

名称来历 因乡政府原驻地位于大庄坨村而得名。

地理位置 地处古冶区中部，东邻卑家店乡，东南部与滦县毗邻，南接范各庄乡，西连刁家套乡，西北与古冶街道接壤，北邻唐家街道。人民政府驻林西群英道中段北侧，电话区号0315，邮政编码063103，距古冶区人民政府4千米。

政区沿革 明、清属滦州。1913年，州改县，属滦县。1951年，划归唐山市属第九区；1952年，划入唐山市第七区。1953年6月，分别建立大庄坨、新庄子乡。1955年3月，改属东矿区。1956年，大庄坨、新庄子乡合并为大庄坨乡。1958年10月，并入林西街道人民公社。1960年4月，为林西城市人民公社大庄坨管理区。1961年5月，析出，建立大庄坨农村人民公社。1965年7月，划归唐山市郊区。1979年12月，复归东矿区。1984年5月，复为大庄坨乡。2011年11月，乡人民政府由双合村迁至林西群英道。

政区划分 2011年末，辖林西、东兴街、前兴街、永兴街、北兴街、黑鸭子、杜军庄、新庄子、雷家庄、小任家套、小建州营、大建州营、大庄坨、小庄坨、双合、胡庄16个村。

人口面积 2011年末，辖区总人口12377人，其中城镇常住人口3192人，城镇化率25.8%。另有流动人口3293人。总人口中，男性6193人，占50.04%；女性6184人，占49.96%；14岁以下1429人，占11.55%；15～64岁9630人，占77.8%；65岁以上1318人，占10.65%。总人口中，以汉族为主，占99.8%；有回、满、蒙等少数民族，占0.2‰。2011年，人口出生率4.93‰，人口死亡率8.01‰，人口自然增长率－3.08‰。

辖区东西最大距离8.4千米，南北最大距离6.4千米，总面积17.45平方千米。其中陆地面积15.68平方千米，占89.86%；水域面积1.77平方千米，占10.14%。人口密度为每平方千米709人。

经济概况

农业 耕地面积11245亩，人均耕地1亩。2011年，实现农业增加值24632万元，比上年增长7%，占国内生产总值的12.2%。

粮食作物以小麦、稻谷、玉米为主。2011年，种植面积3719亩，生产粮食2221吨，人均179千克。蔬菜作物主要品种有黄瓜、豆类、茄子等。2011年，蔬菜种植面积22599亩，产量143368吨。菜田面积占总耕地面积的60%，其中温室大棚占菜田的50%。经认证的无公害蔬菜生产基地3552亩。“新秋”牌黄瓜在国家注册，获第七届中国农产品交易会“瓜王”称号。

畜牧业以猪、羊、家禽为主。2011年，生猪饲养量304.3万头，年末存栏105.7万头；羊饲养量86.9万只，年末存栏48.6万只；家禽饲养量117.1万羽，存栏44万羽。

截至2011年末，植树6.2万棵，绿化总面积169.2亩。

工业 以钢铁、煤炭和焦化为主导产业。2011年，工业总产值49亿元。2011年，规模以上工业企业3家，为唐山市春兴特钢有限公司、唐山市春兴炼焦制气有限公司、唐山市汇丰焦化制气有限公司，职工4255人，实现工业增加值16亿元，比上年增长44.7%，占国内生产总值的77.9%。

商业外贸 2011年末，商业网点32个，职工1697人；集贸市场1个。2011年，社会消费品零售总额达1411万元；城乡集市贸易成交额130万元。

财政金融 2011年，财政总收入1.41亿元，比上年增长30.9%。其中，地方财政收入2003万元，比上年增长12.7%。从主要税种看，完成营业税330万元，比上年增长42.7%，增值税566万元，比上年增长33%，企业所得税28万元，比上年减少32.7%，个人所得税79万元，比上年减少17.9%，工商营业税9887万元。2011年，银行和金融机构各类存款余额3.7亿元，比上年增长17.3%。

社会发展

文化艺术 2011年末，村级文化活动中心16个，秧歌队4支，农村书屋12个。

教育 2011年末，小学2所，在校生362人，专任教师49人。2011财政预算内教育经费435.8万元，比上年减少6.3%。

医疗卫生 2011年末，乡卫生院1所，门诊部2个，村卫生室15个；病床20张，每千人拥有医疗床位1.4张，固定资产总值140万元。专业卫生人员36名，其中执业医师4人，执业助理医师13人，注册护士4人，村医15人。2011年医疗机构完成诊疗1.6万人次。

体育 2011年末，学校体育场地2处。100%的村安装了健身器材，经常参加体育活动的人员占总人口的33%。

广播电视 2011年末，有线电视用户3196户，有线电视覆盖率64.6%。

社会保障 2011年，城市最低生活保障户数41户，人数69人，支出58.2万元；民政部门资助参加合作医疗11人。农村最低生活保障户数200户，人数415人，支出14.5万元，月人均291元。国家抚恤、补助各类优抚对象8人。慈善分会1个，全年接受社会捐款1.3万元。敬老院2家，床位164张，五保供养4人。新型农村社会养老保险参保人数6812人，参保率99%。

基础设施

邮政电信 2011年，报纸、期刊累计发行264份（册）。邮政业务总量9.1万元。电信服务网点9个，电话交换机总容量0.33万门，固定电话用户0.3万户，电话用户普及率达到53.3%；移动电话用户9500户；宽带接入用户2000户。

（撰稿：李维德，初审：李新华、龚艳玲）

林西村

(Linxi Cun)

名称来历 因当时位于土岭之西（原址在林西鸡冠山开滦林西矿业公司办公楼处），得名岭西，后以树林为界，改名林西村。

地理位置 地处大庄坨乡中部，东、南、西、北至林西街道西前社区。

主要指标 2011年末辖区总人口682人，总面积0.12平方千米，农民人均纯收入12152元。

东兴街村

(Dongxingjie Cun)

名称来历 因位于土岭之东，得名岭东。后以树林为界改名林东，后改名东兴街。

地理位置 地处大庄坨乡东部，东至菜地，南至古冶南外环路，西至林西18号小区，北至平安里东工房和区老年综合福利服务中心及林西银行平房。

主要指标 2011年末，辖区总人口1045人，总面积0.22平方千米，农民人均纯收入10112元。

前兴街村

(Qianxingjie Cun)

名称来历 因地处林东偏西的位置，称西林东，后改称前兴街。

地理位置 地处大庄坨乡中东部偏南，东至东兴街村，南至东南楼，西至南工房一社区府西里，北至新林道金辉荣府（原址区政府）和繁兴花苑A座。

主要指标 2011年末，辖区总人口556人，总面积0.20平方千米，农民人均纯收入9899元。

北兴街村

(Beixingjie Cun)

名称来历 因其在林东北部，庄中有一口老井，故称林东北井。后改名为北兴街。

地理位置 地处大庄坨乡中东部偏北，东至林西北兴里东工房，南至林西道繁兴花苑C座，西至唐林南路二工房，北至红林道，该村为城中村，农民、居民混居，2011年平改后为繁兴花苑D座。

主要指标 2011年末，辖区总人口600人，总面积0.45平方千米，农民人均纯收入10181元。

永兴街村

(Yongxingjie Cun)

名称来历 位置在林东偏西，称西林东。后因其大于北井、东庄和前庄，又得名林东大庄。后改名为永兴街。

地理位置 地处大庄坨乡中部偏东，东至林西平安里东工房，南至古冶区医院，西至文化广场，北至开滦林西医院和二工房社区基建楼。该村为城中村，农民、居民混居，2008年平改为繁兴花苑A座。

主要指标 2011年末，辖区总人口553人，总面积0.20平方千米，农民人均纯收入9842元。

黑鸭子村

(Heiyazi Cun)

名称来历 因原址是一片芦苇沼泽地，经常集落大群黑色野鸭子，故得名黑鸭子。

地理位置 地处大庄坨乡南部，东至沙河，南至范各庄镇北安各庄村，西至迁曹线，北至古冶区南外环路。

主要指标 2011年末辖区总人口1186人，总面积0.99平方千米，农民人均纯收入9031元。

杜军庄村

(Dujunzhuang Cun)

名称来历 传说，唐初李世民东征至此，有杜姓将领解甲归田定居这里，故名杜军庄。

地理位置 地处大庄坨乡中西部偏南，东南至古冶区南外环路，西至迁曹线，北至开滦铁拓重机。

主要指标 2011年末，辖区总人口1687人，总面积1.43平方千米，农民人均纯收入9465元。

新庄子村

(Xinzhuangzi Cun)

名称来历 由刘姓居民取名为新庄子。

地理位置 地处大庄坨乡西南部，东至古范路，南至开滦吕家坨矿专用线，西至习家套乡任家套，北至大庄坨村。

主要指标 2011年末，辖区总人口1670人，总面积1.51平方千米，农民人均纯收入9711元。

雷家庄村

(Leijiazhuang Cun)

名称来历 建庄时，最初的居民为雷姓，故名雷家庄。

地理位置 地处大庄坨乡中西部，东至大庄坨村，南至雷庄小学，西至区成人教育学校培训基地，北至小建洲营村。

主要指标 2011年末，辖区总人口304人，总面积0.27平方千米，农民人均纯收入10456元。

小任家套村

(Xiaorenjiatao Cun)

名称来历 原名代福庄，因当时庄址在现习家套乡任家套村东20米，俗称东小庄子。新中国成立后，为与任家套村相区别，改名小任家套。

地理位置 地处大庄坨乡中西部偏南，东至古范路，南至开滦吕家坨矿专用线，西至雷庄村，北至大庄坨村。

主要指标 2011年末，辖区总人口388人，总面积0.35平方千米，农民人均纯收入9256元。

小建洲营村

(Xiaojianzhouying Cun)

名称来历 建村时即称建洲营，1952年因林西矿采煤塌陷，分两部分迁建，此部分在原址北建庄，称北建洲营。后因该庄较小，1953年改称小建洲营。

地理位置 地处大庄坨乡中西部，东至大庄坨村，南至雷庄村，西至农田，北至大建洲营。

主要指标 2011年末，辖区总人口366人，总面积0.29平方千米，农民人均纯收入10706元。

大建洲营村

(Dajianzhouying Cun)

名称来历 原与小建洲营为同一村。1952年因林西矿采煤塌陷，分两部分迁建，该部分向东南迁2千米建新庄，称南建洲营。后因该庄较大，1953年改称大建洲营。

地理位置 地处大庄坨乡中西部，东至小庄坨村，南至大庄坨村，西至小建洲营村，北至胡庄村。

主要指标 2011年末，辖区总人口1020人，总面积0.97平方千米，农民人均纯收入9635元。

小庄坨村

(Xiaozhuangtuo Cun)

名称来历 因地势较高，有大土坨子多处，故取名庄坨。后因林西矿采煤塌陷，分两处建庄。西小庄搬迁后村名改称小庄坨。

地理位置 地处大庄坨乡中西部，东至古范路，南至大庄坨村，西至大建洲营，北至双合村。

主要指标 2011年末，辖区总人口526人，总面积0.27平方千米，农民人均纯收入9936元。

大庄坨村

(Dazhuangtuo Cun)

名称来历 原与小庄坨同为一村。1942年因开滦林西矿采煤塌陷，向北搬迁1.5千米（原址在现大庄坨塌陷坑处），因分两处建庄，该庄较大，故称大庄坨。

地理位置 地处大庄坨乡中西部，东至古范路，南至小任家套村，西至小建洲营村，北至小庄坨村。

主要指标 2011年末，辖区总人口2286人，总面积0.79平方千米，农民人均纯收入9610元。

双合村

(Shuanghe Cun)

名称来历 因于庄子、响水河两村合并而得名。

地理位置 地处大庄坨乡中部偏西，东至古范路，南至小庄坨村，西至胡庄村，北至林西建井工房。

主要指标 2011年末，辖区总人口756人，总面积0.30平方千米，农民人均纯收入10201元。

胡庄村

(Huzhuang Cun)

名称来历 因当时由胡姓移民建村，故名胡家庄，简称胡庄。

地理位置 地处大庄坨乡中部偏西，东南北至双合村，西至大建洲营村。

主要指标 2011年末，辖区总人口591人，总面积0.27平方千米，农民人均纯收入9623元。

（撰稿：李维德，初审：李新华、龚艳玲、宋玖、君紫，复审：屈世慧、王小峰）

开平区

(Kaiping Qu)

曾为中国北方军事重镇和商贾云集之地，更有“京东四大名镇之首”的美誉。因开平矿务局的建立，而成为中国近代工业的摇篮。

政区概况

名称来历 因明永乐元年（1403年）明成祖朱棣将开平中屯卫治所由真定府（今河北省定县）迁至石城旧县，建开平镇而得名。

地理位置 位于东经118°04′17″~118°22′50″，北纬39°33′16″~39°48′00″。地处唐山市中部，东与古冶区毗邻，南接丰南区，西与路南区、路北区相接，北连丰润区，东北与滦县接壤。人民政府驻开平镇，电话区号0315，邮政编码063021，距唐山市人民政府9.5千米。

政区沿革 春秋时代属山戎国。战国时代为燕国地。秦代属辽西郡和右北平郡。汉代分属幽州辽西郡、右北平郡、新安平县。隋代属河北道平州卢龙县地。唐代属石城县，为其治所。元代由义丰县所辖。明朝永乐元年（1403年），设在真定府的“开平中屯卫”徙于此。清代分属滦州、丰润两县。

1948年12月，开平解放，辖境属冀东行署滦西县、丰润县。1949年，属唐山市第五区。1956年10月8日，建立唐山市郊区。1960年3月，撤销区级建制，并入唐山市区。1961年5月，撤销市区建制，归属唐山市人民委员会直接领导；同年10月，恢复区级建制，称唐山市开平区。1965年7月，改称唐山市郊区。1967年12月，成立郊区革命委员会。1981年1月，撤销郊区革命委员会，恢复郊区人民政府。1982年4月，复改称开平区，辖2个街道、11个人民公社。1984年3月，唐山市果园复划归开平区；同年4月，撤社建乡，辖1街道、1镇、11乡。1992年11月，女织寨乡、梁家屯乡、果园乡、付家屯乡分别划归路南区、路北区，同时撤销缸窑乡，并将路南区的税务庄街道和路北区的荆各庄、二十二冶、陡电等4个街道划入开平区。至此，开平区辖5街道、1镇、6乡。1993年9月，栗园乡撤乡建镇。1994年，设立开平街道。1996年8月，撤销岔道乡，并入开平镇，全区辖6街道、2镇、4乡。2003年4月，撤销二十二冶街道。2007年7月，双桥乡、洼里乡、郑庄子乡、越河乡撤乡设镇，至此，全区辖5街道、6镇。

政区划分 2011年末，辖开平、税务庄、马家沟、陡电（大唐陡河电厂企业管理）、荆各庄（开滦矿务局荆各庄矿企业管理）5个街道，开平、栗园、越河、郑庄子、洼里、双桥6个镇，共11个乡级政区；领导32个社区居委会，132个村委会。

人口面积 2011年末，辖区总人口24.19万人，其中城镇常住人口13.61万人，城镇化率56.3%。另有流动人口4690人。总人口中，男性12.04万人，占49.8%；女性12.15万人，占50.2%；14岁以下2.97万人，占12.3%；15~64岁18.44万人，占76.2%；65岁以上2.78万人，占11.5%。总人口中，以汉族为主，达23.31万人，占96.3%；有回、满、朝鲜、蒙古、壮等30个少数民族，共8854人，占3.7%；超过1000人的有回、满2个少数民族，回族5802人，占少数民族人口的65.5%；满族2406人，占27.2%。2011年，人口出生率8.8‰，人口死亡率6.8‰，人口自然增长率2‰。

辖区东西最大距离19千米，南北最大距离27.2千米，总面积251.3平方千米。其中陆地面积241.3平方千米，占96.02%；水域面积10平方千米，占3.98%。人口密度为每平方千米966人。

自然条件

地形地貌 地处燕山余脉与华北平原的连接地带，地势北高南低，地形以平原为主，北部为山麓平原，东北部为丘陵，中部和南部为平原。主要山峰有凤山、巍山、高山、老山、尖山。境内最高峰高山海拔257米，最低点越河镇大史马村，海拔0米。

气候 其特点是四季分明，雨热同季，光照充足，无霜期长。春季短促，干旱多风，夏季雨量集中，秋季温和凉爽，冬季干冷少雪。多年平均气温12.8℃，1月平均气温-3.6℃，极端最低气温-26.8℃（1985年12月8日）；7月平均气温26.7℃，极端最高气温41.1℃（1960年6月21日）。生长期年平均206天，无霜期年平均192天，最长达218天，最短为167天。年平均日照时数2647.6小时，年总辐射127.4千卡/平方厘米。0℃以上持续期276天（一般为2月28日~12月3日）。年平均降水量517.5毫米，年平均降雨日数为35天，最多达45天（2004年），最少为26天（2002年）。极端年最大雨量810.6毫米（1998年），极端年最少雨量219.9毫米（2002年）。降雨集中在每年7月至8月，7月下旬至8月上旬最多。

水文 境内最大的河流为陡河，属滦河流域。水源主流来自陡河水库，流经冶里村、后屯村、后陡河村、前陡河村、刘官屯村、大戴庄村、马家沟小区、中屈庄村、前屈庄村、东越河村、西王盼庄等1街10村，境内长13.3千米；第二大的河流为石榴河，流经洼里、开平、越河3镇，境内长18.6千米。河网密度0.05千米/平方千米，径流总量5531万立方米，设计行洪流量600立方米/秒，年均流量1.75立方米/秒。

矿藏及其他自然资源 境内已探明地下矿藏有17种，包括地热、铝土矿、煤炭、煤层气、制碱灰岩、熔剂灰岩、水泥灰岩、冶金用白云岩、陶瓷用白云岩、耐火黏土、铁矾土、地下水、矿泉水、建筑石料用灰岩、建筑石料用白云岩、砖瓦用砂岩、水泥配料用黏土等，其中煤炭储量3.41亿吨，水泥灰岩560万吨，熔剂灰岩3.49亿吨，制碱灰岩0.82亿吨，冶金用白云岩190万吨。17种矿产中除地热、煤层气外其他均已开发利用。煤炭、石灰岩、耐火黏土等为优势矿产。矿产资源以沉积型非金属矿产为主。

固体矿石年产量约291.74万吨，其中煤炭产量198万吨。矿山81个，其中大型矿山1个，中型矿山2个，小型矿山78个。

自然灾害 主要自然灾害为洪涝和地震。洪涝灾害年均发生4次，主要发生在7月至10月。最严重的一次发生在2011年7月20日，受灾人口806人，农作物受灾面积418.05亩，直接经济损失375.29万元。

1976年7月28日，唐山、丰南一带发生了里氏7.8级强烈地震。地震给人民生命财产带来极其严重的损失，全区共死亡41350人，占原有总人口的112.26‰。砸伤5万余人，占原有总人口的12.76%；农作物成灾面积16.39万亩，占原有耕地面积36.84%。耕地被砂压破坏3.35万亩，占原有耕地面积7.52%；倒塌房屋31.76万间，占原有房屋91.65%；大牲畜死亡6921头，占原有大牲畜总数32.42%；机井损坏2700眼，占原有机井总数60.42%。财产损失2.8亿元。

经济概况

农业 耕地面积12.95万亩，人均0.54亩；可利用林地面积5万亩。2011年，农业总产值8.31亿元，比上年减少11.45%，实现农业增加值4.32亿元，占国内生产总值的2.97%。

粮食作物以小麦、玉米为主。2011年，生产粮食4.06万吨，人均168千克，其中水稻201吨，玉米3.26万吨，小麦6168吨。主要经济作物有蔬菜、油料等。2011年，棉花种植面积450亩，产量8吨，可向社会提供7吨商品棉；油料作物种植面积1.69万亩，产量0.38万吨，其中花生0.38万吨；蔬菜种植面积2.3万亩，产量9.3万吨，主要品种有西红柿、黄瓜、白菜，其中西红柿2.56万吨，黄瓜0.94万吨，白菜5.8万吨。

畜牧业以猪、牛、家禽为主。2011年，生猪饲养量12.59万头，年末存栏4.5万头；羊饲养量4.76万只，年末存栏1.28万只；牛饲养量2.66万头，年末存栏0.89万头；家禽饲养量162.21万羽，上市家禽101.17万羽。2011年，生产肉类1.07万吨，其中猪肉0.62万吨，牛肉0.22万吨，羊肉386吨；禽蛋0.5万吨，鲜奶2.64万吨。畜牧业总产值4.31亿元，占农业总产值的51.86%。

截至2011年末，累计造林8.03万亩，其中防护林6万亩，经济林2.03万亩，农民住宅四旁树木160万株，林木覆盖率21.3%，活立木蓄积量12.7万立方米。2011年，水果种植面积0.36万亩，产量0.11万吨，主要品种有苹果、梨、葡萄、柿子，其中苹果226吨，梨98吨，葡萄233吨，柿子210吨。

渔业以鲤鱼、鳙鱼、草鱼为主。可用于水产养殖的淡水水面8平方千米。2011年，鱼塘养殖面积830公顷，产量0.7万吨，水产品总产量0.7万吨。渔业总产值0.87亿元，占农业总产值的10.42%。

2011年，拥有大中型拖拉机（14.7千瓦及以上）615台（辆），大中型拖拉机配套农具879台；名优特农产品有

“鑫日升”牌花生酥糖、开平麻花、小屯西红柿、罗各庄蒜黄、“亿克”牌熟肉制品、“鼎晨”牌速冻食品等；农民人均纯收入9070元。

工业 初步形成了以钢铁、装备制造、陶瓷、水泥、耐火、煤炭等为主的工业体系，重点规划了装备制造、精品钢材、光伏、无机非金属、高新技术和现代物流等新型产业集群。工业总产值从1956年的296.9万元，增加到1978年的1594万元，2011年，达到331.8亿元，比上年增长7.9%，实现工业增加值94.94亿元，占国内生产总值的64.3%。

2011年，规模以上工业企业62家，职工19488人，实现工业增加值85.77亿元，比上年增长10.4%。其中大中型企业10家，职工11973人，实现工业增加值51.59亿元。销售收入达到亿元以上的企业24家，其中50亿元以上的1家，10亿元以上的7家。河北银河实业集团有限公司被列入省级民营企业100强。工业园区2个，其中唐山市现代装备制造工业区被列为省级产业聚集区。

商业外贸 2011年末，商业网点2357个，职工6099人。2011年，社会消费品零售总额达45.71亿元，比上年增长9.5%；城乡集市贸易成交额5.6亿元，比上年增长10.8%。

2011年，进出口总额5.78亿美元，比上年增长122%；其中进口2.98亿美元，比上年增长170%，主要产品有铁矿砂、煤炭、机电产品等；出口2.8亿美元，比上年增长85.7%，主要产品有钢铁、陶瓷、机电产品等，销往美国、加拿大、日本、英国、法国等20多个国家和地区。

财政金融 2011年，财政总收入21.6亿元，比上年增长19.9%。其中地方财政收入4.8亿元，比上年增长19.9%。从主要税种看，完成营业税2.6亿元，增值税9.8亿元，企业所得税4.6亿元，个人所得税1亿元，分别比上年增长31.3%、0.8%、110.3%、1.6%。人均财政收入8651元，比上年增长19.9%。

2011年，金融产业实现增加值2.87亿元，比上年增长4.96%，占国内生产总值的1.98%。年末有工商银行、农业银行、建设银行、商业银行、农村信用社5家银行和金融机构开设了分行或设立了办事处；各类存款余额114.25亿元，比上年增长17.3%；人均储蓄3. 4万元；各项贷款余额45.67亿元，比上年增长24.4%。保险业实现保费收入1.81亿元，比上年增长30.2%；其中财产险保费收入0.82亿元，比上年增长5.8%；人身险保费收入0.99亿元，比上年增长62.1%。

社会发展

文化艺术 2011年末，民间社团92个，其中秧歌表演队50支，戏曲表演队16支，歌舞演出队5支，腰鼓队7支，民乐表演队7支，健身操队7支，文体活动骨干5000余人。民间社团比20世纪90年代增加了120%。拥有占地面积1800平方米的区文化馆和图书馆，其中文化馆上占地面积900平方米，可以举办小型文化展览活动，每年举办书画作品展览10余次；图书馆占地面积900平方米，藏书2万余册，可以同时容纳200余人阅读。此外，还拥有占地面积1860平方米的开平影剧院，可容纳900余名观众，可以承接中小型演出和电影放映；拥有占地面积300平方米以上的镇综合文化站4个，均设有多功能活动室、图书室等，并配置了文化器材设备；村级文化活动中心60个，每年开展群众文化活动200余场次；新建农家书屋10个，面积均达到30平方米以上，藏书5万余册。娱乐场所、网吧、音像店等文化经营单位130家，从业人员1000余人，其中歌舞娱乐场所30家，网吧22家，音像制品零售出租13家，书店28家，打字复印24家，印刷13家。

教育 2011年末，幼儿园24所，在园幼儿4122人，专任教师294人；小学21所，在校生14212人，专任教师1110人，小学适龄儿童入学率100%；初中7所，在校生5456人，专任教师619人，初中适龄人口入学率、小升初升学率、九年义务教育覆盖率均达100%；普通高中1所，在校生1492人，专任教师249人；中等职业学校1所，在校生2654人。各级各类民办学校和教育机构60所。主要学校有唐山市第十八中学、唐山市第二十中学、唐山市第二十三中学、唐山市第四十六中学、唐山市第四十九中学、唐山市第六十中学、唐山市半壁店育才学校、唐山市税东中学、唐山市开平区综合职业技术学校，其中唐山市第二十三中学为河北省示范性高中，唐山市开平区综合职业技术学校为国家级重点职业技术学校。

2011年，教育经费达3.3亿元，国家财政性教育经费3.1亿元，财政预算内教育经费2.9亿元，预算内教育事业费1.9亿元，分别比上年增长13.8%、14.8%、16%、11.8%。预算内教育经费（包括城市教育费附加）占财政总支出的比例为28.2%，比上年提高了0.1个百分点。

科技 2011年末，独立科研与技术开发机构4个，唐山市市级工程技术研究中心3家，唐山市市级科技企业孵化器1个。唐山拓普生物科技有限公司的“生物酵母抽提物食品添加剂联合研发”项目，被确定为国际合作项目，该项目研发高I+G酵母抽提物及食品级酵母细胞壁多糖产品均达到国际领先地位。唐山开滦广汇设备制造有限公司的“基于双网的煤矿井下应急通信、广播、逃生指引系统”项目针对井下突发重大安全事故时的应急救援功能进行系统研发，2011年通过中国煤炭工业协会的成果鉴定，达到了国际先进水平。主要科研机构有唐山生物工程技术研究中心、唐山市矿井自动化企业工程技术研究中心、唐山市耐火材料工程技术研究中心、唐山市开平区创业孵化基地。

医疗卫生 2011年末，各级各类医疗卫生机构455个，其中二级甲等综合医院1所，卫生院6所；病床908张，其中公立卫生机构床位516张，每千人拥有医疗床位3.76张，固定资产总值1.74亿元。专业卫生人员1468人，其中执业医师407人，执业助理医师101人，注册护士465人，平均每千人拥有执业（助理）医师2.1人，平均每千人拥有注册护士1.93人。2011年，医疗机构（门诊部以上）完成诊疗34.75万人次，住院手术933台次，出院病人1.3万人次。

2011年，法定报告传染病发病率为640.17/10万，农村卫生厕所普及率75.32%。新型农村合作医疗参合人数8.9万人，参合率98.2%；孕产妇死亡率55.7414/10万，5岁以下儿童死亡率、婴儿死亡率、新生儿死亡率分别为

6.69‰、3.9‰、2.79‰。

体育 2011年末，体育场地305处，省优秀运动队后备人才训练基地1个。体育社团1个，各级社会体育指导员358人。每年定期举办的体育活动有元旦长跑比赛、乒乓球比赛、门球比赛、全民健身日健身展演、九九重阳节老年健身表演、机关干部运动会等，其中机关干部运动会每两年举办一次。100%的城市社区安装了健身器材，97%的村实施了健身工程，修建了健身路径，经常参加体育活动的人员占常住人口的41.22%。

广播电视 1987年建立有线广播站，全区12个乡镇实现了全覆盖。通往12个乡镇的主干线、杆路总长约90千米，各乡、村架设高音喇叭1~2只不等。

1995年建立广播电视局。建有高45米的电视塔1座，具有接收、传输90套节目功能的前端机。

2010年5月更名为广播电视台，2011年末有线电视用户35753户，其中数字电视用户26689户。城区数字电视覆盖率100%。全年公共电视节目播出时间5475小时。

新闻出版 2011年末，各类印刷复制企业14家，其中出版物印刷企业1家，其他印刷企业13家，从业人员共102人；复制单位23家，从业人员共65人。出版物印刷企业完成总印量3000万印张，销售收入1300万元；图书版权贸易成交额120万元。

社会保障 2011年，城镇最低生活保障户数3196户，人数6530人，支出2031.6万元，比上年增长28%，月人均259.1元，比上年增长24%；城市医疗救助233人次，支出61万元，比上年增长35.6%。

农村最低生活保障户数3827户，人数7691人，支出1135.3万元，比上年增长36%，月人均123元，比上年增长15.5%；农村五保集中供养120人，支出37.2万元，比上年增长2.8%；农村五保分散供养28人，支出7.8万元，比上年增长3.4%。

自然灾害受灾人口5540人，农作物受灾面积3925.5亩，倒塌房屋3间，直接经济损失583.1万元，救灾支出10.6万元，比上年增长5.6%。

国家抚恤、补助各类优抚对象856人，安置义务兵、士官等121人，接收无军籍职工3人，抚恤事业费支出428万元，比上年增长85%。

社会服务单位4个，床位1300张，社区服务床位78张，收养7人。

社区服务设施73个，其中社区服务中心14个，社区服务站29个，其他社区服务设施30个；社区日间照料床位数30张。

经常性社会救助工作站、点和慈善超市3个，全年接受社会捐款3.8万元，捐赠物资折款4.2万元，接收捐赠衣被1000件，使5143人（次）困难群众受益；销售福利彩票38万元，筹集公益金10.1万元；福利企业2个，安置残疾职工39人，福利企业产值81.2万元。

新增就业人员3453人，有2079名下岗失业人员实现了再就业，年末城镇登记失业率为3.85%，全年共帮助11户零就业家庭实现每户至少一人就业。

三项社会保险（养老、失业、工伤）基金收入合计2.1亿元，比上年增长16.8%，基金支出合计1.5亿元，比上年增长20.1%。年末参加城镇基本养老保险3.2万人，比上年末增加4000人，其中参保职工2.5万人，参保离退休人员7000人，分别比上年末增加4000人和1000人。参加基本养老保险的农民工1.6万人，参加企业基本养老保险1.6万人。参加失业保险1.5万人，比上年末增加1000人，其中参加失业保险的农民工100人，比上年末增加31人，年末领取失业保险金100人，比上年末增加100人。参加工伤保险2.7万人，比上年末增加2000人，其中参加工伤保险的农民工1.8万人，比上年末增加300人，全年认定（视同）工伤334人，比上年增加11人，全年评定伤残等级24人，比上年增加20人，全年享受工伤保险待遇500人，比上年增加500人。

各级劳动人事争议调解组织和仲裁机构共受理劳动人事争议案件145件，结案145件，其中通过调解方式结案67件，占46%。仲裁机构立案受理劳动人事争议102件，结案率100%，调解组织受理（含仲裁机构案外调解）43件，结案率为100%。各级仲裁机构立案受理劳动争议102件，比上年减少6%，涉及劳动者244人，比上年减少32%，其中集体劳动争议3件，涉及劳动者62人，当期共审结劳动争议案件102件，比上年减少6%。

基础设施

交通运输 京哈高速、唐港高速、唐山绕城高速公路过境，其中京哈高速公路境内长2.52千米，双向8车道；唐港高速公路境内长3.14千米，双向6车道；唐山绕城高速公路境内长29.58千米，双向4车道。029、362省道过境，其中029省道境内长7.23千米，双向4车道；362省道境内长4.83千米，双向4车道。有县乡（镇）级公路149条，总长297.92千米。2011年，运输企业拥有货运汽车3315辆，29373吨位。

能源 煤炭企业3家，2011年产煤1.1亿吨，其中无烟煤0.78亿吨。发电企业1家，2011年发电1.2亿度。

城区市政建设

道路 2011年末，城区道路总长度73.8千米，人均拥有道路长度0.31米；道路铺装面积163.62万平方米，人均拥有道路面积6.8平方米；桥梁4座，总长度0.16千米。

公共交通 2011年末，城区公交汽车线路8条，运营总里程达180千米，公交运营车辆125辆，万人拥有量为5.2台，年客运量182万人次；出租车34辆，万人拥有量1.4台，年客运量16.4万人次。

给排水 2011年末，城区自来水厂1座，铺设干线水管35千米，生产能力1280吨/日，年工业用水5.9万吨、生活用水6.2万吨，居民自来水普及率94.4%，年人均生活用水14.6吨；排水管道44千米，污水治理工程2项，日污水处理能力150吨，工业废水处理率78.1%，新铺设雨污干管5189米。

供电 2011年末，城区高压输电线路3条，总长度212千米，用电负荷200千瓦，是华东电网公司确定的23个重点百万伏级电压等级电网之一。年售电量累计完成2.8亿千瓦时，综合电压合格率95.9%，供电可靠率98.2%。

供热 2011年末，城区蒸汽供热管道总长度9.2千米，供热面积2.6万平方米；热水供热管道总长度5.5千米，供热面积1.2万平方米；供热用户578户，其中工业用户121户，居民用户457户，供热普及率为19.9%。

燃气 2011年末，城区天然气（煤气）管线65.5千米，供（加）气站1个，天然气（煤气）用户15598户，其中工业用户92户，居民用户15506户，燃气普及率为86.6%，月天然气（煤气）平均用量14万立方米。

园林绿化 2011年末，城区公园1个，公园面积10公顷，园林绿地面积515.89公顷，其中公共绿地面积126.03公顷，绿化覆盖率44.14%，人均公共绿地面积9.26平方米。

（撰稿：袁宝焕、闫景新、刘静远、陈美、霖山，初审：李伟、杨敬忠）

开平街道

(Kaiping Jiedao)

政区概况

名称来历 因办事处驻地位于开平镇而得名。

地理位置 地处开平区中部，东与洼里镇接壤，南与越河镇毗邻，西、北为开平镇。办事处驻普光南里社区，电话区号0315，邮政编码063021，距开平区人民政府0.2千米。

政区沿革 1961年10月，设立开平街道，辖21个居民委员会。1984年4月，并入开平镇。1994年11月，复建开平街道，辖22个居民委员会。2000年，合并为13个社区居民委员会。

政区划分 2011年末，辖东城、西城、普光南里、东新苑、西新苑、赵庄、化工、东窑大街、周家街、车站、站东、矾土矿、国耿、东城绿庭14个居委会；下设110个居民小组。

人口面积 2011年末，辖区总人口3.02万人，其中城镇常住人口3.02万人，城镇化率100%。另有流动人口283人。总人口中，男性1.47万人，占48.8%；女性1.53万人，占51.2%；14岁以下0.37万人，占12.4%；15～64岁2.31万人，占76.4%；65岁以上0.34万人，占11.4%。总人口中，以汉族为主，达2.91万人，占96.5%；有回、满等少数民族，共0.11万人，占3.5%。2011年，人口出生率8.7‰，人口死亡率6.6‰，人口自然增长率2.1‰。

辖区东西最大距离1千米，南北最大距离1.4千米，总面积1.4平方千米。人口密度为每平方千米21571人。

社会发展

文化艺术 2011年末，街道文化活动站1个，社区级文化活动中心5个，各类文化团体10个；各类图书室6个，藏书1万余册。

教育 2011年末，幼儿园2所，在园幼儿750余人，专任教师58人；小学1所，在校生1922人，专任教师120人，小学适龄儿童入学率100%；初中1所，在校生1900人，专任教师196人，初中适龄人口入学率、小升初升学率、九年义务教育覆盖率均达100%。

医疗卫生 2011年末，医疗卫生机构1个。专业卫生人员11人。

体育 2011年末，学校体育场地2处，座位1000个。100%的城市社区安装了健身器材，经常参加体育活动的人员占常住人口的60%。

社会保障 2011年，城镇最低生活保障户数363户，人数425人，支出165．68万元，月人均325元；城市医疗救助8人次。国家抚恤、补助各类优抚对象26人。敬老院3家，床位203张，供养老人139人。社区服务中心1个，社区服务站5个。

（撰稿：刘丽，初审：王平）

周家街社区

(Zhoujiajie Shequ)

名称来历 因该社区有一条街全部是姓周的人家而得名，称周家街社区。

地理位置 地处开平街道办事处西部，东至四瓷厂，南至四轧，西至唐钢铁道，北至东窑大街。

主要指标 2011年末，辖区总人口220人，总面积0.334平方千米，城镇居民人均可支配收入19827元。

东窑大街社区

(Dongyaodajie Shequ)

名称来历 新中国成立前该社区辖内有生产大缸的厂子，因厂窑多而得名。

地理位置 地处开平街道办事处西部，东至四瓷厂，南至路北区北新社区，西至桥洞，北至北新街。

主要指标 2011年末，辖区总人口254人，总面积0.33平方千米，城镇居民人均可支配收入19827元。

矾土矿社区

(Fantukuang Shequ)

名称来历 因该地为矾土矿家属区而得名。

地理位置 地处开平街道办事处东南部，东至东城路，南至东新苑小区，西至开平小学，北至马矿铁路。

主要指标 2011年末，辖区总人口530人，总面积0.243平方千米，城镇居民人均可支配收入19827元。

东新苑社区

(Dongxinyuan Shequ)

名称来历 因位于东新苑小区而得名。

地理位置 地处开平街道办事处东南部，东至开平东外环，南至开滦铁路线，西至新苑路，北至马矿铁路专用线。

主要指标 2011年末，辖区总人口6054人，总面积1平方千米，城镇居民人均可支配收入19827元。

车站社区

(Chezhan Shequ)

名称来历 因位于开平车站家属区而得名。

地理位置 地处开平街道办事处东南部，东至一街小道口，南至唐古路，西至开平东环路，北至京哈铁路线。

主要指标 2011年末，辖区总人口569人，总面积0.01平方千米，城镇居民人均可支配收入19827元。

站东社区

(Zhandong Shequ)

名称来历 因该社区位于开平车站偏东而得名。

地理位置 地处开平街道办事处东南部，东至天顺祥钢厂，南至岔道村，西至彩光板厂，北至唐古路。

主要指标 2011年末，辖区总人口305人，总面积0.01平方千米，城镇居民人均可支配收入19827元。

西城社区

(Xicheng Shequ)

名称来历 因该社区位于开平西城路的西侧而得名。

地理位置 地处开平街道办事处西部，东至西城路，南至普光路，西至西外环、北至北环路。

主要指标 2011年末，辖区总人口3500人，总面积0.96平方千米，城镇居民人均可支配收入19827元。

普光南里社区

(Puguangnanli Shequ)

名称来历 因位于普光南里小区而得名。

地理位置 地处开平街道办事处中部，东至西城路，南至新开路，西至西外环，北至普光道。

主要指标 2011年末，辖区总人口5398人，总面积0.11平方千米，城镇居民人均可支配收入19827元。

东城社区

(Dongcheng Shequ)

名称来历 因该社区在开平城的东侧而得名。

地理位置 地处开平街道办事处东部，东至东城路，南至南环道，西至西城路，北至赵庄。

主要指标 2011年末，辖区总人口5775人，总面积0.5平方千米，城镇居民人均可支配收入19827元。

赵庄社区

(Zhaozhuang Shequ)

名称来历 因该社区坐落在赵庄内而得名。

地理位置 地处开平街道办事处东北部，东至后营村，南至外环路，西至赵庄村，北至古楼庄。

主要指标 2011年末，辖区总人口468人，总面积0.01平方千米，城镇居民人均可支配收入19827元。

西新苑社区

(Xixinyuan Shequ)

名称来历 因该社区位于西新苑小区而得名。

地理位置 地处开平街道办事处西南部，东至新苑路，南至唐古路，西至半壁店，北至古镇新城。

主要指标 2011年末，辖区总人口7890人，总面积0.3平方千米，城镇居民人均可支配收入19827元。

国耿社区

(Guogeng Shequ)

名称来历 因该社区管理国各庄和耿家营两村的非农人口内而得名。

地理位置 地处开平街道办事处西南部，东至东新苑，南至唐古路，西至八厂工房，北至半壁店。

主要指标 2011年末，辖区总人口713人，总面积0.97平方千米，城镇居民人均可支配收入19827元。

化工社区

(Huagong Shequ)

名称来历 因该社区位于化工厂家属区而得名。

地理位置 地处开平街道办事处东部，东至东环路，南至化工厂，西至四十九中学，北至东城绿庭小区。

主要指标 2011年末，辖区总人口452人，总面积0.04平方千米，城镇居民人均可支配收入19827元。

东城绿庭社区

(Dongchenglüting Shequ)

名称来历 因该社区地处东城绿庭小区而得名。

地理位置 地处开平街道办事处东部，东至东关小学，南至京哈铁路线，西至东城路，北至四十九中学。

主要指标 2011年末，辖区总人口6000余人，总面积0.26平方千米，城镇居民人均可支配收入19827元。

马家沟街道

(Majiagou Jiedao)

政区概况

名称来历 因办事处驻地位于马家沟矿工房区而得名。

地理位置 地处开平区中部偏北，东与双桥镇接壤，南连开平镇，西邻郑庄子镇，北接栗园镇。办事处驻增华社区，电话区号0315，邮政编码063021，距开平区人民政府5千米。

政区沿革 1956年10月，设立马路街道。1986年12月，更名为马家沟街道，辖28个社区居民委员会。

政区划分 2011年末，辖增华、新区、新工村、新华、葡萄园、南贵里、爱国里、福利楼、冶里疗养院9个居民委员会；下设91个居民小组。

人口面积 2011年末，辖区总人口2.5万人，其中城镇常住人口2.4万人。总人口中，男性12779人，占53%；女性12200人，占47%；14岁以下2350人，占9.4%；15~64岁19327人，占77.3%；65岁以上3444人，占13.77%。总人口中，以汉族为主，达24278人，占97.11%；有回族355人，占1.42%。2011年，人口出生率8.8‰，人口死亡率6.8‰，人口自然增长率2‰。

辖区东西最大距离0.7千米，南北最大距离2千米，总面积1.4平方千米。人口密度为每平方千米17857人。

社会发展

文化艺术 2011年末，社区文化活动中心9个；图书室9个，藏书6942册。

教育 2011年末，幼儿园1所，在园幼儿508人，专任教师22人；小学2所，在校生2800余人，专任教师224人，小学适龄儿童入学率100%；初中1所，在校生1200余人，专任教师124人，初中适龄人口入学率、小升初升学率、九年义务教育覆盖率达100%；职校1所，教师166人，在校生3384人；体校1所，在校生150余人，专任教师55人；农广校1所；老年大学1所。

医疗卫生 2011年末，各级医疗卫生机构2个，门诊部（所）12个；病床150张。专业卫生人员145名，其中执业医师40人，执业助理医师35人，注册护士45人。城镇居民医疗保险参保人数4563人。

体育 2011年末，体育场地1处。100%的城市社区健身器材。

社会保障 2011年，城镇最低生活保障户数307户，人数555人，支出175.52万元，月人均264元；城市医疗救助9人次，支出12588元，比上年增长11%。国家抚恤、补助各类优抚对象15人，支出37118元。敬老院1家，床位300张，供养180人。社区服务设施9个，其中社区市民服务中心3个，社区服务站6个。

（撰稿：韩雪梅，初审：蔡伟）

新华社区

（Xinhua Shequ）

名称来历 因驻地为新华楼小区而得名。

地理位置 地处马家沟街道办事处西北部，东至六号市场，南至唐马路，西至福利楼社区，北至唐河。

主要指标 2011年末，辖区总人口4217人，总面积0.09平方千米，城镇居民人均可支配收入19827元。

增华社区

（Zenghua Shequ）

名称来历 因驻地为增华楼小区而得名。

地理位置 地处马家沟街道办事处北部，东至唐榛路，南至唐马路，西至唐山四十六中，北至唐河。

主要指标 2011年末，辖区总人口4483人，总面积0.2平方千米，城镇居民人均可支配收入19827元。

新区社区

（Xinqu Shequ）

名称来历 因驻地为1980年开滦马矿新建的居民区而得名。

地理位置 地处马家沟街道办事处西部，东至开平镇小屈庄，南至唐马路，西至新华社区，北至陡河。

主要指标 2011年末，辖区总人口4719人，总面积0.14平方千米，城镇居民人均可支配收入19827元。

新工村社区

（Xingongcun Shequ）

名称来历 因驻地为新工村小区而得名。

地理位置 地处马家沟街道办事处南部，东至马砖耐火材料厂，南至马路村，西至小屈庄，北至增华社区。

主要指标 2011年末，辖区总人口4044人，总面积0.35平方千米，城镇居民人均可支配收入19827元。

葡萄园社区

（Putaoyuan Shequ）

名称来历 因该地原为葡萄园，后建居民区而得名。

地理位置 地处马家沟街道办事处东南部，东至开发区水泥厂，南至南贵里社区，西至新开路，北至马家沟。

主要指标 2011年末，辖区总人口3481人，总面积0.4平方千米，城镇居民人均可支配收入19827元。

南贵里社区

（Nanguili Shequ）

名称来历 因位于马矿南部，寓富贵之意，故名。

地理位置 地处马家沟街道办事处东南部，东至石灰厂，南至开平镇三街，西至东山实验小学，北至葡萄园社区。

主要指标 2011年末，辖区总人口2166人，总面积0.3平方千米，城镇居民人均可支配收入19827元。

爱国里社区

（Aiguoli Shequ）

名称来历 因驻地爱国里小区而得名。

地理位置 地处马家沟街道办事处东南部，东至石灰厂，南至南贵里社区，西至开平二街，北至葡萄园社区。

主要指标 2011 年末，辖区总人口 1532 人，总面积 0.1 平方千米，城镇居民人均可支配收入 19827 元。

福利楼社区
(Fulilou Shequ)

名称来历 因驻地福利瓷厂的家属楼得名。

地理位置 地处马家沟街道办事处西部，东至新华社区，南至开平民政事业服务中心，西至开平民政事业服务中心，北至陡河。

主要指标 2011 年末，辖区总人口 191 人，总面积 0.01 平方千米，城镇居民人均可支配收入 19827 元。

冶里疗养院社区
(Yeliliaoyangyuan Shequ)

名称来历 因驻地为马矿冶里疗养院得名。

地理位置 地处马家沟街道办事处东北部，东至冶里兵营家属院，南至冶里村，西至荆各庄树园，北至水库管理处。

主要指标 2011 年末，辖区总人口 154 人，总面积 0.01 平方千米，城镇居民人均可支配收入 19827 元。

税务庄街道
(Shuiwuzhuang Jiedao)

政区概况

名称来历 因办事处驻地位于税务庄村而得名。

地理位置 地处开平区西南，东、南与越河镇接壤，西邻永洪桥街道，北接开平镇。办事处驻税东社区，电话区号 0315，邮政编码 063001，距开平区人民政府 3 千米。

政区沿革 1982 年 3 月，原路北区东新村街道所辖京山铁路以南，陡河以东地区划归路南区，设立税务庄街道，属路南区。1992 年 11 月，将路南区税务庄街道唐古路以东地区划归开平区，设立税务庄街道。

政区划分 2011 年末，辖税东、唐钢、唐钱、河联 4 个居民委员会；下设 85 个居民小组。

人口面积 2011 年末，辖区总人口 1.96 万人，其中城镇常住人口 1.92 万人，城镇化率 99.8%。另有流动人口 351 人。总人口中，男性 9514 人，占 49.6%；女性 9715 人，占 50.4%；14 岁以下 1962 人，占 10.2%；15～64 岁 14902 人，占 77.5%；65 岁以上 2365 人，占 12.3%。总人口中，以汉族为主，达 18614 人，占 96.8%；有回、满、朝鲜 3 个少数民族，共 615 人，占 3.2%；其中回族 523 人，占少数民族人口的 85.04%。2011 年，人口出生率 3.55‰，人口死亡率 2.66‰，人口自然增长率 0.89‰。

辖区东西最大距离 1.2 千米，南北最大距离 2 千米，总面积 2.4 平方千米。人口密度为每平方千米 8167 人。

社会发展

文化艺术 2011 年末，街道文化活动站 1 个，社区级文化活动中心 4 个，各类文化团体 6 个；各类图书室 4 个，藏书 1.1 万册。

体育 2011 年末，100% 的城市社区安装了健身器材，经常参加体育活动的人员占常住人口的 65%。

社会保障 2011 年，城镇最低生活保障户数 208 户，人数 381 人，支出 117.74 万元，月人均 258 元。

（撰稿：石慧，初审：张长青）

河联社区
(Helian Shequ)

名称来历 因驻地位于河联小区而得名。

地理位置 地处税务庄街道办事处南部，东至宝新钢铁公司，南至河北钢铁集团有限公司，西至唐古路，北至东港龙城。

主要指标 2011 年末，辖区总人口 3519 人，总面积 0.47 平方千米，城镇居民人均可支配收入 19827 元。

税东社区
(Shuidong Shequ)

名称来历 因驻地位于税东小区而得名。

地理位置 地处税务庄街道办事处北部，东至小王庄，南至税钢小区，西至宝丰加油站，北至唐古路。

主要指标 2011 年末，辖区总人口 4923 人，总面积 0.15 平方千米，城镇居民人均可支配收入 19827 元。

唐钢社区
(Tanggang Shequ)

名称来历 因驻地位于唐钢职工家属区而得名。

地理位置 地处税务庄街道办事处北部，东至税后新村，南至东港龙城，西至唐古路，北至税东社区。

主要指标 2011 年末，辖区总人口 10398 人，总面积 2.3 平方千米，城镇居民人均可支配收入 19827 元。

唐钱社区
(Tangqian Shequ)

名称来历 因驻地坐落于唐钱楼小区而得名。

地理位置 地处开平街道办事处南部，东至马各庄，南至华苑毛巾有限公司，西至仝泰建筑混凝土有限公司，北至唐山市传染病医院。

主要指标 2011 年末，辖区总人口 1680 人，总面积 0.08 平方千米，城镇居民人均可支配收入 19827 元。

陡电街道

(Doudian Jiedao)

政区概况

名称来历 因办事处驻地位于陡河发电厂而得名。

地理位置 地处开平区北部，东邻双桥镇，南、西邻栗园镇，北邻榛子镇。办事处驻陡河发电厂，电话区号0315，邮政编码063028，距开平区人民政府16千米。

政区沿革 1973年，建陡河发电厂。1975年，设立陡电居民委员会，属路北区。1993年2月，划归开平区，设立陡电街道。

政区划分 2011年末，辖陡电1个居民委员会；下设11个居民小组。

人口面积 2011年末，辖区总人口3820人，其中城镇常住人口3820人，城镇化率100%。另有流动人口300人。总人口中，男性1732人，占45.34%；女性2088人，占54.66%；14岁以下670人，占17.54%；15～64岁2213人，占57.94%；65岁以上937人，占24.52%。总人口中，以汉族为主，达3720人，占97.38%；有回族62人，占1.62%。2011年，人口出生率2.61‰，死亡率2.71‰，人口自然增长率-0.1‰。

辖区东西最大距离1.1千米，南北最大距离1千米，总面积1.1平方千米。人口密度为每平方千米3473人。

社会发展

文化艺术 2011年末，社区文化活动中心1个；图书室1个，藏书3万余册；音乐、美术、书法、摄影及文学业余创作人员21人。

社会保障 2011年，城镇最低生活保障户数2户，人数2人，支出9600元，月人均400元。

（撰稿：姚景满，初审：杨敬忠）

陡电社区

(Doudian Shequ)

名称来历 因驻地位于陡河电厂职工家属区得名。

地理位置 地处陡电街道办事处中部，东至陡河水库大坝，南至栗园村，西至郑庄，北至陡河水库大坝。

主要指标 2011年末，辖区总人口3820人，总面积1.1平方千米，城镇居民人均可支配收入19827元。

荆各庄街道

(Jinggezhuang Jiedao)

政区概况

名称来历 因办事处驻地位于荆各庄矿而得名。

地理位置 地处开平区北部，东、南、西、北均为栗园镇。办事处驻荆各庄矿，电话区号0315，邮政编码063022，距开平区人民政府12千米。

政区沿革 1980年5月，设立荆各庄街道，属路北区。1992年12月，划归开平区。

政区划分 2011年末，辖荆各庄1个居民委员会；下设13个居民小组。

人口面积 2011年末，辖区总人口7336人，其中城镇常住人口7000人，城镇化率96%。另有流动人口300人。总人口中，男性4206人，占57.3%；女性3130人，占42.7%；14岁以下1052人，占14.3%；15～64岁5225人，占71.2%；65岁以上1089人，占14.5%。总人口中以汉族为主，达7300人，占99.5%；有回族15人，占0.21%；朝鲜族15人，占0.21%。满族6人，占0.08%。2011年，人口出生率4.63‰，人口死亡率4.36‰，人口自然增长率0.27‰。

辖区东西最大距离2千米，南北最大距离1.5千米，总面积3平方千米。人口密度为每平方千米2445人。

社会发展

教育 2011年末，幼儿园1所，在园幼儿360人，专任教师20人；小学1所，在校生700人，专任教师54人，小学适龄儿童入学率100%。

医疗卫生 2011年末，一级医疗卫生机构1个，门诊部（所）4个；病床60张。专业卫生人员78名，其中执业医师36人，执业助理医师24人，注册护士18人。

体育 2011年末，室外体育场地1处，座位85张。95%的小区装了健身器材，经常参加体育活动的人员占常住人口的56%。

广播电视 2011年末，有线电视用户2100户。

社会保障 2011年，城镇最低生活保障户数52户，人数101人，支出38.54万元，月人均318元。

（撰稿：朱明哲，初审：袁宝焕）

荆各庄社区

(Jinggezhuang Shequ)

名称来历 因驻地位于荆各庄矿职工家属区而得名。

地理位置 地处荆各庄街道办事处中部，东至小佛头村，南至茅草营村，西至大佛头村，北至荆各庄村。

主要指标 2011年末，辖区总人口7336人，总面积

2.1平方千米，城镇居民人均可支配收入19827元。

开平镇

(Kaiping Zhen)

河北第一镇、中国乡镇之星。

政区概况

名称来历 明永乐元年（1403年）开平中屯卫置此，故而得名。

地理位置 地处开平区中部，东与洼里镇交界，南与越河镇为邻，西与缸窑街道接壤，北与栗园镇毗连。人民政府驻三街村，电话区号0315，邮政编码063021，距开平区人民政府1千米。

政区沿革 明永乐元年（1403年），“开平中屯卫”徙治于此，次年设开平镇。清代分属滦州、丰润两县。1952年7月，建开平镇，属唐山市第五区。1958年，建开平人民公社，属唐山市郊区。1960年，改建马家沟人民公社。1961年，改名开平人民公社。1984年，合并开平人民公社、开平街道建开平镇，辖17个村民委员会、19个居民委员会。1992年11月，缸窑乡撤销，其中4个村划归开平镇，辖21个村民委员会、22个居民委员会。1996年8月，岔道乡并入，辖34个村民委员会。

政区划分 2011年末，辖一街、二街、三街、四街、五街、六街、七街、赵庄、半壁店、马家沟、丰山、马路、前屈庄、中屈庄、小屈庄、前陡河、后陡河、中八里、西八里、陈庄、欢套、马大寨、石家庄、石泉庄、聂各庄、上村、国各庄、耿家营、岔道、大岔道、西帅甲、东帅甲、东八里、后屯34个村委会；下设368个村民小组。

人口面积 2011年末，辖区总人口5.87万人，其中城镇常住人口1.61万人，城镇化率27.66%。另有流动人口460人。总人口中，男性2.85万人，占48.55%；女性3.02万人，占51.45%；14岁以下0.66万人，占11.3%；15~64岁4.59万人，占78.2%；65岁以上0.62万人，占10.5%。总人口中，以汉族为主，达5.58万人，占95%；有回、满、朝鲜、蒙古、等少数民族，共2900人，占5%，其中回族1802人，占少数民族人口的62.14%。2011年，人口出生率7‰，人口死亡率5‰，人口自然增长率2‰。

辖区东西最大距离3.7千米，南北最大距离16.5千米，总面积61.1平方千米。人口密度为每平方千米961人。

经济概况

农业 耕地面积3.53万亩，人均0.6亩。2011年，农业总产值14332万元，比上年增长0.6%，实现农业增加值4874万元，占国内生产总值的34%。

粮食作物以小麦、玉米为主。2011年，生产粮食9979吨，人均170千克。

畜牧业以猪、牛、羊为主。2011年，生猪饲养量2.38万头，年末存栏1.22万头；牛饲养量0.45万头，年末存栏0.23万头；羊饲养量0.59万只，年末存栏0.21万只；家禽饲养量54万羽，上市家禽36.6万羽。2011年，生产肉类0.26万吨；禽蛋919吨，鲜奶0.55万吨。畜牧业总产值0.92亿元，占农业总产值的63.87%。

截至2011年末，累计造林0.34万亩，林木覆盖率36.6%。

工业 2011年，工业总产值92.45亿元，比上年增长7.8%，实现工业增加值7.3亿元，占国内生产总值的78.93%。

商业外贸 2011年末，商业网点69个，职工235人；集贸市场6个。

社会发展

文化艺术 2011年末，镇文化站1个，村级文化活动中心34个；各类图书室34个，藏书4.5万余册。

教育 2011年末，幼儿园4所，在园幼儿207人，专任教师19人；小学4所，在校生882人，专任教师96人；初中1所，在校生450人，专任教师44人，初中适龄人口入学率98.5%，小升初升学率、九年义务教育覆盖率达100%。

医疗卫生 2011年末，各级医疗卫生机构2个，门诊部（所）34个；病床45张。

体育 2011年末，体育场地34处。100%的村安装了健身器材，经常参加体育活动的人员占常住人口的55%。

社会保障 2011年，城镇最低生活保障户数474户，人数1014人，支出360万元，月人均296元；城市医疗救助25人次。农村最低生活保障户数1632户，人数7592人，支出300万元。

（撰稿：陈长友，初审：张国刚）

一街村

(Yijie Cun)

名称来历 唐代建村，得名于明，为开平镇，以东西大街为界，路北由东向西依次为1街2街3街4街，路南由西向东依次为5街6街7街，因位置而得名，沿用至今。

地理位置 地处开平镇中部，东至七街，南至丰山，西至东城路，北至赵庄。

主要指标 2011年末，辖区总人口3640人，总面积9.32平方千米，农民人均纯收入9070元。

二街村

(Erjie Cun)

名称来历 唐代建村，得名于明，为开平镇，以东西大街为界，路北由东向西依次为1街2街3街4街，路南由西向东依次为5街6街7街，因位置而得名，沿用至今。

地理位置 地处开平镇中部，东至一街，南至七街，西至三街，北至北环路。

主要指标 2011年末，辖区总人口1348人。面积1.31

平方千米。农民人均纯收入9070元。

三街村

(Sanjie Cun)

名称来历 唐代建村，得名于明，为开平镇，以东西大街为界，路北由东向西依次为1街2街3街4街，路南由西向东依次为5街6街7街，因位置而得名，沿用至今。

地理位置 地处开平镇中部，东至二街，南至五街，西至四街，北至开平镇政府。

主要指标 2011年末，辖区总人口1460人，总面积1.2平方千米，农民人均纯收入9070元。

四街村

(Sijie Cun)

名称来历 唐代建村，得名于明，为开平镇，以东西大街为界，路北由东向西依次为1街2街3街4街，路南由西向东依次为5街6街7街，因位置而得名，沿用至今。

地理位置 地处开平镇中部，东至三街，南至五街，西至马路村，北至开平镇政府。

主要指标 2011年末，辖区总人口1430人，面积1.01平方千米。农民人均纯收入9070元。

五街村

(Wujie Cun)

名称来历 唐代建村，得名于明，为开平镇，因开平旧城道路均以街命名，故开平城内均以街命名村，以东西大街为界，路北由东向西依次为1街2街3街4街，路南由西向东依次为5街6街7街，因位置而得名，沿用至今。

地理位置 地处开平镇中部，东至六街，南至半壁店，西至外环路，北至三街。

主要指标 2011年末，辖区总人口1341人，总面积0.85平方千米，农民人均纯收入9070元。

六街村

(Liujie Cun)

名称来历 唐代建村，得名于明，为开平镇，因开平旧城道路均以街命名，故开平城内均以街命名村，以东西大街为界，路北由东向西依次为1街2街3街4街，路南由西向东依次为5街6街7街，因位置而得名，沿用至今。

地理位置 地处开平镇中部，东至七街，南至开平新城，西至五街，北至三街。

主要指标 2011年末，辖区总人口1790人，总面积0.99平方千米，农民人均纯收入9070元。

七街村

(Qijie Cun)

名称来历 唐代建村，得名于明，为开平镇，因开平旧城道路均以街命名，故开平城内均以街命名村，以东西大街为界，路北由东向西依次为1街2街3街4街，路南由西向东依次为5街6街7街，因位置而得名，沿用至今。

地理位置 地处开平镇中部，东至一街，南至六街，西至五六街，北至二街。

主要指标 2011年末，辖区总人口2060人，总面积0.88平方千米，农民人均纯收入9070元。

赵庄村

(Zhaozhuang Cun)

名称来历 明成化年间，来此定居者为赵姓而得名。

地理位置 地处开平镇东部，东至西帅甲，南至一街，西至马路村，北至后屯。

主要指标 2011年末，辖区总人口2690人，总面积3.65平方千米，农民人均纯收入9070元。

丰山村

(Fengshan Cun)

名称来历 因东侧有一座长达2.5公里的孤山，名丰山，取名峰山村，后称丰山村。

地理位置 地处开平镇东南部，东至岔道，南至东八里，西至七街，北至唐古路。

主要指标 2011年末，辖区总人口968人，总面积0.58平方千米，农民人均纯收入9070元。

马路村

(Malu Cun)

名称来历 1911年开滦马家沟矿在矿南门外修筑一条马路，两侧建房，渐成街道，取名马路街，1958年地名普查时改名马路村。

地理位置 地处开平镇北部，东至马家沟矿，南至四街，西至中屈庄，北至新工村。

主要指标 2011年末，辖区总人口1903人，总面积1.19平方千米，农民人均纯收入9070元。

国各庄村

(Guogezhuang Cun)

名称来历 明代建村，村名来历有两种说法：一是原称蝈蝈庄，二是国姓较多，以姓氏得名。

地理位置 地处开平镇西南部，东至开平新城，南至西八里，西至市区，北至耿家营。

主要指标 2011年末，辖区总人口1542人，总面积1.9平方千米，农民人均纯收入9070元。

耿家营村

(Gengjiaying Cun)

名称来历 因明朝初年，有耿、常、陈三户先后迁此建村，因耿姓先至此而得名。

地理位置 地处开平镇西南部，东至开平新城，南至国各庄，西至市区，北至半壁店。

主要指标 2011年末，辖区总人口1485人，总面积

1.93平方千米，农民人均纯收入9070元。

半壁店村

(Banbidian Cun)

名称来历 清康熙三年建村，只有几间简易房，到咸丰年间，形成半面街，全村只有北面一条街，南面无街，只有影壁一块所以得名。

地理位置 地处开平镇南部，东至开平新城，南至耿家营，西至国各庄，北至开平五六街。

主要指标 2011年末，辖区总人口1800人，总面积1.69平方千米，农民人均纯收入9070元。

上村

(Shang Cun)

名称来历 1964年由东缸窑划出，因地势比下村高故而得名。

地理位置 地处开平镇西部，东至东湖，南至半壁店村，西至下村，北至前屈庄。

主要指标 2011年末，辖区总人口2006人，总面积3平方千米。农民人均纯收入9070元。

前屈庄村

(Qianquzhuang Cun)

名称来历 明永乐年间，由东枣林庄移民至此，首户姓屈，取名屈家庄，简称屈庄，1963年划为3个村，该村位于最南部故名前屈庄。

地理位置 地处开平镇西北部，东至开平新城，南至东缸窑，西至贾安子，北至大戴庄。

主要指标 2011年末，辖区总人口2162人，面积1.52平方千米。农民人均纯收入9070元。

中屈庄村

(Zhongquzhuang Cun)

名称来历 明永乐年间，由东枣林庄移民至此，首户姓屈，取名屈家庄，简称屈庄，1963年屈庄划为3个村，该村位于中部，取名中屈庄。

地理位置 地处开平镇西北部，东开平新城，南至东缸窑，西至贾安子，北至大戴庄。

主要指标 2011年末，辖区总人口2082人，面积1.86平方千米。农民人均纯收入9070元。

小屈庄村

(Xiaoquzhuang Cun)

名称来历 明永乐年间，由东枣林庄移民至此，首户姓屈，取名屈家庄，简称屈庄，1963年屈庄划为3个村，该村面积小，故名小屈庄。

地理位置 地处开平镇西北部，东至新工村，南至外环路，西至马矿新区，北至46中。

主要指标 2011年末，辖区总人口1300人，面积0.32平方千米。农民人均纯收入9070元。

西八里村

(Xibali Cun)

名称来历 因距开平镇8华里，又位于东、中八里村以西，故名西八里。

地理位置 地处开平镇南部，东至开越路，南至东刘屯，西至耿家营，北至开平新城。

主要指标 2011年末，辖区总人口2418人，面积2.58平方千米。农民人均纯收入9070元。

中八里村

(Zhongbali Cun)

名称来历 因距开平镇8华里，又位于东、西八里村中间，故名中八里。

地理位置 地处开平镇南部，东至东八里，西至西八里，南至东刘屯，北至七街。

主要指标 2011年末，辖区总人口1550人，面积1.62平方千米。农民人均纯收入9070元。

东八里村

(Dongbali Cun)

名称来历 因距开平镇8华里，又位于西、中八里村以东，故名东八里。

地理位置 地处开平镇南部，东至聂各庄，南至东刘屯，西至中八里，北至丰山。

主要指标 2011年末，辖区总人口1030人，面积1.47平方千米。农民人均纯收入9070元。

大岔道村

(Dachadao Cun)

名称来历 据传曾有一位将军领兵经过此地，因相邻有三个村，走岔了道，后取名为岔道，因此村较大，为大岔道。

地理位置 地处开平镇东南部，东至欢套，南至石泉庄，西至丰山，北至小岔道。

主要指标 2011年末，辖区总人口493人，面积0.87平方千米。农民人均纯收入9070元。

岔道村

(Chadao Cun)

名称来历 据传曾有一位将军领兵经过此地，因相邻有三个村，走岔了道，后取名为岔道。

地理位置 地处开平镇东南部，东至欢套，南至大岔道，西至开平老城区，北至陈庄。

主要指标 2011年末，辖区总人口621人，面积0.74平方千米，农民人均纯收入9070元。

欢套村

(Huantao Cun)

名称来历 明永乐二年（1404年），宋、尹两家由山东移民至此建村，因山东原籍村名为欢套，建村时沿用旧名。

地理位置 地处开平镇东南部，东至马家大寨，南至石泉庄，西至岔道，北至帅甲。

主要指标 2011年末，辖区总人口1790人，面积3.52平方千米。农民人均纯收入9070元。

石泉庄村

(Shiquanzhuang Cun)

名称来历 明永乐年间，由山东枣林庄移民至此建村，当时村四周有10个泉源，终年溢水，村民为了饮水和浇地，将泉源周围用石块垒筑，从而得名石泉庄。

地理位置 地处开平镇东南部，东至丰南陈庄，南至石家庄，西至岔道3华，北至欢套。

主要指标 2011年末，辖区总人口1037人，面积2.05平方千米。农民人均纯收入9070元。

石家庄村

(Shijiazhuang Cun)

名称来历 明朝天启年间，山东枣林庄石姓农民迁此建村，遂以姓氏取名石家庄村。

地理位置 地处开平镇东南部，东至陈庄，南至聂各庄，西至东八里，北至大岔道。

主要指标 2011年末，辖区总人口700人，总面积1.41平方千米。农民人均纯收入9070元。

聂各庄村

(Niegezhuang Cun)

名称来历 明永乐年间，山东枣林庄聂姓农民迁此建村，遂以姓氏取名。

地理位置 地处开平镇东南部，东至大陈庄，南至康各庄，西至东八里，北至石家庄。

主要指标 2011年末，辖区总人口1238人，面积2.07平方千米。农民人均纯收入9070元。

西帅甲村

(Xishuaijia Cun)

名称来历 唐朝，薛礼征东时有位元帅领兵路经石榴河，因当时无桥，只好蹚水过河，过河后，晾晒盔甲，遂得名帅甲，后分为两个村，居河西者为西帅甲。

地理位置 地处开平镇东南部，东至东帅甲，南至欢套，西至赵庄，北至后营。

主要指标 2011年末，辖区总人口1286人，面积2.28平方千米。农民人均纯收入9070元。

东帅甲村

(Dongshuaijia Cun)

名称来历 唐朝，薛礼征东时有位元帅领兵路经石榴河，因当时无桥，只好蹚水过河，过河后，晾晒盔甲，遂得名帅甲，后分为两个村，居河东者为东帅甲。

地理位置 地处开平镇东南部，东至马家大寨，南至欢套，西至西帅甲，北至后营。

主要指标 2011年末，辖区总人口1212人，面积1.80平方千米。农民人均纯收入9070元。

马大寨村

(Madazhai Cun)

名称来历 明朝，马姓大户由山东枣林庄迁此建村，因过去姓“寨”，含“大”之意，又是马姓建村，故取名马大寨。

地理位置 地处开平镇东南部，东至卜大寨，南至张各庄，西至欢套，北至洼里。

主要指标 2011年末，辖区总人口1645人，面积3.4平方千米。农民人均纯收入9070元。

陈庄村

(Chenzhuang Cun)

名称来历 明朝年间，开平一户姓陈的人家在此建一座花园，称陈家花园，后渐成村落，取名小陈庄，后改为陈庄。

地理位置 地处开平镇东部，东至欢套，南至岔道，西至一街，北至西帅甲。

主要指标 2011年末，辖区总人口370人，面积0.5平方千米。农民人均纯收入9070元。

马家沟村

(Majiagou Cun)

名称来历 马姓居多，村子附近沟多，得名马家沟。

地理位置 地处开平镇北部，东至二街村，南至开滦马家沟矿，西至唐马路，北至前陡河。

主要指标 2011年末，辖区总人口1318人，面积1.9平方千米。农民人均纯收入9070元。

前陡河村

(Qiandouhe Cun)

名称来历 因紧邻陡河而得名。

地理位置 地处开平镇北部，东至水泥厂，南至马家沟，西至新工村社区，北至后陡河。

主要指标 2011年末，辖区总人口1768人，面积1.2平方千米。农民人均纯收入9070元。

后陡河村

(Houdouhe Cun)

名称来历 因紧邻陡河而得名。

地理位置 地处开平镇北部，东至赵庄，南至前陡河，西至刘官屯，北至后屯。

主要指标 2011年末，辖区总人口1343人，面积0.9平方千米。农民人均纯收入9070元。

后屯村

(Houtun Cun)

名称来历 明朝建村，后来村落逐渐扩大，最后取谐音，后屯。

地理位置 地处开平镇北部，东至治里，南至后陡河，西至茅草营，北至于庄。

主要指标 2011年末，辖区总人口3600人，面积5.06平方千米。农民人均纯收入9070元。

栗园镇

(Liyuan Zhen)

政区概况

名称来历 因镇政府原驻地位于栗园村而得名。

地理位置 地处开平区东北，东与双桥镇交界，南与开平镇为邻，西与郑庄子镇接壤，北与常庄乡毗连。人民政府驻小六甲村，电话区号0315，邮政编码063022，距开平区人民政府13千米。

政区沿革 1936年属滦县第九、十区。1940年，属中共丰滦迁特区。1946年，属中共滦西县第三区。1948年，属滦县第十区。1952年属唐山市第十区。1955年，属洼里区。1956年，属唐山市郊区。1958年8月，设立刘官屯人民公社。1961年，更名为栗园人民公社，属市区。1963年，划归开平区。1984年，政社分设，复置栗园乡。1993年9月，撤乡，设立栗园镇。

政区划分 2011年末，辖大戴庄、刘官屯、茅草营、荆各庄、曹庄、沈庄、大佛头、小佛头、大六甲、小六甲、于庄、刘庄、双庙、马各庄、奔各庄、郑庄、郝庄、尤各庄、栗园19个村民委员会；下设198个村民小组。

人口面积 2011年末，辖区总人口2.95万人。另有流动人口316人。总人口中，男性1.45万人，占49.02%；女性1.5万人，占50.98%；18岁以下4845人，占16.41%；18~60岁19606人，占66.39%；60岁以上5079人，占17.2%。总人口中，以汉族为主，达2.94万人，占99.66%；有回族100人，占0.34%。2011年，人口出生率6.3‰，人口死亡率4.7‰，人口自然增长率1.6‰。

辖区东西最大距离3.6千米，南北最大距离7.8千米，总面积33.1平方千米。其中陆地面积28.1平方千米，占84.9%；水域面积5平方千米，占15.1%。人口密度为每平方千米891人。

自然条件

矿藏及其他自然资源 境内已探明地下矿藏有煤炭，地质储量1.4亿立方米，可采储量7268万立方米，集中分布在南部荆各庄、沈庄、大佛头、刘官屯、小佛头一带。

经济概况

农业 耕地面积1.65万亩，人均耕地0.56亩。2011年，农业总产值1.76亿元，比上年增长0.45%，实现农业增加值0.23亿元，占国内生产总值的13.07%。

粮食作物以小麦、玉米为主。2011年，生产粮食0.55万吨，人均186千克，其中小麦764吨，玉米0.46万吨。

畜牧业以猪、羊、兰狐为主。2011年，生猪饲养量1.75万头，年末存栏0.75万头；羊饲养量0.79万只，年末存栏0.41万只；年末存栏0.3万只；家禽饲养量30万羽，上市家禽26.66万羽。2011年，生产肉类0.2万吨；禽蛋819吨，鲜奶0.35万吨。畜牧业总产值0.56亿元，占农业总产值的73.2%。

渔业以鲤鱼、草鱼、鲢鱼、鳙鱼、鲫鱼为主。2011年，渔业总产值0.15亿元，占农业总产值的0.09%。

工业 2011年，工业总产值22.13亿元，比上年增长6.8%，实现工业增加值5.98亿元，占国内生产总值的比重27.04%。

商业外贸 2011年末，商业网点25个，职工98人；集贸市场7个。

财政金融 2011年，财政总收入0.58亿元，比上年增长8%。完成地税1800万元，完成国税4000万元。

2011年，银行和金融机构各类存款余额2.3亿元，比上年增长7.5%。

社会发展

文化艺术 2011年末，镇文化站1个，村级文化活动中心19个；各类图书室15个，藏书5.93万册。

教育 2011年末，幼儿园6所，在园幼儿1100人，专任教师130人；小学4所，在校生2000人，专任教师210人，小学适龄儿童入学率100%；初中1所，在校生800人，专任教师120人，初中适龄人口入学率、小升初升学率、九年义务教育覆盖率均达100%。

医疗卫生 2011年末，各级医疗卫生机构1个，门诊部（所）1个；病床30张，固定资产总值280万元。专业卫生人员16名，其中执业医师8人，注册护士4人。2011年医疗机构（门诊部以上）完成诊疗1.83万人次。新型农村合作医疗和城镇居民医疗保险参合率100%。

体育 2011年末，85%的村安装了健身器材，经常参加体育活动的人员占常住人口的33%。

社会保障 2011年，城镇最低生活保障户数914户，人数2142人，支出933万元，月人均363元；城市医疗救助70人次。农村最低生活保障户数720户，人数1364人，支出210万元，月人均128元。国家抚恤、补助各类优抚对象36人，抚恤事业费支出39万元。敬老院1家，床位20张，农村五保供养10人。新型农村社会养老保险参保人数1.1万人，参保率80%。

镇区市政建设

公共交通 2011年末，镇区客运站线1条，日发客运汽车40班次，日均容量1000余人次。

给排水 2011年末，镇区深水井68眼，年供水114万立方米。镇区主要道路两侧排水为自然排水。

园林绿化 2011年末，镇区绿化面积667公顷。

（撰稿：安瑞成，初审：盛震）

郑庄村

(Zhengzhuang Cun)

名称来历 明永乐二年，有郑姓农民由山东枣林庄迁此定居，遂以姓氏取名。

地理位置 地处栗园镇东部，东至陡河电厂，南至马陡路，西至马各庄，北至郝家庄。

主要指标 2011年末，辖区总人口1600人，总面积1.2平方千米，农民人均纯收入9070元。

曹庄村

(Caozhuang Cun)

名称来历 明永乐二年，有曹姓农民由山东枣林庄迁此定居，遂以姓氏取名，后称曹庄。

地理位置 地处栗园镇西南部，东至荆各庄矿，南至马北路，西至任屯，北至甸家洼。

主要指标 2011年末，辖区总人口1300人，总面积1.3平方千米，农民人均纯收入9070元。

刘庄村

(Liuzhuang Cun)

名称来历 明朝建村，有刘姓农民由山东枣林庄迁此定居，遂以姓氏取名。

地理位置 地处栗园镇东南部，东至陡河水库，南至冶里，西至小佛头，北至栗园。

主要指标 2011年末，辖区总人口1303人，总面积2.2平方千米，农民人均纯收入9070元。

尤各庄村

(Yougezhuang Cun)

名称来历 原称牛过庄，先是有牧童遇虎，童坠，卧牛腹下，自忖各庄。

地理位置 地处栗园镇东北部，东至陡河电厂，南至郝各庄，西至奔各庄，北至陡河水库。

主要指标 2011年末，辖区总人口826人，总面积0.08平方千米，农民人均纯收入9070元。

大戴庄村

(Dadaizhuang Cun)

名称来历 明永乐年间，有戴姓农民由山东枣林庄迁此定居，遂以姓氏取名。

地理位置 地处栗园镇南部，东至刘官屯村，南至陡河，西至小戴庄，北至荆各庄矿场。

主要指标 2011年末，辖区总人口750人，总面积2.5平方千米，农民人均纯收入9070元。

茅草营村

(Maocaoying Cun)

名称来历 明永乐年间，山东枣林庄移民至此建村，遍地狼藉，茅草丛生，故取村名茅草营。

地理位置 地处栗园镇南部，东至于庄，南至后屯，西至刘官屯，北至北湖。

主要指标 2011年末，辖区总人口1244人，总面积1.82平方千米，农民人均纯收入9070元。

荆各庄村

(Jinggezhuang Cun)

名称来历 明永乐年间，山东枣林庄移民至此建村，当年此地人烟稀少，荆棘遍地，故取村名荆各庄。

地理位置 地处栗园镇南部，东至刘庄，南至小佛头，西至马陡路，北至大六甲。

主要指标 2011年末，辖区总人口849人，总面积1.8平方千米，农民人均纯收入9070元。

于庄村

(Yuzhuang Cun)

名称来历 明永乐年间，于姓农民由山东枣林庄移民至此建村，故取村名于庄。

地理位置 地处栗园镇南部，东至冶里，南至后屯，西至大佛头，北至刘庄。

主要指标 2011年末，辖区总人口1856人，总面积1.3平方千米，农民人均纯收入9070元。

奔各庄村

(Bengezhuang Cun)

名称来历 明永乐二年，有奔姓大户由山东枣林庄移民至此定居，故以姓氏取名。

地理位置 地处栗园镇东北部，东至郝庄，南至马各庄，西至丰润区王官营，北至郝庄。

主要指标 2011年末，辖区总人口1793人，总面积1.31平方千米，农民人均纯收入9070元。

大六甲村

(Daliujia Cun)

名称来历 明代由山东枣林庄移民至此建村，村西有六个大土坨子，借此取村名为大六甲坨，后称大六甲。

地理位置 地处栗园镇东部，东至栗园，南至小佛头，西至大佛头，北至小六甲。

主要指标 2011年末，辖区总人口630人，总面积1.9平方千米，农民人均纯收入9070元。

栗园村

(Liyuan Cun)

名称来历 该村因种栗树较多，故名栗园。

地理位置 地处栗园镇东部，东至陡河水库，南至刘庄，西至小六甲，北至陡河电厂。

主要指标 2011年末，辖区总人口3650人，总面积1.9平方千米，农民人均纯收入9070元。

小六甲村

(Xiaoliujia Cun)

名称来历 明代由山东枣林庄移民至此建村，村西有六个大土坨子，称大六甲，因人口增多，迁出部分人口建小六甲。

地理位置 地处栗园镇中部，东至栗园，南至大六甲，西至栗园镇人民政府，北至马各庄。

主要指标 2011年末，辖区总人口491人，总面积1.7平方千米，农民人均纯收入9070元。

马各庄村

(Magezhuang Cun)

名称来历 明永乐二年，有徐姓农民迁至陡河水库，有马路穿庄而过，得名。

地理位置 地处栗园镇东北部，东至郑庄，南至小六甲，西至王官营，北至奔各庄。

主要指标 2011年末，辖区总人口1145人，总面积1.18平方千米，农民人均纯收入9070元。

小佛头村

(Xiaofotou Cun)

名称来历 明永乐年间，山东枣林庄移民至此建村，村东土坨上建有寺庙一座，名割坨寺，内塑大佛像，取村名土寺坨子，后称名大佛坨子，逐渐演变为大佛头，后人口增多，分出建小佛头。

地理位置 地处栗园镇南部，东至刘庄，南至荆各庄矿，西至大佛头，北至荆各庄。

主要指标 2011年末，辖区总人口1500人，总面积1.5平方千米，农民人均纯收入9070元。

大佛头村

(Dafotou Cun)

名称来历 明永乐年间，山东枣林庄移民至此建村，村东土坨上建有寺庙一座，名割坨寺，内塑大佛像，取村名土寺坨子，后取名大佛坨子，逐渐演变为大佛头，沿用至今。

地理位置 地处栗园镇西南部，东至大六甲，南至荆各庄矿，西至沈庄，北至镇政府。

主要指标 2011年末，辖区总人口1139人，总面积1平方千米，农民人均纯收入9070元。

沈庄村

(Shenzhuang Cun)

名称来历 明永乐二年，有沈姓农民由山东枣林庄移民至此建村，故取村名为沈庄。

地理位置 地处栗园镇西南部，东至大佛头，南至区中小企业工业园，西至曹庄，北至寨子。

主要指标 2011年末，辖区总人口240人，总面积1.4平方千米，农民人均纯收入9070元。

双庙村

(Shuangmiao Cun)

名称来历 唐朝建村，因村南、北各建一座庙宇，名安坨寺，于清光绪十九年重修，俗称南庙、北庙，故取名双庙。

地理位置 地处栗园镇北部，东至陡河水库，南至栗园镇政府，西至丰润区，北至滦县。

主要指标 2011年末，辖区总人口1100人，总面积4平方千米，农民人均纯收入9070元。

刘官屯村

(Liuguantun Cun)

名称来历 明永乐二年，有刘姓为官者由山东枣林庄移民至此建村，故取名刘官屯。

地理位置 地处栗园镇南部，东至后屯村，南至陡河，西至大戴庄，北至茅草营。

主要指标 2011年末，辖区总人口1780人，总面积2.5平方千米，农民人均纯收入9070元。

郝庄村

(Haozhuang Cun)

名称来历 明永乐二年，有郝姓农民由山东枣林庄移民至此建村，遂以姓氏取名郝家庄，后称郝庄。

地理位置 地处栗园镇北部，东至陡河发电厂，南至郑庄，西至奔各庄，北至尤各庄。

主要指标 2011年末，辖区总人口1851人，总面积2.5平方千米，农民人均纯收入9070元。

越河镇

(Yuehe Zhen)

全国优秀乡镇、全国婚育新风进万家活动先进乡镇。

政区概况

名称来历 因镇政府原驻地位于越河村而得名。

地理位置 地处开平区南部，东与开平镇交界，南与胥各庄镇为邻，西与税务庄街道接壤，北与开平镇毗连。人民政府驻罗各庄村，电话区号0315，邮政编码063021，距开平区人民政府3千米。

政区沿革 1937年，属滦县第八、九两区。1948年，隶属丰南县第十区。1952年，属唐山市第三区。1956年，属唐山市郊区。1958年，设越河乡人民公社。1984年，政社分设，复置越河乡。2007年7月，撤乡，设立越河镇。

政区划分 2011年末，辖大史马、大丰谷、小丰谷、郭坨、前于家店、后于家店、朱庄子、东王盼庄、西王盼庄、中王盼庄、东塔头、西塔头、北塔头、东越河、东马各庄、西马各庄、康各庄、罗各庄、东刘屯、税北、税后、税东、税西、税中24个村民委员会；下设256个村民小组。

人口面积 2011年末，辖区总人口2.68万人，其中城镇常住人口1.37万人，城镇化率51%。另有流动人口390人。总人口中，男性1.28万人，占47.76%；女性1.4万人，占52.24%；14岁以下0.3万人，占11.3%；15～64岁2.1万人，占78.1%；65岁以上0.28万人，占10.6%。总人口中，以汉族为主，达26746人，占99.8%；有回族54人，占0.2%。2011年，人口出生率8.1‰，人口死亡率6.9‰，人口自然增长率1.2‰。

辖区东西最大距离6千米，南北最大距离7千米，总面积42平方千米。人口密度为每平方千米638人。

经济概况

农业 耕地面积2.78万亩，人均耕地1.04亩。2011年，农业总产值1.27亿元，比上年增长0.55%，实现农业增加值0.68亿元，占国内生产总值的53.54%。

粮食作物以小麦、玉米为主。2011年，生产粮食0.73万吨，人均272千克，其中小麦0.25万吨，玉米0.47万吨。主要经济作物为蔬菜。2011年，蔬菜种植面积1.49万亩，产量6.46万吨，主要品种有西红柿、黄瓜、茄子、芹菜等，其中西红柿1.01万吨，黄瓜0.35万吨，茄子1.85万吨，芹菜0.47万吨。

畜牧业以猪、牛、羊为主。2011年，生猪饲养量0.38万头，年末存栏0.12万头；牛饲养量0.18万头，年末存栏0.13万头；羊饲养量0.59万只，年末存栏0.21万只；家禽饲养量14万羽，上市家禽11万羽。

截至2011年末，累计造林0.18万亩，栽植树10.6万株，林木覆盖率36.06%。

工业 2011年，工业总产值75.9亿元，比上年增长10.8%，实现工业增加值13亿元，占国内生产总值的比重62.5%。

商业外贸 2011年末，商业网点26个，职工108人；集贸市场6个。

财政金融 2011年，财政总收入1.65亿元，比上年增长15.8%。完成地税0.48亿元，完成国税1.17亿元。

社会发展

文化艺术 2011年末，镇文化站1个，村级文化活动中心24个；各类图书室12个，藏书2万余册；音乐、美术、书法、摄影及文学业余创作人员300余人。

教育 2011年末，幼儿园2所，在园幼儿515人，专任教师23人；小学3所，在校生1200人，专任教师77人，小学适龄儿童入学率100%。

医疗卫生 2011年末，各级医疗卫生机构2个，门诊部（所）22个；病床140张，每千人拥有医疗床位5.2张。专业卫生人员63名。新型农村合作医疗参合人数2.2万人，参合率98%。

体育 2011年末，体育场地24处。100%的村安装了健身器材，经常参加体育活动的人员占常住人口的55%。

社会保障 2011年，城镇最低生活保障户数137户，人数171人，支出55.6万元，月人均271元。农村最低生活保障户数879户，人数1488人，支出275万元，月人均154元。国家抚恤、补助各类优抚对象48人，抚恤事业费支出38.6万元。

（撰稿：代文化，初审：胡志芳）

大史马村

(Dashima Cun)

名称来历 曾经有一位皇帝骑马路过该村，当地将皇帝路过的道路称为试马道，后该村以此路命名叫试马村，后读音讹化称为史马村，为与小史马区分，称为大史马。

地理位置 地处越河镇东南部，东至小史马庄，南至丰南安各庄，西至女织寨乡侯边庄，北至大丰谷。

主要指标 2011年末，辖区总人口1235人，总面积1.83平方千米，农民人均纯收入9070元。

大丰谷村

(Dafenggu Cun)

名称来历 唐朝薛礼东征时路过此地，见土地荒芜，民不聊生，启发百姓说“村周之野，植谷定丰”。故留名丰谷庄，后一分为二，为与小丰谷对称，改为大丰谷。

地理位置 地处越河镇南部，东至郭坨，南至小史马，西至曹庄子村，北至东王盼庄村。

主要指标 2011年末，辖区总人口1576人，总面积3.8平方千米，农民人均纯收入9070元。

小丰谷村

(Xiaofenggu Cun)

名称来历 唐朝薛礼东征时路过此地，见土地荒芜，民不聊生，启发百姓说“村周之野，植谷定丰”。故留名丰谷庄，后一分为二，为与大丰谷对称，改为小丰谷。

地理位置 地处越河镇南部，东至前于家店，南至大丰谷，西至郭坨，北至东王盼庄。

主要指标 2011年末，辖区总人口376人，总面积0.76平方千米，农民人均纯收入9070元。

郭坨村

(Guotuo Cun)

名称来历 最早来此地落户建村者为郭姓农民，因村东有大土坨，遂以姓氏取名郭家坨，1958年改称郭坨。

地理位置 地处越河镇东南部，东至大齐庄，南至小史马庄，西至大丰谷，北至小丰谷。

主要指标 2011年末，辖区总人口388人，总面积0.94平方千米，农民人均纯收入9070元。

前于家店村

(Qianyujiadian Cun)

名称来历 明朝永乐年间，山东枣林庄于姓农民迁此落户，取名于家店，后一分为二，因坐落南面，称前于家店。

地理位置 地处越河镇南部，东至后于家店，南至丰南区大齐各庄，西至小丰谷，北至西塔头。

主要指标 2011年末，辖区总人口640人，总面积1.46平方千米，农民人均纯收入9070元。

后于家店村

(Houyujiadian Cun)

名称来历 明朝永乐年间，山东枣林庄于姓农民迁此落户，取名于家店，后一分为二，因坐落北面，称后于家店。

地理位置 地处越河镇南部，东距崔庄，南至大齐村，西至王盼庄，北至朱庄子。

主要指标 2011年末，辖区总人口1136人，总面积2.62平方千米，农民人均纯收入9070元。

朱庄子村

(Zhuzhuangzi Cun)

名称来历 明永乐二年（1404年），有朱姓农民在此建村，遂以姓氏取名朱庄子。

地理位置 地处越河镇东南部，东至后赞公庄，南至后于家店，西至东王盼庄，北至东塔头。

主要指标 2011年末，辖区总人口805人，总面积1.27平方千米，农民人均纯收入9070元。

东王盼庄村

(Dongwangpanzhuang Cun)

名称来历 明太祖朱元璋四子燕王朱棣扫北时，被敌兵围困在唐山陡河以东，为观察敌情，燕王令将士在今王盼庄东北五六里处，用土堆起一座数丈高的瞭望塔，后来根据这个传说，在燕王观察敌情、终日盼望援军的黄土岗附近，建起的村庄叫王盼庄，后因人多村大，划为三个村，因居东，称为东王盼庄。

地理位置 地处越河镇东南部，东至后于家店，南至大丰谷，西至中王盼庄，北至西塔。

主要指标 2011年末，辖区总人口1064人，总面积1.73平方千米，农民人均纯收入9070元。

西王盼庄村

(Xiwangpanzhuang Cun)

名称来历 明太祖朱元璋四子燕王朱棣扫北时，被敌兵围困在唐山陡河以东，为观察敌情，燕王令将士在今王盼庄东北五六里处，用土堆起一座数丈高的瞭望塔，后来根据这个传说，在燕王观察敌情、终日盼望援军的黄土岗附近，建起的村庄叫王盼庄，后因人多村大，划为三个村，因居西，称为西王盼庄。

地理位置 地处越河镇南部，东至中王盼庄，南至曹庄子，西至东越河，北至西马各庄。

主要指标 2011年末，辖区总人口1127人，总面积2平方千米，农民人均纯收入9070元。

中王盼庄村

(Zhongwangpanzhuang Cun)

名称来历 明太祖朱元璋四子燕王朱棣扫北时，被敌兵围困在唐山陡河以东，为观察敌情，燕王令将士在今王盼庄东北五六里处，用土堆起一座数丈高的瞭望塔，后来根据这个传说，在燕王观察敌情、终日盼望援军的黄土岗附近，建起的村庄叫王盼庄，后因人多村大，划为三个村，因居中，称为中王盼庄。

地理位置 地处越河镇南部，东至东王盼庄，南至大丰谷村，西至西王盼庄，北至东马各庄。

主要指标 2011年末，辖区总人口1266人，总面积1.57平方千米，农民人均纯收入9070元。

东塔头村

(Dongtatou Cun)

名称来历 明太祖朱元璋四子燕王朱棣扫北时，被敌兵围困在唐山陡河以东，为观察敌情，用土堆起数丈高的瞭望塔，后在瞭望塔边建立了村庄，称塔头，后因村大人多，分三个村，因居东，称为东塔头。

地理位置 地处越河镇东南部，东至马各庄，南至朱庄子，西至西塔头，北至北塔头。

主要指标 2011年末，辖区总人口941人，总面积

1.65 平方千米，农民人均纯收入 9070 元。

西塔头村

(Xitatou Cun)

名称来历 明太祖朱元璋四子燕王朱棣扫北时，被敌兵围困在唐山陡河以东，为观察敌情，用土堆起数丈高的瞭望塔，后在瞭望塔边建立了村庄，称塔头，后因村大人多，分为三个村，因居西，称为西塔头。

地理位置 地处越河镇东南部，东至东塔头，南至朱庄子，西至中王盼庄，北至北塔。

主要指标 2011 年末，辖区总人口 1140 人，总面积 2 平方千米，农民人均纯收入 9070 元。

北塔头村

(Beitatou Cun)

名称来历 明太祖朱元璋四子燕王朱棣扫北时，被敌兵围困在唐山陡河以东，为观察敌情，用土堆起数丈高的瞭望塔，后在瞭望塔边建立了村庄，称塔头，后因村大人多，分为三个村，因居北，称为北塔头。

地理位置 地处越河镇东南部，东至五里屯，南至西塔头，西至东马各庄，北至康各庄。

主要指标 2011 年末，辖区总人口 1485 人，总面积 1.96 平方千米，农民人均纯收入 9070 元。

东马各庄村

(Dongmagezhuang Cun)

名称来历 因此地水草茂盛，战马常在此放牧，据此传说，村子取名马各庄，后分两个村，因位于东侧，称为东马各庄。

地理位置 地处越河镇南部，东至环城东路，南至西王盼庄，西至西马各庄，北至镇政府。

主要指标 2011 年末，辖区总人口 1153 人，总面积 1.43 平方千米，农民人均纯收入 9070 元。

西马各庄村

(Ximagezhuang Cun)

名称来历 因此地水草茂盛，战马常在此放牧，据此传说，村子取名马各庄，后分两个村，因位于西侧，称为西马各庄。

地理位置 地处越河镇南部，东至东马各庄，南至西王盼庄，西至东越河，北税中。

主要指标 2011 年末，辖区总人口 1367 人，总面积 1.28 平方千米，农民人均纯收入 9070 元。

东越河村

(Dongyuehe Cun)

名称来历 据传燕王朱棣扫北时，被敌兵围困在唐山陡河以东，挥鞭跃马，越过陡河，冲出重围。后来，迁居到这一带的人们在此建村，取名越河，因在陡河东岸，称为东越河。

地理位置 地处越河镇西南部，东至马各庄，南至陡河，西至西越河，北至农科院。

主要指标 2011 年末，辖区总人口 1178 人，总面积 1.75 平方千米，农民人均纯收入 9070 元。

康各庄村

(Kanggezhuang Cun)

名称来历 明永乐二年（1404 年），康家大户由外地迁此定居，遂取村名康家庄，村北原有一座圣泉寺，为附近村庄共建，欲同享康宁，更名康各庄。

地理位置 地处越河镇东北部，东至五里屯、王官屯，南至北塔头，西至罗各庄，北至东刘屯。

主要指标 2011 年末，辖区总人口 2543 人，总面积 3.63 平方千米，农民人均纯收入 9070 元。

东刘屯村

(Dongliutun Cun)

名称来历 明朝时，名叫刘亭的农民迁此和贾家共建村落，取名刘贾屯，后贾家户衰人少，贾字渐习传为家字，称刘家屯，为与南刘屯区分，改称东刘家屯，1958 年后称东刘屯。

地理位置 地处越河镇东北部，东至聂各庄，南至罗各庄，西至税东，北至东八里庄。

主要指标 2011 年末，辖区总人口 2003 人，总面积 2.16 平方千米，农民人均纯收入 9070 元。

罗各庄村

(Luogezhuang Cun)

名称来历 明朝时，在今村址东南处，有一村名田庄，因村中有人私铸官钱，导致全村被抄，后有一小部分人北迁现址建村，取名挪各庄，意为全村挪动，后挪音传讹，称罗各庄。

地理位置 地处越河镇东部，东至康各庄，南至西塔头，西至越河瓷厂，北至东刘屯。

主要指标 2011 年末，辖区总人口 2428 人，总面积 2.59 平方千米，农民人均纯收入 9070 元。

税后村

(Shuihou Cun)

名称来历 清朝康熙二十一年（1682 年）建村，始称大税王庄，后分为三个村，依据方位，1965 年称为税后街，1986 年改称税后。

地理位置 地处越河镇西部，东至税东，南至唐钱楼，西至税中，北至税东小区。

主要指标 2011 年末，辖区总人口 686 人，总面积 0.55 平方千米，农民人均纯收入 9070 元。

税北村

(Shuibei Cun)

名称来历 民国建村，始称小王庄，1965年称为税北街，1986年改称税北。

地理位置 地处越河镇西部，东至市东环路，南至税东，西至唐古路，北至西八里。

主要指标 2011年末，辖区总人口565人，总面积0.53平方千米，农民人均纯收入9070元。

税东村

(Shuidong Cun)

名称来历 清朝康熙二十一年（1682年）建村，始称小税王庄，1965年称为税东街，1986年改称税东。

地理位置 地处越河镇西部，东至东刘屯，南至新华东道，西至税后，北至税北。

主要指标 2011年末，辖区总人口390人，总面积0.36平方千米，农民人均纯收入9070元。

税中村

(Shuizhong Cun)

名称来历 清朝康熙二十一年（1682年）建村，始称大税王庄，后分为三个村，依据方位，1965年称为税中街，1986年改称税中。

地理位置 地处越河镇西部，东至税后，南至河联工房，西至税西，北至税钢小区。

主要指标 2011年末，辖区总人口888人，总面积1.16平方千米，农民人均纯收入9070元。

税西村

(Shuixi Cun)

名称来历 清朝康熙二十一年（1682年）建村，始称大税王庄，后分为三个村，依据方位，1965年称为税西街，1986年改称税西。

地理位置 地处越河镇西部，东至税中，南至陈联工房，西至东出口立交桥，北至新华东道。

主要指标 2011年末，辖区总人口441人，总面积1.08平方千米，农民人均纯收入9070元。

郑庄子镇

(Zhengzhuangzi Zhen)

政区概况

名称来历 因镇政府原驻地位于郑庄子村而得名。

地理位置 地处开平区西北，东与栗园镇交界，南与缸窑街道为邻，西与任各庄镇接壤，北与常庄乡毗连。人民政府驻贾庵子村，电话区号0315，邮政编码063021，距开平区人民政府10千米。

政区沿革 1937年，属滦县第九区。1952年，划归唐山市，属第十区。1956年，设立郑庄子乡。1958年，属唐山市郊区。1961年，设郑庄子乡人民公社。1984年，撤销人民公社，复置郑庄子乡。2007年7月，撤乡，建郑庄子镇。

政区划分 2011年末，辖贾庵子、小戴庄、张庄子、前泉河头、北泉河头、贾庄子、寨子、王千庄、安各庄、周赵庄、东新庄、西新庄、中新庄、王官庄、任信屯、太平庄、于家新房子、马庄子（郑庄子、田庄、梁各庄、李各庄、前白寺口、中白寺口、北白寺口、三益庄、刘家洼9个村于2010年由唐山高新技术产业开发区托管）27个村民委员会（迎新楼、河北楼、园丁楼3个社区居民委员会于2010年由唐山高新技术产业开发区托管）；下设289个村民小组。

人口面积 2011年末，辖区总人口1.94万人，其中城镇常住人口0.9万人，城镇化率46.3%。另有流动人口370人。总人口中，男性0.98万人，占49.8%；女性0.96万人，占50.2%；14岁以下0.24万人，占12.5%；15～64岁1.46万人，占75.2%；65岁以上0.24万人，占12.3%。总人口中，以汉族为主，达19342人，占99.7%；有回族58人，占0.3%。2011年，人口出生率7.6‰，人口死亡率5.7‰，人口自然增长率1.9‰。

辖区东西最大距离3.5千米，南北最大距离9.63千米，总面积33.7平方千米。人口密度为每平方千米576人。

经济概况

农业 耕地面积1.95万亩，人均2亩。2011年，农业总产值0.79亿元，比上年增长0.5%，实现农业增加值0.23亿元，占国内生产总值的29.1%。

粮食作物以小麦、玉米为主。2011年，生产粮食0.31万吨，人均160千克。

畜牧业以猪、羊为主。2011年，生猪饲养量0.33万头，年末存栏0.22万头；羊饲养量0.7万只，年末存栏0.3万只；家禽饲养量4.5万羽，上市家禽2.6万羽。

工业 2011年，工业总产值29.7亿元，比上年增长24.6%，实现工业增加值20.1亿元，占国内生产总值的67.68%。

商业外贸 2011年末，商业网点30个，职工118人；集贸市场6个。

以生产性、生活性物流为主攻方向。投资1亿元、占地110亩、仓储面积68000多平方米的唐百大集团银河物流项目，投资8000万元、年周转量25万吨的中海油开平油库项目等企业项目落户境内。

财政金融 2011年，财政总收入6.2亿元，比上年增长18.8%。完成地税1.74亿元，完成国税4.46亿元。

社会发展

文化艺术 2011年末，镇文化站1个，村级文化活动中心27个；各类图书室27个。

教育 2011年末，小学4所，在校生3176人，专任教师207人，小学适龄儿童入学率100%；初中2所，在校生1560人，专任教师121人，初中适龄人口入学率99.3%，小升初升学率、九年义务教育覆盖率达100%。

医疗卫生 2011年末，各级医疗卫生机构1个，门诊部（所）43个；病床36张，固定资产总值210万元。专业卫生人员74名，其中执业医师18人，注册护士4人。2011年医疗机构（门诊部以上）完成诊疗2.8万人次。新型农村合作医疗参合率100%。

体育 2011年末，体育场地27处。100%的村安装了健身器材，经常参加体育活动的人员占常住人口的45%。

社会保障 2011年，城镇最低生活保障户数56户，人数83人，支出26万元，月人均261元。农村最低生活保障户数239户，人数535人，支出94万元，月人均146元；农村五保供养23人，支出12万元；农村医疗救助12人次，支出4万元。国家抚恤、补助各类优抚对象12人，抚恤事业费支出3.6万元。敬老院1家，床位100张，农村五保供养10人。新型农村社会养老保险参保率89%。

（撰稿：刘亚星，初审：郝海仙）

安各庄村

(Angezhuang Cun)

名称来历 明朝永乐年间，安姓农民迁此建村，遂以姓氏得名安各庄。

地理位置 地处郑庄子镇北部，东、南至银河路，西至张家洼村，北至丰润界。

主要指标 2011年末，辖区总人口2360人，总面积6平方千米，农民人均纯收入9070元。

北泉河头村

(Beiquanhetou Cun)

名称来历 因村东有一泉水，从村西流入陡河，故取村名泉河头，1956年修建陡河水库，第一次迁到村前山坡，1965年因地少，迁到郑庄子乡后，分为两个村，该村位于北部，称北泉河头。

地理位置 地处郑庄子镇北部，东至寨子，南至贾庄子，西至银河路，北至丰润界。

主要指标 2011年末，辖区总人口622人，总面积0.5平方千米，农民人均纯收入9070元。

东新庄村

(Dongxinzhuang Cun)

名称来历 明朝年间，移民至此建庄，因村落较大，取名大新庄子，后因人口众多，分为西、中、东三个村，因地处东侧，得名东新庄。

地理位置 地处郑庄子镇东北部，东至开平区中小企业园，南至大戴庄，西至中新庄，北至太平庄。

主要指标 2011年末，辖区总人口680人，总面积1平方千米，农民人均纯收入9070元。

贾庵子村

(Jia'anzi Cun)

名称来历 因建村时，此处有芳家庵（有碑刻），因音不佳，改永家庵，寓兴旺之意，后取商贾之贾字，得名贾家庵子庄。后称贾庵子。

地理位置 地处郑庄子镇南部，东至唐银公司，南至唐山锅炉厂，西至唐山供电公司，北至唐山炼铁厂。

主要指标 2011年末，辖区总人口3100人，总面积3.32平方千米，农民人均纯收入9070元。

贾庄子村

(Jiazhuangzi Cun)

名称来历 因清朝丰润县北贾庄子有一地主，在此设点收租，由佃户立庄，得名贾庄子。

地理位置 地处郑庄子镇东北部，东南至任信屯，西南至安各庄，西至唐山东站，北至丰润区常庄乡政府。

主要指标 2011年末，辖区总人口740人，总面积3平方千米，农民人均纯收入9070元。

马庄子村

(Mazhuangzi Cun)

名称来历 明朝时，马姓农民迁此建庄，遂以姓氏得名马庄子。

地理位置 地处郑庄子镇东北部，东至耕地，南至中新庄，西至王千庄，北至太平庄。

主要指标 2011年末，辖区总人口330人，总面积0.14平方千米，农民人均纯收入9070元。

前泉河头村

(Qianquanhetou Cun)

名称来历 因村东有一泉水，从村西流入陡河，故取村名泉河头，1956年修建陡河水库，第一次迁到村前山坡，1965年因地少，迁到郑庄子乡后，分为两个村，该村位于南部，得名前泉河头。

地理位置 地处郑庄子镇北部，东至张庄子，南至唐钢二炼铁厂，西至王官庄，北至王千庄。

主要指标 2011年末，辖区总人口750人，总面积0.4平方千米，农民人均纯收入9070元。

任信屯村

(Renxintun Cun)

名称来历 清乾隆四十七年（1782年），任姓农民迁此建村，因任家交粮纳税最守信用，得名任信屯。

地理位置 地处郑庄子镇北部，东至栗园镇曹庄，南至太平庄，西至银河路，北至寨子。

主要指标 2011年末，辖区总人口960人，总面积1.2平方千米，农民人均纯收入9070元。

太平庄村

(Taipingzhuang Cun)

名称来历 明朝时，由山东太平庄移民至此建庄，仍沿用原村名，得名太平庄。

地理位置 地处郑庄子镇北部，东至荆各庄，南至马庄子，西至王千庄，北至任信屯。

主要指标 2011年末，辖区总人口330人，总面积0.7平方千米，农民人均纯收入9070元。

王官庄村

(Wangguanzhuang Cun)

名称来历 清乾隆四十七年（1782年），王姓大户在此建庄，因其宗族王长勋在朝为官，得名王官庄。

地理位置 地处郑庄子镇西北部，东至前泉河头，南至唐钢厂前站，西至铁路线，北至梁各庄。

主要指标 2011年末，辖区总人口660人，总面积0.3平方千米，农民人均纯收入9070元。

王千庄村

(Wangqianzhuang Cun)

名称来历 村西有一条小河，官兵借以运粮，称运粮河，俗称小河沿，故取名河沿庄，后有顾、姚两家迁此定居，人口繁衍和外迁户日益增多，形成附近较大村庄，拥有千余户人家，因王家为大户，改称王千庄。

地理位置 地处郑庄子镇北部，东至马庄子，南至前泉河头，西至周赵庄，北至安各庄。

主要指标 2011年末，辖区总人口1255人，总面积2.5平方千米，农民人均纯收入9070元。

西新庄村

(Xixinzhuang Cun)

名称来历 明朝时，移民至此建庄，因村落较大，取名大新庄子，后因人口众多，分为西、中、东三个村，该村因失火烧毁，只剩下两户人家，靠村南建新房，称南新房子，因地处西侧，1952年改称西新庄。

地理位置 地处郑庄子镇北部，东至中新庄，南至二炼铁厂，西至张庄子，北至马庄子。

主要指标 2011年末，辖区总人口446人，总面积1平方千米，农民人均纯收入9070元。

小戴庄村

(Xiaodaizhuang Cun)

名称来历 因明朝时，戴姓农民在此建庄，因村东有大戴庄，取村名西戴庄，后因该村较小，又改称小戴庄。

地理位置 地处郑庄子镇北部，东至唐银公司，南至唐山锅炉厂，西至唐山供电公司，北至唐山炼铁厂。

主要指标 2011年末，辖区总人口1265人，总面积2.5平方千米，农民人均纯收入9070元。

于家新房子村

(Yujiaxinfangzi Cun)

名称来历 因清康熙年间，周庄于家有三子，其中一子迁此建村，取名于家园子，后又建起新房，改称于家新房子。

地理位置 地处郑庄子镇西北部，东至安各庄，南至周赵庄，西至任各庄，北至唐山汽车东站。

主要指标 2011年末，辖区总人口745人，总面积0.47平方千米，农民人均纯收入9070元。

寨子村

(Zhaizi Cun)

名称来历 因明朝时，由山东移民至此，当时村东高地有片松树，取村名松山寨，后改称寨子。

地理位置 地处郑庄子镇东北部，东至甸家洼，南至任信屯，西至北泉河头，北至金庄。

主要指标 2011年末，辖区总人口965人，总面积2平方千米，农民人均纯收入9070元。

张庄子村

(Zhangzhuangzi Cun)

名称来历 因明朝初年，戴姓居此村，又因有官职，遂以姓氏取名戴官庄，燕王扫北时，将戴官庄全部毁掉，只剩村东几户张姓人家，后改称张庄子。

地理位置 地处郑庄子镇北部，东至唐银公司，南至唐山锅炉厂，西至唐山供电公司，北至唐山炼铁厂。

主要指标 2011年末，辖区总人口1108人，总面积0.5平方千米，农民人均纯收入9070元。

中新庄村

(Zhongxinzhuang Cun)

名称来历 因明朝年间，移民至此建庄，因村落较大，取名大新庄子，后因人口众多，分为西、中、东三个村，该村位于中部，得名中新庄。

地理位置 地处郑庄子镇北部，东至东新庄，南至小戴庄，西至西新庄，北至瓦平庄。

主要指标 2011年末，辖区总人口419人，总面积1平方千米，农民人均纯收入9070元。

周赵庄村

(Zhouzhaozhuang Cun)

名称来历 明朝年间，由山东枣林庄迁来周、赵两姓，建周庄、赵庄，后合并为一个村，称周赵庄。

地理位置 地处郑庄子镇西北部，东至王千庄，南至王官庄，西至田庄，北至于家新房子。

主要指标 2011年末，辖区总人口2027人，总面积3.5平方千米，农民人均纯收入9070元。

洼里镇

(Wali Zhen)

政区概况

名称来历　因镇政府驻地位于洼里村而得名。

地理位置　地处开平区东部，东与刁家套乡交界，南、西与开平镇接壤，北与双桥镇为邻。人民政府驻周桥村，电话区号0315，邮政编码063021，距开平区人民政府11千米。

政区沿革　1937年，属滦县第十区。1948年，东、西、北部属滦县第六区，南部属丰南县第八区。1952年，划归唐山市，属第九区。1956年，属唐山市郊区。1958年，建洼里人民公社。1960年，并入赵各庄人民公社。1963年，划归开平区。1984年，设立洼里乡。2007年7月，撤乡，设立洼里镇。

政区划分　2011年末，辖洼里、东尚庄、西尚庄、小港、古楼庄、伍家庄、新立庄、胶泥庄、杨庄、夏庄、孩儿屯、周家桥、狮子湾、娄子庄、蒋庄、后营16个村民委员会；下设176个村民小组。

人口面积　2011年末，辖区总人口2.02万人，其中城镇常住人口3804人，城镇化率18.86%。另有流动人口560人。总人口中，男性1.02万人，占50.29%；女性1万人，占49.71%；18岁以下3819人，占18.93%；18～35岁4624人，占22.92%；60岁以上3483人，占17.27%。总人口中，以汉族为主，达17207人，占85.29%；有回族2966人，占14.7%。2011年，人口出生率7.3‰，人口死亡率5.9‰，人口自然增长率1.4‰。

辖区东西最大距离2.91千米，南北最大距离11千米，总面积32平方千米。人口密度为每平方千米631人。

自然条件

矿藏及其他自然资源　境内矿产资源主要有煤矿、矾土矿。境内管辖1个煤矿、2个矾土矿，煤矿可采储量600万吨。

经济概况

农业　耕地面积2.63万亩，人均耕地1.3亩。2011年，农业总产值1.73亿元，比上年增长0.57%，实现农业增加值0.34亿元，占国内生产总值的19.84%。

粮食作物以小麦、玉米为主。2011年，生产粮食0.9万吨，人均446千克，其中小麦0.11万吨，玉米0.75万吨。

畜牧业以猪、牛、羊为主。2011年，生猪饲养量0.78万头，年末存栏0.57万头；牛饲养量1.05万头，年末存栏0.35万头；羊饲养量0.45万只，年末存栏0.35万只；家禽饲养量34万羽，上市家禽26.66万羽。2011年，生产肉类0.2万吨；禽蛋819吨，鲜奶0.35万吨。畜牧业总产值1.36亿元，占农业总产值的78.99%。

工业　2011年，工业总产值14.63亿元，比上年增长5.8%，实现工业增加值6.48亿元，占国内生产总值的44.3%。

商业外贸　2011年末，商业网点20个，职工68人；集贸市场4个。

财政金融　2011年，财政总收入4768万元，比上年增长62.79%。其中地方财政收入1067万元。完成地税2795万元，完成国税1973万元。

社会发展

文化艺术　2011年末，镇文化站1个，村级文化活动中心16个；各类图书室16个，藏书5万余册；音乐、美术、书法业余创作人员85人。

教育　2011年末，幼儿园7所，在园幼儿600人，专任教师157人；小学5所，在校生1292人，专任教师157人；初中1所，在校生512人，专任教师62人，初中适龄人口入学率99.4%，小升初升学率、九年义务教育覆盖率达100%。

医疗卫生　2011年末，各级各类医疗卫生机构44个，门诊部（所）24个；病床113张，固定资产总值203.3万元。专业卫生人员68名，其中执业医师9人，执业助理医师15人，注册护士2人。2011年医疗机构（门诊部以上）完成诊疗6.3万人次。新型农村合作医疗参合人数1.2万人，参合率93%。

体育　2011年末，学校体育场地5处。87%的村安装了健身器材，经常参加体育活动的人员占常住人口的43%。

社会保障　2011年，城镇最低生活保障户数196户，人数314人，支出113.5万元，比上年增长26.84%，月人均301元，比上年增长16.7%；城市医疗救助23人次，支出8万元，比上年增长22%。农村最低生活保障户数797户，人数1661人，支出236万元，比上年增长49%；月人均118元，比上年增长33%。国家抚恤、补助各类优抚对象49人，抚恤事业费支出37万元，比上年增长15%。

（撰稿：王成龙，初审：马凤林）

胶泥庄村

(Jiaonizhuang Cun)

名称来历　明永乐年间建村，因土质胶黏，取村名洨泥庄，后将“洨”字改为“胶”字。

地理位置　地处洼里镇东北部，东至李家套，南至205国道，西至新立庄，北至太古庄。

主要指标　2011年末，辖区总人口1229人，总面积1.72平方千米，农民人均纯收入9070元。

狮子湾村

(Shiziwan Cun)

名称来历　明朝万历年间，石姓农民来此定居建村，因地势低洼，取村名石家洼，后因村东有小河湾，改称石子湾，因石、狮谐音，后称狮子湾。

地理位置 地处洼里镇东北部，东至白道子，南至新立庄，西至西尚庄，北至马庄子。

主要指标 2011年末，辖区总人口543人，总面积1.03平方千米，农民人均纯收入9070元。

新立庄村

(Xinlizhuang Cun)

名称来历 居住在胶泥庄的陈、王两姓，因地势低洼，常遭水患，后迁此建庄，因属新建之庄，遂取名新立庄。

地理位置 地处洼里镇东北部，东至胶泥庄，南至娄子庄，西至东尚庄，北至狮子湾。

主要指标 2011年末，辖区总人口254人，总面积0.42平方千米，农民人均纯收入9070元。

娄子庄村

(Louzizhuang Cun)

名称来历 明永乐二年（1404年），纪姓农民移民至此建庄，遂取村名纪家楼，后习称楼子庄，因字义不雅，改为娄子庄。

地理位置 地处洼里镇东部，东至石流河，南至蒋庄村，西至洼里火车站，北至205国道。

主要指标 2011年末，辖区总人口735人，总面积1平方千米，农民人均纯收入9070元。

蒋庄村

(Jiangzhuang Cun)

名称来历 明永乐二年（1404年），蒋姓农民由山东枣林庄移民至此建庄，遂取村名蒋家庄，后称蒋庄。

地理位置 地处洼里镇东南部，东至娄子庄，南至孩儿屯，西至洼里，北至205国道。

主要指标 2011年末，辖区总人口587人，总面积0.72平方千米，农民人均纯收入9070元。

洼里村

(Wali Cun)

名称来历 明永乐年间，李姓农民迁此落户建村，因地势低洼，遂以姓氏取名李家洼，后逐渐演变成洼里。

地理位置 地处洼里镇东南部，东至蒋庄村，南至孩儿屯，西至夏庄，北至205国道。

主要指标 2011年末，辖区总人口1006人，总面积1.69平方千米，农民人均纯收入9070元。

孩儿屯村

(Hai' ertun Cun)

名称来历 据传有一先锋官二子安葬于此，取名孩儿坟。朱棣称帝后，山东枣林庄移来大批农民至此定居，为图吉利，改称孩儿屯。

地理位置 地处洼里镇东南部，东至小寨，南至大寨，西至夏庄，北至洼里。

主要指标 2011年末，辖区总人口3093人，总面积5.58平方千米，农民人均纯收入9070元。

夏庄村

(Xiazhuang Cun)

名称来历 村名来历有二：一是唐王征东路过此地，下马休息；二是明朝正德年间，贺家祖先迁来定居后，武宗皇帝出巡曾在此下马，故得名下马庄，简称下庄，后习惯称夏庄。

地理位置 地处洼里镇南部，东至洼里村，南至马大寨，西至后营，北至205国道。

主要指标 2011年末，辖区总人口3926人，总面积4.1平方千米，农民人均纯收入9070元。

后营村

(Houying Cun)

名称来历 明初，一支作战队伍前锋军驻扎钱（前）营，后卫军驻扎此地，故取村名后营。

地理位置 地处洼里镇西南部，东至周家桥，南至东帅甲，西至赵庄，北至伍家庄。

主要指标 2011年末，辖区总人口2679人，总面积3.61平方千米，农民人均纯收入9070元。

周家桥村

(Zhoujiaqiao Cun)

名称来历 明永乐二年（1404年），周姓农民移民至此建庄，后在村中小河上修石桥一座，遂取村名周家桥。

地理位置 地处洼里镇西部，东至新立庄，南至夏庄，西至后营，北至西尚庄。

主要指标 2011年末，辖区总人口1743人，总面积3.05平方千米，农民人均纯收入9070元。

东尚庄村

(Dongshangzhuang Cun)

名称来历 明永乐二年（1404年）建村，因地势较高，取村名上庄，后称尚庄，由于人口增多，居住面积不断扩大，以老爷庙沟为界，分为两个村，该村居东，为东尚庄。

地理位置 地处洼里镇西北部，东至胶泥庄，南至周家桥，西至西尚庄，北至杨庄。

主要指标 2011年末，辖区总人口1058人，总面积1.91平方千米，农民人均纯收入9070元。

西尚庄村

(Xishangzhuang Cun)

名称来历 明永乐二年（1404年）建村，因地势较高，取村名上庄，后称尚庄，由于人口增多，居住面积不断扩大，以老爷庙沟为界，分为两个村，该村居西，为西尚庄。

地理位置 地处洼里镇西北部，东至东尚庄，南至周家桥，西至伍家庄，北至杨庄。

主要指标 2011年末，辖区总人口800人，总面积1.57平方千米，农民人均纯收入9070元。

伍家庄村

(Wujiazhuang Cun)

名称来历 清代建村，有宋、郑、姚、石、靳五姓居住该村，故取村名为伍家庄。

地理位置 地处洼里镇西部，东至西尚庄，南至后营，西至古楼庄，北至双桥乡冶里。

主要指标 2011年末，辖区总人口426人，总面积0.89平方千米，农民人均纯收入9070元。

古楼庄村

(Gulouzhuang Cun)

名称来历 当时村西建有一座钟鼓楼，为作战时击鼓进兵之用，故取名鼓楼庄，后演变为古楼庄。

地理位置 地处洼里镇西北部，东至伍家庄，南至开平镇赵庄，西至开平镇后屯，北至杨庄。

主要指标 2011年末，辖区总人口1144人，总面积2.93平方千米，农民人均纯收入9070元。

杨家庄村

(Yangjiazhuang Cun)

名称来历 因杨姓先来此落户，故取村名为杨家庄。

地理位置 地处洼里镇西北部，东至小港，南至西尚庄，西至古楼庄，北至鞠家岭。

主要指标 2011年末，辖区总人口786人，总面积1.47平方千米，农民人均纯收入9070元。

小港村

(Xiaogang Cun)

名称来历 清乾隆年间建村，因居民较少，地势较低，故取村名小港。本地读音（Xiaojiang）。

地理位置 地处洼里镇西北部，东至狮子湾，南至东尚庄，西至杨家庄，北至鞠家岭。

主要指标 2011年末，辖区总人口138人，总面积0.32平方千米，农民人均纯收入9070元。

双桥镇

(Shuangqiao Zhen)

政区概况

名称来历 因镇政府原驻地位于双桥村而得名。

地理位置 地处开平区北部，东与王撵庄乡交界，南与洼里镇为邻，西与栗园镇接壤，北与榛子镇毗连。人民政府驻冶里村，电话区号0315，邮政编码063021，距开平区人民政府12千米。

政区沿革 1937年，属滦县第十区。1949年，属滦西县第十区。1952年，划归唐山市，属第十区。1955年，属洼里区。1958年，属火箭人民公社。1961年，析建张家庄人民公社。1961年5月，改称双桥人民公社。1963年，划归开平区。1984年，政社分设，复设双桥乡。2007年7月，撤乡，设立双桥镇。

政区划分 2011年末，辖徐庄子、冶里、鞠家岭、双桥、张家庄、大马家峪、小马家峪、大柳树、唐家庄、李家峪、孙家庄、安家庄12个村民委员会；下设126个村民小组。

人口面积 2011年末，辖区总人口1.63万人，其中城镇常住人口0.61万人，城镇化率37.1%。另有流动人口486人。总人口中，男性7972人，占48.8%；女性8365人，占51.2%；14岁以下2249人，占13.8%；15~64岁12225人，占75%；65岁以上1826人，占11.2%。总人口中，以汉族为主，达1.6万人，占97.94%；有朝鲜、满2个少数民族，共337人，占2.06%。2011年，人口出生率8.91‰，人口死亡率6.89‰，人口自然增长率2.02‰。

辖区东西最大距离3.1千米，南北最大距离12千米，总面积35.46平方千米。其中陆地面积35.46平方千米，占87.64%；水域面积5平方千米，占12.36%。人口密度为每平方千米460人。

自然条件

地形地貌 地处北部半山区，多依山傍水。境内主要山峰有凤山、巍山、高山、老山、尖山。最高峰为凤山，海拔250米。山地、陡河水库库面占据全镇大部，土地贫瘠，可利用地质量较差。

矿藏及其他自然资源 境内已探明地下矿藏有煤炭、矾土、石灰石等，储量丰富。

自然灾害 主要自然灾害有冰雹、旱涝、风灾、低温、霜冻、雷击。

经济概况

农业 耕地面积0.6万亩，人均耕地0.37亩。2011年，农业总产值0.76亿元，比上年增长0.5%，实现农业增加值450万元，占国内生产总值的0.06%。

粮食作物以小麦、玉米为主。2011年，生产粮食245吨。主要经济作物有棉花、油料等。

畜牧业以猪、牛、羊为主。2011年，生猪饲养量1.38万头，年末存栏0.22万头；牛饲养量0.3万头，年末存栏0.13万头；羊饲养量0.79万只，年末存栏0.31万只；家禽饲养量34万羽，上市家禽26.66万羽。2011年，生产肉类0.2万吨；禽蛋819吨，鲜奶0.35万吨。畜牧业总产值0.56亿元，占农业总产值的73.2%。

截至2011年末，累计造林0.14万亩，植树8.5万株，林木覆盖率26.06%，2011年，水果种植面积240亩，产量203吨，主要品种有苹果、桃等。

渔业以鲤鱼、草鱼、鲢鱼、鳙鱼、鲫鱼为主。2011年，渔业总产值0.1亿元，占农业总产值的0.13%。

工业 2011年，工业总产值19.8亿元，比上年增长7.8%，实现工业增加值9.21亿元，占国内生产总值的比重46.57%。

商业外贸 2011年末，商业网点21个，职工57人；集贸市场3个。

财政金融 2011年末，财政总收入0.19亿元，比上年增长17.8%。地税完成797万元，国税完成1098万元。

社会发展

文化艺术 2011年末，镇文化站1个，村级文化活动中心12个；各类图书室12个。

教育 2011年末，幼儿园4所，在园幼儿207人，幼儿教师19人；小学4所，在校生882人，专任教师96人；初中1所，在校生450人，专任教师44人，初中适龄人口入学率99.6%，小升初升学率、九年义务教育覆盖率达100%。

医疗卫生 2011年末，镇卫生院1所，医务人员13人，病床25张；卫生所12个；个体行医人员37人。新型农村合作医疗参合率100%。

体育 2011年末，体育场地12处。100%的村安装了健身器材，经常参加体育活动的人员占常住人口的75%。

广播电视 2011年末，有线电视用户0.4万户，电视综合覆盖率89%。

社会保障 2011年，城镇最低生活保障户数521户，人数1088人，支出329.6万元，月人均252元。农村最低生活保障户数396户，人数896人，支出117.8万元，月人均110元；农村五保供养15人，支出3.8万元。国家抚恤、补助各类优抚对象15人，抚恤事业费支出4.8万元。

（撰稿：郑国兵，初审：吴建军）

鞠家岭村
（Jujialing Cun）

名称来历 清光绪年间，鞠姓农民迁此落户建村，因地处丘陵山坡得名。

地理位置 地处双桥镇东南部，东至刘家洼，南至小港，西至冶里，北至双桥。

主要指标 2011年末，辖区总人口539人，总面积1.34平方千米，农民人均纯收入9070元。

唐家庄村
（Tangjiazhuang Cun）

名称来历 明永乐年间，唐姓农民首先迁此落户得名。

地理位置 地处双桥镇东北部，东至李家峪，南至大柳树，西至安家庄，北至孙庄。

主要指标 2011年末，辖区总人口520人，总面积平方0.43千米，农民人均纯收入9070元。

李家峪村
（Lijiayu Cun）

名称来历 明代，李姓大户由山东枣林庄迁此建庄得名。

地理位置 地处双桥镇东北部，东至甘于沟，南至大柳树，西至唐家庄，北至孙家庄。

主要指标 2011年末，辖区总人口1233人，总面积4.15平方千米，农民人均纯收入9070元。

大柳树村
（Daliushu Cun）

名称来历 明代，李姓大户由山东枣林庄迁此建村，因村西沟有一棵大柳树而得名。

地理位置 地处双桥镇东北部，东至甘于沟，南至小马家峪，西至陡河水库，北至李家峪。

主要指标 2011年末，辖区总人口1202人，总面积2.18平方千米，农民人均纯收入9070元。

冶里村
（Yeli Cun）

名称来历 以冶炼之地得名，故曾取村名为冶炼村，后称冶里。

地理位置 地处双桥镇南部，东至鞠家岭，南至徐庄子，西至后屯，北至陡河水库。

主要指标 2011年末，辖区总人口4025人，总面积6.09平方千米，农民人均纯收入9070元。

张家庄村
（Zhangjiazhuang Cun）

名称来历 明代，张姓大户由山东枣林庄迁此建村得名。

地理位置 地处双桥镇东北部，东至古冶区地界，南至双桥村，西至陡河水库，北距小马家峪。

主要指标 2011年末，辖区总人口922人，总面积2.17平方千米，农民人均纯收入9070元。

孙家庄村
（Sunjiazhuang Cun）

名称来历 明永乐年间，由山东枣林庄迁来孙、张、金三户，后金姓迁走，只剩下孙、张两户，孙家居南半庄得名。

地理位置 地处双桥镇东北部，东至李家峪，南至唐家庄，西至陡河水库，北至滦县地界。

主要指标 2011年末，辖区总人口1261人，总面积1.16平方千米，农民人均纯收入9070元。

小马家峪村

(Xiaomajiayu Cun)

名称来历 明永乐年间，马姓农民迁此建村，因地处丘陵山地，遂取村名马家峪。1956年修建陡河水库时，将马家峪分迁两地，因该村较小，被命名为小马家峪。

地理位置 地处双桥镇东北部，东至大马家峪，南至张家庄，西至陡河水库，北至大柳树。

主要指标 2011年末，辖区总人456口人，总面积0.6平方千米，农民人均纯收入9070元。

安家庄村

(Anjiazhuang Cun)

名称来历 明永乐年间，安姓农民来此落户，因地处相公庄东南，称南相公庄，后改成为安家庄。

地理位置 地处双桥镇东北部，东至孙家庄，南至陡河，西至陡河发电厂，北至相公庄。

主要指标 2011年末，辖区总人2272口人，总面积1.7平方千米，农民人均纯收入9070元。

大马家峪村

(Damajiayu Cun)

名称来历 明永乐年间，马姓农民由山东枣林庄迁此建村，因地处丘陵山地，遂取村名马家峪。1956年修建陡河水库时，将马家峪分迁两地，因该村较大，被命名为大马家峪。

地理位置 地处双桥镇东北部，东至长山沟，南至古冶王辇庄，西至小马家峪，北至大柳树。

主要指标 2011年末，辖区总人906口人，总面积1.85平方千米，农民人均纯收入9070元。

徐庄子村

(Xuzhuangzi Cun)

名称来历 明朝，徐姓迁此落户建村，遂以姓氏取名徐庄子。

地理位置 地处双桥镇南部，东至冶里村，南至吕陡铁路，西至冶里村，北至冶里村。

主要指标 2011年末，辖区总人856口人，总面积0.96平方千米，农民人均纯收入9070元。

双桥村

(Shuangqiao Cun)

名称来历 明代建村，因村西陡河两条支流上有两座桥，而得名。

地理位置 地处双桥镇东北部，东至古冶石匠营，南至鞠家岭，西至陡河水库，北至张家庄。

主要指标 2011年末，辖区总人口2185人，总面积2.92平方千米，农民人均纯收入9070元。

丰润区

(Fengrun Qu)

素有“冀东粮仓”美誉，是国家重要商品粮生产基地，被评为“中国奶业之乡”。

政区概况

名称来历 金代，永济县更名丰润县，取润泽丰美之意为名。因西南有浭水，又称浭阳。

地理位置 位于东经117°45′16″～118°21′12″，北纬39°32′28″～40°04′40″。地处唐山市东北，东与滦县接壤，东南与开平区毗邻，南与高新技术开发区交界，西南与丰南区和天津市宁河县相邻，西临玉田县，西北、北接遵化市，东北与迁西县相依。人民政府驻太平路街道幸福道32号，电话区号0315，邮政编码063000，距唐山市人民政府23千米。

政区沿革 春秋时属无终子国。战国时期属燕国。秦代属右北平郡。西汉为土垠县、徐无县地，属右北平郡。东汉右北平郡移驻土垠县。三国时地属魏国。西晋右北平郡改为北平郡，徙治徐无县，丰润地属北平郡土垠、徐无二县。北魏初属渔阳郡土垠、徐无二县。东魏属土垠县。北齐天保八年（557年），废土垠县为永济务，属无终县。北周，永济务属渔阳郡无终县。隋大业元年（605年），无终县改为渔阳县。唐析无终县置玉田县，属蓟州渔阳郡。五代县地入契丹。辽代县地大部属玉田县永济务，东南一部为滦州石城。金大定二十七年（1187年），以永济务置永济县。大安元年（1209年），为避卫绍王完颜永济之名讳，改名丰润县，属蓟州。元初，升为闰州，后降为县。蒙古至元元年（1264年），并入玉田县。后复置县，属蓟州。明洪武元年（1368年），改“闰”为“润”，仍为丰润县，属顺天府蓟州。清康熙十五年（1676年），改属顺天府遵化州。雍正三年（1725年），改属永平府。乾隆八年（1743年），又改属遵化州。

1913年2月，丰润县属渤海道。1914年，渤海道改称津海道。1928年6月，直隶省改称河北省，属河北省。1939年10月，中共建立丰（润）滦（县）迁（安）联合县，属冀东区分委。1940年3月，丰（润）玉（田）遵（化）联合县建立，属冀热察区冀东办事处，后属晋察冀边区十三专署。1941年10月，丰（润）玉（田）宁（河）联合县建立，属晋察冀边区十三专署。1942年4月，丰滦迁联合县更名为迁滦丰联合县。1943年2月，丰玉遵联合县、丰玉宁联合县合并为丰玉遵宁联合县，属晋察冀边区十三专署；7月，改属冀热边行署第五专署；8月，撤销丰玉遵宁联合县，重设丰玉遵联合县、丰玉宁联合县，属冀热边行署第五专署。1945年1月，冀热边行署改为冀热辽行署，丰玉遵、丰玉宁两个联合县属第十八专署，迁滦丰联合县属十五专署。1946年3月，撤销抗日联合县，恢复原县制，丰润县属冀东行署十八专署；5月改属十五专署；

同年5月18日，丰滦办事处所属5个区与丰玉宁联合县所属的第五、八、九区联合组建丰南县佐公署，属冀东行署十三专署。

1948年12月，丰润全境解放，属冀东行署十五专署。1949年8月1日，属唐山专署。

1954年7月，丰南县并入丰润县。1958年12月，撤销丰润县，改置唐山市丰润区。1959年8月，撤销丰润区，复置丰润县。1960年4月2日，撤销唐山专区，实行市管县，改属唐山市。1961年5月23日，恢复唐山专区；同年6月，析丰润县置丰润、丰南两县，丰润县属唐山专区。1970年，唐山专区改称唐山地区，属唐山地区。1979年2月，丰润县的李庄子、常庄、刘家营3个人民公社和东大街、白家沟、谷庄子、刘庄子、三里屯、东马庄、新房子、大八里庄、甸子、娘娘庙、杨家口11个大队划归唐山市郊区。1980年1月，以唐山市郊区李庄子、常庄、刘家营3个人民公社和东大街、白家沟、谷庄子、三里屯、刘庄子、甸子、大八里庄、新房子、东马庄9个大队为基础，置唐山市新区。1983年5月，唐山地区撤销，丰润县、新区属唐山市。2002年2月1日，撤销丰润县、唐山市新区，改置唐山市丰润区，辖18个镇、10个乡、2个街道。

政区划分 2011年末，辖丰润、老庄子、任各庄、韩城、岔河、新军屯、小张各庄、丰登坞、李钊庄、白官屯、石各庄、沙流河、杨官林、七树庄、左家坞、泉河头、王官营、火石营18个镇，银城铺、常庄、欢喜庄、刘家营、姜家营5个乡，燕山路、太平路、浭阳3个街道，共26个乡级政区；下设584个村委会和47个居民委员会。

人口面积 2011年末，辖区总人口93.31万人，其中城镇常住人口41.34万人，城镇化率44.3%。另有流动人口32718人。总人口中，男性47.45万人，占50.85%；女性45.86万人，占49.15%。据2011年公布的第六次全国人口普查统计，全区14岁以下14.29万人，占15.31%；15~64岁70.1万人，占75.13%；65岁以上8.92万人，占9.56%。总人口中，以汉族为主，达91.14万人，占97.67%；有满、壮、蒙古、回、朝鲜等39个少数民族，共2.17万人，占2.33%；超过1000人的有满、壮、蒙古、回4个少数民族，其中满族15727人，占少数民族人口的74.06%；壮族1309人，占6.13%；蒙古族1556人，占7.55%；回族1248人，占5.66%。2011年，人口出生率10.59‰，人口死亡率4.99‰，人口自然增长率5.6‰。

辖区东西最大距离6千米，南北最大距离5千米，总面积1327.51平方千米。其他陆地面积1308.51平方千米，占98.6%；水域面积19平方千米，占1.4%。人口密度为每平方千米703人。

自然条件

地形地貌 地处燕山南麓低山丘陵与山前洪冲积平原上，地势东北高西南低，由东北向西南倾斜。地形分为平原、低山丘陵和山脉3种类型，以平原为主。主要山脉有腰带山、蘑菇峪、达子山、马蹄岭、黑石窝子山、南尖山、城子山、尖山、庙山、秦王山、阎王殿山、石井山、黑山、龙扒山、西城山、马蹄山、马头山、龙山、半坡山等，境内最高峰腰带山位于火石营镇，海拔648米，最低点位于李钊庄镇后蒲泊村，海拔0.7米。

气候 属东部季风区暖温带半湿润大陆性季风气候。其特点是四季分明，冬季寒冷干燥，夏季炎热多雨，气温和降水年际变化较大。多年平均气温11.4℃。1月平均气温-5.4℃，极端最低气温-22.4℃（2010年1月5日）；7月平均气温26.2℃，极端最高气温39.6℃（2000年7月12日）。平均气温年较差31.6℃。无霜期年平均197.6天，最长达225天，最短为158天。年平均日照时数2521.7小时，年总辐射122.93千卡/平方厘米。0℃以上持续期281天（一般为2月5日至11月12日）。年平均降水量629毫米。极端年最大雨量880.5毫米（1985年），极端年最少雨量310.2毫米（2002年）。降雨集中在每年7~8月，7月最多。

水文 境内河流有6条，河流总长度155千米，径流总量1.31亿立方米。境内最大的河流为还乡河，从东北向西南途经火石营、左家坞、泉河头、丰润镇、七树庄镇、白官屯镇，全长71千米，流域面积466.8平方千米，年均流量0.58亿立方米/秒。另有陡河、泥河、潴龙河、黑龙河、沙流河，但由于长期干旱少雨，多变为季节性河流，非汛期河道干枯无水。

矿藏及其他自然资源 境内已探明地下矿藏16种，分别是煤层气，煤炭、天然油石、泥炭、熔剂灰岩、水泥灰岩、冶金用白云岩、玻璃用白云岩、耐火黏土、矿泉水、建筑用石料灰岩、凝灰岩、白云岩、建筑用砂、水泥配料用沙、页岩。其中煤、石灰石、白云岩为优势矿产。已查明煤矿储量8.42亿吨，分布在车轴山、韩城、新军屯一带；泥炭45.2万吨；天然油石101.3万吨；溶剂灰岩1084.1万吨；水泥灰岩4.2亿吨；水泥配料用石英沙岩227.9万吨；水泥配料用沙土矿3200万吨。水资源总量2.22亿立方米，可利用总量2.18亿立方米。其中地下水资源总量1.7亿立方米，可利用量1.5亿立方米，主要分布在中部平原。有野生植物140多种，野生动物50多种。拥有林地面积43.23万亩。

自然灾害 主要自然灾害有旱灾、涝灾、风灾、雹灾、虫灾、震灾等。旱灾每1~2年发生一次，主要发生在春季。最严重的一次发生在2000年，为百年不遇大旱，成灾面积3.37万公顷，粮食减产6.3万吨。涝灾主要发生在每年7月至8月。风雹暴雨灾害年均发生1次，主要发生在6月，2007年，最多发生7次。虫灾主要有蚜虫、吸浆虫、红蜘蛛等。由于丰润地处地震多发区，除个别年份，每年均有4级以上有感地震发生记录。最严重的一次发生在1976年7月28日，震中位于唐山市和丰南一带，震级为7.8级，波及丰润全县。地震死亡10915人，重伤12142人，倒塌房屋36.77万间，粮食损失2510吨，造成经济损失1918万元。

经济概况

农业 耕地面积107.3万亩，人均耕地1亩；其中水浇地面积105.1万亩；林地面积43.23万亩。是以粮棉油生产为主的农业大区，国家重要的商品粮生产基地。2011年，农业总产值78.3亿元，实现农业增加值47.4亿元，占国内生产总值的8.78%。

粮食作物以小麦、玉米、高粱、水稻、谷子、豆类、甘薯为主。2011年，生产粮食41.4万吨，人均444千克，其中小麦11.76万吨，玉米28.43万吨。主要经济作物有棉花、油料、麻类、烟叶等。2011年，棉花种植面积2.17万亩，产量1469吨；油料种植面积14.67万亩，产量3.56万吨，烟叶种植面积0.3万亩，产量1440吨。蔬菜种植面积29.89万亩，产量126.37万吨，已建成辣椒和豆角、甘蓝、生姜、西红柿、红萝卜、黄瓜六大优质蔬菜生产基地，总面积达15万亩。蔬菜产品外销量约占商品量的85%。

畜牧业以牛、猪、羊、家禽为主。2011年，牛饲养量10.71万头，2011年末，奶牛存栏9.06万头，全区300头以上规模养殖场区56个，奶牛规模化养殖比率和机械化挤奶率100%，奶业标准化生产覆盖率83%；2011年末，生猪存栏44.73万头，百头以上规模养猪场1630个，千头以上养猪场41个，生猪规模养殖比率63%；2011年末，羊存栏9.02万只；家禽存栏560万羽。2011年，生产肉类8.9万吨；禽蛋6万吨，鲜奶42.8万吨。畜牧业总产值40.54亿元，占农业总产值的51.77%。

截至2011年末，林地面积45.3万亩，林木覆盖率30.5%，木材采伐量4200立方米。建立了牛妈妈枣基地、万亩核桃基地和万亩经济林带，水果种植面积11.08万亩，产量8.45万吨，主要品种有苹果、梨、葡萄、核桃，其中苹果3.33万吨，梨9177吨，葡萄7892吨，核桃723吨。

2011年末，拥有大中型拖拉机3267台（辆），小型拖拉机1.87万台（辆），排灌用动力机械2.97万台（辆），农用机械总动力125.41万千瓦。名优特农产品有黄瓜、番茄、豆角、生姜、甘蓝、辣椒、萝卜、浭阳红桃、牛妈妈枣、薄皮核桃、龙眼葡萄等。有10个无公害农产品基地，认证西红柿、黄瓜、萝卜、生姜等产品14个。全区蔬菜品牌11个，果品商标2个；农民人均纯收入9050元。

工业 以钢铁、水泥、装备制造、食品加工为主导产业，规划打造了以唐山（丰润）·中国动车城为重点的装备制造业产业聚集区、北方优质建材基地和中国精品型钢基地。工业总产值从1949年的128.94万元，增加到1978年的8279万元，2011年达到1295.06亿元，工业增加值占国内生产总值的59.46%。

2011年，工业企业5600家，其中规模以上工业企业143家。在规模以上工业企业中，钢铁、水泥企业89个，装备制造企业35个，占企业总数的86.71%；工业总产值完成1111亿元，占全部工业总产值的85.79%。全区年产水泥1200万吨，钢铁冶炼产能近800万吨，压延加工能力近3000万吨，主要产品有钢坯、带钢、角钢、槽钢、工字钢、螺纹钢、H型钢、线材、扁钢等。全年生产型线材2000万吨，占全国小型材产量的1/4。型钢定价已形成全国看河北，河北看唐山，唐山看丰润的格局。

商业外贸 2011年末，各类市场126个，经营网点1.15万个，从业人员6.3万人。钢材、建材等专业批发市场17个，其中冀东建材大世界市场交易额达20多亿元，跻身河北省十大生产资料市场之列；城南钢材市场群成为华北地区最大的专业市场之一，年交易额300亿元以上，辐射全国20多个省市。以此为依托规划建设中国北方现代物流城，并成为河北省首批物流产业聚集区，共有总投资299.02亿元的34个项目确定或意向入驻物流城，其中在建项目10个，投资34.91亿元；计划开工项目10个，投资81.94亿元；推进项目14个，投资182.17亿元。专卖专营、厂家直销、总经销与总代理、超市、连锁经营、物流配送等新型商业业态发展迅速，麦当劳、肯德基、东来顺等国内外知名企业相继落户境内。2011年，社会消费品零售总额达115.15亿元；市场交易额39.5亿元。

2011年，有进出口经营权企业214家，出口产品包括钢铁、机电、纺织、建材、医药5大类30多个品种，远销欧美、中东、非洲等20个国家和地区。按海关口径，全年出口创汇2.56亿美元，实际利用外资5020万美元，创历史最高水平。

财政金融 2011年，财政总收入43.81亿元，比上年增长35.3%。其中地方财政收入15.42亿元，比上年增长26.8%，分别是1949年、1978年的387.41倍和99.22倍。全区累计完成一般预算支出29.18亿元，比上年增长29.7%，其中一般公共服务支出4.62亿元，教育支出6.8亿元，医疗卫生支出3.46亿元，社保就业支出3.29亿元，农林水事务支出4.6亿元，公共安全支出1.09亿元，城乡社区事务支出8883万元，交通运输支出1.06亿元，住房保障支出9996万元，科学技术支出6339万元，其他支出1.73亿元。

2011年末，金融业实现增加值9.28亿元，占国内生产总值的1.72%。有金融机构32家，共有营业网点140个。各类存款余额406.22亿元，比上年增长16.44%，是1978年的841.73倍；各项贷款余额186.79亿元，比上年增长21.47%，是1978年的375.53倍。证券公司营业部1家，开户股民（含基金）总数2.97万个，A股和基金交易额121亿元，托管股票市值80.18亿元。保险业企业14家，实现保费收入229.09亿元，其中财产险保费收入214.62亿元，人身险保费收入1.97亿元。

社会发展

文化艺术 2011年末，乡镇（街道）文化站26个；农家书屋、村文化室276个。文化事业机构9个。注册登记营业性演出团体4家，个体经营演出队80余支，营业性演出场所2个。丰润区评剧团为唯一专业表演团体，演职员50人，每年演出评剧、歌舞近500场。俱乐部1家。文化馆1个，建筑面积2500平方米；新华书店门市2个、营业面积700平方米，年发行图书92万册，销售额1742万元。区图书馆建筑面积650平方米，藏书4.6万册，全年借阅量4万人次。档案馆1个，建筑面积1472平方米，其中馆库面积330平方米。文化行业从业人员371人，占全区社会从业人员的0.52%，其中事业单位从业人员163人。

地方特色民间艺术有民间花会、戏曲曲艺等。其中尤以评剧流传不衰。近年来，区评剧团排演的红楼梦系列评剧《曹雪芹》《刘姥姥》《贾母》《焦大与陈嫂》《晴雯》等连续5次在中国评剧艺术节上夺冠。

教育 2011年末，幼儿园146所，在园幼儿27483人，专任教师675人；小学149所，在校生54050人，专任教师2979人，小学适龄儿童入学率100%；初中29所，在校生22982人，专任教师2165人，初中适龄人口入学率100%；

普通高中6所，在校生12897人，专任教师1002人；普通中专学校2所，在校生1401人，专任教师44人。另有职业高中、高级技工学校、特殊教育学校、教师进修学校、广播电视大学分校、农业广播学校分校各1所，民办成人技术培训学校51所，乡（镇）村成人学校23所。其中车轴山中学始建于1903年，是河北省首批重点中学之一，为中央教科所物理教学改革研究课题实验学校；占地面积308亩，建筑面积10万平方米；教学班84个，在校生近5000人，教职工398人；近年来高考升学率一直保持在90%以上，2005年、2006年连续两年高考二本上线人数位居全市第一，是唐山市唯一连续8年高考二本上线超千人的学校；2009年被评为“全国教育系统先进集体”。

2011年教育经费达8.07亿元，财政预算内教育经费6.95亿元，城市、地方教育费附加及地方基金计8225.8万元，事业收入2948.3万元。预算内教育事业费5.78亿元，其他拨款1.17亿元。

科技 2011年末，企业研发中心10个，其中省级1家，市级5家，区级4家。唐山国家高速动车组高新技术产业化基地拥有国家级企业技术中心1家，省级工程技术中心3家，并与多所国内高校和科研院所合作，组建特邀院士工作站、高速动车组博士后科研流动站，建立河北省绿色智能交通产业技术研究院。全区组织实施科技攻关项目18个，列入市以上科技创新基金计划9项，争取资金支持441万元。获市级以上科技成果奖励4项。各企业技术攻关200项，取得科研成果25项，国家专利12项，评选区级科研成果25项。申请专利350项，授予专利201项。各类专业技术人员11114名，其中高级技术职称1312名。

医疗卫生 2011年末，各级各类医疗卫生机构1465个，其中政府办医疗机构96个，驻区企业办医疗机构14个，社会办医疗机构1355个。其中二级综合医院5所、二级中医院1所，一级综合医院16所，一级专科医院3所，乡镇卫生院23所，门诊部64个，个体诊所120个，厂企卫生室5个，社区卫生服务中心（站）9个，村卫生室（所）1219个；病床3700张，每千人拥有医疗床位4.1张。专业卫生人员4804人。重点医院有唐山市丰润区中医院于1979年建院，为国家“二级甲等医院”、“全国示范中医院”；占地面积11726平方米，建筑面积2.7万平方米；2011年拥有床位450张，医技人员700余人，其中国家级名老中医2人，省级名老中医1人；主任、副主任医师39人；有核磁共振、螺旋CT、四维彩超等大型设备140余台（件）；设有外科、妇产科、骨科、中风科、心内科、糖尿病科、儿科、综合内科、ICU等11个病区；中风病专科和疼痛科为省级重点专科，糖尿病专科为市级重点专科。

2011年法定报告传染病23种4663例，发病率为506.2/10万，农村安全饮用水合格率97%，新型农村合作医疗参合人数64.95万人，参合率99%；孕产妇死亡率20.5/10万，5岁以下儿童死亡率、婴儿死亡率、新生儿死亡率分别为5.5‰、3.1‰、1.8‰。

体育 2011年末，体育场地525处，其中体育场11个，体育馆4个，室外游泳池4个，篮球场495个，各种训练房11个，体育场地面积144万平方米。在桃园林场建有飞碟射击训练基地，为国家、省、市射击队提供训练场所。每年定期举办球类、棋类、田径、武术等赛事。曾成功举办全国“92盾石杯”甲级女排四强邀请赛、全国乒乓球“鲁能杯”超级联赛（分赛区）等比赛。社区健身器材覆盖率100%，农体工程（健身路径）覆盖率73%，各类学校98%的学生达到体育锻炼标准。经常参加体育活动的人员36.4万人，约占总人口的40%。

本地体育健儿在国家级赛事中累计取得金牌8枚，银牌19枚，铜牌11枚；在国际赛事中取得金牌1枚、银牌8枚，铜牌3枚。

广播电视 1958年7月开通丰润县有线广播站，到乡镇350杆千米，乡镇到村755.5杆千米；1984年新区广播站建成，城区架设广播专线3.5杆千米，农村架设70杆千米，通播率100%。1987年4月，丰润县开通调频广播电台，新区1998年开通调频转播台，转播中央人民广播电台第二套节目。2011年广播设施设备增至37套，有2套15个广播节目，广播综合覆盖率100%，全年累计安全优质播出广播节目超过9000小时。

1985年底建丰润县电视台，发射塔高82米，覆盖半径30千米，覆盖率71.9%。1989年10月，新区开通有线电视，1993年9月，丰润县开通有线电视。1994年，新区建成电视台，发射塔高96米，覆盖半径15千米。2011年末，丰润区电视台制、编、播设施设备400套，频道2个，电视综合覆盖率达100%；有线电视用户9.8万户，城区有线电视数字化覆盖面100%，数字电视用户7.5万户。农村建有光纤传输基站30个，246个村委会入网，用户达17.3万户。

社会保障 2011年，城镇最低生活保障户数2396户，人数4657人，支出1467.97万元，比上年增加21.8%，月人均263元，比上年增加20%；城市医疗救助108人次，民政部门资助参加合作医疗4605人次，共支出87.5万元。

农村最低生活保障户数10150户，人数17084人，支出2400万元，比上年增加42.1%，月人均117元，比上年增加34.5%；农村五保集中供养948人，支出34.41万元，比上年增加15%；农村五保分散供养253人，支出7.21万元，比上年增加22%；农村医疗救助981人次，民政部门资助参加合作医疗16171人次，共支出48.51万元；农村临时救济553人次，支出27.18万元。

自然灾害受灾人口6.9万人，农作物受灾面积3429.33亩，倒塌房屋169间，直接经济损失5568万元，救灾支出193万元。

国家抚恤、补助各类优抚对象3817人，安置义务兵、士官等464人，接收军队离退休干部3人，军休所1个，抚恤事业费支出34万元，比上年增加4.1%。

养老机构25个，其中老年公寓15所，床位1921张；农村敬老院10所，床位1394张。

社区服务设施49个，其中街道级社区服务中心3个，社区市民中心6个，社区服务站40个。

经常性社会救助工作站、点26个，全年接受社会捐款637.11万元；福利企业9个，安置残疾职工193人，福利企业产值1.66亿元。

新增就业人员8000人，有4200名下岗失业人员实现了再就业。创建充分就业社区2个，完成就业再就业技能培训

3000人、创业培训1000人，完成公共职业介绍机构城镇登记失业人员就业1100人，城镇登记失业率为4.17%，农村劳动力向非农产业转移1.55万人次。建立大学生见习基地7个，有638名高校毕业生就业，就业率85.5%。

2011年，五项社会保险（不含新型农村社会养老保险）基金收入合计5.44亿元，比上年增长23.36%，基金支出合计4.42亿元，比上年增长17.87%。年末参加城镇职工基本养老保险8.79万人，比上年末增加0.48万人，其中参保职工6.56万人，参保离退休人员2.23万人。参加企业基本养老保险5.41万人，比上年末增加0.53万人。全年征缴养老保险费5.01亿元，发放养老金3.58亿元。参加城镇职工基本医疗保险6.36万人，比上年末增加0.71万人。参加城镇职工失业保险3.37万人，比上年末增加0.04万人。参加城镇职工工伤保险6.99万人，比上年末增加0.45万人。参加企业女职工生育保险0.35万人，与上年基本持平。

城镇非私营单位在岗职工年平均工资为37058元，比上年增长6278元。各级劳动人事争议调解组织和仲裁机构共受理劳动人事争议案件425件，结案406件。其中受理劳动用工投诉案件236件，结案229件，结案率97.1%。为1159名劳动者协调解决或追讨工资及押金1020.3万元，为141名工伤职工解决工伤补助等559.8万元。

环境保护 2011年空气质量一级天数114天，二级天数216天，三级天数35天，达到二级和好于二级的天数330天，占全年天数的90.41%；空气中二氧化硫、二氧化氮年均浓度值均为0.05毫克/立方米，可吸入颗粒物年均浓度值为0.07毫克/立方米。污水处理能力达到11.3万立方米/日，再生水利用量达到3万立方米，生活垃圾无害化处理率达到98%以上。全区园林绿地面积1126.21万平方米，公园绿地面积282.71万平方米，建成区绿地率达到37.54%，绿化覆盖率达到40.57%，人均公园绿地面积10.1平方米。

基础设施

交通运输 已形成由铁路、公路、航空3种运输方式构成的交通运输网络，2011年客运总量2900万人次，货运量总量3600万吨。

京秦铁路、唐遵铁路、京山铁路新线和银联连4条铁路干线过境，其中京秦铁路境内长30.29千米，为电气化铁路。铁路专线6条，设唐山北、银城铺、富庄子、丰润南、崔马庄和豆各庄6个站。唐山北为二等客货运站，日均有56列客车停靠，其中动车有D1、D101、D11、D13等25次；快车有K1113次、K265次、K339次、K429等15次；普通快车有1173次、1467次、1713次、4495次等6次；旅游列车有Y509次、Y510次，日客运量5973人次，年货运吞吐量659万吨。

京沈公路宝坻至山海关段和承唐高速公路唐山段过境，境内全长50.96千米，为全封闭双向6车道、4车道；公路有G102京哈线、G112京环线、西外环高速丰润出口线、唐通线和玉新连接线3条省道，全长99.86千米；县乡级公路125条，总长1207千米。全区货运经营企业110家，个体运输户2641户，营运车辆1.79万辆，货运量3600万吨；客运班线52条，投放客运车辆259部，客运量（不含公交）2900万人次。

三女河机场位于石各庄镇三女河南，距丰润城区直线距离约15千米。

邮政电信 2011年末，邮政网点17个，投递路线单程总长度3130千米。邮政业务总量1.05亿元，比上年增长17%；业务收入5570万元。

电信企业3家；电话程控交换设备总容量23.81万门，比上年增长4.65%；固定电话用户17.05万户，比上年增长0.18%；移动电话用户86.22万户，比上年增长15%；宽带接入用户11.32万户，比上年增长24.08%。全年电信业务收入5.33亿元，比上年增长18%。

能源 2011年火力发电企业3家。高压输电线路2条，总长度9534千米，年平均负荷455.3千瓦，是国家电网公司确定的22万伏电压等级电网。年售电量累计完成41.94亿度，综合电压合格率100%，供电可靠率100%。

名胜旅游

旅游业概况 境内有旅游景点20多处，其中国家3A级旅游景区1个，全国红色旅游精品景区1个；全国重点文物保护单位4处，省级文物保护单位10处。旅行社8家。

2011年，共接待游客22.75万人次，旅游收入7825万元。

主要风景区 潘家峪风景区 位于火石营镇潘家峪村。景区主要由潘家峪惨案纪念馆和惨案遗址组成，先后被命名为全国爱国主义教育基地、全国百家红色旅游精品景区、全国重点文物保护单位。借助红色旅游，潘家峪村利用奇峰峻岭、洞穴幽深、地貌景观奇特、动植物分布广泛的自然条件开发绿色旅游，享有燕山脚下“小吐鲁番”美誉。

燕东生态园景区 国家3A级旅游景区，位于西杨家营村，占地面积200公顷，是以生态农林为依托，集旅游观光、休闲度假、餐饮住宿、会议接待于一体的多功能旅游区。该景区依托三山五壑的区位特点，建有百花园、地藏王庙、桃园、凯特杏园、秃鹫园、猴山、鸵鸟园、凌霄寺、凌霄阁、林中浴、艾宕梨园、燕东儿童城、文化广场、忆往今朝农家院、燕东滑雪场等几十处景点，园区绿色覆盖率达到93%。2008年12月，燕东生态园被命名为河北省农业旅游示范点。

重点名胜古迹 寿峰寺 全国重点文物保护单位。位于城南10千米车轴山山顶，始建于辽代。包括无梁阁、药师灵塔、文昌阁3座古建筑。无梁阁通高28.5米，为三重檐琉璃瓦顶，阁中无一梁木；药师灵塔为花塔建筑，是青砖结构、密檐实心塔。1976年唐山大地震中损坏，经1983年、2000年两度修复，再现了车轴山孤峰独秀，无梁阁高阁无梁的神奇景观。

风景点 聚仙谷 位于黄昏峪村北，由蛇连峪沟、大险沟、小险沟、憋死牛峪沟、石房沟组成。谷内有护山神石像、常燃香、石榴石、点仙台等象形石；南甜北苦的龙眼圣泉始建于唐朝，两井相隔1米；玉皇庙香火不衰，爬爬洞和妈妈洞向世人讲述着抗日英雄的悲壮故事。

麻龙湾泥雕文化园　位于常庄乡，是以著名画卷《清明上河图》为蓝本的大型泥塑艺术园林，始建于2007年。生动塑造了500多个栩栩如生的人物画面，50多匹牛、马、骡驴和20多艘大小船只，作品规模之宏大、匠心之独特，为国内仅见。

千佛山　位于姜家营乡，山上建有千佛寺。相传秦始皇求仙入海曾至此地，唐太宗李世民征东曾在此驻军。2008年，净行优婆塞祖廓夜梦奇瑞，自感此山当兴，遂发誓恢复古刹。当年9月兴建，中国佛教协会会长上一下诚老和尚亲书唐山千佛山千佛寺墨宝。祖廓大居士舍净资兴建寺院。

重大事件

本辖区发生的重大事件有1941年1月25日发生的潘家峪惨案。

著名人物

本辖区的著名人物有曹雪芹、丁开嶂、马占山、白玉霜、张爱玲、管桦等。

城区市政建设

道路　2011年末，城区道路总长度90.45千米，人均拥有道路长度0.22米；道路铺装面积54.81万平方米，人均拥有道路面积1.33平方米；桥梁11座，总长度1.6千米。

公共交通　2011年末，城区公交线路26条，公交运营车辆218辆，万人拥有量为2.42台，年客运量2600万人次；出租车459辆，万人拥有量5.1台。

给排水　2011年末，城区自来水厂4座，铺设干线水管234.2千米，生产能力2.7万吨/日，年工业用水252.59万吨、生活用水495.87万吨，居民自来水普及率98%，年人均生活用水5.47吨；排水管道80.15千米，污水处理厂1座，日污水处理能力11.3吨。

供电　2011年末，城区千伏以上变电站（所）28座，主变压器56台，总容量103.82兆伏安，高压输电线路2条，总长度9534千米，平均用电负荷455.3千瓦。年售电量累计完成41.94亿千瓦时，综合电压合格率100%，供电可靠率100%。

供热　2011年末，城区蒸汽供热管道总长度18.94千米；热水供热管道总长度76.62千米，供热面积698.51万平方米；供热用户66371户，供热量2960094百万千焦。

燃气　2011年末，城区天然气（煤气）用户6.71万户，年天然气（煤气）用量1454万立方米；工商福利户133家，年天然气用量296万立方米，煤气用量810万立方米。

园林绿化　2011年末，城区公园2个，公园面积111公顷，园林绿地面积1126.21公顷，其中公园绿地面积282.71公顷，绿化覆盖率40.57%，人均公园绿地面积10.1平方米。

（撰稿：李跃杰、付春增、徐向华，初审：潘贵存）

太平路街道

(Taipinglu Jiedao)

政区概况

名称来历　因办事处驻地位于太平路东侧而得名。

地理位置　地处丰润区东部，东至东山路与刘家营乡、银城铺乡相邻，南至京秦铁路沿线与银城铺乡相接，西至人民路与燕山路街道相连，北至还乡河南岸与银城铺乡东马庄村交界。办事处驻幸福道64号，电话区号0315，邮政编码064000。

政区沿革　1982年8月，置太平路街道，属唐山市新区。2002年5月，改属唐山市丰润区。

政区划分　2011年末，辖冀新、唐车、幸福、万隆、纺织一、纺织二、园东一、园东二、园林、园北、锦祥、前大树、中大树、同安14个社区居民委员会。

人口面积　2011年末，辖区总人口63105人，其中城镇常住人口63105人，城镇化率100%。另有流动人口5010人。总人口中，男性33312人，占52.8%；女性29793人，占47.2%；14岁以下8204人，占13%；15~64岁47329人，占75%；65岁以上7572人，占12%。总人口中，以汉族为主，达61772人，占98%；有满、蒙古、锡伯、回等9个少数民族，共1333人，占2%；超过200人的有满、回2个少数民族，其中满族868人，占少数民族人口的65.11%；回族306人，占22.96%。2011年，人口出生率3.23‰，人口死亡率0.79‰，人口自然增长率2.44‰。

辖区东西最大距离1.5千米，南北最大距离5.4千米，总面积7.9平方千米。全部为陆地。人口密度为每平方千米7988人。

经济概况

工业　2011年，工业企业148家，其中传统工业企业3个。2011年工业总产值23.8亿元，固定资产投资4.8亿元。

社会发展

文化艺术　2011年末，街道文化站1个，社区文化活动中心3个；各类图书室8个，藏书5万册。有园北社区文艺舞蹈队1个，园东社区文体队1个。

教育　2011年末，幼儿园7所，在园幼儿800人，专任教师60人；小学6所，在校生4500人，专任教师320人，小学适龄儿童入学率100%；初中3所，在校生2600人，专任教师200人。初中适龄人口入学率、小升初升学率、九年义务教育覆盖率达100%。

医疗卫生　2011年末，各级医疗卫生机构3个，门诊部（所）12个。新型医疗保险参合率93%。

体育 2011年末，学校体育场地5处，座位900个。90%的城市社区安装了健身器材，经常参加体育活动的人员占常住人口的60%。

社会保障 2011年，城镇最低生活保障户数482户，人数881人，支出292万元，月人均276元；城市医疗救助12户，民政部门资助参加合作医疗882人次，共支出21.2万元。国家抚恤、补助各类优抚对象69人，抚恤事业费支出22.5万元。社区服务设施14个，其中社区服务中心1个，社区服务站13个。慈善分会1个。新型城镇居民养老保险参保人数2199人，参保率97.2%。新增就业人员2057人，有1741名下岗失业人员实现了再就业，年末城镇登记失业率为4.15%。

前大树社区

（Qiandashu Shequ）

名称来历 属村改居社区。因庄东有一棵大树，而称大树庄。后因庄逐渐扩大，由南向北将大树庄分为3个庄，该庄居南，称前大树。

地理位置 地处太平路街道办事处东部，东与刘家营乡北贾庄相邻，南隔高粱山与银城铺相望，西至区政府驻地，北与银城铺乡中大树村相连。

主要指标 2011年末，辖区总人口1670人，总面积0.6平方千米，城镇居民人均可支配收入21000元。

中大树社区

（Zhongdashu Shequ）

名称来历 属村改居社区。因村东有一棵大树，故名大树庄。后因庄逐渐扩大，由南向北将大树庄分为3个村，因此村居中，称中大树。

地理位置 地处太平路街道办事处东部，东邻陡河，南邻前大树，西邻东山路，北邻北大树。

主要指标 2011年末，辖区总人口2160人，总面积0.76平方千米，城镇居民人均可支配收入21000元。

冀新社区

（Jixin Shequ）

名称来历 根据唐山市新区规划命名为一号小区，后名为苗家里，因辖区内居民主要为冀东水泥厂职工而更为现名。

地理位置 地处太平路街道办事处中部，东至林荫路，南至幸福道，西至太平路，北至公园道。

主要指标 2011年末，辖区总人口2411人，总面积0.14平方千米，城镇居民人均可支配收入21000元。

幸福社区

（Xingfu Shequ）

名称来历 根据唐山市新区规划命名为四号小区，后更名为宝心里，因辖区在幸福道北侧而更为现名。

地理位置 地处太平路街道办事处西部，东至平安路，南至幸福道，西至步行街，北至公园道。

主要指标 2011年末，辖区总人口3980人，总面积0.81平方千米，城镇居民人均可支配收入21000元。

万隆社区

（Wanlong shequ）

名称来历 根据唐山市新区规划命名为五号小区，后更名为兴隆里，因辖区内建有万隆公寓遂更为现名。

地理位置 地处太平路街道办事处西南部，东至太平路，南至曹雪芹东道，西至人民路，北至幸福道。

主要指标 2011年末，辖区总人口6378人，总面积0.26平方千米，城镇居民人均可支配收入21000元。

纺织一社区

（Fangzhiyi Shequ）

名称来历 根据唐山市新区规划命名为六号小区，后更名为纺织工房，因辖区内居民主要为华新纺织厂职工而更名为纺织小区。该社区属纺织小区第一社区。

地理位置 地处太平路街道办事处西南部，东至林荫路，南至光华道，西至人民路，北至曹雪芹东道。

主要指标 2011年末，辖区总人口7268人，总面积0.18平方千米，城镇居民人均可支配收入21000元。

纺织二社区

（Fangzhi' er Shequ）

名称来历 根据唐山市新区规划命名为六号小区，后更名为纺织工房，因辖区内居民主要为华新纺织厂职工而更名为纺织小区。该社区属纺织小区第二社区。

地理位置 地处太平路街道办事处西南部，东至林荫路，南至康健街，西至纺织一社区，北至曹雪芹东道。

主要指标 2011年末，辖区总人口4683人，总面积0.1平方千米，城镇居民人均可支配收入21000元。

园东一社区

（Yuandongyi Shequ）

名称来历 根据唐山市新区规划命名为二十一号小区和二十号小区。因两小区坐落于还乡河公园东侧遂统一更名为园东小区。该社区属园东小区第一社区。

地理位置 地处太平路街道办事处中部，东至太平路，南至公园道，西至平安路，北至同安社区。

主要指标 2011年末，辖区总人口4320人，总面积0.27平方千米，城镇居民人均可支配收入21000元。

园东二社区

（Yuandong' er Shequ）

名称来历 根据唐山市新区规划命名为二十一号小区和二十号小区。因两小区坐落于还乡河公园东侧遂统一更名为园东小区。该社区属园东小区第二社区。

地理位置 地处太平路街道办事处中部，东至太平路，南至公园道，西至园东一社区，北至同安社区。

主要指标 2011年末，辖区总人口5130人，总面积0.2平方千米，城镇居民人均可支配收入21000元。

园林社区

(Yuanlin Shequ)

名称来历 根据唐山市新区规划命名为二十二号小区和二十三号小区，因两小区紧邻还乡河公园遂统一更为现名。

地理位置 地处太平路街道办事处西北部，东至平安路，南至同庆道，西至还乡河公园，北至东马庄。

主要指标 2011年末，辖区总人口7116人，总面积0.23平方千米，城镇居民人均可支配收入21000元。

唐车社区

(Tangche Shequ)

名称来历 根据唐山市新区规划命名为二小区和三号小区。后更名为机车厂北工房和机车厂南工房，因两小区居民主要为原唐山机车车辆厂职工，遂统一更为现名。

地理位置 地处太平路街道办事处中南部，东至林荫路，南至曹雪芹东道，西至平安路，北至公园道。

主要指标 2011年末，辖区总人口11766人，总面积0.39平方千米，城镇居民人均可支配收入21000元。

园北社区

(Yuanbei Shequ)

名称来历 根据唐山市新区建设规划分别命名为二十四号小区和二十五号小区，因两小区位于还乡河公园东北，遂统一更为现名。

地理位置 地处太平路街道办事处北部，东至太平路，南至同庆道，西至平安路，北至银城铺镇东马庄。

主要指标 2011年末，辖区总人口4300人，总面积0.71平方千米，城镇居民人均可支配收入21000元。

锦祥社区

(Jinxiang Shequ)

名称来历 该社区辖区内有锦绣家园、富祥花苑、颐和家园等，体现出了锦绣、祥和的含义，故名。

地理位置 地处太平路街道办事处东南部，东至化工桥，南至京秦铁路，西至人民路，北至光华道。

主要指标 2011年末，辖区总人口1862人，总面积0.95平方千米，城镇居民人均可支配收入21000元。

同安社区

(Tong'an Shequ)

名称来历 属丰润区经济适用房小区，取同乐安康之意，故名。

地理位置 地处太平路街道办事处北部，东邻二局加工厂，南邻园东道，西邻平安路，北邻银城铺镇东马庄。

主要指标 2011年末，辖区总人口2100人，总面积0.06平方千米，城镇居民人均可支配收入21000元。

（撰稿人：王丽丽，初审：付春增）

燕山路街道

(Yanshanlu Jiedao)

政区概况

名称来历 初建时居民集中在向阳路（今燕山路）附近，故命名为向阳路街道办事处，后更名为燕山路。

地理位置 地处丰润区西部，东至人民路与太平路街道为邻，南至京秦铁路与银城铺乡为交界，西至燕山路、新丰路与浭阳街道相接，北至还乡河南岸。办事处驻城区幸福道24号，电话区号0315，邮政编码064000。

政区沿革 1981年6月，置向阳路街道，属唐山市新区。1982年3月，更名为燕山路街道，辖境不变；同年8月，以人民路为界，路东划归太平路街道，路西仍属燕山路街道。2002年5月，改属唐山市丰润区。

政区划分 2011年末，辖团结、新城、光华、欣园、阳光、福园、建华、燕山一、燕山二、燕山三、新丰东大街、新丰白家沟、金谷13个社区居民委员会。

人口面积 2011年末，辖区总人口63048人，其中城镇常住人口63048人，城镇化率100%。另有流动人口5400人。在总人口中，男性32000人，占50.7%；女性31048人，占49.3%；14岁以下5600人，占8.8%；15～64岁50448人，占80%；65岁以上7000人，占11.2%。总人口中，以汉族为主，达62500人，占99.1%；有满、回、蒙古、壮等12个少数民族，共548人，占0.9%；超过200人的有满、回2个少数民族，其中满族223人，占少数民族人口的40.7%；回族208人，占37.9%。2011年，人口出生率6‰，人口死亡率0.55‰，人口自然增长率5.45‰。

辖区东西最大距离1.8千米，南北最大距离2.8千米，总面积3.6平方千米。全部为陆地。人口密度为每平方千米17513人。

经济概况

工业 2011年，工业总产值5200万元。2011年，工业企业52家。

商业外贸 2011年末，唐山百货大楼、北方购物、宴宾楼、电信、网通、裕园大酒店、金利园大酒店等大型商贸企业；金塔房地产、中建地产、建瑞房地产等房地产企业；人民路商业街、曹雪芹大道商业街等231个法人单位，1211家个体工商户。

财政金融 2011年末，辖区有五大银行。

社会发展

文化艺术 2011年末，街道文化站1个，社区文化活动中心2个；各类图书室8个，藏书5万册。街道组织的星光合唱艺术团在唐山市群众文化艺术节演出中多次获得合唱一等奖，被确定为颁奖仪式和闭幕式特邀表演队伍。

教育 2011年末，幼儿园6所，在园幼儿1440人，专任教师130人；小学5所，在校生2900人，专任教师150人，小学适龄儿童入学率100%；初中1所，在校生900人，专任教师55人，初中适龄人口入学率、小升初升学率、九年义务教育覆盖率均达100%。

医疗卫生 2011年末，各级医疗卫生机构3个，门诊部（所）15个。新型医疗保险参合率96%。

体育 2011年末，学校体育场地5处，座位1000个。100%的城市社区安装了健身器材，经常参加体育活动的人员占常住人口的80%。

社会保障 2011年，城镇最低生活保障户数617户，人数1380人，支出333万元，月人均201元；城市医疗救助11人次，民政部门资助参加合作医疗948人次，共支出18.3万元。国家抚恤、补助各类优抚对象74人，抚恤事业费支出25.3万元。社区服务设施13个，其中社区服务中心1个，社区服务站12个。慈善分会1个。新型城镇居民养老保险参保人数2704人，参保率96%。有4201名下岗失业人员实现了再就业，年末城镇登记失业率控制在4%以内。全年为2403人办理社保补贴955万元。

新丰白家沟社区

（Xinfengbaijiagou Shequ）

名称来历 根据唐山市新区建设规划命名为十七号小区。后因该小区位于新丰路东侧更名为新丰小区。该小区原属白家沟部分命名为现名。

地理位置 地处燕山路街道办事处西部，东至燕山路，南至新丰东大街社区，西至新丰路，北至幸福道。

主要指标 2011年末，辖区总人口2458人，总面积0.42平方千米，城镇居民人均可支配收入21000元。

新丰东大街社区

（Xinfengdongdajie Shequ）

名称来历 根据唐山市新区建设规划命名为十七号小区。后因该小区位于新丰路东侧更名为新丰小区。该小区原属东大街部分命名为现名。

地理位置 地处燕山路街道办事处西部，东至燕山路，南至金谷小区，西至新丰路，北邻白家沟。

主要指标 2011年末，辖区总人口3464人，总面积0.24平方千米，城镇居民人均可支配收入21000元。

金谷社区

（Jingu Shequ）

名称来历 原为谷峤家墓地，有刘姓为谷家看墓，后陆续有人迁入定居，逐渐扩大为庄，称谷家庄，后改为谷庄子。后因该小区为原谷庄子村旧址，遂更为现名。

地理位置 地处燕山路街道办事处西南部，东至燕山路，南至京哈铁路，西至南关，北至东大街。

主要指标 2011年末，辖区总人口3281人，总面积0.27平方千米，城镇居民人均可支配收入21000元。

团结社区

（Tuanjie Shequ）

名称来历 根据唐山新区规划名为新区七号小区。后更名为育才里，因小区西邻团结路，故更为现名。

地理位置 地处燕山路街道办事处东北部，东至人民路，南至幸福道，西至团结路，北至公园道。

主要指标 2011年末，辖区总人口8653人，总面积0.2平方千米，城镇居民人均可支配收入21000元。

光华社区

（Guanghua Shequ）

名称来历 根据唐山新区规划名为新区九号小区。后更名为箭道里，因小区南邻光华道，遂更为现名。

地理位置 地处燕山路街道办事处东南部，东至人民路，南至光华道，西至团结路，北至曹雪芹东道。

主要指标 2011年末，辖区总人口8550人，总面积0.21平方千米，城镇居民人均可支配收入21000元。

欣园社区

（Xinyuan Shequ）

名称来历 根据唐山新区规划名为新区十号小区和十一号小区。后分别更名为花园里和北菜园，因两小区东邻还乡河公园，北邻正在治理的还乡河段，系居民乐居之地，遂统一更为现名。

地理位置 地处燕山路街道办事处北部，东至团结路，南至公园道，西至燕山路，北至滨河南路。

主要指标 2011年末，辖区总人口6937人，总面积0.13平方千米，城镇居民人均可支配收入21000元。

福园社区

（Fuyuan Shequ）

名称来历 根据唐山新区规划名为新区十二号小区。后更名为石碑里，因小区位于幸福道北侧，遂更为现名。

地理位置 地处燕山路街道办事处中部，东至团结路，南至幸福道，西至燕山路，北至公园道。

主要指标 2011年末，辖区总人口7041人，总面积0.15平方千米，城镇居民人均可支配收入21000元。

建华社区

（Jianhua Shequ）

名称来历 根据唐山新区规划名为新区十三号小区。后更名为将军里，因小区南端坐落着建华商场，遂更名为现名。

地理位置 地处燕山路街道办事处中部，东至团结路，南至曹雪芹东道，西至燕山路，北至幸福道。

主要指标 2011年末，辖区总人口10044人，总面积0.26平方千米，城镇居民人均可支配收入21000元。

新城社区

(Xincheng Shequ)

名称来历 根据唐山新区规划名为新区八号小区。后更名为文明里，因小区南邻新城道（现曹雪芹东道），遂更为现名。

地理位置 地处燕山路街道办事处东部，东至人民路，南至曹雪芹东道，西至团结路，北至幸福道。

主要指标 2011年末，辖区总人口6193人，总面积0.22平方千米，城镇居民人均可支配收入21000元。

燕山一社区

(Yanshanyi Shequ)

名称来历 根据唐山新区规划名为新区十四号小区和十五号小区。后分别更名为石门里和南沟沿，因两小区西邻燕山路，更名为燕山小区。燕山小区分属三个社区，其中燕山一社区辖区居民主要为中铁十八局职工。

地理位置 地处燕山路街道办事处南部，东邻团结路，南邻京秦铁路，西、北邻燕山二社区。

主要指标 2011年末，辖区总人口2668人，总面积0.17平方千米，城镇居民人均可支配收入21000元。

燕山二社区

(Yanshan'er Shequ)

名称来历 根据唐山新区规划名为新区十四号小区和十五号小区。后分别更名为石门里和南沟沿，因两小区西邻燕山路，故更名燕山小区。燕山小区分属三个社区。

地理位置 地处燕山路街道办事处南部，东邻团结路，南邻光华道，西邻燕山路，北邻曹雪芹东道。

主要指标 2011年末，辖区总人口1154人，总面积0.1平方千米，城镇居民人均可支配收入21000元。

燕山三社区

(Yanshansan Shequ)

名称来历 根据唐山新区规划名为新区十四号小区和十五号小区。后分别更名为石门里和南沟沿，因两小区西临燕山路，故更名燕山小区。燕山小区分属三个社区，其中燕山三社区辖区居民主要为中铁十六局职工。

地理位置 地处燕山路街道办事处南部，东、北邻燕山二社区，南邻京秦铁路，西邻燕山路。

主要指标 2011年末，辖区总人口3121人，总面积0.11平方千米，城镇居民人均可支配收入21000元。

阳光社区

(Yangguang Shequ)

名称来历 因社区辖区为阳光公寓，故名。

地理位置 地处燕山路街道办事处北部，东邻还乡河公园，南邻园西道，西邻燕山路，北邻还乡河。

主要指标 2011年末，辖区总人口565人，总面积0.11平方千米，城镇居民人均可支配收入21000元。

（撰稿人：张祥华，初审：付春增）

浭阳街道

(Gengyang Jiedao)

政区概况

名称来历 因办事处驻地位于还乡河南岸，还乡河古称浭水而得名。

地理位置 地处丰润区西部，东至燕山路、新丰路与燕山路街道毗邻，南至南环西道、西至西环路、北至浭阳道（不含辖区内的王家楼、老魏庄子、饶家头、西黄各庄、河南张兵马庄、南台、杨匠庄7个村民委员会）与丰润镇搭界。办事处驻唐丰路192号，电话区号0315，邮政编码064000。

政区沿革 2005年4月22日，置浭阳街道。

政区划分 2011年末，辖富康、富丽、富泰、静园、林苑、铁路、祥和、祥润、新兴、燕丰、金苑、融城12个社区居民委员会，北关、城内、南关、塔湾、西大街、王庄子、小韩庄7个农转非社区，赵庄、朱庄子2个村民委员会。

人口面积 2011年末，辖区总人口68418人，其中城镇常住人口62882人，城镇化率91.91%。另有流动人口5623人。总人口中，男性34495人，占50.4%；女性33923人，占49.6%；14岁以下11628人，占17%；15~64岁38322人，占56%；65岁以上18468人，占27%。总人口中，以汉族为主，达64860人，占94.8%；有少数民族3558人，占5.2%。2011年，人口出生率3.98‰，人口死亡率1.76‰，人口自然增长率2.22‰。

辖区东西最大距离5.2千米，南北最大距离4.5千米，总面积12平方千米。全部为陆地。人口密度为每平方千米5702人。

经济概况

农业 耕地面积901亩。2011年，农业总产值179万元。

粮食作物以小麦、玉米为主。

畜牧业以猪、牛、羊为主。2011年，生猪饲养量186头，牛饲养量30头，羊饲养量80头。

工业 以化工、铸造、机械加工、塑料制品、建筑材料为主。2011年，工业总产值4.23亿元。2011年，工业企业112家，其中规模以上工业企业1家。

社会发展

文化艺术 2011年末，街道文化站、广播电视站各1个，社区文化活动中心22个；各类图书室22个，藏书6余万册。国家级文物保护单位1个。

教育 2011年末，幼儿园8所，在园幼儿1653人，专任教师180人；小学6所，在校生5952人，专任教师342人，小学适龄儿童入学率100%；初中2所，在校生3800人，专任教师482人，初中适龄人口入学率、小升初升学率、九年义务教育覆盖率均达99%。2011年财政预算内教育经费64.14万元，比上年增长31.3%。

医疗卫生 2011年末，各级各类医疗卫生机构7个，门诊部（所）45个。新型农村合作医疗参合率99.93%。

体育 2011年末，学校体育场地8处，座位5000张。50%的村安装了健身器材，经常参加体育活动的人员占常住人口的40%。

社会保障 2011年，城镇最低生活保障户数936户，人数1728人，支出492.65万元，月人均238元；城市医疗救助40人次，民政部门资助参加合作医疗1902人次，共支出39.94万元。农村最低生活保障户数40户，人数86人，支出8.95万元，月人均87元。国家抚恤、补助各类优抚对象173人，抚恤事业费支出74.95万元。社区服务设施24个，其中社区服务中心2个，社区服务站22个。慈善分会1个。新型农村社会养老保险参保人数3439人，参保率93.6%。新型城镇养老保险参保人数9085人，参保率90%。

北关社区

（Beiguan Shequ）

名称来历 属村改居社区。始建县为防外敌入侵，筑有城墙，外有护城河，城内十字街有四门，故称四关，该村坐落于县城北门外，故称北关。

地理位置 地处浭阳街道办事处东北部，东至燕山路，南至白家沟、城内二居，西至西大街，北至还乡河。

主要指标 2011年末，辖区总人口3715人，总面积0.47平方千米，城镇居民人均可支配收入9050元。

南关社区

（Nanguan Shequ）

名称来历 属村改居社区。始建县为防外敌入侵，筑有城墙，外有护城河，城内十字街有四门，故称四关，该村坐落于县城南门外，故称南关。

地理位置 地处浭阳街道办事处东南部，东至金谷社区，南至永昌家园，西至朱庄子村，北至曹雪芹西道。

主要指标 2011年末，辖区总人口4374人，总面积0.24平方千米，城镇居民人均可支配收入9050元。

塔湾社区

（Tawan Shequ）

名称来历 属村改居社区。村中心建有一菩萨庙中有一塔，坐落十字路口，因街道所处地段较弯曲，故称塔湾。

地理位置 地处浭阳街道办事处东部，东至文化路，南至曹雪芹西道，西至滨河南道，北至西大街社区。

主要指标 2011年末，辖区总人口1796人，总面积0.1平方千米，城镇居民人均可支配收入9000元。

王庄子社区

（Wangzhuangzi Shequ）

名称来历 属村改居社区。相传老石家有一小孩，变成了石人石马，传闻此地要出皇帝，因帝称王，故把石姓改成了王姓，故称王庄子。

地理位置 地处浭阳街道办事处东部，东至朱庄子，南至京秦铁路，西至唐遵铁路，北至曹雪芹西道。

主要指标 2011年末，辖区总人口2727人，总面积0.71平方千米，城镇居民人均可支配收入9050元。

西大街社区

（Xidajie Shequ）

名称来历 属村改居社区。始建县为防外敌入侵，筑有城墙，外有护城河，城内十字街有四门，故称四关，该村坐落于县城西门外，故称西关，又称西关大街，简称西大街。

地理位置 地处浭阳街道办事处北部，东至文化路，南至塔湾社区，西至还乡河，北至幸福道。

主要指标 2011年末，辖区总人口2096人，总面积0.51平方千米，城镇居民人均可支配收入9020元。

小韩庄社区

（Xiaohanzhuang Shequ）

名称来历 属村改居社区。韩氏兄弟来此看守坟墓，后人丁兴旺繁衍成村得名。

地理位置 地处浭阳街道办事处东北部，东、南至还乡河，西至丰润二中，北至西马庄。

主要指标 2011年末，辖区总人口1446人，总面积0.2平方千米，城镇居民人均可支配收入9000元。

城内社区

（Chengnei Shequ）

名称来历 因居老县城中间位置而得名。

地理位置 地处浭阳街道办事处中部，东至化工桥，南至医药公司，西至物资局，北至水泥管厂。

主要指标 2011年末，辖区总人口3920人，总面积0.31平方千米，城镇居民人均可支配收入9020元。

铁路社区

(Tielu Shequ)

名称来历 因该社区居民主要为铁路职工而得名。

地理位置 地处浭阳街道办事处南部，东至唐丰路，南至火车站，西至赵庄，北至汽车站。

主要指标 2011年末，辖区总人口6198人，总面积0.33平方千米，城镇居民人均可支配收入21700元。

新兴社区

(Xinxing Shequ)

名称来历 因该小区是在北关一片农田上兴建的，遂命名为新兴社区。

地理位置 地处浭阳街道办事处东北部，东至燕山路，南至公园道，西至新丰路，北至滨河北道。

主要指标 2011年末，辖区总人口3512人，总面积0.07平方千米，城镇居民人均可支配收入21700元。

富康社区

(Fukang Shequ)

名称来历 因该社区内的富康楼而得名。

地理位置 地处浭阳街道办事处东北部，东至新丰路，南至幸福道，西至小陈庄，北至北关二居。

主要指标 2011年末，辖区总人口2138人，总面积0.09平方千米，城镇居民人均可支配收入21700元。

富丽社区

(Fuli Shequ)

名称来历 因该社区内的富丽小区而得名。

地理位置 地处浭阳街道办事处东部，东至金谷小区，南至京秦铁路，西至文化路，北至曹雪芹西道。

主要指标 2011年末，辖区总人口3314人，总面积0.09平方千米，城镇居民人均可支配收入21700元。

静园社区

(Jingyuan Shequ)

名称来历 因该社区的静园广场而得名。

地理位置 地处浭阳街道办事处西部，东至润泽路，南至西黄各庄外环，西至西外环，北至曹雪芹西道。

主要指标 2011年末，辖区总人口3431人，总面积0.37平方千米，城镇居民人均可支配收入21700元。

祥和社区

(Xianghe Shequ)

名称来历 因该小区规划命名为祥和小区而得名。

地理位置 地处浭阳街道办事处中部，东至康宁路，南至曹雪芹西道，西至润泽路，北至滨河南道。

主要指标 2011年末，辖区总人口2702人，总面积0.17平方千米，城镇居民人均可支配收入21700元。

燕丰社区

(Yanfeng Shequ)

名称来历 因辖区位于燕山路东侧，时属丰润镇管辖，故名。

地理位置 地处浭阳街道办事处东南部，东至三里屯，南至三里屯，西至燕山路，北至小谷庄子。

主要指标 2011年末，辖区总人口630人，总面积0.05平方千米，城镇居民人均可支配收入21700元。

富泰社区

(Futai Shequ)

名称来历 因该社区内的富泰小区而得名。

地理位置 地处浭阳街道办事处东部，东至城内二居，南至城内二居，西至文化路，北至幸福道。

主要指标 2011年末，辖区总人口3461人，总面积0.38平方千米，城镇居民人均可支配收入21700元。

林苑社区

(Linyuan Shequ)

名称来历 因该社区内的林苑小区而得名。

地理位置 地处浭阳街道办事处中部，东至唐丰路，南至朝阳道，西至康宁路，北至曹雪芹西道。

主要指标 2011年末，辖区总人口4414人，总面积0.5平方千米，城镇居民人均可支配收入21700元。

祥润社区

(Xiangrun Shequ)

名称来历 因该社区内的祥润佳园小区而得名。

地理位置 地处浭阳街道办事处中部，东至康宁路，南至永济街派出所，西至润泽路，北至曹雪芹西道。

主要指标 2011年末，辖区总人口4421人，总面积0.18平方千米，城镇居民人均可支配收入21700元。

金苑社区

(Jinyuan Shequ)

名称来历 因金色名园而命名金苑社区。

地理位置 地处浭阳街道办事处南部，东至车轴山路，南至南外环，西至南台村，北至南台村。

主要指标 2011年末，辖区总人口1581人，总面积0.13平方千米，城镇居民人均可支配收入21700元。

融城社区

(Rongcheng Shequ)

名称来历 因该社区融侨半岛和开尔尚城而得名。

地理位置 地处浭阳街道办事处东南部，东至唐丰路，南至朱庄子，西至车轴山路，北至京秦铁路。

主要指标 2011年末，辖区总人口6100人，总面积0.18平方千米，城镇居民人均可支配收入21700元。

赵庄村

(Zhaozhuang Cun)

名称来历 此地原有一赵家坟地，故名。

地理位置 地处浭阳街道办事处中部，东至唐丰路，南至京秦铁路，西至车站路，北至光华道。

主要指标 2011年末，辖区总人口1842人，总面积0.47平方千米，城镇居民人均可支配收入9050元。

朱庄子村

(Zhuzhuangzi Cun)

名称来历 该地原有九户人家姓石，后又迁入一家姓朱的，因迷信说朱（猪）吃石（食），故石家迁走，朱家定居下来，称为朱庄子。

地理位置 地处浭阳街道办事处东部，东至端明路，南至唐遵铁路，西至王庄子，北至南关。

主要指标 2011年末，辖区总人口3694人，总面积0.71平方千米，城镇居民人均可支配收入9050元。

（撰稿：史颖轩，初审：付春增）

丰润镇

(Fengrun Zhen)

政区概况

名称来历 因原为丰润县人民政府驻地而得名。

地理位置 地处丰润区中部，东邻浭阳街道，南与任各庄镇接壤，西与石各庄、七树庄镇相连，北靠杨官林、泉河头镇。人民政府驻城区曹雪芹西道695号，电话区号0315，邮政编码064000，为丰润区人民政府驻地镇。

政区沿革 中华人民共和国成立之初，属丰润县一区。1956年，置城关镇。1958年，改置城关人民公社管理区。1961年，改为城关人民公社。1979年2月，所辖东大街、白家沟、谷庄子、刘庄子、三里屯划归唐山市郊区，后又改属唐山市新区。1984年3月，撤销人民公社，复置城关镇。1988年，更名为丰润镇。1989年4月，高丽铺乡、披霞山乡、大安乐庄乡并入。1993年3月，小八里乡、高各庄乡并入。2002年5月，改属唐山市丰润区。

政区划分 2011年末，辖小陈庄、娘娘庙、古家楼、霍庄子、周庄子、河北张兵马庄、河南张兵马庄、杨匠庄、老魏庄子、王家楼、西黄各庄、饶家头、大安乐庄、小安乐庄、张良各庄、小王各庄、小八里、南台、水泉、新杨庄、雷富庄、东那母庄、西那母庄一村、西那母庄二村、西那母庄三村、高各庄、小屯、圪塔坨、新农村、偏峪、前寺、高丽铺、西魏庄子、尚古庄、曹家洼、压库山、卢各庄、披霞山、西马庄、小尚古庄、七里屯、郑庄子、紫草坞、大宋各庄、小宋各庄45个村民委员会。

人口面积 2011年末，辖区总人口74954人，其中城镇常住人口19000人，城镇化率25.34%。另有流动人口6560人。总人口中，男性38489人，占51.35%；女性36465人，占48.65%。14岁以下11093人，占14.8%；15~64岁54342人，占72.5%；65岁以上9519人，占12.7%。总人口中，以汉族为主，达68111人，占90.87%；有满、蒙古、回、朝鲜、苗、壮6个少数民族，共6082人，占9.13%。2011年，人口出生率5.74‰，人口死亡率3.63‰，人口自然增长率2.11‰。

辖区东西最大距离12.6千米，南北最大距离10.8千米，总面积95.2平方千米。其中陆地面积93.5平方千米，占98.3%；水域面积1.7平方千米，占1.8%。人口密度为每平方千米787人。

经济概况

农业 耕地面积7.05万亩，人均耕地1亩；全部为水浇地。2011年，农业总产值5.32亿元。

粮食作物以小麦、玉米为主。2011年，生产粮食2.77万吨，人均415.97千克，其中小麦1.46万吨，玉米1.31万吨。主要经济作物有蔬菜。2011年，蔬菜种植面积1.86万亩，产量9.13万吨，主要品种有西红柿、韭菜、大葱等，建有无公害西红柿生产基地，产量0.41万吨。

畜牧业以猪、奶牛、家禽为主。2011年末，生猪存栏2.3万头；奶牛存栏6608头；家禽出栏70.99万羽。

工业 以化工、钢铁、机械加工、塑料制品、建筑材料为主。2011年，工业总产值108.82亿元，实现工业增加值33.6亿元，比上年增长27.4%。2011年，工业企业718家，其中规模以上工业企业25家，职工1.13万人。

商业外贸 2011年末，商业网点650个，从业人员3565人；集贸市场6个。2011年社会消费品零售额达8.3亿元，比上年增长17.5%；城乡集市贸易成交额3.86亿元。

财政金融 2011年，财政总收入3.8亿元，比上年增长42.94%。其中地方财政收入7269亿元，比上年增长21.84%。从主要税种看，完成营业税2057万元，增值税19424万元；企业所得税492万元。人均财政收入5706元，比上年增长39.51%。

社会发展

文化艺术 2011年末，镇文化站1个，村级文化活动中心50个，各类图书室64个，藏书30余万册。

教育 2011年末，幼儿园28所，在园幼儿2100人，专任教师110人；小学18所，在校生3728人，专任教师316人，小学适龄儿童入学率100%；初中1所，在校生2860人，专任教师370人，初中适龄人口入学率、小升初升学率、九年义务教育覆盖率均达100%。2011年财政预算内教育经费5425.8万元，比上年增长1.06%。预算内教育经费（包括城市教育费附加）占财政总支出的比例为36%，比上年提高了1.6个百分点。

医疗卫生 2011年末，各级医疗卫生机构6个；病床210张，每千人拥有医疗床位3.15张。专业卫生人员70名，其中执业医师21人，执业助理医师18人，注册护士11人。2011年医疗机构（门诊部以上）完成诊疗3.2万人次。新型农村合作医疗参合率100%。

体育 2011年末，学校体育场地15处。75%的村安装了健身器材，经常参加体育活动的人员占常住人口的20%。

广播电视 2011年末，有线电视用户1.5万户，入户率83%。

社会保障 2011年，城镇最低生活保障户数8户，人数12人，支出4.4万元，比上年增长20.8%，月人均306元，比上年增长20.1%；城市医疗救助76人次。农村最低生活保障户数487户，人数796人，支出102万元，比上年增长42.3%，月人均107元，比上年增长32.2%。国家抚恤、补助各类优抚对象394人，抚恤事业费支出152万元。敬老院1家，床位60张，农村五保供养50人。新型农村社会养老保险参保人数4.7万人，参保率94.9%。

曹家洼村

（Caojiawa Cun）

名称来历 因建村时有曹姓坟地，取名曹家庄。后因村南地势较低洼，得名曹家洼。

地理位置 地处丰润镇西北部，东至高丽铺，南至大安乐庄，西至尚古庄，北至压库山村。

主要指标 2011年末，辖区总人口621人，总面积0.47平方千米，农民人均纯收入9050元。

大安乐庄村

（Da'anlezhuang Cun）

名称来历 相传宋金交战，宋徽宗曾巡营至此，感言“东安乐，西太平，南沧桑，北还乡”。得名安乐庄，后改称大安乐庄。

地理位置 地处丰润镇西部，东至102国道，南至张良各庄，西至小安乐庄，北至卢各庄。

主要指标 2011年末，辖区总人口2415人，总面积2.37平方千米，农民人均纯收入9050元。

大宋各庄村

（Dasonggezhuang Cun）

名称来历 初建村时称宋各庄。后在附近另立小宋各庄，为区别遂改称大宋各庄。

地理位置 地处丰润镇东北部，东至泉河头镇亢各庄村，南至西马庄村，西至小宋各庄村，北至泉河头镇罗文口。

主要指标 2011年末，辖区总人口1446人，总面积1.02平方千米，农民人均纯收入9050元。

高丽铺村

（Gaolipu Cun）

名称来历 因古时很多驿铺，因此得名。

地理位置 地处丰润镇西北部，东至102国道，南至大安乐庄，西至曹家洼，北至压库山。

主要指标 2011年末，辖区总人口229人，总面积2.19平方千米，农民人均纯收入9050元。

高各庄村

（Gaogezhuang Cun）

名称来历 因由此往南地势较低洼，故称高各庄。

地理位置 地处丰润镇西南部，东至新农村、西那母庄，南至任各庄镇大孙庄子，西至圪塔坨，北至小屯村、张良各庄村。

主要指标 2011年末，辖区总人口4038人，总面积4.71平方千米，农民人均纯收入9050元。

圪塔坨村

（Getatuo Cun）

名称来历 因建村时这里有一座塔和一个土坨而得名。

地理位置 地处丰润镇西南部，东至高各庄村，南至任各庄镇白沫子，西至石各庄镇石各庄，北至前寺。

主要指标 2011年末，辖区总人口2140人，总面积2.96平方千米，农民人均纯收入9050元。

河北张兵马庄村

（Hebeizhangbingmazhuang Cun）

名称来历 姓张的兵马大元帅，来此占产立业，故名张兵马庄。1961年以还乡河为界分成两个村，该村居北故称河北张兵马庄。

地理位置 地处丰润镇中部，东至周庄子，南至还乡河，西至卢各庄，北至七里屯。

主要指标 2011年末，辖区总人口300人，总面积0.13平方千米，农民人均纯收入9050元。

河南张兵马庄村

（Henanzhangbingmazhuang Cun）

名称来历 姓张的兵马大元帅，来此占产立业，故名张兵马庄。1961年以还乡河为界分成两个村，该村居南故称河南张兵马庄。

地理位置 地处丰润镇中部，东至润泽路中心，南至曹雪芹西道，西至老魏庄子，北至还乡河。

主要指标 2011年末，辖区总人口755人，总面积0.23平方千米，农民人均纯收入9050元。

霍庄子村

(Huozhuangzi Cun)

名称来历 霍姓建村，故称霍庄子。

地理位置 地处丰润镇中部，东至102国道，南至还乡河，西至周庄子村，北至古家楼村。

主要指标 2011年末，辖区总人口834人，总面积0.12平方千米，农民人均纯收入9050元。

老魏庄子村

(Laoweizhuangzi Cun)

名称来历 本县城内魏元书升任山西汾州知府后，占该地建其家庭墓地，后又遣魏姓来居住，渐成村落，故名。

地理位置 地处丰润镇中部，东至河南张兵马庄，南至西黄各庄，西至大安乐庄，北至还乡河。

主要指标 2011年末，辖区总人口2680人，总面积0.53平方千米，农民人均纯收入9050元。

雷富庄村

(Leifuzhuang Cun)

名称来历 因村中雷姓较多，遂名雷庄子。因重名，1982年改称雷富庄。

地理位置 地处丰润镇南部，东至东那母庄，南至东那母庄，西邻西那母庄一村，北至南台。

主要指标 2011年末，辖区总人口612人，总面积0.73平方千米，农民人均纯收入9050元。

卢各庄村

(Lugezhuang Cun)

名称来历 一说因卢姓建村而得名；一说因地处河套，芦草丛生，称芦花庄，后演变为卢各庄。

地理位置 地处丰润镇中部，东至娘娘庙，南至大安乐庄，西至西魏庄子，北至压库山。

主要指标 2011年末，辖区总人口4560人，总面积3.6平方千米，农民人均纯收入9050元。

娘娘庙村

(Niangniangmiao Cun)

名称来历 建村时称郝家庄。后因村中建庙一座，名娘娘庙，遂改名。

地理位置 地处丰润镇中部，东至还乡河，南至唐遵铁路，西至七里屯，北至披霞山村。

主要指标 2011年末，辖区总人口2240人，总面积1.39平方千米，农民人均纯收入9050元。

披霞山村

(Pixiashan Cun)

名称来历 借山名命名村名为披霞山。

地理位置 地处丰润镇东北部，东至丰邱路、尚古庄村，南至小陈庄，西至郑庄子，北至披霞山村。

主要指标 2011年末，辖区总人口1100人，总面积0.65平方千米，农民人均纯收入9050元。

小安乐庄村

(Xiao' anlezhuang Cun)

名称来历 该地原为大安乐庄村张家的场房，后陆续有人迁此定居，渐成村，因比大安乐庄小，称小安乐庄。

地理位置 地处丰润镇西部，东至大安乐庄，南至小王各庄，西至七树庄镇太平庄，北至西魏庄子。

主要指标 2011年末，辖区总人口900人，总面积0.68平方千米，农民人均纯收入9050元。

偏峪村

(Pianyu Cun)

名称来历 1971年因修建邱庄水库，将黄昏峪公社偏峪村的一部分人搬迁此地而得名。

地理位置 地处丰润镇西南部，东至高各庄，南至圪塔圪，西至石各庄镇石各庄，北至前寺。

主要指标 2011年末，辖区总人口841人，总面积0.87平方千米，农民人均纯收入9050元。

七里屯村

(Qilitun Cun)

名称来历 因位居县城七华里处而得名。

地理位置 地处丰润镇北部，东至娘娘庙，南至102国道，西至卢各庄，北至郑庄子。

主要指标 2011年末，辖区总人口501人，总面积0.31平方千米，农民人均纯收入9050元。

前寺村

(Qiansi Cun)

名称来历 当时这里有两座寺庙，因该村坐落在南寺附近而得名。

地理位置 地处丰润镇西南部，东至高各庄村，南至偏峪，西至偏峪，北至小屯。

主要指标 2011年末，辖区总人口400人，总面积0.55平方千米，农民人均纯收入9050元。

饶家头村

(Raojiatou Cun)

名称来历 饶姓建村，故名。

地理位置 地处丰润镇中部，东至西黄各庄村，南至京秦铁路，西至102国道，北至王家楼村。

主要指标 2011年末，辖区总人口1033人，总面积0.83平方千米，农民人均纯收入9050元。

尚古庄村

(Shangguzhuang Cun)

名称来历 因附近有和尚庙、尼姑庵，故得名尚姑庄。后称尚古庄。

地理位置 地处丰润镇西北部，东至曹家洼，南至西魏庄子，西至七树庄镇七树庄，北至杨官林镇豆各庄。

主要指标 2011年末，辖区总人口2100人，总面积2.28平方千米，农民人均纯收入9050元。

水泉村

(Shuiquan Cun)

名称来历 因村东北坡上方有股泉水，常年涓流不息，故名。1982年整体搬迁至现址。

地理位置 地处丰润镇南部，东至新杨庄，南至西那母庄，西至新农村，北至新杨庄。

主要指标 2011年末，辖区总人口229人，总面积0.11平方千米，农民人均纯收入9050元。

西黄各庄村

(Xihuanggezhuang Cun)

名称来历 黄姓建村，得名黄各庄。清末，因重名遂改称西黄各庄。

地理位置 地处丰润镇中部，东至杨匠庄，南至南台村，西至饶家头，北至王家楼。

主要指标 2011年末，辖区总人口2367人，总面积1.34平方千米，农民人均纯收入9050元。

西那母庄一村

(Xinamuzhuangyi Cun)

名称来历 因村中富户较多，骡马成群，故名西骡马庄。宋、金交战时，这里被金军占领，改名西那母庄。“那母”系蒙语。

地理位置 地处丰润镇南部，东至东那母庄，南至大麻各庄，西至西那母庄二村，北至新杨庄。

主要指标 2011年末，辖区总人口1030人，总面积1.2平方千米，农民人均纯收入9050元。

西那母庄二村

(Xinamuzhuang'er Cun)

名称来历 因村中富户较多，骡马成群，故名西骡马庄。宋、金交战时，这里被金军占领，改名西那母庄。“那母”系蒙语。

地理位置 地处丰润镇政府南部，东至东那母庄，南至任各庄镇大麻各庄，西至西那母庄三村，北至新杨庄。

主要指标 2011年末，辖区总人口1004人，总面积1.2平方千米，农民人均纯收入9050元。

西那母庄三村

(Xinamuzhuangsan Cun)

名称来历 因村中富户较多，骡马成群，故名西骡马庄。宋、金交战时，这里被金军占领，改名西那母庄。“那母”系蒙语。

地理位置 地处丰润镇政府南部。东至西那母庄二村，南至任各庄镇大麻各庄，西至高各庄，北至新杨庄。

主要指标 2011年末，辖区总人口1018人，总面积1.266平方千米，农民人均纯收入9050元。

南台村

(Nantai Cun)

名称来历 因居县城之南，较四周略高而得名。

地理位置 地处丰润镇政府中部，东至车轴山路，南至雷富庄，西至西黄各庄，北至唐山北站。

主要指标 2011年末，辖区总人口4149人，总面积2.46平方千米，农民人均纯收入9050元。

小八里庄村

(Xiaobalizhuang Cun)

名称来历 因距县城八华里，并有村落两个，此村较小，故名。

地理位置 地处丰润镇东南部，东至唐丰路，南至任各庄镇曹信庄，西至东那母庄，北至南环西道。

主要指标 2011年末，辖区总人口3200人，总面积2.25平方千米，农民人均纯收入9050元。

小陈庄村

(Xiaochenzhuang Cun)

名称来历 陈姓建村，故名。

地理位置 地处丰润镇政府东部，东至浭阳街道北关，南至还乡河，西至娘娘庙，北至披霞山。

主要指标 2011年末，辖区总人口2835人，总面积0.43平方千米，农民人均纯收入9050元。

小尚古庄村

(Xiaoshangguzhuang Cun)

名称来历 因该处地势较高，且村民来自古石城，故称小上古庄。后取“上”的谐音，改称小尚古庄。

地理位置 地处丰润镇东北部，东至西马庄，南至披霞山，西至披霞山，北至西马庄。

主要指标 2011年末，辖区总人口613人，总面积0.48平方千米，农民人均纯收入9050元。

小宋各庄村

(Xiaosonggezhuang Cun)

名称来历 宋姓自大宋各庄迁此建村，初称小新庄，后改称小宋各庄。

地理位置 地处丰润镇东北部，东至大宋各庄，南至西马庄，西至紫草坞庄，北至大宋各庄。

主要指标 2011年末，辖区总人口1304人，总面积0.87平方千米，农民人均纯收入9050元。

小屯村

(Xiaotun Cun)

名称来历 因建村时人少、村小，而名小屯。

地理位置 地处丰润西南部，东至张良各庄，南至前寺，西至石各庄镇小令公庄，北至小王各庄。

主要指标 2011年末，辖区总人口2250人，总面积2.2平方千米，农民人均纯收入9050元。

小王各庄村

(Xiaowanggezhuang Cun)

名称来历 村中曾有一口石井，上刻该村名大王庄。世宦呼延庆因得罪朝廷，该村王天成为其外祖父亦受诛连，村遭劫难，人丁渐衰，改称小王各庄。

地理位置 地处丰润镇西部，东至张良各庄村，南至小屯，西至七树庄镇大令公庄，北至大安乐庄。

主要指标 2011年末，辖区总人口1111人，总面积1.29平方千米，农民人均纯收入9050元。

新农村

(Xinnong Cun)

名称来历 1959年因修建邱庄水库，将黄昏峪公社王庄子大队一部分群众，移居当时王官营公社养猪场居住。1968年这些人又搬迁至此定居，此前一直称王庄子，后改名新农村。

地理位置 地处丰润镇南部，东至新杨庄，南至西那母庄，西至高各庄，北至张良各庄。

主要指标 2011年末，辖区总人口919人，总面积0.27平方千米，农民人均纯收入9050元。

新杨庄村

(Xinyangzhuang Cun)

名称来历 杨姓建村，始称杨家庄。1965年因修建邱庄水库，由黄昏峪公社搬迁至此，改称新杨庄。

地理位置 地处丰润镇南部，东至南台，南至西那母庄，西至水泉，北至西黄各庄村。

主要指标 2011年末，辖区总人口919人，总面积0.59平方千米，农民人均纯收入9050元。

压库山村

(Yakushan Cun)

名称来历 传说村北山下有一座宝库，后为大山所压，故称山名压库山。借山名而得村名。

地理位置 地处丰润镇东北部，东至紫草坞，南至高丽铺，西至杨官林镇豆各庄，北至泉河头镇西孝义。

主要指标 2011年末，辖区总人口1800人，总面积1.52平方千米，农民人均纯收入9050元。

张良各庄村

(Zhangliangezhuang Cun)

名称来历 该地明代以前即有村落，称小杜庄，明初毁于战乱。永乐年间有移民自浙江迁此定居，其中张姓居多，且为人善良，故名。

地理位置 地处丰润镇西部，东至王家楼，南至高各庄，西至小屯，北至大安乐庄。

主要指标 2011年末，辖区总人口2805人，总面积2.56平方千米，农民人均纯收入9050元。

郑庄子村

(Zhengzhuangzi Cun)

名称来历 郑姓自江南迁此建庄，故名。

地理位置 地处丰润镇北部，东至披霞山，南至娘娘庙，西至紫草坞，北至卢各庄。

主要指标 2011年末，辖区总人口1250人，总面积0.96平方千米，农民人均纯收入9050元。

周庄子村

(Zhouzhuangzi Cun)

名称来历 周姓建村，故名。

地理位置 地处丰润镇中部，东至霍庄子，南至还乡河，西至河北张兵马庄，北至七里屯。

主要指标 2011年末，辖区总人口862人，总面积0.5平方千米，农民人均纯收入9050元。

紫草坞村

(Zicaowu Cun)

名称来历 传说该村村址原为盆地，且长满杂草，呈紫色，故名。

地理位置 地处丰润镇北部，东至西马庄村，南至郑庄子，西至压库山，北至泉河头镇西孝义。

主要指标 2011年末，辖区总人口2480人，总面积2.19平方千米，农民人均纯收入9050元。

杨匠庄村

(Yangjiangzhuang Cun)

名称来历 明燕王扫北时，一名杨氏将军葬身此地。故名杨将庄，后改名杨匠庄。

地理位置 地处丰润镇东部，东至车轴山路，南至南台，西至西黄各庄，北至唐山北站。

主要指标 2011年末，辖区总人口1232人，总面积0.43平方千米，农民人均纯收入9050元。

古家楼村

(Gujialou Cun)

名称来历 古氏一家自山东迁此，盖房三间，并无村名。邻村称之“一层楼”。后渐旺成庄，遂名古家楼。

地理位置 地处丰润镇中部，东至霍庄子，南至还乡河，西至周庄子，北至娘娘庙。

主要指标 2011年末，辖区总人口340人，总面积0.1平方千米，农民人均纯收入9050元。

西马庄村

(Ximazhuang Cun)

名称来历 建村时因村东不知何年立有石碑一块，其上无文，只刻背向而立的两个骑士，而得名。

地理位置 地处丰润镇东部，东至还乡河，南至浭阳街道北关，西至小尚古庄，北至小宋各庄。

主要指标 2011年末，辖区总人口2140人，总面积1.8平方千米，农民人均纯收入9050元。

西魏庄子村

(Xiweizhuangzi Cun)

名称来历 明朝将领魏来兴的长子、四子自南京来此占产立庄，遂称魏庄子。后又因居县城之西，改称西魏庄子。

地理位置 地处丰润镇西北部，东至卢各庄，南至小安乐庄，西至还乡河，北至尚古庄。

主要指标 2011年末，辖区总人口2200人，总面积2.5平方千米，农民人均纯收入9050元。

王家楼村

(Wangjialou Cun)

名称来历 初时为县城西关王姓花园，并建有观花楼两座。后有王姓迁此定居，遂得名。

地理位置 地处丰润镇中部，东至西黄各庄，南至饶家头，西至102国道，北至老魏庄子。

主要指标 2011年末，辖区总人口1784人，总面积1.1平方千米，农民人均纯收入9050元。

东那母庄村

(Dongnamuzhuang Cun)

名称来历 因村中富户较多，骡马成群，而名东骡马庄。宋、金交战时，这里被金军占领，改名东那母庄。“那母”系蒙语。

地理位置 地处丰润镇东南部，东至小八里庄，南至任各庄镇大麻各庄，西至西那母庄，北至南台。

主要指标 2011年末，辖区总人口2012人，总面积2.64平方千米，农民人均纯收入9050元。

（撰稿：赵秀辉，初审：徐向华）

老庄子镇

(Laozhuangzi Zhen)

政区概况

名称来历 因镇人民政府驻地位于老庄子村而得名。

地理位置 地处丰润区南部偏西，东、东南与唐山市路北区相邻，南接韩城镇，西南邻新军屯镇，西邻石各庄镇，北、东北与任各庄镇相连。人民政府驻老庄子村，电话区号0315，邮政编码064000，距丰润区人民政府13.7千米。

政区沿革 中华人民共和国成立之初，属丰润县三区。1958年，为老庄子人民公社老庄子管理区。1961年，改置老庄子人民公社。1979年，所辖的娘娘庙村、杨家口村划归唐山市郊区，后又改属唐山市开平区。1984年5月，撤销人民公社，置老庄子乡。1985年3月，撤乡，置老庄子镇。1989年4月，小城子乡、毛家坨乡并入。2002年5月，改属唐山市丰润区。2010年，所辖的詹官屯村由唐山高新技术产业开发区托管。

政区划分 2011年末，辖老庄子、七王庄、南王庄、陈家庄、周凤庄、沙雾庄、新村、魏庄子、詹官屯（于2010年由唐山高新技术产业开发区托管）、小城子、大树韩庄子、李官屯、党家庄、瓦房庄、夏屋、毛家坨一、毛家坨二、毛家坨三、毛家坨四、后冯各庄、姚家庄、前冯各庄、杨信庄、崔家屯、安家庄、白树庄、范家坨27个村委会。

人口面积 2011年末，辖区总人口40100人，其中城镇常住人口3328人，城镇化率8.3%。另有流动人口1078人。总人口中，男性20852人，占52%；女性19248人，占48%；14岁以下6095人，占15.2%；15～64岁30276人，占75.5%；65岁以上3729人，占9.3%。总人口中，以汉族为主，达38336人，占95.6%；有少数民族1764人，占4.4%。2011年，人口出生率12.17‰，人口死亡率7.01‰，人口自然增长率5.16‰。

辖区东西最大距离12.6千米，南北最大距离7.2千米，总面积58.7平方千米。全部为陆地。人口密度为每平方千米683人。

自然条件

自然灾害 主要自然灾害有水灾、旱灾、风灾、低温、冰雹、雷击等。

经济概况

农业 耕地面积5.4万亩，人均耕地1.35亩。2011年，农业总产值3.02亿元。

粮食作物以小麦、玉米为主。2011年，生产粮食2.5万吨，其中小麦9325吨，玉米15675吨。主要经济作物有为蔬菜。2011年，蔬菜种植面积8115亩，产量4.16万吨，主要品种有土豆、西红柿、胡萝卜、大白菜等，其中土豆0.17万吨，西红柿2025吨，胡萝卜800吨、大白菜1.5万吨。

畜牧业以奶牛、羊、家禽为主。2011年末，奶牛存栏7500头；猪存栏1.99万头；羊存栏0.35万只；家禽存栏4.8万羽。

工业 以建材、机械制造、钢铁为主。2011年，工业总产值10.61亿元，实现工业增加值2.32亿元。2011年，工业企业190家，其中传统工业企业3家。

商业外贸 2011年末，商业网点65个，从业人员200人；城乡集贸市场3个。2011年，社会消费品零售总额达0.3亿元，比上年增长8%；城乡集市贸易成交额1.5亿元。

财政金融 2011年，财政总收入3167.55万元，比上年增长54%。从主要税种看，完成营业税165.2万元，增值税2255.94万元，企业所得税588.63万元。人均财政收入856.1元，比上年增长54%。2011年，银行和金融机构各类存款余额3.95亿元，比上年增长11%；各项贷款余额1.01亿元，比上年减少3.15%。

社会发展

文化艺术 2011年末，镇文化站1个，村级文化活动中心1个，各类图书室17个，藏书20万册。

教育 2011年末，幼儿园5所，在园幼儿650人，专任教师21人；小学7所，在校生1400人，专任教师73人；初中1所，在校生880人，专任教师82人。幼儿入园率98.5%，小学适龄儿童入学率、小学巩固率、初中适龄人口入学率均达100%，中学巩固率98%。2011年财政预算内教育经费1691.4万元，比上年增长1.05%。预算内教育经费（包括城市教育费附加）占财政总支出的比例为35%，比上年提高了1.2个百分点。

医疗卫生 2011年末，各级各类医疗卫生机构1个，门诊部（所）16个；病床50张，每千人拥有医疗床位1.88张。专业卫生人员48名，其中执业医师13人，执业助理医师7人，注册护士11人。2011年医疗机构（门诊部以上）完成诊疗1.58万人次。新型农村合作医疗参合率100%。

体育 2011年末，学校体育场地8处。50%的村安装了健身器材，经常参加体育活动的人员占常住人口的20%。

广播电视 2011年末，有线电视用户4300户，入户率52%。

社会保障 2011年，城镇最低生活保障户数9户，人数11人，支出4.2万元，比上年增长21.9%，月人均318元，比上年增长20.2%；城市医疗救助10人次。农村最低生活保障户数320户，人数533人，支出76.8万元，比上年增长42.3%，月人均120元，比上年增长34.6%。国家抚恤、补助各类优抚对象215人，抚恤事业费支出47.5万元。敬老院1家，床位120张。居家养老服务场所12处，床位50张。新型农村社会养老保险参保人数2.85万人，参保率96.2%。

基础设施

交通运输 西外环高速、唐丰快速路、丰韩公路、津秦客运专线、机场路景观大道过境，其中丰韩公路贯穿全境。丰韩公路通往丰润城区，日发客运汽车28班次。

邮政电信 2011年末，邮政局1所；固定电话用户8610户，电话用户普及率达到80%；移动电话用户5709户；宽带接入用户6073万户。全年电信业务收入715万元。

镇区市政建设

给排水 2011年末，镇区深井769眼、调频加压泵2台、压力罐30个，以村为单位集中供水。

园林绿化 2011年末，镇政府驻地花坛15个，绿化面积1.6公顷。

南王庄村

（Nanwangzhuang Cun）

名称来历 王姓建村，初名迎福王家庄。清末改称王庄子。因重名，1982年改为南王庄。

地理位置 地处老庄子镇南部，东至陈家庄，南至老庄子，西至七王庄，北至任各庄镇孟家营。

主要指标 2011年末，辖区总人口1215人，总面积1.37平方千米，农民人均纯收入6500元。

老庄子村

（Laozhuangzi Cun）

名称来历 唐代此地即有人烟，初称蒋庄子。至明初，人丁兴旺，村落扩大，遂取其古老之意，改名老庄子。

地理位置 地处老庄子镇中部，东至新村，南至沙雾庄，西至前冯各庄，北至陈家庄。

主要指标 2011年末，辖区总人口2700人，总面积2.96平方千米，农民人均纯收入6850元。

七王庄村

（Qiwangzhuang Cun）

名称来历 因建村时有迷信传说此地风水极好，日后将出七个君王，故名。

地理位置 地处老庄子镇北部，东至南王庄，南至南王庄，西至后冯各庄，北至任各庄镇孟家营。

主要指标 2011年末，辖区总人口2004人，总面积1.94平方千米，农民人均纯收入6400元。

周凤庄村

（Zhoufengzhuang Cun）

名称来历 此地古为一片沙丘，常常风沙迷漫，故名周风庄。后人觉其名不雅，遂改名周凤庄。

地理位置 地处老庄子镇中部，东至沙雾庄村，南至大树韩庄子，西至杨信庄，北至老庄子。

主要指标 2011年末，辖区总人口1228人，总面积1.07平方千米，农民人均纯收入6400元。

沙雾庄村

(Shawuzhuang Cun)

名称来历 该地古为一片沙丘，经常风卷沙飘，似云若雾，故名。

地理位置 地处老庄子镇中部，东至党家庄，南至大树韩庄子，西至周凤庄，北至老庄子。

主要指标 2011年末，辖区总人口1674人，总面积1.95平方千米，农民人均纯收入6480元。

新村

(Xin Cun)

名称来历 1968年春，因修建邱庄水库，将黄昏峪公社偏峪村的部分人家迁此定居，故称新村。

地理位置 地处老庄子镇东部，东至詹官屯，南至路北区果园乡娘娘庙，西至老庄子，北至魏庄子。

主要指标 2011年末，辖区总人口393人，总面积0.43平方千米，农民人均纯收入6400元。

魏庄子村

(Weizhuangzi Cun)

名称来历 原名魏家庄，后改称魏庄子。

地理位置 地处老庄子镇东部，东至任各庄镇宋各庄，南至詹官屯，西至陈家庄，北至任各庄镇西龙虎庄。

主要指标 2011年末，辖区总人口1288人，总面积1.37平方千米，农民人均纯收入6320元。

后冯各庄村

(Houfenggezhuang Cun)

名称来历 始称冯各庄。后分南北两村，该村居北，称后冯各庄。

地理位置 地处老庄子镇西北部，东至七王庄，南至前冯各庄，西至石各庄镇邵家街，北至任各镇白沫子。

主要指标 2011年末，辖区总人口1603人，总面积2.25平方千米，农民人均纯收入6500元。

前冯各庄村

(Qianfenggezhuang Cun)

名称来历 始称冯各庄。后分南北两村，该村居南，称前冯各庄。

地理位置 地处老庄子镇西北部，东至老庄子，南至姚家庄，西至石各庄镇邵家街，北至后冯各庄村。

主要指标 2011年末，辖区总人口1908人，总面积2.71平方千米，农民人均纯收入6780元。

杨信庄村

(Yangxinzhuang Cun)

名称来历 清乾隆年间有名为杨信者来此立庄。故名杨信庄。

地理位置 地处老庄子镇中部，东至周凤庄，南至白树庄，西至毛家坨，北至机场路。

主要指标 2011年末，辖区总人口630人，总面积0.68平方千米，农民人均纯收入6800元。

小城子村

(Xiaochengzi Cun)

名称来历 明末有赵姓官员来此占产立庄，因宅高院大，酷似城池，故名。

地理位置 地处老庄子镇南部，东至瓦房庄，南至韩城镇大张刘庄，西至李官屯，北至沙雾庄。

主要指标 2011年末，辖区总人口756人，总面积0.86平方千米，农民人均纯收入6750元。

大树韩庄子村

(Dashuhanzhuangzi Cun)

名称来历 明代有韩姓自山东迁此立庄，时因该地有棵老槐树，高大茂盛，故名。

地理位置 地处老庄子镇中部，东至小城子，南至李官屯，西至白树庄，北至沙雾庄。

主要指标 2011年末，辖区总人口960人，总面积1.22平方千米，农民人均纯收入6600元。

李官屯村

(Liguantun Cun)

名称来历 明永乐年间朝廷官员李乐敢在此建村，遂得名。

地理位置 地处老庄子镇南部，东至小城子，南至韩城镇大张刘庄，西至白树庄，北至大树韩庄子。

主要指标 2011年末，辖区总人口1240人，总面积1.47平方千米，农民人均纯收入6780元。

党家庄村

(Dangjiazhuang Cun)

名称来历 明代有党姓自山东来此建村，故名。

地理位置 地处老庄子镇中部，东至新村，南至夏屋，西至沙雾庄，北至老庄子。

主要指标 2011年末，辖区总人口1748人，总面积1.97平方千米，农民人均纯收入6600元。

夏屋村

(Xiawu Cun)

名称来历 建村时有名赵贵者自山东迁此定居，正值天下大雾，遂名下雾里庄。后称夏屋。

地理位置 地处老庄子镇南部，东、南至路北区，西至瓦房庄，北至党家庄。

主要指标 2011年末，辖区总人口1542人，总面积1.45平方千米，农民人均纯收入6900元。

瓦房庄村

(Wafangzhuang Cun)

名称来历 建村时有郝、张、李三姓，皆富，多为瓦房，遂得名。

地理位置 地处老庄子镇南部，东至夏屋，南至韩城镇小张刘庄，西至李官屯，北至党家庄。

主要指标 2011 年末，辖区总人口 2633 人，总面积 2.88 平方千米，农民人均纯收入 6900 元。

陈家庄村

(Chenjiazhuang Cun)

名称来历 古时附近曾有东狼、西虎两个村，因常闹事，被官兵抄袭，幸存百姓便北移于此建村，称陈庄子，1982 年改称陈家庄。

地理位置 地处老庄子镇东北部，东至魏庄子，南至老庄子，西至南王庄，北至任各庄镇车轴山小庄子。

主要指标 2011 年末，辖区总人口 1303 人，总面积 1.58 平方千米，农民人均纯收入 6530 元。

毛家坨一村

(Maojiatuoyi Cun)

名称来历 唐朝建村，因毛氏家族为大户，故称毛家坨。后按序员排列称为毛家坨一村。

地理位置 地处老庄子镇西部，东至姚家庄，南至毛家坨三村，西至石各庄镇黄花港，北至石各庄镇邵家街。

主要指标 2011 年末，辖区总人口 881 人，总面积 0.49 平方千米，农民人均纯收入 9770 元。

毛家坨二村

(Maojiatuo'er Cun)

名称来历 唐朝建村，因毛氏家族为大户，故称毛家坨。后按序号排列称为毛家坨二村。

地理位置 地处老庄子镇西部，东至毛家坨四村，南至毛家坨四村，西至崔家屯，北至邵家街。

主要指标 2011 年末，辖区总人口 861 人，总面积 0.47 平方千米，农民人均纯收入 9765 元。

毛家坨三村

(Maojiatuosan Cun)

名称来历 唐朝建村，因毛氏家族为大户，故称毛家坨。后按序号排列称为毛家坨三村。

地理位置 地处老庄子镇西部，东至姚家庄，南至毛家坨四村，西至毛家坨一村，北至石各庄镇邵家街。

主要指标 2011 年末，辖区总人口 996 人，总面积 2.25 平方千米，农民人均纯收入 9640 元。

毛家坨四村

(Maojiatuosi Cun)

名称来历 唐朝建村，因毛氏家族为大户，故称毛家坨。后按序号排列称为毛家坨四村。

地理位置 地处老庄子镇西部，东至毛家坨三村，南至白树庄，西至毛家坨二村，北至毛家坨三村。

主要指标 2011 年末，辖区总人口 1950 人，总面积 2.25 平方千米，农民人均纯收入 9650 元。

姚家庄村

(Yaojiazhuang Cun)

名称来历 明朝时期，有几户姓姚的在这里建房落户，故称姚家庄。

地理位置 地处老庄子镇西部，东至杨信庄，南至白树庄，西至毛家坨，北至后冯各庄。

主要指标 2011 年末，辖区总人口 960 人，总面积 1.5 平方千米，农民人均纯收入 9660 元。

安家庄村

(Anjiazhuang Cun)

名称来历 安姓建村，始称安家庄。

地理位置 地处老庄子镇西南部，东至崔家屯，南至韩城镇肖家庄，西至新军屯镇塔王庄，北至石各庄镇高庄子。

主要指标 2011 年末，辖区总人口 350 人，总面积 1 平方千米，农民人均纯收入 7120 元。

白树庄村

(Baishuzhuang Cun)

名称来历 明代白氏建村，始称白各庄。因系县内重名村，1982 年改称为白树庄。

地理位置 地处老庄子镇西南部，东至李官屯，南至韩城镇油房庄，西至崔家屯，北至杨信庄。

主要指标 2011 年末，辖区总人口 1216 人，总面积 2.3 平方千米，农民人均纯收入 9536 元。

崔家屯村

(Cuijiatun Cun)

名称来历 传说明永乐年间有崔、姜两姓，自山东迁至此处立庄，始称崔姜屯。后崔旺姜衰，姜姓迁走，改称崔家屯。

地理位置 地处老庄子镇西南部，东至范家坨，南至韩城镇肖家庄，西至安家庄，北至石各庄镇黄花港。

主要指标 2011 年末，辖区总人口 2840 人，总面积 4 平方千米，农民人均纯收入 9530 元。

范家坨村

(Fanjiatuo Cun)

名称来历 元末建村，因村北有坨子，村里有范氏人家居住，故称范家坨。

地理位置 地处老庄子镇西南部，东至白树庄，南至韩城镇董家庄，西至崔家屯，北至毛家坨一村。

主要指标 2011年末，辖区总人口1200人，总面积2.1平方千米，农民人均纯收入9365元。

（撰稿：孟庆伟，初审：徐向华）

任各庄镇

(Rengezhang Zhen)

政区概况

名称来历 因镇人民政府驻地位于任各庄村而得名。

地理位置 地处丰润区中部偏南，东与常庄乡、开平区郑庄子乡接壤，南邻老庄子镇，西与石各庄镇相连，北靠丰润镇。人民政府驻任各庄村，电话区号0315，邮政编码064012，距丰润区人民政府10.7千米。

政区沿革 中华人民共和国成立之初，属丰润县三区。1958年，为老庄子人民公社任各庄管理区。1961年，改置为任各庄人民公社。1979年2月，将境内新房子村划归唐山市郊区（今开平区）。1984年5月，撤销人民公社，置任各庄乡。1993年3月，撤乡，设任各庄镇。2002年5月，改属唐山市丰润区。2005年4月，新庄子乡并入。2006年，孙家庄村由唐山高新技术产业开发区托管。2010年，宋各庄村由唐山高新技术产业开发区托管。

政区划分 2011年末，辖任各庄、杨富庄、孟家营、鲁庄子、南张庄、车轴山小庄子、新庄子、纪镇屯、曹信庄、白沫子、新张庄、刘福庄、肘各庄、宋各庄、孙家庄、陶立营、前泥河、后泥河、东龙虎庄、西龙虎庄、小麻各庄、大麻各庄、大孙庄子、光新庄子、车轴山大街、车轴山前营26个村民委员会。

人口面积 2011年末，辖区总人口33900人，其中城镇常住人口1898人，城镇化率5.6%。另有流动人口2263人。总人口中，男性17136人，占50.55%；女性16764人，占49.45%；14岁以下5017人，占14.8%；15~64岁24578人，占72.5%；65岁以上4305人，占12.7%。总人口中，以汉族为主，达31968人，占94.3%；有满族766人，占2.3%；其他少数民族1166人，占3.4%。2011年，人口出生率12.22‰，人口死亡率7.07‰，人口自然增长率5.15‰。

辖区东西最大距离13.2千米，南北最大距离8.5千米，总面积50.1平方千米。全部为陆地。人口密度为每平方千米677人。

自然条件

地形地貌 境内为平原，地势东高西低，地面高程一般在海拔131.76米，最高点位于车轴山中学，海拔161.8米，最低点位于白沫子村，海拔120.1米。

自然灾害 主要自然灾害有旱灾、雨灾、雹灾等。

经济概况

农业 耕地面积4.71万亩，人均耕地1.4亩。2011年，农业总产值3.58亿元。

粮食作物以玉米、小麦为主。2011年，生产粮食1.89万吨，其中小麦8764吨，玉米1.01万吨。裸地菜和林果面积2.04万亩；日光温室大棚320座，占地247亩，亩均收益3万元，蔬菜品种主要有西红柿、茄子、黄瓜、豆角等；林果主要有苹果、晚秋黄梨、葡萄等。

畜牧业以牛、猪、家禽为主。2011年末，规模以上养殖场83个，奶牛存栏0.14万头；生猪出栏6.27万头；蛋鸡存栏12.78万羽。

工业 以钢铁、机械加工、建材为主。2011年，工业总产值34.27亿元。2011年，工业企业210家，其中规模以上工业企业6家。型钢产量300万吨，占全区型钢产量的1/10。

商业外贸 2011年末，商业网点277个，从业人员876人；集市4个，常设市场2个。2011年，社会消费品零售总额达2000万元，比上年增长10.5%；城乡集市贸易成交额1200万元。

财政金融 2011年，财政总收入6100万元，比上年增长53%。从主要税种看，完成营业税174.2万元，增值税4055.94万元，企业所得税778.63万元。人均财政收入2166元，比上年增长52%。2011年，银行和金融机构各类存款余额4.55亿元，比上年增长10%；各项贷款余额1.55亿元，比上年增长9.8%。

社会发展

文化艺术 2011年末，镇文化站1个，村级文化活动中心24个；各类图书室16个，藏书2余万册。

教育 2011年末，幼儿园3所，在园幼儿751人，专任教师18人；小学7所，在校生1730人，专任教师83人，小学适龄儿童入学率100%；初中1所，在校生737人，专任教师70人，初中适龄人口入学率、小升初升学率、九年义务教育覆盖率均达100%。2011年财政预算内教育经费1398万元，比上年增长1%。预算内教育经费（包括城市教育费附加）占财政总支出的比例为26.5%，比上年提高了1.5个百分点。

医疗卫生 2011年末，各级各类医疗卫生机构1个，门诊部（所）50个；病床16张，每千人拥有医疗床位0.53张，固定资产总值140万元。专业卫生人员70名，其中执业医师20人，注册护士2人。2011年医疗机构（门诊部以上）完成诊疗3.2万人次。新型农村合作医疗参合率99.99%。

体育 2011年末，体育场地18处，健身器材153件。58%的村安装了健身器材，经常参加体育活动的人员占常住人口的30%。

广播电视 2011年末，有线电视用户2310户，入户率25.7%。

社会保障 2011年，城镇最低生活保障户数4户，人数8人，支出3.13万元，比上年增长39%，月人均326.04元，比上年增长39%；城市医疗救助34次，民政部门资助参加合作医疗832人次，共支出5万元，比上年增长100%。农村最低生活保障户数417户，人数688人，支出113万元，比上年增长23.4%，比上年增长23.4%；农村五保分散供养1人。国家抚恤、补助各类优抚对象146人，抚恤事业费支出59万元，比上年增长15.7%。社区服务站7个。新型农村社会养老保险参保人数1.99万人，参保率96.8%。

基础设施

交通运输 唐丰路（112国道）、唐丰快速路、丰韩路及西外环高速公路过境。境内公交有114、112、K1、K3、K4往返市区和丰润镇；8路车往返丰润区内。

邮政电信 2011年末，邮政所1处，报纸、期刊累计期发行4000份（册）。邮政业务总量20万元，纯收入2.2万元。

电信企业1家，服务网点1个；电话交换机总容量3000门，固定电话用户2547户，电话用户普及率达到30%；移动电话用户9000户；宽带接入用户1553户。全年电信业务收入300万元。

镇区市政建设

给排水 2011年末，镇区19个村完成安全饮水工程建设，新打吃水井23眼，铺设地下管道39.1千米。

园林绿化 2011年末，北郊森林公园1个，村级公园5个；园林绿化面积667公顷，绿化覆盖率26%。

白沫子村

(Baimozi Cun)

名称来历 传说古时泥河上游有三姐妹因被贼兵追得急，投泥河自尽，尸流至此，河中泛起白花，故名白沫子。

地理位置 地处任各庄镇西部，东至新庄子，南至后冯各庄，西至南张庄，北至大孙庄子。

主要指标 2011年末，辖区总人口2210人，总面积4.38平方千米，农民人均纯收入6553元。

曹信庄村

(Caoxinzhuang Cun)

名称来历 初时称曹庄子。因重名，1982年改称曹信庄。

地理位置 地处任各庄镇东北部，东至唐丰路，南至后泥河，西至丰润镇东那母庄，北至丰润镇小八里。

主要指标 2011年末，辖区总人口803人，总面积1.29平方千米，农民人均纯收入7327元。

车轴山大街村

(Chezhoushandajie Cun)

名称来历 因位于车轴山下，故名。后因附近新建两个村落。为区别起见，且该村街道较长，遂改名车轴山大街。

地理位置 地处任各庄镇中部，东至新张庄，南至前营，西至新庄子，北至陶立营。

主要指标 2011年末，辖区总人口965人，总面积1.72平方千米，农民人均纯收入6696元。

车轴山前营村

(Chezhoushanqianying Cun)

名称来历 今车轴山西坡，唐代即有村落，名车轴山村。清初有王姓一家于此地开店，后繁衍成村，因位于车轴山村前，遂得名。

地理位置 地处任各庄中部，东至车轴山小庄子村，南至老庄子镇南王庄，西至孟家营，北至新庄子。

主要指标 2011年末，辖区总人口460人，总面积0.74平方千米，农民人均纯收入6920元。

车轴山小庄子村

(Chezhoushanxiaozhuangzi Cun)

名称来历 明代霍姓建村，因与车轴山村相连，遂名。

地理位置 地处任各庄镇中部，东至西龙虎庄，南至老庄子镇陈家庄，西至车轴山大街，北至陶立营。

主要指标 2011年末，辖区总人口840人，总面积1.24平方千米，农民人均纯收入6552元。

大麻各庄村

(Damagezhuang Cun)

名称来历 传说古时泥河上游有三姐妹因被贼兵追得急，投河自尽。其亲属沿途寻找至此。（寻找，土语叫麻各）。又因此村当时分两片，该片较大，故名。

地理位置 地处任各庄镇北部，东至车轴山路，南至杨富庄，西至刘福庄，北至东那母庄。

主要指标 2011年末，辖区总人口1401人，总面积2.64平方千米，农民人均纯收入7181元。

小麻各庄村

(Xiaomagezhuang Cun)

名称来历 传说古时泥河上游有三姐妹被贼兵追得急，投河自尽。其亲属沿途寻找至此（寻找，土语叫麻各）。又因此村当时分两片，该片较小，故名。

地理位置 地处任各庄镇西北部，东至刘福庄，南至杨富庄，西至大孙庄子，北至刘福庄。

主要指标 2011年末，辖区总人口1322人，总面积2.49平方千米，农民人均纯收入6770元。

大孙庄子村
(Dasunzhuangzi Cun)

名称来历 孙、贾两姓建村，始名孙贾庄子。后简称孙庄子。因重名，1983年11月改称大孙庄子。

地理位置 地处任各庄镇西北部，东、南至小麻各庄，西至白沫子，北至丰润镇高各庄。

主要指标 2011年末，辖区总人口702人，总面积1.52平方千米，农民人均纯收入6287元。

东龙虎庄村
(Donglonghuzhuang Cun)

名称来历 相传村西曾有一座庙，庙内古钟刻有该村原称刘胡庄的字样。后叫成龙虎庄，并以庙分东西两村，因其居庙东，称东龙虎庄。

地理位置 地处任各庄镇东部，东至任各庄，南至肘各庄，西至西龙虎庄，北至光新庄子。

主要指标 2011年末，辖区总人口752人，总面积1.15平方千米，农民人均纯收入6518元。

西龙虎庄村
(Xilonghuzhuang Cun)

名称来历 相传村东曾有一座庙，庙内古钟刻有该村原称刘胡庄的字样。后叫成龙虎庄，并以庙分东西两村，因其居庙西，称西龙虎庄。

地理位置 地处任各庄镇东部，东至东龙虎庄，南至魏庄子，西至新张庄，北至东龙虎庄。

主要指标 2011年末，辖区总人口883人，总面积1.64平方千米，农民人均纯收入6463元。

光新庄子村
(Guangxinzhuangzi Cun)

名称来历 明代建村，始称白草洼。时村人谓南有龙虎庄，临龙傍虎于己不利，乃于清初平旧垒建新居，更名光新庄子，以图吉祥。

地理位置 地处任各庄镇东部，东至唐丰路，南至东龙虎庄，西至陶立营，北至前泥河。

主要指标 2011年末，辖区总人口1910人，总面积3.15平方千米，农民人均纯收入7128元。

后泥河村
(Hounihe Cun)

名称来历 因位居泥河北岸，故名。

地理位置 地处任各庄镇东北部，东至曹信庄，南至前泥河，西至鲁庄子，北至丰润镇小八里庄。

主要指标 2011年末，辖区总人口1463人，总面积2.8平方千米，农民人均纯收入6889元。

前泥河村
(Qiannihe Cun)

名称来历 因坐落于泥河南岸，故名。

地理位置 地处任各庄镇政府东北部，东至唐丰路，南至光新庄子，西至后泥河，北至曹信庄。

主要指标 2011年末，辖区总人口2021人，总面积3.14平方千米，农民人均纯收入7129元。

纪镇屯村
(Jizhentun Cun)

名称来历 清初纪、徐、侯三姓建庄。因村边长满荆棘，而称纪针屯。民国初年改称纪镇屯。

地理位置 地处任各庄镇西南部，东至车轴山前营，南至孟家营，西至白沫子，北至新庄子。

主要指标 2011年末，辖区总人口876人，总面积1.51平方千米，农民人均纯收入6322元。

刘福庄村
(Liufuzhuang Cun)

名称来历 据村中徐氏墓碑记载，该村系明代刘姓建村，因村落较小而称小刘庄。因重名，1982年改称刘福庄。

地理位置 地处任各庄镇北部，东至大麻各庄，南至小麻各庄，西至大孙庄子，北至丰润镇西那母庄。

主要指标 2011年末，辖区总人口570人，总面积1.01平方千米，农民人均纯收入6406元。

鲁庄子村
(Luzhuangzi Cun)

名称来历 建村时村西有鲁氏坟地，故名。

地理位置 地处任各庄镇东北部，东至后泥河，南至前泥河，西至大麻各庄，北至丰润镇东那母庄。

主要指标 2011年末，辖区总人口402人，总面积0.69平方千米，农民人均纯收入6021元。

孟家营村
(Mengjiaying Cun)

名称来历 孟姓建村，故名。

地理位置 地处任各庄镇西南部，东至车轴山前营，南至老庄子镇南王庄，西至老庄子镇七王庄，北至纪镇屯。

主要指标 2011年末，辖区总人口907人，总面积1.11平方千米，农民人均纯收入7084元。

南张庄村
(Nanzhangzhuang Cun)

名称来历 张姓于此建一砖窑，后渐有人居住，繁衍成村，称张庄子。因有重名村，1982年改称南张庄。

地理位置 地处任各庄镇西北部，东至白沫子，南至石各庄镇富王庄，西至石各庄镇四户，北至丰润镇圪塔圪。

主要指标 2011年末，辖区总人口572人，总面积0.98平方千米，农民人均纯收入6211元。

任各庄村

(Rengezhuang Cun)

名称来历 任姓建庄，故名。

地理位置 地处任各庄镇东部，东至开平区张家洼，南至宋各庄，西至东龙虎庄，北至光新庄子。

主要指标 2011年末，辖区总人口3384人，总面积5.18平方千米，农民人均纯收入7414元。

陶立营村

(Taoliying Cun)

名称来历 陶姓建村，故名。

地理位置 地处任各庄镇中部，东至光新庄子，南至新张庄，西至杨富庄，北至鲁庄子。

主要指标 2011年末，辖区总人口1652人，总面积3.25平方千米，农民人均纯收入6518元。

新张庄村

(Xinzhangzhuang Cun)

名称来历 原村在左家坞公社，原名张庄子。因修建邱庄水库，于1967年搬迁至此，改称新张庄子。

地理位置 地处任各庄镇中部，东至西龙虎庄，南至车轴山小庄子，西至车轴山大街，北至陶立营。

主要指标 2011年末，辖区总人口781人，总面积1.03平方千米，农民人均纯收入6408元。

新庄子村

(Xinzhuangzi Cun)

名称来历 今村东有片耕地，名瓦叉地，即该村旧址。清初因遭遇火灾，将村西移重建，遂名新庄子。

地理位置 地处任各庄镇中部，东至车轴山前营，南至纪镇屯，西至白沫子，北至陶立营。

主要指标 2011年末，辖区总人口1283人，总面积2.23平方千米，农民人均纯收入6917元。

杨富庄村

(Yangfuzhuang Cun)

名称来历 杨姓建庄，原村址在黄昏峪公社，因修建邱庄水库，1969年搬迁至此，始称杨庄。因重名，1982年改称杨富庄。

地理位置 地处任各庄镇中部，东至陶立营村，南至新庄子，西至小麻各庄，北至大麻各庄。

主要指标 2011年末，辖区总人口449人，总面积0.45平方千米，农民人均纯收入6068元。

肘各庄村

(Zhougezhuang Cun)

名称来历 因位于任各庄经龙虎庄去车轴山之转弯处，其路至此呈胳膊肘状，故名。

地理位置 地处任各庄镇东部，东至任各庄，南至宋各庄，西至西龙虎庄，北至东龙虎庄。

主要指标 2011年末，辖区总人口942人，总面积1.58平方千米，农民人均纯收入6507元。

（撰稿：王立柱，初审：徐向华）

左家坞镇

(Zuojiawu Zhen)

政区概况

名称来历 因镇人民政府驻地位于左家坞村而得名。

地理位置 地处丰润区北部，东邻王官营镇，东南邻姜家营乡，南接泉河头镇，西南邻杨官林镇，西、西北与遵化市党峪镇相连，北靠邱庄水库与火石营镇相邻。人民政府驻左家坞村，电话区号0315，邮政编码064007，距丰润区人民政府15千米。

政区沿革 中华人民共和国成立之初，属丰润县七区。1958年，为左家坞人民公社左家坞管理区。1961年，改置左家坞人民公社。1984年5月，撤销人民公社，置左家坞乡。1985年3月，撤乡，置左家坞镇。1989年4月，北夏庄乡并入。2002年5月，改属唐山市丰润区。

政区划分 2011年末，辖左家坞、城北寨、叩甲寨、杨古塔、石窝、山头庄、西凹凸、才庄、北凹凸、东凹凸、新王庄、王务庄、于庄子、古仁庄、果家峪、北张庄、银子山、党家山、北夏庄、南夏庄、小松林、大松林、石家峪、大旺庄、北大港、前大港、狼儿峪、北沟、仰山29个村民委员会。

人口面积 2011年末，辖区总人口43000人，其中城镇常住人口2200人，城镇化率5.1%。另有流动人口197人。总人口中，男性20993人，占48.82%；女性22007人，占51.18%；14岁以下7224人，占16.8%；15~65岁29756人，占69.2%；65岁以上6020人，占14%。总人口中，以汉族为主，达42647人，占99.18%；有少数民族353人，占0.82%。2011年，人口出生率13.02‰，人口死亡率6.75‰，人口自然增长率6.27‰。

辖区东西最大距离14.6千米，南北最大距离10.4千米，总面积83.7平方千米。其中陆地面积79.4平方千米，占94.9%；水域面积4.3平方千米，占5.1%。人口密度为每平方千米514人。

自然条件

地形地貌 境内大部分为山前平原，地势略呈北高南低，东高西低，地面高程一般海拔40～52米，最高点位于张庄子北，海拔53米，最低点位于城北寨村与小松林村之间，海拔37米。

水文 还乡河自邱庄水库入境，自北向南流出。境内长8000米。

矿藏及其他自然资源 境内已探明地下矿藏主要有白云石和高钙石，主要分布在王务庄村、石窝村、杨古塔村、大松林村、小松林村、前大港村、北大港村、银子山村、仰山村。

自然灾害 主要自然灾害有水灾、地震。1949年7月25日至8月15日，连续降雨20天，农作物大量减产。1976年7月28日，唐山发生大地震，房屋遭到极大破坏。1987年，曾遭风暴袭击，风力达10级以上，绝大部分粮田受灾绝收。

经济概况

农业 耕地面积5.02万亩，人均耕地1.2亩；以旱田地为主。2011年，农业总产值3.29亿元。

粮食作物以玉米为主。2011年，生产粮食2.11万吨，人均491千克，其中玉米1.32万吨。主要经济作物有蔬菜和水果。2011年，蔬菜产量1.05万吨，主要品种有西红柿、黄瓜、白菜等；发展薄皮核桃3996亩，共栽植核桃苗8万棵，技术改造新老果园2000余亩，果品种植面积9000亩，产量1.47万吨，主要品种有核桃、梨、苹果、桃等。

畜牧业以猪、羊、家禽为主。2011年，生猪饲养量3.93万头，年末存栏9400头；羊饲养量2500只，年末存栏1300只；家禽饲养量31.80万羽。

工业 以水泥为主。2011年，工业总产值4.55亿元，比上年增长24%。2011年，工业企业248家，其中规模以上工业企业1家。

商业外贸 2011年末，商业网点195个；集贸市场8个，其中左家坞集贸市场可以容纳商户800余户。2011年社会消费品零售总额达4.9亿元，比上年增长5.2%；城乡集市贸易成交额6000万元。

财政金融 2011年，财政总收入2479万元，比上年增长26%。其中地方财政收入402万元，比上年增长19%。从主要税种看，完成营业税39万元，增值税1678万元，企业所得税138万元。人均财政收入577元，比上年增长25%。2011年，银行和金融机构各类存款余额2.4亿元，比上年增长12%；各项贷款余款2000万元，比上年减少0.2%。

社会发展

文化艺术 2011年末，乡文化站1个，文化资源共享服务站1个，业余创作人员16人。

教育 2011年末，幼儿园5所，在园幼儿300人；小学5所，在校生1138人，专任教师105人，小学适龄儿童入学率100%；市属初中1所，在校生1091人，专任教师236人，初中适龄人口入学率、小升初升学率、九年义务教育覆盖率均达100%。2011年财政预算内教育经费1958.7万元，比上年增长1.05%。预算内教育经费（包括城市教育费附加）占财政总支出的比例为51%，比上年提高了1.1个百分点。

医疗卫生 2011年末，卫生院1所，门诊部（所）35个；病床120张，每千人拥有医疗床位2.79张，固定资产总值300万元。专业卫生人员50名，其中执业医师12人，执业助理医师16人，注册护士4人。2011年医疗机构（门诊部以上）完成诊疗1.6万人次。新型农村合作医疗参合率98%。

体育 2011年末，学校体育场地9处。10%的村安装了健身器材，经常参加体育活动的人员占常住人口的10%。

广播电视 2011年末，有线电视用户7011户，入户率68%。

社会保障 2011年，城镇最低生活保障户数8户，人数13人，支出3.09万元，比上年增长15%，月人均198元，比上年增长21%。农村最低生活保障户数1042户，人数1703人，支出177.59万元，比上年增长70%，月人均86.9元，比上年增长40.5%。国家抚恤、补助各类优抚对象287人，抚恤事业费支出106.96万元，比上年增长38.6%。慈善协会分站1所，全年接受社会捐款5000元。新型农村社会养老保险参保人数2.2万人，参保率94.12%。

基础设施

交通运输 丰（润）邱（庄）公路、彭里线过境。境内公交车通往丰润城区，日发客运汽车24班次，日均容量2000余人次。

邮政电信 2011年末，邮政代办所1处，邮政业务总量14万元。

电信企业3家，服务网点3个；固定电话用户0.7万户，电话用户普及率达到70%；移动电话用户3.1万户；宽带接入用户3200户。全年电信业务收入90万元。

镇区市政建设

给排水 2011年末，镇区深水井60眼、调频加压泵8台、压力罐50个，以村为单位集中供水。

园林绿化 2011年末，镇政府驻地花坛25个，绿化面积700公顷，绿化覆盖率30.5%。

左家坞村

(Zuojiawu Cun)

名称来历 左姓建庄，时还乡河常有船只来往，此地为一停船码头，故名。

地理位置 地处左家坞镇中东部，东至大松林，南至城北寨，西至叩甲寨，北至山头庄。

主要指标 2011年末，辖区总人口1981人，总面积1.2平方千米，农民人均纯收入6432元。

城北寨村

(Chengbeizhai Cun)

名称来历 杨氏建村时名为枣林。后因村东南2.5千米团山子为城关所辖，该村则为左家坞所辖，两村之间设有寨墙，且位于城关之北，便更名城北寨。

地理位置 地处左家坞镇南部，东至小松林，南至团山子，西至南夏庄，北至左家坞村。

主要指标 2011年末，辖区总人口1828人，总面积1.88平方千米，农民人均纯收入6120元。

叩甲寨村

(Koujiazhai Cun)

名称来历 陈氏随清军入关至此定居，初称叩花寨，因花与甲谐音，演变成今叩甲寨。

地理位置 地处左家坞镇中部，东至左家坞，南至城北寨，西至党家山，北至杨古塔。

主要指标 2011年末，辖区总人口1511人，总面积1.01平方千米，农民人均纯收入6120元。

杨古塔村

(Yangguta Cun)

名称来历 杨氏建庄，因村西有山，名塔山，遂冠以姓氏得名杨古塔。

地理位置 地处左家坞镇中北部，东至山头庄，南至叩甲寨，西至黄土岭，北至石窝。

主要指标 2011年末，辖区总人口1715人，总面积1.53平方千米，农民人均纯收入6240元。

石窝村

(Shiwo Cun)

名称来历 因附近山上石料丰富，遂得名。

地理位置 地处左家坞镇北部，东至西凹凸，南至杨古塔，西至黄土岭，北至遵化界。

主要指标 2011年末，辖区总人口1062人，总面积0.9平方千米，农民人均纯收入6120元。

山头庄村

(Shantouzhuang Cun)

名称来历 因位于牛石山之南，以此命名。

地理位置 地处左家坞镇东北部，东至王务庄，南至左家坞，西至杨古塔，北至西凹凸。

主要指标 2011年末，辖区总人口1429人，总面积0.73平方千米，农民人均纯收入6120元。

才庄村

(Caizhuang Cun)

名称来历 才姓建庄，故名。

地理位置 地处左家坞镇东北部，东至火石营镇百草坡，南至北凹凸，西至遵化界，北至邱庄水库。

主要指标 2011年末，辖区总人口428人，总面积0.12平方千米，农民人均纯收入6120元。

西凹凸村

(Xi'aotu Cun)

名称来历 因村址坐落在高低不平的山坡，故称凹凸。后人丁繁衍，村落扩大，分成东、西、北三个村，分村后该村居西故名。

地理位置 地处左家坞镇东北部，东至新王庄，南至山头庄，西至石窝，北至才庄。

主要指标 2011年末，辖区总人口1008人，总面积0.34平方千米，农民人均纯收入6240元。

北凹凸村

(Beiao'tu Cun)

名称来历 因村址坐落在高低不平的山坡，故称凹凸。后人丁兴旺，村落扩大，分成东、西、北三个村，该村居北故名。

地理位置 地处左家坞镇东北部，东至火石营镇偏峪，南至东凹凸，西至石窝，北至才庄。

主要指标 2011年末，辖区总人口828人，总面积0.32平方千米，农民人均纯收入6240元。

东凹凸村

(Dong'aotu Cun)

名称来历 因村址坐落在高低不平的山坡，故称凹凸。后人丁繁衍，村落扩大，分成东、西、北三个村，分村后该村居东故名。

地理位置 地处左家坞镇东北部，东至火石营镇百草坡，南至新王庄，西至西凹凸，北至北凹凸。

主要指标 2011年末，辖区总人口584人，总面积0.16平方千米，农民人均纯收入6240元。

新王庄村

(Xinwangzhuang Cun)

名称来历 王姓自凹凸村迁此定居，初称南凹凸，后因村中皆为王姓，改称小王庄，后又改称现名。

地理位置 地处左家坞镇东北，东至北张庄子，南至王务庄，西至西凹凸，北至东凹凸。

主要指标 2011年末，辖区总人口526人，总面积0.32平方千米，农民人均纯收入6240元。

王务庄村

(Wangwuzhuang Cun)

名称来历 因地势较高，村西南又有还乡河流过，远望雾气茫茫，故因此得名王雾庄，今俗写成王务庄。

地理位置 地处左家坞镇东部，东至果家峪，南至于庄子，西至山头庄，北至新王庄。

主要指标 2011年末，辖区总人口2735人，总面积2.2平方千米，农民人均纯收入6222元。

北张庄村
(Beizhangzhuang Cun)

名称来历 张姓自遵化县铁厂迁于岭北建村，遂称北张庄子。因修建邱庄水库，搬至岭前仍沿用原村名，后改称北张庄。

地理位置 地处左家坞镇东部，东至杨家峪，南至果家峪，西至王务庄，北至新王庄。

主要指标 2011年末，辖区总人口349人，总面积0.32平方千米，农民人均纯收入6360元。

果家峪村
(Guojiayu Cun)

名称来历 郭氏建村，因四面环山，称郭家峪。后有杨、刘、谭等姓陆续迁入，又于山洼处种满果树，经协商改为现名。

地理位置 地处左家坞镇东部，东至杨家峪，南距西胡各庄，西距王务庄，北至北张庄。

主要指标 2011年末，辖区总人口805人，总面积0.52平方千米，农民人均纯收入6240元。

古仁庄村
(Gurenzhuang Cun)

名称来历 有名王古仁者于此立庄，遂得名。

地理位置 地处左家坞镇东部，东至银子山，南至北大港，西至大松林，北至王务庄。

主要指标 2011年末，辖区总人口632人，总面积0.37平方千米，农民人均纯收入6240元。

于庄子村
(Yuzhuangzi Cun)

名称来历 刘姓建村，始称刘家窝铺。后有李氏迁此定居，又因村西还乡河流过，每逢雨季，鱼虾顺沟流入村中，故改名鱼家庄。后又改写成于庄子。

地理位置 地处左家坞镇东部，东至古仁庄，南至大松林，西至左家坞，北至王务庄。

主要指标 2011年末，辖区总人口1063人，总面积0.59平方千米，农民人均纯收入6120元。

大松林村
(Dasonglin Cun)

名称来历 因村南有山名城子山，山北坡有大片松林与村相对，遂得此名。

地理位置 地处左家坞镇东部，东至古仁庄，南至小松林，西至左家坞，北至于庄子。

主要指标 2011年末，辖区总人口1393人，总面积0.87平方千米，农民人均纯收入6240元。

小松林村
(Xiaosonglin Cun)

名称来历 村西有山名城子山，山西坡有小片松林与村相对，遂得此名。

地理位置 地处左家坞镇东南部，东至北大港，南至前大港，西至城北寨，北至大松林。

主要指标 2011年末，辖区总人口1367人，总面积0.85平方千米，农民人均纯收入6240元。

前大港村
(Qiandagang Cun)

名称来历 包姓随燕王朱棣扫北迁此定居，因地势较之附近低洼，初称包家港。后与今北大港村合并，统称大港。后又分两村，该村居南，故名。

地理位置 地处左家坞镇东南部，东至银子山，南至古石城，西至小港，北至北大港。

主要指标 2011年末，辖区总人口949人，总面积0.98平方千米，农民人均纯收入6120元。

北大港村
(Beidagang Cun)

名称来历 张姓随燕王朱棣扫北迁此定居，初称张家胡同。后与今前大港合为一村，称大港。后又分成两村，该村居北，故名。

地理位置 地处左家坞镇东南部，东至银子山，南至前大港，西至小松林，北至古仁庄。

主要指标 2011年末，辖区总人口1033人，总面积0.99平方千米，农民人均纯收入6120元。

银子山村
(Yinzishan Cun)

名称来历 附近古仁庄因山洪暴发，村中有一部分居民为避洪水于此建新村。《丰润县志》载："银子山在城东北二十五里，每逢夏雨初霁，自石层磊，望若银山，附近居民故以之名村。"

地理位置 地处左家坞镇东南部，东至杨家铺，南至夏庄子，西至前大港，北至古仁庄。

主要指标 2011年末，辖区总人口1643人，总面积1.61平方千米，农民人均纯收入6240元。

北夏庄村
(Beixiazhuang Cun)

名称来历 该村始建于今村西三华里处，称西庄户。后村落被官军烧毁，遂迁于此地。因地处洼地，且自然分成南北两片，该居北，称北下庄，今写作北夏庄。

地理位置 地处左家坞镇西南部，东至党家山，南至南夏庄，西至大旺庄，北至北沟。

主要指标 2011年末，辖区总人口2891人，总面积2.95平方千米，农民人均纯收入6360元。

北沟村

(Beigou Cun)

名称来历 因附近多山沟，且居县城之北，故名。

地理位置 地处左家坞镇中西部，东至党家山，南至北夏庄，西至仰山，北至黄土岭。

主要指标 2011年末，辖区总人口747人，总面积0.97平方千米，农民人均纯收入6120元。

党家山村

(Dangjiashan Cun)

名称来历 传说唐初李世民征东时路过此地，有人于附近山中拦路，遂得山名挡驾山。建村后借山以称村名挡驾山，今演变成党家山。

地理位置 地处左家坞镇中部，东至叩甲寨，南至南夏庄，西至大旺庄，北至北夏庄。

主要指标 2011年末，辖区总人口1100人，总面积1.18平方千米，农民人均纯收入6120元。

南夏庄村

(Nanxiazhuang Cun)

名称来历 始建于今村西三华里处，称西庄户。后村落被官军烧毁，故迁此建新庄，因地处洼地，又分南北两片，该居南，称南下庄，后演变成南夏庄。

地理位置 地处左家坞镇南部，东至城北寨，南至狼儿峪，西至大旺庄，北至北夏庄。

主要指标 2011年末，辖区总人口3060人，总面积2.99平方千米，农民人均纯收入6480元。

大旺庄村

(Dawangzhuang Cun)

名称来历 为求村中人丁兴旺，故名。

地理位置 地处左家坞镇西南部，东至南夏庄，南至狼儿峪，西至常峪，北至仰山。

主要指标 2011年末，辖区总人口2887人，总面积3.51平方千米，农民人均纯收入6672元。

狼儿峪村

(Lang'eryu Cun)

名称来历 因村东有山名狼山，附近又沟壑纵横，故名。

地理位置 地处左家坞镇南部，东至南夏庄，南至东佑国寺，西至大旺庄，北至北夏庄。

主要指标 2011年末，辖区总人口1106人，总面积0.87平方千米，农民人均纯收入6120元。

仰山村

(Yangshan Cun)

名称来历 《丰润县志》载，明代隆庆年间该地即有村落名两山，今称仰山。

地理位置 地处左家坞镇西部，东至北夏庄，南至大旺庄，西至洪家屯，北至石家峪。

主要指标 2011年末，辖区总人口2530人，总面积2.93平方千米，农民人均纯收入6600元。

石家峪村

(Shijiayu Cun)

名称来历 初时只有十几家人，因村居山谷中，故称十家峪。后村落扩大，改称现名。

地理位置 地处左家坞镇西北部，东至北沟，南至仰山，西至洪家屯，北至马家峪。

主要指标 2011年末，辖区总人口369人，总面积0.25平方千米，农民人均纯收入6120元。

（撰稿：谭满丰，初审：吴庆军）

泉河头镇

(Quanhetou Zhen)

政区概况

名称来历 因原乡人民政府驻地位于泉河头村而得名。

地理位置 地处丰润区北部，东邻姜家营乡，东南邻银城铺乡，南邻丰润镇，西邻杨官林镇，北与左家坞镇相连。人民政府驻地白各庄村，电话区号0315，邮政编码064007，距丰润区人民政府9千米。

政区沿革 中华人民共和国成立之初，属丰润县七区。1958年，为左家坞人民公社泉河头管理区。1961年，置泉河头人民公社。1984年5月，撤销人民公社，置泉河头乡。1993年3月，撤乡，置泉河头镇，西佑国寺乡同时并入。2002年5月，改属唐山市丰润区。

政区划分 2011年末，辖团山子、小港、张庄子、白各庄、新付、罗文口、亢各庄、吴事庄、刘庄、王庄、苏付庄、韩庄、龙善寺、古石城、东佑国寺、西佑国寺、东孝义、西孝义18个村民委员会。

人口面积 2011年末，辖区总人口25871人，其中城镇常住人口3125人，城镇化率12.1%。另有流动人口927人。总人口中，男性13013人，占50.3%；女性12858人，占49.7%；14岁以下4165人，占16.1%；15～64岁19222人，占74.3%；65岁以上2484人，占9.6%。总人口中，以汉族为主，达25664人，占99.2%；有少数民族207人，占0.8%。2011年末，人口出生率11.25‰，人口死亡率5.47‰，人口自然增长率5.78‰。

辖区东西最大距离11.2千米，南北最大距离6.6千米，

总面积53.8平方千米。其中陆地面积53.3平方千米，占99.1%；水域面积0.5平方千米，占0.9%。人口密度为每平方千米481人。

自然条件

地形地貌 属半山区，地势呈凹字形，即东西地势高，中间略低，地面高程一般海拔38米。

水文 还乡河自小港村北入境，由北而南纵贯全境，由亢各庄村出境。境内长8千米。

自然灾害 主要自然灾害有风灾、涝灾、旱灾、雹灾等。

经济概况

农业 耕地面积2.96万亩，人均耕地1.14亩；为水浇地和旱地。2011年，农业总产值3.75亿元。

粮食作物以小麦、玉米为主。2011年，生产粮食1.04万吨，人均402千克。主要经济作物有薄皮核桃、柿子、富士苹果，种植面积0.65万亩。

畜牧业以猪、奶牛、家禽为主。2011年末，生猪存栏0.37万头；奶牛存栏0.26万头；家禽饲养量93万羽。

工业 以水泥、钢结构、酿酒、化工为主。2011年，工业总产值4.39亿元。2011年，工业企业159家，其中规模以上工业企业2家。

商业外贸 2011年末，商业网点198个，从业人员1100余人；城乡集贸市场7个。2011年，社会消费品零售总额达1000万元，比上年增长12.5%。

财政金融 2011年，财政总收入3080万元，比上年增长69.7%。其中地方财政收入485万元，比上年增长26%。从主要税种看，完成营业税829万元，增值税1933万元，企业所得税940万元。人均财政收入1222元，比上年增长65%。2011年，银行和金融机构各类存款余额3.12亿元，比上年减少0.16%；各项贷款余款4700万元，比上年减少73.6%。

社会发展

文化艺术 2011年末，镇文化站1个，村级文化活动中心18个；各类图书室18个，藏书3万余册。

教育 2011年末，幼儿园7所，在园幼儿731人；小学6所，在校生1574人，专任教师99人，小学适龄儿童入学率100%；初中1所，在校生6861人，专任教师63人，初中适龄人口入学率、小升初升学率、九年义务教育覆盖率均达100%。2011年财政预算内教育经费1281.8万元，与上年持平。预算内教育经费（包括城市教育费附加）占财政总支出的比例为34.29%，与上年持平。

医疗卫生 2011年末，乡级医疗卫生院1所，卫生所37个；病床16张，每千人拥有医疗床位0.64张，固定资产总值88万元。专业卫生人员75名，其中执业医师2人，执业助理医师26人，注册护士1人。参加新型农村合作医疗参合率100%。新型农村合作医疗补偿金45.7万元。

体育 2011年末，学校运动场地3处。12%的村安装了健身器材，经常参加体育活动的人员占常住人口的10%。

广播电视 2011年末，有线电视用户4166户，入户率56.08%。

社会保障 2011年，城镇最低生活保障户数14户，人数24人，支出7.53万元，比上年增长15%，月人均261元，比上年增长20.8%；城市医疗救助21人次。农村最低生活保障户数418户，人数765人，支出94.88万元，比上年增长39.5%，月人均103元，比上年增长27%。国家抚恤、补助各类优抚对象144人，抚恤事业费支出63.28万元，比上年增长9.6%。敬老院1家，床位300张，农村五保供养214人。慈善协会分站1所，全年接受社会捐款2万元。新型农村社会养老保险参保人数1.7万人，参保率91%。

基础设施

交通运输 丰邱公路过境。城交2路汽车通往丰润城区，日发客运汽车20班次，日均容量1100余人次。

邮政电信 2011年末，邮政代办所1处。固定电话用户5000户，电话用户普及率达到52.2%；移动电话用户1.5万户；宽带接入用户3000户。

镇区市政建设

供电 2011年末，镇区22万伏变电站一座。

园林绿化 2011年末，镇区绿化面积2.1公顷，镇政府驻地绿化面积1.1公顷。

团山子村

(Tuanshanzi Cun)

名称来历 因村北有座孤山，呈圆形，遂得名团子山。后改称现名。

地理位置 地处泉河头镇北部，东至小港，南至张庄子，西至东佑国寺，北至左家坞镇左家坞。

主要指标 2011年末，辖区总人口1904人，总面积1.51平方千米，农民人均纯收入6247元。

小港村

(Xiaogang Cun)

名称来历 因位于还乡河西岸，常有船只停泊，故名。本地读音xiaojiang。

地理位置 地处泉河头镇东北部，东至左家坞镇前大港，南至古石城，西至团山子，北至左家坞镇北大港。

主要指标 2011年末，辖区总人口1604人，总面积1.3平方千米，农民人均纯收入6166元。

张庄子村

(Zhangzhuangzi Cun)

名称来历 原为金庄、张庄两村，后合并为一，称张家庄。后改称现名。

地理位置 地处泉河头镇北部，东至古石城，南至白各庄，西至东佑国寺，北至团山子。

主要指标 2011年末，辖区总人口1427人，总面积0.82平方千米，农民人均纯收入6061元。

白各庄村

(Baigezhuang Cun)

名称来历 建村时村南有白氏墓地，故名。

地理位置 地处泉河头镇中部，东至苏付庄，南至罗文口，西至东佑国寺，北至东佑国寺。

主要指标 2011年末，辖区总人口1474人，总面积1.32平方千米，农民人均纯收入5891元。

新付村

(Xinfu Cun)

名称来历 该村在1900年时只有王国义、王流水等三人，为丰润县城西关陆家看坟。后形成村落，归罗文口村，称小罗文口。后县民政科起村名新付村。

地理位置 地处泉河头镇南部，东至罗文口，南至丰润镇大宋各庄，西至八一水库，北至白各庄。

主要指标 2011年末，辖区总人口339人，总面积0.3平方千米，农民人均纯收入6135元。

罗文口村

(Luowenkou Cun)

名称来历 村北有一寺庙，名文渠庵，村中原有几户罗姓人家，故称罗文渠。后因村东北有一条南北走向的大沟，村居沟南口，又更名罗文口。

地理位置 地处泉河头镇南部，东至吴事庄，南至亢各庄，西至新付村，北至刘庄。

主要指标 2011年末，辖区总人口2734人，总面积3.06平方千米，农民人均纯收入6168元。

亢各庄村

(Kanggezhuang Cun)

名称来历 亢姓迁此立庄，遂冠以姓氏取名亢家庄，后改称现名。

地理位置 地处泉河头镇南部，东至吴事庄，南至银城铺镇东马庄，西至新付村，北至罗文口。

主要指标 2011年末，辖区总人口750人，总面积0.68平方千米，农民人均纯收入6203元。

吴事庄村

(Wushizhuang Cun)

名称来历 吴、王、李三姓建村，因吴姓居多，遂起名吴家庄。后又因村址地势较高，经常缺水，而称无水庄。军阀混战的年代，村人为求太平，改称现名。

地理位置 地处泉河头镇东南部，东至姜家营乡郭庄子，南至姜家营乡西杨家营，西至亢各庄，北至古石城。

主要指标 2011年末，辖区总人口1452人，总面积1.04平方千米，农民人均纯收入5924元。

刘庄村

(Liuzhuang Cun)

名称来历 建村时村中刘姓居多，遂得名。

地理位置 地处泉河头镇中东部，东至苏付庄，南至罗文口，西至白各庄，北至王庄。

主要指标 2011年末，辖区总人口949人，总面积0.8平方千米，农民人均纯收入5976元。

王庄村

(Wangzhuang Cun)

名称来历 建村时村中王姓居多，遂得名。

地理位置 地处泉河头镇中部，东至苏付庄，南至刘庄，西至白各庄，北至张庄子。

主要指标 2011年末，辖区总人口973人，总面积1.08平方千米，农民人均纯收入5918元。

苏付庄村

(Sufuzhuang Cun)

名称来历 苏、付两姓迁此定居建村，故名。

地理位置 地处泉河头镇中东部，东至韩庄，南至王庄，西至白各庄，北至古石城。

主要指标 2011年末，辖区总人口1193人，总面积1.11平方千米，农民人均纯收入5950元。

韩庄村

(Hanzhuang Cun)

名称来历 韩姓建村，故名。

地理位置 地处泉河头镇中东部，东至龙善寺，南至吴事庄，西至苏付庄，北至古石城。

主要指标 2011年末，辖区总人口297人，总面积0.28平方千米，农民人均纯收入5978元。

龙善寺村

(Longshansi Cun)

名称来历 建村时村北有一孤山，山上有庙，名隆善寺，故借庙名命名隆善寺。合作化后，改称现名。

地理位置 地处泉河头镇东部，东至姜家营乡夏庄子，南至吴事庄，西至韩庄，北至古石城。

主要指标 2011年末，辖区总人口399人，总面积0.35平方千米，农民人均纯收入5958元。

古石城村

(Gushicheng Cun)

名称来历 一说今村中一磨盘大小呈圆形的石块，乃古时所落陨石，遂得名古石城。另说村北孤山上曾筑有石城，故称古石城。今所称陨石尚在，而村人亦常从地里挖出古代兵器等物，且村周围尚有跑马道、教军场、官房等地名。

地理位置 地处泉河头镇东北部，东至姜家营乡夏庄子，南至龙善寺，西至张庄子，北至小港。

主要指标 2011年末，辖区总人口2696人，总面积3.08平方千米，农民人均纯收入6662元。

东佑国寺村

(Dongyouguosi Cun)

名称来历 原为城南八里庄富户鲁氏的墓地，雇人看管，称为鲁家坟。后迁此定居的人渐多，又因位于佑国寺村东，故名。

地理位置 地处泉河头镇北部，东至团山子，南至白各庄，西至西佑国寺，北至左家坞镇狼儿峪。

主要指标 2011年末，辖区总人口571人，总面积0.69平方千米，农民人均纯收入5910元。

西佑国寺村

(Xiyouguosi Cun)

名称来历 因村东有佑国寺，故称佑国寺，后因寺北鲁家坟改称东佑国寺，故改称现名。

地理位置 地处泉河头镇西部，东至东佑国寺，南至东孝义，西至杨官林镇黄家屯，北至左家坞镇狼儿峪。

主要指标 2011年末，辖区总人口2787人，总面积3.59平方千米，农民人均纯收入5887元。

东孝义村

(Dongxiaoyi Cun)

名称来历 建村时村西有村名西孝义，该村居其东，故名。

地理位置 地处泉河头镇中西部，东至新付村，南至丰润镇紫草坞，西至西孝义，北至西佑国寺。

主要指标 2011年末，辖区总人口2417人，总面积3.2平方千米，农民人均纯收入6440元。

西孝义村

(Xixiaoyi Cun)

名称来历 原村址紧靠西山脚下，故名西孝峪。后搬迁至此，演变成西孝义。

地理位置 地处泉河头镇西南部，东至东孝义，南至丰润镇压库山，西至杨官林镇豆各庄，北至西佑国寺。

主要指标 2011年末，辖区总人口916人，总面积1.2平方千米，农民人均纯收入6263元。

（撰稿：陈海，初审：吴庆军）

王官营镇

(Wangguanying Zhen)

政区概况

名称来历 因镇人民政府驻地位于王官营村而得名。

地理位置 地处丰润区东北，东、东南与滦县交界，南邻刘家营乡，西接姜家营乡、左家坞镇，北靠火石营镇。人民政府驻地王官营村，电话区号0315，邮政编码064009，距丰润区人民政府15千米。

政区沿革 中华人民共和国成立之初，属丰润县九区。1958年，为王官营人民公社王官营管理区。1961年，置王官营人民公社。1984年5月，撤销人民公社，置王官营乡；同年8月，撤乡，改置王官营镇。1993年3月，皈依寨乡并入。2002年5月，改属唐山市丰润区。

政区划分 2011年末，辖王官营、焦家庄、千佛院、田各庄、北黑山沟、南黑山沟、刁庄、田家湾、鲍庄、曹庄子、西尖山峪、北尖山峪、何家营、东张庄、石胡同、下水路、上水路、施家营、皈依寨、东胡各庄、西胡各庄、九间房、丰富口、何家峪、杨家峪、燕子峪、新白草坡27个村民委员会。

人口面积 2011年末，辖区总人口39216人，其中城镇常住人口11000人，城镇化率28%。另有流动人口291人。总人口中，男性20223人，占51.6%；女性18993人，占48.4%；14岁以下8799人，占22.4%；15~64岁27430人，占70%；65岁以上2987人，占7.6%。总人口中，以汉族为主，达38549万人，占98.3%；有少数民族667人，占1.7%。2011年，人口出生率9.8‰，人口死亡率5.6‰，人口自然增长率4.2‰。

辖区东西最大距离12.5千米，南北最大距离15千米，总面积97.1平方千米。其中陆地面积96.1平方千米，占99%；水域面积1平方千米，占1%。人口密度为每平方千米403人。

自然条件

地形地貌 境内大部分为山地，地势南低北高。

水文 境内河道属陡河水系。主要河流为上水路的泉水河，流经上水路等5个村。另有田各庄、皈依寨和西胡3个水库。

经济概况

农业 耕地面积4.7万亩，人均耕地1.2亩；主要以耕地、山地为主。2011年，农业总产值3.74亿元。

以种植玉米和杂粮为主。2011年，生产粮食2.2万吨，人均561千克。2011年，蔬菜种植面积0.4万亩（其中设施蔬菜430亩），产量0.24万吨，主要品种有黄瓜、西红柿等。

截至2011年末，林果种植面积1.98万亩，主要品种有核桃、大枣、桃、苹果、杏等。其中大枣0.7万亩左右，主要品种为牛妈妈枣。“万亩核桃基地”已栽植薄皮核桃0.6万亩。

畜牧业以奶牛、猪、家禽为主。2011年末，奶牛存栏0.66万头；建有柴鸡规模养殖场4个，千头生猪养殖场1个。

工业 以建材、采矿为主。2011年，工业总产值5.36亿元。2011年，达产工业企业16家，其中规模以上工业企业1家。

商业外贸 2011年末，商业网点210个，从业人员1200余人；城乡集贸市场7个；常年从事运输销售的农户218户。2011年，社会消费品零售总额达8000万元，比上年增长11%；城乡集市贸易成交额980万元。

财政金融 2011年，财政总收入1742.4万元，比上年增长55.6%。其中地方财政收入424万元，比上年增长26.5%。从主要税种看，完成营业税508.6万元，增值税878.6万元，企业所得税53.8万元。人均财政收入445元，比上年增长14%。2011年，银行和金融机构各类存款余额5.2亿元，比上年增长21%；各项贷款余额3200万元，与上年持平。

社会发展

文化艺术 2011年末，镇文化站1个，村级文化活动中心27个；农家书屋17个，藏书7万余册。

教育 2011年末，幼儿园9所，在园幼儿1528人，专任教师75人；小学14所，在校生2860人，专任教师188人；初中1所，在校生1057人，专任教师87人，初中适龄人口入学率、小升初升学率、九年义务教育覆盖率均达100%。2011年财政预算内教育经费2019.6万元，比上年增长1.03%。预算内教育经费（包括城市教育费附加）占财政总支出的比例为52%，比上年提高了9个百分点。

医疗卫生 2011年末，镇中心卫生院1所，村级诊所45个；病床135张，每千人拥有医疗床位3.3张，固定资产总值603.6万元。专业卫生人员41人，其中执业医师14人，执业助理医师9人，注册护士18人。2011年医疗机构（门诊部以上）完成诊疗1.6万人次。新型农村合作医疗参合率92.93%。

体育 2011年末，学校体育场地15处。10个村安装了健身器材，经常参加体育活动的人员占常住人口的40%。

广播电视 2011年末，有线电视用户7730户，入户率65%。

社会保障 2011年，城镇最低生活保障户数11户，人数17人，支出4.3万元，比上年增长14.5%，月人均210.78元，比上年增长14.5%；城市医疗救助13万元，民政部门资助参加合作医疗859人次，支出2.58万元。农村最低生活保障户数931户，人数1483人，支出196万元，比上年增长60%，月人均110元，比上年增长31%。国家抚恤、补助各类优抚对象107人，抚恤事业费支出47.4万元，比上年增长5%。居家养老服务场所8处，可为40位老人提供服务。慈善分会1个。新型农村社会养老保险参保人数3.75万人，参保率95.6%。

基础设施

交通运输 京秦高速迁西支线、碾唐线、王潘线3条公路过境。辖区内有丰润—火石营、迁西—丰润、潘家峪—丰润班车通过，日均容量800余人次。

邮政电信 2011年末，邮政局1所，固定电话用户5200余户；移动电话用户2.3万余户；宽带接入用户2100余户。

镇区市政建设

给排水 2011年末，镇区深水井170眼，年供水450万立方米。镇主要道路两侧铺设排水管道6000米。

园林绿化 2011年末，镇区绿化面积180公顷，镇政府驻地绿化面积1.8公顷。

王官营村

(Wangguanying Cun)

名称来历 王姓迁此占产立庄，传说王姓中人有人曾任“明威将军”、“千户侯”者，故名。

地理位置 地处王官营镇中部，东至曹庄子，南至田各庄，西至焦家庄，北至施家营。

主要指标 2011年末，辖区总人口3180人，总面积2.65平方千米，农民人均纯收入6350元。

焦家庄村

(Jiaojiazhuang Cun)

名称来历 焦姓所建，故名。

地理位置 地处王官营镇西部，东至王官营，南至千佛院，西至姜家营乡杨家铺，北至施家营。

主要指标 2011年末，辖区总人口2680人，总面积1.09平方千米，农民人均纯收入6310元。

千佛院村

(Qianfoyuan Cun)

名称来历 据《丰润县志》载，千佛寺，在千佛院村东小山上，人称昔时有石佛无数。

地理位置 地处王官营镇西部，东至田各庄，南至北黑山沟，西至姜家营乡袁各庄，北至焦家庄。

主要指标 2011年末，辖区总人口1430人，总面积1.15平方千米，农民人均纯收入5980元。

曹庄子村

(Caozhuangzi Cun)

名称来历 曹、鲍两姓建村，始称曹鲍庄。后分成两村，因该村多曹姓，故名。

地理位置 地处王官营镇中部，东至何家营，南至田各庄，西至王官营，北至鲍庄。

主要指标 2011年末，辖区总人口1320人，总面积1.42平方千米，农民人均纯收入5610元。

鲍庄村

(Baozhuang Cun)

名称来历 曹、鲍两姓所建，始称曹鲍庄。后分两村，该村鲍姓居多，故名。

地理位置 地处王官营镇中部，东至何家营，南至曹庄子，西至王官营，北至新白草坡。

主要指标 2011年末，辖区总人口505人，总面积0.44平方千米，农民人均纯收入5530元。

何家营村

(Hejiaying Cun)

名称来历 一名叫何仁的湖南将领奉诏于此占产立庄，故名。

地理位置 地处王官营镇中部，东至东张庄子，南至北尖山峪，西至曹庄子，北至下水路。

主要指标 2011年末，辖区总人口1620人，总面积1.72平方千米，农民人均纯收入4950元。

东张庄村

(Dongzhangzhuang Cun)

名称来历 张姓建庄，故称张庄子。因重名，后改称现名。

地理位置 地处王官营镇东部，东至滦县界，南至石胡同，西至何家营，北至何家营。

主要指标 2011年末，辖区总人口520人，总面积0.76平方千米，农民人均纯收入4950元。

西尖山峪村

(Xijianshanyu Cun)

名称来历 因村东有山，名尖山，村子建于尖山以西，故名。

地理位置 地处王官营镇中南部，东、南至滦县界，西至田各庄，北至北尖山峪。

主要指标 2011年末，辖区总人口320人，总面积0.56平方千米，农民人均纯收入5729元。

北尖山峪村

(Beijianshanyu Cun)

名称来历 因村南有山，名尖山，村子建于尖山以北，故名。

地理位置 地处王官营镇东部，东至石胡同，南至西尖山峪，西至曹庄子，北至何家营。

主要指标 2011年末，辖区总人口199人，总面积0.19平方千米，农民人均纯收入5310元。

石胡同村

(Shihutong Cun)

名称来历 唐姓一家迁此定居，后繁衍成庄，因村居一狭长山沟，故名。

地理位置 地处王官营镇东部，东至滦县界，南至滦县界，西至北尖山峪，北至东张庄子。

主要指标 2011年末，辖区总人口97人，总面积0.12平方千米，农民人均纯收入5009元。

田各庄村

(Tiangezhuang Cun)

名称来历 据1979年从村中王旭炎家院内出土田氏墓碑三座，上记有明初有田氏三兄弟于此立庄，始称田各庄。

地理位置 地处王官营镇中南部，东至西尖山峪，南至北黑山沟，西至千佛院，北至王官营。

主要指标 2011年末，辖区总人口2090人，总面积2.63平方千米，农民人均纯收入5050元。

南黑山沟村

(Nanheishangou Cun)

名称来历 因村址坐落于黑山和西城山两山交界的山沟之中，故名。

地理位置 地处王官营镇南部，东至刁庄，南至田家湾，西至刘家营，北至北黑山沟。

主要指标 2011年末，辖区总人口208人，总面积0.43平方千米，农民人均纯收入4951元。

北黑山沟村

(Beiheishangou Cun)

名称来历 因村址坐落于山沟之中，附近有山，名黑山，以方位并借山名而得名。

地理位置 地处王官营镇南部，东至刁庄，南至南黑山沟，西至姜家营乡何庄子，北至田各庄。

主要指标 2011年末，辖区总人口1310人，总面积1.95平方千米，农民人均纯收入4960元。

刁庄村

(Diaozhuang Cun)

名称来历 刁氏三兄妹在村北城山占山立寨，遂名。

地理位置 地处王官营镇南部，东至滦县界，南至田家湾，西至北黑山沟，北至田各庄。

主要指标 2011年末，辖区总人口1001人，总面积1.04平方千米，农民人均纯收入5280元。

田家湾村

(Tianjiawan Cun)

名称来历 田姓建村，因村西南有溪水流过，村居水湾，遂名。

地理位置 地处王官营镇南部，东至刁庄，南至滦县界，西至刘家营乡李家沟，北至刁庄。

主要指标 2011 年末，辖区总人口 363 人，总面积 0.51 平方千米，农民人均纯收入 5151 元。

施家营村

(Shijiaying Cun)

名称来历 施姓迁此立庄，故名。

地理位置 地处王官营镇中北部，东至何家峪，南至王官营，西至焦家庄，北至皈依寨。

主要指标 2011 年末，辖区总人口 3390 人，总面积 2.64 平方千米，农民人均纯收入 6047 元。

皈依寨村

(Guiyizhai Cun)

名称来历 因该地有一天然巨石，形似龟，而村址坐落于石前，故得名龟头寨。后人又于巨石上建一寺庙名皈依寺，经寺中长老以寺名改村名为现名。

地理位置 地处王官营镇北部，东至施家营，南至施家营，西至东胡各庄，北至九间房。

主要指标 2011 年末，辖区总人口 3838 人，总面积 1.65 平方千米，农民人均纯收入 6094 元。

东胡各庄村

(Donghugezhuang Cun)

名称来历 该村与西胡各庄同时由朱、常两姓始建。因当时常有胡人驻扎，村址又分东西两片，该村居东，遂名。

地理位置 地处王官营镇西北部，东至皈依寨，南至姜家营乡杨家铺，西至西胡各庄，北至杨家峪。

主要指标 2011 年末，辖区总人口 1801 人，总面积 1.18 平方千米，农民人均纯收入 5685 元。

西胡各庄村

(Xihugezhuang Cun)

名称来历 该村与西胡各庄同时由朱、常两姓始建。因当时常有胡人驻扎，村址又分东西两片，该村居西，遂名。

地理位置 地处王官营镇西北部，东至东胡各庄，南至姜家营乡杨家铺，西至左家坞镇古仁庄，北至左家坞镇果家峪。

主要指标 2011 年末，辖区总人口 2080 人，总面积 1.33 平方千米，农民人均纯收入 5680 元。

丰富口村

(Fengfukou Cun)

名称来历 先有张明魁一家来此定居，繁衍成村后，因村居两山之间，为求生活富裕，故名。

地理位置 地处王官营镇北部，东至皈依寨，南至九间房，西至杨家峪，北至火石营镇新偏峪。

主要指标 2011 年末，辖区总人口 360 人，总面积 0.25 平方千米，农民人均纯收入 5151 元。

九间房村

(Jiujianfang Cun)

名称来历 李姓三人，自遵化县平台村迁此立庄，当时共建九间房屋，故名。

地理位置 地处王官营镇西北部，东至皈依寨，南至皈依寨，西至杨家峪，北至丰富口。

主要指标 2011 年末，辖区总人口 478 人，总面积 0.45 平方千米，农民人均纯收入 5559 元。

杨家峪村

(Yangjiayu Cun)

名称来历 杨姓自附近白草坡村迁此立庄，因村居山坳中，故名。

地理位置 地处王官营镇西北部，东至九间房，南至东胡各庄，西至左家坞镇果家峪，北至火石营镇赵庄子。

主要指标 2011 年末，辖区总人口 702 人，总面积 0.51 平方千米，农民人均纯收入 5037 元。

何家峪村

(Hejiayu Cun)

名称来历 何姓建村，故名。

地理位置 地处王官营镇北部，东至燕子峪，南至新白草坡，西至施家营，北至火石营镇西珠峪。

主要指标 2011 年末，辖区总人口 398 人，总面积 0.36 平方千米，农民人均纯收入 4750 元。

燕子峪村

(Yanziyu Cun)

名称来历 晏姓建庄，称晏子峪，后演变成今燕子峪。

地理位置 地处王官营镇中北部，东至下水路，南至下水路，西至何家峪，北至火石营镇常峪沟。

主要指标 2011 年末，辖区总人口 280 人，总面积 0.3 平方千米，农民人均纯收入 4560 元。

新白草坡村

(Xinbaicaopo Cun)

名称来历 因修建邱庄水库，将今黄昏峪公社白草坡村中一部分人迁此定居，故名。

地理位置 地处王官营镇中北部，东至下水路，南至鲍庄，西至王官营，北至何家峪。

主要指标 2011 年末，辖区总人口 460 人，总面积 0.47 平方千米，农民人均纯收入 5251 元。

下水路村

(Xiashuilu Cun)

名称来历 因有泉水自东北上水路村流来，该村较之低些，故名。

地理位置 地处王官营镇东部，东至滦县界，南至何家营，西至新白草坡，北至上水路。

主要指标 2011年末，辖区总人口2410人，总面积2.41平方千米，农民人均纯收入4760元。

上水路村

(Shangshuilu Cun)

名称来历 因村东有股泉水穿村流过（即陡河源流之一），且村子地势较高，故名。

地理位置 地处王官营镇东北部，东至滦县界，南至下水路，西至燕子峪，北至火石营镇潘家峪。

主要指标 2011年末，辖区总人口2790人，总面积3.18平方千米，农民人均纯收入4980元。

（撰稿：柴增山，初审：吴庆军）

火石营镇

(Huoshiying Zhen)

政区概况

名称来历 因镇人民政府驻地位于原名“火石营”的火东村而得名。

地理位置 地处丰润区东北，东、北与迁西县接壤，南邻王官营镇，西南邻左家坞镇，西与遵化市搭界。人民政府驻火东村，电话区号0315，邮政编码064008，距丰润区人民政府25千米。

政区沿革 中华人民共和国成立之初，属丰润县八区。1958年，为王官营人民公社火石营管理区。1961年，改置火石营人民公社。1984年5月，撤销人民公社，置火石营乡。1988年，撤乡，改置火石营镇。2002年5月，改属唐山市丰润区。2005年4月，岩口乡、黄昏峪乡并入。

政区划分 2011年末，辖火石营东街、火石营西街、火石营北街、东马庄户、西马庄户、中马庄户、古良峪、常峪沟、潘家峪、大岭沟、新偏峪、东珠峪、西珠峪、水峪、北岭、徐庄、霍庄、石盘炉、五凤头、韩岩头、魏庄、北曹庄、前刘城子、后刘城子、黄昏峪、白草坡、赵庄子、庞庄、苏庄、西吕各庄、东吕各庄、比古岫、岩口、柴家湾、北刘庄、杨桥、东高庄、西高庄38个村民委员会。

人口面积 2011年末，辖区总人口30114人，其中城镇常住人口3997人，城镇化率13.3%。另有流动人口2600人。总人口中，男性15869人，占52.7%；女性14245人，占47.3%；14岁以下6384人，占21.2%；15~64岁21471人，占71.3%；65岁以上2259人，占7.5%。总人口中，以汉族为主，达29180人，占96.9%；有少数民族934人，占3.1%。2011年，人口出生率8.8‰，人口死亡率5.6‰，人口自然增长率3.2‰。

辖区东西最大距离17.1千米，南北最大距离12.8千米，总面积130.8平方千米。其中陆地面积125平方千米，占95.6%；水域面积5.8平方千米，占4.4%。人口密度为每平方千米230人。

自然条件

地形地貌 地处山区，海拔在150米以上，最高峰为腰带山，海拔648米。

水文 境内西北部为还乡河水系，东南部为陡河水系。

矿藏及其他自然资源 境内已探明地下矿藏主要有白云石、石灰石、燧石。

自然灾害 主要自然灾害有旱灾。韩岩头老庄和大岭沟村的部分位于山体滑坡的危险地带。

经济概况

农业 耕地面积3.1万亩，人均耕地1.03亩；还乡河两岸为水浇地，其他为旱地。2011年，农业总产值1.9亿元。

粮食作物以玉米和杂粮为主。2011年，生产粮食0.8万吨，人均266千克。还乡河两岸主要种植蔬菜，设施蔬菜播种面积0.12万亩。2011年，果品种植面积0.45万亩，产量0.97万吨，主要品种有葡萄、大枣、苹果、杏、安梨等。已建起万亩核桃基地，栽植薄皮核桃1.05万亩。

畜牧业以牛、家禽、猪、羊为主。发展奶牛养殖小区3个，2011年末，奶牛存栏0.15万头；建成柴鸡规模养殖场3个，千头生猪养殖场2个，山羊规模养殖场1个。

工业 以建材、粉条加工、燧石加工、采矿为主。2011年，工业总产值1.2亿元，比上年增长7.3%。2011年，工业企业21家。

商业外贸 2011年末，商业网点183个；集贸市场3个，其中火石营、岩口集贸市场较大，可容纳商户700余户。2011年，城乡集市贸易成交额约5000万元。

财政金融 2011年，财政总收入610.91万元，比上年增长1.34%。其中地方财政收入242.26万元，比上年增长25.7%。从主要税种看，完成营业税24.85万元，增值税457.70万元，企业所得税2.62万元。人均财政收入202元，与上年持平。2011年，银行和金融机构各类存款余额2.01亿元，比上年增长6.5%；各项贷款余款2200万元，比上年增长0.91%。

社会发展

文化艺术 2011年末，镇文化站1个，村级文化活动中心27个；农家书屋27个，藏书3万余册；全国爱国主义教育基地1个，抗日纪念碑1座。

教育 2011年末，幼儿园3所，在园幼儿535人，专任教师35人；小学9所，在校生1860人，专任教师130

人，小学适龄儿童入学率100%；初中1所，在校生631人，专任教师75人，初中适龄人口入学率、小升初升学率、九年义务教育覆盖率均达100%。2011年财政预算内教育经费1522.2万元，比上年增长1.07%。预算内教育经费（包括城市教育费附加）占财政总支出的比例为62%，比上年提高了9个百分点。

医疗卫生 2011年末，镇中心卫生院1所，门诊部30个；病床96张，每千人拥有医疗床位3.2张。专业卫生人员37名，其中执业医师8人，执业助理医师17人，注册护士12人。2011年医疗机构（门诊部以上）完成诊疗1.5万人次。新型农村合作医疗参合率达标或超标。

体育 2011年末，学校运动场地6处。村民健身中心23处，经常参加体育活动的人员占常住人口的15%。

广播电视 2011年末，100%的村安装了闭路电视，有线电视用户5295户，入户率62%。部分村正进行数字电视转换，预计2014年全部完成。

社会保障 2011年，城镇最低生活保障户数13户，人数19人，支出7万元，比上年增加3.9%，月人均307元，比上年增加9%；城市医疗救助121人次。农村最低生活保障户数1021户，人数1776人，支出215万元，比上年增加11%，月人均101元，比上年增加12%。国家抚恤、补助各类优抚对象324人，抚恤事业费支出63万元。敬老院1家，可收养100人。居家养老服务场所12处，可为50名老人提供服务。慈善分会1个。新型农村社会养老保险参保人数2.8万人，参保率90.3%。

基础设施

交通运输 京秦高速迁西支线、碾唐线、洪火线、王潘线等公路过境。1995年建成火石营镇客运站，日发客运汽车70班次，途经客车30班次，日均容量1700余人次。

邮政电信 2011年末，邮政局1所。电信企业1家，服务网点7个；固定电话用户1700余户；移动电话用户1.3万余户。

镇区市政建设

供电 2011年末，镇区低压站3所、变电站1座。

园林绿化 2011年末，镇区绿地面积1.6公顷，种植树木20万株，绿化面积322公顷，其中镇政府驻地绿化面积0.5公顷。

火石营东街村

（Huoshiyingdongjie Cun）

名称来历 因位于火石营东半部，故名。

地理位置 地处火石营镇中南部，东至古良峪，南至新偏峪，西至火西村，北至火北村。

主要指标 2011年末，辖区总人口1946人，总面积3.8平方千米，农民人均纯收入5131元。

火石营西街村

（Huoshiyingxijie Cun）

名称来历 因位于火石营西半部，故名。

地理位置 地处火石营镇南部，东至火东村，南至新偏峪，西至赵庄子，北至火北村。

主要指标 2011年末，辖区总人口2455人，总面积4.9平方千米，农民人均纯收入5145元。

火石营北街村

（Huoshiyingbeijie Cun）

名称来历 因位于火石营北半部，故名。

地理位置 地处火石营镇南部，东至古良峪，南至火东村，西至火西村，北至腰带山。

主要指标 2011年末，辖区总人口1163人，总面积3.1平方千米，农民人均纯收入5157元。

新偏峪村

（Xinpianyu Cun）

名称来历 该村系因修建邱庄水库由黄昏峪公社偏峪村分出的一部分居民搬迁至此处，故称。

地理位置 地处火石营镇南部，东至古良峪，南至王官营镇丰富口，西至火西村，北至火东村。

主要指标 2011年末，辖区总人口622人，总面积1.4平方千米，农民人均纯收入5104元。

古良峪村

（Guliangyu Cun）

名称来历 村中原有碑文记载此地曾建有庙，称该地古良峪。后有看庙者于此建村，遂名。

地理位置 地处火石营镇东南部，东至王官营镇上水路，南至西珠峪，西至火东村，北至西马庄户。

主要指标 2011年末，辖区总人口161人，总面积1.3平方千米，农民人均纯收入4829元。

东珠峪村

（Dongzhuyu Cun）

名称来历 因村内时常有野猪出没，故称猪峪，后人觉得不雅，改名珠峪。后分为东西两村，该村位于东面，故名。

地理位置 地处火石营镇东南部，东至王官营镇上水路，南至常峪沟，西至西珠峪，北至潘家峪。

主要指标 2011年末，辖区总人口1484人，总面积4.8平方千米，农民人均纯收入5052元。

西珠峪村

（Xizhuyu Cun）

名称来历 因村内时常有野猪出没，故称猪峪，后人觉得不雅，改名珠峪。后分为东西两村，该村位于西面，故名。

地理位置 地处火石营镇东南部，东至王官营镇上水路，南至常峪沟，西至古良峪，北至东珠峪。

主要指标 2011年末，辖区总人口1575人，总面积5.1平方千米，农民人均纯收入5118元。

常峪沟村

(Changyugou Cun)

名称来历 因为位于一条六华里的山沟内，故名长峪沟，后来演变成现名。

地理位置 地处火石营镇东南部，东至王官营镇上水路，南至王官营镇燕子峪，西至王官营镇何家峪，北至西珠峪。

主要指标 2011年末，辖区总人口152人，总面积1.4平方千米，农民人均纯收入5221元。

潘家峪村

(Panjiayu Cun)

名称来历 潘姓猎户在此狩猎，后来繁衍成村，因居于山谷，故名。

地理位置 地处火石营镇东部，东至迁西界，南距东珠峪，西东马庄户，北至牵马岭。

主要指标 2011年末，辖区总人口1427人，总面积12.4平方千米（核对面积），农民人均纯收入5116元。

大岭沟村

(Dalinggou Cun)

名称来历 该村由7个小自然村组成，因为背靠腰带山而称腰带山村，建人民公社时定为现名。

地理位置 地处火石营镇中部，东至牵马岭，南至西马庄户，西至腰带山，北至西吕各庄。

主要指标 2011年末，辖区总人口1815人，总面积5.7平方千米，农民人均纯收入4654元。

苏庄村

(Suzhuang Cun)

名称来历 苏姓迁此立庄，故名。

地理位置 地处火石营镇北部，东至西吕各庄，南至腰带山，西至庞庄，北至杨桥。

主要指标 2011年末，辖区总人口328人，总面积0.9平方千米，农民人均纯收入4712元。

水峪村

(Shuiyu Cun)

名称来历 十几户人家从白草坡迁来，因为雨季有水自南向北穿过，故名。

地理位置 地处火石营镇中南部，东至北岭，南至火西，西至黄昏峪，北至大岭沟。

主要指标 2011年末，辖区总人口306人，总面积1.6平方千米，农民人均纯收入5000元。

东马庄户村

(Dongmazhuanghu Cun)

名称来历 村中庙内曾大钟一口，上有文字记载，原村中孔、孟两姓居多，名孟家庄户。后有京西移民至此，自此马姓居多，改名马庄户。后该村分为三，此村在东面，故名。

地理位置 地处火石营镇东南部，东至潘家峪，南至东珠峪，西至中马庄户，北至大岭沟。

主要指标 2011年末，辖区总人口889人，总面积4.5平方千米，农民人均纯收入5157元。

中马庄户村

(Zhongmazhuanghu Cun)

名称来历 村中庙内曾大钟一口，上有文字记载，原村中孔、孟两姓居多，名孟家庄户。后有京西移民至此，自此马姓居多，改名马庄户。后该村为为三，此村在中间，故名。

地理位置 地处火石营镇东部，东至东马庄户，南至东珠峪，西至西马庄户，北至大岭沟。

主要指标 2011年末，辖区总人口613人，总面积2.4平方千米，农民人均纯收入5183元。

西马庄户村

(Ximazhuanghu Cun)

名称来历 村中庙内曾大钟一口，上有文字记载，原村中孔、孟两姓居多，名孟家庄户。后有京西移民至此，自此马姓居多，改名马庄户。后该村分为三，此村在西面，故名。

地理位置 地处火石营镇东南部，东至中马庄户，南至古良峪，西至火北，北至大岭沟。

主要指标 2011年末，辖区总人口754人，总面积1.3平方千米，农民人均纯收入5158元。

庞庄村

(Pangzhuang Cun)

名称来历 庞姓立庄，故名。

地理位置 地处火石营镇北部，东至苏庄，南至腰带山，西至徐庄，北至西高庄。

主要指标 2011年末，辖区总人口858人，总面积3.3平方千米，农民人均纯收入4956元。

北岭村

(Beiling Cun)

名称来历 冯、王、杨、徐四家迁居此处，因为村南有一道土岭，村址位于土岭的北面，故名。

地理位置 地处火石营镇中部，东至西马庄户，南至火西，西至水峪，北至大岭沟。

主要指标 2011 年末，辖区总人口 1268 人，总面积 3.8 平方千米，农民人均纯收入 5380 元。

西吕各庄村

(Xilügezhuang Cun)

名称来历 吕姓建村，故称吕各庄，后分为东西两村，该村在西，故名。

地理位置 地处火石营镇东北部，东至东吕各庄，南至腰带山，西至苏庄，北至北刘庄。

主要指标 2011 年末，辖区总人口 337 人，总面积 1.2 平方千米，农民人均纯收入 4652 元。

东吕各庄村

(Donglügezhuang Cun)

名称来历 吕氏建村，称吕各庄。后分为东西两村，该村在东，故名。

地理位置 地处火石营镇东北部，东至比古岫，南至大岭沟，西至西吕各庄，北至北刘庄。

主要指标 2011 年末，辖区总人口 1161 人，总面积 2.8 平方千米，农民人均纯收入 4855 元。

比古岫村

(Biguxiu Cun)

名称来历 有人自东马庄迁居于此，繁衍成村，因为三面环山，村人崇古，遂名。

地理位置 地处火石营镇东北部，东至迁西县田家峪，南至大岭沟，西至东吕各庄，北至岩口。

主要指标 2011 年末，辖区总人口 1057 人，总面积 4.5 平方千米，农民人均纯收入 5193 元。

岩口村

(Niekou Cun)

名称来历 传说大禹治水时，用巨斧劈开大山，出一豁口。为村居此地，故曰岩（nié）口。

地理位置 地处火石营镇东北部，东至迁西县新庄子村，南至比古岫，西至东吕各庄，北至柴家湾。

主要指标 2011 年末，辖区总人口 400 人，总面积 0.7 平方千米，农民人均纯收入 5170 元。

柴家湾村

(Chaijiawan Cun)

名称来历 姓柴建村，因村处还乡河湾，故名。

地理位置 地处火石营镇东北部，东至迁西县新庄子，南至岩口，西至北刘庄，北至迁西界。

主要指标 2011 年末，辖区总人口 585 人，总面积 1.7 平方千米，农民人均纯收入 4634 元。

北刘庄村

(Beiliuzhuang Cun)

名称来历 刘姓建村，故以姓氏取名刘庄。因重名，遂改称现名。

地理位置 地处火石营镇北部，东至岩口，南至西吕各庄，西至杨桥，北至迁西界。

主要指标 2011 年末，辖区总人口 753 人，总面积 2.6 平方千米，农民人均纯收入 4643 元。

杨桥村

(Yangqiao Cun)

名称来历 赵姓建村，称赵家庄。时有还乡河下游霍氏财主，为富不仁，人言霍氏发家皆仰仗上游河水所照（赵），赵家庄遂改名扬桥，寓意桥扬的高水自然大，便将火（霍）冲灭。后扬桥又演成杨桥。

地理位置 地处火石营镇北部，东至北刘庄，南至苏庄，西至东高庄，北至北刘庄。

主要指标 2011 年末，辖区总人口 161 人，总面积 1.2 平方千米，农民人均纯收入 5131 元。

东高庄村

(Donggaozhuang Cun)

名称来历 该村原与今西高庄为一村，后分两村，该村居东，故名。

地理位置 地处火石营镇北部，东至杨桥，南至还乡河，西至西高庄，北至迁西界。

主要指标 2011 年末，辖区总人口 404 人，总面积 1.2 平方千米，农民人均纯收入 4733 元。

西高庄村

(Xigaozhuang Cun)

名称来历 始称高庄。后因村中部分人向东迁居，遂分两村，该村居西，故名。

地理位置 地处火石营镇北部，东至东高庄，南至庞庄，西至徐庄，北至迁西界。

主要指标 2011 年末，辖区总人口 192 人，总面积 0.9 平方千米，农民人均纯收入 4734 元。

徐庄村

(Xuzhuang Cun)

名称来历 徐氏建村，故名。

地理位置 地处火石营镇西北部，东至西高庄，南至腰带山，西至霍庄，北至迁西界。

主要指标 2011 年末，辖区总人口 320 人，总面积 0.8 平方千米，农民人均纯收入 4801 元。

霍庄村

(Huozhuang Cun)

名称来历 唐初李世民征东时，有霍氏随军至此定居，遂名。

地理位置 地处火石营镇西北部，东至徐庄，南至魏庄，西至石盘炉，北遵化界。

主要指标 2011年末，辖区总人口1309人，总面积5.1平方千米，农民人均纯收入4761元。

石盘炉村

(Shipanlu Cun)

名称来历 传说该村内有一座寺庙，内有石质香炉一座，故而得名。

地理位置 地处火石营镇西北部，东至霍庄，南至五凤头，西、北至遵化市甄庄。

主要指标 2011年末，辖区总人口513人，总面积1.4平方千米，农民人均纯收入4502元。

五凤头村

(Wufengtou Cun)

名称来历 因村四周有五座山峰，村在山脚下，故名。

地理位置 地处火石营镇西北部，东至魏庄，南至北曹庄，西至韩岩头，北至石盘炉。

主要指标 2011年末，辖区总人口668人，总面积0.8平方千米，农民人均纯收入4534元。

韩岩头村

(Hannietou Cun)

名称来历 聂两姓建村，称韩家聂，后演称韩岩头。

地理位置 地处火石营镇西部，东至北曹庄，南至后刘城子，北至遵化市甄庄。

主要指标 2011年末，辖区总人口620人，总面积2.1平方千米，农民人均纯收入4473元。

后刘城子村

(Houliuchengzi Cun)

名称来历 刘姓建村，因旧时军官曾经在该处修建城墙，得名刘城子，部分人后来南迁建新村，该村居北，故名。

地理位置 地处火石营镇西部，东至北曹庄，南至前刘城子，西至邱庄水库，北至韩岩头。

主要指标 2011年末，辖区总人口556人，总面积1.5平方千米，农民人均纯收入4377元。

前刘城子村

(Qianliuchengzi Cun)

名称来历 刘姓建村，因旧时军官曾经在该处修建城墙，得名刘城子，部分人后来南迁建新村，该村居后刘城子南，故名。

地理位置 地处火石营镇西部，东至北曹庄，南至白草坡，西至邱庄水库，北至后刘城子。

主要指标 2011年末，辖区总人口459人，总面积1.1平方千米，农民人均纯收入4383元。

魏庄村

(Weizhuang Cun)

名称来历 魏姓建村，故名。

地理位置 地处火石营镇中西部，东至腰带山，南至北曹庄，西至五凤头，北至霍庄。

主要指标 2011年末，辖区总人口735人，总面积1.7平方千米，农民人均纯收入4447元。

北曹庄村

(Beicaozhuang Cun)

名称来历 曹姓建村，故称曹家庄，因重名，改称现名。

地理位置 地处火石营镇中西部，东至腰带山，南至黄昏峪，西至后刘城子，北至魏庄。

主要指标 2011年末，辖区总人口708人，总面积3.1平方千米，农民人均纯收入4407元。

黄昏峪村

(Huanghunyu Cun)

名称来历 传说唐初李世民征东到此，正值黄昏，遂称黄昏峪，又说村在群山中，日照时间短而得名。

地理位置 地处火石营镇中西部，东至水峪，南至赵庄子，西至还乡河，北至北曹庄。

主要指标 2011年末，辖区总人口1000人，总面积5.6平方千米，农民人均纯收入4570元。

赵庄子村

(Zhaozhuangzi Cun)

名称来历 赵姓建村，故名。

地理位置 地处火石营镇西南部，东至火西，南至左家坞镇北张庄子，西至老偏峪，北至黄昏峪。

主要指标 2011年末，辖区总人口229人，总面积2.6平方千米，农民人均纯收入4490元。

白草坡村

(Baicaopo Cun)

名称来历 杨、周两姓建村，因为村址附近山坡上山石呈白色，故以此得名白家坡，后杨姓改为现名。

地理位置 地处火石营镇西南部，北至前刘城子，南、西、北均至邱庄水库。

主要指标 2011年末，辖区总人口404人，总面积4平方千米，农民人均纯收入4460元。

（撰稿：鲁子鹏，初审：于景坤）

韩城镇

(Hancheng Zhen)

政区概况

名称来历 相传宋代，辽国兵马大元帅耶律韩昌在此地建韩昌府，高筑点将台，以水为城，从此得名“韩城”。

地理位置 地处丰润区南部偏西，东与唐山市路北区接壤，南连岔河镇，西邻新军屯镇，北接老庄子镇。人民政府驻南街村，电话区号0315，邮政编码064002，距丰润区人民政府22.3千米。

政区沿革 中华人民共和国成立之初，属丰润县十一区。1958年，为韩城人民公社韩城管理区。1961年，置韩城人民公社。1984年5月，撤销人民公社，置韩城乡；同年8月，撤乡，置韩城镇。1989年4月，东欢坨乡、龙湾子乡、中门庄乡并入。2002年5月，改属唐山市丰润区。

政区划分 2011年末，辖南街、池家、于林庄、薛庄、兴隆街、付一、付二、店子、二圣庙、后城河、皂神庄、河西、北韩庄、寨子、西韩庄、东欢坨一、东欢坨二、东欢坨三、东欢坨四、西欢坨、何家庄、东曹庄、小庄子、肖家庄、李家庄、李村、中门庄一、中门庄二、中门庄三、前新庄、后新庄、刘各庄东、刘各庄西、小崔庄、东龙湾子、西龙湾子、大张刘庄、小张刘庄、宋禾麻庄一、宋禾麻庄二、宋禾麻庄三、油房庄、董家庄43个村民委员会。

人口面积 2011年末，辖区总人口51935人，其中城镇常住人口15918人，城镇化率30.6%。另有流动人口3850人。总人口中，男性25864人，占49.8%；女性26071人，占50.2%；14岁以下7375人，占14.2%；15～64岁38120人，占73.4%；65岁以上6440人，占12.4%。总人口中，以汉族为主，达51156人，占98.5%；有满、回等少数民族，共779人，占1.5%。2011年，人口出生率10.9‰，人口死亡率4.82‰，人口自然增长率6.08‰。

辖区东西最大距离9.9千米，南北最大距离9.9千米，总面积56.1平方千米。全部为陆地。人口密度为每平方千米926人。

自然条件

地形地貌 境内属平原，地势平坦。

水文 主要河流有朱龙河。

矿藏及其他自然资源 境内已探明地下矿藏主要有煤炭，地质储量6.28亿吨，可开采储量2.08亿吨，集中分布在镇西2千米一带。

自然灾害 主要自然灾害有水灾、旱灾、风灾、低温、冰雹、雷击等。

经济概况

农业 耕地面积5.47万亩，人均耕地1.05亩。2011年，农业总产值5.59亿元，比上年增长3.5%。

粮食作物以小麦、玉米为主。2011年，粮食播种面积4.37万亩，生产粮食2.25万吨，人均436千克，其中小麦5663吨，玉米1.4万吨。蔬菜种植是主导产业。蔬菜播种面积稳定在5万亩（含复种），建有甘蓝优质蔬菜基地，注册有“韩昌”牌甘蓝和马铃薯蔬菜商标。2011年，生产蔬菜22.58万吨，销售收入2.5亿元。

畜牧业以生猪、奶牛为主。2011年末，300头以上规模奶牛养殖场6个，奶牛存栏4879头；200头以上规模养猪场24个，生猪饲养量1.09万头；蛋鸡存栏9.95万羽。畜牧业总产值1.4亿元，占农业总产值的25.5%。

工业 以化工、铸造、钢铁、造纸、标准件、机件加工、机械制造为主。2011年，工业总产值33.62亿元，比上年增长11%。2011年，工业企业379家，其中规模以上工业企业13家，产值30.02亿元，比上年增长9%。

商业外贸 2011年末，个体工商户1519户，其中从事三产行业1259户，2873人；镇内沿主街3千米，遍布固定商业、服务业网点260余个；集贸市场4个，固定市场2个。2011年，社会消费品零售总额达15.8亿元；城乡集市贸易成交额6100万元。

财政金融 2011年，财政总收入1.46亿元，比上年增长30%。其中地方财政收入2384万元，比上年增长34%。从主要税种看，完成营业税734万元，增值税174万元，企业所得税58万元。人均财政收入331元，比上年增长34%。2011年，银行和金融机构各类存款余额6.3亿元，比上年增长12.5%；各项贷款余额2.1亿元，比上年增长0.2%。

社会发展

文化艺术 2011年末，村级活动中心43个；各类图书室43个，藏书4.5万余册；音乐、美术、书法、及文学业余创作人员600余人。

教育 2011年末，幼儿园7所，在园幼儿1782人，专任教师84人；小学8所，在校生3399人，专任教师154人，小学适龄儿童入学率100%；初中1所，在校生1218人，专任教师154人，初中适龄人口入学率、小升初升学率、九年义务教育覆盖率均达100%。2011年财政预算内教育经费2639.3万元，基本与上年持平。预算内教育经费（包括城市教育费附加）占财政总支出的比例为26.3%，比上年提高了2个百分点。

医疗卫生 2011年末，各级各类医疗卫生机构5个，门诊部（所）73个；病床200张，每千人拥有医疗床位4张，固定资产总值3756万元。专业卫生人员230名，其中执业医师88人，执业助理医师32人，注册护士54人。新型农村合作医疗参合人数4.39万人，参合率96%。

体育 2011年末，学校体育场地10处。100%的村都安装了健身器材，经常参加体育活动的人员占常住人口的60%。

广播电视 1994年建成韩城有线电视服务站，楼区覆盖率100%，各村覆盖率60%。

社会保障 2011年，城镇最低生活保障户数23户，人数39人，支出13.63万元，比上年增长26.5%，月人均291元，比上年增长27%；城市医疗救助65人次。农村最低生活保障户数548户，人数935人，支出103.75万元，比上年增长22%，月人均92.5元，比上年增长21%。国家抚恤、补助各类优抚对象466人，抚恤事业费支出116.43万元，比上年增长30%。敬老院1家，床位118张，农村五保供养80人。新型农村社会养老保险参保人数2.53万人，参保率94.8%。

基础设施

交通运输 唐山市西外环高速公路过境，并在镇区东南有出口。省道邱柳公路与唐通公路于境内交会，南通205国道北接102国道。

邮政电信 2011年末，邮政支局1所，邮政业务总量51万元。电信企业1家，服务网点15个；固定电话用户1.1万户，电话用户普及率达到95%。全年电信业务收入603万元。

镇区市政建设

给排水 2011年末，全镇43个村完成安全饮水工程建设。2011年开始筹建韩城镇污水处理厂，日处理污水设计能力2万吨。

供电 2011年末，镇区22万伏、11万伏变电站各一座。

园林绿化 2011年末，镇区绿地面积36公顷，绿化覆盖率34%。

南街村

(Nanjie Cun)

名称来历 因该村坐落于韩城南面，是南入韩城的必经之地，故称南关。后因与县城南关重名，遂更名南街。

地理位置 地处韩城镇政府中部，东至后城河，南至池家村，西、北至兴隆街。

主要指标 2011年末，辖区总人口723人，总面积0.26平方千米，农民人均纯收入6452元。

北韩庄村

(Beihanzhuang Cun)

名称来历 相传北宋年间辽国大将韩昌在此建了点将台，取名韩城，本村因在韩城以北，韩姓较多而得名。

地理位置 地处韩城镇中部，东至宋禾麻庄，南至富一村，西至寨子村，北至龙湾子。

主要指标 2011年末，辖区总人口1351人，总面积0.96平方千米，农民人均纯收入6447元。

池家村

(Chijia Cun)

名称来历 因该地原为池家坟地，故名池家坟，后改称池家村。

地理位置 地处韩城镇中部，东至大唐康健肉类加工有限公司，南至小崔庄，西至南街，北至镇招待所。

主要指标 2011年末，辖区总人口492人，总面积0.31平方千米，农民人均纯收入6454元。

大张刘庄村

(Dazhangliuzhuang Cun)

名称来历 张、刘两姓自山东迁此建村，故称大张刘村。

地理位置 地处韩城镇北部，东至瓦房庄，南至韩城镇政府，西至油房庄，北至老庄子镇李官屯。

主要指标 2011年末，辖区总人口1166人，总面积1.36平方千米，农民人均纯收入6449元。

店子村

(Dianzi Cun)

名称来历 该村宋代已有人居住，后有小张刘村宋姓迁此，并建家庙，庙内有大殿一座，遂以此称为殿子，后又演变为店子。

地理位置 地处韩城镇东部，东至路北区袁家庄，南至唐柏公路，西至后城河，北至付一村新建居民区楼。

主要指标 2011年末，辖区总人口1057人，总面积0.55平方千米，农民人均纯收入6423元。

东曹庄村

(Dongcaozhuang Cun)

名称来历 刘、薛两姓建村，当时该处一片荒草，遂称草荒村庄。后徐姓迁入，更名东曹庄。

地理位置 地处韩城镇西部，东至西韩庄，南至皂神庄，西至岔河镇大荣各庄村，北至唐通公路。

主要指标 2011年末，辖区总人口520人，总面积0.56平方千米，农民人均纯收入6454元。

东龙湾子村

(Donglongwanzi Cun)

名称来历 移民自山东迁此建庄，传说当时有巨龙落于村北，又村外有溪水环绕，遂名龙湾子。1958年分成东西两村，该村居东，称东龙湾子。

地理位置 地处韩城镇北部，东至宋禾麻庄，南至北韩庄，西至西龙湾子，北至油房庄。

主要指标 2011年末，辖区总人口810人，总面积0.84平方千米，农民人均纯收入6449元。

东欢坨一村

(Donghuantuoyi Cun)

名称来历 先有人自山东迁此定居繁衍成村，因村位于一座沙陀东面，遂得名东欢坨。后分为四个村，按顺序得名。

地理位置 地处韩城镇政府西南部，东至河西村，南至岔河镇大荣各庄村，西至西欢坨，北至东欢坨二村。

主要指标 2011年末，辖区总人口1423人，总面积0.95平方千米，农民人均纯收入6449元。

东欢坨二村

(Donghuantuo'er Cun)

名称来历 先有人自山东迁此定居繁衍成村，因村位于一座沙陀东面，遂得名东欢坨。后分为四个村，按顺序得名。

地理位置 地处韩城镇西部，东至河西村，南至东曹庄，西至西欢坨，北至何家庄。

主要指标 2011年末，辖区总人口1238人，总面积0.82平方千米，农民人均纯收入6450元。

东欢坨三村

(Donghuantuosan Cun)

名称来历 先有人自山东迁此定居繁衍成村，因村位于一座沙陀东面，遂得名东欢坨。后分为四个村，按顺序得名。

地理位置 地处韩城镇西部，东至东欢坨二村，南至东欢坨一村，西至西欢坨，北至东欢坨四村。

主要指标 2011年末，辖区总人口1439人，总面积0.65平方千米，农民人均纯收入6452元。

东欢坨四村

(Donghuantuosi Cun)

名称来历 先有人自山东迁此定居繁衍成村，因村位于一座沙陀东面，遂得村名东欢坨。后分为四个村，按顺序得名。

地理位置 地处韩城镇西部，东至镇政府，南至东欢坨三村，西至开滦东欢坨矿北门，北至何家庄。

主要指标 2011年末，辖区总人口1810人，总面积1.15平方千米，农民人均纯收入6452元。

董家庄村

(Dongjiazhuang Cun)

名称来历 董姓自山东迁此建村，故称董庄子。1982年改成董家庄。

地理位置 地处韩城镇北部，东至西龙湾子，南至寨子村，西至何家庄，北至老庄子镇范家坨。

主要指标 2011年末，辖区总人口1323人，总面积1.47平方千米，农民人均纯收入6451元。

二圣庙村

(Ershengmiao Cun)

名称来历 村内有座二郎庙，故名二郎庙村，后演变成二圣庙。

地理位置 地处韩城镇中部，东至店子村，南至后城河，西至付一村，北至付一村。

主要指标 2011年末，辖区总人口819人，总面积0.5平方千米，农民人均纯收入6450元。

付一村

(Fuyi Cun)

名称来历 因村的北部与北韩庄相连，称韩家街，住户多姓韩，以后几户都发财成了富户，故韩家街又称富家庄。公社化后，富家庄划分成两个村，富家庄一村、富家庄二村。后富家庄一村简称付一村。

地理位置 地处韩城镇中部，东至二圣庙，南至韩城镇政府，西至付二村，北至北韩庄。

主要指标 2011年末，辖区总人口1477人，总面积0.8平方千米，农民人均纯收入6449元。

付二村

(Fu'er Cun)

名称来历 因村的北部与北韩庄相连，称韩家街，住户多姓韩，以后几户都发财成了富户，故韩家街又称富家庄。公社化后，富家庄划分成两个村，富家庄一村、富家庄二村。后富家庄二村简称付二村。

地理位置 地处韩城镇中部，东至付一村，南至兴隆街，西至河西村，北至北韩庄。

主要指标 2011年末，辖区总人口928人，总面积0.53平方千米，农民人均纯收入6448元。

何家庄村

(Hejiazhuang Cun)

名称来历 明永乐年间一何姓总兵奉诏至此占产立庄，故名。

地理位置 地处韩城镇西北部，东至董家庄，南至东欢坨，西至新军屯镇塔杨庄，北至肖家庄。

主要指标 2011年末，辖区总人口1334人，总面积1.61平方千米，农民人均纯收入6450元。

河西村

(Hexi Cun)

名称来历 韩城西面有一条朱龙河，因该村位于朱龙河西，故名。

地理位置 地处韩城镇中部，东至付二村，南至兴隆街，西至李家庄，北至寨子。

主要指标 2011年末，辖区总人口1863人，总面积0.64平方千米，农民人均纯收入6996元。

后城河村

(Houchenghe Cun)

名称来历 因西邻达子韩昌府（城）村中有一条小河流过，故称城后河，1938年日伪时期，改为后城河。

地理位置 地处韩城镇中部，东至店子村，南至唐通公路，西至韩城镇政府，北至二圣庙村。

主要指标 2011年末，辖区总人口1311人，总面积0.7平方千米，农民人均纯收入6451元。

后新庄村

(Houxinzhuang Cun)

名称来历 高、张两姓于该地南北相距一百米处各建房屋。初时，居南者称前街，居北者称后街。后人丁繁衍，各自成庄。后街遂改称后新庄。

地理位置 地处韩城镇东南部，东邻唐山西外环高速，南邻前新庄，西邻小崔庄，北邻唐通公路。

主要指标 2011年末，辖区总人口895人，总面积0.58平方千米，农民人均纯收入6447元。

李村

(Li Cun)

名称来历 初时，村南有干沟，状若牛槽，名牛槽沟，且村位于韩城镇西，遂得名西曹庄。因重名，1982年更名李村。

地理位置 地处韩城镇西部，东至西欢坨，南至新军屯镇山王寨村，西至新军屯镇王道庄，北至新军屯镇南堡村。

主要指标 2011年末，辖区总人口387人，总面积0.41平方千米，农民人均纯收入6455元。

李家庄村

(Lijiazhuang Cun)

名称来历 李氏兄弟四人自山东迁此立庄，因村位于当时的韩城镇北，遂称北李家庄，1960年改称李庄子，1982年更名李家庄。

地理位置 地处韩城镇西北部，东至河西村，南至西韩庄，西至东欢坨，北至董家庄。

主要指标 2011年末，辖区总人口1152人，总面积1.07平方千米，农民人均纯收入6450元。

刘各庄东村

(Liugezhuangdong Cun)

名称来历 刘姓建村，名刘各庄。后分成两个村，该村居东，称刘各庄东村。

地理位置 地处韩城镇南部，东至中门庄，南至岔河，西至四神庄，北至于林庄。

主要指标 2011年末，辖区总人口1105人，总面积1.18平方千米，农民人均纯收入6452元。

刘各庄西村

(Liugezhuangxi Cun)

名称来历 刘姓建村，名刘各庄。后分成两个村，该村居西，称刘各庄西村。

地理位置 地处韩城镇南部，东至刘各庄东村，南至岔河，西至四神庄，北至刘各庄东村。

主要指标 2011年末，辖区总人口1481人，总面积1.6平方千米，农民人均纯收入6710元。

前新庄村

(Qianxinzhuang Cun)

名称来历 高、张两姓于该地南北相距一百米处各建房屋。初时，居南者称前街，居北者称后街。后人丁繁衍，各自成庄。前街改称前新庄。

地理位置 地处韩城镇东南部，东至路北区果园乡李家庄，南至中门庄，西至东刘村，北至韩城镇政府。

主要指标 2011年末，辖区总人口1061人，总面积1.12平方千米，农民人均纯收入6446元。

宋禾麻庄一村

(Songhemazhuangyi Cun)

名称来历 宋姓自山东迁此建村，当时村西一片洼地，宜植青麻，遂得名宋禾麻庄，后分为一、二、三村。

地理位置 地处韩城镇东北部，东至路北区甄家庄，南至路北区袁家庄，西至付一村，北至小张刘庄。

主要指标 2011年末，辖区总人口652人，总面积1.07平方千米，农民人均纯收入6447元。

宋禾麻庄二村

(Songhemazhuang'er Cun)

名称来历 宋姓自山东迁此建村，当时村西一片洼地，宜植青麻，遂得名宋禾麻庄，后分为一、二、三村。

地理位置 地处韩城镇东北部，东至路北区甄家庄，南至路北区袁家庄，西至付一村，北至小张刘庄。

主要指标 2011年末，辖区总人口961人，总面积1.51平方千米，农民人均纯收入6448元。

宋禾麻庄三村

(Songhemazhuangsan Cun)

名称来历 宋姓自山东迁此建村，当时村西一片洼地，宜植青麻，遂得名宋禾麻庄，后分为一、二、三村。

地理位置 地处韩城镇东北部，东至路北区甄家庄，南至路北区袁家庄，西至付一村，北至小张刘庄。

主要指标 2011年末，辖区总人口526人，总面积0.72平方千米，农民人均纯收入6450元。

西韩庄村

(Xihanzhuang Cun)

名称来历 因位于韩城城西，故称西韩庄。

地理位置 地处韩城镇中部，东至镇政府，南至皂神庄，西至东曹庄，北至李家庄。

主要指标 2011年末，辖区总人口718人，总面积0.56平方千米，农民人均纯收入5448元。

西欢坨村

(Xihuantuo Cun)

名称来历 因村东有一沙坨，村于沙坨西得名。

地理位置 地处韩城镇西部，东至东欢坨，南至岔河镇大荣各庄，西至李村，北至小庄子。

主要指标 2011 年末，辖区总人口 2807 人，总面积 2.91 平方千米，农民人均纯收入 6453 元。

西龙湾子村

(Xilongwanzi Cun)

名称来历 移民自山东迁此建庄，传说当时有巨龙落于村北，又村外有溪水环绕，遂得名龙湾子。1958 年分成东西两村，该村居西，称西龙湾子。

地理位置 地处韩城镇北部，东至东龙湾，南至寨子村，西至董家庄，北至油房庄。

主要指标 2011 年末，辖区总人口 477 人，总面积 0.65 平方千米，农民人均纯收入 6450 元。

小崔庄村

(Xiaocuizhuang Cun)

名称来历 崔氏建村，因户少、村小而得名。

地理位置 地处韩城镇南部，东至后新庄，南至中门庄，西至于林庄，北至池家村。

主要指标 2011 年末，辖区总人口 290 人，总面积 0.2 平方千米，农民人均纯收入 6448 元。

小张刘庄村

(Xiaozhangliuzhuang Cun)

名称来历 移民自山东迁此建庄，初名刘千庄。因邻村名宋禾麻庄，觉得刘千庄寓意“钎扎蛤蟆”，遂提出抗议，故改名小张刘庄。

地理位置 地处韩城镇东北部，东至唐山市西外环，南至宋禾麻庄，西至东龙湾子，北至老庄子镇小城子。

主要指标 2011 年末，辖区总人口 957 人，总面积 1.11 平方千米，农民人均纯收入 6710 元。

小庄子村

(Xiaozhuangzi Cun)

名称来历 因村中有人略有功名，故称府新庄，后曾归西欢坨村管辖，于 1961 年分开，称小庄子。

地理位置 地处韩城镇西部，东至东欢坨，南至西欢坨，西至李村，北至新军屯镇塔杨庄。

主要指标 2011 年末，辖区总人口 475 人，总面积 0.56 平方千米，农民人均纯收入 6454 元。

肖家庄村

(Xiaojiazhuang Cun)

名称来历 肖姓建村，初称肖家庄。后有郁姓迁入，改称肖郁庄，今称肖家庄。

地理位置 地处韩城镇西北部，东至油房庄，南至何家庄，西至新军屯镇塔曹庄，北至老庄子镇崔家屯。

主要指标 2011 年末，辖区总人口 1242 人，总面积 1.6 平方千米，农民人均纯收入 6452 元。

兴隆街村

(Xinglongjie Cun)

名称来历 因该村坐落于韩城街内，比较热闹，特别是在抗日战争前夕，好多外地人在此开小铺做买卖，一时兴隆起来，故名。

地理位置 地处韩城镇中部，东至后城河村，南至南街村，西至河西村，北至付二村。

主要指标 2011 年末，辖区总人口 819 人，总面积 0.25 平方千米，农民人均纯收入 6453 元。

薛庄村

(Xuezhuang Cun)

名称来历 唐初名将东征薛礼时曾在此扎营，后有些兵士留居这里，繁衍成庄，故称薛庄。

地理位置 地处韩城镇中部，东至兴隆街，南至于林庄，西至西韩庄，北至兴隆街。

主要指标 2011 年末，辖区总人口 572 人，总面积 0.37 平方千米，农民人均纯收入 6449 元。

油房庄村

(Youfangzhuang Cun)

名称来历 初称刘王庄。因村中开设有油坊，改称油房庄。

地理位置 地处韩城镇北部，东至大张刘庄，南至龙湾子，西至董家庄，北至老庄子镇白树庄。

主要指标 2011 年末，辖区总人口 948 人，总面积 1.14 平方千米，农民人均纯收入 6450 元。

于林庄村

(Yulinzhuang Cun)

名称来历 明代于、林两姓在此建村，始名。

地理位置 地处韩城镇中部，东至小崔庄，南至刘各庄，西至皂神庄，北至南街。

主要指标 2011 年末，辖区总人口 1569 人，总面积 1.58 平方千米，农民人均纯收入 6985 元。

皂神庄村

(Zaoshenzhuang Cun)

名称来历 神话传说，古代有八位神仙，出附近八神庄，经四神庄时，留居四个，过三神庄，又站下三个，到了这里只剩下一名灶王神了，遂得名皂神庄。

地理位置 地处韩城镇中部，东至薛庄，南至四神庄，西至岔河镇大荣各庄，北至西韩庄。

主要指标 2011年末，辖区总人口923人，总面积0.83平方千米，农民人均纯收入6449元。

寨子村

(Zhaizi Cun)

名称来历 原名康家庄。后因遭受战火的洗劫，幸存者用秫秸围起了围寨，临时居住，遂得名寨子。

地理位置 地处韩城镇中部，东至北韩庄、南至河西村、西至李家庄、北至西龙湾子。

主要指标 2011年末，辖区总人口819人，总面积0.71平方千米，农民人均纯收入6448元。

中门庄一村

(Zhongmenzhuangyi Cun)

名称来历 建村时四周已有村落，该村居中，故称中门庄。中门庄一村为中门庄一村民委员会驻地。

地理位置 地处韩城镇东南部，东至沙窝新庄，南至小稻地，西至刘各庄东村，北至中门庄三村。

主要指标 2011年末，辖区总人口1144人，总面积1.45平方千米，农民人均纯收入6448元。

中门庄二村

(Zhongmenzhuang'er Cun)

名称来历 建村时四周已有村落，该村居中，故称中门庄。中门庄二村为中门庄二村民委员会驻地。

地理位置 地处韩城镇东南部，东至路北区许各寨，南至沙窝新庄，西至中门庄三村，北至前新庄。

主要指标 2011年末，辖区总人口1470人，总面积1.59平方千米，农民人均纯收入6450元。

中门庄三村

(Zhongmenzhuangsan Cun)

名称来历 建村时四周已有村落，该村居中，故称中门庄。中门庄三村为中门庄三村民委员会驻地。

地理位置 地处韩城镇东南部，东至李家庄，南至中门庄一村，西至刘各庄东村，北至前新庄。

主要指标 2011年末，辖区总人口1320人，总面积1.34平方千米，农民人均纯收入6450元。

(撰稿人：韩永安，初审：于景坤)

岔河镇

(Chahe Zhen)

政区概况

名称来历 因镇人民政府驻地位于原“岔河村”而得名。

地理位置 地处丰润区南部，东与丰南区丰南镇接壤，南与丰南区南孙庄乡相连，西邻欢喜庄乡，西北接新军屯镇，北邻韩城镇。人民政府驻岔河二村，电话区号0315，邮政编码064002，距丰润区人民政府28.3千米。

政区沿革 中华人民共和国成立之初，属丰润县十一区。1958年，为韩城人民公社岔河管理区。1961年，设岔河人民公社。1984年5月，撤销人民公社，改置岔河乡。1993年3月，合并岔河乡、小稻地乡、四神庄乡，置岔河镇。2002年5月，改属唐山市丰润区。

政区划分 2011年末，辖岔河一、岔河二、刘庄子、朱新庄、三神庄、蒲庄子、孙庄子、崔庄子、小稻地、冬庄子、张富庄、么义庄、四神庄一、四神庄二、大荣各庄、小荣各庄、王各庄一、王各庄二、王各庄三、王各庄四、赵家口头、宋家口头、杨义口头一、杨义口头二、杨义口头三、高坨26个村民委员会。

人口面积 2011年末，辖区总人口26842人，其中城镇常住户口1507人，城镇化率5.6%。另有流动人口1693人。总人口中，男性13684人，占51%；女性13158人，占49%；14岁以下3574人，占13.3%；15~64岁20390人，占76%；65岁以上2878人，占10.7%；总人口中，以汉族为主，达26263人，占97.84%；有少数民族579人，占2.16%。2011年，人口出生率12.03‰，人口死亡率5.79‰，人口自然增长率6.24‰。

辖区东西最大距离5.2千米，南北最大距离13.4千米。总面积42.29平方千米。其中陆地面积40.09平方千米，占94.8%；水域面积2.2平方千米，占5.2%。人口密度为每平方千米635人。

自然条件

地形地貌 境内为平原，地势略呈西高东低，北高南低。最高点位于大荣各庄村，海拔7.23米，最低点位于油葫芦泊水库，海拔2米。

水文 境内有朱龙河，自韩城镇刘各庄村入境，由北向南经油葫芦泊水库入津唐运河，境内长8.5千米。

自然灾害 主要自然灾害有地震、旱涝、风灾、低温、霜冻、雷击等。最严重的地震为1976年7月28日的唐山大地震，当时岔河公社和小稻地公社的16个村被夷为平地，受灾面积15694公顷。风灾一年四季均有发生，主要受灾农作物为小麦、玉米、水稻等。

经济概况

农业 耕地面积4.26万亩，人均耕地1.59亩；其中水浇地4.12万亩，旱地0.14万亩。2011年，农业总产值2.25亿元。

粮食作物以小麦、玉米、水稻为主。2011年，生产粮食1.62万吨，人均604千克。2011年，蔬菜种植面积0.84万亩，产量3.23万吨，主要品种有豆角、韭菜、土豆、辣椒、西红柿、黄瓜、白菜等，其中豆角9810吨，韭菜63吨，土豆4500吨，辣椒681吨，西红柿3230吨，黄瓜3972吨，白菜9930吨。主要经济作物有棉花。2011年，生产棉花112吨。

畜牧业以奶牛、猪、羊、家禽为主。2011年，家禽饲养量9万羽；2011年末，奶牛存栏5100头；生猪存栏1.4万头；羊存栏2000只。

工业 以化纤、纺织、铸造、机械加工、建筑材料、塑料制品为主。2011年，工业总产值3.81亿元，比上年增长16.87%，实现工业增加值1.2亿元，比上年增长12.1%。2011年，工业企业74家，其中规模以上工业企业6家。金翔纺织集团是华北地区化纤生产基地，也是京、津、唐地区规模较大的再生资源加工企业。

商业外贸 2011年末，商业网点56个，从业人员145人；城乡集贸市场5个。2011年，社会消费品零售总额达2300万元，比上年增长13%；城乡集市贸易成交额1.2亿元。

财政金融 2011年，财政收入2100万元，比上年增长41.5%。其中地方财政收入700万元，比上年增长20.2%，从主要税种看，完成营业税300万元，企业所得税300万元；人均财政收入783.6元，比上年增长10.6%。2011年，银行和金融机构各类存款余额4.16亿元，比上年增长23.2%；各项贷款余额200万元，比上年减少95.24%。

社会发展

文化艺术 2011年末，镇文化站1个，村级文化中心26个；各类图书室26个，藏书7800册。

教育 2011年末，幼儿园4所，在园幼儿583人，专任教师49人；小学2所，在校生1447人，专任教师86人，小学适龄儿童入学率100%；初中1所，在校生636人，专任教师60人，初中适龄人口入学率、小升初升学率、九年义务教育覆盖率均达100%。2011年财政预算内教育经费1312.6万元，比上年增长6.4%。预算内教育经费（包括城市教育费附加）占财政总支出的比例为54.6%，比上年下降了15.2个百分点。

医疗卫生 2011年末，医疗机构1个，门诊部（所）26个；病床56张，每千人拥有医疗床位1.89张，固定资产总值304万元。专业卫生人员47名，其中执业医师17人，执业助理医师28人，注册护士2人。2011年医疗机构（门诊部以上）完成诊疗3.45万人次。新型农村合作医疗参合率96.2%。

体育 2011年末，学校体育场地3处。90%的村安装了健身器材，经常参加体育活动的人员占常住人口的32%。

广播电视 2007年5月实施广播电视村村通工程。2011年末有线电视用户8936户，入户率98.6%。

社会保障 2011年，城镇最低生活保障12户，人数20人，支出6.69万元，比上年增加1.3%，月人均279元；城市医疗救助13人次，民政部门资助参加合作医疗905人次，共支出2.72万元，比上年增加21.4%。农村最低生活保障户数413户，人数723人，支出86.54万元，比上年增加1.23%，月人均99.7元；农村五保分散供养14人。国家抚恤、补助各类优抚对象292人，抚恤事业费支出89.7万元，比上年增加10.1%。居家养老服务站7个。慈善工作站1个，全年接受社会捐款1.6万元。新型农村社会养老保险参保人数1.4万人，参保率96%。

基础设施

交通运输 省道邱柳公路过境，境内长8.5千米；建设“村村通”工程35千米。2009年开辟1路客运专线，日发客运班车24班（次），日均容量1200人次。

邮政电信 2011年末，电信企业2家，服务网点5个；电话交换机总容量5000门，固定电话用户3000余户，电话用户普及率达到33.3%；宽带接入用户1700户。全年电信总收入16万元。

镇区市政建设

给排水 1976年建成杨义口头排水站1座，日泄洪能力38.9万立方米。2009年7月建成岔河镇自来水厂，有深水井2眼及成套净化设备，年供水量104万立方米。镇区主要道路两侧铺设排水管道580米。

供电 2011年末，镇区日供电15万度。

园林绿化 2011年末，镇政府驻地花坛20个，绿地面积2.2公顷。

杨义口头一村

(Yangyikoutouyi Cun)

名称来历 杨、李两家自山东移居于此，又因村位于古朱龙河口，遂得名杨李口头。后演变称杨义口头。

地理位置 地处岔河镇西部，东至么义庄，南至丰南区界，西至杨义口头二村，北至高坨。

主要指标 2011年末，辖区总人口1194人，总面积2.63平方千米，农民人均纯收入10269元。

杨义口头二村

(Yangyikoutou'er Cun)

名称来历 杨、李两家自山东移居于此，又因村们于古朱龙河口，遂得名杨李口头。后演变称杨义口头。

地理位置 地处岔河镇西部，东至杨义口头一村，南、西至杨义口头三村，北至高坨。

主要指标 2011年末，辖区总人口991人，总面积2.23平方千米，农民人均纯收入10269元。

杨义口头三村

(Yangyikoutousan Cun)

名称来历 杨、李两家自山东移居于此，又因村居古朱龙河口，遂得名杨李口头。后演变称杨义口头。

地理位置 地处岔河镇西部，东至杨义口头一村，南至丰南区界，西至欢喜庄乡南曹庄，北至杨义口头二村。

主要指标 2011年末，辖区总人口1215人，总面积2.72平方千米，农民人均纯收入10269元。

么义庄村

(Yaoyizhuang Cun)

名称来历 刘氏自山东迁此，为附近刘各庄的么姓人家看铺，因刘氏为人仗义，故名么义庄。

地理位置 地处岔河镇中部，东至宋家口头，南至丰南界，西至杨义口头一村，北至刘庄子。

主要指标 2011年末，辖区总人口1568人，总面积2.95平方千米，农民人均纯收入10269元。

宋家口头村

(Songjiakoutou Cun)

名称来历 宋氏兄弟二人自刘各庄迁此定居建村，因村位于朱龙河口，遂得名宋家口头。

地理位置 地处岔河镇西南部，东至朱新庄，南至丰南界，西至么义庄，北至刘庄子。

主要指标 2011年末，辖区总人口1555人，总面积2.93平方千米，农民人均纯收入10269元。

刘庄子村

(Liuzhuangzi Cun)

名称来历 刘姓自岔河村迁此建村立庄，故称刘庄子。

地理位置 地处岔河镇中部，东至小稻地，南至宋家口头，偏西北至高坨，北至岔河二村。

主要指标 2011年末，辖区总人口1048人，总面积1.08平方千米，农民人均纯收入10269元。

岔河一村

(Chaheyi Cun)

名称来历 据村中古朱龙河上石桥刻文记载，清道光二十四年建桥时，即有该村。传说，因村址坐落于朱龙河两岸，得名岔河。

地理位置 地处岔河镇中部，东至小稻地，南至朱新庄，西至刘庄子，北至蒲庄子。

主要指标 2011年末，辖区总人口1110人，总面积1.19平方千米，农民人均纯收入10269元。

岔河二村

(Chahe'er Cun)

名称来历 据村中古朱龙河上石桥刻文记载，清道光二十四年建桥时，即有该村。传说，因村址坐落于朱龙河两岸，得名岔河。

地理位置 地处岔河镇中部，东至岔河一村，南至刘庄子，西邻高坨，北邻蒲庄子。

主要指标 2011年末，辖区总人口1193人，总面积1.28平方千米，农民人均纯收入10269元。

蒲庄子村

(Puzhuangzi Cun)

名称来历 蒲姓一家于此地为中门庄吴姓财主看铺，后繁衍成村，称蒲庄子。

地理位置 地处岔河镇中部，东至丰南区沙窝新庄，南至岔河二村，西至蒲庄子，北至刘各庄。

主要指标 2011年末，辖区总人口825人，总面积0.83平方千米，农民人均纯收入10269元。

高坨村

(Gaotuo Cun)

名称来历 建村时有一尼姑庵建于村中高地，故名高坨。

地理位置 地处岔河镇中北部，东至蒲庄子，南至杨义口头一村，西至王各庄三村，北至四神庄一村。

主要指标 2011年末，辖区总人口1121人，总面积2.03平方千米，农民人均纯收入10269元。

王各庄一村

(Wanggezhuangyi Cun)

名称来历 王氏兄弟四人，自山东至此占产立庄，称王各庄。

地理位置 地处岔河镇东北部，东至高坨，南至杨义口头，西至欢喜庄，北至王各庄二村。

主要指标 2011年末，辖区总人口781人，总面积1.49平方千米，农民人均纯收入10269元。

王各庄二村

(Wanggezhuang'er Cun)

名称来历 王氏兄弟四人，自山东至此占产立庄，称王各庄。

地理位置 地处岔河镇东北部，东至高坨，南至王各庄一村，西至欢喜庄，北至王各庄三村。

主要指标 2011年末，辖区总人口689人，总面积1.18平方千米，农民人均纯收入10269元。

王各庄三村
(Wanggezhuangsan Cun)

名称来历 王氏兄弟四人，自山东至此占产立庄，称王各庄。

地理位置 地处岔河镇东北部，东至高坨，南至王各庄二村，西至欢喜庄，北至王各庄四村。

主要指标 2011 年末，辖区总人口 726 人，总面积 1.26 平方千米，农民人均纯收入 10269 元。

王各庄四村
(Wanggezhuangsi Cun)

名称来历 王氏兄弟四人，自山东至此占产立庄，称王各庄。

地理位置 地处岔河镇东北部，东至高坨，南至王各庄三村，西至欢喜庄，北至三神庄。

主要指标 2011 年末，辖区总人口 723 人，总面积 1.26 平方千米，农民人均纯收入 10269 元。

四神庄一村
(Sishenzhuangyi Cun)

名称来历 因有金、石、李、杨四姓先居，故称四姓庄。后因村中修建"老爷"、"娘娘"、"龙王"、"火神"四庙，改名四神庄。

地理位置 地处岔河镇北部，东至刘各庄，南至高坨，西至四神庄二村，北至皂神庄。

主要指标 2011 年末，辖区总人口 1088 人，总面积 1.64 平方千米，农民人均纯收入 10269 元。

四神庄二村
(Sishenzhuang'er Cun)

名称来历 因有金、石、李、杨四姓先居，故称四姓庄。后因村中修建"老爷"、"娘娘"、"龙王"、"火神"四庙，改名四神庄。

地理位置 地处岔河镇北部，东至四神庄一村，南至高坨，西至三神庄，北至皂神庄。

主要指标 2011 年末，辖区总人口 1144 人，总面积 1.5 平方千米，农民人均纯收入 10269 元。

三神庄村
(Sanshenzhuang Cun)

名称来历 始建三个村，居西者称鬼王庄，居南者称赵家林，居北者叫普慈庵。后将三村合一，称三神庄。另有传说古时有神仙八个，出自八神庄，经四神庄定居四个，过三神庄定居三个，最后只剩一名皂神，定居今皂神庄。

地理位置 地处岔河镇西北部，东至四神庄二村，南至王各庄四村，西至欢喜庄乡大齐坨，北至大荣各庄。

主要指标 2011 年末，辖区总人口 2013 人，总面积 3.02 平方千米，农民人均纯收入 10269 元。

大荣各庄村
(Daronggezhuang Cun)

名称来历 建庄时该地生长一棵大榕花树，遂得名大荣花庄。后俗称大荣各庄。

地理位置 地处岔河镇西北部，东至皂神庄，南至三神庄村，西至小荣各庄，北至韩城镇西欢坨。

主要指标 2011 年末，辖区总人口 2933 人，总面积 3.36 平方千米，农民人均纯收入 10269 元。

小荣各庄村
(Xiaoronggezhuang Cun)

名称来历 因附近有村名大荣各庄，该村较其户少村小，遂称小荣各庄。

地理位置 地处岔河镇西北部，东至大荣各庄，南至三神庄，西至新军屯镇山王寨，北至韩城镇西欢坨。

主要指标 2011 年末，辖区总人口 905 人，总面积 1.17 平方千米，农民人均纯收入 10269 元。

小稻地村
(Xiaodaodi Cun)

名称来历 因村处低洼，宜种稻子，遂称小稻地。

地理位置 地处岔河镇东部，东至南赵庄，南至丰南区界，西至张富庄，北至韩城镇中门庄一村。

主要指标 2011 年末，辖区总人口 1156 人，总面积 1.62 平方千米，农民人均纯收入 10269 元。

张富庄村
(Zhangfuzhuang Cun)

名称来历 张富庄原名张庄子。因重名，1982 年改称张富庄。

地理位置 地处岔河镇南部，东至小稻地，南至孙庄子，西至朱新庄，北至岔河一村。

主要指标 2011 年末，辖区总人口 584 人，总面积 1.53 平方千米，农民人均纯收入 10269 元。

朱新庄村
(Zhuxinzhuang Cun)

名称来历 因位于朱龙河口附近，遂名朱庄子，因重名，1982 年改称朱新庄。

地理位置 地处岔河镇中部，东至张富庄，南至孙庄子，西至宋家口头，北至岔河一村。

主要指标 2011 年末，辖区总人口 396 人，总面积 0.59 平方千米，农民人均纯收入 10269 元。

孙庄子村
(Sunzhuangzi Cun)

名称来历 孙姓自山东迁此立庄，故称孙庄子。

地理位置 地处岔河镇南部，东至罗卜坨，南至赵家口头，西至朱新庄，北至张富庄。

主要指标 2011年末，辖区总人口632人，总面积1.28平方千米，农民人均纯收入10269元。

赵家口头村

(Zhaojiakoutou Cun)

名称来历 赵姓自山东迁此定居立庄，因村位朱龙河口，遂得名赵家口头。

地理位置 地处岔河镇南部，东至崔庄子，南至丰南区界，西至宋家口头，北至冬庄子。

主要指标 2011年末，辖区总人口877人，总面积2.12平方千米，农民人均纯收入10269元。

冬庄子村

(Dongzhuangzi Cun)

名称来历 冬姓自今丰南区胥各庄迁此定居建庄，故名。

地理位置 地处岔河镇南部，东、南至崔庄子，西至赵家口头，北邻孙庄子。

主要指标 2011年末，辖区总人口256人，总面积0.84平方千米，农民人均纯收入10269元。

崔庄子村

(Cuizhuangzi Cun)

名称来历 崔姓建庄，故名。

地理位置 地处岔河镇南部，东至罗卜坨，南至丰南界，西至赵家口头，北至张富庄。

主要指标 2011年末，辖区总人口249人，总面积0.76平方千米，农民人均纯收入10269元。

（撰稿：李海燕，初审：于景坤）

新军屯镇

(Xinjuntun Zhen)

全国重点镇、河北省改革与发展重点镇。

政区概况

名称来历 因三国时期曹操曾在此地屯兵招募新军而得名。

地理位置 地处丰润区西南，东邻韩城镇，东南接岔河镇，南与欢喜庄乡接壤，西与小张各庄镇、丰登坞镇相邻，北连丰登坞镇，东北为石各庄镇。人民政府驻新军屯村，电话区号0315，邮政编码064003，距丰润区人民政府27千米。

政区沿革 中华人民共和国成立之初，属丰润县十区。1958年为新军屯人民公社新军屯管理区。1961年，置新军屯人民公社。1984年5月，撤人民公社，置新军屯乡；同年8月，改置新军屯镇。1989年4月，河浃溜乡并入。2002年5月，改属唐山市丰润区。

政区划分 2011年末，辖尚张庄、古良坨、黄粟坨、岳实庄、河浃溜、大坡庄、塔王庄、塔马庄、塔曹庄、塔杨庄、塔侯庄、小合六、梁庄子、溪歌庄、索辛庄、郑八庄、胡家庄、张秀庄、阁门口、唐家庄、杨家庄、张辛庄、新军屯、王道庄、鲁各庄、黄辛庄、南堡庄、新董庄、山王寨、龙潭坨、保全庄、里堡寨、报喜坨33个村民委员会。

人口面积 2011年末，辖区总人口38136人，其中城镇常住人口9800人，城镇化率25.7%。另有流动人口1100人。总人口中，男性19373人，占50.8%；女性18763人，占49.2%；14岁以下4386人，占11.5%；15～64岁27496人，占72.1%；65岁以上6254人，占16.4%。总人口中，以汉族为主，达37106人，占97.3%；有少数民族1029人，占2.7%。2011年，人口出生率10.38‰，人口死亡率6.61‰，人口自然增长率为3.77‰。

辖区东西最大距离5.11千米，南北最大距离8.67千米，总面积49.7平方千米。全部为陆地。人口密度为每平方千米767人。

自然条件

自然灾害 主要自然灾害有涝灾、风灾、旱灾、雹灾等。1985年7月，新军屯、丰登坞等镇（乡）积水沥涝面积22.05万亩，倒伏庄稼9.5万亩。1998年6月，新军屯、老庄子、杨官林等镇（乡）遭遇两次暴风雨袭击，小麦倒伏面积42万亩。

经济概况

农业 耕地面积5.5万亩，人均耕地1.44亩。2011年，农业总产值4.44亿元。

粮食作物以小麦、玉米为主。2011年，生产粮食3.2万吨，人均839千克，其中小麦1.07万吨，玉米2.13万吨。主要经济作物有生姜。2011年，生姜种植面积1.5万亩，产量6.06万吨。新军屯镇蔬菜基地被认定为国家级无公害农产品基地；在第十届中国（廊坊）农产品交易会上，“三野”牌生姜被评为优质农产品。

畜牧业以猪、牛为主。2011年末，生猪存栏4.28万头；牛存栏5000头。

工业 以钢铁、水泥、化工、仪器为主导产业。2011年，工业总产值55.06亿元，比上年增长32.36%。2011年，工业企业391家，其中规模以上工业企业7家。

商业外贸 2011年末，共有各类常年从事运输销售的农户330户，销售网点122个，从业人员3437人。2011年，城乡集市贸易成交额2.6亿元。完成第三产业增加值4.6亿元，比上年增加3500万元。

财政金融 2011年，财政总收入6368万元，比上年增长13%。其中地方财政收入1523万元，比上年增长15%。从主要税种看，完成营业税433万元，企业所得税1358万元。人均财政收入2123元，比上年增长13%。2011年，银行和金融机构各类存款余额11.15亿元，比上年增长18%；各项贷款余额1亿元，比上年增长12%。

社会发展

文化艺术 2011年末，镇文化站1个，村级文化活动中心33个；各类图书室29个，藏书20余万册。

教育 2011年末，幼儿园8所，在园幼儿1107人，专任教师52人；小学6所，在校生2414人，专任教师123人，小学适龄儿童入学率100%；初中2所，在校生1037人，专任教师79人，初中适龄人口入学率、小升初升学率、九年义务教育覆盖率均达100%。2011年财政预算内教育经费2030万元，比上年增长1.76%。预算内教育经费（包括城市教育费附加）占财政总支出的比例为33%，比上年提高了5.23个百分点。

医疗卫生 2011年末，各级各类医疗卫生机构34个，门诊部（所）1个；病床94张，每千人拥有医疗床位2.5张，固定资产总值851万元。专业卫生人员65名，其中执业医师33人，执业助理医师11人，注册护士21人。2011年医疗机构（门诊部以上）完成诊疗2.7万人次。新型农村合作医疗参合率100%。

体育 2011年末，学校运动场地6处。100%的村全部安装了健身器材，经常参加体育活动的人员占常住人口的92%。

广播电视 2011年末，有线电视用户8000户，入户率85%。

社会保障 2011年，城镇最低生活保障户数27户，人数48人，支出15.41万元，比上年增加10.2%，月人均268元，比上年增长21.5%。农村最低生活保障户数473户，人数893人，支出116.23万元，比上年增长28.4%，月人均108元，比上年增长13.5%。国家抚恤、补助各类优抚对象153人，抚恤事业费支出33.96万元，比上年增长11.2%。敬老院1家，床位140张。农村五保供养22人。新型农村社会养老保险参保人数2.5万人，参保率94.9%。

基础设施

交通运输 唐通路、新宝公路2条公路过境。

邮政电信 2011年末，邮政局1所，报纸、期刊累计期发行38万份（册）。邮政业务总量300万元，纯收入20万元。

电信企业1家，服务网点1个；电话交换机总容量1.09万门，固定电话用户7605户，电话用户普及率达到66%；移动电话用户4358户；宽带接入用户4412户。全年电信业务收入689万元。

镇区市政建设

给排水 2011年末，深水井14眼并有成套净化设备，年供水4.64万立方米。镇区主要道路一侧铺设污水管道2600米。

园林绿化 2011年末，镇政府驻地花坛28个，绿地面积2.6公顷。

保全庄村

(Baoquanzhuang Cun)

名称来历 有个叫万保全的人自山东逃荒至此定居，繁衍成村，遂名。

地理位置 地处新军屯镇南部，东至山王寨，南至里堡寨，西至杨家庄，北至龙潭坨。

主要指标 2011年末，辖区总人口660人，总面积0.64平方千米，农民人均纯收入7655元。

报喜坨村

(Baoxituo Cun)

名称来历 适逢村中一位教师家里生了个小孩，大家都来贺喜，又村南有一土坨，遂名。

地理位置 地处新军屯镇南部，东至里堡寨，南至八户村，西至杨家庄，北至新军屯。

主要指标 2011年末，辖区总人口1146人，总面积1.11平方千米，农民人均纯收入7910元。

大坡庄村

(Dapozhuang Cun)

名称来历 因地势北高南低较为明显而得名。

地理位置 地处新军屯镇东北部，东至老庄子镇崔家屯，南至河浃溜，西至古良坨，北至石各庄镇黄花港。

主要指标 2011年末，辖区总人口1877人，总面积2.48平方千米，农民人均纯收入7661元。

阁门口村

(Gemenkou Cun)

名称来历 因村东曾有一座阁楼与街口相对而得名。

地理位置 地处新军屯镇西南部，东至张辛庄，南至唐家庄，西至丰津公路，北至唐通公路。

主要指标 2011年末，辖区总人口537人，总面积0.47平方千米，农民人均纯收入7928元。

古良坨村

(Guliangtuo Cun)

名称来历 该地原为黄栗坨张姓田产，张姓有姑娘嫁给高姓，将该地作为陪嫁，遂称姑娘坨。清道光年间，经本村秀才高贺乔改称古良坨。

地理位置 地处新军屯镇北部，东至大坡庄，南至岳实庄，西至牛头庄，北至小坡庄。

主要指标 2011年末，辖区总人口919人，总面积1.59平方千米，农民人均纯收入7610元。

河浃溜村

(Hejialiu Cun)

名称来历 因村中有两条小溪、一眼泉水而得名。

地理位置 地处新军屯镇北部，东至塔侯庄，南至索辛庄，西至岳实庄，北至大坡庄。

主要指标 2011年末，辖区总人口2175人，总面积2.39平方千米，农民人均纯收入7623元。

胡家庄村

(Hujiazhuang Cun)

名称来历 因胡姓所建得名。

地理位置 地处新军屯镇西部，东至新军屯，南至唐通公路，西至张秀庄，北至郑八庄。

主要指标 2011年末，辖区总人口1012人，总面积0.68平方千米，农民人均纯收入7756元。

黄粟坨村

(Huanglituo cun)

名称来历 因有个张姓知府，每年用该地产的黄米进贡朝廷而得名。

地理位置 地处新军屯镇西北部，东至河浃溜，南至郑八庄，西至丰登坞镇李前庄，北至尚张庄。

主要指标 2011年末，辖区总人口1071人，总面积1.23平方千米，农民人均纯收入7612元。

黄辛庄村

(Huangxinzhuang Cun)

名称来历 初时仅魏姓一家在此看坟，村名魏家坟，清初有自称满族皇亲的张姓来此占产，遂仗势改村名皇亲庄，后演成黄辛庄。

地理位置 地处新军屯镇中部，东至鲁各庄，南至新军屯，西至溪歌庄，北至梁庄子。

主要指标 2011年末，辖区总人口267人，总面积0.24平方千米，农民人均纯收入7867元。

里堡寨村

(Libaozhai Cun)

名称来历 附近曾有座寨堡，毁于“靖难之役”，堡中李姓迁此地来定居，初称李堡寨，后演变称里堡寨。

地理位置 地处新军屯镇南部，东至山王寨，南至欢喜庄，西至报喜坨，北至新军屯。

主要指标 2011年末，辖区总人口1760人，总面积2.1平方千米，农民人均纯收入7844元。

梁庄子村

(Liangzhuangzi Cun)

名称来历 梁姓建村，初称梁家庄，后简称梁庄子。

地理位置 地处新军屯镇中北部，东至索辛庄，南至溪歌庄，西至岳实庄，北至河浃溜。

主要指标 2011年末，辖区总人口1254人，总面积1.69平方千米，农民人均纯收入7824元。

龙潭坨村

(Longtantuo Cun)

名称来历 翟姓建村，始名翟庄子。后村中赵家出了三个娘娘，改名娘娘庙。娘娘死后，在村中修建了三座庙宇，修庙时，从地下挖出了一个古磬，上面刻着“龙潭坨”遂得名。

地理位置 地处新军屯镇东南部，东至山王寨，南至保全庄，西至新军屯，北至王道庄。

主要指标 2011年末，辖区总人口1304人，总面积1.17平方千米，农民人均纯收入7810元。

鲁各庄村

(Lugezhuang Cun)

名称来历 因唐朝名将薛礼东征曾经过此村，遂得名路过庄，后随字音演称鲁各庄。

地理位置 地处新军屯镇中东部，东至小庄子，南至王道庄，西至梁庄子，北至董庄子。

主要指标 2011年末，辖区总人口1989人，总面积2.04平方千米，农民人均纯收入7650元。

南堡庄村

(Nanpuzhuang Cun)

名称来历 明代以前村北有座寨堡，明代建文年间，寨堡毁于战乱，村民移此另建新村，因坐落于原寨堡之南，遂名南堡庄。

地理位置 地处新军屯镇东部，东至何家庄，南至新董庄，西至索辛庄，北至塔侯庄。

主要指标 2011年末，辖区总人口614人，总面积0.59平方千米，农民人均纯收入7992元。

山王寨村

(Shanwangzhai Cun)

名称来历 明初曾有一个山寨王于村西驻扎，遂得名。

地理位置 地处新军屯镇东南部，东至岔河镇小荣各庄，南至欢喜庄乡大齐坨，西至保全庄，北至王道庄。

主要指标 2011年末，辖区总人口1440人，总面积1.86平方千米，农民人均纯收入7711元。

尚张庄村

(Shangzhangzhuang Cun)

名称来历 初名张庄子，为丰登坞公社西张庄村张姓财主的花园。后有大坡庄尚姓迁此定居，1945年经边区人民政府改名尚张庄。

地理位置 地处新军屯镇北部，东至古良坨，南至黄粟坨，西至牛头庄，北至丰登坞镇唐河甸。

主要指标 2011年末，辖区总人口307人，总面积0.5平方千米，农民人均纯收入7628元。

索辛庄村

(Suoxinzhuang Cun)

名称来历 因村中有索姓姑娘被选入宫中，村人不胜心酸，遂名。

地理位置 地处新军屯镇中部，东至南堡庄，南至新董庄，西至梁庄子，北至河浃溜。

主要指标 2011年末，辖区总人口733人，总面积0.83平方千米，农民人均纯收入7867元。

塔曹庄村

(Tacaozhuang Cun)

名称来历 始称曹庄。因重名，1982年改称塔曹庄。

地理位置 地处新军屯镇东部，东至韩城镇肖家庄，南至韩城镇东欢坨，西至河浃溜，北至老庄子镇安家庄。

主要指标 2011年末，辖区总人口340人，总面积0.44平方千米，农民人均纯收入7581元。

塔侯庄村

(Tahouzhuang Cun)

名称来历 因侯姓建庄，故称侯庄，1984年更名塔侯庄。

地理位置 地处新军屯镇东部，东至韩城镇何家庄，南至韩城镇东欢坨，西至河浃溜，北至大坡庄。

主要指标 2011年末，辖区总人口615人，总面积0.72平方千米，农民人均纯收入7518元。

塔马庄村

(Tamazhuang Cun)

名称来历 马氏建村，故称马庄，1984年更名塔马庄。

地理位置 地处新军屯镇东部，东至韩城镇肖家庄，南至韩城镇东欢坨，西至河浃溜，北至石各庄镇高庄子。

主要指标 2011年末，辖区总人口254人，总面积0.33平方千米，农民人均纯收入7514元。

塔王庄村

(Tawangzhuang Cun)

名称来历 原为杨庄王姓财主花园，后王姓来此建村，称王庄，1984年更名塔王庄。

地理位置 地处新军屯镇东部，东至塔马庄，南至小合六，西至河浃溜，北至石各庄镇高庄子。

主要指标 2011年末，辖区总人口324人，总面积0.39平方千米，农民人均纯收入7590元。

塔杨庄村

(Tayangzhuang Cun)

名称来历 杨姓建村，故称杨庄。因重名，1982年改称塔杨庄。

地理位置 地处新军屯镇东部，东至韩城镇何家庄，南至韩城镇东欢坨，西至河浃溜，北至大坡庄。

主要指标 2011年末，辖区总人口766人，总面积0.9平方千米，农民人均纯收入7542元。

唐家庄村

(Tangjiazhuang Cun)

名称来历 因唐姓建庄，故名。

地理位置 地处新军屯镇西南部，东至杨家庄，南至欢喜庄乡高家庄，西至小张各庄镇过道坎村，北至阁门口。

主要指标 2011年末，辖区总人口615人，总面积0.57平方千米，农民人均纯收入7910元。

王道庄村

(Wangdaozhuang Cun)

名称来历 王姓建村，始名。

地理位置 地处新军屯镇东南部，东至开滦东欢坨煤矿，南至唐通公路，西至新军屯，北至鲁各庄。

主要指标 2011年末，辖区总人口832人，总面积0.65平方千米，农民人均纯收入7696元。

溪歌庄村

(Xigezhuang Cun)

名称来历 因村中有一条溪水潺潺，琅琅如歌，遂得名。

地理位置 地处新军屯镇中部，东至鲁各庄，南至新军屯，西至胡家庄，北至梁庄子。

主要指标 2011年末，辖区总人口2136人，总面积1.89平方千米，农民人均纯收入7680元。

小合六村

(Xiaoheliu Cun)

名称来历 因村前有小溪流过，原称小河浃溜，后演成小合六。

地理位置 地处新军屯镇东部，东至塔杨庄，南至塔侯庄，西至河浃溜，北至塔王庄。

主要指标 2011年末，辖区总人口343人，总面积0.41平方千米，农民人均纯收入7587元。

新董庄村

(Xindongzhuang Cun)

名称来历 董姓建村，遂称董庄子，因重名，1982年改称新董庄。

地理位置 地处新军屯镇中部，东至韩城镇小庄子，南至鲁各庄，西至梁庄子，北至南堡庄。

主要指标 2011年末，辖区总人口337人，总面积0.44平方千米，农民人均纯收入7985元。

新军屯村

(Xinjuntun Cun)

名称来历 始建于三国魏，曹操东征曾于此屯兵扎营，并招募新军，故名。

地理位置 地处新军屯镇中南部，东至王道庄，南至里堡寨，西至胡家庄，北至溪歌庄。

主要指标 2011年末，辖区总人口5440人，总面积1.99平方千米，农民人均纯收入7919元。

杨家庄村

(Yangjiazhuang Cun)

名称来历 杨姓建村而得名。

地理位置 地处新军屯镇西南部，东至新军屯，南至八户，西至唐家庄，北至张辛庄。

主要指标 2011年末，辖区总人口2381人，总面积2.43平方千米，农民人均纯收入7842元。

岳实庄村

(Yueshizhuang Cun)

名称来历 岳氏为殷实大户，受村人敬慕，遂得名。

地理位置 地处新军屯镇北部，东至河洟溜，南至梁庄子，西至黄粟坨，北至古良坨。

主要指标 2011年末，辖区总人口1676人，总面积1.97平方千米，农民人均纯收入7549元。

张辛庄村

(Zhangxinzhuang Cun)

名称来历 张姓自山东来此定居，终年辛勤耕种，遂称张辛庄。

地理位置 地处新军屯镇西南部，东至新军屯，南至杨家庄，西至阁门口，北至胡家庄。

主要指标 2011年末，辖区总人口473人，总面积0.46平方千米，农民人均纯收入7915元。

张秀庄村

(Zhangxiuzhuang Cun)

名称来历 村中张家有一人得中秀才，故名。

地理位置 地处新军屯镇西部，东至唐玉新线，南至唐通公路，西至丰津公路，北至郑八庄。

主要指标 2011年末，辖区总人口846人，总面积0.57平方千米，农民人均纯收入7998元。

郑八庄村

(Zhengbazhuang Cun)

名称来历 因该处原为附近大郑庄郑八爷的田产，故称郑八庄。

地理位置 地处新军屯镇西部，东至梁庄子，南至溪歌庄，西至唐通公路，北至黄粟坨。

主要指标 2011年末，辖区总人口2106人，总面积2.11平方千米，农民人均纯收入7785元。

（撰稿：李军超，初审：于景坤）

小张各庄镇

(Xiaozhanggezhuang Zhen)

政区概况

名称来历 因镇人民政府驻地位于小张各庄村而得名。

地理位置 地处丰润区西南，东邻新军屯镇、欢喜庄乡，南与天津市宁河县搭界，西连李钊庄镇，北靠丰登坞镇。人民政府驻小张各庄，电话区号0315，邮政编码064003，距丰润区人民政府30千米。

政区沿革 中华人民共和国成立之初，属丰润县十区。1953年5月，置小张各庄乡。1958年，属新军屯人民公社小张各庄管理区。1961年，设小张各庄人民公社。1984年5月，撤销人民公社，复置小张各庄乡。1993年3月，撤乡，改置小张各庄镇。2002年5月，改属唐山市丰润区。

政区划分 2011年末，辖杜家坎、大坎、包家坎、过道坎、北青坨、小张各庄、大张各庄、小神庄、南青坨、南坨10个村民委员会。

人口面积 2011年末，辖区总人口15887人，其中城镇常住人口795人，城镇化率5%。另有流动人口308人。总人口中，男性8044人，占50.63%；女性7843人，占49.37%；14岁以下1970人，占12.4%；15~64岁12011人，占75.6%；65岁以上1906人，占12%。总人口中，以汉族为主，达15746人，占99.11%；有少数民族141人，占0.89%。2011年，人口出生率12.13‰，人口死亡率9.17‰，人口自然增长率2.96‰。

辖区东西最大距离5.3千米，南北最大距离8.2千米，总面积22.3平方千米。全部为陆地。人口密度为每平方千米712人。

自然条件

地形地貌 境内自东北至西南分为平原、洼地二类地区，地面高程一般在海拔1~10米。

自然灾害 主要自然灾害有旱灾、涝灾、风灾、雹灾、虫灾。

经济概况

农业 耕地面积3.16万亩，人均耕地1.99亩；全部为水浇地。2011年，农业总产值1.51亿元。

粮食作物以小麦、玉米为主。2011年，生产粮食1.38万吨，人均868.6千克，其中小麦3816吨，玉米9945吨。

畜牧业以猪、牛、家禽为主。2011年，生猪存栏0.51

万头；牛存栏2709头；家禽年饲养量3.86万羽。

工业 以化工、铸造、机械加工、建筑材料、医疗器械为主。2011年，工业总产值32亿元，比上年增长20.8%。2011年，工业企业101家，其中规模以上工业企业4家。

商业外贸 2011年末，共有常年从事运输销售的农户809户，销售网点208个，从业人员1380人；集贸市场3个。2011年，城乡集市贸易成交额5.2亿元。完成第三产业增加值649万元。

财政金融 2011年，财政总收入1985万元，比上年增长12%。其中地方财政收入757万元，比上年增长16%。从主要税种看，完成营业税119.5万元，增值税1298万元，企业所得税178.5万元。人均财政收入1263元，比上年增长12%。2011年，银行和金融机构各类存款余额1.3亿元，比上年增长18%；各项贷款余款3000万元，比上年减少15%。

社会发展

文化艺术 2011年末，镇文化站1个，村级活动中心10个；各类图书室10个，藏书7.5万余册。

教育 2011年末，幼儿园4所，在园幼儿675人，专任教师39人；小学3所，在校生950人，专任教师44人，小学适龄儿童入学率100%；初中1所，在校生410人，专任教师34人，初中适龄人口入学率、小升初升学率、九年义务教育覆盖率达100%。2011年财政预算内教育经费677.6万元，比上年增长1.7%。预算内教育经费（包括城市教育费附加）占财政总支出的比例为40%，比上年提高了4个百分点。

医疗卫生 2011年末，乡镇卫生院1所，门诊部（所）23个；病床15张。专业卫生人员33人，其中执业医师1人，执业助理医师6人，注册护士1人。2011年医疗机构（门诊部以上）完成诊疗1.3万人次。新型农村合作医疗参合率96.5%，城镇居民医疗保险参保率95%。

体育 2011年末，学校运动场地3处。经常参加体育活动的人员占常住人口的20%。

广播电视 2011年末，有线电视用户900户，入户率20%。

社会保障 2011年城镇最低生活保障户数170户，人数212人；民政部门大病医疗救助20人，发放救助资金9.5万元。农村最低生活保障户数169户，人数272人，支出30.7万元，比上年增长64%，月人均94元，比上年增长30%。国家抚恤、补助各类优抚对象85人，抚恤事业费支出48万元，比上年增长23%。建有慈善工作站，全年接受社会捐款1.5万元，使6人（次）受益困难群众受益。新型农村社会养老保险参保率93.6%。

基础设施

交通运输 境内有唐通公路、丰津公路以及通乡公路。2008年建立2路公交环城客运站，日发客运汽车10班次，日均容量300余人次。

邮政电信 邮政业务隶属李钊庄镇营业所。电信企业1家；固定电话用户2994户；宽带接入用户1511户。

镇区市政建设

给排水 2011年末，10个村全部实现自来水供给。

园林绿化 2011年末，镇政府驻地花坛10个，绿化面积0.8公顷。

杜家坎村
(Dujiakan Cun)

名称来历 该地原为杜姓官僚的田产，又东高西洼，有一道土岭纵贯南北，故名。

地理位置 地处小张各庄镇东北部，东至张秀庄，南至大坎，西至胡张坨，北至郑八庄。

主要指标 2011年末，辖区总人口1073人，总面积0.97平方千米，农民人均纯收入6114元。

大坎村
(Dakan Cun)

名称来历 因村东有土岭纵贯南北，村建在岭上，故名。

地理位置 地处小张各庄镇东北部，东至新军屯镇张秀庄，南至包家坎，西至李钊庄镇于仙庄，北至杜家坎。

主要指标 2011年末，辖区总人口2848人，总面积2.59平方千米，农民人均纯收入6447元。

包家坎村
(Baojiakan Cun)

名称来历 初称包家窝铺。后因村中地势东高西洼，改称包家坎。

地理位置 地处小张各庄镇东北部，东至新军屯镇阁门口，南至过道坎，西至李钊庄镇于仙庄，北至大坎。

主要指标 2011年末，辖区总人口975人，总面积0.9平方千米，农民人均纯收入6214元。

过道坎村
(Guodaokan Cun)

名称来历 初时在今村北只有四户人家，当时有一水沟横在屋前，出入多有不便。后迁到今处，因村中有高岗，遂借搬迁之意，称过道坎。

地理位置 地处小张各庄镇北部，东至新军屯镇唐家庄，南至小张各庄，西至李钊庄镇杨西庄，北至包家坎。

主要指标 2011年末，辖区总人口1010人，总面积1.21平方千米，农民人均纯收入6143元。

北青坨村
(Beiqingtuo Cun)

名称来历 因村北有个土岗，土岗东侧有一眼温泉，泉旁常年绿草丛生。又因村南有南青坨，遂称北青坨。

地理位置 地处小张各庄镇西部，东至新军屯镇唐家庄，南至南青坨，西至李钊庄镇小漫港，北至过道坎。

主要指标 2011年末，辖区总人口1328人，总面积1.43平方千米，农民人均纯收入6388元。

南青坨村

(Nanqingtuo Cun)

名称来历 因村北有一土岗，岗边有泉，常年绿草丛生，故名。

地理位置 地处小张各庄镇中部，东至南坨，南至宁河县，西至李钊庄镇小漫港，北至小张各庄。

主要指标 2011年末，辖区总人口4113人，总面积7.01平方千米，农民人均纯收入6239元。

小张各庄村

(Xiaozhanggezhuang Cun)

名称来历 因张姓人多，故名。

地理位置 地处小张各庄镇东部，东至新军屯镇唐家庄，南至南青坨，西至李钊庄镇小漫港，北至过道坎。

主要指标 2011年末，辖区总人口1886人，总面积2.45平方千米，农民人均纯收入6253元。

大张各庄村

(Dazhanggezhuang Cun)

名称来历 明永乐年间，张姓迁来20多户人家，而当时迁到小张各庄的只有四户，故名。

地理位置 地处小张各庄镇东部，东至八户，南至小神庄，西至小张各庄，北至过道坎。

主要指标 2011年末，辖区总人口660人，总面积0.84平方千米，农民人均纯收入6399元。

南坨村

(Nantuo Cun)

名称来历 因四周皆洼，唯村中地势较高，又位于县城南端，故名。

地理位置 地处小张各庄镇东南部，东至青庄坞，南至宁河县，西至南青坨，北至大张各庄。

主要指标 2011年末，辖区总人口1641人，总面积3.14平方千米，农民人均纯收入6118元。

小神庄村

(Xiaoshenzhuang Cun)

名称来历 初称大新庄。后因村中赵姓、苏姓两人犯罪，村子被剿。有刘仁、刘宗义两人舍地葬人，并立碑刻记，改名小新庄。抗日战争时期，为迷惑日寇而称小神庄。

地理位置 地处小张各庄镇东部，东至高家庄，南至南坨，西至南青坨，北至大张各庄。

主要指标 2011年末，辖区总人口282人，总面积0.54平方千米，农民人均纯收入6275元。

(撰稿：吴俊宽，初审：付春增)

丰登坞镇

(Fengdengwu Zhen)

政区概况

名称来历 唐朝末年，朝中一宰相之弟在境内建码头经商，生意兴隆；当地百姓每年五谷丰登，故取名丰登坞。

地理位置 地处丰润区西南，东与石各庄镇相邻，东南邻新军屯镇、南邻小张各庄镇、李钊庄镇，西与玉田县接壤，北与白官屯镇相连。人民政府驻丰登坞村，电话区号0315，邮政编码060004，距丰润区人民政府23.2千米。

政区沿革 中华人民共和国成立之初，属丰润县四区。1958年，属丰登坞人民公社丰登坞管理区，划归玉田县。1961年，设丰登坞人民公社，复归丰润县。1984年5月，撤乡，置丰登坞乡。1987年，撤乡，改置丰登坞镇。1989年4月，唐河甸乡并入。2002年5月，改属唐山市丰润区。

政区划分 2011年末，辖丰登坞、于王庄、曹坨子、小唐河、牛头庄、李前庄、于辛庄、稻秧庄、王辛庄、蛮子营、胡张坨、小郑庄、六军坊、戴庄、黄辛五庄、秦庄、八军坊、杨庄、孙庄、大郑庄、张庄、豆庄子、大刘家庄、庄儿口、朴实庄、西张庄、相公庄、兴旺庄、前军屯、杨甸子、宋李庄、大唐河、唐河甸、外郎庄、小堼上、大任庄、小任庄、庄户上、曾庄子、大茹庄、邵家桥、小坡庄42个村民委员会。

人口面积 2011年末，辖区总人口40296人，其中城镇常住人口13601人，城镇化率33.7%。另有流动人口809人。总人口中，男性20750人，占51%；女性19546人，占49%；14岁以下4942人，占12%；15~64岁29560人，占73%；65岁以上5794人，占15%。总人口中，以汉族为主，达37998人，占94.3%；有少数民族2298人，占5.7%。2011年，人口出生率12.05‰，人口死亡率9.12‰，人口自然增长率2.93‰。

辖区东西最大距离11.4千米，南北最大距离10.2千米，总面积68.2平方千米。其中陆地面积67.7平方千米，占99.3%；水域面积0.5平方千米，占0.7%。人口密度为每平方千米591人。

自然条件

地形地貌 境内全部为平原，地势略呈东高西低，南高北低，地面高程一般在海拔15~59米。土质属黑质黏土。

水文 东西走向的泥河过境。

自然灾害 主要自然灾害有冰雹、旱涝、风灾、雷击等。涝灾是最常见的灾害，每年夏季均有发生，最严重的一次发生在1976年，降雨800毫米，涉及境内于辛庄、稻秧庄、王辛庄、蛮子营、胡张坨、小郑庄、六军坊、代庄子、黄辛五、秦庄、八军坊11个村，受灾面积1.65万亩。风灾一年四季均有发生。

经济概况

农业 耕地面积7万亩，人均耕地1.74亩；全部为水浇地。2011年，农业总产值3.95亿元。

粮食作物以小麦、玉米为主。2011年，生产粮食3.6万吨，人均893.4千克，其中小麦0.9万吨，玉米2.7万吨。主要经济作物有棉花。2011年，棉花种植面积0.05万亩，产量0.01万吨。

畜牧业以猪、牛、家禽为主。2011年，生猪年末存栏3.9万头；牛年末存栏4500头；家禽饲养量48万羽。

工业 以钢铁、建筑器材为主。2011年，工业总产值18.07亿元，比上年增长67.3%。2011年，工业企业491家，其中规模以上工业企业3家；各类私营企业33家，职工1006人。

商业外贸 2011年末，商业网点112个，从业人员320人；城乡集贸市场8个。2011年，社会消费品零售总额达8.4亿元；城乡集市贸易成交额3000万元。

财政金融 2011年，财政总收入2147.8万元，比上年增长30%。其中地方财政收入987万元，比上年增长36%。从主要税种看，完成营业税920万元，增值税860万元，企业所得税367.8万元。人均财政收入560元，比上年增长21%。2011年，银行和金融机构各类存款余额3.6亿元，比上年增长18%；各项贷款余额1.6亿元，比上年增长8%。

社会发展

文化艺术 2011年末，镇文化站1个，有村级文化活动中心41个；各类图书室30个，藏书近2万余册；音乐、美术、书法业务创作人员56人。

教育 2011年末，幼儿园8所，在园幼儿810人，专任教师90人；小学7所，在校生2065人，专任教师108人；初中1所，在校生862人，专任教师90人，初中适龄人口入学率、小升初升学率、九年义务教育覆盖率均达100%。2011年财政预算内教育经费1771.1万元，比上年增长1.35%。预算内教育经费（包括城市教育费附加）占财政总支出的比例为30%，比上年提高了4个百分点。

医疗卫生 2011年末，各级各类医疗卫生机构4个，门诊部（所）67个；病床184张，每千人拥有医疗床位4.5张。专业卫生人员100名，其中执业医师15人，执业助理医师10人，注册护士15人。新型农村合作医疗参合率95%。

体育 2011年末，学校体育场地1处。8个村安装了健身器材，经常参加体育活动的人员占常住人口的18.2%。

广播电视 2011年末，有线电视用户9700户，入户率83%。

社会保障 2011年，城镇最低生活保障户数11户，人数24人，支出9.06万元，比上年增长5%，月人均315元，比上年增长17%；城市医疗救助24人次，支出6.2万元。农村最低生活保障户数506户，人数735人，支出118.48万元，比上年增长5%，月人均134元，比上年增长43%。国家抚恤、补助各类优抚对象215人，抚恤事业费支出96万元，比上年增长10%。敬老院1家，床位150张，农村五保供养60人。新型农村社会养老保险参保人数2.69万人，参保率92.8%。

基础设施

交通运输 玉新公路、津丰公路、丰白丰公路过境。有丰登坞镇客运站1个，开通唐山西站至丰登坞镇公交专线。

邮政电信 2011年末，邮政所1处；电信企业1家；固定电话用户6700户，电话用户普及率达到57%；移动电话用户4200户；宽带接入用户3000户。

镇区市政建设

给排水 2011年末，饮水全部为深水井自来水。2010年实施污水排放综合治理工程。

园林绿化 2011年末，镇主街全部实现绿化，绿地面积1.6公顷。

牛头庄村

(Niutouzhuang Cun)

名称来历 因村西有一高地，古为放牛场所，且状似牛头，故名。

地理位置 地处丰登坞镇中东部，东至古良坨，南至李前庄，西至小唐河，北至大唐河。

主要指标 2011年末，辖区总人口683人，总面积0.57平方千米，农民人均纯收入6914元。

宋李庄村

(Songlizhuang Cun)

名称来历 清顺治年间为宋庄、李庄两个村落，清末合二为一，故名。

地理位置 地处丰登坞镇北部，东至小任庄，南至兴旺庄，西至庄儿口，北至熊张庄。

主要指标 2011年末，辖区总人口573人，总面积0.5平方千米，农民人均纯收入6912元。

庄儿口村

(Zhuang'erkou Cun)

名称来历 因位于附近村落边缘，得名庄儿头，儿乃助音，后叫白，称庄儿口。

地理位置 地处丰登坞镇北部，东至杨甸子，南至大刘庄，西至西张庄，北至燕子河。

主要指标 2011年末，辖区总人口1363人，总面积1.69平方千米，农民人均纯收入6912元。

秦庄村

(Qinzhuang Cun)

名称来历 秦姓居多，故名。

地理位置 地处丰登坞镇西部，东至六军坊，南至黄辛五庄，西至玉田县杨喜庄，北至八军坊。

主要指标 2011 年末，辖区总人口 380 人，总面积 0.61 平方千米，农民人均纯收入 6910 元。

前军屯村

(Qianjuntun Cun)

名称来历 因村落较大，初称千家屯。清末，随音改叫前军屯。

地理位置 地处丰登坞镇北部，东至兴旺庄，南至相公庄，西至庄儿口，北至杨甸子。

主要指标 2011 年末，辖区总人口 661 人，总面积 0.73 平方千米，农民人均纯收入 6910 元。

六军坊村

(Liujunfang Cun)

名称来历 曾有陆军在此驻防，遂取谐音而名六军坊。

地理位置 地处丰登坞镇西南部，东至小郑庄，南至李钊庄镇大王庄，西至代庄，北至八军坊。

主要指标 2011 年末，辖区总人口 720 人，总面积 1 平方千米，农民人均纯收入 6900 元。

庄户上村

(Zhuanghushang Cun)

名称来历 初时因村中户与户的房子多不相连，留有较大空地，俗称空庄户地，故名庄户上。

地理位置 地处丰登坞镇东北部，东至曾庄子村，南至唐河甸，西至小埜上，北至史庄子。

主要指标 2011 年末，辖区总人口 462 人，总面积 0.57 平方千米，农民人均纯收入 6910 元。

于辛庄村

(Yuxinzhuang Cun)

名称来历 该地系欢坨村于家的田产，故得名于新庄，后又取同音称于辛庄。

地理位置 地处丰登坞镇中东部，东至黄粟坨，南至稻秧庄，西至王辛庄，北至李前庄。

主要指标 2011 年末，辖区总人口 1095 人，总面积 1.36 平方千米，农民人均纯收入 6900 元。

大唐河村

(Datanghe Cun)

名称来历 唐太宗李世民曾征战于此，且村紧靠泥河，御封为大唐河。

地理位置 地处丰登坞镇北部，东至唐河甸，南至牛头庄，西至小唐河，北至小埜上。

主要指标 2011 年末，辖区总人口 875 人，总面积 0.99 平方千米，农民人均纯收入 6913 元。

曾庄子村

(Zengzhuangzi Cun)

名称来历 始为三个村，王庄、杨庄、小五庄，后三村合为一庄，村由小变大，意为增加，故称增加庄。清末简称曾庄子。

地理位置 地处丰登坞镇东北部，东至邵家桥，南至小坡庄，西至庄户上，北至大茹庄。

主要指标 2011 年末，辖区总人口 1197 人，总面积 1.66 平方千米，农民人均纯收入 6913 元。

小唐河村

(Xiaotanghe Cun)

名称来历 据传，唐太宗李世民东征至此，赐名小唐御河。后俗称小唐河。

地理位置 地处丰登坞镇中北部，东至丰津公路，南至丰津连接线，西至丰登坞，北至黑龙河。

主要指标 2011 年末，辖区总人口 843 人，总面积 0.63 平方千米，农民人均纯收入 6914 元。

丰登坞村

(Fengdengwu Cun)

名称来历 初名刘家庄。唐朝人们苦于水患、盐碱，遂更名丰登务，以盼丰收。后因村周皆水，形似码头、船坞，又改称丰登坞。

地理位置 地处丰登坞镇中部，东至李前庄，南至蛮子营，西至王庄，北至曹坨子。

主要指标 2011 年末，辖区总人口 1331 人，总面积 0.84 平方千米，农民人均纯收入 6915 元。

唐河甸村

(Tanghedian Cun)

名称来历 唐太宗李世民东征遇难于此，后有大将来救驾，李世民大悦，封该地为唐御河甸，旧时称与皇帝有关者称为御。后简称唐河甸。

地理位置 地处丰登坞镇东北部，东至曾庄子，南至尚张庄，西至大唐河，北至小任庄。

主要指标 2011 年末，辖区总人口 1102 人，总面积 1.51 平方千米，农民人均纯收入 6914 元。

黄辛五庄村

(Huangxinwuzhuang Cun)

名称来历 黄氏建村，后附近又建了五个村落，该村居先，仍称黄先五庄，后取先字谐音，称黄辛五庄。

地理位置 地处丰登坞镇西南部，东至六军坊，南至代庄，西至玉田县孟辛庄，北至秦庄。

主要指标 2011年末，辖区总人口991人，总面积1.24平方千米，农民人均纯收入6910元。

张庄村

(Zhangzhuang Cun)

名称来历 张姓建村，故名。

地理位置 地处丰登坞镇中部，东至丰登坞村，南至大郑庄，西至杨庄，北至曹坨子。

主要指标 2011年末，辖区总人口1189人，总面积1.24平方千米，农民人均纯收入6913元。

八军坊村

(Bajunfang Cun)

名称来历 因村中黄姓八人，号称八君子，遂取名八君坊，后演成八军坊。

地理位置 地处丰登坞镇西部，东至大郑庄，南至秦庄，西距玉田县杨喜庄，北至玉田县张辛庄。

主要指标 2011年末，辖区总人口1052人，总面积1.34平方千米，农民人均纯收入6910元。

大郑庄村

(Dazhengzhuang Cun)

名称来历 郑氏三兄弟来此，老大、老二居于此，繁衍成庄，故称大郑庄。

地理位置 地处丰登坞镇中部，东至丰登坞，南至王辛庄，西至孙庄，北至张庄。

主要指标 2011年末，辖区总人口2703人，总面积3.18平方千米，农民人均纯收入6912元。

孙庄村

(Sunzhuang Cun)

名称来历 孙姓建村而得名。

地理位置 地处丰登坞镇中部，东至张庄，南至大郑庄，西至杨庄，北至豆庄子。

主要指标 2011年末，辖区总人口668人，总面积0.9平方千米，农民人均纯收入6913元。

胡张坨村

(Huzhangtuo Cun)

名称来历 因原为胡、张两家放牧场得名。

地理位置 地处丰登坞镇南部，东至蛮子营，南至大坎，西至小郑庄，北至王辛庄。

主要指标 2011年末，辖区总人口1340人，总面积2.23平方千米，农民人均纯收入6914元。

王辛庄村

(Wangxinzhuang Cun)

名称来历 原为宁河县杜姓财主的田产，时称杜家窝铺。清顺治年间归了王家所有，得名王新庄，后取同音，称王辛庄。

地理位置 地处丰登坞镇南部，东至于辛庄，南至胡张坨，西至小郑庄，北至大郑庄。

主要指标 2011年末，辖区总人口715人，总面积0.91平方千米，农民人均纯收入6913元。

李前庄村

(Liqianzhuang Cun)

名称来历 因处小唐河村南，南面为前，故以冠姓氏而得名。

地理位置 地处丰登坞镇东部，东至黄粟坨，南至于辛庄，西至丰登坞，北至牛头庄。

主要指标 2011年末，辖区总人口763人，总面积0.88平方千米，农民人均纯收入6900元。

兴旺庄村

(Xingwangzhuang Cun)

名称来历 刘姓所建，因村小称小刘庄。后因重名，1982年改称兴旺庄。

地理位置 地处丰登坞镇北部，东至外郎庄，南至相公庄，西至前军屯，北至宋李庄。

主要指标 2011年末，辖区总人口228人，总面积0.19平方千米，农民人均纯收入6913元。

小郑庄村

(Xiaozhengzhuang Cun)

名称来历 郑氏自大郑庄迁此立庄，因村小而得名。

地理位置 地处丰登坞镇西南部，东至王辛庄，南至李钊庄镇大王庄，西至六军坊，北至杨庄。

主要指标 2011年末，辖区总人口1280人，总面积2.47平方千米，农民人均纯收入6910元。

大茹庄村

(Daruzhuang Cun)

名称来历 因地势低洼，长有大片芦苇，称大芦庄，后又按谐音改称大茹庄。

地理位置 地处丰登坞镇东北部，东至石各庄镇陈各庄，南至曾庄子，西至小任庄，北至石各庄镇雷庄子。

主要指标 2011年末，辖区总人口1351人，总面积2.37平方千米，农民人均纯收入6910元。

杨甸子村

(Yangdianzi Cun)

名称来历 杨姓建村，称杨甸子。

地理位置 地处丰登坞镇北部，东至大任庄，南至前军屯，西至庄儿口，北至白官屯镇燕子河。

主要指标 2011年末，辖区总人口558人，总面积0.69平方千米，农民人均纯收入6910元。

小任庄村

(Xiaorenzhuang Cun)

名称来历 自大任庄迁出，遂名。

地理位置 地处丰登坞镇北部，东至大茹庄，南至唐河甸，西至大任庄，北至白官屯镇史庄子。

主要指标 2011年末，辖区总人口891人，总面积1.16平方千米，农民人均纯收入6912元。

大任庄村

(Darenzhuang Cun)

名称来历 任姓建村得名。

地理位置 地处丰登坞镇北部，东至小任庄，南至外郎庄，西至杨甸子，北至白官屯镇熊张庄。

主要指标 2011年末，辖区总人口758人，总面积0.8平方千米，农民人均纯收入6912元。

稻秧庄村

(Daoyangzhuang Cun)

名称来历 因地势低洼，常年积水，宜育稻秧，故名。

地理位置 地处丰登坞镇东南部，东至泥河，南至郑八庄，西至蛮子营，北至于辛庄。

主要指标 2011年末，辖区总人口654人，总面积0.65平方千米，农民人均纯收入6914元。

西张庄村

(Xizhangzhuang Cun)

名称来历 张姓建村，得名张庄子。清末因重名，且位在其南，故改称北张庄子。1956年高级社时，又因其处社址西边，改为西张庄。

地理位置 地处丰登坞镇西北部，东至庄儿口，南至玉田县穆庄子，西至玉田县鸦鸿桥，北至白官屯镇赵民庄。

主要指标 2011年末，辖区总人口789人，总面积0.62平方千米，农民人均纯收入6914元。

戴庄村

(Daizhuang Cun)

名称来历 原名马家岗子。后有戴姓迁入，且势力颇大，遂于清初改此名。

地理位置 地处丰登坞镇西南部，东至小郑庄，南至李钊庄镇大王庄，西至玉田县孟辛庄，北至黄辛五庄。

主要指标 2011年末，辖区总人口609人，总面积0.63平方千米，农民人均纯收入6900元。

邵家桥村

(Shaojiaqiao Cun)

名称来历 旧时与三女河公社的十几个村统称十三哨。因位于泥河南岸，借邻村曾庄子有桥一座，得名哨家桥。后演变成邵家桥。

地理位置 地处丰登坞镇东北部，东至石各庄镇陈各庄，南至小坡庄，西至曾庄子，北至大茹庄。

主要指标 2011年末，辖区总人口501人，总面积0.68平方千米，农民人均纯收入6910元。

相公庄村

(Xianggongzhuang Cun)

名称来历 明永乐年间有朝廷官僚之子，称大相公来此占产立业，故名。

地理位置 地处丰登坞镇中北部，东至大唐河，南至丰登坞，西至大刘庄，北至小刘庄。

主要指标 2011年末，辖区总人口1865人，总面积1.51平方千米，农民人均纯收入6913元。

杨庄村

(Yangzhuang Cun)

名称来历 杨姓建村，故名。

地理位置 地处丰登坞镇西部，东至孙庄，南至大郑庄，西至玉田县张辛庄，北至朴实庄。

主要指标 2011年末，辖区总人口750人，总面积0.96平方千米，农民人均纯收入6912元。

蛮子营村

(Manziying Cun)

名称来历 因曾有南兵在此扎营，故名（蛮子系旧时北方人对南方人的一种贬称）。

地理位置 地处丰登坞镇南部，东至稻秧庄，南至郑八庄，西距胡张坨，北距王辛庄。

主要指标 2011年末，辖区总人口551人，总面积0.75平方千米，农民人均纯收入6910元。

小垈上村

(Xiaohengshang Cun)

名称来历 因村外多沟渠坑塘，低洼积水，而村中较高，古谓水中高地为垈，故称小垈上，后简称小垈。因重名，1982年改称小垈上。

地理位置 地处丰登坞镇北部，东至小任庄，南至大唐河，西至外郎庄，北至张唐庄。

主要指标 2011年末，辖区总人口514人，总面积0.76平方千米，农民人均纯收入6910元。

朴实庄村

(Pushizhuang Cun)

名称来历 唐代此处有饭家坞、何庄子等三个自然村。明代三村誓言永远和好，为人忠诚朴实，并为一庄，得名朴实庄。

地理位置 地处丰登坞镇西北部，东至大刘庄，南至孙庄，西至玉田县大和平，北至穆庄子。

主要指标 2011年末，辖区总人口1654人，总面积1.52平方千米，农民人均纯收入6914元。

豆庄子村

(Douzhuangzi Cun)

名称来历 因此处原为窦姓田产，故称窦庄子。后简称豆庄子。

地理位置 地处丰登坞镇西北部，东至曹坨子，南至孙庄，西至朴实庄，北至大刘庄。

主要指标 2011年末，辖区总人口862人，总面积1.15平方千米，农民人均纯收入6912元。

外郎庄村

(Wailangzhuang Cun)

名称来历 明末有一富者人称员外郎，来此定居建村，故名。

地理位置 地处丰登坞镇北部，东至小埝上，南至相公庄，西至兴旺庄，北至大任庄。

主要指标 2011年末，辖区总人口531人，总面积0.6平方千米，农民人均纯收入6910元。

曹坨子村

(Caotuozi Cun)

名称来历 曹姓建村，因村西有一大沙丘，故冠以姓氏称曹坨子。

地理位置 地处丰登坞镇中部，东至丰登坞，南至张庄，西至豆庄子，北至大刘庄。

主要指标 2011年末，辖区总人口683人，总面积0.57平方千米，农民人均纯收入6914元。

大刘家庄村

(Daliujiazhuang Cun)

名称来历 因地势低洼，冠以姓氏得名刘家窝铺。元代初期又有移民于村东建小刘庄村，遂称大刘庄。因重名，1982年改称大刘家庄。

地理位置 地处丰登坞镇西北部，东至前军屯，南至豆庄子，西至朴实庄，北至庄儿口。

主要指标 2011年末，辖区总人口546人，总面积0.76平方千米，农民人均纯收入6910元。

于王庄村

(Yuwangzhuang Cun)

名称来历 于、王两姓建村，故名。

地理位置 地处丰登坞镇中部，东至丰登坞，南至大郑庄，西至张庄，北至曹坨子。

主要指标 2011年末，辖区总人口475人，总面积0.31平方千米，农民人均纯收入6912元。

小坡庄村

(Xiaopozhuang Cun)

名称来历 因地势由南向北呈坡状，且南有一村名大坡庄，这里坡小，遂名。

地理位置 地处丰登坞镇东北部，东至石各庄镇黄花港，南至古良坨，西至大唐河，北至曾庄子。

主要指标 2011年末，辖区总人口1343人，总面积2.2平方千米，农民人均纯收入6914元。

(撰稿：刘永志，初审：于景坤)

李钊庄镇

(Lizhaozhuang Zhen)

政 区 概 况

名称来历 因镇人民政府驻地位于李钊庄村而得名。

地理位置 地处丰润区西南，东邻小张各庄镇，南与天津宁河县岳龙镇搭界，西邻玉田县窝洛沽镇，北接丰登坞镇。人民政府驻李钊庄村，电话区号0315，邮政编码064013，距丰润区人民政府30千米。

政区沿革 中华人民共和国成立之初，属丰润县十区。1958年，为丰登坞人民公社大漫港管理区。1958年，划归玉田县。1961年，设丰登坞人民公社，复划归丰润县。1971年，人民公社驻地迁至李钊庄。1982年，更名为李钊庄人民公社。1984年5月，撤人民公社，置李钊庄乡。1993年3月，撤乡，置李钊庄镇；同时，李虎庄乡并入。2002年5月，改属唐山市丰润区。

政区划分 2011年末，辖大王庄、于仙庄、李钊庄、小杨庄、冯家庄、杨胖庄、杨西庄、杨彬庄、赵辛庄、大漫港、小漫港、韩家庄、牛头甸、赵官庄、刘宗铺、小铺、张官庄、李虎庄、大官沽埝、小官沽埝、王仙庄、后蒲泊、前蒲泊、田凤庄24个村民委员会。

人口面积 2011年末，辖区总人口23164人，其中城镇常住人口2986人，城镇化率12.9%。另有流动人口897人。总人口中，男性12249人，占52.9%；女性10915人，占47.1%；14岁以下3451人，占14.9%；15~64岁16632人，占71.8%；65岁以上3081人，占13.3%。总人口中，以汉族为主，达22889人，占98.8%；有少数民族275人，占1.2%。2011年，人口出生率12.36‰，人口死亡率

6.73‰，人口自然增长率5.63‰。

辖区东西最大距离12.3千米，南北最大距离8.8千米，总面积63.7平方千米。全部为陆地。人口密度为每平方千米364人。

自然条件

地形地貌 境内大部分为平原，地势略呈北高南低，东高西低，地面高程一般在海拔4米，最高点位于大王庄村，海拔8米，最低点位于田凤庄村，海拔3米。

水文 境内河道属海河水系。最大的河流为泥河，从大王庄村东北入境，由北向南流出。

自然灾害 主要自然灾害有冰雹、旱涝、风灾、低温、霜冻、雷击等。2006年8月10日早4时至下午15时，辖区出现强降雨，北部地区降雨140毫米，南部地区200毫米，因地势低洼，毗邻的玉田县窝洛沽镇域的洪水也涌入南部低洼地带，造成南部9个村严重洪涝灾害，直接经济损失约3000万元。

经济概况

农业 耕地面积6.48万亩，人均耕地2.8亩；全部为水浇地。2011年，农业总产值2.95亿元。

粮食作物以小麦、玉米为主。2011年，生产粮食1.6万吨，人均690.7千克，其中小麦0.47万吨，玉米1.1万吨。主要经济作物有蔬菜，建有辣椒、豆角优质蔬菜基地，注册了“可口舒”牌蔬菜商标。2011年，蔬菜种植面积4万亩，主要品种有地膜豆角、天鹰椒、大葱、黄瓜、芥菜等，远销国内外；产量5.9万吨，其中豆角3.6万吨，大葱1.5万吨。

畜牧业以猪、羊、家禽为主。2011年，生猪饲养量1.03万头，年末存栏7700头；羊饲养量4300只，年末存栏4100只。

工业 以钢铁、焊管、装备制造为主。2011年，工业总产值58亿元，比上年增长149%。2011年，工业企业142家，其中规模以上工业企业3家。

商业外贸 2011年末，商业网点426个，从业人员1569；集贸市场4个。2011年，社会消费品零售总额达2.4亿元，比上年增长21.3%；城乡集市贸易成交额1.5亿元。

财政金融 2011年，财政总收入3439.8万元，比上年增长66.7%。其中地方财政收入750.07万元，比上年增长30%。从主要税种看，完成营业税17.8万元，增值税2690.8万元，企业所得税256.3万元。人均财政收入1483元，比上年增长15%。2011年，银行和金融机构各类存款余额1.8亿元，比上年增长13.2%；各项贷款余额1.2亿元，比上年增长9.1%。

社会发展

文化艺术 2011年末，乡文化站1个，村级文化活动中心24个；农家书屋24个，藏书4.5万余册；音乐、美术、书法、摄影及文学业余创作人员21人。

教育 2011年末，幼儿园5所，在园幼儿750人，专任教师26人；小学5所，在校生1198人，专任教师54人；初中1所，在校生475人，专任教师58人，初中适龄人口入学率、小升初升学率、九年义务教育覆盖率均达100%。成人教育学校1所，专任教师5人。2011年财政预算内教育经费954.4万元，比上年增长6%。预算内教育经费（包括城市教育费附加）占财政总支出的比例为40%，比上年提高了8.3个百分点。

医疗卫生 2011年末，乡级卫生院1所，诊所35个；病床100张，固定资产总值373万元。专业卫生人员60名，其中执业医师7人，执业助理医师11人，注册护士2人。2011年医疗机构（门诊部以上）完成诊疗6.6万人次。新型农村合作医疗参合率95%。

体育 2011年末，村级体育活动健身场所24个，经常参加体育活动的人员占常住人口的22.1%。

广播电视 2011年末，有线电视用户950户，入户率63.3%。

社会保障 2011年城镇最低生活保障户数4户，人数6人，支出2.62万元，比上年增长15%，月人均364元，比上年增长15%。农村最低生活保障户数308户，人数459人，支出41.07万元，比上年增长29%，月人均75元，比上年增长13%。国家抚恤、补助各类优抚对象225人，抚恤事业费支出65.08万元，比上年增长21%。居家养老服务站7个，床位35张。慈善分会1个，全年接受社会捐款6300元。新型农村社会养老保险参保人数1.61万人，参保率94.2%。

基础设施

交通运输 辖境东距丰津公路3千米、京山铁路23千米，东北距唐山三女河机场20千米。唐通公路过境。唐山至窝洛沽、石臼窝、玉田、宝坻等方向长途客车每天往返，从境内经过。

邮政电信 2011年末，邮政局1处。报纸、期刊累计期发行3745份。固定电话用户4100户；宽带接入用户2200户。全年电信业务收入200万元。

镇区市政建设

公共交通 2011年末，镇区开通8路公交车通往城区，日发30次。

给排水 2011年末，镇区深水井23眼及成套净化设备。

供电 2011年末，镇区变电站2座，总容量3.5万千伏安。

园林绿化 2011年末，镇政府驻地花坛20个。

大官沽埄村

(Daguanguheng Cun)

名称来历 杨姓立庄，称大杨庄。后因北有李虎庄，村中忌“虎吃羊”之说，于1952年改称大官沽埄。后因人们习惯称大埝，1982年再次命名大官沽埝。

地理位置 地处李钊庄镇南部，东至小官沽埝，南至天津市宁河县岳龙镇东淮沽，西至前蒲泊，北至李虎庄。

主要指标 2011年末，辖区总人口1020人，总面积2.73平方千米，农民人均纯收入5740元。

大漫港村

(Damangang Cun)

名称来历 因地处洼地，四周皆水，故名（俗称 jiang）。

地理位置 地处李钊庄镇东部，东至小漫港，南至韩家庄，西至张官庄，北至赵辛庄。

主要指标 2011年末，辖区总人口780人，总面积1.77平方千米，农民人均纯收入5740元。

大王庄村

(Dawangzhuang Cun)

名称来历 王姓建村，故名。

地理位置 地处李钊庄镇东北部，东至于仙庄，南至杨西庄，西至李钊庄，北至丰登坞镇小郑庄。

主要指标 2011年末，辖区总人口2356人，总面积5.11平方千米，农民人均纯收入5739元。

冯家庄村

(Fengjiazhuang Cun)

名称来历 冯氏建村，故名。

地理位置 地处李钊庄镇北部，东至杨胖庄，南至张官庄，西至小铺，北至小杨庄。

主要指标 2011年末，辖区总人口850人，总面积1.49平方千米，农民人均纯收入5739元。

韩家庄村

(Hanjiazhuang Cun)

名称来历 韩姓建村，故名。

地理位置 地处李钊庄镇东南部，东至小张各庄镇南青坨，南至天津市宁河县岳龙镇东棘坨，西至大官沽埝，北至大漫港。

主要指标 2011年末，辖区总人口645人，总面积1.74平方千米，农民人均纯收入5739元。

后蒲泊村

(Houpubo Cun)

名称来历 因当时这里蒲草丛生，村南又建有前蒲泊村，故名。

地理位置 地处李钊庄镇西南部，东至李虎庄，南至田凤庄，西至玉田县窝洛沽镇西厂，北至王仙庄。

主要指标 2011年末，辖区总人口601人，总面积1.27平方千米，农民人均纯收入5741元。

李虎庄村

(Lihuzhuang Cun)

名称来历 传说初有刘龙、李虎两人定居于此。后李氏渐富，将刘姓驱出，遂称李虎庄。

地理位置 地处李钊庄镇中部，东至张官庄，南至大官沽埝，西至后蒲泊，北至刘宗铺。

主要指标 2011年末，辖区总人口1891人，总面积5.5平方千米，农民人均纯收入5741元。

李钊庄村

(Lizhaozhuang Cun)

名称来历 李钊建村，故名。

地理位置 地处李钊庄镇中部，东至于仙庄，南至杨胖庄，西至小杨庄，北至大王庄。

主要指标 2011年末，辖区总人口750人，总面积1.45平方千米，农民人均纯收入5740元。

刘宗铺村

(Liuzongpu Cun)

名称来历 原为一片草场，牧人刘宗在此定居，后繁衍成庄，故名。

地理位置 地处李钊庄镇中北部，东至小铺，南至李虎庄，西至赵官庄，北至玉田县窝洛沽镇东贾庄。

主要指标 2011年末，辖区总人口2600人，总面积4.49平方千米，农民人均纯收入5739元。

牛头甸村

(Niutoudian Cun)

名称来历 因村西南有块洼地，形似牛头，故名。

地理位置 地处李钊庄镇西北部，东至赵官庄，南至王仙庄，西至玉田县窝洛沽镇东大街，北至唐通路。

主要指标 2011年末，辖区总人口500人，总面积1.01平方千米，农民人均纯收入5738元。

前蒲泊村

(Qianpubo Cun)

名称来历 因村北有大片洼地，长满蒲草，故名。

地理位置 地处李钊庄镇西南部，东至大官沽埝，南至天津市宁河县丰台镇西淮沽，西至田凤庄，北至后蒲泊。

主要指标 2011年末，辖区总人口1201人，总面积2.68平方千米，农民人均纯收入5739元。

田凤庄村

(Tianfengzhuang Cun)

名称来历 始有田龙、田凤两人来此建村，后田龙迁出，遂称田凤庄。

地理位置 地处李钊庄镇西南部，东至前蒲泊，南至天津市宁河县丰台镇西淮沽，西至玉田县窝洛沽镇王木庄，北至后蒲泊。

主要指标 2011年末，辖区总人口1080人，总面积2.57平方千米，农民人均纯收入5738元。

王仙庄村
(Wangxianzhuang Cun)

名称来历 王仙建村，故名。

地理位置 地处李钊庄镇西部，东至李虎庄，南至后蒲泊，西至玉田县窝洛沽镇刘钦庄，北至牛头甸。

主要指标 2011年末，辖区总人口570人，总面积1.2平方千米，农民人均纯收入5740元。

小官沽堼村
(Xiaoguanguheng Cun)

名称来历 杨姓建村，始称小杨庄。1952年改称小官沽堼。因后来人们习惯称小堼，1982年再次命名为小官沽堼。

地理位置 地处李钊庄镇南部，东至韩家庄，南至天津市宁河县岳龙镇东淮沽，西至前蒲泊，北至大官沽堼。

主要指标 2011年末，辖区总人口1015人，总面积2.58平方千米，农民人均纯收入5741元。

小漫港村
(Xiaomangang Cun)

名称来历 蔡姓建村，名蔡家窝铺。后因西有大漫港村，其地形相似，遂更名小漫港（俗称jiang）。

地理位置 地处李钊庄镇东部，东至小张各庄镇小张各庄，南至韩家庄，西至大漫港，北至杨彬庄。

主要指标 2011年末，辖区总人口755人，总面积1.49平方千米，农民人均纯收入5741元。

小铺村
(Xiaopu Cun)

名称来历 相传，一知县过此，听蛤蟆声喧，遂称蛤蟆庄。后人谓其名不雅，于1952年改称小铺。

地理位置 地处李钊庄镇北部，东至冯家庄，南至李虎庄，西至刘宗铺，北至玉田县窝洛沽镇东贾庄。

主要指标 2011年末，辖区总人口868人，总面积1.64平方千米，农民人均纯收入5743元。

小杨庄村
(Xiaoyangzhuang Cun)

名称来历 大杨庄人迁此立庄，故名。

地理位置 地处李钊庄镇北部，东至李钊庄，南至冯家庄，西至窝洛沽镇芝麻堼，北至李钊庄。

主要指标 2011年末，辖区总人口751人，总面积1.1平方千米，农民人均纯收入5741元。

杨彬庄村
(Yangbinzhuang Cun)

名称来历 杨姓建村，为勉后人礼貌待人，故称杨彬庄。

地理位置 地处李钊庄镇东部，东至泥河，南至大漫港，西至赵辛庄，北至杨西庄。

主要指标 2011年末，辖区总人口537人，总面积1.22平方千米，农民人均纯收入5743元。

杨胖庄村
(Yangpangzhuang Cun)

名称来历 杨氏建村，因其体胖，故名。

地理位置 地处李钊庄镇中北部，东至杨西庄，南至张官庄，西至冯家庄，北至李钊庄。

主要指标 2011年末，辖区总人口640人，总面积1.21平方千米，农民人均纯收入5738元。

杨西庄村
(Yangxizhuang Cun)

名称来历 大杨庄人迁此定居建庄，因位居大杨庄之西，故名。

地理位置 地处李钊庄镇东北部，东至小张各庄镇北青坨，南至赵辛庄，西至杨胖庄，北至李钊庄。

主要指标 2011年末，辖区总人口540人，总面积1.34平方千米，农民人均纯收入5740元。

于仙庄村
(Yuxianzhuang Cun)

名称来历 因该处地势低洼，广有鱼虾初称鱼虾窝铺，后称鱼虾庄。新中国成立后村中面貌一新，人谓原名不雅，遂改名于仙庄。

地理位置 地处李钊庄镇东北部，东至小张各庄镇大坎，南至杨西庄，西至李钊庄，北至丰登坞镇小郑庄。

主要指标 2011年末，辖区总人口302人，总面积0.5平方千米，农民人均纯收入5743元。

张官庄村
(Zhangguanzhuang Cun)

名称来历 张官来此定居，后繁衍成村，故名。

地理位置 地处李钊庄镇中南部，东至大漫港，南至韩家庄，西至李虎庄，北至杨胖庄。

主要指标 2011年末，辖区总人口605人，总面积1.68平方千米，农民人均纯收入5740元。

赵官庄村
(Zhaoguanzhuang Cun)

名称来历 赵官建村，故名。

地理位置 地处李钊庄镇西北部，东至刘宗铺，南至后蒲泊，西至牛头甸，北至唐通公路。

主要指标 2011年末，辖区总人口668人，总面积1.36平方千米，农民人均纯收入5740元。

赵辛庄村

(Zhaoxinzhuang Cun)

名称来历 赵辛建村，故名。

地理位置 地处李钊庄镇东部，东至杨彬庄，南至大漫港，西至杨胖庄，北至杨西庄。

主要指标 2011年末，辖区总人口671人，总面积1.46平方千米，农民人均纯收入5739元。

（撰稿：谢敬龙，初审：徐向华）

白官屯镇

(Baiguantun Zhen)

政区概况

名称来历 因镇人民政府驻地位于白官屯村而得名。

地理位置 地处丰润区西南，东、东南邻石各庄镇，南依丰登坞镇，西与玉田县蛮子营乡接壤，北连沙流河镇，东北接七树庄镇。人民政府驻白官屯村，电话区号0315，邮政编码064005，距丰润区人民政府15.3千米。

政区沿革 中华人民共和国成立之初，属丰润县五区。1958年为白官屯人民公社白官屯管理区，同年划归玉田县。1961年，设白官屯人民公社，复归丰润县。1984年5月，撤销人民公社，设白官屯乡。1985年3月，撤乡，置白官屯镇。1989年4月，田富庄乡并入。2002年5月，改属唐山市丰润区。2005年，燕子河乡并入。

政区划分 2011年末，辖白官屯、边庄子、陈庄子、冉各庄、张官屯、常庄子、仰伸坨、八间房、李新庄、小黑马甸、大黑马甸、董庄子、小谷庄、曹阎庄、苏官屯、忠信庄、太字沟、陈赵庄、郭韩庄、田富庄、西王庄、福庆寺、后郭庄、张家坟、往川、望马庄、群仙观、郭官屯、定福庄、史庄子、西朱家庄、张唐庄、三百户屯、屈王庄、刘三屯、吴家选、田鲁选、燕子河、八各庄、赵民庄、蒙庄子、东稍头、西稍头、杨庄子、熊张庄45个村民委员会。

人口面积 2011年末，辖区总人口45090人，其中城镇常住人口5387人，城镇化率12%。另有流动人口5000人。总人口中，男性23131人，占51.3%；女性21959人，占48.7%；14岁以下6790人，占15%；15～64岁32823人，占73%；65岁以上5466人，占12%。总人口中，以汉族为主，达43393人，占96.2%；有少数民族1697人，占3.8%。2011年，人口出生率11.17‰，人口死亡率7.72‰，人口自然增长率3.45‰。

辖区东西最大距离11.7千米，南北最大距离11.2千米，总面积66平方千米。全部为陆地。人口密度为每平方千米683人。

自然条件

地形地貌 境内为平原，地势为北东高西南低，地面高程一般在海拔22米。

自然灾害 主要自然灾害有冰雹、风灾、低温、霜冻、雷击等，风灾一年四季均有发生。

经济概况

农业 耕地面积7.1万亩，人均耕地2亩。2011年，农业总产值6.1亿元。

粮食作物以小麦、玉米为主。2011年，生产粮食3.65万吨，人均809千克，其中小麦1.05万吨，玉米2.61万吨。高标准示范农田建设初具规模，已改造中低产田1.38万亩。无公害蔬菜种植面积3.07万亩，“翠心美”萝卜注册了商标，种植面积0.37万亩。

畜牧业以猪、家畜为主。2011年末，猪存栏4.3万头；蛋鸡存栏103万羽。

工业 以钢铁、建筑材料为主。2011年，工业总产值44.29亿元。2011年，工业企业262家，其中规模以上工业企业7家。

商业外贸 2011年末，商业网点135个，从业人员900人；集贸市场3个。2011年，社会消费品零售总额达1.1亿元，比上年增长11.2%；城乡集市贸易成交额1.05亿元。

财政金融 2011年，财政收入4571.5万元，比上年增长4.64%。其中地方财政收入1400万元，比上年增长15%。从主要税种看，完成营业税87万元，增值税341.5万元，企业所得税260万元。人均财政收入1022元，比上年增长5%。2011年末，银行和金融机构各类存款余额4.78亿元，比上年增长18%；各项贷款余款9900万元，比上年减少12%。

社会发展

文化艺术 2011年末，镇文化站1个，村级文化活动中心29个；各类文化专业户19户；各类图书室20个，藏书1.16万册。

教育 2011年末，幼儿园5所，在园幼儿1002人，专任教师43人；小学9所，在校生2540人，专任教师126人，小学适龄儿童入学率100%；初中1所，在校生1002人，专任教师74人，初中适龄人口入学率、小升初升学率、九年义务教育覆盖率均达100%。2011年财政预算内教育经费2592万元，比上年增长11.8%。预算内教育经费（包括城市教育费附加）占财政总支出的比例为56%，比上年提高了2.1个百分点。

医疗卫生 2011年末，各级各类医疗卫生机构1个，门诊部（所）25个；病床100张，每千人拥有医疗床位25张，固定资产总值413万元。专业卫生人员58名，其中执业医师18人，执业助理医师20人，注册护士22人。2011

年医疗机构（门诊部以上）完成诊疗4万人次。新型农村合作医疗参合率100%。

体育 2011年末，学校体育场地10处。29%的村安装了健身器材，经常参加体育活动的人员占常住人口的20%。

广播电视 2011年末，有线电视用户5200户，入户率40%。

社会保障 2011年，城镇最低生活保障户数6户，人数7人，支出1.67万元，比上年增长15%，月人均198.8元。农村最低生活保障户数458户，人数643人，支出50.4万元，比上年增长21%，月人均65元，比上年增长21%。国家抚恤、补助各类优抚对象130人，抚恤事业费支出104.05万元，比上年增长15%。敬老院1家，床位100张，农村五保供养82人。新型农村社会养老保险参保人数2.44万人，参保率93.5%。

基础设施

交通运输 境内有京沈高速、丰津公路2条公路干线交汇，南距三女河机场10千米，东距唐山北站20千米。2011年末，白官屯镇客运站1座，日发客运汽车12班次，日均容量1000人次。

邮政电信 2011年末，邮政局1所，代办所1处，报纸、期刊累计发行30万份（册）。邮政业务总量10万元，其中纯收入5万元。

镇区市政建设

给排水 2011年末，全镇45个村全部安装自来水。

供电 2011年末，镇区110万伏变电站1座。

园林绿化 2011年末，镇政府驻地花坛22个，绿化面积2.1公顷。

曹阎庄村

(Caoyanzhuang Cun)

名称来历 初时分曹庄子、后头庄、阎庄子三个庄，1930年合为一村，定名曹阎庄。

地理位置 地处白官屯镇东部，东至小谷庄，南至苏官屯，西至梁家套，北至尹庄户。

主要指标 2011年末，辖区总人口764人，总面积0.92平方千米，农民人均纯收入7650元。

冉各庄村

(Rangezhuang Cun)

名称来历 原村北大云寺中曾有碑文记载，该村系明代阮姓建村，初称阮各庄，后改染各庄，今为冉各庄。

地理位置 地处白官屯镇西部，东至陈庄子，南至仰伸坨，西至常庄子，北至张官屯。

主要指标 2011年末，辖区总人口1061人，总面积1.44平方千米，农民人均纯收入7415元。

边庄子村

(Bianzhuangzi Cun)

名称来历 传说该村曾为丰润、玉田两县边界处，故名。

地理位置 地处白官屯镇中部，东至白官屯，南至八间房，西至陈庄子，北至张官屯。

主要指标 2011年末，辖区总人口386人，总面积0.31平方千米，农民人均纯收入7600元。

陈庄子村

(Chenzhuangzi Cun)

名称来历 陈姓建村，故名。

地理位置 地处白官屯镇西部，东至边庄子，南至仰伸坨，西至冉各庄，北至张官屯。

主要指标 2011年末，辖区总人口641人，总面积0.58平方千米，农民人均纯收入7600元。

张官屯村

(Zhangguantun Cun)

名称来历 张姓建村，故名。

地理位置 地处白官屯镇西部，东至白官屯，南至冉各庄，西至玉田县后黄坨，北至玉田县渠梁河。

主要指标 2011年末，辖区总人口1741人，总面积1.5平方千米，农民人均纯收入7650元。

常庄子村

(Changzhuangzi Cun)

名称来历 常小七自任丘县迁此立庄，初称常家庄，后称常庄子。

地理位置 地处白官屯镇西部，东至冉各庄，南至田鲁选，西至还乡河，北至还乡河。

主要指标 2011年末，辖区总人口1074人，总面积0.64平方千米，农民人均纯收入7650元。

仰伸坨村

(Yangshentuo Cun)

名称来历 初称杨神坨，1915年经村中教师刘辉改名仰伸坨。

地理位置 地处白官屯镇西南部，东至小黑马甸，南至西梢头，西至田鲁选，北至冉各庄。

主要指标 2011年末，辖区总人口854人，总面积1平方千米，农民人均纯收入7650元。

大黑马甸村

(Daheimadian Cun)

名称来历 初称拿马甸，后改称大黑马甸。后有人传说，大黑马甸即当时尉迟敬德计得神马处。

地理位置 地处白官屯镇南部，东至小孟各庄，南至董庄子，西至仰伸坨，北至小黑马甸。

主要指标 2011 年末，辖区总人口 1572 人，总面积 2.08 平方千米，农民人均纯收入 7650 元。

小黑马甸村

(Xiaoheimadian Cun)

名称来历 因村南有大黑马甸村建在先，且较之大些，遂称小黑马甸。

地理位置 地处白官屯镇南部，东至桑园，南至大黑马，西至仰伸坨，北至白官屯。

主要指标 2011 年末，辖区总人口 1095 人，总面积 1.13 平方千米，农民人均纯收入 7650 元。

李新庄村

(Lixinzhuang Cun)

名称来历 村中曾有古钟记载，明代李姓建村，始称李庄子。因重名，1982 年改称李新庄。

地理位置 地处白官屯镇中南部，东至桑园，南至大黑马甸，西至八间房，北至白官屯。

主要指标 2011 年末，辖区总人口 695 人，总面积 0.88 平方千米，农民人均纯收入 7650 元。

八间房村

(Bajianfang Cun)

名称来历 张姓建村时，只盖房八间，遂得名。

地理位置 地处白官屯镇中部，东至白官屯，南至冉各庄，西至后黄坨，北至渠梁河。

主要指标 2011 年末，辖区总人口 972 人，总面积 0.86 平方千米，农民人均纯收入 7600 元。

董庄子村

(Dongzhuangzi Cun)

名称来历 据原村中古钟上刻文记载，明初董姓建村，始称董庄子。

地理位置 地处白官屯镇南部，东至雷庄子，南至史庄子，西至东梢头，北至大黑马甸。

主要指标 2011 年末，辖区总人口 584 人，总面积 0.65 平方千米，农民人均纯收入 7550 元。

小谷庄村

(Xiaoguzhuang Cun)

名称来历 县城中谷姓富豪仗势于此占产立庄，遂称小谷庄。

地理位置 地处白官屯镇东部，东至曹阎庄，南至大谷庄，西至白官屯，北至还乡河。

主要指标 2011 年末，辖区总人口 446 人，总面积 0.53 平方千米，农民人均纯收入 7600 元。

苏官屯村

(Suguantun Cun)

名称来历 村中曾有苏氏墓碑记载，明初苏姓建村，故名。

地理位置 地处白官屯镇东部，东至苏官屯，南至尹庄户，西至曹阎庄，北至郭官屯。

主要指标 2011 年末，辖区总人口 627 人，总面积 0.72 平方千米，农民人均纯收入 7650 元。

白官屯村

(Baiguantun Cun)

名称来历 明隆庆年间县志记载，明初全县七座堡城中即有此村，取名白官屯。

地理位置 地处白官屯镇中部，东至白官屯，南至冉各庄，西至后黄坨，北至渠梁河。

主要指标 2011 年末，辖区总人口 3492 人，总面积 2.38 平方千米，农民人均纯收入 7598 元。

田富庄村

(Tianfuzhuang Cun)

名称来历 原为田家坟、富家坟两个小村，后合并称为田富庄。

地理位置 地处白官屯镇北部，东至后郭庄，南至往川，西至陈赵庄，北至庞家港。

主要指标 2011 年末，辖区总人口 993 人，总面积 1.26 平方千米，农民人均纯收入 7600 元。

西王庄村

(Xiwangzhuang Cun)

名称来历 原有座王姓坟地，遂以此称为王庄子，因重名，1982 年改称西王庄。

地理位置 地处白官屯镇东北部，东至后郭庄，南至往川，西至陈赵庄，北至庞家港。

主要指标 2011 年末，辖区总人口 629 人，总面积 0.79 平方千米，农民人均纯收入 7650 元。

福庆寺村

(Fuqingsi Cun)

名称来历 古时这里有座庙宇，称福庆寺，后有村落形成，村借寺名而得名。

地理位置 地处白官屯镇东北部，东至西王庄，南至西王庄，西至田富庄，北至后郭庄。

主要指标 2011 年末，辖区总人口 421 人，总面积 0.54 平方千米，农民人均纯收入 7550 元。

后郭庄村

(Houguozhuang Cun)

名称来历 郭姓建村，当时附近有一福庆寺，村建其北，遂称后郭庄。

地理位置 地处白官屯镇东北部，东至谷家套，南至福庆寺，西至田富庄，北至张家坟。

主要指标 2011 年末，辖区总人口 585 人，总面积 0.74 平方千米，农民人均纯收入 7550 元。

张家坟村

(Zhangjiafen Cun)

名称来历 倪姓来此地为鸦鸿桥张姓看坟地，繁衍成村后，称张家坟。

地理位置 地处白官屯镇东北部，东至菜子庄，南至后郭庄，西至庞家港，北至小尹庄。

主要指标 2011 年末，辖区总人口 524 人，总面积 0.79 平方千米，农民人均纯收入 7550 元。

忠信庄村

(Zhongxinzhuang Cun)

名称来历 始称忠信庄。寓意后人为人办事要忠诚，讲信用。

地理位置 地处白官屯镇北部，东至田富庄，南至郭韩庄，西至陈赵庄，北至刘庄子。

主要指标 2011 年末，辖区总人口 514 人，总面积 0.81 平方千米，农民人均纯收入 7600 元。

太字沟村

(Taizigou Cun)

名称来历 因这里当时有三条沟和一个土坨，似“太”字，遂借此称太字沟。

地理位置 地处白官屯镇西北部，东至陈赵庄，南至渠梁河，西至马甸子，北至富庄子。

主要指标 2011 年末，辖区总人口 1485 人，总面积 1.2 平方千米，农民人均纯收入 7550 元。

郭韩庄村

(Guohanzhuang Cun)

名称来历 韩、郭两姓自山东一带被拨此建村，遂称郭韩庄。

地理位置 地处白官屯镇中北部，东至田富庄，南至望马庄，西至陈赵庄，北至忠信庄。

主要指标 2011 年末，辖区总人口 962 人，总面积 1.21 平方千米，农民人均纯收入 7600 元。

往川村

(Wangchuan Cun)

名称来历 因村南有小溪，多弯曲，形如古时“车网子”，故称网川，后又演成往川。

地理位置 地处白官屯镇中部，东至群仙观，南至望马庄，西至郭韩庄，北至田富庄。

主要指标 2011 年末，辖区总人口 546 人，总面积 0.56 平方千米，农民人均纯收入 7600 元。

望马庄村

(Wangmazhuang Cun)

名称来历 相传，唐初大将尉迟敬德随唐太宗李世民东征路过这里时，远望村南方向有匹黑色神马，遂用计拿住了。故名。

地理位置 地处白官屯镇中部，东至还乡河，南至白官屯，西至陈赵庄，北至群仙观。

主要指标 2011 年末，辖区总人口 1427 人，总面积 1.11 平方千米，农民人均纯收入 7600 元。

群仙观村

(Qunxianguan Cun)

名称来历 龙姓建村，初称大龙家套。清乾隆年间重修附近的福庆寺，并改名“悬真观”，村名随之也改称群仙观。

地理位置 地处白官屯镇东部，东至郭官屯，南至小谷庄，西至望马庄，北至西王庄。

主要指标 2011 年末，辖区总人口 1219 人，总面积 1.36 平方千米，农民人均纯收入 7650 元。

郭官屯村

(Guoguantun Cun)

名称来历 郭氏自山东被拨此立庄，因属官拨建村，遂称郭官屯。

地理位置 地处白官屯镇东部，东至刘家套，南至苏官屯，西至群仙观，北至谷家套。

主要指标 2011 年末，辖区总人口 2079 人，总面积 2.36 平方千米，农民人均纯收入 7550 元。

陈赵庄村

(Chenzhaozhuang Cun)

名称来历 陈、赵两姓自山东一带被拨此立庄，遂称陈赵庄。

地理位置 地处白官屯镇中北部，东至郭韩庄，南至望马庄，西至太字沟，北至忠信庄。

主要指标 2011 年末，辖区总人口 1454 人，总面积 2.17 平方千米，农民人均纯收入 7550 元。

定福庄村

(Dingfuzhuang Cun)

名称来历 该地原为本县张良各庄李国真的田产，李在明末为宫中太监，时逢李自成农民起义军攻入北京，李被甄大力所救逃出北京，李为报甄救命之恩，将该地赏给甄，甄自认为自己福大，遂称为定福庄。

地理位置 地处白官屯镇南部，东至雷庄子，南至大茹庄，西至史庄子，北至董庄子。

主要指标 2011 年末，辖区总人口 396 人，总面积 0.71 平方千米，农民人均纯收入 7600 元。

史庄子村

(Shizhuangzi Cun)

名称来历 史步琼建村，初称史家庄，后改称史庄子。

地理位置 地处白官屯镇南部，东至定福庄，南至西朱家庄，西至东稍头，北至杨庄子。

主要指标 2011 年末，辖区总人口 1095 人，总面积 1.46 平方千米，农民人均纯收入 7600 元。

西朱家庄村

(Xizhujiazhuang Cun)

名称来历 因村前有一块耕地状如猪食槽，即称猪庄子。后人觉其名不雅，改称朱庄子。因重名，1982 年改名西朱家庄。

地理位置 地处白官屯镇南部，东至史庄子，南至张唐庄，西至熊张庄，北至东稍头。

主要指标 2011 年末，辖区总人口 482 人，总面积 0.78 平方千米，农民人均纯收入 7650 元。

张唐庄村

(Zhangtangzhuang Cun)

名称来历 因村边多坑塘，又由张姓先居，遂称张塘庄子，近年改名张唐庄。

地理位置 地处白官屯镇南部，东至雷庄子，南至大茹庄，西至史庄子，北至董庄子。

主要指标 2011 年末，辖区总人口 565 人，总面积 0.67 平方千米，农民人均纯收入 7600 元。

东稍头村

(Dongshaotou Cun)

名称来历 相传村中有一人替祖从征，多年未还，死于疆场，有人将其头捎到家中，遂以此称稍头。后该村分为东西两个村，此村在东，故名。

地理位置 地处白官屯镇南部，东至史庄子，南至西朱家庄，西至西稍头，北至杨庄子。

主要指标 2011 年末，辖区总人口 802 人，总面积 1.25 平方千米，农民人均纯收入 7600 元。

西稍头村

(Xishaotou Cun)

名称来历 相传村中有一人替祖从征，多年未还，死于疆场，有人将其头捎到家中，遂以此称稍头。后此村分为东西两个村，此村在西，故名。

地理位置 地处白官屯镇南部，东至东稍头，南至熊张庄，西至燕子河，北至八各庄。

主要指标 2011 年末，辖区总人口 793 人，总面积 1.01 平方千米，农民人均纯收入 7600 元。

杨庄子村

(Yangzhuangzi Cun)

名称来历 杨井荣自任丘县大杨庄迁此立庄，初称杨家庄，后改称杨庄子。

地理位置 地处白官屯镇南部，东至董庄子，南至宋李庄，西至燕子河，北至西稍头。

主要指标 2011 年末，辖区总人口 410 人，总面积 0.63 平方千米，农民人均纯收入 7600 元。

熊张庄村

(Xiongzhangzhuang Cun)

名称来历 熊氏一家自唐山市郑庄子逃荒至此落居，后有张姓一家迁此，繁衍成村后，称熊张庄。

地理位置 地处白官屯镇南部，东至西朱家庄，南至宋李庄，西至燕子河，北至西稍头。

主要指标 2011 年末，辖区总人口 655 人，总面积 0.67 平方千米，农民人均纯收入 7650 元。

燕子河村

(Yanzihe Cun)

名称来历 相传燕王（即明成祖朱棣）一子于村内小河中溺水而死，遂命河名淹太河，建村后，村借水名为淹太河，今演成燕子河。

地理位置 地处白官屯镇西南部，东至西梢头，南至丰登坞镇庄口儿，西至蒙庄子，北至吴家选。

主要指标 2011 年末，辖区总人口 2732 人，总面积 2.71 平方千米，农民人均纯收入 7600 元。

八各庄村

(Bagezhuang Cun)

名称来历 杨井荣自任丘县大杨庄迁到该村附近立庄，名杨家庄。其八个儿子又于此建村，故称八哥庄，今演成八各庄。

地理位置 地处白官屯镇中部，东至仰伸坨，南至燕子河，西至吴家选，北至仰伸坨。

主要指标 2011 年末，辖区总人口 1113 人，总面积 1.17 平方千米，农民人均纯收入 7650 元。

赵民庄村

(Zhaominzhuang Cun)

名称来历 先有韩、李、齐、白四姓来此建村，为多招村民，扩大村落，故称招民庄，后演成赵民庄。

地理位置 地处白官屯镇西南部，东至雷庄子，南至大茹庄，西至史庄子，北至董庄子。

主要指标 2011年末，辖区总人口1084人，总面积1.26平方千米，农民人均纯收入7550元。

蒙庄子村

(Mengzhuangzi Cun)

名称来历 蒙姓建村，因村中建有蒙姓家庙，初称蒙家庙，后改称蒙庄子。

地理位置 地处白官屯镇西南部，东至燕子河，南至西张庄，西至鸦鸿桥，北至屈王庄。

主要指标 2011年末，辖区总人口412人，总面积0.49平方千米，农民人均纯收入7650元。

三百户屯村

(Sanbaihutun Cun)

名称来历 先有三户人家自山东一带被拨此定居，始称三拨户。后来人丁渐旺，村落扩大，又改名三百户屯。

地理位置 地处白官屯镇西南部，东至屈王庄，南至蒙庄子，西至还乡河，北至还乡河。

主要指标 2011年末，辖区总人口821人，总面积0.63平方千米，农民人均纯收入7650元。

屈王庄村

(Quwangzhuang Cun)

名称来历 先有屈、王两姓来此定居建村，遂以两姓为名。

地理位置 地处白官屯镇西南部，东至刘三屯，南至蒙庄子，西至三百户屯，北至还乡河。

主要指标 2011年末，辖区总人口640人，总面积0.64平方千米，农民人均纯收入7650元。

刘三屯村

(Liusantun Cun)

名称来历 先有刘、王、宋三姓迁此落居建村，以刘姓人口为多，遂以刘姓为名称刘三屯。

地理位置 地处白官屯镇西南部，东至吴家选，南至赵民庄，西至屈王庄，北至还乡河。

主要指标 2011年末，辖区总人口771人，总面积0.84平方千米，农民人均纯收入7600元。

吴家选村

(Wujiaxuan Cun)

名称来历 吴氏先祖吴仲银迁此定居，繁衍成庄后，即称吴家选。

地理位置 地处白官屯镇西部，东至八各庄，南燕子河，西至刘三屯，北至还乡河。

主要指标 2011年末，辖区总人口1353人，总面积1.35平方千米，农民人均纯收入7600元。

田鲁选村

(Tianluxuan Cun)

名称来历 田、鲁两姓迁此建村，故称田鲁选。

地理位置 地处白官屯镇西部，东至仰伸坨，南至八各庄，西至吴家选，北至常庄子。

主要指标 2011年末，辖区总人口819人，总面积0.72平方千米，农民人均纯收入7600元。

（撰稿：徐秀静，初审：吴庆军）

石各庄镇

(Shigezhuang Zhen)

全国百佳示范乡镇。

政区概况

名称来历 因镇人民政府驻地位于石各庄村而得名。

地理位置 地处丰润城西南，东邻丰润镇、任各庄镇，东南接老庄子镇，南邻新军屯镇，西连白官屯镇、丰登坞镇，北靠七树庄镇。人民政府驻石各庄村，电话区号0315，邮政编码064005，距丰润区人民政府12.4千米。

政区沿革 中华人民共和国成立之初，属丰润县五区。1958年，为白官屯人民公社石各庄管理区，同年划归玉田县。1961年，设石各庄人民公社，复归丰润县。1984年5月，撤人民公社，设石各庄乡。1993年3月，撤乡，置石各庄镇。2002年5月，改属唐山市丰润区。2005年，三女河乡并入。

政区划分 2011年末，辖石各庄、刘家套、梁家套、小令公庄、尹庄户、刘辛庄、梁家坟、前常魏庄、后常魏庄、桑园、大谷庄、庞庄子、雷庄子、大孟各庄、四户、小茹庄、小孟各庄、三女河、许家哨、詹家哨、富王庄、女过庄、陈各庄、方子里、刘家哨、韩家街、邵家街、黄花港、高庄子29个村民委员会。

人口面积 2011年末，辖区总人口30700人，其中城镇常住人口5603人，城镇化率18.25%。另有流动人口856人。总人口中，男性15801人，占51.5%；女性14899人，占48.5%；14岁以下4605人，占15%；15～64岁22104人，占72%；65岁以上3991人，占13%。总人口中，以汉族为主，达30221人，占98.44%；有少数民族479人，占1.56%。2011年，人口出生率12.77‰，人口死亡率7.12‰，人口自然增长率5.65‰。

辖区东西最大距离7.4千米，南北最大距离14.2千米，

总面积56.7平方千米。全部为陆地。人口密度为每平方千米541人。

经济概况

农业 耕地面积5.38万亩，人均耕地1.75亩；全部为水浇地。2011年，农业总产值1.9亿元。

粮食作物以小麦、玉米为主。2011年，生产粮食2.35万吨，人均765千克，其中小麦6930吨，玉米1.64万吨。主要经济作物有蔬菜。2011年，蔬菜种植面积9580亩，产量3.6万吨，主要品种有韭菜、大葱、西红柿、黄瓜等，其中韭菜0.5万吨，大葱0.3万吨，西红柿0.4万吨，黄瓜0.5万吨。

畜牧业以猪、羊、家禽为主。2011年，生猪饲养量1.3万头，年末存栏1.2万头；羊饲养量0.2万只，年末存栏0.15万只；家禽饲养量9万羽。

工业 以冶金制造、机械加工、纸制品加工、建筑材料为主。2011年，工业总产值36.61亿元。2011年，工业企业262家，其中规模以上工业企业6家。

财政金融 2011年，财政总收入3614万元，比上年增长9.5%。其中地方财政收入1240万元，比上年增长24%。从主要税种看，完成营业税417万元，增值税2297万元，企业所得税101万元。人均财政收入1571元，比上年增长15%。2011年，银行和金融机构各类存款余额1.96亿元，比上年增长12.8%；各项贷款余额1200万元，比上年减少43%。

社会发展

文化艺术 2011年末，镇文化广播电视站1个，村级文化活动中心23个；各类文化专业户30户；各类图书室23个，藏书4万册；音乐、美术、书法、摄影及文学业余创作人员26人。

教育 2011年末，幼儿园5所，在园幼儿718人；小学6所，在校生1444人，专任教师85人，小学适龄儿童入学率100%；初中1所，在校生802人，专任教师62人，初中适龄人口入学率、小升初升学率、九年义务教育覆盖率达100%。2011年财政预算内教育经费1411.4万元，比上年增长3.3%。预算内教育经费（包括城市教育费附加）占财政总支出的比例为43%，比上年提高了2.3个百分点。

医疗卫生 2011年末，镇级医疗卫生机构1个，门诊部（所）20个；病床30张，每千人拥有医疗床位1.5张，固定资产总值100万元。专业卫生人员50名，其中执业医师10人，执业助理医师10人，注册护士1人。2011年医疗机构（门诊部以上）完成诊疗4万人次。新型农村合作医疗参合率100%。

体育 2011年末，学校体育场地7处。50%的村安装了健身器材，经常参加体育活动的人员占常住人口的20%。

广播电视 2011年末，有线电视用户5000户，入户率64.4%；数字电视用户2900户，入户率37.35%。

社会保障 2011年，城镇最低生活保障户数4户，人数6人，支出1.67万元，月人均232元；城市医疗救助60人次，支出6.13万元。农村最低生活保障户数383户，人数723人，支出142万元，月人均164元。国家抚恤、补助各类优抚对象108人，抚恤事业费支出41万元。敬老院1家，床位50张，五保供养29人。新型农村社会养老保险参保人数2.08万人，参保率96%。

基础设施

交通运输 境内有京沈高速、丰津公路、机场连接线3条公路干线交会。城交5路、7路通丰润城区，日发客运汽车20班次，日均容量1200余人次。

邮政电信 2011年末，固定电话用户2000户；移动电话用户2.3万户；宽带接入用户1100户。

镇区市政建设

给排水 2011年末，镇区14个村安装自来水，有深水井16眼及成套的净化设备，年供水5万立方米。

园林绿化 2011年末，镇政府驻地花坛19个，绿地面积1.5公顷。

陈各庄村

(Chengezhuang Cun)

名称来历 陈姓建村，原称陈家庄，俗称陈庄子。因重名，改称陈各庄。

地理位置 地处石各庄镇南部，东至方子里，南至黄花港，西至邵家桥，北至小茹庄。

主要指标 2011年末，辖区总人口634人，总面积1.12平方千米，农民人均纯收入6635元。

大谷庄村

(Daguzhuang Cun)

名称来历 谷姓建村，又因谷氏在其弟兄中排行最大得名。

地理位置 地处石各庄镇西部，东至庞庄子，南至小孟各庄，西至桑园，北至小谷庄。

主要指标 2011年末，辖区总人口818人，总面积1.35平方千米，农民人均纯收入6640元。

大孟各庄村

(Damenggezhuang Cun)

名称来历 张氏兄弟两人自山东省曲阜迁此立庄。因曲阜为孔子故里，又有孔、孟一家之说，故张氏为兄者在此定居后得名。

地理位置 地处石各庄镇中部，东至石各庄，南至小茹庄，西至雷庄子，北至小孟各庄。

主要指标 2011年末，辖区总人口2513人，总面积3.93平方千米，农民人均纯收入6642元。

后常魏庄村

(Houchangweizhuang Cun)

名称来历 该村原与前常魏庄是一个村，后以一条街为界分成两村，该居街北而得名。

地理位置 地处石各庄镇东北部，东至丰润镇偏峪，南至前常魏庄，西至尹庄户，北至刘辛庄。

主要指标 2011年末，辖区总人口522人，总面积1.2平方千米，农民人均纯收入6632元。

雷庄子村

(Leizhuangzi Cun)

名称来历 建村时，因村西有座雷公庙而得名。

地理位置 地处石各庄镇西南部，东至大孟各庄，南至丰登坞镇大茹庄，西至白官屯镇定福庄，北至白官屯镇大黑马甸。

主要指标 2011年末，辖区总人口588人，总面积1.09平方千米，农民人均纯收入6636元。

梁家坟村

(Liangjiafen Cun)

名称来历 此处原为清初宦官梁九功的墓地。繁衍成庄后得名。

地理位置 地处石各庄镇东北部，东至刘辛庄，南至石各庄，西至苏官屯，北至刘家套。

主要指标 2011年末，辖区总人口703人，总面积1平方千米，农民人均纯收入6633元。

梁家套村

(Liangjiatao Cun)

名称来历 梁姓建庄，因处还乡河南岸而得名。

地理位置 地处石各庄镇北部，东至小令公，南至刘辛庄，西至刘家套，北至七树庄镇大令公庄。

主要指标 2011年末，辖区总人口303人，总面积0.27平方千米，农民人均纯收入6625元。

刘家哨村

(Liujiashao Cun)

名称来历 有刘姓为燕王朱棣的左右哨军，来此落居建庄后得名。

地理位置 地处石各庄镇南部，东至许家哨，南至三女河，西至陈各庄，北至小茹庄。

主要指标 2011年末，辖区总人口910人，总面积1.13平方千米，农民人均纯收入6632元。

刘家套村

(Liujiatao Cun)

名称来历 刘姓建村，因居还乡河边而得名。

地理位置 地处石各庄镇北部，东至梁家套，南至梁家坟，西至苏官屯，北至还乡河。

主要指标 2011年末，辖区总人口149人，总面积1平方千米，农民人均纯收入6640元。

刘辛庄村

(Liuxinzhuang Cun)

名称来历 刘、辛两姓建村，故名。

地理位置 地处石各庄镇东北部，东至小令公庄，南至后常魏庄，西至梁家坟，北至梁家套。

主要指标 2011年末，辖区总人口1335人，总面积1.6平方千米，农民人均纯收入6630元。

女过庄村

(Nüguozhuang Cun)

名称来历 传说元代末年，这一带兵匪一家，到处糟蹋百姓。一天，一伙贼兵追赶着三个少女顺泥河西下，过该地后，至三女河村时，三女被追急，携手投河自尽，故名。

地理位置 地处石各庄镇东南部，东至老庄子镇后冯各庄，南至邵家街，西至韩家街，北至四户。

主要指标 2011年末，辖区总人口2492人，总面积4.72平方千米，农民人均纯收入6642元。

庞庄子村

(Pangzhuangzi Cun)

名称来历 庞姓建村，故名。

地理位置 地处石各庄镇中北部，东至石各庄，南至小孟各庄，西至大谷庄，北至曹阎庄。

主要指标 2011年末，辖区总人口563人，总面积0.6平方千米，农民人均纯收入6645元。

前常魏庄村

(Qianchangweizhuang Cun)

名称来历 常、魏两姓自山东一带迁此建村，始称常魏庄。后又以一条东西走向的街道，将村分成南北两个村，该居南街故名。

地理位置 地处石各庄镇东部，东至丰润这偏峪，南至石各庄，西至尹庄户，北至刘辛庄。

主要指标 2011年末，辖区总人口549人，总面积1.12平方千米，农民人均纯收入6640元。

桑园村

(Sangyuan Cun)

名称来历 建村时这里为宦官梁九功的田产，多植桑树，故名。

地理位置 地处石各庄镇西北部，东至大谷庄，南至小孟各庄，西至李新庄，北至小谷庄。

主要指标 2011年末，辖区总人口235人，总面积0.34平方千米，农民人均纯收入6635元。

石各庄村
(Shigezhuang Cun)

名称来历 因建村时此地有巨石露出地表，故名。

地理位置 地处石各庄镇中部，东至四户，南至许家哨，西至庞庄子，北至前常魏庄。

主要指标 2011年末，辖区总人口2783人，总面积4.5平方千米，农民人均纯收入6635元。

四户村
(Sihu Cun)

名称来历 建村时只有庞、陈、林、夏四家，故名。

地理位置 地处石各庄镇东部，东至南张庄，南至女过庄，西至石各庄，北至小令公庄。

主要指标 2011年末，辖区总人口2676人，总面积4.5平方千米，农民人均纯收入6630元。

小令公庄村
(Xiaolinggongzhuang Cun)

名称来历 相传北宋名将杨继业的儿子曾在这里扎营，后渐成村落，故名。

地理位置 地处石各庄镇东北部，东至丰润这小屯，南至后常魏庄子，西至刘辛庄，北至七树庄镇大令公庄。

主要指标 2011年末，辖区总人口1612人，总面积1.2平方千米，农民人均纯收入6628元。

小孟各庄村
(Xiaomenggezhuang Cun)

名称来历 该村与大孟各庄同时建村，因自山东曲阜迁来的张氏为弟者居此，故名。

地理位置 地处石各庄镇西部，东至石各庄，南大孟各庄，西至白官屯镇大黑马甸，北至桑园。

主要指标 2011年末，辖区总人口999人，总面积1.44平方千米，农民人均纯收入6643元。

小茹庄村
(Xiaoruzhuang Cun)

名称来历 建村时这里为小刘庄、小马庄两个村，两村合一，因村南有村名大茹庄子，遂名。

地理位置 地处石各庄镇南部，东至刘家哨，南至陈各庄，西至大茹庄，北至大孟各庄。

主要指标 2011年末，辖区总人口698人，总面积1.29平方千米，农民人均纯收入6648元。

许家哨村
(Xujiashao Cun)

名称来历 有许姓为朱棣的左右哨军，来此落居建村后得名。

地理位置 地处石各庄镇南部，东至詹家哨，南至三女河，西至刘家哨，北至石各庄。

主要指标 2011年末，辖区总人口2033人，总面积4平方千米，农民人均纯收入6638元。

尹庄户村
(Yinzhuanghu Cun)

名称来历 尹氏建村，故名。

地理位置 地处石各庄镇北部，东至梁家坟，南至庞庄子，西至曹阎庄，北至苏官屯。

主要指标 2011年末，辖区总人口217人，总面积0.8平方千米，农民人均纯收入6625元。

詹家哨村
(Zhanjiashao Cun)

名称来历 有詹姓为燕王朱棣的左右哨军，于此地落居建村，故名。

地理位置 地处石各庄镇东南部，东至女过庄，南至韩家街，西至许家哨，北至四户。

主要指标 2011年末，辖区总人口555人，总面积0.96平方千米，农民人均纯收入6640元。

富王庄村
(Fuwangzhuang Cun)

名称来历 因修建邱庄水库，将黄花峪公社王庄部分住户迁此定居，初称新王庄。因重名，改称富王庄。

地理位置 地处石各庄镇东南部，东至任各庄镇白沫子，南至女过庄，西至詹家哨，北至任各庄镇南张庄。

主要指标 2011年末，辖区总人口266人，总面积0.45平方千米，农民人均纯收入6635元。

三女河村
(Sannühe Cun)

名称来历 明初建村。元朝末年，有三个姑娘被贼兵追至此地，恐为其所侮，均投河自尽，遂名三女河。

地理位置 地处石各庄镇南部，东至韩家街，南至黄花港，西至方子里，北至刘家哨。

主要指标 2011年末，辖区总人口2080人，总面积2平方千米，农民人均纯收入9650元。

方子里村
(Fangzili Cun)

名称来历 明代建村时，分方子、李家庄两个村。日伪时期，为抗捐抗税才合为一庄，原称“方子李”，后演称方子里至今。

地理位置 地处石各庄镇南部，东至三女河，南至三女河，西至陈各庄，北至刘家哨。

主要指标 2011年末，辖区总人口804人，总面积0.28平方千米，农民人均纯收入9546元。

韩家街村

(Hanjiajie Cun)

名称来历 明末清初建村，因韩姓最先在此居住，故称韩家庄。

地理位置 地处石各庄镇南部，东至女过庄，南至老庄子镇毛家坨，西至三女河，北至詹家哨。

主要指标 2011年末，辖区总人口1162人，总面积2.2平方千米，农民人均纯收入9650元。

邵家街村

(Shaojiajie Cun)

名称来历 明末清初建村，因姓邵的在此看坟居住，故称邵家街。

地理位置 地处石各庄镇东南部，东至后冯各庄，南至毛家坨，西至韩家街，北至女过庄。

主要指标 2011年末，辖区总人口510人，总面积1平方千米，农民人均纯收入8960元。

黄花港村

(Huanghuagang Cun)

名称来历 清康熙五十三年（1714年）建村，因遍地开满黄花，故称黄花港。

地理位置 地处石各庄镇南部，东至毛家坨，南至高庄子，西至丰登坞镇小坡庄，北至三女河。

主要指标 2011年末，辖区总人口1405人，总面积2平方千米，农民人均纯收入9670元。

高庄子村

(Gaozhuangzi Cun)

名称来历 明代高氏建庄，故称高庄子。

地理位置 地处石各庄镇南部，东至老庄子镇崔家屯，南至新军屯镇塔王庄，西至新军屯镇大坡庄，北至黄花港。

主要指标 2011年末，辖区总人口1100人，总面积2平方千米，农民人均纯收入8965元。

（撰稿：王建辉，初审：付春增）

沙流河镇

(Shaliuhe Zhen)

全国小城镇建设示范镇、全国环境优美城镇、全国文明村镇。

政区概况

名称来历 因镇人民政府驻地位于沙流河村而得名。

地理位置 地处丰润区西北，东邻七树庄镇、杨官林镇，南与白官屯镇相连，西与玉田县亮甲店镇接壤，北与遵化市地北头镇搭界。人民政府驻地沙流河村，电话区号0315，邮政编码064006，距丰润区人民政府20千米。

政区沿革 中华人民共和国成立之初，属丰润县六区。1958年，属阎家铺人民公社沙流河管理区，同年划归玉田县。1961年，设沙流河人民公社，重新划回丰润县。1984年5月，撤销人民公社，置沙流河乡。同年8月，撤乡，置沙流河镇。1987年，葛家屯乡并入。2002年5月，改属唐山市丰润区。

政区划分 2011年末，辖沙流河、小义王庄、潘家庄、茹家庄、铁匠庄、皇亲庄、富庄子、大刘庄、张家庄、庞家港、小刘庄、小尹庄、葛家屯、安家坨、大张屯、靳家屯、薛家屯、杨家屯、广家店、蘑菇台、池家屯、吕家洼、石佛寺23个村民委员会。

人口面积 2011年末，辖区总人口36250人，其中城镇常住人口8137人，城镇化率22.4%。另有流动人口2891人。总人口中，男性18342人，占50.6%；女性17908人，占49.4%；14岁以下5836人，占16.1%；14~65岁26028人，占71.8%；65岁以上4386人，占12.1%。总人口中，以汉族为主，达31102人，占85.8%；有满、回等少数民族，共5148人，占2.16%。2011年，人口出生率11.83‰，人口死亡率6.86‰，人口自然增长率4.97‰。

辖区东西最大距离7.5千米，南北最大距离10.1千米，总面积56.3平方千米。其中陆地面积55.9平方千米，占99.3%；水域面积0.4平方千米，占0.7%。人口密度为每平方千米644人。

自然条件

地形地貌 境内大部分属平原，地势平坦。东北高西南低，平均海拔10~40米。

水文 主要河流为沙流河，属还乡河支流。沙流河由北向南贯穿全镇。

自然灾害 主要自然灾害有旱灾、风灾、低温、冰雹、雷击等。

经济概况

农业 耕地面积5.4万亩，人均耕地1.49亩；全部为水浇地。2011年，农业总产值4.38亿元。

粮食作物以小麦、玉米为主。2011年，生产粮食2.66万吨，其中玉米1.53万吨，小麦1.13万吨。2011年，蔬菜种植面积0.71万亩，产量3.64万吨。花生等经济作物种植面积1.2万亩。

畜牧业以猪、羊、家禽为主。2011年末，生猪存栏3.85万头；羊存栏0.29万只；家禽年饲养量34.9万羽。

工业 以水泥、建材、木制家具、耐火材料、塑料制品为主。2011年，工业总产值24.8亿元，比上年增长18.1%。固定资产投资1.37亿元；生产各类钢材33.7万吨，水泥72万吨，木器家具2.7万件。

商业外贸 2011年末，商业网点612个，从业人员

3152人；城乡集贸市场7个。2011年社会消费品零售总额达1.2亿元，比上年增长8.7%；城乡集市贸易成交额2.3亿元。

财政金融 2011年，财政总收入3248.1万元，比上年增长42%。其中地方财政收入604.2万元，比上年增长25%。从主要税种看，完成营业税97.73万元，增值税606.29万元，企业所得税940.76万元。人均财政收入897.24元，比上年增长41%。2011年末，银行和金融机构各类存款余额4.5亿元，比上年增长20%；各项贷款余额2.7亿元，比上年增长18%。

社会发展

文化艺术 2011年末，村级活动中心23个；各类图书室14个，藏书3万余册；音乐、美术、书法、摄影及文学业余创作人员50人。

教育 2011年末，幼儿园36所，在园幼儿1140人，专任教师195人；小学6所，在校生2880人，专任教师126人，小学适龄儿童入学率100%；初中1所，在校生990人，专任教师92人，初中适龄人口入学率、小升初升学率、九年义务教育覆盖率均达100%。2011年财政预算内教育经费1749.82万元，比上年增长2.76%。预算内教育经费（包括城市教育费附加）占财政总支出的比例为65.8%，比上年下降了6.3个百分点。

医疗卫生 2011年末，各级各类医疗卫生机构2个，门诊部（所）53个；固定资产总值500万元。专业卫生人员82人，其中执业医师36人，执业助理医师14人，药师2人，检验师2人，注册护士10人。2011年医疗机构（门诊部以上）完成诊疗3.2万人次。新型农村合作医疗参合率和城镇居民医疗保险参保率分别为92%和98%。

体育 2011年末，学校体育场地1处。87%的村安装了健身器材，经常参加体育活动的人员占常住人口的30%。

广播电视 2011年末，有线电视用户4000户，入户率36%；数字电视用户1000户，入户率9%。

社会保障 2011年，城镇最低生活保障户数13户，人数19人，支出5.8万元，比上年增长27.3%，月人均254.39元，比上年增长12.9%；城市医疗救助32人次。农村最低生活保障户数575户，人数994人，支出105.39万元，比上年增长34%，月人均88.4元，比上年增长17.2%。国家抚恤、补助各类优抚对象708人，抚恤事业费支出88.3万元，比上年增长5%。敬老院1家，床位90张，农村五保供养90人。新型农村社会养老保险参保人数2.14万人，参保率95%。

基础设施

交通运输 102国道、京秦铁路过境。日发客运汽车20班次，日均容量3000余人次。

邮政电信 2011年末，邮政网点1个。电话交换机总容量1600门，固定电话普及率达到90%；宽带网普及率15%。

镇区市政建设

给排水 2011年末，深水井32眼、生活污水处理设施1处，日处理污水240吨。

供电 2011年末，镇区110千伏变电站2座、110千伏高压线2条。

园林绿化 2011年末，镇政府驻地绿地面积5.2公顷。

安家坨村
(Anjiatuo Cun)

名称来历 由南来移民建村，因村址位于沙坎之下，初称坎下庄后，村民盼吉兆安居，故更名安家坨村。

地理位置 地处沙流河镇北部，东至葛家屯，南至杨家屯，西至大张屯，北至遵化市北义王庄。

主要指标 2011年末，辖区总人口1455人，总面积1.98平方千米，农民人均纯收入5763元。

池家屯村
(Chijiatun Cun)

名称来历 池姓迁此定居建村，故名。

地理位置 地处沙流河镇东北部，东至杨官林镇杨官林，南至蘑菇台，西至葛家屯，北至吕家洼。

主要指标 2011年末，辖区总人口1875人，总面积2.23平方千米，农民人均纯收入2496元。

大张屯村
(Dazhangtun Cun)

名称来历 村民奉诏自南京迁来，时值盛夏，阴雨连绵，人们搭席棚而居，故名席雾庄。后附近闹匪，村人恐受牵连，遂改名张家屯。有村人迁村西南约两华里处另建新村，为区别改称大张屯。

地理位置 地处沙流河镇西北部，东至安家坨，南至靳家屯，西至玉田县林头屯，北至遵化市西枣林庄。

主要指标 2011年末，辖区总人口1268人，总面积1.94平方千米，农民人均纯收入5733元。

葛家屯村
(Gejiatun Cun)

名称来历 葛姓自南京迁此定居建村，因当时葛姓族人中有人在朝为官，遂称葛官屯。葛姓失势后，又改为此名。

地理位置 地处沙流河镇北部，东至池家屯，南至杨家屯，西至安家坨，北至石佛寺。

主要指标 2011年末，辖区总人口1130人，总面积1.46平方千米，农民人均纯收入5473元。

广家店村

(Guangjiadian Cun)

名称来历 李氏迁自附近葛家屯，于此地开一小店，后繁衍成庄，为求李家店铺生意兴旺，故名。

地理位置 地处沙流河镇中部，东至曹家庄，南至102国道，西至杨家屯，北至蘑菇台。

主要指标 2011年末，辖区总人口1865人，总面积2.01平方千米，农民人均纯收入5973元。

吕家洼村

(Lüjiawa Cun)

名称来历 因村址较周围低，初称洼吕庄。后改为此名。

地理位置 地处沙流河镇东北部，东至杨官林镇请庄坞，西至石佛寺，南至池家屯，北至遵化市地北头。

主要指标 2011年末，辖区总人口1728人，总面积2.13平方千米，农民人均纯收入5973元。

蘑菇台村

(Mogutai Cun)

名称来历 马姓随明成祖朱棣北迁于此立庄，初称马庄子。后村址西迁约百米许，村人便借村南一蘑菇状沙坨，更名为此。

地理位置 地处沙流河镇东北部，东至杨官林镇杨官林，南至杨官林镇东曹庄子，西至杨家屯，北至池家屯。

主要指标 2011年末，辖区总人口1272人，总面积1.62平方千米，农民人均纯收入5845元。

潘家庄村

(Panjiazhuang Cun)

名称来历 建村时村落形状似秤盘，故称盘庄子，后改称此名。

地理位置 地处沙流河镇西南部，东至大刘庄，南至皇亲庄，西至茹家庄，北至沙流河。

主要指标 2011年末，辖区总人口1641人，总面积1.92平方千米，农民人均纯收入5983元。

石佛寺村

(Shifoshi Cun)

名称来历 张姓奉诏自南京一带迁此建村，初时搭铺简居，故称张家窝铺。后村南建关帝庙，内设石佛一尊，遂改名为石佛寺。

地理位置 地处沙流河镇北部，东至池家屯，南至葛家屯，西至遵化市义王庄村，北至遵化地北头。

主要指标 2011年末，辖区总人口2111人，总面积2.45平方千米，农民人均纯收入6003元。

杨家屯村

(Yangjiatun Cun)

名称来历 杨姓建村，始称杨家屯。村南有移民另建新村魏庄子，后两庄协商合为一庄，仍称杨家屯至今。

地理位置 地处沙流河镇中北部，东至广家店，南至沙流河，西至薛家屯，北至葛家屯。

主要指标 2011年末，辖区总人口1750人，总面积2.23平方千米，农民人均纯收入5968元。

张家庄村

(Zhangjiazhuang Cun)

名称来历 张姓迁自阎家铺，初称阎家铺张庄子，后称张庄子。因重名，改称张家庄。

地理位置 地处沙流河镇南部，东至小刘庄，南至庞家港，西至大刘庄，北至李庄子。

主要指标 2011年末，辖区总人口1676人，总面积2.31平方千米，农民人均纯收入6083元。

大刘庄村

(Daliuzhuang Cun)

名称来历 刘姓自北京迁此地建村，遂得名。

地理位置 地处沙流河镇南部，东至张家庄，南至庞家港，西至潘家庄、皇亲庄，北至沙流河。

主要指标 2011年末，辖区总人口898人，总面积1.19平方千米，农民人均纯收入6073元。

皇亲庄村

(Huangqinzhuang Cun)

名称来历 原名圣泉安。传说明崇祯皇帝曾选该村周姓姑娘为后妃，故改名。

地理位置 地处沙流河镇西南部，东至大刘庄，南至富庄子，西至铁匠庄，北至潘家庄。

主要指标 2011年末，辖区总人口1068人，总面积1.37平方千米，农民人均纯收入6073元。

庞家港村

(Pangjiagang Cun)

名称来历 因村周多坑塘积水，每逢夏秋季节螃蟹成群，故名螃蟹港。后村人觉此名不雅，况又有庞姓迁入，遂更名庞家港（俗称jiang）。

地理位置 地处沙流河镇南部，东至白官屯镇张家坟，南至白官屯镇田富庄，西至富庄子，北至大刘庄。

主要指标 2011年末，辖区总人口810人，总面积1.15平方千米，农民人均纯收入6073元。

茹家庄村

(Rujiazhuang Cun)

名称来历 茹姓随军至此建村，遂得名。

地理位置 地处沙流河镇西南部，东至潘家庄，南至铁匠庄，西至玉田县肉张屯，北至沙流河村。

主要指标 2011年末，辖区总人口1339人，总面积1.61平方千米，农民人均纯收入6023元。

小刘庄村

(Xiaoliuzhuang Cun)

名称来历 刘姓建村，因西有大刘庄，故名。

地理位置 地处沙流河镇东南部，东至七树庄镇谷辛庄，南至小尹庄，西至张家庄，北至李庄子。

主要指标 2011年末，辖区总人口917人，总面积1.11平方千米，农民人均纯收入5823元。

小义王庄村

(Xiaoyiwangzhuang Cun)

名称来历 满族百姓随清室一称义王者留居此地建村，遂称义王庄。因村小、户少，又因同名，改称小义王庄。

地理位置 地处沙流河镇西部，东至薛家屯，南至沙流河，西至玉田县沙沟，北至靳家屯。

主要指标 2011年末，辖区总人口492人，总面积0.53平方千米，农民人均纯收入5853元。

小尹庄村

(Xiaoyinzhuang Cun)

名称来历 尹姓建村，故名尹庄子，后改为现名。

地理位置 地处沙流河镇东南部，东至七树庄镇柏庄子，南至白官屯镇张家坟，西至张家庄，北至小刘庄。

主要指标 2011年末，辖区总人口296人，总面积0.37平方千米，农民人均纯收入5748元。

富庄子村

(Fuzhuangzi Cun)

名称来历 满族百姓随军至此建村定居，为求生活富裕，故名。

地理位置 地处沙流河镇西南部，东至庞家港，南至白官屯镇太字沟，西至铁匠庄，北至皇亲庄。

主要指标 2011年末，辖区总人口391人，总面积0.53平方千米，农民人均纯收入5703元。

靳家屯村

(Jinjiatun Cun)

名称来历 百姓随明成祖朱棣北迁至此定居，初称上北庄。村中有靳姓人在朝为官，遂改为现名。

地理位置 地处沙流河镇西北部，东至安家坨，南至沙流河，西至玉田县邱家屯，北至大张屯。

主要指标 2011年末，辖区总人口1484人，总面积1.67平方千米，农民人均纯收入5863元。

沙流河村

(Shaliuhe Cun)

名称来历 村西曾有宋英宗年间古碑，其上记载该村始建于唐太宗李世民东征时期，初称沙仁河。清帝去沈阳祭祖往返必经此村，因忌沙仁（音同杀人），遂改名为沙流河。

地理位置 地处沙流河镇中部，东至广家店，南至潘家庄，西至玉田县杨五官屯，北至杨家屯。

主要指标 2011年末，辖区总人口5482人，总面积3.26平方千米，农民人均纯收入7600元。

铁匠庄村

(Tiejiangzhuang Cun)

名称来历 李姓铁匠来此建村立庄，故名。

地理位置 地处沙流河镇西南部，东至皇亲庄，南至玉田县马店子，西至孔五官屯，北至茹家庄。

主要指标 2011年末，辖区总人口1478人，总面积1.22平方千米，农民人均纯收入5973元。

薛家屯村

(Xuejiatun Cun)

名称来历 移民迁此建村，同来有一官吏，故称隶官屯。后村中薛姓繁衍势大，改称此名。

地理位置 地处沙流河镇中部，东至杨家屯，南至沙流河，西至靳家屯，北至安家坨。

主要指标 2011年末，辖区总人口2670人，总面积2.91平方千米，农民人均纯收入6083元。

（撰稿：苗建坤，初审：于景坤）

七树庄镇

(Qishuzhuang Zhen)

河北省养殖先进乡镇，以“麻糖之乡”著称。

政区概况

名称来历 原名“齐恕庄”。清道光年间，村东白马寺中七棵大树长得郁郁葱葱，十分壮观，遂更名为七树庄。

地理位置 地处丰润区西部，东邻丰润镇，南连石各庄镇，西南邻白官屯镇，西接沙流河镇，北邻杨官林镇。人民政府驻七树庄村，电话区号0315，邮编064006，距丰润区人民政府10千米。

政区沿革 中华人民共和国成立之初，属丰润县二区。

1958年，属阎家铺人民公社七树庄管理区，同年划归玉田县。1961年，设七树庄人民公社，复归丰润县。1984年5月，撤人民公社，置七树庄乡。1993年3月，撤乡，改置七树庄镇。2002年5月，改属唐山市丰润区。

政区划分 2011年末，辖七树庄、沙河铺、阎家铺、小李庄、谷辛庄、柏庄子、鸦儿林、莱子庄、王毫庄、谷家套、大令公庄、前七树庄、太平庄13个村民委员会。

人口面积 2011年末，辖区总人口19434人，其中城镇常住人口4593人，城镇化率23.6%。另有流动人口1061人。总人口中，男性9797人，占50.41%；女性9637人，占49.59%；14岁以下2844人，占14.63%；15~64岁13683人，占70.41%；65岁以上2907人，占14.96%；总人口中，以汉族为主，达18730人，占96.4%；有少数民族704人，占3.6%。2011年，人口出生率14‰，人口死亡率5.74‰，人口自然增长率8.26‰。

辖区东西最大距离5.3千米，南北最大距离6.7千米，总面积26.7平方千米。其中陆地面积26.36平方千米，占98.7%；水域面积0.34平方千米，占1.3%。人口密度为每平方千米728人。

自然条件

地形地貌 境内大部分为平原，地势略呈西高东低，南高北低，地面高程一般在海拔10~20米。

水文 还乡河自东向西流经太平庄、七树庄、前七树庄、王豪庄、谷家套5个村，入白官屯村，境内长5.3千米。

经济概况

农业 耕地面积3.2万亩，人均耕地2亩；全部为水浇地。2011年，农业总产值2.55亿元。

粮食作物以小麦、玉米为主。2011年，生产粮食1.84万吨，人均947千克，其中小麦0.7万吨，玉米1.1万吨。主要经济作物有花生、蔬菜。2011年，蔬菜种植面积0.58万亩，产量2.55万吨，主要品种有韭菜、大葱、西红柿、土豆等。

畜牧业以猪、奶牛、家禽为主，是农业支柱产业，收入占农业总收入的63%。千头猪场3个，千头奶牛养殖场1个，现代种鸡孵化厂4个。2011年末，生猪存栏1.53万头；奶牛存栏715头；家禽饲养量32.45万羽，鸡存栏32.19万羽。

工业 以宝泰钢铁公司为龙头，形成炼钢、压延、轧辊、水泥制品、耐火材料为主的产业群。2011年，工业总产值59.55亿元，比上年增长67.45%。2011年，工业企业100家，其中规模以上工业企业5家。

商业外贸 2011年末，批零商贸网点150多个，从业人员820余人；集贸市场5个。2011年，社会消费品零售总额6500万元；城乡集市贸易成交额4亿元。

财政金融 2011年，财政总收入2.5亿元，比上年增长28%。其中地方财政收入4049.45万元，比上年增长108%。从主要税种看，完成营业税12.43万元，增值税1558.02万元，企业所得税718.34万元。人均财政收入13888元，比上年增长257%。2011年，银行和内金融机构各类存款余额2.1亿元；各项贷款余额8000万元。

社会发展

文化艺术 2011年末，镇文化站1个，村级文化活动中心13个；各类文化专业户32个；图书室15个，藏书6万余册，音乐、美术、书法、摄影及文学业余创作队伍带头人50余人，创立了七树庄农民评剧团和老年书画协会。

教育 2011年末，幼儿园3所，在园幼师15人，专任教师12人；小学2所，在校生1070人，专任教师58人，小学适龄儿童入学率100%；初中1所，在校生423人，专任教师62人，初中适龄人口入学率、小升初升学率、九年义务教育覆盖率均达100%；高中1所，在校生820人，专任教师144人。2011年财政预算内教育经费950.8万元，比上年增长5%。预算内教育经费（包括城市教育费附加）占财政总支出的比例为37%，比上年提高了1.4个百分点。

医疗卫生 2011年末，公立乡镇卫生院1所，卫生室30个；病床90张。专业卫生人员12人，其中执业医师3人，执业助理医师2人，注册护士1人。2011年医疗机构（门诊部以上）完成诊疗15万人次。新型农村合作医疗参合率98%。

体育 2011年末，学校体育场地2处。3个村安装了健身器材，经常参加体育活动的人员占常住人口的23%。

广播电视 2011年末，广播电视站1处，有线电视用户6011户，入户率88%。

社会保障 2011年农村最低生活保障户数232户，人数350人，支出52.84万元，比上年增长26.75%，月人均125.8元，比上年增长22.78%。国家抚恤、补助各类优抚对象219人，抚恤事业费支出61.78万元，比上年增长15.56%。新型农民社会养老保险参保人数1.22万人，参保率94%。

基础设施

交通运输 境内有102国道，承唐高速两条公路干线交汇，并有高速出口，正在筹建张唐铁路，并预留客货两用站，南距三女河机场15千米。

邮政电信 2011年末，各类报纸期刊累积发行量2000份（册）固定电话用户3200户，电话用户普及率达到47%；移动电话用户1.45万户；宽带接入用户1500户。

镇区市政建设

公共交通 2011年末，城交4路、6路公交车联通各村，日均运送乘客1200人次。

供电 2011年末，镇区35千伏变电站1座，110千伏变电站2座。

园林绿化 2011年末，镇政府驻地花坛12个，绿化面积1.2公顷。

柏庄子村

(Baizhuangzi Cun)

名称来历 原村北曾有柏氏墓碑文可考，该村原称柏家庄。后改为此名。

地理位置 地处七树庄镇西北部，东至鸦儿林，南至莱子庄，西至沙流河镇小刘庄，北至谷辛庄。

主要指标 2011年末，辖区总人口635人，总面积0.82平方千米，农民人均纯收入8594元。

莱子庄村

(Caizizhuang Cun)

名称来历 建村时有村中蔡某在朝为官，故名蔡家村。后因蔡氏无后，改为现名。

地理位置 地处七树庄镇西部，东至七树庄，南至白官屯镇郭官屯，西至白官屯镇张家坟，北至鸦儿林。

主要指标 2011年末，辖区总人口1709人，总面积2.43平方千米，农民人均纯收入8593元。

大令公庄村

(Dalinggongzhuang Cun)

名称来历 传说，北宋将领杨继业曾于此屯兵，遂得名令公庄。因村大、人多，为区别附近的小令公庄，而改称现名。

地理位置 地处七树庄镇南部，东至丰润镇小王各庄，南至石各庄镇小令公庄，西至还乡河，北至前七树庄。

主要指标 2011年末，辖区总人口3854人，总面积4.07平方千米，农民人均纯收入8593元。

谷家套村

(Gujiatao Cun)

名称来历 村中有碑文可考，杨姓建村，因处还乡河湾，故冠以姓氏得名杨家套。后县城中有谷氏富户迁此占产，遂仗势改为现名。

地理位置 地处七树庄镇西南部，东至大令公庄，南至白官屯镇郭家屯，西至莱子庄，北至王毫庄。

主要指标 2011年末，辖区总人口713人，总面积1.2平方千米，农民人均纯收入8594元。

谷辛庄村

(Guxinzhuang Cun)

名称来历 谷氏一家逃荒于此落居，后繁衍成庄，称谷家新庄，后演成谷辛庄。

地理位置 地处七树庄镇西北部，东至小李庄，南至鸦儿林，西至沙流河镇小刘庄，北至杨官林镇菜园。

主要指标 2011年末，辖区总人口776人，总面积1.1平方千米，农民人均纯收入8595元。

七树庄村

(Qishuzhuang Cun)

名称来历 原村中白马寺中有碑文记载，唐初建庙建村，白马寺为唐初名将尉迟敬德监修。因村民忠诚国家，唐太宗曾下旨免征该村捐税，故得名“齐恕庄”。后白马寺中有七棵柏树，长得十分壮观，遂以此改名。

地理位置 地处七树庄镇中部，东至丰润镇西魏庄子，南至前七树庄，西至鸦儿林，北至沙河铺。

主要指标 2011年末，辖区总人口2783人，总面积3.04平方千米，农民人均纯收入8594元。

前七树庄村

(Qianqishuzhuang Cun)

名称来历 燕王朱棣军中有名陈成者于此占产立庄，因村北靠还乡河，故初称河南。因河北岸有村七树庄，又以此改称现名。

地理位置 地处七树庄镇中东部，东至太平庄，南至大令公庄，西至王毫庄，北至七树庄。

主要指标 2011年末，辖区总人口911人，总面积0.76平方千米，农民人均纯收入8594元。

沙河铺村

(Shahepu Cun)

名称来历 该地因设铺而建村，且村东又有一条沙河，故名。

地理位置 地处七树庄镇北部，东至丰润镇尚古庄，南至七树庄，西至阎家铺，北至杨官林镇豆各庄。

主要指标 2011年末，辖区总人口1444人，总面积1.22平方千米，农民人均纯收入8596元。

太平庄村

(Taipingzhuang Cun)

名称来历 传说宋徽宗曾征战扎营于附近，晨晓，无鸡鸣犬吠，甚为寂静，遂赋诗“东安乐（指安乐庄），西太平，南沧桑，北还乡。”该村由此改名为太平庄。

地理位置 地处七树庄镇东部，东至丰润镇小安乐庄，南至大令公庄，西至前七树庄，北至还乡河。

主要指标 2011年末，辖区总人口761人，总面积1.09平方千米，农民人均纯收入8594元。

王毫庄村

(Wanghaozhuang Cun)

名称来历 随清兵入关的百姓落居此地，为盼多出豪门王公，故得此名。

地理位置 地处七树庄镇中部，东至还乡河西岸，南至谷家套，西至莱子庄，北至七树庄。

主要指标 2011年末，辖区总人口900人，总面积0.9平方千米，农民人均纯收入8593元。

小李庄村

(Xiaolizhuang Cun)

名称来历 村中李氏墓碑记载，李氏由沙流河村迁此定居建村，因村小、人少，遂称小李庄。

地理位置 地处七树庄镇西北部，东距沙河铺，南至七树庄，西至谷辛庄，北至阎家铺。

主要指标 2011年末，辖区总人口605人，总面积1平方千米，农民人均纯收入8595元。

鸦儿林村

(Ya'erlin Cun)

名称来历 因初时村北有一片树林，多乌鸦栖息，故名。

地理位置 地处七树庄镇西北部，东至七树庄，南至菜子庄，西至柏庄子，北至谷辛庄。

主要指标 2011年末，辖区总人口1657人，总面积2.28平方千米，农民人均纯收入8593元。

阎家铺村

(Yanjiapu Cun)

名称来历 《顺天府志》记有阎家铺古为一个驿铺。

地理位置 地处七树庄镇北部，东至沙河铺，南至七树庄，西至杨官林镇辛店子，北至杨官林镇杨官林。

主要指标 2011年末，辖区总人口1929人，总面积1.85平方千米，农民人均纯收入8594元。

（撰稿：薛晓菲，初审：徐向华）

杨官林镇

(Yangguanlin Zhen)

政区概况

名称来历 因镇人民政府驻地位于杨官林村而得名。

地理位置 地处丰润区西北，东与泉河头镇接壤，东南与丰润镇为邻，南连七树庄镇，西邻沙流河镇，北接遵化市党峪镇。人民政府驻杨官林村，电话区号0315，邮政编码064011，距丰润区人民政府12.7千米。

政区沿革 中华人民共和国成立之初，属丰润县六区。1958年，属阎家铺人民公社杨官林管理区，划归玉田县。1961年，设杨官林人民公社，复归丰润县。1984年5月，撤销人民公社，置杨官林乡。1993年3月，撤乡，置杨官林镇。2002年5月，改属唐山市丰润区。

政区划分 2011年末，辖豆各庄、黄家屯、商各庄、破寺、常峪、请庄坞、杨官林、东曹庄子、西曹庄子、李庄子、石佛林、菜园、辛店子、郭庄、新李庄、宋庄户、新才庄17个村民委员会。

人口面积 2011年末，辖区总人口27720人，其中城镇常住人口4773人，城镇化率17.2%。另有流动人口2683人。总人口中，男性13997人，占52.39%；女性13723人，占47.61%；14岁以下2814人，占10.51%，15~64岁21479人，占80.39%；65岁以上2427人，占9.1%。总人口中，以汉族为主，达26100人，占94.2%；有满、朝鲜、回等少数民族共1620人，占5.8%。2011年，人口出生率8.17‰，人口死亡率5.89‰，人口自然增长率2.28‰。

辖区东西最大距离8.1千米，南北最大距离8.6千米，总面积48.1平方千米。其中平原面积25.1平方千米，占52.2%；山地面积23平方千米，占47.8%。人口密度为每平方千米576人。

自然条件

地形地貌 境内大部分为山前平原，地势略呈东高西低，北高南低，地面高程一般在海拔45米，最高点位于尖山顶，海拔315.86米。

水文 境内河道属还乡河水系。另有黑峪、黄峪2座水库。

矿藏及其他自然资源 境内已探明地下矿藏主要是石灰岩，集中分布在东部常峪、破寺、黄家屯、商各庄、豆各庄一带。

自然灾害 主要自然灾害有冰雹、旱涝、风灾、低温、霜冻、雷击等。

经济概况

农业 耕地面积3.73万亩，人均耕地1.34亩；全部为水浇地。2011年，农业总产值3.33亿元。

粮食作物以小麦、玉米为主。2011年，生产粮食1.48万吨，人均533.9千克，其中小麦6080吨，玉米8691吨。主要经济作物有花生。水果以苹果，梨，桃树主。2011年，蔬菜种植面积5930亩，产量2.44万吨，主要品种有白菜，芹菜，菠菜，油菜，萝卜等。

畜牧业以猪、羊、家禽为主。2011年末，生猪饲存栏32.4万头；羊存栏3.119万只；家禽饲养量3658万羽。

工业 以建材为主。2011年，工业总产值7.08亿元，比上年增长13%。2011年，工业企业170家，其中规模以上工业企业1家。

商业外贸 2011年末，有92个营销网点，运输从业人员5500人；城乡集贸市场6个。2011年，社会消费品零售总额达1398万元，比上年增长9.5%；城乡集市贸易成交额5540万元。

财政金融 2011年，财政总收入2689万元，比上年增长25%。其中地方财政收入589元，比上年增长20%。从主要税种看，完成营业税806万元，增值税1613万元，企业所得税268.9万元。人均财政收入1023元，比上年增长12%。2011年，银行和金融机构各类存款余额2.2亿元，比上年增长10%；各项贷款余额1.1亿元，比上年增长19%。

社会发展

文化艺术 2011年末，镇文化站1个，村级文化活动中心17个；各类文化专业户45个；各类图书室18个，藏书10余万册；音乐、美术、书法、摄影及文学业余创作人员100人。

教育 2011年末，幼儿园5所，在园幼儿1904人，专任教师50人；小学4所，在校生1474人，专任教师124人，小学适龄儿童入学率100%；初中1所，在校生602人，专任教师52人，初中适龄人口入学率、小升初升学率、九年义务教育覆盖率均达100%。2011年财政预算内教育经费1403.6万元，比上年增长3.5%。预算内教育经费（包括城市教育费附加）占财政总支出的比例为32.5%，比上年提高了1.5个百分点。

医疗卫生 2011年末，乡级医疗卫生机构2个，门诊部（所）54个；病床36张，每千人拥有医疗床位1.4张，固定资产总值120万元。专业卫生人员60名，其中执业医师6人，执业助理医师10人，注册护士5人。2011年医疗机构（门诊部以上）完成诊疗22.8万人次。新型农村合作医疗参合率98%。

体育 2011年末，70%的村安装了健身器材，经常参加体育活动的人员占常住人口的70%。

广播电视 2011年末，广播电视站1个，有线电视用户6000户，入户率80%。

社会保障 2011年城镇最低生活保障户数6户，人数11人，支出3.01万元，比上年增长10%；月人均228元，比上年增长10%；城市医疗救助50人次，民政部门资助参加合作医疗1081人次，共支出6.49万元。农村最低生活保障户数531户，人数951人，支出111.28万元，比上年增加9%，月人均97.51元，比上年增加17%。国家抚恤、补助各类优抚对象129人，抚恤事业费支出67.18万元。慈善分会1个，全年接受社会捐款4万元，使60人（次）困难群众受益。新型农村社会养老保险参保人数2.2万人，参保率96%。

基础设施

交通运输 境内有唐承高速、国道102、1123条公路干线和唐遵铁路交会，南距唐山三女河机场30千米。2011杨官林镇客运站，日发客运汽车20班次，日均容量2000余人次。

邮政电信 2011年末，邮政局1所，代办所26处，报纸、期刊累计期发行1.3万份（册）。邮政业务总量590万元，其中纯收入260万元。

电信企业1家，服务网点32个；电话交换机总容量1万门，固定电话用户9500户，电话用户普及率达到100%；移动电话用户2.2万户；宽带接入用户1000户。全年电信业务收入1100万元。

镇区市政建设

给排水 2011年末，17个村全部安装自来水。

园林绿化 2011年末，镇政府驻地有花坛30个，绿化面积1.3公顷。

菜园村

(Caiyuan Cun)

名称来历 建村时因该处为一片菜地，故名。

地理位置 地处杨官林镇西南部，东至石佛林村，南至七树庄镇谷辛庄村，西至李庄子村，北至杨官林村。

主要指标 2011年末，辖区总人口1100人，总面积1.98平方千米，农民人均纯收入7150元。

常峪村

(Changyu Cun)

名称来历 常姓于此占产立庄，故名。

地理位置 地处杨官林镇东北部，东至左家坞镇大旺庄村，南至破寺村，西至新才庄村，北至遵化市洪家屯。

主要指标 2011年末，辖区总人口1670人，总面积4.94平方千米，农民人均纯收入7200元。

东曹庄子村

(Dongcaozhuangzi Cun)

名称来历 曹姓建村，初称曹家庄子。后分为东西两村，该村居东，故名。

地理位置 地处杨官林镇西南部，东至菜园，南至西曹庄子，西至沙流河镇广家店，北至沙流河镇蘑菇台。

主要指标 2011年末，辖区总人口890人，总面积1.45平方千米，农民人均纯收入7150元。

豆各庄村

(Dougezhuang Cun)

名称来历 因该地物产丰富，初称皆富庄。后有窦、葛两姓富户迁入，遂仗势改名窦葛庄，后俗称此名。

地理位置 地处杨官林镇南部，东至压库山，南至丰润镇高丽铺，西至郭庄，北至商各庄。

主要指标 2011年末，辖区总人口4023人，总面积9.46平方千米，农民人均纯收入7300元。

郭庄村

(Guozhuang Cun)

名称来历 郭姓建村，始称郭庄。因修邱庄水库，自黄昏峪公社搬迁至此。

地理位置 地处杨官林镇南部，东至豆各庄，南至七树庄镇阎家铺，西至石佛林，北至新李庄。

主要指标 2011年末，辖区总人口380人，总面积0.52平方千米，农民人均纯收入7000元。

黄家屯村

(Huangjiatun Cun)

名称来历 黄姓建村，故名。

地理位置 地处杨官林镇东部，东至左家坞镇大王庄，南至商各庄，西至杨官林，北至破寺。

主要指标 2011年末，辖区总人口3687人，总面积8.39平方千米，农民人均纯收入7300元。

李庄子村

(Lizhuangzi Cun)

名称来历 李姓建村，故名。

地理位置 地处杨官林镇西南部，东至菜园，南至102国道，西至广家店，北至西曹庄子。

主要指标 2011年末，辖区总人口434人，总面积0.83平方千米，农民人均纯收入7150元。

破寺村

(Posi Cun)

名称来历 建村时村内有座圣岩寺，遂以庙名也称圣岩寺。后庙宇年久失修，破损不堪，村即更名。

地理位置 地处杨官林镇中部，东至常峪，南至黄家屯，西至镇请庄坞，北至才庄。

主要指标 2011年末，辖区总人口2217人，总面积3.72平方千米，农民人均纯收入7200元。

请庄坞村

(Qingzhuangwu Cun)

名称来历 村北洼地有几户人家，为防洪水搬到此地建村，故名。

地理位置 地处杨官林镇西北部，东邻本镇破寺村，南邻本镇杨官林村，西邻沙流河镇吕家洼村，北邻新才庄村。

主要指标 2011年末，辖区总人口1772人，总面积2.82平方千米，农民人均纯收入7200元。

商各庄村

(Shanggezhuang Cun)

名称来历 一商姓官吏使其子于此地占产立庄，初称商公庄，后改商各庄。

地理位置 地处杨官林镇中部，东至泉河头镇西佑国，南至豆各庄，西至杨官林，北至黄家屯。

主要指标 2011年末，辖区总人口2429人，总面积4.39平方千米，农民人均纯收入7200元。

石佛林村

(Shifolin Cun)

名称来历 建村时村北有片树林，林中有座石佛，故名。

地理位置 地处杨官林镇西南部，东至郭庄，南至辛店子，西至菜园，北至杨官林。

主要指标 2011年末，辖区总人口1917人，总面积3.08平方千米，农民人均纯收入7150元。

宋庄户村

(Songzhuanghu Cun)

名称来历 宋姓建村，始称宋庄户。因修邱庄水库由左家坞公社迁至此。

地理位置 地处杨官林镇中部，东至新李庄，南至郭庄，西至石佛林，北至商各庄。

主要指标 2011年末，辖区总人口310人，总面积0.43平方千米，农民人均纯收入7150元。

西曹庄子村

(Xicaozhuangzi Cun)

名称来历 曹姓建村，初称曹家庄。后分东西两村，该居西，称西曹庄。后又改为现名。

地理位置 地处杨官林镇西南部，东至菜园，南至李庄子，西至沙流河镇广家店，北至东曹庄子。

主要指标 2011年末，辖区总人口597人，总面积1.06平方千米，农民人均纯收入7150元。

辛店子村

(Xindianzi Cun)

名称来历 该地原只有田氏一家小店，后繁衍成庄。田氏辛勤经营小店，日子殷实，为勉后人，遂称辛店子。

地理位置 地处杨官林镇西南部，东至七树庄镇阎家铺，南至七树庄镇小李庄，西至本镇菜园，北至石佛林。

主要指标 2011年末，辖区总人口1100人，总面积1.73平方千米，农民人均纯收入7150元。

新才庄村

(Xincaizhuang Cun)

名称来历 该村系因修建邱庄水库，由本县左家坞公社才庄移部分群众于此建村，故称新才庄。

地理位置 地处杨官林镇北部，东至常峪，南至破寺，西至遵化市党峪镇仰脸，北至遵化市党峪镇小营。

主要指标 2011年末，辖区总人口396人，总面积0.39平方千米，农民人均纯收入7000元。

新李庄村

(Xinlizhuang Cun)

名称来历 该村系因修建邱庄水库，由本县黄昏峪公社李庄子搬迁至此，又因重名，遂称新李庄。

地理位置 地处杨官林镇中南部，东至豆各庄，南至郭庄，西至石佛林，北至商各庄。

主要指标 2011年末，辖区总人口345人，总面积

0.41平方千米，农民人均纯收入7000元。

杨官林村

(Yangguanlin Cun)

名称来历 杨姓建村，时村中一杨姓人家，颇有财势，人称杨阁老。杨家为求其世代昌盛，世代为官，遂仗势称此名。

地理位置 地处杨官林镇中部，东至黄家屯，南至宋庄户，西至沙流河镇吕家洼，北至请庄坞。

主要指标 2011年末，辖区总人口2260人，总面积4.29平方千米，农民人均纯收入7250元。

（撰稿：徐建忠，初审：吴庆军）

姜家营乡

(Jiangjiaying Xiang)

政区概况

名称来历 因乡人民政府驻地位于姜家营村而得名。

地理位置 地处丰润区东北，东、北与王官营镇相连，南邻刘家营乡，西南邻银城铺乡，西与左家坞镇、泉河头镇相接。人民政府驻姜家营村，电话区号0315，邮政编码064009，距丰润区人民政府11.1千米。

政区沿革 中华人民共和国成立之初，属丰润县九区。1958年，为王官营公社石王庄管理区。1961年，设石王庄人民公社。1971年，人民公社驻地迁至姜家营村，更名为姜家营人民公社。1984年，撤销人民公社，置姜家营乡。2002年5月，改属唐山市丰润区。

政区划分 2011年末，辖西杨家营、郭庄子、何庄子、姜家营、袁各庄、石匣、石王庄、姚庄、李富庄、夏庄子、杨家铺、小峪12个村民委员会。

人口面积 2011年末，辖区总人口15651人，其中城镇常住人口744人，城镇化率4.74%。另有流动人口302人。总人口中，男性8110人，占51.82%；女性7541人，占48.18%；14岁以下3781人，占24.2%；15～64岁10768人，占68.8%；65岁以上1102人，占7%。总人口中，以汉族为主，达15259人，占97.5%；有少数民族392人，占2.5%。2011年，人口出生率15.33‰，人口死亡率6.43‰，人口自然增长率8.9‰。

辖区东西最大距离5.3千米，南北最大距离7.8千米，总面积31.3平方千米。其中陆地面积30.9平方千米，占98.7%；水域面积0.4平方千米，占1.3%。人口密度为每平方千米500人。

自然条件

地形地貌 境内属半山区，地势南北高，中间略低，地面高程一般在海拔38米。

水文 陡河纵贯境内。自杨家铺村入境，从北向南，由西杨家营村出境。

经济概况

农业 耕地面积2.02万亩，人均耕地1.3亩；全部为旱地。2011年，农业总产值8770万元。

粮食作物以玉米为主。2011年，生产粮食6328吨，人均404.32千克。主要经济作物有蔬菜和林果。2011年，蔬菜种植面积387亩，产量1733吨；果品种植面积3018亩，产量0.25万吨，主要品种有桃、梨、核桃，其中石匣村的鲜桃出口俄罗斯和日本。

畜牧业以猪、羊、家禽为主。2011年，生猪出栏3974头，年末存栏2116头；羊饲养量245只，年末存栏3068只；家禽饲养量2.61万羽。

工业 以钢铁和水泥为主。2011年，工业总产值5.09亿元。2011年，工业企业41家。

商业外贸 2011年末，商业网点150个，从业人员500人；集贸市场4个。从事交通运输业500户，从业人员1000人。2011年，社会消费品零售总额达6500万元，比上年增长5%；城乡集市贸易成交额1.44亿元。

财政金融 2011年，财政总收入3157万元，比上年增长100%。其中地方财政收入1129万元，比上年增长226%。2011年，银行和金融机构各类存款余额2.1亿元，比上年增长30%；各项贷款余额9000万元，与上年持平。

社会发展

文化艺术 2011年末，乡文化站1个，村级文化活动中心12个；各类图书室13个，藏书3万余册。杨家铺烈士陵园是省级爱国主义教育基地。

教育 2011年末，幼儿园5所，在园幼儿490人，专任教师7人；小学4所，在校生1019人，专任教师68人，小学适龄儿童入学率100%；初中1所，在校生383人，专任教师52人，初中适龄人口入学率、小升初升学率、九年义务教育覆盖率达100%。2011年财政预算内教育经费902.5万元，比上年增长3.89%。预算内教育经费（包括城市教育费附加）占财政总支出的比例为47%，比上年提高了3个百分点。

医疗卫生 2011年末，有各级医疗卫生机构1个，门诊部（所）32个；固定资产总值166万元。专业卫生人员16人，其中执业医师4人，执业助理医师9人，注册护士1人。2011年医疗机构（门诊部以上）完成诊疗3万人次。新型农村合作医疗参合人数1.4万人，参合率95.31%。

体育 2011年末，学校体育场地5处。100%的村安装了健身器材，经常参加体育活动的人员占常住人口的48%。

广播电视 2011年末，有线电视用户4360户，入户率93%。

社会保障 2011年城镇最低生活保障户数2户，人数4人，支出1.29万元，比上年增加17.09%，月人均268.75元，比上年增长24.59%；民政部门资助参加合作医疗341人次，支出2万元，比上年增长122%。农村最低生活保障户数177户，人数292人，支出35.72万元，比上年增长2.33%，月人均102元，比上年增长2.33%。国家抚恤、补助各类优抚对象120人，抚恤事业费支出42万元，比上年增长8.12%。村级居家养老服务站4个，床位24张。老年活动室4个。新型农村社会养老保险参保人数9545人，参保率94%。

基础设施

交通运输 碾唐公路过境，丰津公路起自西杨家营村。2011年末，已开通109路公交车通往丰润城区，每天发车30班次，途经客车24班次，日均容量1200人。

邮政电信 2011年末，电信企业1家，服务网点1个；电话交换机总容量1万门，固定电话用户2344户，电话用户普及率达到50%；宽带接入用户3000户。

西杨家营村
(Xiyangjiaying Cun)

名称来历 相传唐太宗李世民东征时曾率兵经过此地，时逢雨季，士兵将盔甲卸掉，须臾即干，又因村居陡河西岸，称西晾甲营，后演成现名。

地理位置 地处姜家营乡西南部，东至刘家营乡东杨家营，南至动车城，西至东马庄，北至泉河头镇吴事庄。

主要指标 2011年末，辖区总人口2997人，总面积2.18平方千米，农民人均纯收入11162元。

郭庄子村
(Guozhuangzi Cun)

名称来历 洪、郭两姓先后而至，各自欲以自己姓氏而称村名，争执不下，终因郭姓势大，而定村名郭庄子。

地理位置 地处姜家营乡西南部，东至何庄子，南至西杨家营，西至泉河头镇吴事庄，北至石匣。

主要指标 2011年末，辖区总人口1295人，总面积1.67平方千米，农民人均纯收入3953元。

何庄子村
(Hezhuangzi Cun)

名称来历 何姓建村，故名。

地理位置 地处姜家营乡南部，东至王官营镇北黑山沟，南至刘家营乡东杨家营，西至郭庄子，北至姜家营。

主要指标 2011年末，辖区总人口1280人，总面积1.4平方千米，农民人均纯收入4034元。

姜家营村
(Jiangjiaying Cun)

名称来历 姜姓建村，故名（后村中姜姓皆无，只存墓地）。

地理位置 地处姜家营乡中东部，东至王官营镇千佛院，南至王官营镇北黑山沟，西至石王庄，北至袁各庄。

主要指标 2011年末，辖区总人口1959人，总面积1.94平方千米，农民人均纯收入3967元。

石匣村
(Shixia Cun)

名称来历 因村址地下多角石，遂名。

地理位置 地处姜家营乡中部，东至石王庄，南至郭庄子，西至泉河头镇吴事庄，北至姚庄。

主要指标 2011年末，辖区总人口533人，总面积0.51平方千米，农民人均纯收入4008元。

石王庄村
(Shiwangzhuang Cun)

名称来历 石、王两姓建村，遂名。

地理位置 地处姜家营乡中东部，东至姜家营，南至姜家营，西至姚庄，北至小峪。

主要指标 2011年末，辖区总人口503人，总面积0.34平方千米，农民人均纯收入3926元。

姚庄村
(Yaozhuang Cun)

名称来历 姚氏迁此立庄，故名。

地理位置 地处姜家营乡中西部，东至小峪，南至石匣，西至泉河头镇吴事庄，北至李富庄。

主要指标 2011年末，辖区总人口999人，总面积1.13平方千米，农民人均纯收入4009元。

李富庄村
(Lifuzhuang Cun)

名称来历 因村址偏歪，初称咧庄子。后演称李庄子，因重名，改称现名。

地理位置 地处姜家营乡西北部，东至小峪，南至姚庄，西至夏庄子，北至杨家铺。

主要指标 2011年末，辖区总人口554人，总面积0.52平方千米，农民人均纯收入4001元。

夏庄子村
(Xiazhuangzi Cun)

名称来历 因当时附近有夏姓坟地，故名。

地理位置 地处姜家营乡西部，东至李富庄，南至泉河头镇吴事庄，西至泉河头镇古石城，北至左家坞镇银子山。

主要指标 2011年末，辖区总人口716人，总面积0.56平方千米，农民人均纯收入4002元。

杨家铺村
(Yangjiapu Cun)

名称来历 杨姓建村，初称杨家窝铺，后改称现名。

地理位置 地处姜家营乡北部，东距冀东三期工程，南至小峪，西至左家坞镇银子山，北至王官营镇西胡各庄。

主要指标 2011年末，辖区总人口1242人，总面积0.91平方千米，农民人均纯收入4779元。

小峪村
(Xiaoyu Cun)

名称来历 因其三面皆山，故名。

地理位置 地处姜家营乡中北部，东至袁各庄，南至石王庄，西至李富庄，北至杨家铺。

主要指标 2011年末，辖区总人口548人，总面积0.65平方千米，农民人均纯收入3947元。

袁各庄村
(Yuangezhuang Cun)

名称来历 袁姓建庄，故名。

地理位置 地处姜家营乡东部，东至王官营镇千佛院，南至姜家营，西至小峪，北至杨家铺。

主要指标 2011年末，辖区总人口1466人，总面积1.69平方千米，农民人均纯收入4019元。

（撰稿：王艳玲，初审：付春增）

欢喜庄乡
(Huanxizhuang Xiang)

政区概况

名称来历 因乡人民政府驻地位于欢喜庄村而得名。

地理位置 地处丰润区西南，东邻岔河镇，东南与丰南区南孙庄乡接壤，西南与天津宁河县岳龙镇搭界，西邻小张各庄镇，北邻新军屯镇。人民政府驻欢喜庄村，电话区号0315，邮政编码064003，距丰润区人民政府29.4千米。

政区沿革 中华人民共和国成立之初，属丰润县十区。1958年，属新军屯人民公社欢喜庄管理区。1961年，设欢喜庄人民公社。1984年，撤销人民公社，置欢喜庄乡。2002年5月，改属唐山市丰润区。

政区划分 2011年末，辖欢喜庄、八户、青庄坞、高家庄、东偏坨、中偏坨、西偏坨、大齐坨、小齐坨、南曹庄、口头庄11个村民委员会。

人口面积 2011年末，辖区总人口15383人，其中城镇常住人口625人，城镇化率4.1%。另有流动人口153人。总人口中，男性7863人，占51.11%；女性7520人，占48.89%；14岁以下2132人，占13.86%；15~64岁11568人，占75.2%；65岁以上1683人，占10.94%。总人口中，以汉族为主，达15198人，占98.8%；有少数民族185人，占1.2%。2011年，人口出生率11.31‰，人口死亡率5.66‰，人口自然增长率5.65‰。

辖区东西最大距离5.83千米，南北最大距离5.58千米，总面积33.54平方千米。其中陆地面积32.34平方千米，占96.4%；水域面积1.2平方千米，占3.6%。人口密度为每平方千米459人。

自然条件

地形地貌 境内大部分为平原，地势略呈北高南低。

自然灾害 主要自然灾害有冰雹、旱涝、风灾、低温、霜冻、雷击等。2009年8月15日，降雹时间约40分钟，涉及境内大齐坨村、小齐坨村、南曹庄村、欢喜庄村、口头庄村等，受灾面积3015亩。2011年7月30日，发生持续7小时的强降雨灾害，全乡受灾面积3525亩，经济损失900多万元。

经济概况

农业 耕地面积3.23万亩，人均耕地2.1亩；全部为水浇地。2011年，农业总产值1.07亿元。

粮食作物以小麦、玉米为主。2011年，生产粮食1.69万吨，人均1098.6千克，其中小麦2356吨，玉米1.12万吨。主要经济作物有花生、大豆、棉花。2011年，花生种植面积800亩，产量176吨；大豆种植面积500亩，产量245吨；棉花种植面积0.55万亩，产量358吨。

畜牧业以生猪为主。2011年，规模养猪场3个，生猪饲养量2.86万头，2011年末，存栏4178头。

工业 以钢铁为主。2011年，工业总产值48.1亿元，比上年增长40%。2011年，工业企业61家，其中规模以上工业企业3家。

商业外贸 2011年末，商业网点232个，从业人员286人；城乡集贸市场5个。2011年，社会消费品零售总额达1.2亿元；城乡集市贸易成交额1200万元。

财政金融 2011年，财政总收入5780万元，比上年增长45%。其中地方财政收入860万元，比上年增长17%。从主要税种看，完成营业税1200万元，增值税3880万元，企业所得税238万元。人均财政收入3853元，比上年增长45%。2011年，银行和金融机构各类存款余额2.4亿元，比上年增长7%；各项贷款余额6000万元，比上年增长1.2%。

社会发展

文化艺术 2011年末，乡文化站1个，村级文化活动中心11个；各类文化专业户8个；农家书屋11个，藏书3万余册，音乐、美术、书法、摄影及文学业余创作人员21人。

教育 2011年末，幼儿园1所，在园幼儿450人，专任教师22人；小学3所，在校生807人，专任教师46人，小学适龄儿童入学率100%；初中1所，在校生415人，专任教师44人，初中适龄人口入学率、小升初升学率、九年义务教育覆盖率均达100%。成人教育学校1所，专任教师5名。2011年财政预算内教育经费732.5万元，比上年增长

6%。预算内教育经费（包括城市教育费附加）占财政总支出的比例为53.3%，比上年提高了2个百分点。

医疗卫生 2011年末，乡级卫生院1所，诊所19个；病床15张，固定资产总值117万元。专业卫生人员31名，其中执业医师2人，执业助理医师4人，注册护士2人。2011年医疗机构（门诊部以上）完成诊疗7847人次。新型农村合作医疗参合人数1.39万人，参合率93%。

体育 2011年末，村级体育活动健身场所11处，灯光篮球场1个。经常参加体育活动的人员占常住人口的25.1%。

广播电视 2011年末，有线电视用户1628户，数字电视用户1557户。

社会保障 2011年农村最低生活保障户数154户，人数205人，支出18.62万元，比上年增长29%，月人均76元，比上年增长13%；城市医疗救助12人次，支出4.65万元，比上年增长8%。国家抚恤、补助各类优抚对象149人，抚恤事业费支出57.98万元，比上年增长21%。居家养老服务站3个，床位18张。慈善分会1个，全年接受社会捐款1.3万元，使3人（次）困难群众受益。新型农村社会养老保险参保人数1.12万人，参保率98%。

基础设施

交通运输 丰宁公路过境，并与丰津公路相连。欢喜庄至唐山客车日发2次，芦台到唐山长途客车每天从境内往返1次。

邮政电信 2011年末，邮政局1所。报纸、期刊累计期发行3225份（册）。

电信服务网点6个；固定电话用户2900户；移动电话用户9000户；宽带接入用户1850户。全年电信业务收入202万元。

市政建设

公共交通 2011年末，2路公交车通往新军屯方向，日发13次。

大齐坨村

(Daqituo Cun)

名称来历 据1964年所续张氏谱书记载570年前，张姓自山东省无棣县张家码头村迁此定居。村北有一片方圆半里左右的沙坨，村以此得名。

地理位置 地处欢喜庄乡东北部，东至岔河镇三神庄，南至南曹庄，西至八户，北至新军屯镇里堡寨。

主要指标 2011年末，辖区总人口2120人，总面积3.87平方千米，农民人均纯收入5000元。

小齐坨村

(Xiaoqituo Cun)

名称来历 因北有村名大齐坨，其较之小，故称小齐坨。

地理位置 地处欢喜庄乡政府驻地东北部，东至三神庄，南至南曹庄，西至欢喜庄，北至大齐坨。

主要指标 2011年末，辖区总人口890人，总面积1.37平方千米，农民人均纯收入5000元。

八户村

(Bahu Cun)

名称来历 周、郑、尚、黄、申、岳、杜、康八家先后于此落居建村，故名。

地理位置 地处欢喜庄乡西北部，东至大齐坨，南至偏坨，西至高家庄，北至新军屯镇杨家庄。

主要指标 2011年末，辖区总人口2513人，总面积4.33平方千米，农民人均纯收入5000元。

南曹庄村

(Nancaozhuang Cun)

名称来历 该地原为丰润城内曹姓田产，建庄后，初称曹家窝铺，后改称现名。

地理位置 地处欢喜庄乡东南部，东至岔河镇杨义口头，南至丰南区东张稳，西至口头庄，北至小齐坨。

主要指标 2011年末，辖区总人口1645人，总面积3.66平方千米，农民人均纯收入5000元。

口头庄村

(Koutouzhuang Cun)

名称来历 因该地原为一个放马的牧场，村址坐落于牧场北边的一个出入口，故名。

地理位置 地处欢喜庄乡中部，东至南曹庄，南至丰南区河仓庄，西至东偏坨，北至欢喜庄。

主要指标 2011年末，辖区总人口1099人，总面积2.94平方千米，农民人均纯收入5000元。

欢喜庄村

(Huanxizhuang Cun)

名称来历 李姓建庄。因值明永乐年间，乃取欢喜之意，故名。

地理位置 地处欢喜庄乡中部，东至南曹庄，南至丰南区河仓庄，西至东偏坨，北至新军屯镇里堡寨。

主要指标 2011年末，辖区总人口2860人，总面积9.07平方千米，农民人均纯收入5000元。

青庄坞村

(Qingzhuangwu Cun)

名称来历 村东头有一高高的土岗，土岗下为行船的船坞，该村就坐落在船坞西边，青山绿水环绕，故名。

地理位置 地处欢喜庄乡西北部，东至欢喜庄，南至西偏坨，西至小张各庄镇南坨，北至高家庄。

主要指标 2011年末，辖区总人口996人，总面积1.79平方千米，农民人均纯收入5000元。

高家庄村

（Gaojiazhuang Cun）

名称来历 高姓建村，故名。

地理位置 地处欢喜庄乡西北部，东至八户，南至青庄坞，西至小张各庄镇小神庄，北至新军屯镇唐家庄。

主要指标 2011年末，辖区总人口610人，总面积1.17平方千米，农民人均纯收入5000元。

东偏坨村

（Dongpiantuo Cun）

名称来历 该村原与中偏坨、西偏坨为一个村，后分出，称东羊庄，因西偏坨称西虎庄，该村忌“虎吃羊”，遂改名。

地理位置 地处欢喜庄乡西南部，东至口头庄，南至油葫芦泊水库，西至中偏坨，北至八户。

主要指标 2011年末，辖区总人口810人，总面积2平方千米，农民人均纯收入5000元。

中偏坨村

（Zhongpiantuo Cun）

名称来历 梁姓迁此定居建庄，因村中房屋均坐落偏斜，故称偏坨。后又分出东西偏坨两个村，该村居中，故名。

地理位置 地处欢喜庄乡西部，东至东偏坨，南至宁河县褚家庄，西至西偏坨，北至八户。

主要指标 2011年末，辖区总人口582人，总面积1.4平方千米，农民人均纯收入5000元。

西偏坨村

（Xipiantuo Cun）

名称来历 梁姓迁此定居建庄，因村中房屋均坐落偏斜，而称偏坨。后分成三个村，东为东羊庄，西叫西虎庄。又因东羊庄忌“虎吃羊”，遂改名西虎庄为现名。

地理位置 地处欢喜庄乡西部，东至中偏坨，南至宁河县麻坨，西至青庄坞，北至八户。

主要指标 2011年末，辖区总人口741人，总面积1.09平方千米，农民人均纯收入5000元。

（撰稿：姚振丽，初审：于景坤）

银城铺乡

（Yinchengpu Xiang）

政区概况

名称来历 相传是丰润地方政府存放库银之地，故得名“银城铺”。

地理位置 地处丰润区东部，东与滦县、刘家营乡接壤，南与常庄乡、任各庄镇相邻，西与丰润镇相接，北与泉河头镇、姜家营乡相连、并与城区燕山路、太平路、浭阳3个街道毗邻。人民政府驻城区光华小区，电话区号0315，邮政编码064000。

政区沿革 中华人民共和国成立之初，属丰润县一区。1953年，分属李庄子乡、国持营乡、大八里乡、前大树乡、东马庄乡。1958年9月划归城关人民公社，部分村庄为李庄子管理区所辖。1961年，改称李庄子人民公社。1979年2月，划归唐山市郊区。1980年，属唐山市新区。1982年3月4日，改名为银城铺人民公社。1984年，撤销人民公社，置银城铺乡。1996年9月，谷庄子乡并入，原谷庄子乡的谷庄子居委会划归燕山路街道，银城铺村划入太平路街道，后又划回银城铺乡。2002年5月，改属唐山市丰润区。

政区划分 2011年末，辖李庄子、北陈庄子、南陈庄子、谷家园、南朱庄子、国持营、国新、殷官屯、板桥、前贾庄、大八里庄、甸子、三里屯、刘庄子、东马庄15个村民委员会，银城铺1个居民委员会。

人口面积 2011年末，辖区总人口32887人，其中城镇常住人口3503人，城镇化率10.7%。另有流动人口3227人。总人口中，男性15968人，占48.55%；女性16919人，占51.45%；14岁以下5328人，占16.2%；15~65岁24237人，占73.7%；65岁以上3322人，占10.1%。总人口中，以汉族为主，达32471人，占98.7%；有满、蒙古、壮、朝鲜、苗5个少数民族，共416人，占1.3%。2011年，人口出生率5.61‰，人口死亡率2.28‰，人口自然增长率3.33‰。

辖区北半部东西最大距离3.28千米，南北最大距离4.8千米；南半部东西最大距离10.12千米，南北最大距离6.79千米。总面积51平方千米。其中陆地面积50.47平方千米，占98.95%；水域面积0.53平方千米，占1.05%。人口密度为每平方千米645人。

自然条件

地形地貌 境内大部分为冲积扇平原，地势略呈北高南低，东高西低，地面高程一般在40~45米，最高点们于北陈村北，海拔48.2米，最低点位于南陈、北陈之间的鞭猪道沟，海拔38.5米。

水文 还乡河、陡河流经境内。陡河在前贾庄入境，过板桥经国持营出境，境内长8.2千米。

自然灾害 主要自然灾害有水灾、震灾、风灾。1949年7月25日至8月15日，连续降雨20天，陡河发水，漫溢300多亩庄稼，农作物大量减产。1976年7月28日发生唐山大地震，房屋遭到极大破坏。1987年遭风暴袭击，风力达10级以上，大部分粮田绝收。

经济概况

农业 耕地面积3.5万亩，人均耕地1亩；以水浇地为主。2011年，农业总产值1.08亿元。

粮食作物以小麦、玉米为主。2011年，生产粮食0.7万吨，人均212.9千克，其中小麦400吨，玉米0.6万吨。主要经济作物有蔬菜。2011年，蔬菜种植面积0.16万亩，产量0.6万吨，主要品种有西红柿、黄瓜、白菜等，其中黄瓜0.2万吨，白菜0.2万吨，西红柿0.1万吨。水果以东马庄沙地梨为特色产品；果园面积669亩。

畜牧业以猪、羊、家禽为主。2011年，生猪饲养量3.93万头，年末存栏0.94万头；羊饲养量0.25万只，年末存栏0.13万只；家禽饲养量31.8万羽。

工业 以钢铁为主。2011年，工业总产值251.5亿元。2011年，工业企业217家，其中规模以上工业企业18家，主要生产工字钢、槽钢、角钢、带钢，粗钢、盘条、H型钢，总产量超过800万吨。

商业外贸 2011年末，商贸公司82个，职工1000人；城乡集贸市场3个。2011年，社会消费品零售总额达4000万元，比上年增长11%；城乡集市贸易成交额10万元。钢材、陶瓷专业市场各1处，北方现代物流城坐落于境内。康骑制衣生产的跳伞服远销德国。

财政金融 2011年，财政总收入4.1亿元，比上年增长67%，完成国税3.4亿元，完成地税7200万元。人均财政收入12500元，比上年增长65.4%。2011年，银行和金融机构各类存款余额2.8亿元，比上年增长19.3%；各项贷款余额1.7亿元，与上年持平。

社会发展

文化艺术 2011年末，乡文化站1个，文化资源共享服务站1个，文化资源共享服务点3个；村图书室15个，成人教育学校图书室1个，藏书4万余册；省级以上作家、美术家、戏剧家、摄影家协会会员7人。建有蜜蜂园农民诗社，各类业余创作人员20人。土垠城遗址为省级文物保护单位，面积80万平方米。

教育 2011年末，幼儿园9所，在园幼儿946人，专任教师62人；小学5所，在校生1243人，专任教师120人，小学适龄儿童入学率100%；初中1所，初中适龄人口入学率、小升初升学率、九年义务教育覆盖率均达100%。2011年财政预算内教育经费1088万元，比上年增长1.7%。预算内教育经费（包括城市教育费附加）占财政总支出的比例为42%，比上年提高了3.9个百分点。

科技 2011年末，实用新型专利获得者19人。

医疗卫生 2011年末，卫生院1所；病床14张，每千人拥有医疗床位0.43张，固定资产总值80万元。专业卫生人员17名，其中执业医师6人，执业助理医师6人，注册护士1人。2011年医疗机构完成诊疗1.5万人。新型农村合作医疗参合率98%。

体育 2011年末，学校运动场地5处。经常参加体育活动的人员占常住人口的24%。

广播电视 2011年末，有线电视用户7000户，入户率66%。

社会保障 2011年，城镇最低生活保障户数28户，人数51人，支出17.29元，比上年增长42.7%，月人均282.5元，比上年增长51.1%；城市医疗救助28人次，其中救助低保家庭7户。农村最低生活保障户数235户，人数453人，支出51万元，比上年增长61.9%，月人均93.8元，比上年增长41.6%。国家抚恤、补助各类优抚对象113人，抚恤事业费支出63万元，比上年增长31.2%。敬老院1家，床位150张，农村五保供养47人。社区服务设施17个，其中社区服务中心1个，社区服务站16个。慈善分会1个，全年接受社会捐款0.9万元。新型农村社会养老保险参保人数3.1万人，参保率98%。

基础设施

交通运输 102国道、京沈高速公路、京秦铁路、唐遵铁路过境，银城铺火车站（货运）1处。

邮政电信 2011年末，邮政代办所1处。

固定电话用户0.5万户，电话用户普及率达到46.5%；移动电话用户2.2万户；宽带接入用户0.5万户。

市政建设

公共交通 2011年末，111路、110路公交车通往丰润城区，日发客运汽车60班次。

银城铺社区

（Yinchengpu Shequ）

名称来历 春秋时期赵武灵王历经26年建土垠城，后“垠城”演变为“银城”。另称这里是丰润存放库银的地方，得名“银城铺”。

地理位置 地处银城铺镇中部，东至李庄子，南至102国道，西至二十二冶工业园，北至银城铺火车站。

主要指标 2011年末，辖区总人口639人，总面积1.08平方千米，农民人均纯收入6245元。

板桥村

（Banqiao Cun）

名称来历 板桥二十七屯之首。相传建庄时，村东陡河上架设一座木板桥而得名。

地理位置 地处银城铺镇东部，东至刘家营乡拨子，南至国持营，西至51中中学，北至前贾庄。

主要指标 2011年末，辖区总人口1430人，总面积1.71平方千米，农民人均纯收入6218元。

北陈庄子村

（Beichenzhuangzi Cun）

名称来历 移民来此落户，因为陈姓为大户称名陈家庄。后因分居边猪道沟南北两侧，则又有前陈家庄、后陈家庄之称。后改后陈家庄为现名。

地理位置 地处银城铺镇中南部，东至李庄子，南至南陈庄子，西至三里屯，北至102国道。

主要指标 2011年末，辖区总人口2320人，总面积2.15平方千米，农民人均纯收入6216元。

大八里庄村

(Dabalizhuang Cun)

名称来历 因村落较大，且距丰润县城八里路而得名。

地理位置 地处银城铺镇西南部，东南至陈庄子，南至常庄镇大杨庄，西至甸子，北至三里屯。

主要指标 2011年末，辖区总人口3240人，总面积4.66平方千米，农民人均纯收入6227元。

甸子村

(Dianzi Cun)

名称来历 因当时大八里庄有个财主在此开设一家店房，称店子上，后改称店子。后正式命名为甸子。

地理位置 地处银城铺镇西南部，东至大八里庄，南至唐钢炼焦制气厂，西至112国道，北至物资局货场。

主要指标 2011年末，辖区总人口970人，总面积0.79平方千米，农民人均纯收入6229元。

东马庄村

(Dongmazhuang Cun)

名称来历 马氏兄弟俩，分别在还乡河东、西两岸建庄，以姓氏定村名。东岸称东马庄，西岸称西马庄。

地理位置 地处银城铺镇西北部，东至姜家营乡西杨家营，南至园东小区，西至丰润镇西马庄，北至泉河头镇亢各庄。

主要指标 2011年末，辖区总人口6298人，总面积8.6平方千米，农民人均纯收入6240元。

谷家园村

(Gujiayuan Cun)

名称来历 板桥二十七屯之一。相传殷官屯西有一片菜园子，人称西园子。后有顾姓迁入居住，称名顾家园。因“顾”与“谷”谐音，演变为谷家园。

地理位置 地处银城铺镇中部，东至殷官屯，南至南朱庄子，西至南陈，北至李庄子。

主要指标 2011年末，辖区总人口1193人，总面积1.79平方千米，农民人均纯收入6204元。

国持营村

(Guochiying Cun)

名称来历 板桥二十七屯之一。最早为赵徐两家在此居住，有“赵家南山，徐家北园”之说。因为靠近御皇道，常有官员、将士途经此地，安营扎寨，故名国士营，后改称现名。

地理位置 地处银城铺镇东部，东至滦县上尤各庄，南至国新村，西至板桥，北至刘家营乡拨子。

主要指标 2011年末，辖区总人口1583人，总面积2.05平方千米，农民人均纯收入6215元。

国新村

(Guoxin Cun)

名称来历 陡河水库建成后，陡河水位上涨，国持营村东部低洼处有百余户居民，在国持营村南两千米处另建新村，称现名。

地理位置 地处银城铺镇东南部，东至常庄镇东黄各庄，南至常庄镇指务，西至殷官，北至国持营。

主要指标 2011年末，辖区总人口705人，总面积1.03平方千米，农民人均纯收入6201元。

李庄子村

(Lizhuangzi Cun)

名称来历 属板桥二十七屯之一。李姓人家在此建庄居住，称名李家庄。后改称现名。

地理位置 地处银城铺镇中部，东至板桥，南至谷家园，西至北陈庄子，北至102国道。

主要指标 2011年末，辖区总人口2335人，总面积2.89平方千米，农民人均纯收入6219元。

刘庄子村

(Liuzhuangzi Cun)

名称来历 最早只有刘氏一姓，故称刘家庄。后改称现名。

地理位置 地处银城铺镇西部，东至三里屯，南至大八里，西至亨润世家，北至恒益翠芳亭。

主要指标 2011年末，辖区总人口1645人，总面积1.32平方千米，农民人均纯收入6238元。

南陈庄子村

(Nanchenzhuangzi Cun)

名称来历 因陈姓为大户称陈家庄。后因分居边猪道沟南北两侧，则又有前陈家庄、后陈家庄之称。后改前陈家庄为现名。

地理位置 地处银城铺镇中南部，东至谷家园，南至常庄镇大杨庄，西至三里屯，北至北陈庄子。

主要指标 2011年末，辖区总人口1691人，总面积2.12平方千米，农民人均纯收入6199元。

南朱庄子村

(Nanzhuzhuangzi Cun)

名称来历 板桥二十七屯之一，相传殷官屯有个财主在村南建一猪圈，后发展为居民点，因“猪”与“朱”谐音，故名朱家庄，后改为朱庄子。因位于殷官屯南，后改为现名。

地理位置 地处银城铺镇中南部，东至殷官屯，南至常庄，西至谷家园，北至谷家园。

主要指标 2011年末，辖区总人口1075人，总面积1.88平方千米，农民人均纯收入6208元。

前贾庄村

(Qianjiazhuang Cun)

名称来历 板桥二十七屯之一。贾氏兄弟两人，在此建庄定居，取名贾家庄。后居民增多分为两个庄，因该村在南称大贾庄，北称小贾庄，后来大贾庄改称现名。

地理位置 地处银城铺镇东部，东至刘家营乡魏庄子，南至板桥，西至太平路街道前大树，北至刘家营乡北贾庄。

主要指标 2011年末，辖区总人口2183人，总面积2.46平方千米，农民人均纯收入6212元。

三里屯村

(Sanlitun Cun)

名称来历 因距丰润县城三里而得名。

地理位置 地处银城铺镇西部，东至北陈庄子，南至大八里，西至刘庄子，北至万福家园。

主要指标 2011年末，辖区总人口3628人，总面积2.97平方千米，农民人均纯收入6223元。

殷官屯村

(Yinguantun Cun)

名称来历 板桥二十七屯之一。该村地处御皇道上，历代朝廷兵马途经此地，皆在该村驻扎，地方官员与百姓在此迎送朝官，因而得名迎官屯。“迎”与“殷”谐音，相沿承袭，遂改为现名。

地理位置 地处银城铺镇南部，东至国新村，南邻南朱庄子，西至谷家园，北至李庄子。

主要指标 2011年末，辖区总人口1590人，总面积2.33平方千米，农民人均纯收入6221元。

（撰稿：孟庆川，初审：徐向华）

刘家营乡

(Liujiaying Xiang)

政区概况

名称来历 因乡人民政府驻位于前刘家营村而得名。

地理位置 地处丰润区东北，东与滦县相连，南与银城铺乡搭界，西接太平路街道，北与王官营镇、姜家营乡为邻。人民政府驻前刘家营村，电话区号0315，邮政编码064000，距丰润区人民政府8千米。

政区沿革 中华人民共和国成立之初，分属丰润县九区、一区。1958年，为城关镇人民公社刘家营管理区。1961年，刘家营管理区析出，设立刘家营人民公社。1979年3月，划归唐山市郊区。1980年1月，划归唐山市新区。1984年3月，撤销人民公社，置刘家营乡。2002年5月，改属唐山市丰润区。

政区划分 2011年末，辖北大树、贾家洼、东杨家营、后刘家营、前刘家营、北贾庄、魏庄子、拨子、小营、铁城坎、曹庄子、李家沟12个村民委员会。

人口面积 2011年末，辖区总人口14616人，其中城镇常住人口2634人，城镇化率18%。另有流动人口393人。总人口中，男性7305人，占49%；女性7311人，占51%；14岁以下2125人，占14.5%；15～64岁10783人，占73.8%；65岁以上1708人，占11.7%。总人口中，全部为汉族。2011年，人口出生率11.65‰，人口死亡率2.5‰，人口自然增长率9.15‰。

辖区东西最大距离6千米，南北最大距离5千米，总面积27平方千米。其中陆地面积26.68平方千米，占98.8%；水域面积0.32平方千米，占1.2%。人口密度为每平方千米541人。

自然条件

地形地貌 东部为半山区，西部为平原区。

水文 陡河西支自东杨家营村北入境，境内长5千米。

矿藏及其他自然资源 境内已探明地下矿藏主要有石灰岩，集中分布在东部。

自然灾害 主要有冰雹、旱涝、风灾、低温、霜冻、雷击等。风灾一年四季均有发生。

经济概况

农业 耕地面积1.4万亩，人均耕地1亩。2011年，农业总产值5.38亿元。

粮食作物以小麦、玉米为主。2011年，生产粮食0.6万吨。主要经济作物有花生。

畜牧业以猪、肉奶牛、家禽为主。2011年，生猪饲养量0.22万头；牛饲养量0.1万头；家禽饲养量1.96万羽。

工业 以钢铁、水泥、非煤采矿业为主。2011年，工业总产值11.74亿元。2011年，工业企业81家。

商业外贸 2011年末，商业网点120个；城乡集贸市场1个；全乡从事运输37户，从业人员111人。2011年，社会消费品零售总额达4500万元，比上年增长10%；城乡集市贸易成交额200万元。

财政金融 2011年，财政总收入6324.43万元，比上年增长9.66%。其中地方财政收入620万元，比上年增长8.5%。从主要税种看，完成营业税611.67万元，增值税4058.38万元，企业所得税647.44万元，个人所得税388.23万元。人均财政收入4327.06元，比上年增长1.07%。2011年，银行和金融机构各类存款余额1.21亿元，比上年减少0.16%；各项贷款余额1.08亿元，比上年增长23%。

社会发展

文化艺术 2011年末，乡文化站1个，村级文化活动中心12个；各类图书室13个，藏书2.36万册。

教育 2011年末，幼儿园5所，在园幼儿534人，专任教师21人；小学4所，在校生685人，专任教师74人，小学适龄儿童入学率100%；初中1所，在校生385人，专任教师52人，初中适龄人口入学率、小升初升学率、九年义务教育覆盖率均达100%。2011年财政预算内教育经费583.09万元，比上年增长2%。预算内教育经费（包括城市教育费附加）占财政总支出的比例为47%，比上年提高了5个百分点。

医疗卫生 2011年末，各级医疗卫生机构1个，门诊部（所）12个；病床16张，每千人拥有医疗床位0.11张，固定资产总值108万元。专业卫生人员7名，其中执业医师1人，执业助理医师5人，注册护士1人。2011年医疗机构（门诊部以上）完成诊疗1.81万人次。新型农村合作医疗参合率95%。

体育 2011年末，12个村安装了健身器材，经常参加体育活动的人员占常住人口的35%。

广播电视 2011年末，有线电视用户3220户，入户率80%。

社会保障 2011年城镇最低生活保障户数149户，人数312人，支出89.55万元，比上年增长39%，月人均239元，比上年增长1.21%；城市医疗救助支出10.21万元，民政部门资助参加合作医疗527人次，支出3.16万元。农村最低生活保障户数252户，人数504人，支出63.66万元，比上年增长38%，月人均105元，比上年增长1.19%。国家抚恤、补助各类优抚对象92人，抚恤事业费支出23.76万元，比上年增长10%。新型农村社会养老保险参保人数7616人，参保率95.6%。

基础设施

交通运输 京秦铁路及102、112国道过境。

邮政电信 2011年末，固定电话用户700户，电话用户普及率达到16%；移动电话用户4326户；宽带接入用户760户。

市政建设

公共交通 2011年末，开通2条公交路线。

北大树村

(Beidashu Cun)

名称来历 因村东有一棵大树，故名大树庄。后由南向北将一庄分为三个村，此村居北，故名。

地理位置 地处刘家营乡西北部，东至贾家洼，南至中大树，西至银城铺镇东马庄，北至姜家营乡西杨家营。

主要指标 2011年末，辖区总人口2020人，总面积1.88平方千米，农民人均纯收入7009元。

北贾庄村

(Beijiazhuang Cun)

名称来历 贾氏兄弟两人在此建庄，称贾家庄，后居民增多，分为两个庄，南为大贾庄，北称小贾庄。后小贾庄改称现名。

地理位置 地处刘家营乡西部，东至魏庄子，南至银城铺镇前贾庄，西至前大树，北至前刘家营。

主要指标 2011年末，辖区总人口1029人，总面积1.58平方千米，农民人均纯收入7009元。

拨子村

(Bozi Cun)

名称来历 相传故制有“十里一铺，五里一拨（亦称墩）”，看守烽火台。该村系古“拨”所在地，故称拨子。

地理位置 地处刘家营乡南部，东至小营，南至银城铺镇国持营，西至银城铺镇板桥，北至魏庄子。

主要指标 2011年末，辖区总人口484人，总面积0.74平方千米，农民人均纯收入7009元。

曹庄子村

(Caozhuangzi Cun)

名称来历 属板桥镇二十七屯之一。曹姓在此建庄定居，得名曹家庄，后改称现名。

地理位置 地处刘家营乡东南部，东至滦县界，南至滦县界，西至铁城坎，北至铁城坎。

主要指标 2011年末，辖区总人口590人，总面积0.37平方千米，农民人均纯收入7009元。

李家沟村

(Lijiagou Cun)

名称来历 李氏三兄弟从迁安来此落户，因姓氏和地形而得名。

地理位置 地处刘家营乡东部，东至铁城坎，南滦县界，西至魏庄子，北至王官营镇南黑山沟。

主要指标 2011年末，辖区总人口581人，总面积2.49平方千米，农民人均纯收入7009元。

东杨家营村

(Dongyangjiaying Cun)

名称来历 相传唐初征东大将薛仁贵在此路过时下雨，就把盔甲晾开，此村得名晾甲营。又因有一条小河把晾甲营分为两庄，本村居东，故称东晾甲营，后被人叫白了称东杨家营。

地理位置 地处刘家营乡北部，东至王官营镇北黑山沟，南至后刘家营，西姜家营乡西杨家营，北至姜家营乡何庄子。

主要指标 2011年末，辖区总人口1456人，总面积2.71平方千米，农民人均纯收入7009元。

后刘家营村

(Houliujiaying Cun)

名称来历 该村始称李家庄，原址在现址的西北部，周围村庄以营称名的较多，因该村刘姓居民较多，改名刘家营。后分为两个村，此村居北，故名。

地理位置 地处刘家营乡北部，东至王官营镇北黑山沟，南至前刘家营，西至贾家洼，北至东杨家营。

主要指标 2011年末，辖区总人口1998人，总面积4.16平方千米，农民人均纯收入7009元。

前刘家营村

(Qianliujiaying Cun)

名称来历 该村始称李家庄，原址在现址的西北部，周围村庄以营称名的较多，因该村刘姓居民较多，改名刘家营。后分为两个村，此村居南，故名。

地理位置 地处刘家营乡中北部，东至中大树，南至魏庄子，西至贾家洼，北至后刘家营。

主要指标 2011年末，辖区总人口956人，总面积1.55平方千米，农民人均纯收入7009元。

贾家洼村

(Jiajiawa Cun)

名称来历 原有陈姓和贾姓几户在此建庄，称陈家窝铺。后陈姓居民迁往西杨家营，贾姓居民搬到村南洼地建庄，故称贾家洼。

地理位置 地处刘家营乡西北部，东至后刘家营，南至中大树，西至北大树，北姜家营乡何庄子。

主要指标 2011年末，辖区总人口1760人，总面积1.79平方千米，农民人均纯收入7009元。

铁城坎村

(Tiechengkan Cun)

名称来历 建庄时，有一梁姓大户，大门槛为铁制，以此定名为铁门槛村，以后演变成现名。

地理位置 地处刘家营乡东南部，东至曹庄子，南至邻小营，西至小营，北至李家沟。

主要指标 2011年末，辖区总人口525人，总面积1.31平方千米，农民人均纯收入7009元。

魏庄子村

(Weizhuangzi Cun)

名称来历 魏氏三兄弟在此建庄，以魏氏定名，称魏家庄。后改称现名。

地理位置 地处刘家营乡中南部，东至李家沟，南至拨子，西至北贾庄，北至前刘家营。

主要指标 2011年末，辖区总人口1716人，总面积4.63平方千米，农民人均纯收入7009元。

小营村

(Xiaoying Cun)

名称来历 该村南原有个小兵营，屯过兵，建村后得名。

地理位置 地处刘家营乡东南部，东至铁城槛，南至滦县界，西至拨子，北至魏庄子。

主要指标 2011年末，辖区总人口707人，总面积1.08平方千米，农民人均纯收入7009元。

（撰稿：孟玉秀，初审：吴庆军）

常庄乡

(Changzhuang Xiang)

河北省联村建设示范点、文明生态乡。

政区概况

名称来历 因乡人民政府驻地位于常庄村而得名。

地理位置 地处丰润区东南，东、南毗邻开平区，西连任各庄镇，北与银城铺乡相接。人民政府驻常庄一村，电话区号0315，邮政编码063030，距丰润区人民政府8千米。

政区沿革 中华人民共和国成立之初，属丰润县一区。1958年，属城关人民公社常庄管理区。1961年，改设常庄人民公社。1963年，因修建邱庄水库，库区指务村划入。1979年3月，丰润县任各庄人民公社的新房子村、南台人民公社的大八里庄甸子划入，改属由唐山市郊区（今开平区）代管。1980年1月，划归唐山市新区。1981年1月，大八里庄、甸子划归谷庄子人民公社。1984年3月，撤销人民公社，置常庄乡。2002年5月，改属唐山市丰润区。

政区划分 2011年末，辖常庄一、常庄二、常庄三、崔马庄一、崔马庄二、崔马庄三、大杨庄、新房子、张家洼、金川院、门赵庄、花园、指务、金庄、甸家洼、南王官营、东黄各庄17个村民委员会。

人口面积 2011年末，辖区总人口20331人，其中城镇常住人口1471人，城镇化率7.24%。另有流动人口2213人。总人口中，男性10120人，占49.8%；女性10211人，占50.2%；14岁以下3070人，占15.1%；15~64岁15208人，占74.8%；65岁以上2053人，占10.1%。总人口中，以汉族为主，达20177人，占99.2%；有少数民族154人，占0.8%。2011年，人口出生率12.18‰，人口死亡率6.04‰，人口自然增长率6.14‰。

辖区东西最大距离8.8千米，南北最大距离6.7千米，总面积29平方千米。全部为陆地。人口密度为每平方千米701人。

自然条件

地形地貌 境内为平原，地势平坦，地面高度一般在海拔29米。

自然灾害 主要害有冰雹、旱涝、风灾、霜冻、雷击等。

经济概况

农业 耕地面积2.6万亩，人均耕地1亩；全部为水浇地。2011年，农业总产值1.41亿元。

粮食作物以小麦、玉米为主，2011年，生产粮食0.8万吨，人均393千克，其中小麦0.15万吨，玉米0.41万吨。主要经济作物有蔬菜。主要品种有大白菜、白萝卜、黄瓜、辣椒等，2011年，生产大白菜0.66万吨，白萝卜0.3万吨，黄瓜0.22万吨，辣椒0.29万吨。

畜牧业以猪、羊、家禽为主。2011年，生猪饲养量3.2万头，2011年末，存栏0.98万头；羊饲养量0.1万只，2011年末，存栏400只；家禽饲养量23万羽。

工业 以门业制造、钢结构、钢铁、建材、焊管为主。2011年，工业总产值33.07亿元。2011年，工业企业209家，其中规模以上工业企业4家。光大银河工贸有限公司生产的不锈钢制品和五金制品内销广东、江苏等20多个省市，外销美、日、德、荷兰等国家。

商业外贸 2011年末，商业网点20多个；城乡集贸市场7个。2011年，社会消费品零售总额达2.52亿元，比上年增长1.2%。

财政金融 2011年，财政总收入5400万元，比上年增长14%。从主要税种看，完成营业税912万元，增值税2970万元，企业所得税844万元。人均财政收入2842元，比上年增长14%。2011年，银行和金融机构各类存款余额2.67亿元，比上年增长14.9%；各项贷款余额5000万元，比上年增长1.7%。

社会发展

文化艺术 2011年末，乡文化站1个，村级文化活动中心11个；民间自发组建文化娱乐队（秧歌队）9支；村级图书室9个，藏书5000余册。

教育 2011年末，幼儿园5所，在园幼儿401人，专任教师16人；小学3所，在校生1034人，专任教师56人，小学适龄儿童入学率100%；初中1所，在校生420人，专任教师57人，初中适龄人口入学率、小升初升学率、九年义务教育覆盖率均达100%。2011年财政预算内教育经费713.85万元，比上年增长0.5%。预算内教育经费（包括城市教育费附加）占财政总支出的比例为25%，比上年提高了0.5个百分点。

医疗卫生 2011年末，医疗卫生机构1个（乡卫生院）；病床10张，固定资产总值87万元。专业卫生人员17名，其中执业医师4人，执业助理医师5人，注册护士4人。2011年医疗机构（门诊部以上）完成诊疗2.18万人次。新型农村合作医疗参合率98%。

体育 2011年末，学校体育场1个。80%的村安装了健身器材，经常参加体育活动的人员占常住人口的23%。

广播电视 2011年末，有线电视用户5464户，入户率100%。

社会保障 2011年城镇最低生活保障户数3户，人数7人，支出2.19万元，比上年增长2.8%，月人均260.71元，比上年增长2.8%；城市医疗救助342人次。农村最低生活保障户数128户，人数240人，支出24.74万元，比上年增长14.8%，月人均151.56元，比上年增长0.85%。国家抚恤、补助各类优抚对象61人，抚恤事业费支出37.67万元，比上年增长0.92%。农村五保供养50人。新型农村社会养老保险参保人数1.01万人，参保率93.3%。

基础设施

交通运输 唐遵铁路、唐丰路、银河路过境，102国道、京沈高速公路过境，正在建设中的津秦客运专线和唐丰客运专线过境。

邮政电信 2011年末，固定电话用户2万户，电话用户普及率达到98%；移动电话用户1.99万户；宽带接入用户2732户。

市政建设

公共交通 2011年末，开通公交汽车线路2条。

常庄一村

(Changzhuangyi Cun)

名称来历 常姓建庄，称常家庄，后改称常庄。常庄一村为常庄一村民委员会驻地。

地理位置 地处常庄镇中部，东邻常庄二村，南邻京山铁路，西邻银河路，北邻京山高速。

主要指标 2011年末，辖区总人口988人，总面积0.98平方千米，农民人均纯收入7824元。

常庄二村

(Changzhuang'er Cun)

名称来历 常姓建庄，称常家庄，后改称常庄。常庄二村为常庄二村民委员会驻地。

地理位置 地处常庄镇中部，东邻常庄三村，南邻京山铁路，西邻常庄一村，北邻京沈高速。

主要指标 2011年末，辖区总人口963人，总面积0.96平方千米，农民人均纯收入7467元。

常庄三村

(Changzhuangsan Cun)

名称来历 常姓建庄，称常家庄，后改称常庄。常庄三村为常庄三村民委员会驻地。

地理位置 地处常庄镇中部，东邻金庄，南邻京山铁路，西邻常庄二村，北邻京沈高速。

主要指标 2011年末，辖区总人口1021人，总面积0.67平方千米，农民人均纯收入7845元。

崔马庄一村

(Cuimazhuangyi Cun)

名称来历 相传唐太宗李世民征东，在淤泥河遇难，大将薛礼救驾行至此地，后有追兵赶来，君臣惶恐，急急催马奔跑，以此段故事命名为催马庄。后改称现名。崔马庄一村为崔马庄一村民委员会驻地。

地理位置 地处常庄镇西南部，东邻崔马庄二村，南邻新房子，西邻唐丰路，北邻崔马庄三村。

主要指标 2011年末，辖区总人口571人，总面积0.51平方千米，农民人均纯收入8021元。

崔马庄二村

(Cuimazhuang'er Cun)

名称来历 相传唐太宗李世民征东，在淤泥河遇难，大将薛礼救驾行至此地，后有追兵赶来，君臣惶恐，急急催马奔跑，以此段故事命名为催马庄。后改称现名。崔马庄二村为崔马庄二村民委员会驻地。

地理位置 地处常庄镇西南部，东邻张家洼，南邻新房子，西邻崔马庄一村，北邻崔马庄三村。

主要指标 2011年末，辖区总人口5655人，总面积0.52平方千米，农民人均纯收入7599元。

崔马庄三村

(Cuimazhuangsan Cun)

名称来历 相传唐太宗李世民征东，在淤泥河遇难，大将薛礼救驾行至此地，后有追兵赶来，君臣惶恐，急急催马奔跑，以此段故事命名为催马庄。后改称现名。崔马庄三村为崔马庄三村民委员会驻地。

地理位置 地处常庄镇西南部，东邻金川院，南邻崔马庄二村，西邻唐丰路，北邻大杨庄。

主要指标 2011年末，辖区总人口951人，总面积0.95平方千米，农民人均纯收入7646元。

佃家洼村

(Dianjiawa Cun)

名称来历 郭、胡、王三姓迁此地定居，郭家以开染坊为业，主要染靛蓝和青蓝，此村地势低洼，故取名靛家洼。后改称现名。

地理位置 地处常庄镇东南部，东邻南王官营，南邻开平区栗园，西邻银河路，北邻金庄。

主要指标 2011年末，辖区总人口313人，总面积0.33平方千米，农民人均纯收入7385元。

东黄各庄村

(Donghuanggezhuang Cun)

名称来历 有黄、贾两姓建庄，定村名黄贾庄。后改称黄各庄。因丰润城西有一黄各庄，以示区别改称现名。

地理位置 地处常庄镇东北部，东邻开平区栗园镇双庙，南邻京沈高速，西邻指务，北邻京山铁路。

主要指标 2011年末，辖区总人口1920人，总面积1.51平方千米，农民人均纯收入7777元。

花园村

(Huayuan Cun)

名称来历 这里原为锦禅寺的一座花园。建庄后以花园定名。村中尚有元代遗下的墓碑。

地理位置 地处常庄镇中部，东邻银河路，南邻门赵庄，西邻金川院，北邻常庄一村。

主要指标 2011年末，辖区总人口842人，总面积0.67平方千米，农民人均纯收入7970元。

金庄村

(Jinzhuang Cun)

名称来历 金、贾两家在此落户，村名为金贾庄。后因贾家人绝嗣，改称金家庄。后更名为金庄。

地理位置 地处常庄镇东部，东邻指务，南邻佃家洼，西邻常庄三村，北邻京沈高速。

主要指标 2011年末，辖区总人口2171人，总面积2.3平方千米，农民人均纯收入8007元。

门赵庄村

(Menzhaozhuang Cun)

名称来历 赵姓居民定居最早，取名赵庄。因丰润城关镇原有一赵庄，故称南赵庄，以示区别。后门姓居民渐多，并在村街东西两头各修一座大门，遂改称现名。

地理位置 地处常庄镇南部，东邻银河路，南邻京山铁路，西邻张家洼，北邻花园。

主要指标 2011年末，辖区总人口1015人，总面积0.5平方千米，农民人均纯收入8798元。

南王官营村

(Nanwangguanying Cun)

名称来历 王、胡两姓迁此定居，因王姓人多，取名王官营，又因北部有一王官营，以示故名南王官营。

地理位置 地处常庄镇东南部，东邻唐津高速，南邻开平区栗园镇大佛头，西邻佃家洼，北邻东黄各庄。

主要指标 2011年末，辖区总人口1253人，总面积1.68平方千米，农民人均纯收入8130元。

指务村

(Zhiwu Cun)

名称来历 王氏定居于还乡河北岸，燕山南麓，村落终年有雾，不利于农作物生长，故名止雾，意为除止浓雾之意。“止”“指”谐音，后改称指务。迁建到此后仍沿用。

地理位置 地处常庄镇东部，东邻东黄各庄，南邻京沈高速，西邻金庄，北邻京山铁路。

主要指标 2011年末，辖区总人口995人，总面积0.59平方千米，农民人均纯收入7359元。

新房子村

(Xinfangzi Cun)

名称来历 李姓迁居此地，租田建房，以后逐渐发展成村庄，因距丰润县任各庄较近，称小任各庄。后更名新房子。其含义是新迁户新建房之意。

地理位置 地处常庄镇西南部，东邻张家洼，南邻任各庄，西邻唐丰路，北邻崔马庄一村。

主要指标 2011年末，辖区总人口583人，总面积0.56平方千米，农民人均纯收入7573元。

金川院村

(Jinchuanyuan Cun)

名称来历 属城镇东关十五屯之一。是为纪念村西锦禅寺主持金川大师而得名。该村地势高而平坦，俗有"淹了九州十八县，淹不了花园、金川院"之说。

地理位置 地处常庄镇中部，东邻花园，南邻门赵庄，西邻崔马庄三村，北邻京沈高速。

主要指标 2011年末，辖区总人口1284人，总面积1.2平方千米，农民人均纯收入8010元。

张家洼村

(Zhangjiawa Cun)

名称来历 原村内有一口古钟，钟上村名为张庄子，是因为张家在此定居最早而得名。后因地势低洼，更为现名。

地理位置 地处常庄镇西南部，东邻门赵庄，南邻任各庄镇任各庄，西邻乡居假日，北邻崔马庄三村。

主要指标 2011年末，辖区总人口1777人，总面积1.82平方千米，农民人均纯收入8121元。

大杨庄村

(Dayangzhuang Cun)

名称来历 原为两个小村，一为大杨家庄，一为小李家庄，均以最早定居者姓氏得名。随着居民逐渐增多，两庄连成一庄，遂改称杨家庄。后又改称现名。

地理位置 地处常庄镇西部，东邻金川院，南邻崔马庄三村，西邻唐丰路，北邻银城铺镇南陈庄子。

主要指标 2011年末，辖区总人口2002人，总面积1.52平方千米，农民人均纯收入7525元。

（撰稿：王丽坤，初审：吴庆军）

丰南区

(Fengnan Qu)

全国百强县（市）、河北省县域经济综合实力十强县（市），中国第一台蒸汽机车、第一条标准轨距铁路、第一个铁路工厂均在此诞生，境内有全国最大的现代化竖井煤矿——开滦钱家营矿、亚洲最大的盐场——南堡盐场。

政区概况

名称来历 1946年建县时，因丰南大部分地区历来属丰润县，又在丰润县南部，故名丰南县，后改为丰南区。

地理位置 位于东经117°51′43″～118°25′28″，北纬39°11′28″～39°39′28″。地处唐山市西南，东与滦南县相邻，东南与唐海县接壤，南濒渤海，西南与唐山市汉沽管理区相连，西与天津市宁河县毗邻，西北靠唐山市丰润区，北临路北区、路南区、开平区，东北与古冶区为邻。人民政府驻丰南区正苑大街9号，电话区号0315，邮政编码063300，距唐山市人民政府10千米。

政区沿革 春秋分属山戎国、无终国、孤竹国地，战国属燕国，秦属右北平郡和辽西郡，汉为土垠县，隋属卢龙县和无终县，唐代属蓟州玉田县、平州石城县。明清时期属丰润县和滦州。从1912年民国成立至1946年5月，分属丰润和滦县。1946年5月，经冀东行署第十三专署决定，设立丰南县，县人民政府驻太各庄，下设12个镇、13个乡。1947年2月，国民政府曾在丰润县南部地区建浭阳县，治所在河头镇。

1948年12月12日，县境解放；同年12月末，县人民政府驻地由太各庄迁至稻地，辖15个镇、13个乡，属第十三专署。1949年3月，改属第十五专署；同年4月，县人民政府由稻地迁至胥各庄。1950年6月，将12个行政区改划为8个行政区。1953年5月18日，将8个区、517个行政村划为91个乡镇（其中乡级镇4个，渔民乡2个）。1954年7月，撤销丰南县，并入丰润县，县人民政府驻胥各庄，属唐山专署。1961年6月，原区域恢复丰南县，县人民政府驻胥各庄，属唐山地区行政公署，共设为41个人民公社。1983年5月，撤销唐山地区行政公署，实行市管县，属唐山市，辖29个人民公社、1个镇。1984年初，撤社建乡，辖21个乡、9个镇。1994年4月，丰南县改市。2002年2月，撤销丰南市，改置唐山市丰南区，辖4个街道、15个镇、3个乡。2003年7月，振兴街道、汉丰镇划归汉沽管理区代管；10月，新华路街道、海北镇划归唐山芦台经济开发区代管。

政区划分 2011年末，辖胥各庄、希望路、新华路、振兴4个街道，丰南、滨海、稻地、小集、黄各庄、西葛、大新庄、钱营、唐坊、王兰庄、柳树鄛、黑沿子、汉丰镇、大齐各庄、海北镇15个镇，南孙庄、东田庄、尖字沽3个乡，共22个乡级政区；领导49个社区居民委员会、521个村民委员会；下设2173个村民小组。

人口面积 2011年末，辖区总人口61.05万人。其中城镇常住人口28.36万人，城镇化率54%。另有流动人口16275人。总人口中，男性26.47万人，占50.4%；女性26.05万人，占49.6%；14岁以下7.15万人，占13.61%；15～64岁39.8万人，占75.78%；65岁以上5.57万人，占10.61%。总人口中，以汉族为主，达50.51万人，占96.17%；有满、壮、蒙古等33个少数民族，共20096人，占3.83%；超过1000人的有满、壮2个少数民族，其中满族16520人，占少数民族人口的82.21%；壮族1777人，占8.84%。2011年，人口出生率10.86‰，人口死亡率6.4‰，人口自然增长率4.46‰。

辖区东西最大距离48千米，南北最大距离50千米。总面积1851平方千米。其中陆地面积1195平方千米，占76.2%；水域面积373平方千米，占23.8%。人口密度为每平方千米330人。

自然条件

地形地貌 地处华北地层区的燕山分区、唐山的东南部，东部属于滦河冲积扇缘，西部属于蓟运河冲积扇缘，南部滨海属于河流冲积和海相沉积地，地势东北高西南低。地形分为平原、海岸带。境内海拔在1.5米至25米之间，东北部稍高，多缓岗和沙丘。

气候 属暖温带滨海半湿润大陆性季风型气候。其特点是季风明显，四季分明，春季干旱多风，夏季炎热多雨，秋季天高气爽，冬季寒冷少雪。；多年平均气温11.2℃，1月平均气温－5℃，极端最低气温－25.6℃（1990年1月31日）；7月平均气温26.1℃，极端最高气温40.2℃（2002年7月14日）。最低月均气温－25.6℃（1990年1月），最高月均气温28.1℃（1997年7月）。平均气温年较差53.5℃。生长期年平均208天，无霜期年平均193天，最长达220天，最短为158天。年平均日照时数2550.8小时，年总辐射124.77千卡/平方厘米。0℃以上持续期257天（一般为3月7日至11月18日）。年平均降水量600.6毫米，降雨最多达41天（1949年）。极端年最大雨量1139.9毫米（1949年），极端年最少雨量262毫米（2002年）。降雨集中在每年6月至8月，7月最多。

水文 境内河道属海河流域，主要河道有一级河流沙河、陡河、西排干、唐津运河、小戟门河、黑沿子排干、双龙河、还乡河8条，总长208.84千米；二级河流龙湾河、老牛河、岳家河、幸福河、煤河等35条，总长184.13千米。河流总长度392.97千米，河网密度0.25千米/平方千米，径流总量1.08亿立方米，年最大排涝量1.2亿立方米。境内最大的河流为沙河，发源于迁安市蔡园镇郝树店村北大石岭沟，从钱营镇岭上庄入境，流经境内钱营镇、大齐各庄镇、小集镇、大新庄镇、西葛镇、经黑沿子镇出境，境内长62.5千米，流域面积257平方千米，年均流量2立方米/秒，主要支流有老牛河、岳家河等。

矿藏及其他自然资源 境内非金属矿资源丰富，有矿产11种，其中能源矿产4种：煤、石油、煤层气、地热；非金属矿产4种：泥炭、耐火黏土、建筑用沙、牡蛎壳矿；水气矿产3种：矿泉水、地下卤水、地下水。矿物资源中，煤炭资源丰富。煤种主要有肥煤、气煤、气肥煤、精煤4种，其中肥煤储量约8亿吨。煤层气储量丰富，浓度高。地热水温高达93℃。全区生物资源丰富，植物资源200多种，野生动物近百种，海洋生物60多种，淡水鱼类20多种。

其他自然资源有草泊、草荒地和河渠、坑塘、洼淀333平方千米。

自然灾害 主要自然灾害有旱、涝、风灾、火灾、霜冻、冰雹、风暴潮（海啸）、地震，等。旱灾出现的几率为18%，涝灾出现机率为34.7%，大风平均每年出现10.8次，海啸平均15年一遇，近百年来，丰南沿海一带发生过海啸11次，其周期大致为7～10年。其中威力最大、危害范围最广、造成损失最重的有光绪二十一年（1895年）和1938年以及1985年、1992年的海啸。1992年9月1日，丰南沿海一带遭受了中华人民共和国成立以来最严重的一次风暴潮袭击。涧河口潮位高达4.67米。冲毁海堤510米，淹没盐田24.9万亩，淹没虾池10445亩，造成经济损失4100万元；丰南处于地震活动比较频繁的唐山地区断裂带，地震最严重一次是1976年唐山、丰南一带发生的7.8级强烈地震，造成39.9万余间房屋倒塌，占全县房屋总数的96.4%，死亡36884人，重伤23683人，轻伤不计其数。有28.5万亩农田翻沙冒水或下沉，水利、交通和通信设备也遭到不同程度的破坏。死亡大牲畜6614头，猪11.6万头，分别占总数的25.4%和43.9%。工厂、商店、机关、学校和医疗单位全部处于瘫痪状态，全县经济损失3.68亿元。

经济概况

农业 耕地面积73.1万亩，人均耕地1.2亩；林地面积47.9万亩。农业总产值从1949年的3135.1万元，增加到1978年的0.8亿元，2011年，达到62.4亿元，比上年增长3.3%，农业增加值占国内生产总值的6.5%。

粮食作物以小麦、玉米、水稻为主。2011年，生产粮食26.9万吨，其中水稻7.8万吨，小麦5.8万吨，玉米12.8万吨。主要经济作物有棉花、花生。2011年，棉花种植面积14.8万亩，产量1.1万吨，可向社会提供1万吨商品棉；油料作物花生种植面积8.8万亩，产量1.9万吨；蔬菜种植面积43.4万亩，产量194.1万吨，主要品种有西红柿，黄瓜等，其中西红柿47.2万吨，黄瓜24.4万吨。

畜牧业以生猪、羊、奶牛、家禽为主。2011年，生猪饲养量71万头，年末存栏26万头；羊饲养量5.4万只，年末存栏2.1万只；牛饲养量6.3万头，年末存栏4.6万头；家禽饲养量820万羽，上市家禽270万羽。2011年，生产肉类4.6万吨，其中猪肉3.4万吨，牛肉0.3万吨，羊肉482吨，禽肉0.9万吨，其他122吨；禽蛋2万吨，鲜奶9.4万吨。畜牧业总产值12.7亿元，占农业总产值的20.3%。

截至2011年末，累计造林47.7万亩，其中防护林39.5万亩，经济林2万亩，农民住宅四旁树木2万株，林木覆盖率26.3%，活立木蓄积量51.9万立方米。2011年，水果种植面积2.4万亩，产量2.5万吨，主要品种有苹果、梨，其中苹果0.6万吨，梨0.8万吨，桃0.6万吨，葡萄0.5万吨。

渔业以海淡水养殖、海洋捕捞为主。除海域和滩涂面积外，可用于水产养殖的淡水水面3061平方米。2011年，淡水鱼塘36平方千米，产量20881吨；海水鱼塘6.8平方千米，产量5157吨。拥有各类捕捞渔船568艘，其中从事境外远洋作业船舶达17艘，捕捞水产24842万吨；水产品总产量5.09万吨，渔业总产值10.3亿元，占农业总产值的16.57%。

2011年，全区农田有效灌溉率100%，拥有大中型农业机械1716台（辆）；名优特农产品有海赏牌水产品、兴帝白酒、燕泉啤酒、绿音符蔬菜、村溪牌梨、万家绿大米等，绿色环保农产品有西红柿、黄瓜、青椒；农民人均纯收入9422元。

工业 形成以钢铁、陶瓷、装备制造、化工、特种线缆、食品加工六大基地为主导，多行业协调发展的产业格局。工业总产值从1949年的78.3万元，增加到1978年的2.1亿元，2011年，达到1604.4亿元，比上年增长30%，工业增加值占国内生产总值的61.8%。

2011年，规模以上工业企业126家，职工8.3万人，实现工业增加值356.2亿元，比上年增长13.5%。其中大中型工业企业24家，职工6.3万人，实现工业增加值356.2亿元，比上年增长13.5%。销售收入达到亿元以上的企业74家，其中100亿元以上的3家，50亿元以上的1家，10亿元以上的16家；国丰公司为全国最大的窄带钢生产基地，年铁、钢、材配套综合生产能力800万吨；惠达集团是全国最大的卫生陶瓷生产企业，居世界第六位。省级经济技术开发区3个，省级工业聚集区2个。

商业外贸 2011年末，商贸流通业及社会服务业网点14083个，从业人员3.6万人。在建流通项目11个，总投资54.9亿元。各类市场63个，总面积72.3万平方米，摊位1.57万个。2011年，市场总成交额12.4亿元，比上年增长7.3%；社会消费品零售总额达108亿元，比上年增长15.8%。

2011年，进出口总额22.2亿美元，比上年增长45.5%；其中进口17.7亿美元，比上年增长65.4%；出口4.5亿美元，比上年减少0.9%，主要产品有陶瓷、钢铁、机械装备、食品、化工等420多个产品，销往150多个国家和地区。

财政金融 2011年，财政总收入50.6亿元，比上年增长19.9%。其中地方一般预算收入18.5亿元，比上年增长44.5%。从主要税种看，完成营业税5.4亿元，增值税21.2亿元，企业所得税9.4亿元，个人所得税2.4亿元，分别比上年增长55%、15.8%、15.5%、43.4%。人均财政收入9636元，比上年增长19.6%，比1978年增长130倍。

2011年，金融产业实现增加值9.9亿元，比上年增长5.3%，比1978年增长714倍。占国内生产总值的1.7%。年末有工商银行、农业银行、建设银行、交通银行、中国银行、唐山商业银行、中信银行、农业发展银行、信用联社、邮政储蓄10家银行和金融机构设立了营业网点；设有投资、担保类公司30家，小额贷款公司3家，人财、人寿、平安、新华等保险公司10多家。

2011年，银行和金融机构各类存款余额332亿元，比上年增长9.8%；城乡居民储蓄存款余额203.5亿元，比上年增加19.7亿元，人均储蓄38997元，比上年增长10.6%；各项贷款余额137.3亿元，比上年增加26.7亿元；证券公司营业部1家，开户股民（含基金）总数10762个，A股和基金交易额49亿元，减少15%，比上年减少9亿元。保险业实现保费收入3.73亿元，比上年减少0.3亿元。其中财产险保费收入1.4亿元，比上年增长16.7%，人身险保费收入2.3亿元，比上年减少16.2%。

社会发展

文化艺术 2011年末，文化艺术团体10个，会员315人（其中省级以上会员40余人）；艺术表演团体1个（国丰百花艺术团），演职人员40人；业余民间文艺队伍396支；剧院1座，座位1206个；电影公司1个，电影放映单位1个，影剧院和开放礼堂6座，座位10392个，每万人拥有197.87个；电影队22支，年放映8656场次，区文化馆建筑面积5000多平方米，设书画展厅，录音棚，音乐制作室，第一书画室，第二书画室，非遗展厅，第一排练厅，第二排练厅，电子阅览室，群众文化活动室和电子琴、钢琴培训室及综合培训室等，有音乐、舞蹈、美术、摄影等专业人员40名，为国家一级馆；乡镇文化站14个，15个乡镇全部建有文化信息资源共享工程乡镇服务点；2011年新建“新农村书屋”90个，累计达到235个，建成文化共享工程村级服务点300多个；公共图书馆1个，建筑面积8000平方米，藏书17万册，为国家一级馆；档案馆1个，建筑面积5900平方米。区新华书店设门市部、销售点1个，年图书发行量120万册，销售额1200万元。文化行业从业人员2000人，占全区社会从业人员的0.58%，其中事业单位从业人员157人；实现增加值14.4亿元，比上年增加15%，占国内生产总值的2.5%。2011年实现文化产业增加值14.4亿元，继续成为“全国文化先进县（区）”。

丰南文艺创作人才迭出，已形成“丰南作家群”，所创作的小说、散文、电视剧本多次在国家级、省级比赛中获奖；主要作品有现任全国政协常委、中国作家协会名誉副主席翟泰丰的剧本《冰封之前》《双喜临门》《老卫士》，文集《羽家诗词选》《羽家文集》《羽家民主》等；长篇小说《天高地厚》《风暴潮》《福镇》等6部，中篇小说集《大雪无乡》《野秧子》等9部（集），短篇小说《九月还乡》《蓝脉》《红旱船》《落魂天》《平原上的舞蹈》《红月亮照常升起》《苦雪》等，达600余万字。

地方特色民间艺术有广场舞蹈——《丰南篓子秧歌》、布贴画等。《丰南篓子秧歌》被纳列省级非物质文化遗产名录。1995年10月，丰南篓子秧歌赴沈阳参加第四届国际民间舞蹈邀请赛，获大赛最高奖——“金玫瑰奖”。布贴画通过构思创新成新型“布浮雕”工艺画，1997年、1998年、1999年3次参加全国性艺术大赛获奖，2000年申请专利，2001年9月获颁证书。

教育 2011年末，幼儿园68所，在园幼儿15360人，专任教师945人；小学74所，在校生35841人，专任教师1995人，小学适龄儿童入学率100%；初中20所，在校生15630人，专任教师1485人，初中适龄人口入学率98.8%，小升初升学率100%；普通高中3所，在校生10635人，专任教师882人；中等职业学校4所，在校生6593人；独立设置成人高等学校1所，招生1022人，在校生3000多人；成人中等专业学校1所，招生1201人，在校生3000多人；各级各类民办学校和教育机构31所。主要学校有丰南区第一中学，始建于1950年3月，是河北省首批办的159所中学之一、省级示范性高中；校园占地165亩，总建筑面积约7.8万平方米，教室全部为多媒体教室；现有在校生4500人，教职工427人。丰南区第二中学是一所省示范性高中，始建于1905年；学校占地170亩，总建筑面积66479平方米；现有在校生3300人，教职工357人。河北省联合大学冀唐学院、唐山劳动技师学院在丰南分别设立新校区。

2011年教育经费达7.96亿元，国家财政性教育经费7.46亿元，财政预算内教育经费7.37亿元，预算内教育事业费6.48亿元，分别比上年增加18.28%、21.90%、23.45%、45.95%。预算内教育经费（包括城市教育费附加）占财政总支出的比例为21.52%，比上年提高了1.81个百分点。2011年区政府投资1400万元购置60辆小学生专用校车，在全省率先实现了农村小学生接送车的全覆盖。

科技 2011年末，国家级高新技术企业6家，即唐山惠达陶瓷（集团）股份有限公司、唐山京兆科技开发有限公司、唐山贺祥集团有限公司、唐山神州机械有限公司、河北华通线缆有限公司、唐山海森电子有限公司，省级工程技术研究中心2家，承担国家级重点新产品3个，获河北省科技进步奖1项。各类人才29681人，其中专业技术人才15013人，经营管理人才5162人，技能人才7425人，农村实用人才2081人。完成上级科技计划14项（其中国家1项，省6项，市7项）。设立博士后流动工作站1个，培育首批国家中小企业知识产权战略推进工程企业3家，省级创新型企业2家，省级知识产权优势企业8家。

医疗卫生 2011年末，各级各类医疗卫生机构1004个，其中二级甲等医院2所（综合医院1所、中医院1所），卫生监督所、疾病预防控制中心、妇幼保健院各1所，乡镇卫生院15所，社区卫生服务中心5个，规范化达标的村级卫生室488个；适龄儿童基础免疫报告接种率达到99%；病床1169张，每千人拥有医疗床位2.2张，固定资产总值2.8亿元。专业卫生人员2424人，其中执业医师664人，执业助理医师453人，注册护士696人，平均每千人拥有卫生技术人员4.7人，平均每千人拥有执业（助理）医师2.14人，平均每千人拥有注册护士1.3人。2011年医疗机构（门诊部以上）完成诊疗21.4万人次，住院手术4117台次，出院病人10060人次。

2011年法定报告传染病发病率为641.04/10万，农村安全饮用水普及率96.2%，农村卫生厕所普及率57%。新型农村合作医疗参合人数39.1万人，参合率99.6%。居民人口平均期望寿命71.1岁，其中男性69.2岁，女性71.8岁；孕产妇死亡率0/10万，5岁以下儿童死亡率、婴儿死亡率、新生儿死亡率分别为4.6‰、4.2‰、3.1‰。

体育 2011年末，青少年活动中心1个，高标准体育馆1座，乒乓球馆1座，具有国际标准泳道的游泳池1个；区体育馆建筑面积5600多平方米，座位2472张，有400米跑道、足球场、篮球场、排球场、田径场，1991年投入使用后，曾承办中日韩羽毛球比赛，多次承办全国乒超联赛，2005和2007年承办全国篮球联赛，2007—2008年承办全国排球联赛；篮球场390个（其中45个有灯光设备），排球场35个。有4所中小学被分别确定为省、市级体育传统项目学校和训练点，银丰学校被评为省级体育传统项目学校先进单位。现有等级裁判员210人，等级运动员35人，各级社会体育指导员405人。截至2011年末，已累计完成419个农民健身工程建设，全部修建了620平方米的标准化篮球场，配备了活动器材。100%的城市社区安装了健身器材。2011年参加全国性体育比赛5次，获奖12项。

广播电视 1973年8月开通县有线广播站，到乡镇298杆千米，乡镇到村585杆千米，村以下1565杆千米；1998年5月开通无线广播电台，现有广播喇叭0.6万只，入户率78%，通响率98%。1989年开通调频台。2011年末区广播电台有1套2个广播节目，与省广播电台合作转播中央广播电台新闻节目，广播综合覆盖率100%，全年公共广播节目播出时间1200小时。

1987年10月建县电视台，发射塔高108米，覆盖半径40千米；1994年6月开通县有线电视。2011年末区电视台开通2频道，另有中央和省的23个电视频道在本地落户，有线电视用户5.2万户，其中数字电视用户3.8万户，占全区有线电视用户的23%，农村有线电视进村率、入户率分别达到30%和85%，电视综合覆盖率100%，全年公共电视节目播出时间3800小时。

新闻出版 2011年末，出版物发行集体、个体网点30家，从业人员60人；各类印刷复制企业58家，其中出版物印刷企业1家，包装装潢印刷企业14家，从业人员共530人；其他印刷品企业21家，复制单位22家，从业人员共197人。出版图书2种，总印数2万册，定价总金额4.2万元；出版期刊1种，总印数5000册，定价总金额30万元；新华书店系统销售1200万元，其他31万元；出版物印刷企业完成总印量600万印张，销售收入19.3万元；全行业完成增加值600万元，占国内生产总值的0.6%，实现利税450万元。

社会保障 2011年，城镇最低生活保障户数840户，人数1557人，支出535万元，比上年增长39.2%，月人均286.34元，比上年增长34.8%；城市医疗救助12人次，民政部门资助参加合作医疗2160人次，共支出33.14万元，比上年增长24.3%。

农村最低生活保障户数5168户，人数7838人，支出1286.3万元，比上年增加33.7%，月人均136.75元，比上年增长133.8%；农村五保集中供养996人，集中供养率97%，占全市首位，支出498万元，比上年增长7.5%；农村五保分散供养32人，支出11万元，比上年减少9.1%；农村医疗救助117人次，民政部门资助参加合作医疗1万人次，共支出30万元，比上年增长51.5%；农村临时救济418人次，支出35.4万元，比上年减少56%。

自然灾害受灾人口22万人，农作物受灾面积30.7万亩，直接经济损失20729万元，救灾支出196.5万元，比上年增长83.8%。

国家抚恤、补助各类优抚对象4433人，安置义务兵、士官等26人，军休所1个，接收军队离退休干部1人，抚恤事业费支出1868.6万元，比上年减少1.3%。

社会福利费1167万元，比上年增长1.8%；社会服务单位14个，床位1077张，其中社区服务床位130张，军休床位10张，收养184人。

社区服务设施27个，其中社区服务中心1个，社区服务站26个；社区日间照料床位数58张，社区留宿照料床位数23张。

经常性社会救助工作站、点和慈善超市24个，全年接受社会捐款267.6万元，使1397人（次）困难群众受益；区慈善协会累计发放慈善资金1468.8万元，救助15740人次；福利企业20个，安置残疾职工654人，福利企业产值14.8亿元。

新增就业人员7100人，有4547名下岗失业人员实现了再就业，就业困难人员再就业800人，年末城镇登记失业人数1600人，城镇登记失业率为3%，组织9名高校毕业生到农村基层从事“三支一扶”的工作。

五项社会保险（不含新型农村社会养老保险）基金收入合计11.4亿元，比上年增长30%，基金支出合计5.8亿元，比上年增长32%。年末参加城镇基本养老保险8.7万人，比上年末增加1.2万人，其中参保职工7.4万人，参保离退休人员0.9万人，分别比上年末增加0.4万人和0.2万人。参加基本养老保险的农民工1.6万人，比上年末增加0.1万人。参加企业基本养老保险8.5万人，比上年末增加1万人。参加城镇基本医疗保险12万人，比上年末增加1万人，其中参加城镇职工基本医疗保险8.9万人，比上年末增加0.5万人，参加城镇居民基本医疗保险3.1万人，比上年末增加0.3万人，参加医疗保险的农民工1万人，比上年末增加200人。参加失业保险4.2万人，比上年末增加0.1万人，其中参加失业保险的农民工1.2万人，比上年末增加0.2万人，年末领取失业保险金0.3万人，比上年末增加0.2万人。参加工伤保险8.9万人，比上年末增加0.7万人，其中参加工伤保险的农民工3.4万人，比上年末增加0.4万人，全年认定（视同）工伤1700人，比上年增加66人，全年评定伤残等级423人，比上年增加59人，全年享受工伤保险待遇300人，比上年增加100人。参加生育保险7.3万人。

城镇非私营单位在岗职工年平均工资为38579元，比上年增加4167元。年末规模以上企业劳动合同签订率达到92%。各级劳动人事争议调解组织和仲裁机构共受理劳动人事争议案件504件，结案504件，其中通过调解方式结案281件，占55.8%，仲裁机构立案受理劳动人事争议450件，结案率100%，调解组织受理（含仲裁机构案外调解）335件，结案率为100%。各级仲裁机构立案受理劳动争议450件，比上年增长23.3%，涉及劳动者692人，比上年增加46.4%，其中集体劳动争议9件，涉及劳动者251人，当期共审结劳动争议案件417件，比上年增长20.9%。

环境保护 2011年本级财政用于环境保护的资金0.12亿元，占财政支出的0.4%；空气质量一级天数107天，二级天数250天，三级天数8天，达到二级和好于二级的天数占全年天数的97.8%；空气中二氧化硫、二氧化氮年均浓度值分别为0.043毫克/立方米、0.035毫克/立方米，达到（超过）国家二级标准；可吸入颗粒物年均浓度值为0.062毫克/立方米，达到（超过）国家二级标准。污水处理能力达到8.5万立方米/日，污水处理率达到90%，再生水利用量达到0.3亿立方米，生活垃圾无害处理率达到100%；城镇人均公园绿地面积21.4平方米，城镇绿化覆盖率达到35.1%，全境林木绿化率达到25.6%。

基础设施

交通运输 已形成由铁路、公路、航运3种运输方式构成的交通运输网络。

铁路七滦线、津山线、汉南铁路、张唐铁路过境，其中七滦线境内长8.2千米，为轻轨铁路，设胥各庄站，通往七道桥、滦县；津山线境内长27千米，为轻轨铁路，设丰南站、七道桥站、田庄站，通往天津、山海关；汉南铁路境内长15.1千米，为轻轨铁路，设南堡站，通往天津、南堡；张唐铁路境内长30.5千米，为轻轨铁路，通往张家口、唐山，以货运为主；正在建设中的津秦客运专线，境内长26.3千米，通往天津、秦皇岛。

长深、唐曹、唐港、沿海、唐山绕城高速公路过境，其中长深高速公路境内长23.3千米，双向6车道；唐曹高速公路境内长33.9千米，双向6车道；唐港高速公路境内长13.4千米，双向6车道；沿海高速公路境内长20.3千米，双向4车道；唐山绕城高速公路境内长14千米，双向6车道，有丰南南、丰南西、丰南3个出口，通往长春、深圳、曹妃甸、京唐港。205、112国道过境，全长36.8千米；唐海线、唐港线、沿海公路、丰碱线、大碱连接线省道过境，其中唐海线省道境内长29千米，双向4车道；唐港线省道境内长13.6千米，双向4车道；沿海公路省道境内长21.2千米，双向4车道；丰碱线省道境内长37千米，双向4车道；大碱连接线省道境内长17.9千米，双向4车道；通往唐海县、唐山京唐港、南部沿海、南堡碱厂。有县乡（镇）级公路98条，总长547.4千米。村级油路长497.5千米，全区油（砼）路通车总里程1318.9千米，辖区公路密度101千米/百平方千米，地方道路密度81.7千米/百平方千米。2011年运输企业拥有货运车辆5400辆；货运量4751万吨，货运周转量337321万吨·千米。客运量30.8万人次，客运周转量2186.8万人·千米。

邮政电信 2011年末，邮政网点15个（不含一类网点），乡邮投递路线37条，乡村通邮率100%；汽车邮路2条，总长度约194千米；城市投递道段11条。报刊亭9个，邮政信筒18个。全年投递国内函件108.4万件，国内汇票业务完成13.4万笔，国内异地特快专递信件完成16.8万件，征订报纸37.7万份、期刊18.7万册，业务收入3286万元。

电信企业3家，服务网点1244个；电话交换机总容量10万门，固定电话用户96252户，比上年增加1829户，电话用户普及率达到64.7%，比上年提高1.9个百分点；移动电话用户532376户，移动电话普及率为100%，比上年提高18.7个百分点；光缆线路总长达3926千米，主干电缆达38万对，互联网端口总数10.1万个，其中已占用端口总数6.1万个，宽带接入用户6.1万户，比上年增加6900户。全年电信业务收入32852万元。

能源 2011年末，发电企业1家，发电3.06亿度。建有沼气池29245座，2924.5万立方米。日供天然气12万立方米。其中城区天然气（煤气）管线132千米，供（加）气站2个，天然气（煤气）用户25003户，其中工业用户3户，居民用户25000户，燃气普及率为98%，月天然气（煤气）平均用量117立方米。

名胜旅游

旅游业概况 境内主要风景区有唐津运河生态旅游度假景区、惠丰湖公园、运河唐人街景区；市级文物保护单位宋家营六村银杏树1处。国内旅行社2家。

2011年，共接待游客500万人次。

主要风景区 唐津运河生态旅游度假景区 由三大景区构成。第一景区：位于丰南西城区核心区域，包括已建成投入使用的惠丰湖公园、运河唐人街和正在建设之中的青少年科技体验中心等项目。第二景区：位于唐津运河西侧，丰南镇与南孙庄乡交界处，占地2000亩，包括垂钓园、休闲会所、度假村、水世界和农业观光园等项目，并配套建设万亩花卉苗圃基地。第三景区：位于唐津运河东田庄乡境内，主题内容是东田庄乡药王庙的历史文化。

重点名胜古迹 唐胥铁路 中国第一条自筑标准轨距铁路。东起开平矿务局，西至胥各庄煤码头，全长9.76千米，路基宽15.23米。该铁路于1881年5月13日兴工，11月工程告竣，是中国第一条自筑标准轨距铁路（1435毫米）。至1907年，以唐胥铁路为基础的京奉铁路全线通车。

“龙”号机车 我国第一台蒸汽机车。1881年，胥各庄修车厂工人们根据英国工程师金达的设计图纸，在简陋的工厂里，以矿山机器上的锅炉蒸汽机为主要部件制造出来的。

胥各庄站 中国最早的火车站。位于丰南区滨河南大街东侧煤河南岸，始建于1881年，当时为煤炭外运的铁路枢纽。胥各庄站和唐山站在中国铁路发展史上具有里程碑意义。

风景点 惠丰湖公园 位于丰南西城区正苑大街南侧，运河东路以西，参照了“一池三山”（即太液池，瀛洲、蓬莱、方丈三山）的中国古典园林建设布局，将湖面整体形状设计成葫芦形。湖中设三座人工岛——长春岛、越支岛、永丰岛。永丰岛由惠桥和丰桥与东西湖岸相连，两座桥护栏上分别雕刻着梅、兰、竹、菊，雕刻精美细致。湖北岸设置了水幕电影和音乐喷泉，喷泉长200米，可喷射11种水型，中心主喷高度可达100米。

运河唐人街 位于丰南西城区惠丰湖南侧、唐津运河两岸，全长近1000米。运河唐人街建筑风格为明清仿古建筑，以一层、二层为主，功能定位是集品牌餐饮、购物休闲、古玩字画、旅游观光为一体的文化旅游商业街。

土特产品 境内主要土特产品有盐、毛蚶、苇草、对虾、小磨香油等。

盐 年产原盐130万吨。产品纯净、透亮、粒大、味正、无杂质、少芒硝。所产洗盐广销全国各省、市。加碘盐则销山东、辽宁等省。

毛蚶 年产量400万斤以上。毛蚶个大肉嫩，味道鲜美，其贝壳可供药用，也可粉碎做猪、鸡的饲料添加剂。蚶肉可以生吃，也可以晒干储存炒着吃，营养价值高，销售南方诸省，出口日本等国家。

苇草 苇草是苇席、京苇帘、人参帘、房箔、砖箔、盐苫子以及造纸的主要原料。丰南京苇帘畅销日本。

小磨香油 采用芝麻为原料，以手转石磨为动力，精制而成，尤以宋家营五村李家产品为最佳，系祖传技艺。其产品特点是：油质明澈，色如血清，无沉淀，耐储存，气香醇而淡雅。

重大事件

本辖区内发生的重大事件有1840年8月20日的英军登陆黑沿子，1945年1月27日的崔坨惨案等。

英军登陆黑沿子 第一次鸦片战争期间，1840年8月20日至24日，英国战舰在涧河、黑沿子海面游弋。英军乘连日大雨，地面漫水深一二尺之机，两次驾驶舢板，持枪上岸，到黑沿子村骚扰，其村民有畏怯躲避者，该夷即将其牲畜自行攫取，并在村民中散发英国照会。十几年后的第二次鸦片战争中，英法联军火轮舰停泊在黑沿子西南插网铺附近海面，舰上火炮向黑沿子方向射击，炮弹落在北大港的荒滩上。这一事件，掀开了近代中华民族灾难性的一页。

崔坨惨案 崔坨，包括现在东崔坨、西崔坨、小卢庄3个村庄。1945年1月27日，冀热辽军区十四团的一、二连开到崔坨休整。伪满铁血部队发现后，动用两个团的兵力对一、二连四面包围。由于敌众我寡，部队决定突围转移。隐蔽在秃尾巴沟的妇女老幼被敌人发现，敌人端起机枪向沟里群众扫射、扔手榴弹。刽子手跳进沟里，将每个群众各扎三刺刀。大火烧毁房屋200多间，烧毁粮食、柴草、衣服、被褥，还抢走了耕畜。在这次惨案中，被屠杀的群众27人，有10人受了重伤。

著名人物

本辖区的著名人物有高第、董果、裴文中、吴德、李九龙等。

高第（生卒年月约在明隆庆至清顺治初年） 稻地镇安机寨人。明万历十七年（1589年）中进士。历任临颍县令、户部户曹、湖广布政使司参政、陕西省按察司、都察院左都御史、巡抚、兵部尚书等职。著有《太极良知》《抚云书稿》《籁真》等诗文集。

董果（1733～1788年） 黄各庄镇董各庄村人。出生世代簪缨之家。自幼练就一身武艺，刚毅任侠。清乾隆二十一年（1756年）中武举，授三等侍卫，初为甘肃游府，后提为游击参将。三十七年（1772年）至四十一年（1776年），先后征战于大、小金川，历70余战，功绩显赫。清廷派董果为台湾挂印总兵，到任后遍察地形，并亲手绘制台湾地形图和军事要害图，向朝廷进呈防务奏折，对维护国家统一作出了贡献。

裴文中（1904～1982年） 小集镇西纪各庄人。曾就读于滦州师范，后考入北京大学地质系。1929年，北京周口店的考古挖掘工作进入艰难阶段，瑞典指导人辞职。在几近放弃的情况下，裴文中坚持继续发掘，终于发现了北京猿人头盖骨化石。这一发现轰动全国，并震惊全球学术界。1937年，裴文中赴法深造，获得巴黎大学博士学位。1944年5月，日本宪兵将其逮捕，追问北京猿人头盖骨化石下落。裴文中忍受酷刑，未使日本人阴谋得逞。北平解放后，先后任北京大学、北京师范大学教授，中国科学院学部委员、中国社会科学院研究员、北京自然博物馆馆长、全国政协第三届至第五届委员，九三学社中央常务委员等职。国际称号有皇家人类学会荣誉会员、国际史前原始学协会名誉常务理事、国际第四纪联合会名誉会员。一生论文、专著有150多篇（册）。

吴德（1913～1995年） 大新庄镇大新庄一村人。

1932年参加反帝大同盟，次年加入中国共产党。1940年到延安。1945年后，任冀东区委书记兼唐山市市委书记。中华人民共和国成立后，历任燃料工业部副部长、吉林省省委第一书记、中共中央东北局书记处书记。1966年后，历任中共北京市委第二书记、北京市革委会主任、中共北京市委第一书记、北京军区政委。为中共第八届中央候补委员，第九届中央委员，第十、十一届中央政治局委员，第四、五届全国人大常委会副委员长，第一、二届中顾委委员。

李九龙（1929～2003年）　丰南镇么家泊村人。中国共产党第十二、十三、十四、十五届中央委员。1945年加入中国共产党，同年参加八路军。解放战争时，曾任中国人民解放军第四野战军排长、连长。在辽沈、平津、衡宝战役中屡立战功，升任营长。1952年参加抗美援朝，任中国人民解放军副团长、师侦察科科长。回国后历任中国人民解放军团长、师长、军长。1985年任济南军区司令员。1988年被授予中将军衔。1990年任中国人民解放军总后勤部副部长。1991年任成都军区司令员。1994年被授予上将军衔。1998年3月，当选第九届全国人大内务司法委员会副主任。2003年11月19日，在北京逝世。

城区市政建设

道路　2011年末，城区道路总长度111.7千米；道路铺装面积223.7万平方米；桥梁29座，总长度2.3千米。

公共交通　2011年末，城区公交汽车线路12条，运营总里程达840万千米，公交运营车辆140辆，万人拥有量为5.4辆，年客运量2502万人次；出租车355辆，万人拥有量6.6辆，年客运量647.9万人。

给排水　2011年末，城区自来水厂2座，敷设干线水管75千米，供水总面积7.5平方千米，生产能力2.2万吨/日，年生活用水803万吨，居民自来水普及率90%，年人均生活用水73吨；排水管道192.6千米，污水治理工程3项，污水处理厂3座，日污水处理能力6.4万吨，工业废水处理率95%以上。

供电　2011年末，城区110千伏及以上公用变电站（所）11座，主变压器23台，总容量1984.5兆伏安，高压输电线路55条，总长度690.7千米。35千伏公用变电站19座，主变压器40台，总容量526.6兆伏安，35千伏输电线路28条，总长度208.1千米。年售电量累计完成27.1亿千瓦时，综合电压合格率98.3%，供电可靠率99.8%。

供热　2011年末，城区热水供热管道总长度80千米，供热面积456万平方米；供热用户3万户，其中工业用户1319户，居民用户28681户，供热普及率和管道燃气普及率均为98%。

燃气　2011年末，城区天然气（煤气）管线132千米，供（加）气站2个，天然气（煤气）用户25003户，其中工业用户3户，居民用户25000户，燃气普及率为98%，月天然气（煤气）平均用量117立方米。

园林绿化　2011年末，城区公园11个，公园绿地面积726.1公顷，其中公共绿地面积219.3公顷，绿地率30.2%，绿化覆盖率35.1%。

（撰稿：郑红艳，初审：李凤新、李继隆）

胥各庄街道

(Xugezhuang Jiedao)

全国和谐社区建设示范街道、全国和谐社区建设自主创新先进街道、河北省委先进基层党组织，曾获“全国基层社会管理体制优秀成果奖”。

政区概况

名称来历　原名婿嫁庄。相传，明永乐年间，赵氏先祖由玉田县彩亭桥迁至王禾庄，后来兄弟分家，其弟迁到此地，在这里被招为婿，因男到女村，故取名婿嫁庄，以后按字的谐音叫成了胥各庄。

地理位置　东、西、南邻丰南镇，北靠唐山市路南区。办事处驻青年路82号，电话区号0315，邮政编码063300，为丰南区人民政府驻地街道。

政区沿革　1996年5月，析胥各庄镇置城区街道。2004年7月，改为胥各庄街道。

政区划分　2011年末，辖河头、滨河、新兴、路南、东兴、建设楼、曙光、新华、物资村、丰苑、金都花园、银丰家园、金惠、御景花园、丽水馨苑15个社区居民委员会。

人口面积　2011年末，辖区总人口37668人，其中城镇常住人口27668人。另有流动人口4279人。总人口中，男性19834人，占52.7%；女性17834人，占47.3%；14岁以下7668人，占20.3%；15～64岁25000人，占66.4%；65岁以上5000人，占13.3%。总人口中，以汉族为主，达37608人，占99.8%。2011年，人口出生率9.32‰，人口死亡率5.9‰，人口自然增长率3.42‰。

辖区东西最大距离4.2千米，南北最大距离7.3千米，总面积12平方千米。人口密度为每平方千米3139人。

社会发展

文化艺术　2011年末，街道文化服务中心1个，社区文体娱乐室8个；社区图书阅览室8个、藏书1万册；舞蹈、秧歌、戏曲等文化娱乐团体32个。其中老同志合唱团于1995年5月成立，由离退休干部、教师、职工60人组成，曾多次获奖，所创作的《丰南渔民号子》正在申请河北省非物质文化遗产。

医疗卫生　2011年末，各级各类医疗卫生机构11个。重点医院有丰南区医院（二级甲等）、丰南区中医院（二级甲等）、丰南区妇幼医院，均为集医疗、科研、教学、预防、保健为一体的综合性医院；胥各庄街道社区卫生服务中心、新华社区卫生服务站、水景花苑社区卫生服务站、东兴社区卫生服务站、新兴社区卫生服务站为社区医疗卫生服务机构。

社会保障　2011年城镇最低生活保障户数198户，人数381人，支出114.2万元，比上年增长21%，月人均250

元，比上年增长27%；民政部门资助参加合作医疗391人次，支出7.8万元，比上年增长50%；城市临时救济7户，支出3.6万元。国家抚恤、补助各类优抚对象120人，抚恤事业费支出112.2万元，比上年增长37%。社区服务中心1个，居家养老服务站8家，床位58张。

滨河社区

(Binhe Shequ)

名称来历 由于位于煤河北岸，地处滨河北大街而得名。

地理位置 地处胥各庄街道办事处东南部，东至汇通路，南至滨河北大街，西至青年路，北至文化大街。

主要指标 2011年末，辖区总人口7017人，总面积0.9平方千米，城镇居民人均可支配收入21501元。

东兴社区

(Dongxing Shequ)

名称来历 由于东兴社区辖区东邻东兴街而得名。

地理位置 地处胥各庄街道办事处东部，东至唐胥路，南至文化大街，西至建设路，北至国丰大街。

主要指标 2011年末，辖区总人口5152人，总面积1.2平方千米，城镇居民人均可支配收入21605元。

丰苑社区

(Fengyuan Shequ)

名称来历 由于社区驻地在丰苑小区得名。

地理位置 地处胥各庄街道办事处东南部，东至205国道，南至205国道，西至青年路，北至光明大街。

主要指标 2011年末，辖区总人口3826人，总面积1.6平方千米，城镇居民人均可支配收入18600元。

河头社区

(Hetou Shequ)

名称来历 地处煤河之源头而得名。

地理位置 地处胥各庄街道办事处东南部，东至学院路，南至滨河北大街，西至汇通路，北至文化大街。

主要指标 2011年末，辖区总人口11917人，总面积0.3平方千米，城镇居民人均可支配收入19600元。

新华社区

(Xinhua Shequ)

名称来历 因社区驻地位于新华小区而得名。

地理位置 地处胥各庄街道办事处西南部，东至新华路，南至滨河北大街，西至津山铁路，北至文化大街。

主要指标 2011年末，辖区总人口4892人，总面积0.17平方千米，城镇居民人均可支配收入21600元。

新兴社区

(Xinxing Shequ)

名称来历 新兴社区建于1994年，正值丰南建市初期，代表着丰南城市化建设的开端而起名新兴。

地理位置 地处胥各庄街道办事处北部，东至青年路，南至文化大街，西至津山铁路，北至白石庄村。

主要指标 2011年末，辖区总人口7664人，总面积1平方千米，城镇居民人均可支配收入23600元。

曙光社区

(Shuguang Shequ)

名称来历 新建小区，寓意早晨的阳光充满生机与活力。

地理位置 地处胥各庄街道办事处西南部，东至青年路，南至滨河北大街，西至西湖路，北至文化大街。

主要指标 2011年末，辖区总人口3800人，总面积0.16平方千米，城镇居民人均可支配收入20600元。

金惠社区

(Jinhui Shequ)

名称来历 以金惠集团住宅小区命名。

地理位置 地处胥各庄街道办事处东南部，东至205国道，南至朝阳大街，西至青年路，北至欣荣街。

主要指标 2011年末，辖区总人口2630人，总面积0.07平方千米，城镇居民人均可支配收入19800元。

路南社区

(Lunan Shequ)

名称来历 路南社区因所辖区域位于京山线之南，命名为路南社区。

地理位置 地处胥各庄街道办事处东南部，东至蛮子坨村，南至小翟庄，西至铁南居委会，北至七滦铁路。

主要指标 2011年末，辖区总人口4153人，总面积2平方千米，城镇居民可人均支配收入21400元。

物资村社区

(Wuzicun Shequ)

名称来历 原物资局家属楼所在地，故名。

地理位置 地处胥各庄街道办事处驻地东南部，东至东板桥村，南至光明大街，西至青年路，北至七滦铁路。

主要指标 2011年末，辖区总人口2659人，总面积1.2平方千米，城镇居民人均可支配收入26000元。

建设楼社区

(Jianshelou Shequ)

名称来历 初建时管辖区域以建设楼小区为主，故名建设楼社区。

地理位置 地处胥各庄街道办事处东部，东至建设路，南至文化大街，西至青年路，北至国丰大街。

主要指标 2011年末，辖区总人口6042人，总面积2.85平方千米，城镇居民人均可支配收入23300元。

金都花园社区

（Jinduhuayuan Shequ）

名称来历 以金都花园住宅小区命名。

地理位置 地处胥各庄街道办事处南部，东至青年路，南至侉子庄一村，西至侉子庄二村，北至银杏街。

主要指标 2011年末，辖区总人口4060人，总面积0.24平方千米，城镇居民人均可支配收入23200元。

银丰家园社区

（Yinfengjiayuan Shequ）

名称来历 以银丰家园住宅小区命名。

地理位置 地处胥各庄街道办事处南部，东至青年路，南至金盛街，西至七滦铁路，北至七滦铁路（不含丰南镇所属的张思庄、铁匠庄、侉子庄二村、侉子庄三村）。

主要指标 2011年末，辖区总人口3767人，总面积1平方千米，城镇居民可人均支配收入18800元。

御景花园社区

（Yujinghuayuan Shequ）

名称来历 以御景花园住宅小区命名。

地理位置 地处胥各庄街道办事处南部，东至青年路，南至御稻街，西至迎宾路，北至朝阳大街。

主要指标 2011年末，辖区总人口1594人，总面积0.09平方千米，城镇居民人均可支配收入28600元。

丽水馨苑社区

（Lishuixinyuan Shequ）

名称来历 以丽水馨苑住宅小区命名。

地理位置 地处胥各庄街道办事处东南部，东至七滦铁路，南至七滦铁路，西至汇通路，北至滨河南大街。

主要指标 2011年末，辖区总人口1600人，总面积0.04平方千米，城镇居民人均可支配收入23500元。

（撰稿：徐志宏，初审：郑红艳、李凤新、李继隆）

希望路街道

（Xiwanglu Jiedao）

政区概况

名称来历 因街道办事处驻地位于南堡开发区希望路，故名。

地理位置 地处丰南区东南，东与原唐海县接壤，南临渤海，西邻黑沿子镇及沿海工业区，北与滨海镇为邻。人民政府驻南堡开发区荣华道5号，电话区号0315，邮政编码063305，距丰南区人民政府40千米。

政区沿革 2006年，设立希望路街道。

政区划分 2011年末，辖东苑、硕秋园、西苑、新苑、三友、海月花园6个社区居民委员会。

人口面积 2011年末，城镇常住人口37113人，城镇化率98%。另有流动人口907人。总人口中，男性19223人，占51%；女性18797人，占49%；14岁以下1850人，占4.9%；15～64岁14056人，占37%；65岁以上22114人，占58.1%。总人口中，以汉族为主，达38020人，占99%；有满、回、蒙古3个少数民族，共219人，占0.007%；超过10人的有满、回、蒙古3个少数民族，其中满族170人，占少数民族人口的0.78%；回族39人，占0.18%。2011年，人口出生率5.5‰，人口死亡率1.12‰，人口自然增长率4.38‰。

辖区东西最大距离13.79千米，南北最大距离3.11千米，总面积3.08平方千米。人口密度为每平方千米12050人。

社会发展

教育 2011年末，幼儿园1所，在园幼儿645人，专任教师57人；小学1所，在校生1532人，专任教师86人；初中1所，在校生820人，专任教师90人；民办学校和教育机构1所。2011年教育经费达0.16亿元，国家财政性教育经费0.16亿元。

医疗卫生 2011年末，各级各类医疗卫生机构18个，其中二级综合医院1所，卫生院1所；病床108张，其中公立卫生机构床位100张，固定资产总值141万元。专业卫生人员148人。

体育 2011年末，体育场地1处。100%的城市社区安装了健身器材。

广播电视 2006年11月建南堡电视台，覆盖半径11.5千米。2011年末开通143频道，有线电视用户0.9万户，其中数字电视用户0.3万户。

社会保障 2011年，城镇最低生活保障户数25户，人数38人，13.2万元；城市医疗救助2人次，支出0.9万元。国家抚恤、补助各类优抚对象17人，支出11.82万元。社区服务中心2个。

三友社区

（Sanyou Shequ）

名称来历 因三友集团得名。

地理位置 地处希望路街道办事处正南部，东至希望路，南至步行街，西至南源路，北至发展道。

主要指标 2011年末，辖区总人口6102人，总面积1.2平方千米，城镇居民人均可支配收入21184元。

东苑社区

(Dongyuan Shequ)

名称来历 因社区办公地点坐落于东苑小区而得名。

地理位置 地处希望路街道办事处东南部，东至阳光园，南至东风道，西至南源路，北至畅夏园。

主要指标 2011年末，辖区总人口6003人，总面积1.3平方千米，城镇居民人均可支配收入21184元。

西苑社区

(Xiyuan Shequ)

名称来历 因社区办公地点坐落于西苑小区得名。

地理位置 地处希望路街道办事处西部，东至南源路，南至东风道，西至尖坨子，北至发展道。

主要指标 2011年末，辖区总人口6100人，总面积2平方千米，城镇居民人均可支配收入21184元。

硕秋园社区

(Shuoqiuyuan Shequ)

名称来历 因社区坐落于硕秋园小区得名。

地理位置 地处希望路街道办事处东南部，东至8号路，南至阳光园小区，西至畅夏园小区，北至2号路。

主要指标 2011年末，辖区总人口6456人，总面积1.2平方千米，城镇居民人均可支配收入21184元。

海月花园社区

(Haiyuehuayuan Shequ)

名称来历 因社区坐落于海月花园而得名。

地理位置 地处希望路街道办事处东南部，东至丽馨园小区，南至新苑小区，西至希望路，北至2号路。

主要指标 2011年末，辖区总人口6075人，总面积0.7平方千米，城镇居民人均可支配收入21184元。

新苑社区

(Xinyuan Shequ)

名称来历 因社区坐落于新苑小区而得名。

地理位置 地处希望路街道办事处东南部，东至8号路，南至畅夏园小区，西至海月花园，北至2号路。

主要指标 2011年末，辖区总人口6023人，总面积0.8平方千米，城镇居民人均可支配收入21184元。

（撰稿：王嘉，初审：田雨生）

新华路街道

(Xinhualu Jiedao)

政区概况

名称来历 以辖区内新华路命名。

地理位置 地处丰南区西部，东临宁河县桥北镇，南临宁河县大北镇，西临芦台经济开发区海北镇，北临宁河县廉庄乡。办事处驻新华路南37号，电话区号022，邮政编码301505，距唐山市区55千米。

政区沿革 2004年5月，以原芦台农场场部管理处为基础，置新华路街道。

政区划分 2011年末，辖河东区、永兴街、广安街、工业区、第一、第二、第三、第四、第五9个社区居民委员会。

人口面积 2011年末，辖区总人口14600人，其中城镇常住人口13520人。另有流动人口1080人。总人口中，男性7820人，占53.56%；女性6780人，占46.44%；14岁以下2300人，占15.75%；15～64岁10230人，占70.07%；65岁以上2070人，占14.18%。总人口中，以汉族为主，达14600人，占98.9%；有满、回、蒙古、土家、苗、朝鲜、维吾尔、哈尼8个少数民族，共156人，占1.1%；超过10人的有满、回、蒙古3个少数民族，其中满族71人，占少数民族人口的45.5%；回族64人，占41%；蒙古族11人，占7%。2011年，人口出生率3.02‰，人口死亡率2.3‰，人口自然增长率0.72‰。

辖区东西最大距离3千米，南北最大距离2.7千米，总面积8平方千米。其中陆地面积7.1平方千米，占88.6%；水域面积0.9平方千米，占11.4%。人口密度为每平方千米1825人。

经济概况

农业 耕地面积11.5万亩。2011年，实现农业增加值2.71亿元，占国内生产总值的10.3%。

粮食作物以水稻、玉米为主。2011年，生产粮食9378吨，其中水稻6446吨，小麦2932吨。主要经济作物有棉花、西瓜等。农民人均纯收入9616元。

工业 2011年，工业总产值65.04亿元，比上年增长23.4%，实现工业增加值17.93亿元，占国内生产总值的68%。

2011年，规模以上工业企业33家，职工0.59万人，实现工业增加值15.67亿元，比上年增长19.9%。

商业外贸 2011年末，商业网点645个，职工2190人。2011年，社会消费品零售总额达3.96亿元，比上年增长22.3%。

财政金融 2011年，财政总收入1.38亿元，比上年增长19.4%。人均财政收入3414元，比上年增长19.3%。

2011年，金融产业实现增加值0.1亿元，比上年增长5.8%。年末有中国农业银行、河北省农村信用社2家银行和金融机构开设了分行或设立了办事处。

社会发展

文化艺术 2011年末，街道文化站2个，社区文化活动中心9个；各类图书室9个，藏书2万余册；音乐、体育、美术、书法等各类业余文化团体10个，会员100余人。

体育 2011年末，半封闭式灯光球场1处，座位1500个。职工文化活动中心1个，为三层楼房结构，内设台球室、乒乓球室、游戏机室、麻将室、图书馆、阅览室、舞厅等。66.6%的城市社区安装了健身器材，经常参加体育活动的人员占常住人口的40%。

社会保障 2011年，城镇最低生活保障户数752户，人数1865人，支出401.8万元，比上年增长13.6%，月人均180元，比上年增长13.5%；城市医疗救助90人次。

新增就业人员260人，有1530名下岗失业人员实现了再就业，就业困难人员再就业96人，年末城镇登记失业人数305人，城镇登记失业率为13.8%，全年共帮助20户零就业家庭实现每户至少一人就业。城镇居民基本医疗保险参保人数2560人，比上年末增加到105人。

环境保护 生活垃圾无害化处理率达97%。

河东区社区

(Hedongqu Shequ)

名称来历 因社区在新水河以东得名。

地理位置 地处新华路街道办事处中部，东至第一社区，南至205国道，西至富康路，北至蓟海公路。

主要指标 2011年末，辖区总人口2010人，总面积0.15平方千米，城镇居民人均可支配收入9600元。

永兴街社区

(Yongxingjie Shequ)

名称来历 因社区内有永兴街得名。

地理位置 地处新华路街道办事处中部，东至富康路，南至第三社区，西至广安街社区，北至蓟海公路。

主要指标 2011年末，辖区总人口3019人，总面积0.43平方千米，城镇居民人均可支配收入9600元。

广安街社区

(Guang'anjie Shequ)

名称来历 因社区内有广安街得名。

地理位置 地处新华路街道办事处中部，东至广安街，南至第三社区，西至盛世大道，北至蓟海公路。

主要指标 2011年末，辖区总人口2032人，总面积0.13平方千米，城镇居民人均可支配收入9600元。

工业区社区

(Gongyequ Shequ)

名称来历 因社区处于工业区内得名。

地理位置 地处新华路街道办事处中部，东至富康路，南至205国道，西、北至第三社区。

主要指标 2011年末，辖区总人口520人，总面积0.05平方千米，城镇居民人均可支配收入9600元。

第一社区

(Diyi Shequ)

名称来历 芦台农场下设分场，得名一分场，现称第一社区。

地理位置 地处新华路街道办事处东部，东至天津市宁河县廉庄乡，南至天津市宁河县赵庄，西至第二社区，北至天津市宁河县廉庄。

主要指标 2011年末，辖区总人口1241人，总面积12平方千米，城镇居民人均可支配收入9600元。

第二社区

(Di'er Shequ)

名称来历 芦台农场下设分场，得名二分场，现称第二社区。

地理位置 地处新华路街道办事处北部，东至第一社区，南至第三社区，西至花牛村，北至天津市宁河县廉庄镇任千村。

主要指标 2011年末，辖区总人口1341人，总面积9.6平方千米，城镇居民人均可支配收入9600元。

第三社区

(Disan Shequ)

名称来历 芦台农场下设分场，得名三分场，现称第三社区。

地理位置 地处新华路街道办事处南部，东至盛世大道，南至205国道，西至花牛村，北至第二社区。

主要指标 2011年末，辖区总人口1441人，总面积9.2平方千米，城镇居民人均可支配收入9600元。

第四社区

(Disi Shequ)

名称来历 芦台农场下设分场，得名四分场，现称第四社区。

地理位置 地处新华路街道办事处西部，东至花牛村，南至马从村，西至杜庄村，北至东双村。

主要指标 2011年末，辖区总人口1511人，总面积9.5平方千米，城镇居民人均可支配收入9600元。

第五社区

(Diwu Shequ)

名称来历 芦台农场下设分场，得名五分场，现称第五社区。

地理位置 地处新华路街道办事处西部，东至大通路，南至205国道，西至兴业纸箱厂，北至华隆电器厂。

主要指标 2011年末，辖区总人口696人，总面积0.12平方千米，城镇居民人均可支配收入9600元。

（撰稿：刘炳香，初审：薛玉安）

振兴街道

(Zhenxing Jiedao)

政区概况

名称来历 因办事处驻振兴街得名，经唐山市民政局批准，原为汉丰街道，于2004年8月改为现名。

地理位置 地处丰南西部，汉沽管理区中部。东、南、北与汉沽管理区汉丰镇相邻，西与天津市宁河县接壤。办事处驻振兴街道光明路，电话区号022，邮政编码301501，距丰南区人民政府30千米。

政区沿革 2002年8月，成立汉丰街道。2004年8月，改名为振兴街道。

政区划分 2011年末，辖创业里、广盛里、北陈、一分场4个社区居民委员会。

人口面积 2011年末，辖区总人口17862人，其中城镇常住人口16762人。另有流动人口1100人。总人口中，男性9216人，占51.6%；女性8646人，占48.4%；14岁以下2858人，占16%；15~64岁10896人，占61%；65岁以上4108人，占23%。总人口中以汉族为主，17623人，达98.66%；有满、壮、回、蒙古、苗、彝、朝鲜、侗、瑶、羌、布依、仫佬12个少数民族，共239人，占1.34%。2011年，人口出生率3.07‰，人口死亡率2.51‰，人口自然增长率0.56‰。

辖区东西最大距离18千米，南北最大距离2千米，总面积7平方千米。全部为陆地。人口密度为每平方千米2552人。

经济概况

工业 以冶金、建材、食品、化工、机械及棉纺产业等为区域经济六大板块。已形成50万吨钢材、200万吨水泥、1500万重量箱玻璃、2万吨清真食品、12万吨乳制品、20万吨饲料、6万吨硫酸、2万吨高强度液体包装膜、500万平方米包装箱、100万件毛衣、100万双皮鞋、1.5万锭棉纱的生产、加工能力。工业总产值从1952年的291.9万元，增加到1978年的3977万元，2011年，达到35.49亿元，比上年增加8.66亿元，工业增加值占国内生产总值的39.2%。

2011年，工业企业192家，职工9824人，实现工业增加值9.89亿元，比上年增长15.8%。

商业外贸 2011年末，商业网点264家，职工0.46万人；城乡集市贸易市场3个。2011年，社会消费品零售总额达3.48亿元，比上年增长21.1%；城乡集市贸易成交额0.04亿元。

外贸产品生产企业10家。2011年，进出口总额3227万美元，比上年增长643.6%；其中进口229万美元，比上年增长44%；出口2998万美元，比上年增长599.6%，主要产品有玻璃、硫镁肥、毛衣等产品，销往东南亚、中东、南美等国家和地区。

财政金融 2011年，财政总收入2.74亿元，比上年增长35%。其中地方财政收入0.84亿元，比上年增长18.3%，从主要税种看，完成营业税1.55亿元，增值税0.23亿元，企业所得税0.27亿元，个人所得税0.04亿元，分别比上年增长33.6%、0、28.6%、33.3%。人均财政收入6227元，比上年增长35.2%。

社会发展

文化艺术 2011年末，街道文化站1个，社区文化活动中心4个；各类图书室4个，藏书1万余册；音乐、体育、美术、书法等各类业余文化团体27个，会员1000余人。

体育 2011年末，体育场地1处，内设灯光篮球场、乒乓球馆、门球场、羽毛球场。100%的城市社区安装了健身器材。

社会保障 2011年城镇最低生活保障户数364户，人数690人，支出12.99万元，比上年增长43.06%，比上年增长38.9%；城市医疗救助244人次。

社会收养机构1个，床位60张。社区服务设施8个，其中社区服务中心4个，社区服务站4个；社区日间照料床位数4张。

新增就业人员140人，有1123名下岗失业人员实现了再就业，就业困难人员再就业76人，年末城镇登记失业人数294人，城镇登记失业率为15.9%，全年共帮助27户零就业家庭实现每户至少一人就业。城镇居民基本医疗保险参保人数2644人，比上年末增加98人。

环境保护 生活垃圾无害化处理率达到98%。

创业里社区

(Chuangyeli Shequ)

名称来历 寓意开拓创新、锐意进取之地，得名创业里社区。

地理位置 地处振兴街道办事处中部，东至汉丰镇陡沽村，南至广盛里社区，西至汉丰镇张绪村，北至汉丰镇艾蒿岭村。

主要指标 2011年末，辖区总人口1847人，总面积2.02平方千米，城镇居民人均可支配收入10500元。

广盛里社区

(Guangshengli Shequ)

名称来历 因辖境内有广盛里小区得名。

地理位置 地处振兴街道办事处北部，东至汉丰镇陡沽村，南至创业里社区，西至汉丰镇东崔村，北至汉丰镇裴庄村。

主要指标 2011年末，辖区总人口3893人，总面积0.28平方千米，城镇居民人均可支配收入12000元。

北陈社区

(Beichen Shequ)

名称来历 因与北陈村相邻得名。

地理位置 地处振兴街道办事处西南部，东至汉丰镇张绪村，南至天津市汉沽区辛庄村，西至天津市宁河县芦台镇，北至汉丰镇北陈村。

主要指标 2011年末，辖区总人口3167人，总面积0.51平方千米，城镇居民人均可支配收入11000元。

一分场社区

(Yifenchang Shequ)

名称来历 建场后按照农场区划编号得名。

地理位置 地处振兴街道办事处西南部，东至天津市汉沽区盐场，南至天津市汉沽区大丰路，西至天津市汉沽区火车站，北至天津市汉沽区西庄坨。

主要指标 2011年末，辖区总人口1847人，总面积0.09平方千米，城镇居民人均可支配收入12000元。

（撰稿：崔朝平、陈新珠，初审：陈彤、谢凤英）

丰南镇

(Fengnan Zhen)

创建全国文明城镇工作先进镇、中国乡镇综合实力500强、“河北省百强乡镇”第一名、省级文明镇。

政区概况

名称来历 因坐落在丰南区城区，故名丰南镇。

地理位置 地处丰南区中部，东与稻地镇接壤，南临黄各庄镇、唐坊镇，西与南孙庄乡、丰润区岔河镇相连，北靠丰润区岔河镇、路南区女织寨乡、路北区果园乡。人民政府驻阜民街59号，电话区号0315，邮政编码063300，距丰南区人民政府3千米。

政区沿革 金代至民国，分属丰润县、滦县。1949年1月，设河头特区；同年4月，划归丰南县。1950年，属丰南县一区。1953年5月，分属丰南县一区胥各庄镇、西王家河乡、高庄子乡、于家泊乡、清庄湖乡、侉子庄乡。1958年8月，属胥各庄人民公社。1961年6月，分属胥各庄工委所辖的胥各庄人民公社、兰高庄人民公社、高庄子人民公社、侉子庄人民公社。1965年2月，撤销胥各庄人民公社，改设胥各庄镇。1984年3月，撤销人民公社，设胥各庄镇。1988年8月，并入兰高庄乡、高庄子乡。2004年11月，合并胥各庄镇、银丰镇，改设丰南镇。2011年1月，岔河镇的南赵庄、萝卜坨、沙窝新庄3个村民委员会并入。

政区划分 2011年末，辖铁南、水景花苑、一街、二街、三街、四街、五街、六街、七街、八街10个社区居民委员会，四王庄、北新庄子、西王家河、东王家河、岭子上、于庄子、高庄子、东望马台、西望马台、小王庄、大王庄、小翟庄、北蛮子坨、白石庄、东清庄湖、西清庄湖、兰高庄、于家泊前、于家泊北、艾坨子、么家泊、侉子庄一、侉子庄二、侉子庄三、侉子庄四、杨贵庄、大翟庄一、大翟庄二、大翟庄三、丰益庄、大庄子、大岔河、小岔河、魏家庄、张思庄、岗子庄、铁匠庄、东板桥、西板桥、萝卜坨、南赵庄、沙窝新庄42个村民委员会。

人口面积 2011年末，辖区总人口67608人，其中城镇常住人口29519人，城镇化率43.7%。另有流动人口4360人。总人口中，男性32993人，占48.8%；女性34615人，占51.2%；14岁以下12102人，占17.9%；15~64岁44486人，占65.8%；65岁以上11020人，占16.3%。总人口中，以汉族为主，达65608人，占97%；有满族579人，占0.55%。2011年，人口出生率9.64‰，人口死亡率6‰，人口自然增长率3.64‰。

辖区东西最大距离8千米，南北最大距离12千米，总面积63.12平方千米。人口密度为每平方千米1071人。

自然条件

水文 境内有两条人工河道，一条西排干和一条天然小河王家河。人工河道煤河与丰南境内的王家河和唐山市西部的青龙河连通为一条河道，境内河道长13.5千米。唐津运河位于丰南镇西部，河流全长27.8千米，流域面积285平方千米，境内河道长6千米。

矿藏及其他自然资源 境内已探明地下矿藏有煤炭。

经济概况

农业 耕地面积5.6万亩，人均耕地0.8亩。以种植小麦、玉米、水稻、蔬菜为主。2011年，农业总产值2.48亿元，是1978年的50.8倍。实现农业增加值1亿元，比上年增长0.7%，占国内生产总值的0.5%。

粮食作物以小麦、玉米为主。2011年，生产粮食1.5万吨。主要经济作物有棉花。2011年，棉花种植面积57公顷，产量172吨。2011年，蔬菜种植面积363公顷，产量4.2万吨。

畜牧业以猪、羊、家禽为主。2011年，生猪出栏5.3万头，年末存栏2.3万头；羊出栏1320只，年末存栏480只；家禽出栏23.7万羽，年末，存栏14.7万羽。

截至2011年末，累计植树50多万株，造林1万多亩。

工业 以钢铁为主。2011年，工业生产总值774.9亿元，实现工业增加值174.6亿元，比上年增长28%，占国内生产总值的78.9%。2011年，工业企业350家，职工4.3万人；其中唐山国丰钢铁有限公司为丰南镇与香港中旅集团投资有限公司合资企业，现有总资产241.3亿元，年综合产能870万吨，2011年实现销售收入397.5亿元，利税37亿元，利润26.9亿元；唐山贝氏体钢铁（集团）有限公司，现有总资产17.4亿元，年可产钢材130万吨，2011年实现产值71.4亿元，利税6.7亿元。

商业外贸 2011年末，商业网点5519个，职工19365人；城乡集贸市场15个2011年，社会消费品零售总额达29.3亿元，比上年增长18.5%。

财政金融 2011年，财政总收入24.9亿元，比上年增长7.2%。其中地方财政收入7.2亿元，比上年增长39.5%。从主要税种看，完成营业税3亿元，增值税11.2亿元，企业所得税5.89亿元。人均财政收入3.77万元，比上年增长12%，是1961年的50倍，比1978年增长15倍。

社会发展

文化艺术 2011年末，镇文化站1个，村级文化活动中心51个；各类图书室26个，藏书6万余册；音乐、美术、书法、摄影及文学业余创作人员50人。

教育 2011年末，幼儿园4所，在园幼儿1300人，专任教师150人；小学2所，在校生638人，专任教师59人，小学适龄儿童入学率100%；初中2所，在校生8018人，专任教师691人，初中适龄人口入学率、小升初升学率、九年义务教育覆盖率均达100%；普通高中1所，在校生4950人，专任教师372人。主要学校有丰南实验学校，在校生5076人，专任教师386人。2011年教育经费达5250万元。

医疗卫生 2011年末，各级各类医疗卫生机构4个，社区卫生服务中心5个，门诊部（所）48个；病床675张，每千人拥有医疗床位10.2张，固定资产总值14442万元。专业卫生人员961人。2011年医疗机构（门诊部以上）完成诊疗41.8万人次。新型农村合作医疗参合率100%。

体育 2011年末，学校体育场地2处；体育馆1个，座位2000张。100%的城市社区和村安装了健身器材，经常参加体育活动的人员占常住人口的23%。

广播电视 2011年末，有线电视用户1.82万户，入户率100%。

社会保障 2011年，城镇最低生活保障户数397户，人数769人，支出175.9万元，比上年增长36%，月人均190.6元；民政部门资助参加合作医疗1256人次，支出3.8万元，比上年增长31%。农村最低生活保障户数284户，人数426人，支出59.1万元，比上年增长10%，月人均116元；弱势群体基金救助305户，支出15.13万元，比上年增长42%。国家抚恤、补助各类优抚对象287人，抚恤事业费支出141万元，比上年增长7.8%。敬老院1家，床位100张，农村五保供养61人。社区服务设施51个，居家养老服务站31个。新型农村社会养老保险参保人数2.1万人，参保率98%。

基础设施

交通运输 津山线、七（道桥）滦（县）铁路过境。国道山深线、国道205、国道112，唐山西外环高速，省道唐津高速、唐曹高速、丰碱连接线干线交会于此。

镇区市政建设

公共交通 2011年末，镇区开通10条公交线路，另有个体客运班车40余辆通往全镇区，长途客运班车途经丰南镇的有唐山至天津、保定、廊坊、石家庄、邯郸、邢台、沧州等。

给排水 辖区内全部实施农村饮水安全工程，自来水入户率100%。

铁南社区

(Tienan Shequ)

名称来历 因该社区位于七滦铁路之南，故名。

地理位置 地处丰南镇西南部，东至北蛮子坨，南至东板桥，西至青年路，北至七滦铁路。

主要指标 2011年末，辖区总人口646人，总面积0.09平方千米，城镇居民人均可支配收入10549元。

一街社区

(Yijie Shequ)

名称来历 因该社区位于一街，故名一街社区。

地理位置 地处丰南镇西南部，东至汇通路，南至七滦铁路，西至青年路，北至煤河。

主要指标 2011年末，辖区总人口917人，总面积0.17平方千米，城镇居民人均可支配收入11385元。

二街社区

(Erjie Shequ)

名称来历 因该社区位于二街，故名二街社区。

地理位置 地处丰南镇南部，东至北蛮子坨，南至胥各庄火车站和三茅水泥有限公司，西至汇通路，北至阜民街。

主要指标 2011年末，辖区总人口1245人，总面积0.17平方千米，城镇居民人均可支配收入10640元。

三街社区

(Sanjie Shequ)

名称来历 因该社区位于三街，故名三街社区。

地理位置 地处丰南镇西南部，东至汇通路，南至煤河，西至新华路，北至四街。

主要指标 2011年末，辖区总人口963人，总面积0.11平方千米，城镇居民人均可支配收入10815元。

四街社区
(Sijie Shequ)

名称来历 因该社区位于四街，故名四街社区。

地理位置 地处丰南镇西南部，东至汇通路，南至三街，西至新华路，北至文化大街。

主要指标 2011年末，辖区总人口1787人，总面积0.21平方千米，城镇居民人均可支配收入13150元。

五街社区
(Wujie Shequ)

名称来历 相传明永乐年间，赵氏兄弟分家，其弟迁到此地，在这里被招婿后占产立庄，因男到女村，取名婚嫁庄，以后按字的谐音叫成胥各庄。1961年由胥各庄大队分为五至八街4个生产大队。因该社区位于五街，故名五街社区。

地理位置 地处丰南镇的中部，东至建设路，南至文化大街，西至七街，北至六街。

主要指标 2011年末，辖区总人口2267人，总面积0.2平方千米，城镇居民人均可支配收入10330元。

六街社区
(Liujie Shequ)

名称来历 1961年由胥各庄大队分为五至八街4个生产大队。因该社区位于六街，故名六街社区。

地理位置 地处丰南镇西部，东至五街，南至五街、七街，西至七街，北至八街、唐山市郊边各寨。

主要指标 2011年末，辖区总人口2457人，总面积0.31平方千米，城镇居民人均可支配收入12281元。

七街社区
(Qijie Shequ)

名称来历 1961年由胥各庄大队分为五至八街4个生产大队。因该社区位于七街，故名七街社区。

地理位置 地处丰南镇西北部，东至五街，南至文化大街，西至东清庄湖，北至六街、八街。

主要指标 2011年末，辖区总人口3270人，总面积0.4平方千米，城镇居民人均可支配收入14659元。

八街社区
(Bajie Shequ)

名称来历 1961年由胥各庄大队分为五至八街4个生产大队。因该社区位于八街，故名八街社区。

地理位置 地处丰南镇北部，东至六街，南至七街，西至青年路，北至路南区果园乡边各寨。

主要指标 2011年末，辖区总人口2298人，总面积0.3平方千米，城镇居民人均可支配收入10634元。

水景花苑社区
(Shuijinghuayuan Shequ)

名称来历 以水景花苑住宅小区命名。

地理位置 地处丰南镇西南部，东至汇通路，南至七滦铁路，西至青年路，北至煤河。

主要指标 2011年末，辖区总人口5742人，总面积0.17平方千米。城镇居民人均可支配收入20385元。

北新庄子村
(Beixinzhuangzi Cun)

名称来历 明代以前，由王家河迁出部分人家建立起新村，取名新庄子。1982年3月丰南县人民政府更名北新庄子。

地理位置 地处丰南镇东部，东至王家河，南至北蛮子坨，西至五街，北至四王庄。

主要指标 2011年末，辖区总人口629人，总面积0.11平方千米，农民人均纯收入10258元。

沙窝新庄村
(Shawoxinzhuang Cun)

名称来历 清代建村时此地有土岗，岗上有3个狼窝，遂得名三窝新庄，后人觉此名不雅，改称沙窝新庄。

地理位置 地处丰南新城区西北部，东至西南环线，南至南赵庄，西至环城高速，北至南湖迎宾大道。

主要指标 2011年末，辖区总人口1181人，总面积1.74平方千米，农民人均纯收入10471元。

四王庄村
(Siwangzhuang Cun)

名称来历 原名四往庄，因处于交通要道而得名。辽时本村辽将王信攻打北宋立下战功，封王后改村名四王村，后改四王庄。

地理位置 地处丰南镇东北部，东至北新庄子，南至北蛮子坨，西至唐胥路，北至唐山市路南区王禾庄。

主要指标 2011年末，辖区总人口1854人，总面积0.24平方千米，农民人均纯收入10163元。

大王庄村
(Dawangzhuang Cun)

名称来历 清顺治初年，王氏先祖来此占产定居，取村名王庄子。后村东又建起一个小庄，为区别两村名称，故名大王庄。

地理位置 地处丰南镇东南部，东至小王庄，南至黄各庄镇宋家坨，西至小翟庄，北至205国道。

主要指标 2011年末，辖区总人口1324人，总面积0.92平方千米，农民人均纯收入9800元。

小王庄村

(Xiaowangzhuang Cun)

名称来历 清乾隆初年，董氏先祖由山东移民到大王庄，后从大王庄迁出到此的人口共同建起一个小庄，名小王庄。

地理位置 地处丰南镇东南部，东至高庄子，南至东、西望马台，西至大王庄，北至于庄子。

主要指标 2011年末，辖区总人口487人，总面积0.38平方千米，农民人均纯收入9805元。

白石庄村

(Baishizhuang Cun)

名称来历 因当时村内有一古庙，庙下有一块白石，故名白石头庄，后简称白石庄。

地理位置 地处丰南镇西北部，东至青年路，南至丰南职教中心，西至津山铁路，北至路南区果园乡。

主要指标 2011年末，辖区总人口2469人，总面积0.3平方千米，农民人均纯收入10325元。

小翟庄村

(Xiaozhaizhuang Cun)

名称来历 明崇祯年间，翟氏先祖移民来此建庄，原名坝上庄。清顺治年间改名河沿庄。光绪三年又改为北翟庄。1927年改为小翟家庄，后简称此名。

地理位置 地处丰南镇东南部，东至大王庄，南至205国道，西至东板桥，北至北蛮子坨。

主要指标 2011年末，辖区总人口1385人，总面积0.07平方千米，农民人均纯收入10293元。

南赵庄村

(Nanzhaozhuang Cun)

名称来历 明永乐年间，赵姓自山东迁此立庄，故称赵庄子，因属县内重名村，1982年改称南赵庄。

地理位置 地处丰南新城区西部，东至惠丰湖，南至萝卜坨，西至环城高速公路，北至沙窝新庄。

主要指标 2011年末，辖区总人口1195人，总面积1.29平方千米，农民人均纯收入9561元。

杨贵庄村

(Yangguizhuang Cun)

名称来历 清康熙五十五年，杨氏先祖杨贵由山东来此立庄，以姓名取名。

地理位置 地处丰南镇南部，东至青年路，南至大翟庄三村，西至唐坊镇，北至丰南经济开发区。

主要指标 2011年末，辖区总人口1485人，总面积0.42平方千米，农民人均纯收入10960元。

张思庄村

(Zhangsizhuang Cun)

名称来历 清康熙六十年（1721年），张氏先祖张思来此地占产立庄，故以其姓名取名。

地理位置 地处丰南镇西南部，东至青年路，南至金盛街，西至七滦铁路，北至七滦铁路。

主要指标 2011年末，辖区总人口1006人，总面积0.19平方千米，农民人均纯收入9824元。

丰益庄村

(Fengyizhuang Cun)

名称来历 清顺治十三年（1656年），有何氏、崔氏由翟家庄迁至此地立庄，由于生活过得丰衣足食，故名。

地理位置 地处丰南镇南部，东至丰碱公路，南至黄各庄镇楼庄子，西至205国道，北至大翟庄一村。

主要指标 2011年末，辖区总人口1251人，总面积0.47平方千米，农民人均纯收入10648元。

岗子庄村

(Gangzizhuang Cun)

名称来历 建村前此地原是土岗子，后来迁入住户逐年增多，故以地形特征取名。

地理位置 地处丰南镇中部，东至青年路，南至侉子庄一村，西至津山铁路，北至国丰公司。

主要指标 2011年末，辖区总人口595人，总面积0.1平方千米，农民人均纯收入9593元。

铁匠庄村

(Tiejiangzhuang Cun)

名称来历 此地原是董各庄董家的看坟小房，后来一家打铁的从外地移此落户，故名。

地理位置 地处丰南镇中部，东至青年路，南至金盛街，西至七滦铁路，北至七滦铁路。

主要指标 2011年末，辖区总人口1322人，总面积0.2平方千米，农民人均纯收入10147元。

魏家庄村

(Weijiazhuang Cun)

名称来历 清康熙十年（1671年），赵氏先祖来此定居，因此地原是魏家场房，故名。

地理位置 地处丰南镇东南部，东至河洞路，南至大岔河，西至侉子庄，北至小翟庄。

主要指标 2011年末，辖区总人口558人，总面积0.43平方千米，农民人均纯收入9933元。

兰高庄村

(Langaozhuang Cun)

名称来历　该村原名狼羔子庄，名称不雅，清康熙初年，因此地种兰花质高、色真，故名。

地理位置　地处丰南镇西部，东至津山铁路，南至煤河，西至于家泊北村，北至丰南新城区。

主要指标　2011年末，辖区总人口1592人，总面积0.19平方千米，农民人均纯收入12587元。

高庄子村

(Gaozhuangzi Cun)

名称来历　因该村位于于家铺南部，地势较高，故名高家庄，1953年成立初级社时改名高庄子。

地理位置　地处丰南镇东南部，东至稻地镇重广庵，南至东望马台，西至小王庄，北至205国道。

主要指标　2011年末，辖区总人口815人，总面积0.67平方千米，农民人均纯收入10200元。

于庄子村

(Yuzhuangzi Cun)

名称来历　明代以前，该地低洼多水，仅几户在此以打鱼为生，取名渔家铺。后住户增多，改名于家庄，1958年改于庄子。

地理位置　地处丰南镇东南部，东至稻地镇重广庵，南至高庄子，西至小王庄，北至岭子上村。

主要指标　2011年末，辖区总人口819人，总面积0.76平方千米，农民人均纯收入9730元。

大庄子村

(Dazhuangzi Cun)

名称来历　清康熙四十年（1701年）建村，建庄前此处是一片荒野，有一次在此拴着好多马，还有很多喂马的人，从此路过的人瞧见好多人马，就喝彩说："好大的庄啊"，故以此取名为大庄子。

地理位置　地处丰南镇南部，东至大岔河，南至小岔河，西至杨贵庄，北至205国道。

主要指标　2011年末，辖区总人口638人，总面积0.28平方千米，农民人均纯收入9913元。

艾坨子村

(Aituozi Cun)

名称来历　因过去该地有一较高的坨子地上长着一片野艾子，故名。

地理位置　地处丰南镇西部，运河唐人街景区东侧，东至兰高庄，南至么家泊，西至唐津运河，北至瑞宁街。

主要指标　2011年末，辖区总人口1753人，总面积0.28平方千米，农民人均纯收入9024元。

么家泊村

(Yaojiabo Cun)

名称来历　因此地原是一片草泊，么氏先祖到此定居立庄，故名。

地理位置　地处丰南镇西南部，东至于家泊前村、北村，南至侉子庄，西至南孙庄乡，北至艾坨子。

主要指标　2011年末，辖区总人口2361人，总面积0.47平方千米，农民人均纯收入10111元。

岭子上村

(Lingzishang Cun)

名称来历　明永乐年间，赵氏先祖由大岭子迁来定居，以打鱼为生，在此立铺，取名赵家铺。后为继承祖先村名，改名。

地理位置　地处丰南镇东北部，东至稻地镇安机寨，南至于庄子，西至东王家河，北至唐山市路南区女织寨乡郑家庄。

主要指标　2011年末，辖区总人口733人，总面积0.13平方千米，农民人均纯收入9803元。

大岔河村

(Dachahe Cun)

名称来历　建庄前此地有大小河岔两条，立庄后居河东取名东岔河。后因比西岔河大，简称大岔河。

地理位置　地处丰南镇南部，东至河涧路，南至黄各庄镇公庄子，西至大庄子，北至魏家庄。

主要指标　2011年末，辖区总人口1797人，总面积0.42平方千米，农民人均纯收入11000元。

小岔河村

(Xiaochahe Cun)

名称来历　建庄前此地有一条小河岔子，因村在河西，故称西岔河，后又因村比东岔河小，称小岔河。

地理位置　地处丰南镇南部，东至黄各庄镇公庄子，南至黄各庄镇新房子，西至大翟庄一村，北至大岔河。

主要指标　2011年末，辖区总人口945人，总面积0.21平方千米，农民人均纯收入10432元。

东板桥村

(Dongbanqiao Cun)

名称来历　建庄前北面有条河，为过往行人搭一板桥，后由外地迁来居民到此定居，此地在板桥以东，取名东板桥。

地理位置　地处丰南镇南部，东至小翟庄，南至国丰钢铁公司，西至西板桥村，北至铁南。

主要指标　2011年末，辖区总人口661人，总面积0.27平方千米，农民人均纯收入10050元。

西板桥村

(Xibanqiao Cun)

名称来历 建庄前北面有条河，为过往行人搭一板桥，后由外地迁来居民到此定居。村东有个东板桥，故本村取名西板桥。

地理位置 地处丰南镇南部，东至东板桥村，南至国丰钢铁公司，西至青年路，北至七滦铁路。

主要指标 2011 年末，辖区总人口 524 人，总面积 0.42 平方千米，农民人均纯收入 9500 元。

萝卜坨村

(Luobotuo Cun)

名称来历 相传明代张姓自山东来此建庄，附近高处长一萝卜，甚大，一人锄榜一天，才把萝卜周围锄榜一遍，故由此得村名。

地理位置 地处丰南镇西南部，东至唐津运河，南至么家泊，西至环城高速，北至南赵庄。

主要指标 2011 年末，辖区总人口 1557 人，总面积 1.54 平方千米，农民人均纯收入 10000 元。

北蛮子坨村

(Beimanzituo Cun)

名称来历 此地原是一片坨地，燕王扫北时从此路过，因燕王是南方人，南方人俗称蛮子，故蛮子坨由此得名。1982 年因属县内重名村，更名为北蛮子坨村。

地理位置 地处丰南镇东南部，东至王家河，南至小翟庄，西至河涧路，北至七滦铁路。

主要指标 2011 年末，辖区总人口 1425 人，总面积 0.92 平方千米，农民人均纯收入 10097 元。

东望马台村

(Dongwangmatai Cun)

名称来历 据传此地原是一片草场，这里有两块高台，到此处放马的人们站在高台上望着马，称望马台，后有人在村西建村，该村就改称东望马台。

地理位置 地处丰南镇东南部，东至稻地镇杨庄子，南至陡河，西至西望马台，北至高庄子、稻地镇重广庵。

主要指标 2011 年末，辖区总人口 690 人，总面积 0.47 平方千米，农民人均纯收入 9668 元。

西望马台村

(Xiwangmatai Cun)

名称来历 据传此地原是一片草场，这里有两块高台，到此处放马的人们站在高台上望着马，称望马台。建于高台西边的这个村，取名西望马台。

地理位置 地处丰南镇东南部，东至东望马台，南至陡河，西至大王庄，北至高庄子。

主要指标 2011 年末，辖区总人口 304 人，总面积 0.3 平方千米，农民人均纯收入 9502 元。

东王家河村

(Dongwangjiahe Cun)

名称来历 明代以前，王氏先祖来此定居，因庄建于落草河东岸，故名。

地理位置 地处丰南镇东部，东至 205 国道，南至 205 国道，西至西王家河，北至七滦铁路。

主要指标 2011 年末，辖区总人口 650 人，总面积 0.9 平方千米，农民人均纯收入 9895 元。

西王家河村

(Xiwangjiahe Cun)

名称来历 该村位于落草河西岸，因王姓在村内人多势大，故名。

地理位置 地处丰南镇东部，东至东王家河，南至 205 国道，西至北新庄子，北至七滦铁路。

主要指标 2011 年末，辖区总人口 865 人，总面积 0.13 平方千米，农民人均纯收入 10448 元。

东清庄湖村

(Dongqingzhuanghu Cun)

名称来历 因村南有一清水沟，流入西部油葫芦泊，故以地理特征取名清庄湖。1961 年设东、西清庄湖两个生产大队。因该村位于东部故名东清庄湖。

地理位置 地处丰南镇西部，东至新华路，南至曙光社区，西至西清庄湖，北至白石庄。

主要指标 2011 年末，辖区总人口 2228 人，总面积 0.5 平方千米，农民人均纯收入 10569 元。

西清庄湖村

(Xiqingzhuanghu Cun)

名称来历 因村南有一清水沟，流入西部油葫芦泊，故以地理特征取名为清庄湖。1961 年设东、西清庄湖两个生产大队。因该村位于西部故名西清庄湖。

地理位置 地处丰南镇西部，东至东清庄湖村，南至曙光社区，西至津山铁路，北至白石庄。

主要指标 2011 年末，辖区总人口 1885 人，总面积 0.31 平方千米，农民人均纯收入 10737 元。

于家泊前村

(Yujiaboqian Cun)

名称来历 此地原是一片草泊，于氏先祖立庄作为庄头，以姓氏取名于家泊。1961 年分成于家泊北、前两个生产大队，因该村位于南部，故名。

地理位置 地处丰南镇西部，东至兰高庄村，南至煤河，西至么家泊，北至于家泊北村。

主要指标 2011 年末，辖区总人口 1831 人，总面积 0.27 平方千米，农民人均纯收入 10800 元。

于家泊北村
(Yujiabobei Cun)

名称来历 此地原是一片草泊，于氏先祖立庄作为庄头，以姓氏取名于家泊。1961年设于家泊北、前两个生产大队，因该村位于北部，故名。

地理位置 地处丰南镇西部，东至兰高庄村，南至于家泊前村，西至么家泊，北至艾坨子。

主要指标 2011年末，辖区总人口1774人，总面积0.4平方千米，农民人均纯收入10155元。

侉子庄一村
(Kuazizhuangyi Cun)

名称来历 山东移民到此定居，因他们说话口音侉，故名侉子庄。1984年划分为4个村，按序得名。

地理位置 地处丰南镇西南部，东至青年路，南至欣荣街，西至侉子庄四村，北至岗子庄。

主要指标 2011年末，辖区总人口1980人，总面积0.30平方千米，农民人均纯收入10296元。

侉子庄二村
(Kuazizhuang'er Cun)

名称来历 山东移民到此定居，因他们说话口音侉，故名侉子庄。1984年划分为4个村，按序得名。

地理位置 地处丰南镇西南部，东至青年路，南至岗子庄，西至七滦铁路，北至银丰家园。

主要指标 2011年末，辖区总人口1300人，总面积0.3平方千米，农民人均纯收入10456元。

侉子庄三村
(Kuazizhuangsan Cun)

名称来历 山东移民到此定居，因他们说话口音侉，故名侉子庄。1984年划分为4个村，按序得名。

地理位置 地处丰南镇西南部，东至青年路，南至金盛街，西至七滦铁路，北至七滦铁路。

主要指标 2011年末，辖区总人口895人，总面积0.3平方千米，农民人均纯收入9800元。

侉子庄四村
(Kuazizhuangsi Cun)

名称来历 山东移民到此定居，因他们说话口音侉，故名侉子庄。1984年划分为4个村，按序得名。

地理位置 地处丰南镇西南部，东至侉子庄一村，南至欣荣街，西至福丰钢铁有限公司，北至金盛花苑小区。

主要指标 2011年末，辖区总人口1039人，总面积0.27平方千米，农民人均纯收入10304元。

大翟庄一村
(Dazhaizhuangyi Cun)

名称来历 明嘉靖十年（1531年），翟氏先祖翟华由胥各庄迁来此地定居，取名翟家庄。后因与小翟庄对称，改名大翟庄。1984年划分为3个村，按序得名。

地理位置 地处丰南镇南部，东至丰碱公路，南至丰益庄，西至大翟庄二村，北至大翟庄三村。

主要指标 2011年末，辖区总人口734人，总面积0.63平方千米，农民人均纯收入10263元。

大翟庄二村
(Dazhaizhuang'er Cun)

名称来历 明嘉靖十年（1531年），翟氏先祖翟华由胥各庄迁来此地定居，取名翟家庄。后因与小翟庄对称，改名大翟庄。1984年划分为3个村，按序得名。

地理位置 地处丰南镇南部，东至大翟庄一村，南至丰益庄，西至205国道，北至大翟庄三村。

主要指标 2011年末，辖区总人口666人，总面积0.12平方千米，农民人均纯收入10325元。

大翟庄三村
(Dazhaizhuangsan Cun)

名称来历 明嘉靖十年（1531年），翟氏先祖翟华由胥各庄迁来此地定居，取名翟家庄。后因与小翟庄对称，改名大翟庄。1984年划分为3个村，按序得名。

地理位置 地处丰南镇南部，东至小岔河，南至大翟庄二村，西至205国道，北至杨贵庄。

主要指标 2011年末，辖区总人口774人，总面积0.88平方千米，农民人均纯收入10002元。

（撰稿：刘云峰，初审：郑红艳、李凤新、李继隆）

滨海镇
(Binhai Zhen)

政区概况

名称来历 因镇政府驻地南濒渤海而得名。

地理位置 地处丰南区东南，东与唐海县接壤，南临渤海，西邻黑沿子镇及沿海工业区，北靠草泊及北京军区联勤部副食品基地。人民政府驻南堡开发区荣华道5号，电话区号0315，邮政编码063305，距丰南区人民政府40千米。

政区沿革 1946年，属于丰南县九区。1950年，属丰南县四区。1953年5月，分属丰南县四区张庄子乡、老王庄乡。1958年，属老铺人民公社。1961年6月，改属老王庄人民公社。1984年3月，撤销人民公社，置老王庄乡。

1994年11月，撤乡，置滨海镇。2006年4月，改由南堡经济开发区代管。

政区划分 2011年末，辖尖坨子、张前街2个社区居民委员会、老王庄西北街、老王庄东北街、老王庄中街、老王庄西南街、老王庄东南街、申立村8个村民委员会。

人口面积 2011年末，辖区总人口23225人，其中城镇常住人口12130人，城镇率52.23%。总人口中，男性11289人，占48.61%；女性11936人，占51.39%；14岁以下3319人，占14.29%；15~64岁17621人，占75.87%；65岁以上2285人，占9.83%。总人口中，以汉族为主，达22158人；有满、蒙古、回、壮4个少数民族，共448人，占1.99%；超过100人的有满1个少数民族，共411人，占少数民族人口的91.7%。2011年，人口出生率11.97‰，人口死亡率3.78‰，人口自然增长率8.19‰。

辖区东西最大距离8.6千米，南北最大距离13千米，总面积97.6平方千米。人口密度为每平方千米238人。

经济概况

农业 耕地面积3.54万亩，人均1.52亩。

粮食作物以谷物为主。2011年，生产粮食18829吨，其中水稻15077吨，玉米3614吨，小麦138吨。2011年，棉花种植面积0.1万亩，籽棉产量315吨。

畜牧业以生猪为主。2011年，生猪出栏0.9万头，年末存栏1万头；家禽饲养量1.4万羽。2011年，生产肉类592吨，其中猪肉585吨，鸡肉7吨；禽蛋9.5吨。

渔业以淡水养殖为主。淡水水面3.5万亩。渔业总产值3.2亿元，占农业总产值的80%。

工业 2011年，工业总产值1.5亿元，实现工业增加值0.5亿元，占国内生产总值的比重11.5%。

2011年，规模以上工业企业1家，职工2万人。

社会发展

教育 2011年末，幼儿园3所，在园幼儿232人，专任教师13人；小学4所，在校生875人，专任教师82人；初中1所，在校生232人，专任教师36人。

医疗卫生 2011年末，卫生院1所；病床8张。专业卫生人员12人，其中执业医师5人，执业助理医师3人，注册护士3人。新型农村合作医疗参合人数1.07万人，参合率100%。

体育 2011年末，体育场地5处。100%的村安装了健身器材，经常参加体育活动的人员占常住人口的50%。

社会保障 2011年农村最低生活保障户数205户，人数383人，支出49.7万元，月人均108元；农村五保集中供养43人，支出21.1万元；农村五保分散供养7人，支出3.3万元；农村医疗救助6人次。国家抚恤、补助各类优抚对象64人，抚恤事业费支出56.03万元。城镇居民医疗保险参保人数4900人，城镇居民养老保险参保人数11663人。

尖坨子社区

(Jiantuozi Shequ)

名称来历 因村址建于碱坨上，故取谐音称村名为尖坨子。

地理位置 地处滨海镇西南部，东邻河北省冀东监狱，南邻冀东监狱化工厂盐池，西邻河北省冀东监狱化工厂，北邻河北省南堡运销站。

主要指标 2011年末，辖区总人口4155人，总面积14.75平方千米，城镇居民可支配收入8802元。

张前街社区

(Zhangqianjie Shequ)

名称来历 陈氏先祖世居此地，得名小陈庄，后陈氏宗嗣断绝，张家宗嗣繁衍，更名张庄子。1984年改村委会，按该村方位得名张庄子前街，1995年改为张前街社区。

地理位置 地处滨海镇南部，东至张北村，南至南堡盐场，西至南堡开发区，北至张中村。

主要指标 2011年末，辖区总人口1166人，总面积3.36平方千米，城镇居民可支配收入9016元。

张庄子北街村

(Zhangzhuangzibeijie Cun)

名称来历 陈氏先祖世居此地，得名小陈庄，后陈氏宗嗣断绝，张家宗嗣繁衍，更名张庄子。1984年改村委会，按该村方位称张庄子北街村。

地理位置 地处滨海镇南部，东至唐丰盐场，南至张中村，西至南堡经济开发区，北至西南街村。

主要指标 2011年末，辖区总人口3067人，总面积9.42平方千米，农民人均纯收入9107元。

张庄子中街村

(Zhangzhuangzizhongjie Cun)

名称来历 陈氏先祖世居此地，得名小陈庄，后陈氏宗嗣断绝，张家宗嗣繁衍，更名张庄子。1984年改为村委会，按该村方位得名张庄子中街村。

地理位置 地处滨海镇南部，东至张庄子北街村，南至张庄子前街村，西至南堡经济开发区，北邻张庄子北街村。

主要指标 2011年末，辖区总人口2960人，总面积8.72平方千米，农民人均纯收入9185元。

老王庄东北街村

(Laowangzhuangdongbeijie Cun)

名称来历 因王氏来此定居，故以姓氏得名老王庄。1984年改村委会，按该村方位得名老王庄东北街村。

地理位置 地处滨海镇东部，东至西南街村，南至王中街村，西至西北街村，北至小泊部队农场。

主要指标 2011年末，辖区总人口2760人，总面积

14.08 平方千米，农民人均纯收入 6685 元。

老王庄西北街村
(Laowangzhuangxibeijie Cun)

名称来历 因王氏来此定居，故以姓氏得名老王庄。1984 年改村委会，按该村方位得名老王庄西北街村。

地理位置 地处滨海镇中部，东至东北街村，南至沿海公路，西至丰南区老铺村，北至申立村。

主要指标 2011 年，辖区总人口 3006 人，总面积 35 平方千米，农民人均纯收入 7574 元。

老王庄中街村
(Laowangzhuangzhongjie Cun)

名称来历 因王氏来此定居，故以姓氏得名老王庄。1984 年改为村委会，按该村方位得名老王庄中街，简称王中街。

地理位置 地处滨海镇东部，东至唐海县第十一农场，南至老王庄西南街村，西至唐曹高速，北至老王庄东北街村。

主要指标 2011 年末，辖区总人口 1342 人，总面积 7.91 平方千米，农民人均纯收入 6355 元。

老王庄西南街村
(Laowangzhuangxi'nanjie Cun)

名称来历 因王氏来此定居，并世居此地，故以姓氏得名老王庄。1984 年改村委会，按该村方位得名老王庄西南街。

地理位置 地处滨海镇中部，东至东南街村，南至沿海公路，西至唐碱公路，北至王中村。

主要指标 2011 年末，辖区总人口 2545 人，总面积 9 平方千米，农民人均纯收入 6532 元。

老王庄东南街村
(Laowangzhuangdongnanjie Cun)

名称来历 因王氏来此定居，故以姓氏得名老王庄。1984 年改为村委会，按该村方位得名老王庄东南街。

地理位置 地处滨海镇东部，东至唐海县西北灶村，南至西南街村，西至西南街村，北至西南街村。

主要指标 2011 年末，辖区总人口 557 人，总面积 4 平方千米，农民人均纯收入 7251 元。

申立村
(Shenli Cun)

名称来历 清光绪元年孙氏由大孙庄迁于此地，看管孙家王家所属草泊，以后占产立庄故得名孙王五铺。因 1944 年为甲申年，故更名申立村。

地理位置 地处滨海镇北部，东至老王庄西北街村，南至南堡开发区，西至夏新庄，北至军垦小泊。

主要指标 2011 年末，辖区总人口 340 人，总面积 1.38 平方千米，农民人均纯收入 11590 元。

（撰稿：王嘉，初审：田雨生）

稻地镇
(Daodi Zhen)

政区概况

名称来历 相传元朝宰相康里脱脱首创京东植稻，曾募江南植稻能手传授技术，稻地镇即以此得名。

地理位置 地处丰南区北部，东接大齐各庄镇、小集镇，南与西葛镇、黄各庄镇为邻，西连丰南镇，北邻路南区女织寨乡。人民政府驻安顺街 1 号，电话区号 0315，邮政编码 063302，距丰南区人民政府 8 千米。

政区沿革 明清属永平府滦州，清代为京东四大名镇之一。民国时期为滦县八区区公所驻地。1948 年 12 月，划归丰南县，属稻地特区，为丰南县人民政府驻地。1950 年，属八区。1953 年 5 月，分属八区的稻地镇、孙家楼乡、付庄乡、刘唐保乡。1958 年 8 月，属稻地人民公社。1984 年 3 月，撤销人民公社，设稻地乡；同年 8 月，撤乡，置稻地镇。1988 年 8 月，刘唐保乡并入。

政区划分 2011 年末，辖龙凤庄、边庄子、北岭、窦家庄、喻庄子、东大夫坨、西大夫坨、付家坨、孙家楼、安机寨北街、安机寨中街、安机寨前街、重广庵、杨庄子、相庄子、西门外、稻地二、桥东、桥西、景庄子、尚德、范庄、付庄北街、付庄腰街、付庄中街、付庄前街、于庄、王庄、霍庄、大公庄、李新庄、胡家庄、刘唐保东街、刘唐保中街、刘唐保西街、刘唐保北街、张福庄 37 个村民委员会。

人口面积 2011 年末，辖区总人口 28629 人，其中城镇常住人口 6511 人，城镇化率 22.7%。另有流动人口 580 人。总人口中，男性 14261 人，占 49.8%；女性 14368 人，占 50.2%；14 岁以下 3372 人，占 11.8%；15～64 岁 22047 人，占 77%；65 岁以上 3210 人，占 11.2%。总人口中，以汉族为主，达 27616 人，占 96.5%；有满族 1013 人，占 3.5%。2011 年，人口出生率 9.6‰，人口死亡率 7.7‰，人口自然增长率 1.9‰。

辖区东西最大距离 10.1 千米，南北最大距离 8.5 千米，总面积 50.1 平方千米。其中陆地面积 48.97 平方千米，占 97.7%；水域面积 1.13 平方千米，占 2.3%。人口密度为每平方千米 571 人。

自然条件

水文 境内主要河道有陡河。陡河自唐山市路南区侯边庄子村南入境，境内长 7.5 千米。其他河流还有幸福河、韩家河。

矿藏及其他自然资源 境内已探明地下矿藏有煤炭。

经济概况

农业 耕地面积 4.9 万亩，人均耕地 1.7 亩；97% 为水浇地。以种植小麦、玉米、蔬菜为主。农业总产值从1949年的155.73万元，增加到1978年的560.68万元，2011年，达到3.39亿元，比上年增长6.3%，农业增加值占国内生产总值的7.8%。

粮食作物以小麦、玉米为主。2011年，生产粮食1.4万吨，人均489千克，其中小麦0.8万吨，玉米0.5万吨，水稻0.04万吨。主要经济作物有蔬菜。2011年，蔬菜种植面积5.2万亩，产量21.1万吨，主要品种有大棚黄瓜、大棚西红柿、白菜、菠菜、萝卜、香菜等，其中大棚黄瓜2.1万吨，大棚西红柿2.3万吨，白菜0.8万吨，菠菜2.7万吨，萝卜0.7万吨，香菜2万吨。

畜牧业以猪、奶牛、羊、家禽为主。2011年，生猪饲养量4万头，年末存栏2.5万头；羊饲养量1.2万只，年末存栏0.04万只；家禽饲养量45.7万羽。

工业 是以煤化工、机械制造、管材生产、电子线缆、农产品加工出口为主的非钢生产基地。工业生产总值从1949年的1.73万元，增加到1978年的177.26万元，2011年，达到72.23亿元，比上年增长14.38%。工业增加值占国内生产总值的比重65.89%。2011年，工业企业77家，职工5580人。

商业外贸 2011年末，商业网点600个，职工3789人；城乡集贸市场6个。2011年，社会消费品零售总额达16.8亿元，比上年增长19.4%；城乡集市贸易成交额5亿元。2011年，出口总额1400万美元，比上年增长91.8%，主要产品有神州选煤成套设备、新源生态绿色蔬菜等，销往韩国、东南亚、美国、俄罗斯及蒙古国等国家和地区。

财政金融 2011年，财政总收入1.2亿元，比上年增长15.9%。其中地方财政收入0.36亿元，比上年增长15%。从主要税种看，完成营业税1325万元，增值税6255万元，企业所得税1270万元。人均财政收入4163元，比上年增长16%。2011年，银行和金融机构各类存款余额7.53亿元，比上年增长14%；各项贷款余额0.57亿元，比上年增长280%。

社会发展

文化艺术 2011年末，镇文化站1个，村级文化活动中心37个；各类文化专业户10个；各类图书室25个，藏书10余万册。

教育 2011年末，幼儿园5所，在园幼儿738人，专任教师30人；小学5所，在校生1680人，专任教师94人，小学适龄儿童入学率100%；初中1所，在校生1080人，专任教师100人，初中适龄人口入学率、小升初升学率、九年义务教育覆盖率均达100%。2011年教育经费达1528万元。其中，稻地镇中学从2006年起，增设武术校本课程——枫叶拳；2009年9月被国家体育总局武术研究院确定为“中国武术段位制教程试点学校”；2008年成为全国教育科学“十一五”教育部规划课题实验基地学校，国家社会科学基金“十一五”规划2010年度教育学一般课题有效教学、有效学习实验单位；2010年成为中国教育学会“十一五”规划课题心理教育百校工程科研基地、全国教科研优秀实验学校。

医疗卫生 2011年末，医疗卫生机构1个，卫生室52个；病床40张，每千人拥有医疗床位1.4张，固定资产总值370万元。专业卫生人员36人，其中执业医师15人，执业助理医师14人，注册护士7人。2011年医疗机构（门诊部以上）完成诊疗3.2万人次。新型农村合作医疗参合人数2.3万人，参合率99.3%。

体育 2011年末，体育场地37处。88.6%的村安装了健身器材，经常参加体育活动的人员占常住人口的26%。本镇为传统的武术之乡，李家的言情拳驰名冀东。

广播电视 2001年8月建成稻地镇有线电视站。2011年末有线电视用户1600户，入户率17.8%。

社会保障 2011年，城镇最低生活保障户数81户，人数120人，支出39.5万元，比上年增加31.8%，月人均274元，比上年增长31.1%；民政部门资助参加新型农村合作医疗647人次，共支出1.94万元，比上年增长53%。农村最低生活保障户数307户，人数456人，支出77.3万元，比上年增长31.8%，月人均141元，比上年增长28.2%。国家抚恤、补助各类优抚对象107人，抚恤事业费支出65.3万元，比上年增长1.9%。敬老院1家，床位120张，农村五保供养60人。居家养老服务中心1个，床位20张。慈善协会1个，全年接受社会捐款61万元。新型农村社会养老保险参保人数2.4万人，参保率98%。

基础设施

交通运输 境内有唐津高速公路、唐柏路、205国道等3条公路干线交会。

邮政电信 2011年末，邮政局1所，报纸、期刊累计期发行1万份（册），业务收入150万元。

电信企业3家，服务网点35个，电话交换机总容量2万门，固定电话用户5000户，电话用户普及率达到59%；移动电话用户1.1万户，宽带接入用户0.4万户。全年电信业务收入900万元。

镇区市政建设

公共交通 2011年末，唐山市13路终点站设在境内。

给排水 2011年末，镇区主要道路两侧敷设D800排水管道2000米。

供电 2011年末，镇区有稻地镇变电站、龙凤庄变电站、供电所。1994年供电所迁至稻地镇安顺街路南。

园林绿化 2011年末，镇政府驻地绿化面积1公顷。

于庄村

(Yuzhuang Cun)

名称来历 明永乐二年，于氏先祖由山东来此定居，故名于家庄，1961年后称于庄。

地理位置 地处稻地镇东南部，东至王庄，南至小集镇吕庄子，西至唐柏公路，北至范董线。

主要指标 2011年末，辖区总人口1052人，总面积2平方千米，农民人均纯收入6540元。

霍庄村

(Huozhuang Cun)

名称来历 明永乐二年（1404年），山东移民来此定居，为防战争得名火庄，即火能化冰（兵），后更名霍家庄，称霍庄。

地理位置 地处稻地镇东南部，东至小集镇姚庄，南至王庄，西至范董线，北至刘唐保。

主要指标 2011年末，辖区总人口602人，总面积1.2平方千米，农民人均纯收入6520元。

范庄村

(Fanzhuang Cun)

名称来历 明永乐二年（1404年），范氏先祖由山东枣林庄来此定居，故名范家庄，后称范庄。

地理位置 地处稻地镇南部，东至张福庄，南至西葛镇，西至付庄腰街，北至尚德村。

主要指标 2011年末，辖区总人口1878人，总面积2.3平方千米，农民人均纯收入6560元。

王庄村

(Wangzhuang Cun)

名称来历 明永乐二年（1404年），王氏先祖来此定居，故名王家庄，后称王庄。

地理位置 地处稻地镇东南部，东至小集镇姚庄，南至唐柏路，西至于庄，北至霍庄。

主要指标 2011年末，辖区总人口455人，总面积0.7平方千米，农民人均纯收入6550元。

杨庄子村

(Yangzhuangzi Cun)

名称来历 明代，杨氏来此定居，故名杨家庄，后称杨庄子。

地理位置 地处稻地镇西部，东至新205国道，南至老陡河，西至重广庵，北至安机寨前街。

主要指标 2011年末，辖区总人口656人，总面积1平方千米，农民人均纯收入6700元。

相庄子村

(Xiangzhuangzi Cun)

名称来历 明代，张氏由稻地镇来此定居，以铺为名叫张家窝铺，后相氏又迁入定居，得名相家庄，后称相庄子。

地理位置 地处稻地镇西部，东至唐津高速，南至老陡河，西至新205国道，北至稻胥路。

主要指标 2011年末，辖区总人口750人，总面积1平方千米，农民人均纯收入6580元。

喻庄子村

(Yuzhuangzi Cun)

名称来历 明代以前，喻氏来此定居，故名喻家庄，新中国成立后称喻庄子。

地理位置 地处稻地镇东部，东至陡河，南至稻齐路，西至窦庄子，北至老陡河。

主要指标 2011年末，辖区总人口747人，总面积0.7平方千米，农民人均纯收入6880元。

边庄子村

(Bianzhuangzi Cun)

名称来历 明代有边氏来此定居，得名边家庄，后称边庄子。

地理位置 地处稻地镇东北部，东至喻庄子，南至老陡河北，西至龙凤庄，北至北岭。

主要指标 2011年末，辖区总人口1069人，总面积1.5平方千米，农民人均纯收入6580元。

景庄子村

(Jingzhuangzi Cun)

名称来历 明代以前，景氏先祖来此定居，故名景家庄，后称景庄子。

地理位置 地处稻地镇中部，东至新陡河，南至尚德村，西至唐柏路，北至稻地中学。

主要指标 2011年末，辖区总人口394人，总面积0.4平方千米，农民人均纯收入6550元。

张福庄村

(Zhangfuzhuang Cun)

名称来历 明永乐二年（1404年），张氏由山东枣林庄移民来此为邻村看坟，后定居，取名张福庄。

地理位置 地处稻地镇南部，东至范董线，南至范董线，西至新陡河，北至稻齐路。

主要指标 2011年末，辖区总人口364人，总面积0.7平方千米，农民人均纯收入6500元。

李新庄村

(Lixinzhuang Cun)

名称来历 金代，李氏由大公庄到此定居，得名公尚新庄子，后又以姓氏称李新庄。

地理位置 地处稻地镇东部，东至大齐各庄镇鲁庄，南至刘唐保庄，西至大公庄，北至大齐各庄镇王庄子。

主要指标 2011年末，辖区总人口429人，总面积1.2平方千米，农民人均纯收入6520元。

大公庄村

(Dagongzhuang Cun)

名称来历 此地原有两座庙宇（老公殿、和尚庙），取公尚两字，得名公尚庄，后更名大公尚庄，简称大公庄。

地理位置 地处稻地镇东部，东至李新庄，南至刘唐保庄，西至稻齐路，北至大齐各庄镇小公庄。

主要指标 2011 年末，辖区总人口 502 人，总面积 1.1 平方千米，农民人均纯收入 6600 元。

龙凤庄村

(Longfengzhuang Cun)

名称来历 传说建村时喜鹊与蛇相斗（俗称蛇为小龙，鹊为凤），为取吉利，得名龙凤庄。

地理位置 地处稻地镇西部，东至稻地镇政府，南至稻胥路，西至西门外村，北至老唐柏路。

主要指标 2011 年末，辖区总人口 1169 人，总面积 1.2 平方千米，农民人均纯收入 6580 元。

窦家庄村

(Doujiazhuang Cun)

名称来历 明代女姓窦氏来此招婿定居，得名窦家庄。

地理位置 地处稻地镇东部，东至喻庄子，南至稻齐路，西至唐柏路，北至老陡河。

主要指标 2011 年末，辖区总人口 588 人，总面积 0.8 平方千米，农民人均纯收入 6550 元。

胡家庄村

(Hujiazhuang Cun)

名称来历 金代胡氏到此定居，得名胡家庄，后称胡庄。

地理位置 地处稻地镇东部，东至稻齐路，南至稻齐路，西至新陡河，北至大齐各庄镇安各庄。

主要指标 2011 年末，辖区总人口 1016 人，总面积 2 平方千米，农民人均纯收入 7050 元。

付庄腰街村

(Fuzhuangyaojie Cun)

名称来历 明代以前，付氏来此定居，故名付家庄，后称付庄。1961 年将付庄分为 4 个生产大队，因位于北街和中街之间，故名付庄腰街。

地理位置 地处稻地镇西南部，东至范庄，南至付庄中街，西至黄各庄镇范家岗，北至付庄北街。

主要指标 2011 年末，辖区总人口 495 人，总面积 1 平方千米，农民人均纯收入 6560 元。

付庄中街村

(Fuzhuangzhongjie Cun)

名称来历 明代以前，付氏来此定居，故名付家庄，后称付庄。1961 年将付庄分为 4 个生产大队，因位于中部，故名付庄中街。

地理位置 地处稻地镇西南部，东至新陡河，南至付庄前街，西至黄各庄镇老庄子，北至付庄腰街。

主要指标 2011 年末，辖区总人口 541 人，总面积 0.9 平方千米，农民人均纯收入 6520 元。

付庄前街村

(Fuzhuangqianjie Cun)

名称来历 明代以前，付氏来此定居，故名付家庄，后称付庄。1961 年将付庄分为 4 个生产大队，因位于南部，故名付庄前街。

地理位置 地处稻地镇西南部，东至新陡河，南至新陡河，西至黄各庄镇南新庄，北至付庄中街。

主要指标 2011 年末，辖区总人口 429 人，总面积 0.85 平方千米，农民人均纯收入 6500 元。

付庄北街村

(Fuzhuangbeijie Cun)

名称来历 明代以前，付氏来此定居，故名付家庄，后称付庄。1961 年将付庄分为 4 个生产大队，因位于北部，故名付庄北街。

地理位置 地处稻地镇西南部，东至范庄，南至付庄腰街，西至黄各庄镇范家岗，北至董稻路。

主要指标 2011 年末，辖区总人口 691 人，总面积 1 平方千米，农民人均纯收入 6550 元。

北岭村

(Beiling Cun)

名称来历 明初，此地原是天然土岭，得名北岭庄，后称北岭。

地理位置 地处稻地镇东北部，东至陡河，南至老陡河，西至边庄子，北至路南区女织寨乡赵田庄。

主要指标 2011 年末，辖区总人口 563 人，总面积 1 平方千米，农民人均纯收入 6550 元。

稻地二村

(Daodi' er Cun)

名称来历 金明昌元年（1190 年），因此地属沿海沼泽地，曾开发种植水稻，得名稻地。1984 年将稻地分成 4 个村。因排序第二得名。

地理位置 地处稻地镇中部，东至锦盛花苑小区，南至老陡河，西至西门外，北至稻胥路。

主要指标 2011 年末，辖区总人口 1591 人，总面积 1.5 平方千米，农民人均纯收入 6680 元。

桥东村

(Qiaodong Cun)

名称来历 金明昌元年（1190年），因此地属沿海沼泽地，曾开发种植水稻，得名稻地。1984年将稻地分成4个村。因位于大桥东边得名。

地理位置 地处稻地镇东南部，东至唐柏公路，南至丰南区第二中学，西至桥西，北至老陡河。

主要指标 2011年末，辖区总人口1124人，总面积1平方千米，农民人均纯收入6570元。

桥西村

(Qiaoxi Cun)

名称来历 金明昌元年（1190年），因此地属沿海沼泽地，曾开发种植水稻，得名稻地。1984年将稻地分成4个村。因位于大桥西边得名。

地理位置 地处稻地镇西部，东至桥东，南至稻董路，西至老陡河，北至老陡河。

主要指标 2011年末，辖区总人口1203人，总面积1平方千米，农民人均纯收入6570元。

西门外村

(Ximenwai Cun)

名称来历 金明昌元年（1190年），因此地属沿海沼泽地，曾开发种植水稻，得名稻地。1984年将稻地分成4个村。这里原有一条商业街，是封闭市场，有一个西门，雇佣工人住在西门外面，因此得名。

地理位置 地处稻地镇西部，东至龙凤庄村，南至老陡河，西至唐津高速，北至稻胥路。

主要指标 2011年末，辖区总人口720人，总面积0.8平方千米，农民人均纯收入6600元。

付家坨村

(Fujiatuo Cun)

名称来历 明代以前，因此地为稻地某财主之场房坨地，骡马成群，钱粮丰富，得名富家坨，后取谐音称付家坨。

地理位置 地处稻地镇北部，东至唐柏公路，南至唐津高速，西至新205国道，北至孙家楼。

主要指标 2011年末，辖区总人口668人，总面积0.5平方千米，农民人均纯收入6600元。

孙家楼村

(Sunjialou Cun)

名称来历 明代孙氏来此定居，因当时村西有楼阁建筑，故名。

地理位置 地处稻地镇北部，东至唐柏路，南至付家坨，西至新205国道，北至路南区女织寨乡滨湖庄园。

主要指标 2011年末，辖区总人口448人，总面积0.6平方千米，农民人均纯收入6550元。

重广庵村

(Chongguang'an Cun)

名称来历 因此地有一座重家的广月庵庙宇，得名重家庵子，后称重广庵。

地理位置 地处稻地镇西部，东至杨庄子，南至老陡河，西至丰南镇于庄子，北至安机寨前街。

主要指标 2011年末，辖区总人口525人，总面积0.44平方千米，农民人均纯收入6550元。

尚德村

(Shangde Cun)

名称来历 明初，有人移民此地，后有官员私访到此，认为村里人品德好，得名尚德村。

地理位置 地处稻地镇中部，东至新陡河，南至稻齐路，西至唐柏路，北至景庄子。

主要指标 2011年末，辖区总人口609人，总面积1.2平方千米，农民人均纯收入6520元。

东大夫坨村

(Dongdaifutuo Cun)

名称来历 明代以前，为取吉利，村又建于坨地，得名大福坨。后村分为东西两村，因位于东边得名东大福坨，后取谐音称东大夫坨。

地理位置 地处稻地镇东北部，东至边庄子，南至龙凤庄，西至西大夫坨，北至唐津高速。

主要指标 2011年末，辖区总人口777人，总面积1平方千米，农民人均纯收入6560元。

西大夫坨村

(Xidaifutuo Cun)

名称来历 明代以前，为取吉利，村又建于坨地，得名大福坨。后村分为东西两村，因位于西边得名西大福坨，后取谐音称西大夫坨。

地理位置 地处稻地镇东北部，东至东大夫坨，南至龙凤庄，西至唐柏路，北至唐津高速。

主要指标 2011年末，辖区总人口1214人，总面积1.3平方千米，农民人均纯收入6600元。

安机寨前街村

(Anjizhaiqianjie Cun)

名称来历 明代，河南移民来此定居，因各户均以织布为生，均设织布机，得名安机寨。1984年将安机寨划分3个村，因位于南边，故名安机寨前街。

地理位置 地处稻地镇西北部，东至新205国道，南至杨庄子，西至丰南镇岭子上，北至安机寨中街。

主要指标 2011年末，辖区总人口339人，总面积1.2平方千米，农民人均纯收入6500元。

安机寨中街村

(Anjizhaizhongjie Cun)

名称来历 明代，河南移民来此定居，因各户均以织布为生，均设织布机，得村名安机寨。1984年将安机寨划分3个村，因位于中间，故名安机寨中街。

地理位置 地处稻地镇西北部，东至新205国道，南至安机寨前街，西至丰南镇岭子上，北至安机寨北街。

主要指标 2011年末，辖区总人口955人，总面积1.1平方千米，农民人均纯收入6500元。

安机寨北街村

(Anjizhaibeijie Cun)

名称来历 明代，河南移民来此定居，因各户均以织布为生，均设织布机，得村名安机寨。1984年将安机寨划分3个村，因位于北边，故名安机寨北街。

地理位置 地处稻地镇西北部，东至新205国道，南至安机寨中街，西至丰南镇岭子上，北至老205国道。

主要指标 2011年末，辖区总人口681人，总面积0.4平方千米，农民人均纯收入6550元。

刘唐保东街村

(Liutangbaodongjie Cun)

名称来历 过去有刘氏来占产立庄，取村名刘家庄。因刘家用土挖了苏家的坟地，刘家被告要遭杀害，刘去京都找到唐姓官人帮助，保住刘家性命，故改称村名为刘唐保庄。1984年将该庄分成4个村，因位于东街，故名刘唐保东街。

地理位置 地处稻地镇东南部，东至大齐各庄镇大田港，南至霍庄，西至刘唐保中街，北至刘唐保北街。

主要指标 2011年末，辖区总人口838人，总面积1.4平方千米，农民人均纯收入6450元。

刘唐保西街村

(Liutangbaoxijie Cun)

名称来历 过去有刘氏来占产立庄，取村名刘家庄。因刘家用土挖了苏家的坟地，刘家被告要遭杀害，刘去京都找到唐姓官人帮助，保住刘家性命，故改称村名为刘唐保庄。1984年将该庄分成4个村，因位于西街，故名刘唐保西街。

地理位置 地处稻地镇东南部，东至刘唐保中街，南至霍庄，西至范董线，北至大公庄。

主要指标 2011年末，辖区总人口519人，总面积1.7平方千米，农民人均纯收入6560元。

刘唐保北街村

(Liutangbaobeijie Cun)

名称来历 过去有刘氏来占产立庄，取村名刘家庄。因刘家用土挖了苏家的坟地，刘家被告要遭杀害，刘去京都找到唐姓官人帮助，保住刘家性命，故改称村名为刘唐保庄。1984年将该庄分成4个村，因位于北街，故名刘唐保北街。

地理位置 地处稻地镇东南部，东至大齐各庄镇大田港，南至刘唐保中街，西至刘唐保西街，北至大公庄。

主要指标 2011年末，辖区总人口479人，总面积1.3平方千米，农民人均纯收入6500元。

刘唐保中街村

(Liutangbaozhongjie Cun)

名称来历 过去有刘氏来占产立庄，取村名刘家庄。因刘家用土挖了苏家的坟地，刘家被告要遭杀害，刘去京都找到唐姓官人帮助，保住刘家性命，故改称村名为刘唐保庄。1984年将该庄分成4个村，因位于中街，故名刘唐保中街。

地理位置 地处稻地镇东南部，东至刘唐保东街，南至霍庄，西至刘唐保西街，北至刘唐保北街。

主要指标 2011年末，辖区总人口502人，总面积1.1平方千米，农民人均纯收入6540元。

（撰稿：孙守平，初审：郑红艳、李凤新、李继隆）

小集镇

(Xiaoji Zhen)

政区概况

名称来历 因镇人民政府驻地位于小集村而得名。

地理位置 地处丰南区东南，东临大新庄镇，南与唐海县八农场交界，西与西葛镇、稻地镇接壤，北与大齐各庄镇、钱营镇为邻。人民政府驻小集111号，电话区号0315，邮政编码063303，距丰南区人民政府18千米。

政区沿革 1946年5月，属丰南县四区。1950年，属丰南县六区。1953年5月，分属丰南县六区小集乡、柳河乡、北田庄乡、宋家营乡、深港乡、辉坨乡、碱城乡、西纪各庄乡。1958年8月，属小集人民公社。1961年6月，分属小集工委所辖的小集人民公社、宋家营人民公社、辉坨人民公社。1984年3月，撤销人民公社，置小集乡、宋家营乡、辉坨乡。1986年5月，撤销小集乡，改置小集镇。1988年8月，宋家营乡并入。1991年6月，辉坨乡并入。

政区划分 2011年末，辖小集、宋家营一、宋家营二、宋家营三、宋家营四、宋家营五、宋家营六、郑庄子、吕庄子、姚庄、深港、新房子、大韩庄、起庄子、东邸庄、大孙庄、郑家坨、东王庄、东刘庄、西刘庄、西郑庄、赵庄、杨塘、洼里、鸭子庄、北田庄、小高庄、西邸庄、康各庄、柳河、骚古庄、北韩庄、张庄、辉坨、钱庄、油房庄、北刘庄、小北柳河、碱城、杨庄、龙湾、东小庄、东韩庄、西纪各庄、东纪各庄、檀庄、张坨、北董庄子48个村民委员会。

人口面积 2011年末，辖区总人口35619人，其中城镇常住人口13916万人，城镇化率39.1%。另有流动人口2256人。总人口中，男性17846人，占50.1%；女性17773人，占49.9%；14岁以下4843人，占13.6%；15~64岁26470人，占74.3%；65岁以上4306人，占12.1%。总人口中，以汉族为主，达34708人，占97.4%；有满等4个少数民族，其中满族742人，占总人口的2.1%。2011年，人口出生率9.1‰，人口死亡率7.8‰，人口自然增长率1.3‰。

辖区东西最大距离13千米，南北最大距离7.8千米，总面积79平方千米。人口密度为每平方千米451人。

自然条件

地形地貌 位于华北地层区的燕山分区南部开平向斜东部、昌黎大断裂北部，境内为平原，地势略为西高东低，南高北低，地面高程一般在海拔20~40米。

气候 属暖温带滨海湿润大陆性季风气候。其特点是四季分明。多年平均气温10.5℃，最高气温25.1℃，最低气温-6.3℃。年平均日照时数2652.1小时。

水文 境内河道属滦河水系，主要河道有沙河。沙河自西纪各庄到西郑庄流经境内，长14.5千米。

经济概况

农业 耕地面积7.1万亩，人均2亩；全部为水浇地。以种植小麦、玉米、蔬菜为主。农业总产值从1949年的180万元，增加到1978年的610.5万元，2011年，达到4.7亿元，比上年增长9.3%，实现农业增加值28612亿元，占国内生产总值的4%。

粮食作物以小麦、玉米为主。2011年，生产粮食3.2万吨，人均898.4千克，其中小麦9272吨，玉米19613吨。主要经济作物有蔬菜。2011年，蔬菜种植面积33480亩，产量11.1万吨，主要品种有黄瓜、大白菜、西红柿、芹菜等，其中黄瓜1.6万吨，大白菜3.2万吨，西红柿1.5万吨。

畜牧业以猪、羊、家禽为主。2011年，生猪饲养量5.6万头，年末存栏2.9万头；羊饲养量0.2万只，年末存栏0.1万只；家禽饲养量29万羽。

工业 以冶金为主。工业总产值从1949年的15万元，增加到1978年的110.2万元，2011年，达到306.9亿元，比上年增长28.9%，实现工业增加值58.17亿元，占国内生产总值的80.75%。2011年，工业企业51家，职工1.2万人，其中规模以上工业企业10家，钢铁企业8家。2009年5月，被批准为特色产业聚集区，批复面积20平方千米。2009年园区开发面积4.98平方千米，建成区面积2.89平方千米，入园企业31家，企业务工人员9200人，企业总资产89亿元。园区全年完成主营业务收入198.5亿元，固定资产投资11.05亿元。

商业外贸 2011年末，商业网点1474个，职工2729人；乡村集贸市场6个。2011年，社会消费品零售总额达3.6亿元，比上年增长10.1%；城乡集市贸易成交额1.1亿元，比上年增长10%。2011年，出口总额329万美元，比上年增长7.2%，主要产品有卫生瓷。

财政金融 2011年，财政总收入5.2亿元，比上年增长24.3%。其中地方财政收入0.3亿元，比上年增长24%。从主要税种看，完成营业税0.59亿元，增值税4.17亿元，企业所得税0.41亿元，分别比上年增长22%、23%、21%。人均财政收入1.46万元，比上年增长24%。2011年，银行和金融机构各类存款余额19.1亿元，比上年减少0.6%；各项贷款余额450万元，比上年减少47.3%。

社会发展

文化艺术 2011年末，镇文化站1个，村级文化活动中心48个；各类图书室27个，藏书54000余册。

教育 2011年末，幼儿园2所，在园幼儿700人，专任教师31人；小学5所，在校生1681人，专任教师144人，小学适龄儿童入学率100%；初中1所，在校生1052人，专任教师103人，初中适龄人口入学率、小升初升学率、九年义务教育覆盖率均达100%。主要学校有宋家营中心小学，清朝末年成立，1927年丰南境内第一个共产党支部就在该校诞生，培养了大批革命志士，京东特委组织部部长赵玺珍就毕业于该校，在校生652人，教师41人；丰南四中，由原小集镇五所中学合并组成，是丰南区第一所农村寄宿制初中，在校生1078人，教师88人。2011年教育经费达1910万元，比上年增长8.5%。预算内教育经费占财政总支出的比例为10%，比上年提高了8个百分点。

医疗卫生 2011年末，医院1所，职工72人，病床51张，建筑面积2532平方米，占地面积约5800平方米。2011年医疗机构（门诊部以上）完成诊疗29377人次。新型农村合作医疗参合率98%。

体育 2011年末，学校体育场6个。100%的村安装了健身器材，经常参加体育活动的人员占常住人口的60%。

广播电视 2011年末，有线电视用户0.44万户，入户率40%。

社会保障 2011年城镇最低生活保障户数5户，人数6人，支出2.1万元，比上年增长12%，月人均292元，比上年增长12%；城市医疗救助35人次，民政部门资助参加合作医疗883人次，共支出2.6万元，比上年增长50%。农村最低生活保障户数438户，人数648人，支出102.4万元，比上年增长15%，月人均132元，比上年增长15%。国家抚恤、补助各类优抚对象109人，抚恤事业费支出52万元，比上年增长7%，抚恤事业费支出49.88万元。敬老院1家，床位160张，农村五保供养113人。慈善分会1个，全年接受社会捐款9万元，使350人（次）困难群众受益。新型农村社会养老保险参保人数1.5万人，参保率97.5%。

基础设施

邮政电信 2011年末，邮政局1所，征订报纸85.6万份、期刊7368册。

电信企业3家，服务网点1个；固定电话用户6300户；移动电话用户2万户；宽带接入用户4300户。全年电信业务收入1460万元。

镇区市政建设

公共交通 2011年末，唐柏路过境，往返于大新庄、柏各庄、曹妃甸、唐海的客运汽车途经小集。

给排水 2011年末，深度为200米以上吃水井56眼，全部农户实现了自来水入户，年供水量22万立方米。镇区主要道路两侧敷设排水管道3000米。

宋家营一村

(Songjiayingyi Cun)

名称来历 唐贞观十二年（638年），唐太宗征辽于此地扎营，常运送盔甲，得名送甲营。明永乐初年，该庄宋家势力大，故以其姓氏将送甲营更名宋家营。因位于村东，故名宋家营一村。

地理位置 地处小集镇西部，东至小集，南至西郑庄，西至宋家营二村，北至深港。

主要指标 2011年末，辖区总人口1076人，总面积2.37平方千米，农民人均纯收入7360元。

宋家营二村

(Songjiaying'er Cun)

名称来历 唐贞观十二年（638年），唐太宗征辽于此地扎营，常运送盔甲，得名送甲营。明永乐初年，该庄宋家势力大，故以其姓氏将送甲营更名宋家营。因位于村中，故名宋家营二村。

地理位置 地处小集镇西部，东至宋家营一村，南至宋家营四村，西至宋家营六村，北至深港。

主要指标 2011年末，辖区总人口498人，总面积1.27平方千米，农民人均纯收入7645元。

宋家营三村

(Songjiayingsan Cun)

名称来历 唐贞观十二年（638年），唐太宗征辽于此地扎营，常运送盔甲，得名送甲营。明永乐初年，该庄宋家势力大，故以其姓氏将送甲营更名宋家营。因位于村西，故名宋家营三村。

地理位置 地处小集镇西部，东至宋家营六村，南至宋家营五村，西至西葛镇，北至稻地镇。

主要指标 2011年末，辖区总人口1241人，总面积2.96平方千米，农民人均纯收入7590元。

宋家营四村

(Songjiayingsi Cun)

名称来历 唐贞观十二年（638年），唐太宗征辽于此地扎营，常运送盔甲，得名送甲营。明永乐初年，该庄宋家势力大，故以其姓氏将送甲营更名宋家营。宋家营二村划分为二村、四村、五村、六村四个村，因位于村中，故名宋家营四村。

地理位置 地处小集镇西部，东至宋家营一村，南至西郑庄，西至宋家营五村，北至宋家营二村。

主要指标 2011年末，辖区总人口685人，总面积1.39平方千米，农民人均纯收入7700元。

宋家营五村

(Songjiayingwu Cun)

名称来历 唐贞观十二年（638年），唐太宗征辽于此地扎营，常运送盔甲，得村名送甲营。明永乐初年，该庄宋家势力大，故以其姓氏将送甲营更名宋家营。宋家营二村划分为二村、四村、五村、六村四个村，因位于村中部，故名宋家营五村。

地理位置 地处小集镇西部，东至宋家营四村，南至唐海县界，西至宋家营三村，北至宋家营六村。

主要指标 2011年末，辖区总人口642人，总面积1.21平方千米，农民人均纯收入7430元。

宋家营六村

(Songjiayingliu Cun)

名称来历 唐贞观十二年（638年），唐太宗征辽于此地扎营，常运送盔甲，得村名送甲营。明永乐初年，该庄宋家势力大，故以其姓氏将送甲营更名宋家营，宋家营二村划分为二村、四村、五村、六村四个村，因位于西边，故名宋家营六村。

地理位置 地处小集镇西部，东至宋家营二村，南至宋家营五村，西至宋家营三村，北至稻地镇王庄。

主要指标 2011年末，辖区总人口512人，总面积1.3平方千米，农民人均纯收入7629元。

北董庄子村

(Beidongzhuangzi Cun)

名称来历 明永乐二年（1404年），董氏到此定居，得名董各庄，后称董庄子，后更名北董庄子。

地理位置 地处小集镇东北部，东至大新庄镇，南至钱庄，西至油房庄，北至檀庄。

主要指标 2011年末，辖区总人口1376人，总面积3.94平方千米，农民人均纯收入7250元。

东纪各庄村

(Dongjigezhuang Cun)

名称来历 因村址位于岳王庙附近，得名岳庙，后因与西纪各庄相对，更名为东纪各庄。

地理位置 地处小集镇东北部，东至檀庄，南至张坨，西至西纪各庄，北至钱营镇东北柳河。

主要指标 2011年末，辖区总人口612人，总面积1.57平方千米，农民人均纯收入6870元。

西纪各庄村

(Xijigezhuang Cun)

名称来历 明永乐年间，因当时只有几户人家，得名几家庄，取谐音为纪各庄，与东纪各庄相对，更名西纪各庄。

地理位置 地处小集镇东北部，东至东纪各庄，南至油房庄，西至康各庄，北至钱营镇中北柳河。

主要指标 2011 年末，辖区总人口 1186 人，总面积 2.76 平方千米，农民人均纯收入 6920 元。

大韩庄村

(Dahanzhuang Cun)

名称来历 明永乐二年（1404 年），韩氏由山东枣林庄移民迁此定居，故名韩家庄，因该村范围大，更名大韩庄。

地理位置 地处小集镇南部，东至起庄子，南至大孙庄，西至小集，北至赵庄。

主要指标 2011 年末，辖区总人口 1339 人，总面积 1.7 平方千米，农民人均纯收入 7900 元。

东韩庄村

(Donghanzhuang Cun)

名称来历 山东移民朱、韩两姓从大韩庄又迁此定居，因位于大韩庄东部，故名。

地理位置 地处小集镇东南部，东至大新庄镇，南至起庄子，西至东小庄，北至杨庄。

主要指标 2011 年末，辖区总人口 555 人，总面积 1.14 平方千米，农民人均纯收入 6849 元。

北韩庄村

(Beihanzhuang Cun)

名称来历 元初，有韩氏在此定居，得名小韩庄，为同其他韩庄相区别，按方位称该村为北韩家庄，后称北韩庄。

地理位置 地处小集镇中部，东至小北柳河，南至西邸庄，西至北田庄，北至张庄。

主要指标 2011 年末，辖区总人口 474 人，总面积 0.7 平方千米，农民人均纯收入 7000 元。

东邸庄村

(Dongdizhuang Cun)

名称来历 明永乐二年（1404 年），山东邸氏迁此定居，得名邸家庄，因村庄位于沙河以东，1961 年后称东邸庄。

地理位置 地处小集镇东南部，东至东小庄，南至起庄子，西至西邸庄，北至碱城。

主要指标 2011 年末，辖区总人口 237 人，总面积 0.37 平方千米，农民人均纯收入 7210 元。

西邸庄村

(Xidizhuang Cun)

名称来历 明永乐二年（1404 年），山东邸氏迁此定居，得名邸家庄。该村位于沙河西岸，1961 年后称西邸庄。

地理位置 地处小集镇东南部，东至东邸庄，南至起庄子，西至小高庄，北至北韩庄。

主要指标 2011 年末，辖区总人口 528 人，总面积 0.7 平方千米，农民人均纯收入 7310 元。

西郑庄村

(Xizhengzhuang Cun)

名称来历 明永乐二年（1404 年），山东移民郑氏迁此定居，得名郑家庄。因村位于老沙河以西，更名西郑家庄，后称西郑庄。

地理位置 地处小集镇南部，东至东刘庄，南至沙河，西至西葛镇，北至小集。

主要指标 2011 年末，辖区总人口 1279 人，总面积 1.71 平方千米，农民人均纯收入 8800 元。

东小庄村

(Dongxiaozhuang Cun)

名称来历 因建村时村落较小，取名小庄子。为区别南小庄子，该村又在南小庄子东部，改称东小庄。

地理位置 地处小集镇东南部，东至东韩庄，南至东韩庄，西至起庄子，北至杨庄。

主要指标 2011 年末，辖区总人口 318 人，总面积 0.74 平方千米，农民人均纯收入 6759 元。

东王庄村

(Dongwangzhuang Cun)

名称来历 明永乐二年（1404 年），山东移民王氏迁此定居，因南有一王家庄，得名北王家庄，又因不远处有西王家庄，后更名东王家庄，后称东王庄。

地理位置 地处小集镇南部，东至起庄子，南至小集，西至宋家营，北至赵庄。

主要指标 2011 年末，辖区总人口 760 人，总面积 1.32 平方千米，农民人均纯收入 7620 元。

东刘庄村

(Dongliuzhuang Cun)

名称来历 明永乐二年（1404 年），山东移民刘氏迁此定居，得名刘家庄，分为东西刘家庄，该村称东刘家庄，后称东刘庄。

地理位置 地处小集镇南部，东至大韩庄，南至郑家坨，西至西刘庄，北至小集。

主要指标 2011 年末，辖区总人口 997 人，总面积 1.67 平方千米，农民人均纯收入 8500 元。

西刘庄村

(Xiliuzhuang Cun)

名称来历 明永乐二年（1404年），山东移民刘氏迁此定居，得名刘家庄，后分为东西刘家庄，该村称西刘家庄，后称西刘庄。

地理位置 地处小集镇南部，东至东刘庄，南至西郑庄，西至宋家营，北至小集。

主要指标 2011年末，辖区总人口229人，总面积0.52平方千米，农民人均纯收入7560元。

北刘庄村

(Beiliuzhuang Cun)

名称来历 明永乐二年（1404年），刘氏由山东枣林庄迁此定居，故名刘家庄。为区别其他刘家庄，更名北刘家庄，后称北刘庄。

地理位置 地处小集镇中部，东至辉坨，南至小北柳河，西至北韩庄，北至油房庄。

主要指标 2011年末，辖区总人口520人，总面积1.19平方千米，农民人均纯收入6950元。

北田庄村

(Beitianzhuang Cun)

名称来历 明初，山东移民田氏迁此定居，故名田家庄，后为区别南田庄，称该村为北田庄。

地理位置 地处小集镇中部，东至北韩庄，南至小高庄，西至洼里，北至柳河。

主要指标 2011年末，辖区总人口708人，总面积1.49平方千米，农民人均纯收入7310元。

大孙庄村

(Dasunzhuang Cun)

名称来历 明永乐二年（1404年），山东移民孙氏迁此定居，得名大孙家庄，后称大孙庄。

地理位置 地处小集镇东南部，东至唐海县李家沙坨，南至唐海县南田庄，西至郑坨，北至大韩庄。

主要指标 2011年末，辖区总人口698人，总面积1.31平方千米，农民人均纯收入7700元。

小高庄村

(Xiaogaozhuang Cun)

名称来历 明永乐二年（1404年），山东移民高氏迁此定居，因村庄较小，故名。

地理位置 地处小集镇东南部，东至西邸庄，南至赵庄，西至杨塘，北至北田庄。

主要指标 2011年末，辖区总人口292人，总面积0.56平方千米，农民人均纯收入7280元。

油房庄村

(Youfangzhuang Cun)

名称来历 因村内开油坊户较多，得名油房庄。

地理位置 地处小集镇东部，东至董庄子，南至北刘庄，西至张庄，北至西纪各庄。

主要指标 2011年末，辖区总人口966人，总面积1.66平方千米，农民人均纯收入7000元。

骚古庄村

(Saoguzhuang Cun)

名称来历 有人定居时，因村西有一土坨叫“骚沟坨”，故取谐音得名骚古庄。

地理位置 地处小集镇中部，东至张庄，南至鸭子庄，西至姚庄，北至柳河。

主要指标 2011年末，辖区总人口322人，总面积1.01平方千米，农民人均纯收入8010元。

康各庄村

(Kanggezhuang Cun)

名称来历 过去有康姓由山东迁此定居，故名康各庄。

地理位置 地处小集镇北部，东至西纪各庄，南至张庄，西至柳河，北至钱营镇。

主要指标 2011年末，辖区总人口754人，总面积2.08平方千米，农民人均纯收入7050元。

鸭子庄村

(Yazizhuang Cun)

名称来历 明永乐二年（1404年），山东移民迁此定居，因此地有洼地能养鸭，故名。

地理位置 地处小集镇中部，东至杨塘，南至东王庄，西至宋家营一村，北至骚古庄。

主要指标 2011年末，辖区总人口329人，总面积0.54平方千米，农民人均纯收入7320元。

郑庄子村

(Zhengzhuangzi Cun)

名称来历 明永乐二年（1404年），山东移民郑姓迁此定居，故名郑家庄，后称郑庄子。

地理位置 地处小集镇西部，东至宋家营三村，南至西葛镇蛮子坨，西至西葛镇孟庄村，北至唐海路。

主要指标 2011年末，辖区总人口235人，总面积0.6平方千米，农民人均纯收入8210元。

吕庄子村

(Lüzhuangzi Cun)

名称来历 明永乐二年（1404年），山东移民吕姓迁此定居，故名吕庄子。

地理位置 地处小集镇西部，东至宋家营三村，南至宋家营三村，西至郑庄子，北至稻地镇于庄。

主要指标 2011年末，辖区总人口202人，总面积0.37平方千米，农民人均纯收入7600元。

新房子村

(Xinfangzi Cun)

名称来历 明永乐二年（1404年），山东枣林庄移民迁此定居建新庄，故名。

地理位置 地处小集镇西北部，东至洼里，南至宋家营一村，西至深港，北至姚庄。

主要指标 2011年末，辖区总人口575人，总面积1.75平方千米，农民人均纯收入7410元。

起庄子村

(Qizhuangzi Cun)

名称来历 明永乐二年（1404年），移民韩氏和万氏迁此定居，给当地财主亲戚种地，得名客家庄，后改称戚家庄。1948年前改称起家庄，新中国成立后称起庄子。

地理位置 地处小集镇东南部，东至东小庄，南至唐海县李家沙坨，西至大韩庄，北至西邸庄。

主要指标 2011年末，辖区总人口372人，总面积0.53平方千米，农民人均纯收入7920元。

姚庄村

(Yaozhuang Cun)

名称来历 明永乐二年（1404年），山东枣林庄移民姚氏迁此定居，得名姚家庄，后称姚庄。

地理位置 地处小集镇西北部，东至柳河，南至新房子，西至深港，北至稻地镇。

主要指标 2011年末，辖区总人口1207人，总面积2.64平方千米，农民人均纯收入7320元。

赵庄村

(Zhaozhuang Cun)

名称来历 明永乐二年（1404年），山东移民赵姓迁此定居，故名赵家庄，后称赵庄。

地理位置 地处小集镇南部，东至小高庄，南至东王庄，西至鸭子庄，北至杨塘。

主要指标 2011年末，辖区总人口498人，总面积0.74平方千米，农民人均纯收入7300元。

钱庄村

(Qianzhuang Cun)

名称来历 南宋成淳七年（1271年），因郭家财主在村周围修筑了土城墙，故名郭城子，后因钱姓人多，1944年将庄名改为钱庄。

地理位置 地处小集镇东部，东至北董庄子，南至大新庄镇双港村，西至辉坨，北至张坨庄。

主要指标 2011年末，辖区总人口1373人，总面积3.12平方千米，农民人均纯收入6850元。

张庄村

(Zhangzhuang Cun)

名称来历 明永乐年间，张氏迁此定居，因村址在沙河湾道坨地上，得名张家湾坨，后更名张家庄，简称张庄。

地理位置 地处小集镇北部，东至油房庄，南至北韩庄，西至柳河，北至康各庄。

主要指标 2011年末，辖区总人口464人，总面积0.84平方千米，农民人均纯收入7010元。

檀庄村

(Tanzhuang Cun)

名称来历 明永乐二年（1404年），檀氏迁此定居，故名檀家庄，后称檀庄。

地理位置 地处小集镇东北部，东至大新庄镇高庄子，南至董庄子，西至东纪各庄，北至钱营镇东北柳河。

主要指标 2011年末，辖区总人口450人，总面积1.28平方千米，农民人均纯收入7850元。

杨庄村

(Yangzhuang Cun)

名称来历 明永乐年间，山东移民杨氏迁此定居，故名杨家庄，后称杨庄。

地理位置 地处小集镇东南部，东至龙湾，南至东小庄，西至东邸庄，北至碱城。

主要指标 2011年末，辖区总人口336人，总面积0.65平方千米，农民人均纯收入7580元。

深港村

(Shengang Cun)

名称来历 因地势低洼，俗称七沟八港，故名深港庄，后称深港。

地理位置 地处小集镇西北部，东至新房子，南至宋家营，西至稻地镇王庄，北至稻地镇刘唐保东街。

主要指标 2011年末，辖区总人口619人，总面积1.3平方千米，农民人均纯收入7420元。

杨塘村

(Yangtang Cun)

名称来历 明永乐二年（1404年），山东移民杨氏迁此定居，故名杨家庄。后因此地地势低洼多坑塘，故更名杨家塘，后称杨塘。

地理位置 地处小集镇中部，东至北田庄，南至赵庄，西至鸭子庄，北至骚古庄。

主要指标 2011年末，辖区总人口520人，总面积0.74平方千米，农民人均纯收入7540元。

洼里村

(Wali Cun)

名称来历 因地势低洼，得村名洼儿庄，后称洼坨，现称洼里。

地理位置 地处小集镇中部，东至小北柳河，南至西邸庄，西至北田庄，北至张庄。

主要指标 2011年末，辖区总人口416人，总面积1.11平方千米，农民人均纯收入8786元。

碱城村

(Jiancheng Cun)

名称来历 因此地多盐碱，得名碱场，后称碱城。

地理位置 地处小集镇东南部，东至爽坨，南至杨庄，西至东邸庄，北至小北柳河。

主要指标 2011年末，辖区总人口1028人，总面积2.1平方千米，农民人均纯收入7410元。

龙湾村

(Longwan Cun)

名称来历 因村西靠龙湾河，得名龙湾庄，后称龙湾。

地理位置 地处小集镇东南部，东至大新庄镇爽坨，南至东韩庄，西至杨庄，北至辉坨。

主要指标 2011年末，辖区总人口564人，总面积1.37平方千米，农民人均纯收入7090元。

柳河村

(Liuhe Cun)

名称来历 因村南有河多柳树，得名柳河庄，后称柳河。

地理位置 地处小集镇北部，东至康各庄，南至北田庄，西至姚庄，北至大齐镇大田港。

主要指标 2011年末，辖区总人口1369人，总面积3.56平方千米，农民人均纯收入7780元。

小集村

(Xiaoji Cun)

名称来历 原村名南新庄，因附近有柳河集镇，商贩常来此地做生意，买卖繁荣，故称小集市，清乾隆五十四年柳河集镇改迁此地，更名小集。

地理位置 地处小集镇南部，东至大韩庄，南至东刘庄，西至宋家营，北至东王庄。

主要指标 2011年末，辖区总人口1517人，总面积2.14平方千米，农民人均纯收入8010元。

辉坨村

(Huituo Cun)

名称来历 明永乐年间，因村南有灰色沙坨，得名灰坨庄，后遇火灾，村子化为灰烬，后取谐音改名辉坨庄，后称辉坨。

地理位置 地处小集镇东部，东至钱庄，南至龙湾，西至北刘庄，北至西纪各庄。

主要指标 2011年末，辖区总人口1158人，总面积3.23平方千米，农民人均纯收入7020元。

张坨村

(Zhangtuo Cun)

名称来历 明永乐年间，张氏由山东枣林庄迁此定居，因该地多沙坨，故名。

地理位置 地处小集镇东北部，东至檀庄，南至辉坨，西至西纪各庄，北至东纪各庄。

主要指标 2011年末，辖区总人口149人，总面积0.44平方千米，农民人均纯收入6950元。

郑家坨村

(Zhengjiatuo Cun)

名称来历 明永乐二年（1404年），山东枣林庄移民郑氏迁此定居，因村建于坨地上，得名郑家坨。

地理位置 地处小集镇南部，东至大孙庄，南至唐海县高城子，西至东刘庄，北至大韩庄。

主要指标 2011年末，辖区总人口1815人，总面积1.95平方千米，农民人均纯收入7980元。

小北柳河村

(Xiaobeiliuhe Cun)

名称来历 因位于柳河东部、沙河东岸，村庄又位于柳林村以北，得名小北柳河。

地理位置 地处小集镇东部，东至辉坨，南至碱城，西至北韩庄，北至北刘庄。

主要指标 2011年末，辖区总人口717人，总面积1.51平方千米，农民人均纯收入7420元。

（撰稿：佟立明，初审：郑红艳、李凤新、李继隆）

黄各庄镇

(Huanggezhuang Zhen)

全国小城镇建设试点镇、河北省示范镇、河北省改革发展重点镇、河北省人居环境奖。

政区概况

名称来历 因原乡人民政府驻地位于黄各庄村而得名。

地理位置 地处丰南区中部，东临西葛镇和稻地镇，南接尖字沽乡，西邻王兰庄镇和唐坊镇，北邻丰南镇。人民政府驻惠丰街3号，电话区号0315，邮政编码063307，距丰南区人民政府9千米。

政区沿革 1948年12月，属丰南县七区。1950年，属丰南县二区。1953年5月，分属宣庄镇、楼庄子乡、西老治乡、小岔河乡、赵新庄乡、黄各庄乡、杨家泊乡、城坨子乡、董各庄乡、杨庄乡、韩家博乐乡。1958年8月，属宣庄人民公社。1961年6月，分置为宣庄、黄各庄、董各庄3个人民公社。1984年3月，撤销人民公社，置宣庄乡、黄各庄乡、董各庄乡；同年8月，撤宣庄乡，置宣庄镇。1991年12月，合并宣庄镇、黄各庄乡、董各庄乡，置黄各庄镇。

政区划分 2011年末，辖惠达1个社区居民委员会，黄各庄一、黄各庄二、黄各庄三、李家庄、红花园、东黄各庄、米厂、东城坨、河西、西城坨、北杨家泊、西杨家泊、南杨家泊、张建庄、郝庄子、南新庄、范家岗、李家博乐、东发旺台、五相庄、新房子、作城庄、王洪庄、王家盘子、曹庄子、东老治、西老治、东鸿鸭泊、西鸿鸭泊、董各庄一、董各庄二、董各庄三、董各庄四、太平庄、杨家庄、汤家庄、庄窠、老庄子、董家博乐、韩家博乐、张家博乐、双坨、西发旺台、赵新庄、顶戴庄、宋家坨、宣庄一街、宣庄二街、宣庄三街、宣庄四街、宣庄五街、宣庄六街、公庄子、楼庄子、忠信庄55个村民委员会。

人口面积 2011年末，辖区总人口49295人，其中城镇常住人口22591人，城镇化率45.8%。另有流动人口2100人。总人口中，男性24946人，占50.6%；女性24349人，占49.4%；14岁以下6485人，占13.2%；15~64岁35146人，占71.3%；65岁以上7664人，占15.5%。总人口中，以汉族为主，达49015人，占99.4%。2011年，人口出生率11.7‰，人口死亡率7.4‰，人口自然增长率4.3‰。

辖区东西最大距离11.2千米，南北最大距离17.8千米，总面积68.3平方千米。其中陆地面积67.96平方千米，占99.5%；水域面积0.34平方千米，占0.5%。人口密度为每平方千米722人。

自然条件

地形地貌 境内为平原，地势略为西高东低，南高北低，地面高程一般在海拔20~40米。

气候 属暖温带季风区大陆性气候。多年平均气温12.8℃，1月平均气温-3.6℃；7月平均气温26.7℃。平均气温年较差27.3℃。生长期年平均208天，无霜期年平均190天。年平均日照时数2747.6小时，年总辐射144.4千卡/平方厘米。0℃以上持续期276天（一般为2月28日~12月3日）。年平均降水量677毫米。

水文 境内河道属陡河水系。陡河自镇域内流过，境内长21.1千米。

矿藏及其他自然资源 境内地下水资源较为丰富，可利用量1777.4万立方米。

经济概况

农业 耕地面积6.1万亩，人均1.2亩；全部为水浇地。以种植小麦、玉米、蔬菜为主。农业总产值从1949年的0.01亿元，增加到1978年的0.13亿元，2011年，达到4.4亿元，比上年增长3%，农业增加值占国内生产总值的14%。

粮食作物以小麦、玉米为主。2011年，生产粮食5万吨，人均1014千克，其中小麦2.3万吨，玉米2.7万吨。主要经济作物有蔬菜。2011年，蔬菜种植面积1万亩，产量2.5万吨，主要品种有大葱、韭菜等，其中大葱2万吨，韭菜0.5万吨。

畜牧业以猪、羊、家禽为主。2011年，生猪饲养量5.8万头，年末存栏5.8万头；羊饲养量1.7万只，年末存栏0.7万只；家禽饲养量120.7万羽。

工业 形成了以惠达陶瓷集团为龙头，以卫生陶瓷为主导产业，焦炭、煤化工、铸钢、机械制造等产业同步发展的工业体系。惠达工业园区规模日趋扩大。工业总产值从1949年的0.17亿元，增加到1978年的2.5亿元，2011年，达到82.6亿元，比上年增长27%，实现工业增加值24.2亿元，占国内生产总值的66%，比上年增长23%。2011年，工业企业114家，职工1.6万人。销售收入达到500万元以上的企业17家，职工1.2万人。唐山惠达陶瓷集团连续十年保持全国同行业五项第一，拥有总资产30亿元，职工10000余人，17条天然气隧道窑生产线，年产卫生陶瓷800万件，产品畅销全国各地，并远销美国、韩国、俄罗斯等80多个国家和地区。公司先后获得全国首批520家“重合同、守信用”企业、全国质量效益型先进企业、全国质量管理先进企业、中国驰名商标、中国名牌、国家免检产品等荣誉称号，品牌价值52亿元，2011年，完成销售收入19亿元，利税3.2亿元，出口创汇1亿美元。

商业外贸 2011年末，商业网点3731个，职工9860人；城乡集贸市场6个。2011年，城乡集市贸易成交额1亿元。2011年，出口总额1亿美元，主要产品有“惠达洁具”等。

财政金融 2011年，财政总收入4.2亿元，比上年增长31.2%，从主要税种看，完成营业税1526万元，增值税2.3亿元，企业所得税1.2亿元。人均财政收入2857元，比上年增长15%。

社会发展

文化艺术 2011年末，镇文化站1个，村级文化活动中心56个；各类图书室56个，藏书15000余册。

教育 2011年末，幼儿园4所，在园幼儿1235人，专任教师98人；小学6所，在校生3081人，专任教师169人，小学适龄儿童入学率100%；初中3所，在校生1348人，专任教师126人，初中适龄人口入学率、小升初升学率、九年义务教育覆盖率均达100%；成人学校1所，涉农免费生175人，专任教师11人。主要学校有宣庄小学，建于1912年，是全县建校较早的学校，也是原丰润县重点高等小学；民国九年（1920年）开始招收商业职业班，是全县最早的职业班；现有在校生718名，专任教师34人。2011年教育经费达2457万元。

医疗卫生 2011年末，医疗卫生机构1个，门诊部（所）56个。专业卫生人员436人，其中执业医师45人，执业助理医师137人，注册护士178人。2011年医疗机构

（门诊部以上）完成诊疗1.98万人次。新型农村合作医疗参合率100%。投资860万元，加快卫生院新建改造和村级卫生室建设，村级卫生室覆盖率100%。

体育 2011年末，学校体育场9个，座位500张。100%的城市社区和村安装了健身器材，经常参加体育活动的人员占常住人口的53%。

广播电视 2011年末，有线电视用户3.8万户，入户率80.3%。

社会保障 2011年城镇最低生活保障户数5户，人数8人，支出2.4万元，月人均250元，比上年增长7%；民政部门资助参加合作医疗979人次，支出2.9万元，比上年增长35%。农村最低生活保障户数518户，人数754人，支出140万元，月人均154.7元，比上年增长31%。国家抚恤、补助各类优抚对象516人，抚恤事业费支出120万元，比上年增长15%。社会福利费220万元，比上年增长17%；敬老院1家，床位400张，农村五保供养100人。社区服务设施56个。有慈善分会1个，全年接受社会捐款6.8万元，使150人（次）困难群众受益。社会保险基金收入合计136万元，比上年增长23%。新型农村社会养老保险参保人数4.1万人，参合率98%。2011年为413名85周岁以上老人办理了高龄老人生活津贴手续，发放资金41.3万元。2011年7月镇政府支付7.7万元为全镇60周岁以上的老人参保助老御险。

基础设施

交通运输 唐津、唐曹高速公路，唐涧公路，丰碱公路横穿过境，镇级公路13条，总长24.2千米。

邮政电信 2011年末，邮政局1所，电信企业3家。

镇区市政建设

公共交通 2011年末，镇区开通公交汽车线路2条。

给排水 2011年末，镇区深水井414眼并有成套净化设备，年供水6.1万立方米。镇区主要道路两侧铺设排水管道10000米。

园林绿化 2011年末，镇政府驻地花坛70个，绿化面积2.6公顷。

惠达社区

（Huida Shequ）

名称来历 位于惠达小区而得名。

地理位置 地处黄各庄镇西部，东至陡河，南至惠达幼儿园，西至惠民路，北至黄各庄小学。

主要指标 2011年末，辖区总人口2812人，总面积0.68平方千米，城镇居民人均可支配收入18000元。

董各庄一村

（Donggezhuangyi Cun）

名称来历 明永乐二年（1404年），董氏先祖来此定居，故名董各庄。1984年将该庄分为4个村，按序得名。

地理位置 地处黄各庄镇北部，东至老庄子，南至太平庄，西至陡河，北至董各庄二村。

主要指标 2011年末，辖区总人口1056人，总面积1平方千米，农民人均纯收入6490元。

董各庄二村

（Donggezhuang'er Cun）

名称来历 1984年董各庄分为4个村，按序得名。

地理位置 地处黄各庄镇北部，东至稻董路，南至董各庄一村，西至老陡河，北至西发旺台。

主要指标 2011年末，辖区总人口905人，总面积1.01平方千米，农民人均纯收入6400元。

董各庄三村

（Donggezhuangsan Cun）

名称来历 1984年董各庄分为4个村，按序得名。

地理位置 地处黄各庄镇北部，东至董各庄一村，南至李家庄一村，西至河涧路，北至董各庄四村。

主要指标 2011年末，辖区总人口1620人，总面积1.2平方千米，农民人均纯收入5925元。

董各庄四村

（Donggezhuangsi Cun）

名称来历 1984年董各庄分为4个村，按序得名。

地理位置 地处黄各庄镇北部，东至陡河，南至董各庄三村，西至河涧路，北至顶戴庄。

主要指标 2011年末，辖区总人口1100人，总面积1.2平方千米，农民人均纯收入6454元。

黄各庄一村

（Huanggezhuangyi Cun）

名称来历 因村建于黄土岗上，得名黄土岗，后更名黄各庄。1984年将该庄分为3个村，按序得名。

地理位置 地处黄各庄镇中部，东至陡河，南至黄各庄镇政府，西至黄各庄二村，北至黄各庄三村。

主要指标 2011年末，辖区总人口923人，总面积1平方千米，农民人均纯收入6950元。

黄各庄二村

（Huanggezhuang'er Cun）

名称来历 1984年黄各庄分为3个村，按序得名。

地理位置 地处黄各庄镇中部，东至黄各庄一村，南至惠达小区，西至黄各庄三村，北至黄各庄三村。

主要指标 2011年末，辖区总人口1879人，总面积1.7平方千米，农民人均纯收入6900元。

黄各庄三村

(Huanggezhuangsan Cun)

名称来历 1984年黄各庄分为3个村，按序得名。

地理位置 地处黄各庄镇中部，东至陡河，南至黄各庄二村，西至丰碱线，北至距李家庄。

主要指标 2011年末，辖区总人口2581人，总面积4平方千米，农民人均纯收入6700元。

东黄各庄村

(Donghuanggezhuang Cun)

名称来历 明永乐二年（1404年），韩姓来此定居，故名东韩庄。因位于黄各庄东部，1949年更名东黄各庄。

地理位置 地处黄各庄镇东部，东至刘各庄，南至越支，西至黄各庄一村，北至红花园。

主要指标 2011年末，辖区总人口1267人，总面积1.13平方千米，农民人均纯收入8500元。

李家庄村

(Lijiazhuang Cun)

名称来历 清乾隆五十五年（1790年），此地原为柳树酄李家坟地，后有李家人在此地立庄，得名李家庄。

地理位置 地处黄各庄镇东部，东至陡河，南至黄各庄三村，西至胥涧路，北至董各庄三村。

主要指标 2011年末，辖区总人口870人，总面积2.1平方千米，农民人均纯收入6900元。

杨家庄村

(Yangjiazhuang Cun)

名称来历 明永乐二年（1404年），杨氏迁来此地定居，故名杨家庄。

地理位置 地处黄各庄镇东北部，东至汤庄、庄户，南至新陡河，西至郝庄子，北至老庄子。

主要指标 2011年末，辖区总人口675人，总面积1.03平方千米，农民人均纯收入6000元。

汤家庄村

(Tangjiazhuang Cun)

名称来历 元代泰定元年（1324年），汤氏来此定居，得名汤家庄。

地理位置 地处黄各庄镇东北部，东至南新庄村，南至庄窠，西至杨家庄，北至老庄子。

主要指标 2011年末，辖区总人口334人，总面积0.31平方千米，农民人均纯收入6000元。

五相庄村

(Wuxiangzhuang Cun)

名称来历 明嘉靖十二年（1533年），董氏后代五个相公由董各庄迁此立庄，故名五相庄。

地理位置 地处黄各庄镇西北部，东至河涧路，南至唐津高速，西至公庄子，北至丰南镇大岔河。

主要指标 2011年末，辖区总人口380人，总面积0.28平方千米，农民人均纯收入6900元。

南新庄村

(Nanxinzhuang Cun)

名称来历 明永乐二年（1404年）建村，因此地有道院寺，得名道院寺新庄子，后称新庄子，1982年更名南新庄。

地理位置 地处黄各庄镇东北部，东至稻地镇付庄前街，南至庄窠，西至汤庄，北至老庄子。

主要指标 2011年末，辖区总人口296人，总面积0.4平方千米，农民人均纯收入4600元。

赵新庄村

(Zhaoxinzhuang Cun)

名称来历 明万历三十三年（1605年），赵姓在此地定居，故名。

地理位置 地处黄各庄镇北部，东至陡河，南至顶戴庄，西至河涧路，北至丰南镇西望马台。

主要指标 2011年末，辖区总人口390人，总面积0.6平方千米，农民人均纯收入6900元。

作城庄村

(Zuochengzhuang Cun)

名称来历 此地原有条沙带（人称沙龙），楼庄子佃户在此建房时把沙带切成两截，取名二截沙子。清光绪元年，人们认为二截沙子压于楼下，不得翻身，因此更名作城庄。

地理位置 地处黄各庄镇西部，东至楼庄子，南至王洪庄，西至唐坊镇莲花沽，北至唐津高速公路。

主要指标 2011年末，辖区总人口527人，总面积0.71平方千米，农民人均纯收入6900元。

顶戴庄村

(Dingdaizhuang Cun)

名称来历 明万历三十一年（1603年），因当时有总兵去京，在此地更衣换帽，得名顶戴庄。

地理位置 地处黄各庄镇西北部，东至陡河，南至董各庄四村，西至宋家坨，北至赵新庄。

主要指标 2011年末，辖区总人口822人，总面积0.65平方千米，农民人均纯收入6900元。

张建庄村

(Zhangjianzhuang Cun)

名称来历 清康熙十年（1671年），张建来此定居，故名。

地理位置 地处黄各庄镇东北部，东至杨庄，南至郝

镇区市政建设

公共交通 2011年末，镇区有1条西葛—唐山的公交线路，日发客运汽车两班次，日均容量60余人次；唐山至尖坨子的客运班线途经全镇6个村。

给排水 2011年末，镇区内全部实施农村饮水安全工程，自来水入户率100%。

孟庄村

(Mengzhuang Cun)

名称来历 明永乐二年（1404年），孟氏由山东枣林庄来此定居，故名孟家庄，后称孟庄。

地理位置 地处西葛镇北部，东至稻地镇于庄，南至东葛各庄，西至沙沱子，北至韩家河。

主要指标 2011年末，辖区总人口1898人，总面积3.99平方千米，农民人均纯收入6983元。

李各庄村

(Ligezhuang Cun)

名称来历 元至正二十七年（1367年），李氏来此定居，故名李各庄。

地理位置 地处西葛镇西北部，东至沙坨子，南至刘各庄，西至陡河，北至陡河。

主要指标 2011年末，辖区总人口1073人，总面积1.81平方千米，农民人均纯收入6930元。

刘各庄村

(Liugezhuang Cun)

名称来历 明永乐二年（1404年），刘氏迁此定居，故名刘各庄。

地理位置 地处西葛镇西北部，东至李各庄，南至越支五村，西至陡河，北至李各庄。

主要指标 2011年末，辖区总人口540人，总面积1.83平方千米，农民人均纯收入6924元。

东葛各庄村

(Donggegezhuang Cun)

名称来历 明永乐年间，山东移民来此定居，得名小葛各庄，因与西葛各庄东西相对，后改名东葛各庄。

地理位置 地处西葛镇中部，东至蛮子坨，南至西尖坨，西至西葛各庄，北至沙坨子。

主要指标 2011年末，辖区总人口1365人，总面积2.6平方千米，农民人均纯收入6961元。

西葛各庄村

(Xigegezhuang Cun)

名称来历 因土壤内含蛤蜊很多，村址又处于望海寺西部，故取谐音“葛”字，称村名大葛各庄，因与东葛各庄东西相对，后称西葛各庄。

地理位置 地处西葛镇中部，东至东葛各庄村，南至草泊，西至越支一村，北至陡河。

主要指标 2011年末，辖区总人口3653人，总面积8.3平方千米，农民人均纯收入6975元。

越支一村

(Yuezhiyi Cun)

名称来历 因此地原为沿海滩地，有几户人家以熬盐为生。后官府接管盐业按月发给钱粮，因所得钱粮少，难以维持生活，月月超支，得名越支庄，后称越支。1984年分为6个村，按序得名。

地理位置 地处西葛镇西部，东至西葛各庄，南至越支三村，西至越支五村，北至刘各庄。

主要指标 2011年末，辖区总人口924人，总面积1.77平方千米，农民人均纯收入6970元。

越支二村

(Yuezhi'er Cun)

名称来历 1984年越支分为6个村，按序得名。

地理位置 地处西葛镇西部，东至越支一村，南至越支四村，西至越支六村，北至越支五村。

主要指标 2011年末，辖区总人口964人，总面积2.28平方千米，农民人均纯收入6971元。

越支三村

(Yuezhisan Cun)

名称来历 1984年越支分为6个村，按序得名。

地理位置 地处西葛镇西部，东至越支一村，南至草泊，西至越支四村，北至越支一村。

主要指标 2011年末，辖区总人口1187人，总面积2.21平方千米，农民人均纯收入6970元。

越支四村

(Yuezhisi Cun)

名称来历 1984年越支分为6个村，按序得名。

地理位置 地处西葛镇西部，东至越支二村，南至草泊，西至越支六村，北至越支二村。

主要指标 2011年末，辖区总人口1042人，总面积3.27平方千米，农民人均纯收入6973元。

越支五村

(Yuezhiwu Cun)

名称来历 1984年越支分为6个村，按序得名。

地理位置 地处西葛镇西部，东至越支一村，南至越支二村，西至越支六村，北至刘各庄。

主要指标 2011年末，辖区总人口1109人，总面积3.15平方千米，农民人均纯收入6970元。

庄子，西至董各庄一村，北至董各庄一村。

主要指标 2011 年末，辖区总人口 185 人，总面积 0.06 平方千米，农民人均纯收入 6900 元。

王洪庄村

(Wanghongzhuang Cun)

名称来历 唐贞观十二年（638 年），王洪由山西太原府迁此定居，得名王洪庄。

地理位置 地处黄各庄镇西部，东至楼庄子，南至曹庄子、西老治，西至唐坊镇莲花泊，北至 205 国道。

主要指标 2011 年末，辖区总人口 1069 人，总面积 1.24 平方千米，农民人均纯收入 6900 元。

太平庄村

(Taipingzhuang Cun)

名称来历 明永乐二年（1404 年），王氏名勺的移民来此定居，故名王勺庄，后又改称王烧庄。清嘉庆年间，为求太平，更名太平庄。

地理位置 地处黄各庄镇北部，东至张建庄，南至红花园，西至陡河，北至董各庄一村。

主要指标 2011 年末，辖区总人口 1478 人，总面积 1.4 平方千米，农民人均纯收入 6900 元。

忠信庄村

(Zhongxinzhuang Cun)

名称来历 清雍正十三年（1735 年），董氏由董各庄迁来定居，为表示对祖先忠诚，对人守信用，得名忠信庄。

地理位置 地处黄各庄镇西部，东至宣庄三街，南至西鸿鸭泊村，西至楼庄子，北至新房子。

主要指标 2011 年末，辖区总人口 315 人，总面积 0.29 平方千米，农民人均纯收入 6500 元。

郝庄子村

(Haozhuangzi Cun)

名称来历 明永乐二年（1404 年），郝氏来此定居，故名郝家庄子，后称郝庄子。

地理位置 地处黄各庄镇东部，东至杨家庄，南至西葛镇李各庄，西至张建庄，北至李家博乐。

主要指标 2011 年末，辖区总人口 300 人，总面积 0.45 平方千米，农民人均纯收入 6900 元。

曹庄子村

(Caozhuangzi Cun)

名称来历 明永乐二年（1404 年），曹氏先祖来此定居，故名曹家庄，后称曹庄子。

地理位置 地处黄各庄镇西部，东至王家盘子，南至王兰庄镇高先甸，西至唐坊镇石桥沽，北至小陡河。

主要指标 2011 年末，辖区总人口 1299 人，总面积 1.7 平方千米，农民人均纯收入 6400 元。

老庄子村

(Laozhuangzi Cun)

名称来历 明景泰五年（1454 年），有董氏从董各庄迁来此地，因系董家老儿子，得名老庄子。

地理位置 地处黄各庄镇东北部，东至新庄子，南至杨家庄，西至董各庄一村，北至范家岗。

主要指标 2011 年末，辖区总人口 600 人，总面积 0.7 平方千米，农民人均纯收入 6500 元。

公庄子村

(Gongzhuangzi Cun)

名称来历 清光绪元年（1875 年），朝廷大臣龚某从此路过，得名龚家庄，1961 年更名公庄子。

地理位置 地处黄各庄镇西北部，东至五相庄，南至宣庄二街，西至丰南镇小岔河，北至丰南镇大岔河。

主要指标 2011 年末，辖区总人口 540 人，总面积 0.49 平方千米，农民人均纯收入 6900 元。

楼庄子村

(Louzhuangzi Cun)

名称来历 明万历元年（1573 年），因此地有一座土楼，得名楼庄子。

地理位置 地处黄各庄镇西部，东至忠信庄，南至宣曹路，西至作城庄，北至丰南镇丰益庄。

主要指标 2011 年末，辖区总人口 1268 人，总面积 1.75 平方千米，农民人均纯收入 6890 元。

红花园村

(Honghuayuan Cun)

名称来历 明永乐二年（1404 年），因本村部分土地属外村财主所有，在此地养花，得名红花园。

地理位置 地处黄各庄镇东部，东至韩家河，南至东黄各庄，西至陡河，北至太平庄。

主要指标 2011 年末，辖区总人口 1630 人，总面积 1.6 平方千米，农民人均纯收入 6500 元。

范家岗村

(Fanjiagang Cun)

名称来历 原是范家庄之地，又是沙岗子，得名范家岗。

地理位置 地处黄各庄镇东北部，东至稻地镇付庄，南至老庄子，西至李家博乐，北至张家博乐。

主要指标 2011 年末，辖区总人口 245 人，总面积 0.4 平方千米，农民人均纯收入 6000 元。

新房子村

(Xinfangzi Cun)

名称来历 人们为祈求丰收，生活富裕，得名丰裕庄。清顺治元年，大火把村烧光，又重建新房，更名新房子。

地理位置 地处黄各庄镇西部，东至宣庄六街，南至忠信庄，西至丰碱线，北至唐津高速。

主要指标 2011 年末，辖区总人口 326 人，总面积 0.36 平方千米，农民人均纯收入 6900 元。

东老治村

(Donglaozhi Cun)

名称来历 因南有王家盘子，北有楼庄子，为争风水，得名老治庄，后又有东西老治庄，在东边的称东老治。

地理位置 地处黄各庄镇西部，东至西鸿鸭泊，南至王家盘子，西至西老治村，北至楼庄子。

主要指标 2011 年末，辖区总人口 248 人，总面积 0.28 平方千米，农民人均纯收入 6800 元。

西老治村

(Xilaozhi Cun)

名称来历 因南有王家盘子，北有楼庄子，为争风水，得名老治庄，后又有东西老治庄，居西边的称西老治。

地理位置 地处黄各庄镇西部，东至东老治，南至王家盘子，西至曹庄子，北至王洪庄。

主要指标 2011 年末，辖区总人口 506 人，总面积 0.64 平方千米，农民人均纯收入 6900 元。

东城坨村

(Dongchengtuo Cun)

名称来历 清嘉庆元年，米姓来此定居，因庄建在坨地上，故名米城坨。后分东西两村，为西米城坨和东米城坨，后称西城坨和东城坨，因位于东面，得名东城坨。

地理位置 地处黄各庄镇南部，东至东排干，南至西城坨，西至西城坨，北至米厂。

主要指标 2011 年末，辖区总人口 836 人，总面积 0.95 平方千米，农民人均纯收入 5358 元。

西城坨村

(Xichengtuo Cun)

名称来历 清嘉庆元年（1796 年），米姓来此定居，因庄建在坨地上，故名米城坨。后分东西两村，为西米城坨和东米城坨，后称西城坨和东城坨，因位于西面，得名西城坨。

地理位置 地处黄各庄镇南部，东至东城坨，南至北杨家泊，西至丰碱线，北至米厂。

主要指标 2011 年末，辖区总人口 2220 人，总面积 2.17 平方千米，农民人均纯收入 7657 元。

宋家坨村

(Songjiatuo Cun)

名称来历 明永乐二年（1404 年），宋氏先祖在此定居，因村建于坨地，故名。

地理位置 地处黄各庄镇西北部，东至顶戴庄，南至董各庄四村，西至五相庄，北至丰南镇大王庄。

主要指标 2011 年末，辖区总人口 1078 人，总面积 0.87 平方千米，农民人均纯收入 6900 元。

双坨村

(Shuangtuo Cun)

名称来历 清顺治四年（1647 年），因村位于两个坨地上，得名双坨。

地理位置 地处黄各庄镇东北部，东至张家博乐，南至韩家博乐，西至东发旺台，北至陡河。

主要指标 2011 年末，辖区总人口 571 人，总面积 0.12 平方千米，农民人均纯收入 8003 元。

米厂村

(Michang Cun)

名称来历 此地原来杂草丛生，沟渠纵横交错，行人至此多迷路，得名迷城庄，后更名米厂。

地理位置 地处黄各庄镇南部，东至越支，南至西城坨，西至陡河，北至惠达瓷厂。

主要指标 2011 年末，辖区总人口 1479 人，总面积 1.35 平方千米，农民人均纯收入 5300 元。

河西村

(Hexi Cun)

名称来历 此地原为尖字沽李家地盘，称为一至十沟，该村处于七沟，得名七沟房子，1958 年因该村位于陡河西岸，更名河西。

地理位置 地处黄各庄镇西南部，东至陡河，南至西杨家泊，西至丰碱线，北至西城坨。

主要指标 2011 年末，辖区总人口 540 人，总面积 0.47 平方千米，农民人均纯收入 6000 元。

庄窠村

(Zhuangke Cun)

名称来历 因属杨庄杨家之庄窠，得名杨家庄窠，后称庄窠。

地理位置 地处黄各庄镇东北部，东至付庄前街，南至老韩家河，西至杨庄，北至汤庄。

主要指标 2011 年末，辖区总人口 430 人，总面积 0.5 平方千米，农民人均纯收入 5900 元。

北杨家泊村

(Beiyangjiabo Cun)

名称来历 此地原是一片草泊为杨家所有，故名杨家泊。后分为三个杨家泊，位于北部的称北杨家泊。

地理位置 地处黄各庄镇西南部，东至南杨家泊，南至南杨家泊，西至西杨家泊，北至西城坨。

主要指标 2011年末，辖区总人口1555人，总面积4平方千米，农民人均纯收入6000元。

西杨家泊村

(Xiyangjiabo Cun)

名称来历 此地原是一片草泊为杨家所有，故名杨家泊。后分为三个杨家泊，位于西部的称西杨家泊。

地理位置 地处黄各庄镇西南部，东至北杨家泊，南至南杨家泊，西至丰碱线，北至西城坨。

主要指标 2011年末，辖区总人口920人，总面积0.98平方千米，农民人均纯收入6000元。

南杨家泊村

(Nanyangjiabo Cun)

名称来历 此地原是一片草泊为杨家所有，故名杨家泊。后分为三个杨家泊，位于南部的称南杨家泊。

地理位置 地处黄各庄镇西南部，东至河涧路，南至尖子沽乡雁翎庄村，西至丰碱线，北至北杨家泊。

主要指标 2011年末，辖区总人口837人，总面积2平方千米，农民人均纯收入6200元。

西发旺台村

(Xifawangtai Cun)

名称来历 此地原为两块地势较高的放马场，建庄后村名为放马台，后分东西二村，名西放马台、东放马台。清末更名西发旺台、东发旺台。

地理位置 地处黄各庄镇北部，东至东发旺台，南至205国道，西至陡河，北至陡河。

主要指标 2011年末，辖区总人口373人，总面积0.4平方千米，农民人均纯收入6500元。

东发旺台村

(Dongfawangtai Cun)

名称来历 此地原为两块地势较高的放马场，建庄后村名为放马台，后分东西二村，名西放马台、东放马台。清末更名西发旺台、东发旺台。

地理位置 地处黄各庄镇北部，东至双坨，南至董各庄二村，西至西发旺台村，北至陡河。

主要指标 2011年末，辖区总人口305人，总面积0.33平方千米，农民人均纯收入6400元。

王家盘子村

(Wangjiapanzi Cun)

名称来历 明永乐二年（1404年），王姓总兵曾在此扎营，后占产立庄，得名王家盘营，明末清初，改称王家盘子。

地理位置 地处黄各庄镇西部，东至西排干，南至尖字沽乡望马泊，西至曹庄子，北至东、西老治。

主要指标 2011年末，辖区总人口2043人，总面积3.44平方千米，农民人均纯收入6100元。

董家博乐村

(Dongjiabole Cun)

名称来历 明永乐二年（1404年），董氏先祖来此定居，原为部落时所占之地，部落谐音博乐，故名董家博乐。

地理位置 地处黄各庄镇东北部，东至范岗子村，南至李家博乐，西至董稻路，北至张家博乐。

主要指标 2011年末，辖区总人口280人，总面积0.4平方千米，农民人均纯收入6000元。

韩家博乐村

(Hanjiabole Cun)

名称来历 明永乐二年（1404年），韩氏先祖来此定居，原为部落时所占之地，部落谐音博乐，故名韩家博乐。

地理位置 地处黄各庄镇东北部，东至董稻路，南至董稻路，西至董各庄二村，北至双坨。

主要指标 2011年末，辖区总人口226人，总面积0.4平方千米，农民人均纯收入13200元。

张家博乐村

(Zhangjiabole Cun)

名称来历 明初建庄，张氏先祖来此定居，原为部落时所占之地，部落谐音博乐，故名张家博乐。

地理位置 地处黄各庄镇东北部，东至付庄，南至董家博乐，西至董稻路，北至董稻路。

主要指标 2011年末，辖区总人口450人，总面积0.5平方千米，农民人均纯收入6000元。

李家博乐村

(Lijiabole Cun)

名称来历 明永乐二年（1404年），李氏先祖来此定居，原为部落时所占之地，部落谐音博乐，故名李家博乐。

地理位置 地处黄各庄镇东北部，东至范家岗村，南至老庄子，西至董各庄一村，北至韩家博乐。

主要指标 2011年末，辖区总人口335人，总面积0.46平方千米，农民人均纯收入8955元。

宣庄一街村

(Xuanzhuangyijie Cun)

名称来历 明永乐二年（1404年），宣氏此地定居，故以姓氏得名宣庄。1984年将该庄分为6个村，按序得名。

地理位置 地处黄各庄镇北部，东至太平庄，南至李家庄，西至东鸿鸭泊，北至宣庄四街。

主要指标 2011年末，辖区总人口1466人，总面积0.91平方千米，农民人均纯收入5000元。

宣庄二街村

(Xuanzhuang'erjie Cun)

名称来历 明永乐二年（1404年），宣氏此地定居，故以姓氏得名宣庄。1984年宣庄分为6个村，按序得名。

地理位置 地处黄各庄镇北部，东至董各庄三村，南至宣庄三街、五街，西至宣庄六街，北至唐津高速。

主要指标 2011年末，辖区总人口646人，总面积0.63平方千米，农民人均纯收入6900元。

宣庄三街村

(Xuanzhuangsanjie Cun)

名称来历 明永乐二年（1404年），宣氏此地定居，故以姓氏得名宣庄。1984年宣庄分为6个村，按序得名。

地理位置 地处黄各庄镇北部，东至河涧路，南至宣庄四街，西至宣庄六街，北至宣庄二街。

主要指标 2011年末，辖区总人口665人，总面积0.43平方千米，农民人均纯收入6900元。

宣庄四街村

(Xuanzhuangsijie Cun)

名称来历 明永乐二年（1404年），宣氏此地定居，故以姓氏得名宣庄。1984年宣庄分为6个村，按序得名。

地理位置 地处黄各庄镇北部，东至董各庄三村，南至宣庄一街，西至宣庄六街，北至宣庄三街。

主要指标 2011年末，辖区总人口750人，总面积0.42平方千米，农民人均纯收入6900元。

宣庄五街村

(Xuanzhuangwujie Cun)

名称来历 明永乐二年（1404年），宣氏此地定居，故以姓氏得名宣庄。1984年宣庄分为6个村，按序得名。

地理位置 地处黄各庄镇北部，东至董各庄三村，南至宣庄四街，西至河涧路，北至宣庄二街。

主要指标 2011年末，辖区总人口765人，总面积0.67平方千米，农民人均纯收入6900元。

宣庄六街村

(Xuanzhuangliujie Cun)

名称来历 明永乐二年（1404年），宣氏此地定居，故以姓氏得名宣庄。1984年宣庄分为6个村，按序得名。

地理位置 地处黄各庄镇北部，东至宣庄三街，南至小陡河，西至新房子，北至唐津高速。

主要指标 2011年末，辖区总人口1481人，总面积1.29平方千米，农民人均纯收入6900元。

东鸿鸭泊村

(Donghongyabo Cun)

名称来历 因村南是一片沼泽地，有鸿鸭栖住，得名鸿鸭泊。1984年分东、西鸿鸭泊两个村。

地理位置 地处黄各庄镇北部，东至宣庄一街，南至黄各庄三村，西至西鸿鸭泊，北至宣庄六街。

主要指标 2011年末，辖区总人口1284人，总面积1.5平方千米，农民人均纯收入6900元。

西鸿鸭泊村

(Xihongyabo Cun)

名称来历 因村南是一片沼泽地，有鸿鸭栖住，得名鸿鸭泊。1984年分东、西鸿鸭泊两个村。

地理位置 地处黄各庄镇北部，东至西排干，南至王家盘子，西至楼庄子村，北至小陡河。

主要指标 2011年末，辖区总人口908人，总面积0.78平方千米，农民人均纯收入6900元。

（撰稿：王凤琴，初审：郑红艳、李凤新、李继隆）

西葛镇

(Xige Zhen)

鱼米之乡，素有“金麟紫蟹、唾手可得”的美誉。

政区概况

名称来历 因原乡人民政府驻地位于西葛各庄而得名。

地理位置 东与小集镇、唐海县接壤，南邻草泊，西邻黄各庄镇，北邻稻地镇。人民政府驻瑞祥路9号，电话区号0315，邮政编码063314，距丰南区人民政府11.9千米。

政区沿革 1946年，属丰南县七区。1950年，属丰南县二区。1953年5月，分属西葛各庄、沙坨子、东尖坨、越支4个乡。1956年8月，前述4乡合并为西葛各庄乡。1958年8月，属宣庄人民公社西葛各庄管理区。1961年6月，析宣庄人民公社设西葛各庄人民公社。1984年3月，撤销人民公社，置西葛各庄乡。1992年2月，撤销西葛各庄乡，设西葛镇。

政区划分 2011年末，辖西葛各庄、东葛各庄、刘各庄、李各庄、沙坨子、孟庄、蛮子坨、东尖坨一、东尖坨二、东尖坨三、东尖坨四、西尖坨、越支一、越支二、越支三、越支四、越支五、越支六18个村民委员会。

人口面积 2011年末，辖区总人口24235人，其中城镇常住人口14799人，城镇化率61.1%。另有流动人口913人。总人口中，男性12053人，占49.7%；女性12182人，占50.3%；14岁以下3402人，占14.1%；15~64岁18622人，占76.8%；65岁以上2211人，占9.1%。总人口中以汉族为主，达23724人，占97.9%；有满族565人，蒙古族11人，回族1人。2011年，人口出生率9.6‰，人口死亡率6.6‰，人口自然增长率3‰。

辖区东西最大距离8.3千米，南北最大距离9.5千米，总面积49.6平方千米。其中陆地面积45.8平方千米，占92.3%；水域面积3.8平方千米，占7.7%。人口密度为每平方千米489人。

自然条件

地形地貌 境内地形为平原，地势平坦。地面海拔高程一般在3~15米之间。

气候 属暖温带潮湿季风型大陆性气候。7月平均气温24.8℃，极端最高气温39.6℃。

水文 境内水系有沙河、陡河，境内河道长约20千米。

经济概况

农业 耕地面积3.2万亩，人均耕地1.3亩；分为水浇地、旱地、稻田。以种植水稻、小麦、玉米、蔬菜为主。农业总产值从1949年的103万元，增加到1978年的501万元，2011年，达到2.1亿元，比上年增长9.2%，农业增加值占国内生产总值比重的4.2%。

粮食作物以水稻、小麦、玉米为主。2011年，生产粮食4.3万吨，其中水稻3.1万吨，小麦4588吨，玉米0.7万吨。主要经济作物有蔬菜。2011年，蔬菜种植面积390公顷，产量2.6万吨。

畜牧业以牛、猪、羊、家禽为主。2011年，生猪出栏3.1万头，年末存栏1.8万头；羊出栏0.1万只，年末存栏400只；牛出栏400头，年末存栏400头；家禽出栏24.4万羽，年末存栏8.6万羽。

截至2011年末，造林面积12037亩，森林覆盖率28%。

工业 以钢铁、陶瓷为主。工业总产值从1949年的2.2万元，增加到1978年的26万元，2011年，达到73.4亿元，比上年增长32.1%，工业增加值占国内生产总值从重的69.4%。2011年，工业企业75家，职工6280人。粤丰钢铁有限公司、梦牌瓷业有限公司等为主要企业。

商业外贸 2011年末，商业网点1520个，职工3250人；城乡集贸市场3个。2011年，社会消费品零售总额达328万元，比上年增长8.5%；城乡集市贸易成交额80万元。

财政金融 2011年，财政总收入12506.3万元，比上年增长22%。其中地方财政收入3239.7万元，比上年增长22%。从主要税种看，完成营业税1826.7万元，增值税6801.39万元，企业所得税1648.1万元。人均财政收入5100元，比上年增长22%。2011年，银行和境内金融机构各类存款余额2.9亿元，比上年增长30%；各项贷款余额316万元，比上年增长2.1%。

社会发展

文化艺术 2011年末，镇文化站1个，村级文化活动广场18个；各类图书室18个，藏书3.5万余册；花卉队8个，约350人；业余评剧团2个，70余人。西葛是丰南的评剧之乡，西葛评剧团从建团至今已活动60余年。

教育 2011年末，独立幼儿园2所，附属幼儿园2所，在园幼儿710人，专任教师36人；小学4所，在校生1696人，专任教师79人，小学适龄儿童入学率100%；初中1所，在校生681人，专任教师58人，初中适龄人口入学率、小升初升学率、九年义务教育覆盖率均达100%。主要学校有西葛小学，在校生392人，教师18人。2011年教育经费达1182万元。

医疗卫生 2011年末，镇卫生院1所，村门诊所20个；病床10张，每千人拥有医疗床位42张，固定资产总值176.9万元。专业卫生人员18人，其中执业医师2人，执业助理医师4人，注册护士2人。2011年医疗机构（门诊部以上）完成诊疗1.1万人次。新型农村合作医疗参合率100%。

体育 2011年末，学校体育场6处。100%的18个村安装了健身器材，经常参加体育活动的人员占常住人口的23%。

广播电视 2011年末，有线电视用户1820户。

社会保障 2011年，城镇最低生活保障户数2户，人数2人，支出6732元，月人均280.5元；城市医疗救助、临时救济、慈善救助34人次，共支出9.5万元；民政部门资助参加合作医疗542人次，支出1.6万元，比上年增长50%。农村最低生活保障户数267户，人数542人，支出61.2万元，比上年增长26%，月人均94元，比上年增长17%。国家抚恤、补助各类优抚对象236人，抚恤事业费支出76.5万元。社会福利费63万元，比上年增长80%。敬老院1家，床位53张，农村五保供养32人。慈善协会1个。新型农村社会养老保险参保人数1.2万人，参保率98%。

基础设施

交通运输 境内有唐曹高速公路、大碱路、唐爽路、瑞祥路4条公路干线交会。

邮政电信 2011年末，邮政所1处。报纸、期刊累计期发行96000份（册）。电信企业1家，服务网点8个；电话交换机总容量1万门，固定电话用户3841户，电话用户普及率达到57.1%；移动电话用户4792户；宽带接入用户2652户。全年电信业务收入430万元。

越支六村

(Yuezhiliu Cun)

名称来历 1984年越支分为6个村，按序得名。

地理位置 地处西葛镇西部，东至越支五村，南至草泊，西至黄各庄镇米厂村，北至刘各庄。

主要指标 2011年末，辖区总人口948人，总面积1.83平方千米，农民人均纯收入6974元。

东尖坨一村

(Dongjiantuoyi Cun)

名称来历 明永乐二年（1404年）建村，因村建于一块尖形坨地东边，故以地形特征得村名东尖坨。1998年分为4个村，按序得名。

地理位置 地处西葛镇东部，东至小集镇宋家营，南至东尖坨三村，西至东尖坨二村，北至蛮子坨。

主要指标 2011年末，辖区总人口1123人，总面积1.71平方千米，农民人均纯收入6970元。

东尖坨二村

(Dongjiantuo' er Cun)

名称来历 1998年东尖坨分为4个村，按序得名。

地理位置 地处西葛镇东部，东至东尖坨一村，南至东尖坨四村，西至西尖坨，北至蛮子坨。

主要指标 2011年末，辖区总人口1114人，总面积1.75平方千米，农民人均纯收入6966元。

东尖坨三村

(Dongjiantuosan Cun)

名称来历 1998年东尖坨分为4个村，按序得名。

地理位置 地处西葛镇东部，东至小集镇西刘庄，南至沙河，西至东尖坨四村，北至东尖坨一村。

主要指标 2011年末，辖区总人口1252人，总面积1.92平方千米，农民人均纯收入6970元。

东尖坨四村

(Dongjiantuosi Cun)

名称来历 1998年东尖坨分为4个村，按序得名。

地理位置 地处西葛镇东部，东至东尖坨三村，南至沙河，西至西尖坨村，北至东尖坨二村。

主要指标 2011年末，辖区总人口971人，总面积2.4平方千米，农民人均纯收入6969元。

西尖坨村

(Xijiantuo Cun)

名称来历 明永乐二年（1404年），山东移民来此定居，因村建于一块尖形坨地西边，故以地形特征得名西尖坨。

地理位置 地处西葛镇东部，东至东尖坨四村、二村，南至草泊，西至西葛各庄，北至东葛各庄。

主要指标 2011年末，辖区总人口2497人，总面积4.85平方千米，农民人均纯收入6983元。

蛮子坨村

(Manzituo Cun)

名称来历 明永乐二年（1404年）建村，因此地为一块坨地，又有一南方人死于此地，因称南方人为蛮子，得名蛮子坨。

地理位置 地处西葛镇东部，东至小集镇宋家营，南至东尖坨二村，西至东葛各庄，北至小集镇郑庄子。

主要指标 2011年末，辖区总人口993人，总面积1.89平方千米，农民人均纯收入6960元。

沙坨子村

(Shatuozi Cun)

名称来历 明永乐二年（1404年），山东枣林庄移民来此定居，因此地多沙坨，故以地形特征得名沙坨子。

地理位置 地处西葛镇西北部，东至孟庄，南至东葛各庄，西至陡河，北至陡河。

主要指标 2011年末，辖区总人口1174人，总面积2.7平方千米，农民人均纯收入6960元。

（撰稿：郑建文，初审：郑红艳、李凤新、李继隆）

大新庄镇

(Daxinzhuang Zhen)

政区概况

名称来历 因镇人民政府驻地位于大新庄而得名。

地理位置 地处丰南区东南，东与滦南县安各庄镇接壤，南与唐海县十农场为邻，西连唐海县八农场，北临小集镇、钱营镇。人民政府驻唐柏路大新庄59号，电话区号0315，邮政编码063304，距丰南区人民政府25千米。

政区沿革 1946年5月，属丰南县三区。1950年，属丰南县五区。1953年5月，分属丰南县五区大新庄乡、薄港乡、安子乡、枣园乡、大佟庄乡、佟庄子乡，六区爽坨乡、黑坨乡、郭家岭坨乡。1958年8月，属大新庄人民公社。1961年6月，析大新庄人民公社分设大佟庄人民公社、爽坨人民公社。1984年3月，撤销人民公社，置大新庄乡、大佟庄乡、爽坨乡。1986年5月。撤销大新庄乡，置大新庄镇。1992年11月，大佟庄乡、爽坨乡并入。

政区划分 2011年末，辖大新庄三、大新庄一、大新庄二、大赵庄、薄庄、小河各庄、柳林一、柳林二、柳林三、孙沙坨、薄港、李公道庄、小岭子、大岭子、沙沟庄、安子、薄庄子、东李庄、四间房、大河各庄、南董庄、渠坨、枣园、东八户、西八户、爽坨一、爽坨二、爽坨三、爽坨四、爽小庄、瓦子庄、东崔坨、西崔坨、小卢庄、菜园、六各庄、黑坨、双港、王家岭坨、李岭坨、郭家岭坨、沟子岭坨、高庄、杜林、大佟庄一、大佟庄二、大佟庄三、博乐坨、寺坨、大裴庄、小裴庄、小双坨、闫魏庄、养马坨、河沿庄、芝麻坨、东滩沟、西滩沟、孟庄子、佟庄子、黄米廒、水西62个村民委员会。

人口面积 2011年末，辖区总人口56449人，其中城镇常住人口18781人，城镇化率33.3%。总人口中，男性28730人，占50.9%；女性27719人，占49.1%；14岁以下7789人，占13.8%；15~64岁41661人，占73.8%；65岁以上6999人，占12.4%。总人口中，以汉族为主，达49673人，占88%；有满、苗、蒙古等15个少数民族，其中满族6403人，占11.3%。2011年，人口出生率7.83‰，人口死亡率6.4‰，人口自然增长率1.43‰。

辖区东西最大距离11.3千米，南北最大距离25千米，总面积133.7平方千米。人口密度为每平方千米422人。

自然条件

水文 境内河道属戟门河水系。戟门河自王家岭坨村东入境，由北而南贯穿全境，从西南方向入唐海境内，最后流入渤海。境内河道长14千米。

矿藏及其他自然资源 境内已探明地下矿藏主要为煤炭，散布在中北部。

经济概况

农业 耕地面积10.6万亩，人均耕地1.9亩，全部为水浇地；生产机井1629眼，其中深井1117眼。以种植小麦、玉米、蔬菜为主。2011年，农业总产值达到6.58亿元，比上年增长4.1%，农业增加值占国内生产总值的15%。

粮食作物以小麦、玉米为主。2011年，生产粮食6.7万吨，人均1187千克，其中小麦1.1万吨，玉米2.2万吨，水稻1.1万吨。2011年，蔬菜种植面积3.8万亩，产量27.8万吨，主要品种有西红柿、芹菜、黄瓜、甜瓜等，销售收入2.7亿元；产品获得河北省无公害农产品基地认证，在国家工商总局注册了“绿音符”商标。建有果菜、水产养殖、资金等各类合作社23个。

畜牧业以猪、奶牛、羊为主。2011年，生猪出栏12.5万头，年末存栏6.3万头，年末能繁母猪存栏8588头；年末奶牛存栏4600头；羊饲养量0.2万只，年末存栏0.2万只。畜牧业总产值18368万元。

有养殖水面1730亩，主养品种为鲢鱼、鲤鱼、鲫鱼、南美白虾，年产鲢鱼612吨，鲤鱼520吨，鲫鱼543吨，草鱼615吨，虾105吨。渔业总产值2166万元。

工业 主要以钢铁、机械、陶瓷、冶金、造纸为主，2011年，工业总产值43亿元，比上年增长10.7%，实现工业增加值11.6亿元，比上年增长12.6%，占国内生产总值的比重44.6%；2011年，各类工业企业56家，职工2471人，其中规模以上工业企业7家。贺祥集团生产的硅酸锆超细粉和陶瓷机械荣获省科技进步一等奖，“贺祥”商标被命名为“全国驰名商标”；盛达纸厂更新设备和工艺，实现污水零排放；丰南金色轧钢有限公司年产优质螺纹钢30万吨，产值14亿元，新增利税7500万元。

商业外贸 2011年末，商业网点193个，从业人员990人；城乡集贸市场7个。2011年，社会消费品零售总额达12.8亿元，比上年增长17.5%；城乡集市贸易成交额6亿元。2011年，出口总额220万美元，主要产品有“贺祥”牌陶瓷机械设备，销往伊朗、墨西哥、越南等地。三商食品有限公司是以蔬菜种植和加工日式蔬菜制品为主的食品生产企业，产品主要销往日本。

财政金融 2011年，财政总收入4814.7万元，比上年增长17.7%。其中地方财政收入1848.4万元，比上年增长30.9%。从主要税种看，完成营业税1392万元，增值税1769万元，企业所得税415万元。人均财政收入852.9元，比上年增长17.7%。2011年，银行和金融机构各类存款余额8.37亿元，比上年增长12%。

社会发展

文化艺术 2011年末，镇文化站1个，村级文化活动中心51个；各类文化专业户45个；各类图书室64个，藏书30余万册；各类文体组织83个。

教育 2011年末，幼儿园13所，在园幼儿1573人，专任教师101人；小学11所，在校生3512人，专任教师206人，小学适龄儿童入学率100%；初中1所，在校生1800人，专任教师141人，初中适龄人口入学率、九年义务教育覆盖率均达100%；高中1所，在校生1200人，专任教师80人。2011年教育经费达4880万元，比上年增长47.8%。预算内教育经费占财政总支出的比例为57%，比上年提高了7个百分点。

科技 2011年末，国家级技术研究中心1家，各类科技人才264人；拥有国家专利47项。

医疗卫生 2011年末，中心卫生院1所，职工98人；村级卫生室62个，个体诊所38个，病床60张，固定资产总值779万元。专业卫生人员86人，其中执业医师22人，执业助理医师16人，注册护士21人。2011年医疗机构完成诊疗4.8万人次，住院1700人次。新型农村合作医疗参合率98.6%。

体育 2011年末，学校体育场12处。85.5%的村安装了健身器材，经常参加体育活动的人员占常住人口的23%。

社会保障 2011年，农村最低生活保障户数701户，人数1024人，支出107万元，比上年增长23%；月人均87元，比上年增长11%；民政部门资助参加合作医疗1131人次，支出3.4万元，比上年增长50%。国家抚恤、补助各类优抚对象450人，抚恤事业费支出125万元，比上年增长13%。敬老院1家，床位158张，农村五保供养107人。居家养老服务站62个。慈善分会1个，使88人（次）困难群众受益。新型农村社会养老保险参保人数35975人，参保率96.8%。

基础设施

交通运输 唐港高速、沿海高速，省道唐曹公路，县道长大线、大李线过境。县乡村道路硬化里程达218千米。

邮政电信 2011年末，邮政所1处，报纸、期刊累计期发行25.2万份（册）。电信企业3家，服务网点77个；电话交换机总容量1.5万门，固定电话用户8000户，电话用户普及率达到42%；移动电话用户4.16万户，比上年增加7780户，移动电话普及率为73.7%；宽带接入用户5350户。全年电信业务收入1780万元。

镇区市政建设

公共交通 2011年末，镇区开通公交线路5条，往返唐山至唐海、柏各庄、曹妃甸、大新庄、爽坨的客运汽车途经全镇32个村，日均客运量2500余人次。

供电 2011年末，镇区35千伏变电站2座，容量分别为2×12500千伏安。

大新庄一村

(Daxinzhuangyi Cun)

名称来历 明永乐年间，山东枣林庄移民来此定居，得名大新庄，后分为3个村，按序得名。

地理位置 地处大新庄镇中部，东至渠坨，南至大新庄三村，西至大新庄二村，北至薄庄。

主要指标 2011年末，辖区总人口1838人，总面积3.44平方千米，农民人均纯收入6548元。

大新庄二村

(Daxinzhuang'er Cun)

名称来历 大新庄分为3个村，按序得名。

地理位置 地处大新庄镇中部，东至大新庄一村，南至大新庄三村，西至大赵庄，北至柳林一村。

主要指标 2011年末，辖区总人口1354人，总面积3.44平方千米，农民人均纯收入6548元。

大新庄三村

(Daxinzhuangsan Cun)

名称来历 大新庄分为3个村，按序得名。

地理位置 地处大新庄镇中部，东至南董庄，南至闫魏庄，西至大赵庄，北至大新庄二村。

主要指标 2011年末，辖区总人口1978人，总面积2.32平方千米，农民人均纯收入6548元。

大赵庄村

(Dazhaozhuang Cun)

名称来历 明永乐二年（1404年），山东枣林庄移民赵氏来此定居，故名大赵庄。

地理位置 地处大新庄镇西部，东至大新庄二村，南至东李庄，西至大岭子，北至薄港。

主要指标 2011年末，辖区总人口493人，总面积0.86平方千米，农民人均纯收入6548元。

薄庄村

(Bozhuang Cun)

名称来历 明永乐二年（1404年），山东移民薄氏来此定居，故以姓氏得名薄家庄，1960年改为薄庄。

地理位置 地处大新庄镇中部，东至小河各庄，南至大新庄一村，西至柳林一村，北至双港村。

主要指标 2011年末，辖区总人口982人，总面积1.55平方千米，农民人均纯收入6548元。

小河各庄村

(Xiaohegezhuang Cun)

名称来历 因村南有条小河（旧沙河），故以地形特征得名小河各庄。

地理位置 地处大新庄镇中部，东至大河各庄，南至大新庄一村，西至薄庄村，北至双港。

主要指标 2011年末，辖区总人口831人，总面积1.4平方千米，农民人均纯收入6548元。

柳林一村

(Liulinyi Cun)

名称来历 因四周为旧沙河堤坝，种有柳树，故以地形特征得村名柳林庄，后称柳林。1984年将柳林分为3个村，按序得名。

地理位置 地处大新庄镇西部，东至薄庄村，南至大新庄二村，西至柳林三村，北至柳林二村。

主要指标 2011年末，辖区总人口779人，总面积1.3平方千米，农民人均纯收入6548元。

柳林二村

(Liuliner Cun)

名称来历 1984年柳林分为3个村，按序得名。

地理位置 地处大新庄镇西部，东至双港，南至柳林一村，西至柳林三村，北至东韩庄。

主要指标 2011年末，辖区总人口704人，总面积1.78平方千米，农民人均纯收入6548元。

柳林三村

(Liulinsan Cun)

名称来历 1984年柳林分为3个村，按序得名。

地理位置 地处大新庄镇西部，东至柳林一村，南至李公道庄，西至孙沙坨，北至东韩庄。

主要指标 2011年末，辖区总人口750人，总面积1.4平方千米，农民人均纯收入6548元。

孙沙坨村

(Sunshatuo Cun)

名称来历 明永乐二年（1404年），山东移民孙氏来此定居，因村址上有一大沙坨，故名孙家沙坨，1960 年更名孙沙坨。

地理位置 地处大新庄镇西部，东至柳林三村，南至薄港，西至唐海县李家沙坨，北至小集。

主要指标 2011 年末，辖区总人口 1984 人，总面积 3 平方千米，农民人均纯收入 6548 元。

薄港村

(Bogang Cun)

名称来历 明永乐二年（1404 年），山东移民薄氏来此定居，因地势低洼，故名薄家港，1960 年更为薄港。

地理位置 地处大新庄镇西部，东至李公道，南至大赵庄，西至小岭子，北至孙沙坨。

主要指标 2011 年末，辖区总人口 1216 人，总面积 1.66 平方千米，农民人均纯收入 6548 元。

李公道村

(Ligongdao Cun)

名称来历 明永乐二年（1404 年），山东移民李鄂大迁此定居，故名李大鄂庄，后更名李鄂道庄，又更名李公道庄。

地理位置 地处大新庄镇西部，东至薄庄，南至大新庄二村，西至薄港，北至柳林三村。

主要指标 2011 年末，辖区总人口 991 人，总面积 1.55 平方千米，农民人均纯收入 6548 元。

小岭子村

(Xiaolingzi Cun)

名称来历 明永乐二年（1404 年）建村，因建在小土岭上，故名小岭庄，后称小岭子。

地理位置 地处大新庄镇西部，东至薄港，南至大岭子，西至唐海县太平庄，北至孙沙坨。

主要指标 2011 年末，辖区总人口 444 人，总面积 0.67 平方千米，农民人均纯收入 6548 元。

大岭子村

(Dalingzi Cun)

名称来历 明永乐二年（1404 年）建村，因村边有一大沙土岭子，故名大岭庄，后称大岭子。

地理位置 地处大新庄镇西部，东至沙沟庄，南至唐海县后李庄，西至唐海县黄土庄，北至小岭子。

主要指标 2011 年末，辖区总人口 1548 人，总面积 3.16 平方千米，农民人均纯收入 6548 元。

沙沟庄村

(Shagouzhuang Cun)

名称来历 明永乐年间，山东移民来此定居，因村西有一沙沟，故名沙沟庄。

地理位置 地处大新庄镇西部，东至薄庄子，南至唐海县石匠庄，西至大岭子，北至薄港。

主要指标 2011 年末，辖区总人口 300 人，总面积 0.7 平方千米，农民人均纯收入 6548 元。

安子村

(Anzi Cun)

名称来历 明永乐二年（1404 年），山东移民来此定居，为求吉祥，得名安子庄，1948 年后更名安子。

地理位置 地处大新庄镇西南部，东至养马坨，南至扬水站，西至四间房，北至薄庄子。

主要指标 2011 年末，辖区总人口 820 人，总面积 2.45 平方千米，农民人均纯收入 6548 元。

薄庄子村

(Bozhuangzi Cun)

名称来历 明永乐二年（1404 年），薄氏先祖由山东移民来此定居，故名薄家庄，后称薄庄子。

地理位置 地处大新庄镇西部，东至大新庄三村，南至养马坨，西至东李庄，北至大赵庄。

主要指标 2011 年末，辖区总人口 399 人，总面积 0.75 平方千米，农民人均纯收入 6548 元。

东李庄村

(Donglizhuang Cun)

名称来历 明永乐二年（1404 年），山东枣林庄移民李氏来此定居，故名李家庄，1948 年后更名东李庄。

地理位置 地处大新庄镇西部，东至薄庄子，南至四间房，西至沙沟庄，北至薄港。

主要指标 2011 年末，辖区总人口 794 人，总面积 1.9 平方千米，农民人均纯收入 6548 元。

四间房村

(Sijianfang Cun)

名称来历 明永乐二年（1404 年），山东移民来此定居，因原为养丝茧的，得名丝茧房，后谐音更名四间房。

地理位置 地处大新庄镇西部，东至安子，南至唐海县十字沽，西至唐海县石匠庄，北至东李庄。

主要指标 2011 年末，辖区总人口 330 人，总面积 1.9 平方千米，农民人均纯收入 6548 元。

大河各庄村

(Dahegezhuang Cun)

名称来历 明弘治年间，大佟庄住户迁此定居，因村南、村西均有河流，故名大河各庄。

地理位置 地处大新庄镇中部，东至枣园，南至大李路，西至小河各庄，北至双港。

主要指标 2011 年末，辖区总人口 1200 人，总面积 2.9 平方千米，农民人均纯收入 6548 元。

南董庄村

(Nandongzhuang Cun)

名称来历 明崇祯二年（1629年），董各庄董氏迁此定居，故名董家庄，1949年为区别北董庄，后称南董庄。

地理位置 地处大新庄镇东部，东至滦南县界，南至大裴庄，西至大李路，北至渠坨。

主要指标 2011年末，辖区总人口923人，总面积2.1平方千米，农民人均纯收入6548元。

渠坨村

(Qutuo Cun)

名称来历 明永乐二年（1404年）建村，因村东有坨地，村南有条渠，故名。

地理位置 地处大新庄镇东部，东至小八户，南至南董庄，西至戟门河，北至枣园。

主要指标 2011年末，辖区总人口680人，总面积1.5平方千米，农民人均纯收入6548元。

枣园村

(Zaoyuan Cun)

名称来历 明永乐二年（1404年），山东枣林庄移民迁此定居，为纪念枣林庄得名枣园庄，后称枣园。

地理位置 地处大新庄镇东部，东至西八户，南至渠坨，西至大河各庄，北至菜园。

主要指标 2011年末，辖区总人口653人，总面积1.5平方千米，农民人均纯收入6548元。

东八户村

(Dongbahu Cun)

名称来历 属由八户庄分出，按方位居东，得名东八户。

地理位置 地处大新庄镇东部，东至滦南县马家庄，南至滦南县葛各庄，西至西八户，北至东崔坨。

主要指标 2011年末，辖区总人口910人，总面积2.00平方千米，农民人均纯收入6548元。

西八户村

(Xibahu Cun)

名称来历 清顺治元年（1644年），有沈阳八户移民迁此定居，得名八户庄，有人从八户庄分出，按方位居西称西八户。

地理位置 地处大新庄镇东部，东至东八户，南至滦南县界，西至枣园村，北至西崔坨。

主要指标 2011年末，辖区总人口1085人，总面积2.9平方千米，农民人均纯收入6548元。

爽坨一村

(Shuangtuoyi Cun)

名称来历 元代，因村处于两块沙坨之间，得名沙坨，后更名爽坨，寓意高地多凉爽。1984年将该庄分为4个村，按序得名。

地理位置 地处大新庄镇东北部，东至爽小庄，南至西崔坨，西至大李路，北至爽坨三村。

主要指标 2011年末，辖区总人口542人，总面积1.5平方千米，农民人均纯收入6548元。

爽坨二村

(Shuangtuo' er Cun)

名称来历 1984年爽坨分为4个村，按序得名。

地理位置 地处大新庄镇东北部，东至爽小庄，南至小卢庄，西至爽坨三村，北至爽坨四村。

主要指标 2011年末，辖区总人口372人，总面积1.3平方千米，农民人均纯收入6548元。

爽坨三村

(Shuangtuosan Cun)

名称来历 1984年爽坨分为4个村，按序得名。

地理位置 地处大新庄镇东北部，东至爽坨二村，南至爽坨一村，西至大李路，北至爽坨四村。

主要指标 2011年末，辖区总人口719人，总面积2平方千米，农民人均纯收入6548元。

爽坨四村

(Shuangtuosi Cun)

名称来历 1984年爽坨分为4个村，按序得名。

地理位置 地处大新庄镇东北部，东至爽小庄，南至爽坨三村，西至大李路，北至瓦子庄。

主要指标 2011年末，辖区总人口814人，总面积2.8平方千米，农民人均纯收入6548元。

爽小庄村

(Shuangxiaozhuang Cun)

名称来历 原名阎王庄，因村名不吉利，后更名爽小庄。

地理位置 地处大新庄镇东北部，东至滦南县界，南至小卢庄，西至爽坨二村，北至滦南县界。

主要指标 2011年末，辖区总人口95人，总面积0.3平方千米，农民人均纯收入6548元。

瓦子庄村

(Wazizhuang Cun)

名称来历 明永乐二年（1404年），山东移民来此定居，以烧砖瓦为生，得名瓦子庄。

地理位置 地处大新庄镇东北部，东至滦南县界，南至爽坨四村，西至大李路，北至王岭坨。

主要指标 2011年末，辖区总人口886人，总面积2平方千米，农民人均纯收入6548元。

东崔坨村

(Dongcuituo Cun)

名称来历 元代，村西为古战场，曾挖出盔甲，得名盔甲坨，后称崔家坨，1948年后更名崔坨，1984年划分为两个村，因位于东边，得名东崔坨。

地理位置 地处大新庄镇东部，东至滦南县苏狼坨，南至东八户，西至西崔坨，北至爽坨一村。

主要指标 2011年末，辖区总人口1103人，总面积3.1平方千米，农民人均纯收入6548元。

西崔坨村

(Xicuituo Cun)

名称来历 元代，村西为古战场，曾挖出盔甲，得名盔甲坨，后称崔家坨，1948年后更名崔坨，1984年划分为两个村，因位于西边，得名西崔坨。

地理位置 地处大新庄镇东部，东至东崔坨，南至滦南县界，西至大李路，北至爽坨一村。

主要指标 2011年末，辖区总人口1070人，总面积2.8平方千米，农民人均纯收入6548元。

小卢庄村

(Xiaoluzhuang Cun)

名称来历 元代，卢氏先祖来此定居，故名。

地理位置 地处大新庄镇东部，东至滦南县界，南至东崔坨，西至大李路，北至爽坨二村。

主要指标 2011年末，辖区总人口128人，总面积0.4平方千米，农民人均纯收入6548元。

菜园村

(Caiyuan Cun)

名称来历 明崇祯年间，枣园移民迁此定居，原村名为枣园北街，清初更名为菜园。

地理位置 地处大新庄镇中部，东至大李路，南至枣园，西至六各庄，北至黑坨。

主要指标 2011年末，辖区总人口240人，总面积0.7平方千米，农民人均纯收入6548元。

六各庄村

(Liugezhuang Cun)

名称来历 清顺治年间，有大新庄移民六户来此定居，得名六家庄，后称六各庄。

地理位置 地处大新庄镇中部，东至黑坨，南至大李路，西至大河各庄，北至双港。

主要指标 2011年末，辖区总人口270人，总面积0.6平方千米，农民人均纯收入6548元。

黑坨村

(Heituo Cun)

名称来历 村址原为一沙坨，因从未缴纳过田赋，属于黑地，得名黑坨。

地理位置 地处大新庄镇中部，东至大李路，南至菜园，西至双港，北至爽坨。

主要指标 2011年末，辖区总人口840人，总面积2.4平方千米，农民人均纯收入6548元。

双港村

(Shuanggang Cun)

名称来历 因村北有一条北港，村南有一条南港，得名双港庄，后称双港。

地理位置 地处大新庄镇西北部，东至黑坨，南至小河各庄，西至小集镇边界，北至小集镇边界。

主要指标 2011年末，辖区总人口1259人，总面积3平方千米，农民人均纯收入6548元。

王家岭坨村

(Wangjialingtuo Cun)

名称来历 相传，王氏先祖迁此定居，与郭家岭坨为邻，故名王家岭坨。

地理位置 地处大新庄镇北部，东至滦南县界，南至瓦子庄，西至大李路，北至李岭坨。

主要指标 2011年末，辖区总人口450人，总面积1平方千米，农民人均纯收入6548元。

李岭坨村

(Lilingtuo Cun)

名称来历 明隆庆年间，李氏先祖由爽坨迁此定居，因与郭家岭坨为邻村，故名李岭坨。

地理位置 地处大新庄镇北部，东至滦南县界，南至王家岭坨，西至郭家岭坨，北至钱营镇西桥北坨。

主要指标 2011年末，辖区总人口518人，总面积1.9平方千米，农民人均纯收入6548元。

郭家岭坨村

(Guojialingtuo Cun)

名称来历 原名张宋庄，村址在今村南，后郭氏先祖来此定居，村址北移，更名郭家岭坨。

地理位置 地处大新庄镇北部，东至李岭坨村，南至瓦子庄，西至沟子岭坨，北至钱营镇边界。

主要指标 2011年末，辖区总人口1454人，总面积3.2平方千米，农民人均纯收入6548元。

沟子岭坨村

(Gouzilingtuo Cun)

名称来历 原名聂家岭坨，村址在今庄西，后山东移民来此定居，村址东迁，位于河沟（老岳家河）以北得名沟子岭坨。

地理位置 地处大新庄镇北部，东至郭家岭坨，南至杜林，西至钱营镇北柳河，北至钱营镇前石各庄。

主要指标 2011年末，辖区总人口822人，总面积2.6平方千米，农民人均纯收入6548元。

高庄村

(Gaozhuang Cun)

名称来历 清顺治年间，高氏先祖由宋家营迁来此地定居，故名小高庄，后称高庄。

地理位置 地处大新庄镇北部，东至郭家岭坨，南至小集镇北董庄子，西至小集镇檀庄，北至沟子岭坨。

主要指标 2011年末，辖区总人口280人，总面积0.8平方千米，农民人均纯收入6548元。

杜林村

(Dulin Cun)

名称来历 因村北有一沙坨，杜树丛生，故以地形特征和杜树得名杜林庄，后称杜林。

地理位置 地处大新庄镇北部，东至大李路，南至爽坨四村，西至小集镇北董庄子，北至高庄子。

主要指标 2011年末，辖区总人口838人，总面积2.7平方千米，农民人均纯收入6548元。

大佟庄一村

(Datongzhuangyi Cun)

名称来历 明永乐初年，山东佟氏迁此定居，故以姓氏得名大佟家庄，后称大佟庄。1984年将大佟庄分为3个村，按序得名。

地理位置 地处大新庄镇南部，东至博乐坨，南至大佟庄三村，西至河沿庄，北至小裴庄。

主要指标 2011年末，辖区总人口1202人，总面积2.2平方千米，农民人均纯收入6548元。

大佟庄二村

(Datongzhuang'er Cun)

名称来历 1984年大佟庄分为3个村，按序得名。

地理位置 地处大新庄镇南部，东至大佟庄三村，南至东滩沟，西至河沿庄，北至唐柏路。

主要指标 2011年末，辖区总人口1630人，总面积2.67平方千米，农民人均纯收入6548元。

大佟庄三村

(Datongzhuangsan Cun)

名称来历 1984年大佟庄分为3个村，按序得名。

地理位置 地处大新庄镇南部，东至博乐坨，南至东滩沟，西至大佟庄二村，北至唐柏路。

主要指标 2011年末，辖区总人口1249人，总面积1.9平方千米，农民人均纯收入6548元。

博乐坨村

(Boletuo Cun)

名称来历 此地原名部落坨，后来更名博东坨。

地理位置 地处大新庄镇东南部，东至唐海县营城，南至唐柏路，西至大佟庄三村，北至小裴庄。

主要指标 2011年末，辖区总人口1166人，总面积2.97平方千米，农民人均纯收入6548元。

寺坨村

(Situo Cun)

名称来历 因村西有一沙坨子，坨上有一尼姑庵，得名寺坨。

地理位置 地处大新庄镇东部，东至滦南县界，南至博乐坨，西至小裴庄，北至小双坨。

主要指标 2011年末，辖区总人口1125人，总面积2.33平方千米，农民人均纯收入6548元。

大裴庄村

(Dapeizhuang Cun)

名称来历 明永乐二年（1404年），山东枣林庄裴氏迁此定居，故名裴家庄，后因与小裴庄对称，更名大裴庄。

地理位置 地处大新庄镇东南部，东至唐柏路，南至小裴庄，西至小双坨，北至大司路。

主要指标 2011年末，辖区总人口937人，总面积2.05平方千米，农民人均纯收入6548元。

小裴庄村

(Xiaopeizhuang Cun)

名称来历 小裴庄系由裴家庄分出，因与大裴庄对称，得名小裴庄。

地理位置 地处大新庄镇东南部，东至寺坨，南至大佟庄一村，西至唐柏路，北至大裴庄。

主要指标 2011年末，辖区总人口466人，总面积0.68平方千米，农民人均纯收入6548元。

小双坨村

(Xiaoshuangtuo Cun)

名称来历 明永乐二年（1404年）建村。因村南北各有一土坨，得名双龙坨，后更名双坨庄。为区别爽坨，后称小双坨。

地理位置 地处大新庄镇东部，东至滦南县郑横坨，南至寺坨，西至大裴庄，北至小八户。

主要指标 2011年末，辖区总人口844人，总面积1.44平方千米，农民人均纯收入6548元。

闫魏庄村

(Yanweizhuang Cun)

名称来历 明永乐二年（1404年），魏氏先祖来此定居，得名魏家庄。简称魏庄子，后又迁来姓闫的住前街，得村名闫庄子。1949年两村合并改名为闫魏庄。

地理位置 地处大新庄镇西南部，东至唐柏路，南至河沿庄，西至养马坨，北至大新庄三村。

主要指标 2011年末，辖区总人口1492人，总面积2.68平方千米，农民人均纯收入6587元。

养马坨村

(Yangmatuo Cun)

名称来历 明永乐二年建村（1404年）。村庄建在坨地上，村址原是大地主绰号六董牙的养马场，得名羊马坨，后称养马坨。

地理位置 地处大新庄镇西南部，东至闫魏庄，南至河沿庄，西至安子，北至薄庄子。

主要指标 2011年末，辖区总人口905人，总面积1.23平方千米，农民人均纯收入6587元。

河沿庄村

(Heyanzhuang Cun)

名称来历 明永乐二年（1404年）建村。因村庄紧靠戟门河，故名河沿庄。

地理位置 地处大新庄镇西南部，东至大佟庄一村，南至芝麻坨，西至小戟门河，北至闫魏庄。

主要指标 2011年末，辖区总人口1110人，总面积1.5平方千米，农民人均纯收入6587元。

芝麻坨村

(Zhimatuo Cun)

名称来历 清嘉庆元年（1796年），佟氏置买孟家坨作为坟地，取名置买坨，后取其谐音改名芝麻坨。

地理位置 地处大新庄镇西南部，东至大李路，南至唐海县边界，西至小戟门河，北至河沿庄。

主要指标 2011年末，辖区总人口756人，总面积0.84平方千米，农民人均纯收入6587元。

东滩沟村

(DongtangouCun)

名称来历 明永乐二年（1404年）建村，因地处盐滩，村中有一大沟，因村居沟东，称东滩沟。

地理位置 地处大新庄镇东南部，东至唐海县曾家湾，南至佟庄子，西至西滩沟，北至唐柏路。

主要指标 2011年末，辖区总人口1471人，总面积2.5平方千米，农民人均纯收入6587元。

西滩沟村

(XitangouCun)

名称来历 明永乐二年（1404年）建村，因地处盐滩，村中有一大沟，村居沟西，称西滩沟。

地理位置 地处大新庄镇东南部，东至东滩沟，南至佟庄子，西至大李路，北至大佟庄三村。

主要指标 2011年末，辖区总人口1151人，总面积3平方千米，农民人均纯收入6587元。

孟庄子村

(MengzhuangziCun)

名称来历 明永乐二年（1404年），山东枣林庄孟氏迁此定居，故名孟庄子。

地理位置 地处大新庄镇东南部，东至西滩沟，南至佟庄子，西至小戟门河，北至大佟庄三村。

主要指标 2011年末，辖区总人口1221人，总面积1.96平方千米，农民人均纯收入6587元。

佟庄子村

(TongzhuangziCun)

名称来历 明永乐二年（1404年），大佟庄佟氏迁居此地立庄，取名小佟家庄，后称佟庄子。

地理位置 地处大新庄镇东南部，东至西滩沟，南至水西，西至小戟门河，北至西滩沟。

主要指标 2011年末，辖区总人口986人，总面积1.5平方千米，农民人均纯收入6587元。

黄米廒村

(Huangmi'ao Cun)

名称来历 明永乐二年（1404年）建村。因此地产盐碱，盐碱灶户以盐换米，官商机构在此收盐放粮，存谷仓多，故名黄米廒。

地理位置 地处大新庄镇东南部，东至双龙河，南至唐海县李八廒，西至水西村，北至佟庄子。

主要指标 2011年末，辖区总人口1596人，总面积1.6平方千米，农民人均纯收入6587元。

水西村

(Shuixi Cun)

名称来历 原称黄米廒西排。1942年因黄米廒村西有一水塘，该村位于水塘高地之上，故名水西村。

地理位置 地处大新庄镇东南部，东至黄米廒，南至李八廒，西至小戟门河，北至佟庄子。

主要指标 2011年末，辖区总人口382人，总面积6.4平方千米，农民人均纯收入6587元。

（撰稿：李晓锋，初审：郑红艳、李凤新、李继隆）

钱营镇

(Qianying Zhen)

农业产业化经营先进乡镇、财政收入亿元镇。

政区概况

名称来历 因原乡人民政府驻钱营村而得名。

地理位置 地处丰南区东北，东与滦南县接壤，南连大新庄镇、小集镇，西南与大齐各庄镇为邻，西北临唐山市开平区，东北与唐山市古冶区毗邻。人民政府驻康乾大街11号，电话区号0315，邮政编码063301，距丰南区人民政府10千米。

政区沿革 1946年，属丰南县二区。1953年，分属钱营乡、李毫子庄乡、太各庄乡、南阳庄乡、谢马庄乡、五里屯乡、草各庄乡、罗各庄乡。1954年7月，属丰润县七区。1958年8月，属钱营人民公社。1961年6月，设立钱营工委，辖钱营人民公社、李毫子庄人民公社、五里屯人民公社。1984年3月，撤销人民公社，置钱营乡、李毫子庄乡、五里屯乡，同年5月，撤销钱营乡，置钱营镇。1992年11月，李毫子庄乡、五里屯乡并入。

政区划分 2011年末，辖阎庄、草各庄、新庄子、小赞公庄、前赞公庄、中赞公庄、后赞公庄、崔庄子、北苗庄、南苗庄、东黄庄、钱营、北阳庄、学各庄、林子里、小屯、罗各庄、王各庄、岭上庄、徐街、李庄子、任义庄、中南阳庄、惊马林、谢马庄、王官屯、鲁庄子、北新庄、小张各庄、碾子庄、高各庄、郑各庄、东五里屯、中五里屯、西五里屯、李毫子庄、钱毫子庄、汤毫子庄、陆毫子庄、中石各庄、前石各庄、东北柳河、中北柳河、西北柳河、东桥北坨、西桥北坨、太各庄、陆庄子、刘庄子、史庄子、前打弓庄、后打弓庄、毕家庄、后程各庄、前程各庄、后南阳庄、前南阳庄、王庄子、小营、大张各庄、大陈庄61个村民委员会；下设226个村民小组。

人口面积 2011年末，辖区总人口46613人，其中城镇常住人口14270人，城镇化率30%。另有流动人口82人。总人口中，男性23334人，占50.1%；女性23279人，占49.9%。总人口中，以汉族为主，达45215人，占97.2%；有满、回、壮等少数民族，共1300人，占2.8%。2011年，人口出生率12.3‰，人口死亡率6.8‰，人口自然增长率5.5‰。

辖区东西最大距离12千米，南北最大距离14千米，总面积131.4平方千米。其中陆地面积130.2平方千米，占99%；水域面积1.4平方千米，占1%。人口密度为每平方千米355人。

自然条件

地形地貌 境内地貌属典型构造堆积平原，地势平坦，东北高西南低，地面高程一般海拔7~24.6米，土质以沙壤土为主。

水文 境内河道属滦河水系，有沙河、老牛河、幸福河3条河流，其中沙河为较大的季节性河流，最大流量65立方米/秒。沙河自岭上庄入境，由东北向西南，境内长18千米。

矿藏及其他自然资源 境内已探明地下矿藏有优质煤炭，地质储量9.5亿吨，可采储量6.9亿吨。

经济概况

农业 耕地面积10.9万亩，人均2.3亩；其中水浇地10.9万亩。以种植小麦、玉米、花生、蔬菜、瓜果为主。2011年，农业总产值5.3亿元，比上年增长6%，农业增加值占国内生产总值的14.1%。

粮食作物以小麦、玉米为主。2011年，粮食种植面积8.12万亩，生产粮食3万吨，人均644千克。其中小麦0.8万吨，玉米2.1万吨。主要经济作物有蔬菜、瓜果。蔬菜主要品种有青椒、黄瓜、西红柿等；瓜果主要品种有西瓜、甜瓜、梨、桃、葡萄。蔬菜种植面积3.8万亩，产量16.1万吨。后打弓庄村注册的“后打牌青椒”，畅销天津、北京、东北等多个省市。瓜果种植面积1.1万亩，产量18.8万吨。油料作物种植以花生为主，种植面积3.4万亩，产量0.6万吨。

畜牧业以奶牛为主，猪、羊、家禽为辅。2011年末，奶牛存栏1万头，奶产量2万吨。水产养殖水面0.21万亩，产量700吨。

截至2011年末，累计造林3.1万亩，其中防护林1.6万亩，经济林0.7万亩，村庄街道、住宅四旁树木66万株，林木覆盖率16%。

工业 初步形成了以钢铁、洗煤、水泥、铸造、机械加工、建筑材料等为主的工业体系。2011年，工业总产值73.9亿元，比上年增长40%，工业增加值占国内生产值的比重49%。2011年，清泉钢铁、经安钢铁、胜林洗煤、聚鑫洗煤和铁路器材厂等工业企业32家，职工8700人，年产生铁300万吨，钢锭127万吨，带钢200万吨，洗煤26.9万吨，钢铁铸件0.5万吨。完成税金0.8亿元，实现利税3.5亿元，实现工业增加值18.7亿元，比上年增长48.5%。

商业外贸 2011年末，商业网点3014个，职工7548人；城乡集贸市场8个。涉及餐饮、服装、超市、娱乐等各个行业。2011年，城乡集市贸易成交额6.3亿元。投资1亿元的唐山南原农产品综合批发市场正在建设中。

财政金融 2011年，财政总收入1.6亿元，比上年增长63%。其中地方财政收入0.7亿元，比上年增长29%。从主要税种看，完成营业税2890万元，增值税8697万元，企业所得税1541万元。人均财政收入3433元，比上年增长38%。2011年，银行和金融机构各类存款余额10.9亿元，各项贷款余额0.3亿元。

社会发展

文化艺术 2011年末，镇文化站1个，村级文体活动广场61个，占地面积4.15平方米；各类文化活动队伍45支；各类图书室30个，藏书4.8万余册；音乐、美术、书法、摄影及文学业余创作人员210人。

教育 2011年末，幼儿园5所，在园幼儿1187人，专任教师70人；小学9所，在校生3044人，专任教师177人，小学适龄儿童入学率100%；初中2所，在校生1669人，专任教师154人，初中适龄人口入学率、小升初升学率、九年义务教育覆盖率均达100%。主要学校有钱营一中，2004年7月由原开滦16中与李亳中学合并后重新组建，在校生835人，专任教师74人，18个教学班，2011年荣获丰南区文明单位称号。2011年教育经费达3314万元，比上年增加23%。预算内教育经费占财政总支出的比例为36%，比上年提高了12个百分点。

医疗卫生 2011年末，镇卫生机构1个，村级卫生室63个；病床50张，固定资产总值587万元。专业卫生人员99人，其中执业医师38人，执业助理医师48人，注册护士13人。2011年医疗机构（门诊部以上）完成诊疗2.34万人次。新型农村合作医疗参合率100%。

体育 2011年末，学校体育场地10处。100%的村安装了健身器材，经常参加体育活动的人员占常住人口的80%。

广播电视 2011年末有线电视用户0.3万户，入户率22%。

社会保障 2011年城镇最低生活保障户数21户，人数35人，支出9.66万元，月人均230元；城市医疗救助50人次，民政部门资助参加合作医疗1116人次，共支出1.67万元，比上年增长26%。农村最低生活保障户数561户，人数858人，支出126.13万元，比上年增长20%，月人均122.5元，比上年增长51%。国家抚恤、补助各类优抚对象360人，抚恤事业费支出102.38万元，比上年增长26%。敬老院1家，床位144张，农村五保供养89人。慈善协会1个，全年接受社会捐款8万元。新型农村社会养老保险参保人数3.1万人，参保率100%。

基础设施

交通运输 境内有唐津高速、唐港高速、唐乐路、205国道4条公路干线交会，有五王路、钱五路、钱史路等8条镇级公路，总长33.4千米。

邮政电信 2011年末，邮政所1处，报纸、期刊累计期发行3万份（册）。

电信服务网点30个；电话交换机总容量3万门，固定电话用户0.6万户，电话用户普及率达到35%；移动电话用户4.2万户；宽带接入用户0.5万户。全年电信收入450万元。

镇区市政建设

公共交通 2011年末，唐山至钱营医院58路公交线路1条。

给排水 2011年末，镇区深水井2眼，年供水3.5万立方米。镇区主要道路两侧敷设排水管道2200米。

供电 2011年末，镇区35千伏变电站1座，主变压器2台，总容量4万兆伏安。

园林绿化 2011年末，镇区主要街道绿化面积0.3公顷。

阎庄村

(Yanzhuang Cun)

名称来历 明永乐年间，阎氏来此定居，故名阎家庄，1950年更名阎庄。

地理位置 地处钱营镇中部，东至钱营村，南至东黄庄，西至崔庄子，北至新庄子。

主要指标 2011年末，辖区总人口742人，总面积2.02平方千米，农民人均纯收入8585元。

草各庄村

(Caogezhuang Cun)

名称来历 明初，山东移民来此定居，因此地野草丛生，故名草各庄。

地理位置 地处钱营镇中部，东至阎庄，南至北苗庄，西至崔庄子，北至新庄子。

主要指标 2011年末，辖区总人口1639人，总面积4.25平方千米，农民人均纯收入7505元。

南苗庄村

(Nanmiaozhuang Cun)

名称来历 明初，山东移民苗氏来此定居，故以其姓氏取名苗家庄，后简称苗庄。后因庄北也有一苗庄，为区别两村，位于南面的村改为南苗庄。

地理位置 地处钱营镇西南部，东至东黄庄，南至大齐各庄镇李家坨，西至大齐各庄镇詹家屯，北至北苗庄。

主要指标 2011年末，辖区总人口737人，总面积2.5平方千米，农民人均纯收入6919元。

北苗庄村

(Beimiaozhuang Cun)

名称来历 明初，山东移民苗氏来此定居，故以其姓氏取名苗家庄，得名苗家庄，简称苗庄。为区别南苗庄，更名为北苗庄。

地理位置 地处钱营镇西南部，东至小屯，南至南苗庄，西至幸福河，北至草各庄。

主要指标 2011年末，辖区总人口797人，总面积2.45平方千米，农民人均纯收入7229元。

东黄庄村

(Donghuangzhuang Cun)

名称来历 明初，山东移民黄氏来此定居，故名黄各庄，后更名为东黄庄。

地理位置 地处钱营镇西南部，东至陆毫子庄，南至中北柳河，西至南苗，北至阎庄。

主要指标 2011年末，辖区总人口1005人，总面积3.18平方千米，农民人均纯收入6950元。

大陈庄村

(Dachenzhuang Cun)

名称来历 明永乐二年（1404年），山东移民陈、赵二氏来此定居，因陈家人多势众，故名大陈庄。

地理位置 地处钱营镇西北部，东至大张各庄，南至王庄子，西至开平区聂各庄，北至开平区石泉庄。

主要指标 2011年末，辖区总人口839人，总面积1.59平方千米，农民人均纯收入6276元。

碾子庄村

(Nianzizhuang Cun)

名称来历 明初，由山东向此地移民时，曾有一官员坐辇路过此地，并在此住了一夜，为了纪念这一天得名辇子庄，后更名碾子庄。

地理位置 地处钱营镇北部，东至罗各庄，南至高各庄，西至东五里屯，北至小张各庄。

主要指标 2011年末，辖区总人口758人，总面积2.59平方千米，农民人均纯收入6588元。

岭上庄村

(Lingshangzhuang Cun)

名称来历 明初建村，因村建在沙岭上，得名岭上庄。

地理位置 地处钱营镇东北部，东至古冶区小岳各庄，南至任义庄，西至罗各庄，北至古冶区董各庄。

主要指标 2011年末，辖区总人口1171人，总面积3.92平方千米，农民人均纯收入6847元。

毕家庄村

(Bijiazhuang Cun)

名称来历 明永乐年间，山东移民毕氏来此定居，故名毕家庄。

地理位置 地处钱营镇东部，东至毕家庄矿，南至后打弓庄，西至后程各庄，北至古冶区南范各庄。

主要指标 2011年末，辖区总人口572人，总面积1.77平方千米，农民人均纯收入6635元。

任义庄村

(Renyizhuang Cun)

名称来历 明初，山东移民任氏来此定居，得名任义庄。

地理位置 地处钱营镇中部，东至后南阳庄，南至前程各庄，西至沙河，北至后程各庄。

主要指标 2011年末，辖区总人口298人，总面积0.8平方千米，农民人均纯收入6686元。

谢马庄村

(Xiemazhuang Cun)

名称来历 明永乐元年（1403年），山东移民马氏来此定居，因原住户姓谢，故以二者姓氏得名谢马庄。

地理位置 地处钱营镇北部，东至惊马林，南至高各庄，西至王庄子，北至大张各庄。

主要指标 2011年末，辖区总人口323人，总面积0.93平方千米，农民人均纯收入5877元。

北阳庄村

(Beiyangzhuang Cun)

名称来历 明永乐年间，山东移民来此定居，因隔河南望有一南阳庄，故因其在北边得名北阳庄。

地理位置 地处钱营镇南部，东至前南阳庄，南至钱毫子庄，西至唐乐路，北至沙河。

主要指标 2011年末，辖区总人口1704人，总面积3.41平方千米，农民人均纯收入8775元。

北新庄村

(Beixinzhuang Cun)

名称来历 明永乐二年（1404年），周氏、李氏来此定居。以种菜为生，又是新村，得名菜新庄子，1948年后更名北新庄。

地理位置 地处钱营镇东北部，东至古冶区佃大寨，南至小张各庄，西至大张各庄，北至古冶区卜大寨。

主要指标 2011年末，辖区总人口654人，总面积2.13平方千米，农民人均纯收入5761元。

学各庄村

(Xuegezhuang Cun)

名称来历 明初，移民学氏来此定居，故以其姓氏得名学各庄。

地理位置 地处钱营镇北部，东至老牛河，南至钱营，西至高各庄，北至小张各庄。

主要指标 2011年末，辖区总人口699人，总面积2.09平方千米，农民人均纯收入7772元。

罗各庄村

(Luogezhuang Cun)

名称来历 明初，山东枣林庄罗氏来此定居，故名罗各庄。

地理位置 地处钱营镇东北部，东至岭上庄，南至钱营矿，西至碾子庄，北至王各庄。

主要指标 2011年末，辖区总人口1069人，总面积3.34平方千米，农民人均纯收入6399元。

王各庄村

(Wanggezhuang Cun)

名称来历 明初，山东枣林庄王、张二姓来此定居，因王姓人多势大，故名王各庄。

地理位置 地处钱营镇东北部，东至古冶区董各庄，南至罗各庄，西至小张各庄，北至古冶区孟大寨。

主要指标 2011 年末，辖区总人口 1083 人，总面积 3.48 平方千米，农民人均纯收入 6952 元。

郑各庄村

(Zhenggezhuang Cun)

名称来历 原村名为征各庄，后因郑姓人多势众，更名为郑各庄。

地理位置 地处钱营镇西北部，东至学各庄，南至新庄子，西至幸福河，北至东五里屯。

主要指标 2011 年末，辖区总人口 1224 人，总面积 2.9 平方千米，农民人均纯收入 6296 元。

高各庄村

(Gaogezhuang Cun)

名称来历 明初，山东枣林庄高氏来此定居，故名高各庄。

地理位置 地处钱营镇北部，东至岭上，南至新庄子，西至钱五路，北至碾子庄。

主要指标 2011 年末，辖区总人口 529 人，总面积 1.93 平方千米，农民人均纯收入 6360 元。

太各庄村

(Taigezhuang Cun)

名称来历 原名泰各庄，后写为太各庄。

地理位置 地处钱营镇东南部，东至陆庄子，南至西桥北坨，西至钱石各庄，北至唐港线。

主要指标 2011 年末，辖区总人口 688 人，总面积 2.63 平方千米，农民人均纯收入 6723 元。

大张各庄村

(Dazhanggezhuang Cun)

名称来历 明初，山东移民张、孟、赵氏来此定居。因张姓人多势大，故以其姓氏得名大张庄，后称大张各庄。

地理位置 地处钱营镇西北部，东至北新庄，南至谢马庄，西至大陈庄，北至开平区马大寨。

主要指标 2011 年末，辖区总人口 866 人，总面积 2.44 平方千米，农民人均纯收入 6375 元。

小张各庄村

(Xiaozhanggezhuang Cun)

名称来历 明初，张氏老大来此定居。因其年长，就以其姓氏得名张各庄，为与村北的大张各庄区别，后称小张各庄。

地理位置 地处钱营镇北部，东至王各庄，南至碾子庄，西至小营，北至北新庄子。

主要指标 2011 年末，辖区总人口 977 人，总面积 3.17 平方千米，农民人均纯收入 5945 元。

前石各庄村

(Qianshigezhuang Cun)

名称来历 明永乐二年（1404 年）建庄。因村南有一石阁，得名石阁庄，后称石各庄。因该聚落较大，人口增多，1961 年分为 4 个小聚落，因该庄位于最前边，故名为前石各庄。

地理位置 地处钱营镇西南部，东至太各庄，南至东北柳河，西至沙河，北至徐街。

主要指标 2011 年末，辖区总人口 858 人，总面积 2.87 平方千米，农民人均纯收入 6889 元。

中石各庄村

(Zhongshigezhuang Cun)

名称来历 明永乐二年（1404 年）建庄。因村南有一石阁，得名石阁庄，后称石各庄。因该聚落较大，人口增多，1961 年分为 4 个小聚落，因该庄位于中间位置，故名中石各庄。

地理位置 地处钱营镇西南部，东至太各庄，南至前石各庄，西至沙河，北至徐街。

主要指标 2011 年末，辖区总人口 579 人，总面积 1.94 平方千米，农民人均纯收入 6788 元。

前程各庄村

(Qianchenggezhuang Cun)

名称来历 明初，山东移民来此定居。人们说这儿“成了庄”，得名成各庄，后称程各庄。因该庄位于前边，故名前程各庄。

地理位置 地处钱营镇中部，东至中南阳庄，南至前南阳庄，西至沙河，北至任义庄村。

主要指标 2011 年末，辖区总人口 814 人，总面积 2.58 平方千米，农民人均纯收入 7298 元。

后程各庄村

(Houchenggezhuang Cun)

名称来历 明初，山东移民来此定居。人们说这儿“成了庄”，得名成各庄，后称程各庄。因该庄位于后边，故名后程各庄。

地理位置 地处钱营镇东北部，东至毕家庄，南至后南阳庄，西至钱营矿，北至幸福河。

主要指标 2011 年末，辖区总人口 492 人，总面积 2.01 平方千米，农民人均纯收入 6454 元。

小赞公庄村

(Xiaozangongzhuang Cun)

名称来历 明初建庄。因此地最高处，地形似弓形大钻，得名钻弓庄，后更名赞公庄。1984 年分为小、中、前、后 4 个村。

地理位置 地处钱营镇西部，东至新庄子，南至草各庄，西至前赞公庄，北至郑各庄。

主要指标 2011 年末，辖区总人口 425 人，总面积 1.08 平方千米，农民人均纯收入 6282 元。

中赞公庄村

(Zhongzangongzhuang Cun)

名称来历 明初建庄。因此地最高处，地形似弓形大钻，得名钻弓庄，后更名赞公庄。1984 年分为小、中、前、后 4 个村。

地理位置 地处钱营镇西部，东至前赞公庄，南至崔庄子，西至后赞公庄，北至小赞公庄。

主要指标 2011 年末，辖区总人口 505 人，总面积 1.24 平方千米，农民人均纯收入 6709 元。

前赞公庄村

(Qianzangongzhuang Cun)

名称来历 明初建庄。因此地最高处，地形似弓形大钻，得名钻弓庄，后更名赞公庄。1984 年分为小、中、前、后 4 个村。

地理位置 地处钱营镇西部，东至草各庄，南至崔庄子，西至中赞公庄，北至小赞公庄。

主要指标 2011 年末，辖区总人口 796 人，总面积 2.13 平方千米，农民人均纯收入 6709 元。

后赞公庄村

(Houzangongzhuang Cun)

名称来历 明初建庄。因此地最高处，地形似弓形大钻，得名钻弓庄，后更名赞公庄。1984 年分为小、中、前、后 4 个村。

地理位置 地处钱营镇西部，东至中赞公庄，南至崔庄子，西至开平区塔头，北至西五里屯。

主要指标 2011 年末，辖区总人口 711 人，总面积 1.88 平方千米，农民人均纯收入 5904 元。

李庄子村

(Lizhuangzi Cun)

名称来历 明永乐元年（1403 年），山东枣林庄李氏来此定居，故名李庄子。

地理位置 地处钱营镇西南部，东至西北柳河，南至小集镇西纪各庄，西至沙河，北至沙河大坝。

主要指标 2011 年末，辖区总人口 321 人，总面积 0.5 平方千米，农民人均纯收入 5947 元。

新庄子村

(Xinzhuangzi Cun)

名称来历 明永乐年间，山东枣林庄赵氏来此定居，因此地荒无人烟，得名新立庄，后称新庄子。

地理位置 位于钱营镇中部，东至钱营矿，南至草各庄，西至小赞公庄，北至郑各庄。

主要指标 2011 年末，辖区总人口 1185 人，总面积 3.47 平方千米，农民人均纯收入 7094 元。

崔庄子村

(Cuizhuangzi Cun)

名称来历 明永乐二年（1404 年），山东移民崔氏来此定居，故名崔庄子。

地理位置 地处钱营镇西部，东至草各庄，南至大齐各庄镇詹家屯，西至开平区于家店，北至后赞公庄。

主要指标 2011 年末，辖区总人口 630 人，总面积 1.56 平方千米，农民人均纯收入 7753 元。

鲁庄子村

(Luzhuangzi Cun)

名称来历 明永乐二年（1404 年），山东枣林庄移民王氏来此定居。因原有鲁姓是本村的土生户，故名鲁庄子。

地理位置 地处钱营镇西北部，东至王庄子，南至东五里屯，西至王官屯，北至大陈庄。

主要指标 2011 年末，辖区总人口 326 人，总面积 0.9 平方千米，农民人均纯收入 5877 元。

陆庄子村

(Luzhuangzi Cun)

名称来历 明初，有六个姓氏的移民由山东枣林庄来此建村，因是六个姓氏，故称陆家庄，后简称陆庄子。

地理位置 地处钱营镇东南部，东至滦南县小水坡，南至东桥北坨，西至太各庄，北至刘庄子。

主要指标 2011 年末，辖区总人口 739 人，总面积 2.46 平方千米，农民人均纯收入 6754 元。

刘庄子村

(Liuzhuangzi Cun)

名称来历 明永乐二年（1404 年），山东刘氏来此定居，故名刘庄子。

地理位置 地处钱营镇东南部，东至滦南县小水坡，南至陆庄子，西至太毕路，北至史庄子。

主要指标 2011 年末，辖区总人口 517 人，总面积 1.87 平方千米，农民人均纯收入 7347 元。

史庄子村

(Shizhuangzi Cun)

名称来历 明初，山东史姓来此定居，得名史家庄，后称史庄子。

地理位置 地处钱营镇东部，东至滦南县小水坡，南至刘庄子，西至前打弓庄，北至后打弓庄。

主要指标 2011 年末，辖区总人口 806 人，总面积 2.99 平方千米，农民人均纯收入 6118 元。

王庄子村

(Wangzhuangzi Cun)

名称来历 明永乐二年（1404 年），山东移民王氏来此定居，故名王庄子。

地理位置 地处钱营镇西北部，东至惊马林，南至郑各庄，西至小公庄，北至大陈庄。

主要指标 2011 年末，辖区总人口 759 人，总面积 2.2 平方千米，农民人均纯收入 6399 元。

钱毫子庄村

(Qianhaozizhuang Cun)

名称来历 明永乐二年（1404 年），山东钱氏来此定居，故名钱毫子庄。

地理位置 地处钱营镇南部，东至李毫子庄，南至大新庄镇沟子岭坨，西至汤毫子庄，北至康乾大街。

主要指标 2011 年末，辖区总人口 690 人，总面积 1.7 平方千米，农民人均纯收入 7183 元。

陆毫子庄村

(Luhaozizhuang Cun)

名称来历 明永乐二年（1404 年）建庄。因该地长满蒿子，取名陆蒿子庄，后改为陆毫子庄。

地理位置 地处钱营镇南部，东至汤毫子庄，南至徐街，西至沙河，北至东黄庄新址。

主要指标 2011 年末，辖区总人口 461 人，总面积 1.39 平方千米，农民人均纯收入 6705 元。

汤毫子庄村

(Tanghaozizhuang Cun)

名称来历 明初，山东汤氏来此定居，故名汤家毫子庄，后称汤毫子庄。

地理位置 地处钱营镇南部，东至钱毫子庄，南至大新庄镇郭家岭坨，西至东黄庄，北至林子里村。

主要指标 2011 年末，辖区总人口 1018 人，总面积 2.58 平方千米，农民人均纯收入 7318 元。

李毫子庄村

(Lihaozizhuang Cun)

名称来历 明初，因此地遍地蒿草，故以姓氏和自然现象得名李蒿子庄，后称李毫子庄。

地理位置 地处钱营镇南部，东至前打弓庄，南至大新庄镇沟子岭坨，西至钱毫子庄，北至北阳庄。

主要指标 2011 年末，辖区总人口 1250 人，总面积 3.29 平方千米，农民人均纯收入 6814 元。

前南阳庄村

(Qiannanyangzhuang Cun)

名称来历 明初，山东移民来此定居，得村名南阳关，后称南阳庄。1984 年设前、中、后 3 个村。因位于前边，故名前南阳庄。

地理位置 地处钱营镇东部，东至前打弓庄，南至太各庄，西至沙河，北至中南阳庄。

主要指标 2011 年末，辖区总人口 802 人，总面积 2.82 平方千米，农民人均纯收入 6169 元。

中南阳庄村

(Zhongnanyangzhuang Cun)

名称来历 明初，山东移民来此定居，得村名南阳关，后称南阳庄。1984 年设前、中、后 3 个村。因位于中间，故名中南阳庄。

地理位置 地处钱营镇东部，东至后打弓庄，南至前南阳庄，西至前程各庄，北至后南阳庄。

主要指标 2011 年末，辖区总人口 324 人，总面积 1.23 平方千米，农民人均纯收入 5950 元。

后南阳庄村

(Hounanyangzhuang Cun)

名称来历 明初，山东移民来此定居，得村名南阳关，后称南阳庄。1984 年设前、中、后 3 个村。因位于后边，故名后南阳庄。

地理位置 地处钱营镇东部，东至后打弓庄，南至中南阳庄，西至任义庄，北至后程各庄。

主要指标 2011 年末，辖区总人口 721 人，总面积 1.79 平方千米，农民人均纯收入 6323 元。

前打弓庄村

(Qiandagongzhuang Cun)

名称来历 明初建庄。因有人会打造弓箭，得名打弓庄。又因位于后打弓庄前面，更名前打弓庄。

地理位置 地处钱营镇东部，东至史庄子，南至刘庄子，西至前南阳庄，北至后打弓庄。

主要指标 2011 年末，辖区总人口 490 人，总面积 1.85 平方千米，农民人均纯收入 6256 元。

后打弓庄村

(Houdagongzhuang Cun)

名称来历 明初建庄。因后生反抗官府打了公差，得名后打公庄。

地理位置 地处钱营镇东部，东至古冶区王喜庄，南至史庄子，西至中南阳庄，北至毕家庄。

主要指标 2011年末，辖区总人口658人，总面积2.88平方千米，农民人均纯收入8450元。

钱营村

(Qianying Cun)

名称来历 明永乐年间，浙江钱塘江钱氏来此定居，得名钱家庄，1958年更名钱营。

地理位置 地处钱营镇中部，东至沙河，南至沙河，西至阎庄，北至钱营矿。

主要指标 2011年末，辖区总人口1411人，总面积2.93平方千米，农民人均纯收入7534元。

小营村

(Xiaoying Cun)

名称来历 明永乐二年（1404年）建村。因村小人少，得名小营庄，后称小营。

地理位置 地处钱营镇北部，东至小张各庄，南至碾子庄，西至王庄子，北至惊马林。

主要指标 2011年末，辖区总人口511人，总面积1.87平方千米，农民人均纯收入5633元。

小屯村

(Xiaotun Cun)

名称来历 明初建村，因当时人少村小，得名小屯。

地理位置 地处钱营镇东北部，东至钱营镇，南至康乾大街，西至沙河，北至钱营矿生活区。

主要指标 2011年末，辖区总人口403人，总面积1.38平方千米，农民人均纯收入7581元。

徐街村

(Xujie Cun)

名称来历 明永乐二年（1404年）建庄。建村时村南有一石阁，得名石阁庄，后称石各庄。因该聚落较大，人口增多，1961年分为4个小聚落，因徐姓居多，故得名徐街。

地理位置 地处钱营镇西南部，东至太各庄，南至中石各庄，西至沙河，北至林子里。

主要指标 2011年末，辖区总人口173人，总面积0.53平方千米，农民人均纯收入6576元。

惊马林村

(Jingmalin Cun)

名称来历 明永乐元年（1403年）建庄。因村庄靠近树林，有惊马跑过，故以故事情景得名惊马林。

地理位置 地处钱营镇北部，东至东兴瓷厂，南至小营，西至谢马庄，北至谢马庄。

主要指标 2011年末，辖区总人口198人，总面积0.32平方千米，农民人均纯收入5558元。

王官屯村

(Wangguantun Cun)

名称来历 明初，因王氏为本村坐地户，看守王家坟，因坟地为官地，得名王官屯。

地理位置 地处钱营镇西北部，东至鲁庄子，南至西五里屯，西至开平区康各庄，北至聂各庄。

主要指标 2011年末，辖区总人口977人，总面积2.26平方千米，农民人均纯收入6083元。

林子里村

(Linzili Cun)

名称来历 明永乐二年（1404年）建庄，因村周围树木较多，故名林子里。

地理位置 地处钱营镇中部，东至钱毫子庄，南至汤毫子庄，西至东黄庄，北至康乾大街。

主要指标 2011年末，辖区总人口965人，总面积2.25平方千米，农民人均纯收入6887元。

东五里屯村

(Dongwulitun Cun)

名称来历 明初，山东移民吴、关二氏来此定居，得名吴关屯。因该村与其他邻村间距离均是五华里，更名五里屯。后分为东、中、西3个村。因位于东边，故名东五里屯。

地理位置 地处钱营镇西北部，东至碾子庄，南至郑各庄，西至中五里屯，北至鲁庄子。

主要指标 2011年末，辖区总人口640人，总面积1.91平方千米，农民人均纯收入5908元。

中五里屯村

(Zhongwulitun Cun)

名称来历 明初，山东移民吴、关二氏来此定居，得名吴关屯。因该村与其他邻村间距离均是五华里，更名五里屯。后分为东、中、西3个村。因位于中间，故名中五里屯。

地理位置 地处钱营镇西北部，东至东五里屯，南至郑各庄，西至西五里屯，北至王官屯。

主要指标 2011年末，辖区总人口1088人，总面积2.47平方千米，农民人均纯收入5976元。

西五里屯村

(Xiwulitun Cun)

名称来历 明初，山东移民吴、关二氏来此定居，得名吴关屯。因该村与其他邻村间距离均是五华里，更名五里屯。后分为东、中、西3个村。因位于西边，故名西五里屯。

地理位置 地处钱营镇西北部，东至中五里屯，南至郑各庄，西至开平区塔头，北至王官屯。

主要指标 2011年末，辖区总人口698人，总面积1.75平方千米，农民人均纯收入6325元。

东北柳河村

(Dongbeiliuhe Cun)

名称来历 明初建村。当时村北有条河，河岸上柳树较多，故名北柳河。后分为3个村。因位于东边，故名东北柳河。

地理位置 地处钱营镇西南部，东至西桥北坨，南至小集镇檀庄，西至中北柳河，北至前石各庄。

主要指标 2011年末，辖区总人口363人，总面积0.77平方千米，农民人均纯收入6444元。

中北柳河村

(Zhongbeiliuhe Cun)

名称来历 明初建村。当时村北有条河，河岸上柳树较多，故名北柳河。后分为3个村。因位于中间，故名中北柳河。

地理位置 地处钱营镇西南部，东至东北柳河，南至小集镇东纪各庄，西至西北柳河，北至东黄庄。

主要指标 2011年末，辖区总人口679人，总面积1.46平方千米，农民人均纯收入6068元。

西北柳河村

(Xibeiliuhe Cun)

名称来历 明初建村。当时村北有条河，河岸上柳树较多，故名北柳河。后分为3个村。因位于西边，故名西北柳河。

地理位置 地处钱营镇西南部，东至中北柳河，南至小集镇西纪各庄，西至李庄子，北至东黄庄。

主要指标 2011年末，辖区总人口647人，总面积1.18平方千米，农民人均纯收入7057元。

东桥北坨村

(Dongqiaobeituo Cun)

名称来历 明代以前，山东移民来此定居。因村南有座岳家河大桥，该村又建在坨上，故以地理特称取名桥北坨庄。又因此庄建在桥的东面，故名东桥北坨庄，简称东桥北坨。

地理位置 地处钱营镇东南部，东至滦南县马狗庄，南至岳家河，西至西桥北坨，北至陆庄子。

主要指标 2011年末，辖区总人口700人，总面积3.21平方千米，农民人均纯收入7004元。

西桥北坨村

(Xiqiaobeituo Cun)

名称来历 明代以前，山东移民来此定居。因村南有座岳家河大桥，该村又建在坨上，故以地理特称取名桥北坨庄。又因此庄建在桥的西面，故名西桥北坨庄，简称西桥北坨。

地理位置 地处钱营镇东南部，东至东桥北坨，南至岳家河，西至东北柳河，北至陆庄子。

主要指标 2011年末，辖区总人口535人，总面积2.43平方千米，农民人均纯收入6770元。

（撰稿：钱广俊，初审：郑红艳、李凤新、李继隆）

唐坊镇

(Tangfang Zhen)

政区概况

名称来历 清光绪七年（1881年）唐（山）胥（各庄）铁路建成后，又继续西建，十二年（1886年）修至芦台。修筑胥各庄—芦台铁路时，有修路工人在此居住，招来商贩形成街坊，因修的是唐山铁路，得名唐坊，又名唐坊桥。

地理位置 地处丰南区西部，东临黄各庄镇，南与王兰庄镇相连，西接东田庄乡，北与南孙庄乡、丰南镇接壤。人民政府驻唐兴街1号，电话区号0315，邮政编码063308，距丰南区人民政府15千米。

政区沿革 1946年5月，属丰南县六区。1950年，属丰南县三区。1953年5月，分属丰南县三区的唐坊乡、蒲子泊乡、孔家庄乡。1958年8月，设唐坊人民公社。1984年3月，撤销人民公社，置唐坊乡。1986年5月，撤销唐坊乡，置唐坊镇。

政区划分 2011年末，辖唐坊桥、挡水埝、莲花泊、石桥沽、莲花沽、义和庄、双港村、蒲子泊、新河庄、刁家庄、翟家庄、唐坊村、赵茂庄、孙老庄、张山庄、孔家庄、赵翎庄、南刘埜18个村民委员会。

人口面积 2011年末，辖区总人口18170人，其中城镇常住人口5150人，城镇化率28.3%。另有流动人口350人。总人口中，男性9330人，占51.3%；女性8840人，占48.7%；18岁以下2833人，占15.6%；18~60岁12609人，占69.4%；60岁以上2728人，占15%。总人口中，以汉族为主，达18000人，占99.1%。2011年，人口出生率10.41‰，人口死亡率6.7‰，人口自然增长率3.71‰。

辖区东西最大距离12.6千米，南北最大距离9.2千米，总面积48.3平方千米。其中陆地面积38.6平方千米，占

79.9%；水域面积9.7平方千米，占20.1%。人口密度为每平方千米376人。

自然条件

地形地貌 境内大部分为退海地，地势平坦，地面高度一般海拔7.6米左右。

水文 唐津运河、煤河流经唐坊镇。唐津运河、煤河自莲花沽村西入境，由东而西，入还乡河，境内河道长20千米，其中唐津运河6.5千米。

经济概况

农业 耕地面积2.8万亩，人均1.6亩；全部为水浇地。以种植小麦、玉米、棉花、蔬菜为主。农业总产值从1949年的100万元，增加到1976年的300万元，2011年，达到3.3亿元，比上年增长8.1%，农业增加值占国内生产总值的15%。

粮食作物以小麦、玉米为主。2011年，生产粮食7130吨，人均390千克，其中小麦1033吨，玉米6097吨。2011年，棉花种植面积1万亩，产量667吨。豆角玉米套作面积0.86万亩，辣椒种植面积0.6万亩，蔬菜种植面积1.2万亩。

畜牧业以生猪为主。2011年，生猪饲养量0.74万头，年末存栏0.56万头。

工业 以钢铁、铸造、化工、机械加工、防护用品为主。工业总产值从1949年的几乎为零，增加到1978年的20万元，2011年，达到30.4亿元，比上年增长26.5%，工业增加值占国内生产总值的43.6%。2011年，工业企业42家，职工2410人，实现工业增加值6亿元，比上年增长23.2%。

商业外贸 2011年末，商业网点163个，职工3523人；城乡集贸市场4个。2011年，社会消费品零售总额达1.1亿元，比上年增长17.5%；城乡集市贸易成交额1.1亿元。2011年，出口总额1248.8万美元，比上年增长27.6%，主要产品有钢铁、化纤防护用品。

财政金融 2011年，财政总收入0.5亿元，比上年增长28.4%。其中地方财政收入1700万元，比上年增长41%。完成国税166.14万元，营业税1076.2万元，增值税1661.3万元，企业所得税276.1万元，个人所得税416万元。人均财政收入2551元。2011年，银行和金融机构各类存款余额1.3亿元，比上年增长10.2%；各项贷款余额1.6亿元，比上年增长12%。各项贷款余额0.1亿元，比上年增长14%。

社会发展

文化艺术 2011年末，多功能文体活动中心1个，占地5亩；村级文化活动中心18个，工程农家书屋18个，藏书约2万余册；企业文化活动中心8个；音乐、美术、书法、皮影、业余演唱队伍32支。

教育 2011年末，幼儿园2所，在园幼儿390人，专任教师27人；小学3所，在校生950人，专任教师55人，小学适龄儿童入学率100%；初中1所，在校生415人，专任教师36人，初中适龄人口入学率、小学升初中升学率、九年义务教育覆盖率均达100%。主要学校有唐坊高中，在校生1716人，专任教师112人。2011年教育经费达953万元，财政预算内教育经费560万元，比上年增长22%。预算内教育经费占财政总支出的比例为34%，比上年提高了11个百分点。

医疗卫生 2011年末，镇卫生院1所，村级卫生室18个，专职医生75人；病床112张，固定资产总值247.6万元（不含个体村医）。其中镇卫生院拥有医生36人，护理7人，病床40张。2011年医疗机构（门诊部以上）完成诊疗6229人次。新型农村合作医疗参合率99%。

体育 2011年末，学校体育场地4处，座位105个。100%的村安装了健身器材，经常参加体育活动的人员占常住人口的43.2%。农民经常参加体育锻炼项目人数率先达到全国先进镇标准，具有较高水平的体育竞技组织18个。

广播电视 2011年末，有线电视用户510户，入户率10.7%。

社会保障 2011年，城镇最低生活保障户数9户，人数19人，支出4.4万元，月人均193元；城市医疗救助20人次，民政部门资助参加合作医疗308人次，共支出3万元，比上年增长50%。农村最低生活保障户数223户，人数337人，支出49.2万元，月人均122元。国家抚恤、补助各类优抚对象100人，抚恤事业费支出37.6万元。敬老院1家，床位150张，农村五保供养121人。慈善分会1个，全年接受社会捐款5万元，使20人（次）困难群众受益。居家养老服务站18家，床位90张。新型农村社会养老保险参保率98.9%。

基础设施

交通运输 京山铁路、唐津高速公路、205国道过境。有邱柳线、唐爽路等7条镇级公路，总长33.7千米。

邮政电信 2011年末，邮政所1处，报纸、期刊累计期发行1.3万份（册）。

电信企业1家，服务网点22个；电话交换机总容量5万门，固定电话用户1767户，电话用户普及率达到51%；移动电话用户1.5万户；宽带接入用户1576户。全年电信业务收入1700万元。

镇区市政建设

公共交通 2011年末，丰南至张山庄客车运输途经唐坊，日发客运汽车18班次，日均容量600余人次。

给排水 2011年末，镇区深度为200米以上吃水井40眼。

供电 2011年末，镇区35000千伏及以上变电站1座。

园林绿化 2011年末，镇政府驻地花坛5个，绿化面积1.98公顷。

唐坊桥村

(Tangfangqiao Cun)

名称来历 清光绪七年（1881 年），唐（山）胥（各庄）铁路建成后，又继续西建，在修至芦台的过程中，有修路工人在此居住，招来商贩形成街坊，因修的是唐胥铁路，得名唐坊。此处又是胥各庄至芦台的第五道桥所在地，后称唐坊桥。

地理位置 地处唐坊镇中部，东至挡水埝，南至刁家庄，西至唐坊，北至南刘垡。

主要指标 2011 年末，辖区总人口 460 人，总面积 1.5 平方千米，农民人均纯收入 6350 元。

挡水埝村

(Dangshuinian Cun)

名称来历 清乾隆元年（1736 年）建村。因地势低洼，有一道土埝挡水，故名挡水埝。

地理位置 地处唐坊镇中部，东至新河庄，南至高家围，西至唐坊桥，北至董庄子。

主要指标 2011 年末，辖区总人口 588 人，总面积 1.5 平方千米，农民人均纯收入 6216 元。

莲花泊村

(Lianhuabo Cun)

名称来历 和石桥沽原为一个村，由于东西街的绅士不和，在村南修了一座石桥，把东街划出，因西街北方有一莲花坑，得名莲花泊。

地理位置 地处唐坊镇东部，东至王洪庄，南至曹庄子，西至石桥沽，北至 205 国道。

主要指标 2011 年末，辖区总人口 1054 人，总面积 3 平方千米，农民人均纯收入 6332 元。

蒲子泊村

(Puzibo Cun)

名称来历 明永乐元年（1403 年）建村。因此地是一片蒲草，得名蒲家泊，后称蒲子泊。

地理位置 地处唐坊镇东部，东至石桥沽，南至高先甸，西至双港，北至 205 国道。

主要指标 2011 年末，辖区总人口 1273 人，总面积 3 平方千米，农民人均纯收入 6295 元。

石桥沽村

(Shiqiaogu Cun)

名称来历 明永乐四年（1406 年），高、李、侯、王氏随明军来此定居。共有十户，得名十家沽，清乾隆年间，村南建了一座石桥，更名石桥沽。

地理位置 地处唐坊镇东部，东至莲花泊，南至曹庄子，西至蒲子泊，北至 205 国道。

主要指标 2011 年末，辖区总人口 1533 人，总面积 3 平方千米，农民人均纯收入 6290 元。

莲花沽村

(Lianhuagu Cun)

名称来历 明崇祯八年（1635 年）建村。因村北有一莲花坑，为区别邻村，得名莲花沽。

地理位置 地处唐坊镇东部，东至莲花泊，南至石桥沽，西至唐津高速，北至 205 国道。

主要指标 2011 年末，辖区总人口 498 人，总面积 1.4 平方千米，农民人均纯收入 6235 元。

义和庄村

(Yihezhuang Cun)

名称来历 清康熙三年（1664 年），李氏弟兄四人由双港迁到此地立庄。因弟兄分家时义气相让，得名义和庄。

地理位置 地处唐坊镇东南部，东至双港，南至高先甸，西至横沽，北至新河庄。

主要指标 2011 年末，辖区总人口 1602 人，总面积 3.5 平方千米，农民人均纯收入 6258 元。

新河庄村

(Xinhezhuang Cun)

名称来历 明永乐元年（1403 年）建村。因村址位于一片芦苇地带，得名芦苇庄。清雍正年间，正中南北方向挖河一道，更名新河庄。

地理位置 地处唐坊镇东部，东至双港，南至 205 国道，西至挡水埝，北至京山铁路。

主要指标 2011 年末，辖区总人口 1517 人，总面积 5.1 平方千米，农民人均纯收入 6330 元。

刁家庄村

(Diaojiazhuang Cun)

名称来历 因有一名姓刁的人在此处居住，以打雕为生，人们称此为刁家窝铺。后有移民来此定居，改名刁家庄。

地理位置 地处唐坊镇南部，东至唐坊桥，南至王兰庄，西至翟家庄，北至唐坊村。

主要指标 2011 年末，辖区总人口 897 人，总面积 2.1 平方千米，农民人均纯收入 6235 元。

翟家庄村

(Zhaijiazhuang Cun)

名称来历 明崇祯十七年（1644 年），李兴庄翟氏来此定居，故名翟家庄。

地理位置 地处唐坊镇南部，东至刁家庄，南至 205 国道，西至赵翎庄，北至京山铁路。

主要指标 2011 年末，辖区总人口 511 人，总面积 1.5 平方千米，农民人均纯收入 6296 元。

赵茂庄村

(Zhaomaozhuang Cun)

名称来历 明万历五年（1577 年），刘氏来此定居后，因村址位于草泊中心，得名泊南刘家庄，后刘姓搬走。清顺治二年从胥各庄迁来一位叫赵茂的老人，更名赵茂庄。

地理位置 地处唐坊镇西部，东至唐坊，南至赵翎庄，西至孙老庄，北至唐津运河。

主要指标 2011 年末，辖区总人口 1104 人，总面积 3.5 平方千米，农民人均纯收入 6020 元。

孙老庄村

(Sunlaozhuang Cun)

名称来历 明永乐三年（1405 年），有个叫孙老的来此定居，故以其姓名得名孙老庄。

地理位置 地处唐坊镇西南部，东至赵茂庄，南至孔家庄，西至张山庄，北至南孙庄乡边界。

主要指标 2011 年末，辖区总人口 1186 人，总面积 3.2 平方千米，农民人均纯收入 6053 元。

张山庄村

(Zhangshanzhuang Cun)

名称来历 清道光五年（1825 年），山东枣林庄名叫张山的老人迁此立庄，故以其姓名取名张山庄。

地理位置 地处唐坊镇西部，东至孙老庄，南至孔家庄，西至东田庄乡小于庄，北至南孙庄乡北袁庄。

主要指标 2011 年末，辖区总人口 796 人，总面积 3.2 平方千米，农民人均纯收入 6130 元。

孔家庄村

(Kongjiazhuang Cun)

名称来历 明崇祯七年（1634 年），山东枣林庄孔氏来此定居，故以其姓氏得名。

地理位置 地处唐坊镇西南部，东至赵翎庄，南至宋庄子，西至小于庄，北至张山庄。

主要指标 2011 年末，辖区总人口 1177 人，总面积 3.4 平方千米，农民人均纯收入 6200 元。

赵翎庄村

(Zhaolingzhuang Cun)

名称来历 原名金柜子庄，因四周有道路，把村子围起来，聚落形态似柜子而得名。清道光年间，原来的道路被破坏，在道旁修起一座小庙，庙墙上带有许多鸡毛，因此改名赵鸡翎庄，后称赵翎庄。

地理位置 地处唐坊镇西南部，东至翟家庄，南至付庄子，西至孔家庄，北至赵茂庄。

主要指标 2011 年末，辖区总人口 1040 人，总面积 3 平方千米，农民人均纯收入 6210 元。

双港村

(Shuanggang Cun)

名称来历 明永乐三年（1405 年），董各庄董氏迁此定居，打水井两眼，得名双井，后因地势低洼，更名双港。

地理位置 地处唐坊镇东部，东至蒲子泊，南至义和庄，西至新河庄，北至 205 国道。

主要指标 2011 年末，辖区总人口 943 人，总面积 3 平方千米，农民人均纯收入 6450 元。

唐坊村

(Tangfang Cun)

名称来历 清乾隆四年（1739 年），山东枣林庄唐氏迁此定居，故以其姓氏得名唐家坊子，后简称唐家坊。为区别唐坊桥，1958 年更名为唐坊村。

地理位置 地处唐坊镇中部，东至唐坊桥，南至京哈铁路，西至赵茂庄，北至唐津运河。

主要指标 2011 年末，辖区总人口 1018 人，总面积 3.1 平方千米，农民人均纯收入 6452 元。

南刘埑村

(Nanliuheng Cun)

名称来历 清乾隆元年（1736 年），原是唐坊村一家的地，盖房六间，得名六间房。此地野兔较多，称兔子埑。1942 年郑、高二户来此定居，因村建于高岗，又在北刘埑之南，故称南刘埑。

地理位置 地处唐坊镇中部，东至津山线，南至唐坊桥，西至邱柳线，北至董庄子。

主要指标 2011 年末，辖区总人口 214 人，总面积 0.4 平方千米，农民人均纯收入 6150 元。

（撰稿：关丽娟，初审：郑红艳、李凤新、李继隆）

王兰庄镇

(Wanglanzhuang Zhen)

政 区 概 况

名称来历 因镇人民政府驻地位于王兰庄而得名。

地理位置 地处丰南区西部，东与黄各庄镇、尖字沽乡接壤，南与柳树鄺镇毗连，西邻东田庄乡和汉沽管理区汉丰镇，北与唐坊镇交界。人民政府驻兴兰路 1 号，电话区号 0315，邮政编码 063308，距丰南区人民政府 14 千米。

政区沿革 1946 年 5 月，属丰南县六区。1950 年，属丰南县三区。1953 年 5 月，分属丰南县三区王兰庄镇、将军庄乡、横沽乡、毕武庄乡、抓先庄乡。1958 年 8 月，属唐坊人民公社。1961 年 6 月，属唐坊工委所辖的王兰庄人民公社。1984 年 3 月，撤销人民公社，置王兰庄乡、毕武庄乡。1986年5月，撤销王兰庄乡，改置王兰庄镇。1992年11月，毕武庄乡并入。

政区划分 2011年末，辖王兰庄三、高先甸、横沽四、横沽三、横沽二、横沽一、高家围、王兰庄一、王兰庄二、将军庄、车道铺、大麦铺、西杨庄、董恩庄、岔道口、董唐庄、董代庄、毕武庄、么家庄、张神庄、高家庄、马家庄、杨庄户、李豹庄、刘迁庄、孙永庄、抓先庄、王道庄、刘官庄、彭家庄30个村民委员会。

人口面积 2011年末，辖区总人口38699人，其中城镇常住人口12162人，城镇化率31.4%。另有流动人口65人。总人口中，男性19481人，占50.3%；女性19218人，占49.7%；21岁以下7400人，占19.1%；21~59岁25100人，占64.9%；60岁以上6199人，占16%。总人口中，以汉族为主，达38311人，占99%；有满族434人。2011年，人口出生率13.1‰，人口死亡率5.7‰，人口自然增长率7.4‰。

辖区东西最大距离9千米，南北最大距离14.3千米，总面积86.3平方千米。其中陆地面积73.52平方千米，占85.2%；水域面积12.78平方千米，占14.8%。人口密度为每平方千米448.4人。

自然条件

地形地貌 境内大部分为退海地，地势平坦，地面高度一般在海拔7.6米左右。

水文 境内河道属西排干水系，西排干境内长7千米。

自然灾害 主要自然灾害有冰雹、旱涝、风灾、霜冻。雹灾偶有发生，最严重的一次发生在1987年6月，降雹时间为半小时，全境4万余亩良田受灾，2万余亩棉田全部改种为玉米等晚茬作物。水灾时有发生，近年最严重的一次发生在2011年7月30日至8月1日，连续降雨300毫米，造成全境沥涝，毕武庄、刘迁庄、么家庄、张神庄、杨庄户等村近6000亩玉米、辣椒绝收，棉田减产三成以上。

经济概况

农业 耕地面积5.4万亩，人均1.4亩；全部为水浇地。以种植小麦、玉米、棉花、蔬菜为主。农业总产值从1949年的100万元，增加到1978年的310.8万元，2011年，达到4.3亿元，比上年增长5%，实现农业增加值2.2亿元，占国内生产总值的13.3%。

粮食作物以小麦、玉米为主。2011年，生产粮食7868吨，人均203千克，其中小麦726吨，玉米6603吨。2011年，棉花种植面积2059公顷，产量2069吨。蔬菜以秋白菜为主，种植面积864公顷，产量7.8亿吨。露天及大棚、温室暖棚种植西红柿332公顷，产量4.2亿吨；黄瓜340公顷，产量3.8亿吨。

畜牧业以猪、牛、羊为主。2011年末，生猪出栏1.9万头，年末存栏1.6万头；牛出栏0.12万头，年末存栏0.57万头；羊出栏0.49万只，年末存栏0.42万只；家禽饲养量56万羽，年末存栏26万羽。畜牧业总产值8183万元。

水产养殖面积0.33万亩，养殖品种除鲤鱼、鲢鱼、章鱼、鲫鱼外，兼养南美虾，罗非、白鲳、武昌及部分观赏鱼，总产值7548万元。

工业 以钢铁、铸造、化工、机械加工、建筑材料为主，工业总产值从1949年的几乎为零，增加到1978年的36.3万元，2011年，达到17.7亿元，比上年增长21%，实现工业增加值3.9亿元，占国内生产总值比重的39%，比上年增长18.1%。2011年，工业企业46家，职工3499人。

商业外贸 2011年末，商业网点2670个，职工5465人；乡村集贸市场8个。第三产业增加值达到9.6亿元。2011年，社会消费品销零售总额达8.8亿元，比上年增长11%；城乡集市贸易成交额4亿元，比上年增长10%。

财政金融 2011年，财政总收入4453.7万元，比上年增长21.7%。完成国税2011.7万元。完成营业税835万元，增值税1923万元，企业所得税166万元，个人所得税785万元。人均财政收入1200元。其中地方财政收入2442万元。2011年末，有农村信用联社、邮政储蓄所、农业银行等5家银行和金融机构开设了分行或设立了办事处；各类存款余额4.5亿元，比上年增长4%；各项贷款余额0.1亿元，比上年增长14%。

社会发展

文化艺术 2011年末，镇文化站1个；多功能文体活动中心1个，座位400个；个体电影放映影楼1座；摄影影楼3个；村级文化活动中心30个；企业文化活动中心4个；校园文化活动中心7个。各类文化专业户60个；各类图书馆（室）43个，藏书12万余册。音乐、美术、书法、摄影、演唱及文学业余创作人员120人。地秧歌、高跷队村村普及，横沽二村的狮子舞享誉唐山市。

教育 2011年末，幼儿园3所，在园幼儿896人，专任教师44人；小学5所，在校生2182人，专任教师108人，小学适龄儿童入学率100%；初中2所，在校生830人，专任教师94人，初中适龄人口入学率、小学升初升学率、九年义务教育覆盖率均达100%。2011年教育经费达4598万元，比上年增长26%。

医疗卫生 2011年末，镇卫生院1所，村级卫生室30个，专职医生113人；病床47张，固定资产总值746万元（不含个体村医）。其中，镇卫生院有医生14人，护理2人，病床15张，固定资产总值216万元。2011年医疗机构（门诊部以上）完成诊疗2.1万人次。新型农村合作医疗参合人数38699人，参合率99.5%。

体育 2011年末，学校体育场地4处，文化体育广场30处，镇、村两级组建的各种篮球队、乒乓球队、象棋队等48支。村村有老年活动中心。100%的村安装了健身器材，经常参加体育活动的人员占常住人口的20%。

广播电视 2011年末，有线电视用户0.6万户，入户率62%。

社会保障 2011年，城镇最低生活保障户数7户，人数10人，支出3.5万元，比上年增长31%，月人均292元；城市医疗救助、临时救助、慈善救助共58人次，共支出

15.2万元；民政部门资助参加合作医疗650人次，支出2.3万元，比上年增长13%。农村最低生活保障户数560户，人数931人，支出120万元，比上年增长25%，月人均167元，比上年增长28%。国家抚恤、补助各类优抚对象100人，抚恤事业费支出55万元，比上年增长13%。敬老院1家，床位100张，农村五保供养88人。居家养老服务站30家，床位155张。新型农村社会养老保险参保率99%。

基础设施

交通运输 唐津高速、205国道过境；唐曹高速、邱柳公路过境，北距京山铁路唐坊车站3千米。镇级公路5条，总长度53千米。村镇街道水泥硬化长度30千米，达到全部街道的85%。

邮政电信 2011年末，征订报纸380份、期刊1000册。

电信企业2家，代办所9处，服务网点52个；固定电话用户0.5万户；移动电话用户1.5万户；宽带接入用户5000户。全年电信业务收入1360万元。

镇区市政建设

公共交通 2011年末，镇区有唐山至尖坨子、唐山至西河、天津至滦南县、天津市滨海新区至尖坨子、胥各庄至刘迁庄等多条客运专线，途经全镇14个村，日均客运汽车80班次，日均容量2000余人。

给排水 2011年末，镇区深度为200米以上吃水井130眼，全部农户实现了自来水入户，年供水量360万立方米。

供电 2011年末，镇区有变压器55台，总容量6350千伏安。年售电量累计完成1342.15万千瓦时。

园林绿化 2011年末，镇区林权改制面积2856.7亩，高速公路、国道两侧栽种树木1303亩，区级道路及6个精品村环村林共植树2309.4亩，街道广场绿化面积1万平方米。

王兰庄一村

(Wanglanzhuangyi Cun)

名称来历 唐贞观十二年（638年），王氏先祖从山西太原迁此定居，得名王兰庄。后分为3个村，按序得名。

地理位置 地处王兰庄镇北部，东至横沽一村，南至王兰庄二村，西至董代庄，北至高家围。

主要指标 2011年末，辖区总人口2875人，总面积4.1平方千米，农民人均纯收入6032元。

王兰庄二村

(Wanglanzhuang'er Cun)

名称来历 王兰庄分为3个村，按序得名。

地理位置 地处王兰庄镇北部，东至王兰庄三村，南至董恩庄，西至董代庄，北至王兰庄一村。

主要指标 2011年末，辖区总人口1582人，总面积2平方千米，农民人均纯收入6500元。

王兰庄三村

(Wanglanzhuangsan Cun)

名称来历 王兰庄分为3个村，按序得名。

地理位置 地处王兰庄镇北部，东至尖字沽乡望马泊，南至西杨庄，西至王兰庄二村，北至王兰庄一村。

主要指标 2011年末，辖区总人口1436人，总面积1.9平方千米，农民人均纯收入6343元。

横沽一村

(Hengguyi Cun)

名称来历 此地原是安定沽，董氏先祖来此建一小街，名为小横街，故以原名安定沽和房舍坐落，称横沽，后分村，按序得名。

地理位置 地处王兰庄镇东北部，东至横沽四村，南至尖字沽乡望马泊，西至王兰庄一村，北至横沽二村。

主要指标 2011年末，辖区总人口1510人，总面积2.2平方千米，农民人均纯收入6182元。

横沽二村

(Henggu'er Cun)

名称来历 横沽分村，按序得名。

地理位置 地处王兰庄镇东北部，东至横沽三村，南至横沽一村，西至高家围，北至唐坊镇新河庄。

主要指标 2011年末，辖区总人口852人，总面积1.6平方千米，农民人均纯收入6290元。

横沽三村

(Henggusan Cun)

名称来历 横沽分村，按序得名。

地理位置 地处王兰庄镇东北部，东至高先甸，南至横沽四村，西至横沽二村，北至唐坊镇新河庄。

主要指标 2011年末，辖区总人口591人，总面积0.8平方千米，农民人均纯收入6167元。

横沽四村

(Henggusi Cun)

名称来历 横沽分村，按序得名。

地理位置 地处王兰庄镇东北部，东至高先甸，南至尖字沽乡望马泊，西至横沽二村，北至横沽三村。

主要指标 2011年末，辖区总人口903人，总面积1.1平方千米，农民人均纯收入6389元。

高先甸村

(Gaoxiandian Cun)

名称来历 这里原是芦台至山海关大道一侧，宣庄高姓在此开客店，得名高家先甸，后称高先甸。

地理位置 地处王兰庄镇东北部，东至黄各庄镇边界，南至尖字沽乡望马泊，西至横沽四村，北至唐坊镇蒲子泊。

主要指标 2011年末，辖区总人口2838人，总面积4.8平方千米，农民人均纯收入5825元。

高家围村

(Gaojiawei Cun)

名称来历 此地是大佟庄佟家坟地，得名佟家围。后卖给芦台高家高氏祖建大厅，四周盖围房，租给他人居住，更名高家围。

地理位置 地处王兰庄镇北部，东至横沽四村，南至王兰庄一村，西至董代庄，北至唐坊镇唐坊村。

主要指标 2011年末，辖区总人口908人，总面积1.4平方千米，农民人均纯收入6914元。

岔道口村

(Chadaokou Cun)

名称来历 明万历三年（1575年）建村，因此地在山海关至芦台大道旁，岔道较多，故以地理特征得名。

地理位置 地处王兰庄镇西部，东至董恩庄，南至马家庄，西至董唐庄，北至董代庄。

主要指标 2011年末，辖区总人口2047人，总面积3.6平方千米，农民人均纯收入6195元。

车道铺村

(Chedaopu Cun)

名称来历 因此地原是董各庄居民的荒地，为后车道的一个草铺，后董氏先祖董瑞珠从董各庄迁居此地立庄，故名。

地理位置 地处王兰庄镇东部，东至尖字沽乡望马泊，南至大麦铺，西至将军庄，北至王兰庄三村。

主要指标 2011年末，辖区总人口884人，总面积1.4平方千米，农民人均纯收入6244元。

大麦铺村

(Damaipu Cun)

名称来历 因此地适宜种大麦，得名大麦铺。

地理位置 地处王兰庄镇东部，东至尖字沽乡上双坨，南至范彭路，西至杨庄户，北至车道铺。

主要指标 2011年末，辖区总人口920人，总面积3平方千米，农民人均纯收入6360元。

杨庄户村

(Yangzhuanghu Cun)

名称来历 清雍正四年（1726年），杨氏先祖来此定居，故以姓氏得村名。

地理位置 地处王兰庄镇东南部，东至尖字沽乡尖字沽，南至张神庄，西至高家庄，北至将军庄。

主要指标 2011年末，辖区总人口740人，总面积2.1平方千米，农民人均纯收入6253元。

将军庄村

(Jiangjunzhuang Cun)

名称来历 原是朝廷将军的放马场，丁、刘二氏由宣庄迁此定居，故以原址名得名。

地理位置 地处王兰庄镇东部，东至车道铺，南至大麦铺，西至岔道口，北至王兰庄三村。

主要指标 2011年末，辖区总人口3060人，总面积6.4平方千米，农民人均纯收入5978元。

西杨庄村

(Xiyangzhuang Cun)

名称来历 明万历六年（1578年），杨氏先祖杨虎、杨豹哥俩来此定居，得名杨家庄。后杨家被抄斩，孙龙由柳林庄来此定居，复庄名，1948年后改杨庄子，1982年更名西杨庄。

地理位置 地处王兰庄镇北部，东至尖字沽乡望马泊，南至将军庄，西至董恩庄，北至王兰庄三村。

主要指标 2011年末，辖区总人口662人，总面积1.5平方千米，农民人均纯收入7063元。

董恩庄村

(Dong'enzhuang Cun)

名称来历 明万历三十年（1602年），董氏弟兄长福、长银由董各庄迁来。因弟兄两人和睦相处，交往恩深，故以情得名董恩庄。

地理位置 地处王兰庄镇北部，东至西杨庄，南至李豹庄，西至岔道口，北至王兰庄二村。

主要指标 2011年末，辖区总人口719人，总面积1.2平方千米，农民人均纯收入6324元。

董唐庄村

(Dongtangzhuang Cun)

名称来历 明万历十三年（1585年），董氏、唐氏相继来此定居，故以姓氏得名。

地理位置 地处王兰庄镇西部，东至岔道口，南至李豹庄，西至彭家庄，北至东田庄乡付庄子。

主要指标 2011年末，辖区总人口620人，总面积1.8平方千米，农民人均纯收入6855元。

董代庄村

(Dongdaizhuang Cun)

名称来历 明万历十三年（1585年），董各庄的董申之母带子迁此定居，故以董母带子得名。

地理位置 地处王兰庄镇西北部，东至高家围，南至岔道口，西至东田庄乡付庄子，北至唐坊镇翟家庄。

主要指标 2011年末，辖区总人口1521人，总面积3.34平方千米，农民人均纯收入6231元。

毕武庄村
(Biwuzhuang Cun)

名称来历 明永乐二年（1404年），毕氏由山东移民来到西河，后迁到此地。兄弟三人因分歧比起武来，赶走两人，此处只留一人，得名比武庄，后更名毕武庄。

地理位置 地处王兰庄镇南部，东至张神庄，南至么家庄，西至刘迁庄，北至高家庄。

主要指标 2011年末，辖区总人口2634人，总面积5平方千米，农民人均纯收入6188元。

么家庄村
(Yaojiazhuang Cun)

名称来历 清雍正二年（1724年），清庄湖移民么氏来此定居，故以姓氏得名。

地理位置 地处王兰庄镇南部，东至张神庄，南至柳树鄌镇西河，西至汉沽管理区么家铺，北至毕武庄。

主要指标 2011年末，辖区总人口1165人，总面积3.8平方千米，农民人均纯收入6396元。

张神庄村
(Zhangshenzhuang Cun)

名称来历 明崇祯三年（1630年），张氏先祖由山东迁来此定居，给西河财主看泊，张家落户后在村前立了一个庙，庙前有个旗杆，旗杆前有个小台子，故名张台庄，后来因迷信思想信神，改名张神庄。

地理位置 地处王兰庄镇东南部，东至尖字沽乡尖字沽，南至柳树鄌镇西河，西至么家庄，北至杨庄户。

主要指标 2011年末，辖区总人口760人，总面积2.3平方千米，农民人均纯收入6397元。

高家庄村
(Gaojiazhuang Cun)

名称来历 明崇祯二年（1629年），高氏先祖来此定居，故以姓氏得村名。

地理位置 地处王兰庄镇南部，东至杨庄户，南至毕武庄，西至孙永庄，北至马家庄。

主要指标 2011年末，辖区总人口1547人，总面积5平方千米，农民人均纯收入6270元。

彭家庄村
(Pengjiazhuang Cun)

名称来历 明洪武二年（1369年），彭氏先祖彭子禄、彭子功来此定居，故以姓氏得名。

地理位置 地处王兰庄镇西部，东至董唐庄，南至刘官庄，西至东田庄乡李兴庄，北至东田庄乡付庄子。

主要指标 2011年末，辖区总人口272人，总面积1平方千米，农民人均纯收入6566元。

马家庄村
(Majiazhuang Cun)

名称来历 明崇祯四年（1631年），马氏先祖来此定居，故名马家庄。

地理位置 地处王兰庄镇中部，东至大麦铺，南至高家庄，西至李豹庄，北至将军庄。

主要指标 2011年末，辖区总人口1001人，总面积3平方千米，农民人均纯收入6404元。

李豹庄村
(Libaozhuang Cun)

名称来历 清康熙六年（1667年），李氏先祖李龙、李虎、李豹三弟兄来此定居，后李龙、李虎哥俩迁走，只剩李豹一人，故以其姓名得名。

地理位置 地处王兰庄镇西南部，东至马家庄，南至孙永庄，西至王道庄，北至岔道口。

主要指标 2011年末，辖区总人口595人，总面积1.9平方千米，农民人均纯收入6450元。

孙永庄村
(Sunyongzhuang Cun)

名称来历 明嘉靖二年（1523年），孙氏先祖叫孙永的来此定居，故以其姓名得名。

地理位置 地处王兰庄镇西南部，东至高家走，南至毕武庄，西至抓先庄，北至李豹庄。

主要指标 2011年末，辖区总人口765人，总面积2.2平方千米，农民人均纯收入6529元。

抓先庄村
(Zhuaxianzhuang Cun)

名称来历 明永乐二年（1404年），丁氏先祖由山东枣林庄移民来此定居，因抢先占了地势较高的地方，故名抓先庄。

地理位置 地处王兰庄镇西南部，东至孙永庄，南至刘迁庄，西至王道庄，北至李豹庄。

主要指标 2011年末，辖区总人口571人，总面积1.6平方千米，农民人均纯收入7033元。

王道庄村
(Wangdaozhuang Cun)

名称来历 清嘉庆五年（1800年），有王姓道士来此定居，得名王道士，后更名王道庄。

地理位置 地处王兰庄镇西南部，东至李豹庄，南至抓先庄，西至刘官庄，北至彭家庄。

主要指标 2011年末，辖区总人口312人，总面积1平方千米，农民人均纯收入6600元。

刘迁庄村

(Liuqianzhuang Cun)

名称来历 明永乐二年（1404 年），李氏先祖来此定居，后又有刘氏迁来，因刘家人多，得名刘迁庄。

地理位置 地处王兰庄镇西南部，东至毕武庄，南至汉沽管理区么家铺，西至汉沽管理区六间房，北至抓先庄。

主要指标 2011 年末，辖区总人口 2280 人，总面积 8.7 平方千米，农民人均纯收入 6187 元。

刘官庄村

(Liuguanzhuang Cun)

名称来历 清乾隆二年（1737 年），刘氏先祖来此定居，因此地立过石碑，建过大庙，取名景阳庵，又因刘家在朝为官，故以姓氏和为官得名。

地理位置 地处王兰庄镇西南部，东至王道庄，南至刘迁庄，西至东田庄乡付庄子，北至彭家庄。

主要指标 2011 年末，辖区总人口 825 人，总面积 2.5 平方千米，农民人均纯收入 6519 元。

（撰稿：魏殿稳，初审：郑红艳、李凤新、李继隆）

柳树鄽镇

(Liushuquan Zhen)

省级特色产业镇、省科技推广基地、唐山市文明镇。

政区概况

名称来历 因原乡人民政府驻地位于柳树鄽村而得名。

地理位置 地处丰南区南部，东与滨海镇、西葛镇接壤，南邻黑沿子镇，西与汉沽管理区汉丰镇交界，北接王兰庄镇、尖字沽乡。人民政府驻河润路柳树鄽 8 号，电话区号 0315，邮政编码 063306，距丰南区人民政府 26 千米。

政区沿革 1946 年 5 月，属丰南县九区。1950 年属丰南县四区。1953 年 5 月，分属丰南县四区戟门乡、柳树鄽乡、李富庄乡、西河乡。1958 年 8 月，属老铺人民公社。1961 年 6 月，属老铺工委老铺人民公社、西河人民公社。1982 年 3 月，老铺人民公社更名为柳树鄽人民公社。1984 年 3 月，撤销人民公社，置柳树鄽乡、西河乡。1985 年 4 月，撤销柳树鄽撤乡，置柳树鄽镇。1988 年 8 月，西河乡并入。

政区划分 2011 年末，辖柳树鄽北、柳树鄽前、柳树鄽东、夏新庄、韩家鄽、李富庄、廒里、三沟、老铺、戟门、刘德庄、西河一、西河二、西河三 14 个村民委员会。

人口面积 2011 年末，辖区总人口 29135 人，其中城镇常住人口 18469 人，城镇化率 63.4%。另有流动人口 2963 人。总人口中，男性 14981 人，占 51.4%；女性 14154 人，占 48.6%；14 岁以下 3964 人，占 13.6%；15～64 岁 22393 人，占 76.9%；65 岁以上 2778 人，占 9.5%。总人口中，以汉族为主，达 28355 人，占 97.3%；有满族 461 人，占 1.6%。2011 年，人口出生率 11.34‰，人口死亡率 6.69‰，人口自然增长率 4.65‰。

辖区东西最大距离 15.4 千米，南北最大距离 11.5 千米，总面积 101.5 平方千米。其中陆地面积 52.42 平方千米，占 51.6%；水域面积 49.08 平方千米，占 48.4%。人口密度为每平方千米 287 人。

自然条件

地形地貌 地处渤海沿岸蓟滦冲积扇边缘，地势由东北向西南倾斜，坡度平缓。

气候 属暖温带大陆性季风气候。多年平均气温 10.5℃，极端最高气温 38.6℃；年平均日照时数 2652 小时。年平均降水量 603 毫米。

水文 自东向南有沙河、陡河、东西排干，郑家沽排干等主要河渠径流入海。大陡河、沙河、东排干、西排干四条河贯穿全境。

自然灾害 主要自然灾害有旱涝、冰雹、风灾、火灾、低温、霜冻等。因地势低洼，逢降雨易产生大涝。2011 年发生涝灾、受灾面积达 6000 亩。

经济概况

农业 耕地面积 2.7 万亩，人均 9.3 亩；全部为水浇地。以种植水稻、棉花、玉米为主。2011 年，农业总产值达到 4.1 亿元，比上年增长 18.6%，占国内生产总值的 22.2%。2011 年，生产粮食 2.5 万吨，人均 858 千克，其中水稻 1.7 万吨，玉米 0.8 万吨。主要经济作物有棉花，2011 年，生产棉花 3.6 万吨。水产养殖业以淡水南美虾、鲤鱼、罗非鱼、白鲳鱼、鲢鱼等为主，养殖水面面积 1.1 万亩。畜牧业以合同鸡养殖为主，共建鸡棚 72 座，总产值 11900 万元。

工业 工业以冶金铸造、冷储加工、瓶橡胶制品、绿色食品、生物肥料等为主。2011 年，工业生产总值 12 亿元，比上年增长 17.7%，工业增加值占国内生产总值的比重 38.4%。2011 年，各类企业 255 个，职工 3985 人。

商业外贸 2011 年末，商业网点 1150 个，职工 3726 人；农村集贸市场 6 个。2011 年，城乡集市贸易成交 608 万元。全年利用外资 200 万美元。其中免淘贡米、瓶盖、合成甘油、生物肥料、颗粒秸秆为出口创汇的拳头产品，形成了以外向型带动内向型企业的格局。

财政金融 2011 年，财政总收入 6.3 亿元，比上年增长 59.2%。其中地方财政收入 3729.2 万元，比上年增长 50%。从主要税种看，完成营业税 1160.1 万元，增值税 1965.1 万元，企业所得税 655.2 万元。人均财政收入 2153 元，比上年增长 5%。2011 年，银行和金融机构各类存款余额 3.6 亿元，比上年增长 15%；各项贷款余额 1.3 亿元，比上年增长 10%。

社会发展

文化艺术 2011年末，镇文化站、广播站各1个，村级文化活动中心14个；各类文化专业队7支，其中评剧、高跷、秧歌队等年年在区市级联谊中获奖；各类图书馆15个，藏书15万余册；音乐、美术、书法、摄影、及文学业余创作人员50人，其中农民作家李久存著书三部，分获国家、省、市级大奖。

教育 2011年末，幼儿园5所，在园幼儿690人，专任教师46人；小学5所，在校生1820人，专任教师93人，小学适龄儿童入学率100%；初中1所，在校生689人，专任教师58人，初中适龄人口入学率、小升初升学率、九年义务教育覆盖率均达100%。主要学校有柳树鄌小学，在校生609人，教职工34人。2011年教育经费达1534万元，比上年增长11.3%。预算内教育经费占财政总支出的比例为6%，比上年提高了10个百分点。

医疗卫生 2011年末，镇卫生院1所，门诊部14个；病床30张，每千人拥有医疗床位1张，固定资产总值390万元。专业卫生人员100人，其中执业医师19人，执业助理医师5人，注册护士3人。2011年医疗机构（门诊部以上）完成诊疗0.7万人次。新型农村合作医疗参合率100%。

体育 2011年末，体育场地14处。100%的村安装了健身器材，经常参加体育活动的人员占常住人口的21.3%。

社会保障 2011年城镇最低生活保障户数5户，人数7人，支出2.7万元，比上年增长11%，月人均321元。2011年农村最低生活保障户数273户，人数413人，支出58.5万元，比上年增长20%，月人均118元，比上年增长19.2%；民政部门资助参加合作医疗522人，支出1.6万元，比上年增长50%；农村医疗救助、临时救济16人次。国家抚恤、补助各类优抚对象90人，抚恤事业费支出36.4万元，比上年增长13.3%。敬老院1家，床位150张，农村五保供养102人。慈善分会1个，全年接受社会捐款2.3万元，使56人（次）困难群众受益。居家养老服务站14家，床位62张。新型农村社会养老保险参保率100%。

基础设施

邮政电信 2011年末，邮政局1所，网通公司营业网点1个；电话交换机总容量4万门，固定电话用户2.3万户，电话用户普及率达到85%；移动电话用户2万户；宽带接入用户1万户。全年电信业务收入1200万元。

镇区市政建设

公共交通 邱柳线、唐涧路、丰碱线为主干客运线路。通往唐山、丰南、汉沽、南堡公交线路4条。

给排水 2011年末，镇区深水井15眼及成套净化设备，年供水4.67万立方米。

园林绿化 2011年末，镇政府驻地绿化带21处，绿化面积0.5公顷。

柳树鄌东村

(Liushuquandong Cun)

名称来历 清康熙元年（1662年）建村。此地土地肥沃，为与蒲台河、西河、夏新庄争分该地，以插柳树条为界，占地立庄，得名柳树鄌。因位于东面，故名柳树鄌东村。

地理位置 地处柳树鄌镇东北部，东至草泊，南至柳树鄌前村，西至柳树鄌北村，北至蒲台河。

主要指标 2011年末，辖区总人口2252人，总面积8平方千米，农民人均纯收入7000元。

柳树鄌北村

(Liushuquanbei Cun)

名称来历 清康熙元年（1662年）建村。此地土地肥沃，为与蒲台河、西河、夏新庄争分该地，以插柳树条为界，占地立庄，得名柳树鄌。因位于北面，故名柳树鄌北村。

地理位置 地处柳树鄌镇东北部，东至柳树鄌东村，南至柳树鄌前村，西至西河，北至蒲台河。

主要指标 2011年末，辖区总人口1979人，总面积6平方千米，农民人均纯收入7000元。

柳树鄌前村

(Liushuquanqian Cun)

名称来历 清康熙元年建村。此地肥沃，为与蒲台河、西河、夏新庄争分该地，以插柳树条为界，占地立庄，得名柳树鄌。因位于南面，故名柳树鄌前村。

地理位置 地处柳树鄌镇东北部，东至柳树鄌东村，南至黑沿子镇韩家鄌，西至丰碱线，北至柳树鄌北村。

主要指标 2011年末，辖区总人口1750人，总面积6平方千米，农民人均纯收入7020元。

西河一村

(Xiheyi Cun)

名称来历 明正德元年（1506年），村西有条浅河，传说此河是通往北京的运粮河，位于陡河西部，故名西河店，简称西河。1972年划分为7个村，2005年前进、东风、红星合并设立西河一村。

地理位置 地处柳树鄌镇西北部，东至韩家鄌，南至西河二村，西至汉沽管理区么家铺，北至西河三村。

主要指标 2011年末，辖区总人口3150人，总面积10平方千米，农民人均纯收入6990元。

西河二村

(Xihe'er Cun)

名称来历 明正德元年（1506年），村西有条浅河，传说此河是通往北京的运粮河，位于陡河西部，故名西河店，简称西河。1972年划分为7个村，2005年向阳、胜利合并设立西河二村。

地理位置 地处柳树鄜镇西北部，东至韩家鄜，南至李富庄，西至汉沽管理区么家铺，北至西河一村、西河三村。

主要指标 2011年末，辖区总人口3056人，总面积10平方千米，农民人均纯收入6990元。

西河三村

(Xihesan Cun)

名称来历 明正德元年（1506年），村西有条浅河，传说此河是通往北京的运粮河，位于陡河西部，故名西河店，简称西河。1972年划分为7个村，2005年红旗、永红合并设立西河三村。

地理位置 地处柳树鄜镇西北部，东至尖字沽乡尖字沽，南至西河一村、西河二村，西至汉沽管理区么家铺，北至王兰庄边界。

主要指标 2011年末，辖区总人口3058人，总面积9平方千米，农民人均纯收入7000元。

韩家鄜村

(Hanjiaquan Cun)

名称来历 清顺治七年（1650年），韩氏先祖迁此定居，该地为低洼滩草圈与水圈地带，韩氏先祖与水圈高地之上立庄，故以姓氏和地形特征取名。

地理位置 地处柳树鄜镇东北部，东至夏新庄，南至戟门，西至丰碱线，北至夏新庄。

主要指标 2011年末，辖区总人口1503人，总面积1平方千米，农民人均纯收入7020元。

夏新庄村

(Xiaxinzhuang Cun)

名称来历 因地势低洼，又属沿海地带，北方人称此地为“下地”，得名下新庄，后称夏新庄。

地理位置 地处柳树鄜镇东北部，东至东排干，南至三沟，西至韩家鄜，北至柳树鄜。

主要指标 2011年末，辖区总人口2816人，总面积1.8平方千米，农民人均纯收入6990元。

李富庄村

(Lifuzhuang Cun)

名称来历 清乾隆元年（1736年），李氏迁此定居，因此地苇草甚多，生活富裕，故以姓氏得名。

地理位置 地处柳树鄜镇西南部，东至西排干，南至黑沿子镇毕家鄜，西至汉沽管理区大泊，北至西河。

主要指标 2011年末，辖区总人口3121人，总面积3平方千米，农民人均纯收入7000元。

刘德庄村

(Liudezhuang Cun)

名称来历 清顺治元年（1644年），有刘员外在朝遭灭门之罪，刘氏后代刘德被女佣人救出，逃亡此地定居立庄，故以姓氏取名。

地理位置 地处柳树鄜镇南部，东至戟门，南至丰南沿海工业区，西至汉沽管理区大泊，北至西河二村。

主要指标 2011年末，辖区总人口1358人，总面积6平方千米，农民人均纯收入7120元。

廒里村

(Aoli Cun)

名称来历 清乾隆二十年（1755年），越支高明弟兄四人来此定居，因此地是海滩盐地，以熬盐为生，得名熬里庄，后取谐音为廒里。

地理位置 地处柳树鄜镇南部，东至东排干，南至黑沿子镇毕家鄜，西至河涧路，北至戟门。

主要指标 2011年末，辖区总人口820人，总面积3.1平方千米，农民人均纯收入7020元。

三沟村

(Sangou Cun)

名称来历 此地原是一片草泊，泊名有一至四沟之称，1968年戟门村部分村民迁至三沟定居立庄，故以泊名称村名。

地理位置 地处柳树鄜镇东部，东至万亩农场，南至黑沿子镇边界，西至老铺，北至夏新庄。

主要指标 2011年末，辖区总人口496人，总面积1平方千米，农民人均纯收入7180元。

老铺村

(Laopu Cun)

名称来历 清康熙二十一年（1682年），有名叫李洪深的在此看草泊，住铺，因时间较长，称该铺为老铺。后形成村落称为老铺庄，后称老铺。

地理位置 地处柳树鄜镇东南部，东至万亩农场，南至廒里，西至戟门，北至韩家鄜。

主要指标 2011年末，辖区总人口1536人，总面积3平方千米，农民人均纯收入7020元。

戟门村

(Jimen Cun)

名称来历 清康熙十年（1671年），宣庄居民迁入此地，以租地和打鱼为生。因没有地产，村周围土地受挤，故名挤门庄，后谐音称戟门庄，后称戟门。

地理位置 地处柳树鄜镇东南部，东至老铺，南至廒里，西至刘德庄，北至韩家鄜。

主要指标 2011年末，辖区总人口1822人，总面积

0.5 平方千米，农民人均纯收入 7010 元。

（撰稿：孟庆双，初审：郑红艳、李凤新、李继隆）

黑沿子镇

(Heiyanzi Zhen)

唐山市中心镇、河北省 50 个改革与发展重点镇之一。

政区概况

名称来历 相传，该庄建于明万历元年（1573 年），系山东枣庄移民。据传周氏家族先到，后又王、高、郑等姓氏相继而来。因所处沿海高地，故取名河沿子，后取谐音黑沿子沿用至今。

地理位置 地处丰南区东部，东邻亚洲第一大盐场（南堡盐场）、中国第二大碱厂（唐山碱厂）和河北省唐山市南堡经济开发区，南临渤海、有海岸线 23.5 千米，西与天津滨海新区接壤，北邻柳树酄镇。人民政府驻振兴街 36 号，电话区号 0315，邮政编码 063313，距丰南区人民政府 35.5 千米。

政区沿革 1946 年 5 月，属丰南县九区。1950 年，属丰南县四区。1953 年 5 月，分属丰南县四区黑沿子乡、毕家酄乡。1958 年 8 月，属老铺人民公社。1961 年 6 月，属老铺工委毕家酄人民公社；1965 年，改名黑沿子人民公社。1984 年 3 月，撤销人民公社，置黑沿子乡。1988 年 12 月，撤销黑沿子乡，置黑沿子镇。

政区划分 2011 年末，辖雪莲湾 1 个社区居民委员会，黑沿子北、黑沿子西、黑沿子东、毕家酄东、毕家酄中、毕家酄西、涧河一、涧河二、涧河三共 9 个村民委员会。

人口面积 2011 年末，辖区总人口 22454 人，其中城镇常住人口 19977 人，城镇化率 89%。另有流动人口 697 人。总人口中，男性 11300 人，占 50.3%；女性 11154 人，占 49.7%；14 岁以下 3691 人，占 16.4%；15～64 岁 16483 人，占 73.4%；65 岁以上 2280 人，占 10.2%。总人口中，以汉族为主，达 21497 人，占 95.7%。2011 年，人口出生率 10.3‰，人口死亡率 4‰，人口自然增长率 6.3‰。

辖区东西最大距离 13 千米，南北最大距离 12.7 千米，总面积 117.4 平方千米。其中陆地面积 56.83 平方千米，占 48.4%；海域面积 60.57 平方千米，占 51.6%。有 4.7 万亩潮间带和 40 万亩 10 米等深浅海水域。人口密度为每平方千米 191 人。

自然条件

气候 属暖温带大陆性季风气候。多年平均气温 10.5℃，极端最高气温 38.6℃。年平均日照时数 2652 小时。

水文 陡河及沙河、西排干三条河流流经黑沿子境内注入渤海。西排干流经境内 5.7 千米，陡河流经境内 7.7 千米，沙河流经境内 7.3 千米。

自然灾害 主要自然灾害有洪涝、风暴潮、风灾、火灾、低温、霜冻等。

经济概况

农业 以渔业为主的农业经济乡镇。目前，镇域经济主要以远海捕捞业、海淡水养殖业为主，兼有种植业、林业、畜牧业。2011 年，农业总产值 8.8 亿元，比上年增长 14.1%，农业增加值占国内生产总值的 8.6%。2011 年，拥有渔船 703 艘（其中捕捞渔船 560 艘，辅助、养殖渔船 143 艘），海洋捕捞产量 2.5 万吨，产值 4.8 亿元。2011 年，海淡水养殖面积 3.67 万亩。海水养殖面积 2.34 万亩，主要养殖南美白对虾及鱼类，总产值 9109 万元。淡水养殖面积 1.33 万亩，主要养殖河蟹及鱼类，总产值 11167 万元。

工业 以唐山海湾橡塑有限公司、唐山诚信实业有限公司为骨干行业，新发展了唐山三友集团志达钙业有限公司、唐山双新装饰材料有限公司、丰南区渔轮厂等一些重点企业，以饲料、盐化、织网、造船、建筑材料、冷冻加工为主，现有各类工业企业 104 家。2011 年，工业总产值 7.7 亿元，比上年增长 17.6%，工业增加值占国内生产总值的比重 17.7%。规模以上工业总产值 40240 万元，工业企业利润 4280 万元，规模以上工业企业利润 2400 万元，全社会固定资产投资 5.1 亿元。规模以上工业增加值 9070 万元，比上年增长 46.1%。

商业外贸 2011 年末，商业网点 1355 个，从业人员 3355 人；城乡集贸市场 3 个。2011 年，社会消费品零售总额达 8.3 亿元，比上年增长 13.2%。2011 年，出口创汇 1014.9 万美元，比上年增长 13.7%，产品主要销往韩国、日本。

财政金融 2011 年，财政总收入 4770.7 万元，比上年增长 37.3%。其中地方财政收入 2137.5 万元，比上年增长 29%。从主要税种看，完成营业税 864.6 万元，增值税 1507.7 万元，企业所得税 534.2 万元。人均财政收入 2124.7 元。

社会发展

文化艺术 2011 年末，镇文化站 1 个；雪莲湾小剧团 1 个，涧河小百花评剧团 1 个，黑西村舞狮和花会歌舞文艺队 1 支；村级文化活动中心 10 个；各类图书室 10 个，藏书 3.1 万余册；音乐、美术、书法、摄影及文学业余创作人员 560 人。“渔民号子”，分为出海号子、打棚号子、起网号子、收船号子、抛锚号子、起锚号子等，已被列入唐山市非物质文化遗产名录。

教育 2011 年末，幼儿园 3 所，在园幼儿 468 人，专任教师 34 人；小学 3 所，在校生 1021 人，专任教师 68 人，小学适龄儿童入学率 100%；初中 1 所，在校生 536 人，专任教师 67 人，初中适龄人口入学率、小升初升学率、九年义务教育覆盖率达 100%。主要学校有经安中学，是由本地民营企业家捐资 2500 万元兴建的一所全日制、寄宿制初级中学，在校生 489 人，教师 59 人。2011 年教育经费达 1732 万元，比上年增长 52.69%。

医疗卫生 2011年末，镇卫生院1所；病床20张，每千人拥有医疗床位0.89张，固定资产总值69万元。专业卫生人员11人，其中执业医师5人，执业助理医师5人，注册护士1人。2011年医疗机构（门诊部以上）完成诊疗7943人次。参加新型农村合作医疗参合率100%。

体育 2011年末，学校体育场地4处，座位800个。90%的村安装了健身器材，经常参加体育活动的人员占常住人口的31%。

广播电视 2011年末，有线电视用户6186户，入户率100%。

社会保障 2011年，城镇最低生活保障户数99户，人数180人，支出49.95万元，月人均231.25元。农村最低生活保障户数239户，人数358人，月人均167元，支出51.1亿元。民政部门资助参加合作医疗482人，支出1.5万元，比上年增长50%。国家抚恤、补助各类优抚对象83人，抚恤事业费支出57.8万元。社会福利费2.35万元，比上年增长14.1%。敬老院1家，床位110张，农村五保供养53人。慈善协会1个，全年接受社会捐款8.5万元，使138人（次）困难群众受益。五项社会保险（不含新型农村社会养老保险）基金支出合计63.12万元，比上年增长40.8%。居家养老服务站10家，床位57张。新型农村社会养老保险参保人数10429人，参保率100%。

基础设施

邮政电信 2011年末，邮政局1所，报纸、期刊累计期发行32.9万份（册）。业务收入7万元。

电话交换机总容量4000门，固定电话用户3820户，电话用户普及率达到61.8%；移动电话用户2.2万户；宽带接入用户2910户。

镇区市政建设

公共交通 2011年末，镇区往返唐山、南堡的公交线路两条。

给排水 2011年末，镇区全部实施农村饮水安全工程，自来水入户率100%；主要道路两侧敷设排水管道6000米，沿街艺术护栏4000米。

雪莲湾社区

（Xuelianwan Shequ）

名称来历 因位于雪莲湾小区而得名。

地理位置 地处黑沿子镇中部，东至黑沿子西村，南至黑沿子西村，西至毕家郾，北至柳树郾镇戟门。

主要指标 2011年末，辖区总人口956人，总面积6平方千米，城镇居民人均可支配收入33600元。

黑沿子东村

（Heiyanzidong Cun）

名称来历 因村建在沿海高地之上，所处海沿是黑泥海滩，得名海沿子，后取谐音遂改为黑沿子。1984年将该村按所处方位划分出黑沿子东、西、北3个村。因位于东面，故名黑沿子东村。

地理位置 地处黑沿子镇南部，东至黑沿子北村，南至渤海，西至黑沿子西村，北至黑沿子北村。

主要指标 2011年末，辖区总人口4683人，总面积30平方千米，农民人均纯收入7622元。

黑沿子西村

（Heiyanzixi Cun）

名称来历 因村建在沿海高地之上，所处海沿是黑泥海滩，得名海沿子，后取谐音遂改为黑沿子。1984年将该村按所处方位划分出黑沿子东、西、北3个村。因位于西面，故名黑沿子西村。

地理位置 地处黑沿子镇南部，东至黑沿子北村，南至黑沿子东村，西至柳树郾镇毕家郾，北至黑沿子北村。

主要指标 2011年末，辖区总人口4042人，总面积20平方千米，农民人均纯收入7289元。

黑沿子北村

（Heiyanzibei Cun）

名称来历 因村建在沿海高地之上，所处海沿是黑泥海滩，得名海沿子，后取谐音遂改为黑沿子。1984年将该村按所处方位划分出黑沿子东、西、北3个村。因位于北面，故名黑沿子北村。

地理位置 地处黑沿子镇南部，东至滨海镇尖坨子，南至黑沿子东村，西至黑沿子西村，北至柳树郾镇戟门。

主要指标 2011年末，辖区总人口2525人，总面积10平方千米，农民人均纯收入7170元。

毕家郾东村

（Bijiaquandong Cun）

名称来历 明正德元年（1506年），毕氏来此定居，圈地立庄，故以姓氏得名毕家郾。1984年分为毕家郾东、西、中3个村。因位于北面，故名毕家郾东村。

地理位置 地处黑沿子镇西北部，东至黑沿子，南至涧河三村，西至天津市汉沽管理区洒金坨，北至柳树郾镇戟门。

主要指标 2011年末，辖区总人口1602人，总面积9.6平方千米，农民人均纯收入6562元。

毕家郾西村

（Bijiaquanxi Cun）

名称来历 明正德元年（1506年），毕氏来此定居，圈地立庄，故以姓氏得名毕家郾。1984年分为毕家郾东、西、中3个村。因位于西面，故名毕家郾西村。

地理位置 地处黑沿子镇西北部，东至黑沿子，南至涧河三村，西至天津市汉沽管理区洒金坨，北至柳树郾镇李富庄。

主要指标 2011年末，辖区总人口2034人，总面积15

平方千米，农民人均纯收入6702元。

毕家鄺中村

(Bijiaquanzhong Cun)

名称来历 明正德元年（1506年），毕氏来此定居，圈地立庄，故以姓氏得名毕家鄺。1984年分为毕家鄺东、西、中3个村。因位于中部，故名毕家鄺中村。

地理位置 位于黑沿子镇西北部，东至黑沿子，南至涧河三村，西至毕家鄺西村，北至柳树鄺镇李富庄。

主要指标 2011年末，辖区总人口2052人，总面积9平方千米，农民人均纯收入6747元。

涧河一村

(Jianheyi Cun)

名称来历 村庄位于陡河下游入海口，得名尖河，后称涧河。1999年分为3个村，按序得名。

地理位置 地处黑沿子镇西南部，东至黑沿子西村，南至渤海，西至天津市汉沽区洒金坨，北至毕家鄺。

主要指标 2011年末，辖区总人口1861人，总面积9.8平方千米，农民人均纯收入6348元。

涧河二村

(Jianhe'er Cun)

名称来历 村庄位于陡河下游入海口，得名尖河，后称涧河。1999年涧河分为3个村，按序得名。

地理位置 地处黑沿子镇西南部，东至黑沿子西村，南至渤海，西至天津市汉沽区洒金坨，北至毕家鄺。

主要指标 2011年末，辖区总人口1185人，总面积9.7平方千米，农民人均纯收入6615元。

涧河三村

(Jianhesan Cun)

名称来历 村庄位于陡河下游入海口，得名尖河，后称涧河。1999年涧河分为3个村，按序得名。

地理位置 地处黑沿子镇西南部，东至黑沿子西村，南至涧河一村，西至天津市汉沽区洒金坨，北至毕家鄺。

主要指标 2011年末，辖区总人口1784人，总面积10.3平方千米，农民人均纯收入6290元。

（撰稿：董国敬，初审：郑红艳、李凤新、李继隆）

汉丰镇

(Hanfeng Zhen)

政区概况

地理位置 地处丰南区西部，东临丰南区尖字沽乡，南接天津市汉沽区杨家泊镇，西连天津市宁河县廉庄乡，北邻天津市宁河县苗庄镇，东北与丰南区东田庄乡接壤。人民政府驻振兴街道光明路5号，距丰南区人民政府30千米。

政区沿革 1952年，属汉沽农场，由中央农垦部领导；1953年，划归河北省农场管理局领导管理。1958—1960年间，先后与天津宁河、河北丰润等19个农村生产队合并，形成现有规模。1979年3月，划归唐山市，分属红星人民公社和红旗人民公社。1984年3月，撤销人民公社，改置北陈庄乡、陡沽乡。1996年8月26日，北陈庄乡并入陡沽乡，乡人民政府驻陡沽村。1998年1月4日，撤销陡沽乡，改置汉丰镇。

政区划分 2011年末，辖闫庄、马庄、尚坞、北陈、张绪、皂甸、东崔、裴庄、艾蒿岭、南泊、中泊、北泊、震新、黄沽、陡沽、么家铺、六间房、田兰18个村民委员会。

人口面积 2011年末，辖区总人口25171人。总人口中，男性12773人，占50.74%；女性12398人，占49.26%；14岁以下3981人，占15.81%；15~64岁19029人，占75.6%；65岁以上2161人，占8.59%。总人口中，以汉族为主，达25162人，占99.96%；有壮、回、满3个少数民族，共9人，占0.004%。2011年，人口出生率5.21‰，人口死亡率2.91‰，人口自然增长率2.3‰。

辖区东西最大距离35千米，南北最大距离24千米，总面积88.21平方千米。其中陆地面积76.22平方千米，占86.41%；水域面积11.99平方千米，占13.59%。人口密度为每平方千米285人。

自然条件

地形地貌 地处蓟运河下游东岸，地势西部较高，中部、东南部较低，地势低洼平坦，境内最大高差2.5米，地面高程0.5~2米。

气候 属暖温带半湿润性大陆季风型气候，其特点是四季分明，光热资源丰富，水资源相对贫乏，同时有旱涝、大风、冰雹、连阴雨、低温冷害等气象灾害。多年平均气温10.9℃，1月平均气温-5.8℃，极端最低气温-23.7℃（1978年12月29日）；7月平均气温25.5℃，极端最高气温39.3℃（1972年7月16日）。平均气温年较差31.3℃。无霜期年平均183天，最长达206天，最短为161天。年平均日照时数2820.2小时，年总辐射127.8千卡/平方厘米。0℃以上持续期268天（一般为3月6日~11月28日）。年平均降水量621.7毫米，降雨集中在每年6月至8月，平均468毫米。

水文 境内主要河道有二级河蓟运河，境内长4.87千米；四级河津唐运河、还乡河，境内总长13.7千米；五级河21条，境内总长161千米。境内河流总长度179.57千米，河网密度1.22千米/平方千米，径流总量1102.5万立方米。

自然灾害 主要自然灾害有旱涝、大风、冰雹等。灾害年均发生6次，主要发生在5月至10月，最严重的一次洪涝发生在2011年7月29日，连续6小时内，平均降雨量达200毫米，河水暴涨，致使全部农田都出现不同程度积水，受灾面积达51397.54亩，经济损失6148.24万元。

经济概况

农业 耕地面积5.14万亩，人均2.04亩；全部为旱田。

以种植棉花、玉米等为主。2011年，棉花种植面积4.53万亩，产量6342吨。

畜牧业以猪、牛、鸡为主。2011年，生猪饲养量5.3万头，年末存栏4.1万头；鸡饲养量72.3万羽，年末存栏22.92万羽；2011年末，奶牛存栏1151头。

截至2011年末，累计造林11.595万亩，其中防护林3958亩，经济林2560亩，农民住宅四旁树12.5万株，林木覆盖率8.9%。

2011年，有水面3.2平方千米，其中养鱼92.8公顷，南美白对虾225公顷。

工业 2011年末，建筑队58个，各类运输车辆850部，外出务工6450人。

商业外贸 2011年末，个体经营户585个。

财政金融 2011年，财政总收入6.5亿元，比上年增长12%。

社会发展

文化艺术 2011年末，镇文化站1个，村级文化活动室18个，面积共3000平方米；各类文艺团体6个，演职人员100人，年演出200场次，观众达1.5万人次；图书室19个，建筑面积300平方米，藏书5万册。

医疗卫生 2011年末，村级医务点41个，从业人员56人。新型农村合作医疗参合人数2.14万人，参合率96%。

社会保障 2011年，农村最低生活保障户数359户，人数687人，支出95.5万元，比上年增长80%，月人均115.9元，比上年增长60%；农村五保集中供养25人，支出17.6万元，比上年增长26%；农村五保分散供养28人，支出11.6万元，比上年增长23%；农村医疗救助200人次，支出50.7万元，比上年增长136%；农村临时救济73人次，支出7.6万元，比上年增加8%。国家抚恤、补助各类优抚对象70人，抚恤事业费支出49.6万元。受灾人口1.63万人，农业救灾支出83.9万元。

基础设施

交通运输 县级公路2条，总长24.5千米；村道40千米。区内有汉丰汽车站一座，日进站客车62辆，日客运量350人，年客运量7.5万人次，客运周转量15万人·千米；2011年运输企业拥有货运汽车1850辆，10800吨位；年货运吞吐量0.8万吨，货运周转量600万吨·千米。

么家铺村

(Yaojiapu Cun)

名称来历 先辈么永由山东移民而来，在高台处搭了一铺，得名么家铺。

地理位置 地处汉丰镇东南部，东至丰南区西河村，南至北泊村，西至陡沽村，北至六间房村。

主要指标 2011年末，辖区总人口3050人，总面积10.04平方千米，农民人均纯收入7500元。

陡沽村

(Dougu Cun)

名称来历 原名陡坨，因地势洼，后称陡沽村。

地理位置 地处汉丰镇东部，东至丰南区西河村，南至北泊村，西至裴庄村，北至六间房村。

主要指标 2011年末，辖区总人口3200人，总面积7.96平方千米，农民人均纯收入7500元。

南泊村

(Nanbo Cun)

名称来历 因村庄周围有苇泊故称大泊。后分3村，该村位于南端，称南泊村。

地理位置 地处汉丰镇东南部，东至丰南区李付庄，南至天津市汉沽区高庄村，西至黄沽村，北至中泊村。

主要指标 2011年末，辖区总人口1200人，总面积5.76平方千米，农民人均纯收入6800元。

中泊村

(Zhongbo Cun)

名称来历 因村庄周围有苇泊故称大泊。后分为3个村，该村位于中间，称中泊村。

地理位置 地处汉丰镇东南部，东至丰南区李付庄，南至南泊村，西至震新村，北至北泊村。

主要指标 2011年末，辖区总人口1173人，总面积5.09平方千米，农民人均纯收入2300元。

北泊村

(Beibo Cun)

名称来历 因村庄周围有苇泊故称大泊。后分为3个村，该村位于北侧，称北泊村。

地理位置 地处汉丰镇东南部，东至丰南区李付庄，南至中泊村，西至震新村，北至么家铺村。

主要指标 2011年末，辖区总人口1493人，总面积5.61平方千米，农民人均纯收入6500元。

震新村

(Zhenxin Cun)

名称来历 唐山大地震后由中泊村分支迁出建村，取名震新村。

地理位置 地处汉丰镇东南部，东至北泊村，南至南泊村，西至黄沽村，北至么家铺村。

主要指标 2011年末，辖区总人口1100人，总面积3.83平方千米，农民人均纯收入6800元。

黄沽村

(Huanggu Cun)

名称来历 因为退海地，黄希菜很多，故名黄希沽。后更名为黄粟沽，现称黄沽村。

地理位置 地处汉丰镇东南部，东至么家铺村，南至天津市汉沽区看财村，西至田兰村，北至六间房村。

主要指标 2011年末，辖区总人口1082人，总面积4.29平方千米，农民人均纯收入7500元。

田兰村

(Tianlan Cun)

名称来历 齐、王两人结拜兄弟，从山东枣林庄逃荒落户此地建村，取名田兰村。

地理位置 地处汉丰镇南部，东至黄沽村，南至天津市汉沽区杨家泊村，西至皂甸村，北至陡沽村。

主要指标 2011年末，辖区总人口1300人，总面积4.09平方千米，农民人均纯收入8200元。

皂甸村

(Zaodian Cun)

名称来历 新中国成立前，村民所种植的土地属于地主财产，秋后粮食按比例分成，取名佃户村，后更名为皂甸村。

地理位置 地处汉丰镇南部，东至田兰村，南至天津市汉沽区杨家泊村，西至张绪村，北至艾蒿岭村。

主要指标 2011年末，辖区总人口3100人，总面积8.54平方千米，农民人均纯收入9000元。

艾蒿岭村

(Aihaoling Cun)

名称来历 建村时在村西的岭子上常年生长艾子草和蒿子草，得名艾蒿岭村。

地理位置 地处汉丰镇南部，东至陡沽村，南至皂甸村，西至张绪村，北至振兴街道。

主要指标 2011年末，辖区总人口1313人，总面积3.64平方千米，农民人均纯收入6000元。

张绪村

(Zhangxu Cun)

名称来历 先辈张姓由山东移民而来，取名张绪村。

地理位置 地处汉丰镇西南部，东至皂甸村，南至天津市汉沽区杨角村，西至北陈村，北至振兴街道创业里社区。

主要指标 2011年末，辖区总人口980人，总面积2.07平方千米，农民人均纯收入8000元。

北陈村

(Beichen Cun)

名称来历 原名小陈庄，后南北分开，坐落于北，得名北陈村。

地理位置 地处汉丰镇西南部，东至张绪村，南至振兴街道北陈社区，西至天津市宁河县建新村，北至天津市宁河县曹庄。

主要指标 2011年末，辖区总人口198人，总面积0.54平方千米，农民人均纯收入11000元。

东崔村

(Dongcui Cun)

名称来历 本村原归南崔村姓崔的地主所有，建村时处于南崔村东部，得名东崔村。

地理位置 地处汉丰镇北部，东至裴庄村，南至振兴街道创业里社区，西至闫庄村，北至天津市宁河县苗庄村。

主要指标 2011年末，辖区总人口608人，总面积1.77平方千米，农民人均纯收入8200元。

裴庄村

(Peizhuang Cun)

名称来历 裴氏祖先最早在此地生产生活，得名裴庄村。

地理位置 地处汉丰镇北部，东至丰南区东田庄，南至振兴街道广盛里社区，西至东崔村，北至丰南区刘大官村。

主要指标 2011年末，辖区总人口1100人，总面积4.46平方千米，农民人均纯收入8000元。

六间房村

(Liujianfang Cun)

名称来历 由山东枣林庄移民过来，开始有6家姓氏始称六家房，后称六间房村。

地理位置 地处汉丰镇东部，东至丰南区刘官庄，南至么家铺村，西至陡沽村，北至丰南区李兴庄。

主要指标 2011年末，辖区总人口1281人，总面积6.09平方千米，农民人均纯收入9000元。

闫庄村

(Yanzhuang Cun)

名称来历 早年间，该村住户都为天津芦台闫姓商铺老板打工，得名闫庄村。

地理位置 地处汉丰镇西北部，东至东崔村，南至天津市宁河县曹庄，西至尚坞村，北至天津市宁河县苗枣村。

主要指标 2011年末，辖区总人口1450人，总面积3.54平方千米，农民人均纯收入8000元。

尚坞村

(Shangwu Cun)

名称来历 因紧邻蓟运河，当时水运相对发达，在此地有一船坞，各种大小船只都在这里歇脚、维修，得名尚坞村。

地理位置 地处汉丰镇西北部，东至闫庄村，南至蓟运河，西至马庄村，北至驴尾巴河。

主要指标 2011年末，辖区总人口1345人，总面积2.63平方千米，农民人均纯收入7200元。

马庄村

(Mazhuang Cun)

名称来历 马姓先祖由山东移民而来就此定居，取名马庄。后来马姓后辈外迁，从此马庄村再无马姓。

地理位置 地处汉丰镇西北部，东至尚坞村，南、西至蓟运河，北至天津市宁河县刘庄村。

主要指标 2011年末，辖区总人口900人，总面积2.38平方千米，农民人均纯收入7800元。

（撰稿：崔朝平、张卫红，初审：杜永军、鲍爱东）

大齐各庄镇

(Daqigezhuang Zhen)

政区概况

名称来历 因镇人民政府驻地位于大齐各庄而得名。

地理位置 地处丰南区东北，东与钱营镇接壤，南邻小集镇，西与稻地镇相连，北靠唐山市开平区、路南区。人民政府驻稻齐路9号，电话区号0315，邮政编码063302，距丰南区人民政府14千米。

政区沿革 民国前称“长春社”。1946年前，属滦州。1946年5月，属丰南县二区。1950年，属丰南县八区。1953年5月，分属丰南县八区大齐各庄乡、安各庄乡、井屯乡。1958年8月，属稻地人民公社下设管理区。1961年6月，属稻地工委大齐各庄人民公社。1984年3月，撤销人民公社，置大齐各庄乡。2006年10月，撤销大齐各庄乡，置大齐各庄镇。

政区划分 2011年末，辖大齐各庄、小齐各庄、王家楼、王庄子、小公庄、小史马、大长春、小长春、井屯、高各庄、安各庄、林屯、詹家屯、大田港、李家坨、夏庄屯、赵各庄、鲁家庄、小王庄19个村民委员会。

人口面积 2011年末，辖区总人口13782人，其中城镇常住人口5294人，城镇化率38.4%。另有流动人口1034人。总人口中，男性7013人，占50.9%；女性6769人，占49.1%；14岁以下1782人，占13%；15~64岁10492人，占76%；65岁以上1508人，占11%。总人口中，以汉族为主，达12803人，占92.9%；有满、回等少数民族，共979人，占7.1%。2011年，人口出生率5.44‰，人口死亡率4.5‰，人口自然增长率0.94‰。

辖区东西最大距离10千米，南北最大距离8千米，总面积40平方千米。人口密度为每平方千米345人。

自然条件

地形地貌 境内全部为平原，中西部土质较好，东部多为沙土地，地面高程一般在海拔15~35米。

水文 境内有沙河、陡河和人工挖成的幸福河，沙河由北向南流入渤海，境内河道长约18千米。

自然灾害 主要自然灾害有冰雹、旱涝、风灾、低温、霜冻、雷击等。1949年连续多日阴雨，遭遇水涝灾害，部分农户墙倒屋塌，农田减产严重。1963年春夏之交，连续多日无雨，造成庄稼减产。

经济概况

农业 耕地面积3.7万亩，人均2.7亩；全部为水浇地。以种植小麦、玉米、花生、蔬菜为主。农业总产值从1949年的95万元，增加到1978年的247万元，2011年，达到1.8亿元，比上年增长6.2%，农业增加值占国内生产总值的11.6%。

粮食作物以小麦、玉米为主。2011年，生产粮食1.1万吨，人均798.1千克，其中小麦0.3万吨，玉米0.8万吨。油料作物主要有花生，2011年，花生产量0.2万吨。蔬菜主要品种有菠菜、香菜、蒜黄、茄子、土豆等。2011年，蔬菜产量6.4万吨，总产值8635万元。特别是菠菜、香菜已形成规模多年，并成为远近闻名的生产基地，除少量在本地售外，大量销往京、津、冀及内蒙古、东北等地，部分远销俄罗斯等国际市场。

畜牧业以牛、猪、家禽为主。有奶牛养殖场6个，2011年末，奶牛存栏0.6万头，年产鲜奶1万吨，主要是供蒙牛、伊利等厂家。2011年，生猪饲养量0.89万头，年末存栏0.9万头；家禽饲养量6.8万羽。

工业 以陶瓷、化工、水泥、钢铁、塑料、洗煤为主。工业生产总值从1949年的1.45万元，增加到1978年的155.16万元，2011年，达到44.2亿元，比上年增长33.9%，占国内生产总值的65%，工业增加值占国内生产总值的比重71.6%。2011年，工业企业83家，其中集体企业2家，私营企业26家，港澳台商投资企业2家，个体企业53家，职工8183人；实现工业增加值10.8亿元，比上年增长36.8%。

商业外贸 2011年末，商业网点62个，职工89人；城乡集贸市场3个。2011年，社会消费品零售总额达0.04亿元，比上年增长17.5%；城乡集市贸易成交额2.3亿元。2011年，出口总额2413.3万美元，比上年增长82.1%。其中，中外合资唐山沃珅、丰华瓷业有限公司，年产卫生陶瓷200万件，产品畅销全国各地，并出口世界30多个国家。

财政金融 2011年，财政总收入1.2亿元，比上年增长18.1%。其中地方财政收入0.13亿元，比上年增长45%。从主要税种看，完成营业税2730.5万元，增值税6170.5万元，企业所得税201.1万元。人均财政收入8764

元，比上年增长 17.6%。2011 年，银行和金融机构各类存款余额 1.8 亿元，比上年增长 29.8%；各项贷款余额 499 万元，比上年增长 22.9%。

社会发展

文化艺术 2011 年末，镇文体中心 1 个，村级文化活动中心 19 个；各类文化专业户 18 个；各类图书室 20 个，藏书 4.3 万余册；音乐、美术、书法、摄影及文学业余创作人员 612 人；镇村每年多次在文化站举办歌舞、秧歌等多种形式的文化活动。

教育 2011 年末，幼儿园 1 所，在园幼儿 450 人，专任教师 35 人；有九年一贯制学校 1 所，在校生 1300 人，专任教师 70 人，小学适龄儿童入学率 100%；初中适龄人口入学率、小升初升学率、九年义务教育覆盖率均达 100%。主要学校有大齐学校，在校生 1250 人，教师 71 人；曾先后荣获以下荣誉：小学生男队篮球赛获省第一名、全国少先队创新杯竞赛优秀奖、唐山市体育项目传统校、唐山市优秀少先队大队，学校图书馆被评为“省一级图书馆”等；2011 年大齐幼儿园被评为“省级示范园”。2011 年教育经费达 782 万元。预算内教育经费（包括城市教育费附加）占财政总支出的比例为 12.6%，比上年提高了 6 个百分点。

医疗卫生 2011 年末，镇级卫生院 1 所，村级门诊所 32 个；病床 84 张，每千人拥有医疗床位 6.1 张，固定资产总值 193.6 万元。专业卫生人员 49 人。2011 年医疗机构（门诊部以上）完成诊疗 2.9 万人次。新型农村合作医疗参合率 97%。

体育 2011 年末，学校体育场地 1 处。100% 的村安装了健身器材，经常参加体育活动的人员占常住人口的 60%。

广播电视 2011 年末全镇 19 个村安装了有线电视，有线电视用户 3398 户，入户率 86%。

社会保障 2011 年城镇最低生活保障户数 7 户，人数 13 人，支出 3.2 万元，比上年增长 28%，月人均 205 元，比上年增长 36%；城市医疗救助 86 人次，民政部门资助参加合作医疗 315 人次，共支出 0.95 万元，比上年增长 50%。农村最低生活保障户数 138 户，人数 250 人，支出 35.6 万元，比上年增长 31%，月人均 118.7 元，比上年增长 100%。国家抚恤、补助各类优抚对象 132 人，抚恤事业费支出 30.4 万元，比上年减少 2%。社会福利费 8.3 万元，比上年减少 1%。敬老院 1 家，床位 70 张，农村五保供养 62 人。居家养老服务站 20 家，床位 125 张。慈善分会 1 个，全年接受社会捐款 14 万元，使 81 人（次）困难群众受益。新型农村社会养老保险参保人数 8677 人，参保率 98%。

基础设施

交通运输 唐津高速、唐港高速过境。镇级公路 5 条，总长 17.5 千米。

邮政电信 2011 年末，邮政局 1 所，报纸、期刊累计发行 18 万份（册），业务收入 30 万元。

网通企业 1 家，服务网点 7 个；电话交换机总容量 7000 门，固定电话用户 2600 户，电话用户普及率达到 87%；移动电话用户 800 户；宽带接入用户 2100 户。

镇区市政建设

公共交通 2011 年末，镇区开通公交线路 1 条，2003 年建成大齐各庄镇客运站，日发客运汽车 78 班次，日均容量 700 余人次。

给排水 2011 年末，镇区深水井 26 眼及成套净化设备，年供水 2.37 万立方米。镇政府中心区敷设排水管道 6000 米。

园林绿化 2011 年末，镇政府驻地花园 1 个，绿化面积 1.1 公顷。

大齐各庄村

（Daqigezhuang Cun）

名称来历 明永乐二年（1404 年），山东齐氏移民来此定居，故名齐家庄，后更名为大齐家庄，1948 年改称大齐各庄。

地理位置 地处大齐各庄镇东北部，东至詹家屯，南至井屯，西至小齐各庄，北至开平区越河乡前于家店。

主要指标 2011 年末，辖区总人口 966 人，总面积 2.07 平方千米，农民人均纯收入 7875 元。

小齐各庄村

（Xiaoqigezhuang Cun）

名称来历 明永乐年间，由大齐家庄迁出几户居民来此定居，得名小齐家庄，1948 年改称小齐各庄。

地理位置 地处大齐各庄镇东北部，东至大齐各庄，南至井屯，西至小长春，北至开平区越河乡郭坨。

主要指标 2011 年末，辖区总人口 414 人，总面积 0.87 平方千米，农民人均纯收入 7605 元。

高各庄村

（Gaogezhuang Cun）

名称来历 明永乐二年（1404 年），山东枣林庄移民高氏来此定居，故以姓氏得村名。

地理位置 地处大齐各庄镇东南部，东至沙河，南至小集镇康各庄，西至大田港，北至林屯。

主要指标 2011 年末，辖区总人口 732 人，总面积 1.27 平方千米，农民人均纯收入 7550 元。

安各庄村

（Angezhuang Cun）

名称来历 明初建庄，山东安姓移民来此定居，故以姓氏得名安家庄，1949 年改称安各庄。

地理位置 地处大齐各庄镇西部，东至小长春，南至大长春，西至路南区女织寨乡赵田庄，北至路南区女织寨乡侯边庄。

主要指标 2011 年末，辖区总人口 1547 人，总面积

2.94平方千米，农民人均纯收入7605元。

赵各庄村

(Zhaogezhuang Cun)

名称来历 明永乐二年（1404年），山东枣林庄赵姓来此定居，故以姓氏得名。

地理位置 地处大齐各庄镇东部，东至钱营镇李庄子，南至林屯，西至井屯，北至李家坨。

主要指标 2011年末，辖区总人口793人，总面积1.85平方千米，农民人均纯收入7456元。

鲁家庄村

(Lujiazhuang Cun)

名称来历 明永乐年间，山东枣林庄移民鲁氏来此定居，以姓氏得名。

地理位置 地处大齐各庄镇南部，东至井屯，南至大田港，西至王庄子，北至王家楼。

主要指标 2011年末，辖区总人口580人，总面积1.22平方千米，农民人均纯收入7321元。

小王庄村

(Xiaowangzhuang Cun)

名称来历 明永乐二年（1404年），山东枣林庄移民王氏来此定居，故以姓氏得名。

地理位置 地处大齐各庄镇东部，东至北柳河，南至钱营镇李庄子，西至赵各庄，北至钱营镇东黄庄。

主要指标 2011年末，辖区总人口697人，总面积1.56平方千米，农民人均纯收入7605元。

小公庄村

(Xiaogongzhuang Cun)

名称来历 明永乐元年（1403年）建庄。因此地有两个庙（老公殿、和尚庙），取两庙的“公尚”二字，故称村名为公尚庄，后又有人在村北建村，称小公尚庄，后称小公庄。

地理位置 地处大齐各庄镇西部，东至王庄子，南至稻地镇大公庄，西至大长春，北至安各庄。

主要指标 2011年末，辖区总人口245人，总面积0.59平方千米，农民人均纯收入7549元。

小史马村

(Xiaoshima Cun)

名称来历 明永乐元年（1403年），山东移民史、马两姓来此定居，故以姓氏得名史马庄，后更名小史马庄，后称小史马。

地理位置 地处大齐各庄镇西北部，东至小齐各庄，南至小长春，西至开平区越河乡大史马，北至开平区越河乡郭坨。

主要指标 2011年末，辖区总人口334人，总面积0.91平方千米，农民人均纯收入7355元。

王庄子村

(Wangzhuangzi Cun)

名称来历 清顺治元年（1644年），王氏由大长春迁来几户到此定居立业。当初名为东庄子，后王姓繁衍，故以姓氏称为王家庄，后称王庄子。

地理位置 地处大齐各庄镇西部，东至鲁庄，南至稻地镇大公庄，西至小公庄，北至小长春。

主要指标 2011年末，辖区总人口328人，总面积1平方千米，农民人均纯收入7506元。

大长春村

(Dachangchun Cun)

名称来历 相传该地为辽金两代皇帝行宫，称长春宫。明永乐初年有移民来此定居称长春淀。清顺治元年为长春社，分南北两个长春社，北为小长春庄，南为大长春庄，后称小长春、大长春。

地理位置 地处大齐各庄镇西部，东至小公庄，南至大公庄，西至稻地镇喻庄子，北至安各庄。

主要指标 2011年末，辖区总人口1184人，总面积2.32平方千米，农民人均纯收入7571元。

小长春村

(Xiaochangchun Cun)

名称来历 相传该地为辽金两代皇帝行宫，称长春宫。明永乐初年有移民来此定居称长春淀。清顺治元年为长春社，分南北两个长春社，北为小长春庄，南为大长春庄，后称小长春、大长春。

地理位置 地处大齐各庄镇北部，东至小齐各庄，南至小公庄，西至安各庄，北至小史马。

主要指标 2011年末，辖区总人口695人，总面积1.42平方千米，农民人均纯收入7527元。

王家楼村

(Wangjialou Cun)

名称来历 清顺治元年（1644年），稻地王家被迫迁此，建一座小楼，时常望自己的故居，得名望家楼，后以姓氏改称王家楼。

地理位置 地处大齐各庄镇中部，东至友谊路，南至鲁庄，西至王庄子，北至小长春。

主要指标 2011年末，辖区总人口530人，总面积1.12平方千米，农民人均纯收入7605元。

大田港村

(Datiangang Cun)

名称来历 明永乐二年（1404年），山东移民来此定居，得名新庄子。后因重名，又以地名大港新庄子相称，以地名为村名，新中国成立后称大田港。

地理位置 地处大齐各庄镇南部，东至高各庄，南至小集镇柳河，西至稻地镇刘唐保庄，北至井屯。

主要指标 2011年末，辖区总人口948人，总面积3平方千米，农民人均纯收入7648元。

李家坨村

(Lijiatuo Cun)

名称来历 明永乐二年（1404年），李氏由山东枣林庄迁此定居立庄，故以姓氏得名。

地理位置 地处大齐各庄镇东北部，东至钱营镇南苗庄，南至赵各庄，西至夏庄屯，北至夏庄屯。

主要指标 2011年末，辖区总人口521人，总面积1.28平方千米，农民人均纯收入7474元。

詹家屯村

(Zhanjiatun Cun)

名称来历 明永乐二年（1404年），詹姓由山东枣林庄移民来此定居，故以姓氏得名。

地理位置 地处大齐各庄镇东北部，东至夏庄屯，南至赵各庄，西至大齐各庄，北至开平区越河乡边界。

主要指标 2011年末，辖区总人口945人，总面积1.60平方千米，农民人均纯收入7569元。

夏庄屯村

(Xiazhuangtun Cun)

名称来历 明永乐二年（1404年），山东移民夏姓来此定居，故以姓氏得名。

地理位置 地处大齐各庄镇东北部，东至钱营镇南苗庄，南至李家坨，西至詹家屯，北至钱营镇崔庄子。

主要指标 2011年末，辖区总人口894人，总面积1.77平方千米，农民人均纯收入7768元。

林屯村

(Lintun Cun)

名称来历 明万历九年（1581年），林姓于此地定居立业，故以姓氏取名林家屯，后简称林屯。

地理位置 地处大齐各庄镇东南部，东至沙河，南至高各庄，西至井屯，北至赵各庄。

主要指标 2011年末，辖区总人口426人，总面积0.89平方千米，农民人均纯收入7767元。

井屯村

(Jingtun Cun)

名称来历 明永乐年间，山东移民井姓来此定居，故以姓氏得名井家屯，后称井屯。

地理位置 地处大齐各庄镇南部，东至赵各庄，南至大田港，西至鲁庄，北至大齐各庄。

主要指标 2011年末，辖区总人口652人，总面积1.42平方千米，农民人均纯收入7604元。

（撰稿：姚金霞，初审：郑红艳、李凤新、李继隆）

海北镇

(Haibei Zhen)

政区概况

名称来历 因镇人民政府驻地位于小海北村而得名。

地理位置 地处丰南区西部，东临芦台经济开发区场部，南接天津市宁河县大北镇、任凤镇，西连天津市宁河县潘庄镇，北连天津市宁河县东棘坨乡、廉庄乡。人民政府驻小海北村蓟海路1号，电话区号0315，邮政编码063302，距丰南区人民政府50千米。

政区沿革 1996年4月，设立小海北乡，乡政府驻小海北村。1997年12月，撤销小海北乡，设立海北镇。

政区划分 2011年末，辖花牛、杜庄、马聪、西双、北双、东双、大韩、小韩、邢木、小堼、七里店、张广、于辛、岭头、桐城、小海北、东董、西董、张家庄、大海北20个村民委员会。

人口面积 2011年末，辖区总人口25700人。总人口中，男性12812人，占49.85%；女性12888人，占50.15%；14岁以下4082人，占15.88%；15～64岁19567人，占76.14%；65岁以上2051人，占7.98%。总人口中，以汉族为主，达25486人，占99.17%；有满、壮、蒙古、土家、回等9个少数民族，共214人，占0.83%。2011年，人口出生率5.31‰，人口死亡率2.83‰，人口自然增长率2.48‰。

辖区东西最大距离18千米，南北最大距离10千米，总面积82.3平方千米。其中陆地面积72.6平方千米，占88.21%；水域面积9.7平方千米，占11.79%。人口密度为每平方千米312人。

自然条件

地形地貌 地处潮白河下游东岸，地势西部较高，中部、东南部较低，地势低洼平坦，最大高差2.3米，大部分地面高程0.5～2米。

气候 属暖温带半湿润季风型大陆性气候，其特点是春季干旱多风，夏季炎热多雨，秋季昼夜温差较大，冬季严寒，风多雪少。1月平均气温为-5.5℃；7月平均气温为26℃，极端最高气温39.5℃。年平均日照时数4440小时。年平均降水量600毫米左右。

自然灾害 主要自然灾害有旱涝、大风、冰雹等。灾害年均发生8次，主要发生在5月至10月。最严重的一次发生在2011年7月29日，在连续6小时内，平均降雨260毫米左右，河水暴涨，致使全部农田都出现不同程度积水，受灾面积达50397亩，经济损失4280万元。

经济概况

农业 耕地面积6.2万亩，人均2.41亩；全部为旱田。

以种植棉花、玉米、西瓜、水稻等为主。2011年，棉花种植面积4.82万亩，产量6750吨。

畜牧业以猪、牛、鸡为主。2011年，生猪饲养量5.8万头，年末存栏4.6万头；鸡饲养量89.6万羽，年末存栏25.92万羽；年末奶牛存栏0.12万头。

截至2011年末，累计造林12.1万亩，其中防护林0.43万亩，经济林0.3万亩，农民住宅四旁树木15.1万株，林木覆盖率8.9%。

2011年，养殖水面1250亩，其中养鱼1090亩，南美白对虾160亩。

商业外贸 2011年末，个体经营户1300个。

财政金融 2011年，财政总收入3.7亿元，比上年增长14%。

社会发展

文化艺术 2011年末，镇文化站2个，村级文化活动室20个，面积共2400平方米。

医疗卫生 2011年末，村级医务点46个，从业人员60人。新型农村合作医疗参合人数2.49万人，参合率97%。

社会保障 2011年，农村最低生活保障户数448户，人数999人，支出61.5万元，比上年增长10.5%，月人均51.3元，比上年增长10.2%；农村五保集中供养19人，支出11.97万元；农村五保分散供养3人，支出1.89万元；农村医疗救助65人次；农村临时救济14人次，支出4.2万元，比上年增长3%。

自然灾害受灾人口2.57万人，紧急转移安置230人，农作物受灾面积5万亩，直接经济损失4526万元，救灾支出50万元，比上年增长8.35%。国家抚恤、补助各类优抚对象160人，安置义务兵、士官等30人，抚恤事业费支出26万元，比上年增长3.4%。社区服务站8个；社区日间照料床位数40张。

花牛村

(Huaniu Cun)

名称来历 因古代杜立德养牛得名。

地理位置 地处海北镇东部，东至第二社区，南至第四社区，西至杜庄村，北至东双村、天津市宁河县。

主要指标 2011年末，辖区总人口2668人，总面积4.74平方千米，农民人均纯收入9680元。

张家庄村

(Zhangjiazhuang Cun)

名称来历 因张姓村民多而得名。

地理位置 地处海北镇西部，东至西董村，南至天津市宁河县俵口村，西至大海北村，北至于辛村。

主要指标 2011年末，辖区总人口1660人，总面积5.62平方千米，农民人均纯收入8000元。

张广村

(Zhangguang Cun)

名称来历 因姓张的人建村得名。

地理位置 地处海北镇北部，东至第五社区，南至东董村，西至于辛村，北至天津市宁河县东棘坨村。

主要指标 2011年末，辖区总人口986人，总面积4.2平方千米，农民人均纯收入8700元。

七里淀村

(Qilidian Cun)

名称来历 原名蛇店，因距镇七里地而得名。

地理位置 地处海北镇北部，东至小埑村，南至第五社区，西至张广村，北至天津市宁河县东棘坨村。

主要指标 2011年末，辖区总人口184人，总面积1平方千米，农民人均纯收入8900元。

大韩村

(Dahan Cun)

名称来历 因韩姓得名。

地理位置 地处海北镇北部，东至小韩村，南至小海北村，西至第五社区，北至邢木村。

主要指标 2011年末，辖区总人口348人，总面积1.22平方千米，农民人均纯收入8900元。

岭头村

(Lingtou Cun)

名称来历 因原有一道岭而得名。

地理位置 地处海北镇南部，东至天津市宁河县大北村，南至天津市宁河县任凤村，西至天津市宁河县后辛村，北至205国道。

主要指标 2011年末，辖区总人口4260人，总面积10.37平方千米，农民人均纯收入8800元。

东双村

(Dongshuang Cun)

名称来历 因在西双村东侧，按方位得名。

地理位置 地处海北镇东北部，东至花牛村，南至第四社区，西至西双村，北至北双村。

主要指标 2011年末，辖区总人口500人，总面积1.56平方千米，农民人均纯收入9500元。

北双村

(Beishuang Cun)

名称来历 因在东双村北侧，按方位得名。

地理位置 地处海北镇东北部，东至廉庄乡于怀村，南至东双村，西至西双村，北至天津市宁河县毛毛匠村。

主要指标 2011年末，辖区总人口330人，总面积

1.31 平方千米，农民人均纯收入 9500 元。

于辛村

(Yuxin Cun)

名称来历 因于姓得名。

地理位置 地处海北镇西部，东至张广村，南至西董村，西至天津市宁河县躲军店村，北至天津市宁河县大港村。

主要指标 2011 年末，辖区总人口 761 人，总面积 4.35 平方千米，农民人均纯收入 9500 元。

西董村

(Xidong Cun)

名称来历 因东邻东董村而得名。

地理位置 地处海北镇西部，东至东董村，南至天津市宁河县七里海，西至张庄村，北至张广村。

主要指标 2011 年末，辖区总人口 1092 人，总面积 4.33 平方千米，农民人均纯收入 9880 元。

马聪村

(Macong Cun)

名称来历 因古代杜立德养马而得名。

地理位置 地处海北镇南部，东至第三社区，南至天津市宁河县爱华村，西桐城村，北至第四社区。

主要指标 2011 年末，辖区总人口 2200 人，总面积 4.22 平方千米，农民人均纯收入 8700 元。

东董村

(Dongdong Cun)

名称来历 因董氏建村而得名。

地理位置 地处海北镇西部，东至小海北村，南至天津市宁河县七里海，西至西董村，北至张广村。

主要指标 2011 年末，辖区总人口 530 人，总面积 2.61 平方千米，农民人均纯收入 8800 元。

邢木村

(Xingmu Cun)

名称来历 因邢氏建村而得名。

地理位置 地处海北镇北部，东至小韩村，南至小海北村，西至小堼村，北至天津市宁河县前大安村。

主要指标 2011 年末，辖区总人口 660 人，总面积 2.47 平方千米，农民人均纯收入 8600 元。

小海北村

(Xiaohaibei Cun)

名称来历 因在七里海以北得名。

地理位置 地处海北镇中部，东至天海公司，南至天津市宁河县七里海，西至东董村，北至 205 国道。

主要指标 2011 年末，辖区总人口 2033 人，总面积 6.20 平方千米，农民人均纯收入 8700 元。

杜庄村

(DuzhuangCun)

名称来历 因杜姓得名。

地理位置 地处海北镇东部，东至第四社区，南至马聪村，西至小海北村，北至花牛村。

主要指标 2011 年末，辖区总人口 720 人，总面积 1.17 平方千米，农民人均纯收入 8700 元。

小堼村

(Xiaoheng Cun)

名称来历 因在地域高得名小堼村。

地理位置 地处海北镇北部，东至邢木村，南至小海北村，西至七里淀村，北至天津市宁河县东棘坨。

主要指标 2011 年末，辖区总人口 1147 人，总面积 4.36 平方千米，农民人均纯收入 8700 元。

小韩村

(Xiaohan Cun)

名称来历 因邻大韩村而得名。

地理位置 地处海北镇北部，东至西双村，南至小海北大韩村，西至邢木村，北至天津市宁河县前大安村。

主要指标 2011 年末，辖区总人口 640 人，总面积 2.71 平方千米，农民人均纯收入 9000 元。

大海北村

(Dahaibei Cun)

名称来历 因位于天津市宁河县七里海以北，村庄较大得名。

地理位置 地处海北镇西部，东至张家庄村，南至天津市宁河县俵口村，西至天津市宁河县潘庄镇，北至天津市宁河县躲军淀村。

主要指标 2011 年末，辖区总人口 1868 人，总面积 8.16 平方千米，农民人均纯收入 9800 元。

桐城村

(Tongcheng Cun)

名称来历 因杜姓拆分为木、土，作为桐城部首而得名。

地理位置 地处海北镇南部，东至岭头村，南至天津市宁河县七里海，西至小海北村，北至 205 国道。

主要指标 2011 年末，辖区总人口 3024 人，总面积 9.5 平方千米，农民人均纯收入 9140 元。

西双村
(Xishuang Cun)

名称来历 因在东双村西侧，按方位得名。

地理位置 地处海北镇东北部，东至东双村，南至花牛村、杜庄村，西至小韩村，北至天津市宁河县高景村。

主要指标 2011年末，辖区总人口1490人，总面积3.63平方千米，农民人均纯收入9600元。

（撰稿：韩俊娟，初审：翟淑华）

南孙庄乡
(Nansunzhuang Xiang)

政区概况

名称来历 因乡人民政府驻地位于南孙庄而得名。

地理位置 地处丰南区、丰润区、天津市宁河县交界处。东临丰南区新城区，南邻唐坊镇、东田庄乡，西与天津市宁河县岳龙镇接壤，北部隔油葫芦泊与丰润区岔河镇相望。人民政府驻幸福街3号，电话区号0315，邮政编码063308，距丰南区人民政府11千米。

政区沿革 明清属丰润县王兰庄镇。民国期间，属丰润县十三区。抗日战争时期属丰玉宁联合县。1946年5月，属丰南县六区。1950年，属丰南县三区。1953年5月，分属丰南县三区南孙庄乡、何仓庄乡、深井乡、张六庄乡。1958年8月，属唐坊人民公社南孙庄管理区。1961年6月，属唐坊工委南孙庄人民公社。1984年3月，撤销人民公社，置南孙庄乡。

政区划分 2011年末，辖南孙庄、刘胡庄、北孙庄、新赵庄、董庄子、李新庄、薛家墅、刘家墅、东街、韩家场、张六庄、东张稳、西张稳、何仓庄、杨英庄、小李庄、小何庄、张干庄、黄河庄、王玉石、赵四牛、马新庄、新王庄、北袁庄、无名泊、深井、教军厂、小张庄28个村民委员会。

人口面积 2011年末，辖区总人口23294人，其中城镇常住人口3595人，城镇化率15.4%。另有流动人口305人。总人口中，男性11883人，占51%，女性11411人，占总人口49%；14岁以下2940人，占12.6%；15~64岁18097人，占77.7%；65岁以上2257人，占9.7%。总人口中，以汉族为主，达21996人，占94.4%；有少数民族1298人，占5.6%。2011年，人口出生率9.65‰，人口死亡率7.6‰，人口自然增长率2.05‰。

辖区东西最大距离14.8千米，南北最大距离10千米，总面积93.7平方千米。其中陆地面积87.5平方千米，占93.4%；水域面积6.2平方千米，占6.6%。人口密度为每平方千米249人。

自然条件

地形地貌 土质属黏土结构，为低洼盐碱“海退地”，地势平坦，地形西高东低，地面高程1.5~3米。最低点油葫芦泊水库，海拔0.8米。

气候 属暖温带半湿润季风型大陆性气候。多年平均气温10.5℃，1月平均气温-5.1℃，极端最低气温-25.6℃（1990年1月31日）；7月平均气温25℃，极端最高气温36.4℃（1988年6月12日）。平均气温年较差30.1℃。无霜期年平均195天，最长达203天，最短为166天。年平均日照时数2554.7小时。年平均降水量573.5毫米。极端年最大雨量811.2毫米（1987年），极端年最少雨量200毫米（2002年）。

水文 境内河道属唐津运河水系。唐津运河于1959年秋后由人工挖掘而成，由北端惠丰湖向南入天津市蓟运河。境内河道长6千米。

自然灾害 主要自然灾害有风灾，一年四季均有发生，一般伴有雷雨，造成小麦、棉花、玉米减产。还有冰雹、旱涝、低温、霜冻、雷击、虫灾等。雹灾平均5年3遇，最严重的一次发生在1987年6月29日，持续20分钟，地面积雹六七厘米，3千亩棉花被砸绝收。1994~2011年共出现6个大旱年。2002年为特旱年，全年降水量不足200毫米。唐津运河断流，河底干涸龟裂，农作物受灾面积3万余亩。虫灾主要是棉铃虫危害极大。1992年，棉铃虫虫害爆发，仅一周时间，3万亩棉花棉铃全部脱落，造成棉花产量的历史最低点，经济损失4.5万元。2011年7月25~26日，24小时内降雨186毫米，创下了新中国成立以来的日降水量的纪录。短时间内大量降水，造成棚菜区内涝，部分蔬菜大棚倒塌，棚内积水20厘米，秧苗被淹，经济损失数百万元。另外沱地上水，棉田受淹，棉花早衰。

经济概况

农业 耕地面积8.3万亩，人均3.56亩；全部为旱田。2011年，农业总产值5.3亿元。

以种植棉花、辣椒为主。2011年，棉花种植面积4.2万亩，籽棉产量1.1万吨。望天椒种植面积2.1万亩，产量0.5万吨。

畜牧业以猪、牛、羊、家禽为主。2011年，生猪饲养量1.8万头，年末存栏1.1万头；奶牛饲养量0.1万头，年末存栏0.1万头；羊饲养量0.05万只，年末存栏0.04万只；家禽饲养量1.2万羽。

工业 以农副产品加工为主。2011年，工业生产总值8.6亿元。2011年，农副产品（主要棉花、辣椒）加工企业20家，职工380人，实现工业增加值1亿元，占国内生产总值的比重59%，比上年增长12%。

商业外贸 2011年末，物流网点10个。2011年，辣椒物流一条街交易望天椒1620吨。成交额2106万元，销往东北三省、长江中下游诸省。农村集贸市场6个，年成交额3000万元，家万佳超市连锁店2个，年成交额150万元。电动车销售点2个，年成交额30万元，零售小百货商店75个，年成交额750万元。粮油批发门市12处，年成交额380万元。2011年，出口创汇68万美元。

财政金融 2011年，财政总收入2000万元，比上年增长94.3%，其中地方财政收入1030.4万元，比上年增长

142.5%。从主要税种看，完成营业税418.6万元，增值税1015.7万元，企业所得税83.5万元。人均财政收入901.6元，比上年增长94.3%。2011年，银行和金融机构各类存款余额23698.9万元，比上年增长71.4%；各类贷款余额789.8万元，比上年增长18.2%。

社会发展

文化艺术 2011年末，文化站、广播站各1个；电影放映队1支；村级文化娱乐活动中心28个；各类文化专业户10个；各类图书室28个，集体藏书2.5万册，个人藏书1.7万册。民间乡土文娱队5支，花会队7支，由乡政府投资与丰润联合组建皮影队1支。音乐、美术、书法、摄影及文学业余创作人员50人。

教育 2011年末，幼儿园2所，在园幼儿542人，专任教师31人；小学5所，在校生1120人，专任教师81人，小学适龄儿童入学率100%；初中1所，在校生470人，专任教师57人，初中适龄人口入学率、九年义务教育覆盖率均达100%。2011年教育经费达1106万元，比上年增长0.6%。预算内教育经费（包括城市教育费附加）占财政总支出的比例为45%，比上年提高了1.55个百分点。

医疗卫生 2011年末，乡级卫生院1所，门诊部（所）29个；病床104张，每千人拥有医疗床位5张，固定资产总值144.8万元。专业卫生人员55人，其中执业医师7人，执业助理医师30人，注册护士4人，村医14人。2011年医疗机构（门诊部以上）完成诊疗2.8万人次。个体药店3家。新型农村合作医疗参合率100%。60周岁以上人群意外伤害保险参合率95%。

广播电视 2011年末，村级广播站28个；有线电视用户800户，入户率12.3%，家庭电视覆盖率100%。

社会保障 2011年农村最低生活保障户数316户，人数427人，支出62万元，比上年增长25%，月人均121元，比上年增长18%；农村医疗救助50人次，民政部门资助参加合作医疗507人次，共支出1.5万元，比上年增长10%。国家抚恤、补助各类优抚对象80人，抚恤事业费支出36.1万元，比上年增长12%。五项社会保险（不含新型农村社会养老保险）基金收入合计93.14万元，基金支出合计239.2万元，比上年增加23.7%。居家养老服务站28家，床位96张。新型农村社会养老保险参保人数9728人，参保率95%。

基础设施

交通运输 省三级公路邱柳线过境；区级公路有南田、南岳、南胥3条，公路总长44千米。所辖28个村实现了村村通水泥路，街道全部硬化。

邮政电信 2011年末，征订报纸、期刊累计0.5万份（册）。服务网点10个；电话交换机总容量0.6万门，固定电话用户3500户，电话用户普及率达到60%；移动电话用户13000户，移动电话普及率为100%。

市政建设

公共交通 2011年末，镇区客运站1座，日发客运汽车8班次，日均容量320余人次。

给排水 2011年末，饮用深水机井40眼，年供饮用水14万立方米；农用机井60眼。

供电 2000年供电站建成。境内高压线路长80千米，低压线路长70千米，变台216台，年供电540万千瓦/小时。其中棚菜区高压线路4.5千米，变台36台，地缆8千米。

园林绿化 2011年末，镇区公共绿地面积240.8公顷，绿化覆盖率26.18%。

刘胡庄村

(Liuhuzhuang Cun)

名称来历 明永乐八年（1410年），刘氏由山东来此定居，因周围较低洼，故以姓氏和地理状态取名刘湖庄，后称刘胡庄。

地理位置 地处南孙庄乡东部，东至南孙庄，南至薛家埝，西至马新庄，北至东街。

主要指标 2011年末，辖区总人口1497人，总面积6.41平方千米，农民人均纯收入5939元。

北袁庄村

(Beiyuanzhuang Cun)

名称来历 明宣德八年（1433年），袁氏来此定居，因南有一袁庄，故以姓氏和方位取名。

地理位置 地处南孙庄乡南部，东至薛家埝，南至无名泊，西至新王庄，北至张六庄。

主要指标 2011年末，辖区总人口645人，总面积2.85平方千米，农民人均纯收入5923元。

杨英庄村

(Yangyingzhuang Cun)

名称来历 明永乐五年（1407年），纪氏来此定居，因其好养鹰，取名养鹰庄，后称杨英庄。

地理位置 地处南孙庄乡西北部，东至何仓庄，南至黄河庄，西至小李庄，北至丰润区东偏坨。

主要指标 2011年末，辖区总人口1043人，总面积4.54平方千米，农民人均纯收入5917元。

何仓庄村

(Hecangzhuang Cun)

名称来历 明永乐八年（1410年），何氏来此定居，因何家勤奋，粮食满仓，得名何仓庄。

地理位置 地处南孙庄乡西北部，东至西张稳，南至张干庄，西至杨英庄，北至丰润区口头庄。

主要指标 2011年末，辖区总人口975人，总面积

3.47 平方千米，农民人均纯收入 5962 元。

黄河庄村

(Huanghezhuang Cun)

名称来历 清康熙八年（1669 年），黄氏、何氏来此定居，故以姓氏得名黄何庄，后称黄河庄。

地理位置 地处南孙庄乡西北部，东至张干庄，南至王玉石，西至天津市宁河县东蛇麻港村，北至小何庄。

主要指标 2011 年末，辖区总人口 492 人，总面积 1.85 平方千米，农民人均纯收入 6983 元。

李新庄村

(Lixinzhuang Cun)

名称来历 清康熙六年（1667 年），李氏来此定居，故以姓氏得名。

地理位置 地处南孙庄乡东南部，东至董庄子，南至唐津运河，西至薛家埝，北至南孙庄。

主要指标 2011 年末，辖区总人口 719 人，总面积 3.29 平方千米，农民人均纯收入 5920 元。

马新庄村

(Maxinzhuang Cun)

名称来历 明永乐三年（1405 年），马箭、孙红、陈重、王粱来此定居，因马箭力气过人，故以马姓得名。

地理位置 地处南孙庄乡中部，东至刘胡庄，南至新王庄，西至小张庄，北至张干庄。

主要指标 2011 年末，辖区总人口 1169 人，总面积 7.27 平方千米，农民人均纯收入 5903 元。

新王庄村

(Xinwangzhuang Cun)

名称来历 明崇祯三年（1630 年），汪氏先祖来此定居，取村名小汪庄，后汪氏迁到他处。1640 年王氏又到此定居，更名为小王庄，因有重名，1982 年更名为新王庄。

地理位置 地处南孙庄乡南部，东至薛家埝，南至北袁庄，西至深井村，北至张六庄。

主要指标 2011 年末，辖区总人口 489 人，总面积 1.64 平方千米，农民人均纯收入 5937 元。

新赵庄村

(Xinzhaozhuang Cun)

名称来历 明永乐五年（1407 年），赵氏先祖迁此定居，故以姓氏取村名赵新庄。1982 年更名为新赵庄。

地理位置 地处南孙庄乡东部，东至唐津运河，南至董庄子，西至南孙庄，北至北孙庄。

主要指标 2011 年末，辖区总人口 819 人，总面积 2.71 平方千米，农民人均纯收入 5913 元。

张六庄村

(Zhangliuzhuang Cun)

名称来历 明崇祯三年（1630 年），张氏来此定居立业，因张家兄弟共六人，故以姓氏得名。

地理位置 地处南孙庄乡北部，东至韩家场，南至刘胡庄，西至东张稳，北至丰润区南曹庄。

主要指标 2011 年末，辖区总人口 1946 人，总面积 10 平方千米，农民人均纯收入 5950 元。

张干庄村

(Zhangganzhuang Cun)

名称来历 清顺治四年（1647 年），张氏来此定居，因此地是一片芦苇地，得名芦子庄。后因村南有马新庄，怕马吃草，乾隆三年更名为杠子庄，意为杠子打马。1798 年又更名为太平庄，1828 年称张干庄。

地理位置 地处南孙庄乡西北部，东至韩家场，南至马新庄，西至赵四牛，北至西张稳。

主要指标 2011 年末，辖区总人口 332 人，总面积 0.99 平方千米，农民人均纯收入 5900 元。

南孙庄村

(Nansunzhuang Cun)

名称来历 明永乐五年（1407 年），山东枣林庄孙氏来此定居，故以姓氏得名孙家庄，后以方位称本村为南孙庄。

地理位置 地处南孙庄乡东部，东至新赵庄，南至李新庄，西至刘胡庄，北至北孙庄。

主要指标 2011 年末，辖区总人口 1090 人，总面积 5.47 平方千米，农民人均纯收入 5905 元。

北孙庄村

(Beisunzhuang Cun)

名称来历 明崇祯七年（1634 年），孙氏由朱门庄迁此定居，故以姓氏取名孙家庄。因南边的孙家庄大，改称小孙家庄，后以方位称北孙庄。

地理位置 地处南孙庄乡东北部，东至唐津运河，南至南孙庄，西至刘胡庄，北至刘家埝。

主要指标 2011 年末，辖区总人口 631 人，总面积 2.65 平方千米，农民人均纯收入 5901 元。

小张庄村

(Xiaozhangzhuang Cun)

名称来历 清康熙十年（1671 年），张氏由山东迁此定居，故以姓氏取名小张庄。

地理位置 地处南孙庄乡西部，东至马新庄，南至深井，西至天津市宁河县国仕营，北至王玉石。

主要指标 2011 年末，辖区总人口 408 人，总面积 1.43 平方千米，农民人均纯收入 5906 元。

小李庄村

(Xiaolizhuang Cun)

名称来历 明崇祯六年（1633年），李氏来此定居，以姓氏得名李家庄，后称小李庄。

地理位置 地处南孙庄乡西北部，东至杨英庄，南至小何庄，西至天津市宁河县褚家庄，北至丰润区中偏坨。

主要指标 2011年末，辖区总人口487人，总面积1.81平方千米，农民人均纯收入5939元。

小何庄村

(Xiaohezhuang Cun)

名称来历 清康熙四年（1665年），何氏来此定居，故以姓氏得名小何家庄，后称小何庄。

地理位置 地处南孙庄乡西北部，东至杨英庄，南至黄河庄，西至天津市宁河县褚家庄，北至小李庄。

主要指标 2011年末，辖区总人口409人，总面积1.23平方千米，农民人均纯收入5895元。

董庄子村

(Dongzhuangzi Cun)

名称来历 明永乐四年（1406年），郑、王、赵氏来此定居，取名三家店，后有董各庄董氏也来此定居，因董氏势力大，遂更名董家庄，后称董庄子。

地理位置 地处南孙庄乡东南部，东至唐津运河，南至唐坊镇唐坊村，西至李新庄，北至新赵庄。

主要指标 2011年末，辖区总人口1662人，总面积5.92平方千米，农民人均纯收入5915元。

薛家堼村

(Xuejiaheng Cun)

名称来历 明崇祯四年（1631年），薛氏来此定居。因地势较高，称为横地，按地形特征及其姓氏取村名薛家堼。

地理位置 地处南孙庄乡东南部，东至李新庄，南至唐津运河，西至新王庄，北至南孙庄。

主要指标 2011年末，辖区总人口741人，总面积2.57平方千米，农民人均纯收入5911元。

刘家堼村

(Liujiaheng Cun)

名称来历 明崇祯四年（1631年），刘氏来此定居，因地势较高，故以姓氏和地形特征取名刘家堼。

地理位置 地处南孙庄乡东北部，东至丰南镇么家泊，南至北孙庄，西至东街，北至丰润区岔河镇赵家口头村。

主要指标 2011年末，辖区总人口501人，总面积1.79平方千米，农民人均纯收入5938元。

韩家场村

(Hanjiachang Cun)

名称来历 明永乐五年（1407年），此地原是丰润县韩六柱收租存放粮食的一块场地，得名韩家场。

地理位置 地处南孙庄乡东北部，东至东街，南至刘胡庄，西至张六庄，北至丰润区南曹庄。

主要指标 2011年末，辖区总人口546人，总面积2.29平方千米，农民人均纯收入5909元。

东张稳村

(Dongzhangwen Cun)

名称来历 明宣德二年（1427年），大齐家坨张稳来此定居，故以姓氏得名张稳庄。张稳的两个儿子又分为东、西张稳庄，以后居民增多，取消该村名。到清乾隆二年更名为东规昆庄。俗称东鬼混庄。因名称不雅，清光绪三年又改为东张稳庄，简称东张稳。

地理位置 地处南孙庄乡北部，东至张六庄，南至张干庄，西至西张稳，北至丰润区欢喜庄乡南曹庄。

主要指标 2011年末，辖区总人口855人，总面积2.98平方千米，农民人均纯收入5908元。

西张稳村

(Xizhangwen Cun)

名称来历 明宣德二年（1427年），大齐家坨张稳来此定居，故以姓氏得名张稳庄。张稳的两个儿子又分为东、西张稳庄，以后居民增多，取消该村名。到清乾隆二年更名为西规昆庄。俗称西鬼混庄。因名称不雅，清光绪三年又改为西张稳庄，简称西张稳。

地理位置 地处南孙庄乡北部，东至东张稳，南至张干庄，西至何仓庄，北至丰润区欢喜庄乡南曹庄。

主要指标 2011年末，辖区总人口1255人，总面积4.45平方千米，农民人均纯收入5920元。

王玉石村

(Wangyushi Cun)

名称来历 清顺治六年（1649年），王氏先祖在朝为御史，得名王御史庄。后更名为王玉石。

地理位置 地处南孙庄乡西部，东至赵四牛，南至小张庄，西至天津市宁河县国仕营，北至黄河庄。

主要指标 2011年末，辖区总人口488人，总面积1.44平方千米，农民人均纯收入6785元。

赵四牛村

(Zhaosiniu Cun)

名称来历 清康熙五年（1666年），赵氏先祖来此定居，因用犇牛耕地，牛累死田间。为纪念此牛，此地取名为犇牛地，取庄名为赵犇牛庄，1952年更名为赵四牛。

地理位置 地处南孙庄乡西部，东至张干庄，南至小张庄，西至王玉石，北至黄河庄。

主要指标 2011年末，辖区总人口488人，总面积2.11平方千米，农民人均纯收入5904元。

无名泊村

(Wumingbo Cun)

名称来历 清嘉庆三年（1798年），吴氏、白氏来此定居，因此地原是一片草泊，故以姓氏和地理特征取村名吴名泊，后称无名泊。

地理位置 地处南孙庄乡南部，东至北袁庄，南至东田庄乡南元庄，西至东田庄乡西刘良，北至深井。

主要指标 2011年末，辖区总人口729人，总面积2.41平方千米，农民人均纯收入6805元。

教军厂村

(Jiaojunchang Cun)

名称来历 因此地在唐王东征时点过卯，取名教军厂。

地理位置 地处南孙庄乡西南部，东至深井，南至西刘良，西至天津市宁河县学郝铺，北至天津市宁河县国仕营。

主要指标 2011年末，辖区总人口735人，总面积3.34平方千米，农民人均纯收入5933元。

东街村

(Dongjie Cun)

名称来历 明崇祯六年（1633年）建村。因此地有野桃树，得名桃子庄。抗日战争时期，因该村与张六庄一同管理办公，又位于张六庄东边，便称东街。

地理位置 地处南孙庄乡北部，东至北刘坩，南至刘胡庄，西至韩家场，北至丰润区南曹庄。

主要指标 2011年末，辖区总人口500人，总面积2.17平方千米，农民人均纯收入6738元。

深井村

(Shenjing Cun)

名称来历 因地势低洼，年年积水，唐王东征时在此饮过马，取名深井。

地理位置 地处南孙庄乡西南部，东至新王庄，南至无名泊，西至教军厂，北至小张庄。

主要指标 2011年末，辖区总人口1100人，总面积4.63平方千米，农民人均纯收入5941元。

（撰稿：董银轩、胡克强，初审：郑红艳、李凤新、李继隆）

东田庄乡

(Dongtianzhuang Xiang)

政区概况

名称来历 因乡人民政府驻地位于东田庄而得名。

地理位置 地处丰南区西南，东连王兰庄镇，南接汉沽管理区汉丰镇，西邻天津市宁河县，北靠南孙庄乡、唐坊镇。人民政府驻地兴田街5号，电话区号0315，邮政编码063308，距丰南区人民政府25千米。

政区沿革 1946年5月，属丰南县六区。1950年，属丰南县三区。1954年7月，置东田庄乡。1958年8月，属唐坊人民公社下设的管理区。1961年6月，属唐坊工委所辖的东田庄人民公社。1984年3月，撤销人民公社，置东田庄乡。

政区划分 2011年末，辖东田庄、西田庄、李兴庄西街、李兴庄东街、郭家庄、付庄子、刘四新、张良庄、王打刁、崔庄户、宋庄子、韩庄子、刘木林、亚庄子、谷庄子、么徘庄、西刘良、新集、东刘良、南元庄、小于庄、大吴庄、刘大官庄、张柏庄、大吴庄户、小吴庄户、孙茂庄27个村民委员会。

人口面积 2011年末，辖区总人口16921人，其中城镇常住人口4793人，城镇化率28.3%。另有流动人口1045人。总人口中，男性8566人，占50.6%；女性8355人，占49.4%；14岁以下2234人，占13.2%；15～64岁11714人，占69.2%；65岁以上2973人，占17.6%。总人口中，以汉族为主，达16676人，占98.6%。2011年，人口出生率11.8‰，人口死亡率6.1‰，人口自然增长率5.7‰。

辖区东西最大距离10.5千米，南北最大距离11千米，总面积73.1平方千米。其中陆地面积67.72平方千米，占92.6%；水域面积5.38平方千米，占7.4%。人口密度为每平方千米231人。

自然条件

地形地貌 境内大部分为退海地，地势平坦，高度一般在海拔7.5米左右。

水文 境内河道有唐津运河、还乡河、煤河、主干渠、上水渠。

矿藏及其他自然资源 地上、地下水资源比较丰富。境内大吴庄、刘大官等村地下储有丰富的牡蛎矿资源，储量在500万吨以上。

自然灾害 主要灾害有冰雹、旱涝、风灾、霜冻。水灾时有发生，最严重的一次为2011年7月30日至8月1日，连续降雨280毫米，全乡农作物受涝面积35580亩，成灾面积21500亩。

经济概况

农业 耕地面积3.3万亩，人均2亩；全部为水浇地。以种植棉花为主。2011年，农业总产值2.4亿元，比上年增长4.8%，农业增加值占国内生产总值的比重23.8%。主要经济作物有棉花。2011年，棉花种植面积26640亩，产量5070吨；粮食种植面积7440亩，小麦产量420吨，玉米产量1985吨。

畜牧业以猪、羊、家禽为主。2011年，生猪出栏2.5万头，年末存栏1.9万头；羊出栏0.5万只，年末存栏0.4万只；家禽饲养量19万羽，年末存栏15万羽。畜牧业总产值5393万元。水产品总产量0.22万吨，产值3476万元。2011年，农民人均纯收入7450元，比上年增长10%。

工业 以钢铁、铸造为主。2011年，工业总产值2.75亿元，比上年增长29.3%。实现工业增加值2728万元，比上年增长25.6%，占国内生产总值的27.5%。建筑业实现增加值1809万元，比上年增长50.2%。2011年，工业企业149家，职工2025人。

商业外贸 2011年末，商业网点552个，职工2436人；乡村集贸市场4个。第三产业实现增加值4.9亿元。2011年，社会消费品零售总额达4.4亿元，比上年增长10.2%；城乡集市贸易成交额830万元。

财政金融 2011年，财政总收入2436.8万元，比上年增长37.3%。完成国税1247.6万元，比上年增长21.9%；完成地税1189.2万元，比上年增长58.2%。从主要税种看，完成营业税606万元，增值税1220万元，企业所得税319万元。人均财政收入1523元，比上年增长37.3%。2011年，银行和金融机构各类存款余额2323.1万元，比上年增长25.5%；各项贷款余额123.7万元，比上年减少45.2万元。

社会发展

文化艺术 2011年末，乡文化站、多功能文体活动中心各1个，村级文化活动中心19个，校园文化活动中心2个；各类文化专业户15个，藏书2.1万册；音乐、美术、书法、摄影、演唱队及文学业余创作人员552人。

教育 2011年末，幼儿园3所，在园幼儿360余人，专任教师20人；小学3所，在校生840人，专任教师55人，小学适龄儿童入学率100%；初中1所，在校生355人，专任教师47人，初中适龄人口入学率、小升初升学率、九年义务教育覆盖率均达100%。2011年教育经费达988万元。投资500万元的高标准省级农村示范幼儿园——东田庄乡中心幼儿园已投入使用，能容纳幼儿300名。

医疗卫生 2011年末，村级卫生室27个，专职村医52人；护理2人；病床15张。新型农村合作医疗参合率98.2%。

体育 2011年末，学校体育场地3处，村文化体育广场19个。100%的村安装了健身器材，经常参加体育活动的人员占常住人口的30%。

广播电视 2011年末，村级广播站27个；有线电视用户4108户，入户率95%；家庭电视覆盖率100%。

社会保障 2011年，城镇最低生活保障户数1户，人数3人，月人均363元；城市医疗救助36人次，支出9.5万元；民政部门资助参加合作医疗307人次，支出0.92万元，比上年增长31%。农村最低生活保障户数201户，人数297人，月人均167元。国家抚恤补助各类优抚对象117人。居家养老服务站27家，床位83张。新型农村社会养老保险参保人数1.1万人，参保率98%。

基础设施

交通运输 津山铁路、205国道、津唐高速公路过境，景观大道从城区直通东田庄乡。乡道总长20.7千米，村道总长28千米。

邮政电信 2011年末，电信服务网点19个。

市政建设

公共交通 2011年末，市内班车通往全乡各村，日发客运汽车30班次，日均容量450余人次。

园林绿化 2011年末，乡政府驻地绿化面积0.06公顷。

东田庄村

(Dongtianzhuang Cun)

名称来历 明天启六年（1626年），田氏先祖来此定居，得名田家庄。为区别近处两村名称，以田家坟为界分为两村，因本村大，称大田家庄，后因本村居东更名为东田庄村。

地理位置 地处东田庄乡南部，东至李西街，南至汉沽管理区汉丰镇裴庄，西至西田庄，北至张良庄。

主要指标 2011年末，辖区总人口1473人，总面积4.6平方千米，农民人均纯收入6787元。

西田庄村

(Xitianzhuang Cun)

名称来历 明天启六年（1626年），田氏先祖来此定居，得名田家庄。因旁边已有田家庄，故以田坟为界分为大小田家庄，后因本村居西侧，称西田庄。

地理位置 地处东田庄乡南部，东至东田庄，南至天津市汉沽管理区汉丰镇裴庄，西至王打刁庄，北至崔庄户。

主要指标 2011年末，辖区总人口412人，总面积1.5平方千米，农民人均纯收入6807元。

孙茂庄村

(Sunmaozhuang Cun)

名称来历 明崇祯三年（1630年），原系天津市宁河县盆罐庄孙家地主的佃户村，因地主名叫孙茂，得名孙茂庄。

地理位置 地处东田庄乡西部，东至小吴庄户村，南至大吴庄，西至天津市宁河县苗庄镇张凤庄，北至谷庄子。

主要指标 2011年末，辖区总人口457人，总面积0.9平方千米，农民人均纯收入6763元。

郭家庄村

(Guojiazhuang Cun)

名称来历 明崇祯元年（1628年），郭氏来此定居，故以姓氏得村名。

地理位置 地处东田庄乡东部，东至付庄子，南至王兰庄镇刘官庄，西至李兴庄东街，北至刘四新。

主要指标 2011年末，辖区总人口571人，总面积1.9平方千米，农民人均纯收入6692元。

张良庄村

(Zhangliangzhuang Cun)

名称来历 明崇祯三年（1630年），张良老人来此定居，故以其姓名得名。

地理位置 地处东田庄乡东部，东至唐坊镇赵翎庄，南至刘四新，西至宋庄子，北至唐坊镇孔庄子。

主要指标 2011年末，辖区总人口472人，总面积2.3平方千米，农民人均纯收入6920元。

张柏庄村

(Zhangbaizhuang Cun)

名称来历 明永乐二年（1404年），张氏先祖张柏由山东枣林庄移民至此定居，故以其姓名得名。

地理位置 地处东田庄乡中部，东至刘木林，南至大吴庄，西至大吴庄户，北至谷庄子。

主要指标 2011年末，辖区总人口318人，总面积1.93平方千米，农民人均纯收入6475元。

么排庄村

(Yaopaizhuang Cun)

名称来历 清顺治四年（1647年），杨氏先祖来此占产立庄，故名杨排庄。清光绪三十年，更村名为么排庄。

地理位置 地处东田庄乡西北部，东至西刘良，南至新集，西至天津市宁河县板桥镇东双庄，北至天津是宁河县板桥镇王赞铺。

主要指标 2011年末，辖区总人口558人，总面积2.4平方千米，农民人均纯收入6500元。

南元庄村

(Nanyuanzhuang Cun)

名称来历 明崇祯五年（1632年），丰润县常各庄袁氏来此定居，立佃户村以姓氏和方位得名南袁家庄，后称南元庄。

地理位置 地处东田庄乡东北部，东至小于庄，南至亚庄子，西至东刘良，北至南孙庄乡无名泊。

主要指标 2011年末，辖区总人口472人，总面积2.5平方千米，农民人均纯收入6476元。

小于庄村

(Xiaoyuzhuang Cun)

名称来历 清康熙四年（1665年），王御史庄移民来此定居。开始搭窝铺打鱼，后建村于家庄，因村小改称小于家庄，后称小于庄。

地理位置 地处东田庄乡东北部，东至张山庄，南至韩庄子，西至南元庄，北至无名泊。

主要指标 2011年末，辖区总人口195人，总面积1.2平方千米，农民人均纯收入6800元。

大吴庄村

(Dawuzhuang Cun)

名称来历 原系丰润县中门庄吴家地主的佃户村，得名大吴庄。

地理位置 地处东田庄乡西南部，东至王打刁，南至刘大官，西至天津市宁河县苗庄镇小茄庄，北至大吴庄户。

主要指标 2011年末，辖区总人口947人，总面积1.57平方千米，农民人均纯收入6917元。

大吴庄户村

(Dawuzhuanghu Cun)

名称来历 原系丰润县中门庄吴家地主的佃户村，得名吴庄户，为区别邻村的小吴庄户，后称大吴庄户。

地理位置 地处东田庄乡西部，东至张柏庄，南至大吴庄，西至小吴庄，北至谷庄子。

主要指标 2011年末，辖区总人口518人，总面积1.57平方千米，农民人均纯收入6842元。

小吴庄户村

(Xiaowuzhuanghu Cun)

名称来历 原系丰润县中门庄吴家地主的佃户村，得名吴庄户，又因大小庄户之分后称小吴庄户。

地理位置 地处东田庄乡西部，东至大吴庄户，南至大吴庄，西至孙茂庄，北至么排庄。

主要指标 2011年末，辖区总人口278人，总面积1.51平方千米，农民人均纯收入6942元。

王打刁村

(Wangdadiao Cun)

名称来历 明天启元年（1621年），王氏来此定居，以打雕为生，故以姓氏和职业得名。

地理位置 地处东田庄乡南部，东至西田庄，南至汉沽管理区汉丰镇裴庄，西至大吴庄，北至崔庄户。

主要指标 2011年末，辖区总人口1039人，总面积3.1平方千米，农民人均纯收入6956元。

刘大官庄村

(Liudaguanzhuang Cun)

名称来历 明万历二年（1574年），刘氏在此打鱼搭窝铺，故名刘家窝铺，后更名刘大官庄。

地理位置 地处东田庄乡西南部，东至王打刁，南至天津市汉沽管理区汉丰镇裴庄，西至天津市宁河县苗庄镇小茄庄，北至大吴庄。

主要指标 2011年末，辖区总人口1333人，总面积1.61平方千米，农民人均纯收入6906元。

李兴庄东街村

(Lixingzhuangdongjie Cun)

名称来历 明嘉靖二十七年（1548年），此地系老铺地主李兴的佃户村，故以其姓名得名李兴庄。1984年分为2个村，因本村位于东面，故名李兴庄东街。

地理位置 地处东田庄乡东南部，东至郭庄子，南至天津市汉沽管理区汉丰镇六间房，西至李兴庄西街，北至刘四新。

主要指标 2011年末，辖区总人口944人，总面积2.8平方千米，农民人均纯收入6774元。

李兴庄西街村

(Lixingzhuangxijie Cun)

名称来历 明嘉靖二十七年（1548年），此地系老铺地主李兴的佃户村，故以其姓名得名李兴庄。1984年分为2个村，因本村位于西面，故名李兴庄西街。

地理位置 地处东田庄乡东南部，东至李兴庄东街，南至汉沽管理区汉丰镇六间房，西至东田庄，北至张良庄。

主要指标 2011年末，辖区总人口658人，总面积3.6平方千米，农民人均纯收入6738元。

崔庄户村

(Cuizhuanghu Cun)

名称来历 明崇祯五年（1632年），崔氏来此定居，得名崔家庄窠，1948年后称崔庄户。

地理位置 地处东田庄乡中部，东至刘四新，南至王打刁，西至大吴庄，北至宋庄子。

主要指标 2011年末，辖区总人口596人，总面积2.7平方千米，农民人均纯收入6851元。

付庄子村

(Fuzhuangzi Cun)

名称来历 明永乐三年（1405年），山东付氏来此定居，故以其姓氏得名付家庄，1948年后称付庄子。

地理位置 地处东田庄乡东部，东至王兰庄镇董代庄，南至董唐庄，西至郭家庄，北至唐坊镇赵翎庄。

主要指标 2011年末，辖区总人口1524人，总面积2.1平方千米，农民人均纯收入6682元。

宋庄子村

(Songzhuangzi Cun)

名称来历 明泰昌元年（1620年），宋氏来此定居，得名宋家庄，1958年后称宋庄子。

地理位置 地处东田庄乡东部，东至张良庄，南至崔庄户，西至韩庄子，北至唐坊镇孔家庄。

主要指标 2011年末，辖区总人口376人，总面积1.8平方千米，农民人均纯收入6706。

韩庄子村

(Hanzhuangzi Cun)

名称来历 原系天津市宁河县地主韩家的佃户村，得名韩家庄，后称韩庄子。

地理位置 地处东田庄乡东部，东至宋庄子，南至崔庄户，西至亚庄子，北至小于庄。

主要指标 2011年末，辖区总人口308人，总面积1.2平方千米，农民人均纯收入6701元。

亚庄子村

(Yazhuangzi Cun)

名称来历 明万历八年（1580年），邓、刘、吴氏来此定居，亚是比周围高的意思，故得名亚庄子。

地理位置 地处东田庄乡北部，东至韩庄子，南至刘木林，西至新集，北至南元庄。

主要指标 2011年末，辖区总人口352人，总面积1.9平方千米，农民人均纯收入6648元。

谷庄子村

(Guzhuangzi Cun)

名称来历 明崇祯七年（1634年）建村。因此地是丰润县谷家的地，得名谷家庄，1948年后称谷庄子。

地理位置 地处东田庄乡西北部，东至刘木林，南至张柏庄，西至天津市宁河县苗庄镇后刘瘸村，北至新集。

主要指标 2011年末，辖区总人口793人，总面积3.77平方千米，农民人均纯收入6761元。

东刘良村

(Dongliuliang Cun)

名称来历 明万历七年（1579年），山东移民刘氏弟兄来此定居，分东西两村，位于东边的称东刘良。

地理位置 地处东田庄乡北部，东至南元庄，南至亚庄子，西至新集，北至南孙庄乡无名泊。

主要指标 2011年末，辖区总人口262人，总面积2平方千米，农民人均纯收入6940元。

西刘良村
(Xiliuliang Cun)

名称来历 明万历七年（1579年），山东枣林庄刘氏弟兄来此定居，故以姓氏得村名刘良庄，位于西边的称西刘良。

地理位置 地处东田庄乡西北部，东至东刘良，南至新集，西至天津市宁河县板桥镇王赞铺，北至南孙庄乡教军厂。

主要指标 2011年末，辖区总人口403人，总面积3.1平方千米，农民人均纯收入6764元。

新集村
(Xinji Cun)

名称来历 明崇祯七年（1634年）建村。因该村处于交通要道，得名新集庄，后称新集。

地理位置 地处东田庄乡西北部，东至东刘良，南至谷庄子，西至天津市宁河县板桥镇东双庄，北至西刘良。

主要指标 2011年末，辖区总人口504人，总面积2.2平方千米，农民人均纯收入6728元。

刘木林村
(Liumulin Cun)

名称来历 明万历十年（1582年），刘木林老人来此定居，故以其姓氏得名刘木林庄，后称刘木林。

地理位置 地处东田庄乡中部，东至宋庄子，南至王打刁庄，西至谷庄子，北至亚庄子。

主要指标 2011年末，辖区总人口352人，总面积1.2平方千米，农民人均纯收入6682元。

刘四新村
(Liusixin Cun)

名称来历 明崇祯三年（1630年），刘四新老人来此定居，故以其姓名得名刘四新庄，1948年后称刘四新。

地理位置 地处东田庄乡东部，东至唐坊镇赵翎庄，南至郭家庄，西至东田庄，北至张良庄。

主要指标 2011年末，辖区总人口503人，总面积1.9平方千米，农民人均纯收入6551元。

（撰稿：张洪建，初审：郑红艳、李凤新、李继隆）

尖字沽乡
(Jianzigu Xiang)

政区概况

名称来历 因乡人民政府驻地位于尖字沽村而得名。

地理位置 地处丰南区西南，东与黄各庄镇、西葛镇接壤，南接柳树瓤镇，西与王兰庄镇相连，北与黄各庄镇为邻。人民政府驻河涧路尖字沽10号，电话区号0315，邮政编码063306，距丰南区人民政府20千米。

政区沿革 1946年5月，属丰南县九区。1950年，属丰南县四区。1953年5月，置尖字沽乡。1958年8月，属老铺人民公社尖字沽管理区。1961年6月，属老铺工委管辖的尖字沽人民公社。1984年3月，撤销人民公社，置尖字沽乡。

政区划分 2011年末，辖尖字沽、望马泊大街、望马泊西街、望马泊北街、上双坨、下双坨、雁翎庄、东河沽、蒲台河9个村民委员会。

人口面积 2011年末，辖区总人口16668人。其中城镇常住人口11432人，城镇化率68.6%。另有流动人口282人。总人口中，男性8420人，占50.5%；女性8248人，占49.5%；14岁以下2178人，占13%；15～64岁12647人，占75.9%；65岁以上1843人，占11.1%。总人口中，以汉族为主，达16421人，占98.5%；有满族248人，占1.5%。2011年，人口出生率12.25‰，人口死亡率6.88‰，人口自然增长率5.37‰。

辖区东西最大距离8.57千米，南北最大距离9.35千米，总面积44.4平方千米。其中陆地面积43.55平方千米，占98.1%；水域面积0.85平方千米，占1.9%。人口密度为每平方千米375.4人。

自然条件

地形地貌 地处陡河冲积与海相沉积交会地带，大部为退海地，沿陡河两岸及北部地势较高，向南及东部毗连草泊地带，地势低洼，沟渠面积较大。

水文 境内河道属陡河水系。陡河自望马泊大街村北入境，由北而南，入渤海，境内河道长9.9千米。

自然灾害 主要自然灾害有冰雹、旱涝、风灾、霜冻。雹灾偶有发生，最严重的一次发生在1987年6月，降雹时间为半小时，全境4万余亩良田受灾，2万余亩棉田全部改种为玉米等晚茬作物。水灾时有发生，最严重的一次发生在2011年7月30日至8月1日，连续降雨300毫米，造成全境沥涝，望马泊大街村近300亩西瓜绝收，望马泊大街村、望马泊西街村、望马泊北街村、上双坨村、下双坨村、雁翎庄村、尖字沽村、东河沽村和蒲台河村9个村玉米受灾面积为11120亩，棉田受灾面积为8620亩。

经济概况

农业 耕地面积2.3万亩，人均1.4亩；全部为水浇地。以种植小麦、玉米、水稻、蔬菜为主。2011年，农业总产值1.6亿元，比上年增长6%，实现农业增加值1.01亿元，占国内生产总值的14%。

粮食作物以小麦、玉米为主。2011年，生产粮食0.6万吨，其中小麦0.1万吨，玉米0.4万吨。主要经济作物有棉花。2011年，棉花种植面积1.2万亩，产量0.9万吨。

畜牧业以猪、家禽为主。2011年，生猪饲养量1.4万头，年末存栏0.6万头；家禽年饲养量3万羽。目前，已发展成为以棚菜生产、销售为主，淡水养殖、设施农业为特色的初具规模的农业产业化体系。

工业 以铸造、机械加工为主。2011年，工业生产总值6.6亿元，比上年增长10%，实现工业增加值1.79亿元，占国内生产总值的32%，比上年增长11.8%。2011年，工业企业23家，职工689人。

商业外贸 2011年末，商业网点53个，职工98人；城乡集贸市场7个。2011年，社会消费品零售总额达0.21亿元，比上年增长3.1%；城乡集市贸易成交额0.2亿元。

财政金融 2011年，财政总收入1949.1万元，比上年增长20.3%。其中地方财政收入904.1万元，比上年增长20.1%。从主要税种看，完成营业税377.6万元，增值税1044万元，企业所得税7万元。人均财政收入1169.4元，比上年增长20.1%。2011年，银行和金融机构各类存款余额1.2亿元，比上年增加2865万元；各项贷款余额0.51亿元，比上年减少21万元。

社会发展

文化艺术 2011年末，乡文化站1个，村级文化活动中心9个；各类文化专业户4个；各类图书室9个，藏书1.53万余册；音乐、美术、书法、摄影及文学业余创作人员22人。

教育 2011年末，幼儿园2所，在园幼儿430人，专任教师32人；小学2所，在校生871人，专任教师45人，小学适龄儿童入学率100%；初中1所，在校生420人，专任教师38人，初中适龄人口入学率、小升初升学率、九年义务教育覆盖率达100%。2011年教育经费达913万元，比上年增长20%。

医疗卫生 2011年末，乡级卫生院1所，门诊部（所）11个；病床20张，固定资产总值630万元。专业卫生人员11人，其中执业医师5人，执业助理医师2人。2011年医疗机构（门诊部以上）完成诊疗3.62万人次。新型农村合作医疗参合率96%。

体育 2011年末，学校体育场地1处，座位1500余个。88%的村安装了健身器材，经常参加体育活动的人员占常住人口的25%。

社会保障 2011年城镇最低生活保障户数2户，人数2人，支出8712元，比上年增长17.1%，月人均363元，比上年增长17%；城市医疗救助40人次，民政部门资助参加合作医疗200人次，共支出6000元，比上年增长33%。农村最低生活保障户数199户，人数319人，支出48.3万元，比上年增长23.5%，月人均126.2元，比上年增长23%。国家抚恤、补助各类优抚对象58人，抚恤事业费支出47.89万元，比上年增长13.3%。居家养老服务站9家，床位30张。新型农村社会养老保险参保率96.55%。

基础设施

交通运输 有京山铁路、津唐高速公路、津唐公路、唐涧公路过境；唐曹高速公路在黄各庄镇设有高速出口。有镇级公路7条，总长33.8千米。

邮政电信 2011年末，电信服务网点2个，固定电话用户0.6万户，电话用户普及率达到92%；移动电话用户1.6万户，宽带接入用户0.5万户。全年电信业务收入510万元。

市政建设

公共交通 2011年末，柳鄄至丰南的客运班线，日发客运汽车2班次，日均容量60余人次；唐山至尖坨子的客运班线途经全乡3个村。

园林绿化 2011年末，乡政府驻地花坛5个，绿化面积0.053公顷。

雁翎庄村

(Yanlingzhuang Cun)

名称来历 清康熙十四年（1675年），宣庄李氏、戟门闫氏分别来此定居，故以姓氏得名闫李庄。因该村在一定季节里大雁于此落地脱毛，改名为雁翎庄。

地理位置 地处尖字沽乡中部，东至粮种厂，南至尖子沽，西至下双坨，北至黄各庄镇南杨家泊。

主要指标 2011年末，辖区总人口2318人，总面积2平方千米，农民人均纯收入6300元。

蒲台河村

(Putaihe Cun)

名称来历 清乾隆元年（1736年），宣庄李氏来此定居，定居处为一蒲草台，又靠近陡河，得名蒲台河。

地理位置 地处尖字沽乡南部，东至唐曹高速，南至柳树鄄镇柳树鄄北村，西至丰碱线，北至东河沽。

主要指标 2011年末，辖区总人口1845人，总面积4.94平方千米，农民人均纯收入6260元。

东河沽村

(Donghegu Cun)

名称来历 清康熙二十五年（1686年），董氏和谷氏分别来此定居，故以两姓氏得村名董和谷，后谐音称东河沽。

地理位置 地处尖字沽乡南部，东至西葛镇越支一村，南至蒲台河，西至王兰庄镇张神庄，北至尖字沽。

主要指标 2011年末，辖区总人口2476人，总面积5.54平方千米，农民人均纯收入6260元。

尖字沽村

(Jianzigu Cun)

名称来历 清乾隆元年（1736年）建村。因此草泊地名为尖字沽，以地名得村名。

地理位置 地处尖字沽乡南部，东至西葛镇越支二村，南至东河沽，西至王兰庄镇杨庄户，北至雁翎庄。

主要指标 2011年末，辖区总人口2947人，总面积10.51平方千米，农民人均纯收入6300元。

上双坨村

(Shangshuangtuo Cun)

名称来历 清乾隆二年（1737 年），刘氏迁此立庄，该处上下有两块坨地，该村建于上坨地上，故名上双坨。

地理位置 地处尖字沽乡西部，东至南杨家泊，南至下双坨，西至大麦铺，北至望马泊大街。

主要指标 2011 年末，辖区总人口 488 人，总面积 1 平方千米，农民人均纯收入 6260 元。

下双坨村

(Xiashuangtuo Cun)

名称来历 清嘉庆九年（1804 年），唐氏来此定居，因该处有两块坨地，村址建于下坨之上，得名下双坨。

地理位置 地处尖字沽乡西部，东至雁翎庄，南至尖字沽，西至上双坨，北至杨家泊。

主要指标 2011 年末，辖区总人口 1931 人，总面积 4. 6 平方千米，农民人均纯收入 6300 元。

望马泊大街村

(Wangmabodajie Cun)

名称来历 原村名报德村，因此地是草泊，人们常来此放马，后更名为望马泊。1984 年将该自然村分为 3 个村，因该村位于西面，故名望马泊西街。

地理位置 地处尖字沽乡西北部，东至杨家泊，南至上双坨，西至望马泊西街，北至望马泊北街。

主要指标 2011 年末，辖区总人口 2430 人，总面积 7. 23 平方千米，农民人均纯收入 6280 元。

望马泊西街村

(Wangmaboxijie Cun)

名称来历 原村名报德村，因此地是草泊，人们常来此放马，后更名为望马泊，1984 年将该自然村分为 3 个村，因该村位于西面，故名望马泊西街。

地理位置 地处尖字沽乡西北部，东至横沽，南至望马泊大街，西至望马泊北街，北至横沽。

主要指标 2011 年末，辖区总人口 1260 人，总面积 3. 43 平方千米，农民人均纯收入 6260 元。

望马泊北街村

(Wangmabobeijie Cun)

名称来历 原村名报德村，因此地是草泊，人们常来此放马，后更名为望马泊，1984 年将该自然村分为 3 个村，因该村位于北面，故名望马泊北街。

地理位置 地处尖字沽乡西北部，东至望马泊大街，南至望马泊大街，西至望马泊西街，北至黄各庄。

主要指标 2011 年末，辖区总人口 942 人，总面积 2. 47 平方千米，农民人均纯收入 6300 元。

（撰稿：柳东芝，初审：郑红艳、李凤新、李继隆）

遵化市

(Zunhua Shi)

为千年古县、国家级粮食大县（市）、全国经济基本竞争力百强县（市），素有“中国板栗之乡”之美誉。

政区概况

名称来历 五代后唐以来，一直以遵化名州、县，沿用至今。“遵化”之说来自“遵循孔孟之道，教化黎民百姓”。

地理位置 位于东经 117°45′11″～118°14′06″，北纬 39°55′30″～40°21′22″。地处唐山市北部，东与迁安县相连，南与丰润县毗邻，西与天津市蓟县接壤，北倚长城与承德市兴隆县为邻。人民政府驻遵化市海都道 2 号，电话区号 0315，邮政编码 064200，距唐山市人民政府 75 千米。

政区沿革 春秋属无终国，战国属燕国右北平郡。秦仍属右北平郡。汉属幽州右北平郡俊靡县、徐无县。晋属北平郡。南北朝北魏时属幽州渔阳郡徐无县。北周属无终县。隋属渔阳郡无终县。唐初为无终县，万岁通天元年（696 年）更名为玉田县，属蓟州。五代后唐（923—936 年）建遵化县，属蓟州。辽仍为遵化县，属景州。金仍名遵化县，属中都路蓟州。元隶属大都路蓟州。明隶属京师顺天府蓟州。清康熙十五年（1676 年），升为遵化州，属顺天府；乾隆八年（1743 年）升为直隶州，属直隶布政使司，由 R 通永道管辖。

1913 年，废州府，遵化改为县，属直隶省渤海道。1928 年，遵化县隶属河北省。抗日战争时期，分属丰玉遵、迁遵兴、蓟遵兴、迁遵青等联合县，后恢复遵化县。1945 年 1 月，遵化县属冀热辽区第十五专署；同年底，全县解放，遵化县属冀东区第十五专署。1948 年 5 月，遵化县划为冀东区行署直属县，有 10 个区、1 个马兰峪特区。1949 年 8 月，冀东区撤销，改属河北省唐山专署。1953 年 4 月，全县共划分为 120 乡、2 个镇。1956 年撤区并乡，将原来 122 个乡镇合并为 48 乡、2 镇，区级机构只保留鸡鸣村区，其他区撤销。1958 年，全县共建 10 个人民公社。1958 年 11 月，划入迁西县三屯营、汉儿庄、洒河桥 3 个人民公社。1959 年 3 月，汉儿庄人民公社并入洒河桥人民公社。1960 年 4 月，撤销唐山专区，划为唐山市管县。1961 年 5 月，改属唐山专区。1961 年 5 月，洒河桥人民公社、三屯营人民公社划回迁西县。1970 年，改属唐山地区管辖。1979 年 6 月，官场、龙虎峪、出头岭 3 个人民公社划归天津市蓟县。1983 年 3 月，撤销唐山地区，划为唐山市管辖。1984 年至 1985 年 5 月，堡子店、马兰峪、平安城、党峪、铁厂、石门、建明 7 乡撤乡设镇。1986 年，全县设直辖镇 1 个、办事处（县政府派出机构）9 个，管辖 41 个乡镇。1989 年 4 月，扩镇并乡后，全县有 37 个乡镇。1992 年 2 月，撤销遵化县，设立遵化市（县级）。1992 年 10 月，撤乡并镇，全市 37 个乡镇合并为 25 个乡镇。2008 年 7 月，设立华明路、文化路2个街道办事处。

政区划分 2011年末，辖文化路、华明路2个街道，遵化、堡子店、马兰峪、平安城、东新庄、新店子、党峪、地北头、东旧寨、铁厂、苏家洼、建明、石门13个镇，西留村、崔家庄、兴旺寨、西下营满族、汤泉满族、东陵满族、刘备寨、团瓢庄、娘娘庄、西三里、侯家寨、小厂12个乡，共27个乡级政区；领导648个村民委员会、37个居民委员会。

人口面积 2011年末，辖区总人口73.7万人，其中城镇常住人口38.96万人，城镇化率52.86%。另有流动人口6.93万人。总人口中，男性37.22万人，占50.5%；女性36.48万人，占49.5%；14岁以下13.02万人，占17.67%；15~64岁54.41万人，占73.82%；65岁以上6.27万人，占8.51%。总人口中，以汉族为主，达有64.34万人，占87.3%；有满、回、蒙古、朝鲜等少数民族；超过1000人的有满、回、蒙古、朝鲜4个少数民族，其中满族8.77万人，占少数民族人口的93.7%；回族2432人，占0.26%，蒙古族1179人，占0.13%；壮族1327人，占0.14%。2011年，人口出生率15.39‰，人口死亡率8.41‰，人口自然增长率6.98‰。

辖区东西最大距离53千米，南北最大距离43千米，总面积1521平方千米。其中陆地面积1505.79平方千米，占99%；水域面积15.21平方千米，占1%。人口密度为每平方千米485人。

自然条件

地形地貌 地处河北省燕山南麓的山间盆地，地势由东北向西南倾斜。地形为四面环山。属半山区。境内主要山峰有黄花山、昌瑞山、十八盘、毛山、尖嘴山等。最高峰黄花山钻天峰位于西北边境，海拔895米，最低点位于平安城附近，海拔20米。

气候 属暖温带半湿润大陆性季风气候，其特点是四季分明，季风盛行，春季干燥多风，夏季炎热多雨，秋季昼暖夜寒，冬季寒冷少雪。多年平均气温10.9℃，1月平均气温-6.6℃，极端最低气温-25.7℃（1987年11日）；7月平均气温25.6℃，极端最高气温40.6℃（2002年7月14日）。最低月均气温-25℃（1987年1月13日），最高月均气温40.6℃（1982年8月12日）。平均气温年较差31.8℃。生长期年平均320天，无霜期年平均182天，最长达206天，最短为162天。年平均日照时数2608.2小时，年总辐射131.6千卡/平方厘米。0℃以上持续期240天（一般为3月至11月）。年平均降水量774.5毫米，年平均降雨日数为99天，最多达127天（1990年），最少为83天（2007年）。极端年最大雨量1224毫米（1959年），极端年最少雨量338.2毫米（2002年）。降雨集中在每年6月至8月，7月最多。

水文 境内河道除东北部洪山口河属滦河水系以外，其余属蓟运河水系，其中沙河流域面积866.2平方千米；黎河流域面积562平方千米。主要河道有一级河沙河、黎河、还乡河支流、淋河4条，总长74千米；二级河老爪河、清水河、冷咀头河、北岭河、魏进河、马兰河、北黎河，小厂河、东黎河、老峪河、铁厂河、娘娘庄河、党峪河、鲁家峪河等14条，总长156千米。河流总长度230千米，径流总量2.71亿立方米，年排涝量1.2亿立方米，年最大排涝量1.86亿立方米，年均流量5360立方米/秒。境内最大的河流为沙河，自兴隆县大青山至蓟县苍山庄流经境内侯家寨、苏家洼出境，长70千米，流域面积866.2平方千米，年均流量2.45亿立方米/秒，主要支流有老爪河、清水河等。

矿藏及其他自然资源 境内已探明地下矿藏有27种，包括非金属矿13种，金属矿14种，其中黑色金属矿3种，贵金属矿2种，冶金辅助原料矿2种，化工原料非金属矿1种。另有温泉及矿泉水2种。铁矿储量5.1亿吨。全市拥有铁采矿权的企业83家，主要分布在堡子店、城关镇、崔家庄、建明、小厂、苏家洼、兴旺寨、西三里、西下营等乡镇。除河北钢铁集团石人沟铁矿年生产能力150万吨属大型矿山以外，其余均为小型矿山或小小矿，大部分年生产能力在10万吨以下。

自然灾害 主要自然灾害有风雹、水、旱、高温等。风雹灾害十年九遇，多集中在5~9月。旱、涝出现概率4%，一般各为12年一遇。大旱、大涝各为13年一遇。大暴雨（日雨量超过100毫米）年发生概率1.6%。连阴雨2天以上的年均11次，10天以上的年均3次。风雹年均3次，1956年最多，发生5次，年内发生最早日期为5月8日（1964年），最迟日期为7月1日（1987年）。最严重的一次发生在1988年6月1日，境内义井铺、刘备寨、东新庄、鲁家峪、地北头、党峪、小马坊、马兰峪、东陵、营房、平安城、马各庄等12个乡镇77个村遭遇风雹之灾，义井铺乡、东新庄等3个乡镇最为严重，突降暴雨74毫米，地面冰雹厚10厘米。农作物受灾面积78715.5亩，其中小麦41569.5亩，减产三成至四成的15000亩，五成以上的6949.5亩，2350.5亩绝收；玉米16000.5亩，花生9859.5亩，大豆3000亩，棉花1500亩，高效农田3490.5亩；2500.5亩高效农田毁种，干鲜果品减产2500吨。东新庄镇东梁子河村25人被冰雹砸伤，砸死家禽400多只，经济损失严重。

经济概况

农业 耕地面积53.42万亩，人均0.72亩；林地面积12.57万亩。是省级重要的“食用菌生产基地”。农业总产值从1949年的1348万元增加到1978年的1.11亿元，2011年，达到59.76亿元，比上年增长4.8%，实现农业增加值35.26亿元，占国内生产总值的7.2%。

粮食作物以玉米、小麦为主。2011年，生产粮食2.65万吨，其中玉米2.64万吨，小麦46851吨。主要经济作物有花生、豆类等。2011年，花生种植面积1.66万亩，产量45793吨；蔬菜种植面积14.02万亩，产量72.7万吨。

畜牧业以猪、牛、羊为主。2011年，生猪饲养量118.38万头，年末存栏49万头；牛饲养量17.3万头，年末存栏9.37万头；羊饲养量32.12万只，年末存栏14.49万只；家禽饲养量758.5万羽，上市家禽462.87万羽。2011年，生产肉类7.68万吨，其中猪肉5.34万吨，牛肉

13851吨，羊肉2317吨；禽蛋24908吨，鲜奶20175吨；畜牧业总产值20.56亿元，占农业总产值的37.16%。

截至2011年末，累计造林125.72万亩，其中防护林65.401万亩，经济林60.31万亩，农民住宅四旁树木800万株，林木覆盖率55.1%。2011年，水果种植面积21.42万亩，产量23.76万吨，主要品种有苹果、杏、桃、梨、柿子、红果等，其中苹果7.126万亩，产量7.74万吨；桃2.86万亩，产量3.9万吨；梨3.9万亩，产量4.5万吨；杏1.1万亩，产量1.4万吨；红果1.33万亩，产量1.7万吨；柿子2.58万亩，产量2.3万吨。干果种植面积3.9万亩，产量2.25万吨，其中板栗1.9万吨，核桃0.33万吨。

渔业以人工养殖为主。可用于水产养殖的水面3.62平方千米。2011年，网箱养鱼6.25万平方米，产量1455吨；鱼塘养殖面积3765亩，产量1388吨。渔业总产值0.12亿元。

2011年，拥有大型农业机械2225台（辆）；名优特农产品有北峪2号板栗、红富士苹果、香白杏、红秋蜜桃、中华圣桃、磨盘柿、薄皮核桃等；农民人均纯收入8890元。

工业 初步形成了以采矿、选矿、冶炼、加工为主的一套完整的工业体系，工业总产值从1949年的116万元，增加到1978年的10252万元，2011年达到862.2亿元，比上年增长15.5%，工业增加值占国内生产总值的51.6%。

2011年，规模以上工业企业120家，职工3.09万人，实现工业增加值197.9亿元，比上年增长22.8%。其中大中型工业企业15家，职工2.14万人，实现工业增加值64.37亿元，比上年增长12.2%。销售收入达到亿元以上的企业69家，其中100亿以上的1家，50亿元以上的2家，10亿元以上的6家。

商业外贸 2011年末，商业网点5372个，职工214880人。2011年，社会消费品零售总额达110亿元，比上年增长11%；城乡集市贸易成交额50亿元，比上年增长10%。2011年，进出口总额7.5亿美元，比上年增长18.1%；其中进口6.4亿美元，比上年增长16.9%，主要产品有矿石、矿砂等4类；出口1.1亿美元，比上年增长26%，主要产品有板栗、广野小菜、罐头等5类，销往14个国家和地区。按贸易方式划分，一般贸易出口1亿美元，加工贸易出口0.1亿美元。

财政金融 2011年，财政总收入26.28亿元，比上年增长25.8%。其中地方财政收入12.54亿元，比上年增长25.15%，是1953年的330倍，比1978年增加83倍。从主要税种看，完成营业税3.06亿元，增值税12.95亿元，企业所得税1.8亿元，个人所得税1.19亿元，分别比上年增长12.09%、29.67%、8%、20.69%。人均财政收入3600元，比上年增长25.9%，是1953年的458倍，比1978年增加114倍。

2011年，金融产业实现增加值3.1亿元，比上年增长9.8%，是1978年的5.5倍，占国内生产总值的15.3%，实现税收2.8亿元。年末有8家金融机构；各类存款余额281.15亿元，比上年增长125%；人均储蓄30090元；各项贷款余额111.07亿元，比上年增长8.8%。证券公司营业部1家，开户股民（含基金）总数1614个，A股和基金交易额10.18亿元，股票市值3143万元，完成佣金收入291万元。保险业实现保费收入5.56亿元，其中财产险保费收入1.15亿元，比上年增长14%，人身险保费收入4.41亿元，比上年增长7.1%。

社会发展

文化艺术 2011年末，文化艺术团体5个，会员800个，其中团体会员600个，个人会员200个，创作完成的文化艺术作品有30件；各类艺术表演团体291个，演职人员4000人，剧院（场）2座，座位2000个，年演出50场次，观众达1万人次；电影公司1个，电影放映单位27个，电影院1座，座位900个，年放映7776场次，观众达9.6万人次；俱乐部1所；文化专业户10个，文化馆1个，建筑面积3745平方米；公共图书馆1个，建筑面积3745平方米，藏书17万册；档案馆1个，建筑面积4321平方米。文化行业从业人员135人。

地方特色民间艺术有皮影、评剧、中幡、大秧歌、叠罗汉等，其中，中幡是在一根长五六米的竹竿上挂上用布或绸制作的幡，然后用身体部位托竹竿完成各种动作，中幡直立不倒；叠罗汉为杂技项目，表演人数七八十人，以叠七起为佳；清东陵被列入世界文化遗产名录。

教育 2011年末，幼儿园123所，在园幼儿16952人，专任教师578人；小学134所，在校生58080人，专任教师1948人，小学适龄儿童入学率100%；初中29所，在校生23242人，专任教师1948人，初中适龄人口入学率、小升初升学率、九年义务教育覆盖率均达100%；普通高中8所，在校生12901人，专任教师1133人。重点学校有遵化市第一中学和遵化市高级中学。

2011年教育经费达7.3亿元，国家财政性教育经费6.87亿元，财政预算内教育经费6.4亿元，预算内教育事业费4.8亿元，分别比上年增长21.8%、24.9%、23.5%、38.3%。预算内教育经费（包括城市教育费附加）占财政总支出的比例为34.4%，比上年提高了6.22个百分点。

科技 2011年末，涉及钢铁、矿山机械、食品加工、农业等领域的独立科研与技术开发机构15个，其中省级企业技术中心4个，唐山市级工程技术研究中心、产业研发中心8个。各类科技人员13624人，其中高级职称技术人员548人，中级职称技术人员3879人。

医疗卫生 2011年末，各级各类医疗卫生机构1426个，其中二级甲等医院3所（遵化市人民医院、遵化市中医院、遵化市第二医院），妇幼保健院1所，厂企医院1所，疗养院1所，民营医院16所，租赁医院7所，疾病控制中心1个，卫生监督所1个，乡镇卫生院25所，乡镇卫生院分院9所，社区卫生服务中心1个，门诊部7所，村卫生室1294个，医务室2个；病床3159张，其中公立卫生机构床位1884张，每千人拥有医疗床位4.2张。专业卫生人员1497人，其中执业医师959人，执业助理医师538人，注册护士1272人，平均每千人拥有卫生技术人员1.2人，平均每千人拥有执业（助理）医师0.7人。2011年医疗机构（门诊部以上）完成诊疗12.3万人次，住院手术850台次，出院病人11.4万人次。重点医院有遵化市人民医院、遵化市中医院、遵化市第二医院。

2011年法定报告传染病发病率为318.72/10万，农村安全饮用水普及率7.4%，新型农村合作医疗参合人数57.4万人，参合率96%；居民人口平均期望寿命75岁，孕产妇死亡率为零，5岁以下儿童死亡率、婴儿死亡率、新生儿死亡率分别为2.1‰、1.3‰、0.77‰。

体育 2011年末，体育场地600处，体育社团19个，各级社会体育指导员600人。每年定期举办的体育活动有正月十五传统武术表演、每年8月8日全民健身日活动、每四年一届全民运动会。90%的城市社区和89.5%的村安装了健身器材，经常参加体育活动的人员占常住人口的38.9%。

广播电视 1958年10月开通遵化有线广播站，乡镇到村300杆千米，村以下800杆千米；1982年4月开通遵化人民广播电台。2011年末广播喇叭10万只，入户率95%，通响率93%。1984年开通调频转播台，1987年2月开通电台第二套节目。2011年末遵化广播电台有6套广播节目，与中央广播电台合作转播，遵化广播电台节目综合覆盖率92%。

1975年5月建遵化差转台，发射（转播）塔高30米。1985年建遵化电视台，1986年建电视塔一座，高82米，覆盖半径38千米，除洪山口、铁厂等边远山区外基本覆盖全市。1994年4月开通遵化有线电视。2011年末遵化电视台开通104个频道，有线电视用户13万户，其中数字电视用户3万户，电视综合覆盖率96%。

新闻出版 2011年末，新闻出版单位3家，其中报社1家，期刊社2家，从业人员共60人。

社会保障 2011年城镇最低生活保障户数856户，人数1716人，支出246.2万元，月人均119.6元，比上年增长33.7%；城市医疗救助22人次，民政部门资助参加合作医疗1716人次，共支出20.6万元，比上年增长0.8%。

农村最低生活保障户数6871户，人数13100人，支出1923.72万元，月人均122.37元，比上年增长74.9%；农村五保集中供养524人，支出246.8万元，比上年增长0.4%；农村五保分散供养2155人，支出841.5万元，比上年增长4.2%；农村医疗救助210人次，民政部门资助参加合作医疗15779人次，共支出209.3万元，比上年增长4.2%；农村临时救济17543人次，支出350.9万元。

自然灾害受灾人口17.8万人，农作物受灾面积134970亩，直接经济损失9986万元，救灾支出534.9万元，比上年增长6.3%。

国家抚恤、补助各类优抚对象7247人，安置义务兵、士官等56人，接收军队离退休干部97人，接收无军籍职工233人，军休所1个，抚恤事业费支出11.3万元。社会福利单位28个，床位1799张，其中收养机构床位1799张。社区服务设施42个，其中社区服务中心3个，经常性社会救助工作站1个，全年接受社会捐款122.5万元，使242人（次）困难群众受益。

新增就业人员6760人，有2049名下岗失业人员实现了再就业，就业困难人员再就业580人，年末城镇登记失业人数947人，城镇登记失业率为2.7%。全年共帮助4户零就业家庭实现每户至少一人就业，组织10名高校毕业生到农村基层从事“三支一扶”的工作。

年末参加城镇基本养老保险6.2万人，比上年末增加5100人，其中参保职工7.1万人，参保离退休人员16500人。参加基本养老保险的农民工10300人，比上年末增加500人，参加企业基本养老保险6.2万人，比上年末增加4800人。参加城镇基本医疗保险9.1万人，比上年末增加4940人；其中参加城镇职工基本医疗保险5.68万人，比上年末增加3258人，参加城镇居民基本医疗保险3.4万人，比上年末增加1689人。参加失业保险3.4万人，比上年末增加370人，其中参加失业保险的农民工10100人，比上年末增加300人，年末领失业保险金220人，比上年末减少60人。参加工伤保险5万人，比上年末增加6900人，其中参加工伤保险的农民工13500人，比上年末增加800人，全年认定（视同）工伤750人，比上年增加270人，全年评定伤残等级210人，比上年增加125人，全年享受工伤保险待遇750人，比上年增加270人。参加生育保险9.1万人，比上年末增加4947人。

各级劳动人事争议调解组织和仲裁机构共受理劳动人事争议案件126件，结案126件，其中通过调解方式结案36件，占28.6%，仲裁机构立案受理劳动人事争议126件，结案率为96%。各级仲裁机构立案受理劳动争议126件，比上年增加5%，涉及劳动者131人，当期共审结劳动争议案件126件，比上年增长10%。

环境保护 2011年本级财政用于环境保护的资金0.6亿元，占财政支出的0.2%；空气质量一级天数66天，二级天数272天，三级天数27天，达到二级和好于二级的天数占全年天数的92.6%；空气中二氧化硫、二氧化氮年均浓度值分别为0.047毫克/立方米、0.048毫克/立方米，达到（超过）国家二级标准；可吸入颗粒物年均浓度值为0.079毫克/立方米，达到（超过）国家二级标准；污水处理能力达到8万立方米/日，污水处理率达到100%，生活垃圾无害化处理率达到100%；城镇绿化覆盖率达到42.6%。

基础设施

交通运输 已形成由铁路、公路2种运输方式构成的交通运输网络，2011年客运总量59万人次，货运总量14.6亿吨。

大秦铁路线过境，境内长50.28千米，为双轨货运铁路；石唐铁路线过境，境内长38千米，为单线货、客运铁路，年货运量36万吨。

唐承高速公路过境，境内长43千米，双向2车道，有党峪、遵化南、遵化东、侯家寨4个出口。112国道过境，境内长44.45千米。省道邦宽公路过境，境内长53.3千米。有县道遵玉（遵化至玉田）东线和西线、堡东（堡子店至东陵）线、石马（石门至马兰峪）线、后彭李线（丰润彭店子经地北头至玉田小李庄）、洪火线（洪山口至火石营）、大玉线（兴隆大盘营至玉田）、平东线（平安城至东旧寨）、堡东线，总长315.5千米。有乡村道路296条，总长982.05千米。有专用公路三条，即邦石（邦宽公路西十里铺道口至石人沟铁矿）线，全长7千米；学北（学汉坨至北营）线，全长10千米；王温（王东线至温庄）线，全长3.2千米。境内专用公路总长20.2千米。2011年有县乡

（镇）级公路301条，总长1458.5千米。日均发送318辆客车，日客运量21931人次，年货运吞吐量49119万吨。

2011年，运输企业拥有货运汽车7061辆，47813吨位；客运汽车318辆，8494座位；货运量49119万吨，货运周转量570671万吨·千米，客运量1275万人次，客运周转量2546万人·千米。

邮政电信 2011年末，邮政网点12个，投递路线单程总长度3484千米，投递点6061个，乡村通邮率100%；全年投递国内函件35.9万件，国内汇票业务完成8.7万笔，国内异地特快专递信件完成28.49万件，征订报纸747万份、期刊39.4万册，业务收入362万元。

电信企业1家，服务网点31个；电话交换机总容量17万门，固定电话用户13.7万户，比上年增加3000户，电话用户普及率达到95%；移动电话用户69万户，比上年增加9万户，移动电话普及率为90.7%；光缆线路总长达9000千米，主干电缆达3000千米，互联网端口总数10.5万个，其中已占用端口总数7.4万个，宽带接入用户0.5万户，比上年增加0.2万户。全年电信业务收入4800万元。

名胜旅游

旅游业概况 境内有万佛园、鹫峰山、禅林寺、上关湖、卧龙山、桃花山、黄花山等旅游景区和红色旅游景点，名胜古迹有禅林寺、永旺塔、二郎庙、保安塔、洪山口戏楼等。已形成以百里长城旅游线、清东陵国家森林公园、万佛园、清东陵古文化区、汤泉省级皇家旅游度假区、鹫峰山自然风景区、沙石峪革命传统教育基地、鲁家峪红色旅游及爱国主义教育基地、东陵干鲜果品采摘基地的“一线两园三区三基地”旅游格局。国际国内旅行社15家（其中国际社3家，国内社12家）；星级饭店11家（其中三星级6家，二星级5家），床位2000张；有一定规模和接待能力的旅游定点车辆45辆。

2011年，共接待国内游客33万人次，收入20.1亿元，比上年增长31%。

主要风景区 万佛园风景区 为国家4A级景区，始建于1993年，位于清东陵西1千米。万佛园采用全仿古式建筑，突出佛教文化特点。相继建成山门、长生殿、玉佛殿、龙福阁、金宝塔、善逝八塔等。园内有释迦牟尼第二大弟子阿难尊者的佛舍利，世界罕见、重达1.6吨的翡翠观音宝像，耗金2600两的近万尊贴金佛像，动用黄金650两、白银4000两的三世金佛，高6.3米的四大天王等。还有孝经碑、风水池、放生池、滴水观音、国民革命军第二十九军长城抗战纪念园、唐山大地震纪念馆等景点。

鹫峰山风景区 为国家2A级旅游景区，位于遵化市区西北17.5千米，景区面积90万平方米，林地面积80万平方米，森林覆盖率88%，顶峰海拔889米。鹫峰山半山腰有名刹栖云寺，始建年代无从考证。民国年间战乱频仍，毁坏殆尽，只存遗址。1998年，市、乡政府及民间投资1280万元，开发建设鹫峰山景区。先后建成牌楼山门、栖云寺佛教文化区、游客中心等，开发老虎洞、舍身台等摩崖石刻5处。鹫峰山以“山名、寺古、树奇、石怪、崖绝、城窄”六大特点以及“鹫峰推秀，三台拱翠、古刹栖云、松猴拜佛、灵龟探头、清潭游鱼、断欲长城、别有洞天、山顶飞石、晚秋红叶”十大景观闻名长城内外。

汤泉省级皇家旅游度假区 汤泉流杯亭和六棱石幢为唐山市文物保护单位。汤泉位于遵化市西北17.5千米的茅山南麓，清以后为清朝帝王关内三处温泉行宫之一，康熙、乾隆等均曾驻跸汤泉。其行宫寺庙已毁，只遗水池、流杯亭、石幢。流杯亭亦称六角龙亭、流觞亭，建于唐代，明清两代曾予以重修。石幢为明朝著名将领戚继光于万历五年（1577年）所建，为青石质。幢身北三面是九幅汤泉景物图，南三面刻戚继光所撰《葺汤泉记》全文。

重点名胜古迹 洪山口戏楼 省级文物保护单位。始建于唐，明代改建。整座戏楼由前部的演出台和后部的化装室、休息室组成。它是民间传说中洪山口古城八怪之一。怪就怪在一般戏楼前台四根明柱左右排，而它却是前后排。

禅林寺 始建年代无从考证。据清代《遵化州志》记载：禅林寺在后秦弘始元年（399年）重修，当时叫云昌寺。至唐贞观四年（630年）尉迟敬德续修。辽代乾统元年（1101年）复修后，更名禅林寺。后多次修葺。1942年，被日寇烧毁，仅存有13株古银杏树。2003年重修。

永旺塔 建于明万历十年（1582年），为蓟镇总兵戚继光主持兴建，参将王通具体施工。塔身正中大字镌刻塔名“永旺塔”，上款小字刻“钦差总理练兵事务兼镇守蓟州、永平、山海等地总兵官兼太子太保中军都督府左都督定远戚继光”，下款小字“岁万历十年仲秋吉日立”。1999—2002年，遵化市政府对永旺塔重修。

二郎庙 明代修建。原二郎庙规模很小，只有一间大殿。清代康熙时重修原来二郎庙，扩大规模，大殿由一间改为五间，加东西配殿各三间，增设旗杆两根。重塑二郎泥像，增加配像关羽、吕祖等。新中国成立初期，二郎庙被毁。1993年，清东陵文管处复建二郎神庙，并添建戏楼、百佛堂等建筑。

保安塔 县级文物保护单位。宋代为防止水患而建，故取名保安塔。塔高13米，直径1.5米，八棱锥形，三层，实心体，塔上各角原挂铜铃，现无存。1959年落雷震劈了东南角，塔基亦有裂痕。保安塔是境内现存最早的砖塔。

风土人情 遵化的风土人情主要表现在庙会活动方面。古代为纪念、祭祀等，设有很多庙会，活动内容丰富，景况繁盛。规模较大的有农历二月二卧龙山庙会、农历四月初八的鹫峰山庙会、四月十八的笔架山庙会、四月二十八捣药口庙会等。随着时代的变迁，很多规模较小、迷信色彩浓重的庙会至今已废止，现在沿袭的庙会除日期不变外，内容也主要以商业、旅游活动为主。

土特产品 境内土特产品有东陵大饽饽、薄皮核桃、饹馇、磨盘柿子、相古庄香白杏等。

东陵大饽饽 大饽饽就是点心，有芙蓉糕、大八件、三元饼、萨其马、七星典子、花糕、五毒饼、龙凤饼、藏饼、破皮白、到口酥、八宝茶汤面、藤萝饼、玫瑰饼、瓤饼等。其中，以萨其马、七星典子、瓤饼、大八件4种居首。萨其马是满族群众尤为喜爱的食品，常以此馈赠亲朋。

薄皮核桃 核桃为油料树，人称木本油料之王，核桃仁是营养丰富的干果。另外，核桃还是医学上不可缺少的优质中药材，中医以核桃仁入药，其性温昧甘，有湿肺、补肾之功能，主治虚寒喘咳、肾虚腰痛等症。

饹馇 是用纯绿豆制成的一种副食品。形似煎饼，味道和煎饼却迥然不同，且多以烹制菜肴为主。境内餐馆的醋熘、焦熘、玻璃饹馇，饹馇盒、炸佛手等，是遵化独有的风味菜肴，在京东一带享有盛誉，凡来遵化的外宾及外地客人，都以品尝饹馇烹饪的菜肴为快。

磨盘柿子 磨盘柿子营养价值丰富，柿果性味甘涩，微寒无毒。具有清热、润肺、化痰止咳等功能，主治吐血、口疮等病症。1999 年被认定为河北省名牌产品，并获世博会名牌产品称号。

相古庄香白杏 娘娘庄乡相古庄村的香白杏果实肉厚细腻，纤维含量少，液汁多，香味浓郁，甜酸适口，离核，果实中除含有丰富的维生素 G、蛋白质、糖、矿物质外，还含有抗癌作用的维生素 E。此外，杏仁不仅具有很高的药用价值，而且是很好的工业原料。1999 年在中国国际农业博览会上被评为名牌产品。

重大事件

本辖区发生的重大事件有 1928 年发生在清东陵的军阀盗陵案，1933 年发生在长城沿线的国民党第二十九军长城抗战，1942 年发生的鲁家峪惨案。

军阀盗陵案 1928 年春，孙殿英率国民革命军第六军团第十二军开进东陵陵区。同年 7 月 2 日，以在东陵一带进行军事演习为名，实施戒严，严禁陵区百姓随意走动。从 7 月 4 日至 10 日，分别盗掘了裕陵和慈禧陵地宫。

7 月 10 日，孙殿英乘夜驱车来到马兰峪，将盗陵宝物装了 20 辆大车逃之夭夭。逊帝溥仪惊闻陵寝盗掘惨重，既悲且怒，要求民国政府严惩盗陵匪首，派兵保护清陵。南京政府采取消极应付政策，使当事人毫发无损、逍遥法外。一场轰动中外的盗陵大案，最后竟不了了之。

第二十九军长城抗战 1933 年 3 月 5 日，日本侵略军攻占热河后，大举进攻长城各关口，企图入侵华北，在全国军民强烈要求抗战的舆论压力下，国民政府派第二十九军开往冀东长城沿线抵抗日军，接管了遵化马兰峪至迁安冷口长达 300 余华里的长城沿线各关口的防御任务。第二十九军血战十多个昼夜，打退了敌人多次进攻，其中一次夜间战斗，第二十九军第二二八团大刀队夜袭敌军，砍死日军 200 多人。经过激战，日军死伤五六百人，遂于 19 日退回孤山子以北。

正当第二十九军英勇奋战时，国民政府却下令该军全军撤退，由军纪败坏、战斗力差的第四十军第一〇五师接防，一经日军攻击全师败溃，日军大举进关。5 月 31 日，国民党当局与日本签订了丧权辱国的《塘沽协定》，并将冀东 22 个县划为所谓的“非军事区”。

鲁家峪惨案 1942 年 4 月 16 日至 5 月 2 日，日伪军近万人包围了整个鲁家峪，将南山腰狐仙洞里隐藏的村武装班长梁志民等 100 多人包围，敌人先是诱降，见无效果，就往洞里打毒气，一连围困三天，以为洞内的人已经被熏死，才放弃了对此洞的监视。到第 4 天夜里，梁志民带领幸存者巧妙地转移了出去。山北面的另一个山洞里，隐藏着村干部和伤病员 200 多人，在被敌人发现后，坚守了七天七夜，最后敌人炸塌了山洞，大多数人牺牲。4 月 28 日，日军用各种毒刑拷打逼问搜出来的村民，并把 22 个青壮年用绳子绑成一串，拉到白薯井子旁边，一个个地砍头；更为残忍的是，日军轮奸两名怀孕的妇女后，又用刺刀挑出腹中婴儿，极其惨无人道，是为“鲁家峪惨案”。此前，在 1941 年 2 月至 1942 年 4 月，伪军曾 7 次烧杀鲁家峪，杀害该村群众 225 人，烧毁房屋 4000 余间。

著名人物

本辖区的著名人物有山水画家秦仲文、爱国知识分子洪麟阁、全国造林模范袁士珍、“穷棒子社”带头人王国藩、当代“活愚公”张贵顺等。

秦仲文（1895～1974 年） 原名秦裕荣，又名秦裕，字仲文。遵化市西梁子河村人。长于山水画，还擅画梅、竹、兰等写意，他所创作的墨竹，继承了元、明画家李息斋、夏永的精髓，又颇具清代扬州画派的韵致，妙笔创新。中华人民共和国成立前，结集出版了《秦仲文山水画集》《孤石谷山川画册》《中国绘画学史》《秦仲文作品选集》《竹谱》等著作。

中华人民共和国成立后，他从京畿到全国各地，长途跋涉数万里，游遍了祖国的名川大山。特别在走访红军长征路中，创作了《乌江天险》等佳作，并题诗“红军北上夺天险，战绩出奇世无双。今日承平文字净，居然托驾写乌江”于画端。1974 年 6 月 23 日，因病逝世。

洪麟阁（1902～1938 年） 原名洪占勋，字冲霄，满族。清光绪二十八年（1902 年）出生于遵化县地北镇狼山关村。1921 年，洪麟阁就学于天津直隶法政学校，1924 年毕业投军，在冯玉祥某部先后任军法官、军法处长。冯玉祥被蒋介石逼迫下台后，洪麟阁从事报纸编辑、教育等工作。1938 年 2 月，洪麟阁回到家乡，准备参加抗日大暴动。6 月下旬，洪麟阁被任命为冀东抗日联军副司令员兼第一路军司令员。10 月，洪麟阁率部随“抗联”大军开赴平西整训，在蓟县马伸桥附近伏击由 100 多名日军护送的 11 辆军火车。获胜后，突遭驻守马兰峪的日军骑兵队反扑。在激战中，洪麟阁带伤指挥部队突围，宁死不当俘虏，最后光荣捐躯，年仅 37 岁。

袁士珍（1900～1981 年） 遵化市君子口村人。1940 年加入中国共产党，后任党支部书记，带领民兵同日伪军进行斗争，并领导村民绿化荒山野岭。中华人民共和国成立后，致力于绿化事业。君子口村周围高山林立，多属石灰石，草木难以生长。在困难面前，他细心观察，认真分析，创造了“上山育苗、就地移栽”的新方法，他的这条经验，后来被写进我国林业大学教材之中，名为“山地小片育苗法”。1950 年，袁士珍出席了全国工农兵劳动模范代表大会，1955～1963 年，连续当选为一至五届遵化县人民委员会委员。在他的带领下，君子口村的山上山下，松柏成林，村前屋后，果树成荫。同时，他言传身教，将自己的经验技术向全县山区推广。1981 年秋，因病逝世。

张贵顺（1914～1999 年） 遵化市新店子镇沙石峪村人。全国农业劳动模范，曾任遵化县委副书记、岳各庄乡党委书记。中华人民共和国成立前，沙石峪是“土如珍珠水如油”的穷山村。张贵顺1941年加入中国共产党。1952年，党支部书记张贵顺带领群众开凿蓄水池，打大口井，解决了水的问题。1966年，沙石峪人硬是把满地青石板揭去一层，铺上泥土。经过20多个昼夜的奋战，共挖出600多方石块，垒起一道近千米长、一米高的石坝，垫上一尺半厚的土，造出一亩高标准梯田，累计行程5000多千米，挑土1000多担，故立碑称“万里千担一亩田，青石板上创高产”。此后，村民生活逐步富裕。

1973和1977年，张贵顺先后出席中国共产党第十次、十一次全国代表大会。1999年3月4日病逝。

王国藩（1919～2005年） 遵化市建明镇西铺村人。1941年加入中国共产党。1952年，王国藩、杜奎联合23户贫农，靠“穷棒子精神”办起了农业初级合作社，使社员生活逐年提高。1957年，王国藩当选为首届全国农业劳动模范。1959和1964年，先后出席第二、三届全国人民代表大会。1969年4月，出席中国共产党第九次全国代表大会。曾当选为中共河北省委委员，中国共产党第九、十、十一届中央委员会委员。历任遵化县西铺村初级社主任，西铺高级社主任，建明人民公社社长、党委书记，遵化县革委会副主任、主任、县委书记、县委第一书记，河北省革委会常委，唐山地委书记、地区革委会副主任等职务。2005年7月30日，因病去世。

城区市政建设

道路 2011年末，城区道路总长度167千米，人均拥有道路长度0.87米；桥梁26座，总长度1325米。

公共交通 2011年末，城区开通公交汽车线路6条，运营总里程达98千米，公交运营车辆86辆，万人拥有量为1.17台，年客运量109.5万人次；出租车139辆，万人拥有量1.9台，年客运量300万人。

给排水 2011年末，城区自来水厂2座，敷设干线水管85千米，生产能力7万吨/日，年工业用水38万吨、生活用水247万吨，居民自来水普及率100%，年人均生活用水27吨；排水管道85千米，污水治理工程8项，污水处理厂1座，日污水处理能力2.4万吨，工业废水处理率85%。

供电 2011年末，城区35千伏及以上变电站（所）5座，主变压器10台，配电变压器490台，总容量204680兆伏安，高压输电线路12条，总长度93.74千米。年售电量累计完成1.78亿千瓦时，综合电压合格率98.05%，供电可靠率99.74%。

供热 2011年末，城区热水供热管道总长度10.5千米，供热面积535万平方米。

燃气 2011年末，城区天然气（煤气）管线317千米，供（加）气站1个，天然气（煤气）用户32119户，其中工业用户7户，商业用户112户，居民用户3.2万户，燃气普及率为75%，月天然气（煤气）平均用量70万立方米。

园林绿化 2011年末，城区公园6个，公园面积197.8公顷，园林绿地面积833公顷，其中公共绿地面积231公顷，绿化覆盖率42.5%。

（撰稿：岳树林、李克明、胡志勇、张岸然，初审：唐福玉）

文化路街道

(Wenhualu Jiedao)

政区概况

名称来历 因办事处驻地位于文化路而得名。

地理位置 地处遵化市区北部，东与遵化镇接壤，东南与华明路为邻，南靠华明路街道办事处，西邻西三里乡，北接苏家洼镇。人民政府驻文化北路68号，电话区号0315，邮政编码064200，距遵化市人民政府1千米。

政区沿革 原属遵化镇。2002年8月，划归遵化市北城街道；同年10月，改名为路北街道，辖11个居民委员会。2008年7月，更名为文化路街道，辖13个居民委员会。

政区划分 2011年末，辖文海、通华、文礼、文柏、文茂、文宝、贸易城、海洞、海南、海翔、海金、镇海、海泉、海电、开元、天之润、桃李、鑫悦、龙源、滨河、玫瑰园21个居民委员会。

人口面积 2011年末，辖区总人口4.8万人，其中城镇常住人口46908人，城镇化率100%。另有流动人口1092人。总人口中，男性25552人，占53.2%；女性22448人，占46.8%；14岁以下8800人，占18.3%；15～64岁31671人，占66%；65岁以上7529人，占15.7%。总人口中，以汉族为主，达4.4人，占92%；有少数民族4000人，占8%。2011年，人口出生率5.3‰，人口死亡率0.76‰，人口自然增长率4.54‰。

辖区东西最大距离5千米，南北最大距离4.5千米，总面积7.06平方千米。其中陆地面积6.86平方千米，占97%；水域面积0.2平方千米，占3%。人口密度为每平方千米6799人。

自然条件

地形地貌 境内大部为平原，地势南高北低，地面一般海拔108米，最高点海拔113米，最低点海拔100米。

自然灾害 主要有风雹、水灾、旱灾、高温等。风雹灾害，十年九遇，多集中在5月至9月。2001年后，春夏气温偏高，旱灾较重，8月至9月多风雹天气。

社会发展

文化艺术 2011年末，镇文化站1个，文化活动中心13个；各类图书室13个，藏书6余万册；音乐、美术、书法、摄影及文学业余创作人员30人。

教育 2011年末，幼儿园5所，在园幼儿2800人，专任教师300人；小学2所，在校生9500人，专任教师420人，小学适龄儿童入学率100%；初中1所，在校生4200人，专任教师240人，初中适龄人口入学率、小升初升学率、九年义务教育覆盖率均达100%。

医疗卫生 2011年末，各级医疗卫生机构1个，门诊部（所）13个；病床100张，每千人拥有医疗床位2.5张。2011年医疗机构（门诊部以上）完成诊疗1万人次。

体育 2011年末，学校体育场地1处，座位1000个。各居民区安装了健身器材，经常参加体育活动的人员占常住人口的70%。

广播电视 2011年末，有线电视用户1.5万户，入户率100%。

社会保障 2011年城镇最低生活保障户数182户，人数412人，支出96万元，比上年增长8.3%，月人均194.2元，比上年增长16%；城市医疗救助3人次。国家抚恤、补助各类优抚对象35人，抚恤事业费支出35万元，比上年增长13.6%。敬老院6家，床位180张。社区服务中心1个，社区服务站13个。慈善分会13个。

滨河社区

（Binhe Shequ）

名称来历 因社区位于滨河小区内得名。

地理位置 地处文化路街道办事处东部，东至张家坎，南至建明东街，西至朝阳路，北至北二环路。

主要指标 2011年末，辖区总人口1684人，总面积0.4平方千米，城镇居民可支配收入20330元。

海电社区

（Haidian Shequ）

名称来历 因社区位于海电小区内得名。

地理位置 地处文化路街道办事处中部，东至海南社区，南至海泉社区，西至文柏社区，北至海涧社区。

主要指标 2011年末，辖区总人口2478人，总面积0.7平方千米，城镇居民可支配收入21730元。

海涧社区

（Haijian Shequ）

名称来历 因小区位于海涧小区内得名。

地理位置 地处文化路街道办事处北部，东至东二环路，南至北二环路，西至文化北路，北至北三环路。

主要指标 2011年末，辖区总人口3411人，总面积0.78平方千米，城镇居民可支配收入19330元。

海金社区

（Haijin Shequ）

名称来历 因该社区位于海金路侧而得名。

地理位置 地处文化路街道办事处东南部，东接铁山岭，南至华明路，西临镇海社区，北至森林公园。

主要指标 2011年末，辖区总人口1093人，总面积0.2平方千米，城镇居民可支配收入18330元。

海南社区

（Hainan Shequ）

名称来历 因社区位于海南小区内得名。

地理位置 地处文化路街道办事处中部，东至凤凰北路，南至建明东街，西至海泉路，北至北二环路。

主要指标 2011年末，辖区总人口2903人，总面积0.76平方千米，城镇居民可支配收入21330元。

海泉社区

（Haiquan Shequ）

名称来历 该社区位于海泉路侧而得名。

地理位置 地处文化路街道办事处南部，东临海翔社区，南邻文海社区，西邻开元社区，北邻海电社区。

主要指标 2011年末，辖区总人口3448人，总面积0.71平方千米，城镇居民可支配收入21830元。

海翔社区

（Haixiang Shequ）

名称来历 该社区位于海翔路侧而得名。

地理位置 地处文化路街道办事处东南部，东邻桃李社区，南邻镇海社区，西邻海泉社区，北邻海南社区。

主要指标 2011年末，辖区总人口1766人，总面积0.87平方千米，城镇居民可支配收入21230元。

开元社区

（Kaiyuan Shequ）

名称来历 因该小区位于开元小区内部，故而命名为开元社区。

地理位置 地处文化路街道办事处中南部，东至文化路，南至文礼大街，西至华明路，北至建明大街。

主要指标 2011年末，辖区总人口2576人，总面积0.7平方千米，城镇居民可支配收入19330元。

龙源社区

（Longyuan Shequ）

名称来历 因社区位于龙源小区内而得名。

地理位置 地处文化路街道办事处北部，东接贸易城社区，南接文茂社区，西邻鑫悦社区，北邻文宝社区。

主要指标 2011年末，辖区总人口2961人，总面积0.5平方千米，城镇居民可支配收入21330元。

贸易城社区

（Maoyicheng Shequ）

名称来历 因社区位于贸易城小区内而得名。

地理位置 地处文化路街道办事处北部，东邻海涧社区，南邻文柏社区，西接龙源社区，北接文宝社区。

主要指标 2011年末，辖区总人口1615人，总面积

0.81 平方千米，城镇居民可支配收入 18230 元。

玫瑰园社区

(Meiguiyuan Shequ)

名称来历 因社区位于玫瑰园小区内而得名。

地理位置 地处文化路街道办事处西部，东至华明路，南至建明大街，西至愚公路，北至二环西路。

主要指标 2011 年末，辖区总人口 3651 人，总面积 0.4 平方千米，城镇居民可支配收入 21330 元。

桃李社区

(Taoli Shequ)

名称来历 因社区位于桃李小区，寓意桃李满天下而得名。

地理位置 地处文化路街道办事处东部，东、南邻镇海社区，西接海翔社区，北邻滨河社区。

主要指标 2011 年末，辖区总人口 4428 人，总面积 0.75 平方千米，城镇居民可支配收入 18330 元。

天之润社区

(Tianzhirun Shequ)

名称来历 因社区位于天之润小区附近而得名。

地理位置 地处文化路街道办事处西南部，东邻开元社区，南邻通华社区，西接文礼社区，北邻文茂社区。

主要指标 2011 年末，辖区总人口 3247 人，总面积 0.35 平方千米，城镇居民可支配收入 19230 元。

通华社区

(Tonghua Shequ)

名称来历 因社区位于通华街侧而得名。

地理位置 地处文化路街道办事处西南部，东邻文海社区，南至华明路街道，西接鑫悦社区，北邻文礼社区。

主要指标 2011 年末，辖区总人口 1464 人，总面积 0.78 平方千米，城镇居民可支配收入 21320 元。

文柏社区

(Wenbai Shequ)

名称来历 因社区位于文柏路侧而得名。

地理位置 地处文化路街道办事处中部，东邻海电社区，南邻开元社区，西邻文茂社区，北邻贸易城社区。

主要指标 2011 年末，辖区总人口 1489 人，总面积 0.79 平方千米，城镇居民可支配收入 21330 元。

文宝社区

(Wenbao Shequ)

名称来历 因社区位于文宝大街侧而得名。

地理位置 地处文化路街道办事处北部，东邻海涧社区，南至龙源社区，西邻鑫悦社区，北邻苏家洼站。

主要指标 2011 年末，辖区总人口 3247 人，总面积 0.62 平方千米，城镇居民可支配收入 22330 元。

文海社区

(Wenhai Shequ)

名称来历 因社区位于文海路侧而得名。

地理位置 地处文化路街道办事处南部，东邻镇海社区，南邻华明路，西邻通华社区，北邻开元社区。

主要指标 2011 年末，辖区总人口 1435 人，总面积 0.4 平方千米，城镇居民可支配收入 21330 元。

文礼社区

(Wenli Shequ)

名称来历 因社区位于文礼大街南侧而得名。

地理位置 地处文化路街道办事处西部，东至愚公路，南至文礼大街，西至西二环北路，北至建明大街。

主要指标 2011 年末，辖区总人口 3563 人，总面积 0.35 平方千米，城镇居民可支配收入 21330 元。

文茂社区

(Wenmao Shequ)

名称来历 因社区位于文茂大街附近而得名。

地理位置 地处文化路街道办事处西部，东至愚公路，南至建明大街，西至西二环北路，北至二环西路。

主要指标 2011 年末，辖区总人口 1357 人，总面积 0.43 平方千米，城镇居民可支配收入 21330 元。

鑫悦社区

(Xinyue Shequ)

名称来历 因社区位于鑫悦小区内而得名。

地理位置 地处文化路街道办事处中部，东邻文礼社区和玫瑰园社区，南至华明路，西接西留村乡，北邻西三里乡。

主要指标 2011 年末，辖区总人口 951 人，总面积 0.56 平方千米，城镇居民可支配收入 21330 元。

镇海社区

(Zhenhai Shequ)

名称来历 因社区位于镇海大街附近而得名。

地理位置 地处文化路街道办事处东部，东邻海金社区、桃李社区，南接华明路，西邻文海社区，北邻海翔社区。

主要指标 2011 年末，辖区总人口 3174 人，总面积 1.52 平方千米，城镇居民可支配收入 21430 元。

(撰稿：袁兰侠，初审：朱亚君)

华明路街道

(Huaminglu Jiedao)

政区概况

名称来历 因华明路街道办事处驻地位于原华明路而得名。

地理位置 地处遵化市南部，东与崔家庄镇接壤，南邻新店子镇，西邻西留村乡，北接文化路街道。办事处驻会华盛道31号，电话区号0315，邮政编码064200，距遵化市人民政府1.8千米。

政区沿革 原属遵化镇。2002年8月，划归遵化市南城街道；同年10月，改为路南街道，辖12个居民委员会。2008年7月，更名为华明路街道，辖14个居民委员会。

政区划分 2011年末，辖河东一、河东二、建功北、建功南、建安、建昌、华安、华新、建南、华富、华西、民主、自由、南关、华裕、解放、东环、枫林园18个社区居民委员会。

人口面积 2011年末，辖区总人口4.95万人，其中城镇常住人口46127人，城镇化率93.18%。另有流动人3373人。总人口中，男性24868人，占50.23%；女性24632人，占49.77%；14岁以下6983人，占14.11%；15～64岁35417人，占71.55%；65岁以上4546人，占9.18%。总人口中，以汉族为主，达47013人，占94.98%；有满、回、蒙古等6个少数民族，共2487人，占5.02%；超过1000人的有满、回2个少数民族，其中满族1847人，占少数民族人口的74.27%；回族217人，占8.7%。2011年，人口出生率6.12‰，人口死亡率2.5‰，人口自然增长率3.62‰。

辖区东西最大距离6.5千米，南北最大距离7千米，总面积10.72平方千米。其中陆地面积10.42平方千米，占97%；水域面积0.3平方千米，占3%。人口密度为每平方千米4618人。

社会发展

文化艺术 2011年末，镇文化站1个，社区文化活动中心14个，各类图书室14个，藏书70000余册；音乐、美术、书法、摄影及文学业余创作人员2000人。

教育 2011年末，幼儿园8所，在园幼儿1114人，专任教师86人；小学3所，在校生3666人，专任教师132人，小学适龄儿童入学率100%；初中2所，在校生8470人，专任教师508人，初中适龄人口入学率、小升初升学率、九年义务教育覆盖率均达100%。

科技 2011年末，各类科技人才400人。

医疗卫生 2011年末，各级医疗卫生机构15个，门诊部（所）64个；病床3893张，每千人拥有医疗床位0.04张。专业卫生人员1087名，其中执业医师378人，执业助理医师271人，注册护士504人。2011年医疗机构（门诊部以上）完成诊疗3.5万人次。新型城市合作医疗参合率100%。

体育 2011年末，学校体育场地8处，座位1200个。45%的城市社区安装了健身器材，经常参加体育活动的人员占常住人口的8%。

广播电视 2011年末，有线电视用户14229户，入户率92%。

社会保障 2011年城镇最低生活保障户数328户，人数699人，支出189028元，比上年增长23.01%，月人均21.5元，比上年增长23.36%；城市医疗救助13人次。国家抚恤、补助各类优抚对象45人，抚恤事业费支出37191元，比上年增长17.83%。社区服务设施18个，其中社区服务中心1个，社区服务站18个。

东环社区

(Donghuan Shequ)

名称来历 因社区邻近东一环而得名。

地理位置 地处华明路街道办事处东北部，东至东关大桥，南至沙河北岸，西至东一环南路，北至镇海东街。

主要指标 2011年末，辖区总人口4322人，总面积0.23平方千米，城镇居民可支配收入19450元。

枫林园社区

(Fenglinyuan Shequ)

名称来历 因社区位于枫林园小区内而得名。

地理位置 地处华明路街道办事处东部，东至沙河东岸，南至建华街，西至东环南路，北至镇海东街。

主要指标 2011年末，辖区总人口2643人，总面积0.27平方千米，城镇居民可支配收入22430元。

河东二社区

(Hedong'er Shequ)

名称来历 因社区位于河东二小区而得名。

地理位置 地处华明路街道办事处东部，东至小二里村，南至大二里村，西至河东一社区，北至河东一社区。

主要指标 2011年末，辖区总人口2720人，总面积0.25平方千米，城镇居民可支配收入19330元。

河东一社区

(Hedongyi Shequ)

名称来历 因社区位于河东一小区内而得名。

地理位置 地处华明路街道办事处东部，东至小二里村，南至河东二社区，西至沙河，北至通华街。

主要指标 2011年末，辖区总人口3059人，总面积0.15平方千米，城镇居民可支配收入18330元。

华安社区

(Huaan Shequ)

名称来历 社区位于华安小区内，取华泰民安之意而得名。

地理位置 地处华明路街道办事处南部，东至沙河，南至南二环，西至建设南路，北至黎河桥。

主要指标 2011年末，辖区总人口1619人，总面积2012平方千米，城镇居民可支配收入20890元。

华富社区

(Huafu Shequ)

名称来历 因位于华富小区内而得名。

地理位置 地处华明路街道办事处部，东起华明路，南至南二环西路，西至西二环南路，北至华富大街。

主要指标 2011年末，辖区总人口4081人，总面积1.32平方千米，城镇居民可支配收入20730元。

华西社区

(Huaxi Shequ)

名称来历 因社区内有华西路穿过而得名。

地理位置 地处华明路街道办事处西部，东起华明路，南至华富大街，西至五里屯村，北至通华西街。

主要指标 2011年末，辖区总人口7511人，总面积0.44平方千米，城镇居民可支配收入20560元。

华新社区

(Huaxin Shequ)

名称来历 社区位于华新小区内，取繁华崭新之意而得名。

地理位置 地处华明路街道办事处西部，东至建设南路，南至小草店，西至华明南路，北至华宇街。

主要指标 2011年末，辖区总人口1165人，总面积1.53平方千米，城镇居民可支配收入20130元。

华裕社区

(Huayu Shequ)

名称来历 因社区位于华裕小区内而得名。

地理位置 地处华明路街道办事处中部，东至滨河路，南至南二环路，西至华明路，北至华裕街。

主要指标 2011年末，辖区总人口2098人，总面积0.25平方千米，城镇居民可支配收入18930元。

建安社区

(Jian'an Shequ)

名称来历 因社区位于建安小区内，取健康安定之意而得名。

地理位置 地处华明路街道办事处东部，东至建林道，南至南二环路，西至建林道，北至建功街。

主要指标 2011年末，辖区总人口3766人，总面积0.81平方千米，城镇居民可支配收入19830元。

建昌社区

(Jianchang Shequ)

名称来历 因社区位于建昌小区内，取建设昌盛之意得名。

地理位置 地处华明路街道办事处南部，东至团练屯，南至黎河桥，西至建设南路，北至南二环东路。

主要指标 2011年末，辖区总人口1108人，总面积0.18平方千米，城镇居民可支配收入21830元。

建功北社区

(Jiangongbei Shequ)

名称来历 因社区位于建功街北侧得名。

地理位置 地处华明路街道办事处东北部，东至大二里村，南至建功街，西至沙河南岸公园，北至河东一社区。

主要指标 2011年末，辖区总人口2754人，总面积0.26平方千米，城镇居民可支配收入20530元。

建功南社区

(Jiangongnan Shequ)

名称来历 因社区位于建功街南侧得名。

地理位置 地处华明路街道办事处东南部，东至建遵路，南至二环东路，西至凤凰路，北至建功街。

主要指标 2011年末，辖区总人口2236人，总面积0.95平方千米，城镇居民可支配收入21330元。

建南社区

(Jiannan Shequ)

名称来历 因社区位于建南小区得名。

地理位置 地处华明路街道办事处南部，东至建设南路，南至华宇街，西至沙河，北至南关大桥。

主要指标 2011年末，辖区总人口1507人，总面积1.2平方千米，城镇居民可支配收入21070元。

解放社区

(Jiefang Shequ)

名称来历 为让居民过上新中国成立后的幸福生活，得名解放社区。

地理位置 地处华明路街道办事处北部，东至南环东路，南至东环南路，西至建设路，北至镇海街。

主要指标 2011年末，辖区总人口1694人，总面积0.12平方千米，城镇居民可支配收入21330元。

民主社区

(Minzhu Shequ)

名称来历 为让居民过上了民主幸福的新生活，得名民主社区。

地理位置 地处华明路街道办事处北部，东至医院东胡同，南至南环西路，西至华明路，北至通化西街。

主要指标 2011年末，辖区总人口2737人，总面积0.18平方千米，城镇居民可支配收入21340元。

南关社区

(Nanguan Shequ)

名称来历 城区分四关，位于南部得名南关社区。

地理位置 地处华明路街道办事处中部，东至水泉南路，南至华裕街，西至华明路，北至南一环路。

主要指标 2011年末，辖区总人口3457人，总面积0.4平方千米，城镇居民可支配收入21220元。

自由社区

(Ziyou Shequ)

名称来历 为让居民过上自由的生活，得名自由社区。

地理位置 地处华明路街道办事处北部，东至建设路，南至南环西路，西至华康二条，北至通化西街。

主要指标 2011年末，辖区总人口1023人，总面积0.07平方千米，城镇居民可支配收入21560元。

（撰稿：王蕊，初审：谭宗政）

遵化镇

(Zunhua Zhen)

全国千强镇。

政区概况

名称来历 原名“城关镇”，因遵化市人民政府驻地位于遵化镇区域内而得名。

地理位置 地处遵化市中部，东与崔家庄乡接壤，东南与新店子为邻，南靠团瓢庄乡，西邻西留村乡，北接苏家洼镇。人民政府驻通华街，电话区号0315，邮政编码064200，距遵化市人民政府1.5千米。

政区沿革 1953年，建遵化镇。1958年，属钢铁人民公社。1961年5月，设立城关人民公社。1965年8月，城关人民公社改建为城关镇。1988年1月，更名为遵化镇，辖25个村民委员会、15个居民委员会。1992年，大二里乡并入，辖40个村民委员会、23个居民委员会。2002年10月，析出23个居委会，设立北城、南城2个街道。

政区划分 2011年末，辖东关、南关、西关、北关、东坝、民主、解放、自由、胜利、建国、和平、南台、孔庄子、新立庄、上台子、张家窑、大营子、小河、北台、何家园、双园、下园、北二里、三间房、流水沟、小二里、大二里、谢庄子、小草店、后杨庄、学庄子、大草店、庄户、团练屯、蔡家岭、铁山岭、田庄、力田庄、东张家坎、教厂40个村民委员会。

人口面积 2011年末，辖区总人口4.06万人，其中城镇常住人口3.8万人，城镇化率93%。另有流动人1500人。总人口中，男性21024人，占52%；女性19597人，占48%；14岁以下6210人，占15%；15~64岁31834人，占79%；65岁以上2556人，占6%。总人口中，以汉族为主，达39780人，占98%；有回族812人，占2%。2011年，人口出生率11.78‰，人口死亡率4.14‰，人口自然增长率7.64‰。

辖区东西最大距离8千米，南北最大距离12千米，总面积96平方千米。其中陆地面积90平方千米，占93%；水域面积6平方千米，占7%。人口密度为每平方千米423人。

自然条件

地形地貌 境内大部为平原，地势略为平坦，地面一般海拔32米，最高点位于铁山岭，海拔65米，最低点位于沙河，海拔21米。

水文 境内河道属蓟运河水系，自力田庄入境，境内长5千米。

矿藏及其他自然资源 境内已探明地下矿藏主要为铁矿，地质储量0.5亿立方米，可采储量0.3亿立方米，集中分布在东部铁山岭一带。地下水资源可利用量10万立方米。

自然灾害 主要有风雹、水、旱、高温等。风雹灾害十年九遇，多集中在5~9月。旱涝出现概率一般各为12年一遇。大旱、大涝各为13年一遇。大暴雨（日雨量超过100毫米）年发生概率1.6%。连阴雨2天以上的年均11次，10天以上的年均3次。风雹年均3次。

经济概况

农业 耕地面积1.45万亩，人均0.36亩。以种植小麦、玉米、蔬菜为主。2011年，农业总产值7600万元，占国内生产总值的1.6%，实现农业增加值12590万元，比上年减少2.8%。

粮食作物以小麦、玉米为主。2011年，生产粮食1800吨，人均44.33千克，其中小麦290吨，玉米600吨。主要经济作物有蔬菜。2011年，蔬菜种植面积100亩，产量500吨，主要品种有韭菜、大葱、西红柿、茴香等，其中韭菜400万吨，大葱400万吨，西红柿100万吨。

畜牧业以猪、羊、家禽为主。2011年，生猪饲养量0.98万头，年末存栏0.5万头；羊饲养量150只，年末存栏100只；家禽饲养量2万羽。

工业 以钢铁、机械制造、建筑材料为主。2011年，工业总产值4.03亿元。实现工业增加值3600万元，比上年增长9%。2011年，工业企业200家，职工5000人。

商业外贸 2011年末，商业网点2个，职工600人；城乡集贸市场2个。2011年，社会消费品零售总额达50亿元，比上年增长10%；城乡集市贸易成交额1亿元。

财政金融 2011年，财政总收入5.24亿元，比上年增长12%。其中地方财政收入2.25亿元，比上年增长10%。从主要税种看，完成营业税12460万元，增值税3271万元，企业所得税669万元。人均财政收入8910元，比上年增长10%。2011年，银行和金融机构各类存款余额45亿元，比上年增长2%；各项贷款余额55亿元，比上年增长5%。

社会发展

文化艺术 2011年末，镇文化站1个，村级文化活动中心40个；各类文化专业户7个；各类图书室40个，藏书2万余册；音乐、美术、书法、摄影及文学业余创作人员80人。

教育 2011年末，幼儿园10所，在园幼儿2000人，专任教师102人；小学5所，在校生3649人，专任教师413人，小学适龄儿童入学率100%；初中适龄人口入学率、小升初升学率、九年义务教育覆盖率均达100%。2011年财政预算内教育经费1386万元，比上年增长10.5%。预算内教育经费（包括城市教育费附加）占财政总支出的比例为5%，比上年提高了12个百分点。

医疗卫生 2011年末，各级医疗卫生机构2个，门诊部（所）2个；病床60张，每千人拥有医疗床位1.5张，固定资产总值1000万元。专业卫生人员80名，其中执业医师30人，执业助理医师20人，注册护士50人。2011年医疗机构完成诊疗11万人次。新型农村合作医疗参合率100%。

体育 2011年末，学校体育场12个，座位10000个。100%的村安装了健身器材，经常参加体育活动的人员占常住人口的80%。

广播电视 2011年末，有线电视用户4万户，入户率98%。

社会保障 2011年城镇最低生活保障户数43户，人数74人，支出23万元，月人均259元，比上年增长2%；城市医疗救助6人次，民政部门资助参加合作医疗25人次，共支出30万元。农村最低生活保障户数139户，人数245人，支出30万元，比上年增长20%，月人均102元，比上年增长3%。国家抚恤、补助各类优抚对象350人，抚恤事业费支出200万元，比上年增长3%。社会福利费5万元，比上年增长5%；新型农村社会养老保险参保人数1.4万人，参保率96.6%。

基础设施

交通运输 112国道过境，境内长4千米；省道邦宽线过境，境内长5千米。

邮政电信 2011年末，邮政所2处，报纸、期刊累计期发行5万份（册），业务收入2000万元。

电信企业1家，服务网点2个；电话交换机总容量3万门，固定电话用户1万户，电话用户普及率100%；移动电话用户3万户；宽带接入用户1万户。全年电信业务收入200万元。

北二里村
(Bei'erli Cun)

名称来历 因距遵化县城北两华里而得名。

地理位置 地处遵化镇西北部，东至和平，南至下元，西至东三里，北至三间房。

主要指标 2011年末，辖区总人口910人，总面积0.63平方千米，农民人均纯收入8870元。

北关村
(Beiguan Cun)

名称来历 城外四关按所在地划分，命名为东关、西关、南关、北关四个村。

地理位置 地处遵化镇北部，东至胜利，南至北一环，西至下元，北至北二里。

主要指标 2011年末，辖区总人口630人，总面积0.4平方千米，农民人均纯收入8980元。

北台村
(Beitai Cun)

名称来历 因有社稷坛，是用来祭祀天地、谷神场所，俗称北坛，建村后定名北台。

地理位置 地处遵化镇西北部，东至下园，南至西关，西至小河，北至西二里。

主要指标 2011年末，辖区总人口473人，总面积0.52平方千米，农民人均纯收入8920元。

蔡家岭村
(Caijialing Cun)

名称来历 因蔡氏立村于山岭之下，遂以姓氏命名蔡家岭。

地理位置 地处遵化镇东部，东至崔家庄乡小良屯村，南至团练屯村，西至大二里村，北至铁山岭村。

主要指标 2011年末，辖区总人口800人，总面积0.75平方千米，农民人均纯收入8792元。

大草店村
(Dacaodian Cun)

名称来历 唐代建村。因建村前曾为卖马兼放马草场，后又开过车马客店。人口渐多，遂成村庄，后为和小草店区别，起名为大草店。

地理位置 地处遵化镇南部，东至庄户，南至南三环，西至学庄子，北至建龙钢铁厂。

主要指标 2011年末，辖区总人口1100人，总面积1.22平方千米，农民人均纯收入8462元。

大二里村

(Da'erli Cun)

名称来历 因地处县城东南二里处，得名东大二里庄，简称大二里。

地理位置 地处遵化镇中部，东至东二环南路，南至谢庄子，西至凤凰路，北至小二里。

主要指标 2011年末，辖区总人口1670人，总面积1.31平方千米，农民人均纯收入8754元。

大营子村

(Dayingzi Cun)

名称来历 明嘉靖二十年（1541年），于此地建辎重营，建村后即命名辎营子，民国年间改称大营子。

地理位置 地处遵化镇西部，东至张家窑，南至南二环西路，西至西留村乡五里屯，北至何家园。

主要指标 2011年末，辖区总人口807人，总面积0.28平方千米，农民人均纯收入8370元。

东坝村

(Dongba Cun)

名称来历 因村东为沙河东坝而得名。

地理位置 地处遵化镇中部，东至沙河，南至建华街，西至东关，北至教厂。

主要指标 2011年末，辖区总人口1856人，总面积1.57平方千米，农民人均纯收入8642元。

东关村

(Dongguan Cun)

名称来历 城外四关按所在地划分、命名为东关、西关、南关、北关四个村。

地理位置 地处遵化镇东部，东至东坝，南至沙河，西至南关，北至胜利。

主要指标 2011年末，辖区总人口1116人，总面积1平方千米，农民人均收入8552元。

何家园村

(Hejiayuan Cun)

名称来历 因何姓最早来此定居种菜而得名。

地理位置 地处遵化镇西部，东至北台，南至大营子，西至112国道，北至小河。

主要指标 2011年末，辖区总人口452人，总面积0.16平方千米，农民人均纯收入8910元。

和平村

(Heping Cun)

名称来历 1947年夏土地复查建政划村，将城内划为6个村，由翻身总会命名，北街以西至一中前胡同命名为和平。

地理位置 地处遵化镇东北部，东至海泉路，南至建明东街，西至文化北路，北至电力公寓。

主要指标 2011年末，辖区总人口626人，总面积0.33平方千米，农民人均纯收入8930元。

后杨庄村

(Houyangzhuang Cun)

名称来历 杨氏迁此立庄，又地处龙山之北，故取名后杨家庄，后改称后杨庄。

地理位置 地处遵化镇南部，东至大草店山场，南至龙山，西至建设南路，北至南三环。

主要指标 2011年末，辖区总人口530人，总面积0.8平方千米，农民人均纯收入8732元。

建国村

(Jianguo Cun)

名称来历 1947年夏土地复查建政划村，将城内划为6个村，由翻身总会命名，北十字以西划为一村，命名为建国。

地理位置 地处遵化镇西部，东至和平村，南至民主村，西至西关，北至北一环西路。

主要指标 2011年末，辖区总人口742人，总面积0.18平方千米，农民人均纯收入8780元。

教厂村

(Jiaochang Cun)

名称来历 因建村前是明代教军场而名。因“场”、“厂”同音，后演变为教厂。

地理位置 地处遵化镇北部，东至张家坎，南至胜利村，西至胜利村，北至流水沟。

主要指标 2011年末，辖区总人口2133人，总面积1.1平方千米，农民人均纯收入8472元。

解放村

(Jiefang Cun)

名称来历 1947年夏土地复查建政划村，将城内划为6个村，由翻身总会命名，将南街以东命名为解放村。

地理位置 地处遵化镇中部，东至东关，南至南关，西至自由，北至胜利。

主要指标 2011年末，辖区总人口1650人，总面积0.34平方千米，农民人均纯收入8720元。

孔庄子村

(Kongzhuangzi Cun)

名称来历 因孔姓最早来此立庄，遂冠以姓氏得名孔庄子。

地理位置 地处遵化镇南部，东至市建设南路，南至新立庄，西至张家窑，北至二中。

主要指标 2011年末，辖区总人口786人，总面积0.33平方千米，农民人均纯收入8385元。

力田庄村
(Litianzhuang Cun)

名称来历 新中国成立前原为给住在城里的田庄地主榜青的住处，曾称过“青场”、“田庄青”，隶属田庄，1958年由田庄分出，独立建村，取名力田庄，取“努力建设新田庄”之意。

地理位置 地处遵化镇北部，东至苏家洼镇瓦子庄，南至铁山岭，西至田庄，北至苏家洼镇新大屯。

主要指标 2011年末，辖区总人口370人，总面积0.37平方千米，农民人均纯收入9090元。

流水沟村
(Liushuigou Cun)

名称来历 因村前有一条流水沟而得名。

地理位置 地处遵化镇东北部，东至果菜市场，南至张家坎，西至三间房，北至苏家洼镇乔家洼。

主要指标 2011年末，辖区总人口450人，总面积1.1平方千米，农民人均纯收入9574元。

民主村
(Minzhu Cun)

名称来历 1947年夏土地复查建政划村，将城内划为6个村，将城内旧灰市南胡同以西划为一村，由翻身总会命名为民主村。

地理位置 地处遵化镇中部，东至自由，南至南一环，西至西一环，北至建国。

主要指标 2011年末，辖区总人口1100人，总面积0.35平方千米，农民人均纯收入8910元。

南关村
(Nanguan Cun)

名称来历 城外四关按所在地划分、命名为东关、西关、南关、北关四个村。

地理位置 地处遵化镇东南部，东至东关，南至南台，西至孔庄子，北至解放村。

主要指标 2011年末，辖区总人口1022人，总面积0.85平方千米，农民人均纯收入8790元。

南台村
(Nantai Cun)

名称来历 原有祭祀山川、雷雨之坛，俗称南坛，建村后改称南台。

地理位置 地处遵化镇南部，东至谢庄子，南至建龙钢铁厂，西至新立庄，北至南关。

主要指标 2011年末，辖区总人口1526人，总面积0.8平方千米，农民人均纯收入8930元。

三间房村
(Sanjianfang Cun)

名称来历 当时村西为一片坟地，原有三间房，后发展为村落，故名。

地理位置 地处遵化镇北部，东至流水沟，南至北二里，西至西三里乡东三里，北至苏家洼镇马家洼。

主要指标 2011年末，辖区总人口3120人，总面积0.23平方千米，农民人均纯收入13500元。

上台子村
(Shangtaizi Cun)

名称来历 因村内有一高台石井而得名。

地理位置 地处遵化镇南部，东至学庄子，南至小草店，西至沙河东岸，北至新立庄。

主要指标 2011年末，辖区总人口560人，总面积0.44平方千米，农民人均纯收入8970元。

胜利村
(Shengli Cun)

名称来历 1947年夏土地复查建政划村，将城内北街以东划为一村，由翻身总会命名为胜利村。

地理位置 地处遵化镇东南部，东至教厂，南至东关，西至北关，北至教厂。

主要指标 2011年末，辖区总人口1103人，总面积0.08平方千米，农民人均纯收入8930元。

双园村
(Shuangyuan Cun)

名称来历 因訾、王两姓最早来此定居，分别经营两个菜园而取名。

地理位置 地处遵化镇东部，东至二实小，南至人民广场，西至金缘购物中心，北至二院。

主要指标 2011年末，辖区总人口375人，总面积0.02平方千米，农民人均纯收入8970元。

田庄村
(Tianzhuang Cun)

名称来历 因水甜初取名为甜庄，“甜”、“田”同音，后演变为田庄。

地理位置 地处遵化镇东北部，东至力田庄，南至铁山岭，西至张家坎，北至苏家洼镇新大屯。

主要指标 2011年末，辖区总人口1400人，总面积1.87平方千米，农民人均纯收入882元。

铁山岭村
(Tieshanling Cun)

名称来历 村旁有一山岭，山上的石头呈黑色似铁，故取名为铁山岭。

地理位置 地处遵化镇东部，东至崔家庄乡老辛庄，南至村蔡家岭，西至东二环，北至田庄。

主要指标 2011年末，辖区总人口1957人，总面积2.25平方千米，农民人均纯收入8950元。

团练屯村

(Tuanliantun Cun)

名称来历 相传，唐代将领姜行本在该村南面龙山扎寨时，曾于此地练兵，乡人借此取村名团练屯。

地理位置 地处遵化镇东部，东至崔家庄乡黄台，南至龙山，西至庄户，北至蔡家岭。

主要指标 2011年末，辖区总人口2015人，总面积2.59平方千米，农民人均纯收入8582元。

西关村

(Xiguan Cun)

名称来历 城外四关按所在地划分、命名为东关、西关、南关、北关四个村。

地理位置 地处遵化镇西部，东至建国，南至张家窑，西至大营子，北至北台。

主要指标 2011年末，辖区总人口2371人，总面积0.98平方千米，农民人均纯收入8930元。

下园村

(Xiayuan Cun)

名称来历 因夏姓最早来此定居种菜而得名夏园，后演变为下园。

地理位置 地处遵化镇北部，东至北关体育场，南至北一环，西至文柏路，北至北二里。

主要指标 2011年末，辖区总人口480人，总面积0.21平方千米，农民人均纯收入8830元。

小草店村

(Xiaocaodian Cun)

名称来历 因建村前曾为卖马兼放马草场，后又开设过车马客店，人口增多渐成村落，取名小草店。

地理位置 地处遵化镇南部，东至学庄子，南至西留村乡朱山庄，西至西留村乡东留村，北至上台子。

主要指标 2011年末，辖区总人口2050人，总面积1.76平方千米，农民人均纯收入8890元。

小二里村

(Xiao'erli Cun)

名称来历 因地处县城东北二里处，比大二里村小，故取名小二里。

地理位置 地处遵化镇中部，东至蔡家岭，南至大二里，西至东坝，北至张家坎。

主要指标 2011年末，辖区总人口1098人，总面积0.81平方千米，农民人均纯收入8450元。

小河村

(Xiaohe Cun)

名称来历 因村前有一条小河而得名。

地理位置 地处遵化镇西部，东至北台村，南至何家园，西至张各庄，北至邢庄子。

主要指标 2011年末，辖区总人口720人，总面积0.48平方千米，农民人均纯收入8760元。

谢庄子村

(Xiezhuangzi Cun)

名称来历 相传唐太宗东征时曾在此卸甲休兵，故取名为卸甲庄，1947年土地复查时改称为谢庄子。

地理位置 地处遵化镇西南部，东至东二环南路，南至大草店，西至南台，北至大二里。

主要指标 2011年末，辖区总人口1369人，总面积1.01平方千米，农民人均纯收入8660元。

新立庄村

(Xinlizhuang Cun)

名称来历 由山东来的几户逃荒难民至此立庄，故取名为新立庄。

地理位置 地处遵化镇西南部，东至南台村，南至物资家属院，西至西留村乡老庄子，北至孔庄子。

主要指标 2011年末，辖区总人口600人，总面积0.5平方千米，农民人均纯收入8470元。

学庄子村

(Xuezhuangzi Cun)

名称来历 肖氏迁此立庄，借以姓氏取名肖庄子，1921年经本村姓魏的老师改名学庄子。

地理位置 地处遵化镇南部，东至大草店，南至后杨庄，西至小草店，北至大草店。

主要指标 2011年末，辖区总人口882人，总面积0.93平方千米，农民人均纯收入8950元。

东张家坎村

(Dongzhangjiakan Cun)

名称来历 建村前有张姓看庙人在此定居，后在坎上渐成村庄，取名张家坎，1981年地名普查时，为区别兴旺寨公社的张家坎，更名东张家坎村。

地理位置 地处遵化镇北部，东至田庄，南至小二里，西至教厂，北至流水沟。

主要指标 2011年末，辖区总人口1200人，总面积1.33平方千米，农民人均纯收入8862元。

张家窑村

（Zhangjiayao Cun）

名称来历 明扩建遵化城时，在此建窑烧砖，后建村。因张姓较多，取名张家窑。

地理位置 地处遵化镇西部，东至南关，南至老庄子，西至大营子，北至西关。

主要指标 2011年末，辖区总人口930人，总面积0.53平方千米，农民人均纯收入8620元。

庄户村

（Zhuanghu Cun）

名称来历 此地曾为地主的庄户院，故建村后，得名庄户。

地理位置 地处遵化镇东南部，东至团练屯，南至龙山，西至大草店，北至谢庄子。

主要指标 2011年末，辖区总人口612人，总面积0.78平方千米，农民人均纯收入8690元。

自由村

（Ziyou Cun）

名称来历 1947年夏土地复查建政划村，将城内划为6个村，将南街以西至旧灰市南胡同以东划为一村，由翻身总会命名为自由村。

地理位置 地处遵化镇中西部，东至解放村，南至南关，西至民主村，北至和平村。

主要指标 2011年末，辖区总人口485人，总面积0.14平方千米，农民人均纯收入8990元。

（撰稿：刘颖，初审：王淑兰）

堡子店镇

（Buzidian Zhen）

政区概况

名称来历 因镇人民政府驻地位于堡子店村而得名。

地理位置 地处遵化市西部，东与西留村乡接壤，东南与东新庄镇、团瓢庄乡为邻，南靠平安城镇，西邻石门镇，北接西下营乡。人民政府驻堡子店村，电话区号0315，邮政编码064205，距遵化市人民政府12.5千米。

政区沿革 1953年，分属堡子店、温庄、十八里、马相营4乡。1956年，4乡合并为堡子店、马相营2乡。1958年，属民生人民公社。1961年，改为堡子店人民公社。1984年，撤销人民公社，设立堡子店乡；同年，堡子店乡改镇，辖18个村民委员会。1992年，夏庄子乡并入，辖32个村民委员会、1个居民委员会。

政区划分 2011年末，辖堡子店、旧寨、新寨、北小庄、孟家铺、北岭、南小庄、张南洼、张北洼、十八里、南岭、西新店子、大曹各寨、小曹各寨、温家庄、纪各庄、大埝庄、小埝庄、夏庄子、小杨庄、马坊岭、亢港、安定庄、武庄子、张七各庄、郎仲庄、官庄、梨园头、北阁老湾、南阁老湾、西杨庄、东杨庄32个村民委员会。

人口面积 2011年末，辖区总人口3.92万人，其中城镇常住人口1579人，城镇化率3%。总人口中，男性19890人，占50.7%；女性19310人，占49.3%；14岁以下7067人，占18%；15～64岁27190人，占69%；65岁以上4943人，占13%。总人口中以汉族为主，达3.9万人，占99.5%；有满族210人，占0.5%。2011年，人口出生率13.5‰，人口死亡率2.85‰，人口自然增长率10.65‰。

辖区东西最大距离9.6千米，南北最大距离8.5千米，总面积76.8平方千米。其中陆地面积76.3平方千米，占99.3%；水域面积0.52平方千米，占0.7%。人口密度为每平方千米510人。

自然条件

地形地貌 境内大部分为平原，地势东北高西南低，地面高程一般在海拔220米。

矿藏及其他自然资源 境内已探明地下矿藏有铁矿石，地质储量3000万吨，可采储量2000万吨。

自然灾害 主要有冰雹、旱涝、风灾、低温、霜冻、雷击等。

经济概况

农业 耕地面积6.58万亩，人均1.68亩。以种植小麦、玉米、蔬菜为主。2011年，农业总产值31.87亿元，占国内生产总值的13%，实现农业增加值18810万元，比上年增长0.3%。

粮食作物以小麦、玉米、花生为主。2011年，生产粮食1.7万吨，其中花生5890吨。主要经济作物有蔬菜。2011年，蔬菜种植面积8820亩，主要品种有韭菜、葱、西红柿、白菜等，其中白菜5.8万吨。

畜牧业以猪、羊、家禽为主。2011年，生猪饲养量58.2万头，年末存栏29.8万头；羊饲养量16.9万只，年末存栏7.1万只；家禽饲养量470万羽。

工业 以钢铁、铸造、机械加工、建筑材料为主。2011年，工业总产值336.8亿元，占国内生产总值的51%。2011年，工业企业26家，职工3913人，实现工业增加值115亿元，比上年增长4.5%。拥有全国驰名商标1个，省优产品10个。

商业外贸 2011年末，商业网点160个；城乡集贸市场1个。2011年，社会消费品零售总额达80.2亿元，比上年增长11.3%；城乡集市贸易成交额59亿元。

财政金融 2011年，财政总收入9795万元，比上年增长73.3%。2011年，银行和金融机构各类存款余额4.5亿元。

社会发展

文化艺术 2011年末，镇（乡）文化站、广播电视站各1个；村级文化活动中心32个；各类图书室27个，藏书3.2余万册；音乐、美术、书法、摄影及文学业余创作人员860人。

教育 2011年末，幼儿园8所，在园幼儿680人，专任教师13人；小学7所，在校生1760人，专任教师143人，小学适龄儿童入学率100%；初中2所，在校生515人，专任教师80人，初中适龄人口入学率、小升初升学率、九年义务教育覆盖率均达100%。2011年教育经费达450万元。

医疗卫生 2011年末，各级医疗卫生机构96个。新型农村合作医疗参合率98.7%。

体育 2011年末，80%的村安装了健身器材，经常参加体育活动的人员占常住人口的80%。

广播电视 2011年末，有线电视用户8200户，入户率79%。

社会保障 2011年，城镇最低生活保障户数16户，人数33人，支出5428元，月人均13.7元；城市医疗救助38人次。农村最低生活保障户数367户，人数704人，月平均支出362元。国家抚恤、补助各类优抚对象384人。敬老院2家，床位150张，农村五保供养85人。

基础设施

交通运输 112省道过境。大秦铁路过境。有县乡（镇）级公路2条，总长16千米。

邮政电信 2011年末，邮政所1处，代办所32处。电信企业3家，服务网点68个。

镇区市政建设

公共交通 2011年末，镇区公共汽车客运站1座，日发客运汽车12班，年客运量1200人次。

给排水 2011年末，镇区深水井58眼。镇区主要道路两侧铺设排水管道1.5千米。

供电 2011年末，镇区11万千伏变电站1座。

安定庄村

(Andingzhuang Cun)

名称来历 因取“干戈平息，天下安定”之意，得村名安定庄。

地理位置 地处堡子店镇东部，东至武庄子，南至夏庄子，西至马坊岭，北至小杨庄。

主要指标 2011年末，辖区总人口595人，总面积4平方千米，农民人均纯收入5690元。

堡子店村

(Buzidian Cun)

名称来历 因此地原有城堡，后黄姓在此以开店为业，逐渐兴旺起来，遂得名堡子店。

地理位置 地处堡子店镇西部，东至张南洼，南至大曹各寨，西至西新店子，北至南小庄。

主要指标 2011年末，辖区总人口2838人，总面积6平方千米，农民人均纯收入5700元。

北阁老湾村

(Beigelaowan Cun)

名称来历 因有一位阁老还乡后在此立庄，且地处河湾以北，得名北阁老湾。

地理位置 地处堡子店镇南部，东至官庄，南至南阁老湾，西至小埝庄，北至亢港。

主要指标 2011年末，辖区总人口586人，总面积4平方千米，农民人均纯收入5690元。

北岭村

(Beiling Cun)

名称来历 因此地以北有一高土岭子而得名北岭。

地理位置 地处堡子店镇北部，东至马坊岭，南至南岭村，西至堡子店，北至堡子店。

主要指标 2011年末，辖区总人口766人，总面积4平方千米，农民人均纯收入5710元。

北小庄村

(Beixiaozhuang Cun)

名称来历 相传，娄氏迁此定居，取名娄新庄。因在新寨北面，至乾隆年间改称北新庄，至民国年间又称北小庄。

地理位置 地处堡子店镇北部，东至兴旺寨乡北马相营，南至新寨，西至旧寨，北至兴旺寨乡朝阳沟。

主要指标 2011年末，辖区总人口383人，总面积4平方千米，农民人均纯收入5695元。

大曹各寨村

(Dacaogezhai Cun)

名称来历 因曹氏迁此立庄，故取名曹各寨。后有人迁出另立一村称小曹各寨，遂改称大曹各寨。

地理位置 地处堡子店镇南部，东至小曹各寨，南至纪各庄，西至石门镇小渤海寨，北至堡子店。

主要指标 2011年末，辖区总人口1588人，总面积5平方千米，农民人均纯收入5695元。

大埝庄村

(Danianzhuang Cun)

名称来历 因此地临近沙河，曾有大埝，得名大埝庄。

地理位置 地处堡子店镇南部，东至北阁老湾，南至东新庄镇北岗村，西至纪各庄，北至小埝庄。

主要指标 2011年末，辖区总人口1529人，总面积5平方千米，农民人均纯收入5705元。

东杨庄村

(Dongyangzhuang Cun)

名称来历 因杨氏迁此立庄取名杨庄。后族人迁出另立一庄，称西杨庄，该村居东，则称东杨庄。

地理位置 地处堡子店镇东南部，东至西留村乡白方寺，南至团瓢庄乡兴隆店村，西至西杨庄，北至梨园头。

主要指标 2011年末，辖区总人口1151人，总面积5平方千米，农民人均纯收入5690元。

官庄村

(Guanzhuang Cun)

名称来历 相传，此地原有几户人家，因行为恶劣被抄，后官家在此重新立村，定名为官庄。

地理位置 地处堡子店镇东部，东至梨园头，南至西杨庄，西至西杨庄，北至朗仲庄。

主要指标 2011年末，辖区总人口2403人，总面积7平方千米，农民人均纯收入5700元。

纪各庄村

(Jigezhuang Cun)

名称来历 因此地地形似鸡，故取名为鸡各庄。清初时本村大户卞姓以“鸡”与“纪”谐音，更名纪各庄。

地理位置 地处堡子店镇南部，东至大埝庄，南至东新庄镇北营村，西至石门镇小渤海寨，北至大曹各寨。

主要指标 2011年末，辖区总人口2577人，总面积7平方千米，农民人均纯收入5700元。

旧寨村

(Jiuzhai Cun)

名称来历 因明初修长城时此地曾为屯兵扎寨之地。后有人迁此定居，遂取名旧寨。

地理位置 地处堡子店镇北部，东至新寨，南至南小庄，西至西下营乡郝各庄，北至北小庄。

主要指标 2011年末，辖区总人口592人，总面积4平方千米，农民人均纯收入5700元。

亢港村

(Kanggang Cun)

名称来历 因亢氏迁此立庄，且地势低洼，取名为亢家港，后称亢港。本地读音Kangjiang。

地理位置 地处堡子店镇东部，东至夏庄子，南至北阁老湾，西至南岭，北至马坊岭。

主要指标 2011年末，辖区总人口1036人，总面积5平方千米，农民人均纯收入5695元。

郎仲庄村

(Langzhongzhuang Cun)

名称来历 因有曾当过郎中的人在此立庄，遂称村名郎中庄。后演变为郎仲庄。

地理位置 地处堡子店镇东部，东至梨园头，南至官庄，西至北阁老湾，北至夏庄子。

主要指标 2011年末，辖区总人口1279人，总面积5平方千米，农民人均纯收入5710元。

梨园头村

(Liyuantou Cun)

名称来历 因河道在这里转了个大弯子，像犁辕子。建村后即以地形命村名为犁辕头。因“犁”与“梨”、“辕”与“园”同音，后演变为梨园头。

地理位置 地处堡子店镇东部，东至西留村乡西留村，南至东杨庄，西至朗仲庄，北至张七各庄。

主要指标 2011年末，辖区总人口1562人，总面积6平方千米，农民人均纯收入5710元。

马坊岭村

(Mafangling Cun)

名称来历 此地曾为官军牧马场，建村后取名马坊屯。因村东邻近土岭，改称马坊岭。

地理位置 地处堡子店镇北部，东至安定庄，南至亢港，西至北岭，北至张南洼。

主要指标 2011年末，辖区总人口1016人，总面积5平方千米，农民人均纯收入5700元。

孟家铺村

(Mengjiapu Cun)

名称来历 因孟氏迁此立庄，最初搭窝铺居住，故取名为孟家窝铺，后称孟家铺。

地理位置 地处堡子店镇西部，东至堡子店，南至西新店子，西至汤泉乡关山口，北至西夏营乡郝各庄。

主要指标 2011年末，辖区总人口1573人，总面积5平方千米，农民人均纯收入5710元。

南阁老湾村

(Nangelaowan Cun)

名称来历 居民由北阁老湾移居此地立庄，取名为南阁老湾。

地理位置 地处堡子店镇南部，东至西杨庄，南至东新庄镇八间房村，西至纪各庄，北至北阁老湾。

主要指标 2011年末，辖区总人口1757人，总面积6平方千米，农民人均纯收入5700元。

南岭村

(Nanling Cun)

名称来历 曾名南屯。因地处北岭以南，故改称南岭。

地理位置 地处堡子店镇南部，东至亢港，南至小埝庄，西至小曹各寨，北至北岭。

主要指标 2011年末，辖区总人口367人，总面积3平方千米，农民人均纯收入5700元。

南小庄村

(Nanxiaozhuang Cun)

名称来历 因居新寨南面，人少村小，故称南小庄。

地理位置 地处堡子店镇北部，东至新寨，南至堡子店，西至西下营乡郝各庄，北至旧寨。

主要指标 2011年末，辖区总人口956人，总面积6平方千米，农民人均纯收入5690元。

十八里村

(Shibali Cun)

名称来历 此地处县城西十八里，古代曾在此地设过烽火台，建村后取名十八里烟墩，后改称十八里。

地理位置 地处堡子店镇部，东至小杨庄，南至马坊岭，西至张南洼，北至兴旺寨乡马南相营。

主要指标 2011年末，辖区总人口1083人，总面积5平方千米，农民人均纯收入5700元。

温家庄村

(Wenjiazhuang Cun)

名称来历 因温氏迁此立庄得名温家庄。

地理位置 地处堡子店镇南部，东至亢港，南至小埝庄，西至大曹各寨，北至小曹各寨。

主要指标 2011年末，辖区总人口1024人，总面积5平方千米，农民人均纯收入5720元。

武庄子村

(Wuzhuangzi Cun)

名称来历 因武氏迁此立庄得名武家庄，后改称武庄子。

地理位置 地处堡子店镇东部，东至西留村乡西留村，南至张七各庄，西至安定庄，北至西留村乡大杨庄。

主要指标 2011年末，辖区总人口1193人，总面积5平方千米，农民人均纯收入5700元。

西新店子村

(Xixindianzi Cun)

名称来历 因邻堡子店而建，且建村较晚，故取名新店子。1981年地名普查时，为与县内同名村相区别，以方位更名为西新店子。

地理位置 地处堡子店镇西部，东至堡子店，南至石门镇小渤海寨，西至石门镇义井铺，北至孟家铺。

主要指标 2011年末，辖区总人口1614人，总面积6平方千米，农民人均纯收入5700元。

西杨庄村

(Xiyangzhuang Cun)

名称来历 因杨氏由东杨庄迁此立庄，取名为西杨庄。

地理位置 地处堡子店镇东南部，东至东杨庄，南至团瓢庄乡东上庄村，西至官庄，北至官庄。

主要指标 2011年末，辖区总人口514人，总面积5平方千米，农民人均纯收入5695元。

夏庄子村

(Xiazhuangzi Cun)

名称来历 因夏氏迁此立庄，故取名为夏家庄，后演变为夏庄子。

地理位置 地处堡子店镇东部，东至张七各庄，南至北阎老湾，西至亢港，北至安定庄。

主要指标 2011年末，辖区总人口1788人，总面积6平方千米，农民人均纯收入5700元。

小曹各寨村

(Xiaocaogezhai Cun)

名称来历 因曹氏由大曹各寨迁此立庄，故得名小曹各寨。

地理位置 地处堡子店镇西部，东至南岭，南至温家庄，西至大曹各寨，北至堡子店。

主要指标 2011年末，辖区总人口1329人，总面积5平方千米，农民人均纯收入5695元。

小埝庄村

(Xiaonianzhuang Cun)

名称来历 因一部分住户由大埝庄迁此立庄，得名小埝庄。

地理位置 地处堡子店镇南部，东至北阎老湾，南至大埝庄，西至纪各庄，北至温家庄。

主要指标 2011年末，辖区总人口738人，总面积5平方千米，农民人均纯收入5710元。

小杨庄村

(Xiaoyangzhuang Cun)

名称来历 因杨氏迁此立庄，以姓氏取村名杨家庄，因村落较小，后改称小杨庄。

地理位置 地处堡子店镇北部，东至西留村乡后王庄，南至安定庄，西至马坊岭，北至兴旺寨乡甘泽庄。

主要指标 2011年末，辖区总人口1007人，总面积5平方千米，农民人均纯收入5695元。

新寨村

(Xinzhai Cun)

名称来历 因邻旧寨，遂取村名新寨。

地理位置 地处堡子店镇北部，东至兴旺寨乡南马相营，南至张北洼，西至旧寨，北至北小庄。

主要指标 2011年末，辖区总人口986人，总面积5平方千米，农民人均纯收入5700元。

张北洼村

(Zhangbeiwa Cun)

名称来历 因地势低洼，并冠以定居建村人的姓氏取名为张家洼。后分为两个村，因地处北部故名为张北洼。

地理位置 地处堡子店镇北部，东至十八里，南至张南洼，西至堡子店，北至新寨。

主要指标 2011年末，辖区总人口996人，总面积5平方千米，农民人均纯收入5695元。

张南洼村

(Zhangnanwa Cun)

名称来历 因地势低洼，并冠以定居建村人姓氏取名为张家洼。后分为两个村，因地处南部故名为张南洼。

地理位置 地处堡子店镇北部，东至十八里，南至马坊岭，西至堡子店镇，北至张北洼。

主要指标 2011年末，辖区总人口1381人，总面积5平方千米，农民人均纯收入5715元。

张七各庄村

(Zhangqigezhuang Cun)

名称来历 这里为元代右丞相墓地。有佃户张七哥在此看坟种田，后繁衍为村，故称张七哥庄。后演变为张七各庄。

地理位置 地处堡子店镇东部，东至西留村乡西留村，南至梨园头，西至夏庄子，北至武庄子。

主要指标 2011年末，辖区总人口1300人，总面积5平方千米，农民人均纯收入5700元。

（撰稿：石金玉，初审：康立国）

马兰峪镇

(Malanyu Zhen)

政区概况

名称来历 因镇人民政府驻马兰峪四村而得名。

地理位置 地处遵化市西北，东与汤泉乡接壤，东南与石门为邻，南靠东陵乡，西邻陵区，北接兴隆县八卦岭镇。人民政府驻马兰峪四村，电话区号0315，邮政编码064206，距遵化市人民政府25千米。

政区沿革 1953年，建马兰峪镇。1958年，属红旗人民公社。1961年，析出，设立马兰峪人民公社。1984年，撤销人民公社，复为马兰峪乡；同年，马兰峪乡改镇，辖13个村民委员会。1989年，营房乡并入，辖25个村民委员会。

政区划分 2011年末，辖马兰峪一、马兰峪二、马兰峪三、马兰峪四、峪河东、马兰关一、马兰关二、马兰关三、官房、石各庄、南吉峪、黄土坡、上关、平山寨、许家峪、侯家山、裕营房、定营房、惠营房、西渤海寨、东渤海寨、孙家洼、现井、魏进河、三合25个村民委员会。

人口面积 2011年末，辖区总人口24964人，其中城镇常住人口10309人，城镇化率41.3%。另有流动人1380人。总人口中，男性12884人，占51.6%；女性12080人，占48.4%；14岁以下4343人，占17.4%；15~64岁18235人，占73.05%；65岁以上2583人，占10.34%。总人口中，以满族为主；有回、满、蒙古、土家、朝鲜、壮等少数民族，共24861人，占99.6%；超过1000人的有满1个少数民族，达21471人，占少数民族人口的86.36%。2011年，人口出生率13.59‰，人口死亡率6.67‰，人口自然增长率6.92‰。

辖区东西最大距离8千米，南北最大距离7千米，总面积50.8平方千米。其中陆地面积48.8平方千米，占96.05%；水域面积2平方千米，占3.95%。人口密度为每平方千米491人。

自然条件

地形地貌 境内大部分为丘陵地带，地势北高南低，地面一般海拔220米，最高点海拔650米，最低点海拔100米。

水文 境内河道属马兰河水系和魏进河水系。马兰河自兴隆八卦岭及上关水库入境，境内长10千米。

矿藏及其他自然资源 境内已探明地下矿藏有花岗岩，地质储量2亿立方米，可采储量1.5亿立方米，集中分布在东南部一带。地下水资源可利用量为800万立方米。

自然灾害 主要自然灾害有冰雹、旱涝、风灾、低温、霜冻、雷击等。雹灾平均15年一遇，最严重的一次发生在1987年5月，降雹时间约5分钟，涉及马兰关、马兰峪等8个村，受灾面积10公顷。

经济概况

农业 耕地面积2.27万亩，人均0.91亩。以种植玉米、蔬菜为主。2011年，农业总产值8.63亿元，占国内生产总值的57.9%，实现农业增加值9130万元，比上年增长6.2%。

粮食作物以玉米为主。2011年，生产粮食7412吨，人均297千克，其中小麦103.7吨，玉米6691吨。主要经济作物有板栗、核桃、苹果、梨、柿子、桃等干鲜果品。2011

年产板栗1150吨，苹果等水果0.46万吨。

畜牧业以猪、羊、家禽为主。2011年，生猪饲养量1.41万头，年末存栏1.4万头；羊饲养量0.99万只，年末存栏0.99万只；家禽饲养量20.95万羽。

工业 以化工、铸造、机械加工、塑料制品、建筑材料为主。2011年，工业总产值13.57亿元，实现工业增加值0.4亿元，比上年增长60%，占国内生产总值的57%。2011年，工业企业18家，职工750人。

商业外贸 2011年末，商业网点350个，职工1200人；城乡集贸市场3个。2011年，社会消费品零售总额达8.63亿元，比上年增长30%；城乡集市贸易成交额0.21亿元。

财政金融 2011年，财政总收入0.46亿元，比上年增长65.9%。其中地方财政收入0.2亿元，比上年增长63%。人均财政收入1827元，比上年增长20%。2011年，银行和金融机构各类存款余额9.26亿元，比上年增长8%；各项贷款余额5.8亿元，比上年增长6%。

社会发展

文化艺术 2011年末，镇文化站1个，村级文化活动中心12个；各类文化专业户8个；各类图书室13个，藏书2.6余万册，音乐、美术、书法、摄影及文学业余创作人员156人。有省、市级文物保护单位4个。

教育 2011年末，幼儿园8所，在园幼儿200人，专任教师10人；小学4所，在校生1502人，专任教师71人，小学适龄儿童入学率100%；初中1所，在校生569人，专任教师67人，初中适龄人口入学率、小升初升学率、九年义务教育覆盖率均达100%。2011年教育经费达200万元，国家财政性教育经费200万元。

科技 2011年末，各类科技人才300人。

医疗卫生 2011年末，各级医疗卫生机构55个，门诊部（所）55个；病床131张，每千人拥有医疗床位5.25张，固定资产总值1600万元。专业卫生人员132名，其中执业医师2人，执业助理医师10人，注册护士4人。2011年医疗机构（门诊部以上）完成诊疗8万人次。新型农村合作医疗参合率98%。

体育 2011年末，学校体育场地2处，座位300个。20%的村安装了健身器材，经常参加体育活动的人员占常住人口的50%。

广播电视 2011年末，有线电视用户500户，入户率7%。

社会保障 2011年城镇最低生活保障户数19户，49人，支出17.4万元，比上年增长2%，月人均296元，比上年增长17%；城市医疗救助19人次，民政部门资助参加合作医疗1035人次，共支出6.2万元，比上年增长10%。农村最低生活保障户数228户，人数443人，支出65.9万元，比上年增长9.5%，月人均124元，比上年增长9.5%。国家抚恤、补助各类优抚对象218人，抚恤事业费支出67.8万元，比上年增长8%。新型农村社会养老保险参保人数7543人，参保率30%。

基础设施

交通运输 有镇级公路4条，总长10千米。

邮政电信 2011年末，邮政所1处，代办所1处；报纸、期刊累计发行4500万份（册），业务收入2.3万元。

电信企业1家，服务网点1个；电话交换机总容量1万门，固定电话用户4700万户，电话用户普及率达到66.2%；移动电话用户0.71万户；宽带接入用户0.53万户。全年电信业务收入300万元。

镇区市政建设

公共交通 2011年末，镇区公共汽车客运站1座，日发客运汽车13班次，日均容量1200余人次。

给排水 2011年末，镇区深水井3眼并有成套净化设备，年供水36.5万吨。镇区主要道路两侧铺设排水管道0.75千米。

供电 2000年，马兰峪变电站、供电站建成2个1250千伏安，年供电3000万千瓦时。

园林绿化 2011年末，镇政府驻地花坛1个，绿化面积0.002公顷。

东渤海寨村

(Dongbohaizhai Cun)

名称来历 相传，唐玄宗以后，渤海王（今吉林省敦化县地）多次到长安朝贡，曾路经此地扎寨宿营，故得名大渤海寨。后分为两个村，因该村居东故称东渤海寨。

地理位置 地处马兰峪镇南部，东至孙家洼村，南至东陵乡大汤河村，西至西渤海寨，北至现井。

主要指标 2011年末，辖区总人口560人，总面积1平方千米，农民人均纯收入6306元。

西渤海寨村

(Xibohaizhai Cun)

名称来历 相传，唐玄宗以后，渤海王（今吉林省敦化县地）多次到长安朝贡，曾路经此地扎寨宿营，故得名大渤海寨。后分为两个村，因该村居西故称西渤海寨。

地理位置 地处马兰峪镇南部，东至东渤海寨，南至东陵乡大汤河，西至惠营房，北至现井。

主要指标 2011年末，辖区总人口574人，总面积1平方千米，农民人均纯收入6027元。

定营房村

(Dingyingfang Cun)

名称来历 原为守护清东陵定陵的官兵营房，后繁衍成村，故取名为定陵营房，后称定营房。

地理位置 地处马兰峪镇南部，东至西渤海寨，南至惠营房，西至侯家山，北至裕营房。

主要指标 2011年末，辖区总人口750人，总面积1.2

平方千米，农民人均纯收入6060元。

马兰关二村
(Malanguan' er Cun)

名称来历 因地处长城口，又离马兰峪较近，故取名马兰关。后划为三片，按序号称村。

地理位置 地处马兰峪镇西北部，东至马兰关三村，南至东陵乡兴隆泉村，西至昌瑞山，北邻马兰关一村。

主要指标 2011年末，辖区总人口1334人，总面积0.35平方千米，农民人均纯收入6051元。

马兰关三村
(Malanguansan Cun)

名称来历 因地处长城口，又离马兰峪较近，故取名马兰关。后划为三片，按序号称村。

地理位置 地处马兰峪镇西北部，东至平山寨，南至官房，西至东陵乡东沟村，北至马兰关二村。

主要指标 2011年末，辖区总人口1610人，总面积2.25平方千米，农民人均纯收入6065元。

马兰关一村
(Malanguanyi Cun)

名称来历 地处长城口，又离马兰峪较近，故取名马兰关。后划为三片，按序号称村。

地理位置 地处马兰峪镇西北部，东邻马兰关三村，南邻马兰关二村，西邻东陵乡东沟村，北至承德市兴隆县西区村。

主要指标 2011年末，辖区总人口1558人，总面积2.35平方千米，农民人均纯收入6069元。

官房村
(Guanfang Cun)

名称来历 清咸丰年间，千总武官徐二老虎曾在此驻兵，故得名官房。

地理位置 地处马兰峪镇西北部，东至山场，南至马兰峪一村，西至东陵乡西沟村，北至马兰关三村。

主要指标 2011年末，辖区总人口370人，总面积0.06平方千米，农民人均纯收入6050元。

侯家山村
(houjiashan Cun)

名称来历 候氏迁此落户建村，因该村原在村西的山南坡上，故取名侯家山，后因划为陵区禁地，而迁至此地建村，仍称侯家山。

地理位置 地处马兰峪镇南部，东至惠营房，南至东陵乡新城一村，西至东陵乡惠大村，北至定营房。

主要指标 2011年末，辖区总人口518人，总面积1平方千米，农民人均纯收入6042元。

黄土坡村
(Huangtupo Cun)

名称来历 因临近山坡，黄沙土质，以此地理特征，取名黄土坡。

地理位置 地处马兰峪镇东北部，东至石各庄，南至河东，西至马兰关三村，北至平山寨。

主要指标 2011年末，辖区总人口273人，总面积0.65平方千米，农民人均纯收入6049元。

上关村
(Shangguan Cun)

名称来历 上关原称鲇鱼关，因位于鲇鱼池附近而得名。此地北高南低，建村后分南北两村，居北者为上关，居南者为下关，清末两村合为一村，俗称上关。

地理位置 地处马兰峪镇北部，东至汤泉乡鲇鱼池村，南至黄土坡村，西至马兰关一村，北至平山寨村。

主要指标 2011年末，辖区总人口530人，总面积6.5平方千米，农民人均纯收入6061元。

惠营房村
(Huiyingfang Cun)

名称来历 清同治年间此地为守护惠陵的营房，后称村惠营房。

地理位置 地处马兰峪镇南部，东至西渤海寨，南至东陵乡，西至侯家山，北连定营房。

主要指标 2011年末，辖区总人口550人，总面积0.91平方千米，农民人均纯收入6036元。

南吉峪村
(Nanjiyu Cun)

名称来历 据传该村曾有明崇祯十二年所铸大铁钟一个，上铸村名“新驿庄”，清代又曾为驿站养马之地，改称“南新驿”，后取吉祥之意，又更名南吉峪。

地理位置 地处马兰峪镇东部，东至汤泉乡起新庄村，南至三合村，西至黄土坡，北至石各庄。

主要指标 2011年末，辖区总人口600人，总面积1平方千米，农民人均纯收入6040元。

三合村
(Sanhe Cun)

名称来历 因地处清东陵禁区之外的山地，又有牛姓坟地而得名牛家裕，1981年地名普查时，为区别于党裕公社牛家裕，根据该村居民分住三片，故更名三合村。

地理位置 地处马兰峪镇东南部，东至魏进河，南至现井，西至许家峪，北至南吉峪。

主要指标 2011年末，辖区总人口382人，总面积1.5平方千米，农民人均纯收入6060元。

平山寨村

(Pingshanzhai Cun)

名称来历 因地处平山顶山麓，明代把守鲇鱼关口时曾在此屯兵扎寨，故取名平山寨。

地理位置 地处马兰峪镇北部，东至汤泉乡鲶鱼池，南至石各庄，西至马兰关一村，北倚长城。

主要指标 2011 年末，辖区总人口 941 人，总面积 2.5 平方千米，农民人均纯收入 6062 元。

石各庄村

(shigezhuang Cun)

名称来历 石氏迁此立庄，以姓氏取名石家庄，后称石各庄。

地理位置 地处马兰峪镇东北部，东至汤泉乡启新庄村，南至南吉峪，西至黄土坡，北至上关村。

主要指标 2011 年末，辖区总人口 1327 人，总面积 1.5 平方千米，农民人均纯收入 6060 元。

孙家洼村

(Sunjiawa Cun)

名称来历 孙氏迁此立庄，因地势低洼，故以姓氏、地势取名孙家洼。

地理位置 地处马兰峪镇南部，东至魏进河，南至东陵乡大汤河，西至东渤海寨，北至现井。

主要指标 2011 年末，辖区总人口 237 人，总面积 0.8 平方千米，农民人均纯收入 6076 元。

魏进河村

(Weijinhe Cun)

名称来历 始因魏姓在此定居，得名魏家庄。又因有河绕村而过，俗称魏家河。河水由此进入河底呈潜流，得村名魏进河。

地理位置 地处马兰峪镇东部，东至楼似山，南至孙家洼，西至现井，北至南吉峪。

主要指标 2011 年末，辖区总人口 986 人，总面积 1.69 平方千米，农民人均纯收入 6024 元。

现井村

(Xianjing Cun)

名称来历 当时这一带地势低洼，形同“陷阱”，多雨之年，更是一片汪洋，故得名陷阱，因“陷”至“现”同音，后演变成现井。

地理位置 地处马兰峪镇南部，东至魏进河，南至东渤海寨，西至定营房，北至三合村。

主要指标 2011 年末，辖区总人口 1024 人，总面积 1.28 平方千米，农民人均纯收入 6084 元。

许家峪村

(Xujiayu Cun)

名称来历 此处有清代公主陵墓一座，初为看陵人许姓在此定居落户，故取名许家峪。

地理位置 地处马兰峪镇南部，东至三合村，南至裕营房，北邻峪河东，西至河东。

主要指标 2011 年末，辖区总人口 839 人，总面积 1.01 平方千米，农民人均纯收入 6067 元。

马兰峪二村

(Malanyu’er Cun)

名称来历 因此地山上马莲繁茂丛生，草本开蓝色花，又名马蔺或马兰，由此而得名马兰峪。1953 年划为四片，按序号称村。

地理位置 地处马兰峪镇西部，东邻马兰峪一村，南至东陵乡兴隆泉村，西至清东陵景区，北邻马兰峪三村。

主要指标 2011 年末，辖区总人口 1985 人，总面积 1.3 平方千米，农民人均纯收入 6082 元。

峪河东村

(Yuhedong Cun)

名称来历 因建村于马兰峪河东岸得名东新庄，后称河东，1981 年地名普查时，为区别于东旧寨公社河东村，更名为峪河东。

地理位置 地处马兰峪镇中部，东至石各庄，南至许家峪，西至马兰峪四村，北至马兰关三村。

主要指标 2011 年末，辖区总人口 1300 人，总面积 1.6 平方千米，农民人均纯收入 6067 元。

马兰峪三村

(Malanyusan Cun)

名称来历 因此地山上马莲繁茂丛生，草本开蓝色花，又名马蔺或马兰，由此而得名马兰峪。1953 年划为四片，按序号称村。

地理位置 地处马兰峪镇西部，东临马兰峪四村，南临马兰峪二村，西至东陵乡东沟村，北临马兰峪四村。

主要指标 2011 年末，辖区总人口 1780 人，总面积 1.5 平方千米，农民人均纯收入 6044 元。

马兰峪四村

(Malanyusi Cun)

名称来历 因此地山上马莲繁茂丛生，草本开蓝色花，又名马蔺或马兰，由此而得名马兰峪。1953 年划四 4 片，按序号称村。

地理位置 地处马兰峪镇西部，东临峪河东村，南临马兰峪二村，西临马兰峪三村，北至官房村。

主要指标 2011 年末，辖区总人口 1536 人，总面积 1.1 平方千米，农民人均纯收入 6086 元。

马兰峪一村

(Malanyuyi Cun)

名称来历 因此地山上马莲繁茂丛生，草本开蓝色花，又名马蔺或马兰，由此得名马兰峪。1953年划为四片，按序号得名。

地理位置 地处马兰峪镇西部，东至许家峪，南至东陵乡惠大村，西至马兰峪二村，北至马兰峪四村。

主要指标 2011年末，辖区总人口1985人，总面积1.5平方千米，农民人均纯收入6069元。

裕营房村

(Yuyingfang Cun)

名称来历 始为清代看守裕陵的营房，后渐成村庄，取名裕营房。

地理位置 地处马兰峪镇南部，东至三合村，南至定营房，西至马兰峪一村，北至许家峪。

主要指标 2011年末，辖区总人口1106人，总面积1.2平方千米，农民人均纯收入6067元。

（撰稿：张奕志，初审：陈静中）

平安城镇

(Ping'ancheng Zhen)

中国北方最大的香菇生产基地之一，有“中国香菇之乡”之称。

政区概况

名称来历 因镇人民政府驻地位于平安城村而得名。

地理位置 地处遵化市西南，东与东新庄镇、刘备寨乡接壤，南与玉田县为邻，西邻蓟县龙虎峪、出头岭，北接石门镇。人民政府驻地平安城四村，电话区号0315，邮政编码064208，距遵化市人民政府22千米。

政区沿革 1953年，分属平安城、麻各庄、后所屯、中滩、夏家峪5乡。1956年，5乡合并为平安城乡。1958年10月，属五星人民公社。1961年，析出，设立平安城人民公社。1984年3月，撤销人民公社，复置平安城乡，同年，平安城乡改镇，辖27个村民委员会。1992年，马各庄乡并入，辖39个村民委员会。

政区划分 2011年末，辖平安城一、平安城二、平安城三、平安城四、西小庄、张家街、王家街、赵家街、东戴庄、京五营、后所屯、东贾庄、小丰台、骆马庄、中滩、东门庄、西门庄、河南街、东潘庄、西潘庄、大麻各庄、小麻各庄、麻家庵、夏家峪、刘各庄、西李庄子、莲藕池、国各庄、寺下庄、蒋辛庄、马各庄东、马各庄西、刘官屯、姚各庄、东梁各庄、高家坡、围庄子、梁庄子、孙庄子39个村民委员会。

人口面积 2011年末，辖区总人口52652人，其中城镇常住人口5837人，城镇化率11%。另有流动人口1500人。总人口中，男性27133人，占50.3%；女性25519人，占48.5%；14岁以下5000人，占9%；15~64岁31276人，占59%；65岁以上13000人，占25%。总人口中，以汉族为主，达51598人，占98%；有少数民族1053人，占2%。2011年，人口出生率11.78‰，人口死亡率6.84‰，人口自然增长率4.94‰。

辖区东西最大距离15千米，南北最大距离13千米，总面积95.7平方千米。其中陆地面积76.5平方千米，占80%；水域面积9.57平方千米，占9.75%。人口密度为每平方千米550人。

自然条件

地形地貌 境内大部分为平原，地势平坦低洼，海拔在20~50米之间。

矿藏及其他自然资源 地下水资源可利用量2亿立方米。

自然灾害 主要自然灾害有冰雹、旱涝、风灾、低温、霜冻、雷击等。雹灾平均10年一遇，最严重一次发生在2002年10月20日，降雹时间约3分钟，涉及多个村庄，受灾面积1500亩。风灾一年四季均有发生，最严重的一次发生在1978年6月9日。造成0.5万亩小麦受灾，减产5万千克。

经济概况

农业 耕地面积6.5万亩，人均1亩。以种植小麦、玉米、花生、蔬菜、食用菌为主。2011年，农业总产值4.8亿元，占国内生产总值的17.5%，实现农业增加值4.28千万元，比上年增长9.8%。

粮食作物以小麦、玉米为主。2011年，生产粮食3.5万吨，人均665千克，其中小麦1万吨，玉米1.97万吨。主要经济作物有花生、瓜果、蔬菜。2011年，蔬菜种植面积1.9万亩，产量15万吨，其中韭菜0.6万吨，大葱0.35万吨，西红柿0.54万吨。全镇39个村中有32个村从事食用菌生产，已建成食用菌大棚2621个，生产规模达7000万棒，年产食用菌5.3万多吨，实现销售收入2亿多元。

畜牧业以猪、牛、羊、家禽为主。2011年，生猪饲养量12.7万头，年末存栏4.6万头；羊饲养量1万只，年末存栏0.8万只；家禽饲养量78.6万羽。

工业 以铸造、机械制造、建筑材料为主。2011年工业总产值8.78亿元，占国内生产总值的32%。2011年，工业企业34家，职工8300人，实现工业增加值6.6亿元，比上年增长17.5%。

商业外贸 2011年末，商业网点140个，职工420人；城乡集贸市场7个。2011年，社会消费品零售总额达0.5亿元，比上年增长1.2%；城乡集市贸易成交额1.2亿元。2011年，出口总额3000万美元，比上年增长1.2%，主要产品有香菇，销往天津、北京、山东、河南等地。

财政金融 2011年，财政总收入0.13亿元，比上年增长0.9%。其中地方财政收入0.01亿元，比上年增长0.8%。从主要税种看，完成营业税560.8万元，增值税440万元，企业所得税261万元。人均财政收入279元，比上年增长0.09%。2011年，银行和金融机构各类存款余额2.5亿元，比上年增长0.3%；各项贷款余额1.5亿元，比上年增长0.4%。

社会发展

文化艺术 2011年末，镇文化站1个，村级文化活动中心39个；各类文化专业户10个；各类图书室40个，藏书5余万册；音乐、美术、书法、摄影及文学业余创作人员150人。

教育 2011年末，幼儿园15所，在园幼儿200人；小学11所，在校生3437人，专任教师176人，小学适龄儿童入学率100%；初中1所，在校生1300人，专任教师191人，初中适龄人口入学率、小升初升学率、九年义务教育覆盖率均达100%。2011年财政预算内教育经费210万元，比上年增长10%。预算内教育经费（包括城市教育费附加）占财政总支出的比例为3.9%，比上年提高了0.4个百分点。

医疗卫生 2011年末，各级医疗卫生机构2个，门诊部（所）80个；病床200张，每千人拥有医疗床位4张，固定资产总值400万元。专业卫生人员150名，其中注册护士2人。2011年医疗机构（门诊部以上）完成诊疗2万人次。新型农村合作医疗参合率78.7%。

体育 2011年末，学校体育场地14处。40%的村安装了健身器材，经常参加体育活动的人员占常住人口的30%。

广播电视 2011年末，有线电视用户1.1万户，入户率70%。

社会保障 2011年，城镇最低生活保障户数86户，人数141人，支出3.7万元，月人均22元；城市医疗救助40人次，民政部门资助参加合作医疗30人次，共支出7.万元，比上年增长8.6%。农村最低生活保障户数644户，人数1221人，支出1.3万元，比上年增长7.7%。国家抚恤、补助各类优抚对象226人，抚恤事业费支出125万元，比上年增长88%。社会福利费2.9万元，比上年增长5.8%。全年接受社会捐款2万元。五项社会保险（不含新型农村社会养老保险）基金收入合计70万元，比上年增长8.8%，基金支出合计40万元，比上年增长7.06%。新型农村社会养老保险参保人数2万人，参保率40%。

基础设施

交通运输 镇级公路1条，总长1000米。

邮政电信 2011年末，邮政所1处，报纸、期刊累计期发行10万份（册），业务收入2000万元。

电信企业2家，服务网点15个；电话交换机总容量3万门，固定电话用户2万户，电话用户普及率达到80%；移动电话用户1.1万户；宽带接入用户3200万户。全年电信业务收入240万元。

镇区市政建设

公共交通 2011年末，镇区客运站1座，日发客运汽车2班次，日均容量100余人次。

给排水 2011年末，镇区深水井35眼并有成套净化设备，年供水26326吨。镇区主要道路两侧铺设排水管道1.5千米。

供电 2011年末，镇区8千伏变电站1座，年供电50万千瓦时。

园林绿化 2011年末，镇区绿化面积2公顷。

大麻各庄村
(Damagezhuang Cun)

名称来历 麻氏迁此立庄，以姓氏取村名麻家庄。后弟迁出立村称小麻各庄。兄仍居此地，遂改称大麻各庄。

地理位置 地处平安城镇南部，东至西李庄子村，南至刘各庄，西邻小麻各庄，北至莲藕池。

主要指标 2011年末，辖区总人口2800人，总面积2.5平方千米，农民人均纯收入5538元。

东戴庄村
(Dongdaizhuang Cun)

名称来历 这里为明末一官员的墓地，有佃户戴氏在此看坟种田，后传宗接代，繁衍为村，取名戴家庄。因该村坐落在平安城东，故改称东戴庄。

地理位置 地处平安城镇中部，东至后所屯，南至中滩村，西至平安城四村，北至京五营。

主要指标 2011年末，辖区总人口460人，总面积1.2平方千米，农民人均纯收入5779元。

东贾庄村
(Dongjiazhuang Cun)

名称来历 贾氏迁此立庄，取名贾家庄。因该村坐落在平安城东，为区别于平安城南面的贾庄子，故改称东贾庄。

地理位置 地处平安城镇东北部，东至东新庄镇小马坊村，南至骆马庄，西至后所屯，北至国各庄。

主要指标 2011年末，辖区总人口1002人，总面积1.6平方千米，农民人均纯收入5755元。

东梁各庄村
(Dongliangezhuang Cun)

名称来历 梁氏迁此立庄，初取村名梁先庄，后改成梁各庄。因此地西6千米有西梁各庄（今属天津市蓟县），故称东梁各庄。

地理位置 地处平安城镇西北部，东至姚各庄，南至蓟县出头岭，西至蓟县孟官屯，北至高家坡。

主要指标 2011年末，辖区总人口1046人，总面积2平方千米，农民人均纯收入5631元。

东门庄村

(Dongmenzhuang Cun)

名称来历 因地处平安城东门外而得名。

地理位置 地处平安城镇中南部，东至西潘庄，南至小麻庄，西至西门庄，北至中滩。

主要指标 2011 年末，辖区总人口 3150 人，总面积 3.6 平方千米，农民人均纯收入 5670 元。

东潘庄村

(Dongpanzhuang Cun)

名称来历 潘氏由西潘庄分出一支迁此立庄，取村名为东潘庄。

地理位置 地处平安城镇东部，东至东新庄镇西梁子河，南至东新庄镇王各庄，西至西潘庄，北至东新庄镇前稻地。

主要指标 2011 年末，辖区总人口 553 人，总面积 1.3 平方千米，农民人均纯收入 5967 元。

高家坡村

(Gaojiapo Cun)

名称来历 高氏迁此立庄，地处山坡，初取村名为高家庄，后改称高家坡。

地理位置 地处平安城镇西北部，东至围庄子，南至东梁各庄，西至蓟县孟官屯，北至石门镇大辛庄。

主要指标 2011 年末，辖区总人口 758 人，总面积 2.56 平方千米，农民人均纯收入 5373 元。

国各庄村

(Guogezhuang Cun)

名称来历 原称虢各庄。相传，唐太宗东征时，此地曾有一虢氏女子在御前陪驾，由此改称国舅庄。后称国各庄。

地理位置 地处平安城镇东北部，东至东新庄镇北营，南至东贾庄，西至寺下庄，北至堡子店镇纪各庄。

主要指标 2011 年末，辖区总人口 3035 人，总面积 3.6 平方千米，农民人均纯收入 6108 元。

河南街村

(Henanjie Cun)

名称来历 因地处小河南侧故取名河南街。

地理位置 地处平安城镇南部，东至东门庄，南至小麻各庄，西至西小庄，北至西门庄。

主要指标 2011 年末，辖区总人口 928 人，总面积 2 平方千米，农民人均纯收入 5391 元。

后所屯村

(Housuotun Cun)

名称来历 相传，这里为唐太宗东征时驻兵屯储粮草之要地，故取名后所屯。

地理位置 地处平安城镇东北部，东至东贾庄，南至骆马庄，西至代庄子，西北至京五营。

主要指标 2011 年末，辖区总人口 1300 人，总面积 3.01 平方千米，农民人均纯收入 5548 元。

蒋辛庄村

(Jiangxinzhuang Cun)

名称来历 蒋氏迁此立庄（新安家之意），以姓氏取名蒋新庄，“新”、“辛”同音，又演变为蒋辛庄。

地理位置 地处平安城镇西北部，东至寺下庄，南至马各庄东，西至梁庄子，北至石门镇提举坞。

主要指标 2011 年末，辖区总人口 657 人，总面积 0.65 平方千米，农民人均纯收入 6828 元。

京五营村

(Jingwuying Cun)

名称来历 相传，唐太宗东征时，养病期间，曾在此驻兵，取名荆木营。后取谐音称京五营。

地理位置 地处平安城镇中部，东至后所屯，南至中滩村，西至东代庄，北至寺下庄。

主要指标 2011 年末，辖区总人口 2800 人，总面积 3.8 平方千米，农民人均纯收入 6622 元。

莲藕池村

(Lian’ouchi Cun)

名称来历 早年有过池塘，曾栽种莲藕，故以此取村名莲藕池。

地理位置 地处平安城镇南部，东至李家庄，南至刘各庄，西至大麻各庄，北至西潘庄。

主要指标 2011 年末，辖区总人口 1500 人，总面积 1.8 平方千米，农民人均纯收入 5392 元。

梁庄子村

(Liangzhuangzi)

名称来历 梁氏迁此立庄，以姓氏取名梁家庄，后改称梁庄子。

地理位置 地处平安城镇西北部，东至蒋新庄，南至马各庄东村，西至孙庄子，北至石门提举坞。

主要指标 2011 年末，辖区总人口 398 人，总面积 0.83 平方千米，农民人均纯收入 6425 元。

刘各庄村

(Liugezhuang Cun)

名称来历 原名牛各庄，后牛氏迁出，刘氏迁来居住，改村名为刘庄子，后称刘各庄。

地理位置 地处平安城镇南部，东至刘备寨乡常各庄村，南至玉田县黄家山，西至夏家峪，北至西李庄子。

主要指标 2011 年末，辖区总人口 907 人，总面积 1.5

平方千米，农民人均纯收入5293元。

刘官屯村

(Liuguantun Cun)

名称来历 相传，有刘姓官员发配到此，安家立业，以此取村名刘官屯。

地理位置 地处平安城镇部，东至马各庄西村，南至天津市县朱官屯，西至姚各庄，北至梁庄子。

主要指标 2011年末，辖区总人口850人，总面积1.1平方千米，农民人均纯收入5865元。

骆马庄村

(Luomazhuang Cun)

名称来历 因骆、马两姓迁此立村，以其姓氏取名骆马庄。

地理位置 地处平安城镇东部，东至小丰台，南至中滩村，西至平安城平一村，北至后所屯。

主要指标 2011年末，辖区总人口1890人，总面积2平方千米，农民人均纯收入6637元。

麻家庵村

(Majia'an Cun)

名称来历 麻氏迁此立庄，因此地建有尼姑庵一座，定名麻家庵。

地理位置 地处平安城镇南部，东至大麻各庄，南至夏家峪，西至王家街，北至小麻各庄。

主要指标 2011年末，辖区总人口363人，总面积0.27平方千米，农民人均纯收入5521元。

马各庄东村

(Magezhuangdong Cun)

名称来历 马氏迁此立庄，以姓氏取村名马各庄。后分为两村，此村居东故称马各庄东村。

地理位置 地处平安城镇西北部，东至寺下庄，南至平安城四村，西至刘官屯，北至蒋辛庄。

主要指标 2011年末，辖区总人口1200人，总面积1.2平方千米，农民人均纯收入5859元。

马各庄西村

(Magezhuangxi Cun)

名称来历 马氏迁此立庄，以姓氏取村名马各庄。后分为两村，此村居西故称马各庄西村。

地理位置 地处平安城镇西北部，东至马各庄东村，南至平安城四村，西至刘官屯，北至良庄子。

主要指标 2011年末，辖区总人口1820人，总面积4平方千米，农民人均纯收入5750元。

平安城二村

(Ping'ancheng'er Cun)

名称来历 唐太宗东征时路过此地，在此养病。期间，号召每个士兵兜土筑城。唐太宗病好之后，命名此地为平安城。1961年划分四个村，按序号得名。

地理位置 地处平安城镇西部，东至平安城一村，南至天津市蓟县龙虎峪村，西至平安城三村，北至平安城四村。

主要指标 2011年末，辖区总人口1410人，总面积1.5平方千米，农民人均纯收入6240元。

平安城三村

(Ping'anchengsan Cun)

名称来历 唐太宗东征时路过此地，在此养病。期间，号召每个士兵兜土筑城。唐太宗病好之后，命名此地为平安城。1961年划分四个村，按序号得名。

地理位置 地处平安城镇西部，东至平安城四村，南至西小庄，西至蓟县朱官屯，北至马各庄东村。

主要指标 2011年末，辖区总人口1640人，总面积1.2平方千米，农民人均纯收入6340元。

平安城四村

(Ping'anchengsi Cun)

名称来历 唐太宗东征时路过此地，在此养病。期间，号召每个士兵兜土筑城。唐太宗病好之后，命名此地为平安城。1961年划分四个村，按序号得名。

地理位置 地处平安城镇西部，东至东戴庄村，南至平安城一村，西至平安城三村，北至马各庄东村。

主要指标 2011年末，辖区总人口1149人，总面积1.3平方千米，农民人均纯收入6270元。

平安城一村

(Ping'anchengyi Cun)

名称来历 唐东征时路过此地，在此养病。期间，号召每个士兵兜土筑城。唐太宗病好之后，命名此地为平安城。1961年划分四个村，按序号得名。

地理位置 地处平安城镇西部，东至中滩村，南至西门庄，西至平安城三村，北至平安城四村。

主要指标 2011年末，辖区总人口1536人，总面积4平方千米，农民人均纯收入7841元。

寺下庄村

(Sixiazhuang Cun)

名称来历 因村北山坡上有一座夹山寺，故取名寺下庄。

地理位置 地处平安城镇北部，东至国各庄，南至京五营，西至蒋辛庄，北至堡子店镇纪各庄。

主要指标 2011年末，辖区总人口900人，总面积1.1

平方千米，农民人均纯收入5859元。

孙庄子村

(Sunzhuangzi Cun)

名称来历 曾为白家墓地，有佃户孙氏在此为白家看坟种田，后传宗接代，繁衍成村，故取村名孙家庄。后称孙庄子。

地理位置 地处平安城镇西北部，东至梁庄子，南至姚各庄，西至围庄子，北至石门镇寒河庄。

主要指标 2011年末，辖区总人口670人，总面积3平方千米，农民人均纯收入6697元。

王家街村

(Wangjiajie Cun)

名称来历 明燕王扫北时，由江南移民，最初有张、王、赵三姓至此立庄，地处平安城西，又为新建庄，故取名为西新庄。后分开另立村庄，王氏立庄，称王家街。

地理位置 地处平安城镇西部，东至西门庄村，南邻张家街，西至蓟县藏山庄，北邻西小庄。

主要指标 2011年末，辖区总人口752人，总面积1平方千米，农民人均纯收入5863元。

围庄子村

(Weizhuangzi Cun)

名称来历 该村三面环山，犹如村庄周围有墙一般，故取村名围庄子。

地理位置 地处平安城镇西北部，东至孙庄子，南至姚各庄，西至高家坡，北至石门镇大辛庄。

主要指标 2011年末，辖区总人口390人，总面积2.5千米，农民人均纯收入7016元。

西李庄子村

(Xilizhuangzi Cun)

名称来历 李氏由本市鲁家峪村迁此立庄，以姓氏取名为李家庄，后改称李庄子。1981年地名普查时，更名为西李庄子（以与团瓢庄公社东李庄子相对应）。

地理位置 地处平安城镇东南部，东至东新庄镇王各庄，南至刘备寨乡常各庄，西至大麻各庄，北至西潘庄。

主要指标 2011年末，辖区总人口2018人，总面积3平方千米，农民人均纯收入6156元。

西门庄村

(Ximenzhuang Cun)

名称来历 原属东门庄，清代以水坑为界，从东门庄分出，因其位居西称西东门庄。又因与东门庄相连，遂称西门庄。

地理位置 地处平安城镇南部，东至东门庄村，南至河南街村，西至平安城一村，北至中滩村。

主要指标 2011年末，辖区总人口1400人，总面积2.5平方千米，农民人均纯收入5537元。

西潘庄村

(Xipanzhuang Cun)

名称来历 村民三户迁此立庄，取名三家窝铺。到宋代潘氏迁入，因潘族户大丁旺，乃改名潘家庄。后潘氏在村东又立一村，称东潘庄，该村遂改称西潘庄。

地理位置 地处平安城镇东部，东至东潘庄，南至西李庄子，西至东门庄，北至小丰台。

主要指标 2011年末，辖区总人口1098人，总面积1.6平方千米，农民人均纯收入5789元。

西小庄村

(Xixiaozhuang Cun)

名称来历 明燕王扫北时，由江南移民，最初有张、王、赵三姓至此立庄，地处平安城西，又为新建庄，故取名为西新庄。后分开另立村庄，取村名西小庄。

地理位置 地处平安城镇西部，东至平安城二村，南至王家街，西至天津市蓟县鹿角河，北至平安城三村。

主要指标 2011年末，辖区总人口1537人，总面积1.8平方千米，农民人均纯收入5823元。

夏家峪村

(Xiajiayu Cun)

名称来历 因仇氏来此定居称仇家峪，后被官府抄没，只剩夏氏给人看坟地，后传宗接代，人丁兴旺，遂改名夏家峪。

地理位置 地处平安城镇南部，东至刘各庄，南至玉田黄家山，西至蓟县龙虎峪，北至麻家庵。

主要指标 2011年末，辖区总人口1087人，总面积3.5平方千米，农民人均纯收入5539元。

小丰台村

(Xiaofengtai Cun)

名称来历 因村民迁居村北土台子上，祈求丰收，定名丰台村。因该村较小，后改称小丰台。

地理位置 地处平安城镇东部，东至东新庄镇后稻地，南至西潘庄，西至骆马庄，北至东贾庄。

主要指标 2011年末，辖区总人口1570人，总面积1.34平方千米，农民人均纯收入5740元。

小麻各庄村

(Xiaomagezhuang Cun)

名称来历 麻氏迁此立庄，以姓氏取村名麻家庄。后麻氏兄弟两人分居，弟迁此立庄，取名小麻各庄。

地理位置 地处平安城镇南部，东至大麻各庄，南至麻家庵，西邻王家街村，北至河南街村。

主要指标 2011年末，辖区总人口959人，总面积1.2平方千米，农民人均纯收入5461元。

姚各庄村

(Yaogezhuang Cun)

名称来历 此地曾有烧炭、烧盆的窑，取村名窑货庄。后姚氏迁入，遂改村名姚各庄。

地理位置 地处平安城镇西北部，东至刘官屯，南至天津市蓟县中峪，西至东梁各庄，北至围庄子。

主要指标 2011年末，辖区总人口1438人，总面积1.72平方千米，农民人均纯收入5426元。

张家街村

(Zhangjiajie Cun)

名称来历 最初有张、王、赵三姓至此立庄，地处平安城西，又为新建庄，故取名为西新庄。后分开另立村庄，以姓氏取村名张家街。

地理位置 地处平安城镇西部，东至西门庄村，南至蓟县龙虎峪，西至赵家街，北至王家街。

主要指标 2011年末，辖区总人口1100人，总面积1.5平方千米，农民人均纯收入5889元。

赵家街村

(Zhaojiajie Cun)

名称来历 最初有张、王、赵三姓至此立庄，地处平安城西，为新建庄，故取名西新庄。后分开另立村庄，以姓氏取名赵家街。

地理位置 地处平安城镇西部，东至河南街，南至天津市蓟县龙虎村，西至鹿角河村，北至张家街。

主要指标 2011年末，辖区总人口1850人，总面积2.5平方千米，农民人均纯收入5235元。

中滩村

(Zhongtan Cun)

名称来历 因坐落在洼地水泊当中的高滩上，故取名中滩。

地理位置 地处平安城镇中部，东至西潘庄，南至东门庄，西至平安城一村，北至骆马庄。

主要指标 2011年末，辖区总人口2892人，总面积4.85平方千米，农民人均纯收入6602元。

（撰稿：李金英，初审：张旭忠）

东新庄镇

(Dongxinzhuang Zhen)

政区概况

名称来历 因镇人民政府驻地位于东新庄村而得名。

地理位置 东、南隔黎河与团瓢庄乡相望，南以黎河为界与刘备寨乡隔河相望，西与平安城镇接壤，北隔山与堡子店镇为邻。人民政府驻东新庄村东大街2号，电话区号0315，邮政编码064209，距遵化市人民政府14.8千米。

政区沿革 1949年，属遵化县第五区。1953年，分属西梁子河、前毛庄、东新庄3个乡；1956年，3乡合并为东新庄乡。1958年，属前进人民公社。1961年，析出，建东新庄人民公社。1984年，撤销人民公社，恢复东新庄乡，辖13个村民委员会。1987年，东新庄乡改镇，辖区不变。1989年，小马坊乡并入，辖22村民委员会、1个居民委员会。

政区划分 2011年末，辖西庄、后毛庄、前毛庄、后河北庄、前河北庄、崔各庄、东梁子河、西梁子河、王各庄、西杨家庄、东新庄、前稻地、后稻地、大马坊、小马坊、南营、北营、南岗、北岗、八间房、孔家庄、西草厂22个村民委员会。

人口面积 2011年末，辖区总人口39821人，其中城镇常住人口5340人，城镇化率13.4%。另有流动人口580人。总人口中，男性20031人，占50.3%；女性19790人，占49.7%；14岁以下5226人，占13.1%；15~64岁31453人，占79%；65岁以上3142人，占7.9%。总人口中，以汉族为主，达38571人，占96.86%；有满、蒙古、壮、布依、彝、回、朝鲜、瑶、侗9个少数民族，共1250人，占3.14%；超过1000人的有满族，共1119人，占少数民族人口的89.52%。2011年，人口出生率11.39‰，人口死亡率6.46‰，人口自然增长率4.93‰。

辖区东西最大距离5.2千米，南北最大距离12.3千米，总面积63.18平方千米。其中陆地面积60.45平方千米，占95.7%；水域面积2.73平方千米，占4.3%。人口密度为每平方千米630人。

自然条件

地形地貌 境内大部分为平原，地势由北向南逐步降低，东北高西南低，地面一般海拔260米，最高点海拔280米，最低点海拔15米。

水文 境内河道属沙河、黎河水系。沙河自北营入境，由北向南从小马坊出境；黎河自西庄村入境，由东向西从王各庄村出境。境内沙河长3千米，黎河长10千米。

矿藏及其他自然资源 境内已探明地下矿藏有石灰石、石英片麻岩、硅酸盐硅石，地质储量1亿立方米，可采储量0.6亿立方米，集中分布在东部山区和北部山区一带。地下水资源可利用量900万立方米。

自然灾害 主要自然灾害有冰雹、旱涝、风灾、低温、霜冻、雷击等：风灾一年四季均有发生，最严重的一次发生在1989年6月12日．造成2万亩小麦受灾，减产3000吨。

经济概况

农业 耕地面积6.2万亩，人均1.6亩。以种植小麦、玉米、花生、蔬菜、食用菌为主。2011年，农业总产值6.9亿元，占国内生产总值的12.4%，实现农业增加值32232

万元，比上年增长0.6%。

粮食作物以小麦、玉米为主。2011年，生产粮食2.3万吨，人均585.5千克，其中小麦1.3万吨，玉米1.3万吨。主要经济作物有花生、瓜果、蔬菜。2011年，蔬菜种植面积1.9万亩，产量10.8万吨，主要品种有花生、瓜果、其中花生7623吨，瓜果962吨。

畜牧业以猪、牛、羊、家禽为主。2011年，生猪饲养量4.4万头，年末存栏4.5万头；羊饲养量0.78万只，年末存栏0.35万只；家禽饲养量40.5万羽。

工业 以机械制造、铸造、机械加工、建筑材料为主。2011年，工业总产值14亿元，实现工业增加值140051万元，比上年增长20%，占国内生产总值的61%。2011年，工业企业60家，职工3000人。

商业外贸 2011年末，商业网点400个，职工1200人；城乡集贸市场6个。2011年，社会消费品零售总额达5亿元，比上年增加长15%；城乡集市贸易成交额2亿元。

财政金融 2011年，财政总收入2283万元，比上年增长38%。其中地方财政收入784亿元，比上年增长43%。人均财政收入573元，比上年增长20%。2011年，银行和金融机构各类存款余额69376万元，比上年增长13%；各项贷款余额5455万元，比上年增长11%。

社会发展

文化艺术 2011年末，镇文化站1个，村级文化活动中心22个；各类图书室22个，藏书12000余万册；音乐、美术、书法、摄影及文学业余创作人员95人。

教育 2011年末，幼儿园11所，在园幼儿370人，专任教师33人；小学9所，在校生2200人，专任教师171人，小学适龄儿童入学率100%；初中1所，在校生1693人，专任教师164人，初中适龄人口入学率、小升初升学率、九年义务教育覆盖率均100%。2011年教育经费达0.0652亿元，国家财政性教育经费652万元。

科技 2011年末，农技推广服务中心1个，农机服务推广科技人员3人；农业专业合作经济组织8个，农业专业合作经济组织成员1250户。

医疗卫生 2011年末，各级各类医疗卫生机构3个，门诊部（所）31个；病床90张，每千人拥有医疗床位2.3张，固定资产总值6700万元。专业卫生人员175名，其中执业医师67人，执业助理医师45人，注册护士34人。2011年医疗机构（门诊部以上）完成诊疗0.85万人次。新型农村合作医疗参合人数3.4万人，参合率84.4%。

体育 2011年末，学校体育场地1处。40%的村安装了健身器材，经常参加体育活动的人员占常住人口的20%。

广播电视 2011年，有线电视用户0.46万户，入户率48%。

社会保障 2011年，城镇最低生活保障户数12户，人数30人，支出8.7万元，月人均242元；城市医疗救助6人次，民政部门资助参加合作医疗841人次，共支出5万元。农村最低生活保障户数244户，人数534人，支出6.8万元，月人均10.6元。国家抚恤、补助各类优抚对象229人，抚恤事业费支出121万元，比上年增长20%。社会福利费9.2万元，比上年增长11%。敬老院1家，床位120张，农村五保供养87人。新型农村社会养老保险参保人数1.4万人，参保率34.5%。

基础设施

交通运输 清东陵高速公路过境；省道遵（化）宝（坻）公路境。有县道遵（化）玉（田）公路、平（安城）东（旧寨）公路。

邮政电信 2011年末，邮政网点1个，报纸、期刊累计期发行11万份（册）。

电信企业1家，服务网点1个；电话交换机总容量1.5万门，固定电话用户1.2万户，电话用户普及率达到95%；移动电话用户3.2万户；宽带接入用户0.8万户。全年电信业务收入200万元。

镇区市政建设

公共交通 2011年末，日发客运汽车7班次，日均容量360余人次。

给排水 2011年末，镇区深水井11眼并有成套净化设备，年供水105万吨。镇区主要道路两侧铺设排水管道2千米。

供电 2011年末，镇区35千伏及以上变电站1座，年供电1亿度。

西庄村

(Xizhuang Cun)

名称来历 王氏迁此定居，原分为东西两片，称东庄、西庄。后因受水灾，东庄迁至西庄，统称西庄，并沿用至今。

地理位置 地处东新庄镇东部，东至团瓢庄乡左阳庄，南至后毛庄，西至团瓢庄乡东草厂，北至团瓢庄乡宋各庄。

主要指标 2011年末，辖区总人口2073人，总面积2.82平方千米，农民人均纯收入6539元。

后毛庄村

(Houmaozhuang Cun)

名称来历 始为苗姓占山为王，至此立庄，取名苗庄。后分为前、后苗庄。后改成前、后毛庄，该村居北称后毛庄。

地理位置 地处东新庄镇东部，东至团瓢庄乡周桥子，南至前毛庄，西至西草厂，北至西庄。

主要指标 2011年末，辖区总人口1044人，总面积1.74平方千米，农民人均纯收入6445元。

前毛庄村

(Qianmaozhuang Cun)

名称来历 始为苗姓占山为王，至此立庄，取名苗庄。后分为前、后苗庄。后改成前、后毛庄，该村居南称前毛庄。

地理位置 地处东新庄镇东部，东至团瓢庄乡李庄子，南至后河北，西至东新庄，北至后毛庄。

主要指标 2011年末，辖区总人口1234人，总面积1.63平方千米，农民人均纯收入6539元。

后河北庄村

(Houhebeizhuang Cun)

名称来历 村庄坐落在黎河北岸，南北为别，取名为南河北庄、北河北庄。后改称前、后河北庄，此村在北，称后河北庄。

地理位置 地处东新庄镇东部，东至遵化市第三敬老院，南至前河北庄，西至东新庄，北至前毛庄。

主要指标 2011年末，辖区总人口1501人，总面积2.52平方千米，农民人均纯收入6411元。

前河北庄村

(Qianhebeizhuang Cun)

名称来历 村庄坐落在黎河北岸，南北为别，取名为南河北庄、北河北庄。后改称前、后河北庄，此村在南，称前河北庄。

地理位置 地处东新庄镇东部，东至遵化市第三敬老院，南至刘备寨乡南城子，西至东新庄，北至后河北庄。

主要指标 2011年末，辖区总人口1757人，总面积3.78平方千米，农民人均纯收入6380元。

崔各庄村

(Cuigezhuang Cun)

名称来历 因崔氏至此立庄，取名崔家庄，清同治年间改称崔各庄。

地理位置 地处东新庄镇南部，东至刘备寨乡东杨庄，南至东梁子河，西至西杨家庄，北至东新庄。

主要指标 2011年末，辖区总人口1033人，总面积1.47平方千米，农民人均纯收入6539元。

东梁子河村

(Dongliangzihe Cun)

名称来历 秦、曹两氏几户人家在黎河上搭鱼梁子，以捕鱼为业，分东西两片定居，形成了村庄，该村地处东面，故称东梁子河。

地理位置 地处东新庄镇南部，东至刘备寨乡前马各庄，南至刘备寨乡佛来峪，西至西梁子河，北至孔家庄。

主要指标 2011年末，辖区总人口2635人，总面积4.08平方千米，农民人均纯收入6570元。

西梁子河村

(Xiliangzihe Cun)

名称来历 秦、曹两氏几户人家在黎河上搭鱼梁子，以捕鱼为业，分东西两片定居，形成了村庄，该村地处西面，故称西梁子河。

地理位置 地处东新庄镇南部，东至东梁子河，南至刘备寨乡科道屯，西至王各庄，北至西杨家庄。

主要指标 2011年末，辖区总人口2586人，总面积4.46平方千米，农民人均纯收入6597元。

王各庄村

(Wanggezhuang Cun)

名称来历 因王氏迁此立庄，以姓氏取名为王家庄。后改称王各庄。

地理位置 地处东新庄镇南部，东至西梁子河，南至刘备寨乡宫里，西至平安城镇西李庄子，北至西杨家庄。

主要指标 2011年末，辖区总人口2548人，总面积3.79平方千米，农民人均纯收入6710元。

西杨家庄村

(Xiyangjiazhuang Cun)

名称来历 杨氏迁此立庄，以姓氏取名杨家庄。后改称西杨庄。1981年地名普查时，为区别于夏庄子公社西杨庄，更名为西杨家庄。

地理位置 地处东新庄镇南部，东至崔各庄，南至王各庄，西至前稻地，北至孔家庄。

主要指标 2011年末，辖区总人口968人，总面积1.79平方千米，农民人均纯收入6663元。

孔家庄村

(Kongjiazhuang Cun)

名称来历 因孔氏来此立庄而得名孔家庄。

地理位置 地处东新庄镇中部，东至前河北庄，南至西杨家庄，西至前稻地，北至东新庄。

主要指标 2011年末，辖区总人口1350人，总面积2.26平方千米，农民人均纯收入6610元。

东新庄村

(Dongxinzhuang Cun)

名称来历 因地处南北两山当中而得名中心庄，后取谐音改称东新庄。

地理位置 地处东新庄镇中部，东至后河北庄，南至西杨家庄，西至后稻地，北至南岗。

主要指标 2011年末，辖区总人口3395人，总面积4.48平方千米，农民人均纯收入6973元。

西草厂村

(Xicaochang Cun)

名称来历 谷、李两姓迁此分东西两片搭窝铺居住，开荒种地，形成了村庄，该村地处西面称草厂西铺，后改称西草厂。

地理位置 地处东新庄镇东北部，东至后河北庄，南至西杨家庄，西至后稻地，北至南岗。

主要指标 2011年末，辖区总人口578人，总面积

1.12 平方千米，农民人均纯收入 6729 元。

前稻地村

(Qiandaodi Cun)

名称来历 因当时这一带地势低洼，多雨之年，一片汪洋，适宜种植水稻，故得名稻地。后分成两村，该村地处南面，称前稻地。

地理位置 地处东新庄镇西部，东至孔家庄，南至平安城镇东潘庄，西至平安城镇小丰台，北至后稻地。

主要指标 2011 年末，辖区总人口 986 人，总面积 1.69 平方千米，农民人均纯收入 6383 元。

后稻地村

(Houdaodi Cun)

名称来历 因当时这一带地势低洼，多雨之年，一片汪洋，适宜种植水稻，故得名稻地。后分成两村，该村地处北面，称后稻地。

地理位置 地处东新庄镇西部，东至东新庄，南至前稻地，西至平安城镇小丰台，北至大马坊。

主要指标 2011 年末，辖区总人口 1157 人，总面积 1.41 平方千米，农民人均纯收入 6473 元。

大马坊村

(Damafang Cun)

名称来历 据传唐太宗东征时此处为养马场。后人在此建村两个，便以马坊为名，取名为大马坊、小马坊。此村在南，称大马坊。

地理位置 地处东新庄镇西部，东至东新庄，南至后稻地，西至平安城镇小丰台，北至小马坊。

主要指标 2011 年末，辖区总人口 1014 人，总面积 1.65 平方千米，农民人均纯收入 6548 元。

小马坊村

(Xiaomafang Cun)

名称来历 据传唐太宗东征时此处为养马场。后人在此建村两个，便以马坊为名，取名为大马坊、小马坊。此村在北，称小马坊。

地理位置 地处东新庄镇西部，东至南岗，南至大马坊，西至平安城镇东贾庄子，北至南营。

主要指标 2011 年末，辖区总人口 1990 人，总面积 3.2 平方千米，农民人均纯收入 6610 元。

南营村

(Nanying Cun)

名称来历 相传此地为唐太宗东征时的营址，分南营、北营。以后形成南北紧邻两村，此村在南，故名南营。

地理位置 地处东新庄镇北部，东至南岗，南至小马坊，西至平安城镇国各庄，北至北营。

主要指标 2011 年末，辖区总人口 3192 人，总面积 5.09 平方千米，农民人均纯收入 6610 元。

北营村

(Beiying Cun)

名称来历 相传此地为唐太宗东征时的营址，分南营、北营。以后形成南北紧邻两村，此村在北，名北营。

地理位置 地处东新庄镇北部，东至北岗，南至南营，西至平安城镇国各庄，北至水平口水文站。

主要指标 2011 年末，辖区总人口 1625 人，总面积 3.18 平方千米，农民人均纯收入 6652 元。

南岗村

(Nangang Cun)

名称来历 相传此地是唐太宗东征时南北两营所设的两个岗哨，后在此建村两个，以方位取村名为南、北岗。此村在南称南岗。

地理位置 地处东新庄镇北部，东至八间房，南至东新庄，西至南营，北至北岗。

主要指标 2011 年末，辖区总人口 1631 人，总面积 2.82 平方千米，农民人均纯收入 6610 元。

北岗村

(Beigang Cun)

名称来历 相传此地是唐太宗东征时南北两营所设的两个岗哨，后在此建村两个，以方位取村名为南、北岗。此村在北称北岗。

地理位置 地处东新庄镇北部，东至八间房，南至南岗，西至北营，北至捣药口。

主要指标 2011 年末，辖区总人口 1099 人，总面积 2.41 平方千米，农民人均纯收入 6576 元。

八间房村

(Bajianfang Cun)

名称来历 因最初只有几户在此居住，共八间房，形成村落后遂称八间房。

地理位置 地处东新庄镇北部，东至团瓢庄乡洪水川，南至东新庄，西至南岗，北至北山。

主要指标 2011 年末，辖区总人口 2397 人，总面积 5.78 平方千米，农民人均纯收入 6610 元。

（撰稿：张保国，初审：张保国）

新店子镇

(Xindianzi Zhen)

政区概况

名称来历 因镇人民政府驻地位于新店子村而得名。

地理位置 地处遵化市南部，东与东旧寨镇接壤，东南与娘娘庄乡为邻，南靠党峪镇，西邻团瓢庄乡，北接遵化镇。人民政府驻新店子村，电话区号0315，邮政编码064202，距遵化市人民政府14.3千米。

政区沿革 1949年，属遵化六区。1958年，属山旗人民公社。1961年，改名新店子人民公社。1984年，撤销人民公社，设立新店子乡。1992年，撤乡，设立新店子镇。同年，岳各庄乡并入，辖44个村民委员会。

政区划分 2011年末，辖新店子、车道峪、前王庄、西峪、君子口、大太平、小太平、崔庄子、尹各庄、程庄子、西王庄、王迷寨、乔庄子、康各庄、思恭庄、桃山屯、西南宅、东南宅、东夏庄子、马店子、西北宅、东北宅、圪塔圪、杨庄子、烟园子、龙湾、东马各庄、白石头、冯各庄、西苇店、东苇店、岳各庄、山嘴头、魏家井、小老峪、大老峪、峪口、万子峪、沙石峪、东新立、尖山屯、新井框峪、长峪、吕各庄44个村民委员会。

人口面积 2011年末，辖区总人口48855人，其中城镇常住人口3847人，城镇化率7.9%。另有流动人4800人。总人口中，男性25116人，占51%；女性23739人，占49%；14岁以下6842人，占14%；15～64岁38915人，占79.7%；65岁以上3098人，占6.3%。总人口中，以汉族为主，达47355人，占97%；有满族1465人，占3%。2011年，人口出生率14.92‰，人口死亡率6.59‰，人口自然增长率8.33‰。

辖区东西最大距离30千米，南北最大距离32千米，总面积96平方千米。全部为陆地。人口密度为每平方千米509人。

自然条件

地形地貌 境内大部分为丘陵、山地，地势东高西低，地面高程海拔410米，最高点海拔690米，最低点海拔390米。

水文 境内河道属黎河水系。黎河自东入境，境内长28千米。

矿藏及其他自然资源 境内已探明地下矿藏有石灰石、白云石，地质储量2亿立方米，可采储量1.5亿立方米，集中分布在东南部一带。

自然灾害 主要有冰雹、旱涝、风灾、低温、霜冻、雷击等：风灾一年四季均有发生，最严重的一次发生在1989年7月，造成3万亩小麦受灾，减产4500吨。

经济概况

农业 耕地面积4.8万亩，人均1亩。以种植小麦、玉米、蔬菜为主。2011年，农业总产值4000万元，占国内生产总值的24%，实现农业增加值20146万元，比上年增长1.5%。

粮食作物以小麦、玉米为主。2011年，生产粮食36万吨，其中小麦16万吨，玉米20万吨。主要经济作物有蔬菜。2011年，蔬菜种植面积2万亩，产量787.5吨，主要品种有韭菜、黄瓜、西红柿等，其中韭菜3吨，黄瓜392.5吨，西红柿392吨。

畜牧业以猪、羊、家禽为主。2011年，生猪饲养量5万头，年末存栏2万头；羊饲养量5000只，年末存栏3000只；家禽饲养量7万羽。

工业 以化工、铸造、机械加工、塑料制品、建筑材料为主。2011年，工业总产值21.78亿元，占国内生产总值的10%。2011年，工业企业535家，职工7488人，实现工业增加值2.1亿元，比上年增长10%。

商业外贸 2011年末，商业网点129个，职工186人；城乡集贸市场5个。2011年，社会消费品零售总额达700万元，比上年增长10%；城乡集市贸易成交额500万元。

财政金融 2011年，财政总收入6554.1万元，比上年增长17.46%。其中地方财政收入2145.6万元，比上年增长40.5%。从主要税种看，完成营业税734.2万元，增值税4276万元，企业所得税85.14万元。人均财政收入1342元，比上年增长17.4%。2011年，银行和金融机构各类存款余额27693万元，比上年增长12%；各项贷款余额5657.19万元。

社会发展

文化艺术 2011年末，镇文化站1个，村级文化活动中心44个；各类图书室28个，藏书6余万册。

教育 2011年末，幼儿园8所，在园幼儿1724人，专任教师95人；小学8所，在校生2795人，专任教师225人，小学适龄儿童入学率100%；初中2所，在校生1153人，专任教师285人。初中适龄人口入学率、小升初升学率、九年义务教育覆盖率均达100%。2011年财政预算内教育经费18.56万元，比上年增长23.8%。

医疗卫生 2011年末，各级医疗卫生机构3个，门诊部（所）44个；病床325张，每千人拥有医疗床位6.7张，固定资产总值850万元。专业卫生人员128名，其中执业医师14人，执业助理医师14人，注册护士22人。2011年医疗机构（门诊部以上）完成诊疗5.5万人次。新型农村合作医疗参合率93%。

体育 2011年末，学校体育场地2处，座位2500个。80%的村安装了健身器材，经常参加体育活动的人员占常住人口的60%。

广播电视 2011年末，有线电视用户8691户，入户率64%。

社会保障 2011年，城镇最低生活保障户数11户，人数17人，支出5.7万元，比上年增长27.8%，月人均279元，比上年增长63.6%。农村最低生活保障户数511户，人数908人，支出110.3万元，比上年增长24.2%，月人均101元，比上年增长34.7%；农村医疗救助37人次，民政部门资助参加合作医疗1380人次，共支出8.3万元，比上年增加88.7%。国家抚恤、补助各类优抚对象310人，抚恤事业费支出147万元，比上年增长22.5%。敬老院1家，床位120张，农村五保供养91人。新型农村社会养老保险参保人数34026人，参保率95%。

基础设施

交通运输 有镇级公路1条，总长10千米。

邮政电信 2011年末，邮政所1处，邮政业务总量79万元；报纸、期刊累计发行2.32万份（册）。

电信服务网点1个；电话交换机总容量14008门，固定电话用户7864户，电话用户普及率达到58%；移动电话用户3780万户；宽带接入用户4537万户。全年电信业务收入320万元。

镇区市政建设

给排水 2011年末，镇区深水井560眼。

供电 2011年末，镇区8千伏变电站1座，年供电1亿度，9276万千瓦时。

园林绿化 2011年末，镇区花坛2个。

白石头村
(Baishitou Cun)

名称来历 因村南有一座山，石头呈白色，遂得名白石头。

地理位置 地处新店子镇北部，东至冯各庄，南至岳各庄，西至东马各庄，北至崔家庄乡黄台口。

主要指标 2011年末，辖区总人口958人，总面积4.1平方千米，农民人均纯收入6120元。

长峪村
(Changyu Cun)

名称来历 因村庄坐落在一条很长的山谷中而得名。

地理位置 地处新店子镇东部，东至范家岭，南至沙石峪，西至东新立，北至尖山屯。

主要指标 2011年末，辖区总人口550人，总面积0.3平方千米，农民人均纯收入5310元。

车道峪村
(Chedaoyu Cun)

名称来历 地处两山之间，有一条东西大车古道，以此得名车道峪。

地理位置 地处新店子镇东南部，东至娘娘庄乡南小厂，南至娘娘庄乡白道子，西至前王庄，北至新店子。

主要指标 2011年末，辖区总人口813人，总面积0.84平方千米，农民人均纯收入5389元。

程庄子村
(Chengzhuangzi Cun)

名称来历 程氏迁此立庄，以姓氏取村名为程家庄，后称程庄子。

地理位置 地处新店子镇西南部，东至西王庄，南至崔庄子，西至下庄，北至康各庄。

主要指标 2011年末，辖区总人口980人，总面积0.25平方千米，农民人均纯收入6060元。

崔庄子村
(Cuizhuangzi Cun)

名称来历 崔氏迁此立庄，以其姓氏取名崔家庄，后称崔庄子。

地理位置 地处新店子镇西南部，东至大太平，南至尹各庄，西至团瓢庄乡任庄子，北至程庄子。

主要指标 2011年末，辖区总人口731人，总面积1.51平方千米，农民人均纯收入6065元。

大老峪村
(Dalaoyu Cun)

名称来历 因此处荒山老峪，故取名大老峪。

地理位置 地处新店子镇东部，东至东旧寨镇范家岭，南至娘娘庄乡下峪，西至小老峪，北至沙石峪。

主要指标 2011年末，辖区总人口1386人，总面积2.5平方千米，农民人均纯收入6055元。

大太平村
(Dataiping Cun)

名称来历 严氏由山西逃荒至此立庄，沿用原籍庄名，称太平庄。后几户村民迁往崔庄子村西另立一村称小太平庄，该村遂改称大太平庄，后称大太平。

地理位置 地处新店子镇西南部，东至新店子，南至尹各庄，西临崔庄子，北至乔庄子。

主要指标 2011年末，辖区总人口1493人，总面积0.5平方千米，农民人均纯收入5960元。

东北宅村
(Dongbeizhai Cun)

名称来历 1958年北宅村分两村，根据方位定名为东北宅。

地理位置 地处新店子镇中部，东至魏家井，南至西南宅，西至西北宅，北至西苇店。

主要指标 2011年末，辖区总人口905人，总面积1.4平方千米，农民人均纯收入6175元。

东南宅村

(Dongnanzhai Cun)

名称来历 1958年南宅村分两村，根据方位定名为东南宅。

地理位置 地处新店子镇中部，东至小老峪，南至桃山屯，西至西南宅，北至魏家井。

主要指标 2011年末，辖区总人口800人，总面积1.56平方千米，农民人均纯收入6305元。

东苇店村

(Dongweidian Cun)

名称来历 因这里曾有一个苇塘，村南开一大车店，又因此村居东，故取名东苇店。

地理位置 地处新店子镇东北部，东至尖山屯，南至岳各庄，西至冯各庄，北至崔家庄乡祁庄。

主要指标 2011年末，辖区总人口980人，总面积0.25平方千米，农民人均纯收入6058元。

东新立村

(Dongxinli Cun)

名称来历 村南原为何家坟地，亦名大何峪。后韩氏迁此立庄，取名新立。1981年地名普查时，为区别于东陵公社新立村，更名为东新立。

地理位置 地处新店子镇东部，东至长峪，南至沙石峪，西至岳各庄，北至尖山屯。

主要指标 2011年末，辖区总人口317人，总面积0.5平方千米，农民人均纯收入5680元。

冯各庄村

(Fenggezhuang Cun)

名称来历 冯氏迁此立庄，以姓氏得名冯各庄。

地理位置 地处新店子镇北部，东至东苇店，南至岳各庄，西邻白石头，北至崔家庄乡黄台口。

主要指标 2011年末，辖区总人口1425人，总面积6平方千米，农民人均纯收入5710元。

圪塔坨村

(Getatuo Cun)

名称来历 因村庄坐落在土丘上，故称疙塔坨，后演变成圪塔坨。

地理位置 地处新店子镇西北部，东至马各庄，南至马店子，西至吴家坑，北至前杨庄。

主要指标 2011年末，辖区总人口2300人，总面积2.66平方千米，农民人均纯收入6105元。

尖山屯村

(Jianshantun Cun)

名称来历 因临近尖山，遂取名尖山屯。

地理位置 地处新店子镇东北部，东至吕各庄，南至长峪，西至东苇店，北至崔家乡东祁尔庄。

主要指标 2011年末，辖区总人口512人，总面积0.7平方千米，农民人均纯收入5565元。

君子口村

(Junzikou Cun)

名称来历 相传，宋代时此地是交通要道，常有人拦路抢劫，有官府到此捕盗，称擒贱口，后来人认为这个名字不好听，就反其意而起名君子口。

地理位置 地处新店子镇南部，东至前王庄，南至党峪镇莫台寺，西至西峪，北至新店子。

主要指标 2011年末，辖区总人口620人，总面积1平方千米，农民人均纯收入6223元。

康各庄村

(Kanggezhuang Cun)

名称来历 康氏迁此立庄，以姓氏得名。

地理位置 地处新店子镇西南部，东至西南宅，南至王迷寨，西至团瓢庄乡东下院寺，北至思恭庄。

主要指标 2011年末，辖区总人口1960人，总面积3.33平方千米，农民人均纯收入6133元。

龙湾村

(Longwan Cun)

名称来历 地处龙山脚下，黎河流经村南，蜿蜒曲折，以此得名龙湾。

地理位置 地处新店子镇北部，东至崔家庄乡黄台口，南至烟园子，西至杨庄子，北至遵化镇团练屯。

主要指标 2011年末，辖区总人口1300人，总面积2平方千米，农民人均纯收入6190元。

吕各庄村

(Lügezhuang Cun)

名称来历 吕氏迁此立庄，以姓氏而得名。

地理位置 地处新店子镇东部，东至徐店子，南至范家岭，西至尖山屯，北至祁庄。

主要指标 2011年末，辖区总人口1120人，总面积4平方千米，农民人均纯收入6050元。

马店子村

(Madianzi Cun)

名称来历 马氏迁此立庄，因地处洼地，故借此冠以姓氏取名马家甸，后称马店子。

地理位置 地处新店子镇西部，东至岳各庄，南至东夏庄子，西至团瓢庄乡官方子，北至圪塔圪。

主要指标 2011年末，辖区总人口1780人，总面积2.8平方千米，农民人均纯收入6175元。

东马各庄村

(Dongmagezhuang Cun)

名称来历 此处为明代总兵马荣的墓地，又有马氏在此看坟种田，后传宗接代，繁衍为村，取名马各庄。1984年改称东马各庄。

地理位置 地处新店子镇西北部，东至烟园子，南至西苇店，西至圪塔圪，北至龙湾。

主要指标 2011年末，辖区总人口2577人，总面积2.26平方千米，农民人均纯收入6020元。

前王庄村

(Qianwangzhuang Cun)

名称来历 王氏迁此立庄，取村名王家庄，后称小王庄。1981年地名普查时，为与县内同名村相区别，以方位更名为前王庄。

地理位置 地处新店子镇南部，东至车道峪，南至白道子，西至西峪，北至君子口。

主要指标 2011年末，辖区总人口460人，总面积0.56平方千米，农民人均纯收入5513元。

杨庄子村

(Yangzhuangzi Cun)

名称来历 杨氏迁此立庄，以姓氏得名。

地理位置 地处新店子镇西北部，东至龙湾，南至圪塔圪，西至西留村乡朱山庄，北至遵化镇后杨庄。

主要指标 2011年末，辖区总人口535人，总面积0.25平方千米，农民人均纯收入5970元。

乔庄子村

(Qiaozhuangzi Cun)

名称来历 乔氏迁此立庄，以其姓氏取名乔家庄，后改称乔庄子。

地理位置 地处新店子镇西南部，东邻王迷寨，南至大太平，西至西王庄，北至康各庄。

主要指标 2011年末，辖区总人口1030人，总面积0.6平方千米，农民人均纯收入6003元。

沙石峪村

(Shashiyu Cun)

名称来历 沙石峪原属大老峪村。1938年该村行政独立，因四面环山，一片沙石得名。

地理位置 地处新店子镇东部，东至东旧寨镇范家岭，南至大老峪，西至山嘴头，北至东新立。

主要指标 2011年末，辖区总人口864人，总面积3平方千米，农民人均纯收入6395元。

山嘴头村

(Shanzuitou Cun)

名称来历 刘氏迁此立庄，因村庄地处山嘴处，故取名山嘴头。

地理位置 地处新店子镇中部，东至沙石峪，南至魏家井，西至东北宅，北至岳各庄。

主要指标 2011年末，辖区总人口950人，总面积1.2平方千米，农民人均纯收入6126元。

思恭庄村

(Sigongzhuang Cun)

名称来历 相传，本村曾有一名妇女在皇宫中当奶妈，哺乳的王子封了王，给村子命名思恭庄。

地理位置 地处新店子镇西部，东邻东夏庄子，南至康各庄，西至团瓢庄乡东下院寺，北至团瓢庄乡石庄子。

主要指标 2011年末，辖区总人口1120人，总面积1平方千米，农民人均纯收入6123元。

桃山屯村

(Taoshantun Cun)

名称来历 相传，此地为唐太宗东征屯兵扎寨之地，东邻桃山，得名桃山屯。

地理位置 地处新店子镇南部，东至峪口，南至新店子，西至王迷寨，北至西南宅。

主要指标 2011年末，辖区总人口1078人，总面积1平方千米，农民人均纯收入6030元。

万子峪村

(Wanziyu Cun)

名称来历 村庄周围环山，地形似“卐”字，故取村名万字峪。后演变为万子峪。

地理位置 地处新店子镇东部，东至铁厂镇潘庄，南至娘娘庄乡上峪，西至大老峪，北至东旧寨镇范家岭。

主要指标 2011年末，辖区总人口791人，总面积1.12平方千米，农民人均纯收入5890元。

王迷寨村

(Wangmizhai Cun)

名称来历 相传有一北国王子，在此迷失道路，故得名王迷寨。

地理位置 地处新店子镇南部，东至桃山屯，南至新店子，西临乔庄子，北至康各庄。

主要指标 2011年末，辖区总人口1580人，总面积2平方千米，农民人均纯收入6190元。

魏家井村

(Weijiajing Cun)

名称来历 魏氏迁此立庄，打一眼深井。此井遂被人呼为“魏家井”，借此得名。

地理位置 地处新店子镇中部，东至沙石峪，南至小老峪，西至东北宅，北至山嘴头。

主要指标 2011年末，辖区总人口1460人，总面积0.65平方千米，农民人均纯收入6215元。

西北宅村

(Xibeizhai Cun)

名称来历 相传，唐太宗东征时，此地为安营扎寨之地，分南北两寨，于是遂取村名为南寨、北寨。后演变为南宅、北宅。1958年，根据方位把北宅分成东西两村。西北宅居西故而得名。

地理位置 地处新店子镇中西部，东邻东北宅，南至西南宅，西至东夏庄子，北至新井框峪。

主要指标 2011年末，辖区总人口980人，总面积0.25平方千米，农民人均纯收入6175元。

西南宅村

(Xinanzhai Cun)

名称来历 1958年，南宅分村根据方位定名为西南宅。

地理位置 地处新店子镇中部，东至东南宅，南至桃山屯，西至康各庄，北至东北宅。

主要指标 2011年末，辖区总人口1200人，总面积1平方千米，农民人均纯收入6110元。

西王庄村

(Xiwangzhuang Cun)

名称来历 王氏迁此立庄，取名王庄子。因该村地处乔庄子村西，后称西王庄。

地理位置 地处新店子镇西南部，东至乔庄子，南至大太平，西至程庄子，北至康各庄。

主要指标 2011年末，辖区总人口500人，总面积平方0.3千米，农民人均纯收入5740元。

西苇店村

(Xiweidian Cun)

名称来历 韩氏家族迁此分东西两处立庄。因地处东苇店以西，故称西苇店。

地理位置 地处新店子镇西北部，东至岳各庄，南至马店子，西至圪塔坨，北至东马各庄。

主要指标 2011年末，辖区总人口1400人，总面积1.2平方千米，农民人均纯收入6015元。

西峪村

(Xiyu Cun)

名称来历 原名西水峪，后称西峪。

地理位置 地处新店子镇南部，东邻君子口，南至前王庄，西至尹各庄，北至新店子。

主要指标 2011年末，辖区总人口1143人，总面积3平方千米，农民人均纯收入5786元。

东夏庄子村

(Dongxiazhuangzi Cun)

名称来历 夏氏迁此立庄，以其姓氏取名夏家庄，后改称夏庄子。1981年地名普查时，为区别于夏庄子公社夏庄子，更名为东夏庄子。

地理位置 地处新店子镇西部，东至西北宅，南至西南宅，西至思恭庄，北至马店子。

主要指标 2011年末，辖区总人口850人，总面积0.8平方千米，农民人均纯收入6085元。

小老峪村

(Xiaolaoyu Cun)

名称来历 韩氏由大老峪迁此立庄称小老峪。

地理位置 地处新店子镇中部，东至大老峪，南至峪口，西至东南宅，北至魏家井。

主要指标 2011年末，辖区总人口670人，总面积0.2平方千米，农民人均纯收入6160元。

小太平村

(Xiaotaiping Cun)

名称来历 严氏由大太平庄移居此地立庄称小太平村。

地理位置 地处新店子镇西南部，东至崔庄子，南至尹各庄，西至团瓢庄乡任庄子，北至程庄子。

主要指标 2011年末，辖区总人口650人，总面积0.6平方千米，农民人均纯收入6180元。

新店子村

(Xindianzi Cun)

名称来历 因庄氏迁此立庄得名庄户。后来，本庄高氏等几户迁居河西，以开客店为业，人丁逐渐兴旺，庄户人随之迁往河西，遂以客店得名新店庄，后称新店子。

地理位置 地处新店子镇南部，东至峪口，南至君子口，西至大太平，北至王迷寨。

主要指标 2011年末，辖区总人口2240人，总面积2平方千米，农民人均纯收入5639元。

新井框峪村

(Xinjingkuangyu Cun)

名称来历 1959年因修建邱庄水库，铁厂公社井框峪部分居民迁至现地建立新村，仍称井框峪，1981年地名普查时，为区别于铁厂公社井框峪，更名为新井框峪。

地理位置 地处新店子镇西部，东至西北宅，南至西南宅，西至东夏庄子，北至西苇店。

主要指标 2011年末，辖区总人口670人，总面积0.4平方千米，农民人均纯收入5450元。

烟园子村

(Yanyuanzi Cun)

名称来历 村民迁此立庄，因以种烟为业，故称烟园子。

地理位置 地处新店子镇北部，东至白石头，南至西苇店，西至东马各庄，北至龙湾。

主要指标 2011年末，辖区总人口424人，总面积0.3平方千米，农民人均纯收入5956元。

尹各庄村

(Yingezhuang Cun)

名称来历 尹氏迁此立庄，以姓氏取名尹家庄，后称尹各庄。

地理位置 地处新店子镇西南部，东至西峪，南至党峪镇杨家峪，西至小太平，北至大太平。

主要指标 2011年末，辖区总人口1167人，总面积2平方千米，农民人均纯收入5770元。

峪口村

(Yukou Cun)

名称来历 原名兴隆峪。因村南有山口，可以过往行人，改称峪口。

地理位置 地处新店子镇东北部，东至大老峪，南至娘娘庄乡南小厂，西至桃山屯，北至小老峪。

主要指标 2011年末，辖区总人口506人，总面积0.98平方千米，农民人均纯收入5810元。

岳各庄村

(Yuegezhuang Cun)

名称来历 岳氏迁此立庄，以姓氏得名。

地理位置 地处新店子镇中北部，东至东新立，南至山嘴头，西至马店子，北至白石头。

主要指标 2011年末，辖区总人口1700人，总面积2.2平方千米，农民人均纯收入5940元。

(撰稿：李玉梅，初审：朱国华)

党峪镇

(Dangyu Zhen)

政区概况

名称来历 因镇人民政府驻地位于大党峪村而得名。

地理位置 地处遵化市南部，东与娘娘庄乡接壤，东南与丰润区北夏庄相邻，南靠丰润区常峪村，西与刘备寨乡接壤，北与新店子镇相邻。人民政府驻大党峪村，电话区号0315，邮政编码064201，距遵化市人民政府25千米。

政区沿革 新中国成立之初，属遵化县第七区。1953年，分属党峪、白元、杨家峪、何元子4乡。1956年，4乡合并为党峪乡。1958年，属红星人民公社。1961年，析出，设立党峪人民公社。1984年，撤销人民公社，设立党峪乡；同年，改为党峪镇，辖22个村民委员会。

政区划分 2011年末，辖大党峪、杨家峪、磨台寺、李庄子、尚店、晏家峪、豹子峪、干草峪、上马家峪、白元、后要峪、前要峪、杏树园、牛家峪、小党峪、南小河、下马家峪、东水头、西山口、石家庄、洪家屯、南小营22个村民委员会。

人口面积 2011年末，辖区总人口28337人，其中城镇常住人口8000人。另有流动人口2884人。总人口中，男性14529人，占51%；女性13808人，占49%；14岁以下6246人，占22%；15~64岁7728人，占27%；65岁以上1427人，占5%。总人口中，以汉族为主，达18519人，占65%；有少数民族9818人，占34%。2011年，人口出生率13.17‰，人口死亡率7.7‰，人口自然增长率5.47‰。

辖区东西最大距离7千米，南北最大距离6.5千米，总面积45.5平方千米。其中陆地面积11.2平方千米，占91%。人口密度为每平方千米623人。

自然条件

地形地貌 境内大部分为山区，地势略呈南高北低，最高点海拔522米，最低点海拔53米。

矿藏及其他自然资源 境内已探明地下矿藏有石灰石、水泥石，地质储量3.8亿立方米，可采储量1.9亿立方米，集中分布在东南部和东北部一带。地下水资源可利用量19164.6万立方米。

自然灾害 主要有冰雹、旱涝、风灾、低温、霜冻、雷击等。最严重的一次雹灾发生在2002年7月15日，降雹时间约15分钟，受灾面积4.5万多亩，其中玉米1.5万亩，果树3万多亩，玉米减产25吨，水果减产7000吨。

经济概况

农业 耕地面积2.4万亩，人均0.85亩。以种植玉米、蔬菜为主。2011年，农业总产值2亿元，占国内生产总值的10%，实现农业增加值20364万元，比上年增长5.2%。

粮食作物以玉米为主。2011年，生产粮食0.8万吨，人均289千克。主要经济作物有蔬菜、水果。2011年，果树面积1.8万亩，产量1.2万吨。2011年，蔬菜种植面积0.2万亩，产量0.8万吨，主要品种有韭菜、大葱、西红柿等，其中韭菜20吨，大葱150吨，西红柿320吨。

畜牧业以猪、羊、家禽为主。2011年，生猪饲养量3.9万头，年末存栏0.8万头；羊饲养量2.9万只，年末存栏1.4万只；家禽饲养量35.7万羽。

工业 以化工、铸造、机械加工、塑料制品、建筑材料为主。2011年，工业总产值61亿元，实现工业增加值26亿元，比上年增长19.6%，占国内生产总值的62.8%。2011年，工业企业70家，职工3800人。

商业外贸 2011年末，商业网点70个，职工145人；城乡集贸市场4个。2011年，社会消费品零售总额达13亿元，比上年增长16%；城乡集市贸易成交额100万元。

财政金融 2011年，财政总收入1673万元，比上年增长71%。其中地方财政收入695.6万元，比上年增长136%。从主要税种看，完成营业税350.3万元，增值税1023万元，企业所得税22.78万元。人均财政收入5070元，比上年增长9%。2011年，银行和金融机构各类存款余额3.1亿元，比上年增长11%；各项贷款余额1.2亿元，比上年增长2%。

社会发展

文化艺术 2011年末，镇文化站、广播电视站各1个，村级文化活动中心2个；各类文化专业户3个；各类图书室3个，藏书1.5万余册。

教育 2011年末，幼儿园6所，在园幼儿620人，专任教师19人；小学5所，在校生1779人，专任教师128人，小学适龄儿童入学率100%；初中1所，在校生479人，专任教师72人，初中适龄人口入学率、小升初升学率、九年义务教育覆盖率均达100%。2011年，财政预算内教育经费875万元，比上年增长5%。

科技 2011年末，各类科技人才250人。

医疗卫生 2011年末，各级医疗卫生机构2个，门诊部（所）4个；病床1500张，每千人拥有医疗床位0.015张，固定资产总值220万元。专业卫生人员65人，其中执业医师15人，执业助理医师4人，注册护士30人。2011年医疗机构（门诊部以上）完成诊疗1.5万人次；新型农村合作医疗参合率95%。

体育 2011年末，0.14%的村安装了健身器材，经常参加体育活动的人员占常住人口的1%。

广播电视 2011年末，有线电视用户1200户，入户率13%。

社会保障 2011年，城镇最低生活保障户数10户，人数16人，支出6.6万元，比上年增长5%，月人均344元。农村最低生活保障户数503户，人数1037人，支出148万元，比上年增长6.5%，月人均119元，比上年增长6.5%。国家抚恤、补助各类优抚对象282人，抚恤事业费支出24.5万元，比上年增长3.7%。全年接受社会捐款2万元，使350人（次）困难群众受益。新型农村社会养老保险参保人数4560人，参保率92%。

基础设施

交通运输 唐港铁路线过境。有县乡级公路1条，总长5.6千米。

邮政电信 2011年末，邮政所1处，代办所1处，业务收入260万元。

电信企业1家，服务网点1个；电话交换机总容量0.7万门，固定电话用户4500户，电话用户普及率达到95%；移动电话用户2.1万户；宽带接入用户0.36万户。全年电信业务收入46万元。

镇区市政建设

给排水 2011年末，镇区深水井118眼，年供水220万立方米。镇区主要道路两侧铺设排水管道20千米。

供电 2011年末，镇区11万千伏及以上变电站（所）1座，年供电3600万度。

园林绿化 2011年末，镇区花坛1个，绿化面积0.07公顷。

大党峪村

(Dadangyu Cun)

名称来历 相传有党龙、党虎兄弟两人迁此占产立庄，因该村是长兄党龙所建，故取名为大党峪。

地理位置 地处党峪镇中部，东至东峪，南至南小河，西至小党峪，北至杨家峪。

主要指标 2011年末，辖区总人口3564人，总面积7.51平方千米，农民人均纯收入5196元。

杨家峪村

(Yangjiayu Cun)

名称来历 因杨氏迁居此地，建立村庄，地处山沟之中，因此称杨家峪。

地理位置 地处党峪镇北部，东至磨台寺，南至大党峪，西至刘备寨乡山头庄，北至新店子镇大太平。

主要指标 2011年末，辖区总人口2715人，总面积16.2平方千米，农民人均纯收入5200元。

磨台寺村

(Motaisi Cun)

名称来历 相传曾有北燕建造的龟镜寺，因山头酷似磨台，俗称磨台寺，并以此取村名磨台寺。

地理位置 地处党峪镇北部，东至娘娘庄乡白道子，南至尚店，西至杨家峪，北至新店子镇君子口。

主要指标 2011年末，辖区总人口839人，总面积2.8平方千米，农民人均纯收入4960元。

李庄子村
(Lizhuangzi Cun)

名称来历 曾经叫过好汉庄，因李氏兄弟两人迁来此地建庄，故改名为李家庄，1949年演变成李庄子。

地理位置 地处党峪镇东北部，东至娘娘庄乡西娘娘庄，南至上马家峪，西至尚店，北至娘娘庄乡何庄子。

主要指标 2011年末，辖区总人口516人，总面积1.6平方千米，农民人均纯收入4695元。

尚店村
(Shangdian Cun)

名称来历 因地处山坡，地势较高，取名上甸。后尚氏迁入，并开设一客店，改称尚店。

地理位置 地处党峪镇北部，东至李庄子，南至大党峪，西至杨家峪，北至磨台寺村。

主要指标 2011年末，辖区总人口1492人，总面积4.8平方千米，农民人均纯收入5160元。

晏家峪村
(Yanjiayu Cun)

名称来历 因晏氏迁此立庄，取名晏家峪。

地理位置 地处党峪镇西部，东至豹子峪，南至白元，西至地北头镇鲁家峪，北至刘备寨乡山头庄。

主要指标 2011年末，辖区总人口518人，总面积4.5平方千米，农民人均纯收入4980元。

豹子峪村
(Baoziyu Cun)

名称来历 因村民在此发现过豹子，并有过豹子的巢穴，故取名为豹子峪。

地理位置 地处党峪镇西部，东至大党峪，南至杏树园，西至白元，北至杨家峪。

主要指标 2011年末，辖区总人口544人，总面积2.6平方千米，农民人均纯收入5230元。

干草峪村
(Gancaoyu Cun)

名称来历 古代曾于此地存放过官军粮草，故取名干草峪。

地理位置 地处党峪镇东部，东至上马家峪，南至石家庄，西至小党峪，北至大党峪。

主要指标 2011年末，辖区总人口649人，总面积1.8平方千米，农民人均纯收入5130元。

上马家峪村
(Shangmajiayu Cun)

名称来历 常、马两氏迁此立庄，当时常氏的人较多，取名常庄。后马氏宗族繁衍，人多户众，又地处山沟，故冠以姓氏改称马家峪，后分为两个村，该村地处北面，称上马家峪。

地理位置 地处党峪镇东部，东至东水头，南至下马家峪，西至干草峪，北至大党峪。

主要指标 2011年末，辖区总人口2148人，总面积9.4平方千米，农民人均纯收入4830元。

白元村
(Baiyuan Cun)

名称来历 清嘉庆年间，此地称百猿。后人为了书写方便，将“猿”字写作“元”，遂称白元。

地理位置 地处党峪镇西部，东至牛家峪，南至要峪，西与地北头镇鲁家峪，北至晏家峪。

主要指标 2011年末，辖区总人口530人，总面积2.9平方千米，农民人均纯收入5100元。

前要峪村
(Qianshuayu Cun)

名称来历 相传唐太宗东征时，曾在此地行围打猎，取名要峪。1961年分为两村，该村地处南面，称前要峪。

地理位置 地处党峪镇西部，东至杏树园，南至西山口，西至地北头镇鲁东峪，北至后要峪。

主要指标 2011年末，辖区总人口265人，总面积2平方千米，农民人均纯收入4100元。

杏树园村
(Xingshuyuan Cun)

名称来历 因其地杏林繁茂，得名杏树园。

地理位置 地处党峪镇西部，东至小党峪，南至西山口，西至大井小学，北至豹子峪。

主要指标 2011年末，辖区总人口280人，总面积6平方千米，农民人均纯收入4890元。

牛家峪村
(Niujiayu Cun)

名称来历 因牛氏迁来定居，以其姓氏取村名牛家庄，后改称牛家峪。

地理位置 地处党峪镇中部，东至小党峪，南至西山口，西至要峪，北至小杨家峪。

主要指标 2011年末，辖区总人口565人，总面积1.7平方千米，农民人均纯收入4890元。

小党峪村
(Xiaodangyu Cun)

名称来历 因有党龙、党虎兄弟两人迁此占产立庄，因该村是其弟所建，所以该村取名为小党峪。

地理位置 地处党峪镇中部，东至南小河，南至石家庄，西至牛家峪，北至大党峪。

主要指标 2011年末，辖区总人口1266人，总面积2.9平方千米，农民人均纯收入5050元。

南小河村

(Nanxiaohe Cun)

名称来历 因地处河边，村落较小，故取名小河，1960年因修建邱庄水库，由国家出资搬来此处建立新村，仍沿用原村名小河，1981年地名普查时，为区分城关镇小河，更名为南小河。

地理位置 地处党峪镇南部，东临112国道，南至洪家屯，西至小党峪，北至大党峪。

主要指标 2011年末，辖区总人口259人，总面积4平方千米，农民人均纯收入5100元。

下马家峪村

(Xiamajiayu Cun)

名称来历 常、马两氏迁此立庄，当时常氏的人较多，便以其姓氏取名常庄。后马氏宗族繁衍，人多户众，又地处山沟，故冠以姓氏改称马家峪，后分为两个村，该村地处南面，称下马家峪。

地理位置 地处党峪镇东部，东至东水头，南至丰润区仰山村，西至大党峪，北至上马家峪。

主要指标 2011年末，辖区总人口2236人，总面积2.5平方千米，农民人均纯收入4800元。

东水头村

(Dongshuitou Cun)

名称来历 因此处曾有三股泉水，汇成一股小河，村坐落在小河水源之东，故取名东水头。

地理位置 地处党峪镇东部，东至娘娘庄乡黄土岭，南至丰润区大旺庄，西至下马家峪，北至娘娘庄乡芦各寨南山。

主要指标 2011年末，辖区总人口539人，总面积2.9平方千米，农民人均纯收入4950元。

西山口村

(Xishankou Cun)

名称来历 地处洪家屯西山脚下，取名西山庄，又称西岭，因村庄坐落在山口处，又改称西山口。

地理位置 地处党峪镇西南部，东至小党峪，南至地北头镇狼山关，西至地北头镇羊田村，北至杏树园。

主要指标 2011年末，辖区总人口871人，总面积2.4平方千米，农民人均纯收入5120元。

石家庄村

(Shijiazhuang Cun)

名称来历 石氏来此建村定居，故取姓氏命名为石家庄。

地理位置 地处党峪镇南部，东至洪家屯，南至南小营，西至地北头镇狼山关，北至南小河。

主要指标 2011年末，辖区总人口2382人，总面积4.1平方千米，农民人均纯收入5140元。

洪家屯村

(Hongjiatun Cun)

名称来历 相传此处落过两只鸿雁，故取名鸿雁屯，以后演变为洪家屯。

地理位置 地处党峪镇南部，东至丰润县仰山村，南至南小营，西临石家庄，北至南小河。

主要指标 2011年末，辖区总人口3237人，总面积6.6平方千米，农民人均纯收入5160元。

南小营村

(Nanxiaoying Cun)

名称来历 该村原来在娘娘庄东南部，清代建村，称小营，村名来历不可考证，因修建邱庄水库，1959年以后，多次搬迁，未定居。1967年搬来此地建立新村定居，取新建之意，定名为立新。后更名南小营。

地理位置 地处党峪镇南部，东邻112国道，南至丰润区才庄村，西至地北头镇狼山关，北至洪家屯。

主要指标 2011年末，辖区总人口847人，总面积9平方千米，农民人均纯收入4900元。

后耍峪村

(Houshuayu Cun)

名称来历 相传唐太宗东征时，曾在此地行围打猎，取名耍峪。1961年分为两村，该村地处北面，称前耍峪。

地理位置 地处党峪镇西部，东至牛家峪、南至前耍峪，西至鲁家峪东峪，北至白元。

主要指标 2011年末，辖区总人口340人，总面积1.9平方千米，农民人均纯收入4080元。

(撰稿：李子秀，初审：王晓松)

地北头镇

(Dibeitou Zhen)

政区概况

名称来历 因镇人民政府驻地位于北头村而得名。

地理位置 地处遵化市南部，东与党峪镇接壤，东南与丰润区石佛寺为邻，南靠丰润区沙流河镇，西邻玉田林头屯乡，北接刘备寨乡。人民政府驻北头村，电话区号0315，邮政编码064200，距遵化市人民政府35千米。

政区沿革 1953年，分属枣林庄乡、石家庄乡、地北头乡。1956年，合并为地北头乡。1958年，属红星人民公社。1961年，析出，设立地北头人民公社。1984年，撤销人民公社，设立地北头乡，辖10个村民委员会。1992年，合并鲁家峪乡和地北头乡设地北头镇，辖17个村民委员会。

政区划分 2011年末，辖狼山关、南新庄子、地北头、义王庄、东枣林庄、西枣林庄、前山屯、羊田、羊角峪、西尹庄子、鲁家峪、鲁东峪、鲁北峪、鲁西峪、榛子峪、井峪、龙宝峪17个村民委员会。

人口面积 2011年末，辖区总人口2.23万人，其中城镇常住人口200人，城镇化率0.8%。另有流动人口230人。总人口中，男性12100人，占54.3%；女性10610人，占45.7%；14岁以下2647人，占11.9%；15~64岁16324人，占73.2%；65岁以上3300人，占14.9%。总人口中，以汉族为主，达21510人，占95%；有满族110人，占4.8%。2011年，人口出生率9.03‰，人口死亡率6.06‰，人口自然增长率2.97‰。

辖区东西最大距离20千米，南北最大距离10千米，总面积63.5平方千米。全部为陆地。人口密度为每平方千米351人。

自然条件

地形地貌 境内大部分为山地，地势较高，北高南低，最高点海拔155米，最低点海拔53米。

自然灾害 主要有冰雹、旱涝、风灾、低温、霜冻、雷击等。

经济概况

农业 耕地面积2.49万亩，人均1.12亩。以种植小麦、玉米、蔬菜为主。2011年，农业总产值2.43亿元，占国内生产总值的15.5%，实现农业增加值14352万元，比上年减少9.3%。

粮食作物以小麦、玉米为主。2011年，生产粮食1.94万吨，人均870千克，其中小麦0.19万吨，玉米1.36万吨。主要经济作物有干鲜果品。2011年，果品种植面积2.73万亩，产量2.58万吨，其中干果种植面积0.29万亩，产量0.01万吨；苹果种植面积0.26万亩，产量0.35万吨；柿子种植面积1.05万亩，产量0.78万吨；桃种植面积0.63万亩，产量0.84万吨；杏种植面积0.12万亩，产量0.2万吨；红果种植面积0.39万亩，产量0.4万吨。

畜牧业以猪、羊、家禽为主。2011年，生猪饲养量6.3万头，年末存栏0.75万头；羊饲养量0.81万只，年末存栏0.53万只；家禽饲养量2.4万羽。

工业 以化工、水果罐头加工为主。2011年，工业总产值11.07亿元，实现工业增加值3.21亿元，比上年增长16.9%，占国内生产总值的70.5%。2011年，工业企业15家，职工1500人。

商业外贸 2011年末，商业网点80个，职工110人；城乡贸易市场6个。2011年，社会消费品零售总额达1.5亿元，比上年增长8%；城乡集市贸易成交额500万元。

财政金融 2011年，财政总收入400万元，比上年增长64%。其中地方财政收入200万元，比上年增长14%。从主要税种看，完成营业税83万元，增值税251万元，企业所得税67万元。人均财政收入191元，比上年增长62%。2011年，银行和金融机构各类存款余额2亿元，比上年增长10%；各项贷款余额0.4亿元，比上年增长8%。

社会发展

文化艺术 2011年末，镇文化站1个，村级文化活动中心17个；各类图书室17个，藏书5万册。有省、市级文物保护单位4处。

教育 2011年末，幼儿园7所，在园幼儿660人，专任教师29人；小学7所，在校生1200人，专任教师82人，小学适龄儿童入学率100%；初中2所，在校生770人，专任教师55人，初中适龄人口入学率、小升初升学率、九年义务教育覆盖率均达100%。2011年财政预算内教育经费210万元，比上年增长5%。

医疗卫生 2011年末，各级医疗卫生机构25个，门诊部23个；病床20张，每千人拥有医疗床位1张，固定资产总值125万元。专业卫生人员9名，其中执业医师3人，执业助理医师6人。2011年医疗机构（门诊部以上）完成诊疗2.7万人次。新型农村合作医疗参合率90%。

体育 2011年末，学校体育场地9处。90%的村安装了健身器材，经常参加体育活动的人员占常住人口的30%。

广播电视 2011年末，有线电视用户0.1万户，入户率15%。

社会保障 2011年城镇最低生活保障户数5户，人数7人，支出1.8万元，比上年增长20%，月人均214.3元，比上年增长10%；城市医疗救助40人次，民政部门资助参加合作医疗1164人次，共支出3.5万元，比上年增长50%。农村最低生活保障户数356户，人数665人，支出83.7万元，比上年增长11%，月人均105元，比上年增长20%。国家抚恤、补助各类优抚对象112人，抚恤事业费支出52万元，比上年增长6%。社区服务设施4个，社区服务站4个。新型农村社会养老保险参保人数1.23万人，参保率55%。

基础设施

交通运输 有镇级公路10条，总长16千米。

邮政电信 2011年末，邮政网点1个。

电话交换机总容量1.1万门，固定电话用户0.34万户，电话用户普及率达到90%；移动电话用户1.3万户；宽带接入用户0.13万户。全年电信业务收入200万元。

镇区市政建设

公共交通 2011年末，镇区客运站1座。日发客运汽车6班次，日均容量200余人次。

给排水 2011年末，镇区深水井157眼。

供电 2011年末，镇区35千伏及以上变电站1座，年供电2100万度。

龙宝峪村

(Longbaoyu Cun)

名称来历 因此山形如龙，故取名龙宝峪。

地理位置 地处地北头镇北部，东至鲁东峪，南至鲁家峪，西至鲁西峪，北至鲁北峪。

主要指标 2011年末，辖区总人口330人，总面积2.5平方千米，农民人均纯收入3802元。

榛子峪村

(Zhenziyu Cun)

名称来历 因山上榛子树很多，故得名榛子峪。

地理位置 地处地北头镇西部，东至鲁西峪，南至玉田县范家坞，西至井峪，北遵化市佛来峪。

主要指标 2011年末，辖区总人口937人，总面积2.5平方千米，农民人均纯收入3883元。

鲁家峪村

(Lujiayu Cun)

名称来历 刘氏五户由山东逃荒至此立庄，村民为怀念故乡，以山东省的简称“鲁”字取村名为鲁家峪。

地理位置 地处地北头镇西部，东至鲁东峪，南至西枣林，西至玉田县闫庄子，北至龙宝峪。

主要指标 2011年末，辖区总人口2574人，总面积10平方千米，农民人均纯收入4200元。

鲁北峪村

(Lubeiyu Cun)

名称来历 因村庄坐落在鲁家峪村北，取名北峪。1981年地名普查时，为区别于西三里公社北峪，更名为鲁北峪。

地理位置 地处地北头镇北部，东至党峪镇宴家峪，南至龙宝峪，西至鲁西峪，北至刘备寨乡南山。

主要指标 2011年末，辖区总人口1209人，总面积6平方千米，农民人均纯收入3978元。

井峪村

(Jingyu Cun)

名称来历 该村原名王家窝铺，因此地曾有为范家坞(今玉田县境内)王姓大户看园子的窝铺而得名，后有人在山上开采火石，挖了很多石坑，每到雨季，石坑就往外流水，好似满地是井，故又改称井峪。

地理位置 地处地北头镇西部，东至榛子峪，南至玉田县许家庄，西至刘备寨乡水峪，北至刘备寨乡科道屯。

主要指标 2011年末，辖区总人口824人，总面积2平方千米，农民人均纯收入3956元。

鲁东峪村

(Ludongyu Cun)

名称来历 因地处鲁家峪村东山沟而得名。

地理位置 地处地北头镇东北部，东至党峪镇白元村，南至前山屯村，西至鲁家峪村，北至鲁北峪村。

主要指标 2011年末，辖区总人口2336人，总面积8平方千米，农民人均纯收入4058元。

鲁西峪村

(Luxiyu Cun)

名称来历 因村庄坐落在鲁家峪村西，取名西峪。1981年地名普查时，为区别于新店子公社西峪，更名为鲁西峪。

地理位置 地处地北头镇西部，东至鲁北峪，南至鲁家峪，西至榛子峪，北至刘备寨乡南山。

主要指标 2011年末，辖区总人口742人，总面积4平方千米，农民人均纯收入3839元。

东枣林庄村

(Dongzaolinzhuang Cun)

名称来历 因这里有一片枣林而得名枣林庄。后村庄分为东、西两村，该村居东，称东枣林庄。

地理位置 地处地北头镇南部，东至义王庄，南至丰润区安家坨，西至西枣林庄，北至前山屯。

主要指标 2011年末，辖区总人口591人，总面积2.3平方千米，农民人均纯收入4181元。

西枣林庄村

(Xizaolinzhuang Cun)

名称来历 因这里有一片枣林而得名枣林庄。后村庄分为东、西两村，该村居西，称西枣林庄。

地理位置 地处地北头镇南部，东至东枣林庄，南至丰润区大张屯，西至玉田县果各庄，北至鲁家峪。

主要指标 2011年末，辖区总人口1945人，总面积3.4平方千米，农民人均纯收入3712元。

前山屯村

(Qianshantun Cun)

名称来历 因村庄坐落在山前而得名。

地理位置 地处地北头镇南部，东至义王庄，南至东枣林庄，西至鲁家峪，北至东峪。

主要指标 2011年末，辖区总人口458人，总面积2平方千米，农民人均纯收入3956元。

羊田村

(Yangtian Cun)

名称来历 田氏迁此山沟定居，以姓氏取名田家沟。抗日战争时期，改称羊田。

地理位置 地处地北头镇东部，东至狼山关，南至南新庄子，西至羊角峪，北至党峪镇西山口。

主要指标 2011年末，辖区总人口135人，总面积2平方千米，农民人均纯收入3969元。

羊角峪村

(Yangjiaoyu Cun)

名称来历 因地处两个小山包，犹如羊的两角，故取名羊角峪。

地理位置 地处地北头镇西部，东至羊田，南至地北头，西至鲁东峪，北至党峪镇要峪村峪。

主要指标 2011年末，辖区总人口88人，总面积1平方千米，农民人均纯收入3911元。

西尹庄子村

(Xiyinzhuangzi Cun)

名称来历 村民由娘娘庄公社尹庄子分居来此立庄，取名为尹家庄。新中国成立后改称尹庄子。1981年地名普查时，为区别于娘娘庄公社尹庄子，更名为西尹庄子。

地理位置 地处地北头镇东部，东至党峪镇南小营，南至丰润区才庄，西至南新庄子，北至狼山关。

主要指标 2011年末，辖区总人口155人，总面积8平方千米，农民人均纯收入4199元。

地北头村

(Dibeitou Cun)

名称来历 最初有几户来此开荒种地，在地之北头建村，故取村名地北头。

地理位置 地处地北头镇南部，东至南新庄子，南至丰润区石佛寺村，西至义王庄，北至羊角峪。

主要指标 2011年末，辖区总人口2571人，总面积4平方千米，农民人均纯收入4695元。

南新庄子村

(Nanxinzhuangzi Cun)

名称来历 曾有马、杨、田、谷四姓人家，不便以姓氏定村名，乃取名新庄子，因北边有一个新庄子，故改名南新庄子。

地理位置 地处地北头镇南部，东至狼山关，南至丰润区吕家洼，西至地北头，北至羊田。

主要指标 2011年末，辖区总人口3495人，总面积5平方千米，农民人均纯收入4644元。

义王庄村

(Yiwangzhuag Cun)

名称来历 村民由枣林庄分居来此立庄，取名北义王庄，后改称义王庄。

地理位置 地处地北头镇南部，东至地北头，南至丰润区安家坨，西至东枣林庄，北至前山屯。

主要指标 2011年末，辖区总人口1150人，总面积3平方千米，农民人均纯收入4443元。

狼山关村

(Langshanguan Cun)

名称来历 原名烂石湾。因此名粗俗不雅，遂于清同治年间，以村西有狼山，改称狼山关。

地理位置 地处地北头镇东部，东至党峪镇石家庄，南至西尹庄子，西至南新庄子，北至党峪镇西山口。

主要指标 2011年末，辖区总人口2731人，总面积5平方千米，农民人均纯收入4599元。

(撰稿：刘克明，初审：田为中)

东旧寨镇

(Dongjiuzhai Zhen)

政区概况

名称来历 因镇人民政府驻地位于东旧寨村而得名。

地理位置 东与迁西县接壤，南靠铁厂镇，西邻新店子镇，西南与娘娘庄乡为邻，北接建明镇。人民政府驻东旧寨村，电话区号0315，邮政编码064203，距遵化市人民政府25千米。

政区沿革 抗日战争胜利后，属第八区。1953年，分属姚家峪乡、梁屯乡、阎家峪乡、温庄乡、莫屯乡。1956年，并为莫屯乡和周铁庄乡。1958年，并入东方人民公社。1961年，析出，设立东旧寨人民公社。1984年3月，撤销人民公社，设立东旧寨乡，辖25个村民委员会。1987年9月，撤乡，设立东旧寨镇。1989年，大寨乡并入，辖29个村民委员会。

政区划分 2011年末，辖五虎岭、高户庄、金牛寺、现光寺、东旧寨、梁家屯、西旧寨、七户、温庄、杨庄、范家岭、徐家套、东崔庄子、幸福村、周铁庄、大田庄、闫家峪、东张庄、双泉寺、祝店子、河东、姚家峪、桓庄、黑峪沟、灰岭子、石桥头、大寨、西张庄、徐店子29个村民委员会。

人口面积 2011年末，辖区总人口2.47万人，其中城镇常住人口10680人，城镇化率4.3%。总人口中，男性12630人，占51.67%；女性11830人，占48.33%；14岁以下2562人，占10.47%；15～64岁20430人，占83.52%；65岁以上1468人，占6%。总人口中，以汉族为主，达23985人，占98.06%；有满、回、蒙、壮等18个少数民族，共475人，占1.94%。超过50人的有满族，达120人，占少数民族人口的25.26%。2011年，人口出生率9.16‰，人口死亡率6.07‰，人口自然增长率3.09‰。

辖区东西最大距离12千米，南北最大距离8千米，总面积75.69平方千米。其中陆地面积75.44平方千米，占99.66%；水域面积0.25平方千米，占0.34%。人口密度为每平方千米326人。

自然条件

地形地貌 境内大部分为山区、丘陵，最高点海拔558.2米，最低点海拔292米。

水文 境内河道属黎河水系，为黎河支流，在境内有4个发源地，由东南向西北，经建明镇、崔家庄乡流入黎河，境内长22千米。

矿藏及其他自然资源 地下水资源可利用量650万立方米。

自然灾害 有冰雹、旱涝、风灾、低温、霜冻、雷击等。雹灾平均12年一遇，最严重的一次发生在2005年7月12日，降雹时间约8分钟，受灾面积5公顷。风灾一年四季均有发生。

经济概况

农业 耕地面积3.04万亩，人均1.23亩。以种植小麦、玉米、蔬菜为主。2011年，农业总产值2.94亿元，占国内生产总值的15.3%，实现农业增加值17371万元，比上年增长3.3%。

粮食作物以玉米为主。2011年，生产粮食1.18万吨，人均478千克，其中玉米9578吨。主要经济作物有蔬菜。2011年，蔬菜种植面积3135亩，产量1.06万吨，主要品种有白菜、黄瓜、茄子、萝卜等，其中白菜3797吨，黄瓜1145吨，茄子1148吨。

2011年，林地面积8.4万亩，山场面积9.8万亩，盛产苹果、核桃、梨等。境内还建有唐山苗圃基地，主要经营北方苗木，品种果树、绿化树种、各种大小花灌木、北海道黄杨、大小叶黄杨、金叶女贞、唐山侧柏北京桧柏、国槐、紫叶矮樱、大樱桃、紫叶李、银杏树、卫矛球、红叶小檗、唐山碧桃、唐山榆叶刺槐、臭椿、沙地柏、金叶国槐、矮干黄金槐、唐山刺槐等。

畜牧业以猪、羊、家禽为主。2011年，生猪饲养量4.2万头，年末存栏1.55万头；羊饲养量1.96万只，年末存栏0.62万只；家禽饲养量41.9万羽。

工业 以纸品制造、饮品为主。2011年，工业总产值17.14亿元，占国内生产总值的55.4%。2011年，工业企业11家，职工325人，实现工业增加值6.3亿元，比上年增长17.7%。

商业外贸 2011年末，商业网点56个，职工123人；城乡集贸市场4个。2011年，社会消费品零售总额达1.69亿元，比上年增长13.2%；城乡集市贸易成交额13亿元。主要产品有核桃、苹果，销往唐山、天津、北京等地。

财政金融 2011年，财政总收入1300万元，比上年增长49.4%。其中地方财政收入300万元，比上年增长30%。从主要税种看，完成营业税300万元，增值税700万元，企业所得税300万元。人均财政收入531元，比上年增长48%。

社会发展

文化艺术 2011年末，镇文化站、广播电视站各1个，村级文化活动中心29个；各类文化专业户8个；各类图书室20个，藏书5余万册。

教育 2011年末，幼儿园6所，在园幼儿803人，专任教师33人；小学6所，在校生1603人，专任教师80人，小学适龄儿童入学率100%；初中1所，在校生541人，专任教师42人，初中适龄人口入学率、小升初升学率、九年义务教育覆盖率均达100%。2011年财政预算内教育经费180万元，比上年增长20%。预算内教育经费（包括城市教育费附加）占财政总支出的比例为13.8%。

医疗卫生 2011年末，各级医疗卫生机构2个，门诊部（所）2个；病床75张，每千人拥有医疗床位3张，固定资产总值500万元。专业卫生人员51名，其中执业医师9人，执业助理医师17人，注册护士25人。2011年医疗机构（门诊部以上）完成诊疗8.2万人次。新型农村合作医疗参合率93%。

体育 2011年末，学校体育场地6处，座位400张。100%的村安装了健身器材，经常参加体育活动的人员占常住人口的56%。

广播电视 2011年末，有线电视用户0.11万户，入户率14.3%。

社会保障 2011年城镇最低生活保障户数10户，人数19人，支出6万元，比上年增长45%，月人均263元，比上年增加26%；城市医疗救助5人次，民政部门资助参加合作医疗5人次，共支出2万元，比上年增长3.4%。农村最低生活保障户数431户，人数790人，支出88.1万元，比上年增长62%，月人均93元，比上年增长47.8%。国家抚恤、补助各类优抚对象202人，抚恤事业费支出100万元，比上年增长8%。慈善分会1个，全年接受社会捐款0.4万元，使8人（次）困难群众受益。新型农村社会养老保险参保人数0.8万人，参保率90%。

基础设施

交通运输 有镇级公路2条，总长20千米。

邮政电信 2011年末，邮政所1处，代办所1处；报纸、期刊累计期发行3万份（册），邮政业务总量2.3万元。

电信企业1家，服务网点1个；电话交换机总容量0.3万门，固定电话用户0.24万户，电话用户普及率32%；移动电话用户1.8万户；宽带接入用户0.08万户。全年电信业务收入70万元。

镇区市政建设

公共交通 2011年末，镇区日发客运汽车1班次，途径镇区班车5次，日均容量400余人次。

给排水 2011年末，镇区深水井20眼并有成套净化设备，年供水132万立方米。

园林绿化 2011年末，镇区绿化面积0.4公顷。

五虎岭村

(Wuhuling Cun)

名称来历 因村东山上有五块石头形象似虎而得名。

地理位置 地处东旧寨镇南部，东至铁厂镇圣水院，南至铁厂镇潘庄，西至铁厂镇陈庄子，北至梁屯。

主要指标 2011年末，辖区总人口416人，总面积1.03平方千米，农民人均纯收入3000元。

高户庄村

(Gaohuzhuang Cun)

名称来历 因高氏迁此立庄而得名高家庄，清光绪年间，改称高各庄，后又改称高户庄。

地理位置 地处东旧寨镇南部，东至五虎岭，南至铁厂镇潘庄，西至梁屯，北至村梁屯。

主要指标 2011年末，辖区总人口416人，总面积1.03平方千米，农民人均纯收入3000元。

金牛寺村

(Jinniusi Cun)

名称来历 因附近有一座庙，名"金牛寺"，遂以此取村名金牛寺。

地理位置 地处东旧寨镇南部，东至村铁厂镇板城，南至五虎岭，西至梁屯，北至现光寺村。

主要指标 2011年末，辖区总人口918人，总面积3.81平方千米，农民人均纯收入3100元。

现光寺村

(Xianguangsi Cun)

名称来历 因附近有一座现光寺，故取村名现光寺。

地理位置 地处东旧寨镇南部，东至铁厂镇高拔岭村，南至金牛寺村，西至梁屯，北至闫家峪。

主要指标 2011年末，辖区总人口229人，总面积0.03平方千米，农民人均纯收入2900元。

梁屯村

(Liangtun Cun)

名称来历 清初，程氏迁此立庄，以姓氏取名程家屯。清康熙年间，梁文富一家从山东迁入，后因梁门子孙繁衍，人口众多，改村名为梁家屯，后简称梁屯。

地理位置 地处东旧寨镇南部，东至金牛寺村，南至高户庄，西至西海子水库，北至东旧寨。

主要指标 2011年末，辖区总人口1850人，总面积4.44平方千米，农民人均纯收入3050元。

东旧寨村

(Dongjiuzhai Cun)

名称来历 明初燕王扫北曾在此扎寨，得胜回师后，又回此地扎寨，汪氏迁此建村，命名为旧寨。后族人分居东西两处，此村居东，习称东旧寨。

地理位置 地处东旧寨镇中部，东至金牛寺村，南至梁屯，西至西旧寨，北至幸福村。

主要指标 2011年末，辖区总人口792人，总面积1.71平方千米，农民人均纯收入3000元。

西旧寨村

(Xijiuzhai Cun)

名称来历 明初燕王扫北曾在此扎寨，得胜回师后，又回此地扎寨，汪氏迁此建村，命名为旧寨。后族人分居东西两处，此村居西，故称西旧寨。

地理位置 地处东旧寨镇中部，东至东旧寨，南至梁屯，西至七户，北至幸福村。

主要指标 2011年末，辖区总人口1356人，总面积2.16平方千米，农民人均纯收入3100元。

七户村

(Qihu Cun)

名称来历 因赵、徐、周、李、王、贝、祝七户迁此立庄，取名七户庄，后称七户。

地理位置 地处东旧寨镇南部，东至幸福村，南至西旧村寨，西至温庄，北至石桥头。

主要指标 2011年末，辖区总人口1013人，总面积2.15平方千米，农民人均纯收入3000元。

温庄村

(Wenzhuang Cun)

名称来历 因温氏迁此立庄，取名温家庄，后称温庄。

地理位置 地处东旧寨镇西南部，东至七户村，南至铁厂镇潘庄，西至杨庄，北至北山。

主要指标 2011年末，辖区总人口1238人，总面积3.77平方千米，农民人均纯收入3050元。

杨庄村

(Yangzhuang Cun)

名称来历 杨、温、赵三姓迁此立庄，三姓中，唯杨氏人众，故取村名大杨家庄，后称杨庄。

地理位置 地处东旧寨镇西南部，东至温庄，南至铁厂镇潘庄村，西至范家岭，北至大寨。

主要指标 2011年末，辖区总人口1201人，总面积4.56平方千米，农民人均纯收入3050元。

范家岭村

(Fanjialing Cun)

名称来历 范氏迁此立庄，定居岭上，故取名范家岭。

地理位置 地处东旧寨镇西南部，东至范家岭，南至新店子镇万子峪，西至新店子镇大老峪，北至徐店子。

主要指标 2011年末，辖区总人口749人，总面积

2.97 平方千米，农民人均纯收入 3000 元。

东崔庄子村

(Dongcuizhuangzi Cun)

名称来历 崔氏迁此立庄，以姓氏取名崔家庄。新中国成立后改称崔庄子。1981 年地名普查时，为区别于新店子公社崔庄子，更名为东崔庄子。

地理位置 地处东旧寨镇中部，东至周铁庄，南至幸福村，西至石桥头，北至徐家套。

主要指标 2011 年末，辖区总人口 290 人，总面积 0.028 平方千米，农民人均纯收入 3000 元。

徐家套村

(Xujiatao Cun)

名称来历 徐氏迁此立庄，因村庄坐落在河套旁，故冠以姓氏取名徐家套。

地理位置 地处东旧寨镇北部，东至祝店子，南至东崔庄子，西至大寨，北至大寨。

主要指标 2011 年末，辖区总人口 415 人，总面积 2.52 平方千米，农民人均纯收入 3000 元。

幸福村

(Xingfu Cun)

名称来历 1958 年因在徐家套附近修大寨水库，该村部分居民搬迁至此建立新村，取名幸福村。

地理位置 地处东旧寨镇中部，东至周铁庄，南至东旧寨，西至七户，北至东崔庄子。

主要指标 2011 年末，辖区总人口 671 人，总面积 1.3 平方千米，农民人均纯收入 3000 元。

周铁庄村

(Zhoutiezhuang Cun)

名称来历 因周姓铁匠至此立庄，取名周铁庄。

地理位置 地处东旧寨镇中部，东至大田庄，南至牛山，西至幸福村，北至徐家套。

主要指标 2011 年末，辖区总人口 856 人，总面积 1.93 平方千米，农民人均纯收入 3000 元。

大田庄村

(Datianzhuang Cun)

名称来历 因田氏迁此立庄，并开设一客店。遂冠以姓氏取村名田家店。为了田家兴旺，把村名改称大田庄。

地理位置 地处东旧寨镇中东部，东至闫家峪，南至现光寺村，西至周铁庄，北至祝店子。

主要指标 2011 年末，辖区总人口 462 人，总面积 1.1 平方千米，农民人均纯收入 2900 元。

闫家峪村

(Yanjiayun Cun)

名称来历 该村地处山沟，闫氏迁此立庄，以姓氏和地理位置取村名闫家峪。

地理位置 地处东旧寨镇东部，东至东张庄，南至现光寺，西至大田庄，北至桓庄。

主要指标 2011 年末，辖区总人口 1007 人，总面积 2.56 平方千米，农民人均纯收入 3000 元。

东张庄村

(Dongzhangzhuang Cun)

名称来历 张氏迁此立庄，以姓氏取村名张家庄。新中国成立后，为区别大寨公社张家庄，改称东张庄。

地理位置 地处东旧寨镇东部，东至双泉寺，南至现光寺，西至闫家峪，北至灰岭子。

主要指标 2011 年末，辖区总人口 974 人，总面积 4.78 平方千米，农民人均纯收入 3000 元。

双泉寺村

(Shuangquansi Cun)

名称来历 因村北有一庙，名曰双泉寺，遂以此取村名双泉寺。

地理位置 地处东旧寨镇东部，东至迁西县三十二岭，南至铁厂镇高拔岭，西至东张庄，北至迁西边界。

主要指标 2011 年末，辖区总人口 253 人，总面积 2.19 平方千米，农民人均纯收入 2900 元。

祝店子村

(Zhudianzi Cun)

名称来历 祝氏迁此立庄，为便利过往行人，建立客房以开店为业。故得名祝家店。清光绪年间改称祝家庄。民国年间又改称祝店子。

地理位置 地处东旧寨镇北部，东至河东，南至大田庄，西至周铁庄，北至姚家峪。

主要指标 2011 年末，辖区总人口 559 人，总面积 2.5 平方千米，农民人均纯收入 3000 元。

河东村

(Hedong Cun)

名称来历 原属祝店子，1961 年，该村行政独立。因与祝店子只隔一河，地处河的东岸，故得名河东。

地理位置 地处东旧寨镇北部，东至桓庄，南至大田庄，西至祝店子，北至姚家峪。

主要指标 2011 年末，辖区总人口 198 人，总面积 0.03 平方千米，农民人均纯收入 3000 元。

姚家峪村

(Yaojiayu Cun)

名称来历 姚氏迁此立庄。又地处山谷之中，取名姚家峪。

地理位置 地处东旧寨镇北部，东至黑峪沟，南至祝店子，西至烟筒山，北至建明镇西铺。

主要指标 2011年末，辖区总人口524人，总面积2.58平方千米，农民人均纯收入3000元。

桓庄村

(Huanzhuang Cun)

名称来历 桓氏迁此立庄，以姓氏取村名为桓家庄，后称桓庄。

地理位置 地处东旧寨镇北部，东至灰岭子，南至闫家峪，西至姚家峪，北至黑峪沟。

主要指标 2011年末，辖区总人口246人，总面积1.21平方千米，农民人均纯收入3000元。

灰岭子村

(Huilingzi Cun)

名称来历 因村庄坐落在小山岭上，村民多以烧石灰为业，故取村名灰岭子。

地理位置 地处东旧寨镇北部，东至迁西县朱家峪，南至东张庄，西至桓庄，北至建明镇白马峪。

主要指标 2011年末，辖区总人口549人，总面积2.62平方千米，农民人均纯收入3000元。

黑峪沟村

(Heiyugou Cun)

名称来历 因村庄坐落在山沟内，沟内的山石为黑色，故取名黑峪沟。

地理位置 地处东旧寨镇北部，东至桓庄，南至闫家峪，西至姚家峪，北至建明镇西铺。

主要指标 2011年末，辖区总人口135人，总面积0.0093平方千米，农民人均纯收入2900元。

石桥头村

(Shiqiaotou Cun)

名称来历 这里原有一座石桥，村庄坐落在桥的北端，故取名石桥头。

地理位置 地处东旧寨镇中部，东至东崔庄子，南至七户，西至大寨，北至徐家套。

主要指标 2011年末，辖区总人口1347人，总面积3.02平方千米，农民人均纯收入3000元。

大寨村

(Dazhai Cun)

名称来历 相传唐太宗东征时曾在此安营扎寨，后称村名为大寨。

地理位置 地处东旧寨镇西部，东至徐家套村，南至杨庄，西至西张庄，北至建明镇高各庄村。

主要指标 2011年末，辖区总人口2746人，总面积9.4平方千米，农民人均纯收入3050元。

西张庄村

(Xizhangzhuang Cun)

名称来历 清咸丰年间，张氏自山西太原迁此立庄，因有东张家庄，故取名西张家庄，后称西张庄。

地理位置 地处东旧寨镇西部，东至大寨，南至杨庄，西至徐店子，北至建明镇东小寨。

主要指标 2011年末，辖区总人口1264人，总面积3.13平方千米，农民人均纯收入3000元。

徐店子村

(Xudianzi Cun)

名称来历 清咸丰年间，此地有一徐姓客店，借此取村名徐家店。新中国成立后，演变为徐店子。

地理位置 地处东旧寨镇西部，东至西张庄，南至范家岭，西至新店子镇冯各庄，北至崔家庄乡东祁尔庄。

主要指标 2011年末，辖区总人口787人，总面积0.1047平方千米，农民人均纯收入3100元。

（撰稿：孙超，初审：高满军）

铁厂镇

(Tiechang Zhen)

政区概况

名称来历 因镇人民政府驻地位于铁厂村而得名。

地理位置 地处遵化市东南，东与迁西县南观镇接壤，南靠丰润区黄昏峪镇，西邻娘娘庄乡、新店子镇，北接东旧寨镇。人民政府驻遵化市铁厂镇铁厂村，电话区号0315，邮政编码064203，距遵化市人民政府35千米。

政区沿革 1958年，属东风人民公社。1961年，析出，设立铁厂人民公社。1984年，撤销人民公社，设立铁厂乡；同年，撤乡，改为铁厂镇，辖20个村民委员会。

政区划分 2011年末，辖高拔岭、东北店、西北店、板城、夏各庄、圣水院、陈庄子、夜明峪、潘庄、莫家屯、新刘庄、铁厂、甄庄、李家窝、刘家窝、郭家沟、范庄、佟庄、井匡峪、东平台20个村民委员会。

人口面积 2011年末，辖区总人口1.9万人，其中城镇常住人口1万人，城镇化率52.6%。总人口中，男性10025人，占52%；女性9183人，占48%；14岁以下1567人，占8.1%；15~64岁13889人，占72.4%；65岁以上3752人，占19.5%。总人口中，以汉族为主，达19003人，占98.9%；有满族205人，占1.1%。2011年，人口出生率4.75‰，人口死亡率3.36‰，人口自然增长率1.39‰。

辖区东西最大距离8.6千米，南北最大距离13.8千米，总面积76.8平方千米。其中陆地76.8平方千米，占97%；水域2.5平方千米，占3%。人口密度为每平方千米247人。

自然条件

地形地貌 境内大部为山区、丘陵，地势为北高南低，最高点海拔642米，最低点海拔232米。

矿藏及其他自然资源 境内已探明地下矿藏有石灰岩矿。地下水资源可利用量692万立方米。

自然灾害 主要自然灾害有冰雹、旱涝、风灾、低温、霜冻、雷击等。雹灾平均12年一遇，最严重的一次发生在2005年7月12日，降雹时间约5分钟，受灾面积150亩。风灾一年四季均有发生。

经济概况

农业 耕地面积2.5万亩，人均1.3亩。以种植玉米、蔬菜为主。2011年，农业总产值2亿元，占国内生产总值的21%，实现农业增加值12029万元，比上年减少3.3%。

粮食作物以玉米为主。2011年，生产粮食0.6万吨，人均316千克，其中玉米0.5万吨。主要经济作物有蔬菜。2011年，蔬菜种植面积0.3万亩，产量0.9万吨，主要品种有韭菜、葱、西红柿、茴香等，其中韭菜0.01万吨，大葱0.03万吨，西红柿0.07万吨。主要果品有核桃、苹果，产量大幅增长。

畜牧业以猪、羊、家禽为主。2011年，生猪饲养量0.5万头，年末存栏0.48万头；羊饲养量0.5万只，年末存栏0.5万只；家禽饲养量14万羽。奶业生产已形成规模。2011年末，奶牛存栏2700头，养牛专业村4个，5头以上养牛专业户36个，建有机械化挤奶厅6座，日产鲜奶25吨，主要销往丰润区乐百氏奶品集团公司。因奶牛数量多，产量高，故有“奶牛之乡”之称。

工业 以水泥、铸造为主。2011年，工业总产值1.8亿元，占国内生产总值的19%。2011年，工业企业4家，职工79人，实现工业增加值0.6亿元，比上年增长21%。

商业外贸 2011年末，商业网点32个，职工106人；城乡集贸市场5个。2011年，社会消费品零售总额达1.3亿元，比上年增长12%；城乡集市贸易成交额15亿元。主要产品有安梨、核桃，销往北京、天津、唐山等地。

财政金融 2011年，财政总收入0.05亿元，比上年增长1.2%。其中地方财政收入260万元，比上年增长1.1%。人均财政收入100元，比上年增长0.9%。2011年，银行和金融机构各类存款余额2.18亿元，比上年增长13.7%；各项贷款余额5700万元，比上年增长0.5%。

社会发展

文化艺术 2011年末，镇文化站1个，村级文化活动中心20个；各类文化专业户6个；各类图书室24个，藏书20余万册；音乐、美术、书法、摄影及文学业余创作人员27人。

教育 2011年末，幼儿园4所，在园幼儿412人，专任教师32人；小学5所，在校生934人，专任教师79人，小学适龄儿童入学率100%；初中1所，在校生406人，专任教师59人，初中适龄人口入学率、小升初升学率、九年义务教育覆盖率达100%。2011年财政预算内教育经费86万元，比上年增长19%。预算内教育经费（包括城市教育费附加）占财政总支出的比例为18%，比上年提高了23个百分点。

科技 2011年末，各类科技人才6人。

医疗卫生 2011年末，各级医疗卫生机构9个，门诊部（所）12个；病床35张，每千人拥有医疗床位1.8张，固定资产总值2600万元。专业卫生人员26名，其中执业医师6人，执业助理医师16人，注册护士21人。2011年医疗机构（门诊部以上）完成诊疗0.5万人次。新型农村合作医疗参合率86.2%。

体育 2011年末，学校体育场地10处，座位106个。100%的村安装了健身器材，经常参加体育活动的人员占常住人口的56%。

广播电视 2011年末，有线电视用户1000户，入户率15.3%。

社会保障 2011年城镇最低生活保障户数14户，人数26人，支出7.2万元，比上年增长7.6%，月人均231元，比上年增长6%；城市医疗救助13人次，民政部门资助参加合作医疗5人次，共支出2.1万元，比上年增长4.5%。农村最低生活保障户数438户，人数835人，支107.1万元，比上年增长5%，月人均107元，比上年增长6%。国家抚恤、补助各类优抚对象244人，抚恤事业费支出49.7万元，比上年增长4%。社区服务设施20个，其中社区服务中心13个，社区服务站7个。慈善分会1个，全年接受社会捐款0.5万元，使12人（次）困难群众受益。新型农村社会养老保险参保人数1.1万人，参保率57.8%。

基础设施

交通运输 有县级公共洪火线1条，境内长5千米。

邮政电信 2011年末，报纸、期刊累计期发行4万份（册）。电信企业1家，服务网点8个；电话交换机总容量0.8万门，固定电话用户0.6万户，电话用户普及率达到98%；移动电话用户0.3万户；宽带接入用户0.1万户。

镇区市政建设

公共交通 1984年起通客运车，日发客运汽车5班次，日均容量300余人次。

给排水 2011年末，镇区深水井42眼并有成套净化设备，年供水32万吨。

供电 2011年末，镇区6300千伏安供电站1座，年供电240万度。

园林绿化 2011年末，镇区绿化面积45公顷。

板城村

(Bancheng Cun)

名称来历 建村时村北有一木材厂，故名板场，后称板城。

地理位置 地处铁厂镇北部，东至迁西县后铺村，南至夏各庄，西至圣水院，北至西北店。

主要指标 2011年末，辖区总人口1920人，总面积8.82平方千米，农民人均纯收入1919元。

陈庄子村

(Chenzhuangzi Cun)

名称来历 陈氏迁此立庄，以姓氏取名陈家庄，后称陈庄子。

地理位置 地处铁厂镇西北部，东至莫家屯，南至夜明峪，西至潘庄，北至东旧寨镇五虎岭。

主要指标 2011年末，辖区总人口574人，总面积2.49平方千米，农民人均纯收入1920元。

东北店村

(Dongbeidian Cun)

名称来历 高氏定居于此，开设客店为业。因地处板城北边，得名北店。后分为两村，该村居东，称东北店。

地理位置 地处铁厂镇东北部，东至迁西县石门村，南至板城，西至西北店，北至高拔岭。

主要指标 2011年末，辖区总人口357人，总面积1.44平方千米，农民人均纯收入1920元。

东平台村

(Dongpingtai Cun)

名称来历 因坐落在形如平台的山岭上，故取名平台。1981年地名普查时，为了区别刘备寨公社平台，更名为东平台。

地理位置 地处铁厂镇西南部，东至郭家沟，南至娘娘庄乡相古庄，西至娘娘庄乡花椒峪，北至夜明峪。

主要指标 2011年末，辖区总人口865人，总面积4.6平方千米，农民人均纯收入1919元。

范庄村

(Fanzhuang Cun)

名称来历 范氏迁此立庄，以姓氏取名范家庄，后称范庄。

地理位置 地处铁厂镇南部，东至甄庄，南至佟庄，西至东平台，北至郭家沟。

主要指标 2011年末，辖区总人口616人，总面积2.1平方千米，农民人均纯收入1921元。

高拔岭村

(Gaobaling Cun)

名称来历 曾有一高姓把总定居于此，因地势取名高把总岭，后演变为高拔岭。

地理位置 地处铁厂镇北部，东至迁西县西岭村，南至东北店，西至东旧寨镇金牛寺，北至东旧寨镇双泉寺。

主要指标 2011年末，辖区总人口432人，总面积4.18平方千米，农民人均纯收入1919元。

郭家沟村

(Guojiagou Cun)

名称来历 郭氏迁此立庄，因其地势及姓氏得名郭家沟。

地理位置 地处铁厂镇中南部，东至李家窝，南至范庄，西至东平台，北至刘家窝。

主要指标 2011年末，辖区总人口669人，总面积2.06平方千米，农民人均纯收入1919元。

井框峪村

(Jingkuangyu Cun)

名称来历 此地原为一片荒山草峪，故取名景荒峪，后演变为井框峪。

地理位置 地处铁厂镇部，东至丰润区杨庄村，南至丰润区才庄村，西至娘娘庄乡相古庄，北至佟庄。

主要指标 2011年末，辖区总人口204人，总面积3.11平方千米，农民人均纯收入1923元。

李家窝村

(Lijiawo Cun)

名称来历 李氏由山东逃荒至此搭窝铺定居，取名李家窝铺，后改称李家窝。

地理位置 地处铁厂镇南部，东至甄庄，南至范庄，西至刘家窝，北至新刘庄。

主要指标 2011年末，辖区总人口308人，总面积1.8平方千米，农民人均纯收入1918元。

刘家窝村

(Liujiawo Cun)

名称来历 刘氏铁匠由山东迁此立庄，搭窝铺定居，取名刘家窝铺，后称刘家窝。

地理位置 地处铁厂镇南部，东至李家窝村，南至范庄村，西至郭家沟村，北至新刘庄村。

主要指标 2011年末，辖区总人口379人，总面积2.86平方千米，农民人均纯收入1918元。

莫家屯村

(Mojiatun Cun)

名称来历 孔氏迁此立庄，以其姓氏取村名孔家庄。相传有侯公、莫公在此屯兵150人，因莫公常居于此、权势较大，故更名为莫家屯。

地理位置 地处铁厂镇北部，东至夏各庄，南至新刘庄，西至潘庄，北至东旧寨镇五虎岭。

主要指标 2011年末，辖区总人口1219人，总面积2.77平方千米，农民人均纯收入1922元。

潘庄村

(Panzhuang Cun)

名称来历 潘氏迁此立庄，以其姓氏取名潘家庄，后称潘庄。

地理位置 地处铁厂镇西部，东至莫家屯，南至夜明峪，西至娘娘庄乡上丁甲，北至陈庄子。

主要指标 2011年末，辖区总人口552人，总面积4.99平方千米，农民人均纯收入1920元。

圣水院村

(Shengshuiyuan Cun)

名称来历 相传，村北龙头沟有一山泉井。唐太宗征东时，兵至此地，饮用不干，借此取村名为圣水院。

地理位置 地处铁厂镇北部，东至板城，南至新刘庄，西至东旧寨镇五虎岭，北至东旧寨镇金牛寺。

主要指标 2011年末，辖区总人口1347人，总面积5.14平方千米，农民人均纯收入1919元。

铁厂村

(Tiechang Cun)

名称来历 因有白冶山，得名白冶庄。后此地建铁场，建有石头城，定名为铁冶场。后简称铁场，现称铁厂。

地理位置 地处铁厂镇东部，东至迁西县后铺村，南至甄庄，西至新刘庄，北至夏各庄。

主要指标 2011年末，辖区总人口4.49人，总面积9.83平方千米，农民人均纯收入1921元。

佟庄村

(Tongzhuang Cun)

名称来历 佟氏迁此立庄，以其姓氏而得名。

地理位置 地处铁厂镇南部，东至丰润区韩岩头村，南至井匡峪村，西至东平台村，北至范庄村。

主要指标 2011年末，辖区总人口1137人，总面积4.9平方千米，农民人均纯收入1920元。

西北店村

(Xibeidian Cun)

名称来历 高氏定居于此，开设一客店。因地处板城北边，故取村名为北店。后分为两村，该村居西，称西北店。

地理位置 地处铁厂镇北部，东至东北店村，南至板城村，西至东旧寨镇金牛寺村，北至高拔岭村。

主要指标 2011年末，辖区总人口403人，总面积1.14平方千米，农民人均纯收入1920元。

夏各庄村

(Xiagezhuang Cun)

名称来历 夏、果两姓迁此立庄，取名夏果庄，后演变为夏各庄。

地理位置 地处铁厂镇北部，东至迁西县后铺村，南至新刘庄，西至圣水院，北至板城。

主要指标 2011年末，辖区总人口1623人，总面积4.8平方千米，农民人均纯收入1919元。

新刘庄村

(Xinliuzhuang Cun)

名称来历 刘氏迁此立庄，以其姓氏取名刘家庄。后称刘庄。1981年地名普查，为区别侯家寨公社刘庄，更改为新刘庄。

地理位置 地处铁厂镇中部，东至铁厂，南至刘家窝，西至夜明峪，北至圣水院。

主要指标 2011年末，辖区总人口661人，总面积2.02平方千米，农民人均纯收入1920元。

夜明峪村

(Yemingyu Cun)

名称来历 原名野蒙峪。村人鄙其俗，逐取谐音改称夜明峪。

地理位置 地处铁厂镇西部，东至新刘庄村，南至刘家窝村，西至娘娘庄乡上丁甲村，北至潘庄村。

主要指标 2011年末，辖区总人口908人，总面积4.87平方千米，农民人均纯收入1920元。

甄庄村

(Zhenzhuang Cun)

名称来历 甄氏由滦县迁此立庄，取名甄家庄，后称甄庄。

地理位置 地处铁厂镇东部，东至丰润区石盘炉村，南至丰润区韩岩头村，西至李家窝村，北至铁厂村。

主要指标 2011年末，辖区总人口985人，总面积2.43平方千米，农民人均纯收入1920元。

(撰稿：田建，初审：田健)

苏家洼镇

(Sujiawa Zhen)

政区概况

名称来历　因镇人民政府驻地位于苏家洼村而得名。

地理位置　地处遵化市北部，东与建明镇接壤，东南与遵化镇为邻，南靠西三里乡，西邻兴旺寨乡，北接侯家寨乡。人民政府驻苏家洼村，电话区号0315，邮政编码064200，距遵化市人民政府4千米。

政区沿革　1953年，分属桃园、大刘庄、十里铺3乡。1956年，3乡合并为大刘庄乡。1958年，属长城人民公社。1961年，析出，建大刘庄人民公社。1984年，撤销人民公社，设立大刘庄乡，辖23个村民委员会。1987年，撤乡，改设为苏家洼镇。1992年，下石河乡并入，辖40个村民委员会。

政区划分　2011年末，辖般若院、北上港、北十里铺、达志沟、大块地、大刘庄、二道岭、驸马寨、新贾庄子、李家沟、罗秀庄、马家洼、梅家洼、孟子院、南山、牛家岭、皮各庄、乔家洼、北山头庄、山王庄、上港、上石河、沈家庄、石炕子、收台子、双庙、苏家洼、孙庄、东桃园、桃园岭、瓦子庄、西北沟、下石河、小石庄、小王庄、新大屯、阎家沟、枣林庄、增庄、张家坟40个村民委员会。

人口面积　2011年末，辖区总人口3万人，其中城镇常住人口1000人，城镇化率3%。另有流动人1700人。总人口中，男性15300人，占51%；女性14700人，占49%；14岁以下9000人，占30%；15~64岁11700人，占39%；65岁以上9300人，占31%。总人口中，以汉族为主，达28500人，占95%；有少数民族190人，占0.6%。2011年，人口出生率13.93‰，人口死亡率5.59‰，人口自然增长率8.34‰。

辖区东西最大距离12.2千米，南北最大距离4千米，总面积61平方千米。其中陆地57平方千米，占93%；水域4平方千米，占6.5%。人口密度为每平方千米492人。

自然条件

地形地貌　境内大部分为低丘，地势为北高南低，最高点海拔150米，最低点海拔100米。

水文　境内河道属蓟运河水系。河自山王庄入境，流经小河村至五里屯汇入清水河，境内长14.5千米。

矿藏及其他自然资源　境内已探明地下矿藏有铁矿石，地质储量370万立方米，可采储量330万立方米，集中分布在小王庄、孟子院、李家沟、桃园、下石河、瓦子庄、罗秀庄、驸马寨等村。地下水资源可利用量1.23万立方米。

自然灾害　主要有冰雹、旱涝、风灾、低温、霜冻、雷击等。雹灾年均发生4.2次，最严重的一次发生在1978年4月8日，降雹时间约5分钟。风灾一年四季均有发生，最严重的一次发生在1971年6月16日，造成300万亩小麦受灾，减产105吨。

经济概况

农业　耕地面积3.3万亩，人均1.1亩。以种植小麦、玉米、蔬菜为主。2011年，农业总产值9990万元，占国内生产总值的3%，实现农业增加值10525万元，比上年增长8.7%。

粮食作物以小麦、玉米为主。2011年，生产粮食1.3万吨，人均433千克，其中小麦0.02万吨，玉米1.28万吨。主要经济作物有蔬菜。2011年，蔬菜种植面积0.37万亩，产量1.9万吨，主要品种有菠菜、大葱、西红柿、茴香等，其中菠菜1300吨，大葱260吨，西红柿800吨。现有无公害板栗种植面积1276公顷，年可生产板栗0.11万吨。

畜牧业以猪、羊、家禽为主。2011年，生猪饲养量3.6万头，年末存栏1.2万头；羊饲养量0.7万只，年末存栏0.49万只；家禽饲养量7.3万羽。

工业　以钢铁、采选矿、机械制造为主。2011年，工业总产值29.5亿元，占国内生产总值的126.5%。2011年，工业企业64家，职工1416人，实现工业增加值29.5亿元，比上年增长17.3%。

商业外贸　2011年末，商业网点364个，从业人员1092人；城乡集贸市场8个。2011年，社会消费品零售总额达16.1万元，比上年增长16.7%；城乡集市贸易成交额5560万元。

财政金融　2011年，财政总收入15.8亿元，比上年增长18.7%。其中地方财政收入3897.7万元，比上年增长11.6%。从主要税种看，完成营业税687.11万元，增值税12514万元，企业所得税123.84万元。人均财政收入5159元，比上年增长17%。2011年，银行和金融机构各类存款余额7.26亿元，比上年增长20%；各项贷款余额2050万元，比上年减少20%。

社会发展

文化艺术　2011年末，镇文化站1个，村级文化活动中心30个；各类图书室30个，藏书15余万册。

教育　2011年末，幼儿园6所，在园幼儿700人，专任教师40人；小学6所，在校生2000人，专任教师94人，小学适龄儿童入学率100%；初中2所，在校生826人，专任教师94人，初中适龄人口入学率、小升初升学率、九年义务教育覆盖率均达100%。2011年财政预算内教育经费50万元，预算内教育经费（包括城市教育费附加）占财政总支出的比例为3%，比上年提高了3个百分点。

科技　2011年，各类科技人才150人，承担国家级重点新产品4个，省级高新技术产品1个，省级“星火计划”项目1个。

医疗卫生　2011年末，各级医疗卫生机构2个，门诊部11个；病床35张，每千人拥有医疗床位1.2张，固定资产总值235万元。专业卫生人员31名，其中执业医师12人，执业助理医师11人，注册护士7人。2011年医疗机构

（门诊部以上）完成诊疗3.3万人次。新型农村合作医疗参合率92%。

广播电视 2011年末，有线电视用户0.7万户，入户率85%。

社会保障 2011年城镇最低生活保障户数6户，人数11人，支出3.2万元，比上年增长23%，月人均242元，比上年增长23%；城市医疗救助11人次，民政部门资助参加合作医疗11人次，共支出18.8万元，比上年增长34%。农村最低生活保障户数182户，人数332人，支出42.8万元，比上年增长23%，月人均107元，比上年增长23%。国家抚恤、补助各类优抚对象157人，抚恤事业费支出83.4万元，比上年增长21%。敬老院1家，床位170张，农村五保供养77人。

基础设施

交通运输 有镇级公路3条，总长16千米。

邮政电信 2011年末，固定电话用户2万户，电话用户普及率达到67%；移动电话用户1.3万户；宽带接入用户2万户。

镇区市政建设

给排水 2011年末，镇区深水井35眼并有成套净化设备，年供水0.4万吨。镇区主要道路两侧铺设排水管道8千米。

供电 2011年末，镇区110千伏变电站1座，年供电11046万千瓦时。

园林绿化 2011年末，镇区花坛30个，绿化面积3公顷。

罗秀庄村

(Luoxiuzhuang Cun)

名称来历 明代建村，按姓氏得名。

地理位置 地处苏家洼镇南部，东至新大屯，南至新贾庄子，西至枣林庄，北至桃园岭。

主要指标 2011年末，辖区总人口1328人，总面积1.66平方千米，农民人均纯收入7565元。

南山村

(Nanshan Cun)

名称来历 因地处大屯村南，且邻山，故取名大屯南山，1970年因续建般若院水库由侯家寨公社大屯南山搬迁于此，称南山。

地理位置 地处苏家洼镇西部，东至大刘庄，南至小王庄，西至苏家洼，北至小石庄。

主要指标 2011年末，辖区总人口258人，总面积0.23平方千米，农民人均纯收入6793元。

般若院村

(Banruoyuan Cun)

名称来历 据碑文记载，此地曾有一唐代古寺，名般若院，遂以此取村名。

地理位置 地处苏家洼镇东北部，东至大块地，南至沈家庄，西至阎家坟，北至侯家寨乡张庄子。

主要指标 2011年末，辖区总人口1552人，总面积2.71平方千米，农民人均纯收入7578元。

北山头庄村

(Beishantouzhuang Cun)

名称来历 该村坐落在山头之下，取名山头庄。1981年地名普查时，为区别于刘备寨公社山头庄，更名为北山头庄。

地理位置 地处苏家洼镇中南部，东至下石河，南至新大屯，西至罗秀庄，北至上石河。

主要指标 2011年末，辖区总人口430人，总面积0.71平方千米，农民人均纯收入6100元。

北上港村

(Beishanggang Cun)

名称来历 因此地杨树多故称杨树沟，后改称羊胡子沟、北沟。1981年地名普查时，为区别大刘庄公社北沟，根据该村地处上港之北，更名为北上港。

地理位置 地处苏家洼镇东南部，东至建明镇木家沟、付二，南至上港，西至下石河，北至双庙。

主要指标 2011年末，辖区总人口500人，总面积0.79平方千米，农民人均纯收入6062元。

北十里铺村

(Beishilipu Cun)

名称来历 此地至县城十华里，曾设为驿铺，取名十里铺。1981年地名普查时，因该村地处县城北，更名为北十里铺。

地理位置 地处苏家洼镇西北部，东至张家坟，南至山王庄，西至达志沟，北至侯家寨乡大石庄村。

主要指标 2011年末，辖区总人口1600人，总面积3.13平方千米，农民人均纯收入8683元。

达志沟村

(Dazhigou Cun)

名称来历 村北山包上有一个鞑子坟，取名达子沟。后村民赵宗成改村名达志沟。

地理位置 地处苏家洼镇西北部，东至西北沟，南至山王庄，西至二道岭，北至侯家寨乡前后杖子。

主要指标 2011年末，辖区总人口1152人，总面积4.32平方千米，农民人均纯收入7498元。

大块地村

(Dakuaidi Cun)

名称来历 该村三面邻山，南北一条沟，中间有一块平地，故得名大块地。

地理位置 地处苏家洼镇东北部，东至石炕子，南至收台子，西至侯家寨乡北小厂，北至侯家寨乡片石峪。

主要指标 2011 年末，辖区总人口 388 人，总面积 2.39 平方千米，农民人均纯收入 6044 元。

大刘庄村

(Daliuzhuang Cun)

名称来历 初为刘氏迁此立庄，后又有他姓迁此定居，几姓中唯刘氏人众，故取名大刘庄。

地理位置 地处苏家洼镇西部，东至枣林庄，南至梅家洼，西至小王庄，北至孟子院。

主要指标 2011 年末，辖区总人口 1200 人，总面积 1.67 平方千米，农民人均纯收入 7440 元。

东桃园村

(Dongtaoyuan Cun)

名称来历 因其地桃树多，故取名桃园，1981 年地名普查时，为区别于西下营公社桃园，更名为东桃园。

地理位置 地处苏家洼镇中部，东至沈家庄，南至桃园岭，西至李家沟，北至般若院水库。

主要指标 2011 年末，辖区总人口 1345 人，总面积 1.65 平方千米，农民人均纯收入 8152 元。

二道岭村

(Erdaoling Cun)

名称来历 因地处二道山岭中而得名。

地理位置 地处苏家洼镇西部，东至苏家洼，南至西三里乡北港，西至西三里乡北峪，北至达志沟。

主要指标 2011 年末，辖区总人口 760 人，总面积 0.64 平方千米，农民人均纯收入 6234 元。

驸马寨村

(Fumazhai Cun)

名称来历 相传火葫芦王曾在此安营扎寨，为女儿招了一个驸马，取名驸马寨。

地理位置 地处苏家洼镇东部，东至双庙，南至上石河，西至沈家庄，北至收台子。

主要指标 2011 年末，辖区总人口 805 人，总面积 1.63 平方千米，农民人均纯收入 8790 元。

李家沟村

(Lijiagou Cun)

名称来历 李氏迁此立庄，因地处山沟得名。

地理位置 地处苏家洼镇西北部，东至桃园，南至孟子院，西至张家坟，北至般若院水库。

主要指标 2011 年末，辖区总人口 510 人，总面积 0.99 平方千米，农民人均纯收入 7258 元。

马家洼村

(Majiawa Cun)

名称来历 马氏迁此立庄，因地势低洼，借此冠以姓氏取名马家洼。

地理位置 地处苏家洼镇西南部，东至乔家洼，南至遵化镇三间房小区，西至黄土坡，北至梅家洼。

主要指标 2011 年末，辖区总人口 1300 人，总面积 1.16 平方千米，农民人均纯收入 7143 元。

梅家洼村

(Meijiawa Cun)

名称来历 梅氏迁此立庄，因地势低洼，借此冠以姓氏取名为梅家洼。

地理位置 地处苏家洼镇西南部，东至乔家洼，南至马家村，西至西三里乡黄土坡，北至大刘庄。

主要指标 2011 年末，辖区总人口 411 人，总面积 0.41 平方千米，农民人均纯收入 6181 元。

孟子院村

(Mengziyuan Cun)

名称来历 因孟姓居多，加之村院有枣树，故名孟枣院，后称孟子院。

地理位置 地处苏家洼镇西部，东至李家沟，南至大刘庄，西至皮各庄，北至张家坟。

主要指标 2011 年末，辖区总人口 485 人，总面积 0.91 平方千米，农民人均纯收入 6286 元。

牛家岭村

(Niujialing Cun)

名称来历 牛氏迁此立庄，因村庄坐落在小山岭上，故称牛家岭。

地理位置 地处苏家洼镇东南部，东至上港，南至崔家庄乡西纪各庄，西至瓦子庄，北至下石河。

主要指标 2011 年末，辖区总人口 486 人，总面积 0.88 平方千米，农民人均纯收入 6123 元。

皮各庄村

(Pigezhuang Cun)

名称来历 皮氏迁此立庄，以姓氏取名为皮家庄，后称皮各庄。

地理位置 地处苏家洼镇西部，东至孟子院，南至大刘庄，西至小石庄、十里铺，北至张家坟、十里铺。

主要指标 2011 年末，辖区总人口 298 人，总面积 0.49 平方千米，农民人均纯收入 7573 元。

乔家洼村

(Qiaojiawa Cun)

名称来历 乔氏迁此立庄，因地势低洼，借此冠以姓氏取名为乔家洼。

地理位置 地处苏家洼镇西南部，东至新贾庄子，南至遵化镇流水沟村，西至马家洼，北至大刘庄。

主要指标 2011年末，辖区总人口1180人，总面积1.21平方千米，农民人均纯收入6389元。

山王庄村

(Shanwangzhuang Cun)

名称来历 相传曾有三个王在此地兴兵称三王庄，后演变成山王庄。

地理位置 地处苏家洼镇西部，东至皮各庄，南至苏家洼，西至二道岭，北至西北沟。

主要指标 2011年末，辖区总人口512人，总面积0.89平方千米，农民人均纯收入6521元。

上港村

(Shanggang Cun)

名称来历 因此地地势低洼积水，多为洼地，其南面又有下港，故取名为上港（当地读jiang）。

地理位置 地处苏家洼镇东南部，东至付家域，南至崔家庄乡下港村，西至下石河，北至驸马寨。

主要指标 2011年末，辖区总人口1310人，总面积1.92平方千米，农民人均纯收入6028元。

上石河村

(Shangshihe Cun)

名称来历 因地处石河上游，故取村名为上石河。

地理位置 地处苏家洼镇东部，东至驸马寨，南至下石河，西至北山头庄，北至沈家庄。

主要指标 2011年末，辖区总人口750人，总面积1.11平方千米，农民人均纯收入7364元。

沈家庄村

(Shenjiazhuang Cun)

名称来历 沈氏迁此立庄，以姓氏得名。

地理位置 地处苏家洼镇东部，东至驸马寨，南至上石河，西至东桃园，北至般若院。

主要指标 2011年末，辖区总人口758人，总面积1.19平方千米，农民人均纯收入6896元。

石炕子村

(Shikangzi Cun)

名称来历 1947年建村时，按地形而得名。

地理位置 地处苏家洼镇东北部，东至孙庄村，南至收台子，西至大块地，北至小厂乡十家口岭。

主要指标 2011年末，辖区总人口330人，总面积1.68平方千米，农民人均纯收入6050元。

收台子村

(Shoutaizi Cun)

名称来历 邱氏来此定居，此地有个大土台子，故取名邱台子，后谐音称收台子。

地理位置 地处苏家洼镇东部，东至孙庄，南至驸马寨，西至般若院，北至大块地。

主要指标 2011年末，辖区总人口360人，总面积0.66平方千米，农民人均纯收入6098元。

双庙村

(Shuangmiao Cun)

名称来历 因有两座小庙，故取名双庙。

地理位置 地处苏家洼镇东部，东至建明镇穆家沟，南至北上港，西至驸马寨，北至增庄。

主要指标 2011年末，辖区总人口320人，总面积0.81平方千米，农民人均纯收入6040元。

苏家洼村

(Sujiawa Cun)

名称来历 苏氏迁此立庄，因地势低洼，故以姓氏取名苏家洼。

地理位置 地处苏家洼镇西部，东至南山，南至西三里乡黄土坡，西至二道岭，北至山王庄。

主要指标 2011年末，辖区总人口918人，总面积1.36平方千米，农民人均纯收入6951元。

孙庄村

(Sunzhuang Cun)

名称来历 孙氏迁此立庄，以姓氏得名。

地理位置 地处苏家洼镇东部，东至建明镇伟成峪，南至增庄，西至收台子，北至石炕子。

主要指标 2011年末，辖区总人口420人，总面积0.8平方千米，农民人均纯收入6058元。

桃园岭村

(Taoyuanling Cun)

名称来历 因北邻桃园村，又地处岭上，故取名桃园岭。

地理位置 地处苏家洼镇中部，东至北山头庄，南至罗秀庄，西至枣林庄，北至东桃园。

主要指标 2011年末，辖区总人口605人，总面积2.11平方千米，农民人均纯收入7174元。

瓦子庄村

(Wazizhuang Cun)

名称来历 李氏迁此立庄，因建有砖瓦窑，遂定村名为瓦子庄。

地理位置 地处苏家洼镇南部，东至牛家岭，南至崔家庄乡老辛庄村，西至遵化镇力田庄村，北至下石河。

主要指标 2011 年末，辖区总人口 1486 人，总面积 1.85 平方千米，农民人均纯收入 8579 元。

西北沟村

(Xibeigou Cun)

名称来历 因村庄坐落在山王庄北山沟内，故取名北沟。1981 年地名普查时，为与县内同名北沟区别，以方位更名为西北沟。

地理位置 地处苏家洼镇西北部，东至十里铺，南至山王庄，西、北至达志沟。

主要指标 2011 年末，辖区总人口 315 人，总面积 0.63 平方千米，农民人均纯收入 6139 元。

下石河村

(Xiashihe Cun)

名称来历 因地处石河下游，得名下石河。

地理位置 地处苏家洼镇东南部，东至上港，南至瓦子庄，西至新大屯，北至上石河。

主要指标 2011 年末，辖区总人口 2523 人，总面积 4.06 平方千米，农民人均纯收入 7364 元。

小石庄村

(Xiaoshizhuang Cun)

名称来历 石氏迁居此地立庄，因该村较小，故称小石庄。

地理位置 地处苏家洼镇西部，东至大刘庄，南至小王庄，西至苏家洼，北至北十里铺。

主要指标 2011 年末，辖区总人口 413 人，总面积 0.49 平方千米，农民人均纯收入 7968 元。

小王庄村

(Xiaowangzhuang Cun)

名称来历 王氏迁此立庄，因该村较小，故称小王庄。

地理位置 地处苏家洼镇西部，东至大刘庄，南至梅家洼，西至苏家洼，北至南山。

主要指标 2011 年末，辖区总人口 376 人，总面积 0.39 平方千米，农民人均纯收入 7952 元。

新大屯村

(Xindatun Cun)

名称来历 1970 年因续建般若院水库，由侯家寨公社大屯搬迁于此，更名为新大屯。

地理位置 地处苏家洼镇南部，东至下石河，南至遵化镇力田庄，西至罗秀庄，北至山头庄。

主要指标 2011 年末，辖区总人口 470 人，总面积 0.61 平方千米，农民人均纯收入 7241 元。

新贾庄子村

(Xinjiazhuangzi Cun)

名称来历 因贾氏至此立庄，以姓氏取名为贾庄子，因村较小，故称小贾庄，后改为贾庄子，1981 年地名普查时，为区别于义井铺贾庄子更名为新贾庄子。

地理位置 地处苏家洼镇南部，东至新大屯，南至遵化镇张家坟村，西至乔家洼，北至罗秀庄。

主要指标 2011 年末，辖区总人口 630 人，总面积 1.37 平方千米，农民人均纯收入 6250 元。

阎家沟村

(Yanjiagou Cun)

名称来历 杨氏迁此立庄，以姓氏取名杨家沟。因“杨”“阎”两字谐音，故称阎家沟。

地理位置 地处苏家洼镇西北部，东至李家沟，南至张家坟，西至 112 国道，北至侯家寨乡侯家寨。

主要指标 2011 年末，辖区总人口 798 人，总面积 1.65 平方千米，农民人均纯收入 6289 元。

枣林庄村

(Zaolinzhuang Cun)

名称来历 相传，清乾隆年间建村，因此地枣林繁茂而得名，故称枣林庄。

地理位置 地处苏家洼镇西南部，东至罗秀庄，南至乔家洼，西至大刘庄，北至东桃园。

主要指标 2011 年末，辖区总人口 1040 人，总面积 1.49 平方千米，农民人均纯收入 7488 元。

增庄村

(Zengzhuang Cun)

名称来历 这里为曾氏大户墓地，有佃户在此为曾家看坟种田，后传宗接代，繁衍为村，取名曾庄，后“曾”字误传为“增”字，便成增庄。

地理位置 地处苏家洼镇东部，东至李家沟村，南至双庙，西至驸马寨村，北至孙庄村。

主要指标 2011 年末，辖区总人口 320 人，总面积 0.9 平方千米，农民人均纯收入 6054 元。

张家坟村

(Zhangjiafen Cun)

名称来历 元代时此地为张家墓地。后张氏由县城搬到此地定居，传宗接代，繁衍为村，取名张家坟。

地理位置 地处苏家洼镇西北部，东至李家沟村，南至孟子院，西至十里铺，北至闫家沟。

主要指标 2011年末，辖区总人口510人，总面积1.03平方千米，农民人均纯收入7568元。

（撰稿：王小西，初审：杨秀玲）

建明镇

(Jianming Zhen)

为全国千强镇。

政区概况

名称来历 因1955年西铺村王国藩农林牧生产合作社曾名“建明社”而得名。

地理位置 地处遵化市东部，东与迁西县三屯营镇接壤，南与遵化市东旧寨镇为邻，西邻遵化市崔家庄乡，北接遵化市小厂乡。人民政府驻靠山庄村，电话区号0315，邮政编码064204，距遵化市人民政府20千米。

政区沿革 1949年，属遵化第十区。1958年，设立建明人民公社。1961年，公社划小，仍为建明人民公社。1984年，撤销人民公社，设立建明乡。1985年，改设为靠山庄镇，辖22个村民委员会。1992年，鸡鸣村乡并入，辖33个村民委员会、1个居民委员会。1994年，更名为建明镇。

政区划分 2011年末，辖接官厅、炸糕店、白马峪、东铺、西铺、大于家沟、靠山庄、廖高庄、上王市庄、下王市庄、闫家屯、赵庄子、刁庄子、穆家庄、大安乐庄、小安乐庄、高各庄、许家庄、王老庄、东小寨、鸿鸭屯、鸡鸣一、鸡鸣二、鸡鸣三、鸡鸣四、苇城峪、穆家沟、付家城一、付家城二、付家城三、回龙峪31个村民委员会。

人口面积 2011年末，辖区总人口31697人，其中城镇常住人口0.14万人，城镇化率4.42%。另有流动人2890人。总人口中，男性15835人，占49.96%；女性15862人，占50.04%；14岁以下12916人，占39.02%；15～64岁17711人，占53.5%；65岁以上2474人，占7.48%。总人口中以汉族为主，达32567人，占98.39%；有少数民族534人，占1.61%。2011年，人口出生率15.11‰，人口死亡率6.51‰，人口自然增长率8.6‰。

辖区东西最大距离15千米，南北最大距离4.7千米，总面积70.5平方千米。其中陆地58.6平方千米，占83.12%；水域11.90平方千米，占16.88%。人口密度为每平方千米450人。

自然条件

地形地貌 境内大部分为半山区，地势略高，东高西低。

水文 境内河道属黎河水系。河自炸糕店新村东入境，境内长15千米。

矿藏及其他自然资源 境内已探明地下矿藏有铁矿，地质储量2.5亿立方米，可采储量2.3亿立方米，集中分布在东南部一带。地下水资源可利用量为8000万立方米。

自然灾害 主要有冰雹、旱涝、风灾、低温、霜冻、雷击等。

经济概况

农业 耕地面积2.6万亩，人均0.8亩。以种植小麦、玉米、蔬菜为主。2011年，农业总产值3.34亿元，占国内生产总值的0.51%，实现农业增加值19731万元，比上年增长13.6%。

粮食作物以小麦、玉米为主。2011年，生产粮食1.27万吨，人均400.7千克，其中小麦320万吨，玉米11788万吨。主要经济作物有蔬菜。2011年，蔬菜种植面积0.64万亩，产量2.95万吨，主要品种有韭菜、大葱、西红柿、茴香等，其中韭菜0.09万吨，大葱0.02万吨，西红柿0.04万吨。

畜牧业以猪、家禽为主。2011年，生猪饲养量2.72万头，年末存栏4.05万头；家禽饲养量10.23万羽。

工业 以化工、铸造、机械加工、塑料制品、建筑材料为主。2011年，工业总产值0.2亿元，占国内生产总值的16%。2011年，工业企业47家，职工10367人，实现工业增加值52亿元，比上年增长35.1%。

商业外贸 2011年末，商业网点537个，职工2145人；城乡集贸市场1个。2011年，社会消费品零售总额达1.47亿元，比上年增长4.69%；城乡集市贸易成交额8900万元。

财政金融 2011年，财政总收入2.57亿元，比上年增长15.2%。其中地方财政收入0.41亿元，比上年增长40.5%。从主要税种看，总税金29475.1万元。人均财政收入7110元，比上年增长2.9%。2011年，银行和金融机构各类存款余额12.36亿元，比上年增长17.38%；各项贷款余额8300万元，比上年增长6.02%。

社会发展

文化艺术 2011年末，镇文化站1个，村级文化活动中心33个；各类图书室34个，藏书10余万册。

教育 2011年末，幼儿园8所，在园幼儿1260人，专任教师70人；小学6所，在校生2123人，专任教师114人，小学适龄儿童入学率100%；初中1所，在校生700人，专任教师65人。初中适龄人口入学率100%、小升初升学率100%、九年义务教育覆盖率95%。2011年教育经费达1.4万元，国家财政性教育经费1.4万元。

科技 2011年末，各类科技人才640人。

医疗卫生 2011年末，各级医疗卫生机构3个，门诊部（所）37个；病床246张，每千人拥有医疗床位7.5张，固定资产总值4278万元。专业卫生人员105名，其中执业医师28人，执业助理医师24人，注册护士53人。2011年医疗机构（门诊部以上）完成诊疗3.76万人次。新型农村合作医疗参合率95.66%。

体育 2011年末，60%的村安装了健身器材，经常参加体育活动的人员占常住人口的52%。

广播电视 2011年末，有线电视用户0.85万户，入户率100%。

社会保障 2011年城镇最低生活保障户数10户，人数17人，支出6.3万元，比上年增长5.5%，月人均309元，比上年增长23.86%；城市医疗救助14人次，民政部门资助参加合作医疗29人次，共支出6.9万元，比上年增长31.51%。农村最低生活保障户数269户，人数535人，支出6.8万元，比上年增长38.85%，月人均10.6元，比上年增长39.37%。国家抚恤、补助各类优抚对象253人，抚恤事业费支出79.3万元，比上年增长2.06%。敬老院1家，床位132张，农村五保供养96人。社区服务设施34个，其中社区服务中心1个；社区服务站33个。新型农村社会养老保险参保人数1.15万人，参保率90%。

基础设施

交通运输 有镇级以上公路2条，总长16千米。

邮政电信 2011年末，邮政网点1个；报纸、期刊累计期发行19.5万份（册），业务收入13.2万元。电信企业2家，服务网点4个。

镇区市政建设

给排水 2011年末，镇区深水井2眼并有成套净化设备，年供水14.4万吨。镇区主要道路两侧铺设排水管道26.7千米。

供电 2011年末，镇区114060千伏安变电站一所，年供电1.4亿千瓦。

园林绿化 2011年末，镇区花坛180个，绿化面积3公顷。

白马峪村

(Baimayu Cun)

名称来历 相传，唐太宗征东时，大将薛礼曾在此饮过白色战马，由此得名白马峪。

地理位置 地处建明镇东南部，东至炸糕店村口，南至东旧寨镇祝店子，西至东铺村，北至大于沟。

主要指标 2011年末，辖区总人口1560人，总面积4平方千米，农民人均纯收入7962元。

大安乐庄村

(Da'anlezhuang Cun)

名称来历 村民迁此立庄，取“安居乐业，永息灾患”之意，取名安乐庄。后族人迁出另立一北安乐庄，该村遂改为南安乐庄。以后北安乐庄又称小安乐庄，该村遂改称大安乐庄。

地理位置 地处建明镇南部，东至西铺，南至东旧寨镇大寨，西至高各庄，北至闫家屯。

主要指标 2011年末，辖区总人口3207人，总面积2.5平方千米，农民人均纯收入7402元。

大于家沟村

(Dayujiagou Cun)

名称来历 于氏迁此立庄，因坐落山沟里，冠以姓氏取村名为于家沟。1958年以后，为区别北边的于家沟，改名为大于家沟。

地理位置 地处建明镇东部，东至东铺，南至滦河，西至上、下王市，北至马棚峪。

主要指标 2011年末，辖区总人口1813人，总面积15.75平方千米，农民人均纯收入7264元。

刁庄子村

(diaozhuangzi Cun)

名称来历 刁氏迁此立庄，以姓氏取名为刁家庄，后改称刁庄子。

地理位置 地处建明镇西部，东至赵庄子，南至高各庄，西至原穆家庄，北至鸡鸣村。

主要指标 2011年末，辖区总人口1074人，总面积1.25平方千米，农民人纯收入6936元。

东铺村

(Dongpu Cun)

名称来历 因这里原为古代传送公事的驿铺，距遵化县城40华里，故取村名四十里铺。后分为两村，该村地处东面，称东四十里铺。后称东铺。

地理位置 地处建明镇东南部，东至白马峪，南至东旧寨镇姚家峪，西至西铺，北至大于沟。

主要指标 2011年末，辖区总人口985人，总面积3.2平方千米，农民人均纯收入7846元。

东小寨村

(Dongxiaozhai Cun)

名称来历 相传，这里为唐太宗征东安营扎寨之地，因西有西小寨，故取名东小寨。

地理位置 地处建明镇南部，东至高各庄，南至东旧寨镇大寨，西至西小寨，北至王老庄。

主要指标 2011年末，辖区总人口1480人，总面积2.5平方千米，农民人均纯收入6521元。

付家城二村

(Fujiacheng'er Cun)

名称来历 明代建村。付氏迁此立庄，以姓氏取名付家庄，清光绪年间改名为付守、有城，后分成三个村，三个村都集中在一起，该村位于西北部，为付家城二村。

地理位置 地处建明镇西北部，东至付家城一村，南至崔家庄乡下港，西至苏家洼镇上港，北至穆家沟。

主要指标 2011年末，辖区总人口885人，总面积2.5平方千米，农民人均纯收入6102元。

付家城三村

(Fujiachengsan Cun)

名称来历 付氏迁此立庄，以姓取名付家庄，清光绪年间后改称付家城。后分成三个村，三个村都集中在一起，该村位于东北部，为付家城三村。

地理位置 地处建明镇西北部，东至鸡鸣一村，南至付家城一村，西至付家城二村，北至穆家沟。

主要指标 2011年末，辖区总人口278人，总面积3平方千米，农民人均纯收入6162元。

付家城一村

(Fujiachengyi Cun)

名称来历 付氏迁此立庄，以姓取名付家庄，清光绪年间后改称付家城。后分成三个村，三个村都集中在一起，该村位于东南部，为付家城一村。

地理位置 地处建明镇西北部，东至回龙峪，南至崔家庄乡下港，西至苏家洼镇上港，北至付家城二村。

主要指标 2011年末，辖区总人口1495人，总面积1.25平方千米，农民人均纯收入6144元。

高各庄村

(Gaogezhuang Cun)

名称来历 高氏迁此立庄，因地处山谷，取名高谷庄，后改称高各庄。

地理位置 地处建明镇南部，东至大安乐庄，南至东旧寨镇大寨，西至许家庄，北至赵庄子。

主要指标 2011年末，辖区总人口886人，总面积1平方千米，农民人均纯收入7935元。

鸿鸭屯村

(Hongyatun Cun)

名称来历 相传，清康熙皇帝曾至此地，在村西边水池看见有两只鸿雁饮水。故命名此地为鸿雁屯，后演变成鸿鸭屯。

地理位置 地处建明镇西部，东至鸡鸣一村，南至港路公司，西至崔家庄乡下港，北至回龙峪。

主要指标 2011年末，辖区总人口1432人，总面积1.23平方千米，农民人均纯收入7119元。

回龙峪村

(Huilongyu Cun)

名称来历 因地形似葫芦，取名葫芦峪。清末时，以谐音改称回龙峪。

地理位置 地处建明镇西部，东至鸡鸣一村，南至崔家庄乡下港，西至付家城一村，北至鸡鸣四村。

主要指标 2011年末，辖区总人口298人，总面积1.95平方千米，农民人均纯收入5608元。

鸡鸣村二村

(Jimingcun'er Cun)

名称来历 唐代建村，因其地荆条丛生，取名荆木村。清乾隆年间，村人鄙俗取“荆木”之谐音，改称鸡鸣村。四村集中在一起，以河为界，该河东南部为鸡鸣村二村。

地理位置 地处建明镇西北部，东至小厂乡粳子峪，南至赵庄子，西邻鸡鸣一村，北邻鸡鸣村三村。

主要指标 2011年末，辖区总人口1598人，总面积6平方千米，农民人均纯收入6281元。

鸡鸣村三村

(Jimingcunsan Cun)

名称来历 唐代建村，因其地荆条丛生，取名荆木村。清乾隆年间，村人鄙俗取“荆木”之谐音，改称鸡鸣村。四村集中在一起，以河为界，靠河岸位于东北面的为鸡鸣村三村。

地理位置 地处建明镇西北部，东至鸡鸣村二村，南至鸡鸣村二村，西至鸡鸣一村，北至鸡鸣四村。

主要指标 2011年末，辖区总人口738人，总面积6平方千米，农民人均纯收入6337元。

鸡鸣村四村

(Jimingcunsi Cun)

名称来历 唐代建村，因其地荆条丛生，取名荆木村。清乾隆年间，村人鄙俗取“荆木”之谐音，改称鸡鸣村。四村集中在一起，以河为界，位于河最北面的为鸡鸣村四村。

地理位置 地处建明镇西北部，东至小厂乡，南至鸡鸣村三村，西至苇城峪，北至小厂乡高家峪。

主要指标 2011年末，辖区总人口626人，总面积1.2平方千米，农民人均纯收入4155元。

鸡鸣村一村

(Jimingcunyi Cun)

名称来历 唐代建村，因其他荆条丛生，取名荆木村。清乾隆年间，村人鄙俗取“荆木”之谐音，改称鸡鸣村。四村集中在一起，以河为界，河西为鸡鸣村一村。

地理位置 地处建明镇西北部，东至鸡鸣村二村，南至穆家庄，西至付家城一村，北至鸡鸣四村。

主要指标 2011年末，辖区总人口901人，总面积2.75平方千米，农民人均纯收入6308元。

接官厅村

(Jieguanting Cun)

名称来历 此地曾为官道，村西头有一客厅名为“接官厅”，朝廷官吏来时，在此迎接，建村后此取名接官厅。

地理位置 地处建明镇东部，东至迁西县三屯营镇，南至炸糕店，西至小厂乡强庄子，北至迁西县赵庄子。

主要指标 2011年末，辖区总人口1037人，总面积10平方千米，农民人均纯收入8907元。

靠山庄村

(Kaoshanzhuang Cun)

名称来历 因该村邻靠山丘，故取村名为靠山庄。

地理位置 地处建明镇中部，东至大于沟，南至大安乐庄，西至闫家屯，北至下王市。

主要指标 2011年末，辖区总人口427人，总面积1.5平方千米，农民人均纯收入7009元。

廖高庄村

(Liaogaozhuang Cun)

名称来历 廖氏迁此立村，因该村地势高，以其姓氏取名廖高庄。

地理位置 地处建明镇中部，东至下王市庄，南至闫家屯，西至鸡鸣二村，北至粳子峪。

主要指标 2011年末，辖区总人口1070人，总面积6.2平方千米，农民人均纯收入6424元。

穆家沟村

(Mujiagou Cun)

名称来历 清光绪年间，穆氏迁此立庄，以其姓氏取村名为穆家沟。

地理位置 地处建明镇北部，东至苇城峪，南至付家城二村，西至苏家洼镇北沟，北至苏家洼镇双庙。

主要指标 2011年末，辖区总人口381人，总面积1.44平方千米，农民人均纯收入5381元。

穆家庄村

(Mujiazhuang Cun)

名称来历 穆氏迁此立庄，以其姓氏取名穆家庄。

地理位置 地处建明镇西部，东至洪火公路，南至环村公路，西至环村公路，北至邦宽公路。

主要指标 2011年末，辖区总人口700人，总面积2.34平方千米，农民人均纯收入8238元。

上王市庄村

(Shangwangshizhuang Cun)

名称来历 卢氏迁此立庄，以姓氏取名卢家峪。1958年该村并入王市庄。1961年分为上下两个王市庄，北王市庄改称上王市庄。

地理位置 地处建明镇北部，东至马棚峪村，南至下王市庄，西至小厂乡粳子峪，北至小厂乡强庄子。

主要指标 2011年末，辖区总人口573人，总面积2.4平方千米，农民人均纯收入6504元。

王老庄村

(Wanglaozhuang Cun)

名称来历 王氏迁此立庄，以其姓氏取村名王老庄。

地理位置 地处建明镇西南部，东至许家庄，南至东小寨，西至港陆，北至港陆。

主要指标 2011年末，辖区总人口950人，总面积1平方千米，农民人均纯收入7676元。

苇城峪村

(Weichengyu Cun)

名称来历 清代建村。原名为围场峪，相传清康熙皇帝曾来此地打猎而得名。后谐音改称围城峪。

地理位置 地处建明镇西北部，东至鸡鸣四村，南至鸡鸣四村，西至穆家沟，北至小厂乡高家峪。

主要指标 2011年末，辖区总人口514人，总面积1.7平方千米，农民人均纯收入5966元。

西铺村

(Xipu Cun)

名称来历 原为古代传送公事驿铺，距遵化县城约40华里，故取名为四十里铺。后分为两村，该村地处西面，称为西四十里铺，后称为西铺。

地理位置 地处建明镇南部，东至东铺，南至东旧寨镇姚家峪村，西至大安乐庄，北至大于沟。

主要指标 2011年末，辖区总人口1737人，总面积3.26平方千米，农民人均纯收入8486元。

下王市庄村

(Xiawangshizhuang Cun)

名称来历 相传，清康熙皇帝曾在此打猎并休息，曾赐此地为本地百姓所有，以此得名王赐庄。因当地土音“赐”“市”两字谐音，俗称王市庄，相沿成习。1958年，卢家峪并入该村。1961年分为上下王市庄两村，此庄居南，改名下王市庄。

地理位置 地处建明镇中部，东至大于沟，南至阎家屯，西至廖高庄，北至上王市庄村。

主要指标 2011年末，辖区总人口195人，总面积1平方千米，农民人均纯收入6492元。

小安乐庄村

(Xiao’anlezhuang Cun)

名称来历 族人由安乐庄迁此立庄，曾名北安乐庄，后又改名为小安乐庄。

地理位置 地处建明镇南部，东至洪火线公路，南至大安乐庄，西至高各庄，北至阎家屯。

主要指标 2011年末，辖区总人口503人，总面积1.7平方千米，农民人均纯收入7143元。

许家庄村
(Xujiazhuang Cun)

名称来历 许氏迁此立庄，以其姓氏取村名许各庄，后改称许家庄。

地理位置 地处建明镇西南部，东至高各庄，南至东旧寨镇大寨，西至王老庄，北至赵庄子。

主要指标 2011年末，辖区总人口330人，总面积1平方千米，农民人均纯收入6564元。

闫家屯村
(Yanjiatun Cun)

名称来历 相传，明代曾在此屯兵晾过盔甲，取名亮甲屯。清乾隆年间，阎氏迁此立庄，改称阎家屯。

地理位置 地处建明镇中部，东至靠山庄，南至小安乐庄，西至赵庄子，北至廖高庄。

主要指标 2011年末，辖区总人口1290人，总面积1.3平方千米，农民人均纯收入6978元。

炸糕店村
(Zhagaodian Cun)

名称来历 相传，村民在此开过炸糕店，由此取名炸糕店。

地理位置 地处建明镇东部，东至接官厅、小厂乡强庄子，南至接官厅林场，西至白马峪、小厂乡陡岭子，北至小厂乡强庄子。

主要指标 2011年末，辖区总人口1111人，总面积13.3平方千米，农民人均纯收入8984元。

赵庄子村
(Zhaozhuangzi Cun)

名称来历 赵氏迁此立庄，以姓氏取村名为赵庄子。1981年地名普查时，为区别于西留村公社赵庄子，更名为赵家庄，后更名为赵庄子。

地理位置 地处建明镇西部，东至闫家屯，南至高各庄，西至刁庄子，北至新邦宽路。

主要指标 2011年末，辖区总人口1200人，总面积1.33平方千米，农民人均纯收入7060元。

（撰稿：代宝和）

石门镇
(Shimen Zhen)

政区概况

名称来历 因镇人民政府驻地位于石门村而得名。镇区有两峰对峙，峰口如石门，有道路通过，故称“石门”。

地理位置 地处遵化市西部，东与堡子店镇接壤，南靠平安城镇，西邻天津市蓟县马伸桥镇，北接东陵乡。人民政府驻郭家场村对面，电话区号0315，邮政编码064207，距遵化市人民政府24千米。

政区沿革 1953年，分属石门、韦家岭2乡。1956年，2乡合并为石门乡。1958年，属五星人民公社。1961年，析出，设立石门人民公社。1984年，撤销人民公社，建立石门乡。1985年，撤乡，设立石门镇，辖12个村民委员会。1989年，小辛庄乡并入，辖20个村民委员会。1992年，义井铺乡并入，辖34个村民委员会。

政区划分 2011年末，辖石门一、石门二、石门三、石门四、山庄、小岳各庄、韦家岭、大张庄、大岳各庄、上庄、黄各庄、小张庄、小辛庄、小汤河、南六盘营、郭家场、北六盘营、李官屯、大辛庄、寒河庄、周家、北窑、付家铺、王家铺、八户庄、屈家铺、九间房、义井铺、提举坞、窄各庄、贾庄子、季庄子、小渤海寨、文山34个村民委员会。

人口面积 2011年末，辖区总人口3.32万人，其中城镇常住人口690人，城镇化率2.1%。另有流动人口234人。总人口中，男性17039人，占51.2%；女性16197人，占48.8%；14岁以下5632人，占16.9%；15~64岁24153人，占72.6%；65岁以上3451人，占10.5%。总人口中，以汉族为主，达18640人，占56.08%；有满、回、壮等少数民族，共1.4万人，占43.92%；超过1万人的有满1个少数民族，占少数民族人口的98.9%。2011年，人口出生率14.07‰，人口死亡率8.53‰，人口自然增长率5.54‰。

辖区东西最大距离20千米，南北最大距离10千米，总面积69.6平方千米。其中陆地面积68.37平方千米，占98.2%；水域面积1.23平方千米，占1.8%。人口密度为每平方千米477人。

自然条件

地形地貌 境内南部、西南部多为山地，中部为平地。

水文 境内河道属蓟运河水系。河流由北入境，境内长4千米。

自然灾害 主要自有风雹、水、旱、高温等。

经济概况

农业 耕地面积5万亩，人均1.5亩。以种植小麦、玉米、花生为主。2011年，农业总产值2.6亿元，占国内生产总值的5.3%，实现农业增加值15112万元，比上年增长0.1%。

粮食作物以小麦、玉米为主。2011年，生产粮食2万吨，人均602千克，其中小麦0.7万吨，玉米1.3万吨。主要经济作物有花生。

畜牧业以猪、羊、家禽为主。2011年，生猪饲养量年末存栏3.8万头；羊年末存栏0.8万只；家禽饲养量17.4万羽。

工业 以玻璃制造、铸造、机械加工、物资回收为主。

2011年，工业总产值38.3亿元，实现工业增加值11.3亿元，比上年增长19.9%，占国内生产总值的43.1%。2011年，工业企业651家，职工6505人。

商业外贸 2011年末，商业网点40个，职工50人；城乡集贸市场3个。2011年，社会消费品零售总额达1.1亿元；城乡集市贸易成交额0.02亿元。出口总额215万美元，主要产品有板栗，销往日本等地。

财政金融 2011年，财政总收入1.39亿元，比上年增长39%。其中地方财政收入0.28亿元，比上年增长21%。从主要税种看，完成营业税6.4万元，增值税12240万元，企业所得税91.47万元。人均财政收入4182元，比上年增长25.8%。2011年，银行和金融机构各类存款余额3.68亿元，比上年增长20.61%；各项贷款余额0.39亿元，比上年减少61.51%。

社会发展

文化艺术 2011年末，镇文化站1个，村级文化活动中心34个；各类文化专业户50个；各类图书室10个，藏书5余万册；音乐、美术、书法、摄影及文学业余创作人员20人。

教育 2011年末，幼儿园6所，在园幼儿879人，专任教师42人；小学2所，在校生1989人，专任教师112人，小学适龄儿童入学率100%；初中1所，在校生446人，专任教师38人，初中适龄人口入学率、小升初升学率、九年义务教育覆盖率达100%。2011年财政预算内教育经费1029万元，比上年增长10%。预算内教育经费（包括城市教育费附加）占财政总支出的比例为5%，比上年提高了12个百分点。

医疗卫生 2011年末，各级医疗卫生机构36个；病床122张，每千人拥有医疗床位4张，固定资产总值316万元。专业卫生人员66名，其中执业医师9人，执业助理医师6人。注册护士3人。2011年医疗机构（门诊部以上）完成诊疗11.88万人次。新型农村合作医疗参合率85.99%。

体育 2011年末，学校体育场地2处。80%的村安装了健身器材，经常参加体育活动的人员占常住人口的30%。

广播电视 2011年末，有线电视用户0.25万户，入户率26.2%。

社会保障 2011年，城镇最低生活保障户数12户，人数19人，支出6.8万元，比上年增长17.7%，月人均298元，比上年增长18%；城市医疗救助6人次，民政部门资助参加合作医疗1341人次，共支出6.5万元，比上年增长30%。农村最低生活保障户数299户，人数524人，支出67.2万元，比上年增长52%，月人均106元，比上年增长40%。国家抚恤、补助各类优抚对象213人，抚恤事业费支出96.76万元。新型农村社会养老保险参保人数1.07万人，参保率32.4%。

基础设施

交通运输 有镇级公路1条，长20千米。

邮政电信 2011年末，电信企业1家，服务网点1个；电话交换机总容量2万门，固定电话用户0.6万户，电话用户普及率达到62.93%；移动电话用户0.65万户；宽带接入用户0.35万户。全年电信业务收入350万元。

八户庄村

(Bahuzhuang Cun)

名称来历 因有张、韩、杠、李、史、杨、王、孟八个姓来此地居住，得名八户庄。

地理位置 地处石门镇东北部，东至屈家铺，南至义井铺，西至东陵乡大汤河，北至北窑。

主要指标 2011年末，辖区总人口2068人，总面积18平方千米，农民人均纯收入6150元。

北六盘营村

(Beiliupanying Cun)

名称来历 唐代建村。相传唐太宗东征时，此地驻有两个兵营，各六百名近，以此取村名南、北六盘营。民国年间，两村合为一村，称六盘营。人民公社化后，分为南、北六盘营两村。此村在北称北六盘营。

地理位置 地处石门镇中北部，东至小汤河，南至南六村，西至油路，北至租户村。

主要指标 2011年末，辖区总人口639人，总面积0.75平方千米，农民人均纯收入6065元。

北窑村

(Beiyao Cun)

名称来历 修建清东陵时的砖窑建在此村，故得名北窑。

地理位置 地处石门镇东北部，东至王家铺，南至八户庄，西至东陵乡大汤河，北至汤泉乡楼似山。

主要指标 2011年末，辖区总人口423人，总面积1平方千米，农民人均纯收入6065元。

大辛庄村

(Daxinzhuang Cun)

名称来历 1939年周毕新庄分为两村，该村在东称大辛庄。

地理位置 地处石门镇中南部，东至寒河庄，南至平安城镇韦庄子，西至小辛庄，北至小汤河。

主要指标 2011年末，辖区总人口1356人，总面积1.2平方千米，农民人均纯收入6102元。

大岳各庄村

(Dayuegezhuang Cun)

名称来历 宋代建村。原名范家庄，范氏迁此立庄而得名。后范氏迁出，岳氏迁入，改名岳各庄。后族人迁出于村北另立一村称小岳各庄，该村遂改称大岳各庄。

地理位置 地处石门镇西部，东至蓟县赵各庄村，南至天津市蓟县梁各庄村，西至蓟县史各庄村，北至小岳各庄村。

主要指标 2011年末，辖区总人口872人，总面积0.9平方千米，农民人均纯收入6115元。

大张庄村

(Dazhangzhuang Cun)

名称来历 张氏兄弟俩迁至此地，取名张家庄，后弟迁出另建小张庄村，该村遂改为大张庄村。

地理位置 地处石门镇西部，东至小张庄，南至天津市蓟县小安平，西至黄各庄，北至石门一村。

主要指标 2011年末，辖区总人口1249人，总面积2.8平方千米，农民人均纯收入5960元。

石门二村

(Shimen' er Cun)

名称来历 两峰对峙，中间有一石隙如门，村子地处石门第二个村，故取名为石门二村。

地理位置 地处石门镇西部，东至小辛庄，南至山河沟，西至石门三村，北至金星山。

主要指标 2011年末，辖区总人口938人，总面积1平方千米，农民人均纯收入6065元。

付家铺村

(Fujiapu Cun)

名称来历 清末村民由玉田、丰润来此种地，后定居于此，取名付家铺。

地理位置 地处石门镇东北部，东至堡子店镇西新店子，南至屈家铺，西至八户庄，北至北窑。

主要指标 2011年末，辖区总人口240人，总面积1平方千米，农民人均纯收入5600元。

郭家场村

(Guojiachang Cun)

名称来历 因坐落在郭氏地主雇工种地打场的场地上，得名为郭家场。

地理位置 地处石门镇中部，东至小辛庄，南至小辛庄，西、北至石门二村。

主要指标 2011年末，辖区总人口714人，总面积1.33平方千米，农民人均纯收入5980元。

寒河庄村

(Hanhezhuang Cun)

名称来历 村东魏进河有段潜在河流，河水流至此，由地下河床流出来，寒凉如泉水，故取名寒河庄。

地理位置 地处石门镇中南部，东至提举坞，南至山脉，西至小辛庄，北至邦宽公路。

主要指标 2011年末，辖区总人口1496人，总面积1.3平方千米，农民人均纯收入6065元。

黄各庄村

(Huanggezhuang Cun)

名称来历 原称董家楼，后改名为黄各庄。

地理位置 地处石门镇西南部，东至天津市蓟县大安平村，南至天津市蓟县官场村，西至上庄，北至石门镇大张庄。

主要指标 2011年末，辖区总人口906人，总面积2平方千米，农民人均纯收入6018元。

季庄子村

(Jizhuangzi Cun)

名称来历 屈氏迁此立庄，取其姓氏为屈家庄，后村人忌“屈”而改“季”，称季庄子。

地理位置 地处石门镇东部，东至堡子店镇纪各庄，南至小渤海寨，西至窄各庄，北至贾庄子。

主要指标 2011年末，辖区总人口660人，总面积0.36平方千米，农民人均纯收入6055元。

贾庄子村

(Jiazhuangzi Cun)

名称来历 贾姓人家迁至此处，取名贾家庄，后称贾庄子。

地理位置 地处石门镇东部，东至曹各寨，南至季庄子，西至窄各庄，北至西新店子。

主要指标 2011年末，辖区总人口794人，总面积0.33平方千米，农民人均纯收入6055元。

九间房村

(Jiujianfang Cun)

名称来历 陈家、马家、王家在这里盖了九间房子，起名九间房。

地理位置 地处石门镇东北部，东至屈家铺，南至周家村，西至义井铺，北至八户庄。

主要指标 2011年末，辖区总人口221人，总面积0.32平方千米，农民人均纯收入5800元。

李官屯村

(Liguantun Cun)

名称来历 此地有一李姓在朝廷做了大官，故称李官屯。

地理位置 地处石门镇中部，东至义井铺，南至寒河庄，西至大辛庄，北至邦宽公路。

主要指标 2011年末，辖区总人口684人，总面积0.9平方千米，农民人均纯收入6060元。

南六盘营村
(Nanliupanying Cun)

名称来历 唐代建村。相传唐太宗东征时，此地驻有两个兵营，各六百名坵，借此取村名南、北六盘营。民国年间，两村合为一村，称六盘营。人民公社化后，分为南、北六盘营两村。此村在南称南六盘营。

地理位置 地处石门镇北部，东至小汤河，南至郭家场，西至龙门口水库，北至北六盘营。

主要指标 2011年末，辖区总人口448人，总面积0.8平方千米，农民人均纯收入6068元。

屈家铺村
(Qujiapu Cun)

名称来历 清末，从玉田县来了几户人家到此租种地主的土地，搭建了链式住所，取名朝阳铺。抗日战争时期更名为屈家铺。

地理位置 地处石门镇东北部，东至堡子店镇新店子，南至九间房，西至八户庄，北至付家铺。

主要指标 2011年末，辖区总人口526人，总面积1.2平方千米，农民人均纯收入5980元。

石门三村
(Shimensan Cun)

名称来历 两峰对峙，中间有一石隙如门，村子地处石门第三个村而得名。

地理位置 地处石门镇西部，东至石门二村，南至大张庄，西至石门四村，北至龙门口水库。

主要指标 2011年末，辖区总人口1393人，总面积1.14平方千米，农民人均纯收入6010元。

山庄村
(Shanzhuang Cun)

名称来历 因地处两山之间而得名山庄。

地理位置 地处石门镇西部，东至石门，南至韦家岭，西至大岳各庄，北至天台山。

主要指标 2011年末，辖区总人口1191人，总面积11平方千米，农民人均纯收入6115元。

上庄村
(Shangzhuang Cun)

名称来历 因地处黄各庄村北，故此得名上庄。

地理位置 地处石门镇西南部，东至黄各庄，南至天津市蓟县出头岭，西至天津市蓟县官场乡井各庄，北至韦家岭。

主要指标 2011年末，辖区总人口510人，总面积1.5平方千米，农民人均纯收入6010元。

石门一村
(Shimenyi Cun)

名称来历 两峰对峙，中间有一石隙如门，村子地处石门第一个村，故取名为石门一村。

地理位置 地处石门镇西部，东至郭家场，南至小张庄，西至石门三村，北至石门二村。

主要指标 2011年末，辖区总人口921人，总面积2.3平方千米，农民人均纯收入6030元。

石门四村
(Shimensi Cun)

名称来历 原叫任家园子，后改名为石门四村。

地理位置 地处石门镇西部，东至石门三村，南至大张庄，西至山庄，北至龙门口。

主要指标 2011年末，辖区总人口1153人，总面积1.73平方千米，农民人均纯收入6045元。

提举坞村
(Tijuwu Cun)

名称来历 东、北、西三面土地环绕，村南是河道，可以行船，坞即是堤坝的意思，河南是芦苇，无论从哪个方向看都能看到整个村庄，故取名为提举坞。

地理位置 地处石门镇东部，东至窄各庄，南至文山，西至寒河庄，北至周家村。

主要指标 2011年末，辖区总人口2586人，总面积3.9平方千米，农民人均纯收入5200元。

王家铺村
(Wangjiapu Cun)

名称来历 王氏一家由山东来此地开荒种地，故此得名。

地理位置 地处石门镇东北部，东至堡子店镇西新店子，南至付家铺，西至北窑，北至关山口。

主要指标 2011年末，辖区总人口640人，总面积1.3平方千米，农民人均纯收入5986元。

韦家岭村
(Weijialing Cun)

名称来历 韦氏迁至此村，故以姓氏取名为韦家岭。

地理位置 地处石门镇西部，东至天津市蓟县裴各庄，南至上庄，西至小岳各庄，北至山庄。

主要指标 2011年末，辖区总人口590人，总面积1.5平方千米，农民人均纯收入5900元。

文山村
(Wenshan Cun)

名称来历 本地地处燕山山脉，文化人辈出，故称为文山。

地理位置 地处石门镇东南部，东至提举坞，南至平安城镇梁庄子，西至寒河庄，北至提举坞。

主要指标 2011年末，辖区总人口866人，总面积4平方千米，农民人均纯收入6020元。

小渤海寨村

(Xiaobohaizhai Cun)

名称来历 唐太宗东征时，曾在此驻扎安寨。东邻魏进河，大水汪洋如海。遂得名为渤海寨。又因其北建大渤海寨，故此村名为小渤海寨。

地理位置 地处石门镇东部，东至堡子店纪各庄，南至山脉，西至窄各庄，北至季庄子。

主要指标 2011年末，辖区总人口1800人，总面积3.1平方千米，农民人均纯收入6020元。

小汤河村

(Xiaotanghe Cun)

名称来历 因上游下来的水至此渗入地下，得名小汤河。

地理位置 地处石门镇北部，东至马兰河，南至小辛庄，西至南六盘营村，北至东陵南新城。

主要指标 2011年末，辖区总人口989人，总面积3.4平方千米，农民人均纯收入6005元。

小辛庄村

(Xiaoxinzhuang Cun)

名称来历 1939年周毕新庄分为东、西两村，本村位于西侧，称小辛庄。

地理位置 地处石门镇中部，东至大辛庄，南至高家坡，西到郭家场，北至邦宽路。

主要指标 2011年末，辖区总人口2032人，总面积1.66平方千米，农民人均纯收入6105元。

小岳各庄村

(Xiaoyuegezhuang Cun)

名称来历 岳氏由岳各庄迁至此地，故取名为小岳各庄。

地理位置 地处石门镇西部，东至韦家岭，南至大岳各庄，西至天津市蓟县马伸桥镇史各庄村，北至石门山庄。

主要指标 2011年末，辖区总人口165人，总面积0.23平方千米，农民人均纯收入5900元。

小张庄村

(Xiaozhangzhuang Cun)

名称来历 张氏由张家庄迁至此地，取名张家庄，后称小张庄。

地理位置 地处石门镇西南部，东至郭家场，南至李官屯，西至大张庄，北至石门一村。

主要指标 2011年末，辖区总人口183人，总面积1.2平方千米，农民人均纯收入5950元。

义井铺村

(Yijingpu Cun)

名称来历 因村邻官道，明代曾在此设急递铺，村西有一口井，供过往行人使用，故取名义井铺。

地理位置 地处石门镇东部，东至周家村，南至文山，西至寒河庄，北至八户庄。

主要指标 2011年末，辖区总人口1253人，总面积1.66平方千米，农民人均纯收入6118元。

窄各庄村

(Zhaigezhuang Cun)

名称来历 窄氏迁至此村，以姓氏取名窄各庄。

地理位置 地处石门镇东部，东至季庄子，南至小渤海寨，西至提举坞，北至邦宽公路。

主要指标 2011年末，辖区总人口1585人，总面积3平方千米，农民人均纯收入6065元。

周家村

(Zhoujia Cun)

名称来历 据传，此地为清朝朝廷一等护卫周禄的墓地，后有人迁此立庄，遂取名为周家坟，后改名为周家村。

地理位置 地处石门镇东部，东至窄各庄，南至提举坞，西至义井铺，北至九间房。

主要指标 2011年末，辖区总人口535人，总面积1平方千米，农民人均纯收入6090元。

（撰稿：韩雪峰，初审：王晓艳）

西留村乡

(Xiliucun Xiang)

政 区 概 况

名称来历 因乡人民政府原驻地位于西留村而得名。

地理位置 地处遵化市西部，东与遵化镇接壤，南邻团瓢庄乡，西接堡子店镇，北靠西三里乡、兴旺寨乡。人民政府驻后铺村，电话区号0315，邮政编码064200，距遵化市人民政府6千米。

政区沿革 1953年，分属五里屯、后铺、白方寺3乡。1956年，3乡合并为西留村乡。1958年，属钢铁人民公社。1961年，析出，建西留村人民公社。1984年，撤销人民公社，建立西留村乡，辖18个村民委员会。

政区划分 2011年末，辖学汉坨、朱山庄、白方寺、东留村、西留村、老庄子、五里屯、黄庄子、赵庄子、鄂庄子、辛庄子、后铺、西十里铺、前铺、蒲池河、后王庄、前王庄、大杨庄18个村民委员会。

人口面积 2011年末，辖区总人口24463人，其中城镇常住人口23813人，城镇化率97%。另有流动人650人。总人口中，男性12074人，占49%；女性12389人，占51%；14岁以下4329人，占18%；15~64岁17307人，占71%；65岁以上2827人，占11%。总人口中，以汉族为主，达23729人，占97%；有满族489人，占2%。2011年，人口出生率15.55‰，人口死亡率4.93‰，人口自然增长率10.62‰。

辖区东西最大距离2千米，南北最大距离5千米，总面积22平方千米。其中陆地17.5平方千米，占80%；水域4.5平方千米，占20%。人口密度为每平方千米1112人。

自然条件

地形地貌 境内大部为平原，略呈西高东低，南高北低之势，地面高程一般海拔50米左右。

水文 境内河道属黎河水系。冷嘴头河、沙河、清水河由北向南入境，境内河道总长3千米。

经济概况

农业 耕地面积2.3万亩，人均0.94亩。以种植小麦、玉米、蔬菜为主。2011年，农业总产值1.2亿元，占国内生产总值的5.2%，实现农业增加值7305万元，比上年增长4.9%。

粮食作物以小麦、玉米为主。2011年，生产粮食7078吨，人均289千克，其中小麦1739吨，玉米5339吨。主要经济作物有蔬菜。2011年，蔬菜种植面积3075亩，产量1.5万吨，主要品种有蒜黄、香菇、大白菜、西红柿等，其中蒜黄1.2万吨，香菇0.1万吨，其他0.2万吨。

畜牧业以猪、羊、家禽为主。2011年，生猪饲养量6.8万头，年末存栏3.9万头；羊饲养量0.94万只，年末存栏0.67万只；家禽饲养量7.16万羽。

工业 遵化市工业园区坐落在西留村乡，以食品加工、机械制造、建材业、造纸业、选矿为主。2011年，工业总产值21.8亿元，占国内生产总值的94.8%。2011年，工业企业76家，职工3064人，实现工业增加值6.58亿元，比上年增长17.5%。拥有全国驰名商标1个，省优产品3个。

财政金融 2011年，财政总收入0.52亿元，比上年增长7%。人均财政收入2125.66元，比上年增长10%。2011年，银行和金融机构各类存款余额3.78亿元，比上年增长15.2%；各项贷款余额3282万元，比上年增长3.2%。

社会发展

文化艺术 2011年末，乡文化站、广播电视站各18个，村级文化活动中心18个；各类文化专业户18个；各类图书室18个，藏书4000余册；音乐、美术、书法、摄影及文学业余创作人员130人。

教育 2011年末，幼儿园3所，在园幼儿410人，专任教师12人；小学3所，在校生715人，专任教师125人，小学适龄儿童入学率100%；初中1所，在校生214人，专任教师50人，初中适龄人口入学率、小升初升学率、九年义务教育覆盖率达100%。2011年财政预算内教育经费364万元，比上年增长21%。预算内教育经费占财政总支出的比例为7%，比上年提高了11个百分点。

医疗卫生 2011年末，各级医疗卫生机构1个，门诊部（所）18个；病床90张，每千人拥有医疗床位3.68张，固定资产总值2000万元。专业卫生人员12名，其中执业医师4人，执业助理医师3人，注册护士5人。2011年医疗机构（门诊部以上）完成诊疗0.7万人次。新型农村合作医疗参合率98.5%。

体育 2011年末，学校体育场地4处。100%的村安装了健身器材，经常参加体育活动的人员占常住人口的12%。

广播电视 2011年末，有线电视用户7011户，入户率100%。

社会保障 2011年城镇最低生活保障户数12户，人数25人，支出8.6万元，月人均287元。农村最低生活保障户数186户，人数341人，支出39.9万元。国家抚恤、补助各类优抚对象196人，抚恤事业费支出77.4万元。敬老院2家，床位20张，农村五保供养5人。新型农村社会养老保险参保人数2.45万人，参保率83%。

基础设施

交通运输 有乡级公路1条，长2.5千米。

市政建设

公共交通 2011年末，镇区开通公共汽车线路2条。

给排水 2011年末，镇区深水井288眼并有成套净化设备，年供水1278万吨。镇区主要道路两侧铺设排水管道108千米。

供电 2011年末，镇区2500千伏供电站1座，年供电2560万千瓦。

白方寺村

(Baifangsi Cun)

名称来历 因村北建有白马寺，建村后取白马寺，因此地东至草甸，村民穷，认为是白马吃草，后改白方寺。

地理位置 地处西留村乡南部，东至112国道，南至学汉坨，西至堡子店镇东杨庄村，北至东留村。

主要指标 2011年末，辖区总人口2018人，总面积1.84平方千米，农民人均纯收入7042元。

大杨庄村

(Dayangzhuang Cun)

名称来历 杨姓兄弟首先来此定居，分为两村，长兄居东南，得名大杨庄。

地理位置 地处西留村乡西部，东至蒲池河，南至武庄子，西至小杨庄，北至前王庄。

主要指标 2011年末，辖区总人口495人，总面积1.1

平方千米，农民人均纯收入 7036 元。

东留村

(Dongliu Cun)

名称来历 唐太宗东征时，曾有留守人员居于沙河东岸，建村取名东留村。

地理位置 地处西留村乡东南部，东至遵化镇小草店村，南至白方寺，西至西留村，北至老庄子。

主要指标 2011 年末，辖区总人口 2237 人，总面积 2.2 平方千米，农民人均纯收入 7043 元。

鄂庄子村

(Ezhuangzi Cun)

名称来历 因鄂姓最先在此定居，得名鄂家庄，后称鄂庄子。

地理位置 地处西留村乡中部，东至五里屯，南至蒲池河，西至后铺，北至辛庄子。

主要指标 2011 年末，辖区总人口 721 人，总面积 0.87 平方千米，农民人均纯收入 7038 元。

后铺村

(Houpu Cun)

名称来历 最初称杀官铺，嗣后经清代本村阎姓官员改为沙河铺，后分为前后两村，此村在北，称后沙河铺，现改为后铺。

地理位置 地处西留村乡西北部，东至辛庄子，南至蒲池河，西至后王庄，北至赵庄子。

主要指标 2011 年末，辖区总人口 1100 人，总面积 0.11 平方千米，农民人均纯收入 7035 元。

后王庄村

(Houwangzhuang Cun)

名称来历 由王老庄搬迁而来，居于王老庄之北，故称后王老庄，后称后王庄。

地理位置 地处西留村乡西部，东至后铺，南邻前王庄，西邻堡子店镇小杨庄村，北邻十里铺。

主要指标 2011 年末，辖区总人口 305 人，总面积 0.41 平方千米，农民人均纯收入 7045 元。

黄庄子村

(Huangzhuangzi Cun)

名称来历 最先是马姓由玉田大黄庄迁此定居，取名黄家庄，后称黄庄子。

地理位置 地处西留村乡东部，东至遵化镇大营子村，南至五里屯，西至辛庄子，北至西三里乡张各庄村。

主要指标 2011 年末，辖区总人口 1073 人，总面积 0.65 平方千米，农民人均纯收入 7046 元。

老庄子村

(Laozhuangzi Cun)

名称来历 曾名小梨园庄，因本村迁出一部分人家另建新庄，故称老庄子。

地理位置 地处西留村乡东部，东至遵化镇上台子村，南至东留村，西至五里屯，北至遵化镇张家窑村。

主要指标 2011 年末，辖区总人口 1116 人，总面积 0.49 平方千米，农民人均纯收入 7045 元。

蒲池河村

(Puchihe Cun)

名称来历 因村北有一片蒲地，村东有一条河而得名蒲池河村。

地理位置 地处西留村乡西南部，东至鄂庄子，南至西留村，西至东杨庄，北至辛庄子。

主要指标 2011 年末，辖区总人口 1758 人，总面积 1.6 平方千米，农民人均纯收入 7037 元。

前铺村

(Qianpu Cun)

名称来历 最初称杀官铺，嗣后经清代本村阎姓官员改为沙河铺，后分为前后两村，此村在南，称前沙河铺，现改为前铺。

地理位置 地处西留村乡西部，东邻后铺，南邻蒲池河，西邻前王庄，北邻后铺。

主要指标 2011 年末，辖区总人口 504 人，总面积 0.44 平方千米，农民人均纯收入 7039 元。

前王庄村

(Qianwangzhuang Cun)

名称来历 由王老庄搬迁而来，居于王老庄之南，故称前王老庄，后称前王庄。

地理位置 地处西留村乡西部，东至冷嘴河，南至大杨庄，西至堡子店镇小杨庄，北至后王庄。

主要指标 2011 年末，辖区总人口 682 人，总面积 0.87 平方千米，农民人均纯收入 7040 元。

西十里铺村

(Xishilipu Cun)

名称来历 因距城西十华里，又是古代驿铺，故名十里铺，后因与大刘庄公社的十里铺同名，故改称西十里铺。

地理位置 地处西留村乡西北部，东至后铺村，南至后王庄，西至十八里、北至胡庄子。

主要指标 2011 年末，辖区总人口 2044 人，总面积 2 平方千米，农民人均纯收入 7041 元。

辛庄子村

(Xinzhuangzi Cun)

名称来历 民国年间建村，取名新庄子，人民公社化后改为辛庄子。

地理位置 地处西留村乡东北部，东至黄庄子，南至鄂庄子，西至后铺，北至工业园区。

主要指标 2011年末，辖区总人口751人，总面积0.65平方千米，农民人均纯收入7039元。

学汉坨村

(Xuehantuo Cun)

名称来历 因此地出过绿林好汉，曾名好汉庄，后为躲避官府清剿更名为呆汉坨，后称学汉坨。

地理位置 地处西留村乡南部，东至朱山，南至团瓢庄乡骆各庄，西至团瓢庄乡山里各庄，北至白方寺。

主要指标 2011年末，辖区总人口2069人，总面积1.73平方千米，农民人均纯收入7043元。

赵庄子村

(Zhaozhuangzi Cun)

名称来历 清初修建东陵时曾在此建窑数十座，由赵姓官员管理，后在此定居，取名赵家庄，后称赵庄子。

地理位置 地处西留村乡北部，东至张各庄，南至邦宽线，西至十里铺，北至胡庄子。

主要指标 2011年末，辖区总人口1416人，总面积1.13平方千米，农民人均纯收入7045元。

朱山庄村

(Zhushanzhuang Cun)

名称来历 因村北有珠山，建村后取名珠山庄，后"珠"简化为"朱"，称朱山庄。

地理位置 地处西留村乡东北部，东至新店子镇前杨庄，南至团瓢庄乡骆各庄，西至学汉坨，北至遵化镇小草店。

主要指标 2011年末，辖区总人口1298人，总面积1.3平方千米，农民人均纯收入7046元。

五里屯村

(Wulitun Cun)

名称来历 明代戚继光镇守三屯营时曾在此屯兵，距县城五华里，建村后取名五里屯。

地理位置 地处西留村乡东北部，东至遵化镇张家窑，南至西留村，西至鄂庄子，北至黄庄子。

主要指标 2011年末，辖区总人口1266人，总面积1.13平方千米，农民人均纯收入7044元。

西留村

(Xiliu Cun)

名称来历 唐太宗东征时曾有留守人员居于沙河西岸，后建村名为西留村。

地理位置 地处西留村乡中部，东至东留村，南至白方寺，西至蒲池河，北至五里屯。

主要指标 2011年末，辖区总人口3610人，总面积3.55平方千米，农民人均纯收入7041元。

（撰稿：韩晓娟，初审：王海永）

崔家庄乡

(Cuijiazhuang Xiang)

政 区 概 况

名称来历 因原为崔家庄人民公社而得名。

地理位置 地处遵化市东部，东与建明镇接壤，东南与东旧寨镇为邻，南靠新店子镇，西邻城关镇，北接苏家洼镇。人民政府驻大柳树村，电话区号0315，邮政编码064200，距遵化市人民政府6.3千米。

政区沿革 1946年，属遵化县第九区。1953年，分属三官庙、二十里铺、黄台、东双城4乡。1956年，4乡并为崔家庄乡。1958年，属钢铁人民公社。1961年，析出，建崔家庄人民公社。1984年，撤销人民公社，复置崔家庄乡，辖24个村民委员会。

政区划分 2011年末，辖崔家庄、大柳树、三官庙、晏户新庄、小良屯、老辛庄、后窑、黄台、黄台口、前黎河店、后黎河店、西山、河南、河北、东二十里铺、西二十里铺、东祁尔庄、西小寨、东双城、西双城、下港、东纪各庄、西纪各庄、杨家庄24个村民委员会。

人口面积 2011年末，辖区总人口20488人。总人口中，男性9890人，占48.27%；女性10598人，占51.73%；14岁以下1886人，占7.88%；15~64岁16908人，占82.53%；65岁以上1694人，占9.59%。总人口中，以汉族为主，达19900人，占97.1%；有满、蒙古、侗、壮、苗、回6个少数民族，共588人，占2.9%；超过10人的有满、蒙古2个少数民族，其中满族523人，占少数民族人口的88.9%；蒙古族38人，占6.4%。2011年，人口出生率1.24‰，人口死亡率0.56‰，人口自然增长率0.68‰。

辖区东西最大距离10千米，南北最大距离6千米，总面积28.7平方千米。其中陆地面积25.8平方千米，占89.9%；水域面积2.9平方千米，占10.1%。人口密度为每平方千米714人。

自 然 条 件

地形地貌 境内大部分为丘陵，地势略呈东西、南高北低，最高点位于南部山峰，海拔400米，最低点位于北部丘陵，海拔50米。

水文 境内有滦河自东从西小寨入境，西由黄台口出境，境内长18.2千米，流域面积2.8平方千米。

矿藏及其他自然资源 境内已探明地下矿藏有铁矿和建筑用沙，地质储量0.9亿立方米，可采储量0.7亿立方米，集中分布在东南部一带。地下水资源可利用量800万立方米。

自然灾害 主要有冰雹、旱涝、风灾、低温、霜冻、雷击等。雹灾平均1年2遇，最严重的一次发生在2011年7月13日，降雹时间约20分钟，涉及24个管理区，受灾面积243.2公顷。风灾一年夏秋两季多有发生，最严重的一次发生在2012年6月15日，造成0.1万亩小麦受灾，减产30吨。

经济概况

农业 耕地面积2.08万亩，人均1.02亩。以种植小麦、玉米、苗木为主。2011年，农业总产值26.92亿元，占国内生产总值的3.71%，实现农业增加值8923万元，比上年增长3.4%。

粮食作物以小麦、玉米为主。2011年，生产粮食0.7万吨，人均342千克，其中小麦814万吨，玉米6151万吨。主要经济作物有苗木。2011年，苗木种植面积5200亩，200多个品种。

畜牧业以猪、羊、家禽为主。2011年，生猪饲养量3.75万头，年末存栏3.05万头；羊饲养量0.55万只，年末存栏0.43万只；家禽饲养量10.05万羽。

工业 以钢铁、机械加工、建筑材料、采矿为主。2011年，工业总产值14.36亿元，占国内生产总值的59.85%。2011年，工业企业287家，职工15800人，实现工业增加值14.36亿元，比上年增长31.8%。拥有省优产品1个（康园食品厂）。

财政金融 2011年，财政总收入1.5935亿元，比上年增长57.2%。其中地方财政收入2408亿元，比上年增长23.8%。从主要税种看，完成营业税203.3万元，增值税1252.95万元，企业所得税134万元。人均财政收入777.8元。

社会发展

文化艺术 2011年末，镇文化站、广播电视站各24个，村级文化活动中心24个；各类文化专业户4个；各类图书室8个，藏书2余万册；音乐、美术、书法、摄影及文学业余创作人员1人。

教育 2011年末，幼儿园5所，在园幼儿384人，专任教师11人；小学4所，在校生1143人，专任教师89人，小学适龄儿童入学率100%；初中1所，在校生226人，专任教师26人，初中适龄人口入学率、小升初升学率、九年义务教育覆盖率均达100%。2011年财政预算内教育经费416.3万元，比上年增长3%。预算内教育经费（包括城市教育费附加）占财政总支出的比例为19%，比上年提高了2.5个百分点。

医疗卫生 2011年末，各级医疗卫生机构1个，门诊部（所）7个；病床56张，每千人拥有医疗床位2.8张。专业卫生人员5名，其中主治医师1人，执业医师1人，执业助理医师2人，注册护士1人。2011年医疗机构（门诊部以上）完成诊疗1.2万人次。新型农村合作医疗参合率95%。

体育 2011年末，学校体育场地5处。80%的村安装了健身器材，经常参加体育活动的人员占常住人口的76%。

广播电视 2011年末，有线电视用户3786户，入户率63.6%。

社会保障 2011年城镇最低生活保障户数2户，人数5人，支出1.6万元，比上年增长25.58%，月人均267元，比上年增长26.05%；城市医疗救助72人次，民政部门资助参加合作医疗228人次，共支出1.4万元，比上年增长156.18%。农村最低生活保障户数122户，人数215人，支出26.1万元，比上年增长66.42%，月人均101元，比上年增长26.05%。国家抚恤、补助各类优抚对象103人，抚恤事业费支出17.6万元。五项社会保险（不含新型农村社会养老保险）基金收入合计169.8万元，比上年增长28.7%。新型农村社会养老保险参保人数7031人，参保率85%。

基础设施

交通运输 承唐高速、省道邦宽线2条公路过境。有铁路过境。

市政建设

给排水 2011年末，镇区深水井328眼。镇区主要道路两侧铺设排水管道24.56千米。

供电 2011年末，镇区35千伏变电站1座，年供电2.5万千瓦。

园林绿化 2011年末，镇区花坛1个，绿化面积1.2公顷。

崔家庄村

(Cuijiazhuang Cun)

名称来历 因崔姓最早来此居住，以姓氏取名为崔家庄。

地理位置 地处崔家庄乡东部，东至东双城，南至河北村，西至晏户新庄，北至大柳树。

主要指标 2011年末，辖区总人口1076人，总面积0.9平方千米，农民人均纯收入7881元。

大柳树村

(Daliushu Cun)

名称来历 因村中曾有一棵大柳树而得名。

地理位置 地处崔家庄乡北部，东至崔家庄，南至后黎河店，西至三官庙，北至瓦子庄。

主要指标 2011年末，辖区总人口1076人，总面积0.67平方千米，农民人均纯收入8295元。

东二十里铺村

(Dong’ershilipu Cun)

名称来历 因地处县城东二十里，曾设过更铺，故得名二十里铺，1962年分为两村，该村居东称为东二十里铺。

地理位置 地处崔家庄乡东部，东至西小寨，南至东祁尔庄，西至西二十里铺，北至引滦大坝桥。

主要指标 2011年末，辖区总人口870人，总面积0.77平方千米，农民人均纯收入7523元。

东纪各庄村

(Dongjigezhuang Cun)

名称来历 因纪氏家族在此立庄，以姓氏取名为纪各庄，后分为两村，该村位于东面，称东纪各庄。

地理位置 地处崔家庄乡东北部，东至下港，南至西双城，西至西纪各庄，北至苏家洼镇牛家岭。

主要指标 2011年末，辖区总人口223人，总面积0.13平方千米，农民人均纯收入6314元。

东祁尔庄村

(Dongqi’erzhuang Cun)

名称来历 祁氏家族迁此，分东西两处立庄，此地居东，故取名东祁尔庄。

地理位置 地处崔家庄乡东南部，东至西小寨，南至南山，西至河南村，北至西二十里铺。

主要指标 2011年末，辖区总人口752人，总面积1.2平方千米，农民人均纯收入8460元。

东双城村

(Dongshuangcheng Cun)

名称来历 元末明初曾于此屯兵扎营，并筑东西两座土城，后形成两个村庄，并冠以方位，此村居东，称东双城。

地理位置 地处崔家庄乡东北部，东至港陆公司，南至西二十里铺，西至杨家庄，北至下港。

主要指标 2011年末，辖区总人口1800人，总面积1.93平方千米，农民人均纯收入7537元。

河北村

(Hebei Cun)

名称来历 原为西祁尔庄，后一分为三，西山、河北、河南，此村因在黎河北岸而得名。

地理位置 地处崔家庄乡南部，东至西二十里铺，南至河南村，西至西山村，北至崔家庄。

主要指标 2011年末，辖区总人口347人，总面积0.34平方千米，农民人均纯收入9322元。

河南村

(He’nan Cun)

名称来历 原为西祁尔庄，后一分为三，西山、河北、河南，此村因在黎河南岸而得名。

地理位置 地处崔家庄乡南部，东至东祁尔庄，南至新店子镇东苇店，西至西山，北至河北。

主要指标 2011年末，辖区总人口918人，总面积0.15平方千米，农民人均纯收入7664元。

后黎河店村

(Houlihedian Cun)

名称来历 因地处黎河北岸，有齐氏在此开店，而得名黎河店。1962年分为两村，该村居北称后黎河店。

地理位置 地处崔家庄乡南部，东至东二十里铺，南至前黎河店，西至小良屯，北至大柳树。

主要指标 2011年末，辖区总人口1076人，总面积0.9平方千米，农民人均纯收入8026元。

后窑村

(Houyao Cun)

名称来历 因在黄台村后建有砖瓦窑和陶器窑，随着窑业发展形成了村庄，故取名后窑。

地理位置 地处崔家庄乡西南部，东至前黎河店，南至黄台，西至遵化镇团练屯，北至小良屯。

主要指标 2011年末，辖区总人口910人，总面积0.9平方千米，农民人均纯收入7464元。

黄台村

(Huangtai Cun)

名称来历 因此地有一个土台子，故取名黄台。

地理位置 地处崔家庄乡西南部，东至前黎河店，南至新店子镇白石头，西至遵化镇团练屯，北至后窑。

主要指标 2011年末，辖区总人口2135人，总面积1.4平方千米，农民人均纯收入7749元。

黄台口村

(Huangtaikou Cun)

名称来历 因地处黄台以南的山口处而得名。

地理位置 地处崔家庄乡西南部，东至新店子镇冯各庄，南至新店子镇白石头，西至新店子镇龙湾，北至黄台。

主要指标 2011年末，辖区总人口812人，总面积1.15平方千米，农民人均纯收入6707元。

老辛庄村

(Laoxinzhuang Cun)

名称来历 有辛姓最早于此地居住，后又有他姓迁入，形成村庄，因辛姓为先又人口居多，故取名老辛庄。

地理位置 地处崔家庄乡西北部，东至三官庙，南至小良屯，西至遵化镇铁山岭，北至苏家洼镇瓦子庄。

主要指标 2011年末，辖区总人口980人，总面积0.99平方千米，农民人均纯收入8047元。

前黎河店村

(Qianlihedian Cun)

名称来历 因地处黎河北岸，有齐氏在此开店，而得名黎河店，1962年分为两村，该村居南称前黎河店。

地理位置 地处崔家庄乡南部，东至后黎河店，南至西山，西至黄台，北至晏户新庄。

主要指标 2011年末，辖区总人口380人，总面积0.2平方千米，农民人均纯收入9368元。

三官庙村

(Sanguanmiao Cun)

名称来历 因当时村中有一座庙叫“三官庙”，遂以此庙取村名。

地理位置 地处崔家庄乡北部，东至大柳树，南至晏户新庄，西至老辛庄，北至苏家洼镇瓦子庄。

主要指标 2011年末，辖区总人口1020人，总面积0.73平方千米，农民人均纯收入8248元。

西二十里铺村

(Xi' ershilipu Cun)

名称来历 因此地地处县城东二十里并曾设过更铺，故得名二十里铺，1962年分为两村，该村居西称西二十里铺。

地理位置 地处崔家庄乡东南部，东至东二十里铺，南至东祁尔庄，西至河北，北至崔家庄。

主要指标 2011年末，辖区总人口486人，总面积0.6平方千米，农民人均纯收入7041元。

西纪各庄村

(Xijigezhuang Cun)

名称来历 因纪氏家族于此立庄，以姓氏取名纪各庄，后分为两村，此村居西，称西纪各庄。

地理位置 地处崔家庄乡北部，东至东纪各庄，南至西双城，西至大柳树，北至下港。

主要指标 2011年末，辖区总人口517人，总面积0.93平方千米，农民人均纯收入6068元。

西山村

(Xishan Cun)

名称来历 原为西祁尔庄，后一分为三，西山、河北、河南，此村因在西祁尔庄的西山坡上而得名。

地理位置 地处崔家庄乡南部，东至河南村，南至新店子镇冯各庄，西至黄台，北至前黎河店。

主要指标 2011年末，辖区总人口560人，总面积0.37平方千米，农民人均纯收入8112元。

西双城村

(Xishuangcheng Cun)

名称来历 元末明初曾于此屯兵扎营，后筑东西两座土城，故借此取名为双城。后渐成村庄，仍以双城冠名，后分为两村，此村居西称西双城。

地理位置 地处崔家庄乡北部，东至杨家庄新村，南至西二十里铺，西至崔家庄，北至西纪各庄。

主要指标 2011年末，辖区总人口608人，总面积0.8平方千米，农民人均纯收入7736元。

西小寨村

(Xixiaozhai Cun)

名称来历 相传此地为唐太宗东征时屯兵扎寨之地，遂取名为小寨，后分为两村，此村居西，故取名西小寨。

地理位置 地处崔家庄乡东部，东至东小寨，南至东旧寨镇大寨，西至东二十里铺，北至东双城。

主要指标 2011年末，辖区总人口1810人，总面积0.87平方千米，农民人均纯收入6689元。

下港村

(Xiagang Cun)

名称来历 明代建村。因处于黎河支流滩地，地势低洼，多为港地，相对于北偏西两千米的上港，而称下港，本地读音 Xiajiang。

地理位置 地处崔家庄乡北部，东至建明镇鸿鸭屯，南至东双城，西至东纪各庄，北至建明镇傅家城。

主要指标 2011年末，辖区总人口1270人，总面积1.18平方千米，农民人均纯收入7351元。

小良屯村

(Xiaoliangtun Cun)

名称来历 梁氏于此立庄，因村落较小，故称为小梁屯，后演变为小良屯。

地理位置 地处崔家庄乡西部，东至晏户新庄，南至后窑，西至遵化镇蔡家岭，北至老辛庄。

主要指标 2011年末，辖区总人口745人，总面积0.53平方千米，农民人均纯收入7735元。

晏户新庄村

(Yanhuxinzhuang Cun)

名称来历 最早晏户全家迁至此建立新庄，以姓氏取名为晏户新庄。

地理位置 地处崔家庄乡西部，东至崔家庄，南至前黎河店，西至小良屯，北至三官庙。

主要指标 2011年末，辖区总人口495人，总面积0.62平方千米，农民人均纯收入8554元。

杨家庄村

(Yangjiazhuang Cun)

名称来历 因杨氏迁此立庄，以姓氏取村名为杨家庄，2007年整体搬迁至东双城与西双城之间，仍然保留原村名。

地理位置 地处崔家庄乡东部，东至东双城，南至东二十里铺，西至西双城，北至东纪各庄。

主要指标 2011年末，辖区总人口758人，总面积0.1平方千米，农民人均纯收入8665元。

（撰稿：李健，初审：李翠萍）

兴旺寨乡

(Xingwangzhai Xiang)

政区概况

名称来历 因乡人民政府驻地位于兴旺寨村而得名。

地理位置 地处遵化市西北，东与苏家洼镇接壤，东南与堡子店为邻，南邻堡子店镇，西邻西下营乡，北接兴隆县。人民政府驻兴旺寨村，电话区号0315，邮政编码064200，距遵化市人民政府8.1千米。

政区沿革 1953年，分属张庄子、马相营、甘泽庄3乡。1956年，3乡合并为马相营、野瓠山2乡。1958年，属民生人民公社。1961年，析出，建兴旺寨人民公社。1984年3月，撤销人民公社，改建兴旺寨乡，辖22个村民委员会。1992年10月，曹家堡乡并入，辖30个村民委员会。

政区划分 2011年末，辖南马相营、北马相营、朝阳沟、美城寺、钱家屯、兴旺寨、甘泽庄、黄土岗、王爷陵、冯庄子、西达峪、张庄子、花椒园、冷嘴头、龙须寨、野瓠山、万福庄、史家坨、獐子峪、何家峪、安平庄、张家坎、胡家青、曹家堡、石头营、后肖庄、珠岭、毛家厂、化石峪、沙坡峪30个村民委员会。

人口面积 2011年末，辖区总人口2.11万人。另有流动人口2200人。总人口中，男性10824人，占51.2%；女性10310人，占48.8%；14岁以下4193人，占19.8%；15~64岁15943人，占75.4%；65岁以上1998人，占4.8%。总人口中，以汉族为主，达2.1万人，占99.3%；有少数民族120人，占0.7%。2011年，人口出生率15.71‰，人口死亡率6.59‰，人口自然增长率9.12‰。

辖区东西最大距离10千米，南北最大距离15千米，总面积65.8平方千米。其中陆地60平方千米，占91.2%；水域5.8平方千米，占8.8%。人口密度为每平方千米321人。

自然条件

地形地貌 境内大部分为山地，地势南低北高，地面高程一般在海拔370米，最高点位于沙坡峪北山，海拔400米，最低点位于龙须寨，海拔320米。

矿藏及其他自然资源 境内已探明地下矿藏有铁矿，地质储量80亿立方米，可采储量10亿立方米，集中分布在西北部一带。地下水资源可利用量700万立方米。

自然灾害 主要有风雹、水、旱、高温等。风雹灾害十年九遇，多集中在5月至9月。旱涝出现概率4%，一般各为12年一遇。大旱、大涝年各为13年一遇。大暴雨（日降雨超过100毫米）年发生概率1.6%。连阴雨2天以上的年均11次，10天以上的年均3次。雹灾平均3年一遇，最严重的一次发生在1972年8月1日，降雹时间约15分钟，涉及10个村，受灾面积20公顷。

经济概况

农业 耕地面积2.48万亩，人均1.18亩，以种植小麦、玉米、蔬菜为主。2011年，农业总产值1.3亿元，占国内生产总值的27.5%，实现农业增加值8155万元，比上年增长0.6%。

粮食作物以小麦、玉米为主。2011年，生产粮食0.6万吨，人均284千克，其中小麦0.16万吨，玉米0.5万吨。主要经济作物有蔬菜。2011年，蔬菜种植面积735亩，产量3394吨，主要品种有韭菜、大葱、西红柿、茴香等，其中韭菜315万吨，大葱114吨。

畜牧业以蓝狐、猪、羊、家禽为主。蓝狐年末存栏0.75万只。2011年，生猪饲养量1.9万头，年末存栏0.71万头；羊饲养量1.33万只，年末存栏0.7万只；家禽饲养量23.88万羽。

工业 以采选矿、机械制造、建筑为主。2011年，工业总产值46.29亿元，占国内生产总值的74.5%。2011年，工业企业186家，职工2376人，实现工业增加值20.03亿元，比上年增长31.7%。

商业外贸 2011年末，商业网点45个，职工860人。

财政金融 2011年，财政总收入0.74亿元。其中地方财政收入7421万元，比上年增长134%。从主要税种看，完成营业税680.87万元，增值税5318万元，企业所得税26.96万元。人均财政收入3500元，比上年增长16.6%。2011年，银行和金融机构各类存款余额3.5亿元，比上年增长10%；各项贷款余额1400万元，比上年增长6%。

社会发展

文化艺术 2011年末，镇文化站、广播电视站各1个，村级文化活动中心30处；各类文化专业户1个；各类图书室23个，藏书3余万册；音乐、美术、书法、摄影及文学业余创作人员300人。

教育 2011年末，幼儿园4所，在园幼儿500人，专任教师22人；小学3所，在校生1200人，专任教师76人，小学适龄儿童入学率100%；初中1所，在校生340人，专任教师42人。初中适龄人口入学率、小升初升学率、九年义务教育覆盖率均达100%。2011年财政预算内教育经费915万元，比上年增长10%。

医疗卫生 2011年末，各级医疗卫生机构2个，门诊部（所）49个；病床25张，每千人拥有医疗床位1张，固定资产总值368.3万元。专业卫生人员20名，其中执业医师3人，执业助理医师5人。注册护士2人。2011年医疗机构（门诊部以上）完成诊疗4万人次。新型农村合作医疗参合率93%。

体育 2011年末，学校体育场8个。100%的村安装了健身器材，经常参加体育活动的人员占常住人口的50%。

广播电视 2011年末，有线电视用户2万户，入户率98%。

社会保障 2011年，城镇最低生活保障户数6户，人数12人，支出3.8万元，比上年增长12%，月人均264元，比上年增长6%；城市医疗救助20人次，民政部门资助参加合作医疗支出21万元，比上年增长15%。农村最低生活保障户数94户，人数240人，支出31.3万元，月人均109元。国家抚恤、补助各类优抚对象101人，抚恤事业费支出28.8万元。新型农村社会养老保险参保人数0.9万人，参保率80%。

基础设施

交通运输 铁路石塘线过境；邦石公路过境，境内长7千米；长城旅游公路过境。

邮政电信 2011年，邮政所1处，代办所1处；报纸、期刊累计期发行2600份（册），业务收入300万元。

电信企业1家，服务网点25个；电话交换机总容量1.2万门，固定电话用户0.54万户，电话用户普及率达到80%；移动电话用户2万户；宽带接入用户0.35万户。全年电信业务收入12万元。

安平庄村

(Anpingzhuang Cun)

名称来历 相传唐太宗东征曾在此住过，取“安宁平定”之意，得名安平庄。

地理位置 地处兴旺寨乡中部，东至何家峪，南至兴旺寨，西至胡家青，北至野瓠山。

主要指标 2011年末，辖区总人口895人，总面积1.79平方千米，农民人均纯收入8284元。

北马相营村

(Beimaxiangying Cun)

名称来历 相传古代有位马丞相曾在此宿营，建村后称为马相营。后分南北两村，该村地理位置靠北，故名北马相营。

地理位置 地处兴旺寨乡南部，东至美城寺，南至南马相营，西至堡子店镇北小庄，北至钱家屯。

主要指标 2011年末，辖区总人口1368人，总面积3.1平方千米，农民人均纯收入5431元。

曹家堡村

(Caojiabao Cun)

名称来历 明洪武年间，为守卫长城，此地建有城堡，曹氏迁此定居后，冠以姓氏而得名。

地理位置 地处兴旺寨乡东北部，东至后肖庄，南至何家峪，西至野瓠山，北至毛家厂。

主要指标 2011年末，辖区总人口770人，总面积1.92平方千米，农民人均纯收入7056元。

朝阳沟村

(Chaoyanggou Cun)

名称来历 因地处北小庄之北的山沟里，称为北沟。1981年地名普查时为区别于大刘庄北沟，因此沟向阳，得名朝阳沟。

地理位置 地处兴旺寨乡西南部，东至钱家屯，南至堡子店镇北小庄村，西至西下营乡塔寺村，北至王爷陵。

主要指标 2011年末，辖区总人口487人，总面积1.19平方千米，农民人均纯收入6541元。

冯庄子村

(Fengzhuangzi Cun)

名称来历 冯氏迁此立庄，以姓氏取名冯家庄，后改为冯庄子。

地理位置 地处兴旺寨乡中部，东至石人沟料场，南至钱家屯，西至王爷陵，北至张庄子。

主要指标 2011年末，辖区总人口550人，总面积1.8平方千米，农民人均纯收入7019元。

甘泽庄村

(Ganzezhuang Cun)

名称来历 因水质甜、土质肥沃，得名甘泽庄。

地理位置 地处兴旺寨乡东南部，东至史家坨，南至黄土岗，西至兴旺寨，北至万福庄。

主要指标 2011年末，辖区总人口1100人，总面积1.68平方千米，农民人均纯收入5911元。

何家峪村

(Hejiayu Cun)

名称来历 何氏迁此立庄，又地处山谷中，故冠以姓氏而得名。

地理位置 地处兴旺寨乡东部，东至獐子峪，南至万福庄，西至安平庄，北至曹家堡。

主要指标 2011年末，辖区总人口635人，总面积1.78平方千米，农民人均纯收入7891元。

后肖庄村

(Houxiaozhuang Cun)

名称来历 肖氏迁此立庄，因南山岭前有肖庄子（也称前肖庄），故得名后肖庄。

地理位置 地处兴旺寨乡东北部，东至珠岭村，南至西三里乡北峪村，西至曹家堡村，北至石头营村。

主要指标 2011 年末，辖区总人口 380 人，总面积 1.39 平方千米，农民人均纯收入 6317 元。

胡家青村

(Hujiaqing Cun)

名称来历 该村原为一片草地，有佃户马氏在此为地主榜青，建村后称马家青。后马氏子孙失传，胡氏迁此居住，遂改称胡家青。

地理位置 地处兴旺寨乡中东部，东至安平庄，南至兴旺寨，西至冯庄子，北至野瓠山。

主要指标 2011 年末，辖区总人口 315 人，总面积 0.73 平方千米，农民人均纯收入 6468 元。

花椒园村

(Huajiaoyuan Cun)

名称来历 因此地花椒林繁茂丛生，得名花椒园。

地理位置 地处兴旺寨乡西北部，东至化石峪，南至张庄子，西至西下营乡双义村，北至冷嘴头。

主要指标 2011 年末，辖区总人口 627 人，总面积 2.35 平方千米，农民人均纯收入 9297 元。

化石峪村

(Huashiyu Cun)

名称来历 因此地山上出化石（石头名，非古代生物化石）得名。

地理位置 地处兴旺寨乡东北部，东至毛家厂，南至野瓠山，西至花椒园，北至沙坡峪。

主要指标 2011 年末，辖区总人口 450 人，总面积 0.96 平方千米，农民人均纯收入 7464 元。

黄土岗村

(Huangtugang Cun)

名称来历 因坐落于黄土岗上，以地貌而得名。

地理位置 地处兴旺寨乡东南部，东、南至十里铺，西至北马相营，北至甘泽庄。

主要指标 2011 年末，辖区总人口 360 人，总面积 0.64 平方千米，农民人均纯收入 6177 元。

冷嘴头村

(Lengzuitou Cun)

名称来历 因地处山口，常年气温比附近地方低，故称冷嘴头。

地理位置 地处兴旺寨乡北部，东至长城，南至花椒园，西至西下营乡双义村，北至长城。

主要指标 2011 年末，辖区总人口 1126 人，总面积 4.38 平方千米，农民人均纯收入 7399 元。

龙须寨村

(Longxuzhai Cun)

名称来历 民国年间建村，原名龙须寨（来历失传），因地处冷嘴头村的西山沟里，又别名西沟。1981 年地名普查时，为区别东陵公社西沟，又恢复龙须寨之名。

地理位置 地处兴旺寨乡西北部，东至冷嘴头，南至西达峪，西至西下营乡双义村，北至王爷陵村。

主要指标 2011 年末，辖区总人口 208 人，总面积 1.88 平方千米，农民人均纯收入 6146 元。

毛家厂村

(Maojiachang Cun)

名称来历 毛氏迁此定居，村南是一片空白地，取名毛家场，后演变成毛家厂。

地理位置 地处兴旺寨乡东北部，东至马头营，南至曹家堡，西至野瓠山，北至化石峪。

主要指标 2011 年末，辖区总人口 860 人，总面积 3.34 平方千米，农民人均纯收入 6000 元。

美城寺村

(Meichengsi Cun)

名称来历 过去有一寺庙，名“美城寺”，遂以此得名。

地理位置 地处兴旺寨乡南部，东至兴旺寨，南至堡子店镇十八里，西至北马相营，北至钱家屯。

主要指标 2011 年末，辖区总人口 451 人，总面积 1.05 平方千米，农民人均纯收入 6252 元。

南马相营村

(Nanmaxiangying Cun)

名称来历 相传古代有位马丞相曾在此宿营，建村后称为马相营，后分南北两村，该村地理位置在南，故名南马相营。

地理位置 地处兴旺寨乡南部，东至黄土岗，南至堡子店镇张北洼村，西至堡子店镇新寨，北至北马相营村。

主要指标 2011 年末，辖区总人口 1352 人，总面积 2.15 平方千米，农民人均纯收入 5277 元。

钱家屯村

(Qianjiatun Cun)

名称来历 明末建村，钱氏迁此立庄，以姓氏取名钱家屯。

地理位置 地处兴旺寨乡西部，东至张家坎，南至北马相营，西至朝阳沟，北至王爷陵村。

主要指标 2011年末，辖区总人口1120人，总面积2.23平方千米，农民人均纯收入5622元。

沙坡峪村

(Shapoyu Cun)

名称来历 因村庄三面靠庄，名为三坡峪，又因村南为白沙土质，后称沙坡峪。

地理位置 地处兴旺寨乡东北部，东、西、北至山脉，南至化石峪。

主要指标 2011年末，辖区总人口725人，总面积4.5平方千米，农民人均纯收入7509元。

石头营村

(Shitouying Cun)

名称来历 因明代建有屯兵守卫长城的石头营子，以此得名石头营。

地理位置 地处兴旺寨乡东北部，东至珠岭，南至后肖庄村，西至毛家厂，北至兴隆县。

主要指标 2011年末，辖区总人口403人，总面积2.43平方千米，农民人均纯收入6217元。

史家坨村

(Shijiatuo Cun)

名称来历 该村地处土坨之上，史氏迁此立庄，故以地势冠以姓氏而得名。

地理位置 地处兴旺寨乡东南部，东至西三里乡胡庄子村，南至西留村乡十里铺村，西至甘泽庄，北至獐子峪村。

主要指标 2011年末，辖区总人口987人，总面积1.8平方千米，农民人均纯收入5531元。

万福庄村

(Wanfuzhuang Cun)

名称来历 因此地曾有王爷府，取名王府庄，后改称万福庄，取子孙万代幸福之意。

地理位置 地处兴旺寨乡东南部，东至西三里乡胡庄子村，南至甘泽庄，西至兴旺寨，北至安平庄。

主要指标 2011年末，辖区总人口260人，总面积0.5平方千米，农民人均纯收入6047元。

王爷陵村

(Wangyeling Cun)

名称来历 因此地有王爷陵一座，借此称王爷陵。

地理位置 地处兴旺寨乡西部，东至张家坎，南至朝阳沟，西至西下营乡，北至西达峪。

主要指标 2011年末，辖区总人口1195人，总面积5.2平方千米，农民人均纯收入9305元。

西达峪村

(Xidayu Cun)

名称来历 因地处冯庄子西一条山谷内，取名西大峪，后村民忌“大”改为“达”，称西达峪。

地理位置 地处兴旺寨乡西部，东至冯庄子，南至王爷陵，西至西下营乡东沟村，北至花椒园。

主要指标 2011年末，辖区总人口684人，总面积2.9平方千米，农民人均纯收入10556元。

兴旺寨村

(Xingwangzhai Cun)

名称来历 相传，唐太宗东征时，曾在此屯兵扎寨，因其地杏树林繁茂得名杏花寨，又因王姓多，盼望日后族业繁盛，改成兴王寨，后称兴旺寨。

地理位置 地处兴旺寨乡中东部，东至万福庄，南至甘泽庄，西至美城寺，北至胡家青。

主要指标 2011年末，辖区总人口1135人，总面积1.98平方千米，农民人均纯收入6351元。

野瓠山村

(Yehushan Cun)

名称来历 因临近野瓠山得名。

地理位置 地处兴旺寨乡中东部，东至曹家堡，南至安平庄，西至张庄子，北至化石峪。

主要指标 2011年末，辖区总人口1401人，总面积2.8平方千米，农民人均纯收入10035元。

张家坎村

(Zhangjiakan Cun)

名称来历 张氏迁此立庄，又因坐落于土坎上，故称张家坎。

地理位置 地处兴旺寨乡中南部，东至兴旺寨，南至美城寺，西至王爷陵，北至冯庄子。

主要指标 2011年末，辖区总人口524人，总面积1.03平方千米，农民人均纯收入5294元。

张庄子村

(Zhangzhuangzi Cun)

名称来历 张氏迁此立庄，以姓氏命名张家庄，后改为张庄子。

地理位置 地处兴旺寨乡中部，东至野瓠山，南至冯庄子，西至西达峪，北至花椒园。

主要指标 2011年末，辖区总人口630人，总面积1.85平方千米，农民人均纯收入7791元。

獐子峪村

(Zhangziyu Cun)

名称来历 因地处山谷之中曾多有獐子出没，故称獐子峪。

地理位置 地处兴旺寨乡东部，东至胡庄子，南至史家坨，西至何家峪，北至曹家堡。

主要指标 2011年末，辖区总人口520人，总面积1.75平方千米，农民人均纯收入5746元。

珠岭村

(Zhuling Cun)

名称来历 相传东山有九颗宝珠，取名珠子岭，后称珠岭。

地理位置 地处兴旺寨乡东北部，东至苏家洼镇达志沟村，南至西三里乡北岭村，西至后肖庄，北至石头营村。

主要指标 2011年末，辖区总人口446人，总面积2.22平方千米，农民人均纯收入6351元。

（撰稿：尹丽红，初审：王赵荣）

西下营满族乡

(Xixiaying Manzu Xiang)

政区概况

名称来历 因乡人民政府驻地位于西下营的西关村而得名。

地理位置 地处遵化城西北，东与兴旺寨乡接壤，南靠堡子店镇，西邻汤泉乡，北接兴隆县。人民政府驻西关村，电话区号0315，邮政编码064205，距遵化市人民政府20千米。

政区沿革 新中国成立之初，属遵化县第二区。1958年，设立西下营人民公社。1984年，撤销人民公社，建西下营满族乡，辖14个村民委员会。

政区划分 2011年末辖郝各庄、康庄子、塔头寺、北杨庄、西下营东关、西下营西关、东沟、禅林院、桃园、腰子岭、兰村、双义、大安口、沙岭14个村民委员会。

人口面积 2011年末，辖区总人口11347人，其中城镇常住人口2200人，城镇化率19%。另有流动人口1183人。总人口中，男性5649人，占50%；女性5698人，占50%；14岁以下2194人，占19.34%，16~64岁7553人，占66.56%；65岁以上1600人，占14.1%。总人口中，以汉族为主，达6380人，占58%；有满族4620人，占42%。2011年，人口出生率12.62‰，人口死亡率6.45‰，人口自然增长率6.17‰。

辖区东西最大距离5千米，南北最大距离7千米，总面积34.4平方千米。其中陆地面积32.4平方千米，占80%。人口密度为每平方千米330人。

自然条件

地形地貌 境内大部为丘陵，地势略呈南低北高，最高点海拔371.7米，最低点海拔321.3米。

水文 境内河道属沙河水系。河流自兴隆小水泉入境，由大安口北出境，境内长9千米。

矿藏及其他自然资源 境内已探明地下矿藏有铁矿石，集中分布在东北部一带。地下水资源可利用量600万立方米左右。

自然灾害 主要有冰雹、旱涝、风灾、低温、霜冻、雷击等。雹灾平均3年一遇，最严重的一次发生在1972年8月1日，降雹时间约15分钟，涉及14个村，受灾面积3340公顷。风灾一年四季均有发生，最严重的一次发生在1988年6月1日，造成40%的小麦面积受灾，减产3~4成。

经济概况

农业 耕地面积1.44万亩，人均1.3亩。以种植玉米、蔬菜为主。2011年，农业总产值0.83亿元，占国内生产总值的12.4%，实现农业增加值4908万元，比上年增长0.6%。

粮食作物以玉米为主。2011年，生产粮食1557吨，人均137千克，其中玉米0.15万吨。主要经济作物有板栗、蔬菜。2011年，蔬菜种植面积1万亩，产量0.45万吨，主要品种有大白菜，其中大白菜0.23万吨。

畜牧业以猪、羊、家禽为主。2011年，生猪饲养量1.6万头，年末存栏3537头；羊饲养量0.24万只，年末存栏2598只；家禽饲养量4.16万羽。

工业 以铁矿、化工、塑料制品、建筑材料为主。2011年，工业总产值12亿元。2011年，工业企业24家，职工481人，实现工业增加值3.92亿元，比上年增长38.2%。

商业外贸 2011年末，商业网点21个，职工430人；城乡集贸市场3个。2011年，城乡集市贸易成交额0.23亿元。

财政金融 2011年，财政总收入0.25亿元，比上年增长32.6%。其中地方财政收入7188元，比上年增长10.7%。从主要税种看，完成营业税203.5万元，增值税1757万元，企业所得税79.9万元。人均财政收入2303元，比上年增长31.1%。2011年，银行和金融机构各类存款余额189万元，比上年增长12%。

社会发展

文化艺术 2011年末，乡文化站1个，村级文化活动中心14个；各类文化专业户30个；各类图书室10个，藏书5余万册；音乐、美术、书法、摄影及文学业余创作人员5人。省、市级文物保护单位2个。

教育 2011年末，幼儿园4所，在园幼儿504人，专任教师11人；小学1所，在校生972人，专任教师47人，小学适龄儿童入学率100%；初中适龄人口入学率、小升初升学率、九年义务教育覆盖率均达100%。2011年财政预算内教育经费355.45万元，比上年增长11%。

科技 2011年末，各类科技人才500人。

医疗卫生 2011年末，各级医疗卫生机构23个，门诊部（所）23个；病床55张，每千人拥有医疗床位5.5张，固定资产总值180万元。专业卫生人员36名，其中执业医师2人，执业助理医师5人，注册护士1人。2011年医疗机构（门诊部以上）完成诊疗1.3万人次。新型农村合作医疗参合率96%。

体育 2011年末，学校体育场地1处，座位400个。7%的村安装了健身器材，经常参加体育活动的人员占常住人口的30%。

广播电视 2011年末，有线电视用户1200户，入户率60%。

社会保障 2011年城镇最低生活保障户数4户，人数5人，支出2万元，比上年增长12%，月人均333元，比上年增长6%；城市医疗救助30人次，民政部门资助参加合作医疗人次，共支出11.5万元，比上年增长3.4%。农村最低生活保障户数83户，人数178人，支出23.7万元，月人均111元。国家抚恤、补助各类优抚对象90人，抚恤事业费支出20.2万元。全年接受社会捐款3万元，使70人（次）困难群众受益。新型农村社会养老保险参保人数0.65万人，参保率89.9%。

基础设施

邮政电信 2011年末，邮政所1处，代办所2处；报纸、期刊累计期发行430份（册）。

电信企业4家，服务网点6个，电话交换机总容量0.8万门，固定电话用户0.8万户，电话用户普及率达到85%；移动电话用户0.5万户；宽带接入用户0.2万户。全年电信业务收入19.5万元。

市政建设

公共交通 2011年末，镇区客运站1座，日发客运汽车4班，日均容量200余人次。

给排水 2011年末，镇区深水井7眼并有成套净化设备，年供水720万吨。镇区主要道路两侧铺设排水管道1.1千米。

园林绿化 2011年末，镇区花坛4个，绿化面积60公顷。

北杨庄村

(Beiyangzhuang Cun)

名称来历 杨氏迁此立庄，以姓氏取名杨庄子，1981年地名普查时，为区别刘备寨公社杨庄子，更名为北杨庄。

地理位置 地处西下营乡中部，东至塔头寺，南至康庄子，西至西下营西关，北至西下营东关。

主要指标 2011年末，辖区总人口413人，总面积0.6平方千米，农民人均纯收入5819元。

大安口村

(Da'ankou Cun)

名称来历 因地处长城关口大安堡之下得名。

地理位置 地处西下营乡西北部，东至双义，南至腰子岭，西至沙岭，北至兴隆县小水泉。

主要指标 2011年末，辖区总人口915人，总面积2.5平方千米，农民人均纯收入5820元。

东沟村

(Donggou Cun)

名称来历 该村地处西下营东山沟内，取名东沟。1981年地名普查时，为区别东陵公社东沟，更名为西下营东沟。

地理位置 地处西下营乡东部，东至王爷陵，南至西下营东关，西至西沟，北至兰村。

主要指标 2011年末，辖区总人口698人，总面积2.7平方千米，农民人均纯收入5820元。

西下营东关村

(Xixiayingdongguan Cun)

名称来历 因村西有一个营盘，故村得名西下营东关。

地理位置 地处西下营乡中部，东至东沟，南至北杨庄，西至西下营西关，北至桃园。

主要指标 2011年末，辖区总人口823人，总面积1.4平方千米，农民人均纯收入5820元。

郝各庄村

(Haogezhuang Cun)

名称来历 因村民多姓郝而得名。

地理位置 地处西下营乡南部，东临旧寨，南临堡子店镇堡子店，西临关山口，北临康庄子。

主要指标 2011年末，辖区总人口2446人，总面积3.7平方千米，农民人均纯收入5819元。

康庄子村

(Kangzhuangzi Cun)

名称来历 康氏迁此立庄，以姓氏取村名为康家庄，后称康庄子。

地理位置 地处西下营乡南部，东邻塔头寺，南邻郝各庄，西邻三义，北邻北杨庄。

主要指标 2011年末，辖区总人口502人，总面积0.9平方千米，农民人均纯收入5816元。

兰村

(Lan Cun)

名称来历 原名桃园北沟。抗日战争时期因此地的开明绅士李树兰家经常接待我方军政干部，其长子参军后牺牲在抗日战场上，故以其名“兰”字作为村名，称兰村。

地理位置 地处西下营乡北部，东邻东沟，南邻桃园，西与腰子岭接壤，北邻双义。

主要指标 2011年末，辖区总人口750人，总面积4.52平方千米，农民人均纯收入5823元。

沙岭村

(Shaling Cun)

名称来历 因村建于沙石山岭上而得名。

地理位置 地处西下营乡西北部，东至腰子岭，南至汤泉乡汤泉，西至汤泉乡鲶鱼池，北至大安口。

主要指标 2011年末，辖区总人口203人，总面积2.6平方千米，农民人均纯收入5830元。

双义村

(Shuangyi Cun)

名称来历 因村东有座尼姑庵，取名龙须庵。后两条山沟即龙须庵和塔峪并为一村，改称双义，取仁义、和气之意。

地理位置 地处西下营乡北部，东至兴旺寨，南至兰村，西至大安口，北至兴隆。

主要指标 2011年末，辖区总人口754人，总面积3.6平方千米，农民人均纯收入5820元。

塔头寺村

(Tatousi Cun)

名称来历 因南山头上有座保安塔，建村后取名保安庄，后改为塔头寺。

地理位置 地处西下营乡东南部，东至旧寨，南至郝各庄，西至北杨庄，北至王爷陵。

主要指标 2011年末，辖区总人口1131人，总面积4平方千米，农民人均纯收入5821元。

桃园村

(Taoyuan Cun)

名称来历 因此地桃林繁茂，建村后取名桃园。

地理位置 地处西下营乡中部，东至东沟，南至西下营，西至西沟，北至兰村。

主要指标 2011年末，辖区总人口1064人，总面积2.1平方千米，农民人均纯收入5820元。

禅林院村

(Chanlinyuan Cun)

名称来历 因此处有一处寺庙，故名禅林院。

地理位置 地处西下营乡西部，东至西下营东关，南至三义，西至汤泉乡，北至腰子岭。

主要指标 2011年末，辖区总人口514人，总面积2平方千米，农民人均纯收入5820元。

西下营西关村

(Xixiayingxiguan Cun)

名称来历 明初为把守大安口，曾在此建城屯兵为营，城西为西关，得名西下营西关。

地理位置 地处西下营乡中部，东隔公路为东关，南邻北杨庄，西邻西沟，北邻桃园。

主要指标 2011年末，辖区总人口630人，总面积1.4平方千米，农民人均纯收入5817元。

腰子岭村

(Yaoziling Cun)

名称来历 因村南北各有一个土岭，村坐落在两个土岭的中腰，故取名为腰子岭。

地理位置 地处西下营乡北部，东至兰村，南至桃园，西至沙岭，北至大安口。

主要指标 2011年末，辖区总人口485人，总面积2.1平方千米，农民人均纯收入5818元。

（撰稿：赵素萍，初审：徐莉）

汤泉满族乡

(Tangquan Manzu Xiang)

政区概况

名称来历 因乡人民政府驻地位于汤泉村而得名。

地理位置 地处遵化市西部偏北，东与西下营乡交界，南与石门镇相邻，西与马兰峪镇毗连，北靠长城与兴隆县八卦岭乡接壤。人民政府驻汤泉村，电话区号0315，邮政编码064205，距遵化市人民政府17.5千米。

政区沿革 1958年，属民生人民公社。1961年，析建汤泉人民公社。1984年，撤销人民公社，设立汤泉满族乡，辖10个村民委员会。

政区划分 2011年末，辖鲇鱼池、鲇鱼池东沟、起新庄、汤泉、果庄子、唐吉庄、袁果庄，楼似山、关山口、三义10个村民委员会。

人口面积 2011年末，辖区总人口0.9万人。另有流动人口100人。总人口中，男性4445人，占49.2%；女性4589人，占50.8%；14岁以下1835人，占20.3%；15~64岁6127人，占67.8%；65岁以上1072人，占11.9%。总人口中，以满族为主，达7200人，占80%；有汉族1200人，占13%。2011年，人口出生率13.77‰，人口死亡率6.77‰，人口自然增长率7‰。

辖区东西最大距离6千米，南北最大距离5千米，总面积25平方千米。其中陆地23平方千米，占92%；水域2平方千米，占8%。人口密度为每平方千米360人。

自然条件

地形地貌 境内大部分为山地，地势平坦，北高南低，最高点海拔800米，最低点海拔500米。

水文 境内河道属魏进河水系。河流自鲇鱼池村入境，由鲇鱼池村北到楼似山村南出境，境内长6千米。

矿藏及其他自然资源 境内已探明地下矿藏有铁矿，地质储量1亿立方米，可采储量0.4亿立方米，集中分布在西北部一带。地下水资源可利用量10万立方米。

自然灾害 主要有冰雹、旱涝、风灾、低温、霜冻、雷击等。雹灾平均3年一遇，降雹时间约5分钟；风灾一年四季均有发生。

经济概况

农业 耕地面积1.1万亩，人均1.2亩。以种植小麦、玉米、蔬菜为主；山地以种植板栗为主。2011年，农业总产值0.33亿元，占国内生产总值的10.5%，实现农业增加值2997万元，比上年增长5%。

粮食作物以小麦、玉米为主。2011年，生产粮食0.33万吨，人均367千克，其中玉米0.3万吨。主要经济作物有蔬菜。2011年，蔬菜种植面积0.18万亩，产量0.6万吨，主要品种有菠菜、白菜、黄瓜、茄子、大葱等，其中菠菜540吨，白菜3900吨，黄瓜900吨，茄子900吨，大葱200吨。

畜牧业以猪、羊、家禽为主。2011年，生猪饲养量0.39万头，年末存栏0.39万头；羊饲养量0.24万只，年末存栏0.24万只；家禽饲养量0.91万羽。

工业 以农产品加工为主。2011年，工业总产值1.2亿元，占国内生产总值的37.67%。2011年，工业企业1家，职工400人，实现工业增加值1.2亿元，比上年增长10%。拥有全国驰名商标1个——“蓝猫”，省优产品1个——“蓝猫野生酸枣汁”。

商业外贸 2011年末，商业网点20个，职工24人；城乡集贸市场1个。2011年，社会消费品零售总额达3亿元，比上年增长10%；城乡集市贸易成交额1亿元。

财政金融 2011年，财政总收入0.13亿元，比上年增长99.8%。其中地方财政收入0.02亿元，比上年增长10%。从主要税种看，完成营业税100万元，增值税1000万元。人均财政收入5820元，比上年增长10%。2011年，银行和金融机构各类存款余额0.1亿元，比上年增长10%；各项贷款余额0.1亿元，比上年增长5%。

社会发展

文化艺术 2011年末，镇文化站1个，村级文化活动中心10个；各类文化专业户10个；各类图书室10个，藏书20余万册。省、市级文物保护单位3个，即温泉总池、流杯亭和六棱石幢。

教育 2011年末，幼儿园3所，在园幼儿300人，专任教师12人；小学4所，在校生600人，专任教师34人，小学适龄儿童入学率100%；初中1所，在校生138人，专任教师14人，初中适龄入学率、小升初升学率、九年义务教育覆盖率均达100%。2011年财政预算内教育经费105万元，比上年增加5%。预算内教育经费（包括城市教育费附加）占财政总支出比例为10%，比上年提高了5个百分点。

医疗卫生 2011年末，各级医疗卫生机构2个，门诊部（所）13个；病床26张，每千人拥有医疗床位3张，固定资产总值210万元。专业卫生人员33名，其中执业医师26人，执业助理医师7人，注册护士5人。2011年医疗机构（门诊部以上）完成诊疗1.2万人次。新型农村合作医疗参合率96%。

体育 2011年末90%的村安装了健身器材，经常参加体育活动的人员占常住人口的60%。

广播电视 2011年末，有线电视用户0.18万户，入户率80%。

社会保障 2011年城镇最低生活保障户数4户，人数6人，月人均393元，比上年增长10%；城市医疗救助5人次，民政部门资助参加合作医疗5人次，共支出1.2万元，比上年增长30%。农村最低生活保障户数95户，人数275人，支出16万元，比上年增长10%，月人均48元，比上年增长10%。国家抚恤、补助各类优抚对象75人，抚恤事业费支出34万元，比上年增长5%。农村五保供养40人。新型农村社会养老保险参保人数0.4万人，参保率45%。

基础设施

交通运输 省道旅游公路、周汤线2条公路过境，总长24千米。

邮政电信 2011年末，电信服务网点1个；电话交换机总容量3000门，固定电话用户0.2万户，电话用户普及率达到80%；移动电话用户0.2万户；宽带接入用户0.1万户。

市政建设

公共交通 2011年末，客运站1座，日发客运汽车4班次，日均容量100余人次。

给排水 2011年末，深水井10眼并有成套净化设备，年供水9万吨。主要道路两侧铺设排水管道3千米。

园林绿化 2011年末，花坛1个，绿化面积0.06公顷。

汤泉村

(Tangquan Cun)

名称来历 因村东有温泉，故得名汤泉村。

地理位置 地处汤泉乡中北部，东与西下营乡禅林院相邻，南与果庄子村相邻，西与鲇鱼池东沟相邻，北与兴隆县沙岭相邻。

主要指标 2011年末，辖区总人口848人，总面积2.8平方千米，农民人均纯收入5825元。

鲇鱼池村

(Nianyuchi Cun)

名称来历 村北河沿上有一大石头似鲇鱼，后有人迁此立庄，借此取名为鲇鱼石。后因取“池中有鱼（余）”之意，更名鲇鱼池。

地理位置 地处汤泉乡北部，东与汤泉相邻，南与新庄村、马兰峪镇石各庄村相邻，西与马兰峪镇上关村相邻，北与兴隆县草场相邻。

主要指标 2011年末，辖区总人口1668人，总面积4.6平方千米，农民人均纯收入5824元。

果庄子村

(Guozhuangzi Cun)

名称来历 果氏迁此定居建庄，取名果家庄，后改为果庄子。

地理位置 地处汤泉乡中部，东与袁果庄相邻，南与唐吉庄村相邻，西与起新庄相邻，北与汤泉村相邻。

主要指标 2011年末，辖区总人口717人，总面积1.6平方千米，农民人均纯收入5826元。

起新庄村

(Qixinzhuang Cun)

名称来历 因村西古庙曾有一大磬，建村后曾起名磬庄子，后称新庄，为兴旺发达之意。

地理位置 地处汤泉乡中西部，东与果庄子相邻，南与唐吉庄村相邻，西与马兰峪镇南吉峪村相邻，北与鲇鱼池相邻。

主要指标 2011年末，辖区总人口754人，总面积2.8平方千米，农民人均纯收入5816元。

唐吉庄村

(Tangjizhuang Cun)

名称来历 唐氏迁此立庄，以其姓氏取名唐家庄。后称唐吉庄，取全村吉祥之意。

地理位置 地处汤泉乡中南部，东与袁果庄相邻，南与楼似山相邻，西与马兰峪镇南吉峪村相邻，北与果庄子相邻。

主要指标 2011年末，辖区总人口129人，总面积0.2平方千米，农民人均纯收入5818元。

袁果庄村

(Yuanguozhuang Cun)

名称来历 袁氏迁此立庄，以姓氏命名为袁各庄。因此地山上多栽植果树，后称袁果庄。

地理位置 地处汤泉乡部，东与三义、关山口相邻，南与楼似山村相邻，西与唐吉庄相邻，北与汤泉村相邻。

主要指标 2011年末，辖区总人口1580人，总面积4平方千米，农民人均纯收入5820元。

楼似山村

(Lousishan Cun)

名称来历 相传，喇叭山西北角山头上有楼一座，为一公主所居，享有荣华富贵。此山非凡，风景迷人，同时有百姓居住。因山头有似楼之相，后百姓称此村庄为楼似山。

地理位置 地处汤泉乡南部，东与关山口村相邻，南与石门镇北窑相邻，西与马兰峪镇魏进河相邻，北与唐吉庄、袁果庄相邻。

主要指标 2011年末，辖区总人口525人，总面积1.6平方千米，农民人均纯收入5810元。

关山口村

(Guanshankou Cun)

名称来历 该村之北有关山山口，村落正在山口处，得名关山口。

地理位置 地处汤泉乡南部，东与西下营乡郝各庄相邻，南与石门镇王家铺相邻，西与楼似山、袁果庄相邻，北与三义、袁果庄相邻。

主要指标 2011年末，辖区总人口1752人，总面积4平方千米，农民人均纯收入5818元。

三义村

(Sanyi Cun)

名称来历 几个姓氏先后迁来，分别在三条山沟定居，人们和睦相处，故取村名为三义。

地理位置 地处汤泉乡东部，东与西下营乡康庄子、郝各庄相邻，南与关山口村相邻，西与袁果庄相邻，北与西下营乡范家峪相邻。

主要指标 2011年末，辖区总人口1061人，总面积2.1平方千米，农民人均纯收入5822元。

鲇鱼池东沟村

(Nianyuchidonggou Cun)

名称来历 原属于鲇鱼池村。1961年该村行政独立，因位于鲇鱼池村东山沟里，故称鲇鱼池东沟。

地理位置 地处汤泉乡北部，东至汤泉，南至新庄村、马兰峪镇石各庄村，西至马兰峪镇上关村，北至兴隆县草场。

主要指标 2011年末，辖区总人口312人，总面积1平方千米，农民人均纯收入5821元。

（撰稿：赵艳，初审：吴祥奎）

东陵满族乡

(Dongling Manzu Xiang)

政区概况

名称来历 因境内有清东陵而得名。

地理位置 地处遵化市西部，东与马兰峪镇接壤，南与石门镇为邻，西抵天津蓟县，北接承德兴隆县。人民政府驻新城二村，电话区号0315，邮政编码064206，距遵化市人民政府30千米。

政区沿革 1958年，建立东陵人民公社。1984年，撤销人民公社，设立东陵乡，辖15个村民委员会。1986年，更名为东陵满族乡。1992年，南新城满族乡并入，辖27个村民委员会。

政区划分 2011年末，辖裕大、裕小、定大、定小、新太、新立、东沟、西沟、南大、复兴、学田、六合一、六合二、六合三、西岫、南新城一、南新城二、南新城三、南新城四、租户、惠大、钟庄、马庄、大汤河、兴隆泉、影壁山、五道洞27个村民委员会。

人口面积 2011年末，辖区总人口2.3万人，其中城镇常住人口14647人，城镇化率4.42%。总人口中，男性11880人，占51.6%；女性11550人，占49.4%；14岁以下4130人，占17.8%；15~64岁17000人，占72.2%；65岁以上2310人，占10%。总人口中，以满族为主，达1.5万人，占71%。2011年，人口出生率13.6‰，人口死亡率6.58‰，人口自然增长率7.02‰。

辖区东西最大距离12千米，南北最大距离8.5千米，总面积105平方千米。其中陆地100平方千米，占95.2%；水域5平方千米，占4.8%。人口密度为每平方千米219人。

自然条件

地形地貌 境内大部为丘陵，地势略呈北高南低，最高点海拔895米。

气候 属暖温带季风区中的大陆性气候，其特点是四季分明，雨热同季，光照充足，无霜期长。春季干旱多风；夏季雨量集中；秋季温和凉爽；冬季干冷少雪。多年平均气温10.4℃。无霜期年平均181天。年平均日照时数2800小时。年平均降水量800毫米。

水文 境内河道属蓟运河水系。河流自兴隆县入境，由北向南，境内长10千米。

自然灾害 主要自然灾害有冰雹、旱涝、风灾、低温、霜冻、雷击等。

经济概况

农业 耕地面积3.1万亩，人均1.35亩。以种植小麦、玉米、蔬菜为主。2011年，农业总产值0.13亿元，占国内生产总值的7.3%，实现农业增加值11599万元，比上年增长5.1%。

粮食作物以小麦、玉米为主。2011年，生产粮食16.6万吨，其中小麦8.8万吨；玉米7.8万吨。主要经济作物有蔬菜。2011年，蔬菜种植面积0.15万亩，产量0.5万吨，主要品种有韭菜、大葱、西红柿、茴香等，其中韭菜78万吨；大葱149万吨；西红柿87万吨。

畜牧业以猪、羊、家禽为主。2011年，生猪饲养量7万头，年末存栏3.6万头；羊饲养量2万只，年末存栏1万只；家禽饲养量47万羽。

工业 以化工、铸造、机械加工、塑料制品、建筑材料为主。2011年，工业总产值15.3亿元，占国内生产总值的40.3%。2011年，工业企业19家，职工2163人，实现工业增加值4.1亿元，比上年增长15.5%。

财政金融 2011年，财政总收入0.19亿元，比上年增长73%。其中地方财政收入0.17亿元，比上年增长0.3%。从主要税种看，完成营业税31.15万元，增值税1524万元，企业所得税4.54万元。人均财政收入850元，比上年增长0.2%。

社会发展

文化艺术 2011年末，镇文化站1个，村级文化活动中心27个；各类文化专业户3个；各类图书室27个，藏书3万余册；音乐、美术、书法、摄影及文学业余创作人员50人。国家级文物保护单位1个。

教育 2011年末，幼儿园6所，在园幼儿881人，专任教师33人；小学6所，在校生1320人，专任教师78人，小学适龄儿童入学率100%；初中1所，在校生265人，专任教师26人，初中适龄人口入学率、小升初升学率、九年义务教育覆盖率均达98%。2011年教育经费达690万元。

医疗卫生 2011年末，各级医疗卫生机构1个，门诊部（所）35个；病床89张，固定资产总值200万元。专业卫生人员24名，其中执业医师8人；执业助理医师2人；注册护士6人。2011年医疗机构（门诊部以上）完成诊疗2.4万人次。新型农村合作医疗参合率90.9%。

广播电视 2011年末，有线电视已发展3个村1020户入户。

社会保障 2011年城镇最低生活保障户数6户，人数7人，支出2.8万元，比上年增长16%，月人均333元，比上年增长16%。农村最低生活保障户数327户，人数511人，支出69.8万元，比上年增长33.7%，月人均114元，比上年增长33.7%。国家抚恤、补助各类优抚对象163人，抚恤事业费支出62.6万元，比上年增长16%。新型农村社会养老保险参保人数1.2万人，参保率93%。

五道洞村

(Wudaodong Cun)

名称来历 村庄坐落在清东陵陵区南围墙内，地处第五道水洞处，故取名五道洞。

地理位置 地处东陵乡南部，东至新城，南至龙门湖，西至六合村，北至影壁山。

主要指标 2011年末，辖区总人口545人，总面积2.29平方千米，农民人均纯收入5446元。

影壁山村
(Yingbishan Cun)

名称来历 因村后有影壁山一座，故取名影壁山村。

地理位置 地处东陵乡东南部，东至兴隆泉，南至五道洞，西至西大河（淋河上游），北至复兴村。

主要指标 2011年末，辖区总人口223人，总面积0.85方千米，农民人均纯收入5326元。

兴隆泉村
(Xinglongquan Cun)

名称来历 该村曾名“凉水泉”，因村北有山水泉而得名。1943年日军聚家并乡时，将该村划归兴隆县管辖，并将“凉水泉”改名为“兴隆泉”一直沿用至今。

地理位置 地处东陵乡东北部，东至惠大村，南至新城四村，西至影壁山，北至马兰峪镇。

主要指标 2011年末，辖区总人口2059人，总面积3.14平方千米，农民人均纯收入5412元。

惠大村
(Huida Cun)

名称来历 此处最初为清代守护惠陵而建有惠大、惠小两个陵圈，后建成村庄，新中国成立后两村合并，取名惠大。

地理位置 地处东陵乡东北部，东至马兰峪镇，南至新城四，西至兴隆泉，北至马兰峪镇。

主要指标 2011年末，辖区总人口394人，总面积0.98平方千米，农民人均纯收入5411元。

大汤河村
(Datanghe Cun)

名称来历 因该村坐落在汤河东岸（今魏进河），故得名汤河，因南有小汤河，遂冠以“大”字，改称大汤河。

地理位置 地处东陵乡东部，东、南至石门镇，西至钟庄，北至马兰峪镇。

主要指标 2011年末，辖区总人口1150人，总面积3.33平方千米，农民人均纯收入5399元。

钟庄村
(Zhongzhuang Cun)

名称来历 此处有庙，庙内有大钟一口，故取村名为钟庄。

地理位置 地处东陵乡东部，东至大汤河，南至石门镇，西至马庄，北至南新城三村。

主要指标 2011年末，辖区总人口355人，总面积0.76平方千米，农民人均纯收入5268元。

马庄村
(Mazhuang Cun)

名称来历 地处为清东陵养马之地，遂得名马庄。

地理位置 地处东陵乡东部，东至钟城，南至石门，西至南新城一村，北至南新城三村。

主要指标 2011年末，辖区总人口439人，总面积0.68平方千米，农民人均纯收入5321元。

租户村
(Zuhu Cun)

名称来历 因为皇室收旗租的人到此立庄，故取村名为租户。

地理位置 地处东陵乡南部，东至大汤河，南至石门镇北六盘营村，西至五道洞要，北至南新城一村。

主要指标 2011年末，辖区总人口717人，总面积1.32平方千米，农民人均纯收入5410元。

南新城四村
(Nanxinchengsi Cun)

名称来历 清康熙二十八年（1689年）建，昭西陵的兵部、礼部衙门和永济库建于此地，当时建成时只有四门，而无城墙，地处北新城南面，故取名为南新城。1961年分为四个片，按序号排列称村，得名南新城四村。

地理位置 地处东陵乡南部，东至马庄，南至南新城二村，西至五道洞，北至惠大。

主要指标 2011年末，辖区总人口916人，总面积1.35平方千米，农民人均纯收入5395元。

南新城三村
(Nanxinchengsan Cun)

名称来历 原属南新城村，1961年分为四个片，按序号排列称村，得名南新城三村。

地理位置 地处东陵乡南部，东至马庄，南至南新城二村，西至五道洞，北至惠大。

主要指标 2011年末，辖区总人口1001人，总面积1.54平方千米，农民人均纯收入5398元。

南新城二村
(Nanxincheng'er Cun)

名称来历 清康熙二十八年（1689年）建，昭西陵的兵部、礼部和永济库建于此地。当时建成时只有四门，而无城墙，地处北新城南面，故取名为南新城，1961年分为四个片，按序号排列称村，得名南新城二村。

地理位置 地处东陵乡南部，东至马庄，南至租户，西至五道洞，北至南新城三村、南新城四村。

主要指标 2011年末，辖区总人口977人，总面积1.37平方千米，农民人均纯收入5397元。

南新城一村

(Nanxinchengyi Cun)

名称来历 清康熙二十八年（1689年）建，昭西陵的兵部、礼部和永济库建于此地。当时建成时只有四门，而无城墙，地处北新城南面，故取名为南新城，1961年分为四个片，按序号排列称村，得名南新城一村。

地理位置 地处东陵乡南部，东至马庄，南至租户，西至五道洞，北至南新城三村。

主要指标 2011年末，辖区总人口1125人，总面积1.68平方千米，农民人均纯收入5402元。

新立村

(Xinli Cun)

名称来历 民国年间建村。因此地落户建村最早，定名为老新立，后改名为新立。

地理位置 地处东陵乡西部，东至定小村，南至西岫，西至蓟县孙各庄乡，北至兴隆县。

主要指标 2011年末，辖区总人口3229人，总面积9.93平方千米，农民人均纯收入5588元。

西岫村

(Xixiu Cun)

名称来历 民国年间有人迁至此庄，原名东圈，因此地有苇塘，又改称苇塘沟。抗日时期我军为适应战争需要，将此地易名西岫，意为西部多山，后称西岫。

地理位置 地处东陵乡西部，东至六合村，南至天台山，西至蓟县孙各庄乡，北至新立村。

主要指标 2011年末，辖区总人口413人，总面积2.38平方千米，农民人均纯收入5422元。

六合村三村

(Liuhecunsan Cun)

名称来历 此地原有天台庄，修建清东陵时，居民全部迁出，民国成立后，先后有24县6市的人迁此落户种地，建成6个小村，分别叫南草场、金香村、苇塘沟、西岫杨家坎、北大盖，抗日战争时期，合为一村，取名六合村。以环陵路为界，环陵路西北为六合村三村。

地理位置 地处东陵乡西部，东至五道洞，南至天台山，西至西岫，北至学田。

主要指标 2011年末，辖区总人口699人，总面积2.4平方千米，农民人均纯收入5428元。

六合村二村

(Liuhecun'er Cun)

名称来历 此地原有天台庄，修建清东陵时，民民全部迁出，民国成立后，先后有24县6市的人迁此落户种地，建成6个小村，分别叫南草场、金香村、苇塘沟、西岫杨家坎、北大盖，抗日战争时期，合为一村，取名六合村。以环陵路为界，中部为六合村二村。

地理位置 地处东陵乡西部，东至五道洞，南至天台山，西至西岫，北至学田。

主要指标 2011年末，辖区总人口921人，总面积4.68平方千米，农民人均纯收入5420元。

六合村一村

(Liuhecunyi Cun)

名称来历 此地原有天台庄，修建清东陵时，居民全部迁出，民国成立后，先后有24县6市的人迁此落户种地，建成6个小村，分别叫南草场、金香村、苇塘沟、西岫杨家坎、北大盖，抗日战争时期，合为一村，取名六合村。以环陵路为界，环陵路以东为六合村一村。

地理位置 地处东陵乡西部，东至五道洞村，南至天台山，西至西岫村，北至学田村。

主要指标 2011年末，辖区总人口932人，总面积6.17平方千米，农民人均纯收入5419元。

学田村

(Xuetian Cun)

名称来历 曾名搬倒井，因村南有一水井常年往外流水而得名。抗日战争时期，日寇大特务在此曾建奴化学校一所，叫千业中学。种有稻田，遂改称学田。

地理位置 地处东陵乡中部，东至西大河（淋河上游），南至六合村三村，西至西岫村，北至新立村。

主要指标 2011年末，辖区总人口1118人，总面积4.31平方千米，农民人均纯收入5408元。

西沟村

(Xigou Cun)

名称来历 因地处景陵西沟，故取名西沟圈，1956年改称西沟。

地理位置 地处东陵乡北部，东至马兰峪镇，南、西至裕大，北至兴隆县。

主要指标 2011年末，辖区总人口765人，总面积3.5平方千米，农民人均纯收入5416元。

东沟村

(Donggou Cun)

名称来历 因地处景陵东沟，故取名东沟圈，1956年改称东沟。

地理位置 地处东陵乡北部，东至马兰峪，南至南大，西至裕大，北至马兰峪镇。

主要指标 2011年末，辖区总人口534人，总面积0.93平方千米，农民人均纯收入5405元。

南大村

(Nada Cun)

名称来历 始为守护墓陵而建墓陵大圈，后墓陵改建于易县清西陵，墓陵大圈改为守护景妃、双妃两园寝，因地处东沟圈以南，故取名南大圈，后称南大。

地理位置 地处东陵乡北部，东至马兰峪，南至复兴，西至裕大，北至东沟。

主要指标 2011年末，辖区总人口604人，总面积0.99平方千米，农民人均纯收入5414元。

复兴村

(Fuxing Cun)

名称来历 曾名平桥子，因在平桥附近立村而得名。1941年日本并乡时迁光，1946年搬回原地，重建家园，故改称复兴。

地理位置 地处东陵乡北部，东至南大，南至影壁山，西至新太，北至西沟。

主要指标 2011年末，辖区总人口819人，总面积1.01平方千米，农民人均纯收入5408元。

新太村

(Xintai Cun)

名称来历 始为看护太后新陵（慈禧太后的定东陵）而建的圈，后渐成村庄，取名为新太圈，1956年改称新太。

地理位置 地处东陵乡北部，东至复兴村，南至学田，西、北至裕大村。

主要指标 2011年末，辖区总人口516人，总面积1.6平方千米，农民人均纯收入5412元。

定小村

(Dingxiao Cun)

名称来历 始为清代看护定陵妃园寝而建的圈，后渐成村庄，取名定小圈，1956年改称定小村。

地理位置 地处东陵乡北部，东至裕小村，南至定大村，西至新立村，北至定东陵。

主要指标 2011年末，辖区总人口563人，总面积1.49平方千米，农民人均纯收入5432元。

定大村

(Dingda Cun)

名称来历 始为看护定陵而建的圈，后渐成村庄，故取名定大圈，1956年改称为定大。

地理位置 地处东陵乡北部，东至裕大村，南至定大，西至新立村，北至定小村。

主要指标 2011年末，辖区总人口342人，总面积0.4平方千米，农民人均纯收入5449元。

裕小村

(Yuxiao Cun)

名称来历 始为看守裕陵妃园寝而建的圈，后渐成村庄，故取村名为裕小圈，1956年改称为裕小。

地理位置 地处东陵乡北部，东至东沟，南至裕大村，西至定小村，北至慈禧的定东陵。

主要指标 2011年末，辖区总人口498人，总面积2.29平方千米，农民人均纯收入5438元。

裕大村

(Yuda Cun)

名称来历 始为看护裕陵而建的圈，后渐成村庄，故取名裕大圈，1956年改称裕大。

地理位置 地处东陵乡北部，东至东沟，南至新太，西至定大村，北至裕小村。

主要指标 2011年末，辖区总人口1375人，总面积1.06平方千米，农民人均纯收入5440元。

（撰稿：贺光明，初审：任俊）

刘备寨乡

(Liubeizhai Xiang)

政区概况

名称来历 因乡人民政府驻地位于刘备寨村而得名。

地理位置 地处遵化市西南，东与团瓢庄镇接壤，东南与党峪为邻，南靠地北头镇、玉田县，西邻平安城镇，北接东新庄镇。人民政府驻刘备寨村，电话区号0315，邮政编码064209，距遵化市人民政府19.8千米。

政区沿革 1953年，分属刘备寨、城子、西梁子河、上庄屯、宫里5乡。1956年，5乡合并为刘备寨乡。1958年，属前进人民公社。1961年，析出，设立刘备寨人民公社。1984年，撤销人民公社，恢复刘备寨乡。

政区划分 2011年末，辖平安庄、泉水头、城子、南张庄子、前马各庄、牛角峪、安各寨、平台、上庄屯、山头庄、刘备寨、刘南山、佛来峪、科道屯、宫里、柴王店、常各庄、水峪、东杨家庄19个村民委员会。

人口面积 2011年末，辖区总人口2.23万人，其中城镇常住人口350人，城镇化率2%。另有流动人2300人。总人口中，男性11509人，占51.5%；女性10832人，占48.5%；14岁以下3098人，占13.9%；15~64岁15516人，占69.4%；65岁以上3727人，占16.7%。总人口中，以汉族为主，达21893人，占98%；有满1个少数民族，占2%。2011年，人口出生率12.21‰，人口死亡率9.3‰，人口自然增长率2.91‰。

辖区东西最大距离22千米，南北最大距离2.5千米，总面积60.7平方千米。其中陆地面积32.7平方千米，占60%。人口密度为每平方千米367人。

自然条件

地形地貌 境内大部为半山区，地势略呈南高北低，地面高程一般海拔260米，最高点海拔350米，最低点海拔150米。

水文 境内河道属黎河水系。河流自泉水头入境，由北向西，境内长18.2千米。

矿藏及其他自然资源 境内已探明地下矿藏有膨润土，地质储量100亿立方米，集中分布在东南部一带。地下水资源可利用量1600万立方米。

自然灾害 主要自然灾害有冰雹、旱涝、风灾、低温、霜冻、雷击等。各种灾害一年四季均有发生。最严重的一次雹灾发生在1989年7月10日，造成1.5万亩小麦受灾，减产400吨。

经济概况

农业 耕地面积3.4万亩，人均1.5亩。以种植小麦、玉米、蔬菜为主。2011年，农业总产值3.7亿元，占国内生产总值的14%，实现农业增加值23036万元，比上年增长5.1%。

粮食作物以小麦、玉米为主。2011年，生产粮食1.9万吨，人均852千克，其中小麦0.39万吨，玉米1.34万吨。主要经济作物有蔬菜。2011年，食用菌大棚200多个，占地200多亩。菌棒达861万棒，全年实现纯收入2500多万元，增加了农民收入。2011年，蔬菜种植面积1.02万亩，产量5.6万吨，主要品种有韭菜、大葱、西红柿、茴香等，其中韭菜1000吨，大葱1300吨，西红柿140吨。

畜牧业以猪、羊、家禽为主。2011年，生猪饲养量3.67万头，年末存栏2.77万头；羊饲养量0.68万只，年末存栏0.82万只；家禽饲养量17.46万羽。

工业 以化工、铸造、机械加工、塑料制品、建筑材料为主。2011年，工业总产值6.1亿元，实现工业增加值1.78亿元，比上年增长15.3%，占国内生产总值的比重27.6%。2011年，工业企业6家，职工180人。

商业外贸 2011年末，商业网点120个，职工600人；城乡集贸市场5个。2011年，社会消费品零售总额达20.2亿元，比上年增长8.2%；城乡集市贸易成交额0.25亿元。

财政金融 2011年，财政总收入212万元，比上年增长10%。其中地方财政收入104万元，比上年增长2%。从主要税种看，完成营业税65万元，增值税87万元，企业所得税0.7万元。人均财政收入100元，比上年增长10%。2011年，银行和金融机构各类存款余额0.6亿元，比上年增长20%。

社会发展

文化艺术 2011年末，镇文化站1个，村级文化活动中心18个；各类图书室18个，藏书2余万册；音乐、美术、书法、摄影及文学业余创作人员120人。

教育 2011年末，幼儿园5所，在园幼儿600人，专任教师30人；小学4所，在校生1300人，专任教师75人，小学适龄儿童入学率100%；初中1所，在校生1400人，专任教师36人，初中适龄人口入学率、小升初升学率、九年义务教育覆盖率均达100%。2011年财政预算内教育经费600.6万元，比上年增长8%。

科技 2011年有各类科技人才200人。

医疗卫生 2011年末，各级医疗卫生机构1个，门诊部（所）1个；病床15张，固定资产总值120万元。专业卫生人员9名，其中执业医师2人，执业助理医师2人，注册护士5人。2011年医疗机构（门诊部以上）完成诊疗0.8万人次。新型农村合作医疗参合率85%。

体育 2011年末，学校体育场地5处。40%的村安装了健身器材，经常参加体育活动的人员占常住人口的31%。

广播电视 2011年末，有线电视用户1800户，入户率30%。

社会保障 2011年城镇最低生活保障户数17户，人数24人，支出5.2万元，比上年增长8%，月人均181元，比上年增长5%；城市医疗救助30人次，民政部门资助参加合作医疗120人次，共支出12.12万元，比上年增长6.1%。农村最低生活保障户数340户，人数560人，支出47万元，比上年增长8%，月人均70元，比上年增长10%。国家抚恤、补助各类优抚对象312人，抚恤事业费支出104万元，比上年增长9%。新型农村社会养老保险参保人数7455人，参保率85%。

基础设施

交通运输 有县乡级公路两条，总长13千米。

邮政电信 2011年末，邮政所3处，代办所2处；报纸、期刊累计期发行0.3万份（册）。

电信企业 1家，服务网点2个；电话交换机总容量1.1万门，固定电话用户0.32万户，电话用户普及率达到76%；移动电话用户0.68万户；宽带接入用户0.32万户。全年电信业务收入120万元。

市政建设

公共交通 2011年末，客运站1座，日发客运汽车6班次，日均容量220余人次。

给排水 2011年末，深水井57眼并有成套净化设备，年供水100万吨。主要道路两侧铺设排水管道20千米。

供电 2011年末，35千伏变电站一座，年供电0.8亿千瓦时。

园林绿化 2011年末，花坛25个，绿化面积0.3公顷。

安各寨村

(Angezhai Cun)

名称来历 相传唐太宗东征时曾在此安营扎寨，故而取名安各寨。

地理位置 地处刘备寨乡东北部，东至上庄屯，南至山头庄，西至平安庄，北至山岭。

主要指标 2011年末，辖区总人口908人，总面积3平方千米，农民人均纯收入5997元。

柴王店村

(Chaiwangdian Cun)

名称来历 因柴氏迁此立庄，开一客店得名柴家店，后王氏迁入又改成柴王店。

地理位置 地处刘备寨乡西南部，东至科道屯，南至水峪，西至常各庄，北至宫里。

主要指标 2011年末，辖区总人口1016人，总面积3.6平方千米，农民人均纯收入5985元。

常各庄村

(Changgezhuang Cun)

名称来历 常氏迁此立庄，以姓氏取名常家庄，后改称常各庄。

地理位置 地处刘备寨乡西南部，东至柴王店村，南至水峪，西至刘各庄，北至李家庄。

主要指标 2011年末，辖区总人口1115人，总面积3.6平方千米，农民人均纯收入5975元。

城子村

(Chengzi Cun)

名称来历 建村时为预防黎河水冲，在村北筑一道土坝，犹如土城，以此取名城子庄，后称城子。

地理位置 地处刘备寨乡东北部，东至泉水头，南至牛角峪，西至崔各庄，北至前河北。

主要指标 2011年末，辖区总人口1392人，总面积3.2平方千米，农民人均纯收入5729元。

东杨家庄村

(Dongyangjiazhuang Cun)

名称来历 因杨氏从东北迁此立庄，初取名杨庄子，后称东杨庄，1981年地名普查时更名为东杨家庄。

地理位置 地处刘备寨乡西北部，东至上庄屯，南至前马各庄，西至崔各庄，北至城子。

主要指标 2011年末，辖区总人口554人，总面积1.8平方千米，农民人均纯收入5849元。

佛来峪村

(Folaiyu Cun)

名称来历 元代曾在此地建庙一座，庙内有一座大佛塑像，故得此取名佛峪，后演变成佛来峪。

地理位置 地处刘备寨乡西南部，东至刘南山，南至榛子峪，西至科道屯，北至刘备寨。

主要指标 2011年末，辖区总人口1100人，总面积3.1平方千米，农民人均纯收入6061元。

宫里村

(Gongli Cun)

名称来历 相传曾为唐太宗永兴宫属地，故借此取名宫里。

地理位置 地处刘备寨乡西南部，东至科道屯，南至柴王店，西至常各庄，北至王各庄。

主要指标 2011年末，辖区总人口2266人，总面积4.8平方千米，农民人均纯收入6039元。

科道屯村

(Kedaotun Cun)

名称来历 该村原在南山脚下，朱氏迁此定居，取名为朱家庄，后迁至此地，改名为科道屯。

地理位置 地处刘备寨乡西南部，东至刘备寨，南至井峪，西至宫里村，北至西亮子河。

主要指标 2011年末，辖区总人口1538人，总面积4.3平方千米，农民人均纯收入6082元。

刘备寨村

(Liubeizhai Cun)

名称来历 因村位于山环里，村北的山犹如牛背，故取名牛背寨，后改称刘备寨。

地理位置 地处刘备寨乡西南部，东至山头庄，南至刘南山，西至科道屯，北至张庄子。

主要指标 2011年末，辖区总人口2980人，总面积5.2平方千米，农民人均纯收入5665元。

刘南山村

(Liunanshan Cun)

名称来历 米氏由刘备寨村迁此立庄，因该村坐落在刘备寨村南山沟里，故得名刘备寨南山，后称刘南山。

地理位置 地处刘备寨乡东南部，东至山头庄，南至地北头镇鲁家峪村，西至佛来峪，北至刘备寨。

主要指标 2011年末，辖区总人口437人，总面积1.8平方千米，农民人均纯收入5830元。

南张庄子村

(Nanzhangzhuangzi Cun)

名称来历 张氏迁此立庄，以其姓氏取名张家庄，后改称张庄子，1981年地名普查时更名南张庄子。

地理位置 地处刘备寨乡西北部，东至牛角峪，南至刘备寨，西至马各庄，北至城子。

主要指标 2011年末，辖区总人口570人，总面积2.2平方千米，农民人均纯收入5753元。

牛角峪村

(Niujiaoyu Cun)

名称来历 这里三面环山，村东山、西山与村南的刘备寨山相连，刘备寨山犹如牛背，村东西两山犹如牛的两角，故取名为牛角峪。

地理位置 地处刘备寨乡东北部，东至山头庄，南至刘备寨，西至张庄子，北至城子。

主要指标 2011年末，辖区总人口1164人，总面积2.8平方千米，农民人均纯收入5854元。

平安庄村

(Ping' anzhuang Cun)

名称来历 原为泉水头的一片单名小庄子，1936年该行政村独立取名平安庄。

地理位置 地处刘备寨乡东北部，东至安各寨，南至牛角峪，西至泉水头，北至东新庄镇前毛庄。

主要指标 2011年末，辖区总人口740人，总面积1.9平方千米，农民人均纯收入5608元。

平台村

(Pingtai Cun)

名称来历 因村庄坐落在平坦的山顶上，故取村名为平台。

地理位置 地处刘备寨乡东北部，东至杨家峪，南至山头庄，西至上庄屯，北至米庄子。

主要指标 2011年末，辖区总人口502人，总面积2.8平方千米，农民人均纯收入5329元。

前马各庄村

(Qianmagezhuang Cun)

名称来历 马氏迁此立庄，以姓氏取名为马各庄，1981年地名普查时为区别岳各庄公社马各庄更名为前马各庄。

地理位置 地处刘备寨乡西北部，东至牛角峪，南至南张庄，西至东梁子河，北至东杨庄。

主要指标 2011年末，辖区总人口870人，总面积2.1平方千米，农民人均纯收入5984元。

泉水头村

(Quanshuitou Cun)

名称来历 因地处山脚下，山上有一水泉，故取名泉水头。

地理位置 地处刘备寨乡东北部，东至平安庄，南至牛角峪，西至城子，北至李庄子。

主要指标 2011年末，辖区总人口1085人，总面积3.1平方千米，农民人均纯收入5670元。

山头庄村

(Shantouzhuang Cun)

名称来历 位于山头处，故村名山头庄。

地理位置 地处刘备寨乡东北部，东至杨家峪，南至鲁家峪，西至刘备寨，北至安各寨。

主要指标 2011年末，辖区总人口2741人，总面积5.2平方千米，农民人均纯收入5576元。

上庄屯村

(Shangzhuangtun Cun)

名称来历 因村庄位于山头庄北面且东北两面邻山，地势较高，故取名上庄屯。

地理位置 地处刘备寨乡东北部，东至平台，南至山头庄，西至安各寨，北至邢庄子。

主要指标 2011年末，辖区总人口1454人，总面积4.8平方千米，农民人均纯收入5560元。

水峪村

(Shuiyu Cun)

名称来历 这里四面环山，水源缺乏，为讨吉利取名为水峪。

地理位置 地处刘备寨乡西南部，东面靠山，南至鸭子峪，西至常各庄，北至柴王店。

主要指标 2011年末，辖区总人口215人，总面积1.1平方千米，农民人均纯收入5500元。

(撰稿：李德奎，初审：吴金坡)

团瓢庄乡

(Tuanpiaozhuang Xiang)

政区概况

名称来历 因乡人民政府原驻地位于团瓢庄村而得名。

地理位置 地处遵化市中部，东与新店子镇接壤，南靠党峪镇、刘备寨镇，西邻东新庄镇，北接堡子店镇、西留村乡。人民政府驻西下院寺村，电话区号0315，邮政编码064202，距遵化市人民政府10.4千米。

政区沿革 1958年，属山旗人民公社。1961年5月，析出，设立团瓢庄人民公社。1965年5月，人民公社驻地迁至西下院寺北。1984年3月，撤销人民公社，设立团瓢庄乡，辖17个村民委员会。1992年，山里各庄乡并入，辖28个村民委员会。

政区划分 2011年末，辖任庄子、米庄子、邢庄子、周桥子、东李庄子、左阳庄、西下院寺、官房子、团瓢庄、西黎河庄、东黎河庄、吴家坑、孙家炉、刘庄子、西上庄、兴隆店、东下院寺、朱官屯、提举庄、东滩、山里各庄、宋各庄、东上庄、东草厂、骆各庄、石庄子、下庄、洪水川28个村民委员会。

人口面积 2011年末，辖区总人口28687人，其中城镇常住人口600人，城镇化率2%。另有流动人口155人。总人口中，男性14337人，占49.97%；女性14350人，占50.02%；14岁以下4765人，占16.6%；15~64岁20614人，占71.9%；65岁以上3308人，占11.5%。总人口中，以汉族为主，达28045人，占97.8%；满族642人，占2.2%。2011年，人口出生率14.07‰，人口死亡率6.12‰，人口自然增长率7.95‰。

辖区东西最大距离5千米，南北最大距离8千米，总面积46.6平方千米。其中陆地45平方千米，占98.7%；水域1.6平方千米，占1.3%。人口密度为每平方千米616人。

自然条件

地形地貌 境内大部分为平原，地势为中南略低，北部略高。

水文 境内河道属蓟运河水系。河流自北入境，境内长10千米。

矿藏及其他自然资源 地下水资源可利用量900万立方米。

自然灾害 主要有冰雹、旱涝、风灾、低温、霜冻、雷击等。风灾一年四季均有发生，最严重一次发生在1989年6月12日，造成2万亩小麦受灾，减产3000吨。

经济概况

农业 耕地面积3.8万亩，人均1.3亩。以种植小麦、玉米、蔬菜为主。2011年，农业总产值3.17亿元，占国内生产总值的25.6%，实现农业增加值18698万元，比上年增长7.3%。2011年，生产粮食1.7万吨，其中小麦0.58万吨，玉米1.15万吨。主要经济作物有蔬菜。2011年，蔬菜种植面积1.5万亩，产量7.1万吨，主要品种有韭菜、大葱、西红柿、茴香等。

畜牧业以猪、羊、家禽为主。2011年，生猪饲养量0.5万头，年末存栏0.7万头。

工业 以铸造、矿山机械制造为主。2011年，工业总产值10.1亿元，占国内生产总值的81.5%。2011年，工业企业57家，职工2030人。

商业外贸 2011年末，商业网点80个，职工200人；城乡集贸市场5个。2011年，社会消费品零售总额达600万元，比上年增长2%；城乡集市贸易成交额700万。

财政金融 2011年，财政总收入2828万元，比上年增长27%。其中地方财政收入0.09亿元，比上年增长10%。从主要税种看，完成营业税586万元，增值税1453万元，企业所得税134万元。人均财政收入1002元。2011年，银行和金融机构各类存款余额2.26亿元，比上年增长8%；各项贷款余额0.1亿元。

社会发展

文化艺术 2011年末，文化站1个，村级文化活动中心20个；各类图书室20个，藏书1万余册。

教育 2011年末，幼儿园5所，在园幼儿200人，专任教师40人；小学7所，在校生1380人，专任教师120人，小学适龄儿童入学率100%；初中1所，在校生410人，专任教师41人，初中适龄人口入学率、小升初升学率、九年义务教育覆盖率均达100%。2011年财政预算内教育经费48万元，比上年增长3%。

医疗卫生 2011年末，各级医疗卫生机构2个，门诊部（所）53个；病床150张，每千人拥有医疗床位52张，固定资产总值450万元。专业卫生人员76名，其中执业医师2人，执业助理医师6人，注册护士2人。2011年医疗机构（门诊部以上）完成诊疗1万人次。新型农村合作医疗参合率90%。

体育 2011年末，学校体育场地7处，座位1000张。60%的村安装了健身器材，经常参加体育活动的人员占常住人口的50%。

广播电视 2011年末，有线电视用户0.5万户，入户率60%。

社会保障 2011年城镇最低生活保障户数3户，人数8人，支出2.3万元，比上年增长1%，月人均240元；城市医疗救助10人次，民政部门资助参加合作医疗25065人次，共支出10万元，比上年增长1%。农村最低生活保障户数170户，人数350人，支出40万元，比上年增长2%，月人均95元，比上年增长2%。国家抚恤、补助各类优抚对象366人，抚恤事业费支出42万元。农村五保供养33人。新型农村社会养老保险参保人数11200人，参保率78%。

基础设施

交通运输 唐承高速、112国道、省道遵宝线公路过境。境内公路总长12千米。

邮政电信 2011年末，电信服务网点10个；固定电话用户0.2万户，电话用户普及率达到80%；移动电话用户1万户；宽带接入用户0.2万户。

市政建设

给排水 2011年末，深水井40眼并有成套净化设备，年供水4万吨。

团瓢庄村

（Tuanpiaozhuang Cun）

名称来历 因村庄地势低洼如瓢故得名团瓢庄。

地理位置 地处团瓢庄乡中部，东至石庄子，南至东下院寺，西至朱官屯，北至东黎河庄。

主要指标 2011年末，辖区总人口1400人，总面积1.7平方千米，农民人均纯收入5300元。

东草厂村

(Dongcaochang Cun)

名称来历 谷、李两氏迁此分两片建窝铺居住，开荒种地，形成村庄。该村地处东面，称草厂东铺，后改称东草厂。

地理位置 地处团瓢庄乡西南部，东至西庄村，南至河北庄村，西至西草厂，北至洪水川。

主要指标 2011年末，辖区总人口1306人，总面积2.9平方千米，农民人均纯收入5280元。

米庄子村

(Mizhuangzi Cun)

名称来历 米氏来此定居，以姓氏命名为米家庄，后称米庄子。

地理位置 地处团瓢庄乡南部，东至任庄子，南至刘备寨乡平台村，西至邢庄子，北至下庄。

主要指标 2011年末，辖区总人口463人，总面积1.2平方千米，农民人均纯收入5054元。

任庄子村

(Renzhuangzi Cun)

名称来历 任氏来此定居，以姓氏命名任家庄，后称任庄子。

地理位置 地处团瓢庄乡南部，东至新店子镇小太平村，南至刘备寨乡平台村，西至米庄子，北至下庄。

主要指标 2011年末，辖区总人口422人，总面积1.27平方千米，农民人均纯收入5237元。

朱官屯村

(Zhuguantun Cun)

名称来历 朱氏来此定居，以姓氏命名朱各庄，后称朱官屯。

地理位置 地处团瓢庄乡中部，东至东下院寺，南至左阳庄，西至刘庄子，北至团瓢庄。

主要指标 2011年末，辖区总人口1040人，总面积1.7平方千米，农民人均纯收入5360元。

洪水川村

(Hongshuichuan Cun)

名称来历 因每年发水，水从村中穿过，取名洪水穿。“穿”“川”谐音，得名洪水川。

地理位置 地处团瓢庄乡西部，东至兴隆店，南至东草厂，西至东新庄镇八间房，北至东、西上庄。

主要指标 2011年末，辖区总人口2139人，总面积3.9平方千米，农民人均纯收入5245元。

骆各庄村

(Luogezhuang Cun)

名称来历 有骆姓来此开荒定居，后其他姓迁入，形成村庄，骆姓为先，得名骆各庄。

地理位置 地处团瓢庄乡北部，东至新店子镇圪塔坨，南至东滩，西至西留村乡学汉坨，北至西留村乡竹山庄。

主要指标 2011年末，辖区总人口1751人，总面积3.59平方千米，农民人均纯收入5283元。

邢庄子村

(Xingzhuangzi Cun)

名称来历 邢氏来此定居，以姓氏命名为邢家庄，后称邢庄子。

地理位置 地处团瓢庄乡南部，东至米庄子，南至燕山脚下，西至李庄子，北至下庄。

主要指标 2011年末，辖区总人口739人，总面积1.18平方千米，农民人均纯收入5156元。

东滩村

(Dongtan Cun)

名称来历 相传村河滩上曾有一口唐代古钟，被莲花寺和尚收在寺内，故此取名钟滩，又因“钟”“中”同音，改称中滩，1981年地名普查更名为东滩。

地理位置 地处团瓢庄乡北部，东至吴家坑村，南至提举庄，西至东黎河，北至骆各庄。

主要指标 2011年末，辖区总人口1413人，总面积1.7平方千米，农民人均纯收入5324元。

东上庄村

(Dongshangzhuang Cun)

名称来历 因村北靠山地势较高，得名上庄子。后分为两村，该村地处东面，称东上庄。

地理位置 地处团瓢庄乡西部，东至兴隆店村，南至洪水川，西至西上庄，北至北山。

主要指标 2011年末，辖区总人口422人，总面积0.62平方千米，农民人均纯收入5213元。

兴隆店村

(Xinglongdian Cun)

名称来历 赵氏迁此立庄，开一客店，取名兴隆店，并以此为村名。

地理位置 地处团瓢庄乡西部，东至山里各庄，南至洪水川村，西至东上庄，北至部队。

主要指标 2011年末，辖区总人口705人，总面积1.3平方千米，农民人均纯收入5261元。

左阳庄村

(Zuoyangzhuang Cun)

名称来历 相传，此地为宋代屯兵营址，河东为左营，以此取名左营庄，后演变为左阳庄。

地理位置 地处团瓢庄乡南部，东至下庄，南至朱官屯，西至东新庄镇西庄，北至朱官屯。

主要指标 2011 年末，辖区总人口 1316 人，总面积 1.7 平方千米，农民人均纯收入 5243 元。

西上庄村

(Xishangzhuang Cun)

名称来历 因村北靠山地势较高，取名上庄子。后分为两村，该村地处西面称西上庄。

地理位置 地处团瓢庄乡西部，东至东上庄，南至洪水川，西至飞机场，北至北山。

主要指标 2011 年末，辖区总人口 430 人，总面积 0.73 平方千米，农民人均纯收入 5198 元。

西下院寺村

(Xixiayuansi Cun)

名称来历 附近有一座下院寺，以此取村名下院寺。后分为两村，该村地处西面，称西下院寺。

地理位置 地处团瓢庄乡东南部，东至东下院寺，南至下庄，西至朱官屯，北至团瓢庄。

主要指标 2011 年末，辖区总人口 970 人，总面积 1.57 平方千米，农民人均纯收入 5258 元。

刘庄子村

(Liuzhuangzi Cun)

名称来历 刘氏迁此立庄，以姓氏取名刘家庄，后称刘庄子。

地理位置 地处团瓢庄乡中部，东至朱官屯村，南至孙家炉隔道，西至洪水川，北至山里各庄。

主要指标 2011 年末，辖区总人口 437 人，总面积 1.1 平方千米，农民人均纯收入 5286 元。

东李庄子村

(Donglizhuangzi Cun)

名称来历 李氏迁此定居，以姓氏取名为李家庄。后称李庄子。1981 年地名普查更名为东李庄子。

地理位置 地处团瓢庄乡南部，东至下庄，南至刘备寨乡南各寨，西至东新庄镇前毛庄村，北至周桥子。

主要指标 2011 年末，辖区总人口 1158 人，总面积 1.6 平方千米，农民人均纯收入 5208 元。

吴家坑村

(Wujiakeng Cun)

名称来历 吴氏迁此立庄，因村前有一个大坑，得名吴家坑。

地理位置 地处团瓢庄乡北部，东至遵唐公路，南至提举庄，西至东滩，北至公路。

主要指标 2011 年末，辖区总人口 820 人，总面积 0.83 平方千米，农民人均纯收入 5534 元。

宋各庄村

(Songgezhuang Cun)

名称来历 元末宋氏迁此立庄，以姓氏命名宋家庄，后称宋各庄。

地理位置 地处团瓢庄乡中部，东至孙家炉，南至东新庄镇西庄村，西至洪水川，北至山里各庄。

主要指标 2011 年末，辖区总人口 1324 人，总面积 1.6 平方千米，农民人均纯收入 5272 元。

下庄村

(Xiazhuang Cun)

名称来历 王氏迁此立庄，因地势低洼得名下庄。

地理位置 地处团瓢庄乡南部，东至新店子镇程庄子，南至米庄子，西至周桥子，北至西下院寺。

主要指标 2011 年末，辖区总人口 2352 人，总面积 4.12 平方千米，农民人均纯收入 5273 元。

提举庄村

(Tijuzhuang Cun)

名称来历 相传，此地提选过“举人”，故得名提举庄。

地理位置 地处团瓢庄乡东部，东至 112 国道，南至团瓢庄，西至东黎河庄，北至东滩。

主要指标 2011 年末，辖区总人口 1230 人，总面积 1.6 平方千米，农民人均纯收入 5310 元。

官房子村

(Guanfangzi Cun)

名称来历 因村北坑里有官坟墓一座，故得名官房子。

地理位置 地处团瓢庄乡东部，东至新店子镇马店子，南至石庄子，西至提举庄，北至吴家坑。

主要指标 2011 年末，辖区总人口 165 人，总面积 0.16 平方千米，农民人均纯收入 5273 元。

周桥子村

(Zhouqiaozi Cun)

名称来历 周氏迁此立庄，庄西有小河，建一桥，称周家桥，故取村名周家桥。后称周桥子。

地理位置 地处团瓢庄乡南部，东至下庄，南至东李庄子，西至东新庄镇后毛庄村，北至左阳庄。

主要指标 2011年末，辖区总人口1086人，总面积1.63平方千米，农民人均纯收入5138元。

孙家炉村

(Sunjialu Cun)

名称来历 清宣统二年（1910年），孙姓铁匠迁此建铁匠炉，以打铁为业，后形成村庄，取名孙家炉。

地理位置 地处团瓢庄乡中部，东至朱官屯，南至宋各庄，西至宋各庄，北至山里各庄。

主要指标 2011年末，辖区总人口275人，总面积0.75平方千米，农民人均纯收入5259元。

石庄子村

(Shizhuangzi Cun)

名称来历 因一石匠至此立庄，取名石庄子。

地理位置 地处团瓢庄乡东部，东至112国道，南至新店子镇思恭庄，西至团瓢庄，北至官房子。

主要指标 2011年末，辖区总人口54人，总面积0.06平方千米，农民人均纯收入5441元。

山里各庄村

(Shanligezhuang Cun)

名称来历 因村庄北靠笔架山，东邻黎河，取名山黎河庄，后称山里各庄。

地理位置 地处团瓢庄乡中部，东至西黎河庄，南至宋各庄，西至洪水川，北至笔架山。

主要指标 2011年末，辖区总人口2446人，总面积4.2平方千米，农民人均纯收入5274元。

东下院寺村

(Dongxiayuansi Cun)

名称来历 附近有一座下院寺，以此取名下院寺。后分为两村，该村地处东面，称东下院寺。

地理位置 地处团瓢庄乡东部，东至康各庄，南至下庄，西至西下院寺，北至团瓢庄。

主要指标 2011年末，辖区总人口1235人，总面积1.7平方千米，农民人均纯收入5255元。

西黎河庄村

(Xilihezhuang Cun)

名称来历 因村坐落在黎河西岸得名西黎河庄。

地理位置 地处团瓢庄乡北部，东至东黎河庄，南至刘庄子，西至山里各庄，北至骆各庄。

主要指标 2011年末，辖区总人口551人，总面积1.17平方千米，农民人均纯收入5244元。

东黎河庄村

(Donglihezhuang Cun)

名称来历 因村庄坐落在黎河东岸，故名东黎河庄。

地理位置 地处团瓢庄乡北部，东至提举庄，南至团瓢庄，西至西黎河庄，北至骆各庄村。

主要指标 2011年末，辖区总人口668人，总面积1.26平方千米，农民人均纯收入5273元。

（撰稿：李凤敏，初审：梁杨）

娘娘庄乡

(Niangniangzhuang Xiang)

政 区 概 况

名称来历 因乡人民政府驻地位于东娘娘庄村而得名。

地理位置 地处遵化市东南，东、东北与铁厂镇接壤，南接丰润区左家坞镇，西接党峪镇，北邻新店子镇。人民政府驻东娘娘庄村，电话区号0315，邮政编码064201，距遵化市人民政府35千米。

政区沿革 1949年，属遵化县七区。1958年，属红星人民公社。1961年，析出，设娘娘庄人民公社。1984年，撤销人民公社，设立娘娘庄乡，辖20个村民委员会。

政区划分 2011年末，辖何庄子、白道子、南小厂、北小营、下峪、上峪、上丁甲岭、下丁甲岭、丁各庄、东娘娘庄、西娘娘庄、大官屯、芦各寨北山、芦各寨西山、芦各寨南山、尹家台、尹庄子、黄土岭、东小河、相古庄20个村民委员会。

人口面积 2011年末，辖区总人口20980人。另有流动人口2050人。总人口中，男性10781人，占51.4%；女性10193人，占48.6%；14岁以下2795人，占13.3%；15~64岁15514人，占73.9%；65岁以上2671人，占12.7%。总人口中，以汉族为主，达20000人，占95.3%；有壮、满、蒙古、朝鲜4个少数民族，共980人，占4.7%；超过400人的有壮、满2个少数民族，其中壮族480人，占少数民族人口的48.9%；满族400人，占44.9%。2011年，人口出生率13.46‰，人口死亡率7.96‰，人口自然增长率5.5‰。

辖区东西最大距离11千米，南北最大距离13千米，总面积73平方千米。其中陆地面积68.27平方千米，占93%；水域面积5.13平方千米，占7%。人口密度为每平方千米287人。

自 然 条 件

地形地貌 境内大部分为山区，地势南高北低，地面高程海拔220米，最高点海拔529米，最低点海拔52米。

水文 境内河道属滦河流域，蓟运河水系还乡河支流。

境内河道长9.5千米。

矿藏及其他自然资源　境内非金属矿产资源丰富。主要有砂岩、页岩，白云石、水泥石、高钙石，其中白云石储量达5000万吨，石灰岩地质储量2亿立方米，可采储量1.9亿立方米，集中分布在东部一带。

自然灾害　主要自然灾害有冰雹、旱涝、风灾、低温、霜冻、雷击等。风灾一年四季均有发生，最严重的一次发生在2002年7月15日，造成1万多亩玉米和2万多亩果树受灾，分别减产30吨和5000吨。

经济概况

农业　耕地面积2.5万亩，人均1.2亩。以种植小麦、玉米、蔬菜为主。2011年，农业总产值1.2亿元，占国内生产总值的10%，实现农业增加值6347万元，比上年增长10.5%。

粮食作物以小麦、玉米为主。2011年，生产粮食0.6万吨，人均286千克，其中小麦24吨，玉米0.5万吨。主要经济作物有蔬菜和林果。2011年，蔬菜种植面积255亩，产量0.1万吨，主要品种有大白菜等，其中大白菜0.08万吨。

2011年，林果种植面积2.4万亩，产量1.99万吨，主要品种有香白杏、梨、红果等，其中香白杏6560吨，梨3800吨，红果1390吨。

畜牧业以猪、羊、家禽为主。2011年，生猪饲养量1.1万头，年末存栏0.5万头；羊饲养量0.9万只，年末存栏0.4万只；家禽饲养量8.7万羽。

工业　以冶金、机械加工、建筑建材、物流为主。2011年，工业总产值7.6亿元，占国内生产总值的比重65%。2011年，工业企业7家，职工360人，实现工业增加值7.6亿元，比上年增长15.5%。

商业外贸　2011年末，商业网点65个，职工130人；城乡集贸市场3个。2011年，社会消费品零售总额达600万元，比上年增长10%；城乡集市贸易成交额400万元。

财政金融　2011年，财政总收入0.09亿元，比上年减少3%。其中地方财政收入20万元，比上年减少1%。从主要税种看，完成营业税182.46万元，增值税534万元，企业所得税8.5万元。人均财政收入498元，比上年减少3%。2011年，农村信用合作社各类存款余额2.35亿元，比上年增长16.6%；各项贷款余额0.35亿元，比上年增长127%。

社会发展

文化艺术　2011年末，乡文化站1个，村级文化活动中心20个；各类文化专业户10个；各类图书室20个，藏书20余万册；音乐、美术、书法、摄影及文学业余创作人员50人。市级文物保护单位1个。

教育　2011年末，幼儿园7所，在园幼儿557人，专任教师23人；小学6所，在校生853人，专任教师88人，小学适龄儿童入学率100%；初中1所，在校生354人，专任教师35人，初中适龄人口入学率、小升初升学率、九年义务教育覆盖率均达100%，2011年财政预算内教育经费855万元，比上年增长5%。

医疗卫生　2011年末，各级医疗卫生机构1个，门诊部（所）32个；病床134张，每千人拥有医疗床位6.7张，固定资产总值188万元。专业卫生人员46名，其中执业医师3人，执业助理医师5人。2011年医疗机构（门诊部以上）完成诊疗0.7万人次。新型农村合作医疗参合率92%。

体育　2011年末，学校体育场地1处，座位100张。100%的村安装了健身器材，经常参加体育活动的人员占常住人口的50%。

社会保障　2011年农村最低生活保障户数455户，798人，支出318万元，比上年增长12.97%，月人均332元，比上年增长5.6%；农村医疗救助52人次，民政部门资助参加合作医疗1068人次，共支出6.4万元，比上年增长187.48%。城镇居民最低生活保障户数14户，人数25人，支出6万元，比上年增长60%，月人均200元，比上年增长60%。国家抚恤、补助各类优抚对象119人，抚恤事业费支出54.7万元，比上年增长7.8%。社会福利费0.6万元，比上年增长100%。新型农村社会养老保险参保人数12345人，参保率58.8%。

基础设施

邮政电信　2011年末，电信服务网点1个；电话交换机总容量0.5万门，固定电话用户0.24万户，电话用户普及率达到12%；移动电话用户0.5万户；宽带接入用户0.5万户。

市政建设

供电　娘娘庄乡变电站、供电站分别于2000年和1999年建成，年供电3100万千瓦时。

白道子村

(Baidaozi Cun)

名称来历　相传该村原名白早子（含义不详）。因为“早”与“道”字谐音，改称白道子。

地理位置　地处娘娘庄乡西部，东至西娘娘庄，南至何庄子，西至新店子镇车道峪，北至南小厂。

主要指标　2011年末，辖区总人口471人，总面积1.6平方千米，农民人均纯收入2820元。

北小营村

(Beixiaoying Cun)

名称来历　原村在邱庄水库区称小营。1959年因修建邱庄水库，搬迁至此，因在原村北，故称北小营。

地理位置　地处娘娘庄乡北部，东至下峪村，南至西娘娘庄，西至南小厂，北至新店子镇大老峪村。

主要指标　2011年末，辖区总人口356人，总面积3.5平方千米，农民人均纯收入2890元。

大官屯村

(Daguantun Cun)

名称来历 原名小屯，因地处山地，子孙不旺、人烟稀少而得名。民国年间由一官员代管周围几个村庄事务，故改名代管屯。后村民渐多，人丁兴旺，改称大管屯。后人为了书写方便，将“管”字写作“官”字，遂称大官屯。

地理位置 地处娘娘庄乡南部，东至芦各寨北山，南至芦各寨西山，西至党峪镇党峪，北至西娘娘庄。

主要指标 2011年末，辖区总人口2145人，总面积7.1平方千米，农民人均纯收入2780元。

丁各庄村

(Dinggezhuang Cun)

名称来历 丁氏迁此立庄，以姓氏命名。

地理位置 地处娘娘庄乡北部，东至下丁甲岭，南至东娘娘庄，西至南小厂，北至下峪。

主要指标 2011年末，辖区总人口1438人，总面积5.9平方千米，农民人均纯收入2810元。

东娘娘庄村

(Dongniangniangzhuang Cun)

名称来历 因此地有一娘子庙，故取名娘子庄，后改称娘娘庄。1962年以河为界，分为两村，该村居东，称东娘娘庄。

地理位置 地处娘娘庄乡中部，东至铁厂镇平台，南至大官屯，西至西娘娘庄，北至丁各庄。

主要指标 2011年末，辖区总人口1713人，总面积4.3平方千米，农民人均纯收入2990元。

东小河村

(Dongxiaohe Cun)

名称来历 据传两户村民由山东迁此立庄于河边，故得名小河。1981年地名普查时，为区别于党峪公社和城关镇小河，更名为东小河。

地理位置 地处娘娘庄乡东南部，东至铁厂镇井匡峪，南至尹庄子，西至尹家台，北至相古庄。

主要指标 2011年末，辖区总人口384人，总面积2平方千米，农民人均纯收入4600元。

何庄子村

(Hezhuangzi Cun)

名称来历 因何姓迁此立庄，得名何家庄，后演变成何庄子。

地理位置 地处娘娘庄乡西部，东至西娘娘庄，南至党峪镇李庄子，西至党峪镇莫台寺，北至白道子。

主要指标 2011年末，辖区总人口459人，总面积1.5平方千米，农民人均纯收入2790元。

黄土岭村

(Huangtuling Cun)

名称来历 黄、胡氏迁此立庄，以姓氏取名为黄胡岭，因“胡”“土”两字谐音，称黄土岭。

地理位置 地处娘娘庄乡东南部，东至丰润区左家坞镇石窝村，南至丰润区左家坞镇杨古塔村，西至芦各寨南山，北至尹庄子。

主要指标 2011年末，辖区总人口1311人，总面积5.2平方千米，农民人均纯收入2920元。

芦各寨北山村

(Lugezhaibeishan Cun)

名称来历 这里东山原为山寨，山下长满苇草，故取名芦苇寨。后卢氏迁入，改名卢家寨。该村因修建邱庄水库搬迁，村民迁居北山，名为芦各寨北山。

地理位置 地处娘娘庄乡东南部，东至相古庄，南至芦各寨南山，西至芦各寨西山，北至铁厂镇东平台。

主要指标 2011年末，辖区总人口1263人，总面积3.4平方千米，农民人均纯收入3620元。

芦各寨南山村

(Lugezhainanshan Cun)

名称来历 这里东山原为山寨，山下长满苇草，故取芦苇寨。后卢氏迁入，改名卢家寨。该村因修建邱庄水库搬迁，村民迁居南山，名为芦各寨南山。

地理位置 地处娘娘庄乡南部，东至尹家台，南至黄土岭，西至芦各寨西山，北至芦各寨北山。

主要指标 2011年末，辖区总人口550人，总面积1.1平方千米，农民人均纯收入4295元。

芦各寨西山村

(Lugezhaixishan Cun)

名称来历 这里东山原为山寨，山下长满苇草，故取芦苇寨。后卢氏迁入，改名卢家寨。该村因修建邱庄水库搬迁，村民迁居西山，名为芦各寨西山。

地理位置 地处娘娘庄乡南部，东至芦各寨北山，南至芦各寨南山，西至党峪马家峪，北至大官屯。

主要指标 2011年末，辖区总人口1248人，总面积2.8平方千米，农民人均纯收入3610元。

南小厂村

(Nanxiaochang Cun)

名称来历 据传唐代曾在此地建过小型炼铁厂，故取名村名小厂。1981年地名普查时，为与侯家寨公社北小厂相对应，更名为南小厂。

地理位置 地处娘娘庄乡北部，东至丁各庄，南至白道子，西至新店子镇车道峪，北至北小营。

主要指标 2011年末，辖区总人口305人，总面积1.2

平方千米，农民人均纯收入2910元。

上丁甲岭村

(Shangdingjialing Cun)

名称来历 因地处两山之间，丁氏迁此立庄，取名丁家岭。后“家”字演变为“甲”字，遂为丁甲岭。后分为上、下丁甲岭两村，此村在北，称上丁甲岭。

地理位置 地处娘娘庄乡北部，东至铁厂镇潘庄，南至铁厂镇平台村，西至下丁甲岭，北至上峪。

主要指标 2011年末，辖区总人口905人，总面积6.9平方千米，农民人均纯收入2920元。

上峪村

(Shangyu Cun)

名称来历 此村附近原为空旷荒凉之地，且有虎豹出没，取名大虫峪。清乾隆年间，按地势附以方位分为上下两个大虫峪，此村在北，称上大虫峪。后改上峪。

地理位置 地处娘娘庄乡北部，东至铁厂镇莫屯，南至丁各庄，西至下峪，北至新店子镇万子峪。

主要指标 2011年末，辖区总人口1145人，总面积6.14平方千米，农民人均纯收入3630元。

西娘娘庄村

(Xiniangniangzhuang Cun)

名称来历 因此地有一娘子庙，故此取名娘子庄，后改称娘娘庄。1962年以河为界，分为两村，因该村居西，故称西娘娘庄。

地理位置 地处娘娘庄乡中部，东至东娘娘庄，南至大官屯，西至党峪镇李庄子，北至丁各庄。

主要指标 2011年末，辖区总人口1259人，总面积3.4平方千米，农民人均纯收入2690元。

下丁甲岭村

(Xiadingjialing Cun)

名称来历 因地处两山之间，丁氏迁此立庄，取名丁家岭。后“家”字演变为“甲”字，遂为丁甲岭。后分为上、下丁甲岭两村，此村在南，称下丁甲岭。

地理位置 地处娘娘庄乡北部，东至上丁甲岭，南至丁各庄，西至丁各庄，北至上峪。

主要指标 2011年末，辖区总人口453人，总面积1.5平方千米，农民人均纯收入2620元。

下峪村

(Xiayu Cun)

名称来历 此村附近原为空旷荒凉之地，且有虎豹出没，取名大虫峪。清乾隆年间，按地势附以方位分为上下两个大虫峪，此村在南，称下大虫峪。后称下峪。

地理位置 地处娘娘庄乡北部，东至上峪，南至丁各庄，西至北小营，北至新店子镇大老峪。

主要指标 2011年末，辖区总人口2577人，总面积7平方千米，农民人均纯收入2760元。

相古庄村

(Xiangguzhuang Cun)

名称来历 据传此地东南金丰寺钟文所载，该村原名相公庄，因建村较为古远，1956年改名相古庄。

地理位置 地处娘娘庄乡东南部，东至铁厂镇同庄，南至东小河，西至尹家台，北至铁厂镇平台村。

主要指标 2011年末，辖区总人口1195人，总面积3平方千米，农民人均纯收入3730元。

尹家台村

(Yinjiatai Cun)

名称来历 尹氏迁此立庄，因地势较高，故取村名为尹家台。

地理位置 地处娘娘庄乡南部，东至东小河，南至芦南山，西至芦各寨西山，北至相古庄。

主要指标 2011年末，辖区总人口837人，总面积2.9平方千米，农民人均纯收入3520元。

尹庄子村

(Yinzhuangzi Cun)

名称来历 村民由尹家台迁此立庄，以姓氏命名尹家间，后改成尹庄子。

地理位置 地处娘娘庄乡南部，东至东小河，南至黄土岭，西至芦南山，北至尹家台。

主要指标 2011年末，辖区总人口184人，总面积4平方千米，农民人均纯收入4285元。

（撰稿：郝东生，初审：朱红印）

西三里乡

(Xisanli Xiang)

政区概况

名称来历 因乡人民政府驻地位于西三里村而得名。

地理位置 地处遵化市西北，东邻遵化镇，南邻西留村，西邻兴旺寨，北邻苏家洼。人民政府驻西三里村，电话区号0315，邮政编码064200，距遵化市人民政府1.5千米。

政区沿革 1953年，分属东三里、张各庄、肖庄子3乡；1956年，3乡合并，建立三里乡。1958年，属钢铁人民公社。1961年，析出，设立西三里人民公社。1984年，撤销人民公社，建西三里乡，辖19个村民委员会。

政区划分 2011年末，辖西三里、东三里、北黄土坡、北港、老峰沟、北峪、东房子、后府、肖庄子、下府、绿石沟、西石家口、巩山、巩山西沟、胡庄子、张各庄、北邢庄子、小刘庄、西二里19个村民委员会。

人口面积 2011年末，辖区总人口17049人。另有流动人口1650人。总人口中，男性8189人，占48%；女性8860人，占52%；14岁以下2282人，占13.38%；15~64岁13267人，占77.82%；65岁以上1500人，占8.8%。总人口中以汉族为主，达16793人，占98.5%；有少数民族256人，占1.5‰。2011年，人口出生率14.97‰，人口死亡3.82‰，人口自然增长率11.15‰。

辖区东西最大距离5千米，南北最大距离6千米，总面积23平方千米。其中陆地22.6平方千米，占98.2%；水域0.4平方千米，占1.8%。人口密度为每平方千米741人。

自然条件

地形地貌 北部为山地，南部为平原，地势略呈北高南低，地面高程一般海拔90米，最高点海拔400米，最低点海拔80米。

水文 境内河道属黎河水系。冷嘴头河、沙河、清水河由北向南入境，境内总长3千米。

矿藏及其他自然资源 境内已探明地下矿藏有铁矿和有色金属等，主要分布在北部山区。稀有金属铬主要分布在北峪燕王台南坡。铁矿主要分布在巩山、西沟、胡庄子、石家口、下府等地。

自然灾害 主要有风雹、水、旱、高温等。风雹灾害十年九遇，多集中在5~9月。旱涝出现概率4%，一般为12年一遇。大暴雨（日降雨超过100毫米）年发生概率1.6%。连阴雨2天以上的年均11次，10天以上的年均3次。风雹年均3次。

经济概况

农业 耕地面积1.35万亩，人均0.79亩。以种植玉米、蔬菜为主。2011年，农业总产值0.6亿元，占国内生产总值的8.5%，实现农业增加值3798万元，比上年增长6.3%。

粮食作物以玉米为主。2011年，生产粮食0.35万吨，人均205千克，其中玉米0.31万吨。主要经济作物有花生、蔬菜。2011年，蔬菜种植面积0.13万亩，产量0.63万吨，主要品种有四季豆、黄瓜、白菜等，其中四季豆381吨，黄瓜332吨，白菜0.49万吨。林地面积1.8万亩，以种植板栗、红果为主，还利用板栗树下空地，大力发展栗蘑生产。

畜牧业以猪、家禽为主。2011年，生猪饲养量0.84万头，年末存栏0.64万头；家禽饲养量4万羽。

工业 以铸造、机械加工为主。2011年，工业总产值4.2亿元，占国内生产总值的30%。2011年，工业企业152家，职工2300人，实现工业增加值2.2亿元，比上年增长41.5%。

商业外贸 2011年末，商业网点469个，职工788人；城乡集贸市场1个。2011年，社会消费品零售总额达1亿元，比上年增长5%；城乡集市贸易成交额0.03亿元。

财政金融 2011年，财政总收入5668万元，比上年增长22.5%。从主要税种看，完成营业税2186.61万元，增值税1833万元，企业所得税3.93万元。人均财政收入3315元，比上年增长20%。2011年，银行和金融机构各类存款余额2.6亿元，比上年增长27%；各项贷款余额0.38亿元，比上年增长9.4%。

社会发展

文化艺术 2011年末，乡文化站1个，村级文化活动中心19个；各类图书室8个，藏书2余万册。

教育 2011年末，幼儿园10所，在园幼儿420人，专任教师47人；小学1所，在校生3350人，专任教师165人，小学适龄儿童入学率100%；初中1所，在校生3520人，专任教师264人，初中适龄人口入学率、小升初升学率、九年义务教育覆盖率均达100%。

医疗卫生 2011年末，各级医疗卫生机构40个，门诊部（所）40个；病床100张，每千人拥有医疗床位5.8张，固定资产总值130万元。专业卫生人员80名，其中执业医师8人，执业助理医师7人，注册护士2人。2011年医疗机构（门诊部以上）完成诊疗2000人次。新型农村合作医疗参合率98%。

体育 2011年末，99%的村安装了健身器材，经常参加体育活动的人员占常住人口的90%。

广播电视 2011年末，有线电视用户2915户，入户率61%。

社会保障 2011年农村最低生活保障户数83户，人数153人，支21.2万元，比上年增长40%。国家抚恤、补助各类优抚对象102人，抚恤事业费支出11万元，比上年增长37%。农村五保供养5人。新型农村养老保险参保人数8360人，参保率90%。

基础设施

交通运输 有县乡级公路2条，总长10千米。

邮政电信 2011年末，固定电话用户4400户，电话用户普及率91%；移动电话用户13000户。

市政建设

给排水 2011年末，深水井20眼并有成套净化设备。镇区主要道路两侧铺设排水管道5千米。

供电 2011年末，10千伏供电所1座，年供电7912万千瓦时。

园林绿化 2011年末，花坛20个，绿化面积0.5公顷。

北港村

(Beigang Cun)

名称来历 该村地处遵化县城北面，又因地势低洼积水，得名北港（方言读jiang）。

地理位置 地处西三里乡东部，东邻黄土坡，南邻大秦铁路，西邻下府，北邻苏家洼镇二道岭。

主要指标 2011年末，辖区总人口109人，总面积0.25平方千米，农民人均纯收入6330元。

北黄土坡村

(Beihuangtupo Cun)

名称来历 该村邻近北坡，黄沙土质，故取名黄土坡。1981年地名普查时，为与县内同名黄土坡区别，以方位更名为北黄土坡。

地理位置 地处西三里乡东北部，东邻112国道，南邻贸易城，西邻北站，北邻北港。

主要指标 2011年末，辖区总人口1227人，总面积1.19平方千米，农民人均纯收入6357元。

北邢庄子村

(Beixingzhuangzi Cun)

名称来历 因希望日后家族事业繁盛，称兴旺庄。“兴”为“邢”之谐音，后演变为邢庄子。1981年地名普查时，为与县内同名邢庄子区别，以方位更名为北邢庄子。

地理位置 地处西三里乡南部，东邻农经公寓，南邻人民公园，西邻张各庄，北邻小刘庄。

主要指标 2011年末，辖区总人口995人，总面积0.9平方千米，农民人均纯收入6392元。

北峪村

(Beiyu Cun)

名称来历 因该村地处遵化县城北山区，以方位与地形而得名。

地理位置 地处西三里乡北部，东邻老峰沟，南邻后府，西邻绿石沟，北邻达志沟。

主要指标 2011年末，辖区总人口941人，总面积3.07平方千米，农民人均纯收入6227元。

东房子村

(Dongfangzi Cun)

名称来历 因地处下府村东，故称东房子。

地理位置 地处西三里乡东部，东邻北港，南邻大秦铁路，西邻后府，北邻老丰沟。

主要指标 2011年末，辖区总人口229人，总面积0.27平方千米，农民人均纯收入6332元。

东三里村

(Dongsanli Cun)

名称来历 该村地处遵化县城北三华里处，又因西邻西三里，故取村名东三里庄，后称东三里。

地理位置 地处西三里乡东部，东邻黄土坡，南邻龙源小区，西邻西三里，北邻北站。

主要指标 2011年末，辖区总人口1416人，总面积0.8平方千米，农民人均纯收入6356元。

巩山村

(Gongshan Cun)

名称来历 巩氏迁此立庄，为求吉利，取名巩固山，后称巩山。

地理位置 地处西三里乡中部，东邻肖庄子，南邻张各庄，西邻胡庄子，北邻石家口。

主要指标 2011年末，辖区总人口344人，总面积0.51平方千米，农民人均纯收入6279元。

巩山西沟村

(Gongshanxigou Cun)

名称来历 原属巩山村，因地处巩山村西山沟而得名。

地理位置 地处西三里乡西部，东邻肖庄子，南邻胡庄子，西邻西留村乡獐子峪，北邻石家口。

主要指标 2011年末，辖区总人口354人，总面积0.85平方千米，农民人均纯收入6271元。

后府村

(Houfu Cun)

名称来历 因地处下府村之北得名。

地理位置 地处西三里乡中部，东临东房子，南临下府，西临肖庄子，北临北峪。

主要指标 2011年末，辖区总人口250人，总面积0.56平方千米，农民人均纯收入6320元。

胡庄子村

(Huzhuangzi Cun)

名称来历 胡氏迁此立庄，以姓氏取名胡家庄，后称胡庄子。

地理位置 地处西三里乡西南部，东邻各庄，南邻西留村乡赵庄子，西邻兴旺寨乡章子峪，北邻西沟。

主要指标 2011年末，辖区总人口1441人，总面积2.71平方千米，农民人均纯收入6350元。

老峰沟村

(Laofenggou Cun)

名称来历 村东有个独立山峰，村庄坐落在山峰西侧山沟之内，得名老峰沟。

地理位置 地处西三里乡东北部，东邻苏家洼镇二道岭，南邻东房子，西邻后府，北邻北峪。

主要指标 2011年末，辖区总人口485人，总面积1.14平方千米，农民人均纯收入6289元。

绿石沟村

(Lüshigou Cun)

名称来历 因沟内山石呈青绿色得名

地理位置 地处西三里乡西北部，东邻北峪，南邻肖庄子，西邻石家口，北邻兴旺寨乡曹家堡。

主要指标 2011年末，辖区总人口180人，总面积0.6平方千米，农民人均纯收入6222元。

西石家口村

(Xishijiakou Cun)

名称来历 村北有一山口，当中有路可通行，故称西石夹口，后演变成西石家口。

地理位置 地处西三里乡西部，东邻绿石沟，南邻西沟，西邻兴旺寨乡獐子峪，北邻兴旺寨曹家堡。

主要指标 2011年末，辖区总人口413人，总面积1.2平方千米，农民人均纯收入6247元。

西二里村

(Xi'erli Cun)

名称来历 因地处遵化县城西两华里处得名。

地理位置 地处西三里乡南部，东邻怡园小区，南邻北台小区，西邻燕山花园，北邻信息公寓。

主要指标 2011年末，辖区总人口926人，总面积0.43平方千米，农民人均纯收入6350元。

西三里村

(Xisanli Cun)

名称来历 因该村地处遵化县城西北3华里处，故得名西三里庄，后称西三里。

地理位置 地处西三里乡西南部，东邻东三里，南邻二环路，西邻小刘庄，北邻下府。

主要指标 2011年末，辖区总人口1540人，总面积1.27平方千米，农民人均纯收入6364元。

下府村

(Xiafu Cun)

名称来历 此地曾为王府，有坎上（亦称上府）、坎下（亦称下府），上府为官宦人家住所，下府为差役居住，后形成村庄，定名下府。

地理位置 地处西三里乡中部，东邻北港，南邻大秦铁路，西邻巩山，北邻后府。

主要指标 2011年末，辖区总人口1152人，总面积1.23平方千米，农民人均纯收入6363元。

小刘庄村

(Xiaoliuzhuang Cun)

名称来历 刘氏迁此立庄，因村落较小，故称小刘庄。

地理位置 地处西三里乡南部，东邻西三里，南邻北邢庄子，西邻电厂，北邻西三里。

主要指标 2011年末，辖区总人口322人，总面积0.28平方千米，农民人均纯收入6398元。

肖庄子村

(Xiaozhuangzi Cun)

名称来历 肖姓迁此立庄，以其姓氏而得名。

地理位置 地处西三里乡中部，东邻后府，南邻下府，西邻巩山西沟，北邻北峪。

主要指标 2011年末，辖区总人口1055人，总面积1.23平方千米，农民人均纯收入6379元。

张各庄村

(Zhanggezhuang Cun)

名称来历 张氏迁此立庄，以姓氏而得名。

地理位置 地处西三里乡南部，东邻北邢庄子，南邻西留村乡黄庄子，西邻西留村乡赵庄子，北邻巩山。

主要指标 2011年末，辖区总人口3670人，总面积3.33平方千米，农民人均纯收入6390元。

（撰稿：陈明霞，初审：周丽英）

侯家寨乡

(Houjiazhai Xiang)

政区概况

名称来历 因原人民公社驻侯家寨村而得名。

地理位置 地处遵化市东北，东与小厂乡接壤，南靠苏家洼镇，西邻曹家堡镇，北接兴隆县。人民政府驻刘庄村，电话区号0315，邮政编码064200，距遵化市人民政府10千米。

政区沿革 新中国成立之初，属遵化县第九区。1958年，属长城人民公社。1961年，公社划小，从长城人民公社析出，设立侯家寨人民公社。1981年，人民公社驻地迁至刘庄附近。1984年，撤销人民公社，复为侯家寨乡，辖19个村民委员会。

政区划分 2011年末，辖前后杖子、罗文峪、大石庄、下营、刘庄、郑庄、蔡家峪、秋科峪、侯家寨、马蹄峪、禅林寺、大屯、北张庄子、刁山、硝石峪、前山寨、北小厂、片石峪、房山沟19个村民委员会。

人口面积 2011年末，辖区总人口13764人，其中城镇常住人口3000人，城镇化率23.5%。另有流动人口167人。总人口中，男性7002人，占50.9%；女性6762人，占49.1%；14岁以下2470人，占17.9%；15～64岁10173人，占74%；65岁以上1176人，占8.5%。总人口中，以汉族为主，达13081人，占95.03%；有少数民族775人，占5.6%。2011年，人口出生率13.93‰，人口死亡率6.4‰，人口自然增长率7.53‰。

辖区东西最大距离25千米，南北最大距离4.3千米，总面积62.4平方千米。其中陆地面积28.7平方千米，占46%；山地面积33.7平方千米，占54%。人口密度为每平方千米221人。

自然条件

地形地貌 境内大部分为山地，地势北高南低。最高点位于鹫峰山，海拔889米，最低点海拔85米，高差804米。

矿藏及其他自然资源 境内已探明地下矿藏有片麻岩。土壤以淋溶褐土和粗骨性褐土为主。铁矿资源丰富。

自然灾害 主要有冰雹、旱涝、风灾、低温、霜冻、雷击等。

经济概况

农业 耕地面积9753亩，人均0.71亩。以种植玉米为主。2011年，农业总产值2014万元，占国内生产总值的13.2%，实现农业增加值3286万元，比上年增长6%。

粮食作物以玉米为主。2011年，生产粮食1620吨，人均117.7千克。主要经济作物有板栗。2011年，板栗种植面积1907公顷。

工业 以采矿、选矿、团球为主。2011年，工业总产值2526万元。2011年，工业企业182家，职工2186人。

财政金融 2011年，财政总收入10372.5万元，比上年增长16.3%。其中地方财政收入1913.5万元，比上年增长12%。从主要税种看，完成营业税194.1万元，增值税9607万元，企业所得税22万元。人均财政收入7536元，比上年增长16%。2011年，银行和金融机构各类存款余额199.91万元。

社会发展

文化艺术 2011年末，镇文化站1个，村级文化活动中心19个；各类图书室13个，藏书3余万册。市级文物保护单位3个。

教育 2011年末，幼儿园2所，在园幼儿260人，专任教师15人；小学4所，在校生800人，专任教师90人，小学适龄儿童入学率100%；初中1所，在校生260人，专任教师28人，初中适龄人口入学率、小升初升学率、九年义务教育覆盖率均达100%。2011年财政预算内教育经费507.9万元，比上年增加5%。预算内教育经费（包括城市教育费附加）占财政总支出的比例为30%，比上年提高了5个百分点。

医疗卫生 2011年末，各级医疗卫生机构2个，其中京城医院，固定资产800万元；病床30张，专业卫生人员67人，其中执业医师10人，执业助理医师24人，注册护士25人；侯家寨乡卫生院病床12张，执业医师1人，执业助理医师3人，注册护士3人。乡级卫生所25个。新型农村合作医疗参合率97.5%。

体育2011年末，有20%的村安装了健身器材，经常参加体育活动的人员占常住人口的60%。

广播电视 2011年末，有线电视用户3400万户，入户率91%。

社会保障 2011年城镇最低生活保障户数3户，人数9人，月人均290元，比上年增长22.3%。农村最低生活保障户数90户，人数226人，月人均101元，比上年增长53%。国家抚恤、补助各类优抚对象59人，抚恤事业费支出295538.429.6万元，比上年减少3.4%。

基础设施

交通运输 112国道、承唐高速过境。有县乡级公路一条，总长30千米。

邮政电信 2011年末，电信企业1家，服务网点1个；固定电话用户2100户；宽带接入用户1300户。

市政建设

公共交通 2011年末，汽车客运站1座，设有直达侯家寨、鹫峰山、禅林寺等旅游景点的班车。

供电 2011年末，110千伏变电站1座。

园林绿化 2011年末，花坛5个，绿化面积0.01公顷。

下营村

(Xiaying Cun)

名称来历 因村北为守长城屯兵的营址，故取名下营。

地理位置 地处侯家寨乡西部，东至刘庄，南至大石庄，西至大河局，北至长城。

主要指标 2011年末，辖区总人口1180人，总面积3平方千米，农民人均纯收入7285元。

北小厂村

(Beixiaochang Cun)

名称来历 唐代此地即有小型炼钢厂，故取村名小场。1981年地名普查时，为与娘娘庄公社南小厂相对应，更名为北小厂。

地理位置 地处侯家寨乡南部，东至苏家洼镇大块地，南至般若院水库，西至张庄子，北至片石峪。

主要指标 2011年末，辖区总人口200人，总面积6平方千米，农民人均纯收入6970元。

蔡家峪村

(Caijiayu Cun)

名称来历 因蔡氏迁此立庄，以姓氏取村名为蔡家峪。

地理位置 地处侯家寨乡北部，东至刘庄、郑庄，南至郑庄，西至秋科峪，北至兴隆县。

主要指标 2011年末，辖区总人口397人，总面积1.6平方千米，农民人均纯收入6822元。

禅林寺村

(Chanlinsi Cun)

名称来历 因有一禅林寺，以此取村名禅林寺。

地理位置 地处侯家寨乡东北部，东至张庄子，南至侯家寨，西至马蹄峪，北邻古长城。

主要指标 2011年末，辖区总人口527人，总面积2.1平方千米，农民人均纯收入7215元。

大石庄村

(Dashizhuang Cun)

名称来历 因最初几户石姓来此定居，故取名大石庄。

地理位置 地处侯家寨乡西部，东至北下营，南至苏家洼镇北十里铺村，西至前杖子，北至北下营。

主要指标 2011年末，辖区总人口884人，总面积3.5平方千米，农民人均纯收入7332元。

大屯村

(Datun Cun)

名称来历 因村庄较大，取名大屯。

地理位置 地处侯家寨乡南部，东至张庄子，南邻般若院水库，西至侯家寨，北至禅林寺。

主要指标 2011年末，辖区总人口672人，总面积2.4平方千米，农民人均纯收入7172元。

房山沟村

(Fangshangou Cun)

名称来历 自古传承下来就为此名。

地理位置 地处侯家寨乡东部，东至洪山口头道城子，南至高家峪，西至片石峪村，北至寨主沟。

主要指标 2011年末，辖区总人口755人，总面积9.5平方千米，农民人均纯收入7150元。

侯家寨村

(Houjiazhai Cun)

名称来历 侯氏迁此立庄，因地处明初守卫长城的营寨，故此冠以姓氏取名侯家寨。

地理位置 地处侯家寨乡中部，东至大屯，南至苏家洼镇李家沟，西至刘庄，北至马蹄峪。

主要指标 2011年末，辖区总人口1847人，总面积2.7平方千米，农民人均纯收入7284元。

刁山村

(Diaoshan Cun)

名称来历 清代建村。因邻近刁山（刁山历史无传可考），故取名刁山。

地理位置 地处侯家寨乡中部，东至硝石峪村，南至北张庄子村，西至禅林寺村，北至前山寨村。

主要指标 2011年末，辖区总人口300人，总面积1.2平方千米，农民人均纯收入7075元。

前山寨村

(Qianshanzhai Cun)

名称来历 民国年间建村，因该村北山曾有营寨，故名前山寨。

地理位置 地处侯家寨乡北部，东至房山沟村，南至刁山村，西至马蹄峪村，北至小厂乡寨主沟村。

主要指标 2011年末，辖区总人口327人，总面积4.5平方千米，农民人均纯收入6892元。

刘庄村

(Liuzhuang Cun)

名称来历 刘氏在此立庄，以姓氏取名刘庄。

地理位置 地处侯家寨乡西部，东与侯家庄村相连，南与侯家寨接壤，西至北下营，北与郑庄相邻。

主要指标 2011年末，辖区总人口346人，总面积1.6平方千米，农民人均纯收入7220元。

罗文峪村

(Luowenyu Cun)

名称来历 相传，隋朝时罗文曾在此把守关口，以其姓名取村名为罗文峪。

地理位置 地处侯家寨乡西部，东至北下营，南至大石庄，西至前后杖子，北至兴隆县长城。

主要指标 2011年末，辖区总人口1073人，总面积4.6平方千米，农民人均纯收入7190元。

马蹄峪村

(Matiyu Cun)

名称来历 因村庄坐落在似马蹄的山丘上，故取村名为马蹄峪。

地理位置 地处侯家寨乡北部，东至禅林寺，南至大屯，西至蔡家峪，北至兴隆。

主要指标 2011年末，辖区总人口492人，总面积3.2平方千米，农民人均纯收入7275元。

片石峪村

(Pianshiyu Cun)

名称来历 因此地产片石得名。

地理位置 地处侯家寨乡东部，东至东小厂乡高家峪，南至苏家洼镇大块地，西至北小厂，北至房山沟。

主要指标 2011年末，辖区总人口953人，总面积3.7平方千米，农民人均纯收入7190元。

前后杖子村

(Qianhouzhangzi Cun)

名称来历 明朝末年，为驻守长城，此处曾设有两个营帐，相隔两里，据此取村名前后杖子。

地理位置 地处侯家寨乡西部，东至大石庄，南至兴旺寨乡珠岭，西至兴旺寨乡沙坡峪，北临兴隆县。

主要指标 2011年末，辖区总人口1202人，总面积4.6平方千米，农民人均纯收入7215元。

秋科峪村

(Qiukeyu Cun)

名称来历 因山上多秋棵子，建村后取名秋棵峪。“棵”、“科”同音，又演变为秋科峪。

地理位置 地处侯家寨乡北部，东至蔡家峪，南至郑庄，西至罗文峪，北至长城。

主要指标 2011年末，辖区总人口906人，总面积3.2平方千米，农民人均纯收入7390元。

硝石峪村

(Xiaoshiyu Cun)

名称来历 该村原名硝石峪，因“硝”误笔为“小”，村名遂演变为小石峪。1981年地名普查时，又恢复硝石峪村名。

地理位置 地处侯家寨乡东部，东至片石峪，南至张庄子，西至刁山，北至长城。

主要指标 2011年末，辖区总人口207人，总面积8平方千米，农民人均纯收入7053元。

北张庄子村

(Beizhangzhuangzi Cun)

名称来历 张氏迁此立庄，因村子小，取名小张庄。光绪年间，改称张庄子。1981年地名普查时，更名为北张庄子村，以与刘备寨公社南张庄子相对应。

地理位置 地处侯家寨乡南部，东至小厂乡，南邻般若院水库，西邻大屯，北至刁山村。

主要指标 2011年末，辖区总人口782人，总面积1平方千米，农民人均纯收入7215元。

郑庄村

(Zhengzhuang Cun)

名称来历 郑氏迁此立庄，以姓氏取村名为郑家庄，后称郑庄。

地理位置 地处侯家寨乡北部，东靠小山板栗区，南至刘庄，西靠承唐高速500米，北至蔡家峪。

主要指标 2011年末，辖区总人口189人，总面积4平方千米，农民人均纯收入7285元。

（撰写：岳明）

小厂乡

(Xiaochang Xiang)

政区概况

名称来历 因乡人民政府驻地位于小厂村而得名。

地理位置 地处遵化市东北，东与迁西县三屯营镇接壤，南靠建明镇，西邻侯家寨乡，北接兴隆县三道河乡。人民政府驻小厂村，电话区号0315，邮政编码064204，距遵化市人民政府20千米。

政区沿革 1958年，属建明人民公社。1961年5月，设立小厂人民公社。1984年3月，撤销人民公社，设立小厂乡，辖16个村民委员会。1992年，洪山口乡并入，辖23个村民委员会。

政区划分 2011年末，辖寨主沟、南城子、洪山口、野鸡峪、尤山口、三道沟、头道城子、庄客、杏峪、松棚营、高家峪、小厂、毛山沟、吴家沟、三里店、粳子峪、陡岭子、强庄子、沙岭子、房家峪、秋花峪、小于沟、柴户场23个村民委员会。

人口面积 2011年末，辖区总人口16266人，其中城镇常住人口600人，城镇化率4%。另有流动人口400人。总人口中，男性8295人，占51%；女性7971人，占49%；14岁以下2751人，占17%；15～64岁11665人，占71.6%；65岁以上1859人，占11.4%。总人口中，以汉族为主，达15500人，占95.3%；有满族540人，占3.3%。2011年，人口出生率10.87‰，人口死亡率6.86‰，人口自然增长率4.01‰。

辖区东西最大距离8.5千米，南北最大距离22千米，总面积92.9平方千米。其中陆地面积89平方千米，占95.8%；水域面积3.9平方千米，占4.2%。人口密度为每平方千米175人。

自然条件

地形地貌 境内大部分为山区，北高南低，地面高程一般在海拔450米，最高点海拔738米。

水文 境内河道属滦河和蓟运河水系，共3条。洒河自南向北入滦河，境内长5千米。小厂河、东沟河源自三道毛山，境内分别长8千米、5千米，均入黎河。

矿藏及其他自然资源 金属矿产有金、银、铜和铁，其中铁储量2500万吨。可采量1000万吨，集中分布在东南部一带。地下水资源可利用量9500万立方米。

自然灾害 主要有风雹、水、旱、高温等。风雹灾害十年九遇，多集中在5～9月。旱涝出现概率4%，一般各为12年一遇。大旱、大涝各为13年一遇。大暴雨（日降雨超过100毫米）年发生概率1.6%。连阴雨2天以上的年均11次，10天以上的年均3次。风雹年平3次。

经济概况

农业 山场面积13.9万亩。2011年，农业总产值1亿元，占国内生产总值的2.4%，实现农业增加值5977万元，比上年增长0.1%。

粮食作物以谷物、玉米为主。2011年，生产粮食0.13万吨，人均80千克，其中玉米0.11万吨。

畜牧业以猪、羊、家禽为主。2011年，生猪饲养量1.36万头，年末存栏0.49万头；羊饲养量0.54万只，年末存栏0.22万只；家禽饲养量9.23万羽。

经济林面积14.3万亩，经济林以板栗为主。2011年，种植面积7万亩，产量0.24万吨。其间种植杏、李子、苹果、梨、柿子、核桃、大枣、红果等。耕地面积0.62万亩，人均0.6亩。以种植玉米、谷物为主。

工业 以矿山开采、铁精粉加工为主。2011年，工业总产值37亿元，实现工业增加值14亿元，比上年增长16.8%，占国内生产总值的90.3%。2011年，工业企业37家，职工597人。

商业外贸 2011年末，商业网点56个，职工140人；城乡集贸市场3个。2011年，社会消费品零售总额达0.07亿元，比上年增长15.1%；城乡集市贸易成交额0.1亿元。

财政金融 2011年，财政总收入0.24亿元，比上年增长7.5%。其中地方财政收入0.07亿元，比上年增长12.1%。从主要税种看，完成营业税208.5万元，增值税1623万元，企业所得税12.96万元。人均财政收入1500元，比上年增长6.5%。2011年，银行和金融机构各类存款余额3.17亿元，比上年增长20.5%；各项贷款余额0.22亿元，比上年增长13.1%。

社会发展

文化艺术 2011年末，乡文化站24个，村级文化活动中心23个；各类文化专业户4个；各类图书室13个，藏书2.5万册；音乐、美术、书法、摄影及文学业余创作人员15人。省、市级文物保护单位2个。

教育 2011年末，幼儿园3所，在园幼儿603人，专任教师30人；小学4所，在校生1034人，专任教师63人，小学适龄儿童入学率100%；初中2所，在校生264人，专任教师58人，初中适龄人口入学率、小升初升学率、九年义务教育覆盖率均达100%。2011年财政预算内教育经费711.8万元，比上年增长24.7%。预算内教育经费（包括城市教育费附加）占财政总支出的比例为4.3%，比上年提高了0.6个百分点。

医疗卫生 2011年末，各级医疗卫生机构2个，门诊部（所）31个；病床170张，每千人拥有医疗床位10.5张，固定资产总值850万元。专业卫生人员19人，其中执业医师1人，执业助理医师3人，注册护士3人。2011年医疗机构（门诊部以上）完成诊疗0.2万人次。新型农村合作医疗参合率86.6%。

体育 2011年末，学校体育场地2处，座位20张。70%的村安装了健身器材，经常参加体育活动的人员占常住人口的35%。

广播电视 2011年末，广播电视站24个，有线电视用户0.5万户，入户95%。

社会保障 2011年城镇最低生活保障户数1户，人数2人，支出1万元，比上年增长19851936824.1%，月人均429元，比上年增长5.3%；城市医疗救助14人次，民政部门资助参加合作医疗22人次，共支出9.6万元，比上年增长41%。农村最低生活保障户数176户，人数386人，支出45万元，比上年增长43.3%；月人均97.2元，比上年增长27.2%。国家抚恤、补助各类优抚对象62人，抚恤事业费支出26.7万元，比上年增长3.8%。新型农村社会养老保险参保人数0.5万人，参保率75%。

基础设施

交通运输 大秦铁路线过境，境内长2.5千米。有洪火线、长城旅游公路2条县级公路，境内长30千米。有粳柴线乡级公路1条，长12千米。

邮政电信 2011年末，邮政所1处；电话交换机总容量0.5万门，固定电话用户0.15万户，电话用户普及率达到30%；移动电话用户0.8万户；宽带接入用户0.06万户。全年电信业务收入50万元。

市政建设

公共交通 2011年末，客运站1座，日发客运汽车5班次，日均容量200余人次。

供电 2011年末，3.5万千伏变电站1座，年供电1900万千瓦时。

寨主沟村

(Zhaizhugou Cun)

名称来历 因村庄地处山沟，因这里曾住过山寨主，故名。

地理位置 地处小厂乡西部，东至头道城，南至侯家寨乡前山寨，西至兴隆县三道河乡黑峪沟，北至南城子。

主要指标 2011年末，辖区总人口721人，总面积5平方千米，农民人均纯收入5852元。

南城子村

(Nanchengzi Cun)

名称来历 因村庄地处长城脚下南侧而得名。

地理位置 地处小厂乡西北部，东至三道沟，南至寨主沟，西至兴隆县三道河乡黑峪沟，北至洪山口。

主要指标 2011年末，辖区总人口696人，总面积4平方千米，农民人均纯收入5980元。

洪山口村

(Hongshankou Cun)

名称来历 洪山口为县境内长城最东的一个关口，明成化年间，驻守关口移到现地，并修筑城堡，后发展成村，取村名洪山口。

地理位置 地处小厂乡北部，东至野鸡峪，南至南城子，西至兴隆县三道河乡黑峪沟，北至兴隆县三道河乡洒河南。

主要指标 2011年末，辖区总人口1385人，总面积7平方千米，农民人均纯收入5477元。

野鸡峪村

(Yejiyu Cun)

名称来历 因山中野鸡出没较多而得名。

地理位置 地处小厂乡东北部，东至迁西县汉儿庄乡二道城子，南至尤山口，西至洪山口，北至兴隆县三道河乡大东沟。

主要指标 2011年末，辖区总人口295人，总面积4平方千米，农民人均纯收入5537元。

尤山口村

(Youshankou Cun)

名称来历 因沟口有一尤山寺，得名尤山口。

地理位置 地处小厂乡东部，东至迁西县汉儿庄乡常胜峪，南至三道沟，西至南城子，北至野鸡峪。

主要指标 2011年末，辖区总人口130人，总面积3平方千米，农民人均纯收入5903元。

三道沟村

(Sandaogou Cun)

名称来历 因地处第三道沟而得名。

地理位置 地处小厂乡东北部，东至迁西县三屯营镇王寺峪，南至头道城子，西至寨主沟，北至尤山口。

主要指标 2011年末，辖区总人口245人，总面积4平方千米，农民人均纯收入5903元。

头道城子村

(Toudaochengzi Cun)

名称来历 清代建村，长城至此有两道城墙，该村位于第一道城墙附近，故取名头道城子村。

地理位置 地处小厂乡中部，东至柴户场，南至庄客，西至侯家寨乡房山沟，北至三道沟。

主要指标 2011年末，辖区总人口878人，总面积7平方千米，农民人均纯收入5863元。

柴户场村

(Chaihuchang Cun)

名称来历 原为柴草堆放场地，称柴火场。一户村民移居此处立庄，遂称柴户场。

地理位置 地处小厂乡东部，东至迁西县三屯营镇贾庄子，南至小于沟，西至庄客，北至头道城子。

主要指标 2011年末，辖区总人口479人，总面积6平方千米，农民人均纯收入6200元。

小于沟村

(Xiaoyugou Cun)

名称来历 于氏迁此立庄，取名于家沟。因南有大于家沟，与该村有大小之分，故称小于沟。

地理位置 地处小厂乡东部，东至迁西县三屯营镇学坨涯，南至房家峪，西至秋花峪，北至柴户场。

主要指标 2011年末，辖区总人口763人，总面积5平方千米，农民人均纯收入5736元。

秋花峪村

(Qiuhuayu Cun)

名称来历 民国初期建村。因该村果树繁茂，秋季来临，花开四海，如故名秋花峪。

地理位置 地处小厂乡中部，东至小于沟，南至房家峪，西至杏峪，北至柴户场。

主要指标 2011年末，辖区总人口230人，总面积4平方千米，农民人均纯收入7257元。

房家峪村

(Fangjiayu Cun)

名称来历 因房姓在此定居而得名。

地理位置 地处小厂乡东部，东至沙岭子，南至陡岭子，西至杏峪，北至小于沟。

主要指标 2011年末，辖区总人口343人，总面积3平方千米，农民人均纯收入6291元。

沙岭子村

(Shalingzi Cun)

名称来历 因地处沙岭山的西部，遂以此取村名沙岭子。

地理位置 地处小厂乡东南部，东至迁西县三屯营镇纪庄子，南至强庄子，西至房家峪，北至小于沟。

主要指标 2011年末，辖区总人口243人，总面积2平方千米，农民人均纯收入7236元。

强庄子村

(Qiangzhuangzi Cun)

名称来历 强氏迁此立庄，以姓氏取名强庄，后称强庄子。

地理位置 地处小厂乡东南部，东至迁西县三屯营镇纪庄子，南至建明镇马棚峪，西至陡岭子，北至沙岭子。

主要指标 2011年末，辖区总人口630人，总面积4平方千米，农民人均纯收入6040元。

陡岭子村

(Doulingzi Cun)

名称来历 因地处山地，山岭坡度较大而得名。

地理位置 地处小厂乡南部，东至强庄子，南至建明镇廖高庄，西至三里店，北至吴家沟。

主要指标 2011年末，辖区总人口967人，总面积5平方千米，农民人均纯收入5928元。

粳子峪村

(Jingziyu Cun)

名称来历 因该村处于山地低洼处，适宜种植粳子，得名粳子峪。

地理位置 地处小厂乡南部，东至陡岭子，南至建明镇廖高庄，西至三里店，北至吴家沟。

主要指标 2011年末，辖区总人口649人，总面积5平方千米，农民人均纯收入5858元。

三里店村

(Sanlidian Cun)

名称来历 因地处松棚营南三里处，取名三里店。

地理位置 地处小厂乡西南部，东至吴家沟，南至粳子峪，西至建明镇鸡鸣，北至小厂。

主要指标 2011年末，辖区总人口444人，总面积3平方千米，农民人均纯收入6339元。

吴家沟村

(Wujiagou Cun)

名称来历 吴氏由迁安逃荒至此定居建村，取名吴家沟。

地理位置 地处小厂乡南部，东至陡岭子，南至粳子峪，西至三里店，北至小厂。

主要指标 2011年末，辖区总人口1165人，总面积5平方千米，农民人均纯收入5747元。

小厂村

(Xiaochang Cun)

名称来历 明宣德年间，此处为炼铁之地，建村后取名小场，后改称小厂。

地理位置 地处小厂乡西南部，东至毛山沟，南至吴家沟，西至三里店，北至松棚营。

主要指标 2011年末，辖区总人口800人，总面积3平方千米，农民人均纯收入6929元。

毛山沟村

(Maoshangou Cun)

名称来历 清代建村，地处茅山脚下第一条山沟里，取名茅山沟。后人为了书写方便，改为毛山沟。

地理位置 地处小厂乡南部，东至沙岭子村，南至吴家沟村，西至松棚营村，北至秋花峪村。

主要指标 2011年末，辖区总人口259人，总面积1平方千米，农民人均纯收入5703元。

高家峪村

(Gaojiayu Cun)

名称来历 高氏迁此立庄，以姓氏取名高家峪。

地理位置 地处小厂乡西部，东至松棚营，南至小厂，西至侯家寨乡驸马寨，北至头道城子。

主要指标 2011年末，辖区总人口1243人，总面积7平方千米，农民人均纯收入5628元。

庄客村

(Zhuangke Cun)

名称来历 庄氏迁此立庄，以姓氏取名庄户，后演变成庄客。

地理位置 地处小厂乡西部，东至秋花峪，南至小厂，西至高家峪，北至头道城子。

主要指标 2011年末，辖区总人口391人，总面积3平方千米，农民人均纯收入6375元。

杏峪村

(Xingyu Cun)

名称来历 因杏树多而取名杏峪。

地理位置 地处小厂乡西部，东至毛秋花峪，南至小厂，西至高家峪，北庄客峪。

主要指标 2011年末，辖区总人口646人，总面积4平方千米，农民人均纯收入5975元。

松棚营村

(Songpengying Cun)

名称来历 明代为把守洪山口关，曾在此屯兵为营，当时此地松树茂密，取名松棚营。建村后由此而得名。

地理位置 地处小厂乡西部，东至毛山沟，南至小厂，西至高家峪，北至杏峪。

主要指标 2011年末，辖区总人口572人，总面积3平方千米，农民人均纯收入5951元。

（撰稿：王荣举，初审：袁国良）

迁安市

(Qian' an Shi)

市域综合经济实力连续7年位居河北省30强之首，在第九届全国县域经济百强评比中排名第24位。

政区概况

名称来历 金大定七年（1167年），改安喜县为迁安县，意为“迁自安喜”。迁安之名始定。

地理位置 位于东经118°26′16″～118°55′57″，北纬39°51′05″～40°15′06″。地处唐山市北部，东隔青龙河与秦皇岛市的卢龙县相望，南与滦县相邻，西接迁西县，北以长城为界与秦皇岛市青龙满族自治县毗邻。邻近京唐港、曹妃甸港、天津新港、秦皇岛港。人民政府驻钢城大街996号，电话区号0315，邮政编码064400，距唐山市人民政府90千米。

政区沿革 春秋为山戎令支国，战国属燕国。秦为离支县，属辽西郡。汉称令支县，属辽西郡。三国时属魏辽西郡。西晋废令支县，地属辽西郡。北魏太平真君七年（446年），以令支、含资入阳乐县，属平州辽西郡。北齐归肥如县。隋属北平郡。唐沿隋置卢龙县，改北平郡为平州，属平州。辽置安喜县，属南京道平州。金大定七年（1167年），改安喜县为迁安县，属中都路平州。元初再并入卢龙县，后又复置，先后属兴平府、平滦路、永平路。明属北直隶省永平府。清属直隶省永平府。

1912年，迁安县属直隶省津海道。1928年，为河北省辖。1939～1944年，中国共产党在迁安及附近边区先后成立丰滦迁、迁遵兴、迁滦卢、迁青平、迁卢抚昌等联合县，迁卢青、迁遵青、滦卢等联合县先后属晋察冀边区冀东区和冀热边区。1945年，复置迁安县，属冀东十六专区。

1949年10月，辖8个区、1个镇，属河北省唐山地区行政公署。1953年5月，首次划乡，设93个乡、1个镇。1956年7月，将93个乡、1个镇合并为42个乡、2个镇。1953年7月22日，境内福山寺、干草河两个行政村划归滦县。1957年5月22日，建4个办事处。1958年9月24日，撤销办事处，建8个人民公社。1958年11月29日，卢龙县刘营、水峪两个乡划归迁安县；同时，迁西县（除三屯营、洒河两个公社划归遵化外）并入迁安县，遵化县东营乡的16个自然村划归迁安县，辖14个人民公社。1961年5月16日，原迁西县6个人民公社划出，再次分治；同年7月，原卢龙县刘家营（包括原迁安县三里店）、水峪两个乡划归卢龙县；调整为39个人民公社。1962年4月，增设大五里、平林镇两个人民公社，共41个人民公社。1965年2月，增设城关镇。

1975年12月，迁安矿区建立，辖杨店子、大五里、张官营、蔡园、孟官营、马兰庄、驿南府、沙河驿、木厂口、太平庄、崇家峪、北营、擂鼓台13个人民公社。1976年2月，擂鼓台人民公社从迁安矿区划出。1982年7月，撤销迁安矿区。

1983年5月6日，撤销唐山地区行政公署，属唐山市。1992年，撤乡并镇，41个乡镇合并为19个乡镇。1996年10月，撤县设市，为迁安市，由唐山市代管。1999年5月，设立城区街道。

政区划分 2011年末，辖城区街道1个街道，迁安、夏官营、建昌营、杨店子、马兰庄、木厂口、沙河驿、赵店子、野鸡坨、杨各庄、大崔庄、蔡园12个镇，上射雁庄、大五里、太平庄、彭店子、扣庄、五重安、阎家店7个乡，共20个乡级政区；领导16个居民委员会、531个村民委员会。

人口面积 2011年末，辖区总人口72.7万人，其中城镇常住人口22万人，城镇化率54.5%。总人口中，男性37.5万人，占51.6%；女性35.2万人，占48.4%。2010年人口普查资料显示，常住人口721860人，其中14岁以下12.4万人，占17.1%；14～64岁54.6万人，占75.1%；65岁以上5.7万人，占7.8%。总人口中，以汉族为主，达70.8万人，占97.4%；有满、回、蒙古、布依、朝鲜等28个少数民族，共1.9万人，占2.6%，其中满族11201人，占少数民族人口的59%；回族5960人，占31.4%；蒙古族485人，占2.6%；布依族257人，占1.4%。有少数民族村12个。2011年，人口出生为率12.7‰，人口死亡率5.8‰，人口自然增长率6.9‰。

辖区东西最大距离39千米，南北最大距离45千米，总面积1227平方千米。人口密度为每平方米593人。

自然条件

地形地貌 地处燕山隆起带余脉南侧，地势西北高，东南低。地形分为低山、丘陵、谷地、平原，山地和丘陵约占全县面积的55.4%。境内最高峰大嘴子山位于五重安乡，海拔695.7米；最低点位于彭店子乡滦河与青龙河交汇处，海拔25米，相对高差670.7米。

气候 属暖温带半湿润季风型大陆性气候，其特点是冬季受西伯利亚和蒙古冷空气影响，盛行偏北风，夏季受太平洋高压影响，盛行偏南风，春季干燥多风，夏季闷热多雨，秋季昼暖夜寒，冬季寒冷少雪。多年平均气温10.5℃，1月平均气温－6.7℃，极端最低气温－28.2℃（1978年12月29日）；7月平均气温25.1℃，极端最高气温39.2℃。最低月均气温－10.2℃（1977年1月），最高月均气温27.3℃（2000年7月）。平均气温年较差31.8℃，最大日较差26.3℃（1982年6月3日）。生长期年平均226天，无霜期年平均175天，最长达198天，最短为128天。年平均日照时数2489.1小时。0℃以上持续期261.8天（一般为3月5日至11月21日）。年平均降水量644.9毫米，年平均降雨日数71.4天，最多达104天（1964年），最少为55天（1996年）。极端年最大雨量1130.7毫米（1977年），极端年最少雨量355.8毫米（1997年）。降雨集中在每年7月至8月，7月最多。

水文 境内河道属海河和滦河流域，流域面积1125.6平方千米。共有大小河流16条，除滦河、青龙河、白洋河、冷口河常年有水外，其余多为季节性河流。主要河道有一级河流滦河、西沙河2条，总长100.1千米；二级河流青龙河、隔滦河、管河、三里河、刘皮庄沙河、大石河、崇家峪河7条，总长106.9千米；三级河流冷口沙河、十里河、五道沟沙河、野河、徐流河5条，总长64.1千米；四级河流白羊河、凉水河2条，总长34.3千米。河流总长度305.3千米，河网密度0.27千米/平方千米。境内最大的河流为滦河，自龟口北入境，长54千米，流域面积262.8平方千米，年均流量（确定一个值）立方米/秒，主要支流有青龙河、隔滦河、三里河、刘皮庄沙河等。

矿藏及其他自然资源 境内已探明地下矿藏有铁矿、磁铁矿、金矿、白云岩、石英岩、灰岩、长石、大理石、膨润土、玄武岩、砂岩、页岩、砂、矿泉水等。铁矿资源主要分布在马兰庄、蔡园、杨店子、木厂口、赵店子、彭店子、夏官营、阎家店等10个镇乡，其中用于首钢的开采储量15亿吨，地方开采储量8.9亿吨，通过近20年的铁矿资源开发，目前地方铁矿资源保有量5亿吨；石灰石保有储量4000万吨，主要分布在北部长城沿线和西南部的太平庄、沙河驿一带；白云石储量2亿吨；膨润土矿主要分布在杨各庄镇徐流营村及建昌营镇的闫场、东堡子一带，累计探明储量为200万吨；其他的建筑材料等在辖区内也有广泛的分布。铁矿生产能力944.1万吨/年；年生产石灰石177.2万吨、白云石200万吨、黄金150千克。

自然灾害 主要自然灾害有干旱、暴雨、寒潮、大风、冰雹、连阴雨等。旱灾年均发生0.34次，主要发生在3月至5月，最严重的一次发生在2000年7月，降水量为96.4毫米，气温比常年偏高2.2℃，58万亩受灾作物中，绝收20万亩，共减产粮食10.8万吨，损失1.2亿元；果树受灾面积16万亩，减产果品2.3万吨，损失1840万元，由于干旱严重，农田、林网、高速公路两侧新栽树木30万株，成活率为60%左右，造成直接经济损失1.6亿元，全市80个村9万人口发生人畜饮水困难。暴雨年均发生0.26次，主要发生在4月至10月，年内发生最早日期是4月26日（1983年），最迟日期是10月11日（2003年），最严重的一次发生在1995年7月28日至30日，其间降水量达177.2毫米，全市19个乡镇共96个村不同程度受灾，受灾人口14万人，受灾面积7万多亩，两座铁矿尾矿库溃坝决口，被洪水冲走2人，直接经济损失3261万元。大风灾害年均发生0.43次，主要发生在3月至5月，最严重的一次发生1981年4月18日。冰雹灾害年均发生1.8次，累年最多次数为5次，出现最早的日期是3月20日（1969年），出现最晚的日期是10月8日（1972年和1986年），最严重的一次发生在2004年6月21日，境内17个乡镇212个村不同程度受灾，农作物及果品受灾面积18.8万亩，受灾人口19.5万人，造成11393.1吨粮食作物、经济作物及果品减产，直接经济损失2028.7万元。

自然地质灾害主要有滑坡、崩塌、泥石流等，主要发生在6月中旬至9月中旬。最严重的一次发生在1979年7月，辖区内连降大暴雨，导致多处发生泥石流，造成严重损失，其中红峪口村毁坏房屋40余间，死亡4人，损失牲畜160头，全毁耕地60余亩，损坏桥梁2座。2011年7月25日，红峪口村9小时内降雨量近300毫米，造成村内100多处院墙倒塌，40多处滑坡，损毁河坝2000多米、道路3000多平方米，冲走羊180只，共造成经济损失200余万元。

经济概况

农业 耕地面积65万亩，人均0.9亩；林地面积65.9万亩。农业总产值从1949年的0.14亿元，增加到1978年的0.73亿元，2011年，达到50.02亿元，比上年增长5.4%，实现农业增加值23.3亿元，占国内生产总值的3.8%。

粮食作物以玉米、小麦为主。2011年，生产粮食21.68万吨，人均298千克，其中小麦3.6万吨，水稻0.31吨。主要经济作物有花生。2011年，棉花种植面积0.13万亩，产量124吨；油料作物种植面积17.22万亩，产量3.6万吨，其中花生3.6万吨，芝麻51吨；蔬菜种植面积18万亩，产量87.9万吨，主要品种有白菜、黄瓜、菠菜、西红柿。

畜牧业以猪、牛、鸡为主。2011年，生猪饲养量134.5万头，年末存栏48.6万头；羊饲养量25.4万只，年末存栏10.5万只；牛饲养量17.4万头，年末存栏9.1万头；家禽饲养量1729.4万羽，上市家禽1227万羽。2011年，生产肉类10.1万吨；禽蛋3.5万吨；鲜奶10.7万吨。畜牧业总产值19.7亿元，占农业总产值的52%。

截至2011年末，累计造林65.9万亩，其中防护林31.7万亩，经济林25亩，农民住宅四旁树木1356万株，林木覆盖率38.9%，活立木蓄积量68.2万立方米。2011年，干鲜果种植面积25万亩，产量14.7万吨，主要品种有板栗、核桃、苹果、梨、桃，其中板栗8.6万亩，产量8286吨；核桃8万亩，产量1.8万吨；苹果2.8万亩，产量4万吨；梨1.5万亩，产量2.3万吨；桃1.5万亩，产量3.2万吨；杏1.5万亩，产量7283.6吨；其他1.1万亩，产量1.9万吨。

渔业以四大家鱼为主。可用于水产养殖的淡水水面0.49平方千米。2011年，鱼塘养殖面积2.8公顷，产量505吨；水产品总产量600吨。渔业总产值6万元。

2011年，拥有大型农业机械1.29万台（辆）。注册农业商标31个，其中中国名牌1个，省著名商标2个，省名优农产品28个；有绿色食品标志16个，有机食品标志42个，无公害农产品基地15个；农民人均纯收入1.3万元。

工业 迁安依矿而起、因钢而兴，是一座名副其实的钢铁之城。迁安是中国重要的钢材集散地之一，初步形成了以精品钢铁、装备制造、现代物流为主的工业体系。工业总产值从1949年的104万元，增加到1978年的8085万元，2011年，达到1764亿元，比上年增长26.4%，工业增加值占国内生产总值的64.3%。

2011年，规模以上工业企业159家，职工96864人，实现工业增加值486.5亿元，比上年增长19.5%。其中大中型工业企业53家，职工8.6万人。工业总产值超过1000万元的企业157家，利润超过100万元的企业124家，固定资产投资超过1000万元的企业102家。工业园区两个，其中省级两个；物流产业聚集区一个，其中省级一个。

商业外贸 2011年末，商业网点7000个，职工2.4万人；2011年，社会消费品零售总额达137.1亿元，比上年增长17.1%。其中，批发业完成17亿元，比上年增长9.8%，零售额完成103.4亿元，比上年增长30%；住宿业完成0.8亿元，比上年增长20%，餐饮业完成15.9亿元，比上年增长15.1%。

2011年，进出口总额7.5亿美元，比上年增长252.6%；其中进口6.8亿美元，比上年增长354.8%，主要产品有煤、外矿、服装面辅料、电池片、机械设备5大类12个产品；出口6663万美元，比上年增长6.7%，主要产品有钢铁产品、纺织品、机电产品、包装产品、化工产品和有色金属6大类15个产品，销往23个国家和地区。按贸易方式划分，一般贸易出口1667万美元；加工贸易出口4996万美元。

财政金融 2011年，财政总收入78.2亿元，比上年增长37.4%。其中地方财政收入30.8亿元，比上年增长41.8%。从主要税种看，完成营业税7.4亿元，增值税37亿元，企业所得税11.2亿元，个人所得税5.6亿元，分别比上年增长33.5%、22.6%、126.1%、32.6%。人均财政收入1.1万元，比上年增长36.7%。

2011年，金融产业实现增加值13.79亿元，比上年增长1.9%，占国内生产总值的1.7%，实现税收72.4亿元。2011年，银行和金融机构各类存款余额484.1亿元，比上年增加59.2亿元，其中城乡居民储蓄存款余额324.8亿元，比上年增加45.2亿元；各项贷款余额293.0亿元，比上年增加4.8亿元。保险业实现保费收入7.6亿元，比上年增长20.6%；其中财产险保费收入2.5亿元，比上年增长13.6%；人寿险保费收入5.1亿元，比上年增长21.4%。

社会发展

文化艺术 2011年末，文化馆21个，建筑面积18900平方米；公共图书馆1个，建筑面积5138平方米，藏书10万册。电影院1个，博物馆1个。文化行业从业人员244人。主要文化艺术团体有迁安市艺术团、春蕾艺术团等26个。地方特色民间艺术有评剧、皮影等。

教育 2011年末，幼儿园147所，在园幼儿18726人，专任教师805人；小学113所，在校生46209人，专任教师2819人，小学适龄儿童入学率100%；初中31所，在校生22457人，专任教师2191人，初中适龄人口入学率、小升初升学率、九年义务教育覆盖率均达100%；普通高中7所，在校生13848人，专任教师1711人；体育运动学校1所，在校生340人，专任教师73人；特殊教育学校1所，在校生106人，专任教师26人；乡镇成人教育学校19所，在校生1573人，专任教师322人；中等职业技术教育学校1所，在校生5971人，专任教师427人；教师进修学校1所，专任教师45人；唐山市广播电视大学迁安分校1所，2011年招生1943人，在校生5175人，专任教师69人；民办学校39所，其中九年一贯制学校1所，幼儿园27所，其他培训学校11所，在校生6095人，教职工577人。省级示范高中4所：迁安一中、迁安二中、迁安三中、建昌高中；高校1所：河北联合大学迁安学院；省级示范幼儿园3所：直属机关幼儿园、光彩幼儿园、蔡园镇蔡园幼儿园。

迁安市第一中学（简称迁安一中）始建于1951年，前身为驰名华北的清末文峰书院，1978年被省政府确立为首批办好的重点中学，2001年被教育部确认为“现代教育技术实验校”，被省政府确认为“河北省示范性高级中学”；现有教职工446人，专任教师303人，其中硕士7人，特级教师3人，高级教师126人，一级教师206人；教学班76个，学生4049名。1978年以来，迁安一中有64名学子考入了清华、北大。

2011年，教育经费达9.2亿元，国家财政性教育经费8.9亿元，财政预算内教育经费7.44亿元，预算内教育事业费6.36亿元，分别比上年增长17.95%、20.43%、19.04%、26.77%。预算内教育经费（包括城市教育费附加）占财政总支出的比例为19.7%，比上年提高了6.2个百分点。

科技 2011年末，独立科研与技术开发机构20个，其中工程技术研究中心19家，主要有河北省耐磨材料工程技术研究中心、唐山市铸造技术工程技术研究中心、唐山市包装印刷工程技术研究中心、唐山市卷材涂料工程技术研究中心等；科技企业孵化器1家；高新技术企业5家，为高新技术成果的商品化、产业化创造了良好的信息环境、技术环境、人才环境和市场环境。开通迁安市农村信息互联网服务平台，农民在家可随时通过电话获取所需的各种农业知识与信息。拥有各类专业技术人员218.9万人。

全市累计实施科技成果转化项目80多项、技术开发项目60多项、授权专利达300多项、名、特、优产品40多种。目前，全市主导产业的技术装备均达到了国内乃至国际先进水平。

医疗卫生 2011年末，各级各类医疗卫生机构561个（包括诊所、门诊部及医务室），其中疾病控制中心1个，卫生院19所；病床4793张，其中公立卫生机构床位2692张，每千人拥有医疗床位6.65张，固定资产总值5.85亿元。专业卫生人员4539人，其中执业医师1481人，执业助理医师507人，注册护士2278人，平均每千人拥有卫生技术人员6.3人，平均每千人拥有执业（助理）医师2.76人，平均每千人拥有注册护士3.16人。2011年医疗机构（门诊部以上）完成诊疗190.2万人次，住院手术1.8万台次，出院病人9.2万人次。

2011年，法定报告传染病发病率为457.79/10万，农村卫生厕所普及率73.35%，新型农村合作医疗参合人数49.2万人，参合率98.5%；居民人口平均期望寿命75.3岁；孕产妇死亡率11.88/10万，5岁以下儿童死亡率、婴儿死亡率、新生儿死亡率分别为4.75‰、3.68‰、2.85‰。

体育 2011年末，体育场地700余处，国家高水平体育后备人才基地1个，体育社团17个，各级社会体育指导员499人。每年定期举办的体育活动有元旦长跑比赛、“庆新春”全民乒乓球赛、“庆新春”全民棋类赛、全民健身健步走活动、全民健身登山活动、8月8日全民健身展演、国庆篮球赛等体育赛事，其中每两年举办一届的全民运动会和体育大会已成为迁安群众体育的品牌活动，深受广大群众的喜爱。所举办省级以上体育赛事有2011年河北省县级市青少年田径锦标赛、河北省老年人门球交流活动。99%的城市社区和99%的村安装了健身器材，经常参加体育活动的人员占常住人口的38%。

本地方健儿累计取得世界锦标赛和亚洲锦标赛金牌各1枚。

广播电视 1987年7月1日开通迁安广播电台，1991年开通调频转播台，1986年开通调频台。2011年末，迁安广播电台有一套FM104兆赫和FM100.1兆赫广播节目，迁安电台开放新闻综合广播节目，广播综合覆盖率100%，2011年度广播电台在唐山市、河北省好新闻评比中有7篇作品获奖。

1985年1月建迁安电视台，发射塔高149米，转播塔高430米，覆盖半径40千米；2011年末，迁安电视台分别开通迁安一套、迁安二套频道，电视综合覆盖率100%。迁安广播电视台广播电视工作多次受到上级表彰。2011年被中国广播电视协会评为全国县级十佳广播电视台。

1993年底开通迁安有线电视，传送100多个频道，2010年开始播出高清信号。2008年实现有线电视村村通，并开始实施模拟向数字电视整体转换工程。截至目前，有线电视用户13万多户，其中数字电视用户12.8万户，年底前将关闭模拟信号，实现有线数字电视全覆盖，电视综合覆盖率98%，全年公共电视节目播出时间1.44万小时。

新闻出版 2011年末，各类印刷复制企业9家，其中出版物印刷企业3家，包装装潢印刷企业6家，从业人员共2340人；出版物发行机构（网点）1个，从业人员共35人。出版物发行销售收入0.18亿元，包装装潢销售收入8.4亿元，全行业实现增加值6.9亿元，占国内生产总值的0.9%，实现利税1.6亿元。

社会保障 2011年城镇最低生活保障户数523户，人数973人，支出365万元，比上年增长13%，月人均313元，比上年增长12%；城市医疗救助102人次，支出48万元，比上年增长13.4%；城市生活无着人员救助281人次，支出21.3万元，比上年增长10%。

农村最低生活保障户数5640户，人数14906人，支出1824万元，比上年增长54%，月人均102元，比上年增长28%；农村五保集中供养1717人，支出944.35万元，比上年增长10%；农村五保分散供养1084人，支出596.2万元，比上年增长10%；农村医疗救助511人次，民政部门资助参加合作医疗12503人次，共支出137.64万元，比上年增长5.1%；农村临时救济12544人次，支出210万元，比上年增长3.6%。

2011年自然灾害受灾人口71350人，农作物受灾面积32115亩，直接经济损失622.62万元，救灾支出81万元，比上年增长6.1%。

国家抚恤、补助各类优抚对象8128人，安置义务兵、士官等239人，接收军队离退休干部2人。军休所1个。抚恤事业费支出4600万元，比上年增长105.5%。

社会服务单位15个，床位3420张，其中收养机构床位1960张，生活无着人员救助床位25张，社区服务床位610张。

社区服务设施531个，其中社区服务中心20个，社区服务站122个。社区日间照料床位数610张，社区留宿照料床位数260张。

经常性社会救助工作站1个，全年接受社会捐款276.8万元，使2007人（次）困难群众受益。福利企业14个，安置残疾职工599人，福利企业产值7.6亿元。

新增就业人员7760人，有142名下岗失业人员实现了再就业，就业困难人员再就业107人，年末城镇登记失业人数1916人，城镇登记失业率为2.92%。

2011年五项社会保险（不含新型农村社会养老保险）基金收入合计10.9亿元，比上年增长41.6%，基金支出合计8.4亿元，比上年增长39%。年末参加城镇基本养老保险9.6万人，比上年末增加6335人，其中参保职工8万人，参保离退休人员1.7万人，分别比上年末增加5348人和987人。参加城镇基本医疗保险16.2万人，比上年末增加1.9万人，其中参加城镇职工基本医疗保险9.3万人，比上年末增加1.5万人；参加城镇居民基本医疗保险6.8万人，比上年末增加3863人。参加失业保险5万人，与上年持平，其中参加失业保险的农民工2.1万人，比上年末增加300人，年末领取失业保险金2310人。参加工伤保险9.2万人，比上年末增加15000人，其中参加工伤保险的农民工6万人，比上年末增加1.4万人，全年认定（视同）工伤1526人，比上年增加83人，全年享受工伤保险待遇2337人，比上年增加315人。参加生育保险7.8万人，比上年末增加1.5万人，全年共有1695人次享受了生育保险待遇，比上年增加812人次。

城镇非私营单位在岗职工年平均工资为36166元，比上年增加2701元。各级劳动人事争议调解组织和仲裁机构共受理劳动人事争议案件316件，结案304件，其中通过调解方式结案198件，占65%；仲裁机构立案受理劳动人事争议244件，结案率95%；调解组织受理（含仲裁机构案外调解）72件，结案率为100%。各级仲裁机构立案受理劳动争议244件，比上年增长3.6%，涉及劳动者270人，比上年增长100%，其中集体劳动争议1件，涉及劳动者400人，当期共审结劳动争议案件212件，比上年增长13.97%。

环境保护 2011年空气质量一级天数38天，二级天数313天，三级天数14天，达到二级和好于二级天数占全年天数的96.2%；空气中二氧化硫、二氧化氮年均浓度值分别为0.044毫克/立方米、0.020毫克/立方米，达到国家二级标准；可吸入颗粒物年均浓度值为0.079毫克/立方米，达到国家二级标准。其他指标未检测。

污水处理厂全年累计处理污水2700.23万吨，平均日进水量7.4万吨，进水COD浓度331.70毫克/升，出水COD浓度40.37毫克/升，出水达标率100%，外运污泥12417.9吨，COD削减量0.79万吨，顺利完成国家下达的节能减排任务。全市绿化覆盖面积1277.97万平方米，绿地面积1199.57万平方米，公园绿地面积420万平方米，绿化覆盖率、绿地率和人均公园绿地面积分别达到44.84%、42.11%和19.47平方米。森林覆盖率达到38.9%。

基础设施

交通运输 已形成由铁路、公路2种运输方式构成的交通运输网络，2011年客运量1286万人次，客运周转量54181万人·千米；货运量6084万吨，货运周转量134323万吨·千米。

铁路大秦线过境，境内长28.7千米；铁路卑水线过境，境内长38.2千米；铁路津山线过境，境内长40.7千米；铁路京哈线过境，境内长7.1千米；铁路迁曹线过境，境内长20.1千米；津秦客运专线过境，境内长2.7千米；铁路网密度为11.4千米/百平方千米。

京哈高速公路过境，境内长33千米，双向6车道，有迁安一个出入口。国道102线、省道平青乐线和三抚公路过境。其中国道102线境内长22.7千米，双向4车道，通往北京和哈尔滨；省道平青乐线境内长41.5千米，其中双向6车道20.6千米，双向4车道20.9千米，通往承德平泉和乐亭；省道三抚公路境内长30.683千米，其中双向6车道20.886千米，双向4车道9.8千米，通往唐山迁西和秦皇岛抚宁。有县级公路66条，总长2827.4千米。迁安市汽车客运站为一级客运站，日均发送218辆客车，日客运量8000～10000人次。2011年运输企业拥有货运汽车5429辆，35865吨位；客运汽车137辆，3847座位；货运量1837万吨，货运周转量412763万吨·千米，客运量622万人次，客运周转量2396万人·千米。

邮政电信　2011年末，邮政网点13个，投递路线单程总长度2543千米，投递点8579个，乡村通邮率100%；全年投递国内函件62.90万件，国内汇票业务完成2.72万笔，国内异地特快专递信件完成4.04万件，征订报纸36.39万份、期刊26.03万册，业务收入3572万元。

电信企业1家，服务网点645个；电话交换机总容量18.9万门，固定电话用户16.2万户，电话用户普及率达到22.6%；移动电话用户61万户，移动电话普及率为82%；光缆线路总长达1700千米，主干电缆达1250对千米，互联网端口总数7.6万个，其中已占用端口总数5.9万个，宽带接入用户5.9万户，比上年增加4000户。全年电信业务收入1.2亿。

能源　发电企业2家。有2台15兆瓦抽凝式汽式汽轮发电机组和1台6兆瓦背压式供热发电机组，4台75T/H循环流化床锅炉，总装机容量36兆瓦，年发电能力为36兆瓦。2011年发电10.8亿度。

名胜旅游

旅游业概况　河北省26个发展旅游重点县（市）之一。省级风景区有白羊峪长城旅游区1个，省级以下风景名胜区有山叶口景区、黄台湖景区、灵山景区、红峪口旅游区、九龙泉风景区、龙山风景区6处。省级文物保护单位有安新庄新石器时代遗址、万军山遗址、小山子北坡遗址、小山东庄古墓群、封山寺遗址、石佛寺石造像、上炉辽墓、长城8处。爱国主义教育基地23个。国际国内旅行社11家（其中国际社2家，国内社9家）；星级饭店7家（其中五星级1家，四星级3家，三星级3家），床位1142张。

2011年，共接待游客61.2万人次，旅游总收入2.61亿元，分别比上年增长5.2%和10.6%。

主要风景区　白羊峪长城旅游区　为省级风景名胜区，位于迁安市大崔庄镇白羊峪村，景区面积49平方千米，由白羊峪自行车绿道、守备署组团接待中心、白羊河东岸滨水休憩带、长城4部分组成，以长城为背景，以生态民俗为特色，依山傍水，自然景观雄、险、秀、古，人文景观新、秀、幽、雅，大理石长城、谎城、错城、神威楼，城堡、城墙、空心敌楼等长城景观独具特色。潺潺的白羊河贯穿全村，独特的水关要塞与长城浑然一体，形成了完整的古代军事防御体系，有“乾隆观碾”“七松登高”“旱龟断流”等丰富的人文历史典故和美丽传说。主要景点有自行车绿道、守备署、观音阁、弥勒佛、威武大炮、延年桥、裕羊亭、绵羊泉等。2011年，接待游客19.2万人次，比上年增长1.5%，年门票收入58.15万元，比上年增长1.5%。

山叶口风景区　为国家地质公园、河北省森林公园，位于迁安市大五里乡山叶口村，景区面积14平方千米，森林覆盖率达69%以上，由关帝庙、五彩溪流、五彩石林、劲松长廊、山顶湖泊5部分组成，属全息太古地貌，以优美的峡谷溪流、山石林地、山顶湖泊为自然景观，融地址文化、民俗特色于一体，景区有景色奇特的砾石风光、丰富完整的太古地貌，被地质学家誉为“全息太古代地质地貌档案馆”。主要景点有六股神松、比目鱼石、长寿仙翁、神龟望海、辈辈封侯、五彩石林、五彩溪、关帝庙等。2011年，接待游客13.48万人次，比上年增长2.6%；年门票收入61.5万元，比上年增长2.6%。

黄台湖风景区　为国家级水利重点风景区，位于市区西侧，景区面积7平方千米，由黄台湖蓄水工程、景区美化绿化亮化工程、环岛防洪撤退桥工程和钢城大桥、带状公园、天然浴场、黄台湖广场、人工岛等部分组成，是在滦河古河道上人工开挖的具有生态防洪和旅游休闲双重功能的景区。近万亩水面中有大小岛屿6座。湖东西两岸设有游船码头，坝西有带状公园，坝东有黄台山公园，3号坝南有天然浴场。西岸有1500年前的五里山摩崖石佛像。上游为人工防护林和湿地景观，下游有露天防护林、湿地、野林。湖水碧绿，游鱼腾越，两岸鸟语花香，空气清新。早看神佛，午游碧水，傍晚可欣赏黄台夕照之美景。坐上游船悠然自得、鱼与同戏，脚踏柔沙、酣畅淋漓，走进湿地原生植物自由欣赏。环湖缓行、尽享清新。主要景点有钢城大桥、斜拉锁桥、人工岛、黄台湖湖标、带状公园、人工浴场等。2011年，接待游客9.8万人次。

风景点　白羊峪自行车绿道　位于大崔庄镇新三抚路西侧。为河北省首条自行车绿道。这种新式的生态休闲廊道集环保、运动、休闲、旅游等功能于一体，总长度3000米，由塑胶跑道、木栈道和水泥道三种路段构成，分绿廊系统和人工系统两大部分。

灵山　位于蔡园镇灵山村，相传为女娲娘娘补天化石处，是迁安境内的宗教文化圣地，有堪称“京东第一寺”的万佛殿。以“山美、水灵、境幽、峰奇、石怪”为其特色，被视为休闲宝地。

风土人情　旧时迁安寺庙林立，每座寺庙大都在不同时间举办庙会。每到庙会期间，都有会首组织善男信女烧香祭祀活动。附近男女老少多来朝拜，进香求福、求寿、求子，颇为热闹。较大庙会有：9月26日的迁安城关庙会，农历每年4月18日的建昌营娘娘（琼宵、云霄、碧霄三姐妹）宫庙会和建昌营的三隍庙会（天皇、地皇、人皇）、圣母庙会，5月1日的城隍庙会，5月13日的关帝庙会，6月24日的龙王庙会。另外还有：药王庙会、夷齐庙会、蚕姑庙会、蔡伦庙会、雷神庙会、二郎神庙会等。举办期间，庙会又成了大型商品交易会。在迁安最大最出名的庙会，要数4月18日的建昌营娘娘宫庙会和9月26日的城关庙会。远近商贾云集，出售各种商品。庙会一连三五天唱大戏、说书、唱皮影、演马戏等，十分热闹。

中华人民共和国成立后，迁安所有庙宇均毁，庙会停止举办。每年农历9月26日的城关庙会和农历4月18日的建昌营娘娘宫庙会变成了大型商品交易会。进入20世纪90年代，迁安灵山白塔寺重修后，每年举办两次庙会，主要是进行商品贸易、内外联谊和旅游活动。

土特产品 境内土特产品主要有贯头山酒、弘业地毯、徐流口豆片、手工造纸、建昌营馓子、炸饹馇千。

贯头山酒 始酿于东晋。采用千年古泉井水固态泥池发酵而成，具有浓香、绵甜爽净、回味悠长之特点。素有“飞鸟闻香变凤，游鱼得味成龙”之赞誉。1993年国际名酒香港博览会上获银奖，先后被评为“中国优质产品”“河北省名牌产品”“中华文化名酒”。

弘业地毯 始制于2006年。分为传统地毯、波斯地毯、纯羊毛胶背地毯、腈纶地毯、机织地毯五大系列产品，几十种规格，畅销欧、美、日三大国际市场。2006年被评为中国名牌产品。

徐流口豆片 以100%优质大豆为原料，采用传统秘制配方工艺加工而成，口感筋道，味道独特，绿色健康，闻名省内外。

手工造纸 始于元末明初。以当地盛产的桑树皮为原材料，经过去皮、扁皮、切皮、打油、抄纸、晾晒等工序（均为手工操作），制成毛头纸、红辛纸、书画纸等，是迁安独有的特色产品。

建昌营馓子 历史悠久，用料讲究，制作精细。色泽嫩黄，薄如纸，最薄处呈半透明状。吃起来酥脆可口，香而不腻。远销京、津、沪及内蒙古等地。

炸饹馇千 始创于明朝末年。以剁细的瘦肉，加油、葱、姜末、盐及佐料拌匀为馅，用饹馇卷成卷儿，用刀切成菱形小段，放油锅炸熟即成。口感酥脆，香而不腻，是迁安的一道名菜。

重大事件

本辖区内发生的重大事件有1938年的冀东抗日大暴动、1959年首钢在迁安建矿、1996年迁安撤县设市、2006年迁安获国家卫生城市称号。

首钢在迁安建矿 1959年3月，冶金部与河北省人民委员会商定：河北省迁安县境内滦河西岸铁矿，南到大石河矿区，北至水厂一带由石景山钢铁厂（1966年改称首都钢铁公司）建设矿场。1959年4月，开始大石河铁矿建设。1960年9月，大石河采矿场、选矿系统投产，结束了有铁无矿的历史，迁安成为首钢的钢铁原料基地。50多年来，首钢在迁安已经形成了矿业开发—精品钢铁基地—装备制造业—现代服务业的高端产品链条，成为迁安发展腾飞有力的支撑。

著名人物

本辖区内的著名人物有杨团堡村的造纸专家杨十三，教育家、法学家杨秀峰，西里铺村的造纸实业家李显庭，王庄村的著名科学家宋叔和，石梯子沟村的新时期优秀共产党员史明星等。

李显庭（1861～1943年） 号老显，河北省迁安市西里铺村人，著名造纸实业家。青年时代学习造纸，建起一抄纸小作坊。清光绪十九年（1893年）到朝鲜学习手工抄纸技术，回乡后试制“高丽纸”成功，产品畅销东北、平津等地，将小作坊改为“显记纸厂”。此后又两次到朝鲜学习机器造纸技术，1913年试制成功中国北方第一台国产造纸机，1917年试产成功，开启“机制高丽纸”时代。1919年，显记纸厂迁至迁安县城东三里河畔，用三里河水做动力发电，带动打浆、抄纸、烘干等工艺，主要生产红辛、油衫两种纸，以优质低价畅销北方，夺回了被外国纸占据的北方市场，对当时造纸业影响很大，迁安也因此成为“北方纸乡”。1943年病逝。

杨十三（1889～1939年） 名彦伦，又名裕民，字灿如，河北省迁安市杨团堡村人，抗日民族英雄，著名的化学家、造纸专家。1916年毕业于天津直隶省立高等工业专门学校，任天津直隶省工业试验所化学工业科技士、科长，其间赴美国留学并获博士学位，首创“碱法亚硫酸盐苇浆造纸技术”。1928年任河北工学院化学制造系教授。“七七”事变后，参加华北人民自卫会并任委员，组织抗日武装。1938年7月，参与组织冀东武装抗日大暴动，任抗日联军第一路军政治部主任。1939年7月21日，因重病在作战转移时牺牲。

杨秀峰（1897～1983年） 原名碧锋，又名秀林，字秀山，河北省迁安市杨团堡村人，教育家、法学家。1921年毕业于北京高等师范学校，后在江西、河北等地任教。1929年赴法国留学，1930年加入中国共产党。1934年回国后在平津高校任教。抗战爆发后，历任冀西抗日游击队司令，冀南行署主任，冀南、太行、太岳行政联合办事处主任，晋冀鲁豫边区政府主席，华北人民政府副主席。中华人民共和国成立后，历任河北省人民政府主席、高教部部长、教育部部长、国务院文教办公室副主任、最高人民法院院长。“文革”结束后，历任全国人大常委会法制委员会副主任、全国政协副主席。是中共七大、八大、十二大全国代表，第八届中央委员。1983年11月10日病逝。

宋叔和（1915～2008年） 字克如，河北省迁安市王庄村人，九三学社社员，著名地质学家。1938年毕业于清华大学地质系，历任西南联合大学助教，重庆中央地质调查所技士、技正，新疆地质调查队组长，西北分所技正兼地质室主任，南京中央地质调查所技正。中华人民共和国成立后，历任南京地质调查所工程师，西北地质局副主任工程师，甘肃省地质局总工程师，地质部西北地质科学研究所业务副所长，《地质学报》总编，地质部矿床地质研究所领导小组组长、名誉所长、研究员，中国地质学会矿床地质专业委员会主任委员，《矿床地质》主编，《地质学报》副主编。1980年当选为中国科学院地学部委员（院士），是第二至第七届全国政协委员。2008年2月5日在北京病逝。

城区市政建设

道路 2011年末，城区道路总长度197.95千米，人均拥有道路长度0.9米；道路铺装面积413.47万平方米，人均拥有道路面积18.79平方米；桥梁9座，总长度3700米。

公共交通 2011年末，城区开通公交汽车线路45条，运营总里程达30124千米，公交运营车辆175辆，万人拥有量为2.45台，年客运量2000万人次；出租车389辆，城区万人拥有量19.45台，年客运量600万人。

给排水 2011年末，城区自来水厂2座，铺设干线水管120千米，生产能力4.3吨/日，城区年工业用水100万立方米，年生活用水750万吨，居民自来水普及率100%，年人均生活用水40吨；排水管道185.44千米，污水治理工程1项，污水处理厂1座，日污水处理能力8万吨。污水处理率达到96.8%，再生水利用量达到4万立方米/日，生活垃圾无害化处理率达到100%。

供电 2011年末，城区35千伏及以上变电站（所）6座，主变压器12台，总容量144.6兆伏安，高压输电线路33条，总长度250.4千米，用电负荷48000千瓦。年售电量累计完成3亿千瓦时，综合电压合格率98.14%，供电可靠率99.80%。

供热 2011年末，城区蒸汽供热面积160万平方千米；热水供热管道总长度206千米，供热面积810万平方米；供热用户6.7万户，其中工业用户18户，供热普及率为98%。

燃气 2011年末，城区天然气管线64千米，其中高压管道16千米，中压管道48千米，供（加）气站5个，其中天然气加气站1个，液化石油气加气站4个；天然气居民用户2.2万户，工业用户2户；液化石油气居民用户4万户，燃气普及率为100%，月天然气平均用量25万立方米，月液化石油气平均用量375立方米。

园林绿化 2011年末，城区公园4个，公园面积359.9公顷，园林绿地面积1193公顷，其中公共绿地359.9公顷，绿化覆盖率43.3%，人均绿地16.4平方米。

城区街道

(Chengqu Jiedao)

政区概况

名称来历 因地处迁安市城区而命名。

地理位置 地处迁安市中部，东至长城大路，南至惠民大街，西至富康路，北至官立口村。办事处驻兴安大街2525号，电话区号0315，邮政编码064400，距迁安市人民政府2.68千米。

政区沿革 1999年5月，以县城关区域为基础设城区街道。

政区划分 2011年末，辖兴安、丰乐路、常青、燕阳、青杨、花园街、惠宁西、永顺街、燕春、惠宁东、福盛、明珠街、阜安路、燕经、河畔、钢城路、碧水花苑17个社区居民委员会。

人口面积 2011年末，辖区总人口92980人，其中城镇常住人口69231人。另有流动人口5056人。总人口中，男性47848人，占51.5%；女性45132人，占48.5%。总人口中，以汉族为主，达92530人，占99.5%；有满、回、朝鲜、蒙古、达斡尔、彝、苗、仫佬、壮、土家、锡伯、维吾尔、白、瑶、壮、布依、藏17个少数民族，共450人，占0.5%；超过30人的有满、回2个少数民族，其中满族385人，占少数民族人口的85%；回族35人，占7.7%。2011年，人口出生率0.74‰，人口死亡率0.04‰，人口自然增长率0.7‰。

辖区东西最大距离4.8千米，南北最大距离5.4千米，总面积17.6平方千米。人口密度为每平方千米5283人。

社会发展

社会保障 2011年末，城镇最低生活保障户数134户，人数278人，支出96057元；城市医疗救助10318人次。

兴安社区

(Xing' an Shequ)

名称来历 因位于兴安大街而得名。

地理位置 地处城区街道办事处西北部，东至丰乐大路，南至金龙街，西至燕山大路，北至花园街。

主要指标 2011年末，辖区总人口6169人，总面积1.44平方千米，城镇居民人均可支配收入21780元。

丰乐路社区

(Fenglelu Shequ)

名称来历 因所管辖小区位于丰乐路东面而得名。

地理位置 地处城区街道办事处北部，东至热电厂，南至法院，西至丰乐大路，北至石化加油站以南。

主要指标 2011年末，辖区总人口7568人，总面积2.3平方千米，城镇居民人均可支配收入21780元。

常青社区

(Changqing Shequ)

名称来历 因社区位于常青片而得名。

地理位置 地处城区街道办事处东北部，东至丰乐路，南至花园街，西至燕山大路，北至祺福街。

主要指标 2011年末，辖区总人口3752人，总面积0.41平方千米，城镇居民人均可支配收入21780元。

燕阳社区

(Yanyang Shequ)

名称来历 因位于燕山大路北端东西两侧而得名。

地理位置 地处城区街道办事处北部，东至丰乐大路，南至祺福大街，西至昌盛大路，北至祺光大街。

主要指标 2011年末，辖区总人口5853人，总面积0.66平方千米，城镇居民人均可支配收入21780元。

青杨社区

(qingyang Shequ)

名称来历 因位于杨庄子村南部、回民清真寺北部而得名。

地理位置 地处城区街道办事处西北部，东至昌盛路北段，南至花园街西段，西至阜安大路北段，北至祺光大路西段。

主要指标 2011年末，辖区总人口3840人，总面积0.42平方千米，城镇居民人均可支配收入21780元。

花园街社区

(Huayuanjie Shequ)

名称来历 因位于花园街而得名。

地理位置 地处城区街道办事处西部，东至燕山大路西侧北段，南至兴安大街北侧中段，西至黄纸庄东，北至北关村墙以南。

主要指标 2011年末，辖区总人口4856人，总面积0.8平方千米，城镇居民人均可支配收入21780元。

永顺街社区

(Yongshunjie Shequ)

名称来历 因位于永顺街而得名。

地理位置 地处城区街道办事处西南部，东至燕山大路，南至全福街，西至永顺街南部胜利路和永顺街北部阜安路，北至兴安大街西段。

主要指标 2011年末，辖区总人口6415人，总面积1.08平方千米，城镇居民人均可支配收入21780元。

燕春社区

(Yanchun Shequ)

名称来历 因位于燕春小区而得名。

地理位置 地处城区街道办事处西部，东至丰乐路，南至惠宁大街，西至燕山大路，北至明珠街。

主要指标 2011年末，辖区总人口6510人，总面积0.36平方千米，城镇居民人均可支配收入21780元。

惠宁西社区

(Huiningxi Shequ)

名称来历 因位于惠宁大街西部而得名。

地理位置 地处城区街道办事处西南部，东至燕山大路，南至惠民大街，西至阜安大路（外有职中小区3栋楼)，北至永顺街。

主要指标 2011年末，辖区总人口7352人，总面积2平方千米，城镇居民人均可支配收入21780元。

惠宁东街社区

(Huiningdongjie Shequ)

名称来历 因位于惠宁大街而得名。

地理位置 地处城区街道办事处西南部，东至小王庄村，南至惠泉大街，西至燕山大路，北至惠宁大街。

主要指标 2011年末，辖区总人口9280人，总面积2.1平方千米，城镇居民人均可支配收入21780元。

明珠街社区

(Mingzhujie Shequ)

名称来历 因位于明珠街南北两侧而得名。

地理位置 地处城区街道办事处东南部，东至丰盛大路，南至水厂新区，西至丰乐大路，北至阚庄。

主要指标 2011年末，辖区总人口6578人，总面积0.2平方千米，城镇居民人均可支配收入21780元。

阜安路社区

(Fuanlu Shequ)

名称来历 因地处阜安路而得名。

地理位置 地处城区街道办事处西南部，东至阜安大路，南至永顺大街，西至富康路，北至兴安大街。

主要指标 2011年末，辖区总人口7701人，总面积1.5平方千米，城镇居民人均可支配收入21780元。

燕经社区

(Yanjing Shequ)

名称来历 因位于燕山大路北端经济适用房小区而得名。

地理位置 地处城区街道办事处东北部，东至丰盛大路，南至官立口村，西至祺光大街，北至官立口村。

主要指标 2011年末，辖区总人口3010人，总面积0.08平方千米，城镇居民人均可支配收入21780元。

钢城路社区

(Gangchenglu Shequ)

名称来历 因位于钢城大桥东段而得名。

地理位置 地处城区街道办事处东南部，东至丰安大路，南至惠民大街，西至燕山大路，北至惠泉大街。

主要指标 2011年末，辖区总人口2062人，总面积0.26平方千米，城镇居民人均可支配收入21780元。

福盛社区

(Fusheng Shequ)

名称来历 因小区自然命名而得名。

地理位置 地处城区街道办事处东南部，东至长城大路西侧，南至长城大路与丰安大路交界处，西至丰安大路西侧，北至惠泉大街南侧。

主要指标 2011年末，辖区总人口4218人，总面积3平方千米，城镇居民人均可支配收入21780元。

碧水花苑社区

(Bishuihuayuan Shequ)

名称来历 因位于碧水花苑小区而得名。

地理位置 地处城区街道办事处东南部，东至长城大路，南至星河街，西至丰盛大路，北至明珠大街。

主要指标 2011年末，辖区总人口2604人，总面积0.1平方千米，城镇居民人均可支配收入21780元。

河畔社区

(Hepan Shequ)

名称来历 因小区自然环境命名而得名。

地理位置 地处城区街道办事处东北部，东至丰盛大路，南至三里河，西至丰乐大路，北至祺光大街。

主要指标 2011年末，辖区总人口2871人，总面积0.1平方千米，城镇居民人均可支配收入21780元。

（撰稿：崔满良、周湘园，初审：李艳玲）

迁安镇

(Qian'an Zhen)

为科学发展示范镇、宜居乡镇。

政区概况

地理位置 地处迁安市中部，东与扣庄乡接壤，东南与夏官营镇为邻，南与野鸡坨镇交界，西与杨店子镇毗连，北靠上庄乡。电话区号0315，邮政编码064400，距迁安市人民政府500米。

政区沿革 20世纪50年代初，建春光社（高级社）。1958年，分属红旗人民公社（含7个大队）和城关人民公社（含20个大队）。1984年，合并红旗、城关人民公社、阚庄大队设置迁安镇。

政区划分 2011年末，辖新寨、吉兰庄、三里营、刘纸庄、吴纸庄、黄纸庄、西关、新李庄、苏各庄、王家园、殷柳庄、建设、发展、公平、合理、东关、南关、北关、小王庄、大王庄、张各庄、张李庄、烟台吴庄、石岩庄、杨庄子、黄台庄、刘季庄、阚庄、凌庄、洼庄、周洪庄、蒋庄、后坨、前坨、蒋官营、刘家庄、杨崖、徐崖、三李庄、商庄、石新庄、庞庄、于家、谢庄、洪富庄、于庄、挪河、崔庄、小营、吴庄、张庄、刘庄、赵庄、潘营、白沙坡、大魏庄、白庄、小李庄、东周官营、马家村、王崖、陈庄、杨团堡、小寨、梨行、上屋、余家洼、大贾庄、小贾庄、小兰庄、蔡庄、石牌庄、五里岗、沙河子、芦沟堡、省庄、前石里桥、后石里桥、西丁官营、前丁官营、后丁官营、毛家洼、谌新庄、汤新庄、官立口、马家岗子、营庄、胡南、胡各庄、郭庄、张尹庄、尹庄、平房新庄村、大蔡庄、西夹河、四体、西李铺98个村民委员会。

人口面积 2011年末，辖区总人口16.97万人，其中城镇常住人口5.09万人，城镇化率32.5%。另有流动人口1.1万人。总人口中，男性83334人，占49.9%；女性83626人，占50.1%。总人口中，以汉族为主，达16.86万人，占99.35%；有满、回等少数民族，其中回族480人，占少数民族人口的49%；满族500人，占51%。2011年，人口出生率14.13‰，人口死亡率6.6‰，人口自然增长率7.53‰。

辖区东西最大距离14.3千米，南北最大距离18.8千米，总面积128.14平方千米。其中陆地面积124.24平方千米，占96.9%；水域面积3.9平方千米，占3.1%。人口密度为每平方千米1324人。

自然条件

水文 境内河道属滦河水系，境内长16千米。境内最大的河流为三里河，长5千米。

自然灾害 主要自然灾害有旱涝、风灾、低温等。雹灾平均5年三遇，风灾一年四季均有发生。

经济概况

农业 耕地面积6.4万亩，人均1亩；全部为水浇地。以种植小麦、玉米、蔬菜为主。2011年，农业总产值4.53亿元，比上年增长34%，实现农业增加值2.82亿元，占国内生产总值的2.4%。

粮食作物以小麦、玉米为主。2011年，粮食播种面积7.3万亩，生产粮食2.6万吨，其中小麦0.7万吨，玉米1.83万吨。主要经济作物有花生。2011年，蔬菜种植面积3.1万亩，产量15.7万吨，主要品种有芹菜、油菜、菠菜、黄瓜、西葫芦、葱等；花生种植面积1.7万亩，产量3123吨。

畜牧业以猪、羊、牛、家禽为主。2011年，生猪饲养量7.8万头，年末存栏3.6万头；羊饲养量1.32万只，年末存栏0.8万只；牛饲养量8062头，年末存栏5722头；家禽饲养量120.6万羽，上市家禽73.6万羽。2011年，生产肉类5115吨，其中猪肉3098吨，牛肉400吨，羊肉65吨；禽蛋2271吨，鲜奶2095吨。2011年，农民人均纯收入1.4万元。

工业 以食品加工业、铸造业、造纸业、建筑业为主。2011年，工业总产值7.9亿元，实现工业增加值4.53亿元，占国内生产总值的13.7%。2011年，工业企业1869家，其中规模以上工业企业11家，职工2814人。

财政金融 2011年，财政总收入6.9亿元，比上年增长17%。其中地方财政收入3.9亿元，比上年增长26%。从主要税种看，完成营业税2.3亿元，增值税1.9亿元，企业所得税1.5亿元，分别比上年增长18%、16%、187%。人均财政收入4134元，比上年增长13.4%。

社会发展

文化艺术 2011年末，镇文化站1个，村级文化活动中心74个；各类图书室64个，藏书34余万册；音乐、美术、书法、摄影及文学业余创作队伍达22支。

教育 2011年末，小学4所；在校生3233人，专任教师330人，小学适龄儿童入学率100%；初中3所，在校生866人，专任教师146人，初中适龄人口入学率、小升初升学率、九年义务教育覆盖率达100%。

医疗卫生 2011年末，各级各类医疗卫生机构6个，门诊室（所）45个；病床300张，每千人拥有医疗床位3张。专业卫生人员436名，其中执业医师24人，执业助理医师13人，注册护师2人，护士5人。2011年医疗机构（门诊部以上）完成诊疗1.2万人次。新型农村合作医疗参合人数6.9万人；城镇居民医疗保险参保人数2.4万人，参保率100%。

体育 2011年末，安装篮球架64个，乒乓球台100张，健身路径573条。97%的村安装了健身器材，经常参加体育活动的人员占常住人口的80%。

广播电视 2011年末，广播电视站1个，数字电视用户2.9万，入户率100%。

社会保障 2011年城镇最低生活保障户数42户，人数91人，支出24.8万元，比上年增长33.7%，月人均227元，比上年增长17.6%。农村最低生活保障户数329户，877人，支出116.45万元，比上年增长75.3%，月人均111元，比上年增长40.5%；农村医疗救助86人次，支出35万余元；民政部门资助参加合作医疗3000余人，支出18万余元。

国家抚恤、补助各类优抚对象357人，抚恤事业费支出220万元，比上年增长20%。

社会福利费25万余元，比上年增长40%。

社区服务设施30个，其中社区服务中心1个，社区服务站29个。慈善分会1个，全年接受社会捐款1.05万元。五项社会保险基金收入合计136万元，比上年增长23%；基金支出合计136万元，比上年增长23%。

新型农村社会养老保险参保人数4.1万人，参保率98%。全镇已有33505人参加养老保险，新增城镇居民医疗保险900人，842人参加失地保险。实现农村劳动力转移2200人，参加农村劳动力免费培训1205人，审核通过小额贷款申请680份。

基础设施

交通运输 迁擂公路、万泰路、平青大线3条公路过境，南距火车站15千米。有镇级公路35条，总长91千米。

邮政电信 2011年末，邮政局1所；电话用户普及率达到100%；移动电话用户8.1万户；宽带接入用户2.1万户。

发展村
(Fazhan Cun)

名称来历 1957年行政区划分时，在城内划分四片，形成四个自然行政村，该村定名为发展村。

地理位置 地处迁安镇北部，东至东关村，南至南关村，西至建设村，北至公平村。

主要指标 2011年末，辖区总人口1050人，总面积0.8平方千米，农民人均纯收入12920元。

建设村
(Jianshe Cun)

名称来历 1957年行政区划分时，在城内划分四片，形成四个自然行政村，该村定名为建设村。

地理位置 地处迁安镇北部，东至发展村，南至南关村，西至西关村，北至合理村。

主要指标 2011年末，辖区总人口687人，总面积0.15平方千米，农民人均纯收入12800元。

公平村
(Gongping Cun)

名称来历 1957年行政区划分时，在城内划分四片，形成四个自然行政村，该村定名为公平村。

地理位置 地处迁安镇东北部，东至东关村，南至发展村，西至合理村，北至北关村。

主要指标 2011年末，辖区总人口898人，总面积0.1平方千米，农民人均纯收入11780元。

合理村
(Heli Cun)

名称来历 1957年行政区划分时，在城内划分四片，形成四个自然行政村，该村定名为合理村。

地理位置 地处迁安镇东北部，东至公平村，南至建设村，西至黄纸庄村，北至吴纸庄村。

主要指标 2011年末，辖区总人口792人，总面积0.9平方千米，农民人均纯收入12890元。

南关村
(Nanguan Cun)

名称来历 城有四门，曰四关，本地处南门，故名南关村。

地理位置 地处迁安镇北部，东至公平村，南至刘季庄村，西至西关村，北至发展村。

主要指标 2011年末，辖区总人口1024人，总面积0.3平方千米，农民人均纯收入12610元。

东关村
(Dongguan Cun)

名称来历 城有四门，曰四关，本地处东门，故名东关村。

地理位置 地处迁安镇北部，东至三里河，南至小王庄村，西至发展村，北至北关村。

主要指标 2011年末，辖区总人口1070人，总面积0.2平方千米，农民人均纯收入13010元。

西关村

(Xiguan Cun)

名称来历 城有四门，曰四关，本地处西门，故曰西关村。

地理位置 地处迁安镇西北部，东至建设村，南至黄台庄村，北至黄纸庄村，西至西李铺村。

主要指标 2011年末，辖区总人口950人，总面积0.5平方千米，农民人均纯收入12950元。

北关村

(Beiguan Cun)

名称来历 城有四门，曰四关，本地处北门，故曰北关村。

地理位置 地处迁安镇北部，东至马岗子村，南至公平村，西至吴纸庄村，北至杨庄子村。

主要指标 2011年末，辖区总人口1021人，总面积0.53平方千米，农民人均纯收入12572元。

刘季庄村

(Liujizhuang Cun)

名称来历 一户郭姓和一个名叫刘季的迁此定居，郭家来得早一些，取名郭家杖子。后郭家无人，改名刘季庄村。

地理位置 地处迁安镇北部，东至小王庄村，南至周洪庄村，西至殷柳庄村，北至南关村。

主要指标 2011年末，辖区总人口1120人，总面积0.5平方千米，农民人均纯收入15125元。

吉兰庄村

(Jilanzhuang Cun)

名称来历 因村中庙内有一高约1.7米的铁钟上曾有记载："吉星高照，兰草芬芳。"村名即由此而来。

地理位置 地处迁安镇北部，东至小寨村，南至三里营村，西至蔡滩子村，北至马家村。

主要指标 2011年末，辖区总人口2296人，总面积6平方千米，农民人均纯收入10641元。

三里营村

(Sanliying Cun)

名称来历 因该村东距新寨，西距王家窝铺，南距迁安县城各三里，故得名三里营村。

地理位置 地处迁安镇北部，东至新寨村，南至刘纸庄村，西至王家窝铺，北至吉兰庄村。

主要指标 2011年末，辖区总人口698人，总面积0.87平方千米，农民人均纯收入11020元。

刘纸庄村

(Liuzhizhuang Cun)

名称来历 因刘姓迁此定居，以生产"毛头纸"为业，后逐渐形成村庄，取名刘纸庄村。

地理位置 地处迁安镇北部，东至西杨庄村，南至吴纸庄村，西至西李铺村，北至三里营村。

主要指标 2011年末，辖区总人口878人，总面积0.62平方千米，农民人均纯收入11670元。

吴纸庄村

(Wuzhizhuang Cun)

名称来历 因吴姓迁此定居，以生产"毛头纸"为业，故取村名吴纸庄村。

地理位置 地处迁安镇北部，东至北关村，南至黄纸庄村，西至四体村，北至刘纸庄村。

主要指标 2011年末，辖区总人口946人，总面积1.36平方千米，农民人均纯收入11850元。

黄纸庄村

(Huangzhizhuang Cun)

名称来历 因黄姓人家随军过来占地立庄，并以造纸为业，故名黄纸庄村。

地理位置 地处迁安镇北部，东至合理村，南至西关村，西至四体村，北至吴纸庄村。

主要指标 2011年末，辖区总人口521人，总面积0.4平方千米，农民人均纯收入12200元。

杨庄子村

(Yangzhuangzi Cun)

名称来历 因杨姓人家迁此定居，取名杨庄子村。

地理位置 地处迁安镇北部，东至马岗子村，南至北关村，西至刘纸庄村，北至新寨村。

主要指标 2011年末，辖区总人口1280人，总面积1.2平方千米，农民人均纯收入12026元。

新寨村

(Xinzhai Cun)

名称来历 明燕王扫北时，随军过来一些人来此定居，取名新寨村。

地理位置 地处迁安镇东北部，东至汤辛庄村，南至杨庄子村，西至三里营村，北至梨行村。

主要指标 2011年末，辖区总人口3400人，总面积2.3平方千米，农民人均纯收入10935元。

黄台庄村

(Huangtaizhuang Cun)

名称来历 因位于黄台山辖区而得名黄台庄村。

地理位置 地处迁安镇北部，东至殷柳庄村，南至苏各庄村，西邻殷柳庄，北至西关村。

主要指标 2011年末，辖区总人口219人，总面积0.14平方千米，农民人均纯收入13000元。

小王庄村

(Xiaowangzhuang Cun)

名称来历 因王和、王念兄弟两人来此占产立庄，按兄弟分为大小王庄，本村为弟住，故名小王庄村。

地理位置 地处迁安镇东北部，东至烟台吴庄村，南至大王庄村，西至合理村，北至东关村。

主要指标 2011年末，辖区总人口1040人，总面积0.2平方千米，农民人均纯收入12255元。

大王庄村

(Dawangzhuang Cun)

名称来历 因王和、王念兄弟两人来此占产立庄，按兄弟分为大小王庄，本村为兄居住，故名大王庄村。

地理位置 地处迁安镇东部，东至烟台吴庄村，南至张李庄，西至石岩庄村，北至小王庄村。

主要指标 2011年末，辖区总人口865人，总面积0.4平方千米，农民人均纯收入12510元。

烟台吴庄村

(Yantaiwuzhuang Cun)

名称来历 因该村北处曾有一烽火台，形似烟墩。吴姓迁此占产立庄时，取村名烟墩吴庄，后演变成烟台吴庄村。

地理位置 地处迁安镇东部，东至营庄村，南至张李庄村，西至大王庄村，北至阚庄村。

主要指标 2011年末，辖区总人口726人，总面积0.2平方千米，农民人均纯收入12450元。

新李庄村

(Xinlizhuang Cun)

名称来历 因李氏兄弟两人由山东迁来占产立庄，兄定居凌庄，弟定居在此，取村名小李庄。1982年在地名标准化处理工作中，更名为新李庄村。

地理位置 地处迁安镇西南部，东至苏各庄村，南至凌庄，西至夹河村，北至黄台山。

主要指标 2011年末，辖区总人口474人，总面积0.36平方千米，农民人均纯收入13400元。

苏各庄村

(Sugezhuang Cun)

名称来历 因最早有苏葛两户人家，取名苏葛庄，后演变为苏各庄村。

地理位置 地处迁安镇西部，东至殷柳庄村，南至王家园村，西至新李庄村，北至黄台庄村。

主要指标 2011年末，辖区总人口926人，总面积1.5平方千米，农民人均纯收入13250元。

王家园村

(Wangjiayuan Cun)

名称来历 因该村王姓较多，故取名王家庄，后演变为王家园村。

地理位置 地处迁安镇南部，东至周洪庄村，南至凌庄，西至迁钢小区，北至殷柳庄村。

主要指标 2011年末，辖区总人口690人，总面积0.33平方千米，农民人均纯收入14500元。

殷柳庄村

(Yinliuzhuang Cun)

名称来历 柳姓、殷姓迁此建村，因村头有棵柳树，故名殷柳庄村。

地理位置 地处迁安镇东部，东至刘季庄村，南至王家园村，西至苏各庄村，北至南关。

主要指标 2011年末，辖区总人口512人，总面积0.1平方千米，农民人均纯收入14463元。

石岩庄村

(Shiyanzhuang Cun)

名称来历 最早石姓人家迁此取名石家庄，后范姓人家又迁此定居，依仗权势，在“石”字上加个“山”字，其字为“岩”，改石家庄为石岩庄村。

地理位置 地处迁安镇东南部，东至张各庄村，南至谢庄村，西至发展新村，北至大王庄村。

主要指标 2011年末，辖区总人口1146人，总面积1.2平方千米，农民人均纯收入13210元。

张李庄村

(Zhanglizhuang Cun)

名称来历 因李姓随燕王扫北时在此建村，以姓氏取名大李庄，1982年在地名标准化处理工作中更名为张李庄村。

地理位置 地处迁安镇东南部，东至胡各庄村，南至张各庄村，西至石岩庄村，北至烟台吴庄村。

主要指标 2011年末，辖区总人口474人，总面积0.27平方千米，农民人均纯收入11690元。

张各庄村

(Zhanggezhuang Cun)

名称来历 因张姓人家随燕王扫北时迁此定居，因户小，故以姓氏取村名小张庄。1982年在地名标准化处理工作中变更为张各庄村。

地理位置 地处迁安镇东南部，东至蔡庄村，南至怡景嘉园，西至石岩庄村，北至福盛花苑小区。

主要指标 2011年末，辖区总人口493人，总面积

0.46平方千米，农民人均纯收入12120元。

阚庄村

(Kanzhuang Cun)

名称来历 因阚姓迁此立庄，以姓氏取村名阚家庄，后称阚庄村。

地理位置 地处迁安镇东北部，东至毛洼村，南至烟台吴庄村，西至东关村，北至马岗子村。

主要指标 2011年末，辖区总人口1740人，总面积0.67平方千米，农民人均纯收入15300元。

西李铺村

(Xilipu Cun)

名称来历 因李姓人家由夹河迁此盖起窝铺居住，人称西李家窝铺，后叫西李铺村。

地理位置 地处迁安镇西部，东至四体村，南至西夹河村，西至张官营村，北至新蔡庄村。

主要指标 2011年末，辖区总人口1201人，总面积1.6平方千米，农民人均纯收入11366元。

大蔡庄村

(Dacaizhuang Cun)

名称来历 因四川蔡氏兄弟两人，随燕王扫北来此占产立庄，以姓氏取名大蔡庄村。

地理位置 地处迁安镇西北部，东至蔡滩子村，南至张官营村，西至官寨村，北至大玄庄村。

主要指标 2011年末，辖区总人口810人，总面积2.97平方千米，农民人均纯收入4727元。

蔡滩子村

(Caitanzi Cun)

名称来历 蔡姓人家迁此立庄时，这里是一片荒滩，故名蔡滩子村。

地理位置 地处迁安镇西北部，东至吉兰庄村，南至西李铺村，西至大蔡庄村，北至刘庄村。

主要指标 2011年末，辖区总人口2672人，总面积3.6平方千米，农民人均纯收入15909元。

西夹河村

(Xijiahe Cun)

名称来历 因此地被西河相夹，故取名夹河。又因位于西李铺之西，也称西夹河村。

地理位置 地处迁安镇西北部，东至四体村，南至张富庄村，西至张官营村，北至西李铺村。

主要指标 2011年末，辖区总人口2003人，总面积4平方千米，农民人均纯收入17417元。

四体村

(Siti Cun)

名称来历 因该村由四个自然村组成，取名四体村。

地理位置 地处迁安镇西北部，东至吴纸庄村，南至西夹河村，西至西里铺村，北至蔡滩子村。

主要指标 2011年末，辖区总人口1817人，总面积15平方千米，农民人均纯收入11098元。

毛家洼村

(Maojiawa Cun)

名称来历 毛、徐两家迁此立庄，因地势低洼，取名毛徐洼，后徐家迁出，只剩毛姓人家，故改名毛家洼村。

地理位置 地处迁安镇东北部，东至刘家村，南至张尹庄村，西至吕庄村，北至谌新庄村。

主要指标 2011年末，辖区总人口2886人，总面积4平方千米，农民人均纯收入14065元。

官立口村

(Guanlikou Cun)

名称来历 原名河乜头庄。因滦河发水，该村被冲。村民新建村庄，因村中有人为官，改名官乜庄。后又改为官立口村。

地理位置 地处迁安镇东北部，东至汤新庄村，南至小张庄村，西至新寨村，北至安新庄村。

主要指标 2011年末，辖区总人口477人，总面积1平方千米，农民人均纯收入13775元。

马家岗子村

(Majiagangzi Cun)

名称来历 因滦河从附近流过，河边有个码头，因此村建在高岗之上，故取村名码家岗，后谐音演变成马家岗，俗称马家岗子村。

地理位置 地处迁安镇东北部，东至毛洼村，南至阚庄村，西至小张庄村，北至官立口村。

主要指标 2011年末，辖区总人口568人，总面积0.5平方千米，农民人均纯收入12194元。

汤新庄村

(Tangxinzhuang Cun)

名称来历 因汤姓人家由山东迁此定居，形成村庄，以姓氏取名汤新庄村。

地理位置 地处迁安镇东北部，东至谌新庄村，南至吕庄村，西至官立口村，北至安新庄村。

主要指标 2011年末，辖区总人口1089人，总面积0.78平方千米，农民人均纯收入12498元。

谌新庄村

(Chenxinzhuang Cun)

名称来历 因谌姓人家迁此立庄，以姓氏取名谌新庄。

地理位置 地处迁安镇东北部，东至十里营村，南至毛洼村，西至马岗子村，北至汤新庄村。

主要指标 2011 年末，辖区总人口 960 人，总面积 2 平方千米，农民人均纯收入 14642 元。

菅庄村

(Jianzhuang Cun)

名称来历 因菅姓人家迁此立庄，以姓氏取名菅家庄，后简称菅庄村。

地理位置 地处迁安镇东北部，东至胡各庄村，南至五里岗村，西至阚庄村，北至吕庄村。

主要指标 2011 年末，辖区总人口 321 人，总面积 1.1 平方千米，农民人均纯收入 16379 元。

胡各庄村

(Hugezhuang Cun)

名称来历 因胡姓迁此立庄，以姓氏取名胡各庄村。

地理位置 地处迁安镇东北部，东至郭庄村，南至胡南庄，西至菅庄村，北至毛家洼村。

主要指标 2011 年末，辖区总人口 1320 人，总面积 1.5 平方千米，农民人均纯收入 11937 元。

胡南村

(Hunan Cun)

名称来历 因有人在此开过烧锅而取名烧锅庄，后因位于胡各庄南，改名为胡南村。

地理位置 地处迁安镇东北部，东至郭庄村，南至石牌庄村，西至五里岗村，北至胡各庄村。

主要指标 2011 年末，辖区总人口 1100 人，总面积 2.5 平方千米，农民人均纯收入 11937 元。

张尹庄村

(Zhangyinzhuang Cun)

名称来历 因张姓人家迁此立庄，以姓氏取名张庄。1982 年在地名标准化处理工作中，更名为张尹庄村。

地理位置 地处迁安镇东北部，东至尹庄村，南至胡各庄村，西、北至工业园区。

主要指标 2011 年末，辖区总人口 570 人，总面积 1 平方千米，农民人均纯收入 24945 元。

尹庄村

(Yinzhuang Cun)

名称来历 因尹姓人家迁此立庄，以姓氏取名尹庄村。

地理位置 地处迁安镇东北部，东至郭庄村，南至胡各庄村，西至阚庄村，北至张尹庄村。

主要指标 2011 年末，辖区总人口 623 人，总面积 0.82 平方千米，农民人均纯收入 11997 元。

郭庄村

(Guozhuang Cun)

名称来历 因郭家迁此立庄，以姓氏取名郭庄村。

地理位置 地处迁安镇东部，东至阿兰庄村，南至小兰庄村，西至胡各庄村，北至尹庄村。

主要指标 2011 年末，辖区总人口 350 人，总面积 0.82 平方千米，农民人均纯收入 12000 元。

于庄村

(Yuzhuang Cun)

名称来历 因虞姓四户人家随戎由山东迁来占产立庄，以姓氏取名虞庄。后改成于庄村。

地理位置 地处迁安镇东南部，东至洪富庄村，南至徐乜村，西至前坨村，北至挪河村。

主要指标 2011 年末，辖区总人口 465 人，总面积 0.35 平方千米，农民人均纯收入 11066 元。

凌庄村

(Lingzhuang Cun)

名称来历 因凌、李两姓人家由山东枣南庄迁此立庄，得名凌李庄。后改称凌家庄，简称凌庄村。

地理位置 地处迁安镇南部，东至洼庄村，南至河北理工大学，西至迁擂路，北至王家园村。

主要指标 2011 年末，辖区总人口 1720 人，总面积 1.5 平方千米，农民人均纯收入 12965 元。

洼庄村

(Wazhuang Cun)

名称来历 因村西有一坑，地势低洼，得名洼庄村。

地理位置 地处迁安镇东南部，东至蒋庄村，南至河北理工大学，西至凌庄村，北至周洪庄村。

主要指标 2011 年末，辖区总人口 1020 人，总面积 0.5 平方千米，农民人均纯收入 12977 元。

周洪庄村

(Zhouhongzhuang Cun)

名称来历 因周、洪两姓人家迁此立庄，以姓氏取村名周洪庄村。

地理位置 地处迁安镇南部，东至龙行绿化带，南至洼庄村，西至王家园村，北至王家园村。

主要指标 2011 年末，辖区总人口 430 人，总面积 0.13 平方千米，农民人均纯收入 12897 元。

蒋庄村

(Jiangzhuang Cun)

名称来历 因蒋姓人家随朝廷拨民到此立庄，以姓氏取名蒋庄村。

地理位置 地处迁安镇东南部，东至杨崖村，南至后坨村，西至燕山大路，北至迁安市政府。

主要指标 2011年末，辖区总人口710人，总面积0.21平方千米，农民人均纯收入22989元。

崔庄村

(Cuizhuang Cun)

名称来历 崔姓人家由山东济南府随朝廷拨民至此立庄，以姓氏取名崔庄村。

地理位置 地处迁安镇东南部，东至石岩庄村，南至挪河村，西至蒋庄村，北至小王庄村。

主要指标 2011年末，辖区总人口1192人，总面积0.68平方千米，农民人均纯收入12987元。

于家村

(Yujia Cun)

名称来历 明燕王扫北时，赵、虞两姓人家随军队来此定居。因赵姓人多，取名赵庄。1982年在地名标准化处理工作中更名为于家村。

地理位置 地处迁安镇东南部，东至省庄村，南至石新庄村，西至谢庄，北至石李桥村。

主要指标 2011年末，辖区总人口938人，总面积0.6平方千米，农民人均纯收入11155元。

蒋官营村

(Jiangguanying Cun)

名称来历 因蒋姓人家迁此立庄，且有人为官，故取名蒋官营村。

地理位置 地处迁安镇南部，东至于庄村，南至刘家庄村，西至迁擂路，北至前坨村。

主要指标 2011年末，辖区总人口580人，总面积1.2平方千米，农民人均纯收入12188元。

前坨村

(Qiantuo Cun)

名称来历 因此地有一土坨子并长蒿子，取村名蒿子坨。后村子分为两村，此村在前，名为前蒿子坨，简称前坨村。

地理位置 地处迁安镇东南部，东至于洪庄村，南至蒋官营村，西至迁擂路，北至后坨村。

主要指标 2011年末，辖区总人口380人，总面积0.19平方千米，农民人均纯收入12926元。

后坨村

(Houtuo Cun)

名称来历 蒿子坨村子一分为二，此村在后，故名后蒿子坨，简称后坨村。

地理位置 地处迁安镇东南部，东至挪河村，南至前坨村，西至迁擂路，北至蒋庄村。

主要指标 2011年末，辖区总人口503人，总面积0.78平方千米，农民人均纯收入12880元。

刘家庄村

(Liujiazhuang Cun)

名称来历 朱姓人家由山东迁此建村时，以姓氏取名朱家庄，后刘姓人家迁入，且人口逐渐增多，改村名刘家庄。

地理位置 地处迁安镇东南部，东至于洪庄村，南至杨崖村，西至迁擂路，北至蒋官营村。

主要指标 2011年末，辖区总人口1100人，总面积1平方千米，农民人均纯收入13420元。

杨崖村

(Yangya Cun)

名称来历 杨姓人家迁此建村，因村南有一土崖，故取名杨家崖，简称杨崖村。

地理位置 地处迁安镇东南部，东至徐崖村，南至爪村，西至滦河，北至刘家庄村。

主要指标 2011年末，辖区总人口1660人，总面积0.6平方千米，农民人均纯收入11967元。

挪河村

(Nuohe Cun)

名称来历 该村在滦河改道时建村，故取名挪河村。

地理位置 地处迁安镇东南部，东至于家村，南至于庄村，西至后坨村，北至崔庄村。

主要指标 2011年末，辖区总人口1096人，总面积0.5平方千米，农民人均纯收入11910元。

洪富庄村

(Hongfuzhuang Cun)

名称来历 洪姓人家由周洪庄迁此建村，取名洪家庄。后简称洪庄。1982年在地名标准化处理工作中，更名为洪富庄村。

地理位置 地处迁安镇东南部，东至谢庄村，西至于庄村，南至徐乜村，北至崔庄村。

主要指标 2011年末，辖区总人口353人，总面积0.8平方千米，农民人均纯收入10969元。

谢庄村

(Xiezhuang Cun)

名称来历 因谢、刘两姓人家迁此立庄，以姓氏取名谢刘庄，以后因谢家人多势大，改名谢家庄，简称谢庄村。

地理位置 地处迁安镇东南部，东至于家村，南至徐乜村，西至洪富庄村，北至石岩庄村。

主要指标 2011 年末，辖区总人口 2326 人，总面积 0.6 平方千米，农民人均纯收入 11397 元。

庞庄村

(Pangzhuang Cun)

名称来历 庞、郭两姓人家迁此立庄，以姓氏取名庞郭庄，后庞家人多势大，改名庞家庄，简称庞庄村。

地理位置 地处迁安镇东南部，东至石新庄村，南至三李庄村，西至谢庄，北至谢庄村。

主要指标 2011 年末，辖区总人口 832 人，总面积 0.2 平方千米，农民人均纯收入 11404 元。

三李庄村

(Sanlizhuang Cun)

名称来历 因有南京、苏州、镇江三个李姓来此建村，得名为三李庄。

地理位置 地处迁安镇东南部，东至商庄，南至徐乜，西至谢庄，北至庞庄。

主要指标 2011 年末，辖区总人口 2563 人，总面积 5.1 平方千米，农民人均纯收入 21390 元。

商庄村

(Shangzhuang Cun)

名称来历 因村西有一尚家坟，而取村名尚家坟，后演变成商家庄，简称商庄村。

地理位置 地处迁安镇东南部，东至石辛庄，南至三李庄村，西至三李庄，北至石新庄村。

主要指标 2011 年末，辖区总人口 913 人，总面积 0.3 平方千米，农民人均纯收入 11388 元。

石新庄村

(Shixinzhuang Cun)

名称来历 因石姓人家由山东迁此立庄，以姓氏取名石新庄。

地理位置 地处迁安镇东南部，东至省庄村，南至商庄村，西至三李庄村，北至于家村。

主要指标 2011 年末，辖区总人口 900 人，总面积 0.3 平方千米，农民人均纯收入 11200 元。

徐崖村

(Xuya Cun)

名称来历 徐、高、蔡三姓人家由山东迁此立庄，因坐落在土崖上，且徐姓较多，故名徐家崖，简称徐崖村。

地理位置 地处迁安镇东南部，东至三李庄村，南至迁擂路，西至杨崖村，北至洪富庄村。

主要指标 2011 年末，辖区总人口 1963 人，总面积 1 平方千米，农民人均纯收入 11378 元。

西丁官营村

(Xidingguanying Cun)

名称来历 杨姓人家迁此立庄，以姓氏取名杨庄。1982 年在地名标准化处理中，更名为西丁官营村。

地理位置 地处迁安镇东南部，东至前丁官营村，南至省庄村，西至前桥村，北至蔡庄村。

主要指标 2011 年末，辖区总人口 328 人，总面积 0.15 平方千米，农民人均纯收入 9694 元。

五里岗村

(Wuligang Cun)

名称来历 因距县城 5 华里，又有石头岗子，故名五里岗。

地理位置 地处迁安镇东部，东至胡各庄村，南至石牌庄村，西至烟台吴庄村，北至营庄村。

主要指标 2011 年末，辖区总人口 902 人，总面积 0.3 平方千米，农民人均纯收入 17989 元。

石牌庄村

(Shipaizhuang Cun)

名称来历 因附近有一李家的坟墓，有石牌楼，故取名为石牌庄村。

地理位置 地处迁安镇东部，东至小兰庄村，南至蔡庄村，西至五里岗村，北至胡南村。

主要指标 2011 年末，辖区总人口 365 人，总面积 0.4 平方千米，农民人均纯收入 19781 元。

小兰庄村

(Xiaolanzhuang Cun)

名称来历 一裴姓人家迁此给兰家看坟，后形成村庄，因村小，取名小兰庄。

地理位置 地处迁安镇东部，东至半坡娄村，南至大贾庄村，西至蔡庄村，北至郭庄村。

主要指标 2011 年末，辖区总人口 398 人，总面积 0.3 平方千米，农民人均纯收入 19089 元。

小贾庄村

(Xiaojiazhuang Cun)

名称来历 自贾家庄建村以后，又有贾姓人家在贾家庄东边立庄，取名小贾庄村。

地理位置 地处迁安镇东部，东至佘家洼村，南至上屋村，西至大贾庄村，北至小兰庄村。

主要指标 2011年末，辖区总人口420人，总面积0.5平方千米，农民人均纯收入7575元。

蔡庄村

(Caizhuang Cun)

名称来历 蔡氏兄弟两人由小蔡庄迁此立庄，取名蔡家庄，后简称蔡庄村。

地理位置 地处迁安镇东南部，东至大贾庄村，南至后石李桥村，西至张各庄村，北至石牌庄村。

主要指标 2011年末，辖区总人口1570人，总面积0.8平方千米，农民人均纯收入9976元。

前石里桥村

(Qianshiliqiao Cun)

名称来历 石、李两姓人家迁此定居，因地处三里河沿岸，为交通方便，在三里河上建了一座石桥，起名石里桥。村名因此取名石里桥。1961年该村一分为二，此村为前石里桥村。

地理位置 地处迁安镇东部，东至西官营村，南至于家村，西至芦沟堡村，北至后石里桥村。

主要指标 2011年末，辖区总人口405人，总面积0.28平方千米，农民人均纯收入20174元。

后石里桥村

(Houshiliqiao Cun)

名称来历 原为石里桥村，1961年该村一分为二，此村为后石里桥村。

地理位置 地处迁安镇东南部，东至后丁官营村，南至前石里桥村，西至石岩庄村，北至蔡庄村。

主要指标 2011年末，辖区总人口880人，总面积1平方千米，农民人均纯收入11929元。

大贾庄村

(Dajiazhuang Cun)

名称来历 贾氏弟兄两人由滦县贾家营迁此立庄，以姓氏取名贾家庄。后因建了小贾庄，北村亦随之改称大贾庄村。

地理位置 地处迁安镇东部，东至小贾庄村，南至后丁官营村，西至蔡庄村，北至小兰庄村。

主要指标 2011年末，辖区总人口544人，总面积0.31平方千米，农民人均纯收入22635元。

后丁官营村

(Houdingguanying Cun)

名称来历 因姓丁的武官在此安营扎寨，故取村名为丁官营，1961年将丁官营分为两村，本村称后丁官营村。

地理位置 地处迁安镇东部，东至上屋村，南至前丁官营村，西至后石里桥村，北至大贾庄村。

主要指标 2011年末，辖区总人口1237人，总面积0.9平方千米，农民人均纯收入12025元。

前丁官营村

(Qiandingguanying Cun)

名称来历 因姓丁的武官在此安营扎寨，故取名为丁官营，1961年将丁官营分为两村，本村称前丁官营村。

地理位置 地处迁安镇东南部，东至上屋村，南至省庄村，西至西丁官营村，北至后丁官营村。

主要指标 2011年末，辖区总人口930人，总面积0.8平方千米，农民人均纯收入11753元。

上屋村

(Shangwu Cun)

名称来历 相传，唐代村民上屋并沿用至今。

地理位置 地处迁安镇东南部，东至佘家洼村，南至前丁官营村，西至后丁官营村，北至小贾庄村。

主要指标 2011年末，辖区总人口386人，总面积0.9平方千米，农民人均纯收入15952元。

佘家洼村

(Yujiawa Cun)

名称来历 佘姓人家迁此立庄，因地势低洼，取名佘家洼村。

地理位置 地处迁安镇东部，东至永兴庄村，南至沙河子村，西至上屋村，北至半坡营村。

主要指标 2011年末，辖区总人口872人，总面积0.7平方千米，农民人均纯收入17168元。

省庄村

(Shengzhuang Cun)

名称来历 相传，唐王命名省庄并沿用至今。

地理位置 地处迁安镇东南部，东至卢沟堡村，南至三里河，西至石新庄村，北至前丁官营村。

主要指标 2011年末，辖区总人口1970人，总面积2平方千米，农民人均纯收入16300元。

芦沟堡村

(Lugoubao Cun)

名称来历 因附近河旁长有芦苇，故名卢沟堡村。

地理位置 地处迁安镇东南部，东至沙河子村，南至三里河，西至省庄村，北至上屋村。

主要指标 2011年末，辖区总人口1250人，总面积1.3平方千米，农民人均纯收入12381元。

沙河子村
(Shahezi Cun)

名称来历 因附近有一小沙河，故名沙河庄，俗称沙河子村。

地理位置 地处迁安镇东南部，东至回新庄村，南至白庄村，西至卢沟堡村，北至余家洼村。

主要指标 2011年末，辖区总人口2270人，总面积1.8平方千米，农民人均纯收入9891元。

潘营村
(Panying Cun)

名称来历 因潘、苗、叶三家迁此居住，取名三家营。后因潘姓人口众多，改村名潘营村。

地理位置 地处迁安镇北部，东至白沙坡村，南至白庄村，西至赵庄村，北至六股道村。

主要指标 2011年末，辖区总人口1396人，总面积2.2平方千米，农民人均纯收入12500元。

小营村
(Xiaoying Cun)

名称来历 付、贾两姓人家由山东迁此定居，取名付贾村。后来付姓搬走，姜姓迁入，改名姜贾营，随着姓氏复杂又改名小营。

地理位置 地处迁安镇北部，东至吴庄村，南至张庄村，西至宫店子村，北至东峡口村。

主要指标 2011年末，辖区总人口890人，总面积0.5平方千米，农民人均纯收入12800元。

张庄村
(Zhangzhuang Cun)

名称来历 张姓由山东随燕王扫北而来，逐渐形成村庄，取名张庄村。

地理位置 地处迁安镇北部，东至吴庄村，南至刘庄村，西至迁擂路，北至小营村。

主要指标 2011年末，辖区总人口780人，总面积0.5平方千米，农民人均纯收入13100元。

吴庄村
(Wuzhuang Cun)

名称来历 吴、杜、马三姓由山西洪洞县大槐村迁此定居，因吴姓为大，故取名吴庄村。

地理位置 地处迁安镇北部，东至新庄村，南至张庄村，西至小营村，北至马兰社区。

主要指标 2011年末，辖区总人口1171人，总面积1.5平方千米，农民人均纯收入13000元。

刘庄村
(Liuzhuang Cun)

名称来历 刘姓由山东迁此定居，逐渐形成村庄，取名刘庄村。

地理位置 地处迁安镇北部，东至潘营村，南至赵庄，西至张庄村，北至新庄村。

主要指标 2011年末，辖区总人口965人，总面积0.7平方千米，农民人均纯收入13090元。

平房新庄村
(Pingfangxinzhuang Cun)

名称来历 李氏哥儿俩存信、存科由山东迁来，居住在李官营。后李存科迁居于此，逐渐形成村庄，取名平房新庄村。

地理位置 地处迁安镇西北部，东至赵庄村，南至刘庄，西至吴庄村，北至坎新庄村。

主要指标 2011年末，辖区总人口830人，总面积1.2平方千米，农民人均纯收入13000元。

赵庄村
(Zhaozhuang Cun)

名称来历 赵姓由大黑汀村（现属迁西县）迁此定居，逐渐形成村庄，取名赵庄村。

地理位置 地处迁安镇北部，东至潘营村，南至刘庄村，西至平房新庄村，北至六股道村。

主要指标 2011年末，辖区总人口894人，总面积1.1平方千米，农民人均纯收入13600元。

白庄村
(Baizhuang Cun)

名称来历 白姓由山东迁此定居，取名白庄村。

地理位置 地处迁安镇西北部，东至小李庄村，南至东周官营村，西至潘营村，北至白沙坡村。

主要指标 2011年末，辖区总人口712人，总面积0.9平方千米，农民人均纯收入13500元。

白沙坡村
(Baishapo Cun)

名称来历 白姓弟兄四人由山东迁此定居，形成村庄，因地处沙坡地带，取名白家坡，后演变成白沙波村。

地理位置 地处迁安镇北部，东至大魏庄村，南至白庄村，西至潘营村，北至六股道村。

主要指标 2011年末，辖区总人口643人，总面积1.1平方千米，农民人均纯收入12540元。

陈庄村

(Chenzhuang Cun)

名称来历 因陈姓由山东迁此定居，逐渐形成村庄，取名陈庄。

地理位置 地处迁安镇北部，东至杨团堡村，南至马家村，西至小李庄村，北至大魏庄村。

主要指标 2011年末，辖区总人口858人，总面积0.8平方千米，农民人均纯收入13000元。

王崖村

(Wangya Cun)

名称来历 王姓由本县赵官营迁此建庄，因附近有一土崖，得名王崖（当地读音为nie）村。

地理位置 地处迁安镇北部，东至马家村，南至吉兰庄村，西至迁擂路，北至周官营村。

主要指标 2011年末，辖区总人口368人，总面积0.4平方千米，农民人均纯收入13670元。

小李庄村

(Xiaolizhuang Cun)

名称来历 因李姓由李家庄迁此建庄，故名小李庄村。

地理位置 地处迁安镇北部，东至小李庄村，南至东周官营村，西至白庄村，北至陈庄村。

主要指标 2011年末，辖区总人口615人，总面积0.5平方千米，农民人均纯收入12000元。

大魏庄村

(Daweizhuang Cun)

名称来历 魏姓迁此立庄，取名魏家庄。后从魏家庄分出几户，在村南立庄，名小魏庄，本村随之改称大魏庄。

地理位置 地处迁安镇北部，东至杨团堡村，南至陈庄村，西至白沙坡村，北至洗甲河村。

主要指标 2011年末，辖区总人口806人，总面积1.3平方千米，农民人均纯收入13500元。

东周官营村

(Dongzhouguanying Cun)

名称来历 周姓由山东迁此定居，后因有人做了官，取名周官营。1982年在地名标准化处理工作中，更名为东周官营村。

地理位置 地处迁安镇北部，东至小李庄村，南至王崖村，西至迁擂路，北至白庄村。

主要指标 2011年末，辖区总人口1340人，总面积1.3平方千米，农民人均纯收入13050元。

梨行村

(Lihang Cun)

名称来历 因村庄北面有梨树成行，故名梨行村。

地理位置 地处迁安镇北部，东至安新庄村，南至新寨村，西至小寨村，北至兰若院村。

主要指标 2011年末，辖区总人口1130人，总面积1.3平方千米，农民人均纯收入13800元。

小寨村

(Xiaozhai Cun)

名称来历 唐太宗李世民征东时，在此安营扎寨，因村小，故名小寨村。

地理位置 地处迁安镇北部，东至梨行村，南至新寨村，西至马家村，北至杨团堡村。

主要指标 2011年末，辖区总人口2452人，总面积2平方千米，农民人均纯收入13675元。

杨团堡村

(Yangtuanbao Cun)

名称来历 杨姓人家由山东迁此立庄，以姓氏取名杨团堡。

地理位置 地处迁安镇北部，东至兰若院村，南至小寨村，西至陈庄村，北至洗甲河村。

主要指标 2011年末，辖区总人口1965人，总面积3平方千米，农民人均纯收入12400元。

马家村

(Majia Cun)

名称来历 马姓由本县吉兰庄迁此立庄，以姓氏取名马家村。

地理位置 地处迁安镇北部，东至小寨村，南至吉兰庄村，西至王崖村，北至杨团堡村。

主要指标 2011年末，辖区总人口1414人，总面积1.6平方千米，农民人均纯收入13400元。

（撰稿：吕艳冰、李明侠，初审：李小波、赵永兴）

夏官营镇

(Xiaguanying Zhen)

政区概况

名称来历 因镇人民政府驻地位于夏官营镇而得名。

地理位置 地处迁安市东部，东隔青龙河与秦皇岛市卢龙县印庄乡相望，南与彭店子乡为邻，西与迁安镇为邻，北与扣庄乡为邻。人民政府驻夏官营村，电话区号0315，邮政编码064409，距迁安市人民政府10千米。

政区沿革 1953年，建夏官营乡。1958年，属东升人民公社。1961年，析出，设夏官营人民公社。1984年，撤销人民公社，设夏官营乡。1986年，夏官营乡改镇。

政区划分 2011年末，辖夏官营、永兴庄、回辛庄、袁庄、洪庄、沙坡子、黄官营、包官营、东赵店子、罗庄子、团新庄、南白庄、花庄、梅官营、大榆树、范庄、上马哨、下马哨、东峪、西峪、上庄、何家坟、五道沟、六道沟、梁庞庄、耿庄、六合村、姚官屯28个村民委员会。

人口面积 2011年末，辖区总人口32981人，其中城镇常住人口1.07万人，城镇化率32.5%。另有流动人口2476人。总人口中，男性16903人，占51.3%；女性16078人，占48.7%。总人口中，以汉族为主，达32862人，占99.6%；有满、回、朝鲜3个少数民族，共119人，占0.3%，超过50人的有满、回2个少数民族，其中满族92人，占少数民族人口的77.3%；回族21人，占17.6%；另有朝鲜族6人，占0.05%。2011年，人口出生率14.21‰，人口死亡率6.23‰，人口自然增长率7.98‰。

辖区东西最大距离7千米，南北最大距离9.81千米，总面积68.67平方千米。人口密度为每平方千米480人。

自然条件

地形地貌 地处华北平原北部半丘陵地带，西北部较平坦，东部为山区，多坡地沟坑。

水文 境内主要河道有东部的青龙河、西南部的滦河。

经济概况

农业 耕地面积5.02万亩，人均1.52亩；其中水浇地2.6万亩。2011年，农业总产值2.8亿元，比上年增长7%，实现农业增加值1.8亿元，占国内生产总值的7.1%。

粮食作物以玉米、小麦为主。2011年，生产粮食1.5万吨。主要经济作物有花生。2011年，花生种植面积2.8万亩，产量0.45万吨。山地干鲜果品产量0.12万吨，主要品种有板栗、核桃、苹果、梨等。

畜牧业以牛、生猪为主。2011年，累计建设牛场12个，牛存栏0.3万头；大小猪场71个，生猪存栏3.5万头；养鸡场36个，鸡存栏46万羽；其中200头以上猪场9个，万只以上鸡场7个。

2011年，农民人均纯收入1.2万元。

工业 2011年，工业总产值43.2亿元，实现工业增加值17.7亿元，占国内生产总值的69.2%。2011年，工业企业212家，其中铁选厂91家，钢厂1家，铸造企业2家，竖炉企业83家。朝阳工业园区是我镇加快经济发展的重要载体，自2002年开始建设，规划面积2.7平方千米，主要承接轻工建材、商业物流、精密铸造、装备制造业项目，园区内水、电、路等基础设施配套完备，已有14家企业入园。规模以上工业企业实现工业增加值16.7亿元。

财政金融 2011年，财政总收入11407万元，比上年增长32%。其中地方财政收入3261.1万元。人均财政收入1.2万元，比上年增长27%。

社会发展

文化艺术 2011年末，公共图书馆24个，藏书20万余册；影剧院1个，座位300个。

教育 2011年末，幼儿园6所，幼儿330人，专任教师30人；小学6所，在校生1466人，专任教师143人，小学适龄儿童入学率100%；初中2所，在校生1399人，专任教师185人，初中适龄人口入学率、小升初升学率、九年义务教育覆盖率均达100%。

医疗卫生 2011年末，中心卫生院1个；病床46张。

社会保障 2011年城镇最低生活保障户数27户，人数56人，支出11.42万元，月人均170元，比上年增长20%；城市医疗救助25人次，民政部门资助参加合作医疗280人次，共支出3.5万元。农村最低生活保障户数379户，人数986人，支出106.48万元，月人均90元，比上年增长20%。国家抚恤、补助各类优抚对象271人，抚恤事业费支出39.3万元。社区服务设施28个，其中社区服务中心18个。慈善分会1个，全年接受社会捐款3万元，使50人（次）困难群众受益。新型农村社会养老保险参保率82.3%以上，个人领取率100%。

基础设施

交通运输 铁路京秦、102国道过境。

邮政电信 2011年末，邮政网点1个。

电话交换机总容量3040门，初级电缆4000对千米。

镇区市政建设

给排水 2011年末，镇区自来水厂1座，排水管道8000米，污水处理厂1座。

夏官营村

(Xiaguanying Cun)

名称来历 明初，夏姓人家由山东迁来居住，形成村庄，得名夏官营村。

地理位置 地处夏官营镇中西部，东至沙坡村，南至赵店子村，西至回辛庄村，北至洪庄村。

主要指标 2011年末，辖区总人口2568人，总面积5.2平方千米，农民人均纯收入12324元。

永兴庄村

(Yongxingzhuang Cun)

名称来历 明代，张姓人家、丁姓人家迁此立庄，分别为张家窝铺和丁家窝铺。后两村合二为一，为示吉利，改称永兴庄村。

地理位置 地处夏官营镇西北部，东至沙坡村，南至赵店子村，西至回辛庄村，北至洪庄村。

主要指标 2011年末，辖区总人口2495人，总面积

5.2平方千米，农民人均纯收入12496元。

回辛庄村

(Huixinzhuang Cun)

名称来历 清末，马姓等几家曾在此居住，因火灾房屋被烧毁，重新建房，故名回辛庄村。

地理位置 地处夏官营镇西部，东至夏官营村，南至团新庄村，西至沙河子村，北至永兴庄村。

主要指标 2011年末，辖区总人口501人，总面积1.1平方千米，农民人均纯收入12681元。

袁庄村

(Yuanzhuang Cun)

名称来历 明末清初，袁氏兄弟两人自临榆县迁此立庄，以姓氏取名袁家庄村，后简称袁庄村。

地理位置 地处夏官营镇北部，东至梅官营村，南至六道沟村，西至洪庄村，北至田庄村。

主要指标 2011年末，辖区总人口472人，总面积1.2平方千米，农民人均纯收入11661元。

洪庄村

(Hongzhuang Cun)

名称来历 明初，洪姓人家自北京通州迁此定居，以姓氏取名洪家庄，后简称洪庄村。

地理位置 地处夏官营镇北部，东至袁庄村，南至沙坡子村，西至永兴庄村，北至田庄村。

主要指标 2011年末，辖区总人口1986人，总面积3.1平方千米，农民人均纯收入12369元。

沙坡子村

(Shapozi Cun)

名称来历 因村南有一沙坡，得名沙坡子村。

地理位置 地处夏官营镇中部，东至六道沟村，南至黄官营村，西至夏官营村，北至洪庄村。

主要指标 2011年末，辖区总人口726人，总面积1.1平方千米，农民人均纯收入11566元。

黄官营村

(Huangguanying Cun)

名称来历 明初，黄姓人家由遥官屯迁来，何姓人家由滦县何庄迁来，李姓人家由卢龙台营迁来组成村庄，因黄姓较早前来，故取村名为黄官营村。

地理位置 地处夏官营镇中部，东至六合村，南至包官营村，西至夏官营村，北至沙坡村。

主要指标 2011年末，辖区总人口1501人，总面积3平方千米，农民人均纯收入12835元。

包官营村

(Baoguanying Cun)

名称来历 因一姓包的武官由河南开封迁此定居，以姓氏取名包官营村。

地理位置 地处夏官营镇中南部，东至遥官屯村，南至徐家沟村，西至赵店子村，北至夏官营村。

主要指标 2011年末，辖区总人口2230人，总面积3.7平方千米，农民人均纯收入13022元。

东赵店子村

(Dongzhaodianzi Cun)

名称来历 清初，赵姓人家在此开店，后形成村庄，得名赵家店村，后简称赵店子村。1982年在地名标准化处理过程中，更名为东赵店子村。

地理位置 地处夏官营镇西南部，东至包官营村，南至罗庄子村，西至团新庄村，北至夏官营村。

主要指标 2011年末，辖区总人口566人，总面积1.3平方千米，农民人均纯收入12336元。

罗庄子村

(Luozhuangzi Cun)

名称来历 明代，罗姓人家迁此立庄，以姓氏取名罗庄子村。

地理位置 地处夏官营镇西南部，东至赵店子村，南至花庄村，西至团新庄村，北至赵店子村。

主要指标 2011年末，辖区总人口550人，总面积1.9平方千米，农民人均纯收入12150元。

团新庄村

(Tuanxinzhuang Cun)

名称来历 因处团山附近，故取村名为团新庄村。

地理位置 地处夏官营镇西部，东至罗庄子村，南至花庄村，西至南白庄村，北至回新庄村。

主要指标 2011年末，辖区总人口1586人，总面积2.4平方千米，农民人均纯收入13078元。

南白庄村

(Nanbaizhuang Cun)

名称来历 白姓人家迁此立庄，以姓氏取名白家庄，后简称白庄，1982年在地名标准化处理过程中更名为南白庄村。

地理位置 地处夏官营镇东部，东至团新庄村，南至花庄村，西至大山东庄村，北至沙河子村。

主要指标 2011年末，辖区总人口1206人，总面积3.1平方千米，农民人均纯收入12735元。

花庄村

(Huazhuang Cun)

名称来历 因花姓人家自山东迁此立庄，以姓氏取名花家庄村，简称花庄村。

地理位置 地处夏官营镇西南部，东至彭店子乡徐家沟村，南至彭店子乡坨上村，西至野鸡坨镇小山东庄村，北至白庄村。

主要指标 2011年末，辖区总人口2550人，总面积6.2平方千米，农民人均纯收入12966元。

西峪村

(Xiyu Cun)

名称来历 因附近有一小河名为野河，此处又处山区，故名野河峪。后村子一分为二，本村居西，称西野河峪，后简称西峪村。

地理位置 地处夏官营镇北部，东至东野河峪村，南至田庄村，西至唐庄村，北至古松庄村。

主要指标 2011年末，辖区总人口662人，总面积1平方千米，农民人均纯收入11061元。

东峪村

(Dongyu Cun)

名称来历 因附近有一小河名为野河，此处又处山区，故名野河峪。后村子一分为二，本村居东，称东野河峪，后简称东峪村。

地理位置 地处夏官营镇北部，东至大榆树村，南至梅官营村，西至西野河峪村，北至古松庄村。

主要指标 2011年末，辖区总人口1040人，总面积2.2平方千米，农民人均纯收入12091元。

梅官营村

(Meiguanying Cun)

名称来历 梅姓8个弟兄自山东济南府小南街迁来落户于此，得名梅官营村。

地理位置 地处夏官营镇北部，东至大榆树村，南至五道沟村，西至袁庄村，北至东野河峪村。

主要指标 2011年末，辖区总人口726人，总面积1.6平方千米，农民人均纯收入11820元。

大榆树村

(Dayushu Cun)

名称来历 因附近有棵大榆树，以此取村名大榆树村。

地理位置 地处夏官营镇东北部，东至卢龙县王庄村，南至范庄村，西至东野河峪村，北至郎庄村。

主要指标 2011年末，辖区总人口1356人，总面积3.9平方千米，农民人均纯收入12308元。

范庄村

(Fanzhuang Cun)

名称来历 清代范姓人家迁此立庄，以姓氏取名范庄村。

地理位置 地处夏官营镇东北部，东至卢龙县采庄村，南至马哨村，西至梅官营村，北至大榆树村。

主要指标 2011年末，辖区总人口585人，总面积2.7平方千米，农民人均纯收入11407元。

五道沟村

(Wudaogou Cun)

名称来历 因坐落在梅官营以南的第五道沟上，故取名五道沟村。

地理位置 地处夏官营镇，东至卢龙县大横河村，南至六道沟村，西至沙坡子村，北至梅官营村。

主要指标 2011年末，辖区总人口387人，总面积1.5平方千米，农民人均纯收入12182元。

六道沟村

(Liudaogou Cun)

名称来历 因坐落在梅官营以南的第六道沟上，故取名为六道沟村。

地理位置 地处夏官营镇中东部，东至何家坟村，南至六合村，西至黄官营村，北至五道沟村。

主要指标 2011年末，辖区总人口550人，总面积2平方千米，农民人均纯收入11102元。

上马哨村

(Shangmashao Cun)

名称来历 明代，有姓马者迁此立庄，取名马哨。后村子一分为二，分为上马哨、下马哨，坎上为上马哨，此村为上马哨村。

地理位置 地处夏官营镇东部，东至下马哨村，南至梁庞庄村，西至五道沟村，北至范庄村。

主要指标 2011年末，辖区总人口386人，总面积1.2平方千米，农民人均纯收入12386元。

下马哨村

(Xiamashao Cun)

名称来历 因明代，有姓马者迁此立庄，取名马哨。后村子一分为二，分为上马哨、下马哨，坎上为上马哨，此村为下马哨村。

地理位置 地处夏官营镇东部，东至卢龙县大横河村，南至梁庞庄村，西至上马哨村，北至范庄村。

主要指标 2011年末，辖区总人口510人，总面积1.7平方千米，农民人均纯收入11254元。

上庄村

(Shangzhuang Cun)

名称来历 明代有姓庄者迁此立庄，因地势较高，取名上庄村。

地理位置 地处夏官营镇东部，东至下马哨村，南至梁庞庄村，西至何家坟村，北至上马哨村。

主要指标 2011年末，辖区总人口515人，总面积1.1平方千米，农民人均纯收入12332元。

何家坟村

(Hejiafen Cun)

名称来历 清代建村，因附近有一何家坟墓，故名为何家坟村。

地理位置 东地处夏官营镇东部，东至上马哨村，南至梁庞庄村，西至六合村，北至六道沟村。

主要指标 2011年末，辖区总人口116人，总面积0.5平方千米，农民人均纯收入11569元。

梁庞庄村

(Liangpangzhuang Cun)

名称来历 明代，庞姓人家、梁姓人家分别迁此立庄，都以姓氏取名为庞家庄、梁家庄。合起来统称梁庞庄村。

地理位置 地处夏官营镇东南部，东至卢龙县张毛庄村，南至耿庄村，西至六合村，北至马哨村。

主要指标 2011年末，辖区总人口1651人，总面积4.3平方千米，农民人均纯收入12505元。

耿庄村

(Gengzhuang Cun)

名称来历 清代耿姓人家迁此立庄，以姓氏取村名耿家庄村。

地理位置 地处夏官营镇东南部，东临青龙河，南至彭店子乡杨家坡，西至姚官屯，北至梁庞庄。

主要指标 2011年末，辖区总人口1558人，总面积4.2平方千米，农民人均纯收入12920元。

姚官屯村

(Yaoguantun Cun)

名称来历 明代，姚姓人家迁此里立庄，因有人为官，故名姚官屯村。

地理位置 地处夏官营镇南部，东至耿庄村，南至杨坡村，西至赵店子村，北至包官营村。

主要指标 2011年末，辖区总人口1333人，总面积3.2平方千米，农民人均纯收入12579元。

六合村

(Liuhe Cun)

名称来历 建制由明末至1958年叫梁家沟村、李家沟村、双家沟村、陈家沟村、韩家沟村、刘家沟村。1958年至今叫六合村。

地理位置 地处夏官营镇中东部，东至梁庞庄村，南至耿庄村，西至包官营村，北至六道沟村。

主要指标 2011年末，辖区总人口700人，总面积2.2平方千米，农民人均纯收入11687元。

（撰稿：刘海达、张冬冬，初审：周志国）

杨各庄镇

(Yanggezhuang Zhen)

政区概况

名称来历 因镇人民政府驻地位于杨各庄村而得名。

地理位置 地处迁安市东北，东至秦皇岛市卢龙县刘营乡，南、西至迁安市扣庄乡，西北至迁安市上庄乡，北至迁安市建昌营镇。人民政府驻杨各庄村，电话区号0315，邮政编码064008，距迁安市人民政府15千米。

政区沿革 1953年，设杨各庄乡。1958年，属东风公人民社。1961年，析出，设杨各庄人民公社。1984年，撤销人民公社，复置杨各庄乡。1989年，杨各庄乡改镇。

政区划分 2011年末，辖包各庄、杨各庄、武家庄、森罗寨、徐流营、徐流口、东新庄、西新庄、上场、皇姑寺、曲河、小套、郭庄、揣庄、枣行、东马庄、尚武旗、周各庄、闫官屯、文里庄、东高庄、青山院、下换甲套、马庄户、万军、裴新庄、玄新庄、上换甲套村、披甲窝、马家沟、大贤庄、三角庄、鸡鸣庄、张新庄、勃林、安各庄、代家沟37个村民委员会。

人口面积 2011年末，辖区总人口40176人，其中城镇常住人口5760人，城镇化率14%。另有流动人口140人。总人口中，男性20285人，占49%；女性19891人，占51%。总人口中，以汉族为主，达39686人，占98.8%；有满、回等少数民族，其中满族362人，占人口总数的9‰；回族127人，占人口总数的3.2‰。2011年，人口出生率11.18‰，人口死亡率6.14‰，人口自然增长率5.04‰。

辖区东西最大距离13.75千米，南北最大距离10.9千米，总面积79.4平方千米。其中陆地面积72.22平方千米，占93.07%。人口密度为每平方千米506人。

自然条件

地形地貌 境内大部为丘陵，地势略呈四周高中间低，地面起伏在10~100米，最高点位于徐流口村北的长城上。

水文 境内河道属滦河流域，有青龙河、沙河两大水系，河流总长度52千米。

矿藏及其他自然资源 境内已探明地下矿藏有石英石、膨润土，矿产资源丰富。地下水资源可利用量1384.4万立方米。

自然灾害 主要自然灾害有冰雹、旱涝、风灾、低温、霜冻、雷击、地震等。

经济概况

农业 耕地面积5.4万亩，人均1亩。以种植小麦、玉米、蔬菜为主。2011年，农业总产值5.4万元，比上年增长13.24%，实现农业增加值1.4万元，占国内生产总值的21.9%。

粮食作物以小麦、玉米为主。2011年，生产粮食2.9万吨，其中小麦6224吨，玉米15316吨。主要经济作物有蔬菜。2011年，蔬菜种植面积1.8万亩，产量8.9万吨，主要品种有韭菜、芹菜、菠菜、油菜等，其中韭菜1693吨，芹菜11952吨，油菜3651吨，菠菜4524吨。

畜牧业以猪、羊、家禽为主。2011年，生猪饲养量4万头，年末存栏3.6万头；羊饲养量0.7万只；家禽饲养量3万羽。

截至2011年末，累计造林4.4万亩，林木覆盖率41%。2011年，水果种植面积1.7万亩，主要品种有苹果、梨、桃、杏、核桃、柿子、枣、栗子。

工业 已形成淀粉、造纸、印刷、包装、化工、膨润土、特色农副产品种植加工等多门类的产业体系。2011年，工业总产值12.37亿元，比上年增长4.2%，实现工业增加值3.25亿元，占国内生产总值的49.5%。2011年，工业企业19家，职工1923人。

商业外贸 2011年末，商业网点163个，职工2513人；城乡集贸市场3个。2011年，社会消费品零售总额达12.8亿元，比上年增长17.5%；城乡集市贸易成交额6亿元。

财政金融 2011年，财政总收入5325.4万元。其中地方财政收入3105.3万元，比上年增长14.8%。人均财政收入1325.5元，比上年增长14.7%。

社会发展

文化艺术 2011年末，镇文化站1个，村级文化活动中心37个；各类文化专业户30个；各类图书室40个，藏书30余万册，省、市级文物保护单位3个。

教育 2011年末，幼儿园5所，在园幼儿1700人，专任教师129人；小学7所，在校生1985人，专任教师186人，小学适龄儿童入学率100%；初中3所，在校生1935人，专任教师161人，初中适龄人口入学率、小升初升学率、九年义务教育覆盖率均达100%。

科技 2011年末，农技推广服务机构2个，农技推广服务人员8人。

医疗卫生 2011年末，各级各类医疗卫生机构3个，门诊部（所）37个；每千人拥有医疗床位3.23张，固定资产总值7600万元。专业卫生人员71名。2011年医疗机构（门诊部以上）完成诊疗7.26万人次。新型农村合作医疗参合率100%。

体育 2011年末，学校体育场地10处，座位500张。85.5%的村安装了健身器材，经常参加体育活动的人员占常住人口的23%。

广播电视 2011年末，有线电视用户10051户，入户率87%以上，电视综合覆盖率99%。

社会保障 2011年城镇最低生活保障户数40户，人数56人。农村最低生活保障户数537户，人数1508人；农村五保分散供养130人。国家抚恤、补助各类优抚对象403人。

基础设施

邮政电信 2011年末，邮政局1所，代办所26处；报纸、期刊累计期发行1.3万份（册），业务收入590万元。

电信企业2家，服务网点32个；电话交换机总容量5万门，固定电话用户1.4万户，电话用户普及率达到96%；移动电话用户1.5万户；宽带接入用户0.9万户。全年电信业务收入1100万元。

镇区市政建设

公共交通 2011年末，镇区客运站1座，日发客运汽车140班次，日均容量4000余人次，公交汽车线路2条。

给排水 2011年末，镇区27个村通自来水。

园林绿化 2011年末，镇区公园12个，绿化面积52公顷。

安各庄村

(An'gezhuang Cun)

名称来历 明朝，村东有一庵子庙，陈氏一家来此看庙，维持生活。后有张氏、纪氏、孟氏、曹氏等举家陆续来此安家，以“安定”之意取名安各庄村。

地理位置 地处杨各庄镇中部，东至包各庄，南至杨各庄，西至代家沟，北至武家庄。

主要指标 2011年末，辖区总人口401人，总面积0.61平方千米，农民人均纯收入10324元。

包各庄村

(Baogezhuang Cun)

名称来历 以前村中央有古庙一座，据现存古庙碑文记载，该村原名博古庄村。后由于书写不便，谐音改为包各庄，并一直沿用至今。

地理位置 地处杨各庄镇东部，东至秦皇岛市卢龙县刘家营乡侯各庄，南至杨各庄，西至安各庄，北至徐流营。

主要指标 2011年末，辖区总人口3271人，总面积6.45平方千米，农民人均纯收入11608元。

桲林村

(Bolin Cun)

名称来历 因建村时此地生长很多桲萝树，故名桲林村。

地理位置 地处杨各庄镇西部，东至皇姑寺，南至安各庄村，西至后窝子村，北至建昌营镇阎场村。

主要指标 2011 年末，辖区总人口 834 人，总面积 1.78 平方千米，农民人均纯收入 10938 元。

揣庄村

(Chuaizhuang Cun)

名称来历 姓揣的先居此地，因此得名揣庄村。

地理位置 地处杨各庄镇南部，东至卢龙县富申庄村，南至枣行村，西面紧邻郭庄，北至杨各庄。

主要指标 2011 年末，辖区总人口 1088 人，总面积 1.97 平方千米，农民人均纯收入 11333 元。

大贤庄村

(Daxianzhuang Cun)

名称来历 据说唐太宗李世民征东时路过此地时，口干舌燥，正巧遇一妇人在井台打水，举桶欲痛饮，妇人急忙阻拦。唐太宗大怒道："为何不让喝水?"妇人告诉他说："急行之人立即饮水，会炸肺的。"唐太宗听罢非常感动地说："你真是个大贤者之人。"此村因此取名大贤庄村。

地理位置 地处杨各庄镇西南部，东至高各庄，南至青山院，西至披甲窝，北至上庄乡凉水河。

主要指标 2011 年末，辖区总人口 1656 人，总面积 3.42 平方千米，农民人均纯收入 11824 元。

代家沟村

(Daijiagou Cun)

名称来历 明朝初期，代氏兄弟三人迁此定居，因东边有沟，故名代家沟村。

地理位置 地处杨各庄镇西部，东至安各庄，南至张新庄，西至建昌营镇前窝子，北至建昌营镇朱家店。

主要指标 2011 年末，辖区总人口 1174 人，总面积 1.89 平方千米，农民人均纯收入 10681 元。

东新庄村

(Dongxinzhuang Cun)

名称来历 由于迁来的曹姓户多，曾叫曹新庄。又由于和西新庄隔一道沟，久而久之就把沟东叫东新庄村。

地理位置 地处杨各庄镇西北部，东至徐流口，南至徐流营，西至西新庄，北至建昌营镇河流口。

主要指标 2011 年末，辖区总人口 1012 人，总面积 4.6 平方千米，农民人均纯收入 12055 元。

东高庄村

(Donggaozhuang Cun)

名称来历 清初，高、李两姓迁此定居，因高氏家族人多势大，取村名为高各庄，1997 年前后，迁安市进行属地统一命名改为东高庄村。

地理位置 地处杨各庄镇西部，东至闫官屯，南至青山院，西至沙河，北至三角庄。

主要指标 2011 年末，辖区总人口 345 人，总面积 0.43 平方千米，农民人均纯收入 12667 元。

郭庄村

(Guozhuang Cun)

名称来历 明末一郭姓迁此定居，逐渐形成村庄，以姓取名郭家庄村，简称郭庄村。

地理位置 地处杨各庄镇东南部，东至揣庄，南至枣行，西至文里庄，北至杨各庄。

主要指标 2011 年末，辖区总人口 498 人，总面积 0.78 平方千米，农民人均纯收入 11707 元。

皇姑寺村

(Huanggusi Cun)

名称来历 因有一黄姑寺庙，故取村名为黄姑寺村，后又演变为皇姑寺村。

地理位置 地处杨各庄镇西北部，东至徐流营，南至武家庄，西至桲林，北至建昌营镇阎场。

主要指标 2011 年末，辖区总人口 842 人，总面积 1.7 平方千米，农民人均纯收入 12387 元。

鸡鸣庄村

(Jimingzhuang Cun)

名称来历 据说唐太宗李世民率大军在黎明前路过该村，军队行军发出声响，公鸡啼鸣而狗未叫。唐太宗李世民说："此村鸡鸣狗不叫，狗懒。"故得名鸡鸣狗懒庄村，后改称鸡鸣庄村。

地理位置 地处杨各庄镇西南部，东至周各庄，南至高各庄，西至沙河，北至张新庄。

主要指标 2011 年末，辖区总人口 1298 人，总面积 2.41 平方千米，农民人均纯收入 12581 元。

东马庄村

(Dongmazhuang Cun)

名称来历 因马姓迁此定居，取名马庄。后改名为马各庄，1997 年迁安市进行属地统一命名改为东马庄村。

地理位置 地处杨各庄镇南部，东至文里庄，南至下换甲套村，西至沙河，北至闫官屯。

主要指标 2011 年末，辖区总人口 673 人，总面积 1.03 平方千米，农民人均纯收入 12511 元。

马家沟村

(Majiagou Cun)

名称来历 马姓自马庄户迁此立庄，以姓氏取名马家沟村。

地理位置 地处杨各庄镇南部，东至万青公路，南至裴新庄，西至玄新庄砖厂，北至青山院。

主要指标 2011 年末，辖区总人口 366 人，总面积 0.78 平方千米，农民人均纯收入 11230 元。

马庄户村

(Mazhuanghu Cun)

名称来历 因马姓自滦河西迁此建村，以姓氏取名马庄户村。

地理位置 地处杨各庄镇南部，东至万军，南至扣庄乡郎庄，西至上换甲套，北至下换甲套。

主要指标 2011 年末，辖区总人口 473 人，总面积 0.83 平方千米，农民人均纯收入 11480 元。

裴新庄村

(Peixinzhuang Cun)

名称来历 因裴姓自后裴庄迁此居住建村，以姓氏取名裴新庄村。

地理位置 地处杨各庄镇南部，东北至上换甲套，东南至扣庄乡古松庄，南至扣庄乡东牛山，西至玄新庄，北至马家沟。

主要指标 2011 年末，辖区总人口 716 人，总面积 1.3 平方千米，农民人均纯收入 11159 元。

披甲窝村

(Pijiawo Cun)

名称来历 唐太宗征东时在此披上盔甲准备作战而得名披甲窝村。

地理位置 地处杨各庄镇南部，东至青山院，南至扣庄乡东牛山，西至扣庄乡毕新庄，北至上庄乡凉水河。

主要指标 2011 年末，辖区总人口 1238 人，总面积 2.88 平方千米，农民人均纯收入 11260 元。

青山院村

(Qingshanyuan Cun)

名称来历 因村北有一座寺院青山院而得名。

地理位置 地处杨各庄镇南部，东至沙河，南至下换甲套，西至披甲窝，北至大贤庄。

主要指标 2011 年末，辖区总人口 871 人，总面积 1.7 平方千米，农民人均纯收入 11515 元。

曲河村

(Quhe Cun)

名称来历 因村东有一小河流弯弯曲曲注入青龙河，该村以此而得名曲河村。

地理位置 地处杨各庄镇东部，东至秦皇岛市卢龙县刘家营，南至青龙河，西至小套，北至上场。

主要指标 2011 年末，辖区总人口 1886 人，总面积 3.13 平方千米，农民人均纯收入 11353 元。

三角庄村

(Sanjiaozhuang Cun)

名称来历 因先有井后有庄，取村名先井庄。后来逯家、李家、柳家三家呈三角形居住，故叫三角庄村。

地理位置 地处杨各庄镇西部，东至周各庄，南至高各庄，西、北至鸡鸣庄。

主要指标 2011 年末，辖区总人口 386 人，总面积 0.46 平方千米，农民人均纯收入 11347 元。

森罗寨村

(Senluozhai Cun)

名称来历 因孙、罗两姓迁此定居，取村名孙罗寨。后一铁匠把村名铸在钟上时，把“孙”字错铸成“森”字，从此村名改为森罗寨村。

地理位置 地处杨各庄镇中北部，东至小套，南至杨各庄，西至皇姑寺，北至东新庄。

主要指标 2011 年末，辖区总人口 912 人，总面积 1.59 平方千米，农民人均纯收入 11546 元。

上场村

(Shangchang Cun)

名称来历 据说卢龙县三里店村（与上场村相邻）有一个非常大的庙，庙里和尚们春种秋收，秋收的时候成百上千的和尚在这里打场，因此把这个地方叫作尚场，即和尚打场的地方，后演变成上场村。

地理位置 地处杨各庄镇东部，东至秦皇岛市卢龙县刘家营乡三里店，南至曲河，西至徐流营，北至徐流口九龙泉水库。

主要指标 2011 年末，辖区总人口 1059 人，总面积 1.87 平方千米，农民人均纯收入 11209 元。

上换甲套村

(Shanghuanjiatao Cun)

名称来历 唐太宗李世民东征时，曾在此换上盔甲率领大军迎战，敌军大败。李世民觉得在此换盔甲及时，很吉利，便赐名换甲套村。后分治为上换甲套村、下换甲套村。

地理位置 地处杨各庄镇南部，东至马庄户，南至扣庄乡古松庄，西至马家沟，北至下换甲套。

主要指标 2011年末，辖区总人口615人，总面积1.31平方千米，农民人均纯收入10911元。

尚武旗村
(Shangwuqi Cun)

名称来历 清朝初期，有一王姓迁此定居。因给满族王爷当奴仆，忠诚勤快，又擅长武术，受到王爷赞赏，称他有尚武之才，故名尚武旗村。

地理位置 地处杨各庄镇中南部，东至杨各庄村，南至闫官屯，西至周各庄村，北至杨各庄村。

主要指标 2011年末，辖区总人口562人，总面积0.78平方千米，农民人均纯收入11530元。

万军村
(Wanjun Cun)

名称来历 唐太宗李世民率大军东征时，各路大军集结到一起，这个地方地势高，两河交汇，易守难攻，起名万军村，并沿用至今。

地理位置 地处杨各庄镇南部，东至青龙河，南至扣庄乡郎庄，西至马庄户，北至沙河。

主要指标 2011年末，辖区总人口1365人，总面积2.38平方千米，农民人均纯收入11355元。

文里庄村
(Wenlizhuang Cun)

名称来历 明末，渠姓迁此时野外居住，取名野庄。后人认为村名不雅，改为文里庄村。

地理位置 地处杨各庄镇东南部，东至郭庄，南至沙河，西至马各庄，北至尚武旗。

主要指标 2011年末，辖区总人口535人，总面积0.57平方千米，农民人均纯收入11159元。

武家庄村
(Wujiazhuang Cun)

名称来历 开始有蓝、萧两姓在此定居，人丁兴旺。后有一武姓家族至此，因人多势众，改名为武家庄村。

地理位置 地处杨各庄镇中部，东至森罗寨，南至安各庄，西至梓林村，北至黄姑寺村

主要指标 2011年末，辖区总人口965人，总面积1.16平方千米，农民人均纯收入10404元。

西新庄村
(Xixinzhuang Cun)

名称来历 因廉姓定居，起名廉新庄。又因东和曹新庄相连，中间有一道河沟，位于沟西，故名西新庄村。

地理位置 地处杨各庄镇西北部，东至东新庄，南至徐流营村，西至建昌营镇东堡子、草场，北至建昌营镇河流口。

主要指标 2011年末，辖区总人口911人，总面积2.22平方千米，农民人均纯收入11899元。

小套村
(Xiaotao Cun)

名称来历 因此地是小河的河套，故名小套村。

地理位置 地处杨各庄镇东部，东至曲河，南至包各庄，西至包各庄，北至徐流营。

主要指标 2011年末，辖区总人口1301人，总面积1.62平方千米，农民人均纯收入11822元。

下换甲套村
(Xiahuanjiatao Cun)

名称来历 唐太宗李世民东征时，曾在此换上盔甲率领大军迎敌，敌军大败。李世民觉得在此换盔甲及时得吉利，便赐名换甲套村。后分治为上换甲套村、下换甲套村。

地理位置 地处杨各庄镇南部，东至马庄户，南至上换甲套，西至马家沟，北至青山院。

主要指标 2011年末，辖区总人口346人，总面积0.55平方千米，农民人均纯收入11416元。

徐流口村
(Xuliukou Cun)

名称来历 徐流口的“口”是指当时修长城时，方便长城两侧联系留的口。明朝时期的这段长城由一个姓徐的总兵把守，故名徐流口村。

地理位置 地处杨各庄镇北部，东至秦皇岛市卢龙县下庄，南至徐流营、上场，西至东、西新庄，北至长城。

主要指标 2011年末，辖区总人口1867人，总面积8.27平方千米，农民人均纯收入12796元。

徐流营村
(Xuliuying Cun)

名称来历 徐流口村东大山脚下有九个泉眼往外流水，取名九龙泉。泉水由村东北转向村西南绕村而过，因泉水徐徐流淌，故将此地取名为徐流营村。

地理位置 地处杨各庄镇中北部，东至上场村，南至森罗寨，西至皇姑寺，北至徐流口。

主要指标 2011年末，辖区总人口2042人，总面积4.73平方千米，农民人均纯收入12960元。

玄新庄村
(Xuanxinzhuang Cun)

名称来历 因玄姓由大玄庄迁此立新庄，以姓氏取名为玄新庄村。

地理位置 地处杨各庄镇南部，东至裴新庄，南至扣庄乡东牛山，西至扣庄乡毕新庄，北至披甲窝。

主要指标 2011年末，辖区总人口1095人，总面积1.6平方千米，农民人均纯收入11388元。

闫官屯村

(Yanguantun Cun)

名称来历 唐太宗李世民征东时，闫姓官人迁此定居，形成村庄，取名闫官屯村。

地理位置 地处杨各庄镇南部，东至文里庄，南至马各庄，西至东高庄，北至尚武旗。

主要指标 2011年末，辖区总人口355人，总面积0.49平方千米，农民人均纯收入12761元。

杨各庄村

(Yanggezhuang Cun)

名称来历 元末明初，杨氏家族由南京逃荒至此，定居下来，取名杨各庄村。

地理位置 地处杨各庄镇中部，东至包各庄，南至揣庄，西至周各庄，北至安各庄。

主要指标 2011年末，辖区总人口2398人，总面积2.83平方千米，农民人均纯收入10976元。

枣行村

(Zaohang Cun)

名称来历 因原来此村是一片枣林，取名枣行村。

地理位置 地处杨各庄镇东南部，东至沙河，南至万军村，西至文里庄村，北至郭庄村。

主要指标 2011年末，辖区总人口359人，总面积0.61平方千米，农民人均纯收入11031元。

张新庄村

(Zhangxinzhuang Cun)

名称来历 因张姓由闫官屯迁此定居，立新庄村而名。

地理位置 地处杨各庄镇西部，东至杨各庄，南至周各庄，西至建昌营镇钱窝子，北至代家沟。

主要指标 2011年末，辖区总人口458人，总面积0.65平方千米，农民人均纯收入10495元。

周各庄村

(Zhougezhuang Cun)

名称来历 因有一口古井，原名先井庄。后唐太宗手下有一名将周德威负伤后在此疗养，伤愈后其家属落于此处，故改名为周各庄村。

地理位置 地处杨各庄镇西部，东至尚武旗，南至闫官屯，西至鸡鸣庄，北至张新庄。

主要指标 2011年末，辖区总人口910人，总面积1.76平方千米，农民人均纯收入11648元。

（撰稿：李小彬、玄金宝，初审：张池）

建昌营镇

(Jianchangying Zhen)

河北省小城市建设试点镇。

政区概况

名称来历 南宋乾道三年设安昌营，明代改安昌营为建昌营，名称沿用至今。

地理位置 东靠杨各庄镇，南邻上庄乡，西接大崔庄镇，北与秦皇岛市青龙满族自治县隔长城相望。人民政府驻太平村德才街2号，电话区号0315，邮政编码064407，距迁安市人民政府20千米。

政区沿革 南宋乾道三年（1167年）设安昌营，明改安昌营为建昌营，清初设建昌营镇。1958年，撤销建昌营镇，设为红星人民公社。1961年，改称建昌营人民公社。1984年，撤销人民公社，复置建昌营镇。

政区划分 2011年末，辖保一、保二、果园、小庄、东安乐、西安乐、和平、平安、文化、得胜、张村、郭村、南道、太平、西安、回民、建平、塘坊、南冷口、北冷口、前窝子、后窝子、大桥庄、教场沟、新房子、东三家、军屯、清泉、郑庄、树行、阎场、草场、朱家店、东堡子、河流口、东密坞、西郭庄、雷庄、温庄、鸭河营、裴庄、胡庄、西高庄、石门子、白道子、茶记沟、西三家、北新庄、新立村、大龙庙50个村民委员会。

人口面积 2011年末，辖区总人口45856人，其中城镇常住人口45648人，城镇化率99.5%。另有流动人口208人。总人口中，男性23705人，占51.7%；女性22151人，占48.3%。总人口中，以汉族为主，达39686人，占86.5%；有满、回等少数民族，其中满族362人，占人口的7‰；回族3251人，占70.8‰。2011年，人口出生率13.78‰，人口死亡率4.91‰，人口自然增长率8.87‰。

辖区东西最大距离15千米，南北最大距离12千米，总面积90.5平方千米。其中陆地面积86.73平方千米，占95.83%；水域面积3.77平方千米，占4.17%。人口密度为每平方千米507人。

自然条件

水文 东沙河、白羊河穿境而过，总长21.5千米，并在镇界处汇合后流向下游青龙河。冷口沙河境内长7.2千米，流域面积约46平方千米，河道面积0.94平方千米。流经14个村，自乔庄出境。白洋河境内长5.5千米，流域面积约19.5平方千米，流经东密坞、鸭河营、太平、张庄、郭庄、南道。白道子水库，水面约32亩。

自然灾害 主要有冰雹、旱涝、风灾、霜冻、雷击等。

经济概况

农业 耕地面积2万亩，全部为水浇地。以种植小麦、玉米、蔬菜为主，2011年，农业总产值3.8亿元，比上年增长17%，实现农业增加值25624万元，占国内生产总值的11.7%。共有畜禽养殖（以牛、羊养殖为主）专业村8个、规模养殖企业9家、专业户2218家，2011年末，牛存栏9270头，羊存栏21.6万只。山场面积5万亩，生态林场0.5万亩。2011年，农民人均纯收入12010元，比上年增长14.9%。

工业 粉条粉丝、废旧橡胶回收再利用、地毯服装加工等传统加工业粗具规模。2011年，规模以上工业企业工业总产值2.3亿元，比上年增长41.4%，实现工业增加值68780万元，占国内生产总值的37%。

商业外贸 2011年末，个体工商户1300多户，私营企业92家。个体私营企业经济注册资金8.1亿元，初步形成了以摩托车、粉条加工、地毯加工、奶牛养殖等为支柱产业和以小百批发、医药批发、牛羊肉批发、橡胶加工等为辅助产业的个体私营经济。有建材、果菜、大牲畜、清真食品等专业批发市场5个。有迁安市最大的集贸市场，2011年，城乡集市贸易成交额逾10.6亿元。

财政金融 2011年，实现大口径财政收入3617.4万元，比上年增长67.6%，小口径财政收入1813.5万元，比上年增长63.17%。人均财政收入1.2万元，比上年增长14.2%。

社会发展

文化艺术 2011年末，镇文化站1个，村级文化活动中心50个。

教育 2011年末，小学9所，在校生2490人，专任教师183人，小学适龄儿童入学率100%；初中2所，在校生1149人，专任教师102人，初中适龄人口入学率、小升初升学率、九年义务教育覆盖率均达100%；高中1所，在校生1163人，专任教师143人。

医疗卫生 2011年末，各级各类医疗卫生机构2个，门诊部（所）2个；病床75张。专业卫生人员171名，其中执业医师31人，执业助理医师12人，注册护士12人。2011年医疗机构（门诊部以上）完成诊疗3792人次。新型农村合作医疗参合率100%。

体育 2011年末，学校体育场地1处。

广播电视 2011年末，有线电视用户2.3万户，入户率86%。

社会保障 2011年城镇最低生活保障户数16户，人数20人；城市医疗救助31人次，民政部门资助参加合作医疗1830人次。农村最低生活保障户数472户，人数1207人。国家抚恤、补助各类优抚对象197人，抚恤事业费支出63万元。敬老院1家，农村五保供养162人。社区服务设施50个，其中社区服务中心1个，社区服务站5个。新型农村社会养老保险参保人数16390万人，参保率98%。

基础设施

交通运输 有镇级公路12条，总长50千米。

邮政电信 2011年末，邮政局1所。电信企业2家，服务网点50个。

镇区市政建设

公共交通 2011年，镇区客运站1座。日发客运汽车150班次，日均容量6000余人次。公交线路5条。

雷庄村

(Leizhuang Cun)

名称来历 因明朝末年雷氏迁此占产立庄，以姓氏取名雷家庄，后称雷庄村。

地理位置 地处建昌营镇西北部，东至胡庄村，南至温庄村，西至郭庄村，北至三家村。

主要指标 2011年末，辖区总人口210人，总面积1.6平方千米，农民人均纯收入13603元。

大龙庙村

(Dalongmiao Cun)

名称来历 因村西有座龙王庙得名大龙庙村。

地理位置 地处建昌营镇西北部，东至胡庄村，南至温庄村，西至郭庄村，北至北山长城。

主要指标 2011年末，辖区总人口248人，总面积1.5平方千米，农民人均纯收入11995元。

新立村

(Xinli Cun)

名称来历 因当地有一石佛，此村又在山沟里，取名石佛沟。1956年成立高级社时，改名新立村。

地理位置 地处建昌营镇西北部，东至白道子村，南至北新庄村，西至大庄村，北至燕山山脉。

主要指标 2011年末，辖区总人口282人，总面积1.8平方千米，农民人均纯收入13037元。

白道子村

(Baidaozi Cun)

名称来历 因该村北面山上有一通往口外（青龙县）的白色水道，得名白道子村。

地理位置 地处建昌营镇西北部，东至石门子村，南至三家村，西至新立村，北至长城。

主要指标 2011年末，辖区总人口966人，总面积2.5平方千米，农民人均纯收入13553元。

茶记沟村

(Chajigou Cun)

名称来历 因过去村民们加工粮食都使用杵臼（当地人称茶记），又地处山沟中，得名茶记沟村。

地理位置 地处建昌营镇西北部，东至白道子村，南至三家村，西至北辛庄村，北至白道子村。

主要指标 2011年末，辖区总人口217人，总面积0.5平方千米，农民人均纯收入12233元。

石门子村

(Shimenzi Cun)

名称来历 因村东有一山口，状似石门，得名石门子村。

地理位置 地处建昌营镇北部，东至果园村，南至西高庄村，西至白道子村，北至大龙庙村。

主要指标 2011年末，辖区总人口1406人，总面积1.6平方千米，农民人均纯收入13498元。

东密坞村

(Dongmiwu Cun)

名称来历 相传明成祖朱棣私访时在附近曾两次迷路，故将迷路的地方取名叫东迷坞和西迷坞，因该村在东，故称为东迷坞，后演变成东密坞村。

地理位置 地处建昌营镇西部，东至西郭庄村，南至大辛店村，西至西密坞村，北至抬头岭村。

主要指标 2011年末，辖区总人口1954人，总面积3.5平方千米，农民人均纯收入13589元。

北新庄村

(Beixinzhuang Cun)

名称来历 明永乐年间，韩氏迁此定居，取名韩家庄，后有一杨氏迁此居住，改名为韩新庄，新中国成立后又改叫北新庄村。

地理位置 地处建昌营镇西北部，东至茶记沟村，南至东密坞村，西至大庄村，北至新立村。

主要指标 2011年末，辖区总人口614人，总面积1.3平方千米，农民人均纯收入13555元。

西三家村

(Xisanjia Cun)

名称来历 清末，高、郝、阮三姓人家迁此居住，故名西三家村。

地理位置 地处建昌营镇西北部，东至河套，南至雷庄村，西至东密坞村，北至茶记沟村。

主要指标 2011年末，辖区总人口120人，总面积1.5平方千米，农民人均纯收入13460元。

胡庄村

(Huzhuang Cun)

名称来历 因明永乐年间胡氏迁此占产立庄，得名胡家庄，后称胡庄村。

地理位置 地处建昌营镇西部，东至高庄村，南至裴庄村，西至雷庄村，北至石门子村。

主要指标 2011年末，辖区总人口1047人，总面积2平方千米，农民人均纯收入13586元。

西高庄村

(Xigaozhuang Cun)

名称来历 因地势高于古镇建昌营，又位于西侧，得名西高庄村。

地理位置 地处建昌营镇西北部，东至平安村，南至文化村，西至胡庄村，北至三抚路。

主要指标 2011年末，辖区总人口338人，总面积3.64平方千米，农民人均纯收入13550元。

西郭庄村

(Xiguozhuang Cun)

名称来历 明朝末年郭氏迁此定居，因东面有一郭庄，故名西郭庄村。

地理位置 地处建昌营镇西部，东至雷庄村，南至温庄村，西至东密坞村，北至东密坞村。

主要指标 2011年末，辖区总人口284人，总面积0.5平方千米，农民人均纯收入13525元。

温庄村

(Wenzhuang Cun)

名称来历 明永乐年间温氏兄弟两人由山西洪洞县迁此占产立庄，以姓氏取名温家庄，后称温庄村。

地理位置 地处建昌营镇西部，东至得胜村，南至鸭河应村，西至小辛店村，北至雷庄村。

主要指标 2011年末，辖区总人口613人，总面积0.7平方千米，农民人均纯收入13620元。

裴庄村

(Peizhuang Cun)

名称来历 因明末清初裴氏人家由本县西后裴庄迁此占产立庄，故以姓氏取名为裴家庄，后称裴庄村。

地理位置 地处建昌营镇西北部，东至建昌营镇得胜村，南至温庄村，西至雷庄村，北至胡庄村。

主要指标 2011年末，辖区总人口384人，总面积0.47平方千米，农民人均纯收入13542元。

鸭河营村

(Yaheying Cun)

名称来历 因村三面环河，居民常在河里放养鸭子，得名鸭河营村。

地理位置 地处建昌营镇西部，东至得胜村，南至孟庄村，西至小新店村，北至温庄村。

主要指标 2011年末，辖区总人口490人，总面积2平方千米，农民人均纯收入13169元。

东三家村

(Dongsanjia Cun)

名称来历 清末陈、孙、杜三姓人家迁此居住，得名东三家村。

地理位置 地处建昌营镇东北部，东至东卜子村，南至新房子村，西、北至军屯村。

主要指标 2011年末，辖区总人口280人，总面积1.1平方千米，农民人均纯收入13718元。

新房子村

(Xinfangzi Cun)

名称来历 秦朝就有了村庄，名为南下洼。明初，孙、赵两户自河南迁来落户，盖起了新房，得名新房子村。

地理位置 地处建昌营镇东部，东至东卜子村，南至草场村，西至树行村，北至东三家村。

主要指标 2011年末，辖区总人口880人，总面积1.87平方千米，农民人均纯收入13614元。

清泉村

(Qingquan Cun)

名称来历 因山下有泉水，故名水泉，1982年更名为清泉村。

地理位置 地处建昌营镇东北部，东至冷口村，南至军屯村，西至东沙河，北至长城。

主要指标 2011年末，辖区总人口267人，总面积1.6平方千米，农民人均纯收入13610元。

军屯村

(Juntun Cun)

名称来历 村西小沟道有一石碑为金色，故名为金屯里。1958年改名军屯村。

地理位置 地处建昌营镇东北部，东至三家村，南至树行村，西至南冷口村，北至清泉村。

主要指标 2011年末，辖区总人口1262人，总面积2平方千米，农民人均纯收入14218元。

东堡子村

(Dongbaozi Cun)

名称来历 明初，乔姓自河南迁来落户，取村名河南营，后因在此村修筑城堡，得名东堡子村。

地理位置 地处建昌营镇东北部，东至西辛庄村，南至草场村，西至新房子村，北至河流口村。

主要指标 2011年末，辖区总人口211人，总面积2平方千米，农民人均纯收入13637元。

河流口村

(Heliukou Cun)

名称来历 因村中有河，常年流水，村又建在山口间，得名河流口村。

地理位置 地处建昌营镇东北部，东至西蚂蚁滩村，南至东西新庄子村，西至东堡子村，北至青龙县城北村。

主要指标 2011年末，辖区总人口412人，总面积5平方千米，农民人均纯收入11900元。

树行村

(Shuhang Cun)

名称来历 清末王、李两姓自迁西迁来，为富户在此看树，后人口逐渐增加，取名为树行村。

地理位置 地处建昌营镇东北部，东至郑庄村，南至大桥庄村，西至东沙河，北至军屯村。

主要指标 2011年末，辖区总人口300人，总面积0.5平方千米，农民人均纯收入12903元。

郑庄村

(Zhengzhuang Cun)

名称来历 明初，郑氏自河南迁来落户建村，以姓氏取名郑庄村。

地理位置 地处建昌营镇东北部，东至新房子村，南至草场村，西至小庄村，北至树行村。

主要指标 2011年末，辖区总人口937人，总面积1.96平方千米，农民人均纯收入15970元。

草场村

(Caochang Cun)

名称来历 因此地生长着很多荒草，称为草场，建村后，得名草场村。

地理位置 地处建昌营镇东北部，东至东堡子村，南至阎场村，西至树行村，北至新房子村。

主要指标 2011年末，辖区总人口551人，总面积0.5平方千米，农民人均纯收入12108元。

朱家店村

(Zhujiadian Cun)

名称来历 清乾隆时期朱氏迁来定居，在此开店，得名朱家店村。

地理位置 地处建昌营镇东部，东至耕地，南至代家沟村，西至乔庄村，北至老三抚路。

主要指标 2011年末，辖区总人口258人，总面积1平方千米，农民人均纯收入13505元。

阎场村

(Yanchang Cun)

名称来历 明初阎氏自河南前来定居，选一较平坦地建村，取名阎场村。

地理位置 地处建昌营镇东部，东至徐流营村，南至黄姑寺村，西至齐庄村，北至草场村。

主要指标 2011年末，辖区总人口830人，总面积2平方千米，农民人均纯收入12624元。

教场沟村

(Jiaochanggou Cun)

名称来历 明万历年间，曾有守关官兵在此练兵演武，故称教场沟，后形成村落，村名沿用原地名称之为教场沟村。

地理位置 地处建昌营镇北部，东至冷口村，南至东乐村，西至果园村，北至青龙县肖营子镇汤杖子村。

主要指标 2011年末，辖区总人口101人，总面积3.3平方千米，农民人均纯收入11975元。

南冷口村

(Nanlengkou Cun)

名称来历 因这里是长城的重要关口，守关官兵把家眷迁此居住，逐渐形成村庄，取名冷口。1996年分为南、北冷口，因此村在南，得名南冷口村。

地理位置 地处建昌营镇东北部，东至清泉村，南至耕地，西至教场沟村，北至冷口村。

主要指标 2011年末，辖区总人口547人，总面积2.5平方千米，农民人均纯收入13597元。

北冷口村

(Beilengkou Cun)

名称来历 因这里是长城的重要关口，守关官兵把家眷迁此居住，逐渐形成村庄，取名冷口。1996年分为南、北冷口，因此村在北，得名北冷口村。

地理位置 地处建昌营镇东北部，东至清泉村，南至南冷口村，西至西山，北至青龙县柳树行村。

主要指标 2011年末，辖区总人口203人，总面积0.4平方千米，农民人均纯收入13558元。

果园村

(Guoyuan Cun)

名称来历 清咸丰年间，牛姓人家由滦县铁局寨前来给曹家看坟，逐渐形成村庄，取名曹家沟。新中国成立后，曾改名保安村，后因栽培果树改名为果园村。

地理位置 地处建昌营镇北部，东至教场沟村，南至保二村，西至石门子村，北至将军坟山。

主要指标 2011年末，辖区总人口314人，总面积1.6平方千米，农民人均纯收入11494元。

小庄村

(Xiaozhuang Cun)

名称来历 因处于建昌营镇边缘，人们习惯称之为小庄村。

地理位置 地处建昌营镇东部，东至东沙河，南至塘坊村，西至东乐村，北至和平村。

主要指标 2011年末，辖区总人口1039人，总面积0.37平方千米，农民人均纯收入11494元。

塘坊村

(Tangfang Cun)

名称来历 明末，曾有段姓居此开糖坊为业，称之为段家糖坊，新中国成立后重新建村，定村名为糖坊，后改为塘坊村。

地理位置 地处建昌营镇西北部，东至沙河，南至郭庄村，西至建平村，北至小庄村。

主要指标 2011年末，辖区总人口1788人，总面积1.7平方千米，农民人均纯收入13636元。

太平村

(Taiping Cun)

名称来历 太平统称建昌营，1945年日本投降后，废除伪保甲制，建立村政，取从此可以过太平日子之意，得名太平村。

地理位置 地处建昌营镇南部，东至南道村，南至张庄村，西至回民村，北至西安村。

主要指标 2011年末，辖区总人口2374人，总面积1.78平方千米，农民人均纯收入13630元。

南道村

(Nandao Cun)

名称来历 南道原属建昌营整体，因其位于古楼镇南面，又在通往张村、郭村的道上，故习惯称之为南道村。

地理位置 地处建昌营镇东部，东至郭庄村，南至张庄村，西至太平村，北至西安村。

主要指标 2011年末，辖区总人口1233人，总面积0.6平方千米，农民人均纯收入13641元。

张村

(Zhang Cun)

名称来历 唐贞观年间，张姓人家在此定居，取名张庄，1982年更名为张村。

地理位置 地处建昌营镇东部，东至大郭庄村，南至东孟庄村，西至太平村，北至南道村。

主要指标 2011年末，辖区总人口1199人，总面积2平方千米，农民人均纯收入14139元。

郭村

(Guo Cun)

名称来历 因村内有果树林，取名为大果园庄，因“果”与“郭”音相近，演变成大郭庄，1982年更名为郭村。

地理位置 地处建昌营镇东北部，东至平青大公路，南至张村，西至南道村，北至小郭庄村。

主要指标 2011年末，辖区总人口1008人，总面积0.7平方千米，农民人均纯收入13678元。

大桥庄村

(Daqiaozhuang Cun)

名称来历 清初，李氏迁此立庄，因这里往西是建昌营，但是隔着很宽的沙河，人们为了行路方便，搭了一座桥，得名大桥庄村。

地理位置 地处建昌营镇东部，东至朱家店村，南至后窝子村，西至塘坊村，北至郑庄村。

主要指标 2011年末，辖区总人口1007人，总面积1.45平方千米，农民人均纯收入13589元。

前窝子村

(Qianwozi Cun)

名称来历 明燕王扫北时，单、刘两姓人家迁此定居，因居住在沙坡南面，取名前坡子，后演变成前窝子村。

地理位置 地处建昌营镇东南部，东至杨各庄镇代家沟村，南至杨各庄镇鸡鸣庄村，西至上庄乡大望都庄村，北至后窝子村。

主要指标 2011年末，辖区总人口1365人，总面积1.22平方千米，农民人均纯收入13625元。

后窝子村

(Houwozi Cun)

名称来历 明初燕王扫北时，单、刘两姓人家迁此定居，因南有一沙坡，人们习惯称此村为后坡子，后逐渐演变成后窝子村。

地理位置 地处建昌营镇东南部，东至代家沟村，南至前窝子村，西至东孟庄村，北至大桥庄村。

主要指标 2011年末，辖区总人口2003人，总面积2.5平方千米，农民人均纯收入13542元。

文化村

(Wenhua Cun)

名称来历 1946年，从建昌营分出，取名文化村。

地理位置 地处建昌营镇北部，东、南、西三面至得胜村，北至保二村。

主要指标 2011年末，辖区总人口805人，总面积1.34平方千米，农民人均纯收入13622元。

建平村

(Jianping Cun)

名称来历 1946年，从建昌营分出，取名建平村。

地理位置 地处建昌营镇东北部，东至塘坊村，南至西安村，西至平安村，北至和平村。

主要指标 2011年末，辖区总人口1617人，总面积2.2平方千米，农民人均纯收入13680元。

西安村

(Xi'an Cun)

名称来历 1946年，从建昌营分出，取名西安村。

地理位置 地处建昌营镇北部，东至塘坊村，南至太平村，西至回民村，北至建平村。

主要指标 2011年末，辖区总人口611人，总面积0.51平方千米，农民人均纯收入15017元。

西安东村

(Xi'andong Cun)

名称来历 1946年建大镇，保甲制改称16连村，北门里为安东村，后分为北门以东和北门以西，北门以西称西安东村。

地理位置 地处建昌营镇北部，东至东安东村，南至和平村，西至文化村，北至保一村。

主要指标 2011年末，辖区总人口728人，总面积0.44平方千米，农民人均纯收入13599元。

和平村

(Heping Cun)

名称来历 1946年从建昌营分出，取名和平村。

地理位置 地处建昌营镇东北部，东至小庄村，南至建平村，西至西安乐村，北至安东乐村。

主要指标 2011年末，辖区总人口1504人，总面积1.6平方千米，农民人均纯收入13864元。

保一村

(Baoyi Cun)

名称来历 1946年从建昌营分出，取名保一村。

地理位置 地处建昌营镇东北部，东至和平村，南至东乐村，西至保二村，北至果园村。

主要指标 2011年末，辖区总人口1442人，总面积1.38平方千米，农民人均纯收入13610元。

保二村

(bao'er Cun)

名称来历 1946年从建昌营分出时叫保安村，后更名为保二村。

地理位置 地处建昌营镇东北部，东至保一村，南至东安乐村，西至平安村，北至果园村。

主要指标 2011年末，辖区总人口886人，总面积2平方千米，农民人均纯收入13627元。

得胜村

(Desheng Cun)

名称来历 1946年，从建昌营分出，取名得胜村。

地理位置 地处建昌营镇西北部，东至平安村，南至回民村，西至建平村，北至文化村。

主要指标 2011年末，辖区总人口2002人，总面积1.66平方千米，农民人均纯收入13644元。

回民村

(Huimin Cun)

名称来历 1946年，从建昌营分出，因当时管辖的都是回民，故得名回民村。

地理位置 地处建昌营镇北部，东至西安村，南至太平村，西至得胜村，北至得胜村。

主要指标 2011年末，辖区总人口1351人，总面积2.2平方千米，农民人均纯收入13672元。

平安村

(Ping'an Cun)

名称来历 1946年，从建昌营分出，取名为平安村。

地理位置 地处建昌营镇北部，东至和平村，南至建平村，西至得胜村，北至文化村。

主要指标 2011年末，辖区总人口1446人，总面积1平方千米，农民人均纯收入13655元。

东安乐村

(Dong'anle Cun)

名称来历 1946年，从建昌营分出，取名东安乐村。

地理位置 地处建昌营镇北部，东至小庄子村，南至和平村，西至西安乐村，北至保一村。

主要指标 2011年末，辖区总人口652人，总面积2平方千米，农民人均纯收入14078元。

(撰稿：杨振红、马小江，初审：蔡爱军)

赵店子镇

(Zhaodianzi Zhen)

全国综合实力千强镇、河北省综合实力百强镇。

政区概况

地理位置 地处迁安市西南，东与野鸡坨镇接壤，东南与迁安镇为邻，南连野鸡坨镇，西邻木厂口镇，北接杨店子镇。人民政府驻申刘庄村，电话区号0315，邮政编码064406，距迁安市人民政府15千米。

政区沿革 1953年，置赵店子乡。1958年，改属旭日人民公社。1961年，析置赵店子人民公社。1984年，撤销人民公社，复置赵店子乡。1986年，撤乡，置赵店子镇。

政区划分 2011年末，辖赵店子、马古寺、李官营、新庄子、申刘庄、沟南庄、小店、大李庄、北代庄、康官营、郑店子、炉上、营里、马庄、三港湾15个村民委员会。

人口面积 2011年末，辖区总人口20500人，其中城镇常住人口3639人，城镇化率17.75%。另有流动人口530人。总人口中，男性10245人，占49.95%；女性10255人，占50.05%；14岁以下3485人，占17%；15～64岁11480人，占56%；65岁以上5535人，占27%。总人口中，以汉族为主，达20258人，占98.82%；有回族242人，占1.18%。2011年，人口出生率12.61‰，人口死亡率7.21‰，人口自然增长率5.4‰。

辖区东西最大距离8千米，南北最大距离5千米，总面积38.5平方千米。其中陆地面积37.13平方千米，占94%；水域面积1.37平方千米，占6%。人口密度为每平方千米532人。

自然条件

地形地貌 境内大部分为平原，地势略呈西高东低，南高北低。

水文 境内河道属滦河水系。滦河自大李庄村东入境，由北而南，经新庄子村、李官营村、马古寺村出境，境内长6.5千米。

矿藏及其他自然资源 境内已探明地下藏有铁矿，地质储量1.5亿吨。地下水资源可利用量1250万立方米。

自然灾害 主要有冰雹、旱涝、风灾、低温、霜冻、雷击等。雹灾平均10年3遇。风灾一年四季均有发生，最严重的一次发生在1996年7月8日，造成2.3万亩小麦受灾，减产15万千克。

经济概况

农业 耕地面积2.9万亩，人均1.4亩。以种植小麦、玉米、花生为主。2011年，农业总产值2.4亿元，比上年增长8%，实现农业增加值1.5万元，占国内生产总值的比重9%。

粮食作物以小麦、玉米为主。2011年，生产粮食1.9万吨，人均926.8千克，其中小麦1.1万吨，玉米0.8万吨。主要经济作物有蔬菜。

畜牧业以猪、羊、家禽为主。2011年，生猪饲养量1.9万头，年末存栏2.1万头；牛饲养量0.5万只；禽蛋产量1172吨。

工业 以炼钢、炼铁、铸造、铁矿石开采加工为主。2011年，工业总产值199.6亿元，比上年增长55.2%，实现工业增加值49.8亿元，占国内生产总值的80%。2011年，工业企业65家，职工1.8万人。

商业外贸 2011年末，商业网点102个，职工1500人；城乡集贸市场1个。2011年，社会消费品零售总额达2.1亿元，比上年增长11%；城乡集市贸易成交额4亿元。出口总额3.1亿元，比上年增长9%，主要产品有燕钢的钢坯、卷板等。

财政金融 2011年，财政总收入3亿元，比上年增长15%。其中地方财政收入6741亿元，比上年增长12%。人均财政收入1.5万元，比上年增长17%。2011年，银行和金融机构各类存款余额20.5亿元，比上年增长10%；各项贷款余额2.5亿元，比上年增长11%。

社会发展

文化艺术 2011年末，镇文化站1个，村级文化活动中心15个；各类文化专业户60户；各类图书室25个，藏书20余万册。马古寺村是冀东皮影传承基地，相关皮影产品畅销全国。

教育 2011年末，幼儿园4所，在园幼儿600人，专任教师23人；小学4所，在校生2500人，专任教师240人，小学适龄儿童入学率100%；初中1所，在校生1600人，专任教师120人，初中适龄人口入学率、小升初升学率、九年义务教育覆盖率均达100%。

2011年财政预算内教育经费2500万元，比上年增长12%。预算内教育经费（包括城市教育费附加）占财政总支出比例为20%，比上年提高了9个百分点。

医疗卫生 2011年末，各级各类医疗卫生机构1个，门诊部（所）16个；病床120张，每千人拥有医疗床位4张，固定资产总值3600万元。专业卫生人员160名。2011年医疗机构（门诊部以上）完成诊疗1.63万人次。新型农村合作医疗参保率100%。

体育 2011年末，学校体育场地3处，座位500个。100%的村安装了健身器材，经常参加体育活动的人员占常住人口的60%。

广播电视 2011年末，有线电视用户6300户，入户率98%。

社会保障 2011年城镇最低生活保障户数17户，人数20人，支出3.36万元，比上年增长9%，月人均140元，比上年增长7%；城市医疗救助21人次，民政部门资助参加合作医疗270人次，共支出2.7万元，比上年增长30%。农村最低生活保障户数221户，人数660人，支出80.78万元，比上年增长15%，月人均112元，比上年增长12%。国家抚恤、补助各类优抚对象132人，抚恤事业费支出19.25万元，比上年增长10%。社区服务设施25个，其中社区服务中心15个。慈善分会1个，全年接受社会捐款2万元，使50人（次）困难群众受益。新型农村社会养老保险参保人数1.98万人，参保率98%。

基础设施

邮政电信 2011年末，邮政代办所1处；报纸、期刊累计期发行0.5万份（册），业务收入320万元。

电信企业2家，服务网点30个；电话交换机总容量500门，固定电话用户5600万户，电话用户普及率达到86%；移动电话用户1.6万户；宽带接入用户300万户。全年电信业务收入690万元。

镇区市政建设

公共交通 2011年末，镇区客运站1座。日发客运汽车10班次，日均容量1000余人次，公交线路1条。

给排水 2011年末，镇区14个村建成自来水供给系统。

供电 2011年末，镇区110千瓦变电站2个，供电所1个。

园林绿化 2011年末，镇区花坛18个，绿化面积1.3公顷。

马古寺村

(Magusi Cun)

名称来历 因最早先村内有一所寺庙而得名。

地理位置 地处赵店子镇东部，东至卜官营村，南至杨官营村，西至李官营村，北至滦河。

主要指标 2011年末，辖区总人口1904人，总面积4.91平方千米，农民人均纯收入13682元。

李官营村

(Liguanying Cun)

名称来历 因明朝时期，有一李姓将领在此安营驻守而得名。

地理位置 地处赵店子镇东部，东至马古寺村，南至燕山钢铁有限公司，西至新庄子村，北至滦河。

主要指标 2011年末，辖区总人口1327人，总面积1.02平方千米，农民人均纯收入15461元。

新庄子村

(Xinzhuangzi Cun)

名称来历 原名新立庄，因有此名的村庄太多，故1984年经迁安县政府同意，改名为新庄子村。

地理位置 地处赵店子镇东北部，东至李官营村，南至三港湾村，西至申刘庄村，北至大李庄村。

主要指标 2011年末，辖区总人口1502人，总面积2.86平方千米，农民人均纯收入11583元。

大李庄村

(Dalizhuang Cun)

名称来历 因村内居民多姓李而得名。

地理位置 地处赵店子镇北部，东至滦河，南申刘庄村，西至代庄村，北至麻官营村。

主要指标 2011年末，辖区总人口1885人，总面积4.72平方千米，农民人均纯收入12239元。

北代庄村

(Beidaizhuang Cun)

名称来历 原名代王庄，因与南边沙河驿镇代庄重名，为区分方便，故本村改名为北代庄村。

地理位置 地处赵店子镇北部，东至大李庄，南至申刘庄村，西至大张庄村，北至驿南府。

主要指标 2011年末，辖区总人口1263人，总面积2.40平方千米，农民人均纯收入14531元。

沟南庄村

(Gounanzhuang Cun)

名称来历 因过去在村子的北边有一条大沟，故起名沟南庄村。

地理位置 地处赵店子镇西北部，东至野兴线，南至小店村，西至杨柏线，北至大张庄。

主要指标 2011年末，辖区总人口657人，总面积1.12平方千米，农民人均纯收入14325元。

小店村

(Xiaodian Cun)

名称来历 因村里很早有个开店的，故而得名小店村。

地理位置 地处赵店子镇西部，东至赵店子村，南至康官营村，西至木厂口村，北至沟南庄村。

主要指标 2011年末，辖区总人口1441人，总面积2.77平方千米，农民人均纯收入11872元。

康官营村

(Kangguanying Cun)

名称来历 因曾有康姓将领在此扎营，而得名康官营村。

地理位置 地处赵店子镇西南部，东至三港湾村，南至武各庄村，西至木厂口村，北至郑店子村。

主要指标 2011年末，辖区总人口1334人，总面积3.03平方千米，农民人均纯收入12345元。

郑店子村

(Zhengdianzi Cun)

名称来历 因村民大多姓郑，故得名郑店子村。

地理位置 地处赵店子镇西南部，东至营里村，南至周各庄村，西至康官营村，北至小店村。

主要指标 2011年末，辖区总人口829人，总面积2.13平方千米，农民人均纯收入12263元。

赵店子村

(Zhaodianzi Cun)

名称来历 因村民大多姓赵，故得名赵店子村。

地理位置 地处赵店子镇中部，东至营里村，南至三港湾村，西至郑店子村，北至大张庄村。

主要指标 2011年末，辖区总人口1586人，总面积2.68平方千米，农民人均纯收入14520元。

申刘庄村

(Shenliuzhuang Cun)

名称来历 因村民有两大姓，申姓和刘姓，故得名申刘庄村。

地理位置 地处赵店子镇中部，东至马庄村，南至赵店子村，西至大张庄村，北至大李庄村。

主要指标 2011年末，辖区总人口1492人，总面积2.45平方千米，农民人均纯收入14402元。

马庄村

(Mazhuang Cun)

名称来历 因灾荒，一马姓人家逃至此地落户，得名马庄村。

地理位置 地处赵店子镇中部，东至炉上，南至营里村，西至赵店子村，北至大李庄村。

主要指标 2011年末，辖区总人口697人，总面积1.19平方千米，农民人均纯收入12370元。

炉上村

(Lushang Cun)

名称来历 因很多年前本村村民多以打铁为生，村内很多小铁匠炉至今得以保存，得名炉上村。

地理位置 地处赵店子镇东南部，东至燕钢，南至三港湾村，西至营里村，北至马庄村。

主要指标 2011年末，辖区总人口609人，总面积1.04平方千米，农民人均纯收入11572元。

营里村

(Yingli Cun)

名称来历 以前有殷、吴两家，叫殷官营村，后殷姓兄弟两个分家，有一个迁到杨店子北，也叫殷官营，此村改名营里村。

地理位置 地处赵店子镇东南部，东至炉上村，南至三港湾村，西至郑店子村，北至马庄村。

主要指标 2011年末，辖区总人口1013人，总面积0.83平方千米，农民人均纯收入11696元。

三港湾村

(Sangangwan Cun)

名称来历 因很久以前村里有大南港、小南港、北港三个小村，后村民居住越来越密集，得名三港湾村。

地理位置 地处赵店子镇东南部，东至燕钢，南至高各庄村，西至郑店子村，北至营里村。

主要指标 2011年末，辖区总人口3025人，总面积5.26平方千米，农民人均纯收入15790元。

（撰稿：杨民、李海江，初审：张国）

野鸡坨镇

(Yejituo Zhen)

政区概况

名称来历 因原乡人民政府驻地位于野鸡坨村而得名。

地理位置 地处迁安市南部，东邻滦县油榨镇，东南与滦县安各庄镇为邻，南与滦县安各庄镇接壤，西邻沙河驿镇，北接赵店子镇，与迁安镇隔河相望。人民政府驻野鸡坨村，电话区号0315，邮政编码064410，距迁安市人民政府20千米。

政区沿革 1953年，置野鸡坨乡。1958年，改属旭日人民公社。1961年，析置野鸡坨人民公社。1984年，撤销人民公社，复置野鸡坨乡。1992年10月，撤乡，设野鸡坨镇。

政区划分 2011年末，辖野鸡坨、邵家营、小杨官营、仓库营、大杨官营、张都庄、宋庄、新军营、李家峪、丁庄子、卜官营、爪村、大山东庄、小山东庄、安山口、朱庄子、东周庄、西周庄、岚山高庄、武各庄、山港21个村民委员会。

人口面积 2011年末，辖区总人口36277人，其中城镇常住人口21000人，城镇化率57.89%。另有流动人口3300人。总人口中，男性19222人，占52.99%；女性17055人，占47.01%；14岁以下9469人，占26.1%；15～64岁23350人，占64.37%；65岁以上3458人，占9.53%。总人口中，以汉族为主，达35914人，占99.83%；有回族112人，占0.17%。2011年，人口出生率13.52‰，人口死亡率7.89‰，人口自然增长率5.63‰。

辖区东西最大距离10.75千米，南北最大距离10.9千米，总面积73平方千米。其中陆地面积72.22平方千米，占98.93%；水域面积0.78平方千米，占1.07%。人口密度为每平方千米497人。

自然条件

地形地貌 境内大部分为平原，地势略呈东高西低，南高北低。

水文 境内河道属滦河水系。滦河自卜官营村北入境，由西而东，流经爪村、大山东庄、小山东庄，进入滦县境内。

矿藏及其他自然资源 境内已探明地下矿藏有20多种，以铁矿石、石灰石、白云石最为丰富，其中铁矿石储量800万吨，白云石储量500万吨；水资源充足，北靠滦河，西沙河从境内流过，地下有滦河古道，地下水资源丰富。

经济概况

农业 耕地面积5.7万亩，人均1.6亩；大部分为旱地。以种植小麦、玉米、花生、大豆为主。2011年，农业总产值1.4亿元，比上年增长46.6%，实现农业增加值6483万元，占国内生产总值的14%。

粮食作物以小麦、玉米为主。2011年，生产粮食1.3万吨，人均358千克，其中小麦0.03万吨，玉米0.96万吨。主要经济作物有花生。2011年，花生种植面积2万亩，产量8万吨，主要品种有韭菜、大葱、西红柿、茴香等，其中韭菜0.29万吨，大葱0.05万吨，西红柿0.17万吨。

畜牧业以猪、羊、家禽为主。2011年，生猪饲养量3.3万头，年末存栏2.28万头；羊饲养量0.54万只，年末存栏0.5万只；家禽饲养量3.23万羽。

工业 以化工、铸造、机械加工、塑料制品、建筑材料为主。2011年，工业总产值12.5亿元，比上年增长19.2%，实现工业增加值2.4亿元，占国内生产总值的65%。2011年，工业企业83家，职工1896人，实现工业增加值15.8亿元，比上年增长16.8%。拥有全国驰名商标1个，省优产品2个。

商业外贸 2011年末，商业网点90个，职工151人；集贸市场3个。2011年，社会消费品零售总额达571万元，比上年增长27.5%；城乡集市贸易成交额500万元。2011年，出口总额2390万美元，比上年增长42%，主要产品有太阳能电池板、硅钢、板材销往日本、东南亚、欧美及中东等地。

财政金融 2011年，财政总收入1.08亿元，比上年增长41.9%。其中地方财政收入3394.1万元，比上年增长47.4%。人均财政收入2985.9元，比上年增长13%。

社会发展

文化艺术 2011年末，镇文化站1个，村级文化活动中心21个；各类文化专业户45个；各类图书室64个，藏书30余万册；音乐、美术、书法、摄影及文学业余创作人员84人。省、市级文物保护单位7个。

教育 2011年末，幼儿园9所，在园幼儿400人，专任教师35人；小学9所，在校生2218人，专任教师181人，小学适龄儿童入学率100%；初中2所，在校生1082

人，专任教师78人，初中适龄人口入学率、小升初升学率、九年义务教育覆盖率均达100%。

2011年财政预算内教育经费66.92万元，比上年增长29%。预算内教育经费（包括城市教育费附加）占财政总支出的比例为34%，比上年提高了11个百分点。

医疗卫生 2011年末，各级医疗卫生机构1个，门诊部（所）21个；病床位35张，每千人拥有医疗床位3.23张，固定资产总值76万元。专业卫生人员436名，其中执业医师45人，执业助理医师137人，注册护士178人。2011年医疗机构（门诊部以上）完成诊疗7.26万人次。新型农村合作医疗参合率100%。

体育 2011年末，学校体育场地2处，座位1000个。100%的村安装了健身器材，经常参加体育活动的人员占常住人口的53%。

广播电视 2011年末，有线电视用户1.8万户，入户率88.3%。

社会保障 2011年城镇最低生活保障户数19户，人数33人，支出3.4万元，比上年增长11%，比上年增长7%；城市医疗救助38人次，民政部门资助参加合作医疗1843人次，共支出8.5万元，比上年增长12%。农村最低生活保障户数422户，人数1036人，支出140.9万元，比上年增长30%，比上年增长11%。国家抚恤、补助各类优抚对象207人，抚恤事业费支出109.0万元，比上年增长20%。新型农村社会养老保险参保人数3.6万人，参保率99%。

基础设施

交通运输 铁路京哈线过境，设二级客货运站。

京沈高速公路、102国道过境。有镇级公路6条，总长20千米。

邮政电信 2011年末，邮政局1所，代办所26处；报纸、期刊累计期发行1.3万份（册），业务收入590万元。

电信企业2家，服务网点32个；电话交换机总容量5万门，固定电话用户1.4万户，电话用户普及率达到96%；移动电话用户1.5万户；宽带接入用户0.9万户。全年电信业务收入1100万元。

镇区市政建设

公共交通 2011年末，镇区客运站1座，线路5条，日发客运汽车140班次，日均容量4000余人次。

给排水 2011年末，镇区自来水厂1座，深水井8眼并有成套净化设备，年供水2.65万立方米。镇区主要道路两侧铺设D600排水管道5000米。

园林绿化 2011年末，镇区花坛30个，绿化面积1.3公顷。

野鸡坨村

(Yejituo Cun)

名称来历 相传，唐太宗征东时路过此村，在沙坨上惊飞几只野鸡，唐王脱口而说："金鸡不飞，野鸡飞"，故名野鸡坨村。

地理位置 地处野鸡坨镇南部，东至仓库营村，南至滦县无税庄村，西至滦县孟家屯村，北至邵家营。

主要指标 2011年末，辖区总人口2980人，总面积5.14平方千米，农民人均纯收入12628元。

小杨官营村

(Xiaoyangguanying Cun)

名称来历 明初，杨、顾两家迁此立庄，取名杨顾庄。后因顾家无人，改名杨官营。为与大杨官营对称，本村又称小杨官营村。

地理位置 地处野鸡坨镇西南部，东至邵家营村，南至野鸡坨村，西至沙窝铺村，北至山港村。

主要指标 2011年末，辖区总人口1100人，总面积2.24平方千米，农民人均纯收入14155元。

邵家营村

(Shaojiaying Cun)

名称来历 明初燕王扫北时，一个浙江绍兴邵姓军官随军迁来立庄，故名邵家营村。

地理位置 地处野鸡坨镇南部，东至平青大线，南至野鸡坨村，西至小杨官营村，北至大杨官营。

主要指标 2011年末，辖区总人口2565人，总面积2.58平方千米，农民人均纯收入13100元。

大杨官营村

(Dayangguanying Cun)

名称来历 原名兜崖庄。因一杨氏在北京做武官，而改称杨官营，后因庄大及区别另外的杨官营，而又改称大杨官营村。

地理位置 地处野鸡坨镇中部，东至平青大线，南至邵家营村，西至武各庄村，北至爪村。

主要指标 2011年末，辖区总人口5015人，总面积7.83平方千米，农民人均纯收入12992元。

张都庄村

(Zhangduzhuang Cun)

名称来历 明初，张、都两姓人家迁此立庄，以姓氏取名张都，故名张都庄村。

地理位置 地处野鸡坨镇东部，东至宋庄，南至仓库营，西至平青大线，北至丁庄子。

主要指标 2011年末，辖区总人口2706人，总面积6.12平方千米，农民人均纯收入11826元。

宋庄村

(Songzhuang Cun)

名称来历 明初，宋姓人家随朝廷拨民迁来占产立庄，以姓氏取名宋庄村。

地理位置 地处野鸡坨镇东部，东至新军营，南至仓库营，西至张都庄，北至丁庄子。

主要指标 2011年末，辖区总人口1473人，总面积2.98平方千米，农民人均纯收入11297元。

大山东庄村

(Dashandongzhuang Cun)

名称来历 因位于龙山东面，故取村名山东庄。后来王氏人家迁走建小山东庄，此村随之改称大山东庄村。

地理位置 地处野鸡坨镇东北部，东至花庄，南至小山东，西至李家峪，北至三里庄。

主要指标 2011年末，辖区总人口1260人，总面积6.68平方千米，农民人均纯收入12532元。

小山东庄村

(Xiaoshandongzhuang Cun)

名称来历 村民是从山东庄迁来的，取名小山东庄村。

地理位置 地处野鸡坨镇东北部，东至彭店子，南至滦县米谷，西至新军营，北至大山东。

主要指标 2011年末，辖区总人口158人，总面积0.46平方千米，农民人均纯收入11266元。

新军营村

(Xinjunying Cun)

名称来历 因这里常驻军队，故名新军营村。

地理位置 地处野鸡坨镇东部，东至小山东，南至滦县迷谷，西至宋庄，北至李家峪。

主要指标 2011年末，辖区总人口985人，总面积2.03平方千米，农民人均纯收入11959元。

李家峪村

(Lijiayu Cun)

名称来历 明初燕王扫北时，田姓人家随军迁来立庄，取名田家裕，后李姓人家又迁此定居，因人多势大，改名李家峪村。

地理位置 地处野鸡坨镇东北部，东至小山东庄，南至新军营，西至丁庄子，北至龙山。

主要指标 2011年末，辖区总人口1648人，总面积3.32平方千米，农民人均纯收入12834元。

东周庄村

(Dongzhouzhuang Cun)

名称来历 因周姓迁此立庄，以姓氏取名周各庄。后李姓在村西建庄，取名西周各庄，本村亦随之改称东周各庄，简称东周庄村。

地理位置 地处野鸡坨镇西部，东至岚山高庄，南至武各庄，西至西周庄，北至赵店子。

主要指标 2011年末，辖区总人口1215人，总面积2.58平方千米，农民人均纯收入12053元。

西周庄村

(Xizhouzhuang Cun)

名称来历 因位于周各庄西，故取名西周各庄村，简称西周庄村。

地理位置 地处野鸡坨镇西部，东至东周庄，南至武各庄，西至安山口，北至赵店子。

主要指标 2011年末，辖区总人口552人，总面积1.44平方千米，农民人均纯收入11830元。

山港村

(Shangang Cun)

名称来历 因三面环山，一面为港地，故名山港村。

地理位置 地处野鸡坨镇西南部，东至大杨官营，南至邵家营，西至小杨官营，北至东周庄。

主要指标 2011年末，辖区总人口2205人，总面积4.48平方千米，农民人均纯收入12474元。

安山口村

(Anshankou Cun)

名称来历 因位于山口的南面，故称南山口。后因发水，村子被冲，重新建村，取重新安家立业之意，改名安山口村。

地理位置 地处野鸡坨镇西部，东至西周庄，南至刘庄子，西至朱庄子，北至赵店子。

主要指标 2011年末，辖区总人口847人，总面积2.03平方千米，农民人均纯收入12645元。

朱庄子村

(Zhuzhuangzi Cun)

名称来历 朱姓人家迁此立庄，以姓氏取名朱家庄，后俗称朱庄子村。

地理位置 地处野鸡坨镇西南部，东至安山口，南至刘庄子，西至代庄，北至赵店子。

主要指标 2011年末，辖区总人口1079人，总面积2.38平方千米，农民人均纯收入13559元。

武各庄村

(Wugezhuang Cun)

名称来历 武姓兄弟两人由口外（现青龙县）迁此立庄，以姓氏取名武家庄村，后俗称武各庄村。

地理位置 地处野鸡坨镇中西部，东至大杨官营，南至山港，西至朱庄子，北至东周庄。

主要指标 2011年末，辖区总人口1501人，总面积2.33平方千米，农民人均纯收入11986元。

岚山高庄村

(Lanshangaozhuang Cun)

名称来历 因高姓人家迁此立庄，以姓氏取名高各庄。

1982年在地名标准化处理工作中，更名为岚山高庄村。

地理位置 地处野鸡坨镇西部偏北，东至大杨官营，南至武各庄，西至东周庄，北至赵店子。

主要指标 2011年末，辖区总人口1550人，总面积3.57平方千米，农民人均纯收入11303元。

丁庄子村

(Dingzhuangzi Cun)

名称来历 因丁姓人家迁此立庄，以姓氏取名丁庄子村。

地理位置 地处野鸡坨镇北部，东至李家峪，南至宋庄，西至龙山社区，北至爪村。

主要指标 2011年末，辖区总人口1605人，总面积2.66平方千米，农民人均纯收入13153元。

卜官营村

(Buguanying Cun)

名称来历 明初燕王扫北时，卜姓人家随军征战有功，赐地以姓氏取名卜官营村。

地理位置 地处野鸡坨镇北部，东至丁庄子，南至大杨官营，西至马古寺，北至爪村。

主要指标 2011年末，辖区总人口2605人，总面积4.64平方千米，农民人均纯收入13324元。

爪村

(Zhua Cun)

名称来历 因地处龙山西面山脚之下，故名爪村。

地理位置 地处野鸡坨镇北部，东至迁安镇三里庄，南至大杨官营，西至卜官营，北至杨崖。

主要指标 2011年末，辖区总人口3040人，总面积6.14平方千米，农民人均纯收入12447元。

仓库营村

(Cangkuying Cun)

名称来历 原名藏官营，清代皇帝去奉天（今辽宁沈阳）祭祖，路过此地，因藏官两字犯忌讳，就此改名仓库营村。

地理位置 地处野鸡坨镇东南部，东至刘店，南至102国道，西至赤峰堡，北至宋庄。

主要指标 2011年末，辖区总人口1958人，总面积2.43平方千米，农民人均纯收入13100元。

（撰稿：刘建东、耿辉，初审：马玉国）

大崔庄镇

(Dacuizhuang Zhen)

政区概况

名称来历 因镇人民政府原驻地位于大崔庄村而得名。

地理位置 地处迁安市北部，东与建昌营镇接壤，南与阎家店乡、马兰庄镇交界，西与迁西县罗屯镇毗连，西北与五重安乡相接，东北与青龙满族自治县相邻。人民政府驻雷鼓台村东，电话区号0315，邮政编码064406，距迁安市人民政府20千米。

政区沿革 1953年，分设商庄子乡、擂鼓台乡。1958年，属商庄子、擂鼓台人民公社。1984年，撤销人民公社，复置商庄子乡、擂鼓台乡。1992年，合并商庄子乡、擂鼓台乡设置崔庄镇。2008年1月，镇人民政府由大崔庄村迁驻擂鼓台村东。

政区划分 2011年末，辖白羊峪、大庄、抬头岭、西密坞、步步川、沙坨子、商庄子、楼子山、石梯子沟、四道沟、三岭、大崔庄、凤凰山、擂鼓台、上金山院、下金山院、桑园、新立庄、侯庄户、王古庄、肖家庄21个村民委员会。

人口面积 2011年末，辖区总人口26401人，其中城镇常住人口1869人。另有流动人口3126人。总人口中，男性13554人，占51%；女性12847人，占49%。总人口中，以汉族为主，约占98%以上；有满等少数民族，约占2%。2011年，人口出生率14.48‰，人口死亡率6.92‰，人口自然增长率7.56‰。

辖区东西最大距离14千米，南北最大距离7.5千米，总面积69平方千米。其中陆地面积68.7平方千米，占99.57%；水域面积0.3平方千米，占0.43%。人口密度为每平方千米383人。

自然条件

地形地貌 境内山场多，山地多，地势略呈西高东低，北高南低。

矿藏及其他自然资源 境内已探明白云石储量6亿吨；石灰石储量2亿多吨，占迁安市石灰石储量的30%；紫页岩储量2亿立方米。还拥有金、铁、铜等金属矿藏。此外，境内植被好，森林覆盖率高达53%。

自然灾害 主要有冰雹、旱涝、风灾、低温、霜冻、雷击等。

经济概况

农业 耕地面积2.4万亩，人均0.9亩；全部为旱地，以种植玉米、花生、大豆为主。2011年，农业总产值9606万元，比上年增长14.1%，实现农业增加值2605万元，占国内生产总值的7.5%。

粮食作物以玉米为主。2011年，生产粮食5016吨，人均190千克，其中玉米3284吨。主要经济作物有花生。2011年，花生产量2080吨。

畜牧业以猪、羊为主。2011年，生猪饲养量2.3万头；羊饲养量3276只。

工业 2011年，工业总产值5.8万元，比上年增长12%，实现工业增加值2.5万元，占国内生产总值的45.6%。2011年，工业企业66家，职工2632人。

商业外贸 2011年末，商贸街6条，商户78个；集贸市场5个。2011年，社会消费品零售总额达2.5亿元，比上年增长10.3%。

财政金融 2011年，财政总收入2737.8万元，比上年增长12.5%。其中地方财政收入1053.8万元，比上年增长24.7%。人均财政收入1036元，比上年增长12.4%。

社会发展

文化艺术 2011年末，镇文化站1个，村级文化活动中心21个；各类图书室22个，藏书10余万册。

教育 2011年末，幼儿园8所；小学7所，在校生1468人，专任教师123人，小学适龄儿童入学率100%；初中1所，在校生684人，专任教师72人，初中适龄人口入学率、小升初升学率、九年义务教育覆盖率均达100%。

医疗卫生 2011年末，乡卫生院1所，医生36人，病床22张；村级医疗卫生所20个，医生26人，病床38张。新型农村合作医疗参合率100%。

广播电视 2011年末，有线电视用户6495户，入户率97%。

社会保障 2011年农村最低生活保障户数241户，人数620人，支出11万元，比上年增长18%，比上年增长15%。国家抚恤、补助各类优抚对象156人，抚恤事业费支出39万元，比上年增长15%。农村五保供养37人。社区服务中心1个，社区服务站5个。新型农村社会养老保险参保人数1万人，参保率95%。

基础设施

交通运输 有镇级公路三条，总长16千米。三抚路、迁擂路过境。

邮政电信 2011年末，电话交换机总容量3万门，固定电话用户3600户；移动电话用户7622户；宽带接入用户884户。

名胜旅游

旅游业概况 境内省级风景名胜区有白羊峪长城旅游区1个；省级文物保护单位长城1处。农家餐宾馆36家，床位100张。

镇区市政建设

公共交通 2011年末，镇区客运站1座，线路4条，日发客运汽车10班次，日均容量400余人次。

供电 2011年末，镇区35千伏变电站1座。

擂鼓台村
(Leigutai Cun)

名称来历 相传唐太宗征东时，官兵们在村西一座山上，用悬羊擂鼓来迷惑敌人，人们称此山为悬羊擂鼓台，取村名为悬羊擂鼓台，后简称擂鼓台村。

地理位置 地处大崔庄镇西部，东至大崔庄村，南至凤凰山村，西至侯庄户村，北至王古庄村。

主要指标 2011年末，辖区总人口1618人，总面积2.27平方千米，农民人均纯收入12803元。

新立庄村
(Xinlizhuang Cun)

名称来历 清光绪二十一年（1895年），因滦河发大水无法居住，由侯庄户村迁建，因新建故名新立庄。

地理位置 地处大崔庄镇西北部，东至王古庄村，南至擂鼓台村，西至沙河庄村，北至沙河庄村。

主要指标 2011年末，辖区总人口674人，总面积1.08平方千米，农民人均纯收入13073元。

肖家庄村
(Xiaojiazhuang Cun)

名称来历 因明初肖姓由东北迁此立庄，得名肖家庄村。

地理位置 地处大崔庄镇北部，东至小崔庄村，南至王古庄村，西至沙河庄村，北至高古庄村。

主要指标 2011年末，辖区总人口929人，总面积1.13平方千米，农民人均纯收入13665元。

王古庄村
(Wangguzhuang Cun)

名称来历 因村南两公里处有一悬羊擂鼓台山，站在村中一眼就能望见，故取名望鼓庄，后演变成王古庄村。

地理位置 地处大崔庄镇西北部，东至小崔庄村，南至擂鼓台村，西至新立庄村，北至高古庄村。

主要指标 2011年末，辖区总人口1059人，总面积2.15平方千米，农民人均纯收入12535元。

侯庄户村
(Houzhuanghu Cun)

名称来历 因元朝时侯姓迁此立庄故得名侯庄户村。

地理位置 地处大崔庄镇东部，东至擂鼓台村，南至首钢界，西至迁西县罗屯村，北至新立庄村。

主要指标 2011年末总人口，辖区总人口1011人，总面积2.3平方千米，农民人均纯收入13218元。

凤凰山村

(Fenghuangshan Cun)

名称来历 因村北有一凤凰山得名凤凰山村。

地理位置 地处大崔庄镇南部，东至大崔庄村，南至上金山院村，西至桑园村，北至擂鼓台村。

主要指标 2011年末，辖区总人口726人，总面积0.97平方千米，农民人均纯收入10913元。

大崔庄村

(Dacuizhuang Cun)

名称来历 因唐朝时崔姓人家到此建村，以姓氏取村名为崔家庄，后为与小崔庄对称，而改称大崔庄村。

地理位置 地处大崔庄镇东部，东至三岭村，南至隔滦河村，西至擂鼓台村，北至张庄子村。

主要指标 2011年末，辖区总人口1740人，总面积4.33平方千米，农民人均纯收入12665元。

桑园村

(Sangyuan Cun)

名称来历 因此地有桑树得名为桑园庄，后称桑园村。

地理位置 地处大崔庄镇西南部，东至上金山院村，南至马兰庄村，西至水厂村，北至侯庄户村

主要指标 2011年末，辖区总人口726人，总面积1.33平方千米，农民人均纯收入15250元。

上金山院村

(Shangjinshanyuan Cun)

名称来历 因村西山上有假金色的石头，样子和金子相似，故得名金山院，后村中有人在村南1公里处建村庄，故按南北分上、下金山院，本村居北，称上金山院村。

地理位置 地处大崔庄镇西南部，东至大崔庄村，南至下金山院村，西至桑园村，北至月圆山村。

主要指标 2011年末，辖区总人口1432人，总面积3.16平方千米，农民人均纯收入12443元。

下金山院村

(Xiajinshanyuan Cun)

名称来历 元代时与上金山院本为一村，名金山院。后有人从金山院来此立庄，为了区别，故按南北分上、下金山院，本村居南，称下金山院村。

地理位置 地处大崔庄镇西南部，东至隔滦河村，南至滦河边，西至桑园村，北至上金山院村。

主要指标 2011年末，辖区总人口1485人，总面积4.13平方千米，农民人均纯收入12377元。

商庄子村

(Shangzhuangzi Cun)

名称来历 因清代中期商姓来此定居，故得名商庄子村。

地理位置 地处大崔庄镇东北部，东至大庄村，南至沙坨子村，西至张庄村，北至娄子山村。

主要指标 2011年末，辖区总人口1408人，总面积4.84平方千米，农民人均纯收入12070元。

四道沟村

(Sidaogou Cun)

名称来历 因附近有五道沟，该村坐落在第四山沟，得名四道沟村。

地理位置 地处大崔庄镇东北部，东至石梯子沟村，南至姜子山村，西至小关村，北至五道沟长城。

主要指标 2011年末，辖区总人口948人，总面积3.19平方千米，农民人均纯收入11980元。

石梯子沟村

(Shitizigou Cun)

名称来历 因村北面的山像梯子，故得名石梯子沟村。

地理位置 地处大崔庄镇东北部，东至大庄村，南至姜子山村，西至黄金寨村，北至四道沟村。

主要指标 2011年末，辖区总人口1150人，总面积4.02平方千米，农民人均纯收入13579元。

白羊峪村

(Baiyangyu Cun)

名称来历 据传，村东山根处有一石洞，曾钻出两只白绵羊，故名白羊谷，后改白羊峪村。

地理位置 地处大崔庄镇东北部，东至青龙县三拨子村、韩丈子村，南至大庄村，西至四道沟村，北至青龙县三拨子乡二拨子村。

主要指标 2011年末，辖区总人口919人，总面积6.85平方千米，农民人均纯收入13249元。

楼子山村

(Louzishan Cun)

名称来历 因守护长城的楼军在此定居立村，且该村建在山前，故名楼军山，后改为楼子山村。

地理位置 地处大崔庄镇东北部，东至大庄村，南至商庄子村，西至黄金寨村，北至四道沟村。

主要指标 2011年末，辖区总人口563人，总面积2.06平方千米，农民人均纯收入12628元。

大庄村

(Dazhuang Cun)

名称来历 明初刘氏由山东大榆树逃荒到此定居，因其原所在村庄叫大庄，建村后仍取村名大庄村。

地理位置 地处大崔庄镇东北部，东至新立庄，南至头山岭村，西至商庄子村，北至白羊峪村。

主要指标 2011年末，辖区总人口2495人，总面积7.03平方千米，农民人均纯收入1220元。

三岭村

(Sanling Cun)

名称来历 因村北有一道山梁三个山头而得名三岭村。

地理位置 地处大崔庄镇东部，东至沙坨子村，南至提岭寨村，西至大崔庄村，北至张庄子村。

主要指标 2011年末，辖区总人口1900人，总面积4.77平方千米，农民人均纯收入11604元。

沙坨子村

(Shatuozi Cun)

名称来历 因村子建在沙丘上得名沙坨子村。

地理位置 地处大崔庄镇东北部，东至步步川村，南至提岭寨村，西至三岭村，北至商庄子村。

主要指标 2011年末，辖区总人口894人，总面积2.22平方千米，农民人均纯收入12248元。

西密坞村

(Ximiwu Cun)

名称来历 相传明成祖朱棣曾私访至此，两次迷路，将迷路的地方取名叫东迷坞和西迷坞，本村在西，为西迷坞，后演变成西密坞村。

地理位置 地处大崔庄镇东部，东至东密坞村，南至芝草坞村，西至步步川村，北至大庄村。

主要指标 2011年末，辖区总人口1991人，总面积6.89平方千米，农民人均纯收入12735元。

抬头岭村

(Taitouling Cun)

名称来历 因该村北靠一岭，由白羊峪进关后，过了大庄一抬头，就看见这座岭，故称抬头岭村。

地理位置 地处大崔庄镇东北部，东至东密坞村，南至西密坞村，西至西密坞村，北至大庄村。

主要指标 2011年末，辖区总人口1991人，总面积6.89平方千米，农民人均纯收入12735元。

步步川村

(Bubuchuan Cun)

名称来历 因这里地势低洼，又长满薄荷，取名薄荷川，明永乐年间成祖皇帝私访时路过这里，踏水而过，由此改名步步川村。

地理位置 地处大崔庄镇东部，东至西密坞村，南至李姑店村，西至沙坨子村，北至尚庄子村。

主要指标 2011年末，辖区总人口1455人，总面积3.94平方千米，农民人均纯收入11769元。

（撰稿：郭建良、韩庭春、张艳英，初审：梁玉龙）

杨店子镇

(Yangdianzi Zhen)

全国首届小城镇综合发展水平千强镇、唐山市文明村镇。

政区概况

名称来历 因原乡人民政府驻地位于杨店子村而得名。

地理位置 地处迁安市西部、滦河右岸，东与迁安镇相接，南与木厂口镇、赵店子镇交界，西与大五里乡毗邻，北与蔡园镇、马兰庄镇接壤。人民政府驻王庄子村，电话区号0315，邮政编码064402，距迁安市人民政府10.6千米。

政区沿革 1953年，置杨店子乡。1958年，属钢铁人民公社。1961年，析置杨店子人民公社。1984年，撤销人民公社，复置杨店子乡。1992年撤乡，置杨店子镇。

政区划分 2011年末，辖车辕寨、沈家营、大郭庄、大庄户、王庄子、杨店子、前胡庄、后胡庄、殷官营、田新庄、靳官营、新立寨、新蔡庄、高引铺、张官营、上午、官寨、常李庄、北张庄、小玄庄、大玄庄、倪屯、大张庄、蚕姑庙、湾子、洼里、刘东庄、朱官营、任官营、毛庄、韩官营、张富庄、王庄、孟庄、麻官营、驿南府36个村民委员会。

人口面积 2011年末，辖区总人口80613人，其中城镇常住人口60400人，城镇化率16.9%。另有流动人口5120人。总人口中，男性45656人，占56.66%；女性34957人，占43.34%；14岁以下12092人，占15%；15~64岁59654人，占74%；65岁以上8867人，占11%。总人口中，以汉族为主，达80427人，占99.76%；有满、回2个少数民族，共186人，占0.24%；超过100人的有满族，共124人，占少数民族人口的66.67%；另有回族62人，占33.33%。2011年，人口出生率12.69‰，人口死亡率5.91‰，人口自然增长率6.78‰。

辖区东西最大距离11.8千米，南北最大距离15.6千米，总面积94.21平方千米。人口密度为每平方千米856人。

自然条件

地形地貌 境内为沙地平原，沙地面积2000公顷，占总面积的70%。

水文 境内的地表水主要是过境河流和境内河流形成的，主要河流有滦河、沙河等。地下水距地表10~100米。

矿藏及其他自然资源 境内已探明地下矿藏有铁矿。矿产资源丰富，尤其是铁矿石，已探明储量1.6亿吨。地下水资源可利用量3360万立方米。

自然灾害 主要有暴雨、大风、雾、冰雹、霜冻等。

经济概况

农业 耕地面积5.9万亩，人均1亩。2011年，农业总产值2.99亿元，比上年增长18.8%，实现农业增加值14876万元，占国内生产总值的7%。

粮食作物以小麦、玉米为主。2011年，生产粮食1.6万吨，其中小麦3099吨，玉米1.2万吨。主要经济作物有蔬菜。2011年，蔬菜种植面积9095亩，产量4.3万吨，主要品种有大白菜、四季豆、韭菜、黄瓜等，其中大白菜15095吨，四季豆8952吨，韭菜4068吨。

畜牧业以猪、羊、家禽为主。2011年，生猪饲养5.1万头，年末存栏3.4万头；羊饲养量0.3万只，年末存栏0.4万只；家禽饲养量43.6万羽，年末存栏17.7万羽。

工业 以钢坯、生铁铁精粉、机械设备检修为主。2011年，工业增加值16.7亿元，比上年增长37.7%，实现工业增加值103754万元，占国内生产总值的45.2%，比上年增长16.25%。2011年，工业企业252家，职工7845人。

商业外贸 2011年末，个体工商户1634个；城乡集贸市场5个。2011年，城乡集市交易成交额10亿元。

财政金融 2011年，财政总收入4.4亿元，比上年增长77%。其中地方财政收入1.2亿元，比上年减少29%。从主要税种看，完成营业税3045万元，增值税32134万元，企业所得税884万元，分别比上年增长30%、84%、47%。人均财政收入5519元，比上年增长77%。

社会发展

文化艺术 2011年末，镇文化站1个，村级文化活动中心36个；各类文化行业从业人员108人；各类图书室37个，藏书20余万册；音乐、美术、书法、摄影及文学业余创作人员63人。省、市级文物保护单位3个。

教育 2011年末，幼儿园10所，在园幼儿1490人，专任教师98人；小学10所，在校生2814人，专任教师205人，小学适龄儿童入学率100%；初中4所，在校生1265人，专任教师160人，初中适龄人口入学率、小升初升学率、九年义务教育覆盖率均达100%。2011年财政预算内教育经费105万元，比上年增长20%。

医疗卫生 2011年末，各级各类医疗卫生机构12个，门诊部（所）27个；病床150张，每千人拥有医疗床位3张，固定资产总值806万元。专业卫生人员47名，其中执业医师24人，执业助理医师10人，注册护士13人。2011年医疗机构（门诊部以上）完成诊疗2.8万人次。新型农村合作医疗参合率100%。

体育 2011年末，学校体育场地14处。100%的村安装了健身器材，经常参加体育活动的人员占常住人口的43%。

广播电视 2011年末，有线电视用户2.8万户，入户率95%。

社会保障 2011年城镇最低生活保障户数9户，人数15人，支出6.3万元，比上年增长3%，月人均350元，比上年增长11%。农村最低生活保障户数364户，人数933人，支出172万元，比上年增长96%，月人均154元，比上年增长92%。国家抚恤、补助各类优抚对象325人，抚恤事业费用支出93万元，比上年增长23%。医疗救助19人次，支出8.2万元。新型农村社会养老保险参保人数19800人，参保率98%。

基础设施

邮政电信 2011年末，邮政局1所，报纸、期刊累计期发行4000余份（册）。电信企业2家；固定电话用户2万余户。

镇区市政建设

给排水 2011年末，镇区主要道路两侧铺设排水管道107千米。

供电 2011年末，镇区电力所1处。

园林绿化 2011年末，镇区绿化面积达到辖区面积的33%。

杨店子村

(Yangdianzi Cun)

名称来历 明初燕王扫北以后，郭、潘、杨三姓迁此定居。因杨姓人多势大且开了店，遂取名杨家店，后称杨店子村。

地理位置 地处杨店子镇西北部，东至前胡庄村，南至王庄子村，西至大庄户村，北至殷官营村。

主要指标 2011年末，辖区总人口840人，总面积1.4平方千米，农民人均纯收入15500元。

新立寨村

(Xinlizhai Cun)

名称来历 因滦河发大水，官寨被冲，杨、邓两姓人家迁此建村，取村名新立寨村。

地理位置 地处杨店子镇东北部，东至官寨村，南至后胡庄村，西至靳官营村，北至王李庄村。

主要指标 2011年末，辖区总人口287人，总面积0.3平方千米，农民人均纯收入14886元。

高引铺村

(Gaoyinpu Cun)

名称来历 相传，唐初此地住过高丽人，故取村名高丽古庄。后高、尹两姓迁此定居，改村名高尹铺，因“引”

同“尹”同音，逐渐演变为高引铺村。

地理位置 地处杨店子镇西北部，东至新蔡庄村，南至大庄户村，西至周官营村，北至朱家庄村。

主要指标 2011年末，辖区总人口1383人，总面积1.25平方千米，农民人均纯收入14988元。

新蔡庄村

(Xincaizhuang Cun)

名称来历 1962年滦河发大水，大蔡被冲去，部分社员搬到高引铺的北边来住，形成村庄，取村名新蔡庄村。

地理位置 地处杨店子镇西北部，东至田新庄村，南至殷官营村，西至高引铺村，北至朱家庄村。

主要指标 2011年末，辖区总人口202人，总面积0.2平方千米，农民人均纯收入14845元。

田新庄村

(Tianxinzhuang Cun)

名称来历 因田姓人家迁此定居，取名田新庄村。

地理位置 地处杨店子镇东北部，东至后胡庄村，南至殷官营村，西至新蔡庄村，北至靳官营村。

主要指标 2011年末，辖区总人口512人，总面积0.7平方千米，农民人均纯收入15278元。

靳官营村

(Jinguanying Cun)

名称来历 明朝燕王扫北时建制，传说一武官因战有功，受到加官晋爵，将村取名晋官营，后演变为靳官营村。

地理位置 地处杨店子镇北部，东至新立寨村，南至田新庄村，西至新蔡庄村，北至小蔡庄村。

主要指标 2011年末，辖区总人口1244人，总面积1.76平方千米，农民人均纯收入14885元。

后胡庄村

(Houhuzhuang Cun)

名称来历 因胡姓人家迁此立庄，分建两村名前、后胡庄，此庄为后胡庄村。

地理位置 地处杨店子镇北部，东至张官营村，南至前胡庄村，西至田新庄村，北至新立寨村。

主要指标 2011年末，辖区总人口462人，总面积1.2平方千米，农民人均纯收入15014元。

大庄户村

(Dazhuanghu Cun)

名称来历 高、杨、孟、王四家迁此立庄，取名大庄户村。

地理位置 地处杨店子镇西北部，东至杨店子村，南至大郭庄村，西至大石河村，北至殷官营村。

主要指标 2011年末，辖区总人口2450人，总面积2.9平方千米，农民人均纯收入15529元。

殷官营村

(Yinguanying Cun)

名称来历 因殷姓人家迁此立庄，且有人为官，故名殷官营村。

地理位置 地处杨店子镇西北部，东至后胡庄村，南至杨店子村，西至大庄户村，北至田新庄村。

主要指标 2011年末，辖区总人口2188人，总面积2.5平方千米，农民人均纯收入15501元。

王庄子村

(Wangzhuangzi Cun)

名称来历 明初王姓人家由山东迁此立庄，以姓氏取名王家庄，俗称王庄子村。

地理位置 地处杨店子镇西部，东至前胡庄村，南至沈家营村，西至大郭庄村，北至杨店子村。

主要指标 2011年末，辖区总人口930人，总面积1.5平方千米，农民人均纯收入15407元。

前胡庄村

(Qianhuzhuang Cun)

名称来历 清代胡姓人家迁此分建两村，该村以姓氏取名前胡庄村。

地理位置 地处杨店子镇东部，东至张官营村，南至任官营村，西至杨店子村，北至后胡庄村。

主要指标 2011年末，辖区总人口1743人，总面积1.03平方千米，农民人均纯收入15010元。

车辕寨村

(Cheyuanzhai Cun)

名称来历 相传，明末清初，官府派一官员带领人马围剿平顶山上的山大王，军粮车停在该村中，规定拉粮草的大车都必须车辕朝外，车尾朝里，防止敌人偷袭，故得名车辕寨村。

地理位置 地处杨店子镇西南部，东至刘东庄村，南至松汀村，西至山叶口村，北至沈家营村。

主要指标 2011年末，辖区总人口6208人，总面积9.81平方千米，农民人均纯收入16181元。

大郭庄村

(Daguozhuang Cun)

名称来历 因郭姓人家迁此立庄，以姓氏取名大郭庄村。

地理位置 地处杨店子镇西南部，东至王庄子村，南至沈家营村，西至小石河村，北至大庄户村。

主要指标 2011年末，辖区总人口1406人，总面积2.7平方千米，农民人均纯收入15450元。

沈家营村

(Shenjiaying Cun)

名称来历 因沈姓人家迁此立庄，以姓氏取名沈家营村。

地理位置 地处杨店子镇西南部，东至任官营村，南至车辕寨村，西至孟家冲二村，北至大郭庄村。

主要指标 2011年末，辖区总人口1851人，总面积5.8平方千米，农民人均纯收入16174元。

张官营村

(Zhangguanying Cun)

名称来历 因张姓人家从山东迁此立庄，以姓氏取村名张官营村。

地理位置 地处杨店子镇东部，东至西里铺村，南至任官营村，西至前胡庄村，北至上午村。

主要指标 2011年末，辖区总人口4312人，总面积7.3平方千米，农民人均纯收入15586元。

倪屯村

(Nitun Cun)

名称来历 因倪姓人家从山东迁此立庄，故以姓氏取名倪屯村。

地理位置 地处杨店子镇东北部，东至蔡滩子村，南至大玄庄村，西至玄安子村，北至前裴庄村。

主要指标 2011年末，辖区总人口1340人，总面积1.1平方千米，农民人均纯收入15637元。

大玄庄村

(Daxuanzhuang Cun)

名称来历 唐太宗征东时，高丽人被赶走，玄姓人家在此定居，以姓氏取名大玄庄村。

地理位置 地处杨店子镇东北部，东至蔡滩子村，南至小玄庄村，西至玄安子村，北至倪屯村。

主要指标 2011年末，辖区总人口620人，总面积1.3平方千米，农民人均纯收入15042元。

小玄庄村

(Xiaoxuanzhuang Cun)

名称来历 因有人从大玄庄分出迁此立庄，故取名小玄庄村。

地理位置 地处杨店子镇东北部，东至大蔡庄村，南至北张庄村，西至吴官营村，北至大玄庄村。

主要指标 2011年末，辖区总人口840人，总面积1.4平方千米，农民人均纯收入15500元。

北张庄村

(Beizhangzhuang Cun)

名称来历 明代张姓在此立庄，取名张各庄，1958年成立人民公社后，更名北张庄村。

地理位置 地处杨店子镇东北部，东至大蔡庄村，南至常李庄村，西至王李庄村，北至小玄庄村。

主要指标 2011年末，辖区总人口956人，总面积1.5平方千米，农民人均纯收入14943元。

常李庄村

(Changlizhuang Cun)

名称来历 因常、李两姓人家由山东迁此立庄，东住常姓人家，西住李姓人家，分别以姓氏取名常庄子、李庄子。1942年将两村合并称常李庄村。

地理位置 地处杨店子镇东北部，东至大蔡庄村，南至官寨村，西至王里庄村，北至张庄村。

主要指标 2011年末，辖区总人口574人，总面积1.4平方千米，农民人均纯收入15044元。

官寨村

(Guanzhai Cun)

名称来历 唐太宗征东时，有一官人在此安营扎寨，故建村后取名官寨村。

地理位置 地处杨店子镇东北部，东至大蔡庄村，南至上午村，西至新立寨村，北至常李庄村。

主要指标 2011年末，辖区总人口2460人，总面积6.2平方千米，农民人均纯收入14978元。

上午村

(Shangwu Cun)

名称来历 明初刘、李两姓人家由山东迁此立庄，因当时正值上午，故取村名为上午庄村，简称上午村。

地理位置 地处杨店子镇东北部，东至西里铺村，南至张官营村，西至后胡庄村，北至官寨村。

主要指标 2011年末，辖区总人口1488人，总面积1.7平方千米，农民人均纯收入15170元。

朱官营村

(Zhuguanying Cun)

名称来历 明代一姓朱的官人在此建庄，故取名朱官营村。

地理位置 地处杨店子镇东南部，东至毛庄村，南至蚕姑庙村，西至洼里村，北至刘东庄村。

主要指标 2011年末，辖区总人口871人，总面积1.5平方千米，农民人均纯收入15001元。

刘东庄村

(Liudongzhuang Cun)

名称来历 相传，唐太宗东征时路过此地，为驱逐高丽人，下令放火烧村，九个村子只剩东面一村，遂取村名留刘庄。后来根据该村姓刘的为大户，改名刘东庄村。

地理位置 地处杨店子镇南部，东至毛庄村，南至朱官营村，西至洼里村，北至任官营村。

主要指标 2011 年末，辖区总人口 1149 人，总面积 2.7 平方千米，农民人均纯收入 15306 元。

任官营村

(Renguanying Cun)

名称来历 明燕王扫北时，随军家眷甚众，燕王为了轻装征战，让姓任的一大门户安居此地，取名任官营村。

地理位置 地处杨店子镇东南部，东至韩官营村，南至毛庄村，西至刘东庄村，北至张官营村。

主要指标 2011 年末，辖区总人口 1900 人，总面积 3.1 平方千米，农民人均纯收入 14962 元。

毛庄村

(Maozhuang Cun)

名称来历 因毛姓人家搬迁至此地建村，取名毛家庄，后简称毛庄村。

地理位置 地处杨店子镇东南部，东至张富庄村，南至驿南府村，西至刘东庄村，北至任官营村。

主要指标 2011 年末，辖区总人口 728 人，总面积 1.8 平方千米，农民人均纯收入 14903 元。

韩官营村

(Hanguanying Cun)

名称来历 明燕王扫北时，把韩姓一大门户安居此地，故名韩官营村。

地理位置 地处杨店子镇东南部，东至夹河村，南至驿南庄村，西至任官营村，北至张官营村。

主要指标 2011 年末，辖区总人口 430 人，总面积 1.1 平方千米，农民人均纯收入 15010 元。

张富庄村

(Zhangfuzhuang Cun)

名称来历 因该村东山有一石佛寺庙，且居民都姓张，从而得村名石佛寺小张庄。1958 年人民公社成立后，因该村地处社北，改名北张庄。1982 年在地名标准化处理工作中更名为张富庄村。

地理位置 地处杨店子镇东南部，东至前胡庄村，南至驿南府村，西至韩官营村，北至西夹河村。

主要指标 2011 年末，辖区总人口 640 人，总面积 1.4 平方千米，农民人均纯收入 15270 元。

王庄村

(Wangzhuang Cun)

名称来历 因有王、孟两姓人家从本县孟官营来此垦荒定居，王姓居北，孟姓居南，取村名王孟庄。1942 年南北两庄分开，该庄居北名曰王庄村。

地理位置 地处杨店子镇东南部，东至凌庄村，南至孟庄村，西至驿南府村，北至张富庄村。

主要指标 2011 年末，辖区总人口 674 人，总面积 1.3 平方千米，农民人均纯收入 15205 元。

孟庄村

(Mengzhuang Cun)

名称来历 因有王、孟两姓人家从本县孟官营来此垦荒定居，王姓居北，孟姓居南，取村名王孟庄。1942 年南北两庄分开，该村居南名曰孟庄村。

地理位置 地处杨店子镇东南部，东至凌庄村，南至府官营村，西至驿南府村，北至王庄村。

主要指标 2011 年末，辖区总人口 1350 人，总面积 1.8 平方千米，农民人均纯收入 15282 元。

洼里村

(Wali Cun)

名称来历 因该村坐落在方圆 2 里的洼地上，人称该村洼二里村，后简称洼里村。

地理位置 地处杨店子镇南部，东至朱官营村，南至湾子村，西至车辕寨村，北至刘东庄村。

主要指标 2011 年末，辖区总人口 1786 人，总面积 2.8 平方千米，农民人均纯收入 15599 元。

驿南府村

(Yinanfu Cun)

名称来历 相传，明朝时原定在此建永平府，以插旗为标志，次日旗杆不翼而飞到现在卢龙县城，故认为此地难于立府，在此建村后，称"难立府村"，以后有朝廷大臣察访，才改"难立府村"为驿南府村。

地理位置 地处杨店子镇东南部，东至孟庄村，南至北代庄村，西至朱官营村，北至韩官营村。

主要指标 2011 年末，辖区总人口 1268 人，总面积 2.7 平方千米，农民人均纯收入 15090 元。

麻官营村

(Maguanying Cun)

名称来历 明朝燕王扫北路过此地，有一姓李的麻脸儿武将军在此地扎营，后病死此地，后有人在此建村，取名麻官营村。

地理位置 地处杨店子镇东南部，东至凌庄村，南至大李庄村，西至驿南府村，北至孟庄村。

主要指标 2011 年末，辖区总人口 951 人，总面积 2

平方千米，农民人均纯收入15114元。

湾子村

(Wanzi Cun)

名称来历 相传，北宋时契丹侵犯中原，占领该村，后来契丹人被驱逐出境，为纪念这段历史，取名达家湾子，后改作湾子庄，新中国成立后简称湾子村。

地理位置 地处杨店子镇东南部，东至大张庄村，南至宗佐村，西至马各庄村，北至蚕姑庙村。

主要指标 2011年末，辖区总人口1122人，总面积2.2平方千米，农民人均纯收入15044元。

蚕姑庙村

(Cangumiao Cun)

名称来历 西汉后期，刘秀与王莽交战，刘秀被王莽追至村东小河里陷入污泥，后被三个采桑姑娘搭救。刘秀登基后，为报答三个采桑姑娘救命之恩修庙相谢，取名蚕姑庙，村名亦据此而得名。

地理位置 地处杨店子镇南部，东至大行庄村，南至大张庄村，西至湾子村，北至朱官营村。

主要指标 2011年末，辖区总人口2108人，总面积3.9平方千米，农民人均纯收入14969元。

大张庄村

(Dazhangzhuang Cun)

名称来历 因村中有一富人修建一座供赏花的二层楼房，故名楼房大张庄，新中国成立后简称大张庄村。

地理位置 地处杨店子镇南部，东至北代庄村，南至赵店子村，西至蚕姑庙村，北至任官营村。

主要指标 2011年末，辖区总人口1661人，总面积3.1平方千米，农民人均纯收入15178元。

（撰稿：李素芹、郑聪颖，初审：李红柳）

蔡园镇

(Caiyuan Zhen)

为全国千强镇。

政区概况

名称来历 因原乡人民政府驻地位于蔡园村而得名。

地理位置 地处迁安市西北，东、南与杨店子镇相连，西与大五里乡相邻，北与马兰庄镇相接。人民政府驻小蔡庄村北，电话区号0315，邮政编码064402。

政区沿革 1953年，置蔡园乡。1958年，属钢铁人民公社。1961年，析置蔡园人民公社。1984年，撤销人民公社，复置蔡园乡。1992年，撤乡，置蔡园镇。

政区划分 2011年末，辖蔡园、好树店、北屯、大杨庄、北小店、李庄子、张家窑、刘湾子、靠山、灵山、小杨庄、马官营、蔡家洼、玄家洼、二郎庙、横山子、杨官营、朱家庄、玄安子、小石岭、吴官营、孟官营、刘庄子、新庄、王李庄、小蔡庄26个村民委员会。

人口面积 2011年末，辖区总人口25983人，其中城镇常住人口2850人，城镇化率11.1%。总人口中，男性12368人，占47.6%；女性13615人，占52.4%。总人口中，以汉族为主，达25515人，占98.2%；有蒙古、苗、满、布依、回等9个少数民族，共458人，占1.8%；超过30人的有满、蒙古2个少数民族，其中满族351人，占少数民族人口的76.6%；蒙古族36人，占7.8%。2011年，人口出生率14.63‰，人口死亡率7.06‰，人口自然增长率7.57‰。

辖区东西最大距离9千米，南北最大距离12.25千米，总面积53.46平方千米。其中陆地面积51.2平方千米，占95.8%；水域面积2.26平方千米，占4.2%。人口密度为每平方千米486人。

自然条件

地形地貌 地势西高东低，北高南低，最高海拔611.2米，最低海拔91米。境内地形较为复杂，西面地形地貌主要以低山、丘陵为主，东南面则多为平原、洼地，是典型的半山区镇。

水文 境内有滦河自西北向东南斜穿全境，此外还有青龙河、沙河等大小河流16条。

经济概况

农业 耕地面积1.7万亩，人均0.7亩。2011年，农业总产值15164万元，比上年增长17.5%，实现农业增加值1468万元，占国内生产总值的0.12%。

粮食作物以玉米为主。2011年，生产粮食5218吨，人均201千克。主要经济作物有花生等。

截至2011年末，累计造林1.02万亩。2011年水果产量3575吨，主要品种有苹果、梨、桃等。

2011年，农民人均纯收入1.7万元。

工业 2011年，工业总产值232.9亿元，比上年增长25.6%，实现工业增加值111.4亿元，占国内生产总值的93.7%。

2011年，规模以上工业企业17家，职工7073人，实现工业增加值110.4亿元，比上年增长31%。

财政金融 2011年，财政总收入4.98亿元，比上年增长24.4%。人均财政收入2万元，比上年增长24%。

社会发展

文化艺术 2011年末，文化站1个；公共图书馆（室）1个，藏书10000册。

教育 2011年末，幼儿园7所，在园幼儿717人，专任教师17人；小学6所，在校生1673人，专任教师101人，小学适龄儿童入学率100%；初中2所，在校生747

人，专任教师82人，初中适龄人口入学率95%，2011年教育经费均达1300万元。

医疗卫生 2011年末，卫生院1所；病床59张。专业卫生人员84人。

体育 2011年末，体育场地9处。100%的村安装了健身器材，经常参加体育活动的人员占常住人口的65%。

社会保障 2011年农村最低生活保障户数79户，人数235人，支出21.2万元，比上年增长11.5%，月人均75元，比上年增长11.5%；农村医疗救助4人次，民政部门资助参加合作医疗5人次，共支出3.4万元，比上年增长12%。城镇最低生活保障户数3户，人数6人，支出2.38万元，比上年增长11%，比上年增长11%。国家抚恤、补助各类优抚对象87人，抚恤事业费支出25.7万元，比上年增长10%。农村五保供养67人。新型农村社会养老保险参保人数8939人，参保率99%。

镇区市政建设

道路 2011年末，镇区道路总长度43.5千米。

公共交通 2011年末，镇区开通公交汽车线路1条。

供电 2011年末，镇区35千伏及以上变电站（所）3座，主变压器6台。

李庄子村

(Lizhuangzi Cun)

名称来历 因明初李姓迁此居住，得名李庄子村。

地理位置 地处蔡园镇北部，东至小石岭，南至蔡园村，西至迁西县孙家峪村，北至北小店村。

主要指标 2011年末，辖区总人口1260人，总面积5平方千米，农民人均纯收入40492元。

好树店村

(Haoshudian Cun)

名称来历 明初程家从好树庄迁此定居，并开一店，故取村名好树店村。

地理位置 地处蔡园镇北部，东至北屯村，南至北小店村，西至迁西县瓦房峪村，北至迁西县尹庄村。

主要指标 2011年末，辖区总人口1080人，总面积3平方千米，农民人均纯收入16509元。

北屯村

(Beitun Cun)

名称来历 因位于乡政府之北，故得名北屯村。

地理位置 地处蔡园镇北部，东至红石崖村，南至大杨庄村，西至好树店村，北至磨石安村。

主要指标 2011年末，辖区总人口1640人，总面积4.7平方千米，农民人均纯收入17329元。

北小店村

(Beixiaodian Cun)

名称来历 因村东小河套长着荒草，得名“小甸”，后演变成小店。1982年更名为北小店村。

地理位置 地处蔡园镇北部，东至二马山，南至李庄子村，西至尖山，北至大杨庄村。

主要指标 2011年末，辖区总人口997人，总面积2.5平方千米，农民人均纯收入17653元。

大杨庄村

(Dayangzhuang Cun)

名称来历 因明代杨姓迁此居住，得名杨家庄，后因有人建小杨庄，为了对称，改村名大杨庄村。

地理位置 地处蔡园镇北部，东至小石岭村，南至李庄子村，西至迁西县瓦房峪村，北至北屯村。

主要指标 2011年末，辖区总人口1516人，总面积3.3平方千米，农民人均纯收入39109元。

蔡园村

(Caiyuan Cun)

名称来历 明初，韩姓人家迁此建村，以种菜为生，故称菜园，后演变成蔡园村。

地理位置 地处蔡园镇中西部，东至二马，南至张家寨村，西至迁西县孙家峪，北至李庄子村。

主要指标 2011年末，辖区总人口2617人，总面积8平方千米，农民人均纯收入24987元。

张家窑村

(Zhangjiayao Cun)

名称来历 因明初张姓人家迁此定居，以烧砖瓦窑为生，得名张家窑村。

地理位置 地处蔡园镇西南部，东至二郎庙村，南至马官营村，西至靠山村，北至蔡园村。

主要指标 2011年末，辖区总人口1171人，总面积2.66平方千米，农民人均纯收入19718元。

灵山村

(Lingshan Cun)

名称来历 因村里住户较零散，取村名零山，后演变成灵山村。

地理位置 地处蔡园镇西南部，东至马官营村，南至王湾子村，西至迁西县干柴峪村，北至靠山村。

主要指标 2011年末，辖区总人口525人，总面积2.3平方千米，农民人均纯收入21162元。

靠山村

(Kaoshan Cun)

名称来历 清初李姓人家迁此建村。因村子靠山故名。

地理位置 地处蔡园镇西南部，东至刘湾子村，南至灵山村，西至孙家峪村，北至蔡园村。

主要指标 2011年末，辖区总人口367人，总面积2.1平方千米，农民人均纯收入9728元。

小杨庄村

(Xiaoyangzhuang Cun)

名称来历 清初，杨姓人家迁此建村，因村小，故以姓氏取名小杨庄村。

地理位置 地处蔡园镇西南部，东至马官营村，南至周官营村，西至灵山村，北至岗子村。

主要指标 2011年末，辖区总人口586人，总面积1平方千米，农民人均纯收入26382元。

刘湾子村

(Liuwanzi Cun)

名称来历 因附近有一小河弯曲流过，得名刘湾子村。

地理位置 地处蔡园镇西南部，东至张家窑村，南至马官营村，西至靠山村，北至蔡园村。

主要指标 2011年末，辖区总人口648人，总面积0.71平方千米，农民人均纯收入18827元。

马官营村

(Maguanying Cun)

名称来历 明初，马姓迁此建村，为扩大门户，取村名马官营村。

地理位置 地处蔡园镇西南部，东至玄家洼村，南至周官营村，西至小杨庄村，北至张家窑村。

主要指标 2011年末，辖区总人口1110人，总面积1.66平方千米，农民人均纯收入14054元。

玄家洼村

(Xuanjiawa Cun)

名称来历 明初玄姓人家由本县大玄庄迁此建村，因地势较洼，得名玄家洼村。

地理位置 地处蔡园镇南部，东至刘庄子村，南至横店子村，西至马官营村，北至二郎庙村。

主要指标 2011年末，辖区总人口919人，总面积1.2平方千米，农民人均纯收入12568元。

二郎庙村

(Erlangmiao Cun)

名称来历 因附近有一座二郎庙，得名二郎庙村。

地理位置 地处蔡园镇南部，东至刘庄子村，南至玄家洼村，西至马家营村，北至李庄子村。

主要指标 2011年末，辖区总人口403人，总面积1.2平方千米，农民人均纯收入14144元。

蔡家洼村

(Caijiawa Cun)

名称来历 清初，蔡姓由本县大蔡庄迁此建村，因地势低洼，得名蔡家洼村。

地理位置 地处蔡园镇西部，东至新庄村，南至杨官营村，西至玄家洼村，北至玄家洼村。

主要指标 2011年末，辖区总人口508人，总面积0.8平方千米，农民人均纯收入11732元。

横山子村

(Hengshanzi Cun)

名称来历 因附近有一横山，得名横山子村。

地理位置 地处蔡园镇西南部，东至杨官营村，南至高引铺村，西至周官营村，北至玄家洼村。

主要指标 2011年末，辖区总人口415人，总面积0.9平方千米，农民人均纯收入9566元。

孟官营村

(Mengguanying Cun)

名称来历 明初燕王扫北时，孟姓人家由山东迁此建村，又因有人做官，故名孟官营村。

地理位置 地处蔡园镇东南部，东至小蔡庄村，南至靳官营村，西至刘庄子村，北至吴家营村。

主要指标 2011年末，辖区总人口1697人，总面积1.87平方千米，农民人均纯收入15539元。

玄安子村

(Xuan'anzi Cun)

名称来历 清代玄姓人家迁此定居，因附近有一座庵子庙，得名玄庵子，后演变成玄安子村。

地理位置 地处蔡园镇东北部，东至大玄庄村，南至吴官营村，西至小杨崖山，北至前裴庄村。

主要指标 2011年末，辖区总人口440人，总面积1平方千米，农民人均纯收入15114元。

小石岭村

(Xiaoshiling Cun)

名称来历 因村北有一小石岭得名。

地理位置 地处蔡园镇东北部，东至吴官营村，南至孟官营村，西至大杨庄村，北至红石崖村。

主要指标 2011年末，辖区总人口1135人，总面积2.6平方千米，农民人均纯收入16819元。

吴官营村

(Wuguanying Cun)

名称来历 明初，吴姓人家由山东迁此定居，因吴家有人为官，故名吴官营村。

地理位置 地处蔡园镇东部，东至小玄庄村，南至孟官营村，西至小石岭村，北至玄安子村。

主要指标 2011年末，辖区总人口1467人，总面积2.2平方千米，农民人均纯收入12345元。

新庄村

(Xinzhuang Cun)

名称来历 明初有彭姓三家分别由三港湾、彭家洼、彭家峪迁此定居，形成村庄，取名新庄村。

地理位置 地处蔡园镇东南部，东至小蔡庄村，南至朱家庄村，西至蔡家洼村，北至刘庄子村。

主要指标 2011年末，辖区总人口1311人，总面积2平方千米，农民人均纯收入24416元。

刘庄子村

(Liuzhuangzi Cun)

名称来历 明末，张姓兄弟三家由李官营迁此立庄，后哥儿俩迁回，只有一家留下得名留庄子，后演变成刘庄子村。

地理位置 地处蔡园镇东南部，东至孟官营村，南至新庄村，西至二郎庙村，北至小石岭村。

主要指标 2011年末，辖区总人口851人，总面积2平方千米，农民人均纯收入17603元。

小蔡庄村

(Xiaocaizhuang Cun)

名称来历 明初蔡姓人家由大蔡庄迁此定居，因姓氏取名小蔡庄村。

地理位置 地处蔡园镇东南部，东至三李庄村，南至靳官营村，西至孟官营村，北至吴官营村。

主要指标 2011年末，辖区总人口2048人，总面积3.5平方千米，农民人均纯收入13379元。

王李庄村

(Wanglizhuang Cun)

名称来历 明初王、李两姓人家由山东迁此立庄，因姓氏而得名。

地理位置 地处蔡园镇东南部，东至常李庄村，南至新立寨村，西至小蔡庄村，北至前裴庄村。

主要指标 2011年末，辖区总人口502人，总面积1.5平方千米，农民人均纯收入9681元。

杨官营村

(Yangguanying Cun)

名称来历 明初，杨姓人家由山东迁此定居，形成村庄，后村中有人为官，故得名杨官营村。

地理位置 地处蔡园镇西南部，东至朱家庄村，南至高引铺村，西至小豆子山村，北至蔡家洼村西。

主要指标 2011年末，辖区总人口285人，总面积0.35平方千米，农民人均纯收入11157元。

朱家庄村

(Zhujiazhuang Cun)

名称来历 因明初朱姓由山东迁此建村，得名朱庄子。1982年更名为朱家庄村。

地理位置 地处蔡园镇东南部，东至靳官营村，南至高引铺村，西至杨官营村，北至新庄村。

主要指标 2011年末，辖区总人口244人，总面积0.27平方千米，农民人均纯收入11598元。

（撰写：胡文霞、侯雪冰，初审：商云）

马兰庄镇

(Malanzhuang Zhen)

河北省宽裕小康示范镇、全国千强镇、河北省百强乡镇、唐山市十强乡镇。

政区概况

名称来历 相传明初这里是官家屯兵养马之地，由此得名马兰庄镇。

地理位置 地处迁安市西北，东至阎家店乡，南至迁安镇，西、西北与迁西县罗屯镇毗邻，北接大崔庄镇。人民政府驻西马兰庄村，电话区号0315，邮政编码064405，距迁安市人民政府16千米。

政区沿革 1953年，置马兰庄乡。1958年，属钢铁人民公社。1984年，撤销人民公社，置马兰庄镇。

政区划分 2011年末，辖西马兰庄、东马兰庄、北马兰庄、前裴庄、后裴庄、红石崖村、孟家沟、宫店子、李家沟、柳河峪、刘官营、水厂、新水、印子峪、侯台子、庄户沟、达峪沟17个村民委员会。

人口面积 2011年末，辖区总人口24900人，其中城镇常住人口24100人，城镇化率74.4%。另有流动人口807人。总人口中，男性13447人，占54%；女性11453人，占46%。总人口中，以汉族为主，达24744人，占99.4%；有回、满2个少数民族，共156人，占0.6%。2011年，人口出生率9.6‰，人口死亡率9.98‰，人口自然增长率-0.38‰。

辖区东西最大距离6.4千米，南北最大距离8.2千米，

总面积49.17平方千米。其中陆地面积47.25平方千米，占96%。人口密度为每平方千米506人。

自然条件

地形地貌 地处燕山山前平原，地势略呈西高东低，北高南低。地形分为山地和丘陵。地面高程一般在海拔29~49米。

水文 境内最大的河流为滦河，由北马村至前裴庄村流经境内，长16千米。

矿藏及其他自然资源 境内已探明地下矿藏有铁矿石等。

自然灾害 主要自然灾害有旱灾、水灾、风雹灾、病虫灾等。雹灾平均5年3遇，主要发生在6月到8月，最严重的一次发生在1982年6月18日，降雹时间约30分钟，涉及前裴庄、后裴庄、宫店子3个管理区。

经济概况

农业 耕地面积5984亩。2011年，农业总产值2473万元，比上年减少8%，实现农业增加值798.8万元，占国内生产总值的0.2%。

粮食作物以玉米、小麦为主。2011年，生产粮食1226吨，人均49.2千克，其中玉米504吨，小麦525吨。

畜牧业以猪、羊、家禽为主。2011年，生产肉类310吨。畜牧业总产值375万元，占农业总产值的12.5%。

工业 是铁矿粉的重要生产基地。2011年，工业总产值111.7亿元，比上年增长13.5%，实现工业增加值12.3亿元，占国内生产总值的90.1%。

2011年，规模以上工业企业87家，职工4216人，实现工业增加值191.6亿元，比上年增长64.1%。

商业外贸 2011年末，社会消费品零售总额达11.1亿元，比上年增长13.6%；城乡集市贸易成交额2亿元，比上年增长10.6%。

财政金融 2011年，财政总收入12.8亿元，比上年增长17%。其中地方财政收入10.9亿元，比上年增长9%。从主要税种看，完成营业税1.9亿元，增值税2.59亿元，企业所得税2618万元。人均财政收入5.1万元，比上年增长16.3%。2011年，银行和金融机构各类存款余额12.6亿元，比上年增长11%；各项贷款余额5.3亿元，比上年增长15%。

社会发展

文化艺术 2011年末，文化艺术团体82个，其中团体会员17个，个人会员65个；文化站1个；公共图书馆18个，藏书8万余册；文化行业从业人员405人。

教育 2011年末，幼儿园4所，在园幼儿390人，专任教师27人；小学4所，在校生1331人，专任教师74人，小学适龄儿童入学率100%；初中1所，在校生587人，专任教师64人，初中适龄人口入学率、小升初升学率、九年义务教育覆盖率均达100%。各级各类民办教育教学机构6所。主要学校有镇中学、镇中心小学，前裴庄小学、刘官营小学、马兰社区小学、马兰庄成人教育学校。

2011年财政预算内教育经费114.57万元，比上年增长3.2%，预算内教育经费（包括城市教育费附加）占财政总支出的比例为9.45%，比上年提高了15个百分点。

科技 2011年末，各类科技人才3450人，其中专业技术人才895人，经营管理人才648人，技能人才907人，农村实用人才1000人。

医疗卫生 2011年末，各级各类医疗机构25个，其中卫生院1所，门诊部（所）24个；病床172张，每千人拥有医疗床位710张。专业卫生人员90名，其中执业医师40人，执业助理医师30人，注册护士20人。2011年医疗机构（门诊部以上）完成诊疗1.2万人次。新型农村合作医疗参合率100%。

体育 2011年末，学校体育场地5处。100%的村安装了健身器材，经常参加体育活动的人员占常住人口的43%。

广播电视 2011年末，广播喇叭30只，入户率100%，通响率100%。有线电视用户1021户，电视综合覆盖率100%。

社会保障 2011年农村最低生活保障户数21户，人数65人，支出9.4万元，比上年增长20%，比上年增长20%；农村五保集中供养11人，支出8万元，比上年增长5.7%；农村五保分散供养9人，支出7万元，比上年增长3.2%；农村医疗救助9人次，民政部门资助参加合作医疗15人次，共支出7.5万元，比上年增长30%；农村临时救济7人次，支出2500元，比上年增长9.6%。

国家抚恤、补助各类优抚对象78人，抚恤事业费支出32万元，比上年增长10%。

社区服务设施7个，其中社区服务中心1个，社区服务站6个。

五项社会保险基金收入合计126万元，比上年增长23%；新型农村社会养老保险参保人数1.6万人，参保率64%。

基础设施

交通运输 卑（家店）水厂铁路、京哈高速引线、迁擂公路过境。有县乡（镇）级公路5条，总长70千米。

邮政电信 2011年末，邮政网点20个，投递点20个，乡村通邮率100%；征订报纸3万份、期刊2.2万册。

固定电话用户6987户；移动电话用户2.4万户；宽带接入用户7807户。全年电信业务收入46万元。

镇区市政建设

道路 2011年末，镇区道路总长度12千米，人均拥有道路长度0.5米；桥梁5座，总长3千米。

公共交通 2011年末，镇区开通公共汽车路线2条。

给排水 2011年末，镇区深水井25眼并有成套净化设备，年供水52万立方米。镇区主要道路两侧铺设排水管道2000千米。

园林绿化 2011年末，镇区花坛50个，绿化面积3.2公顷。

西马兰庄村

(Ximalanzhuang Cun)

名称来历 明初该地为官家屯兵养马之地，后张、孙两姓迁来建立村庄，取名马栏庄，逐渐演变为马兰庄。后村庄一分为三，此村位于西面，称西马兰庄村。

地理位置 地处马兰庄镇西部，东至东马村，南至宫店子村，西至庄户沟村，北至北马村。

主要指标 2011 年末，辖区总人口 1378 人，总面积 2 平方千米，农民人均纯收入 17944 元。

印子峪村

(Yinziyu Cun)

名称来历 因庄南水泉中发现一块形似官印的大石头，得名印子峪村。

地理位置 地处马兰庄镇西北部，东至北马村，南至侯台子村，西至刘官营村，北至桑园村。

主要指标 2011 年末，辖区总人口 1300 人，总面积 2.5 平方千米，农民人均纯收入 16176 元。

新水村

(Xinshui Cun)

名称来历 原名落洼，1958 年，人们在附近打了一眼井，解决了缺水的困难，改名新水村以示纪念。

地理位置 地处马兰庄镇西部，东至水厂村，南至北屯村，西至磨石庵村，北至高台子村。

主要指标 2011 年末，辖区总人口 976 人，总面积 0.5 平方千米，农民人均纯收入 26861 元。

水厂村

(Shuichang Cun)

名称来历 因村子附近有一山泉，周围村庄都吃这里的水，得名水厂村。

地理位置 地处马兰庄镇西部，东至刘官营村，南至庄户沟村，西至新水村，北至迁西县尹庄乡偏崖子村。

主要指标 2011 年末，辖区总人口 435 人，总面积 0.72 平方千米，农民人均纯收入 16815 元。

刘官营村

(Liuguanying Cun)

名称来历 明初刘姓官人迁此定居，组建村营，得名刘官营村。

地理位置 地处马兰庄镇西北部，东至印子峪村，南至庄户沟村，西至水厂村，北至首钢矿区。

主要指标 2011 年末，辖区总人口 1867 人，总面积 4.84 平方千米，农民人均纯收入 20834 元。

侯台子村

(Houtaizi Cun)

名称来历 明末，侯氏自山东迁来居住在山中似“平台”之上，得名侯台子村。

地理位置 地处马兰庄镇西北部，东至北马村，南至达峪沟村，西至印子峪村，北至印子峪村。

主要指标 2011 年末，辖区总人口 530 人，总面积 1.5 平方千米，农民人均纯收入 15419 元。

北马兰庄村

(Beimalanzhuang Cun)

名称来历 清初，吴、齐等姓由马兰庄迁此建村，因为位于马兰庄之北而取名北马兰庄。

地理位置 地处马兰庄镇北部，东至下金山院村，南至西马村，西至印子峪村，北至桑园村。

主要指标 2011 年末，辖区总人口 680 人，总面积 2.5 平方千米，农民人均纯收入 15924 元。

东马兰庄村

(Dongmalanzhuang Cun)

名称来历 由马兰庄分出，因处于东部故称东马兰庄。

地理位置 地处马兰庄镇北部，东至滦河，南至宫店子村，西至西马兰庄村，北至兆马村。

主要指标 2011 年末，辖区总人口 1378 人，总面积 2.5 平方千米，农民人均纯收入 17944 元。

庄户沟村

(Zhuanghugou Cun)

名称来历 清初建村名为广贺沟，清末曹、刘两姓分别由马兰庄、刘官营迁来，遂将广贺沟改名为庄户沟村。

地理位置 地处马兰庄镇西部，东至马兰庄村，南至李家沟村，西至尹庄村，北至刘官营村。

主要指标 2011 年末，辖区总人口 500 人，总面积 1 平方千米，农民人均纯收入 15545 元。

李家沟村

(Lijiagou Cun)

名称来历 清初，李姓人家由马兰庄迁来定居组成村寨，以姓氏取村名李家沟村。

地理位置 地处马兰庄镇西南部，东至后裴庄村，南至柳河峪村，西至迁西县尹庄乡磨石安村，北至庄户沟村。

主要指标 2011 年末，辖区总人口 354 人，总面积 0.53 平方千米，农民人均纯收入 26034 元。

柳河峪村

(Liuheyu Cun)

名称来历 因村中有一小河贯穿南北，西岸生长着许多柳树，得名柳河峪村。

地理位置 地处马兰庄镇西南部，东至后裴庄村，南至孟家沟村，西至迁西县界村，北至李家沟村。

主要指标 2011年末，辖区总人口1050人，总面积2.3平方千米，农民人均纯收入16797元。

宫店子村

(Gongdianzi Cun)

名称来历 因有宫姓人家在此开店，故名宫家店，后称宫店子村。

地理位置 地处马兰庄镇南部，东至小营村，南至后裴庄村，西至柳河峪村，北至东马兰庄。

主要指标 2011年末，辖区总人口1790人，总面积1平方千米，农民人均纯收入17056元。

孟家沟村

(Mengjiagou Cun)

名称来历 清初，孟姓人家在此看山，后逐渐形成村庄，取名孟家沟村。

地理位置 地处马兰庄镇西南部，东至红石崖村，南至北屯村，西至尹庄村，北至柳河峪村。

主要指标 2011年末，辖区总人口700人，总面积0.8平方千米，农民人均纯收入17943元。

红石崖村

(Hongshiya Cun)

名称来历 因附近有数十块大红石组成——红石嘴子，以此取村名红石磊（崖）村。

地理位置 地处马兰庄镇南部，东至前裴庄村，南至小石岭村，西至孟家沟村，北至柳河峪村。

主要指标 2011年末，辖区总人口265人，总面积1平方千米，农民人均纯收入17948元。

前裴庄村

(Qianpeizhuang Cun)

名称来历 明永乐年间，裴姓弟兄两人由山东迁来落户，分别建庄，建村在前，取名前裴庄村。

地理位置 地处马兰庄镇南部，东至吴庄村，南至倪村，西至红石崖村，北至后裴庄村。

主要指标 2011年末，辖区总人口1600人，总面积4.5平方千米，农民人均纯收入14853元。

后裴庄村

(Houpeizhuang Cun)

名称来历 明永乐年间，裴姓兄弟两人由山东迁来，分别建庄，因建村在后，取名后裴庄村。

地理位置 地处马兰庄镇东南部，东至滦河，南至前裴庄村，西至红石崖村，北至宫店子村。

主要指标 2011年末，辖区总人口2279人，总面积10平方千米，农民人均纯收入16901元。

达峪沟村

(Dayugou Cun)

名称来历 该村原为侯台子村，1969年全村被首钢定为采矿区，迁往擂鼓台乡新立庄村。1988年又迁回现在的马兰庄镇达峪沟，故于1991年起名为达峪沟村。

地理位置 地处马兰庄镇西部，东至西马村，南至东马兰庄村，西至印子峪村，北至侯台子村。

主要指标 2011年末，辖区总人口129人，总面积0.4平方千米，农民人均纯收入14718元。

（撰稿：李金华、杨春平，初审：廉波）

沙河驿镇

(Shaheyi Zhen)

省级卫生镇、省级文明镇。

政区概况

名称来历 因镇人民政府驻地位于沙河驿村而得名。

地理位置 地处迁安市东北，东与野鸡坨镇交界、南与滦县接壤、西与太平庄乡毗连、北与木厂口镇为邻。人民政府驻沙河驿村，电话区号0315，邮政编号064401，距离迁安市27.8千米。

政区沿革 明永乐年间，设沙河驿站。1953年，置沙河驿镇。1958年，属东方红人民公社。1961年，析东方红人民公社置沙河驿人民公社。1984年，撤销人民公社，复置沙河驿镇。

政区划分 2011年末，辖沙河驿、二店子、红庙子、段家岭、李店子、管庄子、潘庄子、上炉、下炉、孟台子、窝子、刘台子、代庄、轩坡子、唐庄子、刘庄子、葛庄子、前沙窝铺、北沙窝铺19个村民委员会。

人口面积 2011年末，辖区总人口32340人，其中城镇常住人口29311人。另有流动人口3035人。总人口中，男性18179人，占56.2%；女性14161人，占43.8%；14岁以下3640人，占11.3%；15～64岁18588人，占57.5%；65岁以上10112人，占31.2%。总人口中，以汉族为主，达27404人，占93%；有回、满等少数民族，其中回族1506人，占5.1%；满族398人，占1.1%。2011年，人口出生率12.8‰，人口死亡率5.2‰，人口自然增长率7.6‰。

辖区东西最大距离10千米，南北最大距离6千米，总面积41.35平方千米。其中陆地面积40.22平方千米，占97.27%；水域面积1.13平方千米，占2.73%。人口密度为每平方千米782人。

自然条件

地形地貌 境内大部为低山、沙地、平原，地势西北高，东南低，最高点海拔313米，最低点海拔51米。

水文 境内河道属沙河水系，沙河自代庄村东北入境，由北而南，入渤海，境内长7.8千米。

矿藏及其他自然资源 境内已探明地下矿藏有白云石、石灰石、金属镁等，当地建筑用石渣、中沙等建筑材料储量丰富。

自然灾害 主要自然灾害有震灾、水灾。辖区属地震动峰值加速度0.15g，相当于地震烈度7度的地震区；沙河为季节性河流，每到汛期洪水下泄，都会造成沿岸耕地、民房、矿场淹没甚至人员伤亡等巨大经济损失。

经济概况

农业 耕地面积2.6万亩，基本是旱地。以种植小麦、玉米、干鲜果、蔬菜等为主。2011年，农业总产值8907万元。比上年增长11%，实现农业增加值0.5亿元，占国内生产总值的20%。

粮食作物以小麦、玉米为主。2011年，生产粮食8601吨。主要经济作物有蔬菜、干鲜果。2011年，蔬菜种植面积3866亩，产量1.3万吨，主要品种有韭菜、大葱、西红柿、黄瓜、茄子等；干鲜果产量2629吨。

畜牧业以猪、羊、牛、家禽为主。2011年，生猪出栏7.4万头；牛出栏6325头，年末存栏5254头；羊出栏1万只，年末存栏4899只；鸡出栏7275羽，年末存栏1682羽。2011年，生产肉类8460吨；禽蛋2507吨，奶类产品8404吨。

工业 以钢铁、焦化、玻璃制造为主，2011年，工业总产值136.7亿元，比上年增长15.4%，实现工业增加值29.6亿元，占国内生产总值的58.7%。2011年，工业企业71家，职工1.2万人。

商业外贸 2011年末，集贸市场1个，城乡集市贸易成交额2000万元，主要以日用品、服装、食品等为主。

财政金融 2011年，财政总收入2.4亿元，比上年增长8%。其中地方财政收入3551万元，比上年增长2%。从主要税种看，完成营业额328.8万元，增值税4680万元，企业所得税1281.6万元。人均财政收入8188元，比上年增长53.4%。

社会发展

文化艺术 2011年末，文体站1个，村文化活动中心19个；各类图书室19个。

教育 2011年末，幼儿园7所，在园幼儿805人，专任教师50人；小学5所，在校生1569人，专任教师610人，小学适龄儿童入学率100%；初中1所，在校生650人，专任教师75人，初中适龄人口入学率、小升初中升学率、九年义务教育覆盖率均100%。

医疗卫生 2011年末，各级各类医疗卫生机构19个，门诊部（所）20个；病床56张，每千人拥有病床1.93张。专业卫生人员40名，其中执业医师13人，执业助理医师4人，注册护士5人。2011年医疗机构（门诊部以上）完成诊疗2.21万人次。新型农村合作医疗参合率100%。

体育 2011年末，学校体育场地1处。2个村安装了简单的健身器材。

社会保障 2011年城镇最低生活保障户数12户，人数26人，支出3万元，比上年增长24.1%。农村最低生活保障户数392户，人数1023人，比上年增长14%，月人均80元，比上年增长14%。国家抚恤、补助各类优抚对象86人，抚恤事业费支出31万元，比上年增长0.06%。敬老院1家，床位200张，农村五保供养150人。新型农村社会养老保险参保人数9502人，参保率100%。

基础设施

交通运输 京沈国道（G102）过境，境内长8.5千米。有县级公路（阜杨、杨柏）两条，境内分别长7.3千米、8千米；镇级公路2条，分别为组团北环公路，长3.7千米、工业园区至太平庄乡崇家峪村，长24千米。

邮政电信 2011年末，邮政局1所，电信企业2家，服务网点6个；固定电话用户5000多户，电话用户普及率达到60%。

镇区市政建设

公共交通 2011年末，镇区客车停靠站一个，日发客运汽车18班次，日均容量400余人次。

给排水 2011年末，镇区深水井20眼并有成套净化设备。

供电 2011年末，镇区变电站3座，总装机容量65730千伏安，3.5万千伏输电线路长厂45.32千米。

园林绿化 2011年末，镇区公园1座，公园绿地、河道周边防护绿地、广场绿地面积85.37公顷。

沙河驿村

（Shaheyi Cun）

名称来历 清朝时，此地是皇帝的驿站，又因紧靠沙河，故名沙河驿村。

地理位置 地处沙河驿镇中西部，东至唐庄子村，南至滦县，西至二店子村，北至刘台子村。

主要指标 2011年末，辖区总人口4329人，总面积1.72平方千米，农民人均纯收入12563元。

潘庄子村

（Panzhuangzi Cun）

名称来历 潘姓人家最先迁此居住，以姓氏取村名潘庄子村。

地理位置 地处沙河驿镇西北部，东至刘台子村，南至管庄子村，西至石家营村，北至下炉村。

主要指标 2011年末，辖区总人口1475人，总面积1.5平方千米，农民人均纯收入14809元。

上炉村

(Shanglu Cun)

名称来历 明初王姓兄弟两人自山东迁此定居，以打铁为生，兄在此建村，取名上炉村。

地理位置 地处沙河驿镇北部，东至孟台子村，南至下炉村，西至潘庄子村，北至老爷庙村。

主要指标 2011年末，辖区总人口806人，总面积1平方千米，农民人均纯收入12032元。

下炉村

(Xialu Cun)

名称来历 明初王姓弟兄二人，自山东迁移过来，以打铁为生，弟在此建村，取名下炉村。

地理位置 地处沙河驿镇北部，东至孟台子村，南至窝子村，西至潘庄子村，北至上炉村。

主要指标 2011年末，辖区总人口536人，总面积0.9平方千米，农民人均纯收入12105元。

刘台子村

(Liutaizi Cun)

名称来历 明初，刘姓迁此定居，根据地势取名刘台子村。

地理位置 地处沙河驿镇北部，东至轩坡子村，南至沙河驿村，西至潘庄子村，北至窝子村。

主要指标 2011年末，辖区总人口1452人，总面积1.5平方千米，农民人均纯收入12136元。

窝子村

(Wozi Cun)

名称来历 因地势很低，故取村名窝子里，后更名窝子村。

地理位置 地处沙河驿镇北部，东至代庄村，南至刘台子村，西至潘庄子村，北至孟台子村。

主要指标 2011年末，辖区总人口1468人，总面积1.5平方千米，农民人均纯收入12061元。

孟台子村

(Mengtaizi Cun)

名称来历 高氏人家最先迁此居住，因地势较高，取名高台子，后高姓人家迁出，孟氏迁入，遂改名为孟台子村。

地理位置 地处沙河驿镇北部，东至代庄村，南至窝子村，西至下炉村，北至木厂口镇老爷庙村。

主要指标 2011年末，辖区总人口339人，总面积0.2平方千米，农民人均纯收入12379元。

代庄村

(Daizhuang Cun)

名称来历 因代姓人家迁此居住，形成村庄，以姓氏取名为代家庄，后简称为代庄村。

地理位置 地处沙河驿镇东北部，东至朱庄子村，南至轩坡子村，西至窝子村，北至老爷庙村。

主要指标 2011年末，辖区总人口1131人，总面积1.2平方千米，农民人均纯收入12542元。

轩坡子村

(Xuanpozi Cun)

名称来历 因轩氏人家迁此定居，且村子建在沙坡之上，取名轩家坡，后简称轩坡子村。

地理位置 地处沙河驿镇东北部，东至刘庄子村，南至沙河驿村，西至刘台子村，北至代庄村。

主要指标 2011年末，辖区总人口1363人，总面积1平方千米，农民人均纯收入11819元。

段家岭村

(Duanjialing Cun)

名称来历 明末段姓人家从本县马铺营迁来，形成村庄，取名段家岭村。

地理位置 地处沙河驿镇西部，东至管庄子村，南至马铺营村，西至东山村，北至石家营村。

主要指标 2011年末，辖区总人口230人，总面积0.2平方千米，农民人均纯收入12378元。

管庄子村

(Guanzhuangzi Cun)

名称来历 明初管姓人家最先迁此居住，形成村庄，以姓氏取名管庄子村。

地理位置 地处沙河驿镇西北部，东至刘台子村，南至李店子村，西至段家岭村，北至潘庄子村。

主要指标 2011年末，辖区总人口901人，总面积1平方千米，农民人均纯收入13921元。

李店子村

(Lidianzi Cun)

名称来历 明初，李姓人家迁此定居，并开一旅店，取名李家店，简称李店子村。

地理位置 地处沙河驿镇西部，东至沙河驿村，南至二店子村，西至红庙子村，北至管庄子村。

主要指标 2011年末，辖区总人口1032人，总面积1平方千米，农民人均纯收入14957元。

刘庄子村

(Liuzhuangzi Cun)

名称来历 明初刘姓人家迁居至此，形成村庄，以姓氏取名刘庄子村。

地理位置 地处沙河驿镇东部，东至沙窝铺村，南至葛庄子村，西至唐庄子村，北至代庄村。

主要指标 2011年末，辖区总人口944人，总面积0.9平方千米，农民人均纯收入11537元。

北沙窝铺村

(Beishawopu Cun)

名称来历 因此处全为白沙地，居民们搭起窝铺居住，取名沙窝铺。新中国成立后分为两村，此村位于北面，称北沙窝铺村。

地理位置 地处沙河驿镇东部，东至野鸡坨村，南至前沙窝铺村，西至刘庄子村，北至安山口村。

主要指标 2011年末，辖区总人口2077人，总面积5平方千米，农民人均纯收入11604元。

红庙子村

(Hongmiaozi Cun)

名称来历 因宋朝村中修有一座三关庙，墙为红色，故名红庙子村。

地理位置 地处沙河驿镇西部，东至二店子村，南至九百户村，西至马铺营村，北至管庄子村。

主要指标 2011年末，辖区总人口2531人，总面积1.6平方千米，农民人均纯收入14209元。

二店子村

(Erdianzi Cun)

名称来历 因本村离沙河驿两公里，且有一个开大车店的人，故取名为二店子村。

地理位置 地处沙河驿镇西部，东至沙河驿村，南至滦县郝家院村，西至红庙子村，北至李店子村。

主要指标 2011年末，辖区总人口760人，总面积1平方千米，农民人均纯收入13843元。

唐庄子村

(Tangzhuangzi Cun)

名称来历 清代唐姓人家迁此居住，形成村庄，得名唐庄子村。

地理位置 地处沙河驿镇东部，东至葛庄子村，南至高纪庄村，西至沙河驿村，北至刘庄子村。

主要指标 2011年末，辖区总人口744人，总面积0.6平方千米，农民人均纯收入14825元。

葛庄子村

(Gezhuangzi Cun)

名称来历 清代葛姓人家由滦县孟家屯迁来居住形成村庄，以姓氏取名葛庄子村。

地理位置 地处沙河驿镇东部，东至孟庄子村，南至马各庄村，西至唐庄子村，北至刘庄子村。

主要指标 2011年末，辖区总人口1684人，总面积1.5平方千米，农民人均纯收入11565元。

前沙窝铺村

(Qianshawopu Cun)

名称来历 因此处全为白沙地，居民们搭起窝铺居住，取名沙窝铺，新中国成立后分为两村，取名前沙窝铺村。

地理位置 地处沙河驿镇东部，东至野鸡坨村，南至马各庄村，西至唐庄子村，北至北沙窝铺村。

主要指标 2011年末，辖区总人口1366人，总面积1.27平方千米，农民人均纯收入11619元。

（撰稿：刘军、哈红凤、赵雅娟，初审：彭艳杰）

木厂口镇

(Muchangkou Zhen)

全国综合实力千强镇、省级中心镇。

政区概况

名称来历 因镇人民政府驻地位于木厂口村而得名。

地理位置 地处迁安市西南，东与赵店子接壤，南与沙河驿为邻，西靠太平庄乡，北接杨店子镇。人民政府驻木厂口村，电话区号0315，邮政编码064403，距迁安市人民政府20千米。

政区沿革 1958年9月，置木厂口人民公社。1984年，撤销人民公社，置木厂口乡。1996年10月，合并木厂口乡、北营乡置木厂口镇。

政区划分 2011年末，辖松护1个社区，老爷庙、杨纪庄、佛峪院、田家店、宗佐、小张庄、曹庄子、木厂口、马各庄、红石峪、井家峪、刘新庄、北营、楼子峪、水泉、榆山16个村民委员会。

人口面积 2011年末，辖区总人口23942人，其中城镇常住人口11396人，城镇化率47.6%。另有流动人口12546人。总人口中，男性12297人，占51.36%；女性11645人，占48.64%；14岁以下4030人，占16.83%；15~64岁16985人，占70.94%；65岁以上2927人，占12.23%。总人口中，以汉族为主，达23722人，占99.09%；有满等9个少数民族，共219人，占0.91%。2011年，人口出生率15‰，人口死亡率7.48‰，人口自然增长率7.52‰。

辖区东西最大距离11.91千米，南北最大距离5.38千米，总面积58.08平方千米。其中陆地面积55.33平方千米，占95.22%；水域面积2.75平方千米，占4.78%。人口密度为每平方千米412人。

自然条件

地形地貌 境内大部为低山、丘陵、平原。东部为平原，西部属山区，地势略呈西高东低，北高南低，地面高度一般在海拔90~160米，最高点位于榆山顶，海拔638.9米，最低点位于黄柏峪水库，海拔72.4米。

水文 境内河道属西沙河水系。河流总长度6.9千米。

自然灾害 主要有地震、泥石流、冰雹、旱涝、风灾、雷击等。其中最严重的一次地震发生在1976年7月28日，受灾户达62%；雹灾、冰雹、旱涝平均3年1遇，最严重的一次涝灾发生在1999年7月14日，造成3250亩小麦、玉米、杂粮受灾，减产57万千克。

经济概况

农业 耕地面积2.5万亩，人均1亩。2011年，农业总产值1.7亿元，比上年增长0.6%，实现农业增加值0.6亿元。

粮食作物以小麦、玉米为主。2011年，生产粮食7328吨，人均306千克。

畜牧业以猪、牛、羊为主。2011年，生猪出栏2.8万头；牛出栏0.6万头；羊出栏0.6万只；家禽出栏37.5万羽。2011年，生产肉类3642.5吨，其中猪肉2062吨，牛肉1260吨，羊肉320吨。畜牧业总产值0.6亿元，占农业总产值的32.7%。

工业 是钢铁工业生产基地，初步形成了以九江、松汀钢铁为主的工业体系。2011年，工业总产值6263.4亿元，比上年增长0.3%，实现工业增加值593.3亿元，占国内生产总值的92.5%。

2011年，规模以上工业企业43家，职工2.2万人，实现工业增加值59.3亿元，比上年增长3%。其中大中型工业企业5家，职工1.3万人，实现工业增加值42亿元，比上年增长5%。销售收入达到亿元以上的企业5家。

商业外贸 2011年末，商业网点228个，职工1285人。2011年，社会消费品零售总额达15.8亿元，比上年增长14.8%；城乡集市贸易成交额2.4亿元，比上年增长10.8%。

财政金融 2011年，财政总收入9.8亿元，比上年增长12.1%。人均财政收入5938元，比上年增长40%。2011年，银行和金融机构各类存款余额6.7亿元，比上年增长18.5%；各项贷款余额3.4亿元，比上年增长21.6%。

社会发展

文化艺术 2011年末，文化艺术团体1个；电影院1座，座位200个，年放映24场次，观众达4800人次；文化馆（站）1个，建筑面积800平方米；公共图书馆3个，建筑面积1000平方米，藏书21万册；文化行业从业人员1260人。

教育 2011年末，幼儿园3所，在园幼儿699人，专任教师45人；小学3所，在校生1698人，专任教师99人，小学适龄儿童入学率100%；初中1所，在校生738人，专任教师76人，初中适龄人口入学率100%，小升初升学率99.5%，九年义务教育覆盖率达100%。2011年教育经费达24万元，国家财政性教育经费12万元。

医疗卫生 2011年末，各级各类医疗卫生机构1个，其中卫生院1所；病床68张，每千人拥有医疗床位243.9张，固定资产总值1651万元。专业卫生人员280人，平均每千人拥有卫生技术人员280人。2011年医疗机构（门诊部以上）完成诊疗0.95万人次，住院手术1000台次，出院病人0.9万人次。2011年新型农村合作医疗参合人数6540人，参合率95%。

体育 2011年末，体育场地7处。100%的城市社区和100%的村安装了健身器材，经常参加体育活动的人员占常住人口的36%。

广播电视 2011年末，广播喇叭20只，入户率100%，通响率98%，广播综合覆盖率97.5%。

社会保障 2011年城镇最低生活保障户数26户，人数48人，支出15.73万元，月人均273元，比上年增长2.1%。农村最低生活保障户数240户，人数685人，支出89.7万元，月人均109.1元，比上年增长41%；农村五保集中供养58人，支出10.44万元，比上年增长5.1%；农村五保分散供养86人，支出15.8万元，比上年增长6.9%；农村医疗救助135人次，民政部门资助参加合作医疗863人次，共支出72.6万元，比上年增长31.2%；农村临时救济350人次，支出26万元，比上年增长12.3%。

镇区市政建设

公共交通 2011年末，镇区客运站1座。迁安到木厂口镇客运线路3条，日发客运汽车12班次，日均容量400余人次。

给排水 2011年末，镇区深水井38眼并有成套净化设备，年供水2.65万立方米，实现村村通自来水。镇区主要道路两侧、社区铺设排水管道1.5万米。

园林绿化 2011年末，镇区绿化面积1.3公顷。

松护社区

(Songhu Shequ)

名称来历 2008年松汀村和护国村合并建立社区，取名为松护社区。

地理位置 地处木厂口镇中东部，东至湾子村，南至木厂口村，西至九江钢厂，北至马各庄村。

主要指标 2011年末，辖区总人口5193人，总面积7平方千米，农民人均纯收入20281元。

木厂口村

(Muchangkou Cun)

名称来历 因树木较多，又地处山口，故取名木山口，后因有人伐木开厂子，得名木厂口村。

地理位置 地处木厂口镇中东部，东至赵店子，南至宗佐村，西至白龙港村，北至马各庄村。

主要指标 2011 年末，辖区总人口 3765 人，总面积 4 平方千米，农民人均纯收入 20369 元。

北营村

(Beiying Cun)

名称来历 明初，孟、刘两姓人家由山东迁此立庄，有一名叫刘王周的总兵头目住在这里，取村名刘总旗营，1961 年成立公社后，简称北营村。

地理位置 地处木厂口镇西部，东至楼子峪村，南至刘新庄村，西至水泉村，北至大五里乡张家峪村。

主要指标 2011 年末，辖区总人口 2550 人，总面积 11 平方千米，农民人均纯收入 15562 元。

曹庄子村

(Caozhuangzi Cun)

名称来历 明初，曹姓人家立此庄，得名曹庄子村。

地理位置 地处木厂口镇西北部，东至木厂口村，南至小张庄村，西至黄白峪村，北至松汀村。

主要指标 2011 年末，辖区总人口 456 人，总面积 0.5 平方千米，农民人均纯收入 15796 元。

佛峪院村

(Foyuyuan Cun)

名称来历 唐代此处有一寺院，俗称佛爷寺，后有人迁此立庄，取名佛峪院村。

地理位置 地处木厂口镇东南部，东至田家店村，南至杨纪庄村，西至太平庄乡三叉峪村，北至宗佐村。

主要指标 2011 年末，辖区总人口 1749 人，总面积 6 平方千米，农民人均纯收入 20059 元。

红石峪村

(Hongshiyu Cun)

名称来历 因村东有一山沟系红石头，以此取名红石峪村。

地理位置 地处木厂口镇西部，东至杏山村，南至太平庄乡田庄村，西至黄梅岭村，北至井家峪村。

主要指标 2011 年末，辖区总人口 754 人，总面积 1 平方千米，农民人均纯收入 16058 元。

井家峪村

(Jingjiayu Cun)

名称来历 因东有四眼井，以此取名井家峪村。

地理位置 地处木厂口镇西部，东至白龙港村，南至红石峪村，西至北营村，北至刘新庄村。

主要指标 2011 年末，辖区总人口 525 人，总面积 2.25 平方千米，农民人均纯收入 16005 元。

老爷庙村

(Laoyemiao Cun)

名称来历 明初，王姓人家迁此立庄，并修建一关羽庙，据此取名老爷庙村。

地理位置 地处木厂口镇东南部，东至安山口村，南至上炉村，西至崇家峪村，北至杨纪庄村。

主要指标 2011 年末，辖区总人口 800 人，总面积 1 平方千米，农民人均纯收入 17023 元。

刘新庄村

(Liuxinzhuang Cun)

名称来历 清代，刘姓由北营迁此居住，给李家看坟，取名李家坟，1961 年成立人民公社后，以姓氏取名为刘新庄村。

地理位置 地处木厂口镇西部，东至楼子峪村，南至井家峪村，西、北至北营村。

主要指标 2011 年末，辖区总人口 149 人，总面积 0.25 平方千米，农民人均纯收入 15023 元。

楼子峪村

(Louziyu Cun)

名称来历 因附近有一铁瓦楼子峪寺，遂取名楼子峪村。

地理位置 地处木厂口镇北部，东至护国寺村，南至北营村，西至小庄户村，北至山叶口村。

主要指标 2011 年末，辖区总人口 206 人，总面积 2.5 平方千米，农民人均纯收入 15785 元。

马各庄村

(Magezhuang Cun)

名称来历 明初，马姓人家迁此立庄，因村东有一高岗，取名马家岗子，后改为马各庄村。

地理位置 地处木厂口镇东北部，东至杨店子湾子村，南至木厂口村，西至松汀村，北至杨店子洼里村。

主要指标 2011 年末，辖区总人口 1201 人，总面积 4 平方千米，农民人均纯收入 16065 元。

水泉村

(Shuiquan Cun)

名称来历 清代，卜姓人家由崇家峪迁此立庄，因附近有一水泉，得名水泉村。

地理位置 地处木厂口镇西部，东至北营村，南至尚庄村，西至榆山村，北至井家峪村。

主要指标 2011 年末，辖区总人口 468 人，总面积 4 平方千米，农民人均纯收入 16050 元。

田家店村

(Tianjiadian Cun)

名称来历 明初，田姓人家迁此立庄，并开一店，故名田家店村。

地理位置 地处木厂口镇中东部，东至赵店子镇康官营村，南至杨纪庄村，西至佛峪院村，北至宗佐村。

主要指标 2011 年末，辖区总人口 601 人，总面积 0.5 平方千米，农民人均纯收入 19264 元。

小张庄村

(Xiaozhangzhuang Cun)

名称来历 清代，张姓人家迁此立庄，以姓氏取名小张庄村。

地理位置 地处木厂口镇中东部，东至宗佐村，南至佛峪院村，西至曹庄子村，北至木厂口村。

主要指标 2011 年末，辖区总人口 547 人，总面积 0.5 平方千米，农民人均纯收入 16056 元。

杨纪庄村

(Yangjizhuang Cun)

名称来历 明辽代，杨、纪两姓人家迁此立村，以姓氏取名杨纪庄村。

地理位置 地处木厂口镇东南部，东至康官营村，南至老爷庙村，西至太平庄乡三叉村，北至佛峪院村。

主要指标 2011 年末，辖区总人口 728 人，总面积 2 平方千米，农民人均纯收入 16852 元。

榆山村

(Yushan Cun)

名称来历 因附近山上长满榆树，故名榆山沟，简称榆山村。

地理位置 地处木厂口镇西部，东至水泉村，南至商庄，西、北至迁西莲花院村。

主要指标 2011 年末，辖区总人口 407 人，总面积 2 平方千米，农民人均纯收入 15015 元。

宗佐村

(Zongzuo Cun)

名称来历 辽代建村，村名宗左，后写成宗佐村。

地理位置 地处木厂口镇东部，东至康官营村，南至田家庄村，西至小张庄村，北至木厂口村。

主要指标 2011 年末，辖区总人口 2547 人，总面积 1.8 平方千米，农民人均纯收入 18430 元。

白龙港村

(Bailonggang Cun)

名称来历 因村西有一山泉水流过似白龙，又有港地，故名白龙港村。

地理位置 地处木厂口镇中东部，东至木厂口村，南至佛峪院村，西至大山分水岭村，北至松汀沙陀子村。

主要指标 2011 年末，辖区总人口 1500 人，总面积 4 平方千米，农民人均纯收入 20185 元。

（撰稿：邵栋梁、殷宝，初审：王凤亭）

扣庄乡

(Kouzhuang Xiang)

政 区 概 况

地理位置 地处迁安市东部，东与杨各庄镇接壤，南连夏官营镇，西邻迁安镇，北接上庄乡。人民政府驻扣庄村，电话区号 0315，邮政编码 064400，距迁安市人民政府 5 千米。

政区沿革 1953 年，设扣庄乡。1958 年，属红旗人民公社。1961 年，析出，成立扣庄人民公社。1984 年，撤销人民公社，设扣庄乡。

政区划分 2011 年末，辖扣庄、田庄、唐庄、寺前、蟒山、郎庄、张沟、寺后、任庄、潘庄、十里营、吉王庄、刘家、毕新庄、东牛山、半坡营、上阶地、安新庄、东李官营、陈官营、兰若院、阿兰庄、西李官营、古松庄、邓新房子、西晒甲山、东晒甲山 27 个村民委员会。

人口面积 2011 年末，辖区总人口 40183 人，其中城镇常住人口 1563 人，城镇化率 3.74%。另有流动人口 1666 人。总人口中，男性 20666 人，占 51.43%；女性 19517 人，占 48.57%。总人口中，以汉族为主，达 39709 人，占 98.8%；有满、蒙古、朝鲜、藏 4 个少数民族，共 474 人，占 1.2%；超过 30 人的有满、蒙古 2 个少数民族，其中满族 414 人，占少数民族人口的 87.3%；蒙古族 38 人，占 8%。2011 年，人口出生率 15.74‰，人口死亡率 7.71‰，人口自然增长率 8.03‰。

辖区东西最大距离 13 千米，南北最大距离 10 千米，总面积 71.26 平方千米。其中陆地面积 69.94 平方千米，占 98.1%；水域面积 1.32 平方千米，占 1.9%。人口密度为每平方千米564人。

经济概况

农业 耕地面积6万亩，人均1.5亩。2011年，农业总产值3.46亿元，比上年增长14.2%，实现农业增加值0.43亿元，占国内生产总值的19.1%。

粮食作物以小麦、玉米为主。2011年，生产粮食2.1万吨，其中小麦0.3万吨、玉米1.7万吨。主要经济作物有花生，2011年，产量0.5万吨。2011年，蔬菜种植面积0.9万亩，产量4.11万吨，主要品种有大白菜、黄瓜、大葱、韭菜等，其中大白菜1.1万吨，黄瓜0.4万吨，大葱0.5万吨，韭菜0.3万吨。

畜牧业以猪、牛、羊为主。2011年，生猪饲养量4.3万头，年末存栏3.5万头；牛饲养量0.6万头，年末存栏0.4万头；羊饲养量0.6万只，年末存栏0.5万只。

工业 以制造业、电力为主。2011年，工业总产值10.2亿元，比上年增长10.9%，实现工业增加值4.9亿元，占国内生产总值的56.1%。

商业外贸 2011年末，城乡集贸市场3个。2011年，社会消费品零售总额达4.49亿元，比上年增长10.3%。特色产业为粉条加工业，现全乡有粉条加工户700多户，联合体粉坊130个，高标准真空冷冻粉丝小区3个，粉丝厂15个，大型淀制工业公司1个，粉条粉丝10多个品种，年销售额1亿多元，产品销往东北三省、内蒙古及京、津、唐等大中城市。

财政金融 2011年，财政总收入3094.4万元，比上年增长47.5%。从主要税种看，完成营业税613.2万元，增值税1850万元，企业所得税99.1万元。人均财政收入802元，比上年增长20%。

社会发展

文化艺术 2011年末，乡文化站1个，村级活动中心27个；各类文化专业户30个；各类图书室27个，藏书6万余册。省级文化保护遗址1个。

教育 2011年末，幼儿园11所，在园幼儿1124人，专任教师30人；小学12所，在校生2403人，专任教师127人，小学适龄儿童入学率100%；初中2所，在校生1229人，专任教师110人，初中适龄人口入学率100%，小升初升学率99.5%，九年义务教育覆盖率达100%。各级各类民办学校和教育机构9所，在校生403人，专任教师20人。2011年教育经费达2080万元，比上年减少0.6%。

医疗卫生 2011年末，各级各类医疗卫生机构18个，其中卫生院1所；病床15张，固定资产总值290万元。专业卫生人员30人，其中执业医师13人，注册护士3人。2011年医疗机构完成诊疗5400人次。新型农村合作医疗参合人数3.8万人，参合率98%。

体育 2011年末，学校体育场地8处。每两年举办一次农民运动会。

广播电视 2011年末，全乡有27个广播站。广播综合覆盖率99.9%，有线电视用户10891户，入户率89.2%。

社会保障 2011年城镇最低生活保障户数28户，人数52人，支出18.6万元，比上年增长20.8%，月人均298元，比上年增长20.2%。农村最低生活保障户数335户，人数856人，支出133.5万元，比上年增长20.1%，月人均130元，比上年增长8.3%；农村医疗救助30人次，支出10.4万元；农村五保分散供养120人，支出25.5万元；国家抚恤、补助各类优抚对象330人，抚恤事业费支出110万元。新型农村社会养老保险参保人数1.6万人，参保率75%。

基础设施

交通运输 省道平津大线、县道万灵路、迁徐路3条公路过境。

邮政电信 2011年末，固定电话用户1.7万户，电话用户普及率达到92%。

市政建设

给排水 2011年末，镇区深水井46眼。

园林绿化 2011年末，镇区花坛1个，花坛面积0.198公顷。

扣庄村
(Kouzhuang Cun)

名称来历 唐太宗征东时，路过此地，休息时将盔甲扣在地上，得村名扣甲庄，1958年成立人民公社时，将“甲”字省略，改名扣庄村。

地理位置 地处扣庄乡中北部，东至吉王庄村，南至刘家村，西至邓新房村，北至蟒山村。

主要指标 2011年末，辖区总人口2734人，总面积4.04平方千米，农民人均纯收入12735元。

刘家村
(Liujia Cun)

名称来历 马姓人家迁此立庄，以姓氏取名马家庄，后称马庄子，1982年在地名标准化处理过程中，更名为刘家村。

地理位置 地处扣庄乡西南部，东至吉王庄村，南至寺后村，西至毛家洼村，北至扣庄村。

主要指标 2011年末，辖区总人口1435人，总面积1.45平方千米，农民人均纯收入13329元。

吉王庄村
(Jiwangzhuang Cun)

名称来历 明代由吉庄子、王庄子合并各取头一个字，得名吉王庄村。

地理位置 地处扣庄乡东南部，东至牛山村，南至寺后村，西至刘家村，北至毕新庄村。

主要指标 2011年末，辖区总人口1329人，总面积

2.01 平方千米，农民人均纯收入 12758 元。

毕新庄村

(Bixinzhuang Cun)

名称来历 明初毕姓人家迁此立庄，以姓氏取名毕新庄村。

地理位置 地处扣庄乡东部，东至牛山村，南至寺后村，西至刘家村，北至毕新庄村。

主要指标 2011 年末，辖区总人口 1799 人，总面积 2.57 平方千米，农民人均纯收入 12741 元。

东晒甲山村

(Dongshaijiashan Cun)

名称来历 唐太宗征东时，路过此地，将盔甲晾晒在回周山上，故将回周山改名晒甲山。明初，李世英从河南渭水县迁来定居，取村名为晒甲山。清代该村一分为二，居东故名东晒甲山村。

地理位置 地处扣庄乡北部，东至坡甲窝村，南至毕新庄村，西至西晒甲山村，北至小望都庄村。

主要指标 2011 年末，辖区总人口 1376 人，总面积 3.04 平方千米，农民人均纯收入 12711 元。

西晒甲山村

(Xishaijiashan Cun)

名称来历 唐太宗征东时，路过此地，将盔甲晾晒在回周山上，故将回周山改名晒甲山。明初，李世英从河南渭水县迁来定居，取村名晒甲山。清代该村一分为二，居西故名西晒甲山村。

地理位置 地处扣庄乡北部，东至东晒甲山村，南至扣庄村，西至上阶地村，北至上庄乡白庄村。

主要指标 2011 年末，辖区总人口 2118 人，总面积 3.46 平方千米，农民人均纯收入 11814 元。

上阶地村

(Shangjiedi Cun)

名称来历 因村北有一条地坎，在坎上居住，故以地势取名上阶地村。

地理位置 地处扣庄乡北部，东至西晒甲山村，南至扣庄村，西至高各庄村，北至白庄村。

主要指标 2011 年末，辖区总人口 844 人，总面积 1.63 平方千米，农民人均纯收入 12542 元。

蟒山村

(Mangshan Cun)

名称来历 因北靠蟒山，故取名蟒山，清初，有人在附近建小蟒山，此村遂改称大蟒山，后又改为蟒山村。

地理位置 地处扣庄乡北部，东至西山村，南至扣庄村，西至邓新房子村，北至上阶地村。

主要指标 2011 年末，辖区总人口 1179 人，总面积 2.04 平方千米，农民人均纯收入 12589 元。

邓新房子村

(Dengxinfangzi Cun)

名称来历 明朝初期，邓姓人家由吉兰庄迁此建村，因村内有一大槐树，村北有一金牛石，故取名金牛槐家庄。清朝中期，为简便起见，该村改名邓新房子村。

地理位置 地处扣庄乡西北部，东至扣庄村，南至迁徐路，西至安新庄村，北至蟒山村。

主要指标 2011 年末，辖区总人口 840 人，总面积 1.47 平方千米，农民人均纯收入 12636 元。

安新庄村

(Anxinzhuang Cun)

名称来历 明代安姓人家迁此定居，形成村庄，以姓氏取名安新庄村。

地理位置 地处扣庄乡西北部，东至邓新房村，南至汤新庄村，西至梨行村，北至兰若院村。

主要指标 2011 年末，辖区总人口 1089 人，总面积 2.47 平方千米，农民人均纯收入 12716 元。

兰若院村

(Lanruoyuan Cun)

名称来历 因唐初人们在村子附近修建一寺院，名曰“兰若院”，村名由此改名兰若院村。

地理位置 地处扣庄乡西北部，东至邓新房村，南至安新庄村，西至杨团堡村，北至北代营村。

主要指标 2011 年末，辖区总人口 2356 人，总面积 4.53 平方千米，农民人均纯收入 12801 元。

十里营村

(Shiliying Cun)

名称来历 因距城十里，得名十里营村。

地理位置 地处扣庄乡西部，东至扣庄村，南至迁徐路，西至毛洼村，北至邓新房子村。

主要指标 2011 年末，辖区总人口 270 人，总面积 0.9 平方千米，农民人均纯收入 12504 元。

郎庄村

(Langzhuang Cun)

名称来历 由李氏家族建立而取名大李庄，因村中郎姓增多，改村名郎各庄，简称郎庄村。

地理位置 地处扣庄乡东部，东至卢龙县毛各庄村，南至大榆树庄村，西至古松庄村，北至万军村。

主要指标 2011 年末，辖区总人口 3348 人，总面积 7.31 平方千米，农民人均纯收入 12922 元。

古松庄村

(Gusongzhuang Cun)

名称来历 因村中有一古松树，得名古松庄村。

地理位置 地处扣庄乡东南部，东至郎庄村，南至唐庄村，西至陈官营村，北至裴新庄村。

主要指标 2011 年末，辖区总人口 1892 人，总面积 2.89 平方千米，农民人均纯收入 12492 元。

东牛山村

(Dongniushan Cun)

名称来历 因位于牛山的东面，得名东牛山村。

地理位置 地处扣庄乡东部，东至古松庄村，南至陈官营村，西至寺前村，北至裴新庄村。

主要指标 2011 年末，辖区总人口 3042 人，总面积 5.74 平方千米，农民人均纯收入 12706 元。

陈官营村

(Chenguanying Cun)

名称来历 明初陈姓人家由山东迁来定居，因此地古树生长茂盛，故取名陈古庄，后村中有人做了官，遂改称陈官营村。

地理位置 地处扣庄乡东南部，东至古松庄村，南至东李官营村，西至任庄村，北至东牛山村。

主要指标 2011 年末，辖区总人口 1638 人，总面积 2.95 平方千米，农民人均纯收入 12465 元。

唐庄村

(Tangzhuang Cun)

名称来历 清初，唐姓人家迁此定居，故名唐家庄，后简称唐庄村。

地理位置 地处扣庄乡东南部，东至西野河峪村，南至长沟村，西至陈官营村，北至古松庄村。

主要指标 2011 年末，辖区总人口 1540 人，总面积 3 平方千米，农民人均纯收入 12469 元。

张沟村

(Zhanggou Cun)

名称来历 明万历年间，张姓寡妇迁此居住，逐渐形成村庄，取名张家沟，后简称张沟村。

地理位置 地处扣庄乡南部，东至西峪村，南至田庄村，西至东官营村，北至唐庄村。

主要指标 2011 年末，辖区总人口 536 人，总面积 0.88 平方千米，农民人均纯收入 12325 元。

田庄村

(Tianzhuang Cun)

名称来历 明末清初，田姓人家迁此立庄，以姓氏取名田家庄，后简称田庄村。

地理位置 地处扣庄乡南部，东至西峪村，南至洪庄村，西至夏陈路，北至张沟村。

主要指标 2011 年末，辖区总人口 471 人，总面积 0.64 平方千米，农民人均纯收入 12345 元。

东李官营村

(Dongliguanying Cun)

名称来历 明初，李姓人家迁此定居，形成村庄，取名李官营，后村子扩大，一分为二，此村居东，称东李官营村。

地理位置 地处扣庄乡南部，东至唐庄村，南至夏官营村，西至李官营村，北至陈官营村。

主要指标 2011 年末，辖区总人口 875 人，总面积 1.77 平方千米，农民人均纯收入 12303 元。

西李官营村

(Xiliguanying Cun)

名称来历 明初李姓人家迁此立庄，形成村庄，取名李官营，后村子扩大，一分为二，此村居西，故称西李官营村。

地理位置 地处扣庄乡南部，东至东新官营村，南至永兴庄村，西至半坡营村，北至李家坟村。

主要指标 2011 年末，辖区总人口 830 人，总面积 1.5 平方千米，农民人均纯收入 12321 元。

任庄村

(Renzhuang Cun)

名称来历 明初，任姓人家迁此立庄，以姓氏取名任庄村。

地理位置 地处扣庄乡南部，东至陈官营村，南至李官营村，西至潘庄村，北至寺前村。

主要指标 2011 年末，辖区总人口 2012 人，总面积 3.24 平方千米，农民人均纯收入 12442 元。

寺前村

(Siqian Cun)

名称来历 因坐落在禅惠寺的前面，故得名寺前村。

地理位置 地处扣庄乡中南部，东、南至任庄村，西至潘庄村，北至寺后村。

主要指标 2011 年末，辖区总人口 2862 人，总面积 3.87 平方千米，农民人均纯收入 13357 元。

寺后村

(Sihou Cun)

名称来历 因南面有一禅惠寺，故名寺后村。

地理位置 地处扣庄乡中南部，东至东牛山村，南至寺前村，西至东部工业园区，北至吉王庄村。

主要指标 2011 年末，辖区总人口 2078 人，总面积

2.46 平方千米，农民人均纯收入 13552 元。

潘庄村

(Panzhuang Cun)

名称来历 明末，潘姓人家迁此立庄，以姓氏取名潘庄村。

地理位置 地处扣庄乡南部，东至任庄村，南至阿兰庄村，西至胡各庄村，北至寺前村。

主要指标 2011 年末，辖区总人口 797 人，总面积 2.65 平方千米，农民人均纯收入 12740 元。

阿兰庄村

(Alanzhuang Cun)

名称来历 因附近有一阿兰寺，故得名阿兰庄村。

地理位置 地处扣庄乡南部，东至任庄村，南至半坡营村，西至尹庄村，北至潘庄村。

主要指标 2011 年末，辖区总人口 574 人，总面积 1.16 平方千米，农民人均纯收入 12494 元。

半坡营村

(Banpoying Cun)

名称来历 因坐落在沙坡上，故得名半坡营村。

地理位置 地处扣庄乡南部，东至李官营村，南至于家洼村，西至郭庄子村，北至阿兰庄村。

主要指标 2011 年末，辖区总人口 970 人，总面积 1.71 平方千米，农民人均纯收入 12975 元。

（撰稿：王飞、杨秋利，初审：马宝田）

彭店子乡

(Pengdianzi Xiang)

政区概况

地理位置 地处迁安市东南，东邻青龙河，南、西滦河环绕，北接夏官营镇。人民政府驻彭店子村，电话区号 0315，邮政编码 064408，距迁安市人民政府 20 千米。

政区沿革 中华人民共和国成立初期，形成高李庄。1953 年，分设彭店子乡、易庄乡、大周庄乡、祁庄乡。1958 年，属东升人民公社。1961 年，析出，设彭店子人民公社。1984 年，复置彭店子乡，辖 17 个村委会。1995 年，析易庄设粉子营村。

政区划分 2011 年末，辖南丘、柏庄、易庄、粉子营、高李庄、崔李庄、霍庄、八里塔、祁庄、徐家沟、坨上、王孟庄、小邹庄、彭店子、富兴庄、八家寨、大周庄、杨家坡 18 个村民委员会。

人口面积 2011 年末，辖区总人口 21725 人，其中城镇常住人口 6735 人，城镇化率 31%。另有流动人口 1100 人。总人口中，男性 11465 人，占 52.8%，女性 10260 人，占 47.2%。总人口中，以汉族为主，达 21460 人，占 98.8%；有满、回等少数民族，共 265 人，占 0.2%。2011 年，人口出生率 14.77‰，人口死亡率 7.03‰，人口自然增长率 7.74‰。

辖区东西最大距离 9.34 千米，南北最大距离 9.15 千米，总面积 42.1 平方千米。其中陆地面积 38.73 平方千米，占 92%；水域面积 3.37 平方千米，占 8%。人口密度为每平方千米 516 人。

自然条件

水文 境内主要河道有东部的青龙河、西部的滦河。河流总长度 27 千米。

自然灾害 主要有冰雹、旱涝、风灾、霜冻、雷击等。

经济概况

农业 耕地面积 3.1 万亩，人均 1.4 亩。2011 年，农业总产值 1.8 亿元。比上年增长 9.6%，实现农业增加值 1358 万元，占国内生产总值的 5.7%。

粮食作物以小麦、玉米为主。2011 年，生产粮食 1.2 万吨，人均 552 千克。主要经济作物有花生，2011 年，产量 1475 吨。

截至 2011 年末，累计林地（不含片林）2293.7 亩。

畜牧业以生猪为主。2011 年，生猪饲养量 5.2 万头，年末存栏 2.3 万头；羊饲养量 3321 只，年末存栏 5538 只。

2011 年，农民人均纯收入 1.3 万元，比上年增长 24.1%。

工业 2011 年，工业总产值 20.8 亿元，比上年增长 20.2%，实现工业增加值 20.6 亿元，占国内生产总值的比重 81.5%。2011 年，规模以上工业企业 3 家，总产值 18.8 亿元，比上年增长 36.8%。

商业外贸 2011 年末，集贸市场和迁卢路两侧商业用房 3.5 万平方米。2011 年，城乡集市贸易成交额 900 万元。

财政金融 2011 年，财政总收入 4382.4 万元，比上年增长 12.3%。人均财政收入 2017.2 元，比上年增长 11.4%。2011 年，居民储蓄存款余额 34580 万元，比上年增长 22.2%。

社会发展

文化艺术 2011 年末，乡文化站 1 个，村级文化活动中心 18 个；各类文化专业户 15 个；各类图书室 19 个，藏书 10 余万册；文化行业从业人员 84 人。文化广场 17 个，健身路径 17 条，设乒乓球室、图书室和文体活动室等娱乐活动场室 84 间。市重点文物保护单位有八里塔战国、汉代遗址。

教育 2011 年末，幼儿园 8 所，在园幼儿 672 人，专任教师 22 人；小学 6 所，在校生 1286 人，专任教师 79 人，小学适龄儿童入学率 100%；初中 1 所，在校生 551 人，专任教师 56 人，初中适龄人口入学率、小升初升学率、九年义务教育覆盖率均达 100%。

医疗卫生 2011年末，卫生院1所，村卫生所6个。医务人员34人；病床15张。

2011年农村安全饮用水普及率100%，新型农村合作医疗参合人数1.9万人，参合率96%。

体育 2011年末，体育场地21处。100%的村安装了健身器材，经常参加活动的人员占常住人口的78%。

广播电视 2011年末，广播电视站1个，广播喇叭19只，通响率100%。有线电视入户4930户，入户率80.3%。

社会保障 2011年农村最低生活保障户数218户，人数541人，支出81.4万元，比上年增长39%，月人均125元；农村五保分散供养41人；农村医疗救助8人次，支出76.4万元，比上年增长18%；民政部门资助参加合作医疗1100人次。国家抚恤、补助各类优抚对象172人。居家养老服务站8个。全乡参保11987人。享受农村老年养老补贴3841人。

基础设施

交通运输 2011年，客运总量1.92万人次。铁路迁曹线过境。102国道过境。有县乡级公路6条，总长28千米。

邮政电信 2011年末，邮政网点1个，投递路线单程总长度32千米，乡村通邮率100%。

固定电话用户2060户。

彭店子村
(Pengdianzi Cun)

名称来历 因唐朝彭姓在此开一客店，称彭家店，据此取名彭店子村。

地理位置 地处彭店子乡中部，东至高李庄村，南至霍庄村，西至小邹庄村，北至富兴庄。

主要指标 2011年末，辖区总人口1273人，总面积1.53平方千米，农民人均纯收入13953元。

坨上村
(Tuoshang Cun)

名称来历 因该村建在一土坨上而得名坨头庄，后简称坨上村。

地理位置 地处彭店子乡西部，东至祁庄村，南至滦县何庄乡孙薛营村，西至花庄村，北至花庄村。

主要指标 2011年末，辖区总人口1850人，总面积3.8平方千米，农民人均纯收入12243元。

徐家沟村
(Xujiagou Cun)

名称来历 该村原名薛家沟，因明朝时有一徐姓将军在此定居，故改村名徐家沟村。

地理位置 地处彭店子乡西部，东至富兴庄村，南至王盂庄村，西至祁庄村，北至磨盘山。

主要指标 2011年末，辖区总人口1023人，总面积2.75平方千米，农民人均纯收入14957元。

富兴庄村
(Fuxingzhuang Cun)

名称来历 明朝末期，王、井两户人家在此定居，以姓氏取名王井庄，后井家无人，而改名大王庄，1983年在地名标准化处理工作中更名为富兴庄村。

地理位置 地处彭店子乡北部，东至迁卢路，南至彭店子村，西至徐家沟村，北至八家寨村。

主要指标 2011年末，辖区总人口985人，总面积2.4平方千米，农民人均纯收入14371元。

八家寨村
(Bajiazhai Cun)

名称来历 明永乐二年（1404年），朱姓等八户人家由山西洪洞县迁此立庄，得名八家寨村。

地理位置 地处彭店子乡东北部，东至卢龙县夹河滩村，南至高李庄村，西至富兴庄村，北至大周庄村。

主要指标 2011年末，辖区总人口965人，总面积1.8平方千米，农民人均纯收入14657元。

大周庄村
(Dazhouzhuang Cun)

名称来历 因周姓在此定居，以姓氏取村名大周庄村。

地理位置 地处彭店子乡东北部，东至卢龙县夹河滩村，南至八家寨村，西至徐家沟村，北至杨家坡村。

主要指标 2011年末，辖区总人口1201人，总面积1.9平方千米，农民人均纯收入13329元。

杨家坡村
(Yangjiapo Cun)

名称来历 明朝时杨姓迁此定居，背面有一土坡，得名杨家坡村。

地理位置 地处彭店子乡东北部，东至卢龙县夹河滩村，南至大周庄村，西至徐家沟村，北至夏官营镇耿庄村。

主要指标 2011年末，辖区总人口1277人，总面积2.6平方千米，农民人均纯收入13438元。

祁庄村
(Qizhuang Cun)

名称来历 明永乐二年（1404年），祁氏由山西洪洞县移民来此定居，取名祁庄村。

地理位置 地处彭店子乡西部，东至小邹庄村，南至滦县北营村，西至坨上村，北至徐家沟村。

主要指标 2011年末，辖区总人口1127人，总面积2.65平方千米，农民人均纯收入13097元。

王孟庄村

(Wangmengzhuang Cun)

名称来历 明永乐二年（1404年），吴、庞、孟、王四姓人家由山西洪洞县迁此立庄，分别以姓氏取名吴庄、庞庄、孟庄、小王庄。1949年合并称王孟庄村。

地理位置 地处彭店子乡西南部，东至八里塔村，南至滦河，西至祁庄村，北至徐家沟村。

主要指标 2011年末，辖区总人口2155人，总面积3.6平方千米，农民人均纯收入13161元。

小邹庄村

(Xiaozouzhuang Cun)

名称来历 明朝时，因有一邹姓在此定居而得名小邹庄村。

地理位置 地处彭店子乡西南部，东至高李庄村，南至八里塔村，西至霍家沟村，北至彭店子村。

主要指标 2011年末，辖区总人口1023人，总面积1.62平方千米，农民人均纯收入13571元。

霍庄村

(Huozhuang Cun)

名称来历 明初霍姓人家迁此定居，以其姓氏取名霍家庄村，后简称霍庄村。

地理位置 地处彭店子乡南部，东至崔李庄村，南至易庄村，西至八里塔村，北至彭店子村。

主要指标 2011年末，辖区总人口1275人，总面积1.5平方千米，农民人均纯收入14628元。

高李庄村

(Gaolizhuang Cun)

名称来历 由高家庄、小李庄两个自然村合并为一个村，取两个自然村命名的姓氏为高李庄村。

地理位置 地处彭店子乡东南部，东至卢龙县夹河滩村，南至崔李庄村，西至小邹庄村，北至八家寨村。

主要指标 2011年末，辖区总人口1361人，总面积2平方千米，农民人均纯收入13559元。

崔李庄村

(Cuilizhuang Cun)

名称来历 清光绪二十一年（1895年）发水，青龙河岸宋家村被冲走，有姓崔的、姓李的迁此定居，故名崔李庄村。

地理位置 地处彭店子乡东南部，东至青龙河，南至粉子营村，西至霍庄村，北至高李庄村。

主要指标 2011年末，辖区总人口1282人，总面积4.5平方千米，农民人均纯收入13708元。

八里塔村

(Balita Cun)

名称来历 因该村东一座庙内有一石塔，距永平府（现在的卢龙县城）八里地而得名八里塔村。

地理位置 地处彭店子乡南部，东至易庄村，南至柏庄村，西至王孟庄村，北至小邹庄村。

主要指标 2011年末，辖区总人口1002人，总面积1.6平方千米，农民人均纯收入13427元。

柏庄村

(Baizhuang Cun)

名称来历 明永乐二年（1404年），柏姓由山西洪洞县移民过来，在此立庄，以其姓氏取村名柏庄村。

地理位置 地处彭店子乡中东部，东至卢龙县西关，南至南丘村，西至范庄村，北至易庄村。

主要指标 2011年末，辖区总人口1166人，总面积1.8平方千米，农民人均纯收入13660元。

易庄村

(Yizhuang Cun)

名称来历 明初易姓人家迁此定居，以其姓氏取名易家庄，后简称易庄村。

地理位置 地处彭店子乡南部，东至青龙河，南至柏庄村，西至柏庄村，北至霍庄村。

主要指标 2011年末，辖区总人口785人，总面积1.37平方千米，农民人均纯收入13892元。

粉子营村

(Fenziying Cun)

名称来历 该村所在地原名分军营，建村后，取原地名为村名，后来由分军营演变成粉子营村。

地理位置 地处彭店子乡东南部，东至卢龙县城，南至易庄村，西至易庄村，北至崔李庄村。

主要指标 2011年末，辖区总人口765人，总面积1.2平方千米，农民人均纯收入13352元。

南丘村

(Nanqiu Cun)

名称来历 因地处滦河、青龙河汇合处的沙丘上，又为最南端，故名南丘村。

地理位置 地处彭店子乡南部，东至卢龙县卢龙镇西关，南至滦县油榨镇石梯村，西至滦河，北至柏庄村。

主要指标 2011年末，辖区总人口1195人，总面积3.28平方千米，农民人均纯收入14590元。

（撰稿：王力、许丽芬，初审：赵福军）

上射雁庄乡

(Shangsheyanzhuang Xiang)

政区概况

名称来历 因乡人民政府驻地位于上射雁庄村而得名。

地理位置 地处迁安市北部，东与杨各庄镇接壤，东南、南、西南连扣庄乡，西、西北邻阎家店乡，北、东北接建昌营镇。人民政府驻上射雁庄村，电话区号0315，邮政编码064407，距迁安市人民政府10千米。

政区沿革 1992年，合并望都庄乡、平林镇乡、上庄乡置上射雁庄乡。

政区划分 2011年末，辖上射雁庄、下射雁庄、二层庄、南晒甲营、北晒甲营、北白庄、彭家洼、陶新庄、丁庄、东晒甲营、高各庄、凉水河、小望都庄、大望都庄、东孟庄、朱庄、揣庄、七里坎、代家铺、平林镇、大新店、小新店、刘新庄、西孟庄24个村民委员会。

人口面积 2011年末，辖区总人口25333人，其中城镇常住人口3353人，城镇化率13.24%。另有流动人口3300人。总人口中，男性12962人，占51.2%；女性12371人，占48.8%；14岁以下3716人，占14.7%；15～64岁20547人，占81.1%；65岁以上1070人，占4.2%。总人口中，以汉族为主，达25006人，占98.7%；有满族295人，占1.2%。2011年，人口出生率14.23‰，人口死亡率7.24‰，人口自然增长率6.99‰。

辖区东西最大距离8.5千米，南北最大距离8千米，总面积44.7平方千米。其中陆地面积43.3平方千米，占98%；水域面积1.4平方千米，占2%。人口密度为每平方千米567人。

自然条件

水文 境内河道属冷口沙河水系。白杨河自大新店村入境，由北而南，由代家铺村入冷口沙河。凉水河自北晒甲营村入境，由西北而东南，由凉水河入冷口沙河。冷口沙河自代家铺始，由北而南，由小望都庄村出境。

经济概况

农业 耕地面积3.9万亩，人均1.54亩。

2011年，农业总产值25491万元，比上年增长10%，实现农业增加值2780万元，占国内生产总值的24%。以种植玉米、花生、蔬菜为主。2011年，生产粮食9018吨。2011年，蔬菜种植面积1.5万亩，产量7.6万吨。

畜牧业以牛、猪、羊、家禽为主。2011年，牛饲养量9583头，年末存栏7350头；生猪饲养量6万头，年末存栏2.7万头；羊饲养量1.1万只，年末存栏8589只；家禽饲养量59.3万羽。

截至2011年末，累计造林1.7万亩，其中经济林0.75万亩，防护林0.6万亩，农民住宅四旁树木35万株，林木覆盖率24.6%，活立木蓄积量8.1万立方米。2011年，水果种植面积0.8万亩，产量9175吨，主要品种有苹果、桃子、梨，其中苹果9175吨。

工业 以焦化煤炭、物流、服装、造纸、建筑材料为主。2011年，工业总产值74958万元，比上年增长23.1%，实现工业增加值12194万元，占国内生产总值的71%。2011年，工业企业31家，职工3600人。

财政金融 2011年，财政总收入0.4亿元，比上年增长32%。其中地方财政收入1996万元，比上年增长16.2%。人均财政收入1.2万元，比上年增长13.1%。

社会发展

文化艺术 2011年末，镇文化站1个，村级文化活动中心24个；各类图书室25个，藏书4万余册；评剧团、秧歌队等业余文化从业人员195人。

教育 2011年末，幼儿园9所，在园幼儿842人，专任教师36人；小学9所，在校生726人，专任教师63人，小学适龄儿童入学率100%；初中2所，在校生585人，专任教师64人，初中适龄人口入学率、小升初升学率、九年义务教育覆盖率均达100%。

医疗卫生 2011年末，各级医疗卫生机构14个，门诊部（所）1个；病床18张。专业卫生人员19名，其中执业医师8人，执业助理医师4人，注册护士3人。新型农村合作医疗参合人数17869人，参合率95.66%。

社会保障 2011年城镇最低生活保障户数13户，人数22人，支出8.4万元，比上年增长5%，月人均318元，比上年增长4%；城市医疗救助11人次，民政部门资助参加合作医疗1249人次，共支出12.1万元，比上年增长6%。农村最低生活保障户数279户，人数894人，支出162万元，比上年增长9%，月人均151元，比上年增长88.7%。国家抚恤、补助各类优抚对象160人，抚恤事业费支出52万元，比上年增长11%。新型农村社会养老保险参保人数8278人，参保率100%。

基础设施

交通运输 有乡级公路21条，总长38.46千米。

上射雁庄村

(Shangsheyanzhuang Cun)

名称来历 因唐太宗征东时，路过此地，曾在此地沙丘上射雁，而取村名上射雁庄村。

地理位置 地处上射雁庄乡中南部，东至下射雁庄村，南至北白庄村，西至陶新庄村，北至彭家洼村。

主要指标 2011年末，辖区总人口788人，总面积1.62平方千米，农民人均纯收入12498元。

下射雁庄村

(Xiasheyanzhuang Cun)

名称来历 唐太宗征东时，路过此地，曾在沙丘上射雁，此村位于沙丘的下面，故取村名下射雁庄村。

地理位置 地处上射雁庄乡西部，东至二层庄村，南至上射雁庄村，西至彭家洼村，北至刘新庄村。

主要指标 2011年末，辖区总人口603人，总面积1.19平方千米，农民人均纯收入11588元。

二层庄村

(Ercengzhuang Cun)

名称来历 因此庄地势西高东低，又位于坡子的中间，故名二层庄村。

地理位置 地处上射雁庄乡南部，东至北白庄村、丁庄村，南至陶新庄村、上射雁庄村，西至上射雁庄村，北至刘新庄村、下射雁庄村。

主要指标 2011年末，辖区总人口301人，总面积0.13平方千米，农民人均纯收入11209元。

北白庄村

(Beibaizhuang Cun)

名称来历 因地处大片白沙地带，故取名白庄。1982年地名标准化处理工作中，更名北白庄村。

地理位置 地处上射雁庄乡南部，东至凉水河村、小望都庄村，南至扣庄乡西晒甲山村、上阶地村，西至陶新庄村、高各庄村，北至丁庄村、七里坎村。

主要指标 2011年末，辖区总人口1585人，总面积5.01平方千米，农民人均纯收入12365元。

丁庄村

(Dingzhuang Cun)

名称来历 因丁姓人家首先迁此定居而得名丁庄村。

地理位置 地处上射雁庄乡南部，东至二层庄村，南至北白庄村，西至上射雁庄村，北至下射雁庄村。

主要指标 2011年末，辖区总人口562人，总面积0.91平方千米，农民人均纯收入12829元。

高各庄村

(Gaogezhuang Cun)

名称来历 因地势较高，故名高各庄村。

地理位置 地处上射雁庄乡西南部，东至北白庄村、扣庄乡上阶地村，南至扣庄乡莽山村、邓新房村，西至东晒甲营村、扣庄乡兰若院村，北至陶新庄村。

主要指标 2011年末，辖区总人口1733人，总面积2.69平方千米，农民人均纯收入12863元。

陶新庄村

(Taoxinzhuang Cun)

名称来历 因陶氏迁此立庄而得名陶新庄村。

地理位置 地处上射雁庄乡西南部，东至上射雁庄村、北白庄村，南至高各庄村，西至东晒甲营村，北至彭家洼村。

主要指标 2011年末，辖区总人口740人，总面积1.51平方千米，农民人均纯收入10074元。

南晒甲营村

(Nanshaijiaying Cun)

名称来历 相传，唐太宗征东时，路过此地，将被淹了的盔甲在一小溪洗完后，就此安营扎寨晾晒。此村位于小溪的南面，故名南晒甲营村。

地理位置 地处上射雁庄乡西南部，东至东晒甲营村，南至扣庄乡兰若院村，西至阎家店乡洗甲河村，北至北晒甲营村。

主要指标 2011年末，辖区总人口978人，总面积1.41平方千米，农民人均纯收入9454元。

北晒甲营村

(Beishaijiaying Cun)

名称来历 传说，唐太宗征东时，路过此地，将被淹了的盔甲在一小溪洗完后，就此安营扎寨晾晒，此村位于小溪的北面，故名北晒甲营村。

地理位置 地处上射雁庄乡西南部，东至陶新庄村，南至南晒甲营村，西至阎家店乡洗甲河村，北至阎家店乡孙家店村。

主要指标 2011年末，辖区总人口2215人，总面积4.23平方千米，农民人均纯收入13038元。

东晒甲营村

(Dongshaijiaying Cun)

名称来历 相传，唐太宗征东时，路过此地，将被淹了的盔甲在一小溪洗完后，就此安营扎寨晾晒。此村位于小溪的东面，故名东晒甲营村。

地理位置 地处上射雁庄乡西南部，东至高各庄村、陶新庄村，南至扣庄乡兰若院村，西至南晒甲营村、迁安镇杨团堡村，北至彭家洼村。

主要指标 2011年末，辖区总人口705人，总面积0.57平方千米，农民人均纯收入10353元。

彭家洼村

(Pengjiawa Cun)

名称来历 因彭姓由三港湾迁此定居，且地势较低洼，取名彭家洼村。

地理位置 地处上射雁庄乡西部，东至刘新庄村、下射雁庄村，南至上射雁庄村、陶新庄村、北晒甲营村，西至北晒甲营村、阎家店乡孙家店村，北至平林镇村。

主要指标 2011年末，辖区总人口1505人，总面积

2.81 平方千米，农民人均纯收入 12431 元。

平林镇村

(Pinglinzhen Cun)

名称来历 因吴姓迁来定居，取名吴家庄，后因建集镇，改名平岭镇，后演变成平林镇村。

地理位置 地处上射雁庄乡北部，东至西孟庄村，南至彭家洼村，西至阎家店乡芝草坞村，北至小新店村。

主要指标 2011 年末，辖区总人口 3396 人，总面积 5.43 平方千米，农民人均纯收入 11795 元。

西孟庄村

(Ximengzhuang Cun)

名称来历 明初，孟氏弟兄两人由山东迁此建村，取名孟家庄。后有人在村东立庄，称东孟庄，本村则改称西孟庄村。

地理位置 地处上射雁庄乡北部，东至七里坎村，南至刘新庄村，西至平林镇村，北至建昌营镇鸭河营村。

主要指标 2011 年末，辖区总人口 568 人，总面积 0.9 平方千米，农民人均纯收入 11930 元。

大新店村

(Daxindian Cun)

名称来历 因有张氏在此开店，而且生意很兴隆，取村名大兴店，后演变成大新店村。

地理位置 地处上射雁庄乡北部，东至建昌营镇鸭河营村，南至小新店村，西至阎家店乡芝草坞村，北至建昌营镇东密坞村、西密坞村。

主要指标 2011 年末，辖区总人口 648 人，总面积 1.19 平方千米，农民人均纯收入 18041 元。

小新店村

(Xiaoxindian Cun)

名称来历 因张氏在此开店，且北有大新店，故名小新店村。

地理位置 地处上射雁庄乡北部，东至建昌营镇鸭河营村，南至平林镇村，西至阎家店乡芝草坞村，北至建昌营镇东密坞村。

主要指标 2011 年末，辖区总人口 465 人，总面积 1.02 平方千米，农民人均纯收入 12947 元。

刘新庄村

(Liuxinzhuang Cun)

名称来历 刘氏由山东迁此占产立庄，以姓氏取名刘新庄村。

地理位置 地处上射雁庄乡中北部，东至西孟庄村，南至下射雁庄村，西至彭家洼村，北至平林镇村。

主要指标 2011 年末，辖区总人口 330 人，总面积 0.99 平方千米，农民人均纯收入 12114 元。

大望都庄村

(Dawangduzhuang Cun)

名称来历 相传，唐太宗征东时，站在村头观察地形，可以望见口外的都山，因此取村名为望都庄。后因有人在村南建小望都庄，本村亦改称大望都庄。

地理位置 地处上射雁庄乡东部，东至建昌营镇前窝子村、后窝子村、沙河村，南至小望都庄村，西至二层庄村，北至朱庄村。

主要指标 2011 年末，辖区总人口 1396 人，总面积 2.1 平方千米，农民人均纯收入 11988 元。

小望都庄村

(Xiaowangduzhuang Cun)

名称来历 因村北有一大望都庄，此村因此取名小望都庄村。

地理位置 地处上射雁庄乡东南部，东至杨各庄镇鸡鸣庄村，南至凉水河村，西至北白庄村，北至大望都庄村。

主要指标 2011 年末，辖区总人口 1830 人，总面积 4.15 平方千米，农民人均纯收入 12356 元。

揣庄村

(Chuaizhuang Cun)

名称来历 因朱、揣两姓人家迁此定居，形成村庄，取名朱揣庄。1959 年把此村一分为二，此村定名为揣庄村。

地理位置 地处上射雁庄乡东部，东至朱庄村、大望都庄村，南至朱庄村，西至大望都庄村，北至朱庄村、七里坎村。

主要指标 2011 年末，辖区总人口 438 人，总面积 0.82 平方千米，农民人均纯收入 11323 元。

朱庄村

(Zhuzhuang Cun)

名称来历 该村与揣庄原为一村，村名朱揣庄。1959 年把此村一分为二，此村定名为朱庄村。

地理位置 地处上射雁庄乡东部，东至东孟庄村，南至大望都庄村，西至刘新庄村，北至揣庄村。

主要指标 2011 年末，辖区总人口 504 人，总面积 0.87 平方千米，农民人均纯收入 12281 元。

凉水河村

(Liangshuihe Cun)

名称来历 因村南、村西各有一河流，故取村名两水河。后演变为凉水河村。

地理位置 地处上射雁庄乡东南部，东至杨各庄镇大贤庄村，南至杨各庄镇披甲窝村，西至北白庄村，北至小望都庄村。

主要指标 2011 年末，辖区总人口 1035 人，总面积 2.23 平方千米，农民人均纯收入 10561 元。

七里坎村

(Qilikan Cun)

名称来历 因建在距建昌营七里远的高坎上，故名七里坎村。

地理位置 地处上射雁庄乡东北部，东至代家铺村，南至揣庄村，西至西孟庄村，北至建昌营镇太平村。

主要指标 2011年末，辖区总人口867人，总面积1.56平方千米，农民人均纯收入10615元。

代家铺村

(Daijiapu Cun)

名称来历 代姓人家为种地方便，由代家沟迁来，搭起了窝铺定居下来，取名代家窝铺村，后称代家铺村。

地理位置 地处上射雁庄乡东北部，东至东孟庄村，南至揣庄村，西至七里坎村，北至建昌营镇太平村。

主要指标 2011年末，辖区总人口191人，总面积0.19平方千米，农民人均纯收入17982元。

东孟庄村

(Dongmengzhuang Cun)

名称来历 明初，孟氏兄弟两人由山东迁此定居，村名为孟家庄。后有人从孟家庄来此定居，因位于孟家庄之东，故曰东孟庄村。

地理位置 地处上射雁庄乡东部，东至建昌营镇前窝子村、后窝子村，南至揣庄村、大望都庄村，西至里坎村，北至建昌营镇太平庄村。

主要指标 2011年末，辖区总人口358人，总面积0.83平方千米，农民人均纯收入11992元。

（撰稿：刘小娟、杨昌明，初审：赵文震）

阎家店乡

(Yanjiadian Xiang)

政区概况

名称来历 因乡人民政府驻阎家店村而得名。

地理位置 地处迁安市北部，东接建昌营镇，东南接上射雁庄乡，南接迁安镇，西隔滦河与马兰庄镇相望，北邻大崔庄镇。人民政府驻阎家店村，电话区号0315，邮政编码064406，距迁安市人民政府12千米。

政区沿革 1958年，属长城人民公社。1961年，析置阎家店人民公社。1984年，撤销人民公社，置阎家店乡。

政区划分 2011年末，辖阎家店乡一、阎家店乡二、阎家店乡三、李姑店、滕庄、坎新庄、于家坎、东峡口、西峡口、隔滦河、北赵庄、提岭寨、芝草坞、羊山、洗甲河、六股道、孙家店17个村民委员会。

人口面积 2011年末，辖区总人口24000人，其中城镇常住人口554人，城镇化率2.3%。另有流动人口2300人。总人口中，男性14000人，占58%；女性10000人，占42%；14岁以下6000人，占24.7%；15~64岁15000人，占62.8%；65岁以上3000人，占12.5%。总人口中，以汉族为主，达23800人，占99%。2011年，人口出生率15.13‰，人口死亡率6.21‰，人口自然增长率8.92‰。

辖区东西最大距离10千米，南北最大距离8千米，总面积41.2平方千米。全部为陆地。人口密度为每平方千米583人。

自然条件

地形地貌 境内大部为丘陵，地势略呈西高东低，北高南低。

矿藏及其他自然资源 境内矿产资源丰富，铁矿石储量达3000万吨以上，建筑沙石约100万立方米，主要分布在乡西部东、西峡口、于家坎、隔滦河一带；此外还有黏土5000万立方米以上，主要分布在芝草坞、李姑店一线。

自然灾害 主要有冰雹、旱涝、风灾、低温、霜冻、雷击等。

经济概况

农业 耕地面积3.05万亩，人均1.3亩；水浇地少，旱田多。以种植玉米、花生为主。2011年，农业总产值2.39亿元，比上年增长14.2%，实现农业增加值9238元，占国内生产总值的7%。

粮食作物以玉米为主。2011年，生产粮食2.5万吨，其中玉米1.04万吨。

畜牧业以猪、羊、家禽为主。2011年，生猪饲养量0.9万头，年末存栏0.7万头；羊饲养量0.2万只，年末存栏0.13万只；家禽饲养量10万羽。

工业 以铁矿为主。2011年，工业总产值128.5370万元，比上年增长46%，规模以上工业企业实现增加值7.06亿元，占国内生产总值的62.6%。2011年，工业企业46家，职工3114人。

商业外贸 2011年末，私营企业55家，个体工商户1200多家；新科技工业园区2个，商贸服务小区1个，农副产品加工小区1个。

财政金融 2011年，财政总收入1亿元。其中地方财政收入0.2亿元，比上年增长60%。人均财政收入4167元，比上年增长61.3%。

社会发展

文化艺术 2011年末，乡文化站1个，村级文化活动中心17个；各类文化专业户45个；各类图书室17个，藏书10余万册；音乐、美术、书法、摄影及文学业余创作人员80多人。李姑店村发展成为手工抄书画纸专业村。

教育 2011年末，幼儿园3所；小学6所，在校生1329人，教师107人，小学适龄儿童入学率100%；初中1

所，在校生462人，专任教师53人。

医疗卫生 2011年末，各类医疗卫生机构1个，门诊部（所）6个；病床30张，固定资产总值290万元。专业卫生人员28名，其中主治医师6人，执业助理医师4人，注册护士5人。2011年医疗机构（门诊部以上）完成诊疗2.1万人次。新型农村合作医疗参合率95%。

体育 2011年末，学校体育场地2处。100%的村安装了健身器材，经常参加体育活动的人员占常住人口的23%。

社会保障 2011年城镇最低生活保障户数5户，人数11人，支出3998元，比上年增长70%，比上年增长20%；城市医疗救助89人次，民政部门资助参加合作医疗1071人次，共支出6.42万元，比上年增长20%。农村最低生活保障户数293户，人数741人，支出10.1万元，比上年增长30%，比上年增长30%。国家抚恤、补助各类优抚对象180人，抚恤事业费支出10.98万元，比上年增长50%。社会保险基金农保放款合计1.1万元，比上年增长11%；享受农保待遇人数301人，比上年增长11%。新型农村社会养老保险参保人数0.9万人，参合率95%。

基础设施

交通运输 有镇级公路13条，总长41.5千米。

邮政电信 邮政从属于大崔庄管辖，有中国联通和中国移动办事处。

市政建设

公共交通 2011年末，镇区开通公共汽车线路4条。

供电 2011年末，镇区35千伏变电站1座，总容量25000千伏安。

园林绿化 2011年末，镇区绿地面积805.7公顷，绿化覆盖率41.2%。

阎家店乡一村

(Yanjiadianxiangyi Cun)

名称来历 明初建制至1958年曾叫淹甲甸，后演变成阎家店村，1958年成立阎家店乡一村。

地理位置 地处阎家店乡中东部，东至阎二村，南至六股道村，西至于家坟村，北至提岭寨村。

主要指标 2011年末，辖区总人口1432人，总面积2.15平方千米，农民人均纯收入13136元。

阎家店乡二村

(Yanjiadianxiang'er Cun)

名称来历 明初建制至1958年曾叫淹甲甸，后演变成阎家店村，1958年成立阎家店乡二村。

地理位置 地处阎家店乡西部，东至杨山村，南至六股道村，西至阎一村，北至提岭寨村。

主要指标 2011年末，辖区总人口1003人，总面积1.96平方千米，农民人均纯收入13136元。

阎家店乡三村

(Yanjiadianxiangsan Cun)

名称来历 明初建制至1958年曾叫淹甲甸，后演变成阎家店村，1958年成立阎家店乡三村。

地理位置 地处阎家店乡西部，东至杨山村，南至六股道村，西至阎家店乡一村，北至提岭寨村。

主要指标 2011年末，辖区总人口1102人，总面积2.05平方千米，农民人均纯收入13136元。

隔滦河村

(Geluanhe Cun)

名称来历 因村西是滦河故道，故名隔滦河村。

地理位置 地处阎家店乡西北部，东至赵庄村，南至于家坎村，西至下金山院村，北至大崔庄村。

主要指标 2011年末，辖区总人口1896人，总面积2平方千米，农民人均纯收入13136元。

北赵庄村

(Beizhaozhuang Cun)

名称来历 因赵姓迁此定居，逐渐形成村庄，取名赵庄。1982年在地名标准化处理过程中，更名为北赵庄村。

地理位置 地处阎家店乡西北部，东至提岭寨村，南至阎家店村，西至于家坎村，北至三岭村。

主要指标 2011年末，辖区总人口1145人，总面积2.41平方千米，农民人均纯收入13136元。

提岭寨村

(Tilingzhai Cun)

名称来历 相传唐太宗征东时路经此地，遇敌兵堵截，唐军将领于援马岭应战，致使敌兵败退，唐太宗就在此安营扎寨，村以此取名提岭寨村。

地理位置 地处阎家店乡北部，东至李姑店村，南至阎家店村，西至赵庄村，北至沙坡子村。

主要指标 2011年末，辖区总人口2178人，总面积3.05平方千米，农民人均纯收入13136元。

李姑店村

(Ligudian Cun)

名称来历 因李姓姑侄两人在此开店，后姑母嫁出，侄子娶妻生子，人口增多，逐渐形成村庄，故名李姑店村。

地理位置 地处阎家店乡北部，东至芝草坞村，南至阎家店村，西至提岭寨村，北至步步川村。

主要指标 2011年末，辖区总人口2283人，总面积3.12平方千米，农民人均纯收入13136元。

芝草坞村

(Zhicaowu Cun)

名称来历 因传说过去这里出过灵芝草，故而取名芝草坞村。

地理位置 地处阎家店乡东部，东至小新店村，南至孙家店村，西至李姑店村，北至西鹿鸡村。

主要指标 2011 年末，辖区总人口 1819 人，总面积 3.26 平方千米，农民人均纯收入 13136 元。

西峡口村

(Xixiakou Cun)

名称来历 明朝建制至 1958 年叫西峡口村。

地理位置 地处阎家店乡西部，东至东峡口村，南至小营村，西至马兰庄村，北至下金山院村。

主要指标 2011 年末，辖区总人口 1012 人，总面积 1.92 平方千米，农民人均纯收入 13136 元。

东峡口村

(Dongxiakou Cun)

名称来历 因村北有一山口，按方位取名为东峡口村。

地理位置 地处阎家店乡西南部，东至于家坎村，南至小营村，西至马兰庄村，北至西峡口村。

主要指标 2011 年末，辖区总人口 950 人，总面积 1.89 平方千米，农民人均纯收入 13136 元。

于家坎村

(Yujiakan Cun)

名称来历 因于、纪两姓人家迁此定居，逐渐形成村庄，因地势较高（为坎），故取村名于纪坎，后演变成于家坎村。

地理位置 地处阎家店乡西部，东至阎家店乡一村，南至呈庄村，西至东峡口村，北至隔滦河村。

主要指标 2011 年末，辖区总人口 2500 人，总面积 3.12 平方千米，农民人均纯收入 13136 元。

坎新庄村

(Kanxinzhuang Cun)

名称来历 因清朝中期，坎下新庄（现潘营平房新庄）有李氏兄弟三人迁此居住，逐渐形成村庄，取名坎上新庄，简称坎新庄村。

地理位置 地处阎家店乡西南部，东至阎家店村，南至坎下新庄村，西至于家坎村，北至赵庄村。

主要指标 2011 年末，辖区总人口 986 人，总面积 1.83 平方千米，农民人均纯收入 13136 元。

滕庄村

(Tengzhuang Cun)

名称来历 因滕姓由芝草坞迁来定居，取村名滕庄村。

地理位置 地处阎家店乡南部，东至孙家店村，南至洗甲河村，西至六股道村，北至杨山村。

主要指标 2011 年末，辖区总人口 1336 人，总面积 2.04 平方千米，农民人均纯收入 13136 元。

杨山村

(Yangshan Cun)

名称来历 因过去曾有一杨氏在此看山，故取村名杨山村。

地理位置 地处阎家店乡东部，东至孙家店村，南至滕庄村，西至阎家店村，北至芝草坞村。

主要指标 2011 年末，辖区总人口 276 人，总面积 1.23 平方千米，农民人均纯收入 13136 元。

孙家店村

(Sunjiadian Cun)

名称来历 明朝中期，孙、张、刘三姓人家从口外（现青龙县一带）迁此定居，形成村庄，取名三家店，后孙家强盛，改名孙家店村。

地理位置 地处阎家店乡东部，东至平林镇村，南至北代营村，西至杨山村，北至芝草坞村。

主要指标 2011 年末，辖区总人口 1400 人，总面积 2.82 平方千米，农民人均纯收入 13136 元。

六股道村

(Liugudao Cun)

名称来历 因附近有较明显的六条道路，故取村名六股道村。

地理位置 地处阎家店乡南部，东至洗甲河村，南至泉水沟村，西至坎新庄村，北至阎一村。

主要指标 2011 年末，辖区总人口 584 人，总面积 1.86 平方千米，农民人均纯收入 13136 元。

洗甲河村

(Xijiahe Cun)

名称来历 相传唐太宗征东时，在现在的阎家店附近淹了盔甲后，便到南侧的小河里洗甲休息，人们称此河为洗甲河。村子以此得名洗甲河村。

地理位置 地处阎家店乡南部，东至北晒甲营村，南至杨团堡村，西至六股道村，北至滕庄村。

主要指标 2011 年末，辖区总人口 1670 人，总面积 2.02 平方千米，农民人均纯收入 13136 元。

（撰稿：周得利、黑宏亮，初审：王福顺）

五重安乡

(Wuchong'an Xiang)

政区概况

地理位置 地处迁安市北部，东临大崔庄镇，南与大崔庄镇相接，西与迁西相临，北与青龙相接。人民政府驻五重安村，电话区号0315，邮政编码064406，距迁安市人民政府25千米。

政区沿革 1953年，置五重安乡。1958年，改属长城人民公社。1961年，析置五重安人民公社。1984年，撤销人民公社，复置五重安乡。

政区划分 2011年末，辖张庄子、黄金寨、小关、大何庄、石门、新开岭、马井子、杏山、小何庄、五重安、宫上、小崔庄、更新庄、东陈庄、西陈庄、苏家沟、茶井沟、万宝沟、才家沟、刘皮庄、贺庄、贺家沟、高古庄、母庄、沙河庄、曹古庄、范家沟、朱家沟、红峪口29个村民委员会。

人口面积 2011年末，辖区总人口27079人，其中城镇常住人口1036人，城镇化率3%。另有流动人口3482人。总人口中，男性14043人，占51%；女性13036人，占49%。总人口中，以汉族为主，达26722人，占98.09%；有满族377人，占1.38%。2011年，人口出生率14.48‰，人口死亡率6.92‰，人口自然增长率7.56‰。

辖区东西最大距离11.25千米，南北最大距离10.4千米，总面积67.6平方千米。其中陆地65.6平方千米，占97.1%；水域0.2平方千米，占2.9%。人口密度为每平方千米401人。

自然条件

地形地貌 境内大部分为山区。

矿藏及其他自然资源 境内已探明白云石储量10亿吨；石灰石储量3亿多吨，占迁安市石灰石储量的50%；大理石储量300万立方米以上，其中珍稀大理石占80%；紫页岩储量5亿立方米；陶瓷土储量3亿立方米。此外，还有金、铁、铜等金属矿藏。

自然灾害 主要自然灾害有冰雹、旱涝、风灾、低温、霜冻、雷击等。

经济概况

农业 耕地面积2万亩，人均1亩；全部为旱地。以种植玉米、蔬菜为主。2011年，农业总产值11628万元，比上年增长28%，实现农业增加值5731元，占国内生产总值的8%。

粮食作物以玉米为主。2011年，生产粮食5055吨，人均186.7千克，其中玉米3284吨。主要经济作物有蔬菜。2011年，蔬菜产量8046吨，主要品种有菠菜、茄子等，其中菠菜2620吨、茄子1665吨。

畜牧业以猪、羊、为主。2011年，生猪饲养量2.7万头；羊饲养量3576只。

工业 2011年，工业总产值21660万元，比上年增长47%，实现工业增加值1.2万元，占国内生产总值的15%。2011年，工业企业70家，职工1432人。

商业外贸 2011年末，商贸街1条，商户23个；集贸市场2个。2011年，城乡集市贸易成交额约6000万元。

财政金融 2011年，财政总收入5304.6万元，比上年增长39.8%。其中地方财政收入1402.3万元，比上年增长33.8%。人均财政收入1.2万元，比上年增长13%。

社会发展

文化艺术 2011年末，镇文化站2个，村级文化活动中心29个；各类图书室30个，藏书10余万册。

教育 2011年末，幼儿园8所；小学7所，在校生1508人，专任教师127人，小学适龄儿童入学率100%；初中1所，在校生693人，专任教师72人，初中适龄人口入学率、小升初升学率、九年义务教育覆盖率均达100%。

医疗卫生 2011年末，乡卫生院1所；病床20张，每千人拥有医疗床位1张。专业卫生人员31人，平均每千人拥有卫生技术人员1人。村级医疗卫生所29个，医生29人，病床29张。新型农村合作医疗参合率100%。

广播电视 2011年末，有线电视用户7680户，入户率96%。

社会保障 2011年农村最低生活保障户数438户，人数916人，支出158.52万元，比上年增长13%，月人均144元，比上年增长11%；农村医疗救助11人次，民政部门资助参加合作医疗11人次，共支出4.69万元，比上年增长20%。国家抚恤、补助各类优抚对象180人，抚恤事业费支出45万元，比上年增长12%。农村五保供养37人。社区服务中心1个，社区服务站5个。新型农村社会养老保险参保人数10810人，参保率95%。

基础设施

邮政电信 2011年末，电话交换机总容量3万门，固定电话用户7600户，电话用户普及率达到95%；移动电话用户7522户；宽带接入用户984户。

市政建设

公共交通 2011年末，镇区客运站1座，客运线路4条，日发客运汽车24班次，日均容量400余人次。

供电 2011年末，镇区3.5万千伏及变电站1座。

张庄子村

(Zhangzhuangzi Cun)

名称来历 因张姓人家首先来此定居，形成村庄，取名为张家庄，后简称张庄子村。

地理位置 地处五重安乡南部，东至商庄子村，南至三岭村，西至大崔庄村，北至黄金寨村。

主要指标 2011年末，辖区总人口983人，总面积3.23平方千米，农民人均纯收入12686元。

黄金寨村
(Huangjinzhai Cun)

名称来历 因黄姓人家由山东迁此定居，组成村庄，取名黄金寨村。

地理位置 地处五重安乡南部，东至石梯子沟村，南至张庄子村，西至宫上村，北至大何庄村。

主要指标 2011年末，辖区总人口2653人，总面积4.78平方千米，农民人均纯收入11711元。

小关村
(Xiaoguan Cun)

名称来历 因北面的长城有一小关口，故取村名为小关村。

地理位置 地处五重安乡东部，东至大崔庄镇四道沟村，南至黄金寨村，西至大河庄村，北至青龙县二拨子村。

主要指标 2011年末，辖区总人口2138人，总面积6.39平方千米，农民人均纯收入14972元。

大何庄村
(Dahezhuang Cun)

名称来历 唐太宗征东时，有何姓大户人家随军来此立庄，故名大何庄村。

地理位置 地处五重安乡中东部，东至小吴庄，南至黄金寨村，西至小何庄村，北至石门村。

主要指标 2011年末，辖区总人口1920人，总面积5.24平方千米，农民人均纯收入9635元。

石门村
(Shimen Cun)

名称来历 因村南的路西侧有两个石嘴，如同石门一样，故取村名为石门村。

地理位置 地处五重安乡中东部，东至大沟村，南至大何庄村，西至马庄子村，北至新开岭村。

主要指标 2011年末，辖区总人口552人，总面积1.75平方千米，农民人均纯收入13406元。

新开岭村
(Xinkailing Cun)

名称来历 因宋姓人家迁此定居，在岭上开垦荒地，建立了村庄，故取名新开岭村。

地理位置 地处五重安乡东部，东至青龙县白河滩村，南至石门村，西至杏山村，北至马井子村。

主要指标 2011年末，辖区总人口272人，总面积2.86平方千米，农民人均纯收入15441元。

马井子村
(Majingzi Cun)

名称来历 明初该村南西的新开岭住有马队，此处有一水井，马队每天都要到此饮水，故称马井子村。

地理位置 地处五重安乡北部，东至青龙白河滩村，南至新开岭村，西至杏山村，北至青龙县九百户村。

主要指标 2011年末，辖区总人口428人，总面积3.18平方千米，农民人均纯收入13551元。

杏山村
(Xingshan Cun)

名称来历 因杏树较多，故取名为杏山村。

地理位置 地处五重安乡北部，东至马井子村，南至小何庄村，西至范家沟村，北至红峪口村。

主要指标 2011年末，辖区总人口608人，总面积2.81平方千米，农民人均纯收入14391元。

小何庄村
(Xiaohezhuang Cun)

名称来历 何姓人家由本县大何庄迁来建村，取村名小何庄村。

地理位置 地处五重安乡中部，东至石门村，南至五重安村，西至范家沟村，北至杏山村。

主要指标 2011年末，辖区总人口1116人，总面积2.53平方千米，农民人均纯收入12294元。

五重安村
(Wuchong' an Cun)

名称来历 因此地原有城名五重安城，驻有看守营寨的官兵，管理5个小营，故名五重安营，后简称五重安村。

地理位置 地处五重安乡中南部，东至大何庄村，南至张庄子村，西至更新庄村，北至小何庄村。

主要指标 2011年末，辖区总人口1790人，总面积2.46平方千米，农民人均纯收入8101元。

宫上村
(Gongshang Cun)

名称来历 此地是清皇族墓地，因建筑得富丽堂皇，故本地人称之为"宫上"，久之则成为现在的村名。

地理位置 地处五重安乡南部，东至黄金寨村，南至小崔庄村，西至东陈庄村，北至五重安村。

主要指标 2011年末，辖区总人口606人，总面积1.03平方千米，农民人均纯收入11139元。

小崔庄村

(Xiaocuizhuang Cun)

名称来历 明初崔姓人家从本县大崔庄迁此建村，取名小崔庄村。

地理位置 地处五重安乡南部，东至宫上村，南至大崔庄村，西至东陈庄村，北至更新庄村。

主要指标 2011年末，辖区总人口2086人，总面积3.68平方千米，农民人均纯收入11122元。

更新庄村

(Gengxinzhuang Cun)

名称来历 明朝建村，因村庄稀少，故以罗屯（现迁西县辖）为中心，而取村名为东新庄。1982年在地名标准化处理工作中更名为更新庄村。

地理位置 地处五重安乡南部，东至五重安村，南至宫上村，西至东陈庄村，北至小何庄村。

主要指标 2011年末，辖区总人口2183人，总面积3.27平方千米，农民人均纯收入11269元。

东陈庄村

(Dongchenzhuang Cun)

名称来历 唐代陈氏兄弟两人迁此居住，分别组建村庄，按兄弟及方位分东、西陈庄，本村位置为东，故取名为东陈庄村。

地理位置 地处五重安乡西部，东至更新庄村，南至肖家庄村，西至西陈庄村，北至苏家沟村。

主要指标 2011年末，辖区总人口682人，总面积0.9平方千米，农民人均纯收入14589元。

西陈庄村

(Xichenzhuang Cun)

名称来历 唐代陈氏兄弟两人迁此定居，分别组建村庄，按兄弟加方位分东西陈庄，此村为弟，位西，故取名西陈庄村。

地理位置 地处五重安乡西部，东至东陈庄村，南至肖家庄村，西至高古庄村，北至苏家沟村。

主要指标 2011年末，辖区总人口1008人，总面积2.41平方千米，农民人均纯收入11409元。

苏家沟村

(Sujiagou Cun)

名称来历 苏姓人家自山东迁此居住，以姓氏取村名为苏家沟村。

地理位置 地处五重安乡西部，东至高新庄村，南至东陈庄村，西至才家沟村，北至万宝沟村。

主要指标 2011年末，辖区总人口659人，总面积1.75平方千米，农民人均纯收入13687元。

茶井沟村

(Chajinggou Cun)

名称来历 因朝鲜族人在村东设有茶井，故称茶井沟村。

地理位置 地处五重安乡中西部，东至小何庄村，南至苏家沟村，西至万宝沟村，北至万宝沟村。

主要指标 2011年末，辖区总人口75人，总面积0.28平方千米，农民人均纯收入28667元。

万宝沟村

(Wanbaogou Cun)

名称来历 因人们只有站在山梁上才能望见此庄，故称此庄为望北沟，后演变成为万宝沟村。

地理位置 地处五重安乡中西部，东至茶井沟村，南至孙家沟村，西至贺家沟村，北至范家沟村。

主要指标 2011年末，辖区总人口286人，总面积1.41平方千米，农民人均纯收入14720元。

才家沟村

(Caijiagou Cun)

名称来历 才姓人家最先迁此居住，形成村寨，又地处山沟，故以姓氏取名才家沟村。

地理位置 地处五重安乡中西部，东至苏家沟村，南至母庄村，西至贺家沟村，北至万宝沟村。

主要指标 2011年末，辖区总人口156人，总面积0.35平方千米，农民人均纯收入19359元。

刘皮庄村

(Liupizhuang Cun)

名称来历 因有刘、裴两姓人家迁此定居，遂取村名为刘裴庄，后演变成刘皮庄村。

地理位置 地处五重安乡西部，东至贺庄村，南至沙河庄村，西至迁西县郭家沟村，北至曹古庄村。

主要指标 2011年末，辖区总人口896人，总面积1.58平方千米，农民人均纯收入12868元。

贺庄村

(Hezhuang Cun)

名称来历 明初有贺姓人家自山东迁移至此，后逐渐成村庄，遂以姓氏取名贺庄村。

地理位置 地处五重安乡西部，东至贺家沟村，南至母庄村，西至刘皮庄村，北至曹古庄村。

主要指标 2011年末，辖区总人口1052人，总面积2.2平方千米，农民人均纯收入12357元。

贺家沟村

(Hejiagou Cun)

名称来历 1934年，贺姓人家由本县贺庄迁来定居，逐渐形成村落，按姓氏取村名贺家沟村。

地理位置 地处五重安乡西部，东至万宝沟村，南至才家沟村，西至贺庄村，北至曹古庄村。

主要指标 2011年末，辖区总人口344人，总面积0.86平方千米，农民人均纯收入14797元。

高古庄村

(Gaoguzhuang Cun)

名称来历 清初，高氏迁此定居，逐渐形成村庄，相传此地古时有过村庄，故名高古庄村。

地理位置 地处五重安乡西部，东至西陈庄村，南至王古庄村，西至母庄村，北至才家沟村。

主要指标 2011年末，辖区总人口328人，总面积0.56平方千米，农民人均纯收入14970元。

母庄村

(Muzhuang Cun)

名称来历 母姓人家由乐亭县迁来定居，后逐渐形成村落，取名母庄村。

地理位置 地处五重安乡西部，东至高古庄村，南至王古庄村，西至沙河庄村，北至贺庄村。

主要指标 2011年末，辖区总人口589人，总面积1.04平方千米，农民人均纯收入13582元。

沙河庄村

(Shahezhuang Cun)

名称来历 因西靠沙河，故名沙河庄村。

地理位置 地处五重安乡西部，东至新立庄村，南至迁西县罗屯村，西至迁西县罗屯村，北至刘皮庄村。

主要指标 2011年末，辖区总人口880人，总面积2.04平方千米，农民人均纯收入13182元。

曹古庄村

(Caoguzhuang Cun)

名称来历 该村系古村，清初，曹姓迁此定居，故名曹古庄村。

地理位置 地处五重安乡西部，东至范家沟村，南至贺庄村，西至迁西县沙涧村，北至朱家沟村。

主要指标 2011年末，辖区总人口794人，总面积2.04平方千米，农民人均纯收入12922元。

范家沟村

(Fanjiagou Cun)

名称来历 因村民皆姓范，故名范家沟村。

地理位置 地处五重安乡西部，东至小何庄村，南至万宝沟村，西至曹古庄村，北至朱家沟村。

主要指标 2011年末，辖区总人口354人，总面积2.42平方千米，农民人均纯收入14633元。

朱家沟村

(Zhujiagou Cun)

名称来历 因附近有一巨石像猪，遂取村名为猪家沟，后演变成朱家沟村。

地理位置 地处五重安乡西北部，东至红峪口村，南至曹古庄村，西至北新庄村，北至北新庄村。

主要指标 2011年末，辖区总人口284人，总面积1.1平方千米，农民人均纯收入15880元。

红峪口村

(Hongyukou Cun)

名称来历 因村西有一沟口为红石土形成，故名为红峪口村。

地理位置 地处五重安乡北部，东至杏山村，南至范家沟村，西至迁西县北新庄村，北至青龙县恒山沟村。

主要指标 2011年末，辖区总人口1018人，总面积5.02平方千米，农民人均纯收入12367元。

（撰稿：李建国、马相军、杨杰，初审：刘书宏）

大五里乡

(Dawuli Xiang)

省级文明生态村创建先进单位。

政区概况

地理位置 地处迁安市西部，东靠杨店子镇、南接木厂口镇，西与迁西县接壤，北临蔡园镇。人民政府驻大五里村，电话区号0315，邮政编码064402，距迁安市人民政府14.6千米。

政区沿革 1953年，置大五里乡。1958年，属钢铁人民公社。1961年，析置大五里人民公社。1980年，撤销人民公社，复置大五里乡。

政区划分 2011年末，辖大五里、大石河、松木庄、花果山、张家峪、尚庄子、曹官营、王家湾子、贯头山、小庄户、孟家冲一、孟家冲二、周官营、水峪、山叶口、王官营16个村民委员会。

人口面积 2011年末，辖区总人口17309人，其中城镇常住人口2.95万人，城镇化率51%。另有流动人口500人。总人口中，男性8837人，占51.1%；女性8472人，占48.9%；14岁以下3033人，占17.5%；15~64岁13056人，占75.4%；65岁以上1220人，占7.1%。总人口中，以汉族为主，达17238人，占99.5%；有满、回、朝鲜、白4个少数民族，共71人，占0.5%；超过40人的有满1个少数民族，共41人，占少数民族人口的57.7%。2011年，人口出生率13.85‰，人口死亡率6.47‰，人口自然增长率7.38‰。

辖区东西最大距离7.5千米，南北最大距离7.3千米，总面积53.49平方千米。全部为陆地。人口密度为每平方千米324人。

自然条件

地形地貌 境内大部分为山区盆地，地势为西高东低，北高南低，地面高度一般在海拔43～50米，最高点位于挂云山，海拔638米，最低点位于大石河村东，海拔43米。

水文 境内河道属西沙河、大石河水系。大石河由北营入境，由南而北入西沙河，西沙河由衡山子入境，在松木庄村西与大石河交汇，入滦河。

矿藏及其他自然资源 境内已探明地下矿藏有铁矿石，地质储量5000万吨，可采储量2000万吨，集中分布在燕山山脉南麓丘陵地带。

自然灾害 主要自然灾害有地震、冰雹、旱涝、风灾、雷击等。雹灾平均1年二遇。

经济概况

农业 耕地面积1.6万亩，人均0.9亩。2011年，农业总产值23030万元，比上年增长18%，实现农业增加值4020万元，占国内生产总值的2.3%。

粮食作物以玉米为主。2011年，生产粮食3606吨，人均208.3千克，其中小麦60吨，玉米2807吨。

畜牧业以猪、羊、家禽为主。2011年，生猪饲养量4万头，年末存栏2万头；羊饲养量1万只，年末存栏2319只；家禽饲养量24.4万羽。

工业 以冶金、铸造、采选、建筑材料为主。2011年，工业总产值151155万元，比上年增长21%，实现工业增加值31393万元。2011年，工业企业41家，职工6150人，实现工业增加值16.3亿元，比上年增长9.6%，占国内生产总值的75%。

商业外贸 2011年末，商业网点280个，职工620人；城乡集贸市场2个。2011年，社会消费品零售总额达1400万元，比上年增长2.9%；城乡集市贸易成交额180万元。

财政金融 2011年，财政总收入12334万元，比上年增长22.1%。其中地方财政收入2793万元，比上年增长15.8%。人均财政收入7126元，比上年增长20.7%。2011年，银行和金融机构各类存款余额3.3亿元。

社会发展

文化艺术 2011年末，乡文化站1个，村级文化活动中心16个；各类文化专业户50个；各类图书室17个，藏书5万余册。省、市级文物保护单位2个。

教育 2011年末，幼儿园4所，在园幼儿590人，专任教师21人；小学4所，在校生1129人，专任教师134人，小学适龄儿童入学率100%；初中1所，在校生538人，专任教师64人，初中适龄人口入学率、九年义务教育覆盖率均达100%。

医疗卫生 2011年末，各级各类医疗卫生机构11个，门诊部（所）2个；固定资产总值427.8万元。专业卫生人员56名，其中执业医师7人，执业助理医师6人，注册护士3人。2011年医疗机构完成诊疗1万人次。新型农村合作医疗参合率99%。

体育 2011年末，学校体育场地5处。100%的村安装了健身器材。

广播电视 2011年末，有线电视入户率100%。

社会保障 2011年农村最低生活保障户数174户，人数387人，支出73.2万元，比上年增长16%，月人均157元，比上年增长60%；农村医疗救助7人次，民政部门资助参加合作医疗693人次，共支出8.7万元。城镇最低生活保障户数24户，人数40人，支出14.8万元，比上年增长3%，月人均308元，比上年增长6%。国家抚恤、补助各类优抚对象117人，抚恤事业费支出44.7万元，比上年增长16%。农村五保供养14人。社区服务中心1个，社区服务站6个。新型农村社会养老保险参保人数6157人，参保率98%。

张家峪村

(Zhangjiayu Cun)

名称来历 因张姓人士在此开山定居而得名。

地理位置 地处大五里乡西南部，东至小庄户村，南至北营村，西至莲花苑村，北至水峪村。

主要指标 2011年末，辖区总人口1375人，总面积6.3平方千米，农民人均纯收入15346元。

小庄户村

(Xiaozhuanghu Cun)

名称来历 刘姓人家从山东来到此地，因住户不多，称小庄户村。

地理位置 地处大五里乡西南部，东至娄子峪，南至北营村，西至张家峪村，北至王官营村。

主要指标 2011年末，辖区总人口727人，总面积2.68平方千米，农民人均纯收入15346元。

贯头山村

(Guantoushan Cun)

名称来历 因附近有三座山，称三岭庄，后因贯头山改为贯头山村。

地理位置 地处大五里乡西南部，东至大五里村，南至王官营村，西至水域村，北至曹官营村。

主要指标 2011年末，辖区总人口2382人，总面积8.07平方千米，农民人均纯收入15354元。

王官营村

(Wangguanying Cun)

名称来历 古时王姓军官在此驻扎安营，称王官营村。

地理位置 地处大五里乡西南部，东至山叶口村，南至张家玉村，西至小庄户村，北至贯头山村。

主要指标 2011年末，辖区总人口269人，总面积0.92平方千米，农民人均纯收入15331元。

水峪村

(Shuiyu Cun)

名称来历 因附近有一水泉又三面环山，故称水峪村。

地理位置 地处大五里乡西部，东至小庄户村，南至北营村，西至莲花苑村，北至张家峪村。

主要指标 2011年末，辖区总人口1151人，总面积4.58平方千米，农民人均纯收入15330元。

尚庄子村

(Shangzhuangzi Cun)

名称来历 因附近有一处寺庙，故称尚庄子村。

地理位置 地处大五里乡西部，东至贯头山村，南至水峪村，西至莲花苑村，北至花果山村。

主要指标 2011年末，辖区总人口840人，总面积3.48平方千米，农民人均纯收入15332元。

曹官营村

(Caoguanying Cun)

名称来历 因古时曹姓军官在此驻扎安营，称曹官营村。

地理位置 地处大五里乡中部，东至大五里村，南至贯头山村，西至花果山村，北至王官营村。

主要指标 2011年末，辖区总人口1338人，总面积2.97平方千米，农民人均纯收入15331元。

花果山村

(Huaguoshan Cun)

名称来历 因孙姓人居多，且村中果树较多，称花果山村。

地理位置 地处大五里乡西北部，东至曹官营村，南至尚庄子村，西至马家沟村，北至王家湾子村。

主要指标 2011年末，辖区总人口461人，总面积1.54平方千米，农民人均纯收入15372元。

王家湾子村

(Wangjiawanzi Cun)

名称来历 因王姓家庭先来，故称王家湾子村。

地理位置 地处大五里乡西北部，东至马家桥村，南至花果山村，西至红门寺村，北至傅家林村。

主要指标 2011年末，辖区总人口1705人，总面积7.69平方千米，农民人均纯收入15518元。

周官营村

(Zhouguanying Cun)

名称来历 因古时周姓军官在此驻扎安营，称周官营村。

地理位置 地处大五里乡东北部，东至高引铺村，南至松木庄村，西至马安桥村，北至横山子村。

主要指标 2011年末，辖区总人口1672人，总面积3.03平方千米，农民人均纯收入15342元。

大石河村

(Dashihe Cun)

名称来历 因南面有沙河得名。

地理位置 地处大五里乡东部，东至大庄户村，南至孟家中一村，西至大五里村，北至松木庄村。

主要指标 2011年末，辖区总人口1740人，总面积1.7平方千米，农民人均纯收入15212元。

大五里村

(Dawuli Cun)

名称来历 因距王家湾子村、山叶口村、贯头山村、横山子村、高引铺村均为五里地，故而得名。

地理位置 地处大五里乡中部，东至大石河村，南至孟家中二村，西至曹官营村，北至周官营村。

主要指标 2011年末，辖区总人口2069人，总面积6.5平方千米，农民人均纯收入15356元。

孟家冲一村

(Mengjiachongyi Cun)

名称来历 因首钢占地将孟家冲村一分为二，取名孟家冲一村。

地理位置 地处大五里乡东南部，东至大庄户村，南至孟家冲二村，西至曹官营村，北至大石河村。

主要指标 2011年末，辖区总人口343人，总面积0.16平方千米，农民人均纯收入15353元。

孟家冲二村

(Mengjiachong'er Cun)

名称来历 因首钢占地将孟家冲村一分为二，取名孟家冲二村。

地理位置 地处大五里乡南部，东至鸽子湾村，南至山叶口村，西至贯头山村，北至孟家冲一村。

主要指标 2011年末，辖区总人口341人，总面积0.7平方千米，农民人均纯收入15336元。

山叶口村
(Shanyekou Cun)

名称来历 因三面环山，形状像叶子，故称山叶口村。

地理位置 地处大五里乡西南部，东至鸽子湾村，南至娄子峪村，西至贯头山村，北至孟家冲二村。

主要指标 2011年末，辖区总人口447人，总面积2.51平方千米，农民人均纯收入15357元。

松木庄村
(Songmuzhuang Cun)

名称来历 因村南有一古松树，故称松木庄村。

地理位置 地处大五里乡东部，东至殷官营村，南至大石河村，西至大五里村，北至周官营村。

主要指标 2011年末，辖区总人口544人，总面积0.83平方千米，农民人均纯收入15354元。

（撰稿：岳金宝、吴南，初审：李瑞民）

太平庄乡
(Taipingzhuang Xiang)

政区概况

名称来历 因乡人民政府驻地位于太平庄村而得名。

地理位置 地处迁安市西南，东邻沙河驿镇，南连滦县九百户镇，西至滦县王店子镇，北邻木厂口镇。人民政府驻太平庄村，电话区号0315，邮政编码064401，距迁安市人民政府35千米。

政区沿革 1953年，建太平庄乡。1958年，属东方红人民公社。1961年，析出，建太平庄人民公社。1984年，撤销人民公社，设太平庄乡。

政区划分 2011年末，辖马铺营、七家岭、太平庄、东新店、西新店、苏庄营、郭家营、西蛇探峪、东蛇探峪、东山、尚庄、崇家峪、田庄营、三岔峪、石家营、胡家沟16个村民委员会。

人口面积 2011年末，辖区总人口16355人，其中城镇常住人口2920人，城镇化率17.86%。另有流动人口58人。总人口中，男性8369人，占51.2%；女性7986人，占48.8%。总人口中，以汉族为主，达16036人，占98.05%；有布依、苗、满、蒙古4个少数民族，共319人，占1.95%。2011年，人口出生率11.95‰，人口死亡率7.46‰，人口自然增长率4.49‰。

辖区东西最大距离10千米，南北最大距离8千米，总面积59.3平方千米。人口密度为每平方千米276人。

自然条件

地形地貌 地处迁安西南，地形分为山区和丘陵。主要山脉有尚庄成山，田庄钓鱼台。境内最高峰成山位于尚庄，海拔456.5米。

水文 境内主要河道有崇家峪河、管河两条。崇家峪河西起尚庄西部，向东汇入西沙河；管河由东向西汇入陡河水库。

矿藏及其他自然资源 境内已探明地下矿藏有石灰石、白云石，探明储量2亿吨。

自然灾害 主要有风灾、干旱、洪涝等。

经济概况

农业 耕地面积2.1万亩，人均1.3亩，林地面积2.1万亩。2011年，农业总产值2.9亿元，比上年增长5%，实现农业增加值1.6亿元，占国内生产总值的10%。

粮食作物以玉米、大豆、高粱、谷子、甘薯为主。2011年，生产粮食0.72万吨，人均440千克。

畜牧业以牛、猪、鸡为主。2011年，生产肉类0.37万吨；畜牧业总产值2.1亿元，占农业总产值的72.4%。2011年，农民人均纯收入1.2万元。

截至2011年末，累计造林0.4万亩，林木覆盖率38%。2011年，水果种植面积1.4万亩，产量0.75万吨，主要品种有苹果、雪花梨、扁杏、李子、核桃、柿子。

工业 是重要的高品质玻璃工业生产基地，重点规划了润安建材、宏奥焦化、旺佰欣煤化工等循环型产业。2011年，工业总产值2亿元，比上年增长11%，实现工业增加值5.5亿元，占国内生产总值的62%。

2011年，规模以上工业企业3家，职工2000人，实现工业增加值3.7亿元，比上年增长10.5%。

商业外贸 2011年末，商业集市网点1个；2011年，城乡集市贸易成交额1500万元，以食品、服装、日用品为主。

财政金融 2011年，财政总收入1.1亿元，比上年增长33%。其中地方财政收入2441万元，比上年增长14.9%。完成全社会固定资产投资12.7亿元。人均财政收入6420元，比上年增长30%。

年末农村信用合作社开设了迁安市太平庄农村信用分社，各类存款余额2.1亿元，比上年增长28.7%；人均储蓄12895元；各项贷款余额3976万元，比上年减少26.7%。

社会发展

教育 2011年末，幼儿园6所，在园幼儿539人，专任教师17人；小学6所，在校生1068人，专任教师79人，小学适龄儿童入学率100%；初中1所，在校生607人，专任教师42人，初中适龄人口入学率、小升初升学率、九年义务教育覆盖率达100%。2011年国家财政性教育经费142万元。

医疗卫生 2011年末，各级各类医疗卫生机构10个，其中卫生院1所；病床15张。专业卫生人员18人，平均每千人拥有卫生技术人员1人。2011年医疗机构完成诊疗1.4万人次，出院病人74人次。

体育 2011年末，体育场地29处。100%的村安装了健身器材，经常参加体育活动的人员占常住人口的30%。

社会保障 2011年农村最低生活保障户数171户，人数479人，支出56万元，比上年增长43%，月人均97.4元，比上年增长17%；农村五保分散供养53人，支出12万元，比上年增长20%；农村医疗救助3916人次，民政部门资助参加合作医疗2人次，共支出44万元，比上年增长10%；农村临时救济108人次，支出1.2万元，比上年增长8%。

基础设施

交通运输 京沈高速过境，境内长5千米（马铺营至西新店）；102国道过境，境内长5千米（马铺营至西新店）；万太路过境全长17.2千米（苏庄营至三岔峪、崇家峪至尚庄）。京秦（苏庄营至马铺营）、大秦（郭家营至马铺营）2条铁路过境，京秦铁路境内长5千米，大秦铁路境内长5千米。

邮政电信 2011年末，固定电话用户2500户；移动电话用户7000户。

市政建设

公共交通 2011年末，镇区开通公交线路1条。

供电 2011年末，镇区35千伏及以上变电站（所）1座，主变压器2台，总容量3兆伏安，高压输电线路4条，总长度76千米。年售电量累计完成2340万千瓦时，综合电压合格率100%，供电可靠率99%。

马铺营村

(Mapuying Cun)

名称来历 马姓由滦县夏王岭搬此占产立庄，清顺治时期到东北曾路过此村，后在村东修大营一座，名马坡营。村亦以此而得名。后演变成马铺营村。

地理位置 地处太平庄乡东南部，东至红庙子村，南至滦县柳新庄村，西至七家岭村，北至田庄村。

主要指标 2011年末，辖区总人口1203人，总面积3.55平方千米，农民人均纯收入12269元。

七家岭村

(Qijialing Cun)

名称来历 因有庞、李、韩、贾、郑、张、纪七家来此建村峪山岭之上，故名七家岭村。

地理位置 地处太平庄乡南部，东至马铺营村，南至滦县赵家沟村，西至太平庄村，北至东山村。

主要指标 2011年末，辖区总人口1840人，总面积6.3平方千米，农民人均纯收入11990元。

太平庄村

(Taipingzhuang Cun)

名称来历 因居民们在此地居住得很平安，所以取名太平庄村。

地理位置 地处太平庄乡南部，东至七家岭，南至赵家沟村，西至东新店村，北至东蛇探峪村。

主要指标 2011年末，辖区总人口990人，总面积2.62平方千米，农民人均纯收入12727元。

东新店村

(Dongxindian Cun)

名称来历 明初，吴姓在此开店，取名吴家大店，明末大将周玉吉在此安家，于万历年间重修此村，筑起城墙，改名新店子，1962年分为两村，此村居东称东新店村。

地理位置 地处太平庄乡西南部，东至太平庄村，南至滦县赵家沟村，西至西新店村，北至苏庄营村。

主要指标 2011年末，辖区总人口265人，总面积0.83平方千米，农民人均纯收入12868元。

西新店村

(Xixindian Cun)

名称来历 明初，吴姓在此开店，取名吴家大店；明末大将周玉吉在此安家，于万历年间重修此村，筑起城墙，改名新店子，于1962年分为两村，此村位西习惯称西新店村。

地理位置 地处太平庄乡西南部，东至东新店村，南至滦县赵家沟村，西至滦县干河草村，北至苏庄营村。

主要指标 2011年末，辖区总人口368人，总面积1.06平方千米，农民人均纯收入12446元。

苏庄营村

(Suzhuangying Cun)

名称来历 明万历年间苏姓人家迁此占产立庄，故以姓氏取名苏庄营村。

地理位置 地处太平庄乡西南部，东至七家岭村，南至西新店村，西至滦县福山寺，北至西蛇探峪村。

主要指标 2011年末，辖区总人口1050人，总面积2.04平方千米，农民人均纯收入11644元。

郭家营村

(Guojiaying Cun)

名称来历 郭姓由四川移民到此定居，以姓氏取名为郭家营村。

地理位置 地处太平庄乡西南部，东至西蛇探峪村，南至苏庄营村，西至滦县青山寺，北至尚庄村。

主要指标 2011年末，辖区总人口138人，总面积0.53平方千米，农民人均纯收入12979元。

西蛇探峪村
(Xishetanyu Cun)

名称来历 明初，李姓迁此立庄，以姓氏取名李家峪，相传，村西有一巨蟒，时常到村北一水坑中饮水，故与张家峪统称为蛇探峪，后村庄扩大，本村居西，名西蛇探峪村。

地理位置 地处太平庄乡西南部，东至东蛇探峪村，南至苏庄村，西至郭家营村，北至尚庄村。

主要指标 2011年末，辖区总人口1258人，总面积4.73平方千米，农民人均纯收入12655元。

东蛇探峪村
(Dongshetanyu Cun)

名称来历 明初，张姓由山东迁此占产立庄，以姓氏取名张家峪。相传，村西有一巨蟒常到村西水坑中饮水，故与李家峪统称为蛇探峪。后村庄扩大，本村居东，名东蛇探峪村。

地理位置 地处太平庄乡西南部，东至东山村，南至太平庄乡，西至西蛇探峪村，北至崇家峪村。

主要指标 2011年末，辖区总人口1900人，总面积7平方千米，农民人均纯收入12635元。

东山村
(Dongshan Cun)

名称来历 因此村位于蛇探峪东边的山岗上，人们习惯称之为东山村。

地理位置 地处太平庄乡中南部，东至马铺营村，南至七家岭村，西至东蛇探峪村，北至胡家沟村。

主要指标 2011年末，辖区总人口351人，总面积1.44平方千米，农民人均纯收入12365元。

尚庄村
(Shangzhuang Cun)

名称来历 因附近有城山寺院，常有和尚来此居住，故取村名尚庄村。

地理位置 地处太平庄乡西北部，东至崇家峪村，南至东峪村，西至滦县东山村，北至水泉村。

主要指标 2011年末，辖区总人口1861人，总面积1.6平方千米，农民人均纯收入12069元。

崇家峪村
(Chongjiayu Cun)

名称来历 林、刘两姓人家由福州扣子庄迁来，刘姓居东取名刘家营，林姓居西取名林家峪。后两村逐渐连为一体，合为一村，为表意义崇高，取村名崇家峪村。

地理位置 地处太平庄乡中北部，东至田庄营村，南至东峪村，西至尚庄村，北至红石峪村。

主要指标 2011年末，辖区总人口1752人，总面积7.74平方千米，农民人均纯收入12186元。

田庄营村
(Tianzhuangying Cun)

名称来历 明初燕王扫北时，段姓人家随军东征到此，因年老体弱，在此立庄，取名田庄营，后演变成田庄，1982年在地名标准化处理工作中，恢复原名田庄营村。

地理位置 地处太平庄乡东部，东至潘庄子村，南至南山，西至崇家峪村，北至三岔峪村。

主要指标 2011年末，辖区总人口1760人，总面积7.31平方千米，农民人均纯收入12449元。

三岔峪村
(Sanchayu Cun)

名称来历 因有通向西、北、南三股岔道，故取村名三岔峪村。

地理位置 地处太平庄乡东北部，东至佛峪院村，南至佛峪院村，西至田庄村，北至白龙港村。

主要指标 2011年末，辖区总人口225人，总面积1.81平方千米，农民人均纯收入12233元。

石家营村
(Shijiaying Cun)

名称来历 清代邵姓等十户人家迁此立庄，取村名十家营，后演变成石家营村。

地理位置 地处太平庄乡东部，东至潘庄子村，南至管庄子村，西至天庄营村，北至北山口。

主要指标 2011年末，辖区总人口182人，总面积1.2平方千米，农民人均纯收入12836元。

胡家沟村
(Hujiagou Cun)

名称来历 清代，胡姓人家由崇家峪迁此立庄，地处山沟，故名胡家沟村。

地理位置 地处太平庄乡中东部，东至田庄营村，南至东蛇探峪，西、北至崇家峪村。

主要指标 2011年末，辖区总人口146人，总面积1.02平方千米，农民人均纯收入13151元。

(撰稿：王军、代学刚，初审：柴春江)

滦县
(Luan Xian)

皮影、评剧创始地，全国体育先进县、全国文化工作先进县、全国科技工作先进县、全国食品工业强县、全国奶牛生产强县、国家卫生县城、国家园林县城、全国文明县城。

政区概况

名称来历 因滦河而得名。辽天赞二年（923年）耶律阿保机建置滦州。1913年改州为县，称滦县。

地理位置 位于东经118°14′06″～118°49′34″，北纬39°34′52″～39°58′27″。地处唐山市东部，东与卢龙县、昌黎县隔滦河相望，南与滦南县相接，西邻丰润、古冶、开平三区，北靠迁安市及迁西县。人民政府驻滦河街道滦河西路3号，电话区号0315，邮政编码063700，距唐山市人民政府50千米。

政区沿革 商、西周及春秋时期为孤竹地。战国属燕。秦、汉属辽西郡。魏、晋、南北朝时为辽西郡之海阳县。隋属卢龙，唐属石城、马城二县地。辽天赞二年（923年），设滦州。历经金、元、明、清诸代。1913年，改州为县，称滦县。1930年，滦县分为十区，辖573个编乡、1350个村。

1938年10月，中国共产党在境内建丰（丰润）滦（滦县）迁（迁安）联合县。1942年，改称迁滦丰联合县。1940年，建迁滦卢（卢龙）联合县；1942年撤销。1943年7月，建滦卢县和丰滦县。1946年5月，撤滦卢联合县，建滦北办事处，驻张各庄；同年7月，升办事处为县，改滦北办事处为滦县。

1948年11月29日，滦县解放。1949年3月，滦西县并入；北范各庄划归唐山市，稻地、孙家楼、窦家店、王家楼、大田港等160个村划归丰南县。1949年6月，东缸窑、西缸窑、马家沟、半壁店、国各庄、耿家营、高各庄、秦庄等14个村划归唐山市开平区。1949年，全县辖有12个区；1950年，调整为8个区。1952年3月，将所辖的130个村划归唐山市。1954年，滦南县并入，全县设14个区、202个乡。1958年9月，改为15个人民公社、1个办事处（工委）。1958年11月29日，撤销滦县，改为唐山市滦州区，下辖9个人民公社。1960年3月，撤滦州区，复建滦县，区域未变。1961年4月，调整公社规模，将9个人民公社改为36个。1963年1月，恢复滦南县建制，复将程庄、川林、大沙窝、青坨营、扒齿港等85个村划归滦南县，全县辖有31个人民公社。1964年，将南范各庄、小刘庄、大赤口、小周庄等8个村划归唐山市。1965年，城关人民公社改称城关镇。1979年，晒甲坨人民公社的龚庄、河南庄等5个村及岳各庄人民公社的甘义庄、王喜庄等10个村划入唐山市；年底，辖有8个办事处、1个县辖镇、30个人民公社。1984年，政社分开，将原来的30个人民公社改建为26个乡、4个镇。1987年12月，城关镇更名为州滦镇。1989年，解各庄乡并入雷庄镇，甄庄乡、高坎乡并入滦州镇，杨柳庄乡改镇，响嘡乡改镇。1996年3月，合并何庄乡、油榨乡建油榨镇；合并宜安乡、九百户乡建九百户镇；塔坨乡并入茨榆坨镇；商家林乡并入东安各庄镇；大下五岭乡并入杨柳庄镇；麻湾坨乡、杏山乡并入榛子镇；李兴庄乡并入响嘡镇。1996年底，辖9镇、11乡。2002年1月，马庄子乡、泡石淀乡并入滦州镇；冯庄乡并入榛子镇；樊各庄乡并入东安各庄镇；合并高城子乡、龙坨乡建高城子镇；同年5月，高城子镇更名为王店子镇；合并古马乡、兴隆庄乡建古马镇；合并小马庄乡、西晒甲坨乡建小马庄镇；郑庄乡并入油榨镇。此时，辖12个镇。

2003年，设立城区街道；2007年12月，城区街道更名为滦河街道。2007年12月，设立古城街道。

政区划分 2011年末，辖滦河、古城2个街道，滦州、榛子、雷庄、九百户、响嘡、东安各庄、杨柳庄、油榨、茨榆坨、古马、小马庄、王店子12个镇；领导26个居民委员会、504个村民委员会。

人口面积 2011年末，辖区总人口55.38万人，其中城镇常住人口23.28万人，城镇化率42%。另有流动人口1.77万人。总人口中，男性28.3万人，占51.1%；女性27.08万人，占48.9%；14岁以下8.53万人，占15.37%；15～64岁40.85万人，占73.76%；65岁以上6万人，占10.83%。总人口中以汉族为主，达54.22万人，占97.91%；有满、回、蒙古、壮、朝鲜、苗等29个少数民族，人共1.16万人，占2.09%。超过1000人的有满族一个少数民族，共8656人，占少数民族人口的74.7%。2011年，人口出生率11.39‰，人口死亡率6.81‰，人口自然增长率4.58‰。

辖区东西最大距离45千米，南北最大距离40千米。总面积1028平方千米。其中陆地面积990.6平方千米，占96.4%；水域面积37.4平方千米，占3.6%。人口密度为每平方千米539人。

自然条件

地形地貌 地处燕山山脉南麓、华北平原东部边缘、滦河洪冲积平原中上部，地势北高南低，地形分为西北、东北低山丘陵，中部、南部较平坦，西南部低洼。境内山地161.9平方千米，平原830.6平方千米，洼地35.7平方千米。地貌类型分为低山丘陵、倾斜岗坡、洪冲积平原、冲积平原、河漫滩五种。主要山峰有城山、华山、青龙山、研山、横山等。其中，境内最高峰城山海拔535.7米。最低点位于古马镇老龙湾，海拔1.2米。

气候 属暖温带半湿润季风型大陆性气候，其特点是冬季受西伯利亚和蒙古冷空气影响，盛行偏北风，夏季受太平洋高压影响，盛行偏南风；春季干燥多风，夏季闷热多雨，秋季昼暖夜寒，冬季寒冷少雪。多年平均气温10.8℃，1月平均气温－5.8℃，极端最低气温－23.1℃（1978年12月29日）；7月平均气温25℃，极端最高气温39.9℃（1961年6月10日）。最低月均气温－8.7℃（2000年1月），最高月均气温27.2℃（2000年7月），平均气温年较差11℃，最大日较差24.4℃（1988年4月27日）。生长期年平均260天，无霜期年平均174天，最长达219天，最短为161天。年平均日照时数2617.5小时，年总辐射123千卡/平方厘米。0℃以上持续期231天（一般为4月5日～10月25日）。年平均降水量667.5毫米，年平均降雨日数87天，最多达149天（1985年），最少为56天（1962年）。极端年最大雨量1121.1毫米（1967年），极端年最少雨量352.5毫米（2002年）。降雨集中在每年7月至8月，7月最多。

水文 境内河道分属三个水系，东部滦河水系，包括横河、狗尿河；中部沙河水系，包括小青龙河、岳家河、溯河；西部陡河水系，包括管河、龙湾河。滦河、管河、龙湾河、沙河、横河为长年流水河，溯河、狗尿河、小青龙河为季节河。境内河流总长210.1千米，多年平均径流量1.17亿立方米。境内最大的河流为滦河，发源于河北省丰宁县，自滦县迷谷村北部入境，至史庄村南出境，境内长41千米，流域面积55平方千米，水流速10米/秒，最大洪峰量曾达3.4万立方米/秒，水位最深20米。

矿藏及其他自然资源 境内已探明共有矿产产地52处，载入河北省矿产储量表的产地21处。已探明全县铁矿保有储量33亿吨，约占全国铁矿石储量的15%，是中国四大铁矿区之一。石灰岩矿探明储量3.5亿吨，其中制碱灰岩5000多万吨，主要分布在西灰山石灰岩矿、杨柳庄石灰岩矿、雷庄石灰岩矿；石英砂岩和石英储量也相当丰富，石英矿储量6000万吨，可生产特种工业玻璃、工业技术玻璃。此外还有青龙山花岗岩矿，以及长石矿、油磨石、大理石、白云岩矿等20多种矿藏。年产铁矿石750万吨，铁精粉250万吨。拥有林地32.9万亩，林木品种有23科30属69种，森林覆盖率20.7%，有茨榆坨和青龙山两大国有林场。野生植物品种有58科246种，野生兽禽类100多种。

自然灾害 主要有水灾、震灾、旱灾、风雹灾等。水灾年均发生0.4次，主要发生在7月至8月滦河、沙河、朔河、管河流域的平坦低洼地区，涉及滦州镇、响嘡镇、古马镇、茨榆坨镇、小马庄镇、榛子镇的部分地区。历史上以滦河水患最为严重，发生水灾60多次。1949年8月8日普降大雨，滦河多处决口，受灾面积63.5万亩，受灾村434个，倒塌房屋3.6万间，死亡21人。1962年7月，连降大雨，滦河流量最高达3.4万立方米/秒，滦河多处漫溢决堤，受灾面积47.6万亩，倒塌房屋2.3万间，伤亡20人。震灾年均发生0.02次，据历代县志记载，从明嘉靖四十一年（1562年）到2011年，境内共发生4级以上地震15次，其中1976年唐山大地震震级最大，损失最为惨重。1976年7月28日凌晨3点42分，唐山、丰南一带发生7.8级强烈地震，波及滦县31个公社508个大队。死亡7831人，伤23132人，倒塌房屋34.3万间，死伤大牲畜4597头，绝收粮食面积3.3万亩，毁坏工业、医疗设备3500台（件），毁坏公路6条。旱灾4年一遇，主要发生在1月至5月，是滦县最为频发的灾害。1965年春旱，4~5月仅降雨15.4毫米，较历年同期少75%，花生区不能及时播种，所产不抵种量。1972年5~7月下旬70天无雨，71.5万亩农作物受灾，占总耕地的86%。风雹灾，境内风灾、雹灾相对水灾和旱灾较少，亦时有发生。1977年7月23日，兴隆庄、响嘡、李兴庄、城关等乡镇遭大风，风带东西长6千米，宽300米，刮倒房屋188间，伤9人。1980年6月20日，何庄、油榨等9个乡遭大风，受灾面积1.3万亩。冰雹对工农业均有危害，1960年6月2日部分地区降雹1.5小时，城关镇、兴隆庄乡42个村受重灾，树木、庄稼光秃，砸死1人，砸死牲畜136只，受灾面积3.7万亩。

经济概况

农业 耕地面积84.9万亩，其中有效灌溉面积70.8万亩，人均1.5亩；林地面积32.9万亩。是以粮油生产为主的农业县，1987年滦县被省政府列入省粮油基地，1990年又被省列入第三批重点商品粮基地。1949年农业总产值为1600万元，2011年达到53.9亿元，是1949年的337倍，占国内生产总值的10.3%。

粮食作物以小麦、玉米为主。2011年，生产粮食30.8万吨，人均556千克，其中小麦5.2万吨，玉米23.6万吨。主要经济作物为花生。2011年，花生种植面积21.8万亩，产量5.4万吨。蔬菜种植面积14.7万亩，产量72万吨，瓜果种植面积1.5万亩，产量5.4万吨，主要品种有西瓜、蜜瓜、黄瓜、番茄、白菜、韭菜、西红柿、油菜等。棉花种植面积2814亩，产量277吨。

畜牧业以奶牛、生猪、蛋鸡为主。2011年末，奶牛存栏10.8万头；肉牛存栏1万头；生猪存栏25.8万头；羊存栏8.6万只；家禽存栏237.4万羽。2011年，生产肉类5.6万吨，其中猪肉2.8万吨，牛肉1.6万吨，羊肉1380吨，禽肉8636吨；禽蛋2.7万吨，奶类39.9万吨。畜牧业总产值28.8亿元，占农业总产值的53.3%。

截至2011年末，累计造林2272公顷，其中防护林1842公顷，经济林20公顷，农民住宅四旁树木90万株，森林覆盖率21%。全县果树面积9.4万亩，产量10万吨，主要品种有苹果、梨、桃、葡萄、杏、核桃、板栗等，其中苹果4.3万吨，梨2.2万吨。

2011年，水产品总产量3467吨，其中内陆养殖3241吨，内陆捕捞226吨，全部为鱼类。养殖面积344公顷，其中池塘养殖面积298公顷，产量3241吨。生产各种淡水鱼苗10亿尾，淡水鱼种396吨。养殖品种以草鱼、鲢鱼、鲤鱼、鲫鱼、鲂鱼为主，养殖方式以池塘精养为主，成鱼亩产量在1500公斤左右，鱼种亩产量在800公斤左右。渔业总产值3629万元，占农业总产值的0.7%。

2011年，农业机械总动力88.4万千瓦。名优特农产品有花生，20世纪30年代即以“东路花生”的美誉进入国际市场，1986年滦县被国家确定为“优质花生生产基地”和“花生米出口体系建设基地”，1987年滦县花生被农业部命名为名优特产品，1995年农业部批准滦县为全国首批商品油料生产基地试点县，1996年“中国特产之乡”命名宣传活动组织委员会命名滦县为“中国花生之乡”。农民人均纯收入9048元。

工业 形成了建材、食品、冶金三大行业，建成了滦县经济开发区、工业聚集区、装备制造产业园区、榛杨工业区、曹妃甸滦县临港产业园区“五大工业园区”。工业总产值从1949年的16.4万元增加到1978年的4900万元，2011年，达到504.7亿元，比上年增长20.1%，实现工业增加值152.8亿元，比上年增长29.1%，占国内生产总值的56.9%。

2011年，规模以上工业企业59家，职工2.6万人。其中大中型企业10家，职工1.3万人，实现工业增加值24.5亿元，比上年增长9.2%。涌现了庞大集团、蓝贝酒业集团、伊利集团、司家营铁矿、冀东水泥、东海钢铁、安泰钢铁等一批大型企业，其中销售收入达到10亿元以上的企业14家。庞大集团年销售收入已突破100亿元，“河北省百强企业”排名第6位。“蓝贝”啤酒获“中国驰名商标”。

商业外贸 2011年末，商业网点5600个，职工2.3万人；各类市场73个，其中综合市场66个，专业市场7个，有滦州建材大市场、滦州农资大市场、北方小商品批发市场、冀东汽车交易市场、滦州果菜批发市场、滦州木料市场、孟家屯花生专业市场。2011年，社会消费品零售总额达83.6亿元，比上年增长17%；城乡集市贸易成交额30亿元，比上年增长6.3%。

2011年，进出口总额6786万美元，比上年增长21.3%；其中进口3960万美元，比上年增长20.8%；出口2826万美元，比上年增长21.9%。

财政金融 2011年，财政总收入23亿元，比上年增长41.1%。其中地方财政收入9.2亿元，比上年增长48.5%，是1949年的295倍，比1978年增长105倍。从主要税种看，完成营业税2.5亿元，增值税9.1亿元，企业所得税5.7亿元，个人所得税1亿元，分别比上年增长45.7%、32.1%、56.3%、12.9%。人均财政收入4161元，比上年增长40.9%，是1949年的347倍，比1978年增长217倍。

2011年，金融产业实现增加值4.3亿元，比上年增长6.5%，是1978年的227.5倍，占国内生产总值的1.4%。年末有人民银行、中国银行、建设银行、工商银行、农业银行、农发行、信用联社7家银行在滦县开设了支行，5家在乡镇设立了办事处；各类存款余额168.6亿元，比上年增长20.7%，是1978年的524.6倍；居民储蓄113.6亿元，人均储蓄2.1万元；各项贷款余额75.5亿元，比上年增长10.9%，是1978年的163.8倍。保险业实现保费收入3.1亿元，比上年增长12%；其中财产险保费收入1亿元，比上年增长7.6%；人身险保费收入2.1亿元，比上年增长8.6%。

社会发展

文化艺术 2011年末，各类艺术表演团体11个，演职人员120人。电影公司1个，电影放映单位1个，电影院1座，座位1094个，每万人拥有20.3个，年放映6084场次，观众达9.1万人次。文化馆（站）1个，建筑面积1500平方米。图书馆1个，建筑面积1500平方米，藏书6万册。文化行业从业人员1000余人，占全县社会从业人员的0.4%。

地方特色民间艺术有滦州皮影、滦州评剧、滦州剪纸等，其中滦州皮影、滦州剪纸、唢呐吹歌被列入市级非物质文化遗产。2001年滦县被文化部命名为全国文化先进县。

教育 2011年末，幼儿园102所，在园幼儿14859人，专任教师495人；小学102所，在校生36212人，专任教师2102人，小学适龄儿童入学率100%；初中29所，在校生16057人，专任教师1661人，初中适龄人口入学率、小升初升学率、九年义务教育覆盖率均达100%；普通高中3所，在校生8147人，专任教师835人；中等职业学校2所，在校生4626人。其中九年一贯制私立学校1所、民办幼儿园3所。重点学校有滦县一中、二中、三中、四中、五中、六中、七中、八中，滦县第一实验小学、第二实验小学、第三实验小学、第四实验小学及滦县职业技术教育中心、滦县卫生中专学校。

2011年教育经费达3.9亿元，国家财政性教育经费3.5亿元，财政预算内教育经费3.4亿元，预算内教育事业费3.3亿元，分别比上年增长5.4%、3.6%、5.3%、4.1%。预算内教育经费（包括城市教育费附加）占财政总支出的比例为25.3%，比上年提高了0.1个百分点。

科技 2011年末，全县实施各级各类科技项目454个，取得各类科研成果97项，其中4项达到国际先进水平，10项达到国内领先水平，32项达到国内先进水平；列入国家“星火计划”项目3个，获得62项省、市科技进步奖；有106项成果在县内各行业推广应用。引进推广科技成果174项，研究开发省级以上工业新产品43项，其中18项到达到国内先进水平，31项获省、市科技进步奖。拥有各类专业技术人员9374人。培养市级科技示范镇3个，科技示范村140个，科技示范户1500个；建立县级推广中心（公司）5个，乡级服务站（公司）29个，村级服务组织500个，各类协会65个。发展民营科技企业22家，发展技贸机构36家，兴办了9个民营科技实体、38个技贸服务组织。引进实施了“超纯合金及其制品产业化”等3个高新技术项目，实施了东海特钢、金地装备制造等59个产业链项目，23个技术改造项目。开发了全球首发、填补国内空白的“蓝带1844”和伊利舒化奶等高端产品。自主开发了TUY808型全液压工法打桩机、TDL853型全液压工法打桩机等4项新产品。2011年末，全县已有蓝贝、燕滦等39个品牌注册涉农商标，其中中国驰名商标1个，中国名牌产品1个。全县专利拥有量累计达到240项，产业化平台1个——河北省农业科技示范园区。2011年度县财政科技投入2280万元，地方财政科技投入占本级财政总支出的1.2%。

医疗卫生 2011年末，各级各类医疗卫生机构34个，其中二级甲等医院2所（综合医院1所、中医院1所），疾病控制中心（卫生监督所）1个，妇幼保健院1所，卫生院12所，卫生所18个，卫生学校1所（中专）；病床1571张，每千人拥有医疗床位2.9张，固定资产总值2.3亿元。专业卫生人员1532人，其中执业医师598人，执业助理医师193人，注册护士512人，平均每千人拥有卫生技术人员2.8人，平均每千人拥有执业（助理）医师1.5人，平均每千人拥有注册护士1人。2011年医疗机构（门诊部以上）完成诊疗68.4万人次，住院手术1.1万台次，出院病人7万人次。重点医院有滦县人民医院、滦县中医院、滦县妇幼医院和滦县卫生防疫站。

2011年法定报告传染病发病率为334.5/10万。新型农村合作医疗参合人数45万人，参合率98.1%。5岁以下儿童死亡率、婴儿死亡率、新生儿死亡率分别为3.9‰、2.8‰、2.4‰。

体育 2011年末，体育场地330处，体育社团4个，各级社会体育指导员237人。县体育场有400米跑道、足球场、篮球场、乒乓球场、排球场。每年定期举办的体育活动有象棋比赛、老年文体表演、乒乓球比赛、夏季彩色周末等活动。举办的省级以上体育赛事有中国乒乓球超级联赛、河北省第五届农民运动会。100%的城市社区和48%的村安装了健身器材，经常参加体育活动的人员占常住人口的38%。被国家体育运动委员会命名为全国体育先进县。

广播电视 1983年始建县人民广播电台，1986年开通滦县调频广播电台。1985年建滦县电视台，经过20多年的建设，形成了电台、电视台、有线台三台合一的格局。建有138.6米的六柱、圆型自立式发射塔，实现了四级混合覆盖。截至2011年末，滦县电视台开通“滦县电视台”、“滦县综艺”两个频道，全年公共电视节目播出时间12240小时。有线电视用户45000户，其中城区18000户，农村27000户，148个村通上了有线电视，滦县广播电视混合覆盖率达到100%，全县各个地区都能看到电视。广播电台开通7档广播节目，覆盖全县，全年公共广播播出时间8760小时。

新闻出版 2011年末，印刷厂22家，从业人员196人，打字复印13家，从业人员26人。出版物发行机构33家，从业人员35人。

社会保障 2011年，城镇最低保障户数990户，人数1913人，支出634.5万元，比上年增长15%，月人均276.4元，比上年增长20%；城市医疗救助26人次，民政部门资助参加合作医疗2.4万人次，共支出70.8万元，比上年增长76%；城市生活无着人员救助2100人次，支出3.6万元，比上年增长27%。

农村最低生活保障户数6776户，人数1.5万人，支出1595.5万元，比上年增长47%，月人均88.6元，比上年增长20%；农村五保集中供养708人，支出308万元，比上年增长39%；农村五保分散供养2346人，支出788万元，比上年增长10%；农村医疗救助579人次，农村临时救济1240人次，支出15万元，比上年增长5%。

自然灾害受灾人口5.1万人，农作物受灾面积2.8万亩，直接经济损失1788万元，救灾支出80万元，比上年增长3%。

国家抚恤、补助各类优抚对象3365人，安置义务兵、士官65人。军休所1个。

县慈善协会1个，慈善超市1个，全年接受社会捐款150.6万元，使789人（次）困难群众受益。

新增就业人员5422人，有2472名下岗失业人员实现了再就业，就业困难人员再就业720人，年末城镇登记失业人数1070人，城镇登记失业率为3.4%，组织10名高校毕业生到农村基层从事“三支一扶”的工作。

五项社会保险（不含新型农村社会养老保险）基金收入合计4.9亿元，比上年增长23%；基金支出合计3.1亿元，比上年增长42%。年末参加城镇基本养老保险4.3万人，比上年末增加6000人；其中参保职工3.8万人，参保离退休人员5.3万人，分别比上年末增加5000人和300人。参加基本养老保险的农民工3526人，参加企业基本养老保险3.5万人，比上年末增加5400人。参加城镇基本医疗保险7.9万人，比上年末增加4000人，其中参加城镇职工基本医疗保险5.6万人，比上年末增加5000人，参加城镇居民基本医疗保险2.3万人。

参加失业保险3.6万人，比上年末增加5000人，年末领取失业保险金800人，比上年末增加500人。参加工伤保险7万人，比上年末增加2万人，其中参加工伤保险的农民工1.2万人，全年认定（视同）工伤662人，比上年增长66人，全年享受工伤保险待遇775人，比上年增长560人。参加生育保险7.9万人，比上年末增加4000人，全年共有541人次享受了生育保险待遇。

城镇非私营单位在岗职工年平均工资为3.8万元，比上年增长3841元。各级劳动人事争议调解组织和仲裁机构共受理劳动人事争议案件159件，结案159件，其中通过调解方式结案97件，占61%。仲裁机构立案受理劳动人事争议109件，比上年增长6.8%，涉及劳动者129人，结案率100%。

环境保护 2011年城区空气质量一级天数58天，二级天数262天，三级天数45天，达到二级和好于二级的天数占全年天数的87.7%；空气中二氧化硫、二氧化氮年均浓度值分别为0.06毫克/立方米、0.04毫克/立方米，达到国家二级标准；可吸入颗粒物年均浓度值为0.09毫克/立方米，达到国家二级标准。污水处理能力达到1.2万立方米/日，污水处理率达到82.6%，再生水利用量达到3700立方米/天，生活垃圾无害化处理率达到100%。城镇人均公园绿地面积12.4平方米，城镇绿化覆盖率达到44.3%。

基础设施

交通运输 形成了国道、省道、县道、乡道4级公路网。有高速公路1条，国道2条，省道2条，县道5条，乡镇公路49条。全县实现了村村通油路，总通车里程达到801千米，公路密度达到每百平方千米77.9千米。2011年客运总量836万人次，货运总量2287万吨。

铁路京哈线、京秦线、滦港线、迁曹线、卑水线过境，总长91千米，设滦县、滦县东、雷庄、狼窝铺、石郎庄、福山寺、马柳、杨各庄、沙子河9个站，日均有57列客车停靠，动车有D19次、D24次、D27次，特快列车有T14/T11、T182/T183等10次；快车有K1112/K1113、K1114/K1111等44次；普快有21列客车停靠，日客运量2000人次。其中滦县站为客货两用站，全年发送旅客60万人次，发送货物近百万吨。

京哈高速公路过境，境内长34千米，有滦县（迁安）、迁西、榛子镇3个出口；102国道过境，境内长30.9千米，为双向2车道；205国道过境，境内长20千米，为双向4车道。省道有平（平泉）青（青龙）乐（乐亭）公路过境，境内长27千米，为双向6车道；迁（迁西）曹（曹妃甸）公路，境内长26.4千米，为双向2车道。县道有何茨公路、杨柏公路、唐榛公路、古柳公路、滦古公路，均为双向2车道，总长110.4千米。有发达的长途汽车线路，客车192辆，座位4744个，日均发送133辆客车，日客运量3337人次。2011年运输企业拥有货运汽车6232辆，4.8吨位，货运量2287万吨，货运周转量513150万吨·千米；客运量836万人次，客运周转量32210万人·千米。滦县汽车站属二级站，班车可直达北京、天津、石家庄、承德等地，每日车班次达到200班左右，客运量2500人次。

邮政电信 2011年末，邮政网点9个，投递路线单程总长度2638千米，投递点8815个，乡村通邮率100%；全年投递国内函件102.6万件，国内汇票业务完成8.5万笔，国内异地特快专递信件完成3.8万件，征订报纸3.6万份、期刊2.8万册，业务收入165万元。

电信企业3家，服务网点108个；电话交换机总容量

10.8万门，固定电话用户7.5万户，比上年增加4150户，电话用户普及率达到7.5%，比上年提高0.2个百分点；移动电话用户40万户，比上年增加7.6万户，移动电话普及率为25.2%，比上年提高7.2个百分点；光缆线路总长达2117千米，主干电缆达42.4千米，互联网端口总数10.6万个，其中已占用端口总数5万个，宽带接入用户4.5万户，比上年增加1.1万户。全年电信业务收入2.1亿元。

名胜旅游

旅游业概况 境内风景区（点）主要有滦州古城、青龙山景区、研山景区、滦州龙山中山公园等。曾被评为“中国滦河文化之乡”“中国最具投资价值旅游城市”。有星级饭店2家；旅行社6家。

2011年，共接待游客600万人次。

主要风景区 青龙山风景区 省级风景名胜区。景区内群山俊美，有延古寺、望海楼、卧佛峰、罗汉洞及千年古树、阴阳古井等景点，是集旅游观光、休闲度假、宗教朝圣、商务会议为一体的综合性旅游景区。

研山风景区 坐落于县城东南5.4千米处、滦河西岸，其状势如虎，有“研山虎踞”之称。辽代、山顶建有文峰塔和碧霞元君祠，历史上曾几次重修，文峰塔由塔座、塔身、塔刹三部分组成，是古滦州的标志性建筑。

风景点 滦州古城 始建于辽代。2009年重建古城，突出了老县衙门、城隍庙、文庙、钟鼓楼、接官亭、戏院（古戏台）等复古建筑，体现了宜居宜业宜游。

滦州龙山中山公园 龙山是辛亥滦州起义志士结盟的发源地，园内有孙中山先生的孙女孙穗芳捐赠的孙中山铜像以及以“龙山——辛亥北方革命之圣地”为主题的历史文化长廊，展示了有关辛亥滦州起义的文献资料、歌词文告、诗文寄语等。

土特产品 境内土特产品主要有郝家火烧、滦州蜜瓜、东路花生、玉丰薯干、滦河红鲤等。

郝家火烧 又称叉子火烧、“蛤蟆吞蜜”，始创于1921年。创始人郝志敏运用现代及祖传工艺，采用上等面粉、几十种调味品、几十道工序，潜心制作而成，享有“滦县一绝郝家火烧”的美称，被载入《滦县志》《河北菜谱大全》。

滦州蜜瓜 又名厚皮甜瓜。滦县冬春和初夏少雨干旱，日照充足，昼夜温差大，适合蜜瓜生长。蜜瓜营养丰富，色泽艳丽，风味高雅。

东路花生 滦县的“东路花生”在国际市场久负盛名，以果白、籽粒饱满、质地细腻、出油率高、营养丰富而著称。在北京国际农业博览会上被评为名优产品。

玉丰薯干 采用特产地瓜，以民间传统工艺精制而成，不加任何添加剂，保持天然色泽和味道，富含多种维生素，是纯天然绿色食品，在常温下保存会起一层白色糖霜，食味更佳。

滦河红鲤 产自滦河，以滦河老铁桥为界，桥北产黑鲤，桥南产红鲤，虽一桥之隔，但向无混杂。黑鲤皮糙肉厚，红鲤细鳞鲜鳍，味道绝佳，曾为宫中贡品。

重大事件

本辖区内发生的重大事件有辛亥滦州起义、冀东抗日暴动、港北起义、张学良决策东北易帜等。

辛亥滦州起义 是孙中山等革命党人谋划的一场武装反清起义。清宣统三年（1911年），张绍曾、吴禄贞等志士想利用滦州军事操练举行起义，但由于武昌起义爆发，停止秋操，张绍曾此时兵谏，却又轻信清廷谎言，交出兵权，滦州兵谏失败。后七十九标的王金铭、施从云、冯玉祥等官兵于12月31日宣布起义，通电全国，成立北方革命军政府，并率官兵登车西进，在雷庄与敌人交战，由于王金铭、施从云等轻信敌军，被捕杀害，起义最终失败。

冀东抗日暴动 在中共中央北方局、晋察冀军区的策划下，1938年7月6日凌晨，滦县的李润民、高培之等在港北村举行起义，成立抗联第五总队，李润民为总队长，高培之任政治主任，张鹤鸣任副总队长兼参谋长。收缴了张各庄警察所的枪支，击溃滦县伪政府的保安队。随后，滦县各地成立几十支暴动队伍，抗日烽火燃遍冀东。

著名人物

本辖区内的著名人物有杂文怪才宣永光，皮影创始人黄素志，评剧创始人张德礼，戏曲家金开芳，兽医奠基人崔步瀛，画家孙竹篱、宣道平，魔术大师韩敬文，著名英烈蒋卫平、丁振军、高恒、岳子章，教育家吴富恒等。

蒋卫平（1882～1910年） 滦县蒋庄人，本名蒋文庆，字卫平，号慕谭。早期同盟会会员、辛亥革命时期北方著名英烈。光绪三十一年（1905年），蒋卫平考入直隶永平府师范，后转入永平府中学，与李大钊为同窗好友。后弃文从武，入保定陆军速成学校学习。三十二年（1906年），蒋卫平在沈阳创办了“官字母总塾”，推广普通话。三十四年（1908年）11月，与其他同盟会会员创办《长春日报》，在唤起民众保卫国权、抗御外侮和揭露立宪阴谋等方面都发挥了重要作用。宣统二年（1910年），作为中方代表，与俄方交涉六十四屯事宜，被扣押。后几经交涉，俄方才佯允遣蒋回国，途中俄警将其杀害。好友陈明侯将军为他立诗碑：“滦水流潺潺，英雄去不还。龙沙埋白骨，风云哭阴山。”李大钊含泪写下：“半世英雄沉漠北，经年骨骸冷江头”。

宣永光（1886～1960年） 男，滦州老城人，笔名老宣。曾在北京汇文书院、陆军预备学校读书，毕业后先后任陆军预备学校、汇文学校、民大、朝大、北大、铁大、华大、平大教员、讲师。自20世纪20年代后，开始为《实报》《图画世界》和《北洋画报》等报刊撰写文章。他著文“自立学说，针砭时弊，话锋偏激，嬉笑怒骂”，极受读者欢迎。20世纪30年代出版了《妄谈》《疯话》，国人争相传阅。人们评论说，老宣“所发言论无不是全国同胞堕落之真病及实弊”，“可称人类格言，社会警钟”。宣永光被称为“中国现代史上的疯狂墨客”“中国文坛的春秋魔笔”，是继鲁迅之后中国最著名的杂文作家之一。

吴富恒（1911～2001年） 滦县城内人。1935年毕业于北京师范大学，1942年美国哈佛大学硕士毕业。回国后曾任云南大学教授，华东大学教授、外文系主任，后历任山东大学教授，文学院院长、校长，山东省政协副主席、民盟中央常委、全国外国文学学会副会长、全国美国文学研究会会长、全国翻译工作者协会副会长、中国高等教育学会常务理事等职。是中共十一大代表，第三、四、五、六届全国政协委员，我国第一位获得哈佛大学荣誉法学博士称号的学者、著名的教育家、杰出的政治活动家。主编《文史哲》期刊，著有《文艺学教学与改进意见》《语义学批判》，译著有《马克思列宁主义的美学反对艺术中的自然主义》《论现实主义与自然主义的区别》等。

丁振军（1913～1944年） 滦县西坨子头人，原名丁凯。1935年加入中国共产党，历任中共滦县县委委员、冀东抗日联军第四总队政治主任、晋察冀边区行政委员会冀东办事处主任、晋察冀边区行政委员会第十三行政公署东部办事处主任、中共冀东地委路南工作委员会书记兼路南工作团主任、中共冀热边特委第四地委书记兼第四专员公署专员等职。1944年10月17日于丰润杨家铺战斗中牺牲，时年31岁。丁振军是冀东路南地区党的主要领导者，在长期对敌斗争中，特别是在滦县乃至冀东党政军建设和开辟抗日根据地的斗争中，作出了杰出贡献。

岳子章（1916～1948年） 原名孙海，滦县韩新庄人，1938年参加冀东抗日暴动，1939年加入中国共产党，暴动失败后回村组织抗日武装，后入伍到丰滦迁联合县武装总队。1940年春，岳子章在区委领导下组建了区小队，1942年，岳子章任丰滦迁联合县武装总队第二大队副队长，1943年任大队长。1947年，唐山矿工人总队与岳子章的队伍合编为县大队，岳子章任大队长，多次到卑家店、古冶、野鸡坨等处设伏歼敌。1948年9月，第四野战军围攻沈阳，为防止关内敌军增援，县大队奉命配合阻敌，他们和群众一起将古冶至滦县一段铁路全部拆毁，敌军急于援锦，疯狂东涌。5日，县大队与敌激战于雷庄毛山，敌军以一个团的兵力包围了山头，岳子章身先士卒，奋勇冲击，战斗中，一发炮弹突然落在身边，岳子章不幸牺牲。

高恒（1921～1946年） 滦县沈官营人，1938年参加冀东抗日大暴动，1940年入党，任盘山游击队长，后任丰滦迁联合县基干队大队长。1942年秋，调到滦东任迁卢抚昌联合县一、二区基干队长、指导员，不久任县大队长。1943年7月，带领部分队员，用三把斧头劈了设在老车站的伪滦县建设总署，杀死日本顾问。同年8月，夜袭昌黎安山，全歼安山反动武装联庄会和保安第五中队。1943年底，组建了铁道游击队——“滦山游击队”，高恒任队长，在北宁铁路滦县至山海关沿线打击日伪军，搞枪支弹药，夺敌人物资。1945年荣获三级战斗英雄称号。日本投降后，任冀热辽军区副团长，挺进东北，任昌北县大队长。1946年10月，与国民党骑兵遭遇，同行四人战死，高恒弹尽失踪。

城区市政建设

道路 2011年末，城区道路总长度225.78千米，人均拥有道路长度15.1米；道路铺装面积227.9万平方米，人均道路道路面积152平方米。

公共交通 2011年末，城区开通公交汽车线路2条，运营总里程达0.6万千米，公交运营车辆12辆，万人拥有量为3.2台，年客运量72万人次；出租车174辆，万人拥有辆45.8台，年客运量70万人。

给排水 2011年末，城区自来水厂2座，铺设φ50以上干线水管29.4千米，生产能力4万吨/日，年工业用水8.9万吨、生活用水155万吨，自来水普及率100%，年人均生活用水18.7吨；排水管道（雨、污水合计）53千米，其中污水管道46千米，污水处理厂1座，日污水处理能力2万吨。

供电 2011年末，城区35千伏及以上变电站3座，主变压器6台，总容量263兆伏安，高压输电线路6条，总长度116.5千米，用电负荷2.8万千瓦。年售电量累计完成1.8亿千瓦时，综合电压合格率99%，供电可靠率99.8%。

供热 2011年末，城区热水供热管道总长度185.5千米，供热面积270.9万平方米；供热用户22525户，其中工业用户110户，居民用户22425户，供热普及率为90%。

燃气 2011年末，城区管道天然气供气站1个，其他天然气供气站16个，管道天然气管线47.5千米，管道天然气用户9268户（均为居民用户），其他居民户均使用液化气罐，燃气普及率为100%。

园林绿化 2011年末，城区公园5个，公园面积138.47公顷，园林绿地面积598公顷，其中公园绿地面积（含广场绿地）156.3公顷，绿化覆盖率44.3%。

（撰稿：张连友、陈明广，初审：高建东）

滦河街道

(Luanhe Jiedao)

政区概况

名称来历 因滦河而得名。

地理位置 地处滦县东部，四周均属滦州镇地界。办事处驻滦县新城区，电话区号0315，邮政编码063700。

政区沿革 1987年12月，设立滦州镇街道，辖10个居民委员会。2003年5月，更名为城区街道，辖20个居民委员会。2007年12月，更名为滦河街道，辖15个居民委员会。

政区划分 2011年末，辖自强里、光辉里、友谊里、朝阳里、团结里、晨光里、晨光西里、晨光南里、新华里、文化里、永安里、西站里、紫薇园、嘉凤园、金鼎丽城15个居民委员会。

人口面积 2011年末，辖区总人口3.68万人，其中城镇常住人口3.61万人。另有流动人口722人。总人口中，男性18364人，占49.94%；女性18410人，占50.06%；14岁以下5767人，占15.68%；15～64岁2.87万人，占78.1%；65岁以上2287人，占6.22%。总人口中，以汉族为主，达3.63万人，占98.8%；有满族314人，占0.85%；其他少数民族442人，占0.35%。2011年，人口出生率 7.73‰，人口死亡率 1.78‰，人口自然增长率5.95‰。

辖区东西最大距离4.8千米，南北最大距离5.2千米，总面积12平方千米。人口密度为每平方千米3067人。

经济概况

商业外贸 2011年末，商业网点973个，职工2404人，其中大中型商业网点19个，职工1480人。

财政金融 年末有银行10家，储蓄所6个，保险公司10家。

社会发展

文化艺术 2011年末，文化艺术团体9个，会员247人。2011年文艺演出29场次，观众达5.8万人次。图书馆1个，建筑面积1780平方米，藏书6万册。地方特色文化活动有老年秧歌队、腰鼓队、社区文艺宣传队等。

教育 2011年末，幼儿园9所，在园幼儿1443人，专任教师147人；小学3所，在校生5200人，专任教师295人；初中1所，在校生3134人，专任教师255人；普通高中1所，在校生4700人，专任教师477人；中等职业学校2所，在校生4626人，专任教师424人；民办完全中学1所，在校生1578人，专任教师163人。重点学校有滦县一中、滦县三中，滦县第二实验小学、第三实验小学、第四实验小学。

医疗卫生 2011年末，甲等医院1所，乙等综合医院1所，疾病控制中心1个，卫生院或卫生所26个，卫生服务中心7个；病床950张。专业卫生人员1000人。

体育 2011年末，体育场地16处，健身器材197个。经常参加体育活动的人员占常住人口的30%。

社会保障 2011年，城镇最低生活保障户数194户，人数446人，支出157.3元，比上年增加5.6%；城市医疗救助13人次，支出7万元；城镇居民医疗保险参保人数4970人，新型城镇居民养老保险参保人数1349人。

永安里社区

(Yonganli Shequ)

名称来历 1997年始建，取“平安”“祥和”之意，故命名为永安里社区。

地理位置 地处滦河街道办事处西部，东至建华大街，南至人民路，北至205国道，西至滦州镇北张庄子村。

主要指标 2011年末，辖区总人口4450人，总面积0.61平方千米，城镇居民人均可支配收入11000元。

紫薇园社区

(Ziweiyuan Shequ)

名称来历 2004年始建，因环境优美、宜养宜居，遂命名紫薇园社区。

地理位置 地处滦河街道办事处南部中段，东至滦县第一中学，南至工农路，西至建华大街，北至团结路。

主要指标 2011年末，辖区总人口1780人，总面积0.08平方千米，城镇居民人均可支配收入11000元。

晨光南里社区

(Chenguangnanli Shequ)

名称来历 1999年始建，因坐落于晨光里社区南部，故名晨光南里社区。

地理位置 地处滦河街道办事处西南部，东至体育大街，南至团结路，西至建华大街，北至滦河路。

主要指标 2011年末，辖区总人口3756人，总面积0.14平方千米，城镇居民人均可支配收入11000元。

友谊里社区

(Youyili Shequ)

名称来历 1992年始建，命名为友谊里社区。

地理位置 地处滦河街道办事处南部，东至平青大公路，南至滦河路，西至燕山大街，北至205国道。

主要指标 2011年末，辖区总人口2673人，总面积0.22平方千米，城镇居民人均可支配收入11000元。

朝阳里社区

(Chaoyangli Shequ)

名称来历 1986年始建，命名为朝阳里社区。

地理位置 地处滦河街道办事处南部，东至燕山大街，南至工农路，西至体育大街，北至滦河路。

主要指标 2011年末，辖区总人口3210人，总面积0.33平方千米，城镇居民人均可支配收入11000元。

团结里社区

(Tuanjieli Shequ)

名称来历 1993年始建，因坐落于团结路，故名团结里社区。

地理位置 地处滦河街道办事处南部，东至滦新街，南至工农路，西至燕山大街，北至滦河路。

主要指标 2011年末，辖区总人口5092人，总面积0.23平方千米，城镇居民人均可支配收入11000元。

嘉凤园社区

(Jiafengyuan Shequ)

名称来历 2006年始建，命名嘉凤园社区。

地理位置 地处滦河街道办事处西南部，东至晨光西里社区，南至滦河路，西至长江大街，北至滦县海洋私立学校。

主要指标 2011年末，辖区总人口664人，总面积0.09平方千米，城镇居民人均可支配收入11000元。

西刘各庄村

(Xiliugezhuang Cun)

名称来历 明永乐年间有刘姓迁民由山西柳州来此地占产立庄，以姓氏取村名为刘各庄，后因人口增多，分为两村，该村位西，故称西刘各庄。简称西刘。

地理位置 地处古城街道办事处北部，东至东刘各庄，南至横河，西至榆山，北至窟窿山。

主要指标 2011年末，辖区总人口1604人，总面积5.4平方千米，农民人均纯收入10507元。

东刘各庄村

(Dongliugezhuang Cun)

名称来历 该村由刘各庄分出，因方位居东，故称东刘各庄。简称东刘。

地理位置 地处古城街道办事处北部，东至滦河，南至滦河，西至西刘各庄，北至窟窿山。

主要指标 2011年末，辖区总人口1395人，总面积4.8平方千米，农民人均纯收入10517元。

桃园村

(Taoyuan Cun)

名称来历 因当时该地是果园，园内又以桃树居多，故取名为桃园。

地理位置 地处古城街道办事处北部，东至韩家坟，南至西灰山，西至滦河公路，北至胡庄。

主要指标 2011年末，辖区总人口858人，总面积1.8平方千米，农民人均纯收入10183元。

西灰山村

(Xihuishan Cun)

名称来历 清顺治年间建村。村民以烧灰为业，因该村位于灰山西侧，故名西灰山。

地理位置 地处古城街道办事处北部，东至东灰山，南至滦河，西至凹隆山，北至桃园。

主要指标 2048年末，辖区总人口1376人，总面积2.7平方千米，农民人均纯收入10380元。

东灰山村

(Donghuishan Cun)

名称来历 清顺治年间建村。村民以烧灰为业，因该村位于灰山东侧，故名东灰山。

地理位置 地处古城街道办事处北部，东至韩家坟，南至滦河，西至西灰山，北至胡庄。

主要指标 2011年末，辖区总人口821人，总面积2平方千米，农民人均纯收入10332元。

韩家坟村

(Hanjiafen Cun)

名称来历 明万历年间有一韩姓御史死后葬于此地。清顺治三年韩姓在此立庄。以姓氏取村名为韩家坟。

地理位置 地处古城街道办事处北部，东至滦河，南至滦河，西至东灰山，北至胡庄。

主要指标 2011年末，辖区总人口210人，总面积1.4平方千米，农民人均纯收入9983元。

胡庄村

(Huzhuang Cun)

名称来历 清康熙初期有姓胡人家首先在此占产立庄，以姓氏取名为胡庄。

地理位置 地处古城街道办事处北部，东至滦河，南至东灰山，西至贡店子，北至周王山。

主要指标 2011年末，辖区总人口603人，总面积1.1平方千米，农民人均纯收入10148元。

周王山村

(Zhouwangshan Cun)

名称来历 明洪武初期有个名叫周峰的在雪峰寺占山为王，占产立庄，以姓氏和地势取村名为周王山。

地理位置 地处古城街道办事处北部，东至滦河，南至胡庄，西至贡店子，北至柏店子。

主要指标 2011年末，辖区总人口1635人，总面积3.1平方千米，农民人均纯收入10524元。

（撰稿：李守利，初审：高建东）

滦州镇

(Luanzhou Zhen)

国家级优美乡镇、河北省百强镇。

政区概况

名称来历 因滦县古称滦州而得名。

地理位置 地处滦县东部，东与古城街道相邻，南连响嘡镇、古马镇，西与雷庄镇接壤，北接东安各庄镇、油榨镇。人民政府驻滦县新城滦河西路119号，电话区号0315，邮编063700，为滦县人民政府驻地镇。

政区沿革 民国时属滦县一区。1948年解放，改为城厢区。1954年，建初级社，并改名城关镇。1958年，改建城关镇人民公社。1965年，恢复为城关镇。1987年12月，更名为滦州镇，辖21个村民委员会。2002年1月，泡石淀乡、马庄子乡并入，辖90个村民委员会。2008年，将原泡石淀乡所辖村及古城划归古城街道，辖56个村民委员会。

晨光里社区

(Chenguangli Shequ)

名称来历 1992年始建，命名晨光里社区。

地理位置 地处滦河街道办事处南部，东至体育大街，南至滦河路，西至建华大街，北至人民路。

主要指标 2011年末，辖区总人口4598人，总面积0.29平方千米，城镇居民人均可支配收入11000元。

文化里社区

(Wenhuali Shequ)

名称来历 1992年始建，因其所在地为文化中心，有第二实验小学、滦县第三中学，故命名文化里社区。

地理位置 地处滦河街道办事处南部，东至燕山大街，南至人民路，西至体育大街，北至205国道。

主要指标 2011年末，辖区总人口2231人，总面积0.15平方千米，城镇居民人均可支配收入11000元。

自强里社区

(Ziqiangli Shequ)

名称来历 1989年始建，取“自强”“自立”之意，命名为自强里社区。

地理位置 地处滦河街道办事处西部，东至体育大街，南至人民路，西至建华大街，北至205国道。

主要指标 2011年末，辖区总人口4539人，总面积0.33平方千米，城镇居民人均可支配收入11000元。

光辉里社区

(Guanghuili Shequ)

名称来历 1993年始建，命名为光辉里社区。

地理位置 地处滦河街道办事处东南部，东至滦州镇张坎村南，南至滦州镇吴坎村，西至平青大公路，北至滦河路。

主要指标 2011年末，辖区总人口599人，总面积0.16平方千米，城镇居民人均可支配收入11000元。

新华里社区

(Xinhuali Shequ)

名称来历 1977年始建，命名新华里社区。

地理位置 地处滦河街道办事处南部，东至燕山大街，南至滦河路，西至体育大街，北至人民路。

主要指标 2011年末，辖区总人口2263人，总面积0.28平方千米，城镇居民人均可支配收入11000元。

晨光西里社区

(Chenguangxili Shequ)

名称来历 因位于晨光里社区西侧，故名晨光西里社区。

地理位置 地处滦河街道办事处西南部。东至建华大街，南至滦河路。西至长江大街，北至人民路。

主要指标 2011年末，辖区总人口1473人，总面积0.18平方千米，城镇居民人均可支配收入11000元。

金鼎丽城社区

(Jindinglicheng Shequ)

名称来历 由滦县金鼎丽城房地产开发公司承建，故名金鼎丽城社区。

地理位置 地处滦河街道办事处西南部，东至建华大街，南至工农路，西至长江大街，北至团结路。

主要指标 2011年末，辖区总人口1632人，总面积0.21平方千米，城镇居民人均可支配收入11000元。

西站里社区

(Xizhanli Shequ)

名称来历 因地处原滦县西火车站，故名西站里社区。

地理位置 地处滦河街道办事处北部，东至平青大公路，南至205国道，西至滦州镇坨子头村，北至滦州镇贾官营村。

主要指标 2011年末，辖区总人口286人，总面积0.12平方千米，城镇居民人均可支配收入11000元。

(撰稿：孙宝林，初审：高建东)

古城街道

(Gucheng Jiedao)

政区概况

地理位置 地处滦县东部，东隔滦河与秦皇岛市的昌黎县、卢龙县相望，南靠响嘡镇，西连滦州镇，北接油榨镇。办事处驻西关村，电话区号0315，邮政编码063700。

政区沿革 原属滦州镇。2008年12月，从滦州镇析出，设古城街道，辖35个村民委员会、8个社区居民委员会。

政区划分 2011年末，辖南关、前窑、后窑、一街、二街、三街、四街、北关、西关、北东关、北花园、崔家坟、福君庙、老站、新站、东风、郑家场、王家花园、郑庄子、张庄子、秦庄、教场、蒋庄、泡石淀、郭庄、西刘各庄、东刘各庄、桃园、西灰山、东灰山、韩家坟、胡庄、周王山、高庵子34个村民委员会，阁南、阁北、北关、老站、新站、胜利路、复兴路、榆关街8个社区居民委员会。

人口面积 2011年末，辖区总人口3.22万人，其中城镇常住人口2.1万人，城镇化率65.2%。总人口中，男性1.74万人，占50.3%；女性1.48万人，占49.7%；14岁以下7409人，占23%；15~64岁1.78万人，占55.28%；65岁以上6991人，占21.72%。总人口中，以汉族为主，达3.09万人，占96.36%；有满族1257人，占3.64%。

辖区东西最大距离5.1千米，南北最大距离20.1千米，总面积60.77平方千米。其中陆地面积57.1平方千米，占90.1%；水域面积6平方千米，占9.9%。人口密度为每平方千米530人。

经济概况

农业 耕地面积2.1万亩，人均0.7亩。2011年，农业总产值1.1亿元，实现农业增加值6571万元，占国内生产总值的8.7%。

粮食作物以水稻、玉米为主。2011年，生产粮食6514吨，其中玉米3559吨，水稻1348吨。主要经济作物有蔬菜，2011年，蔬菜种植面积3953亩，产量2万吨，主要品种有菠菜、白菜、西红柿、萝卜、黄瓜、芹菜、茄子等，其中菠菜112吨，白菜1.3万吨，西红柿877吨，萝卜207吨，黄瓜988吨，芹菜254吨，茄子1806吨。

畜牧业以猪、羊、牛、家禽为主。2011年，生猪饲养量1.9万头，2011年末，存栏9238头；羊饲养量4602只，2011年末，存栏1448只；牛饲养量3254头，2011年末，存栏905头；家禽饲养量17.1万羽。

工业 以水泥制品、采石为主。2011年，工业生产总值21.2亿元，实现工业增加值2.4亿元，占国内生产总值的比重32.1%。2011年，拥有工业企业108家，职工927人。

商业外贸 2011年末，商业网点351个，职工1050人。2011年，社会消费品零售总额达7000万元，比上年增长17.5%。

财政金融 2011年，财政总收入6400万元，比上年增长126.27%。从主要税种看，完成营业税2700万元，增值税1300万元，企业所得税980万元，个人所得税750万元，分别比上年增长121.1%、98.7%、130%、128.6%。2011年金融产业实现增加值5000万元，比上年增长15%。

社会发展

文化艺术 2011年末，文化站1个，村级文化活动中心12个；各类文化专业户3个；各类图书室22个，藏书3万册；音乐、美术、书法、摄影及文学业余创作人员185人。

教育 2011年末，幼儿园7所，在园幼儿527人，专任教师14人；小学7所，在校生1318人，专任教师104人，小学适龄儿童入学率100%；初中1所，在校生190人，专任教师39人，初中适龄人口入学率、小升初升学率、九年义务教育覆盖率均达100%。2011年财政预算内教育经费63万元，比上年增长9%。重点学校有滦县第二中学、滦县第四中学和滦县第四实验小学。

医疗卫生 2011年末，医疗卫生机构1个；病床99张，每千人拥有医疗床位1.2张。专业卫生人员130人，其中执业医师79人，执业助理医师17人，注册护士32人，平均每千人拥有卫生技术人员1人，平均每千人拥有执业（助理）医师0.6人，平均每千人拥有注册护士0.35人。2011年医疗机构（门诊部以上）完成诊疗1.9万人次，住院手术830台次，出院病人3151人次。

2011年法定报告传染病发病率为0.5/10万，农村安全饮水普及率100%，新型农村合作医疗参合人数2.6万人，参合率98%；孕产妇死亡率为零，5岁以下儿童死亡率为0.1‰，婴儿死亡率、新生儿死亡率全部为零。

体育 2011年末，体育场地14处，健身器材150个。经常参加体育活动的人员占常住人口的30%。

社会保障 2011年，城镇最低生活保障户数332户，人数684人，支出220.4万元，比上年增长2.4%，月人均269元，比上年增长1.7%；城市医疗救助6.3万人次，民政部门资助参加合作医疗884人次，共支出5.3万元，比上年增长109%。农村最低生活保障户数406户，人数878人，支出116万元，比上年增长4%，月人均110元，比上年增长3%。国家抚恤、补助各类优抚对象82人，抚恤事业费支出45万元。新型农村社会养老保险参保人数2.6万人，参保率98%。

名胜旅游

境内有滦州古城景区、滦河水利风景区、研山风景区、横山风景区。2011年，接待游客160万人次。

复兴路社区

(Fuxinglu Shequ)

名称来历 因附近有一条路叫复兴路而得名。

地理位置 地处古城街道办事处北部，东至榆山石矿区，南至205国道，西至平青大铁路立交桥，北至瓶厂、商校。

主要指标 2011年末，辖区总人口366人，总面积0.3平方千米，城镇居民人均可支配收入11000元。

榆关街社区

(Yuguanjie Shequ)

名称来历 榆山矿开采后，有很多工人在此定居，因此称为榆关街社区。

地理位置 地处古城街道办事处北部，东至酒厂，南至铁路，西至燃料公司，北至榆山。

主要指标 2011年末，辖区总人口150人，总面积0.4平方千米，城镇居民人均可支配收入11000元。

阁南社区

(Genan Shequ)

名称来历 相传，城中最高的地点称之为“阁”，此为界，之南的称之为“阁南”，故名阁南社区。

地理位置 地处古城街道办事处中部，东至滦河，南至南关，西至西关，北至北关。

主要指标 2011年末，辖区总人口600人，总面积0.01平方千米，城镇居民人均可支配收入11000元。

阁北社区

(Gebei Shequ)

名称来历　相传，城中最高的地点称之为“阁”，此为界，之北的称之为“阁北”，故名阁北社区。

地理位置　地处古城街道办事处中部，东至滦河，南至南关，西至西关，北至北关。

主要指标　2011 年末，辖区总人口 850 人，总面积 0.01 平方千米，城镇居民人均可支配收入 11000 元。

北关社区

(Beiguan Shequ)

名称来历　辽天显年间建村，因该村位于县城北门外，故名北关社区。

地理位置　地处古城街道办事处北部，东至滦河，南至四街，西至西关，北至紫金山。

主要指标　2011 年末，辖区总人口 1047 人，总面积 0.01 平方千米，城镇居民人均可支配收入 11000 元。

老站社区

(Laozhan Shequ)

名称来历　清光绪十八年（1892 年），北宁铁路在此建滦县火车站，1939 年火车站从老站西迁建新站，故名老站社区。

地理位置　地处古城街道办事处北部，东至新 205 国道，南至平青路，西至新站，北至 205 国道。

主要指标　2011 年末，辖区总人口 322 人，总面积 0.01 平方千米，城镇居民人均可支配收入 11000 元。

新站社区

(Xinzhan Shequ)

名称来历　1939 年以前只有几户人家，自 1939 年火车站从老站迁至此，随之繁华，故名为新站社区。

地理位置　地处古城街道办事处北部，东至老站，南至新 205 国道，西至老城路，北至老 205 国道。

主要指标　2011 年末，辖区总人口 718 人，总面积 0.01 平方千米，城镇居民人均可支配收入 11000 元。

胜利路社区

(Shenglilu Shequ)

名称来历　因附近有一条路叫胜利路，故而得名。

地理位置　地处古城街道办事处北部，东至老城路，南至新 205 国道，西至王滩铁路立交桥，北至老 205 国道。

主要指标　2011 年末，辖区总人口 593 人，总面积 0.01 平方千米，城镇居民人均可支配收入 11000 元。

西关村

(Xiguan Cun)

名称来历　辽天显年间建村，因该村位于县城西门外，故名西关。

地理位置　地处古城街道办事处中部，东至北关，南至南关，西至教场，北至北东关。

主要指标　2011 年末，辖区总人口 991 人，总面积 1.2 平方千米，农民人均纯收入 11025 元。

教场村

(Jiaochang Cun)

名称来历　相传过去此地有一跑马场和晾甲台，操练军马，为教军场。明洪武年间，有人在此地占产为庄，取名前后靶场，后合为一村，称教场。

地理位置　地处古城街道办事处西部，东至西关，南至小山，西至高坎，北至曹坎。

主要指标　2011 年末，辖区总人口 495 人，总面积 1.5 平方千米，农民人均纯收入 10746 元。

前窑村

(Qianyao Cun)

名称来历　该村建于明代，原村名为前花园。后因重修城墙时，在此建窑烧砖瓦，故改称前窑庄，后称前窑。

地理位置　地处古城街道办事处东部，东至滦河，南至三里庄，西至冯坎，北至后窑。

主要指标　2011 年末，辖区总人口 860 人，总面积 1.8 平方千米，农民人均纯收入 10959 元。

后窑村

(Houyao Cun)

名称来历　该村建于明代，原村名为后花园。后因重修城墙时，在此建窑烧砖瓦，故改称后窑庄，后称后窑。

地理位置　地处古城街道办事处东部，东至滦河，南至前窑，西至冯坎，北至老城。

主要指标　2011 年末，辖区总人口 734 人，总面积 1.3 平方千米，农民人均纯收入 10721 元。

南关村

(Nanguan Cun)

名称来历　辽天显年间建村，因该村位于县城南门外，故名南关。

地理位置　地处古城街道办事处南部，东至后窑，南至东三里，西至西关，北至北关。

主要指标　2011 年末，辖区总人口 1572 人，总面积 2.2 平方千米，农民人均纯收入 10996 元。

一街村
(Yijie Cun)

名称来历 位于老城十字街口西南，由街的序数得名。

地理位置 地处古城街道办事处中部，东至滦河，南至南关，西至西关，北至北关。

主要指标 2024年末，辖区总人口564人，总面积1.3平方千米，农民人均纯收入10943元。

二街村
(Erjie Cun)

名称来历 位于老城十字街口西南，由街的序数得名。

地理位置 地处古城街道办事处中部，东至滦河，南至南关，西至西关，北至北关。

主要指标 2011年末，辖区总人口660人，总面积1.1平方千米，农民人均纯收入10957元。

三街村
(Sanjie Cun)

名称来历 位于老城十字街口西北，由街的序数得名。

地理位置 地处古城街道办事处中部，东至滦河，南至南关，西至西关，北至北关。

主要指标 2011年末，辖区总人口268人，总面积0.6平方千米，农民人均纯收入11021元。

四街村
(Sijie Cun)

名称来历 位于老城十字街口东北，由街的序数得名。

地理位置 地处古城街道办事处中部，东至滦河，南至南关，西至西关，北至北关。

主要指标 2011年末，辖区总人口405人，总面积0.6平方千米，农民人均纯收入10986元。

北关村
(Beiguan Cun)

名称来历 辽天显年间建村，因该村位于县城北门外，故名北关。

地理位置 地处古城街道办事处北部，东至滦河，南至南关，西至西关，北至北花园。

主要指标 2011年末，辖区总人口424人，总面积2.2平方千米，农民人均纯收入10990元。

北东关村
(Beidongguan Cun)

名称来历 该村建于辽天显年间，在老城东关。民国11年（1922年）滦河发水冲毁东关，该村人迁城北重建村庄。因地理位置位于原村村北，故名北东关。简称北东。

地理位置 地处古城街道办事处北部，东至北花园，南至四街，西至教场，北至福君庙。

主要指标 2011年末，辖区总人口562人，总面积2.9平方千米，农民人均纯收入10919元。

北花园村
(Beihuayuan Cun)

名称来历 相传过去有一皇亲，在此建一座花园，名为北花园，明永乐年间建村，遂以此取村名北花园。

地理位置 地处古城街道办事处北部，东至滦河，南至北关，西至北东关，北至崔家坟。

主要指标 2011年末，辖区总人口796人，总面积0.5平方千米，农民人均纯收入10959元。

崔家坟村
(Cuijiafen Cun)

名称来历 清代建村，建村时村旁有一崔姓坟地，故取名崔家坟。

地理位置 地处古城街道办事处北部，东至滦河，南至北花园，西至福君庙，北至东风。

主要指标 2011年末，辖区总人口926人，总面积0.7平方千米，农民人均纯收入10890元。

福君庙村
(Fujunmiao Cun)

名称来历 清代建村，相传首先有几户杨姓从西菜园迁此建庄，因村天齐庙内神像是黄飞虎，怕虎吃羊（杨），为保平安，故将天齐庙改名福君庙，村亦随之得名福君庙。

地理位置 地处古城街道办事处北部，东至崔家坟，南至北东关，西至曹坎，北至东风。

主要指标 2011年末，辖区总人口796人，总面积1.7平方千米，农民人均纯收入10898元。

东风村
(Dongfeng Cun)

名称来历 清代建村，建村时村旁有一雷姓坟地，故取名雷家坟，并于1968年该村改为东风。

地理位置 地处古城街道办事处北部，东至滦河，南至崔家坟，西至新站，北至老站。

主要指标 2011年末，辖区总人口324人，总面积0.7平方千米，农民人均纯收入9927元。

老站村
(Laozhan Cun)

名称来历 清光绪十八年（1892年），北宁铁路在此建滦县火车站，1939年火车站从老站西迁建新站，该村遂习称老站。

地理位置 地处古城街道办事处北部，东至滦河，南至滦河公路大桥，西至平青大公路，北至京山铁路。

主要指标 2011年末，辖区总人口1576人，总面积

4.2 平方千米，农民人均纯收入 11041 元。

郑家场村

(Zhengjiachang Cun)

名称来历 过去因有郑姓的坟地和打谷场，几户看坟看场的人在此定居，故称为郑家场。

地理位置 地处古城街道办事处北部，东至滦县水文站，南至京山铁路，西至王家花园，北至横山。

主要指标 2011 年末，辖区总人口 271 人，总面积 1.2 平方千米，农民人均纯收入 10999 元。

王家花园村

(Wangjiahuayuan Cun)

名称来历 此地曾是滦县城里一王姓财主的花园，以后由外地迁来几户人家到此地落户建村，取名为王家花园。

地理位置 地处古城街道办事处北部，东至郑家场，南至京山铁路，西至郑庄子，北至榆山。

主要指标 2011 年末，辖区总人口 188 人，总面积 0.8 平方千米，农民人均纯收入 10761 元。

郑庄子村

(Zhengzhuangzi Cun)

名称来历 明永乐年间迁民郑姓人在此立庄，得名郑庄子。

地理位置 地处古城街道办事处北部，东至王家花园，南至京山铁路，西至张庄子，北至榆山。

主要指标 2011 年末，辖区总人口 188 人，总面积 0.8 平方千米，农民人均纯收入 10794 元。

张庄子村

(Zhangzhuangzi Cun)

名称来历 明永乐年间张姓在此立庄，取名张庄子。

地理位置 地处古城街道办事处北部，东至郑庄子，南至京山铁路，西至秦庄，北至榆山。

主要指标 2011 年末，辖区总人口 586 人，总面积 0.9 平方千米，农民人均纯收入 10880 元。

秦庄村

(Qinzhuang Cun)

名称来历 明永乐年间，秦姓首先在此立庄，取名秦家庄，后称秦庄。

地理位置 地处古城街道办事处北部，东至张庄子，南至京山铁路，西至前明碑，北至榆山。

主要指标 2011 年末，辖区总人口 1807 人，总面积 2.4 平方千米，农民人均纯收入 10922 元。

新站村

(Xinzhan Cun)

名称来历 1939 年以前只有几户人家，自 1939 年火车站从老站迁至此，随之繁华，故取名为新站。

地理位置 地处古城街道办事处北部，东至老站，南至福君庙，西至前明碑，北至铁路。

主要指标 2011 年末，辖区总人口 536 人，总面积 0.5 平方千米，农民人均纯收入 11034 元。

郭庄村

(Guozhuang Cun)

名称来历 明永乐元年（1403 年）有郭姓人家由山西柳州迁此占产立庄，以姓氏取名郭庄。

地理位置 地处古城街道办事处北部，东至公路，南至小横河，西至泡石淀，北至凹陇山。

主要指标 2011 年末，辖区总人口 1519 人，总面积 3.1 平方千米，农民人均纯收入 10425 元。

蒋庄村

(Jiangzhuang Cun)

名称来历 明永乐元年（1403 年）有蒋姓人家从山西柳州迁到此占产立庄，以姓氏取名蒋庄。

地理位置 地处古城街道办事处北部，东至高庵子，南至小横山营，西至横河，北至凹陇山。

主要指标 2011 年末，辖区总人口 1680 人，总面积 5.4 平方千米，农民人均纯收入 10549 元。

高庵子村

(Gao'anzi Cun)

名称来历 明万历年间，有人看守一个姓高的督察御史的坟墓，墓地有一座庙，后人口繁衍，建村立庄，以此取名为高庵子。后称高庵子。

地理位置 地处古城街道办事处北部，东至泡石淀，南至横河，西至蒋庄，北至凹陇山。

主要指标 2011 年末，辖区总人口 523 人，总面积 1.8 平方千米，农民人均纯收入 10098 元。

泡石淀村

(Paoshidian Cun)

名称来历 清顺治年间建村，因村南榆山脚下有一清泉，泉水冲走碎石泡在山下的水坑中，故取村名泡石淀。

地理位置 地处古城街道办事处北部，东至郭庄，南至横河，西至高庵子，北至凹陇山。

主要指标 2011 年末，辖区总人口 1850 人，总面积 3.9 平方千米，农民人均纯收入 10572 元。

政区划分 2011年末，辖西甄庄、邹家洼、前余庄、后余庄、花果庄、葛坎、张坎、范庄、西双山、北张庄子、前明碑、贾官营、兰家庄、半碑店、曹坎、北八里桥、前周庄、东甄庄、东坨子头、南高各庄、糯米庄、高官营、邸庄、西高坎、北王庄、毛庄、西八里桥、北双山、小横山营、沈官营一、沈官营二、沈官营三、东双山、后明碑、姚庄、柏树庄、东高坎、马庄子、小徐庄、陈庄、军营、马庄户、西坨子头、吴坎、于家洼、热庄子、大横山营、田庄子、小山、冯坎、后周庄、杨家院、菱角山、大徐庄、东八里桥、顾家庄56个村民委员会。

人口面积 2011年末，辖区总人口5.53万人，其中城镇常住人口1.1万人，城镇化率19.9%。另有流动人口1100人。总人口中，男性2.85万人，占51.46%；女性2.68万人，占48.54%；14岁以下1.05万人，占19.1%；15～64岁3.44万人，占62.2%；65岁以上1.04万人，占18.7%。总人口中，以汉族为主，达54636人，占98.8%；有回、满等少数民族，共663人，占1.2%。2011年，人口出生率11.35‰，人口死亡率6.46‰，人口自然增长率4.89‰。

辖区东西最大距离12.6千米，南北最大距离14.7千米，总面积87平方千米。人口密度为每平方千米636人。

自然条件

地形地貌 境内地面海拔一般在30～50米，其间点缀着五子山、庙山、龙山、马鞍山等几座小山丘。

矿藏及其他自然资源 境内已探明地下矿藏有铁矿、硅砂岩；铁矿分布在高官营、半碑店、菱角山，总储量4.5亿吨；分布在硅砂岩西部拐子山，储量2.7亿吨。

经济概况

农业 耕地面积7.7万亩，人均1.4亩。2011年，农业总产值4.4亿元，实现农业增加值2.2亿元，占国内生产总值的5.5%。

粮食作物以小麦、玉米为主。2011年，粮食种植面积5.2万亩，生产粮食2.4万吨，其中小麦1.3万亩，产量4409吨；玉米3万亩，产量1.6万吨。主要经济作物有花生。2011年，花生种植面积3万亩，产量5535吨。设施蔬菜大棚1000亩，秸秆采暖炉60个，沼气池200个；粮食生产和新区建设2万亩，高产示范田建设2200亩，农业重点项目及示范园区772亩，深松项目6000亩，绿色家园示范村建设2个，推进村8个。

畜牧业以生猪、牛、家禽为主。2011年，生猪饲养量3.6万头；牛饲养量7920头，2011年末，奶牛存栏3260头；家禽饲养量23.4万羽。

2011年，农民人均纯收入9485元。

工业 以钢铁、冶金、建材、木材加工为主。2011年，工业生产总值36.8亿元，实现工业增加值19.9亿元，比上年增长15.2%，占国内生产总值的49.8%。2011年，东海钢铁、佳鑫钢铁、高官营钢铁等大型工业企业3家，各类中小企业178家，职工1.3万人。其中佳鑫机械配件项目2011年被列为省重点建设项目。

商业外贸 2011年末，商业网点455个，职工4521人。2011年，社会消费品零售总额达18.2亿元，比上年增长23.4%；城乡集市贸易成交额15.4亿元。2011年，出口创汇1192万美元。

财政金融 2011年，财政总收入2.3亿元，比上年增长9.2%。人均财政收入4109元。2011年，银行和金融机构各类存款余额8.6亿元，比上年增长9.3%；各项贷款余额1.1亿元，比上年增长8.3%。

社会发展

文化艺术 2011年末，镇文化站1个，农民书屋8个，农民诗社3个，藏书累计7万余册；村级文化活动中心56个，各类专、兼职文化人员60名；音乐、美术、书法、摄影及文学业余创作人员100余人。

教育 2011年末，幼儿园14所，在园幼儿2110人，专任教师113人；小学12所，在校生3120人，专任教师144人，小学适龄儿童入学率100%；初中3所，在校生630人，专任教师150人，初中适龄人口入学率、小升初升学率、九年义务教育覆盖率达100%。2011年财政预算内教育经费400万元，比上年增长12%。

科技 2011年末，农业技术推广服务站和成人教育学校，负责农业科技培训及推广。

医疗卫生 2011年末，各级卫生机构2个，门诊部（所）65个；病床220张，每千人拥有医疗床位4张，固定资产总值3.2亿元。专、兼职卫生人员612人。2011年医疗机构（门诊部以上）完成诊疗8.3万人次。新型农村合作医疗参合率达100%。

体育 2011年末，学校体育场地8处。100%的村安装了健身器材，经常参加体育活动的人员占常住人口的20%。

广播电视 2011年末，有线电视用户8200户，入户率28.7%。

社会保障 2011年，城镇最低生活保障户数52户，月人均支出165元。农民最低生活保障户数740户，人数1477人，支出106.3万元，月人均60元。国家抚恤、补助各类优抚对象206人，抚恤事业费支出110万元，比上年增长11.2%。敬老院1家，床位124张，供养102人。社区服务设施56个，其中社区服务中心2个，社区服务站6个。新型农村社会养老保险参保人数3.2万人，参保率98.6%。

基础设施

交通运输 境内有京哈高速、102国道、省道迁曹线3条公路干线交会，有县乡级公路8条，总长28千米。

邮政电信 2011年末，邮政支局1所。

电信企业2家，服务网点2个；电话交换机总容量1万门，固定电话用户870户；移动电话用户1.6万户；宽带接入用户0.6万户。

镇区市政建设

道路 2011年末，镇区道路总长度25.1千米；道路铺装面积1.2万平方米，人均拥有道路面积1.1平方米。

公共交通 2011年末，镇区公交汽车线路3条，公交运营车辆3辆，日发6车次，年客运量4.3万人次。

供电 2011年末，镇区110千伏变电站1座，主变压器2台，总容量100兆伏安，高压输电线路11条。年售电量累计完成2.4亿千瓦时，综合电压合格率100%，供电可靠率100%。

曹坎村
(Caokan Cun)

名称来历 因此地有一曹姓坟，有几户人家在此立庄得名。

地理位置 地处滦州镇东部，东至福君庙，南至教场，西至张坎，北至前明碑。

主要指标 2011年末，辖区总人口721人，总面积0.45平方千米，农民人均纯收入10765元。

张坎村
(Zhangkan Cun)

名称来历 明代建村，首先由张姓在此立村，以姓氏和地势取名张坎。

地理位置 地处滦州镇东部，东至教场，南至高坎，西至葛坎，北至曹坎。

主要指标 2011年末，辖区总人口1753人，总面积0.67平方千米，农民人均纯收入10813元。

葛坎村
(Gekan Cun)

名称来历 明代建村，由葛姓在此立村，以姓氏和地势取名葛坎。

地理位置 地处滦州镇中部，东至张坎，南至高坎，西至毛庄，北至毛庄。

主要指标 2011年末，辖区总人口2180人，总面积1.01平方千米，农民人均纯收入10954元。

东高坎村
(Donggaokan Cun)

名称来历 相传明代有高姓人到此占地立庄，且地势较高，取名高家坎，后称高坎，后分为东、西两个高坎，此村在东，故名东高坎。

地理位置 地处滦州镇东南部，东至教场，南至吴坎，西至西高坎，北至张坎。

主要指标 2011年末，辖区总人口1089人，总面积0.65平方千米，农民人均纯收入10795元。

西高坎村
(Xigaokan Cun)

名称来历 相传明代有高姓人到此占地立庄，且地势较高，故取名高家坎，后称高坎，1962年分为东、西两个高坎。此村在西，故取名西高坎。

地理位置 地处滦州镇东南部，东至东高坎，南至吴坎，西至北双山，北至张坎。

主要指标 2011年末，辖区总人口115人，总面积0.69平方千米，农民人均纯收入10813元。

吴坎村
(Wukan Cun)

名称来历 明代建村，相传过去有五家由外地迁此立庄，因地势不平，取名五家坎，后演变为吴坎。

地理位置 地处滦州镇东南部，东至五庄子，南至冯坎，西至东双，北至东高坎。

主要指标 2011年末，辖区总人口1253人，总面积1.03平方千米，农民人均纯收入10795元。

冯坎村
(Fengkan Cun)

名称来历 原有6小村，冯姓在朝为官，以势压人，将6村合为冯坎。

地理位置 地处滦州镇东南部，东至三里庄，南至八里桥，西至平青大公路，北至吴坎。

主要指标 2011年末，辖区总人口1598人，总面积0.8平方千米，农民人均纯收入10699元。

小山村
(Xiaoshan Cun)

名称来历 明嘉靖年间建村，在卸甲山、宋家山中间一个小山西南脚下，取名小山。

地理位置 地处滦州镇东南部，东至三里庄，南至刘官营，西至平青大公路，北至冯坎。

主要指标 2011年末，辖区总人口663人，总面积0.39平方千米，农民人均纯收入10935元。

东八里桥村
(Dongbaliqiao Cun)

名称来历 明永乐元年(1403年)迁民所建，因村周围皆水，村四周架有八座桥，该村距滦县老城8公里，故得名八里桥。1966年划分为东、西、北八里桥三个村。因方位得名东八里桥。

地理位置 地处滦州镇东南部，东至马鞍山，南至任店子，西至西八里桥，北至北八里桥。

主要指标 2011年末，辖区总人口770人，总面积0.98平方千米，农民人均纯收入10644元。

西八里桥村

(Xibaliqiao Cun)

名称来历 明永乐元年(1403年)迁民所建,因村周围皆水,村四周架有八座桥,该村距滦县老城8公里,故得名八里桥。1966年划分为东、西、北八里桥三个村。因方位得名西八里桥。

地理位置 地处滦州镇东南部,东至东八里桥,南至任店子,西至高官营,北至北八里桥。

主要指标 2011年末,辖区总人口783人,总面积0.89平方千米,农民人均纯收入10622元。

北八里桥村

(Beibaliqiao Cun)

名称来历 明永乐元年(1403年)迁民所建,因村周围皆水,村四周架有八座桥,该村距滦县老城8公里,故得名八里桥。1966年划分为东、西、北八里桥三个村。因方位得名北八里桥。

地理位置 地处滦州镇东南部,东至马鞍山,南至东八里桥,西至高官营,北至吴坎。

主要指标 2011年末,辖区总人口1005人,总面积0.67平方千米,农民人均纯收入10604元。

高官营村

(Gaoguanying Cun)

名称来历 因明永乐年间有一高姓将领在此扎营,取名高官营。

地理位置 地处滦州镇南部,东至任店子,南至柴各庄,西至大门庄,北至菱角山。

主要指标 2011年末,辖区总人口1260人,总面积1平方千米,农民人均纯收入10829元。

菱角山村

(Lingjiaoshan Cun)

名称来历 因明永乐年间凌姓在此建庄,该地有一小山,取名菱角山。

地理位置 地处滦州镇南部,东至八里桥,南至高官营,西至范庄,北至吴坎。

主要指标 2011年末,辖区总人口650人,总面积0.42平方千米,农民人均纯收入10795元。

范庄村

(Fanzhuang Cun)

名称来历 因明永乐年间范姓迁民所建,取名范庄。

地理位置 地处滦州镇南偏西部,东至菱角山,南至大门庄,西至于家洼,北至马庄户。

主要指标 2011年末,辖区总人口2168人,总面积1平方千米,农民人均纯收入10960元。

马庄户村

(Mazhuanghu Cun)

名称来历 因明崇祯年间马姓在此立庄,取名马庄户。

地理位置 地处滦州镇南偏西部,东南至菱角山,南至范庄,西至杨家院,北至西双山。

主要指标 2011年末,辖区总人口370人,总面积0.21平方千米,农民人均纯收入10638元。

东双山村

(Dongshuangshan Cun)

名称来历 建于明代,从双山庄分出,其位居东得名,称东双山。

地理位置 地处滦州镇中部,东至吴坎,南至菱角山,西至西双山,北至北双山。

主要指标 2011年末,辖区总人口907人,总面积0.65平方千米,农民人均纯收入10898元。

西双山村

(Xishuangshan Cun)

名称来历 因建于明代,从双山庄分出,其位居西得名,称西双山。

地理位置 地处滦州镇中部,东北至东双山,南偏西至马庄户,西至东甄庄,北至北双山。

主要指标 2011年末,辖区总人口1221人,总面积0.64平方千米,农民人均纯收入10815元。

北双山村

(Beishuangshan Cun)

名称来历 因建于明永乐年间村西有两座小山取名双山,从双山庄分出,其位居北得名北双山。

地理位置 地处滦州镇中部,东至东双山,南至西双山,西至郎庄,北至新城。

主要指标 2011年末,辖区总人口714人,总面积0.63平方千米,农民人均纯收入10814元。

糯米庄村

(Nuomizhuang Cun)

名称来历 因明永乐年间迁民从南方迁此立庄为挪移庄,后演变为糯米庄。

地理位置 地处滦州镇西南部,东至于家洼,南至港北,西至前羿,北至陈庄。

主要指标 2011年末,辖区总人口1600人,总面积1.06平方千米,农民人均纯收入10420元。

于家洼村

(Yujiawa Cun)

名称来历 因明崇祯年间于姓在此立庄,地势较低洼,取名于家洼。

地理位置 地处滦州镇西南部，东至溯河，南至张边庄，西至糯米庄，北至邹家洼。

主要指标 2011年末，辖区总人口497人，总面积0.42平方千米，农民人均纯收入10410元。

邹家洼村

(Zoujiawa Cun)

名称来历 因明永乐元年（1403年）有个叫邹虎的人由山东邹县迁此立庄，地势较低洼得名邹家洼。

地理位置 地处滦州镇西南部，东至溯河，南至于家洼，西至糯米庄，北至杨家院。

主要指标 2011年末，辖区总人口1307人，总面积0.65平方千米，农民人均纯收入10456元。

杨家院村

(Yangjiayuan Cun)

名称来历 因明永乐元年（1403年）杨姓在此立庄，取名杨家院。

地理位置 地处滦州镇西南部，东至溯河，南至邹家洼，西至陈庄，北至西甄庄。

主要指标 2011年末，辖区总人口850人，总面积0.98平方千米，农民人均纯收入10413元。

东甄庄村

(Dongzhenzhuang Cun)

名称来历 因明永乐元年（1403年）甄姓在此立庄，后分出一村，该村居东，得名东甄庄。

地理位置 地处滦州镇西南部，东至溯河，南至杨家院，西至西甄庄，北至邸庄。

主要指标 2011年末，辖区总人口840人，总面积0.72平方千米，农民人均纯收入10479元。

西甄庄村

(Xizhenzhuang Cun)

名称来历 因明永乐元年（1403年）甄姓在此立庄，后分出一村，该村居西，取名西甄庄。

地理位置 地处滦州镇西南部，东至东甄庄，南至杨家院，西至姚庄，北至前周。

主要指标 2011年末，辖区总人口1061人，总面积1.01平方千米，农民人均纯收入10418元。

陈庄村

(Chenzhuang Cun)

名称来历 因明永乐元年（1403年）陈姓在此立庄，取名陈庄。

地理位置 地处滦州镇西南部，东至杨家院，南至糯米庄，西至后羿，北至姚庄。

主要指标 2011年末，辖区总人口1227人，总面积1.03平方千米，农民人均纯收入10582元。

姚庄村

(Yaozhuang Cun)

名称来历 因明永乐元年（1403年）姚姓在此立庄，取名姚庄。

地理位置 地处滦州镇西南部，东至东甄庄，南至陈庄，西至西郭，北至前周庄。

主要指标 2011年末，辖区总人口1175人，总面积1.02平方千米，农民人均纯收入10682元。

邸庄村

(Dizhuang Cun)

名称来历 明永乐元年（1403年）邸姓在此立庄，取名邸庄。

地理位置 地处滦州镇西部，东至北双山，南至溯河，西至拐子山，北至北张庄子。

主要指标 2011年末，辖区总人口660人，总面积0.58平方千米，农民人均纯收入10382元。

前周庄村

(Qianzhouzhuang Cun)

名称来历 因明永乐元年（1403年）周姓在此立庄，以姓氏取名周庄，后分为两庄，因位南取名前周庄。

地理位置 地处滦州镇西部，东至溯河，南至东甄庄，西至南纪庄子，北至后周庄。

主要指标 2011年末，辖区总人口1261人，总面积1.01平方千米，农民人均纯收入10410元。

后周庄村

(Houzhouzhuang Cun)

名称来历 因明永乐元年（1403年）周姓在此立庄，后分为两庄，因位北取名后周庄。

地理位置 地处滦州镇西部，东至溯河，南至前周，西至南纪庄子，北至前佘。

主要指标 2011年末，辖区总人口1031人，总面积0.98平方千米，农民人均纯收入10421元。

前佘庄村

(Qianshezhuang Cun)

名称来历 因明永乐元年（1403年）本县茨榆坨佘姓迁此立庄，后本村又立一佘庄，此庄位南，取名前佘庄。

地理位置 地处滦州镇西偏北部，东至西坨子头，南至北王庄，西至后周，北至后佘庄。

主要指标 2011年末，辖区总人口681人，总面积0.64平方千米，农民人均纯收入10429元。

后佘庄村

(Houshezhuang Cun)

名称来历 因清顺治十八年（1661年）佘姓在此立庄，在佘庄北，故名后佘庄。

地理位置 地处滦州镇西偏北部，东至西坨子头，南至前佘庄，西至溯河，北靠京山铁路。

主要指标 2011年末，辖区总人口877人，总面积0.64平方千米，农民人均纯收入10402元。

北王庄村

(Beiwangzhuang Cun)

名称来历 明永乐元年（1403年）王姓在此立庄，以姓氏取名王家庄，1982年更名北王庄。

地理位置 地处滦州镇西部，东至西坨子头，南至北张庄子，西至后周，北至前佘庄。

主要指标 2011年末，辖区总人口453人，总面积0.36平方千米，农民人均纯收入10580元。

西坨子头村

(Xituozitou Cun)

名称来历 因明永乐元年（1403年）建村，地处大沙坨西，故名西坨子头。

地理位置 地处滦州镇西北部，东至东坨子头，南至北王庄村，西至拐子山，北至京山铁路。

主要指标 2011年末，辖区总人口1270人，总面积1.17平方千米，农民人均纯收入10751元。

东坨子头村

(Dongtuozitou Cun)

名称来历 因明永乐元年（1403年）建村，地处大沙坨东，故名东坨子头。

地理位置 地处滦州镇西北部，东至柏树庄，南至军营，西至西坨子头，北至京山铁路。

主要指标 2011年末，辖区总人口560人，总面积0.51平方千米，农民人均纯收入10739元。

柏树庄村

(Baishuzhuang Cun)

名称来历 因明崇祯年间建村，此地原有两棵大柏树，得名柏树庄。

地理位置 地处滦州镇中部，东至毛庄，南至军营，西至东坨子头，北至京山铁路。

主要指标 2011年末，辖区总人口1078人，总面积1.02平方千米，农民人均纯收入10798元。

毛庄村

(Maozhuang Cun)

名称来历 因明永乐元年（1403年）魏姓在此看守毛家坟时立庄，取名毛家庄，后称毛庄。

地理位置 地处滦州镇中部，东至曹坎，南至葛坎，西至柏树庄，北至205国道。

主要指标 2011年末，辖区总人口1144人，总面积1.1平方千米，农民人均纯收入10810元。

军营村

(Junying Cun)

名称来历 因唐贞观年间曾有军队在此立过军营，明永乐初年有人在此立庄，取名军营。

地理位置 地处滦州镇中部，东至新城，南至北双山，西至北张庄子，北至柏树庄。

主要指标 2011年末，辖区总人口452人，总面积0.59平方千米，农民人均纯收入10773元。

北张庄子村

(Beizhangzhuangzi Cun)

名称来历 因明永乐元年（1403年）张姓建村，称张棒槌庄，清乾隆中改名北张庄子。

地理位置 地处滦州镇中部，东至军营，南至邸庄，西至邸庄，北至军营。

主要指标 2011年末，辖区总人口625人，总面积0.67平方千米，农民人均纯收入10739元。

马庄子村

(Mazhuangzi Cun)

名称来历 因明天启四年（1624年）王姓建村，清康熙初年，马姓迁入此地，户大人多，改名马庄子。

地理位置 地处滦州镇北偏东，东至小横山营，南至贾家营，西至空地，北至樊各庄。

主要指标 2011年末，辖区总人口1801人，总面积1.36平方千米，农民人均纯收入10804元。

顾家庄村

(Gujiazhuang Cun)

名称来历 因明崇祯年间顾姓首先迁此立庄，以姓氏取名顾家庄。

地理位置 地处滦州镇北偏西部，东至金牛山，南至沈官营，西至东安各庄镇前崔各庄，北至东安各庄镇东崔各庄。

主要指标 2011年末，辖区总人口1745人，总面积0.59平方千米，农民人均纯收入10760元。

沈官营一村

(Shenguanyingyi Cun)

名称来历 因明洪武年间沈姓在此立庄，并有人做官，故取名沈官营。1983年该村化为沈一村、沈二村、沈三村。

地理位置 地处滦州镇西北部，东至杨家沟村，南至半碑店，西至东安各庄镇东安各庄，北至沈二村。

主要指标 2011年末，辖区总人口800人，总面积0.64平方千米，农民人均纯收入10581元。

沈官营二村

(Shenguanying'er Cun)

名称来历 因明洪武年间沈姓在此立庄，并有人做官，故取名沈官营，1983年该村化为沈一村、沈二村、沈三村。

地理位置 地处滦州镇西北部，东至杨家沟村，南至沈一村，西至东安各庄镇东安各庄，北至沈三村。

主要指标 2011年末，辖区总人口1033人，总面积0.62平方千米，农民人均纯收入10561元。

沈官营三村

(Shenguanyingsan Cun)

名称来历 因因明洪武年间沈姓在此立庄，并有人做官，故取名沈官营，1983年该村化为沈一村沈二村沈三村。

地理位置 地处滦州镇西北部，东至杨家沟村，南至沈二村，西至东安各庄镇东安各庄，北至东安各庄镇崔各庄。

主要指标 2011年末，辖区总人口890人，总面积0.59平方千米，农民人均纯收入10607元。

大横山营村

(Dahengshanying Cun)

名称来历 明崇祯年间建村，在横山西侧，取名西横山营，后改为大横山营。

地理位置 地处滦州镇东南部，东至泡石淀，南至前明碑，西至南高各庄，北至杨家沟村。

主要指标 2011年末，辖区总人口885人，总面积0.56平方千米，农民人均纯收入10703元。

小横山营村

(Xiaohengshanying Cun)

名称来历 明崇祯年间建村，在横山东侧，取名东横山营，后改为小横山营。

地理位置 地处滦州镇东南部，东至泡石淀，南至张庄子，西至南高各庄，北至樊各庄。

主要指标 2011年末，辖区总人口1625人，总面积0.55平方千米，农民人均纯收入10472元。

热庄子村

(Rezhuangzi Cun)

名称来历 明崇祯年间热姓首先在此立庄，取名热家庄，后改名热庄子。

地理位置 地处滦州镇东南部，东至刘各庄，南至榆山石矿，西至半碑店，北至蒋庄。

主要指标 2011年末，辖区总人口725人，总面积0.48平方千米，农民人均纯收入10761元。

前明碑村

(Qianmingbei Cun)

名称来历 该村建于唐代，建村时此地有一寺院，院内有一明碑，故取名明碑村，由明碑村分出，地处明碑前得名前明碑。

地理位置 地处滦州镇南偏东部，东至郑家场，南至张坎，西至小徐，北至后明碑。

主要指标 2011年末，辖区总人口550人，总面积0.51平方千米，农民人均纯收入10694元。

后明碑村

(Houmingbei Cun)

名称来历 该村建于唐代，建村时此地有一寺院，院内有一明碑，故取名明碑村，由明碑村分出，地处明碑村后，取名后明碑。

地理位置 地处滦州镇南偏东部，东至秦庄，南至前明碑，西至大徐，北至大横山营。

主要指标 2011年末，辖区总人口560人，总面积0.34平方千米，农民人均纯收入10794元。

花果庄村

(Huaguozhuang Cun)

名称来历 明永乐年间所建，此地以前是一大财主的花果园，故得名花果庄。

地理位置 地处滦州镇南部，东至前明碑，南至滦州镇，西至小徐，北至贾官营。

主要指标 2011年末，辖区总人口394人，总面积0.32平方千米，农民人均纯收入10761元。

贾官营村

(Jiaguanying Cun)

名称来历 因唐代史王两姓立庄，称史王庄，辽金时代，有一贾姓将领在此落户，改为贾官营。

地理位置 地处滦州镇南偏西部，东至张庄子，南至花果庄，西至大徐庄，北至马庄子。

主要指标 2011年末，辖区总人口1304人，总面积0.98平方千米，农民人均纯收入10680元。

小徐庄村

(Xiaoxuzhuang Cun)

名称来历 因明永乐年间徐姓迁民所建，取名徐家庄。后分出，村小人少，改名小徐庄。

地理位置 地处滦州镇西偏南部，东至花果庄，南至毛庄，西至贾官营北至。

主要指标 2011年末，辖区总人口492人，总面积0.28平方千米，农民人均纯收入10741元。

大徐庄村

(Daxuzhuang Cun)

名称来历 因明永乐年间徐姓迁民所建，取名徐家庄。后人口增多，分为大小两村，村大人多得名大徐庄。

地理位置 地处滦州镇西南部，东至后明碑，南至毛庄，西至石门山，北至小徐庄。

主要指标 2011年末，辖区总人口500人，总面积0.29平方千米，农民人均纯收入10723元。

兰家庄村

(Lanjiazhuang Cun)

名称来历 明永乐元年（1403年）兰姓迁民所建，以姓氏取名兰家庄。

地理位置 地处滦州镇西南部，东至贾官营，南至小徐，西至半碑店，北至沈官营。

主要指标 2011年末，辖区总人口744人，总面积0.67平方千米，农民人均纯收入10532元。

半碑店村

(Banbeidian Cun)

名称来历 因明永乐元年（1403年）迁民所建，因村内有半个碑，取名半碑店。

地理位置 地处滦州镇西南部，东至热庄子，南至马鞍山，西至田庄子，北至沈官营。

主要指标 2011年末，辖区总人口765人，总面积0.45平方千米，农民人均纯收入10456元。

田庄子村

(Tianzhuangzi Cun)

名称来历 因明永乐元年（1403年）田姓迁民所建，以姓氏取名田家庄。后改名田庄子。

地理位置 地处滦州镇西南部，东至兰庄，南至东坨子头，西至东安各庄镇，北至南高各庄。

主要指标 2011年末，辖区总人口1077人，总面积1平方千米，农民人均纯收入10474元。

南高各庄村

(Nangaogezhuang Cun)

名称来历 因明天启年间有高姓迁民首先在此立庄，以姓氏取名高各庄。1982年改为南高各庄。

地理位置 地处滦州镇西南部，东至大横山营，南至田庄子，西至东安各庄镇，北至西崔各庄。

主要指标 2011年末，辖区总人口999人，总面积0.65平方千米，农民人均纯收入10449元。

（撰稿：吴志轩，初审：高建东）

响嘡镇

(Xiangtang Zhen)

河北省农村新民居建设优秀示范镇、基层组织建设示范镇。

政区概况

名称来历 因镇人民政府驻地位于响嘡村而得名。

地理位置 地处滦县南部，东与昌黎县靖安镇隔河相望，南与滦南县马城镇接壤，西连古马镇，北靠滦州镇，东北邻古城街道。人民政府驻响嘡村，电话区号0315，邮政编码063701，距滦县人民政府6千米。

政区沿革 1961年12月，设立响嘡人民公社。1984年，撤销人民公社，设立响嘡乡，辖20个村民委员会。1989年3月，撤乡，建立响嘡镇，辖20个村民委员会。1996年3月，李兴庄乡并入，辖51个村民委员会。

政区划分 2011年末，辖响嘡、田疃、姜庄、尹峪、沙营、小坡、蔡营、张疃、杜峪、田峪、吕甸、史庄、肖营、庄户、闫庄、杜营、前常峪、后常峪、邢里庄、徐寨子、老孟营、新孟营、大闫营、小闫营、新陈营、老陈营、后法宝、东法宝、西法宝、王法宝、刘官营、李兴庄、郭坨子、太平庄、任店子、上伍旗、宝兴庄、小刘庄、夏庄子、大司营、小司营、柳树营、葛田庄、西三里、东三里、山西刘庄、前迁义、后迁义、新庄子、东柏树庄、北小王庄子51个村民委员会，南馨苑1个社区居民委员会。

人口面积 2011年末，辖区总人口3.93万人，其中城镇常住人口1.6万人，城镇化率40.8%。另有流动人口4891人。总人口中，男性1.98万人，占50.35%；女性1.95万人，占49.65%。总人口中，以汉族为主，达3.7万人，占94%。2011年，人口出生率4.8‰，人口死亡率4.2‰，人口自然增长率0.6‰。

辖区东西最大距离10.5千米，南北最大距离12.6千米，总面积65.6平方千米。人口密度为每平方千米599人。

经济概况

农业 耕地面积3.9万亩，人均1亩。2011年，农业总产值9931万元，实现农业增加值2.1亿元，占国内生产总值的10.2%。

粮食作物以玉米、小麦为主。2011年，生产粮食2万吨，其中水稻151吨，小麦7630吨。主要油料作物有花生。2011年，花生种植面积1万亩，产量2870吨。2011年，蔬菜种植面积1.6万亩，产量10万吨，主要品种有白菜、西红柿，其中白菜3.2万吨，西红柿8556吨。

畜牧业以猪、羊、牛、鸡为主。2011年，生猪饲养量0.9万头；牛饲养量2500头；羊饲养量1800只；家禽饲养量6.7万羽，上市家禽4.1万羽。2011年，生产猪肉940吨；禽蛋62.2吨，鲜奶1万吨。

截至2011年末，累计造林2.9万亩，其中防护林2.5万亩，经济林2200亩，农民住宅四旁树木8.4万株，林木覆盖率26.3%，活力木蓄积量19.6万立方米。2011年水果种植面积2200亩，产量2540吨，主要品种有梨、桃、苹果、柿子，其中雪花梨490吨，久保桃1480吨。

工业 以铁矿、机械加工为主。2011年，工业总产值14.2亿元，实现工业增加值9.1亿元，比上年增长38%，占国内生产总值的43%。2011年，规模以上工业企业6家，职工1619人；其中省重点企业5个，分别为河北唐钢司家营铁矿、司家营研山铁矿、司家营常峪铁矿、司家营田兴铁矿、天时矿山机械设备有限公司。

商业外贸 2011年末，个体工商户505个，从业人员1200人。2011年，社会消费品零售总额达3.6亿元，比上年增长10.5%；城乡集市贸易成交额3.5亿元。

财政金融 2011年，财政总收入8.8亿元，比上年增长56.5%。其中地方财政收入1.4亿元，比上年增长18.9%。从主要税种看，完成营业税2400万元，增值税4亿元，企业所得税3.5亿元。

社会发展

文化艺术 2011年末，镇文化站1个，村级文化活动中心51个；各类文化专业户14个；各类图书室51个，藏书76.5万册；音乐、美术、书法、摄影及文学业余创作人员400人。

教育 2011年末，幼儿园7所，在园幼儿1187人，专任教师36人；小学7所，在校生2132人，专任教师136人，小学适龄儿童入学率100%；初中2所，在校生698人，专任教师96人；初中适龄人口入学率、小升初升学率、九年义务教育覆盖率均达100%。；普通高中1所，在校生778人，专任教师87人。2011年财政预算内教育经费170万元，比上年增长16%。重点学校有滦县第六高级中学。

医疗卫生 2011年末，医疗卫生机构1个；病床50张，每千人拥有医疗床位1.3张。专业卫生人员69人，其中执业医师22人，执业助理医师9人，注册护士16人，平均每千人拥有卫生技术人员1.8人，平均每千人拥有执业（助理）医师0.8人，平均每千人拥有注册护士0.4人。2011年医疗机构完成诊疗1.67万人次，住院手术100台次，出院病人1122人次。

2011年法定报告传染病发病率为50.6/10万，农村安全饮水普及率100%，农村卫生厕所普及率32%，新型农村合作医疗参合人数35332人，参合率98.5%；孕产妇死亡率为零，5岁以下儿童死亡率0.4‰，婴儿死亡率、新生儿死亡率为零。

广播电视 2006年7月开通36个有线电视频道。2011年末，有线电视用户3155户，其中数字电视用户2835户，电视综合覆盖率99%。

社会保障 2011年，城镇最低生活保障户数21户，人数31人，支出10.8万元，比上年增长10.2%，月人均290元；城市医疗救助42人次，民政部门资助参加新型农村合作医疗520人次，共支出30.2万元，比上年增长6.7%。农村最低生活保障户数473户，人数1015人，支出99.6万元，比上年增长5.7%，月人均81.8元。国家抚恤、补助各类优抚对象118人，抚恤事业费支出21.3万元，比上年增长5.6%。敬老院1家，床位48张，供养30人。新型农村社会养老保险参保人数1.5万人，参保率97.6%。

基础设施

交通运输 平青大省道过境。有县乡（镇）级公路6条，总长46千米。日均发送13辆客车，日客运量390人次。

邮政电信 2011年末，邮政网点1个，投递路线单程总长度240千米，投递点93个，乡村通邮率100%；全年投递国内函件2.3万件，国内汇票业务完成9700笔，国内异地特快专递信件完成1.7万件，征订报纸1.2万份、期刊0.5万册，业务收入200.9万元。移动电话用户3.9万户。

镇区市政建设

公共交通 2011年末，镇区道路总长度21.8千米，人均拥有道路长度1.4米，道路铺装面积31.5万平方米，人均拥有道路面积20平方米；桥梁1座。

给排水 2011年末，镇区自来水厂1座，铺设干线水管18.5千米，生产能力2万吨/日，年工业用水21万吨、生活用水30.3万吨，居民自来水普及率100%，年人均生活用水20.7吨；排水管道20.8千米。

供电 2011年末，镇区电力所、变电站各1座，供全镇用电。

供热 2011年末，镇区热水供热管道总长度20.9千米，供热面积55.1万平方米；供热用户3849户，其中居民用户3640户，工业用户209户，供热普及率为73%。

园林绿化 2011年末，镇区公园1座，公园面积5.2公顷，园林绿地面积15公顷，其中公共绿地14.3公顷，绿化覆盖率35.4%，人均绿地9平方米。

南馨苑社区

（Nanxinyuan Shequ）

名称来历 2010年9月始建，命名为南馨苑社区。

地理位置 地处响嘡镇中部，东至平青大公路，南至响嘡，西至新庄子村，北至研山新村。

主要指标 2011年末，辖区总人口870人，总面积0.3

平方千米，城镇居民人均纯收入11000元。

响嘡村

(Xiangtang Cun)

名称来历 明崇祯十七年（1644年）建村，相传有一徐姓人在朝为官，建村后他命名为响嘡庄，后简称响嘡。

地理位置 地处响嘡镇中部，东至平青大公路，南至田疃，西至新庄子村，北至南馨园社区。

主要指标 2011年末，辖区总人口570人，总面积0.03平方千米，农民人均纯收入11031元。

新庄子村

(Xinzhuangzi Cun)

名称来历 明永乐元年（1403年），有朱、王两姓人家由焦峪迁到此地占产立庄，取村名为朱王庄，清顺治年间改名为新庄子，1982年在地名标准化处理工作中更名为新庄子村。

地理位置 地处响嘡镇中部，东至响嘡村，南至邢里庄，西至山西刘庄，北至马鞍山。

主要指标 2011年末，辖区总人口676人，总面积0.2平方千米，农民人均纯收入10947元。

山西刘庄村

(Shanxiliuzhuang Cun)

名称来历 明永乐元年（1403年）刘姓迁民所建，取村名为刘家庄，简称刘庄。因村东有一小山，后改名为山西刘庄。

地理位置 地处响嘡镇西部，东至新庄子，南至邢里庄，西至任店子，北至八里桥。

主要指标 2011年末，辖区总人口710人，总面积0.16平方千米，农民人均纯收入10836元。

任店子村

(Rendianzi Cun)

名称来历 明永乐元年（1403年）迁民任姓所建，因路旁有店，故取名任店子。

地理位置 地处响嘡镇西部，东至山西刘庄，南至古马镇包麻子，西至古马镇柴各庄，北至八里桥。

主要指标 2011年末，辖区总人口725人，总面积0.2平方千米，农民人均纯收入10664元。

邢里庄村

(Xinglizhuang Cun)

名称来历 明崇祯十七年（1644年）有邢姓在此立庄，以姓氏取村名为邢家庄，后演变为邢里庄。

地理位置 地处响嘡镇西部，东至响嘡，南至古马镇包麻子，西至任店子，北至山西刘庄。

主要指标 2011年末，辖区总人口770人，总面积0.2平方千米，农民人均纯收入10711元。

尹峪村

(Yinyu Cun)

名称来历 明永乐元年（1403年），由尹姓移民所建，因该村地处山沟，故以姓氏和地势取名为尹家峪，后称尹峪。

地理位置 地处响嘡镇北部，东至徐寨子，南至西法宝，西至八里桥，北至刘官营。

主要指标 2011年末，辖区总人口455人，总面积0.01平方千米，农民人均纯收入11200元。

徐寨子村

(Xuzhaizi Cun)

名称来历 清顺治元年（1644年），有徐姓首先在此占产立庄，并有一徐姓人中举，以此取村名为徐家寨，后称徐寨子。

地理位置 地处响嘡镇东部，东至东法宝，南至西法宝，西至尹峪，北至刘官营。

主要指标 2011年末，辖区总人口586人，总面积0.01平方千米，农民人均纯收入10911元。

西法宝村

(Xifabao Cun)

名称来历 唐太和年间，有张姓人在此占产立庄，因此地有一法宝禅林寺，故取村名为张家法宝，后称张法宝。随着人口增多后分为两村，该村居南，取村名为前张法宝。1956年挖新滦河，该河从村中穿过，前张法宝以河为界又分为两村，该村位于河西，故名西法宝。

地理位置 地处响嘡镇东部，东至文峰大街，南至前常峪，西至八里桥，北至徐寨子。

主要指标 2011年末，辖区总人口841人，总面积0.04平方千米，农民人均纯收入10942元。

前常峪村

(Qianchangyu Cun)

名称来历 明崇祯年间，有常姓首先在此占产立庄，且地处山沟，由地势和姓氏取名为常家峪，后称常峪。因该村逐渐扩大后将该村分为前常峪、后常峪两个村。

地理位置 地处响嘡镇东部，东至文峰大街，南至小东法宝，西至后常峪，北至西法宝。

主要指标 2011年末，辖区总人口1050人，总面积0.02平方千米，农民人均纯收入10945元。

后常峪村

(Houchangyu Cun)

名称来历 明崇祯年间，有常姓首先在此占产立庄，且地处山沟，由地势和姓氏取名为常家峪，后称常峪。因该村逐渐扩大后将该村分为前常峪、后常峪两个村。

地理位置 地处响嘡镇东部，东至前常峪，南至田峪，西至八里桥，北至西法宝。

主要指标 2011 年末，辖区总人口 625 人，总面积 0.02 平方千米，农民人均纯收入 10579 元。

田峪村

(Tianyu Cun)

名称来历 明永乐元年（1403 年）由田姓迁民所建，因地处山沟，故以姓氏和地势取村名为田家峪，简称田峪。

地理位置 地处响嘡镇中部，东至小东法宝，南至杜峪，西至八里桥，北至后常峪。

主要指标 2011 年末，辖区总人口 1152 人，总面积 0.02 平方千米，农民人均纯收入 11078 元。

杜峪村

(Duyu Cun)

名称来历 明崇祯十七年（1644 年）有杜姓首先在此占产立庄，且地处山沟，故以姓氏和地势取名为杜家峪，后称杜峪。

地理位置 地处响嘡镇北部，东至文峰大街，南至新庄子，西至八里桥，北至研山新村。

主要指标 2011 年末，辖区总人口 570 人，总面积 0.12 平方千米，农民人均纯收入 11116 元。

刘官营村

(Liuguanying Cun)

名称来历 明崇祯十七年（1644）有刘姓首先在此占产立庄，故取名刘官营。

地理位置 地处响嘡镇北部，东至夏庄子，南至研山新村，西南至八里桥，北至小山。

主要指标 2011 年末，辖区总人口 938 人，总面积 0.11 平方千米，农民人均纯收入 11181 元。

西三里村

(Xisanli Cun)

名称来历 明崇祯十七年（1644 年）建村时，因位于滦县老城南 3 华里，故取村名三里庄。后村东又建东三里，该村改称西三里。

地理位置 地处响嘡镇北部，东至东三里，南至刘官营，西至小山，北至老城。

主要指标 2011 年末，辖区总人口 602 人，总面积 0.3 平方千米，农民人均纯收入 10720 元。

东三里村

(Dongsanli Cun)

名称来历 明永乐元年（1403 年）建村，因村西有西三里，故该村取名为东三里。

地理位置 地处响嘡镇北部，东至滦河，南至夏庄子，西至西三里，北至老城。

主要指标 2011 年末，辖区总人口 1520 人，总面积 0.26 平方千米，农民人均纯收入 10825 元。

夏庄子村

(Xiazhuangzi Cun)

名称来历 明崇祯十七年（1644 年）有夏姓首先在此占产立庄，以姓氏取村名为夏家庄子，后称夏庄子。

地理位置 地处响嘡镇北部，东至滦河，南至岩山，西至刘官营，北至东三里。

主要指标 2011 年末，辖区总人口 535 人，总面积 0.05 平方千米，农民人均纯收入 10621 元。

后法宝村

(Houfabao Cun)

名称来历 该村由张家法宝分出，因该村在北面，故名后张家法宝，后称后法宝。

地理位置 地处响嘡镇东部，东至滦河，南至东法宝，西至新滦河，北至岩山。

主要指标 2011 年末，辖区总人口 650 人，总面积 0.14 平方千米，农民人均纯收入 10911 元。

东法宝村

(Dongfabao Cun)

名称来历 1956 年挖新滦河，该村从前法宝分出，位于新滦河东，故名东法宝。

地理位置 地处响嘡镇东部，东至滦河，南至后迁义，西至新滦河，北至后法宝。

主要指标 2011 年来，辖区总人口 852 人，总面积 0.13 平方千米，农民人均纯收入 11081 元。

前迁义村

(Qianqianyi Cun)

名称来历 明万历十五年（1587 年），滦河发水，有几个小村的灾民迁到此地重新立庄，故取名为迁义庄，后随人口增多，分为两村，该村居南，故改名为前迁义。

地理位置 地处响嘡镇东南部，东至滦河，南至王法宝，西至新滦河，北至后迁义。

主要指标 2011 年末，辖区总人口 440 人，总面积 0.06 平方千米，农民人均纯收入 11031 元。

后迁义村

(Houqianyi Cun)

名称来历 该村由迁义庄分出，因在北面，故名为后迁义。

地理位置 地处响嘡镇东南部，东至滦河，南至前迁义，西至新滦河，北至东法宝。

主要指标 2011 年末，辖区总人口 519 人，总面积 0.12 平方千米，农民人均纯收入 11058 元。

王法宝村

(Wangfabao Cun)

名称来历 唐贞观年间，王姓由山西迁此立庄，王家为图吉利，取村名为王家法宝，后称王法宝。

地理位置 地处响嘡镇南部，东至滦河，南至大司营，西至小司营，北至前迁义。

主要指标 2011 年末，辖区总人口 887 人，总面积 0.15 平方千米，农民人均纯收入 10473 元。

大司营村

(Dasiying Cun)

名称来历 清道光十九年（1839 年），有司、潘、毛、林、顾等姓建立此庄，因司姓先于他姓，取村名司家营。清光绪二十一年滦河发水，由司家营迁出一部分人在此立庄。1958 年，按村大小区分，该村定名为大司营。

地理位置 地处响嘡镇南部，东至新河，南至老陈营，西至小司营，北至王法宝。

主要指标 2011 年末，辖区总人口 536 人，总面积 0.15 平方千米，农民人均纯收入 10595 元。

小司营村

(Xiaosiying Cun)

名称来历 清道光十九年（1839 年），有司、潘、毛、林、顾等姓建立此庄，因司姓先于他姓，取村名司家营。清光绪二十一年滦河发水，由司家营迁出一部分人在此立庄。1958 年，按村大小区分，该村定名为小司营。

地理位置 地处响嘡镇南部，东至大司营，南至老陈营，西至司家营铁矿矿区，北至王法宝。

主要指标 2011 年末，辖区总人口 580 人，总面积 0.07 平方千米，农民人均纯收入 10655 元。

李兴庄村

(Lixingzhuang Cun)

名称来历 明崇祯十七年（1644 年），李姓首先在滦河边立庄，取村名李家闸。清光绪年间，滦河发水，李家闸被冲毁，迁至此地重建庄，为图吉利，取村名为李兴庄。

地理位置 地处响嘡镇南部，东至老陈营，南至新陈营，西至田疃，北至平清大公路。

主要指标 2011 年末，辖区总人口 621 人，总面积 0.13 平方千米，农民人均纯收入 10715 元。

老陈营村

(Laochenying Cun)

名称来历 唐天祐三年（906 年）有陈姓由山西柳州到此立庄，以姓氏取名陈家营。1949 年滦河水灾，一部分人迁出建新陈营，该村遂更名老陈营。

地理位置 地处响嘡镇南部，东至郭坨子，南至柳树营，西至新陈营，北至大司营。

主要指标 2011 年末，辖区总人口 315 人，总面积 0.06 平方千米，农民人均纯收入 10393 元。

新陈营村

(Xinchenying Cun)

名称来历 该村 1949 年滦河水灾后建村，由陈家营（今老陈营）迁出部分村民立庄。原陈家营更名为老陈营，该村取名为新陈营。

地理位置 地处响嘡镇南部，东至老陈营，南至柳树营，西至田疃，北至李兴庄。

主要指标 2011 年末，辖区总人口 392 人，总面积 0.08 平方千米，农民人均纯收入 10292 元。

柳树营村

(Liushuying Cun)

名称来历 唐天祐三年（906 年）崔姓由山西柳州来此立庄，因土质肥沃，柳树生长繁茂，故称柳树营。该村于 1949 年滦河水灾时新建，由原柳树营（今老柳树营）搬迁而来，故称新柳树营。

地理位置 地处响嘡镇南部，东至新河，南至上伍旗，西至田疃，北至新陈营。

主要指标 2011 年末，辖区总人口 663 人，总面积 0.12 平方千米，农民人均纯收入 10473 元。

上伍旗村

(Shangwuqi Cun)

名称来历 清顺治元年（1644 年）有尚姓首先在此立庄，取名尚伍旗，后演变为上伍旗。

地理位置 地处响嘡镇南部，东至老陈营，南至沙营，西至新柳树营，北至新陈营。

主要指标 2011 年末，辖区总人口 617 人，总面积 0.18 平方千米，农民人均纯收入 10598 元。

田疃村

(Tiantuan Cun)

名称来历 明崇祯十七年（1644 年）有田姓由山西迁此立庄，取名田疃。

地理位置 地处响嘡镇南部，东至李兴庄，南至沙营，西至太平庄，北至响嘡。

主要指标 2011 年末，辖区总人口 1777 人，总面积 0.17 平方千米，农民人均纯收入 10564 元。

太平庄村

(Taipingzhuang Cun)

名称来历 清康熙十九年（1680 年）建村，原名滑石庄，由于该村 20 余年没有打官司告状的，后改名为太平庄。

地理位置 地处响嘡镇南部，东至田疃，南至沙营，西至宝兴庄，北至响嘡。

主要指标 2011 年末，辖区总人口 551 人，总面积

0.03 平方千米，农民人均纯收入 10404 元。

宝兴庄村

(Baoxingzhuang Cun)

名称来历 清光绪十六年（1677 年）有个名叫张友亮的人迁此立庄，为了兴旺，取村名宝兴庄。

地理位置 地处响嘡镇西部，东至太平庄，南至肖营，西至小坡，北至新孟营。

主要指标 2011 年末，辖区总人口 650 人，总面积 0.1 平方千米，农民人均纯收入 10696 元。

新孟营村

(Xinmengying Cun)

名称来历 1949 年立庄。当年滦河水泛滥成灾，孟家营（今老孟营）被水淹，一部分村民迁出在此立庄，取名新孟营。

地理位置 地处响嘡镇西部，东至太平庄，南至肖营，西至小坡，北至宝兴庄。

主要指标 2011 年末，辖区总人口 275 人，总面积 0.01 平方千米，农民人均纯收入 10120 元。

肖营村

(Xiaoying Cun)

名称来历 明崇祯末期建村，有一肖姓迁到此地占产立庄，以姓氏取村名肖营。

地理位置 地处响嘡镇西部，东至东柏树庄，南至葛田庄，西至小坡，北至宝兴庄。

主要指标 2011 年末，辖区总人口 530 人，总面积 0.3 平方千米，农民人均纯收入 10762 元。

东柏树庄村

(Dongbaishuzhuang Cun)

名称来历 唐天祐三年（906 年）立庄，因当时此地柏树甚多，取村名柏树庄。1982 年地名标准化处理中更名为东柏树庄。

地理位置 地处响嘡镇西部，东至沙营，南至张疃，西至肖营，北至新孟营。

主要指标 2011 年末，辖区总人口 480 人，总面积 0.3 平方千米，农民人均纯收入 10358 元。

小坡村

(Xiaopo Cun)

名称来历 1949 年滦河水灾，从本地张疃、肖营等村迁来部分村民在此立庄，因村位于沙坨坡地且村小，故名小坡。

地理位置 地处响嘡镇西部，东至宝兴庄，南至葛田庄，西至古马镇新立庄，北至包麻子。

主要指标 2011 年末，辖区总人口 309 人，总面积 0.3 平方千米，农民人均纯收入 10138 元。

沙营村

(Shaying Cun)

名称来历 唐天祐三年（906 年）沙姓由山西柳州迁到此地占产立庄，取名沙营。

地理位置 地处响嘡镇南部，东至上伍旗，南至张疃，西至柏树庄，北至田疃。

主要指标 2011 年末，辖区总人口 1060 人，总面积 0.03 平方千米，农民人均纯收入 10920 元。

张疃村

(Zhangtuan Cun)

名称来历 明崇祯十七年（1644 年）有张姓由山西迁此立庄，以姓氏取村名小张村，后分为两村，称前、后张家疃。1949 年两村又并一村，取名张疃。

地理位置 地处响嘡镇南部，东至老孟营，南至杜营，西至东柏树庄，北至沙营。

主要指标 2011 年末，辖区总人口 926 人，总面积 0.17 平方千米，农民人均纯收入 10899 元。

杜营村

(Duying Cun)

名称来历 唐天祐三年（906 年），任、樊、杜、魏四姓由山西柳州迁此立庄。因杜姓人多，取村名杜家营，后称杜营。

地理位置 地处响嘡镇南部，东至吕甸、小刘庄，南至小闫营，西至葛田庄，北至张疃。

主要指标 2011 年末，辖区总人口 816 人，总面积 0.2 平方千米，农民人均纯收入 10762 元。

葛田庄村

(Getianzhuang Cun)

名称来历 唐天祐三年（906 年），葛、田两姓首先在此立庄，以姓氏取村名葛田庄。

地理位置 地处响嘡镇南部，东至杜营，南至姜庄，西至新立庄，北至肖营。

主要指标 2011 年来，辖区总人口 268 人，总面积 0.06 平方千米，农民人均纯收入 10342 元。

大闫营村

(Dayanying Cun)

名称来历 明弘治十三年（1500 年），有闫、刘、焦三姓由山西迁到此地立庄，闫姓先来且人多，取名闫家庄。清光绪十二年因滦河发水迁出部分村民在村北立庄，称北闫家营，此地为南闫家营，后称大闫营。

地理位置 地处响嘡镇南部，东至新滦河，南至滦南县大孟庄，西至姜庄，北至小闫营。

主要指标 2011 年末，辖区总人口 1073 人，总面积 0.19 平方千米，农民人均纯收入 10920 元。

小闫营村

(Xiaoyanying Cun)

名称来历 清光绪十二年（1886年），因滦河水灾，由闫家营迁出一部分人到此立庄。因位于北边，取名北闫家营，后改称小闫营。

地理位置 地处响嘡镇东南部，东北至吕甸，南至大闫营，西至姜庄，北至杜营。

主要指标 2011年末，辖区总人口738人，总面积0.03平方千米，农民人均纯收入10358元。

姜庄村

(Jiangzhuang Cun)

名称来历 明洪武元年（1368年），姜、李两姓到此地立庄，以姓氏取村名姜家庄和李家庄。1949年两村合并为一村，为姜庄。

地理位置 地处响嘡镇南部，东至小闫营，南至大贾庄，西至徐庄，北至杜营。

主要指标 2011年末，辖区总人口1604人，总面积0.4平方千米，农民人均纯收入10957元。

吕甸村

(Lüdian Cun)

名称来历 明崇祯四年（1631年），有三户吕姓在此立庄，取名吕家店。清乾隆五年吕姓迁出，改名吕甸。

地理位置 地处响嘡镇南部，东至新滦河，南至小闫营，西至杜营，北至小刘庄。

主要指标 2011年末，辖区总人口343人，总面积0.06平方千米，农民人均纯收入10464元。

小刘庄村

(Xiaoliuzhuang Cun)

名称来历 唐天祐三年（906年），刘、赵两姓由山西柳州迁此立庄，因当时刘姓居多，故取村名刘家庄，后因该村未得发展，较小，故名小刘庄。

地理位置 地处响嘡镇东南部，东至老孟营，南至吕甸，西至杜营，北至张疃。

主要指标 2011年末，辖区总人口570人，总面积0.08平方千米，农民人均纯收入10450元。

北小王庄子村

(Beixiaowangzhuangzi Cun)

名称来历 明成化十六年（1480年），有王、袁、于三姓同时迁此立庄，因王姓人多，附近又有南小王庄子，故以姓氏取村名北小王庄子。

地理位置 地处响嘡镇东南部，东至庄户，南至闫庄，西至新滦河，西北至郭坨子。

主要指标 2011年末，辖区总人口1795人，总面积0.04平方千米，农民人均纯收入10947元。

郭坨子村

(Guotuozi Cun)

名称来历 清乾隆年间有郭姓首先在此立庄，分为两个小庄，得名上、下郭庄，以后合并为一个村，因地势和姓氏取名郭坨子。

地理位置 地处响嘡镇东南部，东至滦河，南至北小王庄子，西老陈营，北至大司营。

主要指标 2011年末，辖区总人口282人，总面积0.13平方千米，农民人均纯收入10325元。

老孟营村

(Laomengying Cun)

名称来历 唐天祐三年（906年），孟姓由山西柳州迁到此地占产立庄，取名孟家营。1949年滦河水灾时，一部分村民迁到田疃以西另立新村，名为新孟营，该村遂称老孟营。

地理位置 地处响嘡镇东南部，东北至闫庄，南至吕甸，西至新滦河，北至老柳树营。

主要指标 2011年末，辖区总人口1035人，总面积0.3平方千米，农民人均纯收入10772元。

闫庄村

(Yanzhuang Cun)

名称来历 明弘治十二年（1499年），闫姓迁此立庄，以姓氏取村名为闫家庄，后简称闫庄。

地理位置 地处响嘡镇东南部，东至史庄，南至滦南县马城，西至老孟营，北至北小王庄子。

主要指标 2011年末，辖区总人口568人，总面积0.12平方千米，农民人均纯收入10557元。

蔡营村

(Caiying Cun)

名称来历 明崇祯末期建村，原名李家闸，因滦河水灾被冲毁，有一蔡姓迁到此地占产立庄，以姓氏取村名蔡家营，后称蔡营。

地理位置 地处响嘡镇东南部，东至滦河，南至庄户，西至北小王庄子，北至郭驼子。

主要指标 2011年末，辖区总人口825人，总面积0.13平方千米，农民人均纯收入10564元。

史庄村

(Shizhuang Cun)

名称来历 该村系明永乐元年（1403年）史姓迁民所建，以姓氏取村名为史家庄，后称史庄。

地理位置 地处响嘡镇东南部，东至滦河，南至滦南县马城，西至闫庄，北至庄户。

主要指标 2011年末，辖区总人口740人，总面积0.11平方千米，农民人均纯收入10754元。

庄户村

(Zhuanghu Cun)

名称来历 明崇祯十七年（1644年）建村，原名李家闸，因滦河水灾被冲毁，有人迁此立庄，取村名为庄户。

地理位置 地处响嘡镇东南部，东至滦河，南至史庄，西至闫庄，北至蔡营。

主要指标 2011年末，辖区总人口325人，总面积0.03平方千米，农民人均纯收入10529元。

（撰稿：李庆江，初审：高建东）

东安各庄镇

(Dong'angezhuang Zhen)

政区概况

名称来历 因镇人民政府驻地位于东安各庄村而得名。

地理位置 地处滦县北部，东连油榨镇，南接滦州镇，西邻雷庄镇，北与迁安市接壤。人民政府驻东安各庄村，电话区号0315，邮政编码063703。

政区沿革 1958年，设立安各庄人民公社。1982年，更名为东安各庄人民公社。1984年，撤销人民公社，改建东安各庄镇，辖15个村民委员会。1996年3月，商家林乡并入，辖26个村民委员会。2002年1月，樊各庄乡并入，辖41个村民委员会。

政区划分 2011年末，辖东安各庄、西安各庄、刘庄户、三山院、小营、孟各庄、陈家沟、昝各庄、史家洼、前李各庄、北李各庄、东崔各庄、西崔各庄、前崔各庄、北崔各庄、东孟家屯、西孟家屯、高纪庄子、马各庄、栗园、赵各庄、铁局寨、东商家林、西商家林、前商家林、北商家林、西樊各庄一、西樊各庄二、杨家沟、松树营、张百户坎、东樊各庄、耿庄子、东安河、西安河、刘店、赤峰堡、无税庄一、无税庄二、无税庄三、无税庄四村41个村民委员会，34个自然村。

人口面积 2011年末，辖区总人口6.33万人。其中男性3.28万人，占51.82%；女性3.05万人，占48.18%；14岁以下10782人，占17.03%；15~64岁43659人，占68.97%；65岁以上8859人，占14%。总人口中，以汉族为主，达6.31万人，占99.72%；有回族177人，占0.28%。2011年，人口出生率11‰，人口死亡率8.08‰，人口自然增长率2.92‰。

辖区东西最大距离14.8千米，南北最大距离15千米，总面积113平方千米，人口密度为每平方千米560人。

自然条件

地形地貌 境内地势西高东低，北高南低。中西部有纸马山、凤凰山等几座海拔100米左右的丘陵山地。

矿藏及其他自然资源 境内有丰富的石英矿、铁矿和地热资源，其中分布在纸马山一带的石英硅砂岩可开采量为2500万吨，年产石英砂60万吨。铁矿储量1亿吨以上，矿石品位达30%。境内有地热资源脉系为CaCl型水，水温达56℃，富含偏硅酸、氟、硫、氡等。

经济概况

农业 耕地面积10.1万亩，人均1.6亩。2011年，农业总产值2.2亿元，实现农业增加值3亿元，占国内生产总值的14.4%。

以种植小麦、玉米和花生为主。2011年，冬小麦种植面积1879亩，产量935吨；春玉米种植面积5.7万亩，产量2.8万吨；花生种植面积2.8万亩，产量1960吨。大棚瓜菜种植面积3880亩。西商家林村50%农户从事大棚葡萄生产，现有温室大棚96个，占地160亩，品种有“乍娜”“凤凰-51”等，主要销往北京、河南、东北等地。单棚产量2000~2500斤，纯效益7000~10000元。1996年全国大棚葡萄研讨会在西商家林村召开，1999年大棚葡萄获得昆明世博会铜奖。

畜牧业以生猪、牛、家禽为主。2011年，规模奶（肉）牛养殖场5个，2011年末，存栏4996头，生产鲜奶1332吨，牛肉512吨；规模生猪养殖场19个，2011年末存栏9987头，出栏2.9万头，生产猪肉2150吨；规模养鸡场76个，2011年末存栏8万羽，出栏7.6万羽，生产蛋肉1151.5吨。2011年，纪旭高效综合农业产业园项目开始建设，项目占地1000亩，是1个集大棚蔬菜、立体养猪、休闲垂钓、沼气利用为一体的现代循环农业示范园区。

工业 以钢铁冶炼、铁矿石开采、石粉加工和木材加工为主，2011年，工业总产值10.3亿元，比上年增长21.8%，实现工业增加值9.3亿元，占国内生产总值的比重45%。2011年，工业企业182家。其中唐山安泰钢铁有限公司是全镇唯一的中型钢铁冶炼和加工厂。镇内地下铁矿有4家，均为民营企业，分别是博文铁矿、亨达铁矿、孟家屯北通铁矿和刘店铁矿。境内滦县经济开发区占地3000余亩，有多家企业入驻，总投资超过6亿元。石粉加工集中在刘庄户村、前李各庄村和北李各庄村，有14家。木材加工集中在东安各庄村东，有130家企业，占地302亩，从业人员1200多人，已形成木材加工集散基地，年加工木材45万立方米，年创利税2600万元。还有铁局寨村的瓜子、花生等干果加工业以及商家林的笆片编织和床铺板制作业。干果加工量每年可达500吨；笆片编织业每年向曹妃甸输送笆片300多万张。

商业外贸 2011年末，商业网点217个，从业人员1085人。2011年，社会消费品零售总额达1000多万元；城乡集市贸易成交额5260万元。志强大型物流中心1个，年交易额6.5亿元。

财政金融 2011年，财政总收入9067.5万元，比上年增长25.1%。人均财政收入1432.5元，比上年增长25.2%。从主要税种看，完成增值税5686.9万元，企业所得税1019.8万元。年末有农村信用社和邮政储蓄银行2家银行与金融机构有开设了分行或设立了办事处；各类存款余额1.3亿元，比上年增长2.1%；各项贷款余额8634万元，比上年增长4.3%。

社会发展

文化艺术 2011年末，文化站1个，村级文化活动中心1个。东安各庄镇“心连心”艺术团，长期自拍自演节目，并参加市、县的多次汇演，赢得广泛赞誉和好评。铁局寨的武术队，经常参加县、市等武术比赛公演活动，争得了多项荣誉。

教育 2011年末，幼儿园3所，在园幼儿1200人，专任教师160人；小学13所，在校生3260人，专任教师188人，小学适龄儿童入学率100%；初中3所，在校生1321人，专任教师163人，初中适龄人口入学率100%，小升初升学率96.4%，九年义务教育覆盖率达100%。重点学校有滦县第七高级中学。2011年财政预算内教育经费350万元，比上年增长8%。

科技 2011年，举办各类科技培训班12场次，发展科技示范户82户，培养科技带头人110人，引进农作物新品种8个，推广播种面积3500亩。建起了20亩的大学生科技实验田，为大学生的成长锻炼搭建了发展平台。

医疗卫生 2011年末，安各庄分院，农村卫生院2所，村级门诊所56个；病床204张。专业卫生人员72名，基本实现了小病不出村、大病不出镇的目标。新型农村合作医疗参合人数5.4万人，参合率86%。

体育 2011年末，体育场地16处。90%的村安装了健身器材，经常参加体育活动的人员占常住人口的40%。

广播电视 2011年末，26个村7852户村民实现了有线电视联网。2011年末有线电视入户率65.2%。

社会保障 2011年，城镇最低生活保障户数47户，人数76人，支出18万元。农民最低生活保障户数721户，人数1743人，支出44万元。敬老院1家，农村五保供养29人。全年接受社会捐款3.9万元，使277人（次）困难群众受益，每年救助春春蕾贫困女童96人。全年发放各类救助保障金5.5万元。新型农村社会养老保险参保人数4.2万人，参保率94.7%，60岁以上人口参保率98.3%，12个村60岁以上人口参保率100%。

基础设施

交通运输 平青大公路、京哈高速、102国道过境。有县乡级公路5条，总长47.5千米。镇内有“村村通”汽车经各村通过，安各庄街内有各类小型出租车20余辆，滦县至迁安方向的公共汽车每小时1趟。

邮政电信 2011年末，邮政支局1所。移动和联通服务网点各1处。移动电话用户1.9万户；固定电话用户1.2万户。

镇区市政建设

供电 2011年末，镇区11万伏变电站1座，22万伏变电站1座。

东安各庄村

（Dong'angezhuang Cun）

名称来历 明洪武年间安姓人家首先在此地占产立庄，以姓氏取村名为安各庄。后因人口增加，迁出一部分为西安各庄。1982年在地名标准化处理中，改名为东安各庄。

地理位置 地处东安各庄镇中部，东至沈官营，南至刘庄户，西至西安各庄村，北至铁局寨。

主要指标 2011年末，辖区总人口3662人，总面积1.2平方千米，农民人均纯收入9262元。

西安各庄村

（Xiangezhuang Cun）

名称来历 明洪武年间安姓人家首先在此地占产立庄，以姓氏取村名为安各庄。后因人口增加，迁出一部分为西安各庄。1982年在地名标准化处理中，改名为西安各庄。

地理位置 地处东安各庄镇中部，东至东安各庄，南至刘庄户，西至三山院，北至铁局寨。

主要指标 2011年末，辖区总人口1570人，总面积0.43平方千米，农民人均纯收入9148元。

刘庄户村

（Liuzhuanghu Cun）

名称来历 明永乐元年（1403年）刘姓迁民所建，以姓氏取村名为刘家庄窝。1948年称刘庄窝。1958年改名刘庄户。

地理位置 地处东安各庄镇南部，东至滦州镇南高各庄，南至205国道，西至昝各庄，北至东安各庄。

主要指标 2011年末，辖区总人口496人，总面积0.14平方千米，农民人均纯收入9173元。

前李各庄村

（Qianligezhuang Cun）

名称来历 明永乐元年（1403年）李姓迁民所建，以姓氏取村名为李各庄。后因人口增多分为两村，因该村居南，故名前李各庄。

地理位置 地处东安各庄镇南部，东临滦州镇，南至佘庄，西至佛住山，北至北李各庄。

主要指标 2011年末，辖区总人口1485人，总面积0.41平方千米，农民人均纯收入9191元。

北李各庄村

（Beiligezhuang Cun）

名称来历 明永乐元年（1403年）李姓迁民建村，以姓氏取村名为李各庄。后因人口增多分为两村，因该村居北，故名北李各庄。

地理位置 地处东安各庄镇南部，东至纸马山，南至前李各庄，西至昝各庄，北至三山院。

主要指标 2011年末，辖区总人口1100人，总面积

0.3 平方千米，农民人均纯收入 9181 元。

史家洼村

(Shijiawa Cun)

名称来历 明永乐元年（1403 年）史姓迁民所建。因该村地势较洼，故以姓氏和地势取村名史家洼。

地理位置 地处东安各庄镇南部，东至前李各庄，南至 205 国道，西至雷庄镇雷庄，北至昝各庄。

主要指标 2011 年末，辖区总人口 1511 人，总面积 0.42 平方千米，农民人均纯收入 9212 元。

昝各庄村

(Zangezhuang Cun)

名称来历 明永乐元年（1403 年）昝姓迁民所建，以姓氏取名为昝各庄。

地理位置 地处东安各庄镇南部，东至刘庄户，南至史家洼，西至雷庄镇樊店子，北至陈家沟。

主要指标 2011 年末，辖区总人口 1451 人，总面积 0.41 平方千米，农民人均纯收入 9193 元。

陈家沟村

(Chenjiagou Cun)

名称来历 明永乐年间，有陈姓人家首先在此占产立庄，因街中有一条沟，故以姓氏和地势取村名为陈家沟。

地理位置 地处东安各庄镇南部，东至朔河，南至昝各庄，西至雷庄镇樊店子，北至小营。

主要指标 2011 年末，辖区总人口 323 人，总面积 0.12 平方千米，农民人均纯收入 9195 元。

三山院村

(Sanshanyuan Cun)

名称来历 明嘉靖年间建村。相传，因村址建在三座呈弧形的小山中间，故以地势取村名为三山院。

地理位置 地处东安各庄镇中部，东至西安各庄，南至佛住山，西至小营，北至赵各庄。

主要指标 2011 年末，辖区总人口 627 人，总面积 0.27 平方千米，农民人均纯收入 9186 元。

小营村

(Xiaoying Cun)

名称来历 明嘉靖年间，有崔姓人家首先到此占产立庄，以姓氏取村名为崔家营，后崔姓迁出，因该村庄小人少，故改名小营庄，后称小营。

地理位置 地处东安各庄镇西部，东至东安各庄，南至陈家沟，西至京哈铁路，北至孟各庄。

主要指标 2011 年末，辖区总人口 1291 人，总面积 0.35 平方千米，农民人均纯收入 9178 元。

孟各庄村

(Menggezhuang Cun)

名称来历 明永乐年间有孟姓到此占产立庄，以姓氏取村名为孟庄，以后称孟各庄。

地理位置 地处东安各庄镇西部，东至王家山，南至小营，西至雷庄镇杨各庄，北至栗园。

主要指标 2011 年末，辖区总人口 604 人，总面积 0.16 平方千米，农民人均纯收入 9172 元。

东崔各庄村

(Dongcuigezhuang Cun)

名称来历 相传明洪武元年（1368 年），有一崔姓员外来此居住，定名为崔各庄。传说此人得宝不献，皇帝传旨全家抄斩，崔家得信，连夜逃走。后该村分为四个村，因该村位东，故为东崔各庄。

地理位置 地处东安各庄镇东北部，东至马庄子，南至沈官营，西至北崔各庄，北至西樊各庄。

主要指标 2011 年末，辖区总人口 381 人，总面积 0.23 平方千米，农民人均纯收入 9186 元。

西崔各庄村

(Xicuigezhuang Cun)

名称来历 该村系由崔各庄分出，因位于西，故称西崔各庄。

地理位置 地处东安各庄镇东北部，东至东崔各庄，南至老平青大线，西至铁局寨，北至北崔各庄。

主要指标 2011 年末，辖区总人口 1543 人，总面积 0.42 平方千米，农民人均纯收入 9235 元。

前崔各庄村

(Qiancuigezhuang Cun)

名称来历 该村系由原崔各庄分出，因位于南，故名前崔各庄。

地理位置 地处东安各庄镇东北部，东至滦州镇顾家庄，南至马庄子，西至西崔各庄，北至北崔各庄。

主要指标 2011 年末，辖区总人口 1124 人，总面积 0.31 平方千米，农民人均纯收入 9190 元。

北崔各庄村

(Beicuigezhuang Cun)

名称来历 该村系由崔各庄分出，因位于北，故称北崔各庄。

地理位置 地处东安各庄镇东北部，东至东崔各庄，南至前崔各庄，西至商家林，北至西樊各庄。

主要指标 2011 年末，辖区总人口 828 人，总面积 0.23 平方千米，农民人均纯收入 9178 元。

铁局寨村
(Tiejuzhai Cun)

名称来历 明永乐年间建村，过去名为铁头寨，直奉战争时，奉系军阀驻兵此地，自命胜局已定，为吉利起见，改铁头寨为铁局寨。

地理位置 地处东安各庄镇北，东至无税庄，南至东安各庄，西至赵各庄，北至商家林。

主要指标 2011年末，辖区总人口3613人，总面积1.3平方千米，农民人均纯收入9285元。

赵各庄村
(Zhaogezhuang Cun)

名称来历 清顺治年间赵姓首先在此立庄，以姓氏取名。

地理位置 地处东安各庄镇北，东至铁局寨，南至孟各庄，西至栗园，北至商家林。

主要指标 2011年末，辖区总人口2365人，总面积1.02平方千米，农民人均纯收入9243元。

栗园村
(Liyuan Cun)

名称来历 清光绪年间建村，建村时因栗树较多，故名栗园。

地理位置 地处东安各庄镇西部，东至赵各庄，南至孟各庄，西至京坨铁路，北至马各庄。

主要指标 2011年末，辖区总人口1934人，总面积0.85平方千米，农民人均纯收入9220元。

前商家林村
(Qianshangjialin Cun)

名称来历 明永乐元年（1403年）建村。相传由商、来两姓由山西柳州迁此立庄，以姓氏取村名商来村。后商姓人增多，该村名改为商家林。1950年商家林被划为东商家林、西商家林、前商家林、北商家林四个村。因地处西南部，故称前商家林村。

地理位置 地处东安各庄镇北部，东至无税庄，南至赵各庄，西至马各庄，北至孟家屯。

主要指标 2011年末，辖区总人口1022人，总面积0.25平方千米，农民人均纯收入9187元。

西商家林村
(Xishangjialin Cun)

名称来历 明永乐元年（1403年）建村。相传由商、来两姓由山西柳州迁此立庄，以姓氏取村名商来村。后商姓人增多，该村名改为商家林。1950年商家林被划为东商家林、西商家林、前商家林、北商家林四个村。因地处西部，故称西商家林村。

地理位置 地处东安各庄镇北部，东至无税庄，南至赵各庄，西至马各庄，北至孟家屯。

主要指标 2011年末，辖区总人口647人，总面积0.25平方千米，农民人均纯收入9242元。

东商家林村
(Dongshangjialin Cun)

名称来历 明永乐元年（1403年）建村。相传由商、来两姓由山西柳州迁此立庄，以姓氏取村名商来村。后商姓人增多，该村名改为商家林。1950年商家林被划为东商家林、西商家林、前商家林、北商家林四个村。因地处东部，故取名东商家林村。

地理位置 地处东安各庄镇北部，东至无税庄，南至赵各庄，西至马各庄，北至孟家屯。

主要指标 2011年末，辖区总人口2094人，总面积0.98平方千米，农民人均纯收入9202元。

北商家林村
(Beishangjialin Cun)

名称来历 明永乐元年（1403年）建村。相传由商、来两姓由山西柳州迁此立庄，以姓氏取村名商来村。后商姓人增多，该村名改为商家林。1950年商家林被划为东商家林、西商家林、前商家林、北商家林四个村。因其地处北部，取名北商家林。

地理位置 地处东安各庄镇北部，东至无税庄，南至赵各庄，西至马各庄，北至孟家屯。

主要指标 2011年来，辖区总人口1492人，总面积0.36平方千米，农民人均纯收入9189元。

马各庄村
(Magezhuang Cun)

名称来历 清顺治年间由马姓迁民所建，以姓氏取名。

地理位置 地处东安各庄镇北部，东至商家林，南至黄庄子，西至高纪庄子，东北至孟家屯。

主要指标 2011年末，辖区总人口1810人，总面积0.75平方千米，农民人均纯收入9187元。

高纪庄子村
(Gaojizhuangzi Cun)

名称来历 以前分别为高庄子、纪庄子，1956年合并为一个村，称高纪庄子。

地理位置 地处东安各庄镇北部，东至马各庄，南至黄庄子，西至迁安县沙河驿，北至迁安县唐庄子。

主要指标 2011年末，辖区总人口1139人，总面积0.31平方千米，农民人均纯收入9192元。

西孟家屯村
(Ximengjiatun Cun)

名称来历 相传孟、顾两姓由山西柳州迁此立庄，史称孟顾屯，后因孟姓人口增多，称孟家屯。1984年分成两个村。因该村位于孟家屯村的西半部，称西孟家屯。

地理位置 地处东安各庄镇北部，东至东孟家屯，南至马各庄，西至高纪庄，北至迁安县东周村。

主要指标 2011 年末，辖区总人口 1963 人，总面积 0.8 平方千米，农民人均纯收入 9194 元。

东孟家屯村

(Dongmengjiatun Cun)

名称来历 相传孟、顾两姓由山西柳州迁此立庄，史称孟顾屯，后因孟姓人口增多，称孟家屯。1984 年分为两个村，因位于孟家屯村的东半部，称东孟家屯。

地理位置 地处东安各庄镇北部，东至迁安县野鸡坨，南至马各庄，西至西孟家屯，北至迁安县东周村。

主要指标 2011 年末，辖区总人口 1976 人，总面积 0.54 平方千米，农民人均纯收入 9195 元。

无税庄一村

(Wushuizhuangyi Cun)

名称来历 相传唐代有一王姓姑娘被选上娘娘，皇帝命人在村东建一花园，并问她还有什么要求，姑娘说：名称来历“家乡人穷地薄，要求免税”。皇帝随即应允，封为无税庄，此村名沿用至今。1980 年将无税庄划分为无税庄一村、无税庄二村、无税庄三村和无税庄四村四个村，该村按顺序取名无税庄一村。

地理位置 地处东安各庄镇北部，东至西樊各庄，南至西崔各庄，西至无税庄二村，北至无税庄四村。

主要指标 2011 年末，辖区总人口 912 人，总面积 0.25 平方千米，农民人均纯收入 8552 元。

无税庄二村

(Wushuizhuang'er Cun)

名称来历 相传唐代有一王姓姑娘被选上娘娘，皇帝命人在村东建一花园，并问他还有什么要求，姑娘说：“家乡人穷地薄，要求免税”。皇帝随即应允，封为无税庄，此村名沿用至今。1980 年无税庄划分为无税庄一村、无税庄二村、无税庄三村和无税庄四村四个村．该村按顺序取名无税庄二村。

地理位置 地处东安各庄镇北部，东至无税庄一村，南至西崔各庄，西至商家林，北至无税庄三村。

主要指标 2011 年末，辖区总人口 945 人，总面积 0.26 平方千米，农民人均纯收入 8560 元。

无税庄三村

(Wushuizhuangsan Cun)

名称来历 相传唐代有一王姓姑娘被选上娘娘，皇帝命人在村东建一花园，并问他还有什么要求，姑娘说：“家乡人穷地薄，要求免税”。皇帝随即应允，封为无税庄，此村名沿用至今。1980 年无税庄划分为无税庄一村、无税庄二村、无税庄三村和无税庄四村四个村，该村按顺序取名无税庄三村。

地理位置 地处东安各庄镇北部，东至无税庄四村，南至无税庄二村，西至商家林，北至迁安县野鸡坨。

主要指标 2011 年末，辖区总人口 947 人，总面积 0.26 平方千米，农民人均纯收入 8553 元。

无税庄四村

(Wushuizhuangsi Cun)

名称来历 相传唐代有一王姓姑娘被选上娘娘，皇帝命人在村东建一花园，并问他还有什么要求，姑娘说：“家乡人穷地薄，要求免税”。皇帝随即应允，封为无税庄，此村名沿用至今。1980 年无税庄划分为无税庄一村、无税庄二村、无税庄三村和无税庄四村四个村，该村按顺序取名无税庄四村。

地理位置 地处东安各庄镇北部，东至西樊各庄，南至无税庄一村，西至无税庄三村，北至迁安县野鸡坨。

主要指标 2011 年来，辖区总人口 1044 人，总面积 0.29 平方千米，农民人均纯收入 8553 元。

张百户坎村

(Zhangbaihukan Cun)

名称来历 村内原有一铁钟，上刻有“张百户坎”四字，后村名称张百户坎。

地理位置 地处东安各庄镇北，东至周寨子，南至松树营，西至无税庄，北至樊各庄。

主要指标 2011 年末，辖区总人口 1968 人，总面积 0.63 平方千米，农民人均纯收入 8568 元。

杨家沟村

(Yangjiagou Cun)

名称来历 唐贞观年间，原村名为方庄子，后因杨姓增多，村中又有一条沟，遂改名为杨家沟村。

地理位置 地处东安各庄镇东部，东至蒋庄，南至马庄子，西至沈官营，北至松树营。

主要指标 2011 年末，辖区总人口 2722 人，总面积 0.72 平方千米，农民人均纯收入 8537 元。

松树营村

(Songshuying Cun)

名称来历 唐贞观年间建村，建村时该地松树很多，故名松树营。

地理位置 地处东安各庄镇东部，东至上康各庄，南至杨家沟村，西至顾家庄，北至张百户坎。

主要指标 2011 年末，辖区总人口 2722 人，总面积 0.72 平方千米，农民人均纯收入 8537 元。

东樊各庄村

(Dongfangezhuang Cun)

名称来历 该村系由樊各庄分出，因位东，故以方位取名东樊各庄。

地理位置 地处东安各庄镇东部，东至孔庄，南至张百户坎，西至西樊各庄一村，北至赤峰堡。

主要指标 2011年末，辖区总人口2323人，总面积0.74平方千米，农民人均纯收入8570元。

西樊各庄一村

(Xifangezhuangyi Cun)

名称来历 该村由西樊各庄分出，位西樊各庄东部，取名为西樊各庄一村。

地理位置 地处东安各庄镇东部，东至东樊各庄，南至张百户坎，西至西樊各庄二村，北至赤峰堡。

主要指标 2011年末，辖区总人口1764人，总面积0.49平方千米，农民人均纯收入8611元。

西樊各庄二村

(Xifangezhuang'er Cun)

名称来历 该村系由樊各庄分出，位西樊各庄西部，取名为西樊各庄二村。

地理位置 地处东安各庄镇东部，东至西樊各庄一村，南至张百户坎，西至无税庄，北至赤峰堡。

主要指标 2011年末，辖区总人口1689人，总面积0.47平方千米，农民人均纯收入8567元。

耿庄子村

(Gengzhuangzi Cun)

名称来历 唐代建村，耿姓首先在此占产立庄，故取村名为耿庄子。

地理位置 地处东安各庄镇东部，东至东安河村，南至东樊各庄，西至西孟家屯，北至西安河。

主要指标 2011年末，辖区总人口1052人，总面积0.36平方千米，农民人均纯收入8555元。

东安河村

(Dong'anhe Cun)

名称来历 白龙河从村中穿过，一村分为两村，因该村位于村东，故名东安河。

地理位置 地处东安各庄镇东部，东至望府台，南至孔庄，西至西安河，北至贾营。

主要指标 2011年末，辖区总人口1846人，总面积0.52平方千米，农民人均纯收入8548元。

西安河村

(Xi'anhe Cun)

名称来历 白龙河从村中穿过，一村分为两村，因该村位于村西，故名西安河。

地理位置 地处东安各庄镇东部，东至东安河，南至耿庄子，西至赤峰堡，北至刘店。

主要指标 2011年末，辖区总人口1466人，总面积0.41平方千米，农民人均纯收入8553元。

刘店村

(Liudian Cun)

名称来历 唐代建村，系刘姓迁民首先在此开店，后建村，以姓氏取名刘店。

地理位置 地处东安各庄镇东部，东至贾营，南至西安河，西至赤峰堡，西北靠山，与迁安县接壤。

主要指标 2011年末，辖区总人口713人，总面积0.21平方千米，农民人均纯收入8555元。

赤峰堡村

(Chifengpu Cun)

名称来历 明洪武初建村时，因村北有一赤峰山，故得名赤峰堡。

地理位置 地处东安各庄镇东部，东至刘店，南至西安河，西至迁安县野鸡坨，北至京哈高速公路。

主要指标 2011年末，辖区总人口2428人，总面积0.81平方千米，农民人均纯收入8574元。

（撰稿：高福宝，初审：高建东）

雷庄镇

(Leizhuang Zhen)

政区概况

名称来历 因镇人民政府驻地位于雷庄村而得名。

地理位置 地处滦县西部，东连安各庄镇和滦州镇，南接小马庄镇，西邻唐山市古冶区和九百户镇，北与迁安市沙河驿镇接壤。人民政府驻雷庄村，电话区号0315，邮政编码063705，距滦县人民政府10千米。

政区沿革 明永乐二年（1404年）属滦州平原屯。1949年属滦县一区。1953年，设立雷庄乡。1955年，建初级社。1956年，建高级社。1961年，建雷庄人民公社。1984年，撤销人民公社，建雷庄镇，辖22个村民委员会。1989年3月，解各庄乡并入，辖29个村民委员会。

政区划分 2011年末，辖曹各庄、陈山头、大阚庄、董庄子、樊店子、郝家院头、后店子、后何寨、后羿各庄、后张亭子、黄庄、黄庄子、贾各庄、解各庄、雷庄、南纪庄子、前何寨、前羿各庄、前张亭子、邵庄、石佛口、土山、西郭庄、新店子、新农村、徐庄、颜庄、杨各庄、中新立庄29个村民委员会。

人口面积 2011年末，辖区总人口3.58万人，其中农业人口3.18万人，非农业人口0.4万人。另有流动人口510人。总人口中，男性18578人，占53.08%；女性17237人，占46.92%；14岁以下8448人，占23.6%；15~64岁24702人，占69%；65岁以上2650人，占7.4%。总人口中，以汉族为主，达35275人，占98.5%；有少数民族525

人，占1.5%。2011年，人口出生率10.15‰，人口死亡率5.46‰，人口自然增长率4.69‰。

辖区东西最大距离8.3千米，南北最大距离17.4千米，总面积76.8平方千米。人口密度为每平方千米466人。

自然条件

气候 属暖温带半湿润季风型大陆性气候。春季干旱多风，夏季闷热多雨，秋季昼暖夜凉，冬季寒冷少雪。多年平均气温10.5℃，1月平均气温-6.5℃；7月平均气温25.3℃。年平均降水量680.2毫米。无霜期年平均175天。

矿藏及其他自然资源 境内已探明地下矿藏主要有石灰岩和石英砂岩，储量丰富。

经济概况

农业 耕地面积6.8万亩，人均1.9亩。以种植花生、玉米、蔬菜为主。2011年，农业总产值1.8亿元，实现农业增加值1.9亿元，占国内生产总值的9.9%。

粮食作物以玉米为主。2011年，生产粮食2万吨，其中玉米1.8万吨。主要经济作物有花生。2011年，花生种植面积2.7万亩，产量6827吨。

畜牧业以生猪、牛、羊、家禽为主。2011年，生猪饲养量2.9万头，年末存栏1万头；羊饲养量0.5万只，年末存栏0.2万只；牛饲养量0.9万头，年末存栏0.8万头；家禽饲养量38万羽。

工业 以线材、石粉、建材等为主。2011年，工业总产值59.6亿元，实现工业增加值7.8亿元，比上年增长31%，占国内总产值的39.8%。2011年，工业企业75家，职工1964人。

商业外贸 2011年末，个体工商户605个，职工1208人。2011年，社会消费品零售总额达4.6亿元，比上年增长20.5%；城乡集市贸易成交额3.5亿元。2011年，出口创汇1800万美元。

财政金融 2011年，财政总收入4200万元，其中国税2830万元，地税1370万元。2011年，银行和金融机构各类存款余额6500万元，比上年增长8.1%；各项贷款余额3200万元，比上年增长8.9%。

社会发展

文化艺术 2011年末，镇文化站1个，村级文化活动中心16个，文化活动人员700余人。

教育 2011年末，幼儿园6所，在园幼儿650人，专任教师23人；小学6所，在校生1960人，专任教师127人，小学适龄儿童入学率100%；初中2所，在校生380人，专任教师95人，初中适龄人口入学率、小升初升学率、九年义务教育覆盖率均达100%。2011年财政预算内教育经费73.6万元，比上年增长21%。

医疗卫生 2011年末，医疗卫生机构2个，门诊部（所）32个；病床60张，每千人拥有医疗床位1.6张，固定资产总值460.1万元。专业卫生人员64名，其中执业医师14人，执业助理医师9人，注册护士13人。新型农村合作医疗参合率98%。

体育 2011年末，学校体育场地8处。16个村安装了健身器材，经常参加体育活动的人员占常住人口的26%。

广播电视 2011年末，8个村3100户安装了有线电视，电视综合覆盖率100%。

社会保障 2011年，城镇最低生活保障户数24户，人数43人，支出9.4万元，比上年增长10.2%，月人均182元；城市医疗救助50人次，民政部门资助参加合作医疗1020人次，共支出21.5万元，比上年增长9.7%。农村最低生活保障户数325户，人数889人，支出81.9万元，比上年增长9.2%，月人均77元。国家抚恤、补助各类优抚对象131人，抚恤事业费支出84.9万元，比上年增长7.6%。敬老院1家，床位100张，供养61人。新型农村社会养老保险参保人数1.8万人，参保率92%。

基础设施

交通运输 205国道、京沈铁路过境；设雷庄铁路货位。29个村全部实现村村通。有县乡级公路4条，总长45千米。有4条线路的班车通往县城，205国道的长途客车可直达唐山、天津、秦皇岛等地。

邮政电信 电信服务网点2个。固定电话用户3127户，电话用户普及率达到95%；移动电话用户2万户；宽带接入用户2953户。全年电信业务收入265万元。

镇区市政建设

道路 2011年末，镇区道路总长度72千米；道路铺装面积45万平方米。

公共交通 2011年末，镇区公交汽车线路4条，公交运营车辆12辆，日发60车次，年客运量2万人次。

供电 2011年末，镇区22万伏变电站1座。

曹各庄村

(Caogezhuang Cun)

名称来历 明万历年间，曹姓迁民首先在此占产立庄，故以姓氏取村名为曹各庄。

地理位置 地处雷庄镇东部，东至前周庄，南至徐庄，西至邵庄，北至南纪庄子。

主要指标 2011年末，辖区总人口932人，总面积1.63平方千米，农民人均纯收入8932元。

樊店子村

(Fandianzi Cun)

名称来历 该村原名富家庄，后因有一樊姓将军在此落户，故改称为樊家店子，简称樊店子。

地理位置 地处雷庄镇东北部，东至昝各庄，南至后何寨，西至贾各庄，北至杨各庄。

主要指标 2011年末，辖区总人口511人，总面积

0.86 平方千米，农民人均纯收入 8700 元。

南纪庄子村

(Nanjizhuangzi Cun)

名称来历 明永明乐元年（1403 年）纪姓迁民所建，以姓氏取村名为纪庄子，后称南纪庄子。

地理位置 地处雷庄镇东南部，东至前周庄，南至曹各庄，西至邵庄，北至前何寨。

主要指标 2011 年末，辖区总人口 434 人，总面积 0.64 平方千米，农民人均纯收入 9141 元。

前何寨村

(Qianhezhai Cun)

名称来历 明永乐元年（1403 年）由何家寨分出，因位置在何家寨以南，故取名为前何寨。

地理位置 地处雷庄镇东部，东至后周庄，南至南纪庄子，西至雷庄，北至后何寨。

主要指标 2011 年末，辖区总人口 869 人，总面积 1 平方千米，农民人均纯收入 9138 元。

黄庄子村

(Huangzhuangzi Cun)

名称来历 相传北宋建隆年间黄姓人家在此占产立庄，以姓氏取村名为黄庄子。

地理位置 地处雷庄镇北部，东至东安各庄镇马各庄，南至董庄子，西至郝家院头，北至迁安市沙河驿镇沙河驿。

主要指标 2011 年末，辖区总人口 1683 人，总面积 2.66 平方千米，农民人均纯收入 9048 元。

雷庄村

(Leizhuang Cun)

名称来历 明永乐元年（1403 年）雷姓迁民所建，因此地有一鼓楼，曾取村名为雷鼓村，后称雷家庄，简称雷庄。

地理位置 地处雷庄镇中部，东至后何寨，南至尖山，西至黄庄，北至新农村。

主要指标 2011 年末，辖区总人口 2524 人，总面积 0.43 平方千米，农民人均纯收入 9312 元。

黄庄村

(Huangzhuang Cun)

名称来历 明永乐元年（1403 年）一个名叫黄顺的迁民所建，以姓氏取村名为黄家庄，后简称黄庄，并沿用至今。

地理位置 地处雷庄镇西部，东至雷庄，南至土山，西至前张亭子，北至石佛口。

主要指标 2011 年末，辖区总人口 2640 人，总面积 3.13 平方千米，农民人均纯收入 9280 元。

新农村

(Xinnong Cun)

名称来历 该村原为新立庄村的一部分，因 1958 年修建水库而搬迁，后因水库下马，搬出的群众遂在此地建庄，取村名为新农村。

地理位置 地处雷庄镇中部，东至贾各庄，南至新店子，西至后店子，北至颜庄。

主要指标 2011 年末，辖区总人口 680 人，总面积 0.87 平方千米，农民人均纯收入 9048 元。

新店子村

(Xindianzi Cun)

名称来历 该村属后店子村一部分。1958 年因原村所在地拟修水库，部分群众搬迁至此，后水库下马，搬出的部分群众即在此地建了村庄，取名为新店子。

地理位置 地处雷庄镇中部，东至贾各庄，南至雷庄，西至后店子，北至新农村。

主要指标 2011 年末，辖区总人口 303 人，总面积 0.41 平方千米，农民人均纯收入 8816 元。

后何寨村

(Houhezhai Cun)

名称来历 何姓首先在此占产立庄，以姓氏取村名为何家寨。明永乐初年，部分人迁出另建了何家寨，地处村南，该村遂改名为后何寨。

地理位置 地处雷庄镇东部，东至史家洼，南至前何寨，西至雷庄，北至贾各庄。

主要指标 2011 年末，辖区总人口 570 人，总面积 0.68 平方千米，农民人均纯收入 9338 元。

后张亭子村

(Houzhangtingzi Cun)

名称来历 该村系原张亭子分出，居位亭子后北面，故称为后张亭子。

地理位置 地处雷庄镇西部，东至黄庄，南至前张亭子，西至巍峰山，北至石佛口。

主要指标 2011 年末，辖区总人口 599 人，总面积 1.03 平方千米，农民人均纯收入 9222 元。

陈山头村

(Chenshantou Cun)

名称来历 明永乐元年（1403 年）陈姓迁民所建。因该村地处凤凰山西山头，故得村名为陈家山头村，后简称陈山头。

地理位置 地处雷庄镇西部，东至后店子，南至石佛口，西至河新庄，北至新立庄。

主要指标 2011 年末，辖区总人口 435 人，总面积 0.4 平方千米，农民人均纯收入 8932 元。

颜庄村

(Yanzhuang Cun)

名称来历 北宋建隆年间，焦姓人家在此占产立庄，以姓氏取村名为焦家庄。后颜姓迁入，户数、人口逐年增多，改名为颜家庄，后简称颜庄。

地理位置 地处雷庄镇西北部，东至解各庄，南至新农村，西至大阚庄，北至董庄子。

主要指标 2011年末，辖区总人口1387人，总面积2.48平方千米，农民人均纯收入9180元。

董庄子村

(Dongzhuangzi Cun)

名称来历 相传北宋建隆年间，董姓人家首先在此地占产立庄，以姓氏取村名为董庄子。

地理位置 地处雷庄镇北部，东至栗园，南至解各庄，西至大阚庄，北至黄庄子。

主要指标 2011年末，辖区总人口950人，总面积1.17平方千米，农民人均纯收入9164元。

解各庄村

(Xiegezhuang Cun)

名称来历 唐龙纪年间，解姓人家先来此地占产开店，以姓氏取村名为解家店。明初有一将领将解家店烧毁，重建村庄，取名为解各庄。

地理位置 地处雷庄镇北部，东至杨各庄，南至新农村，西至颜庄，北至董庄子。

主要指标 2011年末，辖区总人口1347人，总面积2.57平方千米，农民人均纯收入9222元。

大阚庄村

(Dakanzhuang Cun)

名称来历 相传北宋建隆年间，阚姓人家在此占产立庄，因沙河西岸有阚庄，该村比河西的村大，故取名为大阚庄。

地理位置 村址地处雷庄镇北部，东至董庄子，南至颜庄，西至小阚庄，北至郝家院头。

主要指标 2011年末，辖区总人口1254人，总面积2.25平方千米，农民人均纯收入9122元。

郝家院头村

(Haojiayuantou Cun)

名称来历 相传北宋建隆年间，郝姓人家在此占产立庄，以姓氏取村名为郝家院头。

地理位置 地处雷庄镇北部，东至董庄子，南至大阚庄，西至小阚庄，北至黄庄子。

主要指标 2011年末，辖区总人口2462人，总面积3.81平方千米，农民人均纯收入9152元。

后店子村

(Houdianzi Cun)

名称来历 明永乐年间迁民所建，因当时地处石佛口大庙背后，又有王姓的大车站，故取村名为后店子。

地理位置 地处雷庄镇西部，东至新店子，南至石佛口，西至陈山头，北至中新立庄。

主要指标 2011年末，辖区总人口1285人，总面积1.84平方千米，农民人均纯收入8874元。

杨各庄村

(Yanggezhuang Cun)

名称来历 北宋建隆年间，杨姓人家在此地占产立庄，以姓氏取村名为杨各庄。

地理位置 地处雷庄镇北部，东至东安各庄镇栗园，南至贾各庄，西至解各庄，北至董庄子。

主要指标 2011年末，辖区总人口1681人，总面积2.56平方千米，农民人均纯收入9164元。

贾各庄村

(Jiagezhuang Cun)

名称来历 该村原名甲谷庄。明洪武年间原贾姓迁入后，故改名为贾各庄。

地理位置 地处雷庄镇东北部，东至樊店子，南至后何寨，西至新农村，北至杨各庄。

主要指标 2011年末，辖区总人口2051人，总面积2.84平方千米，农民人均纯收入8932元。

徐庄村

(Xuzhuang Cun)

名称来历 明崇祯年间，徐姓迁民首先在此占产立庄，故以姓氏取名为徐家庄，简称徐庄。

地理位置 地处雷庄镇东南部，东至西郭庄，南至后羿各庄，西至土山，北至曹各庄。

主要指标 2011年末，辖区总人口1215人，总面积2.11平方千米，农民人均纯收入9180元。

石佛口村

(Shifokou Cun)

名称来历 明永乐元年（1403年）迁民所建，因村北凤凰山有一大庙，庙内有一尊石佛，故以此取村名为石佛口。

地理位置 地处雷庄镇西部，东至后店子，南至黄庄村，西至沙河，北至陈山头。

主要指标 2011年末，辖区总人口2431人，总面积2.55平方千米，农民人均纯收入9362元。

邵庄村

(Shaozhuang Cun)

名称来历 明永乐元年（1403年）邵姓迁此建庄，以姓氏取名邵家庄，简称邵庄村。

地理位置 地处雷庄镇南部，东至前何寨，南至徐庄，西至土山，北至雷庄。

主要指标 2011年末，辖区总人口1527人，总面积2.2平方千米，农民人均纯收入9250元。

土山村

(Tushan Cun)

名称来历 该村系明崇祯十七年（1644年）迁民所建，因村紧靠东南有一小土山，故取名土山庄，后简称土山。

地理位置 地处雷庄镇南部，东至邵庄，南至徐庄，西至黄庄，北至雷庄。

主要指标 2011年末，辖区总人口1719人，总面积2.41平方千米，农民人均纯收入9238元。

后羿各庄村

(Houyigezhuang Cun)

名称来历 明永乐元年（1403年）羿姓迁民建羿各庄。1949年羿各庄分为南北两村，该村居后（北），故名后羿各庄。

地理位置 地处雷庄镇东南部，东至郭庄，南至前羿各庄，西至土山，北至徐庄。

主要指标 2011年末，辖区总人口806人，总面积1.48平方千米，农民人均纯收入9187元。

前张亭子村

(Qianzhangtingzi Cun)

名称来历 清顺治年间建村，张姓首先在此地占产立庄，因村中间有一亭子，故取名为张亭子，后因村庄扩大，以亭子为界分为两村，该村居南，故称前张亭子。

地理位置 地处雷庄镇西南部，东至黄庄，南至杨庄子，西至卑家店镇东庄子村，北至后张亭子。

主要指标 2011年末，辖区总人口830人，总面积1.74平方千米，农民人均纯收入9187元。

前羿各庄村

(Qianyigezhuang Cun)

名称来历 明永乐元年（1403年）羿姓迁民所建，以姓氏取村名为羿各庄。1949年分为南、北两村，该村在前（南），故名前羿各庄。

地理位置 地处雷庄镇东部，东至郭庄，南至邢各庄，西至靳各庄，北至后羿各庄。

主要指标 2011年末，辖区总人口729人，总面积1.2平方千米，农民人均纯收入9187元。

西郭庄村

(Xiguozhuang Cun)

名称来历 明永乐元年（1403年）郭姓迁民所建，以姓氏取村名为郭家庄，后简称郭庄。1982年在地名标准化处理工作中改称西郭庄。

地理位置 地处雷庄镇东南部，东至姚庄，南至后羿各庄，西至徐庄，北至曹各庄。

主要指标 2011年末，辖区总人口932人，总面积1.63平方千米，农民人均纯收入9048元。

中新立庄村

(Zhongxinlizhuang Cun)

名称来历 清雍正年间建村时取名为新立庄，1982年在地名标准化处理工作中更名为中新立庄。

地理位置 地处雷庄镇西部，东至新农村，南至陈山头，西至河新庄，北至颜庄。

主要指标 2011年末，辖区总人口823人，总面积1.43平方千米，农民人均纯收入8932元。

（撰稿：白银福，初审：高建东）

茨榆坨镇

(Ciyutuo Zhen)

政区概况

名称来历 因原人民公社驻地位于茨榆坨而得名。

地理位置 地处滦县西南，东邻小马庄镇，南与滦南县青坨营镇接壤，西、北毗邻唐山市古冶区。人民政府驻茨榆坨林场，电话区号0315，邮政编码063706，距滦县人民政府22千米。

政区沿革 1958年，属宋各庄人民公社。1961年，从宋各庄人民公社析出，建岳各庄人民公社。1982年，更名为茨榆坨人民公社。1984年，撤销人民公社，改置茨榆坨镇，辖11个村民委员会。1996年3月，塔坨乡并入，辖28个村民委员会。

政区划分 2011年末，辖茨榆坨东街、茨榆坨中街、茨榆坨西街、前茨榆坨、草塘坨、东长坨、西长坨、前吴坨、后吴坨、大石佛庄一、大石佛庄二、大石佛庄三、芦苇庄、东尖坨、东吴坨、谢各庄、宋各庄、杨家坨、六江口、张塔坨、白塔坨、李塔坨、赵塔坨、王塔坨、任塔坨、彭塔坨、西尖坨、小石佛庄28个村民委员会。

人口面积 2011年末，辖区总人口2.56万人，其中城镇常住人口8710人，城镇化率34%。另有流动人口4025人。总人口中，男性13028人，占50.95%；女性12641人，占49.05%；16岁以下3649人，占14.27%；17～65岁16829人，占65.82%；65岁以上5091人，占19.91%。2011年，人口出生率7.99‰，人口死亡率7.55‰，人口自然增长率0.44‰。

辖区东西最大距离7.7千米，南北最大距离15.7千米，总面积69平方千米。人口密度为每平方千米371人。

自然条件

地形地貌 境内地势北高南低，较为平坦，土壤为草甸褐土，有沙化现象。

水文 境内主要河道有沙河，自大石佛庄村北入境，由北而南，境内长2.4千米。

经济概况

农业 耕地面积7万亩，人均2.7亩；林地面积1.2万亩。2011年，农业总产值6亿元，实现农业增加值3.6亿元，占国内生产总值的29.6%。

粮食作物以小麦、玉米为主。2011年，粮食种植面积3.1万亩，生产粮食2.2万吨，人均859千克，其中小麦6560吨，玉米1.4万吨。主要经济作物有花生、蔬菜和瓜果。2011年，花生种植面积2.1万亩，产量5198吨；蔬菜种植面积1.4万亩，产量6.2万吨，主要品种有黄瓜、茄子、辣椒、白萝卜等，其中黄瓜1.5万吨，茄子1.2万吨，辣椒9895吨，白萝卜6090吨；瓜果种植面积600亩，产量1982吨，主要品种有西瓜、草莓等，其中西瓜339吨，草莓40吨。

畜牧业以奶牛、猪、羊、家禽为主。2011年，共有9个奶牛养殖园区，2011年末，存栏2.1万头，日产鲜奶450吨；生猪出栏2.3万头，年末存栏9916头；羊出栏7158只，年末存栏5668只；家禽出栏41万羽，年末存栏16.3万羽。

工业 以钢铁深加工、装备制造、包装机械为主。2011年，工业总产值4.7亿元，实现工业增加值3亿元，占国内生产总值的比重25%。2011年，工业企业62家，职工8981人。其中大松包装机械有限公司在包装机械制造行业全国驰名，拥有专利技术3项，有省著名商标1个。

商业外贸 2011年末，商业网点50个，职工100人。2011年，城乡集市贸易成交额3000万元。2011年，出口总额300万美元，主要产品有十大包装系列产品等，销往欧美、东南亚等70多个国家和地区。

财政金融 2011年，财政总收入5168万元，其中国税3010万元，地税1558万元。人均财政收入2018元。2011年，银行和金融机构各类存款余额3亿元。

社会发展

文化艺术 2011年末，镇文化站1个，村级文化活动中心28个；各类图书室28个，藏书14万册。

教育 2011年末，幼儿园4所，在园幼儿500人，专任教师8人；小学4所，在校生1720人，专任教师117人，小学适龄儿童入学率100%；初中1所，在校生599人，专任教师76人，初中适龄人口入学率、小升初升学率、九年义务教育覆盖率均达100%。2011年预算内教育经费41.7万元，占财政总支出的比例为17%，比上年提高了3个百分点。

医疗卫生 2011年末，各级医疗卫生机构70个，门诊部30个；病床126张，每千人拥有医疗床位4.92张。专业卫生人员96名，其中执业医师31人，执业助理医师56人，注册护士9人。2011年医疗机构（门诊部以上）完成诊疗7800人次。新型农村合作医疗参合率93.5%。

体育 2011年末，学校体育场地5处，体育设施比较齐全。32.1%的村安装了健身器材，经常参加体育活动的人员占常住人口的25%。

社会保障 2011年，城镇最低生活保障户数27户，人数42人，支出11.1万元，月人均220元。农村最低生活保障户数378户，人数872人，支出82.1万元，月人均78元；农村医疗救助128人次，民政部门资助参加合作医疗1246人次，共支出7.5万元。国家抚恤、补助各类优抚对象46人，抚恤事业费支出28.4万元。敬老院1家，床位100张，供养73人。全年接受社会捐款1.1万元，使20余人（次）困难群众受益。新型农村社会养老保险参保人数1.6万人，参保率93.5%。

基础设施

交通运输 境内有262省道、滦（滦县）古（古冶）线、滦（滦县）迁（迁西）线3条公路干线交汇。有县乡级公路6条，总长49千米。

邮政电信 2011年末，邮政网点1个。

电信企业2家，服务网点4处；电话交换机总容量2万门，固定电话用户0.4万户；移动电话用户1.9万户；宽带用户0.3万户。

镇区市政建设

道路 2011年末，镇区道路总长度65千米，人均拥有道路长度7米；道路铺装面积40万平方米。

公共交通 2011年末，镇区客运站1座，日发客运汽车24班次，日均客运量480余人次。

白塔坨村

(Baitatuo Cun)

名称来历 据传唐朝时曾在此沙坨修塔，明永乐初年白姓迁民首先在此占产立庄，故得名白家塔坨，简称白塔坨。

地理位置 地处茨榆坨镇北部，东至张塔坨，南至赵塔坨，西至古冶区吕家坨，北至芦苇庄。

主要指标 2011年末，辖区总人口438人，总面积0.85平方千米，农民人均纯收入9140元。

草塘坨村

(Caotangtuo Cun)

名称来历 相传明洪武年间由复姓欧阳的人建村，因北有一大水塘，欧阳与羊同音，羊吃草，为了欧阳家的兴旺，故取名草塘坨。

地理位置 地处茨榆坨镇中部，东至小马庄镇佘庄，南至滦南县养马庄，西至茨榆坨东街，北至小马庄镇董各庄。

主要指标 2011年末，辖区总人口892人，总面积2.17平方千米，农民人均纯收入9087元。

茨榆坨东街村

(Ciyutuodongjie Cun)

名称来历 相传唐贞观年间建村，因四周茨榆丛生，并有沙坨，故以地势取名茨榆坨。后因人口增多分治，该村在东部，得名茨榆坨东街。

地理位置 地处茨榆坨镇南部，东至草塘坨，南至滦南县新庄子，西至茨榆坨中街，北至东长坨。

主要指标 2011年末，辖区总人口813人，总面积2.34平方千米，农民人均纯收入9224元。

茨榆坨西街村

(Ciyutuoxijie Cun)

名称来历 相传唐贞观年间建村，因四周茨榆丛生，并有沙坨，故以地势取名茨榆坨。后因人口增多分治，该村在西部，得名茨榆坨西街。

地理位置 地处茨榆坨镇南部，东至茨榆坨中街，南至前茨榆坨，西至古冶区岳各庄，北至西长坨。

主要指标 2011年末，辖区总人口1281人，总面积1.93平方千米，农民人均纯收入9126元。

茨榆坨中街村

(Ciyutuozhongjie Cun)

名称来历 相传唐贞观年间建村，因四周茨榆丛生，并有沙坨，故以地势取名茨榆坨。后因人口增多分治，该村在中部，得名茨榆坨中街。

地理位置 地处茨榆坨镇南部，东至滦南县养马庄，南至滦南县新庄子，西至茨榆坨西街，北至东长坨。

主要指标 2011年末，辖区总人口1309人，总面积2.13平方千米，农民人均纯收入9133元。

大石佛庄一村

(Dashifozhuangyi Cun)

名称来历 明永乐元年（1403年）由迁民所建。因中有一大石佛得名，后因东有小石佛庄，该村逐渐改成为大石佛庄，分后得今名。

地理位置 地处茨榆坨镇北部，东至小石佛庄，南至西尖坨，西至大石佛庄二村，北至古冶区七百户村。

主要指标 2011年末，辖区总人口1067人，总面积3.29平方千米，农民人均纯收入9152元。

大石佛庄二村

(Dashifozhuang'er Cun)

名称来历 明永乐元年（1403年）由迁民所建。因中有一大石佛得名，后因东有小石佛庄，该村逐渐改成为大石佛庄。分后得今名。

地理位置 地处茨榆坨镇北部，东至大石佛庄一村，南至西尖坨，西至大石佛庄三，北至古冶区七百户村。

主要指标 2011年末，辖区总人口1039人，总面积2.58平方千米，农民人均纯收入9190元。

大石佛庄三村

(Dashifozhuangsan Cun)

名称来历 明永乐元年（1403年）由迁民所建。因中有一大石佛得名，后因东有小石佛庄，该村逐渐改成为大石佛庄。分后得今名。

地理位置 地处茨榆坨镇北部，东至大石佛庄二村，南至西尖坨，西至芦苇庄，北至古冶区七百户村。

主要指标 2011年末，辖区总人口1338人，总面积4.16平方千米，农民人均纯收入9142元。

东尖坨

(Dongjiantuo Cun)

名称来历 相传建村时，西北有一尖沙坨，故得名为东尖坨。

地理位置 地处茨榆坨镇北部，东至小马庄镇光水坨，南至东吴坨，西至西尖坨，北至小石佛庄。

主要指标 2011年末，辖区总人口1631人，总面积3.99平方千米，农民人均纯收入8799元。

西尖坨村

(Xijiantuo Cun)

名称来历 相传建村时，东北有一尖沙坨，故得名为西尖坨。

地理位置 地处茨榆坨镇北部，东至东尖坨，南至宋各庄，西至任塔坨，北至大石佛庄二村。

主要指标 2011年末，辖区总人口911人，总面积2.7平方千米，农民人均纯收入9126元。

东吴坨村

(Dongwutuo Cun)

名称来历 该村系由吴家坨分出，因位于沙坨东，故得名东吴坨。

地理位置 地处茨榆坨镇中部，东至杨家坨，南至西长坨，西至谢各庄，北至西尖坨。

主要指标 2011年末，辖区总人口947人，总面积2.41平方千米，农民人均纯收入9114元。

东长坨村

(Dongchangtuo Cun)

名称来历 相传明洪武年间建村，因村址位于一沙坨东面，故以地势取名为东长坨。

地理位置 地处茨榆坨镇中部，东至小马庄镇阚庄，南至茨榆坨东街，西至西长坨，北至东吴坨。

主要指标 2011年末，辖区总人口616人，总面积2.34平方千米，农民人均纯收入9088元。

李塔坨村

(Litatuo Cun)

名称来历 相传唐朝时曾在此沙坨修过塔，并有李姓迁民首先在此生产立庄，故得名李家塔坨。后与贾塔坨合并，改称为李塔坨。

地理位置 地处茨榆坨镇北部，东至西尖坨，南至古冶区周庄子，西至赵塔坨，北至张塔坨。

主要指标 2011年末，辖区总人口550人，总面积1.28平方千米，农民人均纯收入9151元。

六江口村

(Liujiangkou Cun)

名称来历 相传过去有汪姓等六户人家在此占产立庄，因地势处于洼地，雨季时一片汪洋，故得名为六江口。

地理位置 地处茨榆坨镇东部，东至小马庄镇许家河漕，南至小马庄镇董各庄，西至杨家坨，北至小石佛庄。

主要指标 2011年末，辖区总人口272人，总面积0.77平方千米，农民人均纯收入9107元。

芦苇庄村

(Luweizhuang Cun)

名称来历 相传过去芦姓首先在此建庄，且村中有一大芦苇塘，故名芦苇庄。

地理位置 地处茨榆坨镇北部，东至大石佛庄三村，南至张塔坨，西至古冶区小任家套，北至古冶区林西。

主要指标 2011年末，辖区总人口993人，总面积2.47平方千米，农民人均纯收入9178元。

彭塔坨村

(Pengtatuo Cun)

名称来历 相传唐朝时期曾在此沙坨修过塔，彭姓迁民首先在此占产立庄，故得名彭家塔坨，简称彭塔坨。

地理位置 地处茨榆坨镇西北部，东至宋各庄，南至古冶区范各庄，西至古冶区吕家坨，北至古冶区林西。

主要指标 2011年末，辖区总人口1386人，总面积2.44平方千米，农民人均纯收入9107元。

前茨榆坨村

(Qianciyutuo Cun)

名称来历 相传唐贞观年间建村，因该村在茨榆坨前面，故取名为前茨榆坨，并沿用至今。

地理位置 地处茨榆坨镇南部，东至滦南县养马庄，南至滦南县武庄户，西至滦南县港坨，北至茨榆坨西街。

主要指标 2011年末，辖区总人口1636人，总面积3.14平方千米，农民人均纯收入9109元。

前吴坨村

(Qianwutuo Cun)

名称来历 相传明洪武年间，武姓在沙坨旁边建村，以姓氏取名为武家坨，误称为吴家坨。后因人口增多分为二，该村在沙坨西，得名西吴家坨，简称西吴坨。1955年西吴坨又分为二，该村在前故得名前吴坨。

地理位置 地处茨榆坨镇中部，东至小马庄镇董各庄，南至前茨榆坨，西至古冶区仁里庄，北至后吴坨。

主要指标 2011年末，辖区总人口694人，总面积1.8平方千米，农民人均纯收入9140元。

后吴坨村

(Houwutuo Cun)

名称来历 相传明洪武年间，武姓在沙坨旁边建村，以姓氏取名为武家坨，误称为吴家坨。后因人口增多分为二，该村在沙坨西，得名西吴家坨，简称西吴坨。1955年西吴坨又分为二，该村在后故得名后吴坨。

地理位置 地处茨榆坨镇中部，东至小马庄镇董各庄，南至前吴坨，西至古冶区范各庄，北至谢各庄。

主要指标 2011年末，辖区总人口413人，总面积1.33平方千米，农民人均纯收入9135元。

任塔坨村

(Rentatuo Cun)

名称来历 相传唐朝时期曾在此沙坨修过塔，任姓迁民首先在此占产立庄，故得名任家塔坨，简称任塔坨。

地理位置 地处茨榆坨镇北部，东至西尖坨，南至古冶区周庄子，西至彭塔坨，北至王塔坨。

主要指标 2011年末，辖区总人口436人，总面积1.16平方千米，农民人均纯收入9110元。

宋各庄村

(Songgezhuang Cun)

名称来历 相传过去有宋姓首先在此地占产立庄，因东有宋庄，该村故得名西宋家庄，后称为宋各庄。

地理位置 地处茨榆坨镇北部，东至杨家坨，南至东吴坨，西至任塔坨，北至西尖坨。

主要指标 2011年末，辖区总人口1304人，总面积2.7平方千米，农民人均纯收入9122元。

王塔坨村

(Wangtatuo Cun)

名称来历 相传唐朝时期曾在此沙坨修过塔，王姓迁民首先在此占产立庄，故得名王家塔坨，简称王塔坨。

地理位置 地处茨榆坨镇北部，东至赵塔坨，南至任塔坨，西至古冶区吕家坨，北至白塔坨。

主要指标 2011年末，辖区总人口469人，总面积0.87平方千米，农民人均纯收入9083元。

西长坨村

(Xichangtuo Cun)

名称来历 相传明洪武年间建村，因村址位于长沙坨西南，故以地势取名为西长坨。

地理位置 地处茨榆坨镇中部，东至东长坨，南至茨榆坨，西至古冶区仁里庄，北至东吴坨。

主要指标 2011年末，辖区总人口651人，总面积1.68平方千米，农民人均纯收入9052元。

小石佛庄村

(Xiaoshifozhuang Cun)

名称来历 相传唐龙纪年间建村，中有一石佛，加之较小，故得名小石佛庄。

地理位置 地处茨榆坨镇北部，东至小马庄镇刘各庄，南至杨家坨，西至大石佛庄一村，北至古冶区海子沿。

主要指标 2011年末，辖区总人口1204人，总面积3.77平方千米，农民人均纯收入9193元。

谢各庄村

(Xiegezhuang Cun)

名称来历 相传明洪武年间建村，谢姓首先在此占产立庄，以姓氏取村名为谢各庄。

地理位置 地处茨榆坨镇北部，东至东吴坨，南至后吴坨，西至古冶区范各庄，北至宋各庄。

主要指标 2011年末，辖区总人口725人，总面积1.71平方千米，农民人均纯收入9191元。

杨家坨村

(Yangjiatuo Cun)

名称来历 相传过去杨氏首先在此占产立庄，且西有一大沙坨，故以姓氏和地势取名为杨家坨。

地理位置 地处茨榆坨镇北部，东至六江口，南至小马庄镇董各庄，西至宋各庄，北至小石佛庄。

主要指标 2011年末，辖区总人口470人，总面积1.39平方千米，农民人均纯收入9178元。

张塔坨村

(Zhangtatuo Cun)

名称来历 相传唐朝时期曾在此沙坨修过塔，明永乐初年，张姓迁民首先在此占产立庄，故得名张家塔坨，简称张塔坨。

地理位置 地处茨榆坨镇北部，东至小马庄镇刘各庄，南至李塔坨，西至白塔坨，北至芦苇庄。

主要指标 2011年末，辖区总人口1440人，总面积3.15平方千米，农民人均纯收入9204元。

赵塔坨村

(Zhaotatuo Cun)

名称来历 相传唐朝时期曾在此沙坨修过塔，赵姓迁民在此占产立庄，故得名赵家塔坨，简称赵塔坨。

地理位置 地处茨榆坨镇北部，东至李塔坨，南至王塔坨，西至古冶区安各庄，北至白塔坨。

主要指标 2011年末，辖区总人口726人，总面积1.56平方千米，农民人均纯收入9131元。

（撰稿：宋春城，初审：高建东）

榛子镇

(Zhenzi Zhen)

京东四大古镇之一。

政区概况

名称来历 因该地有道榛子岭，岭上长满榛树，故得此名。

地理位置 地处滦县西北，南与开平区双桥镇隔水相望，西与丰润区银城铺乡相邻，北为革命老区杨柳庄镇，东北与王店子镇毗邻。人民政府驻第一镇村，电话区号0315，邮政编码063707，距滦县人民政府35千米。

政区沿革 清代中叶，始设驿站，后又派驻把总署、巡检署、留养局、义仓等官方机构，成为滦州西部政治经济中心。1953年，办互助组。1954年，建初级社。1956年，建高级社。1958年，建榛子镇人民公社。1984年，撤销人民公社，复建榛子镇，辖21个村民委员会。1996年，杏山乡、麻湾坨乡并入，辖44个村民委员会。2002年，冯庄乡并入，辖59个村民委员会，2个社区居民委员会。

政区划分 2011年末，辖第一镇、安乐庄、永信庄、东平庄、前铁、北铁、朱官营、城后庄、后甸子、杨家庄、吴庄子、东河南庄、西河南庄、北河南庄、大岗上、塔上、晒甲岭、南平庄、新庄子、相公庄、韩家哨、渠里、麻湾坨、于家坨、王家岭、杜庄、葛庄、黄家楼、北小寨、前小寨、小贺庄、大贺庄、于家营、石郎庄、棋盘、八里王官营、冯庄、兴隆店子、贾家营、赵庄子、哑叭庄、朱郡寨、北新庄子、于家庄、寺后头、陈官营、北山、西新庄营、周庄子、狼窝铺、白草洼、西新立庄、杏山、西营、上尤各庄、北营、椅子山、小山子、东营59个村民委员会，宋家峪、小岗上2个社区居民委员会。

人口面积 2011年末，辖区总人口5.6万，其中城镇常住人口6400人。另有流动人口4500人。总人口中，男性2.82万人，占50.4%，女性2.78万人，占49.6%；14岁以下1万人，占18%；15~64岁2.97万人，占53%；65岁以上1.63万人，占29%。总人口中，以汉族为主，达5.59万人，占99.82%；有回族102人，占0.18%。2011年，人口出生率5.6‰，人口死亡率3.98‰，人口自然增长率1.62‰。

辖区东西最大距离14.7千米，南北最大距离12.6千米，总面积97.6平方千米。其中陆地面积95.8平方千米，占98%；水域面积1.8平方千米，占2%。人口密度为每平方千米574人。

自然条件

地形地貌 地势西高东低，地面平坦。

水文 境内河道属陡河水系。龙湾河自杨柳庄夏官营进入境内，蜿蜒注入陡河；管河经王店子镇高家庄村流入境内北小寨、前小寨注入陡河。

经济概况

农业 耕地面积7.6万亩，人均1.4亩，2011年，农业总产值5.4亿元，实现农业增加值3.1亿元，占国内生产总值的6.6%。

粮食作物以小麦、玉米为主。2011年，生产粮食3.3万吨，人均589千克，其中小麦1.3万吨，玉米2万吨。2011年，蔬菜播种面积1.2万亩，产量6.5万吨。南部库区沿岸水产养殖条件优越。北部山区有丰富的林果资源，盛产苹果、鸭梨、桃、李等优质水果。西部半山区是良种奶牛养殖基地，鑫磊生物科技园、豪华养殖专业合作社等高科技养殖生态项目为全镇畜禽养殖龙头企业，其中2011年，牛出栏1.3万头；2011年末，猪出栏5.4万头，年末存栏3.8万头。

工业 以钢铁、水泥、建材为龙头。2011年，工业总产值149.2亿元，实现工业增加值34.9亿元，占国内生产总值的比重75.1%。2011年，工业区2个，规模企业15家，中小企业30余家；共有私营企业200余家，形成了以兴隆、荣义等大型钢铁企业为龙头，引领钢铁、建材、食品加工三大行业并进的发展格局，拥有职工8000余人，每年增加就业岗位500个，个体工商户5500家，是滦县的工业重镇。

商业外贸 2011年末，商业网点2000家，职工6600人。2011年，城乡集市贸易成交额3亿元。同时引进华联等多家超市和购物中心。

财政金融 2011年，财政总收入1.1亿元，比上年增长13%。有金融机构6家，其中中国农业银行营业所1家，农村信用社营业所4家，邮政储蓄所1家。

社会发展

文化艺术 2011年末，镇文化站、图书馆各1个，村级文化活动中心、图书室61个，各类藏书50万册；音乐、美术、书法、摄影及文学业余创作人员130人。有著名的响水桥、郎石台两处省级文物保护单位。评剧、皮影是这里的保留剧种，舞狮子、耍龙灯、扭秧歌也是人们的最爱。

教育 2011年末，幼儿园12所，在校生1464人，专任教师98名；小学14所，在校生3776人，专任教师230人，小学适龄儿童入学率100%；初中4所，在校生1238人，专任教师154人，初中适龄人口入学率、小升初升学率、九年义务教育覆盖率均达100%。2011年预算内教育经费（包括城市教育费附加）370万元，比上年增加12%。

医疗卫生 2011年末，卫生院4所，村级卫生室、门诊部（所）80个，民办医院1所，医生88名；病床80张。新型农村合作医疗参合率98%以上。

社会保障 2011年，城镇最低生活保障户数38户，人数96人，支出16.1万元，月人均140元，比上年增长6%。农村最低生活保障户数708户，人数1776人，支出170万元，月人均80元；民政部门资助参加合作医疗1776人次，支出11万元，比上年增长15%。敬老院1家，床位60个。慈善协会1个。新型农村社会养老保险参保人数28760人。

基础设施

交通运输 境内有京哈高速、102国道、省道迁曹线3条公路干线交会。有县乡级公路8条，总长28千米。

邮政电信 2011年末，邮政网点1个。

电信企业2家，服务网点2处；电话交换机总容量1万门，固定电话用户0.87万户；移动电话用户1.6万户；宽带接入用户0.6万户。

镇区市政建设

道路 2011年末，镇区道路总长度5.1千米；道路铺装面积1.2万平方米。

公共交通 2011年末，镇区开通公交汽车线路3条，公交运营车辆3辆，日发6车次，年客运量4.3万人次。

小岗上社区

(Xiaogangshang Shenqu)

名称来历 于明崇祯十七年（1644年）建村，因村前有一土岗子，近有大岗子村，该村略小，故名小岗上。1959年修建陡河水库时迁至现址。1992年建社区，命名为小岗上社区。

地理位置 地处榛子镇南部，东至塔上，南至晒甲岭村，西至椅子山，北至大岗上。

主要指标 2011年末，辖区总人口509人，总面积0.8平方千米，城镇居民人均纯收入11000元。

宋家峪社区

(Songjiayu Shenqu)

名称来历 因宋姓首先在此建村，因地处山沟得名。后称宋家峪。因陡河水库修电厂该村整体搬迁，1992 年建社区，命名为宋家峪社区。

地理位置 地处榛子镇东部，东至古冶区，南至开平区李家峪，西至南平庄，北至韩家哨。

主要指标 2011 年末，辖区总人口 2170 人，总面积 1.8 平方千米，城镇居民人均纯收入 11000 元。

东平庄村

(Dongpingzhuang Cun)

名称来历 村址位于镇东且地势平坦，村西有龙王庙保其平安，故称东平庄。

地理位置 地处榛子镇中部，东至永信庄，南至前铁，西至北铁，北至朱官营。

主要指标 2011 年末，辖区总人口 473 人，总面积 0.74 平方千米，农民人均纯收入 9235 元。

永信庄村

(Yongxinzhuang Cun)

名称来历 村西有一季节性水坑，自西向东呈半个“凸”字形，似旧时乌纱帽，故坑名沙帽坑，该村俗称“纱帽坑沿儿”，后称永信庄。

地理位置 地处榛子镇中部，东至东平庄，南至北铁，西至第一镇，北至朱官营。

主要指标 2011 年末，辖区总人口 502 人，总面积 0.76 平方千米，农民人均纯收入 9228 元。

前铁村

(Qiantie Cun)

名称来历 明朝移民时，几名铁匠在此立庄，故取名铁匠庄。旧时，村西的朱家坟正冲着村，为图吉利在村西建一砖石结构的大影壁，故该村俗称“大影壁儿”。新中国成立前后也称其南铁匠庄。1958 年 9 月规范为前铁。

地理位置 地处榛子镇中部，东至永信庄，南至塔上，西至安乐庄，北至北铁。

主要指标 2011 年末，辖区总人口 405 人，总面积 0.93 平方千米，农民人均纯收入 9235 元。

北铁村

(Beitie Cun)

名称来历 在前铁立庄后，又有铁匠立庄，也称铁匠庄，为与前铁区别，按古代方位南为前、北为后，即取名后铁匠庄或北铁匠庄。1958 年 9 月规范为北铁。

地理位置 地处榛子镇中部，东至东平庄，南至前铁，西至永信庄，北至朱官营。

主要指标 2011 年末，辖区总人口 487 人，总面积 0.7 平方千米，农民人均纯收入 9224 元。

安乐庄村

(Anlezhuang Cun)

名称来历 现村址曾是镇有钱人的打谷场，几户穷人看场，后来立庄，旧称“城南儿”。新中国成立后从“安居乐业”意取名安乐庄。1958 年 9 月规范为安乐庄。

地理位置 地处榛子镇中部，东至北铁，南至大岗上，西至第一镇，北至第一镇。

主要指标 2011 年末，辖区总人口 439 人，总面积 0.59 平方千米，农民人均纯收入 9216 元。

第一镇村

(Diyizhen Cun)

名称来历 镇本街，新中国成立后称第一镇至今。

地理位置 地处榛子镇中部，东至永信庄，南至安乐庄，西至杨家庄，北至城后庄。

主要指标 2011 年末，辖区总人口 1116 人，总面积 1.72 平方千米，农民人均纯收入 9250 元。

朱官营村

(Zhuguanying Cun)

名称来历 村址曾建过兵营，头领姓朱即称朱官营。因村址位于镇街北，俗称后营。村中曾有一眼与邻村共用的甜水井，故该村也称“甜水井儿”。1958 年 9 月规范为朱官营并沿用至今。

地理位置 地处榛子镇中部，东至永信庄，南至第一镇，西至城后庄，北至小贺庄。

主要指标 2011 年末，辖区总人口 930 人，总面积 1.57 平方千米，农民人均纯收入 9240 元。

杨家庄村

(Yangjiazhuang Cun)

名称来历 移民建村时杨姓人居多，即称杨庄子。1982 年更名为杨家庄。但至今群众还习惯称杨庄子。

地理位置 地处榛子镇中部，东至城后庄，南至第一镇，西至吴庄子，北至贾家营。

主要指标 2011 年末，辖区总人口 1059 人，总面积 1.7 平方千米，农民人均纯收入 9240 元。

吴庄子村

(Wuzhuangzi Cun)

名称来历 明洪武年间建村。建村时有吴、王等五姓在此建产立庄，故取名五庄子，后因吴姓扩大，改村名为吴家庄，现称吴庄子。

地理位置 地处榛子镇中部，东至杨家庄，南至河南庄，西至狼窝铺，北至贾家营。

主要指标 2011 年末，辖区总人口 1123 人，总面积 2.37 平方千米，农民人均纯收入 9250 元。

城后庄村

(Chenghouzhuang Cun)

名称来历 立庄于镇街北，按古代方位南为前、北为后，即称城后庄。日本和国民党反动派据点时，在镇周围挖了护城大沟，故新中国成立前称其为沟北庄，新中国成立后也称城后庄。1958年9月规范为城后庄并沿用至今。

地理位置 地处榛子镇中部，东至朱官营，南至第一镇，西至杨家庄，北至后甸子。

主要指标 2011年末，辖区总人口508人，总面积1.04平方千米，农民人均纯收入9180元。

后甸子村

(Houdianzi Cun)

名称来历 移民建村时，现村址周围长满牧草，而大片草场地称为"甸子"。又因村址在镇北，按古代方位南为前、北为后，即取名后甸子。

地理位置 地处榛子镇中部，东至朱官营，南至城后庄，西至杨家庄，北至小贺庄。

主要指标 2011年末，辖区总人口846人，总面积1.45平方千米，农民人均纯收入9230元。

北河南庄村

(Beihe'nanzhuang Cun)

名称来历 明永乐元年（1403年）迁民所建，因村北有鸭子河，故取名河南庄。抗日战争时曾化名"华村"。1961年将河南庄划分为东河南庄、北河南庄、西河南庄，当地后俗称为北河。

地理位置 地处榛子镇南部，东至东河南庄，南至西河南庄，西至椅子山，北至杨家庄。

主要指标 2011年末，辖区总人口1230人，总面积2.49平方千米，农民人均纯收入9230元。

西河南庄村

(Xihenanzhuang Cun)

名称来历 明永乐元年（1403年）迁民所建，因村北有鸭子河，故取名河南庄。抗日战争时曾化名"华村"。1961年将河南庄划分为东河南庄、北河南庄、西河南庄，当地后俗称为西河。

地理位置 地处榛子镇南部，东至东河南庄，南至大岗上，西至椅子山，北至北河南庄。

主要指标 2011年末，辖区总人口774人，总面积1.56平方千米，农民人均纯收入9228元。

东河南庄村

(Donghe'nanzhuang Cun)

名称来历 明永乐元年（1403年）迁民所建，因村北有鸭子河，故取名河南庄。抗日战争时曾化名"华村"。1961年将河南庄划分为东河南庄、北河南庄、西河南庄，当地后俗称为东河。

地理位置 地处榛子镇南部，东至塔上，南至大岗上，西至西河南庄，北至北河南庄。

主要指标 2011年末，辖区总人口794人，总面积1.36平方千米，农民人均纯收入9230元。

大岗上村

(Dagangshang Cun)

名称来历 明崇祯末期建村，因村前有一大土岗子，故取名为大岗上。1959年修建陡河水库时迁至现址。

地理位置 地处榛子镇南部，东至塔上，南至晒甲岭村，西至椅子山，北至小岗上。

主要指标 2011年末，辖区总人口749人，总面积0.92平方千米，农民人均纯收入9222元。

塔上村

(Tashang Cun)

名称来历 北宋建隆年间建村，因当时村旁有一座塔，故名为塔上庄，后称塔上。

地理位置 地处榛子镇南部，东至韩家哨，南至新庄子，西至大岗上，北至前铁。

主要指标 2011年末，辖区总人口582人，总面积0.81平方千米，农民人均纯收入9220元。

新庄子村

(Xinzhuangzi Cun)

名称来历 明永乐元年（1403年）迁民所建，取村名为新庄子。

地理位置 地处榛子镇南部，东至韩家哨，南至南平庄，西至晒甲岭村，北至塔上。

主要指标 2011年末，辖区总人口339人，总面积0.69平方千米，农民人均纯收入9225元。

晒甲岭村

(Shaijialing Cun)

名称来历 相传唐贞观年间，唐太宗东征时在此地遇雨，雨后在此地的山上晾晒盔甲。唐龙纪年间建村，故取名为晒甲岭村。

地理位置 地处榛子镇南部，东至新庄子，南至南平庄，西至小山子，北至大岗上。

主要指标 2011年末，辖区总人口522人，总面积1.51平方千米，农民人均纯收入9220元。

南平庄村

(Nanpingzhuang Cun)

名称来历 明代建村，因村址处在北高南平的地势，故取村名为南平庄。抗日战争时曾化名"何村"。

地理位置 地处榛子镇南部，东至宋家峪，南至相公庄，西至东营，北至晒甲岭村。

主要指标 2011年末，辖区总人口845人，总面积1.34平方千米，农民人均纯收入9230元。

相公庄村

(Xianggongzhuang Cun)

名称来历 相传明末榛子镇有一个王大将军率部抗击蝗虫累死。其妻为缅怀丈夫为他修了一座相公庙，后建庄，此村位于庙前，故得村名为南相公庄，后称相公庄。

地理位置 地处榛子镇南部，东至宋家峪，南至开平区孙家庄，西至东营，北至南平庄。

主要指标 2011年末，辖区总人口1185人，总面积1.3平方千米，农民人均纯收入9230元。

前小寨村

(Qianxiaozhai Cun)

名称来历 相传唐太宗李世民东征时，曾在此地安营扎寨，因该村位前且小，建村后取名前小寨。

地理位置 地处榛子镇东部，东至麻湾坨，南至韩家哨，西至东平庄，北至北小寨。

主要指标 2011年末，辖区总人口2144人，总面积2.46平方千米，农民人均纯收入9260元。

北小寨村

(Beixiaozhai Cun)

名称来历 相传唐太宗李世民东征时，曾在此扎寨，故建村时称小寨庄，因村位北，称北小寨。

地理位置 地处榛子镇东部，东至麻湾坨，南至前小寨，西至东平庄，北至黄家楼。

主要指标 2011年末，辖区总人口1392人，总面积2.07平方千米，农民人均纯收入9240元。

黄家楼村

(Huangjialou Cun)

名称来历 因黄姓在此地建一楼阁得名。后称黄家楼。

地理位置 地处榛子镇东部，东至麻湾坨，西至王店子镇东拨子，南至北小寨，北至王店子镇高家庄。

主要指标 2011年末，辖区总人口545人，总面积1.13平方千米，农民人均纯收入9180元。

韩家哨村

(Hanjiashao Cun)

名称来历 明洪武年间首先有韩姓在此占产立庄，且设有哨卡，故村名为韩家哨。

地理位置 地处榛子镇东部，东至渠里，南至宋家峪，西至塔上，北至麻湾坨。

主要指标 2011年末，辖区总人口1779人，总面积2.45平方千米，农民人均纯收入9220元。

渠里村

(Quli Cun)

名称来历 金天会四年（1126年）建村，因当时有一水渠从村中穿过，故取村名渠里庄，后称渠里。

地理位置 地处榛子镇东部，东至于家坨，南至宋家峪，西至晒甲岭村，北至麻湾坨。

主要指标 2011年末，辖区总人口1321人，总面积1.02平方千米，农民人均纯收入9170元。

麻湾坨村

(Mawantuo Cun)

名称来历 因该地当时有一个水泉，弯弯曲曲常年不断水，泉水汇流到一洼地而茫茫一片，故名茫湾头，后演变为麻湾坨。

地理位置 地处榛子镇东部，东至于家坨，南至渠里，西至前小寨，北至迁曹线。

主要指标 2011年末，辖区总人口2167人，总面积3.41平方千米，农民人均纯收入9260元。

于家坨村

(Yujiatuo Cun)

名称来历 明朝嘉靖年间于姓首先在此地建庄于土坨之上，取村名为于家坨。

地理位置 地处榛子镇东部，东至王家岭，南至渠里，西至麻湾坨，北至迁曹线。

主要指标 2011年末，辖区总人口972人，总面积0.74平方千米，农民人均纯收入9230元。

葛庄村

(Gezhuang Cun)

名称来历 明朝永乐年间，葛姓人首先在此占地建庄立业，故取村名为葛庄。抗日战争时期化名为“强村”。

地理位置 地处榛子镇东部，东至杜庄，南至王家岭，西至北小寨，北至王店子镇梅新庄。

主要指标 2011年末，辖区总人口1653人，总面积2.45平方千米，农民人均纯收入9240元。

杜庄村

(Duzhuang Cun)

名称来历 明朝崇祯末期杜姓人在此山丘占地立庄，因村小人少，故称小庄。清光绪末期该村归属葛庄，称葛庄南山。1958年，该村行政独立，故以姓氏取名为杜庄。抗日战争时期化名为“南山”。

地理位置 地处榛子镇东部，东至古冶区赵各庄，南至王家岭，西至葛庄，北至王店子镇梅新庄。

主要指标 2011年末，辖区总人口80人，总面积0.13平方千米，农民人均纯收入9206元。

王家岭村
(Wangjialing Cun)

名称来历 因清光绪三十四年（1908年）王姓在此山岭立庄得名。

地理位置 地处榛子镇东部，东至古冶区赵各庄，南至古冶区白云山，西至于家坨，北至杜庄。

主要指标 2011年末，辖区总人口108人，总面积0.23平方千米，农民人均纯收入9209元。

杏山村
(Xingshan Cun)

名称来历 因村址坐落在杏山脚下故以杏山得名。后称杏山。

地理位置 地处榛子镇西部，东至椅子山，南至西营，西至西新立庄，北至白草洼。

主要指标 2011年末，辖区总人口1534人，总面积3.22平方千米，农民人均纯收入9230元。

上尤各庄村
(Shangyougezhuang Cun)

名称来历 唐贞观年间，一放牛孩子遇狼，在牛的保护下孩子幸免于难，后人在此建庄，取名牛护庄，后演变为尤各庄。因人增多，分上下两村，该村改为上尤各庄。

地理位置 地处榛子镇西部，东至西营，南至开平区梨园，西至丰润区国持营，北至西新立庄。

主要指标 2011年末，辖区总人口2667人，总面积5.16平方千米，农民人均纯收入9240元。

东营村
(Dongying Cun)

名称来历 唐贞观年间，一放牛孩子遇狼，在牛的保护下孩子幸免于难，后人在此建庄，取名牛护庄，后演变为尤各庄。因人增多，分上下两村，该村改为下尤各庄。清顺治初年此地曾驻过军，当过军营，后分建为东西二村，故改名东营、西营。此村位于东部，称东营。

地理位置 地处榛子镇西部，东至相公庄，南至开平区安家庄，西至北营，北至小山子。

主要指标 2011年末，辖区总人口1591人，总面积2.03平方千米，农民人均纯收入9230元。

西营村
(Xiying Cun)

名称来历 唐贞观年间，一放牛孩子遇狼，在牛的保护下孩子幸免于难，后人在此建庄，取名牛护庄，后演变为尤各庄。因人增多，分上下两村，该村改为下尤各庄。清顺治初年此地曾驻过军，当过军营，后分建为东西两村，故改名东营、西营。此村位于西部，称西营。

地理位置 地处榛子镇西部，东至北营，南至陡河水库，西至上尤各庄，北至杏山。

主要指标 2011年末，辖区总人口2008人，总面积1.82平方千米，农民人均纯收入9210元。

北营村
(Beiying Cun)

名称来历 1964年从东营迁出一个生产队在此立庄，因在东营北部，故名北营。

地理位置 地处榛子镇西部，东至东营，南至陡电，西至西营，北至椅子山。

主要指标 2011年末，辖区总人口351人，总面积0.41平方千米，农民人均纯收入9200元。

椅子山村
(Yizishan Cun)

名称来历 明洪武年间建村，因村北靠山，山像椅子而得名。后称椅子山。

地理位置 地处榛子镇西部，东至北河南庄，南至小山子，西至杏山，北至狼窝铺。

主要指标 2011年末，辖区总人口1383人，总面积3.7平方千米，农民人均纯收入9230元。

小山子村
(Xiaoshanzi Cun)

名称来历 清顺治年间有一王姓人在此占地立庄，因地处小山脚下得名。

地理位置 地处榛子镇西部，东至南平庄，南至东营，西至北营，北至椅子山。

主要指标 2011年末，辖区总人口449人，总面积1.36平方千米，农民人均纯收入9180元。

周庄子村
(Zhouzhuangzi Cun)

名称来历 明朝末年，周姓在此立庄，故名周庄子。

地理位置 地处榛子镇西部，东至狼窝铺，南至白草洼，西至丰润区李家沟，北至丰润区田家湾。

主要指标 2011年末，辖区总人口534人，总面积1.12平方千米，农民人均纯收入9180元。

白草洼村
(Baicaowa Cun)

名称来历 因建村前此处是一片洼地，长满白毛毛草而得名。后称白草洼。

地理位置 地处榛子镇西部，东至狼窝铺，南至杏山，西至西新立庄，北至周庄子。

主要指标 2011年末，辖区总人口518人，总面积1.11平方千米，农民人均纯收入9210元。

狼窝铺村

(Langwopu Cun)

名称来历 明洪武年间有一户人家在此垦荒种地，春种秋收时节就搭窝铺住在这里，农闲时回家居住。到第三年秋季到此收秋时，发现几只狼住在他的窝铺里。于是他联合几家在此建庄，故名狼窝铺。

地理位置 地处榛子镇西部，东至吴庄子，南至椅子山，西至白草洼，北至新庄子。

主要指标 2011年末，辖区总人口1782人，总面积4.42平方千米，农民人均纯收入9230元。

西新庄营村

(Xixinzhuangying Cun)

名称来历 因明洪武年间刁姓人在此占地立庄，取名刁新庄。后清时村内驻过官兵，又位于榛子镇西，改称西新庄营，“文革”期间改为新庄营。后称西新庄营。

地理位置 地处榛子镇北部，东至新庄子，南至狼窝铺，西至丰润区刁庄，北至丰润区黑山沟。

主要指标 2011年末，辖区总人口909人，总面积3.76平方千米，农民人均纯收入9140元。

西新立庄村

(Xixinlizhuang Cun)

名称来历 清顺治年间建村名为太平庄，后因火灾重建家园而得名。后称西新立庄。

地理位置 地处榛子镇西部，东至杏山，南至上尤各庄，西至丰润区国持营，北至丰润区铁城坎。

主要指标 2011年末，辖区总人口959人，总面积1.81平方千米，农民人均纯收入9230元。

大贺庄村

(Dahezhuang Cun)

名称来历 明永乐元年贺姓人家由山西迁来在此占产立庄，故取名贺家庄，后称贺庄子，为了和小贺庄相区别改名为大贺庄。抗日战争时期化名“建村”。

地理位置 地处榛子镇北部，东至于家营，南至小贺庄，西至兴隆店子，北至石郎庄。

主要指标 2011年末，辖区总人口889人，总面积1.89平方千米，农民人均纯收入9235元。

小贺庄村

(Xiaohezhuang Cun)

名称来历 明崇祯末年有几户从大贺庄迁至村南1公里处占产立庄，当时人少庄小，取名小贺庄。抗日战争时期化名“主村”。

地理位置 地处榛子镇北部，东至于家营，南至朱官营，西至兴隆店子，北至大贺庄。

主要指标 2011年末，辖区总人口828人，总面积1.19平方千米，农民人均纯收入9230元。

于家营村

(Yujiaying Cun)

名称来历 明代于姓由山东迁来此地占产立庄，取名于家营。抗日战争时期化名“红村”。

地理位置 地处榛子镇北部，东至王店子镇鲁新庄，南至东平庄，西至大贺庄，北至杨柳庄镇大下五岭。

主要指标 2011年末，辖区总人口1316人，总面积3平方千米，农民人均纯收入9220元。

石郎庄村

(Shilangzhuang Cun)

名称来历 明崇祯年间由山东迁来石四一，人称石四郎，后石姓人多建村，取名石郎庄。抗日战争时期化名“玉村”。

地理位置 地处榛子镇北部，东至于家营，南至大贺庄，西至八里王官营，北至杨柳庄镇夏官营。

主要指标 2011年末，辖区总人口1104人，总面积2.05平方千米，农民人均纯收入9220元。

冯庄村

(Fengzhuang Cun)

名称来历 因唐贞观年间建村，因冯姓始居于此，冠以姓氏而得名。后称冯庄。

地理位置 地处榛子镇北部，东至大贺庄，南至兴隆店子，西至赵庄子，北至八里王官营。

主要指标 2011年末，辖区总人口369人，总面积0.88平方千米，农民人均纯收入9160元。

贾家营村

(Jiajiaying Cun)

名称来历 明代建村时，因村址旁有贾家坟地，取名贾家营。抗日战争时期化名“成村”。

地理位置 地处榛子镇北部，东至小贺庄，南至吴庄子，西至狼窝铺，北至兴隆店子。

主要指标 2011年末，辖区总人口500人，总面积1.19平方千米，农民人均纯收入9160元。

兴隆店子村

(Xinglongdianzi Cun)

名称来历 明万历年间有人在此开店，买卖兴隆，后人口增多，建成村庄，取名兴隆店庄，后称兴隆店子。抗日战争时期化名“德村”。

地理位置 地处榛子镇北部，东至小贺庄，南至杨家庄，西至贾家营，北至冯庄。

主要指标 2011年末，辖区总人口596人，总面积0.74平方千米，农民人均纯收入9170元。

棋盘村

(Qipan Cun)

名称来历 因唐太宗李世民东征时曾在此地下棋，后有人在此占地立庄，故取名为棋盘庄。后称棋盘。

地理位置 地处榛子镇北部，东至杨柳庄镇夏官营，南至八里王官营，西至于家庄，北至杨柳庄镇罗古庄。

主要指标 2011 年末，辖区总人口 199 人，总面积 0.53 平方千米，农民人均纯收入 9160 元。

八里王官营村

(Baliwangguanying Cun)

名称来历 明洪武年间有一王姓官员在此占产立庄，并为庄主，后称王官营。1982 年 3 月地名标准化处理中确定为八里王官营。抗日战争时期化名“胜村”。

地理位置 地处榛子镇北部，东至于家营，南至冯庄，西至于家庄，北至棋盘。

主要指标 2011 年末，辖区总人口 2047 人，总面积 3.89 平方千米，农民人均纯收入 9230 元。

哑叭店村

(Yabazhuang Cun)

名称来历 明嘉靖年间，南尖山峪一聋哑人迁到此地开店，人称哑叭店，后迁入户逐渐增多，遂建立村庄，故取名哑叭庄。抗日战争时期化名“申村”。

地理位置 地处榛子镇北部，东至赵庄子，南至贾家营，西至朱郡寨，北至于家庄。

主要指标 2011 年末，辖区总人口 404 人，总面积 0.97 平方千米，农民人均纯收入 9150 元。

赵庄子村

(Zhaozhuangzi Cun)

名称来历 明崇祯三年（1630 年）赵姓迁到此地占产立庄，以姓氏取村名为赵庄子。抗日战争时曾化名“东村”。

地理位置 地处榛子镇北部，东至冯庄，南至贾家营，西至哑吧庄，北至于家庄。

主要指标 2011 年末，辖区总人口 435 人，总面积 0.87 平方千米，农民人均纯收入 9172 元。

朱郡寨村

(Zhujunzhai Cun)

名称来历 明永乐元年（1403 年）迁民所建，曾名朱圈寨。后石姓军官住此，认为村名不吉利，遂改名朱郡寨至今。抗日战争时期化名“于村”。

地理位置 地处榛子镇北部，东至兴隆店子，南至贾家营，西至西新庄营，北至于家庄。

主要指标 2011 年末，辖区总人口 499 人，总面积 1.62 平方千米，农民人均纯收入 9170 元。

北新庄子村

(Beixinzhuangzi Cun)

名称来历 明永乐元年（1403 年）迁民所建，取村名为西新庄，因该村位于榛子镇北，而镇南有新庄子，故后改名为北新庄子。抗日战争时期化名“国村”。

地理位置 地处榛子镇北部，东至朱郡寨，南至狼窝铺，西至西新庄营，北至寺后头。

主要指标 2011 年末，辖区总人口 631 人，总面积 2.07 平方千米，农民人均纯收入 9170 元。

于家庄村

(Yujiazhuang Cun)

名称来历 因明永乐元年（1403 年）于姓人迁民在此占地立村得名。后称于家庄。

地理位置 地处榛子镇北部，东至八里王官营，南至朱郡寨，西至新庄营，北至陈官营。

主要指标 2011 年末，辖区总人口 727 人，总面积 2.12 平方千米，农民人均纯收入 9160 元。

寺后头村

(Sihoutou Cun)

名称来历 因村前有一宝塔寺得名。后称寺后头。

地理位置 地处榛子镇北部，东至陈官营，南至新庄子，西至西新庄营，北至北山。

主要指标 2011 年末，辖区总人口 469 人，总面积 1.49 平方千米，农民人均纯收入 9150 元。

陈官营村

(Chenguanying Cun)

名称来历 因明永乐年间建村。相传，陈姓官员在此占地立庄得名。后称陈官营。

地理位置 地处榛子镇北部，东至杨柳庄镇罗古庄，南至于家庄，西至寺后头，北至北山。

主要指标 2011 年末，辖区总人口 641 人，总面积 1.92 平方千米，农民人均纯收入 9160 元。

北山村

(Beishan Cun)

名称来历 原隶属陈官营，因百姓村北山地居住得名。后称北山。

地理位置 地处榛子镇北部，东至杨柳庄镇罗古庄，南至陈官营，西至丰润区尖山峪，北至丰润区何家营。

主要指标 2011 年末，辖区总人口 191 人，总面积 0.52 平方千米，农民人均纯收入 9150 元。

（撰稿：李相作，初审：高建东）

杨柳庄镇

(Yangliuzhuang Zhen)

中国优质苹果基地百强乡镇、河北省百强乡镇、水泥产能达千万吨以上。

政区概况

名称来历 因镇人民政府驻地位于杨柳庄村而得名。

地理位置 地处滦县西北，东南与王店子镇为邻，南连榛子镇，西与丰润区王官营镇毗连，北接迁西县莲花院乡，东北与迁安市太平庄乡交界。人民政府驻杨柳庄村，电话区号0315，邮政编码063708，距滦县人民政府38千米。

政区沿革 1958年，设立杨柳庄人民公社。1984年撤销人民公社，改设杨柳庄乡，辖19个村民委员会。1989年3月，撤乡，建杨柳庄镇，辖18个村民委员会。1996年3月，大下五岭乡并入，辖33个村民委员会。

政区划分 2011年末，辖前下五岭、大下五岭、徐家洼、吉庄子、吉家坟、北新立庄、刘家庄、北董庄子、苍官营、孟家峪、张官营、晁家庄、罗古庄、夏官营、西石桥、燕子峪、王庄子、前崔家庄、中崔家庄、北崔家庄、北高家庄、石各庄、杨柳庄、七家峪、西上五岭、东上五岭、梁家庄、东山、李家沟、东赵庄子、中赵庄子、西赵庄子、华山峰33个村民委员会。

人口面积 2011年末，辖区总人口2.23万人，其中城镇常住人口1893人，城镇化率8.5%，另有流动人口1502人。总人口中，男性11619人，占54.7%；女性9619人，占45.3%；14岁以下4247人，占19%；15～64岁11893人，占53.3%；65岁以上6159人，占27.6%。总人口中，以汉族为主，达21204人，占99.84%；有满族34人，占0.16%。2011年，人口出生率7.02‰，人口死亡率8.23‰，人口自然增长率-1.21‰。

辖区东西最大距离12.6千米，南北最大距离11.5千米，总面积85.5平方千米。人口密度为每平方千米248人。

自然条件

地形地貌 境内地势为全县最高。北部、西南部为山区，其余为平原、半平原。境内有城山（海拔535.7米）、华山（海拔482米）、桃山（海拔365.1米）。

水文 境内河道属陡河水系，龙湾河由北向南贯穿全境，入陡河水库，境内长9.5千米。建有库容700万立方米的小龙潭水库一座。

矿藏及其他自然资源 境内已探明地下矿藏主要有白云石（水泥石），地质储量3亿吨，可开采储量2.2亿吨。集中分布在中部燕山山脉一带。地下水资源可利用量为6亿万立方米。

自然灾害 主要有冰雹、旱涝、风灾、低温、霜冻、雷击、地震等。最严重的一次地震灾害为1976年7月28日唐山大地震；最严重的一次涝灾发生在1998年，间歇性降暴雨2天2夜，涉及全镇，冲毁桥梁7座，200多户房屋受灾。风灾一年四季均有发生，造成不同程度的损失，使农作物减产。

经济概况

农业 耕地面积4.3万亩，人均2亩；有水浇地2.9万亩。2011年，农业总产值1.9亿元，实现农业增加值2.1亿元，占国内生产总值的10.8%。

粮食作物以小麦、玉米为主。2011年，生产粮食1.7万吨，人均802千克，其中小麦0.3万吨，玉米1.4万吨。主要经济作物有果品和蔬菜。2011年，果树种植面积7468亩，产量7635吨，其中红富士苹果5107吨，黄元帅1024吨，鸭梨328吨，安梨296吨，枣367吨，杏213吨，桃192吨，核桃108吨；蔬菜种植面积160亩，产量400余吨。

畜牧业以猪、牛、羊、家禽为主。2011年，生猪饲养量1.4万头，年末存栏1.1万头；牛饲养量8200头，年末存栏7300头；羊饲养量1.3万只，年末存栏8000只；家禽饲养量9.8万羽。

工业 以水泥、采石、建筑材料为主。2011年，工业总产值13.7亿元，实现工业增加值8.7亿元，比上年增长27.2%，占国内生产总值的45.3%。2011年，工业企业56家，职工1800人。主要骨干企业有河北省冀东水泥滦县有限责任公司、河北省曙光强兴水泥滦县有限责任公司、冀杨水泥有限责任公司、增益水泥有限责任公司等。其中，2011年，冀东水泥滦县有限责任公司水泥及熟料产量396.1万吨，实现利润1亿元，净利润7806万元。

商业外贸 2011年末，商业网点118个，职工1636人。2011年，社会消费品零售总额达9.3亿元；城乡集市贸易成交额1.8亿元。

财政金融 2011年，财政总收入9800万元，比上年增长1.23%。其中地方财政收入2900万元，比上年增长52.6%。从主要税种看，完成营业税1100万元，增值税3000万元，企业所得税4700万元。人均财政收入4614元，比上年增长28.2%。2011年，银行和金融机构各类存款余额3.3亿元，比上年增长12.3%。

社会发展

文化艺术 2011年末，镇文化站1个，村级文化活动中心33个；村级图书室24个，藏书10余万册。

教育 2011年末，幼儿园7所，在园幼儿730人，专任教师56人；小学6所，在校生1448人，专任教师86人，小学适龄儿童入学率100%；初中2所，在校生532人，专任教师46人，初中适龄人口入学率、小升初升学率、九年义务教育覆盖率均达100%。2011年财政预算内教育经费150万元，比上年增长11%。

医疗卫生 2011年末，中心卫生院2所；病床120张，固定资产总值740万元。专业卫生人员56人，其中执业医师11人，执业助理医师18人，注册护士27人。2011年医疗机构完成诊疗2.4万人次。新型农村合作医疗参合率92.17%。

体育 2011年，体育场地12处。85%的村安装了健身器材，经常参加体育活动的人员占常住人口的24%。

社会保障 2011年，城镇最低生活保障户数16户，人数29人，支出9.3万元，比上年增长13.8%，月人均267元，比上年增长15.5%；城市医疗救助30人次。农村最低生活保障户数442户，人数930人，支出89.4万元，比上年增长47%，月人均80元，比上年增长17.3%。国家抚恤、补助各类优抚对象247人，抚恤事业费支出63.4万元，比上年增长15.5%。敬老院1家，床位100张，农村五保供养40人。新型农村社会养老保险参保人数1.95万人，参保率92.2%。

基础设施

交通运输 迁（西）曹（妃甸）公路过境，南距京哈高速榛子镇高速口11千米。

邮政电信 2011年末，邮政网点1个，报纸、期刊累计发行6.1万份（册）。

电信企业1家；电话交换机总容量4016门，固定电话用户3597户，电话用户普及率达到51.2%；移动电话用户1120户；宽带接入用户1685户。全年电信业务收入374.1万元。

镇区市政建设

道路 2011年末，镇区道路总长度60千米；道路铺装面积36万平方米。

公共交通 1979年建成杨柳庄镇客运站，日发客运汽车2班次，日均客运量40余人次。2011年杨柳庄镇客运站日发客运汽车21班次，日均客运量400余人次。

给排水 2011年末，镇区饮用水井228眼，铺设干线管道3000米，区内饮水实现自来水供应。

供电 2011年末，镇区110千伏变电站1座。

前下五岭村

(Qianxiawuling Cun)

名称来历 相传该村是下五岭的菜园子，位于村南，有几户人家种菜，后因人数增多，另立村庄，故取名为前下五岭。

地理位置 地处杨柳庄镇南部，东至王店子镇后营，南至榛子镇石郎庄，西至夏官营，北至大下五岭。

主要指标 2011年末，辖区总人口653人，总面积1.46平方千米，农民人均纯收入9794元。

大下五岭村

(Daxiawuling Cun)

名称来历 唐贞观年间建村，因村址在五个相连的土岭上，故得名下五岭，后因人口增多，而称大下五岭。

地理位置 地处杨柳庄镇南部，东至王店子镇关庄子，南至前下五岭，西至徐家洼，北至吉庄子。

主要指标 2011年末，辖区总人口1992人，总面积3.18平方千米，农民人均纯收入9871元。

徐家洼村

(Xujiawa Cun)

名称来历 明崇祯十七年（1644年），徐姓在此洼地占产立庄，故取村名为徐家洼。

地理位置 地处杨柳庄镇西南部，东至前下五岭，南至夏官营，西至西石桥，北至吉庄子。

主要指标 2011年末，辖区总人口469人，总面积0.79平方千米，农民人均纯收入8628元。

吉庄子村

(Jizhuangzi Cun)

名称来历 明崇祯十七年（1644年），吉姓首先在此占产立庄，以姓氏得村名为吉庄子。

地理位置 地处杨柳庄镇南部，东至大下五岭，南至徐家洼，西至吉家坟，北至刘家庄。

主要指标 2011年末，辖区总人口782人，总面积1.03平方千米，农民人均纯收入9241元。

吉家坟村

(Jijiafen Cun)

名称来历 相传该村建于明崇祯年间。由山东迁来的申氏兄弟在此给大下五岭村的一个地主“王八池”看坟，后因吉姓迁入且有吉姓坟地在此，故取名吉家坟。

地理位置 地处杨柳庄镇西南部，东至吉庄子，南至西石桥，西至张官营，北至北董庄子。

主要指标 2011年末，辖区总人口287人，总面积0.39平方千米，农民人均纯收入7966元。

北董庄子村

(Beidongzhuangzi Cun)

名称来历 清顺治年间董姓首先在此占产立庄，取村名为董家庄，后称董庄子。1982年在地名标准化处理工作中更名为北董庄子。

地理位置 地处杨柳庄镇西南部，东至吉庄子，南至吉家坟，西至张官营，北至北新立庄。

主要指标 2011年末，辖区总人口157人，总面积0.32平方千米，农民人均纯收入7773元。

北新立庄村

(Beixinlizhuang Cun)

名称来历 明崇祯年间有张姓在此占产立庄，因建村较晚，附近又有张姓村庄，取名新立庄，1982年更名为北新立庄。

地理位置 地处杨柳庄镇西南部，东至刘家庄，南至北董庄子，西至罗山，北至苍官营。

主要指标 2011年末，辖区总人口195人，总面积0.41平方千米，农民人均纯收入8116元。

刘家庄村

(Liujiazhuang Cun)

名称来历 明永乐元年（1403年）刘姓首先在此立庄，因村西有一座土城取名为新城庄，后因刘姓增多，改称刘家庄，后称刘庄。1982年在地名标准化处理工作中恢复原名刘家庄。

地理位置 地处杨柳庄镇西南部，东至吉庄子，南至吉家坟，西至北新立庄，北至苍官营。

主要指标 2011年末，辖区总人口421人，总面积0.61平方千米，农民人均纯收入7527元。

苍官营村

(Cangguanying Cun)

名称来历 该村建于唐朝贞观年间。唐太宗李世民东征时，有一苍姓将军在此扎营，后有人在此建庄，取村名苍官营。

地理位置 地处杨柳庄镇西部，东至石各庄，南至北新立庄，西北至孟家峪村，北至杨柳庄。

主要指标 2011年末，辖区总人口1185人，总面积2.76平方千米，农民人均纯收入9663元。

孟家峪村

(Mengjiayu Cun)

名称来历 明崇祯年间有孟姓首先在此占产立庄，由于地处山区，故以姓氏和地形取村名为孟家峪。

地理位置 地处杨柳庄镇西北部，东至杨柳庄，南至苍官营，西至丰润县王官营，北至姚山。

主要指标 2011年末，辖区总人口872人，总面积4.26平方千米，农民人均纯收入9124元。

张官营村

(Zhangguanying Cun)

名称来历 相传明永乐元年（1403年）有一张姓由外籍迁至此地占产立庄，取名张家庄；后因张姓一人做将领，故改村名为张官营。

地理位置 地处杨柳庄镇西南部，东至吉家坟，南至晁家庄，西至丰润县界，北至苍官营。

主要指标 2011年末，辖区总人口386人，总面积1.18平方千米，农民人均纯收入9433元。

晁家庄村

(Chaojiazhuang Cun)

名称来历 明崇祯年间晁姓首先在此占产立庄，故以姓氏取村名为晁家庄。

地理位置 地处杨柳庄镇西南部，东至吉家坟，南至西石桥，西至罗古庄，北至张官营。

主要指标 2011年末，辖区总人口769人，总面积2.89平方千米，农民人均纯收入9368元。

罗古庄村

(Luoguzhuang Cun)

名称来历 明崇祯年间，罗姓首先在此占产立庄，取名罗各庄，后演变为罗古庄。

地理位置 地处杨柳庄镇西南部，东至龙湾河，南至夏官营，西至老虎山，北至西石桥。

主要指标 2011年末，辖区总人口921人，总面积2.71平方千米，农民人均纯收入9346元。

夏官营村

(Xiaguanying Cun)

名称来历 相传该村建于明永乐元年（1403年），由外地移民所建。因夏姓有一做知县者，故取名夏官营。

地理位置 地处杨柳庄镇西南部，东至徐家洼，南至榛子镇石郎庄，西至罗古庄，北至西石桥。

主要指标 2011年末，辖区总人口1542人，总面积3.17平方千米，农民人均纯收入9704元。

西石桥村

(Xishiqiao Cun)

名称来历 清顺治年间建村。相传建村时，因村西有一座石桥，取村名为西石桥庄，后称为西石桥。

地理位置 地处杨柳庄镇西南部，东至徐家洼，南至夏官营，西至罗古庄，北至吉家坟。

主要指标 2011年末，辖区总人口483人，总面积0.84平方千米，农民人均纯收入7668元。

燕子峪村

(Yanziyu Cun)

名称来历 清光绪年间建村。相传有郑姓首先在此占产立庄，因建村时正值冬去春来，南燕北飞落于此地，加之地处山沟，故取名燕子峪。

地理位置 地处杨柳庄镇东部，东至山，南至王店子镇赵城子，西至王庄子村，北至山。

主要指标 2011年末，辖区总人口634人，总面积5.87平方千米，农民人均纯收入6447元。

王庄子村

(Wangzhuangzi Cun)

名称来历 清光绪年间有王姓首先在此占产立庄。取名王家庄，后称王庄子。

地理位置 地处杨柳庄镇东部，东至燕子峪，南至龙山，西至前崔家庄，北至北崔家庄。

主要指标 2011年末，辖区总人口1000人，总面积1.93平方千米，农民人均纯收入9184元。

前崔家庄村

(Qiancuijiazhuang Cun)

名称来历 相传建村于唐代，由山东迁来的崔姓先在此占产立庄，取名崔家庄。1950年将其划分为前、中、北三个村，因此得名。

地理位置 地处杨柳庄镇东部，东至王庄子，南至龙山，西至北高家庄，北至中崔家庄。

主要指标 2011年末，辖区总人口475人，总面积0.9平方千米，农民人均纯收入8495元。

中崔家庄村

(Zhongcuijiazhuang Cun)

名称来历 相传建村于唐代，由山东迁来的崔姓先在此占产立庄，取名崔家庄。1950年将其划分为前、中、北三个村，因此得名。

地理位置 地处杨柳庄镇东部，东至王庄子，南至前崔家庄，西至北高家庄，北至北崔家庄。

主要指标 2011年末，辖区总人口307人，总面积0.89平方千米，农民人均纯收入9409元。

北崔家庄村

(Beicuijiazhuang Cun)

名称来历 相传建村于唐代，由山东迁来的崔姓先在此占产立庄，取名崔家庄。1950年将其划分为前、中、北三个村，因此得名。

地理位置 地处杨柳庄镇东部，东至燕子峪，南至中崔家庄，西至北高家庄，北至山。

主要指标 2011年末，辖区总人口434人，总面积0.8平方千米，农民人均纯收入9185元。

北高家庄村

(Beigaojiazhuang Cun)

名称来历 相传高姓先在此占产立庄，取村名为高家庄，后因高家庄不止一个，按所处位置偏北而被命名为北高家庄。

地理位置 地处杨柳庄镇东部，东至前崔家庄，南至大下五岭，西至石各庄，北至偏山。

主要指标 2011年末，辖区总人口812人，总面积1.63平方千米，农民人均纯收入10686元。

石各庄村

(Shigezhuang Cun)

名称来历 相传该村始建于唐代，因当时天上掉下一块大石头（陨石），故取名石家庄。后演变为石各庄。

地理位置 地处杨柳庄镇中部，东至北高庄，南至大下五岭，西至苍官营，北至杨柳庄。

主要指标 2011年末，辖区总人口641人，总面积0.98平方千米，农民人均纯收入9759元。

杨柳庄村

(Yangliuzhuang Cun)

名称来历 相传约在元至正二十七年（1367年）有边、徐、杨、柳四姓来此定居，初称边徐庄，之后取“屏开杨柳”一词之吉利，又因有杨柳姓氏，故取村名杨柳庄。

地理位置 地处杨柳庄镇中部，东至偏山，南至石各庄，西至苍官营，北至西上五岭。

主要指标 2011年末，辖区总人口2434人，总面积4.26平方千米，农民人均纯收入8819元。

七家峪村

(Qijiayu Cun)

名称来历 该村建于清顺治年间。相传有戚姓迁民首先在此落户，由于地处山沟，取村名戚家峪，后称七家峪。

地理位置 地处杨柳庄镇西北部，东至西上五岭，南至杨柳庄，西至孟家峪，北至丰润县界。

主要指标 2011年末，辖区总人口757人，总面积3.43平方千米，农民人均纯收入10684元。

西上五岭村

(Xishangwuling Cun)

名称来历 相传村北有五个土岭形的五条龙，因当时地势较高取村名上五龙，后来因人口增加按所处方位分为东西两村而得名西上五岭村。

地理位置 地处杨柳庄镇北部，东至东上五岭，南至杨柳庄，西至丰润县界，北至西赵庄子。

主要指标 2011年末，辖区总人口841人，总面积4.4平方千米，农民人均纯收入10303元。

东上五岭村

(Dongshangwuling Cun)

名称来历 相传村北有五个土岭形的五条龙，因当时地势较高取村名上五龙，后来因人口增加按所处方位分为东西两村而得名东上五岭村。

地理位置 地处杨柳庄镇北部，东至梁庄，南至偏山，西至西上五岭，北至东赵庄子。

主要指标 2011年末，辖区总人口1069人，总面积5.33平方千米，农民人均纯收入10468元。

梁家庄村

(Liangjiazhuang Cun)

名称来历 相传有梁氏兄弟首先来此占产立庄，故以姓氏取名梁庄，后称梁家庄。

地理位置 地处杨柳庄镇东北部，东至迁安县界，南至偏山，西至东上五岭，北至李家沟。

主要指标 2011年末，辖区总人口753人，总面积6.13平方千米，农民人均纯收入9999元。

东山村

(Dongshan Cun)

名称来历 该村始建于清顺治年间，有三户人家自李家沟村迁移至此，因其位于李家沟村东，且地势较高，故取名东山。

地理位置 地处杨柳庄镇东北部，东至迁安县界，南至迁安县界，西至李家沟村，北至迁安县界。

主要指标 2011年末，辖区总人口67人，总面积0.93平方千米，农民人均纯收入7953元。

李家沟村

(Lijiagou Cun)

名称来历 明崇祯年间有李姓一户从梁家庄迁至此地，因村址坐落于山沟，故以姓氏和地势取名李家沟。

地理位置 地处杨柳庄镇李家沟，东至东山，南至燕子峪，西至东上五岭，北至迁西县。

主要指标 2011年末，辖区总人口564人，总面积6.94平方千米，农民人均纯收入7056元。

东赵庄子村

(Dongzhaozhuangzi Cun)

名称来历 清顺治年间，有赵氏三兄弟于此占产立庄，哥儿仨分三处，以山沟为界，称东，中，西赵庄，后称东，中，西赵庄子。

地理位置 地处杨柳庄镇北部，东至李家沟，南至东上五岭，西至中赵庄子，北至迁西县界。

主要指标 2011年末，辖区总人口583人，总面积4.35平方千米，农民人均纯收入6717元。

中赵庄子村

(Zhongzhaozhuangzi Cun)

名称来历 清顺治年间，有赵氏三兄弟于此占产立庄，哥儿仨分三处，以山沟为界，称东，中，西赵庄，后称东，中，西赵庄子。

地理位置 地处杨柳庄镇西北部，东至东赵庄子，南至东上五岭，西至华山峰，北至迁西县。

主要指标 2011年末，辖区总人口430人，总面积2.08平方千米，农民人均纯收入6735元。

西赵庄子村

(Xizhaozhuangzi Cun)

名称来历 清顺治年间，有赵氏三兄弟于此占产立庄，哥儿仨分三处，以山沟为界，称东，中，西赵庄，后称东，中，西赵庄子。

地理位置 地处杨柳庄镇西北部，东至中赵庄子，南至西上五岭，西至华山峰，北至迁西县界。

主要指标 2011年末，辖区总人口506人，总面积3.11平方千米，农民人均纯收入6587元。

华山峰村

(Huashanfeng Cun)

名称来历 该村于清顺治年间建村。因位置处于华山主峰的前面，故取名华山峰。

地理位置 地处杨柳庄镇西北部，东至西赵庄子，南至七家峪，西至丰润县界，北至迁西县界。

主要指标 2011年末，辖区总人口232人，总面积4.28平方千米，农民人均纯收入6451元。

（撰稿：姚伟明，初审：高建东）

油榨镇

(Youzha Zhen)

政 区 概 况

名称来历 明洪武年间建村，最初有几户人家，开榨油坊，故称油榨村。因原人民公社驻地位于油榨村而得名。

地理位置 地处滦县东北，东与卢龙县隔河相望，南连古城街道，西邻东安各庄镇，北接迁安县。人民政府驻油榨村，电话区号0315，邮政编码063702，距滦县人民政府20千米。

政区沿革 民国时属卢龙县。新中国成立后，属滦县三区。1954年，建初级社。1956年，建高级社。1958年，设立油榨人民公社。1984年，撤销人民公社，建油榨乡，辖12个村民委员会。1996年3月，合并何庄乡、油榨乡，设油榨镇，辖28个村民委员会。2002年1月，郑庄乡并入，辖39个村民委员会。

政区划分 2011年末，辖马坊、望府台、白佛院、何家沟、油榨、石崖、孔庄、周寨子、董寨子、韩寨子、上康各庄、下康各庄、孙薛营、孙官营、侯庄、岳庄、何庄、睢新庄、范庄、小张庄、迷谷、王官营一、王官营二、王官营三、王官营四、高各庄、北杨庄、贾营、肖庄、于家河、石梯子、前所营、郑庄、王庄、柏店子东、柏店子西、柏店子南、柏店子北、贡店子39个村民委员会。

人口面积 2011年末，辖区总人口4.59万人。另有流动人口1838人。总人口中，男性2.38万人，占51.83%；女性2.21万人，占48.17%。14岁以下8721人，占19%；

15~64岁2.85万人，占62.26%；65岁以上8601人，占18.74%。总人口中，以汉族为主，达4.54万人，占98.85%；有满族528人，占1.15%。2011年，人口出生率6.04‰，人口死亡率7.12‰，人口自然增长率-1.08‰。

辖区东西最大距离10.5千米，南北最大距离15.4千米，总面积88.2平方千米。其中陆地面积82.07平方千米，占93.05%；水域面积6.13平方千米，占6.95%。人口密度为每平方千米520人。

自然条件

地形地貌 境内以山区为主，面积77.27平方千米，占辖区总面积的87.6%。滦河沿北面、东面通过，形成东部的冲击扇。水资源比较丰富。土壤以沙性土壤为主。中西部为山地。

气候 属暖温带半湿润季风型大陆性气候。多年平均气温10.5℃，1月平均气温-6.5℃，7月平均气温25.3℃。无霜期年平均175天。年平均降水量680.2毫米。

矿藏及其他自然资源 境内已探明地下矿藏主要有铁矿，已探明储量1.1亿吨以上，另有少量云母、长石。

经济概况

农业 耕地面积6.4万亩，人均1.4亩。2011年，农业总产值1.8亿元，实现农业增加值1.9亿元，占国内生产总值的5%。

粮食作物以玉米、小麦为。2011年，生产粮食2.4万吨，其中玉米2.2万吨。主要经济作物有花生。2011年，花生种植面积1.4万亩，产量2676吨。

畜牧业以猪、牛、羊、家禽为主。2011年，猪出栏3万头，年末存栏1.3万头；牛出栏3263头，年末存栏8284头；羊出栏7431只，年末存栏6908只。

工业 2011年，工业总产值2.3亿元，比上年增长37.3%，实现工业增加值30.5亿元，占国内生产总值的80.3%。2011年，规模企业有地下铁矿、露天铁矿、铁选厂、球团厂、空心砖厂、电杆厂、水泥制品厂、服装加工厂等。其中利税超2000万元的企业5家，分别是滦县迷谷铁矿、滦县首阳山联谊铁矿、滦县油榨镇杏山铁矿、滦县兴远矿业有限公司、滦县雎新庄铁矿。

商业外贸 2011年末，个体工商户1120个，商业网点92个，从业人员2105人。2011年，社会消费品零售总额达8.3亿元。城乡集市贸易成交额1000万元。

财政金融 2011年，财政总收入4895万元，其中国税3269万元，地税1625万元（含零散税收449万元）。境内有农村信用合作社、邮政储蓄银行开设的网点；各类存款余额6亿元，比上年增长8%；各项贷款余额2000万元，比上年增长2%。

社会发展

文化艺术 2011年末，镇文化站1个，村级文化活动中心16个，文艺从业人员700余人。

教育 2011年末，幼儿园6所，在园幼儿1160人，专任教师23人；小学6所，在校生4657人，专任教师290人，小学适龄儿童入学率100%；初中3所，在校生1271人，专任教师154人，初中适龄人口入学率、小升初升学率、九年义务教育覆盖率均达100%。2011年财政预算内教育经费173万元，比上年增长12%。

医疗卫生 2011年末，医疗卫生机构3个，门诊部（所）39个；病床50张，每千人拥有医疗床位1.4张，固定资产总值462.1万元。专业卫生人员64名，其中执业医师18人，执业助理医师9人，注册护士13人。新型农村合作医疗参合率98%。

体育 2011年末，学校体育场地8处。26个村安装了健身器材，经常参加体育活动的人员占常住人口的28%。

广播电视 2011年末，12个村3900户安装了有线电视，电视综合覆盖率100%。

社会保障 2011年城镇最低生活保障户数26户，人数37人，支出4.3万元；城市医疗救助30人次，民政部门资助参加合作医疗1020人次，共支出21.5万元，比上年增长9.7%。农村最低生活保障户数536户，人数1340人，支出124.5万元。国家抚恤、补助各类优抚对象120人，抚恤事业费支出79.5万元，比上年增长4.6%。敬老院1家，床位50张，供养39人。新型农村社会养老保险参保人数2.2万人，参保率93%。

基础设施

交通运输 津秦铁路、迁曹铁路、京哈高速、102国道等过境。39个村全部实现“村村通”，并有3条线路的班车通往县城和市区，102国道的长途客车可直达唐山、天津、秦皇岛等地。

邮政电信 2011年末，邮政网点1个。

电信企业2家，服务网点12个；电话交换机总容量4万门，固定电话用户0.8万户，电话用户普及率达到96%；移动电话用户2.7万户；宽带接入用户1万户。

镇区市政建设

道路 2011年末，镇区道路总长度80千米；道路铺装面积37万平方米。

公共交通 2011年末，客运班线5条，日发客运汽车10班次，日均客运量200余人次。

给排水 2011年末，镇区饮用水井138眼，铺设干线管道3000米，区内饮水实现自来水供应。

白佛院村

(Baifoyuan Cun)

名称来历 明洪武元年（1368年）建村，因该村建于白佛寺旁，故名白佛院。

地理位置 地处油榨镇东部，东至肖庄，南至何家沟，西至望府台，北至小张庄。

主要指标 2011年末，辖区总人口894人，总面积

0.12 平方千米，农民人均纯收入 9262 元。

柏店子南村

(Baidianzinan Cun)

名称来历 明永乐元年（1403 年），有柏姓人家由山西洪洞县迁来此地占产立庄，并开设店铺，故以姓氏取村名为柏家店。1945 年改名柏店子。后来分成四个村，该村位于南部，故称柏店子南村。

地理位置 地处油榨镇东部，东至滦河，南至贡店子，西至山，北至王庄。

主要指标 2011 年末，辖区总人口 894 人，总面积 0.12 平方千米，农民人均纯收入 9262 元。

柏店子北村

(Baidianzibei Cun)

名称来历 明永乐元年（1403 年），有柏姓人家由山西洪洞县迁来此地占产立庄，并开设店铺，故以姓氏取村名为柏家店。1945 年改名柏店子。后来分成四个村，该村位于北部，故称柏店子北村。

地理位置 地处油榨镇东部，东至滦河，南至贡店子，西至山，北至王庄。

主要指标 2011 年末，辖区总人口 724 人，总面积 0.11 平方千米，农民人均纯收入 9036 元。

柏店子东村

(Baidianzidong Cun)

名称来历 明永乐元年（1403 年），有柏姓人家由山西洪洞县迁来此地占产立庄，并开设店铺，故以姓氏取村名为柏家店。1945 年改名柏店子。后来分成四个村，该村位于东部，故称柏店子东村。

地理位置 地处油榨镇东部，东至滦河，南至贡店子，西至山，北至王庄。

主要指标 2011 年末，辖区总人口 827 人，总面积 0.11 平方千米，农民人均纯收入 9021 元。

柏店子西村

(Baidianzixi Cun)

名称来历 明永乐元年（1403 年），有柏姓人家由山西洪洞县迁来此地占产立庄，并开设店铺，故以姓氏取村名为柏家店。1945 年改名柏店子。后来分成四个村，该村位于西部，故称柏店子西村。

地理位置 地处油榨镇东部，东至滦河，南至贡店子，西至山，北至王庄。

主要指标 2011 年末，辖区总人口 524 人，总面积 0.11 平方千米，农民人均纯收入 8997 元。

北杨庄村

(Beiyangzhuang Cun)

名称来历 清顺治初年有杨姓人家首先在此占产立庄，故以姓氏取村名杨庄子，1982 年地名标准化处理工作中更名北杨庄。

地理位置 地处油榨镇北部，东至何庄，南至马坊，西至高各庄，北至王官营。

主要指标 2011 年末，辖区总人口 512 人，总面积 0.11 平方千米，农民人均纯收入 9264 元。

董寨子村

(Dongzhaizi Cun)

名称来历 明洪武元年（1368 年）董姓首先在此地立庄建寨，故称董寨子。

地理位置 地处油榨镇南部，东至九泉山，南至空地，西至周寨子，北至石崖。

主要指标 2011 年末，辖区总人口 500 人，总面积 0.5 平方千米，农民人均纯收入 9301 元。

高各庄村

(Gaogezhuang Cun)

名称来历 清顺治初期，有四户高姓人家从山东迁到此地占产立庄，以姓氏取村名高各庄。

地理位置 地处油榨镇北部，东至北杨庄，南至贾营，西至迁安，北至王官营。

主要指标 2011 年末，辖区总人口 714 人，总面积 0.16 平方千米，农民人均纯收入 8982 元。

贡店子村

(Gongdianzi Cun)

名称来历 明崇祯末年，有郭姓人家迁到此地占产立庄，以姓氏取村名郭家庄。清顺治三年郭姓人家迁到前所营居住，把土地卖给柏店子贡家，故改名为贡店子。

地理位置 地处油榨镇东部，东至滦河，南至桃园，西至上康各庄，北至柏店子。

主要指标 2011 年末，辖区总人口 363 人，总面积 0.01 平方千米，农民人均纯收入 8956 元。

韩寨子村

(Hanzhaizi Cun)

名称来历 明崇祯十七年（1644 年）有韩姓迁民自山东来此立庄，建立山寨，故名韩家寨，后改名韩寨子。

地理位置 地处油榨镇南部，东至南上康各庄，南至将庄，西至横河，北至周寨子。

主要指标 2011 年末，辖区总人口 1701 人，总面积 0.06 平方千米，农民人均纯收入 9301 元。

何家沟村

(Hejiagou Cun)

名称来历 明洪武年间何姓人在此建村，因地处山沟，以姓氏和地势取名为何家沟。

地理位置 地处油榨镇中部，东至郑庄，南至九泉山，西至石崖，北至白佛院。

主要指标 2011年末，辖区总人口462人，总面积0.1平方千米，农民人均纯收入8948元。

何庄村

(Hezhuang Cun)

名称来历 明崇祯年间，有叶、何两姓人家从外地迁到此地占产立庄，取村名何叶庄，1958年改名为何庄。

地理位置 地处油榨镇北部，东至滦河，南至孙官营，西至迷谷，北至岳庄。

主要指标 2011年末，辖区总人口1407人，总面积0.2平方千米，农民人均纯收入9234元。

侯庄村

(Houzhuang Cun)

名称来历 清顺治三年（1646年）有侯姓人家首先在此地占产立庄，故以姓氏取村名侯庄。

地理位置 地处油榨镇北部，东至滦河，南至何庄，西至王官营，北至首阳山。

主要指标 2011年末，辖区总人口1329人，总面积0.08平方千米，农民人均纯收入9320元。

贾营村

(Jiaying Cun)

名称来历 明崇祯十七年（1644年）两户贾姓人家到此占产立庄，以姓氏取村名为贾营。

地理位置 地处油榨镇西部，东至睢新庄，南至刘店，西至滦河，北至高各庄。

主要指标 2011年末，辖区总人口998人，总面积0.2平方千米，农民人均纯收入9361元。

孔庄村

(Kongzhuang Cun)

名称来历 明洪武元年（1368年）孔姓在此立庄，故名孔庄。

地理位置 地处油榨镇南部，东至老虎山，南至周寨子，西至张百户坎，北至石崖。

主要指标 2011年末，辖区总人口551人，总面积0.1平方千米，农民人均纯收入9019元。

马坊村

(Mafang Cun)

名称来历 明洪武元年（1368年）建村。当时有几户人家在此地烧瓦为生，他们所建房屋完全用瓦，故名瓦房庄。后因瓦房与马坊音近，演变为马坊。

地理位置 地处油榨镇北部，东至睢新庄，南至望府台，西至贾营，北至北扬庄。

主要指标 2011年末，辖区总人口1400人，总面积0.2平方千米，农民人均纯收入9157元。

迷谷村

(Migu Cun)

名称来历 春秋时代，齐相管仲跟随齐桓公北伐孤竹，迷路于此地山谷，“老马识途”成语即源于此。后来此地被人们称为迷谷。明洪武初年在此地建村。故取名为迷谷。

地理位置 地处油榨镇北部，东至滦河，南至王官营，西至迁安宋庄，北至迁安小山东庄。

主要指标 2011年末，辖区总人口2073人，总面积0.4平方千米，农民人均纯收入9268元。

前所营村

(Qiansuoying Cun)

名称来历 据传村北有一烟墩山，古为军事重地，曾多次驻兵防守，故称此地为前所营，建村以后以此为村名。

地理位置 地处油榨镇东部，东至滦河，南至郑庄，西至肖庄，北至石梯子。

主要指标 2011年末，辖区总人口1440人，总面积0.3平方千米，农民人均纯收入9178元。

石梯子村

(Shitizi Cun)

名称来历 明永乐年间滦河发水，该村被冲毁，迁到石梯阶上重建家园，故名石梯子。

地理位置 地处油榨镇东部，东至滦河，南至前所营，西至于家河，北至迁安南丘村。

主要指标 2011年末，辖区总人口2326人，总面积0.58平方千米，农民人均纯收入9467元。

石崖村

(Shiya Cun)

名称来历 明洪武元年（1368年）建村，因靠近东山悬崖较多，故名石崖。

地理位置 地处油榨镇中部，东至何家沟，南至周寨子，西至孔庄，北至油榨村。

主要指标 2011年末，辖区总人口1866人，总面积0.3平方千米，农民人均纯收入9120元。

睢新庄村

(Suixinzhuang Cun)

名称来历 明嘉靖初期，有睢姓人家首先在此占产立庄，以姓氏取村名为睢新庄。

地理位置 地处油榨镇北部，东至滦河，南至范庄，西至北杨庄，北至孙官营。

主要指标 2011年末，辖区总人口1046人，总面积0.2平方千米，农民人均纯收入9367元。

孙官营村

(Sunguanying Cun)

名称来历 明永乐年间有孙姓人家首先在此地占产立庄。并有人在外地做官，取名为孙官营。

地理位置 地处油榨镇北部，东至滦河，南至睢新庄，西至北杨庄，北至何庄。

主要指标 2011年末，辖区总人口1406人，总面积0.3平方千米，农民人均纯收入9135元。

孙薛营村

(Sunxueying Cun)

名称来历 明洪武元年（1368年）有孙、薛、贾三姓人家迁居此地，薛姓在河沟以南占地立庄，取名薛家营；孙、贾两姓人家在河沟以北占地立庄，取名孙贾营。后两村合并，取名孙薛营。1958年改名北营。1982年地名标准化处理工作中，恢复村名孙薛营。

地理位置 地处油榨镇北部，东至滦河，南至首阳山，西至王官营四村，北至迁安坨上村。

主要指标 2011年末，辖区总人口2091人，总面积0.5平方千米，农民人均纯收入9483元。

王官营一村

(Wangguanyingyi Cun)

名称来历 相传，唐代有冯、罗两姓首先在此占产立庄。冯为财主，罗为官，取村名冯官屯。后冯家衰落，又迁来王姓，人丁兴旺，到清顺治末年改为王官营。处王官营西北角1962年建王一大队。1984年改称王官营一村。

地理位置 地处油榨镇北部，东至侯庄，南至北杨庄，西至迁安张都庄村，北至迷谷。

主要指标 2011年末，辖区总人口1178人，总面积0.25平方千米，农民人均纯收入9070元。

王官营二村

(Wangguanying'er Cun)

名称来历 相传，唐代有冯、罗两姓首先在此占产立庄。冯为财主，罗为官，取村名冯官屯。后冯家衰落，又迁来王姓，人丁兴旺，到清顺治末年改为王官营。处王官营东北角1962年建王二大队。1984年改称王官营二村。

地理位置 地处油榨镇北部，东至侯庄，南至北杨庄，西至迁安张都庄村，北至迷谷。

主要指标 2011年末，辖区总人口799人，总面积0.2平方千米，农民人均纯收入8976元。

王官营三村

(Wangguanyingsan Cun)

名称来历 相传，唐代有冯、罗两姓首先在此占产立庄。冯为财主，罗为官，取村名冯官屯。后冯家衰落，又迁来王姓，人丁兴旺，到清顺治末年改为王官营。处王官营东北角1962年建王三大队。1984年改称王官营三村。

地理位置 地处油榨镇北部，东至侯庄，南至北杨庄，西至迁安张都庄村，北至迷谷。

主要指标 2011年末，辖区总人口706人，总面积0.3平方千米，农民人均纯收入9301元。

王官营四村

(Wangguanyingsi Cun)

名称来历 相传，唐代有冯、罗两姓首先在此占产立庄。冯为财主，罗为官，取村名冯官屯。后冯家衰落，又迁来王姓，人丁兴旺，到清顺治末年改为王官营。处王官营西南角1962年建王四大队。1984年改称王官营四村。

地理位置 地处油榨镇北部，东至侯庄，南至北杨庄，西至迁安张都庄村，北至迷谷。

主要指标 2011年末，辖区总人口943人，总面积0.3平方千米，农民人均纯收入9237元。

王庄村

(Wangzhuang Cun)

名称来历 明永乐元年（1403年）建村，有王姓人家从山西大槐树迁来此地占产立庄，以姓氏取名为王家庄，后称王庄。

地理位置 地处油榨镇东部，东至滦河，南至柏店子，西至九泉山，北至郑庄。

主要指标 2011年末，辖区总人口763人，总面积0.1平方千米，农民人均纯收入9056元。

望府台村

(Wangfutai Cun)

名称来历 明洪武元年（1368年）建村。因地势较高，像一个平台，站在平台上能看见永平府（今卢龙县城），故名望府台。

地理位置 地处油榨镇西部，东至范庄，南至孔庄，西至东安河，北至马坊。

主要指标 2011年末，辖区总人口953人，总面积0.2平方千米，农民人均纯收入9219元。

上康各庄村

(Shangkanggezhuang Cun)

名称来历 北宋建隆年间建村。因村北有一寺院，院内有“福”字钟一口，故名福康院。清顺治庄园扩建，改名康各庄。后人口增多。分为两村，因该村地处上坡上，故名上康各庄。

地理位置 地处油榨镇南部，东至贡店子，南至下康各庄，西至横河，北至柏店子。

主要指标 2011年末，辖区总人口882人，总面积0.25平方千米，农民人均纯收入9178元。

下康各庄村

(Xiakanggezhuang Cun)

名称来历 北宋建隆年间建村。因村北有一寺院，院内有“福”字钟一口，故名福康院。清顺治庄园扩建，改名康各庄。后人口增多。分为两村，因该村地处下坡上，故名下康各庄。

地理位置 地处油榨镇南部，东至贡店子，南至蒋庄，西至横河，北至上康各庄。

主要指标 2011年末，辖区总人口1253人，总面积0.25平方千米，农民人均纯收入9233元。

小张庄村

(Xiaozhangzhuang Cun)

名称来历 1912年有张姓人家迁到此地占产立庄，因该村较小，遂取村名为小张庄。

地理位置 地处油榨镇东部，东至肖庄，南至白佛院，西至油榨村，北至范庄。

主要指标 2011年末，辖区总人口358人，总面积0.1平方千米，农民人均纯收入9251元。

肖庄村

(Xiaozhuang Cun)

名称来历 明万历元年（1573年），有肖姓人家首先在此占产立庄。以姓氏取村名为肖家庄，后称肖庄。

地理位置 地处油榨镇东部，东至于家河，南至何家沟，西至小张庄，北至范庄。

主要指标 2011年末，辖区总人口1131人，总面积0.25平方千米，农民人均纯收入9286元。

范庄村

(Fanzhuang Cun)

名称来历 明崇祯十七年（1644年），有范姓人家迁到此地占产立庄，以姓氏取村名为范庄。

地理位置 地处油榨镇北部，东至滦河，南至小张庄，西至望府，北至睢新庄。

主要指标 2011年末，辖区总人口876人，总面积0.2平方千米，农民人均纯收入9210元。

油榨村

(Youzha Cun)

名称来历 明洪武年间建村，最初只有几户人家，开榨油坊，故名油榨村。

地理位置 地处油榨镇中部，东至何家沟，南至石崖，西至耿庄子，北至望府台。

主要指标 2011年末，辖区总人口1675人，总面积0.4平方千米，农民人均纯收入9365元。

于家河村

(Yujiahe Cun)

名称来历 明洪武初期有于姓人家首先在此地占产立庄。当时村北有一条小河，故以姓氏和地势取村名于家河。

地理位置 地处油榨镇东部，东至石梯子，南至前所营，西至肖庄，北至滦河。

主要指标 2011年末，辖区总人口2018人，总面积0.4平方千米，农民人均纯收入9297元。

岳庄村

(Yuezhuang Cun)

名称来历 明洪武元年（1368年）建村，有岳姓人家从山西洪洞至此占地立庄，以姓氏取名为岳庄。

地理位置 地处油榨镇北部，东至滦河，南至何庄，西至北杨庄，北至孙薛营。

主要指标 2011年末，辖区总人口1401人，总面积0.3平方千米，农民人均纯收入9180元。

郑庄村

(Zhengzhuang Cun)

名称来历 明崇祯十七年（1644年），有郑姓人家首先在此地占产立庄，以姓氏取村名为郑家庄，后改称郑庄。

地理位置 地处油榨镇东部，东至滦河，南至周王山，西至肖庄，北至前所营。

主要指标 2011年末，辖区总人口1761人，总面积0.4平方千米，农民人均纯收入9125元。

周寨子村

(Zhouzhaizi Cun)

名称来历 相传清顺治元年（1644年）有山寨王在九泉山为王，周姓人来九泉山东侧立庄时，山寨王封此庄为周寨子。

地理位置 地处油榨镇南部，东至董寨子，南至韩寨子，西至孔庄，北至石崖。

主要指标 2011年末，辖区总人口539人，总面积0.1平方千米，农民人均纯收入9031元。

（撰稿：张权宏，初审：高建东）

古马镇

(Guma Zhen)

政区概况

名称来历 因镇人民政府驻地位于古马村而得名。

地理位置 地处滦县南部，东邻响嘡镇，南与滦南县接壤，西与小马庄镇毗连，北与滦州镇为邻。人民政府驻古马村，电话区号0315，邮政编码063704，距滦县人民政府12千米。

政区沿革 1958年，属塘坨人民公社。1965年，从塘坨人民公社析出，设古马人民公社。1984年，撤销人民公社，改置古马乡，辖12个村民委员会。2002年1月，合并古马乡、兴隆庄乡，设古马镇，辖29个村民委员会。

政区划分 2011年末，辖古马、潘庄、港北、傅庄、塘坨、店坨、兴隆庄一、兴隆庄二、兴隆庄三、兴隆庄四、大霍庄子、小霍庄子、曹北店子、东老里、西老里、小老里、腰老里、新赵庄子、南新立庄、南张庄子、小宋庄、南王庄、小门庄、大门庄、克家庄、鲁各庄、柴各庄、张边庄、包麻子29个村民委员会。

人口面积 2011年末，辖区总人口3.39万人。总人口中，男性17356人，占51.18%；女性16553人，占48.82%；14岁以下5040人，占14.86%；15～64岁24650人，占72.69%；65岁以上4219人，占12.43%。总人口中，以汉族为主，达33418人，占98.55%；有满、壮、布依、苗等13个少数民族，共491人，占1.45%。2011年，人口出生率9.78‰，人口死亡率23.02‰，人口自然增长率－13.24‰。

辖区东西最大距离11千米，南北最大距离9.1千米，总面积69.33平方千米。人口密度为每平方千米489人。

自然条件

地形地貌 地势西北略高，东南渐低，地形，属沙地平原。

水文 溯河自北向南从境内通过。

经济概况

农业 耕地面积7.7万亩，人均2.3亩。2011年，农业总产值6.1亿元，实现农业增加值3.7亿元，占国内生产总值的38.3%。

粮食作物以小麦、玉米为主。2011年，粮食播种面积5.2万亩，生产粮食2.4万吨，人均708千克，其中小麦0.7万吨，玉米1.6万吨。主要油料作物有花生。2011年，花生种植面积3.8万亩，产量7314吨。主要经济作物有蔬菜、瓜果。2011年，蔬菜种植面积1.2万亩，产量6.3万吨，主要品种有黄瓜、胡萝卜、芹菜、菠菜等；瓜果种植面积2800亩，产量1.3万吨，主要品种有西瓜。

畜牧业以猪、牛、家禽为主。2011年，生猪饲养量5.1万头，年末存栏2.7万头；牛饲养量2.5万头，年末存栏1.9万头，年末奶牛存栏1.8万头；家禽饲养量47.8万羽。2011年，生产肉类2956吨，其中猪肉1938吨，牛肉1018吨；禽蛋1672吨，鲜奶6.9万吨。畜牧业总产值3.3亿元。

工业 以铸造、机械加工、塑料制品、建筑材料为主。2011年，实现工业增加值8505亿元，占国内总产值的8.7%。2011年末，工业企业11家，职工145人，实现营业收入6410万元，比上年增长16.8%，利润1165万元。在建项目3个，即宏晟机械制造有限公司二期项目、冀东乐业铁路综合物流中心项目、唐钢美锦煤化工项目。

商业外贸 2011年末，商业网点87个，职工185人。2011年，城乡集市贸易成交额8300万元，比上年增长7.3%。

财政金融 2011年，财政总收入911万元，比上年增长6.18%。其中地方财政收入741.5万元。从主要税种看，完成营业税526.6万元，增值税210.5万元，企业所得税191.4万元，个人所得税45.5万元。人均财政收入268.7元。2011年末，有河北省农村信用社1家，营业点2个。

社会发展

文化艺术 2011年末，镇文化站1个，村级文化活动中心29个；各类图书室31个，藏书11.5万册；团体舞、秧歌队等地方特色民间艺术团体20个，业余文化工作人员500余人。

教育 2011年末，幼儿园2所，在园幼儿728人，专任教师31人；小学6所，在校生1690人，专任教师97人，小学适龄儿童入学率100%；初中2所，在校生634人，专任教师64人，初中适龄人口入学率、小升初升学率、九年义务教育覆盖率均达100%。2011年财政预算内教育经费165万元，比上年增长8%。

医疗卫生 2011年末，卫生院2所，村卫生室26个；病床30张。卫生院中共有专业卫生人员29人，其中执业医师9人，执业助理医师11人，注册护士5人。2011年医疗机构（门诊部以上）完成诊疗1.3万人次，住院手术19台次。新型农村合作医疗参合率98.94%。

体育 2011年末，学校体育场地8处。23个村安装了健身器材，经常参加体育活动的人员占常住人口的20.3%。

社会保障 2011年，城镇最低生活保障户数49户，人数74人，支出21.7万元，月人均244元。农村最低生活保障户数541户，人数1080人，支出94.25万元，比上年增长25.3%，月人均72.7元，比上年增长18.6%；农村五保集中供养82人，农村五保分散供养256人；特困救助47人次，支出23.74万元。国家抚恤、补助各类优抚对象116人，抚恤事业费支出51.1万元。敬老院1家，床位88张。新型农村社会养老保险参保人数2.2万人，参保率96.7%。

基础设施

交通运输 何（何庄）茨（茨榆坨）线公路过境。迁（迁安）曹（曹妃甸）铁路、司（司家营）曹（曹妃甸）铁路两条货运专线过境。有县乡级公路5条，总长35千米。

邮政电信 2011年末，邮政投递点43个，乡村通邮率100%。

电信企业3家，服务网点4个，农村代缴点31个。

镇区市政建设

道路 2011年末，镇区道路总长度170.5千米；道路铺装面积43.5万平方米。

公共交通 2011年末，7条公交线路过境，日发59车次。

给排水 2011年末，镇区22个村实施了安全饮水工程。

供电 2011年末，镇区220千伏、35千伏变电站各1座，主变压器5台，总容量548兆伏安，高压输电线路8条。年售电量累计完成1.5亿千瓦时，综合电压合格率100%，供电可靠率100%。

东老里村

(Donglaoli Cun)

名称来历 相传明洪武元年（1368年）建村，因村东有老龙湾，曾得名老龙庄，后演变为老里庄。因人口增多，分为四个村，该村居东，故名为东老里。

地理位置 地处古马镇东部，东至小老里，南至滦南县薛家帐子村，西至腰老里，北至腰老里。

主要指标 2011年末，辖区总人口1261人，总面积2.1平方千米，农民人均纯收入8874元。

腰老里村

(Yaolaoli Cun)

名称来历 相传明洪武元年（1368年）建村，因村东有老龙湾，曾得名老龙庄，后演变为老里庄。因人口增多，分为四个村，该村居中，故名为腰老里。

地理位置 东地处古马镇南部，东至东老里，南至滦南县薛家帐子村，西至傅庄，北至西老里。

主要指标 2011年末，辖区总人口1699人，总面积2.5平方千米，农民人均纯收入8882元。

西老里村

(Xilaoli Cun)

名称来历 相传明洪武元年（1368年）建村，因村东有老龙湾，曾得名老龙庄，后演变为老里庄。因人口增多，分为四个村，该村居西，故名为西老里。

地理位置 东地处古马镇南部，东至兴隆庄二村，南至腰老里，西至傅庄，北至古马村。

主要指标 2011年末，辖区总人口1844人，总面积2.78平方千米，农民人均纯收入8943元。

小老里村

(Xiaolaoli Cun)

名称来历 相传明洪武元年（1368年）建村，因村东有老龙湾，曾得名老龙庄，后演变为老里庄。因人口增多，分为四个村，因该村小，故名为小老里。

地理位置 东地处古马镇东部，东至南新立庄，南至滦南县徐家庄村，西至东老里，北至兴隆庄二村。

主要指标 2011年末，辖区总人口318人，总面积0.43平方千米，农民人均纯收入8805元。

傅庄村

(Fuzhuang Cun)

名称来历 相传明永乐元年（1403年）傅姓所建，因村落小，故名小傅庄，后称傅庄。

地理位置 地处古马镇西部，东西老里，南至滦南，西至大霍庄子，北至店坨。

主要指标 2011年末，辖区总人口1058人，总面积1.5平方千米，农民人均纯收入8742元。

克家庄村

(Kejiazhuang Cun)

名称来历 相传明永乐年间克姓迁民所建，以姓氏取村名为克家庄。

地理位置 地处古马镇东部，东至任店子，南至包麻子，西至芹菜山，北至柴各庄。

主要指标 2011年末，辖区总人口603人，总面积0.76平方千米，农民人均纯收入8867元。

兴隆庄一村

(Xinglongzhuangyi Cun)

名称来历 相传明洪武年间有裴、郭、钱三姓首先在此各建村庄，以姓氏取村名裴家庄、郭家庄和钱家庄，后人口渐多，村庄连在一起，为了三村友好，共起村名为兴隆庄。1958年9月兴隆庄分为一、二、三、四四个自然村，按序得名，简称兴隆庄一村。

地理位置 地处古马镇东部，东至兴隆庄四村，南至兴隆庄二村，西至古马，北至柴各庄。

主要指标 2011年末，辖区总人口1139人，总面积1.8平方千米，农民人均纯收入8912元。

兴隆庄二村

(Xinglongzhuang'er Cun)

名称来历 相传明洪武年间有裴、郭、钱三姓首先在此各建村庄，以姓氏取村名裴家庄、郭家庄和钱家庄，后人口渐多，村庄连在一起，为了三村友好，共起村名为兴隆庄。1958年9月兴隆庄分为一、二、三、四四个自然村，按序得名，简称兴隆庄二村。

地理位置 地处古马镇东部，东至兴隆庄三村，南至小老里，西至古马，北至兴隆庄一村。

主要指标 2011年末，辖区总人口1189人，总面积1.32平方千米，农民人均纯收入8923元。

兴隆庄三村

(Xinglongzhuangsan Cun)

名称来历 相传明洪武年间有裴、郭、钱三姓首先在此各建村庄，以姓氏取村名裴家庄、郭家庄和钱家庄，后人口渐多，村庄连在一起，为了三村友好，共起村名为兴隆庄。1958年9月兴隆庄分为一、二、三、四四个自然村，按序得名，简称兴隆庄三村。

地理位置 地处古马镇东部，东北至包麻子，南至小老里，西至兴隆庄二村，北至兴隆庄四村。

主要指标 2011年末，辖区总人口1218人，总面积

1.78 平方千米，农民人均纯收入 8912 元。

兴隆庄四村

（Xinglongzhuangsi Cun）

名称来历 相传明洪武年间有裴、郭、钱三姓首先在此各建村庄，以姓氏取村名裴家庄、郭家庄和钱家庄，后人口渐多，村庄连在一起，为了三村友好，共起村名为兴隆庄。1958 年 9 月兴隆庄分为一、二、三、四四个自然村，按序得名，简称兴隆庄四村。

地理位置 地处古马镇东部，东至包麻子，南至兴隆庄三村，西至兴隆庄一村，北至柴各庄。

主要指标 2011 年末，辖区总人口 1286 人，总面积 1.92 平方千米，农民人均纯收入 8911 元。

包麻子村

（Baomazi Cun）

名称来历 明崇祯年间陈姓迁民所建，当时村中有一棵麻果树，故名包麻子。

地理位置 地处古马镇东部，东至响堂，南至南新立庄，西至兴隆庄四村，北至克家庄。

主要指标 2011 年末，辖区总人口 1326 人，总面积 1.58 平方千米，农民人均纯收入 8928 元。

南张庄子村

（Nanzhangzhuangzi Cun）

名称来历 相传明永乐元年（1403 年）张姓迁民所建，以姓氏取村名张庄子。1982 年在地名标准化处理中更名为南张庄子。

地理位置 地处古马镇北部，东至小霍庄子，南至鲁各庄，西至曹北店子，北至小霍庄。

主要指标 2011 年末，辖区总人口 1052 人，总面积 1.97 平方千米，农民人均纯收入 8868 元。

南新立庄村

（Nanxinlizhuang Cun）

名称来历 1949 年滦河洪水成灾，从葛田庄迁出部分村民在此立庄，取村名新立庄。1982 年地名标准化处理中更名为南新立庄。

地理位置 地处古马镇东部，东至小坡村，南至小老里，西至西老里，北至兴隆庄三村。

主要指标 2011 年末，辖区总人口 1016 人，总面积 1.37 平方千米，农民人均纯收入 8903 元。

南王庄村

（Nanwangzhaung Cun）

名称来历 相传明永乐元年（1403 年）王姓迁民所建，以姓氏取名为王家庄。1982 年地名标准化处理中更名为南王庄。

地理位置 地处古马镇南部，东至小宋庄，南至店坨，西至大霍庄子，北至小宋庄。

主要指标 2011 年末，辖区总人口 1073 人，总面积 1.58 平方千米，农民人均纯收入 8839 元。

古马村

（Guma Cun）

名称来历 相传明崇祯年间有古、马两姓首先在此占产立庄，以姓氏取村名为古马庄，后简称古马。

地理位置 地处古马镇中部，东至兴隆庄一村，南至潘庄，西至鲁各庄，北至小霍庄。

主要指标 2011 年末，辖区总人口 3141 人，总面积 4.84 平方千米，农民人均纯收入 8930 元。

塘坨村

（Tangtuo Cun）

名称来历 明洪武年间建村。建村时村东有个大池塘，村西有大沙坨，故以地势取名为塘坨得名。

地理位置 地处古马镇北部，东至大门庄，南至小门庄，西至于家洼，北至新赵庄子。

主要指标 2011 年末，辖区总人口 1086 人，总面积 1.8 平方千米，农民人均纯收入 8933 元。

大门庄村

（Damenzhuang Cun）

名称来历 相传明洪武年间有门姓首先在此占产立庄，以姓氏取村名门家庄，后因人口增多分为两村，因该村较大，故名大门家庄，后称大门庄。

地理位置 地处古马镇北部，东至高官营，南至小门庄，西至新赵庄子，北至范庄。

主要指标 2011 年末，辖区总人口 949 人，总面积 1.46 平方千米，农民人均纯收入 8936 元。

小门庄村

（Xiaomenzhuang Cun）

名称来历 相传明洪武年间有门姓首先在此占产立庄，以姓氏取村名门家庄，后因人口增多分为两村，因位西，称西门庄，后因与大门家庄相比较小，改称小门庄。

地理位置 地处古马镇北部，东至大门庄，南至张边庄，西至塘坨，北至新赵庄子。

主要指标 2011 年末，辖区总人口 448 人，总面积 0.72 平方千米，农民人均纯收入 8896 元。

大霍庄子村

（Dahuozhuangzi Cun）

名称来历 相传明洪武年间霍姓首先在此占产立庄，以姓氏取名为霍家庄，后因人口增多，分为两村，该村较大改称大霍家庄，后称大霍庄子。

地理位置 地处古马镇南部，东至南王庄，南至傅庄，西至张马庄，北至南庄。

主要指标 2011年末，辖区总人口1554人，总面积2.4平方千米，农民人均纯收入8865元。

小宋庄村

(Xiaosongzhuang Cun)

名称来历 相传清光绪三十四年（1908年），宋姓首先在此占产立庄，因村小，取名为小宋庄子，简称小宋庄。

地理位置 地处古马镇南部，东至潘庄，南至何茨线，西至南王庄，北至鲁各庄。

主要指标 2011年末，辖区总人口396人，总面积0.6平方千米，农民人均纯收入8675元。

小霍庄子村

(Xiaohuozhuangzi Cun)

名称来历 相传明洪武年间霍姓首先在此占产立庄，以姓氏取名为霍家庄，明永乐初年，因人口增多，分为两村，因与大霍庄子对称，且该村较小，故名为小霍庄子。

地理位置 地处古马镇北部，东至张边庄，南至古马，西至南张庄子，北至港北。

主要指标 2011年末，辖区总人口1088人，总面积1.53平方千米，农民人均纯收入8875元。

店坨村

(Diantuo Cun)

名称来历 相传为明永乐元年（1403年）所建，因村东有一沙坨，坨上有一客店，得名店坨。

地理位置 地处古马镇南部，东至潘庄，南至傅庄，西至大霍庄子，北至南王庄。

主要指标 2011年末，辖区总人口1620人，总面积2.57平方千米，农民人均纯收入8708元。

张边庄村

(Zhangbianzhuang Cun)

名称来历 相传明永乐元年（1403年）一习武的张姓迁民所建，此人惯用铁鞭，故名张鞭庄，后演变为张边庄。

地理位置 地处古马镇北部，东至柴各庄，南至滦古路，西至小霍庄子，北至塘坨。

主要指标 2011年末，辖区总人口1456人，总面积2.07平方千米，农民人均纯收入8878元。

新赵庄子村

(Xinzhaozhuangzi Cun)

名称来历 相传清顺治年间赵姓先占产立庄，以姓氏取村名赵家庄，后称赵庄子，1982年地名标准化处理中更名为小赵庄子，2002年5月改为新赵庄子。

地理位置 地处古马镇北部，东至大门庄，南至小门庄，西至塘坨，北至范庄。

主要指标 2011年末，辖区总人口360人，总面积0.5平方千米，农民人均纯收入8881元。

曹北店子村

(Caobeidianzi Cun)

名称来历 相传清顺治年间曹姓首先占产立庄，当时村北开有客店，故得名曹北店。后称曹北店子。

地理位置 地处古马镇中部，东至古马，南至鲁各庄，西至胡里庄，北至南张庄子。

主要指标 2011年末，辖区总人口906人，总面积1.5平方千米，农民人均纯收入8890元。

柴各庄村

(Chaigezhuang Cun)

名称来历 相传因明末柴姓首先在此占产立庄，以姓氏取村名为柴各庄。

地理位置 地处古马镇东部，东至克家庄，南至兴隆庄一村，西至张边庄，北至高官营。

主要指标 2011年末，辖区总人口1137人，总面积1.92平方千米，农民人均纯收入8878元。

港北村

(Gangbei Cun)

名称来历 相传明永乐元年（1403年）迁民所建，因村南有一港地，以地势取村名为港北。

地理位置 地处古马镇北部，东至张边庄，南至小霍庄子，西至南庄，北至糯米庄。

主要指标 2011年末，辖区总人口1683人，总面积3.28平方千米，农民人均纯收入8868元。

潘庄村

(Panzhuang Cun)

名称来历 相传明崇祯年间有潘、赵两姓首先在此占产立庄，曾以姓氏取村名为潘赵庄，后演变为潘家庄，1958年起称潘庄。

地理位置 地处古马镇南部，东至西老里，南至滦南县后庞各庄村，西至小宋庄，北至古马。

主要指标 2011年末，辖区总人口1580人，总面积2.84平方千米，农民人均纯收入8729元。

鲁各庄村

(Lugezhuang Cun)

名称来历 相传明崇祯十七年（1644年）始有鲁、郑两姓到此占产立庄，以姓氏取名为鲁郑庄，后改称鲁各庄。

地理位置 地处古马镇中部，东至古马，南至小宋庄，西至曹家河槽，北至曹北店子。

主要指标 2011年末，辖区总人口1013人，总面积1.8平方千米，农民人均纯收入8801元。

（撰稿：李志刚，初审：高建东）

小马庄镇

(Xiaomazhuang Zhen)

政区概况

名称来历 因镇人民政府驻地位于小马庄村而得名。

地理位置 地处滦县西南，东邻古马镇，南与滦南县接壤，西与茨榆坨镇交界，北靠雷庄镇和古冶区卑家店乡，东北一角与滦州镇毗连，人民政府驻小马庄村，电话区号0315，邮政编码063706，距滦县人民政府20千米。

政区沿革 1958年，为宋各庄人民公社小马庄管理区。1961年，从宋各庄人民公社析出，建小马庄人民公社。1984年，撤销人民公社，改置小马庄乡，辖22个村民委员会。2002年1月，合并小马庄乡、西晒甲坨乡，设小马庄镇，辖37个村民委员会。

政区划分 2011年末，辖小马庄、张各庄东街、张各庄中街、张各庄后街、张各庄西街、宋庄、陆庄、沙埠、贺庄、苗坨、游观庄、张马庄、许家河漕、吴家河漕、曹家河漕、胡里庄、赵各庄、大马庄、姬庄、佘庄、阚庄、董各庄、西晒甲坨、刘各庄、光水坨、西李兴庄、中晒甲坨、东晒甲坨、小东庄、前邢各庄、东邢各庄、西邢各庄、后邢各庄、南庄、新庄子、杨庄子、靳各庄37个村民委员会。

人口面积 2011年末，辖区总人口3.61万人，其中城镇常住人口2675人，城镇化率7.4%。另有流动人口691人。总人口中，男性1.84万人，占51%；女性1.77万人，占49%；14岁以下6145人，占17%；14~64岁2.64万人，占73%；65岁以上3615人，占10%。总人口中，以汉族为主，达3.59万人，占99%；有少数民族281人，占0.8%，以满族为主。2011年，人口出生率7.54‰，人口死亡率6.47‰，人口自然增长率1.07‰。

辖区东西最大距离11.4千米，南北最大距离13.4千米，总面积90.6平方千米。人口密度为每平方千米398人。

经济概况

农业 耕地面积9.9万亩，人均2.7亩。2011年，农业总产值4.7亿元，实现农业增加值5亿元，占国内生产总值的46.1%。

粮食作物以小麦、玉米为主。2011年，生产粮食4.4万吨，人均1219千克，其中小麦1.3万吨，玉米4.3万吨。主要经济作物有花生、瓜果、蔬菜。2011年，花生种植面积3.5万亩，产量1万吨；瓜果、蔬菜种植面积3.3万亩，产量14.3万吨，主要品种有甜瓜、黄瓜、西红柿、白菜等，其中甜瓜1.7万吨，黄瓜1.9万吨，西红柿1.7万吨。

畜牧业以牛、猪、家禽为主。共有规模以上奶牛养殖场16个。2011年末，奶牛存栏2.5万头；猪存栏2.6万头；家禽年饲养量31.9万羽。

商业外贸 2011年末，商业网点210个，职工1380人。2011年，社会消费品零售总额达2.2亿元，比上年增长13%；城乡集市贸易成交额1.8亿元。

财政金融 2011年，财政总收入659.3万元。其中地方财政收入461.3万元。从主要税种看，完成营业税275.6万元，增值税198万元，企业所得税46.2万元。

社会发展

文化艺术 2011年末，镇文化站1个，农家书屋18个，村级文体活动中心37个，村级图书室37个，藏书1850册。秧歌队23支，业余从事文化活动的人员900多人。

教育 2011年末，幼儿园1所，在园幼儿124人，专任教师5人；小学7所，在校生2100人，专任教师127人，小学适龄儿童入学率100%；初中2所，在校生1000人，专任教师58人，初中适龄人口入学率、小升初升学率、九年义务教育覆盖率均达100%。2011年财政预算内教育经费138万元，比上年增长15%。

医疗卫生 2011年末，卫生院2所；病床52张；村级卫生室37个。专业卫生人员45名。新型农村合作医疗参合率96%。

体育 2011年末，学校体育场地9处。80%的村安装了健身器材，经常参加体育活动的人员占常住人口的30%。

社会保障 2011年城镇最低生活保障户数25户，人数53人，支出4.2万元。农村最低生活保障户数470户，人数1231人，支出116.4万元。民政部门共发放困难户临时救济费2万元，复员退伍军人及百岁老人抚恤金及百岁老人生活费55.6万元，五保分散供养生活费68.6万元，敬老院集中供养生活费19.5万元，累计发放各类优抚款271.2万元。全年完成续保30人。参加城镇医疗保险70人。参加职工养老保险25人。组织劳务输出610人。新型农村社会养老保险参保人数2.3万人，参保资金203.2万元，参保率93%；其中60周岁以上人员缴费完成93%。

基础设施

交通运输 滦（县）古（冶）公路、何茨公路过境。全镇实现村村通油路。

邮政电信 2011年末，电信企业服务网点2个；固定电话用户2149户；移动电话用户1万户，移动电话普及率98%；宽带接入用户3107户。

镇区市政建设

道路 2011年末，镇区道路总长度60千米；道路铺装面积30万平方米。

公共交通 2011年末，镇区客运班线5条，日发客运汽车10班次，日均客运量200余人次。

给排水 2011年末，镇区饮用水井150眼，铺设干线管道2800米，区内饮水实现自来水供应。

张各庄东街村

(Zhanggezhuangdongjie Cun)

名称来历 该村为张各庄东部，即张各庄主街道的东段。

地理位置 地处小马庄镇东部，东至傅庄，南至陆庄，西至张各庄中街，北至沙埠。

主要指标 2011年末，辖区总人口755人，总面积1.6平方千米，农民人均收入8920元。

张各庄中街村

(Zhanggezhuangzhongjie Cun)

名称来历 该村为张各庄中部，即张各庄主街道的中段。

地理位置 地处小马庄镇东部，东至傅庄，南至陆庄，西至张各庄西街，北至沙埠。

主要指标 2011年末，辖区总人口997人，总面积2.5平方千米，农民人均收入8926元。

张各庄西街村

(Zhanggezhuangxijie Cun)

名称来历 该村为张各庄西部，称张各庄西街。

地理位置 地处小马庄镇东部，东至傅庄，南至陆庄，西至张各庄西街，北至沙埠。

主要指标 2011年末，辖区总人口921人，总面积2.2平方千米，农民人均收入8961元。

张各庄后街村

(Zhanggezhuanghoujie Cun)

名称来历 该村为张各庄北半部，称张各庄后街。

地理位置 地处小马庄镇东部，东至傅庄，南至陆庄，西至张各庄西街，北至沙埠。

主要指标 2011年末，辖区总人口1185人，总面积2.7平方千米，农民人均收入8897元。

游观庄村

(Youguanzhuang Cun)

名称来历 明代由山西柳州迁民所建。因村地处小清龙河西岸，土质肥沃，故建村时取名为油罐子庄，后根据其谐音演变为游观庄。

地理位置 地处小马庄镇东部，东至宋庄，南至贺庄，西至小马庄，北至张马庄。

主要指标 2011年末，辖区总人口748人，总面积2.3平方千米，农民人均收入8868元。

陆庄村

(Luzhuang Cun)

名称来历 明洪武元年（1368年）建村，陆姓首先在此占产立庄，取名陆家庄，后演变为陆庄。

地理位置 地处小马庄镇东部，东至张各庄，南至滦南县虫儿林村，西至宋庄，北至沙埠。

主要指标 2011年末，辖区总人口651人，总面积1.6平方千米，农民人均收入8880元。

贺庄村

(Hengzhuang Cun)

名称来历 明永乐元年（1403年），贺姓首先在此占产立庄，以姓氏取村名为贺家庄，后称贺庄。

地理位置 地处小马庄镇东部，东至宋庄，南至滦南县齐家寺村，西至苗坨，北至游官庄。

主要指标 2011年末，辖区总人口947人，总面积2.8平方千米，农民人均收入8868元。

宋庄村

(Songzhuang Cun)

名称来历 明洪武元年（1368年），宋姓首先在此占产立庄，以姓氏取名为宋家庄，后改称宋庄。

地理位置 地处小马庄镇东部，东至陆庄，南至滦南县虫儿林村，西至游官庄，北至沙埠。

主要指标 2011年末，辖区总人口1189人，总面积2.6平方千米，农民人均收入8868元。

苗坨村

(Miaotuo Cun)

名称来历 明永乐年苗姓迁民所建，以姓氏取村名为苗坨庄，后称苗坨。

地理位置 地处小马庄镇东部，东至游官庄，南至贺庄，西至姬庄，北至小马庄。

主要指标 2011年末，辖区总人口1031人，总面积3.1平方千米，农民人均收入8880元。

小马庄村

(Xiaomazhuang Cun)

名称来历 明成化年间从大马庄迁出一部分马氏兄弟，到大马庄东建村，故取名小马庄。

地理位置 地处小马庄镇中部，东至游官庄，南至苗坨，西至大马庄，北至许河。

主要指标 2011年末，辖区总人口1172人，总面积2.4平方千米，农民人均收入8926元。

姬庄村

(Jizhuang Cun)

名称来历 明永乐元年（1403年）姬姓迁民所建，以姓氏得名。

地理位置 地处小马庄镇西部，东至苗坨，南至佘庄，西至草塘坨，北至大马庄。

主要指标 2011年末，辖区总人口1038人，总面积2.9平方千米，农民人均收入8868元。

佘庄村

(Shezhuang Cun)

名称来历 明洪武年间建村，原村名为东草塘坨，后由于佘姓迁入人多，故改名为佘家庄，后称佘庄。

地理位置 地处小马庄镇西部，东至贺庄，南至滦南县养马庄村，西至草塘坨，北至姬庄。

主要指标 2011年末，辖区总人口888人，总面积1.9平方千米，农民人均收入8880元。

阚庄村

(Kanzhuang Cun)

名称来历 明永乐元年（1403年）阚姓迁民立庄，以姓氏故名。

地理位置 地处小马庄镇西部，东至佘庄，南至草塘坨，西至六间口，北至大马庄。

主要指标 2011年末，辖区总人口1017人，总面积2.8平方千米，农民人均收入8868元。

大马庄村

(Damazhuang Cun)

名称来历 明成化年间马姓首先在此立庄，故名马家庄。后迁出一部分马氏兄弟在村东三里地方建村，称小马庄，该村改称大马庄。

地理位置 地处小马庄镇西部，东至小马庄，南至姬庄，西至董庄，北至赵各庄。

主要指标 2011年末，辖区总人口1147人，总面积2.8平方千米，农民人均收入8920元。

董各庄村

(Donggezhuang Cun)

名称来历 明永乐元年（1403年）董姓迁民所建，以姓氏故名董家庄，后演变为董各庄。

地理位置 地处小马庄镇西部。东至大马庄，南至草塘坨，西至六间口，北至赵各庄。

主要指标 2011年末，辖区总人口409人，总面积1.6平方千米，农民人均收入8868元。

赵各庄村

(Zhaogezhuang Cun)

名称来历 明洪武元年（1368年）赵姓首先在此立庄，取名为赵各庄。

地理位置 地处小马庄镇西部，东至许河，南至大马庄，西至六间口，北至光水坨。

主要指标 2011年末，辖区总人口1407人，总面积4平方千米，农民人均收入8909元。

光水坨村

(Guangshuituo Cun)

名称来历 明代建村。传说过去一位娘娘，从此路过，把耳环丢在这里，故建村取名为光耳坨，后演变为光水坨。

地理位置 地处小马庄镇西部，东至许河，南至赵各庄，西至尖坨，北至西李兴庄。

主要指标 2011年末，辖区总人口1130人，总面积3平方千米，农民人均收入8920元。

西李兴庄村

(Xilixingzhuang Cun)

名称来历 明洪武元年（1368年）李姓建村，李家为图兴旺，取名李兴庄。1982年地名标准化处理工作中，更名为西李兴庄。

地理位置 地处小马庄镇西北部，东至西晒甲坨，南至光水坨，西至尖坨，北至刘各庄。

主要指标 2011年末，辖区总人口2012人，总面积6.4平方千米，农民人均收入8897元。

刘各庄村

(Liugezhuang Cun)

名称来历 唐贞观年间刘姓首先在此立庄，以姓氏得名。

地理位置 地处小马庄镇西北部，东至西晒甲坨，南至西李兴庄，西至小石佛庄，北至河南庄。

主要指标 2011年末，辖区总人口1030人，总面积3.6平方千米，农民人均收入8868元。

小东庄村

(Xiaodongzhuang Cun)

名称来历 明永乐元年（1403年）王姓由小西庄（唐山东矿区）迁此立庄，因方位居东，故名小东庄。

地理位置 地处小马庄镇北部，东至新庄子，南至西晒甲坨，西至河南庄，北至龚庄。

主要指标 2011年末，辖区总人口492人，总面积1.6平方千米，农民人均收入8920元。

西晒甲坨村

(Xishaijiatuo Cun)

名称来历 唐贞观年间，大将薛礼征东时路过此地遇雨，并在此地一沙坨上晾晒盔甲，从此沙坨得名晒甲坨。明永乐初年迁民来此建村，因沙坨得名。1958年晒甲坨分为三个村，该村位于西边，名为西晒甲坨。

地理位置 地处小马庄镇北部，东至中晒甲坨，南至胡里庄，西至刘各庄，北至小东庄。

主要指标 2011年末，辖区总人口705人，总面积2.7平方千米，农民人均收入8961元。

中晒甲坨村

(Zhongshaijiatuo Cun)

名称来历 唐贞观年间，大将薛礼征东时路过此地遇雨，并在此地一沙坨上晾晒盔甲，从此沙坨得名晒甲坨。明永乐初年迁民来此建村，因沙坨得名。1958年晒甲坨分为三个村，该村位于中部，称中晒甲坨。

地理位置 地处小马庄镇北部，东至东晒甲坨，南至胡里庄，西至西晒甲坨，北至小东庄。

主要指标 2011年末，辖区总人口1000人，总面积3平方千米，农民人均收入8909元。

东晒甲坨村

(Dongshaijiatuo Cun)

名称来历 唐贞观年间，大将薛礼征东时路过此地遇雨，并在此地一沙坨上晾晒盔甲，从此沙坨得名晒甲坨。明永乐初年迁民来此建村，因沙坨得名。1958年晒甲坨分为三个村，因位东，故名东晒甲坨。

地理位置 地处小马庄镇西北，东至邢各庄，南至胡里庄，西至中晒甲坨，北至小东庄。

主要指标 2011年末，辖区总人口643人，总面积1.5平方千米，农民人均收入8880元。

胡里庄村

(Hulizhuang Cun)

名称来历 明成化年间建村，胡姓首先在此立庄。以姓氏取村名。

地理位置 地处小马庄镇北部，东至吴河，南至许河，西至西李兴庄，北至晒甲坨。

主要指标 2011年末，辖区总人口1044人，总面积2.8平方千米，农民人均收入8880元。

许家河漕村

(Xujiahecao Cun)

名称来历 明崇祯十七年（1644年）许姓首先在此立庄，因地处小青龙河西岸，以姓氏和地势故名。

地理位置 地处小马庄镇中部，东至吴河，南至小马庄，西至赵各庄，北至胡里庄。

主要指标 2011年末，辖区总人口949人，总面积2.9平方千米，农民人均收入8880元。

吴家河漕村

(Wujiahecao Cun)

名称来历 明崇祯十七年（1644年）吴姓首先在此立庄，因地处青龙河西岸，以姓氏和地势故名。

地理位置 地处小马庄镇中部，东至曹家河漕，南至游观庄，西至许河，北至胡里庄。

主要指标 2011年末，辖区总人口938人，总面积2.6平方千米，农民人均收入8920元。

曹家河漕村

(Caojiahecao Cun)

名称来历 明崇祯十七年（1644年）建村，曹姓首先在此立庄，因地处小青龙河东岸，因姓氏和地势故名。

地理位置 地处小马庄镇东北部，东至南庄，南至张马庄，西至吴家河漕，北至邢各庄。

主要指标 2011年末，辖区总人口1365人，总面积4.4平方千米，农民人均收入8897元。

张马庄村

(Zhangmazhuang Cun)

名称来历 明崇祯十七年（1644年）有张、马两姓首先立庄，故名张马庄。

地理位置 地处小马庄镇中部，东至沙埠，南至游观庄，西至小马庄，北至曹家河漕。

主要指标 2011年末，辖区总人口507人，总面积1.4平方千米，农民人均收入8857元。

沙埠村

(Shabu Cun)

名称来历 明崇祯年间建村，相传该村的首批居民动土盖房时从地下挖出一泥塑佛像，曾为此村取名“沙佛”，后人认为此村名不吉利，改名为“沙铺”，以后演变为“沙埠”。

地理位置 地处小马庄镇东部，东至张马庄，南至陆庄，西至张马庄，北至曹家河漕。

主要指标 2011年末，辖区总人口823人，总面积2.7平方千米，农民人均收入8932元。

南庄村

(Nanzhuang Cun)

名称来历 相传北宋建隆年间建村，因当时该村北有座古城，故取名城南庄，后演变为南庄。

地理位置 地处小马庄镇东北部，东至港北，南至大霍庄子，西至曹家河漕，北至邢各庄。

主要指标 2011年末，辖区总人口1230人，总面积2.4平方千米，农民人均收入8897元。

东邢各庄村

(Dongxinggezhuang Cun)

名称来历 1979年从邢各庄析出，称东邢各庄。

地理位置 地处小马庄镇东北部，东至南庄，南至曹家河漕，西至晒甲坨，北至雪庄。

主要指标 2011年末，辖区总人口1161人，总面积3平方千米，农民人均收入8880元。

后邢各庄村

(Houxinggezhuang Cun)

名称来历 1979年从邢各庄析出，称后邢各庄。

地理位置 地处小马庄镇东北部，东至南庄，南至曹家河漕，西至晒甲坨，北至雪庄。

主要指标 2011年末，辖区总人口690人，总面积1.8平方千米，农民人均收入8880元。

西邢各庄村

(Xixinggezhuang Cun)

名称来历 1979年从邢各庄析出，称西邢各庄。

地理位置 地处小马庄镇东北部，东至南庄，南至曹家河漕，西至晒甲坨，北至雪庄。

主要指标 2011年末，辖区总人口877人，总面积2.3平方千米，农民人均收入8868元。

前邢各庄村

(Qianxinggezhuang Cun)

名称来历 1979年由邢各庄析出，称前邢各庄大队。

地理位置 地处小马庄镇东北部，东至南庄，南至曹家河漕，西至晒甲坨，北至雪庄。

主要指标 2011年末，辖区总人口897人，总面积2平方千米，农民人均收入8868元。

新庄子村

(Xinzhuangzi Cun)

名称来历 清康熙初期臧姓在此立庄，因建村晚于周围诸村，故名新庄子。

地理位置 地处小马庄镇北部，东至雪庄，南至晒甲坨，西至靳各庄，北至土山。

主要指标 2011年末，辖区总人口913人，总面积2.3平方千米，农民人均收入8909元。

杨庄子村

(Yangzhuangzi Cun)

名称来历 明永乐元年（1403年）由杨姓迁民建村，以姓氏取名杨庄子。

地理位置 地处小马庄镇北部，东至靳各庄，南至晒甲坨，西至龚庄，北至土山。

主要指标 2011年末，辖区总人口996人，总面积3平方千米，农民人均收入8880元。

靳各庄村

(Jingezhuang Cun)

名称来历 明永乐元年（1403年）靳姓迁民所建，以姓氏故名。

地理位置 地处小马庄镇北部，东至新庄子，南至晒甲坨，西至杨庄子，北至土山。

主要指标 2011年末，辖区总人口1264人，总面积3.9平方千米，农民人均收入8897元。

（撰稿：刘胜，初审：高建东）

九百户镇

(Jiubaihu Zhen)

政区概况

名称来历 因境内有九百户营而得名。

地理位置 地处滦县中部，东连雷庄镇，南接唐山市古冶区，西邻王店子镇，北与迁安市沙河驿镇接壤。人民政府驻南赵庄子村，电话区号0315，邮政编码063705，距滦县人民政府16千米。

政区沿革 民国时属卢龙县。中华人民共和国成立后，设九百户乡。1958年，属雷庄人民公社。1961年，析雷庄人民公社置九百户人民公社。1984年，撤销人民公社，设九百户乡，辖19个村民委员会。1996年3月，合并宜安乡、九百户乡，置九百户镇，辖32个村民委员会。

政区划分 2011年末，辖南赵庄子、河新庄、大河湾、小河湾、永兴庄、前河南庄、李庄、樊庄子、二百户营、宜安、大井峪、小井峪、赵百户营、庆庄子、张庄、富家庄、安家楼、九百户、翟各庄、小阚庄、郝庄、黄山口、大宋家峪、团山子、高家峪、赵家沟、北王庄子、郭各庄、刘庄、闵庄、六百户、柳新庄32个村民委员会。

人口面积 2011年末，辖区总人口32879人，其中城镇常住人口9177人，城镇化率27.9%。另有流动人口371人。总人口中，男性16989人，占51.6%；女性15890人，占48.4%；14岁以下7770人，占23.6%；15~64岁22470人，占68.3%；65岁以上2639人，占8.1%。总人口中，以汉族为主，达32648人，占99.2%；有少数民族231人，占0.8%。2011年，人口出生率13.24‰，人口死亡率5.64‰，人口自然增长率7.6‰。

辖区东西最大距离11.2千米，南北最大距离11.8千米，总面积79.9平方千米。人口密度为每平方千米412人。

自然条件

地形地貌 境内为半山区，地势略呈西高东低，地面高程一般为海拔40米左右，境内最高峰青龙山，海拔439米。

矿藏及其他自然资源 境内已探明地下矿藏有花岗岩和铁矿石。铁矿石探明储量2.6亿吨，年产铁矿石120万吨，年产铁精粉70万吨。

经济概况

农业 耕地面积4.8万亩，人均1.5亩。2011年，农业总产值1.8亿元，实现农业增加值1.6亿元，占国内生产总值的3.3%。

粮食作物以小麦、玉米为主。2011年，生产粮食2万吨，其中小麦0.4万吨，玉米1.1万吨，其他杂粮0.53万吨。主要经济作物有蔬菜。2011年，蔬菜种植面积0.9万亩，产量4万吨，主要品种有黄瓜、大葱、菠菜、大白菜等，其中大白菜1.5万吨，大葱0.9万吨，黄瓜0.7万吨，菠菜0.4万吨。

畜牧业以猪、羊、家禽为主。2011年，生猪饲养量2.5万头，年末存栏1.6万头；羊饲养量1.1万只，年末存栏0.9万只；家禽饲养量17.6万羽。

工业 以采矿、铁选、烧结、冶金加工、建筑材料为主。2011年，工业总产值74.7亿元，实现工业增加值41.2亿元，占国内生产总值的比重82.7%。2011年，工业企业137家，职工2480人。

商业外贸 2011年末，商业网点988个，职工2560人。2011年，城乡集市贸易成交额4560万元。

财政金融 2011年，财政总收入8710万元，比上年增长46.3%。其中地方财政收入3940万元，比上年增长92.2%。从主要税种看，完成营业税572.4万元，增值税4115.6万元，企业所得税1991.9万元，个人所得说130万元。2011年，银行和金融机构各类存款余额4亿元，比上年增长21.8%。

社会发展

文化艺术 2011年末，镇文化站1个，村级文化活动中心32个；各类图书室18个，藏书5万余册。

教育 2011年末，幼儿园7所，在园幼儿1026人，专任教师32人；小学7所，在校生2540人，专任教师105人，小学适龄儿童入学率100%；初中1所，在校生1050人，专任教师69人，初中适龄人口入学率、小升初升学率、九年义务教育覆盖率均达100%。2011年财政预算内教育经费167.1万元，比上年增长11%。

医疗卫生 2011年末，各级医疗卫生机构2个；病床150张，每千人拥有医疗床位4.56张，固定资产总值300万。专业卫生人员80名，其中执业医师40人，执业助理医师30人，注册护士6人。2011年医疗机构（门诊部以上）完成诊疗7万人次。新型农村合作医疗参合率99%。

社会保障 2011年，城镇最低生活保障户数30户，人数58人，支出18.7万元，比上年增长10%，月人均269元，比上年增长11%；城市医疗救助44人次，民政部门资助参加合作医疗1670人次，共支出10万元，比上年增长11%。农村最低生活保障户数478户，人数1148人，支出109万元，比上年增长28.7%，月人均79元，比上年增长27%。国家抚恤、补助各类优抚对象148人，抚恤事业费支出68.4万元，比上年增长18%。敬老院1家，床位50张，农村五保供养25人。新型农村社会养老保险参保人数2.1万人，参保率94.7%。

基础设施

交通运输 卑（家店）杨（柳庄）公路和京哈铁路、卑（家店）水（迁安水厂）铁路过境，设火车站2个、汽车站9个。有县乡级公路5条，总长45千米。日均发送客车16班次，日客运量360人次

邮政电信 电信服务网点2个；固定电话用户3387户，电话用户普及率达到95%；移动电话用户1.5万户；宽带接入用户1845户。全年电信业务收入179万元。

镇区市政建设

道路 2011年末，镇区道路总长度88千米，人均拥有道路长度3米；道路铺装面积36万平方米，人均拥有道路面积11平方米。

公共交通 2011年末，滦县至赵百户营、滦县至郭各庄客运交通线2条，唐山市至迁安客车过境停靠，日客运量150多人次。

给排水 2011年末，镇区主要道路两侧修建、铺设排水设施3500米。

供电 2011年末，镇区35千伏变电站1座。

园林绿化 2011年末，镇政府驻地绿化面积达2公顷。

柳新庄村

(Liuxinzhuang Cun)

名称来历 明万历四十八年（1620年），刘姓迁民在此地占产立庄，因建村较晚，故名柳新庄。后因村东北柳树茂盛，行人乘凉，夸其柳树，遂改名为柳新庄。

地理位置 地处九百户镇西北部，东至六百户，南至闵庄，西至迁安市马铺营，北至205国道。

主要指标 2011年末，辖区总人口1341人，总面积3.25平方千米，农民人均纯收入9109元。

大宋家峪村

(Dasongjiayu Cun)

名称来历 唐武德年间宋氏迁民在此山沟占产立庄，以姓氏和地势取名为大宋家峪。

地理位置 地处九百户镇西北部，东至王庄子，南至张庄，西至团山子，北至柳新庄。

主要指标 2011年末，辖区总人口871人，总面积2.2平方千米，农民人均纯收入9165元。

刘庄村

(Liuzhuang Cun)

名称来历 明嘉靖年间刘姓迁民迁至此地占产立庄，故名刘庄。

地理位置 地处九百户镇北部，东至郭各庄，南至北王庄子，西至闵庄，北至六百户。

主要指标 2011年末，辖区总人口1091人，总面积2.4平方千米，农民人均纯收入9162元。

闵庄村

（Minzhuang Cun）

名称来历 明嘉靖年间闵姓迁民至此占产立庄，以姓氏取村名为闵庄。

地理位置 地处九百户镇北部，东至刘庄，南至北王庄子，西至大宋家峪，北至柳新庄。

主要指标 2011年末，辖区总人口683人，总面积1.5平方千米，农民人均纯收入9232元。

北王庄子村

（Beiwangzhuangzi Cun）

名称来历 明洪武初期王姓迁民在此占产立庄，因位于九百户镇北部，故名北王庄子。

地理位置 地处九百户镇北部，东至郭各庄，南至黄山口，西至大宋家峪，北至闵庄。

主要指标 2011年末，辖区总人口931人，总面积1.95平方千米，农民人均纯收入9264元。

六百户村

（Liubaihu Cun）

名称来历 明嘉靖年间从山西洪洞县迁来6户人家在此占产立庄，故名六户村，后人口增多遂改名为六百户。

地理位置 地处九百户镇北部，东至杨柏线，南至郭各庄，西至柳新庄，北至迁安市红庙子。

主要指标 2011年末，辖区总人口810人，总面积1.1平方千米，农民人均纯收入9104元。

郭各庄村

（Guogezhuang Cun）

名称来历 明嘉靖年间一郭姓迁民自山西洪洞县迁至此地占产立庄，故名郭各庄。

地理位置 地处九百户镇北部，东至雷庄镇郝家院头，南至北王庄子，西至闵庄，北至迁安市沙河驿镇红庙子。

主要指标 2011年末，辖区总人口2250人，总面积3.7平方千米，农民人均纯收入9268元。

赵家沟村

（Zhaojiagou Cun）

名称来历 唐龙纪年间一名叫赵俭的迁民首先在此占产立庄，地处山沟，故名赵俭沟，赵死后，改名为赵家沟。

地理位置 地处九百户镇北部，东至高家峪，南至庆庄子，西至王店子镇干河草，北至102国道。

主要指标 2011年末，辖区总人口1318人，总面积1.8平方千米，农民人均纯收入9164元。

高家峪村

（Gaojiayu Cun）

名称来历 唐天复三年（903年）高姓迁民最先在此占产立庄，因地处山沟，故名高家峪。

地理位置 地处九百户镇北部，东至团山子，南至庆庄子，西至赵家沟，北至102国道。

主要指标 2011年末，辖区总人口692人，总面积1.82平方千米，农民人均纯收入9170元。

团山子村

（Tuanshanzi Cun）

名称来历 唐代建村，因村东有一小山名团山，故村名为团山子。

地理位置 地处九百户镇北部，东至大宋家峪，南至庆庄子，西至高家峪，北至102国道。

主要指标 2011年来，辖区总人口223人，总面积0.57平方千米，农民人均纯收入9160元。

庆庄子村

（Qingzhuangzi Cun）

名称来历 明万历年间建村，因原村在沟东老虎山脚下，故名为东庄，那时小孩不易存活，百姓疑心老虎吃小孩，清康熙四年，该村迁到沟西为使新庄吉庆，取村名庆兴庄，后称庆庄子。

地理位置 地处九百户镇北部，东至大宋家峪，南至张庄，西至大井峪，北至团山子。

主要指标 2011年末，辖区总人口700人，总面积1.44平方千米，农民人均纯收入9160元。

黄山口村

（Huangshankou Cun）

名称来历 明洪武元年（1368年），燕王扫北时，有黄姓人家自山西柳州大黄庄迁到此地占产立庄，因村北有山口，故名黄山口。

地理位置 地处九百户镇北部，东至郝庄，南至九百户，西至大宋家峪，北至北王庄子。

主要指标 2011年末，辖区总人口551人，总面积1.21平方千米，农民人均纯收入9124元。

郝庄村

（Haozhuang Cun）

名称来历 明嘉靖年间，郝姓人家自山西洪洞县迁此占产立庄，故名郝家庄，后称郝庄。

地理位置 地处九百户镇北部，东至小阚庄，南至九百户，西至黄山口，北至郭各庄。

主要指标 2011年末，辖区总人口1335人，总面积2.42平方千米，农民人均纯收入9232元。

小阚庄村

(Xiaokanzhuang Cun)

名称来历 北宋建隆年间有阚姓人家首先在此占产立庄，因沙河东有阚庄，该村比河东的阚庄小，故名小阚庄。

地理位置 地处九百户镇北部，东至雷庄镇大阚庄，南至九百户，西至郝庄，北至郭各庄。

主要指标 2011年末，辖区总人口891人，总面积1.89平方千米，农民人均纯收入8930元。

张庄村

(Zhangzhuang Cun)

名称来历 明洪武初期张姓人家自山西大柳树迁此占产立庄，故名张家庄子，后称张庄子。1982年地名标准化处理中，改名张庄。

地理位置 地处九百户镇中部，东至富家庄，南至宜安，西至大井峪，北至庆庄子。

主要指标 2011年末，辖区总人口521人，总面积0.88平方千米，农民人均纯收入9083元。

富家庄村

(Fujiazhuang Cun)

名称来历 清顺治年间吴姓人家由山东迁此占产立庄，故名吴庄子，1982年地名标准化处理后改为富家庄。

地理位置 地处九百户镇中部，东至安家楼，南至二百户营，西至宜安，北至九百户。

主要指标 2011年末辖区总人口712人，总面积1.64平方千米，农民人均纯收入9261元。

安家楼村

(Anjialou Cun)

名称来历 清顺治元年（1644年），状元李刚忠在此修建一城一楼，清雍正年间，因该地闹白莲教，城楼被毁，后有安姓人家在此占产立庄，故名安家楼。

地理位置 地处九百户镇北部，东至翟各庄，南至二百户营，西至富家庄，北至九百户。

主要指标 2011年末，辖区总人口567人，总面积1.44平方千米，农民人均纯收入9270元。

翟各庄村

(Zhaigezhuang Cun)

名称来历 清顺治年间，翟姓人家首先在此占产立庄，故名翟各庄。

地理位置 地处九百户镇北部，东至沙河，南至小河湾，西至安家楼，北至九百户。

主要指标 2011年末，辖区总人口1712人，总面积4.28平方千米，农民人均纯收入8879元。

南赵庄子村

(Nanzhaozhuangzi Cun)

名称来历 唐太宗李世民东征时有一赵姓在铁新庄村南占产立庄，故取名为赵家庄，后称赵庄子。1982年地名标准化处理时，更名为南赵庄子。

地理位置 地处九百户镇中部，东至小河湾，南至河南庄，西至樊庄子，北至二百户营。

主要指标 2011年末，辖区总人口670人，总面积1.38平方千米，农民人均纯收入9267元。

赵百户营村

(Zhaobaihuying Cun)

名称来历 明嘉靖年间，山东赵姓迁民在此地占产立庄，为扩大势力以姓氏取村名为赵百户营。

地理位置 地处九百户镇西部，东至小井峪，南至东矿区磨石板，西至东矿区麻烦坨，北至赵家沟。

主要指标 2011年来，辖区总人口1303人，总面积5.58平方千米，农民人均纯收入9100元。

大井峪村

(Dajingyu Cun)

名称来历 明崇祯十七年（1644年），焦、宋、范、赵四户由山东迁至此地占产立庄，取名为兰庄，后几家合挖一口井，但仍缺水，为改变缺水状况，以井为题借山谷地形，改村名为井峪，1961年部分村民迁出另建村庄，遂以两村大小区分为大小井峪，因该村较大故名大井峪。

地理位置 地处九百户镇西部，东至宜安，南至东矿区磨石板，西至小井峪，北至庆庄子。

主要指标 2011年末，辖区总人口1564人，总面积5.63平方千米，农民人均纯收入9098元。

小井峪村

(Xiaojingyu Cun)

名称来历 该村1961年由井峪村分出，因该村较小，称小井峪。

地理位置 地处九百户镇西部，东至大井峪，南至尖山，西至赵百户营，北至赵家沟。

主要指标 2011年末，辖区总人口671人，总面积1.84平方千米，农民人均纯收入9257元。

宜安村

(Yi'an Cun)

名称来历 唐武德年间建村，与铁心庄相邻，唐太宗李世民东征时剿了铁新庄但该村却未伤一人，平安无事，故得村名为宜安庄，后简称宜安。

地理位置 地处九百户镇西部，东至二百户营，南至李庄，西至大井峪，北至张庄。

主要指标 2011年末，辖区总人口2719人，总面积

6.27 平方千米，农民人均纯收入 9274 元。

二百户营村

(Erbaihuying Cun)

名称来历 该村原为铁新庄，唐太宗李世民征东时，剿灭该村，后有人在此重立新庄，为了该村兴旺，取村名为二百户营。

地理位置 地处九百户镇西部，东至杨柏线公路，南至樊庄子，西至宜安，北至安家楼。

主要指标 2011 年末，辖区总人口 601 人，总面积 0.93 平方千米，农民人均纯收入 9159 元。

樊庄子村

(Fanzhuangzi Cun)

名称来历 该村原为铁新庄，唐太宗李世民东征时剿灭此庄，后有樊姓迁此占产立庄，以姓氏取村名为樊庄子。

地理位置 地处九百户镇中部，东至杨柏线公路，南至南赵庄子，西至李庄，北至二百户营。

主要指标 2011 年末，辖区总人口 691 人，总面积 1.03 平方千米，农民人均纯收入 9137 元。

李庄村

(Lizhuang Cun)

名称来历 清顺治年间有李姓迁民来此占产立庄，故取村名为李家庄，后称李庄。

地理位置 地处九百户镇中部，东至南赵庄子，南至河南庄，西至大井峪，北至宜安。

主要指标 2011 年末，辖区总人口 1255 人，总面积 4.15 平方千米，农民人均纯收入 9147 元。

前河南庄村

(Qianhe'nanzhuang Cun)

名称来历 明永乐年间有刘、王、卢三姓迁民至此占产立庄，因庄北有一小河，故取名为河南庄，后称前河南庄。

地理位置 地处九百户镇南部，东至永兴庄，南至东矿区毛山，西至李庄，北至赵庄子。

主要指标 2011 年末，辖区总人口 504 人，总面积 0.96 平方千米，农民人均纯收入 9236 元。

永兴庄村

(Yongxingzhuang Cun)

名称来历 清顺治年间建村，起名永新庄，后为摆脱贫穷，永远兴旺，故改村名为永兴庄。

地理位置 地处九百户镇南部，东至大河湾，南至东矿区魏凤山，西至赵庄子，北至小河湾。

主要指标 2011 年末，辖区总人口 544 人，总面积 1.1 平方千米，农民人均纯收入 9051 元。

大河湾村

(Dahewan Cun)

名称来历 清顺治年间建村时有一小河从村中流过，因村址坐落在河湾处，且村较大，取名为大河湾庄，后称大河湾。

地理位置 地处九百户镇东部，东至河心庄，南至永兴村，西至小河湾，北至翟各庄。

主要指标 2011 年末，辖区总人口 1336 人，总面积 3.4 平方千米，农民人均纯收入 9257 元。

小河湾村

(Xiaohewan Cun)

名称来历 清顺治年间建村时有一小河从村中流过，因村址坐落在河湾处，且村较小，取名为小河湾庄，后称小河湾。

地理位置 地处九百户镇东部，东至大河湾，南至永兴庄，西至南赵庄子，北至翟各庄。

主要指标 2011 年末，辖区总人口 918 人，总面积 2.29 平方千米，农民人均纯收入 9252 元。

河新庄村

(Hexinzhuang Cun)

名称来历 明永乐元年（1403 年）迁民所建，因村址建在小河北岸，故取村名为北新庄，后因发大水冲走庄基，有人在河西岸又重新建庄，故改村名为河新庄。

地理位置 地处九百户镇东部，东至雷庄镇陈山头，南至 205 国道，西至大河湾，北至翟各庄。

主要指标 2011 年末，辖区总人口 447 人，总面积 0.78 平方千米，农民人均纯收入 9106 元。

九百户村

(Jiubaihu Cun)

名称来历 明洪武年间孙姓迁民在此占产立庄，故名孙家庄，以后随迁民增多，派来一名“千户侯”，该人为多吃俸禄，改村名为九百户。

地理位置 地处九百户镇中部，东至翟各庄，南至安家楼，西至富家庄，北至郝庄。

主要指标 2011 年末，辖区总人口 3544 人，总面积 8.1 平方千米，农民人均纯收入 8952 元。

（撰稿：商友林，初审：高建东）

王店子镇
(Wangdianzi Zhen)

典型农业大镇，有“滦县粮仓”之称。

政区概况

名称来历 因原乡人民政府驻地位于王店子村而得名。

地理位置 地处滦县西北，东与迁安市太平庄乡接壤，东南与九百户镇为邻，南、西与榛子镇毗连，北接杨柳庄镇。人民政府驻王店子村，电话区号0315，邮政编码063708，距滦县人民政府40千米。

政区沿革 1958年，设立高城子人民公社。1984年，撤销人民公社，设高城子乡，辖22个村民委员会。2002年，合并高城子乡、龙坨乡，设王店子镇，辖36个村民委员会。

政区划分 2011年末，辖龙坨、韩新庄子、孟店子、洼里、梅庄、梅新庄、鲁家庄、张家庄、高家庄、老新庄子、黄新庄子、莲花池、新立庄、东拨子、高城子、鲁新庄、后营、关庄子、疙瘩庄子、于庄子、刘庄子、沙子河、赵城子、王城子、邵城子、张城子、簸箕掌、福山寺、大高庄、小高庄、干河草、岗子、王店子、兴户、苏家庄、东石桥36个村民委员会。

人口面积 2011年末，辖区总人口2.7万人，其中城镇常住人口0.2万人，城镇化率7.4%。另有流动人口120人。总人口中，男性14033人，占51.89%；女性13012人，占48.11%；14岁以下5125人，占18.95%；15~64岁16803人，占62.13%；65岁以上5117人，占18.92%。总人口中，以汉族为主，达26195人，占96.86%；有满族850人，占3.14%。2011年，人口出生率6.04‰，人口死亡率7.12‰，人口自然增长率-1.08‰。

辖区东西最大距离10千米，南北最大距离10.9千米，总面积77.6平方千米。其中陆地面积72.22平方千米，占93.07%；水域面积5.38平方千米，占6.93%。人口密度为每平方千米348人。

自然条件

地形地貌 境内大部分为山前平原，地势略呈东高西低，北高南低，地面高程一般在海拔40米左右，境内最高点位于青龙山主峰娘娘顶，海拔439米，最低点位于龙坨，海拔36.6米。

水文 境内河道属陡河水系，管河源自大高庄村北大泉，由东而西，转向南，境内长8.2千米。

矿藏及其他自然资源 境内已探明地下矿藏主要有花岗岩，地质储量350万立方米，可采储量126万立方米，集中分布在东南部青龙山一带。地下水资源可利用量785.6万立方米。

自然灾害 主要有冰雹、旱涝、风灾、低温、霜冻、雷击等。雹灾平均5年3遇，最严重的一次发生在2009年8月16日，降雹时间约10分钟，受灾面积2.5万亩。风灾一年四季均有发生。

经济概况

农业 耕地面积4.9万亩，人均1.8亩。2011年，农业总产值5亿元，实现农业增加值1.7亿元，占国内生产总值的11%。

粮食作物以小麦、玉米为主。2011年，生产粮食2.5万吨，人均926千克，其中小麦0.3万吨，玉米2.2万吨。主要经济作物有蔬菜。2011年，蔬菜种植面积0.8万亩，产量2.8万吨，主要品种有菠菜、白菜、西红柿、萝卜、黄瓜等，其中菠菜681吨，白菜1万吨，西红柿2934吨，萝卜5063吨，黄瓜3862吨。

畜牧业以猪、羊、家禽为主。2011年，生猪饲养量2.6万头，年末存栏0.9万头；羊饲养量0.6万只，年末存栏0.4万只；牛饲养量0.67万只，年末存栏0.5万只；家禽饲养量31.92万羽。

工业 以烧结、球团、建筑材料为主。2011年，工业总产值9.1亿元，实现工业增加值8.8亿元，比上年增长16.8%，占国内生产总值的57.5%。2011年，工业企业32家，职工192人。

商业外贸 2011年末，商业网点92个，职工650人。2011年，社会消费品零售总额达2.8亿元，比上年增长17.5%；城乡集市贸易成交额2.5亿元。

财政金融 2011年，财政总收入1350.4万元，比上年增长38.3%。其中地方财政收入690.4万元，比上年增长50.1%。从主要税种看，完成营业税441万元，增值税579万元，企业所得税22.1万元。人均财政收入499.3元，比上年增长16%。2011年，银行和金融机构各类存款余额5000万元，比上年增长8%；各项贷款余额2000万元，比上年增长9%。

社会发展

文化艺术 2011年末，镇文化站1个，村级文化活动中心36个；各类图书室36个，藏书10余万册；音乐、美术、书法、摄影及文学业余爱好者400多人。

教育 2011年末，幼儿园5所，在园幼儿672人，专任教师29人；小学5所，在校生1724人，专任教师87人，小学适龄儿童入学率100%；初中1所，在校生615人，专任教师76人，初中适龄人口入学率、小升初升学率、九年义务教育覆盖率均达100%。2011年，财政预算内教育经费112万元，比上年增长12%。

科技 2011年末，农业技术推广服务站和成人教育学校，负责农业科技培训、推广。

医疗卫生 2011年末，医疗卫生机构1个，门诊部（所）42个；病床36张，每千人拥有医疗床位1.33张，固定资产总值1500万元。专业卫生人员86名，其中执业医师9人，执业助理医师13人，注册护士8人。2011年医疗机构（门诊部以上）完成诊疗8600人次。新型农村合作医疗参合率100%。

体育 2011年末，学校体育场地1处。94.4%的村安装了健身器材，经常参加体育活动的人员占常住人口的19%。

广播电视 2011年末，有线电视用户4000户，入户率14.8%。

社会保障 2011年城镇最低生活保障户数38户，人数59人，支出9.45万元，比上年增长13%，月人均133.5元，比上年增长7%；城市医疗救助35人次，民政部门资助参加合作医疗154人次，共支出18.2万元，比上年增长32%。农村最低生活保障户数489户，人数1051人，支出94.5万元，比上年增长28%，月人均74.9元，比上年增长29%。国家抚恤、补助各类优抚对象138人，抚恤事业费支出28万元，比上年增长14%。社会福利费24万元，比上年增长16%。敬老院1家，床位32张，农村五保供养30人。新型农村社会养老保险参保人数1.8万人，参保率98%。

基础设施

交通运输 102国道、京哈高速等公路干线及京山、京秦两条铁路线过境。有县乡级公路4条，总长40千米。

邮政电信 2011年末，电信企业1家，服务网点8个；电话交换机总容量2万门，固定电话用户0.8万户，电话用户普及率达到96%；移动电话用户1.5万户；宽带接入用户0.7万户。全年电信业务收入300万元。

镇区市政建设

道路 2011年末，镇区道路总长度94千米；道路铺装面积29万平方米。

公共交通 2011年末，镇区开通公共汽车线路4条，公共汽车站点10个，日发客运汽车16班次，日均客运量400余人次。

给排水 2011年末，镇区自来水厂1座，有深水井2眼及成套净化设备，年供水1.65万立方米，各村铺设自来水管道20万米。

园林绿化 2011年末，镇政府驻地花坛10个，绿化面积800公顷。

赵城子村

(Zhaochengzi Cun)

名称来历 因明崇祯年间，赵姓在此占产立庄，北有城山，故以姓氏和地势取村名赵家城子，后称为赵城子。

地理位置 地处王店子镇北部，东至王城子，南至高城子，西至沙子河，北至燕子峪。

主要指标 2011年末，辖区总人口967人，总面积0.12平方千米，农民人均纯收入8734元。

张家庄村

(Zhangjiazhuang Cun)

名称来历 相传张姓在明洪武四年（1371年）迁到此地占产立庄，故以姓氏取村名张家庄。抗日战争时期曾化名“正村”。

地理位置 地处王店子镇西南部，东至韩新庄子，南至龙坨，西至黄新庄子，北至鲁家庄。

主要指标 2011年末，辖区总人口1212人，总面积0.12平方千米，农民人均纯收入8893元。

张城子村

(Zhangchengzi Cun)

名称来历 清顺治年间，张姓首先在此占产立庄，因北有城山，故以姓氏和地势取名张家城子。

地理位置 地处王店子镇北部，东至簸箕掌，南至东石桥，西至王城子，北至赵城子。

主要指标 2011年末，辖区总人口454人，总面积0.03平方千米，农民人均纯收入8475元。

于庄子村

(Yuzhuangzi Cun)

名称来历 因该村建于明代，村址很早以前是一条河，河里鱼很多，河北有几户人家在此以打鱼为生，后建村庄，故取名鱼庄子，后演变为于庄子。抗日战争时期曾化名“平村”。

地理位置 地处王店子镇西北部，东至沙子河，南至鲁新庄，西至疙瘩庄子，北至刘庄子。

主要指标 2011年末，辖区总人口296人，总面积0.02平方千米，农民人均纯收入8851元。

兴户村

(Xinghu Cun)

名称来历 唐贞观年间，唐太宗李世民东征时，有王、陈、傅三姓随军来此占产立庄，因王姓人多，故取村名王家庄窠，后演变为庄窠。因此村名本县有两个，1980年经县政府批准，该村改名为兴户。

地理位置 地处王店子镇中部，东至王店子，南至韩新庄子，西至鲁新庄，北至苏家庄。

主要指标 2011年末，辖区总人口256人，总面积0.02平方千米，农民人均纯收入8084元。

新立庄村

(Xinlizhuang Cun)

名称来历 明永乐元年（1403年）迁民所建，相传有张、王两姓迁到此地占产立庄，故取村名新庄子，后改名为新立庄。抗日战争时期曾化名为“祝村”。

地理位置 地处王店子镇西南部，东至莲花池，南至黄家楼，西至小贺庄，北至黄新庄子。

主要指标 2011年末，辖区总人口112人，总面积0.03平方千米，农民人均纯收入8598元。

小高庄村

(Xiaogaozhuang Cun)

名称来历 明永乐年间，高姓由山西迁此占产立庄，取村名老高家庄，后因村东有大高庄，该村较小，1958 年改名为小高庄。

地理位置 地处王店子镇东北部，东至大高庄，南至岗子，西至苏家庄，北至东石桥。

主要指标 2011 年末，辖区总人口 726 人，总面积 0.08 平方千米，农民人均纯收入 8555 元。

王店子村

(Wangdianzi Cun)

名称来历 清顺治年间王姓首先在此占产立庄，以姓氏取村名为王家庄，后王姓人在村中路旁开店，生意兴隆，故改村名王店子。

地理位置 地处王店子镇中部，东至岗子，南至韩新庄子，西至兴户，北至小高庄。

主要指标 2011 年末，辖区总人口 315 人，总面积 0.06 平方千米，农民人均纯收入 8106 元。

王城子村

(Wangchengzi Cun)

名称来历 因清顺治年间，王姓首先在此占产立庄，因北有城山，故以姓氏和地势取名王家城子，简称王城子。抗日战争时期曾化名"和村"。

地理位置 地处王店子镇北部，东至邵城子，南至东石桥，西至高城子，北至赵城子。

主要指标 2011 年末，辖区总人口 440 人，总面积 0.03 平方千米，农民人均纯收入 8433 元。

洼里村

(Wali Cun)

名称来历 明崇祯十七年（1644 年）建村时，因地势四面高、中间洼，而村址处在洼地，故取村名洼里。抗日战争时期曾化名"田村"。

地理位置 地处王店子镇南部，东至青龙山林场，南至至梅新庄，西至梅庄，北至孟店子。

主要指标 2011 年末，辖区总人口 743 人，总面积 0.09 平方千米，农民人均纯收入 8365 元。

苏家庄村

(Sujiazhuang Cun)

名称来历 明永乐年间，有苏、张、陈三姓首先在此占产立庄，苏、张姓人多，取村名苏张庄，后苏姓人口增多，故改村名为苏家庄。

地理位置 地处王店子镇中部，东至王店子，南至兴户，西至鲁新庄，北至高城子。

主要指标 2011 年末，辖区总人口 791 人，总面积 0.18 平方千米，农民人均纯收入 8537 元。

邵城子村

(Shaochengzi Cun)

名称来历 清顺治年间，邵姓首先在此占产立庄，因北有城山，故以姓氏和地势取名邵家城子，简称邵城子。

地理位置 地处王店子镇东北部，东至福山寺，南至东石桥，西至王城子，北至张城子。

主要指标 2011 年末，辖区总人口 330 人，总面积 0.06 平方千米，农民人均纯收入 8397 元。

沙子河村

(Shazihe Cun)

名称来历 该村建于明代，过去村北龙山脚下有两个泉眼，常年流水，后有人在此占产立庄，取名为山水河庄，后由于河床改道，故村名随之改为沙子河。抗日战争时期曾化名"路村"。

地理位置 地处王店子镇北部，东至高城子，南至鲁新庄，西至关庄子，北至王庄子。

主要指标 2011 年末，辖区总人口 760 人，总面积 0.15 平方千米，农民人均纯收入 8397 元。

孟店子村

(Mengdianzi Cun)

名称来历 明崇祯十七年（1644 年）建村。相传有一孟姓迁民首先在此开店，称孟家店，后迁入人多，建立村庄，故取村名孟店子。抗日战争时期曾化名"会村"。

地理位置 地处王店子镇南部，东至大甲山，南至洼里，西至高家庄，北至韩新庄子。

主要指标 2011 年末，辖区总人口 1699 人，总面积 0.2 平方千米，农民人均纯收入 8397 元。

梅庄村

(Meizhuang Cun)

名称来历 清顺治年间建村。该村位于梅山沟口，故取村名梅庄。抗日战争时期曾化名"铁村"。

地理位置 地处王店子镇南部，东至洼里，南至梅新庄，西至榛子镇北小寨，北至孟店子。

主要指标 2011 年末，辖区总人口 1092 人，总面积 0.24 平方千米，农民人均纯收入 8988 元。

梅新庄村

(Meixinzhuang Cun)

名称来历 清光绪三十七年（1908 年）建村。因该村地处梅山沟口，村东北有梅庄，因建村晚，故取村名梅新庄，后称梅新庄。抗日战争时期曾化名"保村"。

地理位置 地处王店子镇南部，东至黑山，南至葛庄，西至前小寨，北至梅庄。

主要指标 2011 年末，辖区总人口 718 人，总面积 0.15 平方千米，农民人均纯收入 8354 元。

鲁新庄村

(Luxinzhuang Cun)

名称来历 清顺治初期鲁姓迁此占产立庄，因附近有一鲁姓村庄，故取名鲁家新庄，后称鲁新庄。

地理位置 地处王店子镇西北，东至东石桥，南至张家庄，西至夏官营村，北至后营。

主要指标 2011年末，辖区总人口1394人，总面积0.96平方千米，农民人均纯收入8673元。

鲁家庄村

(Lujiazhuang Cun)

名称来历 相传唐代有一鲁姓知府在此占产立庄，故取村名鲁家庄。抗日战争时期曾化名“进村”。

地理位置 地处王店子镇中部，东至苏家庄，南至张家庄，西至老新庄子，北至鲁新庄。

主要指标 2011年末，辖区总人口776人，总面积0.1平方千米，农民人均纯收入8492元。

龙坨村

(Longtuo Cun)

名称来历 唐武德九年（626年）建村，因该村建在一条形状似龙的沙坨上，故取村名龙坨庄，后称龙坨。抗日战争时期该村化名叫“古村”。

地理位置 地处王店子镇西南部，东至孟店子，南至高家庄，西至莲花池，北至张家庄。

主要指标 2011年末，辖区总人口812人，总面积0.09平方千米，农民人均纯收入8745元。

刘庄子村

(Liuzhuangzi Cun)

名称来历 明崇祯十七年（1644年）刘姓首先在此占产立庄，故以姓氏取村名刘家庄，后称刘庄子。

地理位置 地处王店子镇西北，东至东赵城子，南至于庄子，西至疙瘩庄子，北至王庄子。

主要指标 2011年末，辖区总人口502人，总面积0.06平方千米，农民人均纯收入8264元。

莲花池村

(Lianhuachi Cun)

名称来历 明崇祯末年建村。相传建村时，因村南有一莲花池，故取村名莲花池。抗日战争时期曾化名“秀村”。

地理位置 地处王店子镇西南部，东至高家庄，南至榛子镇黄家楼，西至新立庄，北至黄新庄子。

主要指标 2011年末，辖区总人口474人，总面积0.03平方千米，农民人均纯收入8264元。

老新庄子村

(Laoxinzhuangzi Cun)

名称来历 建村于唐龙纪年间，原名为新庄子，因人口增多，部分村民在附近另建村，故取村名老新庄，后称老新庄子。抗日战争时期曾化名叫“爱村”。

地理位置 地处王店子镇西部，东至鲁家庄，南至黄新庄子，西至榛子镇于家营，北至鲁新庄。

主要指标 2011年末，辖区总人口1099人，总面积0.2平方千米，农民人均纯收入8651元。

黄新庄子村

(Huangxinzhuangzi Cun)

名称来历 明洪武三年（1370年）黄姓人家由老新庄子迁到此地占产立庄，故以姓氏取村名黄新庄，后称黄新庄子。抗日战争时期该村曾化名叫“秋村”。

地理位置 地处王店子镇西南部，东至张家庄，南至莲花池，西至榛子镇于家营，北至老新庄子。

主要指标 2011年末，辖区总人口749人，总面积0.04平方千米，农民人均纯收入8651元。

后营村

(Houying Cun)

名称来历 该村建于北宋，原名田官营，明永乐年间因火灾将村址北移重建，故取名后营得名。

地理位置 地处王店子镇西北部，东至福山寺，南至鲁新庄，西至前下五岭，北至关庄子。

主要指标 2011年末，辖区总人口339人，总面积0.09平方千米，农民人均纯收入8636元。

韩新庄子村

(Hanxinzhuangzi Cun)

名称来历 明洪武初期韩姓由老新庄迁到此地占产立庄，故以姓氏取村名韩新庄得名，后称韩新庄子。抗日战争时期曾化名“良村”。

地理位置 地处王店子镇南部，东至大甲山，南至孟店子，西至张家庄，北至王店子。

主要指标 2011年末，辖区总人口2110人，总面积0.81平方千米，农民人均纯收入8636元。

关庄子村

(Guanzhuangzi Cun)

名称来历 该村建于西汉年间。以前，叫千家营，因有一年发生火灾后，遂将村址东移200米处重建村庄。当时此村关姓较多，故以姓氏取名关庄子。抗日战争时期曾化名为“旺村”。

地理位置 地处王店子镇西北部，东至疙瘩庄子，南至后营，西至大下五岭，北至高家庄。

主要指标 2011年末，辖区总人口299人，总面积

0.02 平方千米，农民人均纯收入 8510 元。

疙瘩庄子村

(Gedazhuangzi Cun)

名称来历 建村时一位老人脖子后面有一个大疙瘩，故取名疙瘩庄，后称疙瘩庄子。抗日战争时期曾化名为“福村”。

地理位置 地处王店子镇西北部，东至刘庄子，南至鲁家庄，西至关庄子，北至高家庄。

主要指标 2011 年末，辖区总人口 421 人，总面积 0.06 平方千米，农民人均纯收入 8510 元。

高家庄村

(Gaojiazhuang Cun)

名称来历 明崇祯十七年（1644 年）建村。因相传过去有高姓在此占产立庄，故以姓氏取村名南高家庄，简称高家庄。抗日战争时期曾化名“兰村”。

地理位置 地处王店子镇西南部，东至孟店子，南至麻湾坨，西至莲花池，北至龙坨。

主要指标 2011 年末，辖区总人口 777 人，总面积 0.14 平方千米，农民人均纯收入 8891 元。

高城子村

(Gaochengzi Cun)

名称来历 清康熙年间原有马、高两姓在此占产立庄，故取名马家城子，后因马姓迁走，以高姓居多，故改名高家城子，简称高城子。

地理位置 地处王店子镇北部，东至王城子，南至王店子，西至沙子河村，北至赵城子。

主要指标 2011 年末，辖区总人口 832 人，总面积 0.16 平方千米，农民人均纯收入 8222 元。

岗子村

(Gangzi Cun)

名称来历 清顺治年间建村，因村东有一大土岗子，故以地势取名岗子得名。

地理位置 地处王店子镇东部，东至干河草，南至韩新庄子，西至王店子，北至小高庄。

主要指标 2011 年末，辖区总人口 146 人，总面积 0.02 平方千米，农民人均纯收入 8450 元。

干河草村

(Ganhecao Cun)

名称来历 明代由山东迁民方、廖、陈三户首先占产立庄，因庄南一条河常年无水、长草，故取村名干河草。

地理位置 地处王店子镇东部，东至迁安市新店子，南至韩新庄子，西至王店子，北至大高庄。

主要指标 2011 年末，辖区总人口 1144 人，总面积 0.48 平方千米，农民人均纯收入 8311 元。

福山寺村

(Fushansi Cun)

名称来历 该村建于北宋建隆元年（960 年），因村东有一寺，故以此取名福山寺。

地理位置 地处王店子镇东北部，东至迁安市郭家营，南至大高庄，西至张城子，北靠管山。

主要指标 2011 年末，辖区总人口 1206 人，总面积 0.19 平方千米，农民人均纯收入 8803 元。

东石桥村

(Dongshiqiao Cun)

名称来历 清顺治初期，石、乔两姓首先在此占产立庄，以姓氏取村名为石乔庄，后因村西有一石桥庄，故改名东石桥庄，后称东石桥。

地理位置 地处王店子镇东北部，东至大高庄，南至王店子，西至鲁新庄，北至邵城子。

主要指标 2011 年末，辖区总人口 428 人，总面积 0.04 平方千米，农民人均纯收入 8803 元。

东拨子村

(Dongbozi Cun)

名称来历 明末建村。相传建村前此地为驿站，当地俗称拨子，建村后取村名拨子，因该村位于京城东边，故改称东拨子。

地理位置 地处王店子镇西南部，东至黄家楼，南至前小寨，西至 102 国道，北至新立庄。

主要指标 2011 年末，辖区总人口 218 人，总面积 0.02 平方千米，农民人均纯收入 8124 元。

大高庄村

(Dagaozhuang Cun)

名称来历 明永乐年间，高姓由山西迁此占产立庄，因村大，故取村名大高家庄，后称大高庄。抗日战争时期曾化名“安村”。

地理位置 地处王店子镇东北部，东至迁安市，南至干河草，西至东石桥，北至福山寺。

主要指标 2011 年末，辖区总人口 1554 人，总面积 0.23 平方千米，农民人均纯收入 8413 元。

簸箕掌村

(Bojizhang Cun)

名称来历 明代建村时因村址处在一个簸箕形状的地方，故取名簸箕庄，后称簸箕掌。抗日战争时期曾化名“杰村”。

地理位置 地处王店子镇东北部，东至福山寺，南至大高庄，西至张城子，北至城山。

主要指标 2011 年末，辖区总人口 850 人，总面积 0.18 平方千米，农民人均纯收入 8797 元。

（撰稿：吉福林，初审：高建东）

滦南县

(Luannan Xian)

全国奶业生产强县、粮食生产先进县、全国文化先进县、河北省新农村建设先进县，有民间文化艺术之乡、中国钢锹之乡的美誉。

政区概况

名称来历 因位于滦河冲积平原最南端而得名。

地理位置 位于东经118°07′30″~118°51′16″，北纬38°55′42″~39°39′57″。地处唐山市东南，东、东南与乐亭县相连，南临渤海，西南与唐海县交错接壤，西与丰南区为邻，西北与古冶区相接，北靠滦县，东北与昌黎县隔滦河相望。人民政府驻倴城镇南大街20号，电话区号0315，邮政编码063500，距唐山市人民政府44千米。

政区沿革 战国属燕国。秦属辽西郡。西汉，置海阳县，属辽西郡。魏、晋仍属辽西郡海阳县。北齐天保三年（552年），海阳县并入肥如县。隋开皇六年（586年），肥如县并入新昌县；十八年（598年），新昌更名为卢龙。唐开元二十八年（740年），析卢龙置马城县，属平州；治所在今滦南县东北部的马城村。辽天赞二年（923年），置滦州，马城县属之。金天会元年（1123年）夏六月，改马城为安城；二年（1124年）夏六月，安城复名马城。蒙古至元四年（1267年），马城县并入滦州。明代，属京师永平府滦州。清代，属直隶永平府滦州。1913年，降滦州为滦县。抗日战争时期，曾属昌滦乐联合县、迁滦卢联合县、丰滦昌乐办事处、丰滦联合县、滦县。

1946年5月，建滦南县，属冀东行署，辖9个区。1949年8月改属唐山专署。1950年7月，调整行政区划，由9个区调整为7个区。1953年5月，7个区下设1镇107乡。1954年7月，撤销滦南县，所属各区并入滦县。1956年7月，撤区并乡，为1镇37乡。1958年9月，改为成立7个人民公社；同年11月，撤销滦县，改建为唐山市滦州区（1959年6月恢复滦县称谓）、柏各庄区（原柏各庄农场），原滦南境内7个人民公社分别划归唐山市滦州区、柏各庄区、乐亭县。1961年5月，将7个人民公社调整为33个人民公社，原柏各庄区所辖8个人民公社、乐亭县所辖3个人民公社划归丰南县。1962年1月，属丰南县的11个人民公社增至12个人民公社。1963年1月，恢复滦南县建制，管辖原划归乐亭、滦县、丰南的34个人民公社，属唐山地区专员公署，县政府驻倴城。1968年1月，属唐山地区革命委员会。1978年，属唐山地区行政公署。1983年5月，唐山地区行政公署撤销，实行市管县体制，属唐山市。1984年5月，政社分设，改34个人民公社为1镇33乡；同年7月，5个乡改镇。1985年3月，1个乡改镇。1989年4月，撤并为7镇21乡。1993年4月，调整为13镇15乡。1994年9月，调整为18镇10乡。1996年1月，撤并为15个镇、13个管理区。2002年2月，调整为17个镇、1个街道。

政区划分 2011年末，辖友谊路1个街道，倴城、方各庄、宋道口、长凝、马城、胡各庄、坨里、姚王庄、司各庄、安各庄、扒齿港、程庄、青坨营、柏各庄、东黄坨、南堡、柳赞17个镇，共18个乡级政区；领导16个社区居民委员会，594个村民委员会。

人口面积 2011年末，辖区总人口58.18万人，其中城镇常住人口22.4万人，城镇化率38.5%。另有流动人口3.82万人。总人口中，男性29.51万人，占50.8%；女性28.67万人，占49.2%；14岁以下8.41万人，占14.5%；15~64岁43.1万人，占74.1%；65岁以上6.67万人，占11.4%。总人口中，以汉族为主，达56.46万人，占97.1%；有满、壮、布依等6个少数民族，共1.71万人，占2.9%；超过1000人的有满1个少数民族，共1.58万人，占少数民族人口的92%。2011年，人口出生率8.26‰，人口死亡率6.55‰，人口自然增长率1.71‰。

辖区东西最大距离66千米，南北最大距离80千米，总面积1537平方千米。其中陆地面积1095.9平方千米，占71.3%；水域面积441平方千米，占28.7%。人口密度为每平方千米146人。

自然条件

地形地貌 地处燕山山脉南麓滦河下游、渤海湾北岸、华北平原东部边缘。境内无山，地势平坦，呈北高南低，西高东低的趋势，由西北向东南平缓倾斜。最高处海拔37.4米，最低处海拔0.9米。

气候 属暖温带半湿润季风型大陆性气候，其特点是冬干，夏湿，降水集中，无霜期较长，季风显著，四季分明。多年平均气温11.4℃，1月平均气温-5.2℃，极端最低气温-22.2℃（2010年1月5日）；7月平均气温25.4℃，极端最高气温39.6℃（2002年7月14日）。最低月均气温-8℃（2000年1月），最高月均气温27.7℃。平均气温年较差30.8℃，最大日较差23.5℃（2009年4月6日）。生长期年平均260天，无霜期年平均193天，最长达230天，最短为167天。年平均日照时数2772.2小时。0℃以上持续期260天（一般为3月3日~11月23日）。年平均降水量580.7毫米，年平均降雨日数为70天，最多达95天（1985年），最少为54天（1994年）。极端年最大雨量797.8毫米（1987年），极端年最少雨量326.7毫米（2001年）。降雨集中在每年6月至8月，7月最多。

水文 境内河道属海河流域，共有8条天然河道，即滦河、沂河、小青河、北河、牤牛河、小青龙河、双龙河、岳家河，以及人工开挖的第一、第二泄洪道，流域面积812.7平方千米，河道总长249千米，河网密度200米/平方千米，径流总量1.3亿立方米。年排涝量1.5亿立方米，年最大排涝量1.7亿立方米。境内最大的河流为滦河，从北向南流经境内，长15千米，流域面积52.9平方千米。

矿藏及其他自然资源 境内已探明地下矿藏有铁、石油、地热、地下水、建筑用砂等。铁矿资源已探明储量20亿吨，远景储量50亿吨。其中，马城铁矿储量10.4亿吨，深部储量5亿吨左右，矿石平均品位35%，年产铁矿石1000万吨，年产铁精矿400万吨。

地热资源主要分布于滦南县南部，面积71平方千米，深度1200米左右，温度30℃~60℃。

滦南县位于平原地区，含水层较厚，除沿海咸水区外，中北部地下淡水丰富，每天的液体流量为5万立方米，水质已达到饮用水国家标准。

滦南县已知建筑用砂产地有3处。

自然灾害 主要自然灾害有雷暴、暴雨、冰雹、大风、高温、地震等。暴雨灾害年均发生2次，主要发生在7月至8月，最严重的一次发生在2011年7月29日，受灾人口11.1万人，受灾面积120平方千米，成灾面积35.28平方千米，绝收面积10.58平方千米；冲毁鱼池43个，共53.33平方千米。损坏大棚2200个，倒伏、折断树木3万棵，损坏电杆25根，低压线1000米，损坏房屋96间，其中倒塌房屋33户51间；紧急转移安置人口56人，直接经济损失8768万元。最严重的一次地震发生在1976年7月28日，唐山、丰南连续发生两次地震，分别为7.8级和7.1级，波及滦南县34个人民公社，594个大队，滦南境内烈度8度，震源深度8千米，使人民生命财产遭受严重损失，全县共死伤4万人，其中死亡4313人，重伤8297人，轻伤2.8万人；85%的民房倒塌，国家粮库损失粮食4050吨，据不完全统计，集体损失粮食3020吨；农田水利基本建设遭到严重破坏，滦河堤防损坏10千米，滦柏干渠堤防损坏30千米，6723眼机井报废，排灌建筑物损坏750多处，达到70%以上；喷沙覆盖农田2万公顷，被淹农田1.9万公顷，占总面积的60%；破坏公路59千米，公路桥梁损坏45座，占44%。

经济概况

农业 耕地面积108.9万亩，人均2亩。是国家级商品粮重要基地。农业总产值从1949年的0.98亿元，增加到1978年的2.16亿元，2011年达到109.2亿元，比上年增长17.3%，实现农业增加值67.3亿元，占国内生产总值的24.3%。

粮食作物以玉米、小麦、水稻为主。2011年，生产粮食44.9万吨，人均772千克，其中水稻12.1万吨，小麦9.7万吨，玉米21.5万吨。主要经济作物有棉花、花生等。2011年，棉花种植面积1.5万亩，产量1008吨，可向社会提供1008吨商品棉；花生种植面积22.2万亩，产量5.9万吨；蔬菜种植面积42.4万亩，产量191.1万吨，主要品种有西红柿、甘蓝、尖椒、芹菜、黄瓜、大白菜。

畜牧业以生猪、奶牛、蛋鸡、肉鸡为主。2011年，生猪饲养量173.4万头，年末存栏70万头；羊饲养量12.5万只，年末存栏7.2万只；牛饲养量19.2万头，年末存栏14.4万头；家禽饲养量1498.6万羽，上市家禽1020万羽；2011年，生产肉类11.9万吨，其中猪肉8.8万吨，牛肉8000吨，禽肉2.2万吨；禽蛋3.4万吨，鲜奶50.6万吨。畜牧业总产值45.1亿元，占农业总产值的41.3%。

截至2011年末，累计造林29.3万亩，其中防护林23.9万亩，经济林3.1万亩，农民住宅四旁树木541.3万株，林木覆盖率25.6%，活立木蓄积量83万立方米。2011年，果树种植面积10万亩，产量13.1万吨，主要品种有苹果、梨、桃、葡萄、西瓜、大樱桃，其中苹果3.1万吨，梨2.2万吨，桃5.4万吨，葡萄2.3万吨。

渔业主要以海洋捕捞、海水养殖（海水池塘养殖、滩涂贝类养殖和海水工厂化养殖）和淡水养殖为主（海洋捕捞和海水养殖主要分布在柳赞、南堡和柏各庄3个沿海镇）。可用于水产养殖的海域面积65.6平方千米、滩涂29.3平方千米，淡水水面16.6平方千米。

2011年，人工海水养殖贝类2911.5公顷，产量2.1万吨；淡水养殖面积1654.6公顷，产量2.4万吨。拥有各类捕捞渔船1018艘，捕捞水产品5.9万吨；水产品总产量11万吨；渔业总产值12.4亿元，占农业总产值的11.4%。

2011年，拥有大型农业机械1778台（辆）；无公害农产品有甘蓝、尖椒、草莓、西瓜等20种，绿色环保农产品有黄瓜、番茄、苦苣、生菜4种；农民人均纯收入7109元。

工业 是全国最大医疗级PVC手套生产基地，初步形成了以钢铁、造纸、食品、化工、建材、电力为支柱产业的工业体系，重点规划了钢锹、纺织、PVC手套等特色产业集群。2011年，工业总产值314.6亿元，比上年减少11.2%，实现工业增加值91.5亿元，占国内生产总值的33%。

2011年，规模以上工业企业46家，职工2.1万人，实现工业增加值56.7亿元，比上年增长14.2%。其中大型工业企业2家（唐山中红普林集团有限公司和滦南县兴钢钢铁有限公司），职工7337人，实现工业增加值28.3亿元，比上年增长7.6%。销售收入达到亿元以上的企业16家，其中50亿元以上的1家，10亿元以上的5家；河北永新纸业有限公司被列入省级民营企业100强；国家第一批发展循环经济试点产业园区1个，为曹妃甸工业区；省级经济开发区1个，为河北滦南（嘴东）经济开发区；省级工业园区1个，为滦南县城西工业区。

曹妃甸工业区，2003年3月正式开始建设，2005年7月河北省批准成立，同年10月被列为国家第一批发展循环经济试点产业园区，以钢铁、石油化工、港口物流、装备制造为主导产业，目前已实施产业项目100多个，建成使用泊位22个，累计完成投资3000多亿元。

商业外贸 2011年末，商业网点716个，职工1.6万人；城乡集贸市场79个。2011年，社会消费品零售总额达99.1亿元，比上年增长17%；城乡集市贸易成交额20亿元，比上年增长5%。

2011年，出口总额3.3亿美元，比上年增长53.8%，主要产品有钢材、PVC手套、钢锹等近20类500多个产品，销往60多个国家和地区。按贸易方式划分，一般贸易出口2.1亿美元，加工贸易出口1.2亿美元。

财政金融 2011年，财政总收入12.5亿元，比上年增长19.2%。其中地方财政收入7.9亿元，比上年增长27.8%。从主要税种看，完成营业税2亿元，增值税3.8亿元，企业所得税1.3亿元，个人所得税4300万元，分别比上年增长97.7%、-5.2%、56.4%、9.9%。人均财政收入2151元，比上年增长19.2%。

2011年，金融产业实现增加值7100万元，比上年增长

64.7%。年末有中国建设银行、中国农业银行等9家银行和金融机构开设了分行或设立了办事处；各类存款余额129.8亿元，比上年增长18.2%，其中居民储蓄101.1亿元，人均储蓄17385元；各项贷款余额48.7亿元，比上年增长25.6%。证券公司营业部1家，基金交易额644万元。保险业实现保费收入3.9亿元，比上年增长27.1%；其中财产险保费收入1.6亿元，比上年增长50.5%；人身险保费收入2.4亿元，比上年增长15.5%。

社会发展

文化艺术 2011年末，文化艺术团体58个，会员615个，其中团体会员15个，个人会员600个，创作完成的文化艺术作品有评剧《曹妃甸传奇》《凤凰坨》《时刻把人民群众装在心中》《三进门》《舍不得你走》及乐亭大鼓《一卡通》《唱唱我们的好检察》《舍身救险》《赞歌唱给曹妃甸》《夫妻争权》等；剧院（场）1座，座位944个，每万人拥有16个，年演出28场次，观众达2万人次；电影公司1个，电影放映单位2个，电影院1座，座位944个，每万人拥有16个，年放映7400余场次，观众达220万人次；文化馆（站）1个，建筑面积2500平方米；公共图书馆（室）1个，建筑面积2100平方米，藏书10万册；博物馆1个，建筑面积600平方米；文化行业从业人员1400人，占全县社会从业人员的0.3%，其中事业单位从业人员304人；主要文化艺术团体有成兆才评剧团、滦南县皮影团、滦南县戏剧票友协会等，其中成兆才评剧团于曾赴法国巴黎参加第三届中国戏曲节，演出古装评剧《曹妃甸传奇》，荣获最佳创意奖，先后赴省进京、巡回全省11市演出现代评剧《三进门》；滦南县皮影团曾赴葡萄牙、法国演出《刘瑞莲救驾》和《火焰山》，受到好评。地方特色民间艺术有评剧、皮影、乐亭大鼓、大秧歌、旱船、民间剪纸等，其中评剧、皮影、乐亭大鼓被誉为“冀东文艺三枝花”，成功举办秧歌进城展演29届、彩色周末消夏系列活动16届、合唱节8届等，被评为全国文化先进县、中国民间文化艺术——评剧之乡和乐亭大鼓之乡，河北省民间文化艺术——评剧、曲艺（乐亭大鼓）、皮影、秧歌之乡，河北省农村电影放映“两个一”达标先进县；靳派乐亭大鼓第三代传人何建春被确定为首批国家级非物质文化遗产项目代表性传承人，民间艺人贾祥民被确定为首批河北省民族民间文化传承人（唐山皮影唱大（花脸）、司鼓的民间艺人），乐亭大鼓琴师、著名乐亭大鼓词曲作家贾昌福被确定为河北省第二批非物质文化遗产项目代表性传承人；花会精品《对旱船》获河北省首届民间艺术节金奖、“燕赵群星奖”、舞蹈大赛二等奖；大型评剧《冤家·亲家》《大棚缘》《哑女》《柳树湾的村官》《曹妃甸传奇》《凤凰坨》《三进门》连续7届荣获中国评剧艺术节优秀演出奖，评剧小品《真爱》获河北省第八届“燕赵群星奖”戏剧类创作奖；乐亭大鼓《碧海丹心》荣获全国第七届群星奖金奖，乐亭大鼓《小轿车进了校园》荣获河北省少儿曲艺选拔赛一等奖、“天桥杯”京津冀少年曲艺邀请赛一等奖及全国少儿曲艺大赛三等奖，乐亭大鼓《三角地》荣获河北省国土资源系统文艺汇演金奖；国画作品《花鸟》获“和谐之春”全国书法、美术、摄影大赛优秀奖，唢呐独奏《一枝花》获河北省戏曲百花奖二等奖。

教育 2011年末，幼儿园119所，在园幼儿11361人，专任教师559人；小学112所，在校生34919人，专任教师2446人，小学适龄儿童入学率100%；初中22所，在校生16944人，专任教师1613人，初中适龄人口入学率、小升初升学率、九年义务教育覆盖率均达100%；特殊教育学校1所，学生78人，专任教师25人；普通高中6所，在校生13884人，专任教师1591人；中等职业学校1所，在校生3152人，专任教师322人；民办学校1所，民办幼儿园县城内3所、农村6所。主要学校有：滦南县第一中学、滦南县第二高级中学、滦南县职业教育中心。滦南县第一中学是河北省重点中学，学校坐落在县城北元代古城遗址内，三面依古城，北傍通津河，与北河公园隔道相望；学校创建于1949年，占地200亩，有63个教学班，学生3800多名，教职工328名，其中特级教师3名，高级教师75名，一级教师93名；学校先后被评为“唐山市文明学校”“唐山市优秀管理学校”“唐山市高中工作先进学校”“河北省首批教育科研先导型实验学校”“河北省校园文化建设先进学校”“河北省示范性普通高中”等；恢复高考制度以来，先后有1000多名学生分别进入清华大学、北京大学等名牌大学深造。

2011年教育经费达5.65亿元，国家财政性教育经费5.13亿元，财政预算内教育经费4.79亿元，预算内教育事业费4.4亿元，分别比上年增加9.9%、8.6%、6.1%、34%。预算内教育经费（包括城市教育费附加）占财政总支出的比例为25.3%，比上年下降了7.9个百分点。

科技 2011年末，独立科研与技术开发机构4个，工程技术研究中心1家，在油田化工、农机制造、钢锹生产、水产养殖、生猪养殖等方面的研究居全国领先地位，是中国钢锹行业发源地。主要科研机构有唐山市水产品良种繁育研发中心、唐山市现代农业机械研发中心、唐山市海产品加工产业研发中心、唐山市工程技术研究中心。

医疗卫生 2011年末，各级各类医疗卫生机构27个，其中二级甲等医院3所（综合医院2所，中医院1所），疾病预防控制中心1个，卫生院18所；病床1501张，其中公立卫生机构床位926张，每千人拥有医疗床位2.5张，固定资产总值4.1亿元。专业卫生人员1576人，其中执业医师605人，执业助理医师159人，注册护士631人，平均每千人拥有卫生技术人员2.7人，平均每千人拥有执业（助理）医师1.3人，平均每千人拥有注册护士1.1人。2011年医疗机构（门诊部以上）完成诊疗121.9万人次，住院手术1.6万台次，出院病人6.8万人次。重点医院有滦南县医院、滦南县中医院、唐山京东医院。其中滦南县医院是一所集医疗、保健、急救、康复、科研、教学为一体的大型综合医院，拥有职工526名，设临床、医技、行政职能科室38个，目前开放床位303张；是滦南县首家国家级二级甲等医院，国家级爱婴医院，省级和谐医院，唐山市诚信医院，唐山市医疗保险、新型农村合作医疗、城镇居民医疗保险定点医院，唐山市工伤保险、保险体检指定医院；连续多年被评为市级文明医院，物价、药品质量信得过单位；编制床位498张；全院专业技术人员415名，其中高级职称

47 人，中级职称 210 人，能够开展胸、腹、神经、泌尿、骨及软组织、眼、五宫、妇产科等多种手术，对各种脑血管病、内分泌、血液系统、各种中毒性疾病、心血管、呼吸系统、消化系统及各种发热性疾病具有较高的诊治水平。

2011 年法定报告传染病发病率 268.7/10 万，农村安全饮用水普及率 100%，农村卫生厕所普及率 45.1%，新型农村合作医疗参合人数 47.1 万人，参合率 97.1%；居民人口平均期望寿命 76.4 岁，其中男性 73.3 岁，女性 79.7 岁；孕产妇死亡率 0/10 万，5 岁以下儿童死亡率、婴儿死亡率、新生儿死亡率分别为 3.32‰、2.44‰、1.77‰。

体育 2011 年末，体育场地 3 处，游泳馆 1 个，游泳池 1 个，标准的 400 米跑道田径场 6 个（一中、英才两校铺设地胶），篮球场 444 个，羽毛球场 12 个，门球场 27 个，乒乓球场 524 个。国家级青少年体育俱乐部 1 个，体育总会 1 个，体育运动协会 20 个，各级社会体育指导员 417 人，其中国家级 1 人，一级 20 人，二级 111 人，三级 285 人。每年定期举办的体育活动有"迎新春"中国象棋邀请赛、"两节"期间健身秧歌进城展演、春季中小学生田径运动会、迎"五一"太极拳（剑）展演、庆祝全民健身日系列健身项目展演活动、干部职工乒乓球赛、男子篮球赛、"三八"妇女节门球赛、"教师节"门球赛等，有 5 所中小学被评为省、市级体育传统项目学校。100% 的城市社区和 86.7% 的村安装了健身器材，经常参加体育活动的人员占常住人口的 68%。

本地体育健儿累计取得亚运会金牌 1 枚，全运会银牌 1 枚、铜牌 3 枚。

广播电视 1965 年开通滦南县有线广播站，到乡镇 560 杆千米，乡镇到村 1000 杆千米，村以下 300 杆千米；1987 年 5 月开通滦南调频广播电视台。1988 年 12 月开通调频台，使用调频 98.8 兆赫，覆盖半径 20 千米。

1987 年 5 月建滦南电视台，发射（转播）塔高 50 米，覆盖半径 20 千米；1993 年 3 月开通滦南县有线电视。2011 年末，滦南县电视台开通影视频道，另有中央、省级等 60 个电视频道在本地落户，有线电视用户 5 万户。其中数字电视用户 4 万户，电视综合覆盖率 100%。全年公共电视节目播出时间 6000 小时。

新闻出版 2011 年末，出版物发行机构（网点）18 个，从业人员 37 人；各类印刷复制企业 60 家，其中包装装潢印刷企业 16 家，从业人员共 500 人；复制单位 44 家，从业人员共 300 人。出版物发行机构（网点）销售收入 200 万元。新华书店系统销售 1500 万元，全行业完成增加值 3700 万元，占国内生产总值的 1.3%，实现利税 200 万元。

社会保障 2011 年，城镇最低生活保障户数 1603 户，人数 2702 人，支出 791.4 万元，比上年减少 33%；月人均 244 元，比上年减少 36.3%；城市医疗救助 43 人次，民政部门资助参加合作医疗 1223 人次，共支出 60.8 万元，比上年减少 40%；城市生活无着人员救助 65 人次，支出 8.8 万元，比上年增长 5%。

农村最低生活保障户数 12637 户，人数 20051 人，支出 2241.2 万元，比上年增长 65.8%，月人均 93 元，比上年增长 22.6%；农村五保集中供养 1821 人，支出 655.5 万元，比上年增长 32%；农村五保分散供养 1065 人，支出 362.1 万元，比上年增长 16.6%；农村医疗救助 1114 人次，民政部门资助参加合作医疗 27084 人次，共支出 597.7 万元，比上年增长 16.1%；农村临时救济 452 人次，支出 64.2 万元，比上年增长 14.5%。

自然灾害受灾人口 22.7 万人，紧急转移安置 58 人，农作物受灾面积 32.1 万亩，倒塌房屋 56 间，直接经济损失 1.2 亿元，救灾支出 271 万元，比上年增长 3.9%。

国家抚恤、补助各类优抚对象 7371 人，安置义务兵、士官等 54 人，接受军队离退休干部 2 人，军休所 1 个，抚恤事业费支出 2910 万元，比上年增长 12%。

社会福利费 619.8 万元，比上年增长 39.8%；社会服务单位 7 个，床位 2371 张，其中收养机构床位 2290 张，生活无着人员救助床位 81 张，收养 2150 人。

社区服务设施 167 个，其中社区服务中心 7 个，社区服务站 160 个，社区日间照料床位数 3457 张。

经常性社会救助工作站、点和慈善超市 1 个，全年接受社会捐款 110.6 万元，使 1073 人（次）困难群众受益；福利企业 7 个，安置残疾职工 154 人，福利企业产值 11998 万元。

新增就业人员 6615 人，有 2829 名下岗失业人员实现了再就业，就业困难人员再就业 731 人。年末城镇登记失业人数 1098 人，城镇登记失业率为 3.5%，零就业家庭保持动态为零，组织 12 名高校毕业生到农村基层从事"三支一扶"的工作。

五项社会保险（不含新型农村社会养老保险）基金收入合计 4.8 亿元，比上年增长 8%；基金支出合计 4.1 亿元，比上年增长 8.3%。年末参加城镇基本养老保险 6.4 万人，比上年末增加 3906 人，其中参保职工 5.1 万人，参保离退休人员 1.3 万人，分别比上年末增加 2845 人和 1061 人。参加企业基本养老保险 4.6 万人，比上年末增加 3736 人。参加城镇基本医疗保险 6 万人，比上年末增加 4304 人，其中参加城镇职工基本医疗保险 4.3 万人，比上年末增加 4021 人，参加城镇居民基本医疗保险 1.6 万人，比上年末增加 283 人。参加失业保险 2.6 万人，比上年末减少 134 人，年末领取失业保险金 1352 人，比上年末减少 814 人。参加工伤保险 3.4 万人，比上年末增加 1510 人，其中参加工伤保险的农民工 1 万人，比上年末增加 686 人，全年认定（视同）工伤 440 人，比上年增加 24 人，全年评定伤残等级 900 人，比上年减少 692 人，全年享受工伤保险待遇 524 人，比上年增加 214 人。

城镇私营单位就业人员年平均工资 2.5 万元，比上年增加 1250 元。年末规模以上企业劳动合同签订率达到 97%。各级劳动人事争议调解组织和仲裁机构共受理劳动人事争议案件 159 件，结案 159 件，其中通过调节方式结案 52 件，占 32.7%；仲裁机构立案受理劳动人事争议 107 件，结案率 100%。调节组织受理（含仲裁机构案外调解）55 件，结案率 96.4%。各级仲裁机构立案受理劳动争议 107 件，比上年增长 3%，涉及劳动者 196 人，比上年增长 12%，其中集体劳动争议 4 件，涉及劳动者 82 人，当期共审结劳动争议案件 107 件，比上年增长 3%。

环境保护 2011 年本级财政用于环境保护的资金 4000 万元，占财政支出的 2.0%；空气质量一级天数 24 天，二级天数306天，三级天数30天，四级天数3天，五级天数2天，达到二级和好于二级的天数占全年天数的90.4%；空气中二氧化硫、二氧化氮年均浓度值分别为0.048毫克/立方米、0.03毫克/立方米，达到国家二级标准；可吸入颗粒物年均浓度值为0.091毫克/立方米，达到国家二级标准。污水治理工程2项，污水处理厂1座，日污水处理能力达到1.8万吨，污水处理率达到87%，生活垃圾无害化处理率达到100%；城镇人均公园绿地面积11.7平方米，城镇绿化覆盖率达到42.1%。

基础设施

交通运输 已形成由铁路、公路、水路3种运输方式构成的交通运输网络，2011年客运总量369万人次，货运总量3493万吨。

唐港铁路迁曹线、京唐港线过境，其中迁曹线境内长58.9千米，通往曹妃甸港口；京唐港线境内长18千米，通往京唐港口。两线均为国家Ⅰ级双线电气化铁路，设滦南、柏庄2个站。

唐港、沿海、唐曹三条高速公路过境，其中唐港高速境内长30.2千米，双向4车道，有青坨营、滦南2个出口，通往唐山、京唐港、乐亭；沿海高速古柳线境内长20.4千米，双向4车道。滦南连接线、平青乐线、迁曹线、唐港线、沿海高速古柳连接线、沿海高速西曾连接线省道过境，其中滦南连接线省道境内长4.5千米，双向4车道；平青乐线省道境内长14.9千米，双向4车道；迁曹线省道境内长19.5千米，双向4车道；唐港线省道境内长35.3千米，双向2车道；沿海高速古柳连接线省道境内长1.2千米，双向4车道。二级公路长19.2千米，双向2车道。沿海高速西曾连接线省道境内长4.3千米，双向2车道。以上通往唐港高速收费口、乐亭、曹妃甸、沿海高速收费口、柏各庄。全县公路通车总里程1477千米，其中唐港、沿海、唐曹三条高速公路共60.1千米从境内通过；沿海公路、平青乐线、迁曹线、唐港线等省干线共173.6千米从境内通过；有县乡（镇）级公路113条，总长922.9千米。其中长大线、西曾线、杨柏线、古柳线等县级公路长146.2千米，乡级公路长776.7千米，村级公路长320.3千米。滦南汽车站日均发送246辆客车，日客运量5120人次。2011年运输企业拥有货运汽车5156辆，7万吨位；客运汽车114辆，3246座位；货运量3493万吨，货运周转量783520万吨·千米，客运量369万人次，客运周转量14224万人·千米。

曹妃甸填海造地已形成陆域面积210平方千米，实施了迁曹铁路、唐曹高速、跨海大桥、供电供水工程、园区路网等一批重大基础设施建设工程。

2005年25万吨级矿石码头开港通航，矿石码头二期、煤炭码头、原油码头、散杂货码头等22个泊位相继投入使用，2011年完成吞吐量1.7亿吨。

邮政电信 2011年末，邮政网点11个，投递路线单程总长度2580千米，投递点3917个，乡村通邮率100%；全年投递国内函件7.6万件，国内汇票业务完成5.1万笔，国内异地特快专递信件完成7.8万件，征订报纸770万份、期刊31万册，业务收入2300万元。

电信企业3家，服务网点31个；电话交换机总量12.5万门，固定电话用户5.22万户，比上年增加1500户，电话用户普及率达到8.9%，比上年提高4.7百分点；移动电话用户39.6万户，比上年增加3.4万户，移动电话普及率为86.5%，比上年提高47.1百分点；光缆线路总长达2717千米，主干电缆达38942对千米，互联网端口总数6.8万个，其中已占端口总数3万个，宽带接入用户3.4万户，比上年增加7000户。全年电信业务收入2016万元。

能源 发电企业1家，2011年发电6.1亿度。其中110千伏高压输电线路2条，总长度4.6千米，用电负荷1.3万千瓦。年售电量累计完成5.4亿千瓦时，综合电压合格率100%，供电可靠率100%。

石油油田分布在柏各庄、柳赞、南堡3个镇，由中国石油天然气股份有限公司冀东油田分公司开采。

名胜旅游

旅游业概况 境内风景区有北河水城风景区等；有省级文物保护单位6处，市级文物保护单位1处。省级爱国主义教育基地1处。国内旅行社2家。

主要风景区 北河水城风景区 位于滦南县城北部，景区面积10平方千米，有水上游览观光、滨水生态休闲、文化创意产业、历史遗迹开发、休闲娱乐购物、旅游服务接待6项，主要特点：城在水中、水在城中，碧水环绕、绿树掩映；主要景点有北河公园、三亭苑、惠民广场、古城广场、三娥苑、古城遗址公园、夷齐岛等。

重点名胜古迹 偏城古城 唐山市文物保护单位。位于县城文化路北端，滦南县第一中学操场四周。当年的存粮洞等建筑仍在。1978年曾于遗址处发现一块清乾隆三十六年（1771年）所立《共遵明谕》古碑，是当时保护古城的告示牌。据此可知，偏城古城为元代大将那颜侏盏所建。但据考证，古城遗址周围存在大量的汉代陶片，曾出土战国时燕国的刀币、汉代绳纹陶片、汉代铜簇、汉瓦碎片。

风景点 潘家戴庄惨案纪念馆 位于县城西北部。1942年12月5日，日本侵略者残杀村民1280人，制造了骇人听闻的“千人坑”大惨案。该馆在“千人坑”遗址上修建，为“河北省爱国主义教育示范基地”和省级文物保护单位。

评剧博物馆 位于偏城镇中大街7号，展厅面积600平方米，有文字、图片和文物遗物等，适合梨园特别是评剧界拜祖寻根。

古城广场 位于县城北部，元代古城墙之北。因元朝大将那颜侏盏在此屯粮驻军得名，现遗址保存完好。古城广场有抽象蒙古包、那颜侏盏雕像、草平台、喷泉、蒙元史略图等。

蒙牛乳业（滦南）有限责任公司 位于县城南部，是全国工业旅游示范点，有展示牛奶生产工序流程的参观走廊，且参观、生产互不打扰。

风土人情 冀东文艺“三枝花”（评剧、皮影、乐亭大鼓）的发祥地 诞生了评剧创始人成兆才、“皮影大王”张绳武、靳派乐亭大鼓创立者靳文然等大师级艺术家。

蚕沙口庙会 蚕沙口系沿海村庄。“天妃宫”始建于元代，历经明、清、民国三次扩建修葺，毁于20世纪60年代末。1992年村民集资复建天妃宫。2009年院落向南扩建15米，再次修葺天妃宫。天妃宫供奉的是天妃娘娘，亦称妈祖，是旧时渔民崇拜的神祇。据说农历三月二十三是妈祖的生日，这天定为蚕沙口庙会，到了这天人山人海，商贾云集，相聚于此，家家接闺女，叫女婿，全家团聚，吃顿好饭。

土特产品 境内土特产品主要有三米（大米、海米、花生米）、钢锹（园艺工具）、即食海产品、大樱桃。

三米 大米集中产于柏各庄、杨岭、胡各庄等地，有60多年的种植历史，柏各庄大米以颗粒匀净，富有黏性，糯软香喷闻名；海米产于南部沿海的南堡一带，有400多年的生产历史，“滦南海米”味微咸，鲜美可口，多含蛋白质及维生素；花生米产于中西部、北部，以个大、果白、皮薄、籽粒饱满、富有光泽而著称，在国际市场有“东路花生”之称。

钢锹 宋道口镇是“中国钢锹之乡”，钢锹产业有20多年的发展史，产品销往56个国家和地区，其中小巧精美的园艺工具备受客户青睐。

即食海产品 主要有即食虾仁、即食杂色蛤、即食虾蛄肉等，唐山方舟实业有限公司海洋食品厂的软烤虾蛄肉是以优选活体虾蛄为原料的海产品。

大樱桃 具有个大、着色好、甜度高、营养丰富、无污染等特点。“满唐红”大樱桃更具观赏性，曾在2010年中国特色农产品博览会上荣获金奖。

重大事件

本辖区发生的重大事件有发生在1942年12月的潘家戴庄惨案等。

潘家戴庄惨案 1942年12月5日，日本侵略军第27步兵团团长铃木启久指令驻滦县张各庄的骑兵队长铃木信制造了骇人听闻的潘家戴庄惨案。1280名村民惨遭杀害，其中30名婴儿被摔死，60名孕妇被剖腹，全村27户被杀绝，31户剩下孤儿寡母，烧毁房屋1030间，财物被抢劫一空。

著名人物

本辖区内的著名人物有王翱、海阳三周（周慎枢、周憬、周予觉）、成兆才、杨三姐等。

王翱（1384～1468年） 马城人。生于明洪武十六年（1383年），字九皋。永乐十三年（1415年），明成祖朱棣欲迁都北京，起用北方读书人，王翱经过两次考试，皆为上第，获朱棣特赐食，任庶吉士，授大理寺左寺正。宣宗宣德元年（1426年），经礼部侍郎杨士奇推荐，升为御史。后巡按四川，卓有建树。明英宗即位，任命为左佥都御史，镇守江西，吏民畏爱。后镇守陕西，提督辽东军务，屡立战功。景泰元年（1450年），主持枢密院事务，随即又任两广总督。次年被召回任吏部尚书。成化元年（1465年）进太子太保，三年后病故，终年84岁，谥号“忠肃”。

周憬（1848～1920年） 柏各庄人。海阳三周之一。周慎枢之长子，字采臣，清光绪八年（1882年）中举，出任工部郎中。潜心学习西方科学文化知识，后被提拔为北京典馆提调，京师大学堂第一任总办。培养了蔡元培、王宠惠等一批人才。后又历任云南临安、东川、曲靖、楚雄、云南、开化等府知府。在东川时，创办了中学堂和陆军小学堂，保荐了唐继尧（后任北洋政府总理）到日本留学。

成兆才（1874～1929年） 绳各庄村人，字捷三（又作洁三），艺名“东来顺”。中国近代杰出的剧作家，评剧的奠基人和创始人。出身于贫苦农家，勤奋好学，习爱地方戏曲，拜金开福为师学唱“莲花落”。清光绪十七年（1891年）冀东地区瘟疫流行，父母和妻子、儿子相继故去，他由业余民间艺人成为职业“莲花落”艺人。二十六年（1900年）起，开始编写拆出剧本，在天津、唐山一带演出。三十三年（1907年），连同任连会、杜知义、张化文等人在吴家坨对“冀东莲花落”进行改革，创立“平腔梆子戏”，打开了“永平禁地”。宣统元年（1909年），首创“警世戏社”，出关走遍东北三省，使“唐山落子”生根发芽、开花结果，迄今已成为全国第二大剧种。成兆才一生移植、改编和创作了102部剧作，其中《花为媒》、《杜十娘》、《杨三姐告状》为其代表作。

杨三姐（1902～1984年） 甸子村人，本名杨国华。1918年因其姐被姐夫高占英谋害，时年17岁的杨国华走县衙，闯天津，奔走告状，终使凶手伏法。此案轰动一时，“杨三姐”因此闻名遐迩。

城区市政建设

道路 2011年末，城区道路总长度84.4千米；道路铺装面积177.6万平方米；桥梁3座，总长度384米。

公共交通 2011年末，城区开通公共汽车线路4条，运营总里程113万千米，公交运营汽车20辆，万人拥有量为0.3台，年客运量144万人次；出租车163辆，万人拥有量2.8台，年客运量59.5万人次。

给排水 2011年末，城区自来水厂1座，铺设干线水管75千米，生产能力3万吨/日，年生活用水135.5万吨，居民自来水普及率89.8%，年人均生活用水41.4吨；排水管道113.7千米，污水处理厂1座，日污水处理能力4万吨，工业废水处理率90%。

供电 2011年末，城区35千伏及以上变电站30座，主变压器58台，总容量1235.5兆伏安，高压输电线路53条，总长度655.8千米，用电负荷29千瓦。年售电量累计完成14.7亿千瓦时，综合电压合格率99%，供电可靠率99.8%。

供热 2011年末，城区蒸汽供热管道总长度11千米，供热面积23.8万平方千米；热水供热管道总长度90.7千米，供热面积249.7万平方米；供热用户1.9万户，其中工业用户19户，居民用户1.9万户，供热普及率65.5%。

燃气 2011年末，城区天然气（煤气）管线53.7千米，供（加）气站8个，天然气（煤气）用户2.7万户，其中工业用户14户，居民用户2.7万户，燃气普及率77.4%，月天然气（煤气）平均用量230万立方米。

园林绿化 2011年末，城区公园6个，公园面积110.2公顷，园林绿地面积556公顷，其中公共绿地149.1公顷，绿化覆盖率42.1%，人均公园绿地11.7平方米。

（撰稿：梁建东，初审：刘春花）

友谊路街道

（Youyilu Jiedao）

河北省第六次人口普查先进单位、唐山市群众文化艺术节先进集体。

政区概况

名称来历 因街道办事处驻地位于倴城镇友谊路55号得名。

地理位置 地处滦南县西部，东与倴城镇接壤，南与方各庄镇为邻，西与倴城镇相连，北依北河。办事处驻倴城镇友谊路55号，电话区号0315，邮政编码063500，距滦南县人民政府0.5千米。

政区沿革 2001年5月，析倴城镇管辖的8个居民委员会成立倴城街道，同时新建6个居民委员会，共辖14个社区居民委员会。2002年12月，撤销文化路社区居民委员会，同时增设千禧和平、曙光仁和社区居民委员会，辖15个社区居民委员会。2011年9月，更名为友谊路街道，增设天承锦绣社区居民委员会。

政区划分 2011年末，辖友谊路、爱民路、便民路、全兴胡同、罗城、冀腾、祥和路、曙光仁和、学苑街、千禧和平、团结、育才路、康乐、西城胡同、文明街15个社区居民委员会；下设68个居民小组。

人口面积 2011年末，辖区总人口51134人，其中城镇常住人口47345人，城镇化率92.6%。另有流动人口5133人。总人口中，男性26207人，占51%，女性24927人，占49%；14岁以下7224人，占14.2%；15～64岁36628人，占71.6%；65岁以上7282人，占14.2%。总人口中，以汉族为主，达50628人，占99%；有满、蒙古等5个少数民族，共506人，占1%。2011年，人口出生率5.18‰，人口死亡率0.35‰，人口自然增长率4.83‰。

辖区东西最大距离5.1千米，南北最大距离3.2千米，总面积13.9平方千米。全部为陆地。人口密度为每平方千米3679人。

社会发展

文化艺术 2011年末，街道文化站1个，文化活动中心4个；各类图书室7个，藏书上千册。有西城胡同星光艺术团、育才路古城艺术团、爱民路海燕艺术团、祥和文化艺术团、冀腾文艺宣传队等各类文化艺术团体5个，从业人员320人，年演出120余场次。

医疗卫生 2011年末、社区门诊部5个；病床30张。执业医师、医护人员43人。2011年医疗机构完成诊疗4.7万人次，出院病人1.5万人次。城镇居民医疗保险参保人数6273人，比上年增加539人；缴费总额111.8万元，参保率100%；居民人口平均期望寿命78.1岁，其中男性75.5岁，女性80.7岁；孕产妇死亡率0/10万。

体育 2011年末，体育场地5处，占地面积2900平方米。100%的城市社区安装了健身器材，休闲、娱乐、健身设施齐全，经常参加体育活动的人员占常住人口的89%。

广播电视 2011年末，有102个电视频道在本地落户，有线电视用户1.8万户，其中数字电视1.4万户，电视综合覆盖率100%。

社会保障 2011年，城镇最低生活保障户数592户，人数1210人，支出332.9万元，比上年减少46.6%，月人均229.3元，比上年减少59.4%；大病医疗救助36人次，支出9.6万元。慈善助学32人，资助资金4.5万元。国家抚恤、补助各类优抚对象215人，抚恤事业费月支出159.1万元，比上年增长11.3%。有西城胡同、便民、育才、冀腾4个居家养老服务站，床位20张，供社区老年人休闲娱乐健身。为850名居民办理了城镇居民养老保险，为46名居民办理了新型农村社会养老保险，城镇居民参保率65%。企业离退休人员认证2016人。再就业培训下岗失业人员202名，灵活就业239人。

爱民路社区

（Aiminlu Shequ）

名称来历 因爱民路贯穿辖区而得名。

地理位置 地处友谊路街道办事处东南部，东至便民路社区，南至倴城镇王庄子，西至友谊路社区，北至康乐社区。

主要指标 2011年末，辖区总人口2194人，总面积0.6平方千米，城镇居民人均可支配收入20770元。

友谊路社区

（Youyilu Shequ）

名称来历 因友谊路贯穿社区而得名。

地理位置 地处友谊路街道办事处南部，东至爱民路社区，南至倴城镇王庄子，西至倴城镇谷家营，北至康乐社区。

主要指标 2011年末，辖区总人口2238人，总面积0.7平方千米，城镇居民人均可支配收入20770元。

全兴胡同社区

（Quanxinghutong Shequ）

名称来历 因全兴胡同贯穿社区中东部而得名。

地理位置 地处友谊路街道办事处东部，东至东南街，南至冀腾社区，西至便民路社区，北至学苑街社区。

主要指标 2011年末，辖区总人口3280人，总面积1.2平方千米，城镇居民人均可支配收入20770元。

东北街村

(Dongbeijie Cun)

名称来历 此村地处倴城东北部，取名为东北街。

地理位置 地处倴城镇中部，东邻牛东庄，南与东南街接壤，西连西北街，北邻北河。

主要指标 2011年末，辖区总人口1550人，总面积0.58平方千米，农民人均纯收入7916元。

高泡村

(Gaopao Cun)

名称来历 因地势低洼积水成泡，又因高姓居多，故称高家泡，后称高泡。

地理位置 地处倴城镇北部，东连钟泡，南接吴东庄，西邻梁泡，北邻程庄镇东胡家坡。

主要指标 2011年末，辖区总人口1934人，总面积2.65平方千米，农民人均纯收入7392元。

靳营村

(Jinying Cun)

名称来历 据传曾有官兵在此安营扎寨，靳氏在此立村之后，得名靳家营，后称靳营。

地理位置 地处倴城镇东部，东邻宋道口镇王土，南接新立庄，西连周东庄，北邻小屯。

主要指标 2011年末，辖区总人口2482人，总面积3.15平方千米，农民人均纯收入7800元。

毛庄子村

(Maozhuangzi Cun)

名称来历 原名毛家庄，因村小，后称毛庄子。

地理位置 地处倴城镇西部，东邻王官寨，南连魏营，西邻扒齿港镇杜平坨，北邻扒齿港镇李平坨。

主要指标 2011年末，辖区总人口489人，总面积1.25平方千米，农民人均纯收入7354元。

王官寨村

(Wangguanzhai Cun)

名称来历 据传王姓由安徽迁此立村，因此地曾有官兵立寨驻守，故名王家官寨，后称王官寨。

地理位置 地处倴城镇西部，东邻中宏普林有限公司，南邻魏营，西连汤官寨，北连周官寨。

主要指标 2011年末，辖区总人口1432人，总面积2.95平方千米，农民人均纯收入7526元。

西北街村

(Xibeijie Cun)

名称来历 因此村地处倴城西北部，取名为西北街。

地理位置 地处倴城镇中部，东邻东北街，西邻西城工业区，北邻松树，南连西南街。

主要指标 2011年末，辖区总人口1479人，总面积0.48平方千米，农民人均纯收入7916元。

新立庄村

(Xinlizhuang Cun)

名称来历 清朝中期因避河水泛滥，部分居民从王土、杜土迁到河西高处立村，命名为新立庄。

地理位置 地处倴城镇东部，东连宋道口镇王土，南连东八户，西邻周东庄，北连靳营。

主要指标 2011年末，辖区总人口655人，总面积1.44平方千米，农民人均纯收入7800元。

张耿庄村

(Zhanggengzhuang Cun)

名称来历 原名阎家庄，后耿姓人多，改为耿家庄，以后又因张姓势大，后称张耿庄。

地理位置 地处倴城镇西南部，东邻双柳树，南连李寺，西邻坨里镇岳庄，北邻扒齿港镇李平坨。

主要指标 2011年末，辖区总人口799人，总面积2.29平方千米，农民人均纯收入7430元。

西南街村

(Xinanjie Cun)

名称来历 因此村位于倴城西南部，取名为西南街。

地理位置 地处倴城镇中部，东邻东南街，南接方各庄镇政府，西邻王庄子，北邻爱民路社区。

主要指标 2011年末，辖区总人口828人，总面积0.63平方千米，农民人均纯收入7916元。

徐官寨村

(Xuguanzhai Cun)

名称来历 因曾有官兵在此驻扎称官寨，又因徐姓立村，故名徐家官寨，后称徐官寨。

地理位置 地处倴城镇西北部，东邻梁泡，南连松树，西连周官寨，北临龙湾子。

主要指标 2011年末，辖区总人口881人，总面积1.63平方千米，农民人均纯收入7680元。

张官寨村

(Zhangguanzhai Cun)

名称来历 因官兵曾在此地立寨驻守，又因张姓立村，故称张官寨。

地理位置 地处倴城镇西北部，东邻徐官寨，南临马官寨，西邻扒齿港镇宁坨，北临龙湾子。

主要指标 2011年末，辖区总人口276人，总面积0.46平方千米，农民人均纯收入7694元。

学苑街社区

(Xueyuanjie Shequ)

名称来历 因学苑街贯穿社区而得名。

地理位置 地处友谊路街道办事处东北部，东至仁和社区，南至全兴胡同社区，西至育才路社区，北至北河水城。

主要指标 2011年末，辖区总人口3138人，总面积1.3平方千米，城镇居民人均可支配收入20770元。

祥和路社区

(Xianghelu Shequ)

名称来历 因地处祥和路附近而得名。

地理位置 地处友谊路街道办事处东部，东至倴城镇新立庄，南与倴城镇东南街、东北街和东、西八户交错接壤，西至曙光仁和社区，北与倴城镇牛东庄、王东庄、靳营接壤。

主要指标 2011年末，辖区总人口6126人，总面积1.7平方千米，城镇居民人均可支配收入20770元。

冀腾社区

(Jiteng Shequ)

名称来历 因冀腾纸业集团为其职工所建家属院而得名。

地理位置 地处友谊路街道办事处南部，东与倴城镇东南街相邻，南至方各庄镇高庙，西至倴城镇王庄子，北至全兴胡同社区。

主要指标 2011年末，辖区总人口3177人，总面积0.4平方千米，城镇居民人均可支配收入20770元。

康乐社区

(Kangle Shequ)

名称来历 因辖区康乐住宅区而得名。

地理位置 地处友谊路街道办事处中部，东至学苑街社区，南与爱民路和友谊路接壤，西至倴城镇谷家营，北至团结社区。

主要指标 2011年末，辖区总人口4166人，总面积1平方千米，城镇居民人均可支配收入20770元。

育才路社区

(Yucailu Shequ)

名称来历 因育才路经过社区而得名。

地理位置 地处友谊路街道办事处北部，东至千禧和平社区，南至团结社区，西至文明街社区，北至倴城镇松树和北河水城。

主要指标 2011年末，辖区总人口2911人，总面积1.2平方千米，城镇居民人均可支配收入20770元。

团结社区

(Tuanjie Shequ)

名称来历 因社区东邻团结路而得名。

地理位置 地处友谊路街道办事处北部，东至学苑街社区，南至康乐社区，西至友谊路与文明街社区，北至倴城镇西北街。

主要指标 2011年末，辖区总人口2021人，总面积0.6平方千米，城镇居民人均可支配收入20770元。

文明街社区

(Wenmingjie Shequ)

名称来历 因社区南邻文明街而得名。

地理位置 地处友谊路街道办事处西北部，东至团结社区，南至西城胡同社区，西至西城工业区，北至倴城镇松树。

主要指标 2011年末，辖区总人口4732人，总面积1.4平方千米，城镇居民人均可支配收入20770元。

西城胡同社区

(Xichenghutong Shequ)

名称来历 因西城胡同从社区经过而得名。

地理位置 地处友谊路街道办事处西北部，东至团结社区，南至倴城镇谷家营，西至西城工业区，北至文明街社区。

主要指标 2011年末，辖区总人口3201人，总面积0.9平方千米，城镇居民人均可支配收入20770元。

罗城社区

(Luocheng Shequ)

名称来历 元朝那颜倴盏建城之初在此屯粮，史称罗城，社区沿袭其名。

地理位置 地处友谊路街道办事处东南部，东至倴城镇东南街，南至倴城镇东南街，西至全兴胡同社区，北与倴城镇东南街和全兴胡同社区交错接壤。

主要指标 2011年末，辖区总人口2238人，总面积0.4平方千米，城镇居民人均可支配收入20770元。

便民路社区

(Bianminlu Shequ)

名称来历 因便民路从社区穿过而得名。

地理位置 地处友谊路街道办事处东南部，东至全兴胡同社区，南至倴城镇王庄子，西至倴城镇王庄子，北至倴城镇西南街。

主要指标 2011年末，辖区总人口1625人，总面积0.5平方千米，城镇居民人均可支配收入20770元。

千禧和平社区

（Qianxiheping Shequ）

名称来历 因社区内有千禧、和平两个住宅区而得名。

地理位置 地处友谊路街道办事处东北部，东至学苑街社区，南至倴城镇西北街，西至倴城镇东北街，北至育才路社区。

主要指标 2011年末，辖区总人口4017人，总面积0.8平方千米，城镇居民人均可支配收入20770元。

曙光仁和社区

（Shuguangrenhe Shequ）

名称来历 因社区内有曙光、仁和两个住宅区而得名。

地理位置 地处友谊路街道办事处东部，东至祥和路社区，南至倴城镇东北街，西至学苑街社区，北至倴城镇牛东庄。

主要指标 2011年末，辖区总人口6070人，总面积1.2平方千米，城镇居民人均可支配收入20770元。

（撰稿：马淑新，初审：刘春花）

倴城镇

（Bencheng Zhen）

冀东“四大名镇”之一。

政区概况

名称来历 因镇人民政府驻地位于倴城而得名。

地理位置 地处滦南县中部偏东，东与宋道口镇相邻，南与方各庄镇毗连，西与司各庄镇、扒齿港镇接壤，北与程庄镇交界。人民政府驻倴城镇中大街2号，电话区号0315，邮政编码063500，距滦南县人民政府0.5千米。

政区沿革 1946年5月，属滦南县城厢区、四区。1953年5月，建倴城镇，属滦南县。1954年7月，属滦县十区。1958年9月，属火箭人民公社。1958年11月，改为倴城人民公社，属乐亭县。1963年1月，改属滦南县，辖14个生产大队。1984年3月，撤销人民公社，称倴城镇，辖14个村民委员会。1987年，辖14个村民委员会、4个居民委员会。1989年4月，姜泡乡并入，辖22个村民委员会、4个居民委员会。1996年1月，撤销官寨、上坡子、方各庄3乡，设官寨、上坡子、方各庄办事处；同年4月，办事处改称管理区，官寨、上坡子、方各庄管理区由倴城镇代管。1996年7月，撤销官寨管理区，并入倴城镇，辖35个村民委员会、8个居民委员会。2002年2月，撤销上坡子管理区，并入倴城镇，方各庄管理区划出，辖50个村民委员会。

政区划分 2011年末，辖新立庄、靳营、周东庄、吴东庄、王东庄、牛东庄、东八户、西八户、东南街、东北街、西南街、西北街、谷家营、王庄子、松树、梁泡、高泡、钟泡、姜泡、北营、小屯、张泡、霍泡、魏营、毛庄子、王官寨、吴官寨、马官寨、汤官寨、张官寨、薛官寨、周官寨、徐官寨、龙湾子、皂户、双柳树村、李家寺、张耿庄、洪营、果园、东张士坎、西张士坎、东上坡子、西上坡子、东石家林、西石家林、尹桥、李庄子、高曹庄、余家岭50个村民委员会。

人口面积 2011年末，辖区总人口43143人，其中城镇常住人口18941人，城镇化率43.9%。另有流动人口5110人。总人口中，男性21046人，占49.8%；女性22097人，占50.2%；14岁以下6375人，占14.8%；15～64岁31419人，占72.8%；65岁以上5349人，占12.4%。总人口中，以汉族为主，达41445人，占96.1%；有满、壮等6个少数民族，共1698人，占3.9%。超过1000人的少数民族有满族，共1532人，占少数民族人口的90.2%，其他少数民族166人，占10.8%。2011年，人口出生率7.33‰，人口死亡率4.64‰，人口自然增长率2.69‰。

辖区东西最大距离15.47千米，南北最大距离10.71千米，总面积96.3平方千米。其中陆地90.3平方千米，占93.7%；水域6平方千米，占6.3%。人口密度为每平方千米448人。

自然条件

地形地貌 地势西高南低，东、中、北部平坦。

水文 北河由西北而东流经境内北部，长10.8千米，流域面积87平方千米。牤牛河由北向南流经西部，长6.3千米，流域面积40平方千米。

自然灾害 主要自然灾害有雷暴、暴雨、冰雹、大风、高温等。最严重的一次风雹灾发生在2011年8月，受灾面积18.7平方千米。

经济概况

农业 耕地面积8.9万亩，人均2亩。2011年，农业总产值5.8亿元，比上年增长9.6%，实现农业增加值3.5亿万元，占国内生产总值的比重13.4%。

粮食作物以小麦、玉米为主。2011年，生产粮食2.8万吨，其中玉米1.4万吨，小麦9198吨。主要经济作物有棉花和花生。2011年，棉花种植面积1000亩，产量61吨，向社会提供61吨商品棉；花生种植面积1.4万亩，产量3373吨；蔬菜种植面积2.8万亩，产量9.5万吨，主要品种有草莓1.1万亩，产量1.7万吨，白菜6000亩、产量2.6万吨。

畜牧业以生猪、奶牛为主。2011年，生猪饲养量2.4万头，年末存栏2.4万头；羊饲养量8000只，年末存栏4000只；牛饲养量9000头，年末存栏1万头；家禽饲养量106.5万羽。2011年，生产肉类5284吨，其中猪肉2529吨，牛肉1368吨，羊肉48吨；禽蛋3150吨，鲜奶4.4万吨。畜牧业总产值3亿元，占农业总产值的51%。

截至2011年末，累计造林4.5万亩，其中防护林4.1万亩，经济林3632亩，农民住宅四旁树木221.4万株，林木覆盖率31.4%，活立木蓄积量2.2万立方米。2011年，果树种植面积7348亩，产量6999吨，主要品种有苹果、梨、桃，其中苹果2881吨，梨1846吨，桃1398吨。

渔业以淡水养殖为主。2011年，淡水养殖水面3.6平方千米，产量3399吨；水产品总产量3399吨；渔业总产值2800万元，占农业总产值的4.8%。

2011年，拥有大型农业机械4000台（辆）；农民人均纯收入6780元。

工业 2011年，实现工业增加值10.2亿元，比上年增长15.9%，占国内生产总值的38.7%。

2011年，规模以上工业企业15家，职工6065人，实现工业增加值13.3亿元，比上年增长14.6%。

商业外贸 2011年末，个体工商户1200多家，职工4262人；城乡集贸市场4个。2011年，城乡集市贸易成交额3亿元，比上年增长1.6%。

财政金融 2011年，财政总收入1.1亿元，比上年增长29.4%。其中地方财政收入6000万元，比上年增长48.7%。从主要税种看，完成营业税3093.5万元，增值税3744.7万元，企业所得税2475.6万元，个人所得税899.6万元，分别比上年增长69.1%、2.3%、26.7%、33.7%。人均财政收入2586.3元，比上年增长27.9%。

社会发展

文化艺术 2011年末，镇文化站1个，村级文化中心42个；各类文化专业户108个；各类图书室12个，藏书5万册。

教育 2011年末，幼儿园10所，在园幼儿929人，专任教师65人；小学10所，在校生2699人，专任教师277人，小学适龄儿童入学率100%；初中1所，在校生1700人，专任教师185人，初中适龄人口入学率、小升初升学率、九年义务教育覆盖率达100%。2011年国家财政性教育经费2275万元，比上年增长7%。

医疗卫生 2011年末，镇级医疗机构1个，门诊部50个；病床25张，每千人拥有医疗床位0.5张，固定资产总值85万元。专业卫生人员46人，其中执业医师2人，执业助理医师7人，注册护士3人。2011年医疗机构（门诊部以上）完成诊疗3.2万人次。新型农村合作医疗参合率100%。

体育 2011年末，学校体育场6个。100%的村安装了健身器材，经常参加体育活动的人员占常住人口的65%。

社会保障 2011年，城镇最低生活保障户数341户，人数579人，支出174.8万元，比上年减少31.6%，月人均251.6元，比上年减少38.1%。

农村最低生活保障户数1494户，人数2351人，支出253.5万元，比上年增长65.4%，月人均89.9元，比上年增长19.4%；农村五保集中供养279人，支出100.4万元，比上年增长6.1%；农村五保分散供养158人，支出53.7万元，比上年增长1.3%；农村医疗救助98人次，民政部门资助参加合作医疗3076人次，共支出65.8万元，比上年增长20.2%；农村临时救济45人次，支出6.4万元，比上年增长7.8%。

国家抚恤、补助各类优抚对象854人，抚恤事业费支出446.6万元，比上年增长9.8%。

基础设施

邮政电信 2011年末，邮政代办所5处，报纸、期刊累计期发行1.8万份（册）。

电信企业2家，服务网点86个，固定电话用户1.1万户，电话用户普及率达到74%；移动电话用户4.2万户；宽带接入用户5200户。全年电信收入2250万元。

镇区市政建设

公共交通 2011年末，镇区开通公共汽车线路4条，运营总里程113万千米。

给排水 2011年末，镇区自来水井47眼并有配套官网设施，自来水村普及率100%，年供水22.4万吨。

供电 2011年末，镇区35千伏以上变电站6座，主变压器12台。

北营村

(Beiying Cun)

名称来历 原名阎家泡，因该村地处前营北面，后更名为北营庄，现称北营。

地理位置 地处倴城镇北部，东连张泡，南邻小屯，西邻程庄镇胡家坡，北连程庄镇岳地。

主要指标 2011年末，辖区总人口1473人，总面积2.16平方千米，农民人均纯收入7373元。

东南街村

(Dongnanjie Cun)

名称来历 元将倴盏在此囤积粮草，取“倴”字立城，故名倴城。倴城系由罗城、古城、倴城三城组合。因人口聚多，分为东南、东北、西南、西北4个聚落，此村地处东南，得名东南街。

地理位置 地处倴城镇东南部，东邻西八户，南至方各庄镇庞方各庄，西临西南街，北连东北街。

主要指标 2011年末，辖区总人口1151人，总面积1.01平方千米，农民人均纯收入7910元。

东张士坎村

(Dongzhangshikan Cun)

名称来历 有张姓从山西山后陆州迁至此地建村，因地势为高坎，故名张士坎，后村庄扩大，分为东西两村，本村在东，故称东张士坎。

地理位置 地处倴城镇西南部，东邻凯旋嘉苑社区，南至新庄子，西连西张士坎，北接谷家营。

主要指标 2011年末，辖区总人口1109人，总面积1.66平方千米，农民人均纯收入7546元。

谷家营村

(Gujiaying Cun)

名称来历 相传有山西山后陆州移民迁此建村，当时只有一户称孤一家，随户数增多取名孤家营，后写成谷家营。

地理位置 地处倴城镇中部，东邻王庄子，南连东张士坎，西接双柳树，北至西北街。

主要指标 2011年末，辖区总人口1583人，总面积1.01平方千米，农民人均纯收入7916元。

霍泡村

(Huopao Cun)

名称来历 因地势低洼积水成“泡”，又因霍姓居多，故称霍家泡，后称霍泡。

地理位置 地处倴城镇东北部，东连长凝镇方泡，南接靳营，西至张泡，北邻程庄镇前染各庄。

主要指标 2011年末，辖区总人口846人，总面积1.56平方千米，农民人均纯收入7360元。

李家寺村

(Lijiasi Cun)

名称来历 过去有李、周等姓奉公从山西山后陆州迁至此地，名周家屯，后建大寺名灵阳寺，并用为村名，因李姓为大户，又改为李家寺。

地理位置 地处倴城镇西部，东邻双柳树，南邻高曹庄，西邻岳家庄，北连张耿庄。

主要指标 2011年末，辖区总人口898人，总面积2.06平方千米，农民人均纯收入7430元。

龙湾子村

(Longwanzi Cun)

名称来历 因村北有运粮河，此段弯曲像“龙”，得名龙湾庄，后称龙湾子。

地理位置 地处倴城镇西北部，东邻梁泡，南邻张官寨，西邻扒齿港镇壮里庄，北连皂户。

主要指标 2011年末，辖区总人口1196人，总面积2.04平方千米，农民人均纯收入7500元。

牛东庄村

(Niudongzhuang Cun)

名称来历 相传有牛姓由山西山后陆州迁此建村，因在倴城东部，得名牛家东庄，后称牛东庄。

地理位置 地处倴城镇东部，东邻王东庄，南接仁和小区，西邻东北街，北邻梁泡。

主要指标 2011年末，辖区总人口1815人，总面积1.75平方千米，农民人均纯收入7681元。

汤官寨村

(Tangguanzhai Cun)

名称来历 因曾有官兵立寨驻守，称官寨，因汤氏立村，故名汤家官寨，后称汤官寨。

地理位置 地处倴城镇西部，东连王官寨，南邻魏营，西连吴官寨，北连马官寨。

主要指标 2011年末，辖区总人口660人，总面积1.07平方千米，农民人均纯收入7538元。

王庄子村

(Wangzhuangzi Cun)

名称来历 王姓由山西山后陆州迁至此地立村，取名王家庄，后称王庄子。

地理位置 地处倴城镇中部，东连西南街，南邻永新纸业有限公司，西连谷家营，北连西北街。

主要指标 2011年末，辖区总人口2006人，总面积2.51平方千米，农民人均纯收入7916元。

吴官寨村

(Wuguanzhai Cun)

名称来历 有吴姓迁此立村，因吴氏有人为官，此地又曾是官兵驻守之地，故名吴家官寨，后称吴官寨。

地理位置 地处倴城镇西部，东连马官寨，南邻汤官寨，西邻李平坨，北连张官寨。

主要指标 2011年末，辖区总人口1101人，总面积2.13平方千米，农民人均纯收入7538元。

西张士坎村

(Xizhangshikan Cun)

名称来历 有张姓从山西山后陆州迁至此地建村，因地势为高坎，故名张士坎，后村庄扩大，分为东西两村，本村在西，故名西张士坎。

地理位置 地处倴城镇西部，东连张士坎，南与新庄子接壤，西邻洪营，北邻双柳树。

主要指标 2011年末，辖区总人口1606人，总面积2.66平方千米，农民人均纯收入7571元。

余家岭村

(Yujialing Cun)

名称来历 明初，有几户给曲荒店于家看岭地的居民在此定居，取名于家岭，谐音余家岭。

地理位置 地处倴城镇南部，东邻方各庄镇后曲荒店，南接司各庄镇孙家坨，西临尹桥，北邻洪营。

主要指标 2011年末，辖区总人口448人，总面积0.89平方千米，农民人均纯收入7519元。

周东庄村

(Zhoudongzhuang Cun)

名称来历 相传周姓由山西迁至此地立村，因在倴城以东，故名周家东庄，后名周东庄。

地理位置 地处倴城镇东部，东邻靳营，南临东八户，西接吴东庄，北连钟泡。

主要指标 2011年末，辖区总人口1049人，总面积1.1平方千米，农民人均纯收入7681元。

东八户村

(Dongbahu Cun)

名称来历 本村先祖张、王、李、韩、于、牛、丁、谭八姓由山西迁至此地建村，因村西有西八户，本村在东，故称东八户。

地理位置 地处倴城镇东部，东邻宋道口镇祁庄子，南接方各庄镇曹营，西邻西八户，北邻吴东庄。

主要指标 2011年末，辖区总人口2431人，总面积2.72平方千米，农民人均纯收入7700元。

高曹庄村

(Gaocaozhuang Cun)

名称来历 山西高、曹两姓迁至此地相连建村，取名高庄和曹庄，后两村合并为高曹庄。

地理位置 地处倴城镇西部，东邻东石家林，南邻西石家林，西邻司各庄镇杜蒿坨，北临张耿庄。

主要指标 2011年末，辖区总人口893人，总面积2.13平方千米，农民人均纯收入7443元。

姜泡村

(Jiangpao Cun)

名称来历 因此地地势低洼，积水成“泡”，又因姜姓是大户，故名姜家泡，后称姜泡。

地理位置 地处倴城镇北部，东连小屯，南邻钟泡，西邻高泡，北连北营。

主要指标 2011年末，辖区总人口1642人，总面积2.6平方千米，农民人均纯收入7366元。

马官寨村

(Maguanzhai Cun)

名称来历 据传此地曾有官兵立寨驻守，故名官寨，因马姓立村称马家官寨，后称马官寨。

地理位置 地处倴城镇西部，东邻王官寨，西连吴官寨，北邻张官寨，南连汤官寨。

主要指标 2011年末，辖区总人口683人，总面积0.92平方千米，农民人均纯收入7538元。

王东庄村

(Wangdongzhuang Cun)

名称来历 因王姓是大户，在倴城东部，故名王家东庄，后称王东庄。

地理位置 地处倴城镇东部，东邻吴东庄，南连西八户，西邻牛东庄，北连北河。

主要指标 2011年末，辖区总人口1117人，总面积1.13平方千米，农民人均纯收入7681元。

西八户村

(Xibahu Cun)

名称来历 相传本村祖先张、祁、赵、马、刘、王、杨、傅八姓由山西迁至此地立村，因村东有一东八户村，故称西八户庄，后称西八户。

地理位置 地处倴城镇东部，东邻东八户，南临东北街，西邻东北街，北临牛东庄。

主要指标 2011年末，辖区总人口2442人，总面积3.26平方千米，农民人均纯收入7700元。

小屯村

(Xiaotun Cun)

名称来历 原名吴家泡，因村小而改名小屯庄，后称小屯。

地理位置 地处倴城镇北部，东邻张泡村，南接华瑞钢厂，西连姜泡，北邻北营。

主要指标 2011年末，辖区总人口1252人，总面积1.91平方千米，农民人均纯收入7392元。

皂户村

(Zaohu Cun)

名称来历 据传元代有军队在倴城驻防修土城，为了给军队送给养，从滦县土山至倴城挖运粮河，在运输途中，官兵经常在此搭灶做饭，取名灶户，后谐音皂户。

地理位置 地处倴城镇西北部，东邻程庄镇大顾庄，南连龙湾子，西连扒齿港镇壮里庄，北邻程庄镇潘家戴庄。

主要指标 2011年末，辖区总人口1410人，总面积3.15平方千米，农民人均纯收入7500元。

周官寨村

(Zhouguanzhai Cun)

名称来历 相传建村前此地曾有官兵立寨驻守，又因此村由周姓所建，故名周家官寨，后称周官寨。

地理位置 地处倴城镇西部，东连徐官寨，南临王官寨，西连薛官寨，北邻程庄镇大顾庄。

主要指标 2011年末，辖区总人口603人，总面积0.95平方千米，农民人均纯收入7680元。

东上坡子村

(Dongshangpozi Cun)

名称来历 因村在坡地的东坡，故称东上坡，后称东上坡子。

地理位置 地处倴城镇西南部，东邻新庄子，南接余家岭，西连西上坡子，北邻果园。

主要指标 2011年末，辖区总人口967人，总面积2.31平方千米，农民人均纯收入7257元。

果园村

(Guoyuan Cun)

名称来历 因这里原是果树园子，故取名果园。

地理位置 地处倴城镇西南部，东连洪营，南邻东上坡子，西邻东石家林，北邻双柳树。

主要指标 2011年末，辖区总人口466人，总面积0.92平方千米，农民人均纯收入7559元。

李庄子村

(Lizhuangzi Cun)

名称来历 由李、姚两姓奉公命从山西迁至此地建村，取名李姚庄，后姚姓绝嗣，改名李庄子。

地理位置 地处倴城镇西南部，东邻西上坡子，南邻尹桥，西邻司各庄镇姚蒿坨，北邻西石家林。

主要指标 2011年末，辖区总人口425人，总面积1.17平方千米，农民人均纯收入7277元。

双柳树村

(Shuangliushu Cun)

名称来历 据传因建村时此地有两棵大柳树，故取名双柳树。

地理位置 地处倴城镇西部，东邻谷家营，南邻果园，西邻李家寺，北邻王官寨。

主要指标 2011年末，辖区总人口534人，总面积1.28平方千米，农民人均纯收入7514元。

魏营村

(Weiying Cun)

名称来历 因曾建过兵营，故取名魏家营，后称魏营。

地理位置 地处倴城镇西部，东邻西城工业区，南接张耿庄，西邻杜平坨，北连毛庄子。

主要指标 2011年末，辖区总人口1273人，总面积2.39平方千米，农民人均纯收入7354元。

西上坡子村

(Xishangpozi Cun)

名称来历 因村址在坡地的西坡，故名西上坡子。

地理位置 地处倴城镇西南部，东连东上坡子，南接尹桥，西连李庄子，北邻东石家林。

主要指标 2011年末，辖区总人口722人，总面积1.87平方千米，农民人均纯收入7308元。

薛官寨村

(Xueguanzhai Cun)

名称来历 此地原有官兵立寨驻扎，称官寨，又因薛姓立村，故名薛家官寨，后名薛官寨。

地理位置 地处倴城镇西部，东临周官寨，南接王官寨，西连张官寨，北邻龙湾子。

主要指标 2011年末，辖区总人口333人，总面积0.52平方千米，农民人均纯收入7629元。

张泡村

(Zhangpao Cun)

名称来历 因地势低洼积水成“泡”，又因张姓居多，故称张家泡，后称张泡。

地理位置 地处倴城镇东北部，东邻霍泡，南接靳营，西邻小屯，北邻程庄镇后染各庄。

主要指标 2011年末，辖区总人口1031人，总面积1.41平方千米，农民人均纯收入7321元。

东石家林村

(Dongshijialin Cun)

名称来历 此地多树林，石姓在此地建两村，东村人数少，故取名小石家林，后改称东石家林。

地理位置 地处倴城镇西南部，东邻西张士坎，南邻果园，西连西石家林，北邻魏营。

主要指标 2011年末，辖区总人口761人，总面积1.69平方千米，农民人均纯收入7404元。

洪营村

(Hongying Cun)

名称来历 洪姓由山西迁至此地建村，又因军队曾在此地扎过营，故取名洪家营，后称洪营。

地理位置 地处倴城镇西南部，东邻西张士坎，南邻东上坡子，西连果园，北邻双柳树。

主要指标 2011年末，辖区总人口527人，总面积0.86平方千米，农民人均纯收入7528元。

梁泡村

(Liangpao Cun)

名称来历 因地势低洼积水成“泡”，又因梁姓居多，故称梁家泡，后称梁泡。

地理位置 地处倴城镇北部，东连高泡，南接北河水城，西连松树，北邻程庄镇西胡家坡。

主要指标 2011年末，辖区总人口2605人，总面积3.62平方千米，农民人均纯收入7392元。

松树村

(Songshu Cun)

名称来历 据《滦县志》载，有移民迁此立村时，曾有合围的大松树两株，故得名松树庄，后称松树村。

地理位置 地处倴城镇中北部，东邻牛东庄，南临西北街，西邻王官寨，北连徐官寨。

主要指标 2011年末，辖区总人口2426人，总面积3.05平方千米，农民人均纯收入7526元。

吴东庄村

(Wudongzhuang Cun)

名称来历 吴氏祖先由山西迁至此地立村，因此村在倴城以东，取名为吴家东庄，后称吴东庄。

地理位置 地处倴城镇东部，东连周东庄，南邻西八户，西连王东庄，北邻高泡。

主要指标 2011年末，辖区总人口1648人，总面积1.91平方千米，农民人均纯收入7681元。

西石家林村

(Xishijialin Cun)

名称来历 因石姓由山西移至此地树林处，分建两村，此村人多，取名大石家林，后称西石家林。

地理位置 地处倴城镇西南部，东连东石家林，南邻李庄子，西邻司各庄镇杜蒿坨，北临高曹庄。

主要指标 2011年末，辖区总人口880人，总面积2.25平方千米，农民人均纯收入7437元。

尹桥村

(Yinqiao Cun)

名称来历 尹姓从山西迁至此地建村，村东有一条小河，修桥一座，故取名为尹家桥，后称尹桥。

地理位置 地处倴城镇西南部，东邻佘家岭，南邻石狮子，西邻司各庄镇邸家庄，北临西上坡子。

主要指标 2011年末，辖区总人口1089人，总面积2.73平方千米，农民人均纯收入7289元。

钟泡村

(Zhongpao Cun)

名称来历 因地势低洼积水成“泡”，又因钟姓居多，故称钟家泡，后称钟泡。

地理位置 地处倴城镇北部，东邻小屯，南接新立庄，西接高泡，北连姜泡。

主要指标 2011年末，辖区总人口504人，总面积0.71平方千米，农民人均纯收入7360元。

（撰稿：付爱敬，初审：刘春花）

宋道口镇

(Songdaokou Zhen)

中国钢锹之乡。

政区概况

名称来历 因镇人民政府驻地位于宋道口村得名。

地理位置 地处滦南县东部，东与乐亭县汀流河镇接壤，南与乐亭县大相各庄乡为邻，西与方各庄镇、倴城镇相连，北接长凝镇。人民政府驻和谐街345号，电话区号0315，邮政编码063500，距滦南县人民政府8.5千米。

政区沿革 1946年5月，属滦南县三区、五区。1954年7月，属滦县十区。1956年7月，为宋道口乡。1958年9月，撤乡，属乐亭县火箭人民公社。1958年11月，改属倴城人民公社。1961年6月，析出，设宋道口人民公社。1963年1月，改属滦南县。1984年5月，撤销人民公社，设宋道口乡，辖18个村民委员会。1994年9月，撤乡，设宋道口镇。1996年1月，撤销侯各庄镇、南套乡，设侯各庄、南套办事处；同年4月，办事处改称管理区，侯各庄、南套管理区由宋道口镇代管。1999年1月，南套管理区并入，辖45个村民委员会。2002年2月，侯各庄管理区并入，辖65个村民委员会。

政区划分 2011年末，辖宋道口、东清水、庞清水、小集、丰信庄、东泽坨、西泽坨、西桥、史桥、艾庄子、祁庄子、司营、王土、杜土、上曹营、前麻地、中麻地、代岭、店子、陆营、北新庄子、崔董各庄、王董各庄、郭董各庄、杨董各庄、小二里、大二里东、大二里西、西沙窝、东沙窝、葛代坨、魏庄、任各庄东、任各庄西、小骆营、狮子营、北套、崔套、南套、小营、张庙、王家庄子、郭城子、沙沟子、断火庄、张狼窝、港北、南店、南连北店、北连北店、速火庄、龙落湾、申营、南侯各庄、北侯各庄、杨顾庄、罗各庄、广东营、闫武营、张营、李土、西小营、赵家庄、刘庙65个村民委员会。

人口面积 2011年末，辖区总人口51534人，其中城镇常住人口19380人，城镇化率37.6%。另有流动人口8092人。总人口中，男性26003人，占50.5%；女性25531人，占49.5%；14岁以下6699人，占13%；15～64岁37362人，占72.5%；65岁以上7473人，占14.5%。总人口中，以汉族为主，达48892人，占94.9%；有满、蒙古、苗、壮等6个少数民族，共2642人，占5.1%；其中满族2506人，占少数民族人口的94.9%。2011年，人口出生率9.13‰，人口死亡率8.5‰，人口自然增长率0.63‰。

辖区东西最大距离10.7千米，南北最大距离14.1千米，总面积87.4平方千米。其中陆地面积83.5平方千米，占95.5%；水域面积4平方千米，占4.5%。人口密度为每平方千米590人。

自然条件

地形地貌 地势平坦，西部略高。

水文 境内主要河道有小青河、滦乐干渠等，均由北向南流过，分别长18千米、5.9千米，流域面积34.2平方千米、10.5平方千米。

自然灾害 主要自然灾害有雷暴、暴雨、冰雹、大风、高温等。最严重的一次风雹灾发生在2011年8月，受灾面积55.3平方千米。

经济概况

农业 耕地面积9.2万亩，人均2亩；全部为水浇地。以种植小麦、玉米、蔬菜为主。2011年，农业总产值1.1亿元，比上年增长22.6%，实现农业增加值6亿元，占国内生产总值的33.9%。

粮食作物以小麦、玉米为主。2011年，生产粮食5.3万吨，其中玉米3.6万吨，小麦1.4万吨。主要经济作物有蔬菜。2011年，蔬菜种植面积10万亩，产量36万吨，主要品种有土豆、韭菜、甜瓜等。

畜牧业以猪、羊、家禽为主。2011年末，生猪存栏3.3万头；羊存栏1.3万只；家禽存栏26万羽。

工业 以钢锹产业为主。2011年实现工业增加值6.2亿元，比上年增长18.7%，占国内生产总值的35%。

2011年，规模以上工业企业9家，职工1855人，实现工业增加值9110.9万元，比上年增长16%。

商业外贸 2011年末，商业网点40个，职工106人；农村集贸市场6个。2011年，社会消费品零售总额达217万元，比上年增长14.7%；城乡集市贸易成交额6000万元，比上年增长3.4%。

财政金融 2011年，财政总收入2117万元，比上年增长32.2%。地方财政收入517.3万元，比上年增长59.9%。从主要税种看，完成营业税80.2万元，增值税1376.3万元，企业所得税295.1万元，个人所得税167.6万元，分别比上年增长40.8%、21.9%、62.3%、25.8%。人均财政收入410.8元，比上年增长32.1%。

社会发展

文化艺术 2011年末，镇文化站、广播电视站各1个，村级文化活动中心64个；各类图书室15个，藏书3万余册；音乐、美术、书法、摄影及文学业余创作人员29人。

教育 2011年末，幼儿园7所，在园幼儿1256人，专任教师44人；小学7所，在校生2572人，专任教师154人，小学适龄儿童入学率100%；初中1所，在校生1200人，专任教师112人，初中适龄人口入学率、小升初升学率、九年义务教育覆盖率均达100%。2011年财政预算内教育经费1616万元，比上年增长20%。

医疗卫生 2011年末，各级医疗卫生机构1个，门诊部（所）2个；病床35张；固定资产总值150万元。专业卫生人员31人，其中执业医师8人，执业助理医师15人，注册护士8人。2011年医疗机构（门诊部以上）完成诊疗2万人次。新型农村合作医疗参合人数4.4万人，参合率98%。

体育 2011年末，学校体育场地9处。27个村安装了健身器材，经常参加体育活动的人员占常住人口的27.9%。

社会保障 2011年，城镇最低生活保障户数92户，人数122人，支出38.2万元，比上年增长26.6%，月人均260.9元，比上年增长20.4%。

农村最低生活保障户数954户，人数1742人，支出202.6万元，比上年增长62.1%，月人均96.9元，比上年增长27.1%；农村五保集中供养152人，支出54.7万元，比上年减少2.6%；农村五保分散供养51人，支出17.3万元，比上年增长15.9%；农村医疗救助89人次，民政部门资助参加合作医疗2586人次，共支出55.8万元，比上年增长18.3%；农村临时救济30人次，支出4.3万元，比上年增长7.8%。

国家抚恤、补助各类优抚对象707人，抚恤事业费支出266.4万元，比上年增长13%。

基础设施

邮政电信 2011年末，电信企业2家，服务网点30个；固定电话总量7800户，电话用户普及率达到49%；移动电话用户4.2万户；宽带接入用户2700户。全年电信收入690万元。

镇区市政建设

公共交通 2011年末，镇区日均发送环城汽车6班次，唐山至南套的客车途经镇区，日均容量500人。

给排水 2011年末，镇区自来水井65眼并有配套管网设施，自来水村普及率100%。

供电 2011年末，镇区35千伏以上变电站4座，总容量93931千伏安。年售电量累计完成14465万千瓦时。

宋道口村

(Songdaokou Cun)

名称来历 宋氏家族由山西迁此立村，于倴城镇通往汀流河的大道两旁，青河上建有一座石桥，称为道口，故命村名宋家道口，后改为宋道口。

地理位置 地处宋道口镇中部，为宋道口镇政府驻地，东邻东清水，南连庞清水，西接史桥，北邻郭城子。

主要指标 2011年末，辖区总人口1511人，总面积2平方千米，农民人均纯收入7950元。

东清水村

(Dongqingshui Cun)

名称来历 因该地西北靠清河，故按姓氏分别命名村名为刘清水、侯清水、王清水，新中国成立后划为一个村，统称为东清水。

地理位置 地处宋道口镇东部，东邻乐亭县西桑园，南接小集，西连庞清水，北邻店子。

主要指标 2011 年末，辖区总人口 1454 人，总面积 2.12 平方千米，农民人均纯收入 7400 元。

庞清水村

(Pangqingshui Cun)

名称来历 因庞姓人多，又北靠小清河，称为庞家清水，后称庞清水。

地理位置 地处宋道口镇南部，东邻东清水，南连小集，西接南城子，北邻宋道口。

主要指标 2011 年末，辖区总人口 1012 人，总面积 1.61 平方千米，农民人均纯收入 7450 元。

小集村

(Xiaoji Cun)

名称来历 因建村后村中间留有南北胡同，在此设集市，称此地为小集，并命村名为小集庄，后称小集。

地理位置 地处宋道口镇东南部，东邻乐亭线李家庄，南接丰信庄，西邻西桥，北连东清水。

主要指标 2011 年末，辖区总人口 1199 人，总面积 1.96 平方千米，农民人均纯收入 7634 元。

丰信庄村

(Fengxinzhuang Cun)

名称来历 垦田积粮，勤劳致富，取“丰富”“信实”之义，命其村名为丰信庄。

地理位置 地处宋道口镇东南部，东邻乐亭县李家庄，南接龙落湾，西连杨顾庄，北邻小集。

主要指标 2011 年末，辖区总人口 499 人，总面积 0.98 平方千米，农民人均纯收入 7432 元。

东泽坨村

(Dongzetuo Cun)

名称来历 因此地靠近青河，南有坨地，则以泽坨二字定为村名。新中国成立初期，分为东、西两村，此村在东，故称东泽坨。

地理位置 地处宋道口镇西南部，东邻庞清水，南接杨顾庄，西连西泽坨，北邻代岭。

主要指标 2011 年末，辖区总人口 903 人，总面积 1.5 平方千米，农民人均纯收入 7500 元。

西泽坨村

(Xizetuo Cun)

名称来历 因此地靠近青河，南有坨地，则以泽坨二字定为村名。新中国成立初期，分为东、西两村，此村在西，故称西泽坨。

地理位置 地处宋道口镇西南部，东邻东泽坨，南接杨顾庄，西连祁庄子，北邻代岭。

主要指标 2011 年末，辖区总人口 1225 人，总面积 1.92 平方千米，农民人均纯收入 7780 元。

西桥村

(Xiqiao Cun)

名称来历 建村于小清河东岸，又在小清河桥上修石桥一座，称西桥，并以桥名命名村名。

地理位置 地处宋道口镇西南部，东邻小集，南接西小营，西连艾庄子，北邻史桥。

主要指标 2011 年末，辖区总人口 897 人，总面积 1.22 平方千米，农民人均纯收入 7600 元。

史桥村

(Shiqiao Cun)

名称来历 因史姓人多，故名史庄。清咸丰年间，村北修桥改村名为史家桥，后称史桥。

地理位置 地处宋道口镇西南部，东邻西泽坨，南接西桥，西连西小营，北邻杜土。

主要指标 2011 年末，辖区总人口 831 人，总面积 1.25 平方千米，农民人均纯收入 7982 元。

艾庄子村

(Aizhuangzi Cun)

名称来历 以其姓氏命名艾家庄，后称艾庄子。

地理位置 地处宋道口镇西偏南部，东邻西桥，南接刘庙，西连祁庄子，北邻史桥。

主要指标 2011 年末，辖区总人口 368 人，总面积 0.6 平方千米，农民人均纯收入 7696 元。

祁庄子村

(Qizhuangzi Cun)

名称来历 祁氏于明朝永乐元年（1403 年），奉公命由山西移至此地建村定居，以姓氏命村名为祁家庄，后称为祁庄子。

地理位置 地处宋道口镇西南部，东邻艾庄子，南接刘庙，西连东八户，北邻司营。

主要指标 2011 年末，辖区总人口 855 人，总面积 0.93 平方千米，农民人均纯收入 20346 元。

司营村

(Siying Cun)

名称来历 有司、李、贺三姓由山西移民迁此立村，当时司姓是大户，故取村名司家营，后称司营。

地理位置 地处宋道口镇西部，东邻史桥，南接祁庄子，西连王土，北邻杜土。

主要指标 2011 年末，辖区总人口 590 人，总面积 0.81 平方千米，农民人均纯收入 8165 元。

王土村

(Wangtu Cun)

名称来历 因王姓家族是大户，邻村叫杜家土，故命村名为王家土，后称王土。

地理位置 地处宋道口镇政府偏北部，东邻杜土，南接祁庄子，西连倴城镇新立庄，北邻方泡。

主要指标 2011年末，辖区总人口1338人，总面积2.22平方千米，农民人均纯收入8307元。

杜土村

(Dutu Cun)

名称来历 先祖原籍山西山后陆州杜家桥，明永乐二年奉命迁此立村，因此地有沙坨，取名杜家坨，改名杜家土，后称杜土。

地理位置 地处宋道口镇西偏北部，东邻代岭，南接司营，西连王土，北邻上曹营。

主要指标 2011年末，辖区总人口1599人，总面积2.9平方千米，农民人均纯收入8497元。

上曹营村

(Shangcaoying Cun)

名称来历 因曹姓人多，故得名曹营，1982年地名标准化处理工作中，因村南有另一曹营，更名为上曹营。

地理位置 地处宋道口镇西北部，东邻郭城子，南接杜土，西连倴城镇靳营，北邻前麻地。

主要指标 2011年末，辖区总人口1027人，总面积1.89平方千米，农民人均纯收入7746元。

前麻地村

(Qianmadi Cun)

名称来历 因地势低洼，生长野麻，故得名麻地庄。又因村北有另一麻地庄，故称前麻地庄，后称前麻地。

地理位置 地处宋道口镇西北部，东邻张庙，南接上曹营，西连倴城镇小屯，北邻中麻地。

主要指标 2011年末，辖区总人口925人，总面积1.8平方千米，农民人均纯收入8192元。

中麻地村

(Zhongmadi Cun)

名称来历 因地势低洼，生长野麻，故得名麻地庄，该村由前麻地庄分出，又地处前、后麻地之间，故称中麻地。

地理位置 地处宋道口镇西北部，东邻张庙，南接前麻地，西连倴城镇小屯，北邻后麻地。

主要指标 2011年末，辖区总人口420人，总面积0.6平方千米，农民人均纯收入8142元。

代岭村

(Dailing Cun)

名称来历 因村东有沙岭，又因戴姓人多，取名为戴家岭，后将“戴”字改为“代”字，故称代岭。

地理位置 地处宋道口镇西北部，东邻崔董各庄，南接东泽坨，西连杜土，北邻郭城子。

主要指标 2011年末，辖区总人口369人，总面积0.68平方千米，农民人均纯收入8098元。

店子村

(Dianzi Cun)

名称来历 因村西有一座桥，桥东有店房，故命村名店子上，后称店子。

地理位置 地处宋道口镇东北部，东邻北新庄子，南接东清水，西连代岭，北邻小营。

主要指标 2011年末，辖区总人口405人，总面积0.75平方千米，农民人均纯收入7790元。

陆营村

(Luying Cun)

名称来历 因陆姓在此建村，故取名陆家营，后称陆营。

地理位置 地处宋道口镇东北部，东邻西沙窝，南接店子，西连沙沟子，北邻南套。

主要指标 2011年末，辖区总人口506人，总面积0.85平方千米，农民人均纯收入7948元。

北新庄子村

(Beixinzhuangzi Cun)

名称来历 清乾隆年间，该村先祖迁至刘城西北二里处新建一庄，故名新庄子。1982年地名标准化处理工作中，因重名，更名北新庄子。

地理位置 地处宋道口镇东北部，东邻大二里西，南接王董各庄，西连店子，北邻西沙窝。

主要指标 2011年末，辖区总人口238人，总面积0.46平方千米，农民人均纯收入7931元。

崔董各庄村

(Cuidonggezhuang Cun)

名称来历 因原有坐地户姓董，取村名董各庄，后崔姓迁至此村附近立村，取名崔董各庄。

地理位置 地处宋道口镇东北部，东邻王董各庄，南接东清水，西连宋道口，北邻陆营。

主要指标 2011年末，辖区总人口598人，总面积0.99平方千米，农民人均纯收入7708元。

王董各庄村
(Wangdonggezhuang Cun)

名称来历 原坐地户董姓是大户，又有功名，取村名董各庄，后王姓来此村附近立村，取村名王董各庄。

地理位置 地处宋道口镇东偏北部，东邻杨董各庄，南接东清水，西连崔董各庄，北邻北新庄子。

主要指标 2011年末，辖区总人口471人，总面积0.79平方千米，农民人均纯收入7448元。

郭董各庄村
(Guodonggezhuang Cun)

名称来历 原有一坐地户姓董，又有功名，取村名董各庄，郭姓来村附近立村，取村名为郭董各庄。

地理位置 地处宋道口镇东部，东邻岗子上，南接乐亭县东桑园，西邻王董各庄，北邻周董各庄。

主要指标 2011年末，辖区总人口671人，总面积1.25平方千米，农民人均纯收入7396元。

杨董各庄村
(Yangdonggezhuang Cun)

名称来历 原有一坐地户姓董，又有功名，取村名董各庄，杨氏迁至此地立村，取村名杨董各庄。

地理位置 地处宋道口镇东偏北部，东邻岗子上，南接郭董各庄，西连王董各庄，北邻新庄子。

主要指标 2011年末，辖区总人口266人，总面积0.51平方千米，农民人均纯收入8200元。

岗子上村
(Gangzishang Cun)

名称来历 明永乐年间，始祖孙、王立村，称宜庄，乾隆年间，因受水灾迁至岗子上，故取村名岗子上。

地理位置 地处宋道口镇东部，东邻乐亭县新立街，南接乐亭县东桑园，西连杨董各庄，北邻小二里。

主要指标 2011年末，辖区总人口240人，总面积0.38平方千米，农民人均纯收入8281元。

小二里村
(Xiaoerli Cun)

名称来历 因距汀流河镇二里，故名二里庄；又因比邻村大二里庄小，故称小二里庄，后称小二里。

地理位置 地处宋道口镇东偏北部，东邻乐亭县徐家店，南接岗子上，西连王董庄子，北邻大二里东。

主要指标 2011年末，辖区总人口793人，总面积1.56平方千米，农民人均纯收入7868元。

大二里东村
(Daerlidong Cun)

名称来历 因距汀流河镇二里，故名二里庄，因此村比小二里户多人众，改称大二里庄。1956年，拆分为大二里东、大二里西，因该村地处东面，故名为大二里东村。

地理位置 地处宋道口镇东北部，东邻乐亭县前沙铺，南接小二里，西连大二里西，北邻东沙窝。

主要指标 2011年末，辖区总人口569人，总面积1.41平方千米，农民人均纯收入8141元。

大二里西村
(Daerlixi Cun)

名称来历 因距汀流河镇二里，故名二里庄，因此村比小二里户多人众，改称大二里庄。1956，拆分为大二里东、大二里西，因该村地处西面，故名为大二里西村。

地理位置 地处宋道口镇东北部，东邻大二里东，南接小二里，西连北新庄子，北邻东沙窝。

主要指标 2011年末，辖区总人口588人，总面积1.06平方千米，农民人均纯收入7293元。

西沙窝村
(Xishawo Cun)

名称来历 北有沙河，因淤沙曾搁浅行船，故叫沙窝，又因立村于沙窝的西部，故得名西沙窝。

地理位置 地处宋道口镇东北部，东邻东沙窝，南接北新庄子，西连陆营，北邻小骆营。

主要指标 2011年末，辖区总人口898人，总面积1.48平方千米，农民人均纯收入7782元。

东沙窝村
(Dongshawo Cun)

名称来历 北有沙河，因淤沙曾搁浅行船，故叫沙窝，又因立村于沙窝东部，故得名东沙窝。

地理位置 地处宋道口镇东北部，东邻乐亭县后沙浦，南接大二里东，西连南套，北邻任各庄西。

主要指标 2011年末，辖区总人口1192人，总面积2.73平方千米，农民人均纯收入7376元。

葛代坨村
(Gedaituo Cun)

名称来历 据传，有一绰号“葛大头”的官军将领战死于此地，故以此立村名葛大头村，后谐音称葛代坨。

地理位置 地处宋道口镇东北部，东邻任各庄西，南接西沙窝，西连小骆营，北邻长凝镇罗营。

主要指标 2011年末，辖区总人口667人，总面积1.34平方千米，农民人均纯收入7591元。

魏庄村

(Weizhuang Cun)

名称来历 先祖系由河南省魏魁府瓦地庄迁来，以姓氏命村名为魏家庄，后称魏庄。

地理位置 地处宋道口镇东北部，东邻乐亭县后沙浦，南接任各庄东，西连任各庄西，北邻长凝镇郭庄。

主要指标 2011 年末，辖区总人口 639 人，总面积 1.13 平方千米，农民人均纯收入 7560 元。

任各庄东村

(Rengezhuangdong Cun)

名称来历 为纪念兄弟团聚取名认哥庄，后谐音称为任各庄。1958 年，分为两村，因该村在东边，称为任各庄东。

地理位置 地处宋道口镇东北部，东邻乐亭县后沙浦，南接东沙窝，西连任各庄西，北邻大刘庄。

主要指标 2011 年末，辖区总人口 1176 人，总面积 2.3 平方千米，农民人均纯收入 8026 元。

任各庄西村

(Rengezhuangxi Cun)

名称来历 为纪念兄弟团聚取名认哥庄，后谐音称为任各庄。1958 年，分为两村，因该村在西边，称为任各庄西。

地理位置 地处宋道口镇东北部，东邻任各庄东，南接东沙窝，西连狮子营，北邻长凝镇小刘庄。

主要指标 2011 年末，辖区总人口 1166 人，总面积 2.29 平方千米，农民人均纯收入 8026 元。

小骆营村

(Xiaoluoying Cun)

名称来历 因曾有运粮骆驼队在此安营，故名小骆营。

地理位置 地处宋道口镇东北部，东邻葛代坨，南接西沙窝，西连狮子营，北邻长凝镇毕庄。

主要指标 2011 年末，辖区总人口 563 人，总面积 0.81 平方千米，农民人均纯收入 7558 元。

狮子营村

(Shiziying Cun)

名称来历 因此地原有一石狮子，故得名狮子营。

地理位置 地处宋道口镇东北部，东邻小骆营，南接北套，西连长凝镇南城子，北邻长凝镇毕庄。

主要指标 2011 年末，辖区总人口 360 人，总面积 0.55 平方千米，农民人均纯收入 7612 元。

北套村

(Beitao Cun)

名称来历 因此地是河套，祖先姓薛，故得名薛家套。土改时，依该村所处方位，改称北套。

地理位置 地处宋道口镇东北部，东邻西沙窝，南接崔套，西连后麻地，北邻长凝镇南城子。

主要指标 2011 年末，辖区总人口 410 人，总面积 0.75 平方千米，农民人均纯收入 7785 元。

崔套村

(Cuitao Cun)

名称来历 有山西山后的崔姓奉公命迁至此地建村，因此处原是河套，故得名崔家套，后称崔套。

地理位置 地处宋道口镇北偏东部，东邻东沙窝，南接南套，西连张庙，北邻北套。

主要指标 2011 年末，辖区总人口 268 人，总面积 0.36 平方千米，农民人均纯收入 7264 元。

南套村

(Nantao Cun)

名称来历 因此地是河套，祖先姓李，故得名李家套。土改时，按其方位改称南套。

地理位置 地处宋道口镇东北部，东邻沙窝，南接店子，西连小营，北邻北套。

主要指标 2011 年末，辖区总人口 800 人，总面积 1.2 平方千米，农民人均纯收入 7724 元。

小营村

(Xiaoying Cun)

名称来历 因此地原是河套，始祖姓王，故名王家套。土改时，改名小营。

地理位置 地处宋道口镇北偏东部，东邻南套，南接沙沟子，西连张庙，北邻崔套。

主要指标 2011 年末，辖区总人口 217 人，总面积 0.43 平方千米，农民人均纯收入 7702 元。

张庙村

(Zhangmiao Cun)

名称来历 祖先姓张，来后修一小庙，故得名张家庙，后简称张庙。

地理位置 地处宋道口镇北部，东邻小营，南接王家庄子，西连中麻地，北邻长凝镇南城子。

主要指标 2011 年末，辖区总人口 880 人，总面积 1.54 平方千米，农民人均纯收入 7754 元。

王家庄子村
(Wangjiazhuangzi Cun)

名称来历 有山西山后陆州的王姓奉公命迁此立庄，取名为王家庄，俗称王庄子。1982年地名标准化处理工作中，因为重名，更名为王家庄子。

地理位置 地处宋道口镇北部，东邻西沙窝，南接长凝镇郭成子，西连前麻地，北邻张庙。

主要指标 2011年末，辖区总人口501人，总面积0.83平方千米，农民人均纯收入7495元。

郭城子村
(Guochengzi Cun)

名称来历 因建的村庄被河沟环绕像护城河，祖先姓郭，故名郭城子。

地理位置 地处宋道口镇北部，东邻沙沟子，南接宋道口，西邻上曹营，北邻王家庄子。

主要指标 2011年末，辖区总人口561人，总面积0.98平方千米，农民人均纯收入7331元。

沙沟子村
(Shagouzi Cun)

名称来历 因附近有一条沙沟，故取名沙沟子。

地理位置 地处宋道口镇北部，东邻店子，南接宋道口，西连郭成子，北邻小营。

主要指标 2011年末，辖区总人口978人，总面积1.63平方千米，农民人均纯收入7780元。

断火庄村
(Duanhuozhuang Cun)

名称来历 相传过去乐亭县烧纸庄失火，烧到此地火熄灭，故改名断火庄。

地理位置 地处宋道口镇东南部，东邻乐亭县边新庄子，南接乐亭县边曹庄，西邻北连北店，北邻乐亭县刘狼窝。

主要指标 2011年末，辖区总人口1008人，总面积1.94平方千米，农民人均纯收入7701元。

张狼窝村
(Zhanglangwo Cun)

名称来历 此地原属荒野草地，狼窝多，后有张姓奉公命迁至此地定居立村，取名张家狼窝，后谐音称张狼窠，后改称张狼窝。

地理位置 地处宋道口镇东南部，东邻乐亭县丰狼窝，南接港北，西连乐亭县大薛庄，北邻乐亭县于庄。

主要指标 2011年末，辖区总人口751人，总面积1.38平方千米，农民人均纯收入7600元。

港北村
(Gangbei Cun)

名称来历 因村南有沟，命名为沟北店，后有人提出沟不如港，故得名港北。

地理位置 地处宋道口镇东南部，东邻张狼窝，南接北连北店，西连南侯各庄，北邻东小营。

主要指标 2011年末，辖区总人口760人，总面积1.26平方千米，农民人均纯收入7679元。

南店村
(Nandian Cun)

名称来历 由山西山后陆州移民立庄于乐亭大路之南，路旁有旅店，故取名南店。

地理位置 地处宋道口镇东南部，东邻乐亭县三义庙，南接乐亭县新房子，西连乐亭县邵家岭，北邻南连北店。

主要指标 2011年末，辖区总人口845人，总面积1.37平方千米，农民人均纯收入7746元。

南连北店村
(Nanlianbeidian Cun)

名称来历 由山西山后陆州移民至此地立村于去乐亭大路之北，路旁有旅店，因此取村名北店，后因乐亭县烧纸庄失火，连到北店，故改名连北店。1956年，拆分为两村，因驻地在连北店南部而得名南连北店。

地理位置 地处宋道口镇东南部，东邻断火庄，南接南店，西连速火庄，北邻北连北店。

主要指标 2011年末，辖区总人口1061人，总面积1.48平方千米，农民人均纯收入7612元。

北连北店村
(Beilianbeidian Cun)

名称来历 由山西山后陆州移民至此地立村于去乐亭大路之北，路旁有旅店，因此取村名北店，后因乐亭县烧纸庄失火，连到北店，故改名连北店。1956年，拆分为两村，因该村在连北店北半部而得名北连北店。

地理位置 地处宋道口镇东南部，东邻断火庄，南接南连北店，西连速火庄，北邻港北。

主要指标 2011年末，辖区总人口1233人，总面积2.25平方千米，农民人均纯收入7152元。

速火庄村
(Suhuozhuang Cun)

名称来历 相传乐亭县烧纸庄失火，很快烧到此地，故名速火庄。

地理位置 地处宋道口镇南处部，东邻南连北店，南接乐亭县杜林一村，西连龙落湾，北邻东小营。

主要指标 2011年末，辖区总人口944人，总面积1.7平方千米，农民人均纯收入7371元。

龙落湾村
(Longluowan Cun)

名称来历 有山西山后陆州移民迁此立村时，此地有一湾，传说曾有一龙落于此湾，得名龙落湾。

地理位置 地处宋道口镇南偏东部，东邻速火庄，南接乐亭县邵家岭，西连申营，北邻丰信庄。

主要指标 2011年末，辖区总人口952人，总面积1.43平方千米，农民人均纯收入7153元。

杨顾庄村
(Yangguzhuang Cun)

名称来历 因先祖王首道会轱辘锅（锔锅），故名王轱辘庄，后改为王顾庄，后与杨家营合并，称杨顾庄。

地理位置 地处宋道口镇西南部，东邻丰信庄，南接北侯各庄，西连赵家庄，北邻西泽坨。

主要指标 2011年末，辖区总人口802人，总面积1.63平方千米，农民人均纯收入8239元。

南侯各庄村
(Nanhougezhuang Cun)

名称来历 因侯姓先徙于此建立村庄，故名侯各庄。1958年，拆分为两个村，因该村地处南面，故名南侯各庄。

地理位置 地处宋道口镇南部，东邻港北，南接申营，西连武家营，北邻北侯各庄。

主要指标 2011年末，辖区总人口940人，总面积1.96平方千米，农民人均纯收入7230元。

北侯各庄村
(Beihougezhuang Cun)

名称来历 因侯姓先徙于此建立村庄，故名侯各庄。1958年，拆分为两个村，因该村地处北面，故名北侯各庄。

地理位置 地处宋道口镇南部，东邻东小营，南接南侯各庄，西连张营，北邻杨顾庄。

主要指标 2011年末，辖区总人口908人，总面积1.6平方千米，农民人均纯收入7612元。

申营村
(Shenying Cun)

名称来历 肖姓由山西迁至此立村，取名肖家营，后肖姓绝嗣，申姓陆续迁移至此，改名申家营，后称申营。

地理位置 地处宋道口镇南偏西部，东邻龙落湾，南接乐亭县党庄，西连罗各庄，北邻南侯各庄。

主要指标 2011年末，辖区总人口880人，总面积1.45平方千米，农民人均纯收入7455元。

罗各庄村
(Luogezhuang Cun)

名称来历 有移民迁此立村，以罗姓为大户，故名罗各庄，后罗姓绝嗣，但村名未改。

地理位置 地处宋道口镇西南部，东邻申营，南接乐亭县郑各庄，西连广东营，北邻西小营。

主要指标 2011年末，辖区总人口955人，总面积1.45平方千米，农民人均纯收入7303元。

广东营村
(Guangdongying Cun)

名称来历 有马、宋、谭、黄、康等姓由山西移至此地立村，因姓氏较杂，取名广东营。

地理位置 地处宋道口镇西南部，东邻罗各庄，南接乐亭县西周庄，西连方各庄镇杨各庄，北邻闫武营。

主要指标 2011年末，辖区总人口880人，总面积1.39平方千米，农民人均纯收入7634元。

闫武营村
(Yanwuying Cun)

名称来历 闫姓、武姓由山西山后陆州移至此地立村，根据姓氏得名分别为闫家营、武家营，后合称闫武营。

地理位置 地处宋道口镇西南部，东邻南侯各庄，南接广东营，西连麻各庄，北邻李土。

主要指标 2011年末，辖区总人口575人，总面积1.04平方千米，农民人均纯收入7410元。

张营村
(Zhangying Cun)

名称来历 有张姓人由山西山后陆州迁移至此立村，取名张家营，后称张营。

地理位置 地处宋道口镇西南部，东邻李土，南接闫武营，西邻方各庄镇潘庄，北邻赵家庄。

主要指标 2011年末，辖区总人口684人，总面积1.1平方千米，农民人均纯收入7303元。

李土村
(Litu Cun)

名称来历 因过往人很多，取名过旺庄，后因李姓居多，改名李家土，后称李土。

地理位置 地处宋道口镇西南部，东邻西小营，南接武家营，西连方各庄镇潘庄，北邻赵家庄。

主要指标 2011年末，辖区总人口1417人，总面积2.04平方千米，农民人均纯收入7679元。

西小营村

（Xixiaoying Cun）

名称来历 原名千家营，后改为小营，因东边有东小营，故改称西小营。

地理位置 地处宋道口镇西南部，东邻北侯各庄，南接罗各庄，西连李土，北邻西桥。

主要指标 2011年末，辖区总人口503人，总面积0.78平方千米，农民人均纯收入8012元。

赵家庄村

（Zhaojiazhuang Cun）

名称来历 赵姓由山西山后陆州移到此村，故名赵家庄，后称赵庄。1982年地名标准化处理工作中，恢复原名赵家庄。

地理位置 地处宋道口镇西南部，东邻杨顾庄，南接李土，西连方各庄镇曹营，北邻刘庙。

主要指标 2011年末，辖区总人口511人，总面积0.87平方千米，农民人均纯收入7780元。

刘庙村

（Liumiao Cun）

名称来历 由于此地庙多，立村后称为刘家庙，后称刘庙。

地理位置 地处宋道口镇西南部，东邻杨顾庄，南接赵家庄，西连上曹营，北邻祁庄子。

主要指标 2011年末，辖区总人口776人，总面积1.54平方千米，农民人均纯收入7511元。

（撰稿：崔立军，初审：刘春花）

长凝镇

（Changning Zhen）

纺纱强镇。

政区概况

名称来历 因镇人民政府驻地位于长凝村而得名。

地理位置 地处滦南县东北，东隔滦河与昌黎相望，南与宋道口镇接壤，西与程庄镇交界，北与马城镇为邻。人民政府驻长泰街331号，电话区号0315，邮政编码063501，距滦南县人民政府14千米。

政区沿革 1946年5月，属滦南县二区、三区。1953年5月，为长凝乡。1954年7月，改属滦县九区。1958年9月，撤乡，属卫星人民公社；同年11月，为长凝人民公社，改属乐亭县。1963年1月，属滦南县。1982年7月，辖22个生产大队。1984年5月，改设长凝乡。1984年7月，撤乡设镇。1989年4月，乐营乡并入，辖45个村民委员会。1996年1月，撤销马城镇，设马城办事处；同年4月，办事处改称管理区，马城管理区由长凝镇代管。2002年2月，马城管理区并入。

政区划分 2011年末，辖郭庄、陆庄、陈礼庄、南孙庄、大刘庄、小刘庄、毕庄、罗营、木梳庄、北王各庄、小高庄子、张鲁庄、长凝、宁庄、西孙庄、夏庄、晏各庄、沙角湾、柳行、薛各庄营、前苏各庄、后苏各庄、大孟庄、大高庄、王营、乐营、邱营、东暖泉、西暖泉、彭庄、梁庄、东赵庄、杨沈庄、温庄、刘小桥、杨安坨、黄庄、梁营、东染各庄、方泡、后麻地、新城子、南城子、北城子、后场45个村民委员会。

人口面积 2011年末，辖区总人口34707人，其中城镇常住人口13452人，城镇化率38.8%。另有流动人口4536人。总人口中，男性17675人，占50.9%；女性17032人，占49.1%；14岁以下4516人，占13%；15~64岁26066人，占75.1%；65岁以上4125人，占11.9%。总人口中，以汉族为主，达32330人，占93.2%；有满、壮、蒙古3个少数民族，共2377人，占6.8%。2011年，人口出生率9.56‰，人口死亡率6.69‰，人口自然增长率2.87‰。

辖区东西最大距离10.8千米，南北最大距离9.1千米，总面积53.7平方千米。其中陆地面积51.1平方千米，占95.2%；水域面积2.6平方千米，占4.8%。人口密度为每平方千米646人。

自然条件

地形地貌 地形为滦河冲积平原。地势东部低洼，西部平坦。

水文 境内主要河道有2条，均由北向南流经境内。其中滦柏输水干渠，流经西北部边缘，境内长7千米，流域面积28.5平方千米；滦乐干渠流经东部，境内长5.9千米，流域面积10.5平方千米。

矿藏及其他自然资源 境内已探明地下矿藏有铁矿。已探明的长凝铁矿储量达2亿吨。

自然灾害 主要自然灾害有雷暴、暴雨、冰雹、大风、高温等。暴雨灾害年均发生2次，主要发生在7月至8月。2011年8月发生涝灾，受灾面积6.7平方千米。

经济概况

农业 耕地面积5.16万亩，人均1.5亩；全部为水浇地。以种植小麦、玉米、蔬菜为主。2011年，农业总产值4.1亿元，比上年增长8.1%。

粮食作物以玉米、小麦为主。2011年，生产粮食3.2万吨，其中玉米2吨，小麦1万吨。2011年，蔬菜种植面积2.16万亩，产量9.8万吨，主要品种有韭菜、西红柿、大葱等，其中韭菜1.9万吨，西红柿1.5万吨、大葱1.2万吨。

畜牧业以猪、羊、家禽为主。2011年末，生猪存栏1.7万头；羊存栏5163只，家禽存栏18.9万羽。

2011年，农民人均纯收入7885元。

工业 以纺纱产业为主。2011年，实现工业增加值3.2亿元，比上年增长18.3%，占国内生产总值的28.1%。

2011年，规模以上工业企业2家，职工318人，实现工业增加值3549.5万元，比上年增长9.3%。

商业外贸 2011年末，个体工商户600多家，职工1800余人；城乡集贸市场3个。2011年，城乡集市贸易成交额3亿元，比上年增长3%。

财政金融 2011年，财政总收入2974万元，比上年增长38%。其中地方财政收入1153.3万元，比上年增长107.8%。固定资产投资2.1亿元，比上年增长83%。从主要税种看，完成营业税351.6万元，增值税1811万元，企业所得税147万元，个人所得税376.4万元。分别比上年增长675.9%、13.8%、584.4%、2.5%。人均财政收入856.9元，比上年增长37.9%。

社会发展

文化艺术 2011年末，镇文化站1个，村级文化活动中心45个。

教育 2011年末，幼儿园9所，在园幼儿743人，专任教师35人；小学6所，在校生2073人，专任教师140人，小学适龄儿童入学率100%；初中1所，在校生1048人，专任教师105人，初中适龄人口入学率、小升初升学率、九年义务教育覆盖率均达100%。2011年财政预算内教育经费1080万元，比上年增长5.4%。预算内教育经费占财政总支出的比例为33%，比上年提高了43个百分点。

医疗卫生 2011年末，镇卫生院1所；病床54张，每千人拥有医疗床位1.4张，固定资产总值2.3亿元。新型农村合作医疗参合率98.6%。

体育 2011年末，体育场地7处。5个村有篮球场地。

广播电视 2011年末，4个村安装了有线电视，1个村安装了数字电视。

社会保障 2011年，城镇最低生活保障户数60户，人数86人，支出25.8万元，比上年减少19.1%，月人均250元，比上年减少37.9%。

农村最低生活保障户数770户，人数1137人，支出136.7万元，比上年增长60.4%，月人均100.2元，比上年增长30.9%；农村五保集中供养110人，支出39.6万元，比上年减少0.9%；农村五保分散供养56人，支出19万元，比上年增长1.8%；农村医疗救助80人次，民政部门资助参加合作医疗1583人次，共支出35.8万元，比上年增长16.2%；农村临时救济27人次，支出3.8万元，比上年增长4.1%。

国家抚恤、补助各类优抚对象468人，抚恤事业费支出148.8万元，比上年增长13.2%。社区服务设施5个，其中社区服务中心1个，社区服务站3个。

新型农村社会养老保险参保人数2.2万人，参保率98.6%。

基础设施

交通运输 平青大公路、滦海大道过境。有县乡级公路3条，总长7千米。

邮政电信 2011年末，邮政局1所，代办所18处。报纸、期刊累计期发行1.5万份（册）。

电信企业1家，服务网点11个；电话交换机总容量2.8万门，固定电话用户9000户，电话用户普及率达到97%；移动电话用户1.2万户；宽带接入用户5000户。

镇区市政建设

公共交通 2011年末，镇区汽车站1个，公交汽车线路5条，公交停靠站4个。

给排水 2011年末，镇区自来水井48眼并有配套管网设施，自来水村普及率100%。

供电 2011年末，镇区35千伏以上变电站2座。

南城子村
(Nanchengzi Cun)

名称来历 因此村在古营地以东，故称东城子，后分成三处，此村在南，故称南城子庄，后称南城子。

地理位置 地处长凝镇西南部，东邻宋道口镇狮子营，南接宋道口镇北套，西连西城子，北邻北城子。

主要指标 2011年末，辖区总人口614人，总面积0.99平方千米，农民人均纯收入5977元。

北城子村
(Beichengzi Cun)

名称来历 因此村在古营地以东，故称东城子，后分成三处，此村在北，称北李家城子，后称北城子。

地理位置 地处长凝镇西南部，东邻毕庄，南接南城子，西连西城子，北邻后场。

主要指标 2011年末，辖区总人口766人，总面积1.05平方千米，农民人均纯收入5117元。

北王各庄村
(Beiwanggezhuang Cun)

名称来历 山西山后陆州居民迁至此地立庄，弟探兄死于此地，哥哥为纪念弟弟，取村名望哥村，后改为王各庄。1982年地名标准化处理工作中，更名为北王各庄。

地理位置 地处长凝镇西南部，东邻毕庄，南接南城子，西连温庄，北邻小高庄子。

主要指标 2011年末，辖区总人口916人，总面积1.22平方千米，农民人均纯收入8362元。

新城子村
(Xinchengzi Cun)

名称来历 因村东有一古营地，村处古营地之西，故名西城子。1982年地名标准化处理工作中，更名为新城子。

地理位置 地处长凝镇西南部，东邻北城子，南接宋道口镇张庙，西连方泡，北邻温庄。

主要指标 2011年末，辖区总人口824人，总面积1.53平方千米，农民人均纯收入5692元。

毕庄村

(Bizhuang Cun)

名称来历 此村原是汤姓居住，称汤家庄，后汤姓绝嗣，毕姓迁入立村后，改为毕家庄，后称毕庄。

地理位置 地处长凝镇西南部，东临罗营，南接宋道口镇狮子营，西连王各庄，北邻木梳庄。

主要指标 2011年末，辖区总人口1128人，总面积1.75平方千米，农民人均纯收入6197元。

长凝村

(Changning Cun)

名称来历 相传唐代尉迟敬德曾在此修塔镇水，明朝永乐初年，山西山后陆州张姓来此建村，根据传说命名长凝村，后称长凝。

地理位置 地处长凝镇西南部，东邻宁庄，南接木梳庄，西连小高庄子，北邻沙角湾。

主要指标 2011年末，辖区总人口897人，总面积1.2平方千米，农民人均纯收入10725元。

陈礼庄村

(Chenlizhuang Cun)

名称来历 据传唐代时此地就有一村名陈礼庄，明永乐二年，有山西山后陆州迁民来此立庄，仍沿用原名。

地理位置 地处长凝镇东南部，东邻原种场，南接陆庄、大刘庄，西连南孙庄，北邻前苏各庄。

主要指标 2011年末，辖区总人口1471人，总面积3.29平方千米，农民人均纯收入6545元。

大高庄村

(Dagaozhuang Cun)

名称来历 因高姓为大户，以姓氏命名为高家庄，因村大又称大高家庄，后称大高庄。

地理位置 地处长凝镇西北部，东邻马城桥头营，南接王营，西连程庄镇大贾庄，北邻大孟庄。

主要指标 2011年末，辖区总人口877人，总面积1.25平方千米，农民人均纯收入6157元。

大刘庄村

(Daliuzhuang Cun)

名称来历 明代刘姓由山西山后陆州迁移至此立村，故名刘庄。后分为两村，在马城以南称北刘庄，在长凝以南的称南刘庄。1961年，南刘庄分为两村，人少的为小刘庄，该村人多，称大刘庄。

地理位置 地处长凝镇西南部，东邻陆庄，南接宋道口镇任各庄，西连小刘庄，北邻陈礼庄。

主要指标 2011年末，辖区总人口472人，总面积0.87平方千米，农民人均纯收入7966元。

大孟庄村

(Damengzhuang Cun)

名称来历 有孟姓由山西山后陆州迁移至此地立庄，故名孟家庄，后改称大孟庄。

地理位置 地处长凝镇西北部，东邻马城镇邸庄，南接大高庄，西连滦县大闫营，北邻滦县小闫营。

主要指标 2011年末，辖区总人口1247人，总面积1.62平方千米，农民人均纯收入7346元。

东暖泉村

(Dongnuanquan Cun)

名称来历 过去有董姓由山西山后陆州迁至此地，因有一暖泉，立村后命名为暖泉庄，清朝宣统年间分东西两村，该村在东，故称东暖泉。

地理位置 地处长凝镇西北部，东临彭庄，南接邱营，西连西暖泉，北邻马城镇桥头营。

主要指标 2011年末，辖区总人口566人，总面积0.68平方千米，农民人均纯收入6113元。

西暖泉村

(Xinuanquan Cun)

名称来历 过去有董姓由山西山后陆州迁至此地，因有一暖泉，立村后命名为暖泉庄，清朝宣统年间分东西两村，该村在西，后称西暖泉。

地理位置 地处长凝镇西北部，东临东暖泉，南接邱营，西连王营，北邻梁庄。

主要指标 2011年末，辖区总人口565人，总面积0.53平方千米，农民人均纯收入6177元。

东染各庄村

(Dongrangezhuang Cun)

名称来历 因此处有一天然响水坝，早晨水汽在阳光照射下冉冉上升，此村在响水坝以南，故得名前冉各庄，后改称前染各庄。清光绪年间发大水，村中冲了一条河，该村在河东，改称东染各庄。

地理位置 地处长凝镇西南部，东邻黄庄，南接方泡，西连程庄镇前染各庄，北邻梁营。

主要指标 2011年末，辖区总人口945人，总面积1.24平方千米，农民人均纯收入8762元。

方泡村

(Fangpao Cun)

名称来历 方姓自山西山后陆州迁移至此地定居，因地势低洼，积水成“泡”得名方家泡，后称方泡（系滦州十八泡之一）。

地理位置 地处长凝镇西南部，东邻西城子，南接后麻地，西连倴城镇霍泡，北邻东染各庄。

主要指标 2011年末，辖区总人口880人，总面积1.9平方千米，农民人均纯收入7280元。

东赵庄村

(Dongzhaozhuang Cun)

名称来历 因赵姓为大户人多，故名赵家庄。1982年地名标准化处理工作中，更名为东赵庄。

地理位置 地处长凝镇西部，东邻西孙庄，南接温庄，西连刘小桥，北邻邱营。

主要指标 2011年末，辖区总人口870人，总面积1.2平方千米，农民人均纯收入6954元。

郭庄村

(Guozhuang Cun)

名称来历 因郭姓人多，故称郭家庄，后称郭庄。

地理位置 地处长凝镇东南部，东邻滦河，南接宋道口镇魏庄，西连大刘庄，北邻陆庄。

主要指标 2011年末，辖区总人口1310人，总面积3.79平方千米，农民人均纯收入9308元。

后场村

(Houchang Cun)

名称来历 据传清代南城子李家在此有一片土地，距家较远，收种不便，在此地设一打谷场，后来李家一部分人搬到打谷场处定居，得名后场里，后称后场。

地理位置 地处长凝镇西南部，东邻北王各庄，南接北城子，西连东染各庄，北邻杨沈庄。

主要指标 2011年末，辖区总人口298人，总面积0.5平方千米，农民人均纯收入5638元。

后麻地村

(Houmadi Cun)

名称来历 因此地生长野麻，立村后，命名为麻地庄，为与前麻地对称，而改称后麻地庄，后称后麻地。

地理位置 地处长凝镇西北部，东邻后苏各庄，南接沙角湾，西连彭庄，北邻马城镇岗子。

主要指标 2011年末，辖区总人口298人，总面积0.67平方千米，农民人均纯收入5638元。

前苏各庄村

(Qiansugezhuang Cun)

名称来历 因苏姓较多，村又居南，为与后苏各庄对称，故名前苏各庄。

地理位置 地处长凝镇东北部，东邻马城镇南坨子，南接宁庄，西连薛各庄营，北邻后苏各庄。

主要指标 2011年末，辖区总人口857人，总面积1.4平方千米，农民人均纯收入7095元。

后苏各庄村

(Housugezhuang Cun)

名称来历 因苏姓较多，得名苏各庄，后又因村南有前苏各庄，故名为后苏各庄。

地理位置 地处长凝镇北部，东邻马城镇多余屯，南接前苏各庄，西连薛各庄营，北邻马城镇贺庄。

主要指标 2011年末，辖区总人口460人，总面积0.69平方千米，农民人均纯收入8283元。

黄庄村

(Huangzhuang Cun)

名称来历 因黄姓为大户，故名黄家庄，后称黄庄。

地理位置 地处长凝镇西南部，东邻温庄，南接宋道口镇中麻地，西连梁营，北邻杨安坨。

主要指标 2011年末，辖区总人口523人，总面积0.64平方千米，农民人均纯收入6788元。

乐营村

(Laoying Cun)

名称来历 据传官兵曾在此驻守，安营扎寨，乐姓由山西山后陆州迁移至此地，立村后，取名为乐家营，后称乐营。

地理位置 地处长凝镇西北部，东邻邱营，南接刘小桥，西连程庄镇马庄子，北邻王营。

主要指标 2011年末，辖区总人口1478人，总面积1.66平方千米，农民人均纯收入10061元。

梁营村

(Liangying Cun)

名称来历 有梁姓自山西山后陆州迁民迁至此地立村，又因官兵曾在此驻守，安营扎寨，立村后名为梁家营，后称梁营。

地理位置 地处长凝镇西南部，东邻杨安坨，南接东染各庄，西连程庄镇肖庄，北邻乐营。

主要指标 2011年末，辖区总人口516人，总面积0.81平方千米，农民人均纯收入8275元。

梁庄村

(Liangzhuang Cun)

名称来历 有梁姓家族由山西山后陆州迁移至此地立庄，故名梁家庄，后称梁庄。

地理位置 地处长凝镇西北部，东邻马城镇马台，南接彭庄，西连西暖泉，北邻马城镇桥头营。

主要指标 2011年末，辖区总人口522人，总面积0.65平方千米，农民人均纯收入6973元。

刘小桥村

(Liuxiaoqiao Cun)

名称来历 明永乐元年（1403 年），有刘姓迁至此地立庄，当时村东有一小桥，故命名为刘家小桥，后称刘小桥。

地理位置 地处长凝镇西部，东邻赵庄，南接杨安坨，西连梁营，北邻乐营。

主要指标 2011 年末，辖区总人口 596 人，总面积 1.03 平方千米，农民人均纯收入 5705 元。

柳行村

(Liuhang Cun)

名称来历 因此地地势低洼，有柳树行，故名柳行庄，后称柳行。

地理位置 地处长凝镇西北部，东邻沙角湾，南接西孙庄，西连彭庄，北邻薛各庄营。

主要指标 2011 年末，辖区总人口 806 人，总面积 0.89 平方千米，农民人均纯收入 9690 元。

陆庄村

(Luzhuang Cun)

名称来历 因陆姓人多，故名陆家庄，后称陆庄。

地理位置 地处长凝镇东部，东邻县原种场，南接郭庄，西连大刘庄，北邻陈礼庄。

主要指标 2011 年末，辖区总人口 578 人，总面积 1.75 平方千米，农民人均纯收入 7716 元。

罗营村

(Luoying Cun)

名称来历 有罗姓由山西山后陆州迁移至此地立庄，又因官兵曾在此安过营寨，故名罗家营，后称罗营。

地理位置 地处长凝镇东南部，东邻小刘庄，南接宋道口镇葛代坨，西连毕庄，北邻张鲁庄。

主要指标 2011 年末，辖区总人口 544 人，总面积 0.82 平方千米，农民人均纯收入 7592 元。

木梳庄村

(Mushuzhuang Cun)

名称来历 明朝永乐元年（1403 年），孟、赵两姓由山西山后陆州迁至此地立村，因大多数人做木梳，故得名木梳庄。

地理位置 地处长凝镇西南部，东邻南孙庄，南接毕庄，西连北王各庄，北邻长凝。

主要指标 2011 年末，辖区总人口 362 人，总面积 0.53 平方千米，农民人均纯收入 9071 元。

西孙庄村

(Xisunzhuang Cun)

名称来历 因该村孙姓居多，又在长凝以西，故得名西孙家庄，后称西孙庄。

地理位置 地处长凝镇西北部，东邻晏各庄，南接小高庄子，西连赵庄，北邻柳行。

主要指标 2011 年末，辖区总人口 589 人，总面积 0.93 平方千米，农民人均纯收入 8302 元。

南孙庄村

(Nansunzhuang Cun)

名称来历 因建有牌楼，曾名牌楼孙庄，又因西北有西孙家庄，故名下孙家庄，后更名南孙庄。

地理位置 地处长凝镇西南部，东邻陈礼庄，南接小刘庄，西连木梳庄，北邻张鲁庄。

主要指标 2011 年末，辖区总人口 532 人，总面积 1.18 平方千米，农民人均纯收入 7951 元。

宁庄村

(Ningzhuang Cun)

名称来历 有宁氏兄弟两由山西山后陆州迁至此地，占地两处立村，得名前、后宁庄，后简称前宁、后宁，1948 年，两村合并，称宁庄。

地理位置 地处长凝镇东南部，东邻滦河大堤，南接张鲁庄，西连长凝，北邻前苏各庄。

主要指标 2011 年末，辖区总人口 905 人，总面积 1.32 平方千米，农民人均纯收入 10077 元。

彭庄村

(Pengzhuang Cun)

名称来历 因彭姓人多，以姓氏将该村命名为彭家庄，后称彭庄。

地理位置 地处长凝镇西北部，东邻薛各庄营，南接邱营，西连东暖泉，北邻马城镇马台。

主要指标 2011 年末，辖区总人口 872 人，总面积 1.08 平方千米，农民人均纯收入 7076 元。

邱营村

(Qiuying Cun)

名称来历 邱姓由山西山后陆州迁至此地，又因迁来之前，官兵曾在此处安营扎寨，立村后，命名为邱家营，后称邱营。

地理位置 地处长凝镇西北部，东邻柳行，南接赵庄，西连乐营，北邻东暖泉。

主要指标 2011 年末，辖区总人口 1010 人，总面积 1.08 平方千米，农民人均纯收入 9673 元。

沙角湾村

(Shajiaowan Cun)

名称来历 因此村位于小河东岸河湾处，两旁淤沙甚多，故得名沙角湾。

地理位置 地处长凝镇北部，东邻前苏各庄，南接长凝，西连晏各庄，北邻薛各庄营。

主要指标 2011年末，辖区总人口653人，总面积0.95平方千米，农民人均纯收入9810元。

王营村

(Wangying Cun)

名称来历 王氏奉命迁至此地，又因王姓迁来之前，官兵曾在此驻守，安营扎寨，故名王家营，后称王营。

地理位置 地处长凝镇西北部，东邻西暖泉，南接乐营，西连程庄镇马庄子，北邻大高庄。

主要指标 2011年末，辖区总人口539人，总面积0.93平方千米，农民人均纯收入10353元。

温庄村

(Wenzhuang Cun)

名称来历 因立庄时温姓户大人多，故名温家庄，后称温庄。

地理位置 地处长凝镇西南部，东邻杨沈庄，南接西城子，西连杨安坨，北邻刘小桥。

主要指标 2011年末，辖区总人口1920人，总面积2.21平方千米，农民人均纯收入8594元。

夏庄村

(Xiazhuang Cun)

名称来历 因夏姓人多，以姓氏命村名为夏家庄，后称夏庄。

地理位置 地处长凝镇西北部，东邻晏各庄，南接长凝，西连西孙庄，北邻柳行。

主要指标 2011年末，辖区总人口277人，总面积0.49平方千米，农民人均纯收入7762元。

小高庄子村

(Xiaogaozhuangzi Cun)

名称来历 高姓由山西山后陆州迁至此地立村，因只有三户人家，故名小高庄，俗称小高庄子。1961年，更名为高庄子。1982年地名标准化处理工作中，恢复原名。

地理位置 地处长凝镇西部，东邻长凝，南接王各庄，西连杨沈庄，北邻西孙庄。

主要指标 2011年末，辖区总人口410人，总面积0.52平方千米，农民人均纯收入10585元。

小刘庄村

(Xiaoliuzhuang Cun)

名称来历 因刘姓居多而得名刘庄，后分为两村，马城以南称为北刘庄，长凝以南称为南刘庄。1961年，把南刘庄划为两村，人多的为大刘庄，该村人少，称小刘庄。

地理位置 地处长凝镇南部，东邻大刘庄，南接宋道口镇任各庄西，西连毕庄，北邻南孙庄。

主要指标 2011年末，辖区总人口239人，总面积0.44平方千米，农民人均纯收入7657元。

薛各庄营村

(Xuegezhuangying Cun)

名称来历 有山西山后陆州移民迁至此地立村，分东、西两处居住，薛姓住西，名为薛家庄，王姓住东，建有小楼名为王家楼，后两庄合并，改名为薛各庄营。

地理位置 地处长凝镇西北部，东邻后苏各庄，南接沙角湾，西连彭庄，北邻马城镇岗子。

主要指标 2011年末，辖区总面积为0.96平方千米，总人口712人，农民人均纯收入7865元。

杨安坨村

(Yang'antuo Cun)

名称来历 过去有杨姓由山西山后陆州迁到此地，因该地有一尼姑庵，立村后命名为杨姑庵坨，后习惯叫杨安坨。

地理位置 地处长凝镇西南部，东邻温庄，南接西城子，西连黄庄，北邻刘小桥。

主要指标 2011年末，辖区总人口1134人，总面积1.42平方千米，农民人均纯收入6693元。

杨沈庄村

(Yangshenzhuang Cun)

名称来历 因是杨、沈两姓立村，故名杨沈庄。

地理位置 地处长凝镇西部，东邻小高庄子，南接后场，西连温庄，北邻赵庄。

主要指标 2011年末，辖区总人口624人，总面积0.82平方千米，农民人均纯收入6939元。

张鲁庄村

(Zhangluzhuang Cun)

名称来历 明代先祖由山西山后陆州迁至此地立村，按姓氏分为张家庄、鲁家庄，后张、鲁两村合并，故称张鲁庄。

地理位置 地处长凝镇东部，东邻滦乐干渠，南接南孙庄，西连高庄子，北邻宁庄。

主要指标 2011年末，辖区总人口793人，总面积1.01平方千米，农民人均纯收入9117元。

晏各庄村

(Yangezhuang Cun)

名称来历 据传有山西山后陆州移民迁至此地立村，时值雁过，故名雁过庄，后取谐音改名晏各庄。

地理位置 地处长凝镇西北部，东邻沙角湾，南接长凝，西连夏庄，北邻柳行。

主要指标 2011年末，辖区总人口345人，总面积0.39平方千米，农民人均纯收入9768元。

（撰稿：陈进学，初审：刘春花）

胡各庄镇

(Hugezhuang Zhen)

政区概况

名称来历 因镇人民政府驻地位于东胡各庄村而得名。

地理位置 地处滦南县南部，东与姚王庄镇接壤，南连坨里镇，西邻柏各庄镇，北接司各庄镇、方各庄镇。人民政府驻东胡各庄育才路510号，电话区号0315，邮政编码063504，距滦南县人民政府12.5千米。

政区沿革 1946年5月，属滦南县五区、六区。1953年5月，为胡各庄乡。1954年7月，改属滦县十二区。1958年9月，撤乡，属红光人民公社。1958年11月，改属乐亭县，为胡各庄人民公社。1963年，属滦南县。1984年5月，撤销人民公社，设胡各庄乡。1984年7月，撤乡设镇，辖19个村民委员会。1989年4月，高庄子乡并入，辖33个村民委员会。1996年1月，撤销西万坨乡，设西万坨办事处。1996年4月，办事处改管理区，西万坨管理区由胡各庄镇代管。2002年2月，西万坨管理区并入。

政区划分 2011年末，辖东胡、西胡、郑各庄、西庄店、东庄店、沈营、北圈、南圈、小圈、刘营、王家营、井离庄、肖家河、南王庄子、东三间房、西三间房、东梁各庄、西梁各庄、康中河、邢各庄、桑园、大富各庄、刘庄、前史、史各庄、戚庄、大崔庄、高庄子、孟各庄、东新户、西新户、侯各庄、马各庄33个村民委员会。

人口面积 2011年末，辖区总人口36070人，其中城镇常住人口10112人，城镇化率28%。另有流动人口3514人。总人口中，男性18379人，占51%；女性17691人，占49%；14岁以下4237人，占11.7%；15～64岁29307人，占81.3%；65岁以上2526人，占7%。总人口中，以汉族为主，达34762人，占96.4%；有满、蒙古等4个少数民族，共1308人，占3.6%，其中满族1275人，占少数民族人口的97.5%。2011年，人口出生率7.11‰，人口死亡率6.3‰，人口自然增长率0.81‰。

辖区东西最大距离11.4千米，南北最大距离8.6千米，总面积67.5平方千米。其中陆地面积64.4平方千米，占95.4%；水域面积3.1平方千米，占4.6%。人口密度为每平方千米534人。

自然条件

地形地貌 东部地势平坦，西部低洼，地势东高西低，北高南低。

水文 第一泄洪道和第二泄洪道分别从西部、东部由北而南流经境内，境内分别长9.5千米、5千米，流域面积44平方千米、21平方千米。

自然灾害 主要自然灾害有雷暴、暴雨、冰雹、大风、高温等。暴雨灾害年均发生2次，主要发生在7月至8月，最严重的一次发生在2011年，受灾面积17.3平方千米

经济概况

农业 耕地面积7.9万亩，人均2.2亩；东部为旱田地，西部为水浇地。以种植玉米、水稻、蔬菜为主。2011年，农业总产值4.6亿元，比上年增长26.4%。

粮食作物以水稻、玉米为主。2011年，生产粮食3.3万吨，其中水稻2.1万吨，玉米1万吨，小麦1000吨，其他1000吨。主要经济作物有蔬菜。2011年，蔬菜种植面积2万亩，产量7.9万吨，主要品种有井丰葱、西红柿、甘蓝等，其中井丰葱3600吨，甘蓝2500吨，西红柿3500吨。

畜牧业以猪、牛、羊、家禽为主。2011年，生猪饲养量4.9万头，年末存栏5.1万头；奶牛饲养量1266头，年末存栏2165头；羊饲养量5400只，年末存栏4300只；肉鸡饲养量69.3万羽。

工业 以纺纱产业为主。2011年，实现工业增加值1.8亿元，比上年增长7.9%，占国内生产总值的21.7%。

商业外贸 2011年末，个体工商户500家，职工1725人；城乡集贸市场5个。2011年，城乡集市贸易成交额2.4亿元，比上年增长9%。

财政金融 2011年，财政总收入841万元，比上年增长199.9%。其中地方财政收入238万元，比上年增长102.4%。从主要税种看，完成营业税66.4万元，增值税566.6万元，企业所得税40.4万元，个人所得税69.7万元。分别比上年增长105.8%、302.2%、33.6%、36.9%。人均财政收入233.2元，比上年增长199.8%。

社会发展

文化艺术 2011年末，镇文化站1个，村级文化活动中心33个；各类文化专业户45个；各类图书室7个，藏书2万余册。

教育 2011年末，幼儿园8所，在园幼儿638人，专任教师34人；小学6所，在校生1756人，专任教师110人，小学适龄儿童入学率100%；初中1所，在校生986人，专任教师87人，初中适龄人口入学率、小升初升学率、九年义务教育覆盖率均达100%；高中1所，在校生1540人，专业教师170人。2011年教育经费1414万元，比上年减少6%。

医疗卫生 2011年末，镇医疗卫生机构1个，门诊部

(所) 6个；病床30张，每千人拥有病床0.9张，固定资产总值70万元。专业卫生人员30名，其中执业医师14人，执业助理医师10人，注册护士6人。2011年医疗机构（门诊部以上）完成诊疗9.2万人次。新型农村合作医疗参合人数3.1万人，参合率99.4%。

体育 2011年末，学校体育场地7处。13个村有篮球场地。

社会保障 2011年城镇最低生活保障户数44户，人数65人，支出21.2万元，比上年减少26.1%，月人均272元，比上年减少25%；城市医疗救助2人次，民政部门资助参加合作医疗81人次，共支出3.8万元，比上年减少35.5%。

农村最低生活保障户数972户，人数1206人，支出117.8万元，比上年增长72.5%，月人均81.4元，比上年增长3%；农村五保集中供养162人，支出58.3万元，比上年增长5.2%；农村五保分散供养100人，支出34万元，比上年减少2%；农村医疗救助72人次，民政部门资助参加合作医疗1769人次，共支出39万元，比上年增长13.5%；农村临时救济28人次，支出4万元，比上年增长5.9%。

国家抚恤、补助各类优抚对象483人，抚恤事业费支出181.2万元，比上年增长12.7%。

社区服务设施9个，其中社区服务中心1个，社区服务站8个。

新型农村社会养老保险参保人数4.1万人，参保率98%。

基础设施

交通运输 沿海高速古柳线和西曾线过境。迁曹铁路过境。有县乡级公路23条，总长85千米。

邮政电信 2011年末，邮政局1所，代办所26个；报纸、期刊累计期发行1.3万份（册）。电信企业1家，服务网点16个；电话交换机总容量3万门，固定电话用户0.7万户，电话用户普及率达到96%；移动电话用户1.2万户；宽带接入用户3000户。

镇区市政建设

公共交通 2011年末，镇区汽车站1个，公共汽车线路10条，公交停靠站3个，每天40班次。

给排水 2011年末，镇区深水井45眼并有配套管网设施，自来水村普及率100%。

供电 2011年末，镇区35千伏以上变电站1座。

东胡村

(Donghu Cun)

名称来历 因该村世居曹、胡两姓，故名曹胡庄，后因曹姓绝嗣，改称胡各庄。1962年，拆分为两村，因该村坐落于东半部，故名东胡。

地理位置 地处胡各庄镇中部，为胡各庄镇政府所在地。东邻小圈，南接康中河，西与西胡相连，北邻郑各庄。

主要指标 2011年末，总人口1445人，总面积2.89平方千米，农民人均纯收入7455元。

西胡村

(Xihu Cun)

名称来历 因该村世居曹、胡西姓，故名曹胡庄，后因曹姓绝嗣，改称胡各庄。1962年，拆分为两村，因该村坐落于西半部，故名西胡。

地理位置 地处胡各庄镇西部，东与东胡相连，南临邢各庄，西邻东新户，北与郑各庄接壤。

主要指标 2011年末，辖区总人口1245人，总面积2.16平方千米米，农民人均纯收入7291元。

郑各庄村

(Zhenggezhuang Cun)

名称来历 过去郑姓立村，名郑家庄，后改称郑各庄。

地理位置 地处胡各庄镇西部，东邻小圈，南与东胡相接，西邻侯各庄，北与马各庄接壤。

主要指标 2011年末，辖区总人口992人，总面积1.78平方千米，农民人均纯收入7295元。

西庄店村

(Xizhuangdian Cun)

名称来历 原名砖瓦站，改称庄家店。后分为东西两村，本村在西，称西庄店。

地理位置 地处胡各庄镇北部，东邻东庄店，南接东胡，西临郑各庄，北与方各庄镇魏各庄接壤。

主要指标 2011年末，辖区总人口630人，总面积1.07平方千米，农民人均纯收入7255元。

东庄店村

(Dongzhuangdian Cun)

名称来历 原名砖瓦站，改称庄家店。后分为东、西两村，因该村在东，称东庄店。

地理位置 地处胡各庄镇北部，东邻沈营，南邻东胡，西与西庄店相接，北邻方各庄镇魏各庄。

主要指标 2011年末，辖区总人口385人，总面积1.32平方千米，农民人均纯收入7431元。

沈营村

(Shenying Cun)

名称来历 过去有沈姓由外地迁至此地，立村后称沈家营，后称沈营。

地理位置 地处胡各庄镇东部，东邻小圈，南邻西三间房，西邻东庄店，北与北圈接壤。

主要指标 2011年末，辖区总人口1245人，总面积2.32平方千米，农民人均纯收入6656元。

北圈村

(Beiquan Cun)

名称来历 据传唐王征东时，在此建立南、北两个养马圈（juan），此地居北，称北圈。后外地移民迁此立村，称北圈村，后人嫌圈（juan）声义贬，改称北圈（quan）。

地理位置 地处胡各庄镇西北部，东邻姚王庄镇张麻湾，南接南圈，西邻沈营，北与方各庄镇军师庄接壤。

主要指标 2011年末，辖区总人口1768人，总面积3.41平方千米，农民人均纯收入6571元。

南圈村

(Nanquan Cun)

名称来历 据传唐王征东时，在此处曾建南北两个养马圈（juan），此地为南圈。后移民至此建村，命村名为南圈庄，后人嫌圈（juan）音义贬，改称南圈（quan）。

地理位置 地处胡各庄镇东部，东邻姚王庄镇张麻湾，南接王营，西与小圈相接，北与北圈接壤。

主要指标 2011年末，辖区总人口1647人，总面积2.87平方千米，农民人均纯收入6911元。

小圈村

(Xiaoquan Cun)

名称来历 过去有刘、张两户由本县麻湾迁至此地，建房立村，地处南圈之西，故叫南圈西庄，后因该村小于南圈，改名小圈。

地理位置 地处胡各庄镇东部，东与南圈相接，南接西三间房，西连东胡，北邻北圈。

主要指标 2011年末，辖区总人口712人，总面积1.24平方千米，农民人均纯收入6910元。

刘营村

(Liuying Cun)

名称来历 该村原名宋家营，后有刘姓移至此地，随着刘姓人口增多，改为刘家营，后称刘营。

地理位置 地处胡各庄镇东部，东邻姚王庄镇姚王庄，南与井离庄接壤，西邻王营，北邻姚王庄镇张麻湾。

主要指标 2011年末，辖区总人口920人，总面积1.58平方千米，农民人均纯收入8018元。

王家营村

(Wangjiaying Cun)

名称来历 明朝洪武年间遣燕王北伐，此处曾建过兵营，后有王姓至此建村，称王家营，后称王营。

地理位置 地处胡各庄镇东部，东邻刘家营，南接肖家河，西邻东三间房，北与南圈接壤。

主要指标 2011年末，辖区总人口530人，总面积0.92平方千米，农民人均纯收入6775元。

东三间房村

(Dongsanjianfang Cun)

名称来历 清朝初年，刘姓由本县麻湾迁入建房三间，因地处三间房村东，故名东三间房。

地理位置 地处胡各庄镇东南部，东与西三间房相连，南邻东梁各庄，西邻康中河，北与小圈接壤。

主要指标 2011年末，辖区总人口224人，总面积0.4平方千米，农民人均纯收入7301元。

西三间房村

(Xisanjianfang Cun)

名称来历 据《滦县志》载，明代末年，本县泽坨张氏兄弟来此放牧，建房三间，后定居于此，称三间房，清朝初年，迁来刘姓，在本村之东建房三间，该村遂称西三间房。

地理位置 地处胡各庄镇东南部，东与东三间房相连，南接东梁各庄，西与康中河接壤，北邻小圈。

主要指标 2011年末，辖区总人口380人，总面积0.62平方千米，农民人均纯收入6839元。

康中河村

(Kangzhonghe Cun)

名称来历 因过去此村仅有康、钟两姓，故名康钟和，以示团结，后此村迁来诸姓，改称康中河。

地理位置 地处胡各庄镇南部，东邻西三间房，南接西梁各庄，西与东新户接壤，北与东胡村相接。

主要指标 2011年末，辖区总人口500人，总面积1.01平方千米，农民人均纯收入6805元。

东梁各庄村

(Dongliangezhuang Cun)

名称来历 该村原名东运粮庄，因西靠运粮河而得名，后因运粮河干枯，改称为东梁各庄。

地理位置 地处胡各庄镇东部，东与肖家河接壤，南邻南王庄子，西与西梁各庄相接，北邻西三间房。

主要指标 2011年末，辖区总人口1188人，总面积2.18平方千米，农民人均纯收入6701元。

西梁各庄村

(Xilianggezhuang Cun)

名称来历 该村原名西运粮庄，因东靠运粮河得名，后因运粮河干枯，改称西梁各庄。

地理位置 地处胡各庄镇南部，东与东梁各庄相连，南接坨里镇坨里，西邻邢各庄，北与康中河接壤。

主要指标 2011年末，辖区总人口780人，总面积1.83平方千米，农民人均纯收入6536元。

肖家河村

(Xiaojiahe Cun)

名称来历 该村建于辽代，原名肖家后，后因村中有一无名小河，故改名为肖家河。

地理位置 地处胡各庄镇东南部，东与井离庄相接，南接坨里镇常旺庄，西邻东梁各庄，北邻王营。

主要指标 2011 年末，辖区总人口 1200 人，总面积 2.2 平方千米，农民人均纯收入 7046 元。

井离庄村

(Jinglizhuang Cun)

名称来历 明永乐年间，由外地移民迁此立村，因迷信“打井必须离开村庄”，故把井打在村外，并起名井离庄。

地理位置 地处胡各庄镇东南部，东与生理庄相接，南接坨里镇丘庄子，西与肖家河相连，北邻王营。

主要指标 2011 年末，辖区总人口 1680 人，总面积 3.31 平方千米，农民人均纯收入 7855 元。

南王庄子村

(Nanwangzhuangzi Cun)

名称来历 由本县狗庄迁来王姓弟兄两户在此建村，以姓氏得名王庄子。1982 年地名标准化处理后，更名南王庄子。

地理位置 地处胡各庄镇东南部，东邻肖家河，南接坨里镇常旺庄，西邻东梁各庄。北与东三间房相接。

主要指标 2011 年末，辖区总人口 458 人，总面积为 1.03 平方千米，农民人均纯收入 7548 元。

马各庄村

(Magezhuang Cun)

名称来历 过去有马姓由山西山后陆州迁至此地建村，故称马各庄。

地理位置 地处胡各庄镇西北部，东邻郑各庄，南接侯各庄，西与史各庄接壤，北与司各庄镇龙王庄相接。

主要指标 2011 年末，辖区总人口 1658 人，总面积 3.39 平方千米，农民人均纯收入 6781 元。

侯各庄村

(Hougezhuang Cun)

名称来历 过去有侯姓由山西山后陆州迁至此地建村，以姓氏得名侯各庄。

地理位置 地处胡各庄镇西部，东邻西胡村，南接桑园，西与史各庄相接，北与马各庄接壤。

主要指标 2011 年末，辖区总人口 1136 人，总面积为 2.1 平方千米，农民人均纯收入 7646 元。

史各庄村

(Shigezhuang Cun)

名称来历 过去有史姓由山西山后陆州迁至此地建村，以姓氏得名史各庄。

地理位置 地处胡各庄镇西北部，东邻侯各庄，西邻大崔庄，南与前史相接，北邻司各庄镇赵祁庄。

主要指标 2011 年末，辖区总人口 2661 人，总面积为 3.04 平方千米，农民人均纯收入 7434 元。

前史村

(Qianshi Cun)

名称来历 过去有史姓由山西山后陆州迁此立村，以姓氏得名史各庄。1959 年，史各庄拆分为两个村，因该村所处方位在前，故名为前史。

地理位置 地处胡各庄镇西部，东邻侯各庄，南接戚庄，西连柏各庄镇李沟府，北邻史北。

主要指标 2011 年末，辖区总人口 1483 人，总面积 2.86 平方千米，农民人均纯收入 7161 元。

大崔庄村

(Dacuizhuang Cun)

名称来历 过去有崔姓由山西山后陆州迁此立村，称崔庄，为区别同名村，称东崔村，后改名大崔庄。

地理位置 地处胡各庄镇西部，东邻高庄子，南连戚庄，西临柏各庄镇张沟府，北邻前史。

主要指标 2011 年末，辖区总人口 1040 人，总面积 2.44 平方千米，农民人均纯收入 6908 元。

戚庄村

(Qizhuang Cun)

名称来历 过去戚姓由山西山后陆州迁此立村，故名戚家庄，后称戚庄。

地理位置 地处胡各庄镇西部，东邻孟各庄，南与刘庄相接，西邻柏各庄镇曹李庄，北邻大崔庄。

主要指标 2011 年末，辖区总人口 1750 人，总面积 3.09 平方千米，农民人均纯收入 6768 元。

刘庄村

(Liuzhuang Cun)

名称来历 过去刘姓由山西山后陆州迁此立村，称刘家庄，后称刘庄。

地理位置 地处胡各庄镇西部，东邻孟各庄，南邻大富各庄，西连柏各庄喑牛淀，北与戚庄接壤。

主要指标 2011 年末，辖区总人口 750 人，总面积 1.74 平方千米，农民人均纯收入 6539 元。

大富各庄村

(Dafugezhuang Cun)

名称来历 过去郜姓由山西山后陆州迁此立村，取发财致富之义，命名村名为大富各庄。

地理位置 地处胡各庄镇西南部，东邻坨里镇薛庄，南与柏各庄镇甜井接壤，西邻刘庄，北邻孟各庄。

主要指标 2011年末，辖区总人口1601人，总面积3.26平方千米，农民人均纯收入7011元。

孟各庄村

(Menggezhuang Cun)

名称来历 过去孟姓由山西山后陆州迁此立村，称孟家庄，后改称孟各庄。

地理位置 地处胡各庄镇西南部，东邻桑园，南接大富各庄，西连刘庄，北邻高庄子。

主要指标 2011年末，辖区总人口1181人，总面积2.06平方千米，农民人均纯收入6764元。

桑园村

(Sangyuan Cun)

名称来历 过去有高姓由山西山后陆州迁此立村，因当时此地有桑林，故得名桑园庄，后称桑园。

地理位置 地处胡各庄镇西南部，东邻邢各庄，南与坨里镇薛庄相接，西邻刘庄，北邻西新户。

主要指标 2011年末，总辖区人口1440人，总面积2.75平方千米，农民人均纯收入6897元。

邢各庄村

(Xinggezhuang Cun)

名称来历 过去邢姓由山西山后陆州迁至此地建村，故称邢各庄。

地理位置 地处胡各庄镇西南部，东邻西梁各庄，南邻坨里镇赵庄，西与桑园相接，北邻东新户。

主要指标 2011年末，辖区总人口1051人，总面积1.97平方千米，农民人均纯收入6854元。

东新户村

(Dongxinhu Cun)

名称来历 清代王姓由本县桑园村移此地建村，称王新户。1950年，因村西面的3个新户片村合并称西新户，本村遂改叫东新户。

地理位置 地处胡各庄镇西南部，东邻西胡，南接邢各庄，西接西新户，北邻侯各庄。

主要指标 2011年末，辖区总人口408人，总面积0.81平方千米，农民人均纯收入6951元。

西新户村

(Xixinhu Cun)

名称来历 过去有刘姓由山西山后陆州迁至此地建村，称刘新户；清朝末年，本县西一六庄张姓、大姚各庄姚姓来此村定居，分别称张新户、姚新户。1950年，三片村合并，称西新户。

地理位置 地处胡各庄镇西南部，东邻东新户，南邻桑园，西邻高庄子，北连侯各庄。

主要指标 2011年末，辖区总人口995人，总面积1.93平方千米，农民人均纯收入7002元。

高庄子村

(Gaozhuangzi Cun)

名称来历 过去高姓由山西山后陆州迁至此地建村，故称高庄子。

地理位置 地处胡各庄镇西南部，东邻西新户，南连孟各庄，西接戚庄，北邻侯各庄。

主要指标 2011年末，辖区总人口626人，总面积1.23平方千米，农民人均纯收入6704元。

（撰稿：孙万双，初审：刘春花）

坨里镇

(Tuoli Zhen)

政区概况

名称来历 因镇人民政府驻地位于坨里村而得名。

地理位置 地处滦南县南部，东与姚王庄镇接壤，南连唐海县九农场及南堡镇，西邻柏各庄镇，北与胡各庄镇毗连。人民政府驻坨里村育新街1号，电话区号0315，邮政编码063504，距滦南县人民政府18千米。

政区沿革 1946年5月，属滦南县六区。1950年7月，属五区。1954年7月，改属滦县十二区。1956年7月，设立坨里乡。1958年9月，撤乡，属红光人民公社。1958年11月，改属乐亭县胡各庄人民公社。1961年6月，析出，设坨里人民公社。1963年1月，属滦南县。1984年5月，撤销人民公社，设坨里乡，辖19个村民委员会。1994年9月，撤乡设镇。

政区划分 2011年末，辖东新庄子、邱庄子、常旺庄、四新庄、小新庄子、坨里、张家庄、闵庄、孙庄、贾庄、张城、岳庄、赵庄、薛庄、前独莫城、后独莫城、吴庄子、蒋各庄、薛各庄19个村民委员会。

人口面积 2011年末，辖区总人口18637人，其中城镇常住人口4451人，城镇化率23.9%。另有流动人口442人。总人口中，男性9410人，占50.5%；女性9227人，占49.5%；14岁以下3746人，占20.1%；15~64岁13195人，占70.8%；65岁以上1696人，占9.1%。总人口中以汉族为主，达18108人，占97.2%；有满、蒙古、壮、朝鲜4个少数民族，共529人，占2.8%。2011年，人口出生率6.51‰，人口死亡率6.88‰，人口自然增长率-0.37‰。

辖区东西最大距离11.3千米，南北最大距离8.5千米，总面积37.6平方千米。其中陆地34.9平方千米，占93%；水域2.7平方千米，占7%。人口密度为每平方千米496人。

自然条件

地形地貌 地势平坦，西、北略高，东、南略低，地面高程一般在海拔25～30米。

水文 第二泄洪道由北而南从东部流经境内，境内长2.2千米，流域面积9.1平方千米。

自然灾害 主要自然灾害有旱涝、风灾、低温、霜冻、雷击等。据1967—1986年资料统计，大风日数占全年总刮风日数的55.2%，冰雹出现日占全年总降雹日的30.8%。

经济概况

农业 耕地面积3.71万亩，人均2亩。2011年，农业总产值3.9亿元，比上年增长16.5%，实现农业增加值1.9亿元。

粮食作物以水稻、玉米为主。2011年，生产粮食1.7万吨，其中水稻1万吨，玉米6484吨。主要经济作物有棉花、花生。2011年，棉花种植面积2000亩，产量175吨，可向社会提供175吨商品棉；花生种植面积3000亩，产量1079吨；蔬菜种植面积2万亩，产量7.8万吨，主要品种有大白菜、甘蓝、尖椒。

畜牧业以猪、羊、家禽为主。2011年，生猪饲养量6.5万头，年末存栏5.5万头；羊饲养量3000只，年末存栏2000只；家禽饲养量14.2万羽。

截至2011年末，累计造林9582亩，其中防护林6662亩，经济林2046亩，农民住宅四旁树木2.3万株，林木覆盖率23.7%。

工业 以机械加工、建筑材料为主。2011年，实现工业增加值6137万元，比上年增长3.1%，占国内生产总值的12.4%。2011年，工业企业6家，职工120人。

商业外贸 2011年末，个体工商户100家，职工325人；城乡集贸市场1个。2011年，城乡集市贸易成交额3000万元，比上年增长11.0%。

财政金融 2011年，财政总收入257万元，比上年增长184%。其中地方财政收入201万元，比上年增长377.9%。从主要税种看，完成营业税128万元，增值税56万元，企业所得税17万元，个人所得税42万元，分别比上年增长1079.2%、31.4%、135%、61.4%。人均财政收入137.9元。比上年增长184.8%。2011年，银行和金融机构各类存款余额1.5亿元，比上年增长15.6%；各项贷款余额333万元，比上年减少。

社会发展

文化艺术 2011年末，镇文化站1个，村级文化活动中心1个，图书室3个，藏书5000余册。

教育 2011年末，幼儿园5所，在园幼儿350人，专任教师14人；小学4所，在校生973人，专任教师75人，小学适龄儿童入学率100%；初中1所，在校生426人，专任教师48人，初中适龄人口入学率、小升初升学率、九年义务教育覆盖率均达100%。2011年财政预算内教育经费868.9万元，预算内教育经费占财政总支出的比例为66.5%。

医疗卫生 2011年末，医疗卫生机构1个，门诊所36个；病床75张，每4人拥有医疗床位2.5张、固定资产总值1500万元。专业卫生人员50名，其中执业医师2人，执业助理医师4人。2011年医疗机构完成诊疗5600人次。新型农村合作医疗参合人数1.8万人，参合率99%。

体育 2011年末，学校体育场地2处。36%的村安装了健身器材，经常参加体育活动的人员占常住人口的23%。

社会保障 2011年城镇最低生活保障户数40户，人数49人，支出15.5万元，比上年增长12.7%，月人均264.4元，比上年增长3.5%；城市医疗救助35人次，民政部门资助参加合作医疗920人次，共支出5.5万元，比上年增长50%。

农村最低生活保障户数441户，人数838人，支出93.6万元，比上年增长80.4%，月人均93.7元，比上年增长22.1%；农村五保集中供养37人，支出13.3万元，比上年减少7.5%；农村五保分散供养23人，支出7.8万元，比上年减少4.2%；农村医疗救助57人次，民政部门资助参加合作医疗1039人次，共支出24.3万元，比上年增长15.2%；农村临时救济24人次，支出3.4万元，比上年增长3.5%。

国家抚恤、补助各类优抚对象218人，抚恤事业费支出86.9万元，比上年增长15.2%。社会福利费3万元，比上年增长3.2%。

新型农村社会养老保险参保人数1.3万人，参保率99%。

基础设施

交通运输 沿海高速过境，境内长9千米，有孙庄1个出口；滦海公路过境，境内长4.5千米。有县乡级公路4条，总长15.5千米。

邮政电信 2011年末，电信企业2家，服务网点19个；电话交换机总容量1.5万门，固定电话用户4000户，电话用户普及率达到90%；移动电话用户4200户；宽带接入用户1500户。全年电信业务收入250万元。

镇区市政建设

公共交通 2011年末，镇客运点1个，日经过班车30次，日均容量1100余人次。

给排水 2011年末，镇区自来水井24眼并有配套管网设施，自来水村普及率100%。

供电 2011年末，镇区35千伏以上变电站1座，主变压器2个，总容量6300千伏安。年售电量累计完成3124万千瓦时，供电可靠率99.8%。

园林绿化 2011年末，镇政府驻地花坛50个，绿化面积2公顷。

东新庄子村

(Dongxinzhuangzi Cun)

名称来历 因街道走向不正，得名斜新庄子，后村西建一小新庄子，改名为东新庄子。

地理位置 地处坨里镇东部，东邻姚王庄镇胡许庄，南邻曹妃甸区青坨，西连邱庄子，北邻姚王庄镇生理庄。

主要指标 2011年末，辖区总人口723人，总面积1.37平方千米，农民人均纯收入7754元。

邱庄子村

(Qiuzhuangzi Cun)

名称来历 明末满人进关后，姜氏跑马行圈占地，此处派邱姓搭一窝铺看管，名邱家铺，后人口增多，先后改称邱家营、邱家庄，后称邱庄子。

地理位置 地处坨里镇东部，东连东新庄子，南邻曹妃甸区桑庄子，西邻常旺庄，北邻胡各庄镇井离庄。

主要指标 2011年末，辖区总人口1008人，总面积1.86平方千米，农民人均纯收入7653元。

常旺庄村

(Changwangzhuang Cun)

名称来历 因地势低洼积水，得名常汪庄。1965年，改称常旺庄。

地理位置 地处坨里镇东部，东邻邱庄子，南邻曹妃甸区太平庄子，西连四新庄，北邻胡各庄镇南王庄子。

主要指标 2011年末，辖区总人口920人，总面积1.74平方千米，农民人均纯收入7653元。

四新庄村

(Sixinzhuang Cun)

名称来历 此村在明代由山西山后陆州移民迁此立村，同时修一小庙，得名小庙上。1965年，改名为四新庄。

地理位置 地处坨里镇东部，东连常旺庄，南邻曹妃甸区三家子，西连小新庄，北临胡各庄镇西梁各庄。

主要指标 2011年末，辖区总人口733人，总面积1.09平方千米，农民人均纯收入7488元。

小新庄子村

(Xiaoxinzhuangzi Cun)

名称来历 因是新立村庄，又因村小，故名小新庄子。

地理位置 地处坨里镇东部，东连四新庄，南接孙庄，西连坨里，北邻胡各庄镇西梁各庄。

主要指标 2011年末，辖区总人口193人，总面积0.42平方千米，农民人均纯收入7352元。

坨里村

(Tuoli Cun)

名称来历 因村北有一较大沙坨，故取名坨里。

地理位置 地处坨里镇中部，东连小新庄，南连张庄，西邻岳庄，北邻胡各庄镇西梁各庄。

主要指标 2011年末，辖区总人口956人，总面积2.05平方千米，农民人均纯收入7335元。

张家庄村

(Zhangjiazhuang Cun)

名称来历 张姓由山西山后陆州枣林庄迁此立村，名张家庄，后简称张庄。1982年地名标准化处理后，恢复原名张家庄。

地理位置 地处坨里镇中部，东邻坨里南部，南接孙庄，西接闵庄，北连坨里。

主要指标 2011年末，辖区总人口350人，总面积0.72平方千米，农民人均纯收入7652元。

闵庄村

(Minzhuang Cun)

名称来历 明嘉靖年间，闵姓由本县蒋各庄迁此立村，得名闵家庄，后称闵庄。

地理位置 地处坨里镇西部，东连张庄，南接张城，西邻赵庄，北连岳庄。

主要指标 2011年末，辖区总人口390人，总面积0.59平方千米，农民人均纯收入7545元。

孙庄村

(Sunzhuang Cun)

名称来历 明嘉靖年间，孙姓由曾家湾（今属曹妃甸区）迁此立村，名孙家庄。后称孙庄。

地理位置 地处坨里镇南部，东邻邱庄子，南邻曹妃甸区老营上，西连贾庄，北邻坨里。

主要指标 2011年末，辖区总人口640人，总面积1.68平方千米，农民人均纯收入7376元。

贾庄村

(Jiazhuang Cun)

名称来历 明初，贾姓由山西山后陆州迁此立村，名贾家庄。后称贾庄。

地理位置 地处坨里镇南部，东连孙庄，南邻曹妃甸区老营上，西连张城，北邻闵庄。

主要指标 2011年末，辖区总人口318人，总面积0.56平方千米，农民人均纯收入7477元。

张城村

(Zhangcheng Cun)

名称来历 张姓由山西山后陆州迁此立村，此地原有一古城，故取名为张家城。后称张城。

地理位置 地处坨里镇南部，东连贾庄，南邻曹妃甸区三家子，西邻前独莫城，北邻闵庄。

主要指标 2011 年末，辖区总人口 1030 人，总面积 1.75 平方千米，农民人均纯收入 7403 元。

岳庄村

(Yuezhuang Cun)

名称来历 明朝以前此地就有一村，名崔家庄，燕王扫北时，官兵将村民驱走，明朝永乐二年，岳姓由山西山后陆州迁此地居住，改名岳家庄。后称岳庄。

地理位置 地处坨里镇西部，东连坨里，南接闵庄，西邻赵庄，北邻胡各庄镇西胡。

主要指标 2011 年末，辖区总人口 1130 人，总面积 2.12 平方千米，农民人均纯收入 7260 元。

赵庄村

(Zhaozhuang Cun)

名称来历 明代赵姓由山西山后陆州迁此立村，故名赵家庄，后称赵庄。

地理位置 地处坨里镇西部，东邻岳庄，南接张城，西连前独莫城，北邻胡各庄镇邢各庄。

主要指标 2011 年末，辖区总人口 1096 人，总面积 2.05 平方千米，农民人均纯收入 7489 元。

薛庄村

(Xuezhuang Cun)

名称来历 明代薛姓由山西山后陆州奉命迁此立村，故名薛家庄，后称薛庄。

地理位置 地处坨里镇西北部，东邻胡各庄镇刑各庄，南连后独莫城，西邻胡各庄镇大富各庄，北邻胡各庄镇桑园。

主要指标 2011 年末，辖区总人口 1420 人，总面积 2.25 平方千米，农民人均纯收入 7258 元。

前独莫城村

(Qiandumocheng Cun)

名称来历 辽时曾在此建城名独莫（契丹语）城，村名亦以此为名，为区别后独莫城，称前独莫城。

地理位置 地处坨里镇西部，东邻赵庄，南邻薛各庄，西邻吴庄子，北连后独莫城。

主要指标 2011 年末，辖区总人口 1260 人，总面积 1.78 平方千米，农民人均纯收入 7208 元。

后独莫城村

(Houdumocheng Cun)

名称来历 因五代时期辽曾在此建村名独莫（契丹语）城，遂用为村名，为区别前独莫城，故名为后独莫城。

地理位置 地处坨里镇西部，东连赵庄，南连前独莫城，西邻吴庄子，北邻薛庄。

主要指标 2011 年末，辖区总人口 840 人，总面积 1.28 平方千米，农民人均纯收入 7358 元。

吴庄子村

(Wuzhuangzi Cun)

名称来历 先祖吴姓由本县二里庄（属南套）迁此立村，故名吴家庄。后称吴庄子。

地理位置 地处坨里镇西部，东邻前独莫城，南邻薛各庄，西邻柏各庄镇甜井庄，北邻后独莫城。

主要指标 2011 年末，辖区总人口 467 人，总面积 1.13 平方千米，农民人均纯收入 7833 元。

蒋各庄村

(Jianggezhuang Cun)

名称来历 因疆石遍地，行路硌脚，故取名疆硌庄，后改为蒋各庄。

地理位置 地处坨里镇西南部，东邻柏各庄镇东城子，南接曹妃甸区杨岭，西邻柏各庄镇王崔各庄，北连薛各庄。

主要指标 2011 年末，辖区总人口 2566 人，总面积 7.44 平方千米，农民人均纯收入 7177 元。

薛各庄村

(Xuegezhuang Cun)

名称来历 明代薛姓移民由山西山后陆州迁此立村，故名薛各庄。

地理位置 地处坨里镇西南部，东邻曹妃甸区老营上，南连蒋各庄，西邻柏各庄镇荣各庄，北邻前独莫城。

主要指标 2011 年末，辖区总人口 2581 人，总面积 5.41 平方千米，农民人均纯收入 7295 元。

（撰稿：刘毅，初审：刘春花）

姚王庄镇

(Yaowangzhuang Zhen)

河北蔬菜强镇、冀东蔬菜之乡。

政区概况

名称来历 因镇人民政府驻地位于姚王庄村而得名。

地理位置 地处滦南县东南，东邻乐亭县新寨镇、大相各庄乡，南与唐海县九农场交界，西与胡各庄镇、坨里镇接壤，北与方各庄镇毗邻。人民政府驻姚王庄政府街1000号，电话区号0315，邮政编码063508，距滦南县人民政府14千米。

政区沿革 1946年5月，属滦南县五区、六区。1954年7月，属滦县第十二区。1956年7月，为滦县姚王庄乡。1958年9月，属红光人民公社。1958年11月，改属乐亭县胡各庄人民公社。1961年6月，析出，设姚王庄人民公社。1963年1月，属滦南县。1984年5月，撤销人民公社，设姚王庄乡，辖28个村民委员会。1993年4月，撤乡，设立姚王庄镇。

政区划分 2011年末，辖独屯、沙窝、前麻湾、后麻湾、张麻湾、赵麻湾、姚王庄、党庄、董马庄、曹杨碾、崔楼、寺上、郑庄、生理庄、沈道口、刘道口、洪庄、南张庄、南刘庄、北村、李营、李庄、白庄、胡许庄、新刘庄、土桥、石桥、板桥28个村民委员会。

人口面积 2011年末，辖区总人口16966人，其中城镇常住人口6683人，城镇化率39.4%。另有流动人口698人。总人口中，男性8595人，占50.6%；女性8371人，占49.4%；14岁以下2247人，占13.2%；15~64岁12914人，占76.1%；65岁以上1805人，占10.7%。总人口中以汉族为主，达16699人，占98.4%；有满、壮、蒙古3个少数民族，共267人，占1.6%。2011年，人口出生率7.09‰，人口死亡率6.32‰，人口自然增长率0.77‰。

辖区东西最大距离4.1千米，南北最大距离9.4千米，总面积26.6平方千米。其中陆地25.2平方千米，占94.7%；水域1.4平方千米，占5.3%。人口密度为每平方千米638人。

自然条件

地形地貌 地势平坦，均为平原。一般在海拔4~5米。

水文 境内小清河贯穿南北，自赵麻湾村东入境，由北而南，在胡许庄村南出境，境内长8千米，流域面积15.2平方千米。

自然灾害 主要自然灾害有雷暴、暴雨、冰雹、大风、高温等。暴雨灾害年均发生2次，主要发生在7月至8月。最严重的一次发生在2010年8月18日至21日，全镇28个村近500多个大棚设施损毁严重，750亩果菜、320亩玉米遭水浸泡倒伏，损坏房屋11处30间，直接经济损失130万元。

经济概况

农业 耕地面积2.9万亩，人均2亩；全部为水浇地。以种植蔬菜、玉米为主。2011年，农业总产值5.9亿元，比上年增长2.5%。

粮食作物以玉米为主。2011年，生产粮食8000吨，玉米7.2万吨。2011年，蔬菜种植面积6.5万亩，产量40.7万吨，主要品种有甘蓝、辣椒、西红柿、茄子、菜花、莴笋等，其中甘蓝11.2万吨，辣椒10万吨，西红柿4.5万吨，茄子1.5万吨。

畜牧业以猪、牛、家禽为主。2011年，生猪饲养量1万头，年末存栏1.1万头；奶牛饲养量800头，年末存栏800头；家禽饲养量35.5万羽。畜牧业总产值5140万元，占农业总产值的8.6%。

截至2011年末，累计造林1693亩，其中防护林787亩，经济林381亩，农民住宅四旁树木1.5万株，林木覆盖率14.6%，活立木蓄积量5000立方米。2011年，水果种植面积1785亩，产量5686吨，主要品种有苹果、梨、桃、葡萄，其中苹果728吨，梨330吨，桃1623吨，葡萄2994吨。

工业 以化工为主。2011年，实现工业增加值5657万元，比上年增长26.8%，占国内生产总值的7.3%。

商业外贸 2011年末，个体工商户197家，城乡集贸市场5个。2011年，城乡集市贸易成交额6000万元，比上年增长13%。蔬菜批发市场1个，2011年，成交量50万吨，交易额8亿元，比上年增长15%。

财政金融 2011年，财政总收入225万元，比上年减少10.9%。其中地税收入75.4万元，比上年增长80.8%。从主要税种看，完成营业税32.5万元，增值税127.4万元，企业所得税29.5万元，个人所得税24.2万元，分别比上年增长267.8%、-34.3%、36.3%、78.4%。人均财政收入132.6元，比上年减少10.9%。

社会发展

文化艺术 2011年末，镇文化站1个，村级文化活动中心28个；各类图书室8个，藏书1.4万册。

教育 2011年末，幼儿园4所，在园幼儿427人，专任教师23人；小学4所，在校生1013人，专任教师50人，小学适龄儿童入学率100%；初中1所，在校生368人，专任教师43人，初中适龄人口入学率、小升初升学率、九年义务教育覆盖率均达100%。2011年财政预算内教育经费691.8万元，比上年增长8%。

医疗卫生 2011年末，镇级医疗卫生机构1个，卫生室32个；固定资产总值7600万元。专业卫生人员4名，其中执业医师3人，注册护士1人。2011年医疗机构（门诊部以上）完成诊疗6500人次。新型农村合作医疗参合人数1.4万人，参合率99%。

体育 2011年末，学校体育场地5处。36%的村安装了健身器材，经常参加体育活动的人员占常住人口的23%。

社会保障 2011年城镇最低生活保障户数9户，人数16人，支出5.2万元，比上年减少75.1%，月人均270.8元，比上年减少76.7%。

农村最低生活保障户数416户，人数650人，支出76.7万元，比上年增长59.9%，月人均98.4元，比上年增长23%；农村五保集中供养53人，支出19.1万元，比上年减少1.9%；农村五保分散供养14人，支出4.8万元，比上年增长0.1%；农村医疗救助58人次，民政部门资助参加合作医疗894人次，共支出21.4万元，比上年增长14.8%；农村临时救济23人次，支出3.3万元，比上年增长7.5%。

国家抚恤、补助各类优抚对象159人，抚恤事业费支出82.9万元，比上年增长12.1%。

基础设施

邮政电信 2011年末，邮政局1所。电信企业2家，服务网点26个，电话交换机总容量5000门，固定电话用户2750户，电话用户普及率达到75%；宽带接入用户1600户。全年电信业务收入250万元。

镇区市政建设

公共交通 2011年末，镇区开通公共汽车线路6条，有公交停靠站1个，生理庄至滦南、唐山至庞各庄、乐亭至唐海、乐亭至尖坨子、乐亭至古冶、盐场至唐山6条公共汽车线路客运班车停靠。

给排水 2011年末，镇区自来水井28眼及配套管网设施，实现村村供应自来水。

供电 2011年末，镇区主变压器2台，总容量6300千伏安。年售电量累计完成1528.2万千瓦时。

园林绿化 2011年末，镇区绿化面积20公顷，其中李营村有花坛20个，绿化面积15.5公顷。

白庄村

(Baizhuang Cun)

名称来历 据《滦县志》及《白姓家谱》记载，白氏先世出身行伍，原居河南光州固始县，奉命到此地建营驻守，后白氏家族迁至此地建村，称白家营，后简称白营，又称白庄。

地理位置 地处姚王庄镇南部，东与石桥接壤，南邻胡许庄，西与李庄隔河相望，北邻板桥。

主要指标 2011年末，辖区总人口560人，总面积0.83平方千米，农民人均纯收入12911元。

板桥村

(Banqiao Cun)

名称来历 据《滦县志》载，明代先祖由河南光州固始县迁至此地建村，因南有白家营，又在青河上修建一板桥，故名白家营板桥上，简称板桥。

地理位置 地处姚王庄镇南部，东与石桥接壤，南邻白庄，西与李营隔桥相望，北邻土桥。

主要指标 2011年末，辖区总人口242人，总面积0.41平方千米，农民人均纯收入15331元。

北村

(Bei Cun)

名称来历 据《滦县志》载，明代刘姓由山西山后陆州迁此立村，此地曾有坨，官兵曾在坨上建营驻守，立村后，按有庄、有坨、有营之义，取名为庄坨营，后改称庄头营。后因聚落扩大，1956年分为三村，因位置在北，故称为北村。

地理位置 地处姚王庄镇东南部，东邻乐亭高家堡，南邻南张庄，西与沈道口隔河相望，北与南刘庄穿插交错。

主要指标 2011年末，辖区总人口860人，总面积0.84平方千米，农民人均纯收入12884元。

曹杨碾村

(Caoyangnian Cun)

名称来历 据《滦县志》载，明代曹杨两姓由山西山后陆州迁此立村，原曹姓立村为曹庄，杨姓立庄为杨庄，后有九户人家从曹杨两庄撤出又立一村，因有碾称小碾上，合称曹杨碾。

地理位置 地处姚王庄镇中部，东邻乐亭后榆家林，南邻崔楼，西与党庄隔河相望，北连姚王庄。

主要指标 2011年末，辖区总人口902人，总面积1.12平方千米，农民人均纯收入13459元。

崔楼村

(Cuilou Cun)

名称来历 据《滦县志》载，崔庄与楼上为一个村，崔庄先祖于明代由山西山后陆州迁此立村，因崔姓是大户，立村称崔庄，楼上先世姓雷，清初到此跑马行圈建村修建一红楼，故称楼上，合称崔楼。

地理位置 地处姚王庄镇东南部，东邻寺上村，南邻北村，西与沈道口隔河相望，北邻曹杨碾。

主要指标 2011年末，辖区总人口338人，总面积0.65平方千米，农民人均纯收入15651元。

党庄村

(Dangzhuang Cun)

名称来历 据《滦县志》载，该村明代有党姓人由山西山后陆州迁至此地立村，故名党庄。

地理位置 地处姚王庄镇中南部，东与曹杨碾隔河相望，南邻董马庄，西与胡各庄刘营接壤，北邻姚王庄。

主要指标 2011年末，辖区总人口665人，总面积0.97平方千米，农民人均纯收入14481元。

董马庄村

(Dongmazhuang Cun)

名称来历 据《滦县志》载，明代有董、马两姓由山西山后陆州迁至此地立村，故称董马庄。

地理位置 地处东姚王庄镇中南部，东邻崔楼，南邻刘道口地界，西邻生理庄地界，北邻党庄。

主要指标 2011年末，辖区总人口740人，总面积1.05平方千米，农民人均纯收入13568元。

独屯村

(Dutun Cun)

名称来历 据《滦县志》载，明代由山西省洪洞县移民至此地立村，当时此地有南、北、中三大沙坨，以中坨为最大，建村于中间沙坨上的称郝坨，后改成独屯。

地理位置 地处东姚王庄镇北部，东邻高各庄地界，南邻沙窝，西邻北圈地，北邻屯里村。

主要指标 2011 年末，辖区总人口 669 人，总面积 1.47 平方千米，农民人均纯收入 12646 元。

洪庄村

(Hongzhuang Cun)

名称来历 据《滦县志》载，洪姓于清顺治年间从本县洪营迁来，建村后称洪庄。

地理位置 地处姚王庄镇东南部，东与南张庄隔河相望，邻临李营，西邻生理庄地界，北邻沈道口。

主要指标 2011 年末，辖区总人口 402 人，总面积 0.61 平方千米，农民人均纯收入 13607 元。

前麻湾村

(Qianmawan Cun)

名称来历 据《滦县志》载，过去有刘姓兄弟两人由山西山后陆州迁至此地，分建两村，因地势低洼，又在河湾处，主要生长麻类植物，弟建村于南，称前刘家麻湾，简称前麻湾。

地理位置 地处姚王庄镇北部，东邻后麻湾，南邻姚王庄地界，西邻张麻湾地，北邻沙窝。

主要指标 2011 年末，辖区总人口 1156 人，总面积 1.63 平方千米，农民人均纯收入 12448 元。

后麻湾村

(Houmawan Cun)

名称来历 据《滦县志》载，过去有刘姓兄弟两人由山西山后陆州迁至此地，分建两村，因地势低洼，又在河湾处，主要生长麻类植物，兄建村于南，称后刘家麻湾，简称后麻湾。

地理位置 地处姚王庄镇北部，东与石潘各庄接壤，南邻赵麻湾，西邻张麻湾地界，北邻沙窝。

主要指标 2011 年末，辖区总人口 845 人，总面积 1.24 平方千米，农民人均纯收入 12947 元。

张麻湾村

(Zhangmawan Cun)

名称来历 据《滦县志》载，过去有张姓由山西山后陆州迁至此立村于低洼河湾处，因此地多生长麻类植物，故称张家麻湾，简称张麻湾。

地理位置 地处姚王庄镇西北部，东邻前麻湾，南邻刘营地界，西邻南圈，北邻万坨。

主要指标 2011 年末，辖区总人口 729 人，总面积 1.15 平方千米，农民人均纯收入 13059 元。

赵麻湾村

(Zhaomawan Cun)

名称来历 据《滦县志》载，过去有赵姓由山西山后陆州迁至此地建村，因地势低洼，主要生长麻类植物，又处在河湾处，兼赵姓居多，遂称赵家麻湾，简称赵麻湾。

地理位置 地处姚王庄镇北部，东与崔石潘各庄隔河相望，南邻姚王庄地界，西邻前麻湾，北邻后麻湾。

主要指标 2011 年末，辖区总人口 850 人，总面积 14.29 平方千米，农民人均纯收入 12247 元。

胡许庄村

(Huxuzhuang Cun)

名称来历 据《滦县志》载，明代先世由河南光州固始县迁至此地建村，因胡、许两姓居多，附近有白营村，遂称白营胡许庄，后简称胡许庄。

地理位置 地处姚王庄镇南部，东邻石桥，南邻乐亭县齐庄子，西与李庄交错，北邻白庄。

主要指标 2011 年末，辖区总人口 575 人，总面积 1.04 平方千米，农民人均纯收入 22957 元。

李营村

(Liying Cun)

名称来历 据《滦县志》载，明代山西山后陆州迁此立村。因历史上官兵在此扎过营，故称营地，又因李姓居多，遂称李营。

地理位置 地处姚王庄镇南部，东与板桥隔河相望，南邻李庄，西邻新刘庄，北邻洪庄。

主要指标 2011 年末，辖区总人口 720 人，总面积 1.2 平方千米，农民人均纯收入 36347 元。

李庄村

(Lizhuang Cun)

名称来历 据《滦县志》载，李姓原居河南光州固姓县，明代奉命迁至此地，因曾有一白姓将军在此地建营驻守，称白营，李姓立村后，称白营李庄，后简称李庄。

地理位置 地处姚王庄镇南部，东与白庄隔河相望，南与胡许庄交错，西邻新刘庄，北邻李营。

主要指标 2011 年末，辖区总人口 396 人，总面积 0.81 平方千米，农民人均纯收入 14798 元。

刘道口村

(Liudaokou Cun)

名称来历 据《滦县志》载，明代有刘姓由山西山后陆州迁至此地立村，因喑牛淀至新寨的大道由此通过，村东清河石桥是道口，故称刘道口。

地理位置 地处姚王庄镇政府南部，东与沈道口隔桥相连，南邻洪庄，西与生理庄隔桥相连，北邻董马庄。

主要指标 2011 年末，辖区总人口 768 人，总面积

1.27平方千米，农民人均纯收入13763元。

南刘庄村

(Nanliuzhuang Cun)

名称来历 据《滦县志》载，明代刘姓由山西山后陆州迁此立村。此地曾有坨，官兵曾在坨上建营驻守，立村后，按有庄、有坨、有营之义，取名为庄坨营，后改称庄头营。因聚落扩大，1956年分为三村，因该村位置在南，刘姓居多，称为南刘庄。

地理位置 地处姚王庄镇政府东南部，东邻乐亭县吴庄子，南北与北村交错，西与沈道口隔河相望，北邻崔楼。

主要指标 2011年末，辖区总人口323人，总面积0.45平方千米，农民人均纯收入13777元。

南张庄村

(Nanzhangzhuang Cun)

名称来历 据《滦县志》载，明代张姓由山西山后陆州迁此立村，此地有坨，官兵曾在此建营驻守。立村后，按有庄、有坨、有营之义，取名庄坨营张家庄，后改称南张庄。

地理位置 地处姚王庄镇政府南部，东邻高家堡，南邻板桥，西邻生理庄，北连北村。

主要指标 2011年末，辖区总人口323人，总面积0.44平方千米，农民人均纯收入13676元。

沙窝村

(Shawo Cun)

名称来历 据《滦县志》载，过去山西山后陆州移民迁此立村，因村四周是大沙坨，故命名为沙窝庄，简称沙窝。

地理位置 地处姚王庄镇政府北部，东邻前麻湾，南邻张麻湾地界，西邻胡各庄镇南圈村，北邻独屯。

主要指标 2011年末，辖区总人口330人，总面积0.5平方千米，农民人均纯收入14818元。

生理庄村

(Shenglizhuang Cun)

名称来历 据《滦县志》载，明代，山西山后陆州移民至此地立村，当时人们不愿离开故土，建村后称生离庄，因人们忌讳“离”字，故称为生理庄。

地理位置 地处姚王庄镇政府西南部，东与刘道口隔桥相连，南临新庄子地界，西邻井离庄，北邻刘营地。

主要指标 2011年末，辖区总人口1370人，总面积2.21平方千米，农民人均纯收入9723元。

石桥村

(Shiqiao Cun)

名称来历 据《滦县志》载，明朝建村时，村西有白营村，青河上有石头桥，称为白营石桥村，后简称石桥。

地理位置 地处姚王庄镇东南部，东与乐亭刘海庄子隔桥相连，南邻乐亭县杜家坞，西与板桥接壤，北邻土桥。

主要指标 2011年末，辖区总人口320人，总面积0.46平方千米，农民人均纯收入13656元。

寺上村

(Sishang Cun)

名称来历 据《滦县志》载，明代鲁姓由山西山后陆州迁此立村，得名鲁各庄。明末在村东建龙家寺一座，后因鲁姓绝嗣，改称寺上。

地理位置 地处姚王庄镇东南部，东邻乐亭县史家庄，南邻乐亭县西高家铺，西连崔楼，北邻郑庄。

主要指标 2011年末，辖区总人口446人，总面积0.69平方千米，农民人均纯收入15740元。

土桥村

(Tuqiao Cun)

名称来历 据《滦县志》载，明代项姓由山西山后陆州迁至此地，立村后称项家村。后来诸姓先后迁至此地居住，项姓户绝，因清河上有一土桥，故改名为土桥。

地理位置 地处姚王庄镇南部，东邻乐亭县高家堡，南与板桥接壤，西与洪庄隔河，北邻南张庄。

主要指标 2011年末，辖区总人口400人，总面积0.68平方千米，农民人均纯收入16700元。

新刘庄村

(Xinliuzhuang Cun)

名称来历 据《滦县志》载，明代先世由河南光州固始县迁至此地建村，因刘姓居多，取名小刘庄。1982年地名标准化处理后，更名新刘庄。

地理位置 地处姚王庄镇南部，东邻李庄，南邻唐海县青坨村，西邻东新庄子地界，北邻李营。

主要指标 2011年末，辖区总人口175人，总面积0.37平方千米，农民人均纯收入17771元。

姚王庄村

(Yaowangzhuang Cun)

名称来历 据《滦县志》载，明代姚姓由山西山后陆州移到此地立村，以姓氏命名为姚庄；明代王姓由山西山后陆州移到此地立村，以姓氏命名为王庄子。由于两村聚落较小，后合并为一个村，称姚王庄。

地理位置 地处姚王庄镇中部，东邻曹杨碾，南连党庄，西邻刘营村地界，北邻赵麻湾。

主要指标 2011年末，辖区总人口1989人，总面积1.85平方千米，农民人均纯收入12102元。

郑庄村

(Zhengzhuang Cun)

名称来历 据《滦县志》载，过去有郑姓由山西山后陆州迁至此地建村，得名郑家庄，简称郑庄。

地理位置 地处姚王庄镇中东部，东邻前榆家林，南邻寺上村，西与曹杨碾隔道相连，北邻乐亭后榆家林。

主要指标 2011 年末，辖区总人口 330 人，总面积 0.44 平方千米，农民人均纯收入 11515 元。

沈道口村

(Shendaokou Cun)

名称来历 据《滦县志》载，明代沈姓由山西山后陆州迁此立村，因位于暗牛淀至新寨大道上，村东小青河石桥是道口，故称沈家道口，简称沈道口。

地理位置 地处姚王庄镇东南部，东至南刘庄，南至洪庄，西邻刘道口，北至董马庄。

主要指标 2011 年末，辖区总人口 545 人，总面积 0.836 平方千米，农民人均纯收入 12427 元。

（撰稿：张海云，初审：刘春花）

司各庄镇

(Sigezhuang Zhen)

唐山市文明小城镇。

政区概况

名称来历 因镇人民政府驻地位于司各庄西村而得名。

地理位置 地处滦南县西部，东与倴城镇、方各庄镇接壤，南邻胡各庄镇、柏各庄镇，西连安各庄镇，北接扒齿港镇。人民政府驻司各庄西街玉和街 220 号，电话区号 3150，邮政编码 063503，距滦南县人民政府 17 千米。

政区沿革 1946 年 5 月，属滦南县四区、五区。1953 年 5 月，为滦南县司各庄乡。1954 年 7 月，属滦县十一区。1956 年 7 月，设司各庄乡。1958 年 9 月，撤乡，属超英人民公社。1958 年 11 月，改称司各庄人民公社，属柏各庄农垦区。1961 年 6 月，改属丰南县。1963 年 1 月，属滦南县。1984 年 5 月，撤销人民公社，设立司各庄乡，辖 25 个村民委员会；同年 7 月，撤乡，改设司各庄镇。1989 年 4 月，徐庄乡并入，辖 40 个村民委员会。1996 年 1 月，撤销周各庄乡，设周各庄办事处。1996 年 4 月，办事处改管理区，周各庄管理区由司各庄镇代管。2002 年 2 月，周各庄管理区并入，辖 59 个村民委员会。

政区划分 2011 年末，辖司各庄西街、司各庄东街、司各庄北街、贾林子、柳店、兰坨里南、兰坨里北、裴坨子、前孟各庄、后孟各庄、东项各庄、西项各庄、侯花园、石庄、左庄、徐庄、西兰坨、东兰坨、大兰坨、库司庄、王店、岳家庄、刘家庄、西曾庄、老贾庄、四贾庄、吴庄、学旺庄、东曾庄、靳庄、东南集、西南集、张庄、西王庄、白坨、东王庄、井二里东、井二里西、井二里北、杜蒿坨、郭蒿坨、姚蒿坨、邸家庄、蔡各庄、周各庄、前张各庄、后张各庄、北高庄子、孙家坨、洼里、石狮子、东夏庄、东甲庄、杨家庄、赵祁庄、杜各庄、大陈庄、龙王庄、北刘庄 59 个村民委员会。

人口面积 2011 年末，辖区总人口 43493 人，其中城镇常住人口 13362 人，城镇化率 30.7%。另有流动人口 2384 人。总人口中，男性 22211 人，占 51.1%；女性 21282 人，占 48.9%；14 岁以下 5611 人，占 12.9%，15～64 岁 31756 人，占 73%；65 岁以上 6126 人，占 14.1%。总人口中，以汉族为主，达 42361 人，占 97.4%；有满、壮、布依等 6 个少数民族，共 1132 人，占 2.6%。2011 年，人口出生率 6.91‰，人口死亡率 7.85‰，人口自然增长率 -0.94‰。

辖区东西最大距离 15 千米，南北最大距离 11.4 千米，总面积 119.5 平方千米。其中陆地面积 112 平方千米，占 93.7%；水域面积 7.5 平方千米，占 6.3%。人口密度为每平方千米 364 人。

自然条件

地形地貌 地势平缓，北高南低，境内有 5 个小型沙丘分布在中、北部地区。

水文 境内主要河道有青龙河、牤牛河。青龙河境内长 10.5 千米；牤牛河属季节性河流，境内全长 5 千米。

经济概况

农业 耕地面积 11.7 万亩，人均 2.7 亩；全部为水浇地。以种植小麦、玉米、花生、蔬菜为主。2011 年，农业总产值 9.7 亿元，比上年增长 15.7%。

粮食作物以小麦、玉米为主。2011 年，生产粮食 4.3 万吨，其中小麦 9000 吨，玉米 2.3 万吨。主要经济作物有花生、蔬菜。2011 年，花生种植面积 3.7 万亩，产量 1.2 万吨；蔬菜生产以塑料大棚为主，共有塑料大棚 1518 个，产量 10.9 万吨。

畜牧业以牛、猪、羊、家禽为主。2011 年，奶牛饲养量 1.8 万头，生产牛奶 6.87 万吨；生猪饲养量 13 万头，年末存栏 11 万头；羊饲养量 2 万只，年末存栏 2 万只；家禽饲养量 80 万羽；2011 年末，貉子存栏 15 万只。

渔业以淡水养殖为主。2011 年，淡水养殖水面 75.7 万平方米，产量 2683 吨；水产品总产量 3496 吨。渔业总产值 2870 万元，占农业总产值的 3%。

工业 2011 年，工业总产值 4.4 亿元，比上年增长 20%。

2011 年，机械加工企业 3 家，职工 276 人，总产值 6000 万元，比上年增长 15.6%；个体工业户 355 户，总产值 3.8 亿元，比上年增长 15.1%。

商业外贸 2011 年末，商业网点 562 个，职工 1576 人；集贸市场 5 个。2011 年，社会消费品零售总额达 1.4 亿元，比上年增长 13.5%；城乡集市贸易成交额 3 亿元，比上年增长 3%。

财政金融 2011 年，财政总收入 244.4 万元，比上年增长 23.2%。其中地方财政收入 149 万元，比上年增长

113%。从主要税种看，完成营业税 84.7 万元，增值税 86.2 万元，企业所得税 43.2 万元，分别比上年增长 4.8%、3.4%、632%、4.8%。人均财政收入 56.1 元，比上年增工 24.1%。2011 年，银行和金融机构各类存款余额 2.9 亿元，比上年增长 24%；各项贷款余额 370 万元，比上年增长 23.3%。

社会发展

文化艺术 2011 年末，镇文化站 1 个，村级文化中心 59 个；各类文化专业户 50 个；各类图书室 48 个，藏书 15 万册；音乐、美术、书法、摄影及文学、业余创作人员 160 人。

教育 2011 年末，幼儿园 15 所，在园幼儿 610 人，专任教师 35 人；小学 141 所，在校生 2382 人，专任教师 172 人，小学适龄儿童入学率 100%；初中 2 所，在校生 1112 人，专任教师 101 人，初中适龄人口入学率、小升初升学率、九年义务教育覆盖率均达 100%。2011 年财政预算内教育经费 1989.5 万元，比上年增长 5.8%，预算内教育经费占财政总支出的比例为 40%，比上年提高了 23 个百分点。

医疗卫生 2011 年末，镇医院 1 所，村级门诊部（所）90 个；病床 270 张，固定资产总值 450 万元。专业卫生人员 40 名，其中执业医师 21 人，执业助理医师 11 人，注册护士 8 人。2011 年医疗机构（门诊部以上）完成诊疗 1.8 万人次。新型农村合作医疗参合率 100%。

体育 2011 年末，学校体育场地 4 处。25% 的村安装了健身器材，经常参加体育活动的人员占常住人口的 24%。

社会保障 2011 年城镇最低生活保障户数 65 户，人数 83 人，支出 23.8 万元，比上年增长 65.7%，月人均 238.5 元，比上年增长 45.8%；

农村最低生活保障户数 1359 户，人数 1930 人，支出 195.4 万元，比上年增长 79.4%，月人均 84.4 元，比上年增长 7.5%；农村五保集中供养 273 人，支出 98.3 万元，比上年增长 6.2%；农村五保分散供养 255 人，支出 86.7 万元，比上年减少 0.4%；农村医疗救助 58 人次，民政部门资助参加合作医疗 894 人次，共支出 21.4 万元，比上年增长 17.2%；农村临时救济 29 人次，支出 4.1 万元，比上年增长 7.6%。

国家抚恤补助各类优抚对象 698 人，抚恤事业费支出 265.6 万元，比上年增长 13.1%。农村五保人员 245 人，养老服务中心 15 个。

新型农村社会养老保险参保人数 2.7 万人，参保率 98%。

基础设施

交通运输 有县乡级公路 16 条，总长 76 千米。

邮政电信 2011 年末，邮政局 1 所，代办处 35 个；报纸、期刊累计期发行 1.9 万份（册）。

电信企业 1 家，服务网点 20 个，电话交换机总容量 3 万门，电话用户普及率达到 97%；移动电话用户 2.2 万户；宽带接入用户 0.8 万户。

镇区市政建设

公共交通 2011 年末，镇区开通公共汽车线路 6 条，有公交停靠站 7 个。

给排水 2011 年末，镇区自来水井 51 眼并有配套管网设施，自来水村普及率 100%。

供电 2001 年末，镇区 35 千伏以上变电站 2 座。

园林绿化 2011 年末，镇政府驻地花坛 27 个，绿化面积 3 公顷。

井二里北村

(Jing'erlibei Cun)

名称来历 山西山后陆州移民迁此立村，因村内井水不能饮用，需要从距村二里的井里汲水，故取名井二里。后因人口增多，1961 年井二里分为东、西、北三片，北片称井二里北，简称井北。

地理位置 地处司各庄镇中部，东邻杜蒿坨，南接井二里东，西连井二里西，北接东兰坨。

主要指标 2011 年末，辖区总人口 542 人，总面积 1.97 平方千米，农民人均纯收入 5741 元。

井二里东村

(Jing'erlidong Cun)

名称来历 山西山后陆州移民迁此立村，因村内井水不能饮用，需要从距村二里的井里汲水，故取名井二里。后因人口增多，1961 年井二里分为东、西、北三片，北片称井二里东，简称井东。

地理位置 地处司各庄镇中部，东邻邸庄，南接蔡庄，西连井二里西，北邻井二里北。

主要指标 2011 年末，辖区总人口 668 人，总面积 1.88 平方千米，农民人均纯收入 5739 元。

井二里西村

(Jing'erlixi Cun)

名称来历 山西山后陆州移民迁此立村，因村内井水不能饮用，需要从距村两里的井里汲水，故取名井二里。后因人口增多，1961 年井二里分为东、西、北三片，北片称井二里西，简称井西。

地理位置 地处司各庄镇中部，东邻井二里东，南接蔡各庄，西连兰坨里北，北邻井二里北。

主要指标 2011 年末，辖区总人口 536 人，总面积 1.94 平方千米，农民人均纯收入 5736 元。

兰坨里北村

(Lantuolibei Cun)

名称来历 明初张开、张杰兄弟从山西山后陆州迁此，立村于不规则的沙坨上，取名“乱坨里”，后村人厌烦“乱”字，改名兰坨里。1963 年 2 月，因人口增多，兰坨里分为南北两片，北片称兰坨里北，简称兰北。

地理位置 地处司各庄镇中部，东邻井二里，南接兰南，西连司各庄，北邻侯花园。

主要指标 2011年末，辖区总人口618人，总面积1.8平方千米，农民人均纯收入5740元。

兰坨里南村

(Lantuolinan Cun)

名称来历 明初张开、张杰兄弟从山西山后陆州迁此，立村于不规则的沙坨上，取名“乱坨里”，后村人厌烦“乱”字，改名兰坨里。1963年2月，因人口增多，兰坨里分为南北两片，北片称兰坨里南，简称兰南。

地理位置 地处司各庄镇中部，东邻井二里，南接东曾，西连各庄，北邻兰北。

主要指标 2011年末，辖区总人口606人，总面积2.62平方千米农民人均纯收入5734元。

司各庄东街村

(Sigezhuangdongjie Cun)

名称来历 移民由山西山后陆州迁此立村，称北店，后改为司集庄、司各庄。1962年5月，因人口增多，村庄规模过大，按所处方位把司各庄分为东、西、北三片，东片称为司各庄东街，简称司东。

地理位置 地处司各庄镇西南部，东邻兰坨里南，南接刘家庄，西连柳店，北邻东项。

主要指标 2011年末，总人口872人，总面积2.16平方千米，农民人均纯收入5741元。

司各庄西街村

(Sigezhuangxijie Cun)

名称来历 移民由山西山后陆州迁此立村，称北店，后改为司集庄、司各庄。1962年5月，因人口增多，村庄规模过大，按所处方位把司各庄分为东、西、北三片，东片称为司各庄西街，简称司西。

地理位置 地处司各庄镇西南部，东邻司东，南接刘家庄，西连柳店，北邻项各庄。

主要指标 2011年末，辖区总人口615人，总面积1.63平方千米，农民人均纯收入5741元。

司各庄北街村

(Sigezhuangbeijie Cun)

名称来历 移民由山西山后陆州迁此立村，称北店，后改为司集庄、司各庄。1962年5月，因人口增多，村庄规模过大，按所处方位把司各庄分为东、西、北三片，东片称为司各庄北街，简称司北。

地理位置 地处司各庄镇西南部，东邻司各庄东街，南接司各庄，西连柳店，北邻西项各庄。

主要指标 2011年末，辖区总人口490人，总面积1.53平方千米，农民人均纯收入5736元。

邸家庄村

(Dijiazhuang Cun)

名称来历 邸姓由山西山后陆州移民迁此立村，以姓氏命名。

地理位置 地处司各庄镇东部，东邻石狮子，南接周各庄，西连蔡各庄，北邻姚蒿坨。

主要指标 2011年末，辖区总人口873人，面积为2.4平方千米，农民人均纯收入5742元。

左庄村

(Zuozhuang Cun)

名称来历 先祖岳棠由山西山后陆州奉命迁此立村，配左氏，立两村，其一取村名左家庄，后称左庄。

地理位置 地处司各庄镇西北部，东邻库司庄，南接石庄，西连后孟各庄，北邻扒齿港镇李庄户。

主要指标 2011年末，辖区总人口1091人，总面积4.72平方千米，农民人均纯收入5739元。

周各庄村

(Zhougezhuang Cun)

名称来历 有周姓由山西山后陆州移民迁此立村，因周姓居多，故名周各庄。

地理位置 地处司各庄镇东南部，东邻前张各庄，南接赵祁庄，西连蔡庄，北邻邸庄。

主要指标 2011年末，辖区总人口1441人，总面积3.84平方千米，农民人均纯收入5742元。

赵祁庄村

(Zhaoqizhuang Cun)

名称来历 明代有赵克、蔡氏夫妇奉命由山西山后陆州移民迁此立村，后又有祁姓迁至此地，故名赵祁庄。

地理位置 地处司各庄镇东南部，东邻北刘庄，南接胡各庄镇史北村，西连东甲庄，北邻周各庄。

主要指标 2011年末，辖区总人口1147人，总面积2.77平方千米，农民人均纯收入5739元。

张庄村

(Zhangzhuang Cun)

名称来历 过去张氏由山西山后陆州迁此立村，取名张家庄，后称张庄。

地理位置 地处司各庄镇南部，东邻靳庄，南接西王庄，西连吴庄，北邻东南集。

主要指标 2011年末，辖区总人口462人，总面积2.88平方千米，农民人均纯收入5735元。

岳家庄村

(Yuejiazhuang Cun)

名称来历 先祖岳棠由山西山后陆州迁此立村，故名岳家庄。

地理位置 地处司各庄镇东北部，东邻倴城镇耿庄，南接井二里北，西连王店，北邻扒齿港镇胡平庄子。

主要指标 2011年末，辖区总人口940人，总面积2.37平方千米，农民人均纯收入5739元。

杨家庄村

(Yangjiazhuang Cun)

名称来历 由山西山后陆州移民迁此立村，因杨姓居多，故名杨家庄。

地理位置 地处司各庄镇东南部，东邻赵祁庄，南接胡各庄镇史各庄，西连东甲庄，北邻蔡各庄。

主要指标 2011年末，辖区总人口590人，总面积1.57平方千米，农民人均纯收入5735元。

学旺庄村

(Xuewangzhuang Cun)

名称来历 相传燕王扫北时，漏掉姓肖的一户，立村后取名肖家庄。1924年，该村绅士刘安福认为原村名不动听，取学风旺盛之义，改名学旺庄。

地理位置 地处司各庄镇西南部，东邻西王庄，南接东黄坨镇许各庄，西连安各庄镇东一六，北邻吴庄。

主要指标 2011年末，辖区总人口561人，总面积1.78平方千米，农民人均纯收入5739元。

徐庄村

(Xuzhuang Cun)

名称来历 徐姓原居山西山后陆州枣南庄，后迁此立村，取名徐家庄，后称徐庄。

地理位置 地处司各庄镇北部，东邻井二里，南接兰坨里，西连侯花园，北邻西兰坨。

主要指标 2011年末，辖区总人口494人，总面积2.01平方千米，农民人均纯收入5736元。

东曾庄村

(Dongzengzhuang Cun)

名称来历 过去曾姓由山西山后陆州迁此立村，取名曾家庄。村中有一条通往柏各庄的南北大道，年复一年，越走越洼，又被一场洪水冲刷成小河（青龙河），将该庄分为两庄，该村在河东，称东曾庄。

地理位置 地处司各庄镇西南部，东邻白坨，南接西南集，西连西曾，北邻司各庄。

主要指标 2011年末，辖区总人口450人，总面积1.28平方千米，农民人均纯收入5737元。

西曾庄村

(Xizengzhuang Cun)

名称来历 过去曾姓由山西山后陆州迁此立村，取名曾家庄。村中有一条通往柏各庄的南北大道，年复一年，越走越洼，又被一场洪水冲刷成小河（青龙河），将该庄分为两庄，该村在河西，称西曾庄。

地理位置 地处司各庄镇西南部，东邻东曾庄，南接四贾庄，西连老贾庄，北邻刘家庄。

主要指标 2011年末，辖区总人口644人，总面积1.26平方千米，农民人均纯收入5737元。

东项各庄村

(Dongxianggezhuang Cun)

名称来历 有贾姓由本县司各庄迁来，立村在项各庄东，故取名东项各庄。

地理位置 地处司各庄镇西部，东邻兰坨里北，南接司各庄，西连西项各庄，北邻石庄。

主要指标 2011年末，辖区总人口390人，总面积1.07平方千米，农民人均纯收入5733元。

西项各庄村

(Xixianggezhuang Cun)

名称来历 相传项氏夫妻来此建村，名为项各庄，后因贾姓在该村之东立村，称东项各庄，遂改称西项各庄。

地理位置 地处司各庄镇西北部，东邻东项各庄，南接司北，西连裴坨子，北邻石庄。

主要指标 2011年末，辖区总人口725人，总面积2.08平方千米，农民人均纯收入5733元。

西王庄村

(Xiwangzhuang Cun)

名称来历 移民由山西山后陆州迁此立村，取名王家庄；次子率子孙搬到东边另建一村，取名东王庄；长子及子孙们仍居原村，遂改名西王庄。

地理位置 地处司各庄镇南部，东邻柏各庄镇王沟府，南接柏各庄镇小庄，西连学旺庄，北邻张庄。

主要指标 2011年末，辖区总人口636人，总面积1.78平方千米，农民人均纯收入5740元。

东王庄村

(Dongwangzhuang Cun)

名称来历 因王姓居多，故称王庄，后为区别同名在附近的王庄，称东王庄。

地理位置 地处司各庄镇南部，东邻胡各庄镇史各庄，南接柏各庄镇王沟府，西连张庄，北邻东夏庄。

主要指标 2011年末，辖区总人口514人，总面积1.3平方千米，农民人均纯收入5739元。

东南集村

(Dongnanji Cun)

名称来历 过去由贾姓建村，并有集市，故取名南集上庄。后有人迁入，人口增多，故分为东西两村，此村在东，称东南集。

地理位置 地处司各庄镇西南部，东邻靳庄，南接张庄，西连西南集，北邻白坨。

主要指标 2011年末，辖区总人口379人，总面积1.06平方千米，农民人均纯收入5735元。

西南集村

(Xinanji Cun)

名称来历 过去由贾姓建村，并有集市，故取名南集上庄。后有人迁入，人口增多，故分为东西两村，此村在西，称西南集。

地理位置 地处司各庄镇西南部，东邻东南集，南接张庄，西连老贾庄，北邻东曾庄。

主要指标 2011年末，辖区总人口629人，总面积1.74平方千米，农民人均纯收入5740元。

东兰坨村

(Donglantuo Cun)

名称来历 刘姓由山西山后陆州迁此立村于大沙坨之东，因坨上有兰花开，故取名东兰坨庄，后称东兰坨。

地理位置 地处司各庄镇北部，东邻岳庄，南接井二里，西连大兰坨，北邻王店。

主要指标 2011年末，辖区总人口640人，总面积1.85平方千米，农民人均纯收入5734元。

西兰坨村

(Xilantuo Cun)

名称来历 刘姓由山西山后陆州枣园迁此立村，因村旁有一大沙坨，盛开兰花，此村在坨西，取名西兰坨。

地理位置 地处司各庄镇北部，东邻大兰坨，南接徐庄，西连左庄，北邻库司庄。

主要指标 2011年末，辖区总人口660人，总面积2.6平方千米，农民人均纯收入5735元。

吴庄村

(Wuzhuang Cun)

名称来历 吴秀、吴忠兄弟两人奉命由山西山后陆州迁此立村，取名吴家庄，后称吴庄。

地理位置 地处司各庄镇西南部，东邻西王庄，南接学旺庄，西连安各庄镇东一六，北邻四贾庄。

主要指标 2011年末，辖区总人口1344人，总面积3.92平方千米，农民人均纯收入5740元。

王店村

(Wangdian Cun)

名称来历 王姓由山西山后陆州迁此立村，因村中有两户开店，遂名王家店，后称王店。

地理位置 地处司各庄镇东北部，东邻岳庄，南接东兰坨，西连库司庄，北邻扒齿港镇胡平庄子。

主要指标 2011年末，辖区总人口660人，总面积2.38平方千米，农民人均纯收入5742元。

洼里村

(Wali Cun)

名称来历 因地势洼，故名洼儿庄，后改名洼里。

地理位置 地处司各庄镇东南部，东邻孙家坨，南接胡各庄镇马各庄，西连龙王庄，北邻前张庄。

主要指标 2011年末，辖区总人口424人，总面积0.93平方千米，农民人均纯收入5738元。

四贾庄村

(Sijiazhuang Cun)

名称来历 贾姓由本县贾林子迁到此地，因村南有永定寺，故名为寺贾庄，后寺毁，改称四贾庄。

地理位置 地处司各庄镇西南部，东邻西南集，南接吴庄，西连贾林子，北邻老贾庄。

主要指标 2011年末，辖区总人口667人，总面积2.73平方千米，农民人均纯收入5737元。

石庄村

(Shizhuang Cun)

名称来历 石姓由湖北省黄洲府黄梅县迁此立村，命村名石家庄，后称石庄。

地理位置 地处司各庄镇西北部，东邻侯花园，南接东项，西连前孟各庄，北邻左庄。

主要指标 2011年末，辖区总人口1070人，总面积3.67平方千米，农民人均纯收入5736元。

石狮子村

(Shishizi Cun)

名称来历 因此地有三义庙一座，庙前有10个石头狮子，故名为石狮子庄，后称石狮子。

地理位置 地处司各庄镇东部，东邻后张，南接龙王庄，西连邸庄，北邻倴城镇尹桥。

主要指标 2011年末，辖区总人口412人，总面积1.01平方千米，农民人均纯收入5737元。

裴坨子村

(Peituozi Cun)

名称来历 裴姓由山西山后陆州迁此，立村于沙坨上，故取名裴家坨，后称裴坨子。

地理位置 地处司各庄镇西部，东邻西项各庄，南接柳店，西连安各庄镇邢洪林，北邻前孟各庄。

主要指标 2011年末，辖区总人口649人，总面积2.51平方千米，农民人均纯收入5733元。

龙王庄村
(Longwangzhuang Cun)

名称来历 张姓由山西山后陆州移民迁此立村，因地状如龙，故名龙王庄。

地理位置 地处司各庄镇东南部，东邻孙坨，南接胡各庄镇马各庄，西连大陈庄，北邻石狮子。

主要指标 2011年末，辖区总人口1411人，总面积2.91平方千米，农民人均纯收入5738元。

柳店村
(Liudian Cun)

名称来历 李姓从山西山后陆州迁此立村，因荒甸有柳树，故取名柳家店，后称柳店。

地理位置 地处司各庄镇西南部，东邻刘家庄，南接贾林子，西连安各庄镇小薛各庄，北邻裴坨子。

主要指标 2011年末，辖区总人口710人，总面积2.05平方千米，农民人均纯收入5733元。

刘家庄村
(Liujiazhuang Cun)

名称来历 明初刘姓由山西山后陆州迁此立村，取名刘家庄。

地理位置 地处司各庄镇西南部，东邻白坨，南接老贾庄，西连柳店，北邻司东。

主要指标 2011年末，辖区总人口342人，总面积0.9平方千米，农民人均纯收入5739元。

老贾庄村
(Laojiazhuang Cun)

名称来历 贾姓兄弟两人奉命迁至直隶永平府滦州南，兄长落户此地建村，因俗称兄长为大，故称大贾庄。1982年地名标准化处理后，更名老贾庄。

地理位置 地处司各庄镇西南部，东邻西曾，南接四贾庄，西连贾林子，北邻刘家庄。

主要指标 2011年末，辖区总人口804人，总面积2.26平方千米，农民人均纯收入5735元。

库司庄村
(Kusizhuang Cun)

名称来历 张姓由山西山后陆州迁此立村，立村前此地是一个钱库，故取名库司庄。

地理位置 地处司各庄镇北部，东邻王店，南接西兰坨，西连左庄，北邻扒齿港镇门庄。

主要指标 2011年末，辖区总人口650人，总面积1.94平方千米，农民人均纯收入5741元。

靳庄村
(Jinzhuang Cun)

名称来历 过去有靳姓奉命迁此立村，故名靳家庄，后称靳庄。

地理位置 地处司各庄镇南部，东邻东夏庄，南接柏各庄镇王沟府，西连东南集，北邻白坨。

主要指标 2011年末，辖区总人口591人，总面积2.21平方千米，农民人均纯收入5734元。

贾林子村
(Jialinzi Cun)

名称来历 过去贾锋等人到此立村，见此地树木成林，故取名贾林子。

地理位置 地处司各庄镇西南部，东邻老贾庄，南接安各庄镇西一六，西连安各庄镇安各庄东，北邻柳店。

主要指标 2011年末，辖区总人口1168人，总面积3.66平方千米，农民人均纯收入5738元。

前张各庄村
(Qianzhanggezhuang Cun)

名称来历 由山西山后陆州移民迁此立村，因张姓居多，称张各庄，后分为两村，此村在南，遂称前张各庄。

地理位置 地处司各庄镇东北部，东邻北高庄子，南接洼里，西连周各庄，北邻后张各庄。

主要指标 2011年末，辖区总人口1097人，总面积2平方千米，农民人均纯收入5740元。

后张各庄村
(Houzhanggezhuang Cun)

名称来历 由山西山后陆州移民迁此立村，因张姓居多，称张各庄，后分为两村，此村在北，遂称后张各庄。

地理位置 地处司各庄镇东部，东邻北高庄子，南接前张各庄，西连石狮子，北邻倴城镇尹家桥。

主要指标 2011年末，辖区总人口621人，总面积0.88平方千米，农民人均纯收入5742元。

前孟各庄村
(Qianmenggezhuang Cun)

名称来历 明永乐年间，孟姓从本县孟各庄迁来建村，仍取名孟各庄。清代末年，徐姓从本县徐庄迁来在此村北面建村，称后孟各庄，该村遂改称前孟各庄。

地理位置 地处司各庄镇西北部，东邻石庄，南接裴坨子，西连安各庄镇崔洪林，北邻后孟各庄。

主要指标 2011年末，辖区总人口298人，总面积0.89平方千米，农民人均纯收入5734元。

后孟各庄村

(Houmenggezhuang Cun)

名称来历 清宣统年间，徐姓从本县徐庄搬来，定居孟各庄村北，称后孟各庄。

地理位置 地处司各庄镇西北部，东邻石庄，南接裴坨子，西连安各庄镇狮子庄，北邻青坨营镇崔新庄子。

主要指标 2011年末，辖区总人口486人，总面积1.72平方千米，农民人均纯收入5738元。

侯花园村

(Houhuayuan Cun)

名称来历 先祖由湖北省武昌府江夏县枣连庄奉公命迁此立村，迁来之前，此地为官府花园，遂称侯花园。

地理位置 地处司各庄镇北部，东邻徐庄，南接兰坨北，西连石庄，北邻西兰坨。

主要指标 2011年末，辖区总人口746人，总面积2.66平方千米，农民人均纯收入5736元。

郭蒿坨村

(Guohaotuo Cun)

名称来历 郭姓由山西山后陆州大柳树庄迁此立村于坨旁，因坨上蒿蓬丛生，故取名郭家蒿坨，后称郭蒿坨。

地理位置 地处司各庄镇东北部，东临倴城镇西石家林，南接姚蒿坨，西邻杜蒿坨，北邻岳家庄。

主要指标 2011年末，总人口530人，总面积1.78平方千米，农民人均纯收入5739元。

白坨村

(Baituo Cun)

名称来历 因此地是白沙坨子，野草遍地，取名白草坨，后称白坨庄，现称白坨。

地理位置 地处司各庄镇南部，东邻蔡庄，南接南集，西连东曾庄，北邻兰坨里南。

主要指标 2011年末，辖区总人口277人，总面积0.88平方千米，农民人均纯收入5736元。

大兰坨村

(Dalantuo Cun)

名称来历 刘姓由山西山后陆州枣园迁此立村，因村旁有一大沙坨，盛开兰花，此村在坨西，取名西兰坨庄，后简称西兰坨。后来该村一分为二，因此村分出的人行大，故名大兰坨。

地理位置 地处司各庄镇北部，东邻东兰坨，南接井二里北，西连西兰坨，北邻王店。

主要指标 2011年末，辖区总人口762人，总面积2.22平方千米，农民人均纯收入5735元。

杜蒿坨村

(Duhaotuo Cun)

名称来历 杜姓由山西山后陆州枣尔庄迁此立村于大坨旁，因坨上蒿蓬密布，取名杜家蒿坨，后称杜蒿坨。

地理位置 地处司各庄镇东北部，东邻郭蒿坨，南接姚蒿坨，西连大兰坨，北邻岳庄。

主要指标 2011年末，辖区总人口618人，总面积1.83平方千米，农民人均纯收入5734元。

孙家坨村

(Sunjiatuo Cun)

名称来历 因此地有孙膑坨子，故名孙膑坨，后称孙家坨。

地理位置 地处司各庄镇东南部，东邻魏各庄，南接胡各庄镇郑各庄，西连龙王庄，北邻北高庄子。

主要指标 2011年末，辖区总人口1701人，总面积2.77平方千米，农民人均纯收入5734元。

姚蒿坨村

(Yaohaotuo Cun)

名称来历 姚姓在此立村，因村边沙坨蒿草丛生、鸟兽出没，故名姚蒿坨。

地理位置 地处司各庄镇东部，东邻倴城镇李庄子，南接邸家庄，西连井二里，北邻郭蒿坨。

主要指标 2011年末，辖区总人口268人，总面积0.94平方千米，农民人均纯收入5739元。

杜各庄村

(Dugezhuang Cun)

名称来历 因杜姓居多，故名杜家庄，后称杜各庄。

地理位置 地处司各庄镇东南部，东邻大陈庄，南接胡各庄镇史北，西邻北刘庄，北邻周各庄。

主要指标 2011年末，辖区总人口497人，总面积1.09平方千米，农民人均纯收入5743元。

东夏庄村

(Dongxiazhuang Cun)

名称来历 夏姓奉命由山西山后陆州迁此立村，故名夏家庄，简称夏庄，因邻近村名多冠以“东”字，遂称东夏庄。

地理位置 地处司各庄镇东南部，东邻史各庄，南接东王庄，西连张庄，北邻东甲庄。

主要指标 2011年末，辖区总人口875人，总面积2.09平方千米，农民人均纯收入5743元。

东甲庄村

(Dongjiazhuang Cun)

名称来历 因燕王扫北时，一将军盔甲落水在此晾甲，故得名晾甲庄，后简称甲庄，又因邻近村名多冠以“东”字，遂称东甲庄。

地理位置 地处司各庄镇东南部，东邻东杨庄，南接东夏庄，西连靳庄，北邻蔡各庄。

主要指标 2011年末，辖区总人口1120人，总面积2.22平方千米，农民人均纯收入5735元。

大陈庄村

(Dachenzhuang Cun)

名称来历 陈姓由山西山后陆州移民此地建村，因陈姓居多，取名大陈庄。

地理位置 地处司各庄镇东南部，东邻龙王庄，南接马各庄，西连杜各庄，北邻周各庄。

主要指标 2011年末，辖区总人口1247人，总面积2.14平方千米，农民人均纯收入5736元。

蔡各庄村

(Caigezhuang Cun)

名称来历 山西山后陆州移民迁此立村时，因蔡姓居多，故名蔡各庄。

地理位置 地处司各庄镇东部，东邻周各庄，南接东杨庄，西连白坨，北邻井二里。

主要指标 2011年末，辖区总人口1216人，总面积3.26平方千米，农民人均纯收入5742元。

北刘庄村

(Beiliuzhuang Cun)

名称来历 刘姓由山西后陆州迁此立村，故名刘家庄，后称刘庄。为区别另一刘庄，改称北刘庄。

地理位置 地处司各庄镇东南部，东邻杜各庄，南接胡各庄镇史北，西连东杨庄，北邻赵祁庄。

主要指标 2011年末，辖区总人口342人，总面积0.7平方千米，农民人均纯收入5745元。

北高庄子村

(Beigaozhuangzi Cun)

名称来历 因高姓居多，故称高庄子。1982年地名标准化处理后，更名为北高庄子。

地理位置 地处司各庄镇东南部，东邻小陈庄，南接孙坨，西连前张各庄，北邻后张各庄。

主要指标 2011年末，辖区总人口639人，总面积1平方千米，农民人均纯收入5743元。

（撰稿：李冬梅，初审：刘春花）

安各庄镇

(Angezhuang Zhen)

政区概况

冀东番茄第一镇。

名称来历 因镇人民政府驻地位于安各庄的安西村而得名。

地理位置 地处滦南县西部，东与司各庄镇相连，南与东黄坨镇接壤，西与丰南区大新庄镇交界，北与青坨营镇毗邻。人民政府驻西安兴大街4号，电话区号0315，邮政编码063503，距滦南县人民政府21千米。

政区沿革 1946年5月，属滦南县四区、七区。1954年7月，改属滦县十一区。1956年7月，属滦县霍庄乡。1958年9月，属超英人民公社；同年11月，属柏各庄农垦区司各庄人民公社。1961年6月，析出，设安各庄人民公社，改属丰南县。1963年1月，属滦南县。1984年5月，撤销人民公社，设安各庄乡，辖19个村民委员会。1993年4月，撤乡，设安各庄镇。1996年1月，撤销邢洪林乡，设邢洪林办事处。1996年4月，办事处改管理区，邢洪林管理区由安各庄镇代管。1999年1月，邢洪林管理区并入，辖29个村民委员会。

政区划分 2011年末，辖葛各庄、张横坨、刘横坨、郑横坨北村、郑横坨南村、高横坨、铁匠庄、马家庄、小薛各庄、安各庄东、安各庄西、霍庄、中姚各庄、西姚各庄、解庄子、大姚各庄、和尚坨、东一六、西一六、康各庄、大柳树、邢洪林一、邢洪林二、邢洪林三、王洪林、裴洪林、崔洪林、狮子庄、北铁匠庄29个村民委员会。

人口面积 2011年末，辖区总人口25678人，其中城镇常住人口8596人，城镇化率33.5%。另有流动人口282人。总人口中，男性13229人，占51.5%；女性12449人，占48.5%；14岁以下3440人，占13.4%；15～64岁18689人，占72.8%；65岁以上3549人，占13.8%。总人口中，以汉族为主，达25083人，占97.7%；有满、壮等5个少数民族，共595人，占2.3%。2011年，人口出生率7.72‰，人口死亡率7.5‰，人口自然增长率0.22‰。

辖区东西最大距离10.5千米，南北最大距离11千米，总面积69.9平方千米。其中陆地面积67.7平方千米，占96.9%；水域面积2.2平方千米，占3.1%。人口密度为每平方千米367人。

自然条件

地形地貌 地势平坦，北高南低，西高东低。

水文 双龙河由东北向西南流经中部，境内长12.2千米，流域面积62.2平方千米。

自然灾害 主要自然灾害有旱灾、水灾和风灾。

经济概况

农业 耕地面积7.2万亩，人均3亩；全部为沙土地。以种植小麦、玉米、蔬菜为主。2011年，农业总产值4.6亿元，比上年增长10.8%，实现农业增加值2.9亿元，占国内生产总值的28.7%。

粮食作物以小麦、玉米为主。2011年，生产粮食1.9万吨，其中小麦8000吨，玉米1.1万吨。主要经济作物有棉花。2011年，棉花种植面积300亩，产量15吨；油料花生种植面积2.9万亩，产量5598吨。2011年，蔬菜和水果种植面积5万亩，产量23.4万吨，主要品种有西红柿、西瓜、黄瓜、芹菜等，其中西红柿4.5万吨，西瓜1.1万吨，黄瓜2.2万吨，芹菜2万吨。

畜牧业以猪、蛋鸡、肉鸡、奶牛为主。2011年，生猪饲养量2.6万头，2011年末，存栏2.9万头；奶牛饲养量6000头，2011年末，存栏6000头；蛋鸡饲养量1.6万羽，2011年末，存栏1.6万羽；肉鸡饲养量5.9万羽，上市肉鸡36.6万羽。

工业 以钢铁生产为主。2011年，实现工业增加值5.7亿元，比上年增长10.9%，占国内生产总值的56.8%。

2011年，规模以上工业企业1家，职工700人，实现工业增加值5.8亿元，比上年增长7.3%。

商业外贸 2011年末，集贸市场5个，商业网店20个，职工78人。2011年，社会消费品零售总额达400万元；城乡集市贸易成交额4000万元，比上年增长18.7%。

财政金融 2011年，财政总收入1232万元，比去年减少8.4%。其中地方财政税收入431万元，比上年减少37.5%。从主要税种看，完成营业税226万元，增值税801.1万元，企业所得税17.7万元，个人所得税7.8万元，分别比上年增长-57.5%、22.3%、7608.7%、-39.5%。人均财政收入226.3元，比上年增长84.1%。

社会发展

文化艺术 2011年末，镇文化站1个，村级文化活动中心29个；各类文化专业户45个；各类图书室15个，藏书6余万册；音乐、美术、书法、摄影及文学业余创作人员200多人。

教育 2011年末，幼儿园7所，在园幼儿460人，专任教师14人；小学7所，在校生1460人，专任教师112人，小学适龄儿童入学率100%；初中1所，在校生681人，专任教师63人，初中适龄人口入学率、小升初升学率、九年义务教育覆盖率均达100%。2011年财政预算内教育经费1194.4万元，比上年增长3.2%。

医疗卫生 2011年末，镇级医疗卫生机构2个，卫生室36个；固定资产总值1600万元。专业卫生人员35名，其中执业医师15人，执业助理医师10人，注册护士10人。2011年医疗机构（门诊部以上）完成诊疗1.7万人次。新型农村合作医疗参合人数2.3万人，参合率95.6%。

体育 2011年末，学校体育场地8处。41%的村安装了健身器材，经常参加体育活动的人员占常住人口的36%。

社会保障 2011年城镇最低生活保障户数22户，人数27人，支出8.8万元，比上年增长45.2%，月人均271.5元，比上年增长18.3%；

农村最低生活保障户数583户，人数884人，支出101万元，比上年增长76.2%，月人均95.2元，比上年增长19.0%；农村五保集中供养81人，支出29.2万元，比上年减少6.9%；农村五保分散供养40人，支出13.6万元，比上年减少4.8%；农村医疗救助77人次，民政部门资助参加合作医疗1220人次，共支出28.8万元，比上年增长12.9%；农村临时救济25人次，支出3.6万元，比上年增长8.3%。

国家抚恤、补助各类优抚对象409人，抚恤事业费支出135.2万元，比上年增长12.2%。

新型农村社会养老保险参保人数18431人，参保率100%。

基础设施

邮政电信 2011年末，固定电话用户2523户，电话用户普及率达到33.8%；移动电话用户1.6万户。

镇区市政建设

公共交通 2011年末，镇区开通公共汽车交通线路18条，公交停靠站16个。

给排水 2011年末，镇区自来水井29眼并有配套管网设施，实现村村供应自来水。

供电 2011年末，镇区变压器2台，总容量2.5万千伏安。年售电量累计完成7481.3万千瓦时。

园林绿化 2011年末，镇区花坛20个，绿化面积0.05公顷。

葛各庄村

（Gegezhuang Cun）

名称来历 兄弟两人来此地立村，哥哥居住的庄取名哥哥庄，后讹称葛各庄。

地理位置 地处安各庄镇西部，东邻张横坨，南接郑横坨南村，西连丰南区渠坨，北邻丰南区东八户。

主要指标 2011年末，辖区总人口2057人，总面积5.16平方千米，农民人均纯收入7340元。

张横坨村

（Zhanghengtuo Cun）

名称来历 立村时因村北横卧大沙坨，又因张姓户大，改名张家横坨，后简称张横坨。

地理位置 地处安各庄镇西部，东邻刘横坨，南连郑横坨北村，西邻葛各庄，北邻康各庄。

主要指标 2011年末，辖区总人口771人，总面积2平方千米，农民人均纯收入7082元。

刘横坨村

(Liuhengtuo Cun)

名称来历 刘姓世居此村，因村北有东西走向大沙坨，故得名刘家横坨，简称刘横坨。

地理位置 地处安各庄镇西部，东邻铁匠庄，南连郑横坨北村，西邻张横坨，北邻康各庄。

主要指标 2011年末，辖区总人口287人，总面积1.02平方千米，农民人均纯收入7244元。

郑横坨北村

(Zhenghengtuobei Cun)

名称来历 郑姓由山东定州中山府奉命迁此立村，因村南村北有东西走向大沙陀，故名郑家横坨，后称郑横坨。1961年分为南北两村，该村占北边，称郑横坨北村。

地理位置 地处安各庄镇西部，东连高横坨，南邻郑横坨南村，西邻葛各庄，北邻张横坨。

主要指标 2011年末，辖区总人口783人，总面积1.48平方千米，农民人均纯收入6968元。

郑横坨南村

(Zhenghengtuonan Cun)

名称来历 郑姓由山东定州中山府奉命迁此立村，因村南村北有东西走向大沙陀，故名郑家横坨，后称郑横坨。1961年分为南北两村，该村占南边，称郑横坨南村。

地理位置 地处安各庄镇西部，东邻高横坨，南接西姚各庄，西连葛各庄，北邻郑横坨北村。

主要指标 2011年末，辖区总人口736人，总面积2.06平方千米，农民人均纯收入7293元。

高横坨村

(Gaohengtuo Cun)

名称来历 因高姓是大户，且村后有东西走向大沙坨，故名高家横坨，简称高横坨。

地理位置 地处安各庄镇中部，东邻安各庄东，南连霍庄，西邻郑横坨南村，北连铁匠庄。

主要指标 2011年末，辖区总人口790人，总面积1.57平方千米，农民人均纯收入6990元。

铁匠庄村

(Tiejiangzhuang Cun)

名称来历 原名王家横坨，因本庄九户集资开铁匠炉，故改称铁匠庄。

地理位置 地处安各庄镇中部，东连小薛各庄，南接高横坨，西邻刘横坨，北连马家庄。

主要指标 2011年末，辖区总人口1049人，总面积1.99平方千米，农民人均纯收入7182元。

马家庄村

(Majiazhuang Cun)

名称来历 因马姓户大人多，得名马家庄，俗称马庄子。1982年地名标准化处理后，恢复原名。

地理位置 地处安各庄镇中部，东连安各庄东，南接铁匠庄，西邻康各庄，北连大柳树。

主要指标 2011年末，辖区总人口492人，总面积1.65平方千米，农民人均纯收入7305元。

小薛各庄村

(Xiaoxuegezhuang Cun)

名称来历 因薛姓户大，取名薛各庄。1982年地名标准化处理后，更名小薛各庄。

地理位置 地处安各庄镇中部，东连安各庄东，南邻安各庄西，西连铁匠庄，北邻马家庄。

主要指标 2011年末，辖区总人口349人，总面积1.22平方千米，农民人均纯收入7657元。

安各庄东村

(Angezhuangdong Cun)

名称来历 刘姓世居本村，后有高姓兄弟两人迁至此地，引发矛盾，后经调停和解，从此和睦相处，相安无事，安居乐业，遂改名安各庄。1975年分为两村，该村地处东部，故名为安各庄东。

地理位置 地处安各庄镇中部，东邻司各庄镇贾林子，南连大姚各庄，西邻安各庄西，北邻小薛各庄。

主要指标 2011年末，辖区总人口1026人，总面积2.69平方千米，农民人均纯收入6869元。

安各庄西村

(Angezhuangxi Cun)

名称来历 刘姓世居本村，后有高姓兄弟两人迁至此地，引发矛盾，后经调停和解，从此和睦相处，相安无事，安居乐业，遂改名安各庄。1975年分为两村，该村地处西部，故名为安各庄西。

地理位置 地处安各庄镇中部，东邻安各庄东，南邻安各庄东，西连铁匠庄，北邻小薛各庄。

主要指标 2011年末，辖区总人口1362人，总面积2.39平方千米，农民人均纯收入7181元。

霍庄村

(Huozhuang Cun)

名称来历 明代有霍、马和冯姓三人由山西山后陆州迁此立村，按姓氏分别取名霍庄、马园子、冯庄，新中国成立后三村合并，因霍庄较大，统称霍庄。

地理位置 地处安各庄镇南部，东邻中姚各庄，南连曹妃甸区大张庄，西邻西姚各庄，北连高横坨。

主要指标 2011年末，辖区总人口2591人，总面积

5.54 平方千米，农民人均纯收入 7296 元。

中姚各庄村

(Zhongyaogezhuang Cun)

名称来历 明代宣德年间，姚姓迁至霍庄村东立村，因该村地处大姚各庄和西姚各庄之间，故称中姚各庄。

地理位置 地处安各庄镇南部，东连大姚各庄，南临曹妃甸区大张庄，西邻霍庄，北连霍庄。

主要指标 2011 年末，辖区总人口 776 人，总面积 1.69 平方千米，农民人均纯收入 7506 元。

西姚各庄村

(Xiyaogezhuang Cun)

名称来历 明永乐年间，姚姓由山西山后陆州枣庄迁至王家横坨西南 3 千米处立村，称西姚各庄。

地理位置 地处安各庄镇西南部，东邻霍庄，南连解庄子，西邻丰南区寺坨，北连郑横坨南村。

主要指标 2011 年末，辖区总人口 843 人，总面积 1.85 平方千米，农民人均纯收入 7125 元。

解庄子村

(Xiezhuangzi Cun)

名称来历 该村在元代初只有解姓一个家族，名解家庄，后称解庄子。

地理位置 地处安各庄镇西南部，东邻霍庄，南连曹妃甸区网庄，西邻丰南区博乐坨，北连西姚各庄。

主要指标 2011 年末，辖区总人口 549 人，总面积 1.15 平方千米，农民人均纯收入 7323 元。

大姚各庄村

(Dayaogezhuang Cun)

名称来历 姚氏父子由山西山后陆州枣庄迁至王横坨（即铁匠庄），后到距王横坨东南立村，因该村姚姓为大户，故称大姚各庄。

地理位置 地处安各庄镇南部，东邻和尚坨，南连东黄坨镇营守庄，西邻中姚各庄，北连安各庄东。

主要指标 2011 年末，辖区总人口 1065 人，总面积 3.44 平方千米，农民人均纯收入 7485 元。

和尚坨村

(Heshangtuo Cun)

名称来历 过去有吴姓来此建村，因以前此地无村，是一个大沙坨，属村西寺院管理，故名和尚坨。

地理位置 地处安各庄镇东南部，东邻西一六，南连东黄坨镇郑庄子，西邻大姚各庄，北连安各庄东。

主要指标 2011 年末，辖区总人口 1587 人，总面积 5.72 平方千米，农民人均纯收入 7124 元。

西一六村

(Xiyiliu Cun)

名称来历 明永乐年间，从外地迁来一些人口，在西村东侧、东村西侧建住宅，形成东西一溜，故称一溜庄。后有文人根据《易经》天为“一”、地为“六”之说，改名一六庄，象征合天地之义。到清代时分为东、西、中三个村庄，因该庄在西，故称西一六。

地理位置 地处安各庄镇东南部，东连东一六，南临东黄坨镇王各庄，西邻和尚坨，北连司各庄镇贾林子。

主要指标 2011 年末，辖区总人口 781 人，总面积 2.99 平方千米，农民人均纯收入 7198 元。

东一六村

(Dongyiliu Cun)

名称来历 明永乐年间，从外地迁来一些人口，在西村东侧、东村西侧建住宅，形成东西一溜，故称一溜庄。后有文人根据《易经》天为“一”、地为“六”之说，改名一六庄，象征合天地之义。到清代时分为东、西、中三个村庄，因该庄在东，故称东一六。新中国成立后，中一六庄、东一六庄两个村合并统称东一六。

地理位置 地处安各庄镇东南部，东邻司各庄镇学旺庄，南连东黄坨镇王各庄，西邻西一六，北连司各庄镇贾林子。

主要指标 2011 年末，辖区总人口 770 人，总面积 2.6 平方千米，农民人均纯收入 6868 元。

康各庄村

(Kanggezhuang Cun)

名称来历 有张臣从山西山后陆州迁此立村，因长期战乱，民不聊生，张臣期盼康泰，故取村名康各庄。

地理位置 地处安各庄镇西北部，东连大柳树，南邻张横坨，西邻丰南区东八户，北连青坨营镇马狼坨。

主要指标 2011 年末，辖区总人口 1354 人，总面积 4.02 平方千米，农民人均纯收入 7084 元。

大柳树村

(Daliushu Cun)

名称来历 有山西山后陆州移民迁此立村，因此地有一株大柳树，故取名大柳树庄，后称大柳树。

地理位置 地处安各庄镇北部，东邻邢洪林二村，南连马家庄，西邻康各庄，北连邢洪林三村。

主要指标 2011 年末，辖区总人口 1354 人，总面积 4.55 平方千米，农民人均纯收入 7127 元。

邢洪林一村

(Xinghonglinyi Cun)

名称来历 邢氏由山西山后陆州迁此建村，因村南树林中落下一群鸿鸭，周围几个村子都取名为鸿鸭林，故名邢鸿鸭林，后简称邢鸿林，写成邢洪林。因聚落扩大，1961年分为一、二、三村，该村按顺序排名称为邢洪林一村。

地理位置 地处安各庄镇东北部，东连司各庄镇裴坨子，南接邢洪林二村，西临邢洪林三村，北连裴洪林。

主要指标 2011年末，辖区总人口671人，总面积1.63平方千米，农民人均纯收入7416元。

邢洪林二村

(Xinghonglin' er Cun)

名称来历 邢氏由山西山后陆州迁此建村，名邢鸿鸭林，后简称邢鸿林，写成邢洪林。因聚落扩大，1961年分为三个村，该村按顺序排名称为邢洪林二村。

地理位置 地处安各庄镇北部，东邻邢洪林一村，南连大柳树，西邻大柳树，北连邢洪林三村。

主要指标 2011年末，辖区总人口479人，总面积1.63平方千米，农民人均纯收入7355元。

邢洪林三村

(Xinghonglinsan Cun)

名称来历 邢氏由山西山后陆州迁此建村，名邢鸿鸭林，后简称邢鸿林，写成邢洪林。后因聚落扩大，1961年分为三个村，该村按顺序排名称为邢洪林三村。

地理位置 地处安各庄镇北部，东连邢洪林一村，南邻邢洪林二村，西邻大柳树，北连王洪林。

主要指标 2011年末，辖区总人口559人，总面积1.99平方千米，农民人均纯收入7239元。

王洪林村

(Wanghonglin Cun)

名称来历 因曾有一群鸿鸭落于村南树林中，故周围几个村子都取名为鸿鸭林，并冠以姓氏，因本村王姓是大户，故名王鸿鸭林，后简称王鸿林，写成王洪林。

地理位置 地处安各庄镇北部，东邻裴洪林，南连邢洪林三村，西邻青坨营镇佟狼坨，北邻青坨营镇油盘庄。

主要指标 2011年末，辖区总人口368人，总面积1.08平方千米，农民人均纯收入7053元。

裴洪林村

(Peihonglin Cun)

名称来历 因曾有一群鸿鸭落于村南，故周围几个村子都取名为鸿鸭林，并冠以姓氏，因该村裴姓居多，故名裴鸿鸭林，后简称裴鸿林，写成裴洪林。

地理位置 地处安各庄镇北部，东连崔洪林，南邻邢洪林一村，西邻王洪林，北连青坨营北杨庄。

主要指标 2011年末，辖区总人口928人，总面积2.35平方千米，农民人均纯收入6969元。

崔洪林村

(Cuihonglin Cun)

名称来历 因曾有一群鸿鸭落于村南，故周围几个村子都取名为鸿鸭林，并冠以姓氏，因本村崔姓是大户，故名崔鸿鸭林，后简称崔鸿林，写成崔洪林。

地理位置 地处安各庄镇东北部，东连狮子庄，南邻邢洪林一村，西邻裴洪林，北连青坨营镇姜庄子。

主要指标 2011年末，辖区总人口537人，总面积1.8平方千米，农民人均纯收入6869元。

狮子庄村

(Shizizhuang Cun)

名称来历 因此地有石狮子一个，故名狮子庄。

地理位置 地处安各庄镇东北部，东连司各庄镇前孟各庄，南邻司各庄镇裴坨子，西连崔洪林，北邻北铁匠庄。

主要指标 2011年末，辖区总人口642人，总面积1.9平方千米，农民人均纯收入7341元。

北铁匠庄村

(Beitiejiangzhuang Cun)

名称来历 原名王家横坨，后本庄九户集资开铁匠炉，故名为铁匠庄。1982年3月地名标准化处理后，更名为北铁匠庄。

地理位置 地处安各庄镇东北部，东连司各庄镇后孟各庄，南接狮子庄，西邻崔洪林，北连青坨营镇崔新庄子。

主要指标 2011年末，辖区总人口198人，总面积0.58平方千米，农民人均纯收入7498元。

（撰稿：张克亮，初审：刘春花）

扒齿港镇

(Pachigang Zhen)

河北省奶牛养殖第一大镇。

政区概况

名称来历 因镇人民政府驻地位于扒齿港村而得名。

地理位置 地处滦南县西部，东与倴城镇接壤，南连司各庄镇，西靠青坨营镇，西北与滦县茨榆坨镇毗邻，北接滦县小马庄子镇。人民政府驻扒齿港村蟠龙街357号，电话区号0315，邮政编码063502，距滦南县人民政府10.5千米。

政区沿革 1946年5月，属滦南县一区、二区。1953年5月，设立滦南县扒齿港乡。1954年7月，改属滦县八区。1956年7月，设扒齿港乡，属滦县。1958年9月，撤乡，属跃进人民公社。1958年11月，改称扒齿港人民公社，属唐山市滦州区。1961年6月，属滦县。1963年1月，属滦南县。1984年5月，撤销人民公社，设扒齿港乡，辖26个村民委员会；同年7月，改设扒齿港镇。1989年4月，大沙窝乡并人，辖42个村民委员会。

政区划分 2011年末，辖扒齿港、东高庄、西高庄、吴戴庄、李寺、崔庄、绳各庄、涂家庄、新立屯、寺道院、门庄、前榆子林、后榆子林、李庄户、杜平坨、李平坨、祁家营、米官营、宁坨、孙家庄、壮里庄、任庄子、伍庄、唐官营、前龙坨、后龙坨、西杨庄、虫儿林、柱王庄、西新庄、东新庄、后营、黄家河、东水清庄、杨套马庄、毛家营、养马庄、尚各庄、齐家寺、小沙窝、大沙窝、胡平庄子42个村民委员会。

人口面积 2011年末，辖区总人口38469人，其中城镇常住人口9578人，城镇化率24.9%。另有流动人口7259人。总人口中，男性19651人，占51.1%；女性18818人，占48.9%；14岁以下5866人，占15.3%；15～64岁27901人，占72.5%；65岁以上4702人，占12.2%。总人口中，以汉族为主，达37626人，占97.8%；有满、布依、壮等4个少数民族，共843人，占2.2%。2011年，人口出生率8‰，人口死亡率7.87‰，人口自然增长率0.13‰。

辖区东西最大距离10千米，南北最大距离14.1千米，总面积116平方千米。其中陆地112.9平方千米，占97.3%；水域3.1平方千米，占2.7%。人口密度为每平方千米332人。

自然条件

地形地貌 地处平原，地势东部平坦，西部起伏，多沙丘。

水文 小青龙河由北向南从西部流过，境内长17千米，流域面积108平方千米；北河由北向南流经东北部，境内长3.2千米，流域面积17.3平方千米。

自然灾害 主要自然灾害有冰雹、旱涝、风灾、低温、霜冻、雷击等。

经济概况

农业 耕地面积10.4万亩，人均3亩。2011年，农业总产值8.5亿元，比上年增长9.2%。

粮食作物以小麦、玉米为主。2011年，粮食产量4万吨。主要经济作物有花生。2011年，花生种植面积3.7万亩，产量6347吨。

畜牧业以牛、猪、羊为主。2011年，生猪饲养量2.4万头，年末存栏2.2万头；奶牛饲养量2.6万头，年末存栏2.8万头；蛋鸡饲养量8万羽，年末存栏8.7万羽；肉鸡饲养量17.9万羽，年末存栏58.3万羽；2010年末，建成高标准奶牛养殖小区35个，鲜奶产量10.9万吨，鲜奶10.7万吨。畜牧业总产值4.6亿元，占农业总产值的54%。

工业 以塑料制品、建筑材料为主。2011年，实现工业增加值2.5亿元，比上年增长28.8%，占国内生产总值的比重23.8%。

2011年，规模以上工业企业5家，职工3150人，实现工业增加值2.2亿元，比上年增长69%。

商业外贸 2011年末，商业网点1个，职工8名；城乡集贸市场5个。2011年，城乡集市贸易成交额2亿元，比上年增长2.5%。

财政金融 2011年，财政总收入831万元，比上年增长76.9%。其中地方财政收入340万元，比上年增长126.7%。从主要税种看，完成营业税135万元，增值税407万元，企业所得税119万元，个人所得税44万元，分别比上年增长310.2%、87%、0.1%、14.5%。人均财政收入216元，比上年增长76.8%。

社会发展

文化艺术 2011年末，镇文化站1个，村级活动中心25个；各类文化专业户2个；各类图书室10个，藏书3万册；音乐、美术、书法、摄影及文学业余创作人员10人。

教育 2011年末，幼儿园10个，在园幼儿880人，专任教师26人；小学8所，在校生4700人，专任教师240人，小学适龄儿童入学率100%；在校生800人，专任教师87人，初中适龄人口入学率、小升初升学率、九年义务教育覆盖率均达100%。2011年财政预算内教育经费1680万元，比上年增长10%，预算内教育经费占财政总支出的比例为9%，比上年提高了10个百分点。

医疗卫生 2011年末，各级医疗卫生机构1个，门诊部7个。专业卫生人员48名，其中执行医师25人，执业助理医师5人，注册护士13人。新型农村合作医疗参合率100%。

体育 2011年末，学校体育场地23处。25个村安装了健身器材，经常参加体育活动的人员占常住人口的25%。

社会保障 2011年城镇最低生活保障户数54户，人数79人，支出24.9万元，比上年增长3.2%，月人均263元，比上年减少3.4%。

农村最低生活保障户数798户，人数1497人，支出171.2万元，比上年增长63.3%，月人均95.3元，比上年增长22.7%；农村五保集中供养91人，支出32.8万元，比上年减少3.2%；农村五保分散供养38人，支出12.9万元，比上年增长8.6%；农村医疗救助80人次，民政部门资助参加合作医疗1942人次，共支出42.7万元，比上年增长16.9%；农村临时救济30人次，支出4.3万元，比上年增长9.1%。

国家抚恤、补助各类优抚对象498人，抚恤事业费支出190.9元，比上年增长14.1%。

新型农村社会养老保险参保人数3.1万人，参保率99%。

基础设施

交通运输 唐港高速过境，境内长4.1千米。有县乡级公路3条，总长123.8千米。

邮政电信 2011年末，邮政局1所，投递路线单程总长度380千米，投递点45个，乡村通邮率100%；全年投递国内函件3万件，征订报纸9万份、期刊1.5万册，业务收入3万元。

电信企业1家，服务网点1个，电话交换机总容量1万门，固定电话用户4953万户，比上年减少185户，电话用户普及率达到18.5%，比上年下降0.3个百分点；移动电话用户180万户，比上年增加260户，移动电话普及率为10.3%；光缆线路总长达225千米，主干电缆达2001对千米，互联网端口总数5712个，其中已占用端口总数2958个，宽带接入用户2940户，比上年增加185户。全年电信业务收入180万元。

镇区市政建设

公共交通 2011年末，镇区客运站1处，日均发往唐山客运汽车6班次，日均容量180人次。日均发往古冶客运汽车12班次，日均容量360人次。

给排水 2011年末，各村建自来水井42眼并有配套网管设施，实现村村供应自来水。

供电 2011年末，镇区35千伏以上变电站4座。

园林绿化 2011年末，镇区公共绿地20公顷，绿化覆盖率20%。

扒齿港村

(Pachigang Cun)

名称来历 因为建庄时此地有一条青龙河的支流蜿蜒似蟠龙，河道弯曲，沿河地势低洼，故名蟠龙港，后谐音扒齿港。

地理位置 地处扒齿港镇中部，东邻米官营，南接新立屯，西连东高庄，北邻后营。

主要指标 2011年末，辖区总人口1297人，总面积115.02平方千米，农民人均纯收入6483元。

后营村

(Houying Cun)

名称来历 因此地有古时后营庄遗址，故名后营庄，简称后营。

地理位置 地处扒齿港镇中部，东邻西新庄，南接扒齿港，西连黄家河，北邻大沙窝。

主要指标 2011年末，辖区总人口548人，总面积1.92平方千米，农民人均纯收入6526元。

新立屯村

(Xinlitun Cun)

名称来历 刘姓从外地迁此立村，因刘姓居多而得名刘家庄。1982年地名标准化处理后，更名为新立屯。

地理位置 地处扒齿港镇南部，东邻米官营，南接寺道院，西连李寺，北临扒齿港。

主要指标 2011年末，辖区总人口848人，总面积2.15平方千米，农民人均纯收入6275元。

东高庄村

(Donggaozhuang Cun)

名称来历 高姓迁来此立村，以姓氏得名高家庄，后分为东西两村，此村在东，故名东高家庄，后称东高庄。

地理位置 地处扒齿港镇中部，东邻扒齿港，南接李寺，西紧邻西高庄，北邻东水清。

主要指标 2011年末，辖区总人口682人，总面积1.69平方千米，农民人均纯收入6437元。

西高庄村

(Xigaozhuang Cun)

名称来历 高姓迁来此立村，以姓氏得名高家庄，后分为东西两村，此村在西，故称西高家庄，后称西高庄。

地理位置 地处扒齿港镇西部，东紧邻东高庄，南接李寺，西连吴戴庄，北临东水清庄。

主要指标 2011年末，辖区总人口643人，总面积1.69平方千米，农民人均纯收入6540元。

吴戴庄村

(Wudaizhuang Cun)

名称来历 此地原有一村，称戴庄。后吴姓由山西山后陆州迁至此地定居，改名吴家戴庄，后称吴戴庄。

地理位置 地处扒齿港镇西部，东邻西高庄，南接北荣各庄，西连花旺坨，北邻绳各庄。

主要指标 2011年末，辖区总人口1238人，总面积3.6平方千米，农民人均纯收入6418元。

李寺村

(Lisi Cun)

名称来历 李姓迁到此地立村，取名李家庄。后在村西建一座大寺，命名为李家庄大寺，后称村名为李家寺，新中国成立后称李寺。

地理位置 地处扒齿港镇西南部，东邻寺道院，南接后榆子林，西连崔庄，北邻西高庄。

主要指标 2011年末，辖区总人口463人，总面积1.53平方千米，农民人均纯收入6472元。

门庄村

(Menzhuang Cun)

名称来历 门姓先祖迁至此地建村，以姓氏取名为门家庄，后称门庄。

地理位置 地处扒齿港镇西南部，东邻杜平坨，南接库司庄，西连后榆子林，北邻寺道院。

主要指标 2011年末，辖区总人口1466人，总面积4.6平方千米，农民人均纯收入6334元。

寺道院村

(Sidaoyuan Cun)

名称来历 建村前此地有三清庙一座，内分庙、寺、观、院，故称寺道院。

地理位置 地处扒齿港镇西南部，东邻胡平庄子，南接门家庄，西连李寺，北邻新立屯。

主要指标 2011年末，辖区总人口704人，总面积

2.63 平方千米，农民人均纯收入 6360 元。

崔庄村

(Cuizhuang Cun)

名称来历 崔姓迁至此地立村，取名崔家庄，后称崔庄。

地理位置 地处扒齿港镇西南部，东邻李寺，南接后榆子林，西偏北邻吴戴庄，北邻绳各庄。

主要指标 2011 年末，辖区总人口 264 人，总面积 0.6 平方千米，农民人均纯收入 6564 元。

前榆子林村

(Qianyuzilin Cun)

名称来历 建村时此地有一片榆树林，得名榆子林。因该村在榆树林之南，称前榆子林。

地理位置 地处扒齿港镇西南部，东邻门庄，南接李庄户，西连青坨营镇任六庄，北邻后榆子林。

主要指标 2011 年末，辖区总人口 542 人，总面积 2.09 平方千米，农民人均纯收入 6420 元。

后榆子林村

(Houyuzilin Cun)

名称来历 建村时此地有一片榆树林，得名榆子林。因该村建在榆树林之北，故称后榆子林。

地理位置 地处扒齿港镇西南部，东邻门庄，南接前榆子林，西连荣各庄，北邻李寺。

主要指标 2011 年末，辖区总人口 896 人，总面积 2.9 平方千米，农民人均纯收入 6374 元。

李庄户村

(Lizhuanghu Cun)

名称来历 李姓迁至此地建村，因此地被沙坨包围，周围高，中间平坦，形似窠，故以姓氏命名村名为李家庄窠，简称李庄窠，后称李庄户。

地理位置 地处扒齿港镇西南部，东邻门庄，南接司各庄镇左庄，西连青坨营镇任六庄，北邻前榆子林。

主要指标 2011 年末，辖区总人口 1054 人，总面积 3.53 平方千米，农民人均纯收入 6341 元。

杜平坨村

(Dupingtuo Cun)

名称来历 杜姓迁至此地立村，此地地势平坦，且有低矮沙坨，而得村名杜家平坨，后称杜平坨。

地理位置 地处扒齿港镇东南部，东邻倴城镇毛庄子，南接司各庄镇岳家庄，西连门庄，北邻祁家营。

主要指标 2011 年末，辖区总人口 2478 人，总面积 5.47 平方千米，农民人均纯收入 6317 元。

李平坨村

(Lipingtuo Cun)

名称来历 李姓迁到此地立村，因此村北、西有坨，故名李家坨，后称李平坨。

地理位置 地处扒齿港镇东南部，东邻吴官寨，南接杜平坨，西连祁家营，北邻宁坨。

主要指标 2011 年末，辖区总人口 1073 人，总面积 2.89 平方千米，农民人均纯收入 6260 元。

胡平庄子村

(Hupingzhuangzi Cun)

名称来历 建村时有人以制作铁壶为业，壶与胡同音，此地地势平坦，故名胡平庄，后称胡平庄子。

地理位置 地处扒齿港镇南部，东邻祁家营，南接杜平坨，西连寺道院，北邻扒齿港。

主要指标 2011 年末，辖区总人口 831 人，总面积 2.179 平方千米，农民人均纯收入 5676 元。

祁家营村

(Qijiaying Cun)

名称来历 因祁姓而得名。

地理位置 地处扒齿港镇东南部，东邻李平坨，南接杜平坨，西连胡平庄子，北邻米官营。

主要指标 2011 年末，辖区总人口 877 人，总面积 2.19 平方千米，农民人均纯收入 6204 元。

米官营村

(Miguanying Cun)

名称来历 米姓从外地迁至此地立村，又有族人为官，以姓氏命名为米官营。

地理位置 地处扒齿港镇东南部，东邻宁坨，南接祁家营，西连扒齿港，北邻西新庄。

主要指标 2011 年末，辖区总人口 1310 人，总面积 3.49 平方千米，农民人均纯收入 6257 元。

宁坨村

(Ningtuo Cun)

名称来历 过去有宁姓由山西山后陆州迁至此立村，因村北有坨，故名宁家坨，后称宁坨。

地理位置 地处扒齿港镇东南部，东邻倴城镇龙湾子，南接李平坨，西连米官营，北邻壮里庄。

主要指标 2011 年末，辖区总人口 568 人，总面积 1.11 平方千米，农民人均纯收入 6417 元。

壮里庄村

(Zhuanglizhuang Cun)

名称来历 有一位名叫张壮龙的人在此建村，取村名为壮龙庄，后称壮里庄。

地理位置 地处扒齿港镇东部，东邻倴城镇皂户，南接宁坨，西连东新庄，北邻任庄子。

主要指标 2011年末，辖区总人口1182人，总面积2.74平方千米，农民人均纯收入6282元。

任庄子村

(Renzhuangzi Cun)

名称来历 因任姓在此建村而得名。

地理位置 地处扒齿港镇东部，东邻倴城镇皂户，南接壮里庄，西连东新庄，北邻孙家庄。

主要指标 2011年末，辖区总人口1297人，总面积0.82平方千米，农民人均纯收入6483元。

唐官营村

(Tangguanying Cun)

名称来历 唐、邢、王三姓迁到此地立村，因唐姓是大户，且有家人为官，故名唐官营。

地理位置 地处扒齿港镇东部北，东邻程庄镇潘家戴庄，南接孙家庄，西连伍庄，北邻前龙坨。

主要指标 2011年末，辖区总人口698人，总面积1.55平方千米，农民人均纯收入6341元。

伍庄村

(Wuzhuang Cun)

名称来历 伍姓由外地迁至此地立村，按姓氏取名伍家庄，后称伍庄。

地理位置 地处扒齿港镇东北部，东邻唐官营，南接孙家庄，西连东新庄，北邻前龙坨。

主要指标 2011年末，辖区总人口793人，总面积2.12平方千米，农民人均纯收入6298元。

孙家庄村

(Sunjiazhuang Cun)

名称来历 明代有孙氏迁此立村，以姓氏得名孙家庄，后简称孙庄。1982年地名标准化处理后，恢复原名孙家庄。

地理位置 地处于扒齿港镇东北部，东邻倴城镇皂户，南接任庄子，西连西新庄，北邻伍庄。

主要指标 2011年末，辖区总人口743人，总面积1.76平方千米，农民人均纯收入6425元。

东新庄村

(Dongxinzhuang Cun)

名称来历 因立村较晚，命名新庄；又因村西有一新庄，改称为东新庄。

地理位置 地处于扒齿港镇东北部，东邻伍庄，南接米官营，西连西新庄，北邻前龙坨。

主要指标 2011年末，辖区总人口499人，总面积1.52平方千米，农民人均纯收入6227元。

西新庄村

(Xixinzhuang Cun)

名称来历 因立村较晚，命名新庄；又因村东有一新庄，故改称西新庄。

地理位置 地处扒齿港镇东北部，东邻东新庄，南接扒齿港，西连后营，北邻柱王庄。

主要指标 2011年末，辖区总人口1124人，总面积3.01平方千米，农民人均纯收入6123元。

虫儿林村

(Chong'erlin Cun)

名称来历 相传过去有山西山后陆州移民来此建村，因原有一片荒林，昆虫较多，故村名为虫儿庄，后改称虫儿林。

地理位置 地处扒齿港镇东北部，东邻西杨庄，南接柱王庄，西连齐家寺，北邻滦县小马庄镇宋庄。

主要指标 2011年末，辖区总人口1549人，总面积3.63平方千米，农民人均纯收入6291元。

柱王庄村

(Zhuwangzhuang Cun)

名称来历 相传山西山后陆州移民迁此建村后，因其中有王姓某人受人爱戴、信赖，人们以王某为精神支柱，故取村名柱王庄。

地理位置 地处扒齿港镇东北部，东邻西杨庄，南接西新庄，西连小沙窝，北邻虫儿林。

主要指标 2011年末，辖区总人口1329人，总面积3.82平方千米，农民人均纯收入6551元。

前龙坨村

(Qianlongtuo Cun)

名称来历 据传龙河湾处有龙卷风经过，沙土蜿蜒像传说中的龙，人们认为吉祥，分别在龙头龙尾处建村，头在南，尾在北，在南者称前龙塘坨，后称前龙坨。

地理位置 地处扒齿港镇东北部，东邻程庄镇中霍各庄，南接伍庄，西连大沙窝，北邻后龙坨。

主要指标 2011年末，辖区总人口828人，总面积2.56平方千米，农民人均纯收入6289元。

后龙坨村

(Houlongtuo Cun)

名称来历 据传龙河湾处有龙卷风经过，沙土蜿蜒像传说中的龙，人们认为吉祥，分别在龙头龙尾处建村，此地在北称后龙塘坨，后称后龙坨。

地理位置 地处扒齿港东北部，东邻程庄镇中霍各庄，南接前龙坨，西连大沙窝，北邻程庄镇前坨里。

主要指标 2011年末，辖区总人口803人，总面积2.20平方千米，农民人均纯收入6244元。

西杨庄村

(Xiyangzhuang Cun)

名称来历 相传杨姓从山西山后陆州迁至此地，建村后取名杨家庄，因区别东面的杨家庄，改名为西杨家庄，后称西杨庄。

地理位置 地处扒齿港镇东北部，东邻程庄镇东杨庄，南接后龙坨，西连虫儿林，北临程庄镇后坨里。

主要指标 2011年末，辖区总人口451人，总面积1.3平方千米，农民人均纯收入6411元。

尚各庄村

(Shanggezhuang Cun)

名称来历 相传过去有尚姓在此建庄，故名。

地理位置 地处扒齿港镇西北部，东邻小沙窝，南接毛家营，西连养马庄，北邻齐家寺。

主要指标 2011年末，辖区总人口1321人，总面积6.2平方千米，农民人均纯收入6250元。

大沙窝村

(Dashawo Cun)

名称来历 因四周全是沙坨，故命名沙窝。因村北有后沙窝，后改称大沙窝。

地理位置 地处扒齿港镇北部，东邻后龙坨，南接后营，西连毛家营，北邻小沙窝。

主要指标 2011年末，辖区总人口1231人，总面积4.28平方千米，农民人均纯收入6208元。

齐家寺村

(Qijiasi Cun)

名称来历 相传过去有齐姓来此建村，取名齐家庄。后因庄东建有一座云居寺，故村名改称齐家寺。

地理位置 地处于扒齿港镇北部，东邻虫儿林，南连尚各庄，西连滦县余庄，北临滦县贺庄。

主要指标 2011年末，辖区总人口887人，总面积2.84平方千米，农民人均纯收入6277元。

养马庄村

(Yangmazhuang Cun)

名称来历 因地势低洼，水草丛生，适合养马，故名养马庄。

地理位置 地处于扒齿港镇西北部，东邻尚各庄，东南接毛家营，西连滦县茨榆坨，北邻滦县草塘坨。

主要指标 2011年末，辖区总人口568人，总面积4.21平方千米，农民人均纯收入6319元。

小沙窝村

(Xiaoshawo Cun)

名称来历 因地处沙坨之中，故名沙窝，后因村小，改称小沙窝。

地理位置 地处于扒齿港镇北部，东邻柱王庄，南接大沙窝，西邻尚各庄，西北连齐家寺。

主要指标 2011年末，辖区总人口426人，总面积1.32平方千米，农民人均纯收入6287元。

绳各庄村

(Shenggezhuang Cun)

名称来历 明代有金、成两姓从山西山后陆州迁至此地建村，金家称村名为金家村，成家称村名为成各庄，后两姓协商，改名为绳各庄。

地理位置 地处扒齿港镇西部，东邻西高庄，南接崔庄，西连青坨营镇小李庄，北邻涂家庄。

主要指标 2011年末，辖区总人口1557人，总面积4.86平方千米，农民人均纯收入6183元。

涂家庄村

(Tujiazhuang Cun)

名称来历 因涂姓而得名。

地理位置 地处扒齿港镇西北部，东邻东水清庄，南接绳各庄，西连青坨营镇小代庄，北邻杨套马庄。

主要指标 2011年末，辖区总人口641人，总面积2.48平方千米，农民人均纯收入6340元。

黄家河村

(Huangjiahe Cun)

名称来历 有黄姓等从山西山后陆州移到青龙河东岸建村，故名为黄家河。

地理位置 地处扒齿港镇中部，东邻后营，南接东水清庄，西连杨套马庄，北邻大沙窝。

主要指标 2011年末，辖区总人口903人，总面积2.53平方千米，农民人均纯收入6244元。

东水清庄村

(Dongshuiqingzhuang Cun)

名称来历 原名王家庄，后因庄里打了一眼井，井水清澈见底，改名水清庄。又因地处青龙河以东，故称东水清庄。

地理位置 地处齿港镇中部，东邻后营，南接东高庄，西连涂家庄，北邻黄家河。

主要指标 2011年末，辖区总人口647人，总面积2.17平方千米，农民人均纯收入6262元。

杨套马庄村

(Yangtaomazhuang Cun)

名称来历 相传，有杨姓从山西山后陆州移至此地，因养马庄的惊马跑至此地被套住，故称杨套马庄。

地理位置 地处于扒齿港镇西北部，东邻黄家河，南接涂庄，西连青坨营镇富新庄，北邻毛家营。

主要指标 2011年末，辖区总人口637人，总面积2.04平方千米，农民人均纯收入6225元。

毛家营村

(Maojiaying Cun)

名称来历 明代有毛氏从山西山后陆州枣连庄迁到此地建村，以姓氏得名。

地理位置 地处扒齿港镇西北部，东邻大沙窝，南接杨套马庄，西连青坨营镇富新庄子，北邻尚各庄。

主要指标 2011年末，辖区总人口784人，总面积1.96平方千米，农民人均纯收入6459元。

（撰稿：李艳芝，初审：刘春花）

程庄镇

(Chengzhuang Zhen)

政区概况

“莲花落”的发祥地、“京东十三香”的发源地。

名称来历 因镇人民政府驻地位于程庄村而得名。

地理位置 地处滦南县北部，东邻长凝镇，南连倴城镇，西接扒齿港镇，北与滦县古马镇交界。人民政府驻程庄仁和街1000号，电话区号0315，邮政编码063500，距滦南县人民政府7.5千米。

政区沿革 1946年5月，属滦南县二区。1954年7月，属滦县九区。1956年7月，属滦县霍各庄乡。1958年9月，撤乡，属跃进人民公社；同年11月，改属唐山市滦州区扒齿港人民公社。1961年6月，析出，设程庄人民公社，属滦县。1963年1月，属滦南县。1984年5月，撤销人民公社，设程庄乡，辖11个村民委员会。1996年1月，撤乡，设程庄镇。1996年1月，撤销川林、大马庄乡，设川林、大马庄办事处。1996年4月，办事处改管理区，川林、大马庄管理区由程庄镇代管。1999年1月，川林管理区并入，辖27个村民委员会。2002年2月，大马庄管理区并入，辖47个村民委员会。

政区划分 2011年末辖汪庄一、汪庄二、汪庄三、东胡家坡、西胡家坡、周庄、程庄、小顾庄、大顾庄一、大顾庄二、潘家戴庄、东霍各庄、中霍各庄、西霍各庄、小徐庄、东杨庄、前坨里、后坨里、前刘庄、后刘庄、前庞各庄、后庞各庄、前店子、后店子、川林、前梁各庄、后梁各庄、马庄子、大贾庄、东大马庄、大马庄、周夏庄、李夏庄、段庄、徐家庄、小贾庄、大道上、黄土岗、薛家丈子、小柏庄、小坡子、殷庄、前染各庄、后染各庄、肖庄、岳地、小道子47个村民委员会。

人口面积 2011年末，辖区总人口52563人，其中城镇常住人口10981人，城镇化率20.9%。另有流动人口3751人。总人口中，男性27217人，占51.8%；女性25346人，占48.2%；14岁以下7220人，占13.7%；15～64岁37911人，占72.1%；65岁以上7432人，占14.2%。总人口中，以汉族为主，达51675人，占98.3%；有满等6个少数民族，共888人，占1.7%。2011年，人口出生率7.63‰，人口死亡率6.87‰，人口自然增长率0.76‰。

辖区东西最大距离13.8千米，南北最大距离11.6千米，总面积91.9平方千米。其中陆地面积89.3平方千米，占97.2%；水域面积2.6平方千米，占2.8%。人口密度为每平方千米572人。

自然条件

地形地貌 境内为平原，地势高低不平，北高多沙。

水文 泝河、滦柏输水干渠由北向南流经东部，境内分别长3.6千米、2.7千米，流域面积为8.4平方千米、11平方千米；北河支流由北向南流经南部，境内长4千米，流域面积18.8平方千米。

自然灾害 主要自然灾害有冰雹、旱涝、风灾、低温、霜冻、雷击等。

经济概况

农业 耕地面积10.2万亩，人均2亩。2011年，农业总产值10.4亿元，比上年增长11.7%。

粮食作物以玉米、小麦为主。2011年，生产粮食4.6万吨，其中小麦1.6万吨，玉米2.6万吨。主要经济作物有棉花和花生。2011年，花生种植面积4万亩，产量3.6万吨；棉花种植面积1000亩，产量87吨，向社会提供87吨商品棉；蔬菜种植面积4.6万亩，产量2329.5吨，主要品种有西红柿、黄瓜、甜瓜、菠菜等。

畜牧业以猪、奶牛、家禽为主。2011年，生猪饲养量3.6万头，年末存栏4.7万头；奶牛饲养量2.2万头，年末存栏2.6万头；蛋鸡饲养量5.6万羽，年末存栏10.6万羽；肉鸡饲养量48.1万羽，上市肉鸡64.7万羽。

截至2011年末，累计造林2.4万亩，其中防护林2.1万亩，经济林2058亩，农民住宅四旁树木36.1万株，林木覆盖率28.9%，活立木蓄积量12.8万立方米。2011年，水果种植面积1.2万亩，产量1.6万吨，主要品种有苹果、梨、桃、葡萄，其中苹果5560吨，梨4578吨，桃2560吨，葡萄3506吨。

工业 以纺纱、机械加工、建筑材料为主。2011年，实现工业增加值8255万元，比上年增长19.6%，占国内生产总值的7.1%。

商业外贸 2011年末，城乡集贸市场7个。2011年，城乡集市贸易成交额7000万元，比上年增长3.5%。

财政金融 2011年，财政总收入313万元，比上年增长31%。其中地方财政收入199万元，比上年增长25.3%。从主要税种看，完成营业税111.6万元，增值税112.4万元，企业所得税12.5万元，个人所得税52.5万元，分别比上年增长-11.8%、39.2%、10257%、168.5%。人均财政收入59.5元，比上年增长30.2%。

社会发展

文化艺术 2011年末，镇文化站1个，村级文化活动中心47个；各类图书室5个，藏书1万余册。

教育 2011年末，幼儿园16所，在园幼儿1000人，专任教师62人；小学7所，在校生2900人，专任教师166人，小学适龄儿童入学率100%；初中3所，在校生1433人，专任教师137人，初中适龄人口入学率、小升初升学率、九年义务教育覆盖率均达100%。2011年财政预算内教育经费2073万元，比上年增长19.4%。

医疗卫生 2011年末，镇级卫生院1所。固定资产总值123万元。专业卫生人员18名，其中执业医师6人，执业助理医师9人，注册护士3人。2011年医疗机构（门诊部以上）完成诊疗1.4万人次。新型农村合作医疗参合率100%。

体育 2011年末，学校体育场地10处。5个村有篮球场等公共体育活动场所。100%的村安装了健身器材，经常参加体育活动的人员占常住人口的46.8%。

社会保障 2011年城镇最低生活保障户数89户，人数114人，支出36.3万元，比上年增长72.9%，月人均265.5元，比上年增长72.4%。

农村最低生活保障户数1302户，人数2119人，支出240.9万元，比上年增长58.9%，月人均94.7元，比上年增长25.6%；农村五保集中供养130人，支出46.8万元，比上年增长4.8%；农村五保分散供养165人，支出56.1万元，比上年增长0.6%；农村医疗救助80人次，民政部门资助参加合作医疗2672人次，共支出56.8万元，比上年增长17.2%；农村临时救济32人次，支出4.5万元，比上年增长4.7%。

国家抚恤、补助各类优抚对象627人，抚恤事业费支出194.6万元，比上年增长10.2%。

新型农村社会养老保险参保人数3.4万人，参保率99.9%。

基础设施

交通运输 迁曹铁路过境。古柳公路过境。有县乡级公路4条，总长31.9千米。

邮政电信 2011年末，固定电话用户4693户，电话用户普及率达到29%；移动电话户数4500户。

镇区市政建设

公共交通 2011年末，镇区开通公交汽车线路4条，有大马庄、段庄、汪庄、后店、潘家戴庄5个公交停靠站。

园林绿化 2011年末，镇区花坛76个，各类绿化苗木12000株，绿化面积0.06公顷。

汪庄一村

(Wangzhuangyi Cun)

名称来历 因汪姓居多，故名汪家庄，后简称汪庄。1950年7月，因汪庄聚落扩大，人口增多，分成三个村，按顺序排列，故名汪庄一村。

地理位置 地处程庄镇东北部，东邻岳地，南连东胡家坡，西邻汪庄二村，北接汪庄三村。

主要指标 2011年末，辖区总人口1548人，总面积2.5平方千米，农民人均纯收入6274元。

汪庄二村

(Wangzhuang' er Cun)

名称来历 因汪姓居多，故名汪家庄，后简称汪庄。1950年7月，因汪庄聚落扩大，人口增多，分成三个村，按顺序排列，故名汪庄二村。

地理位置 地处程庄镇东北部，东邻汪庄一村，南接东胡家坡，西与周庄接壤，北与前店相望。

主要指标 2011年末，辖区总人口1472人，总面积2.41平方千米，农民人均纯收入6399元。

汪庄三村

(Wangzhuangsan Cun)

名称来历 因汪姓居多，故名汪家庄，后简称汪庄。1950年7月，因汪庄聚落扩大，人口增多，分成三个村，按顺序排列，故名汪庄三村。

地理位置 地处程庄镇东北部，东临小坡子，南连汪庄一村，西邻周庄，北接后店子。

主要指标 2011年末，辖区总人口1763人，总面积2.73平方千米，农民人均纯收入6312元。

东胡家坡村

(Donghujiapo Cun)

名称来历 因胡姓居多，又因庄前有斜坡，故称胡家坡。1945年分为两个村，因该村在东面，故称东胡家坡。

地理位置 地处程庄镇东南部，东邻岳地，南接奔城镇高洍，西连西胡家坡，北连汪庄一村、汪庄二村。

主要指标 2011年末，辖区总人口2006人，总面积2.7平方千米，农民人均纯收入6368元。

西胡家坡村

(Xihujiapo Cun)

名称来历 因胡姓居多，又因庄前有斜坡，故称胡家坡。1945年分为两个村，因该村在西面，故称西胡家坡。

地理位置 地处程庄镇东南部，东邻东胡家坡，南接奔城镇高洍，西邻程庄，北连前店子。

主要指标 2011年末，辖区总人口1432人，总面积2.06平方千米，农民人均纯收入6875元。

周庄村

(Zhouzhuang Cun)

名称来历 周姓由山西山后陆州移民迁此立村，以姓氏得名。

地理位置 地处程庄镇镇政府北部，东邻汪庄二村，南接程庄，西与潘家戴庄相望，北与前店子村接壤。

主要指标 2011年末，辖区总人口1339人，总面积2.78平方千米，农民人均纯收入7018元。

程庄村

(Chengzhuang Cun)

名称来历 因程姓户大人多，故得名程家庄，后称程庄。

地理位置 地处程庄镇南部，为程庄镇镇政府驻地，东邻西胡家坡，南接梁泡，西与小顾庄接壤，北连周庄。

主要指标 2011年末，辖区总人口1739人，总面积2.65平方千米，农民人均纯收入7145元。

大顾庄一村

(Daguzhuangyi Cun)

名称来历 因顾姓为大户，故名顾家庄，后改名大顾庄。1950年7月，分成两个村，按顺序排列，称大顾庄一村。

地理位置 地处程庄镇西南部，东邻程庄，南接徐官寨，西连大顾庄二村，北临小顾庄。

主要指标 2011年末，辖区总人口1165人，总面积1.72平方千米，农民人均纯收入6832元。

大顾庄二村

(Daguzhuang'er Cun)

名称来历 因顾姓为大户，故名顾家庄，后改名大顾庄。1950年7月，分成两个村，按顺序排列，称大顾庄二村。

地理位置 地处程庄镇西南部，东邻大顾庄一村，南接徐官寨，西连皂户，北邻潘家戴庄。

主要指标 2011年末，辖区总人口1116人，总面积1.59平方千米，农民人均纯收入6889元。

小顾庄村

(Xiaoguzhuang Cun)

名称来历 由顾家庄分出，因庄小，故称为小顾庄。

地理位置 地处程庄镇西部，东邻程庄，南连大顾庄一村，西邻潘家戴庄，北接东霍各庄。

主要指标 2011年末，辖区总人口656人，总面积1.13平方千米，农民人均纯收入7203元。

潘家戴庄村

(Panjiadaizhuang Cun)

名称来历 戴姓由山西山后陆州移民迁此立村，取村名戴家庄，简称戴庄。后因潘家越过越兴旺，故改称潘家戴庄。

地理位置 地处程庄镇西部，东邻小顾庄、周庄，南连大顾庄二村，西接倴城镇唐官宅，北邻中霍各庄。

主要指标 2011年末，辖区总人口1817人，总面积3.28平方千米，农民人均纯收入6354元。

东霍各庄村

(Donghuogezhuang Cun)

名称来历 因霍姓居多，故名霍各庄。1961年6月，分成三个村，因该村在东部，故称东霍各庄。

地理位置 地处程庄镇西北部，东邻前店子，南接潘家戴庄，西连中霍各庄，北与小徐庄接壤。

主要指标 2011年末，辖区总人口1396人，总面积2.51平方千米，农民人均纯收入6829元。

中霍各庄村

(Zhonghuogezhuang Cun)

名称来历 因霍姓居多，故名霍各庄。1961年6月，分成三个村，因在中部，故名中霍各庄。

地理位置 地处程庄镇西北部，东连东霍各庄，南与潘家戴庄相望，西接西霍各庄，北邻小徐庄。

主要指标 2011年末，辖区总人口1017人，总面积1.69平方千米，农民人均纯收入6686元。

西霍各庄村

(Xihuogezhuang Cun)

名称来历 因霍姓居多，故名霍各庄。1961年6月，分成三个村，因在西部，故名西霍各庄。

地理位置 地处程庄镇西北部，东、南与中霍各庄相连，西邻扒齿港镇后龙坨，北与小徐庄相邻。

主要指标 2011年末，辖区总人口748人，总面积1.6平方千米，农民人均纯收入7409元。

小徐庄村

(Xiaoxuzhuang Cun)

名称来历 因徐姓居多，村子又小，故名小徐庄。

地理位置 地处程庄镇西北部，东南与前店子相望，南接霍各庄，西连东杨庄，北接梁各庄。

主要指标 2011年末，辖区总人口486人，总面积1.02平方千米，农民人均纯收入7654元。

前梁各庄村

(Qianlianggezhuang Cun)

名称来历 因梁姓居多，故名梁各庄。1961 年，分为两个村，因该村地处前面，故名前梁各庄。

地理位置 地处程庄镇西北部，东邻川林，南与小徐庄接壤，西接前坨里，北连后梁各庄。

主要指标 2011 年末，辖区总人口 457 人，总面积 0.99 平方千米，农民人均纯收入 7482 元。

后梁各庄村

(Houlianggezhuang Cun)

名称来历 因梁姓居多，故名梁各庄。1961 年，分为两个村，因该村地处后面，故名后梁各庄。

地理位置 地处程庄镇西北部，东邻川林，南接小徐庄，西南与前坨里相邻，西北与后坨里相望，北与前庞各庄接壤。

主要指标 2011 年末，辖区总人口 955 人，总面积 1.73 平方千米，农民人均纯收入 6855 元。

东杨庄村

(Dongyangzhuang Cun)

名称来历 因杨姓居多，故名杨家庄。为与西杨家庄区分，称东杨家庄，后称东杨庄。

地理位置 地处程庄镇东北部，东邻小徐庄，南接扒齿港镇后龙坨，西邻扒齿港镇西杨庄，北与前坨里接壤。

主要指标 2011 年末，辖区总人口 776 人，总面积 1.78 平方千米，农民人均纯收入 7447 元。

前坨里村

(Qiantuoli Cun)

名称来历 明代蒋姓由山西山后陆州迁至此地立村，因地处沙坨地，取名蒋家坨，后因村北有个张家坨，遂改为前坨里。

地理位置 地处程庄镇西北部，东邻梁各庄，南与东杨庄接壤，西连西杨庄，北邻后坨里。

主要指标 2011 年末，辖区总人口 1107 人，总面积 2.01 平方千米，农民人均纯收入 6828 元。

后坨里村

(Houtuoli Cun)

名称来历 明代有张姓由山西山后陆州移至此地定居，因地处沙坨地，取名张家坨，后因村南有个蒋家坨，故改为后坨里。

地理位置 地处程庄镇西北部，东南接后梁各庄，南接前坨里，西与扒齿港镇虫儿林接壤，北邻滦县张各庄。

主要指标 2011 年末，辖区总人口 955 人，总面积 1.67 平方千米，农民人均纯收入 7088 元。

前店子村

(Qiandianzi Cun)

名称来历 因韩姓居多，取名大韩庄，当时韩家开店，北村赵家也开店，故改名前店子。

地理位置 地处程庄镇东北部，东邻李夏庄，南接西胡家坡，西邻东霍各庄，北连前刘庄。

主要指标 2011 年末，辖区总人口 1077 人，总面积 2.09 平方千米，农民人均纯收入 7359 元。

后店子村

(Houdianzi Cun)

名称来历 因赵姓开店，故取名店子庄，后为与前店子对应，遂改名后店子。

地理位置 地处程庄镇东北部，东邻大道上，南接前店子，西与前刘庄接壤，北与滦县腰老里庄相望。

主要指标 2011 年末，辖区总人口 2050 人，总面积 3.61 平方千米，农民人均纯收入 7141 元。

前刘庄村

(Qianliuzhuang Cun)

名称来历 因刘姓居多，取名刘家庄。后因有人在村北建后刘家庄，本村改称前刘家庄，后称前刘庄。

地理位置 地处程庄镇北部，东邻薛家丈子，南接前店子，西邻川林，北连后刘庄。

主要指标 2011 年末，辖区总人口 1361 人，总面积 2.65 平方千米，农民人均纯收入 6500 元。

后刘庄村

(Houliuzhuang Cun)

名称来历 因刘姓居多，取名刘家庄，为与前刘家庄区别开来，遂改名后刘家庄，后称后刘庄。

地理位置 地处程庄镇北部，东邻薛家丈子，南连前刘庄，西邻川林，北接前庞各庄。

主要指标 2011 年末，辖区总人口 689 人，总面积 1.7 平方千米，农民人均纯收入 7419 元。

川林村

(Chuanlin Cun)

名称来历 明初山西山后陆州移民迁此立村，并开设店房，因此地有水沟和树林，故名川林店，后称川林。

地理位置 地处程庄镇北部，东邻前刘庄，东南与前店子接壤，西邻梁各庄，北接前庞各庄。

主要指标 2011 年末，辖区总人口 1156 人，总面积 2.97 平方千米，农民人均纯收入 7018 元。

前庞各庄村

(Qianpanggezhuang Cun)

名称来历 山西山后陆州移民迁到此地定居，因在庞各庄南，故称前庞各庄。

地理位置 地处程庄镇西北部，东邻徐家庄，南接川林，西邻滦县张各庄，北连后庞各庄。

主要指标 2011年末，辖区总人口2015人，总面积4.08平方千米，农民人均纯收入7835元。

后庞各庄村

(Houpanggezhuang Cun)

名称来历 过去有庞姓在此定居，形成村庄，称庞各庄。明永乐初年，因迁民在村南建前庞各庄，本村亦改称后庞各庄。

地理位置 地处程庄镇西北部，东邻滦县腰老里庄，南连前庞各庄，西接滦县张各庄，北与滦县傅庄接壤。

主要指标 2011年末，辖区总人口1064人，总面积2.2平方千米，农民人均纯收入6621元。

马庄子村

(Mazhuangzi Cun)

名称来历 山西山后陆州移民迁此立村，按姓氏分建两村，前村名葛庄子，后村名马庄子，因两村地址颇近，合称葛马庄，后称马庄子。

地理位置 地处程庄镇东北部，东邻长凝镇王营，南接殷庄，西邻大贾庄，北与滦县大闫营接壤。

主要指标 2011年末，辖区总人口1294人，总面积1.94平方千米，农民人均纯收入7787元。

大贾庄村

(Dajiazhuang Cun)

名称来历 贾姓由山西山后陆州移民迁此立村，按姓氏取名贾家庄，后为与小贾庄区别开来，改称大贾庄。

地理位置 地处程庄镇东北部，东邻马庄子，南接殷庄，西南与东大马庄相接，北邻滦县姜庄。

主要指标 2011年末，辖区总人口1583人，总面积2.18平方千米，农民人均纯收入7657元。

东大马庄村

(Dongdamazhuang Cun)

名称来历 过去山西山后陆州移民迁此立薛家长坨、李家平坨两个村，后因马姓户大人多，两村合并称大马家庄，简称大马庄，后又分为东西两村，本村在东，故称东大马庄。

地理位置 地处程庄镇东北部，东邻马庄子，西南与周夏庄相接，西连大马庄、李夏庄，北邻小贾庄。

主要指标 2011年末，辖区总人口698人，总面积1.26平方千米，农民人均纯收入8007元。

大马庄村

(Damazhuang Cun)

名称来历 因有两家在此开油房，又在东大马庄西面，故称西油房。1982年地名标准化处理后，更名大马庄。

地理位置 地处程庄镇东北部，东邻东大马庄，南接李夏庄，西邻大道上，西北与小柏庄接壤。

主要指标 2011年末，辖区总人口495人，总面积0.73平方千米，农民人均纯收入7800元。

李夏庄村

(Lixiazhuang Cun)

名称来历 明永乐元年（1403年）有李姓迁此立村，因附近有周夏庄，故名李夏庄。

地理位置 地处程庄镇东北部，东邻殷庄，南接周夏庄，西连后店，北接大马庄。

主要指标 2011年末，辖区总人口1459人，总面积1.87平方千米，农民人均纯收入7140元。

周夏庄村

(Zhouxiazhuang Cun)

名称来历 该村原名夏庄，因周姓迁此地立村，故名周家夏庄，后称周夏庄。

地理位置 地处程庄镇西北部，东邻殷庄，南连小坡子，西与汪庄接壤，北接李夏庄。

主要指标 2011年末，辖区总人口1695人，总面积2.66平方千米，农民人均纯收入7537元。

段庄村

(Duanzhuang Cun)

名称来历 明代有孙姓等迁此立村，取名孙家庄，后孙姓逐渐减少，段姓增多，改名段家庄，后称段庄。

地理位置 地处程庄镇东北部，东邻小贾庄，南邻小柏庄，西南与薛家丈子相连，北接徐家庄。

主要指标 2011年末，辖区总人口1712人，总面积3.13平方千米，农民人均纯收入7535元。

徐家庄村

(Xujiazhuang Cun)

名称来历 因徐姓户大人多，故名徐家庄，简称徐庄。1982年地名标准化处理后，恢复原名。

地理位置 地处程庄镇东北部，东邻滦县姜庄，南连段庄，西与前庞各庄相望，北邻滦县小老李庄。

主要指标 2011年末，辖区总人口1462人，总面积3.68平方千米，农民人均纯收入8022元。

小贾庄村

(Xiaojiazhuang Cun)

名称来历 清光绪二十年(1894年)发大水后,大贾庄部分贾姓迁此立村,故名小贾庄。

地理位置 地处程庄镇东北部,东邻大贾庄,西南与大马庄接壤,西北与段庄相接,北邻徐家庄。

主要指标 2011年末,辖区总人口1296人,总面积2.25平方千米,农民人均纯收入6882元。

小柏庄村

(Xiaobaizhuang Cun)

名称来历 清光绪二十年(1894年)发大水后,东大马庄居民迁此立村,因柏姓有财势,故名柏庄。1982年地名标准化处理后,更名小柏庄。

地理位置 地处程庄镇东北部,东北与小贾庄相望,南接大马庄,西接黄土岗,北与段庄相望。

主要指标 2011年末,辖区总人口280人,总面积0.54平方千米,农民人均纯收入6922元。

薛家丈子村

(Xuejiazhangzi Cun)

名称来历 清光绪二十年(1894年)发大水后,薛姓由东大马庄迁此立村,因薛姓有果树园子,四周以树和秫秸为屏障,故名薛家障子,后写成薛家丈子。

地理位置 地处程庄镇东北部,东南与小柏庄相接,东北与段庄相望,南接黄土岗,西连前刘,北邻滦县东老里庄。

主要指标 2011年末,辖区总人口427人,总面积0.52平方千米,农民人均纯收入6916元。

黄土岗村

(Huangtugang Cun)

名称来历 因此地有黄土,地势又高,故名黄土岗。

地理位置 地处程庄镇东北部,东邻小柏庄,南连大道上,西邻后店子,北接薛家丈子。

主要指标 2011年末,辖区总人口240人,总面积0.35平方千米,农民人均纯收入7542元。

大道上村

(Dadaoshang Cun)

名称来历 东大马庄部分村民迁至此地坨上建村,因这里有长凝到张各庄的大道,故名大道上。

地理位置 地处程庄镇东北部,东邻大马庄,南邻汪庄,西与后店子相望,北与黄土岗相连。

主要指标 2011年末,辖区总人口651人,总面积1.25平方千米,农民人均纯收入7249元。

前染各庄村

(Qianrangezhuang Cun)

名称来历 山西山后陆州移民迁此立村于天然响水坝之南,因早晨水汽冉冉上升,故称前染各庄。

地理位置 地处程庄镇东北部,东邻长凝镇东染各庄,南邻奔城镇张泡,西连小道子,北接肖庄。

主要指标 2011年末,辖区总人口729人,总面积1.51平方千米,农民人均纯收入7657元。

后染各庄村

(Hourangezhuang Cun)

名称来历 因此地有天然响水坝,早晨水汽在阳光照射下冉冉升起,村址又在水坝之北,故名后染各庄。

地理位置 地处程庄镇东北部,东临梁营,南接肖庄,西与汪庄相望,北与殷庄相连。

主要指标 2011年末,辖区总人口1135人,总面积1.47平方千米,农民人均纯收入7760元。

肖庄村

(Xiaozhuang Cun)

名称来历 过去肖姓由山西山后陆州移民迁此立村,以姓氏命名村名为肖家庄,后称肖庄。

地理位置 地处程庄镇东北部,东邻梁家营庄,南接东染各庄,西连汪庄,北与后染各庄相连。

主要指标 2011年末,辖区总人口1064人,总面积1.53平方千米,农民人均纯收入7716元。

殷庄村

(Yinzhuang Cun)

名称来历 清代郑姓由丰南小集迁此立村,取名郑庄,后殷姓在村附近另建一村,称殷庄。1942年,两村合并,统称殷庄。

地理位置 地处程庄镇东北部,东邻长凝镇乐营,南接后染各庄,西邻东大马庄,北与大贾庄相望。

主要指标 2011年末,辖区总人口1798人,总面积2.23平方千米,农民人均纯收入8017元。

小坡子村

(Xiaopozi Cun)

名称来历 清光绪二十年(1894年),陈姓从后染各庄迁此立村,取名北染各庄,解放战争时期,因村址北高南低形成一面坡,党政干部经常在此开会,称会址小坡子,后以此为村名。

地理位置 地处程庄镇东部,东南与后染各庄相邻,南接岳地,西临汪庄三村,北连周夏庄。

主要指标 2011年末,辖区总人口708人,总面积0.91平方千米,农民人均纯收入6620元。

岳地村
(Yuedi Cun)

名称来历 1949年发大水后，前染各庄部分村民迁此建村，因此地名为岳地，故名。

地理位置 地处程庄镇东部，东邻小道子，南邻奔城镇北营，西连东胡家坡、汪庄一村，北临小坡子。

主要指标 2011年末，辖区总人口431人，总面积0.45平方千米，农民人均纯收入7146元。

小道子村
(Xiaodaozi Cun)

名称来历 1949年发大水后，前染各庄部分村民移此建村，因此地地名为小道子，故名。

地理位置 地处程庄镇东部，东连前染各庄，南与奔城镇张泡相望，西邻岳地，北接小坡子。

主要指标 2011年末，辖区总人口275人，总面积0.29平方千米，农民人均纯收入6949元。

（撰稿：王新亭，初审：刘春花）

青坨营镇
(Qingtuoying Zhen)

政区概况

名称来历 因镇人民政府驻地位于青坨营村得名。

地理位置 地处滦南县西北，东与扒齿港镇接壤，南与司各庄镇和安各庄镇为邻，西与丰南区钱营镇相连，北与古冶区范各庄乡、滦县茨榆坨镇交界。人民政府驻青坨营富青街404号，电话区号0315，邮政编码063502，距滦南县人民政府18.5千米。

政区沿革 1946年5月，属滦南县一区。1954年7月，属滦县八区。1956年7月，设立青坨营乡，属滦县。1958年9月撤乡，属跃进人民公社；同年11月，改属唐山市滦州区扒齿港人民公社。1961年6月，析出，设青坨营人民公社，属滦县。1963年1月，改称青坨营人民公社，属滦南县，辖24个生产大队。1982年7月，属滦南县，辖25个生产大队。1984年5月，撤销人民公社，设青坨营乡，辖25个村民委员会。1993年4月，撤乡，设青坨营镇。1996年1月，撤销油盘庄乡，设油盘庄办事处。1996年4月，办事处改管理区，油盘庄管理区由青坨营镇代管。1999年1月，油盘庄管理区并入，辖40个村民委员会。

政区划分 2011年末，辖马狼坨、佟狼坨、苏狼坨、安狼坨、陈虎头、夏虎头、王虎头、张虎头、张狗庄、南冯狗庄、北冯狗庄、高狗庄、马狗庄、大田庄、小松林、青坨营、石庄户、武庄户、港坨、小水坡、北杨庄、孟庄户、姜庄子、北夏庄、油盘庄、韩庄子、崔新庄子、任六庄、北荣各庄、甸子、大松林、小田庄、前姜六庄、后姜六庄、邓庄、小代庄、花旺坨、小李庄、西水清庄、富新庄子40个村民委员会。

人口面积 2011年末，辖区总人口28512人，其中城镇常住人口9935人，城镇化率34.8%。另有流动人口3108人。总人口中，男性14661人，占51.4%；女性13851人，占48.6%；14岁以下5443人，占19.1%；15~64岁17714人，占62.1%；65岁以上5355人，占18.8%。总人口中，以汉族为主，达27946人，占98%；有满、布依等6个少数民族，共566人，占2%。2011年，人口出生率7.67‰，人口死亡率8.05‰，人口自然增长率-0.38‰。

辖区东西最大距离9.5千米，南北最大距离14.5千米，总面积86.9平方千米。其中陆地面积84.5平方千米，占97.1%；水域面积2.5平方千米，占2.9%。人口密度为每平方千米328人。

自然条件

地形地貌 境内均为平原，地势西、北高，东、南低，地面高程一般在海拔25~30米。

水文 双龙河由北向南流经东部，境内长9千米，流域面积45.9平方千米；岳家河由北向南流经西北部边缘，境内长8.2千米，流域面积11.5平方千米。

自然灾害 主要自然灾害有旱涝、风灾、低温、霜冻、雷击等。雨灾年均发生2次。主要发生在7月至8月，最严重的一次发生在2011年，受灾面积22平方千米。

经济概况

农业 耕地面积9万亩，人均3.2亩。以种植玉米、小麦、花生为主。2011年，农业总产值7.9亿元，比上年增长19.5%。

粮食作物以小麦、玉米为主。2011年，生产粮食2.2万吨，其中小麦9000吨，玉米1.2万吨。主要经济作物有棉花。2011年，棉花种植面积200亩，产量1.1万吨；花生种植面积2.9万亩，产量5598吨；蔬菜种植面积5万亩，产量23.4万吨，主要品种有西瓜、黄瓜、茄子、菠菜、食用菌等。

工业 以机械加工、建筑材料为主。2011年，实现工业增加值1.1亿元，比上年减少1.3%，占国内生产总值的13.6%。

2011年，规模以上工业企业1家，职工15人，实现工业增加值1085万元，比上年增长29.7%。

商业外贸 2011年末，城乡集贸市场8个。2011年城乡集，市贸易成交额1亿元，比上年增长11%。

财政金融 2011年，财政总收入446.1万元，比上年增长35.5%。其中地方财政收入176.2万元，比上年增长68.3%。从主要税种看，完成营业税74万元，增值税273.5万元，企业所得税28.4万元，个人所得税28.9万元，分别比上年增长47.1%、28.8%、81.7%、29.3%。人均财政收入156.4元，比上年增长35.7%。2011年，银行和金融机构各类存款余额4.1亿元，比上年增长25.6%；各项贷款余额160万元，比上年减少75%。

社会发展

文化艺术 2011年末，镇文化站1个，文化活动中心1个；图书室6个，藏书1.2万册。

教育 2011年末，幼儿园7所，在园幼儿373人，专任教师23人；小学7所，在校生1754人，专任教师88人，小学适龄儿童入学率100%；初中1所，在校生612人，专任教师67人，初中适龄人口入学率、小升初升学率、九年义务教育覆盖率均达100%。2011年财政预算内教育经费1369万元。比上年增长18%，预算内教育经费占财政总支出的比例为6.5%。

医疗卫生 2011年末，医疗卫生机构1个，门诊所52个。病床18张，每4人拥有医疗床位0.6张，固定资产总值284万元。专业卫生人员20名，其中执业医师4人，执业助理医师5人。2011年医疗机构完成诊疗0.99万人次，新型农村合作医疗参合人数2.8万人，参合率98%。

体育 2011年末，学校体育场地8处。18%的村安装了健身器材，经常参加体育活动的人员占常住人口的33%。

社会保障 2011年城镇最低生活保障户数9户，人数14人，支出4.6万元，比上年减少80.4%，月人均272.1元，比上年减少83.2%。

农村最低生活保障户数577户，人数1037人，支出121万元，比上年增长69%，月人均97.2元，比上年增长26.1%；农村五保集中供养99人，支出35.6万元，比上年减少1%；农村五保分散供养45人，支出15.3万元，比上年增长4.7%；农村医疗救助63人次，民政部门资助参加合作医疗1443人次，共支出32.1万元，比上年增长16.2%；农村临时救济29人次，支出4.1万元，比上年增长8.4%。

国家抚恤、补助各类优抚对象451人，抚恤事业费支出153.4万元，比上年增长9.6%。

新型农村社会养老保险参保人数1.9万人，参保率98%。

基础设施

交通运输 唐港高速过境，境内长8.8千米，有青坨营1个出口；唐港线、迁曹线省道过境，总长18.7千米；老区路县道过境，境内长5.2千米。

邮政电信 2011年末，电信企业3家，服务网点35个；电话交换机总容量1.5万门，固定电话用户3000户，固定电话普及率达到90%；移动电话用户2万户；宽带接入用户2000万户。全年电信业务收入200万元。

镇区市政建设

公共交通 2011年末，镇区日发环城汽车4班次，滦南至唐山的客车途经镇区。

给排水 2011年末，镇区自来水井40眼并有配套管网设施，实现村村供应自来水。

园林绿化 2011年末，镇区林地面积1533.3公顷，5个村道路两侧实现绿化美化，绿化面积1公顷。

安狼坨村

(Anlangtuo Cun)

名称来历 史姓在此立村，因大荒坨上有狼藏身，称史家狼坨。后来安姓奉命迁至此地，改称安狼坨。

地理位置 地处青坨营镇南部，东邻佟狼坨，南邻苏狼坨，西连丰南区西爽坨，北接张虎头。

主要指标 2011年末，辖区总人口868人，总面积2.22平方千米，农民人均纯收入5990元。

北冯狗庄村

(Beifenggouzhuang Cun)

名称来历 滦阳冯姓由定州中山迁居此地，取名冯家狗庄。后简称冯狗庄。1970年，分为两村，因位置靠北，故取名北冯狗庄。

地理位置 地处青坨营镇西南，东邻小松林，南连南冯狗庄，西接张狗庄，北邻高狗庄。

主要指标 2011年末，辖区总人口672人，总面积2.2平方千米，农民人均纯收入6029元。

北荣各庄村

(Beironggezhuang Cun)

名称来历 本县六虎头迁来部分村民到此地立村，因荣姓居多，取名荣虎庄，后改名荣各庄。1982年地名标准化处理工作中，更名北荣各庄。

地理位置 地处青坨营镇东南，东邻扒齿港镇前榆子林，南邻北夏庄，西连甸子，北接扒齿港镇吴代庄。

主要指标 2011年末，辖区总人口728人，总面积2.4平方千米，农民人均纯收入6037元。

北夏庄村

(Beixiazhuang Cun)

名称来历 夏姓奉命由山西山后陆州迁至滦州西南杜家庄，后因夏氏户大人多，改名为夏家庄，简称夏庄。为区别另一夏庄，遂改名为北夏庄。

地理位置 地处青坨营镇南部，东邻任六庄，南接崔新庄子，西连姜庄子，北邻甸子。

主要指标 2011年末，辖区总人口1109人，总面积3.36平方千米，农民人均纯收入6005元。

北杨庄村

(Beiyangzhuang Cun)

名称来历 因该村姓杨户大人多，故名杨家庄。1961年，油盘庄人民公社成立，因该村在公社北面，改名为北杨庄。

地理位置 地处青坨营镇南部，东邻韩庄子，南接油盘庄，西连陈虎头，北邻孟庄户。

主要指标 2011年末，辖区总人口285人，总面积

1.06 平方千米，农民人均纯收入 6700 元。

陈虎头村

(Chenhutou Cun)

名称来历 陈姓由山西山后陆州迁此立村于流河渡口，取名陈家流河头。后来因为邻村南有狼坨后有狗庄，故改称陈家六虎头，以示强大。后称陈虎头。

地理位置 地处青坨营镇西南，东邻孟庄户，南接马狼坨，西连夏虎头，北邻马狗庄。

主要指标 2011 年末，辖区总人口 868 人，总面积 2.91 平方千米，农民人均纯收入 6640 元。

崔新庄子村

(Cuixinzhuangzi Cun)

名称来历 该村原名新庄子。1920 年崔姓在村中设邮局，故改名崔新庄子。

地理位置 地处青坨营镇南部，东邻司各庄镇左庄，南接安各庄镇铁匠庄，西连韩庄子，北邻北夏庄。

主要指标 2011 年末，辖区总人口 1053 人，总面积 3.19 平方千米，农民人均纯收入 6077 元。

大松林村

(Dasonglin Cun)

名称来历 因村边有一大片松树林而得名。

地理位置 地处青坨营中部，东邻甸子，南接孟庄户，西连小松林，北邻小田庄。

主要指标 2011 年末，辖区总人口 891 人，总面积 2.66 平方千米，农民人均纯收入 6002 元。

大田庄村

(Datianzhuang Cun)

名称来历 山西山后陆州迁民至此地立庄时，因周边有大片可耕荒地而得名。

地理位置 地处青坨营镇中部，东邻小田庄，南接小松林，西连马狗庄，北邻青坨营。

主要指标 2011 年末，辖区总人口 707 人，总面积 2.08 平方千米，农民人均纯收入 6183 元。

邓庄村

(Dengzhuang Cun)

名称来历 该村建于元代以前，因邓姓户大，故名邓家庄。后称邓庄。

地理位置 地处青坨营镇东北部，东邻小代庄，南接花旺坨，西连后姜六庄，北邻滦县茨榆坨。

主要指标 2011 年末，辖区总人口 879 人，总面积 2.83 平方千米，农民人均纯收入 5968 元。

甸子村

(Dianzi Cun)

名称来历 据《滦县志》载，山西山后陆州的一对夫妇生有四个儿子，带着长子、三子迁到此地落户立村，二子、四子仍留在原籍，父母惦记儿子，取名惦子庄。后谐音称甸子庄。后称甸子。

地理位置 地处青坨营镇东部，东邻北荣各庄，南接北夏庄，西连小田庄，北邻花旺坨。

主要指标 2011 年末，辖区总人口 1140 人，总面积 3.49 平方千米，农民人均纯收入 5976 元。

富新庄子村

(Fuxinzhuangzi Cun)

名称来历 方姓从滦县茨榆坨迁到此地新立一村，称方新庄子。后孙、王等姓陆续迁来，改称新庄子。1982 年地名标准化处理工作中，更名富新庄子。

地理位置 地处青坨营镇东北部，东邻扒齿港镇杨套马庄，南接小代庄，西连武庄户，北与滦县茨榆坨相望。

主要指标 2011 年末，辖区总人口 763 人，总面积 1.37 平方千米，农民人均纯收入 6123 元。

港坨村

(Gangtuo Cun)

名称来历 因地势三面临港，一面靠坨而得名。

地理位置 地处青坨营镇北部，东邻武庄户，南接石庄户，西连丰南区后打弓庄，北邻古冶区王喜庄。

主要指标 2011 年末，辖区总人口 354 人，总面积 0.98 平方千米，农民人均纯收入 6362 元。

高狗庄村

(Gaogouzhuang Cun)

名称来历 山东枣庄迁民到此地立庄，所编队伍有狗队，其中一名头目叫高闪，他和一个姓雷的在此立村，取名为高雷家狗庄，后称高狗庄。

地理位置 地处青坨营镇西部，东邻马狗庄，南接陈虎头，西连北冯狗庄，北邻丰南区桥北坨。

主要指标 2011 年末，辖区总人口 661 人，总面积 2.48 平方千米，农民人均纯收入 6039 元。

韩庄子村

(Hanzhuangzi Cun)

名称来历 茨榆坨韩姓迁至此地立庄，故名韩家庄子，后称韩庄子。

地理位置 地处青坨营镇南部，东邻崔新庄子，南接安各庄镇裴洪林，西连油盘庄，北邻孟庄户。

主要指标 2011 年末，辖区总人口 383 人，总面积 1.1 平方千米，农民人均纯收入 6450 元。

后姜六庄村

(Houjiangliuzhuang Cun)

名称来历 因姜姓户大人多，立庄后取名姜六庄。后来姜六庄又分为两村，此村位置靠后，称后姜六庄。

地理位置 地处青坨营镇北部，东邻邓庄，南接前姜六庄，西连小水坡，北邻武庄户。

主要指标 2011 年末，辖区总人口 793 人，总面积 2.18 平方千米，农民人均纯收入 5944 元。

花旺坨村

(Huawangtuo Cun)

名称来历 因村东大沙坨上野花繁茂而得名。

地理位置 地处青坨营镇东北，东邻扒齿港镇绳各庄，南接甸子，西连西水清庄，北邻小李庄。

主要指标 2011 年末，辖区总人口 709 人，总面积 2.37 平方千米，农民人均纯收入 6138 元。

姜庄子村

(Jiangzhuangzi Cun)

名称来历 姜姓由湖北省郧县迁到此地建村，以姓氏命村名。

地理位置 地处青坨营镇南部，东邻北夏庄，南接韩庄子，西连孟庄户，北邻大松林。

主要指标 2011 年末，辖区总人口 322 人，总面积 1.11 平方千米，农民人均纯收入 6210 元。

马狗庄村

(Magouzhuang Cun)

名称来历 山东枣庄移民至此立庄，编的队叫狗队，头目姓马，立村后称马家狗庄。后称马狗庄。

地理位置 地处青坨营镇西部，东邻青坨营，南接北冯狗庄，西连高狗庄，北邻小水坡。

主要指标 2011 年末，辖区总人口 598 人，总面积 1.63 平方千米，农民人均纯收入 6073 元。

马狼坨村

(Malangtuo Cun)

名称来历 芦姓立村时，因大荒坨上灌木杂草丛生，曾有狼藏于其中，得名芦家狼坨。后因山东马文率子孙奉命迁至此地，因比芦姓户大人多，改村名马家狼坨。后称马狼坨。

地理位置 地处青坨营南部，东邻油盘庄，南接安各庄镇大柳树，西连佟狼坨，北接陈虎头。

主要指标 2011 年末，辖区总人口 1159 人，总面积 3.05 平方千米，农民人均纯收入 5900 元。

孟庄户村

(Mengzhuanghu Cun)

名称来历 明朝以前该村叫庄窠庄，明朝永乐二年，孟姓从山西山后陆州迁到此庄，给张氏看坟，后入赘，改名孟庄户。

地理位置 地处青坨营镇南部，东邻姜庄子，南接韩庄子，西连陈虎头，北邻大松林。

主要指标 2011 年末，辖区总人口 481 人，总面积 1.51 平方千米，农民人均纯收入 6100 元。

南冯狗庄村

(Nanfenggouzhuang Cun)

名称来历 滦阳冯姓由定州中山后迁此建村，取名冯家狗庄。后简称冯狗庄。1970 年，分为南、北两村，此村因位置靠南，故取名南冯狗庄。

地理位置 地处青坨营镇西南部，东邻小松林，南接张虎头，西连张狗庄，北邻北冯狗庄。

主要指标 2011 年末，辖区总人口 676 人，总面积 2.09 平方千米，农民人均纯收入 6023 元。

前姜六庄村

(Qianjiangliuzhuang Cun)

名称来历 因姜姓户大人多，立庄后取名姜六庄。后姜六庄分为两村，因本村位置靠前，称前姜六庄。

地理位置 地处青坨营镇北部，东邻邓庄，南接西水清庄，西连小水坡，北邻后姜六庄。

主要指标 2011 年末，辖区总人口 690 人，总面积 2.36 平方千米，农民人均纯收入 6129 元。

青坨营村

(Qingtuoying Cun)

名称来历 相传过去建村时，因北面大沙坨上长满茂密的青草而得名。

地理位置 地处青坨营镇中部，东邻扒齿港镇吴代庄，南接小田庄，西连马狗庄，北邻前姜六庄。

主要指标 2011 年末，辖区总人口 1303 人，总面积 3.86 平方千米，农民人均纯收入 5903 元。

任六庄村

(Renliuzhuang Cun)

名称来历 山西山后陆州迁民至此地定居，建有六个小村，后合并为一村，因任姓居多而得名任六庄。

地理位置 地处青坨营镇东南部，东邻扒齿港镇前榆子林，南接司各庄镇左庄，西连北夏庄，北邻扒齿港镇吴代庄。

主要指标 2011 年末，辖区总人口 458 人，总面积 1.17 平方千米，农民人均纯收入 6327 元。

石庄户村

(Shizhuanghu Cun)

名称来历 因石姓户大人多，立庄后命名石家庄窠。后称石庄户。

地理位置 地处青坨营镇北部，东邻武庄户，南接后姜六庄，西连小水坡，北邻港坨。

主要指标 2011年末，辖区总人口763人，总面积2.98平方千米，农民人均纯收入6064元。

苏狼坨村

(Sulangtuo Cun)

名称来历 苏姓为避兵乱藏于此地立村，因大荒坨上有狼藏身，得名苏家狼坨，后称苏狼坨。

地理位置 地处青坨营镇西南，东邻安各庄镇王洪林，南接安各庄镇康各庄，西连丰南区小芦庄，北邻安狼坨。

主要指标 2011年末，辖区总人口502人，总面积1.07平方千米，农民人均纯收入6175元。

佟狼坨村

(Tonglangtuo Cun)

名称来历 因大荒坨上有狼藏身，得名狼坨，因蒋姓在此立村，称蒋家狼坨。后佟姓奉命迁至此地，改称佟狼坨。

地理位置 地处青坨营镇西南部，东邻安各庄镇王洪林，南邻苏狼坨，西连安狼坨，北邻马狼坨。

主要指标 2011年末，辖区总人口565人，总面积2.25平方千米，农民人均纯收入5929元。

王虎头村

(Wanghutou Cun)

名称来历 因建村于流河渡口，又是王姓建村，故名王家流河头。后来因为邻村南有狼坨后有狗庄，遂改名王家六虎头，以示强大。后称王虎头。

地理位置 地处青坨营镇西南部，东邻陈虎头，南接安狼坨，西连张虎头，北邻南冯狗庄。

主要指标 2011年末，辖区总人口440人，总面积1.45平方千米，农民人均纯收入6090元。

武庄户村

(Wuzhuanghu Cun)

名称来历 武姓由山西山后陆州迁至此地立村，故名武家庄窠。后称武庄户。

地理位置 地处青坨营镇北部，东邻富新庄子，南接后姜六庄，西连港坨，北邻滦县前茨榆坨。

主要指标 2011年末，辖区总人口754人，总面积2.18平方千米，农民人均纯收入5993元。

西水清庄村

(Xishuiqingzhuang Cun)

名称来历 山西山后陆州羊家店人迁至此地立村，仍用原村名羊家店。后因常失火，改名水坑村。有人嫌此名不好听，改名水清庄。因附近有东水清庄，此村在西，称西水清庄。

地理位置 地处青坨营镇东北部，东邻花旺坨，南接青坨营，西连丰南区东桥北坨，北邻前姜六庄。

主要指标 2011年末，辖区总人口357人，总面积1.33平方千米，农民人均纯收入6367元。

夏虎头村

(Xiahutou Cun)

名称来历 夏氏由附近夏家庄迁此立村，因邻村叫虎头，故以姓氏称夏家六虎头。后称夏虎头。

地理位置 地处青坨营镇西南部，东邻陈虎头，南接马狼坨，西连王虎头，北邻高狗庄。

主要指标 2011年末，辖区总人口293人，总面积0.91平方千米，农民人均纯收入6177元。

小代庄村

(Xiaodaizhuang Cun)

名称来历 因戴姓户大人多，故名戴家庄；又因村小，称小戴庄，后写成小代庄。

地理位置 地处青坨营镇东北部，东邻扒齿港镇绳各庄，南接小李庄，西连邓庄，北邻滦县茨榆坨。

主要指标 2011年末，辖区总人口868人，总面积2.43平方千米，农民人均纯收入6028元。

小李庄村

(Xiaolizhuang Cun)

名称来历 1944年，李姓由花旺坨移来立村，称小李庄。

地理位置 地处青坨营镇东北部，东邻扒齿港镇绳各庄，南接甸子，西连花旺坨，北邻小代庄。

主要指标 2011年末，辖区总人口760人，总面积2.21平方千米，农民人均纯收入6031元。

小水坡村

(Xiaoshuipo Cun)

名称来历 原名小水泊，因这里原来是个洼地，后因洼地逐渐减少，改名小水坡。

地理位置 地处青坨营镇西北部，东邻后姜六庄，南接马狗庄，西连丰南区史庄子，北邻古冶区王喜庄。

主要指标 2011年末，辖区总人口1425人，总面积5.21平方千米，农民人均纯收入5888元。

小松林村

(Xiaosonglin Cun)

名称来历 因此地原有一小片松树林子而得名。

地理位置 地处青坨营镇中部，东邻大松林，南接油盘庄，西连南冯狗庄，北邻大田庄。

主要指标 2011 年末，辖区总人口 790 人，总面积 2.91 平方千米，农民人均纯收入 6086 元。

小田庄村

(Xiaotianzhuang Cun)

名称来历 因村子的西边有大田庄，故名小田庄。

地理位置 地处青坨营镇中部，东邻甸子，南接小松林，西连大田庄，北邻青坨营。

主要指标 2011 年末，辖区总人口 393 人，总面积 1.06 平方千米，农民人均纯收入 6353 元。

油盘庄村

(Youpanzhuang Cun)

名称来历 张姓由山西山后陆州迁至此地，以画木盘并施以油漆出售，故名油盘庄。

地理位置 地处青坨营镇南部，东邻韩庄子，南接安各庄镇王洪林，西连陈虎头，北邻北杨庄。

主要指标 2011 年末，辖区总人口 858 人，总面积 2.46 平方千米，农民人均纯收入 5944 元。

张狗庄村

(Zhanggouzhuang Cun)

名称来历 张姓由山西山后陆州迁移到此村立村，因附近已有高雷家狗儿庄，遂冠以姓氏，取村名为张家狗庄。后称张狗庄。

地理位置 地处青坨营镇西南部，东邻南冯狗庄，南接张虎头，西连丰南区王岭坨，北邻丰南区桥北坨。

主要指标 2011 年末，辖区总人口 389 人，总面积 1.25 平方千米，农民人均纯收入 6256 元。

张虎头村

(Zhanghutou Cun)

名称来历 山西山后陆州移民迁至此地立村，因建村于流河渡口，又是张姓建村，故名张家流河头。后来因为邻村南有狼坨后有狗庄，故改名张家六虎头，以示强大。后称张虎头。

地理位置 地处青坨营镇西南部，东邻王虎头，南接安狼坨，西连丰南区王岭坨，北邻张狗庄。

主要指标 2011 年末，辖区总人口 525 人，总面积 1.3 平方千米，农民人均纯收入 6327 元。

(撰稿：郭会东，初审：刘春花)

柏各庄镇

(Baigezhuang Zhen)

冀东生猪养殖第一镇。

政 区 概 况

名称来历 因镇人民政府驻地位于柏各庄而得名。

地理位置 地处滦南县西南，东与胡各庄镇、坨里镇相连，南、西南与唐海县唐海镇接壤，西与东黄坨镇为邻，北与司各庄镇交界。人民政府驻柏各庄七村政府大街 3001 号，电话区号 0315，邮政编码 063506，距滦南县人民政府 26 千米。

政区沿革 1946 年 5 月，属滦南县四区、六区、七区。1953 年 5 月，设柏各庄乡。1954 年 7 月，改属滦县十三区。1956 年 7 月，重新设立柏各庄乡，属滦县。1958 年 9 月，撤乡，属群英人民公社；同年 11 月，改属唐山市柏各庄农垦区柏各庄人民公社。1961 年 6 月，设柏各庄人民公社，属丰南县。1963 年 1 月，属滦南县。1984 年 5 月，撤销人民公社，设柏各庄乡。1984 年 7 月，撤乡，设柏各庄镇；同年 11 月，撤销柏各庄镇，分设柏各庄乡、柏各庄街道。1987 年 2 月，合并柏各庄乡、柏各庄街道设柏各庄镇，辖 24 个村民委员会。1989 年 4 月，喑牛淀乡并入，辖 45 个村民委员会。1996 年 1 月，撤销东黄坨镇，设东黄坨办事处。1996 年 4 月，办事处改管理区，东黄坨管理区由柏各庄镇代管。2002 年 2 月，东黄坨管理区并入。

政区划分 2011 年末，辖柏各庄一、柏各庄二、柏各庄三、柏各庄四、柏各庄五、柏各庄六、柏各庄七、南房各庄、北房各庄、东房各庄、娄各庄、杭各庄、守盐庄一、守盐庄二、守盐庄三、守盐庄四、李伍庄一、李伍庄二、西城子、小双坨、荣各庄、刘崔各庄、王崔各庄、张崔各庄、赵各庄、南解庄子、喑牛淀、王杨庄、甜井庄、张仙庄、陈各庄、小富各庄、曹李庄、贝口、小崔庄、张沟府、王沟府、李沟府、木沟府、庄五庄、小庄、交六、南周各庄、西庄、丁庄户 45 个村民委员会。

人口面积 2011 年末，辖区总人口 47975 人，其中城镇常住人口 14567 人，城镇化率 30.4%。另有流动人口 1011 人。总人口中，男性 23996 人，占 50%；女性 23979 人，占 50%；14 岁以下 6758 人，占 14.1%；15～64 岁 35253 人，占 73.5%；65 岁以上 5964 人，占 12.4%。总人口中，以汉族为主，达 46647 人，占 97.2%；有满、壮等 6 个少数民族，共 1328 人，占 2.8%。2011 年，人口出生率 9.23‰，人口死亡率 5.22‰，人口自然增长率 4.01‰。

辖区东西最大距离 12.5 千米，南北最大距离 12.6 千米，总面积 96.7 平方千米。其中陆地面积 82.7 平方千米，占 85.5%；水域面积 14 平方千米，占 14.5%。人口密度为每平方千米 496 人。

自然条件

地形地貌 地势平坦，北部略高于南部。

水文 第一泄洪道、滦柏输水干渠、小青龙河均由北向南流过，境内分别长14千米、13千米、8千米。滦柏输水干渠自王沟府村北流入唐海县境内。小青龙河自小庄村北入境，流入渤海。

自然灾害 主要自然灾害有雷暴、暴雨、冰雹、大风、高温等。暴雨灾害年均发生2次，主要发生在7月至8月。

经济概况

农业 耕地面积8.9万亩，人均1.9亩，可利用草地面积192.3亩。2011年，农业总产值8.8亿元，比上年增长21.5%。

粮食作物以水稻为主。2011年，生产粮食4.9万吨，人均1025千克，其中水稻4.8万吨。主要经济作物有棉花、花生。2011年，棉花种植面积100亩，产量61吨，可向社会提供61吨商品棉；花生种植面积700亩，产量3373吨；蔬菜种植面积2.8万亩，产量9.5万吨，主要品种有黄瓜、韭菜等。

畜牧业以猪、鸡为主。2011年，生猪饲养量12.4万头，年末存栏13.4万头；鸡饲养量67.4万羽，年末存栏33.1万羽，上市肉鸡174万羽；奶牛饲养量590头，年末存栏620头。

截至2011年末，累计造林2.1万亩，农民住宅四旁树木66万株，林木覆盖率22.1%，活立木蓄积量10.2万立方米。2011年，水果种植面积4418亩，产量5781吨，主要品种有苹果，其中苹果5670吨。

渔业以淡水养殖、海水养殖和海水捕捞为主。可用于水产养殖的海域面积10.6平方千米、淡水水面2.7平方千米。2011年，人工海水养殖贝类5平方千米，产量2535吨；养殖对虾5.6平方千米，产量344吨；淡水养殖面积2.7平方千米，产量7437吨；捕捞水产品4975吨；水产品总产量1.6万吨。渔业总产值1.8亿元，占农业总产值的20.5%。

工业 以饲料、大米、水产加工为主。2011年，实现工业增加值7.3亿元。比上年增长16.5%，占国民生产总值的比重38.2%。

2011年，规模以上工业企业1家，职工65人，实现工业增加值659万元，比上年增长29.3%。

商业外贸 2011年末，城乡集贸市场4个。2011年，城乡集市贸易成交额3亿元，比上年增长3%。

财政金融 2011年，财政总收入1179万元，比上年增长54%。其中地方财政收入938.8万元，比上年增长66.7%。从主要税种看，完成营业税528.5万元，增值税234.2万元，企业所得税302万元，个人所得税49.4万元，分别比上年增长77%、16%、55.9%、8.9%。人均财政收入245.8元，比上年增长53.6%。2011年，银行和金融机构各类存款余额4.5亿元，比上年增长11%；人均储蓄8452元；各项贷款余额1.8亿元，比上年增长11%。

社会发展

文化艺术 2011年末，镇文化站、影剧院各1个，村级文化活动中心45个；各类文化专业户20个；各类图书室3个，藏书3万余册。

教育 2011年末，幼儿园15所，在园幼儿650人，专任教师90人；小学13所，在校生2802人，专任教师156人，小学适龄儿童入学率100%；初中1所，在校生1475人，专任教师115人，初中适龄人口入学率、小升初升学率、九年义务教育覆盖率达100%。2011年财政预算内教育经费2165万元，比上年增长10.6%。

医疗卫生 2011年末，镇级医疗卫生机构2个；病床80张，每4人拥有医疗床位1.72张，固定资产总值2600万元。专业卫生人员56名，其中执业医师14人，执业助理医师13人，注册护士29人。2011年医疗机构（门诊部以上）完成诊疗3.16万人次。新型农村合作医疗参合人数4.3万人，参合率98%。

体育 2011年末，65%的村安装了健身器材，经常参加体育活动的人员占常住人口的25%。

社会保障 2011年城镇最低生活保障户数69户，人数94人，支出29万元，比上年减少20.0%，月人均257.1元，比上年减少26%。

农村最低生活保障户数1128户，人数1745人，支出191.5万元，比上年增长61.1%，月人均91.5元，比上年增长20.1%；农村五保集中供养139人，支出50万元，比上年增长9.4%；农村五保分散供养43人，支出14.6万元，比上年增长0.1%；农村医疗救助78人次，民政部门资助参加合作医疗2300人次，共支出49.6万元，比上年增长18.3%；农村临时救济31人次，支出4.4万元，比上年增长9.2%。

国家抚恤、补助各类优抚对象654人，抚恤事业费支出222.4万元，比上年增长14.5%。

新型农村社会养老保险参保人数3.4万人，参保率98%。

基础设施

交通运输 已形成由铁路、公路2种运输方式构成的交通运输网络。沿海高速公路和迁曹铁路过境，总长14千米；有县乡级公路2条，总长31千米。

邮政电信 2011年末，邮政局1所；报纸、期刊累计期发行1.3万份（册）。

电信企业3家，业务收入590万元；电话交换机总容量5万门，固定电话用户1.2万户，电话用户普及率达到90%；移动电话用户1.5万户；宽带接入用户7000户。全年电信业务收入1100万元。

镇区市政建设

公共交通 2011年末，柏各庄始发客车20次，主要通往倴城、滦县和唐山。通往唐海、尖坨子、青龙、南堡和天津的客车途经镇区。

给排水　2011年末，各村主要饮用地下水，镇区主要道路两侧铺设排水管道2000多米。

供电　2011年末，镇区35千伏变电站2座。

柏各庄一村

(Baigezhuangyi Cun)

名称来历　因村里有巨柏数株，故名柏各庄。1950年，柏各庄分为七个村，按顺序排名，称柏各庄一村，简称柏一村。

地理位置　地处柏各庄镇东南部，东邻张崔各庄，南连唐海县一分场，西邻西城子，北与南房各庄相接。

主要指标　2011年末，辖区总人口1509人，总面积2.19平方千米。农民人均纯收入7582元。

柏各庄二村

(Baigezhuang'er Cun)

名称来历　因村里有巨柏数株，故名柏各庄。1950年，柏各庄分为七个村，按顺序排名，称柏各庄二村，简称柏二村。

地理位置　地处柏各庄镇东南部，东邻张崔各庄，南连唐海县一分场，西邻西城子，北与南房各庄相接。

主要指标　2011年末，辖区总人口1424人，总面积2.15平方千米。农民人均纯收入7613元。

柏各庄三村

(Baigezhuangsan Cun)

名称来历　因村里有巨柏数株，故名柏各庄。1950年，柏各庄分为七个村，按顺序排名，称柏各庄三村。简称柏三村。

地理位置　地处柏各庄镇东南部，东邻张崔各庄，南连唐海县一分场，西邻西城子，北与南房各庄相接。

主要指标　2011年末，辖区总人口1459人，总面积1.44平方千米。农民人均纯收入7574元。

柏各庄四村

(Baigezhuangsi Cun)

名称来历　因村里有巨柏数株，故名柏各庄。1950年，柏各庄分为七个村，按顺序排名，称柏各庄四村。简称柏四村。

地理位置　地处柏各庄镇东南部，东邻张崔各庄，南连唐海县一分场，西邻西城子，北与南房各庄相接。

主要指标　2011年末，辖区总人口889人，总面积0.97平方千米。农民人均纯收入7567元。

柏各庄五村

(Baigezhuangwu Cun)

名称来历　因村里有巨柏数株，故名柏各庄。1950年，柏各庄分为七个村，按顺序排名，称柏各庄五村。简称柏五村。

地理位置　地处柏各庄镇东南部，东邻张崔各庄，南连唐海县一分场，西邻西城子，北与南房各庄相接。

主要指标　2011年末，辖区总人口750人，总面积0.31平方千米。农民人均纯收入7470元。

柏各庄六村

(Baigezhuangliu Cun)

名称来历　因村里有巨柏数株，故名柏各庄。1950年，柏各庄分为七个村，按顺序排名，称柏各庄六村。简称柏六村。

地理位置　地处柏各庄镇东南部，东邻张崔各庄，南连唐海县一分场，西邻西城子，北与南房各庄相接。

主要指标　2011年末，辖区总人口1060人，总面积3.12平方千米。农民人均纯收入7562元。

柏各庄七村

(Baigezhuangqi Cun)

名称来历　因村里有巨柏数株，故名柏各庄。1950年，柏各庄分为七个村，按顺序排名，称柏各庄七村。简称柏七村。

地理位置　地处柏各庄镇东南部，东邻张崔各庄，南连唐海县一分场，西邻西城子，北与南房各庄相接。

主要指标　2011年末，辖区总人口1138人，总面积0.29平方千米。农民人均纯收入7711元。

娄各庄村

(Lougezhuang Cun)

名称来历　山西山后陆州移民迁此立村，因西邻守盐庄，东邻房各庄，故取名为楼各庄，以示高大。后改写为娄各庄。

地理位置　地处柏各庄镇北部，东临南房各庄，南连柏各庄，西与守盐庄一村相接，北邻杭各庄。

主要指标　2011年末，辖区总人口819人，总面积1.62平方千米。农民人均纯收入7588元。

杭各庄村

(Hanggezhuang Cun)

名称来历　此村原名韩各庄，因韩姓户大得名，后因韩家绝嗣，改称杭各庄。

地理位置　地处柏各庄镇北部，东邻丁庄户，南接娄各庄，西与小双坨相接，北连东黄坨镇崔三庄。

主要指标　2011年末，辖区总人口746人，总面积1.67平方千米。农民人均纯收入7592元。

守盐庄一村

(Shouyanzhuangyi Cun)

名称来历　过去此村名小蔡各庄，因该村附近有大蔡各庄，前人忌大蔡压小蔡，因盐可腌菜，故更名为守盐庄。1959年，守盐庄分为四个村，按顺序排名，该村为守盐庄一村。简称守一村。

地理位置 地处柏各庄镇西北部，东邻娄各庄，南连柏各庄，西与西城子相接，北与守盐庄二村接壤。

主要指标 2011年末，辖区总人口1083人，总面积2.1平方千米。农民人均纯收入7575元。

守盐庄二村

(Shouyanzhuang'er Cun)

名称来历 过去此村名小蔡各庄，因该村附近有大蔡各庄，前人忌大蔡压小蔡，因盐可腌菜，故更名为守盐庄。1959年，守盐庄分为四个村，按顺序排名，该村为守盐庄二村。简称守二村。

地理位置 地处柏各庄镇西北部，东邻娄各庄，南连柏各庄，西与西城子相接，北与守盐庄四村接壤。

主要指标 2011年末，辖区总人口654人，总面积1.09方千米。农民人均纯收入7566元。

守盐庄三村

(Shouyanzhuangsan Cun)

名称来历 过去此村名小蔡各庄，因该村附近有大蔡各庄，前人忌大蔡压小蔡，因盐可腌菜，故更名为守盐庄。1959年，守盐庄分为四个村，按顺序排名，该村为守盐庄三村。简称守三村。

地理位置 地处柏各庄镇西北部，东邻娄各庄，南连守盐庄四村，西与李伍庄二村相接，北邻东黄坨。

主要指标 2011年末，辖区总人口1428人，总面积3平方千米。农民人均纯收入7546元。

守盐庄四村

(Shouyanzhuangsi Cun)

名称来历 过去此村名小蔡各庄，因该村附近有大蔡各庄，前人忌大蔡压小蔡，因盐可腌菜，故更名为守盐庄。1959年，守盐庄分为四个村，按顺序排名，该村为守盐庄四村。简称守四村。

地理位置 地处柏各庄镇西北部，东邻娄各庄，南连守盐庄二村，西邻李伍庄二村，北与守盐庄三村接壤。

主要指标 2011年末，辖区总人口515人，总面积0.93平方千米。农民人均纯收入7566元。

李伍庄一村

(Liwuzhuangyi Cun)

名称来历 该村建于明代，原有五条残街及李姓一户，故取村名为李伍庄。1958年，李伍庄分两个村，按顺序排名，该村为李伍庄一村。简称李一村。

地理位置 地处柏各庄镇西北部，东邻守盐庄四村，南与李伍庄二村相连，西邻唐海县梁家厂，北连小双坨。

主要指标 2011年末，辖区总人口1181人，总面积2.54平方千米。农民人均纯收入7468元。

李伍庄二村

(Liwuzhuang'er Cun)

名称来历 1该村建于明代，原有五条残街及李姓一户，故取村名为李伍庄。1958年，李伍庄分两个村，按顺序排名，该村为李伍庄二村。简称李二村。

地理位置 地处柏各庄镇西北部，东临守盐庄三村，南连西城子，西邻唐海县梁家厂，北与李一村相连。

主要指标 2011年末，辖区总人口977人，总面积1.98平方千米。农民人均纯收入7485元。

西城子村

(Xichengzi Cun)

名称来历 相传古时此地建过城，故建村后取名为城子，后改名为西城子。

地理位置 地处柏各庄镇西部，东邻柏各庄，南连唐海县安庄子，西与唐海县芦井庄相接，北邻李伍庄二村。

主要指标 2011年末，辖区总人口2493人，总面积5.97平方千米。农民人均纯收入7553元。

小双坨村

(Xiaoshuangtuo Cun)

名称来历 刘氏祖先于清雍正九年迁至此地建村，因近处有两小土坨，故命村名为小双坨。

地理位置 地处柏各庄镇西北部，东邻杭各庄，南连李伍庄一村，北与东黄坨村相接，西邻东玉坨。

主要指标 2011年末，辖区总人口1505人，总面积4.37平方千米。农民人均纯收入7596元。

东房各庄村

(Dongfanggezhuang Cun)

名称来历 郭姓迁至此地建村，取名范各庄，因忌讳郭（锅）煮范（饭），改称房各庄。后房各庄分为三村，因此村在东，称东房各庄。

地理位置 地处柏各庄镇东北部，东邻陈各庄，南与柏各庄相接，西邻北房各庄，北连丁庄户。

主要指标 2011年末，辖区总人口483人，总面积0.71平方千米。农民人均纯收入7443元。

南房各庄村

(Nanfanggezhuang Cun)

名称来历 郭姓迁至此地建村，取名范各庄，因忌讳郭（锅）煮范（饭），改称房各庄。后房各庄分为三村，因此村在南，称南房各庄。

地理位置 地处柏各庄镇东北部，东邻东房各庄，南连柏各庄，西与娄各庄相接，北连北房各庄。

主要指标 2011年末，辖区总人口764人，总面积1.43平方千米，农民人均纯收入7596元。

北房各庄村

（Beifanggezhuang Cun）

名称来历 郭姓迁至此地建村，取名范各庄，因忌讳郭（锅）煮范（饭），改称房各庄。后房各庄分为三村，因此村在北，称北房各庄。

地理位置 地处柏各庄镇东北部，东邻东房各庄，南接南房各庄，西与娄各庄相接，北邻丁庄户。

主要指标 2011 年末，辖区总人口 748 人，总面积 1.21 平方千米。农民人均纯收入 7558 元。

张崔各庄村

（Zhangcuigezhuang Cun）

名称来历 张姓由山西山后陆州迁此立村，取名张家村，后误称张家崔，简称张崔，又因左右邻村多为“各庄”之例，遂名张崔各庄。

地理位置 地处柏各庄镇东部，东邻刘崔各庄，南与南堡镇边庄子相接，西邻张崔各庄，北连陈各庄。

主要指标 2011 年末，辖区总人口 819 人，总面积 1.93 平方千米。农民人均纯收入 7614 元。

王崔各庄村

（Wangcuigezhuang Cun）

名称来历 王姓迁至此地建村定居，取名王家村，后误称王家崔，简称王崔，又因左右邻村有“各庄”之例，遂称王崔各庄。

地理位置 地处柏各庄镇东部，东邻王崔各庄，南连南堡镇北边庄子，西与柏各庄相接，北邻陈各庄。

主要指标 2011 年末，辖区总人口 1004 人，总面积 2.03 平方千米。农民人均纯收入 7489 元。

刘崔各庄村

（Liucuigezhuang Cun）

名称来历 刘姓迁此立村，取名刘家村，因口误，习惯称刘家崔，简称刘崔，又因左右邻村多有“各庄”之例，遂名刘崔各庄。

地理位置 地处柏各庄镇东部，东邻荣各庄，南与南堡镇边庄子相接，西邻王崔各庄，北连陈各庄。

主要指标 2011 年末，辖区总人口 1060 人，总面积 2.23 平方千米。农民人均纯收入 7483 元。

荣各庄村

（Ronggezhuang Cun）

名称来历 荣姓迁至此地建村，仍用原籍村名荣各庄。

地理位置 地处柏各庄镇东北部，东邻赵各庄，南连南堡镇北边庄子，西与刘崔各庄相接，北邻张仙庄。

主要指标 2011 年末，辖区总人口 2429 人，总面积 4.5 平方千米。农民人均纯收入 7600 元。

赵各庄村

（Zhaogezhuang Cun）

名称来历 赵姓由山西山后陆州娃子村迁此立村，故名赵各庄。

地理位置 地处柏各庄镇东北部，东邻南解庄子，南与坨里镇薛各庄相接，西连荣各庄，北接甜井庄。

主要指标 2011 年末，辖区总人口 803 人，总面积 2.13 平方千米。农民人均纯收入 7482 元。

南解庄子村

（Nanxiezhuangzi Cun）

名称来历 解姓由山西山后陆州迁至此地定居，以姓氏命名解家庄，俗称解庄子。1982 年地名标准化处理后，更名为南解庄子。

地理位置 地处柏各庄镇东偏北部，东邻坨里镇薛各庄，南接坨里镇蒋各庄，西与赵各庄相接，北邻甜井庄。

主要指标 2011 年末，辖区总人口 537 人，总面积 1.06 平方千米。农民人均纯收入 7452 元。

庄五庄村

（Zhuangwuzhuang Cun）

名称来历 五个姓氏的移民由山西山后陆州迁此立村，取“一庄五姓”之义，得名庄五庄。

地理位置 地处柏各庄镇北部，东邻曹李庄，南接东黄坨镇崔二村，西与东黄坨镇许一村相连，北邻小庄。

主要指标 2011 年末，辖区总人口 1789 人，总面积 5.1 平方千米。农民人均纯收入 7597 元。

小庄村

（Xiaozhuang Cun）

名称来历 明永乐二年（1404 年），山西山后陆州移民迁此立村，因庄小，得名小庄。

地理位置 地处柏各庄镇北部，东连王沟府，南邻庄五庄，西与司各庄镇学旺庄相接，北邻司各庄镇西王庄。

主要指标 2011 年末，辖区总人口 1458 人，总面积 4.08 平方千米，农民人均纯收入 7526 元。

陈各庄村

（Chengezhuang Cun）

名称来历 陈姓由山西山后陆州迁到此地立村，以姓氏命村名陈各庄。

地理位置 地处柏各庄镇东北部，东连荣各庄，南邻刘崔各庄，西与交六相接，北邻张仙庄。

主要指标 2011 年末，辖区总人口 1644 人，总面积 2.91 平方千米，农民人均纯收入 7576 元。

张仙庄村

(Zhangxianzhuang Cun)

名称来历 张姓由山西山后陆州枣村社迁此立村，当时张姓自称仙家，故得名张仙庄。

地理位置 地处柏各庄镇东北部，东连甜井庄，南邻荣各庄，西与南周各庄相接，北邻小富各庄。

主要指标 2011年末，辖区总人口2008人，总面积3.30平方千米，农民人均纯收入7621元。

甜井庄村

(Tianjingzhuang Cun)

名称来历 因这里的井水甜，得名甜井庄。

地理位置 地处柏各庄镇东北部，东邻吴庄子，南与赵各庄相接，西连张仙庄，北邻胡各庄镇大富各庄。

主要指标 2011年末，辖区总人口1391人，总面积3.20平方千米。农民人均纯收入7430元。

丁庄户村

(Dingzhuanghu Cun)

名称来历 丁姓由山西山后陆州迁至此地定居，取名丁庄窠。1961年，改称丁庄户。

地理位置 地处柏各庄镇东北部，东邻南周各庄，南与北房各庄相接，西连东黄坨镇郝各庄，北邻崔大庄。

主要指标 2011年末，辖区总人口1388人，总面积3.27平方千米。农民人均纯收入7493元。

南周各庄村

(Nanzhougezhuang Cun)

名称来历 周姓由山西山后陆州迁至此地立村，得名周各庄。1982年地名标准化处理后，更名为南周各庄。

地理位置 地处柏各庄镇东北部，东邻张仙庄，南接交六，西与西庄相连，北邻西庄。

主要指标 2011年末，辖区总人口1117人，总面积2.33平方千米。农民人均纯收入7531元。

交六村

(Jiaoliu Cun)

名称来历 因村庄地处三条大路交叉处，故得名交六庄，后称交六。

地理位置 地处柏各庄镇东北部，东邻陈各庄，南与东房各庄相接，西连丁庄户，北邻周各庄。

主要指标 2011年末，辖区总人口759人，总面积1.73平方千米。农民人均纯收入7625元。

西庄村

(Xizhuang Cun)

名称来历 张姓由山西山后陆州枣安庄迁到此地定居，此地过去原有一东庄，此村在其西，故称西庄。

地理位置 地处柏各庄镇东北部，东邻小富各庄，南连周各庄，西与东黄坨镇崔大庄相接，北邻庄五庄。

主要指标 2011年末，辖区总人口429人，总面积0.99平方千米。农民人均纯收入7395元。

喑牛淀村

(Yinniudian Cun)

名称来历 此地原是海洋，渔民捕鱼、卖鱼，经常聚散于此，喧嚣吵闹，村民希望有一个安静的环境，故名喑牛淀。

地理位置 地处柏各庄镇东北部，东邻胡各庄镇刘庄，南连小富各庄，西与王杨庄相接，北邻曹李庄。

主要指标 2011年末，辖区总人口1193人，总面积2.38平方千米。农民人均纯收入7579元。

王杨庄村

(Wangyangzhuang Cun)

名称来历 王、杨两姓由山西山后陆州迁至此地，分建王家庄、杨家庄两个小村，后合并，称为王杨家庄，后称王杨庄。

地理位置 地处柏各庄镇东北部，东与喑牛淀相连，南接小富各庄，西邻东黄坨镇崔大庄，北接曹李庄。

主要指标 2011年末，辖区总人口892人，总面积1.59平方千米。农民人均纯收入7482元。

曹李庄村

(Caolizhuang Cun)

名称来历 山西山后陆州移民迁至此地定居，分别建曹家庄、李家庄、小庙上三个村，曹、李两庄系按姓氏得名，小庙上因村东有一小庙而得名，后三村合并，称曹李庄。

地理位置 地处柏各庄镇东北部，东邻胡各庄镇刘庄，南连喑牛淀，西邻庄五庄，北与贝口相接。

主要指标 2011年末，辖区总人口858人，总面积1.78平方千米。农民人均纯收入7468元。

贝口村

(Beikou Cun)

名称来历 此地曾是河口，但船收不进来，非常背（即偏僻），得名背口庄，后来人们讨厌这个“背”字，改名贝口庄，后称贝口。

地理位置 地处柏各庄镇东北部，东邻胡各庄镇戚庄，南与李庄相连，西邻庄五庄，北与小崔庄相接。

主要指标 2011年末，辖区总人口485人，总面积1.25平方千米。农民人均纯收入7495元。

小崔庄村

(Xiaocuizhuang Cun)

名称来历 清代本县大崔庄村民迁来立村，因小于原村，故称小崔庄。

地理位置 地处柏各庄镇东北部，东邻胡各庄镇戚庄，南与贝口相接，西连庄五庄，北邻张沟府。

主要指标 2011年末，辖区总人口340人，总面积0.84平方千米。农民人均纯收入7450元。

小富各庄村

(Xiaofugezhuang Cun)

名称来历 山西山后陆州移民迁到此地定居，为取富足之义，命名为富各庄。后为区别另一个富各庄，加之村小，故称小富各庄。

地理位置 地处柏各庄镇东北部，东临大富各庄，南连张仙庄，西邻西庄，北与喑牛淀相接。

主要指标 2011年末，辖区总人口1221人，总面积2.18平方千米。农民人均纯收入7587元。

张沟府村

(Zhanggoufu Cun)

名称来历 张姓于明永乐年间由山西山后陆州迁此立村，因村东有老溯河沟，村西有高阜，取村名张沟阜，后写成张沟府。

地理位置 地处柏各庄镇东北部，东邻胡各庄镇大崔庄，南与小崔庄相接，西连小庄，北邻木沟府。

主要指标 2011年末，辖区总人口761人，总面积1.86平方千米，农民人均纯收入7488元。

木沟府村

(Mugoufu Cun)

名称来历 因村西有高阜，东有老溯河沟，先祖是木工，取村名木沟阜，后改写成木沟府。

地理位置 地处柏各庄镇东北部，东邻李沟府，南与张沟府相接，西邻小庄，北连王沟府。

主要指标 2011年末，辖区总人口477人，总面积1.35平方千米。农民人均纯收入7483元。

李沟府村

(Ligoufu Cun)

名称来历 李姓于明永乐年间由山西山后陆州迁此立村，因村东有老溯河沟，村西有高阜，故取村名李沟阜，后改写成李沟府。

地理位置 地处柏各庄镇东北部，东邻胡各庄镇大崔庄，南连张沟府，西与木沟府相接，北邻王沟府。

主要指标 2011年末，辖区总人口349人，总面积1.15平方千米。农民人均纯收入7399元。

王沟府村

(Wanggoufu Cun)

名称来历 王姓于明永乐年间由山西山后陆州迁到此地定居，因村东有老溯河沟，村西有高阜，遂称王沟阜，后改称王沟府。

地理位置 地处柏各庄镇东北部，东临胡各庄镇前史，南与李沟府相连，西接小庄，北邻司各庄镇东王庄。

主要指标 2011年末，辖区总人口783人，总面积1.88平方千米。农民人均纯收入7450元。

(撰稿：孙卫峰，初审：刘春花)

柳赞镇

(Liuzan Zhen)

政区概况

名称来历 因镇人民政府驻地位于柳赞二村而得名

地理位置 地处滦南县南部，东邻乐亭县古河乡及大清河盐场，南濒渤海湾，西与唐海县八里滩养殖场接壤，北与南堡镇及唐海县九农场毗邻。人民政府驻柳赞二村，电话区号0315，邮政编码063509，距滦南县人民政府35千米。

政区沿革 1946年5月，属滦南县沿海区。1953年5月，设柳赞乡。1954年7月，改属滦县十四区。1956年7月，改称柳赞乡。1958年9月，撤乡，属滦县渤涛人民公社；同年11月，属乐亭县南堡人民公社。1961年6月，析出，设柳赞人民公社，属丰南县。1963年1月，属滦南县。1984年5月，改为柳赞乡，辖5个村民委员会。1994年9月，撤乡，设柳赞镇。

政区划分 2011年末，辖柳赞一、柳赞二、柳赞三、大庄河、蚕沙口5个村民委员会。

人口面积 2011年末，辖区总人口13354人，其中城镇常住人口8399人，城镇化率62.9%。另有流动人口1138人。总人口中，男性6685人，占50.1%；女性6669人，占49.9%；14岁以下2050人，占15.4%；15~64岁9857人，占73.8%；65岁以上1447人，占10.8%。总人口中，以汉族为主，达13126人，占98.3%；有满、壮2个少数民族，共228人，占1.7%。2011年，人口出生率15.2‰，人口死亡率5.12‰，人口自然增长率10.08‰。

辖区东西最大距离11.7千米，南北最大距离9千米，总面积54.3平方千米。其中陆地面积12.1平方千米，占22.3%；水域面积42.2平方千米，占77.7%。人口密度为每平方千米246人。

自然条件

地形地貌 境内地势平坦。

水文 境内主要河道有小青河，第二泄洪道，新、老泝河，均由北而南从境内东、西部流经入海，境内分别长7.1千米、6.3千米，流域面积13.5平方千米、26.6平方千米。

自然灾害 主要有冰雹、旱涝、风灾、低温、雷击、风暴潮、海啸等。

经济概况

农业 耕地面积8636亩，人均0.65亩。2011年，农业总产值3.6亿元，比上年增长40.4%。

粮食作物以水稻为主。2011年，生产粮食3303吨。

畜牧业以猪、狐狸、貉子、貂养殖为主。

渔业以淡水养殖、海水养殖和海水捕捞为主。可用于水产养殖的海域面积20.7平方千米、淡水水面24.8万平方米。2011年，人工海水养殖贝类45.4平方千米，产量882吨；对虾19平方千米，产量1065吨；淡水养殖面积24.8万平方米，产量21吨；捕捞水产品2.1万吨；水产品总产量2.4万吨。渔业总产值2.6亿元，占农业总产值的71.7%。

工业 以海产品加工为主。2011年，实现工业增加值9050万元，比上年增长0.5%，占国民生产总值的23.1%。

商业外贸 2011年末，城乡集贸市场1个。2011年，城乡集市贸易成交额3000万元，比上年增长3%。

财政金融 2011年，财政总收入474.8万元，比上年增长206.9%。其中地方财政收入237万元，比上年增长301%。从主要税种看，完成营业税100.2万元，增值税13万元，企业所得税345.2万元，个人所得税10.2万元，分别比上年增长-20.5%、225%、2729.5%、-12.8%。人均财政收入355.5元，比上年增长202%。

社会发展

文化艺术 2011年末，镇文化站1个，村级文化活动中心5个；图书室6个，藏书7万册。

教育 2011年末，幼儿园5所，在园幼儿293人，专任教师15人；小学5所，在校生536人，专任教师81人，小学适龄儿童入学率100%；初中1所，在校生324人，专任教师42人，初中适龄人口入学率、小升初升学率、九年义务教育覆盖率达100%。2011年财政预算内教育经费1087.7万元。比上年增长152%。

医疗卫生 2011年末，镇卫生院1所，村卫生室49个；病床49张，固定资产总值151.2万元。专业卫生人员63人，其中执业医师5人，执业助理医师8人。2011年医疗机构完成诊疗3.2万人次。新型农村合作医疗参合人数9350人，参合率100%。

体育 2011年末，学校体育场地6处。40%的村安装了健身器材，经常参加体育活动的人员占常住人口的23%。

广播电视 2011年末全镇5个行政村全部安装了有线电视。

社会保障 2011年城镇最低生活保障户数2户，人数4人，支出9384元，比上年增长39.6%，月人均195.5元，比上年增长37.8%。

农村最低生活保障户数123户，人数239人，支出43.8万元，比上年增长40.4%，月人均153元，比上年增长50%；农村五保集中供养9人，支出3.6万元，比上年增长9.4%；农村五保分散供养15人，支出6万元，比上年增长5.4%；农村医疗救助20人次，民政部门资助参加合作医疗284人次，共支出14.8万元，比上年增长18.3%；农村临时救济60人次，支出3.2万元，比上年增长13.4%。

国家抚恤、补助各类优抚对象45人，抚恤事业费支出63万元，比上年增长3%。

新型农村社会养老保险参保人数1.3万人，参保率100%。

基础设施

交通运输 古柳公路县道过境，境内长1400米；有乡级公路1条，长2800米。有渔船码头1座。

邮政电信 2011年末，邮政网点1个。移动电话普及率为75%。

镇区市政建设

公共交通 2011年末，有柳赞至唐山、柳赞至滦南等7条始发及过路公共汽车线路11条，有公交停靠站3个。

给排水 2011年末，镇区自来水井23眼并有配套管网设施，自来水村普及率100%。

供电 2011年末，镇区35千伏变电站1座。

柳赞一村

(Liuzanyi Cun)

名称来历 明朝永乐二年（1404年），张姓家族奉命从山西山后陆州迁此，搭尖顶铺居住。因从陆州迁来，故取名陆尖铺．清朝末年，把“陆尖”改为柳赞。1984年，柳赞分为三个村，按照顺序，此村称柳赞一村。

地理位置 地处柳赞镇中北部，东邻大庄河村，南邻渤海湾滩涂，西邻柳赞二村，北邻唐海县第九农场双井村。

主要指标 2011年末，辖区总人口2725人，总面积12.13平方千米。农民人均纯收入9306元。

柳赞二村

(Liuzan'er Cun)

名称来历 明朝永乐二年（1404年），张姓家族奉命从山西山后陆州迁此，搭尖顶铺居住。因从陆州迁来，取名陆尖铺．清朝末年，把“陆尖”改为柳赞。1984年，柳赞分为三个村，按照顺序，此村称柳赞二村。

地理位置 地处柳赞镇中部，东邻柳赞一村，南邻柳赞三村，西邻蚕沙口村，北邻柳赞镇政府。

主要指标 2011年末，辖区总人口2694人，总面积9.7平方千米。农民人均纯收入9298元。

柳赞三村

(Liuzansan Cun)

名称来历 明朝永乐二年（1404年），张姓家族奉命从山西山后陆州迁此，搭尖顶铺居住。因从陆州迁来，取名陆尖铺．清朝末年，把“陆尖”改为柳赞。1984 年，柳赞分为 3 个村，按照顺序，此村称柳赞三村。

地理位置 地处柳赞镇中部，东邻柳赞一村，南邻渤海湾滩涂，西邻蚕沙口村，北邻柳赞二村。

主要指标 2011 年末，辖区总人口 2847 人，总面积 10.87 平方千米。农民人均纯收入 9308 元。

蚕沙口村

(Canshakou Cun)

名称来历 因从地下挖出蚕状空心姜石和沙粒，村西又有溯河海口，故取名蚕沙河口，后称蚕沙口。

地理位置 地处柳赞镇西北部，东邻柳赞镇政府，南邻渤海湾滩涂，西邻唐海县第一农场祥源村，北邻南堡镇。

主要指标 2011 年末，辖区总人口 2280 人，总面积 11.3 平方千米。农民人均纯收入 9298 元。

大庄河村

(Dazhuanghe Cun)

名称来历 有张姓排行在三，从山西山后陆州大庄窝迁此立村，故名大庄窝。后因村东有青河，故改名大庄河村。

地理位置 地处柳赞镇西北部，东邻小清河，南邻大清河盐场，西邻柳赞镇一村，北邻唐海县第九农场刘家铺。

主要指标 2011 年末，辖区总人口 2603 人，总面积 12.13 平方千米。农民人均纯收入 9289 元。

（撰稿：杨绍春，初审：刘春花）

南堡镇

(Nanpu Zhen)

省级文明镇、唐山市文明生态镇。

政区概况

名称来历 因镇人民政府驻地位于南堡村而得名。

地理位置 地处滦南县南部，东与唐海九农场及柳赞镇相连，南临渤海湾，西濒渤海，北接南堡新生盐场、柏各庄镇、坨里镇。人民政府驻姚岭渔业和谐路 359 号，电话区号 0315，邮政编码 063505，距滦南县人民政府 25.5 千米。

政区沿革 1946 年 5 月，属滦南县沿海区。1953 年 5 月，设南堡乡。1954 年 7 月，改属滦县十四区。1956 年 7 月，重新设立南堡乡，属滦县。1958 年 9 月，撤乡，属渤涛人民公社；同年 11 月，改属乐亭县南堡人民公社。1961 年 6 月，改属丰南县。1963 年 1 月，属滦南县。1984 年 5 月，撤销人民公社，设南堡乡，辖 3 个村民委员会。1993 年 4 月，撤乡，设南堡镇。2002 年 2 月，杨岭镇并入，辖 18 个村民委员会。

政区划分 2011 年末，辖杨岭渔业、杨岭农业、姚岭渔业、姚岭农业、曹岭渔业、曹岭农业、廒上渔业、廒上农业、南边庄子渔业、南边庄子农业、北边庄子、马庄子渔业、马庄子农业、冯庄子、港东渔业、南堡一村、南堡二村、北堡 18 个村民委员会。

人口面积 2011 年末，辖区总人口 15352 人，其中城镇常住人口 7691 人，城镇化率 50.1%。另有流动人口 1204 人。总人口中，男性 7662 人，占 49.9%；女性 7690 人，占 50.1%；14 岁以下 2349 人，占 15.3%；15～64 岁 11176 人，占 72.8%；65 岁以上 1827 人，占 11.9%。总人口中，以汉族为主，达 15200 人，占 99%；有满等少数民族，共 152 人，占 1%。2011 年，人口出生率 11.49‰，人口死亡率 5.81‰，人口自然增长率 5.68‰。

辖区东西最大距离 7.2 千米，南北最大距离 4.6 千米，总面积 26.14 平方千米。其中陆地面积 17.9 平方千米，占 68.3%；水域面积 8.3 平方千米，占 31.7%。人口密度为每平方千米 587 人。

自然条件

地形地貌 地势平坦低洼。

水文 新、老溯河由北而南入境内东北部，境内长 5 千米，流域面积 11.7 平方千米。

自然灾害 主要自然灾害有冰雹、旱涝、风灾、低温、雷击、风暴潮、海啸等。

经济概况

农业 耕地面积 1.26 万亩，人均 1 亩。2011 年，农业总产值 5.3 亿元，比上年增长 19.6%。

粮食作物以水稻为主。2011 年，生产粮食 8126 吨，全部为水稻。

畜牧业以猪、家禽为主。2011 年，生猪出栏 2.1 万头；肉鸡出栏 14.1 万羽。

截至 2011 年末，有防护林 711 亩，林木覆盖率 6.4%。

渔业以淡水养殖、海水养殖和海水捕捞为主。可用于水产养殖的海域面积 9.3 平方千米、淡水水面 2 平方千米。2011 年，人工海水养殖贝类 5.7 平方千米，产量 8127 吨；对虾 3.5 平方千米，产量 411 吨；淡水养殖面积 2 平方千米，产量 1333 吨；捕捞水产品 3.3 万吨；水产品总产量 4.4 万吨。渔业总产值 4.5 亿元，占农业总产值的 86.2%。

工业 以海产品加工、船舶制造为主。2011 年，实现工业增加值 1.6 亿元，比上年增长 22.8%，占国内生产总值的 19.6%。

2011 年，规模以上工业企业 2 家，职工 152 人，实现工业增加值 1366.9 万元，比上年增长 119.2%。

商业外贸 2011 年末，城乡集贸市场 2 个。2011 年，城乡集市贸易成交额 3000 万元，比上年增长 4.1%。

财政金融 2011 年，财政总收入 1515 万元，比上年增长 212.1%。其中地方财政收入 1305.2 万元，比上年增长 316.5%。从主要税种看，完成营业税 806.5 万元，增值税 168.7 万元，企业所得税 172.6 万元，个人所得税 89.7 万元，分别比上年增长353.3%、62.4%、23.4%、150.7%。人均财政收入986.8元，比上年增长210.6%。

社会发展

文化艺术 2011年末，镇文化站1个，村级文化活动中心18个：各类图书室5个，藏书1万余册。

教育 2011年末，幼儿园4所，在园幼儿464人，专任教师11人；小学3所，在校生831人，专任教师83人，小学适龄儿童入学率100%。初中1所，在校生235人，专任教师41人，初中适龄人口入学率、小学升初中升学率、九年义务教育覆盖率均达100%。2011年财政预算内教育经费757.1万元。比上年增加9.2%。

医疗卫生 2011年末，镇级卫生院1所；固定资产总值97万元。专业卫生人员14名，其中执业医师4人，执业助理医师7人，注册护士3人。2011年医疗机构（门诊部以上）完成诊疗1.1万人次。新型农村合作医疗参合人数1.4万人，参合率98%。

体育 2011年末，学校体育场地4处。9个自然村有篮球场等公共体育活动场所，33.3%的村安装了健身器材，经常参加体育活动的人员占常住人口的31%。

广播电视 2011年末，有3个村安装了有线电视。

社会保障 2011年城镇最低生活保障户数24户，人数36人，支出10.5万元，比上年减少5.7%，月人均243元，比上年减少21.4%。

农村最低生活保障户数206户，人数423人，支出48.3万元，比上年增长63%，月人均95.2元，比上年增长21.8%；农村五保集中供养7人，支出2.5万元，比上年减少22.2%；农村五保分散供养11人，支出3.7万元，比上年减少8.3%；农村医疗救助40人次，民政部门资助参加合作医疗517人次，共支出12.8万元，比上年增长14.1%；农村临时救济22人次，支出3.1万元，比上年增长5.9%。

国家抚恤、补助各类优抚对象121人，抚恤事业费支出47.2万元，比上年增长12.5%。

新型农村社会养老保险参保人数1万人，参保率99.5%。

基础设施

交通运输 2011年末，乡级公路1条，长4千米。标准渔船码头1座。

邮政电信 2011年末，邮政网点1个。移动电话普及率为62%。

镇区市政建设

公共交通 2011年末，镇区南堡至唐山、南堡至滦南等6条始发及过路公共汽车交通线路7条，有公交停靠站3个。

给排水 2011年末，排水管网2.2千米。

供电2011年末，镇区有高压电管站1座和低压供电所1处。

园林绿化 2011年末，镇区栽植绿化树木15000株，花草30亩，培育抗盐碱绿化苗木20万株。

廒上农业村

(Aoshangnongye Cun)

名称来历 原名太平岭，因建过粮库，故改名廒上。后分成两个村，主要从事农业生产的，叫廒上农业村。

地理位置 地处南堡镇中部，东邻杨岭，南接曹岭，西连南边庄子，北邻姚岭渔业。

主要指标 2011年末，辖区总人口841人，总面积1.88平方千米，农民人均纯收入7068元。

廒上渔业村

(Aoshangyuye Cun)

名称来历 原名太平岭，因建过粮库，故改名廒上。后分成两个村，主要从事渔业生产的，叫廒上渔业村。

地理位置 地处南堡镇中部，东与杨岭相连，南接曹岭，西与南边庄子相邻，北邻姚岭渔业。

主要指标 2011年末，辖区总人口1612人，总面积1.57平方千米，农民人均纯收入7744元。

北边庄子村

(Beibianzhuangzi Cun)

名称来历 由张、边两姓立村，取名张边家庄。后因张姓人减少，边氏人增加，更名为边庄子。后来边氏分南北两地居住，该村在北，故称北边庄子。

地理位置 地处南堡镇西，东邻廒上，南接南边庄子，西连唐海县一分场，北邻坨里镇蒋各庄。

主要指标 2011年末，辖区总人口1056人，总面积2.08平方千米，农民人均纯收入6727元。

北堡村

(Beipu Cun)

名称来历 这里原是一片海滩。因坐落在河望铺以北，故称北堡。

地理位置 地处南堡镇最南端，东邻冀东监狱盐场，南隔冀东监狱盐场与南堡相望，西临渤海，北隔冀东监狱海水养殖区与曹妃甸区滨海镇张庄子相望。

主要指标 2011年末，辖区总人口285人，总面积6.72平方千米，农民人均纯收入8235元。

曹岭农业村

(Caolingnongye Cun)

名称来历 此地有一高地，名宽坨岭，明朝永乐年间曹姓由山西山后陆州迁到此地，在宽坨岭南立庄，称曹家岭，简称曹岭。后分成两个村，主要从事农业生产的，叫曹岭农业村。

地理位置 地处南堡镇中部，东邻港东渔业，南接马庄子，西连廒上，北与杨岭相连。

主要指标 2011年末，辖区总人口426人，总面积1.07平方千米，农民人均纯收入5162元。

曹岭渔业村

(Caolingyuye Cun)

名称来历 明朝永乐年间曹姓迁至此地立庄，称曹家岭，简称曹岭。后分成两个村，主要从事渔业生产的，叫曹岭渔业村。

地理位置 地处南堡镇中部，东邻港东渔业，南接马庄子，西连廒上，北与杨岭相连。

主要指标 2011年末，辖区总人口462人，总面积0.36平方千米，农民人均纯收入6403元。

冯庄子村

(Fengzhuangzi Cun)

名称来历 冯姓由山西山后陆州迁至此地建村，以姓氏命名为冯家庄子，后称冯庄子。

地理位置 地处南堡镇南部，东邻曹妃甸区双井，南接曹妃甸区柳赞，西连曹妃甸区九场三队，北邻马庄子。

主要指标 2011年末，辖区总人口753人，总面积1.09平方千米，农民人均纯收入7015元。

港东渔业村

(Gangdongyuye Cun)

名称来历 明永乐二年（1404年），李姓由滦州李家小套携全家来宽坨岭建村，因岭西有洼地叫西港，本村在港之东，故取名宽坨岭港东庄，简称港东。后分成两个村，主要从事渔业生产的，叫港东渔业村。

地理位置 地处南堡镇东部，东邻曹妃甸区郭庄子，南接马庄子，西连杨岭，北邻曹妃甸区东城子。

主要指标 2011年末，辖区总人口358人，总面积0.43平方千米，农民人均纯收入5934元。

马庄子农业村

(Mazhuangzinongye Cun)

名称来历 马姓兄弟两人由本县马官寨迁至此地建村，以姓氏命名为马家庄，俗称马庄子。后分成两个村，主要从事农业生产的，叫马庄子农业村。

地理位置 地处南堡镇南部，东邻曹妃甸区刘庄子，南接冯庄子，西连南边庄子，北邻港东。

主要指标 2011年末，辖区总人口581人，总面积1.54平方千米，农民人均纯收入5334元。

马庄子渔业村

(Mazhuangziyuye Cun)

名称来历 马姓兄弟两人由本县马官寨迁至此地建村，以姓氏命名为马家庄，俗称马庄子。后分成两个村，主要从事渔业生产的，叫马庄子渔业村。

地理位置 地处南堡镇南部，东邻曹妃甸区刘庄子，南接冯庄，西连南边庄子，北邻港东。

主要指标 2011年末，辖区总人口729人，总面积0.7平方千米，农民人均纯收入7348元。

南边庄子农业村

(Nanbianzhuangzinongye Cun)

名称来历 由张、边两姓立村，名为张边家庄。后因张姓人减少，边氏人增加，更名为边庄子。后来边氏分南北两地居住，该村在南，故称南边庄子。南边庄子后又分为两个村，主要从事农业生产的，叫南边庄子农业村。

地理位置 地处南堡镇西部，东邻廒上，南接曹妃甸区一农场十队，西连曹妃甸区一分场，北邻北边庄子。

主要指标 2011年末，辖区总人口935人，总面积2.19平方千米，农民人均纯收入7401元。

南边庄子渔业村

(Nanbianzhuangziyuye Cun)

名称来历 由张、边两姓立村，名为张边家庄。后因张姓人减少，边氏人增加，更名为边庄子。后来边氏南北两地居住，该村在南，故称南边庄子。南边庄子后又分为两个村，主要从事渔业生产的，叫南边庄子渔业村。

地理位置 地处南堡镇西部，东邻廒上，南接曹妃甸区一农场十队，西连曹妃甸区一分场，北邻北边庄子。

主要指标 2011年末，辖区总人口1248人，总面积1.51平方千米，农民人均纯收入7471元。

南堡一村

(Nanpuyi Cun)

名称来历 因捕鱼时能望到自己的铺，故称河望铺。又因在黑沿河之南，故称为南铺，习惯写成南堡。后分成两个村，按照顺序称南堡一村。

地理位置 地处南堡镇西南部，四面被海水养殖区环绕，东邻咀嘴，南接滦南县第二盐厂，西临渤海，北隔冀东监狱海水养殖区与北堡相望。

主要指标 2011年末，辖区总人口787人，总面积2.01平方千米，农民人均纯收入7274元。

南堡二村

(Nanpu'er Cun)

名称来历 因捕鱼时能望到自己的铺，故称河望铺。又因在黑沿河之南，故称为南铺，习惯写成南堡。后分成两个村，按照顺序称南堡二村。

地理位置 地处南堡镇西南部，四面被海水养殖区环绕，东邻嘴东，南接滦南县第二盐厂，西临渤海，北隔冀东监狱海水养殖区与北堡相望。

主要指标 2011年末，辖区总人口770人，总面积0.28平方千米，农民人均纯收入6782元。

杨岭农业村

(Yanglingnongye Cun)

名称来历 此处海水退后出现高岗，称岭地，后有杨姓由本县蚕沙口搬此居住，以姓氏命名村名为杨家岭，简称杨岭。后分成两个村，主要从事农业生产的，叫杨岭农业村。

地理位置 地处南堡镇中部，东邻港东，南接曹岭，西连廒上，北邻姚岭。

主要指标 2011 年末，辖区总人口 990 人，总面积 2.18 平方千米，农民人均纯收入 6453 元。

杨岭渔业村

(Yanglingyuye Cun)

名称来历 此处海水退后出现高岗，称岭地，后有杨姓由本县蚕沙口搬此居住，以姓氏命名村名为杨家岭，简称杨岭。后分成两个村，主要从事渔业生产的叫杨岭渔业村。

地理位置 地处南堡镇中部，东邻港东，南接曹岭，西连廒上，北邻姚岭。

主要指标 2011 年末，辖区总人口 1590 人，总面积 1.1 平方千米，农民人均纯收入 9740 元。

姚岭农业村

(Yaolingnongye Cun)

名称来历 此地原有高地，名宽坨岭。姚姓由山西山后陆地迁来时，以地名作为村名，称宽坨岭。后改为姚家岭，简称姚岭。后姚岭分成两个村，主要从事农业生产的，称为姚岭农业村。

地理位置 地处南堡镇中部，东邻曹妃甸区九分场，南接杨岭，西连廒上，北邻坨里镇蒋各庄。

主要指标 2011 年末，辖区总人口 273 人，总面积 0.73 平方千米，农民人均纯收入 5444 元。

姚岭渔业村

(Yaolingyuye Cun)

名称来历 此地原有高地，名宽坨岭。姚姓由山西山后陆地迁来时，以地名作为村名，称宽坨岭。后改为姚家岭，简称姚岭。以后姚岭分成两个村，主要从事渔业生产的，称为姚岭渔业村。

地理位置 地处南堡镇中部，东邻曹妃甸区九分场，南接杨岭，西连廒上，北邻坨里镇蒋各庄。

主要指标 2011 年末，辖区总人口 1090 人，总面积 0.76 平方千米，农民人均纯收入 6863 元。

（撰稿：申文科，初审：刘春花）

方各庄镇

(Fanggezhuang Zhen)

政 区 概 况

名称来历 因镇人民政府驻地位于东杜方各庄而得名。

地理位置 地处滦南县东部，东与宋道口镇接壤，东南与乐亭县大相各庄乡为邻，南连姚王庄镇、胡各庄镇，西邻司各庄镇，北接倴城镇。人民政府驻东杜方各庄富民路 2 号，电话区号 0315，邮政编码 063500，距滦南县人民政府 5 千米。

政区沿革 1946 年 5 月，属滦南县五区、城厢区。1953 年 5 月，设方各庄乡。1954 年 7 月，改属滦县十二区。1956 年 7 月，属东万坨乡。1958 年 9 月，撤乡，属红光人民公社；同年 11 月，改属乐亭县胡各庄人民公社。1961 年 6 月，析出，设方各庄人民公社。1963 年 1 月，属滦南县。1984 年 5 月，撤销人民公社，设方各庄乡，辖 16 个村民委员会。1996 年 1 月，撤销方各庄乡，设方各庄办事处；同年 4 月，办事处改为管理区，方各庄管理区由倴城镇代管。2002 年 2 月，由胡各庄镇代管的西万坨管理区与倴城镇代管的方各庄管理区合并，设立方各庄镇，辖 29 个村民委员会。

政区划分 2011 年末，辖西杜方各庄、东杜方各庄、马方各庄、燕方各庄、庞方各庄、李方各庄、前曲荒店、后曲荒店、三甲庄、东万坨、西万坨、小陈庄、新庄子、小张庄、大张庄、高各庄、魏各庄、杨各庄、麻各庄、宋各庄、李家庄、军师庄、三义庙、西港北、屯里、坨上、高庙、潘庄、曹营 29 个村民委员会。

人口面积 2011 年末，辖区总人口 30362 人，其中城镇常住人口 8875 人，城镇化率 29.2%。另有流动人口 2988 人。总人口中，男性 15447 人，占 50.9%；女性 14915 人，占 49.1%；14 岁以下 3664 人，占 12%；15～64 岁 22658 人，占 74.6%；65 岁以上 4040 人，占 13.4%。总人口中，以汉族为主，达 29413 人，占 96.9%；有满、布依等 6 个少数民族，共 949 人，占 3.1%。2011 年，人口出生率 7.42‰，人口死亡率 6.63‰，人口自然增长率 0.79‰。

辖区东西最大距离 9 千米，南北最大距离 9.7 千米，总面积 53.4 平方千米。其中陆地面积 49.8 平方千米，占 93.2%；水域面积 3.6 平方千米，占 6.8%。人口密度为每平方千米 569 人。

自 然 条 件

地形地貌 北部、东部地势平坦，南部、西部低洼，且高低不平。海拔最高 25 米，最低 5 米，南北高差 20 米。

水文 境内有滦柏输水干渠、第二泄洪道等主要渠道。河流均由东北向西南流经境内，长度分别为 13 千米、8.4 千米。

自然灾害 主要自然灾害有冰雹、旱涝、霜冻等。

经济概况

农业 耕地面积5.7万亩，人均2亩；其中水田1.5万亩，水浇地3.7万亩，旱地603亩。以种植水稻、小麦、玉米、瓜菜为主。2011年，农业总产值5.8亿元，比上年增长46.1%，实现农业增加值3.7亿元，占国内生产总值的45.9%。

粮食作物以水稻、小麦、玉米为主。2011年，生产粮食2.6万吨，其中水稻6955吨，小麦3333吨，玉米1.6万吨。主要经济作物有瓜菜。2011年，瓜菜种植面积3万亩，产量12万吨，主要品种有甜瓜、西红柿、白菜、韭菜、大葱、黄瓜等，其中甜瓜4.9万吨，西红柿4.1万吨，白菜1.3万吨，韭菜1.1万吨，大葱6000吨，黄瓜2000吨。

畜牧业以猪、牛、皮毛动物、家禽为主。2011年，生猪饲养量4.6万头，年末存栏4.9万头；奶牛饲养量648头，年末存栏643头；2011年末，皮毛动物存栏11万只；家禽饲养量50万羽。畜牧业总产值2亿元。

截至2011年末，有林地336.3公顷，其中经济林134.9公顷，灌木林1.8公顷。其他199.6公顷。

工业 以塑料制品、苇草制品加工和钢锹制造为主。2011年，实现工业增加值2亿元，比上年减少1.8%，占国内生产总值的24.7%。

商业外贸 2011年末，商业网点38个，职工96人；城乡集贸市场5个。2011年，社会消费品零售总额达186万元。比上年增长12.5%；城乡集市贸易成交额4000万元，比上年增长3%。

财政金融 2011年，财政总收入581万元，比上年增长83.8%。其中地方财政收入252.4万元，比上年增长252%。从主要税种看，完成营业税84.9万元，增值税315.4万元，企业所得税99.7万元，个人所得税47.8万元，分别比上年增长268.2%、35%、478.7%、115.7%。人均财政收入191.4元，比上年增长83.1%。

社会发展

文化艺术 2011年末，镇文化站1个，村级文化活动中心29个；各类文化专业户2个；各类图书室4个，藏书2万余册；音乐、美术、书法、摄影及文学业余创作人员达80人。

教育 2011年末，幼儿园7所，在园幼儿717人，专任教师33人；小学4所，在校生1030人，专任教师107人，小学适龄儿童入学率100%；初中2所，在校生1030人，专任教师90人，初中适龄人口入学率、小升初入学率、九年义务教育覆盖率均达100%。2011年教育经费1240万元，比上年增长4%。

医疗卫生 2011年末，镇级医疗卫生机构1个，门诊部（所）50个；病床15张，每4人拥有医疗床位0.5张，固定资产总值138万元。专业卫生人员17名，其中执业医师2人，执业助理医师4人，注册护士1人。2011年医疗机构（门诊部以上）完成诊疗2.8万人次。新型农村合作医疗参合率100%。

体育 2011年末，学校体育场地5处。100%的村安装了健身器材，经常参加体育活动的人员占常住人口的45%。

社会保障 2011年城镇最低生活保障户数39户，人数53人，支出17万元，比上年减少13%，月人均267元，比上年减少24.5%；

农村最低生活保障户数934户，人数1189人，支出140.7万元，比上年增长64%，月人均98.6元，比上年增长32.4%；农村五保集中供养96人，支出34.6万元，比上年减少1%，农村五保分散供养28人，支出9.5万元，比上年增长7.7%；农村医疗救助65人次，民政部门资助参加合作医疗1575人次，共支出34.7万元，比上年增长13.2%；农村临时救济27人次，支出3.8万元，比上年增长6.2%。

国家抚恤、补助各类优抚对象456人，抚恤事业费支出170.1万元，比上年增长8.1%。

基础设施

交通运输 迁曹铁路过境，境内长15千米。唐港高速公路过境，境内长8千米。有县乡级公路2条，总长33千米。

邮政电信 2011年末，邮政代办所4处，报纸、期刊累计期发行1.5万份（册），业务收入4.6万元。

电信企业2家，服务网点46个；固定电话用户6200户，电话用户普及率达到26%；移动电话用户2万户；宽带接入用户1200户。全年电信收入650万元。

镇区市政建设

公共交通 2011年末，镇区公交汽车线路2条，有公交停靠站2个，日均容量300人。

给排水 2011年末，镇区自来水厂2座，有深水井4眼及成套净化设备，年供水量35.2万吨。

供电2011年末，镇区变压器2台，总容量10万千伏安。年售电量累计完成5929万千瓦时。

园林绿化 2011年末，镇区花坛150个。

东杜方各庄村

（Dongdufanggezhuang Cun）

名称来历 原名方各庄，杜氏迁来后，改名杜方各庄，后分为东、西两村，本村在东，称东杜方各庄。

地理位置 地处方各庄镇北部，东邻燕方各庄，南接马方各庄，西连西杜方各庄，北邻李方各庄。

主要指标 2011年末，辖区总人口714人，总面积1.12平方千米，农民人均纯收入6443元。

西杜方各庄村

（Xidufanggezhuang Cun）

名称来历 原名方各庄，杜氏迁来后，改名杜方各庄，后分为东、西两村，本村在西，称西杜方各庄。

地理位置 地处方各庄镇中部，东邻东杜方各庄，南接军师庄，西连高庙，北临李方各庄。

主要指标 2011年末，辖区总人口338人，总面积0.54平方千米，农民人均纯收入6479元。

李方各庄村

(Lifanggezhuang Cun)

名称来历 原名方各庄，李姓等由山西山后陆州奉公命迁至此地后，改称李方各庄。

地理位置 地处方各庄镇北部，东邻庞方各庄，南接东杜方各庄，西连高庙，北邻倴城。

主要指标 2011年末，辖区总人口1112人，总面积2.19平方千米，农民人均纯收入6430元。

庞方各庄村

(Pangfanggezhuang Cun)

名称来历 原名方各庄，庞氏率子孙由山西山后陆州迁此地时，改称庞方各庄。

地理位置 地处方各庄镇北部，东邻麻各庄，南接三义庙，西连李方各庄，北邻倴城镇东南街。

主要指标 2011年末，辖区总人口745人，总面积1.48平方千米，农民人均纯收入6403元。

杨各庄村

(Yanggezhuang Cun)

名称来历 过去此地原有一村，因姓氏命名杨各庄，外地移民定居后，仍沿袭故名。

地理位置 地处方各庄镇东部，东邻宋道口广东营，南接西港北，西连三义庙，北邻麻各庄。

主要指标 2011年末，辖区总人口2104人，总面积2.87平方千米，农民人均纯收入6421元。

麻各庄村

(Magezhuang Cun)

名称来历 明代有宿姓奉公命从山西山后陆州迁至此地建村，因土质贫瘠，不纳钱粮，取村名为麻靡庄（偷着生活之义），后称为麻各庄。

地理位置 地处方各庄镇东部，东邻潘庄，南接杨各庄，西连庞方各庄，北邻宋各庄。

主要指标 2011年末，辖区总人口1242人，总面积2.22平方千米，农民人均纯收入6441元。

高各庄村

(Gaogezhuang Cun)

名称来历 该村建于元代，原名靠山庙，明朝永乐年间立为集镇，因地势较高，改名为高各庄。

地理位置 地处方各庄镇南部，东邻乐亭县王烧纸庄，南接乐亭大相各庄乡王潘各庄，西连屯里，北邻乐亭县大相各庄乡焦庄。

主要指标 2011年末，辖区总人口1736人，总面积2.63平方千米，农民人均纯收入6440元。

宋各庄村

(Songgezhuang Cun)

名称来历 明代宋姓奉命由山西山后陆州迁至此地立村，因宋氏户大人多，故取村名宋各庄。

地理位置 地处方各庄镇东北部，东邻李土，南接潘庄，西连麻各庄，北邻曹营。

主要指标 2011年末，辖区总人口953人，总面积1.49平方千米，农民人均纯收入6453元。

魏各庄村

(Weigezhuang Cun)

名称来历 因最早建庄的是魏姓，名魏各庄，沿用至今。

地理位置 地处方各庄镇西南部，东邻小陈庄，南接胡各庄镇西庄店，西连司各庄镇孙家坨，北邻前曲荒店。

主要指标 2011年末，辖区总人口1273人，总面积2.51平方千米，农民人均纯收入6426元。

高庙村

(Gaomiao Cun)

名称来历 有高姓迁此立村于高地有庙处，故取名高庙庄，后称高庙。

地理位置 地处方各庄镇西北部，东邻李方各庄，南接后曲荒店，西连新庄子，北邻倴城镇东张士坎。

主要指标 2011年末，辖区总人口2112人，总面积3.51平方千米，农民人均纯收入6473元。

后曲荒店村

(Houquhuangdian Cun)

名称来历 因本村南有荒甸，北有弯曲小河，故名曲荒甸。后分南北两处，居北者为后曲荒甸，写成后曲荒店。

地理位置 地处方各庄镇西南部，东邻东杜方各庄，南接前曲荒店，西连余家岭，北邻新庄子。

主要指标 2011年末，辖区总人口2389人，总面积4.23平方千米，农民人均纯收入6425元。

军师庄村

(Junshizhuang Cun)

名称来历 传说曾有军师在此经过，故得名军师庄。

地理位置 地处方各庄镇南部，东邻西万坨，南接胡各庄镇北圈，西连小陈庄，北邻马方各庄。

主要指标 2011年末，辖区总人口1984人，总面积3.58平方千米，农民人均纯收入6431元。

李家庄村

(Lijiazhuang Cun)

名称来历 李姓由山西山后陆州迁至此地，立村为李家庄。新中国成立初期改名为小李庄。1982 年地名标准化处理后，恢复原名李家庄。

地理位置 地处方各庄镇东南部，东邻小张庄，南接三甲庄，西连东万坨，北邻西港北。

主要指标 2011 年末，辖区总人口 249 人，总面积 0.32 平方千米，农民人均纯收入 6145 元。

潘庄村

(Panzhuang Cun)

名称来历 明代潘姓祖先率其子孙由山西山后陆州迁至此地建村，以姓氏命名。

地理位置 地处方各庄镇东北部，东邻李土，南接张营，西连马各庄，北邻曹营。

主要指标 2011 年末，辖区总人口 953 人，总面积 1.72 平方千米，农民人均纯收入 6453 元。

前曲荒店村

(Qianquhuangdian Cun)

名称来历 于姓率子孙由山西山后陆州迁至此立村，因南有荒店，北有弯曲小河，命村名为曲荒甸。后分南北两处，居南者为前曲荒甸，写成前曲荒店。

地理位置 地处方各庄镇西南部，东邻西杜方各庄，南接魏各庄，西连北高庄子，北邻后曲荒店。

主要指标 2011 年末，辖区总人口 1586 人，总面积 3.03 平方千米，农民人均纯收入 6438 元。

三甲庄村

(Sanjiazhuang Cun)

名称来历 元代时期，高姓在此居住，因当时以社、甲为序排列地域名称，此地排为三甲，故名三甲庄。

地理位置 地处方各庄镇地东南部，东邻李家庄，南接高各庄，西连坨上，北邻西港北。

主要指标 2011 年末，辖区总人口 657 人，总面积 1.05 平方千米，农民人均纯收入 6240 元。

三义庙村

(Sanyimiao Cun)

名称来历 因此地原有关帝庙，塑有刘备、关羽、张飞泥像，取桃园三结义之说，命村名为三义庙。

地理位置 地处方各庄镇东部，东邻杨各庄，南接西万坨，西连燕方各庄，北邻李方各庄。

主要指标 2011 年末，辖区总人口 422 人，总面积 0.68 平方千米，农民人均纯收入 6422 元。

屯里村

(Tunli Cun)

名称来历 明代初年，外地移民来此地时，因金人称村为屯，故名屯里庄，后称屯里。

地理位置 地处方各庄镇东南部，东邻高各庄，南接姚王庄镇独屯，西连东万坨，北邻坨上。

主要指标 2011 年末，辖区总人口 557 人，总面积 1.07 平方千米，农民人均纯收入 6427 元。

西港北村

(Xigangbei Cun)

名称来历 崔、赵两姓从山西山后陆州迁到此地立村，建村于港地之北，故名崔家港北，后简称港北。1982 年地名标准化处理后，更名西港北。

地理位置 地处方各庄镇东南部，东邻乐亭县刘庄，南接李家庄，西连东万坨，北邻杨各庄。

主要指标 2011 年末，辖区总人口 949 人，总面积 1.61 平方千米，农民人均纯收入 6417 元。

小陈庄村

(Xiaochenzhuang Cun)

名称来历 陈姓由山西山后陆州迁至此地立村，故名小陈庄。

地理位置 地处方各庄镇西南部，东邻军师庄，南接北圈，西连魏各庄，北邻前曲荒店。

主要指标 2011 年末，辖区总人口 863 人，总面积 1.63 平方千米，农民人均纯收入 6419 元。

小张庄村

(Xiaozhangzhuang Cun)

名称来历 清朝康熙年间，张姓从傍城八户迁此立村，因此地有一寺，故得名寺上。因邻村叫张庄，后改名叫西张庄，又因村小，改名小张庄。

地理位置 地处方各庄镇东南部，东邻大张庄，南接乐亭县焦庄，西连李家庄，北邻西港北。

主要指标 2011 年末，辖区总人口 246 人，总面积 0.32 平方千米，农民人均纯收入 6220 元。

新庄子村

(Xinzhuangzi Cun)

名称来历 田氏一支于清代迁至此地立新村，称新庄子。

地理位置 地处方各庄镇西北部，东邻高庙，南接后曲荒店，西连余家岭，北邻傍城镇东张士坎。

主要指标 2011 年末，辖区总人口 982 人，总面积 1.53 平方千米，农民人均纯收入 6456 元。

坨上村

(Tuoshang Cun)

名称来历 明代初年，原有宋、孙、胡、张等姓居住叫坨而庄。明朝末年，因飓风挟沙土围村成坨，故改名坨上。

地理位置 地处方各庄镇东南部，东邻三甲庄，南接屯里，西连东万坨，北邻西港北。

主要指标 2011年末，辖区总人口1053人，总面积1.94平方千米，农民人均纯收入6363元。

曹营村

(Caoying Cun)

名称来历 原名曹家营，明代曹姓由山西山后陆州迁至此定居后，仍沿用原名，后称为曹营。

地理位置 地处方各庄镇东北部，东邻赵庄，南接宋各庄，西连滦柏干渠，北邻东八户。

主要指标 2011年末，辖区总人口863人，总面积1.59平方千米，农民人均纯收入6431元。

大张庄村

(Dazhangzhuang Cun)

名称来历 清代中期，张姓由唐山范大里庄迁居此地立村，称东张庄。新中国成立后，改名大张庄。

地理位置 地处方各庄镇东南部，东邻乐亭县郜王庄，南接乐亭县焦庄，西连小张庄，北邻港北。

主要指标 2011年末，辖区总人口384人，总面积0.66平方千米，农民人均纯收入6302元。

东万坨村

(Dongwantuo Cun)

名称来历 因村庄建立在坨上，此处遍地长满蔓草，故得名蔓坨，后分为两村，因本村居东，故名东蔓坨，后改成东万坨。

地理位置 地处方各庄镇南部，东邻坨上，南接北圈，西连西万坨，北邻燕方各庄。

主要指标 2011年末，辖区总人口1311人，总面积2.42平方千米，农民人均纯收入6430元。

西万坨村

(Xiwantuo Cun)

名称来历 因村庄建立在坨上，此处遍地长满蔓草，故得名蔓坨，后分为二村，本村居西，故名西蔓坨，后写成西万坨。

地理位置 地处方各庄镇南部，东邻东万坨，南接北圈，西连军师庄，北邻燕方各庄。

主要指标 2011年末，辖区总人口1475人，总面积2.35平方千米，农民人均纯收入6434元。

燕方各庄村

(Yanfanggezhuang Cun)

名称来历 原名方各庄，刘、张两姓奉公命率子孙由山西山后陆州迁至此地，因原燕姓占籍，借用燕姓称燕方各庄。

地理位置 地处方各庄镇东部，东邻三义庙，南接军师庄，西连东杜方各庄，北邻李方各庄。

主要指标 2011年末，辖区总人口579人，总面积1.13平方千米，农民人均纯收入6425元。

马方各庄村

(Mafanggezhuang Cun)

名称来历 原名方各庄，马姓奉公命率子孙由山西山后陆州迁至此地，改称马方各庄。

地理位置 地处方各庄镇西南部，东邻燕方各庄，南接军师庄，西连后曲荒店，北邻杜方各庄。

主要指标 2011年末，辖区总人口359人，总面积0.67平方千米，农民人均纯收入6435元。

（撰稿：冯素娟，初审：刘春花）

东黄坨镇

(Donghuangtuo Zhen)

政区概况

名称来历 因镇人民政府驻地位于东黄坨村而得名。

地理位置 地处滦南县西南，东与柏各庄镇接壤，南与柏各庄镇、唐海县二农场相邻，西连唐海县六农场，北与安各庄镇交界。人民政府驻东黄坨村富民街500号，电话区号0315，邮政编码063506，距滦南县人民政府25千米。

政区沿革 1946年5月，属滦南县七区。1953年5月，设东黄坨乡。1954年7月，改属滦县十三区。1956年7月，重新设立东黄坨乡，属滦县。1958年9月，属群英人民公社；同年11月，改属唐山市柏各庄农垦区柏各庄人民公社。1961年6月，析出，设东黄坨人民公社，属丰南县。1963年1月，属滦南县。1984年5月，撤销人民公社，设东黄坨乡，辖17个村民委员会。1993年4月，撤乡，设东黄坨镇。1996年1月，并入柏各庄镇，为东黄坨办事处；同年4月，办事处改为管理区，东黄坨管理区由柏各庄镇代管。2002年2月，撤销东黄坨管理区，改置东黄坨镇，辖19个村民委员会。

政区划分 2011年末，辖郝各庄、崔大庄、崔二庄、崔三庄、梁各庄、许一组、许二组、许三组、东黄坨、西黄坨、王各庄、阎庄户、新户、郑庄子、营守庄、东玉坨、西玉坨17个村民委员会。

人口面积 2011年末，辖区总人口16843人，其中城镇常住人口4980人，城镇化率29.6%。另有流动人口104

人。总人口中，男性8499人，占50.5%；女性8344人，占49.5%；14岁以下2558人，占15.2%；15~64岁10485人，占62.3%；65岁以上3800人，占22.5%。总人口中，以汉族为主，达16289人，占96.7%；有满、蒙古等3个少数民族共554人，占3.3%。2011年，人口出生率10.38‰，人口死亡率6.17‰，人口自然增长率4.21‰。

辖区东西最大距离12千米，南北最大距离8千米，总面积52.5平方千米。其中陆地面积44.6平方千米，占85%；水域面积7.9平方千米，占15%。人口密度为每平方千米321人。

自然条件

地形地貌　境内为平原，地势北高南低，最高海拔5米，最低海拔2米，南北相差3米。

水文　境内河道属滦河水系。小青龙河自许一组村北入境，由北而南，从东黄坨村南离境，境内长5千米，流域面积28.6平方千米。

自然灾害　主要自然灾害有风灾、地震、内涝等。风灾主要发生在春夏两季。地震最严重的一次发生在1976年7月28日的唐山大地震，波及17个村，受灾人数15000人，死亡185人。

经济概况

农业　耕地面积4.6万亩，人均3亩。以种植水稻、玉米、花生为主。2011年，农业总产值5亿元，比上年增长19.1%，实现农业增加值2.3亿元，占国内生产总值的49.2%。

粮食作物以水稻、玉米为主。2011年，生产粮食1.9万吨，其中水稻1万吨，玉米1000吨。主要经济作物有甘薯、西瓜。2011年，甘薯种植面积6900亩，产量2262吨；西瓜种植面积4500亩，产量1.8万吨。

畜牧业以猪、羊、家禽为主。2011年，生猪饲养量9.4万头年末存栏5.7万头；羊饲养量2万只，年末存栏1万只；家禽饲养量17.7万羽。

渔业以淡水养殖为主。可用于水产养殖的淡水水面4.5平方千米。2011年，淡水养殖水面4.5平方千米，产量4847吨；水产品总产量4847吨。渔业总产值4413万元，占农业总产值的8.9%。

工业　以服装、农机加工为主。2011年，实现工业增加值9662万元，比上年增长14%，占国内生产总值的比重20.4%。

商业外贸　2011年末，商业网点303个，职工783人；城乡集贸交易市场4个。2011年，社会消费品零售总额达4亿元，比上年增长15%；城乡集市贸易成交额3000万元，比上年增长7%。

财政金融　2011年，财政总收入309万元，比上年增长40%。其中地方财政收入105.7万元，比上年增长107.7%。从主要税种看，完成营业税54万元，增值税203.1万元，企业所得税2.2万元，个人所得税40.9万元，分别比上年增长89.1%、19.5%、-27.4%、233%。人均财政收入183.5元，比上年增长39.2%。2011年，银行和金融机构各类存款余额1.2亿元，比上年增长25%；各项贷款余额2.3亿元，比上年增长20%。

社会发展

文化艺术　2011年末，镇文化站1个，村级文化活动中心17个；各类图书室2个，藏书2万册。

教育　2011年末，幼儿园5所，在园幼儿450人，专任教师20人，小学5所，在校生1030人，专任教师50人，小学适龄人学率100%；初中1所，在校生333人，专任教师35人，初中适龄人口入学率、小升初升学率、九年义务教育覆盖率均达100%。2011年财政预算内教育经费720万元，比上年增长6%。

医疗卫生　2011年末，镇级卫生院1所；病床12张，固定资产总值194万元。专业卫生人员59名，其中执业医师3人，注册护士1人。17个行政村设立卫生室。2011年医疗机构完成诊疗1.2万人次。新型农村合作医疗参合人数1.5万人，参合率100%。

体育　2011年末，村民健身中心8个，篮球场12个，其中高标准灯光球场2个。乒乓球桌25张，羽毛球场10个。

社会保障　2011年城镇最低生活保障户数10户，人数11人，支出3.8万元，比上年减少31.5%；月人均287.9元，比上年减少31.5%。

农村最低生活保障户数373户，人数668人，支出76.8万元，比上年增长60.8%，月人均95.8元，比上年增长27.3%；农村五保集中供养51人，支出18.4万元，比上年减少8.9%；农村五保分散供养16人，支出5.4万元，比上年增长0.1%；农村医疗救助51人次，民政部门资助参加合作医疗875人次，共支出20.4万元，比上年增长14.7%；农村临时救济24人次，支出3.4万元，比上年增长7.7%。

国家抚恤、补助各类优抚对象196人，抚恤事业费支出100.6万元，比上年增长12.6%。

新型农村社会养老保险参保人数1.6万人，参保率95%。

基础设施

交通运输　迁曹公路省道过境，境内长8千米。有县乡级公路4条，总长13.5千米。

邮政电信　2011年末，固定电话用户2850户；移动电话用户1.2万户；宽带接入用户2280户。

镇区市政建设

公共交通　2011年末，镇区公共汽车线路1条，有公交停靠站1个。

给排水　2011年末，镇区自来水井5眼，排水设施3000延长米。

供电　2011年末，镇区有35千伏变电站1座。

园林绿化　2011年末，镇区绿化面积0.05公顷。

郝各庄村

(Haogezhuang Cun)

名称来历 过去由山西山后陆州移民迁此立村，因以郝姓为首建村，故名郝各庄。

地理位置 地处东黄坨镇东南部，东邻柏各庄镇丁庄户，南与柏各庄镇北房各庄相接，西连柏各庄镇杭各庄，北邻崔大庄。

主要指标 2011 年末，辖区总人口 1238 人，总面积 3.41 平方千米，农民人均纯收入 7900 元。

崔大庄村

(Cuidazhuang Cun)

名称来历 由山西山后陆州移民迁此，立于崔家坨上，坨上长满树木，故名崔木坨，后人口增多，分为三个村，老大子孙居住此村，称崔木坨大庄，后改为崔相坨大庄，1958 年称为崔大庄。

地理位置 地处东黄坨镇东部，东邻柏各庄镇西庄，南与柏各庄镇丁庄户相接，西连崔二庄，北邻柏各庄镇庄五庄。

主要指标 2011 年末，辖区总人口 872 人，总面积 1.9 平方千米，农民人均纯收入 7867 元。

崔二庄村

(Cui'erzhuang Cun)

名称来历 由山西山后陆州移民迁此，立于崔家坨上，坨上长满树木，故名崔木坨，后人口增多，分为三个村，老二子孙居此村，称为崔木坨二庄，后改为崔相坨二庄，1958 年改称崔二庄。

地理位置 地处东黄坨镇东部，东邻崔大庄，南与郝各庄相接，西连崔三庄，北邻柏各庄镇庄五庄。

主要指标 2011 年末，辖区总人口 622 人，总面积 1.37 平方千米，农民人均纯收入 7846 元。

崔三庄村

(Cuisanzhuang Cun)

名称来历 由山西山后陆州移民迁此，立于崔家坨上，坨上长满树木，故名崔木坨，后人口增多，分为三个村，三弟子孙居住此庄，称为崔木坨三庄，后改为崔相坨三庄，1958 年改称崔三庄。

地理位置 地处东黄坨镇东部，东邻崔二庄，南与郝各庄相接，西连梁各庄，北邻柏各庄镇庄五庄。

主要指标 2011 年末，辖区总人口 590 人，总面积 1.12 平方千米，农民人均纯收入 7881 元。

梁各庄村

(Lianggezhuang Cun)

名称来历 梁姓由山西山后陆州迁此立村，以姓氏命名。

地理位置 地处东黄坨镇北部，东邻崔三庄，南与东黄坨相接，西连王各庄，北邻许二组。

主要指标 2011 年末，辖区总人口 1222 人，总面积 3.69 平方千米，农民人均纯收入 7870 元。

许一组村

(Xuyizu Cun)

名称来历 许姓由山西山后陆州枣林庄迁此立村，以姓氏命名为许各庄。1962 年，分为三个村，按排列顺序，此村称为许一组。

地理位置 地处东黄坨镇东北部，东邻许三组，南与许二组相接，西连郑庄子，北邻司各庄镇学旺庄。

主要指标 2011 年末，辖区总人口 483 人，总面积 1.55 平方千米，农民人均纯收入 7681 元。

许二组村

(Xu'erzu Cun)

名称来历 许姓由山西山后陆州枣林庄迁此立村，以姓氏命名为许各庄。1962 年，分为三个村，按排列顺序，此村称为许二组。

地理位置 地处东黄坨镇东北部，东邻许三组，南与梁各庄相接，西连郑庄子，北邻许一组。

主要指标 2011 年末，辖区总人口 759 人，总面积 1.65 平方千米，农民人均纯收入 7813 元。

许三组村

(Xusanzu Cun)

名称来历 许姓由山西山后陆州枣林庄迁此立村，以姓氏命名为许各庄。1962 年，分为三个村，按排列顺序，此村称为许三组。

地理位置 地处东黄坨镇东北部，东邻柏各庄镇庄五庄，南与梁各庄相接，西连许二组，北邻司各庄镇学旺庄。

主要指标 2011 年末，辖区总人口 595 人，总面积 2.49 平方千米，农民人均纯收入 7798 元。

东黄坨村

(Donghuangtuo Cun)

名称来历 因此地有黄土岗子，得名黄坨，后村子扩大，分为两村，此村在东，故名东黄坨。

地理位置 地处东黄坨镇驻地，东邻崔三庄，南与柏各庄镇小双坨相接，西连西黄坨，北邻梁各庄。

主要指标 2011 年末，辖区总人口 1176 人，总面积 4.04 平方千米，农民人均纯收入 7874 元。

西黄坨村

(Xihuangtuo Cun)

名称来历 因此地有黄土岗子，得名黄坨，后村子扩大，分为两村，此村在西，故名西黄坨。

地理位置 地处东黄坨镇西部，东邻东黄坨，南与柏各庄镇小双坨相接，西连闫庄户，北邻王各庄。

主要指标 2011年末，辖区总人口985人，总面积3.24平方千米，农民人均纯收入7868元。

王各庄村

(Wanggezhuang Cun)

名称来历 王姓由山西山后陆州迁此立村，以姓氏命名。

地理位置 地处东黄坨镇北部，东邻东黄坨，南与西黄坨相接，西连闫庄户，北邻安各庄镇西一六。

主要指标 2011年末，辖区总人口593人，总面积1.91平方千米，农民人均纯收入7673元。

阎庄户村

(Yanzhuanghu Cun)

名称来历 因阎姓立村，名阎家庄窠，1958年改名为阎庄户。

地理位置 地处东黄坨镇西部，东邻王各庄，南与东玉坨相接，西连西玉坨，北邻新户。

主要指标 2011年末，辖区总人口1818人，总面积4.27平方千米，农民人均纯收入7882元。

新户村

(Xinhu Cun)

名称来历 山西山后陆州移民迁此立村，取名新户，因位于黄坨之西，称西新户。1982年地名标准化处理后，恢复原名。

地理位置 地处东黄坨镇西部，东邻王各庄，南与阎庄户相接，西连曹妃甸区曾家湾，北邻郑庄子。

主要指标 2011年末，辖区总人口879人，总面积2.11平方千米，农民人均纯收入7895元。

郑庄子村

(Zhengzhuangzi Cun)

名称来历 明朝万历年间，郑姓由本县郑横坨迁此立村，得名郑家庄，后称郑庄子。

地理位置 地处东黄坨镇西北部，东邻安各庄镇西一六，南与新户相接，西连曹妃甸区大张庄，北邻营守庄。

主要指标 2011年末，辖区总人口613人，总面积1.61平方千米，农民人均纯收入7863元。

营守庄村

(Yingshouzhuang Cun)

名称来历 大姚各庄（现安各庄镇）村民因常到此张网捕鹰猎鹤，并在明朝天顺年间移居此地，取名鹰守庄，后改为营守庄。

地理位置 地处东黄坨镇西北部，东邻安各庄镇西一六，南与郑庄子相接，西连曹妃甸区大张庄，北邻安各庄镇大姚各庄。

主要指标 2011年末，辖区总人口505人，总面积1.39平方千米，农民人均纯收入7861元。

东玉坨村

(Dongyutuo Cun)

名称来历 山西陆州移民迁此立村，因有坨似兔，故称兔儿坨。后分为东西两村，此村在东，称东兔坨。又取白玉兔之义，改名东玉坨。

地理位置 地处东黄坨镇西南部，东邻西黄坨，南与曹妃甸区梁家厂相接，西连西玉坨，北邻新户。

主要指标 2011年末，辖区总人口1465人，总面积5.27平方千米，农民人均纯收入7904元。

西玉坨村

(Xiyutuo Cun)

名称来历 山西山后陆州移民迁此立村，因有坨似兔，故称为兔儿坨。后分为东西两村，此村在西，故称西兔坨。又取白玉兔之义，改称西玉坨。

地理位置 地处东黄坨镇政府西南部，东邻东玉坨，南与曹妃甸区西新庄相接，西连曹妃甸区曾新庄，北邻新户。

主要指标 2011年末，辖区总人口2230人，总面积9.85平方千米，农民人均纯收入7906元。

（撰稿：田建平，初审：刘春花）

马城镇

(Macheng Zhen)

政区概况

名称来历 因镇人民政府驻地位于马城村得名。

地理位置 地处滦南县东北，东隔滦河与昌黎县相望，南、西与长凝镇毗邻，北与滦县响嘡镇交界。人民政府驻马城村马邑路3号，电话区号0315，邮政编码063501，距滦南县人民政府18千米。

政区沿革 1946年5月，属滦南县二区。1953年5月，设马城乡。1954年7月，改属滦县九区。1958年9月，撤乡，属卫星人民公社；同年11月，改属乐亭县长凝人民公社。1961年6月，析出，设马城人民公社。1963年1月，属滦南县。1984年5月，撤销人民公社，设马城乡，辖23个村民委员会。1993年4月，撤乡，设马城镇。1996年1月，并入长凝镇，为马城办事处；同年4月，改为马城管理区，由长凝镇代管。2002年2月，撤销马城管理区，设立马城镇，辖23个村民委员会。

政区划分 2011年末，辖马城、大王庄、大李庄、兴旺庄、南小王庄、贺庄、多余屯、东坨子、南坨子、马台、张台、田台、东营、邸庄、老刘庄、翟庄、栗园营、糜庄、湛店子、柏庄、桥头营、岗子、郝庄23个村民委员会。

人口面积 2011年末，辖区总人口16962人，其中城镇常住人口6644人，城镇化率39.2%。另有流动人口1110人。总人口中，男性8501人，占50.1%；女性8461人，占49.9%；14岁以下2597人，占15.3%；15~64岁11999人，占70.7%；65岁以上2366人，占14%。总人口中，以汉族为主，达16377人，占96.6%；有满、壮等5个少数民族，共585人，占3.4%。2011年，人口出生率10.15‰，人口死亡率6.14‰，人口自然增长率4.01‰。

辖区东西最大距离7.9千米，南北最大距离7.4千米，总面积30.7平方千米。其中陆地面积24.2平方千米，占79%；水域面积6.4平方千米，占21%。人口密度为每平方千米553人。

自然条件

地形地貌 地处平原，地势西高东低，北高南低，海拔在15~19米之间。

水文 境内河道属滦河水系。滦河从北至南流经境内8个村，境内长3.9千米，流域面积2.4平方千米；滦乐灌渠由西北至东南流经5个村，境内长2.4千米，流域面积15.6万平方米。

矿藏及其他自然资源 境内已探明地下矿藏有铁矿石，可采储量10.44亿吨。

自然灾害 主要自然灾害有雷暴、暴雨、冰雹、大风、高温等。暴雨灾害年均发生2次，主要发生在7月至8月。

经济概况

农业 耕地面积2.3万亩。2011年，农业总产值2.3亿元。比上年增长9.1%。

粮食作物以玉米、小麦为主。2011年，生产粮食1.3万吨，其中小麦4465吨，玉米7720吨。主要经济作物有棉花。2011年，棉花种植面积200亩，产量11吨，可向社会提供11吨商品棉。2011年，油料作物花生种植面积1000亩，产量420吨；蔬菜种植面积9000亩，产量4159吨，主要品种有西红柿、大白菜等。

畜牧业以猪、奶牛、家禽为主。2011年，生猪饲养量1.7万头，年末存栏1.7万头；奶牛饲养量1000头，年末存栏1000头；家禽饲养量46.9万羽，上市家禽36.9万羽。2011年，生产肉类2664吨，其中猪肉1042吨，牛肉148吨，鸡肉1283吨，其他肉类191吨；禽蛋5880吨，鲜奶5840吨。畜牧业总产值1.1亿元，占农业总产值的47.8%。

截至2011年末，累计造林2.2万亩，其中防护林8106亩，经济林8517亩，农民住宅四旁树木3.3万株，林木覆盖率36.7%，活立木蓄积量3.7万立方米。2011年，水果种植面积8447亩，产量2.1万吨，主要品种有苹果、桃，其中桃2万吨，苹果445吨。

工业 以选矿、铸造、机械加工、纺纱、木材加工为主。2011年，实现工业增加值9872万元，比上年增长13.2%，占国民生产总值的比重17.6%。

商业外贸 2011年末，城乡集贸市场1个。2011年，城乡集市贸易成交额1亿元，比上年增长8.6%。

财政金融 2011年，财政总收入768万元，比上年增长187.3%。其中地方财政收入498.3万元，比上年增长655%。从主要税种看，完成营业税285.3万元，增值税269.1万元，企业所得税81.9万元，个人所得税85.3万元，分别比上年增长2452.1%、33.9%、24709%、123.3%。人均财政收入452.8元，比上年增长184.8%。2011年，银行和金融机构各类存款余额1.7亿元，比上年增长29.4%；各项贷款余额219万元，比上年增长10.1%。

社会发展

文化艺术 2011年末，镇文化站1个，村级文化活动中心23个；各类文化专业户7个；各类图书室4个，藏书7600册。

教育 2011年末，幼儿园5所，在园幼儿490人，专任教师20人；小学3所，在校生950人，专任教师49人，小学适龄儿童入学率100%；初中1所，在校生420人，专任教师35人，初中适龄人口入学率、小升初升学率、九年义务教育覆盖率均达100%。2011年财政预算内教育经费565万元，基本与上年持平。

医疗卫生 2011年末，医疗卫生机构1个，卫生所32个；病床51张，每千人拥有医疗床位30张，固定资产总值130万元。专业卫生人员11名，其中执业医师3人，执业助理医师5人，注册护士1人。2011年医疗机构完成诊疗293人次。新型农村合作医疗参合人数1.4万人，参合率99.3%。

体育2011年末，17.4%的村安装了健身器材，经常参加体育活动的人员占常住人口的38%。

社会保障 2011年城镇最低生活保障户数44户，人数64人，支出19.2万元，比上年增长18.6%，月人均250元，比上年增长2%；

农村最低生活保障户数330户，人数635人，支出72.9万元，比上年增长68.7%，月人均95.6元，比上年增长26.4%；农村五保集中供养61人，支出22万元，比上年增长0.1%；农村五保分散供养22人，支出7.5万元，比上年增长15.8%；农村医疗救助54人次，民政部门资助参加合作医疗831人次，共支出19.7万元，比上年增长13.5%；农村临时救济26人次，支出3.7万元，比上年增长6.6%。

国家抚恤、补助各类优抚对象157人，抚恤事业费支出58.4万元，比上年增长9.8%。

新型农村社会养老保险1.1万人，参保率99.2%。

基础设施

交通运输 平青乐线省道过境，境内长3千米。

邮政电信 2011年末，固定电话用户1600户；宽带接入用户1000户。

镇区市政建设

公共交通 2011年末，镇区有马城至唐山、栗园营至滦南2条始发及过路公交汽车线路9条，有公交停靠站2个。

供电 2011年末，售电量累计完成2000万千瓦时。

园林绿化 2011年末，镇区绿地面积0.24公顷。

柏庄村

(Baizhuang Cun)

名称来历 相传，明朝初年有白姓人家在此居住，取名白家庄。后讹写成柏庄。

地理位置 地处马城镇西南部，东邻贺庄，南接湛店子，西邻栗园营，北连糜庄。

主要指标 2011年末，辖区总人口223人，总面积0.38平方千米，农民人均纯收入6986元。

东营村

(Dongying Cun)

名称来历 王姓由本镇桥头营村搬到此地建村，因在乐营以东，故取名东营。

地理位置 地处马城镇西南部，东邻岗子，南邻柳行，西与田台相接，北连湛店子。

主要指标 2011年末，辖区总人口314人，总面积0.34平方千米，农民人均纯收入6944元。

郝庄村

(Haozhuang Cun)

名称来历 相传，明洪武元年（1368年）有姓郝的一家在此地居住，取名郝庄。

地理位置 地处马城镇东部，东邻滦河大堤，南邻多余屯，西邻南小王庄，北与大李庄相连。

主要指标 2011年末，辖区总人口1115人，总面积1.83平方千米，农民人均纯收入6994元。

大李庄村

(Dalizhuang Cun)

名称来历 相传，明朝初年曾有赵家一户在此居住，始称赵庄子。明朝永乐二年（1404年），山西山后陆州移民至此，改名李家庄，后称大李庄。

地理位置 地处马城镇东部，东邻滦河大堤，南接郝庄，西连马城，北邻大王庄。

主要指标 2011年末，辖区总人口1503人，总面积4.58平方千米，农民人均纯收入7001元。

大王庄村

(Dawangzhuang Cun)

名称来历 因王姓户大人多，故名大王家庄，后称大王庄。

地理位置 地处马城镇东北部，东隔滦河与昌黎县马坊营相望，南接大李庄，西连马城，北邻滦县史庄。

主要指标 2011年末，辖区总人口1200人，总面积3.29平方千米，农民人均纯收入7007元。

南小王庄村

(Nanxiaowangzhuang Cun)

名称来历 相传，过去该村叫翟蔺庄。明朝初年，先祖王豪由山西山后陆州迁至此地，因王姓人多户大，故改称小王家庄。又因地处马城东南，亦称南小王家庄，后称南小王庄。

地理位置 地处马城镇东部，东邻兴旺庄，南接贺庄，西连糜庄，北邻马城。

主要指标 2011年末，辖区总人口301人，总面积0.53平方千米，农民人均纯收入6989元。

翟庄村

(Zhaizhuang Cun)

名称来历 翟姓由山西山后陆州迁至此地，故名翟家庄，后称翟庄。

地理位置 地处马城镇西南部，东邻栗园营，南接刘庄，西连滦县小闫营，北邻滦县老孟营。

主要指标 2011年末，辖区总人口530人，总面积0.42平方千米，农民人均纯收入7000元。

东坨子村

(Dongtuozi Cun)

名称来历 清朝顺治年间，陈、石两家由多余屯搬到东沙坨子上居住，取名东坨子。

地理位置 地处马城镇东部，东邻滦河大堤，南接南坨子，西连多余屯，北邻郝庄。

主要指标 2011年末，辖区总人口453人，总面积0.64平方千米，农民人均纯收入6997元。

南坨子村

(Nantuozi Cun)

名称来历 相传有陈、顾两户由多余屯迁到村东南沙坨高地居住，因地处多余屯南部，故名南坨子。

地理位置 地处马城镇东南部，东邻滦河大堤，南接前苏各庄，西连薛各庄营，北邻多余屯。

主要指标 2011年末，辖区总人口382人，总面积3.32平方千米，农民人均纯收入7012元。

多余屯村

(Duoyutun Cun)

名称来历 相传，明朝永乐年间，外省移民来此定居时，大部分都分给了住宅。只有陈、杨、刘等8姓由山西山后陆州大槐树下移到此地较晚，没给住宅，定村后故称多余屯，并沿用至今。

地理位置 地处马城镇东南部，东邻东坨子，南接南坨子，西连贺庄，北临郝庄。

主要指标 2011年末，辖区总人口1980人，总面积

2.92 平方千米，农民人均纯收入 7010 元。

岗子村

(Gangzi Cun)

名称来历 相传，明朝永乐初年，徐、李等姓由山西山后陆州移至此地，建庄于高岗上，故名岗子。

地理位置 地处马城镇西部，东邻后苏各庄，南接薛各庄，西连田台，北邻柏庄。

主要指标 2011 年末，辖区总人口 238 人，总面积 0.23 平方千米，农民人均纯收入 6986 元。

贺庄村

(Hezhuang Cun)

名称来历 相传，明朝初年，贺姓由山西山后陆州洪洞县邑宁社八甲大槐树下迁至此地，时称贺家庄，后称贺庄。

地理位置 地处马城镇东南部，东邻郝庄，南接后苏各庄，西连柏庄，北邻兴旺庄。

主要指标 2011 年末，辖区总人口 1015 人，总面积 1.53 平方千米，农民人均纯收入 7020 元。

老刘庄村

(Laoliuzhuang Cun)

名称来历 山西山后陆州移民至此地建村，因刘姓人多户大，故名刘家庄，后简称刘庄，又称北刘庄。1982 年地名标准化处理后，更名为老刘庄。

地理位置 地处马城镇西部，东邻栗园营，南接邸庄，西连大阎营，北邻翟庄。

主要指标 2011 年末，辖区总人口 454 人，总面积 0.43 平方千米，农民人均纯收入 6954 元。

栗园营村

(Liyuanying Cun)

名称来历 相传曾有姓高的人家在此经营栗树园，故名。

地理位置 地处马城镇西部，东邻米庄，南接湛店子，西连翟庄，北邻马城。

主要指标 2011 年末，辖区总人口 766 人，总面积 1.05 平方千米，农民人均纯收入 6997 元。

马城村

(Macheng Cun)

名称来历 马城，旧县名，于唐开元二十八年置马城县，以通水运。本村仍沿用古县名马城。

地理位置 地处马城镇西北部，东邻大王庄，南接小王庄，西邻滦县老孟营，北临滦县蔡营。

主要指标 2011 年末，辖区总人口 2850 人，总面积 3.52 平方千米，农民人均纯收入 7027 元。

马台村

(Matai Cun)

名称来历 相传，王、梁、邹、马几姓由山西山后陆州移至此地，在高台上立村，因姓马的户大人多，故称马家台，后称马台。

地理位置 地处马城镇西南部，东邻东营，南接长宁镇彭庄，西连长凝镇梁庄，北邻邸庄。

主要指标 2011 年末，辖区总人口 322 人，总面积 0.31 平方千米，农民人均纯收入 6952 元。

糜庄村

(Mizhuang Cun)

名称来历 明朝初年，高、梁、糜三姓由山西山后陆州迁至此地居住，因糜姓是皇亲，故称糜家庄，后称糜庄。

地理位置 地处马城镇西南部，东邻南小王庄，南接湛店子，西连栗园营，北邻马城。

主要指标 2011 年末，辖区总人口 412 人，总面积 0.56 平方千米，农民人均纯收入 6978 元。

桥头营村

(Qiaotouying Cun)

名称来历 山西山后陆州移民至此地，在青河桥头建村居住，因此地曾驻扎过兵营，故称桥头营。

地理位置 地处马城镇西南部，东邻张台，南接长凝镇梁庄，西连长凝镇高庄，北邻邸庄。

主要指标 2011 年末，辖区总人口 370 人，总面积 0.39 平方千米，农民人均纯收入 6964 元。

田台村

(Tiantai Cun)

名称来历 田姓移民至此地立村，因地处高台上，故名田家台，后称为田台。

地理位置 地处马城镇西南部，东邻岗子，南接东营，西连桥头营，北邻张台。

主要指标 2011 年末，辖区总人口 247 人，总面积 0.25 平方千米，农民人均纯收入 6957 元。

兴旺庄村

(Xingwangzhuang Cun)

名称来历 大王庄以东滦河沿上，有一村称鬼王庄，又名河沿庄，后因滦河泛滥被冲毁，居民来此建村，又有移民迁入，取“人财两旺”之意，得名兴旺庄。

地理位置 地处马城镇东部，东邻大李庄，南接贺庄，西连南小王庄，北邻大王庄。

主要指标 2011 年末，辖区总人口 286 人，总面积 0.55 平方千米，农民人均纯收入 6974 元。

湛店子村

(Zhandianzi Cun)

名称来历 明朝永乐元年（1403年），这里有姓湛的一户在此开店，人称湛家店，俗称湛店子。

地理位置 地处马城镇西南部，东邻贺庄，南接东营，西连邸庄，北邻栗园营。

主要指标 2011年末，辖区总人口1098人，总面积1.55平方千米，农民人均纯收入7008元。

张台村

(Zhangtai Cun)

名称来历 张姓由山西山后陆州移民至此地，建村在高台上，故名张家台，后称张台。

地理位置 地处马城镇西南部，东邻岗子，南接田台，西连桥头营，北邻栗园营。

主要指标 2011年末，辖区总人口230人，总面积0.21平方千米，农民人均纯收入7010元。

邸庄村

(Dizhuang Cun)

名称来历 因邸姓户大人多，故名邸家庄，后称邸庄。

地理位置 地处马城镇西部，东邻石狮子，南接周各庄，西连蔡各庄，北邻姚蒿坨。

主要指标 2011年末，辖区总人口873人，总面积0.83平方千米，农民人均纯收入5742元。

（撰稿：崔淑君，初审：刘春花）

乐亭县

(Laoting Xian)

中国共产党主要创始人之一李大钊的故乡，沿海对外开放县，传统农业大县，素有“燕东天府”“冀东粮仓”之称。

政区概况

名称来历 因汉代此地设置乐安亭而得名。

地理位置 位于东经118°40′48″～119°18′37″，北纬39°05′46″～39°34′38″。地处唐山市东南，东、东南、南三面濒临渤海，西南、西、西北三面与滦南县、唐海县相邻，北、东北倚靠滦河，隔河与昌黎县相望。人民政府驻乐亭县城东大街6号，电话区号0315，邮政编码063600，距唐山市人民政府70千米。

政区沿革 商属孤竹国。战国时属燕国。秦属辽西郡。汉属辽西郡海阳县。三国时期属魏国海阳县，始置乐安亭。晋代乐安亭改称乐安镇。唐仍为乐安镇，属马城县。金建置乐亭县，治所在乐安镇（今乐安街道）。元、明、清属滦州。1913年，属渤海道。后渤海道改称津海道。1928年6月，撤销津海道，建立河北省，属河北省。1943年8月，成立昌黎乐亭抗日联合县政府。1944年10月，成立乐亭县政府，属第十七专署。1946年，成立乐亭县人民政府，属第十三专属。

1948年6月15日，乐亭全境解放。1949年1月，属唐山行政督察专员公署。1953年4月，建有106个乡镇，533个村。1955年1月，成立乐亭县人民委员会。1956年7月，106个乡镇合并为38个乡。1958年9月，改建为7个人民公社，下辖103个生产大队、1127个生产小队；同年12月，滦南县长凝、倴城、胡各庄、南堡4个公社划入。1960年4月，唐山专员公署撤销，属唐山市。1961年5月，恢复唐山专员公署，转归唐山专员公署管辖；同年6月，将全县11个公社调整为51个人民公社。1962年10月，长凝、倴城、胡各庄、南堡4个人民公社划归滦南县，辖34个人民公社。1965年，增加到35个人民公社。1968年1月，成立乐亭县革命委员会。1981年12月，撤销乐亭县革命委员会，恢复乐亭县人民政府，属唐山地区。1983年5月，唐山地、市合并，属唐山市。1985年5月，下辖4个镇、32个乡。1989年4月，调整为9镇、14乡。1996年，辖9镇、5乡、10个管理区。2003年9月，设乐安街道。2007年6月，辖1个街道、11个镇、3个乡。

政区划分 2011年末，辖乐安1个街道，乐亭镇、毛庄镇、汤家河镇、胡家坨镇、王滩镇、姜各庄镇、中堡镇、汀流河镇、阎各庄镇、马头营镇、新寨镇11个镇，庞各庄乡、大相各庄乡、古河乡3个乡；领导12个居民委员会，533个村民委员会。

人口面积 2011年末，辖区总人口502710人，其中城镇常住人口106840人，城镇化率21.3%。另有流动人口7103人。总人口中，男性253869人，占50.5%；女性248841人，占49.5%；14岁以下65368人，占13%；15～64岁338032人，占67.2%；65岁以上99310人，占19.8%。总人口中，以汉族为主，达493954人，占98.3%；有满、回、壮、蒙古、朝鲜、侗、哈尼、仫佬、鄂伦春、彝、苗、藏、土家、羌、锡伯、布依、瑶、水、拉祜、黎、珞巴、景颇、佤、俄罗斯、柯尔克孜、傈僳、白、维吾尔、达斡尔、土、赫哲、东乡32个少数民族，共8756人，占1.7%；超过1000人的有满族，共7077人，占少数民族人口的81%。2011年，人口出生率7‰，人口死亡率7.9‰，人口自然增长率-0.9‰。

辖区东西最大距离49.2千米，南北最大距离54.3千米，总面积1607平方千米。其中陆地1191平方千米，占74.2%；水域416平方千米，占25.8%。人口密度为每平方千米313人。

自然条件

地形地貌 地处滦河以南、渤海湾以北。地质构造属华北断块，地壳结构与华北断块基本相同。地形为平原地区，北部为滦河冲积平原，南部为滨海平原，土壤肥沃。境内海拔1～15米。

气候 属暖温带滨海半湿润大陆性季风气候，其特点是四季分明，冬季漫长，春秋短暂，春季多风，夏季闷热，秋季凉爽，冬季寒冷。多年平均气温10.7℃，1月平均气温-5.8℃，极端最低气温-23.7℃（1973年1月26日）；7月平均气温25℃，极端最高气温38.7℃（2002年7月14日）。最低月均气温-9.2℃（1977年1月），最高月均气温27.4℃（2000年7月）。平均气温年较差31℃，最大日较差25.8℃（1972年6月9日）。生长期年平均243天，无霜期年平均181天，最长达226天，最短为154天。年平均日照时数2579.1小时，年总辐射132.5千卡/平方厘米。0℃以上持续期266天（一般为3月5日～次年11月25日）。年平均降水量610毫米，年平均降雨日数为67天，最多达93天（1964年），最少为47天（2006年）。极端年最大雨量1158.6毫米（1964年），极端年最少雨量286.6毫米（1957年）。降雨集中在每年6月至8月，7月最多。

水文 境内河道属滦河流域。主要河道除滦河和小青河两条界河外，有骨干河流12条，重点排水渠17条，如老滦河底、二滦河、小长河、小河子、周河、王河、老石碑河、新潮河、小长河排支、石碑新河、稻子沟、老米沟、老米河、湖林新河、老娘子沟等。河流总长度612千米，流域面积2189.4平方千米，河网密度0.3千米/平方千米，径流总量1.2亿立方米，年排涝量1.4亿立方米，年最大排涝量1.5亿立方米。境内最大的河流为滦河，发源于河北省承德地区丰宁县西北巴颜图古尔山麓，经滦县衡山流入乐亭县，为季节性河流；乐亭县境内从西北至东南流经中堡、毛庄、胡家坨、姜各庄4个镇，经胡家坨镇至姜各庄镇出境，境内长51千米，年均径流量1.04亿立方米，流域面积78平方千米，主要支流有老滦河底、二滦河、小长河等。

矿藏及其他自然资源 地下水年开采利用1.56亿立方米；可利用海水养殖水面605平方千米，主要分布在东部、南部沿海；可利用淡水养殖水面5平方千米，主要分布在内陆地区。

共有林地31.8万亩，其中经济林20.4万亩，防护林11.4万亩。

境内现有野生动物5纲20目31科408种。

自然灾害 主要自然灾害有气象灾害、地质灾害、海洋灾害、生物灾害等，尤其多发生洪涝灾害，其次为海啸、冰雹、霜冻、春旱、地震、飓风等。洪涝灾害年均发生2次，主要发生在7月至8月，最严重的一次发生在1962年7月下旬，华北地区普降大雨，滦河上游山洪暴发，致使滦河下游洪水泛滥，流量达到3.43万立方米/秒。灾情最严重的多达16个公社。滦河以北238个村庄被淹。全县成灾面积120万亩，占县播种面积的89%；成灾人口54.17万人，占总人口的93%；成灾生产队4035个，占总队数的95%。全县粮食减产95400吨，棉花减产1400吨，油料减产780吨。人员死亡51人，倒塌房屋42544间，牲畜死亡2382头，损失粮食900吨，冰雹灾害年均发生0.7次，主要发生在5月至9月，最严重的一次发生在1978年6月20日。霜冻灾害年均发生5次，主要发生在10月至4月，最严重的一次发生在1969年3月4日。春旱灾害年均发生0.4次，主要发生在3月至5月，最严重的一次发生在2001年3月至5月。最大震灾发生在1976年7月28日凌晨3时42分，唐山、丰南一带发生7.8级地震，同日18时在迁安野鸡坨发生7.1级强震，造成了乐亭县严重的地震灾害。农田到处翻砂冒水，河床淤平，机井震毁，饮水井大部分损坏；县城房屋几乎全部震毁，农村房屋大部分倒塌、下沉、开裂，不能居住；村庄、公路、农田到处可见开裂的地缝，有的宽度达1米多，其中徐烧纸庄和甘草坨两个村庄最为严重。受灾面积50.66万亩，地震中296人遇难，2370人受伤，受灾人口43.27万人，倒塌房屋20万间，牲畜死亡4121头，粮食损失11215吨。

经济概况

农业 耕地面积100.1万亩，人均2亩；其中水田11.7万亩，水浇地80.1万亩，旱田8.3万亩；可用片林、防护林5.5万亩。甜瓜、珍稀皮毛等产量居全省首位。2011年，农业总产值97.5亿元，比上年增长13%，实现农业增加值64.9亿元，占国内生产总值的23.6%。

粮食作物以玉米、小麦、水稻为主。2011年，生产粮食31.9万吨，人均635千克，其中玉米17.1万吨，小麦5.5万吨，水稻6.3万吨。主要经济作物有棉花、花生、大豆、蔬菜等。2011年，棉花种植面积2.2万亩，产量1323吨；油料作物种植面积3.8万亩，产量12765吨；蔬菜种植面积52.8万亩，产量287.5万吨，其中白菜40.5万吨，茄子68.4万吨，黄瓜43.6万吨，豆角12.8万吨，韭菜35.1万吨。

畜牧业以猪、牛、貉子、狐狸、貂、鸡、兔为主。2011年，生猪饲养量42.9万头，年末存栏16.9万头；牛饲养量4.6万头，年末存栏2.9万头；貉子饲养量474.4万只，年末存栏121.8万只；狐狸饲养量97.6万只，年末存栏21万只；貂饲养量113.6万只，年末存栏35.8万只；鸡饲养量752.1万羽，年末存栏238.5万羽；兔饲养量150.5万只，年末存栏33.8万只。2011年，生产猪肉2.02万吨，牛肉2722吨；禽蛋21031吨，鲜奶65514吨；貉子、狐狸、貂产皮500万张。畜牧业总产值19.6亿元，占农业总产值的20%。

截至2011年末，累计造林31.8万亩，其中防护林11.4万亩，经济林20.4万亩，农民住宅四旁树木1307万株，林木覆盖率22.5%，活立木蓄积量33万立方米。2011年，果树种植面积20.4万亩，产量61万吨，主要品种有鲜桃、苹果、葡萄、梨等，其中鲜桃28万吨，苹果16.7万吨，葡萄13万吨，梨3.2万吨。

1999年8月，被“中国特产之乡”推荐暨宣传活动组织委员会评为“中国鲜桃之乡”；2001年8月，被国家林业局命名为“中国桃乡”；2006年11月19日，被中国优质果品基地暨果品产业先进典型评选组委会评选确定为“中国优质果品基地县”；2007年，被全国绿化委员会授予“全国绿化模范县”以及“全国无公害蔬菜基地县”荣誉称号。

渔业以水产养殖和海洋捕捞为主。可用于水产养殖的海域面积605平方千米、池塘67平方千米、滩涂37.5平方千米、淡水水面5平方千米。2011年，人工海水养殖贝类29932公顷，产量77064吨；鱼塘养殖面积8331公顷，产量10960吨。拥有各类捕捞渔船1722艘，其中从事境外远洋作业船舶1艘，捕捞水产5.54万吨，水产品总产量14.6万吨，渔业总产值17.6亿元，占农业总产值的18%。中心渔港被评为全国首批文明渔港。

2011年，农民人均纯收入9492元。

工业 近几年工业发展较快，已形成以钢铁、焦化、海盐、造纸、纺织、物流、服装、建材、化工、机械制造、农副产品加工等为主的工业体系。2011年，工业总产值316.8亿元，比上年增长9.6%，实现工业增加值93.1亿元，占国内生产总值的比重33.9%。

2011年，拥有工业企业296家，职工2.1万人，比上年增长11.9%。其中大中型工业企业11家，职工11663人。销售收入达到亿元以上的企业20家，50亿元以上的3家，10亿元以上的7家。

工业园区2个，分别为临港工业聚集区、城区工业聚集区；经济开发区1个，为唐山海港经济开发区。其中临港工业聚集区规划面积120平方千米，2008年12月被批准为首批省级产业聚集区，同时被确定为循环经济示范试点。

唐山海港经济开发区是1993年6月经河北省政府批准成立的省级经济开发区，位于唐山市东南80千米处的渤海岸边，地处环渤海经济圈及京津冀都市群核心地带，2011年，工业总产值133亿元，完成全部财政收入18.5亿元。

商业外贸 2011年末，商业网点9500个，职工29000人。2011年，社会消费品零售总额达82.3亿元，比上年增长17.3%；城乡集市贸易成交额32.4亿元，比上年增长10%。

2011年，进出口总额7.75亿美元，比上年增长154.9%；其中进口1.94亿美元，比上年增长354.3%，主要产品有煤炭、水果2类2个产品；出口5.81亿美元，比上年增长19.9%，主要产品有钢材、农产品、农具等5类10个产品，销往18个国家和地区。

财政金融 2011年，财政总收入32.7亿元，比上年增长10.7%。其中地方财政收入13.76亿元，比上年增长15.8%。从主要税种看，完成营业税6.9亿元、增值税8.6亿元、企业所得税8.2亿元、个人所得税1.09亿元，分别比上年增长15.5%、-16.6%、56%、1.9%。人均财政收入2860元，比上年增长5.2%。

2011年，金融产业实现增加值8.55亿元，比上年增长4.4%，实现税收11.1亿元。年末有工商银行、农业银行、中国银行、建设银行等7家银行和金融机构开设了分行或设立了办事处；各类存款余额149.6亿元，比上年增长15.1%；人均储蓄23556元；各项贷款余额93.9亿元，比上年增长12.2%。证券公司营业部1家，开户股民（含基金）总数6000个，A股和基金交易额18亿元，比上年增长1.13%。保险业实现保费收入3.1亿元，比上年增长3%；其中财产险保费收入0.54亿元，比上年增长10%，人身险保费收入1.98亿元，比上年减少20.75%。

社会发展

文化艺术 2011年末，文化艺术团体17个，会员2436个，其中团体会员9个，个人会员2427个，创作完成的文化艺术作品有《地球告状》《磨杵成针》《果园飘香》《情暖家乡》《丁香树下的李大钊》《嫦娥望长空》《神圣的使命》《五虎上将》《咱们工人有力量》《大海的眼睛》《开发区之歌》；戏曲艺术团1个，下设乐亭县皮影剧团和乐亭县大鼓演出队，演职人员16人；电影公司1个，电影放映单位2个，电影院4座，座位4000个，年放映1150场次，观众达7.5万人次；乡镇电影院3个，座位2300个，乡镇电影放映队14个，观众15万人次；俱乐部1所，文化专业户3个；县属文化馆3个，建筑面积3760平方米；县属公共图书馆3个，建筑面积1480平方米，藏书6.2万册；档案馆1个，建筑面积910平方米；博物馆1个，建筑面积3500平方米；还有乡镇文化综合服务中心14个，管理人员30人，各文化综合服务中心建有文化活动室、图书室、器材室。

地方特色民间艺术有乐亭皮影、乐亭大鼓、乐亭民歌、乐亭地秧歌和评剧等。亭。乐亭大鼓、地秧歌被列入国家非物质文化遗产名录。乐亭大鼓《农村新貌》获得曲艺类全国最高奖项“牡丹奖”；乐亭皮影雕刻荣获第八届、第十届中国民间文艺“山花奖”；乐亭大鼓《地球告状》获河北省少儿曲艺大赛一等奖；乐亭大鼓《磨杵成针》获河北省少儿曲艺大赛二等奖；乐亭大鼓《果园飘香》获第七届中国曲艺牡丹奖表演提名奖。县被文化部命名为“中国民间艺术之乡”“中国曲艺之乡”“中国皮影之乡”和“全国文化先进县”。青春广场及文化活动荣获“全国特色文化广场”“全国特色广场文化活动”荣誉称号。

教育 2011年末，幼儿园132所，在园幼儿14559人，专任教师774人；小学107所，在校生28965人，专任教师2020人，小学适龄儿童入学率100%；初中26所，在校生14413人，专任教师1408人，初中适龄人口入学率、小升初升学率、九年义务教育覆盖率远达100%；普通高中6所，在校生10448人，专任教师848人；综合职校1所，在校生2880人，专任教师204人；广播电视大学1所，在校生2349人，专任教师32人；教师进修学校1所，在校生460人，专任教师29人。

主要学校有乐亭第一中学、乐亭县综合职业技术学校、乐亭县第三实验小学等。其中，乐亭第一中学是河北省重点中学，始建于1923年，占地面积192亩，建筑面积6万平方米；有办公楼、教学楼、实验楼、科技楼、宿舍楼、体育馆等，教职工309人，在校学生4340人；全部为高中班级。乐亭县综合职业技术学校系河北省重点职业教育学校，2000年被评为全国重点职业技术学校。建于1993年，占地面积120亩，建筑面积2万平方米；有教学楼、办公楼、宿舍楼、餐厅、图书室、物理实验室、化学实验室、电工实验室、汽车模拟点、农学基地等；现有专业11个，教学班55个，教职员工204人，在校学生2880人。乐亭县第三实验小学被评为河北省示范小学、河北省创新教育实验校、河北省现代教育示范校，始建于1997年，竣工于1998年，占地面积37亩，建筑面积6249平方米；有语音室、微机室、实验室等设施；现有教学班33个，教职员工94人，在校生3006人。

2011年教育经费达4.0亿元，国家财政性教育经费3.8亿元，财政预算内教育经费3.6亿元，预算内教育事业费3

亿元，分别比上年增长47.9%、54.7%、48.9%、37.4%。预算内教育经费（包括城市教育费附加）占财政总支出的比例为18.2%，比上年提高了2个百分点。

科技 2011年末，独立科研与技术开发机构1个，工程技术研究中心1家；专业技术人才0.9万人，农村实用人才0.7万人。连续被评为“全国科技进步先进县”“全国科普示范县”。

医疗卫生 2011年末，各级各类医疗卫生机构21个，其中二级甲等医院2所（综合医院1所，中医医院1所），疾病控制中心1个，妇幼医院1所，卫生监督所1所，唐山海港医院1所，卫生院15所；病床1211张，其中公立卫生机构床位1211张，每千人拥有医疗床位2.3张，固定资产总值2.5亿元。专业卫生人员1045人，其中执业医师441人，执业助理医师56人，注册护士334人，平均每千人拥有卫生技术人员2人，平均每千人拥有执业（助理）医师1人。2011年医疗机构（门诊部以上）完成诊疗86.5万人次，住院手术6585台次，出院病人4.1万人次。重点医院有乐亭县医院、乐亭县中医院、唐山海港医院。

2011年法定报告传染病发病率为523.273/10万，农村安全饮用水普及率100%，农村卫生厕所普及率47.8%，新型农村合作医疗参合人数40.3万人，参合率97.3%；居民人口平均期望寿命79.5岁；5岁以下儿童死亡率、婴儿死亡率、新生儿死亡率分别为6.06‰、5.77‰、4.33‰。

体育2011年末，体育场地6处，体育社团8个，各级社会体育指导员328人。每年定期举办的体育活动有全民健身日系列活动、双节健身活动、体育三下乡活动。90%的城市社区和60%的村安装了健身器材，经常参加体育活动的人员占常住人口的45%。

广播电视 1958年10月开通乐亭县有线广播站；2011年10月开通广播电台（调频广播）；2011年末开通调频转播台。广播综合覆盖率100%，全年公共广播节目播出时间5475小时。

1987年1月建立乐亭县电视台，发射塔高80米，覆盖半径25千米；1993年12月开通有线电视；2011年末乐亭县电视台开通1个频道，另有中央、省级、市级等101个电视频道在本地落户；有线电视用户10.7万户，其中数字电视用户1.6万户，电视综合覆盖率100%，全年公共电视节目播出时间6205小时。

新闻出版 2011年末，新闻出版单位110家，出版物发行机构67家，从业人员80人；各类复制印刷企业43家，其中出版物印刷企业2家，包装装潢印刷企业4家，复制单位10家，从业人员192人。

社会保障 2011年，城镇最低生活保障户数1702户，人数2688人，支出771.7万元，比上年增长27.1%，月人均239元，比上年增长26.1%；城市医疗救助48人次，民政部门资助参加合作医疗881人次，共支出7.9万元，比上年增长9%；城市生活无着人员救助2724人次，支出10.2万元。

农村最低生活保障户数10340户，人数12317人，支出1497.4万元，比上年增长50%，月人均101.3元，比上年增长49%；农村五保集中供养971人，支出362万元，比上年增长13.8%；农村五保分散供养2057人，支出550万元，比上年增长31.9%；农村医疗救助568人次，民政部门资助参加合作医疗12218人次，共支出36.7万元，比上年增长20%；农村临时救济795人次，支出25万元。

自然灾害受灾人口21.5万人，农作物受灾面积35.7万亩，倒塌房屋129间，直接经济损失9480.9万元，救灾支出194万元，比上年增长84.7%。

国家抚恤、补助各类优抚对象6521人，安置义务兵、士官等69人，接收军队离退休干部71人，接收无军籍职工4人，军休所1个，抚恤事业费支出3940.9万元。

社会福利费625.7万元；社会服务单位7个，床位1770张，其中收养机构床位1670张，生活无着人员救助床位20张，社区服务床位60张，军休床位20张，收养1005人。

社区服务设施108个，其中社区服务中心12个，社区服务站48个，其他社区服务设施48个；社区日间照料床位数40张，社区留宿照料床位数20张。

慈善协会1个，全年接受社会捐款302万元；福利企业3个，安置残疾职工41人，福利企业产值730万元。

2011年新增就业人员7981人，有2658名下岗失业人员实现了再就业，就业困难人员再就业769人，年末城镇登记失业人数6449人，城镇登记失业率为4.1%；全年共帮助4户零就业家庭实现每户至少一人就业，组织4名高校毕业生到农村基层从事“三支一扶”的工作。

2011年五项社会保险（不含新型农村社会养老保险）基金收入合计6.85亿元，比上年增长38.8%；基金支出合计4.59亿元，比上年增长38.2%。年末参加城镇基本养老保险7.3万人，比上年增长2305人，其中参保职工6万人，参保离退休人员1.4万人，分别比上年末增加1393人和1336人。参加企业基本养老保险5.4万人，比上年末增加2422人。参加城镇基本医疗保险8.8万人，比上年末增加2628人，其中参加城镇职工基本医疗保险5.9万人，比上年末增加2386人。参加城镇居民医疗保险3万人，比上年末增加1763人。参加失业保险3.3万人，比上年末增加1089人，其中参加失业保险的农民工1682人，比上年末减少726人。年末领取失业保险金1926人，比上年末增加1651人。参加工伤保险3.4万人，比上年末增加440人，全年认定（视同）工伤208人，比上年增加4人，全年评定伤残等级111人，比上年减少13人，全年享受工伤保险待遇424人，比上年增加90人。参加生育保险1.2万人。

城镇非私营单位在岗职工年平均工资为3.9万元，比上年增加15.6元。年末规模以上企业劳动合同签订率达到95.3%。各级劳动人事调解组织和仲裁机构共受理劳动人事争议案件80件，结案79件，其中通过调解方式结案51件，占65%；仲裁机构立案受理劳动人事争议76件，结案率98.7%，调解组织受理（含仲裁机构案外调解）4件，结案率为100%。各级仲裁机构立案受理劳动争议76件，比上年减少5%，涉及劳动者76人，比上年减少5%。

环境保护 2011年本级财政用于环境保护的资金6764万元，占财政支出的4.76%；空气质量一级天数98天，二级天数240天，三级天数27天，达到二级和好于二级的天数占全年天数的92.6%；空气中二氧化硫、二氧化氮年均浓度值分别为0.055毫克/立方米、0.028毫克/立方米，达到国家二级标准；可吸入颗粒物年均浓度值为0.091毫克/立方米，达到国家二级标准；污水处理能力达到4万立方米/日，污水处理率达到100%。

基础设施

交通运输 已形成由铁路、公路、海运3种运输方式构成的交通运输网络，2011年客运总量380万人次，货运总量435192万吨。

滦港铁路过境，境内全长46千米。滦港铁路东港线唐山海港经济开发区境内长20.48千米，滦港铁路京唐港线唐山海港经济开发区境内长14.1千米，设东港、京唐港2个站，通往聂庄站；东港站为一等货运站，年货运吞吐量3000万吨；京唐港站为二等货运站，年货运吞吐量2000万吨。

迁曹铁路由迁安北站开始，与滦港铁路菱角山站相接，向南从乐亭汀流河镇三义庙入境，经乐亭境到达唐山港，境内长63千米。年最大运输能力2亿吨。

唐港高速、沿海高速公路过境，其中唐港高速公路境内全长33.5千米，有乐亭、独幽城两个出口；省道秦唐沧沿海公路、平清大公路过境，境内长分别为52.6千米、102千米。有县级公路3条，总长8.3千米，日均发送468次客车，日客运量1082人次；2011年运输企业拥有货运汽车5309辆，51602吨位；客运汽车334辆，6225座位；货运量1946万吨，货运周转量435192万吨·千米，客运量413万人次，客运周转量15234人次·千米。

唐山海港经济开发区内唐山港京唐港区为唐山市最早开发建设的国家一类对外开放口岸，通往国内绝大多数沿海港口，通达世界50个国家和地区的120多个港口。定期有上海、江阴、宁波、台州、温州、泉州、广州等10余条散杂货航线。2011年吞吐量1.37亿吨。

邮政电信 2011年末，邮政网点12个，投递线路单程总长度2555千米，投递点923个，乡村通邮率100%；全年投递国内函件68.5万件，国内汇票业务完成10万笔，国内异地特快专递信件完成18.8万件，征订报刊550.5万份、期刊27.2万册，业务收入3156万元。

电信企业6家，服务网点908个；电话交换机总容量14万门，固定电话用户79424户，比上年增加2806户，电话用户普及率达到49%，比上年提高0.5个百分点；移动电话用户43.1万户，比上年增加61264户，移动电话普及率为73%，比上年提高11个百分点；光缆线路总长达4085.5千米，主干电缆达1125.4对千米，互联网端口总数10万个，其中已占用端口总数4.5万个，宽带接入用户4.5万户，比上年增加7336户。全年电信业务收入21012万元。

名胜旅游

旅游业概况 以海洋旅游和“红色旅游”为基本特色，境内有沿海旅游景区、生态旅游景区、红色旅游景区、滦河旅游景区等。李大钊故居纪念馆、李大钊纪念馆、菩提岛、月岛、金沙岛、浅水湾浴场、碧海浴场、古滦河生态公园、姜各庄森林公园、祥云岛森林公园等是人们瞻仰、观光、旅游、休闲的理想景区。

境内有姜各庄、翔云岛2个国家森林公园，省级以下风景名胜区1个。全国重点文物保护单位李大钊故居1处，省级文物保护单位1处。全国爱国主义教育基地1处。国际国内旅行社17家（其中国际社1家，国内社16家）；星级饭店7家（其中四星级3家，三星级1家，二星级3家），床位1378张；其他宾馆、旅社、招待所80家，床位11000张。

主要风景区 <u>金沙岛</u> 位于乐亭西南渤海湾中，原名打网岗，因沙细金黄，沙滩板实、洁净而得名，东西长1.5千米，距县城48千米，海岛与陆地近点相距3千米。后改名金沙岛。这里远离海岸，极少污染，且潮平沙净。远望金沙岛，海中有岛，岛中有湖，湖中又有岛。餐饮娱乐设施一应俱全，建筑面积1600平方米。日可接待千人。2011年，接待游客207.5万人次，比上年增加19.9%，旅游收入13.3亿元，比上年增加24%。

<u>碧海浴场</u> 位于乐亭县东南部，老米沟河口和中心渔港东侧，距县城30千米。规划面积5平方千米。1994年始建，1997年扩建。碧海浴场原为灯笼铺岛，为冲击形成的岛屿，由中细沙组成。海岸带长6.5千米，沙滩宽50米，海岸平缓，水质清洁，属天然浴场。浴场建有门景、韩湘子雕像、防潮坝、垂钓池、停车场等设施。

<u>古滦河生态公园</u> 系利用滦河古道改造而成，坐落在县城东北4000米处。2009年3月开工建设，总长15千米，其中引水工程6494米。公园占地3000亩，主要包括智山、乐湖、亭榭、桥梁、绿地、防护林网等。水域面积340亩，绿地面积2360亩，各种配套设施齐全。是集经典风景、生态功能、湿地体验、科普教育、康体养生、生态旅游于一体的多功能生态公园。

重点名胜古迹 <u>黄坨遗址</u> 位于乐亭县城南16千米、马头营镇黄坨村西南150米处，东距冷大路1.5千米。该遗址东西长35米，南北宽30米，面积约1050平方米，因临近黄坨村而得名。1987年，从该遗址中共采集陶片45片，残石磨棒1个。从出土陶器的特征看，年代应为夏家店下层文化时期。

<u>独幽城遗址</u> 距县城5千米，在乐亭镇独幽城刘庄村北50米处。东西长200米，南北宽150米，面积约3万平方米，遗址以独幽城命名。1978年3月，独幽城砖室墓内发现有四通陶碑、陶塔、陶椁、葵花形铜镜等。1987年，经认定，上部为明朝时建正觉寺基址，下部为汉文化层。

<u>朝阳庵遗址</u> 位于渤海湾菩提岛（石臼坨）上。又名观音庵。由临济宗僧人显光上人于明万历初开始兴建，清康熙年间焚毁后又多次重建，到清咸丰八年（1858年），建成佛殿六楹，廊房六间，门宇墙垣无所不备，整座寺庙焕然一新。到清末，朝阳庵荒废，现仅存遗址。

风景点 <u>潮音寺</u> 坐落在县城南渤海湾菩提岛（石臼坨）中心位置。占地面积9210平方米。清光绪十五年（1889年），由曹洞宗僧人法本所建，有前殿三间、中殿三间和后殿五间，另有僧房八间，东西配殿六间，经舍三间。

鼎盛时期僧众达百人之多。

风土人情 地秧歌 节庆之日扭秧歌是乐亭群众的传统习俗。乐亭地秧歌流传广泛，历史悠久。明、清时期，乐亭县有演春的民俗活动，乐亭秧歌由演春活动演变而来，到清朝晚期已经发展成熟，后又经历代秧歌艺人的改革创新，发展成为独具特色的乐亭地秧歌。乐亭地秧歌用唢呐伴奏，以大场秧歌为主要特征，分为“串街”和“大场”两种形式，注重队形的变化和场面的热烈，主要队形有“一条龙”“编花寨”“龙出水”“四面斗”“八面风”“马蜂窝”“车轱辘”“狐狸尾”“大摆队”等，首尾连贯，变化多端。每逢节庆之日，乐亭的城镇、农村都广泛开展秧歌活动，参加活动的群众达万人以上。这种活动从清末一直延续到现在。2011 年，乐亭地秧歌被列入第三批国家非物质文化遗产名录。

土特产品 境内土特产品主要有刘美烧鸡、吊桥缸炉烧饼、柳编、罗锅子香油、虾油、青蛤、文蛤、面条鱼、箭杆蛏、梭子蟹、盐蓿等。

刘美烧鸡 清光绪年间，乐亭人刘俊在县城开办了刘记烧鸡铺，因用料考究，产品色鲜味美，成为乐亭知名小吃，过往之人赞誉说“冀东烧鸡，当属刘美”，得名“刘美烧鸡”。此工艺流传至今。2001 年荣获“河北省名牌产品”称号，并在河北省内同行中首家通过 ISO 9002 国际质量体系认证，产品销往全国各地。

吊桥缸炉烧饼 始创于清光绪三十四年（1908 年），手工制作，缸炉烤制，工艺复杂。主要用料为油酥面、五花肉、大葱、白菜等，产品酥脆可口，味道香醇，流传至今已有百年历史，是乐亭传统名优小吃，也是馈赠亲友的上乘礼品。

罗锅子香油 始创于清末，三代相传。以东北天然芝麻为原料，在传统工艺基础上，结合现代科技精制而成，色正味纯，较同类产品色泽红润，开瓶后香味始终如一，食后余香持久。2001 年获“河北省第六届消费者信得过产品”荣誉称号。

原汁虾油 此产品以海洋野生无籽乌虾及其他新鲜杂鱼为原料，经清洗发酵后手工提取而成，海鲜香味纯正绵长，是餐饮业及家庭厨房炒、炖、涮、泡、拌等菜肴的必备调味佳品，畅销中国北方地区。

柳编 是乐亭的传统手工艺品。自古以来乐亭就有栽种杞柳的习惯，杞柳枝条细长柔润，是手工艺编织品的上好原料。在乐亭北部的汀流河镇、中堡镇、毛庄镇等地多有栽种。众多的手工艺品大多出自这些乡镇的各个村庄。主要品种有农业用具、生活用品和装饰用品，如各种柳斗、笸箩、簸箕、鸡笼、花篮、蝈蝈笼等。

著名人物

本辖区的著名人物有李大钊、李运昌、李葆华、阎达开、史梦兰、京东刘家领东掌柜孙秀三、哈尔滨同记商场创办者武百祥等。

李大钊（1989～1927 年） 字守常，原名耆年，字寿昌。乐亭县胡家坨镇大黑坨村人。1907 年考入天津北洋法政专门学校，1913 年就读于日本早稻田大学。1917 年俄国十月革命胜利后，在中国传播马列主义，成为中国最早的马克思主义者和共产主义者。1919 年积极投身五四运动并参与领导工作。1920 年，在北京先后发起组织马克思主义学说研究会和共产主义小组。1921 年中国共产党成立后，代表党中央指导北方工作。在党的二大、三大、四大当选为中央委员。1924 年底，任中国共产党北方区委执行委员会书记。1924 年 6 月，赴莫斯科出席共产国际第五次代表大会，任中国共产党驻共产国际代表。1927 年 4 月 6 日，在北京被军阀张作霖逮捕，4 月 28 日从容就义。著作有《李大钊文集》。

李运昌（1908～2008 年） 原名李芳岐，乐亭县胡家坨镇木瓜口村人。1925 年加入中国共产党。黄埔军校第四期学员。历任广东省农民协会潮梅海陆丰办事处农军部主任，湖南革命军第二师第二团党代表，中共乐亭县委书记，中共京东特委书记，中共河北省委书记，冀东抗日联军副总司令兼第二路总指挥，冀东军分区司令员，晋察冀军区第 13 军分区司令员兼政委，东北人民自治军第二副总司令，冀察热辽军区副总司令员，中共热河省委书记、省军区司令员兼政委。中华人民共和国成立后，历任交通部常务副部长、党组书记，司法部第一副部长。中央顾问委员会第一、第二届委员，中共第八、十二、十四次全国代表大会代表，中共第十三、十五、十六次全国代表大会特邀代表，全国政协第一届代表及第三、四、五届常委。

李葆华（1909～2005 年） 曾用名赵升阳、赵振生，乐亭县胡家坨镇大黑坨村人。1931 年 5 月加入中国共产党，1925 年参加革命工作。历任中共京东特委宣传部长、中共北平市委书记、中共山西省委组织部长、中共晋察冀省委书记、中共晋察冀中央局组织部长、北岳区党委书记兼北岳军区政治委员、晋察冀军区第一纵队政治委员、中共北平市委第二副书记。中华人民共和国成立后，历任水利电力部副部长、党组书记，中共安徽省委第一书记，南京军区政治委员，中共贵州省委第二书记，贵州省革命委员会副主任，贵州省政协主席，中国人民银行行长、党组书记。为中共第七届中央委员会候补委员，第八、十、十一届中央委员，中央顾问委员会第一、第二届委员，全国政协第一届、二届、三届常委。

阎达开（1913～1997 年） 曾用名阎凤善、阎明、高建林、周绍林、周建林，乐亭县阎各庄镇樊坨村人。1931 年加入中国共产党，历任中共乐亭县委宣传部长，中共京东特委书记，冀热辽特委宣传部长，后任中共冀东特委代理书记，冀东抗日联军第一路军临时党委书记兼副总指挥、总指挥。中共唐山市委书记、市军管会主任，中共唐山市委副书记兼代理市长，唐山市总工会主席，开滦煤矿党委书记，中共唐山市委第二书记，中共河北省委副书记，河北省副省长、省政协主席，中共河北省委书记处书记，中共天津市委第二书记，天津市革委会副主任，中共天津市委书记，天津市政协主席、市人大常委会主任，中央顾问委员会委员。为中共第七、八、十二、十三、十四次全国代表大会代表，第四、五届全国人大代表。

城区市政建设

道路 2011 年末，城区道路总长度 177.7 千米，人均拥有道路长度1.7米；道路铺装面积428.5万平方米，人均拥有道路面积40平方米；桥梁21座，总长度1215千米。

公共交通 2011年末，城区开通公交汽车线路12条，公交运营车辆82辆，万人拥有量为1.2台，年客运量405万人次；出租车152辆，万人拥有量2.43台，年客运量73.8万人次。

给排水 2011年末，城区自来水厂3座，铺设干线水管271.5千米，生产能力10.2吨/日，年工业用水2383万吨，生活用水331万吨，居民自来水普及率100%，年人均生活用水35.5吨；排水管道249.1千米，污水治理工程2项，污水处理厂2座，日污水处理能力9万吨，工业废水处理率98%。

供电 2011年末，城区发电企业2家，2011年发电68.6亿度。高压输电线路112条，总长度2127千米，用电负荷24万千瓦。年售电量累计完成8.2亿千瓦时，综合电压合格率99.8%，供电可靠率99.9%。2011年末，城区拥有35千伏及以上变电站16座，110千伏及以上变电站（所）2座，主变压器35台，总容量1172.4兆伏安，高压输电线路96条，总长度1009千米，用电负荷10万千瓦。年售电量累计完成6.4亿千瓦时，综合电压合格率99%，供电可靠率99.8%。

供热 2011年末，城区热水供热管道总长度295千米，供热面积515.8万平方米；供热用户48311户，其中居民用户47353户，供热普及率为92.6%。

燃气 2011年末，城区天然气（煤气）管线144千米，供气站1个，天然气（煤气）用户24432户，其中工业企业11户，居民用户24393户，燃气普及率为60%，月天然气（煤气）平均用量516.5万立方米。其中乐亭县城天然气（煤气）管线103千米，供（加）气站1个，天然气（煤气）用户1.7万户，其中居民用户1.7万户，燃气普及率为54%，月天然气（煤气）平均用量16.5万立方米。

园林绿化 2011年末，城区公园7个，公园面积84.4公顷，园林绿地面积968.5公顷，其中公共绿地203.7公顷，绿化覆盖率43%。

（撰稿：李永波、陈树永，初审：王瀛）

乐安街道

(Le'an Jiedao)

政区概况

名称来历 因辖区内有乐安社区而得名。

地理位置 地处乐亭县中部，东至东外环路，南、西、北由乐亭镇包围。办事处驻乐亭县城东大街13号，电话区号0315，邮政编码063600，距乐亭县人民政府50米。

政区沿革 1990年11月，析乐亭镇成立乐亭镇居民委员会工作办公室，辖5个居民委员会。1997年12月，设乐亭镇街道。2002年，更名为城区街道，辖9个居民委员会。2003年9月，改名为乐安街道，辖10个居民委员会。2010年5月，乐亭镇管辖的22个村划入，辖12个居委会、22个村委会。

政区划分 2011年末，辖茂源、曙光、宏光、瑞祥、富强、中心、东南、河东、河西、健康、新光11个社区居民委员会，二街、三街、四街、五街、六街、七街、八街、王庄上、救阵温庄、杨铁庄、龙王庙、救阵蒙庄、柏庄、双庙、教军场、齐庄、西范庄、西河槽、郁庄上、蔡各庄、高晁庄、高吕庄22个村民委员会；下设994个居民小组、325个村民小组。

人口面积 2011年末，辖区总人口76743人，其中城镇常住人口59711人，城镇化率70.7%。另有流动人口7411人。总人口中，男性39139人，占51%；女性37604人，占49%；14岁以下9977人，占13%；15~64岁51418人，占67%；65岁以上15348人，占20%。总人口中，以汉族为主，达75367人，占99.5%；有满、回、壮等8个少数民族，共376人，占0.5%。2011年，人口出生率4.5‰，人口死亡率5.2‰，人口自然增长率-0.7‰。

辖区东西最大距离4.9千米，南北最大距离4.2千米，总面积15.1平方千米。人口密度为每平方千米5082人。

经济概况

农业 耕地面积16144亩，人均0.3亩。以种植小麦、玉米、蔬菜为主。2011年，农业总产值13219万元，比上年减少11.1%，实现农业增加值8725万元，占国内生产总值的15%。

粮食作物以小麦、玉米为主。2011年，生产粮食6340吨，人均106千克，其中小麦2739吨，玉米3331吨。主要经济作物有蔬菜。2011年，蔬菜种植面积7282亩，产量43320吨，主要品种有温室甜瓜、油桃、黄瓜、西葫芦、西红柿等，其中甜瓜538吨，黄瓜1674吨，西红柿3432吨，西葫芦1916吨。

畜牧业以猪、羊为主。2011年，生猪饲养量5692头，年末存栏2688头；羊饲养量2930只，年末存栏1466只；家禽饲养量41864羽，上市家禽32123羽。畜牧业总产值2346万元，占农业总产值的17.7%。

截至2011年末，累计造林4271亩，其中防护林1426亩，农民住宅四旁树木24万株，林木覆盖率15.02%。2011年，果树种植面积2845.5亩，产量7319吨，主要品种有梨、桃，其中梨1322吨，桃4175吨。

工业 以物流、机械制造、农副产品加工、建材、服装为主。2011年，工业总产值2.6亿元，实现工业增加值2.1亿元，占国内生产总值的35%。2011年，工业企业40家，职工1140人，其中大中型工业企业4家，职工538人。

财政金融 2011年，财政总收入4554.6万元。从主要税种看，完成营业税627.2万元，增值税2206.9万元，企业所得税1135.1万元，个人所得税380万元。人均财政收入593.5元。

社会发展

文化艺术 2011年末，文化综合服务中心1个，村级文化活动中心22个；各类图书室27个，藏书16万册；音乐、美术、书法、摄影及文学业余创作人员80人。

医疗卫生 2011年末，卫生院1所。农村安全饮用水普及率100%，农村卫生厕所普及率80%，新型农村合作医疗参合率100%。

体育 2011年末，学校体育场地10处，社会体育指导员1人。80%的城市社区和60%的村安装了健身器材，经常参加体育活动的人员占常住人口的70%。

广播电视 2011年末，有线电视用户14700户，入户率98%。

社会保障 2011年，城镇最低生活保障户数664户，人数1246人，支出328.5万元，比上年增长16.8%，月人均220元，比上年增长30%；农村最低生活保障户数359户，人数395人，支出39.9万元，月人均84元，比上年增长43%。国家抚恤、补助各类优抚对象161人，抚恤事业费支出101万元，比上年增长15%。社区服务设施12个。五项社会保险（不含新型农村社会养老保险）基金收入合计124万元，比上年增长20.7%，基金支出合计15.6万元，比上年增长16%。新型农村社会养老保险参合人数9758人，参合率98.8%。

河西社区

(Hexi Shequ)

名称来历 因位于长河以西而得名。

地理位置 地处乐安街道办事处西南部，东至中心社区和东南社区，南至外环，西至乐新路，北至河东社区。

主要指标 2011年末，辖区总人口2324人，总面积3平方千米，城镇居民人均可支配收入19982元。

河东社区

(Hedong Shequ)

名称来历 因位于长河以东而得名。

地理位置 地处乐安街道办事处西部，东至平大路，南至乐新路，西至永安路南段，北至乐庞路。

主要指标 2011年末，辖区总人口1567人，总面积0.13平方千米，城镇居民人均可支配收入19982元。

中心社区

(Zhongxin Shequ)

名称来历 因位于老城区中部而得名。

地理位置 地处乐安街道办事处东部，东至东外环路，南至南新街，西至平大路，北至教军场北外环。

主要指标 2011年末，辖区总人口2219人，总面积3.00平方千米，城镇居民人均可支配收入19982元。

宏光社区

(Hongguang Shequ)

名称来历 因位于宏光小区而得名。

地理位置 地处乐安街道办事处西部，东至平大路，南至金融街，西至大钊路，北至曙光街。

主要指标 2011年末，辖区总人口2385人，总面积0.19平方千米，城镇居民人均可支配收入19982元。

新光社区

(Xinguang Shequ)

名称来历 因辖新光楼小区而得名。

地理位置 地处乐安街道办事处西部，东至大钊路，南至乐新路，西至健康路，北至茂北街。

主要指标 2011年末，辖区总人口3985人，总面积0.44平方千米，城镇居民人均可支配收入19982元。

富强社区

(Fuqiang Shequ)

名称来历 寓意居民生活富裕、强盛、安康，故名。

地理位置 地处乐安街道办事处西部，东至永安路，南至乐新路，西至大钊路，北至觅园街。

主要指标 2011年末，辖区总人口4735人，总面积0.2平方千米，居城镇居民人均可支配收入19982元。

曙光社区

(Shuguang Shequ)

名称来历 因辖曙光小区而得名。

地理位置 地处乐安街道办事处西北部，东至长河，南至曙光街，西至大钊路，北至茂源街。

主要指标 2011年末，辖区总人口3046人，总面积0.53平方千米，城镇居民人均可支配收入19982元。

东南社区

(Dongnan Shequ)

名称来历 因位于乐亭城区东南部而得名。

地理位置 地处乐安街道办事处东南部，东至东外环，南至南外环，西至平大路，北至抚昌乐路、南新街。

主要指标 2011年末，辖区总人口3680人，总面积2.45平方千米，城镇居民人均可支配收入19982元。

健康社区

(Jiankang Shequ)

名称来历 因辖健康小区而得名。

地理位置 地处乐安街道办事处西北部，东至大钊路，南起茂北街，西至健康路，北至玉泉街。

主要指标 2011年末，辖区总人口4880人，总面积0.3平方千米，城镇居民人均可支配收入19982元。

瑞祥社区

(Ruixiang Shequ)

名称来历 因取“祥和美满”之意而命名。

地理位置 地处乐安街道办事处西部，东至长河，南至觅园街，西至大钊路，北至金融大街。

主要指标 2011年末，辖区总人口3712人，总面积0.3平方千米，城镇居民人均可支配收入19982元。

茂源社区

(Maoyuan Shequ)

名称来历 因取“财源茂盛”之意而命名。

地理位置 地处乐安街道办事处西北部，东至平大路，南至茂源街，西至大钊路，北至玉泉街。

主要指标 2011年末，辖区总人口7560人，总面积0.45平方千米，城镇居民人均可支配收入19982元。

二街村

(Erjie Cun)

名称来历 以城关阁上为中心，将城区按区域划分为八个街，二街与刘卞庄村联建后，按序号得名。

地理位置 地处乐安街道办事处东部，东至毛庄镇前庞河村，南至四街，西至阁上，北至救阵温庄村。

主要指标 2011年末，辖区总人口1543人，总面积0.68平方千米，农民人均纯收入8492元。

三街村

(Sanjie Cun)

名称来历 以城关阁上为中心，将城区按区域划分为八个街，按序号得名。

地理位置 地处乐安街道办事处东南部，东至东外环，南至王庄上村，西至六街，北至四街。

主要指标 2011年末，辖区总人口660人，总面积0.91平方千米，农民人均纯收入8128元。

四街村

(Sijie Cun)

名称来历 因程姓久居落户，得名程家庄，后城区划分时，以城关阁上为中心，将城区按区域划分为八个街，按序号得名街。

地理位置 地处乐安街道办事处东部，东至东外环，南至三街村，西至中华路，北至二街村。

主要指标 2011年末，辖区总人口803人，总面积3平方千米，农民人均纯收入8017元。

五街村

(Wujie Cun)

名称来历 以城关阁上为中心，将城区按区域划分为八个街，按序号得名。

地理位置 地处乐安街道办事处北部，东至八街村，南至七街村，西、北至教军场。

主要指标 2011年末，辖区总人口690人，总面积0.57平方千米，农民人均纯收入9765元。

六街村

(Liujie Cun)

名称来历 以城关阁上为中心，将城区按区域划分为八个街，按序号得名。

地理位置 地处乐安街道办事处南部，东至三街，南与王庄上村相连，西至平大路，北至七街村。

主要指标 2011年末，辖区总人口524人，总面积0.05平方千米，农民人均纯收入9089元。

七街村

(Qijie Cun)

名称来历 以城关阁上为中心，将城区按区域划分为八个街，按序号得名。

地理位置 地处乐安街道办事处西部，东至二街，南至六街，西至西河槽，北至五街。

主要指标 2011年末，辖区总人口609人，总面积0.54平方千米，农民人均纯收入8454元。

八街村

(Bajie Cun)

名称来历 城区划分八街时，莲花池和魏庄上合并后，按序号得名。

地理位置 地处乐安街道办事处北部，东至中华路，南至北新街，西至五街，北至双庙村。2010年，城中村改造，村庄已拆迁。

主要指标 2011年末，辖区总人口710人，总面积0.24平方千米，农民人均纯收入9672元。

西河槽村

(Xihecao Cun)

名称来历 因建庄时村西有河道故而得名。

地理位置 地处乐安街道办事处西部，东至平大路，南至富强街，西至振兴路，北至金融大街。

主要指标 2011年末，辖区总人口793人，总面积0.08平方千米，农民人均纯收入9492元。

王庄上村

(Wangzhuangshang Cun)

名称来历 因王姓建村而得名。

地理位置 地处乐安街道办事处东南部，东至麻坨村，南至县皮毛市场，西至乐港路，北与六街相连。

主要指标 2011年末，辖区总人口695人，总面积0.5平方千米，农民人均纯收入9329元。

教军场村

(Jiaojunchang Cun)

名称来历 因建庄前有驻军在此设教军场而得名。

地理位置 地处乐安街道办事处北部，东至双庙，南至五街村，西至茂源小区，北至杨铁庄。

主要指标 2011年末，辖区总人口1261人，总面积0.27平方千米，农民人均纯收入9704元。

高晁庄村

(Gaochaozhuang Cun)

名称来历 高庄村、晁庄村合并后，各取首字命名。

地理位置 地处乐安街道办事处西部，东至河西小区，南至南外环，西至蔡各庄，北至七街村。

主要指标 2011年末，辖区总人口673人，总面积0.53平方千米，农民人均纯收入8310元。

救阵温庄村

(Jiuzhenwenzhuang Cun)

名称来历 小救阵村、温庄村联建后，各取首两字命名。

地理位置 地处乐安街道办事处北部，东至东外环，南至二街村，西至发展大道，北至蒙庄柏庄。

主要指标 2011年末，辖区总人口1080人，总面积0.69平方千米，农民人均纯收入9292元。

齐庄村

(Qizhuang Cun)

名称来历 原为齐家花园，后来建庄，故名。

地理位置 地处乐安街道办事处西北部，东至永安路，南至曙光街，西至大钊路，北至茂源街。

主要指标 2011年末，辖区总人口485人，总面积0.17平方千米，农民人均纯收入9542元。

西范庄村

(Xifanzhuang Cun)

名称来历 因范姓迁此立庄，故称范庄。后因位于城西方位，故名。

地理位置 地处乐安街道办事处西部，东至永安路，南至富强家园，西至大钊路，北至觅园街。

主要指标 2011年末，辖区总人口480人，总面积0.37平方千米，农民人均纯收入9656元。

蔡各庄村

(Caigezhuang Cun)

名称来历 因种植蔬菜而得名菜各庄，后改名蔡各庄。

地理位置 地处乐安街道办事处南部，东至七街村，南至韩坨，西至大钊路，北至富强街。

主要指标 2011年末，辖区总人口1183人，总面积0.38平方千米，农民人均纯收入9210元。

救阵蒙庄村

(Jiuzhenmengzhuang Cun)

名称来历 因蒙庄村、袁庄村联建，又属救阵片村，故名。

地理位置 地处乐安街道办事处北部，东至毛庄镇庞河村，南至救阵温庄，西至柏庄，北至县中小企业工业园区。

主要指标 2011年末，辖区总人口620人，总面积0.33平方千米，农民人均纯收入9112元。

杨铁庄村

(Yangtiezhuang Cun)

名称来历 因杨姓来此定居后以打铁为生，故名。

地理位置 地处乐安街道办事处北部，东至龙王庙，南至教军场，西至关帝庙，北至井坨刘庄。

主要指标 2011年末，辖区总人口440人，总面积0.27平方千米，农民人均纯收入9710元。

龙王庙村

(Longwangmiao Cun)

名称来历 因村南有座龙王庙而得名。

地理位置 地处乐安街道办事处北部，东至发展大路，南至教军场，西至杨铁庄，北至井刘庄。

主要指标 2011年末，辖区总人口960人，总面积0.89平方千米，农民人均纯收入9213元。

郁庄上村

(Yuzhuangshang Cun)

名称来历 因郁姓迁居此处建村而得名。

地理位置 地处乐安街道办事处南部，东至乐港路，南至棘坨，西至长河，北至六街村。

主要指标 2011年末，辖区总人口495人，总面积0.5平方千米，农民人均纯收入9275元。

柏庄村

(Baizhuang Cun)

名称来历 因村中有一座柏义庵，故而得名。

地理位置 地处乐安街道办事处东部，东至东外环，南至茂源东街，西至发展大道，北至北外环。

主要指标 2011年末，辖区总人口760人，总面积0.2平方千米，农民人均纯收入8327元。

高吕庄村

(Gaolüzhuang Cun)

名称来历 因至县城5里地得名五里桥。又因高姓村民居多，改名高安庄村。后因高安庄村、大吕庄村联建，得名。

地理位置 地处乐安街道办事处西部，东至健康路，南至乐庞路，西至乐亭镇道田村，北至北外环。

主要指标 2011年末，辖区总人口850人，总面积0.87平方千米，农民人均纯收入9326元。

双庙村

(Shuangmiao Cun)

名称来历 因村中修有五道庙和真武庙，故名。

地理位置 地处乐安街道办事处北部，东至柏庄村，南至八街村，西至教军场村，北至北外环公路。

主要指标 2011年末，辖区总人口960人，总面积0.2平方千米，农民人均纯收入9634元。

（撰稿：吴凤仙，审核：杨洪民）

乐亭镇

(Laoting Zhen)

政区概况

名称来历 因是县人民政府驻地而得名。

地理位置 地处乐亭县中部，东与毛庄镇接壤，南临闫各庄镇，西与庞各庄乡毗邻，北靠中堡镇。人民政府驻金融大街14号，电话区号0315，邮政编码063600。

政区沿革 1949年，属乐亭县二区。1958年，成立城关人民公社。1984年，改设城关镇。1987年，更名为乐亭镇，辖23个村委会。1989年，代张庄、三合庄、蔡庄3个乡划入，辖90个村委会。2010年5月，将城区部分的22个村委会划归乐安街道，辖51个村委会。

政区划分 2011年末，辖麻坨、东高各庄、高孙庄、兰坨董庄、小庄、铁庄、栗庄、冯哨母庄、邵庄、栗家湾坨、独幽城王庄、老母庙、东巩固庄、西巩固庄、元庄、朱各庄、关帝庙、杨洼子、小河、宁庄、代张庄、井候庄、井刘庄、井孙庄、三合庄、三丁庄、新埝、前葛庄、后葛庄、肖圈、韩坨、郭董村、老李庄、后王庄、西孟庄、南王庄、前寺、新庄窠、董大庄、三岔口、独张庄、庙上村、西棘村、道田庄、高甸村、刘李庄、赵蔡庄、朱刘庄、井坨新村、苑张庄、高甸刘庄51个村民委员会。

人口面积 2011年末，辖区总人口37426人，其中城镇常住人口780人，城镇化率2%。另有流动人口213人。总人口中，男性22456人，占60%；女性14970人，占40%。14岁以下3423人，占10%；15~64岁28976人，占77%；65岁以上5027人，占13%。总人口中，以汉族为主，达37351人，占99.8%；有满、壮2个少数民族，共75人，占0.2%。2011年，人口出生率6.8‰，人口死亡率7.98‰，人口自然增长率为-1.18‰。

辖区东西最大距离15千米，南北最大距离14千米，总面积81.3平方千米。全部为陆地。人口密度为每平方千米460人。

自然条件

水文 境内河道属滦河流域。境内最大的河流为长河，从北向南由宁庄村入境至棘坨出境，长5千米，流域面积50平方千米，年均流量10立方米/秒，主要支流有东支渠、中支渠等。

矿藏及其他自然资源 境内地下水资源可利用量970万立方米。

经济概况

农业 耕地面积8.1万亩，人均2.2亩。以种植小麦、玉米、蔬菜为主。2011年，农业总产值8.3亿元，比上年增长3.88%，实现农业增加值5.5亿元，占国内生产总值的52%。

粮食作物以小麦、玉米为主。2011年，生产粮食24025吨，人均642千克，其中小麦8994吨，玉米12275吨。主要经济作物有蔬菜。2011年，蔬菜种植面积7.4万亩，产量40.2万吨，主要品种有温室甜瓜、油桃、黄瓜、西葫芦、西红柿等，其中甜瓜45982吨，油桃0.42万吨。

畜牧业以猪、羊、牛为主。2011年，生猪饲养量1.4万头，年末存栏1.1万头；羊饲养量6.8万只，年末存栏0.8万只；牛饲养量0.1万头，年末存栏0.1万头；家禽饲养量79万羽，上市家禽79万羽。畜牧业总产值0.96亿元，占农业总产值的11.6%。

截至2011年末，累计造林5万亩，其中防护林3.5万亩，经济林1.5万亩，农民住宅四旁树木104.6万株，林木覆盖率30%。2011年，水果种植面积1.5万亩，产量4.2万吨，主要品种有苹果、葡萄、桃，其中苹果7518吨，葡萄8609吨，桃24857吨。

渔业以淡水养殖为主。2011年，鱼塘养殖面积195亩，产量45吨；渔业总产值44万元。

2011年，拥有大型农业机械1690台（辆）；名优特农产品有韭菜、油桃、甜瓜，绿色环保农产品有韭菜、西葫芦、菜花；农民人均纯收入9400元。

工业 以加工业为主。2011年，工业总产值6亿元，比上年增长20%，实现工业增加值7049万元，占国内生产总值的比重6.7%。2011年，工业企业25家，职工1523人，比上年增长19%。

商业外贸 2011年末，商业网点3个，职工1000人。2011年，社会消费品零售总额达10亿元，比上年增长12%；城乡集市贸易成交额2亿元，比上年增长5%。2011年，出口总额0.2亿美元，比上年增长15%。

财政金融 2011年，财政总收入0.44亿元，比上年增长8%。从主要税种看，完成营业税0.12亿元，增值税0.1亿元，企业所得税0.1亿元，个人所得税0.1亿元，分别比上年增长3.1%、2.3%、2.3%、2.3%。人均财政收入1175元，比上年增长8%。

社会发展

文化艺术 2011年末，镇文化综合服务中心1个，村级文化活动中心51个；各类文化专业户20户；各类图书室51个，藏书7.5万册；音乐、美术、书法、摄影及文学业余创作人员30人；省级文物保护单位1个。

教育 2011年末，幼儿园10所，在园幼儿450人，专任教师32人；小学9所，在校生1300人，专任教师180人，小学适龄儿童入学率100%；初中2所，在校生800人，专任教师80人，初中适龄人口入学率、小升初升学率、九年义务教育覆盖率达100%；民办学校燕南中学1所。乐亭镇吉祥寺中心小学，始建于1931年，坐落于乐亭镇西孟庄村，占地面积13亩，建筑面积1836平方米，在校幼儿53人，学生226人，专任教师23人。2011年财政预算内教育经费1800万元，比去年增长28%。

医疗卫生 2011年末，卫生院（所）4所，门诊部48个；病床260张，每千人拥有医疗床位7张。专业卫生人员87人，其中执业医师34人，执业助理医师10人，注册护士8人，平均每千人拥有卫生技术人员2.4人，平均每千人拥有执业（助理）医师1.2人，平均每千人拥有注册护士0.2人。2011年医疗机构完成诊疗1万人次。农村安全饮用水普及率100%，农村卫生厕所普及率80%，新型农村合作医疗参合率100%。

体育 2011年末，学校体育场地11处，各级社会体育指导员4人。40%的村安装了健身器材，经常参加体育活动的人员占常住人口的53%。

广播电视 2011年末，有线电视用户1.2万户，入户率99%。

社会保障 2011年，城镇最低生活保障户数54户，人数95人，支出19.2万元，比上年增长51%，月人均168.4元，比上年增长40%；民政部门资助参加合作医疗600人次，共支出1.8万元，比上年增长2%。

农村最低生活保障户数898户，人数980人，支出110万元，比上年增长3%，月人均93.5元，比上年增长37%；农村五保集中供养59人，农村五保分散供养227人，支出59万元，比上年增长6%；民政部门资助参加合作医疗1306人次，支出39180元。

国家抚恤、补助各类优抚对象574人，抚恤事业费支出17.7万元，比上年增长10%。新型农村社会养老保险参合人数3.6万人，参合率95%。

基础设施

交通运输 迁曹铁路过境。沿海高速、唐港高速2条高速公路过境。

邮政电信 2011年末，固定电话用户8000户，电话用户普及率达到80%；移动电话用户10000户，比上年增加500户，移动电话用户普及率为74%。宽带接入用户4000户，比上年增加500户。

后葛庄村

(Hougezhuang Cun)

名称来历 建庄时葛姓较多，住在前后两条街，因位于后街，故名。

地理位置 地处乐亭镇西部，东至坨港铁路，南至前葛庄，西至唐港高速，北至三刘庄。

主要指标 2011年末，辖区总人口789人，总面积1.32平方千米，农民人均纯收入9489元。

苑张庄村

(Yuanzhangzhuang Cun)

名称来历 因苑庄村与张楼村联建而得名。

地理位置 地处乐亭镇西南部，东至唐港铁路，南至韩坨，西至三合庄，北至前葛庄。

主要指标 2011年末，辖区总人口1139人，总面积1.7平方千米，农民人均纯收入9533元。

老李庄村

(Laolizhuang Cun)

名称来历 因建庄时李氏是大户而得名。

地理位置 地处乐亭镇西部，东、南至西孟庄，西至东高甸，北至后王庄。

主要指标 2011年末，辖区总人口464人，总面积0.59平方千米，农民人均纯收入9513元。

井侯庄村

(Jinghouzhuang Cun)

名称来历 因侯姓迁此立庄，位于井坨片村，故而得名。

地理位置 地处乐亭镇北部，东至南庄坨村，南至井孙庄，西至井坨新村，北至中堡镇马家店。

主要指标 2011年末，辖区总人口902人，总面积1.44平方千米，农民人均纯收入9489元。

肖圈村

(Xiaoquan Cun)

名称来历 因肖姓在此垦荒圈地建庄，故而得名。

地理位置 地处乐亭镇西部，东至张楼，南至三合庄，西至新埝村，北至前葛庄村。

主要指标 2011年末，辖区总人口527人，总面积0.84平方千米，农民人均纯收入9489元。

冯哨母庄村

(Fengshaomuzhuang Cun)

名称来历 原名莫家庄，后因母姓增多，改名母家庄；又因属冯哨片村，故名。

地理位置 地处乐亭镇东南部，东至胡坨镇嵩林，南至元庄村，西至栗庄村，北至毛庄镇尹各庄。

主要指标 2011年末，辖区总人口634人，总面积1.34平方千米，农民人均纯收入9516元。

小河村

(Xiaohe Cun)

名称来历 因村中有一条小河而得名。

地理位置 地处乐亭镇西北部，东至关帝庙村，南至代张庄村，西至汀流河镇小圣庙村，北至宁庄村。

主要指标 2011 年末，辖区总人口 445 人，总面积 0.84 平方千米，农民人均纯收入 9478 元。

三岔口村

(Sanchakou Cun)

名称来历 因地处三岔路口得而名。

地理位置 地处乐亭镇东南部，东至棘坨，南至乐闫路，西至新庄窠，北至韩坨村。

主要指标 2011 年末，辖区总人口 741 人，总面积 1.42 平方千米，农民人均纯收入 9464 元。

铁庄村

(Tiezhuang Cun)

名称来历 因村里有较多的铁匠户而得名。

地理位置 地处乐亭镇东南部。东至母庄，南至栗庄，西至小庄，北至毛庄。

主要指标 2011 年末，辖区总人口 456 人，总面积 1.12 平方千米，农民人均纯收入 9537 元。

高甸村

(Gaodian Cun)

名称来历 因中高甸村与东高甸村联建，故而得名。

地理位置 地处乐亭镇西南部，东至三合庄，南至大刘家铺，西至西高甸，北至新埝。

主要指标 2011 年末，辖区总人口 613 人，总面积 1.21 平方千米，农民人均纯收入 9487 元。

邵庄村

(Shaozhuang Cun)

名称来历 因邵姓首先在此定居而得名。

地理位置 地处乐亭镇南部，东至独幽城王庄，南至朱各庄，西至乐港公路，北至庙上。

主要指标 2011 年末，辖区总人口 1040 人，总面积 1.85 平方千米，农民人均纯收入 9476 元。

西孟庄村

(Ximengzhuang Cun)

名称来历 因位于县城西，孟姓居民迁入后得名。

地理位置 地处乐亭镇西南部，东至前寺，南至祥瑞生态园，西至老李庄，北至后王庄。

主要指标 2011 年末，辖区总人口 515 人，总面积 0.82 方千米，农民人均纯收入 9523 元。

董大庄村

(Dongdazhuang Cun)

名称来历 因董姓较多，为有别于附近较小的董庄，故名。

地理位置 地处乐亭镇西南部，东至棘坨村，南至三岔口，西至新庄窠村，北至南外环。

主要指标 2011 年末，辖区总人口 513 人，总面积 1.28 平方千米，农民人均纯收入 9514 元。

南王庄村

(Nanwangzhuang Cun)

名称来历 原名井各庄，后落户人家以王姓居多，因与村北的北王庄（后改为后王庄）对应，得名南王庄。

地理位置 地处乐亭镇西南部，东至新庄窠，南至阎各庄镇九间房，西至东高甸，北至前寺。

主要指标 2011 年末，辖区总人口 548 人，总面积 0.8 平方千米，农民人均纯收入 9453 元。

后王庄村

(Houwangzhuang Cun)

名称来历 因南王庄两户王姓搬迁落户于吉祥寺北面，得名北王庄，后更名后王庄村。

地理位置 地处乐亭镇西南部，东至苑庄，南至西孟庄，西至东高甸，北至三合庄。

主要指标 2011 年末，辖区总人口 491 人，总面积 0.85 平方千米，农民人均纯收入 9499 元。

栗家湾坨村

(Lijiawantuo Cun)

名称来历 因栗姓居民迁居湾头庄而得名。

地理位置 地处乐亭镇南部，东至乐港路，南至庙上，西至长河，北至棘坨。

主要指标 2011 年末，辖区总人口 783 人，总面积 1.46 平方千米，农民人均纯收入 9503 元。

庙上村

(Miaoshang Cun)

名称来历 原名永胜巷，后因修建郎君庙，故名。

地理位置 地处乐亭镇西南部，东至乐港路，南至邵庄，西至冷大路，北至栗家湾坨。

主要指标 2011 年末，辖区总人口 993 人，总面积 1.84 平方千米，农民人均纯收入 9477 元。

元庄村

(Yuanzhuang Cun)

名称来历 相传村内曾有一清代铜钟，上铭文载有“小元各庄”，后称元庄村。

地理位置 地处乐亭镇东南部，东至胡坨镇波口，南至汤家河镇新庄，西至东巩固庄，北至冯哨母庄。

主要指标 2011年末，辖区总人口583人，总面积1.53平方千米，农民人均纯收入9468元。

刘李庄村

(Liulizhuang Cun)

名称来历 因三刘庄村与三李庄村联建，故名。

地理位置 地处乐亭镇西部。东至县城西外环，南至后葛庄，西至承启观光园，北至乐庞路。

主要指标 2011年末，辖区总人口1026人，总面积1.66平方千米，农民人均纯收入9489元。

兰坨董庄村

(Lantuodongzhuang Cun)

名称来历 因董姓居民为多，得名董庄；又属兰坨片村，得名兰坨董庄。

地理位置 地处乐亭镇东部，东至冯哨刘庄，南至蔡庄，西至兰坨赵庄，北至东高各庄。

主要指标 2011年末，辖区总人口479人，总面积0.84平方千米，农民人均纯收入9465元。

西巩固庄村

(Xigongguzhuang Cun)

名称来历 因村原有巩姓，称巩各庄，后改名巩固庄。该庄分两村，因此庄在西，故名。

地理位置 地处乐亭镇东南部，东至东巩固庄，南至王滩镇八亩湾，西至老母庙，北至朱庄。

主要指标 2011年末，辖区总人口496人，总面积1.11平方千米，农民人均纯收入9501元。

东巩固庄村

(Donggongguzhuang Cun)

名称来历 因村原有巩姓，称巩各庄，后改名巩固庄。该庄分两村，因此庄在东，故名。

地理位置 地处乐亭镇东南部，东至元庄，南至王滩镇双庙村，西至西巩固庄，北至朱庄。

主要指标 2011年末，辖区总人口671人，总面积1.66平方千米，农民人均纯收入9469元。

东高各庄村

(Donggaogezhuang Cun)

名称来历 因建村时迁入者高姓居多，称高各庄。后有人另建西高各庄，该村遂改称东高各庄村。

地理位置 地处乐亭镇南部，东至冯哨郝庄，南至兰坨赵庄，西至西高各庄，北至高孙庄。

主要指标 2011年末，辖区总人口630人，总面积1.26平方千米，农民人均纯收入9501元。

小庄村

(Xiaozhuang Cun)

名称来历 东小庄子、西小庄子合并后，故名。

地理位置 地处乐亭镇东南部，东至铁庄村，南至冯哨郝庄，西至高孙庄，北至毛庄镇尹各庄。

主要指标 2011年末，辖区总人口494人，总面积0.97平方千米，农民人均纯收入9477元。

道田庄村

(Daotianzhuang Cun)

名称来历 因道岔村与田庄村联建，故名。

地理位置 地处乐亭镇西北部，东至高安庄，南至唐港高速出口，西至汀流镇馒首王庄，北至馒首孙庄。

主要指标 2011年末，辖区总人口599人，总面积0.87平方千米，农民人均纯收入9466元。

麻坨村

(Matuo Cun)

名称来历 因当时村庄地势低洼，青麻多，故而得名。

地理位置 地处乐亭镇东南部，东至毛庄镇区域，南至高孙庄，西至王庄上，北至二街。

主要指标 2011年末，辖区总人口890人，总面积1.21平方千米，农民人均纯收入9479元。

高孙庄村

(Gaosunzhuang Cun)

名称来历 因临近东高各庄，庄内又有孙家大户，故而得名。

地理位置 地处乐亭镇南部，东至小庄，南至东高各庄，西至西高各庄，北至麻坨。

主要指标 2011年末，辖区总人口493人，总面积0.83平方千米，农民人均纯收入9477元。

前寺村

(Qiansi Cun)

名称来历 因本村位于吉祥寺前面而得名。

地理位置 地处乐亭镇西南部，东至新庄窠，南至南王庄，西至西孟村，北至苑庄。

主要指标 2011年末，辖区总人口658人，总面积1.02平方千米，农民人均纯收入9456元。

老母庙村

(Laomumiao Cun)

名称来历 因村东有一古庙称老母庙，以此得名。

地理位置 地处乐亭镇东南部，东至西巩固庄，南至沿海高速，西至蔡庄，北至兰坨董庄。

主要指标 2011年末，辖区总人口503人，总面积

1.09 平方千米，农民人均纯收入 9478 元。

朱刘庄村

(Zhuliuzhuang Cun)

名称来历 因冯哨朱庄村与冯哨刘庄村联建，故名。

地理位置 地处乐亭镇东南部，东至胡坨镇泗沟港，南至西巩固庄，西至兰坨董庄，北至小庄。

主要指标 2011 年末，辖区总人口 1256 人，总面积 2.39 平方千米，农民人均纯收入 9492 元。

三合庄村

(Sanhezhuang Cun)

名称来历 因贾、刘、董三姓人在此联合建庄，故名。

地理位置 地处乐亭镇西南部，东至苑庄，南至后王庄，西至东高甸，北至肖圈村。

主要指标 2011 年末，辖区总人口 819 人，总面积 1.29 平方千米，农民人均纯收入 9491 元。

三丁庄村

(Sandingzhuang Cun)

名称来历 因该村姓丁的较多，又在三教堂片村内，故名。

地理位置 地处乐亭镇西北部，东至西外环，南至三李庄，西至唐港高速出口，北至汀流河镇馒首王庄。

主要指标 2011 年末，辖区总人口 806 人，总面积 1.17 平方千米，农民人均纯收入 9501 元。

新埝村

(Xinnian Cun)

名称来历 安徽六安移民建村，原名邹各庄。因原址地势低洼易涝，搬迁至现址，为防水灾修筑大堰，取名兴家堰，后改称新埝村。

地理位置 地处乐亭镇西南部，东至肖圈，南至中高甸，西至唐港高速，北至前葛庄。

主要指标 2011 年末，辖区总人口 615 人，总面积 0.85 平方千米，农民人均纯收入 9489 元。

独幽城王庄村

(Duyouchengwangzhuang Cun)

名称来历 因建庄时王姓居多，取名王庄。后因重名，又属独幽城片村，改现名。

地理位置 地处乐亭镇南部，东至乐港路，南至白庄，西至长河，北至栗家湾坨。

主要指标 2011 年末，辖区总人口 1074 人，总面积 1.68 平方千米，农民人均纯收入 9466 元。

关帝庙村

(Guandimiao Cun)

名称来历 此地曾建有一座关帝庙，因由山西移民围庙建房立村，故而得名。

地理位置 地处乐亭镇西北部，东至平大路，南至北外环，西至代张庄，北至宁庄。

主要指标 2011 年末，辖区总人口 478 人，总面积 0.83 平方千米，农民人均纯收入 9515 元。

井刘庄村

(Jingliuzhuang Cun)

名称来历 因村里姓刘的比较多，又在井坨片村内，故名。

地理位置 地处乐亭镇东北部，东至井孙庄，南至杨铁庄，西至平青乐公路，北至井张庄。

主要指标 2011 年末，辖区总人口 956 人，总面积 1.56 平方千米，农民人均纯收入 9495 元。

朱各庄村

(Zhugezhuang Cun)

名称来历 因移民朱氏兄弟建庄，得名朱各庄。

地理位置 地处乐亭镇南部，东至王庄，南至高速公路，西至康刘庄，北至邵庄。

主要指标 2011 年末，辖区总人口 1289 人，总面积 2.15 平方千米，农民人均纯收入 9463 元。

杨洼子村

(Yangwazi Cun)

名称来历 因杨、姚两姓在此定居，地势低洼，得名。

地理位置 地处乐亭镇西北部，东至宁庄，南至小河，西至汀流河小圣庙村，北至汀流河镇徐家房子村。

主要指标 2011 年末，辖区总人口 468 人，总面积 0.81 平方千米，农民人均纯收入 9488 元。

赵蔡庄村

(Zhaocaizhuang Cun)

名称来历 因赵庄村与蔡庄村联建，由此得名。

地理位置 地处乐亭镇南部，东至董庄，南至独幽城张庄，西至乐港路，北至东高各庄。

主要指标 2011 年末，辖区总人口 600 人，总面积 1.19 平方千米，农民人均纯收入 9677 元。

井孙庄村

(Jingsunzhuang Cun)

名称来历 因建村时孙姓在此定居，又属井坨片村，故名。

地理位置 地处乐亭镇北部，东至南庄坨，南至龙王庙，西至井刘庄，北至井侯庄。

主要指标 2011 年末，辖区总人口 882 人，总面积 1.31 平方千米，农民人均纯收入 9489 元。

栗庄村

(Lizhuang Cun)

名称来历 因栗姓人立庄而得名。

地理位置 地处乐亭镇东南部，东至母庄，南至东巩固庄，西至刘庄，北至铁庄。

主要指标 2011 年末，辖区总人口 503 人，总面积 1.07 平方千米，农民人均纯收入 9482 元。

井坨新村

(Jingtuoxin Cun)

名称来历 因井坨陈庄村与井坨张庄村联建而得名。

地理位置 地处乐亭镇北部，东至井侯庄，南至井刘庄，西至平青大公路，北至中堡镇马店。

主要指标 2011 年末，辖区总人口 896 人，总面积 1.61 平方千米，农民人均纯收入 9543 元。

前葛庄村

(Qiangezhuang Cun)

名称来历 因由葛姓人先祖迁来立庄，得名西嵩林葛庄，后此庄一分为二，北为后葛庄，南为前葛庄村。

地理位置 地处乐亭镇西部，东至张楼村，南至肖圈村，西至新埝村，北至后葛庄。

主要指标 2011 年末，辖区总人口 674 人，总面积 1.1 平方千米，农民人均纯收入 9511 元。

代张庄村

(Daizhangzhuang Cun)

名称来历 因建庄时张姓居民较多，又在代家河片村内，故名。

地理位置 地处乐亭镇西北部，东至关帝庙，南至高安庄，西至汀流河镇小圣庙，北至小河。

主要指标 2011 年末，辖区总人口 896 人，总面积 1.42 平方千米，农民人均纯收入 9479 元。

郭董村

(Guodong Cun)

名称来历 因由董家铺和郭家房子两个自然村组成而得名。

地理位置 地处乐亭镇西部，东至刘家铺，南至闫各庄镇郗家铺村，西至庞各庄乡青坨村，北至张家铺村。

主要指标 2011 年末，辖区总人口 666 人，总面积 0.96 平方千米，农民人均纯收入 9523 元。

宁庄村

(Ningzhuang Cun)

名称来历 因宁姓人建庄定居，得名。

地理位置 地处乐亭镇北部，东至平青大公路，南至关帝庙，西至杨洼子村，北至徐家房子。

主要指标 2011 年末，辖区总人口 802 人，总面积 1.37 平方千米，农民人均纯收入 9542 元。

新庄窠村

(Xinzhuangke Cun)

名称来历 该村原在老井各庄南，后因发水房屋倒塌，迁至现址重建，故名。

地理位置 地处乐亭镇西南部，东至董大庄，南偏西至南王庄，西至前寺村，北至韩坨村。

主要指标 2011 年末，辖区总人口 422 人，总面积 0.85 平方千米，农民人均纯收入 9469 元。

韩坨村

(Hantuo Cun)

名称来历 因建庄时新迁之民所种土地都为韩氏地主所有，故名。

地理位置 地处乐亭镇南部，东至平青大公路，南至新庄窠村，西至三合庄，北至南外环。

主要指标 2011 年末，辖区总人口 1146 人，总面积 1.98 平方千米，农民人均纯收入 9642 元。

独张庄村

(Duzhangzhuang Cun)

名称来历 因独幽城村与独张庄村联建，得名。

地理位置 地处乐亭镇南部，东至老母庙村，南至王滩镇醋杨庄，西至乐港路，北至赵蔡庄。

主要指标 2011 年末，辖区总人口 947 人，总面积 1.7 平方千米，农民人均纯收入 9454 元。

西棘村

(Xiji Cun)

名称来历 因西高各庄村与棘坨村联建，故而得名。

地理位置 地处乐亭镇南部，东至高各庄，南至栗家湾坨，西至平青大公路，北至麻坨。

主要指标 2011 年末，辖区总人口 1041 人，总面积 1.32 平方千米，农民人均纯收入 9521 元。

高甸刘庄村

(Gaodianliuzhuang Cun)

名称来历 因西高甸村与刘家铺村联建，故而得名。

地理位置 地处乐亭镇西南部，东至中高甸，南至乐新路，西至郭董村，北至新埝村。

主要指标 2011年末，辖区总人口1075人，总面积1.8平方千米，农民人均纯收入9501元。

（撰稿：王丽侠，审核：徐少坚）

汤家河镇

（Tangjiahe Zhen）

政区概况

名称来历 因镇人民政府驻地位于汤家河村而得名。

地理位置 地处乐亭县东南，东与姜各庄镇接壤，南临渤海和临港工业聚集区，西临王滩镇，北接胡家坨镇。人民政府驻汤家河村，电话区号0315，邮政编码063606，距乐亭县人民政府12.2千米。

政区沿革 1949年，属乐亭县三区。1958年，属大钊人民公社。1961年，析大钊人民公社建汤家河人民公社。1984年，撤销人民公社，设立汤家河乡，辖20个村民委员会。1989年，合并汤家河乡、麦港乡，建汤家河镇，辖43个村民委员会。

政区划分 2011年末，辖汤家河、北张各庄、南张各庄、新庄、瑶各庄、泥滩、周庄、雷庄、小刘庄子、湖林田庄、海田、戈儿崖大李庄、南翠坨、小黑坨、后沙坨、裴庄、孟庄、史庄、甘草坨、麦东、麦西、瓦房庄、安子东、沙口、东大杨庄、太平、葡萄庄子、王家伙房、北翠坨、杨家庄、麦港村、湖林村、薛庄、马城廒、河西桑园、钟庄36个村民委员会。

人口面积 2011年末，辖区总人口27043人，其中城镇常住人口2163人，城镇化率7.8%。另有流动人口4792人。总人口中，男性13632人，占53%；女性13411人，占47%；14岁以下2360人，占8.9%；15～64岁20661人，占78%；65岁以上3479人，占13.1%。总人口中，以汉族为主，达26167人，占98.7%；有满、壮、蒙古等4个少数民族，共333人，占1.3%；其中满族306人，占少数民族人口的92%。2011年，人口出生率6‰，人口死亡率5‰，人口自然增长率1‰。

辖区东西最大距离8.1千米，南北最大距离9千米，总面积98.1平方千米。其中陆地面积88平方千米，占90%；水域面积10.1平方千米，占10%。人口密度为每平方千米276人。

经济概况

农业 耕地面积7.2万亩，人均耕地3亩。以种植小麦、玉米、果树、蔬菜为主。2011年，农业总产值4.7亿元，比上年增长3.6%，实现农业增加值3.2亿元，占国内生产总值的28%。

粮食作物以小麦、玉米为主。2011年，生产粮食15165吨，人均561千克，其中小麦723吨，玉米13606吨。主要经济作物有蔬菜。2011年，蔬菜种植面积0.8万亩，产量39472吨，主要品种有温室甜瓜、油桃、黄瓜、西葫芦、西红柿等，其中温室甜瓜2076吨，黄瓜1.04万吨。

畜牧业以猪、羊、牛为主。2011年，生猪饲养量2.2万头，年末存栏0.9万头；羊饲养量3.3万只，年末存栏1.4万只；收购貂皮13.2万张；牛饲养量5.7万头，年末存栏0.3万头；家禽饲养量9.5万羽，上市家禽5.4万羽。畜牧业总产值1.4亿元，占农业总产值的29%。

截至2011年末，累计造林4.9万亩，其中防护林1.2万亩，经济林3.6万亩，农民住宅四旁树木4.5万株，林木覆盖率75%。2011年，果树种植面积1.8万亩，产量59176吨，主要品种有葡萄、苹果，其中葡萄17418吨，苹果30908吨。

渔业以海洋捕捞和海水养殖为主。拥有各类捕捞鱼船154艘，捕捞水产2840吨；水产品总产量3937吨。渔业总产值8959万元，占农业总产值的19%。

2011年，拥有大型农业机械276台（辆）；名优特农产品有甜瓜、富士苹果，绿色环保农产品有鲜桃、黄瓜、西红柿；农民人均纯收入9494元。

工业 以加工工业为主。2011年，工业总产值1.5亿元，比上年增长11%，实现工业增加值1.13亿元，占国内生产总值的9.7%。2011年，工业企业12家，职工432人，实现工业增加值9766万元，比上年增长8%。其中大中型工业企业1家，职工130人，实现工业增加值4505万元，比上年增长11%。

商业外贸 2011年末，集市1个。2011年，城乡集市贸易成交额0.3亿元，比上年增长15%。

财政金融 2011年，财政总收入1231.7万元。从主要税种看，完成营业税237.4万元，增值税352.7万元，企业所得税24.74万元，个人所得税9.4万元。人均财政收入455元。

社会发展

文化艺术 2011年末，镇文化综合服务中心1个，村级文化活动中心37个；各类文化专业户260户；各类图书室23个，藏书4.6万册；音乐、美术、书法、摄影及文学业余创作人员110人。

教育 2011年末，幼儿园2所，在园幼儿398人，专任教师20人；小学6所，在校生1191人，专任教师68人，小学适龄儿童入学率100%；初中2所，在校生550人，专任教师67人，初中适龄人口入学率、小升初升学率、九年义务教育覆盖率均达100%；汤家河高级中学1所，在校生1100人，专任教师130人。汤家河中心小学始建于1912年，位于汤家河镇汤家河村西街，占地面积22.6亩，是一所有近百年历史的农村重点小学，教学班12个，教师22名，在校生365人。2011年财政预算内教育经费564万元。

医疗卫生 2011年末，卫生院2所，门诊部1个；病床30张，每千人拥有医疗床位1.1张，固定资产总值600万元。专业卫生人员24人，其中执业医师8人，执业助理医师3人，注册护士7人，平均每千人拥有卫生技术人员0.9人，平均每千人拥有执业（助理）医师0.4人，平均每千人拥有注册护士0.3人。2011年医疗机构完成诊疗2万人次。农村安全饮用水普及率100%，农村卫生厕所普及率

100%，新型农村合作医疗参合率100%。

体育 2011年末，学校体育场地8处。每年定期举办的体育赛事有春季运动会。45%的村安装了健身器材，经常参加体育活动的人员占常住人口的48%。

广播电视 2011年末，有线电视用户7000户，入户率82%。

社会保障 2011年，城镇最低生活保障户数33户，人数51人，支出10.5万元，比上年增长26%，月人均172元，比上年增长32.8%。

农村最低生活保障户数631户，人数789人，支出74.7万元，比上年增长51%，月人均79元，比上年增长50%；农村五保集中供养50人，支出18万元；农村五保分散供养142人，支出36.9万元；民政部门资助参加合作医疗289人次，支出1.7万元。

国家抚恤、补助各类优抚对象289人，抚恤事业费支出123.8万元，比上年增长10%。社会福利费2.9万元，比上年增长10%。收养农村五保人员137人。社区服务设施36个，其中社区服务中心4个，社区服务站4个。新型农村社会养老保险参保人数1.9万人，参保率97.4%。

基础设施

交通运输 迁曹高速、唐港高速，省道西曾线、沿海公路过境。

邮政电信 2011年末，邮政局1所；报纸、期刊累计发行45万份（册），业务收入300万元。

电信企业1家，服务网点1个；固定电话用户4600户，比上年减少500户，电话用户普及率达到52%；移动电话用户8900户，比上年增加230户，移动电话普及率为100%；宽带接入用户2200户，比上年增加700户。全年电信业务收入400万元。

镇区市政建设

道路 2011年末，镇区道路总长度2千米；道路铺装面积0.03平方千米。

公共交通 2011年末，镇区开通公交汽车线路3条，运营总里程达73千米，公交运营车辆12辆，万人拥有量为4.5台，年客运量1.2万人次；出租车25辆，万人拥有量9台，年客运量6.6万人。有长途汽车停靠站1个，年客运量1.2万人。

供电 2011年末，镇区35千伏及以上变电站2座，主变压器4台，总容量15.7兆伏安，综合电压合格率99%，供电可靠率100%。

汤家河村

(Tangjiahe Cun)

名称来历 因建庄时，有一汤姓人管事，而得名。

地理位置 地处汤家河镇西部，东至南胡庄，南至后吴庄，西至河东桑园，北至南张各庄。

主要指标 2011年末，辖区总人口1989人，总面积3.1平方千米，农民人均纯收入8484元。

小刘庄子村

(Xiaoliuzhuangzi Cun)

名称来历 刘姓兄弟两人在此建庄，老大所建的庄称大刘庄（现属雷庄村），因老二建庄而得名。

地理位置 地处汤家河镇东南部，东至湖林田庄，南至大刘庄，西至雷庄，北至湖林张庄。

主要指标 2011年末，辖区总人口510人，总面积1.11平方千米，农民人均纯收入9024元。

葡萄庄子村

(Putaozhuangzi Cun)

名称来历 原名不塌庄，建庄于湖林河西，后因洪水淹庄，由河西搬到河东，故取谐音得名葡萄庄子村。

地理位置 地处汤家河镇东南部，东至王家伙房，南至海田村田家铺，西至小刘庄子，北至东大杨庄。

主要指标 2011年末，辖区总人口864人，总面积2.01平方千米，农民人均纯收入8919元。

东大杨庄村

(Dongdayangzhuang Cun)

名称来历 因杨姓在此建庄，取名大杨庄，又因位于县城东，故而得名东大杨庄。

地理位置 地处汤家河镇东南部，东至瓦房，南至葡萄庄子村，西至麦东佟庄，北至徐赵庄。

主要指标 2011年末，辖区总人口794人，总面积3.45平方千米，农民人均纯收入7478元。

杨家庄村

(Yangjiazhuang Cun)

名称来历 因杨姓在此建庄，故而得名。

地理位置 地处汤家河镇东南部，东至安子东，南至瓦房庄，西至东麦港，北至甘草坨。

主要指标 2011年末，辖区总人口529人，总面积2.03平方千米，农民人均纯收入10863元。

后沙坨村

(Houshatuo Cun)

名称来历 因坐落在小黑坨北的沙岗上，故而得名。

地理位置 地处汤家河镇东北部，东至姜各庄镇赵庄子村，南至小黑坨村，西至北翠村，北至胡坨镇大黑坨村。

主要指标 2011年末，辖区总人口441人，总面积1.4平方千米，农民人均纯收入10867元。

麦东村

(Maidong Cun)

名称来历 因此地以种麦为主，属麦港片，因片村大，故分成东、西两村，因该村在东，得名。

地理位置 地处汤家河镇东南部，东至东麦港，南至东大杨庄村，西至麦西，北至戈崖大李庄。

主要指标 2011 年末，辖区总人口 786 人，总面积 2.38 平方千米，农民人均纯收入 9353 元。

麦西村

(Maixi Cun)

名称来历 属麦港片，因片村大，故分成东、西两村，因该村在西边，故名。

地理位置 地处汤家河镇东南部，东至麦东，南至湖林田庄，西至周庄，北至孟庄。

主要指标 2011 年末，辖区总人口 642 人，总面积 2.04 平方千米，农民人均纯收入 9215 元。

麦港村

(Maigang Cun)

名称来历 因东麦港村与徐赵庄村联建，得名。

地理位置 地处汤家河镇东部，东至杨家庄，南至东大杨庄，西至麦东，北至南翠坨。

主要指标 2011 年末，辖区总人口 930 人，总面积 2.78 平方千米，农民人均纯收入 10295 元。

小黑坨村

(Xiaoheituo Cun)

名称来历 因位于大黑坨南，得名。

地理位置 地处汤家河镇东北部，东至姜各庄东赵庄子，南至钟庄，西至北翠坨，北至后沙坨。

主要指标 2011 年末，辖区总人口 774 人，总面积 2.79 平方千米，农民人均纯收入 9778 元。

南张各庄村

(Nanzhanggezhuang Cun)

名称来历 由侯庄、李庄、顾庄自然村组成，因坐落在张各庄南边，故而得名。

地理位置 地处汤家河镇西北部，东至瑶各庄，南至新庄，西至王滩镇南双庙，北至北张各庄。

主要指标 2011 年末，辖区总人口 641 人，总面积 1.92 平方千米，农民人均纯收入 8923 元。

周庄村

(Zhouzhuang Cun)

名称来历 因周姓首先在此落户建屋，得名。

地理位置 地处汤家河镇东南部，东至麦西，南至湖林老爷庙，西至马杨庄，北至薛庄。

主要指标 2011 年末，辖区总人口 658 人，总面积 2.17 平方千米，农民人均纯收入 8512 元。

马城廒村

(Macheng'ao Cun)

名称来历 唐开元年间在此地储存军粮，取名马城廒。2006 年，马大庄村与马杨庄村合并，因两村均属马城廒片村，故名。

地理位置 地处汤家河镇西南部，东至湖林老爷庙，南至小长河，西至王滩镇东常各庄，北至汤家河。

主要指标 2011 年末，辖区总人口 1264 人，总面积 4.27 平方千米，农民人均纯收入 8567 元。

湖林村

(Hulin Cun)

名称来历 因湖林老爷庙村与湖林张庄村联建，各取首字命名湖林村。

地理位置 地处汤家河镇东南部，东至湖林河，南至小刘庄子，西至马大庄，北至周庄。

主要指标 2011 年末，辖区总人口 791 人，总面积 2.45 平方千米，农民人均纯收入 9282 元。

甘草坨村

(Gancaotuo Cun)

名称来历 因建庄早年是海退地带的沿边坨地，春季杂草丛生，入冬一片荒芜，故得名干草坨村，后谐音甘草坨村。

地理位置 地处汤家河镇东北部，东隔二滦河至姜各庄镇东韩庄，南至沙口，西至南翠村，北至钟庄。

主要指标 2011 年末，辖区总人口 1136 人，总面积 3.88 平方千米，农民人均纯收入 9369 元。

安子东村

(Anzidong Cun)

名称来历 因该地有白衣庵一座，村庄聚落在庵东建屋，得名庵子东村，后改称安子东村。

地理位置 地处汤家河镇东部，东至沙口，南至瓦房，西至杨家庄，北至甘草坨。

主要指标 2011 年末，辖区总人口 921 人，总面积 3.54 平方千米，农民人均纯收入 9088 元。

河西桑园村

(Hexisangyuan Cun)

名称来历 该地多桑林，有桑园之称。因该村坐落于河西，得名。

地理位置 地处汤家河镇西北部，东至后刘庄，南至汤家河村，西至王滩镇齐各庄，北至新村。

主要指标 2011 年末，辖区总人口 523 人，总面积 1.54 平方千米，农民人均纯收入 9039 元。

戈儿崖大李庄村

(Ge'eryadalizhuang Cun)

名称来历 传说历史上此地曾有一山崖，崖上有一少年每天早晨练习武艺，故称戈儿崖。因村中李姓较多，村庄又大，故名。

地理位置 地处汤家河镇东北部，东至北翠坨，南至麦港，西至胡坨镇枣园庄，北至胡家坨镇南寨。

主要指标 2011年末，辖区总人口956人，总面积3.58平方千米，农民人均纯收入11192元。

北翠坨村

(Beicuituo Cun)

名称来历 该村西有翠花庵，取名翠坨。后分为南北两村，因该村在北，故名。

地理位置 地处汤家河镇东北部，东至小黑坨，南至南翠坨，西至大李庄，北至胡家坨镇港东。

主要指标 2011年末，辖区总人口611人，总面积3.17平方千米，农民人均纯收入10040元。

瑶各庄村

(Yaogezhuang Cun)

名称来历 立村时因村内有很多砖窑而得名，后谐音称为瑶各庄村。

地理位置 地处汤家河镇东北部，东至裴庄，南至薛庄，西至南张各庄，北至胡家坨镇富各庄。

主要指标 2011年末，辖区总人口514人，总面积1.47平方千米，农民人均纯收入10068元。

王家伙房村

(Wangjiahuofang Cun)

名称来历 因建庄时王姓是大户，在村南头为熬盐人设伙做饭，得名。

地理位置 地处汤家河镇东南部，东至杨井上，南至大桅派出所，西至葡萄庄子，北至东大杨庄。

主要指标 2011年末，辖区总人口523人，总面积4.6平方千米，农民人均纯收入9073元。

北张各庄村

(Beizhanggezhuang Cun)

名称来历 张姓首先在此建庄，称张庄。因卖草帽的多，俗称草帽张庄，此后在此庄周围建庄落户的，统称张各庄，因后小庄、后大庄、代庄三个自然村在北边得名。

地理位置 地处汤家河镇北部，东至胡坨镇富各庄，南至南张各庄，西至王滩镇八亩湾，北至胡坨镇波口。

主要指标 2011年末，辖区总人口525人，总面积1.75平方千米，农民人均纯收入8296元。

瓦房庄村

(Wafangzhuang Cun)

名称来历 因建庄时盖的是瓦房，故名。

地理位置 地处汤家河镇东南部，东至安子东，南至杨井上，西至徐赵庄，北至羊兰坨小学。

主要指标 2011年末，辖区总人口505人，总面积1.53平方千米，农民人均纯收入8666元。

史庄村

(Shizhuang Cun)

名称来历 因史姓在此地落户建庄，故而得名。

地理位置 地处汤家河镇东北部，东至南翠坨，南至孟庄村，西至裴庄，北至戈崖大李庄。

主要指标 2011年末，辖区总人口640人，总面积2.26平方千米，农民人均纯收入9130元。

裴庄村

(Peizhuang Cun)

名称来历 因建庄时裴姓较多，得名。

地理位置 地处汤家河镇东北部，东至史庄，南至孟庄，西至瑶各庄，北至胡家坨镇富各庄。

主要指标 2011年末，辖区总人口486人，总面积1.58平方千米，农民人均纯收入9424元。

新庄村

(Xinzhuang Cun)

名称来历 因继崔庄、张庄后又建前纪庄、吴庄、大庄、后庄等庄，故而取名新庄村。

地理位置 地处汤家河镇西北部，东至后刘庄村，南至河西桑园，西至泥滩小河西，北至南张各庄。

主要指标 2011年末，辖区总人口702人，总面积2.18平方千米，农民人均纯收入9832元。

薛庄村

(Xuezhuang Cun)

名称来历 因薛氏人家迁来在此定居，故而得名。

地理位置 地处汤家河镇东北部，东至周河，南至周庄，西至后刘庄，北至瑶各庄。

主要指标 2011年末，辖区总人口705人，总面积3.07平方千米，农民人均纯收入9163元。

太平村

(Taiping Cun)

名称来历 因杨井上村与苏家铺村联建，取“社会安定，天下太平”之意，得名。

地理位置 地处汤家河镇东南部，东至姜各庄镇西海，南至乐亭盐场盐池，西至王家伙房，北至安子东。

主要指标 2011年末，辖区总人口901人，总面积5.26平方千米，农民人均纯收入11643元。

南翠坨村
(Nancuituo Cun)

名称来历 因村西有一翠花庵，故名翠坨。后分为南北两村，因此村在南，故而得名。

地理位置 地处汤家河镇北部，东至钟庄村二截地，南至东麦港，西至戈崖大李庄，北至北翠坨。

主要指标 2011年末，辖区总人口610人，总面积2.48平方千米，农民人均纯收入8869元。

湖林田庄村
(Hulintianzhuang Cun)

名称来历 因田、赵、刘三姓迁此建庄，田氏人多，又至湖林河，故而得名。

地理位置 地处汤家河镇东南部，东至葡萄庄子，南至海田村，西至小刘庄子，北至东大杨庄。

主要指标 2011年末，辖区总人口445人，总面积1.53平方千米，农民人均纯收入8708元。

雷庄村
(Leizhuang Cun)

名称来历 因早先有雷氏兄弟在此落户建庄，故而得名。

地理位置 地处汤家河镇东南部，东至小刘庄子，南至海田，西至王滩镇柴庄，北至湖林张庄。

主要指标 2011年末，辖区总人口1316人，总面积4.41平方千米，农民人均纯收入9443元。

海田村
(Haitian Cun)

名称来历 由刘家铺、田家铺、杜家铺、雷家铺四个自然村组合而成，因南至沿海而得名。

地理位置 地处汤家河镇东南部，东至湖林河，南至渤海，西至王滩镇杨小庄子，北至葡萄庄子。

主要指标 2011年末，辖区总人口957人，总面积7.43平方千米，农民人均纯收入13827元。

孟庄村
(Mengzhuang Cun)

名称来历 因孟姓在此落户建庄而得名。

地理位置 地处汤家河镇东北部，东至麦港，南至麦西，西至周河，北至史庄。

主要指标 2011年末，辖区总人口661人，总面积2.22平方千米，农民人均纯收入8745元。

沙口村
(Shakou Cun)

名称来历 因在沙坨边建村而得名。

地理位置 地处汤家河镇东南部，东至姜各庄镇柳林，南至苏家铺，西至安子东，北至甘草坨。

主要指标 2011年末，辖区总人口522人，总面积1.69平方千米，农民人均纯收入8080元。

泥滩村
(Nitan Cun)

名称来历 因四周有河，地势较低，一到雨季便泥泞难行，故而得名。

地理位置 地处汤家河镇西北部，东至新庄，南至河西桑园，西至王滩镇陆庄，北至王滩镇南双庙。

主要指标 2011年末，辖区总人口593人，总面积1.63平方千米，农民人均纯收入9568元。

钟庄村
(Zhongzhuang Cun)

名称来历 因建庄时钟姓村民居多而得名。

地理位置 地处汤家河镇东北部，东至姜各庄镇符庄，南至甘草坨，西至南翠坨，北至小黑坨。

主要指标 2011年末，辖区总人口560人，总面积1.62平方千米，农民人均纯收入9750元。

（撰稿：曹建梅，审核：李新海）

胡家坨镇
(Hujiatuo Zhen)

中国共产党主要创始人之一李大钊的故乡。

政区概况

名称来历 因镇人民政府驻地位于胡家坨村而得名。

地理位置 地处乐亭县东部，东、北与姜各庄镇接壤，南邻汤家河镇，西邻毛庄镇。人民政府驻胡家坨村，电话区号0315，邮政编码063607，距乐亭县人民政府12.5千米。

政区沿革 1949年，属乐亭县二区。1958年，属大钊人民公社。1961年，析大钊人民公社建胡家坨人民公社。1984年，改设胡家坨乡，辖17个村委会。1989年，合并胡家坨乡、于寨乡，建胡家坨镇，辖32个村民委员会。

政区划分 2011年末，辖胡家坨、木口一、木口二、木口三、木口四、西走马浮、东走马浮、蛤蜊查、东黄口、西黄口、大黑坨、于家寨、李庄、黄庄、署里、杜小口、富各庄、南寨、港东、高家铺、北黄口、将军坨、泗沟港、园孙马庄24个村民委员会。

人口面积 2011年末，辖区总人口21519人。总人口中，男性10975人，占51%；女性10544人，占49%；14岁以下2271人，占11%；15～64岁16002人，占74%；65岁以上3160人，占15%。总人口中，以汉族为主，达21347人，占99.2%；有满、蒙古、壮、朝鲜等8个少数民族，共172人，占0.8%。2011年，人口出生率7.4‰，人口死亡率7.9‰，人口自然增长率-0.5‰。

辖区东西最大距离10.3千米，南北最大距离8.2千米，总面积50.9平方千米。人口密度为每平方千米423人。

经济概况

农业 耕地面积5.5万亩，人均耕地2.6亩。以种植小麦、玉米、蔬菜、水果为主。2011年，农业总产值4.4亿元，比上年增长4.5%，实现农业增加值2.7亿元，占国内生产总值的31%。

粮食作物以小麦、玉米为主。2011年，生产粮食7990吨，人均371.37千克，其中小麦991吨，玉米5491吨。主要经济作物有蔬菜。2011年，蔬菜种植面积2.4万亩，产量11.8万吨，主要品种有温室甜瓜、油桃、黄瓜、韭菜、西红柿等，其中韭菜1.2万吨，黄瓜2.9万吨。

畜牧业以猪、羊、牛、家禽为主。2011年，生猪饲养量3.7万头，年末存栏2.3万头；羊饲养量2.3万只，年末存栏1.2万只；牛饲养量2600头，年末存栏1500头；家禽饲养量26.4万羽，上市家禽20.3万羽。畜牧业总产值0.9亿元，占农业总产值的26%。

截至2011年末，累计造林3.9万亩，其中防护林1.1万亩，农民住宅四旁树木110.7万株。2011年，水果种植面积2.8万亩，产量79681吨，主要品种有苹果、葡萄、桃，其中苹果11738吨，葡萄5670吨，桃57748吨。

2011年，拥有大型农业机械13台（辆）；名优特农产品有金畅王、昌华源、蕻雪马、双涛果菜，绿色环保农产品有黄瓜、西红柿、甜瓜；农民人均纯收入9493元。

工业 以加工业为主。2011年，工业总产值24377万元，比上年增长2%，实现工业增加值6454万元，占国内生产总值的7.3%。2011年，工业企业5家，职工761人。

商业外贸 2011年末，商业网点380个，职工780人；集市1个和蔬菜批发市场2个。2011年，社会消费品零售总额达6亿元，比上年增长15%；城乡集市贸易成交额42万元，比上年增长10%。

2011年，出口总额410万元，比上年增长57.7%，主要产品有天鹰椒，销往日本、韩国等国家。

财政金融 2011年，财政总收入1770万元，比上年增长52.3%。其中地方财政收入915.8万元。人均财政收入823元。

社会发展

文化艺术 2011年末，镇文化综合服务中心1个，村级文化活动中心11个；各类文化专业户80个；各类图书室8个，藏书1.6万册；音乐、美术、书法、摄影及文学业余创作人员30人。境内有李大钊故居，为全国重点文物保护单位。

教育 2011年末，幼儿园3所，在园幼儿482人，专任教师23人；小学3所，在校生882人，专任教师73人，小学适龄儿童入学率100%；初中1所，在校生420人，初中适龄人口入学率、小升初升学率、九年义务教育覆盖率达100%。胡家坨初级中学建于1992年，占地面积14亩，建筑面积2800平方米，现有9个教学班，教职工52名，市、县级学科带头人5名。2011年财政预算内教育经费137.1万元，比上年增长24.7%。

医疗卫生 2011年末，卫生院1所，门诊部1个；病床30张，每千人拥有医疗床位1.4张，固定资产总值80万元。专业卫生人员15人，其中执业医师2人，执业助理医师4人，注册护士2人，平均每千人拥有卫生技术人员0.7人，平均每千人拥有执业（助理）医师0.3人，平均每千人拥有注册护士0.1人。2011年医疗机构完成诊疗2万人次。农村安全饮用水普及率100%，农村卫生厕所普及率40%，新型农村合作医疗参合率100%。

体育 2011年末，学校体育场地2处。每年定期举办的体育赛事主要有春秋两季学生运动会。11%的村安装了健身器材，经常参加体育活动的人员占常住人口的40%。

广播电视 2011年末，有线电视用户4000户，入户率53%。

社会保障 2011年，城镇最低生活保障户数45户，人数61人，支出12.5万元，比上年增长20%，月人均171元，比上年增长47%；城市医疗救助2人次，支出2058元。农村最低生活保障户数495户，人数590人，支出65.9万元，比上年增长41%，月人均93.1元，比上年增长40%；农村五保集中供养31人，支出7万元；农村五保分散供养147人，支出33万元；农村医疗救助28人次，支出8.2万元。国家抚恤、补助各类优抚对象300人，抚恤事业费支出88万元，比上年增长10%。社区服务设施20个，其中社区服务中心10个，村民服务站10个。新型农村社会养老保险参保人数1.5万人，参保率98.8%。

基础设施

交通运输 沿海高速、省道青乐线2条公路过境。

邮政电信 2011年末，邮政储蓄所1处，代办所1处；报纸、期刊累计发行10万份（册），业务收入220万元。

固定电话用户1200户，比上年增加100户，电话用户普及率达到16%，比上年提高2个百分点；移动电话用户3500户，比上年增加300户，移动电话普及率为52%，比上年提高10个百分点；光缆线路总长度80千米，主干电缆达120对千米，互联网端口总数4000个，其中已占用端口总数3600个，宽带接入用户3600户，比上年增加500户。全年电信业务收入120万元。

名胜旅游

旅游业概况 境内大黑坨村有李大钊故居纪念馆，为全国重点文物保护单位、全国爱国主义教育基地。2011年共接待海内外游客20万人次。

镇区市政建设

道路 2011年末，镇区道路总长度2.5千米。

公共交通 2011年末，镇区长途汽车停靠站4个，年客运量4万人。

供电 2011年末，镇区110千伏及以上变电站1座，主变压器2台，总容量81.5兆伏安，高压输电线共7条，总长度75千米，用电负荷5000千瓦。年售电量累计完成1100万千瓦时，综合电压合格率99.7%，供电可靠率99.3%。

园林绿化 2011年末，镇区公园1个，公园面积0.13公顷，园林绿地面积20公顷，其中公共绿地面积0.4公顷，绿化覆盖率25%，人均绿地面积0.3平方米。

胡家坨村

(Hujiatuo Cun)

名称来历 因胡姓首先在此定居，故名。

地理位置 地处胡家坨镇中部，东至冯庄子，南至南寨，西至署里，北至西走马浮。

主要指标 2011年末，辖区总人口2459人，总面积2.78平方千米，农民人均纯收入9617元。

大黑坨村

(Daheituo Cun)

名称来历 因建村在黑土岗上而得名。

地理位置 地处胡坨镇东南部，东至姜各庄镇董庄，南至汤家河镇后沙坨，西至港东，北至西黄口。

主要指标 2011年末，辖区总人口1932人，总面积3.01平方千米，农民人均纯收入9348元。

港东村

(Gangdong Cun)

名称来历 此地原为滦河河道分出的一个大沟渠，当时人称大港（港俗称Jiang），因此庄位于大港的东面得名港东村（当地人叫jiangdong）。

地理位置 地处胡坨镇东南部，东至大黑坨，南至汤家河镇北翠坨，西至孙马庄，北至冯庄子。

主要指标 2011年末，辖区总人口953人，总面积2平方千米，农民人均纯收入9536元。

东黄口村

(Donghuangkou Cun)

名称来历 此处地处滦河口，河道弯曲，河口形似黄瓜，故得名黄瓜口。后按坐落位置分为东、西、北三个村，因此村位于东部，由此得名。

地理位置 地处胡坨镇东南部，东至二滦河大坝，南至大黑坨，西至西黄口，北至北黄口。

主要指标 2011年末，辖区总人口1155人，总面积1.62平方千米，农民人均纯收入9943元。

西黄口村

(Xihuangkou Cun)

名称来历 因此村位于黄瓜口以西而得名。

地理位置 地处胡坨镇东南部，东至东黄口村，南至大黑坨，西至冯庄子，北至北黄口。

主要指标 2011年末，辖区总人口1047人，总面积2.8平方千米，农民人均纯收入9577元。

于家寨村

(Yujiazhai Cun)

名称来历 因俞姓人家移民建村，故得名俞家寨。后取谐音改称于家寨。

地理位置 地处胡坨镇西南部，东至胡家坨西地，南至马庄，西至泗沟港，北至署里。

主要指标 2011年末，辖区总人口554人，总面积1.13平方千米，农民人均纯收入9556元。

富各庄村

(Fugezhuang Cun)

名称来历 薛姓兄弟逃难到此定居，因向往富裕，起名富贵庄。后人习惯称富各庄村。

地理位置 地处胡坨镇西南部，东至枣园，南至汤家河镇瑶各庄，西至汤家河镇北张各庄，北至杜小口。

主要指标 2011年末，辖区总人口485人，总面积1.07平方千米，农民人均纯收入8486元。

泗沟港村

(Sigougang Cun)

名称来历 因建村时有四沟、四港而得名四沟港(Jiang)，后演变称为泗沟港。

地理位置 地处胡坨镇西南部，东至于家寨，南至杜小口，西至波口，北至黄庄。

主要指标 2011年末，辖区总人口1037人，总面积2.3平方千米，农民人均纯收入9987元。

西走马浮村

(Xizoumafu Cun)

名称来历 以现烧锅庄为中心建村，滦河因历年冲积形成沙坨，马拉着车通过，尘土飞扬，取走马浮尘之意，故得名走马浮。因该村在西，故而得名。

地理位置 地处胡坨镇北部，东至东走马浮，南至胡家坨，西至东将军坨，北至高家铺。

主要指标 2011年末，辖区总人口837人，总面积1.9平方千米，农民人均纯收入9528元。

黄庄村

(Huangzhuang Cun)

名称来历 因黄姓居多，故而得名。

地理位置 地处胡坨镇西北部，东至西将军坨，南至署里，西至李庄，北至抚青乐公路。

主要指标 2011年末，辖区总人口547人，总面积1.06平方千米，农民人均纯收入9526元。

木口一村

(Mukouyi Cun)

名称来历 据传建庄时二滦河经常发大水，为了保护村庄的安全，人们在河沿上栽种柳树，取名木管河村。后来二滦河塌河改道，人们迷信以为把河管走了，于是改称为木瓜口村，其中“口”在民间有河不浸口之意。后木口村从北向南依次分为4个村，此村在最北，按序号得名。

地理位置 地处胡坨镇东北部，东至木口二村，西至高家铺村，南至木口三村，北至段庄子。

主要指标 2011年末，辖区总人口766人，总面积1.44平方千米，农民人均纯收入9505元。

木口二村

(Mukou' er Cun)

名称来历 据传建庄时二滦河经常发大水，为了保护村庄的安全，人们在河沿上栽种柳树，取名木管河村。后来二滦河塌河改道，人们迷信以为把河管走了，于是改称为木瓜口村，其中“口”在民间有河不浸口之意。后木口村从北向南依次分为4个村，按序号得名。

地理位置 地处胡坨镇东北部，东至滦河支流，南至木口三村，西至木口一村，北至段庄子。

主要指标 2011年末，辖区总人口530人，总面积1.14平方千米，农民人均纯收入9567元。

木口三村

(Mukousan Cun)

名称来历 据传建庄时二滦河经常发大水，为了保护村庄的安全，人们在河沿上栽种柳树，取名木管河村。后来二滦河塌河改道，人们迷信以为把河管走了，于是改称为木瓜口村，其中“口”在民间有河不浸口之意。后木口村从北向南依次分为4个村，此村在中间，按序号得名。

地理位置 地处胡坨镇东北部，东至滦河支流，南至木口四村，西至高家铺，北至木口二村。

主要指标 2011年末，辖区总人口547人，总面积1.13平方千米，农民人均纯收入9556元。

木口四村

(Mukousi Cun)

名称来历 据传建庄时二滦河经常发大水，为了保护村庄的安全，人们在河沿上栽种柳树，取名木管河村。后来二滦河塌河改道，人们迷信以为把河管走了，于是改称为木瓜口村，其中“口”在民间有河不浸口之意。后木口村从北向南依次分为4个村，此村在南，按序号得名。

地理位置 地处胡坨镇东北部，东至蛤蜊查，南至东走马浮，西至高家铺，北至木口三村。

主要指标 2011年末，辖区总人口477人，总面积0.70平方千米，农民人均纯收入9605元。

高家铺村

(Gaojiapu Cun)

名称来历 据传因高老天带家族在此地行船卖艺，开荒种地，由此得名。

地理位置 地处胡坨镇东北部，东至木口一村，南至西走马浮，西至毛庄镇小米庄子南村，北至段庄子。

主要指标 2011年末，辖区总人口1109人，总面积2.08平方千米，农民人均纯收入9660元。

蛤蜊查村

(Gelicha Cun)

名称来历 因地处二滦河河岔，盛产蛤蜊，取名蛤蜊刹。以后谐音得名蛤蜊查。

地理位置 地处胡坨镇东北部，东、北至滦河坝，南至东走马浮，西至木口四村。

主要指标 2011年末，辖区总人口459人，总面积1.2平方千米，农民人均纯收入9520元。

南寨村

(Nanzhai Cun)

名称来历 因坐落在冀东九营十八寨的最南边，由此得名。

地理位置 地处胡坨镇南部，东至港东，南至汤家河镇大李庄，西至孙马庄，北至胡家坨。

主要指标 2011年末，辖区总人口578人，总面积1.09平方千米，农民人均纯收入9486元。

园孙马庄村

(Yuansunmazhuang Cun)

名称来历 因枣园村与孙庄村、马庄村联建，由此得名。

地理位置 地处胡坨镇西南部，东至南寨，南至汤家河镇，西至杜小口，北至于家寨。

主要指标 2011年末，辖区总人口877人，总面积2.83平方千米，农民人均纯收入9260元。

署里村

(Shuli Cun)

名称来历 山西移民至此，设置的行政机关称为署，负责当时移民的总行政事宜，故名。

地理位置 地处胡坨镇西部，东至胡家坨，南至于家寨，西至泗沟港，北至西将军坨。

主要指标 2011年末，辖区总人口590人，总面积1.07平方千米，农民人均纯收入8979元。

北黄口村

(Beihuangkou Cun)

名称来历 属黄瓜口村的一部分，后因坐落在黄口北侧，得名。

地理位置 地处胡坨镇东南部，东至东黄口，南至西黄口，西至冯庄子，北至抚昌乐公路。

主要指标 2011年末，辖区总人口845人，总面积1.2平方千米，农民人均纯收入9624元。

杜小口村

(Duxiaokou Cun)

名称来历 因一杜姓分支搬迁到围场杜庄，得名杜家小口，以后人们习惯称为杜小口村。

地理位置 地处胡坨镇西南部，东至南寨，南至富各庄，西至波口，北至马庄。

主要指标 2011年末，辖区总人口518人，总面积1.07平方千米，农民人均纯收入9481元。

东走马浮村

(Dongzoumafu Cun)

名称来历 因该村在走马浮东而得名。以现烧锅庄为中心建村，滦河田历年冲形成沙坨，马拉着车通过，尘土飞扬，取走马浮尘之意，故得名走马浮因该村在东，故而得名。

地理位置 地处胡坨镇北部，东至滦河坝，南至冯庄子，西至西走马浮，北至木口四村。

主要指标 2011年末，辖区总人口1391人，总面积2.64平方千米，农民人均纯收入9192元。

将军坨村

(Jiangjuntuo Cun)

名称来历 据传此地原为沙坨地，大将军李良曾在此居住，后来人们为了纪念他，故改名为将军坨村。

地理位置 地处胡坨镇西北部，东至胡家坨，南至署里，西至嵩林黄庄，北至青乐线。

主要指标 2011年末，辖区总人口954人，总面积1.88平方千米，农民人均纯收入9531元。

李庄村

(Lizhuang Cun)

名称来历 以姓氏得名。

地理位置 地处胡坨镇西北部，东至黄庄，南至署里，西至毛庄镇尹各庄，北至抚青乐公路。

主要指标 2011年末，辖区总人口872人，总面积1.26平方千米，农民人均纯收入9603元。

（撰稿：刘小勇，初审：翟新存）

王滩镇

(Wangtan Zhen)

政区概况

名称来历 因镇人民政府驻地位于王滩村而得名。

地理位置 地处乐亭县东南，东邻汤家河镇，南与海港开发区、翔云岛林场接壤，西靠阎各庄镇，北与乐亭镇毗连。人民政府驻王滩村，电话区号0315，邮政编码063610，距乐亭县人民政府16.6千米。

政区沿革 1949年，属乐亭县三区。1958年9月，属大钊人民公社。1961年6月，析大钊人民公社建王滩人民公社。1984年4月，改设王滩乡，辖25个村民委员会。1987年10月，撤乡，设王滩镇。1996年，新开口乡、聂庄乡并入，辖74个村民委员会。

政区划分 2011年末，辖王滩、邓滩、赵滩、十家子、八家子、腰户庄、柴庄、北聂庄、裴滩、双柳树、石坨子、张美崖、姚圈、南孙庄、曹庄、白庄、醋杨庄、苏各庄、尹庄、陆庄、齐各庄、东滩、新开口、东徐各庄、西徐各庄、大黄庄、张安、东高、西高、郭庄、石庄、垛瓦、药王阁、洋角、郗三家子、新海庄一村、新海庄二村、新海庄三村、新海庄四村、常庄联村、菜园、周坨、庙东、牛庄、王各庄、常各庄、苑庄、景王庄子、东李庄、陈庄、齐家寺、纪各庄、孙家房子、大苗庄54个村民委员会。

人口面积 2011年末，辖区总人口46460人，其中城镇常住人口1980人，城镇化率4%。另有流动人口2030人。总人口中，男性22301人，占48%；女性24159人，占52%；14岁以下7898人，占17%；15~64岁27876人，占60%；65岁以上10686人，占23%。总人口中，以汉族为主，达43208人，占93%；有满、回2个少数民族，共3252人，占7%；2011年，人口出生率7.97‰，人口死亡率7.47‰，人口自然增长率0.5‰。

辖区东西最大距离18千米，南北最大距离16.5千米，总面积185.8平方千米。其中陆地面积165.8平方千米，占89%；水域面积20平方千米，占11%。人口密度为每平方千米250人。

经济概况

农业 耕地面积10.3万亩，人均耕地2.2亩。以种植小麦、玉米、蔬菜为主。2011年，农业总产值9.2亿元，比上年增长4%，实现农业增加值6.1亿元，占国内生产总值的43.9%。

粮食作物以小麦、玉米、水稻为主。2011年，生产粮食51067吨，人均1099千克，其中小麦3230吨，玉米18586吨，水稻27173吨。主要经济作物有蔬菜。2011年，蔬菜种植面积0.6万亩，产量26644吨，主要品种有温室甜瓜、油桃、黄瓜、西葫芦、西红柿等，其中黄瓜9953吨，西红柿5477吨。

畜牧业以猪、羊、貂、奶牛为主。2011年，生猪饲养量3万头，年末存栏1万头；羊饲养量1.7万只，年末存栏0.5万只；收购貂皮171159张；牛饲养量0.2万头，年末存栏0.15万头；家禽饲养量49.69万羽，上市家禽259494羽。畜牧业总产值2.2亿元，占农业总产值的20%。

截至2011年末，累计造林3.2万亩，其中防护林636.1亩，经济林2.5万亩，农民住宅四旁树木132万株。2011年，果树种植面积2万亩，产量56486吨，其中苹果4956吨，葡萄20663吨，梨5072吨。

渔业以海洋捕捞和海水养殖为主。可用于水产养殖的海域面积32080亩、滩涂2470亩、淡水水面3044亩。2011年，人工海水养殖贝类34550亩，产量8372吨；鱼塘养殖面积2409亩，产量7510吨；拥有各类捕捞渔船359艘，捕捞水产1.83万吨；水产品总产量2.8万吨；渔业总产值3.9亿元。

工业 以装备制造业为主。是临港重要的工业生产基地，张美崖工业园区初步形成了以装备制造为主的工业体系。2011年，工业总产值2.1亿元，比上年增长25%，实现工业增加值1.4亿元，占国内生产总值的10.1%。

2011年，规模以上工业企业1家，职工80人，实现工业增加值750万元，比上年增长10%。

商业外贸 2011年末，商业网点268个，职工800人；集市4个。2011年，社会消费品零售总额达17亿元，比上年增长1.3%；城乡集市贸易成交额9亿元，比上年增长17%。

财政金融 2011年，财政总收入1.2亿元，比上年增长58%。从主要税种看，完成营业税47万元，增值税606万元，企业所得税64万元，个人所得税35万元，人均财政收入2582元。

2011年，银行和金融机构各类存款余额6.9亿元，上年增长6%；各项贷款余额1100万元，比上年增长10%。

社会发展

文化艺术 2011年末，镇文化综合服务中心1个，村级文化活动中心12个；各类文化专业户25个；各类图书室6个，藏书1.8万册；音乐、美术、书法、摄影及文学业余创作人员45人。

教育 2011年末，幼儿园2所，在园幼儿268人，专任教师2人；小学15所，在校生2380人，专任教师232人，小学适龄儿童入学率100%；初中3所，在校生1001人，专任教师198人，初中适龄人口入学率98%，小升初升学率、九年义务教育覆盖率均达100%。

医疗卫生 2011年末，卫生院（所）4所，门诊部4个；病床60张，每千人拥有医疗床位1.3张，固定资产总值187万元。专业卫生人员50人，其中执业医师12人，执业助理医师7人，注册护士14人，平均每千人拥有卫生技术人员1.08人，平均每千人拥有执业（助理）医师0.4人，平均每千人拥有注册护士0.3人。2011年医疗机构（门诊部以上）完成诊疗6万人次。农村安全饮用水普及率100%，农村卫生厕所普及率27%，新型农村合作医疗参合率100%。

体育 2011年末，学校体育场地1处。每年定期举办的体育赛事主要有学生春季运动会。30%的村安装了健身器材，经常参加体育活动的人员占常住人口的25%。

广播电视 2011年末，有线电视用户1.3万户，入户率90%。

社会保障 2011年，城镇最低生活保障户数46户，人数56人，支出11万元，比上年增长72%，月人均164元，比上年增长48%。农村最低生活保障户数811户，人数1167人，支出102万元，比上年增长42%，月人均72.8元，比上年增长37%；农村五保集中供养52人，农村五保分散供养130人，支出33.8万元；农村医疗救助39人次，民政部门资助参加合作医疗182人次，共支出12万元。国家抚恤、补助各类优抚对象352人，抚恤事业费支出181万元。

基础设施

交通运输 唐港高速、秦唐沧沿海公路过境，设滦港铁路终点站、唐港高速终点站。

邮政电信 2011年末，邮政局1所；报纸、期刊累计发行1.9万份（册），业务收入17万元。

固定电话用户3300户，电话用户普及率达到35%；移动电话用户3.7万户，移动电话普及率为81.4%，比上年提高7个百分点；宽带接入用户3100户。

镇区市政建设

道路 2011年末，镇区道路总长度2.5千米；道路铺装面积1万平方米。

公共交通 2011年末，镇区长途汽车停靠站15个。

供电 2011年末，镇区72千伏及以上变电站（所）2座，综合电压合格率99.9%，供电可靠率99.8%。

王滩村

(Wangtan Cun)

名称来历 此地原是一块滩地，因王姓兄弟四人在此建庄落户，故而得名。

地理位置 地处王滩镇中部，东至白沙坨，南至南孙庄的小高滩，西至裴滩，北至前门房。

主要指标 2011年末，辖区总人口2195人，总面积3.53平方千米，农民人均纯收入9540元。

陈庄村

(Chenzhuang Cun)

名称来历 因陈姓兄弟移民到此建庄，因此得名。

地理位置 地处王滩镇西南部，东至齐家寺，南至东李庄，西至马头营镇活庄子，北至西徐各庄大碱场。

主要指标 2011年末，辖区总人口750人，总面积2.9平方千米，农民人均纯收入9494元。

醋杨庄村

(Cuyangzhuang Cun)

名称来历 相传，当地有“醋流杨庄”的传说，村庄因此而得名。

地理位置 地处王滩镇西北部，东至周坨，南至白庄，西至乐亭镇醋李庄（中间隔唐港公路），北至乐亭镇独幽城。

主要指标 2011年末，辖区总人口676人，总面积1.1平方千米，农民人均纯收入9494元。

景王庄子村

(Jingwangzhuang Cun)

名称来历 因姓景的和姓王的首先在此落户建庄，由此得名。

地理位置 地处王滩镇西南部，东至姚圈，南至蒋庄子，西至新开口，北至石坨子。

主要指标 2011年末，辖区总人口1096人，总面积3.4平方千米，农民人均纯收入9497元。

赵滩村

(Zhaotan Cun)

名称来历 原名任家房子，后因赵姓人发展快，由此得名。

地理位置 地处王滩镇西北部，东至十家子，南至八家子，西至闫各庄镇后何新庄，北至孙家房子。

主要指标 2011年末，辖区总人口1286人，总面积3.4平方千米，农民人均纯收入9511元。

庙东村

(Miaodong Cun)

名称来历 因坐落在关帝庙以东，由此得名。

地理位置 地处王滩镇西北部，东至范庄，南至孙家房子，西至庙西，北至后常庄。

主要指标 2011年末，辖区总人口1035人，总面积1.9平方千米，农民人均纯收入9497元。

周坨村

(Zhoutuo Cun)

名称来历 因坐地户姓周，将住宅建在坨子上，由此得名。

地理位置 地处王滩镇北部，东至南双庙，南至苏各庄，西至王曲子，北至八亩湾。

主要指标 2011年末，辖区总人口1261人，总面积2.47平方千米，农民人均纯收入9563元。

曹庄村

(Caozhuang Cun)

名称来历 因曹姓首先来此定居，由此得名。

地理位置 地处王滩镇东南部，东至汤家河镇刘家铺，南至海港开发区，西至南孙庄村，北至白沙坨。

主要指标 2011年末，辖区总人口2151人，总面积2.43平方千米，农民人均纯收入9521元。

张安村

(Zhang'an Cun)

名称来历 因张姓尼姑在此建庵落户，故得名张庵村，后改称张安村。

地理位置 地处王滩镇西北部，东至闫各庄镇前何新庄，南至大黄庄，西至东徐各庄，北至闫各庄镇左庄。

主要指标 2011年末，辖区总人口907人，总面积2.6平方千米，农民人均纯收入9492元。

南孙庄村

(Nansunzhuang Cun)

名称来历 因孙姓人家在此定居建庄，称孙庄，又因庄在县城南，故名。

地理位置 地处王滩镇西南部，东至曹庄，南至京唐港开发区，西至姚圈，北至王滩村。

主要指标 2011年末，辖区总人口2863人，总面积4.3平方千米，农民人均纯收入9556元。

白庄村

(Baizhuang Cun)

名称来历 因白姓人首先在此定居，由此得名。

地理位置 地处王滩镇西部，东至王曲子，南至后常庄，西至长河，北至醋杨庄。

主要指标 2011年末，辖区总人口692人，总面积2平方千米，农民人均纯收入9500元。

柴庄村

(Chaizhuang Cun)

名称来历 因柴姓首先定居且人口居多，由此得名。

地理位置 地处王滩镇东北部，东至汤家河镇雷庄，南至双柳树，西至前门房，北至汤家河镇湖林老爷庙。

主要指标 2011年末，辖区总人口903人，总面积1.85平方千米，农民人均纯收入9551元。

东滩村

(Dongtan Cun)

名称来历 原是纪各庄的沙滩地，因种地打场，要建房住人，逐渐形成了庄，取名叫纪各庄滩，以后又分成了东、西两庄，因坐落在东，得名。

地理位置 地处王滩镇北部，东至邓滩，南至邓滩，西至西滩，北至纪各庄。

主要指标 2011年末，辖区总人口421人，总面积1平方千米，农民人均纯收入9498元。

西徐各庄村

(Xixugezhuang Cun)

名称来历 以姓定庄名，叫西何庄。后因东部邻村叫徐各庄，遂改称今名。

地理位置 地处王滩镇西北部，东至东徐各庄，南至韩庄，西至马头营镇东石碑，北至闫各庄镇西双坨。

主要指标 2011年末，辖区总人口953人，总面积2.4平方千米，农民人均纯收入9506元。

邓滩村

(Dengtan Cun)

名称来历 因邓姓迁到该地建庄，此地原为一片海滩，由此得名。

地理位置 地处王滩镇西北部，东至牛庄，南至腰户庄，西至十家子，北至东滩。

主要指标 2011年末，辖区总人口741人，总面积1.6平方千米，农民人均纯收入9490元。

腰户庄村

(Yaohuzhuang Cun)

名称来历 初称小滩，包括杨庄、腰户庄、老户庄三个自然村。由于杨姓人家较多，又名杨庄。因重名，更名为腰户庄村。

地理位置 地处王滩镇北部，东至前门房，南至牛样子，西至八家子，北至牛庄。

主要指标 2011年末，辖区总人口502人，总面积1.5平方千米，农民人均纯收入9485元。

常庄联村

(Changzhuanglian Cun)

名称来历 因后常庄村、王曲子村和范庄村联建，由此得名。

地理位置 地处王滩镇西北部，东至苏各庄，南至庙东，西至长河，北至白庄。

主要指标 2011年末，辖区总人口870人，总面积1.65平方千米，农民人均纯收入9503元。

双柳树村

(Shuangliushu Cun)

名称来历 相传该村原有两棵大柳树，由此得名。

地理位置 地处王滩镇东北部，东至侯庄，南至曹庄，西至白沙坨，北至菜园。

主要指标 2011年末，辖区总人口467人，总面积1.1平方千米，农民人均纯收入9454元。

八家子村

(Bajiazi Cun)

名称来历 因八户移民人家在此定居，故而得名。

地理位置 地处王滩镇西北部，东至前门房，南至王各庄，西至闫各庄镇后何新庄，北至十家子。

主要指标 2011年末，辖区总人口691人，总面积1.5平方千米，农民人均纯收入9518元。

石坨子村

(Shituozi Cun)

名称来历 因该地原是沙坨子，石姓人家在此定居，得名。

地理位置 地处王滩镇西南部，东至裴滩，南至蒋庄子，西至景王庄子，北至王各庄。

主要指标 2011年末，辖区总人口710人，总面积2.3平方千米，农民人均纯收入9526元。

药王阁村

(Yaowangge Cun)

名称来历 因当时村内有一座药王庙，得名。

地理位置 地处王滩镇西南部，东至洋角，南至新海庄三村，西至刘庄子，北至西张庄。

主要指标 2011年末，辖区总人口560人，总面积2.8平方千米，农民人均纯收入9501元。

牛庄村

(Niuzhuang Cun)

名称来历 因牛姓在此居住，故得名牛家窝铺，后改为牛庄村。

地理位置 地处王滩镇东北部，东至南苑庄，南至前门房，西至邓滩，北至东常各庄。

主要指标 2011年末，辖区总人口1306人，总面积4平方千米，农民人均纯收入9398元。

裴滩村

(Peitan Cun)

名称来历 原名刘旺庄，后因刘氏家族逐渐减少，姓裴的逐渐增多，得名。

地理位置 地处王滩镇西部，东至王滩，南至姚圈，西至石坨子，北至王各庄村。

主要指标 2011年末，辖区总人口451人，总面积1.2平方千米，农民人均纯收入9455元。

苏各庄村

(Sugezhuang Cun)

名称来历 相传明太祖朱元璋令部分百姓移居在此，因当时移民苏姓居多，故得名苏各庄村。

地理位置 地处王滩镇北部，东至汤家河镇新庄，南至陆庄，西至尹庄，北至周坨。

主要指标 2011年末，辖区总人口870人，总面积1.7平方千米，农民人均纯收入9487元。

大黄庄村

(Dahuangzhuang Cun)

名称来历 因黄姓人家首先在此定居，村庄相对比较大，由此得名。

地理位置 地处王滩镇西北部，东至西高，南至王边哨，西至东徐各庄，北至张安。

主要指标 2011年末，辖区总人口588人，总面积1.7平方千米，农民人均纯收入9487元。

郭庄村

(Guozhuang Cun)

名称来历 因郭姓首先在此定居，由此得名。

地理位置 地处王滩镇西南部，东至石庄，南至药王阁，西至齐家寺，北至王边哨。

主要指标 2011年末，辖区总人口441人，总面积1.6平方千米，农民人均纯收入9505元。

姚圈村

(Yaoquan Cun)

名称来历 因姓姚的在此跑马圈地，将附近各庄圈进来，由此故名。

地理位置 地处王滩镇西南部，东至南孙庄的银匠庄，南至张美崖，西至蒋庄子，北至裴滩。

主要指标 2011年末，辖区总人口785人，总面积2.8平方千米，农民人均纯收入9466元。

孙家房子村

(Sunjiafangzi Cun)

名称来历 因孙家房子村、西滩村联建，故而得名。

地理位置 地处王滩镇西北部，东至纪各庄，西至唐港公路，南至十家子，北至汤闫公路。

主要指标 2011年末，辖区总人口782人，总面积1.5平方千米，农民人均纯收入9495元。

十家子村

(Shijiazi Cun)

名称来历 原为姚姓、苗姓等七户一起集股统一建成了七户住宅，称为北姚庄，后因又有三家迁居到此，得名。

地理位置 地处王滩镇西北部，东至郑滩，南至八家子，西至赵滩，北至王道滩。

主要指标 2011年末，辖区总人口976人，总面积2.35平方千米，农民人均纯收入9420元。

郗三家子村

(Xisanjiazi Cun)

名称来历 因有三户郗姓人家在此先落户建庄，由此得名。

地理位置 地处王滩镇西南部，东至大苗庄，南至小河子防潮闸，西至新海庄二村，北至垛瓦。

主要指标 2011年末，辖区总人口1320人，总面积4.8平方千米，农民人均纯收入9510元。

张美崖村

(Zhangmeiya Cun)

名称来历 因最先有张美、张崖兄弟两人在此定居，故得名。

地理位置 地处王滩镇西南部，东至姚圈的安庄，南至大苗庄，西至垛瓦，北至姚圈。

主要指标 2011年末，辖区总人口475人，总面积1.6平方千米，农民人均纯收入9524元。

齐各庄村

(Qigezhuang Cun)

名称来历 因齐姓在此定居建庄，故而得名。

地理位置 地处王滩镇北部，东至汤家河镇，南至东常各庄，西至北孙庄，北至新庄窠。

主要指标 2011年末，辖区总人口502人，总面积1.9平方千米，农民人均纯收入9482元。

洋角村

(Yangjiao Cun)

名称来历 因此地在建庄前有放羊人搭窝铺放羊，把羊圈建在这里，建庄时名为羊圈。后因庄名不雅，更名为洋角。

地理位置 地处王滩镇西南部，东至垛瓦，南至新海庄四村，西至药王阁，北至石庄。

主要指标 2011年末，辖区总人口1048人，总面积3.4平方千米，农民人均纯收入9490元。

苑庄村

(Yuanzhuang Cun)

名称来历 因南苑庄村与烧锅庄村联建，得名。

地理位置 地处王滩镇东北部，东至柴庄，南至双柳树，西至牛庄，北至汤家河镇马大庄。

主要指标 2011年末，辖区总人口977人，总面积2.25平方千米，农民人均纯收入9468元。

东徐各庄村

(Dongxugezhuang Cun)

名称来历 原名徐各庄。因村西一庄更名为西徐各庄，故名东徐各庄。

地理位置 地处王滩镇西北部，东至张安，南至大黄庄，西至西徐各庄，北至闫各庄镇东双坨。

主要指标 2011 年末，辖区总人口 729 人，总面积 2.1 平方千米，农民人均纯收入 9491 元。

石庄村

(Shizhuang Cun)

名称来历 因石姓人家首先在此定居，故而得名。

地理位置 地处王滩镇西南部，东至新开口村，南至洋角高庄子，西至郭庄，北至郭庄村新庄子。

主要指标 2011 年末，辖区总人口 476 人，总面积 1.3 平方千米，农民人均纯收入 9464 元。

齐家寺村

(Qijiasi Cun)

名称来历 因齐姓人家首先在此落户，得名。

地理位置 地处王滩镇西部，东至郭庄，南至西张庄，西至西陈庄，北至西高。

主要指标 2011 年末，辖区总人口 1066 人，总面积 2.9 平方千米，农民人均纯收入 9503 元。

东高村

(Donggao Cun)

名称来历 因地势高，坐落在东支渠以东，由此得名。

地理位置 地处王滩镇西部，东至石坨子，南至新庄子，西至西高，北至闫各庄镇前何新庄。

主要指标 2011 年末，辖区总人口 554 人，总面积 1.9 平方千米，农民人均纯收入 9474 元。

西高村

(Xigao Cun)

名称来历 因地势高，坐落在东支渠以西，由此得名。

地理位置 地处王滩镇西部，东至东高，南至王边哨，西至大黄庄，北至张安小王庄。

主要指标 2011 年末，辖区总人口 486 人，总面积 1.6 平方千米，农民人均纯收入 9489 元。

垛瓦村

(Duowa Cun)

名称来历 据传，唐太宗东征时曾驻军在此地烧砖、烧瓦，以建寺庙。因在垛瓦之处建庄，故得名。

地理位置 地处王滩镇西南部，东至张美崖，南至郗三家子，西至洋角，北至新开口。

主要指标 2011 年末，辖区总人口 1089 人，总面积 2.4 平方千米，农民人均纯收入 9529 元。

新海庄一村

(Xinhaizhuangyi Cun)

名称来历 因迁西南团汀大黑汀水库库区移民迁入乐亭县沿海安家立村，按顺序排名。

地理位置 地处王滩镇西南部，东至郗三家子，南至东海庄子，西至新海三村，北至新海二村。

主要指标 2011 年末，辖区总人口 1678 人，总面积 3.4 平方千米，农民人均纯收入 9562 元。

新海庄二村

(Xinhaizhuang'er Cun)

名称来历 因建设宽城潘家口水库需要移民，梓罗台乡 5 个村迁入乐亭县沿海安家立村，按顺序得名。

地理位置 地处王滩镇西南部，东至郗三家子，南至新海一村，西至新海三村，北至新海四村。

主要指标 2011 年末，辖区总人口 668 人，总面积 1.4 平方千米，农民人均纯收入 9591 元。

新海庄三村

(Xinhaizhuangsan Cun)

名称来历 因建设宽城潘家口水库区需要移民，4 个乡 18 个村迁入乐亭县沿海安家立村，按顺序得名。

地理位置 地处王滩镇西南部，东至新海一村，南至翔去岛林场，西至马头营镇八里桥，北至药王阁苗庄子。

主要指标 2011 年末，辖区总人口 1301 人，总面积 2.3 平方千米，农民人均纯收入 9521 元。

新海庄四村

(Xinhaizhuangsi Cun)

名称来历 因建设宽城潘家口水库区需要移民，独石沟乡半旗地大队、罗台乡木峪大队迁入新海庄二村，后分出立村，按顺序得名。

地理位置 地处王滩镇西南部，东至郗三家子，南至新海二村，西至新海三村，北至洋角。

主要指标 2011 年末，辖区总人口 583 人，总面积 1 平方千米，农民人均纯收入 9573 元。

纪各庄村

(Jigezhuang Cun)

名称来历 由王滩镇小滩村（即腰户庄）迁移至此，称千斤社十甲盐造户，因其坐地户姓纪，由此得名。

地理位置 地处王滩镇西北部，东至齐各庄，南至东滩，西至孙家房子，北至北聂庄。

主要指标 2011 年末，辖区总人口 1087 人，总面积 2.25 平方千米，农民人均纯收入 9495 元。

尹庄村

(Yinzhuang Cun)

名称来历 因尹姓首先在此定居，故而得名。

地理位置 地处王滩镇西北部，东至苏各庄，南至北聂庄，西至孙庄，北至醋杨庄。

主要指标 2011年末，辖区总人口393人，总面积0.9平方千米，农民人均纯收入9499元。

新开口村

(Xinkaikou Cun)

名称来历 此地东边是老滦河的一个河套，建庄时叫河套。老滦河套经常变改道，时通时塞，因立集镇时，时逢河埝决口不久，故而得名。

地理位置 地处王滩镇西南部，东至景王庄子，南至垛瓦，西至郭庄，北至新庄子。

主要指标 2011年末，辖区总人口531人，总面积1.3平方千米，农民人均纯收入9498元。

常各庄村

(Changgezhuang Cun)

名称来历 因该庄原坐地户姓常，以此得名。

地理位置 地处王滩镇北部，东至齐各庄，南至邓滩，西至东滩，北至纪各庄。

主要指标 2011年末，辖区总人口497人，总面积1.3平方千米，农民人均纯收入9488元。

北聂庄村

(Beiniezhuang Cun)

名称来历 因聂姓在此定居并发展成庄，取名聂庄，后为区别王滩镇的南聂庄村，故改称北聂庄村。

地理位置 地处王滩镇西北部，东至北孙庄，南至纪各庄，西至唐港路，北至尹庄。

主要指标 2011年末，辖区总人口896人，总面积2平方千米，农民人均纯收入9498元。

陆庄村

(Luzhuang Cun)

名称来历 因坐地户陆姓最多，故得名陆庄村。

地理位置 地处王滩镇北部，东至汤家河镇泥滩，南至北孙庄，西至北聂庄，北至苏各庄。

主要指标 2011年末，辖区总人口681人，总面积1.3平方千米，农民人均纯收入9494元。

大苗庄村

(Damiaozhuang Cun)

名称来历 因苗姓首先在此居住而得名。

地理位置 地处王滩镇西南部，东至小河子，南至港乐街，西至湖林新河，北至大唐王滩电厂铁路。

主要指标 2011年末，辖区总人口572人，总面积0.47平方千米，农民人均纯收入7837元。

东李庄村

(Donglizhuang Cun)

名称来历 因移民李隆在此建庄，得名李庄。后因与西李庄村相对应，遂改为东李庄村。

地理位置 地处王滩镇西南部，东至西张庄，南至新海三村，西至后孟庄，北至齐家寺。

主要指标 2011年末，辖区总人口976人，总面积4平方千米，农民人均纯收入9500元。

菜园村

(Caiyuan Cun)

名称来历 因有人曾在此地种过菜园子，以此得名。

地理位置 地处王滩镇东北部，东至大王庄，南至白沙坨，西至梨树园，北至牛样子。

主要指标 2011年末，辖区总人口1216人，总面积4平方千米，农民人均纯收入9389元。

王各庄村

(Wanggezhuang Cun)

名称来历 因王姓人家在此建庄，由此得名。

地理位置 地处王滩镇西北部，东至梨树园，南至裴滩，西至前何新庄，北至八家子。

主要指标 2011年末，辖区总人口1313人，总面积3.33平方千米，农民人均纯收入9421元。

(撰稿：田东，审核：韩志强)

阎各庄镇

(Yangezhuang Zhen)

政 区 概 况

名称来历 因镇人民政府驻地位于阎各庄村而得名。

地理位置 地处乐亭县南部，东邻乐亭镇、王滩镇，南与马头营镇、王滩镇接壤，西靠新寨镇，北与乐亭镇交界。人民政府驻阎各庄村，电话区号0315，邮政编码063603，距乐亭县人民政府11.3千米。

政区沿革 1943年，建立民主政权。1958年，设阎各庄人民公社。1984年，改为阎各庄乡，辖16个村民委员会。1989年4月，合并阎各庄乡、崔魏埝乡、芦河乡建阎各庄镇，辖51个村民委员会。

政区划分 2011年末，辖闫各庄、毕段、刘马庄、冯庄、大宁庄、界马河、前炕各庄、小石庄、崔家埝、姬杨铺、周家铺、国仙院、周滩、张石埝、魏家埝、孟坨、杨家坨、大罗庄、前罗庄、大家坨、大家坨刘庄、六庄上、车门、芦河、左庄、前何新庄、后何新庄、窝坨、黑崖子、陈渡口、东刘庄、东双坨、大尖坨、胜利、樊坨、康刘庄、艾庄、常郗铺、西双坨、后炕各庄、西三村41个村民委员会；下设142个村民小组。

人口面积 2011年末，辖区总人口35382人，其中城镇常住人口2749人，城镇化率7.8%。另有流动人口173人。总人口中，男性17843人，占50.4%；女性17539人，占49.6%；14岁以下6530人，占18%；15～64岁23803人，占67%；65岁以上5047人，占15%。总人口中，以汉族为主，达35163人，占99.4%；有满、苗、壮、土家、朝鲜、羌等9个少数民族，共219人。2011年，人口出生率5.4‰，人口死亡率6.9‰，人口自然增长率-1.5‰。

辖区东西最大距离10.5千米，南北最大距离9千米，总面积68.2平方千米。其中陆地面积59.4平方千米，占87%；水域面积8.8平方千米，占13%。人口密度为每平方千米519人。

经济概况

农业 耕地面积7.4万亩，人均耕地2.1亩。以种植小麦、玉米、蔬菜、水果为主。2011年，农业总产值9亿元，比上年增长4.5%，实现农业增加值6.3亿元，占国内生产总值的4.7%。

粮食作物以小麦、玉米为主。2011年，生产粮食13215吨，人均373千克，其中小麦5389吨，玉米6819吨。主要经济作物有蔬菜。2011年，蔬菜种植面积3万亩，产量16万吨，主要品种有温室甜瓜、油桃、黄瓜、西葫芦、西红柿等，其中甜瓜4920吨，西红柿44030吨。

畜牧业以猪、羊、牛、家禽为主。2011年，生猪饲养量4.8万头，年末存栏3.36万头；羊饲养量1.8万只，年末存栏0.9万只；牛饲养量0.5万头，年末存栏0.4万头；家禽饲养量23.7万羽，上市家禽13.8万羽。畜牧业总产值2.4亿元，占农业总产值的26%。

截至2011年末，累计造林2.25万亩，其中防护林0.15万亩，农民住宅四旁树木7.6万株，林木覆盖率40%。2011年，果树种植面积2.1万亩，产量69381吨，主要品种有苹果、梨，其中苹果17989吨，梨2748吨。

2011年，拥有大型农业机械29台（辆）；名优特农产品有甜瓜、油桃，绿色环保农产品有黄瓜、西红柿；农民人均纯收入9700元。

工业 以轻型建材、乙炔、纸制品为主，2011年，工业总产值1.1亿元，比上年增长3%，实现工业增加值8700万元，占国内生产总值的5.8%。2011年，工业企业1143家，职工2567人。

商业外贸 2011年末，商业网点280个，职工710人；集市1个，蔬菜批发市场1个。2011年，社会消费品零售总额达5亿元，比上年增长10%；城乡集市贸易成交额46亿元，比上年增长15%。

财政金融 2011年，财政总收入811.3万元，从主要税种看，完成营业税15万元，增值税478万元，企业所得税6万元，个人所得税20万元。人均财政收入229元。2011年，银行和金融机构各类存款余额1.5亿元。

社会发展

文化艺术 2011年末，镇文化综合服务中心1个，村级文化活动中心5个；各类图书室12个，藏书5万册；音乐、美术、书法、摄影及文学业余创作20人。有省、市级文物保护单位3个。

教育 2011年末，幼儿园（所）2所；小学8所，在校生1679人，专任教师147人，小学适龄儿童入学率100%；阎各庄初级中学1所，在校生856人，专任教师92人，初中适龄人口入学率、小升初升学率、九年义务教育覆盖率达100%。阎各庄中心小学，始建于1905年，占地面积28亩，现有教师43人，在校生780人。

医疗卫生 2011年末，卫生院（所）3所，门诊部31个；病床40张，每千人拥有医疗床位1.17张，固定资产总值100万元。专业卫生人员42人，其中执业医师18人，执业助理医师6人，注册护士8人。平均每千人拥有卫生技术人员1.2人，平均每千人拥有执业（助理）医师0.8人，平均每千人拥有注册护士0.3人。2011年医疗机构（门诊部以上）完成诊疗10万人次。农村安全饮用水普及率100%，参加新型农村合作医疗参合率100%。

体育 2011年末，学校体育场地2处。每年定期举办的体育赛事有春季学生运动会。35%的村安装了健身器材，经常参加体育活动的人员占常住人口的40%。

广播电视 2011年末，有线电视用户6000户，入户率40%。

社会保障 2011年，城镇最低生活保障户数103户，人数142人，支出27.9万元，比上年增长20%，月人均163.7元，比上年增长45%。农村最低生活保障户数937户，人数990人，支出105.8万元，比上年增长45%，月人均89.1元，比上年增长55%；农村五保分散供养198人，支出28万元；农村医疗救助26人次，民政部门资助参加合作医疗320人次，共支出7.6万元。国家抚恤、补助各类优抚对象280人，抚恤事业费支出80万元。

基础设施

交通运输 唐港高速、平清大公路过境。

邮政电信 2011年末，邮政局1所；报纸、期刊累计发行1.1万份（册），业务收入37.5万元。

电信企业1家，服务网点1个；固定电话用户7000户，电话用户普及率达到55%；移动电话用户1.5万户，移动电话普及率为95%；宽带接入用户3000户。

镇区市政建设

道路 2011年末，镇区道路总长度2千米。

公共交通 2011年末，镇区长途汽车停靠站1个，年客运量4万人。

供电 2011年末，镇区1万伏及以上变电站1座，主变压器1台，总容量0.16兆伏安，综合电压合格率98%，供电可靠率99.9%。

闫各庄村

(Yangezhuang Cun)

名称来历 因姓氏得名。

地理位置 地处闫各庄镇南部，东至大尖坨，南至王保仕，西至小石庄，北至大宁庄。

主要指标 2011年末，辖区总人口1715人，总面积1.82平方千米，农民人均纯收入9495元。

后何新庄村

(Houhexinzhuang Cun)

名称来历 因有户名何新的人家迁此，称何新庄。后分为两庄，因该庄在北，得名后何新庄。

地理位置 地处闫各庄镇东南部，东至王滩镇，南至前何新庄，西至左庄，北至东刘庄。

主要指标 2011年末，辖区总人口879人，总面积1.7平方千米，农民人均纯收入9495元。

大家坨村

(Dajiatuo Cun)

名称来历 初称大甲坨，后因该村聚居人员来自各处，姓氏庞杂，故而得名。

地理位置 地处闫各庄镇西北部，东至刘马庄，南至邵庄子，西至新寨镇，北至杨庄。

主要指标 2011年末，辖区总人口1172人，总面积1.61平方千米，农民人均纯收入9494元。

界马河村

(Jiemahe Cun)

名称来历 相传建庄时此地是大片荒地，有两个军营的马在此放牧，马匹易混在一起。为了分开马群，便挖了一道大沟，叫界马河，因在此河西岸建庄，以此得名。

地理位置 地处闫各庄镇西南部，东至邵庄子，南至马头营镇，西、北至新寨镇。

主要指标 2011年末，辖区总人口850人，总面积1.25平方千米，农民人均纯收入10537元。

国仙院村

(Guoxianyuan Cun)

名称来历 建庄时建有明福寺，后又改建天齐庙，故名国仙院。

地理位置 地处闫各庄镇北部，东至周滩，南至大罗庄，西至崔家埝，北至周家铺。

主要指标 2011年末，辖区总人口880人，总面积1.56平方千米，农民人均纯收入9493元。

大宁庄村

(Daningzhuang Cun)

名称来历 因宁姓人首先在此落户，村庄又较大，以此得名。

地理位置 地处闫各庄镇北部，东至冷大公路，南至西曾公路，西至刘马庄，北至杨家埝。

主要指标 2011年末，辖区总人口758人，总面积1.12平方千米，农民人均纯收入9493元。

姬杨铺村

(Jiyangpu Cun)

名称来历 因姓姬的到此落户搭窝铺，名姬家铺。又有杨姓在此搭窝铺居住，名杨家铺。后两村联建，得名。

地理位置 地处闫各庄镇北部，东至乐亭镇，南至孟坨，西至常家铺，北至乐亭镇。

主要指标 2011年末，辖区总人口380人，总面积0.43平方千米，农民人均纯收入9494元。

常郗铺村

(Changxipu Cun)

名称来历 因常家铺村、郗家铺村联建而得名。

地理位置 地处闫各庄镇西北部，东至姬杨铺，南至张石埝，西至新寨镇，北至乐亭镇。

主要指标 2011年末，辖区总人口760人，总面积0.99平方千米，农民人均纯收入9494元。

樊坨村

(Fantuo Cun)

名称来历 因樊、董、闫等姓在此建庄，该庄建在高地，定名樊家坨。后分为东、西樊坨。后东樊坨村与西樊坨村联建，得名攀坨村。

地理位置 地处闫各庄镇西北部，东至杨家埝，南至后艾庄，西至新寨镇，北至魏家埝。

主要指标 2011年末，辖区总人口963人，总面积1.08平方千米，农民人均纯收入9494元。

艾庄村

(Aizhuang Cun)

名称来历 因艾姓人在此建庄，得名艾庄村。

地理位置 地处闫各庄镇西北部，东至官庄子，南至刘马庄，西至大家坨刘庄，北至樊坨。

主要指标 2011年末，辖区总人口598人，总面积0.74平方千米，农民人均纯收入9493元。

周家铺村

(Zhoujiapu Cun)

名称来历 因周姓人家在此搭窝铺定居，由此得名。

地理位置 地处闫各庄镇北部，东至甄家铺，南至国仙院，西至姬杨铺，北至乐亭镇。

主要指标 2011年末，辖区总人口469人，总面积0.72平方千米，农民人均纯收入9494元。

小石庄村

(Xiaoshizhuang Cun)

名称来历 因石姓人家在此落户，庄又小，得名。

地理位置 地处闫各庄镇西部，东至闫各庄，南至马头营镇，西至后炕各庄，北至大宁庄。

主要指标 2011年末，辖区总人口725人，总面积1.12平方千米，农民人均纯收入9495元。

东双坨村

(Dongshuangtuo Cun)

名称来历 相传该村始建时村西有沙坨，其上长有梧桐，偶有双凤栖息，初称双凤坨，后因其在沙坨之东，得名。

地理位置 地处闫各庄镇东南部，东至芦河，南至王滩镇，西至西双坨，北至窝坨。

主要指标 2011年末，辖区总人口944人，总面积1.43平方千米，农民人均纯收入9494元。

胜利村

(Shengli Cun)

名称来历 因胜利村、北孙庄村联建，得名胜利村。

地理位置 地处闫各庄镇东北部，东至乐亭镇，南至大尖坨，西至冷大公路，北至刘庄。

主要指标 2011年末，辖区总人口560人，总面积0.86平方千米，农民人均纯收入9492元。

陈渡口村

(Chendukou Cun)

名称来历 相传有一陈姓人家在村西小河上撑船摆渡，故称陈家渡口，村庄因渡口得名。

地理位置 地处闫各庄镇东部，东至东刘庄，南至车门，西至黑崖子，北至乐亭镇。

主要指标 2011年末，辖区总人口1053人，总面积1.7平方千米，农民人均纯收入9494元。

大家坨刘庄村

(Dajiatuoliuzhuang Cun)

名称来历 初以姓氏得名，因属于大家坨片村，得名。

地理位置 地处闫各庄镇西北部，东至前艾庄村，南至大家坨郭庄，西至新寨镇，北至樊坨。

主要指标 2011年末，辖区总人口612人，总面积0.55平方千米，农民人均纯收入9495元。

大尖坨村

(Dajiantuo Cun)

名称来历 因建庄初时此地为一尖形大坨子，故而得名。

地理位置 地处闫各庄镇东部，东至黑崖子，南至窝坨，西至闫各庄，北至胜利。

主要指标 2011年末，辖区总人口1744人，总面积2.19平方千米，农民人均纯收入9494元。

大罗庄村

(Daluozhuang Cun)

名称来历 因罗姓最初在此落户，由此得名。

地理位置 地处闫各庄镇东北部，东至乐亭镇，南至前罗庄村，西至六庄上，北至周滩。

主要指标 2011年末，辖区总人口1523人，总面积2.43平方千米，农民人均纯收入9495元。

崔家埝村

(Cuijianian Cun)

名称来历 因崔姓移民在此建庄，庄北有一条挡水大埝，得名。

地理位置 地处闫各庄镇西北部，东至国仙院，南至杨家埝，西至魏家埝，北至张石埝。

主要指标 2011年末，辖区总人口512人，总面积0.71平方千米，农民人均纯收入9494元。

刘马庄村

(Liumazhuang Cun)

名称来历 因表兄弟二人在此建庄，表兄姓刘，表弟姓马，以此得名。

地理位置 地处闫各庄镇西北部，东至闫各庄，南至西曾线，西至大家坨郭庄，北至冯庄。

主要指标 2011年末，辖区总人口612人，总面积0.99平方千米，农民人均纯收入9494元。

东刘庄村

(Dongliuzhuang Cun)

名称来历 因刘姓人家首先在此落户，坐落在陈渡口东边，故得名。

地理位置 地处闫各庄镇东部，东、北至王滩镇，南至后何新庄，西至陈渡口。

主要指标 2011年末，辖区总人口1329人，总面积2.01平方千米，农民人均纯收入9494元。

冯庄村

(Fengzhuang Cun)

名称来历 因由冯耐在此建庄，故而得名。

地理位置 地处闫各庄镇西北部，东至大宁庄，南至刘马庄，西至前艾庄，北至杨家埝。

主要指标 2011年末，辖区总人口432人，总面积0.52平方千米，农民人均纯收入9494元。

车门村

(Chemen Cun)

名称来历 因建庄时，赵、裴两个大户，拥有大车门8个，非常显眼，以此得名。

地理位置 地处闫各庄镇东南部，东、南至芦河，西至窝坨，北至陈渡口。

主要指标 2011年末，辖区总人口1126人，总面积1.73平方千米，农民人均纯收入9493元。

后炕各庄村

(Houkanggezhuang Cun)

名称来历 建庄时因村西有一大坑，取名坑各庄，后改称炕各庄。后划分为两个村，因该村在北，得名。

地理位置 地处闫各庄镇西部，东至小石庄，南至前炕各庄，西至邵庄子，北至大家坨。

主要指标 2011年末，辖区总人口1052人，总面积1.7平方千米，农民人均纯收入9495元。

六庄上村

(Liuzhuangshang Cun)

名称来历 因建庄时为六间庄户，以此得名。

地理位置 地处闫各庄镇北部，东至大罗庄，南至前罗庄，西至大宁庄，北至国仙院。

主要指标 2011年末，辖区总人口453人，总面积0.72平方千米，农民人均纯收入9494元。

黑崖子村

(Heiyazi Cun)

名称来历 因村东曾有四五丈高的黑沙岗，由此得名。

地理位置 地处闫各庄镇东部，东至陈渡口，南至窝坨，西至大尖坨，北至戴庄。

主要指标 2011年末，辖区总人口1134人，总面积1.72平方千米，农民人均纯收入9493元。

芦河村

(Luhe Cun)

名称来历 该村原有一条河，河内长满芦苇，称芦霞河。村因河而得名。

地理位置 地处闫各庄镇东南部，东至王滩镇，南至左庄，西至王保仕，北至车门。

主要指标 2011年末，辖区总人口956人，总面积1.39平方千米，农民人均纯收入9494元。

孟坨村

(Mengtuo Cun)

名称来历 因有孟姓在一沙坨落户建庄，以此得名。

地理位置 地处闫各庄镇西北部，东至国仙院，南至杨家埝，西至崔家埝，北至姬杨铺。

主要指标 2011年末，辖区总人口617人，总面积0.66平方千米，农民人均纯收入9493元。

前何新庄村

(Qianhexinzhuang Cun)

名称来历 因由何姓人家迁此定居，称何新庄。后分为南北两庄，因该庄在南，得名前何新庄。

地理位置 地处闫各庄镇东南部，东、南至王滩镇，西至左庄，北至后何新庄。

主要指标 2011年末，辖区总人口1233人，总面积2.26平方千米，农民人均纯收入9491元。

西三村

(Xisan Cun)

名称来历 因由大家坨杨庄村、大家坨王庄村、大家坨郭庄村三村联建而得名。

地理位置 地处闫各庄镇西北部，东至刘马庄，南至大家坨，西至新寨镇，北至大家坨刘庄。

主要指标 2011年末，辖区总人口951人，总面积1.12平方千米，农民人均纯收入9494元。

魏家埝村

(Weijia'nian Cun)

名称来历 因魏姓移民在此建庄，庄北有一条挡滦河水的大坝，故而得名。

地理位置 地处闫各庄镇北部，东至崔家埝，南至官庄子，西至新寨镇，北至张石埝。

主要指标 2011年末，辖区总人口694人，总面积0.75平方千米，农民人均纯收入9495元。

前炕各庄村

(Qiankanggezhuang Cun)

名称来历 由炕各庄划分出来，且该村在南，由此得名。

地理位置 地处闫各庄镇西南部，东至闫各庄，南至韩家房子，西至邵庄子，北至后炕各庄。

主要指标 2011年末，辖区总人口698人，总面积1.28平方千米，农民人均纯收入9494元。

前罗庄村

(Qianluozhuang Cun)

名称来历 该村由一赵姓大户发展成村，初称赵家门前。后因其在大罗庄以南，得名前罗庄。

地理位置 地处闫各庄镇东北部，东至毕段，南至铁庄子，西至六庄上，北至大罗庄。

主要指标 2011 年末，辖区总人口 381 人，总面积 0.55 平方千米，农民人均纯收入 9494 元。

窝坨村

(Wotuo Cun)

名称来历 建庄人名叫陈窝狗，定名陈狗庄，人称窝狗庄，后此地出了举人，改名窝坨村。

地理位置 地处闫各庄镇东南部，东至车门村，南至东双坨，西至闫各庄，北至大尖坨。

主要指标 2011 年末，辖区总人口 505 人，总面积 1.96 平方千米，农民人均纯收入 9493 元。

杨家埝村

(Yangjia' nian Cun)

名称来历 因杨姓来此落户，村北有一挡水大坝，得名。

地理位置 地处闫各庄镇北部，东至国仙院，南至大宁庄，西至崔家埝，北至孟坨。

主要指标 2011 年末，辖区总人口 644 人，总面积 0.73 平方千米，农民人均纯收入 9497 元。

西双坨村

(Xishuangtuo Cun)

名称来历 因该村始建时村西有沙坨，其上长有梧桐，偶有双凤栖息，故称双凤坨，后因其在沙坨之西，得名。

地理位置 地处闫各庄镇南部，东至东双坨，南至王滩镇，西至马头营镇，北至王保仕。

主要指标 2011 年末，辖区总人口 985 人，总面积 1.89 平方千米，农民人均纯收入 9494 元。

张石埝村

(Zhangshinian Cun)

名称来历 因张、石两姓建庄，由此得名。

地理位置 地处闫各庄镇西北部，东至孟坨，南至魏家埝，西至新寨镇，北至常家铺。

主要指标 2011 年末，辖区总人口 845 人，总面积 0.43 平方千米，农民人均纯收入 9495 元。

毕段村

(Biduan Cun)

名称来历 因建庄时毕、段两姓居多，由此得名。

地理位置 地处闫各庄镇东北部，东至乐亭镇，南至刘庄，西至前罗庄，北至周滩。

主要指标 2011 年末，辖区总人口 733 人，总面积 1.13 平方千米，农民人均纯收入 9493 元。

周滩村

(Zhoutan Cun)

名称来历 因周姓人首先在此立庄，周围遍布沙滩，由此得名。

地理位置 地处闫各庄镇北部，东至小河子，南至大罗庄，西至国仙院，北至乐亭镇。

主要指标 2011 年末，辖区总人口 571 人，总面积 0.95 平方千米，农民人均纯收入 9492 元。

左庄村

(Zuozhuang Cun)

名称来历 因左姓居多，得名左庄村。

地理位置 地处闫各庄镇东南部，东至前何新庄，南至王滩镇，西至东双坨，北至芦河。

主要指标 2011 年末，辖区总人口 423 人，总面积 0.8 平方千米，农民人均纯收入 9494 元。

康刘庄村

(Kangliuzhuang Cun)

名称来历 因由康庄村、刘庄村联建，由此得名。

地理位置 地处闫各庄镇东北部，东至乐亭镇，南至胜利村，西至六庄上，北至毕段。

主要指标 2011 年末，辖区总人口 760 人，总面积 1.27 平方千米，农民人均纯收入 9495 元。

（撰稿：阚永强，审核：薛小东）

马头营镇

(Matouying Zhen)

政区概况

名称来历 因镇人民政府驻地位于马头营村而得名。

地理位置 地处乐亭县城西南，东邻王滩镇，南与翔云岛林场、长芦大清河盐场相连，西接古河乡，北与阎各庄镇接壤。人民政府驻马头营村。电话区号 0315，邮政编码 063604，距乐亭县人民政府 16.8 千米。

政区沿革 金代系新桥镇。明万历二十年（1592 年），设新桥海口营，清代称马头营。1949 年，属乐亭县五区。1958 年，属阎各庄人民公社。1961 年，析阎各庄人民公社建马头营人民公社。1984 年，改设马头营乡，辖 16 个村民委员会。1985 年，撤乡，设马头营镇。1989 年，北港乡并入，辖 19 个村民委员会。1996 年，曹庄子乡并入，辖 43 个村民委员会。

政区划分 2011 年末，辖马头营、黄坨、南赵庄子、东石碑、石碑大庄、西石碑、铁庄子、下马坨、湾坨、新庄子、南王庄子、活庄子、八里桥、曹庄子、套里西地、西李庄、尹庄子、小西关、贾庄、西大庄、东南庄子、郭庄子、下洼、套里孙庄、张庄子、九沟、安家海、陈家铺、北躲村、达新村、捞鱼尖、中石碑32个村民委员会。

人口面积　2011年末，辖区总人口29725人，其中城镇常住人口4511人，城镇化率16%。另有流动人口50人。总人口中，男性14976人，占50.4%；女性14749人，占49.6%；14岁以下3240人，占10.9%；15～64岁22146人，占74.5%；65岁以上4339人，占14.6%。总人口中，以汉族为主，达28982人，占97.5%；有满、壮、回等6个少数民族，共743人，占2.5%.2011年，人口出生率6.1‰，人口死亡率7.2‰，人口自然增长率-1.1‰。

辖区东西最大距离7千米，南北最大距离21千米，总面积97.2平方千米。其中陆地面积66.1平方千米，占68%；水域面积31.1平方千米，占32%。人口密度为每平方千米306人。

经济概况

农业　耕地面积5.6万亩，人均耕地2亩。以种植小麦、玉米、蔬菜为主。2011年，农业总产值5.9亿元，比上年增长4.5%，实现农业增加值3.9亿元，占国内生产总值的48.8%。

粮食作物以小麦、玉米、水稻为主。2011年，生产粮食28360吨，其中小麦3684吨，玉米7528吨。主要经济作物有蔬菜。2011年，蔬菜种植面积1.6万亩，产量91741吨，主要品种有温室甜瓜、油桃、黄瓜、西葫芦、西红柿等。

畜牧业以猪、羊、牛为主。2011年，生猪饲养量0.62万头，年末存栏4301头；羊饲养量0.56万只，年末存栏3691只；牛饲养量0.2万头，年末存栏0.15万头；家禽饲养量16万羽，上市家禽6万羽；收购貂皮4.8万张，狐狸皮7.1万张，貉皮6.1万张。畜牧业总产值0.7亿元，占农业总产值的15%。

截至2011年末，农民住宅四旁树木71万株。2011年，果树种植面积4098亩，产量11303吨。

渔业以海洋捕捞和海水养殖为主。可用于水产养殖的海域面积10046平方千米、滩涂面积9324平方千米、淡水水面722平方千米。2011年，鱼塘养殖面积72公顷，产量597吨；拥有各类捕捞鱼船398艘，其中从事境外远洋作业船舶达25艘，捕捞水产1万吨；水产品总产量1万吨。渔业总产植3亿元，占农业总产值的60%。

2011年，拥有大型农业机械184台（辆）；农民人均纯收入9580元。

工业　以轻型建材、乙炔、纸制品为主。2011年，工业总产值1.1亿元，比上年增长3%，实现工业增加值2780万元，占国内生产总值的3.5%。2011年，工业企业1143家，职工2567人。

商业外贸　2011年末，商业网点130个，职工400人；集市1个。2011年，社会消费品零售总额达6亿元，比上年增长15%；城乡集市贸易成交额42万元，比上年增长10%。

财政金融　2011年，财政总收入1199万元。从主要税种看，完成营业税59万元，增值税1029万元，企业所得税13万元，个人所得税79万元。人均财政收入403元。

社会发展

文化艺术　2011年末，镇文化综合服务中心1个，村级文化活动中心32个；各类文化专业户9个；各类图书室18个，藏书2.6万册；音乐、美术、书法、摄影及文学业余创作人员90人。省、市级文物保护单位1个。

教育　2011年末，幼儿园3所，在园幼儿627人，专任教师35人；小学5所，在校生1520人，专任教师108人，小学适龄儿童入学率100%；初中1所，在校生770人，专任教师70人，初中适龄人口入学率、小升初升学率、九年义务教育覆盖率达100%。

2011年财政预算内教育经费130万元，比上年增长10%。

医疗卫生　2011年末，卫生院（所）2所；病床39张，每千人拥有医疗床位1.3张，固定资产总值350万元。专业卫生人员28人，其中执业医师2人，执业助理医师5人，注册护士5人，平均每千人拥有卫生技术人员1人，平均每千人拥有执业（助理）医师0.24人，平均每千人拥有注册护士0.2人。2011年医疗机构完成诊疗2.2万人次。农村安全饮用水普及率100%，农村卫生厕所普及率25%，新型农村合作医疗参合率100%。

体育　2011年末，学校体育场地6处。每年定期举办的体育赛事有春季学生运动会。19%的村安装了健身器材，经常参加体育活动的人员占常住人口的35%。

广播电视　2011年末，有线电视用户6456户，入户率70%。

社会保障　2011年，城镇最低生活保障户数172户，人数220人，支出35万元，比上年增长14%，月人均133元，比上年增长10%。

农村最低生活保障户数660户，人数697人，支出890.5万元，比上年增长4.8%，月人均1065元，比上年增长1%；农村五保集中供养37人，支出13.3万元；农村五保分散供养114人，支出29.6万元，比上年增长28%；农村医疗救助30人次，民政部门资助参加合作医疗891人次，共支出5.3万元，比上年增长50%。

国家抚恤、补助各类优抚对象265人，抚恤事业费支出77万元。社区服务站10个，使50人（次）困难群众受益。新型农村社会养老保险参保人数2万人，参保率98.5%。

基础设施

交通运输　沿海高速、省道乐北线、滨海大道、沿海公路4条公路过境。

邮政电信　2011年末，邮政局1所。电信企业2家，服务网点20个；固定电话用户4000户，电话用户普及率达到43%；移动电话用户6456户，移动电话普及率为70%；宽带接入用户2000户，比上年增加200户。

名胜旅游

旅游业概况 境内有菩提岛（石臼坨）、月坨岛（月坨）、金沙岛（打网岗）、三岛旅游码头、翔云岛森林公园等旅游风景区。

镇区市政建设

道路 2011年末，镇区道路总长度26千米，道路铺装面积78万平方米，人均拥有道路面积26.24平方米。

公共交通 2011年末，镇区长途汽车停靠站1个。

供电 2011年末，镇区35千伏及以上变电站1座，主变压器2台，总容量12600千伏安，综合电压合格率99.7%，供电可靠率99.3%。

马头营村
(Matouying Cun)

名称来历 明万历年间，为防倭寇设新桥海口营，为沿海大镇，有七街八胡同，镇内有石桥九座，为当时沿海的一重要码头。后由于滦河变迁，古镇逐渐衰落，至清代改称马头营，村因码头而得名。

地理位置 地处马头营镇北部，东至西石碑，南至下马坨，西至刘家林，北至黄坨。

主要指标 2011年末，辖区总人口2828人，总面积4.34平方千米，农民人均纯收入9448元。

黄坨村
(Huangtuo Cun)

名称来历 因村西有一黄土岗，得名。

地理位置 地处马头营镇北部，东至西石碑，南至马头营，西至西坨，北至介马河。

主要指标 2011年末，辖区总人口1481人，总面积1.7平方千米，农民人均纯收入9511元。

套里西地村
(Taolixidi Cun)

名称来历 因滦河发水把河东庄户毁掉，迁到河西建庄，又因该村属套里片村，得名。

地理位置 地处马头营镇西南部，东至西李庄，南至曹庄子，西至北新庄子，北至南赵庄子。

主要指标 2011年末，辖区总人口978人，总面积1.64平方千米，农民人均纯收入9442元。

北躲村
(Beiduo Cun)

名称来历 因由北新庄子村与躲河庄村联建而得名。

地理位置 地处马头营镇西部，东至铁庄子，南至小西关，西至李各庄，北至马古公路。

主要指标 2011年末，辖区总人口763人，总面积1.63平方千米，农民人均纯收入9377元。

石碑大庄村
(Shibeidazhuang Cun)

名称来历 因在石碑属人口最多庄而得名。

地理位置 地处马头营镇东北部，东至中石碑，南至新庄子，西至西石坤，北至闫各庄。

主要指标 2011年末，辖区总人口534人，总面积1.21平方千米，农民人均纯收入9505元。

南赵庄子村
(Nanzhaozhuangzi Cun)

名称来历 因赵姓建庄定名赵庄子，后因在县城以南，由此得名。

地理位置 地处马头营镇西南部，东至下马坨，南至套里西地，西至铁庄子，北至马头营。

主要指标 2011年末，辖区总人口723人，总面积0.85平方千米，农民人均纯收入9426元。

南王庄子村
(Nanwangzhuangzi Cun)

名称来历 由王姓在此建庄，称大王庄，后改称王庄子，因在县城以南，得名。

地理位置 地处马头营镇东南部，东至活庄子，南至八里桥，西至套里孙庄，北至湾坨。

主要指标 2011年末，辖区总人口1599人，总面积2.63平方千米，农民人均纯收入9498元。

铁庄子村
(Tiezhuangzi Cun)

名称来历 因孙、刘两家铁匠在此建庄，称铁匠庄，后改为铁庄子村。

地理位置 地处马头营镇西南部，东至南赵庄子，南至西地，西至躲河庄，北至刘家林。

主要指标 2011年末，辖区总人口491人，总面积0.74平方千米，农民人均纯收入9397元。

湾坨村
(Wantuo Cun)

名称来历 因庄西有湾河，村庄建在湾河附近的高地上，得名湾坨村。

地理位置 地处马头营镇东南部，东至新庄子，南至南王庄子，西至西李庄，北至下马坨。

主要指标 2011年末，辖区总人口701人，总面积1.02平方千米，农民人均纯收入9482元。

西大庄村

(Xidazhuang Cun)

名称来历 因张姓由黄坨迁来建庄，庄子又大，定名大庄，后因在东南庄子以西，故改为今名。

地理位置 地处马头营镇西南部，东至东南庄子，南至张庄子，西至小西关，北至贾庄。

主要指标 2011年末，辖区总人口669人，总面积0.91平方千米，农民人均纯收入9508元。

尹庄子村

(Yinzhuangzi Cun)

名称来历 因尹姓首先在此定居，故而得名。

地理位置 地处马头营镇西南部，东至小西关，南至张庄子，西至尹郑刘，北至李各庄。

主要指标 2011年末，辖区总人口870人，总面积0.92平方千米，农民人均纯收入9608元。

小西关村

(Xiaoxiguan Cun)

名称来历 因张姓由黄坨迁来建庄，称西场，后改名小西关村。

地理位置 地处马头营镇西南部，东至西大庄，南至张庄子，西至尹庄子，北至躲河庄。

主要指标 2011年末，辖区总人口745人，总面积0.72平方千米，农民人均纯收入9499元。

套里孙庄村

(Taolisunzhuang Cun)

名称来历 原名孙家套，又称孙庄，因属套里片村，得名套里孙庄。

地理位置 地处马头营镇南部，东至南王庄子，南至九沟，西至下洼，北至湾坨。

主要指标 2011年末，辖区总人口839人，总面积1.14平方千米，农民人均纯收入9325元。

下马坨村

(Xiamatuo Cun)

名称来历 因西靠滦河底，北边有个码头，取名下码头，清咸丰年间在庄东修了一个龙门，文官到此下轿，武官到此下马，由此得名下马坨。

地理位置 地处马头营镇南部，东至新庄子，南至湾坨，西至套里西地，北至马头营。

主要指标 2011年末，辖区总人口902人，总面积1.59平方千米，农民人均纯收入9435元。

西李庄村

(Xilizhuang Cun)

名称来历 因李姓在此定居建庄，庄北有一河套，取名套里李庄，后改为李庄，因与新开口乡李庄重名，遂改为西李庄村。

地理位置 地处马头营镇南部，东至下马坨，南至达子营，西至套里西地，北至南赵庄子。

主要指标 2011年末，辖区总人口641人，总面积0.98平方千米，农民人均纯收入9485元。

张庄子村

(Zhangzhuangzi Cun)

名称来历 因张姓户多，遂得名张庄子。

地理位置 地处马头营镇西南部，东至九沟，南至大清河盐场，西至尹郑刘，北至小西关。

主要指标 2011年末，辖区总人口1210人，总面积1.69平方千米，农民人均纯收入9632元。

中石碑村

(Zhongshibei Cun)

名称来历 因庄东有一块大石碑，由此得名。

地理位置 地处马头营镇东北部，东至东石碑，南至新庄子，西至石碑大庄，北至闫各庄。

主要指标 2011年末，辖区总人口641人，总面积1.51平方千米，农民人均纯收入9505元。

曹庄子村

(Caozhuangzi Cun)

名称来历 因曹姓在此建庄，故而得名。

地理位置 地处马头营镇西南部，东至下洼，南至郭庄子，西至东南庄子，北至套里西地。

主要指标 2011年末，辖区总人口478人，总面积0.66平方千米，农民人均纯收入9498元。

安家海村

(Anjiahai Cun)

名称来历 因安姓人家由东双坨迁来此地落户，又靠近海边，得名安家海。

地理位置 地处马头营镇南部，东至老滦河底，南至大清河盐场盐滩，西至陈家铺，北至八里桥。

主要指标 2011年末，辖区总人口922人，总面积1.02平方千米，农民人均纯收入9494元。

陈家铺村

(Chenjiapu Cun)

名称来历 因陈家先在此建铺，得名。

地理位置 地处马头营镇南部，东至安家海，南至大清河盐场盐滩，西至盐场菜园，北至郭庄子。

主要指标 2011年末，辖区总人口935人，总面积1.34平方千米，农民人均纯收入9580元。

贾庄村

(Jiazhuang Cun)

名称来历 因贾姓首先来此落户，得名贾庄村。

地理位置 地处马头营镇西南部，东至东南庄子，南至西大庄，西至李各庄，北至套里西地。

主要指标 2011年末，辖区总人口672人，总面积0.91平方千米，农民人均纯收入9415元。

东南庄子村

(Dongnanzhuangzi Cun)

名称来历 因位于贾滩上东南角，得名东南庄子村。

地理位置 地处马头营镇西南部，东至郭庄子，南至大清河菜园，西至西大庄，北至贾庄。

主要指标 2011年末，辖区总人口813人，总面积1.04平方千米，农民人均纯收入9546元。

达新村

(Daxin Cun)

名称来历 因由达子营村与南新庄子村联建而得名。

地理位置 地处马头营镇南部，东至套里孙庄，南至下洼，西至曹庄子，北至西李庄。

主要指标 2011年末，辖区总人口519人，总面积0.88平方千米，农民人均纯收入9457.5元。

活庄子村

(Huozhuangzi Cun)

名称来历 胡姓在此打鱼、落户建庄，定名河庄子，后改名活庄子村。

地理位置 地处马头营镇东南部，东至西陈庄，南至环海路，西至南王庄子，北至东石碑。

主要指标 2011年末，辖区总人口802人，总面积1.48平方千米，农民人均纯收入9509元。

郭庄子村

(Guozhuangzi Cun)

名称来历 因姓郭的较多，得名郭庄子。

地理位置 地处马头营镇西南部，东至九沟，南至大清河盐场菜园，西至东南庄子，北至曹庄子。

主要指标 2011年末，辖区总人口636人，总面积1.12平方千米，农民人均纯收入9475元。

九沟村

(Jiugou Cun)

名称来历 因村内沟多，得名九沟村。

地理位置 地处马头营镇南部，东至乐北线，南至大清河盐场盐滩，西至大清河盐场菜园，北至下洼。

主要指标 2011年末，辖区总人口1108人，总面积1.4平方千米，农民人均纯收入9507元。

东石碑村

(Dongshibei Cun)

名称来历 因庄东有一块大石碑，得名东石碑村。

地理位置 地处马头营镇东北部，东至西徐各庄，南至活庄子，西至中石碑王庄，北至西双坨。

主要指标 2011年末，辖区总人口707人，总面积1.21平方千米，农民人均纯收入9518元。

新庄子村

(Xinzhuangzi Cun)

名称来历 因从湾坨迁居至此，称湾坨新庄子，后在南边又新建一个小庄，形成南北两庄，统称新庄子村。

地理位置 地处马头营镇东南部，东至石碑河，南至南王庄子，西至湾坨，北至西石碑。

主要指标 2011年末，辖区总人口541人，总面积0.9平方千米，农民人均纯收入9433元。

八里桥村

(Baliqiao Cun)

名称来历 因庄南有一座桥至王庄子八里，至碱铺八里，由此得名。

地理位置 地处马头营镇东南部，东至乐北线，南至安家海，西至九沟，北至南王庄子。

主要指标 2011年末，辖区总人口625人，总面积1.3平方千米，农民人均纯收入9605元。

下洼村

(Xiawa Cun)

名称来历 因地势比较低洼而得名。

地理位置 地处马头营镇南部，东至套里孙庄，南至九沟，西至曹庄子，北至南新庄子。

主要指标 2011年末，辖区总人口670人，总面积0.92平方千米，农民人均纯收入9421元。

西石碑村

(Xishibei Cun)

名称来历 因该村在大石碑以西，得名西石碑村。

地理位置 地处马头营镇东北部，东至石碑大庄，南至新庄子，西至黄坨，北至韩家房子。

主要指标 2011年末，辖区总人口1311人，总面积2.52平方千米，农民人均纯收入9506元。

捞渔尖村

(Laoyujian Cun)

名称来历 由碱铺村、新渔村、大清河村、捞渔尖村联建，取其中一个村为名。

地理位置 地处马头营镇南部，东至林场，南、西至海，北至八里桥。

主要指标 2011年末，辖区总人口1271人，总面积0.18平方千米，农民人均纯收入9489元。

（撰稿：王丽梅，审核：赵永民）

新寨镇

(Xinzhai Zhen)

政区概况

名称来历 因镇人民政府驻地位于新寨而得名。唐代薛礼东征时在此驻军，营寨扩建成村，取名新寨。

地理位置 地处乐亭县西部，东与阎各庄镇接壤，南邻古河乡，西连滦南县姚王庄镇，北靠庞各庄乡。人民政府驻新寨二村，电话区号0315，邮政编码063602，距乐亭人民政府13.5千米。

政区沿革 1949年，属乐亭县六区。1958年，设立新寨人民公社。1984年，改设新寨镇，辖35个村委会。

政区划分 2011年末，辖新寨一、新寨二、新寨三、褚庄子、西马庄窠、艾台庄子、芍榆坨、杜家坞、刘海庄子、略军坨、常庄子、石碑上、大港、保心庄、小港、流智庄、小河沿、香道、前兰坨、后兰坨、吴家林、朱庄子、杨赵常各庄、胡鄂常各庄、姜各庄、西吴庄子、郝庄27个村民委员会。

人口面积 2011年末，辖区总人口25900人，其中城镇常住人口2382人，城镇化率9%。另有流动人口117人。总人口中，男性13098人，占51%；女性12802人，占49%；14岁以下2849人，占11%；15~64岁18907人，占73%；65岁以上4144人，占16%。总人口中，以汉族为主，达25382人，占98%；有满、蒙古、壮等10个少数民族，共518人，占2%；2011年，人口出生率6‰，人口死亡率8‰，人口自然增长率-2‰。

辖区东西最大距离8.9千米，南北最大距离6.3千米，总面积39.6平方千米。人口密度为每平方千米654人。

经济概况

农业 耕地面积4.5万亩，人均耕地2亩。2011年农业总产值4.5亿元，比上年增长4.5%，实现农业增加值3亿元，占国内生产总值的34.9%。

以种植小麦、玉米、蔬菜、果树为主。2011年，生产粮食12514吨，其中小麦3499吨，玉米8310吨。2011年，蔬菜种植面积2.9万亩，产量168吨，主要品种有温室甜瓜、油桃、黄瓜、西葫芦、西红柿等，其中甜瓜5.8吨，黄瓜31.3吨。

畜牧业以猪、羊、牛、家禽、貂、貉子为主。2011年，生猪饲养量1.7万头，年末存栏0.98万头；羊饲养量2.2万只，年末存栏1.2万只；牛饲养量0.5万头，年末存栏0.4万头；家禽饲养量31万羽，上市家禽14.9万羽；收购貂皮1.2万张。畜牧业总产值2.8亿元，占农业总产值的76%。

截至2011年末，累计造林1.7万亩。其中防护林212亩，农民住宅四旁树木45.6万株，林木覆盖率30%。2011年，果树种植面积1.6万亩，产量43294吨，主要品种有葡萄、桃，其中葡萄16334吨，桃24119吨。

2011年，拥有大型农业机械670台（辆）；名优特农产品有桃，绿色环保农产品有桃、甜瓜、葡萄；农民人均纯收入9474元。

工业 以制造业为主，主要是酿酒业。2011年，工业总产值16646万元，实现工业增加值4163万元，占国内生产总值的4.8%。

商业外贸 2011年末，商业网点320个，职工705人；集市1个，蔬菜批发市场1个。2011年，社会消费品零售总额达5.3亿元，比上年增长12%；城乡集市贸易成交额38万元，比上年增长9.2%。

财政金融 2011年，财政总收入1028万元，比上年增长70%。其中地方财政收入176万元，比上年增长13%。人均财政收入397元。

社会发展

文化艺术 2011年末，镇文化综合服务中心1个，村级文化活动中心27个；各类图书室16个，藏书6万册。

教育 2011年末，幼儿园2所，在园幼儿230人，专任教师8人；小学6所，在校生1795人，专任教师124人，小学适龄儿童入学率100%；初中1所，在校生1030人，专任教师63人，初中适龄人口入学率、小升初升学率、九年义务教育覆盖率均达100%；新寨高级中学1所，在校生2200人，专任教师198人。新寨中心小学始建于1917年，占地面积17.3亩，建筑面积2500平方米，现有教师28人，14个教学班，学生475人。2011年财政预算内教育经费130万元，比上年增加10%。

医疗卫生 2011年末，卫生院1所；病床40张，每千人拥有医疗床位1.5张，固定资产总值320万元。专业卫生人员41人，其中执业医师18人，执业助理医师3人，注册护士8人，平均每千人拥有卫生技术人员1.6人，平均每千人拥有执业（助理）医师0.8人，平均每千人拥有注册护士0.3人。2011年医疗机构（门诊部以上）完成诊疗4.3万人次。农村安全饮用水普及率100%，农村卫生厕所普及率20%，新型农村合作医疗参合率100%。

体育 2011年末，学校体育场地8处。每年定期举办的体育赛事有春季学生运动会。30%的村安装了健身器材，经常参加体育活动的人员占常住人口的40%。

广播电视 2011年末，有线电视用户7000户，入户率80%。

社会保障 2011年，城镇最低生活保障户数86户，人数108人，支出22.7万元，比上年增长18%；月人均175元，比上年增长34%。

农村最低生活保障户数634户，人数660人，支出72.6万元，比上年增加5%，月人均92元，比上年增加28.2%；农村五保集中供养33人，支出1.2万元，比上年增加25%；农村五保分散供养174人，支出38万元，比上年增加18%；农村医疗救助36人次，民政部门资助参加合作医疗660人次，共支出3.6万元。

国家抚恤、补助各类优抚对象152人，抚恤事业费支出70万元，比上年增长10%。

基础设施

交通运输 乐胡公路过境。

邮政电信 2011年末，邮政局1所，业务收入370万元。

电信企业3家，服务网点3个；固定电话用户5200户，比上年增加300户，电话用户普及率达到40%；移动电话用户8000户，比上年增加500户，移动电话普及率为90%；光缆线路总长度50千米，宽带接入用户2400户，比上年增加500户。全年电信业务收入370万元。

镇区市政建设

道路 2011年末，镇区道路总长度5千米，道路铺装面积3万平方米。

公共交通 2011年末，镇区长途汽车停靠站5个。

供电 2011年末，镇区35千伏及以上变电站1座，主变压器2台，总容量0.0002兆伏安，高压输电线路5条，总长度40.67千米，用电负荷4800千瓦，综合电压合格率98.2%，供电可靠率99.9%。

香道村

(Xiangdao Cun)

名称来历 因村西有个龙王庙，烧香上供的人经常从此路过，得名香道村。

地理位置 地处新寨镇东南部，东至吴家林，南至后兰坨，西至小河沿，北至大港。

主要指标 2011年末，辖区总人口1197人，总面积1.72平方千米，农民人均纯收入7890元。

大港村

(Dagang Cun)

名称来历 因庄北有一条老滦河，能通航停泊船只，故得名大港（此地名读Jiang）村。

地理位置 地处新寨镇东南部，东至闫各庄镇，南至香道，西至胡常各庄，北至前郝庄。

主要指标 2011年末，辖区总人口975人，总面积1.8平方千米，农民人均纯收入7850元。

新寨一村

(Xinzhaiyi Cun)

名称来历 唐代薛礼东征在此驻军扎寨，后扩建成庄，取名新寨。后划分为三个村，按序得名。

地理位置 地处新寨镇北部，东至庞各庄乡，南至新寨二村，西至西吴庄子，北至西马庄窠。

主要指标 2011年末，辖区总人口1820人，总面积2.64平方千米，农民人均纯收入7852元。

新寨二村

(Xinzhai'er Cun)

名称来历 唐代薛礼东征在此驻军扎寨，后扩建成庄，取名新寨。后划分为三个村，按序得名。

地理位置 地处新寨镇东部，东至乐新路，南至新寨三村，西至艾台庄子，北至新寨一村。

主要指标 2011年末，辖区总人口1358人，总面积2.64平方千米，农民人均纯收入7846元。

新寨三村

(Xinzhaisan Cun)

名称来历 唐代薛礼东征在此驻军扎寨，后扩建成庄，取名新寨。后划分为三个村，按序得名。

地理位置 地处新寨镇西南部，东至乐新路，南至杨常各庄，西至常庄子，北至新寨二村。

主要指标 2011年末，辖区总人口839人，总面积1.28平方千米，农民人均纯收入7840元。

保心庄村

(Baoxinzhuang Cun)

名称来历 旧名张八姑庄，又名张卜庄、岚泉堡庄。后因发大水冲毁村庄，搬至原庄东南一里处，此地周围洼、中间高，地势似元宝心，得名宝心庄，后谐音保心庄。

地理位置 地处新寨镇东部，东至闫各庄镇，南至小港，西至老郝庄，北至芍榆坨。

主要指标 2011年末，辖区总人口613人，总面积1.15平方千米，农民人均纯收入7860元。

朱庄子村

(Zhuzhuangzi Cun)

名称来历 因朱姓人多，得名朱庄子。

地理位置 地处新寨镇东南部，东至马头营镇黄坨，南至古河乡西坨，西至古河乡郑家桥，北至前兰坨。

主要指标 2011年末，辖区总人口633人，总面积1.07平方千米，农民人均纯收入7859元。

姜各庄村

(Jianggezhuang Cun)

名称来历 由西姜各庄村与东姜各庄村联建而得名。

地理位置 地处新寨镇南部，东至香道，南至小河沿，西至流智庄，北至鄂常各庄。

主要指标 2011年末，辖区总人口782人，总面积1.4平方千米，农民人均纯收入7846元。

杜家坞村

(Dujiawu Cun)

名称来历 因杜姓人家在此搭建窝棚建村而得名。

地理位置 地处新寨镇西南部，东至略军坨，南至古河乡，西至新河，北至滦南县。

主要指标 2011年末，辖区总人口623人，总面积0.86平方千米，农民人均纯收入7880元。

小港村

(Xiaogang Cun)

名称来历 因临近传说中泊船港口，故得名小港村。

地理位置 地处新寨镇东部，东至闫各庄镇，南至闫各庄镇王庄，西至前郝庄，北至保心庄。

主要指标 2011年末，辖区总人口635人，总面积1.1平方千米，农民人均纯收入7892元。

艾台庄子村

(Aitaizhuangzi Cun)

名称来历 因艾台首先在此居住，由此得名。

地理位置 地处新寨镇西部，东至新寨二村，南至常庄子，西至西高家铺，北至吴庄子。

主要指标 2011年末，辖区总人口1249人，总面积2.19平方千米，农民人均纯收入7881元。

杨赵常各庄村

(Yangzhaochanggezhuang Cun)

名称来历 因由杨常各庄村与赵常各庄村联建，故得名。

地理位置 地处新寨镇南部，东至胡常各庄，南至鄂常各庄，西至石碑上，北至新寨三村。

主要指标 2011年末，辖区总人口778人，总面积1.4平方千米，农民人均纯收入7843元。

常庄子村

(Changzhuangzi Cun)

名称来历 因常姓人常庄子，家到这里开荒种地、建村，得名。

地理位置 地处新寨镇西南部，东至新寨三村，南至略军坨，西至刘海庄子，北至艾台庄子。

主要指标 2011年末，辖区总人口668人，总面积1.45平方千米，农民人均纯收入7831元。

褚庄子村

(Zhuzhuangzi Cun)

名称来历 因褚姓首先到此建房落脚建村，得名褚庄子。

地理位置 地处新寨镇西北部，东至西马庄寨，南至西吴庄子，西至滦南县，北至滦南县。

主要指标 2011年末，辖区总人口423人，总面积0.8平方千米，农民人均纯收入7820元。

小河沿村

(Xiaoheyan Cun)

名称来历 因建庄在一条小河河岸边，得名。

地理位置 地处新寨镇南部，东至香道，南至郑家桥，西至前吴家兰坨，北至东姜各庄。

主要指标 2011年末，辖区总人口713人，总面积1.12平方千米，农民人均纯收入7846元。

郝庄村

(Haozhuang Cun)

名称来历 因由前郝庄村、老郝庄村联建而得名。

地理位置 地处新寨镇东南部，东至小港，南至大港，西至胡常各庄，北至周新线。

主要指标 2011年末，辖区总人口1000人，总面积1.77平方千米，农民人均纯收入7878元。

前兰坨村

(Qianlantuo Cun)

名称来历 因该村建在一片乱葬岗子的沙坨子上，故称乱坨。因忌“乱”字，改名兰坨。后分为前后两庄，因该村在南，得名前兰坨。

地理位置 地处新寨镇东南部，东至闫各庄镇，南至朱庄子，西至小河沿，北至后兰坨。

主要指标 2011年末，辖区总人口707人，总面积1.2平方千米，农民人均纯收入7820元。

后兰坨村

(Houlantuo Cun)

名称来历 因该村建在一片乱葬岗子的沙坨子上，称乱坨。因忌“乱”字，改名为兰坨。后分为前后两庄，因该村在北，得名后兰坨。

地理位置 地处新寨镇东南部，东至闫各庄镇界马河，南至前兰坨，西至小河沿，北至香道。

主要指标 2011年末，辖区总人口529人，总面积0.83平方千米，农民人均纯收入7847元。

胡鄂常各庄村

(Hu'echanggezhuang Cun)

名称来历 因由胡常各庄村与鄂常各庄村联建而得名。

地理位置 地处新寨镇东部，东至前郝庄，南至东姜各庄，西至赵常各庄，北至杨常各庄。

主要指标 2011 年末，辖区总人口 811 人，总面积 1.33 平方千米，农民人均纯收入 7852 元。

刘海庄子村

(Liuhaizhuangzi Cun)

名称来历 因老祖爷刘汉首先在此定居，称刘汉庄子，后取谐音得名刘海庄子。

地理位置 地处新寨镇西部，东至常庄子，南至略军坨，西至滦南县区域，北至艾台庄子。

主要指标 2011 年末，辖区总人口 420 人，总面积 1.33 平方千米，农民人均纯收入 7853 元。

流智庄村

(Liuzhizhuang Cun)

名称来历 因庄西有一条滦河的支流，取名流水庄。河水经常泛滥冲毁房、田，为了把水治住，故更名为流治庄，取谐音得名。

地理位置 地处新寨镇西南部，东至古河乡后吴家兰坨，南至古河乡崔庄子，西至撒马店，北至略军坨。

主要指标 2011 年末，辖区总人口 1276 人，总面积 2.24 平方千米，农民人均纯收入 7861 元。

略军坨村

(Lüejuntuo Cun)

名称来历 因唐太宗李世民和薛礼东征时，官军曾在此卸甲歇息，又因地势较高，得名略军坨。

地理位置 地处新寨镇西南部，东至常庄子，南至流智庄，西至杜家坞，北至刘海庄子。

主要指标 2011 年末，辖区总人口 728 人，总面积 1.54 平方千米，农民人均纯收入 7848 元。

芍榆坨村

(Shaoyutuo Cun)

名称来历 原名康大庄，搬迁重建时，因该地坨上长有一株芍药花和一棵榆树，得名。

地理位置 地处新寨镇东北部，东至魏家埝，南至西樊坨，西至保新庄，北至乐新路。

主要指标 2011 年末，辖区总人口 1965 人，总面积 3.27 平方千米，农民人均纯收入 7885 元。

石碑上村

(Shibeishang Cun)

名称来历 建庄时，村里人家在村西立石碑一座，上刻户主姓名，得名石碑上村。

地理位置 地处新寨镇南部，东至杨常各庄，南至赵常各庄，西至常庄子，北至新寨三村。

主要指标 2011 年末，辖区总人口 517 人，总面积 0.87 平方千米，农民人均纯收入 7831 元。

吴家林村

(Wujialin Cun)

名称来历 因该地原是一片树林，属吴家所有，得名吴家林。

地理位置 地处新寨镇东南部，东至闫各庄镇界马河，南至后兰坨，西至香道，北至西曾线公路。

主要指标 2011 年末，辖区总人口 583 人，总面积 0.83 平方千米，农民人均纯收入 7854 元。

西马庄窠村

(Ximazhuangke Cun)

名称来历 该庄是放马的荒草场，因位于东马庄窠的西侧，得名。

地理位置 地处新寨镇北部，东至庞各庄乡东马庄窠，南至新寨一村，西至褚庄子，北至庞各庄乡阴田各庄。

主要指标 2011 年末，辖区总人口 412 人，总面积 0.6 平方千米，农民人均纯收入 7836 元。

西吴庄子村

(Xiwuzhuangzi Cun)

名称来历 因由吴庄子村和西地村联建而得名。

地理位置 地处新寨镇西部，东至新寨二村，南至艾台庄子，西至滦南县，北至褚庄子。

主要指标 2011 年末，辖区总人口 839 人，总面积 1.1 平方千米，农民人均纯收入 7845 元。

（撰稿：吴海明，审核：段建波）

汀流河镇

(Tingliuhe Zhen)

政区概况

名称来历 因镇人民政府驻地位于汀流河村而得名。

地理位置 地处乐亭县西北，东邻中堡镇，南临乐亭镇、庞各庄乡，西、北与滦南县宋道口镇相连。人民政府驻汀流河村，电话区号 0315，邮政编码 063601，距乐亭县人民政府11.1千米。

政区沿革　1949年，属乐亭县七区。1958年，建立汀流河人民公社。1984年，改设汀流河乡，辖20个村委会。1989年，撤乡，设汀流河镇，大杨庄乡同时并入，辖48个村民委员会。

政区划分　2011年末，辖汀流河、洼里、东石各庄、刘石各庄、丰庄、杨各庄、姚家房子、薛家铺、东徐家房子、西徐家房子、边新庄子、张王庄、三义庙、边曹庄、边刘庄、后庄、商家埝、高地、常河、东桑园、狼窝村、孔营、边流河、徐于村、房子、小圣庙、大杨庄、张孙庄、馒首村、赵李村、薛李村31个村民委员会。

人口面积　2011年末，辖区总人口26441人，其中城镇常住人口6123人，城镇化率23.2%。另有流动人口137人。总人口中，男性13114人，占49.6%；女性13327人，占50.4%；14岁以下5217人，占19.7%；15~64岁15460人，占58.5%；65岁以上5764人，占21.8%。总人口中，以汉族为主，达26141人，占98.9%；有满、蒙古、朝鲜等9个少数民族，共300人，占1.1%。2011年，人口出生率2.7‰，人口死亡率4.8‰，人口自然增长率-2.1‰。

辖区东西最大距离8.1千米，南北最大距离11.3千米，总面积49.3平方千米。其中陆地面积49.1平方千米，占99.6%；水域面积0.2平方千米，占0.4%。人口密度为每平方千米536人。

经济概况

农业　耕地面积5.1万亩，人均耕地1.9亩。以种植小麦、玉米、蔬菜为主。2011年，农业总产值6.4亿元，比上年增长4.7%，实现农业增加值2.7亿元，占国内生产总值的7.3%。

粮食作物以小麦、玉米为主。2011年，生产粮食13278吨，人均502.2千克，其中小麦3327吨，玉米5921吨。主要经济作物有蔬菜。2011年，蔬菜种植面积4万亩，产量21.5万吨，主要品种有温室甜瓜、油桃、黄瓜、西葫芦、西红柿等，其中甜瓜10.1万吨，黄瓜3.4万吨。

畜牧业以猪、羊、牛、家禽为主。2011年，生猪饲养量4.4万头，年末存栏1.4万头；羊饲养量0.6万只，年末存栏0.3万只；牛饲养量0.3万头，年末存栏0.2万头；家禽饲养量17.8万羽。畜牧业总产值1.3亿元，占农业总产值的32.8%。

截至2011年末，累计造林0.8万亩，其中防护林498亩，农民住宅四旁树木53.02万株，林木覆盖率18.3%。2011年，果树种植面积0.6万亩，产量16817吨，主要品种有桃、苹果，其中桃6576吨，苹果4450吨。

2011年，拥有大型农业机械3000台（辆），名优特农产品有汀香牌甜瓜，绿色环保农产品有苹果、黄瓜、彩椒；农民人均纯收入9493元。

工业　以钢铁为主。2011年，工业总产值148.9亿元，实现工业增加值31.4亿元，占国内生产总值的84.6%。2011年，工业企业13家，职工5000人。

商业外贸　2011年末，商业网点1909个，职工3922人；集市2个。2011年，社会消费品零售总额达4.4亿元，比上年增长23.5%；城乡集市贸易成交额3.2亿元，比上年增长11.2%。

2011年，出口总额0.4亿美元，比上年减少5%，主要产品有农具、陶瓷等，销往德国、南非、意大利等国家。

财政金融　2011年，财政总收入1200万元，比上年增长11%。从主要税种看，完成营业税13万元，增值税531.3万元，企业所得税18.8万元，个人所得税40万元。人均财政收入454元，比上年增长1.8%。2011年银行和金融机构各类存款余额3.9亿元，比上年增长32.2%；各项贷款余额0.2亿元，上年增长13.2%。

社会发展

文化艺术　2011年末，镇文化综合服务中心1个，村级文化活动中心20个；各类文化专业户3户；各类图书室6个，藏书1.2万册；音乐、美术、书法、摄影及文学业余创作人员126人。

教育　2011年末，幼儿园2所，在园幼儿572人，专任教师27人；小学7所，在校生1342人，专任教师92人，小学适龄儿童入学率100%；初中2所，在校生871人，专任教师107人，初中适龄人口入学率、小升初升学率、九年义务教育覆盖率达100%；汀流河高级中学1所，在校生565人，专任教师84人；民办学校1所。

2011年财政预算内教育经费1500万元，比上年增长35%，预算内教育经费占财政总支出的比例为96%。

医疗卫生　2011年末，卫生院（所）2所，门诊部1个；病床30张，固定资产总值190万元。专业卫生人员24人，其中执业医师12人，执业助理医师6人，注册护士6人，平均每千人拥有卫生技术人员0.9人，平均每千人拥有执业（助理）医师0.7人，平均每千人拥有注册护士0.2人。2011年医疗机构完成诊疗1.8万人次。农村安全饮用水普及率100%，农村卫生厕所普及率10%，新型农村合作医疗参合率98.8%。

体育　2011年末，学校体育场地1处。48.4%的村安装了健身器材，经常参加体育活动的人员占常住人口的40%。

广播电视　2011年末，广播电视站1个，有线电视用户4000户，入户率48.5%。

社会保障　2011年，城镇最低生活保障户数109户，人数147人，支出30万元，比上年减少40%，月人均170元，比上年增长8.2%。

农村最低生活保障户数728户，人数815人，支出88万元，比上年增长3.5%，月人均90元，比上年增长25%；农村五保集中供养52人，农村五保分散供养120人，支出26.7万元，比上年增长16.4%；农村医疗救助34人次，民政部门资助参加合作医疗1126人次，共支出6.8万元，比上年增长3%。

国家抚恤、补助各类优抚对象263人，抚恤事业费支出92.2万元，比上年增长1.2%。社区服务站20个，使174人（次）困难群众受益。新型农村社会养老保险参保人数1.3万人，参保率99.8%。

基础设施

交通运输 省道平清大公路，汀李、汀会、唐乐公路4条公路过境。

邮政电信 2011年末，邮政局1所，代办所1处；报纸、期刊累计发行14万份（册），业务收入20万元。

电信企业3家，服务网点4个；固定电话用户3200户，比上年减少100户，电话用户普及率达到39%；移动电话用户15600户，比上年增加320户，移动电话普及率为58%；宽带接入用户2700户，比上年增加230户。

镇区市政建设

道路 2011年末，镇区道路总长度6400米；道路铺装面积7.7万平方米，人均拥有道路面积12.5平方米。

公共交通 2011年，镇区长途汽车停靠站1个，年客运量9800人。

给排水 2011年末，镇区高压深水井2座，敷设干线水管1.2千米，生产能力395.4吨/日，年生活用水14.4万吨，居民自来水普及率100%，年人均生活用水21.9吨。

供电 2011年末，镇区1万千伏及以上变电站1座，主变压器2台，总容量8.5兆伏安，高压输电线路12条，总长度63千米，用电负荷3万千瓦。年售电量累计完成0.4亿千瓦时，综合电压合格率100%，供电可靠率99.99%。

园林绿化 2011年末，镇区公园1个，公园面积1.6公顷，园林绿地面积1.04公顷，绿化覆盖率34%，人均绿地面积2.4平方米。

汀流河村

(Tingliuhe Cun)

名称来历 因村北滦河从滦县偏凉汀流经此地，以此得名。

地理位置 地处汀流河镇北部，东至东石各庄，南至东石各庄，西至洼里，北至滦南县。

主要指标 2011年末，辖区总人口1622人，总面积2.39平方千米，农民人均纯收入9057元。

刘石各庄村

(Liushigezhuang Cun)

名称来历 因刘姓首先在此定居，得名刘石各庄。

地理位置 地处汀流河镇西南部，东至东石各庄，南至杨各庄，西至狮子营，北至汀流河。

主要指标 2011年末，辖区总人口684人，总面积1.41平方千米，农民人均纯收入9457元。

东石各庄村

(Dongshigezhuang Cun)

名称来历 因居民较少，故名十各庄，后改为石各庄，因位于刘石各庄东侧得名东石各庄。

地理位置 地处汀流河镇东南部，东至平青大公路，南至杨各庄，西至刘石各庄，北至汀流河。

主要指标 2011年末，辖区总人口2246人，总面积3.33平方千米，农民人均纯收入9050元。

高地村

(Gaodi Cun)

名称来历 因由高采庄村与土地庙村联建而故名。

地理位置 地处汀流河镇西南部，东至东石各庄，南至刘石各庄，西至酱家河，北至洼里。

主要指标 2011年末，辖区总人口775人，总面积1.07平方千米，农民人均纯收入9400元。

洼里村

(Wali Cun)

名称来历 因此处地势低洼而得名洼里。

地理位置 地处汀流河镇西部，东至汀流河，南至土地庙，西至东桑园，北至汀流河。

主要指标 2011年末，辖区总人口498人，总面积0.61平方千米，农民人均纯收入9680元。

东桑园村

(Dongsangyuan Cun)

名称来历 由东桑园村与西桑园村联建，取其中一个村的村名。

地理位置 地处汀流河镇西部，东至洼里，南至酱家河，西至滦南县，北至滦南县岗子。

主要指标 2011年末，辖区总人口780人，总面积1.06平方千米，农民人均纯收入9156元。

边流河村

(Bianliuhe Cun)

名称来历 由武庄村、何庄村与边大庄村联建，重新命名为边流河。

地理位置 地处汀流河镇西南部，东至馒首张庄，南至三义庙，西至滦南县连北店，北至张王庄。

主要指标 2011年末，辖区总人口566人，总面积1.27平方千米，农民人均纯收入9506元。

赵李村

(Zhaoli Cun)

名称来历 因由赵家房子村与李家铺村联建，得名赵李村。

地理位置 地处汀流河镇南部，东至十王殿，南至三丁庄，西至三义庙，北至边大庄。

主要指标 2011年末，辖区总人口723人，总面积2.08平方千米，农民人均纯收入9837元。

边刘庄村

(Bianliuzhuang Cun)

名称来历 因刘姓首先在此定居，且属边流河片村，得名边流庄。

地理位置 地处汀流河镇南部，东至武庄，南至边大庄，西至边曹庄，北至张王庄。

主要指标 2011年末，辖区总人口475人，总面积0.48平方千米，农民人均纯收入9380元。

东徐家房子村

(Dongxujiafangzi Cun)

名称来历 因徐姓首先在此定居，称徐家房子。后分东西两村，该村在东，得名东徐家房子。

地理位置 地处汀流河镇东南部，东至乐亭镇，南至乐亭镇宁庄，西至西徐家房子，北至老滦河套。

主要指标 2011年末，辖区总人口590人，总面积1.03平方千米，农民人均纯收入9721元。

西徐家房子村

(Xixujiafangzi Cun)

名称来历 因徐姓首先在此定居，称徐家房子。后分东西两村，该村在西，得名西徐家房子。

地理位置 地处汀流河镇东南部，东至东徐家房子，南至乐亭镇宁庄，西至姚家房子，北至薛家铺。

主要指标 2011年末，辖区总人口524人，总面积1.13平方千米，农民人均纯收入9600元。

姚家房子村

(Yaojiafangzi Cun)

名称来历 因姚姓首先在此定居，得名姚家房子。

地理位置 地处汀流河镇东南部，东至西徐家房子，南至乐亭镇宁庄，西至张家房子，北至丰庄。

主要指标 2011年末，辖区总人口448人，总面积0.76平方千米，农民人均纯收入9537元。

薛家铺村

(Xuejiapu Cun)

名称来历 因由四户薛姓来此搭窝铺定居，得名薛家铺。

地理位置 地处汀流河镇东南部，东至东徐家房子，南至西徐家房子，西至姚家房子，北至杨家房子。

主要指标 2011年末，辖区总人口589人，总面积1.47平方千米，农民人均纯收入9571元。

房子村

(Fangzi Cun)

名称来历 因由曹家房子村与张家房子村联建而得名。

地理位置 地处汀流河镇东南部，东至姚家房子，南至后庄，西至边新庄子，北至丰庄。

主要指标 2011年末，辖区总人口503人，总面积1.01平方千米，农民人均纯收入9954元。

后庄村

(Houzhuang Cun)

名称来历 因在小圣庙片村北边，得名小圣庙后庄，后改称后庄村。

地理位置 地处汀流河镇东南部，东至乐亭镇小河，南至腰庄，西至张王庄，北至曹家房子。

主要指标 2011年末，辖区总人口516人，总面积1.2平方千米，农民人均纯收入9653元。

小圣庙村

(Xiaoshengmiao Cun)

名称来历 由腰庄村、蒋庄村、太庄村联建，重新命名为小圣庙村。

地理位置 地处汀流河镇东南部，东至滦河灌渠，南至大杨庄，西至大杨庄，北至后庄。

主要指标 2011年末，辖区总人口716人，总面积1.42平方千米，农民人均纯收入9526元。

大杨庄村

(Dayangzhuang Cun)

名称来历 因大杨庄村与小杨庄村联建而得名。

地理位置 地处汀流河镇南部，东至乐亭镇，南至馒首张庄，西至边大庄，北至小杨庄。

主要指标 2011年末，辖区总人口928人，总面积1.86平方千米，农民人均纯收入9369元。

张孙村

(Zhangsun Cun)

名称来历 因由馒首张庄村与馒首孙庄村联建，故名张孙村。

地理位置 地处汀流河镇南部，东至乐亭镇代胡庄，南至十王殿，西至赵家房子，北至大杨庄。

主要指标 2011年末，辖区总人口929人，总面积1.8平方千米，农民人均纯收入10030元。

馒首村

(Manshou Cun)

名称来历 因馒首王庄村、馒首小李庄村与十王殿村联建，故名。

地理位置 地处汀流河镇南部，东至乐亭镇道岔，南至乐亭镇三丁庄，西至李家铺，北至馒首孙庄。

主要指标 2011年末，辖区总人口1073人，总面积1.94平方千米，农民人均纯收入9685元。

商家埝村

(Shangjia'nian Cun)

名称来历 因几户商姓的在此居住，为防止滦河水患，共同修了拦水埝，得名。

地理位置 地处汀流河镇南部，东至赵家房子，南至庞各庄乡庞各庄东村，西至庞各庄乡新房子，北至三义庙。

主要指标 2011年末，辖区总人口909人，总面积1.7平方千米，农民人均纯收入9470元。

孔营村

(Kongying Cun)

名称来历 因由孔赵薛村与狮子营村联建，故名孔营村。

地理位置 地处汀流河镇西南部，东至刘石各庄，南至刘狼窝，西至于庄，北至土地庙。

主要指标 2011年末，辖区总人口740人，总面积1.4平方千米，农民人均纯收入9508元。

丰庄村

(Fengzhuang Cun)

名称来历 因丰姓人多，得名丰庄。

地理位置 地处汀流河镇东南部，东至薛家铺，南至曹家房子，西至杨各庄，北至东石各庄。

主要指标 2011年末，辖区总人口1235人，总面积3.03平方千米，农民人均纯收入9260元。

薛李村

(Xueli Cun)

名称来历 因由大薛庄村与李家庄村联建，故名薛李村。

地理位置 地处汀流河镇西南部，东至徐庄，南至滦南县，西至滦南县港北，北至高常庄。

主要指标 2011年末，辖区总人口681人，总面积1.18平方千米，农民人均纯收入9405元。

常河村

(Changhe Cun)

名称来历 因由高常庄村与酱家河村联建，故名常河村。

地理位置 地处汀流河镇西南部，东至土地庙，南至徐庄，西至李家庄，北至西桑园。

主要指标 2011年末，辖区总人口656人，总面积1.88平方千米，农民人均纯收入8987元。

徐于村

(Xuyu Cun)

名称来历 因徐庄村与于庄村联建，各取首字命名。

地理位置 地处汀流河镇西南部，东至孔赵薛，南至滦南县，西至大薛庄，北至高常庄。

主要指标 2011年末，辖区总人口476人，总面积0.81平方千米，农民人均纯收入9499元。

边新庄子村

(Bianxinzhuangzi Cun)

名称来历 王庄姓王的迁到此处定居，取名新庄子。因属边流河片村，故名。

地理位置 地处汀流河镇西南部，东至曹家房子，南至张王庄，西至滦南县宋道口镇断火庄，北至杨各庄。

主要指标 2011年末，辖区总人口497人，总面积1.29平方千米，农民人均纯收入9582元。

杨各庄村

(Yanggezhuang Cun)

名称来历 因杨姓首先在此落户，得名杨各庄村。

地理位置 地处汀流河镇南部，东至丰庄，南至边新庄子，西至刘狼窝，北至刘石各庄。

主要指标 2011年末，辖区总人口1743人，总面积4.12平方千米，农民人均纯收入9426元。

边曹庄村

(Biancaozhuang Cun)

名称来历 原名新庄，后因曹姓较多，改名为曹庄。因属边流河片村，故名。

地理位置 地处汀流河镇西南部，东至武庄，南至边大庄，西至何庄，北至滦南县断火庄。

主要指标 2011年末，辖区总人口623人，总面积0.93平方千米，农民人均纯收入9361元。

张王庄村

(Zhangwangzhuang Cun)

名称来历 因由张庄、王庄、吕庄合并而成，故名。

地理位置 地处汀流河镇南部，东至后庄，南至武庄，西至滦南县断火庄，北至边新庄子。

主要指标 2011年末，辖区总人口1097人，总面积2.15平方千米，农民人均纯收入9560元。

三义庙村

(Sanyimiao Cun)

名称来历 原名太平庄，后因旗人在此修建了一座三义庙，得名三义庙。

地理位置 地处汀流河镇西南部，东至赵家房子，南至商家埝，西至滦南县南店，北至何庄。

主要指标 2011年末，辖区总人口438人，总面积1.02平方千米，农民人均纯收入9851元。

狼窝村

(Langwo Cun)

名称来历 因由刘狼窝村与封狼窝村联建，得名狼窝村。

地理位置 地处汀流河镇西南部，东至杨各庄，南至滦南断火庄，西至于庄，北至孔赵薛。

主要指标 2011年末，辖区总人口1377人，总面积2.51平方千米，农民人均纯收入9358元。

（撰稿：李清华，审核：苗建国）

姜各庄镇

(Jianggezhuang Zhen)

政区概况

名称来历 因镇人民政府驻地位于姜各庄村而得名。

地理位置 地处乐亭县东部，东、南临渤海，西与胡家坨镇接壤，北隔滦河与昌黎县茹荷镇交界。人民政府驻姜各庄村，电话区号0315，邮政编码063608，距乐亭县人民政府18.8千米。

政区沿革 1949年12月，由昌黎县划归乐亭县，属第九区。1956年，成立姜各庄民主民族联合社。1958年，设立姜各庄人民公社。1984年，改设姜各庄乡，辖24个村民委员会。1989年4月，合并姜各庄乡、桥头乡，建姜各庄镇，辖45个村民委员会。1996年，王庄子乡、董庄乡并入，辖86个村民委员会。

政区划分 2011年末，辖董庄、庄东、庄西、沙崖李庄、沙崖周庄、东荒、南海滨、中海滨、岗子、杨家林、柳林、东赵庄子、明庄子、黄湾、向阳坨、拗榆树、李营、周家营一、周家营二、周家营三、郭营、三家子、大西庄、王腰庄、莲花池、前营、北海滨、大南庄、新甜、九间房、第二节、姜各庄一、姜各庄二、姜各庄三、西王庄、后龙庄、前郑庄、杨坨子、新庄户、东屯、西屯、常庄、后程庄、孙程庄、才庄、大庄、桥头新庄子、前梁庄、后梁庄、桥头刘庄、王秀士、胡庄、三座院杨庄、马庄子、周家庄、杜东庄、圈里、五中庄、符庄、滨海、孙坨、南程庄、母强庄、太满庄、刘赵庄、白王庄、石各庄、大李庄、温李庄、东南庄70个村民委员会。

人口面积 2011年末，辖区总人口49227人，其中城镇常住人口3160人，城镇化率6.4%。另有流动人口2098人。总人口中，男性24818人，占50.4%；女性24409人，占49.6%；14岁以下6064人，占12.3%；15~64岁36709人，占74.6%；65岁以上6456人，占13.1%。总人口中，以汉族为主，达48220人，占98%；有回、满、蒙古等5个少数民族，共1007人，占2%。2011年，人口出生率3.1‰，人口死亡率3.2‰，人口自然增长率-0.1‰。

辖区东西最大距离15.9千米，南北最大距离12千米，总面积213平方千米。其中陆地面积193.9平方千米，占91%；水域面积19.1平方千米，占9%。人口密度为每平方千米231人。

经济概况

农业 耕地面积10.4万亩，人均耕地2.1亩。以种植小麦、玉米为主。2011年，农业总产值13.6亿元，比上年增长5%，实现农业增加值9亿元，占国内生产总值的56%。

粮食作物以小麦、玉米、大豆为主。2011年，生产粮食4336.4吨，人均88.1千克，其中小麦840.9吨，玉米3167.4吨，大豆18.6吨。

截至2011年末，累计造林2.2万亩，其中防护林5101亩，经济林1.5万亩，农民住宅四旁树木181.7万株。2011年，果树种植面积1.6万亩，产量5093.8吨，主要品种有苹果、桃，其中苹果3200.9吨，桃1723.1吨。

畜牧业以狐狸、水貂、貉子、獭兔为主。2011年，珍稀动物饲养量153万只，年末存栏37.2万只；收购貉皮99万张，狐狸皮5.8万张，貂皮10.5万张。畜牧业总产值2.8亿元，占农业总产值的20.7%。

渔业以浅海养殖对虾、青蛤、蓝蛤、扇贝、海参为主。2011年，拥有各类捕捞鱼船798艘，捕捞水产1.8万吨；水产品总产量7.9万吨。渔业总产值6.7亿元，占农业总产值的50%。

工业 以加工为主。2011年，工业总产值3.6亿元，比上年增长32%，实现工业增加值2.8亿元，占国内生产总值比重的17.5%。2011年，工业企业36家，职工0.1万人，主要有乐亭县制笔厂、北方网具厂、周家营砖厂等。

商业外贸 2011年末，商业网点300个，职工869人；集市1个。2011年，社会消费品零售总额达17.2亿元，比上年增长1.3%；城乡集市贸易成交额8亿元，比上年增长17%。

财政金融 2011年，财政总收入3000万元，比上年增长34%。人均财政收入609.8元，比上年增长33%。

社会发展

文化艺术 2011年末，镇文化综合服务中心1个，村级文化活动中心43个；各类文化专业户3个；各类图书室33个，藏书4万册；音乐、美术、书法、摄影及文学业余创作人员35人。

教育 2011年末，幼儿园11所，在园幼儿1194人，专任教师47人；小学11所，在校生2726人，专任教师185人，小学适龄儿童入学率100%；初中3所，在校生1123人，专任教师104人，初中适龄人口入学率、小升初升学率、九年义务教育覆盖率达100%。2011年财政预算内教育经费300万元，比上年增长8.7%。

医疗卫生 2011年末，卫生院1所；病床30张，每千人拥有医疗床位0.6张。专业卫生人员36人，其中执业医师16人，执业助理医师2人，注册护士12人，平均每千人拥有卫生技术人员0.7人，平均每千人拥有执业（助理）

医师0.4人，平均每千人拥有注册护士0.2人。2011年医疗机构完成诊疗1.4万人次。农村安全饮用水普及率100%，农村卫生厕所普及率96%，新型农村合作医疗参合率100%。

体育 2011年末，学校体育场地3处，体育社团3个，各级社会体育指导员3人。每年定期举办的体育赛事有春季、秋季运动会。49%的村安装了健身器材，经常参加体育活动的人员占常住人口的40%。

广播电视 2011年末，有线电视用户1.6万户，入户率98%。

社会保障 2011年，城镇最低生活保障户数95户，人数115人，支出21.5万元，比上年增长29%，月人均156元，比上年增长33%。

农村最低生活保障户数1120户，人数1224人，支出108.5万元，比上年增长6%，月人均74元，比上年增长5%；农村五保集中供养170人，支出61.2万元，比上年增长3.6%；农村五保分散供养217人，支出56.4万元，比上年增长10.2%。

国家抚恤、补助各类优抚对象446人，抚恤事业费支出169万元，比上年增长24.7%。新型农村社会养老保险参保人数3.5万人，参保率98%。

基础设施

交通运输 秦唐沧环渤海公路、抚昌乐公路、西曾公路过境。有滦河口、浪窝口2座渔港。沿海高速，省道青乐线、沿海公路过境。

邮政电信 2011年末，邮政局1所。电信企业1家，服务网点1个；固定电话用户4000户，电话用户普及率达到24%；移动电话用户1600户，移动电话普及率为10%。

镇区市政建设

道路 2011年末，镇区道路总长度188千米。

公共交通 2011年末，镇区长途汽车停靠站2个。

供电 2011年末，镇区35千伏及以上变电站1座，主变压器2台。综合电压合格率99.8%，供电可靠率99.8%。

园林绿化 2011年末，镇区公园1个，绿化覆盖率32%。

黄湾村

(Huangwan Cun)

名称来历 因建庄时，这里是一片弯弯曲曲的沙荒地，得名黄湾村。

地理位置 地处姜各庄镇南部，东至沿海公路，南至明庄子，西至东韩庄，北至向阳坨。

主要指标 2011年末，辖区总人口636人，总面积0.95平方千米，农民人均纯收入10450元。

新甜村

(Xintian Cun)

名称来历 原名海站。后取意解放后农民分得土地、当家做主心情愉快之意，得名新甜村。

地理位置 地处姜各庄镇东南部，东至九间房，南至第二节，西至东升，北至莲花池。

主要指标 2011年末，辖区总人口615人，总面积0.99平方千米，农民人均纯收入8850元。

周家营一村

(Zhoujiayingyi Cun)

名称来历 因周氏家族建村定名周家营。后周家营分成三个村，因该村位于东边，按序号得名。

地理位置 地处姜各庄镇东部，东至三家子，南至前营，西至周家营二村，北至拗榆树。

主要指标 2011年末，辖区总人口531人，总面积0.99平方千米，农民人均纯收入8923元。

周家营二村

(Zhoujiaying'er Cun)

名称来历 因周氏家族建村定名周家营。后周家营分成三个村，因该村位于中间，按序号得名。

地理位置 地处姜各庄镇东部，东至周家营一村，南至前营，西至周家营三村，北至郭营。

主要指标 2011年末，辖区总人口544人，总面积0.97平方千米，农民人均纯收入8100元。

周家营三村

(Zhoujiayingsan Cun)

名称来历 因周氏家族建村定名周家营。后周家营分成三个村，因该村位于西边，按序号得名。

地理位置 地处姜各庄镇东部，东至周家营二村，南至前营，西至前圈里，北至郭营。

主要指标 2011年末，辖区总人口643人，总面积0.94平方千米，农民人均纯收入9819元。

杨坨子村

(Yangtuozi Cun)

名称来历 原名杨井，后因塌河，搬迁到地势较高的土坨子上居住，由于该村杨姓较多，遂得名杨坨子。

地理位置 地处姜各庄镇西南部，东至强庄，南、西至二滦河围埝，北至东刘庄子。

主要指标 2011年末，辖区总人口419人，总面积0.57平方千米，农民人均纯收入8691元。

桥头新庄子村

(Qiaotouxinzhuangzi Cun)

名称来历 由大庄、梁庄的农户搬迁至此建立新庄，故得名新庄子，后改称桥头新庄子。

地理位置 地处姜各庄镇西北部，东至桥头刘庄，南至后梁庄，西至东庄子，北至三座院王庄。

主要指标 2011 年末，辖区总人口 501 人，总面积 0.63 平方千米，农民人均纯收入 9220 元。

白王庄村

(Baiwangzhuang Cun)

名称来历 由三座院白庄村与三座院王庄村联建，取其中一村的名字命名。

地理位置 地处姜各庄镇西北部，东至桥头新庄子，南至周家庄，西至大李庄，北至三座院杨庄。

主要指标 2011 年末，辖区总人口 683 人，总面积 1.1 平方千米，农民人均纯收入 8606 元。

北海滨村

(Beihaibin Cun)

名称来历 因此庄靠近海边，取名海铺。后改名为海滨，并由南向北分为三段，因该村靠北，得北海滨村名。

地理位置 地处姜各庄镇东南部，东至东升，南至姜各庄林场，西至前营，北至大南庄。

主要指标 2011 年末，辖区总人口 799 人，总面积 0.24 平方千米，农民人均纯收入 9245 元。

中海滨村

(Zhonghaibin Cun)

名称来历 因此庄靠近海边，取名海铺。后改名为海滨，并由南向北分为三段。因该村居中，得名中海滨村。

地理位置 地处姜各庄镇东南部，东至渤海，南至南海滨，西至二滦河，北至姜各庄林场。

主要指标 2011 年末，辖区总人口 952 人，总面积 0.88 平方千米，农民人均纯收入 8390 元。

西屯村

(Xitun Cun)

名称来历 传说元朝时，东征的军队路经此地安营扎寨。人们根据传说，将兵营扎寨的西边村庄叫西化兵屯，后称西屯村。

地理位置 地处姜各庄镇西南部，东至东屯，南至小庄子，西至强庄，北至西地。

主要指标 2011 年末，辖区总人口 560 人，总面积 0.93 平方千米，农民人均纯收入 9408 元。

孙坨村

(Suntuo Cun)

名称来历 因由东孙庄与后坨村联建，得名孙坨村。

地理位置 地处姜各庄镇南部，东至杨家林，南至向阳坨，西至董庄，北至岗子。

主要指标 2011 年末，辖区总人口 596 人，总面积 0.67 平方千米，农民人均纯收入 8921 元。

南程庄村

(Nanchengzhuang Cun)

名称来历 因由草程庄村与南沙坨村联建，得名南程庄。

地理位置 地处姜各庄镇东南部，东、南至姜各庄林场，西至沿海公路，北至才庄。

主要指标 2011 年末，辖区总人口 611 人，总面积 0.86 平方千米，农民人均纯收入 10450 元。

大李庄村

(Dalizhuang Cun)

名称来历 大李庄村与白坨村联建后，取其中一村的名字命名。

地理位置 地处姜各庄镇西北部，东至三座院杨庄，南至温庄，西至胡庄，北至滦河围埝。

主要指标 2011 年末，辖区总人口 825 人，总面积 1.14 平方千米，农民人均纯收入 8577 元。

董庄村

(Dongzhuang Cun)

名称来历 因首先有姓董的农户迁居此地建庄，得名董庄村。

地理位置 地处姜各庄镇南部，东至东孙庄，南至向阳坨，西至东赵庄子，北至岗子。

主要指标 2011 年末，辖区总人口 558 人，总面积 0.89 平方千米，农民人均纯收入 8565 元。

拗榆树村

(Niuyushu Cun)

名称来历 该庄原有一棵老榆树，此树夏天落叶，冬天发芽，故名拗榆树，该庄也因此而得名。

地理位置 地处姜各庄镇东北部，东至李营，南至周家营一村，西至郭营，北至滦河围埝。

主要指标 2011 年末，辖区总人口 662 人，总面积 0.77 平方千米，农民人均纯收入 10425 元。

新庄户村

(Xinzhuanghu Cun)

名称来历 原名郝庄，由姓氏命名。因塌河郝庄搬迁至此建庄，取名新庄窝。后改称新庄户村。

地理位置 地处姜各庄镇西南部，东至北满庄，南至赵庄子，西至二滦河围埝，北至王秀士。

主要指标 2011 年末，辖区总人口 532 人，总面积 0.96 平方千米，农民人均纯收入 8818 元。

太满庄村

(Taimanzhuang Cun)

名称来历 因由太平坨村与北满庄村联建，得名太满庄村。

地理位置 地处姜各庄镇西南部，东至沿海路，南至母庄，西至赵庄子，北至抚昌乐公路。

主要指标 2011 年末，辖区总人口 593 人，总面积 0.89 平方千米，农民人均纯收入 8768 元。

沙崖李庄村

(Shayalizhuang Cun)

名称来历 因姓李的首先在这里建庄落户，取名李庄。后因属沙崖片村，故名沙崖李庄村。

地理位置 地处姜各庄镇南部，东至东荒，南至沙崖周庄，西至二滦河，北至庄西。

主要指标 2011 年末，辖区总人口 750 人，总面积 0.96 平方千米，农民人均纯收入 9122 元。

后龙庄村

(Houlongzhuang Cun)

名称来历 因由姓龙的农户在此建房居住，其村庄位置在姜各庄的北部，得名后龙庄村。

地理位置 地处姜各庄镇北部，东至标上，南至前郑庄，西至姜各庄二村，北至滦河围埝。

主要指标 2011 年末，辖区总人口 445 人，总面积 0.49 平方千米，农民人均纯收入 8306 元。

东南庄村

(Dongnanzhuang Cun)

名称来历 由东南庄与东升村联建，取其中一村命名。

地理位置 地处姜各庄镇东南部，东至莲花池，南至原王庄子盐场，西至大南庄，北至五家子。

主要指标 2011 年末，辖区总人口 857 人，总面积 1.73 平方千米，农民人均纯收入 9695 元。

东屯村

(Dongtun Cun)

名称来历 因建于传说中兵营扎寨地方的东边，故得名东屯。

地理位置 地处姜各庄镇西南部，东至才庄，南至庄东，西至西屯，北至西王庄。

主要指标 2011 年末，辖区总人口 610 人，总面积 0.97 平方千米，农民人均纯收入 8713 元。

东赵庄子村

(Dongzhaozhuangzi Cun)

名称来历 因首先由赵姓、苏姓到此建庄，取名赵庄子。因本村在县城以东，得名东赵庄子。

地理位置 地处姜各庄镇西南部，东至向阳坨，南至黄湾，西至符庄，北至董庄。

主要指标 2011 年末，辖区总人口 461 人，总面积 0.88 平方千米，农民人均纯收入 10172 元。

大西庄村

(Daxizhuang Cun)

名称来历 该庄原属于王庄子片村，由于滦河发大水，将原王庄子全部塌入滦河之中，村民们迁居河南岸落户建庄，因建庄位置在原王庄子村的西边，且聚落较大，得名大西庄村。

地理位置 地处姜各庄镇东北部，东至莲花池，南至五家子，西至三家子，北至王腰庄。

主要指标 2011 年末，辖区总人口 431 人，总面积 0.84 平方千米，农民人均纯收入 9941 元。

杜东庄村

(Dudongzhuang Cun)

名称来历 因由老杜庄村、新杜庄村、东庄子村联建而得名。

地理位置 地处姜各庄镇西部，东至后梁庄，南至小李庄，西至滦河围埝，北至白坨。

主要指标 2011 年末，辖区总人口 586 人，总面积 0.67 平方千米，农民人均纯收入 8532 元。

符庄村

(Fuzhuang Cun)

名称来历 由符庄村与东韩庄村联建，取其中一村的名字命名。

地理位置 地处姜各庄镇西南部，东至黄湾，南至柳林，西至汤家河镇钟庄，北至东赵庄子。

主要指标 2011 年末，辖区总人口 621 人，总面积 1.41 平方千米，农民人均纯收入 8666 元。

沙崖周庄村

(Shayazhouzhuang Cun)

名称来历 因当时建庄的农户多姓周，取名周庄，因属沙崖片村，故名沙崖周庄。

地理位置 地处姜各庄镇南部，东至东荒，南、西至二滦河，北至沙崖李庄。

主要指标 2011 年末，辖区总人口 912 人，总面积 0.68 平方千米，农民人均纯收入 10241 元。

莲花池村

(Lianhuachi Cun)

名称来历 因庄北有一莲花池而得名。

地理位置 地处姜各庄镇东部，东至滦河围埝，南至杜家铺，西至五家子，北至滦河围埝。

主要指标 2011年末，辖区总人口1127人，总面积1.45平方千米，农民人均纯收入9924元。

姜各庄一村

(Jianggezhuangyi Cun)

名称来历 因地处海退地带，滦河下游，地下积有大量的蛤皮，蛤皮大多为长方形。传说该蛤皮为孟姜女寻夫时丢下的鞋子，称姜女鞋。该地建庄后取名姜蛤庄，以后演变为姜各庄。该村位于姜各庄的前街，按序号得名。

地理位置 地处姜各庄镇南部，东至沿海公路，南至前郑庄，西至西王庄，北至姜各庄二村。

主要指标 2011年末，辖区总人口510人，总面积0.47平方千米，农民人均纯收入8916元。

姜各庄二村

(Jianggezhuang'er Cun)

名称来历 因地处海退地带，滦河下游，地下积有大量的蛤皮，蛤皮大都为方形，传说该蛤皮为孟姜女寻夫时丢下的鞋子，称姜女鞋，该地建庄后取名姜蛤庄，以后演变为姜各庄。该村位于姜各庄的中间，按序号得名。

地理位置 地处姜各庄镇南部，东至姜各庄一村，南至前郑庄，西至前梁庄，北至后龙庄。

主要指标 2011年末，辖区总人口510人，总面积0.4平方千米，农民人均纯收入7761元。

姜各庄三村

(Jianggezhuangsan Cun)

名称来历 因地处海退地带，滦河下游，地下积有大量的蛤皮，蛤皮大都为方形，传说该蛤皮为孟姜女寻夫时丢下的鞋子，称姜女鞋，该地建庄后取名姜蛤庄，以后演变为姜各庄。该村位于姜各庄的北边，按序号得名。

地理位置 地处姜各庄镇东北部，东至圈里，南至姜各庄二村，西至后王庄，北至标上。

主要指标 2011年末，辖区总人口969人，总面积0.65平方千米，农民人均纯收入7782元。

前郑庄村

(Qianzhengzhuang Cun)

名称来历 因当地一位姓郑的孤老迁到姜各庄南建房居住，得名。

地理位置 地处姜各庄镇西南部，东至姜各庄一村，南至姜各庄镇医院，西至西王庄，北至姜各庄二村。

主要指标 2011年末，辖区总人口530人，总面积0.64平方千米，农民人均纯收入8423元。

郭营村

(Guoying Cun)

名称来历 因建庄时首先居住的农户都姓郭，故而得名。

地理位置 地处姜各庄镇东北部，东至拗榆树，南至周家营二村，西至标上，北至滦河围埝。

主要指标 2011年末，辖区总人口438人，总面积0.74平方千米，农民人均纯收入10137元。

马庄子村

(Mazhuangzi Cun)

名称来历 因马士路在此居住建庄，得名。

地理位置 地处姜各庄镇西部，东至新杜庄，南、西至二滦河围埝，北至小李庄。

主要指标 2011年末，辖区总人口915人，总面积1.56平方千米，农民人均纯收入10118元。

前营村

(Qianying Cun)

名称来历 因周姓农户迁入此地建庄，位于周家营的前边，故名前营村。

地理位置 地处姜各庄镇东南部，东至周正铺，南至北海滨，西至后程庄，北至周家营二村。

主要指标 2011年末，辖区总人口675人，总面积1.22平方千米，农民人均纯收入8525元。

圈里村

(Quanli Cun)

名称来历 前圈里与标上村合并后，重新命名为圈里村。

地理位置 地处姜各庄镇东北部，东至周家营三村，南至靶场路，西至姜各庄市场，北至滦河大桥。

主要指标 2011年末，辖区总人口820人，总面积1.08平方千米，农民人均纯收入8682元。

后梁庄村

(Houliangzhuang Cun)

名称来历 因梁姓首先在此建房居住，取名梁庄。后因本村在前梁庄后面，故名。

地理位置 地处姜各庄镇西部，东至桥头刘庄，南至大庄，西至东庄子，北至桥头新庄子。

主要指标 2011年末，辖区总人口570人，总面积0.71平方千米，农民人均纯收入9779元。

前梁庄村

(Qianliangzhuang Cun)

名称来历 因与后梁庄对应，故名。

地理位置 地处姜各庄镇西部，东至西王庄村，南至王秀士，西至大庄，北至桥头刘庄。

主要指标 2011年末，辖区总人口478人，总面积0.73平方千米，农民人均纯收入8784元。

桥头刘庄村

(Qiaotouliuzhuang Cun)

名称来历 因刘姓的首先在此建房居住，又属桥头片村，得名桥头刘庄。

地理位置 地处姜各庄镇西部，东至后龙庄，南至大庄，西至后梁庄，北至桥头新庄子。

主要指标 2011年末，辖区总人口725人，总面积0.46平方千米，农民人均纯收入8734元。

后程庄村

(Houchengzhuang Cun)

名称来历 因坐地户姓程，故称程庄。由于聚落较大，位置在南称前程庄，因该庄位置在北，得名。

地理位置 地处姜各庄镇东南部，东至前营，南至孙程庄，西至东屯，北至姜各庄。

主要指标 2011年末，辖区总人口1069人，总面积1.35平方千米，农民人均纯收入9251元。

胡庄村

(Huzhuang Cun)

名称来历 因胡姓农户来此建房定居，得名。

地理位置 地处姜各庄镇西部，东至大李庄，南至小李庄，西至老杜庄，北至白坨。

主要指标 2011年末，辖区总人口451人，总面积0.49平方千米，农民人均纯收入9076元。

九间房村

(Jiujianfang Cun)

名称来历 因由外地迁往此地三户移民在此建起九间草房而得名。

地理位置 地处姜各庄镇东南部，东至滦河围埝，南至第二节，西至新甜村，北至杜家铺。

主要指标 2011年末，辖区总人口1378人，总面积1.62平方千米，农民人均纯收入10006元。

李营村

(Liying Cun)

名称来历 因首先由李姓农户在此建房立庄，开荒种地，故取名李营村。

地理位置 地处姜各庄镇东北部，东至滦河围埝，南至周家营一村，西至拗榆树，北至滦河围埝。

主要指标 2011年末，辖区总人口612人，总面积0.89平方千米，农民人均纯收入9907元。

刘赵庄村

(Liuzhaozhuang Cun)

名称来历 因由赵庄子村与东刘庄子村联建，得名刘赵庄。

地理位置 地处姜各庄镇西南部，东至北满庄，南至杨坨子，西至二滦河围埝，北至新庄户。

主要指标 2011年末，辖区总人口723人，总面积0.83平方千米，农民人均纯收入8761元。

明庄子村

(Mingzhuangzi Cun)

名称来历 因姓明的农户在此落户建庄而得名。

地理位置 地处姜各庄镇西南部，东至东海，南至西海，西至柳林，北至黄湾。

主要指标 2011年末，辖区总人口690人，总面积0.87平方千米，农民人均纯收入8785元。

母强庄村

(Muqiangzhuang Cun)

名称来历 因由母庄村与强庄村合并，故得名母强庄。

地理位置 地处姜各庄镇西南部，东至东屯西地，南至二滦河围埝，西至抚昌乐路，北至北满庄。

主要指标 2011年末，辖区总人口1146人，总面积1.81平方千米，农民人均纯收入9788元。

南海滨村

(Nanhaibin Cun)

名称来历 因此庄靠近海边，取名海铺。后改名为海滨，并由南向北分为三段。因该村在南部，得名。

地理位置 地处姜各庄镇东南部，东至渤海，南至浪窝口，西至杨家林，北至中海滨。

主要指标 2011年末，辖区总人口1097人，总面积0.94平方千米，农民人均纯收入9614元。

柳林村

(Liulin Cun)

名称来历 因当时这里是一片天然柳树林子而得名。

地理位置 地处姜各庄镇南部，东至明庄子，南至西海，西至老米沟，北至东韩庄。

主要指标 2011年末，辖区总人口488人，总面积0.88平方千米，农民人均纯收入8783元。

三家子村

(Sanjiazi Cun)

名称来历 建庄前属于王庄子片村，由于滦河发大水，将王庄子片村全部塌进滦河之中，因往南搬迁时有三户姓周的在此盖房立庄，定名周三家子，后改名三家子村。

地理位置 地处姜各庄镇东部，东至五家子，南至中庄，西至周家营一村，北至大西庄。

主要指标 2011 年末，辖区总人口 576 人，总面积 1.04 平方千米，农民人均纯收入 8423 元。

岗子村

(Gangzi Cun)

名称来历 因该村地处凹凸不平的岗地而得名。

地理位置 地处姜各庄镇南部，东至后坨，南至董庄，西至大黑坨，北至沙崖周庄。

主要指标 2011 年末，辖区总人口 578 人，总面积 1 平方千米，农民人均纯收入 9266 元。

孙程庄村

(Sunchengzhuang Cun)

名称来历 原名小南庄，后来有几户姓孙的迁入此地，改称孙庄。又因重名，改为孙程庄村。

地理位置 地处姜各庄镇东南部，东至前营，南至才庄，西至东屯，北至后程庄。

主要指标 2011 年末，辖区总人口 487 人，总面积 0.7 平方千米，农民人均纯收入 8368 元。

东荒村

(Donghuang Cun)

名称来历 因当时该地是一片荒地，又在周庄、李庄的东边，得名。

地理位置 地处姜各庄镇南部，东至姜各庄林场，南至二滦河，西至沙崖周庄，北至庄东。

主要指标 2011 年末，辖区总人口 766 人，总面积 0.88 平方千米，农民人均纯收入 9730 元。

王腰庄村

(Wangyaozhuang Cun)

名称来历 因建在原王庄子和大西庄村的中间，以腰称中，又因该庄从王庄子迁来，故名。

地理位置 地处姜各庄镇东北部，东至莲花池，南至大西庄，西至拗榆树，北至滦河围埝。

主要指标 2011 年末，辖区总人口 508 人，总面积 0.97 平方千米，农民人均纯收入 9574 元。

温李庄村

(Wenlizhuang Cun)

名称来历 因由温庄村与小李庄村联建，得名。

地理位置 地处姜各庄镇西部，东至东庄子，南至二滦河围埝，西至老杜庄，北至大李庄。

主要指标 2011 年末，辖区总人口 672 人，总面积 1.03 平方千米，农民人均纯收入 8556 元。

五中庄村

(Wuzhongzhuang Cun)

名称来历 因由五家子村与中庄村联建，得名。

地理位置 地处姜各庄镇东部，东至莲花池，南至大南庄，西至三家子，北至大西庄。

主要指标 2011 年末，辖区总人口 830 人，总面积 1.76 平方千米，农民人均纯收入 8402 元。

西王庄村

(Xiwangzhuang Cun)

名称来历 因王姓人家在此建庄居住，位于姜各庄的西部，得名。

地理位置 地处姜各庄镇西南部，东至前郑庄，南至抚昌乐路，西至前梁庄，北至姜各庄。

主要指标 2011 年末，辖区总人口 520 人，总面积 0.63 平方千米，农民人均纯收入 8796 元。

向阳坨村

(Xiangyangtuo Cun)

名称来历 因农户迁居此地建房种地，建房时正是向阳正午，得名。

地理位置 地处姜各庄镇南部，东至二滦河，南至黄湾，西至东赵庄子，北至董庄。

主要指标 2011 年末，辖区总人口 632 人，总面积 0.93 平方千米，农民人均纯收入 8462 元。

杨家林村

(Yangjialin Cun)

名称来历 因杨姓家族数户搬迁至此建房立庄，庄周围有杨树林，得名。

地理位置 地处姜各庄镇东南部，东至二滦河，南至渤海，西至东孙庄，北至后坨。

主要指标 2011 年末，辖区总人口 401 人，总面积 0.55 平方千米，农民人均纯收入 8435 元。

常庄村

(Changzhuang Cun)

名称来历 由于滦河发水，水淹河塌，居民住宅受到威胁，人们不得不经常搬迁，陆陆续续搬迁重新建庄。人们在此建庄安居后，水患排除后，人们将该地称为宝地，定名常庄村。

地理位置 地处姜各庄镇西南部，东至沿海公路，南至庄西，西至二滦河围埝，北至小庄子。

主要指标 2011年末，辖区总人口506人，总面积0.74平方千米，农民人均纯收入10344元。

庄东村

(Zhuangdong Cun)

名称来历 原庄头村划分成两村，此村居东，故名。

地理位置 地处姜各庄镇南部，东至姜各庄林场，南至沙崖李庄，西至庄西村，北至东屯。

主要指标 2011年末，辖区总人口1143人，总面积1.51平方千米，农民人均纯收入10494元。

庄西村

(Zhuangxi Cun)

名称来历 原庄头村划分成两村，此村居西，故名。

地理位置 地处姜各庄镇南部，东至庄东村，南至沙崖李庄，西至二滦河，北至东屯。

主要指标 2011年末，辖区总人口728人，总面积1.14平方千米，农民人均纯收入10100元。

石各庄村

(Shigezhuang Cun)

名称来历 因首先由姓石的在此居住，得名。

地理位置 地处姜各庄镇西北部，东至滦河，南至三座院杨庄，西至赵岗子村，北至滦河。

主要指标 2011年末，辖区总人口770人，总面积0.89平方千米，农民人均纯收入10542元。

王秀士村

(Wangxiushi Cun)

名称来历 因有位姓王的考中了秀才，在此建房立庄，得名。

地理位置 地处姜各庄镇西南部，东至西王庄，南至南地，西至新庄户，北至大庄。

主要指标 2011年末，辖区总人口521人，总面积0.78平方千米，农民人均纯收入8758元。

大庄村

(Dazhuang Cun)

名称来历 因当时所建庄较大，故名。

地理位置 地处姜各庄镇西部，东至前梁庄，南至王秀士，西至后梁庄，北至桥头刘庄。

主要指标 2011年末，辖区总人口696人，总面积0.68平方千米，农民人均纯收入8558元。

第二节村

(Di'erjie Cun)

名称来历 该村地处沿海，地块很大，垄头很长，所以将土地划成五块，因该庄建在第二节的位置，得名。

地理位置 地处姜各庄镇东南部，东、南至养虾池，西至稻子沟，北至新甜村。

主要指标 2011年末，辖区总人口589人，总面积0.94平方千米，农民人均纯收入9517元。

大南庄村

(Dananzhuang Cun)

名称来历 该庄原系王庄子片村，由于滦河发大水，将原庄塌进滦河之中，一部分村民搬居此地建房，取名新庄户，后因该村位于搬迁村的最南边，得名。

地理位置 地处姜各庄镇东南部，东至东南庄，南至东升，西至周正铺，北至中庄。

主要指标 2011年末，辖区总人口672人，总面积1.55平方千米，农民人均纯收入9634元。

周家庄村

(Zhoujiazhuang Cun)

名称来历 因建庄时居住户全部姓周，故而得名。

地理位置 地处姜各庄镇西部，东至大庄，南至新庄户，西至马庄子，北至东庄子。

主要指标 2011年末，辖区总人口1059人，总面积1.66平方千米，农民人均纯收入10256元。

才庄村

(Caizhuang Cun)

名称来历 原名小潘庄。后由沙崖东荒的才姓农户搬迁来此定居，因才家人多户大，改为才庄村。

地理位置 地处姜各庄镇东南部，东至南沙坨，南至草程庄，西至东屯，北至孙程庄。

主要指标 2011年末，辖区总人口560人，总面积0.82平方千米，农民人均纯收入7974元。

三座院杨庄村

(Sanzuoyuanyangzhuang Cun)

名称来历 因初时居住该地有杨家、白家、王家三座大院，人称这一带为三座院。后逐渐扩大形成三个村落，杨家大院取名杨庄。因又属三座院片村，得名。

地理位置 地处姜各庄镇西北部，东至三座院白庄，南至三座院王庄，西至大李庄，北至滦河大堤。

主要指标 2011年末，辖区总人口721人，总面积1.09平方千米，农民人均纯收入8716元。

滨海村

(Binhai Cun)

名称来历 由西海村与东海村联建，重新命名。

地理位置 地处姜各庄镇南部，东至二滦河，南至县盐厂，西至老米沟，北至明庄子。

主要指标 2011年末，辖区总人口1286人，总面积1.23平方千米，农民人均纯收入11431元。

（撰稿：佟文海，审核：陈乐群）

毛庄镇

(Maozhuang Zhen)

政区概况

名称来历 因镇人民政府驻地位于毛庄村而得名。

地理位置 地处乐亭县东部，东与胡家坨镇接壤，南临胡家坨镇、乐亭镇，西与乐亭镇毗邻，北靠中堡镇。人民政府驻毛庄村，电话区号0315，邮政编码063600，距乐亭县人民政府4.5千米。

政区沿革 1949年，属乐亭县八区。1958年，属城关人民公社。1961年，析城关人民公社建毛庄人民公社。1984年，改设毛庄乡，辖15个村民委员会。1996年，会里乡并入，辖42个村民委员会。2008年，撤乡，设立毛庄镇，辖39个村民委员会。

政区划分 2011年末，辖毛庄、蔺家铺、新村、夏康庄、南坨、庞康庄、檀庄、庞张庄、前庞河、公官营北、公官营南、小米庄子南、小米庄子北、会里街上、会里后街、财神庙、二郎庙、马神庙、后营、前黑王庄、后黑王庄、张任庄、松石庄、于家坨、何官营、蔺家营曹庄、蔺家营吴庄、蒋家营、南常坨、北常坨、南庄坨、北庄坨、黑坨、王葛庄、秦庄、哱坨刘庄、蔺家营史庄、尹丁庄、颜庄村39个村民委员会。

人口面积 2011年末，辖区总人口32016万人，其中城镇常住人口15821人。另有流动人口294人。总人口中，男性16195人，占50.6%；女性15821人，占49.4%；14岁以下3060人，占10%；15~64岁20067人，占62%；65岁以上8889人，占28%。总人口中，以汉族为主，达31822人，占99%；有满、蒙古、壮等5个少数民族，共178人，占1%；其中满族164人，占少数民族人口的92%。2011年，人口出生率5.5‰，人口死亡率7.7‰，人口自然增长率-2.2‰。

辖区东西最大距离6.5千米，南北最大距离11.3千米，总面积76.2平方千米。人口密度为每平方千米420人。

经济概况

农业 耕地面积7.3万亩，人均耕地2.3亩。以种植小麦、玉米、蔬菜为主。2011年，农业总产值6.3亿元，比上年增长4.4%，实现农业增加值3.3亿元，占国内生产总值的32%。

粮食作物以小麦、玉米为主。2011年，生产粮食34052吨，人均1064千克，其中小麦587.7吨，玉米2115.2吨。主要经济作物有蔬菜，2011年，蔬菜种植面积2.9万亩，产量17.4万吨，主要品种有温室甜瓜、油桃、黄瓜、西葫芦、西红柿等，其中黄瓜22.1万吨，西红柿652吨。

畜牧业以猪、羊、牛为主。2011年，生猪饲养量0.8万头，年末存栏0.8万头；羊饲养量1万只，年末存栏1万只；牛饲养量0.5万头，年末存栏0.5万头；家禽饲养量24.3万羽，上市家禽4万羽；畜牧业总产值1亿元，占农业总产值的15%。

截至2011年末，累计造林4.1万亩，其中防护林1.7万亩，农民住宅四旁树木94.6万株。2011年，果树种植面积2.2万亩，产量5.5万吨，主要品种有苹果、梨、葡萄、桃，其中苹果1.3万吨，梨0.4万吨，葡萄0.7万吨，桃3.1万吨。

2011年，农民人均纯收入9493元。

工业 以生产大扫帚为主。2011年，工业总产值6.4亿元，比上年增长17.3%，实现工业增加值1.4亿元，占国内生产总值比重的136%。2011年，工业企业376家，职工3.6万人。

商业外贸 2011年末，商业网点196个，职工787人；集市1个。2011年，社会消费品零售总额达3.7亿元，比上年增长9%；城乡集市贸易成交额1.3亿元，比上年增长7%。

2011年，出口总额1.4亿美元，比上年增长6%，主要产品为大笤帚、汽车零件等，销往9个国家和地区。

财政金融 2011年，财政总收入1300万元。从主要税种看，完成营业税174万元，增值税145万元，企业所得税155万元，个人所得税7万元。人均财政收入406元，比上年增长13%。

社会发展

文化艺术 2011年末，镇文化综合服务中心1个，村级文化活动中心39个；各类图书室39个，藏书4.2万册。有市级文物保护单位1个。

教育 2011年末，幼儿园1所，在园幼儿50人，专任教师8人；小学7所，在校生1259人，专任教师157人，小学适龄儿童入学率100%；中学1所，在校生652人，教职工75人，初中适龄人口入学率、小升初升学率、九年义务教育覆盖率均达100%。2011年财政预算内教育经费130万元，比上年增长0.3%。

医疗卫生 2011年末，卫生院（所）2所，门诊部35个；病床50张，每千人拥有医疗床位1.5张，固定资产总值180万元。专业卫生人员23人，其中执业医师8人，执业助理医师8人，注册护士7人，平均每千人拥有卫生技术人员0.7人，平均每千人拥有执业（助理）医师0.5人，平均每千人拥有注册护士0.2人。2011年医疗机构完成诊疗3.2万人次。农村安全饮用水普及率100%，农村卫生厕所普及率93%，新型农村合作医疗参合率100%。

体育 2011年末，学校体育场地1处。每年定期举办学生运动会。45%的村安装了健身器材，经常参加体育活动的人员占常住人口的60%。

广播电视 2011年末，有线电视用户8990户，入户率90%。

社会保障 2011年，城镇最低生活保障户数40户，人数55人，支出11.4万元，比上年增长28%，月人均172.7元，比上年增长44%。

农村最低生活保障户数858户，人数887人，支出97.9万元，比上年增长40%；月人均92元，比上年增长38%；民政部门资助参加合作医疗1237人次，支出1.4万元。新型农村社会养老保险参保人数1.6万人，参保率99.4%。

基础设施

交通运输 抚昌乐路和汀会路2条公路过境。

邮政电信 2011年末固定电话用户4000户，比上年增加100户，电话用户普及率达到40%；移动电话用户10000户，比上年增加500户，移动电话普及率为100%；宽带接入用户1200户，比上年增加300户。

镇区市政建设

道路 2011年末，镇区道路总长度4千米。

公共交通 2011年末，镇区开通公交汽车线路2条，公交运营车辆6辆，长途汽车停靠站3个。

供电 2011年末，镇区35千伏及以上变电站（所）1座，主变压器2台，总容量16000千伏安，综合电压合格率99.7%，供电可靠率99.8%。

燃气 2011年末，镇区煤气供气站2个，煤气用户9000户，均为居民用户。

园林绿化 2011年末，镇区公共绿地25公顷，绿化覆盖率20%。

毛庄村

(Maozhuang Cun)

名称来历 因毛姓首先迁居此地而得名。

地理位置 地处毛庄镇南部，东至新村，南至尹各庄，西至前庞河，北至南坨。

主要指标 2011年末，辖区总人口1175人，总面积1.91平方千米，农民人均纯收入9588元。

北常坨村

(Beichangtuo Cun)

名称来历 滦河流经此地，多年冲刷形成一个坨子，建庄时称常坨。后滦河发大水，冲出了一条河沟，因该村在沟北，故而得名。

地理位置 地处毛庄镇东北部，东至滦河，南至南常坨，西至于家坨，北至前黑王庄。

主要指标 2011年末，辖区总人口1440人，总面积2.64平方千米，农民人均纯收入9655元。

何官营村

(Heguanying Cun)

名称来历 明初把流放犯人编成若干营，每营均有官员所管，因营田垦荒官员姓何，得名。

地理位置 地处毛庄镇东北部，东至姜各庄马庄子，南至小米庄子北村，西至蔺家营史庄，北至滦河。

主要指标 2011年末，辖区总人口621人，总面积1.06平方千米，农民人均纯收入9270元。

会里后街村

(Huilihoujie Cun)

名称来历 因该庄建在沙坨内丘上，又在会里的北面，故名。

地理位置 地处毛庄镇北部，东至马神庙，南至街上，西至二郎庙，北至滦河旧道。

主要指标 2011年末，辖区总人口468人，总面积0.76平方千米，农民人均纯收入9188元。

蔺家营曹庄村

(Linjiayingcaozhuang Cun)

名称来历 因曹姓人家较多，又在蔺家营片村内，得名。

地理位置 地处毛庄镇东北部，东至何官营，南至蔺家营史庄，西至蒋家营，北至南常坨。

主要指标 2011年末，辖区总人口572人，总面积1.05平方千米，农民人均纯收入9423元。

蔺家营史庄村

(Linjiayingshizhuang Cun)

名称来历 因史姓人家较多，又在蔺家营片村内，得名。

地理位置 地处毛庄镇东北部，东至何官营，南至蔺家营吴庄，西至蒋家营，北至蔺家营曹庄。

主要指标 2011年末，辖区总人口469人，总面积1.04平方千米，农民人均纯收入9161元。

庞康庄村

(Pangkangzhuang Cun)

名称来历 因姓康的落户最早，又在后庞河片村内，故而得名。

地理位置 地处毛庄镇西北部，东至蔺家铺，南至檀庄，西至乐亭镇袁庄，北至南坨。

主要指标 2011年末，辖区总人口851人，总面积1.46平方千米，农民人均纯收入9521元。

前庞河村

(Qianpanghe Cun)

名称来历 以庞河为界分两个村，因该村坐落在河南，得名。

地理位置 地处毛庄镇西部，东至毛庄，南至麻坨，西至刘卞庄，北至庞张庄。

主要指标 2011年末，辖区总人口1048人，总面积1.37平方千米，农民人均纯收入9547元。

王葛庄村

(Wanggezhuang Cun)

名称来历 因建村时以王、葛姓较多，得名。

地理位置 地处毛庄镇西北部，东至于家坨，南至二滦河，西至南庄坨，北至秦庄。

主要指标 2011年末，辖区总人口1328人，总面积1.99平方千米，农民人均纯收入9455元。

新村

(Xin Cun)

名称来历 原名夏庄老母庙，后改为新村。

地理位置 地处毛庄镇东部，东至公官营北村，南至钟丁庄，西至毛庄，北至夏康庄。

主要指标 2011年末，辖区总人口1000人，总面积1.52平方千米，农民人均纯收入9550元。

张任庄村

(Zhangrenzhuang Cun)

名称来历 因由松张庄村与松任庄村联建，得名张任庄。

地理位置 地处毛庄镇东北部，东至后黑王庄，南至松石庄，西至毛会路，北至后营。

主要指标 2011年末，辖区总人口839人，总面积1.28平方千米，农民人均纯收入9390元。

二郎庙村

(Erlangmiao Cun)

名称来历 因村西有一座二郎庙而得名。

地理位置 地处毛庄镇北部，东至会里街上，南至财神庙，西至中堡田庄，北至滦河。

主要指标 2011年末，辖区总人口928人，总面积1.22平方千米，农民人均纯收入9419元。

松石庄村

(Songshizhuang Cun)

名称来历 因石姓人较多而得名。

地理位置 地处毛庄镇东北部，东至前黑王庄，南至于家坨，西至松张庄，北至松任庄。

主要指标 2011年末，辖区总人口1020人，总面积1.46平方千米，农民人均纯收入9406元。

颜庄村

(Yanzhuang Cun)

名称来历 因由颜南村与颜北村联建，得名颜庄村。

地理位置 地处毛庄镇西北部，东至哱坨刘庄，南至秦庄，西至北庄坨，北至赵家房子。

主要指标 2011年末，辖区总人口587人，总面积0.73平方千米，农民人均纯收入9449元。

小米庄子南村

(Xiaomizhuangzinan Cun)

名称来历 因庄北有滦河小港口，当时由水路运入小米，故名小米庄子。又因该村前有一座五道庙，故名。

地理位置 地处毛庄镇东部，东至胡家坨镇高家铺村，南至公官营新庄子，西至公官营北村，北至小米庄子北村。

主要指标 2011年末，辖区总人口552人，总面积1.22平方千米，农民人均纯收入9336元。

小米庄子北村

(Xiaomizhuangzibei Cun)

名称来历 由小米庄子分村，因位于五道庙北，得名。

地理位置 地处毛庄镇东北部，东至胡家坨镇高家铺村，南至小米庄子南村，西至夏康张庄，北至何官营。

主要指标 2011年末，辖区总人口650人，总面积1.04平方千米，农民人均纯收入9449元。

公官营北村

(Gongguanyingbei Cun)

名称来历 因在这里营田垦荒官员姓公，得名公官营。又村中有一公路，以路为界，该村坐落在北边，得名。

地理位置 地处毛庄镇东部，东至小米庄子南村，南至公官营南村，西至新村，北至蔺家营吴庄。

主要指标 2011年末，辖区总人口873人，总面积1.22平方千米，农民人均纯收入9475元。

公官营南村

(Gongguanyingnan Cun)

名称来历 因在这里营田垦荒官员姓公，得名公官营。又村中有一公路，以路为界，该村坐落在南边，得名。

地理位置 地处毛庄镇东南部，东至胡家坨镇西走马浮，南至钟丁庄，西至毛庄村，北至公官营北村。

主要指标 2011年末，辖区总人口1010人，总面积1.57平方千米，农民人均纯收入9250元。

秦庄村
(Qinzhuang Cun)

名称来历 建庄时因姓秦的多，故名。

地理位置 地处毛庄镇北部，东至松石庄，南至王葛庄，西至二滦河，北至颜南。

主要指标 2011年末，辖区总人口503人，总面积0.78平方千米，农民人均纯收入9147元。

后黑王庄村
(Houheiwangzhuang Cun)

名称来历 黑王庄分成两村，因该村在北，得名后黑王庄。

地理位置 地处毛庄镇北部，东至滦河防护林，南至前黑王庄，西至松任庄，北至后营。

主要指标 2011年末，辖区总人口1205人，总面积1平方千米，农民人均纯收入9395元。

前黑王庄村
(Qianheiwangzhuang Cun)

名称来历 黑王庄分成两村，因该村在南，得名前黑王庄。

地理位置 地处毛庄镇北部，东至滦河防护林，南至北常坨，西至松石庄，北至后黑王庄。

主要指标 2011年末，辖区总人口1578人，总面积2.02平方千米，农民人均纯收入9434元。

南坨村
(Nantuo Cun)

名称来历 因建在大沙坨子之南，得名。

地理位置 地处毛庄镇北部，东至蒋家营，南至蔺家铺，西至庞康庄，北至于家坨。

主要指标 2011年末，辖区总人口1277人，总面积1.82平方千米，农民人均纯收入9601元。

黑坨村
(Heituo Cun)

名称来历 因该庄位于滦河北岸的一个大黑沙坨子上，得名。

地理位置 地处毛庄镇东北部，东至南常坨，南至蔺家营，西至南坨，北至于家坨。

主要指标 2011年末，辖区总人口461人，总面积0.73平方千米，农民人均纯收入9150元。

蒋家营村
(Jiangjiaying Cun)

名称来历 因蒋姓人家较多，得名。

地理位置 地处毛庄镇东北部，东至蔺家营史庄，南至夏康庄，西至南坨，北至南常坨。

主要指标 2011年末，辖区总人口435人，总面积0.99平方千米，农民人均纯收入9153元。

南庄坨村
(Nanzhuangtuo Cun)

名称来历 该村原建在老滦河北沙坨子，得名庄坨。后因发水，村庄搬迁到老滦河南岸，得名。

地理位置 地处毛庄镇西北部，东至王葛庄，南至街道办救阵村，西至乐亭镇井孙庄，北至北庄坨。

主要指标 2011年末，辖区总人口646人，总面积1.22平方千米，农民人均纯收入9502元。

哱坨刘庄村
(Botuoliuzhuang Cun)

名称来历 建庄时刘姓居多，称刘庄，因属哱坨片村，得名。

地理位置 地处毛庄镇西北部，东至松石庄，南至王葛庄，西至颜南庄，北至松张庄村。

主要指标 2011年末，辖区总人口562人，总面积0.8平方千米，农民人均纯收入9408元。

于家坨村
(Yujiatuo Cun)

名称来历 因该村建在沙坨上，又因于姓居多，得名。

地理位置 地处毛庄镇北部，东至北常坨，南至黑坨，西至王葛庄，北至松石庄。

主要指标 2011年末，辖区总人口1381人，总面积0.43平方千米，农民人均纯收入9653元。

庞张庄村
(Pangzhangzhuang Cun)

名称来历 因该村姓张的多，又位于后庞河片村，得名。

地理位置 地处毛庄镇西部，东至毛庄，南至前庞河，西至檀庄，北至庞康庄。

主要指标 2011年末，辖区总人口772人，总面积1.08平方千米，农民人均纯收入9448元。

蔺家铺村
(Linjiapu Cun)

名称来历 因蔺姓人首先在此定居、建庄，得名。

地理位置 地处毛庄镇东北部，东至夏康庄，南至新村，西至庞康庄，北至南坨。

主要指标 2011年末，辖区总人口468人，总面积0.68平方千米，农民人均纯收入9171元。

南常坨村

(Nanchangtuo Cun)

名称来历 滦河流经此地，多年冲刷形成一个坨子，建庄时称常坨。后滦河发大水，冲出了一条河沟，因该村在沟南，得名。

地理位置 地处毛庄镇北部，东至滦河，南至蔺家营曹庄，西至于家坨，北至北常坨。

主要指标 2011年末，辖区总人口940人，总面积1.43平方千米，农民人均纯收入9586元。

马神庙村

(Mashenmiao Cun)

名称来历 因该村建有马神庙而得名。

地理位置 地处毛庄镇北部，东至滦河大堤，南至后营，西至会里街上，北至滦河。

主要指标 2011年末，辖区总人口920人，总面积1.48平方千米，农民人均纯收入9419元。

后营村

(Houying Cun)

名称来历 因此地建过兵营，人称后营。

地理位置 地处毛庄镇东北部，东至滦河防护林，南至后黑王庄，西至财神庙，北至马神庙。

主要指标 2011年末，辖区总人口522人，总面积2.35平方千米，农民人均纯收入9357元。

夏康庄村

(Xiakangzhuang Cun)

名称来历 因建村时康姓较多，定名康庄；又因在夏庄片村内，得名。

地理位置 地处毛庄镇东北部，东至小米庄子北村，南至新村，西至庞康庄，北至蔺家铺。

主要指标 2011年末，辖区总人口685人，总面积0.94平方千米，农民人均纯收入9756元。

北庄坨村

(Beizhuangtuo Cun)

名称来历 该村原建在老滦河北沙坨子，得名庄坨。后因发水，村庄搬迁到老滦河北岸，得名。

地理位置 地处毛庄镇西北部，东至颜北，南至南庄坨，西至中堡沙坨，北至财神庙。

主要指标 2011年末，辖区总人口623人，总面积0.91平方千米，农民人均纯收入9506元。

会里街上村

(Huilijieshang Cun)

名称来历 因会里是正街，故名会里街上村。

地理位置 地处毛庄镇北部，东至马神庙，南至松张庄，西至二郎庙，北至后街。

主要指标 2011年末，辖区总人口493人，总面积0.8平方千米，农民人均纯收入9270元。

尹丁庄村

(Yindingzhuang Cun)

名称来历 因由尹各庄村与钟丁庄村联建，得名。

地理位置 地处毛庄镇东南部，东至胡家坨镇，南至冯哨母庄，西至乐亭镇铁庄，北至毛庄。

主要指标 2011年末，辖区总人口866人，总面积1.42平方千米，农民人均纯收入9555元。

蔺家营吴庄村

(Linjiayingwuzhuang Cun)

名称来历 因姓吴的较多，又在蔺家营片村内，故名。

地理位置 地处毛庄镇东北部，东至何官营，南至小米庄子北村，西至蒋家营，北至蔺家营史庄。

主要指标 2011年末，辖区总人口560人，总面积0.98平方千米，农民人均纯收入9343元。

财神庙村

(Caishenmiao Cun)

名称来历 因村内建有财神庙而得名。

地理位置 地处毛庄镇北部，东至会里街上，南至颜北，西至中堡大店上，北至汀会路。

主要指标 2011年末，辖区总人口1156人，总面积1.87平方千米，农民人均纯收入9438元。

檀庄村

(Tanzhuang Cun)

名称来历 因姓檀的落户最早，得名。

地理位置 地处毛庄镇西北部，东至夏康庄，南至庞张庄，西至街道办袁庄，北至庞康庄。

主要指标 2011年末，辖区总人口677人，总面积1.19平方千米，农民人均纯收入9432元。

（撰稿：李红，审核：曹克新）

中堡镇

(Zhongbu Zhen)

政区概况

名称来历 因镇人民政府驻地位于中堡王庄而得名。

地理位置 地处乐亭县北部，东邻毛庄镇，南连乐亭镇，西与汀流河镇接壤，北靠滦河。人民政府驻中堡王庄村，电话区号0315，邮政编码063601，距乐亭县人民政府10千米。

政区沿革 1949年，属乐亭县八区。1958年，属汀流河人民公社。1961年，成立中堡王庄人民公社。1984年，撤销人民公社，设立中堡王庄乡，辖32个村民委员会。1996年，徐家店乡并入，辖49个村民委员会。2007年，撤乡，设中堡镇，辖33个村民委员会。

政区划分 2011年末，辖中堡王庄、北王庄东、北王庄西、井儿坨、李现庄、勒柳河东、勒柳河中、鲁家坨、崔各庄、东罗各庄、西罗各庄、刘家崖、安各庄、大店上、徐家店、前沙铺、后沙铺、老爷庙、三官庙、杨康庄、高庄窠、北双庙、真武庙、陈家埝、埝上新庄子、付家埝、梨园马店、沙坨、杜赵唐、老马坨、田庄、勒柳河西、何西33个村民委员会。

人口面积 2011年末，辖区总人口31200人，其中城镇常住人口3580人，城镇化率11.5%。总人口中，男性16252人，占52%；女性14948人，占48%；14岁以下3672人，占11.8%；15~64岁23876人，占76.5%；65岁以上3652人，占11.7%。总人口中，以汉族为主，达30839人，占98.8%；有满、蒙古、苗、彝、回、壮、藏、朝鲜8个少数民族，共361人，占1.2%。2011年，人口出生率5.5‰，人口死亡率6.2‰，人口自然增长率-0.7‰。

辖区东西最大距离13.3千米，南北最大距离11.6千米，总面积84.6平方千米。其中陆地面积56.1平方千米，占66.3%；水域面积28.5平方千米，占33.7%。人口密度为每平方千米369人。

经济概况

农业 耕地面积6.5万亩，人均耕地2.1亩。以种植小麦、玉米、蔬菜为主。2011年，农业总产值5.3亿元，比上年增长4.45%，实现农业增加值3.5亿元，占国内生产总值的37.2%。

粮食作物以小麦、玉米为主。2011年，生产粮食20631吨，人均661千克，其中小麦2089吨，玉米13488吨。主要经济作物有蔬菜，2011年，蔬菜种植面积3.4万亩，产量18.8万吨，主要品种有温室甜瓜、油桃、草莓、黄瓜、韭菜等，其中草莓13190吨，黄瓜13546吨。

畜牧业以猪、羊、牛为主。2011年，生猪饲养量1.2万头，年末存栏0.6万头；羊饲养量1.5万只，年末存栏0.5万只；牛饲养量0.8万头，年末存栏0.3万头；收购貂皮3520张，狐狸皮1.8万张，貉皮6.5万张；家禽饲养量18.4万羽，上市家禽10.2万羽。

截至2011年末，累计造林1.7万亩，其中防护林3117亩，农民住宅四旁树木75.9万株，林木覆盖率36%。2011年，果树种植面积1.5万亩，产量39021.2吨，主要品种有苹果、梨，其中苹果6875.5吨，梨7753.5吨。

2011年，农民人均纯收入9502元。

工业 以农副产品加工为主。2011年，工业总产值2.8亿元，比上年增长18%。

2011年，工业企业15家，职工362人，实现工业增加值7462万元，占国内生产总值的7.9%。

商业外贸 2011年末，商业网点356个，职工780人；有集市1个，蔬菜批发市场1个。2011年，社会消费品零售总额达2.2亿元，比上年增长15%；城乡集市贸易成交额0.7亿元，比上年增长12%。

财政金融 2011年，财政总收入1308万元，比上年减少5%。从主要税种看，完成营业税26万元，增值税728万元，企业所得税340万元，个人所得税15万元。人均财政收入419元。

社会发展

文化艺术 2011年末，镇文化综合服务中心1个，村级文化活动中心33个；各类图书室4个，藏书0.9万册；音乐、美术、书法、摄影及文学业余创作人员97人。

教育 2011年末，幼儿园7所，在园幼儿515人，专任教师28人；小学8所，在校生1490人，专任教师165人，小学适龄儿童入学率100%；初中在校生438人，专任教师55人，初中适龄人口入学率、小升初升学率、九年义务教育覆盖率均达100%。

2011年财政预算内教育经费1263万元，比上年增长38%。

医疗卫生 2011年末，卫生院（所）2所，门诊部1个；病床40张，固定资产总值121万元。专业卫生人员23人，其中执业医师4人，执业助理医师5人，注册护士3人，平均每千人拥有卫生技术人员0.7人，平均每千人拥有执业（助理）医师0.3人，平均每千人拥有注册护士0.1人。2011年医疗机构完成诊疗1.8万人次。农村安全饮用水普及率100%，农村卫生厕所普及率28%，新型农村合作医疗参合率100%。

体育 2011年末，学校体育场地2处。各级社会体育指导员12人。每年定期举办的体育赛事有中小学春季运动会。经常参加体育活动的人员占常住人口的30%。

广播电视 2011年末，有线电视用户1万户，入户率98%。

社会保障 2011年，城镇最低生活保障户数32户，人数43人，支出9.3万元，比上年增长32%，月人均180元，比上年增长32.2%；城市医疗救助7人次。

农村最低生活保障户数745户，人数908人，支出65.6万元，比上年增长1.2%，月人均60.2元，比上年增长18%；农村五保集中供养106人，支出38.2万元；农村五保分散供养121人，支出31.5万元，比上年增长29%；农村医疗救助146人次，民政部门资助参加合作医疗227人次，共支出1.4万元，比上年增长50%。

国家抚恤、补助各类优抚对象282人，抚恤事业费支出105万元，比上年增长11.3%。新型农村社会养老保险参保人数1.6万人，参保率98%。

基础设施

交通运输 汀会公路过境。

邮政电信 2011年末，电信服务网点3个；固定电话用户2000户；移动电话用户2.8万户，比上年增加3000

户，移动电话普及率为98%；光缆线路总长度1千米，主干电缆达0.3对千米，宽带接入用户1600户，比上年增加367户。

镇区市政建设

道路 2011年末，镇区道路总长度2千米，道路铺装面积2万平方米。

公共交通 2011年末，镇区长途汽车停靠站5个。

供电 2011年末，镇区主变压器1台。综合电压合格率99%，供电可靠率99%。

大店上村

(Dadianshang Cun)

名称来历 因经商之人在这里开了个店，这样人越聚越多，形成了一个村庄得名大店上村。

地理位置 地处中堡镇东南部，东至毛庄镇财神庙，南至新郭庄子，西至唐庄，北至坨子上。

主要指标 2011年末，辖区总人口773人，总面积1.65平方千米，农民人均纯收入9495元。

高庄窠村

(Gaozhuangke Cun)

名称来历 因此处地势较高而得名。

地理位置 地处中堡镇西部，东至北双庙，南至陈家埝，西至徐家店，北至杨康庄。

主要指标 2011年末，辖区总人口626人，总面积1.26平方千米，农民人均纯收入9500元。

陈家埝村

(Chenjianian Cun)

名称来历 因陈姓移民到此，靠老滦河支流围埝，绿树成荫，建庄得名。

地理位置 地处中堡镇西部，东至鲁家坨，南至埝上新庄子，西至汀流河镇，北至高庄窠。

主要指标 2011年末，辖区总人口850人，总面积1.5平方千米，农民人均纯收入9493元。

鲁家坨村

(Lujiatuo Cun)

名称来历 因鲁姓建庄于坨旁，得名。

地理位置 地处中堡镇西部，东至东罗各庄，南至西罗各庄，西至埝上新庄子村，北至崔各庄。

主要指标 2011年末，辖区总人口436人，总面积0.54平方千米，农民人均纯收入9491元。

沙坨村

(Shatuo Cun)

名称来历 因沙坨村与郭庄子村联建得名。

地理位置 地处中堡镇东南部，东至毛庄镇北庄坨，南至乐亭镇井孙庄，西至安各庄，北至大店上。

主要指标 2011年末，辖区总人口1280人，总面积1.99平方千米，农民人均纯收入9497元。

中堡王庄村

(Zhongpuwangzhuang Cun)

名称来历 因王姓居多得名。

地理位置 地处中堡镇南部，东至马庄，南至赵庄，西至杜庄，北至中堡杨庄。

主要指标 2011年末，辖区总人口674人，总面积0.54平方千米，农民人均纯收入9501元。

老马坨村

(Laomatuo Cun)

名称来历 因老坟后村、马家窑村、坨子上联建得名。

地理位置 地处中堡镇东部，东至毛庄镇财神庙，南至马庄，西至中堡王庄，北至田庄。

主要指标 2011年末，辖区总人口1202人，总面积1.5平方千米，农民人均纯收入9500元。

后沙铺村

(Houshapu Cun)

名称来历 因在沙坨后建房搭窝铺居住而得名。

地理位置 地处中堡镇西北部，东至北何庄，南至前沙铺，西至滦南二里庄，北至滦河。

主要指标 2011年末，辖区总人口1172人，总面积1.47平方千米，农民人均纯收入9502元。

前沙铺村

(Qianshapu Cun)

名称来历 因在沙坨前搭窝铺居住得名。

地理位置 地处中堡镇西北部，东至三官庙，南至徐家店，西至滦南二里庄，北至后沙铺。

主要指标 2011年末，辖区总人口1319人，总面积1.98平方千米，农民人均纯收入9499元。

井儿坨村

(Jing'ertuo Cun)

名称来历 因此地有四个较大的沙坨子，中间低洼，形似水井得名。

地理位置 地处中堡镇西部，东至李现庄，南至东罗各庄，西至崔各庄，北至滦河围埝。

主要指标 2011年末，辖区总人口639人，总面积1.24平方千米，农民人均纯收入9510元。

勒柳河西村

(Leiliuhexi Cun)

名称来历 因勒西村与瓦里村联建而得名。

地理位置 地处中堡镇北部，东至勒柳河东村，南至瓦里，西至李现庄，北至勒柳河中村。

主要指标 2011年末，辖区总人口1049人，总面积2.92平方千米，农民人均纯收入9501元。

勒柳河中村

(Leiliuhezhong Cun)

名称来历 由“勒柳河村”划分得名。

地理位置 地处中堡镇北部，东至北王庄西村，南至边庄子，西至勒柳河西村，北至滦河。

主要指标 2011年末，辖区总人口915人，总面积2.74平方千米，农民人均纯收入9500元。

勒柳河东村

(Leiliuhedong Cun)

名称来历 由“勒柳河村”划分得名。

地理位置 地处中堡镇北部，东至北王庄西村，南至边庄子，西至勒柳河中村，北至滦河。

主要指标 2011年末，辖区总人口1047人，总面积1.49平方千米，农民人均纯收入9490元。

李现庄村

(Lixianzhuang Cun)

名称来历 因由逃难者李现带人来到此地居住建庄而得名。

地理位置 地处中堡镇西北部，东至瓦里，南至中堡小区，西至井儿坨，北为滦河。

主要指标 2011年末，辖区总人口447人，总面积0.32平方千米，农民人均纯收入9501元。

梨园马店村

(Liyuanmadian Cun)

名称来历 因梨园村与马家店村联建而得名。

地理位置 地处中堡镇西南部，东至赵庄，南至八间房，西至刘家崖，北至东罗各庄。

主要指标 2011年末，辖区总人口1210人，总面积2.58平方千米，农民人均纯收入9489元。

付家埝村

(Fujianian Cun)

名称来历 因一付氏人家在这最早落户建村于滦河分支防水大埝旁得名。

地理位置 地处中堡镇西南部，东至鲁家坨，南至贾各庄，西至汀流河镇，北至埝上新庄子。

主要指标 2011年末，辖区总人口518人，总面积0.64平方千米，农民人均纯收入9498元。

杨康庄村

(Yangkangzhuang Cun)

名称来历 因杨姓在此定居，取名杨庄，后因重名改为杨康庄村。

地理位置 地处中堡镇西北部，东至老爷庙，南至高庄窠，西至北何庄，北至滦河。

主要指标 2011年末，辖区总人口1565人，总面积2.8平方千米，农民人均纯收入9498元。

埝上新庄子村

(Nianshangxinzhuangzi Cun)

名称来历 曾用过新立庄，新庄子等村名。后改用埝上新庄子村。

地理位置 地处中堡镇西部，东至鲁家坨，南至傅家埝，西至陈家埝，北至北双庙。

主要指标 2011年末，辖区总人口434人，总面积0.34平方千米，农民人均纯收入9493元。

田庄村

(Tianzhuang Cun)

名称来历 因田庄一村、田庄二村、边庄子村三村合并得名。

地理位置 地处中堡镇东部，东至滦河，南至马家窑，西至老坟后，北至勒柳河东村。

主要指标 2011年末，辖区总人口1376人，总面积2.03平方千米，农民人均纯收入9501元。

北王庄东村

(Beiwangzhuangdong Cun)

名称来历 因滦河改道，由昌黎县套里王庄（塌河塌去）迁至现址而得名。

地理位置 地处中堡镇东北部，东至滦河，南至毛庄镇二郎庙，西至北王庄西村，北至滦河。

主要指标 2011年末，辖区总人口951人，总面积2.67平方千米，农民人均纯收入9510元。

北王庄西村

(Beiwangzhuangxi Cun)

名称来历 北王庄原名套里村，有几户姓张的，就叫张家铺。由于滦河改道，冲垮村庄，大部分人迁建于此地，王姓户多，始称王庄。因在中堡王庄以北，改称北王庄。后分为东西两村，因此村在西得名。

地理位置 地处中堡镇东北部，东至北王庄东村，南至田庄，西至勒柳河东村，北至滦河。

主要指标 2011年末，辖区总人口709人，总面积0.98平方千米，农民人均纯收入9508元。

徐家店村

（Xujiadian Cun）

名称来历 该村原名槐树营，后移民王、徐表兄弟来到槐树营定居，因徐姓开了个店叫徐家店而得名。

地理位置 地处中堡镇西部，东至高庄窠，南至陈家埝，西至汀流河镇，北至北董庄。

主要指标 2011年末，辖区总人口1941人，总面积3.20平方千米，农民人均纯收入9500元。

真武庙村

（Zhenwumiao Cun）

名称来历 因村里建有真武庙而得名。

地理位置 地处中堡镇西北部，东至勒流河西村，南至崔各庄，西至杨康庄，北至老爷庙。

主要指标 2011年末，辖区总人口692人，总面积1.57平方千米，农民人均纯收入9489元。

刘家崖村

（Liujiaya Cun）

名称来历 据传，滦河故道曾流经于此，一年河水泛滥，眼看村庄被洪水吞没，庄内人在一形似山崖高地下跪祈祷上苍，口呼“留下吧，留下吧！”果然诚心感动上苍，洪水渐渐退去。定庄名“留下崖”。因刘姓居多，取谐音得名。

地理位置 地处中堡镇西南部，东至西罗各庄，南至汀流河镇薛家铺，西至贾各庄，北至北双庙。

主要指标 2011年末，辖区总人口1310人，总面积2.28平方千米，农民人均纯收入9501元。

东罗各庄村

（Dongluogezhuang Cun）

名称来历 因姓氏和方位而得名。

地理位置 地处中堡镇西部，东至中堡镇小区，南至梨园村，西至鲁家坨村，北至井儿坨。

主要指标 2011年末，辖区总人口682人，总面积1.48平方千米，农民人均纯收入9506元。

西罗各庄村

（Xiluogezhuang Cun）

名称来历 因姓氏和方位而得名。

地理位置 地处中堡镇西南部，东至梨园，南至马家店，西至刘家崖，北至鲁家坨。

主要指标 2011年末，辖区总人口508人，总面积0.42平方千米，农民人均纯收入9501元。

老爷庙村

（Laoyemiao Cun）

名称来历 因村有老爷庙关帝庙得名。

地理位置 地处中堡镇西北部，东至勒柳河西村，南至真武庙，西至杨康庄，北至滦河。

主要指标 2011年末，辖区总人口1505人，总面积2.3平方千米，农民人均纯收入9495元。

杜赵唐村

（Duzhaotang Cun）

名称来历 因杜庄村、赵庄村、唐庄村联建而得名。

地理位置 地处中堡镇南部，东至中堡马庄，南至安各庄，西至梨园，北至中堡王庄。

主要指标 2011年末，辖区总人口885人，总面积2.15平方千米，农民人均纯收入9502元。

安各庄村

（An’gezhuang Cun）

名称来历 起初为难过庄，因为村南有一条大河，出门过河困难。相传，太监梁九功途经此地，因病受到村内人救助，于是出资在村西修建碧元宫、娘娘庙。后该村百业兴旺，大河改道，于是改名安各庄村。

地理位置 地处中堡镇南部，东至新郭庄子，南至沙坨，西至八间房，北至中堡马庄。

主要指标 2011年末，辖区总人口1615人，总面积2.15平方千米，农民人均纯收入9501元。

崔各庄村

（Cuigezhuang Cun）

名称来历 因姓氏而得名。

地理位置 地处中堡镇西北部，东至井儿坨，南至鲁家坨，西至陈家埝，北至真武庙。

主要指标 2011年末，辖区总人口473人，总面积0.74平方千米，农民人均纯收入9506元。

三官庙村

（Sanguanmiao Cun）

名称来历 因村建有三官庙而得名。

地理位置 地处中堡镇西北部，东至西行，南至北董庄，西至前沙铺，北至后沙铺。

主要指标 2011年末，辖区总人口745人，总面积0.66平方千米，农民人均纯收入9499元。

北双庙村

（Beishuangmiao Cun）

名称来历 曾用名双庙，后据方位得名。

地理位置 地处中堡镇西北部，东至井儿坨，南至埝上新庄子，西至高庄窠，北至老爷庙。

主要指标 2011 年末，辖区总人口 607 人，总面积 1.26 平方千米，农民人均纯收入 9501 元。

何西村
(Hexi Cun)

名称来历 因北何庄村与西行村联建得名。

地理位置 地处中堡镇西北部，东至杨康庄，南至北董庄，西至三官庙，北至滦河。

主要指标 2011 年末，辖区总人口 1128 人，总面积 1.74 平方千米，农民人均纯收入 9501 元。

（撰稿：赵洪涛，审核：常荣兴）

庞各庄乡
(Panggezhuang Xiang)

政区概况

名称来历 因乡人民政府驻地位于庞各庄村而得名。

地理位置 地处乐亭县西部，东与乐亭镇接壤，南临新寨镇，西与大相各庄乡毗邻，北靠汀流河镇。人民政府驻庞各庄村，电话区号 0315，邮政编码 063600，距乐亭县人民政府 7.5 千米。

政区沿革 1949 年，属乐亭县六区。1958 年，属新寨人民公社。1961 年，属青坨人民公社。1984 年，改设庞各庄乡，辖 12 个村民委员会。1996 年，青坨乡并入，辖 25 个村民委员会。

政区划分 2011 年末，辖庞各庄东、庞各庄西、杜林一、杜林二、杜林三、马各庄、马新庄、马王庄、马陈庄、苑庄子、青坨、茨榆坨、琵琶河、小坨、阴田各庄、阚田各庄、任田各庄、流世佛、阚庄、迎好、严坨、王庄子 22 个村民委员会；下设 50 个村民小组。

人口面积 2011 年末，辖区总人口 21496 人，其中城镇常住人口 1365 人，城镇化率 6.4%。另有流动人口 2227 人。总人口中，男性 10749 人，占 50%；女性 10747 人，占 50%；14 岁以下 2145 人，占 10%；15~64 岁 16043 人，占 75%；65 岁以上 3308 人，占 15%。总人口中，以汉族为主，达 21326 人，占 99.2%；有满、蒙古、苗等 7 个少数民族，共 170 人，占 0.8%。2011 年，人口出生率 4.3‰，人口死亡率 3.9‰，人口自然增长率 0.4‰。

辖区东西最大距离 4.6 千米，南北最大距离 8.8 千米，总面积 37 平方千米。人口密度为每平方千米 581 人。

经济概况

农业 耕地面积 4.4 万亩，人均耕地 2 亩。以种植小麦、玉米、蔬菜为主。2011，农业总产值 7.9 亿元，比上年增长 3.9%，实现农业增加值 5.2 亿元，占国内生产总值的 61.9%。

粮食作物以小麦、玉米为主。2011 年，生产粮食 3272 吨，人均 152.2 千克，其中小麦 1445 吨，玉米 1029 吨。主要经济作物分蔬菜。2011 年，蔬菜种植面积 5 万亩，产量 39 万吨，主要品种有温室甜瓜、油桃、黄瓜、西葫芦、西红柿等。

畜牧业以猪、羊、牛为主。2011 年，生猪饲养量 1 万头，年末存栏 0.9 万头；羊饲养量 1.3 万只，年末存栏 0.9 万只；牛饲养量 0.2 万头，年末存栏 0.1 万头；家禽饲养量 66 万羽，上市家禽 43 万羽。畜牧业总产值 0.7 亿元，占农业总产值的 9%。

截至 2011 年末，果树种植面积 1 万亩，产量 48212 吨，主要品种有苹果、桃，其中苹果 14613 吨，桃 10881 吨。

渔业以淡水养殖为主。可用于水产养殖的淡水水面 35 平方千米。2011 年，鱼塘养殖面积 3.5 公顷，产量 17 吨；渔业总产值 2400 万元，占农业总产值的 0.3%。

2011 年，拥有大型农业机械 1000 台（辆）；名优特农产品有大樱桃、草莓，绿色环保农产品有甜瓜、西红柿、黄瓜。

农民人均纯收入 9492 元。

工业 以制造业为主。2011 年，工业总产值 2.2 亿元，比上年增长 0.4%，实现工业增加值 5900 万元，占国内生产总值的 10.9%。2011 年，工业企业 8 家，职工 300 人。

商业外贸 2011 年末，集贸市场 2 个。

财政金融 2011 年，财政总收入 1000 万元，比上年增长 0.02%。从主要税种看，完成营业税 191.9 万元，企业所得税 436.3 万元，个人所得税 243 万元。人均财政收入 465 元。

社会发展

文化艺术 2011 年末，乡文化综合服务中心 1 个，村级文化活动中心 8 个；各类图书室 7 个，藏书 1 万册。音乐、美术、书法、摄影及文学业余创作人员 100 人。

教育 2011 年末，幼儿园 1 所，在园幼儿 105 人，专任教师 11 人；小学 4 所，在校生 1020 人，专任教师 91 人，小学适龄儿童入学率 100%；初中 1 所，在校生 491 人，专任教师 46 人，初中适龄人口入学率、小升初升学率、九年义务教育覆盖率均达 100%。

2011 年财政预算内教育经费 100 万元，比上年增长 15%。

医疗卫生 2011 年末，卫生院 1 所，门诊部 1 个；病床 24 张。平均每千人拥有医疗床位 1.2 张。专业卫生人员 14 人，其中执业医师 9 人，执业助理医师 1 人，注册护士 3 人，平均每千人拥有卫生技术人员 0.7 人，平均每千人拥有执业（助理）医师 0.5 人，平均每千人拥有注册护士 0.2 人。2011 年医疗机构完成诊疗 2.4 万人次。农村安全饮用水普及率 100%，农村卫生厕所普及率 30%，新型农村合作医疗参合率 98%。

体育 2011 年末，学校体育场地 1 处。36% 的村安装了健身器材，经常参加体育活动的人员占常住人口的 30%。

广播电视 2011年末广播电视站15个，有线电视用户6230户，入户率89.8%。

社会保障 2011年城镇最低生活保障户数32户，人数32人，支出3.8万元，比上年减少5%，月人均99元，比上年增长44%；农村最低生活保障户数489户，人数726人，支出68.4万元，比上年增长59%，月人均79元，比上年增长49%；农村五保集中供养32人；农村五保分散供养125人，支出23.2万元；农村医疗救助1.9万人次。国家抚恤、补助各类优抚对象270人。社区服务设施10个，其中社区服务中心2个，社区服务站8个。新型农村社会养老保险参保人数15266人，参保率95%。

基础设施

邮政电信 2011年末，固定电话用户2900户，比上年增加100户，电话用户普及率达到41%；移动电话用户8000户，比上年增加350户，移动电话普及率为37%；宽带接入用户2100户，比上年增加235户。

小坨村

(Xiaotuo Cun)

名称来历 因村北有小沙坨而得名。

地理位置 地处庞各庄乡西南部，东至流世佛，南至阴田各庄，西至东翟各庄，北至茨榆坨。

主要指标 2011年末，辖区总人口432人，总面积1.15平方千米，农民人均纯收入11207元。

马陈庄村

(Machenzhuang Cun)

名称来历 因姓陈的人较多，故名陈庄，后称马陈庄村。

地理位置 地处庞各庄乡南部，东至马各庄，南至苑庄子，西至马王庄，北至甸子。

主要指标 2011年末，辖区总人口546人，总面积0.77平方千米，农民人均纯收入10351元。

阴田各庄村

(Yintiangezhuang Cun)

名称来历 因阴家有人在朝为官，势力很大，号称“阴千顷”。后找来穷人种地、看坟，定居立村，得名。

地理位置 地处庞各庄乡西南部，东至阚田各庄，南至东马庄窠，西至琵琶河，北至小坨。

主要指标 2011年末，辖区总人口506人，总面积0.69平方千米，农民人均纯收入10398元。

迎好村

(Yinghao Cun)

名称来历 因此地曾是兵营，挖过战壕，建庄时叫营壕。后取谐音为迎好。

地理位置 地处庞各庄乡西南部，东至王庄子，南至老郝庄，西至新寨一村，北至严坨。

主要指标 2011年末，辖区总人口1418人，总面积2.15平方千米，农民人均纯收入10790元。

阚田各庄村

(Kantiangezhuang Cun)

名称来历 因阚姓在此开荒种地、定居建庄而得名。

地理位置 地处庞各庄乡西南部，东至任田各庄，南至东马庄窠，西至阴田各庄，北至小坨。

主要指标 2011年末，辖区总人口479人，总面积0.69平方千米，农民人均纯收入10280元。

茨榆坨村

(Ciyutuo Cun)

名称来历 因村南有一沙坨，长满茨榆树而得名。

地理位置 地处庞各庄乡西部，东至马新庄，南至任田各庄，西至东翟各庄，北至张火烧佛。

主要指标 2011年末，辖区总人口716人，总面积0.68平方千米，农民人均纯收入10490元。

青坨村

(Qingtuo Cun)

名称来历 因当时此地是长满青草的高地而得名。

地理位置 地处庞各庄乡南部，东至郭董庄，南至王庄子，西至流世佛，北至阚庄。

主要指标 2011年末，辖区总人口1659人，总面积2平方千米，农民人均纯收入10563元。

阚庄村

(Kanzhuang Cun)

名称来历 因姓阚的人较多而得名。

地理位置 地处庞各庄乡南部，东至西高甸，南至青坨，西至流世佛，北至苑庄子。

主要指标 2011年末，辖区总人口1105人，总面积1.14平方千米，农民人均纯收入10500元。

庞各庄西村

(Panggezhuangxi Cun)

名称来历 因姓庞的户多，故称庞各庄。后分为两村。因该村在西，得名庞各庄西庄。

地理位置 地处庞各庄乡西北部，东至庞各庄东，南至马王庄，西至杜林三村，北至商家埝。

主要指标 2011年末，辖区总人口965人，总面积0.92平方千米，农民人均纯收入10571元。

庞各庄东村

(Panggezhuangdong Cun)

名称来历 因姓庞的户多，故称庞各庄。后分为两村。

因该村在东，得名庞各庄东村。

地理位置 地处庞各庄乡北部，东至李家铺，南至马各庄，西至庞各庄西村，北至商家埝。

主要指标 2011 年末，辖区总人口 1389 人，总面积 1.04 平方千米，农民人均纯收入 10655 元。

琵琶河村

(Pipahe Cun)

名称来历 因庄西有一段形似琵琶的河道而得名。

地理位置 地处庞各庄乡西南部，东至阴田各庄，南至东马庄窠，西至房各庄，北至小坨。

主要指标 2011 年末，辖区总人口 647 人，总面积 1.06 平方千米，农民人均纯收入 10565 元。

马各庄村

(Magezhuang Cun)

名称来历 因此庄建在滦河故道的码头，称为码头庄，后改称马各庄。

地理位置 地处庞各庄乡东部，东至三丁庄，南至马陈庄，西至马王庄，北至庞各庄东村。

主要指标 2011 年末，辖区总人口 1823 人，总面积 1.3 平方千米，农民人均纯收入 10409 元。

苑庄子村

(Yuanzhuangzi Cun)

名称来历 因姓苑的人较多而得名。

地理位置 地处庞各庄乡南部，东至张家铺，南至阚庄，西至马王庄，北至马陈庄。

主要指标 2011 年末，辖区总人口 891 人，总面积 1.14 平方千米，农民人均纯收入 10200 元。

马王庄村

(Mawangzhuang Cun)

名称来历 因姓王的人较多，故名王庄。后改称马王庄村。

地理位置 地处庞各庄乡西南部，东至马陈庄，南至阚庄，西至马新庄，北至庞各庄西。

主要指标 2011 年末，辖区总人口 932 人，总面积 1.4 平方千米，农民人均纯收入 10316 元。

严坨村

(Yantuo Cun)

名称来历 因该地原来是放羊的高地，原名羊坨，又因杨姓户增多，故称杨坨。后因严姓越来越多，改为现名。

地理位置 地处庞各庄乡西南部，东至王庄子，南至迎好，西至东马庄窠，北至流世佛。

主要指标 2011 年末，辖区总人口 1762 人，总面积 2.15 平方千米，农民人均纯收入 10679 元。

马新庄村

(Maxinzhuang Cun)

名称来历 该庄原在庞各庄与马各庄之间，清嘉庆年间发水被淹，搬到马各庄西，新建村庄，取名西新庄。后更名为马新庄村。

地理位置 地处庞各庄乡西南部，东至马王庄，南至阚庄，西至武把式庄，北至马王庄。

主要指标 2011 年末，辖区总人口 818 人，总面积 1.07 平方千米，农民人均纯收入 11184 元。

杜林一村

(Dulinyi Cun)

名称来历 因附近杜树成林，定名杜林。后分为三村，按序号命名。

地理位置 地处庞各庄乡西北部，东至商家埝，南至杜林三村，西至邵家岭，北至新房子。

主要指标 2011 年末，辖区总人口 830 人，总面积 0.63 平方千米，农民人均纯收入 10250 元。

杜林二村

(Dulin' er Cun)

名称来历 因附近杜树成林，定名杜林。后分为三村，按序号命名。

地理位置 地处庞各庄乡西北部，东至杜林三村，南至茨榆坨，西至刘火烧佛，北至杜林一村。

主要指标 2011 年末，辖区总人口 576 人，总面积 0.67 平方千米，农民人均纯收入 10557 元。

杜林三村

(Dulinsan Cun)

名称来历 因附近杜树成林，定名杜林。后分为三村，按序号命名。

地理位置 地处庞各庄乡西北部，东至庞各庄西村，南至马新庄，西至杜林二村，北至杜林一村。

主要指标 2011 年末，辖区总人口 443 人，总面积 0.63 平方千米，农民人均纯收入 11017 元。

任田各庄村

(Rentiangezhuang Cun)

名称来历 因姓任的在此开荒种地、定居建庄而得名。

地理位置 地处庞各庄乡西南部，东至流世佛，南至严坨，西至阚田各庄，北至茨榆坨。

主要指标 2011 年末，辖区总人口 631 人，总面积 1.05 平方千米，农民人均纯收入 10175 元。

流世佛村

(Liushifo Cun)

名称来历 相传清光绪元年（1875年）发大水，冲来写有“流世佛”的佛牌；又因该村原有几座寺庙，故名。

地理位置 地处庞各庄乡西南部，东至阚庄，南至严坨，西至任田各庄，北至马新庄。

主要指标 2011年末，辖区总人口790人，总面积0.99平方千米，农民人均纯收入10217元。

王庄子村

(Wangzhuangzi Cun)

名称来历 因姓王的首先在此定居，得名。

地理位置 地处庞各庄乡南部，东至郗家铺，南至茨榆坨，西至严坨，北至青坨。

主要指标 2011年末，辖区总人口2193人，总面积2.81平方千米，农民人均纯收入10144.27元。

（撰稿：张贵昌，审核：张永涛）

大相各庄乡

(Daxianggezhuang Xiang)

“全国先进文化综合服务中心”称号。

政区概况

名称来历 因乡人民政府驻地位于大相各庄村而得名。

地理位置 地处乐亭县西部，东邻庞各庄乡，南与新寨镇相邻，西、西北、北分别与滦南县姚王庄镇、方各庄镇、宋道口镇接壤。人民政府驻大相各庄村。电话区号0315，邮政编码063600，距乐亭县人民政府20千米。

政区沿革 1949年，属乐亭县六区。1958年，属新寨人民公社。1961年，析新寨人民公社建大相各庄人民公社。1984年，撤销人民公社，设立大相各庄乡，辖14个村民委员会。1996年，陶庄乡并入，辖34个村民委员会。

政区划分 2011年末，辖张潘各庄、曹潘各庄、王潘各庄、东翟各庄、西翟各庄、张火烧佛、崔石潘各庄、房各庄、史家庄、七里庄、陶庄、郑各庄、党庄、郃刘庄、郃王庄、赵周庄、前后院、王栋庄子、王烧纸庄、徐烧纸庄、李家寺、刘火烧佛、榆林村、相各庄村、王付火烧佛、马烧纸庄26个村民委员会。

人口面积 2011年末，辖区总人口21332人，其中城镇常住人口1051人，城镇化率4.9%。另有流动人口123人。总人口中，男性10776人，占50.5%；女性10556人，占49.5%；14岁以下2259人，占10.6%；15~64岁16399人，占78.9%；65岁以上2674人，占12.5%。总人口中，以汉族为主，达21168人，占99.2%；有满、蒙古、壮等7个少数民族，共164人，占0.8%。2011年，人口出生率6.6‰，人口死亡率3.2‰，人口自然增长率3.4‰。

辖区东西最大距离6.8千米，南北最大距离10.9千米，总面积38.9平方千米。人口密度为每平方千米548人。

经济概况

农业 耕地面积4.5万亩，人均耕地2.1亩。以种植小麦、玉米、蔬菜为主。2011年，农业总产值5.2亿元，比上年增长4.4%，实现农业增加值3.2亿元，占国内生产总值的29.9%。

粮食作物以小麦、玉米为主。2011年，生产粮食17573吨，人均823.8千克，其中小麦2858.4吨，玉米12705.8吨。主要经济作物有蔬菜。2011年，蔬菜种植面积44123亩，产量268343吨，主要品种有白菜、温室甜瓜、油桃、黄瓜、西葫芦、西红柿等。

畜牧业以猪、羊、牛为主。2011年，生猪饲养量3.1万头，年末存栏1.7万头；羊饲养量0.81万只，年末存栏0.1万只；牛饲养量1184头，年末存栏916头；家禽饲养量143.3万羽。

截至2011年末，累计造林7477亩，其中经济林6194亩，农民住宅四旁树木8.5万株。2011年，果树种植面积6194亩，产量21953吨，主要品种有苹果、桃，其中苹果8825吨，桃7462吨。

渔业以淡水养殖为主。2011年，养殖水面410亩，产量221吨。

2011年，拥有大型农业机械18台（辆），主要有拖拉机及配套机械。

工业 以锅炉及辅助设备制造、混合肥料制造为主。2011年，工业总产值6亿元，实现工业增加值3.3亿元，占国内生产总值的31%。2011年，工业企业20家，职工5000人；树民锅炉厂年产值1614万元。

商业外贸 2011年末，商业网点172个，职工235人；集市1个。2011年，社会消费品零售总额达1720万元；城乡集市贸易成交额288万元。

财政金融 2011年，财政总收入1095万元。人均财政收入514元。2011年，银行和金融机构各类存款余额2.4亿元。

社会发展

文化艺术 2011年末，乡文化综合服务中心1个，村级文化活动中心26个；各类文化专业户312个；各类图书室13个，藏书2.5万册。

教育 2011年末，幼儿园2所，在园幼儿437人，专任教师30人；小学2所，在校生1165人，专任教师61人，小学适龄儿童入学率100%；初中1所，在校生509人，教师53人，初中适龄人口入学率、小升初升学率、九年义务教育覆盖率均达100%。2011年财政预算内教育经费115.8万元，比上年增长5%。

医疗卫生 2011年末，卫生院（所）2所；病床32张，固定资产总值39万元。专业卫生人员14人，其中执业医师3人，执业助理医师4人，注册护士3人，平均每千人拥有卫生技术人员0.7人，平均每千人拥有执业（助理）医师0.3人，平均每千人拥有注册护士0.1人。2011年医疗机构完成诊疗3.7万人次。农村卫生厕所普及率8.5%，新型农村合作医疗参合率100%。

体育 2011年末，学校体育场地3处。每年定期举办的体育赛事有学生运动会。经常参加体育活动的人员占常住人口的35%。

社会保障 2011年，城镇最低生活保障户数35户，人数42人，支出8.4万元，比上年增长24%，月人均167元，比上年增长51%。

农村最低生活保障户数55户，人数781人，支出76.1万元，比上年增长14%，月人均81元，比上年增长14%；农村五保集中供养148人，支出27.3万元，比上年增长1%；农村五保分散供养174人，支出32.3万元；民政部门资助参加合作医疗890人次，支出5.3万元，比上年增长5%。

国家抚恤、补助各类优抚对象214人，抚恤事业费支出60.1万元。社区服务中心2个，社区服务站2个。新型农村社会养老保险参保人数15135人，参保率99%。

基础设施

邮政电信 2011年末，固定电话用户5210户，比上年增加500户，电话用户普及率达到77%；移动电话用户7000户，比上年增加100户，移动电话普及率为33%；光缆线路总长度86千米，互联网端口总数7000个，其中已占用端口总数3600个，宽带接入用户3600户，比上年增加600户。全年电信业务收入120万元。

相各庄村
(Xianggezhuang Cun)

名称来历 因由大相各庄村与小相各庄村联建，故名。

地理位置 地处大相各庄乡中部，系大相各庄乡政府驻地，东至西翟各庄，南至七里庄，西至张潘各庄，北至王烧纸庄。

主要指标 2011年末，辖区总人口1728人，总面积3.09平方千米，农民人均纯收入9497元。

榆林村
(Yulin Cun)

名称来历 因村庄坐落在一片榆树林前，得名。

地理位置 地处大相各庄乡南部，东至七里庄，南至史家庄，西至滦南县郑各庄，北至崔石潘各庄。

主要指标 2011年末，辖区总人口745人，总面积1.12平方千米，农民人均纯收入9451元。

张潘各庄村
(Zhangpangezhuang Cun)

名称来历 因张、潘两姓人家在此定居，得名。

地理位置 地处大相各庄乡西部，东至相各庄，南至崔石潘各庄，西至滦南县后麻湾，北至曹潘各庄。

主要指标 2011年末，辖区总人口1421人，总面积1.52平方千米，农民人均纯收入9476元。

党庄村
(Dangzhuang Cun)

名称来历 因陈、梁两姓迁入此地，立庄取名臻家庄，后改称党庄村。

地理位置 地处大相各庄乡北部，东至王栋庄子，南至陶庄，西至郑各庄，北至滦南县申营。

主要指标 2011年末，辖区总人口509人，总面积0.56平方千米，农民人均纯收入9496元。

徐烧纸庄村
(Xushaozhizhuang Cun)

名称来历 传说宋代呼延庆上坟烧纸引起大火，往东北延伸，烧至于此，取名火烧庄。后因徐姓迁此立村，更为现名。

地理位置 地处大相各庄乡北部，东至李家寺，南至张火烧佛，西至后马庄，北至陶庄。

主要指标 2011年末，辖区总人口847人，总面积1.37平方千米，农民人均纯收入9533元。

王栋庄子村
(Wangdongzhuangzi Cun)

名称来历 因王栋、王梁兄弟两人迁入此地立庄，故而得名。

地理位置 地处大相各庄乡东北部，东至滦南县断火村，南至李家寺，西至陶庄，北至滦南县申营。

主要指标 2011年末，辖区总人口770人，总面积1.03平方千米，农民人均纯收入9583元。

西翟各庄村
(Xizhaigezhuang Cun)

名称来历 因曾有翟姓村民，称翟各庄。李姓迁来后，户数增多，面积扩大，分为两村，因本村在西，得名。

地理位置 地处大相各庄乡东部，东至东翟各庄，南至房各庄，西至相各庄，北至王烧纸庄。

主要指标 2011年末，辖区总人口429人，总面积0.98平方千米，农民人均纯收入9354元。

张火烧佛村
(Zhanghuoshaofo Cun)

名称来历 传说张姓大户率子孙先至此定居，因宋代呼延庆上坟祭父烧纸，在此引起大火，烧了张王村之间的佛像，故名。

地理位置 地处大相各庄乡东北部，东至付火烧佛，南至东翟各庄，西至小相各庄，北至王火烧佛。

主要指标 2011年末，辖区总人口1069人，总面积

1.92 平方千米，农民人均纯收入 9501 元。

刘火烧佛村

(Liuhuoshaofo Cun)

名称来历 相传宋代名将呼延庆为父上坟烧纸引起大火，只留下此村幸免遇难，故名。

地理位置 地处大相各庄乡东北部，东至庞各庄乡杜林二村，南至王火烧佛，西至李家寺，北至邵家岭。

主要指标 2011 年末，辖区总人口 739 人，总面积 1.15 平方千米，农民人均纯收入 9546 元。

王烧纸庄村

(Wangshaozhizhuang Cun)

名称来历 因王姓迁入烧纸庄后而得名。

地理位置 地处大相各庄乡北部，东至徐烧纸庄，南至相各庄，西至马烧纸庄，北至陶庄。

主要指标 2011 年末，辖区总人口 462 人，总面积 0.49 平方千米，农民人均纯收入 9365 元。

郑各庄村

(Zhenggezhuang Cun)

名称来历 因甄姓人建庄，取名甄各庄。后因甄姓举家迁出，群众习惯称为郑各庄。

地理位置 地处大相各庄乡北部，东至党庄，南至陶庄，西至滦南县广东营，北至滦南县。

主要指标 2011 年末，辖区总人口 440 人，总面积 0.5 平方千米，农民人均纯收入 9480 元。

李家寺村

(Lijiasi Cun)

名称来历 因李氏建村于古老寺庙旁而得名。

地理位置 地处大相各庄乡东北部，东至邵家岭，南至王火烧佛，西至徐烧纸庄，北至王栋庄子。

主要指标 2011 年末，辖区总人口 652 人，总面积 0.82 平方千米，农民人均纯收入 9305 元。

崔石潘各庄村

(Cuishipan’gezhuang Cun)

名称来历 因崔、石、潘三姓人家先后居住在这里而得名。

地理位置 地处大相各庄乡西部，东至相各庄，南至滦南县姚王庄，西至滦南县后麻湾，北至张潘各庄。

主要指标 2011 年末，辖区总人口 1192 人，总面积 1.11 平方千米，农民人均纯收入 9487 元。

曹潘各庄村

(Caopangezhuang Cun)

名称来历 原名小史庄，后来曹、潘两姓搬入，得名。

地理位置 地处大相各庄乡西北部，东至相各庄，南至张潘各庄，西至滦南县独屯，北至王潘各庄。

主要指标 2011 年末，辖区总人口 694 人，总面积 0.62 平方千米，农民人均纯收入 9475 元。

房各庄村

(Fanggezhuang Cun)

名称来历 因人们居住在由传说中留存的简易房子而得名。

地理位置 地处大相各庄乡东南部，东至庞各庄乡琵琶河，南至新寨镇褚庄子，西南至七里庄，北至西翟各庄。

主要指标 2011 年末，辖区总人口 1141 人，总面积 1.67 平方千米，农民人均纯收入 9503 元。

赵周庄村

(Zhaozhouzhuang Cun)

名称来历 因由郜赵庄村和西周庄村联建，故名。

地理位置 地处大相各庄乡北部，东至陶庄，南至马烧纸庄，西至郜王庄，北至郑各庄。

主要指标 2011 年末，辖区总人口 762 人，总面积 0.9 平方千米，农民人均纯收入 9522 元。

马烧纸庄村

(Mashaozhizhuang Cun)

名称来历 由前马烧纸庄村、后马烧纸庄村与顾烧纸庄村联建，故名。

地理位置 地处大相各庄乡北部，东至王烧纸庄，南至相各庄，西至焦庄，北至郜王庄。

主要指标 2011 年末，辖区总人口 797 人，总面积 1.24 平方千米，农民人均纯收入 9572 元。

七里庄村

(Qilizhuang Cun)

名称来历 因距离新寨阁七里地而得名。

地理位置 地处大相各庄乡南部，东至房各庄，南至新寨镇褚庄子，西至史家庄，北至相各庄。

主要指标 2011 年末，辖区总人口 1004 人，总面积 1.33 平方千米，农民人均纯收入 9491 元。

史家庄村

(Shijiazhuang Cun)

名称来历 因史姓居民多而得名。

地理位置 地处大相各庄乡西南部，东至七里庄，南至新寨镇西高家铺，西至滦南县寺上，北至前榆林。

主要指标 2011 年末，辖区总人口 859 人，总面积 1.14 平方千米，农民人均纯收入 9508 元。

邰刘庄村

(Tailiuzhuang Cun)

名称来历 因刘姓居多，取名刘庄村。又因与邰赵庄相邻，故名。

地理位置 地处大相各庄乡西北部，东至前后院，南至邰赵庄，西至滦南县小杨各庄，北至滦南县广东营。

主要指标 2011年末，辖区总人口524人，总面积0.69平方千米，农民人均纯收入9380元。

邰王庄村

(Taiwangzhuang Cun)

名称来历 因王姓居多，又与邰庄相连而得名。

地理位置 地处大相各庄乡北部，东至陶庄，南至焦庄，西至滦南县三甲庄，北至邰赵庄。

主要指标 2011年末，辖区总人口756人，总面积1.06平方千米，农民人均纯收入9360元。

王潘各庄村

(Wangpangezhuang Cun)

名称来历 因首先有潘姓定居，后有王姓落户，故而得名。

地理位置 地处大相各庄乡西北部，东至小相各庄，南至曹潘各庄。西至小清河，北至滦南县高各庄。

主要指标 2011年末，辖区总人口788人，总面积0.61平方千米，农民人均纯收入9537元。

陶庄村

(Taozhuang Cun)

名称来历 原名马棚庄。后迁入少量移民，并因陶氏立庄，故而得名。

地理位置 地处大相各庄乡北部，东至王栋庄子，南至徐烧纸庄，西至西周庄，北至党庄。

主要指标 2011年末，辖区总人口474人，总面积0.77平方千米，农民人均纯收入9322元。

东翟各庄村

(Dongzhaigezhuang Cun)

名称来历 因有翟姓村民，称翟各庄。李姓迁至后，户数增多，面积扩大，分为两村，因本村在东，得名。

地理位置 地处大相各庄乡东部，东至庞各庄乡小坨，南至房各庄，西至西翟各庄，北至张火烧佛。

主要指标 2011年末，辖区总人口777人，总面积1.02平方千米，农民人均纯收入9493元。

前后院村

(Qianhouyuan Cun)

名称来历 因村中有一个坑，坑前坑后各住几户人家，故名。

地理位置 地处大相各庄乡北部，东至西周庄，南至顾烧纸庄，西至邰赵庄，北至滦南县罗各庄。

主要指标 2011年末，辖区总人口459人，总面积0.49平方千米，农民人均纯收入9507元。

王付火烧佛村

(Wangfuhuoshaofo Cun)

名称来历 因由付火烧佛村与王火烧佛村联建，故名。

地理位置 地处大相各庄乡东北部，东至庞各庄乡杜林二村，南至庞各庄乡茨榆坨，西至王烧纸庄，北至李家寺。

主要指标 2011年末，辖区总人口1059人，总面积1.64平方千米，农民人均纯收入9518元。

（撰稿：张军伟，审核：刘向东）

古河乡

(Guhe Xiang)

政区概况

名称来历 因乡人民政府驻地位于古河村而得名。

地理位置 地处乐亭县西南，东邻马头营镇，南临渤海，西与唐海县接壤，北接新寨镇。人民政府驻古河村，电话区号0315，邮政编码063602，距乐亭县人民政府22.2千米。

政区沿革 1949年，属乐亭县五区。1958年，属新寨人民公社。1961年，成立古河人民公社。1984年，改设古河乡，辖10个村民委员会。1996年，撤销阁楼坨乡，所辖区域划归古河乡管辖，调整后辖28个村民委员会。

政区划分 2011年末，辖古河、丰台桥、大捞鱼庄、小捞鱼庄、刘庄子、葛庄子、李各庄、尹郑刘、张李铺、东阁楼坨、西阁楼坨、齐庄子、前小营、后小营、崔庄子、前吴家兰坨、后吴家兰坨、西赵庄子、东新庄、西新庄、郑家桥、西坨、溪家坨、石桥头、刘家林25个村民委员会；下设50个村民小组。

人口面积 2011年末，辖区总人口21658人。总人口中，男性10868人，占50.2%；女性10790人，占49.8%；14岁以下2543人，占12%；15～64岁16251人，占75%；65岁以上2864人，占13%。总人口中，以汉族为主，达21238人，占98%；有满、蒙古2个少数民族，共420人，占2%；其中满族410人，占少数民族人口的98%。2011年，人口出生率6.8‰，人口死亡率8‰，人口自然增长率－1.2‰。

辖区东西最大距离9.5千米，南北最大距离7.5千米，总面积71.3平方千米。其中陆地面积70.8平方千米，占99.3%；水域面积0.5平方千米，占0.7%。人口密度为每平方千米304人。

经济概况

农业 耕地面积4万亩，人均耕地2亩。以种植小麦、玉米、水稻、蔬菜、果树为主。2011年，农业总产值4.4亿元，比上年增长3.4%，实现农业增加值3亿元，占国内生产总值的49.2%。

粮食作物以小麦、玉米、水稻为主。2011年，生产粮食28456吨，人均1314千克，其中小麦1703吨，玉米9829吨，水稻16867吨。主要经济作物有蔬菜，2011年，蔬菜种植面积3550亩，产量16459吨，主要品种有温室甜瓜、油桃、黄瓜、西葫芦、西红柿等。

畜牧业以猪、羊为主。2011年，生猪饲养量3万头，年末存栏1万头；羊饲养量0.5万只，年末存栏0.3万只；收购貂皮6万张，狐狸皮9万张，貉皮43万张；家禽饲养量5万羽，上市家禽3万羽。

截至2011年末，累计造林0.5万亩，其中经济林0.3万亩，农民住宅四旁树木25万株，林木覆盖率20%。2011年，水果种植面积0.3万亩，产量600吨，主要品种有葡萄、苹果，其中葡萄400吨，苹果200吨。

渔业以海洋捕捞和海水养殖为主。可用于水产养殖的海域面积410平方千米、滩涂127平方千米、淡水水面1.5平方千米。2011年，人工养殖贝类1.3万公顷，产量3.5万吨；鱼塘养殖面积1万公顷，产量2.3万吨。

2011年，拥有大型农业机械290台（辆）；绿色环保农产品有黄瓜、茄子、辣椒、卷心菜；农民人均纯收入9430元。

工业 以造纸业为主。2011年，工业总产值7395万元，比上年增长10%。2011年，工业企业24家，职工298人，实现工业增加值1.4亿元，比上年增长12%。占国内生产总值的22.9%。

商业外贸 2011年末，商业网点369个，职工815人；集市2个。2011年，社会消费品零售总额达0.5亿元，比上年增长0.3%；城乡集市贸易成交额0.2亿元。

财政金融 2011年，财政总收入1500万元，比上年增长27.3%。从主要税种看，完成营业税500万元，增值税550万元，企业所得税300万元，个人所得税100万元。人均财政收入694元。

2011年，银行和金融机构各类存款余额1.2亿元，比上年增长3.7%。

社会发展

文化艺术 2011年末，乡文化综合服务中心1个，村级文化活动中心25个；各类图书室14个，藏书5.5万册；音乐、美术、书法、摄影及文学业余创作人员27人。

教育 2011年末，幼儿园4所，在园幼儿1100人，专任教师22人；小学4所，在校生1089人，专任教师115人，小学适龄儿童入学率100%；初中1所，在校生562人，教职工51人，初中适龄人口入学率、小升初升学率、九年义务教育覆盖率均达100%。

2011年，财政预算内教育经费780.5万元，比上年增长1.4%，预算内教育经费占财政总支出的比例为23%，比上年提高了0.5个百分点。

医疗卫生 2011年末，卫生院（所）2所，门诊部2个；病床56张，每千人拥有医疗床位2.5张，固定资产总值120万元。专业卫生人员14人，其中执业医师5人，执业助理医师2人，注册护士3人，平均每千人拥有卫生技术人员0.6人，平均每千人拥有执业（助理）医师0.3人，平均每千人拥有注册护士0.1人。2011年医疗机构完成诊疗2.7万人次。农村安全饮用水普及率100%，农村卫生厕所普及率40%，新型农村合作医疗参合率100%。

体育 2011年末，学校体育场地5处。每年定期举办的体育赛事有春秋两季学生运动会。95%的村安装了健身器材，经常参加体育活动的人员占常住人口的70%。

广播电视 2011年末，有线电视用户5710户，入户率95%。

社会保障 2011年，城镇最低生活保障户数32户，人数44人，支出10.4万元，比上年增长28%，月人均197元，比上年增长37%。

农村最低生活保障户数608户，人数784人，支出10.4万元，比上年增加38%，月人均11.1元，比上年增长42%；农村五保集中供养27人，支出9.7万元；农村五保分散供养127人，共支出15.1万元；农村医疗救助23人次，民政部门资助参加合作医疗1152人次，支出3.5万元，比上年增长1.1%。

国家抚恤、补助各类优抚对象209人，抚恤事业费支出57.9万元，比上年增加10.5%。新型农村社会养老保险参保人数1.5万人，参保率99.1%。

基础设施

邮政电信 2011年末，固定电话用户2668户，电话用户普及率达到98%，比上年提高2个百分点；移动电话用户4113户，移动电话普及率为71%，比上年提高3个百分点。

古河村

(Guhe Cun)

名称来历 原名谷科庄，因村西紧靠一入海古河道而得名。

地理位置 地处古河乡中部，东至李各庄，南至尹郑刘，西至新河，北至葛庄子。

主要指标 2011年末，辖区总人口2446人，总面积4.51平方千米，农民人均纯收入8466元。

西新庄村

(Xixinzhuang Cun)

名称来历 该村原在东新庄村东河岸，后发大水，村庄被淹没，李氏家族迁此地立新庄，得名。

地理位置 地处古河乡东北部，东至东新庄，南至溪家坨，西至赵庄子，北至邸新庄。

主要指标 2011年末，辖区总人口905人，总面积

1.21 平方千米，农民人均纯收入 8459 元。

葛庄子村
(Gezhuangzi Cun)

名称来历 因葛姓居多，得名。

地理位置 地处古河乡东北部，东至溪家坨，南至李各庄，西至小捞鱼庄，北至西赵庄子。

主要指标 2011 年末，辖区总人口 592 人，总面积 0.12 平方千米，农民人均纯收入 8488 元。

西赵庄子村
(Xizhaozhuangzi Cun)

名称来历 因赵氏家族迁居此地建庄，故而得名。

地理位置 地处古河乡东北部，东至西新庄，南至葛庄子，西至西蒋庄子，北至西阁楼坨。

主要指标 2011 年末，辖区总人口 475 人，总面积 0.74 平方千米，农民人均纯收入 8461 元。

东阁楼坨村
(Donggeloutuo Cun)

名称来历 因在高地上盖有阁楼，取名阁楼坨，后分两村。该村坐落在东，得名。

地理位置 地处古河乡东北部，东至郑家桥，南至西新庄，西至西阁楼坨，北至前吴家兰坨。

主要指标 2011 年末，辖区总人口 598 人，总面积 0.81 平方千米，农民人均纯收入 8478 元。

西阁楼坨村
(Xigeloutuo Cun)

名称来历 因在高地上盖有阁楼，取名阁楼坨，后分两村。该村坐落在西，得名。

地理位置 地处古河乡东北部，东至东阁楼坨，南至西赵庄子，西至前小营，北至前吴家兰坨。

主要指标 2011 年末，辖区总人口 570 人，总面积 1.49 平方千米，农民人均纯收入 8482 元。

小捞鱼庄村
(Xiaolaoyuzhuang Cun)

名称来历 因此地低洼，群众有捞鱼的习惯，故取名捞鱼庄；又因该村比大捞鱼庄小，故名。

地理位置 地处古河乡西北部，东至新河，南至小清河，西至丰台桥，北至大捞鱼庄。

主要指标 2011 年末，辖区总人口 532 人，总面积 1.17 平方千米，农民人均纯收入 8473 元。

李各庄村
(Ligezhuang Cun)

名称来历 因系李姓移民始建而得名。

地理位置 地处古河乡东部，东至刘家林，南至马头营镇尹庄子村，西至古河，北至葛庄子。

主要指标 2011 年末，辖区总人口 2368 人，总面积 4.22 平方千米，农民人均纯收入 8464 元。

崔庄子村
(Cuizhuangzi Cun)

名称来历 因最初由崔姓在此落户而得名。

地理位置 地处古河乡北部，东至流智庄，南至后小营，西至齐庄子，北至撒马店。

主要指标 2011 年末，辖区总人口 446 人，总面积 0.38 平方千米，农民人均纯收入 8477 元。

西坨村
(Xituo Cun)

名称来历 因该村西南有个沙坨子而得名。

地理位置 地处古河乡东部，东至马头营镇，南至石桥头，西至河边，北至东新庄。

主要指标 2011 年末，辖区总人口 865 人，总面积 1.42 平方千米，农民人均纯收入 8467 元。

后小营村
(Houxiaoying Cun)

名称来历 唐朝时大将军薛仁贵扫北，在此处设立两个屯积粮食的营寨，一前一后，后人在此定居，得名。

地理位置 地处古河乡北部，东至西阁楼坨，南至前小营，西至齐庄子，北至崔庄子。

主要指标 2011 年末，辖区总人口 710 人，总面积 0.77 平方千米，农民人均纯收入 8460 元。

大捞鱼庄村
(Dalaoyuzhuang Cun)

名称来历 因村民们以捕鱼维持生计，得名。

地理位置 地处古河乡西北部，东至刘庄子，南至小捞鱼，西至南庄河，北至前小营。

主要指标 2011 年末，辖区总人口 1296 人，总面积 1.99 平方千米，农民人均纯收入 8469 元。

刘庄子村
(Liuzhuangzi Cun)

名称来历 因刘姓首先定居，得名。

地理位置 地处古河乡东北部，东至葛庄子，南至古河，西至大捞鱼庄，北至西赵庄子。

主要指标 2011 年末，辖区总人口 876 人，总面积 1.36 平方千米，农民人均纯收入 8478 元。

郑家桥村

(Zhengjiaqiao Cun)

名称来历 老滦河有一土木桥，据传由一郑姓居民所建，称郑家桥，村因桥而得名。

地理位置 地处古河乡东北部，东至老滦河，南至东新庄，西至东阁楼坨，北至小河沿。

主要指标 2011 年末，辖区总人口 558 人，总面积 0.48 平方千米，农民人均纯收入 8487 元。

东新庄村

(Dongxinzhuang Cun)

名称来历 该村原在村东河岸上，后被淹没，搬迁到现址后，因在西新庄的东面，故名。

地理位置 地处古河乡东北部，东至康家园子，南至溪家坨，西至西新庄，北至郑家桥。

主要指标 2011 年末，辖区总人口 501 人，总面积 0.45 平方千米，农民人均纯收入 8479 元。

张李铺村

(Zhanglipu Cun)

名称来历 因张姓移居并建铺立家而得名。

地理位置 地处古河乡东南部，东至马头营尹庄子，南至大清河盐场，西至尹郑刘，北至古河。

主要指标 2011 年末，辖区总人口 825 人，总面积 1.55 平方千米，农民人均纯收入 8461 元。

前吴家兰坨村

(Qianwujialantuo Cun)

名称来历 因吴姓为庄主，取名吴家兰坨村。后分为前、后吴家兰坨村。

地理位置 地处古河乡东北部，东至新寨镇小河沿，南至东阁楼坨，西至崔庄子，北至后吴家兰坨。

主要指标 2011 年末，辖区总人口 594 人，总面积 0.51 平方千米，农民人均纯收入 8456 元。

尹郑刘村

(Yinzhengliu Cun)

名称来历 因由尹家铺、郑家铺、刘家铺三村合并，故取三村首字命名。

地理位置 地处古河乡西南部，东至张李铺，南至大清河盐场，西至小清河，北至古河。

主要指标 2011 年末，辖区总人口 867 人，总面积 1.56 平方千米，农民人均纯收入 8467 元。

后吴家兰坨村

(Houwujialantuo Cun)

名称来历 因吴姓为庄主，取名吴家兰坨村。后划分为前、后吴家兰坨村。

地理位置 地处古河乡东北部，东至小河沿，南至前吴家兰坨，西至流智庄，北至西姜各庄。

主要指标 2011 年末，辖区总人口 898 人，总面积 0.85 平方千米，农民人均纯收入 8467 元。

刘家林村

(Liujialin Cun)

名称来历 因老滦河经常泛滥，一次发大水后，该村与附近的几个村都被冲毁，只剩下刘家的树林，后形成村，得名。

地理位置 地处古河乡东部，东至马头营镇，南至铁庄子，西至溪家坨，北至石桥头。

主要指标 2011 年末，辖区总人口 959 人，总面积 1.27 平方千米，农民人均纯收入 8468 元。

石桥头村

(Shiqiaotou Cun)

名称来历 张氏家族定居在老滦河桥附近建房，取名石桥头村。

地理位置 地处古河乡东北部，东至西坨，南至刘家林，西至溪家坨，北至东新庄。

主要指标 2011 年末，辖区总人口 530 人，总面积 1.56 平方千米，农民人均纯收入 8476 元。

前小营村

(Qianxiaoying Cun)

名称来历 相传唐朝薛仁贵征东，在此处设立两个屯积粮草的营寨，故名。

地理位置 地处古河乡北部，东至西阁楼坨，南至刘庄子，西至大捞鱼庄，北至后小营。

主要指标 2011 年末，辖区总人口 503 人，总面积 0.72 平方千米，农民人均纯收入 8474 元。

丰台桥村

(Fengtaiqiao Cun)

名称来历 庄西清河上有一丰台桥。村因桥得名。

地理位置 地处古河乡西北部，东至小捞鱼庄，南至唐海县李家房子，西至唐海县边界线，北至南庄河。

主要指标 2011 年末，辖区总人口 790 人，总面积 1.37 平方千米，农民人均纯收入 8486 元。

齐庄子村

(Qizhuangzi Cun)

名称来历 因最先有姓齐人家来此开荒种地而得名。

地理位置 地处古河乡西北部，东至后小营，南至大捞鱼庄，西至小清河，北至滦南县胡许庄。

主要指标 2011 年末，辖区总人口 669 人，总面积 0.75 平方千米，农民人均纯收入 8473 元。

溪家坨村

(Xijiatuo Cun)

名称来历 因李氏家族在逃荒过程中，发现此地有两条小溪，中间有一块高地，便商议搭棚在此定居，称溪夹坨，后取谐音称溪家坨。

地理位置 地处古河乡东部，东至石桥头，南至李各庄，西至葛庄子，北至西新庄。

主要指标 2011年末，辖区总人口908人，总面积1.67平方千米，农民人均纯收入8475元。

（撰稿：闫秀兰，初审：苏华）

迁西县

(Qianxi Xian)

国家级生态示范区、“全国黄金万两县”“中国板栗之乡”“国家重点钢铁生产县”，经济综合实力跻身河北省十强、全国百强。

政区概况

名称来历 因从迁安县西部分出建县而得名。

地理位置 位于东经118°6′49″~118°37′19″，北纬39°57′15″~40°27′48″。地处唐山市北部，东连秦皇岛市青龙满族自治县、迁安市，南接滦县、唐山市丰润区，西邻遵化市，西北与承德市兴隆县为邻，北、东北与承德市宽城满族自治县接壤。人民政府驻景忠东街21号，电话区号0315，邮政编码064300，距唐山市人民政府58千米。

政区沿革 春秋时为山戎国地，战国时属燕国。秦属辽西郡令支县。汉属幽州辽西郡令支县。隋开皇六年（586年），属北平郡卢龙县。唐仍为卢龙县地，属河北道平州。辽分属安喜、滦河二县。金初，安喜改迁安县，属迁安县。元分属迁安、惠州。明清属迁安县地。1913年，属直隶省渤海道，为迁安县地；次年改属津海道，为迁安县地；1928年，属河北省迁安县。

1937年7月7日抗日战争爆发后，这里为晋察冀边区冀东革命根据地的一部分，开始建立革命政权。兴城、滦河以北地区建立迁（安）遵（化）兴（隆）联合县。兴城、滦河以南地区建立丰（润）滦（县）迁（安）联合县一部分。此二县在1943年7月前属晋察冀边区冀东专区，后改属冀热边区第二专区。1945年丰滦迁县改属冀热辽区第十五专区。1945年8月日本投降，曾成立迁北县，仅20天后又改为迁西办事处。1946年1月，设立迁西县办事处；同年9月，成立迁西县佐公署，属冀东区第十二专区。1947年4月，迁西县佐公署改为迁西县人民政府，县域从迁安县西部析出，置迁西县，县人民政府驻兴城区，全县分为东荒峪、太平寨、上营、洒河桥、三屯营、兴城、新集7个区，345个村。

1949年8月1日，河北省人民政府成立，迁西县划归河北省唐山专区。1953年5月，全县设97个乡。1956年8月，撤区并乡，将97个乡合并为43个乡。1958年10月，将43个乡镇改建为9个人民公社，辖43个生产大队。1958年12月，撤销迁西县，滦河以东大部地区并入迁安县，滦河以西地区并入遵化县。

1961年6月，以原辖区复置迁西县，属河北省唐山专区，下辖8个人民公社；同年8月，撤销管理区，将8个人民公社划分为34个人民公社，辖400个生产大队。1979年2月，撤销西城峪、东营、南团汀3个人民公社。

1983年5月5日，撤销唐山地区，实行市管县，迁西县属唐山市。1984年3月，将兴城人民公社改置为区级镇，其余30个人民公社改置为乡，生产大队改为村民委员会。1983年6月，增设松岭乡、彭庄乡。1985年5月，将洒河桥乡、三屯营乡改置为镇，全县辖30个乡、3个镇。1988年2月，将太平寨、东荒峪、罗家屯、新集4个乡改置为镇。1989年4月，合并下营乡、崔家堡子乡，置金厂峪镇。至1989年底，全县辖8个镇、24个乡、415个村委会。1990年5月，撤销黄槐峪乡，并入渔户寨乡。1996年1月，撤销14个乡，将全县的31个乡镇调整为17个乡镇（8镇9乡），县政府驻兴城镇。1999年10月，撤销滦阳乡，改置为滦阳镇，全县辖17个乡镇（9镇8乡），417个村委会。2005年，增设栗乡街道。

政区划分 2011年末，辖东荒峪、三屯营、洒河桥、滦阳、新集、罗家屯、金厂峪、太平寨、兴城9个镇，渔户寨、上营、白庙子、汉儿庄、尹庄、东莲花院、新庄子、旧城8个乡，栗乡1个街道，共18个乡级政区；领导417个村民委员会、9个社区居民委员会。

人口面积 2011年末，辖区总人口38.54万人，其中城镇常住人口16.83万人，城镇化率43.7%。另有流动人口3115人。总人口中，男性19.78万人，占51.3%；女性18.75万人，占48.7%；14岁以下12.52万人，占32.5%；15~64岁22.13万人，占57.4%；65岁以上3.89万人，占10.1%；总人口中，以汉族为主，达37.37万人，占96.7%；有满、蒙古、壮、回、布依、苗、瑶、土家等28个少数民族，共1.17万人，占3%；超过100人的有满、蒙古、壮、回、布依、苗6个少数民族，其中满族1.05万人，占少数民族人口的89.8%；蒙古族255人，占2.2%；壮族245人，占2.1%；回族173人，占1.5%。2011年，人口出生率13.2‰，人口死亡率6.7‰，人口自然增长率6.5‰。

辖区东西最大距离39千米，南北最大距离51千米，总面积1439平方千米。其中陆地面积1275.1平方千米，占88.6%；水域面积163.9平方千米，占11.4%。人口密度每平方千米268人。

自然条件

地形地貌 地处燕辽沉降带南缘，地势为四周高，中间低，向中间倾斜，构成典型的低山丘陵地貌。地形为北宽南尖，近似三角状。境内最高峰八面峰位于北部，海拔842米，最低点位于东部滦河河床，海拔70米，相对高差

772米。

气候 属暖温带半湿润季风气候，其特点是四季分明，春季干旱少雨，夏季炎热多雨，多偏南风，秋季凉爽，冬季干燥寒冷，多偏北风。多年平均气温10.9℃，1月平均气温-6.6℃，极端最低气温-26.7℃（2010年1月6日）；7月平均气温25.4℃，极端最高气温40.6℃（2002年7月14日）。最低月均气温-10.8℃（1977年1月），最高月均气温28.4℃（2000年7月）。平均气温年较差22.1℃，最大日较差25.6℃（1972年4月27日）。生长期年平均180天，无霜期年平均177天，最长达201天，最短为128天。年平均日照时数2491.7小时，年总辐射123千卡/平方厘米。0℃以上持续期202.6天（一般为4月5日~10月25日）。年平均降水量721.0毫米，年平均降雨日数为88.1天，最多达127天（1990年），最少为51天（1972年）。极端年最大雨量1066.3毫米（1977年），极端年最少雨量366.3毫米（2002年）。降雨集中在每年5月至9月，7月最多。

水文 境内有滦河、洒河、长河、清河、还乡河、横河6条主要河流，还乡河属潮白、蓟运河水系，其余属滦河水系。河流总长度232.5千米，河网密度0.21千米/平方千米，径流总量48.5亿立方米，年最大排涝量16.5亿立方米，年最大排涝量21.7亿立方米。境内最大的河流为滦河，经承德市宽城满族自治县从潘家口入境，横贯县境中部，于罗家屯镇出境，长67.5千米，流域面积1134平方千米，年均流量48亿立方米/秒。

矿藏及其他自然资源 境内已探明地下矿藏有36种，其中金属矿9种，包括黑色金属矿3种（铁、锰、铬），有色金属矿产3种（铜、锡、钼），贵金属矿1种，稀有及稀土矿2种。黄金和铁矿储量最大，黄金储量30吨，铁矿储量4.7亿吨。已开发的有中兴铁矿，位于汉儿庄乡路庄村，矿区面积0.21平方千米，地质储量0.25亿吨，可采量0.18亿吨，年产量15.3万吨。已开发的金厂峪金矿，位于金厂峪镇，矿区面积0.15平方千米，年产量6吨。非金属矿30个，有膨润土、紫页盐等建筑化工材料。此外，还有刚玉、蛭石等矿产。

自然灾害 主要自然灾害有干旱、洪涝和冰雹。干旱一般为四年一遇，主要发生在12月至次年5月；洪涝和冰雹灾害年平均发生1.2次，主要发生在7、8月，最严重的一次发生在2011年7~8月，出现了3次大的洪涝灾害，其中农作物受灾面积1.16万亩，经济损失1707.8万元；果树、柴树27.93万棵受灾，经济损失6735.7万元；29个花卉大棚、9个栗蘑养殖大棚严重受灾，冲走牛、羊、猪等牲畜500多头，鸡8000多只，网箱694个，经济损失901万元；房屋倒塌145间，损坏3764间，经济损失2592.6万元。累计各项经济损失1.2亿元。

经济概况

农业 耕地面积27.24万亩，人均0.7亩。农业总产值从1952年的0.13亿元，增加到1978年的0.5亿元，2011年达到29.47亿元，比上年增长9.1%，实现农业增加值198.6亿元，占国内生产总值的5.4%。

粮食作物以玉米、大豆、谷子、高粱、甘薯为主。2011年，生产粮食8.69万吨，人均225千克，其中玉米7.15万吨，大豆0.28万吨，谷子0.26万吨，高粱0.12万吨，甘薯0.81万吨。主要经济作物有油料作物。2011年，种植面积2.97万亩，产量0.59万吨，其中花生0.57万吨；蔬菜种植面积1.52万亩，产量8.6万吨，主要品种有大白菜、黄瓜、番茄、食用菌等，其中大白菜4.27万吨，黄瓜0.7万吨，番茄0.41万吨，食用菌（以栗蘑为主）0.65万吨。

畜牧业以生猪、羊、牛、家禽为主。2011年，生猪饲养量30万头，年末存栏8.7万头；羊饲养量37.85万只，年末存栏13.85万只；牛饲养量3.18万头，年末存栏1.88万头；家禽饲养量282.9万羽，上市家禽95万羽。2011年生产肉类2.36万吨，其中猪肉1.29万吨，牛肉0.21万吨，羊肉0.36万吨；禽蛋0.84万吨，鲜奶2.02万吨。畜牧业总产值7.1亿元，占农业总产值的24.1%。

截至2011年末，累计造林48.5万亩，其中防护林11.1万亩，经济林37.4万亩，农民住宅四旁树木450万株，林木覆盖率61%，活立木蓄积量186万立方米。2011年干鲜果品种植面积75万亩，产量7.7万吨，主要品种有板栗、核桃、梨、苹果、柿子、葡萄、鲜桃、鲜杏等，其中板栗4.5万吨，核桃0.34万吨，梨1.4万吨（其中安梨1.1万吨），苹果0.72万吨，柿子0.33万吨，葡萄0.26万吨，鲜桃0.15万吨，鲜杏0.13万吨。

渔业以鲟鱼、鲤鱼、鲢鱼、鲫鱼、草鱼、黄颡鱼等淡水鱼为主。可用于水产养殖的淡水水面40平方千米。2011年，水产品总产量3.88万吨；渔业总产值4.14亿元，占农业总产值的14.1%。其中网箱养鱼5.3万箱，产量3.6万吨；鱼塘养殖面积225亩，产量55吨。

2011年，拥有大型农业机械412台（辆）；名优特色农产品有滦河鲤鱼、栗蘑、柴鸡蛋、小杂粮等，绿色环保农产品有鲤鱼、草鱼、鲫鱼、鳙鱼、栗蘑栗茸、柴鸡蛋、小杂粮等；农民人均纯收入9360元。

工业 栗乡工业产业聚集区，为系列型钢、林板一体化、系列锰产品、特色铸造、光伏产业和食品加工的重要生产基地，重点规划铸造和板栗加工两个产业集群。工业总产值从1952年的0.01亿元，增加到1978年的0.53亿元，2011年达到704.39亿元，比上年增长4%，实现工业增加值237.3亿元，占国内生产总值比重的64.7%。

2011年，规模以上工业企业138家，职工2.23万人，实现工业增加值176.98亿元，比上年增长34.8%。其中大中型工业企业10家，职工1.37万人，实现工业增加值131.2亿元，比上年增长44.6%。销售收入达到亿元以上的企业49家，10亿元以上的2家，50亿元以上的1家。河北津西钢铁集团股份有限公司连续多年名列中国企业500强，2011年列196位、河北省100强企业第7位，型钢产品产量、销售量和出口量均居国内第1位。迁西县福珍全矿业有限公司名列河北省100强企业第88位。

商业外贸 2011年末，商业网点7251个，职工6.88万人；连锁超市、物流配送等新型商业业态发展迅速，迁西县综合物流中心、河北鑫盛祥物流中心等已相继落户境内。2011年社会消费品零售总额达58.98亿元，比上年增长17.9%；城乡集市贸易成交额36.4亿元，比上年增长18.6%。

2011年，进出口总额14.1亿美元，比上年增长32.3%；其中进口11.8亿美元，比上年增长36.3%，主要产品有铁矿石等2类2个产品；出口2.3亿美元，比上年增长15.5%，主要产品有H型钢、自行车配件、摩托车配件、鲜板栗、栗仁等15个产品，销往10个国家和地区。

财政金融 2011年，财政总收入30.1亿元，比上年增长45.4%。其中地方财政收入8.2亿元，比上年增长37.1%，是1957年的2446倍，比1978年增长424倍。从主要税种看，完成营业税2.4亿元，增值税14.1亿元，企业所得税6.3亿元，个人所得税2.4亿元，分别比上年增长39.9%、61.4%、38.5%、38%。人均财政收入7715元，比上年增长41.7%。

2011年，金融产业实现税收0.74亿元。年末有中国工商银行、中国农业银行、中国银行、中国建设银行、中国邮政储蓄银行、交通银行、河北省农村信用联社7家银行和金融机构开设了支行；小额信贷金融机构4家；各类存款余额177.1亿元，比上年增长8.6%，是1978年的459倍；人均储蓄3.7万元，是1949年的14万倍，比1978年增长370倍；各项贷款余额89亿元，比上年增长10%，是1978年的4400倍。证券公司营业部1家，开户股民（含基金）总数1659个，A股和基金交易额6.28亿元，比上年增长86%。保险业实现保费收入2.2亿元，比上年增长29.4%，是1984年的324倍。其中财产险保费收入8000万元，比上年增长10.8%，是1987年的117.6倍；人身险保费收入1.4亿元，比上年增长40%。

社会发展

文化艺术 2011年末，各类艺术团体5个，演职人员80人，年演出800场次，观众达40万人次；电影公司1个，电影放映单位1个，年放映108场次，观众达28.8万人次；文化馆1个，文化站17个，建筑面积9000平方米；公共图书馆1个，农家书屋200个，建筑面积8000平方米，藏书30万册。

1989年高古庄村农民蔡宝轩的工艺美术作品，在北京民族文化宫举办的“银河系生物文化艺术作品展览”中引起了轰动。1990年8月3日，蔡宝轩的作品曾参加北京第十一届亚运会艺术节活动。

县内根雕作品以王泳心、李少中为代表。李少中为中国中青年书法家协会会员，其作品多次在全国性书法大展赛中获奖并被许多宾朋所收藏。1997年，王泳心的画作《洛神赋》获“中国渤海湾书画大赛”一等奖；同年，根雕《诗仙魂》获“中国根雕艺术博览会”金奖；1998年，王泳心的根雕作品在全国第四届根雕作品大赛上获得金奖，并被授予“河北省民间艺术家”称号。2003年《禅悟》获“中国名家艺术精品邀请赛”特别奖。

地方特色民间艺术有皮影、评剧、花灯、背杆、剪纸、栗花编织等，其中东升皮影团2011年参加唐山市皮影会演，兰清喜的剪纸作品被收入《中国百人剪纸选》，销往日本、韩国等东南亚国家市场。

教育 2011年末，幼儿园145所，在园幼儿10512人，专任教师359人；小学98所，在校生2.99万人，专任教师2162人，小学适龄儿童入学率100%；初中18所，在校生1.12万人，专任教师1367人，初中适龄人口入学率、小升初升学率、九年义务教育覆盖率达100%；普通高中4所，在校生6650人，专任教师563人；职业教育中心1所，在校生2593人；特殊教育学校1所，在校生76人；民办学校1所，在校生370人。

2011年教育经费达4.41亿元，国家财政性教育经费3.88亿元，预算内教育事业费3.70亿元，分别比上年增长29%、18.5%、16.2%。预算内教育经费（包括城市教育费附加）占财政总支出的比例为23%，比上年提高了2个百分点。

科技 2011年末，独立科研机构与技术开发机构7个，主要分别是：河北省燕山科学实验站、迁西县板栗研发中心、H型钢轧机辊环研发中心、低品位复杂锰矿开发技术中心、大方重工省级研发中心、津西钢铁公司型钢联合研发中心、津西钢铁公司津西钢铁研究院；工程技术研究中心2家，各类科技人才9200人，其中专业技术人才5400人，经营管理人才1100人，技能人才1200人，农村实用人才1500人。板栗深加工技术达到国际先进水平。大规格H型钢轧机辊环制造技术、CPC（连续复合）高速钢轧辊制造技术、大型装备激光再制造技术、高耐磨性奥铁体球墨铸铁研究、含碳化物奥铁体球墨铸铁磨球制造、微生物——黄铁矿耦合浸出软锰矿生产——水硫酸锰生产等方面的研究居全国领先地位。

医疗卫生 2011年末，各级各类医疗卫生机构24个，其中二级甲等医院3所（综合医院1所、中医院1所、妇幼保健院1所），疾病控制中心1个，卫生监督所1个，卫生学校1所，民营医院1所，卫生院17所；病床1659张，其中公立卫生机构床位1400张，每千人拥有医疗床位4.25张，固定资产总值1.41亿元。专业卫生人员1508人，其中执业医师483人，执业助理医师121人，注册护士527人，平均每千人拥有卫生技术人员3.9人，平均每千人拥有执业（助理）医师1.5人，平均每千人拥有注册护士1.4人。2011年医疗机构（门诊部以上）完成诊疗72.27万人次，住院手术1.17万台次，出院病人5.59万人次。

2011年法定报告传染病发病率为441.65/10万，农村安全饮用水普及率80%，农村卫生厕所普及率63%，新型农村合作医疗参合人数30.68万人，参合率97%；居民人口平均期望寿命75.3岁，其中男性72.2岁，女性78.4岁；孕产妇死亡率15/10万，5岁以下儿童死亡率、婴儿死亡率、新生儿死亡率分别为5.9‰、4.7‰、3.9‰。

体育 2011年末，体育场地550处，省优秀运动队后备人才训练基地1个，体育社团2个。每年定期举办的体育活动有元旦的长跑比赛，2月的乒乓球比赛、象棋比赛，3月的钓鱼比赛，4月的全民运动会，7月的羽毛球比赛，8月8日的全民健身日，10月的庆国庆篮球赛。省级以上体育赛事有与“四海钓鱼”频道合作举办的钓鱼比赛。90%以上的城市社区和村建有群众健身场所，配备了必要的健身设备，经常参加体育活动的人员占常住人口的33%。

广播电视 1958年8月开通迁西县广播站，到乡镇510杆千米，乡镇到村2040杆千米，村以下15096杆千米，1970年开通迁西县广播电台。现有广播喇叭8300只，通响率90%。1987年开通调频广播。2006年恢复开通城区无线广播，县城内主要街道共分布无线低频喇叭400余只。截至2011年末，迁西广播电台共有两套广播节目，与中央人民广播电台合作转播《中国之声》新闻节目。广播综合覆盖率95%，全年公共广播节目播出时间1.08万小时。

1987年9月建迁西县电视台，发射塔设在海拔300多米的县城南山顶上，覆盖半径30千米，1996年底开通迁西县有线电视。2011年末迁西县电视台开通4个频道，另有通过光纤传输的省网电视信号近100个频道，并试播高清信号。有线用户达7.2万户，其中数字电视用户2.8万户，电视综合覆盖率95%，全年公共电视节目播出时间1.44万小时。迁西县广播电视台连续多年被省广播电视局评为“先进集体”。

新闻出版 2011年末，各类印刷复制企业14家，出版物发行机构（网点）1个，出版物发行机构（网点）销售收入1500万元，新华书店系统销售1200万元。

社会保障 2011年，城镇最低生活保障户数1437户，人数2479人，支出768.2万元，比上年增长27%，月人均258.2元，比上年增长10%；城市医疗救助39人次，民政部门资助参加合作医疗807人次，共支出250.34万元，比上年增长65%；城市生活无着人员救助116人次，支出15万元，比上年增长5%。

农村最低生活保障户数5858户，人数11357人，支出1650.3万元，比上年增长30%，月人均121.1元，比上年增长12%；农村五保集中供养716人，支出341万元，比上年增长1.2%；农村五保分散供养1307人，支出235万元，比上年增长1.5%；农村医疗救助346人次，支出1044万元，比上年增长3.2%；农村临时救济578人次，支出20.7万元，比上年增长3.8%。

2011年自然灾害受灾人口31.01万人，紧急转移安置500人，农作物受灾面积19.2万亩，倒塌房屋145间，直接经济损失1.9亿元，救灾支出870万元。（2010年救灾支出20万元）

国家抚恤、补助各类优抚对象2227人，安置义务兵、士官等52人，接收军队离退休干部3人。军休所1个，军供站床位20张，抚恤事业费支出793.42万元，比上年增长5%。

社会福利费1787.6万元，比上年增长3.3%；社会服务单位19个，床位41张，其中收养机构床位15张，生活无着人员救助床位26张，社区服务床位420张，军休床位20张，收养15人。

社区服务设施9个，其中社区服务中心9个，社区服务站26个，其他社区服务设施388个；社区日间照料床位数986张，社区留宿照料床位数430张。

经常性社会救助工作站1个，救助点6个，全年接受社会捐款170.25万元，捐赠物资折款35万元；筹集公益金57.9万元；福利企业7个，安置残疾职工220人，福利企业产值1.01亿元。

2011年，新增就业人员4359人，有836名下岗失业人员实现了再就业，就业困难人员再就业555人，年末城镇登记失业人数712人，城镇登记失业率为3%，全年共帮助32户零就业家庭实现每户至少一人就业，组织5名高校毕业生到农村基层从事“三支一扶”的工作。

2011年，五项社会保险（不含新型农村社会养老保险）基金收入合计5.33亿元，比上年增长23.7%，基金支出合计3.71亿元，比上年增长9.7%。年末参加城镇基本养老保险6.61万人，比上年末增加3261人，其中参保职工5.56万人，参保离退休人员1.05万人，分别比上年末增加2538人和723人。参加企业基本养老保险3.21万人，比上年末增加925人。参加城镇基本医疗保险6.48万人，比上年末增加4208人，其中参加城镇职工基本医疗保险3.75万人，比上年末增加866人；参加城镇居民基本医疗保险2.73万人，比上年末增加3342人。参加失业保险3.68万人，比上年末增加194人，未领取失业保险金30人，比上年末增加3人。参加工伤保险4.26万人，比上年末增加1433人，其中参加工伤保险的农民工1.02万人，比上年末增加720人，全年认定（视同）工伤547人，比上年增加126人，全年享受工伤保险待遇570人，比上年增加245人。参加生育保险2.95万人，比上年末增加539人，全年共有316人次享受了生育保险待遇，比上年增加38人次。

年末规模以上企业劳动合同签订率达到96%。各级劳动人事争议调解组织和仲裁机构共受理劳动人事争议案件115件，结案115件，其中通过调解方式结案46件，占48.9%，仲裁机构立案受理劳动人事争议94件，结案率100%，调解组织受理（含仲裁机构案外调解）21件，结案率为100%。各级仲裁机构立案受理劳动争议94件，比上年增加22.2%，涉及劳动者94人，比上年增加22.2%，其中集体劳动争议1件，涉及劳动者15人，当期共审结劳动争议案件93件，比上年增加25.6%。

环境保护 2011年，本级财政用于环境保护的资金2.82亿元，占财政支出的8.6%；空气质量一级天数34天，二级天数305天，三级天数26天，达到二级和好于二级的天数占全年天数的92.9%；空气中二氧化硫、二氧化氮年均浓度值分别为0.056毫克/立方米、0.032毫克/立方米，达到国家二级标准；可吸入颗粒物年均浓度值为0.079毫克/立方米，达到国家二级标准；污水处理能力达到2万立方米/日，污水处理率达到87%，再生水利用量达到1.6亿立方米；生活垃圾无害化处理率达到100%；城镇人均公园绿地面积14.2平方米，城镇绿化覆盖率达到46.4%，全境林木绿化率达到62%。

基础设施

交通运输 已形成由公路、铁路、水路3种运输方式构成的交通运输网络。2011年运输企业拥有，货运汽车840辆，7646吨位；客运汽车154辆，3396座位；年货运量436万吨，货运周转量9.43万吨·千米，客运量753.8万人次，客运周转量2.05万人·千米。日均发送260辆客车，396个班次，日均客运量1456人次。

铁路大秦线过境，境内长37千米，为双轨电气化铁路，是我国第一条双线电气化重载运煤专线。唐承铁路线过境，境内长29.6千米。

京哈高速公路迁西支线（S23）南起京哈高速公路（G1）162千米处，北与迁西县城西环路口相接，跨滦县、丰润、迁西三个县区，路基宽26米，双向四车道，设计时速100千米，全长42.8千米，境内长13.5千米，设主收费站1处，张庄子、新庄子匝道收费站2处，分别通往滦县、迁西县。三抚公路、京建公路、迁曹公路、邦宽公路、承栗公路5条省道过境，其中，三抚公路境内长36.5千米，双向四车道，为一级公路，路面宽21.5米，境内西起三屯营，东从罗家屯出境，全线通往迁西县、秦皇岛市抚宁县；京建公路境内长36.3千米，西从龙井关入境，东由铁门关出境，双向四车道，全线通往北京市、辽宁省建昌县；迁曹公路境内长32.8千米，双向两车道，路面宽9米，境内北起兴城镇白堡店村，南至迁西县与滦县交界，全线通往迁西县、唐海县；邦宽公路境内长32.2千米，南从三屯营镇入境，北段重合于省道京建公路，全线通往天津市蓟县邦均、承德市宽城县；承栗公路境内长5.8千米，双向两车道，北从迁西县汉儿庄乡四楼沟柞子庵关口入境，南从栗树湾子与京建公路相连，全线通往承德市、迁西县。有县乡级公路33条，总长504.2千米。

境内因潘家口、大黑汀两座水库大坝截流影响，未形成标准的内河航道。2011年，库区内有水上旅游客运船舶68艘，730座位，年客运量15万人次，客运周转量300万人·千米。

邮政电信 2011年末，邮政网点11个，投递路线单程总长度2509千米，投递点10个，乡村通邮率100%；全年投递国内函件166.2万件，国内汇票业务完成4.74万笔，国内异地特快专递信件完成1.95万件，征订报纸516.3万份、期刊14.99万册（全年订阅报刊累计份数），业务收入2332.29万元。

电信企业3家，服务网点79个，其中中国联通通信集团服务网点14个，中国移动通信集团服务网点13个，中国电信服务网点52个；电话交换机总容量8.93万门，固定电话用户7.65万户，比上年增加1500户，电话用户普及率达到67.7%，比上年提高0.02个百分点；移动电话用户32万户，比上年增加2.51万户，移动电话普及率为83.1%，比上年提高0.09个百分点；互联网端口总数7.53万个，其中已占用端口总数4.85万个，宽带接入用户4.85万户，比上年增加1.07万户。全年电信业务收入17229万元。

名胜旅游

旅游业概况 旅游资源以“青山、秀水、古长城”为特色。境内有国家4A级景区景忠山景区、青山关景区2个；国家3A级景区五虎山景区、喜峰口雄关大刀园2个；省级以下风景名胜区有潘家口水库风景区、凤凰山景区等。省级森林公园景忠山1处；全国重点文物保护单位西寨遗址1处；省级文物保护单位有戚继光镇府碑、三屯营城址、碧霞元君庙、喜峰口长城抗战遗址、贺家山遗址、大岭寨长城砖窑、大岭寨长城灰窑群、明长城8处；市级文物保护单有魏春波故居1处；县级文物保护单位有带川门、玄武山遗址、王平陆烈士纪念亭3处。国家爱国主义教育基地有喜峰口长城抗战遗址1个。国内旅行社6家，星级宾馆3家（其中四星级1家，三星级1家，二星级1家），床位458张。

2011年，共接待游客133.6万人次，比上年增加17.7%；旅游总收入5.9亿元，比上年增加28.3%，占国内生产总值的1.6%。

主要风景区 景忠山风景区 位于三屯营镇，三抚、邦宽交叉口南2千米处，为国家4A级景区、省级文物保护单位、省级森林公园、省级地质公园。景忠山海拔610米，1872级台阶直达顶峰。景忠山始有庙宇建筑可上溯到宋代。明朝初年，此山建“三忠祠”，祠内供奉诸葛亮、岳飞、文天祥三位爱国忠臣。明嘉靖年间，蓟镇总兵马永又于“三忠祠”东侧建碧霞宫，奉元君像。清朝初期，顺治和康熙皇帝对景忠山格外垂青，他们曾6次登临景忠山，不仅拨给大量田产帑银，修复山上山下庙宇建筑，而且赐予十六斤四两的金娘娘一尊及四千五百余卷的《大藏经》一堂，成为景忠山镇山之宝。景忠山自然风光秀美旖旎，野生植物资源异常丰富，森林覆盖率为100%。当年康熙皇帝登临此山后，有感而发，曾题“天下名山”“名山初步”“灵山秀色”等匾额。每年农历四月十八和十月十五庙会期间，游人蜂拥而至，商贾云集，歌舞、评剧、马戏、皮影、花会等民间文化活动丰富多彩。

青山关风景区 国家4A级景区，位于上营乡青山口村北，在县城东北45千米处，景区面积约35平方千米。青山关由关口两侧的大青山而得名，此关当时外达塞北草原，内抵蓟州镇府三屯营，地理位置十分重要，向为军事重地。内有保存良好的青山古城堡，明代蓟镇总兵官戚继光所建的七十二券楼、月亮门，万里长城中唯一保存下来的提拉式水门，以及扳倒井等景点。

喜峰口雄风大刀园风景区 国家3A级景区、省级文物保护单位、国家爱国主义教育基地。位于滦阳镇，景区面积约12平方千米。景区依托喜峰口长城抗战遗址，展现了1933年第二十九军爱国将领宋哲元、张自忠、赵登禹等奉命率部对侵华日军进行阻击，在长城上浴血奋战、英勇杀敌的事迹，再现了国民革命军第二十九军将士在喜峰口长城抗击日寇的历史画面，《大刀进行曲》由此诞生并唱响全国。景区有代表长城抗战时曾经硝烟四起的13个抗战遗址的“纪念列柱”，刀柄上刻着《大刀进行曲》的“大刀礼赞”，展示五百壮士抗日壮观场面的“钢铁长城”，著名雕塑家王志刚雕刻的《大刀魂》等。景区山色秀丽，自然景观与人文景观有机结合。

重点名胜古迹 西寨遗址 位于罗家屯镇西寨村。遗址北高南低，坡状分布，大体呈长方形，南北长200米，东西宽150米，面积约15.4万平方米。20世纪80年代末至90年代初，河北省文物研究所曾在此进行考古发掘，出土石器、玛瑙器和陶器等文物3500余件，是滦河流域迄今发现的第一处仰韶文化渗透进入红山文化的古文化遗址。

贺家山遗址 省级文物保护单位，位于罗家屯镇长岭峰村北面贺家山上，遗址分布于整个山体上，南北长90米，东西宽70米，大体呈半弧形，面积约为14300平方米。该遗址为1988年一铁选厂挖排水沟时发现，当时文化层深0.3米，厚1.2米，并发现大量鬲足、鬲腹等遗存物，为商代中早期遗址。

三屯营城址 省级文物保护单位，位于三屯营镇。明代蓟镇总兵驻地，历任总兵78位。据史料记载，三屯营古城始建于明天顺二年（1458年），初名“三屯忠义卫”。后蓟镇总兵戚继光对此进行了重修。重修后的城墙高3丈，周围3.5千米，设三个正门，两个便门。该古城和城内建筑清末时保存较完好，现仅存镇府碑和断壁、瓦砾、石狮子可供凭吊。

戚继光镇府碑　省级文物保护单位，位于三屯营镇宝湖村，由南向北共立有五块石碑，分别为戚少保功德碑、总兵官都督李公边政绩碑、重修三屯营镇府记碑、创建旗纛庙碑、巩京门碑。重建三屯营镇府记碑为青石质，保存完好，碑身与碑首一体，立于明万历五年（1577年）春，碑首篆刻《重建三屯营镇府记》，竖排两行，每行四字，边刻卷草云纹，碑身楷书阴刻875字，竖排21行，满行48字，为戚继光撰文并立石，陈经翰书丹，黄沛刻石，详细记录了重修镇府的原因、经过及重修后镇府的性质和规模。

碧霞元君庙　省级文物保护单位，位于迁西县三屯营镇（景忠山山顶）。明嘉靖元年（1522年，蓟镇总兵马永在山顶扩基修庙，始奉碧霞元君。崇祯十五年（1642年）在原址上重建。清顺治十年（1653年）颁旨赐银重修殿宇。道光二十五年（1845年），景忠山再遭雷击失火，大殿木架结构受损。咸丰五年（1855年），大殿进行整体修缮，为防止火灾，这次修复时把支撑殿顶的18根木柱改为直径50厘米粗的石柱。1969年，碧霞元君殿正脊被雷电击伤。1976年，唐山大地震，山顶建筑遭到严重破坏。1983年，河北省文物局拨款修缮。

风景点　水下长城　整个景区水域纵深60千米，潘家口、喜峰口等长城关口没于水下，既具有北方群山的粗犷，又能品味江南水乡的俊秀。“水下长城”的沉浮已经成为华北地区降雨量的一个“晴雨表”，历史上曾多次露出水面又归隐水下。

太平寨古岩　位于迁西县太平寨镇，由早太古代紫苏斜长麻粒岩构成，1978年5月，经联合国地质科学研究年代分析协会测算论证，距今36.7亿年，是地球上最古老的岩石之一，堪称“岩石鼻祖”。

大洋地壳遗迹　位于上营乡东贾庄子村龙凤沟南山。经测定，此处岩石岩龄在25亿年以上，为世界迄今发现的最古老的大洋地壳遗迹。它证实了25亿年前，华北地区曾是一片大洋。后因大洋地壳变化，古大洋消失，华北板块“拼接”到了大陆板块上。

窟窿山　位于上营乡瓦房庄村，因山顶有一透明的大窟窿而得名，面积约16平方千米，海拔662米。山体呈东西走向，主峰东侧有刀削斧劈般石崖，窟窿即在石崖上半腰。石窟窿南北两侧各有四个小山峰，如八幅山水画挂于明镜两边，人称此景为“八扇屏”。

八面峰　位于迁西县上营乡东北部，古长城从山上穿过，面积约16平方千米，主峰海拔842米，为唐山市境内第一高峰。山体呈东西走向，主峰似一座平台，山体呈现出八棱八面状，故称“八面峰”。

土特产品　境内土特产品有板栗、安梨、景忠山香椿、栗蘑、核桃、南观叶子烟、三屯营棋子火烧、兴城镇才庄樱桃等。

迁西板栗　果形美观，颜色呈红褐色，鲜艳有光泽，果仁呈米黄色，有东方“珍珠”和“紫玉”之美称，先后荣获国家地理标志商标、“中国驰名商标”、河北省“十大特色区域名牌产品”，销往国内170多个大中城市和日本、韩国等20多个国家和地区。

安梨　俗称“酸梨”，果皮半黄绿色或金黄色，果肉洁白多汁，口感酸甜细嫩，香气清新爽人，果酸和维生素C含量居梨类前列，富有多种人体所需的营养成分。用安梨生产的天然饮料安梨汁，一投入市场便火爆京津，产品供不应求，现已销往全国各地。

景忠山香椿　一般的香椿为绿梗绿叶，而景忠山香椿为红梗红叶，富含蛋白质、钙、磷、铁、胡萝卜素和维生素，堪称一绝。当年康熙皇帝吃了景忠山香椿芽后，赞不绝口。为皇家贡品。

栗蘑　学名“灰树花”，富含氨基酸、蛋白质及多种微量元素，肉质柔嫩，味如鸡丝，脆似玉兰。其味道佳、口感好且有传承药效。据检测，人工栽培的灰树花，其营养和口味都胜过号称菇中之王的香菇，是珍贵的食用菌。

重大事件

本辖区发生的重大事件有1933年3月的喜峰口长城抗战，20世纪70年代发现最古老岩石，引滦入津枢纽工程，西寨文化遗址发掘等。

喜峰口长城抗战　1933年3月，日本侵略军向喜峰口长城进犯。国民革命军第二十九军3月9日驰赴喜峰口，在爱国将领宋哲元、张自忠、赵登禹等带领下，以大刀、步枪、手榴弹等劣势兵器同装备精良的日军英勇搏斗，浴血奋战36昼夜，在长城上多次争夺敌楼阵地，杀敌6000余人，夺炮18门、枪1000余支，给予日军以沉重打击。《大刀进行曲》由此而诞生，响彻神州大地。

发现最古老岩石　20世纪70年代，国家地质科学家在迁西县太平寨南太平山取样并测定岩龄36.7亿年，判定其为世界上最早形成的岩石之一，为中华群山之祖。

引滦入津枢纽工程　为解决天津、唐山两城市工农业和市民生活用水问题，1973—1993年，国家斥巨资在迁西境内修建了潘家口水库、大黑汀水库、引滦入津输水隧道、引滦入唐输水工程和潘家口水库抽水蓄能电站5项工程。总库容量32.67亿立方米，有效缓解了天津市、唐山市人民的生活用水问题，迁西县共淹没土地7.68万亩，其中耕地4.02万亩，有2.8万农民离开世代繁衍的故土，迁徙他乡。

西寨文化遗址发掘　1988—1993年，文物部门对西寨村和东寨村古文化遗址多次进行考古发掘，出土文物中，不仅有带红山文化特征的粗陶、彩陶、打磨石器、细石器，还有带仰韶文化特征的彩陶、鼎、鬲等，也有与上述两类风格迥异的舟形盘、连体杯等多种类文物。此遗址不仅可以证明红山文化的南移，仰韶文化的北迁，还证明了两者的相互渗透融合。同时表明了7000多年前滦河岸边已有人类繁衍生息，滦河也是哺育中华民族的母亲河。2001年被国务院公布为第五批全国重点文物保护单位。

著名人物

本辖区著名人物有赵胜、王平陆、吴凯素、张进、李安宅、兰清喜、魏春波、张凤雏等。

赵胜（？~1486年） 字克功，迁西县大黑汀村人。先后任永平卫指挥使、都指挥佥事、都督佥事、都督同知。后升任左都督，加封太子太保。明成化二十年（1484年）被封为昌宁伯。明正统末年，在北京西直门抵御敌寇立有战功。天顺初年，与孙镗等人参加废景帝扶英宗复位的“夺门之变”，又立战功。五年（1469年）任总兵，镇守辽东。八年（1472年）被皇帝召回负责指挥五军营，不久指挥三千营。加思兰进犯时，他受命为将军，统领京城士兵万余人前去抵御，敌寇闻风而逃。后在营建明宪宗万贵妃的陵墓时不幸坠崖身亡。朝廷追赠他侯爵，谥号“壮敏”。

魏春波（1891~1940年） 原名魏长河，迁西县兴城镇西庄村人。1933年加入中国共产党。此后，他积极宣传革命思想，先后发展兄弟妻侄4人入党，并与李运昌、苏林彦、王平陆等在丰、遵、迁交界地带秘密发展党组织。西庄建有党的中心支部，魏春波为支部负责人。1937年，为筹措活动经费和购买枪支弹药，魏春波卖掉家中一半养命的土地（4亩），还动员兄弟和岳父卖地买枪，资助革命。1938年，魏春波以冀东抗联第二陆军司令部顾问的身份，协助发动了崖口暴动，组建了400余人的抗联第四总队。1940年2月，魏春波任丰滦迁联合县县长。6月8日，魏春波从崖口西小刘庄村开了一夜秘密会议后向山北转移，行至王庄子果园隐蔽休息时，被新庄子据点出外“讨伐”之敌以机枪扫中，壮烈牺牲，终年50岁。

王平陆（1902~1938年） 原名高永祥，迁西县上梨树峪村人。1932年3月加入中国共产党。先后任迁安县委书记、京东特委组织部部长、冀热边特委书记等职。“九·一八”事变后回乡宣传革命。1934年迁安暴动失败后，王平陆秘密恢复党组织，开辟了以西庄、黑洼为依托的新的活动区域。1934年在担任京东特委组织部部长期间，奔走于迁安、乐亭、丰润、滦县、遵化、兴隆之间组织领导革命。1937年12月，出席冀东十县抗日代表大会，会后创建了华北抗日联军第一游击支队。1938年1月7日夜，在袭击战斗中不幸中弹，次日捐躯殉国，年仅36岁。

李安宅（1900~1985年） 字仁斋，笔名任责。迁西县白塔寨村人，汉族，著名社会学家、人类学家、藏学家。曾任四川省政协委员、中国社会学研究会顾问、中国民族学会顾问、中国民俗学研究会顾问等。一生专注民族学、宗教学、社会学、藏学的研究，成果颇丰。1938年赴甘肃拉卜楞寺对藏传佛教进行实地考察，发表《西康德格之历史与人口》和《藏族宗教史之实地研究》等调查报告，推动了中国藏学的发展。宗教方面的专著有《藏族宗教史之实地研究》《拉卜楞——李安宅的调查报告》《宗教与边疆建设》等。1985年3月4日在成都去世，享年85岁。

张凤雏（1936~1996年） 男，迁西县洒河桥镇车道峪村人。1957年底，从中国人民解放军第五炮兵学校毕业，分配到福建厦门某军炮兵某团任排长。1958年，参加炮击金门战斗后，加入中国共产党。1978年，调到福州军区创作组任创作员。1983年，调到武警总部政治部创作组任正团职创作员。同年，加入中国作家协会。张凤雏后半生以创作为主，发表作品约200万字，有短篇小说集《野马驹》，中篇小说《越海侦察》，长篇小说《铺满苔藓的路》《死囚生还录》等；文学传记有《将军生死录——皮定均传》；纪实文学有《铁底》《皮定均轶事》等；电影剧本有《祁连山的回声》。1996年11月27日，因病去世，享年60岁。

张进（1938~2002年） 原名张淑贤，洒河桥镇车道峪村人。张进是我国自己培养的核工程研究设计专家。1963年毕业于西安交通大学工程物理系核反应堆工程专业。1970年调入北京二机部第二研究所设计院任技术员、工程师。1989年任核工业北京工程设计院高级工程师。先后承担了827-1、827-3装卸料机的回路系统和回收系统的研究设计以及“801”、“821”工程的远控液压检修车辆研究设计工作。其中801型远程液压检修车属国内首创，并达到国际先进水平。张进为Gy-5型强钴源运输容器主要设计者之一。2002年12月28日，张进因病逝世，享年64岁。

兰清喜（1945~2002年） 男，滦阳镇喜峰口回民村人。曾为中国剪纸学会会员、河北省民间文艺家协会会员、唐山市美术协会会员、迁西县美协理事。1979年，兰清喜的剪纸处女作在唐山地区纪念新中国成立三十周年美术作品展览中获奖。1982年，他的一组作品入选河北省民间美术作品进京、赴日展览，还有近百件作品在国家和省市报刊发表。《群众文化》曾载文介绍了兰清喜的剪纸艺术，并3次选用了他的剪纸作品作封底、封面。1987年，兰清喜获河北省民间技艺大赛剪纸银屏奖。1988年，其作品入选《中国百人剪纸选》，他也被吸纳为中国剪纸学会会员。2002年，因病去世，享年57岁。

城区市政建设

道路 2011年末，城区道路总长度5.56万千米；道路铺装面积1.36平方千米，桥梁5座，总长度1.18千米。

公共交通 2011年末，城区开通公交线路3条，运营总里程39.3千米，公交运营车辆210辆，其中公交车16辆，万人拥有量为0.41台，年客运量221.8万人次，出租车194辆，其中政府租赁150辆，个人拥有44辆，万人拥有量5.03台，年客运量279.2万人。

给排水 2011年末，城区自来水厂1座，敷设干线水管40千米，生产能力3万吨/日，年生活用水291万吨，居民自来水普及率86%，年人均生活用水50吨；排水管道56.32千米，污水治理工程1项，污水处理厂1座，日污水处理能力3万吨，污水处理率85%。

供电 2011年末，城区市管220千伏变电站1座，主变压器2台，总容量360兆伏安，110千伏变电站4座，主变压器8台，总容量361.5兆伏安，市管高压输电线路436.03千米。自管35千伏变电站19座，主变压器38台，总容量330.6兆伏安，高压输电线路26条，总长度217.09千米，用电负荷21万千瓦。年售电量累计完成13.92亿千瓦时，综合电压合格率98.1%，供电可靠率99.8%。

供热 2011年末，城区热水供热管道总长度20千米，供热面积158.4万平方米；供热用户14518户，其中行政事业用户53户，工业用户54户，居民用户14411户，供热普及率为84%。

燃气 2011年末，城区天然气（煤气）管线20.6千米，供（加）气站1个，天然气（煤气）用户7221户，其中居民用户7221户，燃气普及率为52%，月天然气（煤气）平均用量5.58万立方米。

园林绿化 2011年末，城区公园4个，公园面积982.34公顷，园林绿地面积556.79公顷，其中公共绿地面积161.95公顷，绿化覆盖率66.4%。

（撰稿：张春凤、赵国红，初审：王福东）

栗乡街道

(Lixiang Jiedao)

政区概况

名称来历 因迁西县盛产板栗，被誉为“中国板栗之乡”而得名。

地理位置 东起龙兴路，南至京哈高速迁西支线入口，西接西环路，北至北环路。办事处驻城关金山街3号，电话区号0315，邮政编码064300。

政区沿革 2001年2月，析兴城镇置县城街道。2005年12月，更名为栗乡街道。

政区划分 2011年末，辖山庄里、清泉里、水源里、秀峰里、国兴里、泰和里、民康里、丰苑里、滨河、丰泽10个社区居民委员会。

人口面积 2011年末，辖区总人口48753人，其中城镇常住人口48753人，城镇化率100%。总人口中，男性25127人，占51.5%；女性23626人，占48.5%；14岁以下7512人，占15.4%；15~64岁36869人，占75.6%；65岁以上4372人，占9%。总人口中，以汉族为主，达48139人，占98.7%；有满、回、壮、蒙古等少数民族，共614人，占1.03%。2011年，人口出生率7.37‰，人口死亡率2.35‰，人口自然增长率5.02‰。

辖区东西最大距离2.3千米，南北最大距离4.6千米，总面积11.8平方千米。人口密度为每平方千米4132人。

社会发展

广播电视 2011年末，有线电视用户3.2万户，其中数字电视用户2.1万户，电视综合覆盖率100%。

社会保障 2011年，城镇最低生活保障户数264户，人数581人，支出179.2万元，比上年增长7.5%，月人均257元，比上年增长8.9%；

国家抚恤、补助各类优抚对象17人，抚恤事业费支出16.3万元，比上年增长2%。

年末参加居民养老保险928人，其中60周岁以上直接领取人员382人，16~60周岁546人，参保率100%；参加城镇居民医疗保险8356人，收取保险费124.5万元；共办理社保补贴434人，补贴金额136.9万元；2011年对辖区内企业退休人员开展养老金资格认证，共认证2380人。

基础设施

邮政电信 2011年末，邮政网点1个，投递路线单程总长度30千米，投递点9个；全年投递国内函件16.2万件，国内汇票业务完成2.44万笔，国内异地特快专递信件完成1.05万件，征订报纸216万份、期刊5.99万册，业务收入32.2万元。

山庄里社区

(Shanzhuangli Shequ)

名称来历 栗乡街道成立后，下辖8个社区，按“山清水秀，国泰民丰”之意，各取第一字命名，排名第一的取“山”字，命名为山庄里社区。

地理位置 地处栗乡街道西南部，东至喜峰南路，南邻照燕洲村，西至西环路，北至景忠西街。

主要指标 2011年末，辖区总人口6228人，总面积1.3平方千米，城镇居民人均可支配收入21381元。

清泉里社区

(Qingquanli Shequ)

名称来历 栗乡街道成立后，下辖8个社区，按“山清水秀，国泰民丰”之意，各取第一字命名，排名第二的取“清”字，命名为清泉里社区。

地理位置 地处栗乡街道中北部，东至喜峰中路，南至景忠西街，西至团结路，北至紫玉街。

主要指标 2011年末，辖区总人口3200人，总面积1.5平方千米，城镇居民人均可支配收入21381元。

水源里社区

(Shuiyuanli Shequ)

名称来历 栗乡街道成立后，下辖8个社区，按“山清水秀，国泰民丰”之意，各取第一字命名，排名第三的取“水”字，命名为水源里社区。

地理位置 地处栗乡街道中北部，东至团结路，南至景忠西街，西至西环路，北至紫玉街。

主要指标 2011年末，辖区总人口4632人，总面积1.5平方千米，城镇居民人均可支配收入21381元。

秀峰里社区

(Xiufengli Shequ)

名称来历 栗乡街道成立后，下辖8个社区，按“山清水秀，国泰民丰”之意，各取第一字命名，排名第四的取“秀”字，命名为秀峰里社区。

地理位置 地处栗乡街道办事处西北部，东至喜峰中路，南至紫玉街，西至西环路，北至渔丰街。

主要指标 2011年末，辖区总人口8658人，总面积1.12平方千米，城镇居民人均可支配收入21381元。

国兴里社区
(Guoxingli Shequ)

名称来历 栗乡街道成立后，下辖8个社区，按“山清水秀，国泰民丰”之意，各取第一字命名，排名第五的取“国”字，命名为国兴里社区。

地理位置 地处栗乡街道中北部，东至长城北路，南至开明街，西至喜峰路，北至大秦铁路。

主要指标 2011年末，辖区总人口6566人，总面积3.6平方千米，城镇居民人均可支配收入21381元。

泰和里社区
(Taiheli Shequ)

名称来历 栗乡街道成立后，下辖8个社区，按“山清水秀，国泰民丰”之意，各取第一字命名，排名第六的取“泰”字，命名为泰和里社区。

地理位置 地处栗乡街道中部，东至长城北路，南至景忠东街，西至喜峰中路，北至开明街。

主要指标 2011年末，辖区总人口5279人，总面积0.53平方千米，城镇居民人均可支配收入21381元。

民康里社区
(Minkangli Shequ)

名称来历 栗乡街道成立后，下辖8个社区，按“山清水秀，国泰民丰”之意，各取第一字命名，排名第七的取“民”字，命名为民康里社区。

地理位置 地处栗乡街道东部，东至长城路，南至南环路，西至喜峰中路，北至景忠东街。

主要指标 2011年末，辖区总人口6539人，总面积1.5平方千米，城镇居民人均可支配收入21381元。

丰苑里社区
(Fengyuanli Shequ)

名称来历 栗乡街道成立后，下辖8个社区，按“山清水秀，国泰民丰”之意，各取第一字命名，排名第八的取“丰”字，命名为丰苑里社区。

地理位置 地处栗乡街道东部，东至化工厂，南至南环路，西至长城路，北至津西东湖湾。

主要指标 2011年末，辖区总人口4849人，总面积3平方千米，城镇居民人均可支配收入21381元。

滨河社区
(Binhe Shequ)

名称来历 因该社区驻滨河小区，故名。

地理位置 地处栗乡街道西北部，东至喜峰路西，南至渔丰街北，西至西环路，北至大黑汀水库、火车站。

主要指标 2011年末，辖区总人口7502人，总面积1.8平方千米，城镇居民人均可支配收入21381元。

丰泽社区
(Fengze Shequ)

名称来历 因社区坐落于丰泽家园小区，故名。

地理位置 地处栗乡街道南部，东临东山，南至新杨峪村，西至喜峰南路，北至迁西县第四实验小学。

主要指标 2011年末，辖区总人口8100人，总面积0.18平方千米，城镇居民人均可支配收入21381元。

（撰稿：庞朝云、贾淑芬，初审：张玉萍、王福东）

兴城镇
(Xingcheng Zhen)

政区概况

名称来历 明万历年间，在此修筑城堡，取名兴城。

地理位置 地处迁西县南部，东连新集镇、尹庄乡，南接新庄子乡，西邻白庙子乡，北隔滦河与旧城乡相望。人民政府驻景忠东街6号，电话区号0315，邮政编码064300，是迁西县人民政府所在地。

政区沿革 1947年前，属迁安县。1947年迁西置县后，属迁西县第六区。1953年6月，置兴城乡。1956年，撤区并乡时，置兴城镇，区域扩大。1958年10月，为卫星（兴城）人民公社兴城大队；同年12月，并入迁安县，改称兴城管理区。1961年6月，迁西县恢复后，复归迁西县，建兴城人民公社。1984年3月，撤销兴城人民公社，置兴城镇，辖18个村民委员会。1996年1月，乡镇区划调整，南观乡、夹河乡并入，辖45个村民委员会，有自然村49个。

政区划分 2011年末，辖兴城一村、兴城二村、兴城三村、兴城四村、兴城五村、兴城六村、西河南寨村、东河南寨村、田庄村、才庄村、沙岭子村、新立庄村、照燕洲村、北海村、台头村、城西峪村、田家店村、新河山村、新杨峪村、夹河村、褚庄村、北观村、南观村、大黑汀村、小黑汀村、白堡店村、救驾岭村、杨庄村、海河村、南庄村、南张庄村、仁字峪村、钓水院村、佘丰岭村、下寺村、东岭村、西岭村、西庄村、南王庄村、陈庄子村、前铺村、后铺村、毛庄村、南赵庄村、红石峪村45个村民委员会；下设217个村民小组。

人口面积 2011年末，辖区总人口54209人，其中城镇常住人口27551人，城镇化率51.8%。总人口中，男性28439人，占52.5%；女性25770人，占47.5%；14岁以下9866人，占18.2%；15~64岁38976人，占71.9%；65岁以上5367人，占9.9%。2011年，人口出生率14.8‰，人口死亡率6.5‰，人口自然增长率8.3‰。

辖区东西最大距离14千米，南北最大距离15千米，总面积131平方千米。人口密度为每平方千米414人。

自然条件

地形地貌 地处县境南、滦河南岸，地势南高北低。地形为山带。西部和北部多山，中部有小片滦河、横河冲积平原。

气候 属温带季风气候。其特点是季风明显，四季分明，春季干旱，夏季炎热多雨，秋季凉爽，冬季寒冷少雪。

水文 境内河道属滦河流域。主要河道有滦河、沙河、还乡河。境内最大的河流为滦河，从大黑汀村到东河南寨村流经境内。

矿藏及其他自然资源 境内已开发的矿藏有白云岩，位于西南部，矿区面积32平方千米，储量16万吨，可采量14万吨，年产量1万吨。

经济概况

农业 耕地面积3.96万亩，人均0.73亩；可利用草地面积3.5万亩，林地面积5.1万亩。2011年，农业总产值3.16亿元，比上年增长10%，实现农业增加值2.48亿元，占国民生产总值的21.3%。

粮食作物以玉米、谷子为主。2011年，生产粮食1.47万吨，其中玉米1.24万吨，谷子230吨。主要经济作物有花生、蔬菜、干果等，其中花生产量0.17万吨；蔬菜种植面积0.29万亩，产量1.29万吨。

畜牧业以家禽、生猪为主。2011年，生猪饲养量5.1万头，年末存栏1.76万头；羊饲养量2.9万只，年末存栏0.95万只；牛饲养量0.6万头，年末存栏0.36万头；家禽饲养量3.1万羽。2011年生产肉类0.46万吨，其中猪肉0.25万吨，牛肉0.14万吨，羊肉293吨；禽蛋1.91万吨。畜牧业总产值1.26亿元，占农业总产值的34%。

截至2011年末，累计造林0.64万亩，其中经济林0.11万亩，防护林0.17万亩，农民住宅四旁树木13万株。2011年，干鲜果品产量0.8万吨，水果产量0.64万吨，主要品种有苹果、安梨、鲜桃、葡萄、红枣、柿子、樱桃等，其中苹果0.23万吨，安梨0.12万吨，葡萄114吨，鲜桃727吨，柿子0.12万吨，红枣178吨，大樱桃40吨；干果产量0.16万吨，其中板栗769吨，核桃847吨，杏仁10吨。

渔业以养鱼为主。可用于水产养殖的淡水水面789平方千米。2011年，渔业总产值4600万元，占农业总产值的12.7%。

2011年，拥有大型农业机械55台（辆）；农民人均纯收入8990元。

工业 2011年，工业总产值14.8亿元，比上年增长3%，实现工业增加值13.2亿元，比上年增长20%，占国内生产总值比重的34.2%。2011年，规模以上工业企业50家，职工8500人。

商业外贸 2011年末，商业网点2600个，职工8650人。2011年，社会消费品零售总额达105亿元，比上年增长12%；城乡集市贸易成交额30亿元，比上年增长10%。

财政金融 2011年，财政总收入2.01亿元，比上年增长18%。人均财政收入3708元，比上年增长15%。

社会发展

文化艺术 2011年末，文化站1个，建筑面积500平方米；文化艺术团体3个，会员21人；公共图书室30个，建筑面积3000平方米，藏书4.5万册。

教育 2011年末，幼儿园7所，在园幼儿560人，专任教师120人；小学6所，在校生1020人，专任教师180人，小学适龄儿童入学率100%；初中1所，在校生1450人，专任教师150人，初中适龄人口入学率、小升初升学率、九年义务教育覆盖率均达100%。

2011年，教育经费达260万元，国家财政性教育经费255万元，财政预算内教育经费240万元，预算内教育事业费136万元，分别比上年增长20%、10%、10%、10%。预算内教育经费（包括城市教育费附加）占财政总支出的比例为22%，比上年提高了2个百分点。

医疗卫生 2011年末，卫生院1所；病床35张，其中公立卫生机构床位35张，每千人拥有医疗床位3.6张，固定资产总值343万元。专业卫生人员86人，其中执业医师15人，执业助理医师10人，注册护士28人。2011年医疗机构完成诊疗14120人次，住院手术213台次，出院病人386人次。2011年法定报告传染病发病率为58例，农村安全饮用水普及率98%，农村卫生厕所普及率为82.5%，新型农村合作医疗参合人数47578人，参合率98%；孕产妇死亡率6/10万，5岁以下儿童死亡率、婴儿死亡率、新生儿死亡率分别为4.1‰、2‰、1‰。

体育 2011年末，体育场地45处。98%的村安装了健身器材，经常参加体育活动的人员占常住人口的30%。

广播电视 2011年末，有线用户1.6万户，其中数字电视用户1.4万户，电视综合覆盖率100%。

社会保障 2011年城镇最低生活保障户数287户，人数521人，支出84万元，比上年增长10%，月人均134元，比上年增长10%；城市生活无着人员救助3人次，支出4500元，比上年增长1.2%。

农村最低生活保障户数873户，人数1577人，支出212.81万元，比上年增长41%，月人均112元，比上年增长31.3%；农村五保集中供养75人，支出27万元，比上年增长0.3%；农村五保分散供养146人，支出23.9万元，比上年增长0.4%；农村医疗救助30人次，民政部门资助参加合作医疗1577人次，共支出3.5万元，比上年增长1.5%；农村临时救济44人次，支出1.5万元，比上年增长18%。

国家抚恤、补助各类优抚对象231人，抚恤事业费支出45.6万元，比上年增长2.3%。

生活无着人员救助床位5张。社区服务设施46个，其中社区服务中心3个，社区服务站43个；社区日间照料床位数220张，社区留宿照料床位数20张。

新增就业人员275人，有21名下岗失业人员实现了再就业。

基础设施

交通运输 2011年，客运总量500万人次，货运总量3000万吨。京哈高速公路迁西支线过境，境内长3千米，2011年，客运总量5万人次，货运总量60万吨。

邮政电信 2011年末，邮政网点1个，投递路线单程总长度309千米，投递点5个，乡村通邮率为100%；全年投递国内函件6.2万件，国内汇票业务完成7403笔，国内异地特快专递信件完成650件，征订报纸46.7万份、期刊1.1万册，业务收入232.4万元。

镇区市政建设

道路 2011年末，镇区道路总长度0.26万千米，人均拥有道路长度9.5米；道路铺装面积220平方千米，人均拥有道路面积0.008平方千米。

供电 2011年末，镇区220千伏变电站1座；照燕洲110千伏变电站1座；大黑汀35千伏变电站1座；拥有白龙山、汀东水电站2个；大黑汀电站1座。

东河南寨村

(Donghenanzhai Cun)

名称来历 明永乐年间，邓姓、刘姓由山东迁此立庄，因在滦河南岸，又与西河南寨相对，故名。

地理位置 地处兴城镇东部，东邻尹庄乡钓鱼崖村，南邻新集镇十字口村，西与西河南寨村接壤，北隔滦河与东荒峪镇桃木峪村相望。

主要指标 2011年末，辖区总人口1720人，总面积5平方千米，农民人均纯收入9165元。

西河南寨村

(Xihenanzhai Cun)

名称来历 因在滦河南岸，又与东河南寨相对，故名。

地理位置 地处兴城镇东北部，东邻东河南寨村，南邻田家店村，西至兴城一村，北隔滦河与旧城乡粳子峪村相望。

主要指标 2011年末，辖区总人口2453人，总面积6平方千米，农民人均纯收入9200元。

田家店村

(Tianjiadian Cun)

名称来历 田姓由田庄迁此定居，以开店为生，故取村名为田家店村。

地理位置 地处兴城镇东部，东邻新集镇十字口村，南邻夹河村，西邻西河南寨村，北邻西河南寨村。

主要指标 2011年末，辖区总人口543人，总面积2平方千米，农民人均纯收入9600元。

兴城一村

(Xingchengyi Cun)

名称来历 明万历年间，在此修筑城堡，取名兴城。后因此地沙基不稳，城墙不断倒塌，人们俗称“破城”。1920年于此设警察局，取吉祥之意，复名为“兴城”。后因驻地并加序号而名兴城一村。

地理位置 地处兴城镇中部，东邻西河南寨村，南与兴城五村、六村相接，西与兴城二村接壤，北隔滦河与旧城乡龙王庙村相望。

主要指标 2011年末，辖区总人口1571人，和兴城其他5个村总面积12平方千米，农民人均纯收入9645元。

兴城二村

(Xingcheng'er Cun)

名称来历 明万历年间，在此修筑城堡，取名兴城。后因此地沙基不稳，城墙不断倒塌，人们俗称“破城”。1920年于此设警察局，取吉祥之意，复名为“兴城”。后因驻地并加序号而名兴城二村。

地理位置 地处兴城镇中部，东接兴城镇一村，南与兴城五村、兴城六村相接，西与兴城三村接壤，北与兴城一村相连。

主要指标 2011年末，辖区总人口1600人，和兴城其他5个村总面积12平方千米，农民人均纯收入10200元。

兴城三村

(Xingchengsan Cun)

名称来历 明万历年间，在此修筑城堡，取名兴城。后因此地沙基不稳，城墙不断倒塌，人们俗称“破城”。1920年于此设警察局，取吉祥之意，复名为“兴城”。后因驻地并加序号而名兴城三村。

地理位置 地处兴城镇中部，东接兴城镇一村、兴城二村，南与兴城五村、兴城六村相接，西邻新立庄村，北与兴城一村、兴城二村相连。

主要指标 2011年末，辖区总人口1874人，和兴城其他5个村总面积12平方千米，农民人均纯收入10160元。

兴城四村

(Xingchengsi Cun)

名称来历 明万历年间，在此修筑城堡，取名兴城。后因此地沙基不稳，城墙不断倒塌，人们俗称“破城”。1920年于此设警察局，取吉祥之意，复名为“兴城”。后因驻地并加序号而名兴城四村。

地理位置 地处兴城镇中部，东接兴城一村，南接兴城六村，西邻兴城三村，北与兴城三村接壤。

主要指标 2011年末，辖区总人口2142人，和兴城其他5个村总面积12平方千米，农民人均纯收入10980元。

兴城五村

(Xingchengwu Cun)

名称来历 明万历年间，在此修筑城堡，取名兴城。后因此地沙基不稳，城墙不断倒塌，人们俗称“破城”。1920年于此设警察局，取吉祥之意，复名为“兴城”。后因驻地并加序号而名兴城五村。

地理位置 地处兴城镇中部，东邻西河南寨村，南与兴城四村相连，西邻兴城六村，北与兴城三村、兴城二村相连。

主要指标 2011年末，辖区总人口2011人，和兴城其他5个村总面积12平方千米，农民人均纯收入10500元。

兴城六村

(Xingchengliu Cun)

名称来历 明万历年间，在此修筑城堡，取名兴城。后因此地沙基不稳，城墙不断倒塌，人们俗称“破城”。1920年于此设警察局，取吉祥之意，复名为“兴城”。后因驻地并加序号而名兴城六村。

地理位置 地处兴城镇中部，东为兴城五村，南邻新阳峪村，西与兴城五村、兴城四村相连，北与兴城五村相接。

主要指标 2011年末，辖区总人口616人，和兴城其他5个村总面积12平方千米，农民人均纯收入9850元。

照燕洲村

(Zhaoyanzhou Cun)

名称来历 传说唐太宗征东兵败在救驾岭下休息，猛抬头望见追兵已至，但北面（今照燕洲处）却烟雾迷漫，不知追兵多少，故叫作罩眼洲。后改称今名。

地理位置 地处兴城镇中部，东邻兴城六村，南接新阳峪村，西邻城西峪村，北邻兴城四村。

主要指标 2011年末，辖区总人口2940人，总面积4平方千米，农民人均纯收入10330元。

城西峪村

(Chengxiyu Cun)

名称来历 因在照燕洲城堡（明曾在照燕洲筑过城堡）西边的一个山谷里，故取名城西峪村。

地理位置 地处兴城镇中西部，东邻照燕洲村，南邻红石峪村，西邻东岭村，北邻新立庄村。

主要指标 2011年末，辖区总人口1050人，总面积7.3平方千米，农民人均纯收入9650元。

沙岭子村

(Shalingzi Cun)

名称来历 因村落建大沙岭子上，故名。

地理位置 地处兴城镇西北部，东、南邻兴城三村，西邻白庙子乡沙岭沟村，北邻白堡店村。

主要指标 2011年末，辖区人口2240人，总面积6.5平方千米，农民人均纯收入10000元。

新立庄村

(Xinlizhuang Cun)

名称来历 贠姓由东沟峪迁来为大财主贠老伯看庄子，取新立之意，故得名新立庄村。

地理位置 地处兴城镇西部，东邻兴城三村，南邻城西峪村，西邻白庙子乡东沟峪村，北与白庙子乡沙岭沟村相连。

主要指标 2011年末，辖区总人口808人，总面积2.5平方千米，农民人均纯收入9992元。

新河山村

(Xinheshan Cun)

名称来历 因修建大黑汀水库，原小河山居民迁此立庄，取原村名中的“河山”二字，命名为新河山村。

地理位置 地处兴城镇中部，东邻褚庄村，南邻台头村，西邻红石峪村，北邻新阳峪村。

主要指标 2011年末，辖区总人口223人，总面积0.7平方千米，农民人均纯收入9386元。

新杨峪村

(Xinyangyu Cun)

名称来历 因修建大黑汀水库，原三屯营镇张家庄大队北达峪居民迁此立庄，因居民大多姓杨，又取原村名中的“峪”字，故取名新杨峪村。

地理位置 地处兴城镇中部，东邻褚庄村，南邻新河山村，西邻城西峪村，北邻照燕洲村。

主要指标 2011年末，辖区总人口262人，总面积1平方千米，农民人均纯收入7910元。

大黑汀村

(Daheiting Cun)

名称来历 因村北头有一大黑水塘，故以此取名大黑汀村。

地理位置 地处兴城镇北部，东隔滦河与旧城乡白沟村相望，南邻白堡店村，西邻白庙子乡翻鞍寨村，北邻小黑汀村。

主要指标 2011年末，辖区总人口2520人，总面积5.5平方千米，农民人均纯收入9660元。

小黑汀村

(Xiaoheiting Cun)

名称来历 因与大黑汀相邻，且村庄较小，故取名小黑汀村。

地理位置 地处兴城镇北部，东隔大黑汀水库与旧城乡前河东寨村相望，南邻大黑汀村，西邻白庙子乡果庄子村，北为三屯营镇张家庄村。

主要指标 2011年末，辖区总人口394人，总面积2平方千米，农民人均纯收入8779元。

白堡店村

(Baibaodian Cun)

名称来历 原有白姓在此开店卖白布，人称白家店，亦称白布店，后改为白堡店村。

地理位置 地处兴城镇北部，东隔滦河与旧城乡郭沟村相望，南邻沙岭子村，西邻白庙子乡李新庄村，北邻大黑汀村。

主要指标 2011年末，辖区总人口1568人，总面积3平方千米，农民人均纯收入9500元。

钓水院村

(Diaoshuiyuan Cun)

名称来历 清初，孟氏从山东迁来，始居于还乡河南岸，以姓氏取村名孟庄。因每年还乡河发水向南冲撞，人们说是此庄钓着还乡河走，故改孟庄为钓水院村。

地理位置 地处兴城镇东南部，东邻海河村，南邻仁字峪村，西邻夹河村，北邻田家店村。

主要指标 2011年末，辖区总人口2166人，总面积4.5平方千米，农民人均纯收入8227元。

夹河村

(Jiahe Cun)

名称来历 原有一个小河从村中流过，因小河被夹在村中，故取村名夹河川，后改为夹河庄，简称夹河村。

地理位置 地处兴城镇东南部，东邻钓水院村，南邻南张庄村，西邻田庄村，北邻田家店村。

主要指标 2011年末，辖区总人口1637人，总面积4.5平方千米，农民人均纯收入8660元。

田庄村

(Tianzhuang Cun)

名称来历 明初燕王扫北时，田氏迁此立庄，以其姓氏取村名田庄村。

地理位置 地处兴城镇南部，东邻夹河村，南邻南张庄村，西邻北海村，北为田家店村。

主要指标 2011年末，辖区总人口695人，总面积2.3平方千米，农民人均纯收入7860元。

北海村

(Beihai Cun)

名称来历 清初冯、左两姓迁此居住，为北京石家看坟，故取村名坟上。1958年在村边修建水库后，因水库较大，又在夹河村的北面，故以此改名为北海村。

地理位置 地处兴城镇南部，东邻田庄村，南邻杨庄村，西邻褚庄村，北为田家店村。

主要指标 2011年末，辖区总人口233人，总面积1.2平方千米，农民人均纯收入6910元。

褚庄村

(Chuzhuang Cun)

名称来历 明初，褚氏从山东迁此立庄，以姓氏取村名为褚庄村。

地理位置 地处兴城镇中部，东邻北海村，南邻杨庄村，西邻余丰岭村，北隔山与兴城六村相望。

主要指标 2011年末，辖区总人口1202人，总面积2.7平方千米，农民人均纯收入8600元。

救驾岭村

(Jiujialing Cun)

名称来历 相传唐太宗在此（村西的山岭上）落难，尉迟恭赶来救驾，因此得名救驾岭村。

地理位置 地处兴城镇中部，东邻余丰岭村，南邻新庄子乡上庞店村，西、北隔山与台头村相连。

主要指标 2011年末，辖区总人口1172人，总面积3平方千米，农民人均纯收入8545元。

杨庄村

(Yangzhuang Cun)

名称来历 明初燕王扫北时，杨氏迁此立庄，以姓氏取村名。

地理位置 地处兴城镇南部，东邻南张庄村，南邻新庄子乡向阳村，西邻褚庄村，北至北海村。

主要指标 2011年末，辖区总人口717人，总面积1.5平方千米，农民人均纯收入8260元。

南张庄村

(Nanzhangzhuang Cun)

名称来历 明末张氏迁此居住，以姓氏取村名张庄子。后来地名标准化处理时，改名为南张庄村。

地理位置 地处兴城镇南部，东邻夹河村，南邻仁字峪村，西邻杨庄村，北邻田庄村。

主要指标 2011年末，辖区总人口361人，总面积1.5平方千米，农民人均纯收入7500元。

仁字峪村

(Renziyu Cun)

名称来历 明初燕王扫北时，任姓士兵流落于此落户，冠以姓氏取村名为任字峪村。后任氏绝嗣，村民取仁义之意，谐音改今名。

地理位置 地处兴城镇东南部，东邻新集镇北巨家峪村，南邻新庄子乡大峪村，西邻南张庄村，北接夹河村。

主要指标 2011年末，辖区总人口316人，总面积2.5平方千米，农民人均纯收入6854元。

海河村

(Haihe Cun)

名称来历 因修建大黑汀水库，当地部分村民迁此居住，取村名海河村。

地理位置 地处兴城镇东南部，东邻新集镇后峪村，南邻新集镇代各庄村，西、北邻钓水院村。

主要指标 2011年末，辖区总人口644人，总面积1.5平方千米，农民人均纯收入8366元。

余丰岭村

(Yufengling Cun)

名称来历 因修建大黑汀水库，迁此立庄。因此地距救驾岭较近，又取丰收有余之意，故取村名余丰岭村。

地理位置 地处兴城镇南部，东邻褚庄村，南、西邻救驾岭村，北邻褚庄村。

主要指标 2011年末，辖区总人口283人，总面积0.8平方千米，农民人均纯收入8783元。

台头村

(Taitou Cun)

名称来历 相传唐太宗征东在救驾岭下休息时，猛抬头看见追兵已到照燕洲，便乘马逃走。因该村地处救驾岭下，故以此传说取村名为抬头村，后简写成台头村。

地理位置 地处兴城镇南部，东邻余丰岭村，南邻救驾岭村，西至北观村，北邻新河山村。

主要指标 2011年末，辖区总人口1692人，总面积5.3平方千米，农民人均纯收入9300元。

北观村

(Beiguan Cun)

名称来历 当时村边有一座三清观，因此地在南观之北，故称北观村，并以此取村名。

地理位置 地处兴城镇南部，东邻台头村，南邻南赵庄村，西至下寺村，北邻红石峪村。

主要指标 2011年末，辖区总人口904人，总面积2.4平方千米，农民人均纯收入8436元。

红石峪村

(Hongshiyu Cun)

名称来历 因此地红石较多，故取村名为红石峪村。

地理位置 地处兴城镇南部，东邻新河山村，南邻北观村，西南至下寺村，北邻照燕洲村。

主要指标 2011年末，辖区总人口802人，总面积4平方千米，农民人均纯收入7067元。

南赵庄村

(Nanzhaozhuang Cun)

名称来历 明代，赵姓迁此立庄，以姓氏取村名赵庄子村。地名标准化处理时，改称今名。

地理位置 地处兴城镇南部，东邻台头村，南邻南观村，西邻西庄村，北邻北观村。

主要指标 2011年末，辖区总人口904人，总面积3.2平方千米，农民人均纯收入8100元。

下寺村

(Xiasi Cun)

名称来历 村边五峰山有上、下两寺。该村地处寺下，故以此取村名为下寺村。

地理位置 地处兴城镇中部，东邻北观村，南、西邻西庄村，北邻城西峪村。

主要指标 2011年末，辖区总人口396人，总面积3.5平方千米，农民人均纯收入8000元。

东岭村

(Dongling Cun)

名称来历 明代建村于三十二岭以东，称东三十二岭村，后来地名标准化处理时，改称东岭村。

地理位置 地处兴城镇西部，东邻城西峪村，南邻后铺村，西、北邻西岭村。

主要指标 2011年末，辖区总人口439人，总面积4.5平方千米，农民人均纯收入7000元。

西岭村

(Xiling Cun)

名称来历 该村建于三十二岭以西，故称西三十二岭，后来地名标准化处理时，改称西岭村。

地理位置 地处兴城镇西部，东、南邻东岭村，西邻遵化市东旧寨镇高拨岭村，北邻白庙子乡陡岭子村。

主要指标 2011年末，辖区总人口513人，总面积6平方千米，农民人均纯收入7300元。

西庄村

(Xizhuang Cun)

名称来历 当时村边有一座三清观因在南观之西，故取村名为西庄村。

地理位置 地处兴城镇西南部，东邻南赵庄村，南邻南观村，西邻陈庄子村，北邻下寺村。

主要指标 2011年末，辖区总人口2150人，总面积5平方千米，农民人均纯收入9000元。

南观村

(Nanguan Cun)

名称来历 旧时村边有一座三清观，因在北观之南，改名南观村，并以此得村名。

地理位置 地处兴城镇南部，东邻救驾岭村，南邻新庄子乡下庞店村，西邻西庄村，北邻南赵庄村。

主要指标 2011年末，辖区总人口1410人，总面积6.5平方千米，农民人均纯收入7306元。

南庄村

(Nanzhuang Cun)

名称来历 梁姓迁此立庄，取村名梁家庄。后宋姓也迁此居住，因在南观之南，故改名为南庄村。

地理位置 地处兴城镇南部，东邻新庄子乡下庞店村，南邻丰润区火石营镇柴家湾村，西邻毛庄村，北邻南观村。

主要指标 2011年末，辖区总人口1068人，总面积3.5平方千米，农民人均纯收入7857元。

毛庄村

(Maozhuang Cun)

名称来历 毛姓迁此立庄，以姓氏取村名。

地理位置 地处兴城镇西南部，东邻南庄村，南邻丰润区火石营镇北刘庄村，西、北邻南王庄村。

主要指标 2011年末，辖区总人口958人，总面积2.7平方千米，农民人均纯收入7786元。

南王庄村

(Nanwangzhuang Cun)

名称来历 王姓迁此立庄，以姓氏取村名为王庄。1982年4月，地名标准化处理时定村名为南王庄村。

地理位置 地处兴城镇西南部，东、南邻毛庄村，西邻才庄村，北邻陈庄子村。

主要指标 2011年末，辖区总人口420人，总面积1.6平方千米，农民人均纯收入7839元。

才庄村

(Caizhuang Cun)

名称来历 才姓迁此立庄，以姓氏取村名。

地理位置 地处兴城镇西南部，东邻南王庄村，南邻丰润区火石营镇西高庄村，西邻前铺村，北邻陈庄子村。

主要指标 2011年末，辖区总人口814人，总面积3.5平方千米，农民人均纯收入7898元。

陈庄子村

(Chenzhuangzi Cun)

名称来历 陈姓迁此立庄，以姓氏取村名。

地理位置 地处兴城镇西南部，东邻西庄村，南邻才庄村，西邻后铺村，北邻东岭村。

主要指标 2011年末，辖区总人口813人，总面积2.5平方千米，农民人均纯收入8073元。

前铺村

(Qianpu Cun)

名称来历 陈姓由陈庄子迁此看果园，因盖有窝铺，故称此地为陈家窝铺，后写成陈家铺。后分为两个村，靠南的为前陈家铺，地名标准化处理时改为前铺村。

地理位置 地处兴城镇西南部，东邻才庄村，南邻丰润区火石营镇徐庄村，西遵化市铁厂镇铁厂村，北邻后铺村。

主要指标 2011年末，辖区总人口956人，总面积2.6平方千米，农民人均纯收入8200元。

后铺村

(Houpu Cun)

名称来历 陈姓由陈庄子迁此看果园，因盖有窝铺，故称此地为陈家窝铺，后写成陈家铺。后分为两个村，靠北的为后陈家铺，地名标准化处理时改为后铺村。

地理位置 地处兴城镇西南部，东邻陈庄子村，南邻前铺村，西邻遵化市铁厂镇板城村，北邻东岭村。

主要指标 2011年末，辖区总人口826人，总面积4.5平方千米，农民人均纯收入8190元。

（撰稿：金纪东、金长存，初审：刘庆旭、王福东）

洒河桥镇

(Saheqiao Zhen)

冀东名镇，因盛产板栗而驰名中外。

政区概况

名称来历 因位于古卢龙塞道的洒河与滦河汇流处，故名。

地理位置 地处迁西县北部，东、北与滦阳镇相接，南与三屯营镇毗邻，西与汉儿庄乡接壤。人民政府驻洒河一村迎宾大街8号，电话区号0315，邮政编码064303，距迁西县人民政府25千米。

政区沿革 1947年前，属迁安县。1947年迁西置县后，属迁西县第四区。1953年，置洒河桥乡。1958年10月，属钢铁（洒河桥）人民公社洒河桥大队；同年12月，并入遵化县，改称洒河桥管理区。1961年6月，迁西县恢复后复归迁西县，建洒河桥人民公社。1984年3月，改置洒河桥乡，辖20个村民委员会。1985年5月，洒河桥乡改镇，辖20个村民委员会。1996年1月，松岭乡并入，辖26个村民委员会，有86个自然村。

政区划分 2011年末，辖洒河一村、洒河二村、洒河三村、北马蹄峪村、东桃园村、小韦庄村、白塔寨村、北团汀村、西桃园村、大关庄村、黄沟峪村、长河峪村、牛店子村、北赵庄村、安家峪村、大河山村、大东峪村、道马寨村、大洪峪村、烈马峪村、车道峪村、皇陵村、松岭村、东营村、大沟村、东峪村26个村民委员会；下设64个村民小组。

人口面积 2011年末，辖区总人口19185人，其中城镇常住人口8000人，城镇化率41.2%。另有流动人口1100人。总人口中，男性9839人，占51.2%；女性9346人，占48.8%；14岁以下4422人，占23%；15～64岁13418人，占70%；65岁以上1345人，占7%。总人口中，以汉族为主，达1.89万人，占95%；有少数民族100人，占0.5%。2011年，人口出生率13.6‰，人口死亡率6.6‰，人口自然增长率7‰。

辖区东西最大距离30千米，南北最大距离25千米，总面积79平方千米。其中陆地面积60平方千米，占76%；水域面积19平方千米，占24%。人口密度为每平方千米243人。

自然条件

地形地貌 地处燕山山脉，以山地为主。境内最高峰石门山，位于镇区东部与滦阳镇交会处，海拔711.9米，主峰位于洒河桥镇东营村，南面是大黑汀水库库区。

气候 属温带季风性气候，其特点是季风明显，四季分明，秋季凉爽干燥，冬季寒冷少雪。多年平均气温9.8℃，降雨集中在每年7月至9月，8月最多。

水文 境内河道属滦河流域，其中潘家口水库、大黑汀水库坐落镇区，水资源极其丰富。洒河、沙河等支流贯穿全境，在镇东交汇入滦河。

矿藏及其他自然资源 境内已探明地下矿藏有金、铁、铜、锰等。其中铁矿储量最大。主要有烈马峪铁矿，位于烈马峪村；联友铁矿，位于北马蹄峪村；满兆矿业，位于安家峪村；满旺矿业，位于北赵庄子村。

除矿产资源外，森林资源丰富，森林覆盖率80%；水产资源也很丰富，依托两大水库，网箱养鱼业发展迅速。

自然灾害 主要有水灾、泥石流等。水灾年均发生1次，主要发生在7月至8月，泥石流多发生于7月至8月。

经济概况

农业 耕地面积0.63万亩，人均0.33亩；可利用草地面积1.1万亩，林地面积3.1万亩。是省级重要的板栗生产基地。2011年，农业总产值1.68亿元，比上年增长20%，实现农业增加值1.34亿元，占国内生产总值的5.1%。

粮食作物以玉米为主。2011年，生产粮食0.15万吨，人均78千克。2011年，棉花种植面积40亩，产量4.3吨；蔬菜种植面积69亩，产量0.39万吨。

畜牧业以猪、羊为主。2011年，生猪饲养量2.51万头，年末存栏0.79万头；羊饲养量2.31万只，年末存栏1.55万只；牛饲养量290头，年末存栏210头；家禽饲养量150万羽，上市家禽100万羽。2011年，生产肉类0.2万吨，其中猪肉0.13万吨，牛肉193.3吨，羊肉303.1吨；禽蛋528.5吨，鲜奶165吨。畜牧业总产值6000万元，占农业总产值的20%。

截至2011年末，累计造林0.47万亩，其中经济林990亩，防护林0.22万亩，农民住宅四旁树木5.52万株，林木覆盖率80%。2011年，干鲜果品产量0.46万吨，水果种植面积0.27万亩，产量0.12万吨，主要品种有苹果、安梨、鲜桃、葡萄、柿子、红枣、鲜杏等，其中苹果414吨，安梨175吨，葡萄158吨，鲜桃97吨，柿子49吨，红枣11吨，鲜杏24吨，干果产量0.34万吨，主要品种有板栗、核桃等，其中板栗0.34万吨，核桃34吨。

渔业以网箱养鱼为主。可用于水产养殖的淡水水面18平方千米。2011年，网箱养鱼1.08万箱，产量377吨；渔业总产值450万元，占农业总产值的15%。

2011年，拥有大型农业机械22台（辆）；农民人均纯收入8915元。

工业 2011年，工业总产值5.65亿元，比上年增长25%，实现工业增加值4.97亿元，占国内生产总值比重的28%。2011年，规模以上工业企业19家，职工1500人。其中大中型工业企业2家，职工830人。销售收入达到亿元以上的企业1家。

商业外贸 2011年末，商业网点1500个，职工5900人。2011年，社会消费品零售总额达350亿元，比上年增长20%；城乡集市贸易成交额250亿元，比上年增长19%。

财政金融 2011年，财政总收入1.35亿元，比上年增长22%。人均财政收入7037元，比上年增长9.2%。2011年，各类存款余额25亿元，比上年增长12%。

社会发展

文化艺术 2011年末，文化站1个，建筑面积500平方米；公共图书室20个，建筑面积5000平方米，藏书4万册。地方特色民间艺术有花灯等。

教育 2011年末，幼儿园9所，在园幼儿690人，专任教师30人；小学6所，在校生1807人，专任教师106人，小学适龄儿童入学率100%；初中1所，在校生613人，专任教师55人，初中适龄人口入学率、小升初升学率、九年义务教育覆盖率均达100%。

2011年教育经费达500万元，国家财政性教育经费500万元，财政预算内教育经费225万元。预算内教育事业费50万元，分别比上年增长25%、15%、20%、5%。预算内教育经费（包括城市教育费附加）占财政总支出的比例为15%，比上年提高了5个百分点。

医疗卫生 2011年末，卫生院1所，病床50张，其中公立卫生机构床位50张。每千人拥有医疗床位3张。专业卫生人员49人，其中执业医师19人，执业助理医师7人，注册护士13人。2011年医疗机构（门诊部以上）完成诊疗2.9万人次，住院手术150台次，出院病人1000人次。

2011年法定报告传染病发病率为465.6/10万，农村安全饮用水普及率89%，农村卫生厕所普及率82%，新型农村合作医疗参合人数1.9万人，参合率99%。孕产妇死亡率10/10万，5岁以下儿童死亡率、婴儿死亡率、新生儿死亡率分别为4.5‰、2‰、1.3‰。

广播电视 2003年开通有线电视；2011年末，有线电视用户7010户，其中数字电视用户2300户，电视综合覆盖率98%。

社会保障 2011年，城镇最低生活保障户数47户，人数73人，支出27.7万元，比上年增长3%，月人均316元，比上年增长3%；城市医疗救助5人次，民政部门资助参加合作医疗6人次，共支出4万元，比上年增长5%；城市生活无着人员救助3人次，支出2.5万元，比上年增长10%。

农村最低生活保障户数232户，人数593人，支出76万元，比上年增长3%，月人均106元，比上年增长1%；农村五保集中供养120人，支出54.7万元，比上年增长0.5%；农村五保分散供养78人，支出15.6万元，比上年增长1.1%；农村医疗救助15人次，民政部门资助参加合作医疗20人次，先支出15万元；农村临时救济80人次，支出3.5万元，比上年增长2.5%。

国家抚恤、补助各类优抚对象38人，抚恤事业费支出22万元，比上年增长1.6%。

生活无着人员救助床位5张。社区服务设施27个，其中社区服务中心2个，社会服务单位25个；社区日间照料床位数100张，社区留宿照料床位数20张。

新增就业人员145人，有15名下岗失业人员实现了再就业。

基础设施

交通运输 已形成由铁路、公路、水路3种运输方式构成的交通运输网络，2011年客运总量80万人次，货运总量3500万吨。境内通航河道1条，总长6千米，其中滦河为甲级航道，最大通航能力为50吨级船舶。

邮政电信 2011年末，邮政网点2个，投递路线单程总长度300千米，投递点26个，乡村通邮率100%；全年投递国内函件2万件，国内汇票业务完成1万笔，国内异地特快专递信件完成4000件，征订报纸5万份、期刊1万册，业务收入520万元。

电信企业2家，服务网点8个；固定电话用户3000户，电话用户普及率达到65%；移动电话普及率为100%；宽带接入用户2500户。

镇区市政建设

道路 2011年末，镇区道路总长度0.03万千米；道路铺装面积12平方千米。

供电 2011年末，镇区洒河桥、潘家口110千伏变电站2座；桃园、洒河桥、大关庄、小韦庄35千伏变电站4座；大关庄、小韦庄电站2座。

洒河一村

(Saheyi Cun)

名称来历 因在洒河南岸，又有人开店，故取名为洒河店。后在村北洒河上修了一座石桥，故改名为洒河桥。后按行政序号而名洒河一村。

地理位置 地处洒河桥镇中部，东接洒河二村，南、西接道马寨村，北邻洒河三村。

主要指标 2011年末，辖区总人口857人，总面积2.5平方千米，农民人均纯收入9321元。

洒河二村

(Sahe'er Cun)

名称来历 因在洒河南岸，又有人开店，故取名为洒河店。后在村北洒河上修了一座石桥，故改名为洒河桥。后按行政序号而名洒河桥二村。

地理位置 地处洒河桥镇中部，东隔洒河与滦阳镇杨家河沿村相望，南、西邻洒河一村，北接洒河三村。

主要指标 2011年末，辖区总人口964人，总面积2.5平方千米，农民人均纯收入9210元。

洒河三村

(Sahesan Cun)

名称来历 因在洒河南岸，又有人开店，故取名为洒河店。后在村北洒河上修了一座石桥，故改名为洒河桥。后按行政序号而名洒河桥三村。

地理位置 地处洒河桥镇中部，东隔滦河与滦阳镇杨家河沿相望，南接洒河二村，西接洒河一村，北接大关庄村。

主要指标 2011年末，辖区总人口637人，总面积2平方千米，农民人均纯收入8915元。

大沟村

(Dagou Cun)

名称来历 因这里山高沟长，故取名为大沟村。

地理位置 地处洒河桥镇北部，东隔潘家口水库与滦阳镇公家峪村相望，南接东桃园村，西邻北杨家峪村，北隔潘家口水库与滦阳镇城外满族村相望。

主要指标 2011年末，辖区总人口153人，总面积4平方千米，农民人均纯收入8810元。

西桃园村

(Xitaoyuan Cun)

名称来历 因建村时桃树很多，故取村名为桃园。后以一条小河为界，分成东桃园、西桃园两个村落。因该村地处西侧，故称西桃园村。

地理位置 地处洒河桥镇北部，东隔潘家口水库与滦阳镇公家峪相望，南邻皇陵村，西接东桃园村，北邻东桃园村。

主要指标 2011年末，辖区总人口247人，总面积1平方千米，农民人均纯收入8795元。

东桃园村

(Dongtaoyuan Cun)

名称来历 因建村时桃树很多，故取村名为桃园。后以一条小河为界，分成东桃园、西桃园两个村落。因该村地处东侧，故称东桃园村。

地理位置 地处洒河桥镇北部，东隔潘家口水库与滦阳镇公家峪村相望，南邻皇陵村，西接汉儿庄乡尖山峪村，北接大沟村。

主要指标 2011年末，辖区总人口312人，总面积2平方千米，农民人均纯收入8716元。

皇陵村
(Huangling Cun)

名称来历 传说清嘉庆皇帝捕鱼至此，遇崔家姑娘封其为后妃，崔家姑娘未能进宫愁苦而死，嘉庆皇帝得知消息后，便命在此修建皇陵，后借此传说取村名皇陵。

地理位置 地处洒河桥镇北部，东邻西桃园村，南接北马蹄峪村，西接汉儿庄乡尖山峪村，北邻东桃园村。

主要指标 2011年末，辖区总人口201人，总面积2平方千米，农民人均纯收入8795元。

北马蹄峪村
(Beimatiyu Cun)

名称来历 因沟口石头上有自然形成的马蹄印，故以此取名马蹄峪村。1982年地名标准化处理时，改为北马蹄峪村。

地理位置 地处洒河桥镇北部，东隔潘家口水库与滦阳镇黄石哨二村相望，南邻汉儿庄乡鸽子峪村，西邻汉儿庄乡尖山峪村，北邻皇陵村。

主要指标 2011年末，辖区总人口340人，总面积2.5平方千米，农民人均纯收入8931元。

大关庄村
(Daguanzhuang Cun)

名称来历 关姓由山东逃荒至此定居，以姓氏取村名为关家庄。后因村庄较大，又为区别于西面的关庄（今汉儿庄乡小关庄），故改名称为大关庄村。

地理位置 地处洒河桥镇中部，东隔潘家口水库与滦阳镇黄石哨一村相望，南接洒河三村，西接小韦庄村，北邻汉儿庄乡鸽子峪村。

主要指标 2011年末，辖区总人口2118人，总面积4.5平方千米，农民人均纯收入9402元。

小韦庄村
(Xiaoweizhuang Cun)

名称来历 韦姓由韦庄（今汉儿庄乡大韦庄）迁此定居，因村小户少，故取村名为小韦庄村。

地理位置 地处洒河桥镇西北部，东邻大关庄村，南邻烈马峪村，西邻汉儿庄乡大韦庄村，北邻汉儿庄乡鸽子峪村。

主要指标 2011年末，辖区总人口612人，总面积2平方千米，农民人均纯收入8922元。

北赵庄村
(Beizhaozhuang Cun)

名称来历 赵姓由山东迁此定居，以姓氏取村名为赵庄子。1982年4月，地名标准化处理时，改为北赵庄村。

地理位置 地处洒河桥镇西部，东邻道马寨村，南邻大东峪村，西接牛店子村，北邻烈马峪村。

主要指标 2011年末，辖区总人口1496人，总面积5.5平方千米，农民人均纯收入9103元。

烈马峪村
(Liemayu Cun)

名称来历 传说清康熙皇帝在此打猎时，跑了一匹烈马，故以此取村名为烈马峪。

地理位置 地处洒河桥镇西部，东邻小韦庄村，南接北赵庄村，西邻小关庄村，北邻汉儿庄乡大韦庄村。

主要指标 2011年末，辖区总人口722人，总面积4.7平方千米，农民人均纯收入9325元。

道马寨村
(Daomazhai Cun)

名称来历 传说清康熙皇帝在烈马峪打猎时，一匹烈马病倒在此，以此改村名为倒马寨，因嫌“倒”字不好听，后改为“道”，称为道马寨。

地理位置 地处洒河桥镇中部，东邻洒河一村、洒河二村，南接大东峪村，西邻北赵庄村，北邻北赵庄村。

主要指标 2011年末，辖区总人口1301人，总面积2.5平方千米，农民人均纯收入9213元。

牛店子村
(Niudianzi Cun)

名称来历 牛姓兄弟两人明初随燕王扫北迁此分东西居住，此村在西，故称西牛庄。后来牛姓在此开了一家店铺，改村名为牛店子村。

地理位置 地处洒河桥镇西南部，东邻大东峪村，南接三屯营镇平房子村，西接龙湾村，北邻北赵庄村。

主要指标 2011年末，辖区总人口1439人，总面积4平方千米，农民人均纯收入9219元。

大东峪村
(Dadongyu Cun)

名称来历 牛姓从牛店子迁此居住，建村前这里曾有古庙，庙内有一口大钟，遂以此取村名为大钟峪，后改称大东峪。

地理位置 地处洒河桥镇南部，东邻车道峪村，南至安家峪村，西接牛店子村，北至道马寨村。

主要指标 2011年末，辖区总人口530人，总面积2平方千米，农民人均纯收入9103元。

白塔寨村
(Baitazhai Cun)

名称来历 明末在后山上修了一座白塔，以此取村名为白塔寨。

地理位置 地处洒河桥镇中部，东隔大黑汀水库与滦阳镇水峪外村相望，南邻车道峪村，西接道马寨村，北接洒河二村。

主要指标 2011年末，辖区总人口891人，总面积3平方千米，农民人均纯收入9100元。

车道峪村

(Chedaoyu Cun)

名称来历 因当时此沟内有一车道，以此取村名为车道峪村。

地理位置 地处洒河桥镇中部，东邻松岭村，南接安家峪村，西邻大东峪村，北接白塔寨村。

主要指标 2011年末，辖区总人口219人，总面积1.5平方千米，农民人均纯收入8649元。

黄沟峪村

(Huanggouyu Cun)

名称来历 因建村时此地是一个荒山沟，故名荒沟峪，后叫成黄沟峪村。

地理位置 地处洒河桥镇南部，东隔大黑汀水库与松岭村相望，南、西至安家峪村，北至车道峪村。

主要指标 2011年末，辖区总人口120人，总面积1.5平方千米，农民人均纯收入8615元。

安家峪村

(Anjiayu Cun)

名称来历 传说有个尼姑出家到此，当地人为她修了一座庵，以借此取村名庵子峪，后改称安家峪村。

地理位置 地处洒河桥镇南部，东隔大黑汀水库与松岭村相望，南至大洪峪村，西至牛店子村，北至大东峪村。

主要指标 2011年末，辖区总人口1696人，总面积6.8平方千米，农民人均纯收入9321元。

大洪峪村

(Dahongyu Cun)

名称来历 当时此地非常荒凉，山高沟长，故取村名大荒峪。1947年土改时，因嫌“荒”字不好听，改为“洪”字，称大洪峪。

地理位置 地处洒河桥镇南部，东邻三屯营镇南团汀村，南至三屯营镇彭庄村，西至三屯营镇六宝峪村，北至安家峪村。

主要指标 2011年末，辖区总人口183人，总面积3平方千米，农民人均纯收入8612元。

松岭村

(Songling Cun)

名称来历 村北有一马鞍形山岭，岭上松树茂密，人称松安岭，以此取村名为松岭村。

地理位置 地处洒河桥镇南部，东至东峪村，南至大河山村，西隔大黑汀水库与安家峪相望，北隔大黑汀水库与白塔寨村相望。

主要指标 2011年末，辖区总人口936人，总面积2.5平方千米，农民人均纯收入8912元。

东峪村

(Dongyu Cun)

名称来历 因在松岭、大河山等村东面的山沟里，故取村名为东峪村。

地理位置 地处洒河桥镇东南部，东至东营村，南隔大黑汀水库与三屯营镇南团汀村相望，西邻松岭村，北邻滦阳镇水峪外村。

主要指标 2011年末，辖区总人口331人，总面积3平方千米，农民人均纯收入8611元。

东营村

(Dongying Cun)

名称来历 明永乐年间，在此地筑城的士兵家属定居下来，因与滦河西岸的小西营相对，故取村名为东营村。

地理位置 地处洒河桥镇东南部，东邻东水峪村，南隔水库与三屯营镇南团汀村相望，西至松岭村，北至东峪村。

主要指标 2011年末，辖区总人口327人，总面积3平方千米，农民人均纯收入8638元。

北团汀村

(Beituanting Cun)

名称来历 因修建大黑汀水库，北团汀部分居民于1977年北迁到此，并改称今名。

地理位置 地处洒河桥镇东南部，东与渔户寨乡白草洼村接壤，南接长河峪村，西、北邻东营村。

主要指标 2011年末，辖区总人口97人，总面积1.5平方千米，农民人均纯收入8514元。

大河山村

(Daheshan Cun)

名称来历 传说清乾隆皇帝坐帆船顺滦河游玩至该村不远处，见前面的群山像在移动，就说此山是“大活山”，后以此改村名大活山，后叫成大河山村。

地理位置 地处洒河桥镇西南部，东邻东营村，南、西隔大黑汀水库大洪峪村相望，北邻松岭村。

主要指标 2011年末，辖区总人口430人，总面积2.2平方千米，农民人均纯收入8710元。

长河峪村

(Changheyu Cun)

名称来历 该村沟口大山上当时有两条大长虫（蛇），遂取村名大虫峪，谐音叫成代呈峪，后又改称长河峪。

地理位置 地处洒河桥镇东南部，东至渔户寨乡白草洼村，南接东荒峪镇杏峪村，西隔大黑汀水库与三屯营镇南团汀村相望，北至北团汀村。

主要指标 2011年末，辖区总人口618人，总面积4.5

平方千米，农民人均纯收入8615元。

（撰稿：张立春、张印晓，初审：李秀军、王福东）

新集镇

(Xinji Zhen)

政区概况

名称来历 相传很久以前的新集村柳树成荫，而得名柳树城。永平府一官员曾暂住此地，次日，天未亮就被早起外出赶集的村民吵醒，为解百姓之忧，这位官员在此设立集市，取名“新集”。

地理位置 地处迁西县东部，东及东北与尹庄乡接壤，南邻东莲花院乡，西及西北与兴城镇相邻。人民政府驻新集村凤凰街7号，电话区号0315，邮政编码064301，距迁西县人民政府13千米。

政区沿革 1947年前，属迁安县。1947年迁西置县后，属迁西县第七区。1953年，置新集乡。1958年10月，属联星（新集）人民公社新集大队；同年12月，并入迁安县，改称新集管理区。1961年6月，迁西县恢复后，复归迁西县，建新集人民公社。1979年，因修潘家口水库，原西城峪公社太阳峪部分村民迁今址，建富源生产大队。1984年3月，改设新集乡。1988年6月，新集乡改镇，辖26个村民委员会。1996年1月，西岗乡并入，辖36个村民委员会，有43个自然村。

政区划分 2011年末，辖新集村、泉庄村、马蹄峪村、石庄子村、南刘庄村、东张庄村、顺水庵村、南巨家峪村、富源村、北港村、陈金沟村、学房峪村、洪峰寺村、李庄子村、东吴庄村、西岗村、后峪村、代各庄村、长山沟村、言前峪村、小傅庄村、北巨家峪村、东岗村、南台村、河东寨村、潘杖子村、林家峪村、孙家峪村、北董庄子村、魏庄村、姚庄村、干柴峪村、碾各庄村、十字口村、松木庄村、上董庄子村36个村民委员会；下设288个村民小组。

人口面积 2011年末，辖区总人口27772人，其中城镇常住人口5600人，城镇化率20.2%。另有流动人口1506人。总人口中，男性14468人，占52.1%；女性13304人，占47.9%；14岁以下4981人，占18.9%；15~64岁18954人，占71.9%；65岁以上2424人，占9.2%。总人口中，以汉族为主。2011年，人口出生率9.2‰，人口死亡率6.48‰，人口自然增长率2.72‰。

辖区东西最大距离12千米，南北最大距离15千米，总面积91平方千米。人口密度为每平方千米305人。

自然条件

地形地貌 地处燕山山脉，为丘陵地带，地势南高北低。主要山峰有凤凰山、黄山，境内最高峰黄山位于上董村，海拔502.7米；最低点北滩位于代各庄村，海拔116米。

气候 属暖温带季风气候，其特点是四季分明。多年平均气温10.5℃，1月平均气温-6℃，极端最低气温-18℃；7月平均气温26℃，极端最高气温33℃。生长期年平均160天，无霜期年平均180天。年平均日照时数27059小时。年平均降水量804.2毫米。降雨集中在每年7月至9月，8月最多。

水文 境内河道属四级河。境内最大的河流为还乡河，从泉庄村至代各庄村流经境内新集村、魏庄村，长5千米。

自然灾害 主要自然灾害有旱灾、暴风雨、雪灾等。雪灾年均发生1次，主要发生在12月至次年3月。最严重的一次发生在2007年3月东岗村和代各庄村等地区，蔬菜大棚被大雪压塌。暴风雨灾害年均发生2次，主要发生在5月至9月，最严重的一次造成杨树被大片刮倒。

经济概况

农业 耕地面积3.7万亩，人均1.3亩；可利用草地面积2.1万亩，林地面积3.7万亩。2011年，农业总产值1.95亿元，比上年增长21.1%，实现农业增加值1.31亿元，占国内生产总值的11.7%。

粮食作物以玉米为主。2011年，生产粮食2.5万吨。

畜牧业以生猪为主。2011年，生猪饲养量1.8万头，年末存栏0.47万头；羊饲养量1.63万只，年末存栏1.07万只；家禽饲养量8.5万羽。2011年，生产肉类0.25万吨，其中猪肉0.25万吨，羊肉30吨；禽蛋0.2万吨。畜牧业总产值6630万元，占农业总产值的34%。

截至2011年末，累计造林0.35万亩，其中经济林0.15万亩，防护林0.15万亩，农民住宅四旁树木7万株，林木覆盖率65%，活力木蓄积量230万立方米。2011年，干鲜果品产量0.43万吨，水果产量0.2万吨，主要品种有苹果、安梨、鲜桃、葡萄、柿子、红枣等，其中苹果150吨，安梨0.1万吨，葡萄47吨，鲜桃58吨，柿子365吨，红枣74吨；干果产量0.23万吨，主要品种有板栗、核桃等，其中板栗820吨，核桃0.15万吨。

2011年，拥有大型农业机械38台（辆）；农民人均纯收入5985元。

工业 2011年，工业总产值2.14亿元，比上年增长6.6%，实现工业增加值1.84亿元，占国内生产总值比重的16.5%。2011年，规模以上工业企业4家，职工460人。

财政金融 2011年，财政总收入998万元。其中地方财政收入321万元，比上年增长11%，人均财政收入5980元，比上年增长8.9%。

社会发展

文化艺术 2011年末，文化艺术团体1个，会员20人；剧场1个，电影放映队1个；俱乐部1所，文化专业户5个，文化站1个，建筑面积300平方米；公共图书室1个，建筑面积30平方米，藏书2000册；档案室1个，建筑面积20平方米。

地方特色民间艺术有30道花会，其中每年2月19举办的文化节——“京东第一庙会”，参加人数10万余人。

教育 2011年末，幼儿园9所，在园幼儿652人，专任教师28人；小学5所，在校生1500人，专任教师165人，小学适龄儿童入学率100%；初中1所，在校生728人，专任教师98人，初中适龄人口入学率100%；普通高中1所，在校生512人，专任教师123人。

2011年，教育经费达1620万元，国家财政性教育经费1600万元，财政预算内教育经费1500万元，预算内教育事业费36万元，分别比上年增长29%、23%、20%、10%，预算内教育经费（包括城市教育费附加）占财政总支出的比例为11.7%，比上年提高了4个百分点。

医疗卫生 2011年末，卫生院1所；病床30张，其中公立卫生机构床位30张，每千人拥有医疗床位2.1张，固定资产总值300万元。专业卫生人员37人，其中执业医师14人，执业助理医师2人，注册护士16人。2011年，医疗机构（门诊部以上）完成诊疗1.63万人次，住院手术21台次，出院病人300人次。

2011年，法定报告传染病发病率为446 / 10万，农村安全饮用水普及率100%。农村卫生厕所普及率100%，新型农村合作医疗参合人数23433人，参合率97.2%。孕产妇死亡率15/10万，5岁以下儿童死亡率、婴儿死亡率，新生儿死亡率分别为5.8‰、4.8‰、4‰。

体育 2011年末，体育场地36处。97%的村安装了健身器材，经常参加体育活动的人员占常住人口的28%。

广播电视 2011年末，电视台开通35个频道，有线电视用户4500户，其中数字电视用户400户，电视综合覆盖率92%。

社会保障 2011年，城镇最低生活保障户数180户，人数300人，支出82.8万元，比上年增长4%，月人均230元，比上年增长8%；城市医疗救助2人次，民政部门资助参加合作医疗36人次，共支出3万元，比上年增长2%。

农村最低生活保障户数683户，人数1395人，支出198.6万元，比上年增长5%，月人均119元，比上年增长4%；农村五保集中供养75人，支出37.5万元，比上年增长1%；农村五保分散供养129人，支出23.6万元，比上年增长0.8%；农村医疗救助27人次，支出6.2万元，比上年减少3%；民政部门资助参加合作医疗25人次，支出17万元，比上年增长2.9%；农村临时救济72人次，支出2万元，比上年增长23%。

国家抚恤、补助各类优抚对象146人，抚恤事业费支出36.7万元，比上年增长5.4%。

生活无着人员救助床位8张。社区服务设施38个，其中社区服务中心2个，社会服务站36个；社区日间照料床位数160张，社区留宿照料床位数20张。

新增就业人员165人，有13名下岗失业人员实现了再就业。

基础设施

交通运输 有乡级公路新忍线1条，总长度6.3千米。

邮政电信 2011年末，邮政网点1个，投递路线单程总长度209千米，投递点4个，乡村通邮率100%；全年征订报纸56.3万份、期刊8992册，业务收入162.5万元。

镇区市政建设

道路 2011年末，镇区道路总长度0.015万千米；道路铺装面积6平方千米，人均拥有道路面积0.001平方千米。

供电 2011年末，镇区35千伏变电站1座，新集电站1座。

北董庄子村

(Beidongzhuangzi Cun)

名称来历 董氏迁此立庄，以姓氏取村名董庄子。又因地处上董庄子以北，故改名为北董庄子村。

地理位置 地处新集镇东部，东邻西岗村，南邻河东寨村，西邻东吴庄村，北邻小傅庄村。

主要指标 2011年末，辖区总人口294人，总面积0.4平方千米，农民人均纯收入5668元。

北港村

(Beigang Cun)

名称来历 原有金氏居住，当时有泉水流入还乡河，人称此地为金家港。后金氏绝嗣，又地处新集之北，遂改名北港村。

地理位置 地处新集镇北部，东邻洪葛峪村，南邻松木庄村，西邻富源村，北邻北山村。

主要指标 2011年末，辖区总人口359人，总面积1.3平方千米，农民人均纯收入5767元。

北巨家峪村

(Beijujiayu Cun)

名称来历 明代巨氏迁此居住，以姓氏取村名巨家峪。1958年，以河沟为界分为南北两村。该村在河沟以北，故名北巨家峪村。

地理位置 地处新集镇西部，东邻言前峪村，南接南巨家峪村，西至兴城镇仁字峪村，北接兴城镇海河村。

主要指标 2011年末，辖区总人口627人，总面积1.6平方千米，农民人均纯收入5767元。

长山沟村

(Changshangou Cun)

名称来历 清代邓氏始居于此，冠以姓氏取村名邓家沟，后他姓也先后迁进此沟，分散居住在这条山沟里，因山沟很长，于1949年改称今名。

地理位置 地处新集镇西部，东邻言前峪村，南、西邻新庄子乡大峪村，北邻南巨家峪村。

主要指标 2011年末，辖区总人口443人，总面积2.8平方千米，农民人均纯收入5991元。

陈金沟村

(Chenjingou Cun)

名称来历 因沟中沙石下沉有沙金，故而取村名沉金沟，后写成陈金沟。

地理位置 地处新集镇东北部，东接尹庄乡房官营村，南邻小傅庄村，西邻学房峪村，北邻尹庄乡房官营村。

主要指标 2011 年末，辖区总人口 566 人，总面积 2.24 平方千米，农民人均纯收入 5360 元。

代各庄村

(Daigezhuang Cun)

名称来历 相传曾有一姓戴的王子埋葬于此，以此取村名戴各庄，后写成代各庄。

地理位置 地处新集镇西部，东邻魏庄村，南邻北巨家峪村，西邻海河村，北邻后峪村。

主要指标 2011 年末，辖区总人口 2327 人，总面积 6.1 平方千米，农民人均纯收入 5916 元。

东岗村

(Donggang Cun)

名称来历 因村四周有四个高土岗，像 4 个龙头向四处张望，遂以此取村名盘龙岗，后叫成团头岗。后逐渐分成东西两片，此村在东，称东团头岗。1966 年，改称为东岗村。

地理位置 地处新集镇东部，东邻尹庄乡瓦房峪村，南接潘杖子村，西连西岗村，北邻尹庄乡房官营村。

主要指标 2011 年末，辖区总人口 2288 人，总面积 6.4 平方千米，农民人均纯收入 6239 元。

东吴庄村

(Dongwuzhuang Cun)

名称来历 明代吴氏迁居此地，冠以姓氏取村名吴庄村。1982 年地名标准化处理时，更名为东吴庄村。

地理位置 地处新集镇东部，东邻北董庄子村，南连姚庄村，西接魏庄村，北邻洪峰寺村。

主要指标 2011 年末，辖区总人口 513 人，总面积 0.9 平方千米，农民人均纯收入 5407 元。

富源村

(Fuyuan Cun)

名称来历 因修建潘家口水库，部分村民搬迁到此。因希望生活富裕，取村名为富源村。

地理位置 地处新集镇西北部，东邻北港村，南邻碾各庄村，西邻十字口村，北邻北山村。

主要指标 2011 年末，辖区总人口 161 人，总面积 0.4 平方千米，农民人均纯收入 5987 元。

干柴峪村

(Ganchaiyu Cun)

名称来历 因当时此沟内干柴较多，故取村名为干柴峪村。

地理位置 地处新集镇东南部，东与迁安市蔡园镇灵山村相连，南邻红门寺村，西邻上董庄子村，北邻南台村。

主要指标 2011 年末，辖区总人口 1340 人，总面积 7.5 平方千米，农民人均纯收入 6039 元。

河东寨村

(Hedongzhai Cun)

名称来历 因修建大黑汀水库，部分村民于 1977 年迁此建村，仍沿用原村名。

地理位置 地处新集镇东部，东邻西岗村，南邻潘杖子村，西邻北董庄子村，北邻学房峪村。

主要指标 2011 年末，辖区总人口 379 人，总面积 0.4 平方千米，农民人均纯收入 5962 元。

洪峰寺村

(Hongfengsi Cun)

名称来历 因村北山上建有一座寺庙，名洪峰寺，村因寺而得名。

地理位置 地处新集镇东北部，东至学房峪村，南至东吴庄村，西至魏庄村，北至李庄子村。

主要指标 2011 年末，辖区总人口 1341 人，总面积 3.8 平方千米，农民人均纯收入 5861 元。

后峪村

(Houyu Cun)

名称来历 因在代各庄后沟，故以此取村名后峪村。

地理位置 地处新集镇东部，东邻代各庄村，南邻代各庄村，西邻兴城镇海河村，北邻碾各庄村。

主要指标 2011 年末，辖区总人口 497 人，总面积 2 平方千米，农民人均纯收入 5767 元。

李庄子村

(Lizhuangzi Cun)

名称来历 清代李姓从忍字口迁此立庄，冠以姓氏取村名。

地理位置 地处新集镇北部，东邻陈金沟村，南接洪峰寺村，西邻松木庄村，北邻顺水庵村。

主要指标 2011 年末，辖区总人口 323 人，总面积 1.1 平方千米，农民人均纯收入 5475 元。

林家峪村

(Linjiayu Cun)

名称来历 因沟名而得村名。

地理位置 地处新集镇东南部，东邻孙家峪村，南接上董庄子村，西邻石庄子村，北邻南台村。

主要指标 2011 年末，辖区总人口 1154 人，总面积 6.18 平方千米，农民人均纯收入 6304 元。

马蹄峪村

(Matiyu Cun)

名称来历 明代马氏迁此立庄，因村边路旁的石头上有自然形成的马蹄印迹，故以此取村名。

地理位置 地处新集镇南部，东邻上董庄子村，南邻东莲花院乡杨家沟村，西邻新庄子乡大峪村，北邻石庄子村。

主要指标 2011 年末，辖区总人口 1188 人，总面积 9.42 平方千米，农民人均纯收入 6084 元。

南巨家峪村

(Nanjujiayu Cun)

名称来历 明代巨氏迁此居住，冠以姓氏取村名巨家峪。1958 年，以河沟为界分为南北两村。该村在河沟以南，故名南巨家峪村。

地理位置 地处新集镇西部，东邻言前峪村，南邻长山沟村，西邻兴城镇仁字峪村，北与北巨家峪村相连。

主要指标 2011 年末，辖区总人口 321 人，总面积 1.5 平方千米，农民人均纯收入 4548 元。

南刘庄村

(Nanliuzhuang Cun)

名称来历 牛氏迁此立庄，冠以姓氏取村名牛庄。1940 年日军大扫荡，全村被包围，后幸免于难，群众为纪念此事，改村名“留庄”，后写成刘庄。1988 年 6 月，地名标准化时，改称今名。

地理位置 地处新集镇中部，东隔凤凰山与南台村相望，南为石庄子村，西邻言前峪村，北连东张庄村。

主要指标 2011 年末，辖区总人口 1138 人，总面积 3.46 平方千米，农民人均纯收入 6087 元。

南台村

(Nantai Cun)

名称来历 王氏由遵化县平安城子迁此占地定居，因占了一块八十亩的平台，以此取村名为八十亩台；又因地处西岗之南，后改名南台村。

地理位置 地处新集镇东部，东邻尹庄乡瓦房峪村，南邻孙家峪村，西隔凤凰山与南刘庄村相望，北邻潘杖子村。

主要指标 2011 年末，辖区总人口 691 人，总面积 3.4 平方千米，农民人均纯收入 5830 元。

碾各庄村

(Niangezhuang Cun)

名称来历 传说曾有一娘娘坐辇路过此地，留下辇轱辘印，以此取村名辇轱庄，后改为碾各庄。

地理位置 地处新集镇北部，东邻松木庄村，南邻后峪村，西邻十字口村，北邻富源村。

主要指标 2011 年末，辖区总人口 450 人，总面积 1.2 平方千米，农民人均纯收入 5440 元。

潘杖子村

(Panzhangzi Cun)

名称来历 潘氏由迁安县迁此定居，因当时搭了帐篷居住，遂以姓氏取村名潘帐子，后改为潘杖子村。

地理位置 地处新集镇东部，东邻尹庄乡瓦房峪村，南邻南台村，西邻西岗村，北接东岗村。

主要指标 2011 年末，辖区总人口 686 人，总面积 1.9 平方千米，农民人均纯收入 6198 元。

泉庄村

(Quanzhuang Cun)

名称来历 因村中有一大泉，为还乡河的源头，故以此取村名。

地理位置 地处新集镇中部，东邻北董庄子村，南隔凤凰山东张庄村相望，西邻新集村，北邻姚庄村。

主要指标 2011 年末，辖区总人口 1070 人，总面积 3.2 平方千米，农民人均纯收入 6090 元。

上董庄子村

(Shangdongzhuangzi Cun)

名称来历 董氏迁此立庄，冠以姓氏取村名为董庄子，为区别于北董庄子和董庄子，后改称上董庄子。

地理位置 地处新集镇东南部，东邻干柴峪村，南、西邻马蹄峪村，北邻林家峪村。

主要指标 2011 年末，辖区总人口 235 人，总面积 2 平方千米，农民人均纯收入 5913 元。

十字口村

(Shizikou Cun)

名称来历 清初，邓、孟、杨三姓迁此定居，因该地石头多，故名石家口。后人多庄大，形成十字街，遂改村名为十字口。

地理位置 地处新集镇西北部，东邻尹庄乡尹家铺村，南邻碾各庄村，西邻兴城镇田家店村，北与兴城镇东河南寨村相接。

主要指标 2011 年末，辖区总人口 470 人，总面积 2.5 平方千米，农民人均纯收入 5724 元。

石庄子村

(Shizhuangzi Cun)

名称来历 因该地有各种建筑石料，故以此取村名石庄子村。

地理位置 地处新集镇南部，东邻林家峪村，南邻马蹄峪村，西邻新庄子乡大峪村，北邻南刘庄村。

主要指标 2011年末，辖区总人口330人，总面积3.1平方千米，农民人均纯收入5714元。

顺水庵村

(Shunshuian Cun)

名称来历 村落坐落在一马鞍形山岭上，岭北之水流入滦河，岭南之水流入还乡河，故以此取名为顺水鞍村，后把“鞍”写成了“庵”。

地理位置 地处新集镇北部，东邻陈金沟村，南邻李庄子村，西邻松木庄村，北邻尹庄乡洪葛峪村。

主要指标 2011年末，辖区总人口149人，总面积0.4平方千米，农民人均纯收入5827元。

松木庄村

(Songmuzhuang Cun)

名称来历 因村西曾有一棵大松树，好像搭起的棚子，故以此取村名松棚庄，清代改为松木庄。

地理位置 地处新集镇北部，东邻李庄子村，南至洪峰寺村，西邻碾各庄村，北接北港村。

主要指标 2011年末，辖区总人口272人，总面积1.2平方千米，农民人均纯收入5923元。

孙家峪村

(Sunjiayu Cun)

名称来历 孙氏迁此沟居住，冠以姓氏取村名，称孙家峪村。

地理位置 地处新集镇东南部，东邻迁安市蔡园镇靠山村，南邻干柴峪村，西邻林家峪村，北邻南台村。

主要指标 2011年末，辖区总人口690人，总面积6.6平方千米，农民人均纯收入6051元。

魏庄村

(Weizhuang Cun)

名称来历 曾名“郎庄”，后改今名。

地理位置 地处新集镇中部，东邻姚庄村，南邻新集村，西邻代各庄村，北邻洪峰寺村。

主要指标 2011年末，辖区总人口787人，总面积1.97平方千米，农民人均纯收入6146元。

西岗村

(Xigang Cun)

名称来历 因村四周有4个高土岗，像4个龙头向四处张望，遂以此取村名盘龙岗，后叫成团头岗。后逐渐分成东西两片，此为在西，称西团头岗。1966年，改称为西岗村。

地理位置 地处新集镇东部，东连东岗村，南邻潘杖子村，西邻河东寨村，北邻小傅庄村。

主要指标 2011年末，辖区总人口1192人，总面积3.5平方千米，农民人均纯收入6105元。

小傅庄村

(Xiaofuzhuang Cun)

名称来历 明初燕王扫北时，傅氏哥儿俩随军北迁，老大在大傅庄立庄，老二在此立庄，以姓氏取村名小傅庄。

地理位置 地处新集镇东北部，东邻尹庄乡房官营村，南邻北董庄子村，西邻学房峪村，北邻陈金沟村。

主要指标 2011年末，辖区总人口590人，总面积1平方千米，农民人均纯收入6115元。

新集村

(Xinji Cun)

名称来历 清康熙年间，永平府乔知府视察民情夜宿于此，半夜忽听人畜嘈杂，发现是老百姓起早到几十里以外赶集，为解除百姓远途赶集之苦，乃下令立碑新设一集市。此后遂改村名为新集。

地理位置 地处新集镇中部，东邻泉庄村，南邻东张庄村，西邻代各庄村，北邻魏庄村。

主要指标 2011年末，辖区总人口3388人，总面积4.8平方千米，农民人均纯收入6313元。

学房峪村

(Xuefangyu Cun)

名称来历 因村中曾有一私塾（俗称学房），故以此取村名学房峪。

地理位置 地处新集镇东北部，东邻小傅庄村，南邻北董庄子村，西邻洪峰寺村，北邻陈金沟村。

主要指标 2011年末，辖区总人口304人，总面积0.5平方千米，农民人均纯收入5894元。

言前峪村

(Yanqianyu Cun)

名称来历 有三户人家住此看山，故借此取村名三青峪。1951年，改称今名。

地理位置 地处新集镇西部，东邻新集村，南邻长山沟村，西邻南巨家峪村，北邻代各庄村。

主要指标 2011年末，辖区总人口551人，总面积1.74平方千米，农民人均纯收入5835元。

姚庄村

(Yaozhuang Cun)

名称来历 明代姚氏迁此定居，冠以姓氏取村名姚庄村。

地理位置 地处新集镇中部，东邻北董庄子村，南邻泉庄村，西邻新集村，北连东吴庄村。

主要指标 2011年末，辖区总人口425人，总面积0.51平方千米，农民人均纯收入5640元。

东张庄村

(Dongzhangzhuang Cun)

名称来历 明代张氏迁此立庄，冠以姓氏取村名张庄子。1982年4月，地名标准化处理时，改为今名。

地理位置 地处新集镇中部，东隔凤凰山与潘杖子村相望，南连南刘庄村，西邻言前峪村，北邻新集村。

主要指标 2011年末，辖区总人233口人，总面积0.4平方千米，农民人均纯收入5425元。

（撰稿：侯艳云，初审：赵中辉、王福东）

罗家屯镇

(Luojiatun Zhen)

政区概况

名称来历 明初“燕王扫北”时，晏氏由河南迁来，相传唐王（太宗）征东曾于此落甲驻屯，故借此而名落甲屯，后写成罗家屯。

地理位置 地处迁西县东部，东邻迁安市五重安乡，西邻东荒峪镇，南邻尹庄乡，北邻太平寨镇。人民政府驻罗家屯四村富强街1号，电话区号0315，邮政编码064305，距迁西县人民政府23千米。

政区沿革 1947年前，属迁安县。1947年迁西置县后，属迁西县第二区。1953年，置罗家屯乡。1956年，撤区并乡，保留罗家屯乡，区域扩大。1958年10月，属东方红（太平寨）人民公社罗家屯大队；同年12月，并入迁安县，改称罗家屯管理区。1961年6月，迁西县恢复后，复归迁西县，建罗家屯人民公社。1984年3月，改为罗家屯乡，辖17个村民委员会。1988年2月，罗家屯乡改镇，辖17个村民委员会。1996年1月，乡镇区划调整，二拨子乡并入，辖24个村民委员会，有29个自然村。

政区划分 2011年末，辖罗家屯一村、罗家屯二村、罗家屯三村、罗家屯四村、郭家沟村、金家沟村、吴家沟村、丰富庄村、核桃园村、长岭峰村、清水岭村、范家峪村、墙板峪村、米峪口村、史家峪村、小尹庄村、二拨子村、沙涧村、水泉村、西寨村、东寨村、新店村、下梨树峪村、上梨树峪村24个村民委员会；下设148个村民小组。

人口面积 2011年末，辖区总人口24663人，其中城镇常住人口5339人，城镇化率21.6%。另有流动人口120人。总人口中，男性13062人，占52.9%；女性11601人，占47.1%；14岁以下4261人，占17.2%；15～64岁17869人，占72.5%；65岁以上2533人，占10.3%。总人口中，以汉族为主，达24515人，占99.3%；有满等少数民族，共302人，占1.2%。2011年，人口出生率12.9‰，人口死亡率5.6‰，人口自然增长率7.3‰。

辖区东西最大距离23千米，南北最大距离13千米，总面积69平方千米。人口密度为每平方千米357人。

自然条件

地形地貌 地处山区，地势东部相对平坦，西部多山。主要山峰有五虎山。

气候 属温带季风气候，其特点是春季干旱多风，夏季炎热潮湿多雨，秋季凉爽，冬季寒冷干燥。多年平均气温10.3℃。

水文 境内河道属清河、滦河、沙河、长河水系。

矿藏及其他自然资源 境内已探明地下矿藏有铁矿，储量3000万吨。

经济概况

农业 耕地面积2.8万亩，人均耕地1.1亩；可利用草地面积6000亩，林地面积2.2万亩。2011年，农业总产值1.91亿元，比上年增长23.3%，实现农业增加值1.42亿元，占国内生产总值的10.9%。

粮食作物以玉米为主。2011年，生产粮食1.24万吨，人均502.8千克。

畜牧业以猪、羊为主。2011年，生猪饲养量2.1万头，年末存栏0.52万头；羊饲养量1.34万只，年末存栏0.99万只。畜牧业总产值4775万元，占农业总产值的25%。

截至2011年末，累计造林0.46万亩，其中经济林600亩，防护林0.12万亩，农民住宅四旁树木6.26万株，林木覆盖率77%。2011年，干鲜果品产量0.23吨，水果产量0.15万吨，主要品种有苹果、安梨、鲜桃、葡萄、红枣等，其中苹果688吨，安梨89吨，葡萄98吨，鲜桃12吨，红枣10吨；干果产量811吨，主要品种有板栗、核桃等，其中板栗807吨，核桃4吨。

渔业以网箱养鱼为主。可用于水产养殖的水域面积2.1平方千米，淡水水面2.51平方千米。

2011年，拥有大型农业机械50台（辆）；农民人均纯收入7915元。

工业 是矿山、粮油加工等重要的工业生产基地。2011年，工业总产值7.41亿元，比上年增长15.2%，实现工业增加值6.5亿元，占国内生产总值比重的50.4%。2011年，工业企业8家，职工972人。

商业外贸 2011年末，商业网点150个，职工1000人。2011年，社会消费品零售总额达1.03亿元。

财政金融 2011年，地方财政收入3269万元，比上年增长20%。人均财政收入1325元，比上年增长7%。年末有罗家屯信用社、长岭峰信用社、二拨子信用社3个金融服务网点。

社会发展

文化艺术 2011年末，长岭峰村剧团，会员38人，年演出40场次，观众达5000人次；电影放映单位1个，年放映138场次，观众达400人次；文化站1个，建筑面积600平方米；公共图书室25个，建筑面积1080平方米，藏书12万册；档案室1个，建筑面积50平方米。

教育 2011年末，幼儿园9所，在园幼儿360人，专任教师43人；小学9所，在校生1806人，专任教师110人，小学适龄儿童入学率100%；初中2所，在校生670人，专任教师75人，初中适龄人口入学率100%，小升初升学率100%，九年义务教育覆盖率98%；普通高中1所，在校生760人，专任教师58人。

2011年，教育经费达1210万元，国家财政性教育经费1210万元，财政预算内教育经费1200万元，预算内教育事业费35万元，分别比上年增长20%、10%、15%、5%。预算内教育经费（包括城市教育费附加）占财政总支出的比例为10%，比上年提高了3个百分点。

科技 2011年末，专业技术人才27人，经营管理人才8人，技能人才3人，农村实用人才30人。

医疗卫生 2011年末，卫生院1所；病床50张，其中公立卫生机构床位50张，每千人拥有医疗床位2.1张，固定资产总值388.8万元。专业卫生人员59人，其中执业医师18人，执业助理医师9人，注册护士18人，2011年医疗机构（门诊部以上）完成诊疗2.4万人次，住院手术289台次。出院病人498人次。

2011年法定报告传染病发病率为420/10万，农村安全饮用水普及率81%，农村卫生厕所普及率76%，新型农村合作医疗参合人数2.3万人，参合率97%；孕产妇死亡率16/10万，5岁以下儿童死亡率、婴儿死亡率、新生儿死亡率分别为6.1‰、5.2‰、4.2‰。

体育 2011年末，体育场地33处，98%的村安装了体育健身器材，经常参加体育活动的人员占常住人口的30%。

广播电视 2011年末，电视台开通36个频道，有线电视用户7000户，其中数字电视用户820户，电视综合覆盖率96%。

社会保障 2011年，城镇最低生活保障户数84户，人数117人，支出42万元，比上年增长1%，月人均299元，比上年增长2%；城市医疗救助3人次，支出8000元，比上年增长15%；城市生活无着人员救助1人次，支出3000元，比上年增长30%。

农村最低生活保障户数561户，人数1027人，支出138万元，比上年增长3%，月人均112元，比上年增长1.2%；民政部门资助参加合作医疗20人次，支出5万元，比上年增长18%；农村临时救济40人次，支出8000元，比上年增长2%；农村五保集中供养57人，支出27.6万元，比上年增长0.7%；农村五保分散供养32人，支出5.8万元，比上年减少16%。

国家抚恤、补助各类优抚对象149人，抚恤事业费用支出48万元，比上年增长1.3%。

社区服务设施24个，其中社区服务中心24个，社区日间照料床位数30张。

年末参加城镇基本医疗保险313人，其中参加城镇职工基本医疗保险71人，参加城镇居民基本医疗保险242人。

基础设施

交通运输 2011年客运总量10万人次，货运总量200万吨。

铁路大秦线过境，境内长14千米；省道三抚公路过境，境内长9.8千米，日均发送15辆客车，日客运量255人。

邮政电信 2011年末，邮政网点1个，投递路线单程总长度50千米，投递点24个，乡村通邮率100%。电信企业1家，服务网点11个；电话交换机总容量2.6万门，固定电话用户2800户，比上年增加1830户，电话用户普及率达到50%；联通光缆线路总长达150千米，主干电缆达150对千米，互联网端口总数5000个，其中已占用端口总数1830个，宽带接入用户1830户，比上年增长30%。全年电信业务收入240万元。

镇区市政建设

道路 2011年末，镇区道路总长度0.018万千米；道路铺装面积14平方千米，人均拥有道路面积0.0026平方千米。

供电 2011年末，镇区35千伏变电站1座，罗家屯电站1座。

罗家屯一村
（Luojiatunyi Cun）

名称来历 相传唐太宗征东曾于此地落甲驻屯，故明初建村时，以此而名落甲屯，后写成罗家屯。按行政序号而名罗家屯一村。

地理位置 地处罗家屯镇东部，东至罗家屯三村，南至罗家屯四村，西至罗家屯四村，北至清水岭村。

主要指标 2011年末，辖区总人口1148人，总面积1.4平方千米，农民人均纯收入7479元。

罗家屯二村
（Luojiatun'er Cun）

名称来历 相传唐太宗征东曾于此地落甲驻屯，故明初建村时，以此而名落甲屯，后写成罗家屯。按行政序号而名罗家屯二村。

地理位置 地处罗家屯镇东部，东至迁安市五重安乡沙河庄村，南至罗家屯四村，西至罗家屯三村，北至吴家沟村。

主要指标 2011年末，辖区总人口1304人，总面积1.6平方千米，农民人均纯收入7625元。

罗家屯三村
(Luojiatunsan Cun)

名称来历 相传唐太宗征东曾于此地落甲驻屯，故明初建村时，以此而名落甲屯，后写成罗家屯。按行政序号而名罗家屯三村。

地理位置 地处罗家屯镇东部，东至迁安市大崔庄乡沙河庄村，南至罗家屯四村，西至长岭峰村，北至吴家沟村。

主要指标 2011 年末，辖区总人口 1459 人，总面积 1 平方千米，农民人均纯收入 7544 元。

罗家屯四村
(Luojiatunsi Cun)

名称来历 相传唐太宗征东曾于此地落甲驻屯，故明初建村时，以此而名落甲屯，后写成罗家屯。按行政序号而名罗家屯四村。

地理位置 地处罗家屯镇东部，东至迁安市五重安乡沙河庄村，南至迁安市大崔庄乡侯庄户村，西至长岭峰村，北至清水岭村。

主要指标 2011 年末，辖区总人口 1028 人，总面积 2.1 平方千米，农民人均纯收入 7563 元。

米峪口村
(Miyukou Cun)

名称来历 村边有一山岭阻碍交通，据《永平府志》记载，清康熙十年，山西商人段文德以小米作为开凿山之费用，开出一条道路。为纪念此事，把凿开的山口命名为米口，该村以此取村名为米峪口。

地理位置 地处罗家屯镇西部，东邻二拨子村，南至东荒峪镇九山村，西至大店子村，北至小尹庄村。

主要指标 2011 年末，辖区总人口 910 人，总面积 3.5 平方千米，农民人均纯收入 7863 元。

范家峪村
(Fanjiayu Cun)

名称来历 因地处范家山脚下的山沟里，故取村名为范家峪。

地理位置 地处罗家屯镇西部，东至墙板峪村，南至二拨子村，西至小尹庄村，北至金厂峪镇郭庄户村。

主要指标 2011 年末，辖区总人口 307 人，总面积 1.8 平方千米，农民人均纯收入 15945 元。

吴家沟村
(Wujiagou Cun)

名称来历 吴氏由罗家屯迁至此处定居，遂冠以姓氏取村名吴家沟。

地理位置 地处罗家屯镇东部，东至迁安市五重安乡刘皮庄村，南至罗家屯二村、罗家屯三村，西至核桃园村，北至郭家沟村。

主要指标 2011 年末，辖区总人口 270 人，总面积 1 平方千米，农民人均纯收入 7533 元。

西寨村
(Xizhai Cun)

名称来历 明初建村，当时村民分东西两片居住，此村在西侧，故称西寨村。

地理位置 地处罗家屯镇西南部，东至东寨村，南至尹庄乡船庄村，西至九山村，北至二拨子村。

主要指标 2011 年末，辖区总人口 1967 人，总面积 10 平方千米，农民人均纯收入 7499 元。

二拨子村
(Erbozi Cun)

名称来历 因当时有十里一拨（拨兵站）、五里一墩（烟墩，用于报警）的说法。此地是第二道拨兵站，故以此取村名为二道拨子。1966 年，称为二拨子村。

地理位置 地处罗家屯镇西部，东至上梨树村，南至西寨村，西至米峪口村，北至墙板峪村。

主要指标 2011 年末，辖区总人口 899 人，总面积 4.5 平方千米，农民人均纯收入 7799 元。

丰富庄村
(Fengfuzhuang Cun)

名称来历 因修建潘家口水库，1975 年，丰富头生产大队的部分村民搬迁至此，改原名为丰富庄村。

地理位置 地处罗家屯镇中部，东至史家峪村，南、西至东寨村，北至金家沟村。

主要指标 2011 年末，辖区总人口 140 人，总面积 1 平方千米，农民人均纯收入 7570 元。

小尹庄村
(Xiaoyinzhuang Cun)

名称来历 尹氏迁此定居，因该村较小，故取村名为小尹庄村。

地理位置 地处罗家屯镇西部，东至范家峪村，南至米峪口村，西至东荒峪镇前韩庄村，北至范家峪村。

主要指标 2011 年末，辖区总人口 115 人，总面积 1 平方千米，农民人均纯收入 7380 元。

金家沟村
(Jinjiagou Cun)

名称来历 金氏由罗家屯迁此沟定居，冠以姓氏取村名金家沟。

地理位置 地处罗家屯镇中部，东至史家峪村，南至东寨村，西至西寨村，北至下梨树峪村。

主要指标 2011 年末，辖区总人口 290 人，总面积 2 平方千米，农民人均纯收入 7915 元。

上梨树峪村

(Shanglishuyu Cun)

名称来历 因该地梨树较多，又在下梨树峪村的北面，且地势较高，故取村名为上梨树峪。

地理位置 地处罗家屯镇北部，东至下梨树峪村，南至金家沟村，西至墙板峪村，北与太平寨镇高古庄村接壤。

主要指标 2011年末，辖区总人口868人，总面积3.5平方千米，农民人均纯收入7751元。

核桃园村

(Hetaoyuan Cun)

名称来历 因当地核桃树颇多，故借此而取村名核桃园。

地理位置 地处罗家屯镇东北部，东至迁安市五重安乡刘皮庄村，南至清水岭村，西至太平寨镇南刘古庄村，北至郭家沟村。

主要指标 2011年末，辖区总人口270人，总面积1.5平方千米，农民人均纯收入7515元。

东寨村

(Dongzhai Cun)

名称来历 明代有人迁来，分东、西两处居住，此地居东侧，故称东寨。

地理位置 地处罗家屯镇中南部，东至丰富庄村，南至尹庄乡刘台村，西至西寨村，北至金家沟村。

主要指标 2011年末，辖区总人口1985人，总面积3.8平方千米，农民人均纯收入7424元。

水泉村

(Shuiquan Cun)

名称来历 因修建潘家口水库，1978年，原西城峪公社水泉村生产大队由原址搬迁至此，仍沿用原村名。

地理位置 地处罗家屯镇中部，东至清水岭村，南至长岭峰村，西至太平寨镇马家峪村，北至太平寨镇黄土岭村。

主要指标 2011年末，辖区总人口679人，总面积1.5平方千米，农民人均纯收入7533元。

清水岭村

(Qingshuiling Cun)

名称来历 因修建潘家口水库，部分村由迁来此地定居，因在清河岸边土岭上，故以此取村名清水岭。

地理位置 地处罗家屯镇东北部，东邻吴家沟村，南邻罗家屯四村，西邻太平寨镇黄土岭村，北邻核桃园村。

主要指标 2011年末，辖区总人口414人，总面积1.5平方千米，农民人均纯收入7549元。

下梨树峪村

(Xialishuyu Cun)

名称来历 因沟内梨树颇多，又因在上梨树峪之南，且地势较低，故以此取村名。

地理位置 地处罗家屯镇中北部，东至太平寨镇冯庄村，南至史家峪村，西至金家沟村，北至上梨树峪村。

主要指标 2011年末，辖区总人口440人，总面积2.5平方千米，农民人均纯收入7489元。

长岭峰村

(Changlingfeng Cun)

名称来历 因在长岭主峰下，故以此取村名为长岭峰村。

地理位置 地处罗家屯镇东部，东至罗家屯四村，南至尹庄乡偏崖子村，西至新店村，北至水泉村。

主要指标 2011年末，辖区总人口3435人，总面积4.5平方千米，农民人均纯收入7478元。

郭家沟村

(Guojiagou Cun)

名称来历 最早郭氏迁此定居，冠以姓氏取村名郭家沟。

地理位置 地处罗家屯镇东北部，东至沙涧村，南至核桃园村，西至太平寨镇南刘古庄村，北至沙涧村。

主要指标 2011年末，辖区总人口155人，总面积1.2平方千米，农民人均纯收入7535元。

新店村

(Xindian Cun)

名称来历 明初燕王扫北时，许氏迁此定居，取村名许家山头庄，后遭水淹，将村落北迁，又因在旧大路旁，且开有店铺，故改今名新店。

地理位置 地处罗家屯镇中部，东邻长岭峰村，南隔滦河与尹庄乡高台子村相望，西邻史家峪村，北至太平寨镇马家峪村。

主要指标 2011年末，辖区总人口2346人，总面积3平方千米，农民人均纯收入7446元。

史家峪村

(Shijiayu Cun)

名称来历 明初燕王扫北时，史、刘两姓由丰南迁此定居，史家占山，刘家占滩，因史家开有一店，故冠以姓氏取村名为史家店。明崇祯年间因遭水淹，村址北移，改村名为史家峪。

地理位置 地处罗家屯镇中部，东至新店村，南隔滦河与尹庄乡高台子村相望，西至丰富庄村，北至太平寨镇北张庄村。

主要指标 2011年末，辖区总人口1286人，总面积

4.2平方千米，农民人均纯收入7530元。

沙涧村

(Shajian Cun)

名称来历 因沙河由村边流过，故名沙涧村。

地理位置 地处罗家屯镇东北部，东至迁安市五重安乡曹古庄村，南邻吴家沟村，西邻郭家沟村，北邻太平寨镇楼房峪村。

主要指标 2011年末，辖区总人口2068人，总面积3.5平方千米，农民人均纯收入7524元。

墙板峪村

(Qiangbanyu Cun)

名称来历 当时有一个叫孙福兴的用木板垒墙，又因居住在山沟里，故得名墙板峪村。

地理位置 地处罗家屯镇西北部，东邻上梨树峪村，南邻二拨子村，西邻范家峪村，北邻太平寨镇鸽子庵村。

主要指标 2011年末，辖区总人口480人，总面积3.7平方千米，农民人均纯收入7473元。

（撰稿：梁月、王淑红，初审：赵海林、王福东）

滦阳镇

(Luanyang Zhen)

政区概况

名称来历 因位于滦水之阳而得名。

地理位置 地处迁西县北部，东与渔户寨乡和上营乡交界，西南与洒河桥镇、汉儿庄乡接壤，北与宽城县独石沟乡相邻、靠国家引滦入津主体工程——潘家口水库。人民政府驻关姑寺村滦喜路1号，电话区号0315，邮政编码064303，距迁西县人民政府24千米。

政区沿革 1947年前，属迁安县。1947年迁西置县后，属迁西县第四区。1953年，置滦阳乡。1956年，撤区并乡，保留滦阳乡，区域扩大。1958年10月，属东升（滦阳）人民公社滦阳大队；同年12月，并入迁安县，改称滦阳管理区。1961年6月，迁西县恢复后，复归迁西县，建滦阳人民公社。1984年3月，改为滦阳乡，辖16个村民委员会。1996年1月，乡镇区划调整，喜峰口乡并入，辖25个村民委员会；1999年底，滦阳乡改镇，辖25个村民委员会，有128个自然村。

政区划分 2011年末，辖滦阳村、亮甲峪村、公家峪村、杨家河沿村、黄石哨一村、黄石哨二村、夏家峪村、胡家店村、受益店村、罗家堡子村、水峪里村、喜峰口回民村、多龙峪村、铁门关村、李家峪村、李家窝子村、水峪外村、城外满族村，北苇子峪村、宋庄子村、石梯子村、关姑寺村、张家店村、北范家峪村、小寨村25个村民委员会。下设166个村民小组。

人口面积 2011年末，辖区总人口19301人，其中城镇常住人口2456人，城镇化率18%。总人口中，男性9854人，占51.1%；女性9447人，占48.9%；14岁以下4294人，占22.3%；15~64岁13363人，占69.5%；65岁以上1577人，占8.2%。总人口中，以汉族为主，达18893人，占97.9%；有回、满、苗、蒙古4个少数民族，共341人，占1.6%。2011年，人口出生率14.9‰，人口死亡率7‰，人口自然增长率7.9‰。

辖区东西最大距离13千米，南北最大距离14千米，总面积117平方千米。人口密度为每平方千米165人。

自然条件

地形地貌 属低山丘陵地带，北高南低。主要山峰为皇太子山。境内最高峰皇太子山位于罗家堡子村，海拔675.4米，最低点位于水峪外沟门，海拔134米。

气候 属温带季风气候，其特点是季风特点显著，四季分明。多年平均气温9.1℃。无霜期年平均180天以上。年平均降水量817毫米。年平均日照时数2709小时。

水文 境内河道属于滦河流域，自东向西，流经张家店村、亮甲峪村、滦阳村、胡家店村、罗家堡子村、夏家峪村、关姑寺村、受益店村、小寨村、杨家河沿村10个村，长15千米。

矿藏及其他自然资源 境内已探明地下矿藏有铁、金等。其中铁矿储量8.6亿吨，金矿储量0.8亿吨。已开发的铁矿矿区面积20平方千米，年产80万吨。

自然灾害 主要自然灾害有旱灾、洪涝、泥石流、风灾等。洪涝灾害年均发生1次，主要发生在7月到9月。

经济概况

农业 耕地面积7200亩，人均0.37亩；可利用草地面积1.6万亩，林地面积7.1万亩，是全国板栗重点生产基地。2011年，农业总产值2.1亿元，比上年增长11.7%，实现农业增加值1.6亿元，占国内生产总值的7.8%。

粮食作物以玉米为主。2011年，生产粮食0.29万吨。

畜牧业以生猪为主。2011年，生猪饲养量1.41万头，年末存栏0.61万头；羊饲养量0.85万只，年末存栏0.47万只。畜牧业总产值4515万元，占农业总产值的21.5%。

截至2011年末，累计造林0.28万亩，其中经济林0.12万亩，防护林0.12万亩，农民住宅四旁树木4.93万株，林木覆盖率74%。2011年，干鲜果品产量0.47万吨，水果产量688吨，主要品种有苹果、安梨、鲜桃、葡萄、柿子等，其中苹果17吨，安梨297吨，葡萄51吨，鲜桃116吨，柿子49吨；干果产量0.34万吨，主要品种有板栗、核桃等，其中板栗0.34万吨，核桃20吨。

渔业以淡水鱼为主。可用于水产养殖的淡水水面1.76平方千米。2011年，网箱养鱼0.3万箱，产量0.15万吨。

2011年，拥有大型农业机械30台（辆）；农民人均纯收入8694元。

工业 形成以铁矿采选为龙头的工业体系。2011年，工业总产值5.1亿元，比上年增长23.6%，实现工业增加值4.5亿元，占国内生产总值的21.4%。2011年，规模以上工业企业5家，职工2000人。

财政金融 2011年，财政总收入1.1亿元，比上年增长26.7%。人均财政收入5699元，比上年增长28.2%。

社会发展

教育 2011年末，幼儿园2所，在园幼儿240人，专任教师11人；小学7所，在校生1310人，专任教师115人，小学适龄儿童入学率100%；初中1所，在校生768人，专任教师60人，初中适龄人口入学率、小升初升学率、九年义务教育覆盖率均达100%。

2011年教育经费达1090万元，国家财政性教育经费910万元，财政预算内教育经费910万元，预算内教育事业费180万元，分别比上年增长10%、20%、20%、15%。预算内教育经费（包括城市教育费附加）占财政总支出的比例为13%，比上年提高了2个百分点。

医疗卫生 2011年末，卫生院1所；病床30张，其中公立卫生机构床位30张，每千人拥有医疗床位1.6张。专业卫生人员22人，其中执业医师4人，执业助理医师3人，注册护士5人。2011年医疗机构（门诊部以上）完成诊疗9000人次。住院手术251台次，出院病人326人次。

2011年法定报告传染病发病率为451/10万，农村安全饮用水普及率89%，农村卫生厕所普及率70%，新型农村合作医疗参合人数1.9万人，参合率98%；居民人口平均期望寿命82岁，其中男性80岁，女性84岁。孕产妇死亡率15/10万，5岁以下儿童死亡率、婴儿死亡率、新生儿死亡分别为5.2‰、1.8‰、1.2‰。

体育 2011年末，体育场地25处。100%的村安装了健身器材，经常参加体育活动的人员占常住人口的35%。

广播电视 2011年末，村级广播站25个，广播喇叭212只。25个村开通有线电视，有线电视用户5012户，电视综合覆盖率96%。

社会保障 2011年城镇最低生活保障户28户，人数36人，支出11.6万元，比上年增长22.5%，月人均269元，比上年增长7.9%。

农村最低生活保障户数270户，人数574人，支出71.4万元，比上年增长12.7%，月人均104元，比上年增长4.5%；农村五保集中供养28人，支出15万元，比上年增长280%；农村五保分散供养75人，支出11.5万元，比上年减少5.2%；农村医疗救助13人次，支出4.4万元，比上年增长11.8%；农村临时救济16人次，支出1.2万元，比上年增长43.2%。

2011年自然灾害受灾人口21人，紧急转移安置2人，农作物受灾面积15亩，倒塌房屋3间，直接经济损失38万元，救灾支出32万元，比上年增长34.7%。

国家抚恤、补助各类优抚对象44人，抚恤事业费支出25.4万元，比上年增长8.2%。

新增就业人员30人，年末城镇登记失业人数27人。参加城镇职工基本医疗保险80人，参加城镇居民基本医疗保险82人。参加工伤保险70人。

基础设施

交通运输 省道京建公路过境，其中京建公路滦阳段长15.2千米，双向4车道，通往建昌营、宽城、青龙。县镇级公路5条，总长33千米。有铁门关、滦阳2个公共汽车站，日均发送12辆次客车，日均客运量600余人次。

邮政电信 2011年末，电信企业2家，服务网点5个，电话交换机总容量6500门，固定电话用户2800户，电话用户普及率达到80%。

镇区市政建设

道路 2011年末，镇区道路总长度0.009万千米；道路铺装面积6平方千米，人均拥有道路面积0.0024平方千米。

供电 2011年末，镇区35千伏变电站1座，滦阳电站1座。

铁门关村

(Tiemenguan Cun)

名称来历 因在长城铁门关内，故以关名取村名铁门关村。

地理位置 地处滦阳镇东北部，东至上营乡东贾庄子村，南邻北苇子峪村，西邻李家峪村，北至承德市宽城满族自治县碾子峪乡岭西村。

主要指标 2011年末，辖区总人口1640人，总面积9.9平方千米，农民人均纯收入8099元。

亮甲峪村

(Liangjiayu Cun)

名称来历 相传唐太宗征东时，大将薛礼带兵曾在此地歇脚晾甲，以此传说而得名，称亮甲峪村。

地理位置 地处滦阳镇西北部，东邻胡家店村，南至滦阳村，西至公家峪村，北到张家店村。

主要指标 2011年末，辖区总人口1116人，总面积7.1平方千米，农民人均纯收入8890元。

北范家峪村

(Beifanjiayu Cun)

名称来历 范姓迁此沟居住，以姓氏取村名。1982年，地名标准化处理时，改今名。

地理位置 地处滦阳镇北部，东至李家峪村，南至宋庄子村，西接喜峰口回民村，北至石梯子村。

主要指标 2011年末，辖区总人口195人，总面积1.6平方千米，农民人均纯收入11267元。

张家店村

(Zhangjiadian Cun)

名称来历 清雍正年间，张姓曾在此开店，人称张家店，故以此得村名。

地理位置 地处滦阳镇西北部，东至范家峪村，南邻亮甲峪村，西至公家峪村，北到城外满族村。

主要指标 2011年末，辖区总人口728人，总面积5.2平方千米，农民人均纯收入9453元。

城外满族村

(Chengwai Manzu Cun)

名称来历 因分村而得名，称城外满族村，简称城外村。

地理位置 地处滦阳镇北部，东至喜峰口回民村，南至张家店村，西隔潘家口水库与汉儿庄乡脑峪村相望，北至承德市宽城满族自治县独石沟乡横城子村。

主要指标 2011年末，辖区总人口149人，总面积1.8平方千米，农民人均纯收入14067元。

小寨村

(Xiaozhai Cun)

名称来历 因村北山上的山寇曾在此扎过营寨，以此取村名小寨。

地理位置 地处滦阳镇西南部，东到多龙峪村，南邻李家窝子村，西至杨家河沿村，北邻黄石哨二村。

主要指标 2011年末，辖区总人口991人，总面积3.1平方千米，农民人均纯收入6887元。

水峪里村

(Shuiyuli Cun)

名称来历 因地处西水峪上部而得名。

地理位置 地处滦阳镇南部，东至渔户寨乡东水峪村，南邻水峪外村，西到多龙峪村，北邻夏家峪村。

主要指标 2011年末，辖区总人口600人，总面积6.1平方千米，农民人均纯收入8213元。

受益店村

(Shouyidian Cun)

名称来历 有一兽医在此开药店，人称此地为兽医店村，后改称受益店村。

地理位置 地处滦阳镇中部，东邻关姑寺村，南至多龙峪村，西邻小寨村，北到滦阳村。

主要指标 2011年末，辖区总人口1023人，总面积2.9平方千米，农民人均纯收入6683元。

水峪外村

(Shuiyuwai Cun)

名称来历 因地处西水峪外部而得名。

地理位置 地处滦阳镇南部，东至水峪里村，南至洒河桥镇东峪村，西邻李家窝子村，北到多龙峪村。

主要指标 2011年末，辖区总人口1037人，总面积4.8平方千米，农民人均纯收入6508元。

多龙峪村

(Duolongyu Cun)

名称来历 因该地原有一座多罗寺，以此取村名多罗峪，后写成多龙峪。

地理位置 地处滦阳镇南部，东至水峪里村，南邻水峪外村，西到小寨村，北邻受益店村。

主要指标 2011年末，辖区总人口569人，总面积2.9平方千米，农民人均纯收入8522元。

李家峪村

(Lijiayu Cun)

名称来历 此地原有城堡一座，相传为秦代所筑，明万历年间重修。城门石上刻有“李家峪关”，清咸丰年间建村，以此取村名李家峪。

地理位置 地处滦阳镇东北部，东邻铁门关村，南至北苇子峪村，西到石梯子村，北接承德市宽城满族自治县桲罗台乡白台子村。

主要指标 2011年末，辖区总人口811人，总面积6.2平方千米，农民人均纯收入6129元。

石梯子村

(Shitizi Cun)

名称来历 因沟里的山石步步登高，如石梯子，故以此取村名。

地理位置 地处滦阳镇北部，东到李家峪村，南邻北范家峪村，西到喜峰口回民村，北至承德市宽城满族自治县桲罗台乡白台子村。

主要指标 2011年末，辖区总人口515人，总面积5.5平方千米，农民人均纯收入10458元。

杨家河沿村

(Yangjiaheyan Cun)

名称来历 因居民多姓杨，又地处滦河河沿，故取村名为杨家河沿村。

地理位置 地处滦阳镇西南部，东邻小寨村，南至李家窝子村，西隔大黑汀水库与洒河桥镇三村相望，北接黄石哨一村。

主要指标 2011年末，辖区总人口218人，总面积1平方千米，农民人均纯收入10761元。

关姑寺村

(Guangusi Cun)

名称来历 因村边有一寺院，曾住过一个姓关的尼姑，以此取村名为关姑寺村。

地理位置 地处滦阳镇中部，东邻夏家峪村，南邻多龙峪村，西、北邻滦阳村。

主要指标 2011年末，辖区总人口1118人，总面积4.1平方千米，农民人均纯收入10200元。

罗家堡子村

(Luojiabaozi Cun)

名称来历 罗姓首居于此，后因建有集市，故得村名罗家堡子（堡子即集市之意）。

地理位置 地处滦阳镇东部，东至上营乡塔子山村，南邻水峪里村，西至夏家峪村，北邻胡家店村。

主要指标 2011年末，辖区总人口718人，总面积4.9平方千米，农民人均纯收入7964元。

黄石哨一村

(Huangshishaoyi Cun)

名称来历 村西原有一大片红石，滦河水一涨，红石处就发出响亮的声音，故以此取村名红石哨，红石被淤埋后，便叫成了黄石哨。后因分村，得名黄石哨一村。

地理位置 地处滦阳镇西部，东邻滦阳村，南至杨家河沿村，西隔大黑汀水库与洒河桥镇大关庄村相望，北至黄石哨二村。

主要指标 2011年末，辖区总人口892人，总面积2.4平方千米，农民人均纯收入7798元。

黄石哨二村

(Huangshishao'er Cun)

名称来历 村西原有一大片红石，滦河水一涨，红石处就发出响亮的声音，故借此取村名红石哨，红石被淤埋后，便叫成了黄石哨。后因分村，得名黄石哨二村。

地理位置 地处滦阳镇西部，东邻滦阳村，南邻小寨村，西至黄石哨一村，北至公家峪村。

主要指标 2011年末，辖区总人口692人，总面积2.1平方千米，农民人均纯收入8958元。

宋庄子村

(Songzhuangzi Cun)

名称来历 宋姓始居于此，以姓氏取村名宋庄子。

地理位置 地处滦阳镇东北部，东至北苇子峪村，南至胡家店村，西至张家店村，北邻北范家峪村。

主要指标 2011年末，辖区总人口1411人，总面积7.6平方千米，农民人均纯收入12057元。

胡家店村

(Hujiadian Cun)

名称来历 因胡姓曾在此开店，故取名胡家店村。

地理位置 地处滦阳镇中部，东至宋庄子村，南至罗家堡子村，西至夏家峪村，北邻亮甲峪村。

主要指标 2011年末，辖区总人口1319人，总面积3.9平方千米，农民人均纯收入8981元。

北苇子峪村

(Beiweiziyu Cun)

名称来历 因该地过去芦苇丛生，借此取村名苇子峪村。因重名，1988年，地名标准化处理时，改为今名。

地理位置 地处滦阳镇东北部，东至上营乡东贾庄子村，南至上营乡塔子山村，西至宋庄子村，北邻李家峪村。

主要指标 2011年末，辖区总人口531人，总面积3.3平方千米，农民人均纯收入7789元。

滦阳村

(Luanyang Cun)

名称来历 因地处滦河东岸，故取名滦阳村。

地理位置 地处滦阳镇中部，东至关姑寺村，南至受益店村，西至黄石哨二村，北至亮甲峪村。

主要指标 2011年末，辖区总人口1215人，总面积2.4平方千米，农民人均纯收入10186元。

夏家峪村

(Xiajiayu Cun)

名称来历 夏姓在此居住，故名夏家峪村。

地理位置 地处滦阳镇东部，东至罗家堡子村，南至水峪村，西至关姑寺村，北至胡家店村。

主要指标 2011年末，辖区总人口941人，总面积4.2平方千米，农民人均纯收入7045元。

公家峪村

(Gongjiayu Cun)

名称来历 民国初期，这里曾住过人家，因未生育而绝嗣。此后，人们就说在这里居住而不能生育，又因山沟较大，故称此为大公家峪。1988年6月，改称为公家峪村。

地理位置 地处滦阳镇西部，东至亮甲峪村，南至黄石哨二村，西隔潘家口水库与洒河桥镇大沟村相望，北至张家店村。

主要指标 2011年末，辖区总人口261人，总面积4.9平方千米，农民人均纯收入9490元。

李家窝子村

(Lijiawozi Cun)

名称来历 李姓由白塔寨迁此给人看地，支起窝铺居住，人称此地为李家窝铺，后叫成李家窝子村。

地理位置 地处滦阳镇西南部，东至多龙峪村，南至水峪外村，西隔大黑汀水库与洒河桥三村相望，北邻小寨村。

主要指标 2011年末，辖区总人口307人，总面积4.2平方千米，农民人均纯收入10218元。

喜峰口回民村

(Xifengkou Huimin Cun)

名称来历 因原驻在老喜峰口城外，有回族聚居而得名。2006年11月更名为喜峰口回民村。

地理位置 地处滦阳镇北部，东至石梯子村，南至北范家峪村，西邻城外满族村，北至承德市宽城满族自治县独石沟乡横城子村。

主要指标 2011年末，辖区总人口152人，总面积4.3平方千米，农民人均纯收入13625元。

（撰稿：张潘、张国东，初审：杨志国、王福东）

金厂峪镇

(Jinchangyu Zhen)

著名的黄金产区。

政区概况

名称来历 金厂峪镇金矿、铁矿丰富，因盛产黄金而得名。

地理位置 地处迁西县北部，东临太平寨镇，南与罗家屯镇、东荒峪镇毗邻，西接渔户寨乡，北倚上营乡。人民政府驻下营村奋进路1号，电话区号0315，邮政编码064307，距迁西县人民政府24千米。

政区沿革 1947年前，属迁安县。1947年迁西置县后，属迁西县第三区。1953年，在境内置下营乡和崔家堡子乡。1958年10月，属红旗（上营）人民公社下营大队和崔家堡子大队；同年12月，并入迁安县，改称下营管理区和崔家堡子管理区。1961年6月，迁西县恢复后，复归迁西县，建下营人民公社、崔家堡子人民公社。1984年3月，撤销下营人民公社、崔家堡子公社，改置下营乡、崔家堡子乡。1989年4月，合并下营乡、崔家堡子乡，改置金厂峪镇，辖9个村民委员会。1996年1月，乡镇区划调整，庙岭头乡并入，辖19个村民委员会，有36个自然村。

政区划分 2011年末，辖金厂峪村、下营村、黑石峪村、刘存寨村、榆木岭村、张达峪村、崔家堡子村、凿子岭村、水峪岭村、庙岭头村、河北庄村、郭庄户村、北干柴峪村、刘峪村、麻达峪村、清水窝村、洪门店村、杨柳会村、刘家沟村19个村民委员会；下设78个村民小组。

人口面积 2011年末，辖区总人口17307人，其中城镇常住人口1193人，城镇化率6.9%。总人口中，男性8881人，占51.3%；女性8426人，占48.7%；14岁以下3129人，占18.1%；15～64岁12528人，占72.4%；65岁以上1650人，占9.5%。总人口中，以汉族为主，达16998人，占98.2%；有满、回等少数民族。2011年，人口出生率13.74‰，人口死亡率6.54‰，人口自然增长率7.2‰。

辖区东西最大距离9千米，南北最大距离19千米，总面积86平方千米。人口密度为每平方千米201人。

自然条件

地形地貌 地处燕山山脉，以山地为主。

气候 属温带季风气候，其特点是季风明显，四季分明，秋季凉爽干燥，冬季寒冷少雪。多年平均气温8℃。

水文 境内河道属于滦河流域。有下营水库、庙岭头水库、刘峪水库，水资源极其丰富。赤道河等贯穿全境，在镇南汇入长河。

矿藏及其他自然资源 境内已探明地下矿藏有金、铁、铜、锰等。其中金铁矿储量最大，共有大型铁矿40处。

自然灾害 主要自然灾害有水灾、泥石流等。多发生于7月至8月。

经济概况

农业 耕地面积5900亩，人均耕地0.34亩；可利用草地面积1.4万亩，林地面积5.5万亩。

粮食作物以玉米、小麦、大豆、谷子为主。2011年，生产粮食0.25万吨。2011年，农业总产值1.4亿元，比上年增长11.9%，实现农业增加值1.1亿元，占国内生产总值的9.6%。

畜牧业以猪、牛、羊为主。2011年，猪饲养量0.23万头，年末存栏0.15万头；羊年末存栏0.65万只；牛年末存栏0.13万头。畜牧业总产值2310万元，占农业总产值的16.5%。

截至2011年末，累计造林0.3万亩，其中经济林0.11万亩，防护林0.13万亩，农民住宅四旁树木6.7万株。2011年，干鲜果品产量0.52万吨，水果产量593吨，主要品种有苹果、安梨、柿子、葡萄等，其中苹果164吨，安梨76吨，葡萄112吨，柿子35吨；干果产量0.46万吨，主要品种有板栗、核桃等，其中板栗0.45万吨，核桃49吨。

2011年，拥有大型农业机械16台（辆）；农民人均纯收入9498元。

工业 2011年，工业总产值6.6亿元，比上年增长17.3%，实现工业增加值5.7亿元，占国内生产总值比重的40.5%。2011年，工业企业40家，职工1080人。其中金选企业2家，中国黄金总公司下属的河北金厂峪金矿就坐落在镇内，该金矿年处理矿量33万吨，年产黄金620千克，产值1.2亿元，是中国黄金集团公司全资子公司。金顶山矿业下辖的黄金冶炼厂年产成本金1.6吨。全镇的铁选企业年可处理原矿800万吨，年产铁精粉100万吨。

财政金融 2011年，财政总收入1.24亿元，比上年增长31.1%。人均财政收入7165元，比上年增长7.2%。2011年，银行和金融机构各类存款余额2.51亿元。

社会发展

文化艺术 2011年末，文化站1个，公共图书室19个，建筑面积5000平方米，藏书4万册。地方特色民间艺术有高跷等。

教育 2011年末，幼儿园6所，在园幼儿313人，专任教师24人；小学3所，在校生1420人，专任教师102人，小学适龄儿童入学率100%；初中1所，在校生355人，专任教师48人，初中适龄人口入学率、小升初升学率、九年义务教育覆盖率均达100%。

2011年，教育经费达130万元，国家财政性教育经费65万元，财政预算内教育经费130万元，预算内教育事业费18万元，分别比上年增加13%、8%、6%、5%。预算内教育经费（包括城市教育费附加）占财政总支出的比例为5%，比上年提高了3个百分点。

医疗卫生 2011年末，卫生院1所；病床28张。其中公立卫生机构床位28张，每千人拥有医疗床位3.9张。专业卫生人员25人，其中执业医师5人，注册护士15人。2011年医疗机构（门诊部以上）完成诊疗3681人次，住院手术52台次，出院病人120人次。

2011年，法定报告传染病发病率为370/10万，农村安全饮用水普及率71%，农村卫生厕所普及率60%，新型农村合作医疗参合人数1.6万人，参合率99%。孕产妇死亡率16/10万，5岁以下儿童死亡率、婴儿死亡率、新生儿死亡率分别为5.5‰、4.3‰、2.8‰。

体育 2011年末，体育场地19处。100%的村安装了健身器材，经常参加体育活动的人员占常住人口的38%。

广播电视 2000年10月开通有线电视。2011年末，开通36个频道，有线电视用户2151户，电视综合覆盖率90%。

社会保障 2011年，城镇最低生活保障户数33户，人数54人，支出20.5万元，比上年增长3%，月人均316元，比上年增长6%；城市医疗救助1人，民政部门资助参加合作医疗5人次，共支出4万元，比上年增长6%。

农村最低生活保障户数113户，人数330人，支出42万元，比上年增长3.2%，月人均106元，比上年增长2%；农村五保集中供养45人，支出26.8万元，比上年增长1.2%；农村五保分散供养30人，支出7万元，比上年增长0.9%；农村医疗救助13人次，支出3.6万元，比上年增长2.5%；农村临时救济23人次，支出1万元，比上年减少10%；大学新生教育救助13人，支出2.8万元，比上年增长1.3%。

国家抚恤、补助各类优抚对象98人，抚恤事业费支出53.2万元，比上年增长16%。

生活无着人员救助床位5张。社区服务设施21个，其中社区服务中心3个，社会服务站18个，社区日间照料床位数110张，社区留宿照料床位数10张。

新增就业人员167人，有24名下岗失业人员实现了再就业。年末城镇登记失业人数105人，城镇登记失业率为15%。

基础设施

交通运输 2011年末，有金厂峪公共汽车站1个，日均发送4辆次客车，日均客运量120余人次。

邮政电信 2011年末，邮政网点1个，投递路线单程总长度100千米，投递点20个，乡村通邮率100%。电信企业1家，服务网点3个；固定电话用户2000户，电话用户普及率达到55%；移动电话普及率为100%。宽带接入用户1980户。

镇区市政建设

道路 2011年末，镇区道路总长度0.028万千米；道路铺装面积13平方千米，人均拥有道路面积0.011平方千米。

供电 2011年末，镇区金厂峪、刘存寨35千伏变电站2座，滦阳电站1座。

崔家堡子村
(Cuijiabaozi Cun)

名称来历 明朝崔姓来此定居，因当时人口较多，集市贸易较为发达，故冠以姓氏取村名崔家堡子（堡子即集市之意）。

地理位置 地处金厂峪镇北部，东邻榆木岭村，南至水峪岭村，西邻刘峪村，北与凿子岭村相连。

主要指标 2011年末，辖区总人口1120人，总面积6平方千米，农民人均纯收入6691元。

北干柴峪村
(Beiganchaiyu Cun)

名称来历 相传，此处有虎，所以沟内有很多干柴却无人敢拾，人称该沟为干柴峪。因重名，1988年6月，改称北干柴峪。

地理位置 地处金厂峪镇南部，东与太平寨镇鸽子庵村接壤，南邻郭庄户村，西邻庙岭头村，北邻张达峪村。

主要指标 2011年末，辖区总人口506人，总面积5平方千米，农民人均纯收入6012元。

庙岭头村
(Miaolingtou Cun)

名称来历 因该村南北各有一山，形似龙头，有“二龙戏珠”之说。后在村北建一老爷庙（关帝庙），在村南建一龙王庙，故以此取村名为庙龙头。后叫成庙岭头。

地理位置 地处金厂峪镇南部，东邻北干柴峪村，南邻东荒峪镇板桥村，西至河北庄村，北至杨柳会村。

主要指标 2011年末，辖区总人口451人，总面积3平方千米，农民人均纯收入6303元。

刘家沟村
(Liujiagou Cun)

名称来历 刘氏迁此山沟定居，故以姓氏取村名。

地理位置 地处金厂峪镇西部，东邻麻达峪村，南邻洪门店村，西至渔户寨乡连水峪村，北接刘存寨村。

主要指标 2011年末，辖区总人口155人，总面积1平方千米，农民人均纯收入7171元。

麻达峪村

(Madayu Cun)

名称来历 原名鞑子峪。后因嫌村名不雅，改称麻达峪。

地理位置 地处金厂峪镇中部，东与太平寨镇西沟村接壤，南邻清水窝村，西邻洪门店村，北至刘存寨村。

主要指标 2011年末，辖区总人口647人，总面积2平方千米，农民人均纯收入8349元。

洪门店村

(Hongmendian Cun)

名称来历 明初李氏随燕王扫北迁此开店为生，取店名为洪门店。后借店名取村名洪门店。

地理位置 地处金厂峪镇中部，东邻麻达峪村，南至清水窝村，西至渔户寨乡连水峪村，北至刘家沟村。

主要指标 2011年末，辖区总人口296人，总面积2.2平方千米，农民人均纯收入6712元。

清水窝村

(Qingshuiwo Cun)

名称来历 因村西山头有一水泉，水窝清澈，故以此取村名清水窝。

地理位置 地处金厂峪镇中部，东与太平寨镇西沟村接壤，南邻张达峪村，西、北邻洪门店村。

主要指标 2011年末，辖区总人口533人，总面积3平方千米，农民人均纯收入6293元。

张达峪村

(Zhangdayu Cun)

名称来历 一张姓来此居住，因头上长有一个肉疙瘩，人称张疙瘩，故以此取村名张疙瘩峪。后因重名，1988年6月，改为张达峪村。

地理位置 地处金厂峪镇中部，东与太平寨镇西沟村接壤，南邻北干柴峪村，西邻杨柳会村，北至清水窝村。

主要指标 2011年末，辖区总人口1085人，总面积6.5平方千米，农民人均纯收入9445元。

杨柳会村

(Yangliuhui Cun)

名称来历 因此地有很多杨树、柳树混合生长，故以此取村名为杨柳会村。

地理位置 地处金厂峪镇西南部，东至张达峪村，南至河北庄村，西与渔户寨乡擦都岭村接壤，北邻清水窝村。

主要指标 2011年末，辖区总人口198人，总面积3.3平方千米，农民人均纯收入6010元。

河北庄村

(Hebeizhuang Cun)

名称来历 因地处长河北岸，故取村名为河北庄。

地理位置 地处金厂峪镇西南部。东邻庙岭头村，南接东荒峪镇板桥村，西邻渔户寨乡擦都岭村，北邻杨柳会村。

主要指标 2011年末，辖区总人1242口人，总面积2平方千米，农民人均纯收入6637元。

郭庄户村

(Guozhuanghu Cun)

名称来历 郭氏迁此立庄，故以姓氏取村名郭庄户。

地理位置 地处金厂峪镇南部，东与太平寨镇鸽子庵村相邻，南邻罗家屯镇范家峪村，西邻东荒峪镇许店子村，北邻北干柴峪村。

主要指标 2011年末，辖区总人口799人，总面积5平方千米，农民人均纯收入6146元。

榆木岭村

(Yumuling Cun)

名称来历 因村西有座山岭，岭上长有许多榆树，遂得村名榆木岭村。

地理位置 地处金厂峪镇东北部，东至承德市宽城满族自治县华尖乡牛心山村，南为太平寨镇兰城沟村，西至凿子岭村，北至上营乡大堡城子村。

主要指标 2011年末，辖区总人口1793人，总面积12平方千米，农民人均纯收入10145元。

凿子岭村

(Zaoziling Cun)

名称来历 因村西有一山岭叫凿子岭，故村名由岭名而得名。

地理位置 地处金厂峪镇东北部，东邻榆木岭村，南邻崔家堡子村，西与上营乡金龙口村相邻，北邻上营乡上营村。

主要指标 2011年末，辖区总人口1088人，总面积4.5平方千米，农民人均纯收入10139元。

水峪岭村

(Shuiyuling Cun)

名称来历 因在山岭根下，村边有水泉，故取村名为水峪岭根。后改为水峪岭。

地理位置 地处金厂峪镇东北部，东邻太平寨兰城沟村，南至太平寨镇水峪村，西邻下营村，北至崔家堡子村。

主要指标 2011年末，辖区总人口740人，总面积4.5平方千米，农民人均纯收入6144元。

刘峪村

(Liuyu Cun)

名称来历 因当地有许多梨树，以此取村名为梨儿峪，1953年，改写成刘峪村。

地理位置 地处金厂峪镇北部，东邻崔家堡子村，南至下营村，西邻上营乡大牛峪村，北至凿子岭村。

主要指标 2011年末，辖区总人口793人，总面积10平方千米，农民人均纯收入6435元。

下营村

(Xiaying Cun)

名称来历 明初在此设兵营，并筑有城堡。该地在凿子岭之南，且地势较低，与凿子岭北面上青山驻操营相对，故取名为下青山驻操营，后简称下青山营。地名标准化处理后，称为下营村。

地理位置 地处金厂峪镇中部，东邻水峪岭村，南、西至黑石峪村，北至刘峪村。

主要指标 2011年末，辖区总人口728人，总面积3平方千米，农民人均纯收入8196元。

黑石峪村

(Heishiyu Cun)

名称来历 因沟口有块大黑石头，以此取村名黑石头峪，后称黑石峪。

地理位置 地处金厂峪镇中部，东邻下营村，南邻金厂峪村，西邻渔户寨乡下青山口村，北邻下营村。

主要指标 2011年末，辖区总人口937人，总面积5.5平方千米，农民人均纯收入6677元。

金厂峪村

(Jinchangyu Cun)

名称来历 相传唐代就有人在此挖金，以此取村名为金厂峪。

地理位置 地处金厂峪镇中部，东邻太平寨镇水峪村，南至刘存寨村，西邻渔户寨乡下青山口村，北至黑石峪村。

主要指标 2011年末，辖区总人口1692人，总面积5平方千米，农民人均纯收入8902元。

刘存寨村

(Liucunzhai Cun)

名称来历 明代刘氏迁此定居，以姓氏取村名为刘存寨村。

地理位置 地处金厂峪镇中部，东邻太平寨镇龙辛庄村，南至麻达峪村，西邻刘家沟村，北至金厂峪村。

主要指标 2011年末，辖区总人口1311人，总面积8.5平方千米，农民人均纯收入6748元。

（撰稿：杨春艳、张立明，初审：王向飞、王福东）

东荒峪镇

(Donghuangyu Zhen)

政区概况

名称来历 因镇人民政府驻地位于东荒峪村而得名。

地理位置 地处迁西县东部，东接金厂峪镇、罗家屯镇，南隔滦河与兴城镇、尹庄乡相望，西连旧城乡，北与渔户寨乡、洒河桥镇相邻。人民政府驻东荒峪村朝阳街11号，电话区号0315，邮政编码064304，距迁西县人民政府18千米。

政区沿革 1947年前，属迁安县。1947年迁西置县后，属迁西县第一区。1953年6月，置东荒峪乡。1956年，撤区并乡，保留东荒峪乡，区域扩大。1958年10月，属红专（东荒峪）人民公社东荒峪大队；同年12月，并入迁安县，改称东荒峪管理区。1961年6月，迁西县恢复后，复归迁西县，建东荒峪人民公社。1984年3月，改为东荒峪乡，辖26个村民委员会。1988年6月，东荒峪乡改镇，辖26个村民委员会，有34个自然村。

政区划分 2011年末，辖东荒峪村、大店子村、青杨树村、苇子峪村、西王庄村、前韩庄村、大寨村、板桥村、西马庄子村、后韩庄村、许店子村、松棚子村、杨河峪村、洪家峪村、腰岭子村、上川村、东贠庄村、下川村、榆新庄村、桃木峪村、老水峪村、西庄户村、西荒峪村、达峪村、九山村、杏峪村26个村民委员会；下设144个村民小组。

人口面积 2011年末，辖区总人口14304人，其中城镇常住人口1390人，城镇化率9.7%。另有流动人口515人。总人口中，男性7364人，占51.4%；女性6940人，占48.6%；14岁以下2110人，占14.7%；15~64岁10780人，占75.4%；65岁以上1414人，占9.9%。总人口中，以汉族为主，达14870人，占98.9%；有满等少数民族，共160人，占1.1%。2011年，人口出生率16.69‰，人口死亡率8.49‰，人口自然增长率8.2‰。

辖区东西最大距离9千米，南北最大距离10千米，总面积70平方千米。人口密度为每平方千米204人。

自然条件

地形地貌 地处燕山山脉，地势西高东低。北部为山区，中部、南部多为丘陵。

气候 属温带季风气候，其特点是四季分明，冬冷夏热。多年平均气温10.8℃。

水文 境内主要河道有滦河支流长河。

矿藏及其他自然资源 境内已探明地下矿藏有金、铜、铁等10余种。其中以铁矿最多，探明储量1200多万吨；有矿点60个，铁选厂45家，20万吨铁精粉精选厂2家，年可开采加工铁矿石160万吨，生产铁精粉50万吨。

自然灾害 主要有旱涝、连阴雨、冰雹、暴雨等。灾害年均发生1次，主要发生在7月至9月，最严重的一次涝灾发生在1995年7月中旬，长河流域的前韩庄大桥被洪水冲垮，滦河沿岸大面积农田被毁。

经济概况

农业 耕地面积1.13万亩，人均0.79亩；可利用草地面积0.7万亩，林地面积2.5万亩。2011年，农业总产值1.4亿元，比上年增长3.3%，实现农业增加值1.18亿元，占国内生产总值的11.3%。

畜牧业以猪、羊为主。2011年，猪饲养量1.13万头，年末存栏0.5万头；羊年末存栏0.52万只；牛年末存栏321头。畜牧业总产值3220万元，占农业总产值的23%。

截至2011年末，累计造林0.3万亩，其中经济林0.15万亩，防护林0.15万亩，农民住宅四旁树木9.1万株。2011年，干鲜果品产量0.43万吨，水果产量829吨，主要品种有苹果、安梨、鲜桃、柿子等，其中苹果174吨，安梨160吨，鲜桃75吨，柿子32吨；干果产量0.35万吨，主要品种有板栗、核桃等，其中板栗0.34万吨，核桃109吨。

全国生态二期、三期工程及中国绿化基金会碳汇林项目在境内落户，总投资6000万元，绿化荒山面积2万亩，退耕还林面积0.4万亩；全镇宜林荒山开发率92%，有各类果树234.12万株，其中板栗树232.26万株，核桃树1.21万株，年产干鲜果品0.5万余吨。

2011年，拥有大型农业机械28台（辆）。农民人均纯收入3995元。

工业 2011年，工业总产值5.23亿元，比上年增长39%，实现工业增加值4.6亿元，占国内生产总值的43.8%。2011年，工业企业40家，职工763人。

财政金融 2011年，财政总收入8717万元，比上年增长30.1%。人均财政收入6094元，比上年增长26.3%。

社会发展

教育 2011年末，幼儿园7所，在园幼儿376人，专任教师16人；小学5所，在校生747人，专任教师104人，小学适龄儿童入学率100%；初中1所，在校生627人，专任教师86人，初中适龄人口入学率、小升初升学率、九年义务教育覆盖率均达100%。

2011年教育经费达840万元，国家财政性教育经费810万元，财政预算内教育经费810万元，预算内教育事业费760万元，分别比上年增长30%、20%、30%、28%。预算内教育经费（包括城市教育费附加）占财政总支出的比例为15%，比上年提高了2个百分点。

医疗卫生 2011年末，各级各类医疗卫生机构1个，卫生院1所；病床26张。其中公立卫生机构床位26张，每千人拥有医疗床位1.8张。专业卫生人员25人，其中执业医师8人，注册护士7人。2011年医疗机构（门诊部以上）完成诊疗5381人次，住院手术64台次，出院病人152人次。

2011年法定报告传染病发病率为399/10万，农村安全饮用水普及率75%，农村卫生厕所普及率70%，新型农村合作医疗参合人数1.4万人，参合率97%。孕产妇死亡率15/10万。

体育 2011年末，体育场地26处。100%的村安装了健身器材，经常参加体育活动的人员占常住人口的55%。

广播电视 2000年10月开通有线电视，2011年末开通33个频道，有线电视用户1454户，电视综合覆盖率96%。

社会保障 2011年，城镇最低生活保障户数51户，人数73人，支出21.7万元，比上年增长4%，月人均248元，比上年增长6%；城市生活无着人员救助2人次，支出8000元，比上年增长56%。

农村最低生活保障户数300户，人数591人，支出67.2万元，比上年增长5%，月人均95元，比上年增长1%；农村五保集中供养43人，支出21.5万元，比上年增长2%；农村五保分散供养58人，支出11.7万元，比上年减少2%；农村医疗救助11人次，支出5.6万元，比上年增长1%；农村临时救济48人次，支出1.9万元，比上年增长23%；大学新生教育救助13人，支出2.8万元，比上年增长3%。

国家抚恤、补助各类优抚对象109人，抚恤事业费支出56.7万元，比上年增长16%。

生活无着人员救助床位10张。社区服务设施26个，其中社区服务站26个；社区日间照料床位数15张。

新增就业人员267人，有24名下岗失业人员实现了再就业，年末城镇登记失业人数105人，城镇登记失业率为15%。

年末参加城镇基本养老保险12人，参加城镇居民基本医疗保险356人，比上年末增加50人。

基础设施

交通运输 2011年末，有东荒峪公共汽车站1个，日均发送8辆次客车，日均客运量150余人次。

邮政电信 2011年末，邮政网点1个，投递路线单程总长度15千米，投递点26个，乡村通邮率100%。电信服务网点1个。

镇区市政建设

道路 2011年末，镇区道路总长度0.009万千米；道路铺装面积4平方千米，人均拥有道路面积0.003平方千米。

供电 2011年末，镇区110千伏变电站1座。

板桥村

(Banqiao Cun)

名称来历 为行走方便，在长河上搭一木板桥，以此取村名为板桥村。

地理位置 地处东荒峪镇东北部，东邻金厂峪镇北干柴峪村，南至东负庄村，西邻下川村，北至金厂峪镇庙岭头村。

主要指标 2011年末，辖区总人口541人，总面积1.2平方千米，农民人均纯收入8965元。

达峪村

(Dayu Cun)

名称来历 据传，明初此沟内有两座庙，庙里的和尚抢男霸女，人们称其为“鞑子”，故称此沟为“鞑子峪”。明代中期始有人迁此居住，因嫌原名不好听，遂称为达峪村。

地理位置 地处东荒峪镇西北部，东邻上川村，南邻杨河峪村，西邻腰岭子村，北邻渔户寨乡上尹庄村。

主要指标 2011年末，辖区总人口387人，总面积2.5平方千米，农民人均纯收入8984元。

大店子村

(Dadianzi Cun)

名称来历 清中期，田氏、杜氏、许氏、王氏均在此地开店，遂以此取村名为大店子。

地理位置 地处东荒峪镇南部，东邻罗家屯镇米峪口村，南邻大寨村，西邻榆新庄村，北邻西王庄村。

主要指标 2011年末，辖区总人口352人，总面积2.3平方千米，农民人均纯收入8239元。

大寨村

(Dazhai Cun)

名称来历 因村落较大，遂取村名大寨。

地理位置 地处东荒峪镇南部，东邻九山村，南隔滦河与尹庄乡钓鱼崖相望，西邻桃木峪村，北邻榆新庄村。

主要指标 2011年末，辖区总人口1743人，总面积4.2平方千米，农民人均纯收入9088元。

东荒峪村

(Donghuangyu Cun)

名称来历 因当时此地非常荒凉，故名荒沟峪。因此沟之西尚有一荒沟峪（现西荒峪），遂改村名为东荒沟峪，后称东荒峪村。

地理位置 地处东荒峪镇中部，东邻后韩庄村，南邻西王庄村，西至西荒峪村，北邻苇子峪村。

主要指标 2011年末，辖区总人口958人，总面积3.2平方千米，农民人均纯收入9624元。

东贠庄村

(Dongrunzhuang Cun)

名称来历 贠姓从西贠庄迁此立庄，冠以姓氏取村名贠庄村。1982年4月地名标准化时，改为今名。

地理位置 地处东荒峪镇东北部，东邻金厂峪镇郭庄户村，南至许店子村，西至松棚子村，北邻板桥村。

主要指标 2011年末，辖区总人口749人，总面积2平方千米，农民人均纯收入8758元。

洪家峪村

(Hongjiayu Cun)

名称来历 因沟中多发山洪，故取名洪家峪。

地理位置 地处东荒峪镇西部，东邻西庄户村，南邻旧城乡大董沟村，西与旧城乡巴家峪村接壤，北邻西庄户村。

主要指标 2011年末，辖区总人口267人，总面积1.5平方千米，农民人均纯收入8876元。

后韩庄村

(Houhanzhuang Cun)

名称来历 明代，韩氏兄弟三人从丰南小集迁来，一人去庙岭头居住，两人在此分南北居住，此村居北，故名后韩庄。

地理位置 地处东荒峪镇东部，东邻范家峪村，南邻前韩庄村，西至东荒峪村，北邻松棚子村。

主要指标 2011年末，辖区总人口1063人，总面积2.5平方千米，农民人均纯收入9175元。

九山村

(Jiushan Cun)

名称来历 因村东有九个山头并排，人称九岳山，遂以此取村名九山村。

地理位置 地处东荒峪镇东南部，东邻罗家屯镇西寨村，南隔滦河与尹庄乡钓鱼崖村相望，西邻大寨村，北至大店子村。

主要指标 2011年末，辖区总人口628人，总面积4.5平方千米，农民人均纯收入9029元。

老水峪村

(Laoshuiyu Cun)

名称来历 由于沟内大树很多，因此此取村名老树峪，后叫成老鼠峪。因嫌名字不雅，再改为老水峪村。

地理位置 地处东荒峪镇西南部，东至青杨树村，南邻旧城乡粳子峪村，西邻旧城乡碾子峪村，北邻西荒峪村。

主要指标 2011年末，辖区总人口150人，总面积1.5平方千米，农民人均纯收入8666元。

前韩庄村

(Qianhanzhuang Cun)

名称来历 明代，韩氏兄弟三人从丰南小集迁来，一人去庙岭头居住，两人在此分南北居住，此村居南，故名前韩庄。

地理位置 地处东荒峪镇东部，东邻罗家屯镇范家峪村，南至罗家屯镇小尹庄村，西邻西王庄村，北邻后韩庄村。

主要指标 2011年末，辖区总人口846人，总面积2.2平方千米，农民人均纯收入8972元。

青杨树村

(Qingyangshu Cun)

名称来历 因此沟内青杨树颇多，传说康熙皇帝打猎时曾在此乘凉，以此取村名青杨树。

地理位置 地处东荒峪镇西南部，东邻榆新庄村，南邻桃木峪村，西至老水峪村，北邻西荒峪村。

主要指标 2011年末，辖区总人口231人，总面积2.5平方千米，农民人均纯收入13074元。

上川村

(Shangchuan Cun)

名称来历 地处两山之间较平坦的地面上，地势较高，且为区别于下刘川，故取村名上刘川。现称为上川村。

地理位置 地处东荒峪镇北部，东邻渔户寨乡擦都岭村，南邻下川村，西邻达峪村，北至渔户寨乡李家口村。

主要指标 2011年末，辖区总人口460人，总面积1.7平方千米，农民人均纯收入8587元。

松棚子村

(Songpengzi Cun)

名称来历 该地当时松树颇多，枝叶交叉，遮天蔽日，像搭起的棚子，以此取村名松棚子。

地理位置 地处东荒峪镇东北部，东邻东贠庄村，南至后韩庄村，西至下川村，北邻板桥村。

主要指标 2011年末，辖区总人口780人，总面积2.8平方千米，农民人均纯收入8692元。

桃木峪村

(Taomuyu Cun)

名称来历 相传此沟曾有桃树在冬天开花，于是人们称此沟为桃花峪。明末，穆氏从遵化穆家庄迁此沟给人家看老坟，改村名桃木峪。

地理位置 地处东荒峪镇西南部，东邻大寨村，南隔滦河与兴城镇东河南寨村相望，西至旧城乡粳子峪村，北邻青杨树村。

主要指标 2011年末，辖区总人口235人，总面积1.5平方千米，农民人均纯收入10468元。

苇子峪村

(Weiziyu Cun)

名称来历 因当时沟内涝洼，苇子茂盛，故取村名苇子峪。

地理位置 地处东荒峪镇中部，东邻松棚子村，南邻东荒峪村，西至西马庄子村，北邻下川村。

主要指标 2011年末，辖区总人口459人，总面积3.2平方千米，农民人均纯收入8148元。

西荒峪村

(Xihuangyu Cun)

名称来历 因此沟非常荒凉，故取村名荒沟峪。因此沟之东尚有一荒沟峪，故改名西荒沟峪，后称西荒峪。

地理位置 地处东荒峪镇中部，东邻东荒峪村，南邻青杨树村，西邻老水峪村，北邻西马庄子村。

主要指标 2011年末，辖区总人口805人，总面积2.5平方千米，农民人均纯收入8385元。

西马庄子村

(Ximazhuangzi Cun)

名称来历 马氏迁此立庄，以姓氏取村名马庄子村。1982年4月地名标准化处理时，改为今名。

地理位置 地处东荒峪镇西部，东邻东荒峪村，南邻西荒峪村，西邻旧城乡吴家峪村，北邻苇子峪村。

主要指标 2011年末，辖区总人口319人，总面积2平方千米，农民人均纯收入8683元。

西王庄村

(Xiwangzhuang Cun)

名称来历 王氏迁此居住，以姓氏取村名王庄子。1982年4月地名标准化处理时，改村名西王庄。

地理位置 地处东荒峪镇南部，东邻罗家屯镇米峪口村，南邻大店子村，西至西荒峪村，北邻东荒峪村。

主要指标 2011年末，辖区总人口660人，总面积2平方千米，农民人均纯收入8561元。

西庄户村

(Xizhuanghu Cun)

名称来历 因在杨河峪西南，故取村名西庄户村。

地理位置 地处东荒峪镇西部，东邻苇子峪村，南邻旧城乡大董沟村，西接洪家峪村，北邻杨河峪村。

主要指标 2011年末，辖区总人口180人，总面积1.5平方千米，农民人均纯收入8778元。

下川村

(Xiachuan Cun)

名称来历 因处于小河下游，地势较低，为区别于上刘川，故取村名下刘川。现称为下川村。

地理位置 地处东荒峪镇北部，东邻板桥村，南邻松棚子村，西接上川村，北至渔户寨乡擦都岭村。

主要指标 2011年末，辖区总人口796人，总面积4.2平方千米，农民人均纯收入8931元。

杏峪村

(Xingyu Cun)

名称来历 因该地过去杏树颇多，故以此取村名为杏峪村。

地理位置 地处东荒峪镇西北部，东邻腰岭子村，南、西接旧城乡榆树峪村，北邻洒河桥镇长河峪村。

主要指标 2011年末，辖区总人口182人，总面积1.2平方千米，农民人均纯收入8516元。

许店子村

(Xudianzi Cun)

名称来历 明初，许氏哥儿俩从迁安县迁此居住，因村边有石崖，又冠以姓氏，取村名许家崖，后支起窝铺开店，故改村名许家店子，现称许店子。

地理位置 地处东荒峪镇东部，东邻金厂峪镇郭庄户村，南邻后韩庄村，西邻松棚子村，北邻东贠庄村。

主要指标 2011年末，辖区总人口288人，总面积1.5平方千米，农民人均收入为8611元。

杨河峪村

(Yangheyu Cun)

名称来历 原名阳河峪。因过去该地杨树很多，后又写成杨河峪。

地理位置 地处东荒峪镇西北部，东邻上川村，南邻西庄户村，西至旧城乡巴家峪村，北至腰岭子村。

主要指标 2011年末，辖区总人口604人，总面积3.5平方千米，农民人均纯收入8609元。

腰岭子村

(Yaolingzi Cun)

名称来历 原有姚氏从山东迁此定居，因村西有一山岭，故以此取村名为姚岭子，后将姚岭子写成腰岭子。

地理位置 地处东荒峪镇西北部，东邻达峪村，南接杨河峪村，西邻杏峪村，北接渔户寨乡上尹庄村。

主要指标 2011年末，辖区总人口470人，总面积4.5平方千米，农民人均纯收入7936元。

榆新庄村

(Yuxinzhuang Cun)

名称来历 1978年，因修建大黑汀水库，旧城乡榆树峪部分村民迁此立庄，取村名榆新庄村。

地理位置 地处东荒峪镇南部，东邻大店子村，南邻大寨村，西至青杨树村，北邻东荒峪村。

主要指标 2011年末，辖区总人口151人，总面积0.4平方千米，农民人均纯收入8604元。

（撰稿：晏玲、孙月芹，初审：吴春双、王福东）

三屯营镇

(Santunying Zhen)

京东第一佛教名山——景忠山位于境内。

政区概况

名称来历 明天顺二年（1458年），蓟镇总兵胡镛始辟三屯营城。天顺年间，镇府移于此地，设三屯忠义卫，以三百军户屯田得名。明后期撤卫，改名为三屯营。

地理位置 地处迁西县西部，东隔大黑汀水库与旧城乡相望，南与白庙子乡相连，西与遵化市建明镇毗邻，北与洒河桥镇、汉儿庄乡接壤。人民政府驻西关村迎宾大街1号，电话区号0315，邮政编码064300，距迁西县人民政府12.5千米。

政区沿革 1947年前，属迁安县。1947年迁西置县后，属迁西县第五区。1953年，置三屯营乡。1956年，撤区并乡，保留三屯营乡，区域扩大。1958年10月，属东风（三屯营）人民公社三屯营大队；同年12月，并入遵化县，改称三屯营管理区。1961年6月，迁西县恢复后，复归迁西县，建三屯营人民公社。1979年，因修大黑汀水库，南团汀公社撤销，其所属生产大队划入。1984年3月，撤销三屯营人民公社，置三屯营乡，析出彭庄、六宝峪、南团汀、上峪、下峪、张家庄、高家庄7个村民委员会置彭庄乡，辖17个村民委员会。1985年5月，三屯营乡改镇，辖17个村民委员会。1996年1月，乡镇区划调整，彭庄乡、高家店乡并入，辖38个村民委员会，有53个自然村。

政区划分 2011年末，辖宝湖村、井泉村、戏楼村、靴脱崖村、纪庄子村、牌楼沟村、北杨庄村、西贾庄子村、侯庄村、新兴村、东街村、赵家村、黄宝峪村、王珠店村、西龙湾村、丁家庄村、彭庄村、北街村、南关村、贾庄子村、胜利营村、至山庄村、麻家峪村、王寺峪村、石厂村、旧营村、西关村、高家峪村、小西营村、高家店村、平房子村、上峪村、下峪村、官园村、六宝峪村、张家庄村、高家庄村、南团汀村38个村民委员会；下设266个村民小组。

人口面积 2011年末，辖区总人口28880人，其中城镇常住人口9877人，城镇化率34.2%。另有流动人口1515人。总人口中，男性15024人，占52%；女性13856人，占48%；14岁以下6210人，占21.5%；15～64岁19681人，占68.2%；65岁以上2989人，占10.3%。总人口中，以汉族为主，达28516人，占98.7%；有满等少数民族，共360人，占0.3%。2011年，人口出生率11.6‰，人口死亡率7.4‰，人口自然增长率4.2‰。

辖区东西最大距离12千米，南北最大距离8千米，总面积103平方千米。其中陆地面积96平方千米，占93%；水域面积7平方千米，占7%。人口密度为每平方千米280人。

自然条件

地形地貌 地处燕山山脉，境内最高峰景忠山位于三屯营镇最南侧，海拔610米。

气候 属温带季风气候，其特点是四季分明，春季干旱少雨，夏季炎热多雨，秋季凉爽干燥，冬季寒冷少雪。多年平均气温10℃。

矿藏及其他自然资源 境内已探明地下矿藏有金矿、铁矿等。其中铁矿储量4亿吨，已开发高家店铁矿，位于高家店村，年产量200万吨。拥有林地面积10.2万亩。

经济概况

农业 耕地面积1.51万亩，人均耕地0.52亩；可利用草地面积1.3万亩，林地面积4.4万亩。

粮食作物以玉米为主。2011年，生产粮食0.66万吨，人均228.5千克。2011年，农业总产值2.2亿元，比上年增长17.6%，实现农业增加值1.7亿元，占国内生产总值的5.6%。

畜牧业以生猪为主。2011年，生猪饲养量2700头，年末存栏0.7万头；羊年末存栏0.11万只；家禽饲养量2.4万羽，上市家禽1.6万羽。畜牧业总产值5789万元，占农业总产值的26.3%。

截至2011年末，累计造林0.49万亩，其中经济林0.18万亩，防护林0.27万亩，农民住宅四旁树木5.3万株。2011年，干鲜果品产量0.3万吨，水果种植面积1.4万亩，产量877吨，主要品种有苹果、安梨、柿子等，其中苹果464吨，安梨264吨，柿子50吨；干果产量0.21万吨，主要品种有板栗、核桃等，其中板栗0.21万吨，核桃7吨。

渔业以淡水养殖为主。可用于水产养殖的淡水水面2平方千米。网箱养鱼0.3万箱。

2011年，拥有大型农业机械23台（辆）；农民人均纯收入10973元。

工业 以钢铁冶炼、深加工为主。2011年，工业总产值6.7亿元，比上年增长17%，实现工业增加值5.89亿元，占国内生产总值的19.4%。2011年，工业企业130家，职工7890人。津西钢铁集团是本镇主要的工业基地，2010年被评为中国500强企业。

财政金融 2011年，财政总收入3.74亿元，比上年增长15%。人均财政收入12950元，比上年增长17%。

社会发展

教育 2011年末，幼儿园7所，在园幼儿540人，专任教师20人；小学5所，在校生1120人，专任教师78人，小学适龄儿童入学率100%；初中1所，在校生946人，专任教师92人，初中适龄人口入学率、小升初升学率、九年义务教育覆盖率均达100%。

2011年教育经费达1720万元，国家财政性教育经费1030万元，财政预算内教育经费1720万元，预算内教育事业费690万元，分别比上年增长15%、10%、5%、3%。预算内教育经费（包括城市教育费附加）占财政总支出的比例为10%，比上年提高了2个百分点。

医疗卫生 2011年末，各级各类医疗卫生机构15个，其中卫生院1所；病床50张，其中公立卫生机构床位50张，每千人拥有医疗床位1.7张。专业卫生人员40人，其中执业医师10人，执业助理医师12人，注册护士18人。2011年，医疗机构（门诊部以上）完成诊疗10355人次，住院手术196台次，出院病人368人次。

2011年法定报告传染病发病率为486/10万，农村安全饮用水普及率92%，农村卫生厕所普及率82%，新型农村合作医疗参合人数2.7万人，参合率97%。孕产妇死亡率12/10万，5岁以下儿童死亡率、婴儿死亡率、新生儿死亡率分别为4.9‰、4.1‰、2.2‰。

体育 2011年末，95%的村安装了健身器材，经常参加体育活动人员占常住人口的30%。

广播电视 2003年开通有线电视。2011年末，有线电视用户6000户，其中数字电视用户1000户，电视综合覆盖率98%。

社会保障 2011年城镇最低生活保障户数67户，人数105人，支出32.4万元，比上年增长14.3%，月人均257元，比上年增长15.2%。

农村最低生活保障户数451户，人数974人，支出127.2万元，比上年增长10%，月人均109元，比上年增长4.5%；农村五保集中供养55人，支出20.5万元，比上年增长5%；农村五保分散供养20人，支出3.3万元，比上年增长6.3%；救助生活无着落人员18人次，支出2.3万元，比上年增长5%。

国家抚恤、补助各类优抚对象61人，抚恤事业费支出62.5万元，比上年增长7.3%。

生活无着人员救助床位4张。社会服务设施26个，其中社区服务中心16个，社区服务站10个；社区日间照料床位数236张，社区留宿照料床位数20张。

新增就业人员379人，有43名下岗失业人员实现再就业。

基础设施

交通运输 已形成由公路、铁路2种运输方式构成的交通运输网络。省道三抚、邦宽公路过境。2011年客运总量5万人次，货运总量500万吨。

邮政电信 2011年末，邮政网点1个，投递路线单程总长度2209千米，投递点15个，乡村通邮率100%；全年投递国内函件151万件，国内汇票业务完成1.12万笔，征订报纸58.3万份、期刊9822册，业务收入353.3万元。

镇区市政建设

道路 2011年末，镇区道路总长度0.048万千米；道路铺装面积23平方千米，人均拥有道路面积0.0023平方千米。

供电 2011年末，镇区津西110千伏变电站1座，三屯营、平房子35千伏变电站2座，三屯营、平房子电站2座。

靴脱崖村

(Xuetuoya Cun)

名称来历 传说唐太宗征东时路过此地，曾在一个人形石崖上脱靴倒土，故人称此石崖为脱靴崖，也因此而得村名靴脱崖村。

地理位置 地处三屯营镇西部，东、南接纪庄子村，西邻遵化市小厂乡房家峪村，北至石厂村。

主要指标 2011年末，辖区总人口251人，总面积2.3平方千米，农民人均纯收入7137元。

纪庄子村

(Jizhuangzi Cun)

名称来历 纪氏从山东迁此居住，故以姓氏取村名纪庄子。

地理位置 地处三屯营镇西部，东接麻家峪村，南邻赵家村，西、北接靴脱崖村。

主要指标 2011年末，辖区总人口1503人，总面积4平方千米，农民人均纯收入10082元。

赵家村

(Zhaojia Cun)

名称来历 赵氏从北观迁此立庄，以姓氏取村名为赵庄子。1982年4月，地名标准化处理时改名为赵家村。

地理位置 地处三屯营镇西南部，东至西关村，南邻遵化市建明镇接官厅村，西邻遵化市小厂乡雷家沟村，北至纪庄子村。

主要指标 2011年末，辖区总人口524人，总面积2.4平方千米，农民人均纯收入9909元。

至山庄村

(Zhishanzhuang Cun)

名称来历 因村边曾有一荷包坑，故得名为荷包庄。新中国成立前，因紧靠景忠山而改名为至山庄。

地理位置 地处三屯营镇南部，东至白庙子乡孟庄村，南隔景忠山与白庙子乡廖庄子村相望，西至遵化市建明镇炸糕店村，北至胜利营村。

主要指标 2011年末，辖区总人口452人，总面积1.2平方千米，农民人均纯收入8024元。

西关村

(Xiguan Cun)

名称来历 因地处三屯营镇西关而得名。

地理位置 地处三屯营镇中部，东邻戏楼村，南邻井泉村，西邻赵家村，北至王珠店村。

主要指标 2011年末，辖区总人口1308人，总面积2.7平方千米，农民人均纯收入8779元。

戏楼村

(Xilou Cun)

名称来历 因古时辖区内建有一个戏楼而得名。

地理位置 地处三屯营镇中部，东至北街村，南至井泉村，西至西关村，北至西关村。

主要指标 2011年末，辖区总人口1095人，总面积1.4平方千米，农民人均纯收入8994元。

北街村

(Beijie Cun)

名称来历 因地处三屯营城区北街而得名。

地理位置 地处三屯营镇中部，东至牌楼沟村，南至东街村，西至戏楼村，北至戏楼村。

主要指标 2011年末，辖区总人口743人，总面积1.3平方千米，农民人均纯收入8888元。

东街村

(Dongjie Cun)

名称来历 因地处三屯营城区东街而得名。

地理位置 地处三屯营镇中部，东邻贾庄子村，南邻官园村，西邻戏楼村，北接北街村。

主要指标 2011年末，辖区总人口852人，总面积1.1平方千米，农民人均纯收入8857元。

官园村

(Guanyuan Cun)

名称来历 因此处曾为明蓟镇总兵府的菜园，故而得名官园村。

地理位置 地处三屯营镇中部，东至东街村、井泉村，南至南关村，西至宝湖村，北至东街村。

主要指标 2011年末，辖区总人口983人，总面积1.5平方千米，农民人均纯收入8764元。

井泉村

(Jingquan Cun)

名称来历 借泉井之名而得名，称井泉村。

地理位置 地处三屯营镇中部，东至官园村，南至宝湖村，西至西关村，北至戏楼村。

主要指标 2011年末，辖区总人口1250人，总面积1.2平方千米，农民人均纯收入8545元。

宝湖村

(Baohu Cun)

名称来历 因此地一水井名宝湖，遂以此得村名。

地理位置 地处三屯营镇中部，东至官园村、南关村，南至至山庄村，西至井泉村，北至井泉村。

主要指标 2011年末，辖区总人口978人，总面积

0.82平方千米，农民人均纯收入8652元。

南关村
(Nanguan Cun)

名称来历 借三屯营城南关名而名，称南关村。

地理位置 地处三屯营镇中部，东至官园村，南邻至山庄村，西至宝湖村，北至官园村。

主要指标 2011年末，辖区总人口1395人，总面积1.4平方千米，农民人均纯收入8752元。

牌楼沟村
(Pailougou Cun)

名称来历 因沟口有贾氏牌楼，故得沟名牌楼沟，村以沟而得名。

地理位置 地处三屯营镇中部，东至侯庄村，南至新兴村，西至西关村，北至黄宝峪村。

主要指标 2011年末，辖区总人口947人，总面积5平方千米，农民人均纯收入9089元。

贾庄子村
(Jiazhuangzi Cun)

名称来历 原有贾氏迁此给三屯营的庞家看庄子，以姓氏取村名为贾家村，后称贾庄子。

地理位置 地处三屯营镇东南部，东至黑洼村，南至白庙子乡八里铺村，西至东街村，北至新兴村。

主要指标 2011年末，辖区总人口1016人，总面积1.3平方千米，农民人均纯收入8431元。

侯庄村
(Houzhuang Cun)

名称来历 因姓氏而得名侯庄村。

地理位置 地处三屯营镇东南部，东至彭庄村，南至贾庄子村，西至牌楼沟村，北至六宝峪村。

主要指标 2011年末，辖区总人口827人，总面积4.5平方千米，农民人均纯收入8250元。

胜利营村
(Shengliying Cun)

名称来历 1978年，因修建高家店水库，小西营生产大队部分村民由原址迁此立庄，命名为胜利营村。

地理位置 地处三屯营镇南部，东至至山庄村，南至景忠山，西至遵化市建明镇接官厅村，北至宝湖村。

主要指标 2011年末，辖区总人口98人，总面积0.5平方千米，农民人均纯收入7111元。

新兴村
(Xinxing Cun)

名称来历 1977年，因修建大黑汀水库，高家庄部分居民搬迁到此，取名新兴村。

地理位置 地处三屯营镇东南部，东、南接贾庄子村，西至牌楼沟村，北至侯庄村、彭庄村。

主要指标 2011年末，辖区总人口134人，总面积0.6平方千米，农民人均纯收入7090元。

六宝峪村
(Liubaoyu Cun)

名称来历 因当时沟里有三座塔，以此取村名三塔沟。后有人在沟里开银矿，曾有人拣到六个元宝，故借此改村名为六宝峪。

地理位置 地处三屯营镇北部，东至大洪峪村，南至彭庄村，西至牌楼沟村，北至平房子村。

主要指标 2011年末，辖区总人口1441人，总面积6平方千米，农民人均纯收入8419元。

彭庄村
(Pengzhuang Cun)

名称来历 彭氏随唐太宗征东从河南迁此立庄，冠以姓氏取村名彭庄。

地理位置 地处三屯营镇北部，东至上峪村，南至高家庄村，西至侯庄村，北至六宝峪村。

主要指标 2011年末，辖区总人口1135人，总面积6.5平方千米，农民人均纯收入8724元。

张家庄村
(Zhangjiazhuang Cun)

名称来历 张氏随唐太宗征东迁此立庄，冠以姓氏取村名张庄村。

地理位置 地处三屯营镇东南部，东隔大黑汀水库与旧城乡银洲峪村相望，南至兴城镇小黑小村，西至白庙子乡果庄子村，北至高家庄村。

主要指标 2011年末，辖区总人口188人，总面积3平方千米，农民人均纯收入7828元。

高家庄村
(Gaojiazhuang Cun)

名称来历 高氏随唐太宗征东迁此立庄，冠以姓氏取村名高家庄。

地理位置 地处三屯营镇东部，东至张家庄村，南至张家庄村，西至彭庄村，北至下峪村。

主要指标 2011年末，辖区总人口271人，总面积2平方千米，农民人均纯收入7528元。

上峪村
(Shangyu Cun)

名称来历 明初，曾有毛氏兄弟俩迁此山沟分上下两片居住，此地居上，称上毛家峪。1988年6月，地名标准化时，称上峪村。

地理位置 地处三屯营镇东北部，东至下峪村，南至彭庄村，西至西山，北至南团汀村。

主要指标 2011年末，辖区总人口599人，总面积3.5平方千米，农民人均纯收入6583元。

下峪村

(Xiayu Cun)

名称来历 明初，曾有毛氏兄弟俩迁此山沟分上下两片居住，此地居下，称下毛家峪。1988年6月，地名标准化时，称下峪村。

地理位置 地处三屯营镇东北部，东隔大黑汀水库与旧城乡榆树峪村相望，南至彭庄村，西至上峪村，北至南团汀村。

主要指标 2011年末，辖区总人口414人，总面积1.5平方千米，农民人均纯收入7138元。

南团汀村

(Nantuanting Cun)

名称来历 因村边有一大圆池塘，故取村名为团汀村。又因有一北团汀村，故改称南团汀村。

地理位置 地处三屯营镇东北部，东隔大黑汀水库与洒河桥镇长河峪村相望，南至下峪村，西至洒河桥镇大洪峪村，北隔大黑小水库与洒河桥镇大河山村相望。

主要指标 2011年末，辖区总人口278人，总面积2.5平方千米，农民人均纯收入6946元。

麻家峪村

(Majiayu Cun)

名称来历 因当时沟内盛产麻枣，人称麻枣峪。1947年，改村名为麻家峪。

地理位置 地处三屯营镇中部，东至王珠店村，南至西关村，西至纪庄子村，北至石厂村。

主要指标 2011年末，辖区总人口543人，总面积2.8平方千米，农民人均纯收入6462元。

王珠店村

(Wangzhudian Cun)

名称来历 原有一王氏在此开店卖猪头，人称王猪头店。清初，张氏跑马圈地迁此居住，因嫌原名不好听，故改村名为王珠店。

地理位置 地处三屯营镇中部，东至牌楼沟村，南至西关村，西至麻家峪村，北至高家店村。

主要指标 2011年末，辖区总人口944人，总面积3.5平方千米，农民人均纯收入8144元。

黄宝峪村

(Huangbaoyu Cun)

名称来历 原名黄柏峪。有一杨氏财主在此居住，因怕“羊”（杨与羊同音）吃黄柏，后改村名为黄宝峪。

地理位置 地处三屯营镇中部，东至六宝峪村，南至王珠店村，西至高家店村，北至高家峪村。

主要指标 2011年末，辖区总人口361人，总面积2平方千米，农民人均纯收入8127元。

高家峪村

(Gaojiayu Cun)

名称来历 高氏从山东五凤头迁此居住。因地处山沟，故得名高家峪村。

地理位置 地处三屯营镇北部，东至六宝峪村，南至黄宝峪村，西至高家店村，北至平房子村。

主要指标 2011年末，辖区总人口582人，总面积2.2平方千米，农民人均纯收入7838元。

丁家庄村

(Dingjiazhuang Cun)

名称来历 明初，丁氏从绍兴府（属浙江省）随燕王扫北迁此立庄，冠以姓氏取村名丁家庄村。

地理位置 地处三屯营镇西北部，东至平房子村，南至小西营村，西至北杨庄村，北至旧营村。

主要指标 2011年末，辖区总人口556人，总面积2平方千米，农民人均纯收入8179元。

小西营村

(Xiaoxiying Cun)

名称来历 相传明初曾在此地建军营，因军营不大，为与滦河之东的东营区别，故得名为小西营。

地理位置 地处三屯营镇西北部，东至高家店村，南至石厂村，西至石厂村，北至丁家庄村。

主要指标 2011年末，辖区总人口255人，总面积2平方千米，农民人均纯收入6338元。

石厂村

(Shichang Cun)

名称来历 村前山上出产大理石，过去曾有采石厂，故以此取村名为石厂村。

地理位置 地处三屯营镇西部，东至高家店村，南至丁家庄村，西至靴脱崖村，北至麻家峪村。

主要指标 2011年末，辖区总人口348人，总面积2平方千米，农民人均纯收入6661元。

高家店村

(Gaojiadian Cun)

名称来历 因高氏在此开店，以此取村名为高家店。

地理位置 地处三屯营镇中部，东邻高家峪村，南至王珠店村，西至小西营村，北至高家峪村。

主要指标 2011年末，辖区总人口576人，总面积3.5平方千米，农民人均纯收入8362元。

平房子村

(Pingfangzi Cun)

名称来历 姬氏从丰润县火石营村迁此居住，盖了三间小平房，故以此取村名平房子。

地理位置 地处三屯营镇北部，东至六宝峪村，南至高家峪村，西至西龙湾村，北至洒河桥镇牛店子村。

主要指标 2011年末，辖区总人口697人，总面积5.5平方千米，农民人均纯收入9285元。

西龙湾村

(Xilongwan Cun)

名称来历 村西山脉连绵弯曲似龙状，又有小河随山而流，故以此取村名为龙湾。1982年4月地名标准化处理时，改村名为西龙湾。

地理位置 地处三屯营镇北部，东至洒河桥镇牛店子村，南至平房子村，西至丁家庄村，北至石门子村。

主要指标 2011年末，辖区总人口1420人，总面积5.6平方千米，农民人均纯收入10082元。

旧营村

(Jiuying Cun)

名称来历 此地有旧城遗址，现尚存残墙，故以此取村名为旧营村。

地理位置 地处三屯营镇西北部，东至三屯营镇西龙湾村，南接丁家庄村、北杨庄村，西至王寺峪村，北至汉儿庄乡小关庄村。

主要指标 2011年末，辖区总人口599人，总面积2.5平方千米，农民人均纯收入8277元。

王寺峪村

(Wangsiyu Cun)

名称来历 明永乐年间，王氏随燕王扫北迁此定居，村中曾建有两座寺庙，又地处山沟之中，故名王寺峪村。

地理位置 地处三屯营镇西北部，东至旧营村，南至北杨庄村，西至西贾庄子村，北至汉儿庄乡石门子村。

主要指标 2011年末，辖区总人口957人，总面积6.10平方千米，农民人均纯收入8826元。

西贾庄子村

(Xijiazhuangzi Cun)

名称来历 贾氏从贾峪迁此居住，以姓氏取村名为贾庄子。1982年4月，地名标准化处理时，改村名为西贾庄子村。

地理位置 地处三屯营镇西北部，东至北杨庄村，南至北杨庄村，西邻遵化市小厂乡柴户场村，北至王寺峪村。

主要指标 2011年末，辖区总人口493人，总面积3.5平方千米，农民人均纯收入7814元。

北杨庄村

(Beiyangzhuang Cun)

名称来历 杨氏迁此定居，冠以姓氏取村名为杨庄。因南边（白庙子乡）有一杨庄，故改村名为北杨庄村。

地理位置 地处三屯营镇西北部，东至丁家庄村，南至丁家庄村，西至西贾庄子村，北至旧营村。

主要指标 2011年末，辖区总人口594人，总面积3平方千米，农民人均纯收入8000元。

（撰稿：李印会、葛瑞娟，初审：任月红、王福东）

太平寨镇

(Taipingzhai Zhen)

政区概况

名称来历 明代曾有参将游击在此驻守，并筑有城堡。明隆庆二年（1568年）改名为太平营，后又改名为太平寨。

地理位置 地处迁西县东北，东与迁安市、宽城县相邻，南与罗家屯镇相接，西、北与金厂峪镇相接。人民政府驻太平寨四村古岩路1号，电话区号0315，邮政编码064306，距迁西县人民政府35千米。

政区沿革 1947年前，属迁安县。1947年迁西置县后，属迁西县第二区。1953年，置太平寨乡。1956年，撤区并乡，保留太平寨乡，区域扩大。1958年10月，属东方红（太平寨）人民公社太平寨大队；同年12月，并入迁安县，改称太平寨管理区。1961年6月，迁西县恢复后，复归迁西县，建太平寨人民公社。1984年3月，改为太平寨乡，辖13个村民委员会。1988年6月，太平寨乡改镇，辖13个村民委员会。1996年1月，乡镇区划调整，南刘古庄乡、龙辛庄乡并入，辖29个村民委员会，有78个自然村。

政区划分 2011年末，辖太平寨一村、太平寨二村、太平寨三村、太平寨四村、北刘古庄村、东牌楼沟村、好椁椤峪村、南刘古庄村、北王庄村、城子岭村、兰城沟村、高古庄村、东赵庄村、王家峪村、大岭寨村、北张庄村、东辛庄村、擦崖子村、马庄子村、韩家河村、楼房峪村、龙辛庄村、鸽子庵村、黄土岭村、周家峪村、马家峪村、西沟村、冯庄村、水峪村29个村民委员会；下设250个村民小组。

人口面积 2011年末，辖区总人口35564人，其中城镇常住人口7381人，城镇化率20.7%。另有流动人口130人。总人口中，男性18126人，占51%；女性17420人，占49%；14岁以下5971人，占16.8%；15~64岁25405人，占71.5%；65岁以上4170人，占11.7%。总人口中，以汉族为主，达35101人，占98.7%；有满等少数民族，共463人，占1.3%。2011年，人口出生率11.76‰，人口死亡率6.33‰，人口自然增长率5.43‰。

辖区东西最大距离17千米，南北最大距离13千米，总面积112平方千米。人口密度为每平方千米318人。

自然条件

地形地貌 地处燕山山脉，地势北高南低。地形为丘陵。主要山峰有太平山，境内最高峰弓矢台位于水峪村，海拔422米；最低点位于黄土岭村东，海拔123米。

气候 属温带季风气候，其特点是四季分明，冬冷夏热。多年平均气温12℃。

矿藏及其他自然资源 境内已探明地下矿藏有石灰岩和铁矿石。已探明铁矿储量2000万吨，石灰石储量1200万吨。

自然灾害 主要自然灾害有旱涝、连阴雨、冰雹、暴雨、风灾等。灾害年均发生1次，主要发生在7月至9月，最严重的一次发生在2007年7月中旬周家峪地区。

经济概况

农业 耕地面积2.28万亩，人均0.64亩；可利用草地面积3.5万亩，林地面积3.2万亩。2011年，农业总产值1.7亿元，比上年增长12.2%，实现农业增加值1.4亿元，占国内生产总值的8.7%。

粮食作物以玉米为主。2011年，生产粮食0.84万吨，其中玉米0.6万吨，谷子519吨，高粱339吨。主要经济作物有蔬菜、板栗等。2011年，蔬菜种植面积839亩，产量0.4万吨，主要品种有大白菜、茄子、黄瓜、大葱，其中大白菜0.21万吨，茄子319吨，黄瓜384吨，大葱156吨。

畜牧业以猪、牛、羊、鸡为主。2011年，生猪饲养量2.18万头，年末存栏0.67万头；羊饲养量2.19万只，年末存栏0.7万只；牛饲养量0.14万头，年末存栏850头；家禽饲养量11.43万羽，上市家禽3万羽。2011年，生产肉类0.15万吨，其中猪肉0.11万吨，牛肉90吨，羊肉218.8吨；禽蛋128吨，鲜奶73吨。畜牧业总产值1370万元，占农业总产值的10%。

截至2011年末，累计造林0.39万亩，其中经济林0.24万亩，防护林0.15万亩，农民住宅四旁树木7.5万株，林木覆盖率67%。2011年，果树种植面积0.17万亩，产量0.15万吨，主要品种有梨、苹果，其中梨894.1吨，苹果393.2吨；板栗种植面积599亩，产量0.26万吨。

2011年，拥有大型农业机械43台（辆）；农民人均纯收入8526元。

工业 2011年，工业总产值9.5亿元，比上年增长7.2%，实现工业增加值8.5亿元，占国内生产总值的52.9%。

财政金融 2011年，财政总收入1.1亿元，比上年增长33%；人均财政收入3090元，比上年增长30%。

社会发展

教育 2011年末，幼儿园7所，在园幼儿1190人，专任教师29人；小学14所，在校生2198人，专任教师134人，小学适龄儿童入学率100%；初中1所，在校生610人，专任教师61人，初中适龄人口入学率、小升初升学率、九年义务教育覆盖率均达100%。

2011年，教育经费达1450万元，国家财政性教育经费1251元，财政预算内教育经费1420万元，预算内教育事业费390万元，分别比上年增长15%、10%、5%、2%。预算内教育经费（包括城市教育费附加）占财政总支出的比例为10%，比上年提高了2个百分点。

医疗卫生 2011年末，各级各类医疗卫生机构1个，卫生院1所；病床22张，其中公立卫生机构床位22张，每千人拥有医疗床位0.6张。专业卫生人员48人，其中执业医师6人，执业助理医师10人，注册护士8人。2011年，医疗机构（门诊部以上）完成诊疗4680人次，住院手术29台次，出院病人301人次。

2011年，法定报告传染病发病率为466/10万，农村安全饮用水普及率80%，农村卫生厕所普及率70%，新型农村合作医疗参合人数3.4万人，参合率97%；孕产妇死亡率16/10万，5岁以下儿童死亡率、婴儿死亡率、新生儿死亡率分别2.8‰、1.6‰、1‰。

体育 2011年末，体育场地29处。100%的村安装了健身器材，经常参加体育活动的人员占常住人口的40%。

广播电视 2011年末，有线电视覆盖率95%，入户率60%。

社会保障 2011年，城镇最低生活保障户数36户，人数46人，支出18.5万元，比上年增长6%，月人均335元，比上年增长5%；城市医疗救助5人次，支出7800元，比上年增长25%。

农村最低生活保障户数514户，人数901人，支出12.26万元，比上年增长8%，月人均11.3元，比上年增长3%；农村五保集中供养73人，支出36.5万元，比上年增长2%；农村五保分散供养150人，支出25万元，比上年减少5%；农村医疗救助20人次，支出7.64万元，比上年增长7%；农村临时救济38人次，支出1.33万元，比上年增长14%；大学新生教育救助18人，支出3.75万元，比上年增长21%。

国家抚恤、补助各类优抚对象193人，抚恤事业费支出73.2万元，比上年增长7%。

生活无着人员救助床位5张。社区服务设施35个，其中社区服务中心6个，社区服务站29个；社区日间照料床位数130张，社区留宿照料床位数15张。

新增就业人员566人，有15名下岗失业人员实现了再就业，2011年末城镇登记失业人数15人，城镇登记失业率为1.5%。

年末参加城镇基本养老保险35人，参加城镇居民基本医疗保险250人，比上年末增加12人。

基础设施

交通运输 新三抚公路过境，境内长9.13千米。

邮政电信 2011年末，电信服务网点2个；电话交换机总容量1.2万门，固定电话用户8100户，比上年减少400户，电话用户普及率达到81%，比上年下降5个百分点；移动电话用户1万户，比上年增加140户，移动电话普及率为99%，比上年提高1.4个百分点。

镇区市政建设

道路 2011年末，镇区道路总长度0.021万千米；道路铺装面积18平方千米，人均拥有道路面积0.002平方千米。

供电 2011年末，镇区有太平寨35千伏变电站1座，城子岭水电站1座，太平寨电站1座。

北刘古庄村

(Beiliuguzhuang Cun)

名称来历 清乾隆五十年（1785年）发大水，将南半庄冲走，留下北半庄。又因在太平寨北，故改村名为北留古庄，后写成北刘古庄。

地理位置 地处太平寨镇中部，东至城子岭村，南至太平寨二村，西至西沟村，北至龙辛庄村。

主要指标 2011年末，辖区总人口1295人，总面积6.5平方千米，农民人均纯收入8538元。

擦崖子村

(Cayazi Cun)

名称来历 明万历年间在此修长城时，一检查官于村北从马上摔下山崖，被岩石擦破了皮，遂在路边岩石上刻下“擦崖子”三个字，村名由此而来。

地理位置 地处太平寨镇东北部，东隔长城为秦皇岛市青龙满族自治县凉水河乡小马平村，南邻东辛庄村，西邻东牌楼沟村，北隔长城邻秦皇岛市青龙满族自治县凉水河乡青河沿村。

主要指标 2011年末，辖区总人口1700人，总面积4.4平方千米，农民人均纯收入8021元。

城子岭村

(Chengziling Cun)

名称来历 明万历年间重修长城时，在该村修筑了城堡，村西又有一山岭，由此取村名城子岭。

地理位置 地处太平寨镇东北部，东邻秦皇岛市青龙满族自治县凉水河乡青河沿村，南邻东赵庄村，西邻北刘古庄村，北邻承德市宽城满族自治县华尖乡三道岭村。

主要指标 2011年末，辖区总人口1303人，总面积5.8平方千米，农民人均纯收入8547元。

大岭寨村

(Dalingzhai Cun)

名称来历 村北有一大山岭，岭上曾有流寇立寨居住，由此取名为大岭寨村。

地理位置 地处太平寨镇北部，东邻承德市宽城满族自治县华尖乡三道岭村，南邻龙辛庄村，西邻好梓椤峪村，北邻兰城沟村。

主要指标 2011年末，辖区总人口1259人，总面积6平方千米，农民人均纯收入10119元。

东辛庄村

(Dongxinzhuang Cun)

名称来历 附近分散居民来此居住，取村名新庄。1946年，该村划入太平寨，因在太平寨东，遂取名东新庄，后改为东辛庄。

地理位置 地处太平寨镇东部，东至迁安市五重安乡红峪口村，南至楼房峪村，西邻东牌楼沟村，北至擦崖子村。

主要指标 2011年末，辖区总人口1494人，总面积4.3平方千米，农民人均纯收入8101元。

冯庄村

(Fengzhuang Cun)

名称来历 明初燕王扫北时，冯氏落此居住，以姓氏取村名冯庄村。

地理位置 地处太平寨镇南部，东至北张庄子村，南至罗家屯镇下梨树峪村，西至罗家屯镇上梨树峪村，北至高古庄村。

主要指标 2011年末，辖区总人口624人，总面积1.49平方千米，农民人均纯收入8264元。

高古庄村

(Gaoguzhuang Cun)

名称来历 此地原为高家所有，并雇有伙计在此干活儿。因伙计们住的是窝棚，故称此地为高家窝棚。以后居民渐多，遂改名为高家庄，后又称为高古庄。

地理位置 地处太平寨镇南部，东邻马庄子村，南至冯庄村，西邻鸽子庵村，北邻北王庄村。

主要指标 2011年末，辖区总人口2462人，总面积7.5平方千米，农民人均纯收入8011元。

鸽子庵村

(Gezi'an Cun)

名称来历 因村西有尼姑庵，故取村名姑子庵。后嫌其鄙俗，遂改今名。

地理位置 地处太平寨镇西部，东至高古庄村，南至罗家屯镇墙板峪村，西邻金厂峪镇郭庄户村，北至北王庄村。

主要指标 2011年末，辖区总人口1077人，总面积4.6平方千米，农民人均纯收入8758元。

韩家河村

(Hanjiahe Cun)

名称来历 明初，韩氏迁此定居，因地处清河边上，遂取村名韩家河。

地理位置 地处太平寨镇南部，东至南刘古庄村，南至黄土岭村，西至高古庄村，北至马庄子村。

主要指标 2011年末，辖区总人口770人，总面积1.8

平方千米，农民人均纯收入 8929 元。

好椁椤峪村

(Haopoluoyu Cun)

名称来历 清初，齐氏从龙辛庄迁至此处，搭窝铺居住，因在龙辛庄北，遂取名为北沟窝铺。因该地椁椤树颇多，后改名为好椁椤峪。

地理位置 地处太平寨镇北部，东至大岭寨村，南至龙辛庄村，西至水峪村，北邻金厂峪镇水峪岭村。

主要指标 2011 年末，辖区总人口 656 人，总面积 4.5 平方千米，农民人均纯收入 8205 元。

黄土岭村

(Huangtuling Cun)

名称来历 因村北有一黄土岭，故以此取村名黄土岭村。

地理位置 地处太平寨镇南部，东至清水岭村，南至罗家屯镇水泉村，西至马家峪村，北至南刘古庄村。

主要指标 2011 年末，辖区总人口 1687 人，总面积 3.6 平方千米，农民人均纯收入 8624 元。

兰城沟村

(Lanchenggou Cun)

名称来历 明万历年间曾在此修筑石城，为大岭寨和榆木岭两关军需储备之用，取名烂柴沟寨，后嫌名不雅，故改称兰城沟村。

地理位置 地处太平寨镇北部，东至承德市宽城满族自治县华尖乡东沟村，南至大岭寨村，西至好椁椤峪村，北至金厂峪镇崔家堡子村。

主要指标 2011 年末，辖区总人口 1208 人，总面积 8 平方千米，农民人均纯收入 8909 元。

楼房峪村

(Loufangyu Cun)

名称来历 明万历年间修筑长城时，将士们在北沟修筑一楼房居住，遂村名楼房峪。

地理位置 地处太平寨镇东部，东至迁安市五重安乡朱家沟村，南至罗屯镇沙涧村，西至太平寨四村，北至东辛庄村。

主要指标 2011 年末，辖区总人口 492 人，总面积 1.4 平方千米，农民人均纯收入 8116 元。

马家峪村

(Majiayu Cun)

名称来历 白氏迁此搭帐篷居住，取村名白家帐子。后白氏绝嗣。马氏迁此居住，冠以姓氏取村名马家峪。

地理位置 地处太平寨镇南部，东至黄土岭村，南至罗家屯镇水泉村，西至罗家屯镇下梨树峪，北邻北张庄子村。

主要指标 2011 年末，辖区总人口 670 人，总面积 1.6 平方千米，农民人均纯收入 8098 元。

马庄子村

(Mazhuangzi Cun)

名称来历 因此地曾是圈马的地方，故以此取村名马庄子。

地理位置 地处太平寨镇南部，东至南刘古庄村，南至韩家河村，西至高古庄村，北至太平寨四村。

主要指标 2011 年末，辖区总人口 1068 人，总面积 1.4 平方千米，农民人均纯收入 8059 元。

南刘古庄村

(Nanliuguzhuang Cun)

名称来历 明初，燕王扫北时曾有人居住，并留下房屋。后张氏由山东迁此立庄，借古房取村名留古庄，后改成刘古庄。因在北刘古庄之南，遂改村名为南刘古庄。

地理位置 地处太平寨镇东南部，东至罗家屯镇郭家沟村，南至黄土岭村，西至黄土岭村，北至周家峪村。

主要指标 2011 年末，辖区总人口 1546 人，总面积 4.2 平方千米，农民人均纯收入 8507 元。

东牌楼沟村

(Dongpailougou Cun)

名称来历 相传，河北一总督到此阅边时，在此沟立一石牌楼，遂以此取村名牌楼沟。1982 年 4 月，地名标准化处理时定名为东牌楼沟村。

地理位置 地处太平寨镇东部，东至擦崖子村，南至楼房峪村，西邻王家峪村，北至秦皇岛市青龙满族自治县凉水河乡清河沿村。

主要指标 2011 年末，辖区总人口 625 人，总面积 2.7 平方千米，农民人均纯收入 8211 元。

水峪村

(Shuiyu Cun)

名称来历 因该村居于谷地，并有一小河常年流淌，故取村名为水峪。

地理位置 地处太平寨镇西北部，东至好椁椤峪村，南至龙辛庄村，西至金厂峪镇边界，北至水峪岭村。

主要指标 2011 年末，辖区总人口 1250 人，总面积 5.7 平方千米，农民人均纯收入 8196 元。

太平寨一村

(Taipingzhaiyi Cun)

名称来历 明初，南北太平山各有山寨王，该村在两山中间，遂取名太平寨。后按行政序号而名太平寨一村。

地理位置 地处太平寨镇中部，东邻太平寨二村，南邻马庄子村、太平寨三村，西邻王庄子村，北接北刘古庄村。

主要指标 2011 年末，辖区总人口 1958 人，总面积 3.1 平方千米，农民人均纯收入 10189 元。

太平寨二村

(Taipingzhai'er Cun)

名称来历 明初，南北太平山各有山寨王，该村在两山中间，遂取名太平寨。后按行政序号而名太平寨二村。

地理位置 地处太平寨镇中部，东、南邻太平寨三村，西接太平寨一村，北邻北刘古庄村。

主要指标 2011年末，辖区总人口1381人，总面积2.6平方千米，农民人均纯收入8520元。

太平寨三村

(Taipingzhaisan Cun)

名称来历 明初，南北太平山各有山寨王，该村在两山中间，遂取名太平寨。后按行政序号而名太平寨三村。

地理位置 东地处太平寨镇中部，东至王家峪村，南至高古庄村，西至太平寨二村，北邻东赵庄村。

主要指标 2011年末，辖区总人口1890人，总面积3.5平方千米，农民人均纯收入8455元。

太平寨四村

(Taipingzhaisi Cun)

名称来历 明初，南北太平山各有山寨王，该村在两山中间，遂取名太平寨。后按行政序号而名太平寨四村。

地理位置 地处太平寨镇中部，东至楼房峪村，南至南刘古庄村，西至北王庄村，北至太平寨三村。

主要指标 2011年末，辖区总人口1624人，总面积4.6平方千米，农民人均纯收入8419元。

龙辛庄村

(Longxinzhuang Cun)

名称来历 民国年间，该村为乾安县第三派出所筹办员龙会川所辖，改名龙新庄，现改称龙辛庄。

地理位置 地处太平寨镇北部，东至大岭寨村，南至北刘古庄村，西邻金厂峪镇，北至好梓椤峪村。

主要指标 2011年末，辖区总人口987人，总面积4.1平方千米，农民人均纯收入8223元。

王家峪村

(Wangjiayu Cun)

名称来历 王氏迁此居住，冠以姓氏取村名王家峪。

地理位置 地处太平寨镇东北部，东至东牌楼沟村，南至王家峪村，西邻太平寨一村，北至东赵庄村。

主要指标 2011年末，辖区总人口697人，总面积2.79平方千米，农民人均纯收入8372元。

北王庄村

(Beiwangzhuang Cun)

名称来历 王氏兄弟从山东大王庄迁此，冠以姓氏取村名王庄子村。1982年4月，地名标准化处理时改为今名。

地理位置 地处太平寨镇西部，东至太平寨四村，南至高古庄村，西与金厂峪镇北干柴峪村相邻，北至西沟村。

主要指标 2011年末，辖区总人口944人，总面积5.10平方千米，农民人均纯收入10119元。

西沟村

(Xigou Cun)

名称来历 借沟名而得村名。

地理位置 地处太平寨镇西部，东至太平寨一村，南至王庄子村，西至金厂峪镇张达峪村，北至北刘古庄村。

主要指标 2011年末，辖区总人口1972人，总面积9.70平方千米，农民人均纯收入8910元。

北张庄村

(Beizhangzhuang Cun)

名称来历 清嘉庆年间，高氏从渔户寨迁此立庄。因此地原名张庄村，建村后仍沿用其名。1982年，地名标准化处理时改为今名。

地理位置 地处太平寨镇南部，东邻马家峪村，南邻罗家屯镇下梨树峪村，西邻冯庄村，北邻高古庄村。

主要指标 2011年末，辖区总人口444人，总面积1.10平方千米，农民人均纯收入8513元。

东赵庄村

(Dongzhaozhuang Cun)

名称来历 明末，赵氏迁此居住，以姓氏取村名赵庄子村。1982年4月，地名标准化处理时改为今名。

地理位置 地处太平寨镇东北部，东邻东牌楼沟村，南邻王家峪村，西邻北刘古庄村，北至城子岭村。

主要指标 2011年末，辖区总人口647人，总面积2.01平方千米，农民人均纯收入8559元。

周家峪村

(Zhoujiayu Cun)

名称来历 明初，周氏迁北沟立庄，冠以姓氏取村名周家峪村。

地理位置 地处太平寨镇东南部，东至郭家沟，南至南刘古庄村，西至太平寨四村，北至罗家屯镇沙涧村。

主要指标 2011年末，辖区总人口1306人，总面积3.5平方千米，农民人均纯收入8009元。

（撰稿：赵桂娟、王宝生，初审：高爱文、王福东）

上营乡

(Shangying Xiang)

政区概况

名称来历 因乡人民政府驻地位于上营村而得名。

地理位置 地处迁西县北部，东、南接迁西县金厂峪镇，南临迁西县渔户寨乡，西接迁西县滦阳镇，北邻承德市宽城县。人民政府驻上营乡大堡城子村新兴街1号，电话区号0315，邮政编码064308，距迁西城人民政府43千米。

政区沿革 1947年前，属迁安县。1947年迁西置县后，属迁西县第三区。1953年，置上营乡。1956年，撤区并乡，保留上营乡，区域扩大。1958年10月，属红旗（上营）人民公社上营大队；同年12月，并入迁安县，改称上营管理区。1961年6月，迁西县恢复后，复归迁西县，建上营人民公社。1984年3月，改为上营乡，辖7个村民委员会。1996年1月，乡镇区划调整，瓦房庄乡并入，辖14个村民委员会，有59个自然村。

政区划分 2011年末，辖上营村、大堡城子村、董家口村、上青山口村、鹿过寨村、瓦房庄村、龙湾村、总府村、东贾庄子村、金龙口村、大牛峪村、十八盘村、湾子崖村、塔子山村14个村民委员会；下设64个村民小组。

人口面积 2011年末，辖区总人口11894人，其中城镇常住人口211人，城镇化率1.8%。总人口中，男性6215人，占52.3%；女性5679人，占47.7%；14岁以下2201人，占18.4%；15～64岁8356人，占70.2%；65岁以上1236人，占11.4%。总人口中，以汉族为主，达1.17万人，占98.3%；有满、蒙古2个少数民族。2011年，人口出生率13.42‰，人口死亡率5.27‰，人口自然增长率8.15‰。

辖区东西最大距离25千米，南北最大距离5千米，总面积87平方千米。人口密度为每平方千米137人。

自然条件

地形地貌 地处燕山山脉，以山地为主。境内最高峰八面峰位于北部边境，海拔842米。

气候 属温带季风气候，其特点是季风明显，四季分明，秋季凉爽干燥，冬季寒冷少雪。由于地形独特，气候极端性明显强于周边地区。多年平均气温8.8℃。生长期年平均101天。降雨集中在每年7月至9月，8月最多。

水文 境内河道属滦河流域，主要河道有长河，境内长18千米。

矿藏及其他自然资源 境内已探明地下矿藏有金、铁、锰、铜等。辖区内共有15家铁选企业，年可处理原矿450万吨，年产铁精粉60万吨。已开发的铁矿有城子沟铁矿，位于东贾庄子村；大狼峪铁矿，位于龙湾村。

自然灾害 主要自然灾害有旱灾、洪涝、冰雹等，洪涝灾害年均发生一次，主要发生在7月到9月。

经济概况

农业 耕地面积5700亩，人均0.48亩；可利用草地面积2.3万亩，林地面积5.7万亩。2011年，农业总产值1.1亿元，比上年增长13%，实现农业增加值9568万元，占国内生产总值的10.6%。

粮食作物以玉米为主。2011年，生产粮食0.25万吨，人均210千克。2011年，蔬菜种植面积533亩，产量0.34万吨，主要品种有大白菜，其中大白菜0.17万吨。林果业以油松、板栗为主，2011年，板栗种植面积3.62万亩，共有板栗树94万株，是我县重要的板栗生产基地，常年产板栗0.25万吨，为农民增加收入180万元。

畜牧业以猪、羊、牛为主。2011年，生猪饲养量0.98万头，年末存栏0.25万头；羊饲养量1.06万只，年末存栏0.52万只；牛饲养量400头，年末存栏300头；家禽饲养量7.7万羽，上市家禽1.45万羽。2011年，生产肉类951.1吨，其中猪肉547.7吨，牛肉47.9吨，羊肉148.1吨；禽蛋96吨，鲜奶270吨。畜牧业总产值1500万元，占农业总产值的13.7%。

截至2011年末，累计造林0.18万亩，其中经济林795亩，防护林750亩，农民住宅四旁树木6.99万株，林木覆盖率81.4%。2011年，干鲜果品产量0.37万吨，水果种植面积400亩，产量947吨，主要品种有苹果、安梨、柿子、红枣等，其中苹果12吨，安梨257吨，葡萄0.14万吨，鲜桃116吨，柿子134吨，红枣55吨；干果产量0.26万吨，主要品种有板栗、核桃等。

2011年，拥有大型农业机械13台（辆）；农民人均纯收入8853元。

工业 2011年，工业总产值7.61亿元，比上年增长26.4%，实现工业增加值6.7亿元，占国内生产总值的74.2%。

2011年，规模以上工业企业7家，职工700人。其中大中型工业企业1家，职工300人。

财政金融 2011年，财政总收入7300万元，比上年增长45.4%。人均财政收入6138元，比上年增长48%。2011年，银行和金融机构各类存款余额72.31亿元，比上年增长11.3%。

社会发展

文化艺术 2011年末，文化站1个，建筑面积300平方米；公共图书室15个，建筑面积400平方米，藏书1.5万册。地方特色民间艺术有花会等，其中东贾庄子村花会团体每年应邀参加迁西县举办的正月十五花会游行，颇受好评。

教育 2011年末，幼儿园5所，在园幼儿320人，专任教师18人；小学4所，在校生234人，专任教师73人，小学适龄儿童入学率100%；初中1所，在校生240人，专任教师30人，初中适龄人口入学率、小升初升学率、九年义务教育覆盖率均达100%。

2011年，教育经费达450万元，国家财政性教育经费410万元，财政预算内教育经费401万元，预算内教育事业费360万元，分别比上年增长26%、14%、12%、4%。预算内教育经费（包括城市教育费附加）占财政总支出的比例为10%，比上年提高了10个百分点。

医疗卫生 2011年末，卫生院1所，村级卫生医疗点11个；病床48张，其中公立卫生机构床位26张，每千人拥有医疗床位4.6张，固定资产总值312万元。专业卫生人员81人，其中执业医师5人，执业助理医师12人，注册护士4人。2011年，医疗机构（门诊部以上）完成诊疗8400人次，住院手术3台次，出院病人1300人次。

2011年，法定报告传染病发病率为398/10万，农村安全饮用水普及率66%，农村卫生厕所普及率86%，新型农村合作医疗参合人数1.1万人，参合率99%；孕产妇死亡率11/10万，5岁以下儿童死亡率、婴儿死亡率、新生儿死亡率分别为6.6‰、5.2‰、4.1‰。

体育 2011年末，体育场地14处。98%的村安装了健身器材，经常参加体育活动的人员占常住人口的32%。

广播电视 2011年末，村级广播站14个，广播喇叭112只。14个村接通有线电视。

有线电视用户3000户，电视综合覆盖率90%。

社会保障 2011年城镇最低生活保障户数22户，人数24人，支出7万元，比上年增长5%，月人均243元，比上年增长6.2%；城市医疗救助8人次，支出8000元，比上年增长0.8%。

农村最低生活保障户数183户，人数328人，支出38万元，比上年增长4%，月人均97元，比上年增长3%；农村五保集中供养8人，支出4万元，比上年增长5%；农村五保分散供养30人，支出6万元，比上年减少6%；农村医疗救助9人次，支出2万元，比上年增长6%；农村临时救济11人次，支出4000元，比上年增长5%。

国家抚恤、补助各类优抚对象48人，抚恤事业费支出42万元，比上年增长4%。

生活无着人员救助床位5张。社区服务设施28个，其中社区服务中心14个，社区服务站14个；社区日间照料床位数40张。

新增就业人员150人，有5名下岗失业人员实现了再就业，就业困难人员再就业45人，年末城镇登记失业人数15人。

基础设施

交通运输 2011年，运输企业拥有客运车8辆，客运总量3.2万人次，货运总量300万吨。

邮政电信 2011年末，邮政网点1个，投递路线单程总长度30千米，投递点21个，乡村通邮率100%；全年投递国内函件5600件，征订报纸3000份、期刊805册。

电信企业1家，服务网点5个；固定电话用户2600户，电话用户普及率达到93%；移动电话用户3000户，比上年增加500户，移动电话普及率为98%。

董家口村

(Dongjiakou Cun)

名称来历 董家口是历史上较为著名的关口，因有一董姓将领在此守卫长城关隘而得名。村因关口名而得名。

地理位置 地处上营乡北部，东靠大堡城子村，南连龙湾村，西邻东贾庄子村，北与承德市宽城满族自治县碾子峪乡艾峪口村接壤。

主要指标 2011年末，辖区总人口1055人，总面积6.20平方千米，农民人均纯收入8908元。

上青山口村

(Shangqingshankou Cun)

名称来历 因村北山上秦代所建的长城关口叫青山关而得名。

地理位置 地处上营乡东北部，东与承德市宽城满族自治县东大地乡熊虎斗村相连，南靠金厂峪镇榆木岭村，西接大堡城子村，北邻承德市宽城满族自治县碾子峪乡榆树峪村。

主要指标 2011年末，辖区总人口973人，总面积9.86平方千米，农民人均纯收入8779元。

大堡城子村

(Dabaochengzi Cun)

名称来历 此地有一较大城堡，故以此取村名为大堡城子。

地理位置 地处上营乡东北部，东与承德市宽城满族自治县东大地乡关石村相连，南靠金厂峪镇榆木岭村，西邻上营村，北抵承德市宽城满族自治县碾子峪乡榆树峪。

主要指标 2011年末，辖区总人口903人，总面积7.26平方千米，农民人均纯收入8779元。

上营村

(Shangying Cun)

名称来历 相传，明代戚继光曾镇守此地，并扎有营寨，故名上营村。

地理位置 地处上营乡东部，东接承德市宽城满族自治县华尖乡榆木岭村，南邻金厂峪镇凿子岭村，西靠鹿过寨村，北邻大堡城子村。

主要指标 2011年末，辖区总人口974人，总面积5.11平方千米，农民人均纯收入8837元。

东贾庄子村

(Dongjiazhuangzi Cun)

名称来历 因贾姓始居于此，冠以姓氏取名为贾庄子。1982年，地名标准化处理时改称东贾庄子村。

地理位置 地处上营乡北部，东接董家口村，南邻瓦房庄村，西邻滦阳镇铁门关村，北靠承德市宽城满族自治县碾子峪乡大屯村。

主要指标 2011年末，辖区总人口1080人，总面积8.01平方千米，农民人均纯收入8805元。

鹿过寨村

(Luguozhai Cun)

名称来历 因村前有一条大路，路与陆同音，故取村名陆各庄。后因康熙打猎到此，见有一只鹿从此跑过，故改名鹿过寨。

地理位置 地处上营乡中部，东接上营村，南靠金厂峪镇凿子岭村，西邻龙湾村，北靠东贾庄子村。

主要指标 2011年末，辖区总人口942人，总面积5.39平方千米，农民人均纯收入8853元。

金龙口村

(Jinlongkou Cun)

名称来历 村前有一大石崖子含金，由此取村名金崖口。又因长河由村边弯曲流过，犹如长龙，后改为金龙口村。

地理位置 地处上营乡中部，东接龙湾村，南邻金厂峪镇刘峪村，西接瓦房庄村，北靠东贾庄子村。

主要指标 2011年末，辖区总人口878人，总面积5.02平方千米，农民人均纯收入8790元。

瓦房庄村

(Wafangzhuang Cun)

名称来历 传说康熙皇帝在此打鱼晒网，因此后人称该村为网护庄，后叫成马蜂庄。清末村中已有了瓦房，故改称瓦房庄。

地理位置 地处上营乡中部，东靠金龙口村，南接总府村，西与总府村相邻，北邻滦阳镇苇子峪村。

主要指标 2011年末，辖区总人口866人，总面积8.42平方千米，农民人均纯收入8747元。

龙湾村

(Longwan Cun)

名称来历 村西北有一山，犹似长龙，长河环流而去，遂以此取村名龙湾。

地理位置 地处上营乡中部，东邻金厂峪镇凿子岭村，南接金龙口村，西靠瓦房庄村，北邻鹿过寨村。

主要指标 2011年末，辖区总人口843人，总面积4.94平方千米，农民人均纯收入8844元。

总府村

(Zongfu Cun)

名称来历 相传庄里曾有人去当兵，后来当了总督，遂借此取村名总督府，后称总府村。

地理位置 地处上营乡西南部，东接金龙口村，南邻大牛峪村，西与十八盘村相邻，北靠湾子崖村。

主要指标 2011年末，辖区总人口911人，总面积4.39平方千米，农民人均纯收入9304元。

大牛峪村

(Daniuyu Cun)

名称来历 因在南柳庄南面的大山沟里，取名大南峪，后叫成大牛峪。

地理位置 地处上营乡西南部，东邻金龙口村，南邻金厂峪镇金厂峪村西沟，西与十八盘村相邻，北接总府村。

主要指标 2011年末，辖区总人口494人，总面积4.32平方千米，农民人均纯收入8677元。

十八盘村

(Shibapan Cun)

名称来历 明后期，张姓从碾各庄迁至十八盘山岭之北立庄。因此地地势较高，故取村名为十八盘村。

地理位置 地处上营乡西南部，东与大牛峪村相邻，南接渔户寨乡三家湾村，西靠塔子山村，北接湾子崖村。

主要指标 2011年末，辖区总人口805人，总面积3.71平方千米，农民人均纯收入8834元。

湾子崖村

(Wanziya Cun)

名称来历 因村头有一山崖，长河从崖下曲折流过，故以此取名湾子崖，俗称湾子崖（nié）村。

地理位置 地处上营乡西部，东邻总府村，南靠十八盘村，西与塔子山村相连，北靠滦阳镇喜峰口回民村。

主要指标 2011年末，辖区总人口461人，总面积4.5平方千米，农民人均纯收入8908元。

塔子山村

(Tazishan Cun)

名称来历 因龚姓始居于此，以姓氏取村名龚家庄，简称龚庄，后改今名。

地理位置 地处上营乡西部，东与湾子崖村相邻，南靠湾子崖村，西邻滦阳镇罗家堡子村，北与滦阳镇苇子峪村相邻。

主要指标 2011年末，辖区总人口630人，总面积7.25平方千米，农民人均纯收入8827元。

（撰稿：张晓丽、赵中权，初审：孙海艳、王福东）

尹庄乡

(Yinzhuang Xiang)

政区概况

名称来历 因乡人民政府驻地位于尹庄村而得名。

地理位置 地处迁西县东南，东与迁安市马兰庄镇、蔡园镇接壤，西南与新集镇相连，西北毗邻兴城镇，北隔滦河与罗家屯镇、东荒峪镇相望。人民政府驻樊庄村为民街1号，电话区号0315，邮政编码064301，距迁西县人民政府22千米。

政区沿革 1947年前，属迁安县。1947年迁西置县后，属迁西县第七区。1953年，置尹庄乡。1956年，撤区并乡，保留尹庄乡，区域扩大。1958年10月，属联星（新集）人民公社尹庄大队；同年12月，并入迁安县，改称尹庄管理区。1961年6月，迁西县恢复后，复归迁西县，建尹庄人民公社。1984年3月，改为尹庄乡，辖16个村民委员会。1996年1月，乡镇区划调整，忍字口乡并入，辖23个村民委员会，有31个自然村。

政区划分 2011年末，辖尹庄村、偏崖子村、刘王坎村、干河草村、马兰峪村、大傅庄村、高峪村、刘台村、磨石庵村、东刘庄村、房官营村、瓦房峪村、高台子村、樊庄村、林场村、尹山村、钓鱼崖村、新赵庄村、尹家铺村、洪葛峪村、忍字口村、北山村、船庄村23个村民委员会；下设113个村民小组。

人口面积 2011年末，辖区总人口19354人，其中城镇常住人口600人，城镇化率16%。另有流动人口1587人。总人口中，男性9487人，占48.9%；女性9867人，占51.1%；14岁以下3688人，占19%；15~64岁11471人，占59.3%；65岁以上4195人，占21.7%。总人口中，以汉族为主，达19257人，占99.5%。2011年，人口出生率13.2‰，人口死亡率11.6‰，人口自然增长率1.6‰。

辖区东西最大距离14千米，南北最大距离7千米，总面积64.4平方千米。其中陆地面积56.4平方千米，占87.6%；水域面积8平方千米，占12.4%。人口密度为每平方千米301人。

自然条件

地形地貌 境内多山地、丘陵，地势西高东低，南高北低。最高点在林场村大哑巴沟，海拔377.3米；最低点在偏崖子村大桥，海拔73.3米。

气候 属温带季风气候。多年平均气温10.9℃。无霜期年平均176天。年平均降水量744.7毫米。

水文 境内河道属滦河流域。滦河从钓鱼岩村北至偏崖子村北自西向东流经境内钓鱼岩村、忍字口村、新赵庄、船庄村、刘王坎村、刘台村、大傅庄村、高台子村、高峪、偏崖子村，长72千米，流域面积3.3平方千米，年均流量153立方米/秒。房官营水库位于境内西南部，面积6.25万平方米，库容1054立方米。

矿藏及其他自然资源 境内已探明地下矿藏有铁、锰、膨润土等矿产。

自然灾害 主要自然灾害有干旱、冰雹、洪涝、大风、雷暴、寒潮等。境内四季均有大风，以春、夏两季出现频率最高。2005年7月9日，一场龙卷风袭击了境内3个村庄，农作物受灾面积500多亩，刮断通信电杆100余根，刮倒树木2000余棵，上百棵树木连根拔起，经济损失30余万元。

经济概况

农业 耕地面积2.38万亩，人均1.2亩；可利用草地面积1.3万亩，林地面积1.6万亩。2011年，农业总产值1.5亿元，比上年增长16.9%，实现农业增加值1.1亿元，占国民生产总值的12.6%。

粮食作物以玉。2011年，生产粮食0.45万吨，人均233千克。2011年，油料作物种植面积0.48万亩，产量990吨，其中花生984吨；蔬菜种植面积716亩，产量0.4万吨，其中白菜0.2万吨。

畜牧业以猪、鸡为主。2011年，生猪饲养量1.66万头，年末存栏0.51万头；家禽饲养量1.2万羽，上市家禽8.5万羽。畜牧业总产值5000万元，占农业总产值的50%。

截至2011年末，累计造林2715亩，其中经济林975亩，农民住宅四旁树木5.84万株，林木覆盖率69%。2011年，干果种植面积2.7万亩，干鲜果品产量0.34万吨，水果产量720吨，主要品种有苹果、安梨、柿子等，其中苹果96吨，安梨296吨，柿子54吨；干果产量0.19万吨，主要品种有板栗、核桃等，其中板栗0.15万吨，核桃387吨。

2011年，拥有大型农业机械23台（辆）；农民人均纯收入7259元。

工业 工业以铁选、铸造、机械加工为主。2011年，工业总产值6.6亿元，比上年增长18%，实现工业增加值5.8亿元，占国内生产总值的68.4%。2011年，工业企业123个，企业职工3401人。

商业外贸 2011年末，商业网点18个；集贸市场1个。2011年，社会消费品零售总额达770万元，比上年增长15.6%；城乡集市贸易成交额216万元，比上年增长37%。

财政金融 2011年，财政总收入2034万元，比上年增长24.2%。从主要税种看，完成营业税27.3万元，增值税和企业所得税1365.8万元，分别比上年增长60.6%、14.7%。人均财政收入1051元，比上年增长27.9%。年末有农村信用社开设了分支机构；2011年，银行和金融机构各类存款余额2.56亿元，比上年增长18.5%；各项贷款余额1.3亿元，比上年增长1.5%。

社会发展

文化艺术 2011年末，文化站1个；农家书屋17个，藏书30余万册。

教育 2011年末，幼儿园6所，在园幼儿512人，专任教师17人；小学6所，在校生1200人，专任教师120人，小学适龄儿童入学率100%；初中1所，在校生490人，专任教师61人，初中适龄人口入学率、小升初升学率、九年义务教育覆盖率均达100%。

2011年教育经费达120万元，国家财政性教育经费120万元，财政预算内教育经费115万元，预算内教育事业费98万元，分别比上年增长15%、13%、10%、3%。预算内教育经费（包括城市教育费附加）占财政总支出的比例为16.7%，比上年提高了3个百分点。

医疗卫生 2011年末，卫生院1所，村卫生所34所；病床46张，其中公立卫生机构床位46张，每千人拥有医疗床位2.4张。专业卫生人员48人，其中执业医师3人。

执业助理医师3人，注册护士5人。2011年，医疗机构（门诊部以上）完成诊疗8964人次，住院手术15台次，出院病人356人次。

2011年，法定报告传染病发病率为445/10万，农村安全饮用水普及率90%，农村卫生厕所普及率85%，新型农村合作医疗参合人数16570人，参合率94.3%。孕产妇死亡率14/10万，5岁以下儿童死亡率、婴儿死亡率、新生儿死亡率分别为5.8‰、4.5‰、3.6‰。

体育 2011年末，体育场地23处。96%的村安装了健身器材，经常参加体育活动的人员占常住人口的26%。

广播电视2011年末，有线电视用户3500户，电视综合覆盖率100%。

社会保障 2011年，城镇最低生活保障户数47户，人数80人，支出26万元，比上年增长14.2%，月人均271元，比上年增长7%；城市生活无着人员救助2人次，支出5000元，比上年增长36%。

农村最低生活保障户数283户，人数542人，支出72万元，比上年增长6.9%，月人均111元，比上年增长4.7%；农村五保集中供养27人，支出13万元，比上年增长0.9%；农村五保分散供养60人，支出12万元，比上年减少18%；农村医疗救助21人次，农村临时救济26人次，共支出5.8万元，比上年增长1%。

国家抚恤、补助各类优抚对象86人，抚恤事业费支出34.4万元，比上年增长8.4%。

新型农村社会养老保险参保人数10543人，参保率99%。生活无着人员照料床位3张。社区服务设施23个，其中社区服务中心3个，社区服务站20个；社区留宿照料床位数30张。新增就业人员73人，有7名下岗失业人员实现了再就业。

基础设施

交通运输 有乡级公路5条，村级公路10条，总长38千米。尹庄乡汽车站有11辆长途客车途经，9辆小客车始发。

邮政电信 2011年末，邮政网点1个，报纸、期刊累计期发了1万份（册）。

电信企业2家，服务网点12个；固定电话用户5765户，电话用户普及率达到96%；移动电话用户1.2万户；宽带接入用户3000户。全年电信业务收入450万元。

忍字口村

(Renzikou Cun)

名称来历 村北曾有滦河渡口，又因水流平稳，故以此取村名为稳字口。后来，渡口屡次发生凶杀案，官府反其意而改村名为忍字口村。

地理位置 地处尹庄乡西北部，东连新赵庄村，南邻新集镇陈金沟村，西与钓鱼岩村接壤，北邻罗家屯镇西寨村。

主要指标 2011年末，辖区总人口2300人，总面积8.5平方千米，农民人均纯收入5211元。

新赵庄村

(Xinzhaozhuang Cun)

名称来历 赵氏迁此定居立庄，故以姓氏取村名为赵庄子。因重名，1982年4月，地名标准化处理时，改村名为新赵庄村。

地理位置 地处尹庄乡西北部，东与船庄村相连，南邻陈金沟村，西接忍字口村，北邻罗家屯镇西寨村。

主要指标 2011年末，辖区总人口537人，总面积3平方千米，农民人均纯收入5113元。

钓鱼崖村

(Diaoyuya Cun)

名称来历 因村北滦河边有大石，站在上面可以钓鱼，故以此取村名为钓鱼崖。

地理位置 地处尹庄乡西北部，东邻忍字口村，南邻新集镇北山村，西与兴城镇东河南寨村接壤，北隔滦河与东荒峪镇大寨村相望。

主要指标 2011年末，辖区总人口263人，总面积3.5平方千米，农民人均纯收入5531元。

船庄村

(Chuanzhuang Cun)

名称来历 明永乐二年，滦河发大水，难民坐着一只船漂流到此定居，因此取村名为船庄。

地理位置 地处尹庄乡北部，东与刘王坎村相连，南邻房官营村，西邻新赵庄村，北隔滦河与罗家屯镇西寨村相望。

主要指标 2011年末，辖区总人口1039人，总面积4.8平方千米，农民人均纯收入5485元。

北山村

(Beishan Cun)

名称来历 因村北有座大山，故取名北山村。

地理位置 地处尹庄乡西部，东邻忍字口村，南与新集镇北港村连接，西与尹家铺村接壤，北邻钓鱼崖村。

主要指标 2011年末，辖区总人口247人，总面积1平方千米，农民人均纯收入5509元。

尹家铺村

(Yinjiapu Cun)

名称来历 尹氏兄弟三人由尹庄迁此为财主看坟、看山，当时盖窝铺居住，取名为尹家窝铺，后改今名。

地理位置 地处尹庄乡西部，东邻北山村，南与新集镇富源村接壤，西与新集镇十字口村相连，北邻钓鱼崖村。

主要指标 2011年末，辖区总人口189人，总面积0.5

平方千米，农民人均纯收入 5487 元。

洪葛峪村

(Honggeyu Cun)

名称来历 葛氏因遇火灾，由葛庄子（属滦县马家屯乡）迁此立庄，取村名红（红火之意）葛峪，后写成了洪葛峪。

地理位置 地处尹庄乡西部，东邻忍字口村，南与新集镇顺水庵村接壤，西与新集镇北港村相连，北邻北山村。

主要指标 2011 年末，辖区总人口 220 人，总面积 1.7 平方千米，农民人均纯收入 5410 元。

尹庄村

(Yinzhuang Cun)

名称来历 明初燕王扫北时，尹氏从山东历城县（今济南）大榆树迁此立庄，以姓氏取村名尹庄村。

地理位置 地处尹庄乡中部，东邻马兰峪村，南与刘庄村接壤，西与尹山村相连，北连大傅庄村。

主要指标 2011 年末，辖区总人口 1604 人，总面积 4 平方千米，农民人均纯收入 6067 元。

偏崖子村

(Pianyazi Cun)

名称来历 因位于半拉山（俗称偏崖子）山脚下，村以山名得名偏崖子。

地理位置 地处尹庄乡东北部，东邻迁安市大崔庄镇侯庄户村，南邻高峪村，西邻高台子村，北隔滦河与罗家屯镇长岭峰村相望。

主要指标 2011 年末，辖区总人口 1378 人，总面积 3.2 平方千米，农民人均纯收入 9675 元。

高台子村

(Gaotaizi Cun)

名称来历 明初燕王扫北时，高氏迁此定居，因该村坐落在一个大土台子上，故取村名为高台子村。

地理位置 地处尹庄乡东北部，东邻高峪村，南至磨石庵村，西与大傅庄村接壤，北隔滦河罗家屯镇新店村相望。

主要指标 2011 年末，辖区总人口 1070 人，总面积 3.8 平方千米，农民人均纯收入 7682 元。

高峪村

(Gaoyu Cun)

名称来历 明初燕王扫北时，高氏迁此沟居住，以姓氏取村名为高峪。

地理位置 地处尹庄乡东北部，东邻迁安市马兰庄镇新水村，南邻磨石庵村，西与高台子村接壤，北隔滦河与罗家屯镇新店村相望。

主要指标 2011 年末，辖区总人口 1791 人，总面积 2.5 平方千米，农民人均纯收入 8923 元。

刘台村

(Liutai Cun)

名称来历 明初燕王扫北时，刘氏迁此定居，因地处高土台子之上，故取村名为刘台。

地理位置 地处尹庄乡北部，东与大傅庄相连，南隔山与尹山村接壤，西邻刘王坎村，北隔滦河与罗家屯镇东寨村相望。

主要指标 2011 年末，辖区总人口 572 人，总面积 2.5 平方千米，农民人均纯收入 6168 元。

刘王坎村

(Liuwangkan Cun)

名称来历 明代，刘氏、王氏迁此。因地处两个高土坎子上，故称刘坎、王坎，后村落发展连到一起，称刘王坎村。

地理位置 地处尹庄乡北部，东与刘台村相连，南与干河草村接壤，西邻船庄村，北隔滦河与罗家屯镇东寨村相望。

主要指标 2011 年末，辖区总人口 465 人，总面积 3 平方千米，农民人均纯收入 5948 元。

大傅庄村

(Dafuzhuang Cun)

名称来历 明初燕王扫北时，傅氏迁此定居，与小傅庄相对，故取村名为大傅庄。

地理位置 地处尹庄乡中北部，东邻高台子村，南与尹庄村相连，西与刘台村接壤，北接高台子村。

主要指标 2011 年末，辖区总人口 1501 人，总面积 4.4 平方千米，农民人均纯收入 6761 元。

尹山村

(Yinshan Cun)

名称来历 清代，尹氏由上尹庄迁此定居，因该村北面靠山，故取村名为尹山村。

地理位置 地处尹庄乡中部，东邻尹庄村，南与干河草村相连，西与刘台村接壤，北连大傅庄村。

主要指标 2011 年末，辖区总人口 390 人，总面积 1.2 平方千米，农民人均纯收入 5435 元。

干河草村

(Ganhecao Cun)

名称来历 传说康熙皇帝打猎时曾在此地喂马，因找不到水，就干和草料喂马，故以此取村名为干和草。又因村边有一条季节性小河，后又改名为干河草。

地理位置 地处尹庄乡中部，东邻尹山村，南与樊庄村相连，西与房官营村接壤，北邻刘王坎村。

主要指标 2011 年末，辖区总人口 95 人，总面积 1 平方千米，农民人均纯收入5405元。

房官营村

(Fangguanying Cun)

名称来历 相传，明初燕王扫北时，官兵曾在这里设营，故取村名为房官营。

地理位置 地处尹庄乡西部，东邻樊庄村，南与新集镇东岗村相连，西与干河草村接壤，北连干河草村。

主要指标 2011年末，辖区总人口1480人，总面积4.5平方千米，农民人均纯收入8651元。

马兰峪村

(Malanyu Cun)

名称来历 因此沟马莲草较多，故以此取名为马莲峪，后改称马兰峪。

地理位置 地处尹庄乡东部，东与磨石庵村相连，南邻林场村，西连尹庄村，北邻大傅庄村。

主要指标 2011年末，辖区总人口581人，总面积1.5平方千米，农民人均纯收入7139元。

磨石庵村

(Moshi' an Cun)

名称来历 因为山沟里磨刀石较多，又有庵庙，故以此取村名为磨石庵。

地理位置 地处尹庄乡东部，东为迁安市马兰庄镇新水村，南邻林场村，西邻马兰峪，北邻高峪村。

主要指标 2011年末，辖区总人口390人，总面积3.5平方千米，农民人均纯收入8814元。

东刘庄村

(Dongliuzhuang Cun)

名称来历 明初燕王扫北时，刘氏从山东迁到现村东的山口处居住，冠以姓氏取村名为刘家口，后来村子西移到现址，改村名为刘庄。1982年4月，地名标准化时，又改名为东刘庄村。

地理位置 地处尹庄乡中部，东为马兰峪村，南邻林场村，西与樊庄村相连，北与尹庄村接壤。

主要指标 2011年末，辖区总人口820人，总面积1平方千米，农民人均纯收入7587元。

樊庄村

(Fanzhuang Cun)

名称来历 樊氏迁此立庄，以姓氏取村名樊庄村。

地理位置 地处尹庄乡中部，东邻东刘庄村，南与瓦房峪村接壤，西连房官营村相连，北连干河草村。

主要指标 2011年末，辖区总人口1100人，总面积3.5平方千米，农民人均纯收入5608元。

瓦房峪村

(Wafangyu Cun)

名称来历 因沟内马蜂较多，故取名为马蜂峪。因嫌不好听，后改名为瓦房峪。

地理位置 地处尹庄乡南部，东邻林场村，南至瓦房峪林场，西隔山为房官营水库，北至樊庄村。

主要指标 2011年末，辖区总人口437人，总面积4.4平方千米，农民人均纯收入5760元。

林场村

(Linchang Cun)

名称来历 因沟内大石崖较多，村东又有个大山岭，以此取村名大石岭。又因在刘庄南，又改为南沟。1958年，曾在这里建有林场，故1988年地名标准化处理时，改名为林场村。

地理位置 地处尹庄乡东南部，东、南邻迁安市蔡园镇好树店村，西邻瓦房峪村，北至东刘庄村。

主要指标 2011年末，辖区总人口290人，总面积5平方千米，农民人均纯收入5748元。

（撰稿：李红英、马余，初审：杨大伟、王福东）

汉儿庄乡

(Han' erzhuang Xiang)

政区概况

名称来历 因乡人民政府驻地位于汉儿庄村而得名。

地理位置 地处迁西县西北，东与洒河桥镇、滦阳镇毗邻，南临三屯营镇，西与遵化市小厂乡、兴隆县三道河乡接壤，北与兴隆县蘑菇峪、宽城满族自治县独石沟乡相邻。人民政府驻汉儿庄村汉正街8号，电话区号0315，邮政编码064303，距迁西县人民政府35千米。

政区沿革 1947年前，属迁安县。1947年迁西置县后，属迁西县第四区。1953年，置汉儿庄乡。1956年，撤区并乡，保留汉儿庄乡，区域扩大。1958年10月，属红星（汉儿庄）人民公社汉儿庄大队；同年12月，并入遵化县，改称汉儿庄管理区。1961年6月，迁西县恢复后，复归迁西县，建汉儿庄人民公社。1984年3月，改为汉儿庄乡，辖17个村民委员会。1996年1月，乡镇区划调整，栗树湾子乡并入，辖30个村民委员会，有78个自然村。

政区划分 2011年末，辖小关庄村、石门子村、上洪寨村、冷沟村、西张庄村、下洪寨村、大韦庄村、汉儿庄村、鸽子峪村、尖山峪村、北杨家峪村、孟子岭村、岔沟村、路庄村、小龙湾村、西城峪村、脑峪村、栗树湾子村、北水峪村、三台山村、王家圈村、苏郎峪村、北峪子村、龙井关村、沙窝店村、二道城子村、常胜峪村、四楼沟村、漆棵岭村、太阳峪村30个村民委员会；下设161个村民小组。

人口面积 2011年末，辖区总人口21256人，其中城镇常住人口1120人，城镇化率20%。总人口中，男性10817人，占50.9%；女性10439人，占49.1%；14岁以下4912人，占23.1%；15~64岁14469人，占68.1%；65岁以上1875人，占8.8%。总人口中，以汉族为主，达19011人，占98.6%；有满族271人，占1.4%。2011年，人口出生率12.44‰，人口死亡率8.17‰，人口自然增长率4.27‰。

辖区东西最大距离11千米，南北最大距离16千米，总面积114平方千米。其中陆地面积101平方千米，占88.5%；水域面积13平方千米，占11.4%。人口密度为每平方千米186人。

自然条件

地形地貌 地处燕山腹地，地形属纯山区。

气候 属温带季风气候，季风特点显著，四季分明。多年平均气温9.1℃。年平均降水量817毫米。年平均日照时数2709小时。无霜期年平均180天。

水文 境内主要河道有黑河。黑河自西北向东南流过全境，由兴隆县流入境内，在栗树湾子村东注入洒河。

矿藏及其他自然资源 境内已探明地下矿藏有铁矿、铜矿等。其中铁矿储量3000多万吨，年产量200多万吨，矿区面积0.4平方千米。

自然灾害 主要自然灾害有旱涝、连阴雨、冰雹、暴雨、风灾等。灾害年均发生1次，主要发生在7月至9月。

经济概况

农业 耕地面积1.16万亩，人均0.55亩；可利用草地面积1.6万亩，林地面积6.6万亩。是全国板栗重点生产基地。农业总产值从1949年的4万元，增加到1978年的56万元，2011年，达到2.8亿元，比上年增长20%，实现农业增加值2.13亿元，占国内生产总值的18%。

粮食作物以玉米、高粱、谷子、大豆为主。2011年，生产粮食0.27万吨，人均127千克。比上年增长3.8%。

畜牧业以猪、羊为主。2011年，生猪饲养量1.38万头，年末存栏0.58万头，羊饲养量0.39万只，年末存栏0.16万只；家禽饲养量0.9万羽，上市家禽0.75万羽。畜牧业总产值5000万元，占农业总产值的32%。

截至2011年末，累计造林0.17万亩，其中经济林360亩，防护林240亩，薪炭林270亩，农民住宅四旁树木11万株。2011年，干鲜果品产量0.61万吨，水果产量431吨，主要品种有安梨、鲜桃、柿子、鲜杏、苹果等，其中安梨212吨，鲜桃21吨，柿子26吨，鲜杏29吨，苹果5.5吨；干果产量0.57万吨，主要品种有板栗、核桃等，其中板栗0.57万吨，核桃19吨。

渔业以网箱养鱼为主。西城峪村、太阳峪村濒临潘家口水库，可用于水产养殖的淡水水面15平方千米，网箱养鱼0.8万箱，主要品种有鲤鱼、黑鱼、草鱼、花鲢等；渔业总产值3800万元，占农业总产值的13.6%。

2011年，拥有大型农业机械10台（辆）；农民人均纯收入9056元。

工业 境内有铁、银、金等矿产资源，可探铁矿储量3000多万吨。矿业开发是汉儿庄乡第二支柱产业。2011年，工业总产值7.2亿元，比上年增长28.1%，实现工业增加值6.3亿元，占国内生产总值的39.8%。2011年，企业80家，职工1430人，规模以上工业企业6家，职工830人。

商业外贸 2011年末，商业网点257个，职工907人；已成为全国板栗专业交易集散地；各种饮食服务、零售批发商业网点125个，年餐饮业完成产值1200万元，并于1992年建起了占地面积为10亩的栗树湾农贸市场，进一步拉动了农村经济；个体私营企业38家，个体工商户865户，各种运输车辆1000多辆，饮食服务、零售批发、商业网点600个。

财政金融 2011年，财政总收入9800万元，比上年增长8%。其中地方财政收入400万元，比上年增长2.3%。人均财政收入4610元，比上年增长7.4%。

年末有农村信用社2家；各类存款余额3.69亿元，比上年增长0.46%；人均储蓄1.74万元，比上年增长2.3%；各项贷款余额2400万元，比上年增长10%。

社会发展

文化艺术 2011年末，文化广场28个，文化站1个，建设面积1600平方米。主要文化艺术团体有下洪寨鼓乐队、石门子花会等，每年参加全县组织开展的正月十五花会表演活动。

教育 2011年末，幼儿园6所，在园幼儿263人，专任教师31人；小学6所，在校生1462人，专任教师98人，小学适龄儿童入学率100%；中学1所，在校生340人，专任教师38人，初中适龄人口入学率100%，小升初升学率100%，九年义务教育覆盖率达98%。2006年至2011年，汉儿庄中学在同级学校中实现中考“五连冠”。

2011年教育经费达124.6万元，国家财政性教育经费120万元，财政预算内教育经费115元，预算内教育事业费56万元，分别比上年增长20%、18.2%、15.7%、0.5%。预算内教育经费（包括城市教育费附加）占财政总支出的比例为23.6%，比上年提高了2个百分点。

医疗卫生 2011年末，卫生院、服务站2个（汉儿庄卫生院和栗树湾子卫生服务站）；病床36张。其中公立卫生机构床位36张，每千人拥有医疗床位1.7张。专业卫生人员28人，其中执业医师5人，执业助理医师3人，注册护士16人。2011年，医疗机构（门诊部以上）完成诊疗12301万人次，住院手术346台次，出院病人548人次。

2011年，法定报告传染病发病率为421/10万，农村安全饮用水普及率90%，农村卫生厕所普及率69%，新型农村合作医疗参合人数2.1万人，参合率99%；孕产妇死亡率15/10万，5岁以下儿童死亡率、婴儿死亡率、新生儿死亡率分别为5.9‰、4.8‰、3.3‰。

广播电视 1994年开通有线电视。2011年，村村开通有线电视。

社会保障 2011年，城镇最低生活保障户数14户，人数20人，支出6.1万元，比上年增长21.3%，月人均254元，比上年增长12%；城市大病救助25人次，支出7.8万元，比上年增加18.9%；民政部门资助参加合作医疗72人次，支出4200元，比上年增长3%。

农村最低生活保障户数259户，人数615人，支出83.18万元，比上年增长5.4%，月人均113元，比上年增长3.6%；农村五保集中供养13人，支出6.5万元，比上年减少1%；农村五保分散供养72人，支出12.13万元，比上年增加1%；农村临时救济68人次，支出2.5万元，比上年增长5%。

国家抚恤、补助各类优抚对象44人，抚恤事业支出31.7万元，比上年增长4%。

全年接受社会捐款6000元，接收捐赠衣被40件，使127人（次）困难人员受益。新增就业人员15人，有12名下岗失业人员实现了再就业，年末城镇登记失业人数112人。

基础设施

交通运输 2011年，运输企业有客运车6辆，客运总量2.8万人次，货运总量200万吨。

邮政电信 2011年末，邮政网点1个，报纸、期刊累计发行1.2万份（册），业务收入200万元。

电信企业2家，服务网点9个；固定电话用户6458户，电话用户普及率达到95%；移动电话用户1.3万户；宽带接入用户3090户。全年电信业务收入550万元。

汉儿庄村

（Han' erzhuang Cun）

名称来历 此地曾设汉儿馆和汉儿庄营，以此得村名。

地理位置 地处汉儿庄乡东南部，东邻鸽子峪村，南邻大韦庄村，西邻小龙湾村，北至北杨家峪村。

主要指标 2011年末，辖区总人1284口人，总面积4平方千米，农民人均纯收入9000元。

西城峪村

（Xichengyu Cun）

名称来历 明代曾在该地建有东、西两座小城，该村地处西边的小城里，故村名称西城峪。

地理位置 地处汉儿庄乡北部，东邻脑峪村，南邻岔沟村，西邻漆粿岭村，北至太阳峪村。

主要指标 2011年末，辖区总人口1215人，总面积3.5平方千米，农民人均纯收入8000元。

脑峪村

（Naoyu Cun）

名称来历 村边有一块大石头，形状似人脑袋，以此取村名为脑峪村。

地理位置 地处汉儿庄乡东北部，东邻洒河桥镇大沟村，南邻尖山峪村，西邻西城峪村，北至太阳峪村。

主要指标 2011年末，辖区总人口212人，总面积5.5平方千米，农民人均纯收入8689元。

岔沟村

（Chagou Cun）

名称来历 相传元朝时此地曾是炭场，人们称此地为场沟，后叫成岔沟村。

地理位置 地处汉儿庄乡北部，东邻脑峪村，南至路庄村，西邻三台山村，北邻西城峪村。

主要指标 2011年末，辖区总人口873人，总面积3平方千米，农民人均纯收入9013元。

路庄村

（Luzhuang Cun）

名称来历 因陆姓始居于此，遂以姓氏取村名为陆庄。现写成路庄村。

地理位置 地处汉儿庄乡中部，东邻尖山峪村，南邻汉儿庄村，西邻小龙湾村，北至王家圈村。

主要指标 2011年末，辖区总人口935人，总面积2.5平方千米，农民人均纯收入8779元。

孟子岭村

（Mengziling Cun）

名称来历 孟姓于清代迁此立庄。因村边有一小岭，冠以姓氏取村名为孟子岭。

地理位置 地处汉儿庄乡中部，东邻大沟村，南接北杨家峪村，西邻王家圈村，北邻岔沟村。

主要指标 2011年末，辖区总人口1133人，总面积4.7平方千米，农民人均纯收入11981元。

北杨家峪村

（Beiyangjiayu Cun）

名称来历 建村前此地杨树颇多，人称杨树峪。建村后又改称杨家峪。1982年4月，地名标准化处理时改称北杨家峪。

地理位置 地处汉儿庄乡东部，东邻尖山峪村，南邻汉儿庄村，西邻路庄，北邻孟子岭村。

主要指标 2011年末，辖区总人口817人，总面积7平方千米，农民人均纯收入11210元。

尖山峪村

（Jianshanyu Cun）

名称来历 因在尖山下的山沟里，遂取村名为尖山峪。

地理位置 地处汉儿庄乡东部，东邻洒河桥镇北马蹄峪村，南邻鸽子峪村，西邻北杨家峪村，北邻脑峪村。

主要指标 2011年末，辖区总人口501人，总面积2.8平方千米，农民人均纯收入11794元。

鸽子峪村

(Geziyu Cun)

名称来历 村内有一沟名为鸽子沟，村因沟名而得名鸽子峪。

地理位置 地处汉儿庄乡东部，东邻洒河桥镇北马蹄峪村，南邻小韦庄村，西邻汉儿庄，北邻尖山峪村。

主要指标 2011年末，辖区总人口488人，总面积2.5平方千米，农民人均纯收入9308元。

小龙湾村

(Xiaolongwan Cun)

名称来历 村边山似龙状，并有小河随之曲流，故取村名小龙湾。

地理位置 地处汉儿庄乡中部，东邻汉儿庄村，南邻上洪寨村，西邻冷沟村，北邻路庄村。

主要指标 2011年末，辖区总人口382人，总面积2平方千米，农民人均纯收入9124元。

大韦庄村

(Daweizhuang Cun)

名称来历 韦姓迁此立村，以姓氏取村名大韦庄。

地理位置 地处汉儿庄乡东南部，东邻洒河桥镇小韦庄村，南邻洒河桥镇烈马峪村，西邻下洪寨村，北邻汉儿庄村。

主要指标 2011年末，辖区总人口1176人，总面积2.5平方千米，农民人均纯收入9416元。

冷沟村

(Lenggou Cun)

名称来历 因山高沟窄，日照时间较短，气温较低，故而得名。

地理位置 地处汉儿庄乡中部，东邻汉儿庄村，南至上洪寨村，西至沙窝店村，北邻小龙湾村。

主要指标 2011年末，辖区总人口347人，总面积2平方千米，农民人均纯收入8266元。

西张庄村

(Xizhangzhuang Cun)

名称来历 张姓从烈马峪迁此居住，冠以姓氏取村名为张庄子。

地理位置 地处汉儿庄乡南部，东邻下洪寨村，南邻石门子村，西邻上洪寨村，北邻小龙湾村。

主要指标 2011年末，辖区总人口505人，总面积1.5平方千米，农民人均纯收入9170元。

上洪寨村

(Shanghongzhai Cun)

名称来历 清初，王姓从玉田县鸦鸿桥迁此定居。当时沟内有上下两个池塘，并有很多鸿鸭。此村地处上边池塘旁，便取名为上鸿鸭寨，后称为上洪寨村。

地理位置 地处汉儿庄乡中南部，东邻西张庄村，南邻石门子村，西邻沙窝店村，北为冷沟村。

主要指标 2011年末，辖区总人口802人，总面积6平方千米，农民人均纯收入9002元。

石门子村

(Shimenzi Cun)

名称来历 此山沟口两边各有一块大石板，像两扇大门，故以此取村名为石门子。

地理位置 地处汉儿庄乡南部，东至洒河桥镇烈马峪村，南至三屯营镇西龙湾村，西邻小关庄村，北邻上洪寨村。

主要指标 2011年末，辖区总人口1719人，总面积7.5平方千米，农民人均纯收入8803元。

下洪寨村

(Xiahongzhai Cun)

名称来历 清初，王姓从玉田县鸦鸿桥迁此定居因此地有上下两个池塘，并有鸿鸭生活。该村地处下边池塘的旁边，故取村名为下鸿鸭寨，后称为下洪寨村。

地理位置 地处汉儿庄乡东南部，东邻大韦庄村，南与洒河桥镇烈马峪村接壤，西至西张庄村，北邻汉儿庄村。

主要指标 2011年末，辖区总人口342人，总面积2平方千米，农民人均纯收入11958元。

小关庄村

(Xiaoguanzhuang Cun)

名称来历 关姓始居于此，冠以姓氏取村名为关庄。因东面有一大关庄（洒河桥镇），新中国成立后，将村名改为小关庄村。

地理位置 地处汉儿庄乡南部，东邻石门子村，南邻三屯营镇旧营村，西邻常胜峪村，北邻上洪寨村。

主要指标 2011年末，辖区总人口652人，总面积4平方千米，农民人均纯收入8719元。

太阳峪村

(Taiyangyu Cun)

名称来历 过去有人在此烧过炭，遂以此取村名为炭窑峪，后来叫成太阳峪。

地理位置 地处汉儿庄乡北部，东邻承德市宽城满族自治县独石沟乡小河口村，南邻西城峪村，西邻漆棵岭村，北邻承德市宽城满族自治县独石沟乡车场沟村。

主要指标 2011年末，辖区总人口236人，总面积3.5

平方千米，农民人均纯收入 9028 元。

四楼沟村

(Silougou Cun)

名称来历 村前有四孔的炮楼一座，遂以此取村名为四楼沟。

地理位置 地处汉儿庄乡西北部，东邻漆棵岭村，南邻北水峪村，西、北与承德市兴隆县蘑菇峪乡关门岭村接壤。

主要指标 2011 年末，辖区总人口 481 人，总面积 3 平方千米，农民人均纯收入 8867 元。

栗树湾子村

(Lishuwanzi Cun)

名称来历 村子西靠山湾，东临河湾，村中又有大栗树，故取名为栗树湾子。

地理位置 地处汉儿庄乡中部，东邻王家圈村，南邻冷沟村，西邻苏郎峪村，北邻三台山村。

主要指标 2011 年末，辖区总人口 590 人，总面积 1.3 平方千米，农民人均纯收入 9063 元。

三台山村

(Santaishan Cun)

名称来历 村边有三座山，每座山山顶都有一个平台，以此取村名三台山。

地理位置 地处汉儿庄乡北部，东邻岔沟村，南邻栗树湾子村，西邻北水峪村，北邻漆棵岭村。

主要指标 2011 年末，辖区总人口 503 人，总面积 2 平方千米，农民人均纯收入 9325 元。

北水峪村

(Beishuiyu Cun)

名称来历 因沟门常年不断水，又在栗树湾子北面，故取村名为北水峪。

地理位置 地处汉儿庄乡西北部，东邻三台山村，南至苏郎峪村，西与承德市兴隆县三道河乡二堂村接壤，北接四楼沟村。

主要指标 2011 年末，辖区总人口 431 人，总面积 3 平方千米，农民人均纯收入 9656 元。

漆棵岭村

(Qikeling Cun)

名称来历 地处山岭之下，村西种有漆树，故取村名为漆棵岭。

地理位置 地处汉儿庄乡西北部，东邻西城峪村，南邻三台山村，西邻四楼沟村，北与承德市兴隆县蘑菇峪乡关门岭村接壤。

主要指标 2011 年末，辖区总人口 1386 人，总面积 4.5 平方千米，农民人均纯收入 8456 元。

苏郎峪村

(Sulangyu Cun)

名称来历 因有人在耕地时挖出一块石碑，碑上刻有‘苏朗谷关’四字，故以此取村名苏朗谷。后来改为苏朗峪。

地理位置 地处汉儿庄乡西部，东邻栗树湾子村，南邻北峪子村，西与承德市兴隆县三道河乡二堂村接壤，北接北水峪村。

主要指标 2011 年末，辖区总人口 381 人，总面积 2.5 平方千米，农民人均纯收入 9856 元。

王家圈村

(Wangjiaquan Cun)

名称来历 王姓迁此居住，该村中间低、四周高，故取村名为王家圈。

地理位置 地处汉儿庄乡中部，东邻孟子岭村，南为小龙湾村，西至北峪子村，北至岔沟村。

主要指标 2011 年末，辖区总人口 573 人，总面积 2 平方千米，农民人均纯收入 8965 元。

龙井关村

(Longjingguan Cun)

名称来历 这里是长城的一个关口，因村西侧山谷中有三道龙潭，故而得名龙井关。

地理位置 地处汉儿庄乡西部，东邻北峪子村，南邻沙窝店村，西、北与承德市兴隆县三道河乡二堂村接壤。

主要指标 2011 年末，辖区总人口 881 人，总面积 3.2 平方千米，农民人均纯收入 9236 元。

沙窝店村

(Shawodian Cun)

名称来历 此地沙石较多，当时有人在村边路旁开店，故取村名为沙窝店。

地理位置 地处汉儿庄乡西部，东邻冷沟村，南为常胜峪村，西至二道城子村，北为龙井关村。

主要指标 2011 年末，辖区总人口 771 人，总面积 5.3 平方千米，农民人均纯收入 8756 元。

常胜峪村

(Changshengyu Cun)

名称来历 原名沙金沟。1958 年，改称常胜峪村。

地理位置 地处汉儿庄乡西南部，东邻上洪寨村，南至三屯营镇王寺峪村，西至二道城子村，北邻沙窝店村。

主要指标 2011 年末，辖区总人口 711 人，总面积 5.2 平方千米，农民人均纯收入 9875 元。

二道城子村

(Erdaochengzi Cun)

名称来历 传说秦始皇修长城时，修了许多小城圈，头道城子在遵化县，第二道城子在该村，故因传说而得村名。

地理位置 地处汉儿庄乡西南部，东邻常胜峪村，南与遵化市小厂乡洪山口村接壤，西与承德市兴隆县三道河乡大东沟村相连，北至沙窝店村。

主要指标 2011年末，辖区总人口410人，总面积4平方千米，农民人均纯收入9120元。

北峪子村

(Beiyuzi Cun)

名称来历 因在龙井关东北的山沟里，故取村名为北峪子。

地理位置 地处汉儿庄乡西部，东邻王家圈村，南邻冷沟村，西至龙井关村，北至苏郎峪村。

主要指标 2011年末，辖区总人口519人，总面积2.5平方千米，农民人均纯收入9875元。

（撰稿：郭鸿彬、王春保，初审：都玉军、王福东）

旧城乡

(Jiucheng Xiang)

政区概况

名称来历 元时建大觉寺，寺外修院墙一周，寺如一小城，后因年久失修，破旧不堪，遂取名旧城。

地理位置 地处迁西县中部，东接东荒峪镇，南至滦河北岸隔河可望兴城镇，西隔大黑汀水库与三屯营镇隔水相望，北邻洒河桥镇。人民政府驻旧城村光明街3号，电话区号0315，邮政编码064300，距迁西县人民政府3.5千米。

政区沿革 1947年前，属迁安县。1947年迁西置县后，属迁西县第一区。1953年，置旧城乡。1956年，撤区并乡，保留旧城乡。1958年10月，属红专（东荒峪）人民公社旧城大队；同年12月，并入迁安县，改称旧城管理区。1961年6月，迁西县恢复后，复归迁西县，建旧城人民公社。1984年3月，改为旧城乡，辖14个村民委员会，有21个自然村。

政区划分 2011年末，辖旧城村、郭沟村、龙王庙村、粳子峪村、唐沟村、前河东寨村、后河东寨村、白沟村、巴家峪村、大董沟村、吴家峪村、碾子峪村、银洲峪村、北孙家峪村、榆树峪村15个村民委员会；下设88个村民小组。

人口面积 2011年末，辖区总人口9166人，其中城镇常住人口3818人，城镇化率51%。另有流动人口33人。总人口中，男性4785人，占52.2%；女性4381人，占47.8%；14岁以下1790人，占19.5%；15~64岁6543人，占71.4%，65岁以上833人，占9.1%。总人口中，以汉族为主，达8766人，占95.6%；有满等少数民族，共400人，占4.4%。2011年，人口出生率14.29‰，人口死亡率6‰，人口自然增长率8.29‰。

辖区东西最大距离15千米，南北最大距离3千米，总面积43平方千米。人口密度为每平方千米213人。

自然条件

地形地貌 地处山区，北部多山，南部为丘陵及滦河冲积小平原。

矿藏及其他自然资源 境内已探明地下矿藏有铁矿和钾长石等，储量大。

经济概况

农业 耕地面积0.58万亩，人均0.63亩；可利用草地面积0.9万亩，林地面积1.1万亩。2011年，农业总产值1.6亿元，比上年增长22%，实现农业增加值1.12亿元，占国内生产值的17.3%。

粮食作物以玉米为主。2011年，生产粮食0.14万吨，人均152.7千克。2011年，蔬菜种植面积200亩，产量0.15万吨，主要品种有大白菜、萝卜等。

畜牧业以柴鸡、猪、牛、羊为主。2011年，生猪饲养量0.4万头，年末存栏0.1万头；羊饲养量0.8万只，年末存栏0.56万只；牛饲养量600头，年末存栏400头；家禽饲养量7.1万羽。2011年，生产肉类574.8吨，其中猪肉225.1吨，牛肉72.9吨，羊肉114.6吨；禽蛋254.8吨，鲜奶505吨。畜牧业总产值2000万元，占农业总产值的12%。

截至2011年末，累计造林0.22万亩，其中经济林0.11万亩，防护林960亩，农民住宅四旁树木3.3万株。2011年，干鲜果品产量0.27万吨，水果产量720吨，主要品种有苹果、安梨、鲜桃、葡萄、柿子、红枣等，其中苹果96吨，安梨68吨，葡萄0.14万吨，鲜桃48吨，柿子227吨，红枣106吨；干果产量0.2万吨，主要品种有板栗、核桃等，其中板栗0.2万吨，核桃30吨。

渔业以网箱养鱼为主。可用于水产养殖的淡水水面1.32平方千米，产量0.61万吨。

2011年，拥有大型农业机械8台（辆）；农民人均纯收入8305元。

工业 初步形成了以福春林木业、唐山友利焦化、五海矿业为主的工业体系。2011年，工业总产值2.88亿元，比上年增长21.8%，实现工业增加值2.4亿元，占国内生产总值的37.5%。2011年，规模以上工业企业5家，职工2000人。

财政金融 2011年，财政总收入0.51亿元，比上年增长11%。人均财政收入5902元，比上年增长13%。

社会发展

文化艺术 2011年末，文化站1个，建筑面积360平方米；公共图书室16个，建筑面积230平方米，藏书1800册；档案馆1个，建筑面积30平方米。

教育 2011年末，幼儿园6所，在园幼儿239人，专任教师11人；小学4所，在校生543人，专任教师83人，小学适龄儿童入学率100%；初中1所，在校生218人，专任教师62人，初中适龄人口入学率98%，小升初升学率、九年义务教育覆盖率达100%。

2011年，教育经费达56万元，国家财政性教育经费56万元，财政预算内教育经费56万元，预算内教育事业费56万元，分别比上年增长10%、10%、10%、10%。预算内教育经费（包括城市教育费附加）占财政总支出的比例为10%，比上年提高了3个百分点。

医疗卫生 2011年末，卫生院1所；病床12张，其中公立卫生机构床位12张，每千人拥有医疗床位1.3张，固定资产总值180万元。专业卫生人员18人，其中执业医师3人，执业助理医师7人，注册护士3人，平均每千人拥有卫生技术人员2人。2011年医疗机构（门诊部以上）完成诊疗2.1万人次，住院手术29台次，出院病人106人次。

2011年法定报告传染病发病率为2/10万，农村安全饮用水普及率90%，农村卫生厕所普及率75%，新型农村合作医疗参合人数8268人，参合率90%；孕产妇死亡率5.1‰，5岁以下儿童死亡率、新生儿死亡率分别为3.7‰、2.9‰。

广播电视 2000年10月开通有线电视。2011年末开通36个频道，有线电视用户1551户，电视综合覆盖率98%。

社会保障 2011年，城镇最低生活保障户数41户，人数58人，支出22.7万元，比上年增长3%，月人均326元，比上年增长4%；城市医疗救助4人次，民政部门资助参加合作医疗5人次，共支出3万元，比上年增长4%。

农村最低生活保障户数173户，人数314人，支出42.24万元，比上年增长3%，月人均112元，比上年增长1%；农村五保集中供养27人，支出12.5万元，比上年增长2.2%；农村五保分散供养17人，支出3.2万元，比上年减少3%；农村医疗救助19人次，支出5.12万元，比上年增长7%；农村临时救济55人次，支出1.5万元，比上年增长2%。

国家抚恤、补助各类优抚对象31人，抚恤事业费支出20.84万元，比上年增长6%。新增就业人员27人，有2名下岗失业人员实现了再就业。

基础设施

交通运输 已形成由铁路、公路两种运输方式构成的交通运输网络。铁路大秦线过境，省道三抚公路过境，有县乡（镇）级公路2条，总长20千米。

邮政电信 2011年末，邮政网点1个；报纸、期刊累计发行1万份（册）。

电信企业1家，服务网点6个；固定电话用户1088户，电话用户普及率达到94%；移动电话用户899户；宽带接入用户650户。全年电信业务收入135万元。

巴家峪村

(Bajiayu Cun)

名称来历 该地北面有黄牛顶山，相传有南方人从这里挖走八个元宝。后人在山下沟中建一八宝寺。从此，人称此沟为八宝峪。遂以此取村名，后改称巴家峪。

地理位置 地处旧城乡北部，东邻东荒峪镇西庄户村，南隔大黑汀水库与郭沟村相望，西邻银洲峪村，北邻榆树峪村。

主要指标 2011年末，辖区总人口535人，总面积2.5平方千米，农民人均纯收入9187元。

旧城村

(Jiucheng Cun)

名称来历 元朝时曾在此建大觉寺，寺外修院墙一周，寺犹如一座小城，建村后遂取村名旧城。

地理位置 地处旧城乡南部，东邻粳子峪村，南隔滦河与兴城镇西河南寨村相望，西邻郭沟村，北邻唐沟村。

主要指标 2011年末，辖区总人口1564人，总面积2.5平方千米，农民人均纯收入8290元。

榆树峪村

(Yushuyu Cun)

名称来历 因地处山沟，榆树颇多，故名榆树峪。

地理位置 地处旧城乡北部，东邻东荒峪镇杏峪村，南邻北孙家峪村，西隔大黑汀水库与三屯营镇下峪村相望，北邻洒河桥镇长河峪村。

主要指标 2011年末，辖区总人口242人，总面积4平方千米，农民人均纯收入8230元。

北孙家峪村

(Beisunjiayu Cun)

名称来历 孙氏始居于此，取村名孙家峪。1982年4月，地名标准处理化时更名为北孙家峪村。

地理位置 地处旧城乡西北部，东邻东荒峪镇杨河峪村，南邻银洲峪村，西隔大黑汀水库与三屯营镇张家庄村相望，北邻榆树峪村。

主要指标 2011年末，辖区总人口242人，总面积2.8平方千米，农民人均纯收入8009元。

银洲峪村

(Yinzhouyu Cun)

名称来历 因沟里有一银洞，又靠近滦河，故取村名为银洲峪。

地理位置 地处旧城乡西北部，东邻巴家峪村，南隔大黑汀水库与后河东寨村相望，西隔大黑汀水库与三屯营镇张家庄村相望，北邻北孙家峪村。

主要指标 2011年末，辖区总人口69人，总面积1平方千米，农民人均纯收入8059元。

大董沟村

(Dadonggou Cun)

名称来历 清初，董氏迁此沟居住，取村名董沟。后因该村南面尚有一小董沟，故改名大董沟村。

地理位置 地处旧城乡北部，东邻吴家峪村，南邻碾子峪村，西邻前河东寨村，北邻东荒峪镇洪家峪村。

主要指标 2011 年末，辖区总人口 390 人，总面积 3.8 平方千米，农民人均纯收入 8059 元。

后河东寨村

(Houhedongzhai Cun)

名称来历 因在滦河东岸，故取村名河东寨，后分成南北两村，此村居北，遂改名为后河东寨村。

地理位置 地处旧城乡北部，东邻大董沟村，南连前河东寨村，西隔大黑汀水库与兴城镇小黑汀村相望，北邻巴家峪村。

主要指标 2011 年末，辖区总人口 225 人，总面积 1.5 平方千米，农民人均纯收入 8294 元。

前河东寨村

(Qianhedongzhai Cun)

名称来历 因在滦河东岸，故取村名河东寨，后分成南北两村，此村居南，遂改名为前河东寨村。

地理位置 地处旧城乡北部，东邻大董沟村，南邻白沟村，西隔大黑汀水库与兴城镇小黑汀村相望，北连后河东寨村。

主要指标 2011 年末，辖区总人口 292 人，总面积 2 平方千米，农民人均纯收入 8278 元。

碾子峪村

(Nianziyu Cun)

名称来历 因村西有一舂米臼，故而得村名碾子峪。

地理位置 地处旧城乡北部，东邻东荒峪镇西荒峪村，南邻唐沟村，西邻白沟村，北邻大董沟村。

主要指标 2011 年末，辖区总人口 369 人，总面积 2.5 平方千米，农民人均纯收入 8028 元。

白沟村

(Baigou Cun)

名称来历 以白氏首居于此，冠以姓氏取村名白家沟，现称白沟村。

地理位置 地处旧城乡西北部，东邻碾子峪村，南邻郭沟村，西隔滦河与兴城镇大黑汀村相望，北邻河东寨村。

主要指标 2011 年末，辖区总人口 632 人，总面积 4.2 平方千米，农民人均纯收入 8290 元。

唐沟村

(Tanggou Cun)

名称来历 唐氏从山东大柳树迁此沟立庄，冠以姓氏取村名唐沟村。

地理位置 地处旧城乡北部，东邻粳子峪村，南邻旧城村，西邻郭沟村，北邻白沟村。

主要指标 2011 年末，辖区总人口 621 人，总面积 4.3 平方千米，农民人均纯收入 8293 元。

郭沟村

(Guogou Cun)

名称来历 郭氏从迁安县徐家崖迁来，以打鱼为主，遂以姓氏取村名郭沟。

地理位置 地处旧城乡西部，东邻旧城村，南邻龙王庙村，西隔滦河与兴城镇白堡店村相望，北邻白沟村。

主要指标 2011 年末，辖区总人口 769 人，总面积 1.2 平方千米，农民人均纯收入 8297 元。

粳子峪村

(Jingziyu Cun)

名称来历 因地处滦河川地，宜产粳子（旱稻），遂以此取村名粳子峪。

地理位置 地处旧城乡东部，东邻东荒峪镇桃木峪村，南隔滦河与兴城镇东河南寨村相望，西邻旧城村，北邻大董沟村。

主要指标 2011 年末，辖区总人口 1191 人，总面积 3.7 平方千米，农民人均纯收入 8290 元。

龙王庙村

(Longwangmiao Cun)

名称来历 因村西不远处为滦河，并设有渡口，为保佑过往安全，村西建一龙王庙，村名亦随称之。

地理位置 地处旧城乡西南部，东邻旧城村，南隔滦河与兴城镇二村相望，西隔滦河与兴城镇白堡店村相望，北邻郭沟村。

主要指标 2011 年末，辖区总人口 1840 人，总面积 4 平方千米，农民人均纯收入 8294 元。

吴家峪村

(Wujiayu Cun)

名称来历 旧时此沟属吴家，曾有人搭窝铺看山，人称吴家窝铺，后改称吴家峪。

地理位置 地处旧城乡东北部，东邻东荒峪镇西马庄子村，南邻碾子峪村，西邻大董沟村，北邻东荒峪镇西庄户村。

主要指标 2011 年末，辖区总人口 220 人，总面积 1 平方千米，农民人均纯收入 8046 元。

（撰稿：李晓玲、王连顺，初审：周杰、王福东）

新庄子乡

(Xinzhuangzi Xiang)

地处迁西县南部，为典型山地丘陵区，四周环山。还乡河、引滦入唐明渠从乡境穿过。山体多属石灰岩和礁砾岩，矿产资源相对匮乏，整体经济实力相对薄弱。

政区概况

名称来历 因乡人民政府驻地位于新庄子村而得名。

地理位置 地处迁西县南部，东南与新集镇、东莲花院乡相接，西南与丰润区火石营镇毗邻，北邻兴城镇。人民政府驻新庄子村长宁街2号，电话区号0315，邮政编码064301，距迁西县人民政府9.5千米。

政区沿革 1947年前，属迁安县。1947年迁西置县后，属迁西县第六区。1953年，置新庄子乡。1956年，撤区并乡，保留新庄子乡，区域扩大。1958年10月，属卫星（兴城）人民公社新庄子大队；同年12月，并入迁安县，改称新庄子管理区。1961年6月，迁西县恢复后，复归迁西县，建新庄子人民公社。1984年3月，改为新庄子乡，辖12个村民委员会。

政区划分 2011年末，辖新庄子村、临河村、龙塘村、牵马岭村、田家峪村、常甸村、大峪村、向阳村、米城庄村、杨家峪村、上庞店村、下庞店村12个村民委员会；下设67个村民小组。

人口面积 2011年末，辖区总人口12497人，其中城镇常住人口965人，城镇化率9%。另有流动人口25人。总人口中，男性6433人，占51.5%；女性6064人，占48.5%；14岁以下1963人，占16%；15～64岁9157人，占72%；65岁以上1491人，占12%。总人口中，以汉族为主，达12321人，占98.6%；有满等少数民族，共176人，占1.4%。2011年，人口出生率17.07‰，人口死亡率9.07‰，人口自然增长率8‰。

辖区东西最大距离8千米，南北最大距离11千米，总面积52平方千米。人口密度为每平方千米240人。

自然条件

地形地貌 地处燕山山脉，地势东高西低，属丘陵地区。主要山峰有平台山，境内最高峰平台山位于大峪林场，海拔505米，最低点位于新庄子村西，海拔102米。

气候 多年平均气温12℃。

矿藏及其他自然资源 境内矿产资源相对匮乏，主要以石灰岩和角砾岩为主，已探明地下矿藏有锰矿等。

自然灾害 主要自然灾害有旱涝、连阴雨、冰雹、暴雨等。灾害年均发生1次，主要发生在7月至9月，最严重的一次发生在1995年7月中旬，新庄子村区域。

经济概况

农业 耕地面积1.7万亩，人均1.4亩；可利用草地面积2.3万亩，林地面积1.9万亩。2011年，农业总产值9535万元，比上年增长13%，实现农业增加值8982万元，占国内生产总值的22.7%。

粮食作物以玉米、谷子、高粱为主。2011年，生产粮食0.43万吨，其中玉米0.4万吨，谷子62吨，高粱10吨，其他9吨。主要经济作物有棉花。2011年，棉花种植面积599亩，产量43吨，可向社会提供10吨商品棉；蔬菜种植面积0.11万亩，产量0.73万吨，主要品种有大白菜、西红柿、菠菜、黄瓜，其中大白菜0.37万吨，西红柿134吨，黄瓜153吨，菠菜62吨。

畜牧业以猪、牛、羊、鸡为主。2011年，生猪饲养量0.54万头，年末存栏0.22万头；羊饲养量1.76万只，年末存栏0.95万只；牛饲养量0.13万头，年末存栏640头；家禽饲养量2.52万羽，上市家禽1.2万羽。2011年，生产肉类342.4吨，其中猪肉156.5吨，牛肉118.6吨，羊肉67.3吨；禽蛋425.1吨，鲜奶850.3吨。畜牧业总产值3804.1万元，占农业总产值的40%。

截至2011年末，累计造林0.2万亩，其中经济林0.2万亩，防护林540亩，农民住宅四旁树木1.16万株。2011年，干鲜果品产量0.47万吨，水果种植面积0.49万亩，产量0.46万吨，主要品种有苹果、安梨、鲜桃、葡萄、柿子、红枣等，其中苹果318吨，安梨0.12万吨，葡萄0.14万吨，鲜桃116吨，柿子617吨，红枣300吨；干果产量113吨，主要品种有板栗、核桃等，其中板栗69吨，核桃45吨。

2011年，拥有大型农业机械21台（辆）；农民人均纯收入6750元。

工业 2011年，工业总产值1.5亿元，比上年增长25%，实现工业增加值1.32亿元，占国内生产总值比重的33.3%。

财政金融 2011年，财政总收入2400万元，比上年增长34%。人均财政收入1920元，比上年增长29%。

社会发展

教育 2011年末，幼儿园3所，在园幼儿240人，专任教师9人；小学3所，在校生736人，专任教师62人，小学适龄儿童入学率100%；初中1所，在校生326人，专任教师55人，初中适龄人口入学率、小升初升学率、九年义务教育覆盖率均达100%。

2011年，教育经费达847万元，国家财政性教育经费720万元，财政预算内教育经费847万元，预算内教育事业费135万元，分别比上年增长23%、21%、18%、14%。预算内教育经费（包括城市教育费附加）占财政总支出的比例为11%，比上年提高了3个百分点。

医疗卫生 2011年末，各级各类医疗卫生机构1个，卫生院1所；病床13张。其中公立卫生机构床位13张，每千人拥有医疗床位1.1张。专业卫生人员15人，其中执业医师4人，执业助理医师2人，注册护士5人。2011年，医疗机构（门诊部以上）完成诊疗1680人次，住院手术37台次，出院病人246人次。

2011年，法定报告传染病发病率为447/10万，农村安全饮用水普及率86%，农村卫生厕所普及率56%，新型农村合用医疗参合人数1.2万人，参合率99%；孕产妇死亡率18/10万，5岁以下儿童死亡率、婴儿死亡率、新生儿死亡率分别为6.4‰、5.1‰、4.4‰。

体育 2011年末，体育场地12处。95%的村安装了健身器材，经常参加体育活动的人员占常住人口的23%。

广播电视 2011年末，有线电视用户3024户，入户率80%。

社会保障 2011年城镇最低生活保障户数37户，人数56人，支出15.8万元，比上年增长5%，月人均235元，比上年增长6.5%。

农村最低生活保障户数209户，人数407人，支出51.5万元，比上年增长7%，月人均105元，比上年增长3%；农村五保集中供养21人，支出9.8万元，比上年增长0.5%；农村五保分散供养58人，支出10万元，比上年减少10%；农村医疗救助20人次，支出3.6万元，比上年增长7.6%；农村临时救济38人次，支出2.2万元，比上年增长14.8%；大学新生教育救助11人，支出2.3万元，比上年减少16%。

国家抚恤、补助各类优抚对象102人，抚恤事业费支出78.2元，比上年增长12%。

生活无着人员救助床位3张。社区服务设施15个，其中社区服务中心2个，社区服务站13个；社区留宿照料床位数15张。新增就业人员66人，有10名下岗失业人员实现了再就业，年末城镇登记失业人数65人，城镇登记失业率为20%。年末参加城镇基本养老保险46人，参加城镇居民基本医疗保险298人，比上年末增加30人。

基础设施

交通运输 2011年，运输企业拥有客运车15辆，客运总量4.6万人次，货运总量500万吨。

邮政电信 2011年末，电信服务网点1个；固定电话用户2100户，比上年减少210户，电话用户普及率达到80%，比上年下降10个百分点；移动电话用户3200户，比上年增加82户，移动电话普及率为97%，比上年提高2.4个百分点。

新庄子村

(Xinzhuangzi Cun)

名称来历 邱、王两姓由丰润岩口迁此立庄，因为新建村庄，故取村名为新庄，后改称新庄子村。

地理位置 地处新庄子乡中部，东邻米城庄村，南邻龙塘村，西与唐山市丰润区火石营镇柴家湾村接壤，北邻下庞店村。

主要指标 2011年末，辖区总人口1787人，总面积3.1平方千米，农民人均纯收入6730元。

下庞店村

(Xiapangdian Cun)

名称来历 庞宗尧、庞宗显兄弟俩从山西迁居此地，以小本经商，遂以姓氏取村名为庞店子。后有庞姓迁出建上庞店，此村遂改名为下庞店。

地理位置 地处新庄子乡西北部，东邻临河村，南接新庄子村，西邻兴城镇南庄村，北邻上庞店村。

主要指标 2011年末，辖区总人口673人，总面积1.7平方千米，农民人均纯收入6717元。

上庞店村

(Shangpangdian Cun)

名称来历 因庞姓从庞店（今下庞店）迁此居住，因地势较高，故取村名为上庞店村。

地理位置 地处新庄子乡西北部，东邻临河村，南邻下庞店村，西邻兴城镇南庄村，北邻兴城镇救驾岭村。

主要指标 2011年末，辖区总人口1003人，总面积4.7平方千米，农民人均纯收入6807元。

临河村

(Linhe Cun)

名称来历 因紧靠还乡河，故取名为临河村。

地理位置 地处新庄子乡东北部，东邻米城庄村，南邻龙塘村，西邻下庞店村，北邻上庞店村。

主要指标 2011年末，辖区总人口1095人，总面积2.3平方千米，农民人均纯收入6785元。

米城庄村

(Michengzhuang Cun)

名称来历 传说明初燕王扫北时这里曾设军粮库，故此取村名米城庄。

地理位置 地处新庄子乡中部，东邻大峪村，南邻杨家峪村，西邻临河村，北邻向阳村。

主要指标 2011年末，辖区总人口1857人，总面积6.7平方千米，农民人均纯收入6698元。

大峪村

(Dayu Cun)

名称来历 因这里山高谷深，故取村名大峪。

地理位置 地处新庄子乡东部，东邻新集镇石庄子村，南邻东莲花院乡黄岩村，西邻杨家峪村，北邻新集镇长山沟村。

主要指标 2011年末，辖区总人口1460人，总面积6.5平方千米，农民人均纯收入6675元。

龙塘村

(Longtang Cun)

名称来历 因村东曾有龙王庙，庙后有一眼泉水喷出，汇成方塘，人称龙潭，村因此而得名龙塘。

地理位置 地处新庄子乡东南部，东邻米城庄村，南邻田家峪村，西邻新庄子村，北接临河村。

主要指标 2011年末，辖区总人口1359人，总面积4平方千米，农民人均纯收入6680元。

田家峪村

(Tianjiayu Cun)

名称来历 田姓迁此沟定居，冠以姓氏取村名田家峪。

地理位置 地处新庄子乡中部，东邻杨家峪村，南邻牵马岭村，西邻丰润区火石营镇比古岫村，北接龙塘村。

主要指标 2011年末，辖区总人口1081人，总面积6.5平方千米，农民人均纯收入6674元。

牵马岭村

(Qianmaling Cun)

名称来历 因村前有牵马岭而得名。

地理位置 地处新庄子乡南部，东邻常甸村，南隔山与丰润区火石营镇潘家峪村相连，西邻丰润区火石营镇大岭沟村，北邻田家峪村。

主要指标 2011年末，辖区总人口467人，总面积5平方千米，农民人均纯收入6597元。

常甸村

(Changdian Cun)

名称来历 因此地常年杂草丛生，形成草甸，故以此取村名为常甸。

地理位置 地处新庄子乡东南部，东邻东莲花院乡黄岩村，南邻丰润区火石营镇潘家峪村，西邻牵马岭村，北邻杨家峪村。

主要指标 2011年末，辖区总人口1436人，总面积7平方千米，农民人均纯收入6763元。

杨家峪村

(Yangjiayu Cun)

名称来历 因杨姓曾在此沟建寺，遂以此取村名为杨家峪寺，后称杨家峪。

地理位置 地处新庄子乡东部，东邻大峪村，南邻常甸村，西邻龙塘村，北邻米城庄村。

主要指标 2011年末，辖区总人口121人，总面积3平方千米，农民人均纯收入6590元。

向阳村

(Xiangyang Cun)

名称来历 因修大黑汀水库，原旧城北孙家峪部分居民迁此立庄，命名为向阳村，取红心永远向着太阳之意。

地理位置 地处新庄子乡东部，东邻大峪村，南邻米城庄村，西邻临河村，北邻兴城镇仁字峪村。

主要指标 2011年末，辖区总人口62人，总面积1.7平方千米，农民人均纯收入4154元。

（撰稿：张景波、赵利颖，初审：刘永、王福东）

白庙子乡

(Baimiaozi Xiang)

政区概况

名称来历 因乡人民政府驻地位于白庙子村而得名。

地理位置 地处迁西县中部偏西，东、南与兴城镇相邻，西与遵化市建明镇接壤，北与三屯营镇相连。人民政府驻白庙子村朝阳街1号，电话区号0315，邮政编码064300，距迁西县人民政府7千米。

政区沿革 1947年前，属迁安县。1947年，迁西置县后，属迁西县第五区。1953年，置横河乡。1956年，撤区并乡，置白庙子乡，区域扩大。1958年10月，属东风（三屯营）人民公社白庙子大队；同年12月，并入遵化县，改称白庙子管理区。1961年6月，迁西县恢复后，复归迁西县，建白庙子人民公社。1984年3月，改为白庙子乡，白堡店、大黑汀、小黑汀3个村民委员会划归兴城镇，辖26个村民委员会，有57个自然村。

政区划分 2011年末，辖白庙子村、果庄子村、黑洼村、横河村、李兴庄村、翻鞍寨村、喜峰寨村、西孤山村、东孤山村、吴庄村、半壁店村、西负庄村、八里铺村、廖庄子村、孟庄村、南杨庄村、东沟峪村、桥庄子村、朱家峪村、张家峪村、宋家峪村、沙岭沟村、陡岭子村、西瓦房庄村、新水庄村、秦家峪村26个村民委员会；下设232个村民小组。

人口面积 2011年末，辖区总人口17970人，其中城镇常住人口2543人，城镇化率30%。另有流动人口1372人。总人口中，男性9355人，占52%；女性8615人，占48%；14岁以下3488人，占19.4%；15~64岁11887人，占66.2%；65岁以上2595人，占14.4%。总人口中，以汉族为主，达16989人，占92.9%；有满族981人，占5.5%。2011年，人口出生率16.94‰，人口死亡率8.74‰，人口自然增长率8.2‰。

辖区东西最大距离10千米，南北最大距离10千米，总面积65平方千米。人口密度为每平方千米276人。

自然条件

地形地貌 境内最高峰哑巴山位于八里铺村，海拔153

米，最低点位于半壁店，海拔108米；平均海拔高度123米。

水文 境内河道属沙河流域。沙河自西北向东流，再向东南流至白堡店村注入滦河，长23千米，引滦入津隧洞穿越境内，新截留的大黑汀水库坐落于境内。

矿藏及其他自然资源 境内已探明地下矿藏有铁、锰等，已开发的有铁矿，位于吴庄村、果庄子村，矿区面积0.6平方千米。

自然灾害 主要自然灾害有洪涝、风雹、泥石流等。主要发生在7月至9月，最严重的一次洪涝发生在2005年7月27日白庙子村、横河村等地区。

经济概况

农业 耕地面积1.49万亩，人均0.83亩；可利用草地面积1.1万亩，林地面积8.17万亩。2011年，农业总产值1.2亿元，比上年增长6.4%，实现农业增加值8730万元，占国内生产总值的3.8%。

粮食作物以玉米为主。2011年，生产粮食0.53万吨。主要经济作物有棉花、蔬菜。2011年，棉花种植面积0.02万亩，产量18吨；蔬菜种植面积0.09万吨，大白菜产量0.21万吨。

畜牧业以鸡、猪、羊为主。2011年，生猪饲养量0.8万头，年末存栏0.33万头；羊年末存栏0.77万只；收购山羊板皮0.1万张；牛饲养量800头，年末存栏600头；家禽饲养量2.7万羽，上市家禽1.3万羽。2011年，生产肉类703吨，其中猪肉358吨，牛肉82吨，羊肉145吨；禽蛋144吨，鲜奶429吨。畜牧业总产值0.2亿元，占农业总产值的25%。

截至2011年末，累计造林0.19万亩，其中经济林645亩，防护林915亩，农民住宅四旁树木13.6万株，林木覆盖率63%，活立木蓄积量3万立方米。2011年，干鲜果品产量0.4万吨，水果种植面积0.01万亩，产量0.11万吨，主要品种有苹果、安梨、鲜桃、柿子等，其中苹果255吨，安梨232吨，鲜桃141吨，柿子75吨；干果产量0.3万吨，主要品种有板栗、核桃等，其中板栗0.28万吨，核桃75吨。

渔业以淡水水库养殖为主。2011年，养殖面积2.7公顷。渔业总产值43万元，占农业总产值的0.54%。

2011年，拥有大型农业机械1800台（辆）；农民人均纯收入8694元。

工业 初步形成了以钢铁、建材为主的工业体系，2011年，工业总产值6.89亿元，比上年增长42.4%，实现工业增加值6.07亿元，占国内生产总值的26.7%。

2011年，规模以上工业企业12家，职工2800多人，实现工业增加值4.96亿元，比上年增长47%。

财政金融 2011年，财政总收入逾1亿元，比上年增长120%。人均财政收入5565元，比上年增长100%。

社会发展

教育 2011年末，幼儿园12所，在园幼儿605人，专任教师20人；小学6所，在校生798人，专任教师93人，小学适龄儿童入学率100%；初中1所，在校生427人，专任教师75人，初中适龄人口入学率、小升初升学率、九年义务教育覆盖率均达100%。

2011年，教育经费达1296万元，国家财政性教育经费1296万元，财政预算内教育经费1205万元，预算内教育事业费7万元，分别比上年增长31%、24%、10%、11%。预算内教育经费（包括城市教育费附加）占财政总支出的比例为11.7%，比上年提高了4个百分点。

医疗卫生 2011年末，各级各类医疗卫生机构25个，卫生院1所；病床60张，其中公立卫生机构床位12张，每千人拥有医疗床位3.3张，固定资产总值400万元。专业卫生人员65人，其中执业医师7人，执业助理医师3人，注册护士2人，平均每千人拥有卫生技术人员3.6人，平均每千人拥有执业（助理）医师0.5人，平均每千人拥有注册护士0.1人。2011年，医疗机构（门诊部以上）完成诊疗2.6万人次，住院手术160台次，出院病人356人次。

2011年，法定报告传染病发病率为89/10万，农村安全饮用水普及率90%，农村卫生厕所普及率75%，新型农村合作医疗参合人数1.6万人，参合率97%；孕产妇死亡率8/10万，5岁以下儿童死亡率、婴儿死亡率、新生儿死亡率分别为5.1‰、2‰、1.9‰。

广播电视 2011年末，开通有线电视，入户率100%。

社会保障 2011年，城镇最低生活保障户数77户，人数136人，支出37.72万元，比上年增长27%，月人均231元，比上年增长20%；城市医疗救助2人次，支出6万元，比上年增长32%。

农村最低生活保障户数335户，人数628人，支出82.3万元，比上年增长43.1%，月人均109元，比上年增长23.2%；农村五保集中供养22人，支出11.5万元，比上年增长1.6%；农村五保分散供养101人，支出16.4万元，比上年减少0.7%；农村医疗救助26人次；农村临时救济52人次，支出1万元，比上年减少3%。

国家抚恤、补助各类优抚对象39人，抚恤事业费支出36.1万元，比上年增长10.1%。

新增就业人员19人，有2名下岗失业人员实现了再就业，就业困难人员再就业3人，年末城镇登记失业人数10人，城镇登记失业率为3%，全年共帮助2户零就业家庭实现每户至少1人就业。

基础设施

交通运输 已形成由铁路、公路两种运输方式构成的交通运输网络。铁路大秦线、大秦分支线过境，其中大秦线境内长6.6千米，大秦分支线境内长2.5千米。在白堡店村设迁西货运站，通往山西大同、秦皇岛；日均有6列火车停靠，年货运吞吐量为1.75亿吨。

三抚公路过境，境内长7.5千米，双向4车道，通往三屯营、抚宁县。有乡级公路1条（冶金工业路），总长5千米。2011年，运输企业拥有货运汽车72辆，300吨位；货运量2160万吨，货运周转量2160万吨·千米。

邮政电信 2011年末，投递点35个，乡村通邮率

100%。电话用户普及率达到80%；移动电话普及率为85%；村宽带接入率为100%。

李兴庄村

(Lixingzhuang Cun)

名称来历 1978年，因修建大黑汀水库，小黑汀李姓等部分村民迁此立庄，取兴旺发达之意，取名李兴庄。

地理位置 地处白庙子乡东部，东邻兴城镇白堡店村，南邻桥庄子村，西邻翻鞍寨村，北邻兴城镇大黑汀村。

主要指标 2011年末，辖区总人口397人，总面积0.5平方千米，农民人均纯收入9225元。

宋家峪村

(Songjiayu Cun)

名称来历 清初宋氏迁此立庄，以姓氏取村名宋家峪。

地理位置 地处白庙子乡西南部，东、南邻张家峪村，西邻宋家峪村，北邻廖庄子村。

主要指标 2011年末，辖区总人口178人，总面积1.5平方千米，农民人均纯收入7711元。

秦家峪村

(Qinjiayu Cun)

名称来历 明代秦氏从山东迁此立庄，以姓氏取村名秦家峪村。

地理位置 地处白庙子乡西南部，东邻宋家峪村，南、西邻朱家峪村，北邻新水庄村。

主要指标 2011年末，辖区总人口443人，总面积2平方千米，农民人均纯收入7669元。

南杨庄村

(Nanyangzhuang Cun)

名称来历 明永乐年间，杨氏迁此立庄，以姓氏取村名为杨庄村，因北面尚有一杨庄（今属高家店乡），故改名南杨庄村。

地理位置 地处白庙子乡西部，东邻吴庄村，南邻新水庄村，西邻遵化市建明镇白马峪村，北邻廖庄子村。

主要指标 2011年末，辖区总人口933人，总面积3.6平方千米，农民人均纯收入7669元。

张家峪村

(Zhangjiayu Cun)

名称来历 原有张姓在此居住，因地处山沟，取名张家峪。

地理位置 地处白庙子乡西南部，东邻西瓦房庄村，南邻陡岭子村，西邻朱家峪村，北邻宋家峪村。

主要指标 2011年末，辖区总人口293人，总面积1.5平方千米，农民人均纯收入7871元。

半壁店村

(Banbidian Cun)

名称来历 原有胡氏在此开店，后孙氏从外地迁来，与胡氏合开一家店，人称半补店，后因店门口有一影壁倒塌只剩一半，又改名为半壁店。

地理位置 地处白庙子乡南部，东邻李兴庄村，南邻西贠庄村，西邻东孤山村，北邻白庙子村。

主要指标 2011年末，辖区总人口1045人，总面积1.5平方千米，农民人均纯收入8096元。

廖庄子村

(Liaozhuangzi Cun)

名称来历 原有廖氏始居于此，冠以姓氏取村名廖庄子村。

地理位置 地处白庙子乡西部，东邻吴庄村，南邻宋家峪村，西邻南杨庄村，北邻孟庄村。

主要指标 2011年末，辖区总人口662人，总面积2.5平方千米，农民人均纯收入7875元。

沙岭沟村

(Shalinggou Cun)

名称来历 因该村在沙土梁之下，故取村名为沙岭沟。

地理位置 地处白庙子乡东南部，东邻兴城镇沙岭子村，南邻兴城镇新立庄村，西邻东沟峪村，北邻桥庄子村。

主要指标 2011年末，辖区总人口368人，总面积1.2平方千米，农民人均纯收入8101元。

喜峰寨村

(Xifengzhai Cun)

名称来历 因修建潘家口水库，喜峰口城外村部分村民迁居至此，取村名喜峰寨。

地理位置 地处白庙子乡西部，东邻翻鞍寨村，南邻半壁店村，西邻白庙子村，北邻果庄子村。

主要指标 2011年末，辖区总人口115人，总面积0.5平方千米，农民人均纯收入7601元。

黑洼村

(Heiwa Cun)

名称来历 因为森林茂密，进村之后感觉漆黑一片，故取村名黑洼。

地理位置 地处白庙子乡北部，东邻果庄子村，南至横河村，西邻三屯镇侯庄村，北至三屯营镇彭庄村。

主要指标 2011年末，辖区总人口746人，总面积3.2平方千米，农民人均纯收入8023元。

西瓦房庄村

(Xiwafangzhuang Cun)

名称来历 村南曾有砖瓦窟，遂以此取村名为瓦窑庄。因有盼望住瓦房之意，后叫成瓦房庄村。1982年，地名标准化处理时改名为西瓦房庄村。

地理位置 地处白庙子乡西南部，东邻东沟峪村，南邻陡岭子村，西邻张家峪村，北邻吴庄村。

主要指标 2011年末，辖区总人口567人，总面积3.8平方千米，农民人均纯收入7746元。

陡岭子村

(Doulingzi Cun)

名称来历 因村南山岭陡峭难行，取名陡岭子村，并以山名取村名。

地理位置 地处白庙子乡西南部，东邻东沟峪，南邻兴城镇西岭村，西邻张家峪村，北邻西瓦房庄村。

主要指标 2011年末，辖区总人口693人，总面积3平方千米，农民人均纯收入7825元。

吴庄村

(Wuzhuang Cun)

名称来历 吴氏从山东大柳树迁此立庄，冠以姓氏取名吴庄村。

地理位置 地处白庙子乡西南部，东邻西贠庄村，南邻西瓦房庄村，西邻廖庄子村，北邻西孤山村。

主要指标 2011年末，辖区总人口636人，总面积2.3平方千米，农民人均纯收入7923元。

果庄子村

(Guozhuangzi Cun)

名称来历 因此地果树颇多，故得名果庄子。

地理位置 地处白庙子乡西北部，东隔大黑汀水库与旧城乡后河东寨村相望，南邻横河村，西接黑洼村，北与三屯营镇张家庄村接壤。

主要指标 2011年末，辖区总人口546人，总面积3.3平方千米，农民人均纯收入8869元。

孟庄村

(Mengzhuang Cun)

名称来历 明初孟氏迁此立庄，以姓氏取村名孟庄村。

地理位置 地处白庙子乡西北部，东邻横河村，南邻廖庄子村，西隔景忠山与三屯营镇至山庄村相望，北接八里铺村。

主要指标 2011年末，辖区总人口678人，总面积2.5平方千米，农民人均纯收入7749元。

桥庄子村

(Qiaozhuangzi Cun)

名称来历 因官府曾在村北沙河上修建一座石桥，遂以此取村名桥庄子。

地理位置 地处白庙子乡东南部，东邻兴城镇沙岭子村，南邻沙岭沟村，西邻西贠庄村，北邻李兴庄村。

主要指标 2011年末，辖区总人口295人，总面积1平方千米，农民人均纯收入8076元。

翻鞍寨村

(Fan’anzhai Cun)

名称来历 据传，唐太宗李世民征东路过此地，战马汗湿鞍甲，于是将马鞍翻过晾晒。明代建村时，即以此传说而取村名翻鞍寨村。

地理位置 地处白庙子乡东南部，东邻李兴庄村，南邻半壁店村，西邻喜峰寨村，北邻兴城镇小黑汀村。

主要指标 2011年末，辖区总人口1237人，总面积1.5平方千米，农民人均纯收入8131元。

白庙子村

(Baimiaozi Cun)

名称来历 因村落位横河边，常遭受水患。相传曾有一白衣女子，人们在村西山上修建了一座庙，俗称白庙子，村以庙名而得名。

地理位置 地处白庙子乡中部，东邻半壁店村，南邻东孤山村，西、北邻横河村。

主要指标 2011年末，辖区总人口910人，总面积1.5平方千米，农民人均纯收入9264元。

横河村

(Henghe Cun)

名称来历 横河原自北向南流，至村西急拐，由村南横流向东，故以此改村名为横河。

地理位置 地处白庙子乡北部，东邻喜峰寨村，南邻东孤山村，西邻八里铺村，北接黑洼村。

主要指标 2011年末，辖区总人口2374人，总面积7.8平方千米，农民人均纯收入8737元。

西贠庄村

(Xirunzhuang Cun)

名称来历 明永乐年间，贠氏从山东迁此立庄。以姓氏村名为贠庄村。1982年4月，地名标准化处理时改为今名。

地理位置 地处白庙子乡南部，东邻桥庄子村，南邻东沟峪村，西邻西孤山村，北邻半壁店村。

主要指标 2011年末，辖区总人口794人，总面积1.5平方千米，农民人均纯收入7923元。

东孤山村

(Donggushan Cun)

名称来历 建村于明初，侯氏迁此占地立庄。该地有座小山，称孤山。侯氏于明初在孤山东建村，称东孤山村。

地理位置 地处白庙子乡西南部，东邻半壁店村，南邻西孤山村，西邻贠庄村，北接白庙子村。

主要指标 2011 年末，辖区总人口 528 人，总面积 1.5 平方千米，农民人均纯收入 8052 元。

东沟峪村

(Donggouyu Cun)

名称来历 因东沟峪有三个大沟，地处东边的叫作东沟峪村。

地理位置 地处白庙子乡南部，东邻兴城镇新立庄村，南邻兴城镇城西峪村，西邻陡岭子村，北接西贠庄村。

主要指标 2011 年末，辖区总人口 700 人，总面积 7 平方千米，农民人均纯收入 7811 元。

朱家峪村

(Zhujiayu Cun)

名称来历 清初朱氏由山东迁此立庄，冠以姓氏取村名朱家峪村。

地理位置 地处白庙子乡西南部，东邻秦家峪村，南邻遵化市东旧寨镇双泉寺村，西隔山与遵化市东旧寨镇灰岭子村相望，北邻新水庄村。

主要指标 2011 年末，辖区总人口 260 人，总面积 1.5 平方千米，农民人均纯收入 7486 元。

西孤山村

(Xigushan Cun)

名称来历 建村于明初，侯氏迁此占地立庄。该地有座小山，称孤山。赵氏于明末在孤山西建村，称西孤山村。

地理位置 地处白庙子乡西南部，东邻西贠庄村，南邻吴庄村，西邻廖庄子村，北接东孤山村。

主要指标 2011 年末，辖区总人口 485 人，总面积 2.2 平方千米，农民人均纯收入 7840 元。

新水庄村

(Xinshuizhuang Cun)

名称来历 曾有曹氏来此居住，故取名曹窝子。1988 年，地名标准化处理时改名为新水庄村。

地理位置 地处白庙子乡西南部，东邻秦家峪村，南邻朱家峪村，西隔山与遵化市东旧寨镇黑峪沟村，北邻南杨庄村。

主要指标 2011 年末，辖区总人口 358 人，总面积 1.7 平方千米，农民人均纯收入 7699 元。

八里铺村

(Balipu Cun)

名称来历 清代曾在此设驿站，以传递公文。因此地离三屯营西滦阳驿（古驿）八华里，故称八里铺。

地理位置 地处白庙子乡西部，东邻白庙子村，南邻孟庄村，西邻三屯营镇至山庄村，北接三屯营镇贾庄子村。

主要指标 2011 年末，辖区总人口 1413 人，总面积 5 平方千米，农民人均纯收入 9296 元。

（撰稿：王小伟、肖杨，初审：郭春耕、王福东）

渔户寨乡

(Yuhuzhai Xiang)

政区概况

名称来历 因乡人民政府驻地位于渔户寨村而得名。

地理位置 地处迁西县东北，东邻金厂峪镇，南靠东荒峪镇，西连洒河桥镇，北与上营乡接壤。人民政府驻渔户寨村平安路 1 号，电话区号 0315，邮政编码 064304，距迁西县人民政府 30 千米。

政区沿革 1947 年前，属迁安县。1947 年迁西置县后，属迁西县第一区。1953 年，置渔户寨乡。1956 年，撤区并乡，保留渔户寨乡，区域扩大。1958 年 10 月，属红专（东荒峪）人民公社渔户寨大队；同年 12 月，并入迁安县，改称渔户寨管理区。1961 年 6 月，迁西县恢复后，复归迁西县，建渔户寨人民公社。1984 年 3 月，改为渔户寨乡，辖 9 个村民委员会。1991 年，黄槐峪乡并入，辖 13 个村民委员会，有 17 个自然村。

政区划分 2011 年末，辖渔户寨村、李家口村、擦都岭村、高窝子村、白枣峪村、立石庄村、白草洼村、上尹庄村、连水峪村、下青山口村、东水峪村、黄槐峪村、三家湾村 13 个村民委员会；下设 63 个村民小组。

人口面积 2011 年末，辖区总人口 11020 人，其中城镇常住人口 364 人，城镇化率 3.3%。另有流动人口 467 人。总人口中，男性 5761 人，占 52.3%；女性 5259 人，占总人口 47.7%；14 岁以下 2226 人，占 20.2%；15～64 岁 7424 人，占 67.4%；65 岁以上 1370 人，占 12.4%。2011 年，人口出生率 13.1‰，人口死亡率 6.07‰，人口自然增长率 7.03‰。

辖区东西最大距离 9 千米，南北最大距离 12 千米，总面积 58 平方千米。人口密度为每平方千米 190 人。

自然条件

气候 属温带季风气候。多年平均气温 8.9℃，1 月平均气温 -7.8℃；7 月平均气温 25℃。无霜期年平均 183 天。

水文 境内河道属长河水系，自北而南流经三家湾村、黄槐峪村、青山口村、渔户寨村、李家口村、高窝子村、擦都岭村，长10余千米。

矿藏及其他自然资源 境内已探明地下矿藏有铁矿、磷矿等，其中铁矿仅地表易采储量就达2亿吨。长城石、红长石等石材易采量达5亿立方米。

经济概况

农业 耕地面积0.46万亩，人均0.42亩；可利用草地面积1.6万亩，林地面积3.9万亩。2011年，农业总产值9183万元，比上年增长13%，实现农业增加值7507万元，占国内生产总值的6.9%。

粮食作物以玉米、谷子、大豆、甘薯为主。2011年，生产粮食0.16万吨，其中玉米0.11万吨，谷子60.1吨。2011年，蔬菜种植面积382亩，产量0.2万吨，主要品种有大白菜、菠菜等，其中大白菜0.12万吨，菠菜105吨。

畜牧业以猪、羊、牛、鸡为主。2011年，生猪饲养量0.85万头，年末存栏0.29万头；羊饲养量0.99万只，年末存栏0.55万只；牛饲养量900头，年末存栏340头；家禽饲养量6.34万羽，上市家禽3.47万羽。2011年，生产肉类816.4吨，其中猪肉415吨，牛肉54吨，羊肉150.2吨；禽蛋138.8吨。畜牧业总产值2591.3亿元。

截至2011年末，累计造林0.15万亩，其中经济林735亩，防护林750亩，农民住宅四旁树木4.22万株。2011年，干鲜水果产量0.31万吨，水果产量749吨，主要品种有苹果、梨、桃、葡萄、红枣、柿子、鲜杏等，其中苹果38吨，梨88吨，桃19吨，葡萄10吨，红枣14吨，柿子117吨，鲜杏19吨；干果产量0.24万吨，主要品种有核桃、板栗，其中板栗0.23万吨，核桃67吨。

2011年，拥有大型农业机械6台（辆）；农民人均纯收入9263元。

工业 2011年，铁选企业22家，创利税4000多万元。2011年，达6.2亿元，比上年增长29.4%，实现工业增加值5.46亿元，占国内生产总值的比重50.3%。2011年，规模以上工业企业6家，职工460人，实现工业增加值3.4亿元，比上年增长0.7%。

财政金融 2011年，财政总收入7761万元，比上年增长3.6%。人均财政收入7043元，比上年增长4%。年末有1家农村信用社。

社会发展

文化艺术 2011年末，农家书屋13个；电影放映单位1个，年放映30场次，观众达1200人次。

教育 2011年末，幼儿园8所，在园幼儿324人，专任教师14人；小学3所，在校生936人，专任教师81人，小学适龄儿童入学率100%，小升初升学率92%。

2011年教育经费达300万元，国家财政性教育经费300万元，财政预算内教育经费300万元，预算内教育事业费205万元，分别比上年增长19%、20%、13%、3%。预算内教育经费（包括城市教育费附加）占财政总支出的比例为3%，比上年提高了2个百分点。

医疗卫生 2011年末，卫生院1所，村级卫生所12个；病床44张，每千人拥有医疗床位4张，固定资产值132.3万元。专业卫生人员47人，其中执业医师3人，执业助理医师6人，注册护士3人。2011年，医疗机构（门诊部以上）完成诊疗22945人次，住院手术38台次，出院病人270人次。

2011年，法定报告传染病发病率为489.6/10万，农村安全饮用水普及率70%，农村卫生厕所普及率64%，新型农村合作医疗参合人数1万人，参合率98%；孕产妇死亡率为零，5岁以下儿童死亡率、婴儿死亡率、新生儿死亡率分别为6.2‰、5‰、4‰。

广播电视 2011年末，全乡有线电视覆盖率90%，数字电视覆盖率60%以上。

社会保障 2011年城镇最低生活保障户数23户，人数34人，支出10.3万元，比上年增长5%，月人均252元，比上年增长2%；城市生活无着人员救助1人次，支出2000元，比上年减少5%。

农村最低生活保障户数168户，人数349人，支出39.5万元，比上年增长9%，月人均94元，比上年增长0.8%；农村五保集中供养12人，支出6万元，比上年增长0.3%；农村五保分散供养32人，支出6.01万元，比上年增长1.2%；农村医疗救助15人次，农村临时救济38人次，共支出5.3万元，比上年减少1.6%。

国家抚恤、补助各类优抚对象40人，抚恤事业费支出23.6万元，比上年增长7%。

新增就业人员263人，有50名下岗失业人员实现了再就业，就业困难人员再就业10人。

基础设施

交通运输 东瓦线乡级公路1条，全长10余千米。

邮政电信 邮政属东荒峪镇网点，2011年末，乡村通邮率100%。电信企业1家，服务网点8个；电话交换机总容量2128门，固定电话用户1500户，电话用户普及率达到50%。

擦都岭村

(Caduling Cun)

名称来历 传说清康熙皇帝打猎由此村边小山岭路过，被小石擦到，遂取名为擦倒岭。后嫌“倒”字不雅，又改称擦都岭，村名即由此得来。

地理位置 地处渔户寨乡东南部，东邻高窝子村，南邻金厂峪镇河北庄村，西邻东荒峪镇上川村，北邻李家口村。

主要指标 2011年末，辖区总人口1100人，总面积1.5平方千米，农民人均纯收入9350元。

高窝子村

(Gaowozi Cun)

名称来历 渔户寨高氏曾在此搭窝铺居住，人称高家窝铺，后改村名为高家窝子，现称高窝子村。

地理位置 地处渔户寨乡东南部，东邻河北庄村，南邻擦都岭村，西邻李家口村，北邻渔户寨村。

主要指标 2011年末，辖区总人口671人，总面积4.5平方千米，农民人均纯收入9185元。

李家口村

(Lijiakou Cun)

名称来历 明宣德年间，李氏迁此定居，因地处山口，故以姓氏取村名为李家口。

地理位置 地处渔户寨乡南部，东邻高窝子村，南邻擦都岭村，西邻上尹庄村，北接渔户寨村。

主要指标 2011年末，辖区总人口628人，总面积1.5平方千米，农民人均纯收入9223元。

渔户寨村

(Yuhuzhai Cun)

名称来历 因在长河西岸，村民以捕鱼为生，故取村名渔户寨。

地理位置 地处渔户寨乡中部，东邻金厂峪镇洪门店村，南邻李家口村，西邻上尹庄村，北邻下青山口村。

主要指标 2011年末，辖区总人口1464人，总面积3.5平方千米，农民人均纯收入9219元。

上尹庄村

(Shangyinzhuang Cun)

名称来历 尹氏迁此定居，故取村名为尹庄。又因该村地势较高，为区别于小尹庄，故改村名为上尹庄。

地理位置 地处渔户寨乡西部，东邻渔户寨村，南与东荒峪镇达峪村接壤，西邻白草洼村，北接白枣峪村。

主要指标 2011年末，辖区总人口577人，总面积3平方千米，农民人均纯收入9670元。

白草洼村

(Baicaowa Cun)

名称来历 因当时四周都是白草，故以此取村名为白草坡，后改称白草洼。

地理位置 地处渔户寨乡西北部，东邻白枣峪村，南邻上尹庄村，西邻长河峪村，北邻立石庄村。

主要指标 2011年末，辖区总人口435人，总面积4.2平方千米，农民人均纯收入9287元。

立石庄村

(Lishizhuang Cun)

名称来历 因村北有一块大石头，遂以此取村名为立石庄。

地理位置 地处渔户寨乡西北部，东邻东水峪村，南邻白枣峪村，西邻白草洼村，北邻下青山口村。

主要指标 2011年末，辖区总人口459人，总面积2平方千米，农民人均纯收入9111元。

白枣峪村

(Baizaoyu Cun)

名称来历 因当时此沟有一棵枣树，大枣成熟时变白而不红，故以此取村名为白枣峪。

地理位置 地处渔户寨乡西北部，东邻渔户寨村，南邻上尹庄村，西邻白草洼村，北邻立石庄村。

主要指标 2011年末，辖区总人口425人，总面积4.5平方千米，农民人均纯收入9133元。

连水峪村

(Lianshuiyu Cun)

名称来历 此沟狭长，沟内有一条小河像带子把分散的居民连成一村，故取村名为连水峪。

地理位置 地处渔户寨乡东北部，东接金厂峪镇刘家沟村，南邻高窝子村，西邻渔户寨村，北邻下青山口村。

主要指标 2011年末，辖区总人口405人，总面积2.3平方千米，农民人均纯收入9169元。

下青山口村

(Xiaqingshankou Cun)

名称来历 该村以前分南北居住，南称南庄户，北名北后。据村中石碑记载，明永乐三年，大水冲开了村西的小青山，此后两村统一命名青山口。1988年6月，地名标准化处理时改名为下青山口村。

地理位置 地处渔户寨乡北部，东邻金厂峪镇金厂峪村，南邻连水峪村，西邻渔户寨村，北邻黄槐峪村。

主要指标 2011年末，辖区总人口1765人，总面积13平方千米，农民人均纯收入9310元。

黄槐峪村

(Huanghuaiyu Cun)

名称来历 因当地村边有很多黄槐树，遂以此取村名黄槐峪。

地理位置 地处渔户寨乡北部，东隔山与金厂峪镇黑石峪村相望，南邻下青山口村，西与东水峪村相连，北邻三家湾村。

主要指标 2011年末，辖区总人口1028人，总面积5.7平方千米，农民人均纯收入9232元。

三家湾村

(Sanjiawan Cun)

名称来历 因该村地处长河湾处而得名。

地理位置 地处渔户寨乡北部，东与上营乡大牛峪村接壤，南、西邻黄槐峪村，北隔山与上营乡十八盘村相望。

主要指标 2011年末，辖区总人口724人，总面积4.3平方千米，农民人均纯收入9180元。

东水峪村

(Dongshuiyu Cun)

名称来历 村西有一道大山岭，岭西之水向西流，名为西水峪岭。该村地处岭东的小溪边上，故取村名为东水峪。

地理位置 地处渔户寨乡西北部，东邻黄槐峪村，南邻立石庄村，西与滦阳镇水峪外村接壤，北隔山与上营乡塔子山村相望。

主要指标 2011年末，辖区总人口1038人，总面积10平方千米，农民人均纯收入9302元。

（撰稿：高秀艳、刘国强，初审：董志安、王福东）

东莲花院乡

(Donglianhuayuan Xiang)

素有“花果之乡”的美称。

政区概况

名称来历 因乡人民政府驻地位于东莲花院村而得名。

地理位置 地处迁西县东南，东与迁安市大五里乡接壤，南与滦县杨柳庄镇相邻，西与新庄子乡毗连，北与新集镇交界。人民政府驻东莲花院村莲花路1号，电话区号0315，邮政编码064301，距迁西县人民政府30千米。

政区沿革 1947年前，属迁安县。1947年迁西置县后，属迁西县第七区。1953年，置东莲花院乡。1956年，撤区并乡，保留东莲花院乡，区域扩大。1958年10月，属联星（新集）人民公社东莲花院大队；同年12月，并入迁安县，改称东莲花院管理区。1961年6月，迁西县恢复后，复归迁西县，建东莲花院人民公社。1984年3月，改为东莲花院乡，辖16个村民委员会，有17个自然村。

政区划分 2011年末，辖董庄子村、洼子地村、徐庄子村、西山村、西莲花院村、西陆庄村、洪门寺村、黄岩村、松山峪村、东路庄子村、马家冲村、杨家沟村、东莲花院村、柳沟峪村、东城峪村、马家沟村16个村民委员会；下设80个村民小组。

人口面积 2011年末，辖区总人口12061人，其中城镇常住人口766人，城镇化率6.35%。另有流动人口111人。总人口中，男性6132人，占50.8%；女性5929人，占49.2%；14岁以下2254人，占18.7%；15～64岁8839人，占73.3%；65岁以上968人，占8%。2011年，人口出生率13.52‰，人口死亡率8.67‰，人口自然增长率4.85‰。

辖区东西最大距离11.05千米，南北最大距离9.45千米，总面积63.2平方千米。人口密度为每平方千米191人。

自然条件

地形地貌 地处燕山山脉，地势南高北低。境内最高峰黄岩村公子帽，海拔599.5米；最低点位于黄岩村南河，海拔156.2米。

气候 属暖湿带中湿润大陆季风气候，其特点是四季分明。多年平均气温12.2℃，1月平均气温-6℃，极端最低气温-18℃；7月平均气温26℃，极端最高气温33℃。生长期年平均160天，无霜期年平均180天。年平均日照时数27059小时。年平均降水量804.2毫米。降雨集中在每年7月至9月，8月最多。

水文 境内赶马河属四级河，从东北至西南流经马家沟村、杨家沟村、东莲花院村、东城峪村、董庄子村、西莲花院村、柳沟峪村、西陆庄村、黄岩村等9个村，境内长5千米。

自然灾害 境内自然灾害有干旱、冰雹、洪涝、大风、雷暴、寒潮等。境内四季都有大风，以春、夏两季出现频率最高。1997年8月23日，大水冲走西花院村和董庄子村2头牛、5头猪，冲毁农田700亩，冲倒房屋12间，冲倒各种树1053棵，造成经济损失400万余元；2011年，松山峪多处山体滑坡，淹死牲畜10余头，冲毁房屋一处，造成经济损失30余万元。

经济概况

农业 耕地面积1.46万亩，人均1.21亩；可利用草地面积1.9万亩，林地面积2.6万亩。2011年，农业总产值8610万元，比上年增长20%，实现农业增加值7743万元，占国内生产总值的23%。

粮食作物以玉米为主。2011年，生产玉米0.36万吨，人均298.5千克。主要经济作物有棉花、花生等。2011年，棉花种植面积73万亩，产量6.1吨；花生种植面积204万亩，产量37.1吨；蔬菜种植面积383.5万亩，产量2003吨，主要品种有白菜、菠菜，其中白菜743吨，菠菜162吨。

畜牧业以鸡、生猪、牛、羊为主。2011年，鸡饲养量3.5万羽，上市5.8万羽；生猪饲养量0.35万头，年末存栏0.14万头；牛饲养量0.13万头，年末存栏641头；羊饲养量0.65万只，年末存栏0.2万只。2011年，生产肉类480吨，其中猪肉135吨，牛肉103吨，羊肉59吨，鸡肉129吨；禽蛋232吨。畜牧业总产值1525.8万元，占农业总产值的17.7%。

截至2011年末，累计造林0.35万亩，其中防护林945亩，经济林0.17万亩，农民住宅四旁树木8.39万株。2011年，干鲜水果种植面积315亩，水果产量0.93万吨，主要品种有苹果、梨、桃、葡萄、红枣、柿子，其中苹果0.14万吨，梨0.59万吨，桃46吨，葡萄464吨，红枣41吨，柿子273吨；干果产量718吨，主要品种有核桃、板栗，其中核桃165.5吨，板栗552.4吨。

渔业以鲤鱼养殖为主。2011年，产量14吨。

2011年，拥有大型农业机械59台（辆）；名优特农产品有马奶枣、早生李子、摩尔多瓦葡萄，绿色环保农产品有雪花梨、安梨、果光苹果、富士苹果、云白杏、麦黄杏；农民人均纯收入5578元。

工业 2011年，工业总产值7872万元，比上年增长

15.7%，占国内生产总值的比重29.9%，实现工业增加值6927万元，比上年增长16%，占国内生产总值的26.3%。

财政金融 2011年，财政总收入215万元，比上年增长2%。人均财政收入178元，比上年增长3%。年末有1家农村信用社。

社会发展

文化艺术 2011年末，文化站1个，建筑面积30平方米；公共图书室17个，建筑面积400平方米，藏书室1.1万册；档案馆1个，建筑面积25平方米；有体育健身广场、国学堂等娱乐设施。

教育 2011年末，幼儿园6所，在园幼儿300人，专任教师15人；小学5所，在校生1009人，专任教师82人，小学适龄儿童入学率100%；初中1所，在校生480人，专任教师46人，初中适龄人口入学率、小升初升学率、九年义务教育覆盖率均达100%。

2011年教育经费达1180万元，国家财政性教育经费980万元，财政预算内教育经费1100万元，预算内教育事业费25万元，分别比上年增长15%、10%、5%、5%。预算内教育经费（包括城市教育费附加）占财政总支出的比例为10%，比上年提高了2个百分点。

医疗卫生 2011年末，卫生院1所；病床20张，其中公立卫生机构床位20张，每千人拥有医疗床位1.8张。专业卫生人员22人，其中执业医师9人，执业助理医师4人，注册护士18人。2011年，医疗机构（门诊部以上）完成诊疗11248万人次，住院手术254台次，出院病人387人次。

2011年，法定报告传染病发病率为480/10万，农村安全饮用水普及率73%，农村卫生厕所普及率46%，新型农村合作医疗参合人数11152人，参合率95.6%；5岁以下儿童死亡率、婴儿死亡率、新生儿死亡率分别为5.5‰、5.1‰、4.2‰。

体育 2011年末，体育场地16处。100%的村安装了健身器材，经常参加体育活动的人员占常住人口的73%。

广播电视 2011年末，村级广播站25个，广播喇叭212只。接通有线电视25个村，有线电视用户5012户，电视综合覆盖率96%。5个村完成了有线电视数字化改造。

社会保障 2011年，城镇最低生活保障户数93户，人数157人，支出46.7万元，比上年增长28.6%，月人均247.9元，比上年增长21.6%；城市生活无着人员救助2人次，支出3000元，比上年增长27%。

农村最低生活保障户数353户，人数581人，支出77.4万元，比上年增长47%，月人均111元，比上年增长33%；农村五保集中供养13人，支出6.2万元，比上年增长1.1%；农村五保分散供养49人，支出8.5万元，比上年增长6.7%。

国家抚恤、补助各类优抚对象106人，安置义务兵、士官等5人，抚恤事业费支出40万元，比上年增长7.5%。

新增就业人员38人，有2名下岗失业人员实现了再就业。

环境保护 2011年本级财政用于环境保护的资金20万元；空气质量一级天数337天，二级天数20天，三级天数8天，达到二级和好于二级的天数占全年天数的97.8%。

基础设施

交通运输 已形成由公路一种运输方式构成的交通运输网络。迁曹线、大莲路、新花路过境，2011年客运总量7340人次，货运总量12.8万吨。

邮政电信 2011年末，邮政网点1个，投递路线单程总长度51千米，投递点17个，乡村通邮率100%；全年投递国内函件0.87万件，国内异地特快专递信件完成0.13万件，征订报纸564份、期刊321册。

东莲花院村

(Donglianhuayuan Cun)

名称来历 此地西侧原有一个3亩大的莲花池，因该村地处莲花池东侧，故取村名为东莲花院。

地理位置 地处东莲花院乡中部，东邻东马家冲村，南邻洼子地村，西邻东城峪村，北邻杨家沟村。

主要指标 2011年末，辖区总人口2504人，总面积9平方千米，农民人均纯收入4899元。

东城峪村

(Dongchengyu Cun)

名称来历 因修建潘家口水库，原汉儿庄公社东城峪生产大队于1976年由原址迁来，仍沿用原名。

地理位置 地处东莲花院乡中部，东连东莲花院村，南邻徐庄子村，西邻松山峪村，北邻西莲花院村。

主要指标 2011年末，辖区总人口524人，总面积0.7平方千米，农民人均纯收入4750元。

西莲花院村

(Xilianhuayuan Cun)

名称来历 此地有一个3亩大的莲花池，该村地处莲花池西侧，故取村名西莲花院。

地理位置 地处东莲花院乡中部，东邻东莲花院村，南邻东城峪村，西邻松山峪村，北邻杨家沟村。

主要指标 2011年末，辖区总人口1464人，总面积6.2平方千米，农民人均纯收入5339元。

董庄子村

(Dongzhuangzi Cun)

名称来历 明初，董氏迁此立庄，以姓氏取村名董庄子。

地理位置 地处东莲花院乡中西部，东邻西莲花院村，南邻松山峪村，西邻西陆庄村，北邻柳沟峪村。

主要指标 2011年末，辖区总人口953人，总面积2.5平方千米，农民人均纯收入5108元。

柳沟峪村

(Liugouyu Cun)

名称来历 因该村内柳树颇多，故以此取村名柳沟峪村。

地理位置 地处东莲花院乡西部，东邻杨家沟村，南邻董庄子村，西邻西陆庄村，北邻黄岩村。

主要指标 2011年末，辖区总人口644人，总面积3.8平方千米，农民人均纯收入6684元。

松山峪村

(Songshanyu Cun)

名称来历 因村边的山上松树颇多，故以此取村名松山峪。

地理位置 地处东莲花院乡西南部，东邻东城峪村，南隔山与滦县杨柳庄镇西赵庄子村、华山峰村相望，西接丰润区火石营镇潘家峪村，北邻董庄子村。

主要指标 2011年末，辖区总人口1278人，总面积8.5平方千米，农民人均纯收入8303元。

西陆庄村

(Xiluzhuang Cun)

名称来历 因陆氏居于此，以姓氏取村名陆庄。因该村东有东路庄，为加以区别，遂改为西陆庄村。

地理位置 地处东莲花院乡西部，东邻柳沟峪村，南邻董庄子村，西邻黄岩村，北邻柳沟峪村。

主要指标 2011年末，辖区总人口168人，总面积2.2平方千米，农民人均纯收入7645元。

黄岩村

(Huangyan Cun)

名称来历 因村南山上有黄色的岩石，故此取村名。

地理位置 地处东莲花院乡西北部，东邻西陆庄村，南邻丰润区火石营镇潘家峪村，西与新庄子乡常甸村相接，北邻大峪林场。

主要指标 2011年末，辖区总人口824人，总面积6.4平方千米，农民人均纯收入5352元。

徐庄子村

(Xuzhuangzi Cun)

名称来历 明末，徐氏迁此居住，以姓氏取村名徐庄子。

地理位置 地处东莲花院乡南部，东邻洼子地村，南隔山与滦县杨柳庄镇东赵庄子村相望，西连西山村，北邻东莲花院村。

主要指标 2011年末，辖区总人口518人，总面积2.5平方千米，农民人均纯收入4892元。

西山村

(Xishan Cun)

名称来历 该村在徐庄子西山坡上，故得名西山村。

地理位置 地处东莲花院乡西南部，东至徐庄子村，南邻滦县杨柳庄镇中赵庄子村，西邻松山峪村，北邻东城峪村。

主要指标 2011年末，辖区总人口202人，总面积1.7平方千米，农民人均纯收入4823元。

杨家沟村

(Yangjiagou Cun)

名称来历 因此地沟岔很多，遂取村名为八岔沟。后因杨氏在此居住，故改名为杨家沟。

地理位置 地处东莲花院乡北部，东邻马家沟村，南与东莲花院村相连，西邻柳沟峪村，北邻新集镇马蹄峪村。

主要指标 2011年末，辖区总人口271人，总面积2.2平方千米，农民人均纯收入4768元。

马家沟村

(Majiagou Cun)

名称来历 清乾隆年间，贾氏迁此沟居住，以姓氏取村名贾家沟。贾氏迁走后，马广祥、马广众兄弟俩搬到此处居住，遂改称马家沟。

地理位置 地处东莲花院乡北部，东邻洪门寺村，南邻杨家沟村，西邻柳沟峪村，北邻新集镇马蹄峪村。

主要指标 2011年末，辖区总人口372人，总面积4.5平方千米，农民人均纯收入6868元。

洪门寺村

(Hongmensi Cun)

名称来历 清咸丰年间，傅氏从迁安县贯头山迁此沟看庙（圣音寺）。因圣音寺寺门是红色的，人称红门寺，并借此取村名，后改称洪门寺。

地理位置 地处东莲花院乡东北部，东隔山与迁安市大五里乡王家湾子村相望，南邻迁安市大五里乡水峪村，西邻马家沟村，北邻新集镇干柴峪村。

主要指标 2011年末，辖区总人口84人，总面积3平方千米，农民人均纯收入4902元。

马家冲村

(Majiachong Cun)

名称来历 原名马家坟，因村东有一马侍郎坟而得名。后坟被洪水冲毁，遂改村名为马家冲。

地理位置 地处东莲花院乡东南部，东邻迁安市大五里乡水峪村，南邻洼子地村，西、北与东莲花院村相连。

主要指标 2011年末，辖区总人口623人，总面积1.5平方千米，农民人均纯收入5258元。

洼子地村

(Wazidi Cun)

名称来历 原名小南庄。因村东有一个大洼坑，后以此改村名洼子地。

地理位置 属地处东莲花院乡东南部，东邻东路庄子，南隔山为滦县杨柳庄镇李家沟村，西邻徐庄子村，北邻马家冲村。

主要指标 2011年末，辖区总人口807人，总面积4.8平方千米，农民人均纯收入5504元。

东路庄子村

(Dongluzhuangzi Cun)

名称来历 原名吴庄，后因从村中穿过的一条路而改名为路庄子。又因西面尚有一陆庄，“陆”与“路”同音，为避免听错，又改名东路庄子。

地理位置 地处东莲花院乡东南部，东隔山与迁安市木厂口镇榆山村相望，南隔山与滦县杨柳庄镇李家沟村相望，西邻洼子地村，北邻马家冲村。

主要指标 2011年末，辖区总人口746人，总面积2.5平方千米，农民人均纯收入4968元。

（撰稿：路雁宇、董君秋，初审：田继友、王福东）

玉田县

(Yutian Xian)

地处京、津、唐三角中心，有“金三角明珠”之誉。是“全国商品猪养殖基地县”“中国优质蔬菜基地重点县”“河北省蔬菜出口质量安全示范县”，河北省“千年古县”之一。

政区概况

名称来历 唐武德二年（619年），分渔阳置无终县，此为建县之始。武则天万岁通天元年（696年），以东晋志怪小说《搜神记》中的民间传说“阳伯雍无终山种玉”的故事而更名为玉田。玉田之名沿用至今已1300余年。

地理位置 位于东经117°30′39″～117°57′28″，北纬39°31′49″～39°59′19″。地处唐山市西北，东与丰润县交界，南及东南、西南与天津市宁河县、宝坻区为邻，西及北与天津市蓟县毗连，东北与遵化市接壤。县域呈北宽南尖不规则三角形。人民政府驻玉田镇北环西路1199号。电话区号0315，邮政编码064100，距唐山市人民政府48千米。

政区沿革 战国时属燕国右北平郡。秦为无终县地，属右北平郡。汉为无终、徐无二县地，属右北平郡。北周废徐无县并入无终县，属渔阳郡。隋，改无终为渔阳县。唐武德二年（619年），析渔阳县复置无终县。万岁通天元年，更名玉田县。辽、金、元、明仍为玉田县，属蓟州。清雍正三年（1725年），属永平府。乾隆八年（1743年），改属直隶遵化州。1913年，属直隶省渤海道。1914年，改属津海道。1928年，改直隶省为河北省，玉田县直属河北省。抗日战争时期，分别隶属于丰玉遵联合县、蓟宝玉联合县、丰玉宁联合县、丰玉遵宁联合县。1946年2月，抗战胜利后，恢复玉田县建制，属冀东行署第十五专署。

1949年8月，河北省人民政府成立，冀东行署撤销，改属河北省唐山专署。1950年8月，划12个区为8个区。1956年8月，并乡，全县并成城关镇和大湾柳树、东马头山、邵官屯、双龙庄等49乡；同年12月，将鸦鸿桥乡的刘三屯、吴家选、鲁家选、屈王庄、三百户屯、蒙庄子6村划给丰润县。1958年9月，全县建8个人民公社，下辖49个管理区或生产大队；同年底，丰润县的丰登坞、白官屯、阎家铺（后改沙流河）和宁河县丰台人民公社划入。1960年2月，蓟县上仓、下仓2公社8个管理区、城关公社2个管理区、马伸桥3个管理区划入，建上仓、下仓、别山、翠屏山4个人民公社。同时将丰台人民公社划给天津市汉沽区；同年唐山专区与唐山市合并，玉田县属唐山市。1961年5月，专区、市分开，仍属唐山专区；同年7月，沙流河、白官屯、丰登坞3个人民公社划回丰润县，境内调整为56个人民公社。1962年7月，将蓟县1960年划入部分划回原县后，县辖40个公社。1983年地市合并后为唐山市所管辖，辖8镇32乡，共40个乡级政区。1993年撤乡并镇后，辖14镇6乡，共20个乡级政区。

政区划分 2011年末，辖玉田、亮甲店、鸦鸿桥、窝洛沽、石臼窝、虹桥、散水头、林南仓、林西、杨家板桥、彩亭桥、孤树、大安镇、唐自头14个镇，郭家屯、林头屯、杨家套、潮洛窝、陈家铺、郭家桥6个乡，共20个乡级政区；领导20个社区居民委员会，420个村民委员会。

人口面积 2011年末，辖区总人口67.67万人，其中城镇常住人口10.96万人，城镇化率16.19%。另有流动人口61017人。总人口中，男性34.5万人，占50.9%；女性33.17万人，占49.1%；14岁以下105027人，占15.5%；15～64岁508309人，占75%；65岁以上64426人，占9.5%。总人口中，以汉族为主，达63.61万人，占94.02%；有满、回、蒙古、壮、朝鲜等27个少数民族，共4.06万人，占5.98%；超过1000人的有满、蒙古、回3个少数民族，其中满族33030人，占少数民族人口的81.35%；蒙古族2250人，占5.54%；回族1729人，占4.25%。2011年，人口出生率10‰，人口死亡率9‰，人口自然增长率1‰。

辖区东西最大距离39千米，南起南北最大距离51千米，总面积1165平方千米。其中山地面积6.5%，平原面积57%，洼地面积36.5%。人口密度为每平方千米581人。

自然条件

地形地貌 地处燕山褶皱带，地貌具有明显的分带性，地势由东北向西南平缓倾斜，形成北丘、南洼、中部平原的格局。境内最高峰石鼓山位于唐自头镇，海拔408.6米。中部平原地势平坦，海拔3～15米。南部和西南部洼地，属蓟运河冲积、沉积低平原，洼地广布，且被还乡河、双城河、兰泉河、金水河等河道分割成10个较大的封闭洼地，境内海拔2米以下的面积58万亩左右，1米以下的面积4万亩，还有沟、谷、河、塘、沼泽等复杂的微地貌。

气候 属大陆性季风气候，其特点是四季分明。多年平均气温11.2℃，1月平均气温-5.7℃，极端最低气温-22.9℃（1968年12月15日）；7月平均气温25.8℃，极端最高气温40.4℃（1972年6月10日）。最低月均气温1℃（1979年1月），最高月均气温30.6℃（1972年7月）。平均气温年较差31.5℃，最大日较差24.4℃（1963年6月11日）。生长期年平均233天，无霜期年平均193天，最长达213天，最短为175天。年平均日照时数2574.9小时。年总辐射123.43千卡/平方厘米。0℃以上持续期261天（一般为3月4日~11月21日）。年平均降水量682.3毫米，年平均降雨日数为71天，最多达101天（1964年），最少为52天（1975年和1997年）。极端年最大雨量1154.5毫米（1967年），极端年最少雨量345毫米（1968年）。降雨集中在每年5月至9月，7月最多。

水文 境内河道属蓟运河流域，主要河道有蓟运河、还乡河、荣辉河、兰泉河、金水河、双城河6条。河流总长度224.98千米，河网密度2.5千米/平方千米，径流总量1.2亿立方米，年排涝量0.1亿立方米，年最大排涝量0.3亿立方米。境内最大的河流为蓟运河，从杨家板桥镇庄户庄村流入，流经境内杨家板桥镇、石臼窝镇、潮洛窝乡，从潮洛窝乡盛家庄村出境，长60.38千米，流域面积547平方千米，年均流量420立方米/秒。

矿藏及其他自然资源 境内已探明地下矿藏有煤、白云岩、石灰岩、矽藻土、油磨石等。煤储量50亿吨，建有年开采200万吨的开滦林南仓煤矿。白云石储量1亿吨，石灰石4000万吨，石油储量为6000万吨。地下水资源丰富。

自然灾害 主要自然灾害有水灾、旱灾、雹灾、风灾、震灾。最严重的一次震灾发生于1976年7月28日凌晨3时42分，唐山发生的7.8级大地震波及玉田，全县房屋受到破坏34.8万间，其中倒塌19.9万间。死亡2086人，伤41922人，其中重伤6240人。农田水利、交通线路、机械设备均遭严重破坏。

经济概况

农业 耕地面积95.6万亩。是以粮食生产为主的农业县。2011年，农业总产值92.3亿元，比上年增长13.69%，实现农业增加值37.7亿元，占国内生产总值的13.3%。

粮食作物以水稻、小麦、玉米为主。2011年，生产粮食52.61万吨，人均777千克，其中水稻1062吨，小麦12.9万吨，玉米33.8万吨。主要经济作物有花生、大豆、棉花等。2011年，花生种植面积2万亩，产量3835吨；大豆种植面积2.49万亩，产量2965吨；棉花种植面积3.5万亩，产量2500吨；蔬菜种植面积49.48万亩，产量288.4万吨。

畜牧业以猪、牛、羊、家禽为主，2011年，生猪存栏90万头；牛存栏13.35万头；羊存栏9.5万只；家禽存栏720万羽。2011年，生产肉类10.48万吨，其中猪肉7.78万吨，牛肉1.53万吨，羊肉0.12万吨，禽肉1.05万吨；禽蛋7.85万吨，鲜奶2.1万吨。畜牧业总产值10.78亿元，占农业总产值的20%。

截至2011年末，累计造林1.6万亩，其中防护林0.7万亩，经济林0.9万亩。2011年，水果产量7万吨，主要品种有苹果、梨、桃、葡萄、红枣、柿子，其中苹果4.1万吨，梨0.5万吨，桃0.5万吨，葡萄1万吨，红枣0.2万吨，柿子0.5万吨。

渔业以内陆养殖为主。池塘面积9490亩。2011年，鱼类产4406吨。渔业总产值3664万元，占农业总产值的0.6%。

2011年，拥有大中型农业机械1688台（辆）；农民人均纯收入8920元。

工业 形成了钢铁深加工、电子信息产品制造、装备制造三大主导产业，水泥、造纸、橡胶、玛钢、塑料、服装、食品等特色传统产业，新能源、新型材料、医药化工、环保设备等新兴产业同步发展格局。2011年，工业总产值442.4亿元，实现工业增加值129.33亿元，比上年增长19.7%，占国内生产总值比重的45.7%。2011年，工业企业11672家。其中，规模以上工业企业145家，工业个体户10808家，职工18.77万人。现有经济开发区2个，全部为省级开发区。

商业外贸 2011年末，商业网点2万个，职工10万人。2011年，社会消费品零售总额达78.2亿元，比上年增长17%；城乡集市贸易成交额260亿元，比上年增长12%。

2011年，进出口总额1.49亿美元，比上年增长32.1%，其中进口0.44亿美元，比上年增长71.8%，主要产品有塑料、橡胶、纺织、矿产品、机电、五金；出口1.05亿美元，比上年增长20.5%，主要产品有电子、服装、纺织、麻钢管件，销往日本、韩国、美国、加拿大、俄罗斯等90个国家和地区。按贸易方式划分，一般贸易出口9860万美元，加工贸易出口640万美元。

财政金融 2011年，财政总收入14.6亿元，比上年增长32.7%。其中地方财政收入6.6亿元，比上年增长26.9%。从主要税种看，完成营业税1.6亿元，增值税5.9亿元，企业所得税3.2亿元，个人所得税0.5亿元，分别比上年增长6.7%、37.2%、52.4%、5.6%。人均财政收入2160元，比上年增长32.7%。

2011年，银行和金融机构各类存款余额192.14亿元，比上年增长13.6%；其中个人存款153.35亿元，比上年增长15.4%；各项贷款余额91.97亿元，比上年增长20.8%。

营业性保险公司27家。保险业实现保费收入5.5亿元，比上年增长12.2%。

社会发展

文化艺术 2011年末，艺术表演团体1个；电影院1个；文化馆1个；图书馆1个，建筑面积1200平方米，藏书5万余册，日均客流量200余人次。2011年组织开展了“故乡·乡情·墨韵”新春名家书画精品展、“唱响春天”春节联欢会、“菊苑芬芳”新春戏曲名家名段演唱会、系列纪念建党90周年庆祝活动。

教育 2011年末，幼儿园121所，在园幼儿1.8万人，专任教师610人；小学121所，在校生4.2万人，专任教师1580人，小学适龄儿童入学率100%；初中22所，在校生2.1万人，专任教师1780人，初中适龄人口入学率、小升初升学率、九年义务教育覆盖率达100%；普通高中8所，在校生17210人，专任教师1795人；中等职业学校1所，在校生1750人。各级各类民办学校和教育机构8所。主要学校有玉田县第一中学、玉田县第二中学、玉田县第三中学、玉田县实验小学等，其中玉田县第一中学占地面积14.7万平方米，建筑面积7万平方米；在校生4700人，教职工413人，其中高级教师60人，一级教师134人，省市级骨干教师18人；先后被中央教科所、河北省教育厅、唐山市政府评为“素质教育理论与实践研究实验校”“河北省示范性普通高中”“河北省现代教育技术示范校”“唐山市文明单位”“高中工作先进校”和“唐山市高考强校”。

2011年教育经费达5.84亿元，国家财政性教育经费5.16亿元，财政预算内教育经费4.54亿元，预算内教育事业费4.39亿元，分别比上年增长22.69%、25.55%、19.47%、23.66%。预算内教育经费（包括城市教育费附加）占财政总支出的比例为26.06%，比上年提高了0.28个百分点。

科技 2011年末，拥有各类科技人才2.8万人，其中专业技术人才1.3万人，经营管理人才0.5万人，技能人才0.3万人，农村实用人才0.7万人。

医疗卫生 2011年末，各级各类医疗卫生机构978所，其中各类公立医疗机构26个，包括综合医院3所，中医院1所，妇幼保健站1所，计划生育中心医院1所，卫生院20所；疾病控制中心1个；病床2405张，其中公立卫生机构床位1829张，每千人拥有医疗床位2.4张，固定资产总值4.3亿元。专业卫生人员3762人，其中执业医师922人，执业助理医师304人，注册护士871人，平均每千人拥有卫生技术人员5.6人，平均每千人拥有执业（助理）医师1.9人。2011年医疗机构（门诊部以上）完成诊疗79.8万人次，住院手术1.2万次，出院病人6.9万人次。重点医院有玉田县医院、玉田县中医医院、玉田县妇幼保健院。其中玉田县医院为国家二级甲等医院，占地面积3万平方米，建筑面积4万平方米，编制床位600张，固定资产总额1.6亿元；现有专业技术人员698人，其中具有高级技术职称42人，中级技术职称268人；先后有“利水逐瘀法治疗高血压性脑出血颅内压增高临床研究”等10余个科研项目获省、市科技进步奖，耳鼻喉科研究的“吸引黏膜软骨刀”获国家专利；2011年，玉田县医院共完成门诊量337976人次，收治住院患者32945人次，实现业务收入19686万元。

2011年法定报告传染病发病率为414.16/10万，农村安全饮用水普及率98%，新型农村合作医疗参合人数57.2万人，参合率100%；居民人口平均期望寿命74.3岁，其中男性74.6岁，女性74岁；孕产妇死亡率0，5岁以下儿童死亡率、婴儿死亡率、新生儿死亡率分别为3.9‰、3.4‰、2‰。

体育 2011年末，体育场地117处。县体育馆建筑面积6000多平方米，看台设座椅1100张，既能搞体育竞赛、训练，又能举行大型演出；县体育馆有400米跑道、足球场、篮球场、排球场。全县有4所中小学分别被确定为省、市级传统项目学校和训练点。1所学校被评为省、市级体育训练先进集体。

广播电视 1975年开通县有线广播站，到乡镇100杆千米，乡镇到村400杆千米；1985年开通无线广播电台，1985年开通调频台，2009年开通电台第二套节目。2011年末广播电台有2套10个广播节目，广播综合覆盖率100%，全年公共广播节目播出时间2920小时。

1985年建县电视台，发射塔高108米，覆盖半径30千米；1994年开通县有线电视。1985年县电视台开通综合频道。2011年末开通综合、影视、有线、剧场4个频道，另有中央和省的36个电视频道在本地落户，有线电视用户3.5万户，其中数字电视用户3万户，电视综合覆盖率100%。全年公共电视节目播出时间4219.8小时。

新闻出版 2011年末，各类印刷复制企业132家，其中出版物印刷企业3家，包装装潢印刷企业49家，从业人员2484人；复制单位52家，从业人员共104人。

社会保障 2011年城镇最低生活保障户数1530户，人数2927人，支出1203.1万元，比上年增长34.3%，月人均342.5元，比上年增长17.8%；城市医疗救助45人次，支出13.5万元。

农村最低生活保障户数10779户，人数16035人，支出2566.7万元，比上年增长60.5%，月人均133.4元，比上年增长32.9%；农村五保集中供养1443人，支出608.8万元，比上年增长13%；农村医疗救助381人次，民政部门资助参加合作医疗18460人次，共支出55.38万元，比上年增长34%；农村临时救济4322人次，支出207万元，比上年增长17%。

自然灾害受灾人口72145人，农作物受灾面积45495亩，直接经济损失1146万元，救灾支出116万元，比上年增长19%。

国家怃恤、补助各类优抚对象6910人，安置义务兵、士官等43人，接收军队离退休干部33人，接受无军籍职工4人。军休所1个，抚恤事业费支出0.4万元，比上年增长15%。

社会服务单位7个，床位1400张，生活无着人员救助床位15张，社区服务床位20张，军休床位260张。

社区服务设施136个，其中社区服务中心6个，社区服务站130个。

经常性社会救助工作站、点和慈善机构1个，福利企业12个，安置残疾职工251人，福利企业产值10913万元。

新增就业人员6225人，有1319名下岗失业人员实现了再就业，就业困难人员再就业309人，年末城镇登记失业人数393人，城镇登记失业率为4%。

五项社会保险（不含新型农村社会养老保险）基金收入合计3.42亿元，基金支出合计4.05亿元。年末参加城镇基本养老保险4.17万人，比上年末增加0.27万人。参加城镇职工基本医疗保险3.9万人，比上年末增加0.14万人。参加城镇居民基本医疗保险2.81万人，比上年末增加0.07万人，参加医疗保险的农民工1万人，比上年末增加0.11万人。参加失业保险1.37万人，比上年末减少0.41万人。参加工伤保险4.11万人，比上年末增加0.1万人，全年认定（视同）工伤0.24万人，比上年增加0.03万人，全年评定伤残等级2200人，比上年增加40人，全年享受工伤保险待遇2400人，比上年增加300人。

环境保护 2011年，空气质量一级天数106天，二级天数235天，三级天数22天，四级天数2天，五级天数0天，达到二级和好于二级天数占全年天数的93.4%；空气中二氧化硫、二氧化氮年均浓度值分别为0.047毫克/立方米、0.045毫克/立方米，达到国家二级标准；可吸入颗粒物年均浓度值为0.08毫克/立方米，达到国家二级标准。

基础设施

交通运输 铁路 京秦线、大秦线过境。玉田县火车站位于京秦铁路玉田段，日均有20列客车停靠，其中快车有K1114次、K340次、K96次等10个车次，普通列车有1714次、4496次、1468次等6个车次，临时列车有L209次、L181次、L813次，旅游列车有Y510次，日客运量1260人次，年货运吞吐量80万吨。

京沈高速、102国道、省道2条过境。有县乡（镇）级公路条。有大中型桥梁8座。玉田县汽车站为二级汽车站，年客运量52万人次。

邮政电信 2011年末，邮电局1所，支局8所，代办所8个。邮路总长度88千米。农村投递邮路总长度1771千米。业务收入0.3亿元。

电话交换机总容量20000门，固定电话用户14万户；移动电话用户15万户。全年电信业务收入3.2亿元。

名胜旅游

风景点 “古人种玉处”碑 “古人种玉处”碑为县级重点文物保护单位。位于玉田县城北十华里的麻山山顶，碑通高2.16米，宽0.8米，上为二龙碑头，下为碑座，碑身阳面正中五个大字“古人种玉处”，为明万历二十八年（1600年）知县徐德昌立，清乾隆三年（1738年）四月县令魏德茂续立。相传这里是春秋时期无终国阳伯雍种玉的地方。“文革”中碑被红卫兵摔成数块。1989年12月，县文物部门对古碑进行了粘接补对，重新复原归位。

风土人情 庙会 旧时，县内庙会有城隍庙会、娘娘庙会、玉皇庙会、龙王庙会等多种。庙会期间，百货齐备，演戏过会，善男信女，摩肩接踵，焚香拜佛。其中集市庙会因与农民关系密切最为盛行。但各地时间不一，林南仓为农历正月二十八，玉田为三月十八，鸦鸿桥为三月二十。赶庙会的人远近皆有。商贩云集、艺人献艺、摩肩接踵、热闹非凡。“四月庙”是流行最普遍的庙会。庙会均在农历四月，但地区不同，具体日子不一，如县城周围赶四月十三的城隍庙会，彩亭桥、松官屯一带赶四月初一的陀龙寺庙会，林南仓赶四月十三的娘娘庙会，刘学庄附近赶四月十八的朱家桥庙会等。是日，赶庙会的人身着盛装，从四面八方蜂拥而至，几台戏对唱，杂耍、小卖颇多。中午各户以丰盛的饭菜，招待出嫁的姑娘及其女婿，至今仍沿袭，但庙已被拆除，只聚餐，无庙会了。

土特产品 境内土特产品有孤树金丝小枣、芦苇制品、大白菜、大葱、紫皮大蒜、紫心萝卜、芥菜等。

孤树金丝小枣 已有2000多年的历史，《史记》有“夫燕亦勃、碣之间一都会也……有鱼盐枣栗之饶”记载。中心产地为孤树镇及其周围。枣皮朱红鲜艳，果形中等，肉厚核小，糖分高，干枣拉抻可出金黄色韧丝，故誉为“金丝小枣”。

芦苇制品 境域南部地势低洼，盛产芦苇，主要产地为潮洛窝、石臼窝、杨家板桥、林南仓。芦苇分湖苇、坑苇、河苇3种，用于加工苇席、打苇帘、编茓子等。苇席加工历史悠久，至少有两千年的编席历史。

大白菜 种植大白菜历史悠久，具有耐贮藏、不抽薹、叶甜、嫩脆、不乱汤、产量高等特点，早在20世纪60年代初，有“玉菜”之美称的玉田大白菜即已享誉全国。2002年3月，被省农业厅命名为“河北大白菜之乡”。

重大事件

本辖区发生的重大事件有1927年发生的农民武装暴动。

玉田农民武装暴动 1927年10月17日，京东特委任命张明远为总指挥，解学海为副总指挥，组织玉田县暴动。18日上午10时许，玉田、蓟县、丰润农民协会会员攻占了玉田县城，副总指挥解学海宣布暴动胜利。但在京东特委有关领导的错误指挥下，暴动队伍不得不撤出县城。10月22日，顺直省委派省委常委、组织部部长于方舟到玉田，重新发动和领导玉田暴动。于方舟、张明远、杨春林、解学海等以玉田农民革命军为基础，建立了京东农民革命军。10月27日，在丰玉遵交界处的鲁家峪与恶霸地主刘玉梨交战，总指挥部被迫决定分散突围，革命军被民团击溃，30余名干部、战士英勇牺牲。于方舟、杨春林、解学海、刘自立等同志不幸被俘，受害于县城南门外。

著名人物

本辖区内的著名人物有江浩、贾兰坡、王清任、蒋雨浓、沙蒙等。

王清任（1768~1831年） 清代医学家，字勋臣，河北玉田人，邑武庠生，又纳粟得千总职。年轻时即精心学医，并于北京开一药铺行医，医术精深，名噪一时。因其精究岐黄，于古书中对人体构造与实际情况不符，颇有微词，并敢于提出修正批评，其革新精神甚得好评。尝谓“著书不明脏腑，岂非痴人说梦；治病不明脏腑，何异盲子夜行”，故精心观察人体之构造，并绘制图形，纠正前人错误，写成《医林改错》。

江浩（1880~1931年） 河北玉田人。原名江文浩，字注源、著源、著元、竹源，清末秀才。早年加入同盟会。1920年加入北京共产党早期组织。1924年1月，出席在广州召开的国民党第一次全国代表大会，回津后与于方舟、李锡九等在天津建立了国民党直隶省党部和天津市党部。同年9月，中共天津地方执行委员会建立，任组织部主任。后以国民党特派员身份参与领导了迎接孙中山北上和国民会议运动。1926年出席国民党第二次全国代表大会，并当选为候补监察委员。1927年5月，被武汉国民政府任命为革命军事裁判所所长。大革命失败后赴苏联。1931年病逝于海参崴。

沙蒙（1907～1964年） 原名刘尚文。1926年进入中法大学预科。1933年入上海美专学习，曾在影片《夜半歌声》《十字街头》《都市风光》中饰演角色。1944年到延安，在鲁迅艺术学院戏剧系做教员，兼任鲁艺实验剧团团长。其间与他人联合导演了著名话剧《前线》。1948年随东北文工一团加入东北电影制片厂，任导演。其导演处女作是《赵一曼》，随后又导演了《上饶集中营》《丰收》《上甘岭》等影片。1957年被错划为右派，中止了艺术生涯。沙蒙的影片注重追求现实主义，在环境、气氛以至服装、道具等细节的处理上，都一丝不苟，风格质朴、浑厚、深沉。艺术上构思精细，结构完整，节奏变化张弛有致，具有强烈的艺术感染力。

贾兰坡（1908～2001年） 中国著名古人类学家。河北玉田人。20世纪30年代协助裴文中参与周口店古人类遗址的发掘工作，发现"北京人"头盖骨。后为中国科学院古脊椎动物与古人类研究所研究员。1980年当选为中国科学院学部委员。1994年当选为美国国家科学院外籍院士。他是一位没有大学文凭却攀登上科学殿堂顶端的传奇式人物。

蒋雨浓（1909～1986年） 原名蒋鑫瑞，又名蒋贞、蒋云波。晚年自号残花老人、艺林乞丐、野叟等，河北玉田人，著名书画家。绘画初学《芥子图画谱》，后得家人指授，学传统、师自然。推崇青藤、八大，又能自具新意。16岁赴北京，靠书写绘画收入完成高中学业。29岁（1938年）加入中国画学研究会，常与张善孖、徐燕荪、秦仲文、李苦禅、王青芳、白铎斋等知名书画家切磋画技，渐成自家风貌。多次在北京中山堂、前门箭楼举办个人画展，20世纪40年代便享誉京华，与李苦禅、王青芳、白铎斋并称"京中四怪"。1946年，在中山公园举办的抗战胜利一周年全国百名画家书画展中，获最佳奖。著有《书法津梁》《群芳堂随笔》。艺术成就被收录在《中国美术家人名补遗辞典》。

城区市政建设

道路 2011年末，城区道路总长度60千米，人均拥有道路长度0.5米。

公共交通 2011年末，城区公交汽车线路6条，运营总里程达1431千米，年客运量630万人次。

给排水 2011年末，城区自来水厂1座，敷设干线水管7.1千米，生产能力5吨/日，年工业用水500万吨、生活用水396万吨，居民自来水普及率100%，年人均生活用水30吨，排水管道70.67千米。

供电 2011年末，城区22万千伏变电站1座，11万伏变电站4座，3.5万千伏变电站9座，22万千伏线路43.5千米，11万千伏线路58.4千米，3.5万千伏线路81.7千米。变压器3585台。

园林绿化 2011年末，城区公园2个，公园面积47.2公顷，园林绿地面积651公顷，其中公园绿地面积158公顷，绿化覆盖率41.6%，人均绿地面积11.8平方米。

（撰稿：杨晓军，初审：郭立明，复审：郝留群）

彩亭桥镇

(Caitingqiao Zhen)

政区概况

名称来历 彩亭桥系古村，村中有一座金代古桥，即"彩亭桥"。村依桥名，镇以村名。

地理位置 地处玉田县西北，东、南与玉田镇接壤，西邻孤树镇，北连唐自头镇。人民政府驻彩亭桥，电话区号0315，邮政编码064107，距玉田县人民政府9千米。

政区沿革 1953年，建彩亭桥乡。1956年，张土桥乡并入。1958年，撤乡，设彩亭桥人民公社。1983年5月，复置彩亭桥乡，辖19个村民委员会。1985年4月，撤乡，建彩亭桥镇。

政区划分 2011年末，辖甄陈府、孟张、桥店、四元、五里屯、张杨桥、梁庄子、彩河西、东王庄子、老公庄、彩河东、黄土桥12个村民委员会。

人口面积 2011年末，辖区总人口20262人，其中城镇常住人口19153人，城镇化率94.53%。另有流动人口2012人。总人口中，男性10225人，占50.46%；女性10037人，占49.54%；14岁以下3369人，占16.63%；15～64岁14914人，占73.61%；65岁以上1979人，占9.76%。总人口中，以汉族为主，达18762人，占92.6%；有蒙古、满、回3个少数民族，共1500人，占7.4%。2011年，人口出生率11.62‰，人口死亡率6.08‰，人口自然增长率5.54‰。

辖区东西最大距离6.3千米，南北最大距离6.9千米，总面积28平方千米。其中陆地面积27.65平方千米，占98.75%；水域面积0.35平方千米，占1.25%。人口密度为每平方千米724人。

自然条件

地形地貌 地处平原，地势北高南低。

水文 境内河道属蓟运河流域。兰泉河从东北入境，经蔡园屯、四合桥、张土桥、后半壁店、前半壁店、杨土桥、吴土桥、老公庄、黄土桥、彩亭桥、孟庄、梁庄子出境。

经济概况

农业 耕地面积3万亩，人均1.5亩。2011年，农业总产值2.66亿元，占国内生产总值的比重16%，比上年增长4%，实现农业增加值1.7亿元，占国内生产总值比重的19%。

粮食作物以小麦、玉米为主。2011年，生产粮食1.53万吨，人均755千克，其中小麦0.72万吨，玉米0.81万吨。主要经济作物有蔬菜。2011年，蔬菜种植面积1.63万亩，产量3万吨，主要品种有葱、白菜、土豆等，其中葱0.5万吨，白菜0.5万吨，土豆0.5万吨。

畜牧业以猪、羊、家禽为主。2011年，生猪饲养量5万头，年末存栏7万头；羊饲养量0.3万只，年末存栏0.5万只；家禽饲养量50万羽。

2011年，拥有大型农业机械77台（辆）；农民人均纯收入8920元。

工业 以电子、机械、建材、塑料、饮品为主。2011年，工业生产总值10.83亿元，比上年增长13%，实现工业增加值3.89亿元，占国内生产总值比重的48%。2011年，工业企业105家，职工3520人。

商业外贸 2011年末，商业网点150个。

财政金融 2011年，财政总收入4208万元，比上年增长6%。其中地方财政收入1490万元。从主要税种看，完成增值税253万元，营业税469万元，企业所得税706万元，分别比上年增长36%、6%、0.7%。人均财政收入2112元，比上年增长31%。2011年，银行和金融机构各类存款余额4.42亿元，比上年增长13%。

社会发展

文化艺术 2011年末，镇文化站1个，村级文化活动中心19个；各类图书室5个，藏书1.2万余册。有省、市级文物保护单位1处。

教育 2011年末，幼儿园7所，在园幼儿720人，专任教师50人；小学8所，在校生1300人，专任教师60人，小学适龄儿童入学率100%；初中1所，在校生300人，专任教师42人。初中适龄人口入学率、小升初升学率、九年义务教育覆盖率达100%。2011年教育经费达1463.5万元，国家财政性教育经费1337万元。

医疗卫生 2011年末，各级各类医疗卫生机构15个，门诊部（所）1个；病床40张，每千人拥有医疗床位1.97张。专业卫生人员33名，其中执业医师18人，执业助理医师4人，注册护士11人。2011年医疗机构（门诊部以上）完成诊疗1.35万人次。新型农村合作医疗参合人数1.62万人，参合率100%。

体育 2011年末，学校体育场地6处。100%的村安装了健身器材，经常参加体育活动的人员占常住人口的20%。

社会保障 2011年，城镇最低生活保障户数13户，人数30人，支出9万元，比上年增长38%，月人均250元，比上年增长30%；城市医疗救助21人次，民政部门资助参加合作医疗830人次，共支出5万元，比上年增长20%。农村最低生活保障户数469户，人数754人，支出82万元，比上年增长25%，月人均91元，比上年增长12%。国家抚恤、补助各类优抚对象19人，抚恤事业费支出21.5万元，比上年增长11%。农村五保供养76人。新型农村社会养老保险参保人数11388人，参保率92%。

基础设施

交通运输 102国道过境，境内长6千米。

邮政电信 2011年末，邮政网点1个，代办所8处，乡村通邮率100%。

电信企业2家；固定电话用户3172户；移动电话用户13184户。

镇区市政建设

道路 2011年末，镇区道路总长度3千米；桥梁1座，总长度32米。

公共交通 2011年末，镇区公共汽车停靠站1个，日停靠车辆12次，日均客容量600次。

园林绿化 2011年末，镇区花坛2个，绿化面积3000平方米。

彩河东村
(Caihedong Cun)

名称来历 因村中有一座金代古桥，即“彩亭桥”而得名。后村子一分为二，此村位于东侧，称为彩河东村。

地理位置 地处彩亭桥镇中部，东至东王庄子，南至梁庄子，西至彩河西，北至黄土桥。

主要指标 2011年末，辖区总人口3154人，总面积2.17平方千米，农民人均纯收入8616元。

彩河西村
(Caihexi Cun)

名称来历 因村中有一座金代古桥，即“彩亭桥”而得名。后村子一分为二，此村位于西侧，称为彩河西。

地理位置 地处彩亭桥镇西部，东至彩河东，南至孟庄，西至孤树镇，北至黄土桥。

主要指标 2011年末，辖区总人口1355人，总面积2.04平方千米，农民人均纯收入8616元。

东王庄子村
(Dongwangzhuangzi Cun)

名称来历 因王姓久居而定名王庄子。后加方位词得名东王庄子。

地理位置 地处彩亭桥镇东部，东至开发区，南至东五里屯，西至彩河东，北至张杨桥。

主要指标 2011年末，辖区总人口2125人，总面积3.79平方千米，农民人均纯收入8413元。

黄土桥村
(Huangtuqiao Cun)

名称来历 因黄氏世居此地，并在庄南兰泉河上搭了一座土桥，故而得名。

地理位置 地处彩亭桥镇西部，东至东王庄子，南至彩河东，西至彩河西，北至老公庄。

主要指标 2011年末，辖区总人口1056人，总面积1.57平方千米，农民人均纯收入8805元。

老公庄村

(Laogongzhuang Cun)

名称来历 因元末官氏所建，称老官庄。后因村南杨老公坟（明堂），故而得名。

地理位置 地处彩亭桥镇西北部，东至东王庄子，南至黄土桥，西至孤树镇，北至张杨桥。

主要指标 2011年末，辖区总人口1060人，总面积1.70平方千米，农民人均纯收入8600元。

梁庄子村

(Liangzhuangzi Cun)

名称来历 因梁氏建庄而得名。

地理位置 地处彩亭桥镇西南部，东至张官屯，南至玉田镇，西至孟张村，北至彩河东。

主要指标 2011年末，辖区总人口1236人，总面积1.93平方千米，农民人均纯收入8788元。

孟张村

(Mengzhang Cun)

名称来历 由孟庄、张官屯联建而得名。

地理位置 地处彩亭桥镇西南部，东至梁庄子，南至洪陈府，西至庄户，北至彩河东。

主要指标 2011年末，辖区总人口1137人，总面积1.80平方千米，农民人均纯收入8805元。

桥店村

(Qiaodian Cun)

名称来历 由吴土桥、前半壁店、后半壁店联建而得名。

地理位置 地处彩亭桥镇东北部，东至张杨桥，南至东王庄子，西至张杨桥，北至张土桥。

主要指标 2011年末，辖区总人口1307人，总面积1.54平方千米，农民人均纯收入8782元。

四元村

(Siyuan Cun)

名称来历 由四合桥、蔡园屯联建而得名。

地理位置 地处彩亭桥镇北部，东至曹定府，南至张杨桥，西至孤树镇，北至东三乐台。

主要指标 2011年末，辖区总人口2181人，总面积2.96平方千米，农民人均纯收入8466元。

五里屯村

(Wulitun Cun)

名称来历 由东五里屯、西五里屯联建而得名。

地理位置 地处彩亭桥镇东部，东至甄家定府，南至甄陈府，西至彩河东，北至东王庄子。

主要指标 2011年末，辖区总人口1557人，总面积2.51平方千米，农民人均纯收入8556元。

张杨桥村

(Zhangyangqiao Cun)

名称来历 由张土桥、杨土桥联建而得名。

地理位置 地处彩亭桥镇东北部，东至曹定府，南至吴土桥，西至杨土桥，北至蔡园屯。

主要指标 2011年末，辖区总人口2030人，总面积2.67平方千米，农民人均纯收入8666元。

甄陈府村

(Zhenchenfu Cun)

名称来历 由甄家定府、洪陈府联建而得名。

地理位置 地处彩亭桥镇东南部，东至富乐村，南至庙东，西至洪陈府，北至东王庄子。

主要指标 2011年末，辖区总人口1737人，总面积2.99平方千米，农民人均纯收入8587元。

（撰稿：周建军，初审：郭立明）

大安镇镇

(Da' anzhen Zhen)

政区概况

名称来历 因镇人民政府驻地位于大安镇村而得名。

地理位置 地处玉田县西北，东邻孤树镇，南接林西镇，西、北接天津市蓟县别山镇，东北与唐自头镇毗连。人民政府驻大安镇庄村，电话区号0315，邮政编码064107，距玉田县人民政府18.6千米。

政区沿革 1953年，建大安镇乡。1956年，胡家楼乡和后螺山乡的石河、姚辛壮、小屯、梨园、辛庄并入。1958年，为彩亭桥人民公社大安镇管理区。1961年，人民公社规模缩小，析置大安镇人民公社。1983年5月，撤销人民公社，复置大安镇乡，辖21个村民委员会。1993年2月，合并大安乡、螺山乡，建大安镇镇，辖31个村民委员会。

政区划分 2011年末，辖胜利村、板胡庄、大安镇庄、丁程庄、河李庄、华祥村、老宋贾庄、龙周村、前辛屯、张徐庄、状元村、石河、后螺山、峰山、大白山、吉家行、小庞各庄、小南庄、大庞各庄19个村民委员会。

人口面积 2011年末，辖区总人口30500人，其中城镇常住人口1000人，城镇化率3.28%。另有流动人口2850人。总人口中，男性15000人，占49.18%；女性15500人，占50.82%；14岁以下4892人，占16.04%；15~64岁22649人，占74.26%；65岁以上2959人，占9.7%。总人口中，以汉族为主，达27450人，占90%；有满、壮、蒙古3个少数民族，共3050人，占10%。2011年，人口出生率4.5‰，人口死亡率3‰，人口自然增长率1.5‰。

辖区东西最大距离8千米，南北最大距离13千米，总面积57平方千米。其中陆地面积56.35平方千米，占98.9%；水域面积0.65平方千米，占1.1%。人口密度为每平方千米535人。

自然条件

地形地貌 地处半山区，北部多山，南部为平原，东南部有少量洼地。较大的山有霍家岭、纱帽山、尖凤山、老公山、程山、蜂山、城子顶。境内最高峰为城子顶，主峰海拔287米。

水文 金水河从北向南，沿境西部流过。兰泉河流经东南一角。境内河流总长度13千米。

经济概况

农业 耕地面积4.6万亩，人均1.5亩。2011年，农业总产值6.37亿元，占国内生产总值的46%，比上年增长4%，实现农业增加值3.64亿元，占国内生产总值的40%。

粮食作物以小麦、玉米为主。2011年，生产粮食5.73万吨，其中小麦4.177万吨，玉米1.2万吨。主要经济作物有蔬菜。2011年，蔬菜种植面积4万亩，产量27万吨，主要品种有大葱等，其中大葱9万吨。

畜牧业以猪、羊、家禽为主。2011年，生猪饲养量4万头，年末存栏2万头；羊饲养量0.6万只，年末存栏0.35万只；家禽饲养量16.9万羽。

2011年，拥有大型农业机械86台（辆）；农民人均纯收入9120元。

工业 以水泥、水泥砖、石料加工为主。2011年，工业总产值3.39亿元，占国内生产总值的24%，实现工业增加值1.22亿元，占国内生产总值的13%。2011年，工业企业5家，职工406人。

商业外贸 2011年末，商业网点1个，职工28人。2011年，社会消费品零售总额达2.71亿元，比上年增长6%；城乡集市贸易成交额0.6亿元。2011年，出口总额500万美元，比上年增长6%，主要产品为服装，销往俄罗斯、日本等地。

财政金融 2011年，财政总收入4668万元，比上年增长32%。其中地方财政收入1720万元，比上年增长25%。从主要税种看，完成增值税281万元，营业税521万元，企业所得税202万元，分别比上年增长36%、6%、0.6%。人均财政收入1533元，比上年增长26%。2011年，银行和金融机构各类存款余额4.9亿元，比上年增长14%。

社会发展

文化艺术 2011年末，镇文化站1个，村级文化活动中心31个；各类文化专业户15户；各类图书室31个，藏书5万余册。

教育 2011年末，幼儿园4所，在园幼儿208人，专任教师26人；小学5所，在校生1774人，专任教师97人，小学适龄儿童入学率100%；初中1所，在校生589人，专任教师54人，初中适龄人口入学率、小升初升学率、九年义务教育覆盖率均达100%。2011年教育经费达1453万元，国家财政性教育经费1328亿元。

医疗卫生 2011年末，各级各类医疗卫生机构1个病床20张，每千人拥有医疗单位8张，固定资产总值450万元。专业卫生人员14名，其中执业医师8人，执业助理医师2人，注册护士4人。2011年医疗机构（门诊部以上）完成诊疗45万人次。新型农村合作医疗参合人数2.4万人，参合率100%。

体育 2011年末，学校体育场地6处，座位175个。40%的村安装了健身器材，经常参加体育活动的人员占常住人口的30%。

社会保障 2011年，城镇最低生活保障户数35户，人数38人，支出15.5万元，比上年增长20%，月人均340元，比上年增长20%。农村最低生活保障户数551户，人数997人，支出124.7万元，比上年增长25%，月人均104元，比上年增长12%。国家抚恤、补助各类优抚对象62人，抚恤事业费支出3.5万元，比上年增长11%。敬老院1家，床位50张，农村五保供养50人。新型农村社会养老保险参保人数1.47万人，参保率90%。

基础设施

交通运输 102国道、螺大公路过境，境内总长16.7千米。

邮政电信 2011年末，邮政网点1个，乡村通邮率100%。

固定电话用户4275户；移动电话用户17700户。

镇区市政建设

道路 2011年末，镇区道路总长度2.8千米。

公共交通 2011年末，停靠站1座，日停靠客运汽车6班次，日均容量300余人次。

板胡庄村

(Banhuzhuang Cun)

名称来历 由板桥子、胡家楼联建而得名。

地理位置 地处大安镇西南部，东至螺大公路，南至河李庄，西至金水河，北至丁程庄。

主要指标 2011年末，辖区总人口1070人，总面积1.7平方千米，农民人均纯收入8820元。

大安镇庄村

(Da'anzhenzhuang Cun)

名称来历 由大安镇、大南庄联建而得名。

地理位置 地处大安镇南部，东至小南庄，南至吉家行，西至螺大公路，北至胜利村。

主要指标 2011年末，辖区总人口1275人，总面积2.25平方千米，农民人均纯收入8780元。

大白山村

(Dabaishan Cun)

名称来历 因地处白山脚下，故得名白山庄。后有小白山分出立庄，该村遂改称大白山。

地理位置 地处大安镇中部，东至燕山的东山，南至102国道，西至姚辛壮的提梯子山，北至小白山。

主要指标 2011年末，辖区总人口1485人，总面积3.39平方千米，农民人均纯收入8800元。

大庞各庄村

(Dapanggezhuang Cun)

名称来历 因金水河从村西北流入，绕村三面，向西南下，蜿蜒曲折，状似龙盘着庄，遂得名盘龙庄。后因建有小盘龙庄，此村改称大盘龙庄，取谐音改称大庞各庄。

地理位置 地处大安镇北部，东至燕山的东大山，南至大白山，西至小庞各庄，北至唐自头镇的石岭口。

主要指标 2011年末，辖区总人口2166人，总面积6.77平方千米，农民人均纯收入8790元。

丁程庄村

(Dingchengzhuang Cun)

名称来历 由程庄子、丁家街联建而得名。

地理位置 地处大安镇西南部，东至胜利村，南至河李庄，西至金水河，北至老宋贾庄。

主要指标 2011年末，辖区总人口1074人，总面积1.41平方千米，农民人均纯收入8800元。

峰山村

(Fengshan Cun)

名称来历 此系古村，村名因山而得。

地理位置 地处大安镇东部，东至孤树镇后王庄，南至小南庄，西至后螺山，北至燕山。

主要指标 2011年末，辖区总人口2062人，总面积3.52平方千米，农民人均纯收入8800元。

河李庄村

(Helizhuang Cun)

名称来历 由河头子、李庄联建而得名。

地理位置 地处大安镇西南部，东至螺大公路，南至林西镇，西至金水河，北至丁程庄。

主要指标 2011年末，辖区总人口925人，总面积1.59平方千米，农民人均纯收入8800元。

后螺山村

(Houluoshan Cun)

名称来历 因村建在螺山脚下，故名螺山。后因人口越来越多，分立村政，此村在北，故称后螺山。

地理位置 地处大安镇中部，东至峰山，南至小南庄，西至前螺山，北至燕山。

主要指标 2011年末，辖区总人口1114人，总面积1.58平方千米，农民人均纯收入8800元。

华祥村

(Huaxiang Cun)

名称来历 由东九户、小白山联建，并取名华祥村。

地理位置 地处大安镇西北部，东至镇公路，南至大白山，西至蓟县西九户，北至小庞各庄。

主要指标 2011年末，辖区总人口2054人，总面积5.25平方千米，农民人均纯收入8800元。

吉家行村

(Jijiahang Cun)

名称来历 吉氏建庄，取吉氏人丁兴旺，后辈成队成行之意，遂定名吉家行。

地理位置 地处大安镇南部，东至龙爪子，南至林西张胖庄，西至螺大公路，北至大安镇村。

主要指标 2011年末，辖区总人口1218人，总面积2.35平方千米，农民人均纯收入8800元。

老宋贾庄村

(Laosongjiazhuang Cun)

名称来历 由老宋庄、贾庄子联建而得名。

地理位置 地处大安镇西部，东至螺大公路，南至丁程庄，西至金水河，北至石河。

主要指标 2011年末，辖区总人口2152人，总面积3.48平方千米，农民人均纯收入8800元。

龙周村

(Longzhou Cun)

名称来历 由龙爪子、周家铺联建而得名。

地理位置 地处大安镇东南部，东至兰泉河，南至林西镇，西至吉家行，北至小南庄。

主要指标 2011年末，辖区总人口1312人，总面积4.63平方千米，农民人均纯收入8900元。

前辛屯村

(Qianxintun Cun)

名称来历 由前螺山、辛庄、小屯联建而得名。

地理位置 地处大安镇中部，东至张徐庄，南至镇政府，西至石河，北至102国道。

主要指标 2011年末，辖区总人口2261人，总面积3.17平方千米，农民人均纯收入8850元。

胜利村

(Shengli Cun)

名称来历 由后窑、后屯联建而得名胜利村。

地理位置 地处大安镇南部，东至小南庄，南至大安镇庄，西至丁程庄，北至镇政府。

主要指标 2011年末，辖区总人口855人，总面积1.71平方千米，农民人均纯收入8800元。

石河村

(Shihe Cun)

名称来历 唐代古村。因为石氏所建，且坐落于金水河畔得名。

地理位置 地处大安镇中部，东至辛庄子，南至贾庄子，西至姚辛壮，北至102国道。

主要指标 2011年末，辖区总人口2422人，总面积2.69平方千米，农民人均纯收入8800元。

小南庄村

(Xiaonanzhuang Cun)

名称来历 原小狼庄因动乱，村被烧毁，迁现址新建。与大南庄对称，改称小南庄。

地理位置 地处大安镇西南部，东至兰泉河，南至龙爪子，西至后窑，北至峰山。

主要指标 2011年末，辖区总人口1821人，总面积3.34平方千米，农民人均纯收入8800元。

小庞各庄村

(Xiaopanggezhuang Cun)

名称来历 因建在盘龙庄以西，村又小，故称小盘龙庄，取谐音称小庞各庄。

地理位置 地处大安镇北部，东至大庞各庄，南至东九户，西至蓟县，北至燕山。

主要指标 2011年末，辖区总人口960人，总面积1.90平方千米，农民人均纯收入8800元。

张徐庄村

(Zhangxuzhuang Cun)

名称来历 由张庄、徐家庄联建而得名。

地理位置 地处大安镇东部，东至孤树镇，南至林西镇，西至前辛屯，北至京秦铁路。

主要指标 2011年末，辖区总人口1576人，总面积2.2平方千米，农民人均纯收入8850元。

状元村

(Zhuangyuan Cun)

名称来历 由姚辛壮、梨园联建，而取名状元村。

地理位置 地处大安镇西部，东至石河，南至蓟县，西至蓟县，北至102国道。

主要指标 2011年末，辖区总人口2806人，总面积4.09平方千米，农民人均纯收入8900元。

（撰稿：周建军，初审：郭立明）

孤树镇

(Gushu Zhen)

政区概况

名称来历 镇以古村孤树村命名。相传古村北山口有一株孤柳树，依此得庄名孤树。

地理位置 地处玉田县西北，东接彩亭桥镇、玉田镇，南邻林南仓镇、林西镇，西与大安镇镇毗连，北抵唐自头镇。人民政府驻香椿园村，电话区号0315，邮政编码064107，距玉田县人民政府12.6千米。

政区沿革 1953年，建孤树乡。1956年，方官屯乡并入。1958年，为彩亭桥人民公社孤树管理区。1961年，人民公社规模缩小，析置孤树人民公社。1981年6月，孤树人民公社迁址香椿园。1983年5月，撤销人民公社，复置孤树乡，辖18个村民委员会。1993年2月，合并孤树乡、渠河头乡，设立孤树镇，辖36个村民委员会。

政区划分 2011年末，辖前后王庄、北四、东升、孤树、兰泉、柳树柳辛、前后枣曾屯、渠河头、燕山、张家庄、青石塘、宋庄子、西尚庄、香椿园、八间房、东辛庄共16个村民委员会。

人口面积 2011年末，辖区总人口26033人，其中城镇常住人口3371人，城镇化率12.95%。另有流动人口2220人。总人口中，男性13423人，占51.56%；女性12610人，占48.44%；14岁以下4191人，占16.1%；15～64岁19404人，占74.54%；65岁以上2438人，占9.35%。总人口中，以汉族为主，达25217人，占96.87%；有满、壮、蒙古等7个少数民族，共816人，占3.13%。2011年，人口出生率13.95‰，人口死亡率6.92‰，人口自然增长率7.03‰。

辖区东西最大距离12.36千米，南北最大距离15.21千米，总面积44平方千米。其中陆地面积43.3平方千米，占98.4%；水域面积0.7平方千米，占1.6%。人口密度为每平方千米592人。

自然条件

地形地貌 地处山前平原，北高南低，西北部为山地梯田，南部为平原洼地。东北部多草甸褐土，西北部多淋溶褐土，南部大部分为潮土。

水文 兰泉河从彩亭桥入境，经庄户、孙渠庄、渠河头、张家庄、宋庄子出境。境内河流总长度14千米。

经济概况

农业 耕地面积3.3万亩，人均耕地1.3亩。2011年，农业总产值3.44亿元，占国内生产总值的7%，比上年增长4%，实现农业增加值1.96亿元，占国内生产总值的10%。

粮食作物以小麦、玉米为主。2011年，生产粮食1.87万吨，人均718千克，其中小麦0.67万吨，玉米1.2万吨。主要经济作物有蔬菜。2011年，蔬菜种植面积1.48万亩，产量9.13万吨，主要品种有白菜、圆白菜等，其中白菜8.24万吨，圆白菜0.42万吨。

畜牧业以猪、羊、家禽为主。2011年，生猪饲养量7.63万头，年末存栏3.46万头；羊饲养量0.96万只，年末存栏0.51万只；家禽饲养量50.46万羽。

2011年，拥有大型农业机械35台（辆）；农民人均纯收入8720元。

工业 以水泥、建材、造纸为主。2011年，工业总产值41.91亿元，比上年增长13%，实现工业增加值15.07亿元，占国内生产总值的73%。2011年，工业企业831家，职工7426人。

商业外贸 2011年末，商业网点231个，职工577人；城乡集贸市场4个。

财政金融 2011年，财政总收入1.06亿元，比上年增长32%。其中地方财政收入0.38亿元。从主要税种看，完成增值税640万元，营业税1186万元，企业所得税460万元，分别比上年增长35%、6%、0.6%。人均财政收入2015元，比上年增长26%。2011年，银行和金融机构各类存款余额11.17亿元，比上年增长14%。

社会发展

文化艺术 2011年末，镇文化站1个，村级文化活动中心16个；各类图书室16个，藏书5万余册。

教育 2011年末，幼儿园4所，在园幼儿762人，专任教师34人；小学3所，在校生1617人，专任教师96人，小学适龄儿童入学率100%；初中1所，在校生386人，专任教师41人。初中适龄人口入学率、小升初升学率、九年义务教育覆盖率达100%。2011年教育经费达1646万元，国家财政性教育经费1504万元。

医疗卫生 2011年末，各级各类医疗卫生机构1个，门诊部（所）40个；病床19张，每千人拥有医疗床位0.76张，固定资产总值25.48万元。专业卫生人员10名，其中执业医师1人，执业助理医师2人，注册护士7人。2011年医疗机构（门诊部以上）完成诊疗0.5万人次。新型农村合作医疗参合人数2.08万人，参合率100%。

体育 2011年末，学校体育场地4处。80%的村安装了健身器材，经常参加体育活动的人员占常住人口的25%。

广播电视 2011年末，有线电视用户0.2万户，入户率30%。

社会保障 2011年，城镇最低生活保障户数31户，人数37人，支出10414元，比上年增长15%，月人均23.5元，比上年增长30%；城市医疗救助9000人次，民政部门资助参加合作医疗598人次，共支出3.59万元，比上年增长18%。农村最低生活保障户数277户，人数414人，支出44.7236万元，比上年增长20%，月人均90元，比上年增长11%。国家抚恤、补助各类优抚对象37人，抚恤事业费支出40.45万元，比上年增长12%。新型农村社会养老保险参保人数2.527万人，参保率98%。

基础设施

交通运输 102国道、香小公路过境，境内总长10.5千米。

邮政电信 2011年末，邮政网点1个，乡村通邮率100%。

固定电话用户0.37万户；移动电话用户1.55万户。

镇区市政建设

道路 2011年末，镇区道路总长度2.2千米。

公共交通 2011年末，镇区公共汽车停靠站1个，日停靠车辆6次，日均客容量300人次。

给排水 2011年末，镇区自来水厂1座，深水井3眼并有成套净化设备。

园林绿化 2011年末，镇区花坛1个，绿化面积0.1公顷。

八间房村

(Bajianfang Cun)

名称来历 张氏迁民立庄，因建庄时只盖了八间房，遂得名八间房村。

地理位置 地处孤树镇西部，东至邢张庄，南至周家铺，西至柳辛庄，北至柳树庄。

主要指标 2011年末，辖区总人口1047人，总面积1.82平方千米，农民人均纯收入8850元。

北四村

(Beisi Cun)

名称来历 由邢张庄、庄户、朱屯、邢家楼联建而得名。

地理位置 地处孤树镇中部，东至孟庄，南至兰泉河，西至八间房，北至102国道。

主要指标 2011年末，辖区总人口2279人，总面积3.80平方千米，农民人均纯收入9222元。

东升村

(Dongsheng Cun)

名称来历 由郭家庄、孙渠庄、小定府联建而得名。

地理位置 地处孤树镇东南部，东至梁庄子，南至东辛庄，西至温家庄，北至渠河头。

主要指标 2011年末，辖区总人口1405人，总面积

2.31 平方千米，农民人均纯收入 8984 元。

东辛庄村

(Dongxinzhuang Cun)

名称来历 张氏建村。因较邻村建庄晚，定名张辛庄。后因另有张辛庄，改称东辛庄。

地理位置 地处孤树镇东南部，东至岳庄，南至后湖，西至香小公路，北至小定府。

主要指标 2011 年末，辖区总人口 790 人，总面积 1.35 平方千米，农民人均纯收入 8879 元。

孤树村

(Gushu Cun)

名称来历 由姚辛庄子、孤树、定府庄、孤树店子联建而得名。

地理位置 地处孤树镇西北部，东至香椿园，南至柳树庄，西至后王庄，北至燕山。

主要指标 2011 年末，辖区总人口 3055 人，总面积 4.99 平方千米，农民人均纯收入 8963 元。

兰泉村

(Lanquan Cun)

名称来历 由杨树头、半壁街、廉家庄、段家庄、梁安子联建而得名。

地理位置 地处孤树镇中部，东至香小公路，南至张家庄，西至周家铺，北至邢家楼。

主要指标 2011 年末，辖区总人口 2622 人，总面积 4.89 平方千米，农民人均纯收入 9083 元。

柳树柳辛村

(Liushuliuxin Cun)

名称来历 由柳树庄、柳树辛庄联建而得名。

地理位置 地处孤树镇西部，东至定府庄，南至八间房，西至徐家庄，北至孤树村。

主要指标 2011 年末，辖区总人口 964 人，总面积 1.68 平方千米，农民人均纯收入 8996 元。

前后王庄村

(Qianhouwangzhuang Cun)

名称来历 由前王庄、后王庄联建而得名。

地理位置 地处孤树镇西部，东至孤树村，南至柳辛庄，西至峰山，北至西尚庄。

主要指标 2011 年末，辖区总人口 1784 人，总面积 2.74 平方千米，农民人均纯收入 9473 元。

前后枣曾屯村

(Qianhouzaozengtun Cun)

名称来历 由前枣林庄、后枣林庄、曾官屯联建而得名。

地理位置 地处孤树镇东北部，东至杨土桥，南至黄土桥，西至梅家屯，北至蟒山定府。

主要指标 2011 年末，辖区总人口 2619 人，总面积 3.16 平方千米，农民人均纯收入 9054 元。

青石塘村

(Qingshitang Cun)

名称来历 原以山沟居住安定，取名太平庄。后因在东山开石头，石塘的石头多为青色而得名。

地理位置 地处孤树镇北部，东至梅家屯，南至孤树村，西至西尚庄，北至石栏山。

主要指标 2011 年末，辖区总人口 606 人，总面积 1.45 平方千米，农民人均纯收入 8847 元。

渠河头村

(Quhetou Cun)

名称来历 由渠河头、大庄、温家庄联建而得名。

地理位置 地处孤树镇南部，东至孙渠庄，南至东辛庄，西至香小公路，北至兰泉河。

主要指标 2011 年末，辖区总人口 1891 人，总面积 3.24 平方千米，农民人均纯收入 9085 元。

宋庄子村

(Songzhuangzi Cun)

名称来历 杨氏建村，称杨家庄。田、张等姓相继迁入，建成吴庄子，西张庄子。后石河宋氏圈占了这几个村，故而得名宋庄子。

地理位置 地处孤树镇西南部，东至香小公路，南至后湖，西至龙爪子，北至张家庄。

主要指标 2011 年末，辖区总人口 1662 人，总面积 5.00 平方千米，农民人均纯收入 8927 元。

西尚庄村

(Xishangzhuang Cun)

名称来历 原名靳家庄。位于山脚下，古御路从村南通过，过往行人根据该村地势高，多称此庄为上庄，因重名改称西尚庄。

地理位置 地处孤树镇西部，东至孤树村，南至后王庄，西至前王庄，北至燕山。

主要指标 2011 年末，辖区总人口 1090 人，总面积 1.98 平方千米，农民人均纯收入 8752 元。

香椿园村

(Xiangchunyuan Cun)

名称来历 王氏迁民立庄。因此地有一片香椿树得名。

地理位置 地处孤树镇北部，东至饶官屯，南至 102 国道，西至孤树村，北至梅家屯。

主要指标 2011 年末，辖区总人口 1162 人，总面积

1.79平方千米，农民人均纯收入8622元。

燕山村

(Yanshan Cun)

名称来历 由饶官屯、梅家屯、方官屯联建而得名。

地理位置 地处孤树镇北部，东至曾官屯，南至香椿园，西至青石塘，北至蟒山定府。

主要指标 2011年末，辖区总人口1986人，总面积2.95平方千米，农民人均纯收入8736元。

张家庄村

(Zhangjiazhuang Cun)

名称来历 刘氏在此建三间房居住，定名三间房。张姓相继迁入，并发展成大户，更名张新庄。谐音称张辛庄。因重名得名张家庄。

地理位置 地处孤树镇南部，东至香小公路，南至宋庄子，西至龙爪子，北至兰泉村。

主要指标 2011年末，辖区总人口626人，总面积1.32平方千米，农民人均纯收入8805元。

（撰稿：周建军，初审：郭立明）

虹桥镇

(Hongqiao Zhen)

政区概况

名称来历 原名洪桥，以村北原荣辉河上的桥名定村名。因桥形与虹形相似，故更名虹桥。

地理位置 地处玉田县中部，东接亮甲店镇、杨家套乡，东南与散水头镇接壤，南邻陈家铺乡，西与郭家桥乡相交，北、西北毗连玉田镇。人民政府驻南会村，电话区号0315，邮政编码064105，距玉田县人民政府5.9千米。

政区沿革 1953年，建虹桥乡。1956年，中军铺乡、于李太乡、大丁庄乡并入。1958年，属虹桥人民公社虹桥管理区。1961年，人民公社规模缩小，析置虹桥人民公社，辖28个行政村。1983年4月，撤销人民公社，复置虹桥乡。1985年4月，撤乡，建虹桥镇，辖28个村委会。1989年4月，珠树坞乡并入，辖38个村委会。

政区划分 2011年末，辖湾柳树、丁陈天、丁里范、定马庞、东南会、张王庄、南家铺、虹于、团结、仙马芦、独树、西北会、朱赵庄、珠芦庄、珠老庄、围里、珠一17个村民委员会。

人口面积 2011年末，辖区总人口30767人，其中城镇常住人口865人，城镇化率2.8%。另有流动人口4031人。总人口中，男性15691人，占51%；女性15076人，占49%；14岁以下4639人，占15.08%；15～64岁22933人，占74.54%；65岁以上3195人，占10.37%。总人口中，以汉族为主，达26151人，占95%；有蒙古、满、回3个少数民族，共4616人，占5%。2011年，人口出生率12.85‰，人口死亡率7.93‰，人口自然增长率4.92‰。

辖区东西最大距离10.2千米，南北最大距离6.5千米，总面积55平方千米。其中陆地面积54.67平方千米，占99.4%；水域面积0.33平方千米，占0.6%。人口密度为每平方千米559人。

自然条件

地形地貌 地处平原，地势平坦。

水文 双城河从镇域中部自北向南穿流而过，境内长6.5千米。

经济概况

农业 耕地面积6万亩，人均耕地2亩。2011年，农业总产值7.32亿元，占国内生产总值比重的24%，比上年增长4%，实现农业增加值4.18亿元，占国内生产总值的27%。

粮食作物以小麦、玉米为主。2011年，生产粮食3.4万吨，人均1105千克，其中小麦0.8万吨，玉米1.8万吨。主要经济作物有蔬菜。2011年，蔬菜种植面积7.4万亩，产量45万吨，主要有蔬菜、瓜果等，其中蔬菜40.2万吨，瓜果4.8万吨。

畜牧业以猪、羊、家禽为主。2011年，生猪饲养量4.5万头，年末存栏4.5万头；羊饲养量0.5万只，年末存栏0.5万只；家禽饲养量37.6万羽。

2011年，拥有大型农业机械106台（辆）；农民人均纯收入9120元。

工业 以玛钢铸造为主。2011年，工业总产值19.31亿元，比上年增长13%，实现工业增加值6.94亿元，占国内生产总值的45%。2011年，工业企业24家，职工2370人。

商业外贸 2011年末，商业网点48个，职工60人。

财政金融 2011年，财政总收入0.8亿元，比上年增长32%。其中地方财政收入0.29亿元。从主要税种看，完成增值税482万元，营业税892万元，企业所得税346万元，分别比上年增长37%、6%、0.8%。人均财政收入2510元，比上年增长26%。2011年银行和金融机构各类存款余额8.4亿元，比上年增长13%。

社会发展

文化艺术 2011年末，镇文化站1个，村级文化活动中心8个；各类文化专业户3个；各类图书室10个，藏书1万余册；文化行业从业人员16人。

教育 2011年末，幼儿园8所，在园幼儿880人，专任教师36人；小学7所，在校生1674人，专任教师80人，小学适龄儿童入学率100%；初中1所，在校生614人，专任教师55人，初中适龄人口入学率、小升初升学率、九年义务教育覆盖率均达100%。2011年教育经费达1646万元，国家财政性教育经费1504万元，财政预算内教育经费1171

万元，比上年增长12.2%。

医疗卫生 2011年末，各级各类医疗卫生机构1个，门诊部（所）5个；病床220张，每千人拥有医疗床位7.1张。专业卫生人员53名，其中执业医师2人，执业助理医师12人，注册护士39人。2011年医疗机构（门诊部以上）完成诊疗2.35万人次。新型农村合作医疗参合人数2.06万人，参合率100%。

体育 2011年末，92%的村安装了健身器材，经常参加体育活动的人员占常住人口的25%。

广播电视 2011年末，有线电视用户7万户，入户率80%。

社会保障 2011年，城镇最低生活保障户数60户，人数98人，支出17.9万元，比上年增长5%，月人均152元。农村最低生活保障户数551户，人数848人，支出93万元，比上年增长0.5%，月人均91元，比上年增长1%。国家抚恤、补助各类优抚对象295人，抚恤事业费支出61.9万元，比上年增长10%。敬老院1家，床位56张，农村五保供养50人。社区服务设施43个，其中社区服务中心5个，社区服务站38个。慈善分会1个，全年接受社会捐款1.3万元，使42人（次）困难群众受益。五项社会保险（不含新型农村社会养老保险）基金收入合计400万元，比上年增长7%。新型农村社会养老保险参保人数2.04万人，参保率99%。

基础设施

交通运输 玉石公路、玉鸦公路过境。境内公路总长11.9千米。

邮政电信 2011年末，邮政网点1个，乡村通邮率100%。固定电话用户0.5万户；移动电话用户2.1万户。

镇区市政建设

道路 2011年末，镇区道路总长度1.8千米。

公共交通 2011年末，镇区公共汽车停靠站1座，日停靠客运汽车20班次，日均容量400余人次。

园林绿化 2011年末，镇政府驻地花坛10个，绿化面积1.33公顷。

丁陈天村

(Dingchentian Cun)

名称来历 由陈家庄、天齐庙、小丁庄联建而得名。

地理位置 地处虹桥镇北部，东至玉田镇贾庄，南至独树村，西至朱赵庄，北至南环路。

主要指标 2011年末，辖区总人口2393人，总面积3.11平方千米，农民人均纯收入9119元。

丁里范村

(Dinglifan Cun)

名称来历 由大里庄、范庄、丁家庄联建而得名。

地理位置 地处虹桥镇北部，东至独树，南至西北会，西至张王庄，北至丁陈天。

主要指标 2011年末，辖区总人口1985人，总面积2.19平方千米，农民人均纯收入9190元。

定马庞村

(Dingmapang Cun)

名称来历 由定府、马坊、庞庄子联建而得名。

地理位置 地处虹桥镇东北部，东至湾柳树，南至独树，西至丁里范，北至玉田镇水王庄。

主要指标 2011年末，辖区总人口1525人，总面积2.64平方千米，农民人均纯收入9047元。

东南会村

(Dongnanhui Cun)

名称来历 由东会、南会联建而得名。

地理位置 地处虹桥镇中部，东至团结村，南至南家铺，西至围里，北至西北会。

主要指标 2011年末，辖区总人口2327人，总面积3.99平方千米，农民人均纯收入8787元。

独树村

(Dushu Cun)

名称来历 由前独树、后独树联建而得名。

地理位置 地处虹桥镇北部，东至湾柳树，南至西北会，西至丁里范，北至定马庞。

主要指标 2011年末，辖区总人口2006人，总面积3.60平方千米，农民人均纯收入9006元。

虹于村

(Hongyu Cun)

名称来历 由虹定府、于里太联建而得名。

地理位置 地处虹桥镇南部，东至团结村，南至陈家铺乡于家铺，西至南家铺，北至团结村。

主要指标 2011年末，辖区总人口1180人，总面积3.19平方千米，农民人均纯收入8664元。

南家铺村

(Nanjiapu Cun)

名称来历 由南王庄、北方家铺、董家铺联建而得名。

地理位置 地处虹桥镇南部，东至虹于村，南至陈家铺乡双铺，西至仙马芦，北至东南会。

主要指标 2011年末，辖区总人口1067人，总面积2.43平方千米，农民人均纯收入8569元。

团结村

(Tuanjie Cun)

名称来历 由小胡庄、大胡庄、北杨庄联建，并取名团结村。

地理位置 地处虹桥镇东南部，东至珠一，南至陈家铺乡于家铺，西至虹于村，北至珠芦庄。

主要指标 2011年末，辖区总人口1652人，总面积3.55平方千米，农民人均纯收入8721元。

湾柳树村

(Wanliushu Cun)

名称来历 由大湾柳树、小湾柳树联建而得名。

地理位置 地处虹桥镇东北部，东至亮甲店镇张各庄，南至珠芦庄，西至独树村，北至定马庞。

主要指标 2011年末，辖区总人口2120人，总面积3.50平方千米，农民人均纯收入8838元。

围里村

(Weili Cun)

名称来历 马姓建庄，由于地势低洼，且紧靠原荣辉河旧道，常遭水患。为防水患，村的四周围修了一圈土埝，将村围在埝里，故得名围里。

地理位置 地处虹桥镇西部，东至团结村，南至仙马芦，西至郭家桥乡北杨铺，北至西北会。

主要指标 2011年末，辖区总人口1321人，总面积2.86平方千米，农民人均纯收入8892元。

西北会村

(Xibeihui Cun)

名称来历 由西会、北会联建而得名。

地理位置 地处虹桥镇中部，东至东南会，南至围里，西至张王庄，北至丁里范。

主要指标 2011年末，辖区总人口2143人，总面积3.55平方千米，农民人均纯收入8883元。

仙马芦村

(Xianmalu Cun)

名称来历 由仙鹤、马营、芦家铺联建而得名。

地理位置 地处虹桥镇西南部，东至南家铺，南至陈家铺乡司家铺，西至郭家桥乡侯家铺，北至围里。

主要指标 2011年末，辖区总人口2004人，总面积4.21平方千米，农民人均纯收入8857元。

张王庄村

(Zhangwangzhuang Cun)

名称来历 由台张庄、台王庄联建而得名。

地理位置 地处虹桥镇西北部，东至丁里范，南至围里，西至朱赵庄，北至丁陈天。

主要指标 2011年末，辖区总人口2021人，总面积4.02平方千米，农民人均纯收入8833元。

朱赵庄村

(Zhuzhaozhuang Cun)

名称来历 由朱庄、赵庄联建而得名。

地理位置 地处虹桥镇西部，东至丁里范，南至张王庄，西至玉田镇陈唐庄，北至玉田镇东姚庄。

主要指标 2011年末，辖区总人口1131人，总面积1.83平方千米，农民人均纯收入9185元。

珠老庄村

(Zhulaozhuang Cun)

名称来历 由珠三村、老王庄联建而得名。

地理位置 地处虹桥镇东部，东至杨家套乡孔雀殿，南至珠一村，西至珠芦庄，北至湾柳树。

主要指标 2011年末，辖区总人口2067人，总面积4平方千米，农民人均纯收入8691元。

珠芦庄村

(Zhuluzhuang Cun)

名称来历 由珠二村、芦庄联建而得名。

地理位置 地处虹桥镇东部，东至珠老庄，南至珠一村，西至团结村，北至湾柳树。

主要指标 2011年末，辖区总人口2284人，总面积3.8平方千米，农民人均纯收入9101元。

珠一村

(Zhuyi Cun)

名称来历 因村址坐落九龙河两岸，地势低于四周，沿河两岸树木丛生，故名株树坞。后因长出一株高大白杨树，村人以为这是兴旺的象征，遂改名珠树坞。此后分为三个村，此村按序为珠一村。

地理位置 地处虹桥镇东部，东至珠老庄，南至散水头镇十里坨，西至团结村，北至珠芦庄。

主要指标 2011年末，辖区总人口1318人，总面积2.32平方千米，农民人均纯收入8182元。

（撰稿：周建军，初审：郭立明）

亮甲店镇

(Liangjiadian Zhen)

政区概况

名称来历 因镇人民政府驻地位于亮甲店村而得名。

地理位置 地处玉田县东北，东接丰润区沙流河镇，南邻杨家套乡，西南抵虹桥镇，西接玉田镇，西北毗连郭家屯乡，北与林头屯乡接壤。人民政府驻亮甲店村，电话区号0315，邮政编码064101，距玉田县人民政府11千米。

政区沿革 1953年，建亮甲店乡。1958年，建亮甲店人民公社。1983年5月，撤销人民公社，复置亮甲店乡。1989年4月，亮甲店乡改镇，辖27个村民委员会。1993年2月，韩家林乡并入，辖44个村民委员会。

政区划分 2011年末，辖大小韩庄、东岗、富裕、河西刘把、姜水、兴达、新建、五泉山、西胡、新四、学士铺、张金庄、张唐幸福、韩家林、肉张屯、吴各庄、杨五官屯、袁庄、何庄子、马店子、小营、沙沟、亮甲店、孔五官屯24个村民委员会。

人口面积 2011年末，辖区总人口39758人，其中城镇常住人口3400人，城镇化率8.55%。另有流动人口3054人。总人口中，男性20287人，占51.03%；女性19471人，占48.97%；14岁以下6245人，占15.71%；15～64岁29440人，占74.05%；65岁以上4073人，占10.24%。总人口中，以汉族为主，达35702人，占89.8%；有满、壮、回等少数民族，共4056人，占10.2%。2011年，人口出生率13.34‰，人口死亡率7.14‰，人口自然增长率6.2‰。

辖区东西最大距离12.1千米，南北最大距离7.42千米，总面积75平方千米。其中陆地面积74.4平方千米，占99.2%；水域面积0.6平方千米，占0.8%。人口密度为每平方千米530人。

自然条件

地形地貌 地处山前平原，偏北部除少量山地外，大部分为高地平原。

水文 双城河改道从西北入境，流经张家围、田家围、十五里铺、学田庄、何庄子、胡家房、郭庄子、王庄子、小韩庄、殷家屯、吴各庄出境。境内河流总长度12千米。

经济概况

农业 耕地面积8万亩，人均2亩。2011年，农业总产值4.98亿元，占国内生产总值的12%，比上年增长4%，实现农业增加值2.84亿元，占国内生产总值的15%。

粮食作物以小麦、玉米为主。2011年，生产粮食4.16万吨，人均1046千克，其中小麦1.72万吨，玉米2.44万吨。主要经济作物有蔬菜。2011年，蔬菜种植面积2.5万亩，产量13.6万吨，主要品种有白菜、土豆等。

畜牧业以猪、羊、家禽为主。2011年，生猪饲养量8.85万头，年末存栏5.5万头；羊饲养量1.1万只，年末存栏0.6万只；家禽饲养量70.89万羽。

2011年，拥有大型农业机械175台（辆）；农民人均纯收入8920元。

工业 以钢铁水泥小塑料为主。2011年，工业总产值30.69亿元，比上年增长13%，实现工业增加值11.04亿元，占国内生产总值的57%。2011年，工业企业725家，职工9671人。

商业外贸 2011年末，商业网点573个，职工2300人；城乡集贸市场7个。2011年，社会消费品零售总额达1.6亿元，比上年增长10%。

财政金融 2011年，财政总收入0.99亿元，比上年增长31.8%。其中地方财政收入0.38亿元。从主要税种看，完成增值税601万元，营业税1114万元，企业所得税432万元，分别比上年增长37.5%、6%、0.7%。人均财政收入2510元，比上年增长26.1%。2011年银行和金融机构各类存款余额10.49亿元，比上年增长14%。

社会发展

文化艺术 2011年末，镇文化站1个，村级文化活动中心24个；各类图书室7个，藏书8万册；文化行业从业人员15人。

教育 2011年末，幼儿园7所，在园幼儿1007人，专任教师61人；小学8所，在校生2583人，专任教师144人，小学适龄儿童入学率100%；初中2所，在校生719人，专任教师89人，初中适龄人口入学率、小升初升学率、九年义务教育覆盖率均达100%。2011年教育经费达3673万元，国家财政性教育经费3356万元，财政预算内教育经费1701万元。

医疗卫生 2011年末，各级各类医疗卫生机构1个，门诊部（所）31个；病床40张，每千人拥有医疗床位1.02张，固定资产总值212万元。专业卫生人员92名，其中执业医师18人，执业助理医师8人，注册护士3人。2011年医疗机构（门诊部以上）完成诊疗2万人次。新型农村合作医疗参合人数2.75万人，参合率100%。

体育 2011年末，学校体育场地10处。80%的村安装了健身器材，经常参加体育活动的人员占常住人口的20%。

社会保障 2011年，城镇最低生活保障户数46户，人数72人，支出21.6万元，比上年增长0.05%，月人均250元，比上年增长20%；城市医疗救助10人次，民政部门资助参加合作医疗730人次，共支出5万元，比上年增长20%。农村最低生活保障户数643户，人数730人，支出81.6万元，比上年增长20%，月人均93元，比上年增长11%。国家抚恤、补助各类优抚对象137人，抚恤事业费支出103.4万元，比上年增长11%。新型农村社会养老保险参保人数2.56万人，参保率93%。

基础设施

交通运输 102国道、亮林公路过境。境内公路总长12千米。

邮政电信 2011年末，邮政网点1个，乡村通邮率100%。固定电话用户0.6万户，移动电话用户2.6万户。

镇区市政建设

道路 2011年末，镇区道路总长度5千米；桥梁1座，总长度50米。

公共交通 2011年末，镇区公共汽车停靠站1个，日停靠车辆12次，日均客容量600人次。

园林绿化 2011年末，镇区花坛2个，绿化面积0.3公顷。

大小韩庄村

(Daxiaohanzhuang Cun)

名称来历 由韩河东、小韩庄两村联建而得名。

地理位置 地处亮甲店镇南部，东至殷家屯，南至訾庄子，西至韩河西，北至小韩庄。

主要指标 2011年末，辖区总人口1694人，总面积3.55平方千米，农民人均纯收入8290元。

东岗村

(Donggang Cun)

名称来历 由东中滩、黄土岗两村联建而得名。

地理位置 地处亮甲店镇东部，东至孔五官屯，南至吴各庄，西至西中滩，北至黄土岗。

主要指标 2011年末，辖区总人口927人，总面积1.64平方千米，农民人均纯收入8040元。

富裕村

(Fuyu Cun)

名称来历 由焦庄子、东于庄、西于庄三村联建，并取名富裕村。

地理位置 地处亮甲店镇东北部，东至沙沟，南至姜庄子，西至亮甲店，北至茨榆林。

主要指标 2011年末，辖区总人口1050人，总面积1.78平方千米，农民人均纯收入8780元。

韩家林村

(Hanjialin Cun)

名称来历 史氏迁民立庄，初名史家园，因此地原是辽代大都督韩（德）昌放马的树林子，遂得名韩家林村。

地理位置 地处亮甲店镇西部，东至小营，南至小金庄，西至琵琶营，北至十五里铺。

主要指标 2011年末，辖区总人口1697人，总面积3.55平方千米，农民人均纯收入8280元。

何庄子村

(Hezhuangzi Cun)

名称来历 何氏立庄，定名何家庄，习惯称何庄子。

地理位置 地处亮甲店镇中部，东至胡家坊，南至高木庄，西至小营，北至学田庄。

主要指标 2011年末，辖区总人口1380人，总面积3.22平方千米，农民人均纯收入8680元。

河西刘把村

(Hexiliuba Cun)

名称来历 由韩河西、刘把式庄两村联建得名。

地理位置 地处亮甲店镇南部，东至韩河东，南至杨家套乡，西至黄林，北至何庄子。

主要指标 2011年末，辖区总人口1875人，总面积3.59平方千米，农民人均纯收入8220元。

姜水桥村

(Jiangshuiqiao Cun)

名称来历 由姜庄子、亮水桥两村联建而得名。

地理位置 地处亮甲店镇东北部，东至沙沟，南至黄土岗，西至亮甲店，北至焦庄子。

主要指标 2011年末，辖区总人口947人，总面积1.46平方千米，农民人均纯收入8520元。

孔五官屯村

(Kongwuguantun Cun)

名称来历 孔氏迁民立庄，因孔氏弟兄五人均为官，故名孔五官屯。

地理位置 地处亮甲店镇东部，东至丰润区菇家庄，南至吴各庄，西至东中滩，北至肉张屯。

主要指标 2011年末，辖区总人口2180人，总面积3.46平方千米，农民人均纯收入8080元。

亮甲店村

(Liangjiadian Cun)

名称来历 相传唐太宗征东遇雨晾甲于此，后讹为两家店。原名两家店、晾甲店，取谐音改称亮甲店。

地理位置 地处亮甲店镇北部，东至姜庄子，南至张唐庄，西至二十里铺，北至土城子。

主要指标 2011年末，辖区总人口3626人，总面积3.51平方千米，农民人均纯收入8580元。

马店子村

(Madianzi Cun)

名称来历 此地原有一条由遵化通往鸦鸿桥的古道，马氏由山东迁此立庄，并在道旁开了一家客栈，名马家店，村以店得名。

地理位置 地处亮甲店镇东南部，东至太子沟，南至小田庄，西至安各庄，北至铁匠庄。

主要指标 2011年末，辖区总人口840人，总面积1.82平方千米，农民人均纯收入8990元。

肉张屯村

(Rouzhangtun Cun)

名称来历 因张氏移民立庄，且张氏以卖肉为生得名。

地理位置 地处亮甲店镇东部，东至潘家庄，南至孔五官屯，西至黄土岗，北至杨五官屯。

主要指标 2011年末，辖区总人口1382人，总面积2.48平方千米，农民人均纯收入8220元。

沙沟村

(Shagou Cun)

名称来历 因村中有条南北走向水沟，沟内淤积黄沙很多，故名沙沟。

地理位置 地处亮甲店镇东北部，东至小义王庄，南至杨五官屯，西至姜庄子，北至邱家屯。

主要指标 2011年末，辖区总人口1364人，总面积2.38平方千米，农民人均纯收入8020元。

吴各庄村

(Wugezhuang Cun)

名称来历 刘氏弟兄立庄，因其兄弟五人品质恶劣，为非作歹，故称为刘家五虎庄。后来刘氏犯案被抄，村名改称五虎庄，后取谐音改为吴各庄。

地理位置 地处亮甲店镇东南部，东至马店子，南至蛮子营，西至殷家屯，北至孔五官屯。

主要指标 2011年末，辖区总人口1673人，总面积3.81平方千米，农民人均纯收入8310元。

五泉山村

(Wuquanshan Cun)

名称来历 由杨五侯庄、小泉、小狼山三村联建而得名。

地理位置 地处亮甲店镇北部，东至小狼山，南至杨五侯，西至袁庄，北至东大泉。

主要指标 2011年末，辖区总人口2999人，总面积6.59平方千米，农民人均纯收入8150元。

西胡村

(Xihu Cun)

名称来历 由西中滩、胡家房两村联建而得名。

地理位置 地处亮甲店镇中部，东至黄土岗，南至新建庄，西至何庄子，北至幸福庄。

主要指标 2011年末，辖区总人口898人，总面积1.92平方千米，农民人均纯收入8710元。

小营村

(Xiaoying Cun)

名称来历 王氏立庄，因此地原为辽代大都督韩（德）昌屯兵之地，由小营盘一处而得名。

地理位置 地处亮甲店镇中部，东至何庄子，南至高木，西至韩家林，北至学田庄。

主要指标 2011年末，辖区总人口1072人，总面积2.22平方千米，农民人均纯收入8470元。

新建村

(Xinjian Cun)

名称来历 由殷家屯、郭庄子、王庄子三村联建而得名。

地理位置 地处亮甲店镇中部，东至安各庄，南至高马头，西至韩河东，北至胡家房。

主要指标 2011年末，辖区总人口1880人，总面积3.46平方千米，农民人均纯收入8000元。

新四村

(Xinsi Cun)

名称来历 由许家庄、田家围、十五里铺、张家围四个村联建，并取名新四村。

地理位置 地处亮甲店镇西部，东至学士铺，南至韩家林，西至东小定府，北至双龙庄。

主要指标 2011年末，辖区总人口1546人，总面积2.92平方千米，农民人均纯收入8190元。

兴达村

(Xingda Cun)

名称来历 由高木庄、内官庄、黄林三村联建，并取名兴达村。

地理位置 地处亮甲店镇南部，东至韩河西，南至刘把势庄，西至张各庄，北至小营。

主要指标 2011年末，辖区总人口3086人，总面积5.26平方千米，农民人均纯收入8060元。

学士铺村

(Xueshipu Cun)

名称来历 由学田庄、二十里铺两村联建而得名。

地理位置 地处亮甲店镇中部，东至亮甲店，南至小营，西至十五里铺，北至杨五侯。

主要指标 2011年末，辖区总人口1466人，总面积3.23平方千米，农民人均纯收入8910元。

杨五官屯村

(Yangwuguantun Cun)

名称来历 因杨氏先祖世居此地，杨氏族中有五人在朝为官，得名杨五官屯。

地理位置 地处亮甲店镇东北部，东至沙流河，南至肉张屯，西至亮水桥，北至沙沟。

主要指标 2011年末，辖区总人口1839人，总面积2.67平方千米，农民人均纯收入8560元。

袁庄村

(Yuanzhuang Cun)

名称来历 因袁氏移民立庄得名。

地理位置 地处亮甲店镇西北部，东至小泉，南至许庄，西至范家庄，北至东大泉。

主要指标 2011 年末，辖区总人口 1390 人，总面积 2.93 平方千米，农民人均纯收入 8700 元。

张金庄村

(Zhangjinzhuang Cun)

名称来历 由张各庄、中辛庄、小金庄联建而得名。

地理位置 地处亮甲店镇西部，东至高木庄，南至珠三村，西至大弯柳树，北至韩家林。

主要指标 2011 年末，辖区总人口 2064 人，总面积 3.93 平方千米，农民人均纯收入 8470 元。

张唐幸福村

(Zhangtangxingfu Cun)

名称来历 由张唐庄、幸福庄两村联建而得名。

地理位置 地处亮甲店镇中部，东至杨五官屯，南至西中滩，西至学田庄，北至亮甲店。

主要指标 2011 年末，辖区总人口 1863 人，总面积 3.42 平方千米，农民人均纯收入 8063 元。

(撰稿：周建军，初审：郭立明)

林南仓镇

(Linnancang Zhen)

政区概况

名称来历 明永乐二年（1404 年），边、周两姓在此建庄。因此地位于后湖古偏林之南，官府又于此地建储粮仓，故名林南仓。镇以驻地村命名。

地理位置 地处玉田县西北，东邻玉田镇，东南、南接郭家桥乡，西、西南与林西镇接壤，北连孤树镇。人民政府驻林南仓村，电话区号 0315，邮政编码 064106，距玉田县人民政府 12 千米。

政区沿革 1953 年，建林南仓乡。1956 年，西程府、岳庄 2 个乡并入。1958 年，属林南仓人民公社。1961 年人民公社规模缩小，析置林南仓人民公社。1983 年 5 月，撤销人民公社，复置林南仓乡，辖 21 个村民委员会；同年 12 月，撤乡，改建林南仓镇。

政区划分 2011 年末，辖北岳新、程蒲庄、丁张官屯、二联、六联、三联、四联、一联、后湖定府、林南仓五、六里屯、东六 12 个村民委员会。

人口面积 2011 年末，辖区总人口 22018 人，其中城镇常住人口 2000 人，城镇化率 9.08%。另有流动人口 2500 人。总人口中，男性 11892 人，占 54.01%；女性 10126 人，占 45.99%；14 岁以下 2939 人，占 13.35%；15～64 岁 17099 人，占 77.66%；65 岁以上 1980 人，占 8.99%。总人口中，以汉族为主，达 20476 人，占 93%；有回、满、蒙古等 5 个少数民族，共 1542 人，占 7%。2011 年，人口出生率 12.49‰，人口死亡率 7.9‰，人口自然增长率 4.59‰。

辖区东西最大距离 7.2 千米，南北最大距离 6.5 千米，总面积 29 平方千米。全部为陆地。人口密度为每平方千米 759 人。

自然条件

地形地貌 地处平原，地势北高南低。

经济概况

农业 耕地面积 2.5 万亩，人均耕地 1 亩。2011 年，农业总产值 1.73 亿元，占国内生产总值的 10%，比上年增长 4%，实现农业增加值 0.99 亿元，占国内生产总值比重的 11%。

粮食作物以小麦、玉米为主。2011 年，生产粮食 1.2 万吨，其中小麦 0.3 万吨，玉米 0.9 万吨。主要经济作物为蔬菜。2011 年，蔬菜种植面积 1.14 万亩，产量 6.15 万吨，主要品种有大白菜等。

畜牧业以猪、羊、家禽为主。2011 年，生猪饲养量 4.6 万头，年末存栏 2.5 万头；羊饲养量 0.53 万只，年末存栏 0.35 万只；家禽饲养量 1.02 万羽。

2011 年，拥有大型农业机械 70 台（辆）；农民人均纯收入 8900 元。

工业 以塑料制品为主。2011 年，工业总产值 13.09 亿元，比上年增长 13%，实现工业增加值 4.71 亿元，占国内生产总值的 53%。2011 年，工业企业 25 家，职工 1696 人。

财政金融 2011 年，财政总收入 0.46 亿元，比上年增长 32%。其中地方财政收入 0.19 亿元。从主要税种看，完成增值税 278 万元，营业税 514 万元，企业所得税 199 万元，分别比上年增长 37.7%、6%、0.8%。人均财政收入 1958 元，比上年增长 26.2%。2011 年银行和金融机构各类存款余额 4.84 亿元，比上年增长 13%。

社会发展

文化艺术 2011 年末，镇文化站 1 个，村级文化活动中心 9 个；各类图书室 3 个，藏书 1.2 万余册。

教育 2011 年末，幼儿园 2 所，在园幼儿 500 人，专任教师 34 人；小学 5 所，在校生 1586 人，专任教师 80 人，小学适龄儿童入学率 100%；初中 1 所，在校生 492 人，专任教师 54 人，初中适龄人口入学率、小升初升学率、九年义务教育覆盖率均达 100%。2011 年教育经费达 1617 万元，国家财政性教育经费 1478 万元。

医疗卫生 2011年末，各级各类医疗卫生机构16个，门诊部（所）3个；病床174张，每千人拥有医疗床位8.7张，固定资产总值9033万元。专业卫生人员81名，其中执业医师32人，执业助理医师37人，注册护士12人。2011年医疗机构（门诊部以上）完成诊疗2.9万人次。新型农村合作医疗参合人数1.4万人，参合率100%。

体育 2011年末，100%的村安装了健身器材，经常参加体育活动的人员占常住人口的30%。

社会保障 2011年，城镇最低生活保障户数47户，人数91人，支出2.05万元，比上年增长16%，月人均18.8元，比上年增长16%；民政部门资助参加合作医疗709人次，支出2.13万元，比上年增长8%。农村最低生活保障户数385户，人数584人，支出58.4万元，比上年增长29%，月人均83.3元，比上年增长26%。国家抚恤、补助各类优抚对象52人，抚恤事业费支出27万元，比上年增长8%。新型农村社会养老保险参保人数1.33万人，参保率95%。

基础设施

交通运输 遵宝公路、香小公路过境。境内公路总长13.9千米。

邮政电信 2011年末，有邮政网点1个，乡村通邮率100%。固定电话用户0.4万户；移动电话用户1.5万户。

镇区市政建设

道路 2011年末，镇区道路总长度4千米。

公共交通 2011年末，镇区公共汽车停靠站1个，日停靠车辆16次，日均客容量800人次。

给排水 2011年末，镇区主要道路两侧敷设水管道3000米。

园林绿化 2011年末，镇区花坛10个，绿化面积4.2公顷。

北岳新村

(Beiyuexin Cun)

名称来历 由小宋庄、岳庄、西程府联建而得名。

地理位置 地处林南仓镇北部，东至六里屯，南至郭家桥，西至程蒲庄，北至孤树。

主要指标 2011年末，辖区总人口2322人，总面积3.61平方千米，农民人均纯收入8400元。

程蒲庄村

(Chengpuzhuang Cun)

名称来历 由西程府、西蒲庄联建，并取名程蒲庄。

地理位置 地处林南仓镇西部，东至林南仓中学，南至郭桥，西至林西镇，北至遵宝路。

主要指标 2011年末，辖区总人口2026人，总面积3.44平方千米，农民人均纯收入8350元。

丁张官屯村

(Dingzhangguantun Cun)

名称来历 由南张官屯、西丁官屯联建而得名。

地理位置 地处林南仓镇西部，东至林南仓十村，南至程蒲府，西至林西，北至后湖定府。

主要指标 2011年末，辖区总人口1796人，总面积2.45平方千米，农民人均纯收入8450元。

东六村

(Dongliu Cun)

名称来历 张姓立庄，因张姓贫困，定名张辛庄。又因村小人少，改称小庄子，后更名为东六村。

地理位置 地处林南仓镇东部，东至玉田镇林东，南至郭家桥镇李三庄，西至二联村，北至遵宝路。

主要指标 2011年末，辖区总人口1599人，总面积3.09平方千米，农民人均纯收入8450元。

二联村

(Erlian Cun)

名称来历 由林南仓四村、林南仓三村联建取名二联村。

地理位置 地处林南仓镇中部，东至林南仓五村，南至林南仓一村，西至东大寺，北至林南仓五村。

主要指标 2011年末，辖区总人口1783人，总面积2.01平方千米，农民人均纯收入8450元。

后湖定府村

(Houhudingfu Cun)

名称来历 因姚氏先祖奉诏由山东迁至后湖旁立庄而得名。

地理位置 地处林南仓镇北部，东至小宋庄，南至老张官屯庄址，西至林西镇，北至孤树镇。

主要指标 2011年末，辖区总人口2655人，总面积4.01平方千米，农民人均纯收入8440元。

林南仓五村

(Linnancangwu Cun)

名称来历 位于后湖古偏林之南，官府曾于此建储粮仓，故名林南仓。

地理位置 地处林南仓镇中部，东至东六村，南至郭家桥李三庄，西至林南仓四村，北至遵宝路。

主要指标 2011年末，辖区总人口1086人，总面积1.39平方千米，农民人均纯收入8450元。

六里屯村

(Liulitun Cun)

名称来历 因村子距林南仓约六华里得名。

地理位置 地处林南仓镇东北部，东至玉田镇林东，南至遵宝路，西至岳庄，北至孤树镇。

主要指标 2011年末，辖区总人口907人，总面积1.57平方千米，农民人均纯收入8440元。

六联村
(Liulian Cun)

名称来历 由林南仓十一村、林南仓十二村联建得名。

地理位置 地处林南仓镇中部，东至林南仓十村，南至郭家桥乡，西至林南仓中学，北至遵宝路。

主要指标 2011年末，辖区总人口3851人，总面积1.92平方千米，农民人均纯收入8470元。

三联村
(Sanlian Cun)

名称来历 由林南仓六村、林南仓七村联建而得名。

地理位置 地处林南仓镇中部，东至林南仓五村，南至三联村，西至香小路，北至后湖定府村。

主要指标 2011年末，辖区总人口1592人，总面积1.31平方千米，农民人均纯收入8475元。

四联村
(Silian Cun)

名称来历 由林南仓八村、林南仓九村、林南仓十村联建而得名。

地理位置 地处林南仓镇中部，东至林南仓六村，南至一联村，西至丁官屯，北至后湖定府村。

主要指标 2011年末，辖区总人口2018人，总面积1.36平方千米，农民人均纯收入8480元。

一联村
(Yilian Cun)

名称来历 由林南仓一村、林南仓二村联建得名一联村。

地理位置 地处林南仓镇中部，东至林南仓三村，南至郭家桥李三庄，西至六联村，北至林南仓老街。

主要指标 2011年末，辖区总人口1781人，总面积2.78平方千米，农民人均纯收入8460元。

（撰稿：周建军，初审：郭立明）

林西镇
(Linxi Zhen)

建材之乡、特色产业镇、省级文明镇。

政区概况

名称来历 明初钱、周两姓建庄，村以位于茂林（即偏林、御林）之西得名林西。镇以村名。

地理位置 地处玉田县西部，东临林南仓镇、郭家桥乡，东、南与杨家板桥镇接壤，西接天津市蓟县新安镇，北抵大安镇，东北毗连孤树镇。人民政府驻林西村，电话区号0315，邮政编码064106，距玉田县人民政府15.5千米。

政区沿革 1953年，建林西乡。1956年，并入高庄子乡。1958年，为林南仓人民公社林西管理区。1961年，人民公社规模缩小，析置林西人民公社。1983年5月，撤销人民公社，复置林西乡，辖21个村民委员会。1993年2月，合并林西乡、大丁庄乡，设立林西镇，辖46个村民委员会。

政区划分 2011年末，辖大丁常庄、东溪草、高王庄、吉家庄、林西立新、林西新街、鲁庄子、双盛新、双兴、卧龙庄、冯陈杨胡、前后杨庄、张府兴、东窑、西黄庄、临河庄、黄土坎、杨内官庄、东黄庄、桥口娄庄、西迷王会、南霍庄、白家庄、新安镇、钱家庄、北霍庄、于椿庄27个村民委员会。

人口面积 2011年末，辖区总人口30690人，其中城镇常住人口812人，城镇化率2.65%。另有流动人口2860人。总人口中，男性15820人，占51.55%；女性14870人，占48.45%；14岁以下4240人，占13.82%；15~64岁22692人，占73.94%；65岁以上3758人，占12.25%。总人口中，以汉族为主，达21648人，占70.54%；有满、蒙古、壮、彝、苗5个少数民族，共9042人，占29.46%。2011年，人口出生率4.9‰，人口死亡率3.03‰，人口自然增长率1.87‰。

辖区东西最大距离7.2千米，南北最大距离14.4千米，总面积64平方千米。其中陆地面积60.8平方千米，占95%；水域面积3.2平方千米，占5%。人口密度为每平方千米480人。

自然条件

地形地貌 地处山前平原，地势北部略高。

水文 兰泉河沿西境，由北向南流至新安镇进入蓟运河。境内河流总长度60千米。

经济概况

农业 耕地面积6.1万亩，人均1.99亩。2011年，农业总产值3.97亿元，占国内生产总值的比重15%，比上年增长4%，实现农业增加值2.27亿元，占国内生产总值的17%。

粮食作物以小麦、玉米为主。2011年，生产粮食3万吨，人均977.5千克，其中小麦0.85万吨，玉米2.04万吨。主要经济作物有蔬菜。2011年，蔬菜种植面积2万亩，产量9.91万吨，主要品种有大白菜、西红柿、大葱等，其中大白菜2.16万吨，西红柿0.44万吨，大葱1.07万吨。

畜牧业以猪、羊、家禽为主。2011年，生猪饲养量3.67万头，年末存栏3.62万头；羊饲养量0.74万只，年末存栏0.74万只；家禽饲养量16.65万羽。

2011年，拥有大型农业机械158台（辆）；农民人均纯收入8920元。

工业 以水泥、陶瓷、机械制造为主。2011年，工业总产值18.48亿元，比上年增长12%，实现工业增加值6.65亿元，占国内生产总值的51%。2011年，工业企业21家，职工1623人。

商业外贸 2011年末，商业网点312个，职工810人。2011年，社会消费品零售总额达0.35亿元，比上年增长11%；城乡集市贸易成交额1.2亿元。

财政金融 2011年，财政总收入0.68亿元，比上年增长33%。其中地方财政收入0.26亿元。从主要税种看，完成增值税408万元，营业税756万元，企业所得税293万元，分别比上年增长35.7%、6%、0.8%。人均财政收入2209元，比上年增长26%。2011年，银行金融机构各类存款余额7.12亿元，比上年增长12%。

社会发展

文化艺术 2011年末，镇文化站1个，村级文化活动中心27个；各类文化专业户13户；各类图书室27个，藏书5.4万余册。

教育 2011年末，幼儿园6所，在园幼儿1800人，专任教师90人；小学5所，在校生1786人，专任教师110人，小学适龄儿童入学率100%；初中2所，在校生556人，专任教师64人，初中适龄人口入学率、小升初升学率、九年义务教育覆盖率均达98%。2011年教育经费达2541万元，国家财政性教育经费2322万元，财政预算内教育经费150万元，比上年增长15%。

医疗卫生 2011年末，各级各类医疗卫生机构1个；病床20张，每千人拥有医疗床位0.08张，固定资产总值450万元。专业卫生人员14名，其中执业医师8人，执业助理医师2人，注册护士4人。2011年医疗机构（门诊部以上）完成诊疗45万人次。新型农村合作医疗参合人数2.03万人，参合率100%。

体育 2011年末，学校体育场地7处，座位175个。70%的村安装了健身器材，经常参加体育活动的人员占常住人口的30%。

社会保障 2011年，城镇最低生活保障户数87户，人数128人，支出31万元，比上年增长22%，月人均202元，比上年增长1.0%；城市医疗救助15人次，民政部门资助参加合作医疗1460人次，共支出4.4万元，比上年增长16%。农村最低生活保障户数702户，人数986人，支出128.23万元，比上年增长38%，月人均108元，比上年增长42%。国家抚恤、补助各类优抚对象87人，抚恤事业费支出48万元，比上年增长21%。社会福利费1.16万元，比上年增长1.2%。新型农村社会养老保险参保人数1.97万人，参保率97%。

基础设施

交通运输 遵宝公路、螺大公路过境。境内公路总长29.8千米。

邮政电信 2011年末，有邮政网点1个，乡村通邮率100%。固定电话用户0.49万户，移动电话用户2万户。

镇区市政建设

道路 2011年末，镇区道路总长度3.2千米。

公共交通 2011年末，日停靠客运汽车25班次，日均容量700余人次。

给排水 2011年末，镇区自来水厂1座，年供水7500万立方米。镇区主要道路两侧敷设排水管道4500米。

白家庄村

(Baijiazhuang Cun)

名称来历 因白氏先祖立庄得名白家庄。

地理位置 地处林西镇东南部，东至杨家板桥镇，南至大高庄，西至于椿庄，北至西贤德城。

主要指标 2011年末，辖区总人口1000人，总面积2.23平方千米，农民人均纯收入10501元。

北霍庄村

(Beihuozhuang Cun)

名称来历 因霍氏迁民所建，定名霍家庄。南霍庄建庄后，该村改称北霍庄。

地理位置 地处林西镇东南部，东至刘唐庄，南至南霍庄，西至东溪草，北至小丁庄。

主要指标 2011年末，辖区总人口714人，总面积1.63平方千米，农民人均纯收入9675元。

大丁常庄村

(Dadingchangzhuang Cun)

名称来历 由大丁庄、常庄子联建而得名。

地理位置 地处林西镇西部，东至东溪草，南至双兴村，西至乔安子，北至吉家庄。

主要指标 2011年末，辖区总人口1316人，总面积2.80平方千米，农民人均纯收入9125元。

东黄庄村

(Donghuangzhuang Cun)

名称来历 因黄氏建庄，故名黄家庄。后又因西边有同名村，遂改称东黄庄。

地理位置 地处林西镇东北部，东至杨内官庄，南至张官屯，西至立新村，北至前后杨庄。

主要指标 2011年末，辖区总人口1221人，总面积2.50平方千米，农民人均纯收入9644元。

东溪草村

(Dongxicao Cun)

名称来历 由东草盘、西草盘联建而得名。

地理位置 地处林西镇南部，东至北霍庄，南至东窑村，西至大丁常庄，北至冯陈杨胡村。

主要指标 2011年末，辖区总人口1021人，总面积1.95平方千米，农民人均纯收入9755元。

东窑村

(Dongyao Cun)

名称来历 由东迷王会、遥土河联建而得名。

地理位置 地处林西镇南部，东至南霍庄，南至于椿庄，西至双兴村，北至东溪草。

主要指标 2011年末，辖区总人口981人，总面积2.52平方千米，农民人均纯收入9538元。

冯陈杨胡村

(Fengchenyanghu Cun)

名称来历 由冯陈府、杨胡庄联建而得名。

地理位置 地处林西镇东部，东至小丁庄，南至东溪草，西至大丁常庄，北至鲁庄子。

主要指标 2011年末，辖区总人口615人，总面积1.29平方千米，农民人均纯收入9723元。

高王庄村

(Gaowangzhuang Cun)

名称来历 由高庄子、梅庄子联建而得名。

地理位置 地处林西镇北部，东至立新村，南至黄土坎，西至西黄庄，北至临河庄。

主要指标 2011年末，辖区总人口2304人，总面积6.1平方千米，农民人均纯收入9605元。

黄土坎村

(Huangtukan Cun)

名称来历 刘、宋两姓立庄，故定名刘宋村。后因该村地处兰泉河东岸，常闹水患，便于河东沿用黄黏土筑一大堤，在堤上建房居住。整个村庄坐落在黄色大土坎上，由此得名。

地理位置 地处林西镇西部，东至双盛新村，南至张木庄，西至小胡庄，北至高王庄。

主要指标 2011年末，辖区总人口2300人，总面积2.71平方千米，农民人均纯收入9418元。

吉家庄村

(Jijiazhuang Cun)

名称来历 由东吉庄、吉家店、大吉庄、小吉庄、小周庄联建而得名。

地理位置 地处林西镇西部，东至钱家庄，南至双兴村，西至乔安子，北至双盛新村。

主要指标 2011年末，辖区总人口1376人，总面积2.84平方千米，农民人均纯收入9579元。

林西立新村

(Linxilixin Cun)

名称来历 由林西四村、林西六村联建而得名。

地理位置 地处林西镇中部，东至林西中学，南至林西新街村，西至高王庄，北至宋庄子。

主要指标 2011年末，辖区总人口1097人，总面积2.18平方千米，农民人均纯收入9814元。

林西新街村

(Linxixinjie Cun)

名称来历 由林西一村、林西二村、林西三村联建而得名。

地理位置 地处林西镇中部，东至张官屯，南至钱家庄，西至双盛新，北至立新村。

主要指标 2011年末，辖区总人口1728人，总面积3.3平方千米，农民人均纯收入9709元。

临河庄村

(Linhezhuang Cun)

名称来历 由李氏迁此所建，因位于兰泉河畔而得名。

地理位置 地处林西镇北部，东至立新村，南至高王庄，西至张府兴，北至龙爪子。

主要指标 2011年末，辖区总人口634人，总面积1.35平方千米，农民人均纯收入9849元。

鲁庄子村

(Luzhuangzi Cun)

名称来历 由东鲁庄、西鲁庄联建而得名。

地理位置 地处林西镇东部，东至李公庄，南至冯陈杨胡村，西至钱家庄，北至西蒲庄。

主要指标 2011年末，辖区总人口799人，总面积1.56平方千米，农民人均纯收入9732元。

南霍庄村

(Nanhuozhuang Cun)

名称来历 因静氏先祖名兆随表兄巴鸾来此行商，定居立庄，并位于霍家庄之南得名。

地理位置 地处林西镇东南部，东至刘唐庄，南至白家庄，西至东窑村，北至北霍庄。

主要指标 2011年末，辖区总人口1052人，总面积1.14平方千米，农民人均纯收入8597元。

前后杨庄村

(Qianhouyangzhuang Cun)

名称来历 由前杨庄、后杨庄联建而得名。

地理位置 地处林西镇东北部，东至杨内官庄，南至东黄庄，西至立新村，北至宋庄子。

主要指标 2011年末，辖区总人口1213人，总面积2.63平方千米，农民人均纯收入9634元。

钱家庄村

（Qianjiazhuang Cun）

名称来历 因钱氏迁民所建而得名。

地理位置 地处林西镇中部，东至鲁庄子，南至大丁常庄，西至吉家店，北至林西新街村。

主要指标 2011年末，辖区总人口630人，总面积1.38平方千米，农民人均纯收入9521元。

桥口娄庄村

（Qiaokoulouzhuang Cun）

名称来历 崔氏迁来此地，并给西迷王会娄家当佃户，逐渐形成村落，取名娄家窝铺。后改称娄庄子。为防止与附近的娄庄子混淆，依据村南有四孔桥，得名桥口娄庄村。

地理位置 地处林西镇西南部，东至于椿庄，南至新安镇，西至永安庄，北至西迷王会。

主要指标 2011年末，辖区总人口700人，总面积1.57平方千米，农民人均纯收入9712元。

双盛新村

（Shuangshengxin Cun）

名称来历 由林西五村、西李庄联建而得名。

地理位置 地处林西镇中部，东至林西新街村，南至吉家店，西至黄土坎，北至林西立新村。

主要指标 2011年末，辖区总人口1175人，总面积2.55平方千米，农民人均纯收入9592元。

双兴村

（Shuangxing Cun）

名称来历 由碌碡窝、杨庵子联建而得名。

地理位置 地处林西镇西南部，东至东窑村，南至西迷王会，西至兰泉河，北至大丁常庄子。

主要指标 2011年末，辖区总人口848人，总面积1.71平方千米，农民人均纯收入9057元。

卧龙庄村

（Wolongzhuang Cun）

名称来历 由响宝盖、齐家庄联建而得名。

地理位置 地处林西镇西北部，东至高王庄，南至黄土坎，西至三道巷，北至小定府。

主要指标 2011年末，辖区总人口800人，总面积1.88平方千米，农民人均纯收入10085元。

西黄庄村

（Xihuangzhuang Cun）

名称来历 李、吴、于等七姓迁此定居，给此地主人黄氏做佃户，以主人姓氏定名为黄家庄。后因重名，改称西黄庄。

地理位置 地处林西镇西北部，东至高王庄，南至黄土坎，西至卧龙庄，北至张府兴。

主要指标 2011年末，辖区总人口841人，总面积2.15平方千米，农民人均纯收入10212元。

西迷王会村

（Ximiwanghui Cun）

名称来历 娄氏立庄。相传明初燕王扫北时，有个王子被追击至此迷路，得名迷王会。后因村东新建东迷王会，该村遂改称西迷王会。

地理位置 地处林西镇西南部，东至白家庄，南至桥口娄庄，西至天津市蓟县，北至双兴村。

主要指标 2011年末，辖区总人口1405人，总面积3.08平方千米，农民人均纯收入5759元。

新安镇村

（Xin'anzhen Cun）

名称来历 原名狗庄子，后因蓟运河南岸（属天津市宝坻县）有新安镇，该村居蓟运河北岸，得名。

地理位置 地处林西镇西南部，东至庄户庄，南至天津市宝坻，西至蓟运河，北至桥口娄庄。

主要指标 2011年末，辖区总人口451人，总面积1.04平方千米，农民人均纯收入9543元。

杨内官庄村

（Yangneiguanzhuang Cun）

名称来历 由罗、安两姓迁民所建。因西有杨家庄，为取吉利之意，得名杨（羊）官（倌）庄。后两村协商合并，统称杨内官庄。

地理位置 地处林西镇东北部，东至后湖，南至东黄庄，西至前后杨庄，北至宋庄子。

主要指标 2011年末，辖区总人口1597人，总面积3.25平方千米，农民人均纯收入9681元。

于椿庄村

（Yuchunzhuang Cun）

名称来历 因由于氏先祖迁此立庄，取吉利之意（椿树为树中之王）得名。

地理位置 地处林西镇南部，东至白家庄，南至庄户，西至桥口娄庄，北至东窑村。

主要指标 2011年末，辖区总人口749人，总面积1.64平方千米，农民人均纯收入9695元。

张府兴村

（Zhangfuxing Cun）

名称来历 由张胖庄、西小定府联建而得名。

地理位置 地处林西镇西北部，东至临河庄，南至西黄庄，西至蓟县，北至大安镇。

主要指标 2011年末，辖区总人口2096人，总面积5.58平方千米，农民人均纯收入9617元。

（撰稿：周建军，初审：郭立明）

散水头镇

(Sanshuitou Zhen)

造纸工业重镇、中国北方箱板纸生产基地。

政区概况

名称来历 明永乐二年（1404年），陈、王两姓移民立庄。因村北有自北向南流的青沟水，至此而四散流入双城河，以此得名散水头。镇以驻地村命名。

地理位置 地处玉田县东南，东与鸦鸿桥镇、杨家套乡毗邻，南与窝洛沽镇、石臼窝镇相连，西与虹桥镇、陈家铺乡接壤。人民政府驻散水头村，电话区号0315，邮政编码064105。

政区沿革 1958年，设散水头人民公社。1961年，人民公社规模缩小，散水头人民公社被拆分。1983年5月，撤销人民公社，设置散水头乡，辖12个村民委员会。1993年，合并散水头乡、钱家沟乡置散水头镇，辖27个村民委员会。

政区划分 2011年末，辖青庄坞、十里坨、代家屯、戴家铺、散水头、建新村、富兴桥、双城、王廖铺、小稻地、钱家沟、光明庄、三汇铺、黄家铺14个村民委员会。

人口面积 2011年末，辖区总人口27156人，其中城镇常住人口1962人，城镇化率7.2%。另有流动人口4203人。总人口中，男性14063人，占51.78%；女性13093人，占48.22%；14岁以下4203人，占15.48%；15~64岁20098人，占74.01%；65岁以上2855人，占10.51%。总人口中，以汉族为主，达25146人，占92.6%；有蒙古、满、回3个少数民族，共2010人，占7.4%。2011年，人口出生率9‰，人口死亡率7‰，人口自然增长率2‰。

辖区东西最大距离7.9千米，南北最大距离10.9千米，总面积51平方千米。其中陆地面积50.7平方千米，占99.4%；水域面积0.3平方千米，占0.6%。人口密度为每平方千米532人。

自然条件

地形地貌 地处洼地平原。

水文 境内河道属双城河水系。双城河由北而南，流经富兴桥村、小稻地、钱家沟3个村，境内长5千米。

经济概况

农业 耕地面积4.87万亩，人均1.8亩。2011年，农业总产值3.64亿元，占国内生产总值的15%，比上年增长4%，实现农业增加值2.08亿元，占国内生产总值的18%。

粮食作物以小麦、玉米为主。2011年，生产粮食0.92万吨，其中小麦0.49万吨，玉米0.42万吨。主要经济作物有蔬菜。2011年，蔬菜种植面积2.55万亩，产量5.54万吨，主要品种有大白菜、土豆、大葱等，其中大白菜0.79万吨，土豆0.38万吨，大葱1.33万吨。

畜牧业以猪、羊、家禽为主。2011年，生猪饲养量3.8万头，年末存栏5.8万头；羊饲养量0.61万只，年末存栏0.38万只；家禽饲养量21万羽。

2011年，拥有大型农业机械81台（辆）；农民人均纯收入9120元。

工业 基本形成了以造纸业为支柱，塑料、砖瓦制造、服装加工、纺织加工等行业为补充的行业发展格局。2011年，工业总产值16.65亿元，比上年增长15%，实现工业增加值5.99亿元，占国内生产总值的51%。2011年，工业企业23家，职工近2970人。

财政金融 2011年，财政总收入0.61亿元，比上年增长32.5%。其中地方财政收入0.25亿元。从主要税种看，完成增值税367万元，营业税680万元，企业所得税264万元，分别比上年增长37.9%、6%、0.8%。人均财政收入2244元，比上年增长26.1%。2011年银行和金融机构各类存款余额6.4亿元，比上年增长15%。

社会发展

文化艺术 2011年末，镇文化站1个，村级文化活动中心14个；各类图书室14个，藏书2万余册。有省、市级文物保护单位1个。

教育 2011年末，幼儿园5所，在园幼儿1230人，专任教师35人；小学5所，在校生2352人，专任教师56人，小学适龄儿童入学率100%；初中1所，在校生860人，专任教师86人，初中适龄人口入学率、小升初升学率、九年义务教育覆盖率均达100%。2011年教育经费达1704万元，国家财政性教育经费1557万元。

医疗卫生 2011年末，各级各类医疗卫生机构2个，门诊部（所）31个；病床42张，每千人拥有医疗床位1.56张。专业卫生人员26名，其中执业医师3人，执业助理医师12人，注册护士11人。新型农村合作医疗参合人数2.63万人，参合率100%。

体育 2011年末，学校体育场地6处。80%的村安装了健身器材，经常参加体育活动的人员占常住人口的20%。

社会保障 2011年城镇最低生活保障户数21户，人数29人，支出8.7万元，比上年增长17%，月人均250元，比上年增长15%；城市医疗救助18人次，民政部门资助参加合作医疗718人次，共支出2.2万元，比上年增长15%。农村最低生活保障户数510户，人数723人，支出92.9万元，比上年增长18%，月人均107.1元，比上年增长12%；农村五保分散供养86人。新型农村社会养老保险参保人数2.5万人，参保率95%。

基础设施

交通运输 京沈高速、玉滨公路、珠王公路、鸦板公路过境。境内公路总长12千米。

邮政电信 2011年末，邮政网点1个，代办所8处，乡村通邮率100%。

电信企业2家；固定电话用户0.4万户；移动电话用户1.7万户。

镇区市政建设

道路 2011年末，镇区道路总长度3千米。

公共交通 2011年末，镇区公共汽车停靠站1个，日停靠车辆5次，日均客容量300人次。

园林绿化 2011年末，镇区花坛1个，绿化面积0.11公顷。

代家屯村
(Daijiatun Cun)

名称来历 由杨素庄、戴家屯联建而得名。

地理位置 地处散水头镇东北部，东至西高桥，南至代家铺，西至散水头，北至曹马庄。

主要指标 2011年末，辖区总人口2917人，总面积3.87平方千米，农民人均纯收入10102元。

戴家铺村
(Daijiapu Cun)

名称来历 由王姓移民所建，取名王家老铺。后戴姓由祝家屯（今戴家屯），迁入该村，依仗其在朝为官的权势，遂改王家老铺为戴家铺。

地理位置 地处散水头镇东部，东至草桥头，南至石家铺，西至李家桥，北至代家屯。

主要指标 2011年末，辖区总人口2022人，总面积3.2平方千米，农民人均纯收入8500元。

富兴桥村
(Fuxingqiao Cun)

名称来历 由戴家桥、于家铺、江家桥联建而得名。

地理位置 地处散水头镇西部，东至丁家桥，南至小稻地，西至双城河，北至二排干。

主要指标 2011年末，辖区总人口3154人，总面积6.3平方千米，农民人均纯收入9394元。

光明庄村
(Guangmingzhuang Cun)

名称来历 由阎家庄、刘家庄、艾家铺联建而得名。

地理位置 地处散水头镇西南部，东至三汇铺，南至镇界，西至魏铺台，北至鸦板路。

主要指标 2011年末，辖区总人口1473人，总面积2.83平方千米，农民人均纯收入9043元。

黄家铺村
(Huangjiapu Cun)

名称来历 由何氏先祖迁此搭窝铺所建。因此地荒草连片，取名荒草窝铺。后改称小杨庄。又避讳“杨”（羊）字，故取谐音更名为黄家铺。

地理位置 地处散水头镇南部，东至牛辛庄，南至三庄，西至孟四庄，北至方家铺。

主要指标 2011年末，辖区总人口1822人，总面积5.11平方千米，农民人均纯收入7970元。

建新村
(Jianxin Cun)

名称来历 由北刘家桥、南杨庄、西刘家桥联建而得名。

地理位置 地处散水头镇中部，东至散水头，南至李家桥，西至丁家桥，北至青庄坞。

主要指标 2011年末，辖区总人口2661人，总面积3.95平方千米，农民人均纯收入9531元。

钱家沟村
(Qianjiagou Cun)

名称来历 由钱家沟、魏铺台联建而得名。

地理位置 地处散水头镇西部，东至小稻地，南至刘家庄，西至双城河，北至小稻地。

主要指标 2011年末，辖区总人口1685人，总面积3.22平方千米，农民人均纯收入9646元。

青庄坞村
(Qingzhuangwu Cun)

名称来历 相传在朝官居大学士的江氏先祖，因犯法满门抄斩，遗漏后人逃居此地在青沟旁建庄，因庄址低、四周高的地形特点，得名青庄坞村。

地理位置 地处散水头镇北部，东至十里坨，南至散水头，西至北杨庄，北至珠树坞。

主要指标 2011年末，辖区总人口1858人，总面积3.67平方千米，农民人均纯收入7481元。

三汇铺村
(Sanhuipu Cun)

名称来历 由白家铺、方家铺、江皋铺联建而得名。

地理位置 地处散水头镇南部，东至王廖铺，南至黄家铺，西至闫家铺，北至鸦板路。

主要指标 2011年末，辖区总人口1467人，总面积3.93平方千米，农民人均纯收入9412元。

散水头村

(Sanshuitou Cun)

名称来历 陈、王两姓移民立庄。因村北有从北向南流的青沟水至此而四散漫流入双城河得名。

地理位置 地处散水头镇中部，东至代家屯，南至代家铺，西至北刘桥，北至十里坨。

主要指标 2011年末，辖区总人口1624人，总面积2.6平方千米，农民人均纯收入7024元。

十里坨村

(Shilituo Cun)

名称来历 相传，此村地处在十里青沟水的正中段，老王庄等地流来的青沟水到此汇积后，向南流经今青庄坞(原称青沟庄)、散水头四散漫流，入双城河得名。又有一年冬天，一位背两尊铜佛的人天亮前到此，在青沟水旁遇雾迷失方向，取名失迷沱，取谐音改称十里沱。

地理位置 地处散水头镇东北部，东至杨素庄，南至散水头，西至青庄坞，北至珠树坞。

主要指标 2011年末，辖区总人口1603人，总面积2.83平方千米，农民人均纯收入7363元。

双城村

(Shuangcheng Cun)

名称来历 由李家桥、丁家桥、马家店联建而得名。

地理位置 地处散水头镇中部，东至珠王路，南至京哈高速，西至江家桥，北至西刘桥。

主要指标 2011年末，辖区总人口3412人，总面积6.57平方千米，农民人均纯收入9231元。

王廖铺村

(Wangliaopu Cun)

名称来历 由王官铺、廖家铺联建而得名。

地理位置 地处散水头镇东南部，东至桥联八村，南至黄家铺，西至白家铺，北至鸦板路。

主要指标 2011年末，辖区总人口824人，总面积1.47平方千米，农民人均纯收入9104元。

小稻地村

(Xiaodaodi Cun)

名称来历 韩姓建庄。因村址在一片稻地旁而得名。

地理位置 地处散水头镇中部，东至马家店，南至钱家沟，西至双城河，北至戴家桥。

主要指标 2011年末，辖区总人口875人，总面积1.91平方千米，农民人均纯收入9500元。

(撰稿：周建军，初审：郭立明)

石臼窝镇

(Shijiuwo Zhen)

政区概况

名称来历 明初，郭、柏两姓在此立庄。由于村庄在蓟运河畔的河神庙旁，庙后有米的石臼子，建村初期又搭窝铺居住，取庄名石臼窝。镇以驻地村命名。

地理位置 地处玉田县南部，东邻窝洛沽镇、潮洛窝乡，南、西接宝坻区大钟庄镇，西北抵杨家板桥镇，北连陈家铺乡，东北与散水头镇接壤。人民政府驻芝麻窝村，电话区号0315，邮政编码064104，距玉田县人民政府27千米。

政区沿革 1953年，建石臼窝乡。1958年，属石臼窝人民公社石臼窝管理区。1961年，石臼窝管理区和大辛庄管理区合并，建石臼窝人民公社。1983年6月，撤销人民公社，复置石臼窝乡。1985年4月，撤乡，改建石臼窝镇，辖12个村委会。1987年3月，镇址迁唐（山）通（县）路北。1989年2月，长沿乡并入石臼窝镇，辖20个村民委员会。1993年2月，孟大庄乡并入，辖33个村民委员会。

政区划分 2011年末，辖杨倪八、石臼窝、朱六铺、孙庵子、孟三庄、观风堆、托床沽、王家楼、高家庄、齐庄子、芝麻窝、长沿、毕庄子、石臼、芦甲岫、孙钦庄、王建庄、孟四庄、王铁铺、孟大庄20个村委会。

人口面积 2011年末，辖区总人口36600人，其中城镇常住人口8200人，城镇化率22.4%。另有流动人口3850人。总人口中，男性18711人，占51.12%；女性17889人，占48.88%；14岁以下5651人，占15.44%；15~64岁27402人，占74.87%；65岁以上3547人，占9.69%。总人口中，以汉族为主，达34404人占94%；有蒙古、满、苗3个少数民族，共2196人，占6%。2011年，人口出生率10‰，人口死亡率4‰，人口自然增长率6‰。

辖区东西最大距离5千米，南北最大距离25千米，总面积113平方千米。其中陆地面积109.7平方千米，占97.1%；水域面积3.3平方千米，占2.9%。人口密度为每平方千米324人。

自然条件

地形地貌 地处洼地平原，地势北高南低。

水文 蓟运河沿西界自西北蜿蜒流向东南。双城河自北向南流经孟二庄、中和庄，从于蛮铺西进入窝洛沽境。境内河流总长度65千米。

经济概况

农业 耕地面积10万亩，人均3亩。2011年，农业总产值5.1亿元，占国内生产总值的31%，比上年增长

4%，实现农业增加值2.89亿元，占国内生产总值的28%。

粮食作物以小麦、玉米为主。2011年，生产粮食5.2万吨，其中小麦1.95万吨，玉米3.25万吨。主要经济作物有蔬菜。2011年，蔬菜种植面积2.4万亩，产量10万吨，主要品种有大葱，其中大葱9.8万吨。

畜牧业以猪、羊、家禽为主。2011年，生猪饲养量5万头，年末存栏5.2万头；羊饲养量0.74万只，年末存栏0.69万只；家禽饲养量60万羽。

2011年，拥有大型农业机械155台（辆）；农民人均纯收入9150元。

工业 以服装加工业为主。2011年，工业总产值6.31亿元，比上年增长13%，实现工业增加值2.27亿元，占国内生产总值的22%。2011年，工业企业23家，职工3753人。

商业外贸 2011年末，商业网点120个，职工311人。2011年，社会消费品零售总额达0.09亿元，比上年增长10%；城乡集市贸易成交额0.1亿元。2011年，出口总额100万美元，比上年增长1%，主要产品有服装，销往俄罗斯等地。

财政金融 2011年，财政总收入0.53亿元，比上年增长32%。其中地方财政收入2亿元。从主要税种看，完成增值税316万元，营业税586万元，企业所得税227万元，分别比上年增长37%、5.9%、0.7%。人均财政收入1436元，比上年增长26%。2011年银行和金融机构各类存款余额5.52亿元，比上年增长12%。

社会发展

文化艺术 2011年末，镇文化站1个，村级文化活动中心20个；各类文化专业户150个；各类图书室28个，藏书10万余册。

教育 2011年末，幼儿园8所，在园幼儿1059人，专任教师27人；小学7所，在校生1891人，专任教师111人，小学适龄儿童入学率100%；初中1所，在校生555人，专任教师50人，初中适龄人口入学率、小升初升学率、九年义务教育覆盖率均达100%。2011年教育经费达1810万元，国家财政性教育经费1654万元。

医疗卫生 2011年末，各级各类医疗卫生机构1个，门诊部（所）62个；病床40张，每千人拥有医疗床位1.2张，固定资产总值200万元。专业卫生人员112名，其中执业医师3人，执业助理医师8人，注册护士5人。2011年医疗机构（门诊部以上）完成诊疗46.4万人次。新型农村合作医疗参合人数2.46万人，参合率100%。

体育 2011年末，30%的村安装了健身器材，经常参加体育活动的人员占常住人口的5%。

社会保障 2011年，城镇最低生活保障户数16户，人数26人，支出7.8万元，比上年增长17%，月人均250元，比上年增长15%；城市医疗救助18人次，民政部门资助参加合作医疗738人次，共支出2.21万元，比上年增长20%。农村最低生活保障户数521户，人数685人，支出69.22万元，比上年增长39.8%，月人均84元，比上年增长27.9%。国家抚恤、补助各类优抚对象69人，抚恤事业费支出39.6万元，比上年增长0.03%。新型农村社会养老保险参保人数2.35万人，参保率95.78%。

基础设施

交通运输 京沈高速、唐通公路、玉石公路过境，境内公路总长17千米。

邮政电信 2011年末，邮政网点1个，乡村通邮率100%。

固定电话用户0.5万户；移动电话用户2.2万户。

镇区市政建设

道路 2011年末，镇区道路总长度2.8千米。

公共交通 2011年末，镇区公共汽车停靠站1个，日停靠客运汽车2班次，日均客流量100余人次。

给排水 2011年末，镇区深水井83眼并有成套净化设备，年供水150万立方米。

毕庄子村

(Bizhuangzi Cun)

名称来历 因毕氏迁民立庄而得名。

地理位置 地处石臼窝镇西北部，东至杨柳河，南至长沿村，西至蓟运河，北至时家定府。

主要指标 2011年末，辖区总人口1045人，总面积4.1平方千米，农民人均纯收入9716元。

高家庄村

(Gaojiazhuang Cun)

名称来历 因高氏迁民立庄而得名。

地理位置 地处石臼窝镇中部，东至齐观渠，南至王家楼村，西至蓟运河，北至石臼窝村。

主要指标 2011年末，辖区总人口1600人，总面积6.75平方千米，农民人均纯收入9721元。

观风堆村

(Guanfengdui Cun)

名称来历 雷氏立庄。因粮仓建在高土堆上，当时运粮船户常到此地观看天气风向，遂得名观风堆。

地理位置 地处石臼窝镇南部，东至齐观渠，南至蓟运河河堤，西至蓟运河河堤，北至杨倪八村。

主要指标 2011年末，辖区总人口2623人，总面积7.04平方千米，农民人均纯收入9015元。

芦甲岫村

(Lujiaxiu Cun)

名称来历 卢、贾两氏迁民立庄。当时有一条北来的古河，流至村东北角转西折南向东，河水绕村流过而南下，该村似置于河湾土丘之上，故名卢甲岫。后改称芦甲岫。

地理位置 地处石臼窝镇北部，东至孟大庄村，南至后铺村，西至长沿村，北至孙钦庄村。

主要指标 2011年末，辖区总人口1265人，总面积5.17平方千米，农民人均纯收入9900元。

孟大庄村

(Mengdazhuang Cun)

名称来历 孟氏建庄，村以孟氏先祖在朝居官，取名孟钦庄。后孟氏三世祖弟兄五人分居，各立门户，长兄居此村，得名孟钦大庄。后简称孟大庄。

地理位置 地处石臼窝镇北部，东至孟三庄，南至后铺村，西至芦甲岫，北至孙钦庄。

主要指标 2011年末，辖区总人口1206人，总面积3.41平方千米，农民人均纯收入9603元。

孟三庄村

(Mengsanzhuang Cun)

名称来历 因孟钦庄（今孟大庄）孟氏三世祖五兄弟中的老三立庄得名。

地理位置 地处石臼窝镇东北部，东至双城河河堤，南至孙庵子道，西至孟大庄，北至孟四庄。

主要指标 2011年末，辖区总人口4232人，总面积11.3平方千米，农民人均纯收入9262元。

孟四庄村

(Mengsizhuang Cun)

名称来历 因孟钦庄（今孟大庄）孟氏三世祖弟兄中的老四建庄得名。

地理位置 地处石臼窝镇东北部，东至双城河，南至孟三庄，西至王建庄村，北至王铁铺村。

主要指标 2011年末，辖区总人口3741人，总面积6.94平方千米，农民人均纯收入9589元。

齐庄子村

(Qizhuangzi Cun)

名称来历 因齐氏迁民立庄而得名。

地理位置 地处石臼窝镇中部，东至齐观渠，南至石臼窝村，西至蓟运河，北至芝麻窝。

主要指标 2011年末，辖区总人口1092人，总面积3.2平方千米，农民人均纯收入9858元。

石臼村

(Shijiu Cun)

名称来历 传说空中掉下一块陨石，形状似捣米的石臼子，村民认为这是天降吉兆，故得名石臼村。

地理位置 地处石臼窝镇中部，东至双城河河堤，南至唐通路，西至芝麻窝，北至孙庵子村。

主要指标 2011年末，辖区总人口2897人，总面积8.71平方千米，农民人均纯收入9899元。

石臼窝村

(Shijiuwo Cun)

名称来历 因村庄，在蓟运河畔的河神庙旁，庙后有捣米的石臼子，建村初期又搭窝铺居住而得名。

地理位置 地处石臼窝镇中部，东至齐观渠，南至高庄子村，西至蓟运河河堤，北至齐庄子村。

主要指标 2011年末，辖区总人口2528人，总面积6.57平方千米，农民人均纯收入9510元。

孙庵子村

(Sun'anzi Cun)

名称来历 由前庵子、二庵子、孙庵子、后铺四村联建而得名。

地理位置 地处石臼窝镇中部，东至孟三庄、石臼，南至芝麻窝，西至玉石路，北至孟大庄村。

主要指标 2011年末，辖区总人口1474人，总面积5.26平方千米，农民人均纯收入9806元。

孙钦庄村

(Sunqinzhuang Cun)

名称来历 由孟钦庄孟氏为随其迁来的孙钦所建，故名孙钦庄。

地理位置 地处石臼窝镇北部，东至孟大庄村，南至芦甲岫村，西至玉石路，北至王建庄。

主要指标 2011年末，辖区总人口800人，总面积2.91平方千米，农民人均纯收入9578元。

托床沽村

(Tuochuanggu Cun)

名称来历 因村建于堤埝沽口两侧，似以沽托床得名。

地理位置 地处石臼窝镇西南部，东至齐观渠，南至杨倪八村，西至蓟运河，北至王家楼。

主要指标 2011年末，辖区总人口1329人，总面积3.84平方千米，农民人均纯收入9078元。

王家楼村

(Wangjialou Cun)

名称来历 王氏先祖明初随燕王扫北迁此搭窝铺定居，称王家窝铺。后王姓出了太监，在村中建一幢小楼，遂改称王家楼。

地理位置 地处石臼窝镇西南部，东至齐观渠，南至托床沽，西至蓟运河，北至高家庄。

主要指标 2011年末，辖区总人口845人，总面积2.23平方千米，农民人均纯收入9133元。

王建庄村

(Wangjianzhuang Cun)

名称来历 因是孟司祯家为随其迁来的王建所建得名。

地理位置 地处石臼窝镇北部，东至孟四庄，南至孙钦庄，西至玉石路，北至张于铺。

主要指标 2011年末，辖区总人口1081人，总面积3.71平方千米，农民人均纯收入9463元。

王铁铺村

(Wangtiepu Cun)

名称来历 因王氏迁此搭窝铺立庄，以打铁为生，得名。

地理位置 地处石臼窝镇东北部，东至双城河河堤，南至孟四庄，西至玉石路，北至于兰铺。

主要指标 2011年末，辖区总人口1566人，总面积3.72平方千米，农民人均纯收入9589元。

杨倪八村

(Yangniba Cun)

名称来历 由杨庄子、倪庄子、南八间房三村联建而得名。

地理位置 地处石臼窝镇南部，东至齐观渠，南至观风堆，西至蓟运河河堤，北至托床沽。

主要指标 2011年末，辖区总人口1857人，总面积3.94平方千米，农民人均纯收入9065元。

长沿村

(Changyan Cun)

名称来历 因紧靠蓟运河东河沿建村，形成南北长条状，故名长涯。后简称长沿。

地理位置 地处石臼窝镇西北部，东至杨柳河，南至芝麻窝，西至蓟运河，北至毕庄子村。

主要指标 2011年末，辖区总人口1321人，总面积4.34平方千米，农民人均纯收入9659元。

芝麻窝村

(Zhimawo Cun)

名称来历 因村民多在村北高地种植芝麻而得名。

地理位置 地处石臼窝镇西部，东至石臼村，南至齐庄子，西至蓟运河河堤，北至长沿村。

主要指标 2011年末，辖区总人口2360人，总面积6.05平方千米，农民人均纯收入9920元。

朱六铺村

(Zhuliupu Cun)

名称来历 由朱英铺、六家铺联建而得名。

地理位置 地处石臼窝镇东部，东至双城河河堤，南至罗卜窝，西至杨柳河河路，北至唐通路。

主要指标 2011年末，辖区总人口1423人，总面积4.4平方千米，农民人均纯收入9575元。

（撰稿：周建军，初审：郭立明）

唐自头镇

(Tangzitou Zhen)

政区概况

名称来历 传说陀龙山山脚下有山泉，泉水来自村底下，为兰泉河源，即唐水源头，因而得庄名唐水头，也称唐子头，今称唐自头。镇以驻地村命名。

地理位置 地处玉田县西北，东邻玉田镇，南接彩亭桥镇、孤树镇，西连大安镇镇，北接蓟县别山镇。人民政府驻唐自头村，电话区号0315，邮政编码064107，距玉田县人民政府9.5千米。

政区沿革 1956年，由小山王庄乡、三乐台乡合并建唐自头乡。1958年，为彩亭桥人民公社唐自头管理区。1961年，人民公社规模缩小，析置唐自头人民公社。1983年5月，撤销人民公社，复置唐自头乡，辖14个村民委员会。1993年2月，合并唐自头乡、李家团城乡设唐自头镇，辖19个村民委员会。

政区划分 2011年末，辖三乐台、山王庄、团城、燕山口、仲家山、小陵、石岭口、大山王庄、杨元帅营、唐自头10个村民委员会。

人口面积 2011年末，辖区总人口19326人，其中城镇常住人口591人，城镇化率3.06%。另有流动人口1580人。总人口中，男性10092人，占52.22%；女性9234人，占47.78%；14岁以下2551人，占13.2%；15～64岁14222人，占73.59%；65岁以上2553人，占13.21%。总人口中，以汉族为主，达18097人，占93.64%；有满、蒙古、壮、朝鲜、彝、藏、苗、侗、回、白10个少数民族，共1229人，占6.36%。2011年，人口出生率12.72‰，人口死亡率8.93‰，人口自然增长率3.79‰。

辖区东西最大距离15千米，南北最大距离7千米，总面积56.96平方千米。全部为陆地。人口密度为每平方千米339人。

自然条件

地形地貌 地处半山区，东北、西南部多山，地势较高，西北、东南为山地平原，地势低缓。较大的山有石鼓山，海拔408.6米。

经济概况

农业 耕地面积2.55万亩。2011年，农业总产值2.32亿元，占国内生产总值的36%，比上年增长4%，实现农业增加值1.32亿元，占国内生产总值的29%。

粮食作物以小麦、玉米为主。2011年，生产粮食3.87万吨，人均2002千克，其中小麦0.36万吨，玉米0.79万吨。主要经济作物有蔬菜。2011年，蔬菜种植面积0.63万亩，产量2.33万吨，主要品种有土豆、白菜、架油豆、大葱等，其中土豆1.2万吨，白菜1.5万吨，架油豆0.8万吨。

畜牧业以猪、羊、家禽为主。2011年，生猪饲养量2.36万头，年末存栏2.45万头；羊饲养量0.26万只，年末存栏0.51万只；家禽饲养量7.98万羽。

2011年，拥有大型农业机械38台（辆）；农民人均纯收入8900元。

工业 2011年，工业总产值1.54亿元，比上年增长13%，实现工业增加值0.55亿元，占国内生产总值的12%。2011年，工业企业23家，职工2060人。

商业外贸 2011年末，商业网点219个。

财政金融 2011年，财政总收入0.23亿元，比上年增长32%。其中地方财政收入0.1亿元。从主要税种看，完成增值税141万元，营业税260万元，企业所得税101万元，分别比上年增长37.7%、6%、0.8%。人均财政收入1208元，比上年增长26%。2011年，银行和金融机构各类存款余额2.45亿元，比上年增长11%。

社会发展

文化艺术 2011年末，镇文化站1个。

教育 2011年末，幼儿园4所，在园幼儿267人，专任教师18人；小学4所，在校生1012人，专任教师66人，小学适龄儿童入学率100%；初中1所，在校生383人，专任教师49人，初中适龄人口入学率、小升初升学率、九年义务教育覆盖率均达100%。2011年教育经费达1107万元，国家财政性教育经费1011万元。

医疗卫生 2011年末，各级各类医疗卫生机构1个，门诊部（所）23个；病床19张，每千人拥有医疗床位0.98张。专业卫生人员8名，其中执业医师2人，执业助理医师2人，注册护士4人。新型农村合作医疗参合人数1.1万人，参合率100%。

体育 2011年末，学校体育场地3处。80%的村安装了健身器材，经常参加体育活动的人员占常住人口的25%。

广播电视 2011年末，有线电视用户0.06万户，入户率10%。

社会保障 2011年，城镇最低生活保障户数16户，人数19人，支出7.6万元，比上年增长14.83%，月人均333元，比上年增长8.77%。农村最低生活保障户数337户，人数649人，支出46.47万元，比上年增长10.33%，月人均60元，比上年增长7.14%。国家抚恤、补助各类优抚对象44人，抚恤事业费支出23.58万元。农村五保供养9人。新型农村社会养老保险参保人数1.1万人，参保率100%。

基础设施

交通运输 玉遵公路、彩山公路过境。境内公路总长15.3千米。

邮政电信 2011年末，邮政网点1个，乡村通邮率100%。固定电话用户0.27万户；移动电话用户1.1万户。

镇区市政建设

道路 2011年末，镇区道路总长度5千米。

公共交通 2011年末，镇区公共汽车停靠站1个，日停靠车辆12次，日均客容量800人次。

园林绿化 2011年末，镇区花坛1个，绿化面积0.12公顷。

大山王庄村

（Dashanwangzhuang Cun）

名称来历 因村靠西山，且村庄较大得名。

地理位置 地处唐自头镇中部，东至小山王庄，南至陈庄，西至团城，北至蓟县界。

主要指标 2011年末，辖区总人口3207人，总面积7.21平方千米，农民人均纯收入9000元。

三乐台村

（Sanletai Cun）

名称来历 由西三乐台、东三乐台联建而得名。

地理位置 地处唐自头镇东部，东至仲家山，西至唐自头，南至四合桥，北至河心庄。

主要指标 2011年末，辖区总人口1942人，总面积4.45平方千米，农民人均纯收入7000元。

山王庄村

（Shanwangzhuang Cun）

名称来历 由小山王庄、桃花峪、陈庄、蟒山定府联建而得名。

地理位置 地处唐自头镇中部，东至杨元帅营村，南至曾官屯，西至大山王庄，北至大秦铁路。

主要指标 2011年末，辖区总人口2385人，总面积5.67平方千米，农民人均纯收入8100元。

石岭口村

（Shilingkou Cun）

名称来历 马氏所建，原名马家窝铺。后因庄址坐落在北山形似石龙而卧的山脚之山口处，遂称石龙口，后取谐音改称岭口。

地理位置 地处唐自头镇西部，东至李家团城，南至大庞各庄，西至杨家峪，北至五龙山。

主要指标 2011年末，辖区总人口940人，总面积4.1平方千米，农民人均纯收入7000元。

唐自头村

(Tangzitou Cun)

名称来历 传说陀龙山（也称沱头山）山脚下有泉水。泉水来自村底下，又为兰泉河源，即唐水源头，故而得名。

地理位置 地处唐自头镇中部，东至西山乐台村，南至张土桥村，西至杨元帅营，北至小陵村。

主要指标 2011年末，辖区总人口1550人，总面积2.59平方千米，农民人均纯收入8600元。

团城村

(Tuancheng Cun)

名称来历 由杨家团城、李家团城、高家团城、齐家团城联建而得名。

地理位置 地处唐自头镇西北部，东至大山王庄，南至孤树镇尚庄村，西至石岭口村，北至夏庄村。

主要指标 2011年末，辖区总人口3342人，总面积16.32平方千米，农民人均纯收入8000元。

小陵村

(Xiaoling Cun)

名称来历 相传乾隆皇帝携王公大臣去盛京（今沈阳）扫墓祭祖，途经玉田，昭公的小女病死，葬于此地（旧称"格格坟"）。因看墓人后人繁衍，形成村落故而得名。

地理位置 地处唐自头镇中部，东至三乐台，南至南山，西至桃花峪，北至石鼓山。

主要指标 2011年末，辖区总人口310人，总面积2.03平方千米，农民人均纯收入8700元。

燕山口村

(Yanshankou Cun)

名称来历 由大燕山口村、河心庄联建得名。

地理位置 地处唐自头镇东北部，东至大转山，南至三乐台，西至西山，北至蓟县交界。

主要指标 2011年末，辖区总人口2157人，总面积6.89平方千米，农民人均纯收入6800元。

杨元帅营村

(Yangyuanshuaiying Cun)

名称来历 杨、陈、庞三氏立庄。相传，村西北山坡上有一古代姓杨的元帅的墓，以及该元帅交战时曾在这里安营扎寨，故而得名杨元帅营村。

地理位置 地处唐自头镇中部，东至唐自头村，南至后枣林庄村，西至小山王庄，北至燕山山脉。

主要指标 2011年末，辖区总人口1316人，总面积2.25平方千米，农民人均纯收入7000元。

仲家山村

(Zhongjiashan Cun)

名称来历 因仲姓建庄，村东靠山而得名。

地理位置 地处唐自头镇东部，东至大肚子山，西至三乐台，南至东马头山，北至大燕山口。

主要指标 2011年末，辖区总人口1852人，总面积4.46平方千米，农民人均纯收入8700元。

（撰稿：周建军，初审：郭立明）

窝洛沽镇

(Woluogu Zhen)

政区概况

名称来历 明代此地建村，原名"沃乐沽"，取建庄在还乡河旁，土地肥沃，企盼安居乐业之意，后谐音改称窝洛沽。镇以驻地村命名。

地理位置 地处玉田县东南，东接丰润区李钊庄镇，南邻潮洛窝乡，西接石臼窝镇，西北一角与散水头镇接壤，北连鸦鸿桥镇。人民政府驻窝洛沽，电话区号0315，邮政编码064103，距玉田县人民政府24.5千米。

政区沿革 1953年，建窝洛沽乡。1958年，建窝洛沽人民公社，该乡为其中一管理区。1983年6月，撤销人民公社，复置窝洛沽乡，辖21个村民委员会。1984年7月，撤乡，改建窝洛沽镇。1993年2月，刘学庄乡、李庄子乡并入，辖63个村民委员会。

政区划分 2011年末，辖东李、董田、沽二会、河东新、红李桥、联鑫、六合、龙王府、潘朱庄、三富、沈东、四合、孙老庄子、团结、许安王桥、魏庄子刘胡、吴马邵、肖家庄、镇北、芝麻塂、半壁店、东贾庄、吕绪庄、潮云铺、刘学庄、许家桥、西定府庄、周家庄、沽一会、沽后街、起家营、于蛮铺、刘钦庄、贾言庄、孟二庄35个村民委员会。

人口面积 2011年末，辖区总人口52291人，其中城镇常住人口6500人，城镇化率12.43%。另有流动人口6085人。总人口中，男性28237人，占54%；女性24054人，占46%；14岁以下8366人，占16%；15~64岁38696人，占74%；65岁以上5229人，占10%。总人口中，以汉族为主，达48630人，占93%；有回、满、壮等7个少数民族，共3660人，占7%。2011年，人口出生率9‰，人口死亡率10‰，人口自然增长率-1‰。

辖区东西最大距离12.3千米，南北最大距离12千米，总面积77平方千米。其中陆地面积74.8平方千米，占97.8%；水域面积1.7平方千米，占2.2%。人口密度为每平方千米679人。

自然条件

地形地貌 地处平原，北部略高。

水文 还乡河自北向南流经全境。境内河流总长度33千米。

经济概况

农业 耕地面积7.6万亩，人均1.5亩。2011年，农业总产值5.13亿元，占国内生产总值的7%，比上年增长4%，实现农业增加值2.93亿元，占国内生产总值的9%。

粮食作物以小麦、玉米为主。2011年，生产粮食3.96万吨，人均757千克，其中小麦1.2万吨，玉米2.7万吨。主要经济作物有蔬菜。2011年，蔬菜种植面积2.4万亩，产量11.5万吨，主要品种有白菜。

畜牧业以猪、羊、家禽为主。2011年，生猪饲养量0.07万头，年末存栏0.07万头；羊饲养量0.05万只，年末存栏0.05万只；家禽饲养量0.7万羽。

2011年，拥有大型农业机械104台（辆）；农民人均纯收入10120元。

工业 以橡胶业为主。2011年，工业总产值58.65亿元，比上年增长13%，实现工业增加值21.09亿元，占国内生产总值的68%。2011年，工业企业83家，职工10120人。

财政金融 2011年，财政总收入1.6亿元，比上年增长33%。其中地方财政收入0.62亿元。从主要税种看，完成增值税964万元，营业税1786万元，企业所得税693万元，分别比上年增长37.9%、6%、0.8%。人均财政收入3143元，比上年增长26.2%。2011年，银行和金融机构各类存款余额16.82亿元，比上年增长14%。

社会发展

文化艺术 2011年末，镇文化站1个，村级文化活动中心1个；各类文化专业户15个；各类图书室12个，藏书2.4万余册，文化行业从业人员17人。

教育 2011年末，幼儿园11所，在园幼儿1200人，专任教师44人；小学10所，在校生3800人，专任教师220人，小学适龄儿童入学率100%；初中1所，在校生866人，专任教师80人，初中适龄人口入学率、小升初升学率、九年义务教育覆盖率达96%。2011年教育经费达3312元，国家财政性教育经费3025元，财政预算内教育经费159万元，比上年增长12%。

医疗卫生 2011年末，各级各类医疗卫生机构3个，门诊部（所）15个；病床180张，每千人拥有医疗床位3.6张，固定资产总值7500万元。专业卫生人员140名，其中执业医师105人，执业助理医师15人，注册护士20人。2011年医疗机构（门诊部以上）完成诊疗2.5万人次。新型农村合作医疗参合人数3.8万人，参合率100%。

体育 2011年末，学校体育场地10处。80%的村安装了健身器材，经常参加体育活动的人员占常住人口的20%。

社会保障 2011年城镇最低生活保障户数85户，人数95人，支出28.5万元，比上年增长15%，月人均250元，比上年增长12%。农村最低生活保障户数1157户，人数1431人，支出158.52万元，比上年增长20%，月人均92.3元，比上年增长12%。国家抚恤、补助各类优抚对象109人，抚恤事业费支出61.56万元，比上年增长11%。敬老院1家，床位110张，农村五保供养76人。新型农村社会养老保险参保人数3.4万人，参保率90%。

基础设施

交通运输 唐通公路、玉丰公路过境。境内公路总长20.3千米。

邮政电信 2011年末，邮政网点1个，乡村通邮率100%。

电信企业2家；电话交换机总容量2万门，固定电话用户1.1万户；移动电话用户3.8万户；宽带接入用户0.9万户。

镇区市政建设

道路 2011年末，镇区道路总长度6千米。

公共交通 2011年末，镇区公共汽车停靠站1个，日发客运汽车43班次，日均容量1200余人次。

给排水 2011年末，镇区主要道路两侧敷设水泥排水管道5100米。

半壁店村

(Banbidian Cun)

名称来历 李氏移民立庄。后李家在村北大道旁开设小店，后因年久失修，残存半壁墙垣，遂得名半壁店。

地理位置 地处窝洛沽镇东北部，东至巴庄子，南至李庄，西至许家桥，北至马家团结村。

主要指标 2011年末，辖区总人口1597人，总面积1.52平方千米，农民人均纯收入8220元。

潮云铺村

(Chaoyunpu Cun)

名称来历 因刘氏建庄而得名。

地理位置 地处窝洛沽镇北部，东至张庄子，南至吕绪庄，西至董庄子，北至五里渠。

主要指标 2011年末，辖区总人口1061人，总面积1.38平方千米，农民人均纯收入8182元。

东贾庄村

(Dongjiazhuang Cun)

名称来历 贾姓所建，原名贾家府。贾氏因谋反被朝廷抄斩后，张氏迁入，改称贾家庄，并因坐落在还乡河以东而得名东贾庄。

地理位置 地处窝洛沽镇东部，东至芝麻窝，南至丰润界，西至红苇厂，北至李庄子。

主要指标 2011年末，辖区总人口2907人，总面积4.68平方千米，农民人均纯收入8135元。

东李村

(Dongli Cun)

名称来历 由李庄子、东定府庄联建而得名。

地理位置 地处窝洛沽镇东部，东至孟辛庄，南至东贾庄，西至户头，北至半壁店。

主要指标 2011 年末，辖区总人口 952 人，总面积 0.96 平方千米，农民人均纯收入 8100 元。

董田村

(Dongtian Cun)

名称来历 由董庄子、田家铺联建而得名。

地理位置 地处窝洛沽镇北部，东至吕绪庄，南至孟二庄，西至牛辛庄，北至朱辛庄。

主要指标 2011 年末，辖区总人口 1088 人，总面积 1.7 平方千米，农民人均纯收入 8100 元。

沽二会村

(Gu'erhui Cun)

名称来历 由高家胡同、苏家胡同、辛庄子三村联建而得名。

地理位置 地处窝洛沽镇中部，东至王六庵，南至沽一会，西至孟二庄，北至大肖庄。

主要指标 2011 年末，辖区总人口 1973 人，总面积 2.06 平方千米，农民人均纯收入 8770 元。

沽后街村

(Guhoujie Cun)

名称来历 原名“沃乐沽”，取建庄在还乡河的沽口旁，土地肥沃，期盼安居乐业之意。后谐音改称“窝洛沽”。此村分为几个村委会，沽后街为其中之一。

地理位置 地处窝洛沽镇中部，东至红苇厂，南至东大街，西至东大街，北至龙窝。

主要指标 2011 年末，辖区总人口 1133 人，总面积 1.06 平方千米，农民人均纯收入 8440 元。

沽一会村

(Guyihui Cun)

名称来历 “窝洛沽”村分为几个村委会，沽一会为其中之一。

地理位置 地处窝洛沽镇中部，东至东门外，南至周家庄，西至孟二庄，北至高家胡同。

主要指标 2011 年末，辖区总人口 1830 人，总面积 2.56 平方千米，农民人均纯收入 8800 元。

河东新村

(Hedongxin Cun)

名称来历 由东大街、东门外联建而得名。

地理位置 地处窝洛沽镇中部，东至沽后街，南至起家营，西至沽一会，北至沽后街。

主要指标 2011 年末，辖区总人口 1080 人，总面积 1.66 平方千米，农民人均纯收入 8650 元。

红李桥村

(Hongliqiao Cun)

名称来历 由东王家桥、红苇厂、李家胡同三村联建而得名。

地理位置 地处窝洛沽镇东部，东至东贾庄，南至东贾庄，西至西王家桥，北至玉皇庙。

主要指标 2011 年末，辖区总人口 1235 人，总面积 1.77 平方千米，农民人均纯收入 8100 元。

贾言庄村

(Jiayanzhuang Cun)

名称来历 贾、袁两姓建庄，定名贾袁庄。因村民多用此地的盐碱土熬盐，遂得名贾盐庄。后取谐音改称贾言庄。

地理位置 地处窝洛沽镇南部，东至东厂，南至东泥窝，西至于蛮铺，北至周家庄。

主要指标 2011 年末，辖区总人口 1871 人，总面积 4.41 平方千米，农民人均纯收入 8370 元。

联鑫村

(Lianxin Cun)

名称来历 由西泥窝、东泥窝、西厂三村联建而得名。

地理位置 地处窝洛沽镇南部，东至东厂，南至刘钦庄，西至于蛮铺，北至贾言庄。

主要指标 2011 年末，辖区总人口 1859 人，总面积 3.4 平方千米，农民人均纯收入 8440 元。

刘钦庄村

(Liuqinzhuang Cun)

名称来历 因刘钦在此立庄而得名。

地理位置 地处窝洛沽镇南部，东至丰润界，南、西至高四村，北至西泥窝。

主要指标 2011 年末，辖区总人口 1720 人，总面积 2.33 平方千米，农民人均纯收入 8220 元。

刘学庄村

(Liuxuezhuang Cun)

名称来历 相传，宋时有刘小在此立刘小庄，取谐音称为刘学庄。

地理位置 地处窝洛沽镇北部，东至许家桥，南至潘庄子，西至孟二庄，北至西定府庄。

主要指标 2011 年末，辖区总人口 2413 人，总面积 3.63 平方千米，农民人均纯收入 8542 元。

六合村

(Liuhe Cun)

名称来历 由孟辛庄、小王庄联建得名，并取名六合村。

地理位置 地处窝洛沽镇东北部，东至丰润界，南至芝麻坬，西至东定府庄，北至杨喜庄。

主要指标 2011年末，辖区总人口1706人，总面积2.04平方千米，农民人均纯收入8185元。

龙王府村

(Longwangfu Cun)

名称来历 由龙窝、王六庵、府君庙联建而得名。

地理位置 地处窝洛沽镇中部，东至红苇厂，南至沽后街，西至苏家胡同，北至东王家桥。

主要指标 2011年末，辖区总人口949人，总面积1.28平方千米，农民人均纯收入8213元。

吕绪庄村

(Lüxuzhuang Cun)

名称来历 张氏建村称为张庄。以后周、严、国、徐人姓陆续迁入，得名屡续庄，取谐音称吕绪庄。

地理位置 地处窝洛沽镇北部，东至魏庄子，南至孟二庄，西至董庄子，北至潮云铺。

主要指标 2011年末，辖区总人口1029人，总面积1.64平方千米，农民人均纯收入8265元。

孟二庄村

(Meng'erzhuang Cun)

名称来历 因孟氏三世祖五兄弟中的老二迁此立庄而得名。

地理位置 地处窝洛沽镇西部，东至辛庄子，南至于蛮铺，西至石臼，北至田家铺。

主要指标 2011年末，辖区总人口3201人，总面积5.56平方千米，农民人均纯收入8302元。

潘朱庄村

(Panzhuzhuang Cun)

名称来历 由潘家庄、朱庄子联建而得名。

地理位置 地处窝洛沽镇中部，东至老君堂，南至许安子，西至孟二庄，北至刘学庄。

主要指标 2011年末，辖区总人口898人，总面积1.34平方千米，农民人均纯收入8030元。

起家营村

(Qijiaying Cun)

名称来历 此地原为还乡河上的水路码头，船夫、搬运工人多暂居于此，故名客家营。后取可发家致富之意，而得名起家营。

地理位置 地处窝洛沽镇中部，东至丰润界，南至沈庄子，西至周庄子，北至东门外。

主要指标 2011年末，辖区总人口1863人，总面积2.18平方千米，农民人均纯收入8356元。

三富村

(Sanfu Cun)

名称来历 由杨喜庄、西左撇、东左撇三村联建而得名。

地理位置 地处窝洛沽镇东部，东至丰润界，南至孟辛庄，西至小冯庄，北至道好庄。

主要指标 2011年末，辖区总人口1290人，总面积1.47平方千米，农民人均纯收入8115元。

沈东村

(Shendong Cun)

名称来历 由沈庄子、东厂两村联建而得名。

地理位置 地处窝洛沽镇南部，东至丰润界，南至刘钦庄，西至贾言庄，北至起家营。

主要指标 2011年末，辖区总人口1472人，总面积2.85平方千米，农民人均纯收入8213元。

四合村

(Sihe Cun)

名称来历 由户头庄、白塔、老君堂、玉皇庙联建而得名。

地理位置 地处窝洛沽镇东部，东至李庄子，南至东贾庄，西至许安子，北至许家桥。

主要指标 2011年末，辖区总人口1198人，总面积1.79平方千米，农民人均纯收入8040元。

孙老庄子村

(Sunlaozhuangzi Cun)

名称来历 由老庄子、孙家庄两村联建而得名。

地理位置 地处窝洛沽镇中部，东至西王家桥，南至小肖庄，西至孟二庄，北至潘庄子。

主要指标 2011年末，辖区总人口853人，总面积1.42平方千米，农民人均纯收入8469元。

团结村

(Tuanjie Cun)

名称来历 由巴庄子、马家胡同、南小冯庄联建而得名。

地理位置 地处窝洛沽镇东北部，东至镇北村，南至孟辛庄，西至刘家胡同，北至前沙沟。

主要指标 2011年末，辖区总人口1063人，总面积1.13平方千米，农民人均纯收入8195元。

魏庄子刘胡村

(Weizhuangziliuhu Cun)

名称来历 由魏庄子、刘家胡同两村联建得名。

地理位置 地处窝洛沽镇北部，东至团结村，南至许家桥，西至吕绪庄，北至廖家胡同。

主要指标 2011年末，辖区总人口2346人，总面积3.4平方千米，农民人均纯收入8186元。

吴马邵村

(Wumashao Cun)

名称来历 由邵庄子、吴庄子、小马庄三村联建而得名。

地理位置 地处窝洛沽镇中部，东至府君庙，南至王六庵，西至大肖庄，北至西王家桥。

主要指标 2011年末，辖区总人口749人，总面积1.1平方千米，农民人均纯收入8030元。

西定府庄村

(Xidingfuzhuang Cun)

名称来历 刘学庄的于氏在庄北立庄定居，取名后刘庄。后因迁入的张氏给定亲王府做皇庄粮头，遂改名定府庄。又因坐落于还乡河西得名西定府庄。

地理位置 地处窝洛沽镇北部，东至魏庄子刘胡村，南至刘学庄，西至孟二庄，北至魏庄子刘胡村。

主要指标 2011年末，辖区总人口1563人，总面积2.98平方千米，农民人均纯收入8189元。

肖家庄村

(Xiaojiazhuang Cun)

名称来历 由大肖庄、小肖庄两村联建而得名。

地理位置 地处窝洛沽镇中部，东至吴马郡，南至辛庄子，西至孟二庄，北至孙家庄。

主要指标 2011年末，辖区总人口1429人，总面积2.3平方千米，农民人均纯收入8460元。

许安王桥村

(Xu'anwangqiao Cun)

名称来历 由西王家桥、许庵子两村联建而得名。

地理位置 地处窝洛沽镇中部，东至东王家桥，南至马庄子，西至孙家庄，北至朱庄子。

主要指标 2011年末，辖区总人口1159人，总面积1.52平方千米，农民人均纯收入8117元。

许家桥村

(Xujiaqiao Cun)

名称来历 曾名“望军台”。后许氏大户迁入，借还乡河上的石桥得名许家桥。

地理位置 地处窝洛沽镇中部，东至半壁店，南至朱庄子，西至刘学庄，北至刘家胡同。

主要指标 2011年末，辖区总人口873人，总面积1.48平方千米，农民人均纯收入8116元。

于蛮铺村

(Yumanpu Cun)

名称来历 因寇氏迁此定居。旧时当地人称南方人为“南蛮子”，寇氏又以捕鱼为生，故取名鱼蛮铺，谐音得名。

地理位置 地处窝洛沽西南部，东至孟二庄，南至高四村，西至朱英铺，北至孟二庄。

主要指标 2011年末，辖区总人口2015人，总面积4.23平方千米，农民人均纯收入8350元。

镇北村

(Zhenbei Cun)

名称来历 由刘厨庄、道好庄两村联建而得名。

地理位置 地处窝洛沽镇东北部，东至丰润界，南至杨喜庄，西至团结村，北至张辛庄。

主要指标 2011年末，辖区总人口1616人，总面积1.89平方千米，农民人均纯收入8210元。

芝麻堼村

(Zhimaheng Cun)

名称来历 因此地有一条大埂，并广种芝麻得名。

地理位置 地处窝洛沽镇东部，东至丰润界，南至丰润界，西至东贾庄，北至小王庄。

主要指标 2011年末，辖区总人口786人，总面积1.19平方千米，农民人均纯收入8096元。

周家庄村

(Zhoujiazhuang Cun)

名称来历 因周氏迁此立庄得名。

地理位置 地处窝洛沽镇南部，东至起家营，南至贾言庄，西至于蛮铺，北至沽一会。

主要指标 2011年末，辖区总人口863人，总面积1.04平方千米，农民人均纯收入8385元。

(撰稿：周建军，初审：郭立明)

鸦鸿桥镇

(Yahongqiao Zhen)

华北地区著名小商品集散地之一，素有“京东第一大集”之美誉，河北省小城镇改革发展重点镇、河北百强乡镇。

政区概况

名称来历 相传，此地还乡河上曾建有大石桥一座，名雅鸿桥，"雅"为正，"鸿"为大之意，后毁于洪水。后写作鸦鸿桥。

地理位置 地处玉田县东南，东接丰润区丰登坞镇，南邻窝洛沽镇，西接散水头镇，北连杨家套乡。人民政府驻河西村，电话区号0315，邮政编码064102，距玉田县人民政府17千米。

政区沿革 1953年，建鸦鸿桥乡。1958年，建鸦鸿桥人民公社，原鸦鸿桥乡为一管理区。1961年，人民公社规模缩小，改鸦鸿桥管理区为鸦鸿桥人民公社，辖6个行政村(含4个自然村)。1983年5月，撤销人民公社，复置鸦鸿桥乡。1984年5月，撤乡，改建鸦鸿桥镇，辖6个村民委员会。1989年4月，邢庄乡、孙各庄乡并入，辖35个村民委员会。1993年2月，大和平乡并入，辖52个村民委员会。

政区划分 2011年末，辖桥联一、桥联二、桥联三、桥联四、桥联五、桥联六、桥联七、桥联八、桥联九、河西、何家庄、苗李庄、河东、西牛各庄、东牛各庄、牛辛庄、五里渠、孙各庄、东小淀、草桥头、西小淀、边家铺、周庄子、穆庄子、张辛庄、和平、东贤、新风、解放、西轩湖甸、刑庄、姚八庄、田庄、运河头、廖家胡同35个村民委员会。

人口面积 2011年末，辖区总人口55634人，其中城镇常住人口38000人，城镇化率68.3%。另有流动人口8065人。总人口中，男性28270人，占50.81%；女性27364人，占49.19%；14岁以下8901人，占16%；15～64岁38387人，占69%；65岁以上8346人，占15%。总人口中，以汉族为主，达53964人，占97%；有回、满、蒙古、壮、苗9个少数民族，共1670人，占3%。2011年，人口出生率5.42‰，人口死亡率3.42‰，人口自然增长率2‰。

辖区东西最大距离11千米，南北最大距离9千米，总面积63平方千米。其中陆地面积61.4平方千米，占97.5%；水域面积1.6平方千米，占2.5%。人口密度为每平方千米883人。

自然条件

地形地貌 地处还乡河两岸，地势平坦。地面高程一般在海拔5米。

水文 还乡河从东北流入，穿越中部，于前沙沟出境。境内河流总长度32.5千米。

经济概况

农业 耕地面积5.8万亩，人均1亩。2011年，农业总产值6.82亿元，占国内生产总值的17%，比上年增长4%，实现农业增加值3.89亿元，占国内生产总值的19%。

粮食作物以小麦、玉米为主。2011年，生产粮食5.3万吨，人均953千克，其中小麦1.32万吨，玉米2.2万吨。主要经济作物有蔬菜。2011年，蔬菜种植面积2.25万亩，产量12.76万吨，主要品种有萝卜、白菜、黄瓜等，其中萝卜0.5万吨，白菜0.9万吨，黄瓜3万吨。

畜牧业以猪、羊、家禽为主。2011年，生猪饲养量13.4万头，年末存栏8.9万头；羊饲养量0.7万只，年末存栏0.5万只；家禽饲养量118万羽。

2011年，拥有大型农业机械69台（辆）；农民人均纯收入12920元。

工业 以制造业为主。2011年，工业总产值24.65亿元，比上年增长13%，实现工业增加值8.86亿元，占国内生产总值的44%。2011年，工业企业550家，职工11000人。

商业外贸 2011年末，商业网点532个，职工3658人。2011年，社会消费品零售总额达83亿元，比上年增长7.3%；城乡集市贸易成交额62亿元。2011年，出口总额560万美元，比上年增长12%。

财政金融 2011年，财政总收入1.05亿元，比上年增长32%。其中地方财政收入0.5亿元。从主要税种看，完成增值税631万元，营业税1169万元，企业所得税453万元，分别比上年增长37.7%、6%、0.8%。人均财政收入1907元，比上年增长26.2%。2011年银行和金融机构各类存款余额11亿元，比上年增长12%。

社会发展

文化艺术 2011年末，镇文化站1个，村级文化活动中心35个；各类文化专业户8个；各类图书室38个，藏书60万余册。

教育 2011年末，幼儿园20所，在园幼儿2167人，专任教师50人；小学8所，在校生3488人，专任教师142人，小学适龄儿童入学率100%；初中2所，在校生767人，专任教师81人，初中适龄人口入学率、小升初升学率、九年义务教育覆盖率均达100%。2011年教育经费达2628万元，国家财政性教育经费2401万元。

医疗卫生 2011年末，各级各类医疗卫生机构42个，门诊部（所）41个；病床70张，每千人拥有医疗床位1.1张，固定资产总值225万元。专业卫生人员45名，其中执业医师16人，执业助理医师10人，注册护士13人。2011年医疗机构（门诊部以上）完成诊疗12万人次。新型农村合作医疗参合人数4.1万人，参合率100%。

体育 2011年末，学校体育场地1处。80%的村安装了健身器材，经常参加体育活动的人员占常住人口的34%。

社会保障 2011年，城镇最低生活保障户数58户，人数93人，支出40.5万元，比上年增长3%，月人均363元，比上年增长15%；城市医疗救助9000人次，民政部门资助参加合作医疗30人次，共支出9.5万元，比上年增长17.2%。农村最低生活保障户数861户，人数1324人，支出188万元，比上年增长21%，月人均118元，比上年增长23%。国家抚恤、补助各类优抚对象118人，抚恤事业费支出120万元，比上年增长12%。敬老院1家，床位50

张，农村五保供养42人。新型农村社会养老保险参保人数5.5万人，参保率98%。

基础设施

交通运输 京哈高速、玉滨公路、玉丰公路过境。境内公路总长31.3千米。

邮政电信 2011年末，邮政网点1个，代办所1处，乡村通邮率100%。报纸、期刊累计期发行1.2万份（册），业务收入60万元。

电信企业1家，服务网点6个；电话交换机总容量5万门，固定电话用户1.6万户，电话用户普及率达到98%；移动电话用户1.3万户；宽带接入用户1.1万户。全年电信业务收入890万元。

镇区市政建设

道路 2011年末，镇区道路总长度15千米。

公共交通 2011年末，镇区公共汽车停靠站1个，日发客运汽车40班次，日均容量5000余人次。

园林绿化 2011年末，镇区花坛120个，绿化面积3公顷。

边家铺村

(Bianjiapu Cun)

名称来历 因边姓搭窝铺建庄而得名。

地理位置 地处鸦鸿桥镇西南部，东至姚八庄，南至五里渠，西至黄家铺，北至李谟铺。

主要指标 2011年末，辖区总人口1956人，总面积3.32平方千米，农民人均纯收入10596元。

草桥头村

(Caoqiaotou Cun)

名称来历 因临近集镇“长安邨”的石桥草市而得名。

地理位置 地处鸦鸿桥镇北部，东至西牛各庄，南至西小淀，西至代家铺，北至西高丘。

主要指标 2011年末，辖区总人口1934人，总面积2.46平方千米，农民人均纯收入10940元。

东牛各庄村

(Dongniugezhuang Cun)

名称来历 牛、贾、张三姓建庄，初名牛贾张。后牛姓人家人多势众，取村名牛各庄。后分为两庄，因此庄居东得名东牛各庄。

地理位置 地处鸦鸿桥镇东北部，东至何家庄，南至还乡河，西至西牛各庄，北至大定府庄。

主要指标 2011年末，辖区总人口1376人，总面积2.09平方千米，农民人均纯收入7060元。

东贤村

(Dongxian Cun)

名称来历 原是东轩湖甸片村的一部分，后单独理政。以抗日战争时期东轩湖甸的代号“东贤”而得名。

地理位置 地处鸦鸿桥镇东部，东至丰润朴实庄，南至和平村，西至解放村，北至新风村。

主要指标 2011年末，辖区总人口882人，总面积1.21平方千米，农民人均纯收入10609元。

东小淀村

(Dongxiaodian Cun)

名称来历 相传，因苏、艾两氏迁此并于洼地之东立庄而得名。

地理位置 地处鸦鸿桥镇北部，东至河西，南至王北街，西至西小淀，北至草桥头。

主要指标 2011年末，辖区总人口1107人，总面积1.15平方千米，农民人均纯收入10831元。

何家庄村

(Hejiazhuang Cun)

名称来历 因何氏建庄而得名。

地理位置 地处鸦鸿桥镇东北部，东至板桥选，南至还乡河，西至东牛各庄，北至大丁府庄。

主要指标 2011年末，辖区总人口1560人，总面积2.25平方千米，农民人均纯收入10942元。

和平村

(Heping Cun)

名称来历 原为东轩湖甸片村的一部分，单独理政后，取人民解放后愿长久和平之意而得名。

地理位置 地处鸦鸿桥镇东南部，东至东贤村，南至高道庄，西至解放村，北至新风村。

主要指标 2011年末，辖区总人口1106人，总面积1.39平方千米，农民人均纯收入10913元。

河东村

(Hedong Cun)

名称来历 因位于鸦鸿桥河东而得名。

地理位置 地处鸦鸿桥镇东部，东至丰润区，南至苗李庄，西至还乡河，北至丰润区。

主要指标 2011年末，辖区总人口2783人，总面积3.23平方千米，农民人均纯收入7359元。

河西村

(Hexi Cun)

名称来历 因位于鸦鸿桥河西而得名。

地理位置 地处鸦鸿桥镇中部，东至还乡河，南至鸦丰公路，西至玉滨路，北至何家庄。

主要指标 2011年末，辖区总人口4279人，总面积3.2平方千米，农民人均纯收入7857元。

解放村

(Jiefang Cun)

名称来历 原是东轩湖甸片村的一部分，单独理政后，为纪念解放得名。

地理位置 地处鸦鸿桥镇东南部，东至和平村，南至高道庄，西至西轩湖甸，北至和平村。

主要指标 2011年末，辖区总人口978人，总面积1.29平方千米，农民人均纯收入10830元。

廖家胡同村

(Liaojiahutong Cun)

名称来历 因廖氏先祖奉诏迁此立庄，南邻魏庄子刘胡村，故得名。

地理位置 地处鸦鸿桥镇南部，东至还乡河，南至廖家胡同，西至朱家桥，北至朱家桥。

主要指标 2011年末，辖区总人口903人，总面积1.12平方千米，农民人均纯收入7042元。

苗李庄村

(Miaolizhuang Cun)

名称来历 穆姓立庄，定名穆家窝铺。后李氏迁入，依仗财势，改名李庄子。后因苗姓所建的苗庄子并入而得名苗李庄。

地理位置 地处鸦鸿桥镇东部，东至穆庄子，南至大冯庄，西至还乡河，北至河东。

主要指标 2011年末，辖区总人口2330人，总面积0.97平方千米，农民人均纯收入7370元。

穆庄子村

(Muzhuangzi Cun)

名称来历 因穆氏先居此地而得名。

地理位置 地处鸦鸿桥镇东部，东至丰润区西张庄，南至新风村，西至苗李庄，北至丰润区西张庄。

主要指标 2011年末，辖区总人口903人，总面积1.19平方千米，农民人均纯收入10883元。

牛辛庄村

(Niuxinzhuang Cun)

名称来历 周姓在此建庄。因此地为刘现庄刘钦所有，定名刘钦庄。后谐音得名牛辛庄。

地理位置 地处鸦鸿桥镇西南部，东至五里渠，南至边家铺，西至黄家铺，北至田家铺。

主要指标 2011年末，辖区总人口615人，总面积1.45平方千米，农民人均纯收入10842元。

桥联八村

(Qiaolianba Cun)

名称来历 由苏家铺、刘现庄两村联建而得名。

地理位置 地处鸦鸿桥镇中部，东至孙各庄，南至姚八庄，西至李谟铺，北至孙各庄。

主要指标 2011年末，辖区总人口2350人，总面积3.88平方千米，农民人均纯收入10859元。

桥联二村

(Qiaolian'er Cun)

名称来历 由高道庄、桃花庄、场楼庄三村联建而得名。

地理位置 地处鸦鸿桥镇南部，东至张辛庄，南至镇北村，西至西轩湖甸，北至解放村。

主要指标 2011年末，辖区总人口1614人，总面积1.69平方千米，农民人均纯收入10894元。

桥联九村

(Qiaolianjiu Cun)

名称来历 由石家铺、李谟铺两村联建而得名。

地理位置 地处鸦鸿桥镇西部，东至苏家铺，南至边家铺，西至边家铺，北至京哈高速。

主要指标 2011年末，辖区总人口1315人，总面积2.46平方千米，农民人均纯收入10434元。

桥联六村

(Qiaolianliu Cun)

名称来历 由孙庄子、王中街、王前街三村联建而得名。

地理位置 地处鸦鸿桥镇中部，东至边庄子，南至田庄，西至玉滨公路，北至桥联七村。

主要指标 2011年末，辖区总人口1258人，总面积1.34平方千米，农民人均纯收入10568元。

桥联七村

(Qiaolianqi Cun)

名称来历 由车王庄、王北街、边庄子三村联建而得名。

地理位置 地处鸦鸿桥镇中部，东至大冯庄，南至王中街，西至河西，北至河西。

主要指标 2011年末，辖区总人口1778人，总面积1.32平方千米，农民人均纯收入7082元。

桥联三村

(Qiaoliansan Cun)

名称来历 由大冯庄、小冯庄、小刘庄三村联建而得名。

地理位置 地处鸦鸿桥镇东部，东至新风村，南至周庄子，西至还乡河，北至苗李庄。

主要指标 2011年末，辖区总人口2132人，总面积2.11平方千米，农民人均纯收入10937元。

桥联四村

(Qiaoliansi Cun)

名称来历 由朱廖庄、张庄子、朱家桥、郭家营四村联建而得名。

地理位置 地处鸦鸿桥镇南部，东至西轩湖甸，南至廖家胡同，西至潮云铺，北至邢庄。

主要指标 2011年末，辖区总人口1936人，总面积2.4平方千米，农民人均纯收入10847元。

桥联五村

(Qiaolianwu Cun)

名称来历 由新庄子、申家沟、后油坊联建而得名。

地理位置 地处鸦鸿桥镇南部，东至还乡河，南至朱家桥，西至邢庄，北至田庄。

主要指标 2011年末，辖区总人口881人，总面积0.84平方千米，农民人均纯收入10821元。

桥联一村

(Qiaolianyi Cun)

名称来历 由前沙沟、后沙沟、康庄子联建而得名。

地理位置 地处鸦鸿桥镇东南部，东至道好庄，南至马家胡同，西至还乡，北至场楼庄。

主要指标 2011年末，辖区总人口1566人，总面积1.9平方千米，农民人均纯收入10763元。

孙各庄村

(Sungezhuang Cun)

名称来历 杜氏先祖建庄，称杜家窝铺。后因孙氏迁入，依仗人多势众得名孙各庄。

地理位置 地处鸦鸿桥镇西部，东至西小淀，南至桥联八村，西至石家铺，北至草桥头。

主要指标 2011年末，辖区总人口1335人，总面积2.22平方千米，农民人均纯收入10746元。

田庄村

(Tianzhuang Cun)

名称来历 因田氏建庄而得名。

地理位置 地处鸦鸿桥镇中部，东至还乡河，南至申家沟，西至邢庄，北至王前街。

主要指标 2011年末，辖区总人口1694人，总面积1.74平方千米，农民人均纯收入10877元。

五里渠村

(Wuliqu Cun)

名称来历 清乾隆年间，还乡河于田庄处决口，河水西流直下，敞口十八年，冲出一条渠道。牛各庄许氏迁至决口处西五里许，渠旁定居，得名五里渠。

地理位置 地处鸦鸿桥镇西南部，东至鸦丰路，南至潮云铺，西至牛辛庄，北至姚八庄。

主要指标 2011年末，辖区总人口462人，总面积0.94平方千米，农民人均纯收入10364元。

西牛各庄村

(Xiniugezhuang Cun)

名称来历 相传牛、贾、张三姓建庄，初名牛贾张。后迁来许多牛姓人家。因牛姓人多势众，改名牛各庄。后分为两村，此村居西，得名西牛各庄。

地理位置 地处鸦鸿桥镇东北部，东至还乡河，南、西至河西，北至东高桥。

主要指标 2011年末，辖区总人口1099人，总面积1.45平方千米，农民人均纯收入7443元。

西小淀村

(Xixiaodian Cun)

名称来历 因建庄于洼地以西而得名。

地理位置 地处鸦鸿桥镇北部，东至东小淀，南至鸦板路，西至孙各庄，北至草桥头。

主要指标 2011年末，辖区总人口778人，总面积0.86平方千米，农民人均纯收入10988元。

西轩湖甸村

(Xixuanhudian Cun)

名称来历 因建在传说中的玄湖淀以西而得名。

地理位置 地处鸦鸿桥镇南部，东至解放村，南至后沙沟，西至还乡河，北至周庄子。

主要指标 2011年末，辖区总人口2248人，总面积2.15平方千米，农民人均纯收入7160元。

新风村

(Xinfeng Cun)

名称来历 原是东轩湖甸片村的一部分，单独理政后，取人民获解放、重新站立起来之意，得名新立村。后因重名，改称新风村。

地理位置 地处鸦鸿桥镇东部，东至丰润区，南至东贤村，西至周庄子，北至小刘庄。

主要指标 2011年末，辖区总人口1106人，总面积1.31平方千米，农民人均纯收入10879元。

邢庄村

(Xingzhuang Cun)

名称来历 因邢氏建庄而得名。

地理位置 地处鸦鸿桥镇中部，东至田庄，南至辛庄子，西至姚八庄，北至孙庄子。

主要指标 2011年末，辖区总人口3097人，总面积3.21平方千米，农民人均纯收入10504元。

姚八庄村

(Yaobazhuang Cun)

名称来历 因姚氏建庄而得名。后改称姚八庄。

地理位置 地处鸦鸿桥镇南部，东至邢庄村，南至朱廖庄，西至五里渠，北至桥联八村。

主要指标 2011年末，辖区总人口1402人，总面积1.67平方千米，农民人均纯收入10554元。

运河头村

(Yunhetou Cun)

名称来历 清光绪版《玉田县志》载："明成化二十年浚还乡河，受海运岁漕粟十余万入丰润仓……今邑有运河头村，由漕粟得名也。"

地理位置 地处鸦鸿桥镇中部，东至还乡河，南至田庄，西至王前街，北至边庄子。

主要指标 2011年末，辖区总人口982人，总面积0.77平方千米，农民人均纯收入10994元。

张辛庄村

(Zhangxinzhuang Cun)

名称来历 因由东贾庄（今属窝洛沽镇）张氏的佃户在此建庄而得名。

地理位置 地处鸦鸿桥镇东南部，东至丰登坞镇，南至丰润八间房，西至窝洛沽镇，北至高道庄。

主要指标 2011年末，辖区总人口1021人，总面积0.99平方千米，农民人均纯收入10900元。

周庄子村

(Zhouzhuangzi Cun)

名称来历 因周氏建村而得名。

地理位置 地处鸦鸿桥镇中部，东至新风村，南至解放村，西至西轩湖甸，北至桥联三村。

主要指标 2011年末，辖区总人口1285人，总面积1.34平方千米，农民人均纯收入7072元。

（撰稿：周建军，初审：郭立明）

杨家板桥镇

(Yangjiabanqiao Zhen)

政区概况

名称来历 镇以驻地村命名。明永乐四年（1406年）立庄，以杨氏先祖名湖、海、朝、凤弟兄四人奉诏从金陵迁此所建，坐落在荣辉河南北两岸，河上搭座木板桥，桥、姓相连定村名杨家板桥。

地理位置 地处玉田县西南，东邻陈家铺乡，南与石臼窝镇接壤，西接天津市宝坻区新安镇、林西镇，北毗连郭家桥乡。人民政府驻西小刘庄村，电话区号0315，邮政编码064106，距玉田县人民政府18千米。

政区沿革 1953年，建杨家板桥乡。1956年，程家铺乡并入。1958年，该乡区域分属林南仓、石臼窝两个人民公社。1961年，设立杨家板桥人民公社。1981年3月，杨家板桥人民公社社址迁至小刘庄，名称未变。1983年6月，撤销人民公社，复置杨家板桥乡，辖66个村民委员会。1989年4月，霞港乡并入，辖46个村民委员会。1993年2月，杨家板桥乡改镇。

政区划分 2011年末，辖北三、晨光、傅家铺、富三、高新、河口、贺林新、康乐、利民、三家良、新五、西张联、贤德城、永富、于窑联、西杨家套、杨家板桥、孟钦庄、于家桥、时家定府、玉船窝、大辛庄、小辛庄、宋庄24个村民委员会。

人口面积 2011年末，辖区总人口27333人，其中城镇常住人口7571人，城镇化率27.7%。另有流动人口2054人。总人口中，男性13932人，占50.97%；女性13401人，占49.03%；14岁以下4373人，占16%；15～64岁18854人，占68.98%；65岁以上4106人，占15.02%。总人口中，以汉族为主，达27100人，占99.15%；有满、朝鲜、壮等4个少数民族，共233人，占0.85%。2011年，人口出生率13‰，人口死亡率14‰，人口自然增长率－1‰。

辖区东西最大距离11千米，南北最大距离9千米，总面积56平方千米。其中陆地面积54.4平方千米，占98.4%；水域面积0.9平方千米，占1.6%。人口密度为每平方千米488人。

自然条件

地形地貌 地处山前平原，北部略高。

水文 蓟运河为辖区与天津市宝坻县新安镇的界河，流经西五村、西杨家套、孟钦庄、河口、宋庄、小辛庄、大辛庄、玉船窝、时家定府村出境。荣辉河从境内东部穿过，流经刘庄、东查家屯、西查家屯、里半庄等村。境内河流总长度17千米。

经济概况

农业 耕地面积6.9万亩，人均耕地2.5亩。2011年，农业总产值4.07亿元，占国内生产总值的30%，比上年增长4%，实现农业增加值2.32亿元，占国内生产总值的29%。

粮食作物以小麦、玉米为主。2011年，生产粮食2.5万吨，其中小麦7.3万吨，玉米14万吨。主要经济作物有蔬菜。2011年，蔬菜种植面积1.6万亩，产量90万吨，主要品种有黄瓜、西瓜等，其中黄瓜2.1万吨，西瓜1.6万吨。

畜牧业以猪、羊、家禽为主。2011年，生猪饲养量5万头，年末存栏4万头；羊饲养量0.35万只，年末存栏0.48万只；家禽饲养量33万羽。

2011年，拥有大型农业机械62台（辆）；农民人均纯收入8900元。

工业 以服装加工、塑料制品、苇帘工艺品加工为主。2011年，工业总产值5.75亿元，比上年增长13%，实现工业增加值2.07亿元，占国内生产总值的25%。2011年，工业企业33家，职工8529人。

商业外贸 2011年末，商业网点75个，职工241人。2011年，社会消费品零售总额达3.5亿元，比上年增长12.7%；城乡集市贸易成交额1.5亿元。2011年，出口总额400万美元，比上年增长5%，主要产品有服装、苇帘，销往美国、西欧等地。

财政金融 2011年，财政总收入0.42亿元，比上年增长32%。其中地方财政收入0.16亿元。从主要税种看，完成增值税253万元，营业税469万元，企业所得税182万元，分别比上年增长37.7%、6%、0.8%。人均财政收入1538元，比上年增长26.2%。2011年，银行和金融机构各类存款余额4.4亿元，比上年增长12%。

社会发展

文化艺术 2011年末，镇文化站1个，村级文化活动中心2个；各类图书室2个，藏书0.5万册。

教育 2011年末，幼儿园5所，在园幼儿721人，专任教师21人；小学5所，在校生1530人，专任教师75人，小学适龄儿童入学率100%；初中1所，在校生380人，专任教师45人，初中适龄人口入学率、小升初升学率、九年义务教育覆盖率达100%。2011年教育经费达1357万元，国家财政性教育经费1240万元。

医疗卫生 2011年末，各级各类医疗卫生机构1个，门诊部（所）2个；病床35张，每千人拥有医疗床位1.28张。专业卫生人员7名，其中执业医师2人，执业助理医师3人，注册护士1人。新型农村合作医疗参合人数2.19万人，参合率100%。

体育 2011年末，学校体育场地6处。80%的村安装了健身器材，经常参加体育活动的人员占常住人口的20%。

社会保障 2011年，城镇最低生活保障户数14户，人数14人，支出4.2万元，比上年增长17%；月人均250元，比上年增长20%；城市医疗救助20人次，民政部门资助参加合作医疗520人次，共支出4.5万元，比上年增长20%。农村最低生活保障户数567户，人数657人，支出53.9万元，比上年增长18%，月人均68.4元，比上年增长12%。国家抚恤、补助各类优抚对象19人，抚恤事业费支出21.5万元，比上年增长11%。新型农村社会养老保险参保人数2.67万人，参保率98%。

基础设施

交通运输 京沈高速、香小公路过境。境内公路总长8.7千米。

邮政电信 2011年末，邮政网点1个，乡村通邮率100%。固定电话用户0.39万户；移动电话用户1.6万户。

镇区市政建设

道路 2011年末，镇区道路总长度2千米。

公共交通 2011年末，镇区公共汽车停靠站1个，日停靠车辆8次，日均客容量400人次。

园林绿化 2011年末，镇区花坛2个，绿化面积0.3公顷。

北三村

(Beisan Cun)

名称来历 由刘唐庄、郑家庄、老蒲庄联建而取名北三村。

地理位置 地处杨家板桥镇北部，东至香小路，南至板桥村，西至贤德城村，北至郭家桥乡。

主要指标 2011年末，辖区总人口1731人，总面积3.02平方千米，农民人均纯收入7852元。

晨光村

(Chen'guang Cun)

名称来历 由赵腰铺、帮道窝联建取名晨光村。

地理位置 地处杨家板桥镇东部，东至康乐村，南至康乐村，西至利民村，北至丰杨公路。

主要指标 2011年末，辖区总人口914人，总面积2.29平方千米，农民人均纯收入7059元。

大辛庄村

(Daxinzhuang Cun)

名称来历 因辛氏建庄得名。后部分居民西迁另立村庄后，改称大辛庄。

地理位置 地处杨家板桥镇南部，东至时家定府，南至蓟运河，西至小辛，北至京沈高速。

主要指标 2011年末，辖区总人口687人，总面积1.71平方千米，农民人均纯收入9238元。

傅家铺村

(Fujiapu Cun)

名称来历 由前傅家铺、后傅家铺联建而得名。

地理位置 地处杨家板桥镇南部，东至贺林新村，南至京沈高速，西至富三村，北至利民村。

主要指标 2011年末，辖区总人口728人，总面积2.47平方千米，农民人均纯收入8450元。

富三村

(Fusan Cun)

名称来历 由前八间房、后八间房、程家铺联建，并取名富三村。

地理位置 地处杨家板桥镇中部，东至傅家铺村，南至京沈高速，西至香小路，北至杨家板桥。

主要指标 2011年末，辖区总人口1157人，总面积4.15平方千米，农民人均纯收入8646元。

高新村

(Gaoxin Cun)

名称来历 由小高庄、大高庄联建而得名。

地理位置 地处杨家板桥镇北部，东至杨家板桥村，南至杨家板桥村，西至林西镇，北至贤德城村。

主要指标 2011年末，辖区总人口1593人，总面积3.03平方千米，农民人均纯收入8999元。

河口村

(Hekou Cun)

名称来历 由闸口娄庄子、小河口联建而得名。

地理位置 地处杨家板桥镇西部，东至京沈高速，南至蓟运河，西至新五村，北至杨家套村。

主要指标 2011年末，辖区总人口1009人，总面积2.28平方千米，农民人均纯收入10621元。

贺林新村

(Helinxin Cun)

名称来历 由王贺郎铺、辛庄户、杜林铺联建而得名。

地理位置 地处杨家板桥镇东南部，东至石臼窝镇，南至永富村，西至傅家铺村，北至京沈高速。

主要指标 2011年末，辖区总人口1095人，总面积3.24平方千米，农民人均纯收入10122元。

康乐村

(Kangle Cun)

名称来历 由小唐云铺、唐辛庄、霞港联建，并取名康乐村。

地理位置 地处杨家板桥镇东部，东至石臼窝镇，南至京沈高速，西至晨光村，北至丰杨公路。

主要指标 2011年末，辖区总人口1185人，总面积3.66平方千米，农民人均纯收入8303元。

利民村

(Limin Cun)

名称来历 由杨铺、唐虎铺、西马家铺、丁虎铺联建，并取名利民村。

地理位置 地处杨家板桥镇中部，东至晨光村，南至傅家铺村，西至于家桥村，北至丰杨公路。

主要指标 2011年末，辖区总人口859人，总面积3平方千米，农民人均纯收入8616元。

孟钦庄村

(Mengqinzhuang Cun)

名称来历 因孟、钦两姓迁民所建而得名。

地理位置 地处杨家板桥镇西部，东至香小公路，南至河口村，西至新五村，北至杨家套村。

主要指标 2011年末，辖区总人口669人，总面积1.27平方千米，农民人均纯收入7750元。

三家良村

(Sanjialiang Cun)

名称来历 由韦家铺、张三铺、张良铺联建，并取名三家良。

地理位置 地处杨家板桥镇东部，东至郭家桥乡，南至丰杨公路，西至于窑联村，北至郭家桥乡。

主要指标 2011年末，辖区总人口1119人，总面积2.67平方千米，农民人均纯收入9174元。

时家定府村

(Shijiadingfu Cun)

名称来历 因时氏迁民立庄而得名时家定府村。

地理位置 地处杨家板桥镇南部，东至玉船窝，南至蓟运河，西至大辛，北至京沈高速。

主要指标 2011年末，辖区总人口487人，总面积2.3平方千米，农民人均纯收入7662元。

宋庄村

(Songzhuang Cun)

名称来历 因宋氏移民立庄而得名宋庄。

地理位置 地处杨家板桥镇南部，东至小辛庄，南至蓟运河，西至河口村，北至京沈高速。

主要指标 2011年末，辖区总人口694人，总面积1.39平方千米，农民人均纯收入10484元。

西杨家套村

(Xiyangjiatao Cun)

名称来历 由山东移民杨氏所建，庄址位于兰泉河套里，故得名杨家套。后更名为西杨家套。

地理位置 地处杨家板桥镇西部，东至香小公路，南至孟钦庄，西至新五村，北至杨家板桥村。

主要指标 2011年末，辖区总人口1313人，总面积2.32平方千米，农民人均纯收入8141元。

西张联村

(Xizhanglian Cun)

名称来历 由西张庄、打雀庄、王钓庄联建而得名。

地理位置 地处杨家板桥镇北部，东至郭家桥乡，南至于家桥村，西至于家桥村，北至郭家桥乡。

主要指标 2011年末，辖区总人口1635人，总面积3.4平方千米，农民人均纯收入7752元。

贤德城村

(Xiandecheng Cun)

名称来历 由东贤德城、西贤德城联建而得名。

地理位置 地处杨家板桥镇北部，东至北三村，南至高新村，西至林西镇，北至林西镇。

主要指标 2011年末，辖区总人口921人，总面积1.86平方千米，农民人均纯收入8819元。

小辛庄村

(Xiaoxinzhuang Cun)

名称来历 常氏先祖建村，因东有大辛庄，故该村称小辛庄。

地理位置 地处杨家板桥镇南部，东至大辛庄，南至蓟运河，西至宋庄，北至京沈高速。

主要指标 2011年末，辖区总人口661人，总面积1.4平方千米，农民人均纯收入8605元。

新五村

(Xinwu Cun)

名称来历 由娄辛庄、庄房庄、北王家楼、高沽子、大曹庄联建，并取名新五村。

地理位置 地处杨家板桥镇东北部，东至杨家套村，南至蓟运河，西至蓟运河，北至林西镇。

主要指标 2011年末，辖区总人口1475人，总面积3.43平方千米，农民人均纯收入8764元。

杨家板桥村

(Yangjiabanqiao Cun)

名称来历 为杨氏先祖名湖、海、朝、凤弟兄四人奉诏从金陵（今江苏南京）迁此所建，坐落在荣辉河南北两岸，河上搭座木板桥，桥、姓相连得名杨家板桥村。

地理位置 地处杨家板桥镇中部，东至香小公路，南至杨家套村，西至高新村，北至贤德城村。

主要指标 2011年末，辖区总人口1501人，总面积3.55平方千米，农民人均纯收入8783元。

永富村

(Yongfu Cun)

名称来历 由顾家铺、六辛庄、南马家铺联建，并取名永富村。

地理位置 地处杨家板桥镇东南部，东至石臼窝镇，南至石臼窝镇，西至贺林新村，北至贺林新村。

主要指标 2011年末，辖区总人口856人，总面积3.88平方千米，农民人均纯收入10906元。

于家桥村

(Yujiaqiao Cun)

名称来历 因于氏迁民所建而得名于家桥。

地理位置 地处杨家板桥镇北部，东至于窑联村，南至丰杨公路，西至香小公路，北至郭家桥乡。

主要指标 2011年末，辖区总人口2643人，总面积3.63平方千米，农民人均纯收入8871元。

于窑联村

(Yuyaolian Cun)

名称来历 由丁庄户、于家窑联建而得名。

地理位置 地处杨家板桥镇东北部，东至三家良村，南至丰杨公路，西至于家桥村，北至西张联村。

主要指标 2011年末，辖区总人口1274人，总面积2.6平方千米，农民人均纯收入7394元。

玉船窝村

(Yuchuanwo Cun)

名称来历 杨氏立庄。因蓟运河南岸有龙庄，故取名虎庄。河上来往的船只，傍晚都到此停泊过夜，习称“船窝”。龙庄、虎庄也以此分别改为冠以县称首字之“船窝”。虎庄改称玉船窝。

地理位置 地处杨家板桥镇南部，东至石臼窝镇，南至蓟运河，西至时家定府，北至京沈高速。

主要指标 2011年末，辖区总人口934人，总面积3.09平方千米，农民人均纯收入8585元。

（撰稿：周建军，初审：郭立明）

玉田镇

(Yutian Zhen)

政区概况

名称来历 因是县城驻地，以县名命名。

地理位置 地处玉田县北部，东与亮甲店镇接壤，南、西南与虹桥镇、郭家桥乡、林南仓镇毗邻，西接彩亭桥镇、孤树镇，西北与唐自头镇相连，北抵遵化市刘备寨乡，东北与郭家屯乡交界。人民政府驻地在玉田城，电话区号0315，邮政编码064100，距玉田县人民政府2千米。

政区沿革 1953年，建城关乡。1958年，属城关人民公社。1983年8月，撤销人民公社，改建城关镇，辖35个村委会。1988年1月，更名为玉田镇。1989年4月，撤销八里铺乡、林东乡，并入玉田镇，辖60个村民委员会。1993年2月，马头山乡并入，辖73个村民委员会。

政区划分 2011年末，辖昌盛、城西、华景时代、繁荣路、凤栖园、府后、阜金、广场、唐山豪门集团公司、宏泰佳城、建设楼、暖泉、彭西、凯悦、铁路、旭升、玉田高新技术产业园区一号小区、益康、玉花园、玉花园新区、玉锦、玉兴楼22个社区居民委员会，安王庙、陈唐庄、东兴、富民、官山庄、林东、新康乐庄、薛官屯、林东大街、八里庄、东姚庄、沈张庄、东马头山、梁各庄、傅各庄、西马头山、曹定府、北定府、黄庄子、松官屯、北白塔、石庄、西查家屯、八里铺、东查家屯、邦道庄、周庄、琵琶营、刘庄、东小定府、南关、上坎、东关、城三、西关、西王庄、城二、城五、城六、城七、营房、水王庄、城四、下坎、海子、田水园、大王庄、三户庄、关后、富乐、药王庙、洪庄、三里屯、彭桥、里半庄、东蒙各庄、小庄子、西蒙各庄、南白塔、贾庄、董庄、城一、真武庙、纪家庄、马庄子65个村民委员会。

人口面积 2011年末，辖区总人口115823人，其中城镇常住人口74000人，城镇化率63.8%。另有流动人口5802人。总人口中，男性58014人，占50.1%；女性60258人，占49.9%；14岁以下18126人，占15.65%；15～64岁88588人，占76.46%；65岁以上9139人，占7.9%。总人口中，以汉族为主，达106916人，占92.31%；有回、满、壮、苗、蒙古等9个少数民族，共8907人，占7.69%。2011年，人口出生率5.3‰，人口死亡率2.6‰，人口自然增长率2.7‰。

辖区东西最大距离12.8千米，南北最大距离15.2千米，总面积90平方千米。其中陆地面积89.9平方千米，占99.9%；水域面积0.1平方千米，占0.1%。人口密度为每平方千米1287人。

自然条件

地形地貌 地处山前平原，北部略高。

水文 荣辉河从境内东部穿过，流经刘庄、东查家屯、西查家屯、里半庄等村。境内河流总长度1千米。

经济概况

农业 耕地面积6.7万亩。2011年，农业总产值12.43亿元，占国内生产总值的11%，比上年增长4%，实现农业增加值7.1亿元，占国内生产总值的13%。

粮食作物以小麦、玉米为主。2011年，生产粮食3.6万吨，其中小麦1.2万吨，玉米2.3万吨。主要经济作物有蔬菜。2011年，蔬菜种植面积6.3万亩，产量60万吨，主要品种有白菜、豆角、圆白菜等，其中白菜40万吨，豆角2万吨，圆白菜17万吨。

畜牧业以猪、羊、家禽为主。2011年末，生猪存栏6.8万头；羊存栏0.66只；家禽年饲养量41万羽。

2011年，拥有大型农业机械173台（辆），农民人均纯收入9320元。

工业 以钢铁深加工、电子、机械制造为主。2011年，工业总产值87.5亿元，比上年增长13%，实现工业增加值31.47亿元，占国内生产总值的58%。2011年，工业企业20家，职工2500人。

商业外贸 2011年末，商业网点1500个。

财政金融 2011年，财政总收入2.8亿元，比上年增长32%。其中地方财政收入1.1亿元。从主要税种看，完成增值税1693万元，营业税3137万元，企业所得税1217万元，分别比上年增长37.7%、6%、0.8%。人均财政收入2428元，比上年增长26.2%。2011年银行和金融机构各类存款余额29.54亿元，比上年增长14%。

社会发展

文化艺术 2011年末，镇文化站1个，村级文化活动中心14个；各类图书室14个，藏书2.5万余册。

教育 2011年末，幼儿园30所，在园幼儿4200人，专任教师208人；小学32所，在校生6631人，专任教师267人，小学适龄儿童入学率100%；初中3所，在校生3218人，专任教师127人，初中适龄人口入学率、小升初升学率、九年义务教育覆盖率均达100%；高中3所，在校生1.3万人，专任教师430人。其中玉田县银河中学为私立中学，占地面积17万平方米，建筑面积8万平方米，固定资产总值1.4亿元；在校生4800人，专任教师725人；设有小学部、初中部、高中部和国际部。2011年教育经费达9936万元，国家财政性教育经费9076万元。

医疗卫生 2011年末，各级各类医疗卫生机构8个，其中三级甲等医院1所（综合医院），三级乙等综合医院1所，疾病控制中心1个，卫生院5所；病床2300张，每千人拥有医疗床位19.8张。专业卫生人员1835人，其中执业医师420人，执业助理医师602人，注册护士720人。重点医院有玉田县医院、玉田县中医医院。其中玉田县医院占地面积3万平方米，建筑面积4万平方米，床位600张，专业技术人员810人，其中具有高级技术职称45人，中级技术职称260人；先后有“三治汤联合西药治疗急性心肌梗塞并发症”等8个科研项目获省、市科技进步奖。新型农村合作医疗参合人数3.3万人，参合率100%。

体育 2011年末，学校体育场地30处。90%的村安装了健身器材，经常参加体育活动的人员占常住人口的25%。

社会保障 2011年，城镇最低生活保障户数332户，人数639人，年支出161万元，比上年增长15%，月人均210元，比上年增长20%。农村最低生活保障户数823户，人数1159人，支出167万元，比上年增长11%，月人均120元，比上年增长7%。国家抚恤、补助各类优抚对象119人，抚恤事业费支出134.6万元，比上年增长11%。敬老院1家，床位200张，农村五保供养193人。社区服务设施21个。新型农村社会养老保险参保人数3.3万人，参保率100%。

基础设施

交通运输 京哈公路、玉遵公路、玉滨公路、玉石公路、遵宝公路过境。境内公路总长65千米。

邮政电信 2011年末，邮政网点2个，乡村通邮率100%。固定电话用户1.8万户；移动电话用户7.7万户。

镇区市政建设

道路 2011年末，镇区道路总长度60千米，人均拥有道路长度0.5米。

公共交通 2011年末，镇区公交汽车线路6条，运营总里程达1431千米，年客运量630万人次。

给排水 2011年末，镇区自来水厂1座，敷设干线水管7.1千米，生产能力5吨/日，年工业用水500万吨、生活用水396万吨，居民自来水普及率100%，排水管道70.67千米。

园林绿化 2011年末，镇区公园2个，公园面积47公顷，园林绿地面积651公顷，其中公园绿地面积158公顷，绿化覆盖率41.6%。

昌盛社区

(Changsheng Shequ)

名称来历 因寓意着昌盛社区今后更加兴旺兴盛而得名。

地理位置 地处城区街道办事处北部，东至西城路，西至国税局，南至桥西街，北至北环路。

主要指标 2011年末，辖区总人口5331人，总面积0.2平方千米，城镇居民人均可支配纯收入19406元。

城西社区

(Chengxi Shequ)

名称来历 因位于县城西部而得名。

地理位置 地处城区街道办事处中部，东至玉田汽车站，南至京秦铁路，西至玉遵西路，北至北外环以北马头山教师工房。

主要指标 2011年末，辖区总人口3201人，总面积4.5平方千米，城镇居民人均可支配收入19406元。

华景时代社区

(Huajingshidai Shequ)

名称来历 因辖华景时代居民区而得名。

地理位置 地处城区街道办事处东北部，东、南至遵宝线，西至彭桥村，北至东方名座。

主要指标 2011年末，辖区总人口8985人，总面积0.15平方千米，城镇居民人均可支配收入19406元。

繁荣路社区

(Fanronglu Shequ)

名称来历 因寓意繁荣社区今后更加兴旺发达而得名。

地理位置 地处城区街道办事处北部，东至玉花园，南至新兴街，西至玉兴楼，北至北环路。

主要指标 2011年末，辖区总人口4169人，总面积0.2平方千米，城镇居民人均可支配收入19406元。

凤栖园社区

(Fengqiyuan Shequ)

名称来历 凤凰栖息的场所，因寓意喜庆、吉祥、和谐、高贵、美满幸福的家园而得名。

地理位置 地处城区街道办事处北部，东至繁荣路，南至文明街，西至访工路，北至新兴街。

主要指标 2011年末，辖区总人口6075人，总面积0.16平方千米，城镇居民人均可支配收入19406元。

府后社区

(Fuhou Shequ)

名称来历 因位于原县政府驻地后身而得名。

地理位置 地处城区街道办事处中部，东至繁荣路，南至102国道（无终街），西至西城路，北至北城西街。

主要指标 2011年末，辖区总人口4206人，总面积0.7平方千米，城镇居民人均可支配收入19406元。

阜金社区

(Fujin Shequ)

名称来历 因玉田城西为阜，是块宝地，宝地生金而得名。

地理位置 地处城区街道办事处西部，东至玉月路，南至京秦铁路，西至西环路，北至北环路。

主要指标 2011年末，辖区总人口4558人，总面积3.56平方千米，城镇居民人均可支配收入19406元。

广场社区

(Guangchang Shequ)

名称来历 因坐落于中心广场而得名。

地理位置 地处城区街道办事处中部，东至东城路，南至无终大街，西至繁荣路，北至文明街。

主要指标 2011年末，辖区总人口4226人，总面积0.25平方千米，城镇居民人均可支配收入19406元。

唐山豪门集团公司社区

(Tangshanhaomenjituangongsi Shequ)

名称来历 因创建豪门集团公司所成立而得名。

地理位置 地处城区街道办事处西南部，东至桃园酒楼，南至市场，西至饮料厂，北至火车道。

主要指标 2011年末，辖区总人口3568人，总面积0.08平方千米，城镇居民人均可支配收入19406元。

宏泰佳城社区

(Hongtaijiacheng Shequ)

名称来历 意为平安美好祥和的较大居民区。

地理位置 地处城区街道办事处中部，东至西城路，南至府前街，西至清风路，北至凤凰春城。

主要指标 2011年末，辖区总人口5196人，总面积0.01平方千米，城镇居民人均可支配收入19406元。

建设楼社区

(Jianshelou Shequ)

名称来历 因辖建设楼居民楼而得名。

地理位置 地处城区街道办事处东部，东至关后村，南至无终街，西至燕山路，北至彭桥村。

主要指标 2011年末，辖区总人口2214人，总面积0.8平方千米，城镇居民人均可支配收入19406元。

暖泉社区

(Nuanquan Shequ)

名称来历 因属地历史至今有暖泉而得名。

地理位置 地处城区街道办事处南部，东至贾庄路，南至南环路，西至暖泉路，北至铁道南街。

主要指标 2011年末，辖区总人口1917人，总面积0.4平方千米，城镇居民人均可支配收入19406元。

彭西社区

(Pengxi Shequ)

名称来历 因坐落在玉田镇彭桥村西而得名。

地理位置 地处城区街道办事处东北部，东至彭桥村，南至城一村，西至繁荣社区，北至玉花园小区。

主要指标 2011年末，辖区总人口4566人，总面积0.3平方千米，城镇居民人均可支配收入19406元。

凯悦社区

(Kaiyue Shequ)

名称来历 因寓意胜利凯旋后的喜悦而得名。

地理位置 地处城区街道办事处西部，东至振玉路，南至102国道，西至豪门包装厂，北至阜金小区。

主要指标 2011年末，辖区总人口2751人，总面积0.05平方千米，城镇居民人均可支配收入19406元。

铁路社区

(Tielu Shequ)

名称来历 因毗邻铁路而得名。

地理位置 地处城区街道办事处中部，东至全友家私，南至豪门街，西至玉田县粮食局，北至无终街。

主要指标 2011年末，辖区总人口947人，总面积0.05平方千米，城镇居民人均可支配收入19406元。

旭升社区

(Xusheng Shequ)

名称来历 因临近旭升路而得名。

地理位置 地处城区街道办事处东部，东至东八里铺，南至铁南东街，西至旭升路，北至无终街。

主要指标 2011年末，辖区总人口1970人，总面积0.81平方千米，城镇居民人均可支配收入19406元。

玉田高新技术产业园区一号小区社区

(Yutiangaoxinjishuchanyeyuanquyihaoxiaoqu Shequ)

名称来历 因省级高新技术产业园区招商项目一期工程而得名。

地理位置 地处城区街道办事处西北部，东至舒畅华府小区，南至纪家庄，西至西环路，北至北环路。

主要指标 2011年末，辖区总人口3060人，总面积0.18平方千米，城镇居民人均可支配收入19406元。

益康社区

(Yikang Shequ)

名称来历 意为有益健康得名益康社区。

地理位置 地处城区街道办事处南部，东至暖泉路，南至药王庙村，西至豪门路，北至无终大街。

主要指标 2011年末，辖区总人口2875人，总面积0.38平方千米，城镇居民人均可支配收入19406元。

玉花园社区

(Yuhuayuan Shequ)

名称来历 取玉田花园之含义。

地理位置 地处城区街道办事处东北部，东至玉花园三期，南至彭西小区，西至马庄子村，北至北环路。

主要指标 2011年末，辖区总人口3588人，总面积0.11平方千米，城镇居民人均可支配收入19406元。

玉花园新区社区

(Yuhuayuangxinqu Shequ)

名称来历 因辖区相邻并建于玉花园小区之后得名玉花园新区社区。

地理位置 地处城区街道办事处东北部，东至西城路，南至光明街，西至玉花园小区，北至北外环。

主要指标 2011年末，辖区总人口5980人，总面积0.29平方千米，城镇居民人均可支配收入19406元。

玉锦社区

(Yujin Shequ)

名称来历 寓意着在种玉之田前程似锦，故得名玉锦。

地理位置 地处城区街道办事处北部，东至北方购物中心，南至晶玉宾馆，西至玉田县政府，北至金旺玉城。

主要指标 2011年末，辖区总人口3474人，总面积0.1平方千米，城镇居民人均可支配收入19406元。

玉兴楼社区

(Yuxinglou Shequ)

名称来历 寓意玉田兴旺、居民安居乐业之地得名玉兴楼社区。

地理位置 地处城区街道办事处北部，东至繁荣小区，南至新兴路，西至清风路，北至北环路。

主要指标 2011年末，辖区总人口2987人，总面积0.12平方千米，城镇居民人均可支配收入19406元。

安王庙村

(Anwangmiao Cun)

名称来历 由庙西、安乐庄、沈王庄联建而得名。

地理位置 地处玉田镇西部，东至东沈庄，南至林东大街，西至孤树镇，北至彩亭桥镇。

主要指标 2011年末，辖区总人口2117人，总面积3.22平方千米，农民人均纯收入9805元。

八里铺村

(Balipu Cun)

名称来历 建村时，地处县城正东八华里，并建有烽火台，故名。

地理位置 地处玉田镇东部，东至亮甲店镇界，南至石庄，西至西查屯，北至东小定府。

主要指标 2011年末，辖区总人口545人，总面积0.99平方千米，农民人均纯收入9927元。

八里庄村

(Balizhuang Cun)

名称来历 因立庄时距林南仓和彩亭桥均八华里而得名。

地理位置 地处玉田镇西南部，东至安王庙，南至六里屯，西至后湖工业区，北至沈张庄。

主要指标 2011年末，辖区总人口1433人，总面积2.33平方千米，农民人均纯收入9848元。

邦道庄村

(Bangdaozhuang Cun)

名称来历 因临近玉田通往鸦鸿桥大道而得名。

地理位置 地处玉田镇东南部，东至亮甲店镇界，南至虹桥镇界，西至玉滨路，北至周庄。

主要指标 2011年末，辖区总人口279人，总面积0.39平方千米，农民人均纯收入9623元。

北白塔村

(Beibaita Cun)

名称来历 因地处山上原有一座白塔，故得名“白塔庄”，后称北白塔。

地理位置 地处玉田镇北部，东至郭家屯乡界，南至北李庄，西至谢甲庄，北至蓟县界。

主要指标 2011年末，辖区总人口1038人，总面积2.46平方千米，农民人均纯收入9780元。

北定府村

(Beidingfu Cun)

名称来历 王氏建庄。因村小且南邻曹家定府，故得名北定府村。

地理位置 地处玉田镇西部，东至梁各庄，南至曹定府，西至彩亭桥镇界，北至陶官屯。

主要指标 2011年末，辖区总人口338人，总面积0.68平方千米，农民人均纯收入9621元。

曹定府村

(Caodingfu Cun)

名称来历 因曹氏建村得名曹定府村。

地理位置 地处玉田镇西部，东至梁各庄，南至彩亭桥镇界，西至彩亭桥镇界，北至北定府。

主要指标 2011年末，辖区总人口1386人，总面积2.4平方千米，农民人均纯收入9823元。

陈唐庄村

(Chentangzhuang Cun)

名称来历 由唐庄、小陈庄联建得名陈唐庄。

地理位置 地处玉田镇西南部，东至东姚庄，南至三渠庄，西至林东二街，北至遵宝公路。

主要指标 2011年末，辖区总人口1650人，总面积2.69平方千米，农民人均纯收入9697元。

城二村

(Cheng'er Cun)

名称来历 玉田镇政府驻地各村，以数字排序进行区分。此村为城二村。

地理位置 地处玉田镇中部，东至城一村，南至城六村，西至清风路，北至繁荣小区。

主要指标 2011年末，辖区总人口703人，总面积0.24平方千米，农民人均纯收入9789元。

城六村

(Chengliu Cun)

名称来历 玉田镇政府驻地各村，以数字排序进行区分。此村为城六村。

地理位置 地处玉田镇中部，东至城三，南至帅府小区，西至清风路，北至文明街。

主要指标 2011年末，辖区总人口895人，总面积0.5平方千米，农民人均纯收入9687元。

城七村

(Chengqi Cun)

名称来历 玉田镇政府驻地各村，以数字排序进行区分。此村为城七村。

地理位置 地处玉田镇中部，东至暖泉路，南至药王庙，西至城四村，北至铁南西街。

主要指标 2011年末，辖区总人口535人，总面积0.83平方千米，农民人均纯收入9421元。

城三村

(Chengsan Cun)

名称来历 玉田镇政府驻地各村，以数字排序进行区分。此村为城三村。

地理位置 地处玉田镇中部，东至城五村，南至玉田县医院，西至繁荣路，北至文明街。

主要指标 2011年末，辖区总人口1111人，总面积0.44平方千米，农民人均纯收入9815元。

城四村

(Chengsi Cun)

名称来历 玉田镇政府驻地各村，以数字排序进行区分。此村为城四。

地理位置 地处玉田镇中部，东至南关，南至南关，西至西关，北至城三村。

主要指标 2011年末，辖区总人口514人，总面积0.1平方千米，农民人均纯收入9934元。

城五村

(Chengwu Cun)

名称来历 玉田镇政府驻地各村，以数字排序进行区分。此村为城五村。

地理位置 地处玉田镇中部，东至东关，南至二郎庙市场，西至城三村，北至城一村。

主要指标 2011年末，辖区总人口607人，总面积0.33平方千米，农民人均纯收入10278元。

城一村

(Chengyi Cun)

名称来历 玉田镇政府驻地各村，以数字排序进行区分。此村为城一村。

地理位置 地处玉田镇中部，东至彭西小区，南至城五村，西至城三村，北至马庄子。

主要指标 2011年末，辖区总人口726人，总面积0.37平方千米，农民人均纯收入9755元。

大王庄村

(Dawangzhuang Cun)

名称来历 因王姓建庄而得名。

地理位置 地处玉田镇中部，东至旭升东路，南至南环路，西至水王庄，北至田水园。

主要指标 2011年末，辖区总人口1069人，总面积0.84平方千米，农民人均纯收入9781元。

东查家屯村

(Dongchajiatun Cun)

名称来历 因查家屯划分，此村居东得名东查家屯村。

地理位置 地处玉田镇东部，东至东小定府，南至102国道，西至西查家屯，北至刘庄。

主要指标 2011年末，辖区总人口679人，总面积1.22平方千米，农民人均纯收入9920元。

东关村

(Dongguan Cun)

名称来历 玉田县城驻地所在村，因其位于县城东城关，故名东关。

地理位置 地处玉田镇中部，东至旭升路，南至原102国道，西至关后，北至里半庄。

主要指标 2011年末，辖区总人口3717人，总面积3.14平方千米，农民人均纯收入9862元。

东马头山村

(Dongmatoushan Cun)

名称来历 因相传村西有条辽代萧太后时的运粮河，并建有装卸码头（古时“码头”写为“马头”）得名。

地理位置 地处玉田镇北部，东至谢甲庄，南至陶官屯，西至西马头山，北至唐自头镇。

主要指标 2011年末，辖区总人口1882人，总面积6.23平方千米，农民人均纯收入9818元。

东蒙各庄村

(Dongmenggezhuang Cun)

名称来历 相传，因蒙各庄划分，此村居东，称东蒙各庄。

地理位置 地处玉田镇东部，东至刘庄，南至原102国道，西至西蒙各庄，北至北环路。

主要指标 2011年末，辖区总人口1313人，总面积1.8平方千米，农民人均纯收入9750元。

东小定府村

(Dongxiaodingfu Cun)

名称来历 原名“小定府”，后改称东小定府。

地理位置 地处玉田镇东部，东至亮甲店镇，南至八里铺，西至东查家屯，北至刘庄。

主要指标 2011年末，辖区总人口594人，总面积0.99平方千米，农民人均纯收入9892元。

东兴村

(Dongxing Cun)

名称来历 由东沈庄、庙东两村联建，并取名东兴村。

地理位置 地处玉田镇西部，东至薛官屯，南至安乐庄，西至庙西，北至彩亭桥镇。

主要指标 2011年末，辖区总人口1364人，总面积2.07平方千米，农民人均纯收入9594元。

东姚庄村

(Dongyaozhuang Cun)

名称来历 姚氏建村，因距县城八华里，得名东姚庄。

地理位置 地处玉田镇中部，东至药王庙，南至虹桥镇，西至唐庄，北至薛官屯。

主要指标 2011年末，辖区总人口1083人，总面积1.68平方千米，农民人均纯收入9577元。

董庄村

(Dongzhuang Cun)

名称来历 因董姓建庄得名董庄村。

地理位置 地处玉田镇部，南东至药王庙，南至虹桥镇，西至富贵家园，北至城四。

主要指标 2011年末，辖区总人口621人，总面积0.52平方千米，农民人均纯收入9845元。

傅各庄村

(Fugezhuang Cun)

名称来历 因傅氏建庄得名傅各庄。

地理位置 地处玉田镇中部，东至郭家屯乡，南至黄庄子，西至梁各庄，北至北李庄。

主要指标 2011年末，辖区总人口1499人，总面积2.56平方千米，农民人均纯收入9717元。

富乐村

(Fule Cun)

名称来历 原为西八里铺、哑巴张庄两个自然村，两村合并时，为求共同富裕康乐之意，得名富乐村。

地理位置 地处玉田镇西部，东至西环路，南至京秦铁路，西至洪庄，北至102国道。

主要指标 2011年末，辖区总人口769人，总面积0.73平方千米，农民人均纯收入10720元。

富民村

(Fumin Cun)

名称来历 由白庄子、三渠庄两村联建，并得名富民村。

地理位置 地处玉田镇西南部，东至虹桥镇，南至郭家屯乡，西至林南仓镇，北至陈唐庄。

主要指标 2011年末，辖区总人口1477人，总面积3.69平方千米，农民人均纯收入9450元。

关后村

(Guanhou Cun)

名称来历 在武衔门为官的原东关村人高凤瑞，与东关会首不合，遂分出独立建政，故而得名。

地理位置 地处玉田镇中部，东至东关，南至无终街，西至东城路，北至文明街。

主要指标 2011年末，辖区总人口830人，总面积0.66平方千米，农民人均纯收入9940元。

官山庄村

(Guanshanzhuang Cun)

名称来历 由陶官屯、小山头两村联建而得名。

地理位置 地处玉田镇北部，东至玉遵路，南至梁各庄，西至彩亭桥，北至小山头。

主要指标 2011年末，辖区总人口1546人，总面积2.37平方千米，农民人均纯收入9781元。

海子村

(Haizi Cun)

名称来历 因地势低洼，附近沥水均汇集此处，故而得名。

地理位置 地处玉田镇西部，东至三里屯，南至豪门路，西至西环路，北至京秦铁路。

主要指标 2011年末，辖区总人口1113人，总面积1.66平方千米，农民人均纯收入10487元。

洪庄村

(Hongzhuang Cun)

名称来历 因洪姓立庄而得名。

地理位置 地处玉田镇西部，东至富乐村，南至薛官屯，西至彩亭桥，北至102国道。

主要指标 2011年末，辖区总人口418人，总面积0.61平方千米，农民人均纯收入9622元。

黄庄子村

(Huangzhuangzi Cun)

名称来历 因黄氏建庄得名黄庄子。

地理位置 地处玉田镇中部，东至城二，南至玉田一中，西至玉遵公路，北至付各庄。

主要指标 2011年末，辖区总人口606人，总面积0.97平方千米，农民人均纯收入9726元。

纪家庄村

(Jijiazhuang Cun)

名称来历 因纪姓建庄，得名。村中清康熙年间所建三官庙的庙钟上铸有村名。

地理位置 地处玉田镇西部，东至下坎，南至102国道，西至西环路，北至北环路。

主要指标 2011年末，辖区总人口748人，总面积0.99平方千米，农民人均纯收入9802元。

贾庄村

(Jiazhuang Cun)

名称来历 因贾姓建庄得名贾庄。

地理位置 地处玉田镇中部，东至大王庄，南至南环路，西至真武庙，北至大王庄。

主要指标 2011年末，辖区总人口636人，总面积0.55平方千米，农民人均纯收入9686元。

里半庄村

(Libanzhuang Cun)

名称来历 因距县城鼓楼约一华里半得名。

地理位置 地处玉田镇中部，东至旭升路，南至东关，西至关后，北至文明街。

主要指标 2011年末，辖区总人口222人，总面积0.23平方千米，农民人均纯收入9631元。

梁各庄村

(Lianggezhuang Cun)

名称来历 梁氏建村，取名梁家庄。后黑、包、宋、任四姓由山东迁入，遂改称梁各庄。

地理位置 地处玉田镇西部，东至付各庄，南至北环路，西至北定府，北至陶官屯。

主要指标 2011年末，辖区总人口1796人，总面积3.15平方千米，农民人均纯收入9802元。

林东村

(Lindong Cun)

名称来历 相传村西古有片树林，得名林东村。

地理位置 地处玉田镇西南部，东至小陈府，南至白庄子，西至林南仓镇，北至林东大街。

主要指标 2011年末，辖区总人口1667人，总面积2.68平方千米，农民人均纯收入9387元。

林东大街村

(Lindongdajie Cun)

名称来历 相传村西古有片树林，得名林东大街。

地理位置 地处玉田镇西南部，东至唐庄，南至林东二街，西至林南仓矿家属院，北至安乐庄。

主要指标 2011年末，辖区总人口954人，总面积1.57平方千米，农民人均纯收入9451元。

刘庄村

(Liuzhuang Cun)

名称来历 因刘氏所建得名。

地理位置 地处玉田镇东部，东至郭家屯乡，南至东查家屯，西至东蒙各庄村，北至北环路。

主要指标 2011年末，辖区总人口257人，总面积0.38平方千米，农民人均纯收入9681元。

马庄子村

(Mazhuangzi Cun)

名称来历 因马姓建庄得名马庄子。

地理位置 地处玉田镇中部，东至玉花园小区，南至城一，西至城五，北至北环路。

主要指标 2011年末，辖区总人口541人，总面积0.46平方千米，农民人均纯收入9595元。

南白塔村

(Nanbaita Cun)

名称来历 因村东头朝阳庵东有尼姑坟，坟呈塔形，白色，故得名。

地理位置 地处玉田镇南部，东至天齐庙，南至虹桥镇，西至药王庙，北至真武庙。

主要指标 2011年末，辖区总人口566人，总面积0.26平方千米，农民人均纯收入9795元。

南关村

(Nanguan Cun)

名称来历 因其位于县城南城关而得名。

地理位置 地处玉田镇中部，东至三户庄，南至京秦铁路，西至西王庄，北至无终街。

主要指标 2011年末，辖区总人口2974人，总面积0.57平方千米，农民人均纯收入10750元。

彭桥村

(Pengqiao Cun)

名称来历 因彭姓在此定居，且村有两座石桥得名彭桥。

地理位置 地处玉田镇中部，东至西蒙各庄，南至东关，西至马庄子，北至北环路。

主要指标 2011年末，辖区总人口665人，总面积0.55平方千米，农民人均纯收入9970元。

琵琶营村

(Pipaying Cun)

名称来历 相传唐太宗东征途经玉田，随军有琵琶队驻于此处，由此得名。

地理位置 地处玉田镇东南部，东至亮甲店镇中辛庄，南至镇北村，西至周庄，北至石庄。

主要指标 2011年末，辖区总人口751人，总面积1.21平方千米，农民人均纯收入9792元。

三户庄村

(Sanhuzhuang Cun)

名称来历 因杨、李、武三户于此建庄得名三户庄。

地理位置 地处玉田镇中部，东至东关，南至田水园，西至南关，北至无终街。

主要指标 2011年末，辖区总人口509人，总面积0.26平方千米，农民人均纯收入9639元。

三里屯村

(Sanlitun Cun)

名称来历 因其东距玉田旧鼓楼三华里而得名二里屯。

地理位置 地处玉田镇中部，东至豪门家属院，南至豪门路，西至豪门啤酒厂，北至京秦铁路。

主要指标 2011年末，辖区总人口597人，总面积0.62平方千米，农民人均纯收入9879元。

上坎村

(Shangkan Cun)

名称来历 因位于县城以西的高土坎上而得名上坎村。

地理位置 地处玉田镇中部，东至西关，南至原102国道，西至纪家庄，北至下坎。

主要指标 2011年末，辖区总人口709人，总面积0.71平方千米，农民人均纯收入10282元。

沈张庄村

(Shenzhangzhuang Cun)

名称来历 因张氏建庄而得名。

地理位置 地处玉田镇西部，东至安王庙村，南至八里庄，西至沈王庄，北至庙西。

主要指标 2011年末，辖区总人口1043人，总面积1.51平方千米，农民人均纯收入9849元。

石庄村

(Shizhuang Cun)

名称来历 古村，原名石桥庄。后改称石庄。

地理位置 地处玉田镇东部，东至亮甲店镇，南至琵琶营，西至玉滨公路，北至原102国道。

主要指标 2011年末，辖区总人口1689人，总面积2.95平方千米，农民人均纯收入9986元。

水王庄村

(Shuiwangzhuang Cun)

名称来历 因村西修有水簸箕形斜坡石头道故得名水簸箕王庄。后简称水王庄。

地理位置 地处玉田镇中部，东至大王庄，南至真武庙，西至暖泉路，北至京秦铁路。

主要指标 2011年末，辖区总人口503人，总面积0.51平方千米，农民人均纯收入9686元。

松官屯村

(Songguantun Cun)

名称来历 孙氏建庄。因孙氏在朝为官故定名孙官屯。后京城王姓在村东建有墓地（今此地仍称京王坟），周围栽满松树，树多成林。“松”、“孙”音近，遂得名“松官屯”。

地理位置 地处玉田镇北部，东至北白塔，南至北李庄，西至小山头，北至新乐庄。

主要指标 2011年末，辖区总人口1076人，总面积2.55平方千米，农民人均纯收入9874元。

田水园村

(Tianshuiyuan Cun)

名称来历 丁、商、宋等姓在此建庄，以村北原田家的花园而得名田水园村。

地理位置 地处玉田镇中部，东至旭升路，南至大王庄，西至三户，北至无终街。

主要指标 2011年末，辖区总人口816人，总面积0.72平方千米，农民人均纯收入9907元。

西查家屯村

(Xichajiatun Cun)

名称来历 因查姓建庄定名查家屯。后来户多庄大，分为东西查家屯，因此村居西而得名西查家屯。

地理位置 地处玉田镇东部，东至东查家屯，南至原102国道，西至遵宝公路，北至刘庄。

主要指标 2011年末，辖区总人口384人，总面积0.53平方千米，农民人均纯收入9807元。

西关村

(Xiguan Cun)

名称来历 因其位于县城西城关而得名西关村。

地理位置 地处玉田镇中部，东至西城路，南至原102国道，西至营房，北至实验小学。

主要指标 2011年末，辖区总人口1475人，总面积0.65平方千米，农民人均纯收入10495元。

西马头山村

(Ximatoushan Cun)

名称来历 唐代古村。原村址在村北约一华里处，宋、辽、金交战时被毁。明初燕王扫北时，肖、金两姓迁此重新建庄，称肖金庄。后金姓迁走，肖姓由原址南移现址。因村东是马头山，故得名西马头山。

地理位置 地处玉田镇北部，东至东马头山，南至陶官屯，西至唐自头镇，北至唐自头仲家山。

主要指标 2011年末，辖区总人口1021人，总面积1.98平方千米，农民人均纯收入9759元。

西蒙各庄村

(Ximenggezhuang Cun)

名称来历 相传，元代尚书蒙德厚在这里居住，取名蒙阁老庄，后简称蒙各庄。后分为两村，此村居西，得名西蒙各庄。

地理位置 地处玉田镇中部，东至东蒙各庄村，南至东关，西至旭升路，北至北环路。

主要指标 2011年末，辖区总人口1036人，总面积1.2平方千米，农民人均纯收入9753元。

西王庄村

(Xiwangzhuang Cun)

名称来历 赵氏兄弟4人逃荒至此，以耍坛子卖艺为生，建庄后定名“坛子王庄”。后改称西门外王庄，简称西王庄。

地理位置 地处玉田镇中部，东至南关村，南至京秦铁路，西至金恒印刷，北至无终街。

主要指标 2011年末，辖区总人口576人，总面积0.11平方千米，农民人均纯收入9780元。

下坎村

(Xiakan Cun)

名称来历 原与上坎同为“西坎庄”，因其地势低于“上坎”而得名。

地理位置 地处玉田镇中部，东至师范学院，南至上坎，西至金色家园，北至文明街。

主要指标 2011年末，辖区总人口1027人，总面积0.94平方千米，农民人均纯收入9871元。

小庄子村

(Xiaozhuangzi Cun)

名称来历 于、杨两姓建庄，分别定名为于庄子、小庄子。后杨氏家族兴旺，两村合并，仍比南邻的马庄子村小，沿用村名小庄子。

地理位置 地处玉田镇中部，东至彭桥，南至北环路，西至城六，北至郭家屯乡界。

主要指标 2011年末，辖区总人口315人，总面积0.38平方千米，农民人均纯收入9968元。

新康乐庄村

(Xinkanglezhuang Cun)

名称来历 由北李庄、谢甲庄两村联建得名新康名庄。

地理位置 地处玉田镇北部，东至郭家屯乡，南至付各庄，西至玉遵路，北至遵化市。

主要指标 2011年末，辖区总人口1268人，总面积2.65平方千米，农民人均纯收入9741元。

薛官屯村

(Xueguantun Cun)

名称来历 薛姓建庄，因薛氏在朝为官得名薛官屯。

地理位置 地处玉田镇西部，东至西环路，南至东姚庄，西至东沈庄，北至洪庄。

主要指标 2011年末，辖区总人口963人，总面积1.46平方千米，农民人均纯收入9961元。

药王庙村

(Yaowangmiao Cun)

名称来历 地处县城南三华里，取名南三里屯。清初，村内的药王庙驰名，故得名药王庙。

地理位置 地处玉田镇南部，东至南白塔，南至虹桥界，西至董庄村，北至城七。

主要指标 2011年末，辖区总人口1813人，总面积1.89平方千米，农民人均纯收入9769元。

营房村

(Yingfang Cun)

名称来历 清兵入关，在玉田县城西荒原建驻防营，并形成村落，得名。

地理位置 地处玉田镇中部，东至西关，南至原102国道，西至兴玉路，北至昌盛小区。

主要指标 2011年末，辖区总人口714人，总面积3.58平方千米，农民人均纯收入9994元。

真武庙村

(Zhenwumiao Cun)

名称来历 冯、翟、武三姓建庄，因村有个水闸，取名小闸。后村里建了一座真武庙，得名真武庙村。

地理位置 地处玉田镇南部，东至贾庄，南至南环路，西至暖泉路，北至水王庄。

主要指标 2011 年末，辖区总人口 568 人，总面积 0.4 平方千米，农民人均纯收入 9757 元。

周庄村

(Zhouzhuang Cun)

名称来历 相传，周姓最先来此建庄，得名。

地理位置 地处玉田镇东南部，东至琵琶营，南至邦道庄，西至玉滨公路，北至石庄。

主要指标 2011 年末，辖区总人口 855 人，总面积 1.21 平方千米，农民人均纯收入 9918 元。

（撰稿：周建军，初审：郭立明）

潮洛窝乡

(Chaoluowo Xiang)

政区概况

名称来历 明永乐二年（1404 年），由孙氏移民立庄，当时还乡河穿村而过，海水潮汐至此而止，因此取名潮洛窝。乡以驻地村命名。

地理位置 地处玉田县南部，东、南两界与丰润县李钊庄镇、宁河县丰台镇为邻，西与石臼窝镇、天津市宝坻区八门城镇接壤，北抵窝洛沽镇。人民政府驻潮洛窝村，电话区号 0315，邮政编码 064103，距玉田县人民政府 29.6 千米。

政区沿革 1953 年，建孙家乡。1958 年，为窝洛沽人民公社孙家管理区。1961 年，从窝洛沽人民公社析出，置孙家人民公社。1972 年 4 月，窝洛沽人民公社迁址潮洛窝。1982 年 4 月，更名为潮洛窝人民公社。1983 年 5 月，改置潮洛窝乡，辖 11 个村委会。1993 年 2 月，流涧头乡并入，辖 24 个村委会。

政区划分 2011 年末，辖北涧兴、东龙、慧龙寨、孙王乔、新赵、高四、潮洛窝、甄三、大赵官庄、九丈窝、罗卜窝、柳沽、湘子、盛家庄、南兴庄 15 个民村委员会。

人口面积 2011 年末，辖区总人口 23211 人，其中城镇常住人口 757 人，城镇化率 3.26%。另有流动人口 1875 人。总人口中，男性 11956 人，占 51.5%；女性 11255 人，占 48.5%；14 岁以下 3451 人，占 14.87%；15 ~ 64 岁 17598 人，占 75.82%；65 岁以上 2162 人，占 9.31%。总人口中，以汉族为主，达 22050 人，占 95%；有满、回、蒙古、壮、苗 5 个少数民族，共 1161 人，占 5%。2011 年，人口出生率 7‰，人口死亡率 6‰，人口自然增长率 1‰。

辖区东西最大距离 7.9 千米，南北最大距离 13.1 千米，总面积 60.7 平方千米。其中陆地面积 59.03 平方千米，占 97.25%；水域面积 1.67 平方千米，占 2.75%。人口密度为每平方千米 382 人。

自然条件

地形地貌 地处洼地平原，九河下梢，地势低洼。

水文 境内河道属蓟运河水系，还乡河、双城河、柳沽干渠、蓟运河均由北入境，通过全境。境内河流总长度 33.5 千米。

经济概况

农业 耕地面积 5.5 万亩，人均耕地 2.4 亩。2011 年，农业总产值 2.66 亿元。占国内生产总值的 16%，比上年增长 4%，实现农业增加值 1.52 亿元，占国内生产总值的 19%。

粮食作物以小麦、玉米为主。2011 年，生产粮食 1.7 万吨，其中小麦 4315 吨，玉米 1.2 万吨。主要经济作物有蔬菜。2011 年，蔬菜种植面积 1 万亩，产量 5.5 万吨，主要品种有大白菜、黄瓜、大葱等。

畜牧业以猪、羊、家禽为主。2011 年，生猪饲养量 2.2 万头，年末存栏 6 万头；羊饲养量 0.61 万只，年末存栏 0.38 万只；家禽饲养量 80.6 万羽。

2011 年，拥有大型农业机械 77 台（辆）；农民人均纯收入 8900 元。

工业 以造纸、汽车零部件加工、纤维布苇制品、服装加工为主。2011 年，工业生产总值 2.57 亿元，比上年增长 13%，实现工业增加值 0.92 亿元，占国内生产总值比重的 15%。2011 年，工业企业 25 家，职工 2526 人。

商业外贸 2011 年末，商业网点 540 个，职工 3580 人；城乡集贸市场 2 个。2011 年，社会消费品零售总额达 3.12 亿元。

财政金融 2011 年，财政总收入 3242 万元，比上年增长 26%。其中地方财政收入 1210 万元，比上年增长 25%。从主要税种看，完成增值税 253 万元，营业税 469 万元，企业所得税 182 万元，分别比上年增长 37%、6%、0.5%。2011 年，银行和金融机构各类存款余额 4.42 亿元，比上年增长 12%。

社会发展

文化艺术 2011 年末，镇文化站 1 个，村级文化活动中心 15 个；各类图书室 15 个，藏书 4.5 万册。

教育 2011 年末，小学 7 所，在校生 800 人，专任教师 80 人，小学适龄儿童入学率 100%；初中 1 所，在校生 300 人，专任教师 35 人，初中适龄人口入学率、小升初升学率、九年义务教育覆盖率均达 100%。2011 年教育经费达 1107 万元，国家财政性教育经费 1011 万元。

医疗卫生 2011 年末，各级各类医疗卫生机构 2 个，门诊部（所）2 个；病床 100 张，每千人拥有医疗床位 4.3 张。专业卫生人员 30 名，其中执业医师 2 人，执业助理医师 5 人，注册护士 15 人。新型农村合作医疗参合人数 1.85 万人，参合率 100%。

体育 2011年末，学校体育场地8处，座位200个。14个村安装了健身器材，经常参加体育活动的人员占常住人口的20%。

社会保障 2011年城镇最低生活保障户数6户，人数7人，支出1.68万元，比上年增长40%，月人均200元，比上年增长20%。农村最低生活保障户数472户，人数626人，支出91.36万元，比上年增长30%，月人均121.6元，比上年增长10%。国家抚恤、补助各类优抚对象43人，抚恤事业费支出47.5万元，比上年增长11%。新型农村社会养老保险参保人数1.7万人，参保率92%。

基础设施

交通运输 鸦丰公路过境，境内长15千米。

邮政电信 2011年末，邮政网点1个，乡村通邮率100%。固定电话用户3350户；移动电话用户13924户。

北涧兴村

(Beijianxing Cun)

名称来历 由北单庄、流涧头、北兴庄联建而得名。

地理位置 地处潮洛窝乡东南部，东至还乡河，南至后场，西至柳沽，北至九丈窝。

主要指标 2011年末，辖区总人口2009人，总面积5.31平方千米，农民人均纯收入7737元。

潮洛窝村

(Chaoluowo Cun)

名称来历 因孙氏移民立庄，当时还乡河穿村而过，海水潮汐至此而止，故得名潮洛窝。

地理位置 地处潮洛窝乡中部，东至王木庄，南至大赵官庄，西至罗卜窝，北至孙家圈。

主要指标 2011年末，辖区总人口989人，总面积1.87平方千米，农民人均纯收入7839元。

大赵官庄村

(Dazhaoguanzhuang Cun)

名称来历 赵氏移民立庄，取名赵家窝铺。后因梁氏迁入，跑马圈地，引起赵、梁两家纠纷，经官府判决，赵家土地不许再被圈占，并将村名改称大赵官庄。

地理位置 地处潮洛窝乡中部，东至新发庄，南至九丈窝，西至罗卜窝，北至潮洛窝。

主要指标 2011年末，辖区总人口1397人，总面积2.59平方千米，农民人均纯收入7840元。

东龙村

(Donglong Cun)

名称来历 因由小盘龙庄、东单庄、东宋庄联建而得名。

地理位置 地处潮洛窝乡南部，东至东丰台，南至盛庄子，西至蓟运河，北至徐家胡同。

主要指标 2011年末，辖区总人口1303人，总面积2.92平方千米，农民人均纯收入7773元。

高四村

(Gaosi Cun)

名称来历 因由黄泊沽、郭家庄、邵胡庄、高家村4个自然村组成而得名。

地理位置 地处潮洛窝乡东北部，东至刘钦庄，南至甄三村，西至双城河，北至刘钦庄。

主要指标 2011年末，辖区总人口1634人，总面积3.28平方千米，农民人均纯收入7847元。

慧龙寨村

(Huilongzhai Cun)

名称来历 因由大盘龙庄、徐家胡同联建而得名。

地理位置 地处潮洛窝乡南部，东至东丰台，南至东宋庄，西至蓟运河，北至流涧头。

主要指标 2011年末，辖区总人口1643人，总面积2.48平方千米，农民人均纯收入7721元。

九丈窝村

(Jiuzhangwo Cun)

名称来历 杨氏移民立庄，取永居此地之意，定名久占窝。后又有严占鳌“蘸酒烧窑终会把酒（久）蘸（占）干”之说，故得名九丈窝。

地理位置 地处潮洛窝乡中部，东至新发庄，南至北单庄，西至湘子，北至大赵官庄。

主要指标 2011年末，辖区总人口1030人，总面积1.43平方千米，农民人均纯收入7775元。

柳沽村

(Liugu Cun)

名称来历 相传杨氏立庄。因村建在蓟运河东岸，当时河堤有十三道沽，此沽是其中之一，沽边长有一株大柳树，故名柳沽。

地理位置 地处潮洛窝乡西部，东至北兴庄，南至蓟运河，西至观凤堆，北至罗卜窝。

主要指标 2011年末，辖区总人口1456人，总面积4.83平方千米，农民人均纯收入7793元。

罗卜窝村

(Luobowo Cun)

名称来历 李氏迁民搭窝铺立庄。因立庄处缺水，挪窝铺至现址，得名挪窝铺，取谐音为罗卜窝。

地理位置 地处潮洛窝乡中部，东至潮洛窝，南至湘子村，西至杨柳渠，北至甄三村。

主要指标 2011年末，辖区总人口2929人，总面积8.3平方千米，农民人均纯收入7762元。

南兴庄村

(Nanxingzhuang Cun)

名称来历 于、丁、何三姓由山东相继移此，分别称于家窝铺，丁家庄户，何家台子，统称南小庄。石子敬修筑护村大堤后，与小柳沽村合并，取兴旺发达之意，加之此村居南，改称南兴庄。

地理位置 地处潮洛窝乡西南部，东至双城河，南至蓟运河，西至北兴庄，北至湘子。

主要指标 2011年末，辖区总人口1961人，总面积3.21平方千米，农民人均纯收入7760元。

盛家庄村

(Shengjiazhuang Cun)

名称来历 因盛氏先祖从山东迁此所建而得名。

地理位置 地处潮洛窝乡南部，东至东丰台，南至蓟运河，西至蓟运河，北至东龙村。

主要指标 2011年末，辖区总人口1145人，总面积1.86平方千米，农民人均纯收入7798元。

孙王乔村

(Sunwangqiao Cun)

名称来历 由孙家圈、乔家庄、王木庄联建而得名。

地理位置 地处潮洛窝乡东北部，东至还乡河，南至潮洛窝村，西至双城河，北至甄三村。

主要指标 2011年末，辖区总人口1655人，总面积3.75平方千米，农民人均纯收入7765元。

湘子村

(Xiangzi Cun)

名称来历 刘氏移民所建。原因村南一株粗大的橡子树，得名橡子庄。后因地势低洼，四面环水，有湘水环绕之意，“橡”与“湘”谐音，改称湘子。

地理位置 地处潮洛窝乡中部，东至九丈窝，南至流涧头，西至罗卜窝，北至大赵官庄。

主要指标 2011年末，辖区总人口1188人，总面积3.29平方千米，农民人均纯收入7948元。

新赵村

(Xinzhao Cun)

名称来历 由小赵官庄、新发庄联建而得名。

地理位置 地处潮洛窝乡东部，东至西堆沽，南至东丰台，西至九丈窝，北至王木庄。

主要指标 2011年末，辖区总人口1858人，总面积3.65平方千米，农民人均纯收入7793元。

甄三村

(Zhensan Cun)

名称来历 由于家庄、前边庄、后边庄、甄庄子四个自然村组成而得名。

地理位置 地处潮洛窝乡西北部，东至还乡河，南至孙家圈，西至双城河，北至高四村。

主要指标 2011年末，辖区总人口952人，总面积1.89平方千米，农民人均纯收入7789元。

（撰稿：周建军，初审：郭立明）

陈家铺乡

(Chenjiapu Xiang)

政区概况

名称来历 明永乐三年（1405年），陈氏先祖在此立庄，人称陈四衙铺，后改称陈家铺。乡以驻地村命名。

地理位置 地处玉田县中部，东与散水头镇接壤，南邻石臼窝镇，西接郭家桥乡，西南一角与杨家板桥镇相连，北抵虹桥镇。人民政府驻陈家铺村，电话区号0315，邮政编码064105，距玉田县人民政府12.3千米。

政区沿革 1953年，建陈家铺乡。1956年，合并利家铺、中军铺、江查铺、查家铺、陈家铺5个乡为陈家铺乡。1958年，改为虹桥人民公社陈家铺管理区。1961年，析置陈家铺人民公社。1983年5月，撤销人民公社，复置陈家铺乡，辖42个村民委员会。

政区划分 2011年末，辖陈家铺、冯宋新村、府北、富强、金桥、联旺、联兴、前进、三铺府、五汇10个村民委员会。

人口面积 2011年末，辖区总人口15910人，其中城镇常住人口5490人，城镇化率34.51%。另有流动人口1320人。总人口中，男性8145人，占51.19%；女性7765人，占48.81%；14岁以下2233人，占14.04%；15～64岁12026人，占75.59%；65岁以上1651人，占10.37%。总人口中，以汉族为主，达15250人，占95.85%；有满、壮、蒙3个少数民族，共660人，占4.15%。2011年，人口出生率11.83‰，人口死亡率7.59‰，人口自然增长率4.24‰。

辖区东西最大距离6千米，南北最大距离9.5千米，总面积37.8平方千米。其中陆地面积37.35平方千米，占98.8%；水域面积0.45平方千米，占1.2%。人口密度为每平方千米421人。

自然条件

地形地貌 地处平原，地势低洼。地面高程一般在海拔4米。

水文 境内河道属蓟运河流域，双城河于东部从北向南穿境而过。境内河流总长度9千米。

经济概况

农业 耕地面积3.68万亩，人均2.3亩。2011年，农业总产值2.49亿元，占国内生产总值的22%，比上年增长4%，实现农业增加值1.42亿元，占国内生产总值的24%。

粮食作物以小麦、玉米为主。2011年，生产粮食2.33万吨，其中小麦0.8万吨，玉米1.5万吨。主要经济作物有蔬菜。2011年，蔬菜种植面积1.03万亩，产量5.9万吨，主要品种有辣椒、西瓜、白菜等。

畜牧业以猪、羊、家禽为主。2011年，生猪饲养量10.23万头，年末存栏5.27万头；羊饲养量0.35万只，年末存栏0.25万只；家禽饲养量15.36万羽。

2011年，拥有大型农业机械34台（辆）；农民人均纯收入8120元。

工业 以服装加工、纸箱、食品加工为主。2011年，工业总产值6.77亿元，比上年增长13%，实现工业增加值2.43亿元，占国内生产总值的40%。2011年，工业企业16家，职工800人。

商业外贸 2011年末，商业网点8个，职工65人。2011年，社会消费品零售总额达0.3亿元，比上年增长11%；城乡集市贸易成交额0.5亿元。

财政金融 2011年，财政总收入3113万元，比上年增长31%。其中地方财政收入1850万元，比上年增长32%。从主要税种看，完成增值税187万元，营业税347万元，企业所得税135万元，分别比上年增长36%、5.2%、0.55%。2011年，银行和金融机构各类存款余额3.27亿元，比上年增长14%。

社会发展

文化艺术 2011年末，镇文化站1个，村级文化活动中心10个；各类图书室15个，藏书1.5万余册。

教育 2011年末，幼儿园6所，在园幼儿435人，专任教师32人；小学4所，在校生720人，专任教师65人，小学适龄儿童入学率100%；初中适龄人口入学率、小升初升学率、九年义务教育覆盖率均达100%。2011年教育经费达934万元，国家财政性教育经费853万元。

医疗卫生 2011年末，各级医疗卫生机构26个，其中门诊部（所）1个；病床270张，每千人拥有医疗床位10.6张，固定资产总值150万元。专业卫生人员42名，其中执业医师3人，执业助理医师6人，注册护士31人。新型农村合作医疗参合人数1.2万人，参合率100%。

体育 2011年末，80%的村安装了健身器材，经常参加体育活动的人员占常住人口的20%。

社会保障 2011年城镇最低生活保障户数18户，人数32人，支出8.37万元，比上年增长9%，月人均218元，比上年增长9%；民政部门资助参加合作医疗180人次，支出1.1万元，比上年增长10%。农村最低生活保障户数221户，人数344人，支出37.9万元，比上年增长48%，月人均92元，比上年增长45%。国家抚恤、补助各类优抚对象136人，抚恤事业费支出22.6万元，比上年增长72%。社会福利费42万元，比上年增长65%。新型农村社会养老保险参保人数1.08万人，参保率90%。

基础设施

交通运输 京沈高速、玉石公路过境。境内公路总长15千米。

邮政电信 2011年末，邮政网点1个，乡村通邮率100%。

电信企业1家，服务网点1个；电话交换机总容量0.56万门，固定电话用户4480户；移动电话用户6000户。

冯宋新村

(Fengsongxin Cun)

名称来历 由东宋家铺、东冯家铺、西冯家铺、大宋家铺联建而得名。

地理位置 地处陈家铺乡东南部，东至双城河，南至石旧窝镇王铁铺，西至前进村，北至联兴村。

主要指标 2011年末，辖区总人口1669人，总面积3.55平方千米，农民人均纯收入8100元。

陈家铺村

(Chenjiapu Cun)

名称来历 由魏家铺、曹家铺、毛家铺、陈家铺联建而得名。

地理位置 地处陈家铺乡西部，东至双城河，南至联兴村，西至联旺村，北至金桥村。

主要指标 2011年末，辖区总人口1532人，总面积3.25平方千米，农民人均纯收入8200元。

府北村

(Fubei Cun)

名称来历 由王生铺、大靳家铺、刘家铺、马圈联建而得名。

地理位置 地处陈家铺乡西北部，东至陈家铺村，南至联旺村，西至郭家桥乡王仙铺，北至五汇村。

主要指标 2011年末，辖区总人口1695人，总面积3.74平方千米，农民人均纯收入8100元。

富强村

(Fuqiang Cun)

名称来历 由江查铺、西宋家铺、邱家铺、纪家铺联建而得名。

地理位置 地处陈家铺乡西南部，东至前进村，南至前进村，西至板桥镇霞港，北至联旺村。

主要指标 2011年末，辖区总人口889人，总面积

2.49 平方千米，农民人均纯收入 8000 元。

金桥村
(Jinqiao Cun)

名称来历 由王孝铺、王明铺、甘石桥、杨老铺联建而得名。

地理位置 地处陈家铺乡东部，东至双城河，南至陈家铺村，西至府北村，北至三铺府村。

主要指标 2011 年末，辖区总人口 2073 人，总面积 4.81 平方千米，农民人均纯收入 8100 元。

联旺村
(Lianwang Cun)

名称来历 由王安子、高文铺、韩荒子、老汪铺、侯家桥联建而得名。

地理位置 地处陈家铺乡西部，东至陈家铺村，南至富强村，西至郭家桥乡陈郎头铺，北至府北村。

主要指标 2011 年末，辖区总人口 1382 人，总面积 3.71 平方千米，农民人均纯收入 8100 元。

联兴村
(Lianxing Cun)

名称来历 由碱场、郝家铺、查家铺、高家铺联建而得名。

地理位置 地处陈家铺乡东部，东至双城河，南至冯宋新村，西至联旺村，北至陈家铺村。

主要指标 2011 年末，辖区总人口 1457 人，总面积 3.29 平方千米，农民人均纯收入 8200 元。

前进村
(Qianjin Cun)

名称来历 由张于铺、大溜子、于兰铺、黄姚铺联建而得名。

地理位置 地处陈家铺乡西南部，东至冯宋新村，南至石旧窝镇王建庄，西至富强村，北至联旺村。

主要指标 2011 年末，辖区总人口 1961 人，总面积 4.72 平方千米，农民人均纯收入 8200 元。

三铺府村
(Sanpufu Cun)

名称来历 由双铺、傅良铺、利家铺、大定府联建而得名。

地理位置 地处陈家铺乡北部，东至双城河，南至金桥村，西至五汇村，北至虹桥镇董家铺。

主要指标 2011 年末，辖区总人口 2016 人，总面积 4.61 平方千米，农民人均纯收入 8000 元。

五汇村
(Wuhui Cun)

名称来历 由司家铺、小靳家铺、大杨铺、中军铺、套子联建而得名。

地理位置 地处陈家铺乡西北部，东至三铺府村，南至府北村，西至郭家桥乡小杨铺，北至虹桥镇马营。

主要指标 2011 年末，辖区总人口 1393 人，总面积 3.04 平方千米，农民人均纯收入 8100 元。

（撰稿：周建军，初审：郭立明）

郭家屯乡
(Guojiatun Xiang)

政区概况

名称来历 乡以驻地村命名。元代初年，牛氏立庄，称牛家屯。明洪武年间，郭氏始祖迁此定居，因牛姓后继无人，故改名郭家屯。

地理位置 地处玉田县东北，东邻林头屯乡，东南一角与亮甲店镇接壤，西、南毗连玉田镇，北界遵化市刘备寨乡。人民政府驻郭家屯村，电话区号 0315，邮政编码 064100，距玉田县人民政府 6 千米。

政区沿革 1953 年，建郭家屯乡。1956 年，西大泉、姚官屯、郭家屯、邵官屯 4 个乡合并为双龙庄乡、邵官屯乡。1958 年，属城关人民公社。1961 年，从城关人民公社析出，置郭家屯人民公社。1983 年 5 月，撤销人民公社，复置郭家屯乡，辖 25 个村民委员会。1993 年 2 月，大李庄乡并入，辖 45 个村民委员会。

政区划分 2011 年末，辖白王庄、代官屯、东方、范定府、范家庄、关公岭、狼虎庄、麻山屯、门庄子、南五村、尚庄、铁官屯、徐晓屯、曹庄、郭家屯、辘轳庄、刘典屯、四角山、东大泉、麦坡、西大泉、杏树峪、鸭子峪、黄家山、姚官屯 25 个村民委员会。

人口面积 2011 年末，辖区总人口 35324 人，其中城镇常住人口 1116 人，城镇化率 3.16%。另有流动人口 3054 人。总人口中，男性 17884 人，占 50.63%；女性 17440 人，占 49.37%；14 岁以下 5627 人，占 15.93%；15～64 岁 26185 人，占 74.13%；65 岁以上 3512 人，占 9.94%。总人口中，以汉族为主，达 31000 人，占 87.76%；有满、回 2 个少数民族，共 4324 人，占 12.24%。2011 年，人口出生率 7‰，人口死亡率 3.5‰，人口自然增长率 3.5‰。

辖区东西最大距离 32 千米，南北最大距离 19 千米，总面积 80.1 平方千米。其中陆地面积 79.6 平方千米，占 99.4%；水域面积 0.5 平方千米，占 0.6%。人口密度为每平方千米 441 人。

自然条件

地形地貌 地处半山区，北部多山，南部为平原。地势北高南低。较大的山有红石岭、望甲山、四角山、十里长山、独乐崖。

水文 北部黄家山为双城河源。双城河改道从西入境，流经徐家屯、王各庄、门庄子、门小庄、双龙庄等村，向东南入亮甲店镇。境内河流总长度10千米。

经济概况

农业 耕地面积5.2万亩，人均1.5亩。2011年，农业总产值4.6亿元，占国内生产总值的19.3%，比上年增长4%，实现农业增加值2.66亿元，占国内生产总值的21%。

粮食作物以小麦、玉米为主。2011年，生产粮食2.72万吨，其中小麦4.46万吨，玉米2.17万吨。主要经济作物有蔬菜。2011年，蔬菜种植面积1.5万亩，产量5.59万吨，主要品种有白菜、豆角等，其中白菜1.04万吨，豆角1.3万吨。

畜牧业以猪、羊、家禽为主。2011年，生猪饲养量4.4万头，年末存栏5.12万头；羊饲养量0.41万只，年末存栏0.49万只；家禽饲养量2.607万羽。

2011年，拥有大型农业机械30台（辆）；农民人均纯收入8410元。

工业 以钢铁为主。2011年，工业总产值15.44亿元，比上年增长13%，实现工业增加值5.55，占国内生产总值的43%。2011年，工业企业2家，职工2100人。

商业外贸 2011年末，商业网点80个。

财政金融 2011年，财政总收入6692万元，比上年增长33%。其中地方财政收入2541万元。从主要税种看，完成增值税403万元，营业税746万元，企业所得税290万元，分别比上年增长37%、6%、0.7%。人均财政收入1936元，比上年增长25%。2011年，银行和金融机构各类存款余额7.03亿元，比上年增长14%。

社会发展

文化艺术 2011年末，镇文化站1个，村级文化活动中心20个；各类图书室3个，藏书4万余册。

教育 2011年末，幼儿园6所，在园幼儿2452人，专任教师102人；小学6所，在校生1750人，专任教师112人，小学适龄儿童入学率100%；初中1所，在校生790人，专任教师127人，初中适龄人口入学率、小升初升学率、九年义务教育覆盖率均达100%。2011年教育经费达3264万元，国家财政性教育经费2982万元，财政预算内教育经费140万元，比上年增长7%。

医疗卫生 2011年末，各级医疗卫生机构1个；病床10张，每千人拥有医疗床位0.29张，固定资产总值40万元。专业卫生人员72名，其中执业医师14人，执业助理医师3人，注册护士2人。2011年医疗机构（门诊部以上）完成诊疗0.7万人次。新型农村合作医疗参合人数2.79万人，参合率99%。

体育 2011年，学校体育场地7处。90%的村安装了健身器材，经常参加体育活动的人员占常住人口的20%。

广播电视 2011年末，有线电视用户0.7万户，入户率95%。

社会保障 2011年，农村最低生活保障户数878户，人数1310人，支出80万元，比上年增长10%，月人均51元，比上年增长10%；农村医疗救助15人次，民政部门资助参加合作医疗780人次，共支出35万元，比上年增长11%。国家抚恤、补助各类优抚对象66人，抚恤事业费支出36万元，比上年增长11%。敬老院1家，床位100张，农村五保供养60人。新型农村社会养老保险参保人数2.59万人，参保率92%。

基础设施

交通运输 遵宝公路、亮林公路过境。境内公路总长14.5千米。

邮政电信 2011年末，邮政网点1个，乡村通邮率100%。固定电话用户0.48万户；移动电话用户2万户。

白王庄村

(Baiwangzhuang Cun)

名称来历 由白各庄、北王庄联建而得名。

地理位置 地处郭家屯乡西部，东至刘典屯，南至晓乐屯，西至北白塔，北至白王庄。

主要指标 2011年末，辖区总人口1852人，总面积4.20平方千米，农民人均纯收入9300元。

曹庄村

(Caozhuang Cun)

名称来历 因曹氏迁此立庄而得名。

地理位置 地处郭家屯乡西部，东至邵官屯，南至邵官屯，西至刘典屯，北至麻山寺。

主要指标 2011年末，辖区总人口1093人，总面积2.07平方千米，农民人均纯收入9009元。

代官屯村

(Daiguantun Cun)

名称来历 由代官屯、小李庄联建而得名。

地理位置 地处郭家屯乡东北部，东至边庄子，南至大李庄，西至尚庄中街，北至鸭子峪。

主要指标 2011年末，辖区总人口979人，总面积2.84平方千米，农民人均纯收入9050元。

东大泉村

(Dongdaquan Cun)

名称来历 村西山坡有一古泉称大泉。因村位于大泉之东，故称东大泉。

地理位置 地处郭家屯乡东南部，东至小泉，南至袁庄，西至西大泉，北至十里长山。

主要指标 2011年末，辖区总人口1227人，总面积

2.41 平方千米，农民人均纯收入 9000 元。

东方村

(Dongfang Cun)

名称来历 由王乐庄、大李庄、边家庄、许庄子联建而得名。

地理位置 地处郭家屯乡东部，东至东范家坞，南至铁匠庄，西至代官屯，北至鸭子峪。

主要指标 2011 年末，辖区总人口 1833 人，总面积 5.32 平方千米，农民人均纯收入 9200 元。

范定府村

(Fandingfu Cun)

名称来历 由门小庄、范家定府联建而得名。

地理位置 地处郭家屯乡南部，东至门小庄，南至姚官屯，西至遵宝公路，北至门庄子。

主要指标 2011 年末，辖区总人口 1146 人，总面积 1.75 平方千米，农民人均纯收入 9300 元。

范家庄村

(Fanjiazhuang Cun)

名称来历 由范家庄、双龙庄联建而得名。

地理位置 地处郭家屯乡南部，东至袁庄，南至张家围，西至范定府村，北至狼虎庄。

主要指标 2011 年末，辖区总人口 1413 人，总面积 2.90 平方千米，农民人均纯收入 9200 元。

关公岭村

(Guangongling Cun)

名称来历 由邢家坞、阮庄子联建并取名关公岭。

地理位置 地处郭家屯乡中部，东至西大泉、铁匠庄，南至狼虎庄，西至辘轳庄，北至尚庄。

主要指标 2011 年末，辖区总人口 1339 人，总面积 3.79 平方千米，农民人均纯收入 9750 元。

郭家屯村

(Guojiatun Cun)

名称来历 牛氏立庄，称牛家屯。后郭氏始祖迁此定居，因牛姓后继无人，故改称郭家屯。

地理位置 地处郭家屯乡中部，东至辘轳庄，南至门庄子，西至麦坡，北至望甲山。

主要指标 2011 年末，辖区总人口 1917 人，总面积 4.26 平方千米，农民人均纯收入 9230 元。

黄家山村

(Huangjiashan Cun)

名称来历 因位于黄家山南麓而得名。

地理位置 地处郭家屯乡北部，东至杏树峪，南至尚庄后街，西至东凤凰顶，北至老庄户。

主要指标 2011 年末，辖区总人口 969 人，总面积 2.36 平方千米，农民人均纯收入 8512 元。

狼虎庄村

(Langhuzhuang Cun)

名称来历 由大狼虎庄、小狼虎庄、北辛庄联建而得名。

地理位置 地处郭家屯乡南部，东至东大泉，南至双龙庄，西至门庄子，北至邢家坞。

主要指标 2011 年末，辖区总人口 2081 人，总面积 3.43 平方千米，农民人均纯收入 9050 元。

刘典屯村

(Liudiantun Cun)

名称来历 因村建于麻山西侧，因传说古人在麻山种玉的典故而取名留典屯，取谐音改称刘典屯。

地理位置 地处郭家屯乡西部，东至麦坡，南至晓乐屯，西至北王庄，北至北王庄。

主要指标 2011 年末，辖区总人口 2003 人，总面积 5.72 平方千米，农民人均纯收入 9248 元。

辘轳庄村

(Luluzhuang Cun)

名称来历 因此村历来缺水，村人盼水，认为有辘轳就可以把水取来，故而得名。

地理位置 地处郭家屯乡中部，东至邢家坞，南至门庄子，西至郭家屯，北至四角山。

主要指标 2011 年末，辖区总人口 1363 人，总面积 2.11 平方千米，农民人均纯收入 9000 元。

麻山屯村

(Mashantun Cun)

名称来历 由麻山寺、邵官屯联建而得名。

地理位置 地处郭家屯乡西部，东至麦坡，南至荣辉河，西至刘典屯，北至望甲山。

主要指标 2011 年末，辖区总人口 1781 人，总面积 3.48 平方千米，农民人均纯收入 10300 元。

麦坡村

(Maipo Cun)

名称来历 因村建在最适于小麦生长的山坡上而得名。

地理位置 地处郭家屯乡中部，东至郭家屯，南至邵官屯，西至麻山寺，北至麻山寺水库。

主要指标 2011 年末，辖区总人口 2069 人，总面积 5.37 平方千米，农民人均纯收入 9201 元。

门庄子村

(Menzhuangzi Cun)

名称来历 由门庄子、王各庄联建而得名。

地理位置 地处郭家屯乡南部，东至小狼虎庄，南至门小庄，西至遵宝公路，北至辘轳庄。

主要指标 2011年末，辖区总人口1324人，总面积2.58平方千米，农民人均纯收入9000元。

南五村

(Nanwu Cun)

名称来历 由小港、小黄庄、大黄庄、刘辛庄、新高庄联建，并取名南五村。

地理位置 地处郭家屯乡东部，东至西芦庄，南至后户部庄，西至十里长山，北至朱官屯。

主要指标 2011年末，辖区总人口1685人，总面积4.59平方千米，农民人均纯收入9500元。

尚庄村

(Shangzhuang Cun)

名称来历 由尚庄前街、尚庄中街、尚庄后街联建而得名。

地理位置 地处郭家屯乡北部，东至代官屯，南至阮庄子，西至四角山，北至杏树峪。

主要指标 2011年末，辖区总人口2095人，总面积5.83平方千米，农民人均纯收入8900元。

四角山村

(Sijiaoshan Cun)

名称来历 因村依四角山而得名。

地理位置 地处郭家屯乡中部，东至阮庄子，南至辘轳庄，西至郭家屯，北至四角山。

主要指标 2011年末，辖区总人口853人，总面积3.50平方千米，农民人均纯收入9181元。

铁官屯村

(Tieguantun Cun)

名称来历 由朱官屯、铁匠庄联建而得名。

地理位置 地处郭家屯乡东部，东至樊庄子，南至南五村，西至尚庄，北至东方村。

主要指标 2011年末，辖区总人口1485人，总面积4.45平方千米，农民人均纯收入9250元。

西大泉村

(Xidaquan Cun)

名称来历 因村东山坡有一眼古泉，称大泉。此村位大泉以西，故称西大泉。

地理位置 地处郭家屯乡东南部，东至东大泉，南至袁庄，西至狼虎庄，北至邢家坞。

主要指标 2011年末，辖区总人口1084人，总面积2.82平方千米，农民人均纯收入9148元。

杏树峪村

(Xingshuyu Cun)

名称来历 因村建在山谷地带，山坡上长满杏树而得名。

地理位置 地处郭家屯乡北部，东至天桥峪，南至尚庄，西至黄家山，北至黄家山。

主要指标 2011年末，辖区总人口289人，总面积0.62平方千米，农民人均纯收入8348元。

徐晓屯村

(Xuxiaotun Cun)

名称来历 由徐家屯、晓乐屯联建而得名。

地理位置 地处郭家屯乡西南部，东至门庄子，南至小庄子，西至傅各庄，北至刘典屯。

主要指标 2011年末，辖区总人口1177人，总面积2.18平方千米，农民人均纯收入9250元。

鸭子峪村

(Yaziyu Cun)

名称来历 因村建在四周环山的山谷地带，西山坡下有一眼马蹄泉，泉边常有野鸭子饮水留下的爪印，为此村里又有金鸭飞落此地传说，由此得名鸭子峪村。

地理位置 地处郭家屯乡东北部，东至井峪，南至代官屯，西至牛角峪，北至水峪。

主要指标 2011年末，辖区总人口403人，总面积0.8平方千米，农民人均纯收入9306元。

姚官屯村

(Yaoguantun Cun)

名称来历 姚氏立庄。因其为县衙内书吏而得名姚官屯。

地理位置 地处郭家屯乡南部，东至张家围，南至102国道，西至刘庄，北至范定府。

主要指标 2011年末，辖区总人口968人，总面积3.41平方千米，农民人均纯收入9921元。

（撰稿：周建军，初审：郭立明）

郭家桥乡

(Guojiaqiao Xiang)

政区概况

名称来历 乡以驻地村命名。明永乐二年（1404年），郭氏移民立庄，并于荣辉河（今改道）上建一座小桥，村以桥冠名郭家桥。

地理位置 地处玉田县中部偏西，东接虹桥镇、陈家铺乡，南邻杨家板桥镇，西抵林西镇，北毗连林南仓镇、玉田镇。人民政府驻郭桥村，电话区号 0315，邮政编码 064106，距玉田县人民政府 13 千米。

政区沿革 1953 年，建郭家桥乡。1956 年，李公庄、贾家铺 2 个乡并入郭家桥乡。1958 年，为林南仓人民公社郭家桥管理区。1961 年，析置郭家桥人民公社。1969 年 10 月，郭家桥人民公社社址迁刘家桥南。1983 年 6 月，撤销人民公社，复置郭家桥乡，辖 42 个村民委员会。1995 年 8 月，乡人民政府迁驻刘家桥村。

政区划分 2011 年末，辖北朱侯、郭桥、和平新、贾闫张、金丁港、李公庄、吕高庄、蒲李王、荣辉、三和、三兴、兴旺五、友谊新 13 个村民委员会。

人口面积 2011 年末，辖区总人口 17800 人，其中城镇常住人口 559 人，城镇化率 3.1%。另有流动人口 1650 人。总人口中，男性 8579 人，占 48.2%；女性 9221 人，占 51.8%；14 岁以下 2540 人，占 14.27%；15 ~ 64 岁 13387 人，占 75.21%；65 岁以上 1873 人，占 10.52%。总人口中以汉族为主，达 17253 人，占 96.93%；有满、蒙、壮、瑶、苗、仫佬 6 个少数民族，共 547 人，占 3.07%。2011 年，人口出生率 12.61‰，人口死亡率 6.71‰，人口自然增长率 5.9‰。

辖区东西最大距离 7.9 千米，南北最大距离 7.2 千米，总面积 46.6 平方千米。其中陆地面积 46.3 平方千米，占 99.4%；水域面积 0.3 平方千米，占 0.6%。人口密度为每平方千米 382 人。

自然条件

地形地貌 地处洼地平原，地势东北略高于西南。

水文 荣辉河改道，开挖小河口一、三排干，三条排水干渠均流经乡境。境内河流总长度 6 千米。

经济概况

农业 耕地面积 3.8926 万亩，人均耕地 2 亩。2011 年，农业总产值 2.78 亿元，占国内生产总值的 29%，比上年增长 4%，实现农业增加值 1.59 亿元，占国内生产总值的 28%。

粮食作物以小麦、玉米为主。2011 年，生产粮食 1.59 万吨，人均 893 千克，其中小麦 0.35 万吨，玉米 1.56 万吨。主要经济作物有蔬菜。2011 年，蔬菜种植面积 1.7 万亩，产量 0.62 万吨，主要品种有白菜、辣椒、豆角等，其中白菜 0.4 万吨，辣椒 0.05 万吨，豆角 0.1 万吨。

畜牧业以猪、羊、家禽为主。2011 年，生猪饲养量 4.8 万头，年末存栏 3.4 万头；羊饲养量 1.2 万只，年末存栏 0.8 万只；家禽饲养量 4 万羽。

2011 年，拥有大型农业机械 19 台（辆），农民人均纯收入 8120 元。

工业 以钢铁、服装为主。2011 年，工业总产值 4.33 亿元，比上年增长 13%，实现工业增加值 1.55 亿元，占国内生产总值的 28%。2011 年，工业企业 8 家，职工 1204 人。

商业外贸 2011 年末，商业网点 3 个，职工 20 人；城乡集贸市场 3 个。外贸出口主要产品有苇帘，销往日本等地。

财政金融 2011 年，财政总收入 2886 万元，比上年增长 31%。其中地方财政收入 1215 万元。从主要税种看，完成增值税 174 万元，营业税 322 万元，企业所得税 125 万元，分别比上年增长 37%、6%、0.8%。人均财政收入 1615 元，比上年增长 26.2%。2011 年，银行和金融机构各类存款余额 3.03 亿元，比上年增长 14%。

社会发展

文化艺术 2011 年末，镇文化站 1 个，村级文化活动中心 13 个；各类图书室 13 个，藏书 3000 余册。

教育 2011 年末，幼儿园 4 所，在园幼儿 272 人，专任教师 20 人；小学 3 所，在校生 989 人，专任教师 54 人，小学适龄儿童入学率 100%；初中 1 所，在校生 549 人，专任教师 57 人，初中适龄人口入学率、小升初升学率、九年义务教育覆盖率均达 100%。2011 年教育经费达 1644 万元，国家财政性教育经费 1502 万元，财政预算内教育经费 55 万元。

医疗卫生 2011 年末，各级各类医疗卫生机构 1 个，门诊部（所）13 个；病床 8 张，每千人拥有病床 0.45 张，固定资产总值 110 万元。专业卫生人员 8 名，其中执业医师 3 人，执业助理医师 2 人，注册护士 1 人。2011 年医疗机构（门诊部以上）完成诊疗 1.2 万人次。新型农村合作医疗参合人数 1.2 万人，参合率 100%。

体育 2011 年末，学校体育场地 1 处。100% 的村安装了健身器材，经常参加体育活动的人员占常住人口的 20%。

社会保障 2011 年，城镇最低生活保障户数 29 户，人数 50 人，支出 13.14 万元，比上年增长 3.6%，月人均 219 元，比上年增长 9.8%；城市医疗救助 15 人次，民政部门资助参加合作医疗 590 人次，共支出 1.77 万元，比上年增长 10%。农村最低生活保障户数 464 户，人数 524 人，支出 41.3 万元，比上年增长 10%，月人均 65.7 元，比上年增长 4%。国家抚恤、补助各类优抚对象 35 人，抚恤事业费支出 26.47 万元，比上年增长 24%。社区服务站 11 个。五项社会保险（不含新型农村社会养老保险）基金收入合计 218.27 万元，比上年增长 36.5%。新型农村社会养老保险参保人数 1.2 万人，参保率 100%。

基础设施

交通运输 香小公路过境。境内公路总长 3 千米。

邮政电信 2011 年末，邮政所 1 处，乡村通邮率 100%。固定电话用户 0.27 万户；移动电话用户 1.12 万户。

北朱侯村

(Beizhuhou Cun)

名称来历 由侯家铺、朱家铺、北杨铺联建得名。

地理位置 地处郭家桥乡东北部，东至虹桥仙马芦，南至荣辉村，西至蒲李王村，北至玉田镇富民村。

主要指标 2011 年末，辖区总人口 1329 人，总面积 3.33 平方千米，农民人均纯收入 8100 元。

郭桥村

(Guoqiao Cun)

名称来历 由刘家桥、郭家桥、南场联建而得名。

地理位置 地处郭家桥乡中部，东至和平新村，南至三和村，西至金丁港村，北至吕高庄。

主要指标 2011 年末，辖区总人口 2060 人，总面积 3.41 平方千米，农民人均纯收入 8150 元。

和平新村

(Hepingxin Cun)

名称来历 由桑家铺、雷家铺、李滩铺、江家铺联建，并取名和平新村。

地理位置 地处郭家桥乡中部，东至荣辉村，南至三兴村，西至郭桥村，北至荣辉村。

主要指标 2011 年末，辖区总人口 1438 人，总面积 3.70 平方千米，农民人均纯收入 8200 元。

贾闫张村

(Jiayanzhang Cun)

名称来历 由贾家铺、张辛村、闫家铺联建而得名。

地理位置 地处郭家桥乡西北部，东至北朱侯村，南至荣辉村，西至兴旺五村，北至玉田镇。

主要指标 2011 年末，辖区总人口 958 人，总面积 2.49 平方千米，农民人均纯收入 8100 元。

金丁港村

(Jindinggang Cun)

名称来历 由港沿庄、丁庄、下黄庄联建而得名。

地理位置 地处郭家桥乡西部，东至郭家桥，南至杨家板桥，西至林西镇，北至李公庄。

主要指标 2011 年末，辖区总人口 1362 人，总面积 2.95 平方千米，农民人均纯收入 8200 元。

李公庄村

(Ligongzhuang Cun)

名称来历 因山东迁民李公立庄而得名。

地理位置 地处郭家桥乡西部，东至友谊新村，南至金丁港，西至林西镇，北至林南仓。

主要指标 2011 年末，辖区总人口 1156 人，总面积 2.46 平方千米，农民人均纯收入 8020 元。

吕高庄村

(Lügaozhuang Cun)

名称来历 由大吕庄、小吕庄、挂面高庄联建而得名。

地理位置 地处郭家桥乡中部，东至兴旺五村，南至郭桥村，西至友谊新村，北至林南仓。

主要指标 2011 年末，辖区总人口 1320 人，总面积 3.62 平方千米，农民人均纯收入 8120 元。

蒲李王村

(Puliwang Cun)

名称来历 由王公铺、李三庄、蒲辛庄联建而得名。

地理位置 地处郭家桥乡北部，东至贾闫张村，南至兴旺五村，西至林南仓，北至林南仓。

主要指标 2011 年末，辖区总人口 1138 人，总面积 3.23 平方千米，农民人均纯收入 8010 元。

荣辉村

(Ronghui Cun)

名称来历 由王仙铺、管家铺、石佛桥、五马桥、小杨铺联建，并取名荣辉村。

地理位置 地处郭家桥乡东部，东至陈家铺，南至和平新村，西至兴旺五村，北至贾闫张村。

主要指标 2011 年末，辖区总人口 1570 人，总面积 3.72 平方千米，农民人均纯收入 8300 元。

三和村

(Sanhe Cun)

名称来历 由李桥、罗家庄、大张庄联建，并取名三和村。

地理位置 地处郭家桥乡南部，东至三兴村，南至杨家板桥，西至杨家板桥，北至郭家桥。

主要指标 2011 年末，辖区总人口 1065 人，总面积 2.44 平方千米，农民人均纯收入 8010 元。

三兴村

(Sanxing Cun)

名称来历 由唐云铺、赵家铺、陈郎头铺联建，并取名三兴村。

地理位置 地处郭家桥乡西部，东至陈家铺，南至杨家板桥，西至三和村，北至郭家桥。

主要指标 2011 年末，辖区总人口 2317 人，总面积 5.50 平方千米，农民人均纯收入 8000 元。

兴旺五村

(Xingwangwu Cun)

名称来历 由老君铺、沙家铺、小半壁店、辛铺、刘瓜铺联建，并取名兴旺五村。

地理位置 地处郭家桥乡北部，东至贾闫张村，南至吕高庄，西至林南仓，北至蒲李王村。

主要指标 2011年末，辖区总人口902人，总面积2.39平方千米，农民人均纯收入8210元。

友谊新村

(Youyixin Cun)

名称来历 由何辛庄、张扶庄、胡秀庄联建取，并名友谊新村。

地理位置 地处郭家桥乡东部，东至吕高庄，南至金丁港村，西至李公庄，北至林南仓。

主要指标 2011年末，辖区总人口1430人，总面积2.83平方千米，农民人均纯收入8120元。

（撰稿：周建军，初审：郭立明）

林头屯乡

(Lintoutun Xiang)

政区概况

名称来历 乡以驻地村命名。辽代建村时，为历史上遵化所辖七十二屯中的最大村落，故得名领头屯，后改为“林头屯”。

地理位置 地处玉田县东北，东接丰润区沙流河镇，南邻亮甲店镇，西接郭家屯乡，北与遵化市地北头镇接壤。人民政府驻双柳庄村，电话区号0315，邮政编码064101，距玉田县人民政府12.4千米。

政区沿革 1953年，建林头屯乡。1956年，老君屯、栅楼王庄2个乡并入。1958年，属亮甲店人民公社林头屯管理区。1961年，析置林头屯人民公社。1972年10月，人民公社驻地由林头屯迁至柳庄子村北。1983年5月，撤销人民公社，复置林头屯乡，辖24个村民委员会。

政区划分 2011年末，辖东果张屯、东西芦、潘城庄、前后户、三乐、双柳庄、双合庄、范家坞、围子庄、西果各庄、茨榆林、樊庄子、林头屯、栅楼王庄、邱家屯15个村民委员会。

人口面积 2011年末，辖区总人口22961人，其中城镇常住人口429人，城镇化率1.87%。另有流动人口1080人。总人口中，男性11543人，占50.27%；女性11418人，占49.73%；14岁以下3100人，占13.5%；15~64岁17236人，占75.07%；65岁以上2625人，占11.43%。总人口中，以汉族为主，达20751人，占90.37%；有满、回2个少数民族，共2210人，占9.63%。2011年，人口出生率6.03‰，人口死亡率4.97‰，人口自然增长率1.06‰。

辖区东西最大距离6.8千米，南北最大距离8.8千米，总面积38平方千米。其中陆地面积37.8平方千米，占99.5%；水域面积0.2平方千米，占0.5%。人口密度为每平方千米604人。

自然条件

地形地貌 地处半山区，地势北高南低。

经济概况

农业 耕地面积3.5万亩，人均耕地1.52亩。2011年，农业总产值3.47亿元，占国内生产总值比重的37%，比上年增长4%，实现农业增加值1.98亿元，占国内生产总值的33%。

粮食作物以小麦、玉米为主。2011年，生产粮食1.46万吨，其中小麦0.45万吨，玉米0.91万吨。主要经济作物有蔬菜。2011年，蔬菜种植面积1.72万亩，产量8.6万吨，主要品种有黄瓜、白菜、土豆等，其中黄瓜1.5万吨，白菜6万吨，土豆0.5万吨。

畜牧业以猪、羊、家禽为主。2011年，生猪饲养量3.26万头，年末存栏2.05万头；羊饲养量0.17万只，年末存栏0.34万只；家禽饲养量12.48万羽。

2011年，拥有大型农业机械61台（辆）；农民人均纯收入8750元。

工业 以服装、塑料为主。2011年，工业总产值2.78亿元，比上年增长11%。工业增加值1亿元，占国内生产总值的16%。2011年，工业企业26家，职工427人。

商业外贸 2011年末，商业网点85个，职工25人；城乡集贸市场6个。2011年，社会消费品零售总额达0.3亿元，比上年增长10%；城乡集市贸易成交额2亿元。

财政金融 2011年，财政总收入0.31亿元，比上年增长32%。其中地方财政收入0.16亿元。从主要税种看，完成增值税189万元，营业税350万元，企业所得税136万元，分别比上年增长37.7%、6%、0.8%。人均财政收入1390元，比上年增长26%。2011年银行和金融机构各类存款余额3.29亿元，比上年增长11%。

社会发展

文化艺术 2011年末，镇文化站1个，村级文化活动中心15个；各类图书室2个，藏书0.8万余册；文化行业从业人员30人。

教育 2011年末，幼儿园3所，在园幼儿468人，专任教师15人；小学5所，在校生1238人，专任教师60人，小学适龄儿童入学率100%；初中1所，在校生281人，专任教师45人，初中适龄人口入学率、小升初升学率、九年义务教育覆盖率均达100%。2011年教育经费达1155万元，国家财政性教育经费1027万元。

医疗卫生 2011年末，各级各类医疗卫生机构1个，门诊部（所）28个；病床10张，每千人拥有医疗床位0.5张。专业卫生人员12名，其中执业医师1人，执业助理医师4人。2011年医疗机构（门诊部以上）完成诊疗0.4万人次。新型农村合作医疗参合人数1.7万人，参合率100%。

体育 2011年末，学校体育场地6处。80%的村安装了健身器材，经常参加体育活动的人员占常住人口的20%。

社会保障 2011年城镇最低生活保障户数22户，人数24人，支出7.7万元，比上年增长0.34%，月人均267元，比上年增长0.95%；城市医疗救助15人次，民政部门资助参加合作医疗720人次，共支出4.32万元，比上年增长52.8%。农村最低生活保障户数463户，人数638人，支出66.65万元，比上年增长39.5%，月人均87元，比上年增长32%。国家抚恤、补助各类优抚对象81人，抚恤事业费支出31万元，比上年增长10%。新型农村社会养老保险参保人数1.58万人，参保率93.6%。

基础设施

交通运输 亮林公路过境。境内公路总长8千米。

邮政电信 2011年末，邮政网点1个，乡村通邮率100%。固定电话用户0.33万户；移动电话用户1.4万户；宽带接入用户0.1万户。

茨榆林村

(Ciyulin Cun)

名称来历 唐太宗李世民征东在此遇雨，赐此地名“赐雨淋”，建村后，“赐雨淋”成为庄名，后取谐音改称茨榆林。

地理位置 地处林头屯乡南部，东至邱家屯，南至焦庄子，西至潘城庄，北至林头屯。

主要指标 2011年末，辖区总人口1898人，总面积3.03平方千米，农民人均纯收入8159元。

东果张屯村

(Dongguozhangtun Cun)

名称来历 由东果各庄、小张屯联建而得名。

地理位置 地处林头屯乡东部，东至大张屯，南至邱家屯，西至林头屯，北至围子庄。

主要指标 2011年末，辖区总人口969人，总面积1.83平方千米，农民人均纯收入8118元。

东西芦村

(Dongxilu Cun)

名称来历 由东芦庄、西芦庄联建而得名。

地理位置 地处林头屯乡西部，东至三乐村，南至前后户部庄，西至小港，北至樊庄子。

主要指标 2011年末，辖区总人口1118人，总面积2.01平方千米，农民人均纯收入8152元。

樊庄子村

(Fanzhuangzi Cun)

名称来历 因樊氏迁民立庄而得名。

地理位置 地处林头屯乡西北部，东至三乐村，南至东西芦，西至大黄庄，北至范家坞。

主要指标 2011年末，辖区总人口1087人，总面积1.48平方千米，农民人均纯收入8129元。

范家坞村

(Fanjiawu Cun)

名称来历 范氏建庄，因庄址低、四周高的地形而得名。

地理位置 地处林头屯乡北部，东至双合庄，南至樊庄子，西至大李庄，北至井峪。

主要指标 2011年末，辖区总人口2278人，总面积4.28平方千米，农民人均纯收入8158元。

林头屯村

(Lintoutun Cun)

名称来历 历史上是遵化所辖七十二屯中的最大村落，故名领头屯。后取谐音改称林豆屯。1922年修建庄东、西、南、北四门时，门楼上写为“林头屯”。

地理位置 地处林头屯乡中部，东至大张屯，南至茨榆林，西至双柳庄，北至西果各庄。

主要指标 2011年末，辖区总人口999人，总面积1.74平方千米，农民人均纯收入8134元。

潘城庄村

(Panchengzhuang Cun)

名称来历 由土城子、潘庄子联建而得名。

地理位置 地处林头屯乡中部，东至柳庄子，南至亮甲店，西至栅楼王，北至前后户。

主要指标 2011年末，辖区总人口1749人，总面积2.49平方千米，农民人均纯收入8159元。

前后户村

(Qianhouhu Cun)

名称来历 由前户部庄、后户部庄联建而得名。

地理位置 地处林头屯乡西部，东至双柳庄，南至栅楼王，西至东大泉，北至东西芦。

主要指标 2011年末，辖区总人口1310人，总面积2.85平方千米，农民人均纯收入8162元。

邱家屯村

(Qiujiatun Cun)

名称来历 因邱氏立庄得名邱家屯。

地理位置 地处林头屯乡东南部，东至靳家屯，南至沙沟，西至茨榆林，北至大张屯。

主要指标 2011年末，辖区总人口1873人，总面积3.09平方千米，农民人均纯收入8164元。

三乐村

(Sanle Cun)

名称来历 由老君屯、于庄子、徐庄子联建，并取名三乐村。

地理位置 地处林头屯乡中部，东至围子庄，南至双柳庄，西至樊庄子，北至双合庄。

主要指标 2011年末，辖区总人口1953人，总面积3.29平方千米，农民人均纯收入8104元。

双合庄村

(Shuanghezhuang Cun)

名称来历 由阎庄子、孙洛庄联建，取名双合庄。

地理位置 地处林头屯乡东北部，东至围子庄，南至西果各庄，西至三乐村，北至鲁家峪。

主要指标 2011年末，辖区总人口1942人，总面积3.56平方千米，农民人均纯收入8138元。

双柳庄村

(Shuangliuzhuang Cun)

名称来历 由柳庄子、柳君屯联建而得名。

地理位置 地处林头屯乡中部，东至林头屯，南至茨榆林，西至潘城庄，北至三乐村。

主要指标 2011年末，辖区总人口1863人，总面积2.93平方千米，农民人均纯收入8108元。

围子庄村

(Weizizhuang Cun)

名称来历 因村庄建在围子山南麓而得名。

地理位置 地处林头屯乡东北部，东至枣林庄，南至西果各庄，西至双合庄，北至鲁家峪。

主要指标 2011年末，辖区总人口997人，总面积2.07平方千米，农民人均纯收入8109元。

西果各庄村

(Xiguogezhuang Cun)

名称来历 郭氏迁民立庄，定名郭各庄。村址位于沟西，村人增多后，又于沟东建房。以沟为界分开立村，此村居西，称西郭各庄，取谐音改称西果各庄。

地理位置 地处林头屯乡中部，东至东果张屯，南至林头屯，西至双柳庄，北至围子庄。

主要指标 2011年末，辖区总人口1530人，总面积2.01平方千米，农民人均纯收入8889元。

栅楼王庄村

(Zhalouwangzhuang Cun)

名称来历 王氏迁民立庄，后在村东西两头各修一座栅楼，故名栅楼王庄。

地理位置 地处林头屯乡西部，东至潘城庄，南至亮甲店，西至大泉，北至前后户。

主要指标 2011年末，辖区总人口1084人，总面积1.76平方千米，农民人均纯收入8124元。

（撰稿：周建军，初审：郭立明）

杨家套乡

(Yangjiatao Xiang)

政区概况

名称来历 唐宋时期杨黄二氏在此建庄，因杨氏有人在朝居官，村又建在双城河套内，故得名杨家套。乡以驻地村命名。

地理位置 地处玉田县东部，东接丰润区白官屯镇，南邻鸦鸿桥镇，西接散水头镇，西北与虹桥镇接壤，北连亮甲店镇。人民政府驻杨小联村，电话区号0315，邮政编码064102，距玉田县人民政府13千米。

政区沿革 1956年，由孔雀殿、丁官屯、东高桥3个乡合并设立杨家套乡。1958年，为鸦鸿桥人民公社杨家套管理区。1961年，人民公社规模缩小，析置杨家套人民公社。1975年6月，杨家套人民公社社址迁至小套村西。1983年6月，撤销人民公社，复置杨家套乡，辖13个村民委员会。1993年2月，蛮子营乡并入，辖25个村民委员会。

政区划分 2011年末，辖曹马殿、丁刘、高桥、高砦安、蛮田、前后定、王官屯、杨小联、张李板、渠梁河、大定府庄、李官屯12个村民委员会。

人口面积 2011年末，辖区总人口28365人，其中城镇常住人口618人，城镇化率1%。另有流动人口2250人。总人口中，男性14429人，占50.87%；女性13936人，占49.13%；14岁以下5800人，占20.45%；15~64岁18580人，占65.5%；65岁以上3985人，占14.05%。总人口中，以汉族为主；有蒙、壮、满3个少数民族。2011年，人口出生率12.3‰，人口死亡率8.6‰，人口自然增长率3.7‰。

辖区东西最大距离9千米，南北最大距离6.05千米，总面积48平方千米。其中陆地面积46.7平方千米，占98.7%；水域面积0.6平方千米，占1.3%。人口密度为每平方千米591人。

自然条件

地形地貌 地处平原。地势平坦。地面高程一般在海拔8米。

水文 还乡河过境，流经渠梁河、小田庄、蛮子营、后黄坨、小定府、前黄坨、李家选、张家选、板桥选等村。双城河改道自西北流来，先入沙流河，后入还乡河。截流引河东起李家选，流经东高桥，西入散水头镇。境内河流总长度12千米。

经济概况

农业 耕地面积4.8万亩，人均耕地1.7亩。2011年，农业总产值5.13亿元，占国内生产总值的26%，比上年增长4%，实现农业增加值2.93亿元，占国内生产总值的27%。

粮食作物以小麦、玉米为主。2011年，生产粮食2.6万吨，人均917千克，其中小麦0.71万吨，玉米1.74万吨。主要经济作物有蔬菜。2011年，蔬菜种植面积4.06万亩，产量12.58万吨，主要品种有大白菜，其中菜花4.02万吨，大白菜5.39万吨，圆白菜2.14万吨。

畜牧业以猪、羊、家禽为主。2011年，生猪饲养量5.6万头，年末存栏5.39万头；羊饲养量0.22万只，年末存栏0.22万只；家禽饲养量27.45万羽。

2011年，拥有大型农业机械108台（辆）；农民人均纯收入8930元。

工业 以造纸、水泥、机制瓦为主。2011年，工业总产值10.93亿元，比上年增长14%，实现工业增加值3.93亿元，占国内生产总值的37%。2011年，工业企业68家，职工7671人。

商业外贸 2011年末，商业网点80个，职工2000人。

财政金融 2011年，财政总收入0.56亿元，比上年增长32%。其中地方财政收入0.21亿元。从主要税种看，完成增值税334万元，营业税619万元，企业所得税240万元，分别比上年增长37.7%、6%、0.8%。人均财政收入1957元，比上年增长26%。2011年，银行和金融机构各类存款余额5.83亿元，比上年增长14%。

社会发展

文化艺术 2011年末，镇文化站1个，村级文化活动中心12个；各类文化专业户7个；各类图书室8个，藏书1.2万余册；文化行业从业人员10人。有省、市级文物保护单位2个。

教育 2011年末，幼儿园7所，在园幼儿107人，专任教师57人；小学5所，在校生1631人，专任教师95人，小学适龄儿童入学率100%；初中1所，在校生218人，专任教师35人，初中适龄人口入学率、小升初升学率、九年义务教育覆盖率均达100%。2011年教育经费达1800万元，国家财政性教育经费1645万元。

医疗卫生 2011年末，各级各类医疗卫生机构18个；病床88张，每千人拥有医疗床位3.14张。专业卫生人员66名，其中执业医师8人，执业助理医师7人，注册护士1人。2011年医疗机构（门诊部以上）完成诊疗0.2万人次。新型农村合作医疗参合人数2.2万人，参合率98%。

体育 2011年末，学校体育场地6处。80%的村安装了健身器材，经常参加体育活动的人员占常住人口的20%。

社会保障 2011年，城镇最低生活保障户数20户，人数23人，支出8.5万元，比上年增长8.8%；月人均308元，比上年增长8.8%；城市医疗救助13人次，民政部门资助参加合作医疗1200人次，共支出3.6万元，比上年增长34%。农村最低生活保障户数414户，人数704人，支出66.69万元，比上年增长19%，月人均79元，比上年增长19%。国家抚恤、补助各类优抚对象77人，抚恤事业费支出35万元，比上年增长11%。新型农村社会养老保险参保人数2.2万人，参保率98%。

基础设施

交通运输 玉滨公路、珠蛮公路过境。境内公路总长12千米。

曹马殿村
(Caomadian Cun)

名称来历 由孔雀店、曹庄子、马家庄联建，并取名曹马殿村。

地理位置 地处杨家套乡西部，东至杨家套，南至东高桥，西至杨素庄，北至黄林。

主要指标 2011年末，辖区总人口3297人，总面积5.19平方千米，农民人均纯收入9291元。

大定府庄村
(Dadingfuzhuang Cun)

名称来历 原名王家定府。清初，满族正白旗人杨、王两氏占据此地，杨氏在朝居官，依势将庄名改称杨家定府。后又改称为大定府庄。

地理位置 地处杨家套乡南部，东至张家选，南至何庄子，西至裴官屯，北至丁官屯。

主要指标 2011年末，辖区总人口1164人，总面积1.86平方千米，农民人均纯收入9460元。

丁刘村
(Dingliu Cun)

名称来历 由丁官屯、刘家湾联建而得名。

地理位置 地处杨家套乡中部，东至前后定，南至大定府庄，西至小套，北至高马头。

主要指标 2011年末，辖区总人口2063人，总面积4.06平方千米，农民人均纯收入9551元。

高桥村
(Gaoqiao Cun)

名称来历 由西高丘、东高桥联建而得名。

地理位置 地处杨家套乡西南部，东至李官屯，南至西牛各庄，西至代家屯，北至马庄子。

主要指标 2011年末，辖区总人口3791人，总面积6.05平方千米，农民人均纯收入9514元。

高訾安村

(Gaoci'an Cun)

名称来历 由高马头、安各庄、訾庄子联建而得名。

地理位置 地处杨家套乡北部，东至蛮子营，南至丁官屯，西至杨家套，北至殷屯。

主要指标 2011年末，辖区总人口2146人，总面积4.46平方千米，农民人均纯收入9598元。

李官屯村

(Liguantun Cun)

名称来历 此地系元末明初的战场。战后李姓将官在此屯田建庄，故得名李官屯。

地理位置 地处杨家套乡南部，东至达王庄，南至西牛各庄，西至东高桥，北至杨家套。

主要指标 2011年末，辖区总人口2023人，总面积3.49平方千米，农民人均纯收入9017元。

蛮田村

(Mantian Cun)

名称来历 由蛮子营、小田庄联建而得名。

地理位置 地处杨家套乡东部，东至渠梁河，南至前后定，西至高马头，北至吴各庄。

主要指标 2011年末，辖区总人口2663人，总面积4.51平方千米，农民人均纯收入9224元。

前后定村

(Qianhouding Cun)

名称来历 由前黄坨、后黄坨、小定府庄联建得名。

地理位置 地处杨家套乡东部，东至张官屯，南至常庄子，西至丁官屯，北至蛮子营。

主要指标 2011年末，辖区总人口2286人，总面积3.82平方千米，农民人均纯收入9636元。

渠梁河村

(Qulianghe Cun)

名称来历 因过境还乡河得名（古时还乡河叫“巨梁水”，“巨梁”音近“渠梁”）。

地理位置 地处杨家套乡东部，东至赵庄子，南至还乡河，西至小田庄，北至太子沟。

主要指标 2011年末，辖区总人口2826人，总面积3.76平方千米，农民人均纯收入9848元。

王官屯村

(Wangguantun Cun)

名称来历 由达王庄、裴官屯联建而得名。

地理位置 地处杨家套乡中部，东至丁官屯，南、西至李官屯，北至杨小联。

主要指标 2011年末，辖区总人口1271人，总面积2.4平方千米，农民人均纯收入9465元。

杨小联村

(Yangxiaolian Cun)

名称来历 由杨家套、小套联建得名。

地理位置 地处杨家套乡北部，东至高訾安，南至达王庄，西至孔雀店，北至韩庄子。

主要指标 2011年末，辖区总人口2760人，总面积5.39平方千米，农民人均纯收入9997元。

张李板村

(Zhangliban Cun)

名称来历 由张家选、李家选、板桥选联建而得名。

地理位置 地处杨家套乡东南部，东至还乡河，南至还乡河，西至何庄子，北至前前后定。

主要指标 2011年末，辖区总人口2241人，总面积3.46平方千米，农民人均纯收入9284元。

（撰稿：周建军，初审：郭立明）

唐海县

(Tanghai Xian)

全国粮食生产先进单位、河北大米之乡，有“中国河蟹之乡”的美誉。

政区概况

名称来历 因地处唐山南部沿海一带，故而得名。

地理位置 位于东经118°12′21″～118°43′16″，北纬39°07′43″～39°27′23″。地处唐山市东南，东与乐亭县相连，东南与长芦大清河盐场为邻，南与曹妃甸工业区相接，西南与南堡开发区交界，西抵丰南区，北靠滦南县。人民政府驻唐海镇垦丰大街23号，电话区号0315，邮政编码063299，距唐山市人民政府50千米。

政区沿革 商属孤竹。春秋时属无终和山戎。战国为燕地。秦属右北平郡和辽西郡。西汉为右北平郡昌城、夕阳地。东汉并少阳、昌城为海阳。唐开元二十八年（740年）置马城，辖县域大部。金代，县境西部属中书省大都路蓟州丰润县，东部为永平路滦州义丰、马城县。明代分属顺天府丰润县和永平府滦州义丰县。清代，县境西部属直隶省遵化州丰润县，东部为永平府滦州地。1913年，今境分属直隶省丰润县和滦县。1928年，直隶省改称河北省，属河北省丰润县和滦县。1943年，属冀东抗日民主政府丰滦联合县。1946年，县境西部属丰南县，东部属滦南县。1954年，县境西部属丰润县，东部属滦县。1956年1月，建立国营柏各庄农场。1968年，改称柏各庄农垦区。1983年，改设为唐海县，属唐山市，辖12个农场。1984年，增设唐海镇。1985年，新建2个养殖场，第十二农场并入第七农场。

政区划分 2011年末，辖唐海镇1个镇和第一农场、第三农场、第四农场、第五农场、第六农场、第七农场、第八农场、第九农场、第十农场、第十一农场10个农场及十里海、八里滩2个养殖场；领导8个居民委员会、94个村。

人口面积 2011年末，辖区总人口14.36万人，其中城镇常住人口5.5万人，城镇化率52.1%。另有流动人口6.0万人。据2010年第六次全国人口普查数据显示，辖区总人口15.85万人。总人口中，男性8.27万人，占52.2%；女性7.58万人，占47.8%；14岁以下1.98万人，占12.5%；15～64岁12.34万人，占77.8%；65岁以上1.54万人，占9.7%。总人口中，以汉族为主，达15.71万人，占99.1%；有满、回、蒙古、壮、布依等28个少数民族，共1405人，占0.9%；超过100人的有满、回、蒙古3个少数民族，其中满族1066人，占少数民族人口的75.9%；回族135人，占9.6%；蒙古族114人，占8.1%。2011年，人口出生率8.28‰，人口死亡率6.11‰，人口自然增长率2.17‰。

辖区东西最大距离45千米，南北最大距离37千米。总面积787.6平方千米（不包括海域面积）。其中陆地面积429.3平方千米，占54.5%；水域面积358.3平方千米，占45.5%。人口密度为每平方千米182人。

自然条件

地形地貌 地处渤海湾北岸、滦河三角洲冲积平原南部边缘，地势平坦，由北向南缓缓降低，一般高度差为20～50厘米，境内平均海拔高程2.7米，最高点沙岗位于第六农场东北部，海拔10米，最低点位于八里滩、十里海养殖场，接近海平面。

气候 属暖温带半湿润大陆性季风气候。其特点是季风明显，四季分明，春季干旱多风，夏季高温多雨，秋季凉爽干燥，冬季寒冷少雪。多年平均气温10.8℃，1月平均气温-5.25℃，极端最低气温-22.8℃（2010年1月5日）；7月平均气温25. 3℃，极端最高气温38. 7℃（2002年7月7日）。平均气温年较差30℃，最大日较差19.9℃（1999年5月4日）。生长期年平均264天，无霜期年平均188天，最长达206天，最短为175天。年平均日照时数2878小时，年总辐射130.81千卡/平方厘米。0℃以上持续期264天（一般为3月6日至11月24日）。年平均降水量636毫米，年平均降雨日数为50天，最多达90天（1969年），最少为7天（1960年）。极端年最大雨量1185毫米（1964年），极端年最少雨量335毫米（1968年）。降雨集中在每年6月至8月，7月最多。

水文 境内河道属滦河流域，自然河流及人工开挖的排水干渠有九条，由西往东依次为沙河、小戟门河、双龙河、第一排水干渠、小青龙河、溯河、第二排水干渠、第二泄洪道和小青河，河流总长度122.86千米。河网密度0.18千米/平方千米，径流总量5600万立方米。境内最大的河流为双龙河，发源于滦县茨榆坨南，由解庄子入境，经曾家湾和丰南县黄米廒，沿第二农场、第十农场和第四农场、第十一农场，穿第七农场至咀东出境注入渤海，长37千米，流域面积256.32平方千米，年均流量271立方米/秒。

矿藏及其他自然资源 境内已探明地下矿藏有石油、天然气等。其中油气储量7亿吨，已经开发的有唐海油田、老爷庙油田、高尚堡油田，年产石油200万吨，年产天然气5000万立方米。拥有自然和人工湿地5.4万公顷，沿海滩涂1.3万公顷，养殖水面12万亩，主要分布在境内南部地区。湿地区域有野生鸟类420余种，其中国家一级保护鸟类16种，国家二级保护鸟类63种，省级保护鸟类30种，野生植物63种，164属，238科。

自然灾害 主要自然灾害有旱灾、涝灾、风灾、雹灾、震灾、风暴潮等。冬春季受干冷大陆性气团的影响，干旱少雨，容易发生旱灾。夏季受季风环流的影响，高温，高湿，降雨集中，加之地势低洼，上游降雨倾泻入境，容易形成洪涝灾害。旱灾年均发生0.9次，主要发生在春季，最严重的一次是1968年大旱，6～9月降水只有173毫米，全年降水335毫米。涝灾年均发生2.5次，主要发生在7月，最严重的一次发生在1962年7月24日至26日，三日连降大暴雨426.8毫米，加之上游洪水南泄，境内平地积水1～3尺，落潮湾平地附近积水3.7米，大水滞留15天，致使18万亩农田受淹，干渠8处决口，房屋倒塌数千间，大牲畜死亡11头。最严重的一次地震发生在1976年7月28日3时42分，震中位于唐山、丰南一带，距唐海46千米，震级7.8级。这次地震是有史以来波及到县境最强烈的一次，给人民生命和财产造成极大的损失。全境死伤1.26万人，占总人口的12.2%，其中死亡2982人，重伤2091人。共损坏房屋7.6万间。

唐海南部海岸，历史上曾多次发生海啸和风暴潮。1938年发生海啸，波高4～5米，潮水涨至唐海县城。1985年8月19日，受九号台风影响，沿海发生海啸，潮位高达4米。1992年9月1日，沿海发生风暴潮，潮位高达3.6米，十里海养殖场2000亩虾池被冲毁。

经济概况

农业 耕地面积40万亩，人均2.79亩；其中稻田28.85万亩，旱田7万亩。是以水稻种植为主的农业县、河北省优质大米重要生产基地。2011年，农业总产值从1978年的6700万元增加到2011年的30.22亿元，比上年增长6.2%，实现农业增加值15.8亿元，比上年增长6%，占国内生产总值的18.4%。

农业区划分为水稻种植区、旱粮区、稻蟹苇鱼种养区等。2011年，生产粮食19.7万吨，人均1372千克，其中水稻18.5万吨，玉米0.7万吨。2011年，棉花种植面积0.15万公顷，产量0.11万吨。

畜牧业以猪、家禽为主。2011年，生猪出栏23.5万头，年末存栏14万头；家禽出栏261.7万羽，年末存栏92.7万羽。

截至2011年末，累计造林0.72万公顷，当年完成人工造林0.13万公顷，人工更新林地80公顷。被林业部确定为

"平原绿化达标县"。被全国绿委会评为"全国部门造林绿化百佳先进单位"。

渔业形成海水、淡水养殖两大产业。海水养殖面积6.18万亩，海水产品产量5846吨，其中对虾0.26万吨，河豚579吨，海蜇858吨，牙鲆鱼455吨：淡水养殖水面9.45万亩，淡水产品产量6.05万吨，其中淡水鱼5.1万吨（鲤鱼、鲢鱼、草鱼、梭鱼、鲫鱼等），南美白对虾0.7万吨，河蟹0.25万吨。2011年，水产品总产量6.64万吨，比上年减少0.7%。

工业 初步形成化工、机械、食品、服装、灯具、锂离子电池等多门类的工业体系。以港临产业、装备制造业、新能源、精细化工、现代物流等为新型工业集群，先后建起了占地面积7.15平方千米的城西经济区和占地面积100平方千米的曹妃甸临港工业园区。2011年，工业总产值78.7亿元，比上年增长5.5%，实现工业增加值20.8亿元，占国内生产总值的24.9%。

2011年，规模以上工业企业47家，职工0.7万人，实现工业增加值15.8亿元，比上年增长5.3%。销售收入达到亿元以上的企业20家。省级工业园区1个。

商业外贸 2011年末，商业网点5500家；城乡集市贸易市场6个。2011年，社会消费品零售总额达20.8亿元，比上年增长17%；城乡集市贸易成交额6.5亿元。

2011年，进出口总额2335万美元，比上年增长33.8%。其中出口2318万美元，比上年增长33.7%，主要产品有服装、河豚鱼等，主要出口日本、韩国、美国、瑞典、挪威等国家。

财政金融 2011年，财政总收入10.86亿元，比上年增长17.1%。其中地方财政收入6亿元，比上年增长21.3%。从主要税种看，完成营业税3.41亿元，增值税2.36亿元，企业所得税1.16亿元，个人所得税0.46亿元，分别比上年增长28.4%、-4.7%、36.7%、22.2%。人均财政收入6919元，比上年增长6.8%。

2011年，金融产业实现增加值3.36亿元，比上年减少2.6%，占国内生产总值的4%；实现税收10.9亿元；各类存款余额128.58亿元，比上年减少6.39亿元；人均储蓄41294元；各项贷款余额393.03亿元，比上年增长0.48%。证券公司营业部1家。保险业实现保费收入1.45亿元，比上年增长15%，其中财产险保费收入0.25亿元，比上年增长15%；人身险保费收入1.2亿元，与上年持平。

社会发展

文化艺术 2011年末，县文化馆1座，建筑面积1960平方米，馆内设有美术工作室、舞蹈工作室、戏剧工作室、文物保护室、音乐工作室等，有音乐、舞蹈、美术、摄影等专业人员23名，工作人员23人。镇文化站11个。县图书馆大楼建筑面积2700平方米，藏书11.7万册，有工作人员12人，1994年被国家文化部命名为"国家二级图书馆"。县新华书店共设门市部、销售点3个，年图书发行量44.39万册，销售额3999.53万元。文化行业从业人员99人。

近年来，各类文艺作品成果显著。王景仁所拍摄反映落潮湾风光作品《秋天的印象》获中国摄影家协会和农牧渔业部举办的摄影艺术展三等奖。县文化馆创作的少儿舞蹈《我爱小青蛙》获河北省少儿舞蹈比赛一等奖、全国少儿舞蹈比赛三等奖。姚少林唢呐花吹获全国唢呐吹奏大赛特等奖。歌曲《心中有一把宝箱锁》获全国佳作奖。舞蹈《巡线的小伙》获全国铜奖。姚少林唢呐花吹《农家乐》获河北省首届民间艺术吹歌类金奖。姚少林唢呐花吹被列入全国非物质文化遗产名录。

教育 2011年末，幼儿园13所，在园幼儿2613人，专任教师144人；小学21所，在校生7358人，专任教师719人，小学适龄儿童入学率100%；初中4所，在校生4013人，专任教师398人，初中适龄人口入学率、小升初升学率、九年义务教育覆盖率均达100%；普通高中1所，在校生2662人，专任教师258人；中等职业学校1所，在校生2582人。1994年被评为全国首批普及九年义务教育达标县。1996年被评为"河北省教育十强县"。

2011年教育经费达2.24亿元，国家财政性教育经费2.07亿元，财政预算内教育经费1.91亿元，预算内教育事业费1.51亿元，分别比上年增长12.6%、10.1%、8.5%、22.8%。预算内教育经费（包括城市教育费附加）占财政总支出的比例为15.9%，比上年提高了0.6个百分点。

科技 2011年末，全县完成市级以上科技项目5项，被科技部授予"科技进步考核先进县"。市级以上科技项目共申报16项，其中省级计划1项，争取市以上科技资金363万元。安排县级科学研究计划项目23项，科技三项费用1590万元，比上年增长4.06%，专利申请数23项，专利授权数13项。

医疗卫生 2011年末，各级医疗卫生机构124个，门诊部（所）5个；农村有94个村实行合作医疗；病床705张，每千人拥有医疗床位4.86张。专业卫生人员1085名，其中执业医师409人，执业助理医师97人，注册护士268人，平均每千人拥有卫生技术人员7.4人，平均每千人拥有执业（助理）医师3.5人，平均每千人拥有注册护士1.8人。2011年，医疗机构（门诊部以上）完成诊疗25.16万人次，住院手术2729台次，出院病人22470人次。

2011年，法定报告传染病发病率为529.67/10万，农村安全饮用水普及率100%，农村卫生厕所普及率51%，新型农村合作医疗参合人数11.94万人，参合率99.87%；孕产妇死亡率为0，5岁以下儿童死亡率、婴儿死亡率、新生儿死亡率分别为2.51‰、1.68‰、0。

体育 2011年末，小体育场地22处，篮球场40个（其中4个有灯光设备），排球场3个。有6所中小学被分别确定为省、市级体育传统项目学校和训练点。现有等级裁判员35人，等级运动员1人。本地健儿先后获得"远南"残运会金牌和铜牌各1枚；全国残运会金牌3枚，银牌7枚，铜牌1枚。

广播电视 1989年10月开通无线广播电台，呼号"唐海人民广播电台"，频率90.4兆赫，发射功率50W，节目设置有《唐海新闻》，每日播出3次，覆盖半径20千米，人口覆盖率100%。1995年搬迁新址，广播电台建筑面积2201平方米，建有102米发射塔一座，节目设置有《唐海新闻》，每日播出7次。2009年3月，将发射设备升级为300W全固态发射机，覆盖半径30千米，人口覆盖率100%。

1989年1月31日，建立唐海县电视台，发射塔高102米，发射功率1000W，使用分米波15频道。1996年9月开通县有线电视。2011年末有线电视用户2.6万户，其中数字电视用户2万户，电视综合覆盖率100%。

新闻出版 2011年末，各类印刷复制企业52家，其中出版物印刷企业11家，包装装潢印刷企业2家，从业人员共600人；复制单位45家，从业人员共3200人。

社会保障 2011年城镇最低生活保障户数2476户，人数5320人，支出1430.8万元，比上年增长27.7%，月人均224元，比上年增长22.5%；城市医疗救助63人次，民政部门资助参加合作医疗723人次，共支出56.8万元，比上年增长5.1%。

农村五保集中供养153人，支出74.18万元；农村五保分散供养17人；农村医疗救助260人次，民政部门资助参加合作医疗4925人次，共支出115.8万元，比上年减少18.6%；农村临时救济37人次，支出14万元，比上年增长7.7%。

自然灾害受灾人口8438人，农作物受灾面积2484.7公顷，直接经济损失1334万元，救灾支出103万元，比上年增长6.5%。

国家抚恤、补助各类优抚对象303人，安置义务兵、士官等104人，接收军队离退休干部9人，接收无军籍职工6人，军休所1个，抚恤事业费支出71.38万元，比上年增长38.87%。

社会福利费149.64万元，比上年增长10%；社会服务单位2个，床位290张。

社区服务设施8个，其中社区服务中心2个，社区服务站2个。

经常性社会救助工作站14个，全年接受社会捐款61.4万元，发放救助款105.6万元，使264人（次）困难群众受益；销售福利彩票2514.58万元，筹集公益金69.21万元；福利企业1个，安置残疾职工21人，福利企业产值818万元。

新增就业人员4006人，有1507名下岗失业人员实现了再就业，就业困难人员再就业351人，年末城镇登记失业人数1771人，城镇登记失业率为3.8%，组织6名高校毕业生到农村基层从事“三支一扶”的工作。

五项社会保险（不含新型农村社会养老保险）基金收入合计5亿元，比上年增长27.6%，基金支出合计4.8亿元，比上年增长44.48%。年末参加城镇基本养老保险78973人，比上年末增加4501人，其中参保职工53729人，参保离退休人员25244人，分别比上年末减少413人和4914人。参加企业基本养老保险71815人，比上年末增加4052人。参加城镇基本医疗保险34141人，比上年末增加1043人，其中参加城镇职工基本医疗保险19817人，比上年末增加1277人，参加城镇居民基本医疗保险14324人，比上年末减少234人，参加医疗保险的农民工5607人，比上年末增加56人。参加失业保险10469人，比上年末增加914人，其中参加失业保险的农民工875人，比上年末增加716人，年末领取失业保险金586人，比上年末减少650人。参加工伤保险17037人，比上年末增加2723人，其中参加工伤保险的农民工3374人，比上年末增加617人，全年认定（视同）工伤71人，比上年增加10人，全年评定伤残等级58人，比上年增加10人，全年享受工伤保险待遇192人，比上年增加32人。参加生育保险13998人，比上年末增加1219人，全年共有215人次享受了生育保险待遇，比上年增加59人次。

2011年末规模以上企业劳动合同签订率达到98%。各级劳动人事争议调解组织和仲裁机构共受理劳动人事争议案件32件，结案32件，其中通过调解方式结案12件，占37.5%，仲裁机构立案受理劳动人事争议32件，结案率100%。各级仲裁机构立案受理劳动争议32件，比上年减少20%，涉及劳动者32人，比上年减少20%，其中未发生集体劳动争议案件，当期共审结劳动争议案件32件，比上年减少20%。

环境保护 2011年本级财政用于环境保护的资金2480万元，占财政支出的2.5%；空气质量一级天数7天，二级天数326天，三级天数32天，达到二级和好于二级的天数占全年天数的91.2%；空气中二氧化硫、二氧化氮年均浓度值分别为0.058毫克/立方米、0.04毫克/立方米，达到国家二级标准；可吸入颗粒物年均浓度值为0.092毫克/立方米，达到国家二级标准；污水处理能力达到5万立方米/日，污水处理率达到100%，生活垃圾无害化处理率达到100%；城镇人均公园绿地面积14.3平方米，城镇绿化覆盖率达到41%，全境林木绿化率达到25%。

基础设施

交通运输 已形成由铁路、公路2种运输方式构成的交通运输网络。

迁曹铁路过境，境内长21.5千米，设火车站1个。唐曹高速和沿海高速过境，境内长76.45千米。2011年客运量36万人次，客运周转量373万人·千米；货运量1007万吨，货运周转量217644万吨·千米。

邮政电信 2011年末，邮电局1所，邮电支局9所，中心局1所，平均每个支局所服务人口1.4万人。邮路总长度123千米，城市投递道段6条，乡邮段10条，半营半投4条，道段总长度801千米。长途电话98路，半自动和全自动电路65路。电话杆路长度280千米。邮政业务总量1608万元。报纸、期刊累计期发30.09万份（册）。

电信企业3家，服务网点41个；电话交换机总容量65870门，固定电话用户45468户，比上年增加1626户，电话用户普及率达到45%；移动电话用户13.06万户，比上年增加60776户，移动电话普及率为75%；光缆线路总长达583千米，主干电缆达6032对，互联网端口总数5万个，其中已占用端口总数26244个，宽带接入用户1.05万户。全年电信业务收入3420万元。

名胜旅游

旅游业概况 以海洋风光和湿地观光为特色。境内主要旅游景点有曹妃甸国际会所、曹妃湖风景区、曹妃湖休闲公园、湿地迷宫、渤海国际会议中心、曹妃甸湿地公园俱乐部等。旅行社（营业部）5家。星级宾馆4家（其中五星级1家，四星级1家，三星级1家，二星级1家）。

2011年，接待游客51万人次；旅游总收入2.68亿元。

主要风景区 曹妃甸湿地 国家4A级旅游景区。位于唐海县第七农场，占地面积33平方千米。主要以湿地和温泉为特色，包括曹妃甸国际会所、曹妃湖风景区、曹妃湖休闲公园、曹妃甸湿地迷宫、渤海国际会议中心、曹妃甸湿地公园俱乐部六大景点。湿地迷宫区包括湿地迷宫、接待中心、湿地探索区、垂钓中心4部分。主要运用太极八卦图形元素，对现存鱼塘、芦苇等湿地资源进行整合，建设迷宫水道，游人可乘坐游船穿行其间，体验湿地游赏的乐趣。曹妃甸湿地迷宫拥有大面积的湿地资源，成为鸟类繁衍生息的乐园。据国际湿地组织调查，湿地迷宫范围内有野生植物238种，鸟类307种，其中国家一级保护鸟类有丹顶鹤、白鹳、黑鹳、金雕等9种，国家二级保护鸟类42种。曹妃湖位于渤海国际会议中心东侧，是曹妃甸湿地景区的重要组成部分，总面积564.7万平方米，最大蓄水量1500万立方米。水面广阔，是乘船游览、垂钓的好地方。湖中央的三座小岛成为多种鸟类繁衍生息的天堂。

土特产品 境内土特产品主要有稻米、河蟹等。

稻米 1956年1月，建立河北省国营柏各庄农场，成为我国北方优质稻米生产基地，所产稻米晶莹如玉，醇香可口，素有“小站稻”之称。

河蟹 境内4000公顷稻田实施“稻蟹生态种养模式”，人工养殖的中华螯蟹味道鲜美，为绿色食品。

著名人物

本辖区内的著名人物有郑宗龙。

郑宗龙（1664～?） 男，又名郑进忠，河北省唐海县第八农场东木庄人。少年游京师投肃亲王府，有功。后赐旗籍从肃亲王征西藏，历时两年凯旋。康熙帝赏戴蓝翎（六品以下），随军办理粮务。当时正值南方吴三桂、尚可喜、耿继茂“三藩”作乱，又随肃亲王南征3年，接战30余次，屡建奇功，协助平定了三藩叛乱。肃亲王回朝后奏明康熙皇帝，康熙皇帝赏郑宗龙顶戴花翎、黄马褂以示恩宠，并以实绩加授一级。后西藏叛乱，郑宗龙又奉命率兵去西藏平叛，为朝廷再建战功，被授予汉军都统，后升领侍卫内大臣，为武职一品，在京供职直到去世。

城区市政建设

道路 2011年末，城区道路总长度83.2千米，人均拥有道路长度1.5米；道路铺装面积173万平方米，人均拥有道路面积31.5平方米。

公共交通 2011年末，城区开通公交汽车线路2条，运营总里程达31.3万千米，公交运营车辆8辆，万人拥有量约为1.6台，年客运量4.2万人次；出租车89辆，万人拥有量约为6台，年客运量12万人次。短途班车有7条公交线路，公交车18辆，通车里程达128千米。

给排水 2011年末，城区自来水厂1座，敷设干线水管134千米，生产能力2万吨/日，年工业用水52.86万吨、生活用水426.07万吨，居民自来水普及率100%，年人均生活用水94.68吨；排水管道151千米，污水处理厂1座，日污水处理能力5吨，工业废水处理率100%。

供电 2011年末，城区35千伏及以上变电站（所）2座，主变压器4台，总容量52兆伏安，高压输电线路2条，总长度14.68千米，用电负荷30千瓦。年售电量累计完成4.56亿千瓦时，综合电压合格率98.06%，供电可靠率99.81%。

供热 2011年末，城区热水供热管道总长度82千米，供热面积153万平方米；供热用户15000户，其中商业及公建用户4000户，居民用户11000户，供热普及率为83%。

燃气 2011年末，城区天然气（煤气）管线70千米，供（加）气站1个，天然气（煤气）用户17000户，其中工业用户3户，商户50户，居民用户7000户，燃气普及率为90%，月天然气（煤气）平均用量60万立方米。

园林绿化 2011年末，城区公园2个，公园面积138.5公顷，园林绿地面积200公顷，其中公共绿地面积61.5公顷，绿化覆盖率41%，人均绿地面积14.3平方米。

（撰稿：李全健，初审：李爱民、郑素云）

唐海镇

(Tanghai Zhen)

政区概况

名称来历 因镇人民政府驻地位于唐海县城而得名。

地理位置 地处唐海县中部偏北，东邻滦南县柏各庄镇，南抵第三农场、第四农场，西隔双龙河与第十农场相望，北与第六农场和滦南县西玉坨村接壤。人民政府驻滨海大街181号，电话区号0315，邮政编码063299，为唐海县人民政府驻地镇。

政区沿革 1943年，属丰滦联合县。1946年5月，属滦南县。1954年7月，属滦县。1956年3月，为柏各庄农场第二分场。1968年10月，为柏各庄农垦区第二农场。1983年底，为唐海县第二农场。1984年9月，设置唐海镇，辖4个居民委员会。2000年6月，第二农场管理机构并入唐海镇人民政府，辖7个居民委员会、18个生产单位。

政区划分 2011年末，辖交化街、中心街、新立一街、新立二街、桥西一街、桥西二街、通北小区、四季华庭8个社区居民委员会，安子庄、柳树庄、芦井庄、鄠里、东新庄、王凤坨、西南庄、青年坨、西新庄、梁家厂10个村民委员会。

人口面积 2011年末，辖区总人口39961人，其中城镇常住人口31575人，城镇化率79%。另有流动人口9866人。总人口中，男性20009人，占50.1%；女性19952人，占49.9%；18岁以下5983人；18～35岁9385人；35～60岁17441人；60岁以上7152人。总人口中，以汉族为主，达39352人，占98.5%；有满、回、蒙古、壮、朝鲜等12个少数民族，共609人，占1.5%。超过100人的有满、回

2个少数民族，其中满族389人，占少数民族人口的63.9%；回族118人，占19.4%。2011年，人口出生率6.81‰，人口死亡率2.13‰，人口自然增长率4.68‰。

辖区东西最大距离9千米，南北最大距离7千米，总面积59.3平方千米。其中陆地面积52平方千米，占87.7%；水域面积7.3平方千米，占12.3%。人口密度为每平方千米674人。

自然条件

地形地貌 境内地面海拔2~4米，地势略呈北高南低。

水文 境内河道属双龙河水系。双龙河自里村西入境，经王凤坨村由西向南出境，境内河流总长度5千米。

经济概况

农业 耕地面积3.06万亩，人均0.77亩。2011年，农业总产值15350万元。

粮食作物以水稻为主。2011年，生产粮食2.22万吨，其中水稻2.19万吨，玉米208吨。主要经济作物有豆类。2011年，生产豆类38吨、油料35吨、棉花26吨。

畜牧业以猪、家禽为主。2011年，生猪饲养量2.45万头，年末存栏1.53万头；家禽饲养量11.78万羽，年末存栏7.5万羽。

工业 以化工、铸造、机械加工、塑料制品、建筑材料为主。2011年，工业总产值10.4亿元。2011年，工业企业222家，职工2770人；实现工业增加值4.7亿元，比上年增长10.1%。

商业外贸 2011年末，个体户4560个，从业人员9220人。2011年，社会消费品零售总额达1.7亿元，比上年增长20%。

财政金融 2011年，财政总收入635万元，财政支出635万元。

社会发展

文化艺术 2011年末，镇文化站1个，村级文化活动中心11个；各类图书室11个，藏书4万余册。

教育 2011年末，小学1所，在校生759人，专任教师83人。2011年教育经费达25.8万元。

科技 2011年末，各类科技人才10人；省级“星火计划”1项。

医疗卫生 2011年末，医疗卫生机构1个；病床30张，固定资产总值140万元。专业卫生人员43名，其中执业医师13人，执业助理医师8人，执业护士6人。2011年医疗机构完成诊疗1598人次。新型农村合作医疗参合率100%。

体育 2011年末，学校体育场地1处。

广播电视 2011年末，有线电视用户1.6万户，入户率80%。

社会保障 2011年城镇最低生活保障户数585户，人数1214人，支出324万元，比上年增长17%，月人均222元，比上年增长18%；社区市民服务中心2个。新型农村社会养老保险参保人数1375人，参保率98%。

交化街社区

(Jiaohuajie Shequ)

名称来历 20世纪60年代，汽车队和化肥厂始建于此，故名。

地理位置 地处唐海镇南部，东至外环路，南至滨海大街，西至文化路，北至稻香街。

主要指标 2011年末，辖区总人口4275人，总面积0.87平方千米，城镇居民人均可支配收入19990元。

中心街社区

(Zhongxinjie Shequ)

名称来历 辖区地处唐海镇政治文化中心，故名中心街社区。

地理位置 地处唐海镇南部，东至文化路，南至滨海大街，西至光源路，北至建设大街。

主要指标 2011年末，辖区总人口5176人，总面积0.45平方千米，城镇居民人均可支配收入19990元。

新立一街社区

(Xinliyijie Shequ)

名称来历 2000年由新立街划分成两个社区，按成立时间顺序命名。

地理位置 地处唐海镇南部，东至光源路，南至滨海大街，西至长丰路，北至兴海大街，包括团结里、光明里、大光一里、大光二里、大丰一里、大丰二里、水泥厂家属区。

主要指标 2011年末，辖区总人口5888人，总面积1.2平方千米，城镇居民人均可支配收入19990元。

新立二街社区

(Xinli’erjie Shequ)

名称来历 2000年由新立街划分成两个居委会，按成立时间顺序命名。

地理位置 地处唐海镇南部，东至光源路，南至兴海大街，西至长丰路，北至建设大街。

主要指标 2011年末，辖区总人口4458人，总面积1.2平方千米，城镇居民人均可支配收入19990元。

桥西一街社区

(Qiaoxiyijie Shequ)

名称来历 社区所辖二中桥西，由桥西街社区划分成两个社区，按成立时间顺序命名。

地理位置 地处唐海镇南部，东至汇丰路以西，南至滨海大街，西至唐海路，北至建设大街。

主要指标 2011年末，辖区总人口4158人，总面积2.6平方千米，城镇居民人均可支配收入19990元。

桥西二街社区
(Qiaoxi'erjie Shequ)

名称来历 社区所辖二中桥西，由桥西街社区划分成两个社区，按成立时间顺序命名。

地理位置 地处唐海镇南部，东至长丰路，南至滨海大街，西至汇丰路，北至建设大街。

主要指标 2011年末，辖区总人口3683人，总面积3平方千米，城镇居民人均可支配收入19990元。

通北小区社区
(Tongbeixiaoqu Shequ)

名称来历 因位于通北小区而得名。

地理位置 地处唐海镇南部，东至迎宾路，南至建设大街，西至长丰路，北至迁曹公路。

主要指标 2011年末，辖区总人口2683人，总面积1.7平方千米，城镇居民人均可支配收入19990元。

四季华庭社区
(Sijihuating Shequ)

名称来历 因位于四季华庭小区而得名。

地理位置 地处唐海镇南部，东至长丰路，南至建设大街，西至唐海路，北至迁曹公路。

主要指标 2011年末，辖区总人口6660人，总面积0.45平方千米，城镇居民人均可支配收入19990元。

西南庄村
(Xinanzhuang Cun)

名称来历 由丁庄户（现属滦南县）丁姓居民迁居此地，立灶熬盐，因位于丁庄户的西南方，故得名西南庄。

地理位置 地处唐海镇东南部，东至孙家林，南至交化里，西至科元里，北至唐海农副产品市场。

主要指标 2011年末，辖区总人口413人，总面积1.69平方千米，农民人均纯收入10266元。

王凤坨村
(Wangfengtuo Cun)

名称来历 因相传此地曾落过凤凰而得名。

地理位置 地处唐海镇西南部，东邻唐海公路，南邻滦河输水总干渠，西邻双龙河，北邻平安坨、鄚里村。

主要指标 2011年末，辖区总人口1415人，总面积4.96平方千米，农民人均纯收入9755元。

鄚里村
(Quanli Cun)

名称来历 因此地是一个坨岗，地势较高，夏季周围多有水，西北又有运粮河环绕入海，外人称圈里，日久得名鄚里村。

地理位置 地处唐海镇西北部，东邻唐海公路，南邻王凤坨村，西邻双龙河，北邻第六农场场界。

主要指标 2011年末，辖区总人口730人，总面积4.83平方千米，农民人均纯收入9907元。

西新庄村
(Xixinzhuang Cun)

名称来历 西玉坨村（现属滦南县）赵氏迁居此地熬盐，初称新庄子，后东边又迁来几户，更名为西新庄。

地理位置 地处唐海镇北部，东邻东新庄，南邻柳树庄，西邻鄚里，北邻第六农场、滦南县界。

主要指标 2011年末，辖区总人口835人，总面积5.18平方千米，农民人均纯收入10297元。

东新庄村
(Dongxinzhuang Cun)

名称来历 西玉坨村（现属滦南县）赵姓迁居此地熬盐，因位于西新庄东面，故称东新庄。

地理位置 地处唐海镇北部，东邻柳树庄，南至青年坨支渠，西邻西新庄，北至滦南边界。

主要指标 2011年末，辖区总人口780人，总面积5.28平方千米，农民人均纯收入10171元。

柳树庄村
(Liushuzhuang Cun)

名称来历 因村中有一棵大柳树，故取名柳树底下，后形成村庄，更名为柳树庄。

地理位置 地处唐海镇东北部，东邻芦井庄，南邻西南庄二分支，西邻东新庄，北邻滦南县界。

主要指标 2011年末，辖区总人口818人，总面积3.71平方千米，农民人均纯收入10037元。

芦井庄村
(Lujingzhuang Cun)

名称来历 因村旁有一坞坑，有清水可饮用，形状似井，坑四周长有芦苇，故而得名芦井庄。

地理位置 地处唐海镇东北部，东邻滦南县界，南邻常灶村，西邻柳树庄，北邻梁家厂村。

主要指标 2011年末，辖区总人口882人，总面积4.75平方千米，农民人均纯收入9651元。

安子庄村
(Anzizhuang Cun)

名称来历 因其驻地西北有沙坨，俗名沙龙，为镇此物以取吉祥，而取名安子上，后更名为安子庄。

地理位置 地处唐海镇东南部，东邻滦南县柏各庄界，南临杨柏公路，西至县城永丰路，北至滦南县界。

主要指标 2011年末，辖区总人口1223人，总面积7.78平方千米，农民人均纯收入9801.33元。

青年坨村

(Qingniantuo Cun)

名称来历 1956年，部分青年职工来此定居，逐渐形成村落，故取名青年坨村。

地理位置 地处唐海镇南部，东临长丰路，南邻冀东油田，西临汇丰路，北邻青曹公路。

主要指标 2011年末，辖区总人口831人，总面积1.71平方千米，农民人均纯收入10102元。

梁家厂村

(Liangjiachang Cun)

名称来历 阎庄户村（现属滦南县）梁姓迁居此地，立灶熬盐，因居民姓梁，故取名梁家厂村。

地理位置 地处唐海镇东北部，东邻滦南县小双坨，南邻芦井庄，西邻柳树庄，北邻滦南县东玉坨。

主要指标 2011年末，辖区总人口459人，总面积2.26平方千米，农民人均纯收入9601元。

第一农场

(Diyinongchang)

永康村

(Yongkang Cun)

名称来历 因寓意村民永远安康，故名。

地理位置 地处唐海县第一农场西北部，东邻景园村，南邻永丰村，西邻新杰村，北临沿海公路。

主要指标 2011年末，辖区总人口3216人，总面积3.19平方千米，农民人均纯收入9474元。

新杰村

(Xinjie Cun)

名称来历 因村庄能人辈出而得名。

地理位置 地处唐海县第一农场中北部，东邻永康村，南邻三园村，西邻隆合村，北临沿海公路。

主要指标 2011年末，辖区总人口899人，总面积4.35平方千米，农民人均纯收入10140元。

华兴村

(Huaxing Cun)

名称来历 因寓意中华崛起、兴旺发达而得名。

地理位置 地处唐海县第一农场北部，东邻滦南县边庄子村，南邻永康村，西邻兴农村，北邻滦南县崔各庄。

主要指标 2011年末，辖区总人口634人，总面积3.3平方千米，农民人均纯收入9468元。

祥和村

(Xianghe Cun)

名称来历 因寓意吉祥和谐而得名。

地理位置 地处唐海县第一农场西部，东临八里滩公路，南邻八里滩养殖场，西邻青龙河，北邻三元村。

主要指标 2011年末，辖区总人口788人，总面积7.06平方千米，农民人均纯收入9384元。

祥源村

(Xiangyuan Cun)

名称来历 因寓意此地为吉祥之源而得名。

地理位置 地处唐海县第一农场东部，东邻溯河，南邻八里滩养殖场，西临永丰村，北临景园村。

主要指标 2011年末，辖区总人口675人，总面积3.85平方千米，农民人均纯收入9996元。

兴农村

(Xingnong Cun)

名称来历 因全村农业兴旺发达而得名。

地理位置 地处唐海县第一农场北部，东邻华兴村，南邻虹桥村，西邻青龙河，北邻滦河输水总干渠。

主要指标 2011年末，辖区总人口439人，总面积2.44平方千米，农民人均纯收入9396元。

景园村

(Jingyuan Cun)

名称来历 因村庄风景优美而得名。

地理位置 地处唐海县第一农场东部，东邻滦南县边庄子，南邻祥源村，西邻永康村，北临沿海公路。

主要指标 2011年末，辖区总人口497人，总面积3.07平方千米，农民人均纯收入9408元。

隆合村

(Longhe Cun)

名称来历 因靠近青龙河，取青龙谐音，寓意兴隆和美，故名。

地理位置 地处唐海县第一农场西北部，东邻新杰村，南邻三元村，西临青龙河，北邻虹桥村。

主要指标 2011年末，辖区总人口943人，总面积4.82平方千米，农民人均纯收入9468元。

永丰村

(Yongfeng Cun)

名称来历 因寓意村庄永远丰收而得名。

地理位置 地处唐海县第一农场东部，东邻祥源村，南邻海滨村，西邻双兴村，北邻永康村。

主要指标 2011年末，辖区总人口567人，总面积3.07平方千米，农民人均纯收入9804元。

三元村

(Sanyuan Cun)

名称来历 因由三个村队合并而成，取团圆中“圆”

字的谐音而得名。

地理位置 地处唐海县第一农场西部，东邻双兴村，南邻祥和村，西临青龙河，北邻隆合村。

主要指标 2011 年末，辖区总人口 323 人，总面积 2.57 平方千米，农民人均纯收入 9924 元。

双兴村

(Shuangxing Cun)

名称来历 因寓意人才两旺而得名。

地理位置 地处唐海县第一农场中部，东邻永丰村，南邻海滨村，西邻三元村、祥和村，北邻永康村。

主要指标 2011 年末，辖区总人口 538 人，总面积 3.47 平方千米，农民人均纯收入 10044 元。

海滨村

(Haibin Cun)

名称来历 因该村位于第一农场最南端，靠近海滩，故而得名。

地理位置 地处唐海县第一农场中南部，东邻永丰村，南邻八里滩养殖场，西邻祥和村，北邻双兴村。

主要指标 2011 年末，辖区总人口 860 人，总面积 5.14 平方千米，农民人均纯收入 9372 元。

虹桥村

(Hongqiao Cun)

名称来历 因该村近邻的铁路高架桥似彩虹而得名。

地理位置 地处唐海县第一农场西北部，东邻新杰村、华兴村，南邻隆合村，西临青龙河，北邻兴农村。

主要指标 2011 年末，辖区总人口 749 人，总面积 4.19 平方千米，农民人均纯收入 9432 元。

第三农场

(Disannongchang)

北常坨村

(Beichangtuo Cun)

名称来历 有常氏兄弟来此定居，因此地属于海退高坨地，故名常坨，后因居民分居南北两坨，此村在北，故名北常坨村。

地理位置 地处唐海县第三农场北部，东临青龙河，南邻南常坨村，西至西排干，北临输水总干渠。

主要指标 2011 年末，辖区总人口 775 人，总面积 7.72 平方千米，农民人均纯收入 9980 元。

南常坨村

(Nanchangtuo Cun)

名称来历 丁氏四兄弟由北常坨迁至南面的坨地上居住，故称南常坨村。

地理位置 地处唐海县第三农场偏北部，东临青龙河，南邻兴海村，西邻西排干，北邻北常坨村。

主要指标 2011 年末，辖区总人口 980 人，总面积 6.52 平方千米，农民人均纯收入 9970 元。

兴海村

(Xinghai Cun)

名称来历 因紧临渤海，期盼兴旺发达，故而得名兴海村。

地理位置 地处唐海县第三农场偏北部，东临新第二输水支渠，南邻井坨村，西邻西排干，北邻南常坨村。

主要指标 2011 年末，辖区总人口 664 人，总面积 6.56 平方千米，农民人均纯收入 9950 元。

井坨村

(Jingtuo Cun)

名称来历 坨地中有一口水井，故而得名。

地理位置 地处唐海县第三农场南部，东临青龙河，南临滦南县界，西邻西排干，北邻兴港村。

主要指标 2011 年末，辖区总人口 1028 人，总面积 19.72 平方千米，农民人均纯收入 9960 元。

兴港村

(Xinggang Cun)

名称来历 取意依托曹妃甸港区，振兴本村经济，故而得名兴港村。

地理位置 地处唐海县第三农场中部，东临青龙河，南邻井坨村，西临新第二输水支渠，北邻兴海村。

主要指标 2011 年末，辖区总人口 308 人，总面积 5.28 平方千米，农民人均纯收入 9930 元。

第三农场社区

(Disannongchang Shequ)

名称来历 位于第三农场，由场部干部职工居住区建制，故而得名。

地理位置 地处唐海县第三农场东北部，东临青龙河，南邻兴港村，西邻南常坨村，北临沿海路。

主要指标 2011 年末，辖区总人口 2755 人，总面积 0.87 平方千米，城镇居民人均可支配收入 9904 元。

第四农场

(Disinongchang)

八里坨村

(Balituo Cun)

名称来历 因距孙家灶八里，故称八里坨村。

地理位置 地处唐海县第四农场西北部，东邻向阳村，南邻第四农场场部，西临双龙河，北临输水总干渠。

主要指标 2011 年末，辖区总人口 791 人，总面积 8.84 平方千米，农民人均纯收入 7465 元。

城南庄村
(Chengnanzhuang Cun)

名称来历 因位于唐海县城南部，故名。

地理位置 地处唐海县第四农场北部，东邻和顺村，南邻富康村，西临迁曹公路，北临沿海公路。

主要指标 2011年末，辖区总人口423人，总面积3.54平方千米，农民人均纯收入7614元。

永兴村
(Yongxing Cun)

名称来历 寓意该村永远兴旺发达，故而得名。

地理位置 地处唐海县第四农场东部，东隔第一排水干渠与第三农场相邻，南邻第五农场临河村，西邻富康村，北邻和顺村。

主要指标 2011年末，辖区总人口738人，总面积7.5平方千米，农民人均纯收入7056元。

富康村
(Fukang Cun)

名称来历 寓意该村富裕安康，故名。

地理位置 地处唐海县第四农场南部，东邻永兴村，南邻第五农场林港村，西临迁曹公路，北邻城南庄。

主要指标 2011年末，辖区总人口1045人，总面积7.4平方千米，农民人均纯收入7397元。

和顺村
(Heshun Cun)

名称来历 寓意和谐稳定，故名。

地理位置 地处唐海县第四农场东北部，东邻第一排水干渠与第三农场相连，南邻永兴村，西邻向阳村，北邻唐海县城。

主要指标 2011年末，辖区总人口957人，总面积7.21平方千米，农民人均纯收入7572元。

向阳村
(Xiangyang Cun)

名称来历 寓意奔向小康、生活美好，故名。

地理位置 地处唐海县第四农场北部，东邻城南庄，南邻富康村，西临迁曹公路，北邻唐海县城。

主要指标 2011年末，辖区总人口660人，总面积3.34平方千米，农民人均纯收入7239元。

第四农场社区
(Disinongchang Shequ)

名称来历 位于第四农场，由场部干部职工居住区建制，故而得名。

地理位置 地处唐海县第四农场南部，东临迁曹公路，南邻第七农场滨海一村，西邻河东养殖场，北邻八里坨村。

主要指标 2011年末，辖区总人口2547人，总面积0.75平方千米，城镇居民人均可支配收入8890元。

第五农场
(Diwunongchang)

杜林村
(Dulin Cun)

名称来历 因该地是块坨地，长有两棵杜梨树，故名为杜梨坨，后简称杜林。

地理位置 地处唐海县第五农场西北部，东邻大坨村，南邻临港工业园区，西邻临港村，北邻第四农场。

主要指标 2011年末，辖区总人口566人，总面积5.39平方千米，农民人均纯收入9626元。

大坨村
(Datuo Cun)

名称来历 因此地是一片自然坨岗，故称大坨村。

地理位置 地处唐海县第五农场北部，东邻坨东村，南邻临港工业园区，西邻杜林村，北邻第四农场永兴村。

主要指标 2011年末，辖区总人口524人，总面积4.61平方千米，农民人均纯收入9563元。

临河村
(Linhe Cun)

名称来历 因该村东临大河，故名。

地理位置 地处唐海县第五农场东北部，东隔第一排水干渠与第三农场相连，南邻北坨极村，西邻坨东村，北邻第四农场。

主要指标 2011年末，辖区总人口374人，总面积6.6平方千米，农民人均纯收入9462元。

北坨极村
(Beituoji Cun)

名称来历 当时有南北两个坨岗，故将北边的坨岗叫北坨极村。

地理位置 地处唐海县第五农场东南部，东邻第三农场，南邻十里海养殖场，西邻陡坨新村，北邻坨东村。

主要指标 2011年末，辖区总人口545人，总面积6.58平方千米，农民人均纯收入9334元。

陡坨新村
(Doutuoxin Cun)

名称来历 因该村地处较高的坨地，人称陡坨。2008年，后因村队合并，改为陡坨新村。

地理位置 地处唐海县第五农场南部，东邻北坨极村，南邻十里海养殖场，西邻临港工业园区，北邻坨东村。

主要指标 2011年末，辖区总人口992人，总面积10.22平方千米，农民人均纯收入9161元。

坨东村

(Tuodong Cun)

名称来历 因位于大坨村东，故得名坨东村。

地理位置 地处唐海县第五农场北部，东邻临河村，南邻陡坨新村，西邻大坨村，北邻第四农场永兴村。

主要指标 2011年末，辖区总人口690人，总面积6.43平方千米，农民人均纯收入9456元。

林港村

(Lingang Cun)

名称来历 因东邻杜林村和曹妃甸港区，故命名为林港村。

地理位置 地处唐海县第五农场西北部，东邻杜林村，南邻临港工业园区，西临迁曹公路，北邻第四农场富康村。

主要指标 2011年末，辖区总人口448人，总面积5.37平方千米，农民人均纯收入11138元。

第五农场社区

(Diwunongchang Shequ)

名称来历 位于第五农场，由场部干部职工居住区建制，故而得名。

地理位置 地处唐海县第五农场北部，东邻大坨村，南邻大坨村，北邻大坨村，西邻杜林村。

主要指标 2011年末，辖区总人口2548人，总面积0.81平方千米，城镇居民人均可支配收入10919元。

第六农场

(Diliunongchang)

曾家湾一村

(Zengjiawanyi Cun)

名称来历 是曾家湾的一部分，按排序而得名。

地理位置 地处唐海县第六农场偏北部，东邻大张庄，南邻曾家湾二村，西邻双龙河，北邻滦南县界。

主要指标 2011年末，辖区总人口1038人，总面积2.92平方千米，农民人均纯收入9211元。

曾家湾二村

(Zengjiawan'er Cun)

名称来历 是曾家湾的一部分，按排序而得名。

地理位置 地处唐海县第六农场东部，东邻滦南县郑庄子，南邻曾新村，西邻曾家湾四村，北邻曾家湾一村。

主要指标 2011年末，辖区总人口1091人，总面积3.45平方千米，农民人均纯收入9443元。

曾家湾三村

(Zengjiawansan Cun)

名称来历 是曾家湾的一部分，按排序而得名。

地理位置 地处唐海县第六农场西部，东临双龙河与曾家湾二村相连，南邻曾家湾四村，西邻丰南区大新庄镇东滩沟村地界，北临唐柏公路。

主要指标 2011年末，辖区总人口1013人，总面积3.17平方千米，农民人均纯收入8856元。

曾家湾四村

(Zengjiawansi Cun)

名称来历 是曾家湾的一部分，按排序而得名。

地理位置 地处唐海县第六农场中部，东临唐海公路，南邻滦南县滩沟村，西临双龙河，北邻曾家湾二村、曾家湾三村。

主要指标 2011年末，辖区总人口1142人，总面积3.66平方千米，农民人均纯收入8994元。

营城村

(Yingcheng Cun)

名称来历 因明初燕王扫北时曾在此地扎营驻兵，故称营城庄，后简称营城。

地理位置 地处唐海县第六农场北部，东临双龙河，南临唐柏公路，西邻丰南区裴庄乡，北邻滦南县解庄子村。

主要指标 2011年末，辖区总人口990人，总面积2.37平方千米，农民人均纯收入8866元。

大张庄村

(Dazhangzhuang Cun)

名称来历 因有张氏迁此定居，年长日久，村落扩大，故名大张家庄，后简称大张庄。

地理位置 地处唐海县第六农场东北部，东邻滦南县营守庄，南邻曾家湾一村，西临双龙河，北邻滦南县霍庄。

主要指标 2011年末，辖区总人口632人，总面积1.92平方千米，农民人均纯收入8869元。

曾新村

(Zengxin Cun)

名称来历 此地原是一沙岗，俗称猪食坨。1965年秋，由曾家湾村迁来居民6户，后又相继迁入住户，逐渐形成村落，得名曾新村。

地理位置 地处唐海县第六农场南部，东邻滦南县西玉坨，南邻滦南县界，西临唐海公路，北邻曾家湾二村。

主要指标 2011年末，辖区总人口549人，总面积4.06平方千米，农民人均纯收入9349元。

第七农场

(Diqinongchang)

滨海一村

(Binhaiyi Cun)

名称来历 因临近海边，按建立时间排序而得名。

地理位置 地处唐海县第七农场北部，东临迁曹公路，南邻滨海二村，西邻双龙河，北邻第四农场河东养殖场。

主要指标 2011年末，辖区总人口1380人，总面积0.27平方千米，农民人均纯收入6900元。

滨海二村

(Binhai'er Cun)

名称来历 因临近海边，按建立时间排序而得名。

地理位置 地处唐海县第七农场北部，东临迁曹公路，南邻渤海会议中心，西邻张庄子盐场，北邻滨海一村。

主要指标 2011年末，辖区总人口1132人，总面积67.67平方千米，农民人均纯收入4650元。

第八农场

(Dibanongchang)

石匠庄村

(Shijiangzhuang Cun)

名称来历 因居民大多为石匠，故名石匠庄。

地理位置 地处唐海县第八农场东部，东邻十字沽村，南邻孙塘庄，西临于唐公路，北邻李庄。

主要指标 2011年末，辖区总人口898人，总面积2.26平方千米，农民人均纯收入9148元。

芦苇庄村

(Luweizhuang Cun)

名称来历 因村西有大片芦苇塘，故得名芦苇庄。

地理位置 地处唐海县第八农场中部，东邻孙塘庄，南邻第八农场场部小学，西临于唐公路，北临石丁公路。

主要指标 2011年末，辖区总人口853人，总面积1.8平方千米，农民人均纯收入9069元。

孙塘庄村

(Suntangzhuang Cun)

名称来历 柳林村（属丰南区）孙姓居民迁来此地定居，因此地为高坨岗，生长枣树，坑塘又多，故名孙塘宝庄，后简称孙塘庄。

地理位置 地处唐海县第八农场中部，东邻十字沽，南邻小戟门，西邻芦苇庄，北邻石匠庄。

主要指标 2011年末，辖区总人口3377人，总面积1.8平方千米，农民人均纯收入9457元。

小韩庄村

(Xiaohanzhuang Cun)

名称来历 取新韩庄其中的韩字，因相对韩庄子人口较少，故名小韩庄。

地理位置 地处唐海县第八农场南部，东临于唐公路，南临小戟门河，西邻新塘庄，北与第八农场场部相望。

主要指标 2011年末，辖区总人口511人，总面积4.59平方千米，农民人均纯收入11286元。

新塘庄村

(Xintangzhuang Cun)

名称来历 为纪念垦荒的历史，分别取新河头、孙塘庄两村各一字命名村名。

地理位置 地处唐海县第八农场西南部，东邻小韩庄，南临小戟门河，西邻新尚庄，北与第八农场场部相望。

主要指标 2011年末，辖区总人口513人，总面积4.53平方千米，农民人均纯收入11311元。

小戟门村

(Xiaojimen Cun)

名称来历 从丰南柳树鄽的李富庄迁来李氏夫妇在此定居，为丰南小北柳河村泊主看泊，因李富庄离戟门树较近，故取名小戟门村。

地理位置 地处唐海县第八农场东南部，东邻丰南区，南与第十农场接壤，西邻小韩庄，北邻十字沽村。

主要指标 2011年末，辖区总人口660人，总面积5.91平方千米，农民人均纯收入11235元。

十字沽村

(Shizigu Cun)

名称来历 因该村边有两条相交的季节小沽而得名。

地理位置 地处唐海县第八农场东部，东邻丰南区界，南邻小戟门村，西邻孙塘庄，北邻丰南区。

主要指标 2011年末，辖区总人口1282人，总面积3.51平方千米，农民人均纯收入11045元。

新尚庄村

(Xinshangzhuang Cun)

名称来历 为纪念当年职工垦荒的历史，分别取新河头、尚庄子两个村中各一字命名。

地理位置 地处唐海县第八农场西南部，东邻新塘庄，南临小戟门河，西临大碱路，北邻滨海镇。

主要指标 2011年末，辖区总人口413人，总面积2.63平方千米，农民人均纯收入10960元。

韩庄子村

(Hanzhuangzi Cun)

名称来历 有大韩庄（现属丰南区）村民韩生武迁移此地定居，故名南韩庄，后简称韩庄子村。

地理位置 地处唐海县第八农场东北部，东临于唐公路，南邻第八场水闸，西邻尚庄子村，北邻朝武庄。

主要指标 2011年末，辖区总人口2421人，总面积4.43平方千米，农民人均纯收入10603元。

尚庄子村

(Shangzhuangzi Cun)

名称来历 原名尚家铺，因有尚氏定居而得名，后居民增多，称尚家庄，后称尚庄子村。

地理位置 地处唐海县第八农场北部，东邻韩庄子村，南临新华街，北邻南新庄，西临大碱路。

主要指标 2011年末，辖区总人口3198人，总面积6.83平方千米，农民人均纯收入11449元。

李庄村

(Lizhuang Cun)

名称来历 李家沙坨李氏后裔迁居此地，曾分立前李庄、后李庄，2008年村队合并，更名为李庄。

地理位置 地处唐海县第八农场东北部，东邻丰南区东李庄，南邻韩庄子，西邻尚庄子，北邻南田庄。

主要指标 2011年末，辖区总人口2454人，总面积4.43平方千米，农民人均纯收入9718元。

南田庄村

(Nantianzhuang Cun)

名称来历 柳林村（属丰南区）孙氏后裔迁居此地定居，此村位于大孙庄南，故名南添庄，后演变为南田庄。

地理位置 地处唐海县第八农场东北部，东邻丰南区孙沙坨，南邻李庄，西邻黄土庄，北邻丰南区大孙庄。

主要指标 2011年末，辖区总人口2144人，总面积3.4平方千米，农民人均纯收入9318元。

黄土庄村

(Huangtuzhuang Cun)

名称来历 因本庄南部有一黄土坨子，故得名黄坨庄，后因字音演变为黄土庄。

地理位置 地处唐海县第八农场北部，东邻南田庄，南邻第八农场中学，西邻南新庄，北邻桑坨村。

主要指标 2011年末，辖区总人口1636人，总面积2.76平方千米，农民人均纯收入8785元。

木匠庄村

(Mujiangzhuang Cun)

名称来历 山西山后陆州移民至此，因木匠较多，故名木匠庄。

地理位置 地处唐海县第八农场北部，东临于唐公路，南邻黄土庄，西邻黄土庄，北邻丰南区郑家坨。

主要指标 2011年末，辖区总人口929人，总面积1.36平方千米，农民人均纯收入8847元。

桑坨村

(Sangtuo Cun)

名称来历 因此地有沙坨子，坨上长有桑树，故名为桑坨村。

地理位置 地处唐海县第八农场北部，东邻南郑庄，南邻黄土庄，西邻南新庄，北邻丰南区郑家坨。

主要指标 2011年末，辖区总人口1333人，总面积2.8平方千米，农民人均纯收入9151元。

南新庄村

(Nanxinzhuang Cun)

名称来历 因此庄位于丰润县南，故取名南新庄。

地理位置 地处唐海县第八农场北部，东邻桑坨村，南邻尚庄子村，西邻新河头村，北邻丰南区西郑庄。

主要指标 2011年末，辖区总人口1423人，总面积2.67平方千米，农民人均纯收入10920元。

新河头村

(Xinhetou Cun)

名称来历 因村北有一沙河，俗称新河，河到本村已为尽头，故名。

地理位置 地处唐海县第八农场北部，东邻南新庄，南邻尚庄子村，西临大碱公路，北邻丰南区西郑庄。

主要指标 2011年末，辖区总人口2896人，总面积6.28平方千米，农民人均纯收入11286元。

第八农场社区

(Dibanongchang Shequ)

名称来历 位于第八农场，由场部干部职工居住区建制，故名。

地理位置 地处唐海县第八农场中部，东邻孙塘庄，南邻孙塘庄，西邻芦苇庄，北邻石匠庄。

主要指标 2011年末，辖区总人口623人，总面积1.24平方千米，城镇居民人均可支配收入10022元。

第九农场

(Dijiunongchang)

双井村

(Shuangjing Cun)

名称来历 清乾隆年间，由冯庄子（现属滦南县）迁来一家在此定居。因无水饮用，在此地挖了两眼水井，故名双井村。

地理位置 地处唐海县第九农场南部，东邻王庄子，南邻柳赞镇，西临胡柳公路，北隔沿海公路与刘庄子村相望。

主要指标 2011年末，辖区总人口556人，总面积3.49平方千米，农民人均纯收入11921元。

沿海村
(Yanhai Cun)

名称来历 因该村位于沿海公路两侧，故而得名。

地理位置 地处唐海县第九农场西南部，东隔滦南县第一泄洪道与马庄子相望，南与蚕沙口村相接，西隔溯河与第一农场相邻，北与滦南县杨岭相邻。

主要指标 2011年末，辖区总人口983人，总面积6.37平方千米，农民人均纯收入10018元。

王庄子村
(Wangzhuangzi Cun)

名称来历 明洪武年间，山西山后陆州王氏移民至此定居，以熬盐耙碱为生，因姓氏得名。

地理位置 地处唐海县第九农场南部，东邻刘家铺村，北邻刘家铺村，南临沿海公路，西邻刘庄子村。

主要指标 2011年末，辖区总人口1716人，总面积7.18平方千米，农民人均纯收入8931元。

刘庄子村
(Liuzhuangzi Cun)

名称来历 山西山后陆州刘姓移民定居于此，因姓氏得名。

地理位置 地处唐海县第九农场南部，东邻王庄子，南临沿海公路，西临胡柳公路，北邻郭庄子。

主要指标 2011年末，辖区总人口681人，总面积2.59平方千米，农民人均纯收入9421元。

郭庄子村
(Guozhuangzi Cun)

名称来历 山西山后陆州郭姓移民定居于此，因姓氏得名。

地理位置 地处唐海县第九农场偏西部，东邻李家房子，南与刘庄子村相连，西邻港东村，北邻第九农场场部。

主要指标 2011年末，辖区总人口1062人，总面积7.68平方千米，农民人均纯收入10275元。

城子村
(Chengzi Cun)

名称来历 因村西北有一小土城，故名东城子，俗称城子。

地理位置 地处唐海县第九农场西部，东临胡柳公路，南邻滦南县杨岭，西、北邻滦南县蒋各庄。

主要指标 2011年末，辖区总人口1083人，总面积5.39平方千米，农民人均纯收入10039元。

太平庄子村
(Taipingzhuangzi Cun)

名称来历 山西山后陆州迁来刘姓、傅姓于此定居，人们向往过太平日子而取名太平庄，后俗称太平庄子。

地理位置 地处唐海县第九农场北部，东邻桑庄子村，南邻郭庄子，西邻三家子村，北邻滦南县孙庄。

主要指标 2011年末，辖区总人口1025人，总面积4.23平方千米，农民人均纯收入9949元。

三家子村
(Sanjiazi Cun)

名称来历 由郭庄子迁来李家兄弟三人居住此地，以种地为生。后弟兄分家各过，故得名三家子。

地理位置 地处唐海县第九农场西北部，东邻张海庄子，南邻城子，西邻城子，北邻滦南县贾庄。

主要指标 2011年末，辖区总人口881人，总面积3.55平方千米，农民人均纯收入10777元。

桑庄子村
(Sangzhuangzi Cun)

名称来历 由山西山后陆州移民桑氏迁此定居，因姓氏得名桑庄子村。

地理位置 地处唐海县第九农场北部，东邻青坨村，南邻李家房子，西邻太平庄子村，北邻滦南县界。

主要指标 2011年末，辖区总人口1273人，总面积5.02平方千米，农民人均纯收入11173元。

港东村
(Gangdong Cun)

名称来历 因该村址较高得名宽坨岭，后因村西南有一水港，故改名港东村。

地理位置 地处唐海县第九农场西部，东邻郭庄子，南邻滦南县曹岭，西、北与滦南县杨岭相连。

主要指标 2011年末，辖区总人口532人，总面积2.77平方千米，农民人均纯收入10100元。

青坨村
(Qingtuo Cun)

名称来历 村南有一青沙坨，故名青沙坨村，后称青坨。

地理位置 地处唐海县第九农场东北部，东临乐亭县界，南邻李家房子村，西邻桑庄子村，北邻滦南县东新庄子。

主要指标 2011年末，辖区总人口2135人，总面积4.66平方千米，农民人均纯收入9504元。

李家房子村
(Lijiafangzi Cun)

名称来历 由青沙坨迁来李姓在此定居，以种地为生，因姓氏得名李家房子村。

地理位置 地处唐海县第九农场东部，东邻乐亭县丰台桥村，南邻刘家铺村，西邻第九农场场部，北邻青坨村。

主要指标 2011年末，辖区总人口1021人，总面积5.66平方千米，农民人均纯收入11000元。

刘家铺村

(Liujiapu Cun)

名称来历 东城子刘氏迁此定居，以熬盐耙碱为生，因刘姓得名刘家堡，后演变为刘家铺村。

地理位置 地处唐海县第九农场东南部，东临小青河，南临大庄河，西邻王庄子村，北邻李家房子。

主要指标 2011年末，辖区总人口818人，总面积4.32平方千米，农民人均纯收入8457元。

第九农场社区

(Dijiunongchang Shequ)

名称来历 位于第九农场，由场部干部职工居住区建制，故而得名。

地理位置 地处唐海县第九农场中部，东邻李家房子，南邻郭庄子，西邻滦南县杨岭村，北邻三家子。

主要指标 2011年末，辖区总人口1360人，总面积0.92平方千米，城镇居民人均可支配收入10010元。

第十农场

(Dishinongchang)

丰海村

(Fenghai Cun)

名称来历 因村庄取丰饶唐海之意而得名。

地理位置 地处唐海县第十农场西部，东邻兴唐村，南邻第十一农场，西邻老王庄，北临小戟门河。

主要指标 2011年末，辖区总人口642人，总面积4.92平方千米，农民人均纯收入9166元。

和新村

(Hexin Cun)

名称来历 因取意和谐新气象而得名。

地理位置 地处唐海县第十农场西部，东邻郑庄子村，南邻第十一农场，西邻兴唐村，北临小戟门河。

主要指标 2011年末，辖区总人口868人，总面积5.3平方千米，农民人均纯收入9163元。

兴唐村

(Xingtang Cun)

名称来历 因取意振兴唐海而得名。

地理位置 地处唐海县第十农场西部，东邻和新村，南邻第十一农场，西邻丰海村，北临小戟门河。

主要指标 2011年末，辖区总人口784人，总面积5.37平方千米，农民人均纯收入9167元。

郑庄子村

(Zhengzhuangzi Cun)

名称来历 明万历元年（1573年），由博乐坨（现属丰南区）村民郑孝玉迁此定居，立灶熬盐，因姓民取名郑庄子村。

地理位置 地处唐海县第十农场东部，东临大李路，南邻玉官庄，西邻和新村，北临丰南区界。

主要指标 2011年末，辖区总人口3296人，总面积10.1平方千米，农民人均纯收入9231元。

玉官庄村

(Yuguanzhuang Cun)

名称来历 明万历元年（1573年），李家沙坨李氏后裔李文才迁此定居，立灶熬盐，因李文才在七个弟兄中最小，故称小庄子，后村民为了兴旺，更名为玉官庄。

地理位置 地处唐海县第十农场东部，东邻孙家坨村，南邻李八廒村，西邻和新村，北邻郑庄子村。

主要指标 2011年末，辖区总人口742人，总面积2.42平方千米，农民人均纯收入9155元。

孙家坨村

(Sunjiatuo Cun)

名称来历 明万历年间，柳林村（现属丰南区）孙氏后裔孙文昭迁居此地，立灶熬盐，因孙姓取名孙家坨村。

地理位置 地处唐海县第十农场东部，东临双龙河，南邻李八廒村，西邻玉官村，北邻丰南区黄米廒。

主要指标 2011年末，辖区总人口2184人，总面积6.21平方千米，农民人均纯收入9159元。

李八廒村

(Liba'ao Cun)

名称来历 明万历八年（1580年），李家沙坨李氏后裔李文举迁居此地，因初垦8个自然坨岗，坨高土沃，垦后皆为良田，近似粮仓（廒），故取名为李八廒村。

地理位置 地处唐海县第十农场南部，东临双龙河，南隔第三用水干渠与第十一农场占子井村相望，西至十三支，北与孙家坨村相连。

主要指标 2011年末，辖区总人口3094人，总面积9.53平方千米，农民人均纯收入9210元。

第十一农场

(Dishiyinongchang)

沽南灶村

(Gunanzao Cun)

名称来历 清道光十年（1830年），占子井李朝龙和李八廒李进好迁居此地，立灶熬盐，李朝龙居村西，李进好居村东，因村北有一条小沽（季节河），故得名沽南灶村。

地理位置 地处唐海县第十一农场西南部，东邻孙家灶，南临唐曹高速公路，西邻南堡开发区，北临沿海公路。

主要指标 2011年末，辖区总人口742人，总面积9.31平方千米，农民人均纯收入9612元。

李家灶村

(Lijiazao Cun)

名称来历 清嘉庆十四年（1809年），由李八廒、占子井部分居民陆续南迁，以大灶为中心，立灶熬盐，因居民皆为李姓，取名李家灶村。

地理位置 地处唐海县第十一农场中部，东邻孙家灶，南临沿海公路，西邻西北灶，北邻十六支。

主要指标 2011年末，辖区总人口1847人，总面积9.47平方千米，农民人均纯收入9614元。

西北灶村

(Xibeizao Cun)

名称来历 李八廒村民李氏兄弟两人迁来定居，在两处立灶熬盐，后形成两个村落，一个较大，一个较小，因位于李家灶西北，故称大西北灶、小西北灶。后随着村队合并统称西北灶村。

地理位置 地处唐海县第十一农场西部，东邻李家灶，南临沿海公路，西邻三排干，北邻三角坨。

主要指标 2011年末，辖区总人口532人，总面积4.26平方千米，农民人均纯收入9611元。

三角坨村

(Sanjiaotuo Cun)

名称来历 原为自然形成的坨地，因地形似三角形，故名三角坨村。

地理位置 地处唐海县第十一农场西北部，东邻占子井村，南邻西北灶，西邻三排干，北邻三用支。

主要指标 2011年末，辖区总人口632人，总面积3.67平方千米，农民人均纯收入9615元。

三合村

(Sanhe Cun)

名称来历 因将头面灶、二面灶、三面灶三个村合并，故称三合村。

地理位置 地处唐海县第十一农场东北部，东邻水稻种植区，南邻孙家灶，西邻大李线，北邻占子井。

主要指标 2011年末，辖区总人口1265人，总面积8.48平方千米，农民人均纯收入9613元。

孙家灶村

(Sunjiazao Cun)

名称来历 由孙家坨迁来一些居民来此定居，立灶熬盐，因孙姓取名孙家灶村。

地理位置 地处唐海县第十一农场东部，东邻临龙河，南临唐曹高速公路，西邻沽南灶，北邻水稻种植区。

主要指标 2011年末，辖区总人口1462人，总面积11.58平方千米，农民人均纯收入9613元。

占子井村

(Zhanzijing Cun)

名称来历 此地原有一坞（水坑）作为用水井，坞中有金鱼，遂起名为金鱼井。后讹称为尖子井，俗称占子井，故名。

地理位置 地处唐海县第十一农场东北部，东临双龙河，南邻三合村，西邻三角坨，北邻第十农场李八廒村。

主要指标 2011年末，辖区总人口1361人，总面积8.21平方千米，农民人均纯收入9614元。

十里海养殖场

(Shilihaiyangzhichang)

海兴村

(Haixing Cun)

名称来历 海水养殖兴旺发达之村，故而得名。

地理位置 地处唐海县十里海养殖场东北部，东邻一排干，南邻养虾池，西邻北坨极村，北临新城大道。

主要指标 2011年末，辖区总人口384人，总面积22.5平方千米，农民人均纯收入13000元。

十里海养殖场社区

(Shilihaiyangzhichang Shequ)

名称来历 因位于十里海养殖场，为十里海养殖场干部、职工居住区而得名。

地理位置 地处唐海县十里海养殖场北部，东邻海兴村，南邻养虾池，西邻迁曹公路，北邻第五农场北坨极村。

主要指标 2011年末，辖区总人口551人，总面积0.07平方千米，农民人均纯收入13000元。

（撰稿：李全健，初审：郑素云、肖秀玲）

八里滩养殖场

(Balitanyangzhichang)

双丰村

(Shuangfeng Cun)

名称来历 八里滩养殖场海水养殖兴旺时期对虾大丰收，职工收入逐年提高，故名。

地理位置 地处唐海县八里滩养殖场北部，东邻养殖场办公楼，南邻唐山湾生态城，西邻滦曹公路，北邻第一农场海滨村。

主要指标 2011年末，辖区总人口153人，总面积1.89平方千米，农民人均纯收入10000元。